中華人民共和國國務院批准的重大文化出版工程

國家文化發展規劃綱要的重點出版工程項目

新聞出版總署列爲『十一五』國家重大工程出版規劃之首

國家出版基金重點支持項目

中華大典

藝術典

岳麓書社・長沙

《中華大典》工作委員會

主　任：柳斌傑
　　　　金人慶

副主任：李　彦　于永湛　鄔書林　張少春　李衛紅
　　　　周和平　陳金泉　李静海

委　員：張小影　伍　傑　朱新均　吴尚之　孫　明
　　　　王家新　徐維凡　劉小琴　毛群安　遲　計
　　　　曹清堯　彭常新　王志勇　潘教峰　姜文明
　　　　王　正　石立英　安平秋　陳祖武　詹福瑞
　　　　戴龍基　宋焕起　孫　顒　陳　昕　魏同賢
　　　　王建輝　朱建綱　高紀言　莫世行　段志洪
　　　　李　維　何學惠　甄樹聲　馮俊科　譚　躍
　　　　羅小衛　王兆成

《中華大典》編纂委員會

總主編：任繼愈

副主編：席澤宗　程千帆　戴　逸　吴文俊　柯　俊
　　　　傅熹年

編　委：卞孝萱　任繼愈　李明富　余瀛鰲　林仲湘
　　　　郁賢皓　馬繼興　袁世碩　席澤宗　陳美東
　　　　黄永年　章培恒　張永言　張晉藩　葛劍雄
　　　　董治安　程千帆　傅世垣　曾棗莊　龐　樸
　　　　趙振鐸　劉家和　潘吉星　錢伯城　戴　逸
　　　　楊寄林　穆祥桐　吴文俊　金正耀　戴念祖
　　　　柯　俊　金維諾　白化文　汪子春　周少川
　　　　孫培青　朱祖延　傅熹年　李　申　郭書春
　　　　熊月之　柴劍虹　吴子勇　寧　可　江曉原
　　　　鄭國光　吴征鎰　尹偉倫　魏明孔

《中華大典》前言

《中華大典》是運用我國歷代漢文古籍編纂的一部大型工具書。其目的是爲學術界及願意瞭解中國古代珍貴文化典籍的人士提供準確詳實、便於檢索的漢文古籍分類資料。

中國是世界文明古國之一，幾千年來纂寫和聚集的文化典籍浩如烟海。我國歷代都有編纂類書的優良傳統，具有代表性的《永樂大典》等大多已佚失，現存《古今圖書集成》編就距今也已數百年。爲了適應今天和以後研究和檢索的需要，一九八八年海内外三百多位專家學者和各古籍出版社同仁倡議，在已有類書的基礎上，用現代科學方法編纂一部新的類書《中華大典》。

國務院在關於編纂《中華大典》問題的批覆中指出，編纂《中華大典》『是我國建國以來最大的一項文化出版工程』。本書所收漢文古籍上起先秦，下迄清末，約三萬種，達七億多字，分爲二十四個典，近百個分典，内容廣博，規模宏大，前所未有。

《中華大典》的編纂工作堅持科學態度和百花齊放、百家争鳴方針。儘量採用古精校精刻本，優先採用我國建國後文獻學和考古學的優秀成果。對傳統文化中重要的不同學派的資料，兼收并蓄。運用現代圖書分類的方法，對收集到的資料，精選、精編，力求便於檢索、準確可信。

這項工作從開始起就受到中共中央、國務院和有關部門的重視和支持。國家主席江澤民、國務院總理李鵬分别爲《中華大典》題詞。江澤民的題詞是：『同心同德，群策群力，認真編好中華大典，爲建設有中國特色的社會主義服務。』李鵬的題詞是：『繼承和弘揚民族優秀傳統文化。』全國政協主席李瑞環、國務委員李鐵映也作了重要指示，要求抓緊辦理。一九九〇年五月，國務院批准《中華大典》爲

國家重點古籍整理項目。一九九二年九月，正式成立了《中華大典》工作委員會和《中華大典》編纂委員會，召開了《中華大典》工作、編纂會議。自此，《中華大典》的編纂工作由試點轉入正式啓動，逐步鋪開。

編纂《中華大典》，學術性很强，工作量很大，工程十分艱巨，全賴廣大專家學者和全國各有關高等院校、科研院所、圖書館、出版單位的鼎力支持與積極參與。大家本着弘揚中華民族優秀文化的心願，發揚奉獻精神，克服各種困難，團結協作，給這部巨大類書的出版提供了根本保證。在此謹表示誠摯的謝意。

對本書的批評與建議，我們將十分歡迎。

《中華大典》編纂委員會

一九九七年四月

二〇〇六年十一月修訂

《中華大典》編纂通則

一、性質：《中華大典》（以下簡稱《大典》）是對漢文古籍（含已翻譯成漢文的少數民族古籍）進行全面的、系統的、科學的分類整理和彙編總結的新型類書，是在繼承歷代類書優良傳統、考慮漢文古籍固有特點的基礎上，借鑒和參照近代編纂百科全書的經驗和方法編纂而成。編纂《大典》的目的，是爲學術界及願意瞭解中國古代珍貴文化典籍的人士提供各種分門别類的、準確詳細的古代漢文專題資料。

二、規模和體例：《大典》所收古籍的時限，上自先秦，下迄辛亥革命。全書共收各類漢文古籍三萬餘種，七億多字。全書體例，着重汲取清代《古今圖書集成》所採用的經目和緯目相交織這一統一框架結構的模式，同時參照現代科學的學科、目録分類方法，并根據各類學科内容的實際情況，一般將每一大類學科輯爲一典，也有將幾個相關學科共輯爲一典的。對各典名稱，均以現代學科命名，對於所收入的各種古籍資料，亦儘可能納入現代科學分類體系之中。

三、經目：大典共分二十四個典，即哲學典、宗教典、政治典、軍事典、經濟典、法律典、教育典、語言文字典、文學典、藝術典、歷史典、歷史地理典、民俗典、數學典、物理化學典、天文典、地學典、生物學典、醫藥衛生典、農業典、林業典、工業典、交通運輸典、文獻目録典。典以下以分典、總部、部、分部分級，分部之下的標目根據各學科特點由各典自行擬定。

四、緯目：共設置九項緯目，用以包容各級經目的具體内容。

①題解：對有關學科的名稱、概念、含義、特點等作總體介紹的資料。

②論説：有關理論部分的資料。

③綜述：有關學科或事物的系統性資料，凡有關學科或事物的性狀、制度、範疇、特點及學科地位、發展情況等具體内容均編入此緯目中。

④傳記：有關人物的傳記資料。

⑤紀事：有關學科或事物的具體活動或事例的資料。

⑥著録：重要人物或文獻的有關著作資料，如專集介紹、序跋、藏書題記，以及有關著作的成書經過、版本源流等。

⑦藝文：有關屬於文學欣賞性的散文或韻文。

⑧雜録：凡未收入以上各緯目，而又有較高參考價值的資料，均入雜録。

⑨圖表：根據有關經目的内容需要，圖與表附於相關專題之下，或集中匯總於某級經目之後。

《大典》以内容分類安排各級緯目，各級緯目的正文，一般以原書爲單位，按時代順序排列。每一條資料前標明出處，包括書名或作者名、篇名或卷次，以利讀者核對原書。

五、書目：每分典後附有該分典所收書之書目，書目包括書名、作者、時（年）代、版本等内容。時代以成書時代爲準，成書時代不詳者，以作者主要活動時代爲準，并遵從歷史習慣。

六、版本：《大典》在選用版本時儘量採用古人的精校精刻本，亦採用學術界通用的近、現代整理圈點本及現代學者校點整理本。

七、校點：爲儘可能保存古籍原貌，《大典》衹對底本中明顯的脱、訛、衍、倒進行勘正。古本中的避諱字一般不作改動，衹對缺筆字補足筆畫。後人刻書時避當朝人諱而改動的字，據古本改回。《大典》採用新式標點法。

一九九六年八月

二〇〇六年十一月修訂

《中華大典·藝術典》編纂委員會

主　編：金維諾

副主編：李　松

編　委：李之檀　李修生　陳雨前　劉天琪

《中華大典·藝術典》總序

金維諾

《中華大典》是一部沿襲古代傳統而按現代學科分類的新型類書，《藝術典》是其二十四個學科典之一。《中華大典·藝術典》運用現代科學的觀念和方法，輯録一九一一年以前有關藝術方面的文獻資料，進行全面系統的科學分類整理之后加以彙編。

一、本典編纂之目的，在於爲藝術理論研究和藝術實踐提供詳細、準確的專題資料，資料之輯録彙編遵循如下原則：

對於歷史上重要的不同學派、不同觀點的資料，在輯録時兼收并蓄，并做到客觀、完整和全面。

注意版本的選擇，精選古本和善本。做到精心分類、選編，使所收資料不漏不濫。儘可能地吸收和運用近現代學者的研究成果，遵守學術規範，認真點校，防止轉録失誤。

凡藝術活動涉及的制度、政策、設施、思想、理論、現象、範疇等，均在收編之列。

收録的範圍和對象爲一九一一年以前刊印的文獻資料，爲力求全面不遺，除各類藝術專書，包括經、史、子、集諸書，旁及碑傳、石刻中的有關部分。

經目與緯目相交織，統一框架結構。在最小經目之下酌情設置若干緯目，在緯目之下按類別編排資料。

本典屬《中華大典》二級經目，下設的分典屬三級經目。分典之下的經目稱部，按門類劃分。部下設條目，條目爲最小經目。在部與條目之間，根據實際需要可酌情增設分部。受制於藝術類學科專業性强、相關古籍資料分佈廣泛而零散、編纂難度大等各種實際困難，本典擬設定《陶瓷藝術分典》《戲曲文藝分典》《服飾藝術分典》《書法藝術分典》《音樂藝術分典》《繪畫藝術分典》《工藝美術分典》等七个分典。

本典共設如下九个一級緯目：

題解：對本典的名稱、概念、含義、特點等作概括性介紹。

論説：系統歸納和滙集本典中有關理論部分不同學派及觀點的資料。

綜述：全面、系統、準確地滙集有關本典的主要資料。表述學科特點、地位、發展情況。

傳記：真實、全面收録本典有關代表人物的傳記資料。

紀事：真實、全面收録本典有關活動和重大事件。

著録：收録本典中重要人物或文獻的有關著作資料，如專集、序跋、史籍、藏書題記，以及各種著作的成書經過、版本源流等。

藝文：收録本典相關重要的散文和韻文。

雜録：凡未收入題解、論説、綜述、傳記、紀事、藝文，而又具有較高參考價值的資料，一律收入雜録。

圖表：注意《藝術典》的特色，重視各分典的圖表收録。

資料交叉處理原則。各分典内部和各分典之間，可能有交叉、重復問題。處理原則是，以藝術性質、活動的具體特點爲基本選擇原則，儘量安排一處，避免重復。

二、本典編纂工作分爲以下四個步驟：

首先，擬定引用書目。引用書目要在審查基礎上擬定，分人分段起草初稿，廣泛徵求意見，集中討論，由主編最後定稿。引用書目，要注明所採版本，并應選善本作底本；根據工作實際情況，亦可選用適當的常見易得本。

其次，建立數據庫。把引用書目中的全部資料做成電子數據庫，直接爲《藝術典》編纂服務。引用書目中，已有電子數據的，充分加以利用；無電子數據的，則須重新録入。二者都要根據底本認真校對，準確標點，使數據庫的資料可以直接引作依據。爲了便於與底本核對，數據庫做成文字録入和掃描圖像相互對照形式。編委會委托有關人員負責數據庫的施工，同時由編委會和出版社聯合組成數據庫工作小組，全程跟踪和監理數據庫工作，負責學術指導、資料供應和質量檢查。

再次，爲避免重複勞動，材料普查工作打破分典界限，由主編統一安排，分段分類把任務分配到分典，任務落實到參加編纂的工作人員，實行主編與個人雙重負責制。

凡屬框架所設置的部及緯目專題範圍者，均在收集之列，不得重此輕彼。所收資料，均按各分典、部的細目，予以分類。

工作開展前，分片組織研討，選取有代表性的文獻，做查閱、分輯、點校、建卡之樣板，使參加人員掌握工作的各項要求。

材料以複印件或原書數碼複製者爲准，儘量避免手抄轉録。不得已祗能手抄者，應覆校兩次以上，以保證質量。

所選材料，儘量保持完整，但不宜分製過於瑣細。

每則資料，建立一卡，把資料粘貼在統一規格的紙張上，并按統一要求，填好題目、類別、出處、時代等項。

經常進行檢查，嚴格把好質量關。

最后，分類編排。

分類編排以分典爲單位進行。材料普查後，集中到典辦公室，典辦公室按類分到各分典；各分典主編再把材料按部

分給個人，實行兩級負責制。

各分典在全面展開工作以前，選擇一兩個部編寫樣稿，全典組織討論、交流，明確要求，統一認識，然後全面鋪開。

在鋪開編寫之前，由典辦公室組織各分典編寫人員，對全書框架細目進行再一次的審核和考訂，并規定相應字數，然後再按分典、部分派具體編纂任務。

編寫人員對收到的各部材料，要進行篩選，對引用書目以外散見其他典籍的重要材料，亦應收集和補充。

編寫人員對單元中入選的材料，第一步按緯目分類，第二步各緯目下材料按時間順序排列，即『以類相從，以時爲序』。

在全書的編排上，正文之前有目録和序（或提要），正文之後有書目和索引，具體要求詳見《通則》。

在編寫過程中，分典主編應經常抽查所屬人員工作，典主編和辦公室人員亦應經常抽查各分典工作。

三、審查定稿時，按照《中華大典》編纂審定制度進行，詳見《中華大典》編纂工作總則、審定制度及校點通則。

中華大典·藝術典

書法藝術分典

《中華大典·藝術典·書法藝術分典》編纂委員會

主　編：劉天琪

副主編：江　波　張　函　馬新宇

編　委：蘇顯雙　李慧斌　馬國良　王　勁　白林坡

《中華大典·藝術典·書法藝術分典》編纂説明

(一)《書法藝術分典》是《中華大典·藝術典》五個分典之一。根據《中華大典》的編纂通則、《藝術典》的凡例和本分典的具體情況，制訂了相應的編纂體例。

(二)經目：《書法藝術分典》設書家總部、書蹟總部、篆刻總部三個三級經目。

(三)分典各總部，在書家總部下設秦漢書家部、魏晉南北朝書家部、隋唐五代書家部、宋代書家部、金元書家部、明代書家部、清代書家部等七個四級經目，書蹟總部下設先秦秦漢書蹟部、魏晉南北朝書蹟部、隋唐五代書蹟部、宋代書蹟部、金元書蹟部、明代書蹟部、清代書蹟部等七個四級經目，篆刻總部下設印人部、篆刻工具部、篆刻材料部、篆刻作品部等四個四級經目。

秦漢書家部：選取歷史上有記録的秦漢之間的書法家，以姓名標目，並按書家生卒年順序次第排列，收録相關的文獻資料。如遇有具體年代不詳的書家，遵從目前學界習慣列於相應的朝代之後。如遇跨時段書家，視其主要活動的時代列於其間。

以下魏晉南北朝書家部、隋唐五代書家部、宋代書家部、金元書家部、明代書家部、清代書家部的選擇要求同上，不再列出。

秦漢書蹟部：選取有著録的秦漢之間的書法作品，以作品名稱標目，並按作品年代順序列出，收録相關的文獻資料。如有時代不詳或者無考者，按目前學界一般認識列於相應的朝代之後。另，同一作者的不同作品按所書時間順序列出，如遇時間不詳者，列於本作者作品之後。

以下魏晉南北朝書蹟部、隋唐五代書蹟部、宋代書蹟部、金元書蹟部、明代書蹟部、清代書蹟部的選擇要求同上，不再列出。

印人部：下設唐宋印人分部、元代印人分部、明代印人分部、清代印人分部等四個五級經目。選取唐代至清代間有記録的印人(篆刻家)，以姓名標目，大體按生卒年順序次第排列，收録相關的文獻資料。生卒年無考者，遵從歷史習慣或者目前學界的考證列於相應的朝代之後。如遇跨時段印人，視其主要活動的時代列於其間。

篆刻工具部：按刻刀、印床、印矩、印刷、印筋、印色池、圖書匣、盛印色器皿分類，分別收録相關的文獻資料。

篆刻材料部：按玉、銅、金、銀、瑪瑙、水晶、象牙、犀角、石等分類，以具體類別標目，收録相關的文獻資料。

篆刻作品部：設璽印分部、官印分部、私印分部等三個五級經目，以作品名稱標目，收録相關的文獻資料。

（四）緯目：本分典的經目下設題解、論説、綜述、傳記、紀事、著録、藝文、雜録、圖表等九個緯目。

題解：對本經目的名稱、概念、涵義、特點等作總體介紹。

論説：收録對書家、書蹟、印人、篆刻工具、篆刻材料、篆刻作品的總體評論與個體鑒賞資料。

綜述：對該部所含内容有較重要研究參考價值的文獻資料。

傳記：收録歷代書家與印人的有關傳記資料，資料盡可能選用早出、較詳、具有權威性者。正史中立傳之書家與印人，只節録其本傳中與書法活動關係密切的内容。前人對書家生平方面的重要考證，酌情收録，不同的結論兼收并蓄。

紀事：主要收録書家、印人的逸事，以及書蹟、篆刻工具、篆刻材料本事兩項。遵循求精的原則處理，篇幅長者，一般擇要節録。

著録：收录重要書家或書蹟的有關著作資料，如專集、序跋、重要史籍、藏書題記，以及各种著作的成書經過、版本源流等。

藝文：一般收録與書家的書法活動、書蹟作品、印人的篆刻活動相關的屬於文學欣賞性的散文或韻文。

雜録：凡未收入以上各緯目，而又有較高參考價值的的資料，均入雜録。

圖表：根據有關經目的内容需要，圖與表附於相關專題之下，或集中匯總於某級經目之後。

以上緯目，根據資料的實際情況，有則設，無則闕。資料少的，不設緯目，但仍按緯目順序排列。

（五）引書格式：單篇文章標明朝代、作者與篇名。書籍標書名、卷次。卷帙浩繁、體例複雜的書籍，標書名、卷次、篇名。不分卷次和異書同名者加標作者和篇名。以上所需資料原則上按時代先後順序排列。

（六）本分典所收資料，原則上盡可能據善本複製，或者採用可靠的影印本或排印本，並審慎校點。

（七）全書之末，附主要引用書目，包括書名、作者、版本。對於一部古籍，不限於一種版本，擇善而從。考慮到主要引用書目中所列古籍主要集中在子部藝術類，因此未再按傳統四部分類法細分。

（八）本書為集體編纂。主編劉天琪總領全書，負責全書框架制定及工作協調，具體編纂分工如下：先秦、秦漢、北朝部分書家、書蹟資料搜集彙編由劉天琪、馬國良、王勁、馬新宇負責；三國兩晉、南朝部分書家、書蹟資料搜集彙編由蘇顯雙負責；隋唐五代部分書家、書蹟資料搜集彙編由江波負責；宋遼金部分書家、書蹟資料搜集彙編由李慧斌負責；元明清部分書家、書蹟資料搜集彙編由張函負責；篆刻總部資料搜集彙編由白林坡負責。

因編纂工作啟動時間較晚，作者彙編的資料，僅粗略設置經緯目，以古籍底本掃描件裁剪圖的形式交付出版社。書稿録入工作由岳麓書社中華大典項目部完成，點校工作主要由本書責任編輯王文西與特邀編輯廖承良研究員等共同完成，全書框架體例調整規範、經緯目設定、引書標目修改、引文排序等工作由王文西完成，底本校對、條目排序及删除重複資料等工作由項目部聘請的湖南師大曆史文化學院及文學院研究生高娟、劉夢雅、葛瑩、齊小芳、朱可卿等人完成，主要引用書目由本書責任編輯王文西與孫世傑編制。

（九）本書在編纂過程中，得到西安美術學院博士生導師程征先生、陝西省美術家協會主席王西京先生的熱心指導和大力支持，在此一併致謝。

目次

書家總部

秦漢書家部

魏晉南北朝書家部

隋唐五代書家部

宋代書家部

金元書家部

明代書家部

清代書家部

書蹟總部

先秦秦漢書蹟部

魏晉南北朝書蹟部

隋唐五代書蹟部

宋代書蹟部

金元書蹟部

明代書蹟部

清代書蹟部

篆刻總部

印人部・唐宋印人分部

印人部・元代印人分部

印人部・明代印人分部

印人部・清代印人分部

篆刻工具部

篆刻材料部

篆刻作品部・寶璽分部

篆刻作品部・官印分部

篆刻作品部・私印分部

附録

書家總部

秦漢書家部

李斯

論説

唐・韋續《墨藪》卷一《五十六種書第一》 仙人篆者，古之所有。李斯善辨古文字，改為篆形也。

又《梁武帝書評第五》 李斯書，骨氣風雲，方圓妙絶。 細篆者，李斯摹寫始皇碑序皆用此體。

又《論篆第七》 秦時李斯號為工篆。諸山及銅人銘，皆李斯書也。

又《用筆法并口訣第八》 秦丞相李斯，改尚方大篆為小篆。 斯字通古，上蔡人，少受學于荀卿，仍學篆勢，今之名山及印璽由斯之筆勢，至曹喜，悲嘆不已。

又 秦丞相李斯曰：夫書之微妙，道合自然，篆籀以前眇邈不可得而聞矣。 自上古以降，大篆方行于世，字皆古體，莫測其文，古遠賢哲，不能詳辨。 斯遂删其繁冗，取其合宜，參為小篆。

又卷二《晉衛恒等書勢第十六》 李斯乃奏益之，罷不合秦文者。 斯作《蒼頡篇》，中車府令趙高作《爰歷篇》，太史令胡毋敬作《博學篇》，皆取史籀大篆，或頗省改，所謂小篆。

宋・陳思《書苑菁華》卷一《書法上・秦漢魏四朝用筆法》 李斯史籀等用筆勢，喈得之不食三日，唯大叫歡喜，若對古人。 喈遂讀誦三年，妙達其理，用筆特異，漢代善書者咸稱異焉。

又卷三《書體・五十六種書并序》 細篆書，李斯摹寫始皇碑序皆用此體，亦曰繆篆。 小篆書，李斯删古文作也。 始皇以祈禱名山，皆用此書。 刻符書，鳥頭雲脚，李斯、趙高并善之，用題印璽。

胡毋敬

論説

南朝梁・庾元威《論書》 及秦相李斯破大篆為小篆，造《蒼頡》七章，中車府令趙高造《爰歷》六章，太史胡毋敬造《博學》七章，後人分十五章為上卷。

唐・韋續《墨藪》卷二《晉衛恒等書勢第十六》 李斯乃奏益之，罷不合秦文者。 斯作《蒼頡篇》，中車府令趙高作《爰歷篇》，太史令胡毋敬作《博學篇》，皆取史籀大篆，或頗省改，所謂小篆者。

宋・朱長文《墨池編》卷一《字學門・漢許慎説文序》 太史令胡毋敬作《博學篇》，皆取史籀大篆，或頗省改，所謂小篆者也。

趙高

論説

唐・韋續《墨藪》卷一《五十六種書第一》 刻符書者，鳥頭雲脚，李斯、趙高并善之，用題印璽。

又卷二《晉衛恒等書勢第十六》 李斯乃奏益之，罷不合秦文者。 斯作《蒼頡篇》，中車府令趙高作《爰歷篇》，太史令胡毋敬作《博學篇》，皆取史籀大篆，或頗省改，所謂小篆。

明・陶宗儀《書史會要》卷一《秦》 趙高，二世丞相也，善大篆，作

《爰曆篇》九章，亦善刻符書。

明・潘之淙《書法離鉤》卷一《小篆》 小篆，秦篆也。丞相李斯作《倉頡篇》七章，郎中令趙高作《爰歷篇》六章。

程邈

論說

唐・韋續《墨藪》卷一《五十六種書第一》 古隸書者，秦程邈獄中變大篆所作。始皇嘉焉，拜侍御史。

又 徒隸之書，因程邈幽囚，為徒隸書也，今正書。

又《九品書人第二》 秦程邈，正、行。

又卷二《晉衛恒等書勢第十六》 所謂小篆者，或曰下邽人程邈為衙獄吏，得罪始皇，幽繫雲陽十年，從獄中作大篆，少者增益，多者損減，方者使圓，圓者使方，奏之始皇，始皇善之，出以為御史，使定書。或曰邈所定乃隸字也。

又《徐氏書記第二十》 周曰六書，秦稱八體。或云隸書者，始皇使下邽人程邈所作，漢因行之。

宋・陳思《書苑菁華》卷三《書體・五十六種書并序》 古隸書，秦程邈繫獄中，變大篆所作。始皇嘉焉，拜侍御史，名徒隸之書。今為八分。

又 徒隸之書，因程邈幽囚，為徒隸書也。邈字元岑。

傳記

宋・陳思《書小史》卷三《傳二》 程邈字元岑，下邽人。始為衙縣獄吏，得罪始皇，幽繫雲陽獄中。覃思十年，變大篆，益小篆方圓，而為隸書三千字。奏上，始皇善之，出為御史。

蕭何

紀事

宋・陳思《書小史》卷三《傳二》 漢蕭何，沛人，善篆籀。何作未央宮，制度弘壯，覃思三月，以題其額，觀者如流水。何使禿筆書，時謂之蕭籀，為八體。有署書，亦何所定，題蒼龍、白虎二闕。

司馬相如

論說

元・鄭杓《衍極》卷二《書要篇》 漢司馬相如妙辨六音，測尋二氣，采日辰之禽，屈伸其體，升降其勢，識象四時之氣，為之興降象形焉。

傳記

宋・陳思《書小史》卷三《傳二》 司馬相如，字長卿，成都人。善詞賦，工筆札，辨六律，測尋二氣。文帝時令長卿采日辰之禽，屈伸其體，升伏其勢，象四時之氣，為氣候時書。王融云：後漢東陽公徐安于搜諸史籍，得十二時書，皆象神形也。

張安世

傳記

《漢書》卷五九《張安世傳》 安世字子孺，少以父任為郎。用善書給事尚書，精力於職，休沐未嘗出。上行幸河東，嘗亡書三篋，詔問莫能知，唯安世識之，具作其事。後購求得書，上奇其材，擢為尚書令，遷光禄大夫。

清・沈辰《書畫緣》 張安世，字子儒，少以父任為郎，用善書給事尚書。宣帝立，拜為大司馬、車騎將軍，領尚書事，更為衛將軍，謚敬候。

嚴延年

傳記

唐・張懷瓘《書斷》卷下《能品》 嚴延年，字次卿，東海人，河南太守。雅工史書，規模趙高，時稱其妙。後以罪棄市。

明・陶宗儀《書史會要》卷二《漢》 嚴延年，字次卿，東海下邳人。官至河南太守，用刑刻急，尤巧為獄文。善大篆。

楊雄

紀事

宋・朱長文《墨池編》卷一《字學門・唐林罕小説序》 漢初有書師以隸合小篆為五十五章，教于鄉里。平帝元始中，徵通書會京師者百有餘人，方立小學之科。楊雄采掇其可用者作《訓纂》八十九章，至東漢班固加十三章，共一百二章，二千一百二十字。

又卷六《器用二・墨》 漢楊雄答劉歆書云：雄為郎自奏，心好耽博麗之文，願不愛三歲俸，息休直事，得肆心廣意。成帝詔下奪俸，令尚書賜筆墨，得觀書于石室。故天子上計孝廉及内郡衙卒會者，雄常把三寸弱翰，賫油素四尺，以問其异。歸則以鉛擿松槧，二十七年於兹矣。

史游

論說

唐・張懷瓘《書斷》卷上《章草》 章草即隸書之捷，草亦章草之捷也。案杜度在史游後一百餘年，即解散隸體，明是史游創焉，史游即章草之祖也。

宋・朱長文《墨池編》卷三《品藻之二・章草》 漢元帝時，史游作《急就章》，解散隸體兼書之。漢俗簡惰，漸以行之是也。

明・王世貞《古今法書苑》 案章草者，漢黄門令史游所作也。史

游製草，始務急就。婉若迴鸞，攫如搏獸。遲迴縑簡，勢欲飛透。敷華垂實，尺牘尤奇。并功惜日，學者為宜。

又 史游，元帝時黄門令。史作《急就章》一篇，解散隸體，粗書之，損隸之規矩，存字之梗概，本草創之義，謂之行草，以別今草謂之章草。史游即章草之祖也。

張彭祖

論説

唐・張懷瓘《書斷》卷下《能品》 張彭祖，吴郡人，官至龍驤將軍。善隸書，右軍每見其緘牘，輒存而玩之。夷、齊雖賢，若仲尼不言，未能高舉。亦猶彭祖附青雲之士，不泯於兹。

宋・陳思《書小史》卷五《傳四》 張彭祖，澄之子，官至龍驤將軍，善隸書。張懷瓘云：右軍每見彭祖縑素尺牘，輒存而玩之。夷齊雖賢，若仲尼不言，未能遠舉。亦猶彭祖附青雲之士，不泯於兹。

傳記

宋・朱長文《墨池編》卷六《器用一・硯》 後漢張彭祖，少與漢宣帝微時同席硯書。及帝即位，彭祖以舊恩封陽都侯，出常參乘。

王尊

傳記

《漢書》卷七六《王尊傳》 王尊，字子贛，涿郡高陽人也。少孤，歸諸父，使牧羊澤中。尊竊學問，能史書。

宋・陳思《書小史》卷三《傳二》 王尊，字子贛，涿郡高陽人，官至東郡太守。竊學問，能史書。

明・佚名《書畫史》 王尊，字子貢，涿郡高陽人，官至東郡太守。勤學問，能古文奇字。

谷永

論説

宋・釋適之《金壺記》 漢谷永，字子雲，與婁護俱為王侯上客。長安説曰：谷子雲之筆札，婁君卿之唇舌。護字君卿。

陳遵

論說

宋・朱長文《墨池編》卷一《宋僧夢英十八體書》 芝英篆者，漢陳遵所作。陳氏每書，一座皆驚，時人謂之陳驚座。昔六國各以异體之書，潛為符信，則芝英興焉。秦焚古典，其文煨滅，在漢中葉，武帝臨朝，爰有靈芝三本植於殿前，既歌芝房之曲，又述芝英之書焉。陳氏即芝英之祖。

又卷二《齊王僧虔答録古來能書人名》 杜陵陳遵，後漢人，不知其官。善篆、隸，每書，一坐皆驚，時人謂為陳驚坐。

傳記

南朝宋・羊欣《采古來能書人名》 杜陵陳遵，後漢人，不知其官。善篆、隸。每書，一坐皆驚，時人謂為陳驚座。

紀事

唐・張懷瓘《書斷》卷上 漢陳遵，字孟公，京兆杜陵人，哀帝之世為河南太守。善隸書，與人尺牘，主皆藏之以為榮，此其創開隸書之善也。爾後鍾元常、王逸少各造其極焉。

馮嫽

傳記

清・沈辰《書畫緣》 馮嫽，楚主侍者，能史書習事。嘗持漢節為公主使，行賞于城郭。諸國敬信之，號曰馮夫人。

紀事

清・朱象賢《印典》卷三《賜烏孫印》 《烏孫傳》：漢都護韓宣奏，烏孫大吏、大禄、大監賜金印、紫綬。又《西域傳》：烏孫公主侍者馮嫽，常持漢節，為公主使，行賞于城郭。諸國敬信之，號曰馮夫人。為烏孫右大將軍妻。右大將軍與烏就屠相愛，都護鄭吉使馮夫人乘錦車持節，詔烏就屠為小昆彌，賜印綬也。

王次仲

論說

《晉書》卷三六《衛恒傳》 上谷王次仲始作楷法。

唐・韋續《墨藪》卷一《五十六種書第一》 分書者，王次仲所作。魏鍾繇謂之章程書。

宋・朱長文《墨池編》卷一《唐唐玄宗論十體書》 八分，後漢章帝時上谷王次仲所造。以古書字形少波勢，乃作八分楷法，始有楷法也。其後師宜官、蔡邕、梁鵠善之。故蔡邕《勸學篇》云：上谷王次仲初變古形。是也。

宋・陳思《書苑菁華》卷三《書勢・晉衛恒著四體書傳并書勢》 上谷王次仲始作楷法。

又卷二〇《翰林轉授隱術》 楷法起於上谷王次仲，蔡邕、崔瑗悉能為之。鐘元常用之盡妙，王逸少得於神彩，永禪師不隳世德，歐陽詢、虞世南克彰時譽。遞于變互，不失其宗。八法熟閑，異態皆識。若明此道，始可攻書爾。

曹喜

論説

唐・韋續《墨藪》卷一《五十六種書第一》 垂露篆者，漢章帝時曹喜作也。

懸針篆者，亦曹喜所作，有似針鋒而名。用題五經篇目。

又卷二《徐氏書記第二十》 扶風曹喜善篆、隸，時人師之。

宋・朱長文《墨池編》卷一《唐唐玄宗論十體書》 懸針，後漢章帝建初中，祕書郎曹喜所造。喜工篆、隸著名，尤善垂露之法。後代行之，用此以書題五經篇目。

傳記

唐・張懷瓘《書斷》卷中《妙品》 曹喜，字仲則，扶風平陵人，章帝建初中為祕書郎。篆、隸之工，收名天下。蔡邕云：扶風曹喜，建初稱善。衛恒云：喜善篆，小異於李斯，邯鄲淳師焉。

《晉書》卷三六《衛恒傳》 漢建初中，扶風曹喜少異於斯，而亦稱善。邯鄲淳師焉，略究其妙，韋誕師淳而不及也。

杜操

論説

南朝梁・庾肩吾《書品論》 建初中，京兆杜操始以善草知名，今之草書是也。

唐・張懷瓘《書斷》卷上 蕭子良云：章草者，漢齊相杜操始變稿法。非也。

元・鄭杓《衍極》卷下《造書篇》 章帝時杜操善草書，帝貴其跡，詔上章表令作草體。

杜度

論説

南朝梁・庾肩吾《書品》 崔瑗子玉、杜度伯度、師宜官、張昶文舒、王獻之子敬。

右五人，上之中。

論曰：崔子玉擅名北中，跡罕南度。世有得其摹者，王子敬見之稱美，

以為功類伯英。杜度濫觴于草書，取奇于漢帝，詔復奏事，皆作草書。師宜官鴻都為最，能大能小。文舒聲劣于兄，時云亞聖。子敬泥帚，最驗天骨。兼以製筆，復識人工。一字不遺，兩業傳妙。此五人，允為上之中。

《晉書》卷三六《衛恒傳》 漢興，而有草書，不知作者姓名。至章帝時，齊相杜度號善作篇。

班固

論説

宋・歐陽修《六一題跋》卷八《唐于敻神道碑元和中》 碑云：司馬遷儒之外五家，班固儒之外八流。其語雖拙，蓋言敻學不駁雜也。

宋・釋適之《金壺記》 梁蕭琛為宜城太守，有北僧南渡，唯賫一瓢，中有《漢書・叙傳》。僧云三輔舊相傳，以為班固真本。琛固求得之。其書跡有異於今，非隸非篆。

傳記

唐・張懷瓘《書斷》卷下《能品》 後漢班固，字孟堅，扶風安陵人。官至中郎將。工篆，李斯、曹喜之法，悉能究之。

許慎

論説

《晉書》卷三六《衛恒傳》 及許慎撰《説文》，用篆書為正，以為體例，最可得而論也。

唐・韋續《墨藪》卷二《晉衛恒等書勢第十六》 及許慎撰《説文》，用篆為正，以為體例，最可得而論也。

宋・朱長文《墨池編》卷一《唐林罕小説序》 惟太尉祭酒許慎，取其形類作《偏傍條例》十五卷，名之曰《説文》，頗有遺漏。吕忱又作《字林》五卷，以補其缺。

傳記

唐・張懷瓘《書斷》卷下《能品》 許慎，字叔重，汝南召陵人。官至太尉南閣祭酒。少好古學，書正文字，尤善小篆，師模李斯，甚得其妙。作《説文解字》十四篇，萬五百餘字。疾篤，令子沖詣闕上之。安帝末年卒。

崔瑗

論說

唐・韋續《墨藪》卷一《論篆第七》 漢興而有草書，不知作者姓名。至章帝時，齊相杜伯度號善作篇，復有崔瑗、崔寔亦皆稱工。

傳記

元・盛熙明《法書考》卷一《書譜・集評》 崔瑗子玉。庾云：擅名北中，迹罕南渡，世有得摹者，王子敬見之，稱以為美。切類伯英，上中品。張云：章草第一，神品。小篆妙品。李云：上上品。篆效李斯，點畫皆如鐵石。王云：筆勢甚快，而結字小疏。袁昂云：如危峰阻日，孤松一枝。有絶望之意。

崔寔

論說

宋・朱長文《墨池編》卷三《品藻之二・草書》 自杜度妙于章草，崔瑗、崔寔父子繼能，羅暉、趙襲亦法此藝。

傳記

唐・張懷瓘《書斷》卷下《能品》 崔寔，字子真，瑗之子也。博學有俊才，為五原太守。章草雅有父風。

劉德昇

論說

唐・張懷瓘《書斷》卷上《行書》 案行書者，後漢潁川劉德昇所作也。即正書之小僞，務從簡易，相間流行，故謂之行書。

傳記

南朝宋・羊欣《采古來能書人名》 劉德昇，善為行書，不詳何許人。

蔡邕

論說

南朝宋・羊欣《采古來能書人名》 陳留蔡邕，後漢左中郎將。善篆、

隸，采斯、喜之法。

唐・韋續《墨藪》卷一《五十六種書第一》 飛白書者，蔡邕待詔，見門下吏堊帚成字所作。

後漢蔡邕，隸篆、八分。

又《梁武帝書評第五》 蔡邕書骨氣洞達，奕奕如有神力。

又卷二《晉衛恒等書勢第十六》 魏氏寶器銘題皆誕書也。漢末，又有蔡邕采斯、喜之法，為古今雜形，然精密閑理，不如淳也。邕作《篆勢》曰：鳥遺跡，蒼頡循。聖作則，制斯文。體有六，篆為真。形要妙，巧入神。或龜文針列，櫛比龍鱗，體紆放尾，長短複身。頹若黍稷之垂穎，蘊若蟲蛇之棼蘊。揚波振撇，鷹跱鳥震，延頸脅翼，勢似凌雲。或輕筆內投，微本濃末，若絕若連。似水露緣絲，凝垂下端，從者如懸，衡者如編。杳杪邪趣，不方不圓，若行若飛，跂跂翾翾。遠而望之，象鴻鵠群游，駱驛遷延。迫而視之，端際不可得見，指撝不可勝原。研桑不能數其詰屈，離婁不能睹其隙間。般倕揖讓而辭巧，籀誦拱手而韜翰。處篇籍之首目，粲斌斌其可觀。摛華豔于紈素，為學藝之範先。喜文德之弘懿，愠作者之莫刊。思字體之俯仰，舉大略而論旃。秦既用篆，奏事繁多，篆字難成，即令隸人佐書，曰隸字。漢因行之，獨符印璽幡信題署用篆。隸書者，篆之捷也。上谷王次仲始作楷法。

《宣和書譜》卷二〇《八分書敘論》 曰去隸字八分取二分，去小篆二分取八分，故謂之八分。此蔡琰述父中郎邕語也。

藝文

元・鄭杓《衍極》卷上《書要篇》 蔡邕《筆論》曰：書者，散也。欲書先舒散懷抱，任情恣性。次須正坐靜思，隨意取擬字體形勢。若坐若行，若飛若動，若往若來，若卧若起，若愁若喜，若春夏秋冬。形若蟲食木，若利刀戈，若強弩之末，若水火，若雲霧，若日月。縱橫有象，可謂書矣。

張芝

論說

南朝齊・王僧虔《論書》 張芝、索靖、韋誕、鍾會、二衛并得名前代。古今既異，無以辨其優劣，惟見筆力驚絶耳。

南朝梁・陶弘景《與梁武帝論書啓》 伯英既稱草聖，元常實自隸絶，論旨所謂殆同一璣神，實曠世莫繼。

南朝梁・袁昂《古今書評》 張芝驚奇，鍾繇特絶。逸少鼎能，獻之冠世。四賢共類，洪芳不滅。

南朝梁・庾肩吾《書品》 張芝伯英、鍾繇元常、王羲之逸少。

右三人，上之上。

論曰：隸既發源秦始，草乃激流齊相。跨七代而彌遵，將千載而無革。誠開博者也。【略】若探妙測深，盡形得勢，烟花落紙，將動風彩，帶字欲飛，凝神化之所為，非世人之所學，惟張有道、鍾元常、王右軍其人也。張工夫第一，天然次之，衣帛先書，稱為草圣。鍾天然第一，工夫次之，妙盡許昌之碑，窮極鄴下之牘。王工夫不及張，天然過之，天然不及鍾，工夫過之。羊欣云，貴越羣品，古今莫二，兼眾法備成一家。若孔門以書，三子入室矣。允為上之上。

《晉書》卷三六《衛恒傳》 弘農張伯英者，因而轉精甚巧。凡家之衣帛，必書而後練之。臨池學書，池水盡黑。下筆必為楷則，號忽忽不暇草書。寸紙不見遺，至今世尤寶其書，韋仲將謂之草聖。伯英弟文舒者，次伯英。又有姜孟穎、梁孔達、田彥和及韋仲將之徒，皆伯英弟子，有名於世，然殊不及文舒也。羅叔景、趙元嗣者，與伯英並時。見稱於西州，而矜巧自興，衆頗惑之。故英自稱上比崔、杜不足，下方羅、趙有餘。

唐・孫過庭《書譜》 夫自古之善書者，漢魏有鍾、張之絶，晉末稱二

王之妙。

唐·李嗣真《書後品·逸品五人》　張芝、草。鍾繇、正。王羲之、三體及飛白。王獻之草書、行書、半草。

右四賢之迹，揚庭効技，策勳底績，神合契匠，冥運天矩，皆可稱曠代絶作。【略】然伯英章草，似春虹飲澗，落霞浮浦。又似沃霧沾濡，繁霜摇落。

唐·張懷瓘《書斷》卷上《章草》　懷瓘案：章草之書，字字區别，張芝變為今草，如其流速，拔茅其茹，上下牽連。或借上字之下而為下字之上，奇形離合，數意兼包，若懸猿飲澗之象，鉤鎖連環之狀。神化自若，變態不窮。

唐·韋續《墨藪》卷一《五十六種書第一》　一筆書者，張芝所製，其狀崎嶇，有循環之狀。

傳　記

唐·韋續《墨藪》卷二《張長史十二意筆法第十一》　張芝，字伯英。見蔡邕《筆勢》，遂作《筆心論》。

宋·朱長文《墨池編》卷二《齊王僧虔答録古來能書人名》　弘農張芝，高尚不仕，善草書，精勁絶倫。家之衣帛，必先書而後練，臨池學書，池水盡黑。下筆必為楷則，號匆匆不暇草書。韋仲將謂之草聖。

羅暉

論　説

唐·張懷瓘《書斷》卷上《草書》　自杜度妙於章草，崔瑗、崔寔父子繼能，羅暉、趙襲亦法此藝。

又卷下《能品》　羅暉字叔景，京兆杜陵人，官至羽林監，桓帝永壽年卒。善草，著聞三輔。張伯英自謂方之有餘，與太僕朱賜書云：上比崔、杜不足，下方羅、趙有餘。朱賜，亦杜陵人，時稱工書也。

趙襲

論　説

《宣和書譜》卷一三《草書一章草附》　方時趙襲、羅暉亦以書稱，頗自矜持。

宋·陳思《書苑菁華》卷六《唐張懷瓘十體書斷》　自杜度妙於章草，崔瑗、崔寔父子繼能。羅暉、趙襲亦法此藝。

傳　記

唐·張懷瓘《書斷》卷下《能品》　趙襲，字元嗣，京兆長安人，為敦煌太守。與羅暉并以能草見重關西，而矜巧自興，衆頗惑之。與張芝素相親善。靈帝時卒。敦煌有張越，仕至梁州刺史，亦善草書。

蘇班

傳記

唐・張懷瓘《書斷》卷下《能品》 後有蘇班，亦平陵人也。五歲能書，甚為張伯英所稱嘆。

毛弘

論説

南朝宋・羊欣《采古來能書人名》 毛弘，鵠弟子。今祕書八分，皆傳弘法。

唐・韋續《墨藪》卷二《晉衛恒等書勢第十六》 鵠弟子毛弘，教於祕書，今八分皆弘法。

明・陶宗儀《書史會要》卷二《魏》 毛弘，師梁鵠，善古文、隸書、章草。

左伯

論説

唐・張懷瓘《書斷》卷下《能品》 左伯，字子邑，東萊人。特工八分，名與毛弘等列，小异於邯鄲淳。亦擅名漢末。尤甚能作紙。漢興，用紙代簡，至和帝時，蔡倫工為之，而子邑尤得其妙。故蕭子良答王僧虔書云：左伯之紙，妍妙輝光；仲將之墨，一點如漆；伯英之筆，窮神盡思。妙物遠矣，邈不可追。然子邑之八分，亦猶斥山之文皮，即東北之美者也。

師宜官

論説

南朝宋・羊欣《采古來能書人名》 師宜官，後漢，不知何許人、何官。能為大字方一丈，小字方寸千言，《耿球碑》是宜官書，甚自矜重。或空至酒家，先書其壁，觀者雲集，酒因大售，俟其飲足，削書而退。

南朝梁・庾肩吾《書品》 崔瑗子玉、杜度伯度、師宜官、張昶文舒、王獻之子敬。

右五人，上之中。

論曰：崔子玉擅名北中，跡罕南度。世有得其摹者，王子敬見之稱美，以為功類伯英。杜度濫觴于草書，取奇于漢帝，詔復奏事，皆作草書。師宜官鴻都為最，能大能小。文舒聲劣于兄，時云亞聖。子敬泥帚，最驗天骨。

兼以製筆，復識人工。一字不遺，兩業傳妙。此五人，允為上之中。

南朝梁・袁昂《古今書評》 師宜官書如鵬羽未息，翩翩自逝。

唐・韋續《墨藪》卷一《九品書人第二》 後漢師宜官正、隸。

傳記

唐・張懷瓘《書斷》卷中《妙品》 師宜官，南陽人。靈帝好書，徵天下工書于鴻都門，至數百人，八分稱宜官為最，大則一字徑丈，小乃方寸千言，甚矜其能。性嗜酒，或時空至酒家，書其壁以售之，觀者雲集，酤酒多售，則鏟去之。後為袁術將命鉅鹿。《耿球碑》術所立，是宜官書也。

雜録

《晉書》卷三六《衛恒傳》 至靈帝好書，時多能者，而師宜官為最，大則一字徑丈，小則方寸千言，甚矜其能。或時不持錢詣酒家飲，因書其壁，顧觀者以酬酒，討錢足而滅之。每書輒削而焚其柎。梁鵠乃益為版而飲之酒，候其醉而竊其柎。鵠卒以書至選部尚書。宜官後為袁術將，今鋸鹿宋子有《耿球碑》，是術所立，其書甚工，云是宜官也。梁鵠奔劉表，魏武帝破荆州，募求鵠。鵠之為碑，是術所立，其書甚工，云是宜官也。

梁鵠

論説

南朝宋・羊欣《采古來能書人名》 安定梁鵠，後漢人，官至選部尚書。得師宜官法，魏武重之，常以鵠書懸帳中。宮殿題署，多是鵠手。

南朝梁・袁昂《古今書評》 梁鵠書如太祖忘寢，觀之喪目。

唐・韋續《墨藪》卷一《論篆第七》 鵠亦工書，至選部尚書。曹操平荆州，假司馬使在祕書，以勤書自效，曹公常懸帳中及釘壁玩之，謂勝宜官。鵠字孟皇，魏宮題額皆鵠書。

仇靖

論説

清・梁章鉅《退庵所藏金石書畫跋尾》 仇靖，字漢德。書文者，揮翰遺詞，皆斯人也。《郙閣》題名云：從史位下辨仇靖字漢德，為此頌。中間姓名刓缺，得此乃知前碑亦仇所作。所云前碑，即《西狹頌》也。惟全拓紙後題名第一行，與《隸釋》、《隸續》所載均合。其二行係門下掾云云，與《隸釋》故府掾云云迥殊。三行以下，則皆《隸釋》所不載，殊不可解。恐《隸釋》所據拓本偶誤。吾師亦疑洪氏兩得拓本，以致岐出。皆未見全拓紙之故耳。

又 漢碑皆無書人姓名，獨此碑知為仇紼所書。合之《西狹頌》，為仇靖所書。

朱登

論說

清・梁章鉅《退庵所藏金石書畫跋尾》 碑末有書者樂陵朱登小楷字半行，此與《韓勑碑》陰山陽瞿奴等七人所作小楷字一行相仿，皆書人姓名之可考者。

又《衡方碑》 為朱登所書。

傳記

明・陶宗儀《書史會要・補遺》 朱登，字仲條，善隸書。建寧間，嘗書《衛府君碑》。

蔡琰

傳記

《後漢書》卷八四《列女傳》 陳留董祀妻者，同郡蔡邕之女也，名琰，字文姬。博學有才辯，又妙於音律。適河東衛仲道，夫亡無子，歸寧于家。興平中，天下喪亂，文姬為胡騎所獲，没於南匈奴左賢王，在胡中十二年，生二子。曹操素與邕善，痛其無嗣，乃遣使者以金璧贖之，而重嫁於祀。

紀事

《後漢書》卷八四《列女傳》 蔡文姬，蔡邕女也，博學有才辨，又妙於音律。興平中亂，没於南匈奴，曹操贖之。操問曰：聞夫人家多墳籍，猶能記憶之否。文姬曰：昔亡父賜書四千許卷，今所誦憶，裁四百餘篇耳。操曰：今當使十吏就夫人寫之。文姬曰：男女之別，禮不親授，乞給紙筆，真草惟命。於是繕書送之，文無遺誤。

唐・張彥遠《法書要録》卷一《傳授筆法人名》 蔡邕受於神人而傳之崔瑗及女文姬，文姬傳之鍾繇。

劉黨

論說

宋・陳思《書小史》卷二《傳一》 樂成靖王黨，明帝子。聰慧善史書，喜正文字。與肅宗同年，尤見親愛。

清・沈辰《書畫緣》 樂成靖王黨，明帝子也。永平四年，錫號重熹王，十五年封樂成王。黨聰慧，善史書，喜正文字。與肅宗同年，尤相親重。

皇甫規妻

傳記

《後漢書》卷八四《列女傳》 安定皇甫規妻者，不知何氏女也。規初喪室家，後更娶之。妻善屬文，能草書，時爲規荅書記，衆人怪其工。

魏晉南北朝書家部

邯鄲淳

論説

南朝宋・羊欣《采古來能書人名》 陳留邯鄲淳，為魏臨淄侯文學。得次仲法，名在鵠後。

唐・張懷瓘《書斷》卷中《妙品》 邯鄲淳，字子淑，潁川人。志行清潔，才學通敏。初為臨淄王傅，累遷給事中。書則八體悉工，師於曹喜，尤精古文、大篆、八分、隸書。自杜林、衛密以來，古文泯絶，由淳復著。衛恒云：魏初傳古文者，出於邯鄲淳。蔡邕采斯、喜之法，為古今雜形，然精密閑理，不如淳也。梁鵠云：淳得次仲法，韋誕師淳而不及也。袁昂云：應規入矩，方圓乃成。張華云：邯鄲淳善隸書。子淑古文、小篆、八分、隸書并入妙。

明・陶宗儀《書史會要》卷二《魏》 邯鄲淳，字子叔，陳留人，為臨淄侯文學，師曹喜，作篆、隸，略究其妙。秦焚先典，古文絶矣。魏初傳古文者出於淳。恒祖敬侯寫《尚書》後以示淳，而淳不別。至正始中立三字《石經》，轉失淳法。太康間，汲縣人盜發魏襄王冢，得《策書》十餘萬言，按敬侯所書，猶有髣髴。恒竊悦之，故竭愚思以讚其美。梁袁昂評淳書，謂應規入矩，方圓乃成。

清・孫岳頒等《佩文齋書畫譜》卷一《論書一書體上》 扶風曹喜，少異於斯，而亦稱善。邯鄲淳師焉，略究其妙。韋誕師淳，而不及也。太和中，誕為武都太守，以能書留補侍中，魏氏寶器銘題，皆誕書也。

又 鵠宜為大字，邯鄲淳宜為小字。鵠謂淳得次仲法。

清・倪濤《六藝之一録》卷三一六《歷朝書譜六》 邯鄲淳，一名竺，字子叔，潁川人。博學有才章，又善蒼雅、蟲篆、許氏字指。初平時，從三輔客荊州，太祖甚敬異之，黄初初，以淳為博士給事中。《魏志・王粲傳》注。

又 陳留邯鄲淳，為魏臨淄侯文學。得次仲法，名在鵠後。羊欣《撰録》。

傳記

晉・虞預《會稽典録》 上虞長度尚弟子邯鄲淳，字子禮。時甫弱冠，而有異才。尚先使魏朗作《曹娥碑》，文成未出。會朗見尚，尚與之飲宴，而子禮方至督酒。尚問朗碑文成未，郎辭不才。因試使子禮為之。操筆而成，無所點定。朗嗟嘆不暇，遂毁其草。其後蔡邕又題八字曰：黄絹幼婦，外孫齏臼。

宋・陳思《書小史》卷四《傳三》 邯鄲淳，字子淑，潁川昆陽人，官至給事中。志行清潔，才學通敏。書則八體悉工，師於曹喜，尤精古文、大篆、八分、隸書。自杜林、衛宏以來，古文泯絶，由淳復著。太祖甚敬異之。淳博聞古藝，特善蒼雅、許氏字指、八體六書，精究其理，有名於時，以書教諸皇子。正始中，又書古文篆、隸三字《石經》於漢碑之西，其文蔚煥，三體復宣。校之《説文》，篆、隸大同，而古文小異。衛恒云：魏初傳古文者，出於邯鄲淳。蔡邕採斯、喜之法，為古今雜形，然精密閑理，不如淳也。梁鵠云：淳得次仲法，韋誕師淳而不及也。袁昂云：邯鄲淳書，應規入矩，方圓乃成。

鍾繇

論説

南朝梁・袁昂《古今書評》 鍾司徒書字十二種意，意外殊妙，實亦多奇。

南朝梁·庾肩吾《書品》 張芝伯英、鍾繇元常、王羲之逸少。

右三人，上之上。

論曰：隸既發源秦始，草乃激流齊相。跨七代而彌遵，將千載而無革。誠開博者也。【略】若探妙測深，盡形得勢，烟花落紙，將動風彩，帶字欲飛，凝神化之所為，非世人之所學，惟張有道、鍾元常、王右軍其人也。張工夫第一，天然次之，衣帛先書，稱為草圣。鍾天然第一，工夫次之，妙盡許昌之碑，窮極鄴下之牘。王工夫不及張，天然過之，天然不及鍾，工夫過之。羊欣云，貴越羣品，古今莫二，兼眾法備成一家。若孔門以書，三子入室矣。允為上之上。

唐·孫過庭《書譜》 夫自古之善書者，漢魏有鍾張之絶，晉末稱二王之妙。王羲之云：頃尋諸名書，鍾、張信爲絶倫，其餘不足觀。可謂鍾、張亡改作云歿，而羲、獻繼之。又云：吾書比之鍾、張，鍾當抗行，或謂過之。張草猶當雁行，然張精熟，池水盡墨。假令寡人耽之若此，未必謝之。此乃推張邁鍾之意也。

又 子敬之不及逸少，猶逸少之不及鍾。張，意者以為評得其綱紀，而未詳其始卒也。且元常專工於隸書，伯英猶改作尤精於草體，彼之一美，而逸少兼之。擬草則餘真，比真則長草，雖專工小劣，而博涉多優。總其終始，匪無乖互。

又 張芝草聖，此乃專精一體，以致絶倫。伯英不真，而點書狼籍。元常不草，使轉縱橫，自茲以降，不能兼善者。

唐·虞世南《書旨述》 鍾太傅師資德昇，馳騖曹、蔡，傲學而致一體，真楷獨得精研。

唐·韋續《墨藪》卷一《梁武帝書評》 鍾繇書如雲鵠游天，羣鳧戲海，行間茂密，實亦難過。

唐·李嗣真《書後品·逸品五人》 元常正、隸，如郊廟既陳，俎豆斯在。又比寒潤開豁，秋山嵯峨。

唐·徐浩《論書》 《周官》：内史教國子六書，書之源流，其來尚矣。程邈變隸體，邯鄲傳楷法，事則朴略，未有功能。厥後鍾善真書。

唐·張懷瓘《書斷》卷中《神品》 魏鍾繇，字元常，潁川長社人。祖皓，至德高世，父迪，黨錮不仕。元常才思通敏，舉孝廉，尚書郎，累遷尚書僕射，東武亭侯。魏國建，遷相國。明帝即位，遷太傅。繇善書，師曹喜、蔡邕、劉德昇。真書絶世，剛柔備焉，點畫之間，多有異趣，可謂幽深無際，古雅有餘，秦、漢以來，一人而已。雖古之善政遺愛，結於人心，未足多也，尚德哉若人。其行書則羲之、獻之之亞，草書則衛、索之下，八分則有《魏受禪碑》，稱此爲最。太和四年薨，八十矣。元常隸、行入神，八分入妙。

唐·張彦遠《法書要録》卷一《傳授筆法人名》 蔡邕受於神人而傳之崔瑗及女文姬，文姬傳之鍾繇，鍾繇傳之衛夫人，衛夫人傳之王羲之，王羲之傳之王獻之。

又 潁川鍾繇，魏太尉，同郡胡昭，公車徵二子，俱學於德昇，而胡書肥，鍾書瘦。鍾書有三體，一曰銘石之書，最妙者也。二曰章程書，傳祕書，教小學者也。三曰行狎書，相聞者也。三法皆世人所善。繇子會，鎮西將軍，絶能學父書，改易鄧艾上事，皆莫有知者。

宋·朱長文《墨池編》卷二《筆法一·晉王羲之用筆賦》 秦漢魏至今，隸書其唯鍾繇。

又 伯英既稱草聖，元常實自隸絶。《論旨》所謂：殆同璿璣神寶，曠世莫維。

又 然智則無涯，法固不定，且以風神骨氣者居上，研美功用者居下。其真書元常第一，逸少第二，世將第三，子敬第四，士季第五，文静第六，茂猗第七。其行書逸少第一，子敬第二，元常第三，伯英第四，伯玉第五，季琰第六，敬和第七，茂弘第八，安石第九。章草子玉第一，伯英第二，幼安第三，伯玉第四，逸少第五，士季第六，子敬第七，休明第八。其章書伯英創立規範，得物象之形，歸造化之理，然其法太古質，不剖斷，以此為少也。有推輪草書意之妙，後學得漁獵其間，宜為第一。叔夜第二，子敬第三，處沖第四，世將第五，仲將第六，士季第七，逸少第八。

又 鍾雖擅美一時，亦為迥絶，論其盡善，或有所疑。至於布纖濃，分疎密，霞舒雲卷，無所間然。但其體則古而不今，字則長而踰制，語其大量，以此為瑕。

又 太尉鍾繇，一時之妙，冠於前，垂於後。

宋·姜夔《續書譜·真書》 真書以平正為善，此世俗之論，唐人之失也。古今真書之妙，無出鍾元常，其次則王逸少。今觀二家之書，皆瀟灑縱

橫，何拘平正。

宋・陳思《書小史》卷四《傳三》 梁武帝云：鍾繇書如雲鵠游天，羣鳧戲海，行間茂密，實亦難過。庾肩吾云：鍾繇書天然第一，工夫次之，妙盡許昌之碑，受禪碑也，今在許昌。窮極鄴下之牘。賀魏武破陣表也。虞世南云：鍾繇師資德昇，馳騖曹、蔡，仿學而致一體，真楷獨得其妍。

又 鍾繇，字元常，潁川長社人。才思通敏，舉孝廉為郎，歷官侍中、尚書僕射，封東武亭侯。魏國初建，遷相國，明帝即位，遷太傅。有脚疾，乘輿上殿。尤善書，師曹喜、蔡邕、劉德昇。張懷瓘云：真書絶妙，乃過於師，剛柔備焉，點畫之間，多有異趣。可謂幽深無際，古雅有餘。秦漢以來，一人而已。

《宣和書譜》卷三《正書一・敘論》 降及三國，鍾繇者，乃有《賀尅捷表》，備盡法度，為正書之祖。

又 有鍾繇、胡昭者，同出於德昇之門，然昭用筆肥重，不若繇之勁瘦，故昭卒於無聞，而繇獨得以行，書顯當時。謂繇善押書，此也。

明・陶宗儀《書史會要》卷一《秦》 鍾王變體，始有古隸、今隸之分。夫以古法為隸，今法為楷可也。

明・項穆《書法雅言・附評》 蓋聞張、鍾、羲、獻，書家四絶，良可據為軌躅，爰作指南。彼之四賢，資學兼至者也。然細詳其品，亦有互差。張之學，鍾之資，不可尚已。逸少資敏乎張，而學則稍歉，學篤乎鍾，而資則微遜。

明・王世貞《藝苑巵言》 附録二鍾太傅解散古隸而為今隸，然張芝草書是今隸之變，觀其行筆可知。則太傅之前，如曹、師諸公已作今隸，但非程邈體耳。

又 張懷瓘云：若真書古雅，道合神明，則元常第一。若真行研美，粉黛無施，則逸少第一。若章草古逸，極致高深，則伯度第一。若章則勁骨天縱，草則變化無方，則伯英第一。其間備精諸體，惟獨右軍，次至大令。然子敬可謂《武》盡美矣，未盡善也。逸少可謂《韶》盡美矣，又盡善矣。

又 鍾太傅七十六，其子司徒僅四十五。右軍五十九，子大令四十三。天假以年，不果勝尊公乎。曰：不爾，格已定矣。假之年，有小變，而不能有所加也。

明・董其昌《畫禪室隨筆》卷一《跋自書・臨宣示表題後》 鍾太傅書，余少而學之，頗得形模。後得從韓館師借唐拓《戎輅表》臨寫，始知鍾書自有入路。

明・趙宧光《寒山帚談》卷上《權輿一》 隸書以鍾元常為法，盡閱漢碑，博采唐隸，游戲章草以及國朝名家。國朝隸書，直接漢法，未可輕也。

明・孫承澤《硯山齋雜記》卷一《分隸正書不同》 今人作正書，是鍾、王法，然鍾、王古字亦多與今不同。世傳六朝、唐初碑上字分、隸相雜，疑當時正書如此。至唐中葉以後，始變如今法，後人純學鍾、王也。

清・孫岳頒等《佩文齋書畫譜》卷二《論書二書體下》 鍾、張、羲、獻之徒，以奇筆唱士林，天下獨知有體勢，豈知有源本。

又卷三《論書三書法上》 字外之奇，文所不書，世之學者，宗二王，元常，逸迹曾不睥睨。羲之有過人之論，後生遂爾雷同。元常謂之古肥，子敬謂之今瘦，今古既殊，肥瘦頗反。如自省覽，有異眾説。張芝、鍾繇，巧趣精細，殆同機神，肥瘦古今，豈易致意。真跡雖少，可得而推。逸少至學鍾書，勢巧形密，及其獨運，意疎字緩。譬猶楚音習夏，不能無楚，過言不悒，未為篤論。又子敬之不迨逸少，猶逸少之不迨元常，學子敬者如畫虎也，學元常者如畫龍。

又 蔡邕受於神人，傳之崔瑗及女文姬。文姬傳之鍾繇，鍾繇傳之衛夫人。衛夫人傳之王羲之，王羲之傳之王獻之。王獻之傳之外甥羊欣，羊欣傳之王僧虔。王僧虔傳之蕭子雲，蕭子雲傳之僧智永。

又 楷法起於上谷王次仲，蔡邕、崔瑗悉能為之。鍾元常用之盡妙，王逸少得於神采，永禪師不隳世德。

又卷五《論書五書學上》 夫書者，玄妙之伎也，若非通人志士，學無及之。大抵書須存思，余覽李斯等論筆勢，及鍾繇書骨，甚是不輕，恐子孫不記，故敘而論之。

又 伏覽前書，用意雖止二六，而規矩必周。後字不出二百，亦褒貶大備。一言以蔽，便書情頓極，使元常老骨，更蒙榮造，子敬懦肌，不沈泉夜，逸少得進退其間，則玉科顯然可觀。若非聖證品析，恐愛附近習之風，永遂淪迷矣。伯英既稱草聖，元常實自隸絶，《論旨》所謂殆同璿璣神寶，曠世以來莫繼。斯理既明，諸畫虎之徒，當日就輟筆，反古歸真，方弘盛世。愚

管見預聞，喜佩無屆。比世皆高尚子敬，子敬元常，繼以齊名，貴斯式略，海內非惟不復知有元常，於逸少亦然。非排棄所可，涅而無緇，不過數紙。今奉此論，自舞自蹈，未足逞泄日月。願以所摹，竊示洪遠、思曠，此二人皆是均思者，必當贊仰踴躍，有盈半之益。《陶隱居集》。

又卷六《論書六書學中》 鍾繇法於大篆，措思神妙，得其古風。亦有不足，傷於疎瘦。王羲之比鍾繇，鋒芒峻勢，多所不及，於增損則骨肉相稱，潤色則婉態妍華，易乃過也。王獻之遠減於父，鋒芒往往直筆而已，鋒芒者，若犀象之有牙角，婉態者，若蛟龍之恣盤游。夫物負陰而抱陽，書亦外柔而內剛。緩則乍纖，急則若滅，修短相異，巖谷相傾，嶮不至崩，跌不至失。此其大略也。可謂元常為兄，逸少為弟，子敬為息。

又 子敬不能純一，或行草雜糅，便者則為神會之間，其鋒不可當也。宏逸遒健，過於家尊。可謂子敬為孟，逸少為仲，元常為季。草書者，乃文字之末，而伯英創意，庶乎文字之先。其功鄰乎篆籀，探乎萬象，取其元精，至於形似，最為近也。字勢生動，宛若天然，實得造化之姿，神變無極。然草法貴在簡易，而此公傷於太簡也。

又卷七《論書七學書下》 漢之隸法，蔡中郎不可得而見矣，存者惟魏太傅繇。繇沈鷙威重人也，故其書勁利方重，如畫劍累鼎，斬絕深險。又變而為楷，後世亦不可及。

又卷八《論書八書品上》 吴之善書者，則有皇象、劉纂、岑伯然、朱季平。中州則有鍾元常、胡孔明、張芝、索靖。並用古體，俱足周事。飄乎若起鴻之乘勁風，騰鱗之躡驚雲。《抱朴子》。

又卷九《論書九書品中》 八體之極，是歸乎鍾、蔡。草、隸之雄，是歸乎張、王。此四賢者，自數百載來，未之逮也。《書苑菁華》。

又卷一〇《論書十書品下》 鍾繇書如公孫碩膚，赤舄几几。王右軍如子燕居，申申夭夭。智永瑶台雪鶴，高標出羣。

清・倪濤《六藝之一録》卷三一六《歷朝書譜六》 魏太傅鍾繇《戎路》、《宣示帖》真蹟。御府所藏魏鍾繇《宣示帖》，淳祐十一年，歲在辛亥至朔同日妝，池松題記。

《尚書宣示》已入閣帖。《荐季直表》，亦鐫《華真賞齋》矣。此則《宣示》、《戎輅》真跡，為吾禾項氏所藏，是《宣示》有二種也。遂昌鄭元祐以戎路作戎輅，世遂名《戎輅帖》耳。余考《廣川書跋》，以昔人辨鍾元常書，謂字細畫短，而逸少學此書，最勝處得於勢巧形密。然則察真偽者，當求之此，其失於勁密者，可遥知其偽也。賀表畫疏體枝，鋒露筋絶，不復結字，此決非元常之為也。永叔嘗辨此，謂建安二十四年九月，關某未亡，不應先作此表。論辨如此。然鄭遂昌以成侯《戎輅表》無少異。今三帖具存，鑒別自在。惟是墨本為閏月九日，非九月也。或誤以九日作九月，抑閏在冬捷時耶。有識者宜詳辨之。嘉禾龍惕子汪砢玉，鑒於城南之蓮登草堂。《珊瑚網》。

清・沈增植《海日樓劄叢》卷八《蔡氏分法即鐘氏隸法》 張懷瓘《六體書論》曰：隸書程邈所造，字皆真正，故曰真書。鍾繇法於大篆，措思神妙，得其古風，傷於疏瘦。羲之比鍾，鋒芒峻勢，多所不及。於增損則骨肉相稱，於潤色則婉態妍華，是乃過之。獻之峰芒，遠減於父，往往直筆而已。鋒芒若犀象之有牛角，婉態若蛟龍之恣盤游。元常為兄，逸少為弟，獻之為息。綜三評觀，則鍾最瘦，大王得肥瘦之中，小王最直，大王得曲直之中，鍾最曲。

清・劉熙載《藝概》卷五《書概》 評鍾書者，謂如盛德君子，容貌若愚，此易知也。

清・康有為《廣藝舟雙楫・傳衛第八》 元常之獲盛名，以二王所師。

紀事

宋・朱長文《墨池編》卷一《筆法一・魏鍾繇筆法》 魏鍾繇見伯喈筆法於韋誕坐，自拊胸盡青，因嘔血，太祖以五靈丹救之得活。繇苦求之不與，及誕死，繇令人盜發其墓，遂得之。故知多力豐筋者聖，無力無筋者病，一一從其消息而用之，由是更妙。繇曰：筆跡者界也，流美者人也，非凡庸所知。臨死，乃囊中取出以授其子會，曰：吾精思學書三十年，讀他書未終，盡學其字。與人居，畫地廣數步，臥畫被穿，過表如廁，終日亡歸，每見萬類，皆書象之。繇善三色書，然最妙八分也。點如山頹，摘如雨驟，纖如絲毫，輕如雲霧。去若鳴鳳之遊雲漢，來若遊女之入花林。粲粲分明，遥遥

遠矆者矣。

《宣和書譜》卷三《正書一・魏・鍾繇》 誕死，繇盜發其塚，遂得邕法。於是學書益進，雖窮晝夜無少間輟。卧則以手畫被，被為之穿。故其書遂與羲、獻、索、衛相後先。若魏受禪碑，劉禹錫言王明為文，梁鵠作字，鍾繇刻石，世為三絶。則繇潛心字畫可知矣。世以繇正、隸如郊廟既陳，俎豆斯在。梁武帝亦謂如雲鶴遊天，羣鴻戲海。豈虚言哉。繇晚病膝，每許以乘車趣朝，後三公有疾，遂以為故事，當時為之榮。今御府所藏正書一：《賀尅捷表》。

宋翼

論說

宋・朱長文《墨池編》卷一《筆法一・晉王羲之筆陣圖》 若平直相似，狀如算子，便不是書，但得其點畫爾。昔宋翼常作此書，翼鍾繇弟子，繇乃叱之，翼遂三年不敢見繇，潛心改跡。每畫一波，常三過折筆。每作一點，常隱鋒而為之。每作一横，畫如驚蛇之曲。每作一戈，如百鈞弩發。每作一點，如高峯墜石，屈折如銅鐵鉤。每作一牽，如萬歲枯藤。每作一放，縱如足行之趣驟。翼先來書，惡晉太康中有人於許下破鍾公墓，遂得《筆勢論》。翼乃讀之，依此法學，名遂大振，欲真書、行書皆依此法。

宋・陳思《書苑菁華》卷一八《書銘・晉王羲之筆勢傳》 宋翼，鍾繇弟子，亦善書。

紀事

明・陶宗儀《書史會要》卷二《魏》 宋翼，鍾繇之甥。繇得蔡氏法，將死，授其子。翼學書於繇，繇弗告也。晉太康中，有人破繇冢，翼始得之。

張紘

論說

唐・張懷瓘《書斷》卷下《能品》 張紘，字子綱，廣陵人。善小篆，官至侍御史，年六十一卒。孔融與子綱書曰：前勞筆迹，乃多爲篆。舉篇見字，欣然獨笑，如復觀其人。融之此言，不易而得。紘之小篆，時頗有聲。

宋・陳思《書小史》卷四《傳三》 張紘，字子綱，廣陵人。喜文章，善篆書。官至侍御史。嘗與孔融書自篆。融遺子綱書云：前勞手筆，多為篆書。每舉篇見字，欣然獨笑，如復睹其人。然融之此言，不易於得也。紘之小篆，頗有聲譽。

紀事

《三國志》卷五三《吴書・張紘傳》 紘見柟榴枕，愛其文，為作賦。陳琳在北見之，以示人曰：此吾鄉里張子綱所作也。後紘見陳琳作《武庫賦》、《應機論》，與琳書深歎美之。琳答曰：自僕在河北，與天下隔，此間率少於文章，易為雄伯，故使僕受此過差之譚，非其實也。今景興在此，足下與子布在彼，所謂小巫見大巫，神氣盡矣。紘既好文學，又善楷、篆，與孔融書，自書。融遺紘書曰：前勞手筆，多篆書。每舉篇見字，欣然獨笑，如復覩其人也。

曹操

論説

晉・張華《博物志》卷五《方士》 漢世，安平崔瑗、瑗子寔，弘農張芝、芝弟昶，並善草書，而太祖亞之。

南朝梁・庾肩吾《書品》 魏武帝曹操孟德、吴主元宗孫皓、衛覬伯儒、左子邑伯字、衛桓巨山、杜預元凱、王廙世將、張彭祖、任靖、韋昶文休、王修敬仁、范懷約、張永景初、吴休尚、施方泰。

右十五人，中之中。

論曰：魏帝筆墨雄贍，吴主體裁綿密。伯儒兼叙隸、草，子邑分鑣梁邯。巨山三世，元凱累業。王廙為右軍之師，彭祖取羲之之道。任靖嬌銘，文休題柱。敬仁清舉，致畏逼之詞，張范逢時，俱東南之美。施吴鄰下後生，同年拔萃。此十五人，允為中之中。

宋・陳思《書苑菁華》卷五《書評・唐人評書》 曹操書，金花細落，遍地玲瓏。荆玉分輝，遥叢璀璨。

傳記

唐・張懷瓘《書斷》卷中《妙品》 魏武帝，姓曹氏，諱操，字孟德，沛國譙人。尤工章草，雄逸絶倫，年六十六薨。

宋・陳思《書小史》卷一《紀》 魏太祖武皇帝，姓曹氏，諱操，字孟德，沛國譙人也。多材藝，自作兵書十餘萬言。尤工章草，雄逸絶倫。

明・陶宗儀《書史會要》卷二《魏》 武帝曹氏諱操，字孟德。漢相國參之後，機警有權數。好師宜官及梁鵠書，亦善章草。

雜録

清・孫岳頒等《佩文齋書畫譜》卷一九《歷代帝王書上黄帝至五代》 操書傳世絶少，惟《賀捷表》元時尚有本。楊慎《丹鉛總録》。

清・倪濤《六藝之一録》卷三一一《歷朝書譜一》 《題曹操帖》云：余少時曾學此表，時劉共父學顔書《鹿脯帖》，余以字畫古今誚之，共父謂余：我所學者唐之忠臣，公所學者漢之篡賊耳。時予默然無以應。今觀此，謂天道禍淫，不終厥命者，益有感于共父之言云。晦翁。《晦庵題跋》。

衛覬

論説

南朝宋・羊欣《采古來能書人名》 河東衛覬，字伯儒，魏尚書僕射。善草及古文，略盡其妙。草體微瘦，而筆跡精熟。覬子瓘，字伯玉，為晉太保。採張芝法，以覬法參之，更為草藁。草藁是相聞書也。瓘子恒，亦善書，博識古文。

南朝齊・王僧虔《論書》 衛覬，字伯儒，河東人。為魏尚書僕射，謚敬侯。善草及古文，略盡其妙，草體如傷瘦，而筆跡精殺，亦行於代。子瓘字伯玉，晉司空、太保，為楚王所害。瓘採張芝草法，取父書參之，更為草稿，世傳其善。瓘子恒，字巨山，亦能書。

南朝梁・庾肩吾《書品》 魏武帝曹操孟德、吴主元宗孫皓、衛覬伯儒、左子邑伯字、衛桓巨山、杜預元凱、王廙世將、張彭祖、任靖、韋昶文休、王修敬仁、范懷約、張永景初、吴休尚、施方泰。

右十五人，中之中。

論曰：魏帝筆墨雄贍，吴主體裁綿密。伯儒兼叙隸、草，子邑分鑣梁邯。巨山三世，元凱累業。王廙為右軍之師，彭祖取羲之之道。任靖嬌銘，文休題柱。敬仁清舉，致畏逼之詞，張范逢時，俱東南之美。施吴鄰下後生，同年拔萃。此十五人，允為中之中。

唐·張懷瓘《書斷》卷下《能品》 魏衛覬，字伯儒，河南安邑人。官至侍中。尤工古文、篆、隸，草體傷瘦，筆迹精絶。魏初傳曰：古文者，篆出於邯鄲淳。伯儒嘗寫淳《古文尚書》，還以示淳，淳不能別。年六十二卒。伯儒古文、小篆、隸書、章草并入能，子孫皆妙於書。

傳記

《三國志》卷二一《魏志·衛覬傳》 衛覬，字伯儒，河東安邑人也。少夙成，以才學稱。太祖辟為司空掾屬，除茂陵令、尚書郎。【略】魏國既建，拜侍中，與王粲並典制度。文帝即位，徙為尚書。頃之，還漢朝為侍郎，勸贊禪代之義，為文誥之詔。文帝踐阼，複為尚書，封陽吉亭侯。【略】覬歷漢、魏，時獻忠言，率如此。受詔典著作，又為《魏官儀》，凡所撰述十篇。好古文、鳥篆、隸、草，無所不善。

紀事

宋·陳思《書小史》卷四《傳三》 尤工古文篆、隸，草體傷瘦，筆刀絶妙。衛恒《書勢》云：魏世傳古文者出於邯鄲淳，伯儒嘗寫淳古文《尚書》，還以示淳，淳不能别。卒謚敬侯。

清·孫岳頒等《佩文齋書畫譜》卷一《論書一書體上》 京兆韋誕、河東衛覬二家，並號能篆。當時臺觀榜題，寶器之銘，悉是誕書，咸傳之子孫，世稱其妙。

張昭

論說

南朝梁·庾肩吾《書品》 羅暉叔景、趙襲元嗣、劉輿、張昭、陸機士衡、朱誕、王導茂弘、庾亮元規、王洽、郗超吴興、張翼、宋文帝劉義隆、康昕、徐希秀、謝眺玄暉、劉繪、陶隱君名弘景、王崇素。

右十八人，中之下。

論曰：叔景元嗣，並稱西州。劉輿之筆札，張昭之無懈。陸機以弘才掩迹，朱誕以偏藝流聲。王導則列聖推能，庾亮則羣公挹巧。王洽以並通諸法，郗超以晚年取譽。張翼善效。宋帝、康昕郗秀孤生。謝眺劉繪，文宗書範，近來少前。陶隱君仙才翰采，拔于山谷。王崇素靡倫篇筆，傳于里閭。此十八人允為中之下。

傳記

《三國志》卷七《吴書·張昭傳》 張昭，字子布，彭城人也。少好學，善隸書，從白侯子安受《左氏春秋》，博覽衆書。【略】孫策創業，命昭為長史、撫軍中郎將。【略】昭容貌矜嚴，有威風，權常曰：孤與張公言，不敢妄也。舉邦憚之。年八十一，嘉禾五年卒。

宋·陳思《書小史》卷四《傳三》 張昭字子布，彭城人。容貌矜嚴，有威風。為孫權軍師。少好學，善隸書。

明·陶宗儀《書史會要》卷二《吴》 張昭，官至輔吴將軍。容貌端嚴，有威風。善書。

清·孫岳頒等《佩文齋書畫譜》卷二二《書家傳一五帝時至

三國》 張昭，字子布，彭城人也。少好學，善隸書。孫策命為長史，撫軍中郎將。權稱尊號，拜輔吳將軍。謚文侯。《吳志》本傳。

胡昭

論說

《三國志》卷一一《魏志·胡昭傳》 昭善史書，與鍾繇、邯鄲淳、衛覬、韋誕並有名，尺牘之跡，動見模楷焉。

南朝宋·羊欣《采古來能書人名》 潁川鍾繇，魏太尉，同郡胡昭，公車徵。二子俱學於德昇，而胡書肥，鍾書瘦。

唐·張懷瓘《書斷》卷中《妙品》 胡昭，字孔明，潁川人。少而博學，不概榮利，有夷、皓之節，甚能史書，真、行又妙。衛恒云：昭與鍾繇并師於劉德昇，俱善草、行，而胡肥鍾瘦，書牘之迹也，動見模楷。羊欣云：胡昭得其骨，索靖得其肉，韋誕得其筋。張華云：胡昭善隸書，茂先與荀勗共整理記籍，立書博士，置弟子教習，以鍾、胡爲法。嘉平二年公車徵，會卒，年八十九。孔明隸、行入妙，大篆入能。

宋·陳思《書小史》卷四《傳三》 胡昭，字孔明，潁川人。少而博學，老而彌篤，有夷皓之節。甚能史書，真行又妙。衛恒云：昭與鍾繇並師於劉德昇，俱善行草，而胡肥鍾瘦。尺牘之迹，動見模楷。羊欣云：胡得張芝骨，索靖得其肉，韋誕得其筋。張華云：胡昭善隸書，華與荀勗共整理記籍，又立書博士，置弟子教習，以鍾、胡為法，可謂宿士矣。嘉平二年卒。

《宣和書譜》卷三《正書一·叙論》 有鍾繇、胡昭者，同出於德昇之門，然昭用筆肥重，不若繇之勁瘦。故昭卒於無聞，而繇得以行書顯當時。謂繇善押書，此也。

明·陶宗儀《書史會要》卷二《魏》 胡昭，字孔明，潁川人。甚能籀書，真行章隸皆妙。與鍾繇同出劉德昇之門，昭用筆肥重，在魏與繇、鵠角勝負。

清·孫岳頒等《佩文齋書畫譜》卷一《論書一書體上》 魏初有鍾、胡二家，為行書法，俱學之於劉德昇。而鍾氏小異，然亦各有其巧。

又卷八《論書八書品上》 吳之善書者，則有皇象、劉纂、岑伯然、朱季平。中州則有鍾元常、胡孔明、張芝、索靖。並用古體，俱足周事。飄乎若起鴻之乘勁風，騰鱗之躡驚雲。《抱朴子》。

杜畿

論說

南朝宋·羊欣《采古來能書人名》 京兆杜畿，魏尚書僕射；子恕，東郡太守；孫預，荆州刺史。三世善草藁。

宋·陳思《書小史》卷四《傳三》 杜畿，字伯張，京兆杜陵人。官至尚書僕射。子恕，字務伯，太和中為散騎黄門侍郎，出為河東郡太守。並善草、隸。

明·陶宗儀《書史會要》卷二《魏》 杜畿，字伯侯，京兆杜陵人。官至尚書僕射。以行草馳名。

傳記

清·孫岳頒等《佩文齋書畫譜》卷二二《書家傳一五帝時至三國》 杜畿，字伯侯，京兆杜陵人也。為河東太守，文帝時為尚書僕射，謚戴侯。《魏志》本傳。畿善行草。《書斷》。

沈友

論説

明・陶宗儀《書史會要》卷二《吴》 沈友，少好學。時人以友有三妙：一舌妙，二力妙，三筆妙也。

清・孫岳頒等《佩文齋書畫譜》卷二二《書家傳一五帝時至三國》 沈友，字子正，吴郡人。弱冠博學，善屬文辭，《金壺記》云：沈友少好學書。兼好武事，注《孫子兵法》。又辯於口。衆咸言其筆之妙，舌之妙，刀之妙，三者皆過絶於人。張勃《吴録》。

清・倪濤《六藝之一録》卷三一六《歷朝書譜六》 沈友，字子正，吴郡人。弱冠博學，善屬文辭，兼好武事，注《孫子兵法》，又辯於口。衆咸言其筆之妙，舌之妙，刀之妙，三者皆過絶於人。張勃《吴録》。

又 沈友，少好學書。《金壺記》。

韋誕

論説

南朝宋・羊欣《采古來能書人名》 姜詡、梁宣、田彦和及司徒韋誕，皆英弟子，並善草，誕書最優。誕字仲將，京兆人，善楷書。漢、魏宫館寶器，皆是誕手寫。魏明帝起凌雲臺，誤先釘牓而未題，以籠盛誕，轆轤長絙引之，使就榜書之。榜去地二十五丈，誕甚危懼，乃擲其筆以下，焚之。仍誡子孫，絶此楷法，著之家令。官至鴻臚少卿。誕子少季，亦有能稱。

南朝齊・王僧虔《論書》 張芝、索靖、韋誕、鍾會、二衛，並得名前代。古今既異，無以辨其優劣，惟見筆力驚絶耳。

南朝梁・袁昂《古今書評》 韋誕書如龍威虎振，劍拔弩張。

唐・李嗣真《書後品・上中品七人》 蔡邕、索靖、梁鵠、鍾會、衛瓘、韋誕、皇象。

右自王、崔以降，更無超越。此數君書，雅勁於韋、蔡、皇、衛草迹，殆亞於二王。

唐・張懷瓘《書斷》卷中《妙品》 韋誕，字仲將，京兆人，太僕端之子，官至侍中。服膺於張芝，兼邯鄲淳之法，諸書并善，尤精題署。明帝時凌雲臺初成，令誕題榜，高下異好，宜就加點正，因致危懼，頭鬢皆白。既以下，戒子孫無爲大字楷法。袁昂云：仲將書如龍拏虎踞，劍拔弩張。張華云：京兆韋誕、子熊，潁川鍾繇、子會，并善隸書。初，青龍中，洛陽、許、鄴三都宫觀始成，詔令仲將大爲題署，以爲永制，給御筆墨，皆不任用，因曰：蔡邕自矜能書，兼斯、喜之法，非流紈體素，不妄下筆。夫工欲善其事，必先利其器。若用張芝筆、左伯紙及臣墨，兼此三具，又得臣手，然後可以建勁丈之勢，方寸千言。然真迹之妙，亞乎索靖也。嘉平五年卒，年七十五。八分、隸、章、飛白入妙，小篆入能。兄康，字元將，亦工書；子熊，字少季，亦善書。時人云：名父之子，不有二事。世所美焉。

宋・朱長文《墨池編》卷二《筆法一・晉衛恒四體書勢》 韋誕師淳而不及也。太和中，誕爲成都太守，以能書留補侍中，魏氏寶器。銘題，皆誕書也。

又《唐張懷瓘議書》 崔瑗、張芝、張昶、鍾繇、鍾會、韋誕、皇象、嵇康、衛瓘、衛夫人、索靖、謝安、王導、王敦、王廙、王洽、王泯、王羲之、王獻之。

右千百年間得其妙者，不越此數人。各能聲飛萬里，榮耀百代。唯逸少筆迹遒潤，獨擅一家之英。天質自然，風神蓋世，具其道妙而味薄，固常人莫之能學。其隱理而意深，固天下寡於知音。

然智則無涯，法固不定，且以風神骨氣者居上，研美功用者居下。其真書元常第一，逸少第二，世將第三，子敬第四，士季第五，文静第六，茂猗第七。其行書逸少第一，子敬第二，元常第三，伯英第四，伯玉第五，季琰第

六，敬和第七，茂弘第八，安石第九。章草子玉第一，伯英第二，幼安第三，伯玉第四，逸少第五，士季第六，子敬第七，休明第八。其章書伯英創立規範，得物象之形，歸造化之理。然其法太古質，不剖斷，以此為少也。有推輪草書意之妙，後學得漁獵其間，宜為第一。叔夜第二，子敬第三，處沖第四，世將第五，仲將第六，士季第七，逸少第八。或問曰：此品中諸子，豈能悉過逸少。答曰：人之材能，各有長短，諸子於草，精魄超然。逸少格律非高，功夫又少，雖圓豐妍美，乃乏神氣，無戈戟。重名者，以真行故也。舉世學莫之能曉，悉以為真草一概耳。若所見與論雷同，則何煩有論。

宋・陳思《書小史》卷四《傳三》 韋誕，字仲將，京兆人。官至侍中。服膺於張芝，兼邯鄲淳之法。諸書並善，尤精題署。明帝時淩雲臺初成，誤先釘榜而未題，以籠盛誕，轆轤長絙引之，使就榜書之。誕甚危懼，乃戒子孫絶此楷書，著之家令。初，青龍中，洛陽、許、鄴三都宫觀始就，令詔仲將大為題署，以為永制，以御給筆墨皆不任用，因奏云：蔡邕自矜能書，兼斯、喜之法，非流紈綺素，不妄下筆。夫工欲善其事，必先利其器，若用張芝筆，左伯紙，及臣墨，兼此三具，又得臣手，然後可以逞徑丈之勢，方寸千言。然草迹之妙，亞乎索靖。梁武帝評云：韋誕書如龍威虎振，劍拔弩張。《書賦》云：魏之仲將，奮藻獨步，或迸泉湧溢，或錯玉班賦，蹟遺情忘，契入神悞，然而負才異，履危懼，膏明自煎，鬢髮改素，生非其代，痛惜不遇。

明・陶宗儀《書史會要》卷二《漢》 韋仲將擅小篆、正書、八分、章草、飛白。

清・孫岳頒等《佩文齋書畫譜》卷一《論書一書體上》 京兆韋誕，河東衛覬二家，並號能篆。當時臺觀牓題，寶器之銘，悉是誕書。咸傳之子孫，世稱其妙。

又 十四填書，周媒氏作。魏韋誕用題宫闕，王廙、王隱皆好之。

又 卷二《論書二書體下》 剪刀篆者，韋誕之所作，亦曰金錯書。本古之錢名，周之泉府，厥跡不存，降茲以還，其文可覩，若漢之銖兩，新之刀布，今具存焉。其為體，狀若麗匣盤龍，新臺舞鳳。

又 卷七《論書七書學下》 韋誕云：用張芝筆，左伯紙，任及墨，兼此三具，又得巨手，然後可以建方丈之字，方寸千言。韋昶善書而妙於筆，故子敬稱為奇絶。

又 卷二二一《書家傳一五帝時至三國》 韋誕字仲將，京兆人。太僕端子。有文才，善屬辭章。建安中，拜郎中，稍遷侍中，中書監，以光禄大夫遜位。邯鄲淳、衛覬及誕，並善書有名。《文章叙録》。

又 誕師邯鄲淳。太和中，誕為武都太守，以能書留補侍中。魏氏寶器銘題，皆誕書云。衛恒《四體書勢》。

又 誕及姜詡、梁宣、田彦和，皆伯英弟子，並善草書。誕書最優，又善楷書。《羊欣能書人名》。

紀事

清・倪濤《六藝之一録》卷二八三《歷代書論十三》 誕字仲將，京兆人，善楷書。漢魏宫館、寶器，皆是誕手寫。魏明帝起凌雲臺，誤先釘牓而未題，以籠盛誕轆轤長絙引之，使就牓書之。牓去地二十五丈，誕甚危懼，乃擲其筆以下而焚之。仍誡子孫絶此楷法，著之家令。官至鴻臚少卿。誕子少季，亦有能稱。羊欣《撰録》。

劉廙

傳記

宋・陳思《書小史》卷四《傳三》 劉廙，字嗣恭，安陽人。官至黄門侍郎，妙草書。文帝器之，命廙通草書。

紀事

清・孫岳頒等《佩文齋書畫譜》卷二二《書家傳一・五帝時至三國》 劉廙，字恭嗣，南陽安眾人也。為五官將文學。文帝器之，命廙通草書。廙答書曰：初以尊卑有序，不敢修草。必如嚴命，何敢以辭。位為侍中，爵關内侯。《魏志》本傳。

孫權

論説

唐・韋續《墨藪》卷一《九品書第二品書》 吳大帝孫權，行草。

又卷二《勸學第十七》 曹喜、邯鄲淳、羅暉、趙襲、崔實、劉德升、師宜官、梁鵠、胡昭、荀爽、張彭祖、張弘、傅玄、魏武帝、曹植、孫權、孫皓、應璩、徐幹、張超、嵇康、何曾、衛覬、杜預、楊肇、樂廣、劉恢、司馬攸、衛恒、衛夫人、衛玠、李式、王敦、郗鑒、郗愔、韋誕、桓玄、王翼、王導、王儉、王珉、謝安、庾翼，或奇材見拔，或絶世難求，並庶幾右軍草書之價。以上四十三人第三。

宋・陳思《書小史》卷一《紀》 吳大帝姓孫諱權，字仲謀，吳郡富春人。性度宏朗，仁而多智，善行草書。南齊王僧虔嘗得大帝及景帝、歸命侯法書，上之齊高帝。

明・陶宗儀《書史會要》卷二《吳》 吳大帝孫氏諱權，字仲謀，堅之子。善行草、隸。

清・孫岳頒等《佩文齋書畫譜》卷一九《歷代帝王書上黄帝至五代》 大帝行草，品中之下。韋續《九品・書人論》。

曹丕

論説

《三國志》卷二《魏書・文帝紀》 文帝天資文藻，下筆成章，博聞強識，才藝兼該。若加之曠大之度，勵以公平之誠，邁志存道，克廣德心，則古之賢主，何遠之有哉。

又卷一〇《才略》 魏文之才，洋洋清綺，舊談抑之，謂去植千里。然子建思捷而才儁，詩麗而表逸。子桓慮詳而力緩，故不競於先鳴。而《樂府》清越，《典論》辯要，迭用短長，亦無懵焉。但俗情抑揚，雷同一響，遂令文帝以位尊減才，思王以勢窘益價，未為篤論也。

宋・陳思《書小史》卷一《紀》 文皇帝諱丕，字子桓，武帝太子也。善飛白書，時於宮中戲為之。

清・孫岳頒等《佩文齋書畫譜》卷一九《歷代帝王書上黄帝至五代》 文皇帝諱丕，字子桓，武帝太子也。黄初元年八月丙午受禪。《魏志・本紀》

又 帝以素書所著《典論》及詩賦餉孫權，又以紙寫一通與張昭。胡沖《吳歷》。

紀事

《三國志》卷二《魏書・文帝紀》 帝初在東宮，疫癘大起，時人彫傷。帝深感歎，與素所敬者大理王郎書曰：生有七尺之形，死唯一棺之土，唯立德揚名，可以不朽。其次莫如著篇籍。疫癘數起，士人彫落，余獨何人，能全其壽。故論撰所著《典論》、詩賦，蓋百餘篇。集諸儒於肅成門内，講論

大義，侃侃無倦。常嘉漢文帝之為君，寬仁玄默，務欲以德化民，有賢聖之風。時文學諸儒，或以為孝文雖賢，其於聰明，通達國體，不如賈誼。帝由是著《太宗論》曰：昔有苗不賓，重華舞以干戚，尉佗稱帝，孝文撫以恩德，吴王不朝，錫之几杖以撫其意，而天下賴安。乃弘三章之教，愷悌之化，欲使曩時累息之民，得闊步高談，無危懼之心。若賈誼之才敏，籌畫國政，特賢臣之器，管、晏之姿，豈若孝文大人之量哉。三年之中，以孫權不服，復頒《太宗論》於天下，明示不願征伐也。他日又從容言曰：顧我亦有所不取于漢文帝者三：殺薄昭。幸鄧通。慎夫人衣不曳地，集上書囊為帳帷。以為漢文儉而無法，舅后之家，但當養育以恩而不當假借以權，既觸罪法，又不得不害矣。其欲秉持中道，以為帝王儀表者如此。胡沖《吴曆》曰：帝以素書所著《典論》及詩賦餉孫權，又以紙寫一通與張昭。

甄皇后

傳記

明·陶宗儀《書史會要》卷二《魏》 文昭皇后甄氏，明帝母也，九歲即善書。

紀事

清·厲鶚《玉臺書史·宮闈·魏》 文昭甄皇后，中山無極人。明帝母，漢太保甄邯後也。父逸，上蔡令。后年九歲喜書，視字輒識，數用諸兄筆硯。兄謂后曰：汝當習女工，用書為學，當作女博士耶。后言：聞古賢女未有不覽前世成敗以為己誡者，不知書何由見之。《本傳》。

韋熊

論説

南朝梁·庾肩吾《書品》 衛宣、李韞、陳基、傅廷堅、張紹、陰光、韋熊少季、張暢、曹任、宋嘉、裴邈、羊固、傅夫人、辟閭訓、謝晦、徐羨之、孔閶、顔寶光、周仁皓、張欣泰、張熾、僧岳道人。

右二十二人，下之下。

論曰：此二十二人，皆五味一和，五色一彩，視其雕文，非特刻鵠。人人下筆，寧止追嚮，遺迹見珍，餘芳可折。誠以駈馳並駕，不逮前鋒，而中權後殿，各盡其美。允為下之下。

宋·陳思《書小史》卷四《傳三》 韋熊字少章，誕之子，善書。時人云：名父之子，克有工事，世所美焉。張華云：京兆韋誕子熊，潁川鍾繇子會，並善隸書。

應璩

論説

明·陶宗儀《書史會要》卷二《魏》 應璩，字休璉。官至侍中。以文章貴顯，亦善書。

傳記

《三國志》卷二一《魏志·王粲傳》裴松之注　璩字休璉，博學好屬文，善為書記。文、明帝世，歷官散騎常侍。齊王即位，稍遷侍中、大將軍長史。曹爽秉政，多違法度，璩為詩以諷焉。其言雖頗諧合，多切時要，世共傳之。復為侍中，典著作。嘉平四年卒，追贈衛尉。

曹植

論說

南朝梁·劉勰《文心雕龍·時序》　魏武以相王之尊，雅愛詩章。文帝以副君之重，妙善辭賦。陳思以公子之豪，下筆琳琅。並體貌英逸，故俊才雲蒸。

唐·韋續《墨藪》卷二《勸學第十七》　曹喜、邯鄲淳、羅暉、趙襲、崔實、劉德升、師宜官、梁鵠、胡昭、荀爽、張彭祖、張弘、傅玄、魏武帝、曹植、孫權、孫皓、應璩、徐幹、張超、嵇康、何曾、衛覬、杜預、楊肇、樂廣、劉恢、司馬攸、衛恒、衛夫人、衛玠、李式、王敦、郗鑒、郗愔、韋誕、桓玄、王翼、王導、王儉、王珉、謝安、庾翼，或奇材見拔，或絶世難求，並庶幾右軍草書之價。以上四十三人第三。

宋·陳思《書小史》卷二《傳一》　魏陳思王植，字子建，武帝子。善屬文，言出為論，下筆成章。亦工書。

明·陶宗儀《書史會要》卷二《魏》　曹植字子建，封陳思王。十歲餘，誦讀詩、論及辭賦數千萬言。及長，下筆成章，復工筆札。

明·王世貞《藝苑卮言》　卷三曹公莽莽，古直悲涼。子桓小藻，自是樂府本色。子建天才流麗，雖譽冠古今，而實遜父兄。何以故，材太高，辭太華。

又　子建謁帝承明廬、明月照高樓，非鄴中諸子可及，仲宣、公幹遠在下風。

清·王世禎《帶經堂詩話》卷三《序論類》　漢魏以來，二千餘年間，以詩名其家者衆矣。顧所號為仙才者，唯曹子建、李太白、蘇子瞻三人而已。

紀事

《宣和書譜》卷一三《草書一·魏·曹植》　曹植，字子建，沛國人，魏太祖季子。封陳王，謚曰思。早慧，彊記累數十萬言不忘。甫十歲，屬文若素構，太祖疑其假手於人，植請面試。已而從膝下登銅雀，先諸郎賦就，文不加點。太祖方悟其所得，信由天成，非學可到。蓋自詩道云亡，風流埽地，而植以八斗之才擅天下，遂以詞章為諸儒倡。特以昆季間無棠棣之美，故終亦嬰患。《七步》之作，有感動人語，世為憐之。至於學術愈工，自是不隨世故，與之低昂，有卓然而獨存者。然其胸中磊落，發於筆墨間者，固自不惡爾。觀其以章草書《鵾雀賦》，可以想見其人也。今御府所藏章草一：《鵾雀賦》。

清·倪濤《六藝之一録》卷三一一《歷朝書譜一·帝王妃后一》　按隋祕書所藏，有魏《黄初篇》，其書至唐初已亡，莫知為何等書也。以類推之，如子建之遺文，在當時固多有存亡者，奚獨《鵾雀》等賦云乎。唐太宗出御府金幣，致天下古本，命魏玄成及虞、褚定其真僞，篇各有印，印以貞觀為文。今《鵾爵賦》及贈王仲宣詩，皆有此印，疑為唐祕府所藏矣。亡何，遽為武氏子脂澤所得，良為可惜。最後有在建業文房，而後歸之浮休張氏，蓋幾於屢脱而僅脱者。一縑素之傳，固亦有幸不幸哉。今目隋煬帝至浮休居士所題，其為帖凡五，雖乏精神，頗多態度。或疑贋僞，或謂臨模，固亦在疑信間。然跡其所由來，則源流固自可考。今藏于新普安使君任公之家。嘉定八年春王正月，臨邛魏某得以寓目，輒題其後。《鶴山題跋》。

雜録

隋・楊廣《序曹子建帖》明・梅鼎祚《隋文紀》卷二　陳思王，魏宗室子也。世傳文章典麗，而不言其書。仁壽二年，族孫偉持以遺余。余觀夫字畫沈快，而詞旨華緻，想像其風儀。玩閲不已，因書以冠於褾首。

元・陸友《研北雜志》卷下　陳思王讀書堂在冀州。有人於其側得小玉印，文曰：曹植私印。

杜恕

論説

明・陶宗儀《書史會要》卷二《魏》　杜恕，字務伯，畿之子，官至御史中丞。亦善行草。

清・孫岳頒等《佩文齋書畫譜》卷二二《書家傳一五帝時至三國》　杜恕，字務伯，畿之子也。太和中，為散騎黃門侍郎，後出為幽州刺史，加建威將軍、護烏桓校尉。《魏志》本傳。

何曾

論説

唐・張懷瓘《書斷》卷下《能品》　晉何曾，字穎考，陳郡陽夏人，官至太保。咸寧四年卒，年八十餘。工於藁草，時人珍之也。一云穎考善草書，甚有古質，少於風味。孔子曰：質勝文則野。是之謂乎。

宋・陳思《書小史》卷四《傳三》　晉何曾，字穎考，陳郡陽夏人。魏明帝時為黃門郎，晉武帝即位，官至太保，乘輿上殿。曾博聞好學，工於藁草，甚有古質，乏於風味，亦猶人則抱素木即對冰，亦為時所珍。

譙周

傳記

《三國志》卷一二《蜀書・譙周傳》　譙周，字允南，巴西西充國人也。【略】周幼孤，與母兄同居。既長，耽古篤學，家貧，未嘗問産業，誦讀典籍，欣然獨笑，以忘寢食。研精《六經》，尤善書札。頗曉天文，而不以留意。諸子文章非心所存，不悉遍視也。身長八尺，體貌素樸，性推誠不飾，無造次辯論之才，然潛識内敏。【略】凡所著述，撰定《法訓》、《五經論》、《古史考》之屬百餘篇。

清・王原祁等《佩文齋書畫譜》卷二二《書家傳一五帝時至三國》　譙周，字允南，巴西西充國人也。研精六經，尤善書札。位至光禄大夫。後晉

室踐祚，以為散騎常侍，不拜。《蜀志·本傳》。

山濤

論說

唐·竇臮《述書賦》卷上 巨源正書，樸略仍餘。染翰忘筌，寄情得魚。若披堅草澤，匿銳茅廬。山濤，字巨源，河内人，晉侍中、司徒。今見正書帶名一帖，四行。

宋·陳思《書小史》卷四《傳三》 山濤，字巨源，河内懷人。武帝時為侍中司徒，有器量。善正、行書。

明·陶宗儀《書史會要》卷三《晉》 山濤，字巨源，河内人。官至侍中司徒，謚曰康。少有器量，工行、隸。評濤書者，謂若拔賢草澤，匿銳茅廬。

司馬師

論說

唐·竇臮《述書賦》卷上 挹子元之瓌迹，高子上之雄神。量藴文儒，才苞古真。或寄詞達禮，任道懷仁；或仰則鍾繇，平視衛臻。如晴郊驅馬，維岳降神。司馬師，字子元，河内人，終魏録尚書事、大司馬、忠武公。及炎受禪，追尊曰景皇帝。今見正書帶名一紙，一十二行。

宋·陳思《書小史》卷一《紀》 晉景皇帝姓司馬氏，諱師，字子元，河内温縣人。宣帝長子也。沈毅有大略，少流美譽，善正書。

夏侯玄

論說

清·孫岳頒等《佩文齋書畫譜》卷二一《書家傳一五帝時至三國》 夏侯玄，字太初，尚子，沛國譙人。少知名，官至太常。《魏志》本傳。

又 夏侯太初嘗倚柱作書，時大雨霹靂，破所倚柱，神色無變，書亦如故。《世説新語》。按《金壺記》與諸葛誕事並載。

紀事

南朝宋·劉慶義《世説新語》卷中《雅量》 夏侯太初常倚柱作書，時大雨，霹靂破所倚柱，衣服焦然，神色無變，書亦如故。賓客左右，皆跌蕩不得住。

阮籍

論說

唐·韋續《墨藪》卷一《九品書第二 》 晉阮籍，行草。

宋·陳思《書小史》卷四《傳三》 阮籍，字嗣宗，陳留尉氏人，官至

步兵校尉。博覽羣籍，尤好莊老。嗜酒能嘯，善彈琴，工行草書。

明・陶宗儀《書史會要》卷三《晉》　阮籍，字嗣宗，陳留人，官至步兵校尉。志氣宏放，任情不羈，工行草。

清・孫岳頒等《佩文齋書畫譜》卷二三《書家傳二晉》　昔於官書中見山濤、阮籍、嵇康書，皆入作者閫域。《廣川書跋》。

劉伶

論説

唐・韋續《墨藪》卷一《九品書第二》　晉劉伶，行草。

宋・陳思《書小史》卷四《傳三》　劉伶，字伯倫，沛國人，官至建威參軍，善行草書。

明・陶宗儀《書史會要》卷三《晉》　劉伶，字伯倫，沛國人，官至建威將軍。放情肆志，著《酒德頌》，工行、草。

清・倪濤《六藝之一録》卷三一八《歷朝書譜八》　長安李丕緒得晉《七賢帖》，劉伶書尤怪詭。《廣川書跋》。

司馬昭

論説

唐・竇臮《述書賦》卷上　挹子元之瓌迹，高子上之雄神。量藴文儒，才苞古真。或寄詞達禮，任道懷仁；或仰則鍾繇，平視衛臻。如晴郊馴馬，維岳降神。司馬師，字子元，河内人，終魏録尚書事、大司馬、忠武公。及炎受禪，追尊曰景皇帝。今見正書帶名一紙，一十二行。弟昭，字子上，終魏相國、録尚書事，封文王，追尊文皇帝。今見正書具姓名兩紙，共一十二行。

宋・陳思《書小史》卷一《紀》　文皇帝諱昭，字子上，景帝之母弟也。善正書。

傅玄

論説

唐・張懷瓘《書斷》卷下《能品》　傅玄，字休奕，北地范陽人。祖燮，漢漢陽太守；父幹，魏扶風太守。休奕少孤貧，博學善屬文，解鍾律，性剛直，不容人之短。舉秀才，爲御史中丞、司隸校尉。善於篆、隸，見重時人，云得鍾、胡之法。休奕小篆、隸書入能。

宋・陳思《書小史》卷四《傳三》　傅玄，字休奕，北地泥陽人。官至司隸校尉。少孤貧，博學善屬文，尤精篆、隸，得鍾胡之法，見重當時。唐人評云：傅玄書如項羽投戈，荆軻執戟。

明・陶宗儀《書史會要》卷三《晉》　傅玄，字休奕，北地泥陽人。官至司隸，謚曰剛。性峻急，善篆、隸。

傳記

《晉書》卷四七《傅玄傳》　傅玄，字休奕，北地泥陽人也。祖燮，漢漢陽太守。父幹，魏扶風太守。玄少孤貧，博學善屬文，解鍾律。性剛勁亮直，不能容人之短。郡上計吏再舉孝廉，太尉辟，皆不就。州舉秀才，除郎中，與東海繆施俱以時譽選入著作，撰集《魏書》。後參安東、衛軍軍事，轉

溫令，再遷弘農太守，領典農校尉。所居稱職，數上書陳便宜，多所匡正。五等建，封鶉觚男。武帝爲晉王，以玄爲散騎常侍。及受禪，進爵爲子，加附馬都尉。【略】然玄天性峻急，不能有所容；每有奏劾，或值日暮，捧白簡，整簪帶，竦踊不寐，坐而待旦。于是貴遊懾伏，台閣生風。尋卒于家，時年六十二，謚曰剛。

衛瓘

論說

南朝宋・羊欣《采古來能書人名》 覬子瓘，字伯玉，為晉太保。採張芝法，以覬法參之，更為草藁，草藁是相聞書也。

南朝齊・王僧虔《論書》 張芝、索靖、韋誕、鍾會、二衛，並得名前代。古今既異，無以辨其優劣，惟見筆力驚絶耳。

又 崔、杜之後，共推張芝，仲將謂之筆聖。伯玉得其筋，巨山得其骨。

又 衛覬，字伯儒，河東人。為魏尚書僕射，謚敬侯。善草及古文，略盡其妙。草體如傷瘦而筆跡精殺，亦行於代。子瓘，字伯玉，晉司空、太保，為楚王所害。瓘采張芝草法，取父書參之，更為草藁，世傳其善。瓘子恒，字巨山，亦能書。

南朝梁・蕭衍《草書狀》 其先出自杜氏，以張爲祖，以衛爲父，索、范者，伯叔也。二王父子，可以爲兄弟，薄紹之爲庶息，羊爲仆隸。

南朝梁・庾肩吾《書品》 索靖幼安、梁鵠孟皇、韋誕仲將、皇象休明、胡昭孔明、鍾會士季、衛瓘伯玉、荀輿長胤、阮研文機。

右九人，上之下。

論曰：幼安斂蔓舅氏，抗名衛令。孟皇功盡筆力，字入帳中。仲將不妄染毫，必須張筆而左紙。孔明動見模楷，皆謂胡肥而鍾瘦。休明斟酌二家，聯駕八絶。士季之範元常，猶子敬之稟逸少，而工拙兼效，真草皆成。伯玉遠慕張芝，近糸父迹。長胤狸骨，方擬而難追。阮研居今觀古，盡窺衆妙之門。雖復師王祖鍾，終成別搆一體。此九人，允為上之下。

唐・李嗣真《書後品・上中品七人》 蔡邕、索靖、梁鵠、鍾會、衛瓘、韋誕、皇象。

右自王、崔以降，更無超越。此數君書，雅勁於韋、蔡、皇、衛草迹，殆亞於二王。

《晉書》卷三六《衛瓘傳》 瓘學問深博，明習文藝。與尚書郎敦煌索靖俱善草書，時人號爲一台二妙。漢末張芝亦擅草書，論者謂瓘得伯英筋，靖得伯英肉。

唐・張懷瓘《書斷》卷中《神品》 晉衛瓘，字伯玉，河東安邑人。父覬，魏侍郎。瓘弱冠仕魏，爲尚書郎，入晉爲尚書令。善諸書，引索靖爲尚書郎，號一臺二妙。時議放手流便過索，而法則不如之。嘗云：我得伯英之筋，恒得其骨，靖得其肉。伯玉采張芝法，取父書參之，遂至神妙。天姿特秀，若鴻雁奮六翮，飄飄乎清風之上。率情運用，不以爲難，後爲侍中司空，楚王瑋矯詔害之。元康元年卒，七十二。章草入神，小篆、隸、行、草入妙。

唐・張旭《古今法書苑》附《陸深總論》 張伯英之法，謂之草書。衛瓘復采芝法，兼乎行書，謂之稿草。

唐・韋續《墨藪》 上品中七人：蔡邕、索靖、梁鵠、鍾會、衛瓘、韋誕、皇象。

又 崔瑗、張芝、張昶、鍾繇、鍾會、韋誕、皇象、衛瓘、嵇康、衛夫人、索靖、謝安、王導、王敦、王廙、王洽、王泯、王羲之、王獻之，若然則千百年間得具妙者，不超越此中數子，各能聲飛萬里，榮耀百代。《梁武帝書論》。

又 行書逸少第一，子敬第二，元常第三，伯英第四，伯玉第五，季琰第六，敬和第七，茂弘第八，安石第九。《書論》。

又 章草書子玉第一，伯英第二，幼安第三，伯玉第四，逸少第五，士季第六，子敬第七，休明第八。《書論》。

又 晉索靖、衛瓘工書，號一臺二妙。前漢蕭何善篆籀，宋翼鍾繇弟子亦善攻書。

唐・韋續《墨藪》卷一《九品書第二》 晉衛瓘行草、隸。

宋・朱長文《墨池編》卷一《宋僧夢英十八體書》 柳葉篆者，衛瓘所作，衛氏二世工書，善數體，又為此法，其跡類薤葉而不真，筆勢明勁，莫能傳學。衛氏與索靖並師張芝，索靖得張芝之肉，衛瓘得張芝之筋，故號一臺而妙。

又卷二《唐張懷瓘議書》 崔瑗、張芝、張昶、鍾繇、鍾會、韋誕、皇象、嵇康、衛瓘、衛夫人、索靖、謝安、王導、王敦、王廙、王洽、王泯、王羲之、王獻之。右千百年間得其妙者，不越此數人，各能聲飛萬里，榮耀百代。唯逸少筆迹遒潤，獨擅一家之英，天質自然，風神蓋世，具其道妙而味薄，固常人莫之能學，其隱理而意深，固天下寡於知音。

又 然智則無涯，法固不定，且以風神骨氣者居上，研美功用者居下。其真書元常第一，逸少第二，世將第三，子敬第四，士季第五，文靜第六，茂猗第七。其行書逸少第一，子敬第二，元常第三，伯英第四，伯玉第五，季琰第六，敬和第七，茂弘第八，安石第九。章草子玉第一，伯英第二，幼安第三，伯玉第四，逸少第五，士季第六，子敬第七，休明第八。

宋・陳思《書小史》卷四《傳三》 衛瓘，字伯玉，河東安邑人。魏侍中覬之子，仕魏為尚書郎，入晉為尚書令。明識清允，尤善諸書。引索靖為尚書郎，號一臺二妙。時議謂伯玉放手流便過索，而法則不如之。嘗云我得伯英之筋，恒得其骨，索靖得其肉。伯玉採張芝法，取父書參之，遂至神妙。天姿特秀，若鴻鵠奮翼，飄飄乎清風之上。率情運用，不以為艱。章草入妙品。

元・鄭杓《衍極》卷二《書要篇》 晉衛瓘采張芝及父覬法而作，蓋草書之帶行者，又名草稿。

明・陶宗儀《書史會要》卷三《晉》 衛瓘字伯玉，魏尚書僕射覬之子。官至司空、太保，謚曰成。性貞静有名理，以隸、草名當世。嘗謂我得伯英之筋，恒得其骨。曰藁草，曰柳葉篆，皆瓘所作。藁草者，采張芝及父覬法，而草蓋草書之帶行者。

明・潘之淙《書法離鉤》卷一《草書》 衛瓘、索靖，俱尚書郎，善草，時稱一臺二妙。瓘得伯英觔，靖得伯英骨，懷素工瘦，張顛工肥。瘦硬易得，肥勁難工。皆草聖也。

清・孫岳頒等《佩文齋書畫譜》卷一《論書一書體上》 三十藁書，行草之文也。董仲舒欲言災異，主父偃竊而奏之。晉衛瓘、索靖善之，亦云相聞之用也。

又卷二《論書二書體下》 柳葉篆者，衛瓘之所作。衛氏三世攻書，善乎隸體，温故求新，又為此法。其跡類薤葉而不真，筆勢明勁，莫能得學。

又卷二三《書家傳二晉》 衛瓘，字伯玉，河東安邑人也。凱子仕魏至鎮東將軍，封菑陽侯。泰始初，進爵為公，領太子少傅，謚曰成。瓘學問深博，明習文藝，與索靖俱善草書，時人號為一臺二妙。漢末張芝善草書，論者謂瓘得伯英筋，靖得伯英肉。《晉書》本傳。

又 衛瓘作柳葉篆，其跡類薤葉而不真，筆勢明勁，莫能得學。夢英《十八體書》。

清・嚴可均《全晉文》卷三 征東將軍衛瓘，忠允清識，有文武之才。

清・倪濤《六藝之一録》卷三一八《歷朝書譜・晉》 衛瓘，字伯玉，河東安邑人也。覬子仕魏至鎮東將軍，封菑陽侯。泰始初，進爵為公，領太子少傅，謚曰成。瓘學問深博，明習文藝，與索靖俱善草書，時人號為一臺二妙。漢末張芝善草書，論者謂瓘得伯英筋，靖得伯英肉。《晉書》本傳。

又 衛瓘作柳葉篆，其跡類薤葉而不真。筆勢明勁，莫能得學。夢英《十八體書》。

清・康有為《廣藝舟雙楫》卷三《傳衛弟八》 伯玉、巨山，世傳妙筆，伯玉稿書，爲簡札宗；巨山書勢，爲書家法。按衛覬草體微瘦，瓘得伯英之筋，恒得其骨。然則北宗之書，自當以筋骨爲上，其風韻之遜于南，亦其祖師之法然也。

傳記

《晉書》卷三六《衛瓘傳》 衛瓘，字伯玉，河東安邑人也。高祖暠，漢明帝時，以儒學自代郡征，至河東安邑卒，因賜所亡地而葬之，子孫遂家焉。父覬，魏尚書。瓘年十歲喪父，至孝過人。性貞静有名理，以明識清允稱。襲父爵閿鄉侯。弱冠爲魏尚書郎。時魏法嚴苛，母陳氏憂之，瓘自請得徙爲通事郎，轉中書郎。時權臣專政，瓘優遊其間，無所親疏，甚爲傅嘏

所重，謂之甯武子。在位十年，以任職稱，累遷散騎常侍。陳留王即位，拜侍中，持節慰勞河北。以定議功，增邑户。數歲轉廷尉卿。瓘明法理，每至聽訟，小大以情。【略】惠帝即位，複瓘千兵。及楊駿誅，以瓘録尚書事，加緑綟綬，劍履上殿，入朝不趨，給騎司馬，與汝南王亮共輔朝政。亮奏遣諸王還藩，與朝臣廷議，無敢應者，唯瓘贊其事，楚王瑋由是憾焉。賈後素怨瓘，且忌其方直，不得騁己淫虐；又聞瓘與瑋有隙，遂謗瓘與亮欲爲伊霍之事，啓帝作手詔，使瑋免瓘等官。黄門賫詔授瑋，瑋性輕險，欲聘私怨，夜使清河王遐收瓘。左右疑遐矯詔，咸諫曰：禮律刑名，台輔大臣，未有此比，且請距之。須自表得報，就戮未晚也。瓘不從，遂與子恒、嶽、裔及孫等九人同被害，時年七十二。

杜預

論説

南朝梁・庾肩吾《書品》 魏武帝曹操孟德、吴主元宗孫皓、衛覬伯濡、左子邑伯字、衛桓巨山、杜預元凱、王廙世將、張彭祖、任靖、韋昶文休、王修敬仁、范懷約、張永景初、吴休尚、施方泰。

右十五人，中之中。

論曰：魏帝筆墨雄贍，吴主體裁綿密。伯儒兼叙隸、草，子邑分鑣梁邯。巨山三世，元凱累業。王廙為右軍之師，彭祖取羲之之道。任靖嬌銘，文休題柱。敬仁清舉，致畏逼之詞，張范逢時，俱東南之美。施吴鄰下後生，同年拔萃。此十五人，允為中之中。

唐・張懷瓘《書斷》卷下《能品》 杜預，字元凱，京兆杜陵人。度即六世祖，祖畿，魏僕射，父恕，幽州刺史，并善行草。預博學，官至鎮南將軍、當陽侯。父祖三世善草書，時人以衛瓘方之，稱杜預三世焉。

唐・韋續《墨藪》卷一《續書品第四》 中上品七人：張㫤、衛恒、杜預、張翼、郗嘉賓、阮研、漢王元昌。

又卷二《勸學第十七》 曹喜、邯鄲淳、羅暉、趙襲、崔實、劉德升、師宜官、梁鵠、胡昭、荀爽、張彭祖、張弘、傅玄、魏武帝、曹植、孫權、孫皓、應璩、徐幹、張超、嵇康、何曾、衛覬、杜預、楊肇、樂廣、劉恢、司馬攸、衛恒、衛夫人、衛玠、李式、王敦、郗鑒、郗愔、韋誕、桓玄、王翼、王導、王儉、王珉、謝安、庾翼。或奇材見拔，或絶世難求，並庶幾右軍草書之價。以上四十三人，第三。

《宣和書譜》卷一三《草書》 杜預，字元凱，京兆杜陵人也。漢杜度六世孫。初尚文帝妹高陸公主，起家拜尚書郎。預博學多通，明於治忽，朝野稱美，號為武庫，言其無所不有也。後遷鎮南將軍，以愷悌為政，民心歸之，故又稱為杜父。而預好《左傳》，自言以傳成癖。祖畿魏尚書僕射，父恕幽州刺史。父祖三世善行草，皆以書馳名，而預聞譽尤著。蓋預以功名顯，雖持節總戎，而身不跨馬，射不穿札，每出師遣將，必在將帥之列，以是於翰墨間特見推重焉。世嘗稱預德不可企及，功或庶幾。故平吴之後，勒功於二石，一置峴山之上，一投漢水之淵。是知陵谷有遷，而不知石有時而磨滅也。豈不惑哉。觀其好名如此，宜於游藝末習，亦冀垂久。太康中自渚宫還襄陽，將畢舊業。因求古史策書及汲冢文，雖修《春秋》學，然於字所得亦多矣。其作草書，尤有筆力，當時士大夫以家世比衛瓘父子。預殁追贈征南大將軍，開府儀同三司，謚曰成。今御府所藏草書一：《十月一帖》。

宋・陳思《書小史》卷四《傳三》 杜預，字元凱，京兆杜陵人也。漢齊相杜度，即六世之祖也。祖畿，魏尚書僕射，父恕，幽州刺史，並善行草書。預博學通敏，尚文帝妹，官至鎮南將軍，特進當陽侯。父祖三世善章草書，時人以衛瓘方之，謂之杜衛二氏焉。

明・陶宗儀《書史會要》卷三《晉》 杜預，字元凱，京兆杜陵人。官至征南大將軍，謚曰成。博學多通，祖畿、父恕三世善行草，而預草書尤有筆力。

王渾

論説

《宣和書譜》卷一三《草書》 王渾，字元戎，太原晉陽人也。佐武帝官至尚書左僕射，事君立朝，有巨臣節，而所歷之職，每以最聞。初武帝議伐吴，詔渾於秣陵典領軍政，至王濬破吴擒皓，乃有不平之色。奏濬不受節度，士論以此少之。及居宰輔，聲望日減。《詩》所謂靡不有初，鮮克有終者也。然而平吴之力，亦與濬略相上下，晉室是依於渾爲多。班班史册，蓋不没其實矣。其作草字，蓋是平日偶爾紀事，初非經心，然如風吹水，自然成文者，其人本不凡耳。有子濟，遂以書名，良有源派也。今御府所藏草書一：《近見帖》。

明·陶宗儀《書史會要》卷三《晉》 王渾，字元戎，一作玄中。太原晉陽人。官至尚書左僕射，謚曰元。沉雅有氣量。其作草書，蓋是平日偶爾紀事，初非經心。然如風吹水，自然成文者，其胸中本不凡耳。

傳記

《晉書》卷四二《王渾傳》 王渾，字玄沖，太原晉陽人也。父昶，魏司空。渾沈雅有器量。襲父爵京陵侯，辟大將軍曹爽掾。爽誅，隨例免。起爲懷令，參文帝安東軍事，累遷散騎黄門侍郎、散騎常侍。鹹熙中爲越騎校尉。武帝受禪，加揚烈將軍，遷徐州刺史。時年荒歲饑，渾開倉振贍，百姓賴之。泰始初，增封邑千八百户。久之，遷東中郎將，監淮北諸軍事，鎮許昌。數陳損益，多見納用。【略】渾所曆之職，前後著稱，及居台輔，聲望日減。元康七年薨，時年七十五，謚曰元。長子尚早亡，次子濟嗣。

嵇康

論説

唐·張懷瓘《書斷》卷中《妙品》 嵇康，字叔夜，譙國銍人，官至中散大夫。奇才不羣，身長七尺八寸，而土木形骸，不自藻飾，未嘗見其疾聲朱顔，人以爲龍章鳳姿。天質自然，恬静寡欲。學不師受，博覽該通，以爲君子無私，心不惜乎是非，而行不違乎道。叔夜善書，妙於草製，觀其體勢，得之自然，意不在乎筆墨，若高逸之士，雖在布衣，有傲然之色。故知臨不測之水，使人神清；登萬仞之岩，自然意遠。鍾會譖康，就刑，年四十四。太學生三千人請爲師，不許。

唐·竇臮《述書賦》卷上 叔夜才高，心在幽憤。允文允武，令望令聞。精光照人，氣格淩雲。力舉巨石，芳逾衆芬。嵇康，字叔夜，譙國人，晉中散大夫。今見帶名行書一紙，五行。

唐·韋續《墨藪》卷一《梁武帝書評第五》 嵇康書如抱琴半醉，酣歌高眠。又若衆鳥時翔，羣烏乍散。

又《書論第六》 崔瑗、張芝、張昶、鍾繇、鍾會、韋誕、皇象、衛瓘、嵇康、衛夫人、索靖、謝安、王導、王敦、王廙、王洽、王珉、王羲之、王獻之。若然則千百年間，得其妙者，不超越此中數子，各能聲飛萬里，榮耀百代。

又 草書伯英第一，叔夜第二，子敬第三，處沖第四，世將第五，仲將第六，士季第七，逸少第八。

宋·朱長文《墨池編》卷二《筆法之二·唐張懷瓘議書》 崔瑗、張芝、張昶、鍾繇、鍾會、韋誕、皇象、嵇康、衛瓘、衛夫人、索靖、謝安、王導、王敦、王廙、王洽、王泯、王羲之、王獻之、右千百年間，得其妙者，不越此數人。各能聲飛萬里，榮耀百代。

宋·陳思《書苑菁華》卷五《書評·唐人評書》 嵇康書如抱琴半醉，

詠物緩行。又若獨鶴歸林，羣烏乍散。

宋・陳思《書小史》卷四《傳三》 嵇康，字叔夜，譙國銍人。官至中散大夫。奇才不羣，美詞氣，有風儀，雖土木形骸，不自藻飾，人以為龍章鳳墨，若高逸之士，雖在布衣，有傲然之色。故如臨不測之淵，使人神清，登萬仞之巖，自然意遠。所與神交者，惟王戎、山濤等，為竹林七賢。唐人評云：嵇康書如抱琴半醉，詠物緩行。又若獨鶴歸林，羣烏乍散。《書賦》云：叔夜才高。心在幽墳，允文允武。令望令聞，精光照人。氣格凌雲。力舉巨石，芳逾衆芬。

明・陶宗儀《書史會要》卷三《晉》 嵇康，字叔夜，譙國銍人。在魏官至中散大夫，入朝不仕。美風儀，文辭壯麗，好言莊、老。工草書。評康書者謂如抱琴半醉，酣歌高眠。又若眾鳥時集，羣烏乍散。

鍾會

論説

南朝梁・庾肩吾《書品》 索靖幼安、梁鵠孟皇、韋誕仲將、皇象休明、胡昭孔明、鍾會士季、衛瓘伯玉、荀輿長胤、阮研文機。

右九人，上之下。

論曰：幼安斂蔓舅氏，抗名衒令。孟皇功盡筆力，字入帳中。仲將不妄染毫，必須張筆而左紙。孔明動見模楷，皆謂胡肥而鍾瘦。休明斟酌二家，聯鴐八絕。士季之範元常，猶子敬之稟逸少，而工拙兼效，真草皆成。伯玉遠慕張芝，近衆父迹。長胤狸骨，方擬而難追。阮研居今觀古，盡窺衆妙之門。雖復師王祖鍾，終成別搆一體。此九人，允為上之下。

唐・韋續《墨藪》卷一《論書第六》 真書：逸少第一，元常第二，世將第三，子敬第四，士季第五，文靜第六，茂弘第七。

又章草書：子玉第一，伯英第二，幼安第三，伯玉第四，逸少第五，士季第六，子敬第七，休明第八。

又草書：伯英第一，叔夜第二，子敬第三，處沖第四，世將第五，仲將第六，士季第七，逸少第八。

唐・李嗣真《書後品・上中品七人》 蔡邕、索靖、梁鵠、鍾會、衛瓘、韋誕、皇象。

右自王、崔以降，更無超越。此數君書，雅勁於韋、蔡、皇、衛草迹，殆亞於二王。鍾、索遺迹雖少，吾家有小鍾正書《洛神賦》，河南長孫氏雅所珍好，用子敬草書數紙易之。

唐・張懷瓘《書斷》卷中 鍾會，字士季，元常少子，官至司徒。咸熙元年，衛瓘誅之，年四十。書有父風，稍備筋骨，美兼行草，尤工隸書，遂逸致飄然，有凌雲之志，亦所謂劍則干將、莫耶焉。會嘗詐為荀勗書，就勖母鍾夫人取寶劍。【略】會隸、行、草、章草入妙。

唐・竇臮《述書賦》卷上 觀士季之軌轍，審鍾家之超越。將遺古而偕能，與象賢而蹈拙。如後生之可畏，實氣蓋於前哲。

唐・武平一《徐氏法書記》 繇子會，晉太保衛瓘父子，吳人皇象，晉征西司馬索靖，中書郎李克母衛夫人，並得鍾、張之楷，擅名當時。

明・陶宗儀《書史會要》卷二《魏》 鍾會，字士季，繇之子，官至征西將軍。工八分。梁武帝謂會書有十二種意外奇妙。

張揖

論説

後魏・江式《論書表》 魏初博士清河張揖，著《埤倉》、《廣雅》、《古今字詁》，究諸《埤》、《廣》，綴拾遺漏，增長事類，抑亦於文為益者。然其《字詁》，方之許篇，古今體用，或得或失矣。陳留邯鄲淳亦與揖同，博開古藝，特善倉雅。許氏字指，八體六書，精究閑理。有名於揖，以書

教諸皇子。

宋・陳思《書小史》卷四《傳三》 張揖，字敬仲，清河人。魏初為博士，工楷書，有名魏世，與韋仲將相善，書亦其亞。揖嘗著《埤蒼》、《廣雅》、《古今字詁》，綴拾遺漏，增長事類，抑亦於文為益者也。然其《字詁》方之許篇，古今體用，或得或失。

清・孫岳頒等《佩文齋書畫譜》卷二二《書家傳一五帝時至三國》 張揖，清河人。魏初博士。著《埤倉》、《廣雅》、《古今字詁》。江式《論書表》。

又 蘇林、張揖，並善書。見王愔《文字志》。《法書要録》。

賀劭

論說

唐・竇臮《述書賦》上 賀氏興伯，同時共體。瘠而不疏，逸而寡禮。等殊皇、賀，品類兄弟。賀邵，字興伯，吴興人，終吴太子太傅。見章草書帶名一帖，五行。

宋・陳思《書小史》卷四《傳三》 賀邵，字興伯，吴興人。官至太子太傅。善章草書。《書賦》云：賀氏興伯，同時共體。瘦而不疎，逸而寡禮。等殊皇賀，品類兄弟。

明・陶宗儀《書史會要》卷二《吴》 賀劭，史作邵。字興伯，吴興人。官至中書令。與皇象同時，體瘠而不疎，逸而寡禮。

清・孫岳頒等《佩文齋書畫譜》卷二二《書家傳一五帝時至三國》 賀邵，字興伯，會稽山陰人也。《吴書》曰：賀齊之孫，景之子。孫皓時中書令，領太子太傅。《吴志》本傳。邵善章草，與皇象同時共體。《述書賦》。

向秀

論說

宋・陳思《書小史》卷四《傳三》 向秀，字子期，河内懷人。官至散騎常侍。清悟有遠識，雅好莊老之學。善行書，見《七賢帖》。

傳記

《晉書》卷四九《向秀傳》 向秀，字子期，河内懷人也。清悟有遠識，少爲山濤所知，雅好老莊之學。莊周著内、外數十篇，曆世才士雖有觀者，莫適論其旨統也。秀乃爲之隱解，發明奇趣，振起玄風，讀之者超然心悟，莫不自足一時也。【略】後爲散騎侍郎，轉黄門侍郎、散騎常侍，在朝不任職，容迹而已。卒于位。

諸葛瞻

傳記

宋・陳思《書小史》卷四《傳三》 諸葛瞻，字思遠，亮之子也。官至侍中、僕射、軍師、將軍。强識，善書畫。

明・陶宗儀《書史會要》卷二《蜀漢》 諸葛瞻，字思遠，亮兄之子。

官至衛將軍。亦能書。

成公綏

論説

宋・陳思《書小史》卷四《傳三》 成公綏，字子安，東郡白馬人。累遷中書侍郎、傳涉經傳，有俊才。善隸書，作《隸書體》一篇，行於世。

明・陶宗儀《書史會要》卷二《魏》 成公綏，字子安，東郡人。少有俊才，《隸書勢》曰：爛若天文之布耀，蔚若錦繡之有章。後入晉為博士。

傳記

《晉書》卷九二《成公綏傳》 成公綏，字子安，東郡白馬人也。幼而聰敏，博涉經傳。性寡欲，不營資産，家貧歲飢，常晏如也。少有俊才，詞賦甚麗，閑默自守，不求聞達。【略】張華雅重綏，每見其文，歎伏以為絶倫，薦之太常，徵為博士。歷祕書郎，轉丞，遷中書郎。每與華受詔並為詩賦，又與賈充等參定法律。泰始九年卒，年四十三。

張華

論説

唐・張懷瓘《書斷》卷中《妙品》 晉張華，字茂先，范陽人。父平，後漢漁陽太守。茂先官至司空、壯武公。博涉羣書，盈萬餘卷，高才達識，天文數術，無所不精。善章草書，體勢尤古。度德比義，嵇叔夜之倫也。

《宣和書譜》卷一三《草書》 張華，字茂先，范陽方城人也。父平，魏漁陽太守。平没，華猶少，其後孤貧，無以為生，牧羊以資衣食。雖自晦田畝間，不為人所知，有識之士見華者已奇之。其後學業詞藻日以富麗，陰陽、圖緯、方技之書無不該通，時人莫測也。而阮籍見之，嘆曰王佐才也。由是名著，為本郡太守所薦，始登仕版，至晉為黄門侍郎。華强記默識，四海之内，若指諸掌。作字尤工草書，不在模倣，其規榘、氣度，似其人物。見索靖，遂雅相厚善，深與結納。武帝嘗問漢宫室制度，及建章千門萬户，應對如流。又畫地成圖，率有次第，如在目中，至聽者忘疲，觀者駭目。其心匠如是。妙處自與神會，宜種種絶人。没後家無餘資，所存惟文史。史氏言華嘗遷徙，遣車三十乘所載者也。今御府所藏二：草書《得書帖》，行書《聞時帖》。

宋・陳思《書小史》卷四《傳三》 張華，字茂先，范陽人。官至司空、壯武公。博涉羣書，盈於萬卷。高才達識，天文、術數無所不精。善章草書，體勢尤古。

明・陶宗儀《書史會要》卷三《晉》 張華，字茂先，范陽方城人。官至太子少傅，進侍中。陰陽、圖緯、方伎之書，無不該通。尤工草書，不在模倣，其規矩氣度似其人物。見索靖遂雅相友善，深與結納。

王戎

論說

《宣和書譜》卷一三《草書》 王戎，字濬沖，瑯琊臨沂人也。官至司徒。戎幼而穎悟，神彩秀發。是時阮籍已齒高，喜與為忘年友。每為竹林之游，謂其父渾曰：濬沖清賞，非卿倫也。裴楷見而奇之，曰戎眼爛爛，如岩下電。其少成如此。善吐辭，作草字得崔、杜法，妙鑒者多所稱賞。自是所造淵深，一出便在人上。字畫之工，特游戲耳。今御府所藏草書一：《忻慰帖》。

明・陶宗儀《書史會要》卷三《晉》 王戎，字濬沖，瑯邪臨沂人。渾之子，官至司徒，謚曰元。神采秀徹，善吐辭，能作草字。

傳記

《晉書》卷四三《王戎傳》 王戎，字濬沖，琅邪臨沂人也。祖雄，幽州刺史。父渾，涼州刺史、貞陵亭侯。戎幼而穎悟，神彩秀徹。視日不眩，裴楷見而目之曰：戎眼爍爍，如岩下電。年六七歲，于宣武場觀戲，猛獸在檻中虓吼震地，衆皆奔走，戎獨立不動，神色自若。【略】其後從帝北伐，王師敗績于蕩陰，戎複詣鄴，隨帝還洛陽。車駕之西遷也，戎出奔于郟。在危難之間，親接鋒刃，談笑自若，未嘗有懼容。時召親賓，歡娛永日。永興二年，薨于郟縣，時年七十二，謚曰元。

孫休

論說

明・陶宗儀《書史會要》卷二《吴》 景帝諱休，字子烈，權第六子。善書。

司馬炎

論說

宋・陳思《書小史》卷一《紀》 武皇帝諱炎，字安世，文帝長子也。寬惠仁厚，深沈有度量。善行草書。

明・陶宗儀《書史會要》卷三《晉》 武帝司馬氏諱炎，字安世，文帝子。喜作字，於草書尤工。落筆雄健，挾英武之氣。

清・孫岳頒等《佩文齋書畫譜》卷一九《歷代帝王書上黄帝至五代》 武皇帝諱炎，字安世，文帝長子也。泰始元年冬十二月受禪，廟號世祖。《晉書・本紀》。

又 武帝喜作字，於草書尤工。落筆雄健，挾英勇之氣。宋佚名《宣和書譜》。

清・倪濤《六藝之一録》卷三一一《歷朝書譜一帝王妃后一》 晉武帝司馬氏諱炎，字安世，文帝之子也。司馬氏執魏國威柄凡三世矣，至武帝時神器始歸之。獨江左有吴皓者，擅五十九年之業，一旦用王濬垂手而得，

故天下始一於晉，夫可謂繼志述事之主。然以憂勤得之，以佚樂棄之，其後東西分裂而為兩晉，後世論優劣咸自武帝始。喜作字，於草書尤工。落筆雄健，挾英勇之氣，毅然為一代祖，豈齪齪戲弄筆墨之末以取勝者。惜乎不克終譽，而信賈充之謀，捨衛瓘之忠，不為經遠計以貽翼子，故為有識者之所痛恨也。今御府所藏草書二：《我師帖》、《善消息帖》。宋佚名《宣和書譜》。

又　昨日閣下見晉武帝書，甚有英偉氣，乃知唐太宗書時有似之。《東坡集》。

又　武帝書紙糜潰而墨色如新，有墨處不破。吁，豈臨學所能，欲令人棄筆硯也。古人得此等書臨學，安得不臻妙境。獨寫唐人筆札，意格尫弱，豈有勝理。其氣象有若太古之人，自然澆野之質，張長史、懷素豈能臻其藩籬耶。昔歸公跋趙令時家古帖得之矣。欲盡舉一奩書易一二帖，恐未許也。今日已懶開篋，但磨墨終日，追想一二字以自慰也。《寶晉英光集》。

又　晉武帝《我師帖》真蹟，宣和祕府官本，今在震澤王氏。筆勢雄健，高古絶倫，當為帝王書法之冠冕，此無上妙品也。《清河書畫舫》。

傳記

《晉書》卷三《武帝紀》　武皇帝諱炎，字安世，文帝長子也。**【略】**帝宇量弘厚，造次必于仁恕，容納讜正，未嘗失色於人。明達善謀，能斷大事，故得撫寧萬國，綏静四方。**【略】**平吴之後，天下乂安，遂怠於政術，耽於游宴，寵愛后黨，親貴當權，舊臣不得專任，彝章紊廢。

楊艷

論說

宋・陳思《書小史》卷二《傳一》　晉武元楊皇后諱艷，字瓊芝，弘農華陰人。后少聰慧，善書。資質美麗，嫻於女工。

明・陶宗儀《書史會要》卷三《晉》　武元皇后楊氏諱豔，字瓊芝，弘農華陰人。文宗女，武帝母。資質美麗，善書。

清・孫岳頒等《佩文齋書畫譜》卷一九《歷代帝王書上黄帝至五代》　武元楊皇后諱豔，字瓊芝，弘農華陰人也。少聰慧，善書。《晉書》本傳。

清・倪濤《六藝之一録》三一一《歷朝書譜一帝王妃后一》　武元楊皇后諱豔，字瓊芝，弘農華陰人也。少聰慧，善書。

傳記

《晉書》卷三一《后妃傳》　元楊皇后，諱豔，字瓊芝，弘農華陰人也。**【略】**后少聰慧，善書，姿質美麗，閑于女工。有善相者嘗相后，當極貴，文帝聞而爲世子聘焉。**【略】**武帝即位，立爲皇后。

索靖

論説

南朝宋・羊欣《采古來能書人名》 敦煌索靖，字幼安，張芝姊之孫，晉征南司馬，亦善草書。

南朝齊・王僧虔《論書》 張芝、索靖、韋誕、鍾會、二衛，並得名前代。古今既異，無以辨其優劣，惟見筆力驚絶耳。

又 崔、杜之後，共推張芝，仲將謂之筆聖。伯玉得其筋，巨山得其骨，索氏自謂其書銀鉤蠆尾，談者誠得其宗。

又 索靖，字幼安，燉煌人。散騎常侍張芝姊之孫也。傳芝草而形異，甚矜其書，名其字勢曰銀鉤蠆尾。

南朝梁・袁昂《古今書評》 索靖書如飄風忽舉，鷙鳥乍飛。

南朝梁・庾肩吾《書品》 索靖幼安、梁鵠孟皇、韋誕仲將、皇象休明、胡昭孔明、鍾會士季、衛瓘伯玉、荀輿長胤、阮研文幾。

右九人，上之下。

論曰：幼安斂蔓舅氏，抗名衙令。孟皇功盡筆力，字入帳中。仲將不妄染毫，必須張筆而左紙。孔明動見模楷，皆謂胡肥而鐘瘦。休明斟酌二家，聯駕八絶。士季之範元常，猶子敬之稟逸少，而工拙兼效，真草皆成。伯玉遠慕張芝，近忝父迹。長胤狸骨，方擬而難追。阮研居今觀古，盡窺衆妙之門。雖復師王祖鐘，終成别搆一體。此九人，允為上之下。

《晉書》卷六〇《索靖傳》 靖與尚書令衛瓘俱以善草書知名，帝愛之。瓘筆勝靖，然有楷法，遠不能及靖。

唐・李嗣真《書後品・上中品七人》 蔡邕、索靖、梁鵠、鍾會、衛瓘、韋誕、皇象。

右自王、崔以降，更無超越。此數君書雅勁於韋、蔡，皇、衛草迹，殆亞於二王。鍾、索遺迹雖少，吾家有小鍾正書《洛神賦》，河南長孫氏雅所珍好，用子敬草書數紙易之。索有《月儀》三章，觀其趣況，大為遒竦，無愧珪璋特達。猶夫聶政、相如，千載凛凛，為不亡矣。又《毌丘與碑》，云是索書，比蔡《石經》，無相假借。

唐・張懷瓘《書斷》卷中《神品》 索靖，字幼安，敦煌龍勒人，張伯英之隸孫。父湛，北地太守。幼安善章草書，出於韋誕，峻險過之，有若山形中裂，水勢懸流，雪嶺孤松，冰河危石，其堅勁則古今不逮。或云楷法則過於衛瓘，然窮兵極勢，揚威耀武，觀其雄勇欲陵於張，何但於衛。王隱云：靖草書絶世，學者如雲，是知趣者皆然，勸不用賞。時人云：精熟至極，索不及張；妙有餘姿，張不及索。蕭子良云：其形甚異。又善八分，韋、鍾之亞，《毌興碑》是其遺迹也。大安二年卒，年六十，贈太常。章草入神，草入妙。

唐・韋續《墨藪》卷一《續書品第四》 上品中七人：蔡邕、索靖、梁鵠、鍾會、衛瓘、韋誕、皇象。

又《梁武帝書評第五》 索靖書如王謝家子弟，縱復不端正，奕奕有一種風氣也。梁武帝《書評》。

又《書論第六》 崔瑗、張芝、張昶、鍾繇、鍾會、韋誕、皇象、衛瓘、嵇康、衛夫人、索靖、謝安、王導、王敦、王廙、王洽、王泯、王羲之、王獻之。若然千百年間得具妙者，不超越此中數子。各能聲飛萬里，榮耀百代。《梁武帝書論》。

又 章草書子玉第一，伯英第二，幼安第三，伯玉第四，逸少第五，士季第六，子敬第七，休明第八。《書論》。

又卷二《王逸少筆勢傳第十二》 晉索靖、衛瓘工書。號一臺二妙。

宋・朱長文《墨池編》卷一《字學門・宋僧夢英十八體書》 柳葉篆者，衛瓘所作。衛氏二世工書，善數體，又為此法，其跡類薤葉而不真。筆勢明勁，莫能傳學。衛氏與索靖並師張芝，索靖得張芝之肉，衛瓘得張芝之筋，故號一臺二妙。

又卷二《筆法之二・唐張懷瓘議書》 崔瑗、張芝、張昶、鍾繇、鍾會、韋誕、皇象、嵇康、衛瓘、衛夫人、索靖、謝安、王導、王敦、王廙、王洽、王泯、王羲之、王獻之。右千百年間得其妙者，不越此數人。各能聲飛萬里，榮耀

百代。唐張懷瓘《議書》。

又 然智則無涯，法固不定。且以風神骨氣者居上，研美功用者居下。其真書元常第一，逸少第二，世將第三，子敬第四，士季第五，文靜第六，茂猗第七。其行書逸少第一，子敬第二，元常第三，伯英第四，伯玉第五，季琰第六，敬和第七，茂弘第八，安石第九。章草子玉第一，伯英第二，幼安第三，伯玉第四，逸少第五，士季第六，子敬第七，休明第八。

又 晉索靖，行草。時人云婉若銀鉤。唐李嗣真《九品書人論》。

又 卷四《贊述之一·唐武一平徐氏法書記》繇子會，晉太保衛瓘父子，吴人皇象，晉征西司馬索靖，中書郎李克母衛夫人，並得鍾、張之楷，擅名當時。唐武平一《徐氏法書記》。

《宣和書譜》卷一四《草書》 索靖，字幼安，燉煌人，張芝之姊孫也。官至征南司馬。少有出羣之才，與鄉人氾衷、張甝、音含。索介、索永俱遊太學，時稱燉煌五能。及舉賢良方正，對策高第，張勃薦之，謂靖才藝絶人，宜置臺閣。經史之暇，喜作字，遂以章草名動一時，學者宗之。如歐陽詢以翰墨自名，未嘗妄許可，路見靖碑，初過而不問，徐視乃得之，至卧碑下不忍去。王廙嘗得靖書，每寶玩之，遭永嘉喪亂，乃四疊綴衣中以渡江。故論者以為飄風忽舉，鷙鳥乍飛，以狀其遒勁。或以謂如雪嶺孤松，冰河危石，以狀其峻險。或以謂精熟至極，索不及張芝，妙有餘姿，張不及索靖。或以謂八分亞韋、鍾楷法過衛瓘。何其得譽之甚，有至於此。非特人譽之也，而其自許亦甚高，嘗謂上稽科斗、鳥篆之文，幽窮造化，物象之奥，可以命杜度運指，張芝回腕。要是靖自得意處，宜其書名與義、獻相後先也。今御府所藏章草四：《急就章》、《月儀》、《出師帖》、《七月帖》。

宋·姜夔《續書譜》 大凡學草書，先當取法張芝、皇象、索靖章草等，則結體平正，下筆有源。

宋·陳思《書小史》卷四《傳三》 索靖，字幼安，燉煌龍勒人，漢張伯英之離孫。官至征西司馬。少有出羣之量，才藝絶人。善章草及草書，出於韋誕，峻險過之。有若山形中裂，水勢懸流。雪嶺孤松，冰河危石。其堅勁，則古今不逮。或云楷法過於衛瓘，甚矜其書，名其書曰銀鉤蠆尾。武帝愛之。王隱云：索靖草書絶世，學者如雲。時論云：精熟至極，索不及張，妙有餘姿，張不及索，袁昂云：索靖書如遊飂忽舉，鷙鳥乍飛。又善八分，亦韋、鍾之亞也。

元·劉有定《衍極注》 索靖與衛瓘及其子恒，俱學于張伯英。瓘自言我得伯英筋，恒得伯英骨，靖得伯英肉。

明·陶宗儀《書史會要》卷三《晉》 索靖，字幼，安燉煌人，漢張芝之姊孫也。官至司空，謚曰莊。靖經史之暇喜作字，遂以章草名重一時，故論者以為飄風忽舉，鷙鳥乍飛，以狀其遒勁。或以為如雪嶺孤松，冰河危石，以狀其峻險。或以為精熟至極，索靖不及張芝，妙有餘姿，張芝不及索靖。或以八分亞韋、鍾，隸法過衛瓘。其得譽有至於此，宜乎書名與義、獻相後先也。

明·宋曹《書法約言·論草書》 衛瓘得伯英之筋，索靖得伯英之骨。

明·潘之淙《書法離鉤》卷一《草書》 衛瓘、索靖俱尚書即，善草，時稱一臺二妙。瓘得伯英觔，靖得伯英骨，懷素工瘦，張顛工肥。瘦硬易得，肥勁難工。皆草聖也。

清·孫岳頒等《佩文齋書畫譜》卷一《論書一書體上》 三十稾書，行草之文也。董仲舒欲言災異，主父偃竊而奏之。晉衛瓘、索靖善之，亦云相聞之用也。

又卷三《論書三書法上》 云張芝、韋誕、鍾會、索靖、二衛並得名書，古今無以辨其優劣，唯見筆力驚絶耳。唐韓方明《授筆要説》。

又卷八《論書八書品上》 吴之善書者，則有皇象、劉纂。岑伯然、朱季平。中州則有鍾元常、胡孔明、張芝、索靖，並用古體，俱足周事，飄乎若起鴻之乘勁風，騰鱗之躡驚雲。《抱朴子》。

清·倪濤《六藝之一録》卷二三《書家傳二晉》 索靖，字幼安，燉煌人也。靖與尚書令衛瓘，俱以善草書知名。瓘筆勝靖，然有楷法，遠不能及靖。為始平内史，加散騎常侍，遷後將軍，贈司空，進封安樂亭侯，謚曰莊。作《草書狀》。《晉書》本傳。

又卷三一八《歷朝書譜八》 云：索將軍章草，下筆妙古今。《七月二十六日帖》、《月儀》、《急就篇》，此著名書也。春蘭、秋菊各不同，而花花自有佳趣。《東觀餘論》。

清·阮元《南書北派論》 稱詢始習王羲之書，後險勁過之，因自名其體；嘗見索靖所書碑，宿三日乃去。夫《唐書》稱初學羲之者，從帝所好，

權詞也；悦索靖碑者，體歸北派，微詞也。蓋鍾、衛二家，爲南北所同，托始于索靖，則惟北派祖之，枝幹之分，實自此始。

又 崔悦與范陽、盧諶齊名，諶法鍾繇，悦法衛瓘，而俱習索靖之章，皆盡其妙。

清·錢泳《書學》 北派由鍾繇、衛瓘、索靖及崔悦、盧諶、高遵、沈馥、姚元標、趙文深、丁道護等，以至歐陽詢、顔真卿、柳公權。

清·包世臣《藝舟雙楫》卷三《論文四》 草書唯皇象、索靖，筆鼓蕩而勢峻密，殆右軍所不及。

清·劉熙載《藝概》卷五《書概》 索幼安分隸，前人以韋誕、鍾繇、衛瓘比之，而尤以草書爲極詣。其作《草書狀》曰：或若倜儻而不群，或若自檢其常度。惟倜儻而彌自檢，是其所以真能倜儻與。索靖書如飄風忽舉，鷙鳥乍飛，其爲沈著痛快極矣。論者推之爲北宗，以歐陽信本書爲其支派，説亦近是。然三日觀碑之事，不足引也。

又 西晉索靖、衛瓘善書齊名。靖本傳言：瓘筆勝靖，然有楷法，遠不及靖。此正見論兩家者不可觭爲輕重也。瓘之書學上承父覬，下開子恒，而靖未詳受授。

又 書有振、攝二法。索靖之筆短意長，善攝也；陸柬之之節節加勁，善振也。

清·周星蓮《臨池管見》 昔有人問索靖筆法，索靖以三指執筆，閉目謂之曰：膽，膽，膽。

清·朱和羹《臨池心解》 魏晉去漢未遠，故其書點畫絲轉自然，古意流露。索、衛屬一台二妙，二王妙迹，天骨開張。

清·康有為《廣藝舟雙楫》卷三《傳衛弟八》 王侍中論張芝、索靖、韋誕、鍾繇、二衛書：無以辨其優劣，惟見其筆力驚異。斯論致公。袁昂、梁武、肩吾、懷瓘、嗣真、吕總諸品，必欲强爲甲乙，隨意軒輊，滋增妄矣。

又 詳觀索靖、王導、右軍、大令、魯公草書。【略】巨刃揮天，大刀斫陣，無不以險勁爲主。若不得執筆之勢，如何能之。

又 卷六《榜書弟二十四》 若欲復古，當寫章草，史孝山《出師頌》致足學也。

傳　記

《晉書》卷六〇《索靖傳》 索靖，字幼安，敦煌人也。累世官族，父湛，北地太守。靖少有逸群之量，與鄉人氾衷、張甝、索紾、索永俱詣太學，馳名海内，號稱敦煌五龍。四人並早亡，唯靖該博經史，兼通内緯。州辟别駕，郡舉賢良方正，對策高第。傅玄、張華與靖一面，皆厚與之相結。【略】元康中，西戎反叛，拜靖大將軍梁王肜左司馬，加蕩寇將軍，屯兵粟邑，擊賊敗之。遷始平内史。及趙王倫篡位，靖應三王義舉，以左衛將軍討孫秀有功，加散騎常侍，遷後將軍。太安末，河間王顒舉兵向洛陽，拜靖使持節、監洛城諸軍事、遊擊將軍，領雍、秦、涼義兵，與賊戰，大破之，靖亦被傷而卒，追贈太常，時年六十五。後又贈司空，進封安樂亭侯，謚曰莊。

何元公

論　説

南朝宋·羊欣《采古來能書人名》 陳國何元公，亦善草書。

明·陶宗儀《書史會要》卷三《晉》 何元公，陳國人，善草書。

清·倪濤《六藝之一録》卷三一八《歷朝書譜八》 何元公，陳國人，善草書。《書史會要》。

曹髦

論説

宋・陳思《書小史》卷一《紀》 高貴鄉公諱髦，字彦士，文帝孫，東海定王霖子也。少好學夙成，工草、隸。

明・陶宗儀《書史會要》卷二《魏》 高貴鄉公諱髦，字士彦，文帝孫。幼好學善書。

清・孫岳頒等《佩文齋書畫譜》卷一九《歷代帝王書上黄帝至五代》 少帝善書畫。

諸葛誕

論説

清・倪濤《六藝之一録》卷三一六《歷朝書譜六》 諸葛誕常倚柱書，雷震其柱，誕書自若。《金壺記》。

虞松

論説

唐・竇臮《述書賦》上 名徵格高，復見叔茂。體裁簡約，肌骨豐嫮。如空凝斷雲，水泛連鷺。【略】虞松，字叔茂，會稽人，終魏中書令、大司農。今見隸紙、草書具姓名一紙，十一行也。

宋・陳思《書小史》卷四《傳三》 虞松，字叔茂，會稽人。官至中書令、大司農。善草書。

張飛

論説

明・卓爾昌《畫髓元詮》 張飛，喜畫美人，善草書。

明・楊慎《丹鉛總録》卷二一《張飛書》 涪陵有張飛《刁鬥銘》，其文字甚工，飛所書也。

清・孫岳頒等《佩文齋書畫譜》卷二二《書家傳一五帝時至三國》 飛不獨有八分書《刁鬥銘》，又有《流江縣紀功題名》云：漢將軍飛，率精卒萬人，大破賊首張郃於八濛。立馬勒銘。陳繼儒《天平清話》。

藝文

元・吴鎮《張益德祠》 關侯諷左氏，車騎更工書。文武趣雖别，古人嘗有餘。横矛思腕力，谿象恐難如。

劉敏

論説

清・孫岳頒等《佩文齋書畫譜》卷二三《書家傳一五帝時至三國》 劉敏，零陵人。優之孫，優父綽本彭城人，為零陵太守，因徙家焉。敏善草書。帝禪時除侍御史，為揚威將軍，以功封雲亭侯，拜成都大尹。《永州府志》。

張紹

論説

南朝梁・庾肩吾《書品》 衛宣、李韞、陳基、傅廷堅、張紹、陰光、韋熊少季，張暢、曹任、宋嘉、裴邈、羊固、傅夫人、辟閭訓、謝晦、徐羨之、孔閭、顔寶光、周仁皓、張欣泰、張熾、僧岳道人。

右二十二人，下之下。

論曰：此二十二人，皆五味一和，五色一彩，視其雕文，非特刻鵠。人人下筆，寧止追嚮，遺迹見珍，餘芳可折。誠以駈馳並駕，不逮前鋒，而中權後殿，各盡其美。允為下之下。

明・陶宗儀《書史會要》卷三《晉》 張紹。右皆書尚文情。梁庾肩吾謂：五味一和，五色一采，誠以争驅並駕，不逮前鋒，而中權後殿，各盡其美。

孫皓

論説

南朝梁・庾肩吾《書品論》 吴主體裁綿密。

唐・李嗣真《書後品・中下品七人》 孫皓、張超、謝道韞、宗炳、宋文帝、齊高帝、謝靈運。

右孫皓，吴人，酣暢驕其家室，雖欲矜毫，亦復平矣。

唐・韋續《墨藪》卷一又卷一《九品書第二》 吴王孫皓，行、隸。

又《續書品第四》 中下品七人：孫皓、張超、謝道韞、宗炳、宋文帝、齊高帝、謝靈運。

又卷二《勸學第十七》 曹喜、邯鄲淳、羅暉、趙襲、崔寔、劉德升、師宜官、梁鵠、胡昭、荀爽、張彭祖、張弘、傅玄、魏武帝、曹植、孫權、孫皓、應璩、徐幹、張超、嵇康、何曾、衛覬、杜預、楊肇、欒廣、劉恢、司馬攸、衛恒、衛夫人、衛玠、李式、王敦、郗鑒、郗愔、韋誕、桓玄、王翼、王導、王儉、王珉、謝安、庾翼。

或奇材見拔，或絶世難求，並庶幾右軍草書之價。以上四十三人第三。

清・孫岳頒等《佩文齋書畫譜》卷一九《歷代帝王書上黄帝至五代》 孫皓上晉武表章，草書字畫高古。黄伯思《東觀餘論》。

皓善小篆，飛白。《書史會要》。

傳記

宋・陳思《書小史》卷一《紀》 後主諱皓，字元宗，大帝權之孫，太子和之子也。善行、隸書。

明・陶宗儀《書史會要》卷二《吴》 烏程侯諱皓，字元宗，和之子。善行、隸、小篆、飛白。

諸葛融

論説

南朝梁・庾肩吾《書品》 陽經、諸葛融、楊潭、張炳、岑淵、張輿、王濟、李夫人、劉穆之道和、朱齡石、庾景休、張融思光、褚元明、孔敬通、王籍文海。

右十五人，下之中。

論曰：此十五人，雖未窮字奥，書尚文情。披其叢薄，非無香草。視其涯岸，皆有潤珠。故遺斯紙，以為世玩。允為下之中。

明・陶宗儀《書史會要》卷二《吴》 諸葛融善書。

張弘

論説

唐・張懷瓘《書斷》卷中《妙品》 吴處士張弘，字敬禮，吴郡人。篤學不仕，恒着烏巾，時號張烏巾，并善篆、隸。其飛白妙絶當時。飄若雲游，激如驚電，飛仙舞鶴之態有類焉。自作《飛白序勢》，備説其美也。歐陽詢曰：飛白，張烏巾冠世，其後逸少、子敬亦稱妙絶。敬禮飛白入妙，小篆入能。

南朝宋・羊欣《采古來能書人名》 飛白本是宫殿題八分之輕者，全用楷法。吴時張弘，好學不仕，常著烏巾，時人號為張烏巾。此人特善飛白，能書者鮮不好之。

明・陶宗儀《書史會要》卷三《晉》 張弘工飛白、小篆。

皇象

論説

南朝梁・庾肩吾《書品》 索靖幼安、梁鵠孟皇、韋誕仲將、皇象休明、胡昭孔明、鍾會士季、衛瓘伯玉、荀輿長胤、阮研文機。

右九人，上之下。

論曰：幼安斂蔓舅氏，抗名衙令。孟皇功盡筆力，字入帳中。仲將不妄染毫，必須張筆而左紙。孔明動見模楷，皆謂胡肥而鍾瘦。休明斟酌二

家，聯駕八絕。士季之範元常，猶子敬之稟逸少，而工拙兼效，真草皆成。伯玉遠慕張芝，近祭父迹。長胤狸骨，方擬而難追。阮研居今觀古，盡窺衆妙之門。雖復師王祖鍾，終成别搆一體。此九人，允為上之下。

南朝梁・袁昂《古今書評》 皇象書如歌聲繞梁，琴人捨徽。

唐・李嗣真《書後品・上中品七人》 蔡邕、索靖、梁鵠、鍾會、衛瓘、韋誕、皇象。

右自王、崔以降，更無超越。此數君書，雅勁於韋、蔡、皇、衛草迹，殆亞於二王。

唐・竇臮《述書賦》卷上 吴則廣陵休明，樸質古情。難以窮真，非可學成。似龍蠖蟄啓，伸盤復行。皇象，字休明，廣陵人，終侍中、吴青州刺史。今見帶名章草帖一表，七行，并寫《春秋・哀公上》第二十九，卷首元年，餘自二年至十三年盡，尾足。其紙每一大幅有一縫綫，聯合之六元顗押尾云：此是繭紙，緊薄有脈，似樺皮，以諸繭比類，殊有異者也。

南朝宋・羊欣《采古來能書人名》 吴人皇象，能草，世稱沉著痛快。

唐・張懷瓘《書斷》卷中《神品》 吴皇象，字休明，廣陵江都人也。官至侍中，工章草，師於杜度。先是有張子并，於時有陳良輔，并稱能書，然陳恨瘦，張恨峻，休明斟酌其間，甚得其妙。與嚴武等稱八絕，世謂沉着痛快。《抱樸》云：書聖者皇象。懷瓘以爲右軍隸書以一形而衆相，萬字皆别；休明章草雖相衆而形一，萬字皆同，各造其極。則實而不樸，文而不華，其寫《春秋》最爲絶妙。八分雄才逸力，乃相亞于蔡邕，而妖冶不逮，通議傷於多肉矣。休明章草入神，八分入妙，小篆入能。

唐・韋續《墨藪》卷一《九品書第二》 吴皇象，八分。

又《續書品第四》 上品中七人：蔡邕、索靖、梁鵠、鍾會、衛瓘、韋誕、皇象。

又《書論第六》 章草書：子玉第一，伯英第二，幼安第三，伯玉第四，逸少第五，士季第六，子敬第七，休明第八。

又卷二《王逸少筆勢傳第十二》 吴皇象工書，謂之八絕。

宋・陳思《書苑菁華》卷一八《晉王羲之筆勢傳》 吴皇象工書，謂之八絕。

宋・朱長文《墨池編》卷二《筆法之二・唐張懷瓘議書》 崔瑗、張芝、張昶、鍾繇、鍾會、韋誕、皇象、嵇康、衛瓘、衛夫人、索靖、謝安、王導、王敦、王廙、王洽、王珉、王羲之、王獻之。

右千百年間得其妙者，不越此數人，各能聲飛萬里，榮耀百代。

又 然智則無涯，法固不定，且以風神骨氣者居上，研美功用者居下。其真書元常第一，逸少第二，世將第三，子敬第四，士季第五，文静第六，茂猗第七。其行書逸少第一，子敬第二，元常第三，伯英第四，伯玉第五，季琰第六，敬和第七，茂弘第八，安石第九。章草子玉第一，伯英第二，幼安第三，伯玉第四，逸少第五，士季第六，子敬第七，休明第八。

又卷四《贊述之一・唐武平一徐氏法書記》 繇子會、晉太保衛瓘父子、吴人皇象、晉征西司馬索靖、中書郎李克母衛夫人，並得鍾、張之楷，擅名當時。

《宣和書譜》卷一三《草書》 皇象，字休明，廣陵人。官至侍中。工八分、篆、草，初學於杜度。作章草，文而不華，質而不野，沉著痛快，世以書聖稱。論者以象書比龍蠖蟄啟，伸槃腹行，蓋言其蟠屈騰踔，有縱横自然之妙。或謂如歌聲繞梁，琴人捨徽，則又見其遺音餘韻，得之於筆墨外也。象作八分，亦自雄逸，遂與蔡邕後先。然人材固有分量，當時以象書為章草入神，八分入妙，篆入能，其亦善品藻者也。今御府所藏章草書一。

明・陶宗儀《書史會要》卷二《吴》 皇象，字休明，廣陵人。官至侍中、青州刺史。工八分、篆、草，初學杜度。作章草沉著痛快，世以書聖稱。論者以象書比龍蠖蟄啟，伸盤腹行，蓋言其蟠屈騰踔，有縱横自然之妙。或謂如歌聲繞梁，琴人捨徽，則又見其遺音餘韻，得之於筆墨外也。象作八分，與蔡邕後先。當時以象章草入神，八分入妙，篆入能。象書《吴大帝碑》在江寧府，書雖本漢隸，然探奇振古，有三代純樸處，故自是絶藝。非如東漢遺書，循一矩律，籍距綴襲切而自私也。建業有吴時《天發神讖碑》，若篆若隸，字勢雄偉。

清・孫岳頒等《佩文齋書畫譜》卷八《論書八書品上》 吴之善書者，則有皇象、劉纂、岑伯然、朱季平。中州則有鍾元常，胡孔明，張芝、索靖。並用古體，俱足周事。飄乎若起鴻之乘勁風，騰鱗之躡驚云。《抱朴子》。

傳記

清・孫岳頒等《佩文齋書畫譜》卷二一《書家傳一五帝時至三國》 皇象，字休明，廣陵江都人。幼工書。時有張子並、張超。陳梁甫能書。甫恨逋，一作瘦。並恨峻，象斟酌其間，甚得其妙。中國善書者不能及也。與嚴武棋、曹不興畫等，謂之八絶云。《吴志・趙達傳》注。

又 皇象書《吴大帝碑》在江寧府，雖本漢隸，然探奇振古，有三代純樸氣。羊欣稱象善草書，張懷瓘惟稱象小篆入能，獨不言象為隸字。疑此碑近出，前人未見。《廣川書跋》。

又 《急就篇》，前代能書者多以草書寫之。今惟有一本，相傳是皇象寫。《玉海》。《金壺記》云：其書《春秋》尤妙。

蘇建

論説

清・孫岳頒等《佩文齋書畫譜》卷二一《書家傳一五帝時至三國》 蘇建，官至中郎。其書與皇象同。所書《禪國文》在宜興善卷山中。《書史會要》。

又 《吴後主記功碑》三段石碑，華覈文，皇象書。《金陵瑣事》又定為蘇建書。非篆非隸，最為奇古。原刻在嚴山。《江寧府志》。

清・倪濤《六藝之一録》卷三一六《歷朝書譜六》 蘇建，官至中郎。其書與皇象同。所書《禪國文》，今在宜興善卷山中。《書史會要》。

朱育

傳記

宋・陳思《書小史》卷四《傳三》 朱育，山陰人。《會稽典録》云：育少好奇字，凡所特達，皆依體象類，造作異字千名以上。育後仕朝，常在臺閣，為東觀令，遥拜清河太守，加位侍中。推刺占射，文藝多通。

清・孫岳頒等《佩文齋書畫譜》卷二一《書家傳一五帝時至三國》 朱育，山陰人。少好奇字，凡所特達，依體象類，造作異字千名以上。育後仕為東觀令，加位侍中。推刺占射，文藝優絶。虞預《會稽典録》。

司馬攸

論説

南朝宋・羊欣《采古來能書人名》 晉齊王攸，善草行書。

南朝齊・王僧虔《論書》 晉齊王攸書，京洛以為楷法。

唐・張懷瓘《書斷》卷下《能品》 齊獻王攸，字大猷，河内人。武帝母弟。善尺牘，尤能行、草書，蘭芳玉潔，奇而且古，才望出武帝之右。帝用荀勗言，出都督青州，上道憤怒嘔血。咸寧四年卒，年三十六。行、草入能。

唐・竇臮《述書賦》卷上 司馬氏之受禪，炎爲帝祖。偉哉齊王，手迹目睹。翰墨之外，仁賢是優。重則突兀嵩華，輕則參差斗牛。司馬攸，字大猷，文帝第二子，武帝弟。封齊王，官至侍中、大司馬。今見正書帶名凡四段，共三紙。書

有痛惜羊祜之言，晉姓司馬，國犯先諱，不言晉也。

宋・陳思《書小史》卷二《傳一》 晉齊獻王攸，字大猷，文帝第二子也。少而岐嶷，及長，清和平允，愛經籍，能屬文，善尺牘，為世模楷。王僧虔云：晉齊王攸書，京洛以為楷法。張懷瓘云：蘭芳玉潔，奇而且古。《書賦》云：偉哉齊王，手蹟長留。翰墨之外，仁賢是優。重則突兀嵩華，輕則參差斗牛。

明・陶宗儀《書史會要》卷三《晉》 齊獻王攸，字大猷，文帝第二子。行草書如玉素蘭芳，奇而且古。

清・孫岳頒等《佩文齋書畫譜》卷一九《歷代帝王書上黃帝至五代》 齊獻王攸，字大猷，小字桃符，文帝子也。愛經籍，能屬文。善尺牘，為世所楷。咸寧二年，為司空、侍中、太傅如故。《晉書》本傳。

傳記

《晉書》卷三八《齊獻王攸傳》 齊獻王攸，字大猷，少而岐嶷。及長，清和平允，親賢好施，愛經籍，能屬文，善尺牘，為世所楷。

左思

論說

宋・陳思《書小史》卷四《傳三》 左思，字太沖，齊國臨淄人。家世儒學，少習鍾、胡書及鼓琴，遂善隸書。

明・陶宗儀《書史會要》卷三《晉》 左思，字太沖，齊國臨淄人。齊王冏命為記室，辭不就。少習鍾、胡書，詩曰：弱歲弄柔翰，卓犖觀羣書。

清・孫岳頒等《佩文齋書畫譜》卷二三《書家傳二晉》 左思，字太沖，齊國臨淄人也。其先齊之公族，有左右公子，因為氏焉。思少學鍾、胡書。欲賦《三都》，門庭藩溷皆著筆硯。賦成，豪貴之家競相傳寫，洛陽為之紙貴。《晉書・文苑傳》。

傳記

《晉書》卷九二《左思傳》 左思，字太沖，齊國臨淄人也。其先齊之公族有左右公子，因為氏焉。家世儒學。父雍，起小吏，以能擢授殿中侍御史。思少學鍾、胡書及鼓琴，並不成。雍謂友人曰：思所曉解，不及我少時。思遂感激勤學，兼善陰陽之術。貌寢，口訥，而辭藻壯麗。不好交遊，惟以閑居為事。【略】祕書監賈謐請講《漢書》，謐誅，退居宜春裏，專意典籍。齊王冏命為記室督，辭疾。不就。及張方縱暴都邑，舉家適冀州。數歲，以疾終。

魏夫人

論說

明・陶宗儀《書史會要》卷三《晉》 魏夫人名華存，字賢安。左僕射舒之女，太保公掾南陽劉幼彥之室，光祿勳璞之母。天才卓異，少讀《莊》、《老》及《春秋》二傳、五經、百子。性樂神仙，後修真得道，託疾尸解。位紫虛元君、南嶽夫人。善書。

清・孫岳頒等《佩文齋書畫譜》卷二三《書家傳二晉》 南嶽魏夫人，諱華存，字賢安。位紫虛元君，領上真司命。陶隱居《真靈位業圖》。

又 魏夫人，左僕射舒之女，太保公掾南陽劉幼彥之室，光祿勳璞之母。天才卓異，少讀《莊》、《老》及《春秋》二傳、五經、百子。後修真得

道。夫人善書。《書史會要》。

衛恒

論説

南朝宋・羊欣《采古來能書人名》 瓘子恒，亦善書，博識古文。

南朝齊・王僧虔《論書》 張芝、索靖、韋誕、鍾會、二衛，並得名前代。古今既異，無以辨其優劣，惟見筆力驚絶耳。

又 衛覬，字伯儒，河東人。為魏尚書僕射，謚敬侯。善草及古文，略盡其妙。草體如傷瘦而筆跡精殺，亦行於代。子瓘，字伯玉，晉司空、太保，為楚王所害。瓘採張芝草法，取父書參之，更為草藁，世傳其善。瓘子恒，字巨山，亦能書。

南朝梁・袁昂《古今書評》 衛恒書如插花美女，舞笑鏡臺。

唐・張懷瓘《書斷》卷中《妙品》 衛恒，字巨山。瓘之仲子，官至黄門侍郎。瓘嘗云：我得伯英之筋，恒得其骨。巨山善古文，得汲冢古文論楚事者最妙，恒嘗玩之。作《四體書勢》，并造散隸書。元康中，楚王瑋害之，年四十。古文、章草、草書入妙，隸入能。弟宣，善篆及草，名亞父兄。宣弟庭，亦工書。子仲寶、叔寶，俱有書名。四世家風不墜也。

唐・韋續《墨藪》卷一《續書品第四》 中上品七人：張昶、衛恒、杜預、張翼、郗嘉賓、阮研、漢王元昌。

又卷二《晉衛恒等書勢第十六》 衛恒，字巨山。少辟司空齊王府，轉太子舍人，尚書郎、祕書丞、太子庶子、黄門郎。恒善草、隸書，為《四體書勢》。

宋・朱長文《墨池編》卷一《字學門・宋僧夢英十八體書》 雲書者，衛恒所作。軒轅之代，慶雲常見，其體郁郁紛紛，為記職文字典取，諸家象書品云：衛恒書如摇華美女，舞對鏡臺。筆動若鳳張，字張如雲集，莫能傳學。衛氏即垂雲之祖。

又卷四《贊述之一・唐武一平徐氏法書記》 繇子會，晉太保衛瓘父子，吴人皇象，晉征西司馬索靖，中書郎李克母衛夫人，並得鍾、張之楷，擅名當時。唐武平一《徐氏法書記》。

《宣和書譜》卷一三《草書》 衛恒，字巨山，河東人也。官至黄門侍郎。博雅不凡，作四體書，曰草，曰章草，曰隸，曰散隸，然見於世者多其草字。論者以謂如插花美人，舞笑鑑臺。是其便娟有餘，而剛健非所長也。父瓘亦以能書名世，嘗謂我得伯英之筋，恒得其骨。弟宣善篆及草，名與父兄後先。宣弟庭亦工草，恒之子仲寶、叔寶，俱有能書名，家學相傳，四世不墜。盛哉，遂與王謝家遺風餘習相季孟也。今御府所藏草書一：《往來帖》。

宋・陳思《書小史》卷四《傳三》 衛恒，字巨山，瓘之仲子，官至太子黄門侍郎。善古文、草、隸、章草，其古文過於父祖。體含風雅，調合絲桐，探異鈎深，悠然獨往。博識古今文字，得汲冢古文，論楚事者最妙，恒嘗翫之，作《四體書勢》，并造散隸書。弟宣善篆及草，名亞父兄。宣弟庭，亦工書。恒子璪、玠，俱有書名，家風四世不墜。

明・陶宗儀《書史會要》卷三《晉》 衛恒，字巨山，瓘之子，官至黄門侍郎。博雅不凡，作四體書，曰草、曰章草、曰隸、曰散隸，然見於世者多其草字。論者以為如插花美女，舞笑鑑臺。是其便娟有餘，而剛健非所長也。

清・孫岳頒等《佩文齋書畫譜》卷一《論書一・書體上》 散隸，晉黄門郎衛恒巨山之所作也。祖覬，父瓘，皆蟲篆、草、隸著名，恒幼傳其法，兼刱造散隸書。又著《四體書勢》，古今稱之。唐唐玄度《論十體書》。

傳記

《晉書》卷三六《衛恒傳》 恒字巨山，少辟司空齊王府，轉太子舍人、尚書郎、祕書丞、太子庶子、黄門郎。恒善草、隸書。【略】及瓘為楚王瑋所構，恒聞變，以何劭，嫂之父也，從牆孔中詣之，以問消息。劭知而不告。恒還經廚下，收人正食，因而遇害。

藝文

《晉書》卷三六《衛恒傳》 觀其錯筆綴墨，用心精專。勢和體均，發止無間。或守正循檢，矩折規旋。或方員靡則，因事制權。其曲如弓，其直如弦。矯然特出，若龍騰于川。森爾下頹，若雨墜于天。或引筆奮力，若鴻雁高飛，邈邈翩翩。或縱肆阿那，若流蘇懸羽，靡靡綿綿。是故遠而望之，若翔風厲水，清波漪漣。就而察之，有若自然。信黄唐之遺迹，為六藝之範先。籀篆蓋其子孫，隸、草乃其曾玄。睹物象以致思，非言辭之可宣。

又 鳥迹之變，乃惟佐隸。蠲彼繁文，崇此簡易。厥用既弘，體象有度。焕若星陳，郁若雲布。其大徑尋，細不容發。隨事從宜，靡有常制。或穹隆恢廓，或櫛比針列，或砥平繩直，或蜿蜒膠戾，或長邪角趣，或規旋矩折。修短相副，異體同勢。奮筆輕舉，離而不絶。纖波濃點，錯落其間，若鍾虡設張，庭燎盡煙，嶄岩傕截嵯，高下屬連。似崇台重宇，增雲冠山。遠而望之，若飛龍在天；近而察之，心亂目眩。奇姿譎詭，不可勝原。

南朝梁·庾肩吾《書品》 衛宣、李韞、陳基、傅廷堅、張紹、陰光、韋熊少季、張暢、曹任、宋嘉、裴邈、羊固、傅夫人、辟閭訓、謝晦、徐羨之、孔閶、顔寶光、周仁皓、張欣泰、張熾、僧岳道人。

右二十二人，下之下。

論曰：此二十二人，皆五味一和，五色一彩，視其雕文，非特刻鵠。人人下筆，寧止追響，遺迹見珍，餘芳可折。誠以駈馳並駕，不逮前鋒，而中權後殿，各盡其美。允為下之下。

明·陶宗儀《書史會要》卷三《晉》 衛宣，恒之弟。善篆及草，名與父兄後先。

衛庭

論説

唐·張懷瓘《書斷》卷中《妙品》 衛恒，字巨山。【略】弟宣，善篆及草，名亞父兄。宣弟庭，亦工書。

明·陶宗儀《書史會要》卷三《晉》 衛庭，宣之弟，亦工草。

紀瞻

論説

宋·陳思《書小史》卷五《傳四》 紀瞻，字思遠，丹陽秣陵人。官至車騎將軍。好讀書，手自抄寫。妙解音律，善行書。

明·陶宗儀《書史會要》卷三《晉》 紀瞻，字思遠，丹陽秣陵人。官至尚書右僕射，謚曰穆。少以方直知名，才兼文武，工書翰。

傳記

《晉書》卷六八《紀瞻傳》 紀瞻，字思遠，丹陽秣陵人也。祖亮，吴尚書令。父陟，光禄大夫。瞻少以方直知名。吴平，徙家曆陽郡。【略】尋卒，時年七十二。

王衍

論説

《宣和書譜》卷七《行書》 王衍，字夷甫，瑯琊臨沂人。相孝懷、孝愍，官至太尉。早歲穎悟，初詣山濤，濤嗟歎良久，目送其去。曰：何物老嫗，生寧馨兒。及長，聞譽四馳，明悟若神，自謂可比子貢，聲名籍甚，傾動當世。善談名理，得莊老旨趣。每論事理，有不安隨即更改，世號口中雌黄，朝野翕然，謂之一世龍門。手捉玉柄麈尾，與手同色。顧愷之作《畫贊》亦，稱衍岩岩清峙，壁立千仞，斯足以髣髴其人也。武帝聞之，問王戎曰，衍於當世誰比。戎曰：當從古人中求耳。其為世所尚如此。初好論從横之術，晚乃棄世事，口不言錢，稱阿堵物而已。晉室士夫雅尚清談者，衍為之倡也。及為石勒所囚，心知必死，乃痛自引咎，慨然歎曰：向若不祖尚浮虚，戮力以正天下，猶不至此。其弟澄亦嘗謂衍曰：兄形似道，而神峰太儁，是宜不克令終。作行草尤妙，初非經意，而灑然痛快見於筆下，亦何事雙鈎、虚掌八法回腕哉，其自得於規矩之外，蓋真是風塵物表，脱去流俗者，不可以常理規之也。今御府所藏行書一：《尊夫人帖》。

明・陶宗儀《書史會要》卷三《晉》 王衍，字夷甫，戎之從弟，官至太尉，尚書令。神情明秀，善談名理。作草字尤妙，初非經意，而灑然痛快，得於規矩之外。蓋真是風塵表物，脱去流俗者，不可以常理拘之也。

清・孫岳頒等《佩文齋書畫譜》卷二三《書家傳二晉》 王衍，字夷甫，戎之從弟。為太尉。尚書令，封武陵侯。《晉書》本傳。

又 衍作行草尤妙，初非經意，而灑然自得於規矩之外。宋佚名《宣和書譜》。

又 米芾云：嘗見晉人數帖皆奇，夷甫獨超然如羣鶴聳翅。欲飛而未起也。《書史》。

清・倪濤《六藝之一録》卷三一八《歷朝書譜八》 王衍，字夷甫，戎之從弟。為太尉、尚書令，封武陵侯。《晉書》本傳。

又 米芾云：常見晉人數帖皆奇，夷甫獨超然如羣鶴聳翅，欲飛而未起也。《書史》。

傳記

《晉書》卷四三《王衍傳》 衍字夷甫，神情明秀，風姿詳雅。總角嘗造山濤，濤嗟歎良久，既去，目而送之曰：何物老嫗，生寧馨兒。然誤天下蒼生者，未必非此人也。【略】衍雖居宰輔之重，不以經國為念，而思自全之計。【略】俄而舉軍為石勒所破，勒呼王公，與之相見，問衍以晉故。衍為陳禍敗之由，云計不在己。勒甚岳之，與語移日。衍自説少不豫事，欲求自免，因勸勒稱尊號。勒怒曰：君名蓋四海，身居重任，少壯登朝，至於白首，何得言不豫世事邪。破壞天下，正是君罪。使左右扶出。謂其黨孔萇曰：吾行天下多矣，未嘗見如此人，當可活不。萇曰：彼晉之三公，必不為我盡力，又何足貴乎。勒曰：要不可加以鋒刃也。使人夜排牆填殺之。衍將死，顧而言曰：嗚呼。吾曹雖不如古人，向若不祖尚浮虚，戮力以匡天下，猶可不至今日。時年五十六。

陶侃

論説

唐・竇臮《述書賦》卷上 雍容士行，季、孟公旅，肌骨閑媚，精神慢舉。如辭山登朝，混迹雜處。陶侃，字士行，秣陵人，晉侍中、大將軍。今見帶名正書一紙，十行。

宋・陳思《書小史》卷五《傳四》 陶侃，字士衡，秣陵人。官至侍中、大將軍，事元、明二帝。性聰敏，善正書，遠近書疏莫不手答，筆翰如流。

明・陶宗儀《書史會要》卷三《晉》 陶侃，字士行，本鄱陽人，吳平徙家廬江之潯陽。官至侍中、太尉、都督八州諸軍事，長沙郡公。謚曰桓。雄毅明悟，書法肌骨閑媚。遠近書皆自手裁，筆翰如流，未嘗壅滯。

傳記

《晉書》卷六六《陶侃傳》 侃性聰敏，勤于吏職，恭而近禮，愛好人倫。終日斂膝危坐，閫外多事，千緒萬端，罔有遺漏。遠近書疏，莫不手答，筆翰如流，未嘗壅滯。侃輿車出臨津就船，明日，薨于樊溪，時年七十六。

陸機

論說

南朝齊・王僧虔《論書》 陸機書，吳士書也，無以較其多少。

南朝梁・庾肩吾《書品》 羅暉叔景、趙襲元嗣、劉輿、張昭、陸機士衡、朱誕、王導茂弘、庾亮元規、王洽、郗超吳興、張翼、宋文帝劉義隆、康昕、徐希秀、謝朓玄暉、劉繪、陶隱君名弘景、王崇素。

右十八人，中之下。

論曰：叔景元嗣，並稱西州。劉輿之筆札，張昭之無懈。陸機以弘才掩迹，朱誕以偏藝流聲。王導則列聖推能，庾亮則羣公挹巧。王洽以並通諸法，郗超以晚年取譽。張翼善效。宋帝，康昕郗秀孤生。謝朓劉繪，文宗書範，近來少前。陶隱君仙才翰采，拔于山谷。王崇素靡倫篇筆，傅于里閭。此十八人允為中之下。

唐・李嗣真《書後品・下上品十三人》 陸機、袁崧、李夫人、謝朓、庾肩吾、蕭綸、王褒、斛斯彥明、房彥謙、殷令名、張大隱、藺靜文、錢毅。

右士衡以下，時然合作，踳雜不倫，或類蚌質珠胎，乍比金砂銀礫。陸平原、李夫人猶帶古風，謝吏部、庾尚書創得今韻。【略】嗟乎，有天才者或未能精之，有神骨者則其功虛棄。但有佳處，豈忘存録。

唐・韋續《墨藪》卷一《九品書第二》 晉陸機行草。

《宣和書譜》卷一四《草書》 陸機，字士衡，吳郡人也。祖遜，吳丞相。父抗，吳大司馬。家世皆奕奕為當代顯人，雖没不泯也。機身長七尺，其聲如鍾，自少以文章得名。初受知於張華，華謂：人之為文恨才少，而機患其多。至有見文而自欲棄其所學者，以故雖能章草，以才長見掩耳。然機自歸晉，閉門十年，篤志儒學，無所不窺書特其餘事也。官至平原內史。今御府所藏二：章草《平復帖》，行書《望想帖》。

明・陶宗儀《書史會要》卷三《晉》 陸機，字士衡，吳郡人。吳大司馬抗之子，官至平原內史。天才秀逸，辭藻宏麗，能草書。

傳記

宋・陳思《書小史》卷四《傳三》 陸機，字士衡，吳郡人。官至後將軍。少有異才，善行書。吳亡，與弟雲俱入洛。

陸雲

傳記

宋・陳思《書小史》卷四《傳三》 陸雲，字士龍，機之弟。官至大將軍司馬。善行、草書。

明・陶宗儀《書史會要》卷三《晉》 陸雲，字士龍，機之弟，官至清河内史。性清正，有才理，與兄齊名。亦善書。

丁潭

論說

唐・竇臮《述書賦》卷上 若夫反古不忘，吾推世康。似無逸少，如稟元常。猶落泰階之蓂莢，掇祕府之芸芳。丁潭，字世康，會稽人，固孫，彌子。晉散騎常侍。今見正草書各一紙，共十行。

宋・陳思《書小史》卷五《傳四》 丁潭，字世康，會稽人。官至散騎常侍。善正草書。《書賦》云：若夫返古不忘，吾推世康。似無逸少，如稟元常。猶落太階之蓂莢，掇祕府之芸芳。

明・陶宗儀《書史會要》卷三《晉》 丁潭，字世康，會稽人。固之孫，官至散騎常侍，謚曰簡。書法高利迅薄，連屬欹傾。

清・孫岳頒等《佩文齋書畫譜》卷二三《書家傳二晉》 丁潭，字世康，會稽山陰人也。官至散騎常侍，贈侍中大夫，謚曰簡。《晉書》本傳。

傳記

《晉書》卷七八《丁潭傳》 丁潭，字世康，會稽山陰人也。祖固，吳司徒。父彌，梁州刺史。潭初為郡功曹，察孝廉，除郎中，稍遷丞相西閣祭酒。【略】康帝即位，屢表乞骸骨。詔以光禄大夫還第，門施行馬，禄秩一如舊制，給傳詔二人，賜錢二十萬，牀帳褥席。年八十，卒。

論說

南朝梁・庾肩吾《書品》 陽經、諸葛融、楊潭、張炳、岑淵、張輿、王濟、李夫人、劉穆之道和、朱齡石、庾景休、張融思光、褚元明、孔敬通、王籍文海。

右十五人，下之中。

論曰：此十五人，雖未窮字奧，書尚文情。披其叢薄，非無香草。視其涯岸，皆有潤珠。故遺斯紙，以為世玩。允為下之中。

明・陶宗儀《書史會要》卷三《晉》 王濟，字武子，渾之子。官至侍中、太僕風姿英爽，亦以書名。

清・孫岳頒等《佩文齋書畫譜》卷二三《書家傳二晉》 王濟，字武子，渾之次子也。少有逸才，文詞秀茂，伎藝過人。為侍中，免官，尋使以白衣領太僕。《晉書》本傳。

傳記

《晉書》卷四二《王濟傳》 濟字武子，少有逸才，風姿英爽，氣蓋一時。好弓馬，勇力絶人。善《易》及《莊》、《老》，文詞俊茂，伎藝過人，有名當世，與姊夫和嶠及裴楷齊名。尚常山公主。年二十，起家拜中書郎，以母憂去官。起為驍騎將軍，累遷侍中。與侍中孔恂、王恂、楊濟同列，為一時秀彥。【略】尋使白衣領太仆。年四十六，先渾卒，追贈驃騎將軍。

王育

論說

明·陶宗儀《書史會要》卷三《晉》　王育，字伯春，京兆人。少孤貧，為人傭。牧羊時有暇，即折蒲學書。

清·孫岳頒等《佩文齋書畫譜》卷二三《書家傳二晉》　王育，字伯春，京兆人也。少孤貧，為人傭。牧羊每過小學，必歔欷流涕。時有暇，即折蒲學書。後成都王穎以為破虜將軍。《晉書》本傳。

傳記

《晉書》卷八九《王育傳》　王育，字伯春，京兆人也。少孤貧，為人傭牧羊，每過小學，必歔欷流涕。時有暇，即折蒲學書。忘而失羊，為羊主所責，育將鬻己以償之。同郡許子章，敏達之士也，聞而嘉之，代育償羊，給其衣食，使與子同學，遂博通經史。【略】司徒王渾辟為掾，除南武陽令。為政清約，宿盜逃奔他郡。遷並州督護。成都王穎在鄴，又以育為振武將軍。

張翰

論說

唐·竇臮《述書賦》卷上　季鷹有聲，古貌磅礴。雖無名驗，攀附張、索，芝、靖。如凝陰斷雲，垂翅一鶚。張翰，字季鷹，吳郡人，晉大司馬掾。今見車書一帖，三行。有古榜口，滿騫押尾。

宋·陳思《書小史》卷四《傳三》　張翰，字季鷹，吳郡人。有清才，善屬文，工草書。官至齊王冏大司馬。睹天下方亂，因秋風起，思吳中菰葉、蓴菜、鱸魚，遂命駕而歸。人謂之見機。《書賦》云：季鷹有聲，古貌磅礴。雖無名驗，攀附張索。如凝陰斷雲，垂翅一鶚。

明·陶宗儀《書史會要》卷三《晉》　張翰，字季鷹，吳郡人。齊王冏辟為東曹掾，因秋風起，思吳中菰米、蓴羹、鱸魚，鱠即引去。有清才，善屬文。書法張、索。

清·孫岳頒等《佩文齋書畫譜》卷二三《書家傳二晉》　張翰，字季鷹，吳郡人也。時人號為江東步兵，齊王冏辟為大司馬東曹掾。《晉書》本傳。

又　賈似道家有張翰《思鄉帖》。恍生《古蹟記》。

傳記

《晉書》卷九二《張翰傳》　張翰，字季鷹，吳郡吳人也。父儼，吳大鴻臚。翰有清才，善屬文，而縱任不拘，時人號為江東步兵。【略】齊王冏辟為大司馬東曹掾。冏時執權，翰謂同郡顧榮曰：天下紛紛，禍難未已。夫有四海之名者，求退良難。吾本山林間人，無望于時。子善以明防前，以智慮後。榮執其手，愴然曰：吾亦與子采南山蕨，飲三江水耳。翰因見秋風

起，乃思吳中菰菜、蒓羹、鱸魚膾，曰：人生貴得適志，何能羈宦數千裏以要名爵乎。【略】俄而冏敗，人皆謂之見機。然府以其輙去，除吏名。翰任心自適，不求當世。或謂之曰：卿乃可縱適一時，獨不為身後名邪。答曰：使我有身後名，不如即時一杯酒。

裴邈

論說

南朝梁・庾肩吾《書品》 衛宣、李韞、陳基、傅廷堅、張紹、陰光、韋熊少季、張暢、曹任、宋嘉、裴邈、羊固、傅夫人、辟閭訓、謝晦、徐羡之、孔間、顏寶光、周仁皓、張欣泰、張熾、僧岳道人。

右二十二人，下之下。

論曰：此二十二人，皆五味一和，五色一彩，視其雕文，非特刻鵠。人人下筆，寧止追響，遺迹見珍，餘芳可折。誠以駈馳並駕，不逮前鋒，而中權後殿，各盡其美。允為下之下。

明・陶宗儀《書史會要》卷三《晉》 右皆書尚文情。梁庾肩吾謂五味一和，五色一采。誠以爭驅並駕，不逮前鋒。而中權後殿，各盡其美。

傳記

清・孫岳頒等《佩文齋書畫譜》卷二三《書家傳二晉》 裴邈，字景聲，河東聞喜人。少有通才，從兄頠器賞之。歷太傅從事中郎、左司馬監東海王軍事。劉峻《世説新語注》。

劉輿

論說

南朝梁・庾肩吾《書品》 羅暉叔景、趙襲元嗣、劉輿、張昭、陸機士衡、朱誕、王導茂弘、庾亮元規、王洽、郗超吳興、張翼、宋文帝劉義隆、康昕、徐希秀、謝眺玄暉、劉繪、陶隱君名弘景、王崇素。

右十八人，中之下。

論曰：叔景元嗣，並稱西州。劉輿之筆札，張昭之無懈。陸機以弘才掩迹，朱誕以偏藝流聲。王導則列聖推能，庾亮則羣公挹巧。王洽以並通諸法，郗超以晚年取譽。張翼善效。宋帝，康昕郗秀孤生。謝眺劉繪，文宗書範，近來少前。陶隱君仙才翰采，拔于山谷。王崇素靡倫篇筆，傅于里閭。此十八人允為中之下。

明・陶宗儀《書史會要》卷三《晉》 劉輿，字慶孫，琨之兄。官至驃騎將軍，謚曰貞。善書。

清・孫岳頒等《佩文齋書畫譜》卷二三《書家傳二晉》 劉輿，字慶孫，與兄琨並尚書郭奕之甥，名著當時。京都為之語曰：洛中奕奕，慶孫、越石。東海王越以為左長史。越既總録輿，為上佐，賓客滿筵，文案盈几，遠近書記，日有數千，酬對款備，時人服其能，比之陳遵。追贈驃騎將軍，封定襄侯，謚曰貞。《晉書》本傳。

清・倪濤《六藝之一録》卷三一八《歷朝書譜八》 劉輿，字慶孫，與兄琨並尚書郭奕之甥，名著當時。京都為之語曰：洛中奕奕，慶孫、越石。東海王越以為左長史。越既總録，輿為上佐，賓客滿筵，文案盈几，遠近書記，日有數千，酬對欵備，時人服其能，比之陳遵。追贈驃騎將軍，封定襄侯，謚曰貞。

傳記

《晉書》卷三三《劉輿傳》 輿字慶孫，西晉司空劉琨之兄。雋朗有才局，與琨並尚書郭奕之甥，名著當時。京都為之語曰：洛中奕奕，慶孫，越石。辟宰府尚書郎。兄弟素侮孫秀，及趙王倫輔政，孫秀執權，並免其官。妹適倫世子荂，荂與秀不協，複以輿為散騎侍郎。齊王冏輔政，以輿為中書侍郎。【略】時稱越府有三才：潘滔大才，劉輿長才，裴邈清才。洛陽未敗，病指疽卒，時年四十七。追贈驃騎將軍。先有功封定襄侯，謚曰貞。

蔡夫人

論說

唐·韋續《墨藪》卷一《九品書第二》 晉羊衡母蔡夫人正書。

宋·朱長文《墨池編》卷二《筆法之二·唐李嗣真九品書人論》 晉蔡夫人。正書，羊衡母。

明·陶宗儀《書史會要》卷三《晉》 蔡夫人，羊衡母。善正書。

清·孫岳頒等《佩文齋書畫譜》卷二三《書家傳二晉》 蔡夫人，羊衡母。正書，品上之中。韋續《九品書人論》。

清·厲鶚《玉臺書史·名媛·晉》 蔡夫人，羊衡母。韋續《九品書人論》上中品。

楊肇

論說

南朝宋·羊欣《采古來能書人名》 滎陽楊肇，晉荊州刺史，善草、隸。潘岳誄曰：草、隸兼善，尺牘必珍，足無輟行，手不釋文，翰動若飛，紙落如雲。肇孫經，亦善草、隸。

唐·張懷瓘《書斷》卷下《能品》 楊肇，字季初，滎陽宛陵人。官至折衝將軍、荊州刺史。工於草、隸。咸寧元年卒。潘岳誄云：草、隸兼善，尺牘必珍，翰動若飛，紙落如雲。亦猶甘茂，不能自通，借餘光於蘇代。安仁之誄，抑其然乎。季初隸、草入能。

唐·竇臮《述書賦》卷上 季初則隱姓名，展纖勁。寫搨共傳，賞能交盛。猶鋸牙鉤爪，超越陷穽。楊肇，字季初，滎陽人，晉荊州刺史。今見草書一紙，十行，有古署榜，無姓名，今共傳搨之。

唐·韋續《墨藪》卷二《勸學第十七》 曹喜、邯鄲淳、羅暉、趙襲、崔寔、劉德升、師宜官、梁鵠、胡昭、荀爽、張彭祖、張弘、傅玄、魏武帝、曹植、孫權、孫皓、應璩、徐幹、張超、嵇康、何曾、衛覬、杜預、楊肇、樂廣、劉恢、司馬攸、衛恒、衛夫人、衛玠、李式、王敦、郗鑒、郗愔、韋誕、桓玄、王翼、王導、王儉、王珉、謝安、庾翼。或奇材見拔，或絕世難求，庶幾右軍草書之價。以上四十三人第三。

宋·陳思《書小史》卷四《傳三》 楊肇，字季初，滎陽宛陵人。官至折衝將軍、荊州刺史。工於草、隸。咸寧元年卒。潘岳誄曰：草、隸兼善，尺牘必珍。足無輟行，手不釋文。翰動若飛，紙落如雲。亦猶甘茂，不能自通，借餘光於蘇代，安仁之誄，抑不其然。《書賦》云：季初則隱姓名，展纖勁。寫搨共傳，賞能之盛。猶踞牙鉤爪，超越陷穽。

明·陶宗儀《書史會要》卷三《晉》 楊肇，字季初，滎陽人。官至荊

州刺史。草、隸書體纖潤。

清・孫岳頒等《佩文齋書畫譜》卷二三《書家傳二晉》 楊肇，字季初，滎陽宛陵人。封東武伯，官折衝將軍、荊州刺史。謚曰戴。誄云：多材豐藝，彊記洽聞。草、隸兼善，尺牘必珍。翰動若飛，紙落如雲。潘岳《楊使君碑》。

傳記

《三國志》卷二六《田豫傳》 裴松之注暨字休先，滎陽人，事見《劉暉傳》。暨子肇，晉荊州刺史。山濤《啓事》稱肇有才能。肇子潭，字道元，次歆，字公嗣，潭子彧，字長文，次經，字仲武。皆見《潘岳集》。

楊潭

論說

南朝梁・庾肩吾《書品》 陽經、諸葛融、楊潭、張炳、岑淵、張輿、王濟、李夫人、劉穆之道和、朱齡石、庾景休、張融思光、褚元明、孔敬通、王籍文海。

右十五人，下之中。

論曰：此十五人，雖未窮字奧，書尚文情。披其叢薄，非無香草。視其涯岸，皆有潤珠。故遺斯紙，以為世玩。允為下之中。

明・陶宗儀《書史會要》卷三《晉》 右皆書尚文情。梁庾肩吾謂：五味一和，五色一采，誠以争驅並駕，不逮前鋒。而中權後殿，各盡其美。

荀勗

論說

宋・陳思《書小史》卷四《傳三》 荀勗，字公曾，潁川人。在魏為大將軍掾，入晉位至尚書令。多材藝，善書畫。鍾會詐作勗書取寶劍，勗書亦會之比也。

明・陶宗儀《書史會要》卷三《晉》 荀勗，字公曾，潁川人。侍中太尉顗之子。官至中書令，謚曰成。多才藝，善書畫。鍾會當詐作勗書就勗母取寶劍，會于時方造宅，勗潛畫會祖父形於壁，會兄弟入門見之感慟，乃廢宅勗畫亦會之比也。

清・孫岳頒等《佩文齋書畫譜》卷二三《書家傳二晉》 荀勗，字公曾，潁川陰人。漢司空爽之曾孫也。年十餘歲，能屬文。從外祖鍾繇曰：此兒當及其曾祖。武帝以為侍中，對濟北郡侯，領祕書監。立書博士，置弟子教習，以鍾、胡為法。及得汲冢中古文、竹書，詔勗撰次之，以為中經。為光禄大夫，守尚書令，贈司徒，謚曰成。《晉書》本傳。

又 荀勗多才藝，善書畫。鍾會嘗詐作勗書，勗書亦會之亞也。《歷代名畫記》。

傳記

《晉書》卷三九《荀勗傳》 荀勗，字公曾，潁川潁陰人，漢司空爽曾孫也。祖棐，射聲校尉。父肸，早亡。勗依于舅氏。岐嶷夙成，年十餘歲能屬文。從外祖魏太傅鍾繇曰：此兒當及其曾祖。既長，遂博學，達于從政。仕魏，辟大將軍曹爽掾，遷中書通事郎。爽誅，門生故吏無敢往者，勗獨臨

赴，衆乃從之。為安陽令，轉驃騎從事中郎。勗有遺愛，安陽生為立祠。遷廷尉正，參文帝大將軍軍事，賜爵關内侯，轉從事中郎，領記室。【略】勗久管機密，有才思，探得人主微旨，不犯顔忤争，故得始終全其寵禄。太康十年卒，詔贈司徒。

樂廣

論説

唐・韋續《墨藪》卷二《勸學第十七》 曹喜、邯鄲淳、羅暉、趙襲、崔實、劉德升、師宜官、梁鵠、胡昭、荀爽、張彭祖、張弘、傅玄、魏武帝、曹植、孫權、孫皓、應璩、徐幹、張超、嵇康、何曾、衛覬、杜預、楊肇、樂廣、劉恢、司馬攸、衛恒、衛夫人、衛玠、李式、王敦、郗鑒、郗愔、韋誕、桓玄、王翼、王導、王儉、王珉、謝安、庾翼，奇材見拔，或絶世難求，並庶幾右軍草書之價。以上四十三人第三。

宋・陳思《書小史》卷四《傳三》 樂廣，字彦輔，南陽淯陽人。累遷侍中、河南尹。有遠識，喜談論，善草書。

明・陶宗儀《書史會要》卷三《晉》 樂廣，字彦輔，南陽人。官至尚書令。性沖約，善書。

清・倪濤《六藝之一録》卷三一八《歷朝書譜八・晉》 樂廣，字彦輔，南陽淯陽人也。為尚書令。《晉書》本傳。

又 張懷瓘書估： 樂廣書入第三等。《法書要録》。

傳記

《晉書》卷四三《樂廣傳》 樂廣，字彦輔，南陽淯陽人也。父方，參魏征西將軍夏侯玄軍事。廣時年八歲，玄常見廣在路，因呼與語，還謂方曰：向見廣神姿郎徹，當為名士。卿家雖貧，可令專學，必能興卿門户也。方早卒。廣孤貧，僑居山陽，寒素為業，人無知者。性沖約，有遠識，寡嗜欲，與物無競。尤善談論，每以約言析理，以厭人之心，其所不知，默如也。【略】尚書令衛瓘，朝之耆舊，逮與魏正始中諸名士談論，見廣而奇之，曰：自昔諸賢既没，常恐微言將絶，而今乃復聞斯言于君矣。命諸子造焉，曰：此人之水鏡，見之瑩然，若披雲霧而睹青天也。

牽秀

論説

明・陶宗儀《書史會要》卷三《晉》 牽秀，字成叔，武邑觀津人。官至北平將軍。善書。

清・孫岳頒等《佩文齋書畫譜》卷二三《書家傳二晉》 牽秀，字成叔，武邑觀津人也。秀博辯有文才，弱冠為衛瓘所知，後至平北將軍。《晉書》本傳。

又 牽秀善書。見王愔《文字志》。《法書要録》。

傳記

《晉書》卷六〇《牽秀傳》 秀字成叔，武邑觀津人也。祖招，魏雁門太守。秀博辯有文采，性豪俠，弱冠得美名，為太保衛瓘、尚書崔洪所知。

蔡克

論説

唐・竇臮《述書賦》卷上　子尼簡約，片月孤峯。千歲之下，森森古容。蔡克，字子尼，陳郡人，晉成都王掾。子謨，過江食蟹遇毒者，本朝尚書僕射。今見帶名草書一帖，四行。

宋・陳思《書小史》卷四《傳三》　蔡克，字子尼，陳留考城人，官至成都王掾。工草書，《書賦》云：子尼簡約，片月孤峰。千歲之下，森森古容。

明・陶宗儀《書史會要》卷三《晉》　蔡克，字子尼，陳郡人，仕成都王掾。書體簡約古容。

清・孫岳頒等《佩文齋書畫譜》卷二三《書家傳二晉》　蔡克，字子尼，陳留考城人也。少好學，博涉書記。成都王穎擢為東曹掾，後為東嬴公從事中郎。《晉書・蔡謨傳》。

又　子尼書體簡約。《書史會要》。

傳記

《晉書》卷七七《蔡謨傳》　克以朝政日弊，遂絶不仕。東嬴公騰為車騎將軍，鎮河北，以克為從事中郎，知必不就，以軍期致之。克不得已，至數十日，騰為汲桑所攻，城陷，克見害。

朱誕

論説

南朝梁・庾肩吾《書品》　羅暉叔景、趙襲元嗣、劉輿、張昭、陸機士衡、朱誕、王導茂弘、庾亮元規、王洽、郗超吴興、張翼、宋文帝劉義隆、康昕、徐希秀、謝眺玄暉、劉繪、陶隱君名弘景、王崇素。

右十八人，中之下。

論曰：叔景元嗣，並稱西州。劉輿之筆札，張昭之無懈。陸機以弘才掩迹，朱誕以偏藝流聲。王導則列聖推能，庾亮則羣公挹巧。王洽以並通諸法，郗超以晚年取譽。張翼善效。宋帝，康昕郗秀孤生。謝眺劉繪，文宗書範，近來少前。陶隱君仙才翰采，拔于山谷。王崇素靡倫篇筆，傳于里閭。此十八人允為中之下。

明・陶宗儀《書史會要》卷三《晉》　朱誕右皆書尚文情。梁庾肩吾謂：五味一和，五色一采。誠以争驅並駕，不逮前鋒，而中權後殿，各盡其美。

清・孫岳頒等《佩文齋書畫譜》卷二三《書家傳二晉》　朱誕，字永長，吴郡人。體履清和，黄中通理，累遷議郎，吴平歸家。《世説》注。

顧榮

論說

唐・竇臮《述書賦》卷上　彥先尚質，無而不有，猶崆峒之上，世俗誰偶。顧榮，字彥先，吳郡人，晉驃騎將軍。今見草書帶名三帖，共有一十二行。

宋・陳思《書小史》卷五《傳四》　顧榮，字彥光，吳郡人，官至驃騎將軍。善草書《書賦》云：彥先尚質，無而不有。猶崆峒之上，世俗誰偶。

傳記

《晉書》卷六八《顧榮傳》　顧榮，字彥先，吳國吳人也，為南土著姓。祖雍，吳丞相。父穆，宜都太守。榮機神朗悟，弱冠仕吳，為黄門侍郎、太子輔義都尉。吳平，與陸機兄弟同入洛，時人號為三俊。例拜為郎中，曆尚書郎、太子中舍人、廷尉正。

清・倪濤《六藝之一録》卷三一九《歷朝書譜九・晉》　顧榮，字彥光，先吳國吳人也。祖雍吳丞相，吳平與陸機兄弟同入洛，號為三俊，永嘉初拜侍中，元帝鎮江東，以榮為軍司加散騎常侍。謚曰元。《晉書》本傳。

紀事

晉・陸機《平復帖》　彥先羸瘵，恐難平復。微居得病，慮不衍計，計已為蒼。年既至，男事復失，甚憂之。

《晉書》卷六八《顧榮傳》　榮素好琴，及卒，家人常置琴于靈座。吳郡張翰哭之慟，既而上床鼓琴數曲，撫琴而歎曰：顧彥先復能賞此不。因又慟哭，不吊喪主而去。子毗嗣，官至散騎侍郎。

羊固

論說

南朝梁・庾肩吾《書品》　衛宣、李韞、陳基、傅廷堅、張紹、陰光、韋熊少季、張暢、曹任、宋嘉、裴邈、羊固、傅夫人、辟閭訓、謝晦、徐羡之、孔閏、顔寶光、周仁皓、張欣泰、張熾、僧岳道人。

右二十二人，下之下。

論曰：此二十二人，皆五味一和，五色一彩，視其雕文，非特刻鵠。人人下筆，寧止追響，遺迹見珍，餘芳可折。誠以駈馳並駕，不逮前鋒，而中權後殿，各盡其美。允為下之下。

宋・陳思《書小史》卷六《傳五》　羊固，泰山人，官至臨海太守。善正、行書。

清・孫岳頒等《佩文齋書畫譜》卷二三《書家傳二晉》　羊固，字道安，太山人。《晉明帝東宮僚屬名》。

又　固善草行，著名一時。渡江累遷黄門侍郎，《羊欣傳》云晉臨海太守。贈大鴻臚。《文字志》。

張越

論說

唐・張懷瓘《書斷》卷下《能品》 敦煌有張越，仕至梁州刺史，亦善草書。

唐・韋續《墨藪》卷一《梁武帝書評第五》 張越書如蓮花出水，明月開天，露發金峯，云低玉嶺。

又卷二《勸學第十七》 張越、張融、陶弘景、阮研、毛喜、釋智永、虞世南、歐陽詢、褚遂良可敵右軍草書八分之一，以上九人第五等，率皆估其甚合者其不合者意數倍相懸。

王敦

論說

唐・韋續《墨藪》卷一《梁武帝書論第六》 崔瑗、張芝、張昶、鍾繇、鍾會、韋誕、皇象、衛瓘、嵇康、衛夫人、索靖、謝安、王導、王敦、王廙、王洽、王珉、王羲之、王獻之。

若然則千百年間得其妙者，不超越此中數子。各能聲飛萬里，榮耀百代。

又《勸學第十七》 曹喜、邯鄲淳、羅暉、趙襲、崔實、劉德升、師宜官、梁鵠、胡昭、荀爽、張彭祖、張弘、傅玄、魏武帝、曹植、孫權、孫皓、應璩、徐幹、張超、嵇康、何曾、衛覬、杜預、楊肇、欒廣、劉恢、司馬攸、衛恒、衛夫人、衛玠、李式、王敦、郗鑒、郗愔、韋誕、桓玄、王翼、王導、王儉、王珉、謝安、庾翼。

或奇材見拔，或絶世難求，並庶幾右軍草書之價。以上四十三人第三。

宋・朱長文《墨池編》卷二《唐張懷瓘議書》 崔瑗、張芝、張昶、鍾繇、鍾會、韋誕、皇象、嵇康、衛瓘、衛夫人、索靖、謝安、王導、王敦、王廙、王洽、王泯、王羲之、王獻之。

右千百年間得其妙者，不越此數人。各能聲飛萬里，榮耀百代。唯逸少筆迹遒潤，獨擅一家之英天質自然，風神蓋世，具其道妙而味薄，固常人莫之能學其隱理而意深，固天下寡於知音。

《宣和書譜》卷一四《草書》 王敦，字處仲，司徒導之從父兄。尚武帝女，自駙馬都尉遷左將軍、都督征討諸軍事。敦性簡脱，喜顛草。【略】敦初以工書，得家傳之學。其筆勢雄健，如對武帝擊鼓振袖揚枹，旁若無人，而飛揚跋扈之狀固已想見。其惡逆宜在所不録，姑留此帖，非以為玩也，蓋謂淳化中太宗收入法帖，故不可得而削去，然因其字而見其行，因其行而得其惡，亦足以為萬世奸臣賊子之誡云。今御府所藏草書一：《蜡節帖》。

元・盛熙明《法書考》卷一《書譜・集評》 王敦。處仲張曰草第四。

明・項穆《書法雅言》 人由心正書由筆正，即《詩》云思無邪。《禮》云無不敬。書法大旨一語括之矣。嘗鑒古蹟，聊指前人世不俱聞略焉。弗舉如：桓温之豪悍，王敦之揚厲，安石之躁率跋扈，剛愎之情自露于豪楮間也。

孔愉

論説

唐・竇臮《述書賦》卷上 敬思、敬康，二孔殊芳。思行則輕利峭峻，類驚虬逸駿；康草則古質鬱紆，如落翮摧枯。孔偘，字敬思，會稽人，晉大司農。今見具姓名行書一紙，七行。孔瑜，字敬康，會稽人，車騎將軍。今見具姓名一紙，三行。

宋・陳思《書小史》卷五《傳四》 孔愉，字敬康，會稽人，官至車騎將軍，善草書，《書賦》云：敬思敬康二孔殊芳思行則輕利峭峻，類驚虬逸駿。康草則古質鬱紆，如落翮摧枯。

明・陶宗儀《書史會要》卷三《晉》 孔愉，字敬康，會稽人，恬之子，官至車騎將軍，謚曰貞。草書古質鬱紆，如落翮摧枯。

傳記

《晉書》卷七八《孔愉傳》 孔愉，字敬康，會稽山陰人也。其先世居梁國。曾祖潛，太子少傅，漢末避地會稽，因家焉。祖竺，吴豫章太守。父恬，湘東太守。從兄侃，大司農。俱有名江左。愉年十三而孤，養祖母以孝聞，與同郡張茂字偉康、丁潭字世康齊名，時人號曰會稽三康【略】年七十五，咸康八年卒。贈車騎將軍、開府儀同三司，謚曰貞。

郗鑒

論説

唐・李嗣真《書後品・上下品一十二人》 崔寔、章。郗鑒、王廙、衛夫人、正。王洽、郗愔、李式、庾翼、羊欣、歐陽詢、虞世南、褚遂良。

又 郗、李縱邁，過於羊欣。

唐・韋續《墨藪》卷二《勸學第十七》 曹喜、邯鄲淳、羅暉、趙襲、崔寔、劉德升、師宜官、梁鵠、胡昭、荀爽、張彭祖、張弘、傅玄、魏武帝、曹植、孫權、孫皓、應璩、徐幹、張超、嵇康、何曾、衛覬、杜預、楊肇、樂廣、劉恢、司馬攸、衛恒、衛夫人、衛玠、李式、王敦、郗鑒、郗愔、韋誕、桓玄、王翼、王導、王儉、王珉、謝安、庾翼。

或奇材見拔，或絶世難求，並庶幾右軍草書之價。以上四十三人第三。

唐・竇臮《述書賦》卷上 道徽之豐茂宏麗，下筆而剛决不滯，揮翰而厚實深沈，等漁父之乘流鼓枻。【略】郗鑒，字道徽，高平人也，晉大宰。今見草書三紙，共十七行。

唐・張懷瓘《書斷》卷中《能品》 郗愔，字方回，高平金鄉人。父鑒，太尉，草書卓絶，古而且勁。

《宣和書譜》卷一四《草書二》 郗鑒少孤貧，高平金鄉人。躬耕隴畝而未嘗發書刻意翰墨，以儒雅得名，間自有樂處。學優入仕，政復可觀。有女，將以妻王氏子弟，間有東牀坦腹，食者便知是佳婿，於鑒裁甚高。作草字，下筆剛决，略無留滯。厚實深沉，豐茂宏麗而不乏風神，蓋瘦則風神生而鑒書厚，實豐茂宜墮於朴野，而筆力乃爾激峻，此所以宜知名於時也。今御府所藏草書一：《蘭陵帖》。

宋・陳思《書小史》卷五《傳四》 郄鑒，字道徽，高平金鄉人，官至太宰，草書卓絶，古而且勁。《書賦》云：道徽之豐茂宏麗，下笔而剛决不

滯。揮翰墨而厚寔深沉，等漁父之乘流鼓枻。

明・陶宗儀《書史會要》卷三《晉》 郗鑒，字道徽，高平金鄉人，官至司空侍中，謚文成沈酣經史刻意翰墨作草字，下筆剛決，略無留滯厚實沈深，豐茂宏麗而不乏風神，蓋瘦則風神生而鑒書厚，實豐茂宜墮於朴野而筆力乃爾激峻，此所以宜知名於時也。

戴若思

論説

明・陶宗儀《書史會要》卷三《晉》 戴若思，廣陵人，官至驃騎將軍，謚曰簡，有風儀，善書。

清・孫岳頒等《佩文齋書畫譜》卷二三《書家傳二晉》 張懷瓘《書估》，戴若思入第四等。《法書要録》。

楊經

論説

南朝宋・羊欣《采古來能書人名》 滎陽楊肇，晉荆州刺史，善草、隸。潘岳誄曰：草、隸兼善，尺牘必珍，足無輟行，手不釋文，翰動若飛，紙落如雲。肇孫經，亦善草、隸。

南朝梁・庾肩吾《書品》 陽經、諸葛融、楊潭、張炳、岑淵、張輿、王濟、李夫人、劉穆之道和、朱齡石、庾景休、張融思光、褚元明、孔敬通、王籍文海。

右十五人，下之中。

論曰：此十五人，雖未窮字奥，書尚文情。披其叢簿，非無香草。視其涯岸，皆有潤珠。故遺斯紙，以為世玩。允為下之中。

明・陶宗儀《書史會要》卷三《晉》 楊經，肇之孫，亦善草、隸。

劉琨

論説

唐・竇臮《述書賦》卷上 越石偉度，秕糠翰墨。如伐樹而愛人，似問鼎而在德。劉琨，字越石，中山人，晉太尉。今見行書半紙具姓名，五行。

宋・陳思《書小史》卷四《傳三》 劉琨，字越石，中山人，官至太尉，善行書。

明・陶宗儀《書史會要》卷三《晉》 劉琨，字越石，中山人，官至侍中太尉，謚曰愍。工翰墨。

王廙

論説

南朝梁・庾肩吾《書品》 魏武帝曹操孟德、吴主元宗孫皓、衛覬伯儒、左子邑伯字、衛桓巨山、杜預元凱、王廙世將、張彭祖、任靖、韋昶文休、王修敬仁、范懷約、張永景初、吴休尚、施方泰。

右十五人，中之中。

論曰：魏帝筆墨雄贍，吳主體裁綿密。伯儒兼叙隸、草，子邑分鑣梁邯。巨山三世，元凱累業。王廙為右軍之師，彭祖取羲之之道。任靖嬌銘，文休題柱。敬仁清舉，致畏逼之詞，張范逢時，俱東南之美。施吳鄴下後生，同年拔萃。此十五人，允為中之中。

南朝齊・王僧虔《論書》 王平南廙是右軍叔，自過江東，右軍之前惟廙為最。畫為晉明帝師，書為右軍法。

唐・李嗣真《書後品・上下品一十二人》 崔寔、章。郗鑒、王廙、衛夫人、正。王洽、郗愔、李式、庾翼、羊欣、歐陽詢、虞世南、褚遂良。

又 世將楷則，遠類羲之，猶有古制。

唐・張懷瓘《書斷》卷中《妙品》 王廙，字世將，瑯琊臨沂人。祖覽；父正，尚書郎導從父之弟也。官至平南將軍、荆州刺史、侍中，逸少之叔父。工於草、隸、飛白，祖述張、衛遺法。自過江，右軍之前，世將書與荀勗畫爲明帝師。【略】時人云：王廙飛白，右軍之亞。永昌元年卒，年四十七。世將飛白入妙，隸入能。

又《王廙傳》 晉平南將軍、侍中王廙，右軍之叔父，工隸、飛白，祖述張衛法，復索靖書，七月二十六日一紙，每寶玩之。遭永嘉喪亂，後四疊綴衣中以渡江，今蒲州桑泉令豆盧器得之，疊跡猶在。

宋・朱長文《墨池編》卷二《筆法之二・唐張懷瓘議書》 崔瑗、張芝、張昶、鍾繇、鍾會、韋誕、皇象、嵇康、衛瓘、衛夫人、索靖、謝安、王導、王敦、王廙、王洽、王珉、王羲之、王獻之。

右千百年間得其妙者不越此數人，各能聲飛萬里，榮耀百代。唯逸少筆迹遒潤，獨擅一家之英天質自然，風神蓋世，具其道妙而味薄，固常人莫之能學其隱理而意深，固天下寡於知音。然智則無涯法固不定，且以風神骨氣者居上，妍美功用者居下，其真書元常第一，逸少第二，世將第三，子敬第四，士季第五，文静第六，茂猗第七。其行書逸少第一，子敬第二，元常第三，伯英第四，伯玉第五，季琰第六，敬和第七，茂弘第八，安石第九。章草子玉第一，伯英第二，幼安第三，伯玉第四，逸少第五，士季第六，子敬第七，休明第八。其章書伯英創立規範，得物象之形，歸造化之理。然其法太古質，不剖斷，以此為少也。有推輪草書意之妙，後學得漁獵其間，宜為第一。叔夜第二，子敬第三，處沖第四，世將第五，仲將第六，士季第七，逸少第八。

或問曰：此品中，諸子豈能悉過於逸少。答曰：人之材能，各有長短。諸子於草，精魄超然，逸少格律非高，功夫又少，雖圓豐妍美，乃乏神氣，無戈戟重名者以真行故也。舉世學莫之能曉，悉以為真草一槩。若所見與論雷同，則何煩有論。

《宣和書譜》卷一四《草書》 王廙，字世將，瑯琊臨沂人也。官至平南將軍、荆州刺史。少能屬文，工書畫，至音律、射御、游藝無不精絶，作草、隸飛白，得張芝、衛瓘遺法。自王羲之過江前，廙號為獨步，羲之蓋廙猶子廙嘗屬之曰：吾無殊功異業，與後人師法惟書畫可傳，其自許如此。王僧虔謂廙書為右軍法，亦知其自信之篤也。獨其草書為世所傳，今御府所藏四：草書《仲春帖》，章草《鄭夫人帖》，行書《賀雪表》、《嫂何如帖》。

宋・陳思《書小史》卷五《傳四》 王廙，字世將，瑯琊臨沂人。官至平南將軍、荆州刺史。工草、隸飛白，祖述張衛遺法，亦好索靖之風。嘗得索《七月二十六日書》一紙，每寶玩之。遭喪亂，乃四疊綴於衣中以過江。王僧虔云：王平南廙是右軍叔，自過江東，右軍之前，惟廙為最，畫為晉明帝師，書為右軍法。其飛白志氣極古，垂鵰鶚之翅羽。類旌旗之卷舒。時人云王廙飛白，右軍之亞也。

明・陶宗儀《書史會要》卷三《晉》 王廙，字世將，導從弟，官至平南將軍，荆州刺史，謚曰康。

少能屬文，工書畫，作隸、草、飛白，得張芝、衛瓘遺法。自羲之過江前，廙號為獨步。

元・盛熙明《法書考》卷一《書譜・集評》 王廙。世將庾云中中品。張云真第三，草第五，俱能品飛白妙品。李云上下品。王云王南平是右軍叔，自過江來右軍之前惟廙為最畫為晉明帝師書為右軍法。

唐・虞世南《書旨述》 逮乎王廙、王洽、逸少、子敬，剖析前古，無所不工，八體六文，必揆其理，俯拾衆美，會茲簡易，制成今體，乃窮奥旨。

傳記

唐・劉餗《隋唐嘉話》卷下　晉平南將軍侍中王廙，右軍之叔父，工草、隸飛白，祖述張衛法，後得索靖書七月二十六日一紙，每寶翫之。遭永嘉喪亂，乃四疊綴於衣中以過江。今蒲州桑泉令豆盧器得之，疊迹猶存。

《晉書》卷七六《王廙傳》　王廙，字世將，丞相導從弟，而元帝姨弟也。父正，尚書郎，廙少能屬文，多所通涉，工書畫，善音樂、射御、博弈、雜伎。辟太傅掾，轉參軍。豫迎大駕，封武陵縣侯，拜尚書郎，出為濮陽太守。元帝作鎮江左，廙棄郡過江。帝見之大悦，以為司馬。頻守廬江、鄱陽二郡。豫討周馥、杜弢，以功累增封邑，除冠軍將軍，鎮石頭，領丞相軍諮祭酒。王敦啟為寧遠將軍、荆州刺史。及帝即位，廙奏《中興賦》，上疏曰【略】。及王敦構禍，帝遣廙喻敦，既不能諫其悖逆，乃為敦所留，受任助亂。敦得志，以廙為平南將軍、領護南蠻校尉、荆州刺史。尋病卒。

宋・趙宧光《寒山帚談》附録　王廙、僧虔、蕭子雲、宋儋皆出於鍾，儋獨步武。

明・孫承澤《硯山齋雜記》卷二《書紀》　王平南廙，右軍之叔也，善書畫，嘗言：吾諸事不足法，惟書畫可法。後晉明帝師其畫，王右軍學其書。

清・孫岳頒等《佩文齋書畫譜》卷二三《書家傳二晉》　王廙，字世將，導之從弟，而元帝姨弟也。少能屬文，工書畫，封武陵縣侯，敦以廙為平南將軍，贈侍中驃騎將軍，謚曰康。《晉書》本傳。

紀事

明・陳繼儒《珍珠船》卷一　王廙，右軍叔也。得索靖書一紙。永嘉喪亂，乃四疊于衣中以渡江。《珍珠船》卷之一。

清・孫岳頒等《佩文齋書畫譜》卷二三《書家傳二晉》　廙得索靖書《七月二十六日帖》一紙，每寶玩之。永嘉中，乃四疊綴衣中以渡江，今疊蹟猶在。《國史異纂》。

著録

唐・韋續《墨藪》卷一《續書品第四》　上下品十一人：崔寔、王廙、王洽、郗愔、李式、庾翼、衛夫人、羊欣、歐陽詢、虞世南、褚遂良。

又《梁武帝書論第六》　崔瑗、張芝、張昶、鍾繇、鍾會、韋誕、皇象、衛瓘、嵇康、衛夫人、索靖、謝安、王導、王敦、王廙、王洽、王珉、王羲之、王獻之。

若然則千百年間得其妙者，不超越此中數子。各能聲飛萬里，榮耀百代。

又　真書。逸少第一，元常第二，世將第三，子敬第四，士季第五，文靜第六，茂弘第七。

又　草書。伯英第一，叔夜第二，子敬第三，處沖第四，世將第五，仲將第六，士季第七，逸少第八

又卷二《勸學第十七》　曹喜、邯鄲淳、羅暉、趙襲、崔寔、劉德升、師宜官、梁鵠、胡昭、荀爽、張彭祖、張弘、傅玄、魏武帝、曹植、孫權、孫皓、應璩、徐幹、張超、嵇康、何曾、衛覬、杜預、楊肇、樂廣、劉恢、司馬攸、衛恒、衛夫人、衛玠、李式、王敦、郗鑒、郗愔、韋誕、桓玄、王翼、王導、王儉、王珉、謝安、庾翼。

或奇材見拔，或絶世難求，並庶幾右軍草書之價。以上四十三人第三。

司馬睿

論說

南朝梁・庾肩吾《書品》 姜翊、梁宣、魏徵玄成、韋秀、鍾輿、向泰、羊忱、晉元帝景文、識道人、范曄蔚宗、宗炳、謝靈運、蕭思話、薄紹之敬叔、齊高帝紹伯、庾黔婁、費元瑶、孫奉伯、王會、羊祐叔子。

論曰：此二十一人，並擅毫翰，動成楷則。殆逼前良，見希後彥。允為下之上。

唐・竇臮《述書賦》卷上 逮乎龍化東遷，景文興嗣，天然俊傑，毫翰英異。元帝之用筆可觀，世瑜之呈規仰似。如發硎刃，虎駭鷴眙；懦夫傷精，劍客得志。

元帝諱睿，字景文，東朝中興之主。當東遷，謠曰：五馬浮渡江，一馬化爲龍。即其人也。今見潛潤正書具姓名一紙，七行，兼雜批約有十處。

宋・陳思《書小史》卷一《紀》 東晉元皇帝名睿，字景文，宣帝曾孫。瑯琊恭王覲之子，東朝中興之主也。沈敏有度量，善正、行書，當東遷。謠曰：五馬浮渡江，一馬化為龍。《書賦》云：逮乎龍化東遷景文興嗣天然俊傑毫翰英異元帝之用筆可觀，世瑜劉超之呈規仰似如發硎刃，虎駭鷴眙懦夫喪精，劍客得志。

明・陶宗儀《書史會要》卷三《晉》 元帝諱睿，字景文，宣帝魯孫，工書。時推難於王導。蓋晉以後有鳳尾諾，亦出於章草。唐人不知所出，有老僧善讀書，太常博士嚴厚本問之。僧云：前代帝王各有僚吏，牋啓上陳本府，旨為可，行是批。鳳尾諾之意，取其為羽族之長，始於晉元帝批焉。按，章草變法，若字有尾，故云鳳尾諾。

明・周之士《論諸體書》 清・孫岳頒等《佩文齋書畫譜》 明周之士論諸體書。晉元帝為鳳尾諾之書，王羲之為龍爪之書，齊武帝為花草之書，河東山胤為雲霞之書，梁孔敬通為反左之書。

傳記

《晉書》卷六《元帝傳》 元皇帝諱睿，字景文，宣帝曾孫，琅邪恭王覲之子也。咸寧二年生於洛陽，有神光之異，一室盡明，所藉槁如始刈。及長，白豪生於日角之左，隆准龍顏，目有精曜，顧眄煒如也。年十五，嗣位琅邪王。幼有令聞。及惠皇之際，王室多故，帝每恭儉退讓，以免於禍。【略】十一月，以司徒荀組為太尉。己酉，太尉荀組薨。罷司徒，並丞相。閏月己醜，帝崩於內殿，時年四十七，葬建平陵，廟號中宗。

明・陳耀文《天中記》卷一二《誕聖》 神光之異，晉元帝諱睿，字景文，世祖咸寧二年生于洛陽，初誕有神光之異一室盡明所籍藁如始刈。《中興書》。

清・孫岳頒等《佩文齋書畫譜》卷一九《歷代帝王書上黄帝至五代》 元帝。元皇帝諱睿，字景文，宣帝曾孫，琅邪恭王覲之子也。嗣位琅邪王，後鎮建業，太興元年三月即皇帝位廟號中宗。《晉書》本傳。

元帝豪翰英異用筆可觀，注今見潛潤正書七行。《述書》。

王導

論說

南朝宋・羊欣《采古來能書人名》 晉丞相王導，善藁、行。

南朝齊・王僧虔《論書》 亡高祖丞相導亦甚有楷法，以師鍾、衛，好愛無厭。喪亂狼狽，猶以鍾繇尚書宣示帖衣帶過江陵，在右軍處，右軍借，王敬仁死，其母見脩平生所愛，遂以入棺。

唐・張懷瓘《書斷》卷下《能品》 王導，字茂弘，瑯琊臨沂人。祖覽，父載。導行、草兼妙，然疏柯迥擢，寡葉危陰，雖賢有餘，而才不足。元、明二帝并工書，皆推難於茂弘，王愔云：王導行草，見貴當世。咸康五年卒，年六十四，行、草入能。有六子，恬、洽書皆知名矣。

唐・竇泉《述書賦》卷上 業盛瑯琊，茂宏厥初，衆能之一，乃草其書。將以潤色前範，遺芳後車。風棱載蓄，高利有餘。類賈勇之武士，等相驚之戲魚。【略】王導，字茂弘，琅琊人，晉臣相，謚曰文獻公。今見具姓名草書兩紙，共六行。王劭，字敬倫，即導子，晉車騎將軍。今見具姓名草書一紙，六行。兄即恬，洽，不見真迹。洽子珉，字季琰，晉中書令。今見具姓名草書一紙，凡八行。

唐・張懷瓘《書議》宋・朱長文《墨池編》卷二 崔瑗、張芝、張昶、鍾繇、鍾會、韋誕、皇象、嵇康、衛瓘、衛夫人、索靖、謝安、王導、王敦、王廙、王洽、王泯、王羲之、王獻之。

右千百年間得其妙者不越此數人，各能聲飛萬里，榮耀百代。唯逸少筆迹遒潤，獨擅一家之英天質自然，風神蓋世，具其道妙而味薄，固常人莫之能學其隱理而意深，固天下寡於知音。然智則無涯法固不定，且以風神骨氣者居上，妍美功用者居下，其真書元常第一，逸少第二，世將第三，子敬第四，士季第五，文静第六，茂猗第七。其行書逸少第一，子敬第二，元常第三，伯英第四，伯玉第五，季琰第六，敬和第七，茂弘第八，安石第九。章草子玉第一，伯英第二，幼安第三，伯玉第四，逸少第五，士季第六，子敬第七，休明第八。其章書伯英創立規範，得物象之形，歸造化之理。然其法太古質，不剖斷，以此為少也。有推輪草書意之妙，後學得漁獵其間，宜為第一。叔夜第二，子敬第三，處沖第四，世將第五，仲將第六，士季第七，逸少第八。

或問曰：此品中，諸子豈能悉過於逸少。答曰：人之材能，各有長短。諸子於草，精魄超然，逸少格律非高，功夫又少，雖圓豐妍美，乃乏神氣，無戈戟重名者以真行故也。舉世學莫之能曉，悉以為真草一概。若所見與論雷同，則何煩有論。

唐・韋續《墨藪》卷一《書論第六》 崔瑗、張芝、張昶、鍾繇、鍾會、韋誕、皇象、衛瓘、嵇康、衛夫人、索靖、謝安、王導、王敦、王廙、王洽、王珉、王羲之、王獻之。

若然則千百年間得其妙者，不超越此中數子。各能聲飛萬里，榮耀百代。

又 真書。逸少第一，元常第二，世將第三，子敬第四，士季第五，文静第六，茂弘第七。

又 行書。逸少第一，子敬第二，元常第三，伯英第四，伯玉第五，季琰第六，敬和第七，茂弘第八，安石第九。

又卷二《勸學第十七》 曹喜、邯鄲淳、羅暉、趙襲、崔實、劉德升、師宜官、梁鵠、胡昭、荀爽、張彭祖、張弘、傅玄、魏武帝、曹植、孫權、孫皓、應璩、徐幹、張超、嵇康、何曾、衛覬、杜預、楊肇、樂廣、劉恢、司馬攸、衛恒、衛夫人、衛玠、李式、王敦、郗鑒、郗愔、韋誕、桓玄、王翼、王導、王儉、王珉、謝安、庾翼。

或奇材見拔，或絶世難求，並庶幾右軍草書之價。以上四十三人第三。

《宣和書譜》卷一四《草書》 王導，字茂弘，瑯琊臨沂人。官至太保、司徒，謚文獻。導少有風鑒，識量清遠，簡素寡欲，家無餘貲。方年十四，有見而奇之者云：此兒容貌志氣，將相之器也。元帝渡江之初，導與羣從輔成其業，使晉祚中興，真社稷之臣也，非常流可得擬者。導善作字，規模前人。初師鍾繇、衛瓘，力學不倦，至喪亂狼狽，攜鍾繇《宣示帖》過江，則其拳拳之志可知也。行草尤工，然論者以謂疎柯迥擢，密葉危陰，雖秀有餘而實不足。晉元、明二帝竝工書，皆推難於導，故當世尤所貴重。子恬、洽皆以書名，時人方為杜、衛焉。唐王方慶，導之後裔也，嘗以自導而下十一世書上則天后，后令崔融為《寶章閣》序其事以賜之，舉朝為榮。今御府所藏草書二：《省示帖》、《改朔帖》。

宋・陳思《書小史》卷五《傳四》 東晉王導，字茂宏，瑯琊臨沂人，官至丞相，謚曰文獻公。少有風鑒，識量清遠，善草、隸。元明二帝並工書者，推獎於茂宏。王僧虔云：導書甚有楷法，師學鍾衛，好愛無厭，喪亂狼狽，猶懷鍾尚書《宣示帖》，衣帶過江後在右軍處借，王敬仁，敬仁死，其母見脩平生所愛，遂以入棺。王愔云：王導行草見重當世《書賦》云：業盛瑯琊茂宏，厥初衆能之一，乃草其書，將以潤色，前範遺芳，後車風稜，載蓄高利有餘，類賈勇之武士，等相驚之戲魚。

明・陶宗儀《書史會要》卷三《晉》 王導，字茂弘，琅邪臨沂人，官至太傅丞相，謚文獻。識量清遠，簡素寡欲，使晉祚中興，真社稷之臣，喜作

字。模前人，初師鍾繇、衛瓘，力學不倦，行草尤工，然論者以為疏柯迴擢，密葉危陰，雖秀有餘而實不足。

元・盛熙明《法書考》卷一《書譜・集評》 王導。茂宏。庾云：中下品。張云：真第七，行第八，並草能品。王云：甚有楷法，以師鍾、衛，好惡無厭。喪亂狼狽，猶以鍾繇尚書宣示表衣帶過江陵，右軍得之。子恬、洽、薈亦能書。

陸玩

論說

《宣和書譜》卷七《行書》 陸玩，字士瑤，吴人機從弟也。器量洪雅，弱冠有美譽。喜翰墨，尤長行書。及登公輔，謙遜不辟掾屬，成帝聞而勸之，不得已從命，所辟皆寒素有行之士。玩以弘重為人主所貴，稟性通雅不以名位格物，誘納後進謙若布衣，縉紳之徒莫不依之。時瑞星見，以疾不能造朝，親書其表以賀，略曰：德合神明，嘉瑞屢臻，普天率土，莫不同慶。其筆力瘦硬有鍾繇法。然議者謂繇書如雲鶴游天，羣鴻戲水，行間茂密，實亦難過。玩之字畫，雖不期與之方駕，然雅重之氣發於筆端而有典則，亦足以昭示於世也。玩官至尚書令、興平伯。今御府所藏行書一：《賀瑞星表晉元帝批附》。

明・陶宗儀《書史會要》卷三《晉》 陸玩，字士瑤，機之從弟。官至尚書令，器量洪雅，喜翰墨，尤長於行書。

應詹

論說

唐・竇臮《述書賦》卷上 思遠則藁草懸解，筆墨無在。真率天然，忘情罕遠。猶羣雀之飛廣廈，小魚之戲大海。

應詹，字思遠，汝南人，晉鎮南大將軍。今見草書表帶名二紙，共一十七行。

《宣和書譜》卷一六《草書》 詹思遠，史亡其系。作章草字肥，整整斜斜，直有晉人風度。世之論字者多病肥瘦，而不知肥之病在於剩肉，而瘦之病在於露骨。肥不剩肉，瘦不露骨，則於佳處自初不相妨也。若以俗子為之，則肥亦病，瘦亦病，此奚不知書者。所以昔人於師資形容之際，或得其骨，或得其肉，而不聞偏勝者良有以耳。如思遠者，字雖肥而氣古，書雖章而法完，所謂得肉而善學者也。雖然語古，作者亦幾何哉。今御府所藏章草一：《清佳帖》。

明・陶宗儀《書史會要》卷三《晉》 詹思遠，史亡其系。作章草，字肥，整整斜斜，直有晉人風度。世之論字者多病肥瘦，而不知肥之病在於剩肉，而瘦之病在於露骨。肥不剩肉，瘦不露骨，則於佳處自初不相妨也。思遠字雖肥而氣古，書雖章而法完。

卞壼

論説

唐·竇臮《述書賦》卷上　望之之草，緊古而老。落紙筋槩，分行羽抱。如充牣多士，交連雜寶。

卞壼，字望之，濟陽人，晉侍中，驃騎大將軍。今見帶名草書一紙，共六行。

宋·陳思《書小史》卷五《傳四》　卞壼，字望之，濟陰冤句人，官至侍中，驃騎大將軍，善草書《書賦》云：望之之草，緊古而老，落紙筋槩，分行羽抱，如充仞多士，交速雜寶。

明·陶宗儀《書史會要》卷三《晉》　卞壼，字望之，濟陰人。官至侍中、驃騎將軍，謚忠貞。弱冠有名譽，草書緊古而老。

清·倪濤《六藝之一録》卷三一九《歷朝書譜九》　卞壼，字望之，濟陰冤句人也。為尚書令，復加領軍將軍，謚忠貞。《晉書》本傳。

荀輿

論説

南朝梁·庾肩吾《書品》　索靖幼安、梁鵠孟皇、韋誕仲將、皇象休明、胡昭孔明、鍾會士季、衛瓘伯玉、荀輿長胤、阮研文機。

右九人，上之下。

論曰：幼安斂蔓舅氏，抗名衙令。孟皇功盡筆力，字入帳中。仲將不妄染毫，必須張筆而左紙。孔明動見模楷，皆謂胡肥而鍾瘦。休明斟酌二家，聯駕八絶。士季之範元常，猶子敬之稟逸少，而工拙兼效，真草皆成。伯玉遠慕張芝，近参父迹。長胤狸骨，方擬而難追。阮研居今觀古，盡窺衆妙之門。雖復師王祖鍾，終成别搆一體。此九人，允為上之下。

宋·陳思《書小史》卷五《傳四》　荀輿，字長允，潁陰人，官至國子助教。工隸書、章草，嘗寫狸骨方一紙，右軍見以為絶倫，後擬傚數十通，云此乃天然，功弗可及也。庾肩吾云：荀輿狸骨方學而難逮墨妙。至此時人不稱，猶伯樂之顧，則價增十倍，然觀其意趣，不先於衛夫人，當是右軍中年所賞，若暮齒而見，應不至歎服也。

明·陶宗儀《書史會要》卷三《晉》　荀輿，字長胤，善草、隸，隸書《狸骨散方帖》一紙，王羲之見而嘆曰：天縱其能，非學可及。

清·孫岳頒等《佩文齋書畫譜》卷二三《書家傳二晉》　荀輿隸書、草書俱入妙。《書斷》。

盧諶

論説

宋·陳思《書小史》卷四《傳三》　盧諶，字子諒，范陽涿人。為劉琨司空從事中郎，琨敗，為石季龍所得，為侍中、中書監。善正書并草，與崔悦齊名。諶法鍾繇，悦法衛瓘，而俱習索靖之草，皆盡其妙。子偃、孫邈，並有書名。

清·孫岳頒等《佩文齋書畫譜》卷二三《書家傳二晉》　盧諶，字子諒，志長子也。好老莊，善屬文，初為劉琨從事中郎，後為石季龍中書監。《晉書》本傳。

諶以父法鍾繇書，子孫傳其業，累世有名。《尚友録》。

葛洪

論説

宋・米芾《書史》　葛洪，天台之觀飛白，為大宇之冠，古今第一。

紀事

宋・李昉等《太平御覽》卷六一九《學部十三・圖書下・寫書》《抱朴子・自叙》曰：葛洪，字稚川，丹陽句容人。洪生為二親所驕饒，家累遭火，典籍蕩盡，伐薪賣之給筆，夜以寫書，家貧乏紙，所寫皆反覆有字，人少能讀者。

宋・蘇易簡《文房四譜》卷四《紙譜・一之敘事》《抱朴子》曰：洪家貧，伐薪買紙墨，故不得早涉藝文，常乏紙，每所寫皆反覆有字，人少能讀。

又卷五《墨譜・三之雜説》　葛洪好學，自伐薪買紙墨。

羊忱

論説

南朝宋・羊欣《采古來能書人名》　泰山羊忱，晉徐州刺史；羊固，晉臨海太守。並善行書。

南朝梁・庾肩吾《書品》　姜翊、梁宣、魏徵玄成、韋秀、鍾輿、向泰、羊忱、晉元帝景文、識道人、范曄蔚宗、宗炳、謝靈運、蕭思話、薄紹之敬叔、齊高帝紹伯、庾黔婁、費元瑶、孫奉伯、王會、羊祐叔子。

論曰：此二十一人，並擅毫翰，動成楷則。殆逼前良，見希後彦。允為下之上。

宋・陳思《書小史》卷六《傳五》　羊忱泰山人，官至徐州刺史，善行草書。庾肩吾云：聲擅毫翰，動成楷則。

明・陶宗儀《書史會要》卷三《晉》　羊忱泰山人，官至徐州刺史，善行書。

清・倪濤《六藝之一録》卷三一八《歷朝書譜八》　羊忱，字長和，一名陶，泰山平陽人，世為冠族，歷太傅長史，揚州刺史，遷侍中，能草書亦善行隸，有稱於一時。《文字志》。

羊長和博學工書，能騎射，善圍棋。諸羊後多知書而餘藝莫逮。《世説新語》。

泰山羊忱，晉徐州刺史。羊固晉臨海太守，並善行書。羊欣撰録。

王曠

論説

宋・陳思《書小史》卷五《傳四》　王曠，羲之父也。官至淮南太守，善行隸書。

明・陶宗儀《書史會要》卷三《晉》　王曠，導從弟。與衛世為中表，故得蔡邕書法於衛夫人，以授子羲之。

清・張承澤《硯山齋雜記》卷二《書紀》《書史會要》　王曠，導從弟。與衛氏為中表，故得蔡邕書法于衛夫人，以授子羲之。則是右軍父子

皆經衛指授也。衛受筆法于蔡琰，書法之傳在二女子亦自一奇。

紀事

清・孫岳頒等《佩文齋書畫譜》卷二三《書家傳二晉》　曠子羲之，七歲學書，及年十二，見前代筆論於曠枕中，竊而讀之。曠曰：汝何來吾所數也。羲之笑而不答，其母曰：汝年幼，小看用筆法，未能曉解。縱獲父教，恐復不能祕惜。曠乃語羲之曰：侍汝成人，吾當授汝。羲之拜曰：願早授之，使得成人已為暮學。曠語以大綱，羲之學功日進。《筆勢傳》。

荀夫人

論説

明・陶宗儀《書史會要》卷三《晉》　荀夫人，庾亮妻，善篆、隸、正、行。

清・厲鶚《玉臺書史・名媛・晉》　荀夫人，庾亮之妻也。韋續《九品書人論》上下品有庾亮荀夫人，正、行、隸、篆。

衛玠

論説

唐・韋續《墨藪》卷二《勸學第十七》　曹喜、邯鄲淳、羅暉、趙襲、崔寔、劉德升、師宜官、梁鵠、胡昭、荀爽、張彭祖、張弘、傅玄、魏武帝、曹植、孫權、孫皓、應璩、徐幹、張超、嵇康、何曾、衛覬、杜預、楊肇、樂廣、劉恢、司馬攸、衛恒、衛夫人、衛玠、李式、王敦、郗鑒、郗愔、韋誕、桓玄、王翼、王導、王儉、王珉、謝安、庾翼或奇材見拔，或絶世難求，並庶幾右軍草書之價。以上四十三人第三。

紀事

明・陶宗儀《書史會要》卷三《晉》　衛玠，字叔寶，官至太子洗馬，皆恒之子，俱有書名。

《晉書》卷三六《衛玠傳》　時人謂玠被看殺，葬於南昌。謝鯤哭之慟，人問曰：子有何恤而致斯哀。答曰：棟梁折矣，不覺哀耳。咸和中，改塋於江寧。丞相王導教曰：衛洗馬明當改葬。此君風流名士，海内所瞻，可修薄祭，以敦舊好。後劉惔、謝尚共論中朝人士，或問：杜乂可方衛洗馬不。尚曰：安得相比，其間可容數人。惔又云：杜乂膚清，叔寶神清。其為有識者所重若此。于時中興名士，唯王承及玠為當時第一。

宋・司馬光《資治通鑑》卷八八《晉紀十・孝懷皇帝下》　鎮東軍司顧榮，前太子洗馬衛玠，皆卒。洗，悉薦翻。玠，瓘之孫也，美風神，善清談，常以為人有不及可以情恕，非意相干，可以理遣，故終身不見喜愠之色。見，賢遍翻。

宋・李昉等《太平御覽》卷六一七《學部十一・談論》　又曰：衛玠，字叔寶，少有名理，瑯琊王平子高氣不羣遺世獨遠，每聞玠之語議至乎理會之間，要妙之際，輒絶倒於坐。前後三聞，為之三倒。時人遂曰：衛玠談道，平子三倒。及玠年壯，論者以為出於王武子之右也，世云王家三子，不如衛家一兒。玠於武昌見大將軍王敦，與之談論，彌日信宿。敦顧謂僚屬曰：昔王輔嗣吐金聲于中朝，此子復玉振于江表。微言之緒絶而復續，不意永嘉之末復有正始之音。清言勝致，亹亹入微，倘平叔在，當復絶倒矣。

宋・陳思《小字録・歷代帝王・晉》　衛玠字，叔寶，黄門郎，恒子，小字虎。晉太子洗馬世説叙録。

庾亮

論説

南朝宋・羊欣《采古來能書人名》 潁川庾亮，晉太尉，善草行。

南朝齊・王僧虔《論書》 庾亮書，亦能入録。

南朝梁・庾肩吾《書品》 羅暉叔景、趙襲元嗣、劉輿、張昭、陸機士衡、朱誕、王導茂弘、庾亮元規、王洽、郗超吳興、張翼、宋文帝劉義隆、康昕、徐希秀、謝眺玄暉、劉繪、陶隱君名弘景、王崇素。

右十八人，中之下。

論曰：叔景元嗣，並稱西州。劉輿之筆札，張昭之無懈。陸機以弘才掩迹，朱誕以偏藝流聲。王導則列聖推能，庾亮則羣公挹巧。王洽以並通諸法，郗超以晚年取譽。張翼善效。宋帝，康昕郗秀孤生。謝眺劉繪，文宗書範，近來少前。陶隱君仙才翰采，拔于山谷。王崇素靡倫篇筆，傳于里閭。此十八人允為中之下。

唐・竇臮《述書賦》卷上 博哉四庾，茂矣六郗，三謝之盛，八王之奇。至如强骨慢轉，逸足難追。斷蓬征，蔓葛垂。任縱盤薄，是稱元規。庾亮，字元規，潁川人，晉太尉。今見草書五紙，行帖共八行，具姓名。草書又一紙，十一行。

宋・陳思《書小史》卷五《傳四》 庾亮，字元規，潁川鄢陵人。明穆皇后之兄，官至太尉，美姿容，善談論，工行草書。王僧虔云：庾亮書亦能入録。

明・陶宗儀《書史會要》卷三《晉》 庾亮，字元規，潁川人，官至太尉，中書令，謚文康。美姿容，善談論，風情都雅，有書名，嘗就王羲之求書法，羲之答云：翼在彼，豈復假此。

元・盛熙明《法書考》卷一《書譜・集評》 庾亮元規，庾云中下品，王云亦能入録。

清・倪濤《六藝之一録》卷三一九《歷朝書譜九》 庾亮，字元規，隨父琛在會稽，元帝甚器重之，明帝即位，以為中書監，封永昌郡公，為司徒，揚州刺史，録尚書事，贈太尉，謚文康。《晉書》本傳。

唐・韋續《墨藪》卷二《勸學第十七》 張嘉、庾亮、郗超、王珣、劉環、僧惠式、王循、張翼、戴安道、王玄之、王凝之、王徽之、王造之、王元之、宋文帝、宋孝武、康忻、王僧虔、謝靈運、羊欣、薄紹之、孔彬之、蕭思話、張永、蕭予良、齊高帝、蕭子雲，互有得失，時見高深，絶長續短，智均力敵，一字乃敵一右軍草書三分之一。以上二十七人第四。

劉璞

論説

唐・竇臮《述書賦》卷上 猗歟子成，徇迹過名。正、隸敦實，藁草沈輕。元常高風，雖疏復呈。猶不考擊之鐘鼓，含律吕之音聲。劉璞，字子成，南陽人，晉光禄勳，即得道南岳魏夫人之子。夫人，魏舒女。父義，晉河内修武令。今見具姓名行書及草兩紙，共二十行。

宋・陳思《書小史》卷六《傳五》 劉璞，字子成，南陽人，官至光禄勳郎，得道南嶽魏夫人之子。善行草書。《書賦》云：猗歟子成，徇蹟過名。正、隸敦實，藁草沉輕。元常高風，雖疎復呈。猶不考擊之鐘鼓，含律吕之音聲。

明・陶宗儀《書史會要》卷三《晉》 劉璞，字子成，南陽人，官至光禄勳，即魏夫人子。正、隸敦實，藁草沈輕。

清・王毓賢《繪事備考》卷二《宋》 劉璞，胤祖子，研精畫學，有父叔風。

何充

論説

唐・竇臮《述書賦》卷上　次道淳實，寡於風彩。自是雄姿，翰墨俱在。如士大夫之京華游處，參貴胄而膚質未改。何充，字次道，廬江人，庾亮舅，晉侍中、司空。今見帶名行書三行。

宋・陳思《書小史》卷六《傳五》　何充，字次道，廬江人，官至侍中司空，善行書。

明・陶宗儀《書史會要》卷三《晉》　何充，字次道，廬江人，庾亮舅，官至侍中司空，謚曰文穆。書體淳實而寡風采。

庾懌

論説

唐・竇臮《述書賦》卷上　遺古效鍾，叔豫高踪，雖穩密而傷浮淺，猶葉公之愛畫龍。庾懌，字叔豫，潁川人，晉衛尉將軍。今見正、行書帶名一紙，四行。

宋・陳思《書小史》卷五《傳四》　庾懌，字叔豫，亮之弟，官至衛尉將軍，善正、行書。

明・陶宗儀《書史會要》卷三《晉》　庾懌，字叔豫，亮之弟，官至侍衛將軍，謚曰簡。書法鍾繇，雖隱密而傷浮淺。

桓夫人

論説

宋・陳思《書苑菁華》卷五《唐人評書》　桓夫人書如快馬，入陣屈伸隨人。

明・陶宗儀《書史會要・補遺》　桓夫人善書，評者謂如快馬，入陣屈伸隨人。

庾冰

論説

宋・陳思《書小史》卷五《傳四》　庾冰，字季堅，亮之弟，官至中書監，以雅素垂風。兄亮常以為庾氏之寶。善書。

明・陶宗儀《書史會要》卷三《晉》　庾冰，亮之弟，官至侍中、司空，謚忠誠。天性清慎，常以儉約自居。亦善書。

司馬紹

傳記

唐・張彥遠《歷代名畫記》卷五《晉》 明帝司馬紹，字道幾，下品上。元帝長子。幼異，有對日之奇。及長，善書畫，有識鑒，最善畫佛像。

謝奕

論說

唐・竇臮《述書賦》卷上 謝氏三昆，尚書特精。猶注飛澗之瀑溜，投全牛之虛刃。達士逸迹，乃推無奕，毫翰云爲，任興所適。能事雅量，末歸安石。至夫蘊虛静，善草正，方圓自窮，禮法拘性。猶恒德之仁智，應物之軀鏡。恨其心懼景興，書輕子敬。塞盟津而捧土，損智力有餘病。【略】謝奕，字無奕，晉鎮西將軍。今見帶名行書一紙，六行。

《宣和書譜》卷七《行書敘論》 謝奕，字無奕，秣陵人。官至安西將軍豫州刺史。【略】喜作字，尤長於行書，飄逸之氣入人眉睫。【略】今御府所藏行書一：《秋月帖》。

宋・陳思《書小史》卷五《傳四》 謝奕，字無奕，安之兄，官至西將軍，善行書。《書賦》云：達士逸蹟，乃推無奕。毫翰云為，任興所適。

王允之

論說

南朝宋・羊欣《采古來能書人名》 王允之，衛軍將軍、會稽内史，亦善草、行。舒子也。

唐・張懷瓘《書斷》卷下《能品》 王允之善草、隸，官至衛將軍。

宋・陳思《書小史》卷五《傳四》 王允之，字深猷，官至衛將軍會稽内史，善草行書。

明・陶宗儀《書史會要》卷三《晉》 王允之，導之從姪，官至衛將軍、會稽内史，善草行。

王羲之

論說

晉・王羲之《論書》 吾書比之鍾、張，當抗行，或謂過之，張草猶當雁行。張精熟過人，臨池學書，池水盡墨。若吾耽之若此，未必謝之。後達解者，知其評之不虛。吾盡心精作亦久，尋諸舊書，惟鍾、張故為絶倫，其餘為是小佳，不足在意。去此二賢，僕書次之。須得書意轉深，點畫之間，皆有意，自有言所不盡，得其妙者，事事皆然。平南、李式，論君不謝。

晉・王羲之《題衛夫人筆陣圖後》 夫紙者陣也，筆者刀矟也，墨者鍪甲也，水硯者城池也，心意者將軍也，本領者副將也，結構者謀略也，颺

筆者吉凶也，出入者號令也，屈折者殺戮也。夫欲書者，先乾研墨，凝神靜思，預想字形大小、偃仰、平直、震動，令筋脈相連，意在筆前，然後作字。若平直相似，狀如算子，上下方整，前後齊平，此不是書，但得其點畫爾。昔宋翼常作此書，翼是鍾繇弟子，繇乃叱之。翼三年不敢見繇，即潛心改迹。每作一波，常三過折筆，每作一點，常隱鋒而為之，每作一橫畫，如列陣之排雲，每作一戈，如百鈞之弩發，每作一點，如高峯墜石，屈折如鋼鈎，每作一牽，如萬歲枯藤，每作一放縱，如足行之趣驟。翼先來書惡，晉太康中有人於許下破鍾繇墓，遂得《筆勢論》，翼乃讀之，依此法學，名遂大振。欲真書及行書，皆依此法。

若欲學草書，又有別法。須緩前急後，字體形勢，狀等龍蛇，相鈎連不斷，仍須棱側起復，用筆亦不得使齊平大小一等。每作一字，須有點處，且作餘字摠竟，然後安點，其點須空中遙擲筆作之。其草書，亦復須篆勢、八分、古隸相雜，亦不得急，令墨不入紙。若急作，意思淺薄，而筆即直過。惟有章草及章程行狎等，不用此勢，但用擊石波而已。其擊石波者，缺波也。又八分更有一波謂之隼尾波，即鍾公《泰山銘》及《魏文帝受禪碑》中已有此體。

夫書，先須引八分、章草入隸字中，發人意氣，若直取俗字，不能先發。羲之少學衛夫人書，將謂大能。及渡江北游名山，比見李斯、曹喜等書，又之許下，見鍾繇、梁鵠書，又之洛下，見蔡邕《石經》三體書，又於從兄洽處，見張昶《華嶽碑》，始知學衛夫人書，徒費年月耳。遂改本師，仍於眾碑學習焉，遂成書爾。

時年五十有三，或恐風燭奄及，聊遺教於子孫耳。可藏之，千金勿傳。

晉・王獻之《自論書》 臣念父羲之字法為時第一，嘗有白雲先生書訣。

南朝宋・羊欣《采古來能書人名》 王羲之，晉右將軍、會稽內史，博精羣法，特善草、隸。羊欣云：古今莫二。

南朝梁・蕭衍《觀鍾繇書法十二意》 字外之奇文所不書，世之學者宗二王，元常逸迹曾不睥睨，羲之有過人之論，後生遂爾雷同。元常謂之古肥，子敬謂之今瘦。今古既殊，肥瘦頗反，如自省覽有異衆説。張芝、鍾繇巧趣精細，殆同機神肥瘦，古今豈易致意，真跡雖少，可得而推。逸少至學鍾書，勢巧形密，及其獨運，意疎字緩，譬猶楚音，習夏不能無楚，過言不悒，未為篤論。又子敬之不迨逸少，猶逸少之不迨元常。學子敬者如畫虎也，學元常者如畫龍。

南朝梁・虞龢《論書表》 羲之所書紫紙，多是少年臨川時跡，既不足觀，亦無取焉。

南朝梁・陶弘景《論書啟》 逸少自吴興以前諸書，猶為未稱。凡厥好跡，皆是向在會稽時永和十許年中者，從失郡告靈不仕以後，略不復自書。

南朝梁・庾肩吾《書品》 張芝伯英、鍾繇元常、王羲之逸少。

右三人，上之上。

論曰：隸既發源秦始，草乃激流齊相。跨七代而彌遵，將千載而無革。誠開博者也。【略】若探妙測深，盡形得勢，烟花落紙，將動風彩，帶字欲飛，凝神化之所為，非世人之所學，惟張有道、鍾元常、王右軍其人也。張工夫第一，天然次之，衣帛先書，稱為草圣。鍾天然第一，工夫次之，妙盡許昌之碑，窮極鄴下之牘。王工夫不及張，天然過之，天然不及鍾，工夫過之。羊欣云，貴越羣品，古今莫二，兼眾法備成一家。若孔門以書，三子入室矣。允為上之上。

南朝梁・袁昂《古今書評》 王右軍書如謝家子弟，縱復不端正者，爽爽有一種風氣。

隋・智永《題右軍［樂毅論］後》 《樂毅論》者，正書第一。梁世模出，天下珍之。自蕭、阮之流，莫不臨學。陳天嘉中，人得以獻文帝，帝賜始興王，王作牧境中，即以見示。吾昔聞其妙，今睹其真，閱玩良久，匪朝伊夕。始興薨後，仍屬廢帝。廢帝既没，又屬餘杭公主，公主以帝王所重，恒加寶愛，陳世諸王，皆求不得。及天下一統，四海同文，處處追尋，累載方得。此書留意運工，特盡神妙。其間書誤兩字，不欲點除，遂雌黄治定，然後用筆。陶隱居云：《大雅吟》、《樂毅論》、《太師箴》等，筆力鮮媚，紙墨精新。斯言得之矣。

唐・虞世南《書旨述》 逮乎王廙、王洽、逸少、子敬，剖析前古，無所不工。八體六文，必揆其理，俯於眾美，會茲簡易，製成今體，乃窮奥旨。

唐・李嗣真《書後品・逸品五人》 張芝、草。鍾繇、正。王羲之、三體及飛白。王獻之草書、行書、半草。

右四賢之迹，揚庭効技，策勳底績，神合契匠，冥運天矩，皆可稱曠代絶作。而鍾、張則筋骨有餘，膚肉未贍。逸少則加減太過，朱粉無設，同夫披雲睹日，芙蓉出水，求其盛美，難以備諸。

唐·張懷瓘《書斷》卷上《草書》　東晉王逸少與從弟洽，變章草爲今草，韻媚婉轉，大行於世，章草幾將絶矣。懷瓘案：右軍之前，能今草者，不可勝數，諸君之説，一何孟浪，欲杜衆口，亦猶踊履滅迹，扣鍾銷音也。

又卷中《神品》　王羲之，字逸少，瑯琊臨沂人。祖正，尚書郎。父曠，淮南太守。逸少骨鯁高爽，不顧常流，與王承、王沉爲王氏三少。起家祕書郎，累遷右軍將軍、會稽内史。初度浙江，便有終焉之志。昇平五年卒，年五十九，贈金紫光禄大夫加常侍。尤善書，草、隸、八分、飛白、章、行，備精諸體，自成一家法，千變萬化，得之神功，自非造化發靈，豈能登峰造極。然割析張公之草，而濃纖折衷，乃愧其精熟；損益鍾君之隸，雖運用增華，而古雅不逮。至研精體勢，則無所不工，亦猶鍾鼓云乎，《雅》、《頌》得所。觀夫開襟應務，若養由之術，百發百中，飛名蓋世，獨映將來，其後風靡雲從，世所不易，可謂冥通合聖者也。隸、行、草書、章草、飛白俱入神，八分入妙。妻郗氏，甚工書。有七子，獻之最知名。玄之、凝之、徽之、操之，并工草、隸。凝之妻謝道韞有才華，亦善書，甚爲舅所重。

唐·竇臮《述書賦》卷上　然則窮極奥旨，逸少之始。虎變而百獸跧，風加而衆草靡，肯綮游刃，神明合理，雖興酣蘭亭，墨仰池水。《武》未盡善，《韶》乃盡美。猶以爲登泰山之崇高，知郡阜之迤邐。逮乎作程昭彰，褒貶無方。穠不短，纖不長。信古今之獨立，豈末學而能揚。幼子子敬，創草破正。雍容文經，踴躍武定。態遺妍而多狀，勢由已而靡罄。天假神憑，造化莫竟。象賢雖乏乎百中，偏悟何慚乎一聖。斯二公者，能知方祁氏之奚午，天性近周家之文武。誠一字而萬殊，且含規而孕矩。然而真迹之稱，獨標俣俣。忘本世心，余所不取。何哉。且於書法，失於背古。是知難與之渾樸言，可以爲礱斫主矣。王羲之，字逸少，晉右軍將軍。前後多見行草書，唯正書世上稀絶。幼子獻之，字子敬，晉中書令。今世上多見，行書獨步，不可具舉迹書之。書稱二王，輒加真字之餘，雖超越者，并通謂之絶迹，蓋俗學之意也。

唐·韋續《墨藪》卷一《九品書第二》　王羲之正書、行草、飛白。

又《梁武帝評書第五》　王羲之書如龍跳天門，虎卧鳳闕，是故歷代寶之，永以為訓。

又《梁武帝又評書》　駭作一豎畫，如萬歲枯藤，立一倚竿，若虎卧鳳闕，自上揭竿，如龍躍天門。

又《梁武帝書論第六》　崔瑗、張芝、張昶、鍾繇、鍾會、韋誕、皇象、衛瓘、嵇康、衛夫人、索靖、謝安、王導、王敦、王廙、王洽、王珉、王羲之、王獻之。

若然千百年間得其妙者，不超越此中數子。各能聲飛萬里，榮耀百代。唯逸少筆跡遒潤，擅一家之英天資自然，風神蓋代，具其道微而味薄，固常人莫之能學其理隱而意深，固天下寡於知音矣昔為評者數家既無。

又　真書。逸少第一，元常第二，世將第三，子敬第四，士季第五，文静第六，茂弘第七。

又　行書。逸少第一，子敬第二，元常第三，伯英第四，伯玉第五，季琰第六，敬和第七，茂弘第八，安石第九。

又　章草書。子玉第一，伯英第二，幼安第三，伯玉第四，逸少第五，士季第六，子敬第七，休明第八。

又　草書。伯英第一，叔夜第二，子敬第三，處沖第四，世將第五，仲將第六，士季第七，逸少第八。

又　逸少秉真行之要，子敬執行草之權，父之靈和子之神變，皆古今之絶也。

又卷二《勸學第十七》　故羲之於山陰寫黄庭經，感三台神降。

《宣和書譜》卷一五《草書》　尤善隸、草，為今昔之冠，然其得名，乃專以草聖論者，稱其筆勢以為飄若游雲，矯若驚龍，尤為從伯司徒導所器重。當時朝廷公卿皆愛其才，羲之每自稱我書比鍾繇當抗衡，比張芝猶當雁行也。【略】或謂其得筆法於白雲先生，暮年乃作《筆陣圖》、《筆勢論》、《用筆賦》、《草書勢》等，以遺訓其子孫。妻郗氏亦甚工書。有七子，為是所稱者五人，玄之、凝之、徽之、操之、獻之，竝工草、隸，而獻之最知名。凝之之妻謝道韞有才華，亦善書。家傳之學，未有如王氏之盛也。

宋·姜夔《續書譜》　真書以平正為善，此世俗之論，唐人之失也。古今真書之妙，無出鍾元常，其次則王逸少。今觀二家之書，皆瀟洒縱横何拘平正。

宋・陳思《書苑菁華》卷五《唐人評書》 王羲之書如壯士拔劍，壅水絶流，頭上安點如高峯墜石，作一横畫如千里陣雲，捺一偃波如風雷震駭，作一竪畫如萬歲枯藤，立一倚竿若虎卧鳳閣，自上揭竿如龍躍天門。

宋・姜夔《絳帖平》卷六 晉王羲之書。山谷云：右軍筆法如孟子言性，莊周談自然，從説横説無不如意，非復可以常理待之。又云：王氏書法以為如錐畫沙，如印印泥。蓋言鋒藏筆中，意在筆前耳。承學之人，更用《蘭亭》永字以開字中眼目，能使學家多拘忌成一種俗氣。要之，右軍二言，羣言之長也。

宋・陳師道《後山談叢》卷二《王羲之大器晚成》 唐人謂逸少天姿不及工用，故初不勝郗、庾，而暮年方妙。余謂不然。衛夫人見逸少學書，拊膺而嘆曰：後當勝己。此豈無天姿者耶。而暮年方妙者，乃大器晚成爾。

宋・桑世昌《蘭亭考》卷二《睿賞・孝宗皇帝》 羲之書超詣衆妙，古今不可比倫。用意精微，落筆詳緩，一點一劃無不皆有法度，揮毫縱心不踰於規矩，既無過當亦無不及，增之失於有餘，損之失於不足。作字有八面變態之妙，如蛟虬之騫騰，鸞凰之翔舞，燦然溢紙，飛動眩目，亦猶仲尼之道，出乎其類，拔乎其萃，自生民以來，未之有也覽此修禊詩叙，無一筆羲之法，亦非唐賢所臨寫，全不成字，今復還鄉，至可領也。還從臣所進本。

元・盛熙明《法書考》卷一《書譜・集評》 逸少，曠之子，瑯琊臨沂人。幼學書及年十三，見前代筆訣於父枕中，竊而説之，學功日進，衛夫人一見，語太常王策曰：此子必見用筆訣也，必蔽我書名。晉成帝祀北郊，更祝版工人削之。羲之墨入木七分，初學衛夫人書，過江見古碑，歎學衛夫人徒費歲月。張云：筆迹猶潤，獨擅一家之美，天質自然，風神蓋代，且其道微而味薄，固常人莫之能學。其理隱而意深，固天下寡於知音。真第一，行第二，章第五，章第八，及飛白俱神品，八分妙品。庾云：工夫不及張，天然過芝。天然不及鍾，工夫過之，允為上上品。李云：逸品如陰陽，四時寒暑調暢，巖廊宏敞，簪裾肅穆，其聲鳴也，則鏗鏘金石。其芬郁也，則氤氳蘭麝。其難徵也。則縹緲而已。仙其可觀也，則昭章而在目，可謂真書之聖也。若草行襍體，如清風出袖，明月入懷，瑜瑾爛而五色黼黻，擿其五采，故使離朱喪明，子期失聽，可謂草書之聖也。其飛白猶霧縠卷舒，烟雲照灼，長劍耿介而倚天，勁矢超忽而無地，可謂飛白之仙也。又如松巖點黛，蓊鬱而起，朝雲飛泉，漱玉洒落而成暮雨。既離方以遁圓，亦非絲而異帛。唐評如壯士拔劍，壅水絶流，頭上安點如高峯之墜石，作一横畫如千里之陣雲，捺一偃波如風雷振駭，作一竪畫歲枯藤，立一倚竿，若虎卧鳳閣，自上揭竿如龍躍天門。梁武云：字勢雄逸如龍跳天門，虎卧鳳閣。故歷代寶之，永以為訓。王云：古人之跡，計無以過。

明・潘之宗《書法離鉤》卷八《賞鑒》 大令艸法殊迫伯英，淳古少可恨，彌覺成就爾。余嘗以右軍父子草書比之文章，右軍似左氏，大令似莊周也。王會稽初學書於衛夫人，中年遂妙絶古今。今人見衛夫人遺墨，疑右軍不當北面，蓋不知九萬里則風斯在下耳。

右軍筆法如孟子道性善，莊周談自然，無不如意。

明・項穆《書法雅言・附評》 宣尼稱聖時中逸少永寶為訓，蓋謂通今會古，集彼大成，萬億斯年不可改易者也。第自晉以來，染翰諸家史牒彰名，縹緗著姓，代不乏人，論之難殫。若品格居下，真蹟無傳。予之所列，無復議焉。蓋聞張鍾羲獻書家四絶，良可據爲軌躅，爰作指南。彼之四賢，資學兼至者也。然細詳其品，亦有互差。張之學，鍾之資，不可尚。逸少資敏乎張而學則稍歉，學篤乎鍾而資則微遜。伯英學進十矣，資居七焉。元常則反乎張，逸少皆得其九。

明・項穆《書法雅言・規矩》 古今論書推兩晉，然晉人風氣，疎宕不羈。右軍多優，體裁獨妙。書不入晉，固非上流。法不宗王，詎稱逸品。六代以歷初唐，蕭羊逮智永尚知趨向，一體成家，奈自懷素降及大年，變亂古雅之度，競為詭厲之形。暨夫元章以豪逞，卓犖之才，好作鼓努驚奔之筆，且曰：大年之書，愛其偏側之勢，出于二王之外，是謂子貢賢於仲尼，丘陵高於日月也。豈有舍仲尼而可以言正道，異逸少而可以為法書者哉。奈何今之學書者，每薄智永子昂，似僧手誚真卿公權，如將容夫。

明・張丑《清河書畫舫》卷二上 唐太宗粉飾治具，留心翰墨，雅好王羲之字，心摹手追，出内帑金帛購人間遺墨有大王真跡三千六百紙，率以一丈二尺為軸。《墨池遺事》。

又 筆成塚，墨成池，不及羲之即獻之。筆禿千管，墨磨萬挺，不作張芝作索靖。《東坡題跋》。

又　右軍筆法如孟子言性，莊周談自然，從説横説無不如意，非復可以常理待之。右軍真、行、章、草藁無不曲當，其妙處往時書家置論，以為右軍真、行皆入神品，藁書乃入能品。不知憑何便作此語，政如今日士大夫論禪師某優某劣。吾了不解古人言，坐無孔子，焉别彦回真知言者。

王氏書法以為如錐畫沙，如印印泥，蓋言鋒藏畫中，意在筆前耳。承學之人，便用《蘭亭》永字以開字中眼目，能使學家多拘忌成一種俗氣，要之，右軍而言，羣言之長也。

明・程滑《千一疏》卷一八《文苑編》　字學之至於晉也，至矣，變極矣。晉字之至於羲之也，至矣，神極矣。

明・張翼《農田餘話》卷上　郝陵川經論書法：鍾、王變篆、隸也；顔變鍾、王用篆也；蘇變顔、柳用隸也。故古文則學先秦；篆則學李斯；隸則學鍾繇；楷則學鍾、王、顔、蘇；行與草則學張芝、索靖、二王、張旭。然讀書多，造道深，老練世故，遺落塵累，絶去凡俗，倏然物外，下筆自過高人一等矣。此又以道進技，書法之原也。

明・楊慎《升庵外集》卷八七　鍾紹京云：智永硯成臼，乃能到右軍，若穿透，始到鍾、索也。陶貞白云：右軍臨鍾迹，勝其自連。山谷云：帖中有張芝書狀二十許行，索靖《急就篇》數行，清絶瘦勁，雖王氏父子當斂手者也。予觀此論所謂强中自有强中手，天下元無第一人。今之學書者知有二王，而不求二王之上，亦未為善學二王者也。

又　右軍字似左氏，大領子似莊周。山谷此言，亦有東坡以杜子美比司馬遷，以江瑶柱比荔枝也。

又　解搢紳學士《春雨齋續書》評：鍾繇書如公孫碩膚，赤鳥几几；王右軍如子之燕居，申申夭夭。

又　今之笑學書者曰：君學羲、獻，羲、獻當年學誰。予詰之曰：為此言者非惟不知書，亦不知古今矣。羲、獻學鍾、索，鍾、索學章草。章草本分、隸，隸本篆、籀，篆、籀本科斗，遞相祖述，豈謂無師邪。今不屑步鍾、索、羲、獻之後塵，乃甘心為項羽、史弘肇之高弟，過何見邪。

明・楊慎《丹鉛總録》卷二六　賈魴《三倉》、蔡邕《石經》諸作，謂之漢隸。鍾、王變體，謂之今隸。合秦、漢謂之古隸。庾元威造，為散隸。羲、獻復變新奇，别以今隸，謂之楷法。《黄庭》、《樂毅》謂之小楷。史游解散隸體，謂之章草。張伯英之法，謂之草書。宋蔡襄為飛草，謂之散草。劉伯昇小變楷法，謂之行書；兼真，謂之真行；帶草，謂之草行。蔡邕所作輕微大字，謂之飛白。自餘諸體，以類生矣。蓋自是而隸與八分之説始明。然謂羲、獻復變新奇，别以今隸，謂之楷法。

明・王世貞《藝苑卮言》附録二　行書有二：有真帶行者，如右軍《蘭亭》、《霜寒》、《來禽》、《官奴》之類是也；正、行配者，右軍《旦極寒》、《雪晴》、《晚復》是也。

又　聞之張敬玄云：楷書把筆，妙在虚掌運腕，不必把筆苦緊，然大令小時作書，右軍從後掣其筆不得，非耶。曰：此有力也，非苦緊也。顔、柳自有力，二王化於力者也。習顔、柳者，未免苦緊；習二王者，不妨虚和。

又　書家者流稱鍾、張、羲、獻，古雅之士往往左袒鍾、張，華俊之儔則必服膺羲、獻。今合諸家之論，可謂過之，張草猶當雁行。然張精熟，池水盡墨。假令寡父耽之若此，未必謝之。羊欣云：羲之便是小推張，不知獻之自謂云何。又云：張字形不如右軍，自然不如小王。謝安嘗問子敬：君書何如右軍。答云：故當勝。安云：物論殊不爾。子敬答云：世人那得知。梁武帝云：世之學者宗二王，元常逸迹，曾不睥睨，羲之有過之之論，後生遂爾雷同。元常謂之古肥，子敬謂之今瘦。張芝、鍾繇巧趣精細，殆同機神。肥瘦古今，豈易致意。逸少至學鍾書，勢巧形密，及其獨運，意疏字緩。又子敬之不迨逸少，猶逸少之不迨元常。學子敬者，如畫虎也；學元常者，如畫龍也。陶貞白答梁武帝云：伏覽《書論》，使元常老骨更蒙營造，子敬懦肌不沈泉夜，逸少得進退其間，則玉科顯然可觀。又云：比世皆高尚子敬，海内非惟不復知有元常，於逸少亦然。今奉此論，自舞自蹈，未足逞泄日月，願以所摹，竊示洪遠、思曠。此二人皆是拘思者，必當仰贊踴躍，有盈半之益。蕭子雲《上武帝啟》云：臣昔不能拔賞，隨世所貴，規模子敬，多隸年所。始見敕旨《論書》一卷，商略筆勢，洞達字體，又以逸少不及元常，猶子敬不迨逸少。因此研思，方悟隸式，始變子敬，全法元常。庾肩吾云：張工夫第一，天然次之。鍾天然第一，王功夫不及張，天然過之；天然不及鍾，功夫功夫過之。唐太宗云：鍾雖擅美一時，亦為過絶，論其盡善，或有所疑。至於布纖濃，分疏密，霞舒雲卷，無所間然，但其體則古而不今，字則長而逾制，語其大量，以此為瑕。獻之雖有父風，殊非新巧。觀其

字勢疎瘦，如隆冬之枯樹，筆踪拘束，若嚴家之餓隸。其枯樹也，雖槎枿而無屈伸，其餓隸也，則羈羸而不放縱。詳察古今，研精篆素，盡善盡美，其惟王逸少乎。觀其點畫之工，裁成之妙，烟霏露結，狀若斷而還連，鳳翥龍翔，勢如斜而反直。玩之不覺為倦，覽之莫識其端，心慕手追，此人而已。孫過庭云：元常專工於隸書，伯英尤精於草體，彼之二美而逸少兼至，擬草則餘真，比真則餘草。又云：以子敬之豪翰，擅右軍之筆札，雖復祖傳楷則，實恐未克箕裘。是知逸少之比鍾、張，則專傳斯別；子敬之不及逸少，無或疑焉。

又 宋齊之際，右軍幾為大令所掩。梁武一評，右軍復伸，唐文再評，大令大損。若唐文之論，是偏好語，不足以服大令心也。人謂右軍內擫，故森嚴而有法，大令外拓，故散朗而多姿。法自兼姿，姿不能無累法也。後人學右軍，終不能似大令，已有逗漏李北海。蘇眉山、趙吳興筆。然則大令之於右軍，直父子耳，不可稱伯仲也。

又 按，《南史》謂：劉休者，與王僧虔同省，而是時海内俱習羊欣書，以右軍迹涉輕微，多所不好，休獨重之。自是，右軍之書復盛。後至梁武帝時，陶貞白尚云：比世皆高尚子敬，不復知有元常，逸少亦然。然則右軍之書，得劉休而振，得梁武而著，得唐文而後大定。猶之顧凱之畫，亦至唐始定也。羊欣學子敬者也，故武帝評子敬為河朔子弟，舉體充悅，然沓拖不可耐。而評羊欣如婢學夫人，舉止羞澀。是以文皇詆子敬為餓隸，而學敬元者，時人譏以為重儓。子敬餓隸，敬元已成重儓矣。然同一人書也，餓隸之與沓拖子弟，一瘦一肥，毋乃太相牴牾歟。

又 右軍之書，後世模仿者僅能得其園密，已為至矣。其骨在肉中，趣在法外，緊勢游力，淳質古意不可到。故智永、伯施尚能繩其祖武也；歐、顔不得不變其真；旭、素不得不變其草。

僧亞栖云：書貴能變，方自成家。王右軍變白雲，歐陽詢變右軍，柳公權變歐陽。此殆是囈語。白雲先生何人，亦未有書迹存世，蓋右軍偶一言之，大抵託辭耳。歐陽書法實一變，然非變右軍。若柳之於歐法少變，而意故不變也。

山谷云：王右軍初學衛夫人，小楷不能造微入妙，其後見李斯、曹喜篆，蔡邕隸、八分，於是楷法妙天下。張長史載古鍾鼎銘、科斗篆而草聖，不愧右軍父子。《易》有云：引而伸之，獨類而長之，天下之能事舉矣。

明・何良俊《四友齋從説》卷二七 正書祖鍾太傅，用筆最古，至右軍稍變遒媚，如《黄庭經》、《樂毅論》皆神筆也。此後歷唐、宋絶無繼者，惟趙松雪與文衡山，小楷直追右軍，遂與之抗行矣。

又 自衛伯玉父子擅行草之妙，其後王右軍得法於衛夫人，遂集書家之大成。至其子大令與右軍抗行。所謂翩翩欲度驊騮前也。此外如庾征西、王世將、王領軍，至宋世蕭子雲以及僧智永，大率宗尚右軍，皆晉法也。至唐則各自成家，區分派別，而晉法稍變矣。

又 王氏書法，以為如錐畫沙，如印印泥，蓋言鋒藏筆中，意在書前耳。

又 焦山《瘞鶴銘》，華陽真逸撰，上皇山樵書，今剥落不可讀。其仝文見董逌《書跋》。《茅山志》載唐顧況隱於菖蒲潭石墨池上，自號華陽真逸，撰焦山《瘞鶴銘》的有可據如此。而前輩棼棼或以為逸少，或以為陶隱居，皆臆度語耳。

明・陳繼儒《妮古録》卷一 王右軍臨池學書，池水盡黑。簡文云：假令寡人耽之若此，何必獨減右軍。予謂政復耽處，讓人耳。

明・李日華《六研齋三筆》卷一 右軍書法，千古宗匠，然其在當時，猶或受人排抑，如庾翼有家雞野鶩之喻。陶貞白評其迹，謂《樂毅論》極勁險，然不甚用意，《太師箴》、《大雅吟》甚用意乃成拘束。唯鍾太常正書，下筆有十二種意外巧妙，世所傳黄素《黄庭經》，實上清真人楊羲之迹，非凡手腕所成也。歷觀唐宋名公，顔、褚、蘇、米俱以行草擅場。昭代精細楷者，宋景濂一人而已。希哲之園媚，微仲之峻峭，俱非當行也。余於書學本無功，若小楷又所畏者，蓋經歲不曾作一兩段也。今霜降後，天氣驟凜，晴窗映几，筆研無塵，頗思娱弄柔翰，追古人行狎縱恣之趣以自快，而孟嗚侄必欲楷書此箑，重違其意，勉强試為之，不覺醜怪百出矣。惟以古人所難，聊微引以為自寬地耳，擲莞一笑。

唐・張懷瓘《書斷》 王僧虔云：飛白，八分之輕者，羲之獻之並造其極，衛恒祖述飛白而造散隸之書，開張隸體微露其白，梁武帝謂蕭子雲頃見王獻之書白而不飛，卿書飛而不白，可斟酌為之，令得其衷。子雲乃以篆文為之，雅合帝意。其後歐陽詢得焉，蔡伯喈即飛白之祖也。

又 晉王逸少與從弟洽變章草為今草，韻媚宛轉，大行於世，章草幾將

絶矣。

唐・張懷瓘《六體書論》 清・孫岳頒等《佩文齋書畫譜》　草書者乃文字之末，而伯英創意庶乎文字之先，其功鄰乎篆籀，探乎萬象，取其元精，至於形似，最為近也。字勢生動，宛若天然，實得造化之姿，神變無極。然草法貴在簡易，而此公傷於太簡也。逸少雖損益合宜，於風骨精熟去之尚遠，伯英是其祖。逸少子敬為嗣，若乃無所不通，獨質天巧耀今抗古，百代流行，則逸少為最。

唐・韋續《五十六種書》 清・孫岳頒等《佩文齋書畫譜》　四十八龍爪書，晉王右軍所作，形如龍爪也。

四十九稿及行隸，鍾繇變之，羲獻重焉。

五十晉二王重變行隸及稿體為八體書。

五十一草書，王羲之飾古亦甚善也。

唐・孫過庭《書譜》 清・孫岳頒等《佩文齋書畫譜》　右軍之書代多稱習，良可據為宗匠。取立指歸，豈惟會古通今，亦乃情深調合。

唐・徐浩《論書》 清・孫岳頒等《佩文齋書畫譜》　稱草聖右軍行法小令破體，皆一時之妙。

周官內史教國子六書，書之源流其來尚矣。程邈變隸體，邯鄲傳楷法，事則朴略，未有功能。厥後鍾善真書，張。

唐・張懷瓘《六體書論》 清・孫岳頒等《佩文齋書畫譜》　鍾繇法於大篆，措思神妙，得其古風，亦有不足，傷於疎瘦。王羲之比鍾繇，鋒芒峻勢，多所不及，於增損則骨肉相稱，潤色則婉態妍華，易乃過也。王獻之遠減於父，鋒芒往往直筆而已。鋒芒者，若犀象之有牙角，婉態者，若蛟龍之恣盤游。

又　行書者，不真不草，晨雞踉鏘而將飛，暮鵶聯翩而欲下。貴其承躡不絶，氣候通流。逸少則動合規儀，調諧金石，天姿神縱，無以寄辭。

又　子敬不能純一，或行草雜糅，便者則為神會之間，其鋒不可當也。宏逸遒健過於家尊，可謂子敬為孟，逸少為仲，元常為季。草書者，乃文字之末，而伯英創意，庶乎文字之先，其功鄰乎篆籀，探乎萬象，取其元精，至於形似，最為近也。字勢生動，宛若天然。實得造化之姿，神變無極，然草法貴在簡易，而此公傷於太簡也。逸少雖損益合宜，其於風骨精熟去之尚遠，伯英是其祖，逸少子敬為嗣，若乃無所不通，獨質天巧耀，今抗古百代流行，則逸少為最。

唐・蔡希綜《法書論》 清・孫岳頒等《佩文齋書畫譜》　八體之極，是歸乎鍾蔡，草、隸之雄，是歸乎張王。此四賢者，自數百載來，未之逮也。《書苑菁華》

宋・僧夢英《十八體書》 清・孫岳頒等《佩文齋書畫譜》　龍爪篆者，晉右將軍王羲之游天台還至會稽，值風月清照，夕止洞亭，吟詠之末，題柱作一飛字，有龍爪之形焉，遂稱龍爪書。其勢若龍蹙虎振，拔劍張弩。

宋・朱長文《論書學體勢》 清・孫岳頒等《佩文齋書畫譜》　鍾張羲獻之徒，以奇筆唱士林，天下獨知有體勢，豈知有源本。

宋・黄伯思《論草書》 清・孫岳頒等《佩文齋書畫譜》　若逸少草之佳處，蓋與縱心者契妙，寧可與不踰矩議之哉。

宋・周必大《論書》 清・孫岳頒等《佩文齋書畫譜》　晉人風度不凡，於書亦然。右軍又晉人之龍虎也。觀其鋒藏勢逸如萬兵銜枚，申令素定，摧堅陷陣，初不勞力，蓋胸中自然無滯礙，故形於外者乃爾，非但積學可致也。《平園集》

宋・黄庭堅《論古人書》 清・孫岳頒等《佩文齋書畫譜》　大令草法殊迫伯英，淳古少可恨，彌覺成就耳。所以中間論書者，以右軍草入能品，大令草人神品也。嘗以右軍父子草書比之文章，右軍似左氏，大令似莊周也。

宋・趙宧光《寒山帚談》卷上《力學三》　逸少中歲進德，每作一衡，如驚蛇之曲，此九四躍淵之龍，不可遂認作飛空夭矯之文也。

智永《千文》學右軍，其妙在圓，而晉人實無此圓。真卿《畫贊》學右軍，其妙在方，而晉人實無此方。孟頫一生學右軍，妙在爛熟，而晉人實無此爛熟。過庭一生學右軍，妙子啊疏曠，而晉人實無此疏曠。其他或得其端媚者，而非晉人之端媚，或得其狂逸者，而非晉人之狂逸，豈必後人失策已邪。即大令遒邁，已自大去乃公，懷仁拘束，亦且翻累本體。況其它乎。

又卷下《了義八》　古人學問無窮，故作字無有定體。右軍署名，無一同者，非有意改作也，因其學進，不覺其自變耳。常與繪畫之士談畫，但須寫景，莫須寫畫。寫畫有盡，寫景無窮，學尤無窮也。書道與畫道正通。

宋・趙宧光《寒山帚談・附録》　王逸少行草不甚相遠，而真楷諸帖迥出異手，故知字小者鈎臨易失，重摹數四，遂成胡越。猶有恃者，臨摹諸

人必稍知書法，然後下手，典則猶有存者，是以面目雖殊，脾肺肝膽總能成就，學者未必能補，學力足以持之，皆師資也，但其敗處，非無學所能辨。

元・郝經《論書》清・孫岳頒等《佩文齋書畫譜》 楷、草之法，晉人所尚，然至右軍將軍羲之，則造其極。羲之正直，有識鑒，風度高遠，觀其遺殷浩及道子諸人書，不附桓温，自放山水間，與物競。江左高人勝士鮮能及之，故其書法韻勝猶婉，出奇入神，不失其正，高風絶迹，邈不可及，為古今第一。

元・盛熙明《論書》清・孫岳頒等《佩文齋書畫譜》 王右軍過江，觀覽名刻，歎學衛夫人書，徒費歲月，故學書者，以當知所宗尚，乃能知所用力，至於臨摹之功，丹墨之妙，皆宜精究也。《法書攷》。

元・袁裒《評書》清・孫岳頒等《佩文齋書畫譜》 漢魏以降，書雖不同，大抵皆有分隸餘風，故其體質高古，及至二王，始復大變。右軍用筆內擫而收斂，故森嚴而有法度，大令用筆外拓而開廓，故散朗而多姿。

元・趙孟頫《論書體》清・孫岳頒等《佩文齋書畫譜》 至晉而大盛，渡江後，右將軍王羲之總百家之功，極衆體之妙，傳子獻之，超軼特甚，故歷代稱善書者，必以王氏父子為稱首。

明・解縉《續書評》清・孫岳頒等《佩文齋書畫譜》 鍾繇書如公孫碩膚，赤舄几几。王右軍如子之燕居，申申夭夭。智永瑶臺雪鶴，高標出羣。

明・莫雲卿《評書》清・孫岳頒等《佩文齋書畫譜》 真書之難，古今所歎。書法不由晉人，終成下品。鍾書點畫各異，右軍萬字不同，物情難齊，變化無方，此自神理所存，豈但盤旋筆札間區區求象貌之合者。右軍父子各臻其極，逸少秉真行之要，子敬執行草之權。父之靈和，子之神駿，皆古今之卓絶矣。隔世縣遠，遺跡邈焉。石刻古搨已登上鍾王楷體，一字難求，非才識具高，思同冥契，何由見影知行，得其萬分之一也哉。

又 余嘗謂右軍如龍，北海如象，世必有肯余言者。《戲鴻堂帖》。

明・項穆《評書》清・孫岳頒等《佩文齋書畫譜》 宣尼稱聖時中，逸少永寶為訓，蓋謂通今會古，集彼大成，萬億斯年，不可改易者也。

逸少資敏乎張，而學則稍謙。學篤乎鍾，而資則微遜。伯英學進十矣，資居七焉。元常則反乎張逸少皆得其九。子敬資禀英藻，齊轍元常，學力未深，步塵張草，惜其蘭折不永，躓彼駿馳，玉琢復磨，疇追驥騄。自云勝父有所恃也，加以數年豈萍語哉。

清・孫岳頒等《佩文齋書畫譜》卷三《論書三書法上》 蔡邕受於神人，傳之崔瑗及女，文姬傳之鍾繇，鍾繇傳之衛夫人，衛夫人傳之王羲之，王羲之傳之王獻之，王獻之傳之外甥羊欣，羊欣傳之王僧虔，王僧虔傳之蕭子雲，蕭子雲傳之僧智永。

又 楷法起於上谷王次仲，蔡邕崔瑗悉能為之，鍾元常用之盡妙，王逸少得於神采，永禪師不隳世德。

清・倪濤《六藝之一録》卷二七九《歷代書論九》 晉人風度不凡，於書亦然。右軍又晉人之龍虎也。觀其鋒藏勢逸如萬兵銜枚，申令素定，摧堅陷陣，初不勞力，蓋胸中自無滯礙，故行於外者乃爾，非但積學可致也。《平園集》。

又 蔡邕鴻都石經為古今不刊之典，張芝鍾繇咸得其道，伯英聖於一筆書，元常神妙於銘石，王羲之有高人之才，一發新韻，晉宋能人莫敢譽儗。

又二八〇《歷代書論十》 楷、草之法，晉人所尚，然至右軍將軍羲之則造其極。羲之正直，有識鑒，風度高遠，觀其遺殷浩及道子諸人書，不附桓温，自放山水間，與物無競。江左高人勝士鮮能及之。故其書法韻勝猶婉出奇入神，不失其正，高風絶跡，邈不可及，為古今第一。

又 學書在玩味古人法帖，悉知其用筆之意，乃為有益。右軍書是已，退筆因其勢而用之，無不如志，茲其所以神也。

又 右軍之書，後世模彷者，僅能得其園密已為至矣，其骨在肉中，趣在法外，緊勢游刃，淳質古意不可到，故智永伯施尚能繩其祖武也。

又卷二八六《歷朝書論十六》 夫自周以後，由漢以前，篆、隸居多，楷式猶罕，真章行草，趨吏適時，姑略上古，且詳今焉。夫道之統緒，始自三代而定於東周。書之源流，肇自六爻而盛於兩晉。宣尼稱聖時中，逸少永寶為訓，蓋謂通今會古，集彼大成，萬億斯年，不可改易者也。第自晉以來，染翰諸家，史牒彰名，縹緗著姓，代不乏人，論之難殫，若品格居下，真蹟無傳。予之所列，無復議焉。蓋聞張鍾羲獻書家四絶，良可據爲軌躅，爰作指南，彼之四賢，資學兼至者也。然細詳其品，亦有互差，張之學，鍾之資，不可尚，逸少資敏乎張，而學則稍謙，學篤乎鍾，而資則微遜。伯英學進十矣，資居七焉。元常則反乎張逸少，皆得其九。子敬資禀英藻，齊轍元常，學力未深，步塵張草，惜其蘭折不永，躓彼駿馳，玉琢復磨，疇追驥騄，自云勝父有

所恃也。加以數年，豈萍語哉。六朝名家智永精熟學號深矣。子雲飄舉，資稱茂焉。

清・卞永譽《式古堂書畫彙考》卷一　王羲之書如壯士拔劍，壅水絶流，頭上安點，如高峯墜石。作一横畫，如千里陣雲，捺一偃波如風雷震駭，作一豎畫，如萬歲枯藤，立一倚竿，若虎卧鳳閣，自上揭竿，如龍躍天門。

清・萬斯同《群書疑辨》卷九《書王右軍題筆陣圖後》　按：衛夫人《筆陣圖》，王右軍題其後，于夫人大有貶詞。後人或疑之，獨所論作字之法，委曲詳盡，衆莫敢議，而吾謂其可疑者在渡江北遊一事。夫晉自南渡之後，中原大亂，士大夫安敢北遊。此文云北遊名山，之許，之洛，得毋謬妄。蓋他書皆言右軍渡江，書法始大進。作僞者不知，謂其渡江而北，故有此誤。王元美曰：右軍少從丞相渡江，北蹤永絶。斯言得之。且王洽乃右軍之弟稱之為兄，衛夫人實其受業師而加之詆毁，皆不可信。古書流傳，頗多僞撰，幸僞者自露其隙，故人得攻之，閲者毋為所惑可也。世又有右軍《與子敬筆勢論》十章，末言與張伯英同學。夫伯英東漢人，右軍東晉人，相去百餘載，安得稱同學。孫過庭駁之極當，且詆其文鄙理疏，意乖言拙，今故不取。

清・陳玠《書法偶集》　王大令書法不專學右軍，傅壽毛亦不專學青主，遂各自成家。然真傳之祕，未嘗不獨得其精微，非徒肖乎形質也。子敬不學右軍，壽毛不學松僑，然其家法自在，所以可傳。

祝京兆《急就》得索征西筆意，更有别韻，世人多不知其妙，好處正不在彼之真、行、草書也。

書畫一致也，須於純熟中露生辣，縝密處見蕭疏，此是極難，要當參悟於虚靈之際，一旦自得，不待言傳。

又　字學之有鍾、王，猶儒家之有周、孔。後生出口即云二王，猶云孔、孟而不知周公者也。

清・孫承澤《硯山齋雜記》卷二《書紀》　右軍英毅卓犖，細玩則恬和典雅溢出，所謂金玉其相也。獻之非不俊邁，然芒采四射，如八寶中水晶矣。

清・沈增植《海日樓札從》卷八　右軍筆法點畫簡嚴，不若子敬之狼藉，蓋心儀古隷章法。由此義而引申之，則歐、虞為楷法徵古隷，褚、顔實楷法之八分。《菌閣瑣談》。

紀事

南朝宋・虞和《論書表》　羲之書，在始未有奇，殊不勝庾翼、郗愔，迨其末年，乃造其極。嘗以章草答庾亮，亮以示翼，翼歎服。因與羲之書云：吾昔有伯英章草書十紙，過江亡失，常痛妙迹永絶。忽見足下答家兄書，焕若神明，頓還舊觀。舊説羲之罷會稽，住蕺山下，一老嫗捉十許六角竹扇出市，王聊問一枚幾錢，云直二十許。右軍取筆書扇，扇為五字。嫗大悵惋云：舉家朝餐，惟仰於此，何乃書壞。王云：但言王右軍書字，索一百。入市，市人競市去。姥復以十數扇來請書，王笑不答。又云羲之常自書表與穆帝，帝使張翼效寫，一毫不異，題後答之。羲之初不覺，更詳看，乃歎曰：小人幾欲亂真。又羲之性好鵝，山陰曇釀村有一道士，養好鵝十餘，王清旦乘小艇故往，意大願樂，乃告求市易，道士不與。百方譬説不能得。道士乃言：性好道，久欲寫河上公《老子》，縑素早辦，而無人能書。府君若能自屈，書《道》、《德》經各兩章，便合羣以奉。羲之便住半日，為寫畢，籠鵝而歸。又嘗詣一門生家，設佳饌供億甚盛。感之，欲以書相報，見有一新棐牀几，至滑浄，乃書之，草、正相半。門生送王歸郡，還家，其父已刮盡。生失書，驚懊累日。桓玄愛重書法，每讌集，輒出法書示賓客。客有食寒具者，仍以手捉書，大點污。後出法書，輒令客洗手，兼除寒具。子敬常牋與簡文十許紙，題最後云：民此書甚合，願存之。此書為桓玄所寶，高祖後得以賜王武剛，未審今何在。謝奉起廟，悉用棐材，右軍取棐，書之滿牀，奉收得一大簣。子敬後往，謝為説右軍書甚佳，而密已削作數十棐板，請子敬書之，亦甚合。奉並珍録。奉後孫履分半與桓玄，用履為揚州主簿。餘一半，孫恩破會稽，略以入海。

唐・韋續《墨藪》卷一《王逸少筆勢傳第十二》　晉王羲之，字逸少，曠子也。七歲善書，及年十二見前代筆輪於父枕中竊而讀之。父曰：汝何來吾所數也。羲之笑不答，母曰：爾看用筆法否，見幼小恐不能祕之。乃語羲之曰：待汝成人，吾當授汝。羲之拜曰：今藉用之，使待成人晚矣。

父遂與之，不盈期月，書便大進。衛夫人見，語太常王策曰：此兒必見用筆訣也，妄近見其書，便有老成之智，因流涕曰：子必蔽吾書名。晉成帝時，祀北郊，更祝版，工人削之，羲之筆入七分。

宋・朱長文《墨池編》卷二《宋虞龢叙二王書事一首》 獻之始學父書，正體乃不相似，至於絶筆。章草殊相，擬類筆跡，流麗宛轉，奸媚，乃欲過之。

宋・蘇易簡《文房四譜》卷一《筆譜上・一之敘事》 世説王羲之得用筆法於白雲先生，先生遺之鼠鬚筆。又云：鍾繇、張芝皆用鼠鬚筆。

又《筆譜上・三之筆勢》《墨藪》云：王逸少筆勢圖無取崇山絶仞中兔毛，八九月收之，取其筆頭長一寸，管長五寸，鋒齊，腰强者妙。

又卷四《紙譜・一之敘事》 王右軍為會稽令，謝公就乞牋紙，庫内有九萬枚，悉與之，桓宣武云：逸少不節。

宋・施宿《會稽志》卷一四《人物》 王羲之，字逸少，司徒導之從子也。少有美譽，朝廷公卿皆愛其才器，為右軍將軍、會稽内史。羲之雅好服食養性，不樂在京師，初渡浙江，便有終焉之志。會稽有佳山水，名士多居之。謝安未仕時亦居焉。孫綽、李充、許詢、支遁等，皆以文義冠世，並築室東土，與羲之同好，嘗與同志宴集于會稽山陰之蘭亭。羲之自為之序，以申其志，稱病去郡，于父母墓前自誓不仕。羲之既去官，與東土人士盡山水之遊弋釣為娱，又與道士許邁共修服食，采藥石，不遠千里，遍游東中諸郡，窮諸名山泛滄海，歎曰：我卒當以樂死。羲之既優遊無事，與吏部郎謝萬書曰：古之辭世者，或被發陽狂，或汙身穢跡，可謂艱矣。今僕坐而獲逸，遂其宿心，其為慶倖，豈非天賜。頃，東游還，修植桑果，今盛敷榮，率諸子抱弱孫，游觀其間，有一味之甘，割而分之，以娱目前。雖植德無殊邈猶欲教養子孫以敦厚退讓，或有輕薄庶令舉策數馬，彷佛萬石之風，君謂此何如比，當與安石東遊山海，斥行田視地利，頤養閒暇衣。

宋・周必大《論筆墨》 王右軍少年多用柴紙，中年用麻紙，又用張永義製紙，取其流麗，便於行筆。

明・陶宗儀《書史會要》卷三《晉》 王羲之，字逸少，曠之子，官至右軍將軍、會稽内史，工談辯以骨鯁稱，善篆、隸行草飛白。隸、草為今昔之冠，然其得名乃專以草聖，論者稱其筆孰以為飄若浮雲，矯若驚龍。羲之每自稱，我書比鍾繇當抗衡，比張芝猶當雁行也。然初以為不迨庾翼郗愔及其暮年造妙，嘗以章草荅庾亮而翼見之，輙歎伏，因與羲之書曰：忽見荅家兄書，焕若神明，頓還舊觀。會稽佳山水，羲之有終焉之志，嘗與名士宴集於會稽山陰之蘭亭，羲之自為序。梁武帝評羲之書，以為執如龍躍天門，虎臥鳳閣。故歷代寶之，永以為訓，其亦善於擬倫也。羲之少學衛夫人書，自謂深窮，及過江游名山，見李斯、曹喜、鍾繇、梁鵠等字，又去洛見蔡邕石經，于從弟洽處複見張昶《華嶽碑》，始喟然歎曰：學衛夫人書，徒費年月。或謂其得筆法于白雲先生，即紫真也。羲之嘗曰：天臺紫真謂余曰：書之氣必通乎道，同混元之理，陽氣明而華壁立，陰氣大而風神生，是也。暮年乃作《筆陣圖》、《筆執論》、《用筆賦》、《草書執》等，以遺其子孫。或又謂羲之遊天臺，還會稽，上洞庭，題柱為一飛字，有爪之形，人遂稱龍爪書。羲之有子七人，為世所稱者五人，玄之、凝之、徽之、操之、獻之，並工草、隸，而獻之最知名。

明・周亮工《因樹屋書影》卷八 衛夫人見王右軍年十二書，流涕曰：此子必蔽我名。按右軍初學衛書，將謂不及，北遊見李斯、曹喜等書；之許下，見鍾繇、梁鵠書；又之洛下，見蔡邕《石經》三體書，又於從兄洽處見張昶《華嶽碑》。嘆曰：巫雲洛水外，雲水寧足貴哉。古人成一藝，亦必脚下行數千里路，目中見無限古人手跡，乃始成名。今日執筆便欲凌跨古人，豈不自愧。

清・梁章鉅《浪迹叢談》卷九 紀文達師曰：右軍雜帖多任靖代書，蓋靖學書於右軍，後大令又學書於靖也，事見陶弘景《與武帝論書啟》，今尚在《隱居集》中，此事人多不知，即歷代書家傳記亦軼其名，蓋不幸而湮沒耳。

著録

南朝梁・虞龢《論書表》 二王縑素書珊瑚軸二帙二十四卷。紙書金軸二帙二十四卷，又紙書玳瑁軸五帙五十卷，皆互帙金題玉躞織成帶。又有書扇二帙二卷。又紙書飛白、章草二帙十五卷，并旃檀軸。又紙書戲學

一帙十二卷玳瑁軸。此皆書之冠冕也。

唐・褚遂良《右軍書目》 正書，都五卷。共四十帖。

第一，樂毅論。四十四行，書付官奴。

第二，黄庭經。六十行，與山陰道士。

第三，東方朔贊。書與王循。

第四，周公東征。十一行。年、月、日、朔小字。下四行，自誓文。尚想黄綺。七行。墓田丙舍。五行。

第五，羲之死罪，前因李叔夷。四行。琅耶臨沂。三行。羲之頓首、頓首，一日相省。四行。行三一之法。四行。尚書宣示孫權所求。八行。臣言瑯琊新廟。四行。晉侯侈。六行。

草書，都五十八卷。

第一，永和九年。二十八行，《蘭亭序》。纏利害。二十二行。

第二，爰有猗人。九行。庾新婦。五行。九月二十三日，羲之八日書。八行。十一月七日，羲之報知少麝。五行。十二月六日，羲之報，一昨因暨主簿書。六行。臣羲之言，伏惟皇太后。七行。臣羲之言，嚴寒不審。四行。臣羲之言，伏惟陛下。五行。雨涼，佳。得書。五行。問庶子哀摧。四行。

第三。

第四，七月二十五日，羲之頓首，期晚生不有。六行。五月二十四日，羲之頓首，二旬哀悼。五行。羲之報，曹妹。五行。羲之頓首，違遠，亡嫂積年。八行。咋殊不散。三行。殷中軍奄忽哭之。三行。

第五，羲之死罪，亡兄靈柩。七行。五月七日，羲之頓首、頓首，昨便斬草，亡嫂尚停此。十行。期小女四歲，暴疾不救。五行。秋中諸感切懷。五行。

第六，羲之白，不審尊體比複如何。五行。得示，慰吾頻以服散。三行。二十三日，發至長安。八行。羲之死罪，不審何定尚扶持。四行。適遠告承如常。五行。

第七，羲之頓首，舅夭殁。四行。羲之頓首，奄承遘難。五行。羲之頓首，君眼目。五行。六月十五日，羲之頓首，大行皇帝崩。四行。大行皇帝。五行。月半增感傷，奈何。四行。

第八，謝新婦，春日感傷。七行。羲之死罪，無亦永往。七行。謝范新婦得富春還疏。十行。向書至也，須君至射堂。四行。

第九，五月二十七日，州民王羲之死罪，比夏交。十一行。羲之死罪，荀、葛各一國佐命之宗。十七行。君須複以何散懷。七行。

第十，七月十三日告離得兄弟。五行。延期官奴小女。七行。不圖禍痛，乃將至此。二行。日月如馳娌棄背。五行。行近遣書，想即至。二行。此書慰也，汝不可。六行。

第十一，羲之頓首，快雪時晴。六行。未複知問，晴快即轉勝。七行。去血有損不堪耿。三行。月行複半，痛傷兼摧。三行。

第十二，六月十七日告循紀。四行。柳匏比問賊。五行。足下猶未佳。四行。羲之頓首，卿佳不，家中猶爾。八行。

第十三，遍熱既一且盛農。五行。知齡家祖可悲慰。九行。山下多日不復意問。十行。晚複熱，想足下。八行。

第十四，都下二十六日書云，中郎。五行。近絶不得新婦諸叔問。十行。九月十七日，羲之報，且行因孔侍中。八行。既逼近羸劣。六行。

第十五，想大小悉佳。十行。謝新婦，賢從弟。八行。隔日不知問，二旬哀傷。七行。

第十六，省書，知定疑來。二十六行。痛惜敬和，寢息在心。九行。群從彫落將盡。十行。

第十七，報恒何如。七行，有一帖云：羲之報，恒何如。二月二日，汝歸母。二行。雖問和篤疾。十一行。此粗平安。

第十八，二十二日，羲之報，近得書。五行。毒熱，瘧斫未斫甚耿耿。五行。足下可不。吾眼少劣。四行。再昔來熱如小有覺。十行。

第十九，官奴小女。十行。一月二十五日。四行。大熱，得告。五行。汝中冷，褚侯遂至，薨。二行。

第二十，過此燥鶕肉。四行。去龍牙複下。七行。向欲力視汝。五行。姊告慰馳情。五行。晚來複何如。三行。兄安厝情事長畢。五行。

第二十一，十九日，羲之頓首。明二旬增感。七行。十月十五日，羲之頓首，月半哀傷。八行。得示知，羲之報。五行。

第二十二，安西複問。二十六行。忽然夏中。九行。

第二十三，得阿遮書。七行。二十五日告期。六行。二十日告姜。三

行。知慶等。三行。二十七日告姜氏母子。五行。得書知卿。四行。

第二十四，初月一日，羲之報，忽然改年。六行。卿各何以先羸。四行。此上下不可耳，出外。六行。六日告姜，複雨始晴。五行。書未去，得疏為慰。五行。

第二十五，行複二旬，傷悼情深。五行。羲之死罪，難信非箋。五行。九月二十五日，羲之頓首，便涉冬。六行。夫人遂善平康也。三行。羲之頓首，節至，遠感。五行。過一旬，尋念傷悼。四行。五月九日，羲之頓首、頓首，雖未敘。五行。

第二十六，敬祖足下如常，慰之。五行。羲之頓首、頓首，從兄雖篤疾。五行。轉熱，想足下耳。七行。王逸少頓首，晚佳也。七行。

第二十七，八月十七日，羲之報。五行。三十日告姜。九行。二十二日告姜。五行。三十日，羲之頓首，報。五行。信還之夜下。七行。

第二十八，曹丁妹。七行。未審大周女更。七行。劫事當速。五行。

第二十九，二十九日告仲宗。五行。十四日告劉氏女。六行。人理之故。四行。十一月二十六日，已摧退。二行。月行複旬感傷。七行。有哀慘。七行。送此鯉魚。二行。諸婦小兒輩。三行。

第三十，羲之愛報。七行。複想婹安和。九行。得書，知汝問。九行。

第三十一，十一月十三日，羲之頓首。六行。三月十九日，羲之頓首，末春哀痛。羲之自想上下悉佳。五行。八月十五日具疏，羲之再拜。六行。

第三十二，羲之頓首，月半，感慕抽切。五行。改月，感慕抽痛，當奈何。六行。昨歡宴，可謂意。五行。向得信，知足下瘧。五行。

第三十三，張博士定何日去。四行。八月二十六日告仲宗。十行。雨無複解足下可耳。五行。六月羲之報，至節哀感。四行。初月一日告姜，忽此年。四行。

第三十四，極有眷意。四行。九月十八日，羲之報，近問。七行。司州葬送。六行。

第三十五，十四日告期明月半。十三行。十三日羲之報，月向半。四行。承上下不和反側。六行。過一旬哀痛兼至。八行。昨暮遣信，值足下以行。七行。諸哀毒兼至，終日切心。七行。乃複送獐劳汝。

第三十六。

第三十七，得示，慰之。吾迎不快。五行。九月二十五日，羲之報，禍出不圖。六行。陰寒，足下各可不。八行。五月二日，告胡毋甥幸。六行。夏中節除感遠兼傷。四行。

第三十八，四月五日，羲之報。五行。七日告期痛念玄度。十行。妹轉佳慶不，乃啼不。三行。知静婢猶未佳，懸心。二行。治墓下皆以集也。三行。

第三十九，三月十三日，羲之頓首、頓首，過二旬哀悼。六行。羲之頓首、頓首，想冬盛念，一旦感歎並哀窮。十行。十一月十八日，羲之頓首、頓首，冬月感歎兼傷。六行。

第四十，十月二十二日，羲之頓首、頓首，賢從隕逝。四行。想家悉佳。九行。吾未得便得效。四行。吏轉輒與寬休。六行。

第四十一，二月州民王羲之死罪。六行。向書至也，得示，承尊夫人轉平和。七行。五月十日羲之報，夏中感遠。六行。時見賢子君家平。三行。前郡内及兄子家比有。五行。

第四十二，四月二日，羲之頓首、頓首，初月感懷。七行。得示，慰之。足下克致，六行。羲之白，服見仲熊。七行。知汝故爾欲食。三行。

第四十三，紙一千。五行。僧遠遂佳也。三行。脯五夾。七行。羲之死罪，不當有桂。四行。

第四十四，不知遠妹定何當至。八行。從兄弟一旦哀窮。四行。昨遣書，今日至也。四行。

第四十五，知足下得吾書。七行。前比遣信。七行。想應妹普平安。七行。臘遂佳也，懸念。八行。比承至也，得二書。四行。得二日書，具足下問。四行。足下在蕪湖。九行。不圖哀禍頻仍。五行。

第四十六。

第四十七，道祖重能行。二行。十月二十日，羲之頓首，節近歲終。六行。節除，諸感兼哀。四行。四月二十日，羲之頓首，二旬期等小祥。五行。新歲月感傷。

第四十八，羲之頓首，一旦公除。四行。羲之頓首，從弟子。四行。歲盡諸感。五行。

第四十九，四月九日，羲之頓首，報，臘日。七行。得二謝書，司州喪。

六行。二月六日，羲之報，昨書悉。四行。上下如常不，五行。承都開清和。五行。

第五十，二月二十五日，羲之頓首，一日有書。九行。事情無所不至，惟有長歎。五行。雨後無已，不審體中各何如。九行。知賢弟並毀頓。三行。

第五十一，羲之頓首，頓首，何圖禍痛。五行。繇白張白騎遂自猜疑。七行。晴便寒，想轉勝。七行。六月十九日，羲之報，仲熊夭折。三行。仲熊雖篤疾，豈圖奄忽。四行。

第五十二，汝母子比佳不。六行。十八日羲之頓首。四行。敬祖雖久疾，謂其年少。八行。五月二十七羲之報。五行。五月十一日，羲之敬問，得旦書。三行。吾賢之常事耳。四行。

第五十三，閏二月二十五日，羲之白。四行。向書想至。四行。八月十四日告父。四行。許玄度昨宿。四行。七月六日，羲之頓首。五行。省告猶示。三行。修年雖篤。七行。

第五十四，六月十六日，羲之頓首。八行。羲之死罪告終。十一行。二十九日羲之頓首。九行。九月二十八日，羲之頓首，昨。六行。

第五十五，前使還有書猥。九行。羲之頓首，二孫女。四行。四日羲之頓首，昨感寒。五行。八月二十五日，羲之白，頓首。五行。得書為慰，汝轉平復。六行。

第五十六，周氏上下翻佳。六行。亡王等便以去十月禫。四行。卿汝母子粗平安。八月。九月十三日，羲之頓首，追傷切割。六行。

第五十七，羲之頓首，尋念痛惋。八行。長風一日哀窮。五行。得信知問。五行。敬祖雖久疾。四行。初月五日，羲之頓首，忽然此年。六行。

第五十八，省別具懷。五行。阿康少壯。四行。范中書奄至此。二行。妹復小進退。五行。羲之頓首，昨暮兒疏。十一行。

晉右軍王羲之正書、行書目。貞觀年河南公褚遂良中禁西堂臨寫之際，便録出。唐初有史目，實此之標目，盡其類也。未見草書目。

藝文

宋・蘇軾《蘇軾詩集》卷一五《題王逸少帖》 顛張醉素兩禿翁，追逐世好稱書工。何曾夢見王與鍾，妄自粉飾欺盲聾。有如市娼抹青紅，妖歌嫚舞眩兒童。謝家夫人淡豐容，蕭然自有林下風。天門蕩蕩驚跳龍，出林飛鳥一掃空。為君草書續其終，待我他日不匆匆。

宋・陳普《詩選・詠史下・王羲之》 不緣廓廟盡談空，安得狐狸嘯晉宫。王氏可人惟逸少，更容謝萬作三公。

宋・鄭思肖《所南翁一百二十圖詩集・王羲之蘭亭圖》 猶記蘭亭三月三，流觴曲水暢清甜。分明一段永和意，好向羲之筆外參。

明・劉世偉《過庭詩話》卷下 山陰蘭亭有逸少洗硯池，其水盡黑時可染緇。太常少卿沈紳嘗紀其事，有題其壁云：憶昔山陰泛酒卮，臨池染翰已多時。可憐歲歲黄梅雨，不與步兒洗墨池。經數載，有繼題于後云：黑水還從硯得名，山陰泉石至今榮。不知四海多貪墨，梅雨何時洗得清。二詩用意俱好，然只宋人家數耳。世偉從宦寧國，聞進士梅鶚傳此。

清・舒位《瓶水齋詩集》卷一五《蘭亭懷古》 文不收蕭世子，書忽賺蕭御史，狼藉昭陵繭一紙。巧偷豪奪米漫士，依様葫蘆趙承旨。雁門本無雁，蘭亭亦無蘭。可轔三月盛觴詠，不覺半壁殘江山。處堂者自怡，倚門者或嘯。獨不見中軍將王逸少，一書遺謝安，再書答殷浩，會稽王牋亦屢報，格遺羣臣上尊號。凡此真蹟皆不傳，乃獨聚訟《臨河》篇。將軍經濟掩文字，山陰道士籠鵝至。

清・彭定求《全唐詩》卷一八一《王右軍》 右軍本清真，瀟灑出風塵。山陰過羽客，愛此好鵝賓。掃素寫道經，筆精妙入神。書罷籠鵝去，何曾別主人。

明・楊士雲《楊弘山先生存稿》卷一《詠史・王羲之》 滿腹經綸未得輸，只遺殷浩兩封書。世人漫説龍蛇字，争看先生筆陣圖。

清・張澍《王羲之》 曲水流觴萬竹青，永和春莫禊蘭亭。中原戰門縈魂夢，先墓荒蕪誓杳冥。姥乞錢多書六角，我因鵞好寫黄庭。孤忠竟被

霜豪掩，蕭翼徒偷摺疊形。

清・羅惇衍《集義軒詠史詩鈔》卷二七《王羲之》　山陰觴詠叙蘭亭，晉製唐樵翰墨馨。北伐上書規廟算，東歸解組誓先靈。不教策馬晨頒詔，且復龍鸞書寫經。人物中興推第一，豈徒絶藝擅黄庭。

清・史夢蘭《爾爾書屋詩草》卷四《王羲之》　一代書名萬古奇，書名豈足蔽羲之。激昂江左遺牋日，感慨山陰修禊時。敢告母兄曾誓墓，有佳子弟盡臨池。少年早博牛心炙，想像東牀坦腹姿。

郗夫人

論説

宋・陳思《書苑菁華》卷一八《晉王羲之别傳》　妻郗氏，甚工書。

宋・陳思《書小史》卷六《傳五》　王羲之妻郗氏，鑒之女也。甚工書，兄愔與曇謂之女中筆仙。

明・陶宗儀《書史會要》卷三《晉》　郗夫人，王羲之之妻也，書甚工。

謝静

論説

南朝齊・王僧虔《論書》　謝静、謝敷並善寫經，亦入能境，居鍾毫之美，邁古流今，是以征南還，有所得，辱告，並五紙，舉體精雋靈奥，執翫。

宋・陳思《書小史》卷六《傳五》　謝静知何許人，善隸書。

明・陶宗儀《書史會要》卷四《宋》　謝静善寫經，亦入能境。

元・盛熙明《法書考》卷一《書譜・集評》　謝静、謝敷，王云並善寫，亦入能品。

王述

論説

唐・竇臮《述書賦》卷上　粤若太原之英，二子間生，仲祖慕元常之則，懷祖通文獻之情。方言慕而我愧，言慕鐘繇。比叔文而彼榮；比叔文即謝藻。習所通而不及，言通王導。參放之而先鳴。參温放之。結束體正，肆力專成。猶棟梁富於合抱，巧匠斲而未精，即王蒙也。高利迅薄，連屬欹傾。猶鳥避羅而勢側，泉激石而分横。即王述也。王濛，字仲祖，太原人，晉紫金光禄大夫。今見具姓名正書一紙，二行。王述，字懷祖，太原人，晉尚書令，藍山侯。今見具姓名草書一紙，三行。

宋・陳思《書小史》卷五《傳四》　王述，字懷祖，天緣人，晉尚書令、藍田使。善草書。

明・陶宗儀《書史會要》卷三《晉》　王述，字懷祖，渾之姪孫，官至中書令，謚曰簡。書法高利迅薄，連屬欹傾。

張嘉

論　説

唐・張懷瓘《書斷》卷下《能品》　張嘉善隸書，羊欣云：嘉師於鍾氏，勝王羲之在臨川也。嘉字子勝，官至光禄大夫。

明・陶宗儀《書史會要》卷三《晉》　右皆書尚文情，梁庾肩吾謂五位一和，五色一采，誠以争驅並駕，不逮前鋒而中權後殿，各盡其美。

唐・韋續《墨藪》卷二《勸學第十七》　張嘉、庾亮、郗超、王珣、劉環、僧惠式、王循、張翼、戴安道、王玄之、王凝之、王徽之、王造之、王元之、宋文帝、宋孝武、康忻、王僧虔、謝靈運、羊欣、薄紹之、孔彬之、蕭思話、張永、蕭子良、齊高帝、蕭子雲。

互有得失，時見高深，絶長續短，智均力敵，一字乃敵右軍草書三分之一。以上二十七人第四。

庾翼

論　説

南朝梁・庾肩吾《書品》　張超子並、郭伯道、劉德昇君嗣、崔寔子真、衛夫人名鑠字茂猗、李式景則、庾翼稚恭、郗愔方回、謝安安石、王珉季琰、栢玄敬道、羊欣敬兀、王僧虔、孔琳之彦琳、殷鈞季和。

右十五人，中之上。

論曰：子並崔家州里，頗相倣效，可謂醬鹹于鹽，氷寒于水。伯道府問朝廷，遠封其跡。德昇之妙，鐘胡各採其美。子真俊才，門法不墜。李妻衛氏，自出華宗。景則毫素流靡，稚恭聲彩遒越。郗愔安石，草正並驅。季琰栢玄，筋力俱駿。羊欣早隨子敬，最得王體。孔琳之聲高宋氏，王僧虔雄發齊代。殷鈞頗耽愛好，終得肩隨。此一十五人，允為中之上。

唐・張懷瓘《書品》　庾翼，字稚恭，潁川鄢陵人。明穆皇后弟，安西將軍荆州刺史，善草、隸，書名亞右軍。兄亮，字元規，亦有書名，嘗就右軍求書，逸少答云：稚恭在彼，豈復假此。嘗復以章草答亮，亮示翼，翼乃大服，因與王書云：吾昔有伯英章草十紙，因喪亂遺失，嘗謂人曰：妙迹永絶，今見足下答家兄書，焕若神明，頓還舊觀。永和九年卒，年四十一。

唐・竇泉《述書賦》卷上　積薪之美，更覽稚恭，名齊逸少，墨妙所宗。善草則鷹搏隼擊，工正則劍鍔刀鋒。愧時譽之未盡，覺知音而罕逢。其荒蕪快利，彦祖爲容，似較狡兔於大野，任平陂之所從。庾翼，字稚恭，晉車騎將軍。今見草書四紙，共二十六行，具姓名正書一帖，三行。懌與翼并是亮弟。庾準，字彦祖，希子，亮孫，晉豫州刺史。今見具姓名草書一紙，凡八行。

唐・李嗣真《書後品・上下品一十二人》　崔寔、章。郗鑒、王廙、衛夫人、正。王洽、郗愔、李式、庾翼、羊欣、歐陽詢、虞世南、褚遂良。

又　稚恭章草，頗推筆力，不謝子真。

唐・韋續《墨藪》卷一《續書品第四》　上下品十一人：崔寔、王廙、王洽、郗愔、李式、庾翼、衛夫人、羊欣、歐陽詢、虞世南、褚遂良。

又卷二《勸學第十七》　孫皓、應璩、徐幹、張超、嵇康、何曾、衛覬、杜預、楊肇、欒廣、劉懨、司馬攸、衛恒、衛夫人、衛玠、李式、王敦、郗鑒、郗愔、韋誕、桓玄、王翼、王導、王儉、王珉、謝安、庾翼。

或奇材見拔，或絶世難求，並庶幾右軍草書之價。以上四十三人第三。

《宣和書譜》卷一五《草書》　庾翼，字稚恭，潁川人，官至安西將軍、荆州刺史。善草、隸，與王羲之竝馳争先，方羲之學者多所崇重，翼多所不平，因寄書昆弟輩云：可謂憎家雞好野鶩也。兄亮字元規，亦有書名，嘗就羲之求書法，羲之答云：翼在彼，豈復假此。是知翼之書，固自超絶。其為當日書家名流所推先如此。其自許亦自高要，是其所得非晚生後學淺淺所能追逐也。今御府所藏二：草書《步征帖》、行書《盛事貼》。

宋·陳思《書小史》卷五《傳四》 庾翼，字稚恭，明穆皇后之弟，官至車騎將軍、荆州刺史，善草、隸，章草少與羲之齊名，殊為世重。兄亮亦有書名，曾就右軍求書，逸少答云：稚恭在彼，豈復假此。王僧虔云：庾翼書少時與右軍齊名，右軍後進，内外宗尚，翼猶不忿，在荆州與都下書云：小兒輩乃賤家雞而愛野雉，皆學逸少書，須吾還當比之，右軍嘗以章草答亮，亮以示翼，翼乃大服，因與右軍書云：吾昔有伯英章草十紙，因喪亂遺失，嘗歎妙迹永絶，今見足下答家兄書，焕若神明，頓還舊觀。書賦云：積薪之美更覽稚恭名齊逸少，墨妙所宗，善草則鷹搏隼擊，工正則劔鍔刀鋒，愧時譽之未盡，覺知音而罕逢。

明·陶宗儀《書史會要》卷三《晉》 庾翼，字稚恭，亮之弟，官至車騎將軍，謚曰肅。風儀秀偉，少有經綸大略，善草、隸，與王羲之并馳争先。

紀事

宋·蘇易簡《文房四譜》卷一《筆譜上·一之叙事》 筆管。庾廙，字幼簡，侍中袁象雅慕之，贈鹿角書格、蚌硯、象牙。

張澄

論説

唐·竇臮《述書賦》卷上 國明厲躬，鍾氏餘風。壯麗纖薄，守雌知雄。如道門之子，仙路時通。張澄，字國明，吴郡人，嘉之子，晉光禄大夫。今見咸康八年帶名正書《上成帝啟》一紙，七行。

明·陶宗儀《書史會要》卷三《晉》 張澄工書當時亦呼有意。

清·孫岳頒等《佩文齋書畫譜》卷二三《書家傳二晉》 張澄書當時亦呼有意。王僧虔《論書》。

傳記

宋·陳思《書小史》卷五《傳四》 張澄，字國明，吴郡人，官至光禄大夫，善正書。

明·王鏊《姑蘇志》卷四六《人物四》 張澄，字國明，晉光禄大夫，本郡太守，善正書，當葬父，郭璞為占葬地，曰：葬某處，年過百歲，位至三司而子孫不蕃。某處年減半，位止於卿而子孫貴顯。澄乃葬其劣處，位果止光禄，年六十四，而其後遂昌。澄子彭祖在藝苑傳，彭祖子敞。

張彭祖

論説

南朝梁·庾肩吾《書品》 魏武帝曹操孟德、吴主元宗孫皓、衛覬伯濡、左子邑伯字、衛桓巨山、杜預元凱、王廙世將、張彭祖、任靖、韋昶文休、王修敬仁、范懷約、張永景初、吴休尚、施方泰。

右十五人，中之中。

論曰：魏帝筆墨雄贍，吴主體裁綿密。伯儒兼叙隸、草，子邑分鑣梁邯。巨山三世，元凱累業。王廙為右軍之師，彭祖取羲之之道。任靖嬌銘，文休題柱。敬仁清舉，致畏逼之詞，張范逢時，俱東南之美。施吴鄰下後生，同年拔萃。此十五人，允為中之中。

唐·張懷瓘《書斷》卷下《能品》 張彭祖，吴郡人。官至龍驤將軍。善隸書。右軍每見其緘牘，輒存而玩之。夷、齊雖賢，若仲尼不言，未能高舉，亦猶彭祖附青雲之士，不泯於兹。

宋・陳思《書小史》卷五《傳四》 張彭祖，澄之子，官至龍驤將軍，善隸書。

許穆

論說

明・陶宗儀《書史會要》卷三《晉》 許穆，一名謐。字思玄，邁之弟，官至護軍長史。儒雅清素，博學有才華。章草乃能，而正書古拙，符又不巧，故不寫經也。

許翽

論說

明・陶宗儀《書史會要》卷三《晉》 許翽，一名據。字道翔，小字玉斧，穆之子。郡舉上計掾、主簿，並不赴。清秀瑩潔，糠粃塵務，書學楊曦而字體勁健，偏善寫經畫符，欝勃峯執，殆非人功所追。

清・孫岳頒等《佩文齋書畫譜》卷八《論書八書品上》 許掾書乃是學楊而字體勁利，偏善寫經畫符，與楊相似鬱勃峰勢，殆非人功所逮。《陶隱居論三仙君真蹟》。

謝尚

論說

唐・竇臮《述書賦》卷上 謝氏三昆，尚書特精。猶注飛澗之瀑溜，投全牛之虛刃。達士逸迹，乃推無奕，毫翰云爲，任興所適。能事雅量，末歸安石。至夫蘊虛静，善草、正，方圓自窮，禮法拘性。猶恒德之仁智，應物之龜鏡。恨其心懼景興，書輕子敬。塞盟津而捧土，損智力有餘病。謝尚，字仁祖，陳郡人，晉散騎常侍。今見具姓名草書一紙，六行。

宋・陳思《書小史》卷五《傳四》 謝尚，字仁祖，陳郡陽夏人，官至散騎常侍，博綜衆藝，善草書，《書賦》云：謝氏三昆尚草，特峻猶注飛澗之瀑溜投全牛之虛刃。

《宣和書譜》卷一五《草書三・晉》 謝尚，字仁祖，秣陵人，豫章太守鯤之子也，官至尚書僕射。尚幼有至性，穎悟絶倫，脱略細行，不爲流俗之事，善音律，博綜衆藝。作草書深得昔人行筆之意。論者以比注飛澗之瀑溜，投全牛之虛刃，蓋得之矣。司徒王導深器之，常以似王戎，每呼爲小安豐。當時其得譽如此。今御府所藏草書一。

范汪

論說

唐・竇臮《述書賦》卷上 利且掩薄，能多似生。如班輸之運斧，乏

棟樑以經營。范汪，字玄平，順陽人，晉安北將軍。今見具姓名正書《謝賜瓜啓》四行矣。

宋・陳思《書小史》卷五《傳四》 范汪，字元平，順陽人，官至安北將軍，贈散騎常侍，善正書，有謝瓜啓傳於世。

明・陶宗儀《書史會要》卷三《晉》 范汪，字玄平，順陽人。官至安北將軍，書法鍾繇。

紀事

宋・王欽若等《册府元龜》卷七九八《總録部・勤學》 范汪，字玄平，少孤貧，六歲過江依外家庾氏，及長好學，庾氏家貧無以資給，汪乃廬于園中布衣蔬食，燃薪寫書，寫畢讀誦亦遍，遂博學多通，善談玄理，後至安北將軍。

劉聰

論説

宋・陳思《書小史》卷四《傳三》 偽趙劉聰，字元明，元海之子。幼聰慧好學，善屬文，工草、隸。

明・陶宗儀《書史會要》卷三《晉》 劉聰，匈奴人，偽漢淵之子，博涉經史，善屬文，工草書。

傳記

《晉書》卷一二〇《劉聰傳》 劉聰，字玄明，一名載，元海第四子也。母曰張夫人，**【略】**年十四，究通經史，兼綜百家之言，《孫吴兵法》靡不誦之。工草、隸，善屬文，著述懷詩百餘篇、賦頌五十餘篇。**【略】**弱冠游於京師，名士莫不交結，樂廣、張華尤異之也。新興太守郭頤辟為主簿，舉良將，入為驍騎別部司馬，累遷右部都尉，善於撫接，五部豪右無不歸之。**【略】**太興元年，聰死，在位九年，偽謚曰昭武皇帝，廟號烈宗。

清・孫岳頒等《佩文齋書畫譜》卷一九《歷代帝王書上黄帝至五代》 劉聰，字元明，一名載元，海第四子也。幼而聰悟好學，工草、隸，善屬文，偽謚昭武皇帝廟號烈宗。《晉書・載記》。

王修

論説

南朝宋・羊欣《采古來能書人名》 太原王濛，晉司徒左長史，能草、隸。子修，琅琊王文學，善隸、行，與羲之善，故殆窮甚妙。早亡，未盡其美。子敬每省修書云：咄咄逼人。

南朝梁・庾肩吾《書品》 魏武帝曹操孟德、吴主元宗孫皓、衛覬伯儒、左子邑伯字、衛桓巨山、杜預元凱、王廙世將、張彭祖、任靖、韋昶文休、王修敬仁、范懷約、張永景初、吴休尚、施方泰。

右十五人，中之中。

論曰：魏帝筆墨雄贍，吴主體裁綿密。伯儒兼叙隸、草，子邑分鑣梁邯。巨山三世，元凱累業。王廙為右軍之師，彭祖取羲之之道。任靖嬌銘，

文休題柱。敬仁清舉，致畏逼之詞，張范逢時，俱東南之美。施吴鄴下後生，同年拔萃。此十五人，允為中之中。

唐・張懷瓘《書斷》卷下《能品》 王修，字敬仁，濛之子也。著作郎。善隸，求右軍書，乃寫《東方朔畫贊》與之。昇平元年卒，年二十四。始，王導愛好鍾氏書，喪亂狼狽，猶衣帶中盛《尚書宣示帖》，過江後與右軍，乞敬仁。敬仁亡，其母見此書平生所好，遂以入棺。殷仲堪，亦敬仁之亞也。

宋・陳思《書小史》卷五《傳四》 王修，字敬仁，濛之子，官至著作郎，善隸書，嘗求右軍書，乃寫《東方朔畫像讚》與之。殆欲窮其妙而未盡其美，子敬每省修書云：咄咄過人。始王道愛鍾氏書，喪亂狼狽，猶衣帶盛《尚書宣示帖》，過江後，以與右軍，右軍借敬仁。及敬仁亡，其母見此書平生所好，乃遂與入棺。殷仲堪書，亦敬仁之亞也。

明・陶宗儀《書史會要》卷三《晉》 王修，字敬仁，濛子，官至著作郎。正、行書，體清舉，嘗就羲之求書，乃寫東方朔畫讚與之。

傳記

清・孫岳頒等《佩文齋書畫譜》卷二三《書家傳二晉》 王修，字敬仁，小字苟子，濛之長子也。善隸書，號曰流奕清舉，至中軍司馬。《晉書》本傳。

傅夫人

論説

南朝梁・庾肩吾《書品》 衛宣、李韞、陳基、傅廷堅、張紹、陰光、韋熊少季、張暢、曹任、宋嘉、裴邈、羊固、傅夫人、辟閭訓、謝晦、徐羨之、孔間、顏寶光、周仁皓、張欣泰、張熾、僧岳道人。

右二十二人，下之下。

論曰：此二十二人，皆五味一和，五色一彩，視其雕文，非特刻鵠。人人下筆，寧止追嚮，遺迹見珍，餘芳可折。誠以駈馳並駕，不逮前鋒，而中權後殿，各盡其美。允為下之下。

宋・陳思《書小史》卷二《傳一》 郗愔妻傅氏，善正書。見庾肩吾《書品》。

明・陶宗儀《書史會要》卷三《晉》 傅夫人，郗愔之妻也，亦善書。

清・倪濤《六藝之一録續編》卷一三《書譜續編》 韋續《九品書人論》下上品有傅夫人，正、隸。

王蒙

論説

明・郁逢慶《書畫題跋記》卷一 叔明公子，文敏公之外孫也。天姿神品，其於翰墨，深入晉漢，至於鑒裁，尤所精詣。漚波之宅相，非子而誰耶。

清・孫岳頒等《佩文齋書畫譜》卷三九《書家傳十八元三》 黄鶴山人書，當不在趙魏公下。

李充

論說

宋・陳思《書小史》卷五《傳四》 李充，字宏度，江夏鍾武人。魏夫人之子，累遷中書侍郎，善楷書，妙參鍾索，世咸重之。

明・陶宗儀《書史會要》卷三《晉》 李充，字宏度，江夏人，官至中書侍郎。工正書，妙參鍾索，世咸重之。

著録

唐・韋續《墨藪》卷一《續書品第四》 中下品七人：孫皓、張超、謝道韞、宗炳、宋文帝、齊高帝、謝靈運。

藝文

宋・蘇軾《蘇軾詩集》卷一五《題王逸少帖》 顛張醉素兩禿翁，追逐世好稱書工。何曾夢見王與鐘，妄自粉飾欺盲聾。有如市娼抹青紅，妖歌嫚舞眩兒童。謝家夫人淡豐容，蕭然自有林下風。天門蕩蕩驚跳龍，出林飛鳥一掃空。為君草書續其終，待我他日不匆匆。

謝道韞

論說

唐・李嗣真《書後品・中下品七人》 孫皓、張超、謝道韞、宗炳、宋文帝、齊高帝、謝靈運。

又 謝道韞是王凝之之妻，雍容和雅，芬馥可玩。

宋・陳思《書小史》卷二《傳一》 王凝之妻謝氏，字道韞，安西將軍奕之女，聰識有才辯，善正、行書，甚為舅氏所重。李嗣真云：雍容和雅，芬馥可翫。

明・陶宗儀《書史會要》卷三《晉》 謝夫人名道韞，奕之女，王凝之之妻，有才辨，亦善書。

元・盛熙明《法書考》卷一《書譜・集評》 謝道韞，凝之妻也。有才華，善書。李云中下品。雍容和雅，芬馥可玩。

桓温

論說

唐・竇臮《述書賦》卷上 元子正草，厚而不倫。若遺翰墨，猶帶真淳。似山林之樂道，非玉帛之能親。桓温，字元子，譙國人。彝子，晉丞相、大司馬、南郡宣武公。今見具行草書帶名四紙，共三十行。

唐・韋續《唐人書評》 温書如快馬入陣，屈伸隨人。

唐・韋續《墨藪》卷一《九品書第二》 晉桓温，行草。

《宣和書譜》卷七《行書》 墨蹟見于世者尤少，然頗長於行草，觀其收東道表與夫法帖石刻，字勢遒勁，有王謝之餘韻，亦其英偉之氣形之於心畫也。今御府所藏行書一。

宋・陳思《書小史》卷六《傳五》 恒温，字元子，譙國龍亢人，尚南康公主，官至丞相大司馬，南郡謚宣武，善行草書，唐人云：温書如快馬，入陣屈伸隨人。

明・陶宗儀《書史會要》卷三《晉》 恒温，字元子，一作子元。譙國龍亢人，官至丞相大司馬，謚宣武。豪爽有風概，姿貌甚偉，墨跡見于世者尤少。然頗長於行草，字執遒勁，有王謝之餘韻，亦其英偉之氣形於心畫也。

明・項穆《書法雅言・心相》 人由心正，書由筆正，即《詩》云思無邪，《禮》云無不敬。書法大旨，一語括之矣。嘗鑒古蹟，聊指前人，世不俱聞，略焉弗舉，如桓温之豪悍，王敦之揚厲，安石之躁率，跋扈剛愎之情，自露于豪楮間也。

王恬

論說

南朝宋・羊欣《采古來能書人名》 王恬，晉中將軍、會稽內史，善隸書。

唐・張懷瓘《書斷》卷下《能品》 王恬，字敬預，導之子。官至後將軍、會稽內史。工於草、隸，當世難與爲比。永和五年卒，年三十六。張翼，善隸書，尤長於臨仿，率性而運，復非工，劣於敬預也。

宋・陳思《書小史》卷五《傳四》 王恬，字敬豫，導之子，官至後將軍會稽內史。性簡傲多技，藝，奕棊為中興第一草、隸，當時無與為比。尤長於臨傚，率性而運，則復非工，時有張翼善隸書，尤善仿傚而劣於敬豫也。

明・陶宗儀《書史會要》卷三《晉》 王恬，字敬豫，導次子，官至散騎常侍，贈中郎將軍，謚曰：憲傲誕，不拘禮法，氣岸淩轢，流輩輕之，然晚節好士多，能善隸書，於草字尤妙，時張翼以書得名議者，謂不能過恬。

清・倪濤《六藝之一録》卷三一八《歷朝書譜八》 王恬，字敬豫，丞相導之次子也。雖世以儒傳家，而恬最好武，馳馬試劍，不為門閥所器。傲誕，不拘禮法，氣岸淩轢，流輩輕之。然晚節好士多能，善隸書，於草字尤妙。稍遷中書郎。明帝欲以為中書令，導固辭，從之。後為會稽內史，加散騎常侍。是時張翼以書得名，議者謂不能過恬，則王氏父子羣從，各有遠過人者。今御府所藏草書一：《得示帖》。宋佚名《宣和書譜》。

傳記

《晉書》卷六五《王恬傳》 恬字敬豫。少好武，不為公門所重。導見悅輒喜，見恬便有怒色。州辟別駕，不行，襲爵即丘子。性傲誕，不拘禮法。謝萬嘗造恬，既坐，少頃，恬便入內。萬以為必厚待己，殊有喜色。恬久之乃沐頭散發而出，據胡床於庭中曬發，神氣傲邁，竟無賓主之禮。萬悵然而歸。晚節更好士，多技藝，善奕棋，為中興第一。遷中書郎。帝欲以為中書令，導固讓，從之。除後將軍、魏郡太守，加給事中，領兵鎮石頭。導薨，去官。俄起為後將軍，復鎮石頭。轉吳國、會稽內史，加散騎常侍。卒，贈中軍將軍，謚曰憲。

清・孫岳頒等《佩文齋書畫譜》卷二三《書家傳二晉》 王恬，字敬豫，宋佚名《宣和書譜》：避宋諱作欽豫，《世說新語》注：小字螭虎。導第二子也。多技藝，善奕棋，後為吳國會稽內史，加散騎常侍。贈中軍將軍，謚曰憲。《晉書》本傳。

郗愔

論說

南朝宋・羊欣《采古來能書人名》 高平郗愔，晉司空、會稽內史，善

章草，亦能隸。郗超，晉中書郎，亦善草。愔子也。

南朝梁・庾肩吾《書品》 張超子並、郭伯道、劉德昇君嗣、崔寔子真、衛夫人名鑠字茂猗、李式景則、庾翼稚恭、郗愔方回、謝安安石、王珉季琰、栢玄敬道、羊欣敬兀、王僧虔、孔琳之彦琳、殷鈞季和。

右十五人，中之上。

論曰：子並崔家州里，頗相倣效，可謂醬鹹于鹽，氷寒于水。伯道府問朝廷，遠封其跡。德昇之妙，鍾胡各採其美。子真俊才，門法不墜。李妻衛氏，自出華宗。景則毫素流靡，稚恭聲彩遒越。郗愔安石，草正並驅。季琰栢玄，筋力俱駿。羊欣早隨子敬，最得王體。孔琳之聲高宋氏，王僧虔雄發齊代。殷鈞頗耽愛好，終得肩隨。此一十五人，允為中之上。

唐・張懷瓘《書斷》卷中《妙品》 郗愔，字方回，高平金鄉人。父鑒，太尉，草書卓絶，古而且勁。方回官至司空，善衆書，雖齊名庾翼，不可同年，其法遵於魏氏，尤長於章草，纖能得中，意態無窮，筋骨亦勝。王僧虔云：郗愔章草，亞於右軍。太元六年卒，年七十二。方回章草入妙，草、隸入能。妻傅氏，善書；子超，字景興，小字嘉賓，亦善書。

唐・竇泉《述書賦》卷上 高平奕業，盛德遺能。方回、重熙，接翼嗣興。回則章健草逸，發體廉稜。若冰釋泉湧，雲奔龍騰。密壯奇姿，撫跡重熙。若投石拔距，怒目揚眉。【略】郗愔，字方回，曇字重熙，并鑒子。愔，晉司空，見章草書及寫父雜表一首，四十三行，草書八紙。

唐・李嗣真《書後品・上下品一十二人》 崔寔，章。郗鑒、王廙、衛夫人，正。王洽、郗愔、李式、庾翼、羊欣、歐陽詢、虞世南、褚遂良。

又 郗、李縱邁，過於羊欣。

唐・韋續《墨藪》卷一《九品書第二》 晉郗愔，行、隸。

又《續書品第四》 上下品十一人：崔寔、王廙、王洽、郗愔、李式、庾翼、衛夫人、羊欣、歐陽詢、虞世南、褚遂良。

又卷二《勸學第十七》 曹喜、邯鄲淳、羅暉、趙襲、崔寶、劉德升、師宜官、梁鵠、胡昭、荀爽、張彭祖、張弘、傅玄、魏武帝、曹植、孫權、孫皓、應璩、徐幹、張超、嵇康、何曾、衛覬、杜預、楊肇、樂廣、劉恢、司馬、衛恒、衛夫人、衛玠、李式、王敦、郗鑒、郗愔、韋誕、桓玄、王翼、王導、王儉、王珉、謝安、庾翼。

或奇材見拔或絶世難求，並庶幾右軍草書之價。以上四十三人，第三。

唐・韋續《墨藪》卷一《梁武帝書評第五》 郗愔書得意甚熟，而取妙特難，踈散風氣，不無雅素。

《宣和書譜》卷一四《草書》 郗愔，字方回，高平金鄉人也。官至司馬。父鑒以草書稱，古勁超絶，後所不能窺其藩籬。至愔乃能接翼，遂與張芝齊名。作章草尤工，下筆若水釋泉湧，雲奔龍騰，態度既多，而筋骨有餘。王僧處以謂愔書亞王羲之，豈妄論也。愔妻傅氏亦善書，子超尤得家傳之妙。今御府所藏二：章草《諒弟帖》、草書《遠近帖》。

宋・陳思《書小史》卷五《傳四》 郗愔，字方回，鑒之子。官至司空。善衆書，張懷瓘云：雖齊名庾翼，不可同年。其法遵於衛氏，尤長於章法，濃纖得衷，意態無窮，筋骨亦瞻。若鴻鵠奮六翮，飄然遊乎太虚。

明・陶宗儀《書史會要》卷三《晉》 郗愔，字方回，鑒之子，官至司空謚文穆。性至孝。鑒以草書稱，古勁超絶。愔乃能接翼，遂與張芝齊名。作章草尤工，下筆若冰釋泉涌，雲奔龍躍，態度既多，而筋骨有餘。王僧處以為愔書亞羲之。梁武帝評愔書，以為得意甚熟，而取妙特難，踈散風氣，不無雅素。

孫綽

傳記

明・陶宗儀《書史會要》卷三《晉》 孫綽，字興公，太原中都人，少與許詢有高尚之志，居會稽，放游山水十餘年，哀帝朝為著作郎。善行、楷書。

司馬晞

論說

唐·竇臮《述書賦》卷上　赳赳道叔，遠淳邇俗。全姓名而孰多，議風度而不足。元子憚其威武，吾徒遵其軌躅。武陵王諱晞，字道叔，明帝弟。今見具姓名正書一紙，三行。

宋·陳思《書小史》卷二《傳一》　武陵威王晞，字道叔，元帝子也。善正書。

明·陶宗儀《書史會要》卷三《晉》　武陵王晞，字道叔，明帝弟。工書而風度不足。

清·倪濤《六藝之一録》卷三一一《歷代書譜一·帝王妃后一》　武陵王晞，字道叔，元帝子也。出繼武陵王喆後，太興元年，受封穆帝，即位，轉征東大將軍。

熊遠

論說

唐·竇臮《述書賦》卷上　孝文剛斷，謹正援毫。古雖拙利，今稱且高。如貴胄之躍駿，武賁之操刀。熊遠，字孝文，豫章人。晉大將軍長史。今見具姓名正書啓七紙。

明·陶宗儀《書史會要》卷三《晉》　熊遠，字孝文，豫章人。仕大將軍長史，揮毫謹正。

李式

論說

南朝齊·王僧虔《論書》　李式書，右軍云：是平南之流，可比庾翼。王濛書，亦可比庾翼。

南朝梁·庾肩吾《書品》　張超子並、郭伯道、劉德昇君嗣、崔寔子真、衛夫人名鑠字茂猗、李式景則、庾翼稚恭、郗愔方回、謝安安石、王珉季琰、桓玄敬道、羊欣敬元、王僧虔、孔琳之彦琳、殷鈞季和。

右十五人，中之上。

論曰：子並崔家州里，頗相倣效，可謂醬鹹于鹽，氷寒于水。伯道府問朝廷，遠封其跡。德昇之妙，鐘胡各採其美。子真俊才，門法不墜。李妻衛氏，自出華宗。景則毫素流靡，稚恭聲彩遒越。郗愔安石，草正並驅。季琰桓玄，筋力俱駿。羊欣早隨子敬，最得王體。孔琳之聲高宋氏，王僧虔雄發齊代。殷鈞頗耽愛好，終得肩隨。此一十五人，允為中之上。

唐·張懷瓘《書斷》卷下《能品》　李式，字景則，江夏鍾武人。官至侍中。衛夫人之猶子也，甚推其叔母，善書。右軍云：李式、平南之流，亦可比庾翼。咸熙三年卒，年五十四。隸、草入能。

宋·陳思《書小史》卷五《傳四》　李式，字景則，即充從兄，衛夫人之猶子。官至侍中。善草、隸甚佳，其叔母善書。右軍云：李式是平南之流，平南將軍王廙也，亦可比庾翼，弟定子公府能名同式。

明·陶宗儀《書史會要》卷三《晉》　李式，字景則，官至侍中，善隸、草，弟定子公府能書同式。

唐·李嗣真《書後品·上下品一十二人》　崔寔、章。郗鑒、王廙、衛夫人、正。王洽、郗愔、李式、庾翼、羊欣、歐陽詢、虞世南、褚遂良。

又　郗、李縱邁，過於羊欣。

唐・韋續《墨藪》卷一《續書品第四》　上下品十一人：崔寔、王廙、王洽、郗愔、李式、庾翼、衛夫人、羊欣、歐陽詢、虞世南、褚遂良。

又卷二《勸學第十七》　曹喜、邯鄲淳、羅暉、趙襲、崔實、劉德升、師宜官、梁鵠、胡昭、荀爽、張彭祖、張弘、傅玄、魏武帝、曹植、孫權、孫皓、應璩、徐幹、張超、嵇康、何曾、衛覬、杜預、楊肇、欒廣、劉恢、司馬攸、衛恒、衛夫人、衛玠、李式、王敦、郗鑒、郗愔、韋誕、桓玄、王翼、王導、王儉、王珉、謝安、庾翼。

或奇材見拔，或絶世難求，並庶幾右軍草書之價。以上四十三人，第三。

任靖

論說

南朝梁・庾肩吾《書品》　魏武帝曹操孟德、吴主元宗孫皓、衛覬伯儒、左子邑伯字、衛桓巨山、杜預元凱、王廙世將、張彭祖、任靖、韋昶文休、王修敬仁、范懷約、張永景初、吴休尚、施方泰。

右十五人，中之中。

論曰：魏帝筆墨雄贍，吴主體裁綿密。伯儒兼叙隸、草，子邑分鑣梁邯。巨山三世，元凱累業。王廙為右軍之師，彭祖取羲之之道。任靖嬌銘，文休題柱。敬仁清舉，致畏逼之詞，張范逢時，俱東南之美。施吴鄴下後生，同年拔萃。此十五人，允為中之中。

明・陶宗儀《書史會要》卷三《晉》　任静一作青，宋嘉，周仁昭，徐令文，法高道人，朱育，岑泉，羊暇，向泰，許文静，曹任，吕静，岳道人，釋惠式，右皆書尚文情，梁庾肩吾謂五味一和，五色一采，誠以争驅，並駕不逮，前鋒而中權，後殿各盡其美。

清・孫岳頒等《佩文齋書畫譜》卷二三《書家傳二晉》　陶弘景曰：右軍書中給事黄門一紙治廉瀝，一紙凡二篇，並是謝安衛軍任靖書。《陶隱居集》。

郗曇

論說

唐・竇臮《述書賦》卷上　高平奕業，盛德遺能。方回、重熙，接翼嗣興。回則章健草逸，發體廉稜。若冰釋泉湧，雲奔龍騰。密壯奇姿，撫跡重熙。若投石拔距，怒目揚眉。【略】郗愔，字方回，曇字重熙，并鑒子。【略】曇，晉中郎將。今見具姓名草書一紙四行。

宋・陳思《書小史》卷五《傳四》　郗曇，字重熙，愔之弟，官至北中郎將，善草書，《書賦》云：密壯奇姿，撫蹟重熙，若投石拔，距怒目揚眉。

明・陶宗儀《書史會要》卷三《晉》　郗曇，字重熙，愔之弟，官至中郎將，謚曰簡，書有父兄之法。

紀事

《陳書》卷二八《始興王伯茂傳》　伯茂性聰敏，好學，謙恭下士，又以太子母弟，世祖深愛重之。是時征北軍人于丹徒盜發晉郗曇墓，大獲晉右將軍王羲之書及諸名賢遺迹。事覺，其書並没縣官，藏于祕府，世祖以伯茂好古，多以賜之，由是伯茂大工草、隸，甚得右軍之法。

丘道護

論説

南朝齊・王僧虔《論書》 羊欣、丘道護並親授於子敬，欣書見重一時，行草尤善，正乃不稱。

唐・張懷瓘《書斷》卷中《妙品》 時有丘道護，親師於子敬，殊劣於羊欣。

又卷下《能品》 丘道護善隸書，便書素。時司馬珣之爲吳興，羊欣弟倫爲臨安令。欣吳興看弟，珣之乃以道護素書《洛神賦》示欣，欣嗟諮其工，以爲勝己。道護，烏程人也，官至相國主簿。

《南史》卷二二《王曇首傳》 丘道護、庾昕學右軍，亦欲亂真矣。

宋・陳思《書小史》卷六《傳五》 丘道護善草書，與羊欣同受筆法於王獻之，殊劣於羊欣。李嗣真云：道護謬登高品，迹乃浮漫。

傳記

清・孫岳頒等《佩文齋書畫譜》卷八《論書八書品上》 丘道護與羊欣俱面授子敬，故當在欣後。

又卷二四《書家傳三宋齊梁陳》 丘道護，烏程人也，善隸書，便書素。時司馬珣之為吳興，羊欣弟倫為臨安令，欣過吳興看弟，珣之乃以道護素書《洛神賦》示欣。欣咨嗟其工，以為勝己。官至相國主簿。

丘道護與羊欣俱面受子敬，故當在欣後。

又賀道力書亞丘道護。

謝安

論説

南朝宋・羊欣《采古來能書人名》 陳郡謝安，晉太傅，善隸、行。

南朝齊・王僧虔《論書》 謝安亦入能流，殊亦自重，乃為子敬書，嵇中散詩。得子敬書，有時裂作校紙。

南朝梁・庾肩吾《書品》 張超子並、郭伯道、劉德昇君嗣、崔寔子真、衛夫人名鑠字茂猗、李式景則、庾翼稚恭、郗愔方回、謝安安石、王珉季琰、栢玄敬道、羊欣敬兀、王僧虔、孔琳之彦琳、殷鈞季和。

右十五人，中之上。

論曰：子並崔家州里，頗相倣效，可謂醬鹹于鹽，冰寒于水。伯道府問朝廷，遠封其跡。德昇之妙，鐘胡各採其美。子真俊才，門法不墜。李妻衛氏，自出華宗。景則毫素流靡，稚恭聲彩遒越。郗愔安石，草正並驅。季琰栢玄，筋力俱駿。羊欣早隨子敬，最得王體。孔琳之聲高宋氏，王僧虔雄發齊代。殷鈞頗耽愛好，終得肩隨。此一十五人，允為中之上。

唐・張懷瓘《書斷》卷中《妙品》 謝安，字安石，陳郡陽夏人。十八徵著作郎，辭疾，寓居會稽，與王逸少、許詢、桑門支遁等游處十年，累遷尚書僕射。太元十年卒，贈太傅，謚文靖公，年六十六。人皆比之王導，謂文雅過之。學草、正於右軍。右軍云：卿是解書者，然知解書者尤難。安石隸、行、草入妙。

唐・竇臮《述書賦》卷上 謝氏三昆，尚書特精。猶注飛澗之瀑溜，投全牛之虛刃。達士逸迹，乃推無奕，毫翰云爲，任興所適。能事雅量，末歸安石。至夫蘊虛静，善草正，方圓自窮，禮法拘性。猶恒德之仁智，應物之龜鏡。恨其心懼景興，書輕子敬。塞盟津而捧土，損智力有餘病。謝尚，字仁祖，陳郡人，晉散騎常侍。【略】謝安，字安石，尚弟，晉侍中太傅。今見具姓名正書

二紙，三十行。安得獻之書，時斷作紙夾焉。

唐・李嗣真《書後品・中中品十二人》 謝安、康昕、桓玄、邱道護、許静、蕭子雲、陶弘景、釋智永、劉珉、房玄齡、陸柬之、王知敬。

又 右謝公縱任自在，有螭盤虎踞之勢。

唐・韋續《墨藪》卷一《九品書第二》 晉謝安行草。

又《續書品第四》 中中品十二人：謝安、康昕、桓玄、丘道護、許静、蕭子雲、陶弘景、釋智永、劉泯、房玄齡、陸柬之、王知敬。

又《梁武帝書論第六》 崔瑗、張芝、張昶、鍾繇、鍾會、韋誕、皇象、衛瓘、嵇康、衛夫人、索靖、謝安、王導、王敦、王廙、王洽、王珉、王羲之、王獻之。

若然則千百年間，得具妙者，不超越此中數子各能聲飛萬里，榮耀百代。

又《書論第六》 行書：逸少第一，子敬第二，元常第三，伯英第四，伯玉第五，季琰第六，敬和第七，茂弘第八，安石第九。

又卷二《勸學第十七》 曹喜、邯鄲淳、羅暉、趙襲、崔實、劉德升、師宜官、梁鵠、胡昭、荀爽、張彭祖、張弘、傅玄、魏武帝、曹植、孫權、孫皓、應璩、徐幹、張超、嵇康、何曾、衛覬、杜預、楊肇、樂廣、劉恢、司馬攸、衛恒、衛夫人、衛玠、李式、王敦、郗鑒、郗愔、韋誕、桓玄、王翼、王導、王儉、王珉、謝安、庾翼。

或奇材見拔，或絶世難求，並庶幾右軍草書之價，以上四十三人第三。

唐・張懷瓘《書譜》 然智則無涯法固不定，且以風神骨氣者居上，研美功用者居下，其真書：元常第一，逸少第二，世將第三，子敬第四，士季第五，文静第六，茂猗第七，其行書：逸少第一，子敬第二，元常第三，伯英第四，伯玉第五，季琰第六，敬和第七，茂猗第八，安石第九。

《宣和書譜》卷七《行書一・東道表》 謝安，字安石，世為秣陵人。官至太保。方時王、謝兩族各以文采相高，而安於謝族尤主斯文盟會，居伯仲羣從問若師資禮。【略】若其風氣藴藉，為名流所慕，如斅擁鼻揮葵扇，又其餘耳。蓋是種種超詣，每經意處，便非他人可到。初慕羲之作草正字，而羲之有解書之目。後之評其字者，亦謂縱任自在，若螭盤虎踞之勢，要當人能品也。然其妙處獨隸與行草耳。此所有惟行書為多，其家若尚若萬若道藴，皆以書名世者，信有自來矣。今御府所藏行書三。

宋・陳思《書小史》卷五《傳四》 謝安，字安石，尚之從弟，位至太傅，和粹通敏，姿容温雅，人皆比之王謂文雅過之，學草正於右軍。右軍云：卿是鮮書者，然知鮮書為難。張懷瓘云：安石尤善行書，亦猶衛洗馬風流名士，海内所瞻。王僧虔云：謝安亦入能流殊，亦自重，乃為子敬書嵇中散詩得子敬書，有時裂作校紙。《書譜》云：謝安素善尺牘而輕子敬之書，子敬嘗作佳書與之，謂必存録，安輒題後答之，甚以為恨。

明・陶宗儀《書史會要》卷三《晉》 謝安，字安石，尚從弟，官至太傅，謚文靖。是時王、謝兩族各以文采相高，而安於謝族，尤主斯文盟會，風神秀徹，為名流所慕，蓋種種超詣，每經意處，便非他人可到，初慕王羲之，作行草正、隸字，自羲之有解書之，目後之評其字者，亦謂縱任自在，若螭盤虎踞之執，要當入能品也，然其妙處，特隸、草行耳。

明・項穆《書法雅言・心相》 人由心正，書由筆正，即詩云思無邪，禮云無不敬書法大旨，一語括之矣。嘗鑒古蹟，聊指前人，世不俱聞略焉。弗舉如桓温之豪悍，王敦之揚厲，安石之躁，率跋扈剛愎之情，自露於豪楮間也。

清・孫岳頒等《佩文齋書畫譜》卷二三《書家傳二晉》 謝安，字安石，尚從弟也。善行書，拜衛將軍開府儀同三司，建昌縣公，進拜太保，贈太傅，謚文靖。《晉書》本傳。

司馬昱

傳記

宋・陳思《書小史》卷一《紀》 簡文皇帝，諱昱，字道萬，元帝少子也。幼而岐嶷，為元帝所愛。及長，尤愛玄言，留心典籍，工行、草書。

綜述

清·孫岳頒等《佩文齋書畫譜》卷一九《歷代帝王書上黄帝至五代》《淳化法帖》有簡文帝行書六行。《法帖釋文》。

司馬衍

論説

唐·竇臮《述書賦》卷上 成帝則生知草意，穎悟通諳。光使畏魄，青疑過藍。勁力外爽，古風内含。若雲開而乍睹旭日，泉落而懸歸碧潭。成帝，諱衍，字世禄，元帝孫，明帝子，庾氏内。今見今草批謝草張澄啓，七行。

明·陶宗儀《書史會要》卷三《晉》 成帝，諱衍，字世根，明帝子。善書，評者謂：勁力外爽，古風内含。

宋·陳思《書小史》卷一《紀》 成皇帝，諱衍，字世根，明帝長子也。少聰敏，及長，留心萬幾，務在簡儉，善草書。

司馬岳

論説

唐·竇臮《述書賦》卷上 康帝則幼少閑慢，迥出凡境，驅馬安車，不尚馳騁。康帝諱岳，字世同，成帝弟。今見行書批劉訥啓四紙，共七行。

宋·陳思《書小史》卷一《紀》 康皇帝，諱岳，字世同，成帝母弟也。善行、草書。

明·陶宗儀《書史會要》卷三《晉》 康皇帝，諱岳，字世同，成帝弟也。亦善書。

王邃

論説

《宣和書譜》卷七《行書一》 王邃，失其世系。官至平北將軍徐州刺史，而世所傳者特因其書爾。作行書有羲獻法，疑是其家子弟，故典刑具在，而後世，雖斷紙餘墨亦復寶之也。《婚事》一帖尤為人所知，流傳至今，觀其布置婉媚，構結有法，定非虛得名。大抵字學之妙，晉人得之為多，而王氏之學尤盛焉。今御府所藏行書一：《婚事帖》。

明·陶宗儀《書史會要》卷三《晉》 王邃，導從弟，官至平西將軍，徐州刺史，作行書有羲獻法。

江灌

論説

唐·竇臮《述書賦》卷上 道郡閑慢，氣格自充。始習新制，全移古風。與伯輿之合極，王廞。若子敬之童蒙，猶富禮樂之世胄，備神彩於厥躬。

江灌，字道郡，陳留人。晉侍中，中護軍。今見帶名行書一紙，七行。

《宣和書譜》卷七《行書一・東道表》　習正書學鍾繇，草書學羲之，皆極精妙。當時與王修、江灌輩並馳争先，今觀其行書，故可以想見其他云。今御府所藏行書一。

宋・陳思《書小史》卷六《傳五》　江灌，字道羣，陳留人，官至侍中中護軍，善行書。

明・陶宗儀《書史會要》卷三《晉》　江灌，字道羣，陳留人，官至吴郡太守，書法與張翼角逐後先。

戴逵

論説

宋・陳思《書小史》卷五《傳四》　戴逵，字安道，譙郡銍人，隱居不仕，幼有巧慧，聰悟博學，能鼓琴，工書畫。總角時，以雞子汁溲白瓦屑作鄭玄碑，自書刻之，文既奇麗，書亦妙絶。

傳記

清・孫岳頒等《佩文齋書畫譜》卷二三《書家傳二晉》　戴逵，字安道，譙國人也，工書畫，總角時，以雞卵汁溲白瓦屑作鄭玄碑，又為文而自鐫之，詞麗器妙。性不樂當世，常以琴書自娱，孝武帝時累徵不就。《晉書》本傳。

紀事

南朝宋・劉義慶《世説新語》卷下之上《巧藝第二十一》　戴安道就范宣學，視范所為，范讀書亦讀書，范抄書亦抄書。唯獨好畫，范以為無用，不宜勞思於此。戴乃畫《南都賦圖》，范看畢咨嗟，甚以為有益，始重畫。

劉超

論説

唐・竇臮《述書賦》卷上　體大法殊，實推世瑜。稟天然而自強，亂帝札而見拘。猶朝廷宿舊，年德相趨。劉超，字世瑜，琅琊人，晉衛尉、零陵忠侯。今見帶名正書一帖，三行。超手筆與元帝相類，自職居近密，遂絶其與外人所交之書也。

宋・岳珂《寶真齋法書贊》卷三《歷代帝王帖》　右高宗皇帝御筆臨晉衛尉零陵忠侯。劉超，字世瑜，如命帖真蹟一卷，帖出祕閣，今書與閣本殆不別，蓋益以見天筆之妙。本出吴琚家，與皇象帖同得有德壽一印。

宋・陳思《書小史》卷五《傳四》　劉超，字世踰，瑯琊臨邑人，官至衛尉零陵忠侯。善正書，超筆蹟與元帝相類，自職居近密，遂絶其與外交書。

傳記

清・孫岳頒等《佩文齋書畫譜》卷二三《書家傳二晉》　劉超，字世瑜，琅邪臨沂人。以忠謹清慎，為元帝所拔，遂從渡江，專掌文檄。超自以

書蹟與帝手筆相類，乃絶不與人交書。後為右衛將軍，謚曰忠。《晉書》本傳。

劉曜

論説

宋・陳思《書小史》卷四《傳三》 劉曜，字永明，元海族，子幼聰慧，善屬文，工草、隸。

清・孫岳頒等《佩文齋書畫譜》卷一九《歷代帝王書上黄帝至五代》 劉曜，字永明，元海之族也，善屬文，工草、隸。《晉書・載記》。

傳記

《晉書》卷一〇三《載記第三》 劉曜，字永明，元海之族子也。少孤，見養於元海。幼而聰慧，有奇度。【略】性拓落高亮，與眾不群。讀書志於廣覽，不精思章句，善屬文，工草、隸。

謝萬

論説

宋・陳思《書小史》卷五《傳四》 謝萬，字萬石，安之弟，官散騎常侍。亦工書。

《宣和書譜》卷七《行書一》 謝萬，字萬石，官至豫州刺史。其才器雋秀，頗喜矜持，故早得時譽。簡文帝初作相時，聞萬名，召為撫軍從事中郎。萬著白綸巾，衣鶴氅裘，履版而前。既見，與簡文共談移日，其風致見重于時如此。萬工言論，善屬文。作字自得家學，清潤遒勁，風度不凡。然於行草最長，惜其歲月之久，少及見者。獨《鰒恨》一帖，尤著見于世。其亦魏、晉已來流傳到眼者，類多哀悼語，此其然也。今御府所藏行書二。

明・陶宗儀《書史會要》卷三《晉》 謝萬，字萬石，安之弟，官至豫州刺史，才氣雋秀，風度不凡，自得家學，然於行草最長。

王洽

論説

南朝梁・庾肩吾《書品》 羅暉叔景、趙襲元嗣、劉輿、張昭、陸機士衡、朱誕、王導茂弘、庾亮元規、王洽、郗超吴興、張翼、宋文帝劉義隆、康昕、徐希秀、謝眺玄暉、劉繪、陶隱君名弘景、王崇素。

右十八人，中之下。

論曰：叔景元嗣，並稱西州。劉輿之筆札，張昭之無懈。陸機以弘才掩迹，朱誕以偏藝流聲。王導則列聖推能，庾亮則羣公挹巧。王洽以並通諸法，郗超以晚年取譽。張翼善效。宋帝，康昕郗秀孤生。謝眺劉繪，文宗書範，近來少前。陶隱君仙才翰采，拔于山谷。王崇素靡倫篇筆，傳于里閭。此十八人允為中之下。

唐・張懷瓘《書斷》卷中《妙品》 王洽，字敬和，導第四子。理識明敏，拜駙馬都尉，累遷中書令。書兼諸法，於草尤工，落簡揮毫，有郢匠乘風之勢，雖卓然孤秀，未至運用無方，而右軍云：弟書遂不減吾。飾之過也。昇平三年卒，年四十四。敬和隸、行、草入妙。妻荀氏，亦善書。

唐・張懷瓘《書議》 然智則無涯法固不定，且以風神骨氣者居上，

研美功用者居下其真書，元常第一，逸少第二，世將第三，子敬第四，士季第五，文静第六，茂猗第七。其行書逸少第一，子敬第二，元常第三，伯英第四，伯玉第五，季琰第六，敬和第七，茂弘第八。

崔瑗、張芝、張昶、鍾繇、鍾會、韋誕、皇象、嵇康、衛瓘、衛夫人、索靖、謝安、王導、王羲之、王獻之。右千百年間得其妙者，不越此數人各能聲飛萬里，榮耀百代，唯逸少筆迹遒潤獨擅一家之英天質自然風神蓋世，具其道妙而味薄，固常人莫之能學，其隱理而意深，固天下寡於知音。

唐·虞世南《**書旨述**》 王洽、逸少、子敬，剖析前古，無所不工，八體六文，必揆其理，俯拾眾美，會兹簡易，制成今體，乃窮奥旨。

唐·李嗣真《**書後品·上下品一十二人**》 崔寔、章。郗鑒、王廙、衛夫人、正。王洽、郗愔、李式、庾翼、羊欣、歐陽詢、虞世南、褚遂良。

又 右，逸少謂領軍弟書不減吾，吾觀可有十紙，信佳作矣。體裁用筆全似逸少，虛薄不倫。右軍藻鑒，豈當虛發，蓋欲假其名譽耳。

唐·韋續《**墨藪**》**卷一**《**續書品第四**》 上下品十一人。崔寔、王廙、王洽、郗愔、李式、庾翼、衛夫人、羊欣、歐陽詢、虞世南、褚遂良。

又《**梁武帝書論第六**》 崔瑗、張芝、張昶、鍾繇、鍾會、韋誕、皇象、衛瓘、嵇康、衛夫人、索靖、謝安、王導、王敦、王廙、王洽、王珉、王羲之、王獻之。若然則千百年間得其妙者，不超越此中數子，各能聲飛萬里，榮耀百代。

又 行書逸少第一，子敬第二，元常第三，伯英第四，伯玉第五，季琰第六，敬和第七，茂弘第八，安石第九。

《**宣和書譜**》**卷一四**《**草書**》 王洽，字敬和，官止中書令，王導子，羲之族弟也。洽於導諸子中最為白眉，當時與荀羨俱有美稱，而洽理識，明敏書兼眾體於行草尤工，揮毫落紙，有郢匠運斤成風之妙，羲之嘗謂洽曰：弟書遂不減吾，或以謂過論。王僧處亦謂洽與羲之書俱變古形不爾至今猶法鍾張，則僧虔豈妄許可耶。妻荀氏亦以書稱洽於書，特餘事耳，方穆帝詔拜領軍尋加中書令，待洽以友臣之義洽固辭表疏凡十上則其所養可知也。今御府所藏四。

宋·陳思《**書小史**》**卷五**《**傳四**》 王洽，字敬和，恬之弟，官至中書令，理識明敏，書兼諸法，於草尤工落簡，揮毫有郢匠成風之勢，雖卓然孤秀，未至運用無方從兄右軍云弟書遂不減，吾節之過也。王僧處云：洽與右軍書俱變古形，不爾至今，猶法鍾張。

明·陶宗儀《**書史會要**》**卷三**《**晉**》 王洽，字敬和，導第三子，官至中書令。洽於導諸子中最為白眉，理識明敏。書兼眾體，於行草尤工，揮豪落紙，有郢匠運斤成風之妙。羲之嘗謂洽曰：弟書遂不減吾。王僧虔亦謂洽與羲之書俱變古形。

紀事

南朝齊·王僧虔《**論書**》 亡曾祖領軍洽與右軍書云：俱變古形，不爾，至今猶法鍾張。右軍云：弟書遂不減吾。

荀氏

論說

宋·陳思《**書小史**》**卷二**《**傳一**》 王洽妻荀氏善書。

明·陶宗儀《**書史會要**》**卷三**《**晉**》 荀夫人，王洽之妻子也，亦以能書稱。

清·孫岳頒等《**佩文齋書畫譜**》**卷二三**《**書家傳二晉**》 荀夫人，王洽之妻也，亦善書。《書斷》。

謝敷

論説

南朝宋・羊欣《采古來能書人名》 會稽隱士謝敷，胡人康昕，並攻隸、草。

又《南齊王僧虔論書》 謝静、謝敷並善寫經，亦入能境。居鍾豪之美，邁古流今，是以征南還有所得，辱告並五紙舉體精雋靈奥執翫。

宋・陳思《書小史》卷六《傳五》 謝敷，字慶緒，會稽人，性澄静寡慾，隱居徵辟皆不就，善隸書，王僧虔云：謝静、謝敷並善寫經，亦入能境。

明・陶宗儀《書史會要》卷三《晉》 謝放，字慶緒，會稽人，性澄静寡欲，隱居不仕，善寫經。

王坦之

論説

宋・陳思《書小史》卷五《傳四》 王坦之，字文度，述之子，官至侍中中書令，善行草。

明・陶宗儀《書史會要》卷三《晉》 王坦之，字文度，述之子，官至安北將軍，謚曰獻，善書。

紀事

宋・高似孫《剡録》卷三《人士》 王坦之，字文度，述之子，與郗超俱有重名，歷散騎常侍大司馬游剡，出《沃洲記》。臨死與謝安、桓沖書，不及私，唯憂國家事。

楊羲

論説

唐・竇臮《述書賦》卷上 楊真人之正、行，兼淳熟而相成。方圓自我，結構遺名。如舟楫之不繫，混寵辱以若驚。真人諱曦，弘農人。今見行書帶名六行。

清・孫岳頒等《佩文齋書畫譜》卷二三《書家傳二晉》 徙家句容，幼而通靈，美姿容，善言笑，工書畫，與王右軍並名海内。鄒迪光《良常仙系記》。

楊君書最工，不今不古，能細能大，大較雖祖效郗法，筆力規矩兼於二王。陶隱居《論三仙君真蹟》。

興寧二年，上真南嶽魏夫人降丹陽之句曲山，以上清諸真經授弟子琅邪王公府舍人楊君，使作隸書，出以授護軍長史許君父子。《真誥》。

楊書以郄氏為師，不學右軍父子，然翩翩有沖霄之度。《容臺集》。

又卷七〇《歷代名人書跋一》 黄素《黄庭經》，陶穀跋以為右軍換鵞書，米芾跋以為六朝人書，無虞褚習氣，惟趙孟頫以為飄飄有仙氣，乃楊許舊迹，而張雨《題吴興過秦論》直以為學楊羲和書。吴興精鑒，必有所據，非臆語也。按：《真誥》稱楊書祖效郄法，力同二王。《述書賦》亦云：

方圓自我，結構遺名，如舟楫之不繫，混寵辱以若驚。其為書家所重若此。顧唐時止存帶書六行，今此經行楷數千字，神采奕然，傳流有緒，豈非墨池奇遺耶。元時在鮮于樞家。余悉從館師韓宗伯借摹數行，兹勒以冠諸帖。楊在右軍後，以是神仙之跡，不復係以時代耳。其昌。《戲鴻堂法帖》。

郗儉之

論説

唐・竇臮《述書賦》卷上 處約、道胤，家之後俊。狂草勢而兄優，謹正書而弟潤。俱始登於學次，慚一虧於九仞。【略】郗儉之，字處約，晉太子率更令。今見具姓名草書兩紙。【略】處約、道胤，并是曇子。

宋・陳思《書小史》卷五《傳四》 郗儉之，字處約，曇之子，官至太子，率更令善草書。

明・陶宗儀《書史會要》卷三《晉》 郗儉之，字處約，曇之子，官至太子，率更令長於草書。

王玄之

論説

唐・韋續《墨藪》卷二《勸學第十七》 張嘉，庾亮，郗超，王珣，劉瓌，僧惠式，王循，張翼，戴安道，王玄之，王凝之，王徽之，王造之，王元之，宋文帝，宋孝武，康忻，王僧虔，謝靈運，羊欣，薄紹之，孔彬之，蕭思話，張永，蕭子良，齊高帝，蕭子雲。

互有得失，時見高深，絶長續短，智均力敵，一字乃敵右軍草書三分之一，以上二十七人第四。

宋・陳思《書小史》卷五《傳四》 王玄之，羲之長子，善草書。

清・孫岳頒等《佩文齋書畫譜》卷一〇《論書十書品下》 逸少七子上四人與子敬書具傳，惟玄之、肅之遺蹟未見餘，皆得家範而體各不同，是善學逸少書者，獨顔延年對宋文帝論其諸子，自謂：竣得臣筆，測得臣文，臭得臣義，躍得臣酒。書亦猶是也。僕今以擬王氏諸子，則逸少之書，凝之得其韻，操之得其體，徽之得其勢，涣之得其貌，獻之得其源。

王凝之

論説

唐・韋續《墨藪》卷二《勸學第十七》 張嘉，庾亮，郗超，王珣，劉瓌，僧惠式，王循，張翼，戴安道，王玄之，王凝之，王徽之，王造之，王元之，宋文帝，宋孝武，康忻，王僧虔，謝靈運，羊欣，薄紹之，孔彬之，蕭思話，張永，蕭子良，齊高帝，蕭子雲。

互有得失，時見高深，絶長續短，智均力敵，一字乃敵右軍草書三分之一，以上二十七人第四。

宋・陳思《書小史》卷五《傳四》 王凝之，羲之次子，官至左將軍，會稽内史，工草、隸。

明・陶宗儀《書史會要》卷三《晉》 王凝之官至會稽内史。

清・孫岳頒等《佩文齋書畫譜》卷一〇《論書十書品下》 逸少七子上四人與子敬書具傳，惟玄之、肅之遺蹟未見餘，皆得家範而體各不同，是善學逸少書者，獨顔延年對宋文帝論其諸子，自謂：竣得臣筆，測得臣文，臭得臣義，躍得臣酒。書亦猶是也。僕今以擬王氏諸子，則逸少之書。凝

之得其韻，操之得其體，徽之得其勢，渙之得其貌，獻之得其源。

清・孫岳頒等《佩文齋書畫譜》卷二三《書家傳二晉》 王凝之，王氏譜曰：字叔平。羲之次子，亦工草、隸，任歷江州刺史左將軍會稽内史。《晉書・王羲之傳》。

凝之字法最密。《黄山谷集》。

王徽之

論説

南朝宋・羊欣《采古來能書人名》 王獻之，晉中書令，善隸、藁，骨勢不及父，而媚趣過之。羲之第七子也。兄玄之、徽之，兄子淳之，並善草、行。

唐・韋續《墨藪》卷一《九品書第二》 晉王徽之行隸、草。

又卷二《勸學第十七》 張嘉，庾亮，郗超，王珣，劉瓌，僧惠式，王循，張翼，戴安道，王玄之，王凝之，王徽之，王造之，王元之，宋文帝，宋孝武，康忻，王僧虔，謝靈運，羊欣，薄紹之，孔彬之，蕭思話，張永，蕭子良，齊高帝，蕭子雲。

互有得失，時見高深，絶長續短，智均力敵，一字乃敵，右軍草書三分之一，以上二十七人第四。

《宣和書譜》卷七《行書一》 王徽之，字子猷，逸少冢嗣也，世家秣陵，官至黄門侍郎。初參桓温幕下為狂司馬，忘形骸無客禮，温優之，不校也。及佐桓沖，尤不事事，惟以手板柱頰云：西山朝來致有爽氣而已，嘯詠行間，寄以天樂。山陰雪夜理舟詣戴，乘興而往，盡興而還，世稱其真。正以慠達凌物。故名教之流或病之。要之亦王氏佳子弟也。其作字亦自韻勝，羊欣謂尤長於行草，信不誣矣。然律以家法，在羲獻間，特未可以甲乙論云。今御府所藏行書四。

宋・陳思《書小史》卷五《傳四》 王徽之，字子猷，凝之弟，官至黄門侍郎，善正草書。

明・陶宗儀《書史會要》卷三《晉》 王徽之，字子猷，獻之第三子，官至黄門侍郎，敖達凌物，故名教之流或病之要之，亦王氏佳子弟也。其作字亦自韻勝羊欣，謂尤長於行草，信不誣矣。然律以家法在羲獻間，特未可以甲乙論云。

清・孫岳頒等《佩文齋書畫譜》卷一〇《論書十書品下》 逸少七子上四人與子敬書具傳，惟玄之、肅之遺蹟未見餘，皆得家範而體各不同，是善學逸少書者，獨顔延年對宋文帝論其諸子，自謂：竣得臣筆，測得臣文，奐得臣義，躍得臣酒。書亦猶是也。僕今以擬王氏諸子，則逸少之書，凝之得其韻，操之得其體，徽之得其勢，渙之得其貌，獻之得其源。然而大令之書特知名而與逸少方駕者，蓋能本父之書，意所循者，大故也。真行則法鍾草聖則師、張二家之法，逸少所自出從而效之，所以特高於諸王，猶魯堂諸子由賜商偃，皆以儒稱卒之得其傳者，子淵而已。《東觀餘論》。

王操之

論説

唐・韋續《墨藪》卷二《勸學第十七》 張嘉，庾亮，郗超，王珣，劉瓌，僧惠式，王循，張翼，戴安道，王玄之，王凝之，王徽之，王造之，王元之，宋文帝，宋孝武，康忻，王僧虔，謝靈運，羊欣，薄紹之，孔彬之，蕭思話，張永，蕭子良，齊高帝，蕭子雲。

互有得失，時見高深，絶長續短，智均力敵，一字乃敵，右軍草書三分之一，以上二十七人第四。

宋・陳思《書小史》卷五《傳四》 王操之，字子重，徽之弟，歷侍中尚書，豫章太守，善正、行、草書。

明·陶宗儀《書史會要》卷三《晉》 王操之，字子重，官至豫章太守，皆獻之子，並工草、隸，有名于時。

清·孫岳頒等《佩文齋書畫譜》卷一〇《論書十書品下》 逸少七子上四人與子敬書具傳，惟玄之肅之遺蹟未見餘，皆得家範而體各不同，是善學逸少書者，獨顏延年對宋文帝論其諸子，自謂：竣得臣筆，測得臣文，奐得臣義，躍得臣酒。書亦猶是也。僕今以擬王氏諸子，則逸少之書，凝之得其韻，操之得其體，徽之得其勢，渙之得其貌，獻之得其源。

王渙之

論説

宋·陳思《書小史》卷五《傳四》 王渙之，徽之弟，善行草書。

明·陶宗儀《書史會要》卷三《晉》 王渙之，亦善書。

清·孫岳頒等《佩文齋書畫譜》卷一〇《論書十書品下》 逸少七子上四人與子敬書具傳，惟玄之肅之遺蹟未見餘，皆得家範而體各不同，是善學逸少書者，獨顏延年對宋文帝論其諸子，自謂：竣得臣筆，測得臣文，奐得臣義，躍得臣酒。書亦猶是也。僕今以擬王氏諸子則逸少之書凝之得其韻，操之得其體，徽之得其勢，渙之得其貌，獻之得其源。然而大令之書，特知名而與逸少方駕者，蓋能本父之書，意所循者，大故也。真行則法鍾草聖則師、張二家之法，逸少所自出從而效之，所以特高於諸王，猶魯堂諸子由賜商偃，皆以儒稱卒之得其傳者，子淵而已。《東觀餘論》

王獻之

論説

南朝宋·羊欣《采古來能書人名》 王獻之，晉中書令，善隸、藁，骨勢不及父，而媚趣過之。

南朝梁·袁昂《古今書評》 王子敬，書如河洛間少年，雖有充悦，而舉體沓拖，殊不可耐。

南朝梁·庾肩吾《書品》 崔瑗子玉、杜度伯度、師宜官、張昶文舒、王獻之子敬。

右五人，上之中。

論曰：崔子玉擅名北中，跡罕南度。世有得其摹者，王子敬見之稱美，以為功類伯英。杜度濫觴于草書，取奇于漢帝，詔復奏事，皆作草書。師宜官鴻都為最，能大能小。文舒聲劣于兄，時云亞聖。子敬泥帚，最驗天骨。兼以製筆，復識人工。一字不遺，兩業傳妙。此五人，允為上之中。

唐·孫過庭《書譜》 謝安素善尺牘，而輕子敬之書。子敬嘗作佳書與之，謂必存録，安輒題後答之，甚以為恨。安嘗問子敬：卿書何如右軍。答云：故當勝。安云：物論殊不爾。子敬又答：時人那得知。敬雖權以此辭，折安所鑒，自稱勝父，不亦過乎。且立身揚名，事資尊顯，勝母之里，曾參不入。以子敬之豪翰，紹右軍之筆札，雖復麤傳楷則，實恐未克箕裘。況乃假託神仙，恥崇家範，以斯成學，孰愈面牆。後羲之往都，臨行題壁。子敬密拭除之，輒書易其處，私為不惡。羲之還，見乃歎曰：吾去時真大醉也。敬乃内慚。是知逸少之比鍾、張，則專博斯別，子敬之不及逸少，無或疑焉。

唐·李嗣真《書後品·逸品五人》 張芝、草。鍾繇、正。王羲之、三體及飛白。王獻之草書、行書、半草。

右四賢之迹，揚庭効技，策勳底續，神合契匠，冥運天矩，皆可稱曠代絶作。【略】

子敬草書，逸氣過父，如丹穴鳳舞，清泉龍躍，倏忽變化，莫知所成。或蹴海移山，或翻濤簸嶽。故謝靈運謂云：公當勝右軍，誠有害名教，亦非徒語也。而正書、行書如田野學士，越參朝列，非不稽古憲章，乃時有失體處。舊説稱其轉妍去鑒，疏矣。然數公者，皆有神助，若喻之製作，其《雅》、《頌》之流乎。

唐・徐浩《論書》《周官》内史教國子六書，書之源流，其來尚矣。程邈變隸體，邯鄲傳楷法，事則樸略，未有功能。厥後鍾善真書，張稱草聖，右軍行法，小令破體，皆一時之妙。

唐・張懷瓘《書斷》卷上《行書》 若逸氣縱横，則羲謝於獻；若簪裾禮樂，則獻不繼羲。雖諸家之法悉殊，而子敬最爲遒拔。夫古今人民，狀貌各異，此皆自然妙有，萬物莫比，惟書之不同，可庶幾也。

又卷中《神品》 至於行、草興合，如孤峰四絶，迥出天外，其峻峭不可量也。爾其雄武神縱，靈姿秀出，臧武仲之智，卞莊子之勇，或大鵬摶風，長鯨噴浪，懸崖墜石，驚電遺光，察其所由，則意逸乎筆，未見其止，蓋欲奪龍蛇之飛動，掩鍾、張之神氣，惜其陽秋尚富，縱逸不羈，天骨未全，有時而瑣。人有求書，罕能得者。雖權貴所逼，了不介懷。偶其興會，則觸遇造筆，皆發於衷，不從於外，亦由或默或語，即銅鞮伯華之行也。【略】子敬隸、行、草、章草、飛白五體俱入神，八分入能。

唐・張懷瓘《書議》 崔瑗、張芝、張昶、鍾繇、鍾會、韋誕、皇象、嵇康、衛瓘、衛夫人、索靖、謝安、王導、王敦、王廙、王洽、王珉、王羲之、王獻之。

右千百年間得其妙者，不越此數十人。各能聲飛萬里，榮耀百代。唯逸少筆迹遒潤，獨擅一家之英，天質自然，風神蓋世。具其道妙而味薄，固常人莫之能學，其隱理而意深，固天下寡于知音。

然智則無涯，法固不定，且以風神骨氣者居上，妍美功用者居下。其真書：元常第一，逸少第二，世將第三，子敬第四，士季第五，文静第六，茂猗第七。其行書：逸少第一，子敬第二，元常第三，伯英第四，伯玉第五，季琰第六，敬和第七，茂弘第八，安石第九。章草：子玉第一，伯英第二，幼安第三，伯玉第四，逸少第五，士季第六，子敬第七，休明第八。其草書伯英創立規範，得物象之形，歸造化之理。然其法太古質，不剖斷，以此為少也。有推輪草書意之妙，後學得漁獵，其間，宜為第一。叔夜第二，子敬第三，處沖第四，世將第五，仲將第六，士季第七，逸少第八。

或問曰：此品中，諸子豈能悉過於逸少。答曰：人之材能，各有長短。諸子於草，精魄超然，逸少格律非高，功夫又少，雖圓豐妍美，乃乏神氣，無戈戟重名者，以真行故也。舉世學莫之能曉，悉以為真草一概耳。若所見與論雷同，則何煩有論。

唐・竇臮《述書賦》卷上 幼子子敬，創草破正。雍容文經，踴躍武定。態遺妍而多狀，勢由己而靡罄。天假神憑，造化莫竟。象賢雖乏乎百中，偏悟何慚乎一聖。

唐・韋續《墨藪》卷一《九品書第二》 晉王獻之行草飛白。

又 晉王子敬行隸。

又《續書品第四》 上品上六人：張芝章草，鍾繇真、正、隸、八分，羲之破體以上三人出悟，獻之。

又《書論第六》 崔瑗、張芝、張昶、鍾繇、鍾會、韋誕、皇象、衛瓘、嵇康、衛夫人、索靖、謝安、王導、王敦、王廙、王洽、王珉、王羲之、王獻之。

若然則千百年間得具妙者，不超越此中數子。各能聲飛萬里，榮耀百代。

真書：逸少第一，元常第二，世將第三，子敬第四，士季第五，文静第六，茂弘第七。

又 章草書：子玉第一，伯英第二，幼安第三，伯玉第四，逸少第五，士季第六，子敬第七，休明第八。

草書：伯英第一，叔夜第二，子敬第三，處沖第四，世將第五，仲將第六，士季第七，逸少第八。

行書：逸少第一，子敬第二，元常第三，伯英第四，伯玉第五，季琰第六，敬和第七，茂弘第八，安石第九。

又 子敬年十五六時，嘗白其父云：古之章草，未能宏過。今窮偽略之理，極草縱之致，不若稿行之間，於往法固殊。大人宜改體。且法既不定，事貴通變，然古法亦局而執。子敬材高識邁，行、草之外，更開一門。夫行書非草非真，離方遁圓，在乎季孟。兼真者謂之真行，帶草者謂之行草。

子敬之法，非草非行，流便於行草，又處其中間，無藉因循，寧拘制則，挺然秀出，務於簡易，情馳神縱，超逸優游，臨事制宜，從意適便，有若風行雨散，潤色開花，筆法體勢之中，最為風流者也。逸少秉真、行之要，子敬執行、草之權。父之靈和，子之神變，皆古今之絶也。

宋・朱長文《墨池編》卷四《贊述之一・唐太宗制王羲之傳贊》 獻之雖有父風，殊非新巧，觀其字勢，疎瘦如隆冬之枯樹，覽其筆蹤，拘束若嚴家之餓隸。其枯樹也，雖槎枿而無屈伸，其餓隸也，則羸而放縱，兼斯二者，故翰墨之病歟。

《宣和書譜》卷一六《草書》 初羲之與郗曇論婚書云：獻之有清譽，善隸書，咄咄逼人。則知羲之深自許可，非徒語也。嘗書《樂毅論》一篇，與獻之學，後題云賜官奴，即獻之小字。獻之所以盡得羲之用筆之妙，論者以謂如丹穴鳳舞，清泉龍躍，精密淵巧，出於神智。而王僧虔乃曰：羲之書，江左中朝莫有及者，獻之遠不及父，而媚趣過之。然僧虔之論，特是春秋責備之法也。獻之自謂：年二十四，游名山間，有授其五百七十九字者，初得此書日習之，未經一周，形容髣髴。又嘗書南郊祭板，其字畫入木七分。然語類不經，故學者無傳。獻之雖以隸稱，而草書所得特為多焉。今御府所藏八十九。

明・潘之淙《書法離鉤》卷八《賞鑒》 大令艸法殊廹，伯英淳古少可恨，彌覺成就爾。余嘗以右軍父子草書比之，文章似左氏大令似莊周也。王會稽初學書於衛夫人，中年遂妙絶古今，人見衛夫人遺墨疑右軍，不當北面，蓋不知九萬里則風斯在下耳。

右軍筆法如孟，子道性善，莊周談自然無不知，無不如意。

王中令人物高明，風流弘暢不減，謝安石筆札佳處，濃纖剛柔，皆與人意會，貞觀書評大似不公去，逸少不應如許遠也。

明・項穆《書法雅言・附評》 子敬資禀英藻齊轍，元常學力未深，步塵張草，惜其蘭折不永，躓彼駿馳玉琢，復磨疇追驥騄，自云勝父，有所恃也。加以數年，豈萍語哉。

明・項穆《書法雅言・正奇》 子敬始和父韻後，宗伯英風神散逸，爽朗多姿，梁武稱其絶妙，超群譽之浮，實唐文目以拘攣，餓隸貶之太深。孫過庭曰：子敬以下鼓努為力標置成體，工用不侔，神情懸隔，斯論得之書，至子敬尚奇之門開矣。

明・項穆《評書》 彼之四賢，賢學兼至者也，然細詳其品亦有互差，張之學鍾之資，不可尚已。逸少資敏乎。張而學則稍謙，學篤乎。鍾而資則微遜，伯英學進十矣。資居七焉，元常則反乎張。逸少皆得其九，子敬資禀英藻齊轍，元常學力未深，步塵張草，惜其蘭折不永，躓彼駿馳玉琢，復磨疇追驥騄，自云勝父，有所恃也。加以數年，豈萍語哉。六朝名家，智永精熟，號深矣，子雲飄舉資稱茂焉。

明・莫雲卿《評書》 真書之難，古今所歎，書法不由晉人，終成下品，鍾書點畫各異。右軍萬字不同，物卿難齊，變化無方，此自神理所存，豈但盤旋筆札間，區區求象貌之合者。右軍父子各臻其極，逸少秉真行之要，子敬執行草之權，父之靈和子之神駿，皆古今之卓絶矣。隔世縣遠，遺跡邈焉。石刻古搨已登上估，鍾、王楷體，一字難求，非才識俱，思同冥契，何由見影知形，得其萬分之一也哉。

明・楊慎《升庵外集》卷八八 元章始學羅遜、狀王讓書，其變體出於王子敬。君謨《泉州橋題柱記》絶逼中原，元章鎮江焦山方丈六板壁所書與子敬行筆絶相類，藝至於此，亦難矣。東坡《贈六親老人詩》云：六書非學聊自娛，誤筆已喚周越奴。則越之書未甚高也。《襄陽學記》乃羅遜書，元章亦襄陽人，始效其作。至於筆挽萬鈞、沉著痛苦處，遜法豈能盡邪。

又卷九四 王獻之能為一筆書，陸探微能為一筆劃，乃是自始至終連綿相屬，氣脈不斷耳。

明・楊慎《丹鉛總録》卷一五 王僧虔云：變古制今，惟右軍、領軍爾。不爾，至今猶法鍾、張。《書斷》云：王獻之變右軍行書，號曰破體書。由此觀之，世稱鍾、王，不知王之書法已非鍾矣，又稱二王，不知獻之書法已非右軍矣。譬之王降而為霸，聖傳而為賢，必能暗中摸索。辨此，書字始有進耳。

又 袁裒云：右軍用筆内擫而收斂，故森嚴而有法；大令用筆外拓而開擴，故散朗而多姿。

明・王世貞《藝苑卮言》附録二 宋、齊之際人語曰：買王得羊，不失所望。蓋時重大令，而敬元為大令門人，妙有大令法者也。中、睿之季，

時人語曰：買褚得薛，不落節。蓋時重河南，而少保為河南甥，妙有河南法者也。二事可謂切對。

又　伯英《殊愁》體太今而乏古，大令疾不退至分張筆過流而少節。或以此疑非二公書，可也。元章論書，見右軍稍大而逸者，便以為子敬：見伯英近今者與子敬近縱者，便以為伯高、藏真。愚又推黄、米之旨，謂伯英僅有章法而無變法。子敬僅有破體而無狂草，則不敢信也。按：張懷瓘明言章草之書，字字區别，張芝變偽今草，拔茅連茹，上下牽連，或借上字之下，而為下字之上，奇形離合，數意兼包。惟王子敬明其心指，故稱一筆書者，起自伯英也。又云：伯英創為今草，天縱尤異，率意超曠，無惜是非。至於蛟龍駭獸奔騰拏攫之勢，心手隨變，窈冥而不知所如。又云：子敬如蹴海移山，翻濤破岳，懸崖墮石，驚電遺光，此豈非草聖之極耶。考前後書，亦未必似伯高。蓋伯高時有肥筆渴筆，不若是之匀和也。若托桓江州一書，又多逸少語，子敬亦不合書之，覺思光為近。至於右軍，雖結構緊密，而變化靈異，又不可以一節為拘也。

明·何良俊《四友齋叢説》卷二七　山谷云：大令草法，殊逼伯英，淳古少可恨，彌覺成就爾。所以論書者，以右軍草入能品，而大令草入神品也。余以右軍父子草書比之文章，右軍似左氏，大令似莊周。由晉以來，難得脱然都無風塵氣似二王者，惟顔魯公、楊少師仿佛大令耳。魯公書，今人隨俗多尊尚。少師書，口稱善而腹非也。欲深曉楊氏書，當如九方皋相馬，遺其玄黄牝牡，乃得之。

明·項穆《評書》 清·孫岳頒等《佩文齋書畫譜》　逸少資敏乎。張而學則稍謙，學篤乎。鍾而資則微遜，伯英學進十矣。資居七焉，元常則反乎。張逸少皆得其九，子敬資稟英藻齊轍，元常學力未深，步塵張草，惜其蘭折不永，蹟彼駿馳玉琢，復磨疇追驥騄，自云勝父，有所恃也。加以數年，豈萍語哉。

清·孫岳頒等《佩文齋書畫譜》卷二《論書二書體下》　鍾、張、羲、獻之徒，以奇筆唱士林，天下獨知有體勢，豈知有源本。

又卷六《論書六書學中》　鍾繇法於大篆，措思神妙，得其古風，亦有不足，傷於疏瘦，王羲之比鍾繇，鋒芒峻勢，多所不及，於增損則骨肉相稱，潤色則婉態研華，易乃過也。王獻之遠減於父，鋒芒往往直筆而已，鋒芒者若犀象之有牙角，婉態者若蛟龍之姿盤游。

又　子敬不能純一，或行草雜糅，便者則為神會之間，其鋒不可當也，宏逸遒健，過於家尊。可謂子敬為孟，逸少為仲，元常為季。草書者，乃文字之末，而伯英創意，庶乎文字之先。其功鄰乎篆籀，探於萬象，取其元精，至於形似，最為近也。字勢生動，宛若天然，實得造化之姿，神變無極。然草法貴在簡易，而此公傷於太簡也。逸少雖損益合宜，其於風骨精熟，去之尚遠。伯英是其祖，逸少、子敬為嗣。若乃無所不通，獨質天巧，耀今抗古，百代流行，則逸少為最。

又　獻之少時學書，逸少從後取其筆，而不可知。其長大必能名世。僕以為知書不在於筆牢，浩然聽筆之所之而不失法度，乃為得之。然逸少所以重其不可取者，獨以其小兒子用意精至，猝然掩之，而意未始不在筆。不然，則是天下有力者，莫不能書也。

又卷一〇《論書十書品下》　大令草法殊迫，伯英淳古少可恨，彌覺成就耳。所以中間論書者以右軍草入能品大令草入神品也。余嘗以右軍父子草書比之文章，右軍似左氏，大令似莊周也。

又　逸少七子上四人與子敬書具傳，惟玄之肅之遺蹟未見餘，皆得家範而體各不同，是善學逸少書者，獨顔延年對宋文帝論其諸子，自謂：竣得臣筆，測得臣文，奐得臣義，躍得臣酒。書亦猶是也。僕今以擬王氏諸子，則逸少之書，凝之得其韻，操之得其體，徽之得其勢，涣之得其貌，獻之得其源。然而大令之書特知名而與逸少方駕者，蓋能本父之書，意所循者，大故也。真行則法鍾草聖則師張二家之法，逸少所自出從而效之，所以特高於諸王，猶魯堂諸子由賜商偃，皆以儒稱卒之得其傳者，子淵而已。《東觀餘論》。

又　漢魏以降書，雖不同，大抵皆有分隸餘風，故其體質高古，及至二王始復大變，右軍用筆内擫而收斂，故森嚴而有法度，大令用筆外拓而開廓，故散朗而多姿。

又卷七九《歷代名人書跋十》　獻之嘗竊效右軍醉筆，右軍觀之，嘆其過醉，獻之始媿服以為不可及此，其形體嘗極肖似而中不可亂者，如此能書者，當自知耳。《懷麓堂集》。

清·梁章鉅《浪跡叢談》卷九　宋、齊之際，人語曰：買王得羊，不失所望。蓋時重大令，而敬元為大令門人，妙有大令法者也。唐中、睿之季，

人語曰：買褚得薛，不落節。蓋時重河南，而少保為河南甥，妙有河南法者也。二事成切對。

傳記

唐・張懷瓘《書斷》卷中《神品》 獻之，字子敬，逸少第七子，累遷中書令，卒。初娶郄曇女，離婚，後尚新安愍公主，無子，唯一女，後立爲安僖皇后，后亦善書。以后父追贈侍中，特進光禄大夫、太宰。尤善草、隸。幼學於父，次習於張，後改變制度，別創其法，率爾私心，冥合天矩，觀其逸志，莫之與京。

宋・陳思《書苑菁華》卷一八《書銘・晉王羲之別傳》 獻之，字子敬，逸少第七子，少有盛名而高邁不羈，雖閒居終日，容止不怠，慕劉真長之風，工草、隸，善丹青。七八歲時學書，羲之密從後掣其筆不得，乃歎曰：此兒當有大名，常書壁，為方丈大字，羲之甚以為能觀者，如堵桓温嘗使畫扇筆誤落，因畫作為牸牛甚妙。年三十始仕起家為州主簿，尋為祕書郎，娶郗曇女。離婚後，尚新安公主，無子，唯一女，後立為安僖皇后，后亦善書。謝安甚欽愛之，請為長史。太元中，新建太極殿，安欲使獻之題榜，以為萬代寶而難言之，試曰：魏時凌雲殿，榜未題而匠者誤釘之，不可下，乃使韋仲將具榜書之。比訖，鬚賫盡白，裁餘氣息，語子弟宜絶此法。獻之揣知其旨，正色曰：仲將魏之大臣，寧有此事，使其若此，有以知魏德之不長。安遂不之逼。安又問曰：君書何如家尊書。答曰：故當不同。安曰：外論不爾。答曰：人那得知。尋除建威將軍、吴興太守，徵拜中書令，卒於官。安僖皇后立，以后父追贈侍中，特進光禄大夫、太宰，謚曰憲。獻之幼學父書，次習於張，爾後改變制度，別創其法，率爾師心，冥合天規，觀其逸志，莫之與京。至於行草。興合則若孤峯四絶，迥出天外，其峭峻不可量也。視其書雄武神縱，靈姿秀出，若臧武仲之智，卞莊子之勇，大鵬摶風，長鯨噴沫，懸若墜石，驚電遺光，察其所由，則意逸乎。筆未見其止，蓋欲奪龍蛇之飛動，掩鍾張之神氣，惜其陽秋尚富，縱逸不羈，天骨天成，有時而躓，靈根不固，豈不痛哉。人有求書，罕能得者，雖權貴所逼，彌不介懷。偶有興會則觸遇造玄，皆發自於衷，不從於外時，議以為羲之草、隸江右中朝莫有及者，獻之骨力遠不及父，而頗有媚趣，惟行草之間，逸氣過人。若論諸體則劣於右軍。子敬隸行章草，飛白五體，俱入神妙，八分入能，或謂獻之為小令悞也。子敬玄為中書令。太元十一年，卒於官，年四十三。族弟珉代為之，至十三年而卒，年三十一時謂獻之為大令，珉為小令。

元・盛熙明《法書考》卷一《書譜・集評》 王獻之，子敬。逸少第七子。子敬最知名。七八歲學書，逸少密從後掣其筆不得，嘆曰：此子當有大名。嘗書壁為方丈大字，逸少甚以為能。初學父書，頃習于張，後改變制度，別創其法。率爾師心，冥合天矩，雄武神蹤，靈姿秀出。若臧武仲之智，卞莊子之勇。大鵬摶風，長鯨噴沫，懸崖墜石，驚電遺光。張云：子敬行草之外，更開一門，非草非真，離方遁圓，兼真者謂之真行，帶草者謂之行草。子敬之法，非草非行，流便於行、草之間。逸少秉真、行之要，子敬執行、草之權。父之靈和，子之神駿，古今獨絶也。真第四，行第二，草第三，并飛白俱神品。八分能品。庾云：上中品。梁武云：絶衆超羣，無人可擬。如河朔少年，皆悉充悦，舉體沓拖而不可耐。李云：子敬草書，逸氣過父。如丹穴鳳舞，清泉龍躍，倏忽變化，莫知所成。或蹴海移山，或翻濤簸嶽。而正書、行書如田野學士，越參朝列，非不稽古憲章，乃時有失體處。瓘説稱其轉妍，品鑒疎矣。

明・張丑《清河書畫舫》卷二 下王獻之，字子敬，羲之第七子也。官至中書令，清俊有美譽而高邁不羈，雖閒居終日，容止無倦色，風流蘊籍為一時之冠。嘗與兄徽之、操之俱詣安二兄，多談鄙事，獨獻之寡然默，頗事名理，客問安王氏兄弟優劣。安曰：小者佳，且謂吉人之辭，寡小者其得之。

又 王中令人物高明，風流宏暢不減，謝安石筆札佳處，濃纖剛柔，皆與人意會。貞觀書評，大似不公去，逸少不應，如許遠也。王令翰墨了無俗氣，平原塵土中夜開，此書如臨深登高，脱弃羈絡魚鳥。皆得人意妙處。《並山谷題跋》

紀事

南朝宋・虞和《論書表》 欣時年十五六，書已有意，為子敬所知。子敬往縣，入欣𡽹，欣衣白新絹裙晝眠，子敬因書其裙幅及帶。欣覺歡樂，遂寶之。後以上朝廷，中乃零失。子敬門生以子敬書種蠶，後人於蠶紙中尋取，大有所得。謝安善書，不重子敬，每作好書，必謂被賞，安輒題後答。羲之為會稽，子敬七八歲學書，羲之從後掣其筆不脱，嘆曰：此兒書後當有大名。子敬出戲，見北館新堊壁白净。子敬取帚沾泥汁書，方丈一字，觀者如市。羲之見，嘆美，問所作，答云：七郎。羲之作書與親，故云：子敬飛白大有意，是因於此壁也。

南朝宋・劉義慶《世説新語》卷中之上《方正第五》 太極殿始成，王子敬時為謝公長史，謝送版，使王題之。王有不平色，語信云：可擲諸門外。謝後見王曰：題之上殿何若，昔魏朝韋誕諸人，亦自為也。王曰：魏阼所以不長。謝以為名言。

又卷中之下《品藻第九》 謝公問王子敬：君書何如君家尊。答曰：固當不同。公曰：外人論殊不爾。王曰：外人哪得之。

唐・張懷瓘《書斷》卷上《行書》 昔鍾元常善行狎書是也。爾後王羲之、獻之并造其極焉。獻之嘗白父云：古之章草，未能宏逸，頓異真體。合窮偽略之理。極草縱之致，不若藁行之間，於往法固殊也，大人宜改體。觀其騰煙煬火，則迴禄喪精；覆海傾河，則玄冥失馭。天假其魄，非學之功。

又卷中《妙品》 初，謝安請爲長史，太康中新起太極殿。安欲使子敬題榜，以爲萬代寶，而難言之，乃説韋仲將題凌雲臺事，子敬知其指，乃正色曰：仲將，魏之大臣，寧有此事。使其若此，知魏德之不長。安遂不之逼。子敬五六歲時學書，右軍從後潛於後掣其筆不脱，乃嘆曰：此兒當有大名。遂書《樂毅論》與之。學竟，能極小真書，可謂窮微入聖，筋骨緊密，不減於父，如大則尤直而少態，豈可同年。唯行、草之間，逸氣過也。

宋・蘇易簡《文房四譜》卷五《墨譜・三之雜説》 王獻之與恒温書扇誤為墨污，因就成一駮牛，甚工。曹不興畫屏風誤污為蠅，文帝以手彈之。

明・陳繼儒《太平清話》卷一 王子敬五歲有書意，魏夫人書《大雅吟》賜之。

雜録

清・王棠《燕在閣知新録》卷二一《子敬帖》 《世説》：子敬病篤，請道士上章，發應首過。子敬曰：不憶餘事，惟省與郗家離婚。子敬前妻，郗曇女也。按獻之法帖云：雖奉對積年，可以為盡日之歡，常苦不盡觸額之暢。方欲與姊极當年之匹，以與偕老，豈謂乖别至此。諸懷悵寒實深，當復何由日夕見姊邪。悲咽實無已已，唯令絶氣耳。伯思云：此當是與郗家帖也。此語誠然。棠謂舍妻稱姊，亦可悲也已。

清・梁章鉅《退庵隨筆》卷一二 蘇文忠曰：獻之少時學書，逸少從後取其筆不可，知其長必能名世。僕以為知書不在於筆牢，浩然聽筆之所之而不失法度，乃為得之。逸少所以重其不可取者，以小兒子用意精至，猝然掩之，而意未始不在筆。不然，則是天下有力者，莫不能書也。

清・萬斯同《群書疑辨》卷九《書王獻之傳後》 王右軍父子以書法名天下，世之論者，莫不謂父勝于子，而獻之獨自謂過之。《晉書》載：謝安問獻之，君書何如君家尊。答曰：故當不同。安曰：外論殊不爾。答曰：外人那得知。孫過庭《書譜》以故當不同為故當勝，是直以己為勝于父矣。夫里名勝母，曾子不入，天下有為人子而自謂勝于父者乎。此真出人理之外，不可比于人類者矣。《書譜》又載：右軍入都，臨行題壁，獻之密拭除之，輒自書其處，私謂不惡，右軍還見，歎曰：吾去時真醉耶。獻之乃内慚。天下有父之所書而子可拭去之者乎，在右軍，務掩子之短，乃獻之反抑父之長，其不孝之罪，真不可容于人世矣。後人愛其書，竟不知其丑，可乎哉。謝安石書法有名，獻之嘗作佳書予之，謂必存録，安石批其後擲還之，獻之深以為恨。此安石薄其人，故賤其書也。夫臣有善讓于君，子有善讓于父，天下之通義也。獻之即勝父，猶當自謂不如，况本不如乃反自謂勝

之哉。右軍七子，六子皆能書，而中多不孝。如凝之篤信妖術，至陷城殺身。徽之狂蕩不檢，舉世丑其行。皆《晉書》本傳中語。獻之貪求尚主，絶郗氏婚，為鬼所譴，及此揚己抑父，皆不肖之至。而劉義慶《世説》猶盛譽之，亦不識人間有羞恥者矣。獨怪右軍之書本勝于子，乃當時學書者竟學獻之，而不學右軍，致右軍之名反為所掩。至南齊，劉林獨好右軍，耑學其體，而右軍法始行。及唐文皇著論力推右軍，痛詆獻之，至比之餓吏、枯枝，且以重價購右軍真跡，或授以官。於是四方藏獻之書者，皆割去其名，冒以右軍之號，罔利希榮。自是獻之身價大損，其所傳於世者亦寡矣。史臣之修《晉書》，承其君風指，因言獻之骨力遠不逮父而頗有媚處，則有抑之太過，不足以服天下人矣。

王廞

論説

唐·竇臮《述書賦》卷上　温温伯輿，亦扇其風。風流之表，軒冕之中。骨體慢正，精彩衝融。已高天然，恨乏其功。如承奕葉之貴胄，備夙訓之神童。王廞，字伯輿，即導孫，薈子，晉司徒左長史。今見帶名草書一紙，七行。

明·陶宗儀《書史會要》卷三《晉》　王廞，字伯輿，薈子，官至司徒左長史。書法骨體慢正，精采沖融。

傳記

宋·陳思《書小史》卷五《傳四》　王廞，字伯輿，即導孫，薈子，官至司徒左長史，善行書。

范寧

論説

唐·竇臮《述書賦》卷上　武子正筆，頗全古質。去凡忘情，任樸不失。猶高人之與釋子，志谿道而秉律。范寧，字武子。汪子，晉中書侍郎。今見帶名正書啓三紙，共二十一行。

明·陶宗儀《書史會要》卷三《晉》　范寧，字武子，汪之子，官至中書侍郎，書體頗全古質。

傳記

宋·陳思《書小史》卷五《傳四》　范寧，字武子，汪之子，官至中書侍郎，善正書。

司馬丕

傳記

宋·陳思《書小史》卷一《紀》　哀皇帝，諱丕，字千齡，成帝長子也。善行書。

清·倪濤《六藝之一録》卷三一〇《歷代書論四十》　哀皇帝，諱丕，

字千齡，成帝長子。《淳化法帖》有哀帝行書四行。

温放之

論説

唐・竇臮《述書賦》卷上　放之率爾，草健筆力。豈忘保持，足見準則。猶片錦呈巧，細流不極。温放之，太原人。嶠子，晉黄門侍郎。今見草書具姓名二行。

明・陶宗儀《書史會要》卷三《晉》　温放之，太原人，嶠之子。官至黄門侍郎，工草書，評者謂如片錦呈巧，細流不極。

傳記

宋・陳思《書小史》卷六《傳五》　温放之，太原人，嶠之子。官至黄門侍郎，善草書。

劉惔

論説

唐・竇臮《述書賦》卷上　真長則草含稚恭之爽塏，正邇越石之羈束。輕浮森峭，穠媚藻縟。落衆木於秋杪，狎羣鷗於水曲。劉琰，字真長，沛郡人，晉丹陽尹。今見具姓名行書及草各一帖，共六行。

明・陶宗儀《書史會要》卷三《晉》　劉琰，字真長，沛郡人，官至丹陽尹。少清遠有奇標，草含庾翼之厚爽，正邇劉琨之羈束。

傳記

宋・陳思《書小史》卷五《傳四》　劉琰，字真長，沛郡人，官至丹陽尹。善行、草書。

劉穆之

論説

南朝梁・庾肩吾《書品》　陽經、諸葛融、楊潭、張炳、岑淵、張輿、王濟、李夫人、劉穆之道和、朱齡石、庾景休、張融思光、褚元明、孔敬通、王籍文海。

右十五人，下之中。

論曰：此十五人，雖未窮字奧，書尚文情。披其叢薄，非無香草。視其涯岸，皆有潤珠。故遺斯紙，以為世玩。允為下之中。

唐・竇臮《述書賦》卷上　道和閑雅，離古躡真。慢正緜德，高踪絶塵。若昂藏博達之士，謇諤朝廷之臣。劉穆之，字道和，東莞人。晉侍中，司徒。今見具姓名行書一紙，六行。

唐・韋續《墨藪》卷一《續書品第四》　下下品七人：劉牧之、褚淵、梁武帝、梁元帝、沈君理、陳文帝、張正見。

明・陶宗儀《書史會要》卷三《晉》　劉牧之，字道和，東莞人，官至侍中、司徒，性敏捷，便尺牘，書法閒雅絶塵。

傳記

《宋書》卷四二《劉穆之傳》 劉穆之，字道和，小字道民，莒之東莞人，漢齊悼惠王肥後也，世居京口。少好《書》、《傳》，博覽多通，為濟陽江敳所知。敳為建武將軍、琅邪內史，以為府主簿。

清・孫岳頒等《佩文齋書畫譜》卷二四《書家傳三宋》 劉穆之，字道和，小字道民，東莞莒人也，世居京口。穆之與朱齡石並便尺牘，嘗於武帝坐，與齡石並答書，自旦至日中，穆之得百函，齡石得八十函，而穆之應對無廢。裁有閑暇，手自寫書，尋覽篇章，校定墳籍。在晉至左僕射，宋武又表天子贈侍中、司徒，封南昌縣侯。宋受禪，追封南康郡公，謚文宣。《南史》本傳。

郗恢

論説

唐・竇臮《述書賦》卷上 處約、道胤，家之後俊。狂草勢而兄優，謹正書而弟潤。俱始登於學次，慚一虧於九仞。【略】郗恢，字道胤，晉鎮軍將軍。今見具姓名草書及行書共兩紙。處約、道胤，并是曇子。

明・陶宗儀《書史會要》卷三《晉》 郗恢，字道徹，檢之之弟，官至鎮軍將軍。正書謹嚴。

王敬弘

論説

唐・竇臮《述書賦》卷上 淮水茂族，敬弘不墜。故朝餘風，翰墨兼至。既約古而任逸，亦遺能而獨駛。猶創埏埴於昔人，全樸略而成器。王敬弘，琅琊人。導孫，桓玄姊夫。宋侍中，左光禄大夫。今見具姓名草書一紙，四行也。

明・陶宗儀《書史會要》卷四《宋》 王裕之，字敬弘，琅琊人，名與武帝諱同，故以字行，官至侍中，左光禄大夫，翰墨約古任逸。

清・孫岳頒等《佩文齋書畫譜》卷二四《書家傳三宋齊梁陳》 王裕之。

王裕之，字敬弘，廙之曾孫，名與宋武帝諱同，故以字行，官至開府儀同三司，謚文貞。

敬弘翰墨古而樸略，注今見草書四行。

傳記

宋・陳思《書小史》卷六《傳五》 王裕之，字敬宏，晉驃騎將軍廙之曾孫，官至侍中，光禄大夫，善草書。名與宋武帝諱同，故以字行。

司馬曜

論説

唐・竇臮《述書賦》卷上 真率孝武，不規不矩，氣有餘高，體無所主。若露滋蔓草，風送驟雨。孝武帝，諱曜，字昌明，簡文子。今見行書一紙又兩帖等雜批六處，共有二十一行也。

明・陶宗儀《書史會要》卷三《晉》 孝武帝，諱曜，字昌明，簡文子。工書，評者謂如露滋蔓草，風送驟雨。

劉裕

論説

唐・竇臮《述書賦》卷上 宋武德輿，法含古初。見答道和之啓，未披有位之書。觀其逸毫巨麗，載兆虎變。高躅莫究其涯，雄風於焉已扇。猶金玉礦璞，包露貴賤。劉裕，字德輿，彭城人。翹子，晉太尉、中書監，封宋公。後受禪，稱宋武帝。今見帶名批劉穆之啓兩紙，共六行矣。

傳記

明・陶宗儀《書史會要》卷四《宋》 武帝劉氏諱裕，字德輿，彭城人，漢楚元王二十一世孫，晉封宋公，受禪，稱帝。英傑有大度，書法雄逸。

紀事

宋・陳思《書小史》卷一《紀》 宋高祖武皇帝，姓劉氏，諱裕，字德輿，彭城人，性嚴整有法度。帝素拙於書，劉穆之曰：此雖小事，然宣被四遠，願公少復留意。帝既不能措意，又稟分有在，穆之乃曰：公但縱筆為大字，一字徑尺，亦無嫌大，既足有所包，且其勢亦美。武帝從之，一紙不過六七字便滿。

張裕

論説

唐・竇臮《述書賦》卷上 茂度逸翰，景初清規，或大言而峻薄，景初對文帝云：臣恨二王不得臣之體。或寡譽而崎奇。王僧虔書用拙筆以自容。并心輕兩王，迹及宗師，擬鶴鳴而子和，殊鯉退而學詩。張茂度，吴郡人，敞子，宋會稽太守。今見具姓名行草書兩紙，共十行。張永，字景初，茂度子，宋征西將軍。今見正、行、草書五紙，共三十行矣。

明・陶宗儀《書史會要》卷四《宋》 張裕，字茂度，吴郡人，名與武帝諱同，故以字稱，官至會稽太守，素有吏能。書法清逸。

傳　記

宋・陳思《書小史》卷六《傳五》　張裕，字茂度，齊郡人，官至會稽太守。善行、草書。

徐羨之

論　説

南朝梁・庾肩吾《書品》　衛宣、李韞、陳基、傅廷堅、張紹、陰光、韋熊少季，張暢、曹任、宋嘉、裴邈、羊固、傅夫人、辟閭訓、謝晦、徐羨之、孔閭、顏寶光、周仁皓、張欣泰、張熾、僧岳道人。

右二十二人，下之下。

論曰：此二十二人，皆五味一和，五色一彩，視其雕文，非特刻鵠。人人下筆，寧止追嚮，遺迹見珍，餘芳可折。誠以駈馳並駕，不逮前鋒，而中權後殿，各盡其美。允為下之下。

明・陶宗儀《書史會要》卷四《宋》　徐羨之，字休文，東海郯人，在晉為丹陽令，入朝，官至司空，亦善書。

傳　記

《宋書》卷四三《徐羨之傳》　徐羨之，字宗文，東海郯人也。祖寧，尚書吏部郎，江州刺史，未拜，卒。父祚之，上虞令。

羨之少為王雅太子少傅主簿，劉牢之鎮北功曹，尚書祠部郎，不拜，桓脩撫軍中兵曹參軍。與高祖同府，深相親結。義旗建，高祖版為鎮軍參軍，尚書庫部郎，領軍司馬。與謝混共事，混甚知之。補琅邪王大司馬參軍，司徒左西屬，徐州别駕從事史，太尉諮議參軍。義熙十一年，除鷹揚將軍、琅邪内史，仍為大司馬從事中郎，將軍如故。高祖北伐，轉太尉左司馬，掌留任，以副貳劉穆之。

《南史》卷一五《徐羨之傳》　徐羨之，字宗文，東海郯人也。祖甯，尚書吏部郎。父祚之，上虞令。羨之爲桓修撫軍中兵參軍，與宋武帝同府，深相親結。武帝北伐，稍遷太尉左司馬，掌留任，副貳劉穆之。

清・孫岳頒等《佩文齋書畫譜》卷二四《書家傳三宋齊梁陳》　徐羨之。

徐羨之，字宗文，《蔡廓傳》云小字千木。東海郯人也。武帝即位，封南昌縣公，揚州刺史。

司馬道子

論　説

唐・竇臮《述書賦》卷上　道子雅薄，綿密纖潤。露輕藏沈，假曲躡峻。猶尺水之含衆象，小山之擬萬仞。會稽王道子，孝武帝子。今見具姓名行書一紙，凡七行。

傳　記

宋・陳思《書小史》卷二《傳一》　會稽文孝王道子，簡文帝子，少以清澹為謝安稱。善行書。

庾準

論説

唐·竇臮《述書賦》卷上 積薪之美，更覽稚恭，名齊逸少，墨妙所宗。善草則鷹搏隼擊，工正則劍鍔刀鋒。愧時譽之未盡，覺知音而罕逢。其荒蕪快利，彦祖爲容。似較狡兔於大野，任平陂之所從。庾翼，字稚恭，晉車騎將軍。今見草書四紙，共二十六行，具姓名正書一帖，三行。懌與翼并是亮弟。庾準，字彦祖，希子，亮孫，晉豫州刺史。今見具姓名草書一紙，凡八行。

明·陶宗儀《書史會要》卷三《晉》 庾準，字彦祖，亮之孫，官至豫州刺史。書體荒蕪快利。

傳記

宋·陳思《書小史》卷五《傳四》 庾准，字彦祖，亮之孫，官至豫州刺史、西中郎將。善草書。

張翼

論説

南朝梁·庾肩吾《書品》 羅暉叔景、趙襲元嗣、劉輿、張昭、陸機士衡、朱誕、王導茂弘、庾亮元規、王洽、郗超吴興、張翼、宋文帝劉義隆、康昕、徐希秀、謝眺玄暉、劉繪、陶隱君名弘景、王崇素。

右十八人，中之下。

論曰：叔景元嗣，並稱西州。劉輿之筆札，張昭之無懈。陸機以弘才掩迹，朱誕以偏藝流聲。王導則列聖推能，庾亮則羣公挹巧。王洽以並通諸法，郗超以晚年取譽。張翼善效。宋帝，康昕郗秀孤生。謝眺劉繪，文宗書範，近來少前。陶隱君仙才翰采，拔于山谷。王崇素靡倫篇筆，傳于里閭。此十八人允為中之下。

唐·竇臮《述書賦》卷上 君祖馳馭，藝忝令譽。窮正驗草，而罕逮其能，作僞亂真，而未可爲據。正企鍾而悠邈，草師王而莫著。與夫敬仁、道羣，王修、江灌。或拔茅以連茹。猶鋭意鵬舉，致身鷹翥。張翼，字君祖，下邳人，晉東海太守。時穆帝令翼寫王右軍手表，帝自批後，右軍殆不能別，久乃悟云：小人幾欲亂真。今見具姓名正草書總三帖，共十六行。

唐·李嗣真《書後品·中上品七人》 張昶、文舒。衛恒、杜預、張翼、郗嘉賓、阮研、漢王元昌。

又 張翼代羲之草奏，雖曰小人幾乎亂真，更乃編之乙科，涇渭混淆，奇難品會。

唐·韋續《墨藪》卷一《續書品第四》 中上品七人：張泉、衛恒、杜預、張翼、郗嘉賓、阮研、漢王元昌。

又卷二《勸學第十七》 互有得失，時見高深，絶長續短，智均力敵，一字乃敵右軍草書三分之一。以上二十七人，第四。張嘉、庾亮、郗超、王珣、劉、僧惠式、王循、張翼、戴安道、王玄之、王凝之、王徽之、王造之、王元之、宋文帝、宋孝武、康忻、王僧虔、謝靈運、羊欣、薄紹之、孔彬之、蕭思話、張永、蕭子良、齊高帝、蕭子雲。

《宣和書譜》卷七《行書》 張翌子君祖，下邳人，官至晉東海太守。善隸、草。【略】王僧虔嘗謂，羲之書，一朝人物莫有及者，而翌之書遂能亂真，故已咄咄羲之矣。蓋翌正書學鍾繇，草書學羲之，皆極精妙。當時與王脩、江灌輩竝馳争先。今觀其行書，故可以想見其他云。今御府所藏：行書《舅氏帖》。

傳記

《三國志》卷四五《蜀書十五》 張翼，字伯恭，犍為武陽人也。高祖父司空浩，曾祖父廣陵太守綱，皆有名跡。先主定益州，領牧，翼為書佐。建安末，舉孝廉，為江陽長。【略】六年，與維鹹在劍閣，共詣降鐘會於涪。明年正月，隨會至成都，為亂兵所殺。

許静民

論説

南朝宋·羊欣《采古來能書人名》 高陽許静民，鎮軍參軍。善隸、草。羲之高足。

宋·陳思《書小史》卷六《傳五》 許静民，高陽人，官至鎮軍參軍。工草、隸，為右軍高足。善題宫殿額，得方直之體。其草稍乏筋骨，亦景則之亞也。

明·陶宗儀《書史會要》卷三《晉》 許静民，高陽人，任鎮軍參軍。善隸、草，王羲之高足也。

桓玄

論説

南朝梁·庾肩吾《書品》 張超子並、郭伯道、劉德昇君嗣、崔寔子真、衛夫人名鑠字茂猗、李式景則、庾翼稚恭、郗愔方回、謝安安石、王珉季琰、桓玄敬道、羊欣敬兀、王僧虔、孔琳之彦琳、殷鈞季和。

右十五人，中之上。

論曰：子並崔家州里，頗相倣效，可謂醬鹹于鹽，氷寒于水。伯道府問朝廷，遠封其跡。德昇之妙，鐘胡各採其美。子真俊才，門法不墜。李妻衛氏，自出華宗。景則毫素流靡，稚恭聲彩遒越。郗愔安石，草正並驅。季琰桓玄，筋力俱駿。羊欣早隨子敬，最得王體。孔琳之聲高宋氏，王僧虔雄發齊代。殷鈞頗耽愛好，終得肩隨。此一十五人，允為中之上。

南朝齊·王僧虔《論書》 桓玄書自比右軍，議者未之許，云可比孔琳之。

唐·竇臮《述書賦》卷上 敬道耽玩，鋭思毫翰。依憑右軍，志在凌亂。草狂逸而有度，正疏澀而猶憚。如浴鳥之畏人，等驚波之泛岸。桓玄，字敬道，温子。歷晉義興太守，自署丞相，僭號曰楚。今見帶名正、行、草書總十紙，共六十行。

唐·張懷瓘《書斷》卷中《妙品》 桓玄者，温之子，爲義興太守，篡晉伏誅。嘗慕小王，善於草法，譬之於馬，則肉翅已就，蘭筋初生，蓄怒而馳，日可千里，洸洸赳赳，實亦武哉。非王之武臣，即世之刺客，列缺吐火，共工觸山，尤剛健倜儻。夫水火之性，各有所長：火能外光，不能内照，水能内照，不能外光。若包五行之性，則可謂通矣。嘗與顧愷之論書，至夜不倦。

唐·李嗣真《書後品·中中品十二人》 謝安、康昕、桓玄、邱道護、許

靜、蕭子雲、陶弘景、釋智永、劉珉、房玄齡、陸柬之、王知敬。

又 玄書如驚蛇入草，銛鋒出匣；劉珉比頗波赴壑，狂瀾爭流。

唐・韋續《墨藪》卷一《梁武帝又評書》 桓玄書如快馬入陣，屈伸隨人也。

明・陶宗儀《書史會要》卷三《晉》 桓玄，字敬通，溫之孽子，歷義興太守，自署丞相，僭號曰楚，被誅。其正草書雖宗王羲之而甚工，然莫能洗萬世篡逆之遺臭也。

傳記

宋・陳思《書小史》卷六《傳五》 桓玄，字敬道，溫之子。【略】玄愛重圖書，每示賓客，客有非好事者，正食寒，具以手授書，書大點污。玄惋惜移時。自後每出圖書，具令客盥手。玄愛二王書，不能釋手，乃選縑素及紙書正、行之尤美者，各為一秩，嘗置左右。及南奔，雖甚狼狽，猶以自隨。將敗，並投於江。

紀事

南朝宋・劉義慶《世説新語》卷上《文學》 桓玄書登江陵城南樓云：我今欲為王孝伯做誄。因吟嘯良久，隨而下筆。一坐之間，誄以之成。

著録

唐・韋續《墨藪》卷一《續書品第四》 中中品十二人：謝安、康昕、桓玄、丘道護、許靜、蕭子雲、陶弘景、釋智永、劉珉、房玄齡、陸柬之、王知敬。

又卷二《勸學第十七》 曹喜、邯鄲淳、羅暉、趙襲、崔實、劉德升、師宜官、梁鵠、胡昭、荀爽、張彭祖、張弘、傅玄、魏武帝、曹植、孫權、孫皓、應璩、徐幹、張超、嵇康、何曾、魏覬、杜預、楊肇、樂廣、劉恢、司馬攸、衛恒、衛夫人、衛玠、李式、王敦、郗鑒、郗愔、韋誕、桓玄、王翼、王導、王儉、王珉、謝安、虞翼。或奇材見拔，或絶世難求，並庶幾右軍草書之價。以上四十人，第三等。

岑淵

論説

南朝梁・庾肩吾《書品》 陽經、諸葛融、楊潭、張炳、岑淵、張輿、王濟、李夫人、劉穆之道和、朱齡石、庾景休、張融思光、褚元明、孔敬通、王籍文海。

右十五人，下之中。

論曰：此十五人，雖未窮字奥，書尚文情。披其叢簿，非無香草。視其涯岸，皆有潤珠。故遺斯紙，以為世玩。允為下之中。

王薈

論説

南朝梁・庾肩吾《書品》 姜翊、梁宣、魏徵玄成、韋秀、鍾輿、向泰、羊忱、晉元帝景文、識道人、范曄蔚宗、宗炳、謝靈運、蕭思話、薄紹之敬叔、齊高帝紹伯、庾黔婁、費元瑶、孫奉伯、王會、羊祐叔子。

論曰：此二十一人，並擅毫翰，動成楷則。殆逼前良，見希後彥。允為下之上。

宋・陳思《書小史》卷五《傳四》　王薈，字敬文，導幼子，官至散騎常侍。善行書。

明・陶宗儀《書史會要》卷三《晉》　王薈，字敬文，導第六子，官至鎮軍將軍、散騎常侍。亦工書。王廞字伯輿，薈子，官至司徒、左長史。書法骨體慢正，精采沖融。

傳記

《晉書》卷六五《王導傳》　瑉字季琰。少有才藝，善行書，名出珣右。時人為之語曰：法護非不佳，僧彌難為兄。僧彌，瑉小字也。時有外國沙門，名提婆，妙解法理，為珣兄弟講《毗曇經》。瑉時尚幼，講未半，便云已解，即於別室與沙門法綱等數人自講。法綱歎曰：大義皆是，但小未精耳。辟州主簿，舉秀才，不行。後歷著作、散騎郎、國子博士、黄門侍郎、侍中，代王獻之為長兼中書令。二人素齊名，世謂獻之為大令，珉為小令。太元十三年卒，時年三十八，追贈太常。二子：朗、練。義熙中，並曆侍中。

殷仲堪

論說

宋・陳思《書小史》卷六《傳五》　殷仲堪，陳郡人，官至冠軍將軍、荊州都督。能清言，善屬文，能書，亦王敬仁之亞也。

袁崧

論說

唐・李嗣真《書後品・下上品十三人》　陸機、袁崧、李夫人、謝眺、庾肩吾、蕭綸、王褒、斛斯彥明、房彥謙、殷令名、張大隱、藺静文、錢毅。右士衡以下，時然合作，踳雜不倫，或類蚌質珠胎，乍比金砂銀礫。陸平原、李夫人猶帶古風，謝吏部、庾尚書創得今韻。【略】嗟乎，有天才者或未能精之，有神骨者則其功虚棄。但有佳處，豈忘存録。

唐・韋續《墨藪》卷一《梁武帝書評第五》　袁崧書如深山道士，見人便欲退縮。

王綏

論說

南朝宋・羊欣《采古來能書人名》　王綏，晉冠軍將軍、會稽内史，善隸、行。

宋・陳思《書小史》卷六《傳五》　王綏，字彥猷，坦之之孫，官至冠軍將軍、荊州刺史。善正、行書。

明・陶宗儀《書史會要》卷三《晉》　王綏，字彥猷，述之孫，官至冠軍將軍。少有美稱。善行、隸。

盧循

論說

南朝宋・虞和《論書表》　盧循素善尺牘，尤珍名法。西南豪士，咸慕其風。人無長幼，翕然尚之。家贏金幣，競遠尋求。於是京師三吴之跡，頗散四方。

宋・陳思《書小史》卷六《傳五》　盧循，字子先，少名元龍，官至征虜將軍、廣州刺史。善草、隸。

明・陶宗儀《書史會要》卷四《宋》　盧循並善草書。

吕忱

論說

唐・張懷瓘《書斷》卷下《能品》　晉吕忱，字伯雍。博識文字，撰《字林》五篇，萬二千八百餘字。《字林》則《説文》之流。小篆之工，亦叔仲之亞也。

明・陶宗儀《書史會要》卷三《晉》　吕忱官義陽王典詞令，【略】筆法古勁。

清・孫岳頒等《佩文齋書畫譜》卷一《論書一書體上》　晉世義陽王典詞令任城吕忱，表上《字林》六卷，尋其況趣，附訛許慎《説文》而按偶章句，隱別古籀奇惑之字，文得正、隸，不差篆意也。

諸葛長民

論說

唐・張懷瓘《書斷》卷下《能品》　諸葛長民亦善行草，論者以爲范曄之流也。

唐・竇臮《述書賦》卷上　長民則全效子敬，便於性分。宏逸生於天機，衆妙總而獨運。凌所師而小薄，壯若已而不紊。猶豁其流而冰開，殷其響而雷奮。諸葛長民，琅琊人。晉輔國將軍，宣城内史。今見具姓名行書一紙，六行。

傳記

宋・陳思《書小史》卷六《傳五》　諸葛長民，瑯琊陽都人，官至輔國將軍、宣城内史。善行書。

明・陶宗儀《書史會要》卷三《晉》　諸葛長民，瑯琊人，官至侍中、司空，謚忠肅，有文武幹用。書法全效王獻之。

劉恢

論說

唐・張懷瓘《書估》　楊肇、樂廣、劉恢、司馬攸、衛恒、衛夫人、衛玠、

李式、王敦郗鑒、郗愔、韋昶、恒玄、王翼、王導、王治、王珉、謝安、庾翼等或奇材見拔，或絶世難求，並庶幾右軍草書之價。以上四十三人，第三等。

陳逵

論説

《宣和書譜》卷一七《草書五》 陸逵，無傳於史，其書不多見。作行草古而腴，肥而不剩肉。雖未足以追配昔人，要之蓋嘗論學，又復不惡，亦自可珍。至於草字，則飄發不滯，稍有義、獻之風。蓋亦非規矩形容王氏者，至其合處，乃有一斑，雖欲勿取，其可捨諸。雖然於衆人則有餘，於作者則不足，故其書名獨不赫然與前人争長，宜哉。今御府所藏二：草書《歲終帖》、行書《明願帖》。

沈嘉

論説

唐・竇泉《述書賦》卷上 長茂草勢，既捷而疏，慕王不及，獨斷所如。猶鷙鳥擊搏而失中，因蹭蹬於古墟。沈嘉，字長茂，吴郡人，晉吴興太守。今見具姓名草書，共三行。

明・陶宗儀《書史會要》卷三《晉》 沈嘉，字長茂，吴郡人，官至吴興太守。長於草。

傳記

宋・陳思《書小史》卷六《傳五》 沈嘉，字長茂，吴郡人，官至吴興太守。善草書。

宋珽

論説

唐・竇泉《述書賦》卷上 宋珽訛緊，足光利用。習古者或以爲輕，日新者必因而重。猶樸散而分形器，務成而立賦頌。宋珽，廣平人，晉相府參軍。今見行書具姓名，凡四行。

明・陶宗儀《書史會要》卷三《晉》 宋珽，廣平人，仕至相府參軍。書法精緊。

傳記

宋・陳思《書小史》卷六《傳五》 宋珽，廣平人，官至相府叅軍。善行書。

劉訥

論說

唐・竇臮《述書賦》卷上 行仁靡雜，唯鍾是師。悦端閑於高軌，能終始于清規。雖帶偏薄，亦能鄰幾。若凰雛始備於五彩，長松僅攀乎一枝。劉訥，字行仁，琅琊人，晉散騎常侍。今見康帝啓四紙，共有三十五行也。

宋・陳思《書小史》卷六《傳五》 劉訥，字行仁，瑯琊人，官至散騎常侍。善正書。

明・陶宗儀《書史會要》卷三《晉》 劉訥，字行仁，瑯琊人，官至散騎常侍。師鍾繇，能端閒終始於規矩。

清・孫岳頒等《佩文齋書畫譜》卷二三《書家傳二晉》 劭善小篆、飛白，雖不及張、毛，亦一時之秀。作《飛白勢》。

劉廞

論說

唐・竇臮《述書賦》卷上 季舒纖勁，循古有體，遇稀難評，唯署一啓。劉廞，字季舒，會稽人，晉光禄大夫。今見書名啓一紙也。

明・陶宗儀《書史會要》卷三《晉》 劉廞，字季野，會稽人，官至光禄大夫。書法纖勁，淳古有體。

謝藻

論說

唐・竇臮《述書賦》卷上 叔文法鍾，纖薄精練，用筆雖巧，結字未善。似漸陸之遵鴻，等窺巢之乳燕。謝藻，字叔文，會稽人，晉中書侍郎。今見具姓名正書啓兩段，合爲一紙，五行。其半先在官，半在外，及得之，勘合如一，但新故異也。

傳記

宋・陳思《書小史》卷五《傳四》 謝藻，字叔文，會稽人，官至中書侍郎。善正書。

曹任

論說

南朝梁・庾肩吾《書品》 衛宣、李韞、陳基、傅廷堅、張紹、陰光、韋熊少季、張暢、曹任、宋嘉、裴邈、羊固、傅夫人、辟閭訓、謝晦、徐羨之、孔閭、顔寶光、周仁皓、張欣泰、張熾、僧岳道人。

右二十二人，下之下。

論曰：此二十二人，皆五味一和，五色一彩，視其雕文，非特刻鵠。人人下筆，寧止追嚮，遺迹見珍，餘芳可折。誠以駈馳並駕，不逮前鋒，而中權後殿，各盡其美。允為下之下。

孔琳之

論説

南朝齊・王僧虔《論書》 孔琳之書天然絶逸，極有筆力，規矩恐在羊欣後。丘道護與羊欣俱面授子敬，故當在欣後，丘殊在羊欣前。

又 孔琳之書，放縱快利，筆道流便，二王後略無其比。但工夫少，自任過，未得盡其妙，故當劣於羊欣。

南朝梁・庾肩吾《書品》 張超子並、郭伯道、劉德昇君嗣、崔寔子真、衛夫人名鑠字茂猗、李式景則、庾翼稚恭、郗愔方回、謝安安石、王珉季琰、栢玄敬道、羊欣敬兀、王僧虔、孔琳之彦琳、殷鈞季和。

右十五人，中之上。

論曰：子並崔家州里，頗相倣效，可謂醬鹹于鹽，氷寒于水。伯道府問朝廷，遠封其跡。德昇之妙，鍾胡各採其美。子真俊才，門法不墜。李妻衛氏，自出華宗。景則毫素流靡，稚恭聲彩遒越。郗愔安石，草正並驅。季琰栢玄，筋力俱駿。羊欣早隨子敬，最得王體。孔琳之聲高宋氏，王僧虔雄發齊代。殷鈞頗耽愛好，終得肩隨。此一十五人，允為中之上。

唐・張懷瓘《書斷》卷中《妙品》 孔琳之，字彦琳，會稽山陰人。父廞。彦琳官至祠部尚書。善草、行，師於小王，稍露筋骨，飛流懸勢，則呂梁之水焉。時稱曰：羊真孔草。又以縱快比於桓玄。王僧虔云：孔琳之放縱快利，筆迹流便，二王已後，略無其比，但工夫少，太自任，故當劣於羊欣，斯言俞矣。景平元年卒，年五十五。行、草入妙。妻謝氏，亦善書。

唐・竇臮《述書賦》卷上 彦琳、敬叔，允執厥中。孔則愈於緊速，病於乾偏，超舉之餘，窺羊及肩。猶蓬、瀛心想，《濩》、《武》風傳。競其豐利，又睹薄氏，纖圓克成，骨力猶稚。精彩潤密，乃誠莫貳。掩支凌師，抑亦其次。雖鍮無金價，而珉實玉類。【略】孔琳之，字彦琳，會稽人，宋太常卿。今見具姓名正，行書三紙，共二十行。

唐・韋續《墨藪》卷二《勸學第十七》 互有得失，時見高深，絶長續短，智均力敵，一字乃敵右軍草書三分之一，以上二十七人第四。

《宣和書譜》卷八《行書二》 宋孔琳之，字彦琳，會稽山陰人，官止祠部尚書。琳之好文博古，至於音律之習，無不超詣。作行草，度越流輩，方時以剛正自力，不能阿諛當前者，故奄奄衆人後，至於作字之工，人不得而掩遏也。議者以謂飛流垂勢，則呂梁之水焉，二王已後，略無其比。王僧虔亦謂：琳之書天然絶逸，極有筆力。蓋其所養豪放，恥事遲拙，故筆端流暢快健，若不凝滯於物者。或以為功夫少，此又責備《春秋》之法也。今御府所藏行書一：《日月帖》。

元・盛熙明《法書考》卷一《書譜・集評》 孔琳之。彦琳，庾云中上品，張云隸行草妙品，唐評放縱快健，筆勢流利，二王以後，難與比肩，但功虧少，故當劣於羊欣。王云：天然縱逸，極有筆力，規矩，但工夫少自在。

明・陶宗儀《書史會要》卷四《宋》 孔琳之，字彦琳，會稽山陰人，官至禮部尚書。好文博古，作隸行草，度越流輩。議者以謂：飛流垂執，則呂梁之水焉，二王已後，略無其比。王僧虔亦謂：琳之書天然絶逸，極有筆力，蓋其所養豪放，恥事遲拙，故筆端流暢快健，若不凝滯於物。或以謂功夫少，此又責備《春秋》之法也。

清・倪濤《六藝之一録》卷三二一《歷朝書譜十一》 孔琳之書天然絶逸，極有筆力，規矩，恐在羊欣後。又云：孔琳之書放縱快利，筆道流便，二王後，略無其比，但工夫少，自任，故未得盡其妙，故當劣於羊欣。

傳記

《宋書》卷五六《孔琳之傳》 孔琳之，字彦琳，會稽人。祖沈，晉丞相掾。父塈，光禄大夫。琳之强正有志力，好文義，解音律，能彈棊，妙善

草、隸。

宋・陳思《書小史》卷六《傳五》 孔琳之，字彦琳，會稽山陰人，廞之子，官至太常卿。少好文義，善隸、行、草書。

羊欣

論説

南朝齊・王僧虔《論書》 羊欣、丘道護並親授於子敬。欣書見重一時，行草尤善，正乃不稱。

南朝梁・庾肩吾《書品》 張超子並、郭伯道、劉德昇君嗣、崔寔子真、衛夫人名鑠字茂猗、李式景則、庾翼稚恭、郗愔方回、謝安安石、王珉季琰、栢玄敬道、羊欣敬兀、王僧虔、孔琳之彦琳、殷鈞季和。

右十五人，中之上。

論曰：子並崔家州里，頗相倣效，可謂醬鹹于鹽，氷寒于水。伯道府問朝廷，遠封其跡。德昇之妙，鍾胡各採其美。子真俊才，門法不墜。李妻衛氏，自出華宗。景則毫素流靡，稚恭聲彩遒越。郗愔安石，草正並驅。季琰栢玄，筋力俱駿。羊欣早隨子敬，最得王體。孔琳之聲高宋氏，王僧虔雄發齊代。殷鈞頗耽愛好，終得肩隨。此一十五人，允為中之上。

南朝梁・蕭衍《古今書人優劣評》 羊欣書如大家婢女為夫人，雖處其位，而舉止羞澀，終不似真。

南朝梁・袁昂《古今書評》 羊欣書如大家婢為夫人，雖處其位，而舉止羞澀，終不似真。

唐・張懷瓘《書斷》卷中《妙品》 羊欣，字敬元，泰山南城人。官至中散大夫、義興太守。師資大令，時亦衆矣，非無雲塵之遠，若親承妙旨，入於室者，唯獨此公。亦猶顔回與夫子，有步驟之近。撼若嚴霜之林，婉似流風之雪，驚禽走獸，絡繹飛馳，亦可謂王之藎臣，朝之元老。沈約云：敬元尤善於隸書，子敬之後，可以獨步。時人云：買王得羊，不失所望。今大令書中風神怯者，往往是羊也。元嘉十九年卒，年七十三。敬元隸、行、草入妙。時有丘道護，親師於子敬，殊劣於羊欣。謝綜亦善書，不重敬元，亦憚之，云：力少媚好。又有義興康昕，與南州惠式道人俱學二王，轉以己書貨之，世人或謬寳此迹，亦或謂爲羊。歐陽通云：式道人，右軍之甥，與王無别。

唐・竇臮《述書賦》卷上 敬元則親得法於子敬，雖時移而間出。手稽無方，心敏奥術。虚薄而不忘本分，縱横而粗得師骨。遇其合時，仿佛唐突。猶圖騏驥而莫展，望真仙而非實。爾後王羊謬同，衆靡餘風。彦琳、敬叔，允執厥中。孔則愈於緊速，病於乾偏。超舉之餘，窺羊及肩。猶蓬、瀛心想，《濩》、《武》風傳。競其豐利，又睹薄氏，纖圓克成，骨力猶稚。精彩潤密，乃誠莫貳。掩支凌師，抑亦其次。雖鍮無金價，而珉實玉類。羊欣，字敬元，泰山人，不疑子，宋中散大夫，與邱道護同授獻之筆法。今見正、行、草具姓名書二十餘紙，凡六七卷，所言王、羊謬同，諺云：買王得羊，不失所望。言虚也。

宋・朱長文《墨池編》卷二《筆法之二・齊王僧虔論書》 羊欣、丘道護並親授於子敬，欣書見重一時，行草尤善，正乃不稱名。

唐・韋續《墨藪》卷一《梁武帝書評第五》 羊欣書如大家婢作夫人，不堪位置，而舉止羞澀，終不似真也。

又卷二《勸學第十七》 張嘉，庾亮，郗超，王珣，劉環，僧惠式，王循，張翼，戴安道，王玄之，王凝之，王徽之，王造之，王元之，宋文帝，宋孝武，康忻，王僧虔，謝靈運，羊欣，薄紹之，孔彬之，蕭思詁，張永，蕭子良，齊高帝，蕭子雲。

互有得失，時見高深，絶長續短，智均力敵，一字乃敵右軍草書三分之一，以上二十七人第四。

元・盛熙明《法書考》卷一《書譜・集評》 羊欣。敬元庾云早隨子敬，妙得其體，中上品張云隸行草妙品。李云上下品。梁云如婢作夫人，雖處其位，而舉止羞澀，終不似真。王云受訣於子敬，書見重於一時，行草尤善，正乃不稱。

明・陶宗儀《書史會要》卷四《宋》 羊欣，字敬元，泰山南城人，官至中散大夫，該博經史，長於隸書。父不疑為烏程令。欣年十二，頗為王獻

之所知，方時獻之為吴興太守，嘗因夏月入縣，值欣晝寢，著新練裙，獻之書裙數幅而去，既覺，視裙書，有得。欣本工書，因此彌善，當時謂獻之之後，可以獨步，故諺曰：買王得羊，不失所望。而論者謂欣學獻之，終不能度越獻之規矩，使灑落奔放，自成一家，故有婢作夫人之誚，以其舉止羞澀，終不似真。欣嘗撰《續筆陣圖》一卷，《古昔能書人名》一卷。

明・項穆《書法雅言・正奇》 羊欣思齊大令，舉止依樣，此學其奇而不變者也。

清・馮武《書法正傳》卷八《常熟馮武撰書家小傳》 宋羊欣，字敬元，泰山南城人，子敬入室弟子。

清・倪濤《六藝之一録》卷一四〇《法帖論述十・淳化祕閣法帖考正卷第三》 宋中散大夫羊欣書。羊欣，字敬元，泰山南城人，由新安太守轉義興太守，除中散大夫，帖目是敬元師資大令，見重一時，行書尤善，故時人有買王得羊，不失所望之語。此帖魄短力弱，去大令風規正遠，其偽不疑米鑒良是得去下當脱月字。

又卷三二一《歷朝書譜十一》 羊欣、丘道護並親授於子敬，欣書見重一時，行草尤善，正乃不稱。

又 羊欣，字敬元，官至中散大夫，義興太守，師資大令，時亦衆矣，非無雲塵之遠，若親承妙旨，入於室者，唯獨此公，亦猶顔面與夫子，有步驟之近械，若嚴霜之林婉，似流風之雪，驚禽走獸，絡繹飛馳，亦可謂王之藎臣，國之元老。沈約云：敬元尤善於隸書，子敬之後，可以獨步。時人云：買王得羊，不失所望。今大令書中風神怯者，往往是羊也。元嘉十九年卒，年七十三。敬元隸行草入妙。

又 羊欣，字欽元，泰山南城人，少沈静，不為物忤，而談論絶人，容止可觀，該博經史，尤長於隸書。父不疑為烏程令，欣隨之官，年十二，頗為王獻之所知，方時獻之為吴興太守，嘗因夏月入縣，值欣晝寢，著新練裙，獻之書裙數幅而去，既覺，視裙書，有得。欣本工書，因此彌善。然恬退私門，無仕進意。會稽王世子元顯嘗使欣書扇，欣以他辭却之，不肯奉命。元顯怒，以為後軍府舍人。舍人之職，本用寒素，欣知名當世，屈為此官，不以高卑見於顔色，論者偉之。然其學出於獻之，當時謂獻之之後，可以獨步，故諺曰：買王得羊，不失所望。茲可以見矣。而論者謂欣學獻之，如顔回與夫子，有步趨之近，號雖入室，終不能度越獻之之規矩，使灑落奔放，自成一家，故又有婢作夫人之誚，以其舉止羞澀，終不似真，豈謂是耶。欣嘗譔《續筆陣圖》一卷，又譔《古今能書人名》一卷，以此尤見其用心焉。官至中散大夫，今御府所藏草書一：《筆精帖》。

又 羊敬元書出子敬，不忘本分，薄敬叔書，後學大令，雖其纖圓骨力克成，但乏神明，爾然二者同出，不能相遠，豈書法果自有所至耶。後世論欣書謂舉止羞澀。紹之之書，功力不足，皆失其實也。當在南朝時，買王得羊，不失所望，謂紹之之駕友凌師，豈偶然者耶。張懷瓘謂薄紹之，羊欣、王僧辨、康昕、王右軍亦欲混其臭味，是以二王帖中多有偽蹟，觀此帖，其有所稽矣。唐貞元中，欣書得正、行纔二十餘紙，紹之行書四紙僅存，不知此帖在唐録中為第幾紙，今世藏書家類無二人書，此其可祕也。

傳記

《宋書》卷六二《羊欣傳》 羊欣，字敬元，泰山南城人。【略】欣少靖默，無競于人，美言笑，善容止。泛覽經籍，尤長隸書。【略】欣時年十二，時王獻之為吴興太守，甚知愛之。獻之嘗夏月入縣，欣著新絹裙晝寢，獻之書裙數幅而去。欣本工書，因此彌善。起家輔國參軍，府解還家。隆安中，朝廷漸亂，欣優遊私門，不復進仕。會稽王世子元顯每使欣書，常辭不奉命，元顯怒，乃以其為後軍府舍人。此職本用寒人，欣意貌恬然，不以高卑見色，論者稱焉。

宋・陳思《書小史》卷六《傳五》 羊欣，字敬元，泰山南城人，官至中散大夫，義興太守。少靖默，無競於人，泛覽經籍，尤長隸書，師資大令。

紀事

宋・孔平仲《續世説》卷六《巧藝》 宋羊欣，字敬元，尤長隸書。年十二，夏月著新絹裙書寢。王獻之書裙數幅而去，欣書部工，由此彌善。

薄紹之

論　說

南朝梁・庾肩吾《書品》 姜詡、梁宣、魏徵玄成、韋秀、鍾輿、向泰、羊忱、晉元帝景文、識道人、范曄蔚宗、宗炳、謝靈運、蕭思話、薄紹之敬叔、齊高帝紹伯、庾黔婁、費元瑶、孫奉伯、王會、羊祐叔子。

論曰：此二十一人，並擅毫翰，動成楷則。殆逼前良，見希後彦。允為下之上。

唐・張懷瓘《書斷》卷中《妙品》 薄紹之，字敬叔，丹陽人，官至給事中。善書，憲章小王，風格秀異，若干將出匣，光芒射人，魏武臨戎，縱横制敵。其行、草倜儻，時越羊欣，若用力取之，則真正懸隔。敬叔隸、行、草入妙。

唐・竇臮《述書賦》卷上 又睹薄氏，纖圓克成，骨力猶稚。精彩潤密，乃誠莫貳，掩支凌師，抑亦其次。雖鍮無金價，而珉實玉類。【略】薄紹之，字敬叔，丹陽人，宋給事中，與楊、孔并師小王。今見具姓名行書四紙，共二十八行。

唐・韋續《墨藪》卷一《梁武帝書評第五》 薄紹之書亦有一家風氣，未為冠絶也。

又卷二《勸學第十七》 張嘉、庾亮、郗超、王珣、劉環、僧惠式、王循、張翼、戴安道、王玄之、王凝之、王徽之、王造之、王元之、宋文帝、宋孝武、康忻、王僧虔、謝靈運、羊欣、薄紹之、孔彬之、蕭思話、張永、蕭子良、齊高帝、蕭子雲。

互有得失，時見高深，絶長續短，智均力敵，一字乃敵右軍草書三分之一，以上二十七人，第四。

宋・姜夔《絳帖平》卷四《隋僧智果書》 薄紹之書如龍遊在霄，繾綣可愛。

明・陶宗儀《書史會要》卷四《宋》 薄紹之，字欽叔，一作敬叔。丹陽人，官至給事中。善隸、草、行書，初學王獻之，綽有風味，其作草字至自得處，則馳騁步驟，光采發越，照映四坐。然論其書者，乃謂骨力尤稚，何哉。至梁袁昂云：評其字勢，則謂如舞女低腰，僊人遠唱。以是言之，則必以婉麗清閒為主矣，安得發越映照如前所云。然佟繼之乃云：揮豪振紙，若疾閃飛星，婉麗清閒，所以論其常而發越映照，所以言其變，此心畫之妙，兼得乎，為人耳。梁武帝謂其亦有一家風氣，未為冠絶。

傳　記

宋・陳思《書小史》卷六《傳五》 薄紹之，字敬叔，丹陽人，官至給事中，善書。

裴松之

論　說

唐・竇臮《述書賦》卷上 匪庖丁之解牛，同君子之不器。裴松之，字世期，河東人，宋散騎常侍，太中大夫。今見具姓名章草書《慰勞文》一卷，二十四行。

明・陶宗儀《書史會要》卷四《宋》 裴松之，字世期，河東聞喜人，官至國子博士，太中大夫，博覽墳籍，書參郗愔之章法，得羊欣之筆意。

清・孫岳頒等《佩文齋書畫譜》卷二四《書家傳三宋齊梁陳》 世期參方回之章法，得敬元之草意。注：今見章草書慰勞文一卷。

傳記

宋・陳思《書小史》卷六《傳五》 裴松之，字世期，河東聞喜人，官至散騎常侍。善草書。

宗炳

論説

南朝梁・庾肩吾《書品》 姜翊、梁宣、魏徵玄成、韋秀、鍾興、向泰、羊忱、晉元帝景文、識道人、范曄蔚宗、宗炳、謝靈運、蕭思話、薄紹之敬叔、齊高帝紹伯、庾黔婁、費元瑶、孫奉伯、王會、羊祐叔子。

論曰：此二十一人，並擅毫翰，動成楷則。殆逼前良，見希後彦。允為下之上。

唐・李嗣真《書後品・中下品七人》 孫皓、張超、謝道韞、宗炳、宋文帝、齊高帝、謝靈運。

又 宗炳放逸屈懾，頗效康、許，量其直置孤梗，是靈運之流。

唐・張彦遠《歷代名畫記》卷六《宋》 宗炳，字少文，中品中。南陽涅陽人，善書畫。江夏王義恭嘗薦炳於宰相，前後辟召，竟不就。善琴書，好山水，西陟荆巫，南登衡岳，因結宇衡山，懷尚平之志，以疾還江陵，歎曰：噫，老病俱至，名山恐難遍遊，唯當澄懷觀道，卧以遊之。凡所遊歷，皆圖於壁，坐卧向之，其高情如此。年六十九，嘗自為畫山水序曰：聖人含道映物賢者，澄懷味像，至於山水質有而趣靈，是以軒轅、堯、孔、廣成、大隗、許由、孤竹之流，必有崆峒具茨藐姑箕首，大蒙之遊焉。又稱仁智之樂焉，夫聖人以神法道，而賢者通山水以形媚道，而仁者樂，不亦幾乎，余眷戀廬衡，契闊荆巫，不知老之將至，愧不能凝氣怡身，傷跕石門之流，於是畫象布色，構茲雲嶺，夫理絶於中，古之上者，可意求於千載之下，旨微於言之外者，可心取於書策之内。

南朝梁・庾肩吾《書品》 姜翊、梁宣、魏徵玄成、韋秀、鍾興、向泰、羊忱、晉元帝景文、識道人、范曄蔚宗、宗炳、謝靈運、蕭思話、薄紹之敬叔、齊高帝紹伯、庾黔婁、費元瑶、孫奉伯、王會、羊祐叔子。

論曰：此二十一人，並擅毫翰，動成楷則。殆逼前良，見希後彦。允為下之上。

宋・朱長文《墨池編》卷二《雜議之一・梁庾元威論書》 震書到書反左書等，及宋中庶宗炳出九體書，皆謂縑素書，半草書，全草書，此九法極真草書之次第焉，删拾之外，所存猶一百二十體。

明・陶宗儀《書史會要》卷四《宋》 宗炳，字少文，史作宗少文以字行。南陽涅陽人，高尚不仕，善書。

清・孫岳頒等《佩文齋書畫譜》卷二四《書家傳三宋齊梁陳》 宗炳放逸屈攝，頗效康許，量其直置孤梗，是靈運之流。宗炳出九體書，所謂縑素書，簡奏書，牋表書，弔記書，行狎書，檝書，稿書，半草書，全草書，此九法極真草書之次第。

傳記

《宋書》卷九三《宗炳傳》 太祖元嘉二年，詔曰：新除通直散騎侍郎戴顒，太子舍人宗炳並志託丘園，自求衡華恬静之操，久而不渝，顒可國子博士，炳可通直散騎侍郎。東宮初建。

宗炳字少文，南陽涅陽人也。祖承，宜都太守，父繇之，湘鄉令。母同郡師氏，聰辨有學義，教授諸子。炳居喪過禮，為鄉閭所稱。刺史殷仲堪、桓玄並辟主簿，舉秀才，不就。高祖誅劉毅，領荆州，問毅府咨議參軍申永曰：今日何施而可。永曰：除其宿釁，倍其惠澤，貫叙門次，顯擢才能，如此而已。高祖納之，辟炳為主簿，不起，問其故，答曰：棲丘飲谷三十餘年。高祖善其對。妙善琴書，精於言理，每遊山水，往輒忘歸。征西長史王敬

弘每從之，未嘗不彌日也。乃下入廬山，就釋慧遠考尋文義。兄臧為南平太守，逼與俱還。乃於江陵三湖立宅，閑居無事。高祖召為太尉參軍，不就。二兄蚤卒，孤累甚多，家貧無以相贍，頗營稼穡。高祖數致餼賚，其後子弟從祿乃悉不復受。高祖開府，辟召，下書曰：吾忝大寵，思延賢彥，而兎罝潛處，考槃未臻，側席丘園，良增虛佇。南陽宗炳、鴈門周續之，並植操幽棲，無悶巾褐，可下辟召，以禮屈之。於是並辟太尉掾，皆不起。宋受禪，徵為太子舍人。元嘉初，又徵通直郎。東宮建，徵為太子中舍人庶，子並不應。妻羅氏，亦有高情，與炳協趣。羅氏没，炳哀之過甚，既而輟哭尋理，悲情頓釋，謂沙門釋慧堅曰：死生之分，未易可達，三復至教，方能遣哀。衡陽王義季在荊州，親至炳室，與之歡讌，命為咨議參軍，不起。好山水，愛遠遊，西陟荊巫，南登衡岳，因而結宇衡山，欲懷尚平之志，有疾，還江陵，嘆曰：老疾俱至，名山恐難遍覩，唯當澄懷觀道，卧以遊之。凡所遊履，皆圖之於室，謂人曰：撫琴動操，欲令衆山皆響。古有金石弄，為諸桓所重，桓氏亡，其聲遂絶，惟炳傳焉。太祖遣樂師楊觀就炳受之。炳外弟師覺授亦有素業，以琴書自娱。臨川王義慶辟為祭酒、主簿，並不就，乃表薦之，會病卒。元嘉二十年，炳卒，時年六十九。衡陽王義季與司徒江夏王義恭書曰：宗居士不救所病，其清履肥素，終始可嘉，為之惻愴不能已已。子朔，南譙王義宣車騎參軍，次綺，江夏王義恭司空主簿，次昭，郢州治中，次説，正員郎。

清·孫岳頒等《佩文齋書畫譜》卷二四《書家傳三宋齊梁陳》 宗少文。

宗少文，《宋書》作宗炳，字少文。南陽涅陽人也，妙善琴書圖畫，元嘉中，頻徵不應。

紀事

宋·陳思《書小史》卷六《傳五》 宗炳，字少文，南陽人，前後辟召，皆不就。少文妙善琴書圖畫，行草尤工。每遊山水，往輒忘歸，凡所遊歷，皆圖之於室，坐卧響之，其高情如此。

戴顒

論説

宋·陳思《書小史》卷五《傳四》 戴顒，字仲若，逵之子，隱遯有高名，亦不仕，隱居桐廬，父善琴書，顒並傳其業。

明·陶宗儀《書史會要》卷四《宋》 戴顒，字仲若，晉徵士，逵之子，元嘉中徵，並不起，父善琴書，顒並傳之。

清·孫岳頒等《佩文齋書畫譜》卷二四《書家傳三宋齊梁陳》 戴顒，字仲若，譙郡銍人也。父逵，兄勃，並隱遯有高名，父善琴書，顒並傳之。世居剡下，後出居吴。元嘉中徵，並不就。

傳記

《宋書》卷九三《戴顒傳》 戴顒，字仲若，譙郡銍人也，父逵，兄勃，並隱遯有高名。顒年十六，遭父憂，幾於毀滅，因此長抱羸患，以父不仕，復脩其業，父善琴書，顒並傳之，凡諸音律，皆能揮手。

紀事

《南史》卷五〇《戴顒傳》 攝山建栖霞寺而居之，高帝甚以為恨。昔戴顒高卧牖下，以山人之服加其身。

明·汪珂玉《珊瑚網》卷一五《徵仲書赤壁賦小跋》 夢隱樓在滄浪池之上，南直若墅堂，其高可望郭外諸山，君嘗乞靈於九鯉湖，夢隱隱字及

得此地，為戴顒、陸魯望故宅，因築樓以識。

清・孫岳頒等《佩文齋書畫譜》卷二八《書家傳七唐三》 鄭桂清。代宗時人。乾元寺，晉高士戴顒舍宅置，乾元初，蘇州節度採訪使鄭桂清書額。

王弘

論説

明・陶宗儀《書史會要》卷四《宋》 王弘，字休元，琅邪臨沂人，晉丞相導之曾孫，官至太保，中書監，以清悟知名，工於書翰，人皆法之。

清・孫岳頒等《佩文齋書畫譜》卷二四《書家傳三宋齊梁陳》 王弘。王弘，字休元，琅邪臨沂人也，珣子，元嘉九年進位太保，謚文昭。弘人望所宗，書翰儀體，後人皆依放之。

傳記

《宋書》卷四二《王弘傳》 王弘，字休元，琅邪臨沂人也。曾祖導，晉丞相。祖洽，中領軍。父珣，司徒。

弘少好學，以清恬知名，與尚書僕射謝混善。弱冠，為會稽王司馬道子驃騎參軍主簿。時農務頓息，末役繁興，弘以為宜建屯田，陳之曰：近面所諮立屯田事，已具簡聖懷。南畝事興，時不可失，宜早督田畯，以要歲功。而府資役單刻，控引無所，雖復厲以重勸，肅以嚴威，適足令囹圄充積，而無救於事實也。伏見南局諸冶，募吏數百，雖資以廩贍，收入甚微。愚謂若回以配農，必功利百倍矣。然軍器所須，不可都廢，今欲留銅官大冶及都邑小冶各一所，重其功課，一准揚州，州之求取，亦當無乏，餘者罷之，以充東作之要。又欲二局田曹，各立典軍募吏，依冶募比例，並聽取山湖人，此皆無損於私，有益於公者也。其中亦應疇量，分判番假，及給廩多少，自可一以委之本曹。親局所統，必當練悉，且近東曹板水曹參軍納之領此任，其人頗有幹能，自足了其事耳。頃年以來，斯務弛廢，田蕪廩虛，實亦由此。弘過蒙飾擢，志輸短効，豈可相與寢默，有懷弗聞邪，至於當否，尊自當裁以遠鑒。若所啟謬允者，伏願便以時施行，庶歲有務農之勤，倉有盈廩之實，禮節之興，可以垂拱待也。道子欲以爲黃門侍郎，珣以其年少固辭。

又史臣曰：晉綱弛紊，其漸有由，孝武守文於上，化不下及，道子昏德居宗，憲章墜矣。重之以國寶啟亂，加之以元顯嗣虐，而祖宗之遺典，羣公之舊章，莫不葉散冰離，掃地盡矣。主威不樹，臣道專行，國典人殊，朝綱家異，編户之命，竭於豪門，王府之蓄，變為私藏。由是禍基東妖，難結天下，蕩蕩然王道不絶者若綖。高祖一朝創義，事屬橫流，改亂章，布平道，尊主卑臣之義，定於馬棰之間。威令一施，内外從禁，以建武、永平之風，變太元、隆安之俗，此蓋文宣公之爲也。爲一代宗臣，配饗清廟，豈徒然哉。

清・葉方藹《孝經衍義》卷八三《卿大夫之孝・敬親》《南史》：王弘，父珣，頗好積聚財物，布在人間，及薨，弘悉燔券書，一不收責，其餘舊業，悉委諸弟。時内外多難，在喪者皆不得終其哀，惟弘徵召，一無所就。弘既人望所宗，造次必存禮法，凡動止施為，及書翰禮儀，後人皆依倣之，謂為王太保家法。雖歷藩輔，而不營財利，薨亡之後，家無餘業。

臣按王弘以清約幹蠱，以禮法傳家，皆敬親之事也。

明・崇禎《山西通志》卷五 七王弘，字休元，瑯琊臨沂人，晉丞相導曾孫。宋國初建，為尚書僕射，掌選，領彭城太守，後遷江州刺史，省賦簡役，百姓安之。

朱齡石

論說

南朝梁・庾肩吾《書品》 陽經、諸葛融、楊潭、張炳、岑淵、張輿、王濟、李夫人、劉穆之道和、朱齡石、庾景休、張融思光、褚元明、孔敬通、王籍文海。

右十五人，下之中。

論曰：此十五人，雖未窮字奧，書尚文情。披其叢薄，非無香草。視其涯岸，皆有潤珠。故遺斯紙，以為世玩。允為下之中。

宋・陳思《書小史》卷六《傳五》 朱齡石，字伯兒，沛人，官至雍州刺史，善尺牘。

明・陶宗儀《書史會要》卷四《宋》 朱齡石，字伯兒，沛郡人，官至雍州刺史。弟楚石，官至中書侍郎。兄弟並嫻尺牘。

清・孫岳頒等《佩文齋書畫譜》卷二四《書家傳三宋齊梁陳》 朱齡石，字伯兒，沛國沛人也，封豐城侯，為雍州刺史。朱齡石，《書品》下之中。

傳記

《宋書》卷四八《朱齡石傳》 朱齡石，字伯兒，沛郡沛人也。家世將帥。祖騰，建威將軍、吳國內史。伯父憲及斌，並爲西中郎袁真將佐，憲爲梁國內史，斌爲汝南內史。大司馬桓温伐真於壽陽，真以憲兄弟與温潛通，並殺之。齡石父綽逃走歸温，攻戰常居先，不避矢石。壽陽平，真已死，綽輒發棺戮尸，温怒，將斬之，温弟沖苦請得免。綽為人忠烈，受沖更生之恩，事沖如父。參沖車騎軍事、西陽廣平太守。及沖薨，綽歐血死。沖諸子遇齡石如兄弟。

至蒲坂，值齡石自長安東走至曹公壘，超石濟河就之，與齡石俱沒，為佛佛所殺，時年三十七。

謝方明

論說

唐・竇臮《述書賦》卷上 方明寬和，穩媚且潤，如幽閑女德，禮教士胤。謝方明，陳郡人，惠連父，宋會稽太守。今見帶名正書籤三行也。

明・陶宗儀《書史會要》卷四《宋》 謝方明，陳郡人，惠連父，官至會稽太守，書法寬和穩媚。

傳記

宋・陳思《書小史》卷六《傳五》 謝方明，陳郡陽夏人，官至會稽太守。善正書。

崔浩

論說

宋・黃伯思《東觀餘論》卷上《汝州新刻諸帖辨》 取衛州魏孝文

《吊比干文》中數行，强名為崔浩書。如北齊碑便目為温子升，後魏碑便目為沈法會。如此者甚多。且如《吊比干文》，魏孝文作，而崔浩之死在太武時，乃目為浩書，其不稽古如此。

宋・陳思《書小史》卷八《傳七》 崔浩，字伯淵，宏之子，官至司徒。博覽經史，玄象、陰陽、百家之言無不該覽。太祖以其工書，常置左右。人多托寫急就章，從小至老，初不憚勞，所書蓋以百數。浩書體勢及其先人而巧妙不如也。世藏其迹，多裁割綴連以為模楷。

明・陶宗儀《書史會要》卷四《後魏》 崔浩，字伯深，清河武城人。官至中書令。博覽經史，玄象、陰陽、百家之言無不研精。工草書，多寫急就章。世寶其迹，以為摹楷。

清・沈辰《書畫緣》 崔浩，字伯源、宏子。博覽經史，明識天文。官至司徒總百揆。工書，體勢及其先人而巧妙不如也。世寶其迹，多裁割綴連以為模楷。

傳記

《北史》卷二一《崔宏傳》 浩子伯深，少好學，博覽經史。玄象陰陽百家之言，無不該覽。研精義理，時人莫及。弱冠爲通直郎，稍遷著作郎，道武以其工書，常置左右。道武季年，威嚴頗峻，宫省左右，多以微過得罪，莫不逃隱，避目下之變。浩獨恭勤不怠，或終日不歸。帝知之，輒命賜以御粥。其砥直任時，不爲窮通改節若此。

明元初，拜博士祭酒，賜爵武城子。常授帝經書，每至郊祀，父子並乘軒軺，時人榮之。【略】

浩既工書，人多託寫急就章，從少至老，初不憚勞。所書蓋以百數，必稱馮代强，以示不敢犯國。其謹也如此。浩書體勢及其先人，而巧妙不如也。世寶其迹。多裁割綴連，以為摹楷。

崔簡

傳記

《北史》卷二一《崔宏傳》 浩弟簡，字仲亮，一名覽。好學，少以善書知名。道武初，歷中書侍郎，爵五等侯，參著作事。卒。

宋・陳思《書小史》卷八《傳七》 崔簡，字仲亮，浩之弟。好學，少以善書知名。道武初歷中書侍郎，爵五等侯，參著作事。

顔延之

論説

宋・陳思《書小史》卷六《傳五》 顔延之，字延年，瑯琊臨沂人，官至金紫光禄大夫，領湘東王帥。少孤貧，居，好讀書，無所不覽，文章冠絶當時，尤善書翰，與陳郡謝靈運詞彩齊名江左，稱顔謝焉。文帝嘗問延之諸子才能，延之曰：峻得臣筆，測得臣文，奂得臣義，躍得臣酒。

傳記

《宋書》卷七三《顔延之傳》 顔延之，字延年，琅邪臨沂人也。曾祖含，右光禄大夫。祖約，零陵太守。父顯，護軍司馬。延之少孤貧，居負郭，室

巷甚陋，好讀書，無所不覽，文章之美，冠絕當時，飲酒不護細行，年三十，猶未婚，妹適東莞劉憲之，穆之子也，穆之既與延之通家，又聞其美，將仕之，先欲相見，延之不往。

孝建三年卒，時年七十三，追贈散騎常侍，特進，金紫光祿大夫如故，謚曰憲子。延之與陳郡謝靈運俱以詞彩齊名，自潘岳、陸機之後，文士莫及也，江左稱顏謝焉，所著並傳於世。竣別有傳，竣弟惻亦以文章見知，官至江夏王傅義恭大司徒録事參軍，蚤卒。太宗即位，詔曰：延之昔師訓朕躬，情契兼款，前記室參軍濟陽太守奥，伏勤蕃朝，綢繆恩舊，可擢為中書侍郎。奥，延之第三子也。

宋・鄭樵《氏族大全》卷五《顏彪》 顏延之，字延年，文章冠絕當世，與謝莊齊名。鮑照曰：謝五言如初發芙蓉，公詩如鋪錦繡，亦雕繢滿眼，江左稱顏謝。宋文帝嘗召之，不見，但酒店酣歌，了不應對。他日，醉醒，乃見，問諸子才能，對曰：峻得臣筆，測得臣文，奥得臣義，躍得臣酒。何尚之曰：誰得卿狂。曰：其狂不可及。性褊激，直言無忌避，論者謂之顏彪。孝武加金紫光祿大夫。

紀事

明・陳耀文《天中記》卷三四《觀察使》 守郡謂之建麾，蓋用顏延年一麾乃出守之句，不知其悮也。延年謂一麾，如武王右秉白旄，以麾之麾耳。延年贈始平詩云：屢薦不入官，一麾乃出守。謂山濤薦咸為吏部郎，三上，而武帝不用，其後一擠，遂出始平，故有此句。延年被擯，以此自托爾。後杜牧之為《登樂遊原》詩云：擬把一麾江海去，樂遊原上望昭陵。遂為故事。

明・彭大翼《山堂肆考》卷九七《得父一能》 劉宋顏延之，字延年。文帝召之，不肯詣，常日但入酒店，裸袒挽歌，了不應對，他日，醉醒入見帝，帝問諸子才能，對曰：浚得臣筆，測得臣文，奥得臣義，曜得臣酒。何尚之因問：誰得卿狂。曰：其狂不可及。

謝靈運

論説

南朝齊・王僧虔《論書》 謝靈運書乃不倫，遇其合時，亦得入流。昔子敬上表多於中書雜事中，皆自書竊易真本，相與不疑。元嘉初，方就索還，《上謝太傅殊禮表》亦是其例。親聞文皇説此。

南朝梁・虞龢《論書表》 謝靈運，母劉氏，子敬之甥，故靈運能書，而特多王法。

南朝梁・庾肩吾《書品》 姜詡、梁宣、魏徵玄成、韋秀、鍾輿、向泰、羊忱、晉元帝景文、識道人、范曄蔚宗、宗炳、謝靈運、蕭思話、薄紹之敬叔、齊高帝紹伯，庾黔婁、費元瑶、孫奉伯、王會、羊祐叔子。

論曰：此二十一人，並擅毫翰，動成楷則。殆逼前良，見希後彥。允為下之上。

唐・張懷瓘《書斷》卷中《妙品》 謝靈運，會稽人。祖玄，父煥。靈運官至祕書監，侍中、康樂侯。模憲小王，真、草俱美。石藴千年之色，松低百尺之柯，雖不逮師，歙風吐雲，簸蕩川岳，其亦庶幾。虞龢云：謝靈運母劉氏，子敬之甥，故靈運能書，而特多王法。王僧虔云：子敬上表，多在中書雜事中，靈運竊寫易其真本，相與不疑。元嘉初，帝就索，始進。親聞文皇説此。元嘉十年，年四十九，以罪棄廣州市。隸、草入妙。

唐・竇臮《述書賦》卷上 後見三謝兩張，聯輝并俊。若夫小王風範，骨秀靈運。快利不拘，威儀或擯。猶飛湍激石，電注雷震。謝靈運，陳郡人，宋侍中，祕書監。今見帶名行書七行。

《宣和書譜》卷一六《草書四》 靈運少好學，博綜群書，作為文辭，擅江左之譽。學王羲之真草，俱造其妙。或謂獻之，靈運舅也，故得其法為精。凡獻之所上表章，多在中書雜事中。靈運模臨亂真，因以己所書易其

本，人莫能辨，然稍有知之者。後至元嘉中，有司就索始進上。當時靈運為一代間人，凡衣服器用一有製作，世共宗之，如郭泰折角巾也。至不名之，皆曰謝康樂云。康樂者，靈運之侯封也，作草字尤為人所推與。有評其書者，謂如石色松幹，吹翕風雲，簸蕩川岳，則清雄可見也。然蕭散氣韻，則恐此不足盡之，徒能狀其奔放耳。靈運官至中書侍郎，其出處始末自有傳。今御府所藏草書一。

明・陶宗儀《書史會要》卷四《宋》 謝靈運，陳郡陽夏人，晉車騎將軍玄之孫，官至侍中，臨川内史。博總羣書，學王獻之真草，俱造其妙。或謂獻之，靈運舅也，故其得法為精。凡獻之所上表章，多在中書雜事中，靈運臨模亂真，因以已所書易其本人，人莫能辨，然稍有知者。後至元嘉中，有司就索始進上。作草字尤為人所推許，有評其書者，謂如石色松幹，吹翕風雲，簸蕩川岳，則清雄可見也。然蕭散氣韻，則恐不能盡之，徒能狀其奔放。

清・孫承澤《硯山齋雜記》卷二《書紀》 虞又云：謝靈運母劉氏，子敬之甥，故靈運能書，而特多王法。昔人云：王氏例能書，謝氏例能詩。予按：謝氏自文靖庾肩吾《書品》列中之上。已來，尚、奕、萬、晦、敷、方明、靈運、惠連、綜、静、朓、藻皆擅書名，乃至道韞，亦云善書，知前賢未為篤論也。

清・孫岳頒等《佩文齋書畫譜》卷二四《書家傳三宋齊梁陳》 謝靈運，《謝弘微傳》云，小字客兒。陳郡陽夏人，襲封康樂公。靈運詩書皆兼獨絶，每文竟，手自寫之，文帝稱為二寶。後為永嘉太守，臨川内史。

謝瞻與從叔琨、族弟靈運俱有盛名，嘗作喜霽詩，靈運寫之，琨詠之，王弘以為三絶。

傳記

宋・陳思《書小史》卷六《傳五》 謝靈運，陳郡人，晉車騎將軍玄之孫也，官至祕書監，侍中，康樂侯。善書，模憲小王，真草俱美。

雜録

元・王惲《秋澗集》卷七三《跋謝靈運帖》 謝靈運以風雅鼓吹兩晉，善書則未知也。今觀節卷《金華二誥》，與張芝《菱形帖》相上下可也。至於筆勢豪宕，殆是伐山開道氣象。千載而下，傳車一節，足見其為人，而當時隣略，得不以山戎為駭乎。

屈恒

傳記

清・沈辰《書畫緣》 屈恒，字長生，昌黎徒河人也。少寡家業，尤善書計，賜爵濟北公。恭宗在東宮，領太子少傅、征西大將軍。謚成公。

孫伯禮

傳記

宋・陳思《書小史》卷八《傳七》 孫伯禮，武邑人，光禄大夫惠蔚之子。善隸書。位國子博士。

劉仁之

傳記

《魏書》卷八一《劉仁之傳》　劉仁之，字山静，河南洛陽人。其先代人，徙于洛。父爾頭，在外戚傳。仁之少有操尚，粗涉書史，真草書迹，頗號工便。御史中尉元昭引爲御史。前廢帝時，兼黄門侍郎，深爲尒朱世隆所信用。出帝初，爲著作郎，兼中書令，既非其才，在史未嘗執筆。出除衛將軍、西兗州刺史，在州有當時之譽。武定二年卒，贈衛大將軍、吏部尚書、青州刺史，謚曰敬。

宋·陳思《書小史》卷八《傳七》　劉仁之，字山静，歷位衛將軍、西兗州刺史。少有操尚，粗涉書史，真、草筆迹，頗號工便。

宇文忠之

傳記

《魏書》卷八一《宇文忠之傳》　宇文忠之，河南洛陽人也。其先南單于之遠屬，世據東部，後人居代都。祖阿生，安南將軍、巴西公。父侃，卒於治書侍御史。忠之獵涉文史，頗有筆札，釋褐太學博士。天平初，除中書侍郎。裴伯茂與之同省，常侮忽之，以忠之色黑，呼爲黑宇。後敕修國史。

宋·陳思《書小史》卷八《傳七》　宇文忠之，河南洛陽人。官至右丞，涉獵文史，頗有筆札，尤善行草。

柳楷

傳記

《魏書》卷四五《柳崇傳》　慶和弟楷，字孝則。身長八尺，善草書，頗涉文史。解褐員外散騎侍郎。蕭闕西征，引爲車騎主簿，仍爲行臺郎中。征還，以員外郎領殿中侍御史。轉太尉記室參軍，遷寧遠將軍、通直散騎侍郎、本郡邑中正。普泰初，簡定集書省官，出除征虜將軍、司徒從事、中書郎，轉儀同開府長史。天平中，謂肆州驃騎府長史，頗有聲譽。又加中軍將軍。興和中，撫軍司馬，遇病卒。

宋·陳思《書小史》卷八《傳七》　柳楷，字士則，河東解人。善草書，頗涉文史。位撫軍司馬。

謝晦

論説

南朝梁·庾肩吾《書品》　衛宣、李韞、陳基、傅廷堅、張紹、陰光、韋熊少季、張暢、曹任、宋嘉、裴邈、羊固、傅夫人、辟閭訓、謝晦、徐羡之、孔闓、顔寶光、周仁皓、張欣泰、張熾、僧岳道人。

右二十二人，下之下。

論曰：此二十二人，皆五味一和，五色一彩，視其雕文，非特刻鵠。人人下筆，寧止追嚮，遺迹見珍，餘芳可折。誠以駈馳並駕，不逮前鋒，而中權

後殿，各盡其美。允為下之下。

宋・陳思《書小史》卷六《傳五》 謝晦，字宣明，陳郡陽夏人，官至中書令，善書。

明・陶宗儀《書史會要》卷四《宋》 謝晦，字宣明，陳郡陽夏人，官至荆州刺史，涉獵文義，善書。

清・孫岳頒等《佩文齋書畫譜》卷二四《書家傳三宋齊梁陳》 謝晦善書。

傳記

《南史》卷一九《謝晦傳》 謝晦，字宣明，陳郡陽夏人，晉太常裒之玄孫也。晦初為孟昶建威府中兵參軍。【略】累遷太尉主簿。【略】帝深加愛賞，從征關、洛，内外要任悉委之。帝于彭城大會，命紙筆賦詩，晦恐帝有失，起諫帝，即代作曰：先蕩臨淄穢，却清河洛塵，華陽有逸驥，桃林無伏輪。於是羣臣並作。【略】晦死時年三十七。

紀事

宋・章定《名賢氏族言行類稿》卷四六《謝九百三》 《南史》：謝晦，字宣明，晉太常裒之玄孫，涉獵文義，博贍多通。從武帝征關洛，内外要任悉委之。時謝混風華為江左第一，嘗與晦俱在武帝前，帝目之曰：一時頓有兩玉人耳。

王曇首

論說

宋・陳思《書小史》卷六《傳五》 王曇首，僧虔父也，幼而素尚，兄弟分財，曇首惟取圖書而已，文帝時為侍中驍騎將軍，善行書。

明・陶宗儀《書史會要》卷四《宋》 王曇。右皆書尚文情，梁庾肩吾謂：五味一和，五色一采，誠以争驅並駕，不逮前鋒，而中權後殿，各盡其美。

又 王曇首，瑯琊臨沂人，太保弘之弟，官至侍中，幼而素尚，兄弟分財，曇首惟取圖書而已。沈毅雍容，其作草字，雖未足與古人方駕，而行筆痛快，亦自有可觀者。

《宣和書譜》卷一六《草書四》 王曇首，瑯琊臨沂人，官至侍中。平時沈毅雍容，喜愠不見於色，人謂有宰相器。兄弟分財，獨取圖書以歸，至於金璧，手未嘗持也。方太祖初登九五，而曇首與從兄華皆為佐命功臣，遭風雲之會，確然以社稷為己任，亦霸者之佐也。其作草字，雖未足以與古人方駕，要之是一代宗臣，而人物典刑，千古如在，況其行筆痛快，亦自有可觀者。今御府所藏草書一：《餘念帖》。

徐爰

論說

唐・竇臮《述書賦》卷上　長玉靡慢，神閑態濃。苟小王之偉質，錯明帝之高蹤。執德而風塵不雜，發言而禮儀攸從。徐爰，字長玉，琅琊人。本名瑗，避傳亮諱除玉。宋太中大夫。今見正書具姓名《上明帝啓》一紙，五行。

明・陶宗儀《書史會要》卷四《宋》　徐爰，字長玉，琅邪開陽人，本名瑗，避傳亮諱，除玉，官至中散大夫，書神閒態穠。

傳記

宋・陳思《書小史》卷六《傳五》　徐爰，字長玉，瑯琊人，官至中散大夫。善正書。

紀事

南朝梁・虞龢《論書表》　孝武使徐爰治護，隨紙長短，參差不同，具以數十紙為卷，披視不便，不易勞茹，善惡正草，不相分別。今所治繕，悉改其弊。

徐希秀

論說

南朝梁・庾肩吾《書品》　羅暉叔景、趙襲元嗣、劉輿、張昭、陸機士衡、朱誕、王導茂弘、庾亮元規、王洽、郗超吴興、張翼、宋文帝劉義隆、康昕、徐希秀、謝朓玄暉、劉繪、陶隱君名弘景、王崇素。

右十八人，中之下。

論曰：叔景元嗣，並稱西州。劉輿之箋札，張昭之無懈。陸機以弘才掩迹，朱誕以偏藝流聲。王導則列聖推能，庾亮則羣公挹巧。王洽以並通諸法，郗超以晚年取譽。張翼善效。宋帝，康昕郗秀孤生。謝朓劉繪，文宗書範，近來少前。陶隱君仙才翰采，拔于山谷。王崇素靡倫篇筆，傅于里閭。此十八人允為中之下。

唐・竇臮《述書賦》卷上　正則謹促有度，草則拘撿靡伸。如儉德君子，清朝士人。徐希秀，琅琊人，齊驍騎將軍。今見具姓名行書、草書兩紙，共十二行。

明・陶宗儀《書史會要》卷四《宋》　徐希秀，爰之子，官至驍騎將軍，淮南太守。甚有學解，亦嫻篆、隸，正書謹促有度，草則拘檢。梁武帝謂其書如南岡士大夫，徒尚風範，不免寒乞也。

傳記

《梁書》卷二一《王志傳》　齊游擊將軍徐希秀，亦號能書，常謂志為書聖。

宋・陳思《書小史》卷六《傳五》　徐希秀，瑯琊人，官至驍騎將軍，善行書。

桓護之

論説

唐・竇泉《述書賦》卷上　桓公護之，神凝筆遲。富雅景，乏士規。猶門寒道高，衣薜言時。　桓護之，字彥宗，洛陽人，宋寧朔將軍。今見具姓名行書一紙，四行。

傳記

明・陶宗儀《書史會要》卷四《宋》　桓護之，字彥宗，略陽桓通人，官至豫州刺史。倜儻不拘小節，書神凝筆遲。

宋・陳思《書小史》卷六《傳五》　桓護之，字彥宗，略陽人，官至寧朔將軍。善行書。

范曄

論説

南朝齊・王僧虔《論書》　范曄與蕭思話同師羊欣，然范後背叛，皆失故步，名亦稍退。

南朝梁・庾肩吾《書品》　姜翊、梁宣、魏徵玄成、韋秀、鍾輿、向泰、羊忱、晉元帝景文、識道人、范曄蔚宗、宗炳、謝靈運、蕭思話、薄紹之敬叔、齊高帝紹伯、庾黔婁、費元瑶、孫奉伯、王會、羊祐叔子。

論曰：此二十一人，並擅毫翰，動成楷則。殆逼前良，見希後彥。允為下之上。

唐・張懷瓘《書斷》卷下《能品》　范曄，字蔚宗，順陽人也。父泰。曄官至太子詹事。工於草、隸，小篆尤精，師範羊欣，不能儁拔。元嘉二十年伏誅。諸葛長民亦善行草，論者以爲曄之流也。長民官至前將軍，義熙八年伏誅。時又有張休，善隸書。初，羊欣愛子敬正、隸法，其崇仰，以右軍之體微古，不復見貴，休始改之，世乃大行。休字弘明，官至豫章太守也。

宋・陳思《書小史》卷六《傳五》　范曄，字蔚宗，順陽人，官至太子詹事，蘊良史之才，通音律之妙，能談草、隸，小篆尤精，師範羊欣，慕其俊拔。王僧虔云：與蕭思話同師羊欣，而曄後背叛，皆失故步，名亦稍退。曄傳自序云：吾書雖小小有意，筆勢不快餘，竟不成就，每愧此名。

明・陶宗儀《書史會要》卷四《宋》　范曄字蔚宗，順陽人，泰第四子，官至太子詹事，以謀逆伏誅，善為文章，師羊欣，工草、隸。

傳記

《宋書》卷六九《范曄傳》　范曄，字蔚宗，順陽人，車騎將軍泰少子也。母如廁産之，額為磚所傷，故以磚為小字。出繼從伯弘之，襲封武興縣五等侯。少好學，博涉經史，善為文章，能隸書，曉音律。年十七，州辟主簿，不就。高祖相國掾，彭城王義康冠軍參軍，隨府轉右軍參軍，入補尚書外兵郎，出為荆州別駕從事史。尋召為祕書丞，父憂去職。服終，為征南大將軍檀道濟司馬，領新蔡太守。道濟北征，曄憚行，辭以脚疾，上不許，使由水道統載器仗部伍。軍還，為司徒從事中郎。傾之，遷尚書吏部郎。

元嘉元年冬，彭城太妃薨，將葬，祖夕，僚故並集東府。曄弟廣淵，時為司徒祭酒，其日在直。曄與司徒左西屬王深宿廣淵許，夜中酣飲，開北牖聽挽歌為樂。義康大怒，左遷曄宣城太守。不得誌，乃刪衆家《後漢書》為壹家之作。在郡數年，遷長沙王義欣鎮軍長史，加寧朔將軍。兄皓為宜都

太守，嫡母隨皓在官。十六年，母亡，報之以疾，曄不時奔赴；及行，又攜妓妾自隨，為御史中丞劉損所奏。太祖愛其才，不罪也。服闋，為始興王浚後軍長史，領南下邳太守。及浚為揚州，未親政事，悉以委曄。尋遷左衛將軍、太子詹事。

曄長不滿七尺，肥黑，禿眉須。善彈琵琶，能為新聲。上欲聞之，屢諷以微旨，曄偽若不曉，終不肯為上彈。上嘗宴飲歡適，謂曄曰：我欲歌，卿可彈。曄乃奉旨。上歌既畢，曄亦止弦【略】曄及子藹、遥、叔蔞、孔熙先及弟休先、景先、思先、熙先子桂甫、桂甫子白民、謝綜及弟約、仲承祖、許耀，諸所連及，並伏誅。曄時年四十八。曄兄弟子父已亡者及謝綜弟緯，遷、徙廣州。藹子魯連，吴興昭公主外孫，請全生命，亦得遠徙，世祖即位得還。曄性精微有思致，觸類多善，衣裳器服，莫不增損制度，世人皆法學之。

宋・王欽若等《册府元龜》卷八三五《總録部・醜陋》 范曄為左衛將軍太子詹事，長不滿七尺，肥黑禿眉髮，劉胡本名坳胡，以其顔面坳黑似胡，故以為名。

清・孫岳頒等《佩文齋書畫譜》卷二四《書家傳三宋齊梁陳》 范曄。范曄字蔚宗，小字塼，泰第四子，順陽人也，少好學，善為文章，能隸書，曉音律，累遷左衛將軍，太子詹事。及入獄，上有白團扇甚佳，送曄，令書出詩賦美句，曄受旨，援筆而書曰：去白日之炤炤，襲長夜之悠悠。上循覽悽然。曄自序云：吾書雖小小有意，筆勢不快餘，竟不成就，每愧此名。

蕭思話

論説

南朝梁・庾肩吾《書品》 姜詡、梁宣、魏徵玄成、韋秀、鍾興、向泰、羊忱、晉元帝景文、識道人、范曄蔚宗、宗炳、謝靈運、蕭思話、薄紹之敬叔、齊高帝紹伯、庾黔婁、費元瑶、孫奉伯、王會、羊祐叔子。

論曰：此二十一人，並擅毫翰，動成楷則。殆逼前良，見希後彦。允為下之上。

唐・張懷瓘《書斷》卷下《能品》 宋蕭思話，蘭陵人。父源。思話官至征西將軍、左僕射。工書，學於羊欣，得其體法。行草連岡盡望，勢不斷絶，雖無奇峰壁立之秀，亦可謂有功矣。王僧虔云：蕭令法羊欣，風流媚態，殆欲不減，筆力恨弱。袁昂云：羊真孔草，蕭行范篆，各一時之妙也。然上方琳之不足，下方范曄有餘，喻之於玄，蓋緇緅間耳。孝建二年卒，年五十。

唐・李嗣真《書後品・下中品十人》 范曄、蕭思話、張融文舒、梁簡文帝、劉逖、王晏、周顒、王崇素、釋智果、虞綽。

又 蕭比遁世之夫，時或堪採。

唐・竇臮《述書賦》上 思話綿密，緩步聘婷。任性工隸，師羊過青。似鳧鷗雁鶩，游戲沙汀。蕭思話，蘭陵人，宋征西將軍、丹陽尹。今見帶名正書啟兩紙，共十三行，具姓名行書三行。

宋・陳思《書小史》卷六《傳五》 蕭思話，南蘭陵人，官至征西將軍，左僕射，解音律，工書，受學於羊欣，得行草之妙。論者謂：雖無奇峰壁立之秀，連岡盡望，勢不斷絶，亦可謂有功矣。王僧虔云：蕭全法羊欣，風流媚好殆欲不減，筆力恨弱。袁昂云：羊真孔草，蕭行范篆，各一時之妙也。然上方琳之不足，下比范曄有餘。

《宣和書譜》卷三《正書一》 蕭思話，南蘭陵人，官至侍中。方十許歲，時未知書，以博奕遊遨為事，好騎屋棟，打腰鼓，侵惱鄰里，人多患之。稍長，遂折節讀書，作字，於是聲與籍甚。初學書於羊欣，下筆緜密娉婷，當時有鳧鷗雁鶩遊戲沙汀之比。至于行草之工，則有連岡盡望，勢不斷絶之玅，其風流媚好，殊不在羊欣下，故蕭行范篆，楊真孔草，所以著論於袁昂也。然所得乃其正書耳，今御府所藏正書一：《奏事帖》。

元・盛熙明《法書考》卷一《書譜・集評》 蕭思話。庾云上下品，張云行草妙品，李云下中品，如遁世之夫，時或堪采。王云全法羊欣，風流趣好殆當不減，而筆力恨弱。

明・陶宗儀《書史會要》卷四《宋》 蕭思話，南蘭陵人，官至征西將軍，丹陽尹，工隸行草，初學於羊欣，下筆綿密娉婷，當時有鳧鷗雁鶩游戲沙

汀之比。至於行草之工，則有連岡盡望，執不斷絶之妙，其風流媚好，殊不在羊欣下，故蕭行范篆，羊真孔草，所以著論於袁昂也。

傳記

《宋書》卷七八《蕭思話傳》 蕭思話，南蘭陵人，孝懿皇后弟子也，父源之，字君流，歷中書黄門郎，徐兖二州刺史，冠軍將軍，南琅邪太守。永初元年卒，追贈前將軍。思話年十許歲，未知書，以博誕遊遨為事，好騎屋棟，打細腰鼓，侵暴鄰曲，莫不患毒之。自此折節，數年中遂有令譽，好書史，善彈琴，能騎射。高祖一見，便以國器許之，年十八，除琅邪王大司馬行參軍，轉相國參軍，父憂去職，服闋，拜羽林監領石頭戍事，襲爵封陽縣侯，轉宣威將軍，彭城沛二郡太守。涉獵書傳，頗能隸書，解音律，便弓馬。元嘉三年，謝晦為荆州，欲請為司馬，思話拒之。五年，遷中書侍郎，仍督青州、徐州之東莞諸軍事，振武將軍，青州刺史，時年二十七。亡命，【略】旬中十七發，引咎陳遜，不許。明年，出為使持節、都督徐兖青冀幽五州，豫州之梁郡諸軍事，安北將軍，徐州刺史，加鼓吹一部，未行，而江州刺史臧質反，復以為使持節都督江州豫州之西陽、晉熙、新蔡三郡諸軍事，江州刺史，事平，分荆江豫三州置郢州，復都督郢湘二州諸軍事，鎮西將軍，郢州刺史，持節常侍如故，鎮夏口。孝建二年卒，時年五十，追贈征西將軍，開府儀同三司，持節常侍都督刺史如故，謚曰穆侯。

宋·王欽若等《册府元龜》卷八九七《總録部·改過》 宋鎮西將軍郢州刺史蕭思話，南蘭陵人也，年十許歲，未知書，以博誕遊遨為事，好騎屋棟，打細腰鼓，侵暴隣曲，莫不患毒之。自此折節，數年中遂有令譽，好書史，善彈琴，能騎射，高祖一見，便以國器許之。

清·孫岳頒等《佩文齋書畫譜》卷二四《書家傳三宋齊梁陳》 蕭思話。 蕭思話，南蘭陵人，宋孝懿皇后弟子也，工隸書，善彈琴，後拜郢州刺史，贈征西將軍，開府儀同三司，謚曰穆侯。

清·穆彰阿等《大清一統志》卷六一《常州府二》 蕭思話，南蘭陵人，父源之，字君流，歷徐兖二州刺史。永初元年，卒，賜前將軍。思話有令譽，襲爵封陽縣侯，後拜郢州刺史，加都督，卒，謚曰穆侯。思話歷十二州仗節監督者九，愛才好士，人多歸之。子惠開，少有風氣，涉獵文史，雖貴戚而居服簡素，丁父艱，居喪有孝性，襲封封陽羨侯，再遷御史中丞。百僚憚之，尋除少府，加給事中，卒。弟惠明，亦有時譽，泰始初，出為吴興太守，卒。

紀事

唐·歐陽詢《藝文類聚》卷四四《樂部四·琴》 沈約《宋書》曰：蕭思話領左衛將軍，嘗從太祖登鍾山北嶺，中道有盤石清泉，上使於石上彈琴，因賜以銀酒鍾，謂曰：相賞有松石間之高意也。

明·陳繼儒《書蕉》卷下《梁蕭思話》 思話少好騎屋棟，打腰鼓，晚年讀書，學書於羊欣，名不在欣下，少子惠基善隸。

著録

唐·韋續《墨藪》卷一《勸學第一七》 張嘉，庾亮，郗超，王珣，劉環，僧惠式，王循，張翼，戴安道，王玄之，王凝之，王徽之，王造之，王元之，宋文帝，宋孝武，康忻，王僧虔，謝靈運，羊欣，薄紹之，孔彬之，蕭思話，張永，蕭子良，齊高帝，蕭子雲。

互有得失，時見高深，絶長續短，智均力敵，一字乃敵右軍草書三分之一，以上二十七人第四。

又卷二《九品書第二》 齊蕭思話行草。

劉義隆

論說

南朝齊·王僧虔《論書》 宋文帝書，自謂不減王子敬。時議者云：天然勝羊欣，功夫不及欣。

南朝梁·庾肩吾《書品》 羅暉叔景、趙襲元嗣、劉輿、張昭、陸機士衡、朱誕、王導茂弘、庾亮元規、王洽、郗超吴興、張翼、宋文帝劉義隆、康昕、徐希秀、謝朓玄暉、劉繪、陶隱君名弘景、王崇素。

右十八人，中之下。

論曰：叔景元嗣，並稱西州。劉輿之筆札，張昭之無懈。陸機以弘才掩迹，朱誕以偏藝流聲。王導則列聖推能，庾亮則羣公挹巧。王洽以並通諸法，郗超以晚年取譽。張翼善效。宋帝，康昕郗秀孤生。謝朓劉繪，文宗書範，近來少前。陶隱君仙才翰采，拔于山谷。王崇素靡倫篇筆，傅于里閭。此十八人允為中之下。

唐·虞世南《書旨述·中下品七人》 孫皓，張超，謝道韞，宗炳，宋文帝，齊高帝，謝靈運。

又 文帝有子敬風骨，超縱狼藉，翕焕為美。

唐·張懷瓘《書斷》卷中《妙品》 宋文帝，姓劉，諱義隆，彭城人。武帝第三子。善隸書，次及行草，規模大令，自謂不減於師，雖庶幾德音，引領長望，尚遼遠矣。然才位發揮，亦可謂倬彼雲漢，爲章于天。時論以爲天然勝羊欣，工夫恨少，是亦天然可尚，道心唯微，探索幽遠，若泠泠水行，有岩石間真聲。帝隸書入妙，行書入能。

唐·竇臮《述書賦》卷上 皇矣文帝，天知正、隸。舉已達於縱横，攀王媚而緊細，獻之。向專精而習熟，幾可與之興替。尚瞻擊水之鵬搏，且并聞天之鶴唳。文帝諱義隆，武帝第三子。今見帶名正、行書兩帖，共七行；雜批五處，共有五十行也。

唐·韋續《墨藪》卷一《續書品第四》 中下品七人，孫皓，張超，謝道韞，宗炳，宋文帝，齊高帝，謝靈運。

又《又評書》 宋文帝書如叢裏花紅，雲間白日。

又卷二《勸學第十七》 張嘉、庾亮、郗超、王珣、劉環、僧惠式、王循、張翼、戴安道、王玄之、王凝之、王徽之、王造之、王元之、宋文帝、宋孝武、康忻、王僧虔、謝靈運、羊欣、薄紹之、孔彬之、蕭思話、張永、蕭子良、齊高帝、蕭子雲。

互有得失，時見高深，絶長續短，智均力敵，一字乃敵右軍草書三分之一，以上二十七人，第四。

明·陶宗儀《書史會要》卷四《宋》 文帝諱義隆，武帝第三子。博涉經史，善隸、行、草書，評者謂如藂裏花紅，雲間月白。

傳記

《南史》卷二《宋文帝紀》 太祖文皇帝諱義隆，小字車兒，武帝第三子也。晉義熙三年生於京口。【略】博涉經史，善隸書。

宋·陳思《書小史》卷一《紀》 文皇帝諱義隆，武帝第三子也。聰明仁厚，雅重文儒，博涉經史。善隸書及行草。

謝惠連

傳記

宋·陳思《書小史》卷六《傳五》 謝惠連，方明之子，官至司徒府法曹參軍，幼有詞學，族兄靈運深所嘆伏。書畫並妙。

清·孫岳頒等《佩文齋書畫譜》卷二四《書家傳三宋齊梁陳》 謝惠連，方明子也，年十歲能屬文，族兄靈運加賞之。元嘉七年，為彭城王法曹行參軍。惠連書畫並妙。

張暢

論説

南朝梁·庾肩吾《書品》 衛宣、李韞、陳基、傅廷堅、張紹、陰光、韋熊少季、張暢、曹任、宋嘉、裴邈、羊固、傅夫人、辟閭訓、謝晦、徐羨之、孔閭、顔寶光、周仁皓、張欣泰、張熾、僧岳道人。

右二十二人，下之下。

論曰：此二十二人，皆五味一和，五色一彩，視其雕文，非特刻鵠。人人下筆，寧止追嚮，遺迹見珍，餘芳可折。誠以駈馳並駕，不逮前鋒，而中權後殿，各盡其美。允為下之下。

明·陶宗儀《書史會要》卷四《宋》 張暢，字少微，吴郡人，官至會稽太守，有操行，工書。

張永

論説

南朝梁·庾肩吾《書品》 魏武帝曹操孟德、吴主元宗孫皓、衛覬伯濡、左子邑伯字、衛桓巨山、杜預元凱、王廙世將、張彭祖、任靖、韋昶文休、王修敬仁、范懷約、張永景初、吴休尚、施方泰。

右十五人，中之中。

論曰：魏帝筆墨雄贍，吴主體裁綿密。伯儒兼叙隸、草，子邑分鏕梁邯。巨山三世，元凱累業。王廙為右軍之師，彭祖取羲之之道。任靖嬌銘，文休題柱。敬仁清舉，致畏逼之詞，張范逢時，俱東南之美。施吴鄰下後生，同年拔萃。此十五人，允為中之中。

傳記

唐·竇臮《述書賦》卷上 茂度逸翰，景初清規，或大言而峻薄，景初對文帝云：臣恨二王不得臣之體。或寡譽而崎奇。王僧虔書用拙筆以自容。并心輕兩王，迹及宗師，擬鶴鳴而子和，殊鯉退而學詩。張茂度，吴郡人，敞子，宋會稽太守。今見具姓名行草書兩紙，共十行。張永字景初，茂度子，宋征西將軍。今見正、行、草書五紙，共三十行矣。

唐·韋續《墨藪》卷二《勸學第一七》 互有得失，時見高深，絶長續短，智均力敵，一字乃敵右軍草書三分之一，以上二十七人第四。

明·陶宗儀《書史會要》卷四《宋》 張永，字景雲，裕之子，官至征北將軍。涉獵書史，善隸書，守家傳之規。

宋·陳思《書小史》卷六《傳五》 張永，字景初，裕之子，官至征西將軍。涉獵經史，能文章，善隸書、行草。

清·孫岳頒等《佩文齋書畫譜》卷二四《書家傳三宋齊梁陳》 張永，字景雲，《述書賦》作景初。茂度第三子。永涉獵書史，能為文章，善隸書，騎射雜藝，觸類兼善，又有巧思，為文帝所知。紙墨皆自營造，上每得永表啟，輒執玩咨嗟自嘆，供御者了不及也。

紀事

元·陸友《墨史》卷上《宋》 張永，字景雲，吴郡吴人，裕之子，仕宋

至征西將軍，涉獵書史，能為文章，善隸書。又有巧思，並為文帝所知。紙墨皆自營造，帝每得永表啟，輒執玩咨嗟自嘆，供御者了不及也。又詔永更製御紙，緊潔光麗，耀目奪日，又合祕墨，美殊前後，色如點漆，一點竟紙。

徐湛之

傳記

清・孫岳頒等《佩文齋書畫譜》卷二四《書家傳三宋齊梁陳》 徐湛之，字孝源，逵之子也。善尺牘，文帝時為尚書僕射，贈司空，謚忠烈。

顏竣

論説

唐・竇臮《述書賦》卷上 顏氏儒門，士遜墨妙。大令典則，中散風調。薄首孔肩，體格唯肖。如鷩弦履險，避地嶠峭。顏竣，字士遜，琅琊人。延之之子，宋右將軍，東揚州刺史。今見具姓名行書一紙，五行。言薄首孔肩，則獻之、羊欣、紹之、琳之。

明・陶宗儀《書史會要》卷四《宋》 顏竣，字士遜，琅邪人，官至東揚州刺史。早有文義，墨迹亦妙。

傳記

宋・陳思《書小史》卷六《傳五》 顏竣，字士遜，延之之子，官至右將軍，揚州刺史。善行書。

紀事

《宋書》卷七三《顏延之傳》 元凶弒立，以爲光禄大夫。先是，子竣爲世祖南中郎諮議參軍。及義師入討，竣參定密謀，兼造書檄。劭召延之，示以檄文，問曰：此筆誰所造。延之曰：竣之筆也。又問：何以知之。延之曰：竣筆體，臣不容不識。劭又曰：言辭何至乃爾。延之曰：竣尚不顧老父，何能爲陛下。劭意乃釋，由是得免。

又卷七五《顏竣傳》 太祖問延之：卿諸子誰有卿風。對曰：竣得臣筆，測得臣文，㚟得臣義，躍得臣酒。

《南史》卷三七《沈慶之傳》 元嘉三十年，孝武出次五洲，總統群帥。【略】時元凶密與慶之書，令殺孝武。慶之入求見，孝武稱疾不敢見。慶之突前，以元凶手書呈簡，孝武泣求入内與母辭。慶之曰：下官受先帝厚恩，常願報德，今日之事，唯力是視，殿下是何疑之深。帝起再拜曰：家國安危，在於將軍。慶之即勒内外處分。府主簿顏竣聞慶之至，馳入見帝曰：今四方尚未知義師之舉，而劭據有天府，首尾不相應赴，此危道也。宜待諸鎮脣齒，然後舉事。慶之厲聲曰：今方興大事，而黄頭小兒皆參預，此禍至矣，宜斬以徇眾。帝曰：竣何不拜謝。竣起再拜。慶之曰：君但當知筆札之事。於是處分，旬日内外整辦，時皆謂神兵。百姓欣悦。

徐伯珍

論說

宋·陳思《書小史》卷七《傳六》　徐伯珍，字文楚，東陽人。少孤貧，學書無紙，嘗以竹箭箬葉甘蕉及地上學書，遂工楷、隸。

明·陶宗儀《書史會要》卷四《齊》　徐伯珍，字文楚，東陽太末人。隱居不仕。少孤貧，書竹葉及以釘畫地學書，遂至於工。

清·孫岳頒等《佩文齋書畫譜》卷二四《書家傳三宋齊梁陳》　徐伯珍，字文楚，東陽太末人也。少孤貧，學書無紙，常以竹葉、箬葉、甘蕉及地上《金壺記》云以釘畫地。學書，禮辟不就。建武四年卒。《南史》本傳。

清·倪濤《六藝之一録》卷三二一《歷朝書譜十一》　徐伯珍，字文楚，東陽太末人也。少孤貧，學書無紙，常以竹葉、箬葉、甘蕉及地上學書。禮辟不就。建武四年卒。《南史》本傳。

傳記

《南齊書》卷五四《徐伯珍傳》　伯珍少孤貧，書竹葉及地學書。山水暴出，漂溺宅舍，村鄰皆奔走，伯珍累床而止，讀書不輟。

《南史》卷七六《徐伯珍傳》　徐伯珍，字文楚，東陽太末人也。祖父竝，郡掾史。伯珍少孤貧，學書無紙，常以竹箭、若葉、甘蕉及地上學書。山水暴出，漂溺宅舍，村鄰皆奔走，伯珍累牀而坐，誦書不輟。

唐·許嵩《建康實録》卷一六《齊·列傳》　徐伯珍，東陽人。少孤貧，學書無紙，常以竹葉以及鐵釘畫地學書，兼明道術。

劉系宗

論說

宋·陳思《書小史》卷六《傳五》　劉係宗，丹陽人，官至寧朔將軍、宣城太守。少便書畫，尤工行草。在宋為竟陵王誕子景粹侍書，入齊為東宮侍書。

明·陶宗儀《書史會要》卷四《齊》　劉係宗，丹陽人。在宋為景陵王子景粹侍書，入朝為東宮侍書。官至寧朔將軍、宣城太守。自少便善書畫。

傳記

《南齊書》卷五六《劉係宗傳》　劉係宗，丹陽人也。少便書畫，為宋竟陵王誕子景粹侍書。誕舉兵廣陵，城内皆死，敕沈慶之赦系宗，以為東宮侍書。泰始中，為主書，以寒官累遷至勳品。元徽初，為奉朝請，兼中書通事舍人，員外郎。封始興南亭侯，食邑三百七十户。帶秣陵令。

太祖廢蒼梧，明日旦，呼正直舍人虞整，醉不能起，係宗歡喜奉命。太祖曰：今天地重開，是卿盡力之日。使寫諸處分敕令，及四方書疏。使主書七十人書吏二十人配之，事皆稱旨。除羽林監，轉步兵校尉。仍除龍驤將軍，出為海鹽令。太祖即位，除龍驤將軍、建康令。永明元年，除寧朔將軍，令如故。尋轉右軍將軍、淮陵太守，兼中書通事舍人。母喪自解，起為寧朔將軍，復本職。

宗錢帛。上欲脩治白下城，難於動役。係宗啟謫役東民丁隨寓之為逆者，上從之。後車駕講武，上履行白下城，曰：劉係宗為國家得此一城。

永明中，虜使書常令係宗題答，祕書書局皆隸之。再為少府，遷游擊將軍、魯郡太守。鬱林即位，除驍騎將軍，仍除寧朔將軍、宣城太守。係宗久在朝省，閑於職事。明帝曰：學士不堪治國，唯大讀書耳。一劉係宗足持如此輩五百人。其重吏事如此。建武二年，卒官，年七十七。

《南史》卷七七《劉係宗傳》 劉係宗，丹陽人也。少便書畫，為宋竟陵王誕子景粹侍書。誕舉兵，廣陵城内皆死，敕沈慶之，赦係宗以為東宮侍書。泰始中，為主書。以寒宦累至勳品。元徽初，為奉朝請兼中書通事舍人員外郎。封始興南亭侯，帶秣陵令。

清・孫岳頒等《佩文齋書畫譜》卷二四《書家傳三宋齊梁陳》 劉係宗，丹陽人也。少便書畫。齊高帝使寫諸處分敕令及四方書疏，使主書十人，書吏二十人配之，事皆稱旨。永明中，魏使書常令係宗題答祕書局，皆隸之。鬱林即位，除寧朔將軍、宣城太守。《南史》本傳。

王微

論説

明・陶宗儀《書史會要》卷四《宋》 王微字景元，弘弟孺之子，官至中書侍郎，好學工書。

傳記

《南史》卷二一《王微傳》 微字景玄，弘弟光禄大夫孺之子也。少好學，善屬文，工書，兼解音律及醫方、卜筮、陰陽、數術之事。

宋・陳思《書小史》卷六《傳五》 王微，字景元，瑯琊臨沂人。少好學，善屬文，工書，兼解音律、醫方、卜筮、陰陽、術數之事，尤善行草。

紀事

《宋書》卷六二《王微傳》 微既爲始興王濬府吏，濬數相存慰，微奉答牋書，輒飾以辭采。微爲文古甚，頗抑揚，袁淑見之，謂爲訴屈。微因此又與從弟僧綽書曰：吾少學作文，【略】文好古，貴能連類可悲，一往視之，如似多意。當見居非求志，清論所排，便是通辭訴屈邪。爾者真可謂真素寡矣。

清・張英《淵鑒類函》卷七七《設官部十七・吏部郎中二》 沈約《宋書》曰：王微，字景元，吏部尚書江湛舉微為吏部郎，微與湛書曰：君平生云與我名者，殺吾身，天爵猶滅名，安用吏部郎哉。其舉可陋，其事不經，非獨縉紳者，不道僕妾皆笑之。山濤啓事曰，人才既自難知，中人以下情偽。

謝莊

論説

明・董其昌《畫禪室隨筆》卷一《跋謝莊詩後》 謝莊詩帖于新都汪景醇得摹本，未見真蹟，書法似閣帖所謂蕭子雲者，而小加妍雋，宋高宗書近之。

清・孫岳頒等《佩文齋書畫譜》卷二四《書家傳三宋齊梁陳》 賀方回云：謝莊詞翰傳自高祖，廣平王閘得於南唐，字畫遒勁，勢若飛動。

傳記

宋・陳思《書小史》卷六《傳五》　謝莊字希逸，官至中書令，散騎常侍，善行書。

明・陶宗儀《書史會要》卷四《宋》　謝莊字希逸，秣陵人，晉刺史萬之玄孫，官至右光祿大夫，善書。

王僧虔

論說

南朝梁・庾肩吾《書品》　張超子並、郭伯道、劉德昇君嗣、崔寔子真、衛夫人名鑠字茂猗、李式景則、庾翼稚恭、郗愔方回、謝安安石、王珉季琰、栢玄敬道、羊欣敬兀、王僧虔、孔琳之彦琳、殷鈞季和。

右十五人，中之上。

論曰：子並崔家州里，頗相倣效，可謂醬鹹于鹽，氷寒于水。伯道府問朝廷，遠封其跡。德昇之妙，鍾胡各採其美。子真俊才，門法不墜。李妻衛氏，自出華宗。景則毫素流靡，稚恭聲彩遒越。郗愔安石，草正並驅。季琰栢玄，筋力俱駿。羊欣早隨子敬，最得王體。孔琳之聲高宋氏，王僧虔雄發齊代。殷鈞頗耽愛好，終得肩隨。此一十五人，允為中之上。

南朝梁・庾元威《論書》　所學草書宜以張融、王僧虔為則，體用得法，意氣有餘。

唐・張懷瓘《書斷》卷中《妙品》　齊王僧虔，瑯琊臨沂人。曾祖洽，父曇首。官至司空，善書。宋文帝見其書素扇，歎曰：非唯迹逾子敬，方當器雅過之。後孝武欲擅書名，僧虔不敢顯迹，大明之世，常用拙筆書，以此見容。虞龢云：僧虔尋得書術，雖不及古，不減郗家所製。然述小王尤尚古，宜有豐厚淳朴，稍乏妍華，若溪澗含氷，岡巒被雪，雖甚清肅，而寡於風味。子曰：質勝文則野。是之謂乎。永明三年卒。僧虔隸、行入妙，草入能。子慈，亦善隸書。謝超宗嘗問慈曰：卿書何當及尊公。慈曰：我之不得仰及，猶雞之不及鳳。時人以爲名答。

唐・竇臮《述書賦》卷上　簡穆父子，載茂餘芳。僧虔則密緻豐富，得能失剛。鼓怒俊爽，阻圓任強。然而神高氣全，耿介鋒芒。發卷伸紙，滿目輝光。才行兼而雙絶，名實副而特彰。如運籌決勝，威震殊方。【略】王僧虔，琅琊人，曇首子，齊尚書令，簡穆公。今見正書具姓名啓二，并行書共十五紙。

唐・韋續《墨藪》卷一《梁武帝書評第五》　王僧虔書如飄風忽舉，鷙鳥乍飛。

又卷二《勸學第十七》　張嘉、庾亮、郗超、王珣、劉環、僧惠式、王循、張翼、戴安道、王玄之、王凝之、王徽之、王造之、王元之、宋文帝、宋孝武、康忻、王僧虔、謝靈運、羊欣、薄紹之、孔彬之、蕭思話、張永、蕭子良、齊高帝、蕭子雲。

互有得失，時見高深。絶長續短，智均力敵。一字乃敵右軍書三分之一。以上二十七人，第四。

唐・韋續《五十六種書》　五十二虎爪書，王僧虔擬龍爪所作也。

宋・米芾《海岳名言》　僧虔、蕭子雲傳鍾法。與子敬無異，大小各有分，不一倫徐。

《宣和書譜》卷三《正書一》　王僧虔，瑯琊臨沂人，官至侍中。曾祖洽，以書稱于時。羲之，洽之族弟。獻之，洽之族姪。至僧虔，家傳之學不墜。喜文史，善音律。作正書頗工，初法獻之，而尤尚古，直若漢澗含氷，岡巒被雪，雖極清肅，而比獻之風流藴藉，則所不逮。初，宋文帝見其書素扇，歎曰：非惟迹逾獻之，方當器雅過之。嘗與僧虔賭書畢，謂僧虔曰：誰為第一。僧虔曰：臣書第一，陛下亦第一。上笑曰：卿可謂善自謀矣。孝武帝以書名自負，僧虔祕而不耀，常用拙筆書，祕而為自安計。泰始中，出為吴興太守，與獻之實接，吴郡人以為榮。嘗為飛白，題尚書省壁，曰圓行方止，物之定質，修之不已則溢，高之不已則標，馳之不已則躓，引之不已則逸，是故去之宜疾。當時嗟賞，以比座右銘。子慈，字伯寶，官至侍中冠軍，善行

書。謝超宗見慈學書，謂慈曰：卿書何如僧虔公。答曰：慈書與大人，猶雞之比鳳。蓋超宗即鳳之子也。超宗慚而退。時以為名答。今御府所藏二：正書《御史帖》、《陳情帖》。

明・陶宗儀《書史會要》卷四《齊》 王僧虔，琅邪臨沂人，宋侍中曇首子，官至尚書令，謚簡穆。曾祖洽，以書稱於時。至僧虔，家傳之學不墜，作草、隸甚工。初法王羲之，而尤尚古，直若溪澗含氷，岡巒被雪，雖極清蕭，而比之獻之風流蘊藉，則所不逮。或曰：虎爪書，僧虔擬王羲之龍爪而作，以龍爪形用縈婉，因加稜角為虎爪之執。梁武帝評僧虔書，謂如王謝家子弟，縱復不端正，奕奕有一種風流氣骨。

傳記

《南史》卷二二《王僧虔傳》 僧虔，金紫光禄大夫僧綽弟也。【略】僧虔弱冠，雅善隸書，宋文帝見其書素扇，歎曰：非唯跡逾子敬，方當器雅過之。為太子舍人，退默少交接。與袁淑、謝莊善，淑每歎之曰：卿文情鴻麗，學解深拔，而韜光潛實，物莫之窺，雖魏陽元之射，王汝南之騎，無以加焉。遷司徒左西屬。兄僧綽為宋元凶所害，親賓咸勸之逃，僧虔泣曰：吾兄奉國以忠貞，撫我以慈愛，今日之事，苦不見及耳。若同歸九泉，猶羽化也。孝武初，出為武陵太守，攜諸子姪。兄子儉中塗得病，僧虔為廢寢食，同行客慰喻之。僧虔曰：昔馬援子姪之間，一情不異；鄧攸於弟子，更逾所生，吾實懷其心，誠未異古。亡兄之胤，不宜忽諸，若此兒不救，便當回舟謝職。還為中書郎，再遷太子中庶子。孝武欲擅書名，僧虔不敢顯跡，大明世，常用掘筆書，以此見容。後為御史中丞，領驍騎將軍。甲族由來多不居憲臺，王氏分枝居烏衣者，位宦微減。僧虔為此官，乃曰：此是烏衣諸郎坐處，我亦可試為耳。泰始中，為吴興太守。始王獻之善書，為吴興郡，及僧虔工書，又為郡，論者稱之。徙會稽太守。中書舍人阮佃夫家在東，請假歸，客勸僧虔以佃夫要幸，宜加禮接。僧虔曰：我立身有素，豈能曲意此輩；彼若見惡，當拂衣去耳。佃夫言於宋明帝，使御史中丞孫敻奏僧虔，坐免官。尋以白衣領侍中。元徽中，為吏部尚書，尋加散騎常侍，轉右僕射。昇明二年，為尚書令。嘗為飛白書題尚書省壁曰：圓行方止，物之定質，修之不已則溢，高之不已則慄，馳之不已則躓，引之不已則逸，是故去之宜疾。當時嗟賞，以比《坐右銘》。【略】文惠太子鎮雍州，有盜發古冢者，相傳云是楚王冢，大獲寶物玉履、玉屏風、竹簡書、青絲綸。簡廣數分，長二尺，皮節如新。有得十餘簡以示僧虔，云是科斗書《考工記》，《周官》所闕文也。高帝素善書，篤好不已，與僧虔賭書畢，謂曰：誰為第一。對曰：臣書第一，陛下亦第一。帝笑曰：卿可謂善自為謀。或云帝問：我書何如卿。答曰：臣正書第一，草書第三；陛下草書第二，而正書第三。臣無第三，陛下無第一。帝大笑曰：卿善為辭；然天下有道，丘不與易也。帝示僧虔古迹十一卷，就求能書人名。僧虔得人間所有卷中所無者：吴大皇帝、景帝、歸命侯書，桓玄書，及王丞相導、領軍洽、中書令珉、張芝、索靖、衛伯儒、張翼十一卷，奏之。又上羊欣所撰《能書人名》一卷。遷湘州刺史，侍中如故。清簡不營財產，百姓安之。武帝即位，以風疾欲陳解，遷侍中、左光禄大夫、開府儀同三司。僧虔少時，群從並會，客有相之云：僧虔年位最高，仕當至公，餘人莫及。及此授，僧虔謂兄子儉曰：汝任重於朝，行當有八命之禮，我若復此授，一門有二台司，實所畏懼。乃固辭，上優而許之。客問其故，僧虔曰：吾榮位已過，無以報國，豈容更受高爵，方貽官謗邪。儉既為朝宰，起長梁齋，制度小過，僧虔視之不悦，竟不入户。儉即日毁之。永明三年薨，時年六十。追贈司空，侍中如故。謚簡穆。

宋・陳思《書小史》卷六《傳五》 齊王僧虔，琅琊臨沂人，曇首之子。官至尚書令，簡穆公。弱冠工書。

紀事

北齊・陽松玠《談藪・王僧虔》 瑯琊王僧虔，博通經史，兼善草、隸。太祖謂虔曰：我書何如卿。曰：臣正書第一，草書第三。陛下草書第二，正書第三。臣無第二，陛下無第一。上大笑曰：卿善為詞也。然天下有道，丘不與易也。虔歷左僕射尚書令，謚簡穆公。

宋・李昉等《太平廣記》卷二一〇《書二》 瑯琊王僧虔，博通經史，

兼善草、隸。太祖謂虔曰：我書何如。卿曰：臣正書第一，章書第三。陛下草書第二，正書第三。臣無第二，陛下無第一。上大笑曰：卿善為詞也。然天下有道，丘不與易也。虔歷左僕射尚書令，謚簡穆公。僧虔長子慈，年七歲，外祖江夏王劉義恭迎之入中齋，施實寶物，恣其所取。慈唯取素琴一張，《孝子圖》而已。年十歲，共時輩蔡約入寺禮佛，正見沙門等讖悔。約戲之曰：衆僧今日何乾乾。慈應聲答曰：卿如此不知禮，何以興蔡氏之宗。約，興宗之子也。謝超宗見慈學書，謂之曰：卿書何如虔公。答云：慈書與大人，如雞之比鳳。超宗，鳳之子。慈歷侍中，贈太常卿。約歷太子詹事。出《談藪》。

宋·蘇易簡《文房四譜》卷一《筆譜上·叙事》 王僧虔傳云：齊孝武欲擅書名，僧虔不敢顯跡，常用掘筆書，以此見容。

又《筆勢》 王僧虔博涉經史，兼善草、隸。齊太祖謂虔曰：我書何如卿。虔曰：臣正書第一，陛下草書第二，正書第三。臣無第二，陛下無第一。上笑曰：卿善為辭也。然天下有道，丘不與易。又高祖嘗與僧虔賭書，畢，帝曰：誰為第一。虔曰：臣書臣中第一，陛下帝中第一。帝笑曰：卿可謂善自謀者也。

清·宋長白《柳亭詩話》卷九《不分》 《王僧虔傳》：庾征西翼書與右軍齊名，右軍後進，庾猶不分。分字仄聲，作忿字解，晉人常語也。徐摛詩恒教羅袖拂，不分秋風吹，張正見詩不分梅花落，還同橫笛吹此本。盧照鄰詩生憎帳額繡孤鸞，駱賓王詩生憎燕子千般語，即不分意。杜詩不分桃花紅勝錦，生憎柳絮白於綿，乃合用之。

清·程正揆《讀書偶然録》卷五 王僧虔居建康里馬糞巷，子孫皆篤實謙和，時人稱爲馬糞諸王為長者。東漢贊論李固云：視胡廣、趙戒猶糞土也。一經僧虔便為佳號，而以此胡廣則糞土，有時而不幸。

清·孫岳頒等《佩文齋書畫譜》卷三《論書三書法上》 蔡邕受於神人，傳之崔瑗及女文姬，文姬傳之鍾繇，鍾繇傳之衛夫人，衛夫人傳之王羲之，王羲之傳之王獻之，王獻之傳之外甥羊欣，羊欣傳之王僧虔，王僧虔傳之蕭子雲，蕭子雲傳之僧智永。

蕭道成

論　説

南朝梁·庾肩吾《書品》 姜詡、梁宣、魏徵玄成、韋秀、鍾興、向泰、羊忱、晉元帝景文、識道人、范曄蔚宗、宗炳、謝靈運、蕭思話、薄紹之敬叔、齊高帝紹伯、庾黔婁、費元瑶、孫奉伯、王會、羊祐叔子。

論曰：此二十一人，並擅毫翰，動成楷則。殆逼前良，見希後彥。允為下之上。

唐·張懷瓘《書斷》卷下《能品》 齊高帝，姓蕭氏，諱道成，字紹伯，蘭陵人。善草書，篤好不已，祖述子敬，稍乏風骨。嘗與王僧虔賭書，書畢曰：誰爲第一。對曰：臣書臣中第一，陛下書帝中第一。帝笑曰：卿可謂善自謀矣。然太祖與簡穆賭書，亦猶雞之搏狸，稍不自知量力也。年五十六崩。太子熙，亦善書。倫字世調，多才藝，善隸書，始變古法，甚有娟好，過諸昆弟。倫子確，字仲正，才兼文武，甚工草、隸，爲侯景所殺。太子熙後當有誤。

唐·竇臮《述書賦》卷上 齊高則文武英威，時來運歸。挺生紹伯，墨妙翰飛。觀乎吐納僧虔，擠排子敬，昂藏鬱拔，勝草負正。猶力稽牛刀，水展龍性。蕭道成，字紹伯，蘭陵人。永之子。宋右僕射、太尉，封十郡爲王，及受禪即位，稱齊高帝。今見具姓名行草書及雜批三十餘紙。

唐·李嗣真《書後品·中下品七人》 孫皓、張超、謝道韞、宗炳、宋文帝、齊高帝、謝靈運。

又 高帝時時合興，知慕韓、彭之豹變，有異張、桓之拾青。

唐·韋續《墨藪》卷一《續書品第四》 中下品七人：孫皓，張超，謝道韞，宗炳，宋文帝，齊高帝，謝靈運。

又卷二《勸學第十七》 張嘉、庾亮、郗超、王珣、劉環、僧惠式、王循、

張翼、戴安道、王玄之、王凝之、王徽之、王造之、王元之、宋文帝、宋孝武、康忻、王僧虔、謝靈運、羊欣、薄紹之、孔彬之、蕭思話、張永、蕭子良、齊高帝、蕭子雲。

互有得失，時見高深。絶長續短，智均力敵。一字乃敵右軍草書三分之一。以上二十七人，第四。

宋·陳思《書小史》卷一《紀》 齊太祖高皇帝姓蕭氏，諱道成，字紹伯，南蘭陵人。姿表英異，龍顙鐘聲，鱗文遍體，敦樸尚古，善屬文，工真、行、草書，篤好不已。祖述子敬，稍乏筋骨。與王僧虔賭書畢，帝曰：誰為第一。僧虔對曰：臣書臣中第一，陛下書帝中第一。帝笑曰：卿可謂善自謀矣。張懷瓘云：高帝與簡穆賭書，亦猶鵾雞之搏狸，稍不自量也。《書賦》云：齊高則文武英威，時來運歸。挺生紹伯，墨妙翰飛。觀乎吐納僧虔，擠排子敬，昂藏鬱拔，勝草負正，猶力稽牛刀，水展龍性。

明·陶宗儀《書史會要》卷四《齊》 高帝蕭氏諱道成，字紹伯，南蘭陵人。宋封齊公，受禪稱帝。博學善屬文，工隸、草書。嘗謂王僧虔曰：我書何如。對曰：臣真書第一，草書第二。陛下真書第二，草書第三。陛下無第一，臣無第三。又與僧虔賭書，誰為第一，對曰：臣書臣中第一，陛下書帝中第一。

傳記

《南史》卷四《齊高帝紀》 齊太祖高皇帝諱道成，字紹伯，小字鬬將，姓蕭氏。【略】博學，善屬文，工草、隸書，弈棊第二品。雖經綸夷險，不廢素業。

宋·王欽若等《册府元龜》卷一八九《閏位部·奉先》 南齊太祖高皇帝，建元元年四月即位，追尊皇考曰宣帝，皇妣為孝皇后，陵曰永安。

清·孫岳頒等《佩文齋書畫譜》卷一九《歷代帝王書上黄帝至五代》 太祖高皇帝諱道成，紹伯，小字鬬將，姓蕭氏，蘭陵郡人。高祖整過江，居晉陵武進縣之東城里僑，置本土加以南名，為南蘭陵人。建元元年夏四月甲午即位。帝博學善屬文，工草、隸書，弈棋第二品，雖經夷險，不廢素業。《南史·本紀》。

蕭惠基

論説

宋·陳思《書小史》卷六《傳五》 蕭惠基，思話之子，官至左僕射。善隸行書及弈棊之勢。張欣泰，字義亨，竟陵人。少有志貌，不以武業自居，好讀子史，善隸書。

明·陶宗儀《書史會要》卷四《宋》 蕭惠基，思話之孫，官中書黄門郎，後入齊官給事中。善隸書。

清·孫岳頒等《佩文齋書畫譜》卷二四《書家傳三宋齊梁陳》 蕭惠基，思話子，南蘭陵人。善隸書及弈棋，解音律。官太常，贈金紫光禄大夫。《南史》本傳。

傳記

《南齊書》卷四六《蕭惠基傳》 蕭惠基，南蘭陵蘭陵人也。祖源之，宋前將軍。父思話，征西將軍，儀同三司。惠基幼以外戚見江夏王義恭，歎其詳審，以女結婚。解褐著作佐郎，征北行參軍，尚書水部，左民郎。出為湘東內史，除奉車都尉，撫軍車騎主簿。【略】惠基善隸書及弈棊，太祖與之情好相得，早相器遇。【略】惠基常謂所親曰：須婚嫁畢，當歸老舊廬，立身退素，朝廷稱為善士。明年卒，年五十九。追贈金紫光禄大夫。

清·穆彰阿等《大清一統志》卷六一《常州府二》 蕭惠基。惠明弟仕齊，為都官尚書。永明中，遷太常給事中。處之如寒素，朝廷稱為善士。

紀事

宋・李昉等《太平御覽》卷五六四《樂部二・雅樂中》 《齊書・蕭惠基傳》曰：自宋大明以來，聲技之所尚多鄭衛，而雅樂正聲，鮮有好者。惠基解音律，尤好三祖曲及相和歌，每奏輒賞悅。

劉休

論説

唐・張懷瓘《書斷》卷下《能品》 時又有張休，善隸書。初，羊欣愛子敬正、隸法，其崇仰，以右軍之體微古，不復見貴。休始改之，世乃大行。

傳記

《南齊書》卷三四《劉休傳》 劉休，字弘明，沛郡相人也。【略】元嘉世，羊欣受子敬正、隸法，世共宗之，右軍之體微古，不復見貴。休始好此法，至今此體大行。四年，出為豫章內史，加冠軍將軍。卒，年五十四。

宋・陳思《書小史》卷六《傳五》 劉休，字宏明，沛郡相人。建元初，官至御史大夫。出為豫章太守。善隸書。

清・孫岳頒等《佩文齋書畫譜》卷二四《書家傳三宋齊梁陳》 《書斷》誤作張休。劉休，字弘明，沛郡相人也。休多藝能。《書斷》云善隸書。齊建元四年，為豫章內史。羊欣重王子敬正、隸書，世共宗之，右軍之體微輕，反不復見貴。及休始好右軍法，因此大行云。《南史》本傳。

雜録

明・汪砢玉《珊瑚網》卷二四下《王元美藝苑評》 按《南史》謂劉休者，與王僧虔同省，而是時海內俱習羊欣書，以右軍跡涉輕微，多所不好，休獨重之，自是右軍之書復盛。後至梁武時，陶貞白尚云比世皆高尚子敬，不復知有元常，逸少亦然。然則右軍之書，得劉休而振，得梁武而著，得唐文而後大定。

劉駿

論説

唐・竇臮《述書賦》卷上 孝武則武威戡難，翰墨馳聲，雖稟訓而已高，恨一簣而未成。徒忌人之賢己，異及父之令名。王僧虔書用拙筆以自容。與思話而雄強，追彥琳而愧耻。蕭思話、孔琳之。若夷狄之佳麗，慕容顏於桃李。孝武帝，諱駿，字休龍。文帝第三子。今見帶名正書啓十行，又行書都四紙，共十三行。

唐・韋續《墨藪》卷二《勸學第十七》 互有得失，時見高深，絶長續短，智均力敵，一字乃敵右軍草書三分之一，以上二十七人第四。

明・陶宗儀《書史會要》卷四《宋》 孝武帝諱駿，字休龍，文帝第三子，神明爽發，才藻甚美，馳聲翰墨。

傳記

宋・陳思《書小史》卷一《紀》 孝武皇帝諱駿，字休龍，文帝第三子也。少機穎，讀書七行俱下，才藻甚美。善正、行、草書。

劉鑠

論説

唐・竇臮《述書賦》卷上 南平休玄，筆力自全。幼齒結構，老成天然。比夫烏在彀，龍潛泉。符彩卓爾，文詞粲然。南平王鑠，字休玄，文帝第四子。今見帶名啓正書兩行。

明・陶宗儀《書史會要》卷四《宋》 南平王鑠，字休玄，文帝第四子也。少好學，有文才，書體結構老成。

傳記

宋・陳思《書小史》卷二《傳一》 宋南平穆王鑠，字休玄，文帝第四子。少好學，有文才，善正書。

沈嵩

傳記

《魏書》卷六一《沈文秀傳》 文秀族子嵩，聰敏有筆札。文秀以爲司馬，甚器任之。隨文秀至懷州。文秀卒後，依宋王劉昶。昶遇之無禮，憂愧飢寒，未幾而卒。

宋・陳思《書小史》卷八《傳七》 沈嵩，官至司馬，即文秀族子。善行書。

蔣少游

論説

唐・張彦遠《歷代名畫記》卷八《後魏》 蔣少游，樂安博昌人。敏慧機巧，工書畫，善畫人物及雕刻。雖有才學，常在剞劂繩墨之間，園湖城殿之側，識者嘆息。少游坦然為己任，不告疲勞。官至將作大匠、太常少卿、前將軍、都水，兼此四官，贈龍驤將軍、青州刺史。謚曰質。見《後魏書》：時有郭善明、侯文和、柳儉、閔文和、郭道興，並以巧思稱。彦遠以德成而上，藝成而下，鄙亡德而有藝也。君子依仁游藝，周公多才多藝，貴德藝兼也。苟亡德而有藝，雖執廝役之勞又何興嘆乎。

傳記

《魏書》卷九一《蔣少游傳》 蔣少游，樂安博昌人也。慕容白曜之平東陽，見俘入於平城，充平齊户，後配雲中爲兵。性機巧，頗能畫刻。有文思，吟咏之際，時有短篇。遂留寄平城，以傭寫書爲業，而名猶在鎮。

後被召爲中書寫書生，與高聰俱依高允。允愛其文勇，遂並薦之，與聰俱補中書博士。自在中書，恒庇于李沖兄弟子姪之門。始北方不悉青州蔣族，或謂少游本非人士，又少游微，因工藝自達，是以公私人望不至相重。唯高允、李沖曲爲體練，由少游舅氏崔光與李沖從叔衍對門婚姻也。高祖、文明太后常因密宴，謂百官曰：本謂少游作師耳，高允老公乃言其人士。眷識如此。然猶驟被引命，屑屑禁闥，以規矩刻繢爲務，因此大蒙恩錫，超等備位，而亦不遷陟也。

宋·陳思《書小史》卷八《傳七》 蔣少游，樂安博昌人。有才學，敏慧機巧，工畫，善行草書及雕刻。官至將作大匠、太常少卿、前將軍、都水，兼此四官。

盧伯源

傳記

《北史》卷三〇《盧玄傳》 伯源小名陽烏，性温雅寡欲，有祖父風。敦尚學業，閨門和睦。襲侯爵，降爲伯。累加祕書監、本州大中正。【略】伯源習家法，代京宫殿，多其所題。白馬公崔宏亦善書，世傳衛瓘體。魏初工書者，崔、盧二門。伯源與李沖特相友善，沖重伯源門風，伯源私沖才官，故結爲婚姻，往來親密。至於伯源荷孝文意遇，頗亦由沖。

清·佚名《書畫史》 盧伯源，小字陽馬。玄之子。仕至祕書監。習家法，代京宫殿，多其所題。

到撝

論說

唐·竇臮《述書賦》卷上 茂謙則壯而不密，騁志恒俗。輕師模，任縱欲。如勇夫格獸，徑越林麓。劉撝字茂謙，彭城人，齊太子洗馬，御史中丞。今見行書兩紙，共二十行。

明·陶宗儀《書史會要》卷四《齊》 劉撝字茂謙，彭城人，官至太子洗馬、御史中丞。字體壯而不密。

清·倪濤《六藝之一録》卷三二一《歷朝書譜十一》 到撝《述書賦》注誤作劉撝。

到撝字茂謙，彭城武原人也。襲爵建昌公。宋明帝時，為太子洗馬。才調流贍，善納交遊。永明中，遷五兵尚書。《齊書·本傳》竇臮《述書賦》評已見。注云：今見行書兩紙，共二十行。

傳記

宋·陳思《書小史》卷六《傳五》 到撝，字茂謙，彭城人，官至太子洗馬，御史中丞。善行書。

褚淵

論說

唐・竇臮《述書賦》卷上　彥回無節，筆翰亦爾。快利不拘，足用而已。如垂枝風柳，抑葉杞梓。褚淵，字彥回，河南人。宋末與高帝同掌樞密，後齊臺建，以佐命功授司徒、中書監。今見具姓名草書二紙，共一十三行。

唐・李嗣真《書後品・下下品七人》　劉穆之、褚淵、梁武帝、梁元帝、沈君理、陳文帝、張正見。

右數君亦稱筆札，多類効顰，猶枯林之青秀一枝，比衆石之孤生片琰。就中彥回輕快，練倩有力，孝元風流，君理放任，亦後來之所營，非先達之所營。

唐・韋續《墨藪》卷一《續書品第四》　下下品七人：劉穆之、褚淵、梁武帝、梁元帝、沈君理、陳文帝、張正見。

明・陶宗儀《書史會要》卷四《齊》　褚淵，字彥回，河南人。幼有清譽。宋末與高帝同掌樞密，入朝官至司徒、中書監。筆翰不拘决利，足用而已。

傳記

宋・陳思《書小史》卷六《傳五》　褚淵，字彥回，河南陽翟人。少有世譽，善草、隸書。

庾景休

論說

南朝梁・庾肩吾《書品》　陽經、諸葛融、楊潭、張炳、岑淵、張輿、王濟、李夫人、劉穆之道和、朱齡石、庾景休、張融思光、褚元明、孔敬通、王籍文海。

右十五人，下之中。

論曰：此十五人，雖未窮字奥，書尚文情。披其叢薄，非無香草。視其涯岸，皆有潤珠。故遺斯紙，以為世玩。允為下之中。

明・陶宗儀《書史會要・補遺》　庾景休書，下下品。

周顗

論說

唐・韋續《墨藪》卷一《續書品第四》　范曄，蕭思話，張融，梁簡文帝，劉逖，王晏，周顗，王崇素，釋智果，虞綽。下中品十人。

傳記

宋・陳思《書小史》卷六《傳五》　周顗，字彥倫，汝南安城人。初為

文惠太子中軍參軍，歷官至中書郎兼著作，常遊侍東宮。少從外氏車騎將軍臧質家，得衛恒散隸書法，學之甚工，尤善行隸。

明・陶宗儀《書史會要》卷四《宋》 周顒，字彦倫，汝南安成人。隱鐘山，後仕齊，官至國子博士，不能終隱。孔稚圭作《北山移文》嘲之。工行草，兼得晉衛恒散隸法。

紀事

《南史》卷三四《周顒傳》 少從外氏車騎將軍臧質家得衛恒散隸書法，學之甚工。文惠太子使顒書玄圃茅齋壁。國子祭酒何胤以倒薤書求就顒換之。顒笑答曰：天下有道，丘不與易也。

王僧佑

傳記

《南史》卷二一《王僧佑傳》 僧佑字胤宗。【略】雅好博古，善《老》、《莊》，不尚繁華。工草、隸，善鼓琴，亭然獨立，不交當世。

宋・陳思《書小史》卷六《傳五》 王僧佑，字允宗，微之從子。官至黄門郎。雅好博古，善《老》、《莊》，不尚繁華，工草、隸，善鼓琴。

明・陶宗儀《書史會要》卷四《齊》 王僧佑，字胤宗，宋太保弘之後。官至黄門郎。雅好博古，工草、隸。

王彬

傳記

宋・陳思《書小史》卷七《傳六》 王彬，字思文，志之弟。好文章，習篆、隸，與志齊名。時人為之語曰：三真六草，為天下寶。尚齊高帝女臨海長公主，拜駙馬都尉。天監中，歷吏部尚書，祕書監。梁武帝云：王彬放縱快利，筆道流便。

明・陶宗儀《書史會要》卷四《梁》 王彬，字思文，宋侍中曇首之後，官至吏部尚書，祕書監。立身清白，工篆、隸，武帝謂其書放縱快利，筆墨流便。

清・孫岳頒等《佩文齋書畫譜》卷二四《書家傳三宋齊梁陳》 王彬，字思文，僧虔子也。好文章，習篆、隸，與志齊名。時人為之語曰：三真六草，為天下寶。梁天監中，歷吏部尚書、祕書監。《南史》本傳。

王晏

論說

唐・李嗣真《書後品・下中品十人》 范曄、蕭思話、張融、文舒。梁簡文帝、劉逖、王晏、周顒、王崇素、釋智果、虞綽。

右范如寒雋之士，亦不可棄；蕭比遁世之夫，時或堪採。思光要自標舉，蓋無足褒；簡文拔羣貴勝，猶難繼作。劉黄門落花從風，王中書奇石

當逕。彥倫意則甚高，迹少俊鋭。崇素時象麗人之姿，智果頗似委章之質。虞綽鋒穎迅健，亦又次之矣。

明・陶宗儀《書史會要》卷四《齊》 王晏，字休默，一字士彦，琅邪人。官至驃騎大將軍，太子少傅。工行草。

傳記

《南齊書》卷四二《王晏傳》 王晏，字士彦，琅邪臨沂人也。祖弘之，通直常侍。父普曜，祕書監。

晏，宋大明末起家臨賀王國常侍，員外郎，巴陵王征北板參軍，安成王撫軍板刑獄，隨府轉車騎。

清・孫岳頒等《佩文齋書畫譜》卷二四《書家傳三宋齊梁陳》 王晏，字休默，一字士彦，弘之之孫也。齊武帝板為記室，軍旅書翰，皆見委。建武中，領太子少傅，進爵曲江縣公。《南史》本傳。

紀事

宋・李昉等《太平廣記》卷一四二《征應八人臣咎征・王晏》 齊王晏字休默，位勢隆極。而驕盈，怨望伏誅焉。其將及禍也，見屋桷悉是大蚍，就視之，則滅焉。晏惡之，乃令以紙裹桷，猶紙内動摇，簌簌有聲。出《廣古今五行記》。

崔衡

傳記

《北史》卷二一《崔宏傳》 長子衡，字伯玉，少以孝行著稱。學崔浩書，頗亦類焉。天安元年，擢爲内祕書中散，班下詔命及御所覽書，多其迹也。衡舉李沖、李元愷、程駿等，終爲名器，承明元年，遷内都坐令，善折獄，孝文嘉之。太和二年，襲爵武陵公。衡涉獵書史，頗爲文筆。蠕蠕時犯塞，衡上書陳備禦之方、便國利人之策凡五十餘條。除秦州刺史，徙爵齊郡公。先是，河東年饑，劫盜大起。衡至，修龔遂法，勸課農桑，周年間，寇盜止息。卒，贈冀州刺史，謚惠公。衡五子。

宋・陳思《書小史》卷八《傳七》 崔衡字伯玉。官至内祕書中散。少以孝行著稱。善隸札。學崔浩頗亦相類。當時詔命及御所覽書多其迹也。

清・佚名《書畫史》 崔衡，字伯玉，浩族子。歷官内祕書中散、秦州刺史、齊郡公。謚曰惠。少以孝行著稱。善隸，比學浩書，頗亦相類。當時詔命及御所覽書多其迹也。

劉彧

論説

唐・竇臮《述書賦》卷上 太宗徽音，用壯之心。遺棄鄙野，不無

高深。快掃俗工，匠古鄰今。冠柤梨之下果，怯鸞鳳之珍禽。明帝諱彧，字休炳，孝武帝弟。今見帶名行書四紙，并批雜啓等，共八行也。

傳記

宋・陳思《書小史》卷六《傳五》 明皇帝諱彧，字休景，文帝第十一子也。善行書。

明・陶宗儀《書史會要》卷四《宋》 明帝諱彧，字景休。一作休炳。文帝第十一子。好讀書，才學之士，多蒙引進，善書。

龐秀之

論説

唐・竇臮《述書賦》卷上 二王變古，法有所屬。兢兢秀之，斂翰謹束。如仙童樂静，不見可欲。龐秀之，宋江州刺史。今見正書具姓名啓一紙，十行。

傳記

宋・陳思《書小史》卷六《傳五》 龐秀之，官至江州刺史，善正書。

明・陶宗儀《書史會要》卷四《宋》 龐秀之，不知何許人，官至江州刺史，書宗二王。

蕭賾

論説

唐・竇臮《述書賦》卷上 世祖宣遠，象賢豈敢。仰英規而無功，超筆力而有膽。莫顧程式，卒由胸襟。能騁逸氣，未忘童心。若横波束薪，泛濫淺深。武帝諱賾，字宣遠，高帝長子。今見帶名行草書及雜批等十餘紙。

傳記

明・陶宗儀《書史會要》卷四《齊》 武帝諱賾，字宣遠，高帝長子。剛毅有斷。工行、草。嘗覩落英茂木，作瑞華書，為辭紀之。

宋・陳思《書小史》卷一《紀》 世祖武皇帝諱賾，字宣述，高帝長子也。剛毅有斷。工行、草書。帝欲擅書名，故王僧虔不敢顯其迹。嘗用拙筆書，以此見容。

清・孫岳頒等《佩文齋書畫譜》卷一九《歷代帝王書黄帝至五代》 世祖武皇帝諱賾，字宣遠，高帝長子也。小字龍兒。《南史・本紀》。

沈約

論説

《宣和書譜》卷一七《草書五》　沈約，吴興武康人也。官至尚書令。少家貧，一意書史，燃膏繼晷，晝夜不倦。母恐其勞夜，即滅燭。約即以晝之所讀，夜輒誦之，遂博通羣籍。在齊為書記，方齊文惠太子在東宫，延納多士，乃特被親遇。每入見，日昃方出。時與蕭琛、王融、范雲、任昉皆曳裾王門，世稱其賢俊。後為東陽太守，至今《東陽八詠》之作猶著。後仕梁，尤為器重。約著述頗多，撰《四聲韻譜》，自謂有入神之妙。作草字亦工，大抵胸中所養不凡，見之筆下者，皆超絶，故善論書者，以謂胸中有萬卷書，下筆自無俗氣，約其得之。今御府所藏草書一：《今年帖》。

清・王澍《淳化祕閣法帖考正》卷四《梁特進沈約書》　沈約，字休文，吴興武康人。歷官特進光禄大夫，侍中，少傅。帖目當稱《梁特進光禄大夫沈約書》。

休文不以能書名，此帖筆力雖清駛，然頗不中程度，要之，決非俗手所到。

傳記

宋・陳思《書小史》卷七《傳六》　沈約，字休文，吴興武康人。官至尚書令，太子少傅，博通典籍，善屬文，工草書。

胡諧之

論説

唐・竇臮《述書賦》卷上　寶光、楷之，同調合韻。差池去就，羽翮齊振。依蕭附王。道成、僧虔。俱曰慕藺。論骨氣而胡壯，驗精神而顧峻。猶岸柳之先春，得地連於河潤。顧寶光，吴郡人。齊司徒左西掾。今見具姓名行書兩紙，共二十行。胡楷之，南昌人，齊度支尚書。今見帶名行書一紙，八行。

明・陶宗儀《書史會要》卷四《齊》　胡楷之，南昌人，官至度支尚書。風采環潤，書法與顧寶光同調合韻。

傳記

宋・陳思《書小史》卷六《傳五》　胡諧之，豫章南昌人，官至度支尚書。善行書。

褚賁

論説

唐・竇臮《述書賦》卷上　蔚先忠良，自我名揚。老成不虧，和雅允臧。若窮隱肥遁，志傲侯王。褚賁，字蔚先，淵之子，齊祕書監。因父憂免職，便不

仕。時人以爲耻父失節於宋室，遂爾屏居。今見正書啓具姓名一紙，凡八行。

明・陶宗儀《書史會要》卷四《齊》 褚賁，字蔚先，淵之子，官至侍中左户尚書。少耿介，書法和雅允臧。

清・孫岳頒等《佩文齋書畫譜》卷二四《書家傳三宋齊梁陳》 褚賁，字蔚先，彦回長子。齊武帝以為侍中左部尚書。《南史》本傳。

褚賁，今見正書啟八行。《述書賦》注。

蔚先書法和雅。《書史會要》。

傳記

宋・陳思《書小史》卷六《傳五》 褚賁，字蔚先，淵之子，官至祕書監。善隸書。因父憂免職，便不仕，時人以為恥父失節於宋室，遂爾屏居。

紀僧真

論説

明・陶宗儀《書史會要》卷四《齊》 紀僧真，丹陽建康人，官至廬陵内史，善隸書。

清・倪濤《六藝之一録》卷三二一《歷朝書譜十一》 紀僧真，丹陽建康人也。事齊高帝，以閑書題，令荅遠近書疏。帝令僧真學上手迹下名，上觀之，笑曰：我亦不能別也。封新陽縣男，後為廬陵内史。《南史》本傳。

傳記

《南齊書》卷五六《紀僧真傳》 紀僧真，丹陽建康人也。僧真少隨逐征西將軍蕭思話及子惠開，皆被賞遇。惠開性苛，僧真以微過見罰，既而委任如舊。及罷益州還都，不得志，僧真事之愈謹。惠開臨終歎曰：紀僧真方當富貴，我不見也。乃以僧真托劉秉、周顒。初，惠開在益州，土反，被圍危急，有道人謂之曰：城圍尋解。檀越貴門後方大興，無憂外賊也。惠開密謂僧真曰：我子弟見在者，竝無異才。政是道成耳。僧真憶其言，乃請事太祖。隨從在淮陰，以閑書題，令荅遠近書疏。自寒官歷至太祖冠軍府參軍、主簿。僧真夢蒿艾生滿江，驚而白之。太祖曰：詩人采蕭，蕭即艾也。蕭生斷流，卿勿廣言。其見親如此。

宋・陳思《書小史》卷六《傳五》 紀僧真，建康人。善隸書。事高帝在淮陰，以嫺書題，令答遠近書蹟。自寒官歷至高帝冠軍府將軍、主簿。初，上在領軍府，令僧真學上手蹟下名，至是報答書疏，皆付僧真。上觀之，笑曰：我亦不復能別也。

江淹

論説

明・陶宗儀《書史會要》卷四《梁》 江淹，字文通，濟陽考城人。在齊為祕書監，入朝官至金紫光禄大夫，醴陵侯。少以文章顯，墨妙筆精。

清・孫岳頒等《佩文齋書畫譜》卷二四《書家傳三宋齊梁陳》 江淹，字文通，濟陽考城人也。梁光禄大夫，封醴泉侯，謚曰憲。《南史》本傳。

紀　事

宋・蘇易簡《文房四譜》卷一《筆譜上附筆格・一之叙事》　江淹夢得五色筆，由是文藻日新，後有人稱郭璞取之。君子避三端，其一曰文士之筆端。

劉休茂

論　説

唐・竇臮《述書賦》卷上　休茂尚沖，已工法則。長於用筆結字，短於精神骨力。性靈可觀，運用未極，猶鳧雛鵠子，初備羽翼。海陵王休茂，文帝第十四子。今見正書帶名啓四行。姚懷珍押尾。

傳　記

宋・陳思《書小史》卷六《傳五》　海陵王休茂，文帝第十四子也，善正書。

明・陶宗儀《書史會要》卷四《宋》　海陵王字休茂，文帝第十四子，長於用筆，結字短於精神骨立。

謝綜

論　説

《南齊書》卷三三《王僧虔傳》　謝綜書其舅云，緊生起是得賞也，恨少媚好。

宋・陳思《書小史》卷六《傳五》　謝綜，中書侍郎述之子，范曄甥也，官至太子中舍人，有才藝，善隸書。王僧虔云：謝綜書其舅云，緊潔生起，實為得賞，每不重羊欣，欣亦憚之，然書法有力，恨少媚好。

明・陶宗儀《書史會要》卷四《宋》　謝綜，范曄之甥，書緊潔生起，實為得力。

傳　記

清・孫岳頒等《佩文齋書畫譜》卷二四《書家傳三宋齊梁陳》　謝綜，述子，陳郡陽夏人，綜有才藝，善隸書，為太子中舍人。

王藻

論　説

唐・韋續《墨藪》卷一《九品書第二》　宋王藻之行草。

傳記

明・陶宗儀《書史會要》卷四《宋》 王藻，琅琊臨沂人，官至東陽太守，工行草。

虞龢

論説

唐・竇臮《述書賦》卷下 宋虞龢《表》聞於明皇帝，齊簡穆《書》答於竟陵王。《表》稱委盡，《書》乃備詳。宋中書侍郎虞龢《上明皇帝表》，論古今妙迹，正、行、草、楷，紙色標軸，真僞卷數，無不畢備。《表》本行於世，真迹故起居舍人李造得之。齊司空簡穆公琅琊王僧虔《答竟陵王子良書》，序古善書人，評議無不至當。本行於世，其真迹今御史大夫黎翰得之。

孫奉伯

論説

南朝梁・庾肩吾《書品》 姜翊、梁宣、魏徵玄成、韋秀、鍾輿、向泰、羊忱、晉元帝景文、識道人、范曄蔚宗、宗炳、謝靈運、蕭思話、薄紹之敬叔、齊高帝紹伯，庾黔婁、費元瑶、孫奉伯、王會、羊祐叔子。

論曰：此二十一人，並擅毫翰，動成楷則。殆逼前良，見希後彦。允爲下之上。

明・陶宗儀《書史會要》卷四《宋》 孫奉伯善書。

清・孫岳頒等《佩文齋書畫譜》卷二四《書家傳三宋齊梁陳》 孫奉伯，淮南太守，詔與巢尚之、徐希秀科簡二王書，評其品題。

巢尚之

論説

唐・竇臮《述書賦》卷上 仲遠循常，繇衷邇俗。企彦琳之牆仞，遵茂度之軌躅，張茂度。豈聞一而得三，同出吴而入蜀。巢尚之，字仲遠，魯國人，宋寧朔將軍。今見帶名行書七行。

傳記

宋・陳思《書小史》卷六《傳五》 巢尚之，字仲遠，魯國人，官至寧朔將軍，善行書。

明・陶宗儀《書史會要》卷四《宋》 巢尚之，字仲遠，魯國人，官至寧朔將軍，書法企孔琳之之墻仞，遵張茂度之軌躅。

王道迄

傳記

宋・陳思《書小史》卷六《傳五》 王道迄，吴興烏程人，即道隆之兄，涉學，善隸書，形貌又美。吴興太守王韶之謂人曰：有子弟如王道迄，無所少也。

明・董斯張《吴興備志》卷二五《書畫徵第二一郡人所藏名跡附》 王道迄，烏程人，涉學，善書，形貌又美。太守王韶之謂人曰：有子弟如王道迄，無所少。始興王濬以為世子師，補中書令史。弟道隆亦知書。

清・倪濤《六藝之一録》卷三二一《歷朝書譜十一》 王道迄，吴興烏程人，涉學，善書，形貌又美。吴興太守王韶之謂人曰：有子弟如王道迄，無所少。始興王濬以為世子師，以書補中書令史。

顏騰之

論説

南朝齊・王僧虔《論書》 顏騰之、賀道力，並便尺牘。

明・陶宗儀《書史會要》卷九《宋》 顏騰之，字弘道，琅邪人，草、隸有風格。

清・孫岳頒等《佩文齋書畫譜》卷二四《書家傳三宋齊梁陳》 顏騰之，字弘道，巴陵太守，度支校尉。善草、隸書，有風格。

江僧安

論説

唐・竇臮《述書賦》卷上 江侯僧安，捷利而乾。貌兼輕媚，體出多端。猶廣庭之卉木，小苑之峯巒。江僧安，陳留人，宋太子中庶子。今見具姓名行書一紙，八行。

傳記

宋・陳思《書小史》卷六《傳五》 江僧安，陳留人，官至太子中庶子，善行書。

明・陶宗儀《書史會要》卷四《宋》 江僧安，陳留人，官至太子中庶子，書健利輕媚。

賀道力

論説

《南齊書》卷三三《王僧虔傳》 賀道力書，亞丘道護。

南朝齊・王僧虔《論書》 顏騰之、賀道力並便尺牘。

唐・竇臮《述書賦》卷上 道力草雄，圓轉不窮。壯自躬之體格，疲

逸少之遺風。猶立言而逍遥出世，驗迹乃夙夜在公。賀道力，會稽人，宋吴興令。今見具姓名章書二紙，共二十行。

宋・陳思《書苑菁華》卷九《檢校國子司業竇蒙注》 道力草雄，圓轉不窮。壯自躬之體格，疲逸少之遺風。猶立言而逍遥出世，驗迹乃夙夜在公。賀道力，會稽人，宋吴興令。

傳記

宋・陳思《書小史》卷六《傳五》 賀道力，會稽人，官至吴興令。善草書。

宋・施宿等《嘉泰會稽志》卷一六《翰墨》 賀道力，會稽人。善草書，尺牘尤美。

明・陶宗儀《書史會要》卷四《宋》 賀道力，會稽人，官至吴興令。善草書，圓轉不窮。

清・孫岳頒等《佩文齋書畫譜》卷二四《書家傳三宋齊梁陳》 賀道力，會稽山陰人。善三禮，有盛名，仕宋為尚書三公郎、建康令。

戴延壽

傳記

明・陶宗儀《書史會要》卷四《宋》 戴延壽，會稽山陰人。善書。

清・孫岳頒等《佩文齋書畫譜》卷二四《書家傳三宋齊梁陳》 戴延壽，會稽山陰人。家貧，父碩子以販絲為業，三兒並修立，延壽善書，法興好學。

孟覬

論説

清・孫岳頒等《佩文齋書畫譜》卷二四《書家傳三宋齊梁陳》 孟光禄書如崩崖，入見可畏。

王思玄

論説

唐・竇臮《述書賦》卷上 蔓衍枝派，思玄不忘。穩厚而無法度，淳和而蓄鋒芒。猶君子自適，順時行藏。王思玄，琅琊人，宋南康太守。今見具姓名行書三行。

明・陶宗儀《書史會要》卷四《宋》 王思玄，琅邪人，官至南康太守。書穩厚而無法度，淳和而蓄鋒鋩。

傳記

宋・陳思《書小史》卷六《傳五》 王思玄，瑯琊人，官至南康太守。善行書。

清・孫岳頒等《佩文齋書畫譜》卷二四《書家傳三宋齊梁陳》 王思

玄，琅邪人，宋南康太守。今見行書三行。

駱簡

論説

唐・竇臮《述書賦》卷上 翩翩正祖，恭己法則。師資小王，深入閫域。安知逸氣，未詳筆力。猶驥異真龍，紫非正色。駱簡，字正祖，丹陽人，宋鉅野令。今見行書一紙，五行。有姚懷珍、徐僧權等押尾。

宋・陳思《書小史》卷六《傳五》 駱簡，字正祖，丹陽人，官至鉅野令。善行、草書。

明・陶宗儀《書史會要》卷四《宋》 駱簡，字正祖，丹陽人，官至鉅野令。善宗王獻之，深入閫域。

紀僧猛

論説

明・陶宗儀《書史會要》卷四《齊》 紀僧猛，僧真弟，官至晉熙太守。亦善隸書。

清・孫岳頒等《佩文齋書畫譜》卷二四《書家傳三宋齊梁陳》 紀僧猛，僧真弟。為鎮蠻護軍，晉熙太守。兄弟皆有風姿舉止，並善隸書。僧猛又能飛白書，作《飛白賦》。

傳記

宋・陳思《書小史》卷六《傳五》 紀僧猛，僧真之弟，官至晉熙太守。有風姿舉止，善隸書，又能飛白書。

崔挺

傳記

《北史》卷三二《崔挺傳》 崔挺，字雙根，辯之從父弟也。父鬱，位濮陽太守。

挺幼孤，居喪盡禮，少敦學。五代同居，後頻年饑，家始分析。挺與弟振推讓田宅舊資，惟守墓田而已。家徒壁立，兄弟怡然，手不釋卷。鄉人有贍遺，挺辭而後受，仍亦散之。舉秀才，射策高第。拜中書博士，轉侍郎。以工書，受敕於長安書文明太后父燕宣王碑。賜爵泰昌子。轉登聞令，遷典屬國下大夫。以參議律令，賜帛、穀、馬、牛等。尚書李沖甚重之。孝文以挺女爲嬪。宋王劉昶南鎮彭城，詔挺爲長史，以疾辭免，乃以王肅爲長史，其被遇如此。

宋・陳思《書小史》卷八《傳七》 崔挺，字雙根，博陵安平人。少敦學業，多所覽究。舉秀才，射策高第，拜中書博士，轉中書侍郎。以工書，受敕於長安書文明太后父《燕宣王碑》。賜爵泰昌子。

郭祚

傳記

《北史》卷四三《郭祚傳》 郭祚，字季祐，太原晉陽人，魏車騎將軍淮弟亮之後也。祖逸，本州别駕，前後以二女妻司徒崔浩，一女妻浩弟上黨太守恬。太武時，浩親寵用事，拜逸徐州刺史，假榆次侯，贈光禄大夫。父洪之，坐浩事誅。祚亡竄得免。少孤貧，姿貌不偉，鄉人莫之識。有女巫相祚後當富貴。祚涉歷經史，習崔浩之書，尺牘文章見稱於世。弱冠爲州主簿，刺史孫小委之書記。又太原太守王希彦，逸妻之姪也，共相賙恤，乃振。

宋·陳思《書小史》卷八《傳七》 郭祚，字季祐，太原晉陽人。官至征西司馬將軍、雍州刺史。祚涉獵經史，習崔浩，尺牘文章見稱于世，尤善行書。

崔光

傳記

《北史》卷四四《崔光傳》 崔光，清河人。本名孝伯，字長仁，孝文賜名焉。祖曠，從慕容德南度河，居青州之時水。慕容氏滅，仕宋爲樂陵太守。於河南立冀州，置郡縣，即爲東清河鄃人。縣分易，更爲南平原貝丘人也。父靈延，宋長廣太守，與宋冀州刺史崔道固共拒魏軍。慕容白曜之平三齊，光年十七，隨父徙代。家貧好學，晝耕夜誦，傭書以養父母。【略】

神龜元年，光表曰：尋石經之作，起自炎劉，昔來雖屢經戎亂，猶未大崩侵。如聞往者刺史臨州，多構圖寺，官私顯隱，漸加剥撤。由是經石彌減，文字增缺。今求遣國子博士一人堪任幹事者，專主周視，驅禁田牧，制其踐穢，料閱碑牒所失次第，量厥補綴。詔曰：此乃學者之根原，不朽之永格，便可一依公表。光乃令國子博士李郁與助教韓神固、劉燮等勘校石經，其殘缺，計料石功，并字多少，欲補修之。後靈太后廢，遂寢。

夏侯道遷

論説

宋·陳思《書小史》卷八《傳七》 夏侯道遷，譙國人，歷華、瀛二州刺史。遍覽書史，閑習尺牘。

傳記

《魏書》卷七一《夏侯道遷傳》 道遷雖學不淵洽，而歷覽書史，閑習尺牘，札翰往還，甚有意理。

王慈

論説

唐·竇臮《述書賦》卷上 伯寶、次道，并資義訓。兄則雜太祖、高帝。而外兼，秉家君於己分，弟則纖薄無滯，過庭益俊。并能寬閑墨妙，逸速毫奮。比達士與君子，人不知而不慍。仲寶同乎季舒，署名莫窺牆仞。【略】王慈，字伯寶，王志，字次道，并僧虔子。慈，齊侍中、冠軍。今見具姓名行書兩紙，共二十五行。弟志，齊侍中、吏部尚書。今見具姓名行書三帖，共七行。

宋·朱長文《墨池編》卷三《撰品藻之二》 慈亦善隸書。

傳記

宋·陳思《書小史》卷六《傳五》 王慈，字伯寶，僧虔之子。官至侍中冠軍。善行書。

紀事

宋·陳思《書小史》卷六《傳五》 謝鳳子超宗嘗候僧虔，乃往東齋詣慈。慈正學書，未即放筆。超宗曰：卿書何如虔公。慈曰：慈書比大人，如雞之比鳳。超宗狼狽而退。

清·孫岳頒等《佩文齋書畫譜》卷六五《歷代無名氏畫上》 王慈年八歲，外祖施寶物，恣所取。慈取素琴、石硯及《孝子圖》。《南史·王慈傳》。

王儉

論説

唐·竇臮《述書賦》卷上 伯寶、次道，并資義訓。兄則雜太祖、高帝。而外兼，秉家君於己分，弟則纖薄無滯，過庭益俊。并能寬閑墨妙，逸速毫奮。比達士與君子，人不知而不慍。仲寶同乎季舒，署名莫窺牆仞。【略】王儉，字仲寶，僧綽子，齊尚書令。今見具名啓行字而已，與孔廞同。廞字季舒。

唐·韋續《墨藪》卷二《勸學第十七》 孫皓、應璩、徐幹、張超、嵇康、何曾、衛覬、杜預、楊肇、樂廣、劉慨、司馬攸、衛恒、衛夫人、衛玠、李式、王敦、郗鑒、郗愔、韋誕、桓玄、王廙、王導、王儉、王珉、謝安、庾翼。

或奇材見拔，或絶世難求，並庶幾右軍草書之價。以上四十三人，第三。

傳記

宋·陳思《書小史》卷六《傳五》 王儉，字仲寶，僧虔姪。官至尚書右僕射。幼篤學，工書。

清·倪濤《六藝之一録》卷三二一《歷朝書譜十一》 王儉，字仲寶，生而僧綽遇害，為叔父僧虔所養。幼篤學，手不釋卷。賓客或相稱美，僧虔曰：我不患此兒無名，政恐名太甚耳。乃手書崔子玉座右銘以貽之。永明中，開府儀同三司，改領中書監，贈太守，謚文憲。儉寡嗜慾，惟以經國為務，手筆典裁為當時所重。《南史》本傳。

劉芳

傳記

宋・陳思《書小史》卷八《傳七》 劉芳，字伯友，彭城人。官至安東將軍、青州刺史。善正書。少時聰敏過人，篤志墳典。書則傭書以自資給，夜則讀誦終夕不寢，常為諸僧寫精論，筆迹稱善，卷直一縑，歲中能入百餘匹。如此數年，賴以頗振。著《音義明辨》，疑者皆往詢訪，故時人號為劉經石。撰《急就篇續注音義》三卷。

徐孝嗣

論説

唐・竇臮《述書賦》卷上 非禮不言，從容始昌。如碩德君子，道義難量，而盛德有素，筆精源長。

徐孝嗣，字始昌，東海人，齊太尉，尚書令。今見正書啓，共二行。

明・陶宗儀《書史會要》卷四《齊》 徐孝嗣，字始昌，東海人，官至太尉尚書令。筆翰源長。

傳記

宋・陳思《書小史》卷六《傳五》 徐孝嗣字始昌，東海人，官至太尉尚書令。善正書。

庾詵

傳記

《梁書》卷五一《庾詵傳》 庾詵，字彥寶，新野人也。幼聰警篤學，經史百家無不該綜，緯候書射，棊鼇機巧，並一時之絕。

宋・陳思《書小史》卷七《傳六》 庾詵，字彥寶，新野人。幼聰悟。武帝詔以為黃門侍郎，不起。篤學，經史百家無不該綜，書射棊筭，並一時之絕。

鄭道昭

論説

清・洪頤煊《平津館讀碑記》卷二《後魏・鄭道昭論經書詩刻永平四年》 右鄭道昭《論經書詩刻》，在掖縣雲峰山。前題魏中書侍郎、通直散騎常侍、國子祭酒、祕書監、司州大中正、出爲使持節督光州諸軍事、平東

將軍、光州刺史司州滎陽鄭道昭作。結銜與《魏書》本傳歷官同。《地形志》：光州治掖城。皇興四年分青州置。以鄭述祖《天柱山銘》證之，道昭以永平三年爲光州刺史。此刻于永平四年，歲在辛卯，在到官後一年。

崔亮

傳記

《北史》卷四四《崔亮傳》 崔亮，字敬儒，清河東武城人，魏中尉琰之後也。高祖瓊，爲慕容垂車騎屬。曾祖輯，南徙青州，因仕宋爲太山太守。祖脩之，清河太守。父元孫，尚書郎。青州刺史沈文秀之叛，宋明帝使元孫討之，爲文秀所害。

時年十歲，常依季父幼孫。居貧，傭書自業。

清・沈辰《書畫緣》 崔亮字敬儒。清河東武城人。居貧傭書自業。明帝時至尚書僕射贈儀同三司謚貞烈。

高遵

傳記

清・沈辰《書畫緣》 高遵，字世禮，渤海蓨人。涉歷文史，頗有筆札。進爵安昌子。孝文時為齊州刺史。

李思穆

傳記

《北史》卷一〇〇《序傳》 斌兄獎，字道休，爲莊帝所親，超贈思穆衛將軍、中書監、左光禄大夫，謚曰宣武。

宋・陳思《書小史》卷八《傳七》 李思穆，官至營州刺史。工草、隸。為當時所稱。

劉懋

傳記

《魏書》卷五五《劉芳傳》 芳從子懋，字仲華。祖泰之，父承伯，仕於劉彧，並有名位。懋聰敏好學，博綜經史，善草隸書，多識奇字。世宗初入朝，拜員外郎。遷尚書外兵郎中，加輕車將軍。芳甚重之，凡所撰制朝廷軌儀，皆與參量。尚書博議，懋與殿中郎袁翻常爲議主。達於從政，臺中疑事，咸所訪決。受詔參議新令。性沉雅厚重，善與人交，器宇淵曠，風流甚美，時論高之。尚書李平，與之結莫逆之友。遷步兵校尉，領郎中，兼東宮中舍人。轉員外常侍、鎮遠將軍，領考功郎中，立考課之科，明黜陟之法，甚有條貫。

宋・陳思《書小史》卷八《傳七》 劉懋，字仲華，芳之從子。官至太尉司馬。聰敏好學，博綜經史，善草、隸書，識奇字。

王世弼

傳記

《北史》卷四五《王世弼傳》 王世弼，京兆霸城人也。姚泓之滅，其祖、父南遷。世弼身長七尺八寸，魁岸有壯氣，善草隸書，好愛墳典。仕齊爲軍主，助戍壽春，遂與裴叔業同謀歸誠。除南徐州刺史，封慎縣伯。後除東秦州刺史，政任於刑，爲人所怨，有受納之響，爲御史中尉李平所彈，會赦免。後爲河北太守，有清稱。再遷中山内史，加平北將軍。直閤元羅，領軍元叉弟也，曾過中山，謂曰：二州刺史，翻覆爲郡，當恨恨耳。世弼曰：儀同之號，起自鄧騭，平北爲郡，始在下官。卒，贈豫州刺史，謚曰康。

宋・陳思《書小史》卷八《傳七》 王世弼，京兆霸城人。官至中山内史、平北將軍。魁岸有北氣。善草、隸書，好愛墳典。

江式

論說

宋・陳思《書小史》卷八《傳七》 江式，字法安，陳留濟陽人。六世祖瓊，字孟琚，晋馮翊太守，善蟲篆詁訓。永嘉大亂，瓊棄官投張軌，子孫因居凉土，世傳家業。祖强，字文威。凉州平，内徙代京。上書三十餘法，各有體例，又獻經史諸子千餘卷，擢拜中書博士。式少專家學，篆體尤工。洛京宮殿諸門榜題，皆式書也。延昌中，撰集字書，號曰《古今文字》，凡四十卷，以許書《說文》為本，上篆下隸。官至符節令，兼著作郎。

明・陶宗儀《書史會要》卷四《後魏》 江式，字法安，陳留人。官至符節令。六世祖瓊，受學於魏衛覬，數世不墜。至式，尤工篆體。洛京宮殿諸門版題，皆其書也。撰《古今文字》四十卷，表上之，大體依許氏《說文》為本。

傳記

《北史》卷三四《江式傳》 江式，字法安，陳留濟陽人也。六世祖瓊，字孟琚，晋馮翊太守，善蟲篆詁訓。永嘉大亂，瓊棄官投張軌，子孫因居凉土，世傳家業。祖强，字文威，凉州平，内徙代京。上書三十餘法，各有體例，又獻經史諸子千餘卷，由是拜中書博士。卒，贈敦煌太守。父紹興，高允奏為祕書郎，掌國史二十餘年，以謹厚稱。卒于趙郡太守。

式少專家學，數年中，常夢兩人時相教授，乃寤，每有記識。初拜司徒長兼行參軍，檢校御史，尋除符節令。以書文昭太后尊號謚册，除奉朝請，仍符節令。篆體尤工，洛京宮殿諸門板題，皆式書也。

蕭顯慶

論說

清・錢大昕《潛研堂金石文跋尾》卷三《後魏・孫秋生等二百人造像記太和七年》 右《孫秋生等二百人造像記》，孟廣達文，蕭顯慶書。首稱大代太和七年，蓋自道武建國稱魏，仍兼稱代。崔浩所云代魏兼用，猶彼殷商者。至孝文時，此號尚未改也。額題邑子像旁，刻邑主中散大夫、滎陽太守孫道務，寧遠將軍、中散大夫、潁川太守、安成令衛白犢二人名。記之

下方列維那程道起等諸人名。而後題景明三年歲在壬午五月戊子朔廿七日造。距太和七年癸亥已二十載，蓋後來續刻者記。今在洛陽縣黄氏。《中州金石考》曾載之，惟誤以秋生爲狄生，顯慶爲顯楷爾。蘭條字作㯓，字書未載，惟見于此刻。

張欣泰

論説

南朝梁・庾肩吾《書品》 衛宣、李韞、陳基、傅廷堅、張紹、陰光、韋熊少季，張暢、曹任、宋嘉、裴邈、羊固、傅夫人、辟閭訓、謝晦、徐羨之、孔閶、顔寶光、周仁皓、張欣泰、張熾、僧岳道人。

右二十二人，下之下。

論曰：此二十二人，皆五味一和，五色一彩，視其雕文，非特刻鵠。人人下筆，寧止追嚮，遺迹見珍，餘芳可折。誠以駈馳並駕，不逮前鋒，而中權後殿，各盡其美。允為下之下。

傳記

宋・陳思《書小史》卷六《傳五》 張欣泰，字義亨，竟陵人。少有志貌，不以武業自居，好讀子史，善隸書。

明・陶宗儀《書史會要》卷四《齊》 張欣泰，字義亨，竟陵人。官至雍州刺史，亦工書。

清・孫岳頒等《佩文齋書畫譜》卷二四《書家傳三宋齊梁陳》 張欣泰，字義亨，竟陵人也。不以武業自居，好隸書，讀子史，東昏以為雍州刺史。《南史》本傳。

陶弘景

論説

唐・張懷瓘《書斷》卷下《能品》 陶弘景，字通明，秣陵人，隱居丹陽茅山。善書，師祖鍾、王，采其氣骨，然時稱與蕭子雲、阮研等各得右軍一體。其真書勁利，歐虞往往不如。隸、行入能。

唐・竇臮《述書賦》卷上 通明高爽，緊密自然。擺闔宋文，峻削阮研。載窺逸軌，不讓真仙，猶龍髯鶴頸，奮舉雲天。陶弘景，字通明，丹陽人，隱居山林，武帝追謚真白先生。今見具姓名正、行書一十二行。

唐・李嗣真《書後品・中中品十二人》 謝安、康昕、桓玄、丘道護、許静、蕭子雲、陶弘景、釋智永、劉珉、房玄齡、陸柬之、王知敬。

又 隱居穎脱，得書之筋髓，如麗景霜空，鷹隼初擊。

唐・韋續《墨藪》卷一《勸學第十七》 張越、張融、陶弘景、阮研、毛喜、釋智永、虞世南、歐陽詢、褚遂良。可敵右軍草書八分之一，以上九人第五等，率皆估其甚合者，其不合者，意數倍相懸。

《宣和書譜》卷八《行書二》 陶弘景，字通明，丹陽秣陵人也。身長七尺四寸，神采聳秀，有仙風道骨。讀書萬餘卷，善琴碁，工草、隸，而行書尤妙，大率以鍾王為法，骨力不至而逸氣有餘，然苦心篤志，未嘗懈倦。無紙墨則至於以獲畫灰，苦恨無書以為楷式，則願作主書吏。故其答武帝論書云：愚固博涉，患未能精，其刻意於學，有至於此。袁昂謂其書如吴興小兒形，雖未成長而骨體甚駿快。李嗣真亦云：如麗景霜空，鷹隼初擊。俱以駿快稱。今觀其書信乎其非虚言也。弘景少得養生之道，初為諸王侍讀，除奉朝請郎，上章辭禄，止于句容之句曲山，自號華陽隱居，辟穀導引，老而童顔，真神仙中人也。後贈中散大夫。今御府所藏行書六：《楊瓊瑶密辭》、《華陽天帖》、《屈畫帖》、《茅山帖》、《帶名帖》、《茅山仙蹟》。

又　隱居書自奇，世傳畫版帖及焦山《瘞鶴銘》皆其遺迹。《東觀餘志》。

元·盛熙明《法書考》卷一《書譜·集評》　陶弘景通明隱居。庾云中下品，李云中中品。得書之筋髓，如麗景霜空，鷹隼初擊。武帝云：如吴興小兒，形狀雖未長成，而骨氣峭甚。

明·陳繼儒《太平清話》　卷二陶弘景借人書，隨誤治定。米襄陽借書畫，親為臨摹，題跋、印記、裝潢，往往亂真，後并真贋本同送歸之。雖游戲翰墨，而雅有隱德。

傳記

《梁書》卷五一《陶弘景傳》　陶弘景，字通明，丹陽秣陵人也。【略】讀書萬餘卷，善琴棋，工草、隸。

《南史》卷七六《陶弘景傳》　陶弘景，字通明，丹陽秣陵人也。【略】幼有異操，年四五歲，恒以荻為筆，畫灰中學書。【略】讀書萬餘卷，一事不知，以為深恥。善琴棊，工草、隸。

唐·張彥遠《歷代名畫記》卷七《梁》　陶弘景，字通明，丹陽秣陵人。【略】喜琴棋，工草、隸，徵為諸王侍讀。

劉繪

論説

南朝梁·庾肩吾《書品》　羅暉叔景、趙襲元嗣、劉輿、張昭、陸機士衡、朱誕、王導茂弘、庾亮元規、王洽、郗超吴興、張翼、宋文帝劉義隆、康昕、徐希秀、謝朓玄暉、劉繪、陶隱君名弘景、王崇素。

右十八人，中之下。

論曰：叔景元嗣，並稱西州。劉輿之筆札，張昭之無懈。陸機以弘才掩迹，朱誕以偏藝流聲。王導則列聖推能，庾亮則羣公挹巧。王洽以並通諸法，郗超以晚年取譽。張翼善效。宋帝，康昕郗秀孤生。謝朓劉繪，文宗書範，近來少前。陶隱君仙才翰采，拔于山谷。王崇素靡倫篇筆，傅于里閭。此十八人允為中之下。

明·陶宗儀《書史會要》卷四《齊》　劉繪，字士章，彭城人。官至大司馬從事中郎。雅有風則。梁庾肩吾論云：謝朓、劉繪、文宗書範，近來少前。

傳記

宋·陳思《書小史》卷六《傳五》　劉繪，字士章，彭城人。性通悟，有文義，善隸書，進對華敏，數被召賞，官至司馬從事中郎。撰《能書人名》一卷。嘗自云：善飛白書。言論之際，頗好矜知。

清·孫岳頒等《佩文齋書畫譜》卷二四《書家傳三宋齊梁陳》　劉繪，字士章，彭城人。聰警有文義，善隸書。

紀事

《南齊書》卷四八《劉繪傳》　豫章王嶷為江州，以繪為左軍主簿。隨鎮江陵，轉鎮西外兵曹參軍，驃騎主簿。繪聰警有文義，善隸書，數被賞召，進對華敏，僚吏之中，見遇莫及。

蕭映

傳記

宋・陳思《書小史》卷二《傳一》 齊臨川獻王映，字宣光，高帝第二子也。幼而警悟，美言笑，善騎射，解聲律，工左右書、左右射。

明・陶宗儀《書史會要》卷四《齊》 臨川王映，字宣光，高帝第三子。美容止，工左右書。

清・孫岳頒等《佩文齋書畫譜》卷一九《歷代帝王書上黄帝至五代》 臨川獻王映，字宣光，高帝第三子也。永明五年，開府儀同三司，映善騎射，解聲律，工左右書，左右射，贈司空。《南史・齊高帝諸子傳》。

紀事

宋・李昉等《太平御覽》卷一三三《偏霸部十七・陳陳霸先》 新喻侯蕭暎為吳興太守，甚重高祖，謂僚佐曰：此人方將遠大。及暎為廣州刺史，高祖為中兵參軍，隨之鎮。暎令高祖招集士馬，衆至千人，仍命高祖監宋隆郡。所部安化二縣軍反，高祖討平之。尋監西江都護、高安郡守。先是，武林侯蕭諮為交州刺史，以苛刻失衆心。

陸杲

論說

唐・竇臮《述書賦》卷上 陸杲迅熟，騁捷遺能。任縱便，無風棱。如郊坰羽獵，翩狘奔騰。陸杲，吳郡人，梁光禄大夫，揚州大中正。今見具姓名草書九行。

傳記

《梁書》卷二六《陸杲傳》 陸杲，字明霞，吳郡吳人。祖徽，宋輔國將軍、益州刺史。父睿，揚州治中。杲少好學，工書畫。舅張融有高名，杲風韻舉動，頗類于融，時稱之曰：無對日下，惟舅與甥。

宋・陳思《書小史》卷七《傳六》 陸杲，字明霞，吳郡人。官至光禄大夫，揚州大中正。好辭學，工書畫。其舅張融有高名，杲風韻舉止頗類，時稱曰：無對日下，惟舅與甥。

任昉

論說

唐・竇臮《述書賦》卷上 體雜閑利，睹夫彥昇。構牽掣而無法，任

胸懷而足憑，猶注懸泉、咽凝冰。任昉，字彥昇，樂安人，梁吏部侍郎，掌著作。今見具姓名草書五行。

明・陶宗儀《書史會要》卷四《梁》 任昉，字彥升，樂安博昌人。在齊為司徒左長史，入朝官至御史中丞、祕書監。八歲能屬文，於書無所不見，書法體雜閒利，故當時有任筆沈詩之語。

傳　記

宋・陳思《書小史》卷七《傳六》 任昉，字彥昇，樂安人。官至吏部郎掌著作。善草書，家藏書萬卷。

紀　事

宋・王欽若、楊億等《册府元龜》卷八三九《總録部・文章第三》 任昉雅善屬文，尤長於筆，才思無窮，當世王公表奏莫不請焉。昉起草即成，不加點竄。沈約一代詞宗，深所推挹。

王志

論　説

唐・竇臮《述書賦》卷上 伯寶、次道，并資義訓。兄則雜太祖、高帝。而外兼，秉家君於己分，弟則纖薄無滯，過庭益俊。并能寬閑墨妙，逸速毫奮。比達士與君子，人不知而不愠。仲寶同乎季舒，署名莫窺牆仞。

【略】王慈，字伯寶，王志，字次道，并僧虔子。慈，齊侍中、冠軍。今見具姓名行書兩紙，共二十五行。弟志，齊侍中、吏部尚書。今見具姓名行書三帖，共七行。

明・陶宗儀《書史會要》卷四《梁》 王志，字次道，齊侍中慈之弟，官至散騎常侍，善草、隸，纖薄無滯。

傳　記

《梁書》卷二一《王志傳》 王志，字次道，琅邪臨沂人。【略】志善草、隸，當時以為楷法。齊遊擊將軍徐希秀亦號能書，常謂志為書聖。

宋・陳思《書小史》卷六《傳五》 王志，字次道，慈之弟，官至侍中、吏部尚書，善藁、隸，當時以為楷法。游擊將軍徐希秀亦號能書，常謂志為書聖。

蕭子良

論　説

唐・竇臮《述書賦》卷上 子良則能知未善，心遠迹邇。家風若遺，古則翻鄙。雖有力而無體，將從真而自美。猶士階茅茨，儉德之始。竟陵王子良，武帝子。今見帶名行書四行。

唐・韋續《墨藪》卷二《勸學第十七》 張嘉，庾亮，郗超，王珣，劉環，僧惠式，王循，張翼，戴安道，王玄之，王凝之，王徽之，王造之，王元之，宋文帝，宋孝武，康忻，王僧虔，謝靈運，羊欣，薄紹之，孔彬之，蕭思話，張永，蕭子良，齊高帝，蕭子雲。互有得失，時見高深，絶長續短，智均力敵，一字乃敵右軍草書三分之一。以上二十七人第四。

明・陶宗儀《書史會要》卷四《齊》 竟陵王子良，字雲英，武帝第二子，聰敏善書。

清・孫岳頒等《佩文齋書畫譜》卷一九《歷代帝王書上黃帝至五代》 竟陵文宣王子良，字雲英，武帝第二子也。進位太傅。《南史・齊武帝諸子傳》。

韓晉公滉獲齊竟陵王子良龍爪書十五字，置於招隱寺。李約飛白蕭字贊。

蕭子良著古今篆、隸文體。《玉海》。

傳記

宋・陳思《書小史》卷二《傳一》 竟陵文宣王子良，字雲英，武帝第二子也。少有清尚，禮才好士，善行書。

袁昂

傳記

唐・張彥遠《歷代名畫記》卷二《敘師資傳授南北時代》 袁昂師於謝、張、鄭。袁尤得綺羅之妙也。

宋・陳思《書小史》卷七《傳六》 袁昂，字千里，陳郡陽夏人。仕齊為祕書監、黃門侍郎，入梁官至中書監。幼以孝稱，善書畫，嘗著《書評》一卷。

傅昭

論說

唐・竇臮《述書賦》卷上 茂遠捷鋭，足以自給。彥和連環，迅不可及。如過雨之奔霤，飛燎之赫原隰。傅昭，字茂遠，北地人，梁祕書監、金紫光禄大夫，貞子。今見姓名草書一紙，一十一行。

明・陶宗儀《書史會要》卷四《梁》 傅昭，字茂遠，北地靈州人。在齊為尚書左丞。入朝官至散騎常侍，金紫光禄大夫。博極古今，書法捷鋭，足以自給。

傳記

宋・陳思《書小史》卷七《傳六》 傅昭，字茂遠，北地人，官至祕書監。善草書。

蕭衍

論說

唐・張懷瓘《書斷》卷下《能品》 梁武帝，姓蕭氏，諱衍，字叔達，蘭陵中都里人。丹陽尹順之之子。好草書，狀貌亦古，乏於筋骨，既無奇姿異

態，有減於齊高矣。年八十六崩，子綱、綸、繹，并有書名也。

唐・竇泉《述書賦》卷上　梁則高祖叔達，恢弘厥躬。泯規矩，合童蒙。文勝質而辭寡，明察衆而理窮。猶巧匠琢玉，心愜雕蟲。蕭衍，字叔達，蘭陵人，順之子。齊左僕射，征東將軍，封梁王。及受禪即位，稱梁武帝。今見帶名行書及制草雜批等四十餘紙。

唐・韋續《墨藪》卷一《九品書第二》　梁武帝，正、行、草篆。

又《續書品第四》　下下品七人：劉穆之、褚淵、梁武帝、梁元帝、沈君理、陳文帝、張正見。

明・陶宗儀《書史會要》卷四《梁》　武帝蕭氏，諱衍，字叔達，南蘭陵中都里人。齊封梁王，受禪稱帝。狀貌殊特，博學多通，正、行、草、隸，莫不稱妙，評論名人書法，皆窺其閫奧。

清・孫承澤《硯山齋雜記》卷二《書紀》　梁武帝學佛精兒，陶弘景神僊宗伯，唐太宗英武真君，李煜荒淫孱主，而皆篤意書法，咸有深嗜卓詣。蓋由書道中備有真寂玄曠，與夫雄姿綽態，可攝種種根性，令其醉心耳。

傳記

《南史》卷七《梁武帝紀》　梁高祖武皇帝，諱衍，字叔達，小字練兒，南蘭陵中都里人。姓蕭氏，與齊同承淮陰令整。【略】六藝備閑，棊登逸品，陰陽、緯候、卜筮、占決、草、隸、尺牘、騎射，莫不稱妙。

宋・陳思《書小史》卷一《紀》　梁高祖武皇帝，姓蕭氏，名衍，字叔達，南蘭陵人也。性嚴整，勤學博文，好草書。

雜録

宋・蘇易簡《文房四譜》卷三《硯譜水滴器附・一之叙事》　梁武帝性純儉，吴令唐鏞進鑄成盤龍火爐、翔鳳硯蓋，詔禁錮終身。

明・王一槐《玉唾壺》卷上《「千文」考異》　梁武帝學書，命殷鐵石於二王帖中選取千文，召周興嗣韵之，一夕而成，鬚髮盡白，其傳如此。王著摹勒《淳化帖》，謂為漢帝書，劉克莊亦謂《千文》實始於漢，而歐陽文忠公亦謂章帝所書，前世學者多為此語，不特始於羲之。予謂古必有此數字，武帝又取二王書所有者，命興嗣足為《千文》耳。此亦臆斷。

謝朓

論説

南朝梁・庾肩吾《書品》　羅暉叔景、趙襲元嗣、劉輿、張昭、陸機士衡、朱誕、王導茂弘、庾亮元規、王洽、郗超吴興、張翼、宋文帝劉義隆、康昕、徐希秀、謝朓玄暉、劉繪、陶隱君名弘景、王崇素。

右十八人，中之下。

論曰：叔景元嗣，並稱西州。劉輿之筆札，張昭之無懈。陸機以弘才掩迹，朱誕以偏藝流聲。王導則列聖推能，庾亮則羣公挹巧。王洽以並通諸法，郗超以晚年取譽。張翼善效。宋帝，康昕郗秀孤生。謝朓劉繪，文宗書範，近來少前。陶隱君仙才翰采，拔于山谷。王崇素靡倫篇筆，傅于里閭。此十八人允為中之下。

唐・張懷瓘《書斷》卷下《能品》　謝朓，字玄暉，陳留人。官至吏部郎中。風華黼藻，當時獨步。草書甚有聲。草殊流美，薄暮川上，餘霞照人，春晚林中，飛花滿目。《詩》：有美一人，清揚婉兮。邂逅相遇，適我願兮。是之謂矣。顔延之亦善草書，乃其亞也。

唐・李嗣真《書後品・下上品十三人》　陸機、袁崧、李夫人、謝朓、庾肩吾、蕭綸、王褒、斛斯彦明、房彦謙、殷令名、張大隱、藺静文、錢毅。

右士衡以下，時然合作，踳雜不倫，或類蚌質珠胎，乍比金砂銀礫。陸平原、李夫人猶帶古風，謝吏部、庾尚書創得今韻。【略】嗟乎，有天才者或未能精之，有神骨者則其功虚棄。但有佳處，豈忘存録。

明・陶宗儀《書史會要》卷四《齊》　謝朓，史作脁。字玄暉，陳郡人。官至尚書吏部郎。少好學，文章清麗，以草、隸名當時。結字尚雅，評者謂其若薄暮川上，餘霞照人。

傳記

《南史》卷一九《謝朓傳》　朓善草、隸，長五言詩，沈約常云：二百年來無此詩也。【略】朓好奬人才，會稽孔覬粗有才筆，未為時知，孔珪嘗令草讓表以示朓。朓嗟吟良久，手自折簡寫之，謂圭曰：士子聲名未立，應共奬成，無惜齒牙餘論。其好善如此。

宋・陳思《書小史》卷六《傳五》　謝朓，字玄暉，陳郡陽夏人。官至吏部郎中。風華黼藻，獨步當時。工草、隸、蟲篆。

紀事

清・孫岳頒等《佩文齋書畫譜》卷二四《書家傳三宋齊梁陳》　慶歷中，在金陵有農人以方石鎮肉，視之若有鐫刻，取石洗濯，乃海陵墓，謝朓撰并書，字畫如鍾繇。沈括《夢溪筆談》。

柳惲

論說

唐・韋續《墨藪》卷一《梁武帝書評第五》　柳惲書縱橫廓落，大體不凡，而意未備。

傳記

《梁書》卷二一《柳惲傳》　柳惲，字文暢，河東解人也。【略】天監十六年，卒，時年五十三。

《南史》卷三八《柳惲傳》　少有志行，好學，善尺牘。

宋・陳思《書小史》卷七《傳六》　柳惲，字文暢，官至吳興太守。好學，善尺牘，能鼓琴，特窮其妙。

明・陶宗儀《書史會要》卷四《梁》　柳惲，字文暢，河東解人。官至吳興太守，好學，善尺牘。

王僧孺

傳記

《梁書》卷三三《王僧孺傳》　建武初，有詔舉士，揚州刺史始安王遙光表薦祕書丞王暕及僧孺曰：前候官令東海王僧孺，年三十五，理尚棲約，思致悟敏，既筆耕為養，亦傭書成學。至乃照螢映雪，編蒲緝柳，先言往行，人物雅俗，甘泉遺儀，南宮故事，畫地成圖，抵掌可述。豈直鼮鼠有必對之辯，竹書無落簡之謬，訪對不休，質疑斯在。除尚書儀曹郎，遷治書侍御史，出為錢唐令。【略】普通三年，卒，時年五十八。

《南史》卷五九《王僧孺傳》　王僧孺，字僧孺，東海郯人也。【略】家貧，常傭書以養母，寫畢諷誦亦了。

宋・陳思《書小史》卷七《傳六》　王僧孺，字僧孺，東海郯人。官至北中郎諮議參軍。幼聰慧，及長，篤愛墳籍，工屬文，善楷、隸。聚書至萬卷，率多異本。

清・孫岳頒等《佩文齋書畫譜》卷二四《書家傳三宋齊梁陳》 王僧孺，字僧孺，東海郯人也。魏衛將軍肅八世孫。幼聰慧，家貧，嘗傭書以養母，寫畢諷誦亦了。工屬文，善楷、隸，轉北中郎諮議參軍。《南史》本傳。

王融

傳記

《南史》卷二一《王融傳》 融字元長，少而神明警慧。母臨川太守謝惠宣女，性敦敏，教融書學。

明・陶宗儀《書史會要》卷四《齊》 王融，字元長，宋太保弘之曾孫。官至中書郎。圖《古今雜體》，有六十四書。少年倣傚，家藏紙貴。

紀事

《南齊書》卷四七《王融傳》 融遷丹陽丞，中書郎。虜使遣求書，朝議欲不與。融上疏曰：臣側聞僉議，疑給虜書如臣愚情，切有未喻。【略】臣請收籍伊、瀍，兹書復掌，猶取之内府，藏之外籝，於理有愜，即事何損。若狂言足採，請決敕施行。世祖答曰：吾意不異卿。今所啟，比相見更委悉。事竟不行。

蕭曄

論説

宋・陳思《書小史》卷二《傳一》 武陵昭王曄，字宣昭，高帝第五子也。高祖雖未方伯，而居處甚貧，諸子學書無紙筆，曄嘗以指畫空中及畫掌學字，遂工篆法。

傳記

清・孫岳頒等《佩文齋書畫譜》卷一九《歷代帝王書上黄帝至五代》 武陵昭王曄，字宣昭，高帝第五子也。小字三昧。高帝雖為方伯，而居處甚貧，諸子學書無紙筆，曄嘗以指畫空中及畫掌學字，遂工篆法。為衛將軍開府儀同三司。

紀事

唐・陸龜蒙《小名録》 武陵昭王曄，字宣照，太祖第五子。母羅氏，以罪誅。曄見愛，世祖即位，曄數以言語忤旨。世祖嘗幸豫章王嶷東田，宴諸王，獨不召曄。嶷曰：風景殊美，今日甚憶武陵。上乃令呼之。曄善射，屢發命中，顧四座曰：手如何。上神色甚怍。嶷曰：阿五常日不爾，今日可謂仰藉天威，帝意乃釋。阿五，曄小字。

宋・李昉等《太平御覽》卷六八八《服章部五・貂蟬》 又曰：武陵昭王曄，武帝即位，歷中書祠部尚書。巫覡或言曄有非常之相，以此自負，

武帝聞之，故無寵，未嘗處方岳。於御座曲宴，醉伏地，貂杪肉柈。帝笑之曰：汗貂。對曰：陛下愛其羽毛，而踈其骨肉。帝不悅。

又《齊書》曰：武陵昭王曄過竟陵王子良宅，冬月道逢乞人，脱襦與之。子良見曄衣單，進襦於曄。曄曰：我與向人亦復何異。

宋・王欽若等《册府元龜》卷二六七《宗室部・孝行》 武陵昭王曄，高帝第五子。母羅氏，從帝淮陰，以罪誅。曄年四歲，思慕不異成人，每慟吐血。高帝勅武帝曰：三昧至性如此，恐不濟，汝可與共住。每抑割之三昧。

又卷二七六《宗室部・褒寵二》 武陵昭王曄，高祖第五子。母羅氏，從太祖在淮陰，以罪誅。曄思慕，故見愛。世祖即位，為丹陽尹、常侍將軍如故，始不復置行事，得自親政。轉侍中護軍將軍，給油絡車。又給扶二人。世祖遺照為衛將軍，開府儀同三司，給鼓吹一部。隆昌元年薨，賜東園祕器、朝服。贈司空。侍中如故。給節，班劍二十人。

陸倕

傳記

宋・陳思《書小史》卷七《傳六》 陸倕，字佐公，吴郡人。慧曉之子，官至太常卿。少勤學，能屬文，善行、草書。

明・陶宗儀《書史會要》卷四《梁》 陸倕，字公佐，吴郡人。晉尚書令玩之後。官至太常卿，工行、草。

蕭鑑

論説

明・陶宗儀《書史會要》卷四《齊》 始興王鑑，字宣徹，高帝第十子。性聰敏，能書，有蘭陵帖，宋高宗嘗跋之。

清・孫岳頒等《佩文齋書畫譜》卷一九《歷代帝王書上黄帝至五代》 始興簡王鑑，字宣徹，高帝第十子也。性聰警。年十四，好學善屬文，為散騎常侍祕書監。《南史・齊高帝諸子傳》。

始興王鑑，能書，有蘭陵帖，宋高宗嘗跋之。《書史會要》。

傳記

《南史》卷四三《蕭鑑傳》 始興簡王鑑，字宣徹，高帝第十子也。性聰警。年八歲，喪所生母，號慕過人，數日中便至骨立。豫章文獻王聞之，撫其首，嗚咽謂高帝曰：此兒操行異人，恐其不濟。高帝亦悲不自勝。初封廣興郡王，袁彖時為祕書丞。早有令譽，高帝盛重鑑，乃以彖為友，後改封始興。自晉以來，益州刺史皆以良將為之。【略】九年，為散騎常侍祕書監，領石頭戍事。上以與鑑久別，車駕幸石頭，宴會賞賜。尋遷左衛將軍。未拜，遇疾。上為南康王子琳起青陽巷第。新成，車駕與後宮幸第樂飲。其日，鑑疾，上遣騎，詔問疾。相繼，為之止樂。尋薨。

清・穆彰阿等《大清一統志》卷六一《常州府二》 蕭鑑，字宣徹，高帝第十子，封始興王。年八歲，喪所生母，哀號過人。永明中，為益州刺史，巴西蠻夷望風降附。性甚清，在蜀十年，未嘗有所營造。王儉嘗難曰：始興王雖尊貴，而行履都是素士。

蕭鈞

論說

宋·陳思《書小史》卷二《傳一》 衡陽王鈞，字宣禮，高帝第十一子也。七歲出繼衡陽王。性好學，善屬文，工正書。嘗手自書細書，寫五經部為一卷，置於巾箱中，以備遺忘。侍讀賀玠問曰：殿下家自有墳索，復何須蠅頭細書，別藏巾箱中。答曰：巾箱中有五經，於檢閱既易，且一更手寫，則永不忘。諸王聞而爭效為巾箱五經，巾箱五經自此始也。

明·陶宗儀《書史會要》卷四《齊》 蕭鈞，字宣禮，高帝第十一子。繼衡陽王。道度後，歷位祕書監。亦工書，嘗蠅頭細書五經一部，置於巾箱。

傳記

《南史》卷四一《蕭鈞傳》 鈞字宣禮。【略】性好學，善屬文，與琅邪王智深以文章相會，濟陽江淹亦遊焉。武帝謂王儉曰：衡陽王須文學，當使華實相稱，不得止取貴游子弟而已。乃以太子舍人蕭敷為文學。鈞常手自細書寫《五經》，部為一卷，置于巾箱中，以備遺忘。侍讀賀玠問曰：殿下家自有墳素，復何須蠅頭細書，別藏巾箱中。答曰：巾箱中有《五經》，於檢閱既易，且一更手寫，則永不忘。諸王聞而爭效為巾箱《五經》，巾箱《五經》自此始也。居身清率，言未嘗及時事。會稽孔珪家起園，列植桐柳，多構山泉，殆窮真趣，鈞往遊之。珪曰：殿下處朱門，遊紫闥，詎得與山人交邪。答曰：身處朱門，而情遊江海，形入紫闥，而意在青雲。珪大美之。吳郡張融清抗絕俗，雖王公貴人，視之傲如也，唯雅重鈞，謂從兄緒曰：衡陽王飄飄有淩雲氣，其風情素韻，彌足可懷，融與之遊，不知老之將至。見賞如此。歷位祕書監。延興元年，為明帝所殺。

又卷四四《齊巴陵王子倫傳》 先是高帝、武帝為諸王置典籤帥，一方之事，悉以委之。每至覲接，輒留心顧問，刺史行事之美惡，系於典籤之口，莫不折節推奉，恒慮弗及，於是威行州部，權重蕃君。【略】諸王言行舉動，不得自專，徵衣求食，必須諮訪。【略】及明帝誅異己者，諸王見害，悉典籤所殺，竟無一人相抗。孔珪聞之流涕曰：齊之衡陽、江夏最有意，而復害之。若不立籤帥，故當不至於此。

清·孫岳頒等《佩文齋書畫譜》卷一九《歷代帝王書上黃帝至五代》 蕭鈞，字宣禮，高帝第十一子。出繼衡陽元王。常手自細書寫五經部為一卷，置巾箱中。歷位祕書監。《南史·齊宗室傳》。

清·穆彰阿等《大清一統志》卷六一《常州府二》 蕭鈞，字宣禮，高帝子，封衡陽王。有孝行。所生區貴人卒，居喪盡禮，尫羸骨立。性好學，善屬文，嘗手自細寫五經為一卷，置于巾箱中，以便檢閱。諸王聞而爭效巾箱，五經自此始。

蕭昭業

論說

宋·陳思《書小史》卷一《紀》 廢帝鬱林王名昭業，字元尚，文惠太子長子也。美容止，好隸書。武帝特所鍾愛，勑皇孫手書，不得妄出以貴之。嘗謂武帝曰：臣書固應勝江夏王。帝答曰：闍黎第一，法身第二。法身，昭業小名。闍黎，江夏王鋒小名也。

清·孫岳頒等《佩文齋書畫譜》卷一九《歷代帝王書上黃帝至五代》 廢帝鬱林王諱昭業，字元尚，小字法身，文惠太子長子也。帝少美容止，好隸書。武帝特所鍾愛，勑皇孫手書，不得妄出以貴之。《南史·本紀》。

傳記

《南齊書》卷二一《蕭昭業傳》 鬱林王昭業，字元尚，文惠太子長子也。小名法身。世祖即位，封南郡王，二千户。永明五年十一月戊子，冠於東宮崇政殿。其日小會，賜王公以下帛各有差，給昭業扶二人。七年，有司奏給班劍二十人，鼓吹一部，高選友、學。十一年，給皁輪三望車。詔高選國官。文惠太子薨，立昭業為皇太孫，居東宮。世祖崩，太孫即位。

昭業少美容止，好隸書，世祖勑皇孫手書不得妄出，以貴重之。

《南史》卷四四《蕭昭業傳》 帝鬱林王諱昭業，字元尚，小字法身，文惠太子長子也。高帝爲相王，鎮東府，時年五歲，床前戲。高帝方令左右拔白髮，問之曰：兒言我誰耶。答曰：太翁。高帝笑謂左右曰：豈有爲人作曾祖而拔白髮者乎。即擲鏡、鑷。其後問訊，高帝指示賓客曰：我基於此四世矣。及武帝即位，封爲南郡王，時年十歲。

蕭鋒

論説

宋・陳思《書小史》卷二《傳一》 江夏王鋒，字宣穎，高帝第十二子也。年四歲，性方整，好學書。畜于母張氏舍，張氏無紙，乃倚井欄為書，書滿則洗之，已復更書如此者累月。又晨興不肯拂窗塵，而先畫塵上，學為字書。五歲，高帝使學鳳尾諾，一學即工。高帝大悦，以玉麒麟賜之曰：麒麟，賞鳳尾矣。工書，為當時藩王所推。南郡王昭業亦稱工書，謂武帝曰：臣書固應勝江夏王。武帝答：闍黎第一，法身第二。法身，昭業小名。闍黎，鋒小名也。

明・陶宗儀《書史會要》卷四《齊》 江夏王鋒，字宣穎，高帝第十二子。性方整，年五歲，即工鳳尾諾。因無紙繼日，畫窗塵以學書。

清・孫岳頒等《佩文齋書畫譜》卷一九《歷代帝王書上黄帝至五代》 黎鋒，小名也。隆昌元年為侍中，尋加祕書監。《南史・齊高帝諸子傳》。

傳記

《南齊書》卷二《蕭鋒紀》 江夏王鋒，字宣穎，太祖第十二子。永明五年，為輔國將軍，南彭城、平昌二郡太守。轉散騎常侍。七年，遷左衛將軍，仍轉侍中，領石頭戍事。九年，出為徐州刺史。鬱林即位，加散騎常侍。隆昌元年，入為侍中，領驍騎將軍，尋加祕書監。

鋒好琴書，有武力。高宗殺諸王，鋒遺書誚責，左右不為通，高宗深憚之。不敢於第收鋒，使兼祠官於太廟，夜遣兵廟中收之。鋒出登車，兵人欲上車防勒，鋒以手擊却數人，皆應時倒地，於是敢近者遂逼害之。時年二十。

《南史》卷四三《齊江夏王鋒傳》 江夏王鋒，字宣穎，高帝第十二子也。【略】性方整，好學書，【略】五歲，高帝使學鳳尾諾，一學即工。高帝大悦，以玉麒麟賜之，曰：麒麟賞鳳尾矣。至十歲，便能屬文。【略】工書，為當時蕃王所推。南郡王昭業亦稱工，謂武帝曰：臣書固應勝江夏王。武帝答：闍梨第一，法身第二。法身昭業小名，闍梨鋒小名也。隆昌元年，為侍中，領驍騎將軍，尋加祕書監。及明帝知權，蕃邸危懼，【略】常忽忽不樂，著《修栢賦》以見志，曰：既殊羣而抗立，亦含貞而挺正。豈春日之自芳，在霜下而為盛。衝風不能摧其枝，積雪不能改其性。雖坎壈於當年，庶後凋之可詠。時鼎業潛移，鋒獨慨然有匡復之意，逼之行事典籤，故不遂也。嘗見明帝，言次及遥光才力可委之意，鋒答曰：遥光之於殿下，猶殿下之於高皇，衛宗廟，安社稷，實有攸寄。明帝失色。鋒有武力，明帝殺諸王，鋒與書詰責，左右不為通。明帝深憚之，不敢於第收之。鋒出登車，兵人欲上車防勒，鋒以手擊卻數人，皆應時倒地，遂逼害之。江斅聞其死，流涕曰：芳蘭當門，不得不鋤，其《修栢》之賦乎。

清・穆彰阿等《大清一統志》卷六一《常州府二》 蕭鋒，字宣穎，高帝第十二子，封江夏王。工書，能屬文。嘗著《修栢賦》以見志。

顧寶光

論說

南朝梁・庾肩吾《書品》 衛宣、李韞、陳基、傅廷堅、張紹、陰光、韋熊少季、張暢、曹任、宋嘉、裴邈、羊固、傅夫人、辟閭訓、謝晦、徐羨之、孔閭、顔寶光、周仁皓、張欣泰、張熾、僧岳道人。

右二十二人，下之下。

論曰：此二十二人，皆五味一和，五色一彩，視其雕文，非特刻鵠。人人下筆，寧止追嚮，遺迹見珍，餘芳可折。誠以駈馳並駕，不逮前鋒，而中權後殿，各盡其美。允為下之下。

唐・竇臮《述書賦》卷上 寶光、楷之，同調合韻。差池去就，羽翮齊振。依蕭附王，道成、僧虔。俱曰慕藺。論骨氣而胡壯，驗精神而顧峻。猶岸柳之先春，得地連於河潤。顧寶光，吴郡人。齊司徒右西掾。今見具姓名行書兩紙，共二十行。胡楷之，南昌人，齊度支尚書。今見帶名行書一紙，八行。

傳記

宋・陳思《書小史》卷六《傳五》 顧寶光，吴郡人，官至司徒左曹掾。工畫，善行書。寶光卓越多奇，自以伎能。王僧虔嘗作飛白書以示之，寶光曰：下官今為飛白屈矣。

明・陶宗儀《書史會要》卷四《齊》 顧寶光，吴郡人，官至司徒左西掾，書宗高帝。

宗測

傳記

宋・陳思《書小史》卷六《傳五》 宗測，字敬，炳之孫也。代居江陵，不應召辟。驃騎將軍、豫章王嶷請為參軍，測答曰：何為謬傷海鳥，横斤山水。性善書畫，傳其祖業。

江蒨

論說

唐・竇臮《述書賦》卷上 彦淵氣懦，任力或滯，猶翮短風高，昇沉靡制。江蒨，字彦淵，濟陽人，梁吏部侍郎。今見具姓名行書一紙，三行。

宋・陳思《書小史》卷七《傳六》 江蒨，字彦標，濟陽考城人。官至光禄大夫，善行書。

明・陶宗儀《書史會要》卷四《梁》 江蒨，字彦淵，濟陽考城人。官至光禄大夫，書法氣懦，任力或滯。

傳記

南朝齊・姚思廉《梁書》卷二一《江蒨傳》 江蒨，字彦標，濟陽考城

人。曾祖湛，宋左光禄、儀同三司。父斅，齊太常卿。並有重名於前世。蒨幼聰警，讀書過目便能諷誦。選為國子生，通《尚書》，舉高第。起家祕書郎，累遷司徒東閣祭酒、廬陵王主簿。居父憂以孝聞，廬於墓側。【略】蒨方雅有風格。僕射徐勉以權重自遇，在位者並宿士敬之，惟蒨及王規與抗禮，不為之屈。勉因蒨門客翟景為第七兒繇求蒨女婚，蒨不答，景再言之，乃杖景四十，由此與勉有忤。除散騎常侍，不拜。是時勉又為子求蒨弟葺及王泰女，二人並拒之。葺為吏部郎，坐杖曹中幹免官，泰以疾假出宅，乃遷散騎常侍，皆勉意也。初，天監六年，詔以侍中、常侍並侍帷幄，分門下二局入集書，其官品視侍中，而非華冑所悦，故勉斥泰為之。蒨尋遷司徒左長史。初，王泰出閤，高祖謂勉云：江蒨資歷，應居選部。勉對曰：蒨有眼患，又不悉人物。高祖乃止。遷光禄大夫。大通元年，卒，時年五十三。詔贈本官。謚肅子。蒨好學，尤悉朝儀故事，撰《江左遺典》三十卷，未就，卒。文集十五卷。

庾黔婁

論說

南朝梁・庾肩吾《書品》 姜詡、梁宣、魏徵玄成、韋秀、鍾輿、向泰、羊忱、晉元帝景文、識道人、范曄蔚宗、宗炳、謝靈運、蕭思話、薄紹之敬叔、齊高帝紹伯、庾黔婁、費元瑶、孫奉伯、王會、羊祐叔子。

論曰：此二十一人，並擅毫翰，動成楷則。殆逼前良，見希後彦。允為下之上。

明・陶宗儀《書史會要》卷四《齊》 庾黔婁，官編令，善書。

清・孫岳頒等《御定佩文齋書畫譜》卷二四《書家傳三宋齊梁陳》 庾黔婁，字子貞，一字貞正，易之子，新野人。少好學，多所講誦，梁散騎侍郎。《南史》本傳。

曹世表

傳記

《魏書》卷七二《曹世表傳》 曹世表，字景昇，東魏郡魏人也。魏大司馬休九世孫。祖謨，父慶，並有學名。世表少喪父，舉止有禮度。性雅正，工尺牘，涉獵羣書。

明・王世貞《古今法書苑》 曹世表，字景昇。魏大司馬休九世孫。性雅正，工尺牘，涉獵群書。孝昌中為尚書右丞，遷東南道行臺。

到沆

論說

宋・陳思《書小史》卷七《傳六》 到沆，字茂瀣，齊御史中丞，撝之子，官至北中郎諮議參軍。美風神，容止可觀，善屬文，工篆、隸。

清・孫岳頒等《佩文齋書畫譜》卷二四《書家傳三宋齊梁陳》 到沆，字茂瀣，彦之之孫，彭城武原人。幼聰敏，五歲時，父撝於屏風抄古詩，沆請教讀一遍，便能諷誦。及長，善屬文，工篆、隸，美風神。任昉、范雲皆與善。終於北中郎諮議參軍。《南史》本傳。

劉慧斐

論説

宋・陳思《書小史》卷七《傳六》 劉慧斐，字宣文，彭城人。少博學，能屬文。起家安成王法曹參軍，後不仕。與處士張孝秀居東林寺，相得甚歡。尤明釋典，工篆、隸，在山手寫經二千餘卷。

清・孫岳頒等《佩文齋書畫譜》卷二四《書家傳三宋齊梁陳》 劉慧斐，字宣文，彭城人也。少好學，能屬文。起家梁安成王法曹行參軍。後不仕，居東林寺。慧斐尤明釋典，工篆、隸，手寫佛經二千餘卷。《南史》本傳。

傳記

宋・李昉等《太平御覽》卷五〇五《逸民部五・逸民五》 劉慧斐，字宣文，彭城人也。少博學，能屬文。起家梁安成王法曹行參軍。常還都，途徑潯陽，遊於匡山，遇處士張孝秀，相得甚懽，遂有終焉之志，因不仕，居東林寺。又於山北構園一所，號曰離垢園。時人乃謂為離垢先生。慧斐尤明釋典，工篆、隸，在山手寫佛經二千餘卷，常所誦者百餘卷，晝夜行道，孜孜不怠，遠近欽慕之。簡文臨江州，遺以几杖。論者云：自遠法師没後，將二百年始有張、劉之盛矣。

宋・王欽若等《册府元龜》卷二〇六《閏位部・禮賢》 劉慧斐，尤明釋典，工篆、隸。簡文臨江州，遺以几杖。論者云：自遠法師没後，將二百年始有張、劉之盛矣。

清・倪濤《六藝之一録》卷三二二《歷朝書譜》 劉慧斐，字宣文，彭城人也。少好學，能屬文。起家梁安成王法曹行參軍，後不仕，居東林寺。慧斐尤明釋典，工篆、隸，手寫佛經二千餘卷。《南史》本傳。

劉孝綽

論説

宋・陳思《書小史》卷七《傳六》 劉孝綽，字孝綽，齊司馬從事中郎繪之子。幼聰敏，七歲能屬文，號為神童。歷官祕書監，善草、隸，自以書跡似父，乃變為別體。

明・陶宗儀《書史會要》卷四《梁》 劉孝綽，字孝綽，齊中郎繪之子。官至祕書監，少有盛名，善草書。

清・孫岳頒等《佩文齋書畫譜》卷二四《書家傳三宋齊梁陳》 劉孝綽，字孝綽，本名冉，小字阿士，繪子，彭城人也。幼聰敏，七歲能屬文，兼善草、隸，自以書似父，乃變為別體，後為祕書監。《南史》本傳。

傳記

《南史》卷三九《劉孝綽傳》 劉孝綽，字孝綽，本名冉。幼聰敏，七歲能屬文。舅齊中書郎王融深賞異之，與同載以適親友，號曰神童。融每曰：天下文章若無我，當歸阿士。阿士即孝綽小字也。父繪，齊時掌詔誥，孝綽時年十四，繪常使代草之。父黨沈約、任昉、范雲等聞其名，命駕造焉，昉尤相賞好。范雲年長繪十餘歲，其子孝才與孝綽年並十四五。及雲遇孝綽，便申伯季，乃命孝才拜之。兼善草、隸，自以書似父，乃變為別體。梁天監初，起家著作佐郎，為《歸沐詩》贈任昉。【略】後為太子僕，掌東宮管記。晚年忽忽不得志，【略】後為祕書監。初，孝綽居母憂，冬月飲冷水，因得冷癖，以大同五年卒官，年五十九。孝綽少有盛名，而仗氣負才，多所

陵忽。有不合意，極言詆訾。領軍臧盾、太府卿沈僧旻等並被時遇，孝綽尤輕之。每於朝集會同，處公卿間無所與語，反呼騶卒訪道途間事，由此多忤於物，前後五免。孝綽辭藻為後進所宗，時重其文，每作一篇，朝成暮徧，好事者感誦傳寫，流聞河朔，亭苑柱壁莫不題之。文集數十萬言，行於時。兄弟及羣從子姪當時有七十人，並能屬文，近古未之有也。

張孝秀

論說

宋・陳思《書小史》卷七《傳六》 張孝秀，字文逸，南陽宛人。為建安王別駕，頃之，遂去職，歸廬山，居東林寺。性通率不好浮華。博涉羣書，專精釋典，善談論，攻隸書，凡諸藝能，莫不明習。

清・孫岳頒等《佩文齋書畫譜》卷二四《書家傳三宋齊梁陳》 張孝秀，字文逸，南陽宛人也。徙居尋陽，建安王召為別駕，去職居東林寺。孝秀善談論，工隸書，凡諸藝能，莫不明習，普通三年卒。《南史》本傳。

傳記

《梁書》卷五一《張孝秀傳》 張孝秀，字文逸，南陽宛人也。少仕州為治中從事史。遭母憂，服闋，為建安王別駕。頃之，遂去職歸山，居于東林寺。有田數十頃，部曲數百人，率以力田，盡供山衆，遠近歸慕，赴之如市。孝秀性通率，不好浮華，常冠穀皮巾，躡蒲履，手執並櫚皮麈尾。服寒食散，盛冬能卧於石。博涉羣書，專精釋典。善談論，工隸書，凡諸藝能，莫不明習。普通三年，卒，時年四十二，室中皆聞有非常香氣。太宗聞，甚傷悼焉，與劉慧斐書，述其貞白云。

王筠

論說

《宣和書譜》卷八《行書二》 王筠，字元禮，一字德柔，瑯琊臨沂人。官至太子詹事。筠天資穎悟，自七歲能屬文，年十六，為《芍藥賦》，見者皆賞其奇絶。及長，而學益工，與從兄泰齊名。一時如陳郡謝覽，弟舉，亦有重譽，人為之語曰：謝有覽、舉，王有養、炬。炬即泰，養即筠，並小字也。尚書令沈約為當時辭宗，每慎許可，見筠文，必咨嗟吟詠，以為己所不逮。嘗作草木十詠書于約郊居之壁，不加篇題，約謂人曰：此詩指物呈形，無假題目。一日從容啟梁高祖曰：晚來名家，唯見王筠獨步。是約之所許，蓋不誣矣。遷中書舍人，掌東宮書記。昭明太子宴于元圃，太子執筠之袖，撫劉孝綽之背云：所謂左把浮丘袖，右拍洪崖肩。其見重如此。筠即僧虔之孫，僧虔以書名世，而筠於書遂復有家傳之學。尤喜手抄書史，至寓目瞥觀，皆即疏記。自是筆端復熟，縱使不學，亦自超詣。尤工行書，然筠性洪厚，不以藝能高人，故於書，世罕其傳。要是王謝家風範，自應度越流輩。今御府所藏行書一：《至節帖》。

傳記

《梁書》卷三三《王筠傳》 王筠【略】琅邪臨沂人。祖僧虔，齊司空簡穆公。【略】及長，清净好學，與從兄泰齊名。陳郡謝覽，覽弟舉，亦有重譽，時人為之語曰：謝有覽、舉，王有養、炬。炬是泰，養即筠，並小字也。

南朝梁・王筠《自序》 余少好書，老而彌篤，雖偶見瞥觀，皆即疏記，後重省覽，歡興彌深，習與性成，不覺筆倦。自年十三四，齊建武二年乙亥

至梁大同六年，四十六載矣。幼年讀《五經》，皆七八十遍。愛《左氏春秋》，吟諷常為口實，廣略去取，凡三過五抄。餘經及《周官》、《儀禮》、《國語》、《爾雅》、《山海經》、《本草》並再抄。子史諸集皆一遍。未嘗倩人假手，並躬自抄録，大小百餘卷。不足傳之好事，蓋以備遺忘而已。

《南史》卷二二《王筠傳》 筠字元禮，一字德柔，幼而警悟，七歲能屬文。年十六，為《芍藥賦》，其辭甚美。及長，清浄好學，與從兄泰齊名。沈約見筠，以為似外祖袁粲。【略】約於郊居宅閣齋，請筠為草木十詠書之壁，皆直寫文辭，不加篇題。約謂人曰：此詩指物呈形，無假題署。【略】及簡文即位，為太子詹事。筠家累千金，性儉嗇，外服粗弊，所乘牛嘗飼以青草。及遇亂，舊宅先為賊焚，乃寓居國子祭酒蕭子雲宅。夜忽有盜攻，懼，墜井，卒，時年六十九。家人十三口同遇害，人棄尸積於空井中。筠狀貌寢小，長不滿六尺。性弘厚，不以藝能高人。而少擅才名，與劉孝綽見重當時。

清・孫岳頒等《佩文齋書畫譜》卷二四《書家傳三宋齊梁陳》 王筠，字元禮，一字德柔，僧虔之孫也，七歲能屬文。沈約於郊居宅閣齋請筠為草木十詠，書之壁。簡文即位，為太子詹事。其自序云：余少好抄書，老而彌篤，雖遇見瞥觀，皆即疏記，習與性成，不覺筆倦。幼年讀五經，愛《左氏春秋》，凡三過五抄。餘經及《周官》、《儀禮》、《國語》、《爾雅》、《山海經》、《本草》，並再抄。未嘗倩人假手，並躬自抄録，大小百餘卷。《南史》本傳。

紀事

宋・王欽若等《册府元龜》卷八三九《總録部・文章第三》 王筠，為殿中郎，為文能壓彊韻，每公宴，並作詞，必妍美。尚書令沈約深所推奬，嘗啓高祖曰：晚來名家，唯見王筠獨步。約於郊居宅造閣齋，筠為草木十詠，書之於壁，皆直寫文詞，不加篇題。約謂人云：此詩指物呈形，無假題署。約製《郊居賦》，搆思積時，猶未都畢，乃要筠示其草，筠讀至雌霓五激切。連蹇，約撫掌欣抃曰：僕嘗恐人呼為霓，五雞切。次至墜石磓星，及冰懸埳而帶坻，筠皆擊節稱賛。約曰：知音者希，真賞殆絶，可以相要，正在此數句耳。

徐僧權

論説

唐・竇臮《述書賦》卷下 押署縫尾，則僧權似長松挂劍，滿騫如盤石卧虎。徐僧權，中山人。滿騫富陽人。

傳記

宋・陳思《書小史》卷七《傳六》 徐僧權，東海人。官至梁東宮通事舍人，領祕書，以善書知名。

明・陶宗儀《書史會要》卷四《梁》 徐僧權，東海人。官至東宮通事舍人，以善書知名。

清・孫岳頒等《佩文齋書畫譜》卷二四《書家傳三宋齊梁陳》 徐僧權，東海人也。梁東宮通事舍人，領祕書。以善書知名。《南史・徐伯陽傳》。

朱異

論説

宋・陳思《書小史》卷七《傳六》 朱異，字彦和，吴郡人。居貧，以傭書自業，寫畢便誦。涉獵文史，通雜藝，博奕書筭，尤善草書。

明・陶宗儀《書史會要》卷四《梁》　朱異，字彥和，錢塘人。官至中領軍。性嗇吝，貪財冒賄，而書法與傅昭同稱。評二人書者，以謂如過雨之奔箭雷，飛燎之赫原隰。

清・孫岳頒等《御定佩文齋書畫譜》卷二四《書家傳三宋齊梁陳》　朱異，字彥和，吳郡錢唐人也。居貧，以傭書自業，寫畢便誦，涉獵文史，兼通雜藝，博奕書筭，皆其所長。沈約戲曰：卿年少，何乃不廉。天下唯有文義棋書，卿一時將去。太清二年，為中領軍，贈尚書右僕射。《南史》本傳。

傳記

《南史》卷二六《朱異傳》　朱異，字彥和，吳郡錢唐人也。【略】異年數歲，外祖顧歡撫之，謂其祖昭之曰：此兒非常器，當成卿門户。【略】及長，乃折節從師。梁初開五館，異服膺于博士明山賓。居貧，以傭書自業，寫畢便誦。偏覽《五經》，尤明《禮》、《易》。涉獵文史，兼通雜藝，博弈書筭，皆其所長。年二十，出都詣尚書令沈約，面試之，因戲異曰：卿年少，何乃不廉。異逡巡未達其旨，約乃曰：天下唯有文義棊書，卿一時將去，可謂不廉也。【略】異博解多藝，圍碁上品，而食財冒賄，欺罔視聽，以伺候人主意，不肯進賢黜惡。四方餉饋，曾無推拒，故遠近莫不忿疾。

李苗

傳記

宋・陳思《書小史》卷八《傳七》　李苗，字子宣，梓潼涪人。官至尚書左丞。善屬文，工尺牘。

清・沈辰《書畫緣》　李苗，字子宣，梓潼涪人。孝昌中，兼尚書左丞，贈儀同三司、河陽縣侯，謚忠烈。苗解鼓琴，好文咏。尺牘之敏，當世罕及。

庾道

傳記

宋・陳思《書小史》卷八《傳七》　庾道，潁川人。歷覽史傳，善草、隸。仕梁位至中郎將，與夏侯道遷俱入魏，後為饒安令卒。

裴敬憲

傳記

《魏書》卷八五《裴敬憲傳》　裴敬憲，字孝虞，河東聞喜人也。益州刺史宣第二子。少有志行，學博才清，撫訓諸弟，專以讀誦爲業。澹于榮利，風氣俊遠，郡徵功曹不就，諸府辟命，先進其弟，世人歎美之。司州牧、高陽王雍舉秀才，射策高第，除太學博士。性和雅，未嘗失色於人。工隸、草，解音律，五言之作，獨擅於時。

宋・陳思《書小史》卷八《傳七》　裴敬憲，字孝虞，河東聞喜人。為太學博士，少有志行，學博才清，工隸、草，解音律。

崔高容

傳記

《北史》卷四五《裴叔業傳》 崔高容，清河人，博學善文辭，美風彩。景明初，位散騎侍郎，出爲揚州開府掾，帶陳留太守，卒官。

清·沈辰《書畫緣》 崔高容，清河人。博學，善文札，美風流。景明初，拜散騎侍郎。

沈法會

傳記

《北史》卷三四《江式傳》 先是，太和中，兖州人沈法會能隸書。宣武之在東宮，敕法會侍書。後以隸迹見知於閭里者甚衆，未有如崔浩之妙。

宋·陳思《書小史》卷八《傳七》 沈法會，兖州人。能隸書，宣武在東宮，敕法會侍書。後以隸迹見知于閭里者甚衆，未有如崔浩之妙。

張黎

傳記

《北史》卷二五《張黎傳》 張黎，雁門平原人也。善書計，道武知待之。明元器其忠亮，賜爵廣平公，管綜機要。太武以其功舊，任以輔弼，除大司農卿。軍國大議，黎常與焉。以征赫連定功，進號征北大將軍。與樂安王範、濟南公崔徽鎮長安。清約公平，甚著聲稱，代下之日，家無餘財。太武征涼州，蠕蠕吴提乘虛入寇，黎與司空長孫道生拒擊走之。景穆初總百揆，黎與崔浩等輔政，忠於奉上，非公事不言。詔賜浩、黎布帛各千疋，以褒舊勳。吴王余立，以黎爲太尉。後文成即位，與古弼俱誅。

清·沈辰《書畫緣》 張黎，雁門平原人也。善書計。官太尉。

谷渾

傳記

《北史》卷二七《谷渾傳》 谷渾，字元沖，昌黎人也。父衮，彎弓三百斤，勇冠一時。仕慕容垂，位廣武將軍。

渾少有父風，任俠好氣，晚乃折節受經業，被服類儒者。道武時，以善隸書爲内侍左右。太武時，累遷侍中、儀曹尚書，賜爵濮陽公。渾正直有操行，性不苟合。然愛重舊故，不以富貴驕人。時人以此稱之。在官廉直，爲太武所器重，以渾子孫年十五以上，悉補中書學生。卒，謚曰文宣。

宋・陳思《書小史》卷八《傳七》　谷渾，字元沖。昌黎人。道武時，以善隸書為内侍左右。太武時，累遷侍中儀曹尚書，賜爵濮陽公。

沈含馨

傳記

明・楊慎《書品・署書》　元魏遷洛，始令中書舍人沈含馨以隸書書之。

又《沈含馨》《水經注》：後魏中書舍人沈含馨書洛陽宮殿榜，今書譜不載姓名。

清・沈辰《書畫緣》　沈含馨，中書舍人，善隸書。

江順和

傳記

《北史》卷三四《江式傳》　式兄子征虜將軍順和，亦工篆書。

宋・陳思《書小史》卷八《傳七》　江順和，式兄之子。官至征虜將軍。亦工篆書。

柳僧習

傳記

《魏書》卷七一《裴叔業傳》　僧習，善隸書，敏於當世。景明初，為裴植征虜府司馬。稍遷北地太守，為政寬平，氐羌悦愛。肅宗時，至太中大夫，加前將軍，出爲潁川太守。卒官。

宋・陳思《書小史》卷八《傳七》　柳僧習，官至潁川太守。敏于當世，特善正書。

清・沈辰《書畫緣》　柳僧習，河東人。善隸書，肅宗時，為潁川太守。

殷鈞

論説

南朝梁・庾肩吾《書品》　張超子並、郭伯道、劉德昇君嗣、崔寔子真、衛夫人名鑠字茂猗、李式景則、庾翼稚恭、郗愔方回、謝安安石、王珉季琰、栢玄敬道、羊欣敬兀、王僧虔、孔琳之彦琳、殷鈞季和。

右十五人，中之上。

論曰：子並崔家州里，頗相倣效，可謂醬鹹于鹽，氷寒于水。伯道府問朝廷，遂封其跡。德昇之妙，鐘胡各採其美。子真俊才，門法不墜。李妻衛氏，自出華宗。景則毫素流靡，稚恭聲彩遒越。郗愔安石，草正並驅。季琰栢玄，筋力俱駿。羊欣早隨子敬，最得王體。孔琳之聲高宋氏，王僧虔雄發

齊代。殷鈞頗耽愛好，終得肩隨。此一十五人，允為中之上。

南朝梁・庾元威《論書》 所學正書，宜以殷鈞、范懷約為主，方正循紀，修短合度。

唐・竇臮《述書賦》卷上 季和慢速，風規所屬。圓轉頗通，骨氣未足。殷鈞，字季和，陳郡人，梁國子祭酒。今見行草書兩貼，共有一紙三行。

宋・陳思《書小史》卷七《傳六》 殷鈞，字季和，陳郡長平人。好學有思理，善隸書，為當世楷法，尤工行草，南郡范雲、樂安任昉並稱美之。起家祕書郎。鈞在職，校定祕閣四部書，更為目録。又受詔科檢西省法書古跡，別為品目。官至國子祭酒。

明・陶宗儀《書史會要》卷四《梁》 殷鈞，一作均。字季和，陳郡長平人。官至國子祭酒，工隸、草，書體圓轉頗通，骨氣未足。袁昂評其書，謂如高麗使人抗浪，甚有意氣滋韻，終乏精味。滋韻，一本作姿顏。

清・倪濤《六藝之一録》卷三二二《歷朝書譜》 殷鈞，字季和，陳郡長平人，仲堪五世孫也。好學有思理，善隸書，為當時楷法。梁武帝時歷祕書丞，啟校定祕閣四部書。又受詔料檢西省法書古跡，列為品目。後為國子祭酒，謚貞。《南史》。

傳記

《梁書》卷二七《殷鈞傳》 中大通四年，卒，時年四十九。謚曰貞子。

《南史》卷六〇《殷鈞傳》 殷鈞，字季和，陳郡長平人，晉荆州刺史仲堪五世孫也。【略】鈞九歲以孝聞，及長，恬静簡交游，好學有思理，善隸書，為當時楷法。南鄉范雲、樂安任昉並稱美之。梁武帝與叡少故舊，以女永興公主妻鈞，拜駙馬都尉。歷祕書丞，在職啓校定祕閣四部書，更為目録。又受詔料檢西省法書古跡，列為品目。累遷侍中，東宮學士。自宋、齊以來，公主多驕淫無行，永興主加以險虐。鈞形貌短小，為主所憎，每被召入，先滿壁為殷叡字，鈞輒流涕以出，主命婢束而反之。鈞不勝怒而言於帝，帝以犀如意擊主碎於背，然猶恨鈞。自侍中出為王府諮議，後為明威將軍、臨川内史。鈞體羸多疾，閉閤卧理，而百姓化其德，劫盜皆奔出境。嘗禽劫帥，不加考掠，和言誚責。劫帥稽顙乞改過，鈞便命遣之，後遂為善人。郡舊多山瘧，更暑必動，自鈞在任，郡境無復瘧疾。母憂去職，居喪過禮，昭明太子憂之，手書誡喻。服闋，為散騎常侍，領步兵校尉，侍東宮。改領中庶子。後為國子祭酒。卒，謚貞。

蕭子雲

論説

南朝梁・袁昂《古今書評》 蕭子雲書如上林春花，遠近瞻望，無處不發。

唐・張懷瓘《書斷》卷中《妙品》 梁蕭子雲，字景喬，晉陵人。父嶷。景喬官至侍中。少善草、行、小篆，諸體兼備，而創造小篆飛白，意趣飄然，點畫之際，若有騫舉，妍妙至極，難與比肩，但少乏古風，抑居妙品。故歐陽詢云：張烏巾冠世，其後逸少、子敬，又稱絶妙爾。飛而不白，蕭子雲輕濃得中，蟬翼掩素，遊霧崩雲，可得而語。其真草少師子敬，晚學元常，及其暮年，筋骨亦備，名蓋當世，舉朝效之。其肥鈍無力者，悉非也。今之謬賞，十室九馬。梁武帝擢與二王并迹，則若牝雞仰於鸞鳳，子貢賢於仲尼，雖絶唱於彼朝，未曰《陽春》、《白雪》。以太清三年卒。景喬隸書、飛白入妙，小篆、行草、章草入能。子特，字世達，亦善書。位至太子舍人，先景喬卒。

又 帝謂蕭子雲言：頃見王獻之書，白而不飛，卿書飛而不白，可斟酌爲之，令得其衷。子雲乃以篆文爲之，雅合帝意。既括鏃而羽，則遠而益深；雖創法於八分，實窮微於小篆。其後歐陽詢得之。蔡伯喈即飛白之祖也。

唐・竇臮《述書賦》卷上 景喬則潤色鍾門，性情勵己，豐媚輕巧，纖慢旖旎。《詩》雖易其《國風》，賜豈賢於夫子。猶鸞窺鏡而鼓翼，虎不咥

而履尾。蕭子雲，字景喬，蘭陵人，梁侍中、國子祭酒。今見正書具姓名啓及臨右軍書共三十行，又見草書六十餘紙。

唐·韋續《墨藪》卷一《九品書第二》 梁蕭子雲行隸。

又《續書品第四》 中中品十二人：謝安、康昕、桓玄、丘道護、許靜、蕭子雲、陶弘景、釋智永、劉珉、房玄齡、陸柬之、王知敬。

又《梁武帝書評第五》 蕭子雲如危峯阻日，孤松一枝，荆軻負劍，壯士彎弓。雄人獵虎，心胷猛烈，鋒刃難當。

又卷二《勸學第十七》 張嘉、庾亮、郗超、王珣、劉瓌、僧惠式、王偱、張翼、戴安道、王玄之、王凝之、王徽之、王造之、王元之、宋文帝、宋孝武、康昕、王僧虔、謝靈運、羊欣、薄紹之、孔彬之、蕭思話、張永、蕭子良、齊高帝、蕭子雲。互有得失，時見高深，絶長續短，智均力敵，一字乃敵右軍草書三分之一，以上二十七人第四。

宋·朱長文《墨池編》卷四《贊述之一·唐太宗製王羲之傳贊》 子雲近出，擅名江表。僅得成書，無丈夫之氣。行行若縈春蚓，字字如綰秋蛇。卧王濛於紙中，坐徐偃於筆下。雖禿千兔之翰，無一毫之筋。窮萬轂之皮，無半分之骨。以茲播美，非濫名耶。

又《唐李約壁書飛白蕭字贊》 梁侍中蕭子雲，書祖述鍾王，備該衆體，始變蔡張二王飛白古法，妙絶冠時。古法飛少白多，其體尤拘八分，故王僧虔云：飛白是八分之輕者。自子雲變而飛多，今但據飛多者，即非子雲之前，不知，後人亦有效古飛少者。子雲又作小篆飛白，雖名存傳記而跡絶。

《宣和書譜》卷一七《草書五》 蕭子雲，字景喬，晉陵人，官至侍中。善正、隸、行草、小篆、飛白，而正、隸飛白尤工。意趣飄然，有騫舉之狀，而世多其草字。正、隸初學王獻之，晚學鍾繇，乃能研二家之妙。梁武帝遂以為二王可以比跡，亦雅為齊高祖所重。嘗謂子雲書曰：筆力勁俊，心手相應，巧踰杜度，美過崔寔，當與鍾繇竝驅爭先。子特作草、隸，遂逼於卿。其見賞如此。嘗以飛白作一蕭字於建業壁間，後人取其壁入南徐海榴堂中，以為奇觀。至唐有李約復載歸洛陽仁風里，構大厦以覆之，目曰蕭齋。張諗特為記而序其事。初，子雲以書得名，時百濟國使人至建業求書，適子雲出麾東陽，維舟將發，使者望舟次遠三十步，輒落膝丐於前曰：侍中尺牘之美，遠流海內，今日所求惟在名蹟。子雲為停舟三日，書三十紙與之，當時以為榮。今御府所藏三：草書《千文》，正書《進寫古文啓》、《顔回問孝》。

宋·陳思《書小史》卷七《傳六》 梁蕭子雲，字景喬，晉陵人。齊豫章王嶷第九子，官至侍中。少善書，小篆、草行諸體兼備。張懷瓘云：特妙飛白，意趣飄然，點畫之際，有若騫舉，妍妙至精，難與比肩，但少乏古風，抑居妙品。歐陽詢云：蕭侍中飛白清濃得中，如蟬翼掩素，遊霧崩雲，可得而語。其真書少學子敬，晚師元常，得其體勢，雖少乏力，及其暮年筋骨亦備，名蓋當世，舉朝效之。梁高祖雅重其書，常論子雲書曰：筆力勁駿，心手相應，巧踰杜度，美過崔寔，當與元常並驅爭先。其見賞如此。子雲出為東陽太守，百濟國使人至建業求書，逢子雲為郡，維舟將發，使人於渚次候之，望船拜行前，子雲遣問之，荅曰：侍中尺牘之美，遠流海外，今日所求，惟在名跡。子雲乃為停船三日，書三十紙與之，獲金貸數百萬。

元·盛熙明《法書考》卷一《書譜·集評》 蕭子雲。張云：隸飛白妙品，小篆、章草俱能品。梁評：如危峯阻日，孤樹一枝。荆軻負劍，壯士彎弓。雄人獵虎，心胸猛烈，鋒刃難當。唐評：如上林春花，遠近瞻望，無處不發。

清·孫岳頒等《佩文齋書畫譜》卷一《論書一·書體上》 王僧虔云：飛白八分之輕者，羲之、獻之，並造其極。衛恒祖述飛白而造散隸紙書，開張隸體，微露其白。梁武帝謂蕭子云：頃見王獻之書，白而不飛，卿書飛而不白，可斟酌為之，令得其衷。子雲乃以篆文為之，雅合帝意。其後歐陽詢得焉。蔡伯喈即飛白之祖也。

又 傳授筆法人名：蔡邕受於神人，傳之崔瑗及女文姬，文姬傳之鍾繇，鍾繇傳之衛夫人，衛夫人傳之王羲之，王羲之傳之王獻之，王獻之傳之外甥羊欣，羊欣傳之王僧虔，王僧虔傳之蕭子雲，蕭子雲傳之僧智永。

又 大同之末，訛替滋生。蕭子雲改易字體，邵陵王頗行譌字。

又卷二四《書家傳三》 蕭子雲，字景喬，齊豫章文獻王嶷之子也。善草、隸，為時楷法。自云善效鍾元常、王逸少而微變字體。其書跡雅為武帝所重，帝嘗論書曰：筆力勁駿，心手相應，巧逾杜度，美過崔寔，當與元常並驅爭先。其見賞如此。出為東陽太守，百濟國使人至建鄴求書，逢子雲為郡，維舟將發，使人於渚次候之，望船三十許步，行拜行前，子雲遣問之，荅曰：侍中尺牘之美，遠流海外，今日所求，唯在名跡。子雲乃為停舟三日，

書三十紙與之，獲金貨數百萬。性吝，自外答餉不書好紙，好事者重加賂遺，以要酬答。太清元年，復為侍中、國子祭酒。《南史》本傳。

又 壁書蕭字，子雲飛白，圜卷側掠，體法備焉。歐陽率更云：蕭侍中飛白輕濃得中，如蟬翼掩素。唐崔備《壁書飛白蕭字記》。

又 子雲書，筆蹟健瘦，縈絲索鐵。昔傳子雲作筆，而心用胎髮。《江寧府志》云：南朝有姥善作筆，蕭子雲常用之，筆心用胎髮。故纖細不失。《廣川書跋》。

清・倪濤《六藝之一録》卷一三五《法帖論述五》 題蕭子雲書云：唐太宗評蕭子雲書云，行行如紆春蚓，字字若綰秋蛇。今觀其遺跡，信虛得名耳。《東坡題跋》。

又卷一六四《法帖論述三十四》 今世所傳蕭子雲書，或見之碑，轉相拓搨，刻深畫重，去真遠矣。雖况以春蚓秋蛇，人不謂過也。麗正所藏，蓋自唐貞觀入録，後散亡民間，張河東初購得之，五代入江南李氏。江南平，始還內府。今視其書與世間所聞異矣。勁特挺拔，更無後世俗態。筆蹟健瘦，縈絲索鐵，屈折盡妙，不露筋絡，求於纖瘦濃淡，未嘗有遺恨也。昔傳子雲作筆心用胎髮，故得纖細不失，或疑非兔毫不足稱勁，是不然豐狐之柱路扈嘗用之。但不知胎毛，非壯發不知可用以作筆，此余未之考也。《廣川書跋》。

傳記

《南史》卷四二《蕭子雲傳》 子雲字景喬，年十二，齊建武四年，封新浦縣侯。自製拜章，便有文采。梁天監初，降爵為子。及長，勤學有文藻，弱冠撰《晉書》，至年二十六，書成百餘卷，表奏之，詔付祕閣。子雲性沈靜，不樂仕進，風神閑曠，任性不群。夏月對賓客，恒自裸袒。而兄弟不睦，乃至吉凶不相弔問，時論以此少之。年三十，方起家為祕書郎，遷太子舍人，撰《東宮新記》奏之，敕賜束帛。累遷丹陽郡丞。湘東王繹為丹陽尹，深相賞好，如布衣之交。【略】梁初，郊廟未革牲牷，樂辭皆沈約撰，至是承用。子雲啓宜改之，敕答曰：此是主者守株，宜急改也。仍使子雲撰定。敕曰：郊廟歌辭，應須典誥大語，不得雜用子史文章淺言。而沈約所撰，亦多舛謬。子雲作成，敕並施用。子雲善草隸，為時楷法，自云善効鍾元常、王逸少而微變字體。嘗答敕云：臣昔不能拔賞，隨時所貴，規摹子敬，多歷年所。年二十六著《晉史》，至《二王列傳》，欲作論草隸法，言不盡意，遂不能成，略指論飛白一事而已。十許年，始見《敕旨論書》一卷，商略筆狀，洞澈字體，始變子敬，全範元常。逮爾以來，自覺功進。其書跡雅為武帝所重，帝嘗論書曰：筆力勁駿，心手相應，巧逾杜度，美過崔寔，當與元常並驅爭先。其見賞如此。出為東陽太守。百濟國使人至建鄴求書，逢子雲為郡，維舟將發。使人於渚次候之，望船三十許步，行拜行前。子雲遣問之，答曰：侍中尺牘之美，遠流海外，今日所求，唯在名跡。子雲乃為停船三日，書三十紙與之，獲金貨數百萬。性吝，自外答餉不書好紙，好事者重加賂遺，以要其答。太清元年，復為侍中、國子祭酒。二年，侯景寇逼，子雲逃人間。三年，宮城失守，奔晉陵，餧卒于顯雲寺僧房，年六十三。所著《晉書》一百一十卷，《東宮新記》二十卷。

紀事

宋・蘇易簡《文房四譜》卷一《筆譜上附筆格・三之筆勢能書附》 陳武帝論蕭子雲書曰：筆力駿勁，心手相應，巧踰杜恕，美過崔晏，當與元帝爭驅並先。其相賞如此。

宋・孔平仲《續世説》卷六《巧藝》 梁蕭子雲善草、隸，武帝論其書曰：筆力勁峻，心手相應，巧逾杜度，美過崔寔，當與元常並驅爭先爾。子雲出為東陽太守，百濟使人求書，望船三十許步拜。行前，子雲為停船三日，書三十紙與之，得金寶數百萬。

明・陳繼儒《書蕉》卷上《蕭子雲》 晉陵蕭子雲正、隸初學大令，晚摹鐘太常。子雲出麾東陽，百濟國使人望舟落膝正書，停舟書三日而去。

清・孫岳頒等《御定佩文齋書畫譜》卷二四《書家傳三宋齊梁陳》 梁武帝大通元年，於蔣山埋一鼎，文曰：大通真書。又鑄一鼎，書老子五千言，沉之九江中，並蕭子雲書。《虞荔鼎録》。

庾肩吾

論說

唐・張懷瓘《書斷》卷下《能品》 庾肩吾，字叔慎，新野人。官至度支尚書。才華既秀，草、隸兼善，累紀專精，遍探名法，可謂贍聞之士也。變態殊妍，多慚質素。雖有奇尚，手不稱情，乏於筋力。文勝質則史，是之謂乎。嘗作《書品》，亦有佳致。大寶元年卒。肩吾隸、草入能。子信，亦工草書。時有殷鈞、范懷約、顏協等，并善隸書，有名於世。

唐・竇臮《述書賦》卷上 肩吾通塞，并乏天性。工歸文華，拙見草正。徒聞師阮，阮研。何至遼敻。使鉛刀之均鋒，稱并列而則佞。庾肩吾，字子慎，新野人，梁度支尚書。今見具姓名行書三紙。

唐・李嗣真《書後品・下上品十三人》 陸機、袁崧、李夫人、謝朓、庾肩吾、蕭綸、王褒、斛斯彥明、房彥謙、殷令名、張大隱、藺静文、錢毅。右士衡以下，時然合作，踳雜不倫，或類蚌質珠胎，乍比金砂銀礫。陸平原、李夫人猶帶古風，謝吏部、庾尚書創得今韻。【略】 嗟乎，有天才者或未能精之，有神骨者則其功虛棄。但有佳處，豈忘存録。

唐・韋續《墨藪》卷一《九品書人第二》 梁庾肩吾，隸行草。

又《續書品第四》 下上品十三人：陸機、袁崧、李夫人、謝朓、庾肩吾、蕭綸、王褒、斛斯彥明、房彥謙、殷令名、張大隱、藺静文、錢毅。

又《梁武帝書評第五》 庾肩吾書畏懼收斂，少得自充，效未精能，去蕭之遠矣。

宋・陳思《書小史》卷七《傳六》 庾肩吾，字慎之，新野人，官至度支尚書。才華並秀，草、隸兼善。張懷瓘云：歷記專精，遍採名法，亦可謂贍聞之士也。然志雖奇古，而手不副情，文勝質史，是之謂乎。自號玄静先生，撰《書品論》一卷。

元・盛熙明《法書考》卷一《書譜・集評》 庾肩吾。張云隸、草能品，李云下上品。梁評：少得自充，效未能精，去蕭、蔡遠矣。

明・陶宗儀《書史會要》卷四《梁》 庾肩吾，字子慎，新野人，官至度支尚書。工隸行草，武帝謂其書畏懼收斂，少得自充，效未能精，去蕭、蔡遠矣。

清・倪濤《六藝之一録》卷三二二《歷朝書譜》 庾肩吾，字慎之，八歲能賦詩。初為晉安國王常侍，王命庾肩吾等十人抄撰衆籍，豐其果饌，號高齋處士。歷江州刺史，封武康縣侯，贈中書令。《南史》本傳。

傳記

《南史》卷五〇《庾肩吾傳》 肩吾字慎之，八歲能賦詩，為兄於陵所友愛。初為晉安王國常侍，王每徙鎮，肩吾常隨府。在雍州被命與劉孝威、江伯摇、孔敬通、申子悅、徐防、徐摛、王囿、孔鑠、鮑至等十人抄撰衆籍，豐其果饌，號高齋學士。王為皇太子，兼東宮通事舍人。後為安西湘東王録事、諮議參軍，太子率更令，中庶子。簡文開文德省置學士，肩吾子信、徐摛子陵、吴郡張長公、北地傅弘、東海鮑至等充其選。齊永明中，王融、謝朓、沈約文章始用四聲，以為新變，至是轉拘聲韻，彌為麗靡，復踰往時。及簡文即位，以肩吾為度支尚書。時上流蕃鎮，並據州拒侯景，景矯詔遣肩吾使江州喻當陽公大心。大心乃降賊，肩吾因逃入東。後賊宋子仙破會稽，購得肩吾欲殺之，先謂曰：吾聞汝能作詩，今可即作，若能，將貸汝命。肩吾操筆便成，辭采甚美，子仙乃釋以為建昌令。仍間道奔江陵，歷江州刺史，領義陽太守，封武康縣侯。卒，贈散騎常侍、中書令。子信。

紀事

宋・王欽若等《册府元龜》卷八三九《總録部・文章第三》 庾肩吾，

八歲能賦詩，時為兄於陵所友愛。文集行於世，位至度支尚書。

藝　文

宋・蘇易簡《文房四譜》卷二《筆譜下・五之辭賦》　烟磨青石，以踐孔氏之壇。管插銅龍，還笑王生之璧。西域胡人，卧織成之絳簟。游仙童子，隱芙蓉之行陣。莫不盡出梁園，來頒狹室。

顧越

論　説

清・孫岳頌等《佩文齋書畫譜》卷二四《書家傳三宋齊梁陳》　顧越，字允南，吴郡監官人也。偏該經藝，工綴文，閑尺牘。陳廢帝即位，拜散騎常侍、中書舍人。《南史》本傳。

傳　記

《陳書》卷三三《顧越傳》　顧越，字思南，吴郡監官人也。所居新坡黄岡，世有鄉校，由是顧氏多儒學焉。越少孤，以勤苦自立，聰慧有口辯，説毛氏詩，傍通異義，梁太子詹事周捨甚賞之。解褐揚州議曹史，兼太子左率丞。越於義理精明，尤善持論，與會稽賀文發俱為梁南平王偉所重，引為賓客，尋補五經博士。紹泰元年，遷國子博士。世祖即位，除始興王諮議參軍，侍東宮讀。世祖以越篤老，厚遇之，除給事黄門侍郎，又領國子博士，侍讀如故。廢帝嗣立，除通直散騎常侍、中書舍人。華皎之構逆也，越在東陽，或譖之於高宗，言其有異志，詔下獄，因坐免。太建元年卒於家，時年七十八。

《南史》卷七一《顧越傳》　顧越，字允南，吴郡監官人也。所居新坂黄岡，世有鄉校，由是顧氏多儒學焉。祖道望，齊散騎侍郎。父仲成，梁護軍司馬、豫章王府諮議參軍。家傳儒學，並專門教授。越幼明慧有口辯，勵精學業，不捨晝夜。弱冠，游學都下，通儒碩學，必造門質疑討論無倦。至於微言玄旨，九章七曜，音律圖緯，咸盡其精微。【略】太建元年卒於家，年七十七。所著《喪服》、《毛詩》、《老子》、《孝經》、《論語》等義疏四十餘卷，詩頌、碑誌、牋表凡二百餘篇。

周弘讓

論　説

唐・竇臮《述書賦》卷上　弘讓迅快，放誕可觀。利疾速，著輕乾。若星居僻陋，木蔓樛盤。周弘讓，汝南人，弘正弟。今見草書七行，有胡昂押尾。

宋・陳思《書小史》卷七《傳六》　周宏讓，汝南人。天嘉初，為太常卿、光禄大夫。善草、隸。

明・陶宗儀《書史會要》卷四《陳》　周弘讓，汝南安成人。在梁為國子祭酒，入朝領太常卿。博學多通，書體迅快放誕。

傳　記

清・孫岳頌等《佩文齋書畫譜》卷二四《書家傳三宋齊梁陳》　周弘讓，汝南安成人也。性簡素，博學多通。陳天嘉初，以白衣領太常卿、光禄大夫。《南史》本傳。

又　弘讓善隸書，寫蔡邕《勸學篇》及古詩以遺文育。《南史·周文育傳》。

紀事

《陳書》卷八《周弘讓傳》　文育字景德，命兄子弘讓教之書計。弘讓善隸書，寫蔡邕《勸學》及古詩以遺文育。文育不之省也，謂弘讓曰：誰能學此取富貴，但有大槊耳。弘讓壯之，教之騎射，文育大悅。

《北史》卷八三《王褒傳》　初，褒與梁處士汝南周弘讓相善，及讓兄弘正自陳來聘，帝許褒等通親知音問，褒贈弘讓詩并書焉。

顏協

論說

唐·張懷瓘《書斷》卷下《能品》　時有殷鈞、范懷約、顏協等，并善隸書，有名於世。

宋·陳思《書小史》卷七《傳六》　顏協，字子和，瑯琊臨沂人。為湘東王記室，少博涉羣書，工草、隸飛白。吳人范懷約能隸書，協學其書，殆過真也。荊楚碑碣，皆協所書。時有會稽謝善勛，能為八體六文，方寸千言，京兆韋仲善飛白，並在湘東王府。善勛為録事參軍，仲為中兵參軍，府中以協優於韋仲，而減於善勛。

明·陶宗儀《書史會要》卷四《梁》　顏協，字子和，琅邪人。官至湘東王記室，少以器局稱，工草、隸飛白。時范懷約能隸書，協學其書，殆過真也。荊楚碑碣，皆協所書。

清·孫岳頒等《佩文齋書畫譜》卷二四《書家傳三宋齊梁陳》　顏協。顏協，字子和，琅邪臨沂人也。博涉羣書，工於草、隸飛白。時吳人范懷約能隸書，協學其書，殆過真也。荊楚碑碣，皆協所書。湘東王出鎮荊州以為記室。《南史》本傳。

傳記

《梁書》卷五〇《顏協傳》　顏協，字子和，琅邪臨沂人也。七代祖含，晉侍中、國子祭酒、西平靖侯。父見遠，博學有志行。【略】協幼孤，養于舅氏。少以器局見稱。博涉群書，工於草、隸。釋褐湘東王國常侍，又兼府記室。世祖出鎮荊州，轉正記室。時吳郡顧協亦在蕃邸，與協同名，才學相亞，府中稱為二協。舅陳郡謝暕卒，協以有鞠養恩，居喪如伯叔之禮，議者重焉。又感家門事義，不求顯達，恒辭征辟，游於蕃府而已。大同五年，卒，時年四十二。

王籍

論說

南朝梁·庾肩吾《書品》　陽經、諸葛融、楊潭、張炳、岑淵、張輿、王濟、李夫人、劉穆之道和、朱齡石、庾景休、張融思光、褚元明、孔敬通、王籍文海。

右十五人，下之中。

論曰：此十五人，雖未窮字奥，書尚文情。披其叢薄，非無香草。視其涯岸，皆有潤珠。故遺斯紙，以為世玩。允為下之中。

唐·竇臮《述書賦》卷上　文海緊快，勢逸氣高。未忘俗格，鋭意操刀。猶樂成名於朝野，嗤遁迹於蓬蒿。王籍，字文海，琅琊人，僧虔子，梁左塘令。今見具姓名草書，凡八行。

宋・陳思《書小史》卷七《傳六》　王籍，字文海，僧祐之子。好學有才氣，官至佐唐侯相。甚工草書，筆勢遒放，蓋孔琳之之流亞也。

明・陶宗儀《書史會要》卷四《梁》　王籍，字文海，齊黃門僧祐之子，官至諮議參軍。工草書，筆勢遒放，蓋孔琳之之流也。

傳記

《梁書》卷五〇《王籍傳》　王籍，字文海，琅邪臨沂人。祖遠，宋光祿勳。父僧祐，齊驍騎將軍。籍七歲能屬文，及長好學，博涉有才氣，樂安任昉見而稱之。嘗於沈約坐賦得《詠燭》，甚為約賞。齊末，為冠軍行參軍，累遷外兵、記室。天監初，除安成王主簿、尚書三公郎，廷尉正。歷餘姚、錢塘令，並以放免。久之，除輕車湘東王諮議參軍，隨府會稽。郡境有雲門、天柱山，籍嘗遊之，或累月不反。至若邪溪賦詩，其略云：蟬噪林逾静，鳥鳴山更幽。當時以為文外獨絶。

《南史》卷二一《王籍傳》　籍字文海，仕齊為餘杭令，政化如神，善於擿伏，自下莫能欺也。性頗不儉，俄然為百生所訟。又為錢唐縣，下車布政，感謂數十年來未之有也。籍好學，有才氣，為詩慕謝靈運。至其合也，殆無愧色。時人咸謂康樂之有王籍，如仲尼之有丘明，老聃之有嚴周。梁天監中，為輕車湘東王諮議參軍，隨府會稽郡。至若邪溪賦詩云：蟬噪林逾静，鳥鳴山更幽。劉孺見之，擊節不能已已。以公事免。及為中散大夫，彌忽忽不樂，乃至徒行市道，不擇交游。有時塗中見相識，輒以笠傘覆面。後為作唐侯相，小邑寡事，彌不樂，不理縣事。人有訟者，鞭而遣之。未幾而卒。籍又甚工草書，筆勢遒放，蓋孔琳之之流亞也。湘東王集其文為十卷云。

清・孫岳頒等《佩文齋書畫譜》卷二四《書家傳三宋齊梁陳》　王籍，字文海，僧祐之子。好學有才氣，為詩慕謝靈運。後為作唐侯相。籍又甚工草書，筆勢遒放，蓋孔琳之之流亞也。《南史》本傳。

紀事

宋・王欽若等《册府元龜》卷八三九《總録部・文章第三》　王籍，好學博涉，有骨氣。樂安任昉見而奇之，嘗於沈約坐賦得《詠燭》，甚為約賞。後為湘東王諮議參軍，隨府會稽郡。境有雲門、天柱山，籍嘗遊之，或累月不反。至耶溪賦詩有云：蟬噪林逾静，鳥鳴山更幽。當時以為文外獨絶。為詩慕謝靈運，至其合也，殆無愧色。時人咸謂康樂之有王籍，如仲尼之有丘明，老聃之有嚴周。

庾元威

論説

宋・陳思《書小史》卷七《傳六》　庾元威，字少明，善蟲篆及雜體書，作《書論》一篇，行於世。

明・陶宗儀《書史會要》卷一《秦》　庾元威百體書中，行草俱有飛白，曰散隸。

清・孫岳頒等《佩文齋書畫譜》卷一《論書一書體上》　庾元威《論書》云：余經為正陽侯書十牒屏風，作百體，間以采墨，當時衆所驚異。

紀事

清・倪濤《六藝之一録》卷三二二《歷朝書譜》　庾元威其《論書》云：余經為正陽侯書十牒屏風，作百體，間以采墨，當時衆所驚異。復於屏

風上作雜體篆二十四種。《太平御覽》。

清・嵇璜等《續通志》卷九二《六書略四》　漢魏以來，懸鍼倒韰，偃波垂露之類，皆字體之外飾造者。而齊蕭子良、王融、庾元威之徒，隨意增益，妄施小巧，以異為博，以多為貴，其為虛誕。不言可明矣。

蕭綱

論説

唐・竇臮《述書賦》卷上　簡文慕鍾，不瑕有害。傲景喬而含古，蕭子雲。肩邵陵而去泰。簡文帝諱綱，字世纘，武帝第三子。今見帶名正書啓四紙，并寫禪師碑文六紙及行書四行。

唐・李嗣真《書後品・下中品十人》　范曄、蕭思話、張融思光、梁簡文帝、劉逖、王晏、周顒、王崇素、釋智果、虞綽。

唐・韋續《墨藪》卷一《九品書人第二》　梁簡文帝行隸。

又　簡文拔羣貴勝，猶難繼作。

又《續書品第四》　下中品十人：范曄、蕭思話、張融、梁簡文帝、劉逖、王晏、周顒、王崇素、釋智果、虞綽。

宋・陳思《書小史》卷二《傳一》　太宗簡文皇帝，諱綱，字世讚，武帝第三子也。幼聰睿，六歲能屬文。及長，氣宇寬宏，讀書十行俱下，博綜羣言。善談玄理，工行書。

清・倪濤《六藝之一録》卷三一一《歷朝書譜一・帝王妃后一》　太宗簡文皇帝諱綱，字世讚，小字六通，武帝第三子，昭明太子母弟也。幼而聰睿，六歲能屬文，讀書十行俱下，辭藻豔發，時號宮體。

陳霸先

論説

唐・竇臮《述書賦》卷上　爰及陳氏，霸先創業。盤桓有威，牢落無則。等王師憑怒，挫衄攻劫。嗟文、煬而不知，徒染毫而敗法。陳霸先，潁川人，文贊子。歷梁司空丞相，封爲陳公。後受禪即位，稱陳武帝。今見批沈格啓行書四行。文帝諱蒨，字子華，武帝子。見批陸瓊行書三行。煬帝諱叔寶，字元秀，宣帝子。今見帶名行書一紙。

明・陶宗儀《書史會要》卷四《陳》　武帝陳氏諱霸先，字興國，吴興長城下若里人。漢太丘長寔之後，梁封陳公，受禪稱帝，雄武多英略，涉獵史籍。評其書者，謂如王師憑怒，挫衄攻劫。

傳記

宋・陳思《書小史》卷一《紀》　陳高祖武皇帝，姓陳氏，諱霸先，字興國，吴興長城人也。少倜儻有大志，及長，涉獵史籍，善行草書。

章要兒

傳記

《南史》卷一二《陳武宣章皇后》 陳武宣章皇后諱要兒，吴興烏程人。本姓鈕，父景明。為章氏所養，因改姓焉。【略】后善書計，能誦《詩》及《楚辭》。

宋・陳思《書小史》卷二《傳一》 陳武宣章皇后諱要兒，吴興烏程人。少聰慧，美容儀，善書，能誦《詩》及《楚辭》。

徐陵

論説

唐・竇臮《述書賦》卷上 孝穆鄙重，剛毅任拙。猶偏裨武夫，膽勇智怯。徐陵，字孝穆，東海人，陳左僕射。今見正書帶名啓一紙。

傳記

宋・陳思《書小史》卷七《傳六》 徐陵，字孝穆，東海人。官至左光禄大夫、太子少傅。善正書。

明・陶宗儀《書史會要》卷四《陳》 徐陵，字孝穆，東海人。官至左僕射，剛毅任重，善書。

謝嘏

論説

唐・竇臮《述書賦》卷上 含茂悠悠，薦臻同德。迫時季而陵替，俱道喪於翰墨。徒麋鹿爲後先，非勝負可差忒。謝嘏，字含茂，陳郡人，陳中書令。今見具姓名草書三紙。

傳記

宋・陳思《書小史》卷七《傳六》 謝嘏，字含茂，陳郡人，官至侍中、中書令。風神清雅，頗善屬文，尤工行草。

明・陶宗儀《書史會要》卷四《陳》 謝嘏，字含茂，陳郡人。官至中書令，工翰墨。

蕭綸

論説

唐・竇臮《述書賦》卷上 世調則氣吞元常，若置度内；方之惠達，旨趣猶昧。擅時譽而徒高，考遺縱而罕逮。邵陵王綸，字世調，武帝第六

子。今見帶名行書三紙。

唐・李嗣真《書後品・下上品十三人》 陸機、袁崧、李夫人、謝眺、庾肩吾、蕭綸、王褒、斛斯彦明、房彦謙、殷令名、張大隱、藺静文、錢毅。

右士衡以下，時然合作，踳雜不倫，或類蚌質珠胎，乍比金砂銀礫。陸平原、李夫人猶帶古風，謝吏部、庾尚書創得今韻。邵陵王、王司空是東陽之亞，房司隸、張益州參小令之體。【略】嗟乎，有天才者或未能精之，有神骨者則其功虚棄。但有佳處，豈忘存録。

唐・韋續《墨藪》卷一《九品書人第二》 邵陵王行草。

又《續書品第四》 下上品十三人：陸機、袁崧、李夫人、謝眺、庾肩吾、蕭綸、王褒、斛斯彦明、房彦謙、殷令名、張大隱、藺静文、錢毅。

宋・陳思《書小史》卷七《傳六》 梁邵陵攜王綸，字世調，武帝第六子也。少穎悟，博學善屬文，能書，尤工尺牘，隸書更變古法，甚有趣媚。

明・陶宗儀《書史會要》卷四《梁》 邵陵王綸，字世調，武帝第六子，博學善屬文，工尺牘。

清・孫岳頒等《佩文齋書畫譜》卷五《論書五書學上》 大同之末，訛替滋生，蕭子雲改易字體，邵陵王頗行譌字。

又卷一九《歷代帝王書上黄帝至五代》 邵陵攜王綸，字世調，小字六真，武帝第六子也。少聰穎，博學，善屬文，尤工尺牘。《南史・梁武帝諸子傳》。

又 邵陵行草品下之上。韋續《九品書人論》。

又 陶弘景碑、招隱寺刹下銘，皆蕭綸八分書。《金石略》。

清・倪濤《六藝之一録》卷三一一《歷朝書譜一・帝王妃后一》 邵陵攜王綸，字世調，小字六真，武帝第六子也。少聰穎，博學善屬文，尤工尺牘。陶弘景碑、招隱寺刹下銘，皆綸八分書。

傳記

《梁書》卷二九《高祖三王》 邵陵攜王綸，字世調，高祖第六子也。少聰穎，博學善屬文，尤工尺牘。天監十三年，封邵陵郡王，邑二千户，出為寧遠將軍，琅邪彭城二郡太守，遷輕車將軍，會稽太守。

丁覘

論説

宋・朱長文《墨池編》卷三《撰品藻之二》 智永章草書入妙，隸入能，兄智楷亦工書。丁覘亦善隸書，時人云丁真永草。

宋・陳思《書小史》卷七《傳六》 丁覘，洪亭人。頗善屬文，殊工草、隸。《顔氏家訓》云：孝元在荆州，書記一皆委之。軍府輕賤多未之重，耻令子弟以為楷法，云丁君十紙不敵王褒數字。吾雅愛其手迹，嘗所寶持。孝元嘗遣典簽惠編送文章示蕭祭酒，問云：君王比賜書翰及寫詩筆，殊為佳手，姓名為誰。都無聲問，編以實答。子雲歎曰：此人後生無比，遂不為世所稱，亦是奇事。於是聞者少復刮目。稍仕尚書儀曹郎，後為晉安王侍讀，隨王東下，及西臺陷没，簡牘湮散，丁尋殁於揚州。前所輕者，後思一紙，不可復得。

明・陶宗儀《書史會要》卷四《梁》 丁覘善草。

清・孫岳頒等《佩文齋書畫譜》卷七一《歷代名人書跋二》 有客曰：小説稱丁真永草，永固知名，丁何人也。予謂道護豈其人邪。按《法書要録》：丁覘與智永同時人，善隸書，世稱丁真永草，非道護也。《金石録》。

傳記

清・孫岳頒等《佩文齋書畫譜》卷二四《書家傳三宋齊梁陳》 梁孝元前在荆州，有丁覘者，洪亭民爾。頗善屬文，殊工草、隸。孝元書記，一皆使典之，軍府輕賤多未之重，恥令子弟以為楷法。時云丁君十紙，不敵王褒數字。孝元嘗遣典籤惠編送文章示蕭祭酒，祭酒問曰：君王比賜書翰及寫

詩筆，殊為佳手，姓名為誰。那得都無聲聞，編以賓荅。子雲歎曰：此人後生無比，遂不為世所稱，亦是奇事。於是聞者少復刮目。稍仕至尚書儀曹郎，末為晉安王侍讀，隨王東下，及西臺陷没，簡牘湮散，丁亦尋卒于揚州。前所輕者，後思一紙，不可得矣。《顔氏家訓》。

清・倪濤《六藝之一録》卷六二《石刻文字三十八》 丁覘，洪亭人。梁孝元在荆州，凡書記皆其筆，當時尚為之語曰：丁君十紙，不敵王褒一字。獨顔之推愛而寶重之。蕭子雲問典籤惠編曰：君王賜書，殊為佳手，姓名為誰。編以覘對。子雲歎曰：不為世所稱亦奇事。事見《顔氏家訓》，恐忘之，聊附于此。《集古後録》。

斛斯彥明

論説

唐・李嗣真《書後品・下上品十三人》 陸機、袁崧、李夫人、謝朓、庾肩吾、蕭綸、王褒、斛斯彥明、房彥謙、殷令名、張大隱、藺静文、錢毅。

右士衡以下，時然合作，踳雜不倫，或類蚌質珠胎，乍比金砂銀礫。【略】斛斯筆勢，咸有由來，司隸婉轉，頗稱流悦，皆藉名美。殷氏擅聲題署，代有其人。嗟乎，有天才者或未能精之，有神骨者則其功虚棄。但有佳處，豈忘存録。

唐・韋續《墨藪》卷一《續書品第四》 下上品十三人：陸機、袁崧、李夫人、謝朓、庾肩吾、蕭綸、王褒、斛斯彥明、房彥謙、殷令名、張大隱、藺静文、錢毅。

明・陶宗儀《書史會要》卷四《梁》 斛斯彥明，善書，唐李嗣真謂其筆勢咸有由來。

清・孫岳頒等《佩文齋書畫譜》卷二四《書家傳三宋齊梁陳》 斛斯彥明，品下之上。

紀少瑜

論説

明・陶宗儀《書史會要》卷四《梁》 紀少瑜，字幼陽，丹陽人。官至武陵王記室參軍，工藁草。

傳記

《南史》卷七二《紀少瑜傳》 紀少瑜，字幼瑒，丹陽秣陵人也。本姓吴，養於紀氏，因而命族。早孤，幼有志節，常慕王安期之為人。年十三能屬文。初為京華樂，王僧孺見而賞之，曰：此子才藻新拔，方有高名。少瑜嘗夢陸倕以一束青鏤管筆授之，云：我以此筆猶可用，卿自擇其善者。其文因此遒進。年十九，始遊太學，備探六經，博士東海鮑皦雅相欽悦，時皦有疾，請少瑜代講。少瑜既妙玄言，善談吐，辯捷如流，為晉安國中尉，即梁簡文也。深被恩遇，後侍宣城王讀。當陽公為郢州，以為功曹參軍，轉輕車限內記室，坐事免。大同七年，始引為東宮學士。邵陵王在郢，啟求學士，武帝以少瑜充行。少瑜美容貌，工槀草，吏部尚書到溉嘗曰：此人有大才而無貴仕，將拔之。會溉去職，後除武陵王記室參軍，卒。

清・孫岳頒等《佩文齋書畫譜》卷二四《書家傳三宋齊梁陳》 紀少瑜，字幼瑒，丹陽秣陵人也。本姓吴，養於紀氏，因而命族。嘗夢陸倕以一束青縷管筆授之，云：我以此筆猶可用，卿自擇其善者。其文因此遒進。少瑜美容貌，工藁草，到溉曰：此人有大才而無貴仕，後處武陵王記室參軍。《南史》本傳。

紀事

宋・蘇易簡《文房四譜》卷一《筆譜上附筆格・一之叙事》《梁書》：紀少瑜，字幼瑒，嘗夢陸倕以一束青鏤管筆授之，云：我以此猶可用，卿自擇其善者。其文因此遂進。

阮研

論説

南朝梁・庾元威《論書》 余見學阮研書者，不得其骨力婉媚，唯學攣拳委盡。

南朝梁・庾肩吾《書品》 索靖幼安、梁鵠孟皇、韋誕仲將、皇象休明、胡昭孔明、鍾會士季、衛瓘伯玉、荀輿長胤、阮研文機。

右九人，上之下。

論曰：幼安斂蔓舅氏，抗名衙令。孟皇功盡筆力，字入帳中。仲將不妄染毫，必須張筆而左紙。孔明動見模楷，皆謂胡肥而鍾瘦。休明斟酌二家，聯駕八絶。士季之範元常，猶子敬之稟逸少，而工拙兼效，真草皆成。伯玉遠慕張芝，近叅父迹。長胤狸骨，方擬而難追。阮研居今觀古，盡窺衆妙之門。雖復師王祖鍾，終成别搆一體。此九人，允為上之下。

南朝梁・袁昂《古今書評》 阮研書如貴胄，失品次叢悴，不復排突英賢。

唐・張懷瓘《書斷》卷中《妙品》 阮研，字文幾，陳留人。官至交州刺史。善書，其行書出於大王，甚精熟，若飛泉交注，奔競不息。時稱蕭、陶等各得右軍一體，而此公筋力最優。比之於勇，則披堅執鋭，所向無前；喻之於談，則緩頰朵頤，離堅合異。有李信、王離之攻伐，無子貢、魯連之變通。其隸則習於鍾公，風神稍怯。庾肩吾云：阮居今觀古，窺衆妙之門，雖師王祖鍾，終成别搆一法矣。然遲速之對，可方於陸柬之，則意此公性急，亦猶枚臯文章敏疾，長卿製作淹遲，各一時之妙也。行草入妙，隸書入能。

唐・竇泉《述書賦》卷上 文機纖潤，穩正利草。輭媚横流，姿容美好。若其抑阮褒殷，庶幾同塵。似泉激溜於懸磴，木垂條於晚春。阮研，字文機，陳留人，梁交州刺史。今見具姓名正、行、草書五十餘紙。

唐・李嗣真《書後品・中上品七人》 張昶文舒、衛恒、杜預、張翼、郗嘉賓、阮研、漢王元昌。

又 顔黄門有言：阮交州、蕭國子、陶隱居，各得右軍一體。故稱當時之冠絶。然蕭公力薄，終不迨阮。

唐・韋續《墨藪》卷一《九品書人第二》 陳阮研，正、行。

又《續書品第四》 張昶、衛恒、杜預、張翼、郗嘉賓、阮研、漢王元昌。

又《梁武帝書評第五》 阮研書如貴胄失品次，不復排突英賢也。

又卷二《勸學第十七》 張越、張融、陶弘景、阮研、毛喜、釋智永、虞世南、歐陽詢、褚遂良。

可敵右軍草書八分之一。以上九人第五等，率皆估其甚合者，其不合者，意數倍相懸。

《宣和書譜》卷一七《草書五》 阮研，字文機，陳留人，官至荆州刺史。善書，師王羲之書。作行草尤卓絶，若飛泉交注，奔競不息。當時蕭子雲、陶弘景輩謂各得羲之之一體，然蕭子雲綿弱，終不迨研。至作隸書，則法鍾繇，而風神所不及。袁昂評研書如貴胄失品次叢萃，不能復排突英賢。則研之書，亦不可謂無利鈍也。今御府所藏草書三：《宰相帖》、《欣泰帖》、《得書帖》。

明・陶宗儀《書史會要》卷四《梁》 阮研，字文機，陳留人，官至荆州刺史。師王羲之，作行草尤卓絶，若飛泉交注，奔競不息。當時蕭子雲、陶弘景輩謂各得羲之之一體，然子雲綿弱，終不迨研。至作隸書，則法鍾繇，而風神所不及。袁昂評研書如貴胄失品次叢萃，不能復排突英賢。則研之書，亦不可謂無利鈍也。

傳記

宋・陳思《書小史》卷七《傳六》 阮研，字文幾，陳留人，官至交州刺史。善書，其行草出於逸少，精熟尤甚，其勢若飛泉交注，奔競不息。張懷瓘云：文幾與子雲齊名，時稱蕭、阮等各得右軍一體，而此公筋力最優。比之於勇，則被堅執鋭，所向無前。論之於談，則緩頰朵頤，離堅合異。有李信、王離之攻取，無子貢、魯連之變通。可謂力過宏景，雄蓋子雲。其隸則習於鍾公，風致稍怯。庾肩吾云：阮研居今觀古，盡窺衆妙之門，雖師王祖鍾，終成別搆一法，亦有得矣。

王克

論説

唐・竇臮《述書賦》卷上 名劣筆健，乃逢王克。通流未精，疏快不忒。猶腐儒宿士，運用自得。王克，琅琊人，梁尚書僕射。今見具姓名草書四行，有胡昂印尾。

傳記

宋・陳思《書小史》卷七《傳六》 王克，瑯琊人，官至尚書僕射。善草書。

庾持

論説

宋・陳思《書小史》卷八《傳七》 庾持字元德，潁川鄢陵人。篤志好學，尤善書記。以才藝聞名，官至步兵校尉。持善字畫，每屬書，好為奇字。

傳記

明・陶宗儀《書史會要》卷四《陳》 庾持字元德，潁川鄢陵人。官至太中大夫，領步兵校尉。篤志好學，善字書。

《陳書》卷三四《庾持傳》 庾持，字允德，潁川鄢陵人也。祖佩玉，宋長沙内史。父沙彌，梁長城令。持少孤，性至孝，居父憂過禮。篤志好學，尤善書記，以才藝聞。光大元年，遷祕書監，知國史事。又爲少府卿，領羽林監。遷太中大夫，領步兵校尉。太建元年卒，時年六十二。詔贈光禄大夫。持善字書，每屬辭，好爲奇字，文士亦以此譏之。有集十卷。

清・王欽若等《册府元龜》卷六〇八《學校部・小學》 庾持善字書，每屬辭，好為奇字，文士亦以此譏之。位至太中大夫，領步兵校尉。

清・孫岳頌等《佩文齋書畫譜》卷二四《書家傳三宋齊梁陳》 庾持，字允德，潁川鄢陵人。篤志好學，尤善書記，以才藝聞。世祖為吴興太守，持掌書翰。光大中，領步兵校尉，贈光禄大夫。持善字書，屬辭好為奇字。《陳書》本傳。

紀事

清・王欽若等《册府元龜》卷七〇〇《牧守部・貪黷》 陳庾持監臨海郡，以貪縱失民和，為山盜所劫，幽執十旬，文帝遣劉澄討平之，乃獲免。

又卷七二七《幕府部・辟署第二》 郡守以仲舉為郢郡丞，與潁川庾持俱為文帝賓客。文帝為宣毅將軍，以仲舉為長史。

蕭繹

論說

唐・李嗣真《書後品・下下品七人》 劉穆之、褚淵、梁武帝、梁元帝、沈君理、陳文帝、張正見。

右數君亦稱筆札，多類效顰，猶枯林之青秀一枝，比衆石之孤生片琰。就中彦回輕快，練倩有力，孝元風流，君理放任，亦後來之所營，非先達之所營。

唐・竇泉《述書賦》卷上 孝元不拘，快利睢盱。習寬疏於一體，加緊薄而小殊。惟數君之翰墨，稱去聲天倫之友於。皆可比蘭菊殊芳，鴻雁異驅。孝元帝諱繹，字世誠，武帝第七子。今見具姓名行書一十五行。

宋・陳思《書小史》卷二《傳一后妃王》 世祖孝元皇帝，諱繹，字世誠，武帝第七子。聰悟俊朗，天才英發，博極羣書，工書善畫。嘗自圖宣尼像，為之贊而書之，時人謂之三絕。嘗權衡蕭子雲書，比二王則若牡雞仰於威鳳，子貢賢於仲尼。《書賦》云：孝元不拘快利睢盱，習寬踈於一體，加緊薄而小殊。《名畫記》云：承聖末，魏師襲荆州，城陷，帝將降，聚其古畫法書及典籍十四萬卷，遣後閤舍人高善寶焚之。帝欲投火俱焚，宮嬪牽衣得免，吴越寶劍並將斫柱，令折，乃嘆曰：蕭世誠一至此乎。文武之道，今夜窮矣。周將于瑾於煨燼中捃拾遺逸，得書畫四千餘卷，歸於長安。

清・倪濤《六藝之一録》卷三一一《歷朝書譜一・帝王妃后一》 世祖孝元皇帝諱繹，字世誠，小字七符，武帝第七子也。始封湘東王。帝聰悟俊朗，博極羣書，工書善畫。

又 梁元帝為湘東王時，好學著書，常紀忠臣義士及文章之美者。筆有三品，或以金銀雕飾，或用斑竹為管。忠孝全者，用金管書之。德行清粹者，用銀管書之。文章贍麗者，用斑竹管書之。《唐詩紀事》。

傳記

《梁書》卷五《本紀第五》 世祖孝元皇帝，諱繹，字世誠，小字七符，高祖第七子也。天監七年八月丁巳生。十三年，封湘東郡王，邑二千户。【略】世祖聰悟俊朗，天才英發。年五歲，高祖問：汝讀何書，對曰：能誦《曲禮》。高祖曰：汝試言之。即誦上篇，左右莫不驚歎。

清・孫岳頒等《佩文齋書畫譜》卷一九《歷代帝王書上后妃諸王附》 世祖孝元皇帝諱繹，字世誠，小字七符，武帝第七子也。始封湘東王。帝聰悟俊朗，博極羣書，工書善畫。《南史・梁本紀》。

紀事

清・孫岳頒等《佩文齋書畫譜》卷二四《書家傳三宋齊梁陳》 蕭挹，梁尚書殿中郎。智藏法師碑，普通三年，蕭繹撰銘，蕭幾作叙，挹書。世號三蕭碑，其字畫粗可佳。《歐陽修集》。

又 右梁智藏法師碑，梁湘東王蕭繹撰銘，新安太守蕭幾作叙，尚書殿中郎蕭挹書，世號三蕭碑。法師者，姓顧氏，幾、挹皆稱弟子。衰世之弊，遂至於斯。予於《集古録》不忍遽去者，以其字畫粗可佳，捨短取長可矣。《集古録》。

蕭賁

論説

宋・陳思《書小史》卷七《傳六》 蕭賁，字文焕，竟陵王孫也。官至河東太守。幼好學，有文才，能書畫。嘗於扇上圖山水，咫尺之間，便覺萬里為遥。矜慎不傳，自娱而已。

明・陶宗儀《書史會要》卷四《梁》 蕭賁，字文奂，齊武帝曾孫。官至湘東王法曹參軍，神識耿介，能書。

傳記

清・孫岳頒等《佩文齋書畫譜》卷二四《書家傳三宋齊梁陳》 蕭賁，字文奂，齊竟陵王子良之孫也。見《書家傳》能書善畫。《南史》本傳。

雜録

南朝梁・姚最《續畫品》 並序 蕭賁。雅性精密，後來難尚。含毫命素，動必依真。嘗畫團扇上為山川，咫尺之内而瞻萬里之遥，方寸之中，乃辯千尋之峻。學不為人，自娱而已。雖有好事，罕見其迹。

唐・張彦遠《歷代名畫記》卷七《梁》 蕭賁，字文奂，一品蘭陵人。多詞學，工書畫。曾於扇上畫山水，咫尺内萬里可知。仕梁位河東太守。見《梁書》姚最云：雅性精密，後來難比。含毫命素，動必依真。學不為人，自娱而已，人間罕見其迹。

蕭駿

論説

明・陶宗儀《書史會要》卷四《梁》 蕭駿，字德凝，武帝曾孫。官至尚書殿中郎、南安侯。工文章，善草、隸。

傳記

宋・王欽若等《册府元龜》卷七八六《總録部・多能》 蕭駿，善草、隸，工文章，晚更習武，膂力絶人，與永安侯確相類，為超武將軍，封南安侯。

清・孫岳頒等《佩文齋書畫譜》卷二四《書家傳三宋齊梁陳》 蕭駿，字德凝，長沙王懿之孫也。善草、隸，工文章，位尚書殿中郎，起武將軍，封南安侯。《南史》本傳。

蕭特

論説

唐・韋續《墨藪》卷一《梁武帝書評第五》 蕭特進書雖有家風，而風流勢薄，猶如大小王，安得相似。

宋・陳思《書小史》卷七《傳六》 蕭特，字世達，子雲之子，官至太

子舍人，海鹽令。善草、隸，時人比之衛恒、衛瓘。武帝嘗使特書，及奏，帝曰：子敬之迹不及逸少，蕭特之書遂逼於父。

明・陶宗儀《書史會要》卷四《梁》 蕭特，字世達，子雲子，官至太子舍人，海鹽令。亦善草、隸，時人比之衛恒、衛瓘。武帝曰：子敬不及逸少，蕭特遂逼於父。或謂其書雖有家風而風流勢薄，猶如羲獻，安得相似。

傳記

《南史》卷四二《蕭特傳》 子特，字世達，早知名，亦善草、隸，時人比之衛恒、衛瓘。武帝嘗使特書，及奏，帝曰：子敬之迹不及逸少，蕭特之書遂逼於父。位太子舍人，海鹽令，坐事免。先子雲卒，遺啓簡文，求為墓誌銘，帝為製銘焉。

清・倪濤《六藝之一録》卷三三二《歷朝書譜》 蕭特，字世達，子雲子，亦善草、隸，時人比之衛瓘、衛恒。武帝常使特書，及奏，帝曰：子敬之迹不及逸少，蕭特之書遂逼於父。位太子舍人，海鹽令。《南史・蕭子雲傳》。

又 簡文帝撰特墓誌云：銀鉤之巧，重世遹雋。况此臨池，蟬輕露潤。《梁簡文帝傳》。

蕭挹

論説

明・陶宗儀《書史會要》 補遺蕭挹，官至尚書殿中郎。正書學鍾繇，甚工，有所書《開善寺大法師碑》傳于世。

明・朱存理撰、趙琦美編《趙氏鐵網珊瑚》卷一《漢鍾繇真跡一帖》 蕭挹輩雖不以書名世，其小楷若齊海陵王志開善寺碑，猶有鍾、王遺範。

清・孫岳頒等《佩文齋書畫譜》卷二《論書二書體下》 魏晉以來，元常、士季及王世將、逸少、子敬輩始創作小楷，皆遷就漢隸，運筆結體尚圓而雅淡，其字率扁而弗擠。今傳世者，若元常《力命》、《宣示》二表，世將《上晉元帝》二表，逸少《曾娥帖》，大令《洛神帖》，雖經摹拓而古隸典刑具存。至江右六朝，若謝宣城蕭挹輩，雖不以書名世，而其小楷若齊海陵王志開善寺碑，猶有鍾、王遺範也。

又卷二四《書家傳三》 蕭挹，梁尚書殿中郎。智藏法師碑，普通三年，蕭繹撰銘，蕭幾作叙，挹書，世號三蕭碑，其字畫粗可佳。《歐陽修集》。

宋・歐陽修《集古録》卷四《梁智藏法師碑》 右梁智藏法師碑，梁湘東王蕭繹撰銘，新安太守蕭幾作叙，尚書殿中郎蕭挹書，世號三蕭碑。法師者，姓顧氏，幾、挹皆稱弟子，衰世之弊，遂至於斯。余於《集古録》而不忍遽棄者，以其字畫集本作書粗可佳，捨其所短，取其所長，斯可矣。嘉祐八年五月晦日書。

殷鐵石

論説

清・孫岳頒等《佩文齋書畫譜》卷二四《書家傳三宋齊梁陳》 殷鐵石。梁大同中，武帝勅周興嗣撰《千字文》，使鐵石模次羲之之迹，一云武帝令殷鐵石於大王書中搨一千字不重者，召周興嗣韻之。《宋史・李至傳》云：武帝得鍾繇書破碑千餘字，命周興嗣次韻。東坡詩云：已將鐵石充逸少。公自注云：法帖大王書中有殷鐵石字。以賜八王。武平一《徐氏法書記》。

清・倪濤《六藝之一録》卷三七五《歷朝書譜六十五》 殷鐵石。梁大同中，武帝勅周興嗣撰《千字文》，使鐵石模次羲之之迹，以賜八王。武平一《徐氏法書記》。

東坡詩云：已將鐵石充逸少。自注云：法帖大王書中有殷鐵石字。

紀事

清・王澍《淳化祕閣法帖考正》卷一《漢章帝書》 梁武帝得右軍殘碑，令殷鐵石搨一千字，周興嗣次為韻，詔蕭子雲寫進，始有《千文》之目，安得漢章帝時遽有此書。

又卷一〇《鐵石兩帖》 鐵石或云時殷鐵石。東坡云：梁武帝使殷鐵石臨右軍書，而此帖有與鐵石共書語，恐非二王書，字亦不甚工，覽者可細辨也。按右軍亦有鐵石，今出《求救帖》，皆是僞書。

江禄

論說

宋・陳思《書小史》卷七《傳六》 江禄，字彦遐，蒨之弟。幼篤學，有文章，工書，善琴。位至太子洗馬，湘東王録事參軍。

明・陶宗儀《書史會要》卷四《梁》 江禄，字彦遐，蒨之弟，官至諮議參軍，亦工書。

傳記

清・孫岳頒等《佩文齋書畫譜》卷二四《書家傳三宋齊梁陳》 江禄，字彦遐，蒨之弟。幼篤學，有文章，工書，善琴。後為唐侯相。《南史》本傳。

蕭確

論說

唐・竇臮《述書賦》卷上 仲正則寬而壯，賒而密，婆娑蹣跚，綽約文質。稟庭訓而微過，任天然而自逸，若衆山之連峰，探仙洞而不一。蕭確，字仲正，綸子，梁廣州刺史，永安侯。今見具姓名行草書兩紙，一十五行。

宋・陳思《書小史》卷七《傳六》 蕭確，字仲正，邵陵王綸之子。官至廣州刺史，永安侯。有文才，善行草，尤工正書，公家碑碣一皆使之。初除祕書丞，武帝曰：為汝能文，故有此授。

明・陶宗儀《書史會要》卷四《梁》 蕭確，字仲正，堅之弟。官至廣州刺史，永安侯，工楷、隸。公家碑碣皆使書之。

傳記

清・孫岳頒等《佩文齋書畫譜》卷一九《歷代帝王書上黄帝至五代》 蕭確，字仲正，堅弟。少驍勇，有文才，尤工楷、隸，公家碑碣皆使書之。除祕書丞，武帝謂曰：為汝能文，所以特有此授。大同二年，封正階侯，尋徙封永福。《南史・梁武帝諸子傳》。

紀事

宋・黄伯思《東觀餘論》卷四《弟四梁陳唐人書》 征南將軍不知何據，恐是梁邵陵王綸之子確也。其書孝經一章，亦近世僞體，非江左書，

阮研帖亦然。

韋仲

論説

明・陶宗儀《書史會要》卷四《梁》 韋仲，京兆人，官至湘東王中兵參軍。善飛白，王府中以協優於韋仲而滅於謝善勛。

清・孫岳頒等《佩文齋書畫譜》卷二《論書二書體下》 填篆者，周之媒氏，以仲春之月，判會男女，則以此書表信往來。及魏明帝使京兆，韋仲將點定芳林苑中樓觀，王廙、王隱皆云：字間滿窓，故云填篆，亦云芳填書。至今圖書印記，並用此書。

又卷二四《書家傳三宋齊梁陳》 王融古今雜體六十四種書，湘東王遣沮陽令韋仲定為九十一種，功曹謝善勛增其九法，合成百體書。庾元威《論書》。

傳記

清・孫岳頒等《佩文齋書畫譜》卷二四《書家傳三宋齊梁陳》 韋仲，京兆人。善飛白，在湘東王府為中兵參軍。《南史・顔協傳》。

謝善勛

論説

明・陶宗儀《書史會要》卷四《梁》 謝善勛，會稽人，官至湘東王録事參軍，能為八體六文，方寸千言。

清・孫岳頒等《佩文齋書畫譜》卷二四《書家傳三宋齊梁陳》 謝善勛，會稽人，能為八體六文，方寸千言。為湘東王録事參軍。飲酒至數斗，醉後輒張眼大罵，時謂之謝方眼。《南史・顔協傳》。

傳記

《南史》卷七二《謝善勛傳》 時又有會稽謝善勛，能為八體六文，方寸千言。

庾信

傳記

宋・陳思《書小史》卷八《傳七》 庾信，字子山，南陽新野人，梁散騎常侍肩吾之子。幼而俊邁，博覽群籍，善行書。仕周位至驃騎將軍、開府儀同三司。

明・陶宗儀《書史會要》卷四《後周》　庾信，字子山，南陽人，梁尚書肩吾子，官至司宗中大夫。俊邁聰敏，博覽羣書，兼工行草。

清・沈辰《書畫緣》　庾信，字子山，南陽新野人，肩吾子。進爵義城縣侯，拜洛州刺史。善行及草，品中之中。

毛喜

論説

唐・竇臮《述書賦》卷上　快哉伯武，心空手敏。古風若遺，今範惟允。如平郊逸驥，晚景飛隼。毛喜，字伯武，滎陽人，陳吏部尚書。今見具姓名草行書，共有四紙。

唐・韋續《墨藪》卷一《勸學第十七》　張越、張融、陶弘景、阮研、毛喜、釋智永、虞世南、歐陽詢、褚遂良。可敵右軍草書八分之一。以上九人第五等，率皆估其甚合者，其不合者意數倍相懸。

《宣和書譜》卷一七《草書五》　毛喜，一作熹。字伯武，滎陽陽武人也，官至侍中。喜少好學，師古雅，為高祖所知。及鎮京口，命喜與高宗俱往江陵，仍勑高宗曰：汝至西朝，可咨稟毛喜。至高宗初，為驃騎將軍，仍以喜為府咨議叅軍，領中記室，府中文翰，皆喜詞也。喜於翰墨間尤得名，善草、隸，落筆峻激，略無滯思。其奔放超絶處，論者以比平郊逸驥，晚景飛隼，其亦善取況者也。今御府所藏草書一：《從軍帖》。

宋・陳思《書小史》卷七《傳六》　毛喜，字伯武，滎陽陽武人，官至光禄大夫，領右驍衛將軍。少好學，善草、隸，陳武帝素知之。

明・陶宗儀《書史會要》卷四《陳》　毛喜，字伯武，滎陽陽武人，官至吏部尚書。少好學，師古雅，於翰墨間尤得名。善草、隸，落筆峻激，略無滯思。其奔放超絶處，論者以比平郊逸驥，晚景飛隼。

傳記

《陳書》卷二九《毛喜傳》　毛喜，字伯武，滎陽陽武人也。祖稱，梁散騎侍郎。父栖忠，梁尚書比部侍郎、中權司馬。喜少好學，善草、隸。起家梁中衛西昌侯行參軍，尋遷記室參軍。高祖素知于喜，及鎮京口，命喜與高宗俱往江陵，仍敕高宗曰：汝至西朝，可諮稟毛喜。喜與高宗同謁梁元帝，即以高宗爲領直，喜爲尚書功論侍郎。及江陵陷，喜及高宗俱遷關右。世祖即位，喜自周還，進和好之策，朝廷乃遣周弘正等通聘。及高宗反國，喜于郢州奉迎。又遣喜入關，以家屬爲請。周冢宰宇文護執喜手曰：能結二國之好者，卿也。仍迎柳皇后及後主還。天嘉三年至京師，高宗時爲驃騎將軍，仍以喜爲府諮議參軍，領中記室。府朝文翰，皆喜詞也。

清・孫岳頌等《佩文齋書畫譜》卷二四《書家傳三宋齊梁陳》　毛喜，字伯武，滎陽陽武人也。少好學，善草、隸。宣帝為驃騎將軍，喜領中記室，府朝文翰，皆喜辭也。封東昌縣侯，至德中為南安内史。《南史》本傳。

孫瑒

論説

宋・陳思《書小史》卷七《傳六》　孫瑒，字德璉，吴郡人，官至起部尚書。少倜儻，好謀略，博涉經史，尤便書翰。

傳記

《陳書》卷二五《孫瑒傳》 孫瑒，字德璉，吴郡吴人也。祖文惠，齊越騎校尉、清遠太守。父循道，梁中散大夫，以雅素知名。瑒少倜儻，好謀略，博涉經史，尤便書翰。起家梁輕車臨川嗣王行參軍。

宋·章定《名賢氏族言行類稿》卷一四《孫二百七十四》 孫瑒，字德璉，少倜儻，好謀略，歷祠部尚書。陳後主頻幸其宅，賦詩述勳德之美。事親以孝聞，有財散之親友。及卒，後主為題銘後四十字，時論以為榮。

明·陳耀文《天中記》卷二〇《賓客》 孫瑒，字德璉，性通泰，有財物散之親友。其自居處，頗失於奢豪，庭院穿築，極林泉之致。賓客填門，軒蓋不絶。及出鎮郢州，乃合十餘船為大舫，於中立亭池，植荷芰，每良辰美景，賓寮並集，泛長江而置酒，亦一時之勝賞焉。《南史》。

清·倪濤《六藝之一録》卷三二一《歷朝書譜》 孫瑒，字德璉，吴郡吴人也。博涉經史，尤便書翰。仕梁，累遷巴州刺史。既而歸陳，為五兵尚書，領左軍將軍。謚曰桓。《南史》本傳。

紀事

明·陳耀文《天中記》卷二八《奢》 孫瑒，字德璉，性通泰，有財散之親友。居家頗失於侈。家庭穿築，極林泉之致。歌童舞女，當世罕儔。賓客填門，軒蓋不絶。及出鎮郢州，乃合一餘船為大舫，於中立亭池，植荷芰，每良辰美景，賓僚並集，泛長江而置酒，亦一時之勝賞焉。《南史》。

清·王欽若等《册府元龜》卷二九二《宗室部·禮士》 孫瑒少倜儻，好謀略，博涉經史。為邵陵王水曹中兵參軍，時王出鎮郢州，盡室隨府，甚被賞遇。

又卷七八六《總録部·多能》 孫瑒少倜儻，好謀略，博涉經史，尤便書翰，為五兵尚書。

陸繕

論說

《宣和書譜》卷一七《草書五》 陸繕，字士繻，吴郡人也。父倕，在梁為御史中丞。繕以世胄補官，至中書侍郎。陳有天下，録用舊臣，累遷至左僕射，謚曰安。繕儀表秀穎，周旋中規，步趨可法，當時東宫暨諸王咸取則焉。其作字，故亦象其為人之可喜也。大抵人心不同，書亦如之。顔真卿之筆，凜然如社稷臣。虞世南之筆，卓乎如廊廟之器。以至王僧虔之字，若王、謝家子弟。是豈獨由外入之學，其性以成之也，周有自矣。觀繕草字風度，亦可以見其人物之飄逸云。今御府所藏草書一：《稽古帖》。

明·陶宗儀《書史會要》卷四《陳》 陸繕，字士繻，吴郡人，官至左僕射。儀表穎秀，步趨可法。其作字亦象其人之可喜也，大抵人心不同，書亦如之。顔真卿之筆，凜然如社稷臣。虞世南之筆，卓乎如廊廟器。王僧虔字，若王、謝家子弟。繕草字風度，亦可以見其人物之飄逸矣。

傳記

《陳書》卷二三《陸繕傳》 陸繕，字士繻，吴郡吴人也。祖惠曉，齊太常卿。父任，梁禦史中丞。繕幼有志尚，以雅正知名。起家梁宣惠武陵王法曹參軍。【略】世祖嗣位，征爲太子中庶子，領步兵校尉，掌東宫管記。繕儀錶端麗，進退閑雅，世祖使太子諸王咸取則焉。其趨步躡履，皆令習繕規矩。

江總

論說

唐・竇臮《述書賦》卷上　坡陁總持，獨步方外。甘率性而衆異，非接武於興會。若時違隱淪，卒不冠帶。江總持，濟陽人，陳尚書令。今見具姓名草書一紙，三行。

宋・陳思《書小史》卷七《傳六》　江總，字總持，濟陽人，官至尚書令，善草書。

明・陶宗儀《書史會要》卷四《陳》　江總，字總持，濟陽考城人。在梁為太常卿，入朝官至尚書令。後入隋，拜上開府。好學能屬文，作行草為時獨步，以詞翰兼妙得名。

清・倪濤《六藝之一録》卷三二二《歷朝書譜》　江總，字總持，濟陽考城人也。幼聰敏，及長，博學有詞采。禎明二年，進號中權將軍，入隋為上開府。《陳書》本傳。

又　江總字總持，濟陽考城人，官至尚書令。總七歲而孤，依外氏吳平光侯蕭勱家，而勱尤所鍾愛，嘗謂總曰：爾操行殊異，神采英拔，後之知名，當出吾右。及長，果好學，能屬文，作行草為時獨步，以詞翰兼妙得名。有文集三十卷行於世焉。今御府所藏行書一：《餘姚帖》。《宣和書譜》。竇臮《述書賦》評已見。注云：今見具姓名草書一紙三行。

傳記

《陳書》卷二七《江總傳》　江總，字總持，濟陽考城人也，晉散騎常侍統之十世孫。五世祖湛，宋左光禄大夫、開府儀同三司，忠簡公。祖蒨，梁光禄大夫，有名當代。父紑，本州迎主簿，少居父憂，以毀卒，在《梁書孝行傳》。總七歲而孤，依于外氏。幼聰敏，有至性。舅吴平光侯蕭勱，名重當時，特所鍾愛，嘗謂總曰：爾操行殊异，神采英拔，後之知名，當出吾右。及長，篤學有辭采，家傳賜書數千卷，總晝夜尋讀，未嘗輟手。年十八，解褐宣惠武陵王府法曹參軍。中權將軍、丹陽尹何敬容開府，置佐史，并以貴胄充之，仍除敬容府主簿。【略】總篤行義，寬和温裕。好學，能屬文，于五言七言尤善；然傷于浮艷，故爲後主所愛幸。多有側篇，好事者相傳諷玩，于今不絶。後主之世，總當權宰，不持政務，但日與後主游宴後庭，共陳暄、孔范、王瑳等十餘人，當時謂之狎客。由是國政日頹，綱紀不立，有言之者，輒以罪斥之，君臣昏亂，以至于滅。有文集三十卷，并行于世焉。

清・孫岳頒等《佩文齋書畫譜》卷二四《書家傳三宋齊梁陳》　江總，字總持，濟陽考城人也。幼聰敏，及長，博學有辭采。禎明二年，進號中權將軍，入隋為上開府。《陳書》本傳。

趙知禮

論說

宋・陳思《書小史》卷七《傳六》　趙知禮，字齊旦，天水隴西人，官至右衛將軍。涉獵文史，善書翰，工楷、隸。

清・倪濤《六藝之一録》卷三二二《歷朝書譜》　趙知禮，字齊旦，天水隴西人也。涉獵文史，善隸書。高引為書記。知禮爲文贍速，每占授軍書，下筆便就。封始平縣伯，領前軍將軍，贈侍中，謚曰忠。《陳書》本傳。

傳記

《陳書》卷一六《趙知禮傳》 趙知禮，字齊旦，天水隴西人也。父孝穆，梁候官令。知禮涉獵文史，善隸書。高祖之討元景仲也，或薦之，引爲記室參軍。知禮爲文贍速，每占授軍書，下筆便就，率皆稱旨。由是恒侍左右，深被委任，當時計劃，莫不預焉。知禮亦多所獻替。高祖平侯景，軍至白茅灣，上表于梁元帝及與王僧辯論述軍事，其文并知禮所制。侯景平，授中書侍郎，封始平縣子，邑三百户。高祖爲司空，以爲從事中郎。高祖入輔，遷給事黄門侍郎，兼衛尉卿。高祖受命，遷通直散騎常侍，直殿省。【略】知禮沈静有謀謨，每軍國大事，世祖輒令璽書問之。秩滿，爲明威將軍、太子右衛率。遷右衛將軍，領前軍將軍。六年卒，時年四十七。詔贈侍中，謚曰忠。

紀事

宋·李昉等《太平御覽》卷五九七《文部十三·檄》 《陳書》曰：趙知禮涉獵文史，善書翰。武帝之討元景仲也，或薦之，引爲記室。知禮爲文贍速，每召製書，下筆便就，率皆稱旨。

清·王欽若等《册府元龜》卷二〇〇《閏位部·倚任》 趙知禮為定州刺史，知禮沉静有謀謨，每軍國大事，文帝輒令璽書問之。

蔡景歷

論説

唐·竇臮《述書賦》卷上 翩翩濟陽，茂世、希祥。任樸無聞，適俗不忘。父輕而迅，子凜而剛。蔡景歷，字茂世，濟陽人，陳度支尚書。今見具姓名行草書三紙。子徵，字希祥，陳中書令。今見具姓名草書二紙。

《宣和書譜》卷一七《草書五》 蔡景歷，字茂世，濟陽考城人，官至侍中。景歷少俊爽不羣，有孝行。家貧不廢讀書，深達事機，輔佐時主，以能稱。初客游京口，高祖鎮朱方，聞景歷名，以書要之。景歷對使人答書，筆不停綴，文不重改，詞翰俱妙，高祖甚加欽賞。景歷善尺牘，工草、隸，任樸適俗而復不拘窘。其為文辭，則不尚雕靡，而長於叙事，應機敏速，於字法亦如之。有文集三十卷行于時，亦可知其所得，宜其立朝有足觀者。今御府所藏草書一：《寂然帖》。

明·陶宗儀《書史會要》卷四《陳》 蔡景歷，字茂世，濟陽考城人，官至度支尚書。俊爽不羣，善尺牘，工草、隸，任樸通俗而復不拘窘。

傳記

《陳書》卷一六《蔡景歷傳》 蔡景歷，字茂世，濟陽考城人也。祖點，梁尚書左民侍郎。父大同，輕車岳陽王記室參軍，掌京邑行選。景歷少俊爽，有孝行。家貧好學，善尺牘，工草、隸。解褐諸王府佐，出爲海陽令，爲政有能名。侯景亂，梁簡文帝爲景所幽，景歷與南康嗣王蕭會理謀，欲挾簡文出奔，事泄見執，賊党王偉保護之，獲免。因客游京口。侯景平，高祖鎮硃方，素聞其名，以書要之。景歷對使人答書，筆不停綴，文不重改。【略】

景歷屬文，不尚雕靡，而長于叙事，應機敏速，爲當世所稱。有文集三十卷。

清・倪濤《六藝之一録》卷三三二《歷朝書譜》 蔡景歷，字茂世，濟陽考城人也。少俊爽，善尺牘，工草、隸。陳武帝素聞其名，以書要之。景歷對使人答書，筆不停輟，帝得書欽賞。後至度支尚書。禎明二年，重贈侍中、中撫軍將軍。謚忠敬。《南史》本傳。

蔡徵

論說

唐・竇泉《述書賦》卷上 翩翩濟陽，茂世、希祥。任樸無聞，適俗不忘。父輕而迅，子凛而剛。蔡景歷，字茂世，濟陽人，陳度支尚書。今見具姓名行草書三紙。子徵，字希祥，陳中書令。今見具姓名草書二紙。

宋・陳思《書小史》卷七《傳六》 蔡徵，字希祥，景歷之子，官至中書令，善草書。

明・陶宗儀《書史會要》卷四《陳》 蔡徵，字希祥，景歷子，官至中書令。後入隋，除給事郎，卒。精識强記，留心翰墨，且當時以書著名者甚鮮，如蕭乾得子雲之法。徵父景歷，亦以隸稱於世。及徵草，筆力尤勁，頗合規矩，豈非箕裘之習與。

傳記

《陳書》卷二九《蔡徵傳》 蔡徵，字希祥，侍中、中撫軍將軍景曆子也。幼聰敏，精識强記。年六歲，詣梁吏部尚書河南褚翔，翔字仲舉，嗟其穎悟。七歲，丁母憂，居喪如成人禮。繼母劉氏性悍忌，視之不以道，徵供侍益謹，初無怨色。徵本名覽，景曆以爲有王祥之性，更名徵，字希祥。

又 徵美容儀，有口辯，多所詳究。至于士流官宦，皇家戚屬，及當朝制度，憲章儀軌，户口風俗，山川土地，問無不對。然性頗便佞進取，不能以退素自業。初拜吏部尚書，啓後主借鼓吹，後主謂所司曰：鼓吹軍樂，有功乃授，蔡徵不自量揆，紊我朝章。然其父景曆既有締構之功，宜且如所啓，拜訖即追還。徵不修廉隅，皆此類也。隋文帝聞其敏贍，召見顧問，言輒會旨，然累年不調，久之，除太常丞。曆尚書民部儀曹郎，轉給事郎，卒，時年六十七。

顧野王

論說

唐・竇泉《述書賦》卷上 接武隨波，雷同野王。如異磽肥之挺質，俱竹柏之凌霜。顧野王，字希馮，陳黄門侍郎，領大著作。今見具姓名草書一紙。

宋・陳思《書小史》卷七《傳六》 陳顧野王，字希馮，吴郡吴人，官至黄門侍郎，領大著作。幼好學，長而徧覽經史，精記默識，天文地理，著龜占候，蟲篆奇字，無所不通。尤善丹青，時王褒能書，俱為宣城王賓友，人號二絶。

明・陶宗儀《書史會要》卷四《陳》 顧野王，字希馮，吴郡人。官至黄門侍郎、光禄卿。七歲通五經，九歲能屬文，長而天文地理、著龜占候、蟲篆奇字無不精通。

清・倪濤《六藝之一録》卷三三二《歷朝書譜》 顧野王，字希馮，吴郡吴人也。幼好學，長而徧觀經史。

傳記

《陳書》卷三〇《顧野王傳》 顧野王，字希馮，吴郡吴人也。祖子喬，梁東中郎武陵王府參軍事。父烜，信威臨賀王記室，兼本郡五官掾，以儒術知名。野王幼好學，七歲讀五經，略知大旨。九歲能屬文，嘗製《日賦》，領軍朱异見而奇之。年十二，隨父之建安，撰《建安地記》二篇。長而遍觀經史，精記默識，天文地理、蓍龜占候、蟲篆奇字，無所不通。梁大同四年，除太學博士。【略】太建二年，遷國子博士。後主在東宫，野王兼東宫管記，本官如故。六年，除太子率更令，尋領大著作，掌國史，知梁史事，兼東宫通事舍人。時宫僚有濟陽江總、吴國陸瓊、北地傅縡、吴興姚察，竝以才學顯，著論者推重焉。遷黄門侍郎，光禄卿，知五禮事，餘官竝如故。十三年卒，時年六十三。詔贈祕書監。至德二年，又贈右衛將軍。野王少以篤學至性知名，在朝無過辭失色。觀其容貌，似不能言，及其勵精力行，皆人所莫及。第三弟充國早卒，野王撫養孤幼，恩義甚厚。其所撰著《玉篇》三十卷、《輿地志》三十卷、《符瑞圖》十卷、《顧氏譜傳》十卷、《分野樞要》一卷、《續洞冥紀》一卷、《玄象表》一卷，竝行於世。又撰《通史要略》一百卷、《國史紀傳》二百卷，未就而卒。有文集二十卷。

宋・李昉等《太平御覽》卷五九七《文部十三・檄》 顧野王博識洽聞，侯景之寇，率鄉黨隨郡守舉兵赴援，文檄皆以委之，口占便就，未嘗起草。

清・孫岳頌等《佩文齋書畫譜》卷二四《書家傳三宋齊梁陳》 顧野王，字希馮，吴郡吴人也。幼好學，長而偏觀經史，蟲篆奇字，無所不通。為黄門侍郎、光禄卿，贈祕書監、右軍將軍。撰《玉篇》三十卷。《南史》本傳。

侯安都

論説

宋・陳思《書小史》卷七《傳六》 侯安都，字成師，始興曲江人。官至侍中、征北將軍。涉獵書傳，工隸書，善騎射。

明・陶宗儀《書史會要》卷四《陳》 侯安都，字成師，始興曲江人，官至江州刺史。涉獵書史，工隸書。

傳記

《陳書》卷一六《侯安都傳》 侯安都，字成師，始興曲江人也。世爲郡著姓。父文捍，少仕州郡，以忠謹稱，安都貴後，官至光禄大夫、始興内史，秩中二千石。安都工隸書，能鼓琴，涉獵書傳，爲五言詩，亦頗清靡，兼善騎射，爲邑裏雄豪。梁始興内史蕭子範辟爲主簿。侯景之亂，招集兵甲，至三千人。高祖入援京邑，安都引兵從高祖，攻蔡路養，破李遷仕，克平侯景，并力戰有功。元帝授猛烈將軍、通直散騎常侍。【略】初高祖在京城，嘗與諸將讌，杜僧明、周文育、侯安都為壽，各稱功伐。高祖曰：卿等悉良將也，而竝有所短。杜公志大而識闇，狎於下而驕於尊，矜其功不收其拙。周侯交不擇人，而推心過差，居危履險，猜防不設。侯郎傲誕而無厭，輕佻而肆志，竝非全身之道。卒皆如其言。安都長子敦，年十二為員外散騎侍郎，天嘉二年墮馬卒，追謚桂陽國愍世子。太建三年，高宗追封安都為陳集縣侯，邑五百户，子亶為嗣。

清・孫岳頌等《佩文齋書畫譜》卷二四《書家傳三宋齊梁陳》 侯安都，字成師，始興曲江人也。工隸書，能鼓琴，涉獵書傳，為五言詩，兼善騎

射。封桂陽郡公，除征南大將軍、江州刺史。《南史》本傳。

陳蒨

論說

唐・竇臮《述書賦》卷上　嗟文、煬而不知，徒染毫而敗法。【略】文帝諱蒨，字子華，武帝子。見批陸瓊行書三行。

唐・韋續《墨藪》卷一《續書品第四》　下下品七人：劉穆之、褚淵、梁武帝、梁元帝、沈君理、陳文帝、張正見。

宋・陳思《書小史》卷一《紀》　文皇帝諱蒨，字子華，始興昭烈王之長子也。少沈敏，有識量，美容儀，留意經史，善行草書。

明・陶宗儀《書史會要》卷四《陳》　文帝諱蒨，字子華，始興昭烈王之長子。沈敏有識量，留意經史，雖號能書，而失距度。

傳記

《陳書》卷三《世祖》　世祖文皇帝諱蒨，字子華，始興昭烈王長子也。少沈敏，有識量，美容儀，留意經史，舉動方雅，造次必遵禮法，高祖甚愛之，常稱此兒吾宗之英秀也。梁太清初，夢兩日鬭，一大一小，大者光滅墜地，色正黄，其大如斗，世祖因三分取一而懷之。侯景之亂，鄉人多依山湖，寇抄，世祖獨保家無所犯。

清・孫岳頒等《佩文齋書畫譜》卷一九《歷代帝王書上黄帝至五代》　世祖文皇帝諱蒨，字子華，始興昭烈王之長子也。《南史・本紀》。

沈君理

論說

唐・竇臮《述書賦》卷上　仲倫則快速無度，馳突不疏。尺題已終，筆勢仍餘。似逸籠檻之衆鳥，恣飛鴻之所如。沈君理，字仲倫，吴興人，陳尚書吏部郎中，駙馬都尉。今見具姓名草書一紙。

唐・李嗣真《書後品・下下品七人》　劉穆之、褚淵、梁武帝、梁元帝、沈君理、陳文帝、張正見。右數君亦稱筆札，多類效顰，猶枯林之青秀一枝，比衆石之孤生片琰。就中彦回輕快，練倩有力，孝元風流，君理放任，亦後來之所營，非先達之所營。吾黨論書，有異於是。

宋・陳思《書小史》卷七《傳六》　沈君理，字仲倫，吴興人，官至侍中、尚書右僕射，善草書。

明・陶宗儀《書史會要》卷四《陳》　沈君理，字仲倫，吴興人，官至尚書右僕射、駙馬都尉。美風儀，善行草、隸書，快速無度，馳突不疏。

傳記

《陳書》卷二三《沈君理傳》　沈君理，字仲倫，吴興人也。祖僧旻，梁左民尚書。父巡，素與高祖相善，梁太清中爲東陽太守。侯景平後，元帝征爲少府卿。荆州陷，蕭詧署金紫光禄大夫。君理美風儀，博涉經史，有識鑒。起家湘東王法曹參軍。高祖鎮南徐州，巡遣君理自東陽謁于高祖，高祖器之，命尚會稽長公主，辟爲府西曹掾，稍遷中衛豫章王從事中郎，尋加明威將軍，兼尚書吏部侍郎。遷給事黄門侍郎，監吴郡。高祖受禪，拜駙馬

都尉，封永安亭侯。出爲吴郡太守。是時兵革未寧，百姓荒弊，軍國之用，鹹資東境，君理招集士卒，修治器械，民下悦附，深以幹理見稱。

清·倪濤《六藝之一録》卷三二二《歷朝書譜》 沈君理，字仲倫，吴興人也。宣帝以君理女為皇太子妃，賜爵望蔡縣侯，位侍中、尚書右僕射，贈開府儀同三司，謚真憲。《南史》。

著録

唐·韋續《墨藪》卷一《九品書第二》 陳沈君理，行草、隸。

又《續書品》 下下七品人：劉穆之、褚淵、梁武帝、梁元帝、沈君理、陳文帝、張正見。

張正見

論説

唐·李嗣真《書後品·下下品七人》 劉穆之、褚淵、梁武帝、梁元帝、沈君理、陳文帝、張正見。右數君亦稱筆札，多類效顰，猶枯林之青秀一枝，比眾石之孤生片琰。就中彦回輕快，練倩有力，孝元風流，君理放任，亦後來之所營，非先達之所營。吾黨論書，有異於是。

唐·韋續《墨藪》卷一《九品書第二》 陳張正見，行草。

宋·陳思《書小史》卷七《傳六》 張正見，字見賾，清河東武城人。幼好學，有清才，善行草書。仕梁為彭澤令，入陳遷尚書度支郎。

明·陶宗儀《書史會要》卷四《陳》 張正見，字見賾，清河東武城人。在梁為彭澤令，入朝官至尚書度支郎，善行草。

傳記

《陳書》卷三四《張正見傳》 張正見，字見賾，清河東武城人也。祖蓋之，魏散騎常侍，渤海、長樂二郡太守。父脩禮，魏散騎侍郎，歸梁仍拜本職，遷懷方太守。正見幼好學，有清才，梁簡文在東宫，正見年十三，獻頌，簡文深贊賞之。簡文雅尚學業，每自升座説經。正見嘗預講筵，請決疑義，吐納和順，進退詳雅，四座咸屬目焉。太清初，射　高第，除邵陵王國左常侍。梁元帝立，拜通直散騎侍郎，遷彭澤令。屬梁季喪亂，避地於匡俗山。時焦僧度擁眾自保，遣使請交，正見懼之，遜辭延納，然以禮法自持，僧度亦雅相敬憚。高祖受禪，詔正見還都，除鎮東鄱陽王府墨曹行參軍，兼衡陽王府長史，歷宜都王限外記室，撰史著士，帶尋陽郡丞，累遷尚書度支郎、通直散騎侍郎，著士如故。太建中卒，時年四十九。有集十四卷，其五言詩尤善，大行於世。

清·孫岳頌等《佩文齋書畫譜》卷二四《書家傳三宋齊梁陳》 張正見，字見賾，清河東武城人也。幼好學，有清才，年十三獻頌，簡文深贊賞之。高祖受禪，累遷通直散騎侍郎。《陳書》本傳。

蕭引

論説

宋·陳思《書小史》卷七《傳六》 蕭引，字叔休，官至正威將軍。性聰敏，博學，能屬文，善隸書，為當時所重。宣帝嘗披奏事，指引署名曰：此字筆勢翩翩，似鳥之欲飛。引謝曰：此乃陛下假其毛羽耳。又謂引曰：我有所忿，見卿輒意解，何也。引曰：此自陛下不遷怒，臣何預此恩。

明・陶宗儀《書史會要》卷四《陳》 蕭引善隸書，宣帝嘗披奏事，指引署名曰：此字筆路翩翩，似鳥欲飛也。引謝曰：此陛下假其羽毛耳。

清・倪濤《六藝之一録》卷三二二《歷朝書譜》 蕭引，字叔休，南蘭陵人，善隸書，為當時所重。高宗嘗披奏事，指引署名曰：此字筆趣翩翩，似鳥之欲飛。引謝曰：此乃陛下假其羽毛耳。

傳記

《陳書》卷二一《蕭引傳》 引字叔休。方正有器局，望之儼然，雖造次之間，必由法度。性聰敏，博學，善屬文。釋褐著作佐郎，轉西昌侯儀同府主簿。侯景之亂，梁元帝爲荆州刺史，朝士多往歸之。【略】引善隸書，爲當時所重。高宗嘗披奏事，指引署名曰：此字筆勢翩翩，似鳥之欲飛。引謝曰：此乃陛下假其羽毛耳。又謂引曰：我每有所忿，見卿輒意解，何也。引曰：此自陛下不遷怒，臣何預此恩。太建七年，加戎昭將軍。九年，除中衛始興王咨議參軍，兼金部侍郎。

引性抗直，不事權貴，左右近臣無所造請，高宗每欲遷用，輒爲用事者所裁。及吕梁覆師，戎儲空匱，乃轉引爲庫部侍郎，掌知營造弓弩槊箭等事。引在職一年，而器械充牣。【略】時殿内隊主吴璡，及宦官李善度、蔡脱兒等多所請屬，引一皆不許。引族子密時爲黄門郎，諫引曰：李、蔡之勢，在位皆畏憚之，亦宜小爲身計。引曰：吾之立身，自有本末，亦安能爲李、蔡改行。就令不平，不過解職耳。吴璡竟作飛書，李、蔡證之，坐免官，卒于家，時年五十八。

清・孫岳頒等《佩文齋書畫譜》卷二四《書家傳三宋齊梁陳》 蕭引，字叔休，南蘭陵人，善隸書，為當時所重。高宗常披奏事，指引署名曰：此字筆趣翩翩，似鳥之欲飛。引謝曰：此乃陛下假其毛羽耳。後主即位，為中庶子、建康令。《陳書》本傳。

劉逖

傳記

明・陶宗儀《書史會要》卷四《北齊》 劉逖，善行草。

清・沈辰《書畫緣》 劉逖，字子長，彭城叢亭里人也。少而聰敏，專精讀書，頗工詩咏。世祖時，拜儀同三司，後除散騎常侍。行草品下之下。

張景仁

論説

清・張庚《國朝畫徵録》 北朝張景仁，以八體位至通顯，史臣至稱為蒼頡以來一人。法書之重，與文學争權矣。

傳記

《北史》卷八一《張景仁傳》 張景仁，濟北人。幼孤，家貧，以學書爲業，遂工草、隸。選補内書生，與魏郡姚元標、潁川韓毅、同郡袁買奴、滎陽李超等齊名，文襄並引爲賓客。天保八年，敕教太原王紹德書。後主在東宫，武成令侍書，遂被引擢。小心恭謹，後主愛之，呼爲博士。

宋・陳思《書小史》卷八《傳七》 張景仁，濟北人。幼孤，家貧，以

學書爲業，遂工草、隸。選補内書生，與魏郡姚元標、潁川韓毅、同郡袁買奴、滎陽李超等齊名，世宗并引為賓客。天保八年，敕教太原王紹德書。後主在東宫，世祖選善書人性行淳謹者令侍書，景仁遂被引擢。後主登祚，歷位至開府，侍書如故。尋除侍中，封建安王。自蒼頡以來，八體取進，一人而已。

姚元標

論說

清・戈守智《漢溪書法通解》 惟有姚元標工于楷、隸，留心小學，後生師之者衆。洎于齊末，祕書繕寫賢于往日多矣。蓋真書當以篆、隸為本。

蕭慨

傳記

《北齊書》卷三三《蕭退傳》 子慨，深沉有禮，樂善好學，攻草、隸書。南士中稱爲長者。歷著作佐郎，待詔文林館，卒於司徒從事中郎。

宋・陳思《書小史》卷八《傳七》 蕭慨，梁武帝弟司空、鄱陽王恢之孫。深沈有體表，好學，善草、隸書。歷著作佐郎，待詔文林館，終于司徒從事中郎。

元行恭

傳記

《北齊書》卷三八《元文遥傳》 行恭美姿貌，有父風，兼俊才，位中書舍人，待詔文林館。齊亡，陽休之等十八人同入關，稍遷司勳下大夫。隋開皇中，位尚書郎，坐事徙瓜州而卒。

冀儁

傳記

《北史》卷八二《冀儁傳》 冀儁，字僧儁，太原陽邑人也。性沈謹，善隸書，特工模寫。初爲賀拔岳墨曹參軍。岳被害，周文引爲記室。時周文志平侯莫陳悅，乃令儁僞爲魏帝敕書與費也頭，令將兵助周文討悅。儁尋舊敕模寫，及代舍人、主書等署，與真無異。周文大悅。費也頭見敕，不以爲疑，遂遣兵受周文節度。

大統初，封長安縣男，從征弘農，戰於沙苑，進爵爲子。累遷襄樂郡守。尋徵還，教明帝及宋獻公等隸書。時俗入書學者，亦行束脩之禮，謂之謝章。儁以書字所興，起自蒼頡，若同常俗，未為合禮。遂啓周文，釋奠蒼頡及先聖、先師。除黄門侍郎、本州大中正。累遷湖州刺史。静退，每以清約自處。前後所歷，頗有聲稱。尋加驃騎大將軍、開府儀同三司。後進爵爲昌樂侯，卒。

清・沈辰《書畫緣》　冀儁，字僧儁，太原陽邑人也。性沈謹，隸書特工模寫。仕開府儀同三司，爵樂昌侯。

泉元禮

傳　記

《北史》卷六六《泉企傳》　元禮少有志氣，好弓馬，頗閑草、隸，有士君子之風。賜爵臨洮縣伯，散騎常侍。

明・陶宗儀《書史會要・補遺》　泉元禮，上洛豐陽人，官至洛州刺史。閑草、隸。

趙文深

論　説

唐・竇臮《述書賦》　文深、孝逸，獨慕前踪。至師子敬，如欲登龍。有宋、齊之面貌，無孔、薄之心胸。　趙文深，天水人，後周為書學博士，書跡為時所重。孝逸，湯陰人，官至四門助教。深師右軍，逸效大令，甚有功業。當平梁之後，王褒入國，舉朝貴冑皆師于褒。惟孝逸與文深二人獨負二王之法，俱入隋，臨二王之迹，人間往往為貨耳。

傳　記

《北史》卷八二《趙文深傳》　趙文深，字德本，南陽宛人也。父遐，以醫術仕魏，爲尚藥典御。文深少學楷、隸，年十一，獻書於魏帝。後立義歸朝，除大丞相府法曹參軍。雅有鍾、王之則，筆勢可觀。當時碑牓，唯文深、冀儁而已。大統十一年，追論立義功，封白石縣男。文帝以隸書紕繆，命文深與黎季明、沈遐等依《説文》及《字林》，刊定六體，成一萬餘言，行於世。

及平江陵之後，王褒入關，貴遊等翕然並學褒書，文深之書，遂被遐棄。文深慚恨，形於言色。後知好尚難反，亦改習褒書。然竟無所成，轉被譏議，謂之學步邯鄲焉。至於碑牓，餘人猶莫之逮。

王褒亦每推先之。宮殿樓閣，皆其迹也。遷縣伯下大夫。明帝令至江陵書影覆寺碑，漢南人士，亦以為工。梁主蕭詧觀而美之，賞遺甚厚。天和元年，露寢等初成，文深以題牓之功，除趙興郡守。文深雖居外任，每須題牓，輒復追之。後以疾卒。

明・陶宗儀《書史會要》卷四《後周》　趙文深，天水人，官至書學博士。書師王羲之，為時所重。

趙孝逸

唐・竇臮《述書賦》卷上　文深、孝逸，獨慕前踪。至師子敬，如欲登龍。有宋、齊之面貌，無孔、薄之心胸。　趙文深，天水人，後周為書學博士，書跡為時所重。孝逸，湯陰人，官至四門助教。深師右軍，逸效大令，甚有功業。當平梁之後，王褒入國，舉朝貴冑皆師于褒。惟孝逸與文深二人獨負二王之法，俱入隋，臨二王之迹，人間往往為貨耳。

傳記

宋·陳思《書小史》卷八《傳七》 趙孝逸，湯陰人，官至四門助教。深師右軍，逸效大令，甚有功業。當平梁之後，王褒入國，舉朝貴胄皆師于褒。惟孝逸與文深二人獨負二王之法，俱入隋，臨二王之迹，人間往往為貨耳。

黎景熙

傳記

《北史》卷八二《黎景熙傳》 黎景熙，字季明，河間鄚人，少以孝行聞於世。曾祖嶷，魏太武時，以軍功賜爵容城縣男，後爲燕郡守。祖鎮，父瓊，並襲爵。

季明少好讀書，性強記默識，而無應對之能。其從祖廣，太武時尚書郎，善古學。常從吏部尚書清河崔宏受字義，又從司徒崔浩學楷、篆，自是家傳其法。季明亦傳習之，頗與許氏有異。又好玄象，頗知術數，而落魄不事生業。有書千餘卷。雖窮居獨處，不以飢寒易操。與范陽盧道源爲莫逆交。永安中，道源勸令入仕，始爲威烈將軍。

沈遐

紀事

宋·陳思《書小史》卷八《傳七》 太祖以隸書紕繆，令文深與黎季明、沈遐等，依《說文》及《字林》刊定六體。

裴漢

傳記

《周書》卷三四《裴寬傳》 漢字仲霄，操尚弘雅，聰敏好學。嘗見人作百字詩，一覽便誦。魏孝武初，解褐員外散騎侍郎。大統五年，除大丞相府士曹行參軍，補墨曹參軍。漢善尺牘，尤便簿領，理識明贍，決斷如流。相府爲之語曰：日下粲爛有裴漢。十一年，李遠出鎮弘農，啓漢爲司馬。

清·沈辰《書畫緣》 裴漢，字仲霄，河東聞喜人。聰敏好學，善尺牘。天和間，加車騎大將軍、儀同三司，贈青州刺史。

蕭撝

傳記

《北史》卷二九《蕭撝傳》 蕭撝，字智遐，梁武帝弟安成王秀之子也。性温裕，有儀表，在梁封永豐縣侯。東魏遣李諧、盧元明使梁，梁武帝以撝辭令可觀，令兼中書侍郎，受幣於賓館。歷黄門侍郎，累遷巴西、梓潼二郡守。及侯景作亂，武陵王紀稱尊號。時宗室在蜀，唯撝一人，封撝秦郡王。紀率衆東下，以撝爲尚書令、征西大將軍、都督、益州刺史，守成都。又令梁州刺史楊乾運守潼州。

撝善草、隸，書名亞王褒。算數醫方，咸亦留意。所著詩賦雜文數萬言，頗行於世。

明・王世貞《古今法書苑》 蕭撝，梁安成王秀之子。從武陵王紀守益州。入西魏，歷事武帝為文學博士，至少傅，封蔡陽郡公。卒謚曰襄。善草、隸，書名亞王褒。所著詩賦雜文數萬言，頗行于世。

王褒

論説

唐・韋續《墨藪》卷一《梁武帝書評第五》 王褒書凄斷風流而勢不稱貌，意深工淺，猶未當妙。

明・陶宗儀《書史會要》卷四《梁》 王褒，字子深，一作淵。琅邪人。官至尚書僕射。工正草，結字穩正寬豐。武帝謂其書凄斷風流而勢不稱貌，意深工淺，猶未當妙。

傳記

《北史》卷八三《文苑・王褒傳》 王褒，字子深，琅邪臨沂人也。曾祖儉、祖騫、父規，並《南史》有傳。

褒識量淹通，志懷沈静，美威儀，善談笑，博覽史傳，七歲能屬文。外祖梁司空袁昂愛之，謂賓客曰：此兒當成吾宅相。弱冠舉秀才，除祕書郎、太子舍人。梁國子祭酒蕭子雲，褒之姑夫也，特善草、隸。褒少以姻戚，去來其家，遂相模範，而名亞子雲，並見重於時。武帝嘉其才藝，遂以弟鄱陽王恢女妻之。

宋・陳思《書小史》卷八《傳七》 王褒，字子淵，琅琊臨沂人，官至司空。博覽文史，尤工屬文，特善草、隸。梁國子祭酒蕭子雲，褒之姑夫也。褒以姻戚，去來其家，遂相模範，俄而名亞子雲，并見重于世。雖風神不俊，亦士君子之流也。

薛温

傳記

明・王世貞《古今法書苑》 薛温，字尼卿，道衡之子也。為燕郡太守，齊安縣子。沈敏有器局，博覽經典，尤善隸書。

清・沈辰《書畫緣》 薛温，字尼卿，河東汾陰人也。博覽墳典，尤善隸書。仕周至燕都太守。宣政元年，賜爵齊安縣子。

薛慎

傳記

《周書》卷三五《薛善傳》 慎字佛護，好學，能屬文，善草書。少與同郡裴叔逸、裴諏之、柳虯、范陽盧柔、隴西李璨竝相友善。起家丞相府墨曹參軍。

宋・陳思《書小史》卷八《傳七》 薛慎，字伯護，河東汾陽人。好學能屬文，善草書。歷中大夫，保定初，出為湖州刺史。

柳弘

傳記

《北史》卷六四《柳虯傳》 機弟弘，字匡道。少聰穎，工草、隸，博涉羣書，辭采雅贍。

單于斯彦

論説

清・沈辰《書畫緣》 單于斯彦，周人，行草品下之下。

袁憲

論説

唐・竇臮《述書賦》卷上 德章率爾，流浪急速。骨氣乍高，風神入俗。符縱志而失道，等潰河與顛木。袁憲，字德章，陳郡人，陳右僕射。今見具姓名草書兩行，有胡昻印尾。

宋・陳思《書小史》卷七《傳六》 袁憲，字德章，陳郡人，官至右僕射，善草書。

明・陶宗儀《書史會要》卷四《陳》 袁憲，字德章，陳郡楊夏人。官至右僕射，後入隋，贈安成公。書法骨氣乍高，風神入俗。

清・倪濤《六藝之一録》卷三二二《歷朝書譜》 袁憲，字德章，陳郡楊夏人。幼聰敏，後主時為尚書僕射，入隋授昌州刺史，謚曰簡。《陳書》本傳。竇臮《述書賦》評已見。注云，今見草書兩行，有胡昻印尾。

傳記

《陳書》卷二四《袁憲傳》 袁憲，字德章，尚書左僕射樞之弟也。幼聰敏，好學，有雅量。梁武帝修建庠序，別開五館，其一館在憲宅西，憲常招引諸生，與之談論，每有新議，出人意表，同輩咸嗟服焉。

清・王欽若等《册府元龜》卷五九八《學校部・教授》 袁憲，字德章，尚書左僕射樞之弟也。幼聰敏，好學，有雅量。梁武帝修建庠序，別開五館，其一館在憲宅西，憲嘗招引諸生，與互談論，每有新義，出人意表，同輩咸嗟服焉。後入隋，爲晉王府長史。

又卷七〇九《官臣部・正直》 陳袁憲，字德章，為太子詹事。皇太子頗不率典訓，憲手表陳諫凡十條，皆援引古今，言辭切直，太子雖外示容納，而心無悛改。後主欲立寵姬張貴妃子始安王為嗣，嘗從容言之，吏部尚書蔡徵順旨稱贊，憲厲色折之曰：皇太子國家儲嗣，億兆宅心，卿是何人，輕言廢立。是夏竟廢太子為吴興王，後主知憲有規諫之事，歎曰：袁德章實骨鯁之臣。即日詔為尚書僕射。

謝貞

論説

宋・陳思《書小史》卷七《傳六》 謝貞，字元正，幼有至性，年十三善《左氏》，工草、隸蟲篆，後為南平王友掌書記。

清・倪濤《六藝之一録》卷三三二《歷朝書譜》 謝貞，字元正，陳郡楊夏人，晉太傅安之九世孫也。幼聰敏，年十三善《左氏春秋》，工草、隸蟲篆，再遷南平王友。《南史》本傳。

清・孫岳頒等《佩文齋書畫譜》卷二四《書家傳三宋齊梁陳》 謝貞，字元正，陳郡楊夏人，晉太傅安之九世孫也。幼聰敏，年十三善《左氏春秋》，工草、隸蟲篆，再遷南平王友。《南史》本傳。

傳記

《陳書》卷三二《謝貞傳》 謝貞，字元正，陳郡陽夏人，晉太傅安九世孫也。祖綏，梁著作佐郎、太子舍人。父藺，正員外郎，兼散騎常侍。貞幼聰敏，有至性。祖母阮氏先苦風眩，每發便一二日不能飲食，貞時年七歲，祖母不食，貞亦不食，往往如是，親族莫不奇之。母王氏，授貞《論語》、《孝經》，讀訖便誦。八歲，嘗爲《春日閑居》五言詩，從舅尚書王筠奇其有佳致，謂所親曰：此兒方可大成，至如風定花猶落，乃追步惠連矣。由是名輩知之。年十三，略通《五經》大旨。尤善《左氏傳》，工草、隸蟲篆。十四，丁父艱，號頓于地，絶而復蘇者數矣。初，父藺居母阮氏憂，不食泣血而卒，家人賓客懼貞複然，從父洽、族兄皓乃共往華嚴寺，請長爪禪師爲貞説法，仍謂貞曰：孝子既無兄弟，極須自愛，若憂毁滅性，誰養母邪。自後少進饘粥。

清・王欽若等《册府元龜》七二七《幕府部・辟署第二》 謝貞，字元正，累官駕部侍郎。始興王叔陵爲揚州刺史，引爲祠部侍郎，阮卓記室，辟貞爲主簿，貞不得已乃行。尋遷府録事參軍，領丹陽丞。

蔡凝

論説

《宣和書譜》卷八《行書二》 蔡凝，字子居，濟陽考城人也。以名公

子選尚高宗女信義公主，拜駙馬都尉。幼警悟，聞見必曉，而風儀俊邁，容止詳雅。好儒學，傳涉經傳，喜為文辭，善草、隸，而行書尤擅一時。凝家世貴顯，又身為國壻，既不為膏粱紈綺所移，而字畫秀潤，風致尚可以追步晉人。書法至陳，故亦少變，如凝刻意字學，為時推許，豈易得哉。官至中書侍郎、晉陵太守。今御府所藏行書一：《明希帖》。

宋・陳思《書小史》卷七《傳六》 蔡凝，字子居，濟陽考城人，官至信威晉熙王府長史。幼聰悟，美容止。既長，博涉經傳，有文詞，尤工草、隸。

明・陶宗儀《書史會要》卷四《陳》 蔡凝，字子居，濟陽考城人，官至黃門侍郎。風流俊邁，善草、隸，而行書尤擅一時。

傳記

《陳書》卷三四《蔡凝傳》 蔡凝，字子居，濟陽考城人也。祖撙，梁吏部尚書、金紫光禄大夫。父彥高，梁給事黃門侍郎。凝幼聰晤，美容止。既長，博涉經傳，有文辭，尤工草、隸。

清・倪濤《六藝之一録》卷三二二《歷朝書譜》 蔡凝，字子居，濟陽考城人。美容止，博涉經傳，有文辭，尤工草、隸。陳後主嗣位，為給事黃門侍郎，尋遷信威晉熙王府長史。《南史》本傳。

顏之推

傳記

宋・釋適之《金壺記》卷中 北齊顏之推曰：尺牘書疏，千里面目也。

無分。顏之推曰：吾幼承門業，加以性愛重，所見法書亦多，而玩習工夫益智，遂不能佳者，良由無分故也。

异事。顏之推曰：蕭子雲每嘆曰：吾著《齊書》勒成一典，文章內義自謂可觀，唯以筆迹得名，亦為异事也。

書工。顏之推曰：王褒地胄清華，才學優敏，後雖入關，亦被引遇，猶為書工崎嶇碑碣之間，辛苦筆硯之役，嘗悔恨曰：假使吾不知書，豈可不至今日耶。

淵源。顏之推曰：吾見二王真草多矣，家中嘗得十卷，方知陶隱居、阮交州、蕭祭酒諸書。莫不得逸少之體。故是書之淵源矣。

明・湯臨初《書指》卷下 顏之推謂其人品最高，惜為書所掩。

傳記

《北史》卷八三《顏之推傳》 顏之推，字介，琅邪臨沂人也。祖見遠、父協，並以義烈稱。世善周官、左氏學，俱南史有傳。

後待詔文林館，除司徒録事參軍。之推聰穎機悟，博識有才辯，工尺牘，應對閑明，大爲祖珽所重，令掌知館事，判署文書。

宋・陳思《書小史》卷八《傳七》 顏之推，字介，琅琊臨沂人，協之子。聰穎機悟，博識有才辯，工尺牘。大象末，為御史上士。

韓毅

傳記

宋・陳思《書小史》卷八《傳七》 韓毅，魯郡人。工正書，神武用為博士，以教彭城景思王浟。

明・陶宗儀《書史會要・補遺》 韓毅，魯郡人。工正書，神武用為

博士。嘗書大覺寺碑，當時碑碣往往不著名氏，毅以知書名，故特自著之也。然遺迹見于今者，獨此碑耳。

清・沈辰《書畫緣》 韓毅，魯郡潁州人。以工書顯，高祖置之第館教授諸子。

劉珉

論說

唐・竇臮《述書賦》卷上 蕭條北齊，浩汗仲寶。劣克凡正，備法緊草。遐思右軍，歘爾蹊道。究千變而得一，乘薄俗而居老。如海岳高深，青分孤島。劉珉，字仲寶，彭城人，彥英子，北齊三公郎中。今見具姓名草書十二紙。

唐・李嗣真《書後品・中中品十二人》 謝安、康昕、桓玄、邱道護、許静、蕭子雲、陶弘景、釋智永、劉珉、房玄齡、陸柬之、王知敬。

又 劉珉比頗波赴壑，狂澗争流。

《宣和書譜》卷一六《草書四》 齊劉珉，字仲寶，彭城人。書法自王氏父子以來，其道浸以衰陋，至齊尤甚。珉喜草、隸，遂能一洗俗學之謬。遠追羲之，頗得其法。落筆佳處，往往凌轢古人。至作草書益勝，乃復名世。論者有海岳高深，青分孤島之比。且珉獨能振起一時末習之學，以至於此，遂爲有齊。

李鉉

傳記

《北齊書》卷四四《李鉉傳》 李鉉，字寶鼎，渤海南皮人也。九歲入學，書《急就篇》，月餘便通。【略】年三十六，丁父喪。服闋，以鄉里寡文籍，來遊京師，讀所未見書。州舉秀才，除太學博士。武定中，李同軌卒後，高祖令世宗在京妙簡碩學，以教諸子。世宗以鉉應旨，徵詣晉陽。時中山石曜、北平陽絢、北海王晞、清河崔瞻、廣平宋欽道及工書人韓毅同在東館，師友諸王。鉉以去聖久遠，文字多有乖謬，感孔子必也正名之言，乃喟然有刊正之意。於講授之暇，遂覽《說文》爰及《倉》、《雅》，删正六藝經注中謬字，名曰《字辨》。

崔季舒

傳記

《北史》卷三二《崔挺傳》 季舒字叔正。少孤，性明敏，涉獵經史，長於尺牘，有當世才具。年十七，爲州主簿。爲大將軍、趙郡公琛所器重，言之齊神武。神武親簡丞郎，補季舒大行臺都官郎中。

宋・陳思《書小史》卷八《傳七》 崔季舒，字叔正，挺之從子。官至光禄大夫，待詔文林館。涉獵經史，長于尺牘，有當世才具。

孔敬通

論說

南朝梁·庾肩吾《書品》 陽經、諸葛融、楊潭、張炳、岑淵、張輿、王濟、李夫人、劉穆之道和、朱齡石、庾景休、張融思光、褚元明、孔敬通、王籍文海。

右十五人，下之中。

論曰：此十五人，雖未窮字奧，書尚文情。披其叢簿，非無香草。視其涯岸，皆有潤珠。故遺斯紙，以為世玩。允為下之中。

宋·陳思《書小史》卷七《傳六》 孔敬通，官至東宮學士。能一筆草書，一行不斷，婉約風流，特出天性，頃來莫有繼者。又創為左右書，當時座上酧答，無有識者，庾元威見而喜之，遂呼為衆中清閑法。

明·陶宗儀《書史會要》卷三《晋》 孔敬通，官梁東宮學士。作反左書，當時坐上酬答，無有識者，庾亮見而識之，遂呼為衆中清閒法。

清·孫岳頒等《佩文齋書畫譜》卷二四《書家傳三宋齊梁陳》 孔敬通，梁大同中東宮學士。創反左書，又能一筆草書，一行一斷，婉約流利，特出天性，頃來莫有繼者。庾元威《論書》。

范懷約

論說

南朝梁·庾元威《論書》 所學正書，宜以殷鈞、范懷約為主，方正循紀，修短合度。

南朝梁·庾肩吾《書品》 魏武帝曹操孟德、吴主元宗孫皓、衛覬伯濡、左子邑伯字、衛桓巨山、杜預元凱、王廙世將、張彭祖、任靖、韋昶文休、王修敬仁、范懷約、張永景初、吴休尚、施方泰。

右十五人，中之中。

論曰：魏帝筆墨雄贍，吴主體裁綿密。伯儒兼叙隸、草，子邑分鑣梁邯。巨山三世，元凱累業。王廙為右軍之師，彭祖取羲之之道。任靖嬌銘，文休題柱。敬仁清舉，致畏逼之詞，張范逢時，俱東南之美。施吴鄰下後生，同年拔萃。此十五人，允為中之中。

唐·竇臮《述書賦》卷上 蠢蠢懷約，任己作制。若孤陋儒生，辛勤一藝。范懷約，吴郡人，梁東宫侍書。今見正書寫《正覽》一卷，并具姓名行書一紙。

唐·張懷瓘《書斷》卷下《能品》 時有殷鈞、范懷約、顔協等，并善隸書，有名於世。

唐·韋續《墨藪》卷一《梁武帝書評第五》 范懷約，真書有力而行草無功。

宋·陳思《書小史》卷七《傳六》 范懷約，吴郡人，官至東宫侍書。善正、行書。梁武帝云：范懷約真書有力而草行無功。故知簡牘非易。

元·盛熙明《法書考》卷一《書譜·集評》 范懷約。梁武云：真書有力而行草無功。庾云中下品。

明·陶宗儀《書史會要》卷四《梁》 范懷約，吴郡人，官至東宫侍書。其書任己作制，無大過人，武帝謂其書真書有力，而草行無功。

紀事

《南史》卷三一《范懷約傳》 敕使抄乙部書，又使撰古婦人事，使工書人。琅邪王琛、吴郡范懷約等寫給後宫，率取假東歸論者謂為傲世。率懼，乃為《待詔賦》奏之，甚見稱。嘗手敕荅曰：相如工而不敏，枚皐速而不工，卿可謂兼二子於金馬矣。

陳伯茂

論説

宋・陳思《書小史》卷二《傳一》 陳始興王伯茂，字鬱之，文帝第二子也。性聰敏好學，謙恭下士，世祖深愛重之。時征北人於丹徒，盜發晉郗曇墓，大獲晉右將軍王羲之書及諸名賢事蹟。事覺，其書並没官，藏於祕府。文帝以伯茂好古，多以賜之，由是伯茂大工草、隸，甚得右軍法。

明・陶宗儀《書史會要》卷四《陳》 始興王伯茂，字鬱之，文帝第二子。性聰敏好學，時軍人於丹徒盜發晉郗曇墓，大獲王羲之書及諸名賢遺跡。事覺，没入祕府。帝知伯茂好古，多以賜之，由是大工草、隸，甚得右軍法。

傳記

《陳書》卷二八《始興王書寧》 始興王伯茂，字鬱之，世祖第二子也。初，高祖兄始興昭烈王道談仕於梁，世為東宫直閤將軍，侯景之亂，領弩手二千援臺，於城中中流矢卒。紹泰二年，追贈侍中，使持節都督南兖州諸軍事、南兖州刺史，封義興郡公，謚曰昭烈。高祖受禪，重贈驃騎大將軍、太傅、揚州牧，改封始興郡王，邑二千户。王生世祖及高宗。【略】伯茂性聰敏，好學，謙恭下士，又以太子母弟，世祖深愛重之。是時征北軍人于丹徒盜發晋郗曇墓，大獲晋右將軍王羲之書及諸名賢遺迹。事覺，其書并没縣官，藏于祕府，世祖以伯茂好古，多以賜之，由是伯茂大工草、隸，甚得右軍之法。三年，除鎮東將軍、開府儀同三司、東揚州刺史。

廢帝即位，時伯茂在都，劉師知等矯詔出高宗也，伯茂勸成之。師知等誅後，高宗恐伯茂扇動朝廷，光大元年，乃進號中衛將軍，令入居禁中，專與廢帝游處。【略】至是命伯茂出居之。于路遇盜，殞于車中，時年十八。

清・王欽若等《册府元龜》卷二七六《宗室部・褒寵二》 始興王伯茂，文帝第二子。帝篡位，詔封始興王。以奉昭烈王道談祀。【略】伯茂聰敏好學，謙恭下士，又以太子母弟，帝深愛之。是時征北軍人盜發晉郗曇墓，大獲晉右將軍王羲之書及諸名賢遺迹。文帝以伯茂好古，多以賜之。

清・孫岳頌等《佩文齋書畫譜》卷一九《歷代帝王書上黄帝至五代》 始興王伯茂，字鬱之，文帝第二子。時軍人於丹徒盜發晉郗曇墓，大獲王羲之書及諸名賢遺蹟，並没縣官。文帝以伯茂好古，多以賜之。由是伯茂大工草、隸書，甚得右軍法。廢帝時進號中衛將軍。《南史・陳文帝諸子傳》

陳伯仁

論説

唐・竇臮《述書賦》卷上 叔齊鬱然，署押而已。伯仁軟慢，尺牘近鄙。欽榮之之勁舉，雖師心而入流。高疏壯浪，復睹伯謀。并如策馬馳逐，葦航泛浮。新蔡王叔齊，字子蕭，煬帝弟，官至侍中、國子祭酒。見署名書一紙。廬陵王伯仁，字壽之，文帝子，官至光禄大夫、中武將軍。今見具姓名行書四行。永陽王伯智，

字榮之，廬陵王弟，官至左翊將軍。今見帶名行書七行。桂陽王伯謀，字深之，永陽王弟，官至丹陽尹。今見帶名行書五行。

宋・陳思《書小史》卷二《傳一》 盧陵王伯仁，字壽之，文帝第八子。官至光禄大夫、中武將軍。善行書。

明・陶宗儀《書史會要》卷四《陳》 盧陵王伯仁，字壽之，文帝第八子，尺牘近鄙。

傳記

《陳書》卷二八《王伯仁傳》 盧陵王伯仁，字壽之，世祖第八子也。天嘉六年，立爲盧陵王。太建初，爲輕車將軍，置佐史。七年，遷冠軍將軍、中領軍。尋爲平北將軍、南徐州刺史。十二年，爲翊左將軍、中領軍。貞明元年，加侍中、國子祭酒，領太子中庶子。三年入關，卒于長安。

清・王欽若等《册府元龜》卷二八〇《宗室部・領鎮第三》 盧陵王伯仁，世祖第八子。太建七年遷冠軍將軍、中領軍，尋為平北將軍、南徐州刺史。

清・孫岳頒等《佩文齋書畫譜》卷一九《歷代帝王書上黄帝至五代》 盧陵王伯仁，字壽之，文帝第八子，領太子左庶子。《南史・陳文帝諸子傳》。

陳伯禮

論説

宋・陳思《書小史》卷二《傳一》 武陵王伯禮，字用之，文帝第十子。陳亡，入隋為臨洮太守。善行書。

傳記

《陳書》卷二八《陳伯禮傳》 武陵王伯禮，字用之，世祖第十子也。天嘉六年，立為武陵王。太建初，為雲旗將軍，持節，都督吴興諸軍事，吴興太守。在郡恣行暴掠，驅録民下，逼奪財貨，前後委積，百姓患之。【略】伯禮所居，官以王還第，謹以白簡奏聞，詔曰可。禎明三年入關。隋大業中，為散騎侍郎、臨洮太守。

清・王欽若等《册府元龜》卷二九九《宗室部・專恣》 武陵王伯禮，為雲旗將軍，持節，都督吴興諸軍事，吴興太守。在郡恣行暴掠，驅録民下，逼奪財貨，前後委足，百姓患之。

陳伯智

論説

唐・竇臮《述書賦》卷上 叔齊鬱然，署押而已。伯仁軟慢，尺牘近鄙。欽榮之之勁舉，雖師心而入流。高疏壯浪，復睹伯謀。并如策馬馳逐，葦航泛浮。新蔡王叔齊，字子蕭，煬帝弟，官至侍中、國子祭酒。見署名書一紙。盧陵王伯仁，字壽之，煬帝子，官至光禄大夫、中武將軍。今見具姓名行書四行。永陽王伯智，字榮之，盧陵王弟，官至左翊將軍。今見帶名行書七行。桂陽王伯謀，字深之，永陽王弟，官至丹陽尹。今見帶名行書五行。

宋・陳思《書小史》卷二《傳一》 永陽王伯智，字策之，文帝第十二子。少敦厚，有器局，博涉經史，善行書。陳亡入隋，大業中為國子司業。

《宣和書譜》卷一七《草書五》 陳伯智，字榮之，世祖第十二子也。少敦厚，有器局，博涉經史。大建中，立為永陽王。雅意翰墨，無狗馬之

玩。作字勁舉，而行草尤工。師其成心，而自為家學，故名重于時。蓋傳習之陋，論者以謂屋下架屋，不免有奴書之誚。此伯智獨能擺脱，而世有榮馬馳逐，葦航汎浮，比其落筆之妙者，非虛語也。今御府所藏草書一：《習讀帖》。

明・陶宗儀《書史會要》卷四《陳》　永陽王伯智，字策之，文帝第十二子。雅意翰墨，作字勁舉，而行草尤工。師其成心，自為家學，故名重於時。蓋傳習之陋，論者以謂屋下架屋，不免有奴書之誚。此伯智獨能擺脱，而世有策馬步逐，韋航泛浮，比其落筆之妙者，非虛語也。

傳記

《陳書》卷二八《陳伯智傳》　王伯義，韓脩華生。武陵王伯禮，江貴妃生。永陽王伯智，孔貴妃生。桂陽王伯謀，其伯固犯逆，別有傳，二男早卒，本書無名。

永陽王伯智，字策之，世祖第十二子也。少敦厚，有器局，博涉經史。太建中，立為永陽王，尋為侍中，加明威將軍，置佐史。尋加散騎常侍，累遷尚書左僕射，出為使持節，都督東揚豐二州諸軍事，平東將軍，領會稽內史。至德二年，入為侍中，翊左將軍，加特進。禎明三年入關。隋大業中，為岐州司馬，遷國子司業。

清・倪濤《六藝之一録》卷三二一《歷朝書譜一・帝王妃后一》　永陽王伯智，字策之，文帝第十二子。少敦厚，有器局，博涉經史，後為特進。《南史》。

陳伯謀

論説

唐・竇臮《述書賦》卷上　叔齊鬱然，署押而已。伯仁軟慢，尺牘近鄙。欽榮之之勁舉，雖師心而入流。高疏壯浪，復睹伯謀。并如策馬馳逐，葦航泛浮。新蔡王叔齊，字子蕭，煬帝弟，官至侍中、國子祭酒。見署名書一紙。廬陵王伯仁，字壽之，文帝子，官至光禄大夫、中武將軍。今見具姓名行書四行。永陽王伯智，字榮之，廬陵王弟，官至左翊將軍。今見帶名行書七行。桂陽王伯謀，字深之，永陽王弟，官至丹陽尹。今見帶名行書五行。

宋・陳思《書小史》卷二《傳一》　桂陽王伯謀，字深之，文帝第十三子，位至散騎常侍，善行書。

明・陶宗儀《書史會要》卷四《陳》　桂陽王伯謀，字深之，文帝第十三子，書法高疏壯浪。

傳記

《陳書》卷二八《陳伯謀傳》　桂陽王伯謀，字深之，世祖第十二子也。太建中，立為桂陽王。七年，為明威將軍，置佐史。尋為信威將軍、丹陽尹。十年，加侍中，出為持節，都督吳興諸軍事，東中郎將，吳興太守。十一年，加散騎常侍。至德元年薨。子鄷嗣，大業中為番禾令。

清・孫岳頌等《佩文齋書畫譜》卷一九《歷代帝王書上黃帝至五代》　桂陽王伯謀，字深之，文帝第十三子，位散騎常侍。《南史・陳文帝諸子傳》。

陳叔寶

論說

唐・竇臮《述書賦》卷上　叔齊鬱然，署押而已。伯仁軟慢，尺牘近鄙。欽榮之之勁舉，雖師心而入流。高疏壯浪，復睹伯謀。并如策馬馳逐，葦航泛浮。新蔡王叔齊，字子蕭，煬帝弟，官至侍中、國子祭酒。見署名書一紙。廬陵王伯仁，字壽之，文帝子，官至光禄大夫、中武將軍。今見具姓名行書四行。永陽王伯智，字榮之，廬陵王弟，官至左翊將軍。今見帶名行書七行。桂陽王伯謀，字深之，永陽王弟，官至丹陽尹。今見帶名行書五行。

宋・陳思《書小史》卷一《紀》　後主諱叔寶，字元秀，宣帝長子也，善行草書。陳室富有書畫，隋文帝即位，以晉王廣為元帥平之，命元帥記室叅軍裴矩、高熲收其書畫，得八百餘卷。於東京觀文殿起二臺，東曰妙楷，藏自古法書，西曰寶蹟，收自古名畫。

明・陶宗儀《書史會要》卷四《陳》　後主諱叔寶，字元秀，宣帝長子。荒於酒色，不恤政事，徒染豪而敗法。

傳記

《陳書》卷六《後主》　後主諱叔寶，字元秀，小字黄奴，高宗嫡長子也。梁承聖二年十一月戊寅，生于江陵。明年，江陵陷，高宗遷關右，留後主于穰城。天嘉三年歸京師，立為安成王世子。天康元年，授寧遠將軍，置佐史。光大二年，為太子中庶子，尋遷侍中，餘如故。太建元年正月甲午，立為皇太子。

清・王欽若等《册府元龜》卷一八二《閏位部・名諱》　後主諱叔寶，字元秀，小字黄奴。初，文帝謂宣帝曰：我諸子皆以伯為名，汝諸子宜用叔為稱。宣帝因以訪毛喜，喜即條自古名賢杜叔英、庾叔卿等二十餘人以啟之，文帝稱善。或言後主名叔寶，反語爲少福，敗亡之徵也。

紀事

唐・陸龜蒙《小名録》卷下　後主叔寶，字元秀，小字黄奴，宣帝長子。立而嗜酒賦詩，不恤國事。工文，為長夜之飲。常在庭任用中書舍人沈客卿等。又起臨春、結綺、望仙三閣，華麗侈靡，自古未有。隋晉王入臺城，百萬之衆，不戰而亡。

蕭乾

論說

宋・陳思《書小史》卷七《傳六》　蕭乾，字思惕，蘭陵人，官至五兵尚書。容止雅正，性恬簡，善草、隸，得叔父子雲之法。

傳記

《陳書》卷二一《蕭乾傳》　蕭乾，字思惕，蘭陵人也。祖嶷，齊丞相豫章文獻王。父子範，梁祕書監。乾容止雅正，性恬簡，善隸書，得叔父子雲之法。年九歲，召補國子《周易》生。梁司空袁昂時為祭酒，深敬重之。十五舉明經。釋褐東中郎湘東王法曹參軍，遷太子舍人。建安侯蕭正立出鎮南豫州，又板録事參軍，累遷中軍宣城王中録事諮議參軍。及寶應平，乃

出詣都督章昭達，昭達以狀表聞，世祖甚嘉之，超授五兵尚書。光大元年卒，謚曰静子。

清・孫岳頒等《佩文齋書畫譜》卷二四《書家傳三宋齊梁陳》 蕭乾，字思惕，蘭陵人也。祖嶷，齊豫章文獻王。乾容止雅正，性恬簡，善隸書，得叔父子雲之法。世祖授五兵尚書，謚静子。《陳書》本傳。

沈婺華

論説

唐・竇泉《述書賦》 沈氏后德，名標婺華。允光親署，獨美可嘉。如晚晴陣雲，傍日殘霞。煬帝后沈氏，吴興人，君理之女。今見署啓一紙。婺華，后字。

宋・陳思《書小史》卷二《傳一》 後主沈皇后，諱婺華，吴興武康人。父君理，母即武帝女，會稽穆公主也。后性端静，有識量，聰明强記，涉獵經史，工書翰。國亡，與後主俱入長安。及後主薨，后自為哀辭，文甚酸切。

清・張在貞《玉臺書史・宫闈・陳》 後主沈皇后，諱婺華，吴興武康人也。后性端静，聰明强記，涉獵經史，工書翰。

又 後主皇后沈氏，吴興人，君理之女，善書。《書史會要》。

傳記

《陳書》卷七《沈皇后傳》 後主沈皇后，諱婺華，儀同三司、望蔡貞憲侯君理女也。母即高祖女，會稽穆公主。主早亡，時后尚幼，而毁瘠過甚。及服畢，每至歲時朔望，恒獨坐涕泣，哀動左右，内外咸敬異焉。太建三年，納為皇太子妃，後主即位，立為皇后。后性端静，寡嗜慾，聰敏彊記，涉獵經史，工書翰。

宋・李昉等《太平御覽》卷六五四《釋部二・奉佛》 《陳書》曰：後主沈皇后，諱婺華，身居儉約，唯尋閲圖史及釋典為事。常遇歲旱，自暴而誦經，應時雨降。陳亡入隋。及煬帝崩，自廣陵過江，於毘陵天静寺為尼，名觀音。

明・董斯張《吴興備志》卷一《宫闈徵第二公主附》 後主沈皇后，身居儉約，衣服無錦繡之飾，左右近侍纔百許人，惟尋繹圖史及釋典為事。常遇歲旱，自暴而誦釋經，應時雨降。無子，養孫姬子胤為己子，與後主俱入長安。

陳叔齊

論説

唐・竇泉《述書賦》卷上 叔齊鬱然，署押而已。伯仁軟慢，尺牘近鄙。欽榮之之勁舉，雖師心而入流。高疏壯浪，復睹伯謀。并如策馬馳逐，葦航泛浮。新蔡王叔齊，字子肅，煬帝弟，官至侍中、國子祭酒。見署名書一紙。廬陵王伯仁，字壽之，文帝子，官至光禄大夫、中武將軍。今見具姓名行書四行。永陽王伯智，字榮之，廬陵王弟，官至左翊將軍。今見帶名行書七行。桂陽王伯謀，字深之，永陽王弟，官至丹陽尹。今見帶名行書五行。

宋・陳思《書小史》卷二《傳一》 新蔡王叔齊，子子肅，宣帝第十一子也。風采明贍，博涉經史，善屬文，能正書。陳亡，入隋為尚書主客郎。

明・陶宗儀《書史會要》卷四《陳》 新蔡王叔齊，字子肅，幼主弟。書體鬱然，名押而已。

傳記

《陳書》卷二八《陳叔齊傳》 新蔡王叔齊，字子肅，高宗第十一子也。風彩明贍，博涉經史，善屬文。太建七年，立為新蔡王，尋為智武將軍，置佐史。出為東中郎將、東揚州刺史。至德二年，入為侍中將軍，佐史如故。禎明元年，除國子祭酒、侍中將軍，佐史如故。三年入關，隋大業中，為尚書王客郎。

宋・施宿《會稽志》卷二《太守》 新蔡王叔齊，字子肅，太建七年，出為東中郎將、揚州刺史。至德二年，入為侍中。

清・孫岳頒等《佩文齋書畫譜》卷一九《歷代帝王書上黃帝至五代》 新蔡王叔齊，字子肅，宣帝第十一子也。風采明贍，博涉經史，善屬文，位侍中。《南史・陳宣帝諸子傳》。

陳叔懷

論說

《宣和書譜》卷八《行書二》 陳叔懷，不載於史。作行書，筆畫圓整，其《論梅發》一帖，字雖嫵媚，而中藏勁氣，如幽香孤豔，凌轢冰霜者，其清致自應如此。大抵昔人為文，肆筆莫不因其感發，既得於心，遂應於手，亦自不知其所以然也。至如王羲之《來禽》、《青李》帖，最為知名，《梅帖》宜其為世所傳也。陳都江左，而梅本江淮物，因知叔懷其必江左人也。今御府所藏行書一：《梅發帖》。

明・陶宗儀《書史會要》卷四《陳》 陳叔懷作行書，筆畫圓整，其《論梅發》一帖，字雖嫵媚，而中藏勁氣，如幽香孤韻，凌鑠冰霜者，其清致自應如此。陳都江左，而梅本江淮物，因知叔懷其必江左人。宋《淳化閣帖》第一卷内，有長沙王叔懷。黄伯思辨誤，以為《陳史》長沙王但有叔堅而無叔懷，其弟亦無此名。觀帖尾作名處，疑是叔慎。叔慎，岳陽王也。

鄭⿰亻口

論說

《宣和書譜》卷一七《草書五》 鄭⿰亻口失其世系，官至東宮洗馬。幼通經史，尤善草字，深慕鍾、王之法，而得其旨。觀其用筆，俯仰屈折，而筋力有餘。蓋論書者以謂豐力多筋者聖，無力無筋者病，而⿰亻口亦頗知其要處也。又如⿰亻口意喜用禿筆，豈其鋒藏韻古而至是耶，抑又出其一時之意耶。嘗聞漢蕭何用禿筆書，為時所重，王僧虔用之而風韻不減，是亦其得之於心者。⿰亻口固不擇紙筆，皆得如意也。今御府所藏草書一：《民務帖》。

明・陶宗儀《書史會要》卷四《陳》 鄭⿰亻口，官至東宮洗馬，幼通經史，尤善草字，深慕鍾、王之法，而得其旨。觀其用筆，俯仰屈折，而筋力有餘。論者以謂，豐力多筋者聖，無力無筋者病，而⿰亻口亦頗知其要處也。又如⿰亻口喜用禿筆，豈其藏鋒韻古而至是耶，抑又出其一時之意耶。

伏知道

論説

唐・竇臮《述書賦》卷上　知道則寬疏馳慢，無可取則。削凡常病窒塞。猶岸陸縱獺，艱辛騁力。伏知道，昌平人，陳鎮北長史。今見具姓名草書三紙。

宋・陳思《書小史》卷七《傳六》　伏知道，昌平人，官至鎮北長史，善草書。

明・陶宗儀《書史會要》卷四《陳》　伏知道，昌平人，仕鎮北長史。書法寬疎馳慢，無可取則。

賀朗

論説

唐・竇臮《述書賦》卷上　賀氏曰朗，雖非動人，不事筆力，猶阻學貧。三者若官游旅泊，衣化風塵。賀朗，會稽人，陳祕書監。今見具姓名行書三紙。

宋・陳思《書小史》卷七《傳六》　賀朗，會稽人，官至祕書監，善行書。

明・陶宗儀《書史會要》卷四《陳》　賀朗，會稽人，官至祕書監，書法不事筆力。

傳記

宋・施宿《會稽志》卷一六《翰墨》　賀郎，會稽人，陳祕書監。

王公幹

論説

明・陶宗儀《書史會要》卷四《陳》　王公幹善草。

清・孫岳頌等《佩文齋書畫譜》卷二四《書家傳三宋齊梁陳》　王公幹，王公幹陳人，見草書《韻會》。

蔡聖

論説

唐・韋續《墨藪》卷一《九品書第二》　陳蔡聖，正、行草。

明・陶宗儀《書史會要》卷四　蔡聖善正、行、草。

清・孫岳頌等《佩文齋書畫譜》卷二四《書家傳三宋齊梁陳》　蔡聖，陳人。正及草行，品中之下。韋續《九品書人論》。

崔玄伯

論説

宋·陳思《書小史》卷八《傳七》 崔宏，字玄伯，潛之子，官至吏部尚書，爵白馬公。少有俊才，尤善草、隸，為世模楷。行押特盡精巧，宏自非朝廷文誥四方書檄初不妄染，故世無遺迹。

清·沈辰《書畫緣》 崔宏，字玄伯，潛之子。少有雋才號冀州神童。明元時拜天部大人進爵白馬公贈司空謚文貞，家學淵源世不替業尤善草、隸為世模楷。行狎特盡精巧而不見遺迹。

傳記

《北史》卷二一《崔宏傳》 崔宏，字玄伯，清河東武城人，魏司空林之六世孫也。祖悦，仕石季龍，位司徒右長史。父潛，仕慕容暐，爲黄門侍郎。並以才學稱。

盧魯元

傳記

《北史》卷二五《盧魯元傳》 盧魯元，昌黎徒河人也。曾祖副鳩，仕慕容氏，爲尚書令、臨澤公。祖、父並至大官。

魯元寬和有雅度，明元時，選爲通直郎，以忠謹給侍東宫，太武親愛之。即位，以爲中書侍郎，寵待彌渥。而魯元益加謹肅，帝愈親待之。內外大臣，莫不敬憚。性多容納，善與人交，好掩人過揚人美，由是公卿咸親附之。以工書有文才，累遷中書監，領祕書事。賜爵襄城公，贈其父爲信都侯。

論説

宋·陳思《書小史》卷八《傳七》 盧魯元，昌黎徒河人。敏而好學，寬和有雅度。以工書有文才累遷中書監，領祕書事。賜爵襄城公，善正、隸書。

黎廣

論説

明·王世貞《古今法書苑》 黎廣，太武時尚書郎，善古學，嘗從吏部尚書清河崔宏受字義，又從司徒崔浩學楷、篆，自是家傳其法。季明亦傳習之。頗與許氏有異。《北史》。

傳記

《北史》卷八二《黎景熙傳》 其從祖廣，太武時尚書郎，善古學。常從吏部尚書清河崔宏受字義，又從司徒崔浩學楷、篆，自是家傳其法。

吕温

傳記

《北史》卷三七《吕羅漢傳》　父温，字晞陽，善書，好施，有文武才略。位上黨太守，有能名。卒，贈豫州刺史、野王侯，謚曰敬。

宋·陳思《書小史》卷八《傳七》　吕温，字晞陽。為上黨太守。善隸書。

竇遵

傳記

《魏書》卷四六《竇瑾傳》　遵善楷、篆，北京諸碑及臺殿樓觀、宫門題署，多遵書也。官至尚書郎、濮陽太守，多所受納。其子僧演，姦通民婦，爲民賈邈所告，免官。後以善書，拜庫部令，卒官。

宋·陳思《書小史》卷八《傳七》　竇遵，頓丘衛國人。善楷、篆，北京諸碑及臺殿樓觀宫門題署多遵書。位至濮陽太守。

隋唐五代書家部

智永

論說

唐・李嗣真《書後品・中中品十二人》 謝安、康昕、桓玄、邱道護、許靜、蕭子雲、陶弘景、釋智永、劉珉、房玄齡、陸柬之、王知敬。

又 智永精熟過人，惜無奇態矣。

唐・竇臮《述書賦》卷上 智永、智果，禪林筆精。天機淺而恐泥，志業高而克成。或拘凝重，蕭索家聲；或利凡通，周章擅名。猶能作緇門之領袖，爲當代之準繩。并如君子勵躬於有道，高人保志而居貞。會稽永興寺僧智永，俗姓王氏，右軍孫。今見其真草《千文》數本，并帶名草書二紙。僧智果，會稽人，帶名草書一紙。

唐・張懷瓘《書斷》卷中《妙品》 陳永興寺僧智永，會稽人。師遠祖逸少，歷記專精，攝齊升堂，真、草唯命，夷途良轡，大海安波。微尚有道之風，半得右軍之肉。兼能諸體，於草最優。氣調下於歐、虞，精熟過於羊、薄。智永章草、草書入妙，隸入能。兄智楷，亦工草；丁覘，亦善隸書。時人云：丁真楷，草。

唐・張懷瓘《二王等書録》 近有釋智永臨寫草帖，幾欲亂真。至如宋朝多學大令。其康昕、王僧虔、薄紹之、羊欣等，亦欲混其臭味。是以二王書中，多有僞迹，好事所蓄，尤宜精審。

唐・韋續《墨藪》卷一《九品書第二》 上下十三人。陳智永禪師，正草。

又《勸學第十七》 張越、張融、陶弘景、阮研、毛喜、釋智永、虞世南、歐陽詢、褚遂良。可敵右軍草書八分之一。以上九人第五等，率皆估其甚合者，其不合者意數倍相懸。

唐・徐浩《古跡記》 永禪師、蕭子雲真草，【略】皆名冠古今，無與為比。

宋・蘇軾《題唐六家書後》 永禪師書骨氣深穩，體兼衆妙，精能之至，反造疏淡。如觀彭澤詩，初若散緩不收，反覆不已，乃識其奇趣。

宋・米芾《海岳名言》 智永有八面，已少鍾法。

明・解縉《續書評》 智永瑶臺雪鶴，高標出羣。

明・項穆《書法雅言・正奇》 智永專範右軍，精熟無奇，此學其正而不變者也。羊欣思齊大令，舉止依樣，此學其奇而不變者也。迨夫世南傳之智永，内含剛柔，立意沉粹，及其行草，遒媚不凡，然其筋力稍覺寛骫矣。

清・孫岳頒等《佩文齋書畫譜・翰林傳授隱術》 楷法起於上谷，王次仲、蔡邕、崔瑗悉能為之。鍾元常用之盡妙，王逸少得於神采，永禪師不隳世德。

又《宋米芾續書評》 僧智永書雖氣骨清健，大小相雜，如十四五貴胄褊性，方循繩墨，忽越規矩。

傳記

唐・何延之《蘭亭記》 永即右軍第五子徽之之後，安西成王諮議彦祖之孫，廬陵王胄昱之子，陳郡謝少卿之外孫也。與兄孝賓俱捨家入道，俗號永禪師。禪師克嗣良裘，精勤此藝，常居永欣寺閣上臨書，所退筆頭，置之於大竹簏，簏受一石餘，而五簏皆滿。凡三十年，於閣上臨得真草《千文》，好者八百餘本，浙東諸寺各施一本，今有存者，猶直錢數萬。孝賓故名惠欣，兄弟初落髪時，住會稽嘉祥寺，寺即右軍之舊宅也。後以每年拜墓便近，因移此寺。自右軍之墳及右軍叔蒼已下塋域，並置山陰縣西南三十一里蘭渚山下。梁武帝以欣、永二人，皆能崇於釋教，故號所住之寺爲永欣焉。事見《會稽志》。其臨書之閣，至今尚在。禪師年近百歲乃終，其遺書並付弟子辯才。

宋・施宿《會稽志》卷一六 僧法極，字智永，會稽人，王右軍七代孫，號永禪師。與兄子孝賓俱捨家入道，孝賓改名惠欣，初落髪時，住會稽嘉祥寺，即右軍之舊宅，後以每年拜墓便近，因移此寺。梁武帝以欣、

永二人，故號所住之寺曰永欣焉。今雲門淳化寺。常居閣上臨書，凡三十年，所退筆頭，置之大竹簏，簏受一石餘，而五簏皆滿。人來覓書如市，户限為之穿穴，用鐵裹之，人謂之鐵門限。後取筆頭瘞之，號退筆冢，自製其銘。又嘗臨寫真草《千字文》八百餘本，浙東諸寺各施一本。妙傳家法，精力過人，隋唐間工書者，鮮不臨學。禪師年百歲乃終。兄智楷亦工書。

紀事

宋・蘇易簡《文房四譜》卷一　僧智永於樓上學書，有禿筆頭十甕，每甕數石。人求題頭，門限穿穴，乃以鐵葉裹之，謂之鐵門限。後取筆頭瘞之，號退筆塚，自製銘志。

宋・趙構《思陵翰墨志》　智永禪師，逸少七代孫，克嗣家法。居永欣寺閣三十年，臨逸少真草《千文》，擇八百本散在浙東，後并《禊帖》傳弟子辯才。唐太宗三召，恩賜甚厚，求《禊帖》，終不與。善保家傳，亦可重也。余得其《千文》藏之。

宋・桑世昌《蘭亭考》卷三　傳掌至七代孫智永，即右軍第五子徽之之後，安成王諮議彦祖之孫，廬陵王胄昱之子，陳郡謝少卿之外孫也。與兄子孝賓俱捨家入道，俗號永禪師，克嗣良裘，精勤此藝。常居永欣寺閣上臨寫，所退筆頭置大簏中，簏受石許，而五簏皆滿。凡三十年，所臨真草《千文》八百餘本，分施浙東諸寺各一，今有存者，猶直錢數萬。孝賓改名惠欣，初落髮時俱往會稽嘉祥寺，寺即右軍舊居也。後欣便於拜掃，因移此寺，與右軍墳及叔會已下塋域，於山陰縣西三十一里蘭渚山下。梁武帝以欣、永二人皆崇釋教，故榜寺為永欣焉。寺見《會稽志》，其臨書之閣至今尚存。禪師年近百歲乃終，其遺書付弟子辯才。

明・陶宗儀《書史會要》卷四　釋智永，會稽人，晉右將軍王羲之九一作七世孫。出家居永欣寺，學書以羲之為師法。筆力縱横，真草兼備，綽有祖風。為一時推重，求其書者，户外之屨常滿，門閾穿穴，以鐵固其限。嘗作真草《千文》傳於世，學者率模倣焉。

清・孫岳頒等《佩文齋書畫譜》卷二四　釋智永，《下黄私記》云：名法極，俗姓王氏，會稽人。右軍七世孫，徽之之後也。與兄孝賓俱舍家入道，俗號永禪師。常居永欣寺閣上臨書。《國史異纂》云：智永於樓上學書，業成方下。所退筆頭，置大竹簏，簏受一石餘，五簏皆滿。凡三十年，於閣上臨得真草《千文》八百餘本，浙東諸寺，各施一本。何延之《蘭亭記》。

又　智永住永欣寺，人來覓書，并請題額者如市。所居户限為穿穴，乃用鐵葉裹之，謂為鐵門限。又取筆頭瘞之，號為退筆塚，自製銘誌。《尚書故實》。

又　永字八法，自崔、張、鍾、王傳授，所用該於萬字。智永發其旨趣，授虞世南。《翰林禁經》。

著録

《宣和書譜》卷一七《草書》　釋智永，會稽人也，晉右將軍王羲之之裔。學書以羲之為師法，筆力縱横，真草兼備，綽有祖風。初勵志書札，起樓於所居之側，因自誓曰：書不成，不下此樓。後果大進，為一時推重，而求其書者，縑素牋紙堆案盈几，先後積壓，塵為之生。又户外之屨常滿，賓客造請，門閾穿穴，以鐵固其限，故人號曰鐵門限。所用筆退即投大甕中，歲久輒貯數甕，自為銘以瘞之。當是時，詩人有以筆塚對墨池者。嘗作《心成頌》以示字法，又作真草《千文》傳於世，學者率模倣焉。今御府所藏二十有三：草書《常侍帖》、《枲軍帖》、《故舊帖》、《至通法師帖》、《春雨帖》、《千文》七、《臨王羲之言讌帖》，真草《月儀》、《月儀獻歲帖》、《千文》七、《小字千文》。

雜録

明・楊慎《墨池瑣録》卷一　鍾紹京云：智永硯成臼，乃能到右軍；石穿透，始到鍾、索也。

智果

論說

唐・張懷瓘《書斷》卷下《能品》 隋永興寺僧智果，會稽人也。煬帝甚喜之。工書，銘石甚爲瘦健。嘗謂永師云：和尚得右軍肉，智果得右軍骨。夫筋骨藏於膚內，山水不厭高深，而此公稍乏清幽，傷於淺露，若吴人之戰，輕進易退，勇而非猛，虚張誇耀，毋乃小人儒乎。果隸、行、草入能。時有僧述、僧特，與果并師智永。述困於肥鈍，特傷於瘦怯。

唐・李嗣真《書後品・下中品十人》 范曄、蕭思話、張融文舒、梁簡文帝、劉逖、王晏、周顒、王崇素、釋智果、虞綽。

又 智果頗似委章之質。

唐・徐浩《古跡記》 果師、述師真、行、草，【略】皆名冠古今，無與為比。

虞綽

論說

唐・李嗣真《書後品・下中品十人》 范曄、蕭思話、張融文舒、梁簡文帝、劉逖、王晏、周顒、王崇素、釋智果、虞綽。

又 虞綽鋒穎迅健，亦又次之矣。

史陵

紀事

唐・李嗣真《書後品》 太宗與漢王元昌、褚僕射遂良等，皆受之於史陵。褚首師虞，後又學史。乃謂陵曰：此法更不可教人。是其妙處也。

辯才

紀事

唐・何延之《蘭亭記》 辯才俗姓袁氏，梁司空昂之玄孫。辯才博學工文，琴碁書畫皆得其妙。每臨禪師之書，逼真亂本。辯才嘗於所寢方丈梁上，鑿其暗檻，以貯《蘭亭》，保惜貴重，甚於禪師在日。【略】太宗初怒老僧之祕悋，俄以其年耄，不忍加刑，數日後，仍賜物三千段，穀三千石，便勅越州支給，辯才不敢將入己用，迴三層寶塔，塔甚精麗，至今猶存。老僧因驚悸患重，不能強飯，唯啜粥。歲餘，乃卒。

趙文深

論説

唐・竇臮《述書賦》卷下　文深、孝逸，獨慕前蹤。至師子敬，如欲登龍。有宋、齊之面貌，無孔、薄之心胸。趙文深，天水人，後周為書學博士，書跡為時所重。孝逸，湯陰人，官至四門助教。深師右軍，逸效大令，甚有功業。當平梁之後，王褒入國，舉朝貴胄皆師于褒。惟孝逸與文深二人獨負二王之法，俱入隋，臨二王之迹，人間往往為贋耳。

傳記

《北史》卷八二《儒林下・趙文深傳》　趙文深，字德本，南陽宛人也。父遐，以醫術仕魏，爲尚藥典御。文深少學楷、隸，年十一，獻書於魏帝。後立義歸朝，除大丞相府法曹參軍。雅有鍾、王之則，筆勢可觀。當時碑牓，唯文深、冀儁而已。大統十二年，追論立義功，封白石縣男。文帝以隸書紕繆，命文深與黎季明、沈遐等依《説文》及《字林》，刊定六體，成一萬餘言，行於世。

及平江陵之後，王褒入關，貴遊等翕然並學褒書，文深之書，遂被遐棄。文深慚恨，形於言色。後知好尚難反，亦改習褒書。然竟無所成，轉被譏議，謂之學步邯鄲焉。至於碑牓，餘人猶莫之逮。

王褒亦每推先之。宮殿樓閣，皆其迹也。遷縣伯下大夫。明帝令至江陵書影覆寺碑，漢南人士，亦以為工。梁主蕭詧觀而美之，賞遺甚厚。天和元年，露寢等初成，文深以題牓之功，除趙興郡守。文深雖居外任，每須題牓，輒復追之。後以疾卒。

明・陶宗儀《書史會要》卷四《後周》　趙文深，天水人，官至書學博士。書師王羲之，為時所重。

劉玄平

論説

唐・竇臮《述書賦》卷上　隋則玄平嗣芳，訛熟名揚。彦謙草力，浮緊循常。糟粕右軍之化，依稀夫子之牆。皆如益星榆之衆象，無月桂之孤光。**【略】**劉玄平，珉之子，高道，隋贈貞範先生。今見具姓名行書二紙。

房彦謙

論説

唐・竇臮《述書賦》卷上　隋則玄平嗣芳，訛熟名揚。彦謙草力，浮緊循常。糟粕右軍之化，依稀夫子之牆。皆如益星榆之衆象，無月桂之孤光。**【略】**房彦謙，清河人，司隸刺史。今見具姓名草書十紙。

盧昌衡

論說

唐・竇臮《述書賦》卷上　昌衡跌宕，率爾而作。雖蔑法而或乖，乃繇衷而不怍。似野筍成竹，長風隕籜。盧昌衡，字子均，范陽人，隋侍中，贈司空。父道虔。子均，隋禮部侍郎、太子左庶子。今見具姓名行書二紙。

歐陽詢

論說

唐・張懷瓘《書斷》卷中《妙品》　皇朝歐陽詢，長沙汨羅人。官至銀青光禄大夫、率更令。八體盡能，筆力勁險，篆體尤精。高麗愛其書，遣使請焉。神堯嘆曰：不意詢之書名，遠播夷狄，彼觀其跡，固謂其形魁梧耶。飛白冠絶，峻於古人，有龍蛇戰鬬之象，雲霧輕濃之勢，風旋電激，掀舉若神。真、行之書，雖於大令，亦別成一體：森森焉若武庫矛戟，風神嚴於智永，潤色寡於虞世南。其草書迭蕩流逸，視之二王，可爲動色。然驚奇跳駿，不避危險，傷於清雅之致。自羊、薄以後，略無勍敵。唯永公特以訓兵精練，議欲旗鼓相當。歐以猛鋭長驅，永乃閉壁固守。以貞觀十五年卒，年八十五。飛白、隸、行、草入妙，大小篆、章草入能。子通，亦善書，瘦怯於父。薛純陀亦效詢草，傷於肥鈍，乃通之亞也。

唐・李嗣真《書後品・上下品一十二人》　崔寔、章。郗鑒、王廙、衛夫人、正。王洽、郗愔、李式、庾翼、羊欣、歐陽詢、虞世南、褚遂良。

又　歐陽草書，難與競爽，如旱蛟得水，毚兔走穴，筆勢恨少。善於鐫勒及飛白諸勢，如武庫矛戟，雄劍森森。

唐・徐浩《古跡記》　虞世南、歐陽詢、褚遂良、果師、述師真、行、草，【略】皆名冠古今，無與為比。

又《論書》　近古蕭、永、歐、虞，頗傳筆勢，褚、薛已降，自鄶不譏矣。然人謂虞得其筋，褚得其肉，歐得其骨，當矣。夫鷹隼乏彩而翰飛戾天，骨勁而氣猛也。翬翟備色而翱翔百步，肉豐而力沉也。若藻曜而高翔，書之鳳凰矣。歐、虞爲鷹隼，褚、薛為翬翟焉。歐陽率更云：蕭書出於章草。頗爲知言。然歐陽飛白，曠古無比。

唐・竇臮《述書賦》卷下　若乃出自三公，一家面首。歐陽在焉，不顧偏醜。顤翹縮爽，了臬黝糾。如地隔華戎，屋殊户牖。學有大小夏侯，書有大小歐陽。父掌邦禮，子居廟堂。隨運變化，爲龍爲光。歐陽詢，長沙人，紇之子。幼孤，陳中書令江摠收養。書出於北齊三公郎中劉珉，官至率更令、太常少卿。子通，亦能纘美，拜納言，封渤海公。

又　高麗愛其書，遣使請焉。神堯嘆曰：不意詢之書名，遠播夷狄。彼觀其迹，固謂其形魁梧耶。飛白、隸、行、草入妙，大小篆、章草入能。子通，亦善書，瘦怯於父。薛純陀亦效詢草，傷於肥鈍，乃通之亞也。

唐・韋續《墨藪》卷一《又評書》　歐陽詢書若草裏蛇驚，雲間電發。若金剛之瞋目，力士之揮拳。

宋・朱長文《續書斷》　詢師法逸少，尤務勁險。【略】傑出當世，顯名唐初。尺牘所傳，人以為法，雖戎狄亦慕其聲。然觀其少時，筆勢尚弱，今廬山有《西林道場碑》是也。及晚益壯，體力完備，奇巧間發，蓋由學以致之，《九成宮碑》、《温大雅墓銘》是也。其正當纖濃得中，剛勁不撓，有正人執法，面折廷諍之風。至其點畫工妙，意態精密，無以尚也。行書黝糾蟠屈，如龍蛇振動，戈戟森列，自成一家。八體盡能，而飛白尤精，今恨不及見也。【略】張懷瓘稱其飛白、隸、行、草入妙，小篆入能。

宋・姜夔《續書譜・總論》　真草與行，各有體制。歐陽率更、顏平原輩，以真為草，李邕、西臺輩，以行爲真。亦以古人有專工正書者，有專工草書者，有專工行書者，信乎其不能兼美也。

又《用筆》 歐陽率更結體雖太拘，而用筆特衆美，雖少枯而翰墨灑落，追蹤鍾、王，來者不能及也。顔、柳結體既異古人，用筆復溺一偏，予評二家，為書法之一變。數百年間，人争效之。字畫剛勁，高明固不爲無助，而魏晉風軌掃地矣。

傳記

《新唐書》卷一九八《歐陽詢傳》 歐陽詢，字信本，潭州臨湘人。父紇，陳廣州刺史，以謀反誅。詢當從坐，匿而免。江總以故人子，私養之。貌寑侻，敏悟絶人。總教以書記，每讀輒數行同盡，遂博貫經史。仕隋，爲太常博士。【略】詢初仿王羲之書，後險勁過之，因自名其體。尺牘所傳，人以為法。高麗嘗遣使求之，帝嘆曰：彼觀其書，固謂形貌魁梧邪。嘗行見索靖所書碑，觀之，去數步復返，及疲，乃布坐，至宿其傍，三日乃得去。其所嗜類此。貞觀初，歷太子率更令，弘文館學士，封渤海男。卒，年八十五。

宋・董逌《廣川書跋》卷七 率更於筆，特未嘗擇而皆得佳趣，故當時絶藝。蓋其所寄者，特心之器耳，假以有見，不滯功於此也。論者謂：飛白冠絶，峻於古人。有龍蛇戰鬥之象，雲霧輕籠之勢。真行出於大令，森森然若武庫矛戟，致使智永奪氣。信乎，書妙至此極者。然飛白、篆書世不復傳，今收真行、章草可見，知略無勍敵，非虚語也。虞伯施謂詢不擇紙筆，皆得如意，此正紀其實也，宜遂良不能及也。

元・趙孟頫跋《夢奠帖》 歐陽信本書，清勁秀健，古今一人。米老云：莊若對越，俊若跳擲。猶是未知其神奇也。向在都下，見《勸學》一帖，是集賢官庫物，後有開元題識具全，筆意與此一同，但官帖是硬黄紙耳。至元廿九年閏月望日爲右之兄書。吴興趙孟頫。

清・劉熙載《藝概・書概》 率更《化度寺碑》，筆短意長，雄健彌復深雅。評者但謂是直木曲鐵法，如介胄有不犯之色，未盡也。或移以評蘭台《道因》，則近耳。

歐、虞並稱，其書方圓則剛柔交相爲用。善學虞者和而不流，善學歐者威而不猛。

又 歐、褚兩家並不分隸，於遒逸二字各得所近。若借古書評評之，歐其如龍威虎震，褚其如鶴游鴻戲乎。

清・康有爲《廣藝舟雙楫》 國朝書法，凡有四變。康、雍之藝，專仿香光，乾隆之代，竟講子昂，率更貴盛於嘉、道之間，北碑萌芽於咸、同之際。至於今日，碑學益盛，多出於北碑、率更間，而吴興亦蹀躞伴食焉。

又 《始興王碑》，意象雄强，其源亦出衛氏。若結體峻密，行筆英鋭，直與率更《皇甫君碑》無二，乃知率更專學此碑。

著録

《宣和書譜》卷八 詢以書得名，實在正書，若《化度寺石刻》，其墨本爲世所寶，學者雖盡力不能到也。而張懷瓘又稱其飛白、隸、行、草入妙，大小篆、章草入能。蓋亦各具一家之見。然而詢雖以正書為翰墨之冠，至於行字，又復變態百出，當時正書之亞。此得行字為多焉。子通，善書，臨仿咄咄逼真。今御府所藏四十：正書《衛靈公論》、《强弱論》、《節封奕事》、《節蘇原事》，行書《秋風辭》、《周公帖》、《鄒穆公帖》、《齊宣王帖》、《卜商讀書帖》、《苟公帖》、《戰國策帖》、《子卿帖》、《庾亮帖》、《張翰帖》、《度尚帖》、《戴逵帖》、《善奴帖三》、《祭祀帖》、《四時祭祀帖》、《百家帖》、《門籍帖》、《自遣帖》、《勸學帖》、《海上帖》、《隅隩帖》、《祖納帖》、《守謙帖》、《薄冷帖》、《金蘭帖》、《北游帖》、《講學等帖》、《千文》，草書《孝經》、《院君帖》、《盈虚帖》、《京路帖》、《途路帖》、《京兆帖》。

雜録

宋・米芾《書史》 吕夏卿子通直君有歐陽詢草書《千文》，蔡驤跋爲智永。通直出示余，欲跋，答以必改平乃跋。君欣然。遂於古紙上跋正。通直君，失其名字。

虞世南

論説

唐・張懷瓘《書斷》卷中《妙品》 虞世南，字伯施，會稽餘姚人。祖儉，梁始興王諮議。父荔，陳太子中庶子。世南受業於吳郡顧野王門下，讀書十年，國朝拜銀青光禄大夫、祕書監、永興公。太宗詔曰：世南一人，有出世之才，遂兼五絶：一曰忠讜，二曰友悌，三曰博文，四曰詞藻，五曰書翰。有一於此，足爲名臣，而世南兼之。其書得大令之宏規，含五方之正色，姿榮秀出，智勇在焉，秀嶺危峰，處處間起，行草之際，尤所偏工，及其暮齒，加以遒逸，臭味羊、薄，不亦宜乎。是則東南之美，會稽之竹箭也。貞觀十二年卒，年八十一。伯施隸、行書入妙。然歐之與虞，可謂智均力敵，亦猶韓盧之追東郭兔也。論其衆體，則虞所不逮。歐若猛將深入，時或不利；虞若行人妙選，罕有失辭。虞則内含剛柔，歐則外露筋骨，君子藏器，以虞為優。族子纂書，有叔父體則，而風骨不繼。楊師道、上官儀、劉伯莊并立，師法虞公，過於纂矣。張之遜，又纂之亞也。

唐・竇臮《述書賦》卷下 永興超出，下筆如神。不落疏慢，無慚世珍。然則壯文幾而老成，與貞白而德鄰。如層臺緩步，高謝風塵。纂、焕嗣聖，體多拘撿，如彼碔砆，亂其琬琰。虞世南，會稽人，荔之子。迹居四公之上，官至祕書監，贈禮部尚書，封永興公。子纂，孫焕，皆能繼世。焕授武官，在仗宿衛。初，隋有猛將來護兒，子恒、濟，皆負才學，入唐繼登三仕。故陸元芳所云：來護兒，兒把筆；虞世南，兒帶刀。言物極則反，一至于此也。

唐・李嗣真《書後品・上下品一十二人》 崔寔、章。郗鑒、王廙、衛夫人、正。王洽、郗愔、李式、庾翼、羊欣、歐陽詢、虞世南、褚遂良。

又 虞世南蕭散灑落，真草惟命，如羅綺嬌春，鵷鴻戲沼，故當子雲之上。

唐・徐浩《古跡記》 虞世南、歐陽詢、褚遂良、果師、述師真、行、草【略】皆名冠古今，無與為比。

唐・韋續《墨藪》卷一《九品書第二・又評書》 中上十四人。【略】虞世南正草。虞世南書體段遒媚，舉止不凡。能中更能，妙中更妙。

宋・朱長文《續書斷》 世南貌醇謹，外若不勝衣，而學術淵博，論議持正，無少阿徇，其中抗烈不可奪也。故其為書，氣秀色潤，意和筆調。然而内含剛特，謹守法度，柔而莫瀆，如其為人。雖歐、虞同稱德義，乃出詢右也。初浮屠智永學逸少書精極，名重於陳，世南從學焉，盡得其法，而有以過之。其隸、行皆入妙品。太宗嘗與之論書，言亦至於妙，而稱世南為書翰之絶。此言諒矣。

清・劉熙載《藝概・書概》 虞永興書出於智永，故不外耀鋒芒而内涵筋骨。徐季海謂歐、虞爲鷹隼，歐之爲鷹隼易知，虞之爲鷹隼難知也。

又 學永興書，第一要識其筋骨勝肉。綜昔人所稱《廟堂碑》者，是何精神。而展轉翻刻，往往入於膚爛，在今日則轉不如學《昭仁寺碑》矣。

傳記

《新唐書》卷一一五《虞世南傳》 虞世南，越州餘姚人。出繼叔陳中書侍郎寄之後，故字伯施。性沉静寡欲，與兄世基同受學於吳顧野王餘十年，精思不懈，至累旬不盥櫛。文章婉縟，慕僕射徐陵，陵自以類己，由是有名。【略】世南貌儒謹，外若不勝衣，而中抗烈，論議持正。太宗嘗曰：朕與世南商略懇誠乃如此。貞觀八年，進封縣公。【略】十二年，致仕，授銀青光禄大夫，弘文館學士如故，禄賜防閣視京官職事者。卒，年八十一。詔陪葬昭陵，贈禮部尚書，謚曰文懿。帝手詔魏王泰曰：世南於我爲一體，拾遺補闕，無日忘之，蓋當代名臣，人倫準的。今其云亡，石渠、東觀中無復人矣。

著録

《宣和書譜》卷八　唐虞世南，字伯施，越州餘姚人。官至銀青光禄大夫、祕書監。與兄世基執弟子禮於吴郡顧野王，力學不倦，至累旬不盥櫛。文章婉縟，慕僕射徐陵，由是聲譽籍甚。陳滅，與世基入隋。世基辭章清勁過世南，而贍博不及。俱名重一時，議者以比晉二陸。【略】嘗作《筆髓》，學者多宗焉。有《孔子廟堂碑》、《千佛銘》、《師子賦》、《昭陵刻石銘》、《嘉瑞賦》，最聞於時。然世南雖以正書見稱，而行書出奇處亦不在名流下，此所得惟多行字耳。今御府所藏一十有三：行書《積年帖》、《借乳鉢帖》、《枕卧帖》、《蔬會帖》、《翰墨帖》、《賢士帖三》、《汝南公主銘稿》，草書《論道帖》、《關内帖》、《前書帖》、《臨張芝平復帖》。

藝文

《全唐詩》卷三六《虞世南·侍宴應詔賦韻得前字》　芬芳禁林晚，容與桂舟前。横空一鳥度，照水百花然。緑野明斜日，青山澹晚煙。濫陪終宴賞，握管類窺天。

宋·黄庭堅《詠虞世南孔子廟堂碑殘句》　孔廟虞書貞觀刻，千兩黄金那購得。

雜録

宋·米芾《海岳名言》　歐、虞、褚、柳、顔皆一筆書也。安排費工，豈能垂世。

明·王世貞《弇州四部稿》卷一三〇《題唐虞永興汝南公主墓銘稿真蹟後》　昔人於永興、率更書，俱登品神妙間，而往往左袒永興。余初不伏之，以虞之肉，似未勝歐骨，蓋謂正書也。晚得永興《汝南公主墓志草》一閲，見其蕭敬虚和，風流姿態，種種有筆外意。

又　世南書迹本自稀，而楷法尤不易得，不唯《破邪論序》，稍大者《孔子廟堂碑》而已。《破邪》積能之極，幾奪天巧。所以不入二王室，猶似不能忘情於蹊徑耳。

清·周星蓮《臨池管見》　王羲之、虞世南字體馨逸，舉止安和，蓬蓬然得春夏之氣。

李淵

論説

唐·竇臮《述書賦》卷下　我巨唐之膺休，一六合而闡幽。武功定，文德修，高祖運龍爪，陳睿謀。自我雄其神貌，冠梁代之徽猷。神堯皇帝隴西李氏，諱淵，仕隋，官至殿内少監、右驍衛將軍、大丞相，封唐王，及受禪即位，革隋爲唐。又，王右軍書柱作爪形，時觀者號爲龍爪書，高祖師王褒，得其妙，故有梁朝風格焉。

李懷琳

論説

唐·竇臮《述書賦》卷下　爰有懷琳，厥迹疏壯。假他人之姓字，作自己之形狀。高風甚少，俗態尤多。吠聲之輩，或浸餘波。李懷琳，洛陽人，國初時好爲僞迹，其《大急就》稱王書，及《七賢書》假云薛道衡作叙，及《竹林叙事》

并衛夫人，咄咄逼人。《嵇康絶交書》，并懷琳之僞迹也。有姓謝名道士者，能爲繭紙，嘗書《大急就》兩本各十紙，言詞鄙下，跋尾分明，徐唐沈范，縱迹煊赫，勞茹裝背，持以質錢。貞觀中，勅頻搜尋；彼之錢主，封以詣闕。太宗殊喜，賜縑二百匹。懷琳乃上别本，因得待詔文林館，故在内之本有貞觀印焉。頃年在右相林甫家，後本在張懷瓘處，尋轉易與李起居。

房玄齡

論説

唐・李嗣真《書後品・中中品十二人》 謝安、康昕、桓玄、邱道護、許静、蕭子雲、陶弘景、釋智永、劉珉、房玄齡、陸柬之、王知敬。

又 房司空雕文抱質，王家令碎玉殘金。房如海上雙鷗，王比雲間孤鶴。

唐・張懷瓘《書斷》卷下《能品》 王知敬，洛陽人。官至太子家令。工草及行，尤善章草，入能。膚骨兼有，戈戟足以自衛，毛翮足以飛翻，若翼大略宏圖，摩霄殄寇，則未奇也。房僕射玄齡與此公同品，房行草亦風流秀穎，可與亞能。又，殷侍御仲容善篆、隸，題署尤精，亦王之雁行也。

唐・竇泉《述書賦》卷下 房文昭則雅而能和，穩而不訛。精神正氣，胸臆餘波。若蘋萍異品，共泛中河。房喬，字玄齡，清河人，彦謙子。官至司空，贈太尉，文昭公。

唐・韋續《墨藪》卷一《九品書第二》 下中十人。【略】房玄齡行草。

傳記

《新唐書》卷九六《房玄齡傳》 房玄齡，字喬，齊州臨淄人。父彦謙，仕隋，歷司隸刺史。玄齡幼警敏，貫綜墳籍，善屬文，書兼草、隸。【略】薨，年七十一，贈太尉、并州都督，謚曰文昭。

又 玄齡當國，夙夜勤强，任公竭節，不欲一物失所。無媢忌，聞人善，若己有之。明達吏治，而緣飾以文雅。議法處令，務爲寬平。不以己長望人，取人不求備，雖卑賤皆得盡所能。

又 唐柳芳有言：帝定禍亂，而房、杜不言功；王、魏善諫，而房、杜讓其直；英、衛善兵，而房、杜濟以文。持衆美效之君。是後新進更用事，玄齡身處要地，不吝權，善始以終，此其成令名者。

魏叔瑜

論説

唐・張説《唐故豫州刺史魏君碑》 公諱叔瑜，字思謹，曰魏氏，鉅鹿曲陽人也。【略】公善草、隸，妙絶時人。以筆意傳次子華及甥河東薛稷，世稱前有虞、褚，後有薛、魏。此又貽訓之餘美也。

宋・朱長文《續書斷下・能品》 唐魏叔瑜，鄭公子也。鄭公名德冠代，叔瑜克保其後，位至豫州刺史。尤邃草、隸，以筆意傳其子華及甥薛稷。華字茂實，檢校左庶子、武陽縣男，書法雅正，遺迹尚存。唐世稱之曰：前有虞、褚，後有薛、魏。叔瑜兄叔琬亦善書。時有王方翼者，與叔琬齊名。

陸柬之

論說

唐・李嗣真《書後品・中中品十二人》 謝安、康昕、桓玄、邱道護、許靜、蕭子雲、陶弘景、釋智永、劉珉、房玄齡、陸柬之、王知敬。

又 陸柬之學虞草體，用筆則青出於藍，故非子雲之徒。正、隸功夫恨少，不至高絶也。

唐・徐浩《古跡記》 陸柬之臨書，【略】皆名冠古今，無與爲比。

唐・張懷瓘《書斷》卷中《妙品》 陸柬之，吴郡人。官至朝散大夫、太子司議郎，虞世南之甥。少學舅氏，臨寫所合，亦猶張翼换羲之表奏，蔡邕爲平子後身。而晚習二王，尤尚其古，中年之迹，猶有怯懦，總章以後，乃備筋骨，殊矜質朴，耻夫綺靡。故欲暴露疵，同乎馬不齊髦，人不櫛沐，雖爲時所鄙，回也不愚。拙於自媒，有若通人君子。尤善運筆，或至興會，則窮理極趣矣。調雖古澀，亦猶文王嗜昌蒲葅，孔子蹙頞而嘗之，三年乃得其味，一覽未窮，沉研始精。然工於效仿，劣於獨斷，以此爲少也。隸、行入妙，章草書入能。

唐・竇臮《述書賦》卷下 柬之效虞，疏薄不逮。少保師褚，菁華却倍。超石鼠之效能，愧隋珠之掩纇。陸柬之，吴郡人，仁公子，虞氏之出，官爲著作郎。薛稷，河東人，太子少保。

唐・韋續《墨藪》卷一《九品書第二》 中上十四人。【略】陸柬之行草。

又《又評書》 陸柬之書有髣髴堪看，依稀可擬。

宋・朱長文《續書斷上・妙品》 臨學舅氏，得其法，遂以書專家，與歐、褚齊名。張懷瓘謂其隸、行入妙，草入能。然隸、行於今殆絶，遺迹余嘗閱觀，其草書意古筆老，如喬松倚壑，野鶴盤空，信乎名不虛得也。【略】時有高正臣者，亦以書聞，而不喜柬之書，蓋衒己長而忘公是歟。

明・陶宗儀《書史會要》卷五 陸柬之，吴人，官至朝散大夫、守太子司議郎。虞世南甥。少學舅氏，書多作行字，晚擅出藍之譽，遂將咄咄逼羲、獻，落筆渾成，恥爲飄揚綺靡之習。如馬不齊髦，人不櫛沐，覽之者未必便能識其佳處。論者以謂如偃蓋之松，節節加勁，亦知言哉。然人才固自有分限。柬之隸、行入妙，章草、草書入能，是亦未免其利鈍也。

明・項穆《書法雅言・中和》 陸柬之得法於世南，予嘗見其所書《蘭亭詩》，無一筆不出右軍，第少飄逸和暢之妙爾。

傳記

宋・陳思《書小史》卷九《傳八》 陸柬之，吴郡人，虞世南之甥也。官至太子司議郎。善正、行、草書。李嗣真云：柬之學虞，草體用筆則青出於藍，故非子雲之徒。正、隸工夫恨少，不致高絶也。張懷瓘云：柬之少師世南，臨寫所合，亦猶張翼换羲之表奏，蔡邕爲平子後身。晚習二王，尤尚其古，中年之跡，猶有怯懦。總章以後，乃備筋骨，殊矜質樸，恥夫纖靡。故暴露瑕疵，雖爲時鄙，回也不愚。尤善運筆，至於興會，則窮理造微。然工於倣效，劣於獨斷，以此為少也。

著録

《宣和書譜》卷八 陸柬之，吴郡人也，官至朝散大夫、守太子司議郎。柬之，虞世南甥也，少學舅書，多作行字，晚擅出藍之譽。【略】書《頭陀碑》、《急就章》、《龍華寺額》、《武丘東山碑》，最聞於時。此所存者，特《頭陀碑》、《急就章》耳。

雜　錄

元・趙孟頫《跋二陸文賦》　右唐陸柬之行書《文賦》真跡。唐初善書稱歐、虞、褚、薛，以書法論之，豈在四子下耶。然世罕有其跡，故知之者希耳。大德二年十二月六日。吴興趙孟頫跋。

元・李倜《跋二陸文賦》　唐陸柬之書世不多見，惟張鄉江參政家《蘭亭詩》，馬德昌左司家《蘭若碑》，與此《文賦》三卷而已。其筆法皆自《蘭亭》中來，有全體而不變者，識者知之耳。大德辛丑二月八日。員嶠真一河東李倜士弘題。

元・揭傒斯《跋二陸文賦》　右陸柬之之行書《文賦》一卷。唐人法書結體遒勁有晉人風格者，惟見此卷耳。雖若隋僧智永，猶恨嫵媚太多，齊整太過也，獨於此卷爲之三嘆。至元四年歲在戊寅三月十六。揭傒斯跋。

明・劉基《跋陸柬之文賦》　晉陸之詞，唐陸之書，可謂二美具矣。撫卷三嘆，遂識之。洪武八年春三月念六日。誠意伯劉基題。

陸景融

論　説

宋・朱長文《續書斷上・妙品》　元方子景融，博學，亦工書札。

傳　記

《新唐書》卷一一九《陸景融傳》　陸元方，字希仲，蘇州吴人。陳給事黄門侍郎琛之曾孫。伯父柬之，善書名家，官太子司議郎。【略】諸子皆美才，而象先、景倩、景融尤知名。【略】景融長七尺，美資質，寬中而厚外。博學，工筆札。以陰補千牛，轉新鄭令，政有風績，累遷工部尚書、東京留守。

宋・范成大《吴郡志》卷二一《人物》　陸景融美姿質，寬中而厚外。博學，工筆札。政有風績，遷工部尚書。景融於象先，象先被笞，景融諫不入則自楚，母為損威，人多其友。

明・李賢等《明一統志》卷八　陸景融，元方子，美姿質，博學，工筆札。以蔭補新鄭令，有政績，累遷工部尚書。

明・陶宗儀《書史會要》卷五　陸景融，吴人，以博學工書擅名一時，行楷既實且美。

未出九天之外。【略】至若鹿野龍宮之祕，猿江鶴樹之文，莫不遞貫清衷，總持丹府。班荊坐樾，獨神王於亭皐；朗嘯長吟，乃情超於宇宙。

清・孫岳頒等《佩文齋書畫譜》卷二六　陸景融，元方子，柬之從孫。美姿質，博學，工筆札。以陰補千牛，累遷工部尚書、東都留守。《唐書・本傳》。

楊師道

論說

唐・張懷瓘《書斷》卷中《妙品》 楊師道、上官儀、劉伯莊并立，師法虞公，過於纂矣。

傳記

宋・朱長文《續書斷下・能品》 唐楊師道，字景猷，隋觀王雄子也。清警有才思，工詩，善草、隸。貞觀十年，拜侍中，親遇隆渥，以太常卿卒。

紀事

《舊唐書》卷六二《楊師道傳》 師道退朝後，必引當時英俊，宴集園池，而文會之盛，當時莫比。雅善篇什，又工草、隸，酣賞之際，援筆直書，有如宿構。太宗每見師道所制，必吟諷嗟賞之。

褚遂良

論說

唐・李嗣真《書後品・上下品一十二人》 崔寔、章。郗鑒、王廙、衛夫人、正。王洽、郗愔、李式、庾翼、羊欣、歐陽詢、虞世南、褚遂良。

又 褚氏臨寫右軍，亦爲高足，豈艷雕刻，盛爲當今所尚，但恨乏自然，功勤精悉耳。

唐・張懷瓘《書斷》卷中《妙品》 褚遂良，河南陽翟人。父亮，銀青光禄大夫、太常卿。遂良官至尚書左僕射、河南公。博學通識，有王佐才，忠讜之臣也。善書，少則服膺虞監，長則祖述右軍，真書甚得其媚趣，若瑶臺青鎖，窅映春林，美人嬋娟，不任羅綺，鉛華綽約，歐、虞謝之。其行草之間，即居二公之後。顯慶四年卒，年六十四。遂良隸、行入妙，亦嘗師授史陵。然史有古直，傷於疏瘦也。

唐・竇臮《述書賦》卷下 河南專精，克儉克勤。伏膺《告誓》，鋭思猗文。恐無成於畫虎，將有類於效顰。雖價重衣冠，名高内外，澆漓後學，而得無罪乎。（褚遂良，河南人，兼愛子。尚書左僕射、河南公。兼愛名亮，東都人。）

唐・徐浩《古跡記》 虞世南、歐陽詢、褚遂良、杲師、述師真、行、草，【略】皆名冠古今，無與爲比。

唐・韋續《墨藪》卷一《九品書第二》 中上十四人【略】褚遂良正、行、隸、草。

又《又評書》 褚遂良書，字裏金生，行間玉潤。法則温雅，美麗多方。又一掃泥壁，書作大字方丈，觀者日有數千。

清・阮元《南北書派論調》 褚遂良雖起吴越，其書法遒勁，乃本褚亮，與歐陽詢同習隋派，實不出於二王。

清・梁巘《評書帖》 褚書提筆空，運筆靈，瘦硬清挺，自是絶品。

清・劉熙載《藝概・書概》 東坡評褚河南書清遠蕭散。張長史告顔魯公，述河南之言，謂藏鋒畫乃沈著。兩説皆足爲學褚者之資，然有看綉、度針之別。

褚河南書爲唐之廣大教化主，顔平原得其筋，徐季海之流得其肉。而季海不自謂學褚未盡，轉以書翬翟爲譏，何悖也。

傳記

宋・朱長文《續書斷》 唐褚遂良，字登善，杭州錢塘人。歷官散騎常侍，亮之子。貞觀中，累遷起居郎。博涉文史，工隸楷。其書多法，或斆鍾公之體而古雅絶俗，或師逸少之法而瘦硬有餘。至章草之間，婉美華麗，皆妙品之尤者也。【略】後遷諫議大夫，屢進讜言。帝嘗曰：遂良鯁亮有學術，竭誠於朕，若飛鳥依人，自加憐愛。拜中書令。帝寢疾，召遂良、長孫無忌，曰：漢武帝寄霍光，劉備托諸葛亮，朕今委卿。高宗立，二賢悉心奉國，以天下安危自任。故永徽之政，有貞觀風。及二后廢立，遂良固諫不從，命貶愛州刺史，歲餘卒。嗚呼，古所謂臨大節而不可奪者，褚公有之矣。

紀事

唐・張懷瓘《二王等書録》 貞觀十三年，敕購求右軍書，並貴價酬之。四方妙蹟，靡不畢至。敕起居郎褚遂良、校書郎王知敬等於玄武門西長波門外科簡，内出右軍書，相共參校，令典儀王行真裝之。

唐・佚名《唐朝叙書録》 至十年，太宗嘗謂侍中魏徵曰：虞世南死後，無人可與論書。徵曰：褚遂良下筆遒勁，甚得王逸少之體。太宗即日召令侍書，嘗以金帛購求王羲之書蹟，天下爭齊古書詣闕以獻。當時莫能辨其真僞。遂良備論所出，一無舛誤。

唐・徐浩《古跡記》 至中宗時，中書令宗楚客奏事承恩，乃乞大小二王真蹟，敕賜二十卷，大小各十軸。楚客遂裝作十二扇屏風，以褚遂良《閒居賦》、《枯樹賦》爲脚，因大會貴要，張以示之。時薛稷、崔湜、盧藏用廢食嘆美，不復宴樂。

唐・韋續《墨藪》卷一《又評書》 又一掃泥壁書，作大字方丈，觀者日有數千。

著録

《宣和書譜》卷三 唐褚遂良，字登善，錢塘人。官至尚書右僕射、河南公。博學通識，有王佐才，工隸、楷。文皇嘗嘆曰：虞世南死，無與論書者。魏徵曰：褚遂良下筆遒勁，甚得王羲之體。文皇即如見，令遂良侍書。文皇嘗購王羲之書，天下爭以爲獻。然真贋莫能辨，遂良獨能區別，如辨白黑，無得以舛惑。遂良初師世南，晚造羲之，正書尤得媚趣。論者況之瑶台青瑣，窅映春林；嬋娟美女，不勝羅綺。蓋狀其豐艷雕刻過之，而殊之自然耳。【略】遂良喜作正書，其《摩崖碑》在西洛龍門，《孟法師碑》在長安國子監，《聖教序》在長安慈恩塔中，皆世所著聞者。今御府所藏一十：正書《謝表文》、《帝京詩》、《樂毅論》、《石研帖》、《大洞内祝隱文》，行書《枯木賦》，草書《臨王羲之永興帖》、《臨王羲之中郎帖》、《臨王羲之二謝帖》、《摹王羲之官舍帖》。

藝文

宋・米芾《跋褚遂良蘭亭序摹本》 雖臨王書，全是褚法。其狀若岩岩奇峰之峻，英英秋秀之華。翩翩自得，如飛舉之僊；爽爽孤騫，類逸群之鶴。蕙若振和風之麗，霧露擢秋幹之鮮。蕭蕭慶雲之映霄，矯矯龍章之

動彩。九奏萬舞，鵷鷺充庭；鏘玉鳴璫，窈窕合度。宜其拜章帝所，留賞群僊也。

雜録

唐・蔡希綜《書法論》 僕嘗聞褚河南用筆如印印泥，思其所以，久不悟。後因閲江島間平沙細地，令人欲書。復偶一利鋒，便取書之，嶮勁明麗，天然媚好，方悟前志。此蓋草、正用筆，悉欲令筆鋒透過紙背，用筆如畫沙印泥，則成功極致，自然其跡，可得齊於古人。

宋・蘇軾《題唐六家書後》 褚河南書，清遠蕭散，微雜隸體。

明・汪砢玉《珊瑚網》卷一《法書題跋》 其自書乃獨得右軍之微意，評者謂其字裹金生，行間玉潤，變化開合，一本右軍。其諸帖中《西升經》是學《黄庭》，《度人經》學《洛神》，《陰符》學《畫像》。《湖州獨孤府君碑》、《越州右軍祠記》、《同州雁塔兩聖教序記》，是其自家之法。世傳《蘭亭》諸本，亦與率更不類，蓋亦多出自家機軸故也。今永新文學鄧仲經甫所藏《倪寬贊》，正與《蘭亭》、《聖教序記》諸帖相似，筆意婉美，似瘠而腴，似柔而剛，至於三過三折之妙，時加之意，誠褚法也。【略】永樂辛卯二月，獨山王偁觀畢書于鍾山書舍。

清・李宗瀚《跋褚遂良書孟法師碑》 遒麗處似虞，端勁處似歐，而運以分隸遺法。風規振六代之餘，高古近二王以上，殆登善早年極用意之作。

清・康有爲《廣藝舟雙楫》 褚河南《伊闕石龕》出《吊比干文》、《齊武平五年造像》，皆八分之遺法。若《李衛公碑》、《昭仁寺碑》，則《刁遵》、《法生》、《龍藏寺》之嗣音也。

李世民

論説

唐・李世民《論書》 今吾臨古人之書，殊不學其形勢，惟在求其骨力，而形勢自生耳。

唐・李世民《筆法訣》 夫欲書之時，當收視反聽，絶慮凝神。心正氣和，則契於玄妙。心神不正，字則欹斜；志氣不和，書必顛覆。其道同魯廟之器，虚則欹，滿則覆，中則正。正者，沖和之謂也。

唐・竇臮《述書賦》卷下 太宗則備集王書，聖鑑旁啓。雖躡閆井，未登階陛。質詎勝文，貌能全體。兼風骨，摠法禮。文武皇帝，諱世民，神堯子，當貞觀年中，鳩集二王真迹，徵求天下，并充御府。

宋・黄庭堅《山谷題跋》卷二 太宗英睿不群，所學輒便過人。末年詔敕，有魏晉之風。

宋・朱長文《續書斷上・妙品》 唐太宗文武皇帝遏亂略，致太平，雖古之聰明睿智神武而不殺者，無以尚也。既即位，購求天下名書以充御府，鋭精臨寫，特愛羲之。首與虞世南、褚遂良論書法，二人皆賢者也，因其論書可以及政矣。翰墨所揮，遒勁妍逸，鸞鳳飛翥，虬龍騰躍，妙之最者也。

紀事

唐・徐浩《古跡記》 太宗皇帝肇開帝業，大購圖書，寶於内庫。鍾繇、張芝、芝弟昶、王羲之父子書四百卷，及漢、魏、晉、宋、齊、梁雜跡三百卷。貞觀十三年十二月，裝成部帙，以貞觀字印印縫，命起居郎臣褚遂良排署如後：司空、許州都督、趙國公臣無忌。開府儀同三司、尚書左僕射、

太子少師、梁國公臣玄齡。特進尚書左僕射、申國公臣士廉。特進鄭國公臣徵。逆人侯君集初同署，犯法後揩印。中書令、駙馬都尉、安德郡開國公臣楊師道。左衛大將軍武陽縣開國公臣李大亮。光禄大夫、禮部尚書、河間王臣孝恭。光禄大夫、民部尚書、莒國公臣唐儉。兼太常卿、扶陽縣開國男臣韋挺。從十三年書更不出，外人莫見。

唐・張懷瓘《二王等書録》 貞觀十三年，敕購求右軍書，並貴價酬之。四方妙蹟，靡不畢至。敕起居郎褚遂良、校書郎王知敬等於玄武門西長波門外科簡，內出右軍書，相共參校，令典儀王行真裝之。梁朝舊裝紙見存者，但裁剪而已。右軍書大凡二千二百九十紙，裝爲十三帙，一百二十八卷。真書五十紙，一帙八紙，隨本長短爲度。行書二百四十紙，四帙，四十卷，四尺爲度。草書二千紙，八帙，八十卷，以一丈二尺爲度。並金縷雜寶，裝軸織成帙。其書每縫皆用小印印之，其文曰貞觀。大令書不之購也，天府之內，僅有存焉。【略】

文皇帝盡價購求，天下畢至。大王真書惟得五十紙，行書二百四十紙，草書二千紙，並以金寶裝飾。

唐・佚名《唐朝叙書録》 十四年四月二十二日，太宗自爲真草書屏風，以示群臣，筆力遒勁，爲一時之絶。初購求人閲書，凡真、行二百九十紙，裝爲七十卷。草二千紙，裝爲八十卷。每聽覽之暇，得臨玩之。嘗謂臣曰：書學小道，初非急務，時或留心，猶勝棄日。凡諸藝業，未有學而不得者也。病在心力懈怠，不能專精耳。朕少時爲公子，頻遭陣敵。義旗之始，乃平寇亂。執金鼓，必自指揮。觀其陣，即知其强弱。每取吾弱對其强，以吾强對其弱。敵犯吾弱，追奔不踰百數十步，吾擊其弱，必突過其陣，自背而反擊之，無不大潰。多用此制勝，思得其理深也。今吾臨古人之書，殊不學其形勢，唯在求其骨力。及得其骨力，而形勢自生耳。然吾之所爲，皆先作意，是以果能成也。初置弘文館，選貴臣子弟有性識者爲學士，內出書命之令學。又人間有善書者，追徵入館，十數年間，海內從風矣。至十八年二月十七日，召三品已上，賜宴於玄武門。太宗操筆作飛白書，衆臣乘酒就太宗手中競取，散騎常侍劉洎登御牀引手，然後得之。其不得者，咸稱洎登御牀，罪當死，請以付法。太宗笑曰：昔聞婕妤辭輦，今見常侍登牀。

唐・佚名《唐朝書法》 貞觀十八年五月，太宗爲飛白書，作鸞、鳳、蝶、龍等字，筆勢驚絶。謂司徒長孫無忌、吏部尚書楊師道曰：五日舊俗，必用服翫相賀，朕今各賜飛白扇二枚，庶動清風，以增美德。

唐・何延之《蘭亭記》 貞觀中，太宗以聽政之暇，鋭志玩書，臨寫右軍真草書帖，購募備盡。唯未得《蘭亭》，尋討此書，知在辯才之所，乃降敕追師入內道場供養，恩賚優洽。數日後，因言次乃問及《蘭亭》，方便善誘，無所不至。辯才確稱，往日侍奉先師，實嘗獲見。自禪師殁後，薦經喪亂，墜失不知所在。既而不獲，遂放歸越中。後更推究，不離辯才之處。又敕追辯才入內，重問《蘭亭》。如此三度，竟靳固不出。

上謂侍臣曰：右軍之書，朕所偏寶，就中逸少之跡，莫如《蘭亭》。求見此書，勞於寤寐。此僧耆年，又無所用。若爲得一智略之士，以設謀計取之。尚書右僕射房玄齡奏曰：臣聞監察御史蕭翼者，梁元帝之曾孫，今貫魏州莘縣，負才藝，多權謀，可充此使，必當見獲。太宗遂詔見翼，翼奏曰：若作公使，義無得理，臣請私行詣彼，須得二王雜帖數通。太宗依給，改冠微服，至湘潭，隨商人船下，至於越州。又衣黄衫，極寬長潦倒，得山東書生之體。日暮入寺，巡廊以觀壁畫，過辯才院，止於門前。辯才遥見翼，乃問曰：何處檀越。翼乃就前禮拜云：弟子是北人，將少許蠶種來賣。歷寺縱觀，幸遇禪師。寒温既畢，語議便合。因延入房內，即共圍棋、撫琴，投壺、握槊，談説文史，意甚相得。乃曰：白頭如新，傾蓋若舊，今後無形跡也。便留夜宿，設綱面、藥酒、茶果等。江東云綱面，猶河北稱甕頭，謂初熟酒也。酣樂之後，請各賦詩。辯才探得來字韻，其詩曰：初醰一缸開，新知萬里來。披雲同落莫，步月共徘徊。夜久孤琴思，風長旅雁哀。非君有祕術，誰照不然灰。蕭翼探得招字韻，詩曰：邂逅款良宵，殷勤荷勝招。彌天俄若舊，初地豈成遥。酒蟻傾還泛，心猿躁似調。誰憐失群翼，長苦葉風飄。妍媸略同，彼此諷味，恨相知之晚。通宵盡歡，明日乃去。辯才云：檀越閑即便來。

翼乃載酒赴之，興後作詩，如此者數四。詩酒爲務，其俗混然，遂經旬朔。翼示師梁元帝自畫《職貢圖》，嗟賞不已。因談論翰墨，翼曰：弟子先門皆傳二王楷書法，弟子又幼來耽玩，今亦有數帖自隨。辯才欣然曰：明日來，可把此看。翼依期而往，出其書，以示辯才。辯才熟詳之曰：是即是矣，然未佳善。貧道有一真跡，頗亦殊常。翼曰：何帖。辯才曰：《蘭亭》。

翼佯笑曰：數經亂離，真跡豈在，必是響搨僞作耳。辯才曰：禪師在日寶惜，臨亡之時，親付於吾。付受有緒，哪得參差。可明日來看。及翼到，師自於屋梁上檻内出之。翼見訖，故駁瑕指纇曰：果是響榻書也。紛競不定。自示翼之後，更不復安於梁檻上，弄蕭翼二王諸帖，並借留置於几案之間。辯才時年八十餘，每日於窗下臨學數遍，其老而篤學也如此。

自是翼往返既數，童弟等無復猜疑。後辯才出赴靈汜橋南嚴遷家齋，翼遂私來房前，謂弟子曰：翼遺卻帛子在牀上。童子即爲開門。翼遂於案上取得《蘭亭》及御府二王書帖，便赴永安驛，告驛長凌愬曰：我是御史，奉敕來此，有墨敕，可報汝都督齊善行。善行即竇建德之妹婿，在偽夏之時爲右僕射，以用吾黄門盧江節公及隋黄門侍郎裴矩之策，舉國歸降我唐，由此不失貴仕，遥授上柱國金印紱綬，封真定縣公。於是善行聞之，馳來拜謁。蕭翼因宣示敕旨，具告所由。善行走使人召辯才，辯才仍在嚴遷家未還寺，遽見追呼，不知所以。又遣散直云：侍御須見。及師來見，御史乃是房中蕭生也。蕭翼報云：奉敕遣來取《蘭亭》，《蘭亭》今得矣，故唤師來取别。辨才聞語，身便絶倒，良久始甦。

翼便馳驛而發，至都奏御。太宗大悦，以玄齡舉得其人，賞錦彩千段。擢拜翼爲員外郎，加五品，賜銀瓶一、金鏤瓶一、瑪瑙碗一，並實以珠；内廄良馬兩匹，兼寶裝鞍轡；莊宅各一區。太宗初怒老僧之祕吝，俄以其年耄，不忍加刑。數日後，仍賜物三千段，穀三千石，便敕越州支給。辯才不敢將入己用，回造三層寶塔，塔甚精麗，至今猶存。老僧用警悸患重，不能强飯，唯啜粥，歲餘乃卒。帝命供奉搨書人趙模、韓遂政、馮承素、諸葛貞等四人，各搨數本，以賜皇太子、諸王、近臣。

殷令名

論説

唐・張彦遠《歷代名畫記》卷九 殷令名，陳郡人。父不害。累代工書畫。

趙模

論説

《宣和書譜》卷四《正書二・趙模》 模喜書，工臨倣。始習羲、獻，學集成《千文》，其合處不減懷仁，然古勁則不迨。【略】今御府所藏正書一：模集《千文》。

紀事

唐・何延之《蘭亭記》 帝命供奉搨書人趙模、韓遂政、馮承素、諸葛貞等四人，各搨數本，以賜皇太子諸王近臣。

清·安岐《墨緣彙觀·法書上·趙模千字文》 白紙本，色澤光潔，墨氣煥然。卷畫烏絲欄界行，紙起隱紋若琴斷。行書一百三行，每接縫處有伯機印章。前有李澄審定真跡、衛青及子孫世昌三白文印，紙邊又一墨印，後有米姓之印、四十三代天師章、虎林隱吏、箕子之裔等印。內舊印繁多，文皆難辨。前書行書《千文》，太子右監門府鎧曹參軍事臣趙模上。是知此卷當時進呈唐文皇者。後紙郭天錫、宋濂二跋。郭跋有云：此書趙模集右軍《千字文》、《聖教序》結體全要此本。咸亨三年去貞觀末年二十四年矣，當時此書傳世已久，故字字規模也。

清·張照《石渠寶笈初編》卷五 唐趙模集王羲之《千文》一卷。白麻箋本，行書，款云：太子右監門府鎧曹參軍事臣趙模上。拖尾有滕賓、夏克復、吳寬、吳仲宣、徐寓、范允臨、徐枋諸跋。又楊循吉、彭年記語二。

雜録

元·郭天錫《跋趙模千字文》 紙素字畫與模所拓《蘭亭》不差毫髮。辛卯歲博易於伯機。癸巳長至日重裝於錢塘甘泉坊寓居快雪齋。金城郭天錫審定真跡密玩。

元·滕賓《跋趙模千字文》 趙供奉所書《千文》，如謹敕士，不敢毫髮自縱在繩束外，至今見者，爲之斂衽退步。及觀困學翁跋，則如神龍天馬，殆不可羈，其間法度出於自然。噫，此筆亦不可多得矣。我輩何敢仰望下風，因乘興效顰，值子玉《千文》卷録以還。延祐庚申夏五，玉霄滕賓秤手。

明·項穆《寓意編》 成化戊申，余館授史氏。九月，其家火作，書畫多付煨爐。惟此卷及歐、褚、趙模書數卷獨存，豈奇寶鬼神固衛之邪。

上官儀

論説

唐·張懷瓘《書斷》卷中 虞世南，字伯施，會稽餘姚人。【略】族子纂書，有叔父體則，而風骨不繼。楊師通、上官儀、劉伯莊并立，師法虞公，過於纂矣。

傳記

《新唐書》卷一〇五《上官儀傳》 上官儀，字游韶，陝州陝人。【略】貞觀初，擢進士第，召授弘文館直學士，遷祕書郎。太宗每屬文，遣儀視稿，宴私未嘗不預。轉起居郎。高宗即位，爲祕書少監，進西臺同東西臺三品。【略】儀工詩，其詞綺錯婉媚。及貴顯，人多效之，謂爲上官體。麟德元年，坐梁王忠事下獄死。

清·孫岳頒等《佩文齋書畫譜》卷二六 上官儀，字游韶，陝州陝人。工文詞，涉貫墳典。貞觀初，擢進士第，召授弘文館直學士，遷祕書郎。高宗即位，爲祕書少監，進西臺侍郎。【略】中宗時，追贈中書令楚國公。《唐書·本傳》。

馮承素

論説

清·孫岳頒等《佩文齋書畫譜》卷二六 馮承素，將仕郎直弘文館。貞觀十三年，內出《樂毅論》真蹟，令承素模寫，賜長孫無忌、房玄齡、高士廉、侯君集、魏徵、楊師道等六人。並筆勢精妙，備盡楷則。

又 唐馮承素所臨《蘭亭》蕭散樸拙。

傳記

《唐故中書主書馮君墓誌銘並序》 君諱承素，字萬壽，長安信都人也。【略】公爰自弱齡，尤工草、隸，遂臨古法，奉進宸闈。載紆天睠，特蒙嗟賞。奉敕令直弘文館，由是鸞回妙跡，並究其精；狸骨仙方，必殫其美。張伯英之耽好，未可相儔；衛巨山之致言，曾何足喻。龍扉清切，鵠禁凝嚴，綜覈之司，賢明是屬。改授典書坊録事。糾察之智，譽滿於蒼闈；隱括之能，聲融於碧題。綸庭務廣，層掖事殷，永言管鎔，寔歸精裁。尋遷中書主書，在公以慎，奉上以貞。雞樹所以增輝，鳳沼由其益浚。榮途顯級，行照寵于當年。以咸亨三年十月五日遘疾，終於京城通化里第，春秋五十有六。

紀事

唐·褚遂良《搨本樂毅記》 貞觀十三年四月九日，奉敕內出《樂毅論》，是王右軍真跡，令將仕郎直弘文館馮承素模寫，賜司空趙國公長孫無忌，開府儀同三司尚書左僕射梁國公房玄齡【略】等六人。於是在外乃有六本，並筆勢精妙，備盡楷則。

唐·武平一《徐氏法書記》 至高宗，又敕馮承素、諸葛貞搨《樂毅論》及雜帖數本，賜長孫無忌等六人，在外方有。

李元昌

論説

唐·李嗣真《書後品·中上品七人》 張昶、衛恒、杜預、張翼、郗嘉賓、阮研、漢王元昌。

又 漢王作獻之氣勢，或如舞劍，往無鱗幾。

唐·張懷瓘《書斷》卷下《能品》 皇朝漢王元昌，神堯之子也。尤善行書，金玉其姿，挺生天骨，襟懷宜暢，灑落可觀。藝業未精，過於奔放，若呂布之飛將，或輕於去就也。諸王仲季，并有能名，韓王、曹王即其亞也。曹則妙於飛白，韓則工於草、行。魏王、魯王，即韓王之倫也。

唐·竇臮《述書賦》卷下 漢王童年，自得書意。風承羲獻，守法不二。漢王元昌，文皇帝弟。

宋·朱長文《續書斷下·能品》 唐漢王元昌，高祖之子。祖述羲、獻，尤善行書。雖在童年，已精筆意，蓋夙成之智有不待久而能者矣。

李元範

論説

唐・竇臮《述書賦》卷下　惠文靡倦，博好敦勸。恨夫有始無終，灰燼成空。苟懼存而投閣，徒榮歿而昇宮。尚可謂梁園筆壯，樂府文雄。累聖重光之盛業，六書一藝之精工。非所以抑至人之徇己，服勇士以雕蟲，責繁聲於《韶》、《濩》，徵艷色於蒼穹者也。岐王元範，追册惠文太子，開元皇帝弟。時天府圖書爲張昌宗竊换，張氏誅後，歸薛稷。稷歿，爲王所得。初不聞奏，後慮焉，乃盡焚之。言樂府文雄者，王多能好事，有文詞，特爲歌者所唱。

裴行儉

論説

唐・張懷瓘《書斷》卷下《能品》　裴行儉，河東人，官至兵部尚書。工草書、行及章草，并入能。有若搢紳之士，其貌偉然，華衮金章，從容省達。

元・趙孟頫《論裴行儉書法》　裴行儉工草、隸名家。帝嘗以絹素詔寫《文選》，覽之，祕愛其法，賚物良厚。行儉每曰：褚遂良非精筆佳墨，未嘗輒書。不擇筆墨而妍捷者，余與虞世南耳。所撰《選譜》、《草字雜體》數萬言，又爲營陳、部伍、料勝負、别器能等四十六訣，武後使武承嗣就第取去，不復傳。

傳記

宋・朱長文《續書斷下・能品》　唐裴行儉，字守約。高宗時爲吏部侍郎。精於用兵，俘可汗，夷突厥，爲時良將。通陰陽歷術，知人好施。工草、隸名家。帝嘗以絹素詔寫《文選》，覽之，祕愛其法，厚賜與之。行儉每曰：褚遂良非精筆佳墨，未嘗輒書。不擇筆墨而妍勁者，惟余與虞世南爾。所撰《譜》、《草字雜體》數萬言，其精意於書如此。

武則天

論説

唐・竇臮《述書賦》卷下　武后君臨，藻翰時欽。順天經而永保先業，從人欲而不顧兼金。則天皇后，沛國武氏士彠女，臨朝稱尊號曰大周金輪皇帝。時鳳閣侍郎石泉王公方慶，即晉朝丞相導十世孫，有累代祖父書迹，保傳于家，凡二十八人，緝成一十一卷。后墨制問方慶，方慶因而獻焉。后不欲奪志，遂盡模寫留内，其本加寶飾錦繢，歸還王氏，人到于今稱之。左史崔融撰《王氏寶章集》序，具紀其事。

《宣和書譜》卷一　武則天順聖皇后武氏諱曌，并州文水人。凜凜英斷，脱去鉛華脂韋氣味。【略】初得晉王導十世孫方慶者家藏其祖父二十八人書足跡，摹拓把玩，自此筆力益進，其行書駸駸稍能有文夫勝氣。今御府所藏行書：《夜宴詩》。

明・趙涵《石墨鐫華》　昇仙太子之碑六個大字，飛白書，作鳥形亦佳。飛白書久不傳於世，此其僅存者耳。

紀事

唐·徐浩《古跡記》 大定中，則天太后賞納言狄仁傑能書。仁傑云：臣自幼以來，不見好本。只率愚性，何由得能。則天乃内出二王真迹二十卷，遣五品中使示諸宰相，看訖，表謝登時將入。

唐·武平一《徐氏法書記》 平一齠齔之歲，見育宫中，切睹先后閲法書數軸，將搨以賜藩邸。時見宫人出六十餘函於億歲殿曝之，多裝以鏤牙軸紫羅褾，云是太宗時所裝。其中有故青綾褾玳瑁軸者，云是梁朝舊跡。

唐·佚名《唐朝叙書録》 神功元年五月，上謂鳳閣侍郎王方慶曰：卿家多書，合有右軍遺跡。方慶奏曰：臣十代再從伯祖羲之書先有四十餘紙，貞觀十二年，太守購求，先臣並以進訖，惟有一卷見在，今進。臣十一代祖導、十代祖洽、九代祖珣、八代祖曇、七代祖僧綽、六代祖仲寶、五代祖騫、高祖規、曾祖褒并九代三從伯祖晉中書令獻之已下二十八人，書共十卷，並進。上御武成殿示群臣，仍令中書舍人崔融爲《寶章集》，以叙其事。復以集賜方慶，當時舉朝以爲榮也。

歐陽通

論説

唐·張懷瓘《書斷》卷中《妙品》 皇朝歐陽詢，長沙汨羅人，官至銀光禄大夫、率更令。【略】子通，亦善書，瘦怯於父。薛純陀亦效詢草，傷於肥鈍，乃通之亞也。

唐·竇臮《述書賦》卷下 學有大小夏侯，書有大小歐陽。父掌邦禮，子居廟堂。隨運變化，爲龍爲光。 歐陽詢，長沙人。【略】子通，亦能繼美，拜納言，封渤海公。

宋·朱長文《續書斷上·妙品》 唐歐陽通，【略】繼父齊名，號大小歐陽體。雖得詢之勁鋭，而意態不及也，然亦可以臻妙品矣。【略】嗚呼，歐陽父子以風節學藝相繼，爲唐名臣，美哉。

宋·董逌《廣川書跋》 通筆力勁險，盡得家風。

明·陶宗儀《書史會要》卷五 歐陽通，詢之子，官至司禮郎判納言事，封渤海公。早孤，母徐氏教以父書，懼其家學不振，於是每遺通錢，紿云質汝父書跡之直。通遂刻意臨倣，不數年乃繼詢名，號大小歐陽體。然行草得詢之險勁、盤結，分布、意態則有所未及，亦不失爲名書也。

傳記

《新唐書》卷一九八《歐陽通傳》 歐陽詢，字信本，潭州臨湘人。【略】子通，儀鳳中累遷中書舍人。【略】通蚤孤，母徐教以父書，懼其墮，嘗遺錢使市父遺跡，通乃刻意臨倣以求售。數年，書亞於詢，父子齊名，號大小歐陽體。【略】通晚自矜重，以狸毛爲筆，覆以兔毫，管比象犀，非是未嘗書。

雜録

明·楊士奇《東里續集·評道因法師碑》 矩矱森嚴，意態飄逸，但少含蓄之趣耳。

明·王世貞《弇州山人稿·評歐陽通道因法師碑》 此碑如病維摩、高格貧士，雖不饒樂，而眉宇間有風霜之氣。可重也。

清·葉昌熾《語石》 《道因碑》，戈戟森森，鋒穎四出。六朝淳古之氣，澆漓盡矣。蓋能得之《皇甫碑》之險峻，而無《化度》之淳蓄，非善學率更者也。余謂小歐但傳其父分隸法。

高正臣

論説

唐・張懷瓘《書斷》卷下《能品》 高正臣，廣平人，官至衛尉少卿。習右軍之法，脂肉頗多，骨氣微少，修容整服，尚有風流，可謂堂堂乎張也。玄宗甚愛其書。懷瓘先君與高有舊，朝士就高乞書，馮先君書之。高曾與人書十五紙，先君戲換五紙以示高，不辨。客曰：有人換公書。高笑曰：必張公也。終不能辨。宋令文曰：力則張勝，態則高强。有人求高書一屏障，曰：正臣故人在申州，書與僕類，可往求之。先君乃與書之。自任潤州、湖州，筋骨漸備。比見蓄者，多謂爲褚。後任申、邵等州，體法又變，幾合於古矣。陸柬之爲高書告身，高常嫌，不將入帙。後爲鼠所傷，持示先君曰：此鼠甚解正臣意耳。風調不合，一至於此。正臣隸、行、草入能。

清・葉昌熾《語石》 高正臣風骨凝重，精光内含，是善學褚者。其書品在《張琮》、《樊興》兩碑之上。

李治

論説

唐・佚名《唐朝叙書録》 龍朔二年四月，上自爲書與遼東諸將，謂許敬宗曰：許圉師常自愛書，可於朝堂開示。圉師見，甚驚喜，私謂朝官曰：圉師見古跡多矣，魏晉以後，唯稱二王。然逸少多力而少妍，子敬多妍而少力。今觀聖跡，兼絶二王，鳳翥鸞廻，實古今書聖也。

宋・朱長文《墨池編》卷二 朱長文曰：此許圉師之諂辭也。逸少猶謂之少妍，獻之猶謂之少力，誣古人甚矣。高宗之跡，固不及皇象，能望二王邪。圉師姦諛，蓋其發言背理如此。

紀事

宋・朱長文《續書斷下・能品》 雅善真、草、隸、飛白。嘗作賜遼東諸將書，出示朝堂。又嘗爲飛白書，賜戴至德曰：泛洪流，俟舟楫。郝處俊曰：飛九霄，假六翮。李敬玄曰：資啓沃，罄丹誠。崔知悌曰：竭忠節，贊皇猷。皆見意於辭云。

狄仁傑

紀事

唐・徐浩《古跡記》 直至大定中，則天太后賞納言狄仁傑能書。仁傑云：臣自幼以來，不見好本，只率愚性，何由得能。則天乃内出二王真跡二十卷，遣五品中使示諸宰相，看訖表謝，登時將入。

殷仲容

論說

唐·張懷瓘《書斷》卷下《能品》 王知敬，洛陽人，官至太子家令。工草及行，尤善章草，入能。【略】又，殷侍御仲容善篆、隸，題署尤精。亦王之雁行也。

唐·竇臮《述書賦》卷下 殷公、王公，兼正兼署。大乃有則，小非無據。駃驎將騰，鸞鳳欲翥。題二榜而迹在，嘆百川而身去。殷仲容，陳郡人，不害之孫，令名之子。奕世工書，尤善書額，官至禮部郎中。書汴州安業寺額、京師哀義開業資聖寺、東京太僕寺，靈川神馬觀額，皆精妙曠古。王知敬，太原人，門傳孝義，工正、行，善署書，與殷同工而異曲，兼草書。弟知慎，工圖畫，兄官至祕書少監。當時雙絶，與仲容齊肩。天后詔一人署一寺額，仲容題資聖，知敬題清禪，俱爲獨絶。【略】清禪、資聖寺，至今路人識者駐馬往觀。普濟度寺即父令名手跡，皆爲後代程式。

宋·朱長文《續書斷下·能品》 殷仲容者，陳郡人。善大書，精於題額，與王齊名。天后嘗詔二人者各題一榜，仲容資福寺，知敬清禪寺，俱爲絶筆，行者莫不駐車觀之。

王知敬

論說

唐·李嗣真《書後品·中中品十二人》 謝安、康昕、桓玄、邱道護、許靜，蕭子雲、陶弘景、釋智永、劉珉、房玄齡、陸柬之、王知敬。

又 房司空雕文抱質，王家令碎玉殘金。房如海上雙鶴，王比雲間孤鶴。

唐·張懷瓘《書斷》卷下《能品》 王知敬，洛陽人，官至太子家令。工草及行，尤善章草，入能。膚骨兼有，戈戟足以自衛，毛翮足以飛翻，若翼大略宏圖，摩霄殄寇，則未奇也。

唐·竇臮《述書賦》卷下 殷公、王公，兼正兼署。大乃有則，小非無據。駃驎將騰，鸞鳳欲翥。題二榜而迹在，嘆百川而身去。殷仲容，陳郡人。【略】王知敬，太原人，門傳孝義，工正、行，善署書，與殷同工而異曲，兼草書。弟知慎，工圖畫，兄官至祕書少監。當時雙絶，與仲容齊肩。天后詔一人署一寺額，仲容題資聖，知敬題清禪，俱爲獨絶。《洛川長史德政二賈碑》在修行寺東南角，即知敬之迹，極峻利豐秀。清禪、資聖寺，至今路人識者駐馬往觀。

宋·朱長文《續書斷下·能品》 唐王知敬，河內人。武后時，爲麟臺少監。善隸、草、行，評者云：如麒麟將騰，鸞鳳欲翥。【略】於時又有殷仲容者，陳郡人。善大書，精於題額，與王齊名。天后嘗詔二人者各題一榜，仲容資福寺，知敬清禪寺，俱爲絶筆，行者莫不駐車觀之。

孫過庭

論說

唐·孫過庭《書譜》 夫自古之善書者，漢、魏有鍾、張之絶，晉末稱二王之妙。王羲之云：頃尋諸名書，鍾、張信爲絶倫，其餘不足觀。可謂鍾、張云没，而羲、獻繼之。又：吾書比之張、鍾當抗行，或謂過之。張草猶當雁行。然張精熟，池水盡墨。假令寡人耽之若此，未必謝之。此乃推張邁鍾之意也。

又 自漢、魏已來，論書者多矣。妍蚩雜糅，條目糾紛。或重述舊章，

了不殊於既往；或苟興新説，竟無益於將來。徒使繁者彌繁，闕者仍闕。今撰爲六篇，分成兩卷，第其工用，名曰《書譜》。庶使一家後進，奉以規模；四海知音，或存觀省。緘祕之旨，余無取焉。

唐·張懷瓘《書斷》卷下《能品》 孫虔禮，字過庭，陳留人，官至率府録事參軍。博雅有文章，草書憲章二王，工於用筆，俊拔剛斷，尚異好奇。然所謂少功用，有天材。真、行之書，亞於草矣。嘗作《運筆論》，亦得書之指趣也。與王祕監相善，王則過於遲緩，此公傷於急速，使二子寬猛相濟，是爲合矣。雖管夷吾失於奢，晏平仲失於儉，終爲賢大夫也。過庭隸、行、草入能。

唐·竇臮《述書賦》卷下 虔禮凡草，閭閻之風。千紙一類，一字萬同。如見疑於冰冷，甘没齒於夏蟲。孫過庭，字虔禮，富陽人，右衛胄曹參軍。

唐·韋續《墨藪》卷一《書品優劣第三》 草書十二人。【略】孫過庭丹崖絶壑，筆勢堅勁。

宋·朱長文《續書斷下·能品》 孫虔禮，字過庭，官至右衛胄曹參軍。書有能名，或病其體多同，而格不高爾。

《宣和書譜》卷一八 孫過庭，字虔禮，陳留人，官至率府録事參軍。好古博雅，工文辭；得名翰墨間，作草書咄咄逼羲、獻。尤妙於用筆，俊拔剛斷，出於天材，非功用積習所至。善臨摹，往往真贋不能辨。文皇嘗謂過庭小字書亂二王，蓋其似真可知也。作《運筆論》，字逾數千，妙有作字之旨，學者宗以爲法。然落筆喜急速，議者病之，要是其自得趣也。今御府所藏草書三：《書譜序上下》二、《千文》。

清·劉熙載《藝概·書概》 孫過庭草書，在唐爲善宗晉法。其所書《書譜》，用筆破而愈完，紛而愈治，飄逸愈沈著，婀娜愈剛健。

孫過庭《書譜》謂古質而今妍，而自家書卻是妍之分數居多，試以旭、素之質比之自見。

著録

《四庫全書總目提要·藝術類一·書畫之屬》 《書譜》一卷，唐孫過庭撰。竇臮《述書賦》注曰：孫過庭字虔禮，富陽人，右衛胄曹參軍。張懷瓘《書斷》則云：孫虔禮，字過庭，陳留人，官至率府録事參軍。二人俱相距不遠，而所記名字爵里不同，殆與《舊唐書》稱房喬字玄齡，《新唐書》稱房玄齡字喬者同一訛異。疑唐人多以字行，故各據所聞，不能畫一也。

藝文

唐·孫過庭《書譜》 余志學之年，留心翰墨，味鍾、張之餘烈，挹羲、獻之前規，極慮專精，時逾二紀。有乖入木之術，無間臨池之志。觀夫懸針垂露之異，奔雷墜石之奇；鴻飛獸駭之資，鸞舞蛇驚之態；絶岸頹峰之勢，臨危據槁之形。或重若崩雲，或輕如蟬翼；導之則泉注，頓之則山安。纖纖乎似初月之出天涯，落落乎猶衆星之列河漢。同自然之妙有，非力運之能成。信可謂智巧兼優，心手雙暢，翰不虛動，下必有由。

雜録

唐·陳子昂《祭率府孫録事文》 古人嘆息者，恨有志不遂。如吾子良圖方興，青雲自致。何天道之微昧，而仁德之攸孤。忽中年而顛沛，從天運而長徂。惟君仁孝自天，忠義由己，誠不謝於昔人，實有高於烈出。然而人知信而必果，有不識於中庸。君不慚於貞純，乃洗心於名理。元常既没，墨妙不傳。君之逸翰，曠代同仙。豈圖此妙未極，中道而息。懷衆寶而未攄，永幽泉而掩魄。

王紹宗

論説

唐·竇臮《述書賦》卷下 王祕監則首末全貞，尊道重德。或終紙而結字，或重模而足墨。濩落風規，雄壯氣力。播清譽而祖述，屢見賞於有識。如曲圃鴻飛，芳園桂植。王紹宗，琅邪人，修禮子，官至祕書少監。

唐·張懷瓘《書斷》卷下《能品》 王紹宗，字承烈，江都人。父修禮，越王友道雲孫也。承烈官至祕書少監。清鑒遠識，才高書古，祖述子敬，欽羨柬之。其中年小真書，體象尤異，沈邃堅密，雖華不逮陸，而古乃齊之。其行草及章草次於真。晚節之草則攻乎異端，度越繩墨，薰蕕同器，玉石兼儲，苦以敗為瑕，筆乖其指。【略】阮交州斷割不足，陸大夫燕穢有餘，此公尤甚於陸也。又曾謂所親曰：自恨不能專有功，儲雖以過，陸猶未及。承烈隸、行、章草入能。兄嗣宗，亦善書，況之二陸，則少監可比德於平原矣。

唐·韋續《墨藪》卷一《又評書》 王紹宗筆下流利，快健難方，就視熟看，轉增妙美。

宋·朱長文《續書斷下·能品》 王紹宗，字承烈。【略】當時以書顯名，人稱其風規濩落，氣力雄壯，如曲浦鴻鳴，芳園檜植云。昔紹宗嘗自云：鄙夫書無工者，特由水墨之積習，嘗精心率意，虚神静思，以取之耳。吴中陸大夫以余比虞君，以不臨寫故也。聞虞常被中畫腹，正與余同。虞即世南也。蓋其雖不臨寫，而研精覃思，歲月深久，自有所悟耳。唐世寫經類可嘉，紹宗者猶屈為僧書，則寫經者，亦多士人所筆爾。

清·康有為《廣藝舟雙楫·卑唐第十二》 唐碑古意未漓者尚不少，【略】若《華山精享碑題名》、王紹宗《王徵君臨終口授銘》、《獨孤仁政碑》、《張宗碑》、《敬善寺碑》、《於孝顯碑》、《法藏禪師銘塔》，皆步趨隋碑，為《寧甗》、《舍利塔》、《蘇慈碑》之嗣法者。

傳記

宋·朱長文《續書斷下·能品》 唐王紹宗，字承烈，梁左民尚書銓曹孫，徙居江都。少貧窶，嗜學工草、隸，居僧房，為之書，取傭自給，凡三十年。傭足給一月，即止，不取贏，人雖厚償，輒拒不受。徐敬業起兵，聞其行，以幣刼之，不肯赴。武后召赴東都，襃慰良厚，擢太子文學，累遷祕書少監。

紀事

唐·張懷瓘《書斷》卷下《能品》 嘗與人云：鄙夫書翰無功者，特由微水墨之積習。常清心率意，虚神静思以取之。每與吴中陸大夫論及此道，明朝必不覺已進，陸於後密訪知之，嗟賞不少，將余比虞君，以虞亦不臨寫故也，但心準目想而已。聞虞眠布被中，恒手畫肚，與余正同也。

司馬子微

傳記

宋·朱長文《續書斷下·能品》 唐司馬子微，洛州温人，廬天台不出。睿宗命其兄承禕就之，錫寶琴霞紋被還山。明帝再召至都，詔於王屋

山，置壇室以居。子微善篆、隸，帝命以三體寫《老子》，刊正文句。卒年八十九。

薛稷

論説

唐・竇臮《述書賦》卷下　柬之效虞，疏薄不逮。少保師褚，菁華却倍。超石鼠之效能，愧隋珠之掩纇。【略】薛稷，河東人，太子少保。

唐・張懷瓘《書斷》卷下《能品》　薛稷，河東人，官至太子少保。書學褚公，尤尚綺麗媚好，膚肉得師之半，可謂河南公之高足，甚爲時所珍尚。雖似范雎之口才，終畏何曾之面質。如聽言信行，亦可使爲行人；觀行察言，或見非於宰我。以罪伏誅。稷隸、行入能。魏草書，亦其亞也。

唐・韋續《墨藪》卷一《九品書第二》　下中十人，【略】薛稷行草。

又《書品優劣第三・真行書二十二人》　薛稷，如風驚苑花，雪惹山柏。

宋・米芾《海岳名言》　老杜作《薛稷慧普寺》詩云：鬱鬱三大字，蛟龍岌相纏。今有石本得視之，乃勾勒倒收筆鋒，筆筆如蒸餅。普字如人握兩拳，伸臂而立，醜怪難狀。由是論之，古無真大字明矣。

宋・米芾《畫史》　杜甫詩謂薛少保惜哉功名迕，但見書畫傳，甫老儒，汲汲於功名，豈不知固有時命，殆是平生寂寥所慕。嗟乎五王之功業，尋為女子笑。而少保之筆精墨妙，摹印亦廣，石泐則重刻，絹破則重補，又假以行者，何可數也。然則才子鑒士寶鈿瑞錦，繅襲數十以為珍玩，回視五王之煒煒，皆糠粃埃壒，奚足道哉。雖孺子知其不逮少保遠甚。

宋・董逌《廣川書跋》　薛稷於書得歐、褚、陸遺墨至備，故於法可據。然師承血脈，則於褚為近。至於用筆纖瘦，結字疏通，又自成一家。

宋・趙孟堅《趙子固書法論》　薛少保發越褚體，飄揚透徹，一尚不回，幾至迂疏。

清・劉熙載《藝概・書概》　陸柬之之書渾勁，薛稷之書清深。陸出于虞，薛出于褚。世或稱歐、虞、褚，或稱歐、虞、褚、陸，得非以宗尚之异，而漫爲軒輊耶。

清・吴榮光《跋薛稷信行禪師碑》　用筆之妙，雖青瑣瑶臺合意之作，亦不是過。

傳記

唐・武平一《徐氏法書記》　至中宗神龍中，貴戚寵盛，宮禁不嚴，御府之珍，多入私室。先盡金璧，次及書法，嬪主之家，因此擅出。或有報安樂公主者，主於内出二十餘函，駙馬武延秀久踐虜庭，無功於此，徒聞二王之跡，強學寶重，乃呼薛稷、鄭愔及平一，評其善惡，諸人隨事答稱。為上者，登時去牙軸紫褾，易以漆軸黄麻紙，褾題云特健樂，云是虜語。其書合作者，時有太宗御筆於後題之，嘆其雄逸。太平公主聞之，遽於内取數函及《樂毅》等小函以歸。延秀之死，側聞睿宗命薛稷擇而進之，薛稷留佳者十數軸。薛之敗也，為簿録官所盜。

《新唐書》卷九八《薛稷傳》　稷字嗣通，道衡曾孫。擢進士第，累遷禮部郎中、中書舍人。與從祖兄曜更踐兩省，俱以辭章自名。景龍末，為諫議大夫，昭文館學士。初，貞觀、永徽間，虞世南、褚遂良以書顓家，後莫能繼。稷外祖魏徵家多藏虞、褚書，故鋭精臨倣，結體遒麗，遂以書名天下。畫又絶品。睿宗在藩，喜之，以其子伯陽尚仙源公主。及踐阼，遷太常少卿，封晉國公，實封三百户。【略】遷稷黄門侍郎，參知機務。與崔日用數争事帝前，罷為左散騎常侍。歷太子少保、禮部尚書。帝以翊贊功，每召入宮中與決事，恩絶群臣。竇懷貞誅，稷以知本謀，賜死萬年獄，年六十五。

雜録

《宣和畫譜》卷一五　薛稷，字嗣通，乃河東汾陽人收之從子也。少有

才藻，為流輩所推。外祖魏徵家藏書畫甚多，至於表疏之類，無所不有，皆虞世南、褚遂良真跡。稷既飫觀，遂鋭意學之，而書畫並進。善花鳥、人物、雜畫，而尤長於鶴。【略】凡頂之淺深，氅之黧淡，喙之長短，脛之細粗，膝之高下，未嘗見有一一能寫生者也。又至於別其雄雌，辨其南北，尤其所難，雖名手號為善畫，而畫鶴以托爪傳地，亦其失也。故稷之於此，頗極其妙，宜得名於古今焉。昔李、杜以文章妙天下，而李太白有稷之《畫讚》，杜子美有稷之《鶴》詩，皆傳於世。蓋不識其人，視其所與，信不誣矣。

釋懷仁

論説

宋・朱長文《續書斷上・妙品》 有懷仁者，居長安洪福寺，模集右軍，頗見精熟。其徒有胡英效之，亦以書勒石。

清・劉熙載《藝概・書概》 唐僧懷仁集《聖教序》古雅有淵致。黄長睿謂：碑中字與右軍遺帖所有者，纖微克肖。今遺帖之是非難辨，轉以此證遺帖矣。或言懷仁能集此序，何以他書不足表見。然更何待他書之表見哉。

李顯

傳記

宋・陳思《書小史》卷一《紀》 中宗孝和大聖大昭孝皇帝諱顯，高宗第七子也。善飛白書，嘗寫《昇中述志碑》，今見存焉。

紀事

唐・徐浩《古跡記》 至中宗時，中書令宗楚客奏事承恩，乃乞大小二王真跡，勑賜二十卷，大小各十軸，楚客遂裝作十二扇屏風，以褚遂良《閑居賦》、《枯樹賦》為脚，因大人貴要，張以示之。時薛稷、崔湜、盧藏用廢食嘆美，不復宴樂。安樂公主婿武延秀在坐，歸以告公主曰：主言承恩，未為富貴，適過宗令，別得賜書，一席觀之，輟餐忘食。及明謁見，頗有怨言。帝令開緘傾庫，悉與之。延秀復會賓客，舉櫝令看，分散朝廷，無復寶惜。太平公主取五帙五十卷，別造胡書四字印縫。宰相各三十卷，將軍、駙馬各十卷。自此内庫真跡，散落諸家。

馬懷素

著録

唐・徐浩《古跡記》 玄宗開元五年十一月五日，收綴大小二王真跡，得一百五十八卷，【略】跋尾排署如後：祕書監兼侍讀詔文館學士上柱子國常山縣公臣馬懷素。

賀知章

論説

唐・韋續《墨藪》卷一《九品書第二》 真、行書二十二人。【略】賀知章，縱筆如飛，酌而不竭。

唐・竇臮《述書賦》卷下 湖山降禮，狂客風流。落筆精絶，芳詞寡儔。如春林之絢彩，實一望而寫憂。邕容省闥，高逸豁達。解朝服而歸鄉，斂霓裳而辭闕。賀知章，字維摩，會稽永興人，太子洗馬德仁之孫。少以文詞知名，工草、隸書，進士及第，歷官太常少卿、禮部侍郎、集賢學士、太子右庶子兼皇太子侍讀、檢校工部侍郎，遷祕書監、太子賓客、慶王侍讀。知章性放善謔，晚年猶縱，無復規檢。年八十六，自號四明狂客。每興酣命筆，好書大字，或三百言，或五百言，詩筆唯命，問有幾紙，報十紙，紙盡語亦盡。二十紙、三十紙，紙盡語亦盡。忽有好處，與造化相爭，非人工所到也。

明・陶宗儀《書史會要》卷五 賀知章，字季真，自號四明狂客。越州永興人。擢第官至祕書外監，贈兵部尚書。天姿夷曠，談論警發，能文，善草、隸，當世稱重。晚節尤放誕，每醉必作為文詞，初不經意，卒然便就，行草相間，時及於怪逸。使醒而復書，未必爾也。評者以謂縱筆如飛，酌而不竭。天寶初，上章乞為道士，許之，又賜鑒湖數頃為放生池。

明・豐坊《書訣》 張暘得法於賀季真，其筆如空中拋彈，壯偉奇怪，高視千古。

傳記

宋・朱長文《續書斷下・能品》 唐賀知章，字季真，越州永興人。性曠夷，善談説。擢進士，超拔群類。開元中，遷太子賓客、祕書監。晚節尤誕放，遨嬉里巷，自號四明狂客。祕書內監每醉輒屬文，筆不停綴。善草、隸，好事者具筆硯從之，意有所愜，不復拒。一紙纔數十字，世甚珍之。天寶初病，夢遊帝居，數日寤，乃請為道士，還鄉里。卒年八十六。

藝文

唐・李白《送賀賓客歸越》 鏡湖流水漾清波，狂客歸舟逸興多。山陰道士如相見，應寫黄庭换白鵝。

唐・盧象《送賀監歸會稽應制》 青門抗行謝客兒，健筆違羈王獻之。長安素絹書欲遍，工人愛惜常保持。

唐・劉禹錫《洛中寺北樓見賀監草書題詩》 高樓賀監昔曾登，壁上筆蹤龍虎騰。中國書流尚皇象，北朝文士重徐陵。偶因獨見空驚目，恨不同時便伏膺。唯恐塵埃轉磨滅，再三珍重囑山僧。

著録

《宣和書譜》卷一八《草書六・賀知章》 賀知章，字季真，越州永興人。擢第後復登超拔群類科。天資夷曠，談論警發，能文，善草、隸，當世稱重。恐不遽取，每於宴閑游息之所，具筆硯佳紙候之。偶意有愜適，不復較其高下。揮毫落紙，纔數十字，已為人藏去，傳以為寶。晚節尤放誕，自號四明狂客。脱落簪紱之累，嬉戲里巷間，與物無忤。每醉必作為文詞，初不經意，卒然便就，行草相間，時及於怪逸，尤見真率。往往自以為奇，使醒而復書，未必爾也。書時惟問紙有幾幅，或曰十幅，則詞隨十幅盡。或曰二十幅，則隨二十幅意乃止。然多多益辦，不見筆力之衰。忽有佳處，人謂其機會與造化爭衡，非人工可到。蓋胸中所養不凡，源深流長，自然之道。天寶初病，夢游帝居，數日寤，乃上章乞為道士，從之。又賜鑒湖數頃為放生池，以越州所居為千秋觀。既辭，明皇作序，太子以下拜辭，百僚飲餞，賦詩叙

別。時官為祕書監，後贈兵部尚書。今御府所藏草書一十有二：《孝經二》、《洛陽賦上下》二、《胡桃帖》、《上日》等帖二、《千文》五，內一軸不完。

鍾紹京

論說

唐·竇泉《述書賦》卷下 其或萃傅巖鍾紹京，南康人。中書令、光禄大夫。聚寶捐金，川流海納。而會潁川【略】，歸右史【略】而入補闕。

宋·朱長文《續書斷下·能品》 紹京嗜書畫，如王羲之、王獻之、褚遂良真跡藏家者，至數十百卷。然自書微怯，不足逮前輩。

傳記

宋·朱長文《續書斷下·能品》 唐鍾紹京，虔州贛人。初為司農録事，以善書直鳳閣。武后時，題諸宮殿明堂及銘九鼎，皆其筆也。與討韋氏亂，拜中書侍郎。後數坐事，貶遠。年八十餘，以少詹事卒。

雜録

宋·曾鞏《元豐類稿》卷五〇《金石録跋尾十四首》 襄州遍學寺禪院碑，黃門侍郎修國史韋承慶撰，太子少詹事鍾紹京書，開元二年立。【略】其書字畫妍媚，遒勁有法，誠少與為比。然今所見，特此碑尚完，尤爲可愛也。

元·趙孟頫《跋鍾紹京書靈飛經》 書法以二王為極則，《黃庭》、《洛神》尤為二王楷法極則。後人宗之，使盡氣力，能得其意者絶少，今於此卷見之。金丹化盡凡骨，宜其超出塵寰也。延祐六年七月二十一日，孟頫題。

又 唐張 宗搜訪古今圖書，以鍾紹京博學妙識，能辨前賢手蹟，奏請入直祕書，繇由竇匣珍藏，莫不周覽。其家蓄右軍、大令、褚河南、薛少保書至數十百卷。古人云：得名迹數行，終身學之，便可名世，况若是之多乎。武后時，明堂扁額及諸宮殿門牓、碑銘，皆出其手，明皇在藩邸時，素愛重之。此為玉真公主進御，當時內府寶藏，歷代傳為珍祕，不知何時流落人間。緣此溯流窮源，上可遠窺二王，下可想像褚、薛諸公，得此抑何幸耶。七年三月十一日，松雪老人又題。

明·董其昌《畫禪室隨筆》 紹京書《遁甲神經》，筆法精妙，回腕藏鋒，得子敬神髓。趙文敏正書實祖之。

明·韓逢禧《跋鍾紹京楷書墨跡轉輪聖王經》 此為唐相鍾紹京手蹟，書法悉宗右軍《樂毅論》，時兼有歐、虞、褚體，正見其集大成也。紙為硬黃爛漫，七千餘言，神采煒然，真世之罕物。相傳鮮于困學公珍藏此卷於室中，夜有神光燭人者，非此，其何物耶。長洲韓逢禧識。

蕭祐

論說

宋·朱長文《續書斷下·能品》 蕭祐，亦精於書畫。自鍾、王、蕭、張以來，皆能識其真。嘗歷彭州刺史，鑿瑯琊池，至今有佳趣。

李旦

論說

唐・竇臮《述書賦》卷下　睿宗垂文，規模尚古。飛五雲而在天，運三光以窺户。睿宗皇帝，天皇第四子，性淳和，好書史，尚古質，書法正體，不樂浮華。

宋令文

論說

唐・張懷瓘《書斷》卷下《能品》　宋令文，河南陝人，官至左衛中郎將。奇姿偉麗，身有三絕，曰：書、畫、力。尤於書，備兼諸體，偏意在草，甚欲究能，翰簡翩翩，甚得書之媚趣。若與高卿比權量力，則騶忌之類徐公也。

宋・朱長文《續書斷下・能品》　唐宋令文，汾州人。高宗時為東臺詳正學士，富文辭，且善書有力，世稱三絕。其子之問，以文章起；之悌以蹻勇聞；惟之愻工草、隸，世謂各得父之一絕。然之問猶險，之愻諂猥，之悌雖顯，無他長也。

張廷珪

論說

唐・韋續《墨藪》卷一《書品優劣第三》　八分書五人。【略】張庭珪如古木崩沙，花開映竹。

傳記

《舊唐書》卷一〇一《張廷珪傳》　張廷珪，河南濟源人，其先自常州徙焉。廷珪少以文學知名，性慷慨，有志尚，弱冠應制舉。【略】出為沔州刺史，又歷蘇、宋、魏三州刺史。入為少府監，加金紫光禄大夫，封范陽男。四遷太子詹事，以老疾致仕。二十二年卒，年七十餘。贈工部尚書，謚曰貞穆。廷珪素與陳州刺史李邕親善，屢上表薦之。邕所撰碑碣之文，必請廷珪八分書之。廷珪既善楷、隸，甚為時人所重。

宋・朱長文《續書斷下・能品》　唐張廷珪，河南濟源人。始以直言忤武后，當中宗、明皇時，屢陳鯁諤之論，以太子詹事致仕。廷珪善八分。

盧藏用

論説

唐・張懷瓘《書斷》卷下《能品》 盧藏用，字子潛，京兆長安人，官至黃門侍郎。書則幼尚孫草，晚師逸少。雖闕於工，稍閑體範，八分之製，頗傷疎野，若況之前列，則有奔馳之勞，如傳之後昆，亦有規矩之法。子潛隸、行、草入能。

唐・韋續《墨藪》卷一《書品優劣第三》 八分書五人。盧藏用如露潤花妍，煙凝修竹。

傳記

《舊唐書》卷九四《盧藏用傳》 盧藏用，字子潛，度支尚書承慶之侄孫也。父璥，有名于時，官至魏州司馬。藏用少以辭學著稱。初舉進士，不調，乃著《芳草賦》以見意。尋隱居終南山，學辟穀練氣之術。【略】藏用工篆、隸，好琴棊，當時稱為多能之士。少與陳子昂、趙貞固友善，二人并早卒，藏用厚撫其子，為時所稱。然初隱居之時，有貞儉之操，往來少室、終南二山，時人稱為隨駕隱士。及登朝，趑趄詭佞，專事權貴，奢靡淫縱，以此獲譏於世。

李範

傳記

宋・朱長文《續書斷下・能品》 唐岐王範，明皇之弟也。好學工書，厚禮儒士，常飲酒賦詩以相娛樂。又聚書畫，皆世所稱者。初隋滅，禁中圖畫湮没，唐興募求，稍稍復出，藏於祕府。長安初，張易之奏天下善工潢治，乃密使摹肖，殆不可辨，而竊其真者。易之悉為薛稷取去。稷敗，範得之，初不奏白，後遭於火，論者痛惜。範薨，追謚惠文太子。

蘇頲

雜録

唐・徐浩《古跡記》 玄宗開元五年十一月五日，妝綴大小二王真跡得一百五十八卷【略】跋尾排署如後【略】：銀青光禄大夫、行中書侍郎同中書門下平章、監脩國史上柱國許國公頲。

宋・朱長文《墨池編》《唐隴右節度郭知運碑》，蘇頲撰並書。在京兆武功。

徐嶠之

論說

唐・武平一《徐氏法書記》 豫州刺史東海徐公嶠之，懷才蘊藝，依仁踐禮。士許筆精，人稱草聖。

唐・徐浩《古跡記》 臣先考故洺州刺史贈左常侍嶠之，真、行、草皆名冠古今，無與為比。

宋・朱長文《續書斷上・妙品》 徐嶠之，字惟嶽，會稽人。【略】正書入妙，行書入能，遒媚有楷法。姚崇母之墓，湖州孝義寺碑，皆合作者也。嘗進書六體，手詔答曰：卿進書甚可觀，覽迴鸞顧鵲，墜露凝雲。雖古人臨池懸帳之妙，何以過此。仍賜物四十段以旌之。

傳記

唐・竇臮《述書賦》卷下 廣平之子，令範之首。婭姹鍾門，逶迤王後。武都先覺，翰墨泉藪。子敬、元常，得門窺牖。侍中、簡穆，異代同友。於孔門而升堂，惜顏子之不壽。徐嶠之，東海人，廣平太守。子浩，中書舍人、國子祭酒。

宋・朱長文《續書斷上・妙品》 唐徐嶠之，字惟嶽，會稽人。父師道，字太真，少有至行，不干仕進。裴行儉總戎隴外，闢之賓幕，因授九隴尉，非其志也，棄官歸隱。及終，謚曰文行先生。賀知章為之作銘。太真精於翰墨，嶠之能承之，以世名家。尤純孝積學，狄梁公、魏齊公、姚梁公交闢之。嘗面誚張易之，而佐佑五王，迎立中宗，不自以為功也。歷趙、湖、洺州刺史，卒於官。

張旭

論說

唐・竇臮《述書賦》卷下 張長史則酒酣不羈，逸軌神澄。回眸而壁無全粉，揮筆而氣有餘興。若遺能於學知，遂獨荷其顛稱。張旭，吳郡人，左率府長史，俗號張顛。雖宜官售酒，子敬運帚。遐想邇觀，莫能假手。拘素屏及黃卷，則多勝而寡負。猶莊周之寓言，於從政乎何有。後漢師宜官工書，嗜酒，每遇酒肆，輒書於壁，顧觀，酒因大售，計價，償足而滅之。王子敬以帚泥書壁，觀者如市。以上皆言旭之可比。

唐・懷素《藏真自敘》 吳郡張旭長史，雖姿性顛逸，超絕古今，而模楷精法詳特，為真正。

唐・韓愈《送高閑上人序》 往時張旭善草書，不治他技。喜怒窘窮，憂悲愉佚，怨恨思慕，酣醉無聊不平，有動於心，必於草書焉發之。觀於物，見山水崖谷，鳥獸蟲魚，草木花實，日月列星，風雨水火，雷霆霹靂，歌舞戰鬭，天地事物之變，可喜可愕，一寓於書。故旭之書，變動猶鬼神，不可端倪，以此終其身而名後世。

唐・韋續《墨藪》卷一《書品優劣第三》 草書十二人。張旭筆鋒詭怪，點畫生意。

宋・朱長文《續書斷上・神品》 唐張長史，蘇州吳人也。為人倜儻閎達，卓爾不群。所與遊者，皆一時豪傑。李白詩云：楚人盡道張旭奇，心藏風雲世莫知。三吳郡伯皆顧盼，四海雄俠爭追隨。太白狂士也，稱君如此，君之蘊蓄浩博可知矣。

又 主荒政龐，不見抽擢，棲遲卑冗，壯猷偉氣，一寓於毫牘間。蓋如神虬騰霄漢，夏雲出嵩華，逸勢奇狀，莫可窮測也。雖庖丁之刲牛，師曠之為樂，扁鵲之治病，輪扁之斲輪，手與神運，藝從心得，無以加於此矣。又其

志一於書，軒冕不能移，貧賤不能屈，浩然自得，以終其身。嗚呼。書之至者，妙與道參，技藝云乎哉。善乎韓子之知君志也，嘗稱君曰：喜焉草書，怒焉草書，窘窮憂悲，愉佚怨恨，思慕酣醉，無聊不平，有動於心，必於草書焉發之。【略】韓子未嘗輕與人，譽君如此，信矣。今其殘札斷簡，模鏤而傳者，見之使魄褫而心服也。君草書得神品。

清·劉熙載《藝概·書概》 張長史真書《郎官石記》，東坡謂作字簡遠，如晉、宋間人。論者以為知言。然學張草者，往往未究其法，先挾狂怪之意。豈知草固出於其真，而長史之真何如哉。山谷言京洛間人，傳摹狂怪字，不入右軍父子繩墨者，皆非長史筆。審此，而長史之真出也。

又 長史、懷素皆祖伯英今草。長史《千文》殘本，雄古深邃，邈焉寡儔。

傳記

《新唐書》卷二一五《文藝傳中》 文宗時，詔以白歌詩、裴旻劍舞、張旭草書爲三絶。

旭，蘇州吴人。嗜酒，每大醉，呼叫狂走，乃下筆，或以頭濡墨而書，既醒自視，以爲神，不可復得也，世呼張顛。

初，仕爲常熟尉，有老人陳牒求判，宿昔又來，旭怒其煩，責之。老人曰：觀公筆奇妙，欲以藏家爾。旭因問所藏，盡出其父書，旭視之，天下奇筆也，自是盡其法。

旭自言，始見公主擔夫爭道，又聞鼓吹，而得筆法意，觀倡公孫舞劍器，得其神。

後人論書，歐、虞、褚、陸皆有異論，至旭，無非短者。傳其法，惟崔邈、顔真卿云。

明·陶宗儀《書史會要》卷五 張旭，字伯高，蘇州人，官至左率府長史。善楷、隸，尤工草書。初為尉時，有老人持牒求判，信宿又來，旭怒，老人曰：愛公墨妙，欲家藏，無他也。因復出其父書，旭視之，天下奇筆也。自是盡其法。旭喜酒，叫呼狂走方落筆。一日酒醉，以發濡墨作大字，既醒視之，自以為神。嘗言初見擔夫爭道，又聞鼓吹而知筆意，及觀公孫大娘舞劍，然後得其神。其名本以顛草，而至於小楷、行書，又復不減草字之妙。其草字雖奇怪百出，而求其源流，無一點畫不該規矩者，或謂張顛不顛是也。

著録

《宣和書譜》卷一八《草書六·張旭》 張旭，蘇州人，官至長史。【略】其名本以顛草，而至於小楷、行書，又復不減草字之妙。其草字雖奇怪百出，而其源流無一點不該規矩者，或謂張顛不顛者是也。後之論書，凡歐、虞、褚、薛，皆有異論，至旭獨無所短者。故有唐名卿傳其法者，惟顔真卿云。今御府所藏草書二十有四：《奇怪書》、《醉墨書》、《孔君帖》、《皇甫帖》、《大弟帖》、《諸舍帖》、《久不得書帖》、《德信帖》、《定行帖》、《自覺帖》、《平安帖》、《承告帖》、《洛陽帖》、《永嘉帖》、《清鑒等帖》、《縑素帖》、《華陽帖》、《大草帖》、《春草帖》、《秋深帖》、《王粲評詩》、《長安帖》、《酒蚣帖》、《千文》。

藝文

唐·杜甫《飲中八仙歌》 知章騎馬似乘船，眼花落井水底眠。汝陽三斗始朝天，道逢麴車口流涎，恨不移封向酒泉。左相日興費萬錢，飲如長鯨吸百川，銜杯樂聖稱避賢。宗之瀟灑美少年，舉觴白眼望青天，皎如玉樹臨風前。蘇晉長齋繡佛前，醉中往往愛逃禪。李白斗酒詩百篇，長安市上酒家眠，天子呼來不上船，自稱臣是酒中仙。張旭三杯草聖傳，脱帽露頂王公前，揮毫落紙如雲煙。焦遂五斗方卓然，高談雄辯驚四筵。

唐·杜甫《殿中楊監見示張旭草書圖》 斯人已云亡，草聖祕難得。及兹煩見示，滿目一凄側。悲風生微綃，萬里起古色。鏘鏘鳴玉動，落落群松直。連山蟠其間，溟漲與筆力。有練實先書，臨池真盡墨。俊拔為之主，

暮年思轉極。未知張王後，誰並百代則。嗚呼東吴精，逸氣感清識。楊公拂篋笥，舒卷忘寢食。念昔揮毫端，不獨觀酒德。

雜録

唐・杜甫《觀公孫大娘弟子舞劍器行序》 昔者吴人張旭，善草書帖，數常在於鄴縣見公孫大娘舞西河劍器，自此草書長進，豪蕩感激。即公孫可知矣。

宋・蘇軾《題王逸少帖》 顛張醉素兩禿翁，追逐世好稱書工。何曾夢見王與鍾，妄自粉飾欺盲聾。有如市倡抹青紅，妖歌嫚舞眩兒童。

宋・米芾《評書帖》 草書若不入晉人格，輒徒成下品。張顛俗子，變亂古法，驚諸凡夫，自有識者。

宋・黎靖德《朱子語類》卷一一 人做事，須是專一，且如張旭學草書，見公孫大娘舞劍器而悟，若不是他專心致志，如何會悟。

明・楊慎《墨池瑣録》卷三 張旭妙於肥，藏真妙於瘦。然以予論之，瘦易而肥難。楊子雲曰：女有色，書亦有色。試以色論，《詩》云：碩人其頎。《左傳》云：美而艷。艷，長大也。《漢書》載昭君豐容靚飾，唐史載楊妃肌體豐艷。東坡詩：書生老眼省見稀，畫圖但怪周昉肥。知此可以論字矣。

韓擇木

論説

唐・竇臮《述書賦》卷下 韓常侍則八分中興，伯喈如在；《光和》之美，古今遠代。昭刻石而成名，類神都之冠蓋。韓擇木，昌黎人，工部尚書，歷右散騎常侍。

唐・韋續《墨藪》卷一《書品優劣第三》 八分書五人。【略】韓擇木如龜開萍葉，鳥散芳洲。

宋・朱長文《續書斷上・妙品》 唐韓擇木當肅、代世，以八分得名。時韓雲卿以文顯，李陽冰以篆顯，擇木以八分顯。天下欲銘其先人功者，不得此三人，不稱三服。杜子美云：尚書韓擇木，騎曹蔡有鄰，開元以來數八分。觀其跡，雖不及漢魏之奇偉，要之莊重有古法，而首唱於天寶之間，宜寘妙品。又如山東老儒，雖姿宇不至峻茂，而嚴正可畏云。

明・陶宗儀《書史會要》卷五 韓擇木，昌黎人，官至工部尚書、散騎常侍。工隷，兼作八分。隷學之妙，惟蔡邕一人而已，擇木乃追其遺法，風流閒媚，世謂邕中興焉。評者謂如龜開萍葉，鳥散芳洲。

傳記

宋・陳思《書小史》卷九《傳八》 韓擇木，昌黎人，官至工部尚書、右散騎常侍。工八分書，師蔡邕法，風流閑媚，為伯喈中興。

藝文

唐・杜甫《李潮八分小篆歌》 尚書韓擇木，騎曹蔡有鄰。開元已來數八分，潮也奄有二子成三人。

李邕

論説

唐・韋續《墨藪》卷一《書品優劣第三・真行書二十二人》 李邕如華岳三峰，黄河一曲。

唐・竇臮《述書賦》 詩興入神，畫筆雄精。李將軍世稱高絶，淵微已過；薛少保時許美潤，英粹合極。右丞王維，字摩詰，瑯琊人。【略】時議：論詩則曰王維、崔顥，論筆則曰王縉、李邕。祖詠、張説不得預焉。

宋・陳思《書小史》卷九《傳八》 李邕，字泰和，揚州江都人。官至北海太守，善行書，以文名天下，時稱李北海。盧藏用嘗謂邕如干將莫邪，難與争鋒。《翰林美事》云：李北海文章、書翰、公直、詞辯、義烈、英邁，皆一時之傑。夫人之藝術多不兼稱，至於王逸少以書掩其文，李淳風以術映其學，如公之藝，六事咸絶，古今罕儔。吕總云：李邕書如華岳三峰，黄河一曲。

宋・姜夔《續書譜・總論》 李邕、李西臺輩，以行為真。

明・陶宗儀《書史會要》卷五 李邕，字泰和，揚州江都人。嘗作北海太守，故世號李北海。後贈祕書監。資性超悟，剛毅忠烈。精於翰墨，行草之名尤著。初學變王羲之行法，頓挫起伏，既得其妙，復乃擺脱舊法，筆力一新。李陽冰謂之書中仙手。當時奉金帛求邕書，前後所受鉅萬計，自古未有如此之盛者也。吕總評其書，謂如華岳三峰，黄河一曲。至於題署，當以邕為最。

明・項穆《書法雅言》 李邕初師逸少，擺脱舊習，筆力更新。下筆挺聳，終失窘迫。律以大成，殊越彀率。此行真之初變也。

又 逸少一出，會通古今。李邕得其豪挺之氣，而失疏窘。

清・包世臣《藝舟雙楫》 降及唐賢，自知才力不及古人，故行書碑版皆有横格。就中九宫之學，徐會稽、李北海、張郎中三家為尤密。傳書俱在，潛精按驗，信不謬也。

清・劉熙載《藝概・書概》 李北海書氣體高異，所難尤在一點一畫皆如拋磚落地，使人不敢以虚憍之意擬之。

李北海書以拗峭勝，而落落不涉作為。昧其解者，有意低昂，走入恌巧一路，此北海所謂似我者俗，學我者死也。

傳記

宋・朱長文《續書斷下・能品》 唐李邕，字太和。父曰善，善以《文選》講授諸生，邕能補益其意。見李嶠，請假直祕書，未幾，奥篇隱帙，了辨如響。嶠嘆曰：子且名字家。召拜左拾遺，助宋璟劾張昌宗，諫中宗昵鄭普思，大節磊磊，為明皇御史中丞，歷陳括淄滑刺史、汲郡北海太守。以事誅，年七十。重義愛友，為文長於碑頌，而復多自書。人奉金帛以請，前後所受鉅萬金。然能拯孤恤窮，家無厚積，人亦不以為吝也。

著録

《宣和書譜》卷八 李邕，字泰和，揚州江都人也。嘗作北海守，故世號李北海。父善，有雅行，博通古今，然不能屬文，人號曰書簏。邕資性超悟，才力過人，精於翰墨，行草之名尤著。善注《文選》，書成以問邕，不敢對，而意欲有所更。善令邕補其遺，邕則附事見意，燦然明白。善以其意不

可奪，故兩存其書。邕一日謁特進李嶠，言讀書未備，願一見祕書，及假直祕書，未幾月而辭去。嶠驚問其奥篇隱帙，了辨如響，嶠嘆服之。邕剛毅忠烈，臨難不苟免。少習文章，嫉惡如仇，不容於衆，邪佞為之側目。然雖詘不進，而文名天下。盧藏用謂之如干將鏌鋣，難與争鋒，但虞傷缺耳。

邕初學變右軍行法，頓挫起伏，既得其妙，復乃擺脱舊習，筆力一新。李陽冰謂之書中仙手。裴休見其碑云：觀北海書，想見其風采。大抵人之才術多不兼稱，王羲之以書掩其文，李淳風以術掩其學。文章、書翰俱重於時，惟邕得之。當時奉金帛而求邕書，前後受鉅萬餘，自古未有如此之盛者也。觀邕之墨跡，其源流實出於羲之，議者以謂骨氣洞達，奕奕如有神力，斯亦名不浮於實也。杜甫作歌以美之曰：聲華當健筆，灑落富清制。為世之所仰慕率都如此。今御府所藏行書十：《光王帖》、《檢校帖》、《奂上人帖》、《閻爵帖》、《永康帖》、《披雲帖》、《潭永帖》、《勝和帖》、《葛粉帖》、《古詩帖》。

藝文

唐・杜甫《八哀詩贈祕書監江夏李公邕》 長嘯宇宙間，高才日陵替。古人不可見，前輩復誰繼。憶昔李公存，詞林有根柢。聲華當健筆，灑落富清製。風流散金石，追琢山岳鋭。情窮造化理，學貫天人際。干謁走其門，碑版照四裔。

雜録

宋・歐陽修《試筆》 余始得李邕書，不甚好之。然疑邕以書自名，必有深趣。及看之久，遂為他少及者，得之最晚，好之尤篤。譬猶結交，其始也難，則其合也必久。余雖因邕書得筆法，然為字絶不相類，豈得其意而忘其形者邪。因見邕書追求鍾、王以來字法，皆可以通，然邕書未必獨然。凡學書者得其一，可以通其餘，余偶從邕書而得之耳。

宋・米芾《海岳名言》 歐、虞、褚、柳、顔，皆一筆書也，安排費工，豈能垂世。李邕脱子敬體，乏纖濃。徐浩晚年力過，更無氣骨，皆不如郎官時《婺州碑》也。

宋・黄庭堅《評李邕麓山寺碑》 字勢豪逸，真復奇崛，所恨功務太深耳。少令功拙相半，使子敬復生，不過如此。

元・劉有定《衍极》 初，行草之書，自魏晉以來，惟用簡札，至銘刻必正書之。故鍾繇正書謂之銘石，虞、褚諸公，守而勿失。至邕始變右軍行法，勁拙起伏，自矜其能，銘石悉以行押書之，而後世多效尤矣。

明・楊慎《墨池瑣録》卷二 李北海書《雲麾將軍碑》為第一。其融液屈衍，紆徐媚妍，一法《蘭亭》，但放筆差增其豪，豐體使益其媚。如盧詢下朝，風度閑雅，縈轡回策，盡得蘊藉。三郎顧之，不覺嘆美。《雲麾》碑刻在長安良鄉縣，石拓本遠不如也。今長安碑已亡，惜哉。

清・孫承澤《庚子銷夏記》卷六《李邕岳麓寺碑》 《岳麓碑》雖已殘剥，然其鋒穎尚凌厲不可一世。北海奇人，故所書爾爾。昔俞仲蔚謂此碑勝《雲麾》，必有所見也。北海書宋初人不甚重之，至蘇、米而稍襲其法。至趙文敏，每作大書，看意以擬之矣。

清・馮班《鈍吟書要》 董宗伯云：王右軍如龍，李北海如象。不如云王右軍如鳳，李北海如俊鷹。

清・朱履貞《書學捷要》 李北海正書筆畫遒麗，字形多寬闊不平，其行書横畫不平，斯蓋英邁超妙，不拘形體耳。

蔡隱

論説

唐・韋續《墨藪》卷一《書品優劣第三・真行書二十二人》 蔡隱，如古質放意，自如一家。

梁升卿

論説

唐・韋續《墨藪》卷一《書品優劣第三》 八分書五人。梁昇卿，如驚波往來，巨石前却。

傳記

宋・朱長文《續書斷下・能品》 唐梁昇卿涉學工書，為奉天尉，韋抗表之。其仕顯到都督廣州。書《東封朝覲碑》，為時絶筆。

李隆基

論説

唐・竇臮《述書賦》卷下 開元應乾，神武聰明。風骨巨麗，碑版峥嶸。思如泉而吐鳳，筆爲海而吞鯨。諸子多藝，天寶之際，迹且師於翰林，嗟源淺而波細。開元天寶皇帝仁孝慈和，兼負英斷。好圖書，少工八分書及章草，殊異英特。自諸王殿下已下，多效吴嗣、李渷，雖有工夫，不能高遠。開元中，八分書北京義堂《西岳華山》、《東岳封禪》碑，雖有當時院中學士共相摹勒，然其風格大體，皆出自聖心。

清・王文治《跋唐玄宗李隆基鶺鴒頌》 帝王之書，行墨間具含龍章鳳姿，非人臣者髣髴。觀此頌，猶令人想見開元英明卓犖時也。

傳記

明・陶宗儀《書史會要》卷五 玄宗諱隆基，睿宗第三子。臨軒之餘，留心翰墨。初見翰苑書體狃於世習，鋭意作章草、八分，遂擺脱舊學。議者言其豐茂英特，斯亦天稟。

著録

《宣和書譜》卷一 唐明皇諱隆基，睿宗第三子也。【略】今御府所藏二十有五：隸書《五王贊》、《法空字》、《喜雪篇》、《太一字》，行書《賜趙宣王等敕》、《訪道敕》、《嘉賓敕》、《賜李含光敕二》、《批答李含光表修齋二》、《批答李含光表謝賜》、《批答李含光表投璧》、《批答李含光表起居》、《批答李含光表香信》、《批答李含光表謝修功德》、《批答張九齡謝知制誥表》、《批答楊勵俗等表》、《批答裴耀卿等雪篇表》、《批答裴耀卿等賀雨表》、《批答裴耀卿等奏謝宣示聖旨》、《賜裴耀卿等詩》、《鶺鴒頌》、《送虚已赴蜀川詩》、《春臺望雜言》。

李璆

論説

唐・韋續《墨藪》卷一《書品優劣第三・真行書二十二人》 李璆如垂藤差池，古木將折。

唐・竇泉《述書賦》卷下　宋儋、李璆，擅美中州。李師王而意淺，宋祖鍾而體流。【略】李璆，隴西人，御史大夫傑之兄子。性速達，輕財重義。筆路緊媚，亦有聲於代，爲狄宇清、李漸所師。

宋・朱長文《續書斷下・能品》　時有宋儋、李璆，在并有聲於代。宋師鍾，李師王。

吴郁

論説

唐・韋續《墨藪》卷一《書品優劣第三・真行書二十二人》　吴郁字體綿密，不謝當時。

賴文雅

論説

唐・韋續《墨藪》卷一《書品優劣第三・真行書二十二人》　賴文雅如騰沙鬱霧，翻浪揚鷗。

蕭誠

論説

唐・韋續《墨藪》卷一《書品優劣第三・真行書二十二人》　蕭誠如舞鶴交影，騰猿在空。

唐・竇泉《述書賦》卷下　員外蕭公，名成於薛。安西變體，光潤愉悦。蕭公名誠，蘭陵人，梁之後，起家奉禮郎。開元初，時尚褚、薛，公爲之最。拜右司員外郎。善造班石文紙，用西山野麻及虢州土穀，五色光滑，殊勝于彭。

宋・米芾《海岳名言》　御史蕭誠書《太原題名》，唐人無出其右。爲司馬係《南岳真君觀碑》，極有鍾、王趣，餘皆不及矣。

傳記

宋・朱長文《續書斷下・能品》　唐蕭誠，蘭陵人。摛翰清婉。開元初，時尚褚、薛，誠爲之最。書碑刻，李陽冰多爲之題篆。或評其書云：舞鶴交影，騰猿在空。升左司員外郎。

何昌裔

論説

唐・韋續《墨藪》卷一《書品優劣第三・真行書二十二人》 何昌裔，子敬餘波，時時可觀。

宋之望

論説

唐・韋續《墨藪》卷一《書品優劣第三・真行書二十二人》 宋之望，天性卓絶，而功未深。

張芬

論説

唐・韋續《墨藪》卷一《書品優劣第三・真行書二十二人》 張芬，孤松聳身，弱草垂露。

張彪

論説

唐・韋續《墨藪》卷一《書品優劣第三・真行書二十二人》 張彪，孤峰削成，藏筋露骨。

鄔彤

論説

唐・韋續《墨藪》卷一《書品優劣第三・真行書二十二人》 鄔彤，寒鴉栖木，平岡走兔。

宋・朱長文《續書斷下・能品》 唐鄔彤嘗於吴興書《尊勝經》，流便可喜。書家或稱其授法於魯公，何翰墨之不類也。又或評之如寒林棲鳥，平岡走兔云。

又 孫莘老取其書置墨妙亭。

陸曾

論說

唐·韋續《墨藪》卷一《書品優劣第三·真行書二十二人》陸曾，驚波躍魚，深水潛龍。

史鱗

論說

唐·韋續《墨藪》卷一《書品優劣第三·真行書二十二人》史鱗，逸氣雄振，超然不群。

梁耿

論說

唐·韋續《墨藪》卷一《書品優劣第三·真行書二十二人》梁耿，錯落魚文，縱横鳥跡。

房黄

論說

唐·韋續《墨藪》卷一《書品優劣第三·真行書二十二人》房黄，婉美分靄，春鶯欲嬌。

沈益

論說

唐·韋續《墨藪》卷一《書品優劣第三·真行書二十二人》沈益，春鷺窺魚，秋蛇赴穴。

張從申

論說

唐·韋續《墨藪》卷一《書品優劣第三·真行書二十二人》張從申，遠近稱善，獨步江外。

唐・竇臮《述書賦》卷下　張氏四龍，名揚海内。中有季弟，工夫少對。右軍風規，下筆斯在。張從申長史，文場擢第。弟從師，監察御史；從儀，灼然有才。從申志業精絶，工正、行書，握管用筆，其於結密，近古所少。恨於歷覽不多，聞見遂寡。右軍之外，一步不窺，意多搨書，闕其真迹妙也。

傳記

宋・朱長文《續書斷下・能品》　唐張從申，進士擢第。昆仲四人，皆稱於時，從申最高優。學逸少書，結字遒密可喜。晚益自放，不務調端。當大曆後，徐季海已老，獨從申高步江淮間。凡其書碑，李陽冰多爲題額，故得名益高。在廣陵碑曰絶，同安碑曰三絶，蓋當時見稱如此。遊山谷見祖塔之側有一小碣，視其迹，乃從申在建中時所書，而人未嘗省。乃刷滌染以紙筆，尤老硬奇譎，乃從申之合作者也。題其銜曰檢校禮部郎中。

鄭虔

論說

唐・韋續《墨藪》卷一《書品優劣第三・真行書二十二人》　鄭虔，如風送雲收，霞催月上。

傳記

宋・朱長文《續書斷下・能品》　唐鄭虔，鄭州滎陽人。博學善著書，明皇為置廣文館，以虔為學士，時號鄭廣文。善圖山水，好書，貧無紙，於是慈恩寺貯柿葉數屋，日往取葉肄書，歲久殆遍。嘗自寫詩並畫以獻，帝大書批曰：鄭虔三絶。晚節陷賊，庭貶台州司户，杜甫深哀之。

張懷瓘

論說

唐・竇臮《述書賦》卷下　李亞相著藻飾之繁，右御史大夫李嗣真撰《書品》。張兵曹粗習玩之利。率府兵曹鄂州長史張懷瓘撰《十體書斷》上、中、下。考數公之著稱，多約傳而立記。

唐・張懷瓘《文字論》　深識書者，惟觀神彩，不見字形。若精意玄鑒，則物無遺照，何有不通。

又　褚曰：【略】其《書斷》三卷，實為妙絶。猶蓬山滄海，吐納風雲，禽獸魚龍，于何不有，見者莫不心醉。後學得漁獵其中，實不朽之盛事。

唐・韋續《墨藪》卷一《書品優劣第三・草書十二人》　張懷瓘繼以章草，新意頗多。

傳記

宋・朱長文《續書斷下》　唐張懷瓘，字未聞也。其父善書，與高正臣近。懷瓘高自矜飾，謂真、行可比虞、褚，草欲獨步於數百年間，然無遺跡可考爾。開元中，嘗為翰林供奉。

明・陶宗儀《書史會要》卷五　張懷瓘，肅、代時為翰林供奉、右率府兵曹參軍。善正、行、草、八分，撰《書斷》、《書估》、《書評》、《書藥石論》、《六體論》、《用筆十法》等篇行於世。評其書者，以謂繼以章草，新意頗多。

田琦

論說

唐・竇臮《述書賦》卷下　赫赫許昌，翰苑文房。徵前賢而少對，當聖代而難方。田琦，雁門人，德平之孫，工八分、小篆、署書、圖畫，寫洪崖子張氳《雲樓》并《雪木》行於世。官歷陝令，豫、蘄、許等州刺史。兼裝背，有孫棲梧，尤妙其事。德平武德功臣，拜兵部尚書。

衛包

論說

唐・竇臮《述書賦》卷下　衛包、蔡隣，工夫亦到。出於人意，乃近天造。衛包，京兆人，工八分、小篆，通字學，兼象緯之術，官至尚書郎。

雜録

《新唐書》卷五七《藝文志一》　天寶三載，又詔集賢學士衛包改古文從今文。

蔡有隣

論說

唐・竇臮《述書賦》卷下　衛包、蔡隣，工夫亦到。出於人意，乃近天造。蔡有隣，濟陽人，善八分，本拙弱，至天寶之間，遂至精妙。相、衛中多其迹。

鄭遷

論說

唐・竇臮《述書賦》卷下　滎陽昆弟，内外光華。揮毫美麗，自是一家。幼弟曰逾，丹青大誇。信斫玉而剖石，即揀金而披砂。鄭遷及弟邁、遇，并工八分；崔氏出，中書令湜之甥。遷官至浚儀尉。季弟逾，善山水，天寶中知名梁、宋。

傳記

清・萬經《分隸偶存》卷下　鄭遷，中書令崔湜之甥，官至浚儀尉。遷及弟遇逾並工八分，天寶中知名梁、宋。

李權

論說

唐・竇臮《述書賦》卷下　温良之德，書畫兼美。誠依仁以游藝，同上善之若水。皇室李權，工八分，弟樞，工小篆，侄平鈞，亦善小篆，兼妙山水，并冠絶一時。淮安王神通曾孫。權官歷金州刺史，樞侍御史；平鈞富詞學，江陵掾。

韋陟

論說

唐・韋續《墨藪》卷一《書品優劣第三・真行書二十二人》　韋陟，如蟲穿古木，鳥踏花枝。

傳記

宋・朱長文《續書斷下・能品》　唐韋陟，字商卿，宰相安石子也。風格方整，善文辭，書有楷法，擢掌書命，遷禮部侍郎，以鑒裁銓綜稱，而爲林甫、國忠擯廢。及肅宗欲相之，以論直見疏。位東京留守郇國公，卒。陟晚而多縱，常以五采牋爲書記，使侍妾主之，其裁答受意而已，陟唯書名，自謂所書陟字若五朵雲，時人慕之，號郇公五雲體。

李白

論說

《宣和書譜》卷九　李白，字太白，生於巴蜀，彌月之初，母夢長庚，故圖以取名。歲知通書，及長，好擊劍，落落不羈束，喜與酒徒縱飲。世有六逸、八僊之目。賀知章一見號謫仙人，薦之明皇，以布衣召見金鑾殿，為降輦步迎，如見園、綺。論世務，答蕃書，筆不停輟，帝嘉之，以寶牀賜食於前，手爲和羹。令待詔金馬門，當時榮之。未幾，不爲親近所喜，有詔放還。裴回江左，依李陽冰，愛謝家山水，有終焉之志。澄江月滿，拏舟夜渡，著宮錦袍吟嘯其間，端是風塵表物也。唐作詩未有如杜甫，時白亦得差肩如甫。至其名章俊語，鬱鬱芊芊之氣見於毫端者，固已逼人。是豈可與泥筆墨蹊徑争工拙哉。嘗作行書，有乘興踏月，西入酒家，不覺人物兩忘，身在世外一帖，字畫尤飄逸，乃知白不特以詩名也。今御府所藏五：行書《太華峰》、《乘興帖》，草書《歲時文》、《詠酒詩》、《醉中帖》。

明・楊慎《墨池瑣録》卷二　李白在開元間不以能書名，今其行草，不減古人，《龍江夢餘録》載其二帖是也。

宋儋

論說

唐・韋續《墨藪》卷一《書品優劣第三・真行書二十二人》　宋儋，

如暮春花發，夏柳低枝。

唐・竇臮《述書賦》卷下　宋儋、李璆，擅美中州。李師王而意淺，宋祖鍾而體流。宋儋，字藏諸，廣平人，高尚不仕，户部侍郎宇文融薦授祕書省校書郎。作鍾體，而側戾放縱，迹不副名。開元末，舉場中後輩多師之。

宋・朱長文《續書斷下・能品》　時有宋儋、李璆，在並有聲於代。宋師鍾，李師王。

宋・黄庭堅《山谷題跋・跋法帖》　宋儋筆墨精勁，但文詞蕪穢，不足發其書。

明・陶宗儀《書史會要》卷五　宋儋，字藏諸，廣平人。官至校書郎。善楷、隸、行、草，評其書者以謂如寒鴉棲木、平沙走兔，又謂小楷如斷澗余花、空庭驟雨，垂心鍾、衛，兼善歐陽。

明・董其昌《畫禪室隨筆》卷一《臨宣示表題後》　閣帖所收，惟《宣示表》、《還示帖》皆右軍之鍾書，非元常之鍾書，但觀王世將、宋儋諸跡，有其意矣。

王維

論説

唐・竇臮《述書賦》卷下　詩興入神，畫筆雄精。李將軍世稱高絶，淵微已過；薛少保時許美潤，英粹合極。右丞王維，字摩詰，琅邪人。詩通《大雅》之作，山水之妙勝於李思訓。弟太原少尹縉，文筆泉藪，善草、隸書，功超薛稷。二公名望，首冠一時。時議：論詩則曰王維、崔顥，論筆則曰王縉、李邕，祖詠、張説不得預焉。幼弟紞，有兩兄之風，閨門之内，友愛之極。

傳記

宋・朱長文《續書斷下・能品》　唐王維，字摩詰。善詩，工草、隸，善畫，名盛於開元、天寶間，豪英貴人，虚左以迎。後爲戎羯所污，以《凝碧》一絶免誅。卒年六十一，位至尚書右丞。

明・陶宗儀《書史會要》卷五　王維，字摩詰，太原人，家藍田輞川。擢進士，官至尚書右臣，九歲知屬辭，工草、隸，善書名於開元天寶間。

雜録

明・陶宗儀《書史會要》卷五　王縉，字夏卿，維弟。【略】時議云：論詩則王維、崔灝，論筆則王縉。

李陽冰

論説

唐・李陽冰《論篆》唐・韋續《墨藪》卷一　吾志於古篆殆三十年，見前人遺跡，美則美矣，惜其未有點畫，但偏傍摹刻而已。緬想聖遠立制造書之意，乃復仰觀俯察六合之際焉。於天地山川，得方圓流峙之形；於日月星辰，得經緯昭回之度；於雲霞草木，得霏布滋蔓之容；於衣冠文物，得揖讓周旋之體；於眉髮口鼻，得喜怒慘舒之分；於蟲魚禽獸，得屈伸飛動之理；於骨角齒牙，得擺拉咀嚼之勢。隨手萬變，任心有成，可謂通三才之

品彙，備萬物之情狀者矣。常痛孔壁遺文，汲冢舊簡，年代浸遠，謬誤滋多。蔡中郎以豊同豐，李丞相持束爲朿，亦魚魯一惑，涇渭同流，學者相承，靡所遷復。每一念至，未嘗不廢食雪泣，攬筆長嘆焉。天將未喪斯文也，故小子得篆籀之宗旨。皇唐累聖，逮茲八葉，天生尅復之主，人樂惟斯之命。以淳古爲務，以文明為理，欽若典謨，疇咨故實，誠願刻石作篆，備書六經，立於明堂，爲不刊之典，號曰《大唐石經》。使萬代之後，無所損益。仰聖朝之鴻烈，法高代之盛事，死無恨矣。

唐・韋續《墨藪》卷一《書品優劣第三》 篆一人：李陽冰書若古釵倚物，力有萬夫。李斯之後，一人而已。

唐・竇臮《述書賦》卷下 通家世業，趙郡李君。《嶧山》并騖，宣父同郡。洞於字學，古今通文。家傳孝義，意感風雲。李陽冰，趙郡人，父雍門湖城令。家世住雲陽，承白門作尉。冰兄弟五人，皆負詞學，工於小篆。初師李斯《嶧山碑》，後見仲尼《吴季札墓誌》，便變化開闔，如虎如龍，勁利豪爽，風行雨集，文字之本，悉在心胸，識者謂之蒼頡後身。瀰子騰、冰子均，并詞場高第。幼子曰廣，勤學孝義，以通家之故，皆同子弟也。

宋・徐鉉《校定説文表》 唐大曆中，李陽冰篆迹殊絶，獨冠古今。自云斯翁之後，直至小生。此言爲不妄矣。於是刊定《説文》，修正筆法，學者師慕，篆籀中興。然頗排斥許氏，自爲臆説。夫以師心之見，破先儒之祖述，豈聖人之意乎。今之爲字學者，亦多從陽冰之新義，所謂貴耳賤目也。

宋・蔡襄《論書》 近世篆書好爲奇特，都無古意。唐李監通於斯，氣力渾厚，可謂篆中之雄者。學者宜如此説，然後可與論篆矣。

宋・朱長文《續書斷上・神品》 唐李陽冰，趙郡人，好古善屬文。嘗令當塗，李白往依之，贈以詩曰：落筆灑篆文，崩雲使人驚。吐辭又炳煥，五色羅華星。歷官集賢院學士，晚爲將作少監，韓退之稱曰李監是也。

又 自秦李斯以蒼頡、史籀之迹，變而新之，特製小篆，備三才之用，合萬物之變，包括古籀，孕育分隸，功已至矣。歷兩漢、魏晉至隋唐逾千載，學書者惟真草是工，窮英擷華，浮功相尚，而曾不省其本根，由是篆學中廢。陽冰生於開元，始學李斯《嶧山碑》，後見仲尼篆《吴季札墓誌》，精探小學，得其淵源。遍觀前人遺迹，以謂未有點畫，但偏傍模刻而已。嘗嘆曰：天之未喪斯文也，故小子得篆籀之宗旨。其以書爲己任也如此。當世説者皆傾服之，以爲其格峻，其氣壯，其法備，又光大於秦斯矣。蓋李斯去古近而易以習傳，陽冰去古遠而難於獨立也。雅好書石，魯公之碑，陽冰多題其額。觀其遺刻，如太阿、龍泉，橫倚寶匣；華峰、崧極，新浴秋露，不足爲其威光峭拔也。或謂之蒼頡後身。嘗貽書李大夫，願刻石作篆，備書六經，立於明堂不刊之典，號曰《大唐石經》，使百代之後，無所損益。是時四方亂離，執政者以爲迂，而陽冰之志不克就，後之人將安師仰乎。惜哉。

宋・朱長文《墨池編》卷一 朱長文曰：徐常侍處亂離之間，研精字學，適從盛旦，遂成其志，可謂美矣。至其謂李陽冰以師心之見，而破先儒之祖述，何其拘邪。故其書多守許氏舊説，罕所更定者，以此也。

宋・趙明誠《金石録》卷二四《唐碧落碑跋》 右唐《碧落碑》大篆書，其詞則唐宗室黄公譔所述，或云陳遺玉書，或云譔自書，皆莫可知。李肇及李漢並言李陽冰見此碑，徘徊數日不去。又言陽冰自恨其不如，以槌擊之，今缺處是也。此説恐不然，陽冰嘗自述其書，以謂斯翁之後，直至小生，於他人書，蓋未嘗有所推許。唐人以大篆當時罕見，故妄有稱説耳，其實筆法不及陽冰遠甚也。

宋・董逌《廣川書跋》卷八《新驛記》 陽冰在唐以篆學名世，自秦相李斯之後號能書者，不得伯仲間見也。今世壯碑巨碣尚多有之，其詣絶處更無蹊轍可索。

清・孫承澤《庚子消夏記》卷七《李陽冰李氏三墳記》 篆書自秦漢而後，推李陽冰爲第一手。今觀《三墳記》，運筆命格，矩法森森，誠不易及。然予曾於陸探微所畫《金滕圖》後，見陽冰手書，遒勁中逸致翩然，又非石刻所能及也。

清・劉熙載《藝概・書概》 李陽冰篆活潑飛動，全由力能舉其身。一切書皆以身輕爲上，然除卻長力，別無輕身法也。

傳記

宋・陳思《書小史》卷一〇《傳九》 李陽冰，趙郡人，官至將作大匠。工於小篆。初師李斯《嶧山碑》，後見仲尼《吴季札墓誌》，變化開

闔，龍蛇盤踞，勁利豪爽，風行雨集，文字之奉，悉在心胸。自言得篆籀之宗旨，斯翁之後直至小生，曹喜、蔡邕不足數。識者謂之倉頡後身。從子臘，亦工小篆。《書賦》云：吾家世業，趙郡李君。《嶧山》並鶩，宣父同群。洞於字學，古今通文。家傳孝義，意感風雲。

紀事

唐・舒元輿《玉筯篆志》 客有得陽冰真跡遺在六幅素上者，遂請歸客堂張之。見蟲蝕鳥步痕跡，若屈鐵石陷入屋壁。霜書照著，疑龍蛇駭解鱗甲，活動皆欲飛去。齊目視之，分明睹文字之根植吾堂中。然後知向之議者，謂冰愈於斯，吾雖未登嶧山，觀此，可以信其爲深於篆者之言也。

著録

《宣和書譜》卷二 唐李陽冰，字少温，趙郡人，官至將作少監。善詞章，留心小篆迨三十年。初見李斯《嶧山碑》與仲尼延陵季子字，遂得其法，乃能變化開合，自成一家。推原字學，作《筆法論》以别其點畫。又嘗立説，謂於山川得其方圓流峙之形，於日月星辰得其經緯昭回之度。近取諸身，遠取萬類，幽至於鬼神情狀，細至於喜怒之舒慘，莫不畢載。後人不足以明此，於是誤謬滋多，義理掃地。雖李斯之博雅，以束爲朿；蔡邕之知書，以豊作豐。故孔壁之餘文，汲冢之舊簡，所存無幾。幸天未喪斯文，宗旨在己，其自許慎至是作，刊定《説文》三十卷，以紀其學，人指爲蒼頡後身。方時顔真卿以書名世，真卿書碑，必得陽冰題其額，欲以擅連璧之美。蓋其篆法妙天下如此。議者以蟲蝕鳥迹語其形，風行雨集語其勢，太阿、龍泉語其利，嵩高、華岳語其峻，實不爲過。論有唐三百年以篆稱者，惟陽冰獨步。舒元輿作《玉筯篆誌》，亦曰陽冰之書其格峻，其力猛，其功備，光大於秦斯倍矣。此直見上天以字寶瑞吾唐，其知言哉。今御府所藏篆書三：《孝德訓》、《新驛記》、《千文》。

藝文

唐・李白《獻從叔當塗宰陽冰》 吾家有季父，傑出聖代英。雖無三臺位，不藉四豪名。激昂風雲氣，終協龍虎精。弱冠燕趙來，賢彦多逢迎。魯連擅談笑，季布折公卿。遥知禮數絶，常恐不合并。惕想結宵夢，素心久已冥。顧慚青雲器，謬奉玉樽傾。山陽五百年，緑竹忽再榮。高歌振林木，大笑喧雷霆。落筆灑篆文，崩雲使人驚。吐辭又炳焕，五色羅華星。秀句滿江國，高才掞天庭。

宋・蘇軾《墨妙亭詩》 蘭亭繭紙入昭陵，世間遺跡猶龍騰。顔公變法出新意，細筋入骨如秋鷹。徐家父子亦秀絶，字外出力中藏稜。嶧山傳刻典刑在，千載筆法留陽冰。

雜録

宋・陳槱《負暄野録》 小篆自李斯之後，惟陽冰獨擅其妙。嘗見真跡，其字畫起止處，皆微露鋒鍔，映日觀之，中心一縷之墨倍濃。蓋其用筆有力，且直下不欹，故鋒常在畫中，此蓋其造妙處。

元・吾丘衍《學古編》 陽冰名潮，杜甫甥也。後以字行，因以爲名，而别字少温。木玄虚《海賦》有云：其下陽冰不治，陰火潛然。則知與潮，又且有理。

明・張夫用跋李陽冰《謙卦碑》 陽冰篆書祖秦相斯，而筆力過之，舒元輿輩論之詳矣。是刻藏蕪湖王氏，國初得之當塗縣治。風骨雅健，卓有古意。

清・顧炎武《金石文字記》 陽冰，趙郡人，太白族叔。其字少温，見於《宣和書譜》，與其名相應。若爲潮，而以陽冰、少温爲字，於義旨無取。陽冰工篆書，潮工八分。觀趙氏《金石録》載《城隍神祠記》、《忘歸臺銘》、《孔子廟記》、《先塋碑》、《三墳記》等，爲李陽冰篆書。而《慧義寺彌勒

像碑》、《彭元曜墓誌》，爲李潮書。則非一人明矣。

清・王澍《竹雲題跋》《謙卦》尤其奇絶之作，運筆如蠶吐絲，骨力如綿裹鐵。舒元輿所謂蟲食鳥步，鐵石陷壁，龍蛇解鱗甲活動者，於此見之。

清・康有爲《廣藝舟雙楫》 杜工部不稱陽冰之篆，而稱李潮。吾丘衍謂潮即陽冰，人或疑之。《唐書・宰相世系表》：雍門子，長湜，次灕，字堅冰，次陽冰。潮之爲名，與湜、灕相類，陽冰與堅冰爲字相類。甫詩曰：況潮小篆逼秦相。而歐陽《集古》、鄭漁仲《金石略》俱無潮篆，其爲一人，無可疑也。

史惟則

論説

唐・竇臮《述書賦》卷下 史侍御惟則，心優世業，階乎籀篆。古今折衷，大小應變。如因高而矚遠，俯川陸而必見。史惟則，廣陵人，殿中侍御史，即諫議大夫白之子。白善飛白。

唐・韋續《墨藪》卷一《書品優劣第三》 八分書五人。史惟則如雁足印沙，深淵躍魚。

傳記

宋・朱長文《續書斷下・能品》 唐史惟則，吴郡人。天寶中，嘗爲伊闕尉、集賢院待制，後至殿中侍御史。在唐中葉，以八分名家者四人，惟則與韓擇木、蔡有隣、李潮也。擇木尤妙，名重當時。惟則可以亞之。或評云：雁印平沙，魚躍深淵也。

紀事

唐・徐浩《古跡記》 侍御史集賢直學士史惟則奉使晉州推事，所在博訪書畫，懸爵賞待之。時趙城倉督隱没公貨極多，推案承伏，遂云有好書，欲請贖罪。惟則索看，遂出扇書《告誓》等四卷，并二王真跡四卷。問其得處，云禄山下將過向太原，停於倉督家三月餘日，某乙衹供稱意，有懷悦之心，乃留此書相贈。惟則將至闕下，肅宗賜絹百疋，擢授本縣尉。

李潮

論説

宋・朱長文《續書斷下・能品》 在唐中葉以八分名家者四人，惟則與韓擇木、蔡有隣、李潮也。【略】李潮八分世傳者幾希，杜詩云：況潮小篆逼秦相，快劍長戟森相向。八分一字直千金，蛟龍盤拏骨肉強。歌詩不無溢美，亦足以知其能。時有王遹者，亦工分篆，當時名不甚著，而其跡今有存者。

藝文

唐・杜甫《李潮八分小篆歌》 蒼頡鳥跡既茫昧，字體變化如浮雲。陳倉石鼓文已訛，大小二篆生八分。秦有李斯漢蔡邕，中間作者寂不聞。嶧山之碑野火焚，棗木傳刻肥失真。苦縣光和尚骨立，書貴瘦硬方通神。惜哉李蔡不復得，吾甥李潮下筆親。尚書韓擇木，騎曹蔡有

隣。開元已來數八分，潮也奄有二子成三人。況潮小篆逼秦相，快劍長戟森相向。八分一字直百金，蛟龍盤拏肉屈強。吴郡張顛誇草書，草書非古空雄壯。豈如吾甥不流宕，丞相中郎丈人行。巴東逢李潮，逾月求我歌。我今衰老才力薄，潮乎潮乎奈汝何。

褚庭誨

傳記

宋・朱長文《續書斷下・能品》 唐褚庭誨，錢塘人，左散騎常侍無量之姪也。正書精熟可慕，見之于《玄覽法師碑》。開元中，位至諫議大夫。

胡霈然

論説

宋・朱長文《續書斷下・能品》 唐胡霈然，生開元、天寶間。書畫臻妙，而格力不揚。時有蘇靈芝者，頗好書石跡，與霈然相上下。

蘇靈芝

論説

宋・朱長文《續書斷下・能品》 唐胡霈然生開元、天寶間，書畫臻妙，而格力不揚。時有蘇靈芝者，頗好書，石跡與霈然相上下。

宋・黄庭堅《山谷文集》 昔予大父大夫公及外祖特進公，皆學暢整《遺教經》及蘇靈芝《北岳碑》，字法清勁，筆意皆到，但不入俗人眼耳。數十年來，士大夫作字，尚華藻而筆不實，以風檣陣馬爲痛快，以插花舞女爲姿媚，殊不知古人用筆也。

《宣和書譜》卷一〇 蘇靈芝，儒生也，史亡其傳。嘗爲易州刺史郭明肅書《候臺記》，在幽燕之地。中州患難，得故胡人以墨本詣榷場，易絹十端，方與一本。其後石刻爲胡人所碎，或傳奉使者過彼辨經界，指《候臺》爲證，故胡人碎而没之。靈芝行書有二王法，而成頓放，當與徐浩雁行。戈脚復類世南體，亦善於臨仿者，在唐人翰墨中不易得，蓋是集衆善而成一家者也。今御府所藏行書一：《達摩銘》。

明・趙崡《石墨鐫華》 靈芝生開元天寶間，與胡霈然齊名。霈然書，許者謂其格力不揚。今霈然書不可見，見靈芝《田仁琬德政碑》，可以得其概矣。大多出《聖教》，而肥媚爲多，尚不及王縉書《王清源公碑》。而《宣和書譜》擬之徐季海、伯施，季海不足論，但恐施於地下笑人。

徐浩

論說

唐·竇臮《述書賦》卷下 廣平之子，令範之首。婭姹鍾門，逶迤王後。武都先覺，翰墨泉藪。子敬、元常，得門窺牖。侍中、簡穆，異代同友。於孔門而升堂，惜顔子之不壽。徐嶠之，東海人，廣平太守。子浩，中書舍人、國子祭酒。李造，隴西人，武都公。言侍中、簡穆，即子雲、僧虔。

又 徐浩没則道存，徵求非利。

唐·韋續《墨藪》卷一《書品優劣第三·真行書二十二人》 徐浩，固多精熟，無有異趣。

宋·朱長文《續書斷上·妙品》 唐徐浩，字季海，授書法於父。少而清勁，隨肩褚、薛，晚益老重，潛精羲、獻，其正書可謂妙之又妙也，八分、真、行皆入能。嘗論書云：鷹隼之彩而翰飛戾天者，骨勁而氣猛也。翚翟借色而翱翔百步者，肉豐而力沈也。若藻曜而高翔，書之鳳凰矣。故浩之爲書，識鋭於內，振華於外，有君子之器焉。嘗書四十二幅屏，八體皆備。其朔風動秋草，邊馬有歸心十數字，草、隸相參，皆爲精絶。識者評云：怒猊抉石，渴驥奔泉。尤爲司空圖所寶愛。又嘗著《書譜》一卷，恨未見之。唐之工書者多求其三葉，嗣名者惟徐氏云。

又 子峴，又善工於行草。石曼卿得其石刻，屢稱於人。

宋·米芾《海岳名言》 唐人以徐浩比僧虔，甚失當。浩大小一倫，猶吏楷也。僧虔、蕭子雲傳鍾法，與子敬無異，大小各有分，不一倫。徐浩爲顔真卿辟客，書韻自張顛血脈來，教顔大字促令小，小字展令大，非古也。

又 徐浩晚年力過，更無氣骨，皆不如作郎官時《婺州碑》也。

傳記

唐·徐浩《論書》 浩自言，余年在齠齔，便工翰墨，力不可強，勤而愈拙。

宋·朱長文《續書斷上·妙品》 浩擢明經，爲肅宗中書舍人。四方詔令，多出浩筆，遣辭贍敏，而書法至精。帝喜之，又參太上皇誥册，寵絶一時。代宗時，封會稽縣公，出節度嶺南，入爲吏部侍郎，坐事出明州別駕。德宗初，召授彭王傅，進郡公。卒年八十，贈太子太師，謚曰定。

紀事

唐·武平一《徐氏法書記》 豫州刺史東海徐公嶠之季子浩，並有獻之之妙，待詔金門，家多法書。

唐·徐浩《古跡記》 天寶中，臣充使訪圖書，有商朝胡穆聿在書行販古跡，往往以織成褾軸，得好圖書。臣奏直集賢，令求書畫。【略】及潼關失守，內庫法書皆散失。初收城後，臣又充使搜訪圖書，收獲二王書二百餘卷。【略】臣從中書舍人兼尚書右丞、集賢學士、副知院事，改國子祭酒。尋黜廬州長史。承前僞跡，臣所棄者，盡被收買，皆獲官賞，不復簡退，人莫知之。及吐蕃入寇，圖籍無遺，往往市廛時有真跡，代無鑒者，詐僞莫分。臣今暮年，心惛眼暗，恐先朝露。敢舉所知，其別書人，謹録如右。

又 臣長男峴，臣自教授，幼勤學書，在於真、行，頗知筆法。使定古蹟，亦勝常人。

藝文

宋・蘇軾《墨妙亭詩》 蘭亭繭紙入昭陵，世間遺跡猶龍騰。顔公變法出新意，細筋入骨如秋鷹。徐家父子亦秀絶，字外出力中藏棱。

雜録

元・鮮于樞《跋徐浩書帖》 右唐太子少師、會稽郡公徐浩字季海書《鍾離縣令朱巨川告》。按《宣和書譜》載内府所藏三：小字《存想法》、《寶林寺詩》與此告也，宣政四角印文隱然尚存。至元丙戌，購於武林，明年重裝，又明年，因祕書郎喬仲山官淛西，攜書譜見訪，遂得詳考，書於卷末。鮮于樞伯幾父記。

明・楊慎《墨池瑣録》卷二 徐浩書故多精熟，無有異趣。殆如倚市之倡，涂抹青紅，反令人贈金鈹眉也。

明・董其昌《跋徐浩書帖》 右徐浩書《張曲江告身》。唐世告身都出當代善書者之手，不爾謂孝慈不足，故顔魯公、徐越公皆爲之。此帖刻於淳熙祕閣，予臨寫無復餘恨。

顔真卿

論説

唐・韋續《墨藪》卷一《書品優劣第三・真行書二十二人》 顔真卿，如鋒絶劍摧，驚飛逸勢。

宋・歐陽修《集古録》卷七 余謂顔公書如忠臣烈士，道德君子。其端嚴尊重，人初見而畏之，然愈久而愈可愛也。其見寶於世者不必多，然雖多而不厭也。故雖其殘缺，不忍棄之。

宋・朱長文《續書斷上・神品》 嗚呼，魯公可謂忠烈之臣也。而不居廟堂，宰天下，唐之中葉，卒多故而不克興，惜哉。其發於筆翰，則剛毅雄特，體嚴法備，如忠臣義士，正色立朝，臨大節而不可奪也。揚子雲以書爲心畫，於魯公信矣。

尤嗜書石，大幾咫尺，小亦方寸，蓋欲傳之遠也。碑刻遺跡者最多，而荒郊廢冢，其出未已。碑刻雖多，而體制未嘗一也。蓋隨其所感之事，所會之興，善於書者，可以觀而知之。故觀《中興頌》則閎偉發揚，狀其功德之盛。觀《家廟碑》，則莊重篤實，見其承家之謹。觀《仙壇記》，則秀穎超舉，像其志氣之妙。觀《元次山銘》，則淳涵深厚，見其業履之純。餘皆可以類考。點如墜石，畫如夏雲，鉤如屈金戈，如發弩，縱横有象，低昂有態。自羲、獻以來，未有如公者也。其真行絶妙，所謂如長空遊絲，蟲網絡壁者，吾於《蔡明遠帖》見之。公正書及真、行，踰妙及神。及草，蓋有之矣，恨未見也。或曰公之於書，殊少媚態，又似太露筋骨，安得越虞、褚而偶羲、獻耶。答曰：公之爲病耳，求合流俗，非公志也。又其太露筋骨者，蓋欲不踵前跡，自成一家，豈與前輩競其妥帖、妍媸哉。

今所傳千福寺碑，公少爲武部員外時也，遒勁婉熟，已與歐、虞、徐、沈晚筆相上下。而魯公中興以後筆跡，迥與前異者，豈非年彌高，學愈精耶。以此質之，則公於柔媚圓熟，非不能也，恥而不爲也。自秦行篆籀，漢用分隸，字有義理，法貴謹嚴。魏晉而下，始減損筆畫，以就字勢。惟公合篆籀之義理，得分隸之謹嚴，放而不流，拘而不拙，善書之至也。

宋・米芾《海岳名言》 顔魯公行字可教，真便入俗品。

又 石刻不可學。但自書使人刻之，已非書也。故必須真跡觀之，乃得趣。如顔真卿每使家僮刻字，故會主人意，修改披撃，致大失真。唯吉州《廬山題名》，題訖而去，後人刻之，故皆得其真，無做作凡差，乃知顔出於褚也。又真跡皆無蠶頭燕尾之華。《與郭知運爭坐位帖》有篆籀氣，顔傑思也。

宋・米芾《書史》 唐太師題顔真卿《不審》、《乞米》二帖，在蘇澥處。背縫有吏部銓印，與安師文家《爭坐位帖》、《現峽別駕帖》縫印一同。

《爭坐位帖》是唐畿縣獄狀捶熟紙。【略】此帖在顔最爲傑思，想其忠義憤發，頓挫郁屈，意不在字，天真罄露，在於此書。石刻粗存梗概。

宋・姜夔《續書譜・總論》 歐陽率更、顔平原輩以真爲草。

又《用筆》 歐陽率更結體雖太拘，而用筆特備衆美。雖少枯，而翰墨灑落，追蹤鍾、王，來者不能及也。顔、柳結體既異古人，用筆復弱一偏。予評二家爲書法之一變，數百年間人争效之，字畫剛勁，高明固不爲無助，而魏晉風軌掃地矣。

宋・董逌《廣川書跋》 太師以書名，《中興頌》尤瓌瑋，故世貴之。今數百年蘚封莓固，遠望雲煙外，至者仰而玩之，其亦天下之偉觀者耶。

明・楊慎《墨池瑣録》卷二 書法之壞，自顔真卿始。自顔而下，終晚唐無晉韻矣。至五代李後主，始知病之，謂顔書有楷法而無佳處，正如叉手並足如田舍郎翁耳。李之論一出，至宋米元章評之曰：顔書筆頭如蒸餅，大丑惡可厭。又曰：顔行書可觀，真便入俗品。米之言雖近風，不爲無理，然言而行不逮。至趙子昂出，一洗顔、柳之病，直以晉人爲師，右軍之後，一人而已。

清・劉熙載《藝概・書概》 顔魯公書，自魏、晉及唐初諸家皆歸隱括。東坡詩有顔公變法出新意之句，其實變法得古意也。

顔魯公正書，或謂出於北碑《高植墓志》及穆子容所書《太公吕望表》，又謂其行書與《張猛龍碑》後行書數行相似，此皆近之。然魯公之學古，何嘗不多連博貫哉。

歐、虞、褚三家之長，顔公以一手擅之。使歐見《郭家廟碑》，虞、褚見《宋廣平碑》，必且撫心高蹈，如師襄之發嘆於師文也。

傳記

宋・朱長文《續書斷上・神品》 顔真卿，字清臣，祕書監師古七世從孫也。系出瑯琊，世載名德。天寶末，拜平原太守。羯胡搆亂，河朔郡皆陷賊，獨平原堅守，與其兄杲卿以討賊爲事。援絶力窮，乃趨行在，事肅宗不畏於李輔國、魚朝恩，事代宗不阿於元載，事德宗不悦於盧杞。擯斥流離，未嘗寧處。卒爲姦雄所擠，以使叛虜，秉節就死，年七十六。位太子太師，謚曰文忠，唐世皆謂之魯公，不敢名云。

紀事

唐・顔真卿《張長史筆法十二意》 予罷秩醴泉，特詣東洛，訪金吾長史張公，請師筆法。長史于時在裴儆宅憩止，已一年。衆師張公求筆法，或有得者，皆曰神妙。僕頃在長安二年，師事張公，竟不蒙傳授，使知是也。人或問筆法者，張公皆大笑而已。即對草書，或三紙、五紙，皆乘興而散，不復有得其言者。

僕自再遊於洛下，相見眷然不替。僕因問裴儆：足下師敬長史，有何所得。曰：但得絹屏素本數軸。亦嘗請論筆法，唯言倍加功學臨寫，書法當自悟矣。僕自停裴家月餘，日因與裴儆從長史言話，儆前請曰：既承九丈獎諭，日月滋深，夙夜工勤，溺于翰墨，儻得聞筆法要訣，則終爲師學，以異至於能妙，豈任感戴之誠也。

長史久不言，乃左右眄視，拂然而起，僕乃從行，歸來竹林院小堂。張公乃當堂踞坐牀，而命僕居乎小榻，而曰：筆法玄微，難妄傳授，非志士高人，詎可與言要妙也。書之求能，且功真草，今以授之，可須思妙。乃曰：【略】夫書道之妙，焕乎其有旨焉。字外之奇，言所不能盡。

著録

《宣和書譜》卷三《正書一・唐》 顔真卿，字清臣，師古五世從孫，瑯琊人。官至太子太師，封魯郡公。初登進士第，又擢制科，以御史出使河隴，五原大旱，爲決冤獄而雨乃降，一郡霑足，人呼爲御史雨。守平原日，河朔二十三郡皆陷賊，平原獨以有備完，奏至，明皇爲之嘆息，想見其人。然爲奸邪輩所疾，盧杞尤不喜，李希烈陷汝州，固遣真卿宣詔，士論惜之。而真卿必行見希烈，知其不可以訓，罵而死之。惟其忠貫白日，識高天下，故

精神見於翰墨之表者，特立而兼括，自篆籀、分隸而下，同爲一律，號書之大雅，豈不宜哉。

論者謂其書點如墜石，畫如夏雲，鈎如屈金，戈如發弩，此其大概也。至其千變萬化，各具一體，若《中興頌》之閎偉，《家廟碑》之莊重，《仙壇記》之秀穎，《元次山銘》之深厚，又種種有不同者。蓋自有早年書《千佛寺碑》，已與歐、虞、徐、沈暮年之筆相上下。及中興以後，筆力迥與前異，亦其所得者愈老也。歐陽修獲其斷碑而跋之云：如忠臣烈士、道德君子，端嚴尊重，使人畏而愛之，雖其殘闕，不忍棄也。其爲名流所高如此。後之俗學，乃求其形似之末，以謂蠶頭燕尾，僅乃得之，曾不知以錐畫沙之妙，其心通而性得者，非可以糟粕議之也。

嘗作《筆法十二意》，備盡師資之學。然其正書，真可以垂世。今御府所藏二十有八：正書《旌節敕》、《顔允南父惟正贈告》、《顔允南母商氏贈告》、《潘丞竹山書堂詩》、《朱巨川告》、《疏拙帖》，行書《争座前帖》、《争座後帖》、《送文殊碑文帖》、《頓首夫人帖》、《與李光顔太保帖》、《蔡明遠鄱陽帖》、《劉太沖帖》、《劉中使帖》、《開府帖》、《盧侯帖》、《瑶臺帖》、《篆籀帖》、《中夏帖》、《湖州帖》、《送書帖》、《乞米帖》、《乞脯帖》、《縑緗帖》、《馬病帖》、《送辛晃序》、《祭伯父濠州刺史文》、《祭侄季明文》。

藝文

宋・蘇軾《墨妙亭詩》 顔公變法出新意，細筋入骨如秋鷹。

清・何紹基《跋宋拓顔真卿争座位帖》 顔公變法出新意，細筋入骨如秋鷹。東坡眼覷書勢破，魯國法匪山陰承。後人迷誤囿所見，傴迫附會從鈎繩。公乎有靈應大笑，南北殊派本代興。長史口傳十二意，漏痕釵脚聞素僧。典型雖云有前矩，浩氣獨出無同能。安師文家坐位稿，奇特首遇坡翁稱。當時所見乃墨跡，先豐牒紙厚勝繒。後來安氏始入石，髯也定許聞登登。手搨數本書大進，清容是語宜有徵。奇哉肖神不肖貌，特標韻勝裹鋒棱。【略】學書不成真細事，感懷身世如春冰。

沈千運

論説

唐・韋續《墨藪》卷一《書品優劣第三・真行書二十二人》 沈千運，如飢鷹殺心，忍瘦筋骨。

韋述

論説

唐・竇臮《述書賦》卷下 我小司空韋公曰述，識該藝府，才同史筆。茂族挺生，聖朝間出。若乃闡異聞之旨，接片善之勤，則必忘疲吐握，不間風塵。所談而改觀成市，所寶而增價爲珍。小擅聲於自我，大推美於其人。彼凡百而馳名既往，遇此公而其德惟新。可謂千載一時，孤標絶倫矣。韋述，京兆人，尚書工部侍郎。

傳記

《舊唐書》卷一〇二《韋述傳》 韋述，司農卿弘機曾孫也。父景駿，房州刺史。述少聰敏，篤志文學，家有書二千卷，述爲兒童時，記覽皆遍。【略】述早儒術進，當代宗仰，而純厚長者，澹於勢利，道之同者，無間貴賤，

皆禮接之。家聚書二萬卷，皆自校定鉛槧，雖御府不逮也。兼古今朝臣圖，歷代知名人畫，魏晉以來草、隸真跡數百卷，古碑、古器、藥方、格式、錢譜、璽譜之類，當代名公尺題，無不畢備。

紀事

唐・韋述《叙書録》 開元十六年五月，内出二王真跡及張芝、張昶等真跡，總一百五十卷，付集賢院，令集字拓進。尋且依文拓兩本進内，分賜諸王。

又《蘭亭》 一時相傳云將入昭陵玄宫，長安、神龍之際，太平、安樂公主奏借出外拓寫，《樂毅論》因此遂失所在。

懷素

論説

唐・韋續《墨藪》卷一《書品優劣第三・真行書二十二人》 釋懷素，援毫掣電，隨身萬變。

宋・蘇軾《題王逸少帖》 顛張醉素兩禿翁，追逐世好稱書工。何曾夢見王與鍾，妄自粉飾欺盲聾。有如市倡抹青紅，妖歌嫚舞眩兒童。

宋・黄庭堅《山谷題跋》 懷素書暮年乃不減長史，蓋張妙於肥，藏真妙於瘦。此兩人者，一代草書之冠冕也。

宋・米芾《海岳書評》 懷素書如壯士拔劍，神彩動人。而回旋進退，莫不中節。

宋・朱長文《續書斷上・妙品》 唐僧懷素，字藏真，長沙人也。自云得草書三昧。始其臨學勤苦，故筆頹委，作筆塚以瘞之。嘗觀夏雲隨風變化，頓有所悟，遂至妙絶，如壯士拔劍，神彩動人。顔公嘗有書云，昔張長史之作也，時人謂之張顛。今懷素之為也，僕實謂之狂僧。以狂繼顛，孰為不可耶。其為名流推與如此。

清・劉熙載《藝概・書概》 長史、懷素皆祖伯英今草。長史《千文》殘本，雄古深邃，邈焉寡儔。懷素大小字《千文》，或謂非真，顧精神雖遜長史，其機勢自然，當亦從原本脱胎而出。至《聖母帖》，又見與二王之門庭不異也。

綜述

唐・懷素《藏真自叙》 懷素家長沙，幼而事佛，經禪之暇，頗好筆翰。然恨未能遠睹前人之奇迹，所見甚淺。遂擔笈杖錫，西遊上國，謁見當代名公，錯綜其事，遺編絶簡，往往遇之。豁然心胸，略無疑滯。魚牋絹素，多所塵點，士大夫不以爲怪焉。顔刑部，書家者流，精極筆法，水鏡之辨，許在末行。又以尚書司勳郎盧象、小宗伯張正言，曾爲歌詩，故叙之曰：開士懷素，僧中之英，氣概通疏，性靈豁暢。精心草聖，積有歲時，江嶺之間，其名大著。故吏部侍郎韋公陟，睹其筆力，勖以有成。今禮部侍郎張公謂，賞其不羈，引以遊處。兼好事者，同作歌以贊之，動盈卷軸。

夫草稿之作，起於漢代，杜度、崔瑗，始以妙聞，逮乎伯英，尤擅其美。羲、獻茲降，虞、陸相承，口訣手授。以至於吴郡張旭長史，雖姿性顛逸，超絶古今，而模楷精法詳，特爲真正。真卿早歲，常接遊居，屢蒙激昂，教以筆法。資質劣弱，又嬰物務，不能懇習，迄以無成。追思一言，何可復得。忽見師作，縱横不群，迅疾駭人。若還舊觀，向使師得親承善誘，函挹規模，則入室之賓，捨子奚適。嗟嘆不足，聊書此以冠諸篇首。

其後繼作不絶，溢乎箱篋。其述形似，則有張禮部云：奔蛇走虺勢入座，驟雨旋風聲滿堂。盧員外云：初疑輕煙澹古松，又似山開萬仞峰。王永州邕曰：寒猿飲水撼枯藤，壯士拔山伸勁鐵。朱處士遥云：筆下唯看激電流，字成只畏盤龍走。叙機格，則有李御史舟云：昔張旭之作也，時人謂之張顛。今懷素之爲也，余實謂之狂僧。以狂繼顛，誰曰不可。張公又云：

稽山賀老粗知名，吴郡張顛曾不易。許御史瑶云：志在新奇無定則，古瘦漓灑半無墨。醉來信手三兩行，醒後卻書書不得。戴御史叔倫云：心手相師勢轉奇，詭形怪狀翻合宜。人人欲問此中妙，懷素自言初不知。語疾速，則有竇御史冀云：粉壁長廊數十間，興來小豁胸中氣。忽然絶叫三五聲，滿壁縱横千萬字。戴公又云：馳毫驟墨列奔駟，滿座失聲看不及。目愚劣，則有從父司勳員外郎、吴興錢起詩云：遠錫無前侣，孤雲寄太虚。狂來輕世界，醉裏得真知。皆辭旨激切，理識玄奥，固非虚蕩之所敢當，徒增愧畏耳。

時大曆丁巳冬十月二十八日。

傳記

宋・陳思《書小史》卷一〇《傳九》 僧懷素，字藏真，長沙人，疏放不拘細行。頗好筆翰，貧無紙可書，嘗於故里種芭蕉萬餘株以供揮灑。書不足，乃漆一盤書之，又漆一方板，書至再三，盤板皆穿。吏部尚書韋陟見而賞之曰：此沙門札翰當振宇宙大名。受筆法於金吾兵曹鄔彤，彤嘗謂懷素曰：草書古勢多矣，惟太宗以獻之書如凌冬枯樹，寒寂勁硬，不置枝葉。張旭長史又嘗私謂彤曰：孤蓬自振，驚沙怒飛，余師而爲書，故得奇怪。凡草聖盡於此。懷素不復應對，但連叫數十聲曰：得之矣。顔魯公嘗問師曰：夫草書於師授之外，師有自得之乎。師曰：貧道觀夏雲多奇峰，輒嘗師之。夏雲因風變化，乃無常勢。又遇壁拆之路，一一自然。顔公曰：噫，草聖之淵妙代不乏人，可謂聞所未聞之旨也。

著録

《宣和書譜》卷一九 唐釋懷素，字藏真，俗姓錢，長沙人，徙家京兆。玄奘三藏之門人也。初勵律法，晚精意於翰墨，追仿不輟，秃筆成冢。一夕，觀夏雲隨風，頓悟筆意，自謂得草書三昧。斯亦見其用志不分，乃凝於神也。當時名流如李白、戴叔倫、竇晟、錢起之徒，舉皆有詩美之。狀其勢，以謂若驚蛇走虺，驟雨狂風，人不以爲過論。又評者謂張長史爲顛，懷素爲狂，以狂繼顛，孰爲不可。及其晚年益進，則復評其與張芝逐鹿，兹亦有加無已，故其譽之者亦若是耶。考其曰得酒發興，要欲字字飛動，圓轉之妙，宛若有神，是可尚者。今御府所藏草書一百有一：《孝經》四、《自叙》、《鄂公門將贊》三、《草書歌》二、不完。《秋風辭》、《草聖詩》、《早春詩》、《自詠詩》、《寄人詩》、《憶人詩》、《游山詩》、《題酒樓詩》、《酒船詩》、《勸酒詩》、《狂醉詩》、《醉僧圖詩》、《寄浩公詩》、《回雁詩》、《論草聖帖》、《論章草帖》、《論書帖》、《神仙帖》、《游山帖》、《下山帖》、《尋道帖》、《貧道帖》、《玉壺帖》、《仙杖帖》、《長生帖》、《臨川帖》二、《山水帖》、《山亭帖》、《早行帖》、《松聲帖》、《花發帖》、《上林花發帖》、《奉李帖》、《送人帖》、《藥物帖》、《石膏散帖乘興帖附》、《白石散帖》、《寄藥帖》、《顛書帖》、《二謝帖》、《二謝等帖》、《奉二謝帖》、《奉書帖》、《揮翰帖》、《筆老帖》、《遺興帖》、《清和帖》、《近代帖》、《久在帖》、《動静帖》、《臨池帖》、《憑事帖》、《勤讀帖》、《天然帖》、《本欲帖》、《足下帖》、《知命帖》、《自首帖》、《世人帖》、《飛鈞帖》、《雄逸帖》、《汝等帖》、《還期帖》、《客舍帖》、《陶阮帖》、《江公帖》、《得書帖》、《帥古帖》、《取步帖》、《衣缽帖》、《河内諸子帖》、《河東帖》、《成陽帖》、《吴郡帖》、《新安縣帖》、《醉顛帖》、《草顛帖》、《小草等帖》、《行草筆法》、《公孫大娘等帖》、《臨王羲之懷問帖》、《千文帖》、《夢游天姥山等歌》五。

藝文

唐・懷素《草書歌行》 少年上人號懷素，草書天下稱獨步。墨池飛出北溟魚，筆鋒殺盡中山兔。八月九日天氣凉，酒徒詞客滿高堂。牋麻素絹排數廂，宣州石硯墨色光。吾師醉後倚繩床，須臾掃盡數千張。飄風驟雨驚颯颯，落花飛雪何蒼茫。起來向壁不停手，一行數字大如斗。怳怳如聞神鬼驚，時時只見蛟龍走。左盤右蹙如驚電，狀同楚漢相攻戰。湖南七郡凡幾家，家家屏障書題遍。王逸少，張伯英，古來幾許浪得名。張顛老死

不足數，我師此義不師古。古來萬事貴天生，何必要公孫大娘渾脱舞。此篇本藏真自作，駕名李太白，前人已有辨證。

唐・錢起《送外甥懷素上人歸鄉侍奉》 釋子吾家寶，神清慧有餘。能翻梵王字，妙盡伯英書。遠鶴無前侶，孤雲寄太虚。狂來輕世界，醉里得真如。飛錫離鄉久，寧親喜臘初。故池殘雪滿，寒柳霽煙疏。壽酒還嘗藥，晨餐不薦魚。遥知禪頌外，健筆賦閑居。

唐・韓偓《題懷素草書屏風》 何處一屏風，分明懷素蹤。雖多塵色染，猶有墨痕濃。怪石奔秋澗，寒藤掛古松。若教臨水照，字字恐成龍。

清・永瑆《題懷素苦笋帖》 千年苦笋帖，草法見藏真。食肉全無相，參禪有後人。平原論釵股，長史脱冠巾。遺跡俱寥貌，唯斯獨傳神。

雜録

元・趙孟頫《跋懷素論書帖》 懷素書所以妙者，雖率意顛逸，千變萬化，終不離魏晉法度故也。後人作草，皆隨俗繳繞，不合古法，不識者以爲奇，不滿識者一笑也。此卷是素師肺腑中流出，尋常所見，皆不能及之也。

明・莫如忠《崇蘭館集》 懷素絹本《千字文》真跡，其點畫變態，意匠縱横。初若漫不經思，而動遵型范，契合化工，有不可名言其妙者。

明・項元汴《跋懷素苦笋帖》 余僅得宋祕府所藏《苦笋》一帖，其用筆婉麗，出規入矩，未有越於法度之外。疇昔謂之狂僧，甚不解。其藏正於奇，藴真於草，含巧於樸，露筋於骨，觀其以懷素稱名，藏真爲號，無不心會神解。若徒視形體，以點劃求之，豈能窺其精妙，升堂入室。學者必以余言給則，庶乎得其門矣。此書世之稀有者，可不寶之。

清・安岐《墨緣匯觀・評懷素自叙帖》 墨氣紙色，精彩動人。其中縱横變化，發於毫端，奥妙絶倫，有不可形容之勢。

竇蒙

論説

唐・徐浩《古跡記》 前試國子司業兼太原縣令竇蒙、蒙弟檢校户部員外郎、宋汴節度參謀竇臮，並久遊翰苑，皆好圖書。辨僞知真，無出其右。

傳記

宋・陳思《書小史》卷一〇《傳九》 竇蒙，字子全，官至國子司業，善書。《書賦》曰：吾兄則書包雜體，首冠眾賢，手闕目瞥，瞬息彌年。比夫得道家之深旨，習閬風而欲仙。

竇臮

論説

唐・徐浩《古跡記》 前試國子司業兼太原縣令竇蒙、蒙弟檢校户部員外郎、宋汴節度參謀竇臮，久遊翰苑，皆好圖書。辨僞知真，無出其右。

唐・竇蒙《述書賦語例字格》 吾第四弟尚輦君，字靈長，翰墨則張、王，文章凌班、馬。詞藻雄贍，草、隸精深。平生著碑誌、詩篇、賦頌、章表凡十餘萬言，較其巨麗者，有天寶所獻《大同賦》、《三殿蹴踘賦》，以諷興諫

靜爲宗，以匡君救時爲本。帝乃咨爾，可編筴書，中使王人，榮曜戚里，龍章鳳篆，寵錫儒門。及乎晚年，又著《述書賦》，總七千六百四十言。精窮旨要，詳辨祕義，無深不討，無細不聞。徵《五典》、《三墳》、《九丘》、《八索》、《詩》、《騷》、《禮》、《易》、文選詞林，猶不盡所知。故別結語立言，曲申幽奧，一字一句，數義旁通。尚葺君學究天人，才通詁訓，注解分析，皆憑史傳。

傳記

宋・陳思《書小史》卷一〇《傳九》 竇臮，字靈長，蒙之弟，官至刑部員外郎。詞藻雄贍，草、隸精絶。著《述書賦》一篇，兄蒙爲之注。

紀事

唐・盧元卿《法書録》 貞元十一年正月，於都官郎中竇臮興化宅見王廙書、鍾會書各一卷，武都公李造押名又兩卷，並古錦褾、玉軸。

雜録

清・翁方綱跋《四庫全書總目提要》卷一一四 《漢溪書法通解》八卷，安徽巡撫采進本，國朝戈守智撰。【略】大致愨仿竇臮《述書賦》，而淹貫宏通終不逮古也。

李清吉

論説

唐・韋續《墨藪》卷一《書品優劣第三・真行書二十二人》 李清吉，變化自逸，代有斯人。

釋玄悟

論説

唐・韋續《墨藪》卷一《書品優劣第三・真行書二十二人》 釋玄悟，骨氣無雙，迥出時輩。

釋湛然

論説

唐・韋續《墨藪》卷一《書品優劣第三・真行書二十二人》 釋湛然，子敬之後，難可比肩。

釋崇簡

論說

唐·韋續《墨藪》卷一《書品優劣第三·真行書二十二人》 釋崇簡，臨寫逸少，時有亂真。

呂向

論說

唐·竇臮《述書賦》卷下 呂公，歐、鍾相雜，自是一調。雖則筋骨乾枯，終是精神險峭。其餘小楷，尤更巧妙。呂向，東平人。開元初，上《美人賦》忤上，時張說作相，諫曰：夫鬻權脇君，愛君也。陛下縱不能用，容可殺之乎。使陛下後代有愎諫之名，而向得敢諫之直，與小子爲便耳，不如釋之。於是承恩特拜補闕，賜綵百段、衣服、銀章、朱紱，翰林待詔。頻上賦頌，皆在諷諫，兼皇太子文章及書。官至給事中、中書舍人、刑部侍郎。文詞學業，當代莫比。

傳記

宋·朱長文《續書斷下·能品》 唐呂向，字子回，章、草、隸峻巧，又能一筆環寫百字，若縈髮然，世號連綿書。強志於學，每賣藥即市閱書，遂通古今。開元中，召入翰林，帝遣使採擇姝好，向奏《美人賦》以諷，帝怒，賴張説諫説以免，遂見旌寵。嘗詁解《文選》，世號《五臣注》者是也。終工部侍郎。

歸登

論說

宋·朱長文《續書斷下·能品》 登書前人未嘗稱道，余近得《徑山禪師碑》於錢塘，乃登騎省時書也。字皆真行，縱横變動，筆意尤精。蓋其當時不以書自名，而唐人亦罕稱之爾。

傳記

宋·朱長文《續書斷下·能品》 唐歸登，字沖之，舉孝廉，策賢良，爲右拾遺，同列有所諫正，輒求聯名，無所回畏。尤遠權勢，不以淹速存懷。順宗爲皇太子，登父子侍讀。終於工部尚書，年六十七。

李約

論說

唐·張彥遠《法書要録》卷三《唐高平公蕭齋記》 隴西李君約，於

江南得蕭子雲壁書飛白蕭字，以筆勢驚絶，遂匣而寶之。其遇之之由，則君之贊序與崔監察備論之詳矣。君與字俱載舟還洛陽仁風里第，思所以盡其瞻玩、藏置之宜。謂箱櫝臨視不時，又有緘啟動摇之變，遂建精室，陷列於垣，復本書之意，得遥睹之美。寂對虚牖，勢若飛騫，雖煙霧交飛，龍鸞縈動，輕旆翻揚，微雲卷舒，不能狀也。

李君以至行雅操，著名當時，逍遥道樞，脱落榮利，識洞物表，神交古人。而風致之餘，特精楷、隸，所得魏晉已降名書祕迹多矣，以不越於尺素之間，未爲殊珍也。蓋壁字奇蹤，乃爲希寶，意象所得，非常域也。故異而室之，文而志之。夫蕭之爲言也，切然而清；於文也，蔚然而整。宜乎銘壁，宜乎命齋。蕭齋之名，於此字俱傳矣。

又《李約壁書飛白蕭字贊序》 余少好圖書，耽嗜奇古，由此雖志業不立，而性莫能遷。非不干求爵禄，心懵時事，以與名疎。非欲乖時好尚，養痾守獨，所見遂僻。僻則僻矣，與夫酣湎聲妓，并走權利者，俱亡羊也，亡則孰多。余每閲玩此，遂而圖書之光，如逢古人，似得良友。加以琴酒静暢，書齋晝閒，榮富賤貧，是日何在。至若尋翰墨輕濃之勢，窮點畫分布之能，與日彌深，隨見逾妙。嗟夫，昔賢垂不朽之藝，知傳寶於後世，後人睹妙絶之迹，見得意於當時。名齊日月，情契古今。《傳》曰：遊於藝。藝可已乎。

高閑

論說

唐・韓愈《送高閑上人序》 往時張旭善草書，不治他技。喜怒窘窮，憂悲愉佚，怨恨思慕，酣醉無聊不平，有動於心，必於草書焉發之。觀於物，見山水崖谷，鳥獸蟲魚，草木之花實，日月列星，風雨水火，雷霆霹靂，歌舞戰鬥，天地事物之變，可喜可愕，一寓於書。故旭之書，變動猶鬼神，不可端倪，以此終其身而名後世。今閑之於草書，有旭之心哉。不得其心而逐其跡，未見其能旭也。爲旭有道，利害必明，無遺錙銖，情炎於中，利欲鬥進，有得有喪，勃然不釋，然後一決於書，而後旭可幾也。

今閑師浮屠氏，一死生，解外膠。是其爲心，必泊然無所起，其於世，必淡然無所嗜。泊與淡相遭，頽墮委靡，潰敗不可收拾，則其於書得無象之然乎。然吾聞浮屠人善幻，多技能，閑如通其術，則吾不能知矣。

宋・黄庭堅《魯直自評書學》 余學草書三十年，初以周越爲師，故三十年抖擻俗氣不脱。晚得蘇才翁子美書觀之，乃得古人筆意。其後又得張長史、懷素、高閑墨迹，乃窺筆法之妙。

宋・董逌《廣川書跋》 閑之書不多存於世，其學出張顛，在唐得名甚顯。韓退之嘗謂張旭喜怒憂悲，必於書發之，故能變化若鬼神。見閑書者，知隨步置履於旭之境矣，彼按跡無差者，豈復循已棄之轍跡而求致之哉，正善學旭者也。

宋・陳思《書小史》卷一〇 釋高閑，善草書，師懷素，深窮體勢。韓文公嘗以序送之，極稱其善。張祜承吉亦有詩云：卷軸朝廷餞，書函内庫收。

藝文

唐・張祜《高閑上人》 座上辭安國，禪房戀沃洲。道心黄葉老，詩思碧雲秋。卷軸朝廷餞，書函内庫收。陶欣入社叟，生怯論經儔。日色屏初揭，風聲筆未休。長波溢海岸，大點出嵩丘。不絶羲之法，難窮智永流。殷勤一箋在，留著看銀鈎。

釋亞棲

論說

宋・陳思《書小史》卷一〇 釋亞棲，洛陽人，善草書。自云其書如飛鳥出林，驚蛇入草。嘗對御草書，兩賜紫袍。有詩云：通神筆法得玄門，親入長安謁至尊。莫怪出來多意氣，草書曾悦聖明君。

張籍

論說

《宣和書譜》卷九 張籍，字文昌，和州烏江人，以進士登科，官至國子司業。善書翰，行草爲最。性狷直不容物。是時韓愈以文衡輕重天下士，而籍爲愈客，且薦於朝，自爾名播人口，一時賢士爭與之游。其作詩，善樂府，句法出諸客右。觀夫字畫凜然，其典雅斡旋處，當自與文章相表裏，不必以書專得名也。且後世欲見韓門弟子之風采者，當於此求其仿佛。今御府所藏行書一：《希深帖》。

韓梓材

論說

宋・朱長文《續書斷下・能品》 筆迹晞顔魯公、沈傳師，而加遒麗，披沙見金，其一也。

裴潾

傳記

宋・朱長文《續書斷下・能品》 唐裴潾，河東聞喜人。篤學，善隸書，爲憲宗起居舍人。柳泌爲帝治丹劑求長年，潾諫甚切，見貶。憲宗竟以藥棄天下，世謂潾知言。後尹河南。

韓愈

論說

宋・朱長文《續書斷下・能品》 唐韓愈，字退之。唐世大儒，高義

亮節，昭昭然如揭日月，其爵位、行事不待述而可知也。退之雖不學書，而天骨勁健，自有高處，非衆人所可及。余嘗見其《華嶽題名》，酷愛玩之，如挹其眉宇。又劉夢得、柳子厚皆云學者，有石刻班班垂世間，其文章足以自顯，而又假翰墨爲助，豈不美矣。

沈傳師

論說

宋・歐陽修《六一題跋》 傳師書非一體，放逸可愛。

宋・米芾《海岳名言》 徐浩晚年力過，更無氣骨。【略】沈傳師變格，自有超世真趣，徐不及也。

宋・米芾《海岳書評》論沈書 如龍游天表，虎踞溪旁。精神自若，骨法清虚。

宋・朱長文《續書斷上・妙品》 唐沈傳師，字子言，蘇州吴縣人。史館修撰既濟之子也。材行有餘，能治《春秋》，工書，有楷法。入翰林次當拜承旨，稱病固辭，出觀察河南，歷右丞率江西，以吏部侍郎卒，年五十九。性夷粹無競，更二鎮，十年無書賄入權家，而僚佐極一時之選。正、行書皆至妙品。存於翠琰，爽快騫舉，如許邁學仙，骨輕神健，飄飄然欲騰霄云。

宋・陳思《書小史》卷一〇 沈傳師，字子言，蘇州吴人，官至吏部侍郎。材行有餘，工書，有楷法。

傳記

明・陶宗儀《書史會要》卷五 沈傳師，字子言，蘇州人。官至吏部侍郎。材行有餘，善楷、隸、行、草，以書自名。

藝文

宋・胡仔《苕溪漁隱叢話後集》卷一七 苕溪漁隱曰：六一居士謂沈傳師《游道林岳麓寺》施教，題云《酬唐侍御姚員外》，而二人之詩不見，不知何人也。獨此詩以字畫傳於世，而詩亦自佳。蔡寛夫謂唐扶者，即沈傳師所謂唐侍御也。詩語秀拔，餘已於《叢話》前集載之矣。今但録傳師詩於左方：

承明年老輒自論，乞得湘守東南奔。爲聞楚國富山水，青嶂邐迤僧家園。舍香珥筆皆眷舊，謙抑自忘臺省尊。不令執簡候亭館，直許攜手游山樊。忽驚列岫曉來逼，朔雪洗盡煙嵐昏。碧波回嶼三山轉，丹檻繚郭千艘屯。華鑣躞蹀絢砂步，大旆錯綜輝松門。樛枝競鶩龍蛇勢，折幹不滅風霆痕。相重古殿倚岩腹，别引新徑縈雲根。目同傷楚虞帝魂，情多思遠聊開樽。危弦細管逐歌颺，畫鼓繡靴隨節翻。鏘金七言凌老杜，入木八法蟠高軒。嗟余潦倒久不利，忍復感激論元元。

又《東皋雜録》云：潭州道林寺沈傳師親書詩版，道勁妙絶，與今石本遠矣。又有歐陽詢書道林之寺四大字額，筆勢欲飛動。

李紳

論說

宋・朱長文《續書斷下・能品》 嘗觀其《法華寺》詩，筆老字勁，亦爲無愧於前輩焉。

柳公權

論說

《舊唐書》卷一六五《柳公權傳》　公權初學王書，遍閱近代筆法，體勢勁媚，自成一家。當時公卿大臣家碑板，不得公權手筆者，人以爲不孝。外夷入貢，皆別署貨貝，曰此購柳書。上都西明寺《金剛經碑》，備有鍾、王、歐、虞、褚、陸之體，尤爲得意。

宋·朱長文《續書斷上·妙品》　公權博貫經術，正書及行皆妙品之最，草不失能。蓋其法出於顔，而加以遒勁、豐潤，自名一家，而不及顔之體局寬裕也。雖驚鴻避弋，飢鷹下韝，不足以喻其鶱急云。文宗嘗召與聯句，他學士亦屬繼，帝獨諷公權者，以爲詞情皆足，命題於殿壁，字率徑五寸。帝嘆曰：鍾、王無以尚也。

清·劉熙載《藝概·書概》　柳誠懸書，《李晟碑》出歐之《化度寺》，《玄祕塔》出顔之《郭家廟》。至於《沂州普照寺碑》，雖系後人集柳書成之，然剛健含婀娜，乃與褚公神似焉。

清·康有爲《廣藝舟雙楫》　柳誠懸《平西王碑》學《伊闕石龕》而無其厚氣，且體未成。時柳公年已四十餘，書乃如此，可知古之名家，亦不易就。後人或稱此碑，則未解書道者也。

又　《高元裕碑》，有龍跳虎卧之氣。

傳記

宋·朱長文《續書斷上·妙品》　唐柳公權，字誠懸，京兆華原人。兵部尚書起之之弟也。元和初，擢進士第。穆宗時，以夏州書記入奏，帝曰：朕嘗於佛廟見卿筆跡，思之久矣。即拜右拾遺、侍書學士。帝問公權用筆法，對曰：心正則筆正，乃可爲法。帝改容，悟其以筆諫也。起之嘗寓書宰相曰：家弟本志儒學，先朝以侍書見用，頗類工祝，願徙散秩。乃改右司郎中、弘文館學士。文宗復召侍書，遷中書舍人、翰林書詔學士。帝有求治之意，而不能倚忠疾讒，嘗便殿舉袂曰：此三浣矣。對曰：人主當進賢退不肖，納諫諍，明賞罰。服浣濯之衣，此小節耳。其切直多類此。累封河東郡公，咸通初，以太子太保致仕。卒，壽齡八十八。

紀事

宋·朱長文《續書斷上·妙品》　其遷少師，宣宗召御坐前，書紙三番，作真、行、草三體，帝奇之，賜以器幣，且詔自書謝章，無限真、行。當時大臣家碑誌，非其筆，人以子孫爲不孝。外夷入貢，皆別署貨貝曰：此購柳書。嘗書京兆西明寺《金剛經》，有鍾、王、歐、虞、褚、陸諸家法。

宋·王溥《唐會要》卷三五　上都西明寺《金剛經碑》，備有鍾、王、歐、虞之體。文宗夏日與學士聯句，上曰：人皆苦炎熱，我愛夏日長。公權曰：薰風自南來，殿閣生微凉。上吟久之，因令題於殿壁，字圓五寸。帝曰：鍾、王復生，無以加焉。帝詔升殿，御前書三紙，軍容使西門季玄捧硯，樞密使崔巨源過筆。一紙真書十字：衛夫人傳筆法於王右軍。一紙行書十一字：永禪師真草《千字文》得家法。一紙草書八字，曰：謂語助者，焉、哉、乎、也。嘗評硯，以青州石末爲之第一，研墨易冷，絳州墨硯次之。

著録

《宣和書譜》卷三　柳公權，字誠懸，公綽之弟，京兆人。博貫經術，通音律。元和中，擢進士第。穆宗朝以夏州書記入奏，帝曰：朕嘗於佛廟見卿筆跡，思之久矣。即拜右拾遺，侍書學士。帝問公權用筆法，對曰：心正則筆正。帝改容，悟其筆諫也。文宗嘗與聯句，帝曰：人皆畏炎熱，我愛夏

日長。公權屬曰：熏風自南來，殿閣生微涼。他學士皆屬繼，帝獨詠公權者，命題於壁，字率五寸。帝嘆曰：鍾、王無以過也。宣宗時召升殿作字，賜以銀綵，且令自書謝狀，勿拘真、行，欲以為珍玩也。然其書名達於外夷，往往以貨貝購之。當時大臣之家，碑誌非公權書，以子孫為不孝。凡公卿以貺遺蓋鉅萬，至奴盜其杯盂，而貯笥縢識如故，公權知而笑曰：銀杯羽化矣。人益服其德量云。然公權知書得名，正其楷法耳。今御府所藏十有一：正書《度人經》二、《清淨經》、《陰符經》、《心經》、《寄藥帖》，行書《宮相帖》、《檢領帖》、《蘭亭帖》、《紫絲鞋帖》、《簡啓草稿》。

雜録

宋·米芾《海岳名言》 柳與歐，爲醜怪惡札祖。

又 歐、虞、褚、柳、顔皆一筆書也，安排費工，豈能垂世。

明·楊慎《墨池瑣録》卷二 米元章目柳公權書爲惡札，如《玄祕塔碑》，誠中其譏。若《陰符經序》，昔人評爲柳書第一，實存晉韻。下此則《馮宿碑》亞於《廟堂碑》，非《玄祕塔銘》可同日觀也。《紫絲靸帖》亦佳，比之顔，當出其上。而世未有信予此説者，何所見之不同乎。

明·詹景風《玄覽編》論柳公權《蒙詔帖》 柳誠懸墨跡帖一卷是真，筆法勁爽，而縱横悉如意也。蓋自文皇、大令而自成家。奇妙，竟日玩之不倦。

清·乾隆《評柳公權蒙詔帖》 險中生態，力度右軍。

清·楊守敬《學書邇言》 《苻璘碑》、《魏公先廟碑》、《劉沔》、《馮宿》，皆斂才就范，終歸淡雅。

牛僧孺

論説

宋·朱長文《續書斷下·能品》 唐牛僧孺，字思黯，系出隴西狄道。少與韓吏部並遊，文重一時。相穆、文二宗，德全而清，唐之名宰。嘗書馬總《谿堂碑》，師法元常，落落不俗，亦可尚云。

李德裕

傳記

宋·朱長文《續書斷下·能品》 唐李德裕，字文饒，相武宗有大勳。鉏澤潞，戡夷狄，唐以中興。不幸貶死。其書祖述顔公，毅然有法。余嘗觀遺刻於南徐，嘆其志於功名，有餘力足以及其書也。

裴休

論説

宋・米芾《書史》 江南廬山，多裴休題寺塔諸額，雖乏筆力，皆真率可愛。

宋・米芾《海岳名言》 裴休率意寫碑，乃有真趣，不陷醜怪。

《宣和書譜》卷九 裴休，字公美，孟州濟源人也。操守嚴正。初偕昆弟隱於家塾，講經著書，經年不出户。有饋鹿者，諸生共薦之，休不食，曰：蔬食猶不足，今一啖肉，後何以繼。擢進士第，舉賢良方正異等。歷昭義、河東、鳳翔、荆西四節度，官止太尉。宣宗嘗曰：休真儒者。然好學屠，居常不嗜酒肉。講求其説，演繹頗多。嘗謂人之本心，靈明廓徹，廣大虛寂，逐物迷己者不能達耳。故其爲人藴藉，進止雍閑，行不啾察。然刻意翰墨，真楷遒媚，作行書尤有體法。嘗建化成寺，僧粉額以候休題，他日見之，神色自若，以袖揑墨而爲書之，字勢奇絶，見者嗟賞。今御府所藏行書一：《判疏言狀》。

清・劉熙載《藝概・書概》 裴公美書，大段宗歐。米襄陽評之以真率可愛，真率二字最爲難得，陶詩所以過人者在此。

傳記

宋・朱長文《續書斷下・能品》 唐裴休，字公美，孟州濟源人。父肅，浙東觀察使。休能文章，楷遒勁有體法。爲人藴藉，進止雍閑。宣宗嘗曰：休真儒者。大中時，在相位五歲，革漕舟積弊，止方鎮橫賦。終於荆南節度，年七十四。

紀事

宋・朱長文《續書斷下・能品》 嘗於太山建化城寺，休鎮太原，寺僧粉額陳筆硯以俟。休神情自若，以衣袖揾墨書之，極遒健。逮歸，妾侍見其霑渥，休曰：吾適以代筆也。

藝文

金・趙秉文《遊草堂寺》 下馬來尋題壁字，拂塵先讀草堂碑。平生最愛圭峰誌，唯有裴公無愧辭。

雜録

清・葉昌熾《語石》《圭峰禪師碑》尚存，其書遒緊而無藴藉，學之易滋流弊。細參之，其運筆之操縱，結體之疏密，與誠懸昕合無間。

唐玄度

傳記

宋・朱長文《續書斷下・能品》 唐唐玄度，文宗時待詔翰林。精於小學，書有楷則，作《九經字様》、《十體書》，學者資之。

著録

《宣和書譜》卷二　唐玄度，不知何許人也。精於小學，動不離規矩。至於推原字畫，使有指歸，横斜曲直，偏傍上下，必就楷則。考其用意精深，非特記姓名而已，真可列於六藝，施之後學，得以模仿，故作《照徹經字樣》，辯證謬誤。又爲《十體》：曰古文，曰大篆，曰小篆，曰八分，曰飛白，曰薤葉，曰垂針，曰垂露，曰鳥書，曰連珠。網羅古今繩墨，蓋亦無遺，然責其疏放縱逸，則非所長。太宗時待詔翰林，論書最詳，惜其出於法中而不能遺法以見意，是以議者譏其太膠云。今御府所藏書四：篆書《千文》，正書《論書》，《十體書》二。

杜牧

論説

《宣和書譜》卷九　杜牧，字牧之，樊川人也。善屬文，第進士，復舉賢良方正，宰相李德裕素奇其才。歷黄、池等州刺史，入爲考功知制誥，遷中書舍人。牧剛正有奇節，不爲齷齪小謹。敢論列大事，指陳利弊，尤切時務。於詩情致豪邁，人號小杜，以别杜甫。其作《阿房宫賦》，詞采尤麗，有詩人規諫之風，至今學者稱之。作行草，氣格雄健，與其文章相表裏。大抵書法至唐，自歐、虞、柳、薛振起衰陋，故一時詞人墨客落筆便有佳處，况如杜牧等輩耶。今御府所藏行書一：《張好好詩》。

張彦遠

論説

唐・張彦遠《歷代名畫記》卷二《論鑒識收藏購求閱玩》　余自弱年，鳩集遺失，鑒玩裝理，晝夜精勤。每獲一卷，遇一幅，必孜孜葺綴，竟日寶玩。可致者必貨弊衣，减糲食。妻子、僮僕切切嗤笑。或曰：終日爲聲名狼藉益之事，竟何補哉。既而嘆曰：若復不爲無益之事，則安能悦有涯之生。是以愛好愈篤，近於成癖。

又《法書要録・序》　彦遠家傳法書名畫，自高祖河東公收藏珍祕，河東公書跡後異，尤能大書。本傳云：不因師法，而天姿雄勁。曾祖魏國公少稟師訓，妙合鍾、張，尺牘尤爲合作。大父高平公幼學元常，自鎮蒲陝，跡類子敬，及處臺司，乃同逸少，書體三變，爲時所稱。金帛散施之外，悉購圖書，古來名跡，存於篋笥。元和十三年，憲宗累訪珍跡，當時不敢緘藏，遂皆進獻。長慶初，又於豳州散失，傳家所有，十無一二。先君尚書少耽墨妙，備盡楷模。彦遠自幼至長，習熟知見，竟不能學一字，夙夜自責。然而收藏鑒識，有一日之長。因采掇自古論書凡百篇，勒爲十卷，名曰《法書要録》。又别撰《歷代名畫記》十卷。有好事者得余二書，書畫之事畢矣，豈敢言具哉。

著録

清・永瑢等《四庫全書總目提要》《法書要録》十卷，唐張彦遠撰。書首有彦遠自序，但題郡望而不著官爵。郭若虛《圖書見聞志》、晁公武《讀書志》亦止稱其字曰愛賓，而未詳其家世。故明毛晉跋，第以河東張氏目

之。今以《新唐書》世系表、列傳與彥遠自序參考，知彥遠乃明皇時宰相嘉貞之玄孫。序稱高祖河東公者，即嘉貞。其稱曾祖魏國公者，爲同平章事延賞。稱大父高平公者，爲同平章事弘靖。稱先君尚書者，爲桂管觀察使文規。《唐書》皆有傳。而延賞封魏國公，本傳不載，惟見於彥遠之序。本傳又稱：彥遠博學有文辭，乾符中至大理卿。而《世系表》作祠部員外郎，則當以傳爲得實。此書末載《畫譜》本傳，乃謂彥遠大父名稔，不知何據，蓋未攷《唐書》而附會之者也。

陸希聲

論説

《宣和書譜》卷四　陸希聲，吳人也，官至左僕射，家世有書名。其六世伯父柬之，以草書高天下，議者有喬松倚壁，野鶴盤空之語。四世祖景融，又以博學工書擅名。壘壘相繼，至希聲一出，遂能復振家法，爲佳子弟。而希聲尤善屬文，通經史，喜著述，且精於正書，則祖武風流，頓還舊觀。

紀事

宋・朱長文《唐陸希聲傳筆法》　錢鄧州若水嘗言：古之善書，鮮有得筆法者。陸希聲得之，凡五字，曰：擫、押、鉤、格、氐，用筆雙鉤，則點畫遒勁，而盡妙妖，謂之撥鐙法。希聲自言，昔二王皆傳此法，自斯公以陽冰亦得之，希聲以授沙門䛒光，光入長安，爲翰林供奉。希聲猶未達，以詩寄䛒光曰：筆下龍蛇似有神，天池雷雨變逡巡。寄言昔日不龜手，應念江頭洴澼人。䛒光感其言，因引薦希聲於貴倖，後至宰相。

釋䛒光

論説

《宣和書譜》卷一九　釋䛒光，江南人也。潛心草字，名重一時。吳融贈其歌曰：忽時飛動更驚人，一聲霹靂龍蛇活。司空圖亦爲之歌曰：看師逸跡兩師宜，高適歌行李白詩。當時稱美著於篇籍者，不可勝數。苟非研精覃思，詎能至是耶。昔智永學書四十載不下經閣，世號鐵門限，懷素觀夏雲隨風頓悟筆意，彼皆不以外物攖拂其心，遂能造妙。觀䛒光墨跡，筆勢遒健，雖未足與智永、懷素方駕，然自是一家法，爲時所稱，豈一朝夕之力歟。今御府所藏草書二：《贈登第等詩》、《千文》。

紀事

宋・陳思《書小史》卷一〇　釋䛒光，善書，受撥鐙法於陸希聲，自後書法頓長。先入長安爲翰林供奉，希聲猶未達，因寄詩曰：筆下龍蛇似有神，天池雷雨變逡巡。寄言昔日不龜手，應念江頭洴澼人。䛒光因引薦希聲於貴幸，後至貴顯。

藝文

唐・貫休《䛒光大師草書歌》　雪壓千峰横枕上，窮困雖多還激壯。看師逸蹟兩相宜，高適歌行李白詩。

唐・司空圖《䛒光大師草書歌》　羸病愛師書勁逸，翻作長歌助狂筆。

乘高擂鼓震川原，驚迸驊騮匹幾千。筆落縱横不離禪，方知草聖本非顛。歌成與掃松齋壁，何似曾題説劍篇。

唐・吴融《贈䛒大師草書歌》　篆書樸，隸書俗，草聖貴在無羈束。江南有僧名䛒光，紫毫一管能顛狂。人家好壁試揮拂，瞬目已流三五行。摘如鉤，挑如撥，斜如掌，回如斡。又如夏禹鎖淮神，波底出來手正拔。又如朱亥錘晉鄙，袖中抬起腕欲脱。有時軟縈盈，一穗秋雲曳空闊。有時瘦巉岩，百尺枯松露槎枿。忽然飛動更驚人，一聲霹靂龍蛇活。稽山賀老昔所傳，又聞能者惟張顛。上人致功應不下，其奈飄飄滄海邊。可中一入天子國，絡素裁縑灑毫墨。不系知之與不知，須言一字千金值。

釋貫休

論説

《宣和書譜》卷一九　釋貫休，字德隱，姓姜，婺州蘭溪人。七歲出家，日誦書每過千字，不復遺忘。工爲歌詩，多警句，膾炙人口。以至丹青之習，多怪古不媚，作十六大阿羅漢，筆法略無蹈襲世俗筆墨畦畛。中寫己狀，眉目亦非人間所有近似者。天復中入蜀，往益州東禪院，賜號禪月。作字尤奇崛，至草書益勝，嶄峻之狀，可以想見其人。喜書《千文》，世多傳其本，雖不可比跡智永，要自不凡。有歌詩千餘首，號《禪月集》行於世。今御府所藏八：草書《常侍帖》、《千文》六，行書《夢游仙詩》。

于僧翰

論説

宋・朱長文《續書斷下・能品》　唐于僧翰，以八分稱於咸通之際。雖繩矩甚備，功力不及韓、史。

盧知猷

傳記

宋・朱長文《續書斷下・能品》　唐盧知猷，字子謨，僖、昭時歷史館修撰、户部尚書。器量渾厚，世推長者。善書，有楷法，文辭贍麗。

司空圖

論説

《宣和書譜》卷九　司空圖，字表聖，河中虞鄉人。咸通末擢進士第，遷中書舍人，召拜兵部侍郎，以足疾固辭。居中條山王官谷，名其亭曰休

休，作文以見志，以謂量才一宜休，揣分二宜休，耄而聵三宜休，自號爲耐辱居士。其父輿得徐浩真跡一屏，題朔風動秋草，邊馬有歸心，尤爲精絶。輿遂於基下題云：怒猊抉石，渴驥奔泉。可以視《碧落》矣。因以戒圖曰：儒家之寶，莫逾此屏。圖後爲之志曰：人之格狀或峻，則其心必勁，視其筆跡，可以見其人。於是知圖之於書，非淺淺者。及觀其《贈蛩光草書歌》，于行書尤妙知筆意。史復稱其志節凜凜，與秋霜争嚴，考其書，抑又足見其高致云。今御府所藏行書二：《贈䛒光草書歌》、《贈䛒光草書詩》。

吴融

論說

《宣和書譜》卷一〇　吴融，字子華，越州山陰人，官至翰林承旨。祖翕，有高世志，不應召辟，朝廷賜文簡先生號。融幼力學，能世其家。文辭富贍，以進士登科第。昭宗時指授作詔，多多益辦，悉當帝意，爲之咨賞。求其作《草書歌》，痛論古人筆意，至於行書，字畫稱是，則知其留心於翰墨間復不淺耳。觀其書，自可以意得也。今御府所藏五：行書《博士帖》，草書《付虬帖》，正書《贈䛒光送别詩》、《贈䛒光草書歌二》。

韓偓

論說

《宣和書譜》卷一〇　韓偓，字致光，京兆人。佐河中府，拜左拾遺，遷中書舍人，官至翰林學士。有詩集行於世。自號玉樵山人，所著歌詩頗多，其間綺麗得意者數百篇，往往膾炙人口，或樂工配入聲律，粉牆椒壁竊詠者不可勝紀。自謂咀五色之靈芝，咽三清之瑞露。不然，何清詞麗句如此之秀穎耶。考其字畫，雖無譽於當世，然而行書亦復可喜。嘗讀其《題懷素草書》詩云怪石奔秋澗，寒藤掛古松。若教臨水畔，字字恐成龍之句，非潛心字學，其作語不能迨此。後人有得其石本詩以贈，謂字體遒麗，辭句清逸，則知其乳汁飲露之語，不爲過也。今御府所藏行書二：《僕射帖》、《芝蘭帖》。

楊凝式

論說

《舊五代史》卷一二八《楊凝式傳》　善於筆札，洛川寺觀藍牆粉壁之上，題紀殆遍。時人以其縱誕，有風子之號焉。

又《别傳》云：凝式雖仕歷五代，以心疾閑居，故時人目以風子。其筆跡遒放，宗師歐陽詢與顔真卿，而加以縱逸。既久居洛，多遨游佛道祠，遇山水勝概，輒留連賞詠，有垣牆圭缺處，顧視引筆，且吟且書，若與神會，率寶護之。其號或以姓名，或稱癸巳人，或稱楊虚白，或稱希維居士，或稱關西老農。其所題後，或真或草，不可原詰，而論者謂其書自顔中書後，一人而已。

宋・蘇軾《評楊氏所藏歐蔡書》　自顔、柳氏没，筆法衰絶，加以唐末喪亂，人物凋落，文采風流掃地盡矣。獨楊公凝式，筆跡雄傑，有二王、顔、柳之餘，此真可謂書之豪傑，不爲時世所汩没者。

宋・黄庭堅《跋楊凝式帖後》　余曩至洛師，遍觀僧壁間楊少師書，無一不造微入妙，當與吴生畫爲洛中二絶。

宋・米芾《海岳書評》　楊凝式如横風斜雨，落紙雲煙，淋漓快目。

宋・米芾《**書史**》 凝式書天真爛熳，縱逸類顔魯公《争座位帖》。

宋・趙構《**思陵翰墨志**》 楊凝式在五代最號能書，每不自檢束，號楊風子，人莫測也。其筆札豪放，傑出風塵之際。歷後唐、周、漢，卒能全身名，其知與字法亦俱高矣。在洛中，往往有題記，平居好事者並壁匣置坐右，以爲清玩。

明・董其昌《**畫禪室隨筆**》 楊景度書，自顔尚書、懷素得筆，而溢爲奇怪，無五代衰苶之氣。宋蘇、黄、米皆宗之。《書譜》曰：既得平正，須追險絶。景度之謂也。

又 少師《韭花帖》，略帶行體，蕭散有致，比少師他書欹側取態者有殊。然欹側取態，故是少師佳處。

清・劉熙載《**藝概・書概**》 五代書，蘇、黄獨推楊景度。今但觀其書之尤傑然者，如《大仙帖》，非獨勢奇力強，其骨裏謹嚴，真令人無可尋間。此不必沾沾於摹顔擬柳，而顔、柳之實已備矣。

楊景度書，機括本出於顔，而加以不衫不履，遂自成家。然學楊者，尤貴筆力足與抗行，不衫不履，其外焉者也。

傳記

宋・陳思《**書小史**》**卷一〇** 五代楊凝式，字景度，唐相涉之子。有文辭，善筆札。歷仕梁、唐、晉三朝，佯狂不任事，累官至太子少師致仕，居洛陽延福坊。其書法自顔以入二王之妙，洛人得凝式真跡，誇詡以爲稀珍。西洛寺觀二百餘所，題寫幾遍。

紀事

宋・尹師魯《**題楊凝式書後**》 周太子少師楊公凝式墨迹，多在洛陽城佛寺中。今存者廣愛、長壽、天宫、甘露、興果凡六處，皆題於壁。公在洛或與人爲銘記，皆不自書，公之書無刻於石者。以公之筆，其馳騁自肆，蓋得於己意，不可盡其然哉。予非善書者，莫能知已。公所題壁，距見踰八十年，字頗缺落，不可辨識者十三四。天王院僧繼明，慮公之書久遂無傳，命僧擇字之最完者，得長壽、甘露兩壁，總八十七，模刻於石。寶元元年四月八日，尹洙題。

著録

《**宣和書譜**》**卷一九** 楊凝式，華陰人也，形貌寢傀，然精神矍然，要大於身。善文詞，出於輩右。唐昭宗時，初登進士第，終唐之世爲祕書郎，直史館。仕梁至考功員外郎，歷後唐，至兵部侍郎，於晉以太子少保分司西洛，至漢遷太子少師，至周遷太子太保。自晉迄周，朝廷皆以元老大臣優禮之。喜作字，尤工顛草。居洛下十年，凡琳宫、佛祠牆壁間，題紀殆遍。然揮灑之際，縱放不羈，或有狂者之目。歐陽修嘗跋其字，以謂自唐道衰，四海困於兵戈，及我宋興，天下復歸於治，蓋百有五十餘年，五代之間有一楊凝式，建隆已後有一李建中，而書名皆爲一時之絶。後之議者，又以謂唐末五代文章卑污，字畫隨之。若李建中書，猶有五代以來衰亂之氣，而凝式筆跡獨爲雄強，與顔真卿書相上下，自是當時翰墨中豪傑。蓋昔之名世之書，惟二王而已，後人仿之真得其點畫。凝式稽究其學，遂能超逸如此。則知作字非小道，而凝式所得可以語其崖略也。今御府所藏三：草書《古意帖》、正書《韭花帖》、行書《乞花帖》。

藝文

五代・楊凝式《**題懷素酒狂帖後**》 十年揮素學臨池，始識王公學衛非。草聖未須因酒發，筆端應解化龍飛。

宋・李建中《**題楊少師題大字院壁後**》 枯杉倒檜霜天老，松煙麝煤陰雨寒。我亦生來有書癖，一回入寺一回看。

宋・黄庭堅《**跋楊凝式帖後**》 世人盡學蘭亭面，欲换凡骨無金丹。

誰知洛陽楊風子，下筆便到烏絲欄。

清・劉墉《論書絶句》 絶愛楊風草法奇，西臺晚出尚追隨。相門華組甘抛卻，五代完人更首誰。

清・王文治《論書絶句》 韭花一帖重璆琳，千古華亭最賞音。想見晝眠人乍起，麥光鋪案寫秋陰。

雜録

宋・蔡居厚《蔡寬夫詩話》 楊風子書法高妙，傑出五代，可與顔、柳繼軌。洛中僧寺多有其跡，《題華嚴院》一詩，用筆尤奔放奇逸。

宋・王欽若《跋楊凝式夏熱帖》 凝式墨跡一紙，字畫奇古，筆勢飛動，天地間尤物也。公字與顔公一等，俱稱絶異。然公素不喜作尺牘，後人罕能見之，益可寶也。

元・趙孟頫《跋楊凝式夏熱帖》 楊景度書，出於人知見之表，自非深於書者，不能識也。此帖沉著而又瀟灑，真奇跡可寶藏。

元・鮮于樞《跋楊凝式夏熱帖》 右楊景度行書。山谷有云：俗書只識蘭亭面，欲換凡骨無金丹。誰知洛陽楊風子，下筆便到烏絲欄。爲前輩推重如此。王欽若在祥符天貺節，尚有暇及此耶。此帖絶無發風動氣處，尤可寶也。

明・蔣一葵《堯山堂外紀》卷三八 楊凝式有材自負，遇寺觀幽勝之地，吟詠忘歸，筆跡殆遍。馮惟一題壁下曰：少卿真跡滿僧居，祇恐鍾王也不如。爲報遠公須愛惜，此書書後更無書。安鴻漸題曰：端溪石硯宣城管，王屋松煙紫兔毫。更得孤卿老書札，人間無此五般高。

清・楊守敬《學書邇言・評帖》 楊凝式《神仙起居帖》脱胎懷素，雖極縱横，而不傷雅道。

又 楊凝式《韭花帖》醇古淡雅，實足爲三唐之殿，李西臺未足以相擬也。

李煜

論説

宋・朱長文《續書斷下・能品》 唐李煜，字光玉。江南昵姦，拒諫以干天罰，賴本朝封之以爲違命侯，而不戮也。頗尚儒雅，工筆札，足跡甚勁鋭。今清涼寺有德慶堂榜猶在。

著録

《宣和書譜》卷一二 宋江南僞後主李煜，字重光，早慧精敏，審音律，善書畫。其作大字，不事筆，卷帛而書之，皆能如意，世謂撮襟書。復喜作顫掣勢，人又目其狀爲金錯刀。尤喜作行書，落筆瘦硬而風神溢出。然殊乏姿媚，如窮谷道人，酸寒書生，鶉衣而鳶肩，略無富貴之氣。要是當我祖宗應運之初，揭雲漢奎璧昭回在上，彼竊據方郡者，皆奄奄無氣，不復英偉，故見於書畫者如此。方煜歸本朝，我藝祖嘗曰：煜雖有文，只一翰林學士才耳。乃知筆力縱或可尚，方之雄才大略之君，亦幾何哉。今御府所藏行書二十有四：行書《淮南子》、《春草賦》、《義天秤尺記》、《浩歌行》、《克己處分》、《批元奏狀》、《禮三寶衆聖賢儀》、《八師經》、《宮相詩》、《李憬草堂等詩》、《秋高等詩》、《牡丹等詩》、《古風詩二》、《論道帖》、《招賢詩帖》、《樂章羅帖》、《樂府三》、《臨江山》、《雜文稿》，正書《金書心經》、《智藏道師真讚》。

雜録

宋·陶穀《清異録》 後主善書，作顫筆樛曲之狀，遒勁如寒松霜竹，謂之金錯刀。作大字不事筆，卷帛書之，皆能如意，世謂撮襟書。

宋·郭若虚《圖畫見聞志》 江南後主李煜，才識清贍，書畫兼精。嘗觀所畫林石、飛鳥，遠過常流，高出意外。

宋·米友仁《跋李煜入國知教帖》 右江南李煜真跡，臣米友仁奉敕審定恭跋。

宋代書家部

程嗣昌

論說

明・陶宗儀《書史會要》卷六《宋》 程嗣昌，字孺臣，中山博野人。少喜學書，自謂獨得古人用筆之妙。嘗評近代能書者曰：蘇才翁書筆勢遲怯，蔡君謨但能模學前人點畫及能草字而已。周子發書妙出前輩，至於草書，殊未得自悟之意。古人自悟者，惟張旭與余而已。

杜庭之

論說

宋・董史《皇宋書録》卷中《杜庭之》 東坡云：杜庭之書為世所貴重。

明・陶宗儀《書史會要》卷六《宋》 杜庭之善書。蘇軾云：杜庭之書世所貴重。

張維

論說

宋・董史《皇宋書録》卷中《張維》 《類苑》云：張維者，蜀人，始為沙門，後反初。尤善王書，絶得懷素之骨，世鮮能及之。王嗣宗曾薦于上，召試御書院。維自負其能，入院視諸人書，不覺微哂，衆怒排之，止得隸祕閣為楷書，不就。景德末，書鄭州開元寺新塔碑，真一時之絶也。

明・陶宗儀《書史會要》卷六《宋》 張維，蜀人，始為沙門，後反初。尤善王書，絶得懷素之骨。王嗣宗薦之，召試御書院。維自負其能，入院視諸人書，不覺微哂，衆皆排之，止得隸祕閣為楷法，不就。景德末，書鄭州開元寺新塔碑，直一時之絶也。

徐鉉

論說

宋・董史《皇宋書録》卷中 《東都事略》云：鉉好李斯小篆，尤得其妙，隸書亦工。尺牘為士大夫所得，皆珍藏之。《揮麈録》云：鉉書映日視之，中心有一縷濃墨正當其中，至曲折處亦然，乃筆鋒直下不倒故耳。沈存中《筆談》云，與《揮麈》同。又云：鉉嘗自謂吾晚年始得蝸蒯平聲匾法，凡小篆喜瘦而長。蝸匾之法，非老筆不能也。

宋・陳思《書小史》卷一〇《傳九》 徐鉉，字鼎臣，金陵人。隨李煜

歸朝，官至散騎常侍。好字學，善篆、隸，初學李陽冰後，得李斯嶧山碑，潛思改作，遂逼其勢。弟鍇亦能八分、小篆，而筆法頗少力。其在江南，皆以文翰知名，號二徐，為學者所宗。

明·王世貞《古今法書苑》卷二九　徐鉉，字鼎臣，江左人，仕江南偽主李煜，官至御史大夫。以文雅為推右。來使本朝。一時士人想望其豐采。江南既平，隨煜歸朝，當太宗時，直學士院典誥命稱得體。留心隸書，嘗患字畫汩以俗學，乃以隸字録《說文》如繩頭大，累數萬言，以訓後學。尤善篆與八分。識者謂自陽冰之後，續篆法者，惟鉉而已。在江左日，書猶未工，及歸于我朝，見李斯《嶧山》字摹本，自謂冥契，乃搜求舊字，焚擲略盡，悟昨非而今是耳。後人跋其書者，以謂筆實而字畫勁，亦似其文章。至于篆籀，氣質高古，幾與陽冰并驅争先。此非私言，天下之言也。嘗奉詔校定許慎《說文》三十卷行于世。又謂自暮年方得蝸匾法，識者然之。

綜述

宋·朱長文《墨池編》卷三《品藻之三·唐張懷瓘書斷下·妙品十六人》　宋徐鉉，字鼎臣，事李煜官御史大夫。王師圍金陵，來求緩師，陳述懇至。既復命，隨煜入朝，太祖詰之，語不屈，即加慰勞，授率更令。太宗時，直學士院，訓辭温雅，得誥命體。遷右散騎常侍，坐事貶邠州刺史行軍司馬。卒年七十六。騎省敏於文，為江表冠，中朝士大夫皆推與之右。善篆、八分，精於字學，蓋自陽冰之後，篆法中絶，而騎省於危亂之間，能存其法。歸遇真主，字學復興，其為功豈淺哉。初雖患骨力歉陽冰，然其精熟奇絶，點畫皆有法。及入朝見嶧山摹本，自謂得師於天人之際，搜求舊迹，焚擲略盡，較其所得，可以及妙。嘗被詔刊定許慎《說文》，今行於世。

《宣和書譜》卷二《篆書·宋·徐鉉》　徐鉉，字鼎臣，江左人。仕江南偽主李煜，官至御史大夫。以文雅為世推右。來使本朝，一時士人想望其風采。江南既平，隨煜歸朝，當太宗時直學士院典誥命稱得體。留心隸書，嘗患字畫汩以俗學，乃以隸字録《說文》如繩頭大，累數萬言，以訓後學，尤善篆與八分。識者謂自陽冰之後，續篆法者惟鉉而已。在江左日書猶未工，及歸于我朝，見李斯嶧山字摹本。自謂冥契。乃搜求舊字焚擲略盡。悟昨非而今是耳。後人跋其書者，以謂筆實而字畫勁，亦似其文章。至于篆籀氣質高古，幾與陽冰并驅争先。此非私言，天下之言也。嘗奉詔校定許慎《說文》三十卷行于世。又謂自暮年方得塥匾法，識者然之。今御府所藏篆書七。

宋·江少虞《事實類苑》卷五四《書畫技藝·徐鉉》　江南徐鉉善小篆，映日視之，畫之中心有一縷濃墨正當其中，至於曲折處亦當中知有偏側處，乃筆鋒直下不倒側，故鋒嘗在畫中，此用筆之法也。鉉嘗自謂吾晚始得蝸匾之法，凡小篆喜瘦而長，塥匾之法，非老筆不能也。

明·陶宗儀《書史會要》卷六《宋》　徐鉉，字鼎臣，揚州廣陵人，仕南唐吏部尚書。隨李煜入朝，官至左散騎常侍。當太宗時直學士院，典誥命稱得體。留心隸書，尤善篆與八分，識者謂自李陽冰之後，續篆法者惟鉉而已。人跋其書，以謂筆實而字畫勁，亦似其文章。至於篆籀氣質高古，幾與陽冰並馳争先。又謂鉉書映日視之，中心有一縷濃墨，至曲折處亦然，乃筆鋒直下不倒側故耳。嘗奉詔與句中正、葛湍、王惟恭等同校定許慎《說文》行於世。鉉自謂暮年方得塥匾法，識者然之。

清·馮武《書法正傳》卷八《書家小傳》　徐鉉，字鼎臣，入宋位至散騎常侍，卒年七十六。弟鍇字楚金，兄弟俱精篆籀。鉉校正《說文解字》，鍇著《說文繫傳》，皆有功小學。鍇學勝於兄，鉉名勝於弟，以入宋年高也。

傳記

《宋史》卷四四一《文苑三·徐鉉傳》　徐鉉，字鼎臣，揚州廣陵人。十歲能屬文，不妄游處，與韓熙載齊名，江東謂之韓徐。仕吴為校書郎，又仕南唐李昪父子，試知制誥，與宰相宋齊丘不協。時有得軍中書檄者，鉉及弟鍇評其援引不當。檄乃湯悦所作，悦與齊丘誣鉉、鍇洩機事，鉉坐貶泰州司户掾，鍇貶為烏江尉，俄復舊官。時景命内臣車延規、傅宏營屯田於楚州，處事苛細，人不堪命，致盜賊羣起。命鉉乘傳巡撫。鉉至楚州，奏罷屯田，延規等懼，逃罪，鉉捕之急，權近側目。及捕得賊首，即斬之不俟報，坐

專殺流舒州。周世宗南征，景從鉉饒州，俄召為太子右諭德，復知制誥，遷中書舍人。【略】鉉精小學，好李斯小篆，臻其妙，隸書亦工。嘗受詔與句中正、葛湍、王惟恭等同校《説文序》。

徐鍇

論説

宋・董史《皇宋書録》卷中　余按：鉉弟鍇，亦善篆書，有《千文》刻石傳于世。

宋・朱長文《墨池編》卷三《品藻之三・唐張懷瓘書斷下・妙品十六人》　弟鍇，得兄之學，而名譽相上下，世號二徐。

明・陶宗儀《書史會要》卷六《宋》　徐鍇，字楚金，鉉弟，仕南唐内史舍人。因鉉奉使入宋，憂懼而卒。鍇亦善篆書，以許慎《説文》依四聲譜次為十卷目曰《説文解字韻譜》，鉉序其首。鍇又集《通釋》四十篇，暢許氏之玄旨，正陽冰之新義，皆《説文》之羽翼也。

傳記

《宋史》卷四四一《文苑三・徐鍇傳》　鍇字楚金，四歲而孤，母方教鉉，未暇及鍇，能自知書。李景見其文，以為祕書省正字，累官内史舍人。因鉉奉使入宋，憂懼而卒，年五十五。李穆使江南，見其兄弟文章，嘆曰二陸不能及也。

岑宗旦

綜述

《宣和書譜》卷一二《行書六・宋・岑宗旦》　内臣岑宗旦，字子文，開封人。慶曆初以父遺表通籍壁門，然趣尚高遠，不為苟合取容于世。年十七棄官游東南山水間，不復事事。至和中，仁祖録功臣之世，復官之，凡歷七任。至元豐初，又以尋醫自請。方神考大有為之時，王中正以才敏侍上，嘗薦之于朝，宗旦耻折腰強顔奔走于貴公子之前，乃暫應召旨，卒不從仕，故自壯年遂拂衣有歸與之志，于是終九品官而無復遺恨，世頗高之。暮年一無嗜，醉酣長哦，揮灑以為真樂。其作詩以意為主。不在鐫琢語言而已。故若渾金璞玉，見者知貴。嘗賦聽琴詩，其略云：琴中太古意，方外無為心，彈之道頗散，不彈理彌深。所以陶元亮，何須弦上音。其他皆類此。又嘗取古之善書者，自漢迄唐凡十有一人，為論以評其書曰：張芝如班輸構堂，不可增減。鍾繇如盛德君子，容貌若愚。語其衆妙，足以爭造化者，羲之也。校其父風，但恨乏天機者，獻之也。世南潛心羲之，蓋若顔子之亞聖。徐浩比肩儒雅，有類仲由之勇態。歐陽詢得其正，故如廟室衣冠，不失動静。柳公權得其勁，故如轅門列兵，森然環衛。懷素之閑逸，故如翩翩真仙。真卿得之淳謹，故厚重如周勃。至如李邕，則舉動不離規矩，而有虧適變之道焉。此皆其自得于心，積學于外，而其吐論所以不愧古人者與。然宗旦作字，尤善行書如銀鈎蠆尾，脱去娬媚，規模點畫，但是蘇舜欽之亞。顧筆力亦窮于此矣。當時既有書名，人亦愛重，字畫一出，偶得之者爭相買售。治平中，英宗嘗遣使諭旨，令書十扇以進，宗旦即書自為詩十篇上之，英祖為之嘉賞。平時廪賜雖厚，而周給貧匱，隨手散去。方其治時，以所藏書千卷餘及別業僦緡，往歸侄孫筌家以就侍養，而筌能以事父之禮事之，故得優游自適，不復以死生窮遠為念。年逾七十，神明不衰，及其委蜕，裕如

也。今御府所藏行書四。

句中正

綜述

宋・朱長文《墨池編》卷三《品藻之三・唐張懷瓘書斷下・妙品十六人》 宋句中正，字坦然，華陽人也。精於篆籀，兼真、行、草。太平興國獻八體書，太宗雅好其名，擢授直館，與徐鉉校定《説文》，與吴鉉、王文撰《雍熙廣韻》。累遷屯田郎中。杜門守道，惟筆札自娱。太宗神主及謚寶篆文，皆受詔書之。又以古文八篆三體書《孝經》，表上，真宗召對，問其書之歲月，對曰十五載乃成，帝深歎，命藏祕閣。卒年七十四。

宋・董史《皇宋書録》卷中《句中正》 張浮休題云精廬五銘，句中正所為也。句公仕于蜀孟氏，入本朝為汜水令，能書。太宗召對，訪以書法，擢任三館。《成都續記》云：能仁院范忠獻祠堂前，有句中正所書廣政二十五年及第進士九人姓名在板上，楷法極可觀。

明・陶宗儀《書史會要》卷六《宋》 句中正，字德元，一作世然，益州華陽人。仕蜀為泰武軍節度掌書記，入朝官至屯田郎中。精於字學，古文、篆、隸、行草無不工。太宗召對，訪以書法，擢任三館。楷法極可觀。

清・馮武《書法正傳》卷八《書家小傳》 句中正，字坦然，華陽人。精於篆籀，兼真、行、草。太平興國中，同撰《雍熙廣韻》。杜門守道。以古文八篆三體書《孝經》表上之，真宗召對，問其書之歲月，曰十五年乃成，命寶藏之。

傳記

《宋史》卷四四一《文苑三・句中正傳》 句中正，字坦然，益州華陽人。孟昶時館於其相母昭裔之第，昭裔奏授崇文館校書郎。復舉進士及第，累為昭裔從事。歸朝補曹州録事參軍，汜水令，又為潞州録事參軍。中正精於字學，古文篆、隸行草無不工。太平興國二年，獻八體書，太宗素聞其名，召入授著作佐郎，直史館，被詔詳定篇韻。四年，命副張洎為高麗加恩使，還遷左贊善大夫，改著作郎。與徐鉉重校定《説文》，模印頒行，太宗覽之嘉賞。因問中正，凡有聲無字有幾何，中正退條為一卷以獻，上曰朕亦得二十一字，可并録之也。時又命中正與著作佐郎吴鉉、大理寺丞楊文舉同撰定《雍熙廣韻》，中正先以門類上進，面賜緋魚，俄加太常博士。《廣韻》成，凡一百卷，特拜虞部員外郎。淳化元年，改直昭文館，三遷屯田郎中。杜門守道，以文翰為樂。太宗神主及謚寶篆文，皆詔中正書之。嘗以大小篆、八分三體書《孝經》摹石。【略】中正喜藏書，家無餘財。子希古、希仲並進士及第，希仲太常博士。

著録

明・豐坊《書决》 句中正，字德元，益州華陽人。官至屯田郎中，書得晉唐之法。

郭忠恕

論説

宋・董史《皇宋書録》卷中　六一跋《説文字源》云：郭忠恕及事皇朝，世人但知其小篆，不知其楷法尤精。字畫忽廢于中絶，今求其如忠恕小楷，不可得也。

宋・陳思《書小史》卷一〇《傳九》　郭忠恕，字恕先，洛陽人。七歲童子及第。漢周之際，為湘陰公從事。工古文、小篆、八分，亦能楷法。尤善字學，著古文《汗簡》十卷，全倣許氏《説文》偏旁，凡五百四十一字。太宗朝官至國子監主簿。

綜述

宋・朱長文《墨池編》卷三《品藻之五・續書斷下・能品六十六人》　宋郭忠恕先，洛陽人。少能屬文，善史書、小學，尤工真、楷，而沉湎縱弛，陵薄貴勢。盛暑暴於日，體不沾汗，祁寒浴於河旁，冰澌釋，或絶粒旬日無恙，人甚異之。太宗聞其名，召為國子監主簿。以罪流竄，卒於行道，若蟬蛻然。嘗校定《尚書》，又有小字《説文字源》行於世。

明・陶宗儀《書史會要》卷六《宋》　郭忠恕，字恕先，洛陽人。仕周為博士，入朝，太宗素知其名，召為國子監主簿。能屬文，工篆、隸，而楷法尤精。字書忽廢，幾於中絶，求其如忠恕小楷，不可得也。

清・馮武《書法正傳》卷八《書家小傳》　宋郭忠恕，字恕先，洛陽人。工真楷，沈湎縱弛。嘗盛暑暴日中不沾汗，祁寒浴於水，河旁冰澌釋，或絶粒旬日無恙。太宗召為國子監主簿，以罪流竄，卒於道，若蟬蛻然。

傳記

宋・王稱《東都事略》卷一一三《儒學傳九十六》　郭忠恕，字恕先，洛陽人也。善屬文及書史小學，通九經。七歲舉童子。漢湘陰公鎮徐州，辟為從事，與記室董裔爭事，謝去。周太祖召為《周易》博士。國初與監察御史符昭文爭忿朝堂，貶乾州司户，遂不仕。太宗聞其名，召為國子監主簿，令刊定歷代字書。忠恕縱酒，肆言時政，頗有謗言讟語聞，配流登州，至齊州臨清，謂部送吏曰：我逝矣。因掊地為穴，度可容回，俯窺焉而卒，稾葬道左。後數月，故人欲改葬，但衣衾而已。忠恕所定《古文尚書》并釋文，並行于世。

趙光義

論説

宋・黄庭堅《山谷題跋》卷四《題太宗皇帝御書》　熙陵以武定四方，載櫜弓矢，文治之餘，垂意翰墨，妙盡八法，當時士大夫皆親承指畫。嘗稱奬忠懿王筆法入神品，中外書學不能出其右，仰觀英鑒，大不可誣。

明・王禕《王忠文集》卷一七《題跋・跋宋太宗御書》　宋制天子御札付外謂之内批，又謂之御筆，其詞多詞臣所擬進，而皆内夫人所代書。所謂御寶批者，則或上批，或内夫人批，皆用御寶也。所謂親筆者，則上所親書，或加押字不用寶也。今觀熙陵賜丞相張文定公齊賢母子二札，前一札辭意字畫甚古質，且不用御寶，蓋親筆也。後一札詞既温暢，字亦秀潤，復識御寶其後，蓋御寶批也。習典故之學者，必有考於斯。

綜述

宋・朱長文《墨池編》卷三《品藻之四・續書斷續・宸翰述》 太宗方在躍淵，留神墨妙，斷行片簡，已為時人所寶。及既即位，區内砥平，朝廷燕寧，萬機之暇，手不釋卷，學書至於夜分，而夙興如常。以生知之敏識，而繼博學之不倦，巧倍前古，體兼數妙，英氣奇采，飛動超舉，聖神絶藝，無得而名焉。帝善篆、隸、草、行、飛白、八分，而草書冠絶。嘗草書《千文》勒石於祕閣，又八分《千文》及大飛白數尺以頒補弼，當世工書者莫不歎服。上嘗語近臣曰：朕君臨天下，亦有何事於筆硯，特中心好耳。江東人能小草，累召詰之，殊不知向背也。小草字學難究，飛白筆勢罕工，吾亦恐自此廢絶矣，蓋深慮書法之缺墜，而勤以興之也。始即位之後，募求書者，許自言於公車，置御書院。

錢昱

綜述

明・陶宗儀《書史會要》卷六《宋》 錢昱，字就之，忠獻王佐之長子，官至郢州團練使。善筆札，工尺牘，太宗嘗取觀而賞之。

王嗣宗

綜述

宋・董史《皇宋書録》卷中 王嗣宗，字希阮，謚景莊。近年李居簡善草書，太宗甚愛之，以贊善大夫直御書院。王嗣宗亦習而不能精。諺云：信速不及草書，家貧難辨素食。言其難置也，然小草尤難。

明・陶宗儀《書史會要》卷六《宋》 王嗣宗，字希阮，汾州人。官至檢校太傅，謚景莊。工習草。

傳記

《宋史》卷二八七《王嗣宗傳》 王嗣宗，字希阮，汾州人。曾祖同節，寶鼎令，祖待價，汾州防禦推官，父夢證，成州軍事判官。嗣宗少力學自奮，遊京師，以文謁王祐，頗見優待。開寶八年登進士甲科，補秦州司寇參軍，侍御史路沖知州事。【略】嗣宗好為文，而札尤甚。奉祀之歲，近臣皆為頌記，宰相以嗣宗所撰不足發揮盛德，慮為後所誚，乃不許刻石。所著有《中陵子》三十卷。

李建中

論說

宋・歐陽修《**文忠集**》**卷一二九**《**筆説・世人作肥字説**》　李建中清慎温雅，愛其書者，兼取其為人也。豈有其實，然後存之久耶。非自古賢哲必能書也，惟賢者能存爾，其餘泯泯不復見爾。

宋・黄庭堅《**山谷題跋・補遺・題李西臺書**》　余嘗評西臺書，所謂字中有筆者也。字中有筆，如禪家句中有眼，他人聞之瞠若也，惟蘇子瞻一聞便欣然耳。

宋・釋文瑩《**玉壺野史**》**卷一**　李集賓建中沖退喜到處，縉紳有逍遥之風。善翰札，行筆尤工，至於草、隸、分篆，俱絶其妙，人得之則寶焉。為詩清淡閑暇，如其人也。

宋・魏泰《**東軒筆録**》**卷一五**　至國初，李建中妙絶一時，而行筆結字亦主於肥厚。至李昌武以書著名，而不免於重濁，故歐陽永叔評書曰：書之肥者，譬如厚皮饅頭，食之味必不佳，而皆命之為俗物矣。亦有激而云耳。

宋・黄伯思《**東觀餘論**》**卷下**《**跋李西臺書後**》　西臺本學王大令書，而拘攣若此。猶韓非之學黄老，李斯之師荀卿也。然徐觀筆勢，尚有先賢風氣，固自佳。

宋・朱熹《**晦庵集**》**卷八二**《**跋・題西臺書**》　西臺書，在當時為有法，要不可與唐中葉以前筆跡同日而語也。細觀此帖，亦未見如延之所云也。新安朱熹仲晦父。

宋・樓鑰《**攻媿集**》**卷七四**《**題跋・李西臺**》　西臺不惟以書名，每見其詩，真有唐人風度。紙尾花押筆力亦不凡。

宋・董史《**皇宋書録**》**卷中**　山谷云：李西臺書雖少病韻，然似高益，高文進畫神佛，翰林工至今以為師。又云：余嘗評西臺書，所謂字中有筆者也。字中有筆，如禪家句中有眼，他人聞之瞠若也，惟子瞻一聞便欣然耳。《東都事略》云：建中善書札，行筆尤工，草、隸、篆籀、八分俱妙，好古勤學。歐陽《集古録》跋楊凝式題名云：五代之際有楊少師，建隆以後稱西臺，二人者筆法不同，而書名皆為一時之絶。

元・黄溍《**文獻集**》**卷四**《**題跋・跋李西臺書**》　考亭朱子與尤公延之評西臺書，足以見前輩不務為苟同。洪公景盧既不敢可否於其間，樓公大防又不過署氏名而已，後學尚何言哉。

又　涪翁稱西臺書出羣拔萃，膳不剩肉，如美女豐肌而神氣清秀，但恨摹手失其筆意耳。今獲觀此真跡，而窺見其筆意，寧復有涪翁之遺恨乎。

明・吴寬《**家藏集**》**卷五〇**《**題跋三十八首・跋李西臺墨蹟**》　此書深厚温醇，有盛德若愚氣象，稱西臺所作。長洲吴寬觀於無錫鄒氏，因題。

明・文徵明《**甫田集**》**卷二一**《**題跋十八首・題歐公二小帖後**》　西臺書世不多見，此卷《千文》結體遒媚，行筆醇古，存風骨於肥厚之内。按黄文節公庭堅評西臺書，肥不剩肉，如美女豐肌而神氣清秀。又謂其字中有筆，如禪家句中有律。今觀此書，信不誣也。惟是題名為隱語，或以為疑，然宋元題識數人，皆極稱賞。而所謂柱史、裔孫者，固寓李姓其間也。此其事雖不可考，要之為西臺書無疑。其中殷敬匡恒字皆有闕筆，蓋翼宣藝真四廟諱也。建中真宗時人，故所諱止此。然玄朗字，真廟以之事神，尤所深禁，而不避者，蓋祥符五年始上聖祖尊號，詔天下不得斥犯二字，而此景德二年書，實前五年也。鄒君光懋世寶此卷，余借留齊中數月，因題而歸之。

綜述

宋・朱長文《**墨池編**》**卷三**《**品藻之五・續書斷下・能品六十六人**》　宋李建中得中，在神德朝以殿中丞直集賢院，恬於進取，求掌四京留司御史，至今謂之李西臺。居於洛中，葺園池即引水以自娱。尤善筆札，草、隸篆籀八分皆工，真行尤精，士大夫争藏弆以為楷法。嘗作蝌蚪書郭恕先《汗簡

集》以獻，有詔褒美。唐異，字子正，隱士，亦善書，范文正公嘗稱其與西臺相左右。

《宣和書譜》卷一二《行書六・宋・李建中》 文臣李建中，西洛人，官至殿中丞。恬于進取，嘗掌西京留守司御史臺，至今謂之李西臺。居洛中，以林泉自娛。善篆籀草、隸、八分，于真行尤精。觀其字體初仿王羲之，而氣格不減徐浩，當時士大夫得其筆跡，莫不爭藏以為楷法。作科斗書郭忠恕《汗簡集》以獻，頗見褒美。處士唐異善書，世稱其與建中相為左右，論書者以為尚有五代衰陋之氣，蓋以其作字淳厚不飄逸致然。今御府所藏行書四。

明・陶宗儀《書史會要》卷六《宋》 李建中，字德中，其先京兆人，官至司封員外郎、工部郎。中嘗為殿中丞，掌西京留司禦史臺，至今謂之李西臺。居洛中，以林泉自娛。喜篆籀草、隸、八分，於真行尤精。觀其字體初效王羲之，而氣格不減徐浩，當時士大夫得其書，莫不爭藏以為楷法。作科斗書郭忠恕《汗簡集》以獻，頗見褒美。論者以謂尚有五代衰陋之氣，蓋以其作字淳厚不飄逸致然。

明・王鏊《震澤集》卷三五《題跋・跋李西臺書》 西臺書今存者少，匏庵出示此帖，清麗圓熟，姿態橫生，可謂深得二王筆法者。而或者猶病其稍肥，吾以為不然。東坡云：短長肥瘦各有態，玉環飛燕誰敢憎。

清・馮武《書法正傳》卷八《書家小傳》 李建中，字得中，掌西京留司御史，時謂之李西臺。居洛中，園池自樂。善筆札，草、隸篆籀八分皆工，真行尤精。

清・吴升《大觀録》卷四《李西臺六帖卷》 西臺字得中，舉進士甲科，太宗嘉之。嘗直昭文館，改直集賢院，出為兩浙轉運副使。恬於營利，乞西京留司御使臺，愛洛中風土，遂居之，故號李西臺。東坡賦和靖詩云書似西臺差少肉者是也。官至判太常寺，善書札，然絶不多見於世。寶祐乙卯夏五，建寧堂主題。建袁立儒溪翁黄太史嘗有跋云：李西臺書與林和靖極相類，但和靖傷瘦，西臺傷肥，蓋林處士清苦，而李集賢重厚，各似其作人耳。建寧堂主并録其語。

又 予近得《華山圖》題曰：崧高維嶽。歐陽公所記神清之洞，及李西臺隱居之地在焉。軸尾載西臺卜築始末甚詳，此帖出於西臺逸筆無可疑者。前史官文及翁書。

又 西臺書三十年前極罕得見，近數數見之，大概雄實篤厚如其人，涪翁傷肥之論，無乃太嚴。此六帖信意行筆，天真爛漫，尤可愛。世誚平園、攻媿，後邨不善書，輒欲評書，予之謂歟。杭仇遠。

又 李西臺，吾鄉有石刻徑三寸許，今見真跡，遒勁沈着，誠不易得。泰定二年四月乙丑望日，京口郭畀會觀，同郡張監共集。

又 李西臺書與林和靖絶相類，涪翁評之，謂西臺傷肥，和靖傷瘦。和靖清枯之士也，瘦之傷為不誣。西臺之書類其為人，典重温潤，何肥之傷也哉。莒溪唐氏易安室所藏凡六帖，觀者自能評之，當以余言為然。時至正二十五年夏六月朔，會稽抱遺老人楊維禎，在雲間草玄閣試老陸鐵穎書。

又 古人書法，魏有鍾元常，晉有王逸少，唐則歐、虞、顔、柳前後相望。今觀諸家之書，皆瀟灑出塵，應規入矩，中間柳氏、顔氏雖有肥濁瘦硬不同，皆各得字之精妙，有未易以聲音笑貌及之也。下此則宋西臺李建中，其書法盡得古人之精妙，故能風軌魏晉，掃湔塵俗，得其一點一畫者，皆可寶玩。而況全簡累字如此，君子能珍藏之，庶李氏之書不朽矣。金華姜良。

又 自憶西臺筆法精，良宵長使夢魂驚。燕酣展卷晴窗下，秋露春雲酒欲醒。文江蕭引高太古先生與予俱客江寧，雖居相密邇，而足跡頗疎為恨耳。祕閣晚出几格間西臺李公墨蹟，乃云千里之地，不能交一談而開胸臆，思覿之深也如此。今昔不同，交誼何異，其書法則與嶽麓寺相似，間有一二行草，可謂絶今超古者也。宜寶之。制河王尹實跋。

又 唐人書法，自徐浩來已駸駸入於宋矣，至蘇、黄始一大變，而無復唐意。今觀李西臺書雖在宋人，當去唐為不遠，前論謂其有李北海之風，是為知言矣。金華高士陳君大有得寶此帖，間出相示，觀畢謹識。時戊子歲五月。余昔景慕前翰林中舍王公尹實、檢討王偁、蕭引高、王門教授同郡姜良，皆以文章顯著，其二王公特以篆、草鳴於時，今予辱廁朝列，而諸公已相繼物故，不復見矣。余雖後生，齒亦衰憊，閑居每有興感，兹偶獲觀諸公題李西臺之遺墨，辭翰灑然，宛如昨日。噫，西臺在宋時書能見重於今之世，若使吾諸公片紙隻字垂數百年之久，亦如今之取重西臺之蹟無異異也，世豈乏人哉。三復展觀不能釋手，遂識以歲月云。時正統七年八月中秋後二日，國子祭酒致仕金華貝泰題。

傳記

宋・王稱《東都事略》卷一一五《文藝傳九十八》 李建中，字得中，其先京兆人也。幼好學，以文游京師，王祐延譽于石熙載，熙載厚待之。舉進士甲科，為岳州録事參軍，遷潭州茶場，歷通判道、郢二州，轉太常博士。言事多以權利進，建中表陳時政利害，序王霸之略，太宗嘉之，召對便殿。會建中坐公累降監在京權易院，蘇易簡與太宗論文士，因及建中，太宗亦素知之，命直昭文館政直集賢院，出為兩浙轉運副使，歷通判河南府、知曹潁蔡四州。建中性簡静，風神雅秀，恬於榮利，乞西京留司御史臺，愛洛中風土，遂居之。官至工部郎中，判太常寺。卒年六十九。建中善書札，行筆尤工，草、隸篆籀八分俱妙。好古勤學，多藏古器名畫，有集三十卷。

紀事

宋・黄庭堅《山谷集》卷一九《書三十五首・荅晁元忠書》 西臺禮部員外郎李建中，名士也。國初權西京御史臺，故時號李西臺。書蛛絲所謂蠨蛸在户者，煤尾屋塵合墨醫方謂之烏龍尾、銀鉤蠆尾。晉征西長史索靖妙得崔、張筆法，自言吾書如銀鉤蠆尾。

又 往時李西臺喜學書，題少師大字壁後云：枯杉倒檜霜天老，松煙麝煤陰雨寒。我亦生來有書癖，一回入寺一回看。西臺真能賞音。

藝文

宋・林逋《林和靖集》卷三《七言律詩・大師房・集賢李建中工部嘗以七言長韵見寄感存懷没因用追和》 清絶門墻冷似水，野人懷刺昔嘗登。新題對雨分蕭寺，舊夢經秋説杜陵。貧典郡符資月給，老持臺憲減霜棱。開元文學鍾王筆，惆悵臨風一燼燈。

明・張丑《清河書畫舫》卷一二《宋》 建中千字豐肌肉，玉潤書家方太真。困學齋圖題品重，鼎分三足繼唐人。

清・吴升《大觀録》卷四《李西臺六帖卷・齊古帖》 鍾王書法久寥寞，羣議紛紛迷後學。西臺遺蹟世應稀，見此令人重驚愕。文江劉日升拜手。

雜録

宋・陳師道《後山談叢》卷二《歐陽修論書》 六一公論書喜李西臺，而《集古》不録張從申也。兵部泰玠、祠部李宗易皆學於西臺，各有師法。公為亳州，問泰西臺何學，曰：張從申也，見之否。曰：未也。示之曰：西臺不及也。

清・戈守智《漢溪書法通解》卷一《名人論書》《東維子集》曰：李西臺書與林和靖絶相似，西臺傷肥，而和靖傷瘦，前輩評書皆然。余謂和靖清枯之士也，瘦之傷為不誣，西臺典重温潤，稱其為人，何肥之傷哉。吴師道曰：李西臺雖在宋初，實唐人書法之終也。過此，則益變而下矣。

向敏中

傳記

明・陶宗儀《書史會要》卷六《宋》 向敏中，字常之，開封人。官至左僕射，謚文簡。

著録

清・孫岳頒等《佩文齋書畫譜》卷三二《書家傳十一・宋・向敏忠》 敏中工筆札，其蹟雜見魯宏父《鳳墅續法帖》中。

陳靖

傳記

明・陶宗儀《書史會要》卷六《宋》 陳靖，字道卿，興化軍莆田人，官至太常少卿。

著録

清・孫岳頒等《佩文齋書畫譜》卷三二《書家傳十一・宋・陳靖》 陳靖工筆札，其蹟雜見《鳳墅續法帖》中。

錢惟治

論説

明・陶宗儀《書史會要》卷六《宋》 錢惟治，字和世，吴越廢王倧之長子，官至檢校太師。善草、隸，尤好二王書。嘗曰心能御手，手能御筆，則法在其中矣。家藏書帖圖書甚多，太宗知之，嘗謂近臣曰，錢俶兒姪多任務草書，因令翰林書學賀丕顯，詣其弟遍取視之，曰：諸錢皆效浙僧亞栖之跡，故筆軟弱，獨治為工耳。

宋湜

論説

《宋史》卷二八七《宋湜傳》 湜風貌秀整，有醞藉，器識沖遠。好學，美文詞，善談謔，曉音律，妙於弈棋。筆法遒媚，書帖之出，人多傳效。喜引重後進有名者，又好趨人之急，當世士流，翕然宗仰之，有文集二十卷。

傳記

宋・王稱《東都事略》卷三七《列傳二十》 宋湜，字持正，京兆人也。父温故終右補闕，季父温舒終起居郎，皆有時名。湜少孤，以孝聞。舉

進士，為將作監丞，通判梓州，拜著作郎，直史館，以右補闕知制誥。與王化基、李沆並命以累左降均州團練副使，移汝州。召入為禮部員外郎，直昭文館，復知制誥，遷翰林學士。咸平元年，拜給事中、樞密副使，從真宗幸澶淵，以疾卒於道，年五十一，贈吏部侍郎。真宗再幸河朔，追悼之，加贈刑部尚書，謚曰忠定。湜秀穎有器識，好學善談論，尤工筆札，得者深藏之。又善引重後進云。

鄭文寶

論説

宋・董史《皇宋書録》卷中　鄭文寶在江南，師徐騎省小篆，嘗篆《千文》以示鉉，其字不出一中指之甲。騎省嘗曰：篆難於小而易于大，鄭子小篆李陽冰不及，若大字可兼爾。

宋・朱長文《墨池編》卷三《品藻之四・續書斷序續・妙品十六人》　鄭文寶、查道襲皆善隸篆，由騎省發之，后皆為顯人。

明・陶宗儀《書史會要》卷六《宋》　鄭文寶，江表人，官至工部郎中。在江南時師徐鉉小篆。嘗篆《千文》以示鉉，不出一中指甲。鉉嘗曰：篆難於小而易於大，鄭子小篆李陽冰不及，若大篆可兼爾。

傳記

宋・王稱《東都事略》卷一一五《文藝傳九十八》　鄭文寶，字仲賢，始仕南唐為校書郎，以文知名。李煜歸朝后，為廣文館生。舉進士，為脩武薄，稍遷著作佐郎，知潁州。召拜殿中丞，為陝西轉運使。【略】官至兵部員外郎，卒年六十一。文寶好談方略，以功名自任，而術頗疎，然以詩名家，多警句。善篆，工琴。有《文集》二十卷，《談苑》十卷，《江表志》三卷。

紀事

宋・歐陽修《集古録》卷一《秦嶧山刻石》　鄭文寶，其門人也，嘗受學於鉉，亦見稱於一時。此本文寶云是鉉所模。文寶又言，嘗親至嶧山訪秦碑莫獲，遂以鉉所模刻石於長安，世多傳之。

梁鼎

傳記

明・陶宗儀《書史會要》卷六《宋》　梁鼎，字凝止，益州華陽人。官至判西京留司卿史臺，偉姿貌，有介節。工篆籀、八分。

查道

論説

宋・董史《皇宋書録》卷中《查道》　查道始習篆，患其體勢弱，熙古教以此法，仍雙鈎用筆，經半年始習熟，而篆體勁直，甚佳。查道、高紳、申革、葛湍皆善篆，弗能及也。其勁健端妙，又過于陽冰，士大夫家藏之以為寶。

明・陶宗儀《書史會要》卷六《宋》　查道，字湛然，歙州休寧人。舉進士第，官至右司郎中。事母孝聞。喜親筆硯，始習篆，患其體勢弱，有教以撥鐙法，仍雙鉤用筆，經半年始習熟，而篆體勁直，甚佳。

傳記

《宋史》卷二九六《查道傳》　查道，字湛然，歙州休寧人。祖文徽，仕南唐至工部尚書。父元方，亦仕李煜為建州觀察判官。【略】道幼沉嶷不羣，罕言笑，喜親筆硯，文徽特愛之。未冠，以詞業稱。侍母渡江奉養，以孝聞。【略】母卒，絶意名宦，遊五臺，將落髮為僧。一夕震雷破柱，道坐其下，了無怖色，寺僧異之，咸勸以仕。端拱出舉進士高第，解褐館陶尉。曹彬鎮徐州，辟為從事，深被禮遇。【略】大中祥符元年，歸直史館，遷刑部員外郎，預修《册府元龜》。三年，進秩兵部，為龍圖閣侍制。

雜録

宋・王君玉《國老談苑》卷二　查道性淳古，早寓常州瑯山寺，躬事薪水以給衆。常衣巨衲，不復洗濯，以育蚤虱。晚年侍制龍圖閣，朝列伏其重德，咸謂之查長老。

明・陶宗儀《説郛》卷六《祖異志》　待制查道奉使高麗，晚泊一山而止，望見沙中有一婦人紅裳雙袒，髻鬟紛亂，肘后微有紅鬣。查命水工以篙投於水中，勿令傷婦人，水偃仰復身，望查拜手感戀而没。水工曰：某在海上未曾見，此何物。查曰：此人魚也，能與姦處，水族，人性也。

李宗諤

論説

宋・董史《皇宋書録》卷中《李昌武宗諤》　《類苑》云：宋初李建中妙絶一時，而行筆結字亦主于肥厚，至李昌武以書著名而不免于重濁。故歐陽永叔評書曰：書之肥者譬如厚皮饅頭，食之未必不佳，而世命之為俗物矣。亦有激而云耳。江南李後主善書，嘗為近臣語書，有言顔魯公端勁有法。後主鄙之曰：真卿之書有楷法而無佳處，正如叉手并脚田舍漢耳。

又《青箱雜記》云，篇什筆札，兩皆精妙。

又《書史》云：李宗諤主文既久，士子始皆學其書。

明・陶宗儀《書史會要》卷六　李宗諤，字昌武，深州饒陽人。七歲能屬文，以隸書著名，而不免於重濁。故歐陽修嘗曰：書之肥者譬如厚皮饅頭，食之未必不佳，而世命之為俗物矣。此亦有激云爾。

傳記

清・吴升《大觀録》卷四《李諫議銅魚詩帖》　公名宗諤，字昌武，深州人。宰相昉次子，第進士，曉音律，判太常審定樂器，奏斥謬濫。汾陰禮成，拜右諫議大夫。真宗方期大用，而公卒矣，年四十九。風流儒雅，藏書萬卷，能以聲名自立，不墜門閥。工隸書，有文集六十卷。

李無惑

論說

宋・朱長文《墨池編》卷三《品藻之四・續書斷序・妙品十六人》 又有李無惑者，同安人。太宗時翰林待詔。深得陽冰之法，遒健端直，見稱於楊文公。

宋・江少虞《事實類苑》卷五三《書畫技藝・李無惑》 李無惑，同安人。善小篆，為翰林待詔，自斯公、陽冰之後，未見其比。徐鉉、鄭文寶、查道、高紳、葛端皆江東人，善篆，莫能及也。其勁健端好又過於陽冰，士大夫家藏之以為寶。錢塘人吴皓供奉造筆尤妙，世莫能及，無惑愛之，嘗藏數十百管，語人曰皓死當絶筆。無惑後為常參官宰邑，歲常寄萬錢市大筆於皓。無惑今已死，其小篆固無能嗣之者。

宋・董史《皇宋書録》卷中《李無惑》 道始習篆患其體勢弱，熙古教以此法，仍雙鈎用筆，經半年始習熟，而篆體勁直甚佳。又云李無惑善小篆，為翰林待詔，蓋陽冰之後未見其比。

明・陶宗儀《書史會要》卷六《宋》 李無惑，同安人，官翰林待詔。工篆，得撥鐙法，益勁健端妙，世謂無惑書，斯、冰之後未見其比也。

王著

論說

宋・董史《皇宋書録》卷中《王著》 《皇朝類苑》云：太宗留心筆札，首得蜀人王著，召為御書院祗候，遷翰林侍書，善草、隸，獨步一時。永師前文缺數百字，著補之，世亦寶重。東岳廟立碑命著書，著辭官卑，即日遷轉。著善大書，其筆甚大，全用勁毫，號散卓筆。太宗嘗令對御書字，初以楮一番令書八字，又一番書六字，一番書四字，一番書兩字，一番者一字，皆極于遒勁，上稱善。

又 山谷跋《樂毅論》石刻云：□書者，是國初翰林侍書王著寫，用筆圓熟，亦不易得，如富貴人家子，非無福氣，但病在韵耳。

又 石林《過庭録》云：蜀人素少善書，國初王著最知名，太宗嘗從著學書。自言右軍、石泉公方慶之後，猶世其傳家，從僖宗入蜀。著亦自端直有守，非專以藝進者也。又《燕語》：太宗平蜀，王著為趙州隆平縣主薄，或薦其能書，召為御尉寺丞、史館祗候，使詳定《急就章》等，後遂以為翰林侍書，而不加學士之名，蓋惜之也。有稱翰林學士王著，自別一人。

清・卞永譽等《式古堂書畫彙考》卷一《黄涪翁跋諸帖》 王著臨《蘭亭序》、《樂毅論》，補永禪師周散騎千字皆絶妙，同時極善用筆。若使胸中有書數千卷，不隨世碌碌，則書不病韻美，而病韻者王著。

綜述

宋・王闢之《澠水燕談録》卷八《書畫》 太宗朝，王著右軍書深得其法，侍書翰林。帝聽政之餘，留心筆札，數遣内侍持書示著，著對如初。

或詢其書意，著曰：書固佳矣，若遽稱善，恐帝不復用意。其後帝筆法精絶，世以為由著之規益也。

宋・朱長文《墨池編》卷三《品藻之五・續書斷下・能品六十六人》 宋王著，字知微，初仕偽蜀，蜀平歸朝，遷衛尉寺丞。太宗召對，擢翰林侍書。善正書、行書，兼精永禪師真草，《千文》殘缺，著補字數百刻石，頗得其形範，世寶重之。修東嶽廟，著勒碑，遷著作郎。吕文仲為侍讀，與著更宿禁中。著善大書，全用勁毫，為筆甚大，號散筆，市中鬻者管百錢。上嘗以一紙番令書六字，次一番四字，一番兩字，一番一字，皆極遒勁，上稱善，厚賜之。初太宗臨書，嘗有宸翰，遣中使示著，曰未盡善也。上益勉於臨學。他日又示，著如前對，中使責之。著曰：天子初鋭精毫墨，遽爾稱能，則不復進矣。久之復示，著曰：功已著矣，非臣所及也。真宗常言於輔臣而嘉之。噫，書特一藝，而聖賢之餘事耳，當其未至，則端士猶不敢諛言溢美，況天下大政，或志於諂而不以實對，乃知微之罪人也。昔唐許圉師非二王而以高宗為書聖，豈不愧哉。著位殿中侍御史，卒。有李居簡者善草，太宗甚愛之，以賛善大夫直御書院，是時禁林詔命，筆體不變，粲然可觀，遠追唐室。其後真宗待詔尹熙古得筆法，仁宗時仲翼工草、隸，亦頗有時譽。

宋・陳槱《負暄野録》卷上《小王書》 世稱小王書，蓋稱太宗皇帝時王著也。本學虞永興書，其波致加長，體尚嫵媚，然全無骨力。方上集刊法帖，時著預校訂，識鑒凡淺，不無謬誤。如列王坦之於逸少諸子間，意謂名皆從之，殊不知坦之乃王述之子，自太原王耳，非琅琊族也。黄長睿《書志》及《書苑》云僧懷仁集右軍書，唐文皇製《聖教序》，近世翰林侍書輩學此，目曰院體，自唐世吴通微兄弟已有斯目。今中都習書誥敕者，悉規倣著字，謂之小王書，亦曰院體，言翰林所尚也。

清・馮武《書法正傳》卷八《書家小傳》 王著，字知微，太宗擢為翰林侍書。善正書、行書，尤精永師真草，《千文》殘缺，著補字數百刻石，頗得其形範，世寶重之。著善大書，全用勁毫，為筆甚大，號散筆，市中鬻者管百錢。太宗嘗書，使示著，著曰未盡善也。又書使示著，對如初，中使責之。著曰：上初鋭精毫墨，遽善之，則後不復進。以視許圉師貶二王而以高宗為書聖，其忠佞何如也。

傳記

明・陶宗儀《書史會要》卷六《宋》 王著，字知微，自言唐相石泉公方慶之後，世家京兆渭南，祖賁入蜀，遂為成都人。仕蜀為主簿，入朝累遷翰林侍書，加殿中侍御史。善正書，筆迹甚媚頗，有家法。太宗嘗從學書。黄庭堅以謂著用筆圓熟，亦不易得，如富貴人家子非無福氣，但病在韻耳。著終侍書而不加學士之名，蓋惜之也。別有翰林學士王著，自是一人。

著録

明・豐坊《書決》 王著，字知微，京兆人，官至殿中侍御史。書欲學晉而無韻，蓋未脱五代衰俗之氣。

陳堯叟

傳記

《宋史》卷二八四《陳堯叟傳》 堯叟字唐夫，解褐光禄寺丞，直史館，與省華同日賜緋遷祕書丞。久之，充三司河南東道判官。宋、亳、陳、潁民饑，命堯叟及趙況等分振之。再遷工部員外郎、廣南西路轉運使。【略】大中祥符初，東封加尚書左丞，詔撰《朝覲壇碑》，進工部尚書。獻《封禪聖製頌》，帝作歌答之。祀汾陰，為經度制置使，判河中府，禮成，進户部尚書。時詔王欽若為《朝覲壇頌》，表讓堯叟，不許，別命堯叟撰《謁太寧廟頌》，加特進，賜功臣。又以堯叟善草、隸，詔寫途中御製歌詩刻石。五年，與欽

若並以本官檢校太傅、同平章事，充樞密使，加檢校太尉。從幸太清宮，加開府儀同三司。

陳堯佐

論說

宋·董史《皇宋書録》卷中《陳堯佐，謚文惠》 《類苑》云：陳文惠公善八分書，變古之法，自成一家。雖點畫肥重，而筆力勁健。能為方丈大字，謂之堆墨八分。凡天下名山勝處碑刻題榜，多公親迹。世或效之，而莫能及也。又云：陳惠公善八分書，點畫肥重，自是一體，世謂之堆墨書。領鄭州日，伶人戲以一大紙，濃墨塗之，中以粉筆細書四點。問曰：此何字也。曰：堆墨書田字也。公大笑。

宋·王闢之《澠水燕談録》卷八《書畫》 陳文惠公善八分書，變古之法，自成一家，雖點畫肥重，而筆力勁健，能為方丈字，謂之堆墨，目為八分。凡天下名山勝處碑刻題牓，多公親蹟。

宋·江少虞《事實類苑》卷五四《書畫技藝·陳文惠》 陳文惠公善八分書，變古之法，自成一家，雖點畫肥重，筆力勁健。能為大字，謂之堆墨八分。凡天下名山勝處碑刻題榜，多公親迹。世或效之，而莫能及也。

明·陶宗儀《書史會要》卷六《宋》 陳堯佐，字希元，其先河朔人，後徙閬中。官至太子太師致仕，謚文惠。少好學，善古隸，自成一家。雖點畫肥重，而筆力端勁，老猶不衰。能為方丈大字，謂之堆墨八分。凡天下名山勝處碑刻題榜，多公親迹。世或效之，而莫能及也。

傳記

《宋史》卷二八四《陳堯佐傳》 陳堯佐，字希元，其先河朔人。高祖翔，為蜀新井令，因家焉，遂為閬州閬中人。父省華，字善則，事孟昶，為西水尉，蜀平受隴城主簿。【略】佐少好學，父授諸子經，其兄未卒業，堯佐竊聽已成誦。初肄業錦屏山，後從种放於終南山。及貴，讀書不輟。善古隸、八分，為方丈字，筆力端勁，老猶不衰。尤工詩。性儉約，見動物必戒左右勿殺，器服壞，隨輒補之，曰無使不全見棄也。號知餘子。自誌其墓曰：壽八十二不為夭，官一品不為賤，使相納禄不為辱。三者粗可歸息於父母棲神之域矣。陳摶嘗謂其父曰：君三子皆當將相，惟中子貴且壽。後如摶言。有集三十卷，又有《潮陽編》、《野廬編》、《愚邱集》、《遺興集》。

魯宗道

傳記

宋·曾鞏《隆平集》卷六《參知政事·魯宗道》 魯宗道，字貫之，亳州人。少孤苦學，嘗袖所為文謁戚綸，綸器賞之。咸平二年，登進士第，遍歷州縣。天禧元年，詔兩省置諫官六員，不兼他職，考所言，以為殿最。宗道與劉曄同選，擢為正言。仁宗升儲，除户部員外郎兼右諭德，踰年，改正左諭德。及即位，遷户部郎中、龍圖閣學士兼侍讀。詔與吕夷簡按視雷允恭擅移山陵皇堂事，還，是年參知政事。天聖七年，薨於位，年六十四。贈兵部尚書，謚肅簡。

林逋

宋・黃庭堅《山谷題跋》卷八《題林和靖書》　林處士書清氣照人，亦似斯人涉世耶。

宋・黃庭堅《山谷集外》卷九《論書》　林和靖詩句自然沉深，其字畫尤工，遺墨尚當寶藏，何况筆法如此。筆意殊類李西臺，而清勁處尤妙。

宋・晁補之《雞肋集》卷三三《題跋・跋林逋薦士書後》　余嘗出錢唐門，遵湖放北一徑趨崦，委曲深遠，菱荇魚鳥可樂。過林君居，拜墓下，塵埃榛莽，山風蕭然。至竹閣讀其楝間詩，徘徊彷徨，有羡慕也。吾師疾固，見耦而耕者，曰不可與同羣。至點鼓瑟希，則喟然嘆曰，吾與點。士亦要志之所向，仕不仕何有。林君遭太平以仕，豈其天情自疎，莫可尸祝，不在枯槁伏藏也。其推輓後來，欲其聞達，則反復志如恐不及。賢哉。《詩》曰：皎皎白駒，在彼空谷。生芻一束，其人如玉。安得林君者而從之。元豐五年七月十四日，晁補之記。

宋・陸游《渭南文集》卷三〇《跋四十首・跋林和靖帖》　君復書法又自高勝絶人，予每見之，方病不藥而愈，方飢不食而飽。忽得觀上竺廣慧法師所藏二帖，不覺起敬立。法師能捐一石刻之山中，使吾輩皆得墨本以刮目散懷，亦一奇事也。嘉泰甲子歲十二月丁卯，山陰陸某務觀書。

元・黃溍《文獻集》卷四《題跋・跋和靖先生帖》　東坡謂先生書似李西臺，西臺書蓋屢見之，而先生書顧不多見。山陰僧舍有先生所書詩數十首，多集中所無。此帖字畫與之正同，可寶也。

清・吳升《大觀録》卷四《林和靖二札卷》　成化乙未三月望日，頎過沈君啓南有竹之居，其子鴻出示和靖先生手書二簡，拭目拜觀，儼如綏步六橋，齅寒香於冰雪之中，而塵俗俱遣矣。遂不揣庸陋，援筆綴此於後。鴻于展玩之際，尚求先生之高風於翰墨之外可。陳頎識。

又　去林處士殆五百年，區區遺墨數行，使人保護，宛然如新。彼人品庸下者，雖伐山石大書而深刻之，固有踣之者矣。成化戊戌二月十六日，因觀沈啓南所藏二小簡題。吳寬。

綜述

宋・王稱《東都事略》卷一一八《隱逸傳一百一》　林逋字君復，杭州錢塘人也。少孤，刻志為學。結廬西湖之孤山，喜爲詩，孤峭澄淡。居西湖二十年，足未嘗履城市。李及、薛映為其州，每造其居，清談終日而去。逋臨終有詩云：湖上青山對結廬，墳前修竹亦蕭疏。茂陵他日求遺草，猶喜曾無封禪書。卒年六十一。初逋客臨江，李諮始舉進士而未有知者，逋謂人曰，此公輔之器也。逋卒，諮適知杭州，為制緦服與其門人哭而葬之，刻臨終之詩納之壙中。賜謚和靖先生。

宋・董史《皇宋書録》卷中　山谷云：林和靖字畫尤工，筆意殊類李西臺，而清勁處尤妙。又云：林處士書清氣照人，其端勁有骨，亦似斯人涉世也。

又　晁氏讀書記云：善行書，有法帖兩卷，刻于豫章漕廨之觀風堂。

明・陶宗儀《書史會要》卷六《宋》　林逋字君復，杭州錢塘人。隱居不仕，謚和靖先生。善行書，筆意殊類李建中，而清勁處尤妙。

清・吳升《大觀録》卷四《林和靖二札卷》　公名逋，字君復，錢塘人。少孤力學，性恬淡好古，弗趨榮利。結廬西湖之孤山二十年，足不及城市。真宗聞其名，賜粟，帛詔長吏勞問。臨終有茂陵他日求遺稿，猶喜曾無封禪書之句。仁宗聞之嗟悼，賜謚和靖先生。公善行書，喜爲詩。不娶，無子，教兄子宥登進士甲科。嘗識李諮爲公輔器，至是諮守杭，爲素服臨葬，刻遺句納壙中。

傳記

《宋史》卷四五七《林逋傳》　林逋字君復，杭州錢塘人。少孤力學，不為章句。性恬淡好古，弗趨榮利，家貧衣食不足，晏如也。初放游江淮間，久之歸杭州，結廬西湖之孤山，二十年足不及城市。真宗聞其名，賜粟

帛，詔長吏歲時勞問。薛映、李及在杭州，每造其廬，清談終日而去。嘗自為墓於其廬側，臨終為詩，有茂陵他日求遺稿，猶喜曾無封禪書之句。既卒，州為上聞，仁宗嗟悼，賜謚和靖先生，賻粟帛。逋善行書，喜為詩，其詞澄浹峭特，多奇句。既就稿，隨輒棄之。或謂：何不録以示後世。逋曰：吾方晦跡林壑，且不欲以詩名一時，况後世乎。然好事者往往竊記之，今所傳尚三百餘篇。逋嘗客臨江，時李諮方舉進士，未有知者，逋謂人曰：此公輔器也。及逋卒，諮適罷三司使為州守，為素服，與其門人臨七日，葬之，刻遺句内壙中。

藝文

清・吴升《大觀録》卷四《林和靖二札卷》 我愛翁書得瘦硬，雲濯腴盡西湖渌。西臺少肉是真評，數行清瑩含冰玉。宛然風節溢其間，此字此翁真絶俗。開緘見字即見翁，五百年來如轉燭。可憐人物兩相求，落我掌中珠有足。水邊孤墳我會拜，土冷煙荒骨難肉。當時州吏歲勞問，於今祀典誰登録。翁固不能知我悲，聊對湖山歌楚曲。我歌湖山亦不知，惟有春鳩叫深竹。歸來把酒弔雙緘，猶勝無錢對黄菊。數年前，予與劉完菴、史明古游杭，首謁林和靖處士墓弔之，至今高風清節猶想見於湖山而不忘也。近讀東坡先生題處士詩，高妙絶塵，誠寡和之曲，特借其韻爲作一首，書于所藏處士二手帖後，以志仰止之意。成化丙申中秋日，長洲沈周。

又 西湖處士林君復，結廬倒卧湖波渌。百年何物傷汝廉，山下梅花總寒玉。滿城居瓦鱗鱗然，未信誰人能脱俗。紫陌嬉春拾翠鈿，歌鍾入夜燒紅燭。獨教老鶴閒應門，走傍湖陰濯雙足。高平范公遣使來，寄以新詩勝餽肉。風節文章厚且淳，兩句平生誠實録。才多墨妙更入神，唯許唐翁和高曲。果然遺墨似其人，如倚清風捫瘦竹。惜哉甫里陸天隨，不趁斯文書杞菊。余既題林處士遺墨，見啓南高作在卷中，輒復次韻。

又 湖亭路繞梅花曲，石硯年年洗芳渌。湖光照眼花絶塵，此老當時面如玉。詩應獨步難同調，字豈必工終不俗。城東蒼頭持卷來，一夜起看三秉燭。我從書法得相法，骨瘦神清臞亦足。有如辛苦學仙人，火冷空山斷葷肉。遺編舊事已陳跡，五百年來登鬼録。水流花落兩無情，誰能更和西湖曲。石田詩人亦清士，居不種梅翻種竹。他時併作隱君論，何以周蓮與陶菊。觀沈石田所藏和靖先生真蹟，及與吴匏菴追和坡韻之作，敬賦此篇。曲首字乃坡本韻，所謂二義重押者也。成化庚子五月乙巳，長沙李東陽書於懷麓堂。

又 我昔孤山訪遺躅，春暖西湖泛晴渌。山頭草樹不荒凉，知是先生此埋玉。念初茅廬結搆完，長吏頻顧驚流俗。就中薛李最忘形，湖上夜歸會秉燭。先生自樂味道腴，此懷何嘗忘不足。惟耽吟詠苦嚘咿，役擾心兵削肌肉。詩成又復恐驚世，輒毁不使相謄録。誰知造物難盡藏，千古騷壇傳妙曲。亦有遺墨落人間，留在剡藤並楚竹。見書瘦硬想其人，似對靈均飧落菊。曩過啓南，見此卷，謬題其上。今復見之，則啓南次蘇長公詩韻，而吴、李二内翰繼之，不能不使人技癢也，故又續貂于後。啓南尚於冰霰之餘，暗香、疏影之下，次第而歌之，先生有靈，寧不泠然御風來聽耶。頎志。

雜録

清・戈守智《漢書法通解》卷一《名人論書》 《東維子集》曰：李西臺書與林和靖絶似，西臺傷肥重，而和靖傷瘦，前輩評書皆然。余謂和靖清枯之士也，瘦之傷為不誣。西臺典重温潤，稱其為人，何肥之傷哉。吴師道曰：李西臺雖在宋初，實唐人書法之終也。過此，則益變而下矣。

周越

論説

宋・黄庭堅《山谷别集》卷一二《跋周越書後》 周子發下筆沉著，

是古人法，若使筆意姿媚似蘇子瞻，便覺行間茂密，去古人不遠矣，何止獨行於今代耶。建中靖國元年九月乙丑，荆江亭下舟中書。

宋・魏泰《東軒筆録》卷一一　尚書郎周越以書名，盛行於天聖、景祐間。然字法軟俗，殊無古氣。

宋・董史《皇宋書録》卷中　山谷云：子發臨書殊勁，但并使古人病韵耳。又云：周子發下筆沈著，是古人法，若使筆意姿媚似蘇子瞻，便覺行間茂密，去古人不遠矣，何止獨行於今代耶。

綜述

宋・朱長文《墨池編》卷三《品藻之五・續書斷下・能品六十六人》　宋周越，字子發，仕歷三門發運判官，以司勳員外郎知國子監書學，遷主客郎中以卒。草書精熟，博學有法度，而真翰不及，如俊士半酣，容儀縱肆，雖未可以語妙，於能則優矣。當天聖、慶歷間，子發以書顯，學者翕然宗尚之，然終未有克成其業者也。嘗撰《書苑》，屢求之不能致，無以質疑云。有馬尋者，慶歷中嘗知利州，其跡亦倣子發。

《宣和書譜》卷一九《草書七・宋・周越》　文臣周越，字子發，淄州人，官至主客郎中。天聖、慶歷間以書顯，學者翕然宗之。落筆剛勁足法度，字字不妄作，然而真行尤入妙，草字人能也。越之家，昆季子侄無不能書，亦其所漸者然耶。説者以謂懷素作字，正合越之儉劣，若方古人固為得筆，儻滅俗氣，當為第一流矣。在慶曆中有馬尋者，嘗知利州而善仿越書，觀者不復真贋，人謂韓門弟子云。今御府所藏草書三。

傳記

明・陶宗儀《書史會要》卷六《宋》　周越，字子發，或字清臣，淄州人。官至主客郎中，天聖、慶歷間以書顯，學者翕然宗之。落筆剛勁沈著，字字不妄作，然而真行尤入妙，草字入能也。越之家，昆季子姪無不能書者，亦其所漸者然耶。

紀事

宋・袁文《甕牖閑評》卷五　余嘗得周子發真蹟一軸，云王羲之嘗書《蘭亭會叙》，隋末廣州僧得之。唐太宗特工書，聞右軍《蘭亭》真蹟，求之得其他本，知第一本在廣州僧處，難以力取，故令人詐僧，果得之。其説如此。而宋景公《雞跖集》亦云：余幼時讀《太平廣記》，見唐太宗遣蕭翼購《蘭亭帖》，蓋譎以出之，輒嘆息曰：《蘭亭叙》若是貴耶，以太宗之賢，巍巍乎近世所無，奈何溺小嗜好而輕失信於天下也。觀景文公所書，益知子發之言為不謬。惟是《蘭亭》一篇，梁昭明太子集魏晉以來諸公雜文作《文選》，而《蘭亭》獨不入本朝。太宗摹魏晉以來諸公真蹟作法帖，而《蘭亭》復不入，抑可謂之不幸矣。

宋・陸游《老學庵筆記》卷一〇　周越《書苑》云：郭忠恕以為小篆散而八分，生八分破而隸書出，隸書悖而行書作，行書狂而草書聖。以此知隸書乃今真書。趙明誠謂誤以八分為隸，自歐陽公始。

楊億

論説

宋・董史《皇宋書録》卷中　魏道輔筆録云：楊大年工小楷。

明・陶宗儀《書史會要》卷六《宋》　楊億，字大年，建州浦城人，七歲能屬文。太宗召試，下筆立成，即授祕書省正字，官至翰林學士。謚曰文。工小楷。

傳記

《宋史》卷三五〇《楊億傳》 楊億，字大年，建州浦城人。祖文逸，南唐玉山令。【略】億天性穎悟，自幼及終，不離翰墨。文格雄健，才思敏捷，略不凝滯，對客談笑，揮翰不輟。精密有規裁，善細字起草，一幅數千言，不加點竄，當時學者，翕然宗之。而博覽强記，尤長典章制度，時多取正。喜誨誘後進，以成名者甚衆。人有片辭可紀，必為諷誦。手集當世之述作，為《筆苑時文録》數十篇。重交游，性耿介，尚名節。多周給親友，故廪禄亦隨而盡。留心釋典禪觀之學，所著括蒼、武夷、穎陰、韓城、退居、汝陽、蓬山、冠鼇等集，内外制，刀筆，共一百九十四卷。

雜録

宋・王稱《東都事略》卷四七《列傳三十》 楊億，字大年，建州浦城人也。生之夕，其祖文逸夢一羽衣自稱懷玉山人，覺而億生，有毛被其體，其長盈尺，踰月始墮。母口授以書，隨即成誦。六歲學吟詩，七歲善屬文，年十一以童子召對，試詩賦五篇，下筆立成。太宗歎異，以為祕書省正字，制曰：汝方在髫齡，不煩師訓，精爽神助，文字生知，越景絶塵，一日千里。予有望於汝也。從祖徽之知許州，億徃依焉。徽之間與語，歎其學問該博，曰：興吾門在汝矣。淳化中，命讀書祕閣，遷光禄寺丞。太宗觀華後苑，召命賦詩。明年苑中曲宴，億復以詩獻，太宗詰有司，不時召對，曰非貼職不與，即以億直集賢院。真宗即位，拜右正言，修《太宗實録》凡八十篇，而億獨成五十六卷。出知處州，召還，拜左司諫知制誥。【略】天禧二年，遷工部侍郎知貢舉，坐譴降祕書監。母喪詔起復爲翰林學士。億嘗代寇準草奏請皇太子親政，斥丁謂等姦邪事。準既逐，億亦憂畏而卒，年四十七。

錢惟演

傳記

明・陶宗儀《書史會要》卷六《宋》 錢惟演，字希聖，忠懿王俶之子。官至同中書平章事，謚文僖。文辭清麗，於書無所不讀，家儲文籍侔祕府。書帖亦平平。

藝文

宋・錢惟演《玉樓春》 城上風光鶯語亂，城下煙波春拍岸。緑楊芳草幾時休，淚眼愁腸先已斷。情懷漸變成衰晚，鸞鏡朱顔驚暗换。昔年多病厭芳樽，今日芳樽唯恐淺。

呂夷簡

傳記

明・陶宗儀《書史會要》卷六《宋》 呂夷簡，字坦夫，先世萊州人，後徙壽州。官至太尉致仕，謚文靖。

章得象

論説

宋・董史《皇宋書録》卷中　郇國文簡公章得象，字希言。東坡云：章文簡公楷法尤妙，足以見前人篤實謹厚之餘風也。

明・陶宗儀《書史會要》卷六《宋》　章得象，字希言，世居泉州，高祖仕閩，遂家浦城。官至鎮安軍節度使、同平章事，封郇國公，謚文簡。善正草篆書，晚年逾妙。一以魏晉諸賢為則，楷法殊類王逸少。然篆則不若真草也。

傳記

《宋史》卷三一一《章得象傳》　章得象，字希言，世居泉州。高祖仔鈞，事閩為建州刺史，遂家浦城。【略】長而好學，美姿表，為人莊重。進士及第，為大理評事、知玉山縣，遷本寺丞。真宗將東封泰山，以殿中丞簽書兗州觀察判官事，知台州。【略】加中書侍郎兼工部尚書兼樞密使，辭所加官。明年，以工部尚書為昭文館大學士。慶歷五年，拜鎮安軍節度使、同平章事，封郇國公。

杜衍

論説

宋・蘇軾《東坡題跋》卷四《跋杜祁公書》　正獻公晚乃學草書，遂為一代之絶。公書政使不工，猶當傳世寶之，况其清閑妙麗得昔人風氣如此耶。

宋・黄伯思《東觀餘論》卷下《跋杜正獻公草書後》　高適五十始為詩，而與李、杜抗行。正獻公暮年乃學草書，筆勢翩翩，遂逼魏晉。孰謂秉燭不逌書遊哉。於戲，公之用也，忠猷亮節著於朝廷，其退也，直心勁氣寓於翰墨。故觀此書者，可以得公之為人。

宋・朱熹《晦庵集》卷八四《跋杜祁公與歐陽文忠公帖》　杜公以草書名家，而其楷法清勁，亦自可愛，諦玩心畫，如見其人。慶元丁巳十月丁丑，新安朱熹觀。

綜述

宋・朱長文《墨池編》卷三《品藻之五・續書斷下・能品六十六人》　宋杜衍，字世昌，越州山陰人。本朝忠清恭肅之臣也。立於廟堂，國家以為重，退而里居，縉紳以為法。享八十官至太子太師，謚曰正憲。少工書，晚益喜之，於草筆尤善。雖年位皆重，尺牘必親，人皆藏之。韓魏公嘗以詩謝其書云：因書乞得字數幅，伯英筋骨羲之膚。字體真渾遠到古，龍馬初見八卦圖。又云：公之佳壻蘇子美，得公一二名已沽。矜奇恃雋頗自放，質之公法慙毫麄。其愛重如此。

《宣和書譜》卷一九《草書七・宋・杜衍》　文臣杜衍，字世昌，越州

山陰人，相仁祖官至太師，封祁國公。其先出於堯後，歷三代嘗為諸侯，徙封於杜。經秦歷漢，九世當陽侯預顯於晉，十有四世，歧國公佑顯於唐，又九世至於衍，具有家法。吉凶祭祀，一用其家書。自唐滅士喪舊禮，由春秋以至有唐千有餘歲，公卿之家得不絶其世譜，流傳至今者惟杜氏。衍世以恭儉孝謹稱於鄉里，為人廉潔自刻，動静纖悉，謹而有法，然尤好翰墨。考其大節，偉如也。享年八十。初知乾州，察其治能，移權鳳翔府。二邦之民爭於界上，一曰：我公也，汝何奪之。一曰：我公也，汝何有焉。雖古循吏無以過之也。所治之所，奸吏束手，權要不敢侵犯。典銓選則有條式，議邊事則折衝樽俎，料敵如神。及居相位，以静鎮物。凡内批除目有僥幸，衍多抑絶不行。至暮年以草書為得意，喜與婿蘇舜欽論書，年位雖重，而尺牘必親作。韓琦嘗以詩謝其書云：因書乞得字數幅，伯英筋骨羲之膚。其為當時所重如此。今御府所藏草書一。

宋·董史《皇宋書録》卷中《祁國正獻公杜衍字世昌》 山谷云：杜祁公七十老人，書尚能如此，亦自難得。有草書法帖一卷，刻石清江，諸公題跋甚詳，庚申春没於虜禍。

明·陶宗儀《書史會要》卷六《宋》 杜衍，字世昌，越州山陰人。擢進士甲科，官至太師，祁國公，謚正獻。廉潔自刻，考其大節，偉如也。好翰墨，至暮年以草書為得意，喜與婿蘇舜欽論書。韓琦嘗以詩謝其書云：因書乞得字數幅，伯英筋骨羲之膚。其為當時所重如此。史謂正書、行草皆有法，然以筆跡考之，真行則非所長。

傳記

《宋史》卷三一〇《杜衍傳》 杜衍，字世昌，越州山陰人。父遂良，仕至尚書度支員外郎。衍總髮苦志厲操，尤篤於學。擢進士甲科，補揚州觀察推官，改祕書省著作佐郎、知平遥縣。使者薦之，通判晉州。詔舉良吏，擢知乾州。【略】進太子太師。知制誥王洙謁告歸應天府，有詔撫問，封祁國公。衍清介不殖私産，既退，寓南都凡十年，第室卑陋，纔數十楹，居之裕如也。出入從者十許人，烏帽、皂屨、綈袍、革帶。或勸衍為居士服，衍曰：老而謝事，尚可竊高士名邪。善為詩，正書、行、草皆有法。病革，帝遣中使賜藥，挾太醫往視不及，卒，年八十。贈司徒兼侍中，謚正獻。

紀事

宋·歐陽修《文忠集》卷三一《太子太師致仕杜祁公墓志銘》 故太子太師致仕祁國公贈司徒兼侍中杜公諱衍，字世昌，越州山陰人也。【略】自少好學，工書盡善，為詩讀書，雖老不倦。

宋·歐陽修《文忠集》卷七三《跋杜祁公書》 右杜祁公墨蹟。公嘗景祐中，為御史中丞，時余以鎮南軍掌書記為館閣校勘，始登公門，遂見知獎。後十五年，余以尚書禮部郎中、龍圖閣直學士留守南都，公已罷相，致仕於家者數年矣。余歲時率僚屬候問起居，見公福壽康寧，言笑不倦。歲餘，予遭内艱去，居於潁。服除，來京師，蒙恩召人翰林為學士，與公書問往還，無虚月。又二歲，公以疾薨於家。予既泣而論次公之功德而銘之，又集在南都時唱和詩為一卷，以傳二家之子孫。又發篋，得公手書簡尺、歌詩，類為十卷而藏之。余與時寡和，辱公之知，久而愈篤，宜於公有不能忘，矧公筆法為世楷模，人人皆寶而藏之，然世人莫若余得之多也。嘉祐八年六月晦日。

元·黄溍《文獻集》卷四《題跋·跋書錦堂詩》 祁國杜公草書《晝錦堂詩》紹興間嘗歸之内府，詩中適有御名，故刊去之。然此字本韓氏家諱，而祁公用之不疑，古人臨文不諱之意，尚可見也。

錢易

傳記

明・陶宗儀《書史會要》卷六《宋》 錢易，字希白，吴越廢王倧之子。俶歸朝，群從悉補官，易與兄昆不見録，遂刻志讀書。舉進士，官至左司郎中、翰林學士，儤直未滿，卒。喜尋文大字及行草。

夏竦

傳記

明・陶宗儀《書史會要》卷六《宋》 夏竦，字子喬，江州德安人。官至樞密使，封英國公，進封鄭國公，贈太師、中書令，賜謚文正，以言者改謚文莊。資性明敏，多識古文學奇字，至夜以指畫膚。

張觀

論説

清・顧炎武《日知録》卷二一《草書》 張觀平生書必爲楷字，無一行草，類其爲人。古人之謹重如此。

傳記

《宋史》卷二九二《張觀傳》 張觀，字思正，絳州絳縣人。少謹願好學，有鄉曲名，中服勤力學科，擢爲第一。進爲翰林學士，知審官院，累遷左司郎中，以給事中權御史中丞。【略】以父居業高年多病，請便郡，以觀文殿學士知許州，月餘拜左丞。丁父憂，哀毁過甚，既練而卒。贈吏部尚書，謚文孝。平生書必爲楷字，無一行草，類其爲人。仁宗飛白書清字賜觀，以賞其節。

龐籍

傳記

宋・曾鞏《隆平集》卷五《宰臣・龐籍》 龐籍，字醇之，單州人。大中祥符八年登進士第，累擢天章閣待制、龍圖閣直學士。慶歷四年樞密副

使，皇祐三年拜相，五年罷，以使相觀文殿學士知并州，徙青州。請老，以太子太保致仕，卒，年七十六。贈司空兼侍中，謚莊敏。

著録

清・孫岳頒等《佩文齋書畫譜》卷三二《書家傳十一・宋・龐籍》 籍工筆札，其蹟雜見《鳳墅續法帖》中。

范仲淹

論説

宋・黄庭堅《山谷題跋》卷六《跋范文正公帖》 范文正公書，落筆痛快沉著，極近晉、宋人書。往時蘇才翁筆法妙天下，不肯一世人，惟稱文正公書與《樂毅論》同法。余少時得此評，初不謂然，以謂才翁傲睨萬物，衆人皆側目，無正法必見殺也。而文正待之甚厚，愛其才而忘其短也。故才翁評書少曲董狐之筆耳。老年觀此書，乃知用筆實處。是其最工。大概文正妙於世故，想其鈎指回腕，皆優入古人法度中。今士大夫喜書，當不但學其筆法，觀其所以教戒故舊親戚，皆天下長者之言也。深愛其書則深味其義，推而涉世，不為古人志士，吾不信也。

宋・黄庭堅《山谷集外》卷九《書韋深道諸帖》 范文正公書殊有古氣，往時蘇才翁於書少所許可，獨論文正公書得《樂毅論》筆意。以予考之誠然，但骨氣勁而少肉耳。

宋・陸游《放翁題跋》卷四《跋范文正公書》 觀范文正公書札，如欲與韓魏公同薦李泰伯，見其進賢之誠；戒余安道、石守道避禍，見其愛惜人材之意。於虖賢哉。然泰伯卒棄不用，安道、守道俱陷患難，或至死不解，志士仁人至今以為嘆。信乎明哲保身之難也。慶元庚申九月二十九日，笠澤病叟陸某書。

宋・朱長文《墨池編》卷三《品藻之五・續書斷下・能品六十六人》 宋范仲淹，字希文，吴郡人。【略】晚年學《樂毅論》，沉着痛快，亦一代之墨寶也。與公同進者曰歐陽永叔諱修，吉州廬陵人，文章絶出一時。

宋・董史《皇宋書録》卷中 山谷云：范文正公書殊有古氣，往時蘇才翁於書少所許可，獨許公書得《樂毅論》筆意。以余考之誠然，但骨氣勁而少肉耳。

又 南軒云：文正范公，德業之盛，借使字畫不工，猶當寶藏，况清勁有法度如此哉。

又 有石刻所書韓文公伯夷頌行於世。

明・陶宗儀《書史會要》卷六《宋》 范仲淹，字希文，其先邠州人，後徙江南，遂為蘇州吴縣人。舉進士第，官至參知政事，謚文正。内剛外和，性至孝，好施予，置義莊以贍族人。泛愛樂善，士多出其門下。善書，得《樂毅論》筆意，清勁中有法度，但少肉耳。

傳記

《宋史》卷三一四《范仲淹傳》 范仲淹，字希文，唐宰相履冰之後。其先邠州人也，後徙家江南，遂為蘇州吴縣人。仲淹二歲而孤，母更適長山朱氏，從其姓，名説。少有志操，既長，知其世家，乃感泣辭母，去之應天府，依戚同文學。晝夜不息，冬月憊甚，以水沃面；食不給，至以糜粥繼之，人不能堪，仲淹不苦也。舉進士第，為廣德軍司理參軍，迎其母歸養。改集慶軍節度推官，始還姓，更其名。【略】元昊反，召為天章閣待制，知永興軍，改陝西都轉運使。【略】仲淹為將，號令明白，愛撫士卒，諸羌來者，推心接之不疑，故賊亦不敢輒犯其境。元昊請和，召拜樞密副使。王舉正懦默不任事，諫官歐陽修等言仲淹有相材，請罷舉正用仲淹，遂改參知政事。【略】尋徙杭州，再遷户部侍郎，徙青州。會病甚，請潁州，未至而卒，年六十四。贈兵部尚書，謚文正。

雜録

宋・姚寬《西溪叢語》 公守鄱陽，喜樂籍，未幾召還到京，以綿胭脂寄其人。題詩云：江南有美人，别後長相憶。何以慰相思，贈汝好顏色。至今墨蹟在鄱陽士大夫家。

宋綬

論説

宋・朱長文《墨池編》卷三《品藻之五・續書斷下・能品六十六人》 宋宋綬，字公垂，在章聖朝以文章處禁林，在神文朝以風節參機政。特工筆法，本朝以來，言書者稱李西臺與公垂云。子敏求字次道，學傳其家，近歲名卿宗公之碑誌，多其所書，遒婉沖麗，當世共珍之。今以諫議大夫知制誥，卒，謚宣獻。

《宣和書譜》卷六《正書四・宋・宋綬》 宋文臣宋綬，字公垂，趙人也。官至參知政事，謚曰宣獻。其事業載之史牒詳矣。綬雅有記性，嘗試童行《法華經》，誦十日，不復遺一字，蓋其性與下愚相遠如此。作字尤為時所推右。然亦自喜其書，在翰苑日，凡制稿必集成篇，至於點畫亦不妄作，意其文必附書以垂後世耳。嘗為小字正書整整可觀，真是《黄庭經》、《樂毅論》一派之法。在天聖、明道間，章獻明肅後聞綬書名，乃命書楷法《千文》以規仁祖。今綬所書《千文》，實天章閣所藏之書也。其後佐我仁祖以參大政，亦基於此。國初稱能書者惟李建中與綬二人，而建中之字肥而重濁，或為時輩譏評，謂有五代以來衰亂之氣，至綬則無間言。蓋其書富於法度，雖清癯而不弱，亦古人所難到者。而議者又謂世之作字，於左右布置處或枯或秀，惟綬左右皆得筆，自非深造者特未易知。綬有子曰敏求，能世其家。凡當時巨卿銘碣，必得敏求字為榮，故二宋之書，人到於今稱之。今御府所藏正書八。

宋・董史《皇宋書録》卷中 山谷跋《武德帖》云：近世宋宣獻公書，號為近古，猶未盡得此筆意也。《東都事略》云：綬筆札精妙，仁宗嘗取其所書藏禁中。《書史》云：宋宣獻公綬作參政，傾朝學之，號曰朝體。王廣淵師其小字。

明・陶宗儀《書史會要》卷六《宋》 宋綬，字公垂，趙州平棘人。官至參知政事，謚宣獻。作字尤為時所推右，嘗為小字正書，整整可觀，真是《黄庭經》、《樂毅論》一派之法。國初稱能書者惟李建中與綬二人，建中之字肥而重濁，或為時輩譏評，至綬則無間言。蓋其書當於法度，雖清臞而不弱，亦古人所難到也。

清・吴升《大觀録》卷四《宋宣獻度支帖》 公名綬，字公垂趙州人大中祥符初試學士院爲集賢校理與父臯同職累拜參知政事卒謚宣獻藏書萬餘卷親見校讎筆札尤精妙帝嘗取其書藏寘禁中子敏求。

傳記

宋・王稱《東都事略》卷五七《列傳四十》 宋綬，字公垂，隨州平棘人也。父臯，直集賢院。綬幼聰警，其外祖楊徽之器愛之。以徽之遺恩授太常寺太祝，年方十五。召試中書，真宗奇其文，試學士院，為集賢校理，與父臯同在館閣，世以為榮。【略】景祐四年，罷為尚書左丞、資政殿學士，留侍經筵。明年加大學士，知河南府，俄召知樞密院事，遷兵部尚書，改參知政事。未幾而卒，年五十。贈司徒兼侍中，謚曰宣獻。綬資性孝謹，清介寡言，經史百家莫不通貫，家藏書二萬卷。楊億嘗稱其文淳麗，尤善詞賦，自以為不及也。綬筆札精妙，仁宗嘗取其所書藏禁中。

李居簡

論說

宋・朱長文《墨池編》卷三《品藻之五・續書斷下・能品六十六人》 有李居簡者善草，太宗甚愛之。以賛善大夫直御書院，是時禁林詔命筆體丕變，粲然可觀，遠追唐室。

宋・董史《皇宋書録》卷中 《皇朝類苑》云：凡章草、小草點畫皆有法，不可率意輒書。近年李居簡善草書，太宗甚愛之，以賛善大夫直御書院。王嗣宗亦習而不能精。諺云：信速不及草書，家貧難辦素食。言其難置也，然小草尤難。

傳記

明・陶宗儀《書史會要》卷六《宋》 李居簡，官至賛善大夫，直御書院。善草書，凡章草小草點畫皆有法，太宗甚愛之。

石延年

論說

宋・董逌《廣川書跋》卷一〇《石曼卿書》 世以曼卿跅弛不羈，故其乘一時豪氣所感，豈提鉛懷槧者所能模放耶。觀其論天下事無不公，當後數十年，其言益信可用，精思者不能過也。潞子城有曼卿所書，葢寶元七月，是時朝廷始以曼卿所上民兵為可行，故得與吴遵、路同籍河東兵。至此迨今六十五年，本道再置使按民兵，其說正當時所議，而西河師中適為上黨尉，初得其書摹石，此豈亦有數耶。

元・王惲《秋澗集》卷七三《題石曼卿手書古檜行後》 中允姿豪放，有高山氣，故其筆不得不瑰偉清勁，以世推重。至有河傾崑侖，雪壓太華之語，何其壯哉。今繼先待御家藏《古檜行》，所謂愈大而愈奇者也，風格修整類唐人誥書手，豈公早年書邪。

元・黄溍《文獻集》卷四《題跋・書石曼卿館直詩後》 曼卿仕凡再入館，康定二年二月四日，以祕閣校理卒於官，距作此卷時厪四浹旬耳，安知非曼卿絶筆耶。嗚呼，曼卿之卓然不可朽，固不必在是，歐陽子所謂軒昂磊落，突兀峥嶸者，覽卷猶可概見也。

明・孫鳳《孫氏書畫鈔》卷一《法書・石曼卿古松詩真跡》 曼卿上世家幽州，燕俗勁武，少以氣自豪，書體兼顔、柳，前輩謂愈大愈奇。余三見真蹟禮，部九尚書家《西師》詩有旗光秋曉起，甲色大江横之句，歐陽氏《籌筆驛》詩意中流水遠，愁外福山青之句。今又見此詩影摇千尺，聲撼半天，尤為人膾炙，皆警策也。歐陽稱文章公勁健稱其意氣，余以謂字畫猶有劒拔弩張之勢。

又 節度推官廳事舊有《籌筆驛》詩刻，流轉入郡圃中，師夏請於使君得復舊。暇日過袁君木叔家見《古松》詩筆，其嚴密勁健，尤為卓絶，因摹刻之以為《籌筆驛》詩刻之對。曼卿翰墨不多見於世，藐然往事之廬，破屋數間，雖不足以避風雨，而二刻屹立其中，未可以為陋也。又得文昌樓公為之題識，益光榮矣。木叔之先君好奇耆古，所蓄前輩遺墨甚衆，此其一耳。慶元己未上元日，古汴趙師夏書。

又 士大夫家豪宕奇崛者，為文必峭拔；清遠閒放者，有句必高妙。故《梅》詩之疎影横斜，和靖如圖寫此花；《松》詩云半天風雨，曼卿獨膾炙人口也。自昔論詩者嘗謂寫情無難，狀物寘難，遇於體倣或失之俗，略於比喻又失之泛，必渾然天成，它物不足以當之，斯為美爾。曼卿平生義氣卓犖，多慕古人奇節偉行，其見於辭章之間，又肯為兒女子軟媚語耶。梅聖

俞以雲影濤聲之句過此作，非矣。節推趙公得真蹟於袁正肅之仲弟木叔而刻之石，二百年來陵移谷遷，何物不為塵土之歸，而此刻至今存焉。半雲翁在篋藏故物之列，家既析異，又幸心可得而寶之，造物者若有私焉。嗚呼，故家遺物，歷年之久而卒獲所歸，有如此帖者乎。敬書此以識余感。歲在玄默敦牂五月望，北山老樵黄摻敬印曰尗茂父。

清・翁方綱《復初齋文集》卷二五《跋羣玉堂刻石曼卿帖三首》 此帖在羣玉堂末卷，鐫刻極工，曼卿書用顔法也。然予見岱廟种放詩石，復有曼卿題名大楷，則勝此遠矣。曼卿以詩著名，在仁宗寶元間，此刻自署戊寅，是寶元元年也。

清・馮武《書法正傳》卷八《書家小傳》 石延年，字曼卿，宋州人。正書入妙、能，不擇紙筆，自然雄逸。

綜述

宋・朱長文《墨池編》卷三《品藻之四・續書斷續・妙品十六人》 宋石延年，字曼卿，其先幽州人。志氣豪邁，慕古人奇節偉行，而欲立非常之功。既與世齟齬，於是嗜飲以自放奇篇寶墨，多得於醉中。真一代文翰之雄也。少舉進士不中，初命奉職，久之以太祝宰濟之金鄉，累擢大理丞，通判海州，還為祕書閣校理，遷中允。康定二年卒，年四十八。上書請莊獻明肅還政，言夏戎十事，不報。已而元昊叛，左右正缺，執政欲以曼卿擬之，猶覬其私請然後奏。曼卿語人曰：吾少有志效國用，當自結明主以奮生平，又安能屑屑於相府乎。執政聞之，遂罷。是天子方用其言，稍欲進顯以試其才，而曼卿不幸病死，可哀也已。

曼卿正書入妙品，尤喜題壁，不擇紙筆，自然雄逸。嘗艤舟於泗州之龜山寺，僧請題壁傍殿榜，乃劇醉，卷氊而書，一揮而三榜成。使善書者雖累旬月構思以為之，亦不能及也。范文正誄之曰：曼卿之筆，顔筋柳骨，散落人間，寶為神物。歐陽永叔嘗賦詩云：曼卿子美真奇才，久已零落埋黄埃。子美生窮死愈貴，殘章斷稿如瓊瑰。曼卿醉題紅粉壁，鐵幹已剥昏烟煤。河傾崑崙勢曲折，雪壓太華高崔嵬。自從二子相繼没，山川氣象皆低摧。二公之辭，信得其實，不假余評云。

《宣和書譜》卷六《正書四・宋・石延年》 文臣石延年，字曼卿，本幽州人。官至太子中允祕閣校理。少應進士舉，真廟朝該三舉進士，推恩補奉職，延年以母老不擇禄而就。久之，朝廷為改太常寺大祝，出知濟州金鄉縣，為邑有治聲。凡兩除監郡，一為大理丞，遂入館。然跌蕩不羈，劇飲尚氣節，視天下無復難事，不為小廉曲謹以投苟合。上書論事有讜語，朝廷用其計，令奉使河東籍鄉兵。既還，易服色。當時延年雖在祕閣而不屑，夜游浮沉閭巷間，見者如遇於煙雲中。一日與酒徒詣肆中，縱飲銜杯無算，終席不交一語引去。以此人異之，指其地為遇仙。其在寶元、康定間，文詞筆墨映照流輩，得之者不異南金大貝，以為珍藏。其正書入妙品。尤喜題壁，不擇紙筆而得如意。初沿汴而東，系舟泗水龜山下，佛祠釋子以題殿榜為請，乃為劇飲，卷氈濡墨作方丈字，一揮而成，人以為絶筆。異時范仲淹作文誄之云：延年之筆，顔筋柳骨，散落人間，寶為神物。歐陽修亦作詩美之曰：延年醉題紅粉壁，壁粉已剥昏煙煤。河傾昆崙勢曲折，雪壓太華高崔嵬。其為名流推許如此。今御府所藏正書一。

宋・董史《皇宋書録》卷中《石延年曼卿》 《晁氏讀書記》云：善書札，縱酒不羈。

又 《六一詩話》云：工於書，筆畫遒健，體兼顔柳，為世所好。嘗以澄心堂紙草書籌筆驛詩，至今藏之，號為三絶。

又 《王直方詩話》云：以書名世，大字愈妙，龜山寺三佛名榜最為雄偉。張文潛有詩云：煌煌三佛榜，鐵貫金石紐。能道其妙處。

又 東坡《書曼卿詩筆後》云：范文正公祭曼卿文，其略曰：曼卿之筆，顔筋柳骨，散落人間，寶為神物。

明・陶宗儀《書史會要》卷六《宋》 石延年，字曼卿，本幽州人，其祖徙居宋城。官至太子中允、祕閣校理。跌蕩不羈，劇飲尚氣節，文詞筆墨照映流輩。正書入妙品，尤喜題壁，不擇紙筆而得如意。初沿汴而東，繫舟泗水龜山下，佛祠釋子以題殿榜為請，乃為劇飲，卷氊濡墨作方丈字，人以為絶筆。異時范仲淹誄之曰：延年之筆，顔筋柳骨，散落人間，實為神物。其為名流推許如此。

紀事

宋・歐陽修《歸田録》卷二　石曼卿磊落奇才，知名當世，氣貌雄偉，飲酒過人。有劉潛者，亦志義之士也，常與曼卿為酒敵。京師沙行王氏新開酒樓，遂往造焉，對飲終日，不交一言。王氏怪其所飲過多，非常人量以為異人，稍獻肴果，益取好酒，奉之甚謹。二人飲啗自若，慠然不顧。

宋・李之儀《姑溪居士前集》卷四〇《題跋・跋石曼卿二踈墓詩》　曼卿疏蕩不羈，劇飲尚氣節，視天下無有難事，不為小廉曲謹以投瓦合。非獨不為，如已一有相值，藐然不少降意，若此等輩終身不敢輒窺藩籬也。方時天下無事，嘗感慨論列，引物連類，一切取力古人。君相心奇之，而適以多事為戒，故不果用，雖在祕書不屑，夜遊浮沉里巷間，見者如遇于雲烟中。與所善飲酒，其爵至無算，竟席不交一語，引去。至今指其地為神仙所降。方大醉間，入省門卧大慶殿廡下，衛士前呵問，已而知為曼卿也，率辟易，以手加額上嗟咨而去。年纔五十餘，竟死于小官。大鵬斥鷃九萬里而圖南，與夫自決于搶榆枋者，固不可同日語。横海之鱣睨睨于蹄涔杯杓之間，欲求合一轍，蓋難矣。安得不叢驚聚駭，或譏且罵耶。要亦如吾所素而無愧焉可也。文詞翰墨乃其餘事，既不得用，聊復戔戔所好，姑玩勝日，而流傳相誇，覽之亦足以彷彿其平生爾。崇寧三年八月初一日。

元・王惲《秋澗集》卷七三《題石曼卿手書古檜行後》　中允姿豪放，有高山氣，故其筆不得不瑰偉清勁，一世推重。至有河傾崑崙，雪壓太華之語，何其壯哉。今繼先待御家藏《古檜行》，所謂愈大而愈奇者也，風格修整類唐人誥書手，豈公早年書邪。

元・黄溍《文獻集》卷四《題跋・書石曼卿館直詩後》　曼卿仕凡再入館，康定二年二月四日，以祕閣校理卒於官，距作此卷時厪四浹旬耳，安知非曼卿絶筆耶。嗚呼，曼卿之卓然不可朽，固不必在是，歐陽子所謂軒昂磊落，突兀峥嶸者，覽卷猶可概見也。

著録

明・孫鳳《孫氏書畫鈔》卷一《法書・石曼卿古松詩真跡》　直氣森，耻屈盤，鐵衣生澀紫鱗乾。影摇千尺龍蛇動，聲撼半天風雨寒。蒼蘚静緑離石上，緑羅高附入雲端。報言帝室掄材者，便作明堂一柱看。石延年。

藝文

宋・范仲淹《范文正公文集》卷一一《祭石學士文》。維慶曆三年九月日，具官范某謹致祭於故友曼卿學士之靈。嗚呼，曼卿之才，夭而無媒，不登公卿，善人爲哀。曼卿之筆，顔筋柳骨，散落人間，寶爲神物。曼卿之詩，氣雄而奇，大愛杜甫，獨能嗣之。曼卿之心，浩然無機，天地一醉，萬物同歸。不見曼卿，憶兮如生，希闊人之，必爲神明。尚饗。

宋・歐陽修《文忠集》卷一《居士集第一・古詩三十八首・哭曼卿》　嗟我識君晚，君時猶壯夫。信哉天下奇，落落不可拘。軒昂懼驚俗，自隱酒之徒。一飲不計斗，傾河竭昆墟。作詩幾百篇，錦組聯瓊琚。時時出險語，意外研精粗。窮奇變雲煙，搜怪蟠蛟魚。詩成多自寫，筆法顔與虞。旋棄不復惜，所存今幾餘。往往落人間，藏之比明珠。又好題屋壁，虹霓隨卷舒。遺蹤處處在，餘墨潤不枯。胸山頃歲出，我亦斥江湖。乖離四五載，人事忽焉殊。歸來見京師，心老貌已癯。但驚何其衰，豈意今也無。才高不少下，闊若與世疏。驊騮當少時，其志萬里塗。一旦老伏櫪，猶思玉山芻。天兵宿西地，狂兒尚稽誅。而今壯士死，痛惜無賢愚。歸魂渦上田，露草荒春蕪。

宋・蘇舜欽《蘇學士集》卷二《古詩二十首・哭曼卿》　去年春雨開百花，與君相會歡無涯。高歌長吟插花飲，醉倒不去眠君家。今年慟哭來致奠，忽欲出送攀魂車。春暉照眼一如昨，花已破蕾蘭生芽。唯君顔色不復見，精魄飄忽隨朝霞。歸來悲痛不能食，壁上遺墨如棲鴉。嗚呼死生遂

相隔，使我雙淚風中斜。

雜録

宋・米芾《海岳名言》　石曼卿作佛號，都無回轉摺之勢。小字展令大，大字促令小，是顛教顔真卿謬論。蓋字自有大小相稱，且如寫太一之殿，作四窠分，豈可將一字肥滿一窠，以對殿字乎。蓋自有相稱，大小不展促也。余嘗書天慶之觀，天、之字皆四筆，慶、觀字多畫在下，各隨其相稱寫之，掛起氣勢自帶過，皆如大小一般，真有飛動之勢也。

明・陳繼儒《妮古録》卷三　石曼卿真書大字妙天下，湖州學經史閣三字，石學士書。

宋庠

論説

宋・歐陽修《歸田録》卷下　宋丞相庠，早以文行負重名於時，晚年尤精字學。嘗手校郭忠恕《佩觿》三篇寶玩之。其在中書，堂吏書牒尾，以俗體書宋為宋，公見之不肯下筆，責堂吏曰：吾雖不才，尚能見姓書名，此不是我姓。堂吏惶懼，改之，乃肯書名。

傳記

宋・王稱《東都事略》卷六五《列傳四十八》　宋庠，字公序，開封雍丘人也。舉進士、開封禮部俱第一。與弟祁同時有名，以詩賦為學者所宗，謂之二宋。初為大理評事同判襄州，遷直史館修《起居注》遷右正言。【略】以司空致仕，卒，年七十一。贈太尉兼侍中，謚曰元憲。

王洙

傳記

宋・朱長文《墨池編》卷三《品藻之五・續書斷下・能品六十六人》　宋王洙，字原叔，南京宋城人。博極羣書，至於陰陽、律吕、星官、算術、訓詁、字音無所不達既進用，能因其所學開陳嘉言，天子常喜其説，嘗以塗金龍水牋為飛白詞林二字以褒之晚喜隸書尤得古法當時學者翕然宗尚而隸法復興以侍讀學士卒特謚文。

清・孫岳頒等《佩文齋書畫譜》卷三二《書家傳十一・宋・王洙》　原叔博學，通篆、隸書。

葉清臣

傳記

清・吴升《大觀録》卷四《葉學士天休帖》　公名清臣，字道卿，長洲人。天聖二年對策，擢進士第二。累官翰林學士，權三司使。坐論賈昌朝，罷知河陽軍。卒贈諫議大夫。公天姿英邁，遇事敢行，奏對無所屈。數上書論天下事，陳九議、十要、五利，皆當世可行者。有文集一百六十卷。

雷簡夫

綜 述

宋・朱長文《墨池編》卷三《品藻之五・續書斷下・能品六十六人》 宋雷簡夫，字太簡，善真行書。嘗守雅州，聞江聲以悟筆法，迹甚峻快，蜀中珍之。宋子京贈以詩云：豪英出名胄，偃蹇勑官游。大言滿千牘，高氣橫九州。仕至殿中丞。

明・陶宗儀《書史會要》卷六《宋》 雷太簡字簡夫，工書。自云少年時學王右軍《樂毅論》、鍾東亭《賀平賊表》、歐陽率更《醴泉銘》、褚河南《聖教序》魏庶子《郭知運碑》、顔太師《家廟碑》。後又見顔行書《馬病帖》、《乞米帖》，苦愛重之，但自恨未及其自然。近刺雅安，書卧郡閣，因聞平羌江暴漲聲，想其波濤畨迅駛，掀搕高下，蹙逐奔去之狀，無物可寄其情，遽起作書則中心之想出筆下矣。

傳 記

宋・王稱《東都事略》卷四三《列傳二十六》 簡夫字太簡，有鄰孫也。隱居終南山，用杜衍薦，為校書郎、秦州觀察推官、通判儀州，歷知坊、閬、雅三州。秩滿，會五谿蠻彭仕義擾邊，詔遣簡夫來馹以往。簡夫進築城堡以據其險，間出兵擾之，仕義恐，遂降。入為鹽鐵判官，出知虢州，改同州，累遷職方員外郎，卒，年六十四。簡夫在雅州，眉山蘇洵往見之，簡夫謂曰：子王佐才也。薦之於張方平、韓琦歐陽修，三人者延譽如不及。洵名振京師，蓋自簡夫始云。

紀 事

宋・董史《皇宋書録》卷中《雷太簡》 有《江聲帖》。云余少年時學王右軍《樂毅論》、鍾東亭《賀平賊表》、歐陽率更《醴泉銘》、褚河南《聖教序》、魏庶子《郭知運碑》、顔太師《家廟碑》，後見顔行書《馬病帖》、《乞米》、蔡明遠帖，苦愛學之，但自憾未及其自然。近刺雅安，書卧郡閣，因聞平羌江瀑漲聲，想其波瀾翻倒迅駛，掀搕高下，蹙逐奔走之狀，無物可寄其情，遽起作書，則心中之想盡出筆下矣。噫烏，迹之始，乃書法之宗，皆有狀也。唐張顛觀飛蓬驚沙，孫姬舞劍，懷素觀夏雲隨風變化，顔公謂暨牽法似釵股，不如壁漏痕，斯師法之外，皆其自得者。余聽江聲，亦有所得。乃知斯説不專為草聖，但通論筆法也。欽服前賢之言，果不相欺耳。

著 録

宋・朱長文《墨池編》卷二《筆法之二》 雷簡夫，《聽江聲帖》。

雜 録

清・張晉生等《四川通志》卷七上《名臣・雅州府》 雷簡夫。至和初，儂智高走入雲南，蜀人驚怖。益州守張方平薦知雅州，既至，蜀人遂安。蘇洵攜二子來謁，簡夫力薦之，由是父子著名。

梅堯臣

論說

清・孫岳頒等《佩文齋書畫譜》卷三二《書家傳十一・宋・梅堯臣》 海州柳陳甫《四賢尺牘》一卷，司馬君實、梅聖愈、王介甫、王晉卿蹟並佳。

傳記

宋・王稱《東都事略》卷一一五《文藝傳九十八》 梅堯臣，字聖俞，宣城人也。世以詩名，堯臣遂以詩聞天下。始嘉祐元年，翰林學士趙概等言於朝曰：梅堯臣經行修明，願得留與國子諸生講論道德，作為雅頌以歌詠聖化。乃得國子監直講，官至都官員外郎。嘗奏其所譔《唐載記》二十六卷，多補正舊史闕謬。乃命編修《唐書》，書成未奏而卒，年五十九。堯臣學長於詩，為《小傳》二十卷，有文集四十卷。

雜録

明・陶宗儀《書史會要》卷六《宋》 英英姓王氏，楚州官妓也。學顏魯公書，蔡襄教以筆法，晚年作大字甚佳。梅堯臣贈之詩曰：山陽女子大字書，不學常流事梳洗。親傳筆法中郎孫，妙盡蠶頭魯公體。

又《跋梅聖俞真迹》 右都官梅公真蹟也。本朝以詩名家自公始。廬墓於斯，去今二百年，邦人尊事如一日，訪其遺蹟，惜無存者。通守尹君唯曉，博雅好古，求越中所藏，鑱之置於祠，繼是登斯堂者瞻其像，誦其詩，如見其人，亦可以油然興起矣。嘉熙庚子暮春晦前三日，天台杜範。

富弼

論說

宋・黄庭堅《山谷集外》卷九《跋富鄭公與潞公書》 富鄭公可謂盛德之士矣。所謂可以託六尺之孤，可以寄百里之命，臨大節而不可奪者也。觀此書猶有凛然可敬之風采，其言論風旨百世之大臣也。

傳記

清・吴升《大觀録》卷四《富鄭公修建帖》 公名弼，字彦國，河南人。舉茂才異等。慶歷二年奉使契丹，往復論辯，不屈歷拜學士、樞密，力辭，帝使宰相論意乃受。時命范公主西事，公主北事。尋帥青州，振饑為天下法。至和中，拜中書，與潞公並命，朝士相慶。遭喪去位。英宗立，召還，判揚州，封鄭國公。熙寧初入，親肩輿上殿，坐訪治道。足疾求退，判汝州，懇辭歸洛。六年薨，年八十。謚文忠，配享廟廷。

紀事

元・袁桷《清容居士集》卷四六《題跋・跋富韓公帖》 神宗初年，鋭志更治，虚席以俟富公之來。然當其時，言不足以勝辨，德不可以厭智，君臣之際難矣。此帖謂舁杖自便，蓋斯時也嘗三復公求退之章，未始不扼腕痛憤。而或者謂公逆知五行休咎之説而退，則過矣。

明・宋濂《文憲集》卷一三《題凡五十八章・題富韓公十二帖》 右韓國富文忠公手帖一十有二。其第一帖，公為昭文相時所遺，當是嘉祐三年。公自至和二年與潞國文忠烈公並相，及是始進昭文館大學士，監修國史。帖所稱集賢相公，則魏郡韓忠獻王也。

又 其第七帖，當是熙寧元年初判汝州時所遺。四五月間，河朔大水，民皆流離。南郊禮畢，兩府臣僚故事當有恩賜宰臣因菑而奏止之。公念念不忘民，故帖中亦有河朔水潦為患之云也。

不果竟被害云。

石介

傳記

宋・王稱《東都事略》卷一一三《儒學傳九十六》 石介，字守道，兖州奉符人也。世為農家。舉進士甲科，為鄆州觀察推官，南京留守推官御史臺辟主簿，未至。以上書論赦罷，不召，秩滿為鎮南軍掌書記、嘉州軍事推官。【略】介在太學以師道自居，弟子從之者甚衆，太學之興自介始。直講歲餘，用杜衍薦，拜太子中允，又用韓琦薦，乃直集賢院。通判濮州卒，年四十一。

論説

宋・朱長文《墨池編》卷二《雜議之二》 宋歐陽修與石守道書二首。修頓首再拜白公操足下：前歲於洛陽得在鄆州時所寄書，卒然不能即報，遂以及今然其勤心未必若書之怠，而獨不知公操察不察也。君貺家有足下手作書一通，及有二像記石本。始見之，駭然不可識，徐而視定，辨其點畫乃可漸通。吁何怪之甚也。既而持以問人曰：是不能乎書者邪？曰：非不能也。書之法當爾邪？曰：非也。古有之乎。曰：無。今有之乎。亦曰：無也。然則何為而若是？曰：特欲與世異而已。修聞君子之於學，是而已，不聞為異也。【略】及其過聖人，猶欲就之於中庸，況今書前不師乎古，後不足以為來者法，雖天下皆好之，猶不可為，況天下皆非之，乃獨為之何也。是果好異以取高歟然嚮謂公操能使人譽者，豈其履中道秉常德而然歟，抑亦昂然自異，以驚世人而得之歟。

第二書。修頓首白公操足下：前同年徐君行，因得寓書論足下書之怪。時僕有妹居襄城，喪其夫，匍匐將往視之，故不能盡其所以云者。僕見足下書久矣，不即有云，而今乃云者何邪。始見之，疑乎不能書，又疑乎忽而不學。夫書一藝爾，人或不能與忽不學，時不必論，是以默默然。及來京師，見二像石本，及聞説者云足下不欲同俗而力為之，如前所陳者，是誠可諍矣，然後一進其説。及得足下書，自謂不能，與前所聞者異，然後知所聽之不審也。然足下於僕之言，亦似未審者。足下謂世之善書者，能如鍾、王、虞柳不過一藝，己之所學，乃堯舜周孔之道，不必善書，又云因僕之言欲勉學之者，此皆非也。夫所謂鍾、王、虞柳之書，非獨足下薄之，僕固亦薄之矣。世之有好學其書而悦之者，與嗜飲茗、閱畫圖無異，但其性之一僻爾，豈君子之所務乎。然至於書，則不可無法。

雜録

宋・江少虞《事實類苑》卷一二《名臣事迹・石守道》 石守道學士為舉子時，寓學於南都，其固窮苦學世無比者。王侍郎聞其勤約，因會客以盤餐遺之，石謝曰：甘脆者亦某之願也，但日享之則可，若止修一餐，則明日何以繼乎。朝享膏粱，暮厭粗糲，人之常情也。某所以不受賜。便以食還，王益重之。

江休復

論說

宋・董史《皇宋書録》卷中 《東都事略》云：休復善隸書，歐陽文忠公《跋秦二世詔篆刻後》云：余友人江休復官於奉符，嘗自至泰山頂上視秦所刻石處，云石頑不可鐫鑿，不知當時何以刻也。其四面無草木，而野火不能及，故能若此之久也。然風雨所剥，其存者纔此數十字而已。可以知其嗜好也。

明・陶宗儀《書史會要》卷六《宋》 江休復，字鄰幾，開封陳留人。官至尚書刑部郎中，善隸書。官奉符日，嘗至泰山頂上視秦所刻石處，云：石頑不可鐫鑿，不知當時何以刻也。其四面無草木，而野火不能及，故能若此之久。然風雨所剥，其存者纔此數十字而已。可以知其嗜好也。

傳記

宋・王稱《東都事略》卷一一五《文藝傳九十八》 江休復，字鄰幾，開封陳留人也。與尹洙、蘇舜欽遊。舉進士，調藍田尉，遷殿中丞，召試充集賢校理。當慶歷時小人不便大臣執政者，欲以事去之。舜欽，宰相杜衍婿也，以祠神會飲得罪，一時知名士皆被逐，休復坐落校理，監蔡州商税。久之自通判廬州，復集賢校理，出知同州，提點陝西路刑獄，累遷刑部郎中，修《起居注》卒年五十六。【略】休復為人外若簡曠而内行修飾，其為文章淳雅，尤長於詩，善隸書，喜琴弈飲酒，與人交，久而益篤云。

唐詢

論說

宋・黄庭堅《山谷題跋・補遺・跋唐彦猷書》 唐彦猷、錢穆父皆學歐陽率更。嘗得其仿佛者。

宋・董史《皇宋書録》卷中 山谷云：唐彦猷、錢穆父皆學歐陽率更書，得其仿佛者。《類苑》云：唐彦猷、彦範俱擅一時才雅之譽，彦猷知書好古，彦範文章氣格高簡不屈，疏秀比六朝人物。尤精翰墨，遺一小札，亦必華箋妙管。

明・豐坊《書決》 唐詢字彦猷，錢塘人。官至右諫議大夫。得率更楷法。

傳記

明・陶宗儀《書史會要》卷六《宋》 唐詢，字彦猷，杭州錢塘人。官至右諫議大夫。讀書好古，尤精翰墨，學歐陽詢得其髣髴。

紀事

宋・王闢之《澠水燕談録》卷九《事志》 唐彦猷清簡寡慾，不以世務為意。公退居，一室蕭然，終日默坐，惟吟詩臨書，烹茶試墨以此度日。嘉祐中守青，得絲石於黑山，琢為硯，其理紅黄相參，文如林木，或如月暈，或如山峰，或如雲霧、花卉。石自有膏潤，泛墨色，覆之以匣，數日不乾。彦

猷作《硯録》品為第一以為自得此石端溪龍尾皆置不復視矣。

蘇舜元

論說

宋・蔡襄《端明集》卷三九《墓志銘・蘇才翁墓志銘》 君善草、隸，藏書數千卷，皆手自讎校。譔述《奏御集》十卷，《塞垣近事》二卷，《奏議》三卷，文集十卷。課子舍治經史率有準程，所以諸子皆積學有立。

宋・黄庭堅《山谷外集》卷一三《律詩・題蘇才翁草書壁後并序》 才翁題保安寺云，寺前有古松，是數百年物。余嘗納涼其下，松今翦伐殆盡，因感以作詩：老松不得千年壽，何況高材傲世人。唯有草書三昧法，龍蛇夭矯鎖黄塵。

宋・董史《皇宋書録》卷中 舜元工草、隸。

明・陶宗儀《書史會要》卷六《宋》 蘇舜元，字才翁，舜欽兄，官至尚書度支員外郎。為人精悍任氣節，歌詩亦豪健。善篆籀，亦工草字，筆簡而法足，書名與舜欽相後先，蓋是下筆處同一關鈕也。

傳記

《宋史》卷四四二《文苑四・蘇舜欽傳》 舜元字才翁，為人精悍任氣節，為歌詩亦豪健。尤善草書，舜欽不能及。官至尚書度支員外郎。

章友直

論說

宋・陳櫄《負暄野録》卷上《章友直書》 建安章伯益友直以小篆著名，尤工作古釵體。初來京師，人有欲從之學書者，章曰：所謂篆法，不可驟為，須平居時先將約束用筆輕重，及熟於畫方運圓，始可下筆。其人猶未甚解，章乃對之作方圓二圖，方為棋盤，圓為射帖，皆一筆所成，其筆畫粗細，位置疏密分毫不差。且語之曰：子姑歸習之，能進乎此，則篆有餘用，不必見吾可也。其人方大駭，不敢復請問。蓋其筆法精熟，心手相忘，方圓不期，自中規矩。友直尤工作古文，予嘗見其為信州弋陽縣峰記，文意高絶，蓋非止以字畫名世也。伯益既下世，有女適著作佐郎黄元者，能嗣其篆法，備極精巧。嘗書《陰符經》字皆徑寸，勢若飛動。伯益姪孫章衡得其本，知襄陽日刻于郡齋，余嘗得墨本，誠可珍玩。

宋・朱長文《墨池編》卷三《品藻之五・續書斷下・能品六十六人》 宋章友直，字伯益，閩人。以玉箸字學宗當世。

綜述

《宣和書譜》卷二《篆書二・宋・章友直》 章友直，字伯益，閩人。博通經史，不以進取為意，工玉箸字學。嘉祐中與楊南仲篆《石經》於國子監，當時稱之。太常少卿元居中出領宿州，素喜其書且富有之，至宿則盡所有摹諸石，以廣其傳。緣此東吴之地多其篆跡。友直既以此書名世，故家人女子亦莫不知筆法，咄咄逼真，人復寶之。說者云：自李斯篆法之亡而得一陽冰，陽冰之後得一徐鉉，而友直在鉉之門其猶游、夏歟。今御府所

藏篆書一。

宋・董史《皇宋書録》卷中　《國朝會要》云：嘉祐六年二月一日，國子監言草澤章友直篆石經畢，詔補將作主簿。後友直自以不願仕進免官，乃賜銀百兩。世有石刻《時賢帖》，有友直一帖云：已被中旨，召書《石經》，比字體小成，於義當往，但愧無似，孤奉粉飾之私耳。即日溯淮及泗，舍舟而徒，上元之前，期至闕下。

傳記

明・陶宗儀《書史會要》卷六《宋》　章友直，字伯益，文簡公得象族子，公嘗欲以郊恩奏補，辭不願。嘉祐中，詔與楊南仲篆《石經》於大學，除將作主簿，亦固辭。友直既以此書名世，故家人女子亦莫不知筆法，咄咄逼真。説者云：自李斯篆法之亡而得一李陽冰，陽冰之後得一徐鉉，而友直在鉉之門，其猶游、夏歟。

文彦博

論説

宋・魏了翁《鶴山集》卷五九《跋・跋文忠烈公真蹟》　右潞忠烈公三帖，皆元祐初公以師垣便章軍國時也。帖所謂腹疾，則元年九月也。公以是久在告，不克陪宗祀，時年八十一，得疾稍間，而筆力遒勁若此。且其詞氣謙厚，惟恐失一士之心。衛武之詩曰：抑抑威儀，維德之隅。睎其隅而有諸中者，可知矣。後一帖雖史牘，而緘封乃公花書，唐人初未有押字，但草書其名以為私記，故號花書。如韋陟五雲體是也。國朝大老，亦多以名為押。

宋・董史《皇宋書録》卷中　山谷云：余嘗論潞公書極似蘇靈芝，公曰：靈芝墨猪耳。蓋不肯與靈芝争長。今觀到洛為兒子赴許昌帖，筆勢清勁，真不愧古人。

元・袁桷《清容居士集》卷四六《題跋・書潞公帖》　潞公兩守永興，其一自秦州徙知，皇祐之五年也。其一自洛入覲，到郡不數日，即召還為樞密使，治平之二年也。此帖謂旦夕赴雍，游嵩之約竟不如願，蓋入覲時所作也。嘗考潞公之居洛，始於皇祐二年之立，廟其三年罷政知許州，五年徙秦，復知永興，未嘗一日歸河南也。至嘉祐三年始判河南，八年復判河南，居洛凡六，年方家居無事，暢心適意，莫過於窮極山水之樂。而嵩山去洛無信宿，乃不能一踐此約，何哉。昔王逸少欲遊蜀都、汶嶺弗果，每為終身恨。公晚年居洛幾三十年，山水清詠見於篇什，其與逸少之恨異矣。潞公學蘇靈芝書，余嘗見靈芝《易州碑》，豐峭特甚，觀此筆法尤相肖。越國袁桷書。

明・陶宗儀《書史會要》卷六《宋》　文彦博，字寬夫，汾州介休人。官至左僕射，封潞國公謚忠烈。工書，黄庭堅云：余嘗謂潞公云，公書極似蘇靈芝。公曰靈芝墨猪耳。蓋不肯與靈芝争長。今觀到洛為兒子赴許昌帖，筆勢清勁，真不愧古人。

傳記

清・吴升《大觀録》卷四《文潞公祠部帖》　公名彦博，字寬夫，汾州人。登進士第。轉運河東，復銀城河便儲粟，元昊來寇，知有備，解去。貝州王則反久不克，公往平之，拜中書門下平章事。尋出外，至和中復召拜，與富公並命，朝野歡賀。帝暴疾，公留宿殿廬，宫禁肅然。命判河南府，封潞國公。英宗立，以建儲前勞加侍中。公任將相五十年，名聞四裔。紹聖初薨，年九十二，謚忠烈。

楊畋

論説

明・陶宗儀《書史會要》卷六《宋》 楊畋善隸書。

傳記

《宋史》卷三〇〇《楊畋傳》 楊畋，字樂道，保静軍節度使重勛之曾孫。進士及第，授祕書省校書郎、并州録事參軍，再遷大理寺、丞知岳州。

歐陽修

論説

宋・蘇軾《東坡題跋》卷四《題歐陽帖》 歐陽公書，筆勢險勁，字體新麗，自成一家。然公墨迹自常為世所寶，不待筆畫之工也。文忠公得謝，其喜如此，以是知士非進身之難，乞身之難也。

又《跋歐陽文忠公書》 歐陽文忠用尖筆乾墨作方闊字，神采秀發。膏潤無窮，後人觀之如見其清眸豐頰，進趨曄如也。

宋・朱熹《晦庵集》卷八一《跋・跋歐陽文忠公帖》 歐陽公作字如其為文，外若優游，中實剛勁，惟觀其深者得之。淳熙庚子中夏丁巳，新安朱熹觀於南康郡圃之愛蓮堂，因識其後。

宋・董史《皇宋書録》卷中 公好集古刻，因得筆意。有《集古録》一千卷，遺墨流傳。人皆寶之，遒媚可愛。

明・陶宗儀《書史會要》卷六《宋》 歐陽修，字永叔，號六一居士，吉州永豐人。舉進士，官至參知政事，贈太子太師，謚文忠。幼穎悟過人，讀書輒成誦，家貧，至以荻畫地學書。好古嗜學，凡周、漢以降金石遺文、斷編殘簡，一切掇拾，研稽異同，謂之《集古録》，因此得古人筆意。遺墨流傳，遒勁可愛，人皆寶之。

清・卞永譽等《式古堂書畫彙考》卷一《書一・書評上・蘇玉局辨法帖及諸家書》 歐陽永叔筆勢險勁，字體新麗，自成一家。然公墨迹自當為世所寶。

傳記

宋・王稱《東都事略》卷七二《列傳五十五》 歐陽修，字永叔，吉州廬陵人也。四歲而孤，母鄭氏守節自誓，親教修讀書，家貧，至以荻畫地學書。比成人，舉進士，兩試國子監，一試禮部，皆第一，遂中甲科，補西京留守推官。始從尹洙遊，為古文，議論當世事，迭相師友。與梅堯臣遊，為歌詩相倡和，遂以文章名冠天下。【略】以觀文殿學士、太子少師致仕。修昔守潁，樂其風土，因卜居焉。及歸而居室未備，處之怡然，不以為意。修之在滁也，自號醉翁，作亭琅邪山，以醉翁名之。晚年又自號六一居士，曰吾《集古録》一千卷，藏書一萬卷，有琴一張，有棋一局，而嘗置酒一壺，吾老於其間，是為六一。自為傳刻石。居潁一年而卒，年六十六。贈太子太師，謚曰文忠。

紀事

宋・王闢之《澠水燕談録》卷八《書畫》 歐陽文忠公文章道義天下

宗師，凡世俗所嗜一無留意，獨好古石刻，自岐陽石鼓，岱山鄒嶧之篆，下及漢魏以來碑刻，山崖川谷，荒林破塚，莫不皆取以為《集古録》，因其石本軸而藏之，撮其大要，列為目録并載可以正史學之闕謬者以傳後學。跋尾多公自題，復為之序，請蔡君謨書之，真一代之絶筆也。

宋·蘇軾《東坡題跋》卷四《跋歐陽文忠公書》　賀下不賀上，此天下通語。士人歷官一任，得外無官謗，中無所愧於心，釋肩而去，如大熱遠行，雖未到家，得清涼館舍一解衣漱濯，已足樂矣。況於致仕而歸，脱冠珮，訪林泉，顧平生一無可恨者。其樂豈可勝言哉。余出入文忠門最久，故見其欲釋位歸田，可謂切矣。他人或苟以藉口，公發于至情，如饑者之念食也，顧勢有未可者耳。觀其與仲義書，論可去之節三，至欲以得罪病去。君子之欲退，其難如此，可以為進者之戒。

元·柳貫《待制集》卷一八《題跋·跋歐陽文忠公墨蹟》　此六一公《集古録》中元結撰《陽華岩銘》跋尾也。結誠好奇矣，所以汲汲於奇者，豈亦有矯而然。結何可及哉，公之此論，不寧為結，千百世而下，為人為文，皆當取法于斯焉。抑好奇而不失乎正，結之為結，公固知之，他人不知也。

元·歐陽玄《圭齋文集》卷一四《跋·歐陽文忠公墨跡跋》　玄生平所見兖國文忠公真蹟甚多，其篇帙大者，於同年許安陽家見《毘陵胡文恭公墓銘稿》，百丈輝上人所見州郡名《急就章》、胡氏碑行草《急就章》皆微涉行楷。余家所藏佳者曰與杜祁公、蘇明允書，及晚年《三乞致仕表》，草皆筆法如一。獨祁公書端謹，結體頗若蘇氏父子，豈非蘇氏感公之至，初年倣公之書，後充拓自為一家體邪。茲來叙族至早禾田歐氏，見《集古題名碑跋》，而歐氏在楓樹下者，又出《與留守學士書》見示，皆名墨也。第書中貺字兩用，雖貺、況古文通，然意若有所謂，留守學士者，得非田元均乎。旅寓乏文字考訂，姑識此説以竢博古之君子。

明·楊士奇《東里文集》卷九《題跋·歐陽文忠公墨跡後》　右歐陽文忠公手書三通，皆喪母時所作。前後二書無所與者姓字，當是徐無黨。其第二書蓋與十四弟名焕者。公之母夫人皇祐四年三月卒，明年八月，自潁歸葬吉水，葬畢復至潁。前後二書皆未發潁所作，其云七年行者，蓋前期之云也。第三書則皇祐六年在潁所作，公喪母踰年而始克葬，觀所以盡衆人之意，致其詳慎，而後卒以禮自斷之。前輩君子，於大事不敢忽易如此哉。

藝文

宋·歐陽修《學書靜中至樂説》　有暇即學書，非以求藝之精，直勝勞心於他事爾。以此知不寓心於物者，直所謂至人也。學書不能不勞，獨不害情性耳。要得靜中之樂，惟此耳。

清·張宗橚《詞林紀事》卷四《宋二·歐陽修·朝中措·平山堂》　平山欄檻倚晴空，山色有無中。手種堂前垂柳，別來幾度春風。文章太守，揮毫萬字，一飲千鍾。行樂直須年少，尊前看取衰翁。

雜録

宋·石介《徂徠集》卷一五《書·答歐陽永叔書》　夫書乃六藝之一耳，善如鍾、王，妙如虞、柳，在人君左右供奉圖寫而已，近乎執技以事上者。與夫皋陶前而伯禹後，周公左而召公右，謨明弼諧，坐而論道者，不亦遠哉。古之聖人大儒，有周公，有孔子，有孟軻，有荀卿，有揚雄，有文中子，有韓吏部。古之忠弼良臣，有皋陶，有伊尹，有蕭、張，有房、魏。皆不聞善於書。數千百年間，獨鍾、王、虞、柳輩以書垂名，今視鍾、王、虞、柳其道其德，孰與荀、孟諸儒，皋、夔衆臣勝哉。夫治世者道，書以傳聖人之道者也。能傳聖人之道足矣，奚必古有法乎，今有師乎。永叔何孜孜此乎。

又　吾之書法是習，豈有是哉。僕之書，實不能也。因永叔言，僕更學之。永叔待我淺，不知我深，故略辨之云。餘俟君子之教。不宣。介白。

宋·朱弁《曲洧舊聞》卷九　歐陽文忠公《外集》載與石公操推官二書，言嘗見其二石刻字之怪，譏其欲爲異以自高。公操，即守道也。今《徂徠集》中猶見其答書，大略皆讕辭自解。至謂書乃六藝之一，雖善於鍾、王、虞、柳，不過一藝，而已之所學，乃堯舜周孔之道，不必善書也。文忠

復之曰：《周禮》六藝有六書之學，其點畫曲直有其説，今以其直者爲斜，方者爲圓，而曰我第行堯舜周孔之道，此甚不可也。譬如設饌於案，加帽於首，正襟而坐，然後食者，此世人常爾。若其納足于帽，反衣，而衣坐於案上，以飯實酒巵而食，曰我行堯舜周孔之道可乎，不可也。此言誠中其病，守道字畫世不復見，既嘗被之金石，必非率爾而爲者。即其答書之詞而觀之，其强項不服義，設爲高論以文過，拒人之態猶可想見。稱推官者，蓋在南京時也。計其齒方甚少，不知後竟少悛否。然文忠公誌其墓，與《讀徂徠集》二詩，盛道其所長，亦足以見公與人不求備也。

蘇舜欽

論説

宋・歐陽修《六一論書・試筆學書為樂》 蘇子美嘗言：明窗净几，筆硯紙墨皆極精良，亦自是人生一樂。然能得此樂者甚稀，其不為外物移其好者，又特稀也。余晚知此趣，恨字體不工，不能到古人佳處，若以為樂，則自是有餘。

宋・趙希鵠《洞天清録・古翰墨真跡辨・宋朝名賢書》 子美乃許公之孫，自有家法，草聖可亞張長史。

元・王惲《秋澗集》卷七二《題跋・跋蘇子美［千文帖］》 長史顛草點畫略具，意度已足，子美迫近之。此帖豪放飛動，所謂筆陣堂堂者乎。歐公於本朝書，獨取蘇、蔡二人，非虚言也。周越輩安得窺其藩籬哉。趙生其寶藏之。至元庚寅八月謹題。

明・祝允明《懷星堂集》卷二五《記叙・跋蘇滄浪草》 蘇氏父子兄弟以文學鳴，汴都盛時，傳家筆劄擅聲翰府，子美尤稱獨步。賛者謂花發上林，月滉淮水。其既遭一網之打，殘章碎簡，留蹟極寡。後朝廷重購於其家，家衰數簡上之，皆才翁筆也，朝廷不知，其家亦不知也。此帖董良史氏所藏，今存中丞陸君家。允明在南京，中丞出示，撫玩竟日，平生昉見之耳。意謂根本大令，而得於張長史爲多，第前人未嘗論如此。如其鋒穎秀削，清勁動盪，則花月二語亦頗得之。

明・文徵明《甫田集》卷二三《題跋七首・題蘇滄浪詩帖》 右宋蘇子美《古詩一百五十言留别原叔八丈》，蓋王洙原叔也。詩語峻拔，意氣悲壯，歐陽公謂其廢放後時發憤悶於歌詩，殆此類也。字畫出入顔魯公、徐季海之間，而端勁沉著得於顔公爲多。當時評者謂爲花發上林，月滉淮水，豈其然乎。

明・王世貞《弇州四部稿》卷一三〇《蘇滄浪真跡》 蘇滄浪子美草書少陵《漫興》八絶句而遺其一，後不著名姓，或有謂爲山谷道人及杜祁公者。南宋諸君子以書法及寓吴之歲攷之，定爲滄浪無疑也。按懷素《自叙帖》前六行爲公所補，與此頗相類。此更頹然自放，而氣亦不乏。山谷與公後先俱服膺素師，公得法而微病疏，山谷取態而微病緩，公勁在筆中，山谷勁在筆外，以此不能無堂廡也。公爲杜祁公愛婿，公歿而祁公始學素草，頗有冰玉之譽，然此卷謂祁公書，尤誤也。

清・卞永譽等《式古堂書畫彙考》卷一《書一・書評上・永叔論蘇子謨蔡君謨李邕書》 子美喜論用筆，而書字不迨，豈其力不副其心耶。然萬事以心爲本，未有心至而力不能者。余獨以爲不然，此所謂非知之難，而行之難者也。古之人不虚勞其心力，故其學精而無不至。蓋方其幼也，未有所爲時專其力於學書，及其漸長，所學漸近於用。今人不然，多學書於晚年，所以與古不同也。

綜述

宋・朱長文《墨池編》卷三《品藻之四・續書斷序・妙品十六人》 宋蘇舜卿，字子美，参知政事易簡之孫，直集賢院耆之子也。舉進士，累遷大理評事。范文正公薦之校理集賢，有欲撼文正者，以事劾之，坐除名。以湖州長史卒。嘉祐中追復其官。子美志於功名，雖在下位，數慷慨論朝廷大事，人之所難言。既廢游吴，以泉石自適。善於歌詩，發必造奇。尤工行

楷、草書，皆入妙品。殘章片簡，傳寶天下。如花繁上林，月晃淮水，光彩浮動云。兄舜元，字才翁，草、隸卓爾不羣，但恨遺迹之少，歷提點刑獄以卒。

《宣和書譜》卷一二《行書六・宋・蘇舜欽》　文臣蘇舜欽，字子美，其先世居蜀，後爲開封人。官至大理評事，少以蔭補從仕，已而中第，用范仲淹薦爲集賢校理。貌奇偉，工文章，歷官有政聲，雖居下僚，而慷慨喜言事，一時名卿喜與之游。杜衍以女妻之，人謂冰清玉潤。作字沈著而精神充實，尤工行草，評書之流謂入妙品，當時殘章片簡傳播天下，美其文翰者有花發上林，月滉淮水之語。兄舜元，善篆、隸，亦工草字。書名與舜欽相先後，蓋是下筆處同一關紐也。今御府所藏書五。

宋・董史《皇宋書録》卷中　山谷云：蘇長史用筆沈著，極不凡，然四十年來，絶難得知音也。又跋二蘇聯句云：子美于蜀綾紙上寫楷字。極端勁可愛。浮休云：蘇舜欽書，平日不逮舜元也，今此或亂之矣。舜元爲書筆簡而意足，元豐中，蘇澥拜兩浙提倉，既對，神宗問曰：頗收卿父書否。對曰：私家有之。其實無有也。既而匆匆走親知家掊索得數十百字上之。上一閱，擲之座後，久之近侍輩取觀，乃舜欽書也。庸知聖鑒如此之精。

明・陶宗儀《書史會要》卷六《宋》　蘇舜欽，字子美，號滄浪翁，其先世居梓州，後爲開封人。官至集賢校理，監進奏院。少慷慨有大志。工行草，用筆沈著不凡，端勁可愛，評書之流謂入妙品。當時殘章片簡傳播天下，美其翰墨者有花發上林，月滉淮水之語。

清・馮武《書法正傳》卷八《書家小傳》　蘇舜欽，字子美，開封人，參知政事易簡之孫。能書，尤工行楷。

傳記

宋・王稱《東都事略》卷一一五《文藝傳九十八》　蘇舜欽，字子美，易簡之孫，而耆之子也。以父任爲太廟齋郎，復舉進士，稍遷大理寺丞。爲人倜儻不羈，尤長於古文、歌詩，行草士大夫收之以爲墨寶。舜欽數上書言朝廷之事，范仲淹薦其才，得集賢校理。監進奏院用故紙祀神會賓客，爲御史所糾，坐除名。時王質守陜，聞之歎曰：子美之才如此，士大夫不爲天子惜之，可傷也。舜欽既廢居蘇州，買水石作滄浪亭以自適。後二年，得湖州長史以卒，年四十。初杜衍愛舜欽之才，以女妻之。衍爲宰相，以直道自任，言者因舜欽以及衍，故遂罷政事。歐陽修與舜欽友善，既哀其死，又爲序其文云。兄舜元，字才翁，仕至轉運使，亦知名。

紀事

明・王鏊《震澤集》卷三五《題跋・跋蘇子美臨懷素自叙帖》　懷素《自叙帖》，憶嘗見之吏部侍郎吴公座上，天下奇蹟也。今不知所在，忽睹此卷，爽然神明，復還舊觀，其爲滄浪翁之作無疑。或云此卷末題云舜欽親裝，殆非子美作乎。而予終以爲子美者，亦以其用筆超妙，不涉畦徑，縱而法，勁而潤，古而奇，其他予所不知也。

藝文

宋・歐陽修《文忠集》卷五四《外集第四・古詩四・學書》　蘇子歸黄泉，筆法遂中絶。賴有蔡君謨，名聲馳晚節。醉翁不量力，每欲追其轍。人生浪自苦，以取兒女悦。豈止學書然，自悔從今决。

雜録

宋・魏泰《東軒筆録》卷一一　蘇舜欽喜爲健句，草書尤俊快。嘗曰：吾不幸寫字爲人比周越，作詩爲人比梅堯臣，良可歎也。

雜録

元・鮮于樞《困學齋》 蘇滄浪帖云：草書把筆離紙三寸，取其指寬掌平虚腕法，圓轉則飄縱之體自絶出耳。

明・楊慎《墨池瑣録》卷二 蘇子美似古人筆勁，蔡君謨似古人筆圓。勁易而圓難也。

韓琦

論説

宋・黄庭堅《山谷集外》卷九《跋韓魏公與潞公書》 韓魏公忠純樸厚，任當直前，以身當宗社存亡，有萬死不顧一生之心，古之所謂社稷之臣，魏公近之也。

宋・朱熹《跋韓魏公與歐陽文忠公帖》 張敬夫嘗言：平生所見王荆公書，皆如大忙中寫，不知公安得有如許忙事。此雖戲言，然實切中其病。今觀此卷，因省平日得見韓公書蹟，雖與親戚卑幼，亦皆端嚴謹重，略與此同，未嘗一筆作行草勢。蓋其胸中安静詳密，雍容和豫，故無頃刻忙時，亦無纖芥忙意。與荆公之躁擾急迫，正相反也。書札細事，而於人之德性，其相關有如此者。熹於是竊有警焉，因識其語於左方。慶元丁巳十月庚辰，朱熹。

明・宋濂《文憲集》卷一四《跋凡四十八章・跋韓忠獻王所書義鶻行後》 右韓忠獻王琦所書杜甫《畫鶻行》，端嚴厚重，古所謂顔筋柳骨，殆無以過之。展卷熟視，則夫垂紳正笏，不動聲色，而措天下於泰山之安者，其氣象猶可想見其髣髴也。朱文公有云：韓公書蹟，雖與親戚卑幼，未嘗有一筆作行草勢。以此觀之，王之爲人，由中達外，無斯須不本於誠，故其建功立事凝定不摇，德在生民而名著史册，宜也。視彼傾欹偃仆常若大忙中書者，則其躁急寬易，相去何如哉。

綜述

宋・董史《皇宋書録》卷中 《書史》云：韓忠獻公好顔書，士俗皆學顔書。世有石刻《畫鶻行》大字一卷，又有晝錦堂詩，附以蔡君謨書記，刻石行世。豫章觀風堂亦刻揚州芍藥詩一卷。

傳記

明・陶宗儀《書史會要》卷六《宋》 韓琦，字稚圭，相州安陽人。舉進士，官至右僕射，封魏國公，謚忠獻，後贈魏郡王。工正書，師顔魯公而頗露芒角。

藝文

宋・韓琦《安陽好》 安陽好，形勢魏西州。蔓衍山川環故國，升平歌吹沸高樓。和氣鎮飛浮。

宋・蘇軾《東坡全集》卷九一《祭文四十一首・祭韓忠獻公文》 堂堂魏公，河嶽之神。四十餘年，其德日新。鐘鼎有盡，竹帛莫陳。惟其大節，蔽以一言：忠以事君，允也上臣。

趙抃

論説

宋・劉克莊《後村集》卷三二《題跋・趙清獻公帖》 清獻公世號鐵面，觀其與小金紫公四帖，情詞縝密如此，與青雲得路而隔同年之面者異矣。然金紫公所以爲清獻所敬，豈專以同年之故。帖中如廢榷酤一節，宜清獻之心服也。時清獻守虔，故有貴部猶爾，贛州可知之歎。後二百年，贛宿重兵，州計顓仰於酤，日榷至數倍舊額，未知有金紫清獻輩人，稍弛張弓之勢否。覽卷慨然。

傳記

清・吴升《大觀録》卷四《趙清獻山藥帖》 公名抃，字閲道，衢州人。進士及第，爲御史，彈劾不避權倖，京師有鐵面之目。知成都，以琴鶴自隨，政尚簡易。未幾，參知政事，上書極論新法。懇去位，復知成都，政益寬簡，蜀郡晏然。徙越州，救荒盡術。尋致仕，遍遊名山，人以爲榮。元豐間薨，年七十七，謚清獻。

紀事

元・袁桷《清容居士集》卷四六《題跋・趙清獻公帖》 清獻公祖墓與陶山陸右丞祖墓相邇。紹興間，陸氏地爲攢陵，清獻旁近墓地亦皆歸朝廷而不絶其祠祭。先朝陵寢遭賊韜之酷，痛通于天，而趙氏祖墓亦莽爲丘墟矣。又聞陸氏祖墓復歸王氏，今觀此帖，慨不自勝。

蘇洵

綜述

宋・董史《皇宋書録》卷中 縉雲馮時可文集云：老蘇書法力不足，韵度有餘。蜀人本不能書，元祐間東坡始以筆畫名世，其流雖出于二王，其實已濫觴於于老蘇淵源中矣。

傳記

明・陶宗儀《書史會要》卷六《宋》 蘇洵，字明允，號老泉，眉州人。官至祕書省校書郎，贈光禄寺丞。後生望風内謁，世稱老蘇先生。工書法，律不足氣韻有餘。蜀人本不能書，元祐間，軾始以字畫名世，其流雖出於晉唐，其實已濫觴於洵之泉源矣。

紀事

宋・陳師道《后山談叢》卷二《蘇洵送石楊休北使引乃蘇軾少時書》 余於石舍人楊休家得蘇明允《送石北使引》，石氏子謂明允書也，以示秦少游，少游好之，曰：學不迨其子而資過之。乃東坡少所書也。故常謂書爲難，豈余不知書，遂以爲難也。

趙禎

論說

宋・文同《丹淵集》卷二五《序・御書飛白書序》　仁宗皇帝飛白書，乃聖人不可窮之大藝，而無所擬之絶學者也。法傳之於天，義授之於神，淵情睿思，下寓毫墨。揮灑變動，函負藏畜，齊陰陽之功，合造化之巧，宜乎世人莫得窺其至精極妙之端涯者已。

宋・王闢之《澠水燕談録》卷一〇《雜録》　仁宗天縱多能，尤精書學。凡宮殿門觀多帝飛白題榜，勳賢神道率賜篆螭首。

傳記

明・陶宗儀《書史會要》卷六《宋》　仁宗諱禎，真宗第六子。天德純粹，無聲色畋游之好。平居時御翰墨，特喜飛白，體勢遒勁，可入能品。

紀事

宋・歐陽修《歸田録》卷上　仁宗萬幾之暇，無所玩好，惟親翰墨，而飛白尤爲神妙。凡飛白以點畫象形物，而點最難工。至和中，有書待詔李唐卿撰飛白三百點以進，自謂窮盡物象。上亦頗佳之，乃特爲清浄二字以賜之，其六點尤爲奇絶，又出三百點外。

宋・歐陽修《文忠集》卷四〇《居士集第四十・記八首・仁宗御書飛白記》　治平四年夏五月，余將赴亳，假道于汝陰，因得閱書於子履之室，而云章爛然，輝映日月，爲之正冠肅容，再拜而後敢仰視。蓋仁宗皇帝之御書飛白也。曰：此寶文閣之所藏也，胡爲於子之室乎。子履曰：曩者天子宴從臣於羣玉而賜以飛白，幸得與賜焉。

宋・文同《丹淵集》卷二五《序・御書飛白書序》　嘉祐七年冬十二月戊申，帝召侍臣二十有八人觀書于龍圖天章閣，又幸寶文閣。是日上親御寶跗，縱寫華楮，貂璫遞薦，簪笏環視。雲飛霧散之狀，龍蟠鳳矯之勢，震聳驚眩，流動衆目。既而遂命以書分賜左右太子賓客。

唐介

綜述

清・倪濤《六藝之一録》卷三四〇《歷朝書譜三十・宋・唐介》　子方擅豪翰，其蹟見《羣玉堂法帖》中。

傳記

宋・王稱《東都事略》卷七三《列傳五十六》　唐介，字子方，荆南人也。舉進士，爲武陵尉，又爲沅江令，遷著作佐郎，知任丘縣，通判德州，爲御史。【略】介爲人簡伉，以敢言見憚，神宗謂其先朝遺直也，故大用之。既卒，贈禮部尚書，謚曰質肅。

邵雍

傳記

明·陶宗儀《書史會要》卷六《宋》 邵雍，字堯夫，其先范陽人，徙家河南。其居曰安樂窩，自號安樂先生。嘉祐詔求遺逸，留守以雍應詔，授將作監主簿，後復舉逸士，補潁州團練推官，皆固辭不受命，竟稱疾不之官。卒贈祕書省注作郎，賜謚康節。

蔡襄

論説

宋·歐陽修《文忠集》卷一三〇《試筆·蘇子美蔡君謨書》 自蘇子美死後，遂覺筆法中絶。近年君謨獨步當世，然謙讓不肯主盟。往年予嘗戲謂君謨學書如泝急流，用盡氣力不離故處。君謨頗笑以爲能取譬。今思此語已二十餘年，竟如何哉。

宋·蘇軾《仇池筆記》卷下《君謨書》 僕嘗論蔡君謨書爲本朝第一，議者多以爲不然。或謂君謨書爲弱，殊非知書者。若江南李主外險而中實無有，此真可謂弱者。以李主爲勁，則宜以君謨爲弱。

宋·蘇軾《東坡題跋》卷四《跋君謨飛白》 物一理也，通其意則無適而不可。分科而醫，醫之衰也，占色而畫，畫之陋也，和緩之醫不別老少，曹吴之畫不擇人物，謂彼長於是則可，曰能是不能是則不可。世之書篆不兼隸，行不及草，殆未能通其意者也。如君謨真、行、草、隸無不如意，其遺力餘意變爲飛白，可愛而不可學，非通其意，能如是乎。

宋·蘇軾《東坡志林》卷九 歐陽文忠公論書，云蔡君謨獨步當世，此爲至言。君謨行書第一，小楷第二，草書第三，就其所長而求其所短，大字爲少疏也。天資既高，又輔以篤學，其獨步當世，宜哉。近歲論君謨書者頗有異論，故特爲明之。

宋·李之儀《姑溪居士前集》卷四一《題跋·跋君謨帖》 東坡老人謂君謨書爲世第一，要之知書爲難，能者乃信此語。

宋·黄庭堅《山谷集》卷二九《題跋·跋蔡君謨帖》 蔡君謨行書簡札甚秀麗可愛，至於作草，自云得蘇才翁屋漏法，令人不解。近見陳懶散草書數紙，乃真得才翁筆意。寒溪寢堂待飯不至，飢時書板，殊無筆力。

宋·黄庭堅《山谷題跋·補遺·題蔡君謨書》 君謨書如蔡琰《胡笳十八拍》，雖清壯頓挫，時有閨房態處。

又《跋蔡君謨書》 君謨渴墨帖，仿佛似晉宋間人書，乃因倉卒忘其善書名天下，故能工耳。

宋·陸游《渭南文集》卷二六《跋四十首·跋蔡君謨帖》 近歲蘇、黄、米芾書盛行，前輩如李西臺、宋宣獻、蔡君謨、蘇才翁兄弟書皆廢。此兩軸君謨真、行、草、隸皆備，石在仙井，可寶也。淳熙元年九月八日，蜀州手裝。

宋·朱熹《晦庵集》卷八二《跋·跋蔡端明帖》 蔡公節概、論議、政事、文學皆有以過人者，不獨其書之可傳也。南來多見真蹟，每深敬歎。朱熹題。

又卷八四《跋·跋蔡端明帖》 蔡公書備衆體，此卷評書一紙，獨有歐、虞筆意，甚可愛也。慶元己未三月八日，雲谷老人觀縣大夫張侯所藏，爲識其後。

宋·張邦基《墨莊漫録》卷一〇 章丞相申公子厚以能書自負，性喜揮翰，雖在政府，暇時日書數幅。予嘗見雜書一卷，凡九事，乃抄之，今因載於此。【略】九云：吾今日取君謨墨迹觀之，益見其學之精勤，但未得微意爾，亦少骨力，所以格弱而筆嫩也。使其心自得者，何謝唐人。李建中學書宗王法，亦非不精熟，然其俗氣特甚，蓋其初出於學張從申而已。君謨少年

時乃師周越，中始知其非而變之，所以恨弱，然已不謂其能變之至此也。

宋·劉克莊《後村集》卷七《詩·蔡忠惠家觀墨蹟》　維蔡郡之望，過者必式廬。嚴嚴端明廳，遺像猶肅如。頗聞手澤富，倘許窺珍儲。主人命發笥，棐兒同卷舒。比顔倍秀麗，視柳加敷腴。毫杭兩記在，妙與蠟本殊。洛橋字万佳，其大徑尺餘。班班名臣帖，煌煌昭陵書。坐令承學士，若睹慶歷初。向來故家物，聚散何忽諸。祭器抱他適，玉軸棄路隅。端明夢奠時，應門唯一孤。厥裔日以蕃，廟院蜂房居。寸紙惜如命，不博明月珠。乃知儒澤遠，浮榮無根株。勖哉守視者，巾襲防蠹魚。

又卷三二《題跋·蔡端明帖》　蔡公歿將二百年，宅相子孫寶其遺墨，雖寸紙隻字亦補綴成帙，如襲珠璧。公之擇婿與婿之貽後，皆不可及矣。世傳第五倫撾婦翁，張延賞輕子婿，惜其未見此帙也。

宋·董史《皇宋書録》卷中　《東都事略》云：工於書，人得其字，以爲珍藏。仁宗尤愛之。御製《舅隴西王碑》，命襄書之。其後又欲襄書温成皇后父《清河郡王碑》，襄不肯書，曰：此待詔職也。

又　山谷云：君謨書如蔡琰《胡笳十八拍》，雖清壯頓挫，時有閨房之態。又云：君謨《渴墨帖》，仿佛似晋宋間人書，乃因倉卒，忘其善書名天下，故能工耳。又題廟堂碑云，又知蔡君謨真行簡札，能入永興之室也。

又　歐陽文忠公《歸田録》云：蔡君謨爲余書《集古目録》刻石，其字尤精勁，爲世所珍。

又　《晁氏讀書記》云：襄工書爲本朝第一。殘章斷稿，得者珍藏之。《類苑》云：古人以散筆作隸，謂之散隸，近世蔡君謨又以散筆作草，謂之散草，或曰飛草。其法皆本于飛白，亦自成一家。

又　石林《過庭録》云：君謨初在宋宣獻公幕府，授以書法。蘇才翁與君謨厚，亦以書相先，故二人卒以書知名。

又　劉壯輿《漫浪野録》云：君謨工筆札，爲天下第一。好事者争以珍玩購其書，故其珍玩爲多。又云：蘇子瞻論蔡君謨書，謂其與顔柳歐虞褚薛上下，唯羲之父子過之。今世再有王羲之，乃可議君謨書。設使歐虞褚薛復生，僅可與之比肩，未可輕議也。

又　君謨自評書云：每落筆爲飛草書，但覺煙雲龍蛇隨手運轉，奔騰上下，殊可駭也。静而觀之，神情歡欣，可喜耳。

又　《書史》云：蔡襄貴，士庶皆學之。

又　張文靖公云：君謨碑板照四裔，而尺牘尤遒媚可愛。有法帖五卷，合《牡丹記》、《荔枝譜》、《茶録》、《有美堂記》、《清暑堂記》刻於興化，蔡氏最爲精好。蔡氏君謨後也，廬陵刻法帖一卷，豫章刻法帖一卷，觀風堂刻雜書一卷。又學宫刻《晝錦堂記》，相州元刻云書丹，而此本聞諸老先生云以墨跡模於石，廬山陳氏甲秀堂刻飛草一卷。《萬安石橋記》大字刻石最佳，字徑一尺，氣壓《中興》摩崖。《湖州學記》四碑大字與《放生池碑》相上下。

又　南軒云：蔡端明書如禮法之士盛服齋居，不敢少有舒肆之意，見者自是起敬。

又　六一先生與君謨帖云：見昌武詩後跋尾，數日把玩，不能釋手。昌武亦以筆翰自名，當時諒應有愧也。

又　東坡嘗題君謨帖尾云：宣獻太清，留臺太濁，自有國以來當以君謨爲第一。會有知者，當以斯言爲然。

又　世之書篆不兼隸，行不及草，殆未能通其意者也。如君謨書真、行、草、隸無不如意，其餘力遺意變爲飛白，可愛而不可學。非通其意，能如是乎。

又　國初李建中號爲能書，然格韵卑弱，猶有唐末以來衰陋之氣，其餘未見有卓然追配前人者。獨蔡君謨書天資既高，積學深至，心手相應，變態無窮，遂爲本朝第一。然行書最勝，小楷次之，草書又次之，大字又次之，隸小劣。又嘗出意作飛白，言有翔龍舞鳳之勢，識者不以爲過。

元·王惲《秋澗集》卷七二《題跋·跋蔡襄書後》　嘗觀心畫水鏡，宋一代能書者不少，然蘇黄一出，爝火難為光矣。襄之書在當時極為坡所推重，恐是徐行後長之義。夢卿好古得於法帖者甚多，書學予非深知者，不千里遠來求題評，此亦不可曉也。秋澗老人題。

元·袁桷《清容居士集》卷四六《題跋·跋蔡君謨帖》　蘇文忠評忠惠行書第一，後見莆田所刻亦主此論。京、卞師其從兄，而名節虧喪，愧悳多矣。《爾雅》姊妹之子爲甥，至晉世則謂之郎，忠惠日習晉帖，語與之俱化矣。

又《跋蔡忠惠帖》　蔡忠惠書筆圓韻滿，蓋其楷法精到所至。今人作

書先事行草，是猶未能言而强之以歌也。近世行體多尚嫵媚，回視忠惠書，凛凛有清介之氣。

又卷四七《題跋・跋蔡君謨汶嶺帖》 君謨行書，蘇文忠定爲第一。其所摹右軍諸帖，形模骨肉纖悉備具，莫敢踰軼。至米元章始變其法，超規越矩，雖有生氣，而筆法悉絶矣。昔人嘗言程、李御兵各善其用，學程之道猶魯男子也。君謨蓋深知此。唐人雙鈎多横榻，執筆尊謹，懼其妄出胸臆也。今觀《汶嶺帖》較唐文皇棗木本，益足取徵。延祐五年六月，會稽袁桷書。

元・陸友《研北雜志》卷上 蔡君謨所摹右軍諸帖，形模骨肉，纖悉具備，莫敢踰軼。

元・柳貫《待制集》卷一八《題跋・跋蔡忠惠公談讌帖》 蔡忠惠公之於書如孫吴兵法，奇正相生，不可端倪，固當爲宋書第一矣。此《談讌帖》，用粉紙作草，筆意奕奕入神，蓋粉紙不留墨，行草尤難也。

元・倪瓚《清閟閣全集》卷九《跋蔡君謨墨蹟》 蔡公書法真有唐人風，粹然如琢玉。米老雖追蹤晉人絶軌，其氣象怒張，如子路未見夫子時，難與比倫也。辛亥三月九日。

清・卞永譽等《式古堂書畫彙考》卷一《書一・書評上・永叔論蘇子，美蔡君謨李邕書書》 君謨獨步當世，然謙讓不肯主盟。予嘗戲謂君謨學書如泝急流，用盡氣力不離故處。君謨頗笑以為能取譬。學書勿浪寫，凡事有可記者，他時便爲故事。

又 往時有風法華者，偶然至人家見筆便書，初無倫理，久而禍福或應，豈非好怪之士為之遷就其事耶。余每見筆輒書，故江鄰幾比余為風法華。蔡君謨稍得意似楊風子，更放似言法華。

又 蔡君謨書如禮法之士，盛服齋居不敢少有舒肆之意，見者自是起敬。

清・楊賓《大瓢偶筆》卷五《論蔡襄書》 閩中蔡端明《萬安橋記》實可上配《中興頌》，閩人云後一石日本國人换去。余細閲之，後幅果弱石理亦細。日本國人將蔡君謨《萬安橋記》後一石换去，人不能辨。《書斷》云外國人康昕密改子敬《方山亭題壁》數行，子敬後過不疑。外國人亦可畏哉。

案《萬安橋記》本兩石，嘉靖間遭倭患毁其半，士人取舊本摹補之。前一片仍舊刻也。日本换去事屬傳聞，然例以百濟之于子雲，鷄林之于信本，容或有之。

又 劉後村曰：蔡端明小楷以《茶録》為冠。今觀其書舒徐刻畫，在虞、顔之間，可與小字《麻姑壇》并傳千古。東坡稱蔡君謨小字愈小愈妙，余觀君謨字莫小于《茶録》，然尚不及《麻姑壇》。若《萬安橋記》則幾與《中興頌》方駕矣。東坡語未盡然也。

清・王澍《虚舟題跋》卷九《蔡君謨》 唐以前書風骨内斂，宋以後書精神外拓，豈惟書法醇醨不同，亦世運升降之所由分也。惟蔡忠惠公歛才於法，猶不失先民矩矱，當為有宋第一，然比之唐人亦已少鬆矣。下此諸公，各帶習氣，去晉唐風格日以遠矣。

綜述

宋・朱長文《墨池編》卷三《品藻之四・續書斷序・妙品十六人》 宋蔡襄，字君謨，興化軍仙遊人也。擢天聖八年第。范文正黜饒州，余靖、尹師魯、歐陽永叔論救從貶，君謨作《四賢詩》以諷，天下稱之。為慶曆初諫官，遇事感激，權倖畏縮，而上得與范、韓、杜、富諸公革弊事以修太平，其後階歷清近，竭忠補過，救唐子方，留吕景初、吴中復、馬遵，上益嘉其賢。再守泉州，移福州，重經術士，禁遭喪而破産者，誅巫覡生病者，絶蠱毒殺人者，大變其俗。入總三司，會英宗即位，昭陵復土，財用皆猝須而畢給。拜端明殿學士，知杭州以便親，俄居憂病卒，年五十六。

君謨真、行、草皆優入妙品，篤好博學，卓冠一時。少務剛勁有氣勢，晚歸於淳淡婉美。《詩》云抑抑威儀，維德之隅，可以況其書矣。然頗自惜重，不輕為書與人，尺牘人皆藏以為寶。仁宗深愛其迹，嘗書曰御筆賜字君謨以寵之，君謨作詩自書以謝。御製《元舅隴西王碑》文，君謨書之。及學士撰《温成皇后碑》，又勅書之，君謨辭不肯書，曰：此待詔職也。儒者之工書，所以自遊息焉而已，豈若一技夫役役哉。古今能自重其書者，惟王獻之與君謨耳。

《宣和書譜》卷六《正書四·宋·蔡襄》 文臣蔡襄，字君謨，興化軍人也，官至端明殿學士。博古尚氣節，居諫垣樂言事。初范仲淹被逐，余靖、尹洙、歐陽修以極論援救，坐是皆罪貶。襄于是作四賢士詩以高其風，天下咸誦之。守福州日，南方風俗，病者不食藥而敦信巫覡，雖至垂死而恬然尚鬼。其利人之財者以蠱毒之，積年以為患。襄至，去巫覡而殺其害人者，故一方安堵而宿弊滌。工字學，力將求配古人。大字巨數尺，小字如毫髮。筆力位置，大者不失結密，小者不失寬綽。至於科斗篆籀正、隸、飛白、行草、章草、顛草靡不臻妙，而尤長于行，在前輩中自有一種風味，筆甚勁而姿媚有餘。仁祖深愛其書，嘗御製《元舅隴西王李用和墓銘》，詔襄書之。已而學士撰《温成皇後銘》文，又詔襄書，而襄辭曰：此待詔職也。儒者之工書，所以自游息而已。仁祖亦不强之。人謂古今能自重其書者，惟王獻之與襄耳。襄遊戲茗事間，有前後《茶録》，復有《荔枝譜》，世人摹之石。自珍其書，以謂有翔龍舞鳳之勢，識者不以爲過，而復推爲本朝第一也。論者以謂真行簡札今為第一，正書為第二，大字為第三，草書為第四，其確論歟。此所得于正書為多。今御府所藏正書三。

元·鄭杓《衍極》卷上《至樸篇》 蔡襄，宋仁宗賜字曰君謨，興化人。官至端明殿學士，謚忠惠。善隸、楷、飛草、行草。嘗言鍾王索靖法相近，張芝又離為一法，今書有規矩者本王、索，其雄逸不常者本張也。初蔡邕待詔鴻都門，見役人以堊帚成字，悦而作飛白書，君謨祖述以散筆作草，謂之散草，亦曰飛草。自言每落筆為飛草，但覺煙雲龍蛇隨手運轉，奔騰上下，殊可駭愕。静而觀之，神情歡欣，亦復可喜。宋徽宗曰：蔡君謨書包藏法度，停蓄鋒鋭，宋之魯公也。蘇子瞻曰：君謨天資既高，積學深至，心手相應，變化不窮。為宋朝第一。

明·陶宗儀《書史會要》卷六《宋》 蔡襄，字君謨，興化人。官至端明殿學士，謚忠惠。博古尚氣節，工字學。大字鉅數尺，小字如豪髮，筆力位置大者不失結密，小者不失寬綽。至於科斗、篆籀、正、隸、飛白、行草、章草、顛草靡不臻妙，而尤長於行。在前輩中自有一種風味，筆甚勁而姿媚有餘。自珍其書，以謂有龍翔鳳舞之勢，識者不以為過，而復推為本朝第一也。論者以謂真行簡劄今為第一，正書為第二，大字為第三，草書為第四，其確論歟。

明·豐坊《書決》 蔡襄，字君謨，興化人。官至端明殿學士，謚忠惠。書得王子敬筆意，而大字兼虞、顏之法，中楷、小楷窘於法度而乏風韻。大字《萬安橋記》在延平府，《至喜亭》在峽州。中楷《真州東園記》，此碑以顔筆作褚體，刻手精工，不墮俗品，非《晝錦堂記》、《荔支譜》、《有美堂記》之比也。

傳記

清·馮武《書法正傳》卷八《書家小傳》 蔡襄，字君謨，仙遊人。仕至端明殿學士，知杭州，卒年五十六。文章品望卓冠一時，能書，真行皆入妙。亦頗自重，不輕為人書。長文以為古今能自重其書者，惟子敬與君謨耳。

清·吴升《大觀録》卷六《蔡忠惠公謝賜御詩表卷》 公名襄，字君謨，仙游人。舉進士，爲館閣校勘。范文正以言事去國，余安道、尹師魯、歐陽文忠皆坐譴。公作四賢一不肖詩，都人傳寫，至鬻厚利，契丹使者買以歸張於幽州館。慶歷三年擢知諫院，言事益發舒無所鯁避。遷龍圖閣直學士，知開封府，破姦發隱，吏不能欺。徙知福州、泉州，召爲翰林學士、三司使，拜端明殿學士。治平四年卒，年五十六，贈吏部侍郎。公工於書，仁宗尤愛之。

紀事

宋·歐陽修《歸田録》卷下 蔡君謨既為余書《集古録目序》刻石，其字尤精勁，為世所珍。余以鼠鬚栗尾筆、銅緑筆格、大小龍茶、惠山泉等物為潤筆，君謨大笑，以為太清而不俗。後月餘，有人遺余以清泉香餅一篋者，君謨聞之歎曰：香餅來遲，使我潤筆獨無此一種佳物。茲又可笑也。清泉，地名。香餅，石炭也。用以焚香，一餅之火，可終日不滅。

宋·洪邁《容齋三筆》卷一六《蔡君謨書碑》 歐陽公作蔡君謨墓

誌云：公工於書畫，頗自惜，不妄與人書。仁宗尤愛稱之，御製《元舅隴西王碑》文，詔公書之。其後命學士撰《温成皇后碑》文，又勑公書，則辭不肯，曰：此待詔職也。國史傳所載蓋用其語，比見蔡與歐陽一帖云：曩者得侍陛下清光時，有天旨令寫御撰碑文、宫寺題牓，至有勳德之家干請朝廷出勑令書。襄謂近世書寫碑誌則有資利，若朝廷之命，則有司存焉，待詔其職也。今與待詔爭利，其可乎。力辭乃已。蓋辭其可辭，其不可辭者，不辭也。然後知蔡公之旨意如此。雖勳德之家請於朝出勑令書者亦辭之，不止一温成碑而已。其清介有守，後世或未知之，故載於此。

宋·張世南《遊宦紀聞》卷九　龍圖馬公遵，字仲塗，吾郡之樂平人。至和間為諫官御史，言時政多聽用。國史有傳。今其家藏蔡忠惠帖，用金花牋十六幅，每幅四字。玩其波畫，令人起敬，真奇物也。世南嘗屢得觀之。云梅三、馬五、蔡大，皇祐壬辰中春寒食前一日，會飲於普照院。仲塗和墨，聖俞按紙，君謨揮翰，過南都試，呈杜公、歐陽九評之當處在何等。馬五諾我精婢潤筆，皆是奇事。凡六十四字，今前一紙四字不存。南軒先生嘗跋云：蔡端明此書大得顔平原浯溪磨崖刻筆意，世人但知其端嚴有法度，而不察其操縱運用妙處，何異趙括讀兵書乎。前輩評端明正書為本朝第一，蓋不誣人也。

藝文

宋·歐陽修《文忠集》卷五四《外集第四·古詩四·學書》　蘇子歸黄泉，筆法遂中絶。賴有蔡君謨，名聲馳晚節。醉翁不量力，每欲追其轍。人生浪自苦，以取兒女悦。豈止學書然，自悔從今決。

明·張丑《清河書畫舫》卷一二下《宋·祝允明·銘心籍·其五十五》　君謨詩表人皆仰，臏馥殘膏霑丐多。自愧髯張空覿面，真龍入手眼蹉跎。

雜録

宋·蘇頌《蘇魏公文集》卷七二《雜著·題君謨草書》　唐明皇有飛白散隸，賜上巳曲水宴大字今尚存，已爲奇迹矣。而君謨又作飛草，盡風雲龍蛇之變態，非曲江字可比也。少有得其真迹者説之，此卷遂為奇寶矣。丹陽蘇某題。

宋·李之儀《姑溪居士前集》卷四一《題跋·韓次玉家君謨隸、真、行草書》　君謨善書，多學絶備衆體，蓋前輩善作字者類如此，惟不為體所制，故無不適宜也。建中靖國元年某月日，次玉具飯，仲孺、述之、端叔作客，并試常和舊墨，飲小鳳團茶，時亦雨乍霽，霜天澄徹，極為勝遇也。

宋·洪邁《容齋隨筆》卷三《蔡君謨帖》　蔡君謨一帖云：襄昔之為諫臣，與今之為詞臣一也。為諫臣有言責，世人自見疏，今無是焉，世人見親。襄之於人未始異之，而人之觀故有以異也。觀此帖，乃知昔時居臺諫者為人所疏如此，今則反是。方為此官時，其門揮汗成雨，一徙他局，可張爵羅，風俗婾薄甚矣。又有送荔枝與昭文相公一帖云：襄再拜，宿來伏惟台候起居萬福。閩中荔枝，唯陳家紫號為第一，輒獻左右，以伸野芹之誠，幸賜收納。謹奉手狀上聞，不宣。襄上昭文相公閤下。是時侍從與宰相往還，其禮蓋如是。今之不情苛禮，吁，可厭哉。

宋·樓鑰《攻媿集》卷七八《題跋·蔡端明吐谷渾曲》　此柳河東《鐃歌鼓吹曲》第十篇，李靖滅吐谷渾西海上曲也。忠惠公字，人言愈小愈好，而大字亦是名世瑰詞妙墨，可稱二絶。

清·倪濤《六藝之一録》卷三三九《歷朝書譜二十八·宋·永城縣學記跋》　蘇子美兄弟後，君謨書獨步當世。筆有師法，行書第一，小楷第二，草書第三。就其所長，求其所短，大字為少疎也。《歐陽文忠公集》。

又　蔡君謨天資既高，積學深至，心手相應，變態無窮，遂為本朝第一。然其行書最勝，而小楷次之，草書又次之，大字又次之，分隸小劣。又嘗出意作飛白書，自言有翔鸞舞鳳之勢，識者不以為過。《東坡集》。

又　蔡君謨行書簡札，甚秀麗可愛。至於作草，自云得蘇才翁屋漏法。

蘇子美似古人筆勁，蔡君謨似古人筆圓，雖得一體，皆自到也。《山谷集》。

又　古人以散筆作隸書，謂之散隸。近歲蔡君謨又以散筆作草書，謂之散草，或曰飛草。其法皆生於飛白，亦自成一家。《夢溪筆談》。

又　君謨真、行、草皆優入妙品，篤好博學，冠卓一時。少務剛勁有氣勢，晚歸於淳淡婉美。然頗自惜重，不輕為書與人。《墨池編》。

又　蔡忠惠公大字端重沈著，宜為本朝法書第一。《洛陽橋記》與《吐谷渾詞》，皆大書之冠冕也。《平園集》。

又　運筆柔則無芒角，執手寬則多緩弱；點掣短則法臃腫，點掣長則法離澌；畫促則字勢横，畫疎則字形慢；拘則乏勢，放或少則；純骨無媚，純肉無力；少墨浮澀，多墨苯鈍。書病如此其衆，惟積學漸成者當求擺脱，入究竟三昧，此宜有墨池、筆塚，終身于是。然書法須得天然，至功力亦不可棄。王僧虔曰：宋文帝書自謂不減王子敬，時議天然勝羊欣，功夫不及。便知力學所至，不可廢也。蔡君謨妙得古人書法，其書《晝錦堂》，每字作一紙擇其不失法度者，裁截布列，連成碑形，當時謂百衲碑本，故宜勝人也。《廣川書跋》。

又　君謨始學周越書，其變體出於顔平原。《韻語陽秋》。

又　書學自漢蔡邕至唐崔紓，皆親相授受，惟蔡襄毅然獨起，可謂間世豪傑之士。鄭杓《書法流傳圖》。

清・蔣衡《書法論》　蔡忠惠書之當時重其人與書，至今稱雙絶。董思翁云：顔清臣忠義大節，唐代冠冕，世人以其書傳。蔡元長書似米南宫，以其人掩書。兩傷雙美，在人自擇耳。

又　蔡端明為宋一代之冠，即論書法入歐、顔之室，豈止與蘇、黄、米較優劣已耶。余觀其書，圓静中正，無一點拂不合規矩，有道氣象，望而知其為端人正士也。

清・戈守智《漢溪書法通解》卷一《名人論書》　蔡君謨如文姬《胡笳十八拍》，雖清氣為頓挫亦時有閨房態度。米襄陽曰君謨書如懷春女子，體態妖嬈，訪雲尋雨。鄧肅曰蔡書温厚而弱，下筆端嚴，不涉粗豪習氣。

清・梁巘《承晉齋積聞録》　蔡忠惠公為有宋一代大家，然骨力軟弱，不及蘇、黄、米三人。

韓絳

論説

宋・黄庭堅《山谷集外》卷九《跋韓魏公與潞公書》　韓康公忠信篤厚，垂紳正笏，凛然有不可犯之色。觀其書有鋒芒，亦似其為人。

傳記

清・吴升《大觀録》　公名絳，字子華，雍邱人。中進士甲科，歷官龍圖閣直學士，知瀛州。歐公率同列言公宜在朝廷，因留知諫院。神宗立，韓魏公薦公有公輔器，拜樞密副使，代荆公爲相，與惠卿議不協，迨荆公入，復齟齬求去。元祐初封康國公，謚獻肅。

王廣淵

綜述

宋・董史《皇宋書録》卷中　山谷云，王才叔兄弟皆喜作大字。魁梧臃腫，乃以筆力豪壯為主。當治平之元，才叔筆墨字價千金。蔡君謨書不直一錢。

浮休云，王才叔兄弟少小各負才器，晚登禁從。議論不阿。性愛書，人

多求之，小字師宋宣獻，大字法石曼卿。然獨少古意耳。

清・吴升《大觀録》卷四《王學士觀察帖》 廣淵字才叔，大名人，慶歷中舉進士。英宗居藩邸見昵，及即位，累用為羣牧判官，諫臣言弗聽也。嘗命書《洪範》于欽明殿屏。神宗立，出外奏貸息錢，迎合荆公意，復遷擢，仕終龍圖閣直學士，知渭州，卒年六十。

清・倪濤《六藝之一録》卷三三八《歷朝書譜二十八・宋・王廣淵》 唐淵師宋綬作小字有法，英宗嘗令書欽明殿屏。

傳記

宋・王稱《東都事略》卷八五《列傳六十八》 王廣淵，字才叔，魏郡人也。舉進士第，宋城簿大理寺法直官，編排中書五房文字，盡得祖宗御筆類成千餘卷。仁宗嘉之，選知舒州，留不行。英宗在藩邸，廣淵因獻其所為文章，英宗愛其才，及即位，除直集賢院，於是知諫院。司馬光言廣淵姦邪不可近，昔漢景帝為子召上左右飲，衛綰獨稱疾不行，及即位，待綰有加。周世宗鎮澶淵，張美為三司，使掌州之錢穀，世宗私有求假，美悉力應之，及即位，薄其為人不用。今廣淵當仁宗之世，私自結於陛下，豈忠臣哉，願黜之以厲天下。為羣牧判官，遷三司户部判官，更直龍圖閣兼侍讀。【略】二年遷龍圖閣直學士，知渭州，卒年六十，贈右諫議大夫。

《宋史》卷三二九《王廣淵傳》 王廣淵，字才叔，大名成安人。慶歷中，上曾祖明家集，詔官，其後廣淵推與弟廣廉，而以進士為大理法直官，編排中書文字，裁定祖宗御書十卷，神宗嘉之，以知舒州，留不行。英宗居藩邸，廣淵因見昵，獻所為文，及即位，除直集賢院諫官。

韓維

紀事

宋・魏了翁《鶴山集》卷六一《跋・跋韓持國帖》 韓持國以元祐元年五月爲門下侍郎，明年七月壬戌，以與范榮公争論刑名事，口陳其過而不具文字，由是罷政分司南京。是時潞忠烈公平章軍國，而申正獻公獨相，今帖中所謂僕射相公者，蓋指正獻也。御劄至謂奏劾臣僚既無明文，何異姦讒。正獻遂累章力争，中批之詞猶厲，則復引近比進擬。越三日甲子，乃有大資政鄧州之命，然猶用前責詞。暨正獻再請，及於便殿，反覆敷陳，越八月辛未，然後命詞臣蘇文定以均逸爲詞。前輩之於氣類愛護保全，不得請不已，非所以合黨締交也，非所以揚己取名也，爲事體惜也，爲人主心術慮也，爲國家留賢也。其言曰皇帝春秋方富，正賴太皇太后訓以仁義之道，調平喜怒以復仁祖之政。正獻誠心於此可見，而宣仁亦委折從之不以爲忤，不如是不足以爲元祐，猗其休哉。

文同

論説

宋・蘇軾《東坡全集》卷九四《文與可飛白贊》 與可豈其多好好奇也歟，抑其不試故藝也。始余見其詩與文，又得見其行草篆、隸也，以爲止此矣。既没不可得，而復見其飛白，美哉，多乎其盡萬物之態也。霏霏乎其

若輕雲之蔽月，飜飜乎其若長風之卷旆也。猗猗乎其若遊絲之縈柳絮，裊裊乎其若流水之舞荇帶也。離離乎其遠而相屬，縮縮乎其近而不隘也。其工至於如此，而余乃今知之，則余之知與可者固無幾，而其所不知者，蓋不可勝計也。

宋・蘇軾《東坡題跋》卷四《跋文與可草書》　李公擇初學草書，所不能者輒雜以真行，劉貢父謂之鸚哥嬌。其後稍進，問僕吾書比來何如，僕對可謂秦吉了矣。與可聞之大笑。是日，坐人争索與可草書，落筆如風，初不經意。劉意謂鸜鵒之于人言，止能道此數句耳。十月一日。

宋・蘇轍《欒城集》卷二六《祭文九首・祭文與可學士友》　君忠信篤實，廉而不劌，柔而不屈。發爲文章，實似其德。風雅之深，追配古人。翰墨之工，世無擬倫。人得其一，足以自珍。

宋・董史《皇宋書録》卷中　謝艮齋題法帖云：與可此詩，其筆法槎牙勁削，如作枯木怪石，時自有一種風味。蜀中有草書《千文》一卷，又有草書《陰符經》一卷，皆刻石，字多縱健而少圓媚。

明・陶宗儀《書史會要》卷六《宋》　文同，字與可，梓州梓潼人。世稱石室先生，又自號笑笑先生，錦江道人。舉進士，稍遷太常博士，集賢校理，知陵州、洋州、湖州。方口秀眉，操韻高潔，善篆、隸、行草、飛白，又善畫竹，其筆法槎牙勁削，如作枯木怪石，時自有一種風味。議者謂多縱健而少圓熟。

《宋史》卷四四三《文苑五・文同傳》　文同，字與可，梓州梓童人。漢文翁之後，蜀人猶以石室名其家。同方口秀眉，以學名世，操韻高潔，自號笑笑先生，善詩文篆、隸行草飛白。文彦博守成都奇之，致書同曰：與可襟韻灑落，如晴雲秋月，塵埃不到。司馬光、蘇軾尤敬重之。軾，同之從表弟也。同又善畫竹，初不自貴重，四方之人持縑素請者，足相躡於門，同厭之，投縑於地，罵曰吾將以爲韈，好事者傳之以爲口實。初舉進士，稍遷太常博士、集賢校理、知陵州，又知洋州。元豐初知湖州，明年至陳州宛丘驛，忽留不行，沐浴衣冠，正坐而卒。

雜録

宋・周必大《文忠集》卷五〇《題跋・跋文與可草書李賀金銅仙人辭漢歌》　蘇文忠公謂亡友文與可有四絶：詩一，楚辭二，草書三，畫四。世少知音，惟予一見識其妙處。又有詩云：斯人定何人，遊戲得自在。詩鳴草聖餘，兼入竹三昧。他日睹其飛白，復恨知與可之不盡。況當百年之後，不以蘇公之言求之，可乎。嘉泰元年降聖節，書而歸之宗人愚卿兄弟。

宋敏求

論説

明・陶宗儀《書史會要》卷六《宋》　宋敏求，字次道，綬子，官至龍圖閣直學士，書法温厚清峻，凡當時巨卿名碣，必得敏求字方以爲榮。

明・豐坊《書决》　宋敏求，字次道，宣獻公之子，官至龍圖閣直學士。楷法温厚清峻。

傳記

宋・王稱《東都事略》卷五七《列傳四十》　敏求字次道，由祕書省正字歷館閣校勘。【略】爲史館修撰，集賢院學士，遷龍圖閣直學士，修國史。卒年六十一。敏求敏於記問，文章質重，訓詞、誥命皆有程範。

紀事

宋・蘇頌《蘇魏公文集》卷五一《碑銘・龍圖閣直學士修國史宋公神道碑》 公雅以善書稱，結字清勁，得其家法。前奉詔題濮安懿王王夫人神主，書御製《韓忠獻公碑》，及當時公卿士人句請題寫被金石刻者多矣。嘗對延和上問宣獻遺蹟，翌日奏七軸以獻。自公之亡，未有繼其書名者。公姿宇渾厚，樂易自得，與之交久而益親。平居言笑侃侃，不爲邊幅表襮，一遇事則毅然據正，若不可犯者，人亦莫窺其尺寸闊狹。三爲郡守，皆以修書召去，不得滿歲。其去也，民益思之。喜甄獎人物，前後薦士數百，訖不爲累。鄭國太夫人，故太子太師江陵楊文莊公徽之之女，文莊無子，宣獻逮公繼主其祭事，歲時不絕。嘗欲勒碑神道，病革猶戒其子亟成之。家書數萬卷，多文莊、宣獻手澤與四朝賜札，藏祕惟謹，或繕寫別本以備出入，退朝則與子姪繙讐訂正。故其收藏最號精密。平生無他嗜好，惟沉酣簡牘以爲娛樂，雖甚寒暑，未嘗釋卷。

宋・祝穆《方輿勝覽》卷一五《太平州》 宋敏求爲守，或送詩：浪蕩春流水，蕪湖候吏迎。旍旟曉日麗，鉦鼓野風清。暫起紅塵遠，休嗟素髮生。專城方四十，自古以爲榮。

曾鞏

論說

清・孫岳頒等《佩文齋書畫譜》卷三三《書家傳十一・宋・曾鞏》 南豐遺墨簡嚴静重，如其爲文。鞏擅豪翰，其蹟雜見《羣玉堂法帖》中。

傳記

明・陶宗儀《書史會要》卷六《宋》 曾鞏，字子固，稱曰南豐先生。建昌軍南豐人，官至中書舍人。

藝文

宋・曾鞏《墨池説》 臨川之城東，有地隱然而高，以臨于溪，曰新城。新城之上，有池窪然而方以長，曰王羲之之墨池者。荀伯子《臨川記》云也。羲之嘗慕張芝，臨池學書，池水盡黑，此為其故蹟，豈信然邪。方羲之之不可强以仕，而嘗極東方，出滄海，以娱其意于山水之間。豈其徜徉肆恣，而又嘗自休于此邪。羲之之書晚乃善，則其所能，盡亦以精力自致者，非天成也。然後世未有能及者，豈其學不如彼邪。則學固可以少哉。

韓縝

傳記

《宋史》卷三一五《韓縝傳》 韓縝，字玉汝，登進士第，簽書南京判官。遷侍御史度支判官出爲兩浙淮南轉運使以太子太保致仕紹聖四年卒年七十九贈司空謚曰莊敏。

紀事

清・吴升《大觀録》卷四《韓中書欽聞帖》　縝字玉汝，登進士第，官至中書侍郎。蔡確與章惇謀誣東朝，公暴其姦狀，由是東朝及外廷悉知之。顧爲轉運使及典郡嚴酷，秦民有乳虎之謡。

蘇頌

論説

宋・樓鑰《攻媿集》卷七一《題跋・跋蘇魏公所臨閣帖》　此蘇魏公所臨閣帖也，譚訓云嘗于相國寺置得閣本法帖十卷，甚奇，畢文簡公賜本也。魏公記誦絶人，固由天分，博極羣書，蓋出學力。觀此卷臨摹之工其勤可知，中人自怠而欲追及前輩可乎。

綜述

清・吴升《大觀録》卷四《蘇僕射守郡帖》　公名頌，字子容，丹陽人，第進士，知江寧縣，定丁産，剗蠹成賦，簡而易行，旁邑視以爲法。元祐中，累拜右僕射、中書門下侍郎。紹聖四年致仕，徽宗立封趙郡公，二年卒，年八十二。公器局宏遠，以禮法自持，書契以來，經史九流無所不通，尤明典故，大制作必就正焉。

傳記

宋・王稱《東都事略》卷八九《列傳七十二》　蘇頌，字子容，紳之子也，紳有傳。舉進士，爲南京留守。推官杜衍，老居睢陽，一見深器之。除館閣校勘，改集賢校理，知潁州。【略】乃以觀文殿大學士充集禧觀，使出知揚州。紹聖中，除中太一宫，使居京口，以太子少師致仕，進太子太保。薨年八十二，贈司空。頌天性仁厚，宇量恢廓，喜怒不形於色，雖燕居必正衣冠危坐無惰容。平生嗜學，自書契以來經史九流百家之説，至於圖緯、陰陽、五行、律吕、星官、等法、山經、本草，無所不通。

滕元發

論説

清・倪濤《六藝之一録》卷三三八《歷朝書譜二十八・宋・滕元發》　元發擅豪翰，其蹟見《羣玉堂法帖》中。

傳記

宋・王稱《東都事略》卷九一《列傳七十四》　滕元發初名甫，字元發，以避高魯王諱，改字爲名，而字達道，東陽人也。范仲淹見奇之。中進士第三人，授大理評事，通判湖州。時孫沔守杭州，見之曰：後當爲賢將。授以治劇守邊之要，召試爲集賢校理，稍遷起居注。【略】以老力求淮南，乃以爲龍圖閣學士，知揚州。未至而卒，年七十一。謚曰章敏。

《宋史》卷三三二《滕元發傳》 滕元發初名甫，字元發，以避高魯王諱，改字爲名，而字達道，東陽人。將生之夕，母夢虎行月中，墮其室。性豪雋慷慨，不拘小節。九歲能賦詩，范仲淹見而奇之。舉進士，廷試第三，因聲韻不中程，罷再舉，復第三。授大理評事，通判湖州。孫沔守杭，見而異之，曰：奇才也，後當爲賢將。授以治劇守邊之略。召試，爲集賢校理、開封府推官、鹽鐵户部判官、同修起居注。【略】元發請先畫境而後棄，且曰：取城易，棄城難。命部將訾虎領兵護邊，夏不敢近。夏既得砦，又欲以綏德城爲説，畫境出二十里外。元發曰：是一舉而失百裡，必不可。九上章争之。【略】以老力求淮南，乃爲龍圖閣學士，復知揚州。未至而卒，年七十一。贈左銀青光禄大夫，謚曰章敏。

王安石

論説

宋・蘇軾《仇池筆記》卷下《荆公書》 王荆公書得無法之法，然不可學，學之則無法。僕書作意爲之，頗似蔡君謨，稍得意則似楊風子，更放則似言法華。

宋・李之儀《姑溪居士前集》卷四〇《題跋・跋荆公金剛經書》 骨多肉少則瘦，肉多骨少則肥，惟骨肉相稱然後爲盡善。或謂荆公知骨而不知肉，今見此經，則知傳者不識荆公書，遽以常所見清勁爲瘦也。

又卷四一《題跋・跋荆國公書》 魯直嘗謂學顔魯公者，務期行筆持重，開拓位置，取其似是而已。獨荆公書得其骨，君謨書得其肉，君謨喜書，多學意嘗規摹，而荆公則固知其未嘗學也。然其運筆如插兩翼，凌轢於霜空鵰鶚之後，比其晚年所作，紙上直欲飛動，信所謂得之心而應之手，左右逢其原者也。

宋・黄庭堅《山谷集》卷二六《題跋・跋王介甫帖》 余嘗評東坡文字言語，歷劫贊揚有不能盡，所謂竭世樞機，似一滴投於巨壑者也。而此帖論劉敞侍讀晚年文字，非東坡所及。蝍蛆甘帶，鴟鴉嗜鼠，端不虛語。

又卷二九《題王荆公書後》 王荆公書字得古人法，出於楊虛白，虛白自書詩云：浮世百年今過半，校它蘧瑗十年遲。荆公此二帖近之。

宋・黄庭堅《山谷集外》卷九《論書》 士大夫學荆公書但為横風疾雨之勢至於不著繩尺闕復髣髴。

又 士大夫惟荆公有古人氣質而不端正，然筆間甚遒。

宋・張邦基《墨莊漫録》卷一 王荆公書清勁峭拔，飄飄不凡，世謂之横風疾雨。

宋・朱熹《晦庵集》卷八二《跋・題荆公帖》 先君子自少好學荆公書，家藏遺墨數紙，其僞作者率能辨之。先友鄧公志宏嘗論之，以其學道於河雒，學文於元祐，而學書於荆舒，爲不可曉者。今觀此帖，筆勢翩翩，大抵與家藏者不異，恨不使先君見之，因感咽而書於後。朱熹書。熹家有先君子，手書荆公此數詩。今觀此卷，乃知其爲臨寫本也。恐後數十年未必有能辨之者，略識于此。新安朱熹云。

元・王惲《秋澗集》卷七一《題跋・跋荆公墨蹟》 予嘗觀壽國高公所藏心畫水鏡，知此爲臨川所書無疑，雖風骨遒勁，而筆勢散落，無繩削可據，殆似公當軸時，變新法，調誇毗子，青苗助役，無所紀極。噫，一念之差，至於筆墨間，尚能髣髴，其爲人如此，後之學者，處心擇術，當如何哉。至元壬申重陽前四日，書於平陽官舍。

元・黄溍《文獻集》卷四《題跋・跋荆公帖》 廣漢張子言公書如大忙中寫，新安朱子以爲切中其病，而又謂先君喜學公書。今觀此帖，風神間逸，韻度清美，臨學之家，宜有取焉，評書者未可以彼而廢此也。

清・卞永譽等《式古堂書畫彙考》卷一《書一・書評上・蘇玉局辨法帖及諸家書》 荆公書得無法之法，然不可學無法，故僕盡意作之。

綜述

《宣和書譜》卷一二《行書六・宋・王安石》 舒王王安石，字介甫，

本撫州人。後居金陵，退相日。官特進荆國公，既歿。謚曰文，追封舒王。神考朝聖賢相遇，千載一時。其功業昭昭，簡册具載。當時安石慨然以真儒之道爲倡於天下後世。蓋自比於孟軻，其視揚雄韓愈爲不足道。暮年歸老金陵，浮沈漁樵間，跨驢挾册往來北山下。道傍醉尉雖誰何不復介意，作小詩如壯歲語。出奇淩轢。脱去流俗，學者編爲北山詩，平生視富貴真如浮雲。不溺于財利聲色，信宗公偉人也。凡作行字率多淡墨疾書初未嘗略經意，惟達其辭而已。然而使積學者盡力莫能到。豈其胸次有大過人者，故筆端造次便見不凡，而評其書者謂得晉宋人用筆法。美而不夭饒，秀而不枯瘁。自是一世翰墨之英雄，今御府所藏行書一。

宋・董史《皇宋書録》卷中 山谷云：荆公書法奇古，似晉宋間人筆墨。又云：不著繩尺而有魏晉間風氣，又題法帖王濛書云：王荆公嘗言學濛書。南軒云：王丞相書，初若不經意，細觀其問乃有晉宋 間人用筆佳處。又云：余喜藏王丞相字畫。丞相于天下事多鑿以己意。顧於字畫獨能行其所無事，晚年所書，尤覺精到。又云：荆公率意而作，本不求工而蕭散簡遠。如高人勝士敝衣破履行乎大軍驅馬之間而目光已在乎牛背矣。周益公云：朱元晦言，先君子及某喜學荆公書。多儲真迹。惟此紙有跨越古今開闔宇宙之氣。書史云：王文公安石相，士俗亦皆學其體。

明・陶宗儀《書史會要》卷六《宋》 王安石，字介甫，號半山，本撫州臨川人，後居金陵，官至丞相，封荆國公，謚曰文，追封舒王。凡作字率多淡墨疾書，初未嘗略經意，惟達其辭而已，然而使積學者盡力莫能到，評者謂得晉宋人用筆法，美而不夭，饒瘦而不枯瘁。黄庭堅云：荆公率意而作，本不求工而蕭散間遠，如高人勝士，敝衣破履行乎大車驅馬之間，而目光已在牛背矣。

傳記

宋・王稱《東都事略》卷七九《列傳六十二》 王安石，字介甫，撫州臨川人也，父益，都官員外郎。安石蚤有盛名，博聞強記，爲文動筆如飛，觀者服其精妙。舉進士高第，僉書淮南節度判官，召試館職，固辭，乃知鄞縣。安石好讀書，三日一治縣事。九年，拜鎮南軍節度使，同平章事，判江寧府。安石丐奉祠以使相，爲集禧觀使，封舒國公，又辭使相，乃以左僕射爲觀文殿大學士。元豐三年，封特進，改封荆國公。安石退居金陵，始悔恨爲吕惠卿所誤，每歎曰：吾昔交游皆以國事相絶，意甚自愧也。哲宗即位，拜司空。明年薨，年六十六，贈太傅。紹聖初，謚曰文，配享神宗廟廷。

《宋史》卷三二七《王安石傳》 王安石，字介甫，撫州臨川人，父益，都官員外郎。安石少好讀書，一過目終身不忘。其屬文，動筆如飛，初若不經意，既成，見者皆服其精妙。友生曾鞏攜以示歐陽修，修爲之延譽。擢進士上第，簽書淮南判官。舊制，秩滿許獻文求試館職，安石獨否。再調，知鄞縣。起堤堰，決陂塘爲水陸之利。貸穀與民，立息以償，俾新陳相易，邑人便之。通判舒州。【略】元豐三年，復拜左僕射，觀文殿大學士。換特進，改封荆。哲宗立，加司空。元祐元年卒，年六十八，贈太傅。紹聖中，謚曰文，配享神宗廟庭。崇寧三年，又配食文宣王廟，列于顔孟之次，追封舒王。

紀事

宋・李之儀《姑溪居士前集》卷三九《題跋・跋元章所妝荆公詩》

荆公得元章詩筆，愛之，而未見其人，後從辟金陵幕下，既到，而所主者去，遂不復就職。荆公奇之，總不可留。後親作行筆，録近詩凡二十餘篇寄之，字畫與常所見不同，幾與晉人不辨。頃見此字，乃知荆公未嘗不學書者也。元章懷舊戀知，故過其墳，爲之形容。讀其詩，可見其意也。

宋・魏了翁《鶴山集》卷六四《跋・王荆公真翰》 按集所載與此小異，蓋爲江寧守陳和仲作也。介甫既爲相，而庳屋寒蔬不改其素，所以見信於當時，而得以肆行其志也。

元・袁桷《清容居士集》卷四六《題跋・跋荆公帖》 吕嘉問以元豐元年自金陵改知潤州，二年四月落職罷郡。方是時，朝廷積息之弊極矣，公時家居，然猶不悟其非，何哉。昔山谷老人嘗言，荆公不甚知人痛痒，余謂此説殊不近理。夫人之厚薄，皆生於情之好惡，方熙寧間，荆公之所惡者多矣，至於晚年，而其所好者，又皆背叛構禍，宜其平昔簡牘漠然，若無世俗之

情。今觀此帖，勞問勤懇，且憂其乏絶。噫，以嘉問之姦，何得公之深若此。余嘗讀荊公與嘉問詩，末章云，所懷在分襟，藉草淚如洗。惜不爲范蜀公司馬公諸賢發之。

吴師孟

綜　述

宋·董史《皇宋書録》卷中　成都記載，吴師孟、張商英、張唐英善書。天覺喜草而不工，東坡戲之。所謂脱帽風，流餘長史是也。

陳景元

論　説

宋·陸游《渭南文集》卷三〇《跋四十首·跋卿師帖》　本朝小楷至宋宣獻後僅有道士陳碧虚一人，今見吾里中前輩卿，而所書則蕭散小不逮碧虚，而法度森嚴無媿者，亦名筆也。後人善藏之。開禧元年乙丑歲九月丁亥，山陰陸某務觀題，時年八十有一。

綜　述

《宣和書譜》卷六《正書四·宋·道士陳景元》　道士陳景元，字太虚，

師號其靖。自稱碧虚子，建昌南城縣人。師高郵道士韓知止，已而別其師游天台山。遇鴻濛先生張無夢授祕術。自幼喜讀書，至老不倦，凡道書皆親手自校寫。積日窮年，爲之佝僂，每著書十襲藏之，有佳客至，必發函具鉛槧出客前，以求點定。其樂善不已復如此，然不泛交，未嘗與俗子將迎，惟相善法雲寺釋法秀，人比之廬山陸修静交惠遠也，初游京師，居醴泉觀，衆請開講，神考聞其名。詔即其地設普天大醮，命撰青詞以進，既奏，稱善。得旨賜對天章閣，遂得今師名，又改章服，累遷至右街副道籙，己卯，乞歸廬山。復以葬親爲請，詔賜白金助之，既歸。行李無他物，百擔皆經史也，所居以道儒醫書各爲齋館而區別之。四方學者來從其游，則隨所類齋館相與校讎。于是人人得盡其學而所藏號爲完書，所役二奴。一曰黄精，二曰枸杞。馴而不狡，真有道者之役也。一時大臣如王安石珪喜與之游。初歸廬山與安石作別。安石問其乞歸之意，景元云：本野人而爲官身有吏責，觸事遇嫌猜，不若歸廬山爲佳耳。安石韻其語，書静几間曰。官身有吏責。觸事遇嫌猜，野性難堪此，廬山歸去來，復書其詩後云。真靖自言如此，蓋喜其不素諳也。又嘗與蔡卞論古今書法至歐陽詢則曰：世皆知其體方而莫知其筆圓，卞頗服膺，生平不喜作草字，惟欲正書，大抵祖述王羲之樂毅論黄庭經下逮歐陽詢化度寺碑耳。故其于古人法度中粗已贍足，當其啓手足之時。年已七十，沐浴改衣，韻語長嘯一聲，正坐而逝。其語云。昔之委和，今之蜕質，非化非生。復吾真宅，世乃悟其尸解。凡手自校正書有五千卷，注道經二卷，老氏藏室纂微二卷，解莊子十卷。編高士傳百卷，所著文集二十卷，以至作《大洞經音義》、《集注靈寶度人經》，凡有益于學者，莫不致力焉。今御府所藏八。

明·陶宗儀《書史會要》卷六《宋》　道士陳景元，字太虚，號碧虚子，建昌南城人。喜讀書至老，不倦。嘗與蔡卞論古今書法，至歐陽詢則曰：世皆知其體方，而莫知其筆圓。卞頗服膺。生平不欲草字，惟喜正書，大抵祖述王羲之《樂毅論》、《黄庭經》，下逮《詢化度寺碑》耳，故於古人法度，粗已贍足。

雜録

宋・朱熹《晦庵集》卷八三《跋・跋道士陳景元詩》 碧虚子，道士陳景元也，頗讀書，能詩文，一時名勝多與之遊。予嘗見其所注《莊子》及所書《相鶴經》，書頗醇古可觀，計於其輩流中，亦當小異。然元祐間，王仲至嘗薦使校中祕道書范醇夫位瑣闈，極論其不可，且引王韶章厚開邊時以僧自隨，因有經略察訪大師之誚，今日豈可復使館閣有編校大師耶。今觀此卷，見其詩句字畫皆清婉可喜，而荆公筆語尤高勝，偶憶范公語，聊書卷首，以發觀者之一笑云。慶元乙卯九月癸巳，朱熹仲晦父書。

明・楊慎《墨池瑣録》卷二 陳景元評歐陽詢字云：世皆知其體方，而不知其筆圓，亦可為歐之閫幽也。

范純仁

綜述

清・吴升《大觀録》卷四《范忠宣日企帖》 公名純仁，字堯夫，皇祐初進士第，治平中，議濮王典禮，不聽，家居待罪，尋詔起。神宗朝，命條古今治亂，作尚書解以進，轉運成都戒州縣不得，遽行新法，荆公怒，斥外。哲宗立，除給事中。時司馬公執政，公臨事規切，進知樞密院。三年，拜僕射。帝親政，章惇入，貶永州。徽宗立乞歸，許疾革。口占遺表，明宣仁太后誣謗，熟寐卒，年七十五，謚忠宣。

傳記

宋・王稱《東都事略》卷五九《列傳四十二下》 純仁字堯夫，以父任爲太常寺。太祝中進士，第初知武進縣，又知長葛縣，皆不赴。仲淹遣之純仁曰：純仁豈可重於禄食而輕去父母邪。及仲淹卒，始出仕，以著作佐郎知襄城縣。【略】以目疾固辭，許還潁昌里第。徽宗每對輔臣，以不及見純仁為恨，而純仁臨終，亦以宣仁后誣謗未明為恨也。口占遺表有云：惟宣仁之誣謗未明，致保佑之憂勤不顯。皆權臣務快於私忿，非泰陵實謂之當然，命其門人李之儀次第之。純仁卒時年七十五，贈開府，儀同三司，謚曰忠宣。

《宋史》卷三一四《范純仁傳》 純仁字堯夫，其始生之夕，母李氏夢兒墮月中，承以衣裾，得之遂生純仁。資警悟，八歲能講所授書，以父任為太常寺。太祝中，皇祐元年進士第，調知武進縣，以遠親不赴，易長葛，又不往。仲淹曰：汝昔日以遠為言，今近矣，復何辭。純仁曰：豈可重於禄食而輕去父母邪。雖近亦不能遂養焉。仲淹門下多賢士，如胡瑗、孫復、石介、李覯之徒，純仁皆與從游，晝夜肄業，至夜分不寢，置燈帳中，帳頂如墨色。仲淹没，始出仕，以著作佐郎知襄城縣。【略】建中靖國改元之旦，受家人賀，明日熟寐而卒，年七十五。詔賻白金三十兩，敕許洛官給其葬，贈開府儀同三司，謚曰忠宣。御書碑額曰世濟忠直之碑。

紀事

明・王世貞《弇州四部稿》卷一三〇《范忠宣公誥勅》 右尚書右僕射、中書侍郎、高平范忠宣公，入相麻學士蘇文忠公筆也。蓋中書行詞門下審定，尚書奉行，故告尾有門下侍郎，臣大防給事中，臣臨等言，制可。後別一幀仍列左僕射、大防及右僕射，為公俱未謝，蓋大防以侍郎公，以貳樞同入相耳。其後左丞劉公摯、右丞王公存、吏部尚書蘇公頌、侍郎孫公覺，

則皆官尚書省者，其書作行草，至尚書省臣押名似出一人手，而甚有筆意。吾家先司諫，紹興中領郡告正同第書，敕此書制，則以官位大小異耳。文忠詞深醇懇切，自是四六，西京亦唯忠宣公足當之第一，時在位皆耆德，天下欣欣然向治。不知宣仁老司馬文正呂正獻歿，哲廟之欲竇開奸萌伏，而宋之大事幾已去矣。諸公獨忠宣公最稱能持平，不為深激，得君子之體，然不獲，藉此挽回世道，僅足以緩小人之怨，老而禍寬耳。嗚呼，惜哉。吾於嘉隆之際，幾見此盛，而隙亦動，為之悚然。

文勛

論説

宋・李之儀《姑溪居士前集》卷四一《題跋・跋文安國篆》 景修談金陵近事，亹亹皆可人意，非細繹展，轉不能中程度、諧律吕。文安國，予與之遊三十年，善論難劇談切中，尤得于樽俎間為多。嘗謂其宿搆，預計不如是，必有脱略可指議處。然篆筆方嚴勁正，未嘗妄下一筆。豈舌端筆次自應相契故如是，抑機警敏悟不謀而然耶。聽言觀書如會茲境，可勝慨嘆。

綜述

宋・董史《皇宋書録》卷中《文勛》 東坡銘文勛篆云：世人篆字隸體不除，如浙人語終於□吴。安國用筆意在隸前，汲冢魯壁周鼓泰山。

明・陶宗儀《書史會要》卷六《宋》 文勛，字安國，不知何許人，官至太府寺丞。善論難劇談，其篆畫方嚴勁正，未嘗妄作一筆。蘇軾銘勛字云：世人篆字隸體不除，如浙人語終老帶吴。安國用筆意在隸前，汲冢魯壁周鼓秦山。

清・孫岳頒等《佩文齋書畫譜》卷三三《書家傳十二・宋二・文勛》 文安國篆筆方嚴勁正，未嘗妄立一筆。南嶽鎮南門有篆書南岳二字，轉運判官文勛篆。雄偉勁净，爲世所珍。

藝文

宋・蘇軾《東坡全集》卷九六《銘五十七首・文勛篆銘》 世人篆字隸體不除，如浙人語終老帶吴。安國用筆意在隸前，汲冢魯壁周鼓秦山。

雜録

宋・米芾《書史》 文勛有一軸黄麻篆，陽冰少時書。

蔣之奇

綜述

明・陶宗儀《書史會要》卷六《宋》 蔣之奇，字穎叔，官至同知樞密院事，亦善書。

清・吴升《大觀録》卷四《蔣樞密辱書帖》 之奇字穎叔，宜興人。進士第，擢御史。神宗時，爲淮東轉運使，修水利溉田，活民以數萬計。知熙州，夏人不敢犯塞。徽宗立，知樞密院。崇寧元年，出知杭州，尋以棄河、湟奪職。三年卒。之奇歇歷中外，以治辦稱，特以畔歐公，爲清議所薄，有小人之目云。

傳記

宋・王稱《東都事略》卷九七《列傳八十》 蔣之奇，字穎叔，常州宜興人也。舉進士，又舉賢良方正，科試六論祕閣，及射策，報聞，除監察御史。英宗立，為殿中侍御史，獻謹始五事：一曰進忠賢，二曰退姦邪，三曰納諫諍，四曰遠近習，五曰閉女謁。凡數百言。初，之奇游歐陽脩之門，脩主濮議，之奇盛稱之，及是以浮語彈脩，攷驗無實，出監道州稅，改宣州。而之奇遂為清議所非，新法行，為福建路轉運判官，遷淮東路轉運副使。歲饑，募民興水利，以食流民，溉田九十餘頃，如揚之天長三十六陂，與宿之臨渙橫斜三溝，此其大者也。又為江西、河北、陝西轉運副使。之奇在陝西，經賦入以給用度，公私用足。比其去，庫緡八十餘萬，邊粟皆支二年。移淮南，擢江、淮、荆、浙等路發運副使。元豐六年，漕六百二十萬石至京師，始建鑿泗州股渠，以避長淮之險，自是無覆溺者。哲宗立，除直龍圖閣，陞發運使，拜天章閣待制，知潭州。以御史有言，降集賢殿修撰，知廣州，賊岑探攻陷新州，之奇遣鈐轄楊從先討平之。除寶文閣待制，再為發運使，改河北都轉運使，知瀛州，拜户部侍郎，出知熙州。之奇在邊，務脩守備謹斥堠，嘗若敵至。終之奇去，羌不敢犯。紹聖中，知開封府，擢龍圖閣直學士，拜翰林學士兼侍讀。諫官鄒浩以言事得罪之奇，折簡別之，責守汝州。未幾，知慶州。徽宗即位，復為翰林學士，拜同知樞密院事，進知院事。沅州蠻擾邊，之奇請遣將討之，收其地為徽、靖二州。崇寧元年，除觀文殿學士，知杭州。俄奪職，以疾告歸，提舉靈仙觀。卒年六十四，復觀文殿學士。之奇為部使者十二任，六典會府，所至以治辦稱。有文集雜著共百餘卷。

《宋史》卷三四三《蔣之奇傳》 蔣之奇，字穎叔，常州宜興人，以伯父樞密直學士堂蔭得官。擢進士第，中春秋三傳科，至太常博士。又舉賢良方正，試六論中選，及對策，失書問目，報罷。英宗覽而善之，擢監察御史。神宗立，轉殿中侍御史。【略】未幾復出，知熙州。夏人論和，請畫封境。之奇揣其非誠心，務守備謹斥候，常若敵至。終之奇去，夏人不敢犯塞。紹聖中，召為中書舍人，改知開封府，進龍圖閣直學士，拜翰林學士兼侍讀。元符末，鄒浩以言事得罪之奇，折簡別之，責守汝州。閱月，徙慶州。徽宗立，復為翰林學士，拜同知樞密院，明年知院事。沅州蠻擾邊，之奇請遣將討之，以其地為徽、靖二州。崇寧元年，除觀文殿學士，知杭州。以棄河、湟事奪職，由正議大夫，降中大夫以疾告歸，提舉靈仙觀。三年卒，年七十四。

沈遼

綜述

宋・董史《皇宋書録》卷中 熙寧中，為審官西院主簿。《東軒筆録》云：近世沈遼最善行筆。《岳氏贊》云：夢溪筆談載公之論書，書之神韻，雖得于心，書之法度，必資乎學。分製有法，均停相若，三四合體，上下齊脚。多寡不牽，乃异世作。又云：公以善書稱。王文公曾文肅師其筆法，王得其清，曾得其楷。東坡云：學其家傳師。《揮塵餘話》云：遼尤工翰墨，王文公曾文肅學其筆法。荆公得其清勁而文肅傳其真楷。登科之後游京師，偶為人書裙帶詞，頗不典流傳達于官禁。近幸嬪御服之遂塵乙覽，後削籍為民。

明・陶宗儀《書史會要》卷六《宋》 沈遼，字叡達，號雲巢，錢塘人，官至太常寺，奉禮部，以善書稱，王安石、曾鞏師其筆法，王得其清勁，曾得其真楷。登科後游京師，偶為人書裙帶詞，頗不典傳達禁中。近幸嬪御服之遂塵乙覽，後奪官，流永州，徙池州卒。

傳記

《宋史》卷三三一《沈遼傳》 遼字叡達，幼挺拔不羣，長而好學尚友，傲睨一世。讀左氏班固書，小摹倣之，輒近似，廼鉏植縱舍，自成一家。趣

操高爽，縹縹然有物外意。絶不喜進取，用兄任監壽州酒税。吴克使三司，薦監内藏庫，熙寧初分審官建西院，以為主簿。時方重此官，出則奉使持節。遼故受知於王安石，安石嘗與詩，有風流謝安石，瀟灑陶淵明之稱。至是當國，更張法令，遼與之議論，寖咈意，日益見疎，於是坐與其長不相能，罷去。久之，以太常寺奉禮郎監杭州軍資庫，轉運使使攝華亭縣。他使者適有夙憾，思中以文法，因縣民忿争相牽告，辭語連及，遂文致其罪。下獄引服，奪官流永州，遭父憂不得釋。更赦，始徙池州。留連江湖間累年，益偃蹇傲世。既至池，得九華、秋浦間，翫其林泉，喜曰：使我自擇，不過爾耳。即築室於齊山之上，名曰雲巢，好事者多往游。遼追悔平生不自貴重，悉謝棄少習，杜門隱幾，雖筆硯亦埃塵竟日。間作為文章，雄奇峭麗，尤長於歌詩，曾鞏、蘇軾、黄庭堅皆與唱酬相往來，然竟不復起。元豐末卒，年五十四。

錢勰

論説

宋・董史《皇宋書録》卷中《錢勰字穆父》 錢伯言跋穆父臨大令《洛神賦》云：子敬《洛神賦》分裂在范堯夫、范中濟、王晉卿三家，穆父借摹，遂全一賦，故數自臨寫，至數百過。又蜀中石刻跋云：錢公内翰併三家本摹之，旦旦臨寫，晚極精妙，筆勢字體深造大令閫域。宜春所刻《洛神賦》有伯言跋者，殊失真。而蜀中所刻，連草書《千文》為一卷，粗見筆法。

綜述

明・陶宗儀《書史會要》卷六《宋》 錢勰，字穆父，易之孫，風骨明秀，如圖畫中人，生五歲，日誦千言，工正草書。正書師歐陽率更，草書筆埶字體，深造王大令閫域，評者以謂可入能品。

傳記

宋・王稱《東都事略》卷四八《列傳三十一》 勰字穆父，以從父明逸任試將作監主簿，稍遷國子博士，舉賢良方正科，召試祕閣，不中，除知尉氏縣。元豐中，爲左司郎中，遷中書舍人。元祐初，知開封府，遷給事中，復以龍圖閣待制知開封府。以繫囚别所遷就固空，出知越州，易瀛州，明年，為江、淮、荆、浙路發運使，召爲工部侍郎，改户部，出知青州。未至，召拜户部，出知青州。未至，召拜户部尚書。八年，以龍圖閣直學士知開封府。勰治京師有名，紹聖初，拜翰林學士兼侍讀。鄭雍爲左丞，以台諫彈奏丐罷，勰當批答有羣邪共攻之語，於是臺諫以勰爲欺誣，遂罷知池州。卒年六十四，後入元祐籍云。

紀事

宋・李綱《梁溪集》卷一六七《墓志銘・宋故追復龍圖閣直學士贈少師錢公墓志銘》 宋故追復龍圖閣直學士贈少師錢公墓誌銘。【略】公諱勰，字穆父，吴越武肅王五世孫。【略】公集所為文章，雄深雅健，得西漢體。作詩清新遒麗，長於用韻。工行草書，有魏晉人筆法，嘗自愛重，未嘗輒以與人。

藝文

宋・蘇軾《東坡全集》卷二一《詩六十六首・次韻錢穆父會飲》 彈冠恨不早，挂冠常苦遲。盛服每假寐，角闕時伏思。東門未祖道，西山空拄

頤。逝將江海去，安此麋鹿姿。要當謀三徑，何暇擇一枝。與君幾合散，得酒忘淳漓。君談似落屑，我飲如奕棋。世有作詩如奕棋，奕棋如飲酒，飲酒乃天戒之語，僕於棋酒二事皆不能也。居官不任事，造物真見私。主人獨賢勞，金穀方流馳。行人亦結束，杕杜乃歸期。公卿雖少安，河流正東醲。我得會稽去，方回良不癡。

宋·黃庭堅《山谷集》卷九《律詩九十二首·和答錢穆父詠猩猩毛筆》 愛酒醉魂在，能言機事疎。平生幾量屐，身後五車書。物色看王會，勳勞在石渠。拔毛能濟世，端為謝楊朱。

雜録

宋·米芾《書史》 魯公《寒食帖》綾紙書在錢勰處，世多石刻。

章惇

論說

宋·董史《皇宋書録》卷中 李漢老跋云：中公作書，氣韻高絶。獨追二王，用意處視褚陸輩自鄶以下無譏焉。世傳評書一帖，足見其概。

綜述

明·陶宗儀《書史會要》卷六《宋》 章惇，字子厚，建州浦城人，父俞徙蘇州。官至尚書左僕射，封申國公。作書意象高古，莫年一以魏晉諸賢為則，此其正書殊類王逸少。

清·吳升《大觀録》卷四《章丞相會稽帖》 惇字子厚，浦城人，登甲科。熙寧中，安石悦其才，用爲三司條例官。迨元祐初，知樞密院，于簾前爭辨役法，語悖慢，出知汝州。哲宗親政，起爲左僕射，專以紹述爲能，引用羣姦，協謀報復詆宣仁太后爲老奸，請斵司馬光呂公著棺，幸帝不聽。起同文館獄，命蔡京等窮治，又以孟后爲宣仁所立，勸帝起掖廷獄，託左道廢后，窮凶稔惡。徽宗立，貶潭州，又貶雷州，徙睦州，卒。

傳記

宋·王稱《東都事略》卷九五《列傳七十八》 章惇，字子厚，建州浦城人也。始生，族父得象，奇其風骨，以爲必貴。舉進士甲科，知商洛縣。嘗與蘇軾同遊南山，抵仙遊潭，潭下臨絶壁萬仞，岸甚狹，惇推軾下潭書壁，軾不敢，惇履險而下，以漆墨濡筆大書石壁上曰：蘇軾、章惇來。軾拊惇背曰：子厚必能殺人。惇曰：何也。軾曰能：自判命者，能殺人也。惇大笑。熙寧初，王安石秉政，以惇編修三司條例，除祕書丞，集賢校理。【略】初，蘇轍謫雷州，不許占官舍，遂僦民屋。惇又以爲强奪民居，下州追民究治，以僦券甚明乃已。至是，惇責雷州，亦問舍于民，民曰：前蘇公來，爲章丞相幾破我家，今不可也。人以爲報復，改舒州團練副使，睦州居住，徙越州，改湖州。卒年七十一，復特進申國公，政和三年贈太師。

《宋史》卷四七一《姦臣一·章惇傳》 章惇，字子厚，建州浦城人，父俞，徙蘇州。起家至職方郎中，致仕，用惇貴，累官銀青光禄大夫，年八十九卒。惇豪雋，博學善文。進士登名，恥出姪衡下，委勅而出。再舉甲科，調商洛令，與蘇軾游南山，抵仙游潭，潭下臨絶壁萬仞，横木其上，惇揖軾書壁，軾懼不敢書。惇平步過之，垂索挽樹，攝衣而下，以漆墨濡筆大書石壁曰：蘇軾、章惇來。既還，神彩不動，軾拊其曰：君他日必能殺人。惇曰：何也。軾曰：能自判命者。能殺人也。惇大笑。召試館職，王陶劾罷之。熙寧初，王安石秉政，悦其才，用爲編修三司條例官，加集賢校理、中書檢正。時經制南北江羣蠻，命爲湖南北察訪使，提點刑獄。【略】政和中，追贈觀文殿大學士。紹興五年，高宗閱任伯雨章疏，手詔曰：惇詆誣宣仁后，欲追廢

為庶人，賴哲宗不從其請，使其言施用，豈不上累泰陵。貶昭化軍節度副使，子孫不得仕於朝。詔下，海内稱快，獨其家猶為《辨誣論》，見者哂之。

紀事

宋・張邦基《墨莊漫録》卷一〇　章丞相申公子厚，以能書自負，性喜揮翰，雖在政府，暇時日書數幅。予嘗見雜書一卷，凡九事，乃抄之，今因載於此。

藝文

宋・蘇軾《東坡全集》卷三〇《詩一百十首・次韻章子厚飛英留題》　次韻章子厚飛英留題。款段曾陪馬少游，而今人在鳳麟洲。黄公酒肆如重過，杳杳白蘋天盡頭。

雜録

宋・米芾《書史》　懷素《千文》絹本真迹在蘇液家，沈遘家刻板本是後歸章惇家。

王詵

論説

宋・黄庭堅《山谷集》卷二九《題跋・跋王晉卿書》　余嘗得蕃錦一幅團窠中作四異物，或無手足，或多手足，甚奇怪，以爲書囊人未有能識者，今觀晉卿行書，頗似蕃錦，其奇怪非世所學，自成一家。

宋・劉克莊《後村集》卷三二《題跋・王晉卿帖》　王都尉傅粉貴公子醉夢玉簫錦瑟間者，而草聖傑然，有王子敬張長史之遺意，豈非納交當世，偉人近朱者，赤乎。

傳記

《宋史》卷二五五《王全斌傳》　子詵，字晉卿，能詩善畫，尚蜀國長公主，官至留後。

雜録

宋・米芾《書史》　懷素書《任華歌》真跡兩幅絹書，字法清逸，歌辭奇偉，在王詵家，詵云：尚方有其後三幅。

曾布

論説

清·孫岳頒等《佩文齋書畫譜》卷三三《書家傳十二·宋二·曾布》 曾布學沈遼筆法，得其真楷。文肅公書如高麗使人，抗浪甚有意氣。

綜述

清·吴升《大觀録》卷四《曾樞密嚮往帖》 布字子宣，幼孤，學于兄鞏，同登第，附荆舒創新法，驟見拔用，尋觸怒，去位。紹聖初，拜知樞密院。崇寧初，出知潤州。坐贓賄落職，卒年七十二，謚文肅。

傳記

《宋史》卷四七一《姦臣一·曾布傳》 曾布，字子宣，南豐人。年十三而孤，學於兄鞏，同登第，調宣州司户參軍、懷仁令。熙寧二年，徙開封，以韓維、王安石薦，上書言爲政之本有二，曰厲風俗，責人才。其要有八，曰勸農桑，理財賦，興學校，審選舉，責吏課，叙宗室，修武備，制遠人。大率皆安石指也。神宗召見，論建合意，授太子中允，崇政殿説書，加集賢校理，判司農寺，檢正中書五房。凡三日，五受敕告。與吕惠卿共創青苗、助役、保甲、農田之法。【略】布以贓賄，令開封吕嘉問逮捕其諸子，鍛鍊訊鞫，誘左證使自誣而貸其罪。布落職，提舉太清宫、太平州居住。又降司農卿、分司南京。又以嘗薦學官趙諗而諗叛，責散官，衡州安置。又以棄湟州，責賀州别駕，又責廉州司户。凡四年，乃徙舒州，復大中大夫、提舉崇福宫。大觀元年卒于潤州，年七十二。後贈觀文殿大學士，謚曰文肅。

蘇軾

論説

宋·李之儀《姑溪居士前集》卷三八《題跋·跋東坡四詩》 東坡捉筆近下，時善運筆而尤善墨，遇作字，必濃研幾如糊，然後濡染，蓄墨最富，多精品。自海外歸，至廣州，失舡舉，爲水所壞，良可惜也。

又《跋東坡帖》 東坡從少至老所作字聚而觀之，幾不出于一人之手。其于文章，在場屋間與海外歸時略無增損，豈書或學而然，文章非學而然耶。

又 東坡嶺外歸所作字，多他人詩文，似是有所避就然也。

宋·黄庭堅《山谷集》卷二九《題跋·題東坡字後》 東坡居士極不惜書，然不可乞，有乞書者，正色詰責之，或終不與一字。元祐中，鎖試禮部，每來過見案上紙，不擇精麄，書遍乃已。性喜酒，然不能，四五龠已爛醉，不辭謝而就卧，鼻鼾如雷。少焉蘇醒，落筆如風雨。雖謔弄皆有義味。真神仙中人，此豈與今世翰墨之士争衡哉。東坡簡札，字形温潤，無一點俗氣，今世號能書者數家，雖規摹古人自有長處，至於天然自工，筆圓而韻勝，所謂兼四子之有以易之不與也。建中靖國元年五月乙巳，觀於沙市舟中，同觀者劉觀國、王霖、家弟寂向、小子相。

又《跋東坡書》 余嘗論右軍父子以來，筆法超逸絶塵，惟顔魯公、楊少師二人。立論者十餘年，聞者瞠若晚識，子瞻獨謂爲然。士大夫乃云：蘇子瞻於黄魯直愛而不知其惡，皆此類。豈其然乎。比來作字，時時髣髴魯公筆勢，然終不似子瞻暗合孫吴耳。

東坡書真行相半，便覺去羊欣、薄紹之不遠。予與東坡俱學顔平原，然

予手拙，終不近也。自平原以來，惟楊少師、蘇翰林可人意爾。不無有筆類王家父子者，然予不好也。

東坡書如華嶽三峯，卓立參昴，雖造物之爐錘，不自知其妙也。中年書圓勁而有韻，大似徐會稽。晚年沈著痛快，乃似李北海。此公蓋天資解書，比之詩人，是李白之流。往時許昌節度使薛能，作詩號雄健，時得前人句法，然遂睥睨前輩，高自賢聖，乃云：我生若在開元日，爭遣名爲李翰林。此所謂蚍蜉撼大樹，可笑不自量者也。

又《跋東坡墨迹》 東坡道人少日學《蘭亭》，故其書姿媚似徐季海，至酒酣放浪，意忘工拙，字特瘦勁，迺似柳誠懸。中歲喜學顏魯公、楊風子書，其合處不減李北海。至於筆圓而韻勝，挾以文章妙天下，忠義貫日月之氣，本朝善書自當推爲第一。數百年後必有知余此論者。

又《跋東坡帖後》 余嘗論右軍父子翰墨中逸氣，破壞於歐、虞、褚、薛及徐浩、沈傳師，幾於掃地。惟顏尚書、楊少師尚有髣髴。比來蘇子瞻獨近顏、楊氣骨，如《牡丹帖》甚似《白家寺壁》。百餘年後此論乃行爾。

又《跋東坡書帖後》 蘇翰林用宣城諸葛齊鋒筆作字，疎疎密密，隨意緩急，而字間妍媚百出，古來以文章名重天下，例不工書，所以子瞻翰墨，尤爲世人所重。今日市人持之以得善價，百餘年後，想見其風流餘韻，當萬金購藏耳。盧州李伯時，近作子瞻按藤杖坐磐石，極似其醉時意態，此紙妙天下，可乞伯時作一子瞻像，吾輩會聚時開置席上，如見其人，亦一佳事。

又《跋東坡論筆》 東坡平生喜用宣城諸葛家筆，以爲諸葛之下者，猶勝它處工者。平生書字，每得諸葛筆，則宛轉可意，自以爲筆論窮於此。見几研間有棗核筆，必嗤誚，以爲今人但好奇尚異，而無入用之實，然東坡不善雙鈎懸腕，故書家亦不伏此論。

宋·黄庭堅《山谷外集》卷九《筆説·論子瞻書體》 蜀人極不能書，而東坡獨以翰墨妙天下，蓋其天資所發耳。觀其少年時字畫，已無塵埃氣，那得老年不造微入妙也。

宋·黄庭堅《山谷别集》卷一二《題跋·跋東坡自書所賦詩》 東坡少時規摹徐會稽，筆圓而姿媚有餘。中年喜臨寫顏尚書，真行造次爲之，便欲窮本。晚乃喜李北海書，其毫勁多似之。往時惟唐林夫學書知古人筆意，少所許可，甚愛東坡書。此與泛泛好惡者不可同年而語矣。

宋·黄庭堅《山谷題跋·補遺·題蘇子瞻元祐間題目帖》 蘇公長年書，筆力豪壯。兼李邕徐浩之所長，士大夫乃以爲不如少時書。此陽春白雪難爲和者耶。

宋·李昭玘《樂静集》卷九《跋東坡真蹟》 昔東坡守彭門，嘗語舒堯文曰：作字之法，識淺見狹，學不足三者，終不能盡妙，我則心目手俱得之矣。觀其用筆，凌厲馳逐，出入二王之畛域，而不見其轍迹。晚年獨與顏魯公周旋，並驅而步，不許退也。長牋大幅，風吹雨洒，如掃敗壁。十目注視，排肩爭取，神氣不動，兀如無人。譬諸解衣磅礴，未嘗見舟而操之，莫知爲我，莫知爲人，非神定氣閒，孰能爲之。必曰三折爲波，隱鋒爲點。正如團土作人，刻木似鵠，復何神明之有。

宋·釋惠洪《石門文字禪》卷二七《跋·跋東坡緘啟》 東坡海外之文，中朝士大夫編集已盡，雖予之篤好者，亦以爲無餘矣。佛鑑輒出此帙爲示，皆中朝士大夫集中所無者。山林之人，泯泯枏枏，若無所用，而其志好尚亦清絶哉。譬如無雲之月，有目者皆愛仰之，况斯文乎。

又《跋東坡書簡》 王逸少骨鯁，顏平原剛正，兩公皆有立朝大節，而後世以字畫稱，予嘗嗟惜之。然名德之重，故世珍其筆蹟，蓋理之固然。東坡之於王顏，又其逸羣絶塵者，其法權極可寶祕。宣和四年人日，覺慈軸以來示予，予忻然，喜其嗜好，若可教也。

宋·何薳《春渚紀聞》卷六《東坡事實·筆下變化》 晁丈無咎言蘇公少時，手抄經史皆一通，每一書成，輒變一體，卒之學成而已，迺知筆下變化皆自端楷中來爾。不端其本而欺以求售，吾知書中孟嘉，自可點識也。

宋·朱弁《曲洧舊聞》卷五 東坡云，意亦使百年之後，與我同病者，有以發之也。張長史懷素得草書三昧，聖宋文物之盛未有以嗣之，惟君謨頗有法度，然而未放，止與東坡相上下耳。

宋·陸游《渭南文集》卷二八《跋四十一首·跋東坡帖》 此碑蓋所謂横石小字者邪。頃又嘗見監石本，字亦不絶大，數簡行筆尤奇妙可貴，與成都西樓十卷中所書郭熙山水詩頗相甲乙也。紹熙甲寅十月二十三日務觀題。

宋·朱熹《晦庵集》卷八四《跋·跋東坡貼》 東坡筆力雄健，不能居人後，故其臨帖，物色牝牡，不復可以形似校量，而其英風逸韻，高視古

人，未知其孰爲後先也。成都講堂畫象一帖，蓋屢見之，故是右軍得意之筆，豈公亦適有會於心歟。慶元己未三月八日，朱熹仲晦父觀永福張氏所藏墨蹟，歎賞不足，因記其左方。

宋・樓鑰《攻媿集》卷七一《題跋・東坡醉中對客醉眠詩》　公自言我書意造本無法，點畫信手煩推求。然豪逸邁往如此者不多見，每每言酒氣從十指間出，而飲酒正自不多，豈所謂醉中醒者耶。

金・趙霖《滏水集》卷二〇《題跋・跋東坡四達齋銘》　東坡先生，人中麟鳳也。其文似戰國策，間之以談道如莊周，其詩似李太白，而輔之以極名理似樂天，其書似顔魯公，而飛揚韻勝，出新意於法度之中，寄妙理於豪放之外，竊嘗以爲書仙。屹然贔屭，巨鼇之欲前軒，然飛動大鵬之孤騫，狠石當道，長松臨淵，其嚴勁之象，雄渾之狀，大臣正色，抑不可屈，凛然如見其叱希烈而誚禄山也。千石之鐘，萬石之虡，鏗鋐鞫鞫，儼然如見其宮廟之懸也。如偃而復植，如墮而反姸，秋風水波，春山雲煙，此猶可略而言，至於字外匠成風之妙，筆端透具眼之禪，蓋不可得而傳也。觀其胸中空洞無物，亦如此齋，朗焉四達，獨有忠義數百年之氣象，引筆着紙，與心俱化，不自知其所以然，而豈非得古人之大全也耶。

又《題東坡與王定國帖》　坡公書雖不學鍾王，而暗與之合，此帖氣壓王子敬，便覺李北海窘于繩墨，其合處乃似楊少師也，不知者至比徐季海。季海肯書李晉公姪女碑，吾知魯公必不書也，安得有坡公忠義不回之氣象也哉。

宋・魏了翁《鶴山集》卷六〇《跋・跋東坡書張志和漁父詞大字》　文忠公自謂作大字不如小字，雖亦有之，然其英姿傑氣，有非筆墨所能管攝者，則無問大小，一也。

宋・董史《皇宋書録》卷中　山谷云：東坡字字可珍，委頓人家蛛絲煤尾敗篋中，數十年後當有千金購者。又云：蜀人極不能書而東坡獨以翰墨妙天下，蓋其天資所發耳，觀其少時字畫已無塵埃氣。那得老年不造微入妙也。又云：蘇公長年書筆力豪壯，兼李邕徐浩之所長。士大夫乃以爲不如少時書。此陽春白雪難爲唱者耳。又云：東坡先生書浙東西士大夫無不規摹。頗有用意精到，得其仿佛。至于老年下筆沈著痛快似顔魯公李北海處遂無一筆可尋。丹陽高述齊安潘岐其人皆文藝。故其風聲氣格見于筆墨間。造作語言，想象其人。時作東坡簡筆或能亂真，遇至鑒則亦敗矣，東坡書彭城已前猶可僞。至黄州後掣筆極有力，可望而知真贋也。又云：東坡嘗自評作大字，不善小字，以余觀之信然。然大字多得顔魯公東方先生書贊筆意。雖時有遺筆不工處。要是無秋毫流俗。又題寒食詩云：東坡此詩似李太白。猶恐太白有未到處，此書兼顔魯公楊少師李西臺筆意。跋雪詩云：此字和而勁，似晉宋間人書，中有草書數字極佳。每能如此便勝文與可十倍。蓋都無俗氣耳。又云：東坡少時規模徐浩。筆圓而姿媚有餘。中年喜臨顔尚書真行，造次爲之便欲窮本。晚年乃喜李北海書，其豪勁多似之。往時惟唐林夫學書知古人筆意。少所許可，甚愛東坡書，此與泛泛好惡者不可同年而語矣。

漫浪野録云：子瞻在黄州人争以金錢購其墨帖，每一帖直百金。張淏雲谷雜記云：往時禁東坡山谷書，令下之日其書焚燒殆盡。碑刻則例皆毁僕，韓子蒼云：士大夫有其書者皆深藏，遇好事者相引入密室中屏人相示猶惴栗恐有竊窺者。其禁嚴如此，高宗方弛其禁。近日滁州醉翁亭記九江狄梁公碑皆是用模本重刊。

元・許有壬《至正集》卷七三《題跋・跋東坡墨蹟鄭君帖》　書家論字必晉，次則唐，有不收蘇黄翰墨之説，可謂大言矣。退之以羲之爲俗書，則晉亦不必收矣。觀坡公黄州醉中所作孟倅鄭君帖，其豪宕奔放有醉中意度，再三諦視，一點一畫，無可指議。其精而入神者乎。彼不收者，予不敢有辨，予苟有得，當什襲寶之。

元・蘇天爵《滋溪文稿》卷三〇《題跋・題東坡制策稿》　浙省掾蘇伯夔出示先文忠公擬試制策稿，觀之，忠君憂世之心溢於文辭。或謂文忠天材有餘，非由學力，是不知老泉先生之所學也。先生年二十七始發憤閉户讀書，大究六經百家之説，考質古今治亂成敗，聖賢窮達出處之際，得其粹精，涵畜充溢，由是下筆頃刻數千言，縱横上下，出入馳驟，必造於深微而後止，此先生所自得者。文忠兄弟學亦有所本，歟伯夔之子數人，方讀書治進士業，故以家學告之，尚知用力矣。

明・王禕《王忠文集》卷一七《題跋・跋東坡書淵明詩》　蘇文忠公嘗自謂作大字不如小字，今觀所書淵明詩，字徑數寸，而用筆沈穩，結體嚴密，英姿傑氣，超然於筆墨畦町之外，孰謂果不如小字乎。魏文靖公謂其早

歲字體與中年以後極不相類，意此必其晚年所書者也。

明・解縉《文毅集》卷一六《題跋・跋蘇文忠公書》 書之爲藝，非他藝比也，歷世聖賢重之，蓋宣人文施治，化述六經，應萬事，經天緯地，不能外此，至百千萬年日用而不可闕者，豈他技藝之可比哉。是故自庖犧作書契，三皇五帝無不在於書者，世遠不能得見其迹。古文尚書與世傳石刻，亦彷彿其萬一，皆非繆妄者矣。周人善篆書，孔子爲人作題扁大字，觀闕裡牀前硯，延陵季子墓石可見矣。漢晉唐宋帝王皆學書，漢光武帝、章帝，晉武帝、元帝，唐太宗，宋太宗、高宗其尤也。當時臣庶多能書者，杜度、張芝、鍾元常、王逸少，歐、虞、褚、薛、蘇、黄、米、蔡其尤也。其志工於書也，豈徒爲人觀美哉。蓋天之文，與地之文、人之文一也。景星慶雲，人皆仰之，精金美玉，人皆寶之，繆惡之書，見者賤之，觀且不暇，何以垂世傳遠哉。余嘗患世之不能書者，不自咎其拙惡，而以書爲末技藝藉口也。蘇文忠公大節，表著文章妙天下。其書師顔魯公，規模淳厚，筋骨隱映，古意渾成，中藏至巧如周鼎秦鐘，使人可愛，固可以破愚起懦於千百載之下。余既躭學古人書，於文忠公此紙，寶之不啻珙璧，書之所進，他日安知不與古人並傳哉。余姑識此，爲之兆云。

明・吴寬《家藏集》卷五一《題跋三十二首・跋東坡墨蹟》 予嘗見東坡所書九歌于吴中，今復從憲副夏公見此筆意，尤覺老硬，然東坡所爲，惓惓於正則者，疑皆在黄惠瓊儋時書，觀者必能會此意於紙墨間也，而其後歲月，氏名皆不著，豈常所謂多難畏人者耶。

明・孫鳳《孫氏書畫鈔》卷一《法書・蘇文忠公真蹟》 東坡先生一時翰墨衣被天下，雖中更禁絶而流傳猶多，以集之寡陋所見，何啻百十，雖老少工拙不同，要是天人風致，非凡俗所可知也。仙井虞集書。

又 張宣公云：坡公結字穩密，姿態横生，一字落紙，固可寶玩，而況其平生大節，如此忠義之氣，未嘗不蔚然見於筆墨間也，真可畏而仰哉。此詩字畫，雖出於一時率然作，以南軒之言求之，信可寶也。 龜蒙後學孔濤題。

右東坡先生詩凡五首，集中皆闕不載，他日好事者，或爲之補遺，尚有取也。至順元年九月二十日，後學東陽黄溍書。

又 甘露滅謂歐陽文忠公不喜肥字，而詩杜子美獨貴瘦硬，東坡先生作書曰，杜陵論書貴瘦硬，此論未公，吾不平，豐妍瘦硬各有態，飛燕玉環誰敢憎。今觀此卷，筆畫秀整，可謂豐妍者，況是五詩，皆集中之所失哉。良夫得之，遂幽軒中與士君子時一賞鑒，溪山佳氣不翅頓增十倍。噫，古名賢翰墨不幸淪落，浮俗富率襲寶祕，卒爲蠹魚，窟宅與塵壒同盡者比。比有之，聞良夫之風，亦當少愧。西麓老人智及。

又 東坡先生詩筆高妙今古，豈俟予言之，而此卷不可得也，況仙井虞公、芝嵒陳公、山東孔公東陽黄公四君子賛詞翰又絶世，尤不可得也。以二不可得而言之，非寶而何。洪武辛亥春，馬生持此卷來，予深愛之，易呂置諸左右。又一年壬子秋八月既望又六日，中吴徐達左菫書坡翁此卷，筆意似徐季海，尤覺天真爛熳也。癸丑中秋，同王季耕觀於徐良夫之耕漁軒。倪瓚。

明・徐渭《徐文長文集》卷二一《大蘇所書金剛經石刻》 論書者云，多似其人。蘇文忠人逸也，而書則莊。文忠書法顔，至比杜少陵之詩，昌黎之文，吴道子之畫。蓋顔之書，即莊亦未嘗不逸也。《金剛》、《楞伽》二經，並達磨首舉以付學人者，而文忠並兩書之。《金剛》此帖是也，《楞伽》以付金山參寥。余過金山，問文忠玉帶所傳鎮山門者，亦爲頑僧質錢充口腹矣，況經乎。儻得如此帖，摹勒傳人間，亦幸也，惜過時失問。

明・張丑《清河書畫舫》卷八下《宋・跋東坡墨蹟》 東坡道人少日學《蘭亭》，故其書姿媚似徐季海，至酒酣放浪，意總工拙，字特瘦勁，迺似柳誠懸。中歲喜學顔魯公、楊風子，書其合處，不減李北海。至于筆圓而韻勝，挾以文章妙天下，忠義貫日月之氣，本朝善書自當推爲第一，數百年後必有知予此論者。

東坡書隨大小真行皆有娬媚可喜處，今俗子喜譏評東坡，彼蓋用翰林侍書之繩墨尺度，是豈知書法之意哉。余謂東坡書學問文章之氣，鬱鬱芊芊發于筆墨之間，此所以他人終莫能及爾。並山谷題跋。

東坡書真行相半，便覺去羊欣、薄紹之不遠，予與東坡書如華嶽三峯，卓立參昂，雖造物之鑪，錘不自知其妙也。中年書圓勁而有韻，大似徐會稽，晚年沉着痛快，乃似李北海，此公蓋天資解書，比之詩人，是李白之流。《山谷集》

本朝字書惟東坡、魯直、元章，然東坡多卧筆，魯直多縱筆，米老多曳

筆，若行草尚可，使作小楷，如《黄庭》、《樂毅》、《洛神》，則不能矣。《倪正父語録》。

東坡先生臨錢塘日，有陳訴負綾絹錢二萬不償者，公呼至詢之，云某家以製扇爲業，適父死，而又自今春已來連雨天寒，所製不售，非故負之也。公熟視久之，曰：姑取汝所製扇來，吾當爲汝發市也。須臾扇至，公取白團夾絹二十扇，就判筆作行書、草聖及枯木、竹石，頃刻而盡，即以付之曰：出外速償所負也。其人抱扇泣謝而出，始踰府門，而好事者争以千錢取一扇，所持立盡。後至而不得者，懊恨不勝而去。遂盡償所逋，一郡稱嗟，至有泣下者。《方秋厓雜録》。

東坡在儋耳，謂子過曰：吾嘗告汝，我決不爲海外人，近日頗覺有還中州氣象。方滌硯索紙筆，焚香曰：果如吾言，寫吾平生所作八賦，當不脱誤一字。既寫畢，讀之大喜曰：吾歸無疑矣。後數日而廉州之命至。八賦墨蹟始在梁師成家，或云入禁中矣。《曲洧舊聞》。

東坡一帖云：王十六秀才遺拍板一串，意余有歌人，不知其無也。然亦有用，陪傅大士唱《金剛經》耳。字畫奇逸，如欲飛動，魯直作小楷書其下：此拍板以遺朝雲，使歌公所作《滿庭芳》，亦不惡也，然朝雲今爲惠州土矣。《書系》。

晁丈無咎，言蘇公少時手抄經史皆一通，每一書成，輒變一體，卒之學成而後已，乃知筆下變化，皆自端楷中來。爾不端其本而欺以求售，吾知書中孟嘉自可默識也。《蘇長公外紀》。

何遠云：先生翰墨之妙，既經崇寧、大觀焚毁之餘，人間所藏，蓋一二數也。至宣和間，内府復加捜訪，一紙定直萬錢。而梁師成以三百千取吾族人《英州石橋銘》，譚稹以五萬錢輟沈元弼月林堂榜名三字。至于幽人釋子所藏寸紙，皆爲利誘，盡歸諸貴近，及大卷軸輪積天上。丙午年，金人犯闕，輸運而往，疑南州無一字之餘也。而紹興之初，余於中貴任源家，見其所藏幾三百軸，最佳者有徑寸字書《宸奎閣記》，行書《南遷乞乘舟表》與《酒子賦》。又於先生諸孫處，見《海外》五賦，字皆如《醉翁亭記》而加老放。於畢少董處，見《自西陲還得責呂惠卿》詞。於王信仲家人針篋中，續仲永處，見《海外祭妹德化縣君》文，與余世寶東坡先生《無一錢》詩，醉草十紙，龍蛇飛動，皆非前後石刻所見者。則德麟趙丈嘗跋公書後，有翰墨稽天，發乎妙定之語，爲不虚也。《春渚紀聞》。

王履道評東坡書云：世學公書衆矣，劍拔弩張，驥奔猊抉，則不能無。至于尺牘狎書，恣態横生，不矜而妍，不束而嚴不軼而豪。蕭散容與，霏霏如甘雨之霖。森疎掩映，熠熠如從月之星。紆餘宛轉，纚纚如縈繭之絲。恐學者所未至也。二公之論書甚妙，然端叔之説，亦當以初寮之説終之乃無憾也。《説郛》。

又 東坡書法高妙，一時衣被天下，識者謂其或似顔魯公，亦似徐季海，而尤爲涪翁之所歎賞。郡城王氏舊藏《養生論》真蹟，不惟結搆穩密，姿態横生，更兼收藏得地，紙墨如新，神物也。厥後高宗曾臨一本，在吴伯度家，見陳仲醇《妮古録》。

又 東坡與子由論書云：吾雖不學書，曉書莫如我，苟能通其意，嘗謂不學可。故其子叔黨跋公書云：吾先君子豈以書自名哉。特以其至大至剛之氣，發于胸中而應之以手，故不見有刻畫嫵媚之態，而端冕章甫，若有不可犯之色。少年喜二王書，晚乃喜顔平原，故時有二家風氣。俗子不知，妄謂學徐浩，陋矣。觀此，則知初未嘗規規，然出于翰墨積習也。《詩話總龜》。

王右軍本滴水穿石，衛夫人其後遂妙天下，所謂風斯在下也。東坡書本出顔魯公，其後遂自名家，所謂青出于藍也。《藴長公外紀》。

山谷題萬松亭，額，篆書，東坡手畫一樂工，又作樂語題之漢隷書，二公卻又能篆、隷也。《妮古録》。

東坡云：遇天色明暖，筆硯和暢，便宜作草書數紙，非獨以適吾意，亦使百年之後，與我同病者有發之也。張長史懷素得草書三昧，聖宋文物之盛，未有嗣之，惟君謨頗有法度，然而未放心與東坡相上下耳。《曲洧舊聞》。

東坡與錢濟明云：嶺南家家造酒，近得一桂酒法，釀成不減王晉卿家碧香，亦謫居一喜事也。有一頌親，作小字録成，切勿示人，千萬千萬。

東坡與劉器之云：志仲本以烏絲欄求某録雜詩耳，某自出意，欲與寫《廣成子解》篇。舟中熱倦，遂亡之，然此意終在也，豈可食言哉。病不能作志仲書，乞封此紙去。並《東坡集》。

余爲兒時，於彭門寇鈞國家，見其先世所藏李廷珪下至潘谷十三家墨，斷珪殘璧，燦然滿目。其廷珪小挺，歲久不見膠彩，而書於紙間視之，其黑皆非餘墨所及。東坡先生臨郡日，取試之，爲書杜詩十三篇，各於篇下書墨

工姓名，因第其品次云。《春渚紀聞》。

東坡書是王僧虔，而歷代評者謂學徐浩，政不知浩故僧虔衣鉢耳。東坡草亦學長沙，今傳《醉翁亭》未必是真，六一居士琴操得之。

巴蜀自古多奇士，獨不聞善書者，自老坡始。《妮古録》。周必大題張志寧所藏東坡畫云：蘇文忠公詩云空腸得酒芒角出，肝肺槎牙生竹石。森然欲作不可留，寫向君家雪色碧。英氣自然，乃可貴重，五日一石，豈知此耶。慶元二年十二月旦。《平園續稿》。

蘇公書蚤學徐季海，極瘦勁可喜，晚更出入顏平原、李北海，漸成豐肥，頗來墨楮之誚，相去如出二人也。山谷評東坡書云：早年用意，精到不及，老大漸近自然。其彭城以前猶可僞，至黄州後，掣筆極有力，可望而知真贋也。後之學公書者，以是言求之，思過半矣。《蘇長公外紀》。

《與耘老手柬》：今日無別事，舟中十指如懸搥，適有人致佳酒，遂獨取一杯，醺然徑醉，念賈處士貧甚，無以慰其意，乃爲作怪石古木一紙，每遇饑時，輒以開看，還能飽人否。若吴興有好事者，能爲君月致米三石、酒三斛，終君之世者，便以贈之，不爾令雙荷葉收，掌須添丁，長以付之也。《尺牘清裁》。

清・錢謙益《牧齋集》卷八五《跋坡書陶淵明集》　北宋刻《淵明集》十卷，文休承定爲東坡書，雖未見題識，然書法雄秀，絶似司馬温公墓碑，其出坡手無疑。鏤版精好，精華蒼老之氣凜然於行墨之間，真希世之寶也。西蜀雷羽津見之，云當是老坡在惠州，偏和陶詩日所書。吾以爲筆勢遒勁，似非三錢雞毛筆所辦。古人讀書多手鈔，坡書如《淵明集》者何限，但未能盡傳耳。先生才夫如海，不復以斗石較量，其虛懷好古，專勤篤摯如此，吾輩無升合之才，慵墮玩愒，空蝗粱黍。讀古人書未終卷，欠申思睡，那能繕寫成帙，每一繙閲，輒興不殖將落之嘆，未嘗不汗下如漿也。癸未夏日書於優曇室中。

清・卞永譽等《式古堂書畫彙考》卷一《書評上・山谷跋東坡潁濱王晉卿墨蹟》　東坡先生嘗自比於顏魯公，以余考之，截長補短，兩公皆一代偉人也。至於行草正書，風氣皆略相似。嘗爲余臨《與蔡明遠委曲》、《祭兄濠州刺史及姪季明文》、《論魚軍容坐次書》、《乞脯天氣殊未佳》，帖皆逼真也。此一卷字形如《東方朔畫贊》，俗子喜妄譏評，故及之。

東坡居士極不惜書，然不可乞，有乞書者，正色詰責之，或終不與一字。元祐中，鎖試禮部，每來見過，案上紙不擇精麁，書遍乃已。性喜酒，然不能，四五龠已爛醉，不辭謝而就卧，鼻鼾如雷，少焉蘇醒，落筆如風雨，雖謔弄皆有義味，真神仙中人，此豈與今世翰墨之士爭衡哉。

東坡簡札字形温潤，無一點俗氣，今世號能書者數家，雖規摹古人自有長處，至於天然自工，筆圓而韻勝，所謂兼四子之有以易之，不與也。

清・楊賓《大瓢偶筆》卷五《論蘇軾書》　宜興長橋，元豐元年火焚，四年，邑宰褚理復立，榜曰欣濟。未幾，東坡過之，爲書曰晉孝侯斬蛟之橋，刻石道旁。崇寧中，禁坡書，沉之水中。東坡草書《醉翁亭記》，余曾見墨迹兩卷，筆畫相似，殊不類東坡他書。及見陳眉公所載《濯纓亭筆記》云，真迹在紹興方氏，爲士人白麟摹寫，贋本甚眾，往往得厚值，余疑遂釋。

鄢陵縣劉氏有東坡《醉翁亭記》石刻，後有新鄭高相國跋。見周櫟園《因樹屋書影》，不知是白麟本否。

東坡書《洋州詩》學《靈運禪師碑》，《荔子碑》學《中興頌》，《歸去來辭》類《景龍觀鐘銘》。其餘簡札，多有類王僧虔者。惜乎執筆攲斜字多俗韻耳。東坡《九歌》、《九辯》皆黄州時書，評者云跌宕超軼，殆若神駿翩翩，不可控御，又云筆意輕峭。余未見真迹，未敢輒論定也。

蘇端明書《天慶觀乳泉賦》真迹，有李心傳、王遂、尤焴、王亞夫、陳仁玉、謝奕修、孫子秀、宋濂跋。大概謂其筆老墨秀，余未之見也。

案宋費補之衮《梁溪漫志》，東坡自海南歸，遇其甥柳展如閎，出文一卷示之曰，此吾在嶺南所作也，甥試次第之。展如曰，《天慶觀乳泉賦》詞意高妙，當在第一。展如後舉示洪興祖慶善，慶善跋東坡帖具載此語。又王宗稷《東坡先生年譜》，徽宗建中靖國元年辛巳，先生年六十六歲，度嶺北歸。正月到虔州，二月間發虔州過吉州，中途又爲南安軍作學記，寫海外所作《天慶觀乳泉賦》。五月行至真州，瘴毒大作，病暴下，中止于常州。六月上表請老，以本官致仕。七月二十八日丁亥，卒于常州。《乳泉賦》蓋先生絶筆也，原鈔本作《天慶觀乳賦》，誤。

姑溪云：東坡從少至老所作字，幾不出于一人之手。余謂無論老少工力不同，即一時興會，亦自有异，無足怪也。

東坡遭難，詩書并禁，甚至宣和進御書畫有公題跋者，皆割而弃之。及

後內府搜詩，《英州石橋銘》，梁師成出錢三百千，月林堂榜書，譚稹以五萬錢易之。

東坡作書與宗人熔曰，不得五百千，勿以予人。又書赫蹄紙曰，後五百年，當成百金之直。此語在當時聞之，自覺過于矜詡，迨至今日，若合符契。東坡何修而得此耶。

案《東坡集・書贈宗人熔》云：宗人熔貧甚苦，吾無以濟之。昔年嘗見李駙馬瑋以五百千購王夷甫帖，吾書不下夷甫，而其人則吾之所耻也。書此遺生，不得五百千，勿以予人。然事在五百年外，賈如是，不亦鈍乎。然吾一坐六十小劫，五百年何足道哉。又戲書赫蹄紙云：此紙可以鑱錢祭鬼，東坡試筆，偶書其上。後五百年，當成百金之直。物固有遇不遇也。原鈔本作作書與宋人熔，誤。

清・王澍《虛舟題跋》卷九《蘇東坡》 宋四家書皆出魯公，東坡得之爲甚，姿態艷溢，得魯公之腴，然喜用偃筆，無古人清迥拔俗之氣。

清・戈守智《漢溪書法通解》卷一《名人論書》 山谷云：東坡少摹徐會稽，中年寫顏尚書真行，晚乃喜李北海書。或謂中年愛用諸葛豊雞毛筆，故字畫稍加肥壯，晚歲自儋州回，挾大海風濤之氣，作字如古槎恠石，如怒龍噴浪，奇鬼搏人，書家不及也。谷又云：東坡用筆不合古法，彼蓋不知古法從何出耳。嘗云學書，懸帖壁間，觀之，得其大意，故自成一家。或曰坡公作戈，多成病筆腕著而筆卧，字皆左秀而右枯。

清・孫岳頒等《佩文齋書畫譜》卷六七《御製書畫跋・跋蘇軾墨蹟後》 論者謂宋四家書皆從顏魯公入，然亦其天分高出一時，神明變化於古人耳，實不盡拘於成法也，觀蘇軾前後論書詩可知矣，軾題孫莘老墨妙亭詩云：顏公變法出新意，細筋入骨如秋鷹。題石蒼舒醉墨堂詩云：我書意造本無法，點畫信手煩推求。故其生平所書，以跌蕩取勢，以雄秀取態，殆變化於古而不專主於顏者。世又謂軾書亦學徐浩，今浩書刻帖具在，亦不相似也。郭畀云：東坡晚歲自海外挾大海風濤之氣，作字如古槎怪石，如怒龍噴浪。今觀其真蹟，信然。豈區區成法之是拘耶。

清・梁巘《評書帖》 東坡黄州寒食詩最佳。

綜述

明・陶宗儀《書史會要》卷六《宋》 蘇軾，字子瞻，號東坡居士，洵之子，官至端明翰林侍讀兩學士，贈太師，謚文忠。高名大節，照映今古，又以翰墨妙天下。少時規模徐浩，筆圓而姿媚可喜，中年喜臨顏真卿，真行造次爲之，便欲窮本，晚年乃喜李邕，其豪勁多似之。黄庭堅云東坡字字可珍，委頓人家蛛絲煤尾敗篋中，數十年後當有餅金懸購者。又云：東坡書浙東西士大夫無不規模，頗有用意精到，得其有髣髴。至於老年，下筆沈著痛快處，遂無一筆可尋。

明・豐坊《書決》 工部尚書、樞密直學士張忠定公神道碑。蘇軾，字子瞻，後更和仲眉山人，號東坡居士，官至翰林學士，贈太師，謚文忠。早年學徐浩書，首廢懸腕之法，以肉襯紙，甚有俗氣。中年學顏魯公，晚學王簡穆，乃能入品。然楷法傳世，可取者三種而已。中楷《上清儲祥宮碑》得簡穆法，見《閱古堂帖》，大楷《范純仁制》、《宸奎閣記》，俱得顏體。

明・張丑《清河書畫舫》卷八下《宋・蘇軾》 蘇長公書，余所見凡十餘帖，而滿意者寡。《養生論》係粉澤紙書之，《大草千文》乃黄蝎箋所作，《蓮華經》全本屬熙寧間，寫筆力微有未到，《乞居常州奏狀》雖小楷淳古，第嫌體格初成，不甚變化。如《赤壁賦》則前缺數行，《宜春帖子》又中失一紙，其《芙蓉城詩》、《寒食篇》與《九辯》三帖皆削去題名，都非長公完璧。惟《李龍眠三馬圖贊》成於紹聖丁醜，筆勢奕奕動人，而紙墨如新，文詞盡善，足可媲美《宸奎閣碑銘》、《煙江疊嶂歌》卷，的爲無上神品。董元宰太史購而藏之，真可謂蜀得其龍矣。己酉得春日記。

又見俞氏東坡黄蝎箋上《千文》一卷，字大如錢許，全法藏真筆意，後有漫題三段，係連幅，則翁本色書也。右帖筆如游龍，墨如凝漆，原屬劉完菴故物，近質伯兄以繩處左方啓、南原博、元宰三跋尾，極推許之，好奇者謂爲王逸老書，非也。逸老，王升之字。

清・馮武《書法正傳》卷八《書家小傳》 蘇軾，字子瞻，號東坡，書學徐浩，晚年得力於顏魯公、楊少師。

清・吴升《大觀録》卷五《蘇文忠西山詩卷》 公名軾，字子瞻，眉山人。嘉祐二年進士，治平初，判登聞院，召直史館。荆舒執政，嫉公，嗾御史彈治，無所得，遂請外通判杭州，徙知徐州，移湖州。御史媒蘖其詩爲訕謗，逮赴臺獄久之，安置黄州，築室東坡，自號東坡士。神宗手札移汝州。哲宗立，擢翰林學士，積以論事，爲當軸恚，出知杭州。杭人德之，家懸畫像，召還。復以讒乞外，知潁州，徙所州。未閲歲，以兵部尚書召，改禮部，以兩學士帥定。紹聖初，論貶惠州，再貶瓊州，居昌化，與幼子過著書爲樂。徽宗立，赦還，卒於常州，年六十六。公文章體涵光芒，雄視百代，自爲舉子至侍從，忠規讜論，氣節凛然，但爲小人擠排，不容安於朝廷。高宗時贈太師，謚文忠，子邁迨過。

傳記

宋・蘇軾《東坡全集・本傳》 蘇軾，字子瞻，眉州眉山人。生十年，父洵游學四方，母程氏親授以書，聞古今成敗，輒能語其要。程氏讀東漢范滂傳，慨然太息，軾請曰：軾若爲滂，母許之否乎。程氏曰：汝能爲滂，吾顧不能爲滂母邪。比冠，博通經史，屬文日數千言，好賈誼、陸贄書。既而讀《莊子》，歎曰：吾昔有見，口未能言，今見是書，得吾心矣。嘉祐二年，試禮部，方時文磔裂詭異之弊勝，主司歐陽修思有以救之，得軾《刑賞忠厚論》，驚喜，欲擢冠多士，猶疑其客曾鞏所爲，但寘第二。復以《春秋》對義居第一，殿試中乙科。後以書見修，修語梅聖俞曰：吾當避此人出一頭地。聞者始譁不厭，久乃信服。丁母憂。五年，調福昌主簿。歐陽修以才識兼茂，薦之祕閣。試六論，舊不起草，以故文多不工。軾始具草，文義粲然。復對制策，入三等。自宋初以來，制策入三等，惟吴育與軾而已。除大理評事，簽書鳳翔府判官。【略】徽宗立，移廉州，改舒州團練副使，徙永州。更三大赦，遂提舉玉局觀，復朝奉郎。軾自元祐以來，未嘗以歲課乞遷，故官止於此。建中靖國元年，卒于常州，年六十六。軾舉弟轍，師父洵爲文，既而得之於天。嘗自謂：作文如行雲流水，初無定質，但常行，於所當行止於所不可不止。雖嬉笑怒罵之詞，皆可書而誦之。其體渾涵光芒，雄視百代，有文章以來，蓋亦鮮矣。洵晚讀《易》，作《易傳》，未究，命軾述其志。軾成《易傳》，復作《論語説》，後居海南，作《書傳》，又有《東坡集》四十卷、《後集》二十卷、《奏議》十五卷、《内制》十卷、《外制》三卷、《和陶》四卷。一時文人如黄庭堅、晁補之、秦觀、張耒、陳師道，舉世未之識，軾待之如朋儔，未嘗以師資自予也。自爲舉子至出入侍從，必以愛君爲本，忠規讜論，挺挺大節，羣臣無出其右。但爲小人忌惡擠排，不使安於朝廷之上。高宗即位，贈資政殿學士，以其孫符爲禮部尚書，又以其文寘左右讀之，終日忘倦，謂爲文章之宗，親製集，贊賜其曾孫嶠。遂崇贈太師，謚文忠。軾三子邁、迨、過，俱善爲文，邁駕部員外郎，迨承務郎。

紀事

宋・釋惠洪《石門文字禪》卷二七《跋・跋東坡山谷帖二首》 東坡山谷之名非雷非霆，而天下震驚者，以忠義之効與天地相始終耳。初不止於翰墨，王羲之、顏平原皆直道立朝，剛而有禮，故筆蹟至今天下寶之者，此也。予於雲巖訥室觀此帖，皆其海上窮困時自適之語，然高標遠韻，凌秋光，磨月色，令人手玩，一飯不置，若訥當藏之名山，以增雲林之佳氣。

宋・王暐《道山清話》 蘇子瞻一日在學士院閒坐，忽命左右取紙筆，寫平疇交遠風，良苗亦懷新兩句，大書、小楷、行草書，凡寫七八紙，擲筆太息曰：好，好。散其紙於左右給事者。

宋・陸游《放翁題跋》卷二《跋東坡間疾帖》 東坡先生憂其親黨之疾委曲詳盡如此，則愛君憂國之際可知矣。其曰勿使當醫弄疾，天下之至言。讀之使人感嘆彌日，淳熙九年五月乙未，甫里陸某書。

又《跋東坡詩草》 東坡此詩云，清吟雜夢寐，得句旋已忘，固已奇矣。晚謫惠州，復出一聯云，春江有佳句，我醉墮渺莽。則又加於少作一等，近世詩人老而益嚴蓋未有如東坡者也。學者或以易心讀之何哉，淳熙九年五月二十六日，玉局祠吏陸某書于鏡湖下鷗亭。

宋・周必大《文忠集》卷四九《題跋・題東坡晚年手帖》 東坡以靖國辛巳北歸，五月由金陵過儀真，二十九日手簡別發運使屬官，六月自潤

還常州，七月仙去，此乃數旬前帖，尤可貴也。趙仲肅以示周某，敬題其後。慶元庚申二月乙丑。

又卷五〇《跋汪逵所藏東坡字》 右蘇文忠公手寫詩詞一卷《梅花二絶》，元豐三年正月貶黄州，道中所作。昨夜東風吹石裂，集本改爲一夜。二月至黄。明年定惠顒師爲松竹下開嘯軒，公詩云：喧喧更詆誚。更字下注平聲，而集本改作相詆誚。嘻笑之下自添一聯云：嵇生既粗率，孫子亦未妙。今集本改作：阮生已粗率，孫子亦未妙。按《阮籍傳》，籍遇孫登，與商略終古及栖神導氣之術，登皆不應，籍長嘯而退，至半嶺，聞有聲，若鸞鳳響岩谷，乃登長嘯也。嵇康雖有永嘯長吟頤神養壽之句，特言志耳。其用阮對孫無疑。某每校前賢遺文，不敢專用手書及石刻，蓋恐後來自改定也。

宋・曾敏行《獨醒雜志》卷三 東坡嘗與山谷論書。東坡曰：魯直近字雖清勁，而筆勢有時大瘦，幾如樹梢掛蛇。山谷曰：公之字固不敢輕議，然間覺褊淺，亦甚似石壓蝦蟇。二公大笑，以為深中其病。

宋・周煇《清波雜志》卷二 東坡在海外語其子過曰：我決不為海外人，近日頗覺有還中州氣象。乃滌硯焚香，寫平生所作八賦，當不脱誤一字以卜之，寫畢，大喜曰：吾歸無疑矣。後數日，廉州之命至。八賦墨蹟初歸梁師成，後入禁中。煇在建康，於老尼處得東坡元祐間綾帕子上所書薄命佳人詩，末兩句全用草聖，筆勢尤超逸，尼時年八十餘矣。又於吕公經甫少卿家所書傷春詞，虞部文，甫少卿父也。二墨蹟屢經兵火而尚存，誠宜珍祕。吕乃申公之後。

宋・魏了翁《鶴山集》卷六〇《跋・蘇文忠公墨蹟》 歐陽公之司貢也，疑蘇公為曾南豐寘之第二，然南豐時在得中，公初不知也。及蘇公司貢，則不惟遺其門人，雖故人之子亦例在所遺。觀其《與李方叔詩》，及今蒲氏所藏之帖，若將愧之者，然終不以一時之愧易萬世之所甚愧，此先正行己之大方也。使士大夫常懷歐公之疑，而負蘇公之愧，古道其庶幾乎。

又《跋東坡辭免中書舍人稾真蹟》 元祐垂簾，凡熙豐法令有不便于民者，罷之惟恐後。諸公但知目前事勢，不得不爾。然議之則曰：是以子改父也。徒而闢之，則又曰：以母變子。此皆非真識事體者，惟坡公訓辭獨能推本於神，考欲為而未能之意。文寬夫、范堯夫、韓子華、孫和甫、安厚卿之去公所草詔，皆以先朝付托為詞，而用楊元素、陳彦叔、李邦直吕穆仲、唐義問之詞，亦卷卷於先帝之約束。温文正公以議新法不合去，終元豐不起，而臨奠之文曰：知之者神考，用之者聖母。吕惠卿被遇神考，致位宰席，其南遷之詞，亦曰此先皇帝之意。至于熙寧宰相之卒，不過曰方觀功業之成，遽起山林之興，亦未嘗深詆之也。今觀公辭官之奏，始歸美於神考，其詞氣和平而不懟也，其識慮深長而有託也，使時賢而皆知此意也。豈不足以章先志而彌後憂，矧神考固嘗流涕於二后之請，憤惋於安上門之圖，慟哭於永洛城之敗。凡關於元祐諸賢者，又未嘗不知之，特當時未有將順而正救之者耳。其曰受先朝之知，雖宣仁亦嘗言之，公非姑為是詞也。

元・王惲《秋澗集》卷七三《題跋・題東坡災傷卷後》 東坡先生論事如陸宣公，剛直不容於朝似顔太師。今觀此帖，云覽其災傷，肺肝如焚，公憂國恤民之心，為可見矣。然士無功名分者，雖毫髮細事，終不得一入手做公之謂也。後又有云有聞不惜，頻示及是，此老又待招人物議也。臨風展玩，重為慨嘆。

明・王直《抑菴文集》卷一三《題跋・題東坡先生墨蹟後》 東坡先生以宋元豐三年謫黄州，李定舒亶輩害之也。初先生知湖州時，以事有不便民者，不敢直言，因作詩以諷異，或有益於國。定等摘其語奏之，以為怨謗，下獄鍛鍊，欲寘之死。太皇太后曹氏謂帝曰：昔仁宗以制科得軾兄弟，喜曰：吾為子孫得二相。今聞以詩繫獄，豈仇人中傷之乎，宜熟察之。而吴充、王安禮亦極力營救，乃貶黄州團練副使，本州安置，築室於東坡，自號東坡居士。是詩乃天慶觀賞牡丹而作。先生忠誠篤至，憂國愛民，而不虞小人之害，故至於此。然其胸次高明洞達，不以禍福嬰心，故無往而不自得，觀於詩可見矣。今數百年，其片詞隻字流落人間者，人得而玩之，想其高風逸韻，有不可及之嘆。其視定輩，真如蛆虫糞，唾罵之不已。然則為小人者，亦可以鑒矣。此詩文選員外郎曹子宜所藏，而求予題其後，玩閲數四，為之慨然。

元・戴表元《剡源文集》卷一九《題・題蘇氏三帖》 蜀學無工書者，東坡以高才餘事為之化其子弟，彬彬然皆有家法，必有得於墨池筆塚之外。今人胸中無十卷書，輙欲假借眩惑，以為坡蹟，多見其不知量也。此卷三手是其真作無疑，子由真當為弟，叔黨真當為子矣。

元・袁桷《清容居士集》卷四六《題跋・東坡玉堂制草》 淳化後學士院紙貢從池陽，唐五代所用洒矮麻紙，熙陵愛李氏澄心，遂易此制。蘇公此卷正號玉堂底本，桷見文潞公吕申公辭免平章批答，有賈相私印，疑當時故家剪以修媚，與此紙無異，今留河東李士弘。袁桷識。

明・程敏政《篁墩文集》卷三七《題跋・題蘇東坡率子廉傳真蹟後》 蘇文忠公謫嶺南最久，故遺墨流落嶺南至今，若五羊鍾君百福所藏此帖是已，《率子廉傳》作於未謫之前，豈嘗書之以示人乎。陸宣公在貶所集醫方，朱文公隸黨籍注參同契，蓋古賢人君子不以世故嬰心，而有脱屣全歸之意如此。

明・吴寬《家藏集》卷四九《題跋三十一首・跋東坡與蜀僧二帖》 吴城西治平寺足菴房舊藏蘇長公墨蹟，戊戌歲九月十二日冒雨往觀之，寺僧亮欣然出示，蓋公二帖皆與其先塋隣僧者也，帖尾惓惓焉有懷歸之意，然公竟死，葬於外，其言卒不克酬，亦可以發游宦者之歎。

明・文徵明《甫田集》卷二二《題跋一十八首・題東坡墨蹟》 右蘇文忠公與鄉僧治平二大士帖，趙文敏以為早年真蹟。按公嘉祐元年舉進士，六年辛丑中舉制科，遂為鳳翔僉判，越四年，治平辛巳召判登聞鼓院，尋丁憂還蜀，至熙寧二年巳酉始還朝監官誥院，四年辛亥出判杭州，此書八月十六日發，中有非久請郡之語，當是熙寧中居京師作。蓋公治平中雖嘗居京師，然乙巳冬還朝，而老泉以明年丙午四月下世，中間即無八月，又其時資淺不應為郡，故定為熙寧時書，於時公年三十有四矣。公書少學徐季海，姿媚可喜，晚歲出入顔平原、李北海，故特健勁渾融，與此如出二人矣。帖故有二紙，元季為吴僧聲九臯所藏，九臯嘗住石湖治平寺，以此帖亦有治平字，遂留寺中，且刻石以傳，而實非吴中治平也。九臯既没，此帖轉徙他所而失其一，吾友張秉道，世家石湖之土，謂是山中故實，以厚直購而藏之，畀余疏其大略如此。

又《跋東坡學士院批答》 右蘇文忠公學士院批答五道，賜樞密安燾辭免恩命三，賜户部侍郎趙瞻、門下侍郎孫固各一。按《文忠内制集》載，賜燾不允批答凡十有三，此前二首元祐二年六月作，後二首元年七月作，趙瞻者作於三年三月，孫固作於四月。按固以元祐三年四月壬午守門下，而燾為右光禄大夫，依前知樞密院事，瞻為樞密院直學士、簽書院事，三人同日被命。先是燾以元年閏二月乙卯，自同知樞密進知院事，為言官論列，三月遽罷，至次年六月，竟被初命，此二首蓋當時之詞也。後人以三人並命，因列於此，而實非也。後乃同知樞密，乞退時所答當在二首之前，不知何故反列於後，而其詞與集微有不同。瞻所賜乃户部侍郎求外補時所答，而集中別有賜。瞻辭免答書二首，實與固同日月，而此首當是未受簽書之前，宜其與固前首日月不同也。最後祈雨道場齋文亦載《内制集》中，而其文亦微有不同。仰惟天命集作天人之師，當以集本為是也。按文忠元祐元年十二月入為中書舍人，尋遷翰林學士，知制誥，至是恰兩年耳。明年三月，遂出知杭州，於是公年五十有四矣。此卷舊為寧波袁尚寶家所藏，余往歲嘗見，乃是册子，不知何人聯屬為卷，遂至顛錯，因李君仁甫出示，疏其略如此，若公文章翰墨之妙，固不待區區論述也。

明・何良俊《語林》卷二七 黄魯直戲東坡曰：昔右軍書爲换鵝字，近日韓宗儒性饕餮，每得公一帖，於殿帥姚麟家换羊肉數斤，可名公書為换羊書矣。公在翰苑，一日以生辰製撰紛冗，宗儒繼作簡以圖報書。來人督索甚急，公笑曰：傳語本官，今日斷屠。

明・董其昌《畫禪室隨筆》卷一《評古帖・跋東坡書後》 東坡先生居黄，自謂多難畏事，時猶禁其詩耳，後復并其書禁之，故宣和進御書畫，凡有蘓黄題跋者皆割去。靖康之變，御府所藏，盡為金人輦之而北，而先生墨跡流落人間者，居然獨完，誰謂善類竟可磨滅耶。

明・李日華《六研齋筆記》卷二 東坡先生雖天材卓逸，其於書畫二事，乃性所篤嗜，到處無不以筆硯自隨。海南老媪見其擘裹燈心紙作字，有張睢陽生猶罵賊，嚼齒斷齦，顔平原死不忘君，握拳透瓜之語。其在黄州，偶途路間，見民家有叢竹老木，即雞棲豕牢之側，亦必就而圖之。所以逸筆草草，動有生氣，彼固一時天真發溢，非有求肖之念也。

明・張丑《清河書畫舫》卷九下《宋・米芾》 米南宮書自得於天資，然自少至老，筆未嘗停，有以紙餉之者，不問多寡，入手即書，至盡乃已。元祐末，米知雍丘縣蘇子瞻自揚州召還，乃具飯邀之，既至，則對設長案，各以精筆佳墨紙三百列其上，而置饌其傍。子瞻見之，大笑就坐，每酒一行，即伸紙共作字，以二小史磨墨，幾不能供。薄暮酒行既終，紙亦盡，乃更相易攜去，俱自以為平日書莫及也。《石林避暑録》

藝文

宋・范祖禹《范太史集》卷三《謝子瞻尚書惠墨端溪硯二首》　禹平洪流錫玄圭，班于羣神朝會稽。遼東飛煙過滄海，徂徠古氣臨天齊。丹砂化出黃金鼎，雄麝焚身何噬臍。魚膠清堅豈易致，燕支山北隨佩觿。雙龍蛇蟠戲缺月，吴軍破甲光水犀。黑雲如輪起端溪，揮灑倏忽奔鯨鯢。先生海内文章伯，窮年蒿目憂黔黎。玉堂新製自心巧，想見星象躔寶奎。落毫無脛走珠玉，雨雹霽止垂虹蜺。陋儒窮經脣欲腐，石室汗簡空沈迷。眼昏畫紙僅成字，何異月闇投玻瓈。唯當藏作篋中寶，併荷蓑笠歸鋤犂。

右墨。

端溪清冥幾千尺，玄潭噴雲噓紫石。層空飛溜瀉珠璣，大古陰崖摧霹靂。翦裁巖屏作風字，琢磨水鏡成月魄。似聞松上飀飀聲，一洗塵埃傾七澤。先生每思窮禹穴，東叱天吴掛帆席。山祇水若獻幽寶，贈我不啻千金璧。玉堂金井汲寒泉，坐視青天浸虚碧。豈知來從海嶠外，鳥道穿雲下絶壁。嗟我本是山中人，甎無詞藻對卿客。鄉人子雲思奇苦，終老漢庭長執戟。至今舊宅有墨池，何怪著書玄尚白。行當提攜返敝廬，更廣牢愁弔遺迹。

右端溪硯。

宋・釋惠洪《石門文字禪》卷一九《贊・東坡居士贊》　家孝友以為鄉，塾道德以為基。橫忠義之勁氣，吐剛方之談辭。視閻浮其一漚，而寄夢境於儋耳。開胷次之八荒，而露幻影如蛾眉。此其大凡也。屬熙豐之勃興，追舜禹之有為。常一出而事悞，則袖手悠然而去之。如鳳如麟，而瑞冠一世，非雷非霆，而名震四夷。造裨販之中傷，嗟妒忌之何知。方其茹拳而微醉，以翰墨為娛嬉。則倒用祖師之印，檄萬古而疾馳。如河漢之流無有窮極，如煙雲之出無有定姿。欲録之以藏，則懼六丁之竊取，要當以日月為字，而天為碑，可乎。

元・張雨《句曲外史集》卷中　書東坡先生畫像。

清・劉墉《劉文清公遺集》卷一五《學書偶成三十首用遺山論詩絶句韻》　蘇黃佳氣本天真，姑射豐姿不惹塵。筆轉墨豐皆入妙，無窮機軸出清新。

雜録

宋・釋惠洪《冷齋夜話》卷一《東坡書壁》　前輩訪人不遇，皆不書壁。東坡作行記，不肯書牌，悪其特地，止書壁耳。候人未至，則掃墨竹。

宋・朱熹《晦庵集》卷八二《跋・跋東坡與林子中帖》　淳熙辛丑仲冬乙酉，觀此於衢州浮石舟中。時浙東饑甚，予以使事被旨，入奏三復其言，尤深感歎，當摹刻諸石以視當世之君子。新安朱熹書。

又《再跋》　淳熙辛丑浙東水旱民饑，予以使事被召入奏，道過三衢，得觀此帖於玉山汪氏，以為仁人之言，不可以不廣也。明年乃刻石常平司之西齋。新安朱熹書。

宋・周必大《文忠集》卷五一《題跋・東坡潁川詩》　東坡以元祐六年秋到潁川，明年春赴維揚，作此詩題曰西湖月夜泛舟。今集序以趙德麟餞飲湖上，舟中對月為題，是也。按公在潁僅半年，集中自放魚長韻而下，凡六十餘詩，歷考坡所至歲月，惟潁為少而留詩反多，蓋陳傳道、履常、趙德麟、歐陽叔弼、季默適聚于潁，故臨別詩云：五君從我遊，傾瀉出怪珍。又中間劉景文特來送行，詩云：歐陽趙陳皆我友，豈謂夫子駕復迂。邇來又見三黜柳，共此煖熱餐氊蘇。自注云：郡中日與叔弼景貺履常相從，而景文復至，不數日，柳戚之亦見過，賓客之盛，頃所未有。乃知攄發妙思羅列於此，抑有由也。堂名聚星今古相望，使有俗物敗人意，如坡所云其能爾乎。馮吴江軫遠示真蹟，敬題其後。嘉泰癸亥孟夏九日。

宋・朱熹《晦庵集》卷八四《跋・東坡書李杜諸公詩》　東坡此卷，考其印章，乃紹興御府所藏，不知何故流落人間，捧玩再三，不勝敬歎。但其所寫李白行路難，闕其中間八句，道子胥、屈原、陸機、李斯事者，此老不應有所遺忘，意其刪去，必當有說。老翁并詩在老蘇送蜀僧去塵之前，必非他人之作，然不見於《嘉祐集》，亦不省其何説也。彼欲并中老翁改顔易服，不使人知，而後篇遽有嫌瘦癡彈之嘆，何耶。然其言怨而不怒，獨百世以俟

後賢而不惑，則其用意亦遠矣。哉慶元丁巳十月丁丑，新安朱熹觀玉山汪季路所藏，而識其後如此云。

宋・樓鑰《攻媿集》卷七二《跋・跋東坡紙帳詩》 坡公次韻柳子玉二詩，曰地爐，曰紙帳，此紙帳詩也集。中紋作文，氈作疊，煖作暖，秖作但，皆可通，惟以鯨為衾，則非也。少陵有太子張舍人遺《織成褥段詩》有云：開緘風濤湧，中有掉尾鯨。後又云：錦鯨卷還客，始覺心和平。坡正用此事，而編集者未之攷也。此卷字畫飛動，不可形容，公嘗和子由論書曰：端莊雜流麗，剛健含婀娜。豈自道耶。

宋・魏了翁《鶴山題跋》卷二《跋蘇文忠墨蹟》 文忠公自謂作大字不如小字，雖亦有之，然其英姿杰氣有非筆墨所能管攝者，則無問大小一也。

金・元好問《遺山集》卷四〇《跋蘇黃帖》 蘇黃翰墨，片言隻字皆未名之寶，百不為多，一不為少，尚計少作耶。

元・王惲《秋澗集》卷九四 東坡醉書《盧仝詩》，為團練使書，東坡《觀世音讚》靖康元年五月書，蓋將歿前二月絶筆書也。

又《玉堂嘉話》卷二 東坡書《洗玉池銘》，擘窠真書瘦勁。

又卷三 東坡先生云：大字難於結密而無間，小字難於寬綽而有餘。又云：學書時臨摹可得形，似大要多取古書細看，令入神乃到妙處，惟用心不雜，乃是入神要格。

元・柯九思《丹丘生集》卷二《東坡恕察帖》 右宋文忠公蘇翰林《恕察》真蹟，言簡而意足，忠厚之氣藹然。奎章閣學士院鑒書博士柯九思跋。

元・倪瓚《清閟閣全集》卷九《題東坡村醪帖》 坡翁此卷筆意比徐季海尤覺天真爛漫也。癸丑中秋同王季耕觀於徐良夫之耕漁軒。

明・孫鳳《孫氏書畫鈔二卷》卷一《法書・東坡楊梅帖》 坡翁之於楊梅，即右軍之於青李、來禽也，二公書法遒美，然皆一代偉人，而不能無求於世口，體之累人如此哉。鄞蔣景武。

清・費瀛《大書長語》卷上 東坡謂其先有成竹於胸中，正與書家相似，皆意先於筆也。

清・梁巘《承晉齋積聞録》 蘇東坡書如《柳州羅池廟神詞帖》直追唐人矣。

又 黃山谷家秀拔撇捺拖本於蘇，而不及蘇之蒼勁雄渾。

又 東坡書世謂出於顔，吾細觀其轉折頓挫處，實本於歐與《圭峰碑》書，至宋世如蘇黃諸公，非不各據其勝，然以唐法繩之，則不無疎處。

東坡小字皆於挑剔鉤勒處用力，中間提空，昔人謂其本於徐浩者此也。若大字則筆筆捺倒，沈入着實，不使一畫輕過，故昔人又謂其有偃筆。

朱長文

傳記

《宋史》卷四四四《文苑六・朱長文傳》 朱長文，字伯原，蘇州吴人。年未冠，舉進士乙科，以病足不肯試吏。築室樂圃坊，著書閲古，吴人化其賢。長吏至，莫不先造請，謀政所急，士大夫過者以不到樂圃為恥。名動京師，公卿薦以自代者衆。元祐中，起教授於鄉，召為太學博士，遷祕書省正字。元符初卒，哲宗知其清，賻絹百。有文三百卷，六經皆爲辯説。又著《琴史》而序其略曰：方朝廷成太平之功，制禮作樂，比隆商周，則是書也，豈虚文哉。蓋立志如此。

紀事

宋・朱長文《樂圃餘稿附録》 樂圃先生朱伯原卒於京師，識與不識者皆歎之，先生故人自玉堂青瑣，與夫一時賢士大夫多挽之以詩。先生妙齡登乙科，以疾求閑學，且養踰三十年，特起為蘇州教授，歷五考召為太學博士，改宣德郎，除祕書省正字，兼樞密院編修文字。先生文章，前宰相范公、今宰相章公，嘗薦其典麗可備著述矣。先生行義，中書侍郎許公嘗薦其

純，固可為師表矣。先生博聞强識，篤學力行，樞密林公先除禮部侍郎及寶文閣直學士，嘗薦自代矣。前後薦者，蓋不可殫數。謂宜得名公鉅儒誌其墓，而諸孤乃以其季父明州象山縣尉，仲方之狀屬予銘，予豈足以知先生耶。按先生家譜，昔高辛氏有才子曰朱虎，先生其後也。先生諱長文，【略】善書，有顔魯公體，藏碑刻自周穆王始，至于本朝諸名公帖皆有之，作《墨池閲古》二編。

蘇轍

論説

宋・黄庭堅《山谷外集》卷九《筆説・書韋深道著帖》　此予元祐末書，差可觀者。子由書瘦勁可喜，反覆觀之，當是捉筆甚急而腕著紙，故少雍容耳。伯時作馬，落筆如孫太古畫灘水，而作字乃爾，蓋至妙之關鈕不透入字中耶。

宋・魏了翁《鶴山集》卷六二《跋・跋蘇文定公帖》　蘇氏兄弟平生大節，在於臨死生利害而不可奪，其厚於報知己，勇於疾非類，則歷熙豐祐聖之變如一日，而後知世之以文詞知二蘇者，末也。此祭文書疏凡八紙，距今一百三十有四年，一時風誼，尤可想慕，撫卷太息，書而歸之，番陽張氏。

宋・董史《皇宋書録》卷中　山谷云：子由書瘦勁可喜。反覆觀之，當是捉筆甚急而腕著紙，故少雍容耳。

《縉雲文集》云，潁濱本無書名。然風味絶高，真可以兄弟東坡，蘇叔謙携此示余，謂之曰世間絶無。潁濱書惟其少，尤宜愛惜。

綜述

明・陶宗儀《書史會要》卷六《宋》　蘇轍，字子由，號潁濱遺老，軾之弟。與兄同登進士科，由尚書右丞進門下侍郎，謚文定。書瘦勁可喜，風味絶高，真可以兄弟東坡，然特少雍容風氣，當是捉筆甚急而腕著紙故耳。

清・吴升《大觀録》卷五《蘇潁濱先生詩卷》　公名轍，字子由，年十九與長公同登進士，同策制舉。神宗二年，荆公以宰執領三司條例，公為之屬，使議青苗書，公力扼，逾月不復言。會王廣兼奏斂散之法，與荆公合，青苗遂行。元祐中，自起謫累遷翰林學士，奉使契丹。還，擢御史中丞。五年之間，庶政一新，進尚書右丞門下侍郎。紹聖初，元豐諸臣復起，落職知汝州。居數月，貶雷州。崇寧中，復大中大夫致仕。築室於許，號潁濱遺老。政和二年卒，年七十四，謚文定公。元祐秉政，不主調停，處置西事，謀深智老。有《欒城集》行世，子遲適遜。

傳記

宋・王稱《東都事略》卷九三《列傳七十六上》　轍字子由，與兄軾同舉進士，又同舉直言。【略】

轍遂乞罷，出知汝州，再責知袁州。未至，降朝議大夫，分司南京筠州居住。又責授化州别駕，雷州安置，移循州。徽宗即位，徙永州岳州，已而復大中大夫，提舉上清太平宫。蔡京用事，復降朝請大夫，罷祠，再復大中大夫致仕。築室于許，號潁濱遺老，居許十餘年而卒，年七十四，追復端明殿學士。轍所著詩、《春秋傳》、《老子解》、《古史》、《欒城文集》並傳於世。

藝文

宋・蘇軾《東坡全集》卷一《詩四十七首・和子由論書》 吾雖不善書，曉書莫如我。苟能通其意，常謂不學可。貌妍容有矉，璧美何妨橢。端莊雜流麗，剛健含婀娜。好之每自譏，不謂子亦頗。書成輒棄去，繆被旁人裹。體勢本闊略，結束入細麽。子詩亦見推，語重未敢荷。邇來又學射，力薄愁官笴。官箭十二把，吾能十一把箭耳。多好竟無成，不精安用夥。何當盡屏去，萬事付懶惰。吾聞古書法，守駿莫如跛。世俗筆苦驕，眾中强嵬騀。鍾張忽已遠，此語與時左。

葛藴

綜述

宋・董史《皇宋書録》卷中 山谷題李翰林醉墨云，是葛八叔忱贋作。以嘗其婦翁，諸蘇果不能别。蓋叔忱翰墨亦自度越諸賢，可寶藏也。南豐題葛藴書云，葛君能屬文，尤長于詩。又特善書。或以淡墨塵紙戲為之，假古人之聞名者以傳而人莫能辨也。惜其早死，不大顯于世。其詩多自書，以故余家藏頗多。而參寥又集其平生所往還書為大軸以示余。謂余嘗知葛君者，欲余識之。若參寥于葛君可謂篤矣。

明・陶宗儀《書史會要》卷六《宋》 葛藴，字叔忱，能屬文，尤長於詩，又特善書，或以淡墨塵紙戲為之，假古人之名聞者以傳，而人莫能辯也。惜其蚤亡，不大顯於世。

陸經

論説

宋・董史《皇宋書録》卷中 魏道輔續東軒筆録云，陸經學士坐責流落。歐陽文忠公憐其貧，每與人作碑志。必先約令陸子履書，欲以濡潤助之也。由是子履書名亦自此而盛。

綜述

《宣和書譜》卷六《正書四・宋・陸經》 文臣陸經，字子履，越人也。官至集賢殿修撰，作郡以儒術飾吏事而所至以能稱。善真行書，當時與蘇舜欽為輩流而筆法亦僅同一律。前輩高文必求經為之書，故經之石刻殆遍天下，若歐陽修思潁諸詩。得經書方喜甚稱，然多作正書。其典嚴以規矩自窘。譬之椎魯如參，厚重如勃。亦盛德君子渾金樸玉所自表發也。觀者自應得之耳，今御府所藏四。

明・陶宗儀《書史會要》卷六《宋》 陸經，字子履，越人，官至集賢修撰。善真行書，前輩高文必求經書，故經之石刻殆徧天下。然多作正書，其典嚴以規矩自窘。譬之椎魯如參，厚重如勃，不失為盛德君子。

范祖禹

綜述

清·吴升《大觀録》卷四《范學士公休帖》　公名祖禹，字湻甫，中進士甲科，元祐中拜翰林學士。哲宗親政，方欲大用，會紹述之論興有相章惇意，力請外以龍圖閣學士知陜州，尋為言者論貶。卒年五十八，公長於勸講，平生論諫不啻數十萬言，開陳治道，分别邪正，平易明白，雖賈陸不能過也。

傳記

《宋史》卷三三七《范鎮傳》　祖禹字淳甫，一字夢得，其生也，母夢一偉丈夫，被金甲入寢室曰：吾漢將軍鄧禹。既寤，猶見之，遂以為名。幼孤，叔祖鎮撫育如己子。祖禹自以既孤，每歲時親賓慶集，慘怛若無所容，閉門讀書，未嘗預人事。既至京師，所與交游皆一時聞人，鎮器之曰：此兒天下士也。進士甲科，從司馬光編修《資治通鑑》，在洛十五年，不事進取，書成，光薦為祕書省正字。【略】祖禹力言惇不可用，不見從，遂請外。上且欲大用，而内外梗之者甚衆，乃以龍圖閣學士知陜州。言者論祖禹脩《實録》詆誣，又摭其諫禁中僱乳媪事，連貶武安軍節度副使、昭州别駕，安置永州、賀州，又徙賓化而卒，年五十八。

張商英

論説

宋·董史《皇宋書録》卷中　成都記載：吴師孟張商英張唐英善書，天覺喜草而不工。東坡戲之，所謂脱帽風流餘長史是也。

綜述

明·陶宗儀《書史會要》卷六《宋》　張商英，字天覺，號無書居士，蜀州新津人。官至尚書右僕射，謚文忠。長身偉然，姿采如峙玉，喜草書而不求工。

清·吴升《大觀録》卷四《張丞相收録帖》　商英字天覺，蜀人。章惇薦擢御史，摭事侵樞臣，謫貶。哲宗親政，召為司諫，積憾元祐大臣不用已極力攻詆，至毁宣仁太后，比之吕武，其無忌憚如此。大觀中，與蔡京立同異，迨為相，小變其政，故以傾詖之行，竊忠直之名。宣和間卒，紹興時謚文忠，天下皆不謂然云。

傳記

宋·王稱《東都事略》卷一一〇《列傳八十五》　張商英，字天覺，蜀州新津人也。兄唐英，字次公舉進士，為歸州理掾，數上書論天下事。英宗時首上書戒上，以無顧私親，稍擢御史，裹行早卒。唐英有史材，嘗著《仁宗政要》、《宋名臣傳》、《蜀檮杌》行於世。商英少受學於唐英，中進士第，

調通州簿。【略】政和元年罷為觀文殿大學士，知河南府。尋落職，知鄧州，再謫汝州團練副使，衡州安置。俄以通奉大夫提擧崇福宫，復觀文殿學士，又復觀文殿大學士。卒年七十九，贈少保。欽宗即位，特贈太保。商英學浮圖法，自號無盡居士，其進本熙豐蔡京强置黨籍中，天下既共惡京，而商英與京異論，以故天下翕然推重云。

釋希白

論説

宋・董史《皇宋書録》卷下《長沙釋希白》 東坡云：希白作字自有江左風味，故《長沙帖》比《淳化待詔》所模為勝。《論長沙帖》。

綜述

明・陶宗儀《書史會要》卷六《宋》 釋希白，字寶月，號慧照大師，長沙人，作字有江左風味。慶歷中嘗以《淳化閣帖》模刻於潭之郡齋。

范文度

綜述

宋・董史《皇宋書録》卷中《范文度》 能書，有模本《蘭亭記》。

六一先生跋云，宋興百年，雄文碩儒比肩而出，獨字學不振每以為憾。今乃獲見范君筆法，信乎時不乏人。又云，蔡君謨以書名當世，其為范君不為誤矣。

黄庭堅

論説

宋・釋惠洪《石門文字禪》卷二七《跋・跋山谷筆蹟》 山谷為予言，自出峽見少年時書，便自厭。此帖在龍舒時作，自然有一種勝氣，未易與俗人言也，當有賞音耳。

又《跋山谷帖》 山谷翰墨，風流不減謝東山，而書詞鄭重，傾倒於華光如此，予疑百世之下有讀之者，知華光後身支道林哉。

宋・李之儀《姑溪居士前集》卷三八《題跋・跋蘇黄陳書》 魯直晚喜荆公行筆，其得意處往往不能真贋，此乃未入川時所作，瑩中作小楷，有秀氣，時拘窘，自為羞澁，或未免墮羊欣域中，是帖輒放肆有精神，蓋與之相別六七年，豈所謂隔宿不問道歟。

又卷三九《跋山谷草字》 魯直晚年草字尤工，得意處自謂優于懷素。此字則曰：獨宿僧房，夜半鬼出，來助人，故加奇。雖未必然，要是其甚得意者爾。

宋・朱熹《晦庵集》卷八四《跋・跋山谷宜州帖》 山谷宜州書最為老筆，自不當以工拙論，但追想一時忠賢流落，為可歎耳。雲谷老人因覽竊識，慶元巳未三月八日。

金・趙霖《滏水集》卷二〇《題跋・題涪翁草書文選詩後》 涪翁參黄龍禪，有倒用如來印手段，故其書得筆外意，如莊周之談大方不可端倪，如梵志之翻着韈刺人眼睛。一夫九首，方相四目，夔一足，能三足，猿裊籐，蟲食木，巨石狠，老枿禿，恢詭譎怪，千態萬狀。然涪翁自謂中年以草

書名世，惟東坡以為俗，此其暮年書也。能知東坡之所謂俗，則知涪翁之不俗矣。

又《跋山谷草圣》 文章不蹈襲前人，最是不傳之妙，華陽真逸，承李杜之後，至更句讀，有三句五句之作，涪翁此書，殆有意于華陽之體歟。

宋・趙希鵠《洞天清録・研屏辨・山谷烏石硯屏》 山谷乃懸腕書，深得《蘭亭》風韻，然行不及真，草不及行。

宋・董史《皇宋書録》卷中 《豫章先生傳》云：公楷法妍媚，自成一家。游荊州得古本《蘭亭》，愛玩之不去手，因悟古人用筆意，作小楷日進。曰：他日當有知我者，草書尤奇偉。公歿後，人争購之，一紙千金。

山谷自云：余極喜顏魯公書，時時意想為之，筆下似有風氣，然不逮子瞻遠甚。子瞻為余臨寫魯公十數紙，乃如人家子孫，雖老少不類，然皆有祖父風骨。又云：余嘗觀漢時石刻篆、隸，頗得楷法。又云：余學書三十年，初以周越為師，故二十年抖擻俗氣不脱。晚得蘇子美才翁書觀之，乃得古人筆意。其後又得張長史、僧懷素高閑墨迹，乃窺筆法之妙。今來老懶，作此書如老病人扶杖，隨意傾倒，不復能工。顧异于今人書者，不紐捏容止强作態度耳。又自題草書云，夜嘗重醞一杯，遂至沈醉，視架上有凡子乞書紙，因作草，方眼花耳熱，既作草十數行，于是耳目聰明。細觀此書，端不可與凡子，因以遺曾公衮，公衮胸中殊不凡，又喜學書故也。山谷老人年六十一，書成自喜似楊少師書耳。又云：余寓居開元寺之怡思堂，坐見江山，每于此中作字，似得江山之助。又云：三十年作草，今日乃似造微入妙，憾文與可不在世耳，此書當與與可老竹枯木並行也。又自跋云：山谷在黔中時，字多隨意曲折，意到筆不到。及來僰道，舟中觀長年蕩槳，群丁撥棹，乃覺少進，意之所到，輒能用筆。

元・王惲《秋澗集》卷九五 東坡先生云：大字難于結密而無間，小字難於寬綽而有餘。又云：學書時臨摹可得形似，大要多取古書細看，令入神乃到妙處，惟用心不雜，乃是入神要格。山谷為甥張大同書擘窠大字一卷，中云：涪翁自黔南遷於僰道二年矣，寓舍在城南屠兒村側，蓬藋柱宇，鼪鼯同逕，然頗為諸少年以文章翰墨見强，尚有中州時舉子氣習未除耳。至於風日晴暖，策杖蹇蹶，雍容林丘之下，清江白石之間，老子於諸公亦有一日之長。時涪翁年五十六，病足不能拜，心腹中蒂芥，如懷瓦石，未知後日復能作如此字否。其筆勢縱横，意韻瀟散，絶類《瘞鶴銘》。

元・陸友《研北雜志》卷上 黄魯直書遒媚。

明・王直《抑菴文集》卷一三《題跋・題黄太史墨蹟後》 黄文節公翰墨妙當時，後之得者亦寶愛如拱璧，蓋以其德耳，非特書也。此紙評書足見精詣，其謂右軍書法，唯顏魯公、楊少師特臻其妙。魯公之書，人謂於逸少得其筋，然忠義之氣溢於翰墨，真足以儀範後世。少師乃楊凝式，其書多在僧壁間，傳於楮素者極少，時人亦愛重之。然黄長睿謂其祖述不遠會稽父子，筆法似不如是，而文節稱之乃爾，蓋必有所取，非虚美也。惜其書不傳，不得以究其妙，姑識於此，以俟知者。

又卷三六《題龐生所藏山谷書後》 宋書稱蘇、黄、米、蔡，然前輩君子乃謂蔡書猶有前代意，至坡、谷遂風靡，魏晉之法殆盡，米氏父子書盛行，舉世學其奇恠流弊，至於即之極矣。此言雖為正論，要之學書雖不可違古法，然學者人人殊，亦豈能盡如古。工夫精到，必有可觀辟之用，人各取所長而用之，亦可為成人矣，此在學者懸悟耳。涪翁此書，若不經意，然勁直清潤，足可賞翫，况其孝友，固百世之士也，尤學者所當法。書既能精，而行尤高，乃爲可貴，不可以善書爲足也。龐生彦珙喜學書，得此而寶之，求予題，故題其説如此，生尚勉旃。

明・宋濂《文憲集》卷一四《跋凡四十八章・跋黄山谷書樂府卷後》 右行書一卷，涪翁五十九歲所書，蓋晚年之筆也。翁初與周子發後游荊，得名本《蘭亭》，始悟古人用筆意。及謫黔中，見藏真帖，於是結體飄逸，頓入妙品，人以學子發為言，而翁深諱之矣。然翁寫此時，正自鄂渚遷宜州，當屢譴之餘，孰能不鬱鬱于中。翁則遊戲翰墨，書雜辭二千餘言，以寄其嫺家李粢德，索懽欣和豫之意，尚洋溢於行間，其樂天知命為何如。覽者若有得於斯，則於問學之益不少矣。字畫云乎哉。

明・吴寬《家藏集》卷四八《題跋二十九首・跋啓南所藏黄山谷墨蹟》 山谷論書云：凡書要拙多於巧。近世少年作字如新婦子粧梳，百種點綴無列婦態。觀此老杜二詩，乃其所自作，信哉。其為列婦也，與歐陽公謂蘇子美論書，而用筆不逮其論者異矣。沈氏子孫宜世藏之。

明・程敏政《篁墩文集》卷三九《題跋・書艾郎中所藏山谷真蹟後》 古之妙詞翰者，不拘一律，往往隨其與之所到為之，故自有佳處，

非具眼者莫識也。韓子為樊宗師志，即似樊文，與孟郊倡和，便作郊語，豈故爾，殊耶。其才力兼人，觀者莫能盡其捭闔檢縱之妙爾。山谷真蹟流落人間者，與石本亦大小出入不能盡同也。武選郎中艾君德潤以所藏九歌真蹟見示，其筆勢鄭重，優裕略無，排束跳逸之態，如珊瑚木，難見者知其可寶，惜予鄙樸，素劣於書，不足以語此，計有具眼者，因杜德幾而知衡氣幾，則知山谷此本，捭闔檢縱之妙，為不可及也。

明·李東陽《懷麓堂集》卷四一《題山文稿二十一·題跋·谷墨跡後》 肥欲有骨，瘦欲有肉，此山谷論書語，今觀此帖，當識此老筆意。

明·王鏊《震澤集》卷三五《題跋·跋黃山谷草書墨蹟》 山谷書太白《秋浦詩》，筆法頗不類故常，或疑非真跡，此不知書故也。公嘗自評元祐間書，筆意癡鈍，用筆多不到，晚入峽，見長年盪槳，乃悟筆法。又云，紹聖甲戌，在黃龍山中，忽得草書三昧，則晚年之筆與少時固異矣，安得以故我求之。其間筆陣所至，猛氣軼出常度，然不害其為神駿也。觀其自敘，因錢穆父之言而改度湔祓舊習，且云摩圍閣中，固知為晚年筆矣。

明·孫鳳《孫氏書畫鈔》卷一《法書·黃山谷書評》 淳翁作字深得提筆囬腕，法度甚嚴，柳誠懸曰：心正則葦正。故其書評則於左右之體，點畫之間，既能精神不病，要且遒勁兩全，誠為確論。然而留心至此，安得不造其佳處，杜子美所謂毫發無遺恨，波瀾獨老成者也。昌叔燕邸賢王孫，其先德於交遊最深，蓄書帖甚富，而又季父德麟為東坡之客，乃知師友淵源，其來有自，文瓘請以此軸摹刻諸石，庶幾發楊奇蹟流傳，好事者云。紹興丙子六月，下澣丹陽蘇文瓘題。

山谷善論書，以側筆取妍為病，然或議者，猶以是病之。太史始師周膳部，晚脱摺筆，賦作草書，王定國深疑之，字隨世運，議無過者，唯鍾王耳，藝以德傳，越千百年，無有易此論。袁桷識。

明·王世貞《弇州四部稿》卷一三〇《山谷雜帖》 魯直詩曰：春來詩思何所似，八節灘頭上水船。此君每出語法，即若上水船非妄也，書極老健。又云：樊口舟中燭，下眼花頭眩。更觀東坡醉，墨重增睡思。若未首肯坡書者，此不可曉。

又《山谷卷後》 此卷山谷老人詩，故夏太常家物，燬於火中，每行下輒缺一字，太常子大理德聲補之，亦佳卷，尾有吴文定公跋及手簡，要當有李文正籙首，今亦脱落矣。詩不著題，亦缺名氏，而考公集有之杜老浣花谿圖引也。歌詞力欲求奇，然是公最合作語。書筆橫逸跌蕩，比素師饒姿態，亦稍平易可識，而結法之密，腕力之勁，波險神奇，似小不及也。始公作草書，眉山先生從傍賞歎不已，顧謂諸學士曰：魯直書故佳，恨不令見懷素。《自叙帖》姿態則可謂耳。最後見素書，大愧悔，以為不如遠甚，愈刻意臨池。晚節自謂得長沙三昧，然以吾家藏素《千文》字真蹟校之，公猶在堂廡間也。

又《題山谷卷後》 山谷老人自謂得長沙三昧，然余竊怪其巧於取態，而略於求骨。此卷書太白長歌，翩翩幾與風人争勝，使懸腕中如拔山力，不啻作長沙矣。張守跋初不知為太白詩，後見全集始能補其闕語，以為奇事，豈羊皮詔中人例宜爾陋耶。後二跋如蕭海釣文，明沈石、田啓南，皆弘治間名士也。

又卷一六一《山谷書昌黎詩》 生平見山谷書以側險為勢，以橫逸為功，老骨顛態，種種槎出，獨此《録昌黎送符城南讀書詩》小行體，盡斂其怒張之氣而為虛婉，與《蘭亭》異體同用，尤可寶也。昌黎木强語山谷愛之，其示相與送符事相類，第昌黎晚節貴盛，故其談讀書之效津津，然山谷以筆札得罪，流離放逐，生兒愚魯亦是佳事，何必强之讀書耶。放筆一笑。此書是真蹟而經水漬，以故不能佳。

清·卞永譽等《式古堂書畫彙考》卷一《書評上·蘇玉局辨法帖及諸家書》 魯直書去病穿城蹋鞠，此正不學古兵法之過也。學即不是，不學亦不可。

魯直以平等觀作敧側字，以真實相出遊戲法，以磊落人書細碎事，可謂三反。此跋山谷爲王晉卿小書爾雅。

清·楊賓《大瓢偶筆》卷五《論黃庭堅書》 黃山谷專學焦山《瘞鶴銘》，雖不及張嘉貞《北岳碑》，然如《七佛偈》等帖，幾乎孔子之有若矣。若夫蒲坂雷首之《夷齊廟記》，則又全乎褚令《聖教序》不類瘞鶴也。

黃山谷《跋魯公中興頌後》詩，本從《瘞鶴銘》出，而加以翩翩風致，幾欲跨唐人而上之。若翻刻本不足觀矣。

魯直書《文賦》及半，興盡而止，以遺晁仲詢，至今以為美談。

宋人書，余獨喜黃山谷，觀《中興頌跋》與《七佛偈》，實得六朝人筆意，

非蘇、米可比也。

清・王澍《虚舟題跋》卷九《黄山谷》 山谷老人書多戰掣筆，亦甚有習氣，然超超元著比於東坡，則格律清挺矣，故當在東坡上。

清・孫岳頒等《佩文齋書畫譜》卷六七《御製書畫跋・跋黄庭堅墨蹟後》 黄庭堅、秦觀、晁補之、張耒輩，游於蘇軾之門，當時稱蘇門四學士。而庭堅為尤著，時人至以配軾，稱蘇黄。其文章學問固卓犖不羣，而行、草書亦自成一家。元祐中，嘗作草書於僧舍，軾賞歎再四，錢勰從旁曰：君見《自叙》真蹟，當更有得。後謫黔，獲見之，遂深契藏真之妙。嘗自云：元祐間筆意痴鈍，用筆多不到，晚入峽，見長年盪槳，乃悟筆法。此其草書之所以異也。至所作行書，剽去姿媚，獨存風骨，直欲與蘇軾分道揚鑣，不肯俯循其轍，間或雄姿猛氣逸出常度，亦無傷其為神駿，故朕恒玩之。

清・戈守智《漢溪書法通解》卷一《名人論書》 《北磵集》曰：山谷草聖，不下顛張醉素，行楷勿逮也。要皆自成一家，如王謝子弟，不冠不襪，流俗人盛服振襟，不如也。然《宣和書譜》不與，當時有云：晉唐法多被蘇黄寫壞故耶。王欽佩曰：山谷楷書如劉阮之徒。章甫俎豆又曰：黄真書不足存，有韻無體故也。公嘗自評元祐間書，筆意癡鈍，用筆多不到，晚入峽，見長年盪槳，乃悟筆法。又云：元祐間用筆不知擒縱，故字中無筆耳。蓋公以紹聖入黔，獲覩藏真自序，故以紹聖後為佳，大都以側險為勢，以横逸為功，老骨顛態，種種槎出，常作連綿之草，自謂得藏真三昧也。

清・康有為《廣藝舟雙楫》卷六《行草第二十五》 宋人之書，吾尤愛山谷，雖昂藏鬱拔，而神閑之意穠，入門自媚。若其筆法，瘦勁婉通，則自篆來。吾以山谷為行篆，魯公為行隸，北海為行分也。山谷書至多，而玉虹鑒真所刻《陰長生詩》，有高謝風塵之意，當為弟一。

綜述

明・陶宗儀《書史會要》卷六《宋》 黄庭堅，字魯直，號山谷道人，洪州分寧人，官至吏部員外郎。工正楷、行草，楷法妍媚，自成一家，草書尤奇偉，嘗自云：余極喜顔魯公書，時時意想，為之筆下，似有風氣，然不逮子瞻遠甚。子瞻為余臨寫魯公十數紙，乃如人家子弟，雖老少不類，然皆有祖父風骨。又云：嘗觀漢時石刻篆韻，頗得楷法。又云：學書三十年，初以周越為師，故二十年抖擻，俗氣不脱，晚得蘇才翁子美書，觀之乃得古人筆意，其後又得張長史僧懷素高閒墨蹟，乃窺筆法之妙，於僰道舟中觀長年盪槳，羣丁撥擢，乃覺少進，意之所到，輒能用筆。

清・吴升《大觀録》卷六《黄文節公與趙景道絶句詩卷》 公名庭堅，字魯直，洪州分寧人。舉進士，蘇文忠見其詩文，以為超軼絶塵，聲名遂震。累官祕書丞、國史編修官。紹聖初，出知宣州，改鄂州。時宰與其黨論實録多誣，貶涪州別駕，黔州安置。徽宗即位召還，復以所作《荆南承天院記》為幸災除名，羈管宜州，徙永州，未聞命卒，年六十一。公學問文章，天成性得，善行草書，楷法亦自成一家，游於蘇門，與秦、晁、張為四學士，初游灊皖山谷寺石牛洞，樂其林泉，遂號山谷道人云。

傳記

宋・王稱《東都事略》卷一一六《文藝傳九十九》 黄庭堅，字魯直，洪州分寧人也。幼警悟，從舅李常見之，以為一日千里。舉進士，為葉縣尉，又為大名府國子監教授。初蘇軾見庭堅詩於孫覺之坐上，異之，後過李常于濟南見其詩文，以為超逸絶塵，獨立萬物之表者，由是名聲始震。知太和縣，又監德安鎮，召為校書郎為《神宗實録》檢討官，集賢校理。逾年，為著作郎。母喪，服除，除祕書丞，提點明道宫。紹聖初，議者以《實録》多誣失實，責涪州別駕，黔州安置。以親嫌，移戎州，監鄂州税僉，判寧國軍，知舒州，召為吏部員外郎，丐郡得知太平州，提點玉隆觀。初庭堅嘗作《荆南承天院記》，部使者觀望宰相趙挺之意，以庭堅有幸災之言，坐除名，編管宣州，卒年六十一。始庭堅與秦觀、張來、晁補之皆游蘇軾之門，號四學士，而庭堅於文章特長於詩，獨江西君子以庭堅配蘇軾，謂之蘇黄云。

《宋史》卷四四四《文苑六・黄庭堅傳》 黄庭堅，字魯直，洪州分寧人。幼警悟，讀書數過輒成誦。舅李常過其家，取架上書問之，無不通，常驚，以為一日千里。舉進士，調葉縣尉。熙寧初，舉四京學官，第文為優，

教授北京國子監，留守文彦博才之，留再任。蘇軾嘗見其詩文，以為超軼絶塵，獨立萬物之表，世久無此作，由是聲名始震。知太和縣，以平易治。時課頒鹽策，諸縣争占多數，太和獨否，吏不悦而民安之。哲宗立，召為校書郎，《神宗實録》檢討。官踰年，遷著作佐郎，加集賢校理。《實録》成，擢起居舍人。【略】庭堅學問文章，天成性得，陳師道謂其詩得法杜甫，學甫而不為者。善行草書，楷法亦自成一家，與張耒、晁補之、秦觀俱游蘇軾門，天下稱爲四學士，而庭堅於文章尤長於詩，蜀江西君子以庭堅配軾，故稱蘇黄。軾為侍從時，舉堅自代，其詞有瑰偉之文，妙絶當世，孝友之行，追配古人之語，其重之也如此。初，游灊皖山谷寺、石牛洞，樂其林泉之勝，因自號山谷道人云。

紀事

宋·蘇軾《東坡全集》卷九三《書後二十八首·書黄魯直李氏傳後》 無所厭離何從出世，無所欣慕何從入道。欣慕之至亡子見父，厭離之極焬雞出湯。不極不至心地不净，如飯中沙與飯皆熟。若不含糊與飯俱嚥，即須吐出與沙俱棄。善哉佛子，作清净飯，淘米去沙，終不能盡，不如即用，本所自種。元無沙米，此米無沙，亦不受沙，非不受也，無受處故。

宋·李之儀《姑溪居士前集》卷三九《題跋·跋山谷帖》 紹聖中，詔元祐史官甚急，皆拘之畿縣，以俟所問，例悚息失措，獨魯直隨問為報，若無所懼，一時悚然，知其非儒生，文字而已也。既而得罪，遷徙巴蜀，間凡五六年而後歸。展轉嘉眉，謁蘇明允墓，上峨嵋山，禮普賢大士，下巫峽，訪神女祠，寓荆渚居久之。召為吏部郎，辭不拜就，假太平守踰年方到，官纔七日而罷，所至遮道迎觀，如李泰和其去也。見思如文，翁自是屹，屹宇宙間，幾與三蘇分路揚鑣矣。嗚呼，充之至此，可無愧于踐形者，然書法亦足聳動後世，固以人為重，要亦自能名家也。草第一，行次之，正又次之，篆又次之。

又《跋山谷書》 前三帖元祐中在京師時所書，後一帖似是離兩川後所作，嘗自謂後來之字方近古人，亦必自有得處，他人不得而低昂也。

又《山谷二詞》 當塗僻在一隅，與淮南西浙皆接境，距京師亦不甚遠。溪山之秀，飲食之富，他處未易過之。異時為守，多有薦紳間知名士，來者往往愛之，以故流傳以為勝地。然獨無文詞翰墨，表發其勝，不免或有異論。魯直自放廢中起吏部郎，再辭不起，遂請無為、當塗，而得當塗。猶蹭蹬幾一年，方到官。既到，七日而罷，又數日乃去。其章句字畫，所留不能多，而天下固已交口傳誦，欲到其地，想見其真蹟。及其所及之人物，皆不可得為不足。由是當塗鼎然真東南佳處矣。事固有幸不幸者，其來已久，卓然自起，有以見稱而有托。特無有力者以發明之，則淪落湮没，遂同腐草者，固不少。如蘇小、真娘、念奴、阿買輩，不知其人物技能果何如，而偶偕文士一時筆次，夤緣以至不朽。則所謂幸者，詎不諒哉。如歐與梅者，斯又幸之甚者焉。余居當塗凡五六年，魯直所寓筆墨，無不見之，獨求此二詞，竟不知所在。比遷金陵又二年，一日，楊君庶之以書見抵，并以之相示，而求記其後，方知在楊氏，深藏不妄示人也。楊君豈以余與魯直厚，故見諉。而久之方出者，亦或别有所謂耶。

宋·釋惠洪《石門文字禪》卷二七《跋·跋東坡山古寺帖二首》 前代尊宿，火浴無燒香偈子，山谷獨能偈之，初見羅漢，南公化作偈，其略曰：黑蟻旋磨千裡錯，巴蛇吞象三年覺。天下衲子，聽瑩十年。晦堂曰：魯直作此有據乎，亦意造爾。山谷曰：吾聊為叢林戲耳。晦堂大笑曰：豈可以般若為戲論乎。山谷始悔前所學未登本色鑪鞴，乃卜居于庵之旁，方知晦堂真不請之友耳。今讀此書，乃是未見晦堂時語也，不然安有吹劍語乎。

又《跋山谷字二首》 山谷初自鄂渚舟至長沙，時秦處度、范元寔皆在，予自三井往從之，道人儒士數輩日相隨，穿聚落，游叢林，路人聚觀，以為異人。今餘二十年，予再游長沙山林間，往往見其筆札。此帖此簡前嘗見之，宣和二年秋八月，至法輪竦上人出以為示，玩之不忍置。魯女有遺荆釵而泣者，路人笑之曰：以荆為釵易辦，女乃泣何也。女以手掠髪曰：非以其難致也，以其故舊耳。予所以玩之者，實鍾魯女泣荆之情。

山谷初謫，人以死弔，笑曰：四海皆昆弟，凡有日月星宿處，無不可寄此一夢者。此帖蓋其喜得黔戎，有過從之詞，其喜氣可搏掬。山谷得瘴鄉，有遊從，其情如此，使其坐政事堂，食箸下萬錢，以天下之重，則未必有此喜也。

宋・曾敏行《獨醒雜志》卷二 元祐初，山谷與東坡、錢穆父同游京師寶梵寺，飯罷，山谷作草書數紙，東坡甚稱賞之，穆父從旁觀曰：魯直之字近於俗。山谷曰：何故穆。父曰：無他，但未見懷素真蹟爾。山谷心頗疑之，自後不肯為人作草書。紹聖中，謫居涪陵，始見懷素自叙於石楊休家，因借之以歸，摹臨累日，幾廢寢食，自此頓悟草法，下筆飛動，與元祐已前所書大異，始信穆父之言為不誣，而穆父死已久矣。故山谷嘗自謂得草書於涪陵，恨穆父不及見也。

宋・周必大《文忠集》卷四八《題跋・跋黄山谷書唐人詩》 右山谷大書一軸，紹興末，外舅御史王公彦光守漢或帥瀘時得之，今將四十年，其孫紹祥携以相示。昔山谷謫居，多作字以遺蜀人，中興後，凡東南士大夫之為監司郡守者，往往有所獲而歸，歲月既久，遇其良輒取之，郡無留良焉，詩不云乎尚有典刑。慶元戊午五月十四日。

又《跋山谷草書太白詩》 南豐諶氏收山谷草書《李太白歌行》一卷，殆中年筆也，予家藏數卷，亦太白詩，蓋非謫仙妙語不足發龍蛇飛動之勢耳。今江西豫章、廬陵宜春皆刻山谷真草，惟蜀中劉氏十卷中草聖尤奇，實暮年筆也。潁昌劉昱，字晦叔，與山谷友善，暨其子瓌、孫伯虎，三世相繼持節於蜀，日裒月聚，固宜得之之富，其間二説，學者不可不知，乃命小史録於左。慶元戊午十月丁亥。

又卷四九《跋黄魯直帖》 山谷以紹聖元年冬坐史事，安置黔南，二年四月至焉，其年三月奉大夫，錢塘韋驤字子駿來為夔路提點刑獄，嘗任主客郎官，故云子駿提刑主客大夫，四年三月宗正丞張向除本路提舉常平，實山谷之外兄，乞避親嫌，十一月移戎州，五年六月改元元符，方抵貶所，其云從道者向也。此十帖皆與驤者，是歲九月驤移知亳州，未上易四明本名驤，皇祐五年登第後，避濮王諱改焉臨汀，有文集，蓋其孫作守時刻之。慶元庚申三月戊寅，書而歸之汪氏。

宋・吴曾《能改齋漫録》卷六《書畫賤肥貴瘦》 山谷《次韻子瞻和子由觀韓幹馬因論天馬》詩云：曹霸弟子沙苑丞，喜作肥馬人笑之。李侯論幹獨不爾，妙畫骨相遺毛皮。翰林評書乃如此，賤肥貴瘦人未知。蓋謂東坡嘗與孫莘老求墨妙亭詩云：嶧山傳刻典型在，千載筆法留陽冰。杜陵評書貴瘦硬，此論未公吾不憑。短長肥瘠各有態，玉環飛燕誰敢憎。意屬此也。

又卷七《沈著痛快》 豫章先生跋王右軍文賦云：余在黔南，未甚覺書字綿弱，及移戎州，見舊字多可憎，大概十字中有三四差可耳，今方悟古人沈著痛快之語，但難為知音爾。蓋謂吴人皇象能草書，世稱沈著痛快。

元・王惲《秋澗集》卷七二《題跋・題山谷手簡後》 侍御于文瑞奉使江西回，以山谷《訴哀帖》見貺，觀者致疑其間，予曉之曰：公孝友純至，當痛酷摧裂之際，意有不在書者，此正言不當文之義也。若以微瑕而棄連城之璧，非予之所敢知也。

又《題山谷苦筍賦帖後》 臨安漕副喬仲山，予為御史時，臺小吏也。庚寅冬南行餘杭，仲山以是帖贐予，或有以真贋為問者，予曰：初未嘗經意，唯其無心於得，渠無求而見贈，取與兩間，皆出自然，若有不為嗜好所玩者，故喜為收之，至於書之真贋，君其問諸墨卿。

又卷七三《跋山谷發萬願文》 元貞元年朝謁之，明日余燕息不出，偶展此軸為娱，因念黄太史禪機，翰墨號入神三昧，至與仇池公並驅争先，如發願等文皆平生傑作，但恐益公題評，止好事者竊取綴之於此耳。聰明目眊，筆虚筆實，有能强為力者，技癢悠悠，又復損一若可喜也。

元・袁桷《清容居士集》卷四六《題跋・跋黄太史帖》 此一帖疑在黔南時所作，有云慎言重行，蓋息影畏禍之餘意，釋氏與太史有緣，輟錢奉馬其意蓋可見。

元・虞集《道園學古録》卷一〇《題跋・題黄山谷墨蹟》 山谷先生孝友純至，常于翰墨見之，所謂諸弟孝友，恂恂薰陶使然。又曰性行頗調柔，所以望其族人昆弟者，何其忠厚也。

元・黄溍《文獻集》卷四《題跋・跋山谷贈元大師詩》 元符二年公在戎州，有《寄題祖元大師此君軒》詩，明年公自戎州放還，以十二月抵江安，又明年是為建中靖國元年，公以正月發江安，元師自滎州來送之，故有是作。其詩今載別集中，而蜀刻小本以為祖無大師，蓋傳録者以元為無，故又譌而為無幸，真迹尚在，可證其誤也。

明・宋濂《文憲集》卷一三《題凡五十八章・題黄山谷手帖　》 右摩圖老翁自戎州回荆渚所遺二帖，正固陵即位，復宣德郎，監鄂州鹽稅之時也。其所稱諒正，乃元祐侍御史黄公之子僑，居于荆，逮翁之至，與兄益修

持譜牒以叙宗盟，翁繼往拜其家廟，諒正以侍御公所用流離鍾遺翁，其情好之篤不翅伯仲，故翁稱之為五弟强宗也。諒正善醫，翁因以藥事相屬，而云送藥甚惠同惜，兩日喫妳差快。同惜，其女名也。計翁生此女時，年已望六十矣。初翁三十餘，嘗過泗洲，僧伽塔即造《發願》文，戒酒色與肉食，曾未幾何，輒皆犯之，至於耆年，尚不能制。其血氣之私如此，豈飲食男女，人之大欲，雖賢者或不能免耶。聊戲及之，至若翁之大節，及其翰墨之妙，世無賢愚，皆能道之，茲不待贅也。同惜，後更名睦，介休縣君謝氏所出，長適舒城李文伯云。

明・宋濂《文憲集》卷一四《跋凡四十八章・跋黄山谷贈祖元師詩後》 黔安居士書。自紹聖乙亥謫黔中之後，得藏真自序於石陽林家，落筆頓覺超異，此卷乃召還時所書，居士年已五十七矣。其為妙絶有不容言者，至若其詩則為祖元大師而賦，師和義人族王氏能用五行書察人。休祥性尤嗜琴。學之二十年弗厭斁，霜鍾堂畜雅琴十餘，遇嘉賓至，欣然鼓一，再行或坐此君軒，對竹嘯咏，居士嘗寄詩題軒中，及聞東還師自三榮追至瀘川餞之，居士嘉其勤，因疊前韻贈焉。大居士之在中朝，惇卞輩平日以士大夫自居，反不相容，至於擯斥五溪蠻蜑之鄉，而師以一浮屠氏，乃能不遠七百里而送之，則其尊賢尚德為何如，要不止精於琴學而已也。詩中第五句有孤臣蒙恩已三命之言，按居士辭，免吏部員外郎，狀元符庚辰自戎州起廢，五月復宣德郎，監鄂州鹽税，十月改奉議郎，簽書寧國軍節度判官，十二月發僰道，建中靖國辛巳三月，出峽州，始改朝議郎，知舒州，或疑居士之賦是詩在於辛巳之正月九日，辛未，當時僅授二階不廢前兩月，遽云三命，殊不知僰道初發之時，已聞有守舒之擢，第未嘗被詔命爾，不然其《和丹稜楊皓》詩，亦未出峽所作，何以有老作同安守之句耶，此蓋不難知者也。詩序云，并簡周彦公，周彦名庠，皇祐進士，夢易之子，師之羣從弟，程遵誨之門人，七歲能文，後舉八行大司成考，定為天下第一，詔旌其門，授潼川府教授，辭，歿謚賢節先生。東坡潁濱及范忠宣公皆稱其人所著有《冰壺集》二十卷，亦一知名之士，謾附及之，非惟見居士擇友之精，而師之昆季清標雅望，足以承居士崇奬之重，庶幾覽之者有所發哉。楊子雲之楊文宜從手今改而從木者，其偶誤耶，抑或別是一人耶。

明・王褘《王忠文集》卷一七《題跋・跋黄山谷贈元師詩》 黄文節公以元祐史筆守正不阿，時相擅權者指摘其事，將瑕衆正而殄之，於是有黔戎之役，齟抗之與，居流落間關者久之。元符三年庚辰，徽宗初立，登籲衆正，收録廢棄之人，公乃有復朝奉郎，知舒州之命。十二月發戎州，至瀘州明年辛巳為建中靖國元年，正月發江安，而東浮湛荆鄂之間，而小人承望時好擴摭其承天院記語，於是復有宜陽之行，荐罹艱險，竟以廢終。公在戎州時，嘗作詩《寄題祖元大師此君軒》，及是至江安，而元師自榮州來追餞，故復用前韻賦此詩贈之，末識曰：正月辛未實其月之十日也。公此詩辭沖氣夷，尊君愛國之意溢於言表，故前輩謂公黔州以後句法尤高，其書此詩體逸韻勝，筆勢殊超邁可喜，蓋其字法至是亦復高矣，豈已造行安節和之時耶。此卷為秦中王家物，故其子焴識于後，先師黄文獻公嘗有跋尾，吾友章三益近購得之，則跋尾已不存矣。謹重録之如右，而并志其詳焉。

明・吴寬《家藏集》卷五一《題跋三十二首・跋山谷草書》 故太常卿崑山夏公所蓄書畫，燬于火者數種，此山谷草書詩卷，蓋出煨燼中者，故其下並缺一字。公之子，今大理寺副德聲以此為先世物，手補完之，與真蹟無異，自是為夏氏後人者，尤宜寶藏，不特為古法書矣。

明・文徵明《甫田集》卷二一《題跋二十二首・跋山谷書陰長生詩》 右山谷書《陰真人詩》三章，自題云書以與王瀘州之季子，而不著其名，末云紹聖四年四月丙午禪月樓中書。按公紹聖元年謫涪州時，王獻可帥瀘，遇之甚厚，獻可字補之，嘗遣其少子至黔省公。公集中有與其少子王秀才書，云車馬遠來，將父命以厚逐客者是已。蓋王嘗遣其季子至黔，此書相見時書，故不及於簡札耳。觀其稱與，而不云寄，可見矣。黄嘗作公年譜，嘗援以為據，而不得詳，予因略疏之。此書初作方寸字，後皆拳許大書，蓋用敗筆草草寫成，環偉跌宕，一出顔《東方朔贊》，但字字剪轃成卷，必是大軸經庸人裝截耳。

明・李日華《六研齋筆記》卷一 山谷老人喜書老宿法語，筆力壯健，亦如樹古藤纏，水濺石泐，居然衲子風格，此老豈止於佛法有緣，其宿生當從棒喝中煆煉過來。

明・李日華《六研齋筆記二筆》卷二 山谷行書當三錢大，計五百五十餘字，皆禪翁淡慮任真，翛然自得之語。書法清遒超朗，知其胷不挂一塵也。【略】後擘窠大書云：元符三年七月，涪翁自戎溯流上青衣，廿

四日宿廖致平牛口莊，養正置酒弄芳閣，荷衣未盡，蓮實可登，投壺奕棋，燒燭夜歸。後又大判一行云：此字可令張法亨刻之。山谷書只是沉着痛快，平生以饑鷹渴驥自命，所以剗去蘇米姿媚，而獨全神骨，此卷又其合作也。

著録

明·孫鳳《孫氏書畫鈔》卷一《法書·黄山谷書評》 學書端正則窘於法度，側筆取妍，往往工左病右，故書如右軍《霜寒表》，子敬《乞解臺職狀》，張長史《郎官廳壁記》，皆不以法度病其神。至於行書，則家王父子隨意肥瘠皆有佳處，近世唯顔魯公、楊少師特窺其妙，其用筆能左右之，不好處更覺嫵媚，求一點一畫俗氣不可得。比來士大夫唯王荆公書有古人氣而不端正，然筆力甚遒。司馬公正書不甚善，而隸法極端勁似其為人。

藝文

宋·張耒《柯山集》卷一一《魯直惠洮河緑石研冰壺次韻》 洮河之石利劍矛，磨刀日解十二牛。千年邊地困沙礫，一日見賓來中州。黄子文章妙天下，獨有八馬森幢旒。平生筆墨萬金值，奇煤利翰盈篋收。誰持此研參案几，風瀾近手寒生秋。抱持投我棄不惜，副以清詩帛加璧。明牕試墨吐秀潤，端溪歙州無此色。野人齋房無玩好，慙愧衣冠陳裸國。晁侯碧海為文詞，盤薄萬頃澄清漪。新篇來如徹札箭，勁筆更似劃沙錐。知君自足報蒼璧，愧我空賦瓊瑰詩。

明·張丑《清河書畫舫》卷一二下《明·祝允明·銘心籍·其六十》 涪翁婉鴨盤中舞，一段輕盈寄月毫。禹錫神祠成絶唱，堯年仙骨助風騷。庭堅為堯岳牧亦斷章取義也。

清·劉墉《劉文清公遺集》卷一五《學書偶成三十首用遺山論詩絶句韻》 蘇黄佳氣本天真，姑射豐姿不惹塵，筆輭墨豐皆入妙，無窮機軸出清新。

清·康有為《廣藝舟雙楫》卷六《論書絶句第二十七》 山谷行書與篆通，蘭亭神理蕩飛紅。層臺緩步脩脩遠，高謝風塵屬此翁。

雜録

宋·李之儀《姑溪居士前集》卷三九《題跋·跋山谷書摩詰詩》 曾子固謂蘇明允之文豐而不餘一言，約而不失一辭，雖春秋立言亦不過如是。槩而論之，惟明允可以當此，非子固亦不能形容至此。魯直以《摩詰六言詩》方得其法，乃真知摩詰者，惟其能知之，然後能發明其祕，須咀嚼久始信其難。然則何獨詩耶，凡落筆皆能如明允，斯可以論文矣。魯直此字云比他所作為勝，蓋嘗自贊以為得荆公筆法，自是行筆既爾，故自為成時之語，至荆公飄逸縱横，略無凝滯，脱去前人一律，而訖能傳世，恐魯直未易到也。

又《跋山谷草書漁父詞十五章後》 家貧不辦素食，事忙不及草書，此特一時之語耳，正不暇則行，行不暇則草，蓋理之常也。間有蔽于不及之語，而特于草字行筆，故為遲緩從而加馳騁，以遂其蔽，久之，雖欲稍急，不復可得。今法帖二王部中，多告哀、問疾、家私、往還之書，方其作時亦可為迫矣，胡不正而反草耶，此其據也。然而非所造直與神遇，則安能至是，亦足以自成一家，而名于世也。崇寧二年九月三十日。

宋·米芾《書史》 黄魯直《贈小兒詩》云：我有元暉古印章，印刓不忍與諸郎。虎兒筆力能扛鼎，教字元暉繼阿章。取此為故事也。

宋·胡仔《漁隱叢話前集》卷七 山谷稱：公主擔夫争道，其手足肩背皆有不齊，而輿未嘗不正。指與擔夫，則如遺詞，腕與輿則如命意。

宋·董逌《廣川書跋》卷一〇《魯直作烏絲欄書》 翟湛嘗以烏絲欄求豫章黄魯直，為書蘇子瞻、陶淵明詩，字尤用意，極於老壯態，不似平時書。但烏絲治之不得法，礙□礫決，頗失行筆勢，蓋縑帛不如昔也。往見晉宋諸人，謂縑素之工，殆絶於昔，惟王僧虔尋得其術，雖不及古，不減郗家所製。當時書縑，自別是一機杼，故能傳久遠如此。觀張芝有縑素書傳於唐，而張昶、毛弘亦傳縑素書，後人得其舊本，便知其異也。今為烏絲，不如昔

工，又澀緩有浮纇，槌練得柔滑，加繕治，然後可用，不若紙也。唐許渾以烏絲欄書其詩為集，然則豫章書東坡詩，便為有考於古也。

宋・朱熹《晦庵集》卷八二《跋・跋黄山谷詩》 杜子美詩小序有言：虎搪突夔人藩籬者，夔人正謂夔州人耳。而山谷詩乃有虎夔藩之語，今此頌又用躨觸字，按躨跜見靈光殿賦，自為虯龍動貌，元無觸義，不知山谷何所據也。此卷詞筆精麗，而指意所屬未免如李太白，所以見譏於王荊公者，覽者亦可以發深省矣。

宋・陸游《渭南文集》卷二八《跋四十一首・跋黄魯直書》 老子曰：豫兮若冬涉川，猶兮若畏四鄰。山谷此卷，蓋有得於此。慶元庚申重九日，笠澤陸其書。

金・元好問《遺山集》卷四〇《跋蘇黄帖》 蘇黄翰墨，片言隻字，皆未名之寶，百不為多，一不為少，尚計少作耶。

宋・周密《雲煙過眼録》卷三 黄山谷大字《浯溪詩》，有序甚妙。

明・吴寬《家藏集》卷四八《題跋二十九首・跋黄山谷草書李白贈懷素長歌》 山谷寫此歌，所謂飄風驟雨，落花飛雪等語，雖自謂可也。

明・楊慎《墨池鎖録》卷一 山谷云：心能轉腕，手能轉筆，書字便如人意。又曰：大字難于結密而無間，小字難于寬綽而有餘。又曰：肥字須要有骨，瘦字須要有肉，皆三昧也。

明・孫鳳《孫氏書畫鈔》卷一《法書・定真蹟恭跋》 楊少師書，山谷比之，散僧入聖，其微妙可知矣，殆與李太白識郭子儀同道。至元戊子立春日，左山商挺題。

明・陳繼儒《妮古録》卷三 《黄山谷集》二十八、二十九卷皆評書法。

清・孫承澤《硯山齋雜記》卷二 黄山谷曰：心能轉腕，手能轉筆，書字便如人意。古人工書無他，異但能用筆耳。又曰：余嘗評書，字中有筆，如禪家句中有眼，如右軍書如《涅槃經》説伊字具三眼也。又曰：用筆之法，欲雙鉤回腕，掌虚指實，以無名指倚筆則有力。古人學書不盡臨摹，張古人書於壁間，觀之入神，則下筆時隨人意。又曰：筆力同中有異，異中有同，後百年如有别書者，乃解余語耳。張長史折釵股，顔太師屋漏痕，王右軍錐畫沙、印印泥，懷素飛鳥出林，驚蛇入草，索靖銀鉤蠆尾，固是一筆，心不知手，手不知心法耳。又曰：肥字須要有骨，瘦字須要有肉。古人學書學其工處，今人學書肥瘦皆病。又嘗偏得其人醜惡處，如今人作顔體，乃具可慨然者。

清・傅山《霜紅龕集》卷二八 山谷曰：四民皆坐世業，士大夫子弟能知忠孝信友，斯可矣。然不可令讀書種子斷絶，有才氣者出，便當名世矣。

清・梁巘《承晉齋積聞録》 黄山谷字秀拔，撇捺拖本於蘇，而不及蘇之蒼勁雄渾。

清・康有為《廣藝舟雙楫》卷六《絶句論書第二十七》 宋人書以山谷為最，變化無端，深得《蘭亭》三昧，至其神韻絶俗，出於《鶴銘》而加新理，則以篆筆為之，吾目之曰，行篆以配顔楊焉。

蔡京

論説

宋・董史《皇宋書録》卷中 愚案二蔡書迹，自徽宗皇帝好書。筆法瘦勁，一時鼓舞。故京卞書札亦尚枯健，今往往于碑刻中見之。士大夫少稱之者，以人廢耳。嘗讀張文靖公跋唐侍讀書云，本朝以書名世者多矣。規模古人，皆守法度。自二蔡出新意作字，崇寧以來士大夫無持操者靡然從之，為傾邪柔媚之態。無復古人用筆意，其説正大。然後知士之處世不可不以踐履為先也，《成都記》云，府學二大字，京書。歐陽文忠公所謂蚩尤作五兵，紂作漆器，不以二人之惡而廢天下之用也。

綜述

《宣和書譜》卷一二《行書六·宋·蔡京》 太師蔡京，字元長，莆田人也。早有時譽，擢進士甲科，博通經史。揮洒篇翰，手不停輟。美風姿，器量宏遠，為郎日謁大丞相王珪，珪指其坐云。公异日當居此。宜自愛重，繼膺顯用。入處要近，出典大藩。自擢翰林承旨，前後三入相位。寅亮燮理，秉國之鈞。實維阿衡，民所瞻仰，至于决大事建大議人所不能措意者。笑談之間恢恢乎其有餘矣。乃時丕承祇載。紹述先烈，于志無不繼。于事無不述，輯既墜之典。復甚盛之舉。奠九鼎，建明堂。制禮作樂，興賢舉能，其所以輔于一人而國事大定者。京其力焉，眷惟神考勵精求治之初，起王安石相與圖回至治。焕乎成一王法，休功盛烈。布在天下，其眷遇之隆，前無擬倫。屬嗣初載以還，賴予良弼。祗循先志，以克用人。故于眷倚比隆神考之于安石罔敢後焉。于是二十年間天下無事，無一夫一物不被其澤。雖兒童走卒皆知其所以為太平宰相，頃解機務。自朝廷至于遐陬异域，微而閭巷田畝間莫不惜其去。故盛德至善民至于今懷之。喜為文詞，作詩敏妙得杜甫句律，制誥表章用事詳明器體高妙。于應制之際，揮翰勤敏，文不加點若夙構者，未嘗起稿。然性尤嗜書，有臨池之風，初類沈傳師。久之深得羲之筆意，自名一家。其字嚴而不拘，逸而不外規矩。正書如冠劍大臣議于廟堂之上，行書如貴胄公子意氣赫奕光彩射人。大字冠絶古今，鮮有儔匹，本朝題榜不可勝計，作龜山二字。盤結壯重，筆力遒勁。巍巍若巨鰲之載昆侖。翩翩如大鵬之翻溟海，識與不識，見者莫不聳動。斯亦一時之壯觀也，大抵學者用筆有法自古祕之，必口口親授非人不傳，由唐以來學者相宗方造其妙，至五季失其所傳。遂有衰陋之氣，京從兄襄深悟厥旨，其書為本朝第一，而京獨神會心契。得之于心，應之于手，可與方駕。議者謂飄逸過之，至于斷紙餘墨，人爭寶焉，喜寫紈扇，得者不減王羲之之六角葵扇也，其為世之所重如此，所得惟行書為多，今御府所藏七十有七。

明·陶宗儀《書史會要》卷六《宋》 蔡京，字元長，與襄同郡而晚出，欲附名閥，自謂為族弟。擢進士第，官至太師。【略】博通經史，揮灑篇翰，手不停輟。性尤嗜書，初類沈傳師，久之，深得王羲之筆意，自名一家。評者謂其字嚴而不拘，逸而不外規矩，正書如冠劍大人，議於廟堂之上，行書如貴胄公子意氣赫奕，光彩射人。大字冠絶古今，鮮有儔匹。襄書為本朝第一，而京可與方駕。

清·戈守智《漢溪書法通解》卷一《名人論書》 鄭子京曰：蔡京書令人掩鼻而過，黨人碑各省刻之，故工拙又不同也。

清·梁巘《評書帖》 蔡京書本楊凝式、沈傳師。

清·吳升《大觀録》卷四 京字元長，仙游人。熙寧中進士，使遼，還，拜中書舍人，與弟卞同掌書命，朝廷榮之。徽宗初被論居杭，依附童貫，入為右僕射，屢罷屢起，不軌不忠，卒致宗社之禍。欽宗立，貶儋州，至潭死，年八十，天下以未正典刑為憾。性嗜書，自名一家。

傳記

宋·王稱《東都事略》卷一一〇《列傳八十四》 蔡京，字元長，興化軍仙遊人也。舉進士，為錢塘尉，入為崇文院校書，改太子中允館閣校勘，俄拜考功員外郎，擢起居郎。出使遼，還，拜中書舍人。【略】欽宗即位，諫臺論京誤國滔天之罪，責授祕書監，分司南京，連貶慶遠軍節度副使，衡州安置，徙韶州，又徙儋州，其子孫皆褫職，分徙遠郡。【略】京行至潭州而卒，年八十。

紀事

宋·蔡絛《鐵圍山叢談》卷五 魯公始同叔父文正公授筆法於伯父君謨，既登第，調錢塘尉。時東坡公適倅錢塘，因相與學徐季海。當是時，神廟喜浩書，故熙豐士大夫多尚徐會稽也。未幾棄去，學沈傳師。時邵仲恭遵其父命，素從學於魯公，故得教仲恭亦學傳師，而仲恭遂自名家。及元祐末，又厭傳師，而從歐陽率更。由是字勢豪健，痛快沉著。迨紹聖間，天

下號能書，無出魯公之右者。其後又捨率更，乃深法二王。晚每歎右軍難及，而謂中令去父遠矣。遂自成一法，為海内所宗焉。又在北門，執役親事官二，事公甚恪，因各置白團扇為公扇凉者。公心喜之，皆為書少陵詩一聯，而二卒大愠。見不數日，忽衣戴新楚，喜氣充宅，以親王持二萬錢取之矣，願益書。魯公笑而不答。親王，時乃太上皇也。後宣和初，曲燕在保和殿，上語及是，顧謂公：昔二扇者，朕今尚藏諸御府也。

元符末，魯公自翰苑謫香火祠，因東下無所歸止，擬將卜儀真以居焉，徘徊久之，因艤舟於亭下，米元章、賀方回來見，俄一惡客亦至，且曰：承旨書大字，世舉無兩。然其私意，若不過賴燈燭光影以成其大，不然，安得運筆如椽者哉。公哂曰：當對子作之也。二君亦喜，俱曰：願與觀。公因命具飯磨墨。時適有張兩幅素者，食竟，左右傳呼舟中取公大筆來，即睹一笥從簾下出。笥有筆六七枝，多大如椽臂，三人已愕然相視。公乃徐徐調筆而操之，顧謂客：子欲何字邪。惡客即拱而答：某願作龜山字爾。公乃大笑，因一揮而成，莫不太息。墨甫乾，方將共取視，方回獨先以兩手作勢，如欲張圖狀，忽長揖卷之而急趨出矣。於是元章大怒，坐此，二人相告絶者數日始講解。乃刻石於龜山寺中，米老自書其側曰：山陰賀鑄刻石也。故魯公大字，自唐人以來，至今獨為第一。

雜録

清·梁巘《承晉齋積聞録》 唐沈傳師書，蔡京輩皆學之。邵瑽嘗問書法於京，京亦令其學傳師，謂爲不俗。夫京等善書者，謂爲不絡。其書自是甚佳，想體度必與京等相似也，而其書至今不傳，惜哉，惜哉。

蔡京書瘦勁有別趣。

曾肇

論説

清·孫岳頒等《佩文齋書畫譜》卷三三《書家傳十二·宋二·曾肇》 文昭公書如玉環擁楯，自是太平人物。

綜述

清·吴升《大觀録》卷四《曾學士益友帖》 公名肇，字子開，舉進士。元祐初，擢中書舍人，尋出外。徽宗立，時以恩赦甄叙元祐臣寮，公請并録死者，訓詞哀厚，讀者感愴，遷翰林學士。崇寧初落職，四年，卒。兄布爲相，公移書，當引用善人，扶正道，以杜惇卞復起之，曾布不能從，卒敗。

雜録

宋·岳珂《寶真齋法書贊》卷二〇《宋名人真蹟·米元章賞心詩帖》 金陵之賞心，天下之奇觀，真足以當南宫之詩。右銀青光禄神妙大夫、守尚書右僕射兼中書侍郎、上柱國魯郡開國公曾布撰，奉議郎、充江淮荆浙等路制置發運司管勾文字、武騎尉、賜緋魚袋米芾書，龍圖閣學士、朝請大夫、知揚州軍州事兼管内觀農使、上護軍曲阜縣開國子、賜紫金魚袋曾肇篆蓋。

蔡卞

論説

宋・董史《皇宋書録》卷中　愚案二蔡書跡，自徽宗皇帝好書，筆法瘦勁，一時鼓舞，故京卞書札亦尚枯健。今往往于碑刻中見之，士大夫少稱之者，以人廢耳。嘗讀張文靖公跋唐侍讀書云，本朝以書名世者多矣。規模古人，皆守法度，自二蔡出新意作字，崇寧以來士大夫無持操者靡然從之為傾邪柔媚之態。無復古人用筆意，其説正大，然後知士之處世不可不以踐履為先也。成都記云，府學二大字，京書，歐陽文忠所謂蚩尤作五兵，紂作漆器，不以二人之惡而廢天下之用也。

綜述

《宣和書譜》卷一二《行書六・宋・蔡卞》　文臣蔡卞，字元度，莆田人也。少與其兄京游太學，馳聲一時。同年及進士第，王安石見而奇之，妻以女，使從己學。得安石學術議論為多，自以王氏學擅一時，時流歸之。自少喜學書，初為顔行，筆勢飄逸，但圓熟未至，故圭角稍露，其後自成一家。亦長於大字，厚重結密，如其為人。初安石鎮金陵，作《精義堂記》，令卞書以進，由是神考知其名。自爾進用，多文字職，至晚年高位猶不倦書寫。稍親厚者必自書簡牘，筆墨亦稍變，殊不類往時也。然多喜作行書字。今御府所藏行書六。

明・陶宗儀《書史會要》卷六《宋》　蔡卞，字元度，京之弟，與兄同年第進士。官至檢校少保，謚文正。高宗追貶單州團練使。自少喜學書，初為顔行，筆執飄逸，但圓熟未至，故圭角稍露，自成一家，亦長於大字，厚重結密，如其為人。

清・吴升《大觀録》卷四《蔡樞密雪意帖》　卞字元度，與兄弟京同年登科，安石壻也。紹聖中拜尚書左丞，專託紹述之説，上欺天子，下脅同列，性深阻，寡言，中傷善類，凡八百三十家，惇雖鉅姦，猶在術中。徽宗時知樞密院，一以婦翁所行為至，當政和末謁歸上冢道死，謚文正。紹興後追貶。

朱服

傳記

《宋史》卷三四七《朱服傳》　朱服，字行中，湖州烏程人。熙寧進士甲科，以淮南節度推官充修撰經義局檢討，歷國子直講祕閣校理。元豐中，擢監察御史裏行，參知政事。章惇遣所善袁默周之道見服，道薦引意以市恩，服舉劾之。惇補郡，免默之道官，受詔治朱明之獄。故事制獄許，上殿，非本章所云者，皆取旨，服論其非是，罷之，俄知諫院遷國子司業，起居舍人，以直龍圖閣知潤州，徙泉、婺、寧、廬、壽五州，廬人饑，守便宜振護，全活十餘萬口。明年大疫，又課醫持善藥分拯之，賴以安者甚衆。當元祐時，未嘗一日在朝廷，不能無少望值紹聖初政因表賀乃力詆變亂法度之故，召爲中書舍人，使遼，未反，而母死，詔以其家貧，賜帛二百。喪除，拜禮部侍郎，湖州守馬城，言其居喪疏几筵而獨處它室，謫知萊州。徽宗即位，加集賢殿修撰，再爲廬州，越兩月，徙廣州。哲宗既祥，服賦詩有孤臣正泣龍髯草之語，爲部使者所上，黜知袁州，又坐與蘇軾游，貶海州團練副使，蘄州安置，改興國軍，卒。

紀事

宋·董史《皇宋書録》卷中《朱服》《丁未録》云，紹聖元年閏四月，朱服召試中書舍人。三省以所試制誥三篇進讀。上曰，服文采可采，書札亦工。

明·陶宗儀《書史會要》卷六《宋》 朱服，紹聖元年召試中書舍人。上曰：服文詞可采，書札亦工。

李之儀

綜述

明·陶宗儀《書史會要》卷六 李之儀，字端叔，號姑溪，滄州無棣人，官至通判原州。

傳記

宋·王稱《東都事略》卷一一六《文藝傳九十九》 李之儀，字端叔，姑熟人也。少力學，舉進士。元祐中，爲樞密院編修官。能詩善屬文，工於尺牘。蘇軾嘗謂得發遣三昧。軾帥定武，辟置幕下，及范純仁卒，之儀爲作遺表，爲世傳誦，遂坐黨籍，廢黜終身云。

《宋史》卷三四四《李之純從弟之儀傳》 之儀字端叔，登第幾三十年，乃從蘇軾於定州幕府，歷樞密院編修官，通判原州。元符中，監内香藥庫御史石豫言其嘗從蘇軾辟，不可以任京官，詔勒停。徽宗初，提舉河東常平，坐爲范純仁遺表作行狀，編管太平，遂居姑熟。久之徙唐州，終朝請大夫。之儀能爲文，尤工尺牘，軾謂入刀筆三昧。

王鞏

論説

宋·董史《皇宋書録》卷中 東坡云：自君謨没後，筆法衰絶。沈遼少時，本學其家傳師。晚乃諱之，自云學子敬。病其似傳師也，故出私意新之。遂不如尋常人，近日米芾行書王鞏小草亦頗有高韵。雖不逮古人，亦必有傳于世也。

綜述

明·陶宗儀《書史會要》卷六《宋》 王鞏，字定國，魏州仝書，小草頗有高韻，雖不逮古人，亦可傳於世也。

清·吴升《大觀録》卷四《王宗丞方面帖》 公名鞏，字定國，丞相旦孫，有雋才，長於詩，尤工書法。從蘇文忠游，吹笛飲酒，乘月黄樓。文忠得罪，公亦竄賓州數歲，還，歷宗正丞，跌蕩傲世，宦終不遂。

秦觀

論說

宋・李綱《梁溪集》卷一六二《題跋中・秦少游所書詩詞跋尾》　少游詩字，婉美蕭散，如晉宋間人，自有一種風氣。所乏者，骨骼耳。然要是一時才者，沙陽俞趺出以示予，爲跋其後。宣和庚子仲夏，梁谿居士書。

宋・陸游《渭南文集》卷三〇《跋四十首・跋秦淮海書》　黄豫章、秦淮海皆學顔平原真行，豫章晚尤自稱許，淮海則退避不肯以書自名，亦各行其志也。嘉定改元四月己酉山陰陸某書。

宋・董史《皇宋書録》卷中　東坡云，少游近日學書。便有東晉風味。有絹臨《蘭亭》，見博議，然或議其非真。

宋・趙希鵠《洞天清録・古翰墨真蹟辨・宋朝名賢書》　淮海專學鍾王，小楷姿媚遒勁可愛。

明・張丑《清河書畫舫》卷九上《宋・秦觀・小字黄庭堅與東坡手簡》　秦少游盛年學書，人多好之，唯錢穆父以爲俗。後秦聞其語，遂改度，稍去俗氣，漸趨平淡，然絶不爲人知，誠哉，贋鼎易售也。

又　又聞秦太虚楷書古詩十九首一卷，係盛年筆，妍媚動人，今藏震澤王氏，惜不及見之。

綜述

明・陶宗儀《書史會要》卷六《宋》　秦觀，字少游，一字太虚，號淮海居士，揚州高郵人。官至國史院編修官。淹該經術，書法有東晉風度。

清・卞永譽等《式古堂書畫彙考》卷一二《書十二・秦少游竹詩蹟》　渭南集跋秦少游書云：黄豫章、秦淮海皆學顔平原真行，豫章晚尤自稱許，淮海則退避不肯以書自名，亦各其志也。嘉定改元四月己酉山陰陸游書。

傳記

宋・王稱《東都事略》卷一一六《文藝傳九十九》　秦觀，字少游，揚州高郵人也。舉進士不中。元祐初，蘇軾以賢良方正薦于朝，除太學博士，校正祕書省書籍，遷正字，兼國史院編脩官。紹聖初，坐黨籍通判杭州，以御史劉拯論其增損實録，責監處州酒稅。又編置郴州，移横雷二州，後放還，至滕州而卒，年五十三。有文集四十卷，觀長於議論，文麗而思深。蘇軾嘗以其詩薦之于王安石，安石荅軾書云：公奇秦君口之而不置，我得其詩手之而不釋餘卷，正眊眩未暇細讀，嘗鼎一臠旨，可知也。及觀死，軾聞之歎曰：少游不幸死於道路，哀哉，哀哉，世豈復有斯人乎。弟覿，字少章，亦能文。又有李廌者，字方叔，陽翟人也。博學溢于詞章，受知于蘇軾。軾知貢舉有程文瑰異。軾曰：此必廌也。既而乃非是，悵然久之。廌竟無成而卒，然文益奇。

《宋史》卷四四四《文苑六・秦觀傳》　秦觀，字少游，一字太虚，揚州高郵人。少豪雋慷慨溢於文詞，舉進士不中，强志盛氣，好大而見奇，兵家書，與己意合，見蘇軾於徐，爲賦黄樓，軾以爲有屈宋才，又介其詩於王安石，安石亦謂清新似鮑謝。軾勉以應舉，爲親養，始登第，調定海主簿，蔡州教授。元祐初，軾以賢良方正薦于朝，除太學博士，校正祕書省書籍，遷正字，而復爲兼國史院編修官。上日有硯墨器幣之賜，紹聖初，坐黨籍出，通判杭州，以御史劉拯論其增損實録，貶監處州酒稅，使者承風望指，候伺過失既而無所得，則以謁告寫佛書爲罪，削秩徙郴州，繼編管横州，又徙雷州。徽宗立，復宣德郎，放還，至藤州出游華光亭，爲客道夢中長短句，索水欲，飲水至，笑視之而卒。先自作挽詞，其語哀甚，讀者悲傷之。年五十三，有文集四十卷，觀長於議論文麗而思深，及死，軾聞之歎曰：少游不幸死道路，哀哉，世豈復有斯人乎。

紀事

宋·周必大《文忠集》卷五〇《題跋·跋秦少章詩卷》　右秦少章古律詩一卷，宗人愚卿兄弟示予，求跋。昔東坡蘇公送少章詩云：秦郎忽過我賦詩如卷阿句法，本黄子謂魯直也。二豪與揩磨謂其兄少游及張文潛也。又云：瘦馬識騄耳，枯桐得雲和。其見稱許如此。今卷末有和錢蒙仲越州見寄一首。東坡蓋嘗次其韻云：二子有如雙白鷺，隔江相照雪衣明。嗚呼，少章詩名爲不朽矣。嘉泰辛酉十月庚子。

又《跋秦少章雜文》　子少讀蘇文忠公帥杭時贈秦少章太息一首，謂少章從吾游不及朞年而議論日新，若將施于用者，今觀其文三篇，豈溢美之言耶。嘉泰改年十月庚子，宗人愚卿及二弟携以相過，敬題其後。

明·張丑《清河書畫舫》卷九上《宋·秦觀·小字黄庭堅與東坡手簡》　蘇長公未識秦少游，少游知公將過維揚，作公筆語題壁，公果不能辨，大驚，及見孫莘老出少游詩數百篇，讀之，乃歎曰：向書壁者，必此郎也。《坡公遺事》。

李公麟

論説

宋·董史《皇宋書録》卷中　《東都事略》云：能行草書。

綜述

明·陶宗儀《書史會要》卷六《宋》　李公麟，字伯時，號龍眠居士，舒州人。登進士第，官至中書門下後省删定官，御史檢法。好古博雅，多識奇字，自夏商以來，鐘鼎尊彝皆能考定世次，辨測款識。聞一妙品，雖捐千金不惜。兼綜覽法書，故悟古人用筆意，作書有晉人風格，清勁而妍麗。

傳記

宋·王稱《東都事略》卷一一六《文藝傳九十九》　李公麟，字伯時，舒城人也。舉進士，用陸佃薦爲删定官，又用御史薦爲檢法官。公麟博學好古，多識奇字。紹聖五年，朝廷得玉璽，下禮官諸儒議，言人人殊，公麟以謂秦璽用藍田玉，今玉色正青，其書以龍蛇鳥魚爲文者，帝王受命之符，真秦李斯所爲也。議由是定。公麟能行草書，善畫，尤工人物，人以比顧陸云。元符三年，病脾遂致仕，既歸老，肆意於泉石間，作龍眠山莊圖，爲世所寶藏。其爲文清婉，工於詩，而一時多所稱譽焉。

《宋史》卷四四四《文苑六·李公麟傳》　李公麟，字伯時，舒州人，第進士。歷南康長垣尉，泗川録事參軍，用陸佃薦爲中書門下後省删定官，御史檢法。好古博學，長於詩，多識奇字，自夏商以來，鐘鼎尊彝皆能考定世次，辯測欵識。聞一妙品，雖捐千金不惜。紹聖末，朝廷得玉璽，下禮官諸儒議，言人人殊。公麟曰：秦璽用藍田玉，今玉色正青，以龍蚓鳥魚爲文者，帝王受命之符，玉質堅甚，非昆吾刀蟾肪不可治，琱法中絶，真秦李斯所爲不疑。議由是定。元符三年，病痺遂致仕，既歸老，肆意於龍眠山巖壑間，雅善畫，自作山莊圖，爲世寶傳，寫人物尤精，識者以爲顧凱之、張僧繇之亞，襟度超軼，名士交譽之。黄庭堅謂其風流不減古人，然因畫爲累，故世但以藝傳云。

米芾

論説

宋·李之儀《**姑溪居士前集**》**卷三九**《**題跋·跋米元章書儲子椿墨梅詩**》 予嘗評元章書，回旋曲折，氣古而韻高，上攀李泰和顏清臣爲不足，下方徐季海柳誠懸爲有餘，未易咫尺論也。

又《**跋元章書**》 是非邪正亦可以移于好惡，至黑白曲直，則不得而移也。于是乃有以曲爲直，以白爲黑者，往往而和之，蓋不得而詰，非詰之難，知所詰爲難。元章作字，信所謂曲直白黑，而好惡輒爲之易位，余嘗病之。近吾友張文潛評其書，幾在鍾王季孟間，然後余所病者不藥而愈，思道好古，喜善類藏，其書過于尺壁寸珠，異時非其人勿妄出，一出當使擊節不已，則余與文潛實在其末光焉。崇寧五年正月二十四日。

宋·黄庭堅《**山谷集**》**卷二九**《**題跋·跋米元章書**》 余嘗評米元章書如快劍斫陣，强弩射千里，所當穿徹。書家筆勢，亦窮于此。然似仲由未見孔子時風氣耳。

宋·趙構《**思陵翰墨志**》 書評謂羊欣書如婢作夫人，舉止羞澀不堪位置，而世言米芾喜效其體，蓋米法欹側頗協不堪位置之意，聞薛紹彭嘗戲米曰：公效羊欣而評者以婢比，欣公豈俗，所謂重儓者耶。

又 米芾得能書之名，似無負於海内。芾於真楷、篆、隸不甚工，惟於行草，誠入能品。以芾收六朝翰墨副在筆端，故沈著痛快，如乘駿馬進退裕如，不煩鞭勒，無不當人意，然喜效其法者，不過得外貌，高視闊步，氣韻軒昂，殊不究其中，本六朝妙處，醖釀風骨，自然超逸也。昔人謂支遁道人，愛馬不韻。支曰：貧道特愛其神駿耳。余於芾字亦然。又芾之詩文，詩無蹈襲，出風煙之上，覺其詞翰迥有凌雲之氣，覽者當自得。

宋·劉克莊《**後村集**》**卷三二**《**題跋·米南宮帖**》 光堯尤喜書畫，恨不與王太史米南宮同時，世所謂用徐師川爲執政，以其舅，擢元暉爲侍從，以其父。余曰非也。師川不踐僞楚之廷，挂冠而去。元暉父子皆宣仁后外姻，光堯方崇獎名節，方脩復元祐政事，故二人者俱貴顯，豈直以詞翰之工乎。此卷字既雄拔，父書子跋，尤可寶愛。

宋·趙希鵠《**洞天清録·古翰墨真跡辨·魯公真跡**》 南宮本學顔，後自成一家，於側掠拿趯，動循古法度，無一筆妄作。

宋·張邦基《**墨莊漫録**》**卷六** 本朝能書，世推蔡君謨，然得古人玄妙者，當遜米元章。米亦自負如此，嘗有論書一篇及雜書十篇，皆中翰墨之病，用鷄林紙書贈張太亨嘉甫，蓋米老得意書也。

宋·朱熹《**晦庵集**》**卷八二**《**跋·跋米元章帖**》 米老書如天馬脱銜，追風逐電，雖不可範以馳驅之節，要自不妨痛快。朱君所藏此卷，尤爲奔軼而所寫劉無言詩，亦多奇語，信可寶也。淳熙乙巳三月晦日，朱熹仲晦父觀于建陽西山景福僧舍。

宋·魏了翁《**鶴山集**》**卷六一**《**跋·跋米南宮帖**》 本朝以書名家者，至黄太史、米儀曹各得書法之變，自成一家，未易優劣，景獻兼二者而有之，可謂奇遇，但今米帖間有弱筆，乃不逮黄，何也。

元·王惲《**秋澗集**》**卷七一**《**題跋·跋米南宮書曾夫人墓志銘**》 跋米南宮書曾夫人墓誌後，顔魯公稱殷成己雅善填書，嚮見唐人作褉飲序，每行特留二三白者使見己者，之功夫耳。初觀是帖，即疑其神爽索然，乏飛動縹緲之勢，再視之，乃知爲成己法也。緣襄陽出奇無窮，雖憑軾縱觀，不無看朱成碧耽嗜者，心摹手追，豈不踐迹，終不入于室邪。夢卿來託審定，所見如此。於戲，夢卿其寶之。安知飛電流雲之駿不踵門而至者乎。戊子歲秋八月廿七日秋澗老人題。

元·袁桷《**清容居士集**》**卷四六**《**題跋·跋米元章帖**》 中年養生，惟獨宿第一，東坡貶謫，有權發遣之語，山谷戒行堅嚴，有漫種老生涯之詩，信知未易脱釋景遠，余故人能賓襄陽二帖，晚歲煎熬，良不能自存釋氏，嘗於此驗生死關聞之者，足以戒矣。

又卷四七《**跋米元章書**》 元章壯年學蕭誠書，後學段季展，最後悉意師褚河南，其體三變，晚復規模大令，往往行書爲長。御府米帖有楷書。周官性不耐拘檢，時有塗注，中原諸賢所見周官蓋行書也。草書之變，始

張旭，行書之變，由米老。蓋其鎮逸政相似耳。孫過庭嘗自言作書無一筆大令，善書者必能評其優劣也。

元・陸友《研北雜志》卷上 米元章書俊拔。

又 至米元章始變其法，超規越矩，雖有生氣，而筆法悉絶矣。

元・虞集《道園學古録》卷一〇《題跋・題米南宮墨蹟》 米南宮書神氣飛揚，筋骨雄毅，而晉魏法度自整然也。漢人只知程不識用兵紀律精嚴，不知李廣之無斥候爲合作也。

元・黄溍《文獻集》卷四《題跋・跋米南宮帖》 元章負其才氣，傲睨一世，而推服道祖如此。道祖之爲人可知也。世徒以其善書並稱之曰米薛，而此帖無一語及之，則其可推服者，豈直翰墨之工而已。

明・陶宗儀《書史會要》卷六《宋》 米芾，字元章，初居太原，後爲襄陽人。芾徙吴以毋侍宣仁后，藩邸舊恩，歷官至禮部員外郎，知淮陽軍。博文尚古，性好潔，世號水淫。違世異俗，每與人迕，人又名米顛。偉岸不羈，口無俗語，頎然束帶一古君子。善屬文，不蹈襲一字。崇寧間，除書畫兩學博士，頗厭士論。又詔作黄庭小楷《千文》以進，旋加褒美。大抵書效王羲之，篆宗史籀，隸法師宜官。晚年出入規矩，深得意外之旨，自謂善書者，只得一筆，我獨有四面。識者然之。當時名世之流，評其人物，以謂文則清雄絶俗，氣則邁往凌雲，字則超妙入神。然異議者，謂其字神鋒太峻，有如强弩射三十里，又如仲由未見孔子時風氣，其爲論或如此。且類多行書，世亦罕及。

明・李東陽《懷麓堂集》卷四一《文稿二十一・題跋・書米南宮真蹟後》 右米元章跋顔魯公真蹟，顔文蓋爲節度李光顔作者而今亡矣。米稱顔柳挑踢用意太過，無平淡天成之趣，固宜，乃以爲後世醜怪惡札之祖。其所遺書曰：海岳名言者，屢屢言之，嘻，亦過矣。蘇東坡嘗言書至顔魯公，天下之能事畢矣。蘇米皆名家而其言若此，何哉。蘇稱米書爲超逸入神，而米對神宗訾蘇爲畫字，其取舍又各不同，不可知也。匏菴蘇學而藏米帖，謹以是質之。

明・祝允明《懷星堂集》卷二五《記叙・跋米元章泛海等九帖》 范至能説米書初自沈傳師來，後入大令之室，此九帖當時已入祕苑，後有元暉跋。今在黄輕車家前後具完，尚昔之粘綴也。其一帖評唐人始言草法不入晉格，徒爲下品，此固通論，殆亦其實録邪。麝煤鼠尾熏染終歲所成，若此今之學者，亦知之乎。

明・孫鳳《孫氏書畫鈔》卷一《蘇黄米蔡真迹》 光堯皇帝《翰墨志》云：宋芾得能書之名，佀無負於海內，六朝翰墨副在筆端，故沉著痛快，如乘駿馬進退裕如，不煩鞭勒，無不當人意。然喜效其法者，不過得外貌，高視闊步，氣韻軒昂，殊未究其中本六朝妙處，醖釀風骨，自然超逸也。今觀二詩醉中之趣，天然一種風味，佀不食煙火人也，骨裏帶神仙者耶。旹景定改元春良日善雅堂書印曰。

明・徐渭《徐文長文集》卷二一《書米南宮墨蹟》 閲南宮書多矣，瀟散爽逸，無過此帖。辟之朔漠萬馬，驊騮獨先。

明・王世貞《弇州四部稿》卷一三〇《題米南宮書後》 元章妙得晉人筆而以神俊發之，往往於結搆外取姿韻。余嘗評其書如兒駒試風，劍俠入道。此卷爲友人李子所藏，前一紙是其本色，奕奕有生氣，後一紙尤精，不失褚河南懸腕法。余愛翫久之，乃以王履吉小楷南宮傳系其後，而記以歲月。李子嗜古而所藏時爲人持去，不甚惜。此卷其善有之，縱老顛復生，勿受彼凌奪也。

又 元章出褚河南，故左袒河南。河南楷似行，然自有楷。平原草似楷，然自有草。李北海、楊凝式及元章、魯直無楷矣。

米元章有書才，而少書學。黄長睿有書學，而少書才。以故評隲古人墨刻真贋亦有相牴牾者，然長睿引證各有據依，不若元章之孟浪也。

明・董其昌《畫禪室隨筆》卷一《論用筆》 米海嶽書，無垂不縮，無往不收。此八字真言無等等呪也。然須結字得勢。海嶽自謂集古字蓋於結字最留意，比其晚年，始自出新思耳。學米書者，惟吴琚絶肖，黄華樗寮一支半節，雖虎兒亦不似也。

又《評法書》 米元章嘗奉道君詔作小楷千字，欲如黄庭體。米自跋云少學顔行，至于小楷，了不留意。蓋宋人書多以平原爲宗，如山谷東坡是也。惟蔡君謨少變耳。吾嘗評米書以爲宋朝第一，畢竟出東坡之上，山谷直以品。

又 米元章云：吾書無王右軍一點俗氣，乃其收王略帖，何珍重如是。又云：見文皇真論，使人氣懾，不能臨寫，真英雄欺人哉。然自唐以

後，未有能過元章書者，雖趙文敏亦于元章歎服曰：今人去古遠矣。余嘗見趙吴興作米書一册，在吏部司務蔣行義家，頗得襄陽法，今海内能爲襄陽書者絶少。

又《臨米書後》 是日海上顧氏以米襄陽真跡見示，余爲臨此大都米家書與趙吴興各爲一門庭。吴興臨米輒不能似有以也。吴興書易學，米書不易學，二公書品于此辨矣。

清・孫岳頒等《佩文齋書畫譜》卷六七《御製書畫跋・跋米芾墨蹟後》 米芾書在宋四家中特爲雄秀，史稱其沉著飛翥，得王獻之筆意。或云芾始學顔書，已而宗李邕，又棄而學沈傳師，數數改業，遂成名家。今世沈傳師書絶少，其與米之優劣，無可考。要以得法於獻之，爲確論也。朱熹曰：米老理會得字，故所論皆實。是朱子蓋亦心折之。其爲書豪邁自喜，縱横在手肥瘦巧拙，變動不拘，出神入化，莫可端倪，洵堪與晉唐諸家争。

昔人謂右軍如龍，北海如象，然則芾其在龍象之間歟。

清・卞永譽等《式古堂書畫彙考》卷二《書評下・諸名家評米書》 元章少時書法蓋自沈傳師，後始入大令之室。結體超軼，一用其筆意。此帖元章模王獻之帖，臨池用功如此。晚年放恣，自成一家，不復作此狡獪變化矣。

米禮部行草政用大令筆意，稍跌宕遂自成一家，後生習米者，但得其踰繩越契之風，非善學柳下惠者也。范成大跋。

本朝書米、蔡爲冠，餘子莫及。君謨始學周越書，其變體出於顔平原。元章始學羅遜、濮王諱讓書，其變體出於王子敬。君謨泉州橋柱題記絶過平原，元章鎮江焦山方丈六版壁所書，與子敬行筆絶相類，藝至於此，亦難矣。坡贈六觀老人詩云：草書非學聊自悟，落筆已唤周越奴。則越之書，本甚高也。《襄陽學記》乃羅遜書，元章亦襄陽人，始效其作，至於筆挽萬鈞，沈著痛快處，法豈能盡耶。

龔聖與曰：評書家謂米書如快劍斫陣，以其銛利無前故也，是大不然。米書超絶中自有妍美，不專以險絶爲工。沈慶之貌如好女，每臨陣必著假面，而其威武所被，能使半姿掩抑不露，此英雄之能事也。

徐季海書惟此一種，有右軍父子筆法，而無俗氣。如《開河碑》超軼，《孝子碣》老重，然終非王家苗裔也。頃見蘇子瞻、錢穆甫論書，不取張友正、米黻，余殊謂不然。及見郭忠恕叙字源，乃知當代二公極爲别書者也。

米襄陽芾摹逸少《平章帖》，筆趣翩翩，固自佳，但肆筆搨放，殊不廓填，非古也。昔搨書欲如水月鏡像者，故應廓填乃造徽耳。黄伯思跋。

黄魯直書遒媚，米元章書俊拔，薛道祖書温潤。

此本定州《蘭亭》，土中所得石，米元章摹入棠梨板者，字雖肥，骨肉相稱，觀其筆意，右軍清真風韻冠暎一時，可想見也。今時論書者，憎肥而喜瘦，黨同而妬異，曾不夢見右軍脚汗氣，豈可與言用筆法耶。

米海嶽書如快劍斫陣，强弩射千里，所當穿徹，書家筆勢亦窮於此。然亦似仲由未見孔子時氣象耳。山谷。

米襄陽書政如黄太史作詩之變，芒角刷掠，求於石蘊川媚，則蔑有其學。魯獨居男子於薛道祖見之。

蔡君謨所摹右軍諸帖，形模骨肉，纖悉俱備，莫敢踰軼。至米元章始變其法，超越規矩，雖有生氣，而筆法悉絶矣。玉峰陸友題。

唐人臨摹古蹟，得其形似而失其氣韻。米元章得其氣韻，而失其形。下云氣韻形似俱備者，惟吴興趙子昂得之。

張雨云：元章學王書而變，薛河東學王書而不變。

陶宗儀稱趙文敏偶得米海岳壯懷賦一卷，中闕數行，因取刻本摹搨以補其闕，凡易五七紙，終不如意。乃嘆曰今不逮古多矣。遂以刻本完之。公之翰墨，爲國朝第一，且猶服善如此。近有一等人，僅能點畫如意，便自誇大者于公，寧不媿乎。

海岳書于晉人最有功，故其淵源高于宋一代。此爲慧日峰録一菴記，惜其起語處損缺數行，行筆則規模聖教序，而波法特佳。識者當自著眼也。陸深跋。

南宫與看山豫章莆陽擅聖宋室，近時學者寡師王氏，宗祖必先事四家，爲襄陽之學者，大抵步入狂狠，允明固亦願學而資力兼乏，乃不易耳，而亦不易以語人，此天馬帖爲梁溪錢氏世藏。其孫昌言出示舒翫未終，第覺法度森出，與尋常之論大異。高陽憑幾人口不幾于誤人耶。昌言請識跋，稍附爾爾，異時諦觀著力，或得畦徑一二，當爲再議，以易此語。枝山。

米南宫真蹟妙得晉人筆，而以神俊發之，往往于結構外取姿韻。余嘗評其書如兒駒試風，劍俠入道。此卷爲友人李子所藏，前一紙是其本色，奕

奕有生氣後一紙尤精，不失褚河南懸腕法。余愛玩久之，乃以王履吉小楷，南宫傳系其後而記以歲月云。

又 云黄長睿有書學而無書才，米元章有書才而無書學。以上弇州。

又 米元章論書於道君前，曰蔡襄勒字，沈遼排字，黄庭堅描字，蘇軾畫字。上問卿何如，對曰：臣書刷字。世皆不解其何語。余爲詮注曰：勒字，顔法也。描字，虞永法也。畫字，徐季海法也。刷字，本出飛白運帚之義。意信肘而不信腕，信指而不信筆，揮霍迅疾中含枯潤，有天成之妙，右軍法也。隱然淩轢諸老，自占一頭地。

清·楊賓《大瓢偶筆》卷五《論米芾書》《池北偶談》曰：杜編修子静家有米元章細楷《黄庭内景經》，自署中岳外史，首尾皆有紹興内殿祕賞御印及賈似道姓名小印、柯九思印。

米襄陽《龍井方圓庵記碑》，不知何時斷裂。萬曆丁酉夏，知仁和縣事晋陵胡澄鈎舊拓本重刻。胡後有跋，其書酷似襄陽，疑今行世米本即其筆也。

米南宫書，余素不喜，止取《易論》、《龍井》二種。近見何庶常家内府宋拓本深穩渾厚，純是六朝，與後世刻本絶异。不覺俯首至地。

米南宫《記魯公遇陶八八》真迹，用褚意學顔書，沉着痛快而不甚輕佻，與南宫他書不同，後有文湛持、錢牧齋、董思白跋。

南有堂所傳米書陶八八事真迹，雖有敗筆，然沉着峭拔，以千鈞之力作一筆，幾欲跨魯公而上之。此米老杰作也，他所見皆不及。

米南宫臨王氏草書頗熟，曾于屺瞻青陽齋見紹興内府宋拓一卷，幾于王氏無别。若涿州馮氏快雪堂所刻海岳臨王諸帖，乃後人臨本，非海岳書也。又海岳行押如戲鴻堂所刻，《苕溪詩》、《易義》、《露筋碑》諸帖未嘗不佳，然有一種惡劣氣習，終遠大雅。己丑夏，曾于繆文子南有堂見海岳書陶八八事真迹卷，沉着痛快，幾令顔太師退避三舍。既而購得石刻亦佳，始知海岳受馮相國、董宗伯及劉雨若等之累不小。

西園雅集十六人，一時名士畢集，實可上配蘭亭。米南宫記亦有意摹逸少，第筆迹難繼耳。玉山雅集則更出其下。

武進唐雲客刻米襄陽書《向太后挽詞》、《拜中岳命作陰符經》十紙，《説西園雅集圖記》，爲半園米帖。康熙丁亥，金壇許奕晋得雲客雙鈎，本屬米典六勒石。蔣湘帆遺我一紙，洵西園記最佳本也。

伯施《汝南公主銘》及《積時》、《枕卧》諸帖，登善《唐太宗哀册》、《枯樹賦》，隨清娱墓志銘流傳于世，刻入諸帖者，皆米襄陽所臨，以是每露襄陽手脚，與虞褚原迹不同。虞、褚原迹，庶幾于碑版中求之，他不可信也。

米襄陽自言初學顔，次學柳，次學歐，次學褚最久，次學段季展，後乃師宜官。今觀其書，于歐柳俱無所得，顔後亦痛貶，惟書碑則極力摹之，段書不傳，師工大書，米或見之。今之所傳，大都得力于褚最深。惟是雙鈎二指，本不及登善堅實。至第四指，全然不用，是以努皆無力，而縱横之中反有攲側之勢。

海岳名言曰，一字要骨格，肉須裹筋，筋須藏肉，帖乃秀潤生，布置穩不俗、險不怪、老不枯、潤不肥，此雖確論，然皆就其迹而言之也，若其所以然之故，則海岳不能言也。何也。觀其書知之矣。

清·王澍《虚舟題跋》卷九《米元章》 米老天才縱逸，東坡稱其超妙入神，雖氣質太重，不免子路初見孔子時氣象，然出入晉唐，脱去滓穢，而自成一家。涪翁東坡故當俛出其下。

清·戈守智《漢溪書法通解》卷一《名人論書》《容臺集》曰：米元章少壯未能立家，一一規摹古帖，當時有集字之譏，及錢穆父呵其刻畫太甚，宜以勢爲主，乃大悟。脱盡本家，自出機軸。六研齋曰：善臨摹者千古一人而已。然每以不及古人爲恨。或言真者在前，氣燄殺人。或言若見真蹟，慚惶殺人，蓋不自滿假如此。祝允明曰：爲襄陽之學者，大抵步入狂狠。允故亦願學而資力兼乏，乃不易耳。又曰：南宫自謂其書爲刷字，當自言基用筆之迅勁耳，而人多以偏欹槎枒間求之，如壐帚之埽壁，老顛有知，寧無撫几絶叫耶。

清·翁方綱《復初齋文集》卷二五《跋米題盱眙石刻》 右張大亨米芾，丙戌歲凡八字。丙戌爲崇寧五年，米老年五十六，正其知淮陽軍時也。張大亨，字嘉父，吴興人，官直祕閣，著春秋通訓十六卷，五禮例宗十卷。通訓自序曰：少聞春秋於趙郡和仲先生，和仲先生即東坡也此。題在東坡殁後五年，而米老書益奇縱，晚歲筆也。袖東得此二紙，以其一見餉，并屬題於其後。

綜述

《宣和書譜》卷一二《行書六・宋・米芾》 文臣米芾。字元章，初居太原，後爲襄陽人。官至禮部員外郎，博聞尚古，不喜科舉學。性好潔，世號水淫。違世异俗，每與物迕。人又名米顛，善屬文。作韻語不蹈襲一字，崇寧間四方承平百揆時序，典章禮樂燦然一新，獨以書畫未有然超出前古者。獨膺簡在，遂除書畫兩學博士。頗厭士論，芾亦欣然就職，自以爲己任。又詔作黄庭小楷《千文》以進。旋加褒美，大抵書效羲之，詩追李白，篆宗史籀，隸法師宜官。晚年出入規矩。深得意外之旨，自謂善書者只得一筆，我獨有四面。識者然之，方芾書時其寸紙數字人争售之以爲珍玩。至于請求碑榜而户外之屨常滿，家藏古帖由晉已來者甚富，乃名其所藏爲寶晉齋，好事簪纓之流，出其所有奇字以求跋語增重其書。而芾或喜之，即爲作古紙臨仿。便與真者無辨，兼喜作畫。嘗爲楚山清曉圖，曾非俗師所能到也，當時名世之流評其人物，以謂文則清雄絶俗。氣則邁往凌雲，字則超妙入神，人以爲知言，仍偉岸不羈。口無俗語，頎然束帶一古君子，故贈其詩者，有衣冠唐制度，人物晉風流也。然异議者，謂其字神鋒太峻，有如强弩射三十里。又如仲由未見孔子時風氣，其爲論或如此，且類多行書。世亦罕及，有《山林集》一百卷藏于家，今御府所藏行書二。

清・馮武《書法正傳》卷八《書家小傳》 米芾。字元章，採古人之筆而成一家，書一時謂之集字，子友仁亦善書，時謂小米。

清・吴升《大觀録》卷六《米襄陽苕溪詩卷》 公名芾，字元章，吴人也。爲文奇險不蹈襲前人軌轍，特妙於翰墨，沈着飛翥，得王獻之筆意。嘗奉詔倣黄庭小楷作千字韻語，畫山水自名一家。尤工臨摹，至亂真不可辨。精鑒裁，遇古器物書畫，極力求取，必得乃已。冠服效唐人，風神瀟散，音吐清暢，所至人聚觀之，而好潔成癖，所爲譎異，知無爲州，具衣冠拜石，呼之爲兄，不能與世俯仰，從仕數困，官止禮部員外，知淮陽軍，卒，年四十九。

清・梁巘《評書帖》 元章書空處本褚用軟筆書，落筆過細，鈎則過粗，放軼詭怪，實肇惡派。

傳記

宋・王稱《東都事略》卷一一六《文藝傳九九》 米芾，字元章，吴人也。幼穎悟，稍長，通書，爲文務爲奇險，不蹈襲前人軌轍，善書畫，好古鍾鼎器皿法書。初，宣仁聖烈皇后在藩時，芾母出入邸中，後以舊恩補校書郎，嘗爲太常博士，出知無爲軍。踰年復召爲書畫博士，擢禮部員外郎。大觀二年，以言者罷知淮陽軍，疽發，卒，年四十九，子友仁。

《宋史》卷四四四《文苑六・米芾傳》 米芾，字元章，吴人也，以母侍宣仁后藩邸舊恩，補浛洸尉，歷知雍丘縣漣水軍，太常博士，知無爲軍，名爲書畫學博士，賜對便殿。上其子友仁所作楚山青曉圖，擢禮部員外郎，出知淮陽軍，卒，年四十九。芾爲文奇險，不蹈襲前人軌轍，特妙於翰墨，沈著飛翥，得王獻之筆意。畫山水人物，自名一家。尤工臨，移至亂真不可辯。精於鑒裁，遇古器物書畫，則極力求取，必得乃已。王安石嘗摘其詩句書扇上。蘇軾亦喜譽之冠服效唐人，風神蕭散，音吐清暢，所至人聚觀之，而好潔成癖，至不與人同巾器。所爲譎異，時有可傳笑者，無爲州治有巨石，狀奇醜，芾見大喜曰：此足以當吾拜，具衣冠拜之，呼之爲兄。又不能與世俯仰，故從仕數困，嘗奉詔倣黄庭小楷作周興嗣千字韻語。又入宣和殿，觀禁內所藏，人以爲寵。子友仁，字元暉，力學嗜古，亦善書畫，世號小米。仕至兵部侍郎，敷文閣直學士。

紀事

宋・何薳《春渚紀聞》卷七《詩詞事略・米元章遭遇》 米元章爲書學博士，一日上幸後苑，春物韶美，儀衛嚴整，遽召芾至，出烏絲欄一軸，宣語曰：知卿能大書，爲朕竟此軸。芾拜舞訖，即綰袖舐筆伸卷，神韻可觀，大書二十言以進，曰：目眩九光開，雲蒸步起雷。不知天近遠，親見玉皇來。上大喜，錫賚甚渥。又一日，上與蔡京論書艮岳復召芾至，令書一

大屏，顧左右宣取筆研，而上指御案間端研使就用之。芾書成即捧研跪請曰：此研經賜臣。芾濡染不堪，復以進御取進止，上大笑，因以賜之。芾蹈舞以謝，即抱負趨出，餘墨霑漬袍袖而喜見顔色。上顧蔡京曰：顛名不虚傳也。京奏曰：芾人品誠高，所謂不可無一，不可有二者也。

宋·葉夢得《石林燕語》卷一〇 米芾詼譎好奇，在真州嘗謁蔡太保攸於舟中，攸出所藏右軍王略帖示之。芾驚歎求以他畫换易，攸意以爲難。芾曰：公若不見從，某不復生，即投此江死矣。因大呼據船舷欲墜，攸遽與之。

宋·蔡絛《鐵圍山叢談》卷四 米芾元章好古博雅，世以其不羈，士大夫目之曰米顛。魯公深喜之，嘗爲書學博士，後遷禮部員外郎，數遭白簡逐去。一日以書抵公，訴其流落。且言舉室百指，行至陳留，獨得一舟如許大，遂畫一艇於行間，魯公笑焉。吾得是帖而藏之。時彈文正謂其顛，而芾又歷告諸魯公洎執諸政，自謂久任中外，並被大臣知遇，舉主累數十百，皆用吏能爲稱首，一無有以顛薦者，世遂傳米老顛帖。頃一天府尹，用吏能稱，頗不大博。約五鼓與侍從同坐待漏院舍，忽語衆曰：夜來不能寐，偶讀孟子一卷，好甜。張臺卿内相閣聞，隨答曰：必非孟子，此定唐書爾，一坐為哄。

又卷五 米芾元章有書名，其投筆能盡管城子，五指撮之，勢翩翩若飛，結字殊飄逸而少法度。其得意處大似李北海，間能合者，時竊小王風味也。魯公它日問芾，今能書者有幾。芾對曰：自晚唐柳，近時公家兄弟是也。蓋指魯公與叔父文正公爾。公更詢其次。闕。

宋·莊綽《雞肋編》卷上 米芾元章或云其母本産媪出入禁中，以勞補其子爲殿侍，後登進士第。善書，尤工臨摹，人有古帖假去，率多爲其摹易真本，至於紙素破汙，皆能爲之，卒莫辨也。

宋·趙構《思陵翰墨志》 世傳米芾有潔疾，初未詳其然，後得芾一帖云：朝靴偶爲他人所持，心甚惡之。因屢洗，遂損不可穿，以此得潔之理。靴且屢洗，餘可知矣。又芾方擇婿，會建康段拂，字去塵，芾釋之曰：既拂矣而又去塵，真吾婿也。以女妻之。又一帖云：承借剩員，其人不名，自稱曰張大伯，是何老物，輒欲爲人父之兄，若爲大叔猶之可也。此豈以文滑稽者耶。

宋·曾敏行《獨醒雜志》卷五 米元章嘗寫其詩一卷，投許沖元，云：芾自會道言語，不襲古人。年三十爲長沙掾，盡毁焚已前所作，生平不録一篇，投王公貴人。遇知己索一二篇，則以往。元豐中至金陵識王介甫，過黄州識蘇子瞻，皆不執弟子禮，特敬前輩而已。其高自譽道如此。至評章伯益書，乃云：如宫女插花，嬪嫱對鏡，自有一般態度。繼其後者，誰歟。襄陽米芾。則元章於字畫間，乃有所推重，世謂元章學羅讓書，蓋其少時非得法於讓也。

宋·周煇《清波雜志》卷一一 徽宗嘗命米芾以兩韻詩草書御屏，次韻乃押中字，行筆自上至下，其直如綫。上稱賞曰：名下無虚士。芾即取所用硯入懷，墨汁淋漓，奏曰：硯經臣下用，不敢復進御，臣敢拜賜。又一日，米回人書，親舊有密於窻隙窺其寫至芾再拜，即放筆于案，整襟下兩拜。

宋·周煇《清波别志》卷二 米元章風度飄逸，自處晉宋人物，然所爲不羈，得顛之名。嘗以書歷訴於廟堂，自謂久任中外被大臣知遇，舉主累數百，皆用吏能爲稱首，一無以顛薦者。世遂傳米老辯顛帖。又嘗以書抵西府蔣穎叔云：芾老矣，生生勿恤浮議。自薦之曰：襄陽米芾在蘇軾黄庭堅之間，自負其才，不入黨與，今老矣。困于資格，不幸一旦死，不得潤色帝猷，黼黻王度，臣某實惜之，願明天子去常格，料理之，先生以爲何如。芾皇恐。又傳米老自薦帖，以是二帖，余考其人，顛之名不虚傳也。

宋·張邦基《墨莊漫録》卷六 海嶽以書學士召對，上問本朝以書名世者凡數人，海嶽各以其人對曰：蔡京不得筆，蔡卞得筆而少逸韻，蔡襄勒字，沈遼排字，黄庭堅描字，蘇軾畫字。上復問卿書如何。對曰：臣書刷字。

予嘗謂米公人物英邁，鑒裁精高，翰墨場中當推獨步。平生所書遍於天下，石刻中如青州南陽石橋記，鄞縣京觀記，無爲軍天王記，漣水軍數碑，皆遠追鍾王，寧獨今人所難，唐人亦鮮及也。蔡天啓爲公墓誌云：舉止頡頏，不能與世俯仰，故仕數困躓。冠服用唐人規制，所至人聚觀之，性好潔，置水其旁，數頮而不説，未嘗與人同器，視其眉宇軒然，進趨襜如，音吐鴻暢，雖不識者，亦謂其米元章也。云云此追實録云。

宋·董史《皇宋書録》卷中 高宗裒集芾墨迹刻爲十卷，今有拓本傳于人間。元章劇迹咸萃焉，史家藏拓本。嘗妄贊其後曰，書家寶晉殆猶龍，

妙用通神五指中。墨海波瀾無定勢，玄雲夭矯欲隨空。格高韵勝存人品，脚闊頭空笑俗工。建紹聖人精鑒賞，奪真移在玉屏風。

石林過庭録云，米元章近世實未有比。少時筆力豪放，多出繩墨之外。人或謂之顛，既見古書帖乃取模拓，最得其妙。亦有天姿絶人，中歲但對本臨寫。十得六七，豫章刻法帖一卷連小米帖。《捲雨樓帖》中刻一卷，廬山《甲秀堂帖》中刻一卷，鎮江研山園刻若干卷最精。今鮮有本，薛紹彭嘗戲米曰，公效羊欣。而評者以婢比欣，公豈俗所謂重儓者耶。

明・程敏政《篁墩文集》卷三七《題跋・書米元章墓表後》 右米元章墓表，予家待制公所作，見《北山集》刊本。元章襄陽人而寓鎮江，嘗作海嶽菴於北固山下，蓋今蕪廢久矣。郡人户部員外郎趙君夢麟有滄江別墅在菴基之西間，因耕者得元章自寫小像石刻於土中，寶而庋之。知予藏有此表，又請副刻之而傳焉。趙君清才曠識，以詞翰妙一時，殆思與米老相後先者，其可尚也。彼世之人與前賢祠墓接畛，必思巧泯其跡以虞妨已而又望其愛重表章之若此哉，是可以觀人矣。

明・孫鳳《孫氏書畫鈔》卷一《法書・奉議郎充江淮荆浙等路置發運司管句文字》 米元章跅弛不羈之士，喜爲崖異車鷙驚世駭俗之行，故其書亦類其人，超軼絶塵，不踐陳迹，每出新意於法度之中而絶出筆墨畦逕之外，真一代之奇蹟也。紹興天子訪求其書，始貴重於天下，而元章骨已朽矣。壬午歲十月日孫覿書。

明・李日華《六研齋筆記二筆》卷一 米海岳絹素臨唐玄宗書鶺鴒頌，紓緩宏闊，大類嵇叔夜絶交書，無復平日精悍險策之態，豈玄宗原蹟本如是。元章假得思以亂之而然耶。欵云元祐元年夏五月，海若老友持來見示，臨此乃還。襄陽米芾元章書。

余生平見米氏真蹟將八九種，皆晚年放縱之作，其摹學古人者，惟諸石搨中見之，墨蹟不能多得。爾來得見此帖，然後知米氏之劍拔弩張，悉從小心翼翼中來也。論者謂元章之書，沉着痛快，超妙入神，不亞於唐玄宗，當並肩齊驅耳。何故摹之於此，以管窺天，未知書之奥妙者也。凡天下事最忌自滿，器滿則盈，舟滿則覆，故狂夫之言，聖人擇焉。君子戒於闞黨也。況右頌筆法，結搆遒媚，精神骨立，不狃於世習，得自然豐度亦有元章所不能到者，今截長補短，更覺神韻不凡耳。所謂至寶必百鎔煉而後成者耶。然元章摩書與他人異，元章此帖與他帖異，將來必自有肯余論者。錢塘白斑。

明・李日華《六研齋筆記三筆》卷一 米元章有柬與人論縛筆須象管以其遲重而滑，作字有力而運轉便也。又云用久雖有裂紋，俱横裂無直透者，我有二管可用至六十九，此我止年也。可預記之不妄也。書係行法，皆真蹟，亟索史傳攷之，元章六十二而卒，較所記虧七年，以感應篇增減法論之，元章何過而遽減至是耶。將毋資性顛逸好奇，乃姑妄言之，而不責應耶。

明・張丑《清河書畫舫》卷九下《宋・米芾・山林圖》 岳珂《英光堂帖》有米元章臨智永真草《千文》，與原本不同，乃知古人臨帖不論形似也。珂跋其後云：摹臨兩法不同，摹帖如梓人作室，梁櫨榱桷雖具準繩，而締搆既成，氣象自有工拙，臨帖如雙鵠並翔，青天浮雲浩蕩萬里，各隨所至而息。寶晉蓋進乎此者也。爲之贊曰：永之法妍以婉，芾之體峭以健，馬牛其風神合志通，彼妍我峭，惟妙肖，故曰：袒裼不浼，夜户不啟，善學柳下惠莫如魯男子。

清・梁同書《頻羅庵遺集》卷一〇《題跋一・跋江眉局衡舊藏米書九歌帖》 襄陽天才縱逸，書法不受古人羈束，獨《九歌》應規入矩，得《蘭亭》、《洛神》遺意，此禪家所謂正法眼藏也。學米書者，不由此入，將不墮魔界者，尠矣。此本爲眉居士藏，《快雪》舊搨中脱數字，今歸嚴君衛郊。嚴君多才而好學，以予曾臨此二十餘本，屬予題之，遂略識於此。

又《王味隒宣望刻米帖跋》 法帖中彙一人而成帙者，唐之《澄清堂帖》十卷，皆右軍書，不可得見矣。今則東庫二王帖外，唯宋蔡端明書流傳較夥，古香齋刻大小行楷四卷，稱精備焉。他刻雖卷帙繁富，每一代一人，多不過數種，而此一人之書，又或所收有彼此之殊，摹勒有美劣之異，好古者，欲專有所師法，慮未足以攬其全，而掇其奇也。味隒方伯酷愛米老書，下筆有中郎虎賁之似，因集諸名刻中米書擒其尤精者，命工雙鉤之，釐爲四卷，居然海岳大觀。以視曹之格所模《寶晉齋帖》，應無多讓焉。古人遠矣，不得見墨迹石本，即其真面目，搜采既廣決擇益精，後有愛米者，無俟徧購而泛索之洵，一大快事也。刻未竟，方伯移節蘭州，屬予督成之，用識數語於卷末。

又《王味陳刻米帖四集跋》 味陳中丞刻四集米帖竟，予見之碑工，所竊歎中丞公嗜米之篤，而收米蹟之富也。當其第一刻成，予爲跋之初，不意其有二三刻，更不意其有四刻也。世眼視之，疑此中或有贋鼎者，而中丞公神與之契，鑒賞在筆墨之外，謂非米老，那得淩紙怪發乃爾。予因思元章守漣水時，楊次公廉之，米於袖取一石，嵌空玲瓏洞穴皆具，又出一石疊嶂層巒奇巧又勝，最後出一石，盡天劃神鏤之巧，次公乃攫其最後者以去。予不知茲所刻者，果天劃神鏤之巧者耶。抑天劃神鏤之巧者已登於初刻，二三刻而茲特其嵌空玲瓏疊嶂層巒者耶。然其爲米老所愛則均也。笑語碑工，此老何不幸而爲次公奪其所愛，今又何幸而寸縑尺楮，爲中丞公收拾殆盡，幸不幸其亦有數焉，存乎其問耶。客有以語公者，公曰：是即可以跋吾四集米帖矣。因筆其説而附之石。

藝文

宋・蘇軾《東坡全集》卷一七《詩八十八首・次韻米黻二王書跋尾二首》 三館曝書防蠹毀，得見來禽與青李。秋蛇春蚓久相雜，野鶩家雞定誰美。玉函金籥天上來，紫衣敕使親臨啟。紛綸過眼未易識，磊落挂壁空雲委。歸來妙意獨追求，坐想蓬山二十秋。怪君何處得此本，上有桓玄寒具油。巧偷豪奪古來有，一笑誰似痴虎頭。君不見長安永寧里王家破垣誰復修。

元章作書日千紙，平生自苦誰與美。畫地為餅未必似，要令癡兒出饒水。錦囊玉軸來無趾，粲然奪真疑聖智。忍饑看書淚如洗，至今魯公餘乞米。

宋・黄庭堅《山谷集》卷九《律詩九十二首・戲贈米元章二首》 萬里風帆水著天，麝煤鼠尾過年年。滄江静夜虹貫月，定是米家書畫船。

我有元暉古印章，印刓不忍與諸郎。虎兒筆力能扛鼎，教字元暉繼阿章。

元・柯九思《丹丘生集》卷四《米元章畫像》 寶晉齋中春日長，舊時宮硯墨痕香。海棠花發黄鸝語，臨到蘭亭第幾行。

明・張丑《清河書畫舫》卷一二《宋・祝允明・銘心籍・其六十一》 臣書刷字傳燈語，集古名家得自然。學識半生成待訪，整齊百氏著先鞭。大米丹青烘鎖異，研山惜墨淡如無。畫成一贊蛟龍走，天馬騰驤失壯圖。

清・劉墉《劉文清公遺集》卷一五《學書偶成三十首用遺山論詩絶句韻》 晉代風流去不回，米顛筆挽一分來。褚虞習氣銷除盡，桃李叢中見嶺梅。

清・畢沅《靈岩山人詩集》卷一《米南宮漢玉筆山歌》 硯屏冷帶芙蓉色，扶寸瓊嵐争岃崱。土花斑璘古漆蝕，匿影文房伴子墨。漬血凝脂製樣精，吟牀静對一編青。來從萬里于闐境，刻作三峯華嶽形。珊瑚品重徐家筆，几席光分韓子檠。瑰寶留爲奇士有，何年落在海嶽仙人手。巧偷豪奪未能知，虹月船中結契久。癖愛或曾袍笏拜，洞天一品應同壽。潑墨雲霞散碧江，金焦兩點排作窗中岫。閲世流傳到玉峯，寒門智守挈缾同。連城價許侔荆璞，故物天教得楚弓。蠅頭鐫有元章字，錦綈什襲稱珍祕。古香繭紙寫樂兄，予家藏南宮《樂兄帖》真蹟。名石螺鬟供列翠。山齋靈壁巨石背鐫米書列翠二字。摩挲清玩暗銷魂，月滿松寮悄掩門。銅龍慘淡冰蟾泣，爲有名賢手澤存。

清・康有為《廣藝舟雙楫》卷六《論書絶句第二十七》 南宮書評妙難量，跳擲偏兼對越莊。靈慶池邊遺石在，神鋒峻立獨迴翔。

雜録

宋・樓鑰《攻媿集》卷七一《題跋・米元章三帖》 孔融遺張紘書曰：前勞手筆多篆書，每舉篇見字欣然。獨笑如復覩其人。以是知古人作書，亦有以篆者，寶晉行書妙絶一世。此卷四十三字尤高而不善用二短，何耶。

元・王惲《秋澗集》卷九四 米芾學右軍書并論其筆法，後一幅亦學右軍書，退之詩，俗書趂姿媚，此公不爲石鼓發想，亦見此等物耳。

元・王惲《玉堂嘉話》卷二 米芾學右軍書并論其筆法，後一幅亦學

右軍書。

明・張紳《法書通釋》卷上　米南宮云：無垂而不縮，正謂此也。

明・楊士奇《東里續集》卷二一《米南宮二帖》　右米南宮二帖，舊得之吾友陸伯暘，陸論書法於唐主褚河南，於宋主米。余聞米最善臨晉，觀後一帖，則其用意於晉者可見已。

明・楊慎《墨池鎖録》卷一　米元章云：字要骨格，肉須裹筋，筋須藏肉。

明・何良俊《語林》卷二五　米芾爲書學博士，一日上與蔡京論書艮嶽，俄召芾至，令書一大屏，上指御前一端州石硯，使就用之。書成，芾捧硯請曰：此硯經賜臣。芾濡染不堪復以進御。上大笑因以賜之。芾蹈舞以謝，抱負趨出，餘墨霑漬袍袖，喜動顔色。上顧京曰：顛名不虛得。京曰：芾人品誠高，所謂不可無一，不可有二。張思光事已見。

明・陳繼儒《妮古録》卷二　米南宮墨池二大字，又寶藏二大字。傍題書學博士米芾書，在無爲州。

清・錢謙益《牧齋集》卷八六《跋米元章記顔魯公事》　忠臣誼士歿而登真度世往往有之，蓋當其見危授命，之死靡佗，脱離分段，生死如旅人之去其次舍耳。東坡云：顔平原握拳透爪，死不忘君。此正其修煉得力時也。劉聰自知爲遮須國王，且不畏死，而況如魯公者乎。讀米南宮所記魯公事，方攤書欲卧，時不覺悚然而起。

清・倪濤《六藝之一録》卷二八一《歷代書論十一・宋米芾論郭填影書》　宋米芾論廓填影書。

又卷三四四《歷代書譜・宋・雜録》　米芾元章有書名，其投筆能盡管城子，五指撮之，勢翩翩若飛。結字殊飄逸而少法度。其得意處大似李北海，間能合者，時竊小王風味也。魯公蔡京一日問芾，今能書者有幾。芾對曰自晚唐柳氏，近時公家兄弟是也。蓋指魯公與文正公蔡卞耳。公更詢其次，則曰：芾也。《鐵圍山叢談》。

米芾得能書之名，似無負於海内。芾於真楷、篆、隸不甚工，惟於行草，誠入能品。以芾收六朝翰墨，副在筆端，故沉著痛快，如乘駿馬進退裕如，不須鞭勒，無不當人意。《耆舊續聞》。

南宮本學顔，後自成一家，於側掠拿趯動遵古法度，無一筆妄作。《洞天清録》。

米南宮踦跂不羈之士，喜爲崖異卓鷙驚世駭俗之行，故其書亦類其人，超逸絶塵，不踐陳迹，每出新意於法度之中而絶出筆墨畦徑之外真一代之奇蹟也紹興天子訪求其書始貴重於天下而元章骨已朽矣壬午歲十月朔孫覿書式古堂。《書畫彙攷》。

吾嘗疑米元章用筆妙一時而所藏書真僞相半，元祐四年六月十二日與張致平同過元章，致平謂吾，嘗見公親發鎖，兩手捉書，去人丈餘，近輒掣去手，元章笑，遂出二王長史懷素輩十許帖子，然後知平時所出皆苟以適衆目而已。《東坡志林》。

子瞻自海外歸，與元章書云：嶺海八年，親友曠絶，亦未嘗闕念，但念吾元章邁往凌雲之氣，清雄絶俗之文，超妙入神之字，何時見之，以洗我積年瘴毒耶。元章答云：更有知不盡處，脩楊許之業，爲帝宸碧落之游，異時相見乃知也。其高自標置如此。《蘇米遺事》。

米南宮書自得於天資，然自少至老筆未嘗停。有以紙餉之者，不問多寡，入手即書，至盡乃已。元祐末，米知雍丘縣蘇子瞻自揚州召還，乃具飯邀之，既至，則對設長案，各以精筆佳墨，紙三百，列其上，而置饌其旁。子瞻見之大笑，就坐，每酒一行即伸紙共作字，以二小史磨墨，幾不能供薄暮，酒行既終，紙亦盡，乃更相易携去，俱自以爲平日書莫及也。《石林避暑録》。

婢之婢世謂之重臺。評書者謂羊欣書似婢，學夫人。米芾學欣書，故高宗謂米字為重臺。王仲暉《學舟脞語》。

米元章書畫奇絶，從人借古本自臨，搨臨竟，併與真本還其家，令自擇其一，而其家不能辨也。以此得人古書畫甚多。《韻語陽秋》。

徽宗嘗命米芾以兩韻詩草書御屏，次韻乃押中字，行筆自上至下，其直如線。上稱賞曰：名下無虛士。芾即取所用硯入懷，墨汁淋漓。奏曰：硯經臣下用，不敢復進御，臣敢拜賜。又一日，回人書，親舊有密於窗隙窺其寫至芾再拜，即放筆於案，整襟端下兩拜。周輝《清波雜志》。

《劉後村集》云：米元章有帖云：老弟《山林集》多於《眉陽集》，然不襲古人一句。子瞻南還，與之説，茫然嘆久之，以嘆渠偷也。戲跋二首：大令云亡筆不傳，世無行草已千年。偶然遺下鵝羣帖，生出楊風與米顛。二集一傳一不傳，可能寶晉勝坡仙。蘇郎不醉常如醉，米老真顛却辨顛。

世傳米老有辨顛帖。《式古堂書畫彙考》。

趙孟堅云：黄魯直書遒媚，米元章書俊拔，薛道祖書温潤，徐會稽之濁在跛偃，李北海之濁在欹斜，坡偃之弊流而誤我，坡公欹斜之弊流而為元章父子矣。同上。

米無正書，真行者為正書。生平自負小楷，不肯多寫。余得李伯時《西園雅集圖》，有南宫蠅頭題後，甚得《蘭亭》筆意。《畫禪室隨筆》。

張謙藏米南宫帖十二册，各以類次，如手柬家書，詩文分四類，上有閱古珍玩大印，乃韓侂胄之故物也書畫舫

南宫之書資學兼到，故能楷法追唐，行草入晉，一時名賢如李、蔡、蘇、黄皆莫能及，乃至誚顔、柳，貶旭、素，則過矣。近日項穆德純纂《書法雅言》，放斥蘇、米，極意詆訾之，當是口業報邪，卒不能掩其美也。《書畫舫》。

海嶽翁跋張旭書《公孫大娘舞劍帖》，黄素書小楷，精絶，惜《舞劍帖》不存，止存米跋耳。同上。

清・王世禛《香祖筆記》卷一一 米元章論書云：江南吴皖、登州王子韶大隸題榜有古意，吾兒尹仁與之等，幼兒尹知代吾名書碑，及手書大字，更無辨門下，許侍郎尤愛其小楷，按尹仁即友仁也。令人止知其畫，尹知者，益鮮美矣。

元章論唐人書最不喜柳，云柳出歐陽而為怪醜惡劄之祖，自此世人始有俗書，其弟公綽乃不俗，予昔兩至成都謁武侯廟，廟有裴度撰碑，公綽書也。

清・戈守智《漢溪書法通解》卷一《名人論書》 米芾曰：衛夫人書載於閣帖者，乃李懷琳偽作。

清・梁巘《承晉齋積聞録》 米海岳軟筆作書，下筆極細，鉤剔極粗，放蕩散漫，太無矩，終不為佳也。

清・何紹基《東洲草堂文鈔》卷一一《跋米襄陽書詩墨蹟》 昔過潤州登北固山尋甘露寺，每誦米老神護衛公塔，天留米老庵之句，覺天風海濤中，阿章神趣去人不遠，不圖今日獲見此詩墨真大快事。

楊南仲

綜述

宋・朱長文《墨池編》卷三《品藻之五・續書斷下・能品六十六人》 楊南仲篆石經於國子監，當時稱其小學。又有元居中為太常少卿，知宿州，東吴多其篆跡。

明・陶宗儀《書史會要》卷六《宋》 陽南仲不知何許人，工篆書。嘉祐中，嘗與章友直篆石經於國子監，甚有法度。

紀事

宋・胡宿《文恭集》卷一四《外制九十五首・楊南仲可大理寺丞制》 楊南仲可大理寺丞，知國子監，書學兼篆石經制敕，某朕以首善在學，至教本經，將遠塞於異，宜圖刻于方礎，敷求亳法緒正典文爾。鼏被薦延入預刊，正見稱篆籀之學，頗整字書之訛，亦既肆勤，宜有開勸進丞大理之屬，關知小學之司，勿替爾勞，往虔茲渥。

雜録

宋・朱長文《墨池編》卷五《寶藏三・周穆王刻石》 太常博士楊南仲，能讀古文、篆、籀，為余以金文寫之，而闕其疑者。

清・倪濤《六藝之一録》卷九一《石刻文字六十七・宋開封府石經》 嘉祐三年五月十五日，王洙薦大理丞，楊南仲石經有勞賜出身。楊南仲書周

易十，書十三，詩二十，春秋十二，禮記二十，皆具真篆二體。

張耒

論説

宋・董史《皇宋書録》卷中　盤洲跋曾躬所藏草書云：張右史文名滿天下，而後之人不知其能書。觀此墨妙，真可以藏之十襲。

清・倪濤《六藝之一録》卷三四五《歷朝書譜・宋・張耒》　張耒草書飄逸可觀。

傳記

宋・王稱《東都事略》卷一一六《文藝傳九十九》　張耒，字文潛，楚州淮陰人也。幼穎異能為文，從蘇轍學，轍見其文愛之，舉進士，為臨淮薄。壽安尉咸平丞蘇軾亦深知，稱其文為汪洋澹泊，有一倡三歎之聲云。召為太學録，元祐初，為正字，遷著作佐郎，改著作郎，兼史院檢討，在館八年，顧義自守，泊如也。擢起居舍人，請郡以直龍圖閣知潤州，徙宣州，責監黄州酒税，徙復州，起為通判黄州，移知兖州。召為太常少卿，甫數月，復以直龍圖閣知潁州。又徙汝州，復坐元祐黨落職，主管明道宫。初，耒在潁，聞蘇軾之訃，以師弟子禮舉喪，言者以為言，遂貶房州别駕，黄州安置。五年，得自便居陳州，尋主管崇福宫，卒，年六十。時又有李昭玘者，字季濟，北人也，有文名。亦為蘇軾所知，元祐中為起居舍人，後陷黨籍廢黜終身云。

《宋史》卷四四四《文苑六・張耒傳》　張耒，字文潛，楚州淮陰人。幼穎異，十三歲能為文，十七時作函關賦已傳人口。游學於陳，學官蘇轍愛之，因得從軾游。軾亦深知之，稱其文汪洋沖澹，有一倡三歎之聲。弱冠第進士，歷臨淮主簿，壽安尉，咸平縣丞，入為太學録。范純仁以館閣薦試祕書省正字，著作佐郎，祕書丞，著作郎，史館檢討。居三館八年，顧義自守，泊如也。擢起居舍人，紹聖初，請郡以直龍圖閣知潤州，坐黨籍，徙宣州，謫監黄州酒税，徙復州。徽宗立，起為通判黄州，知兖州，召為太常少卿，甫數月，復出知潁州、汝州。

張有

綜述

宋・董史《皇宋書録》卷中　善篆書，有所著《復古編》。

明・陶宗儀《書史會要》卷六《宋》　張有，字謙中，吳興人。隱於黄冠，善篆書法，甚古。有所撰《復古編》行於世。張徵云：昔人作篆如李丞相，李少監，徐騎省皆寫篆，非畫篆，是故用工至易，如神行乎中，至陳晞章友直文勛輩，榮豪洩墨，如圬如畫，是故筆。

李唐卿

紀事

宋・歐陽修《歸田録》卷上　至和中有書待詔李唐卿撰飛白三百點以進，自謂窮盡物象，上亦頗佳之，乃特為清静二字以賜之。其六點尤為奇絶，又出三百點外。

元・陸友《墨史》卷中《宋上八十人・潘谷子遇》　李唐卿嘉祐中以

書待詔者也，喜墨。嘗謂余曰：和墨用麝欲其香，有損於墨而竟亦不能香也，不若並藏以熏之。潘谷墨香徹肌骨，磨研至盡而香不衰。陳惟進之墨，一篋十年，而麝氣不入，但自作松香耳。蓋陳墨膚理堅密，不受外薰，潘墨之香劑中，必入龍麝等也。

周邦彥

論說

宋・董史《皇宋書録》卷中　谷中云，周美成正、行皆善。有詞稿藏張宮講宓家。

綜述

明・陶宗儀《書史會要》卷六《宋》　周邦彥，字美成，號清真居士，錢塘人，官至祕書監。尤長於歌詞，正書行書皆善。

清・吴升《大觀録》卷四《周待制頓首帖》　公名周邦彥，字美成，錢塘人。元豐初，獻汴都賦萬言，神宗召赴政事堂，自諸生一命為正，仕至徽猷閣待制，知順昌，徙處州，卒，年六十六。公善度曲，製樂府傳世。

傳記

《宋史》卷四四四《文苑六・周邦彥傳》　周邦彥，字美成，錢塘人。疎雋少檢，不為州里推重，而博涉百家之書。元豐初，游京師，獻汴都賦萬餘言，神宗異之。命侍臣讀於邇英閣，召赴政事堂，自太學諸生一命為正，

居五歲不遷，益盡力於辭章，出教授廬州，知溧水縣，還為國子主簿，哲宗召對，使誦前賦，除祕書省正字，歷校書郎，考功員外郎，衛尉宗正少卿兼議禮局檢討，以直龍圖閣知河中府。徽宗欲使畢禮書，復留之踰年。乃知龍德府，徙明州，入拜祕書監，進徽猷閣待制，提舉大晟府，未幾知順昌府，徙處州，卒，年六十六，贈宣奉大夫。邦彥好音樂，能自度曲，製樂府長短句，詞韻清蔚，傳於世。

王臨

綜述

明・陶宗儀《書史會要》卷六《宋》　王臨，字大觀，廣微弟，官至户部副使，負才氣，議論不阿。小字師宋綬，大字法石延年，魁梧擁腫，乃以筆力豪壯為主，然獨少古意耳。

傳記

《宋史》卷三二九《王廣淵弟臨傳》　臨字大觀，亦起進士，簽書雄州判官。嘉祐初，契丹泛使至，朝論疑所應，臨言：契丹方饑困，何能為。然《春秋》許與之義，不可以不謹。彼嘗求馴象，可拒而不拒；嘗求樂章，可與而不與，兩失之矣。今横使之來，或謂其求聖像，聖像果可與哉。朝廷善其議。治平中，詔求武略，用近臣薦，自屯田員外郎換崇儀使、知順安軍，改河北沿邊安撫都監。上備禦數十策，大略皆自治而已。契丹刺兩輸人為義軍，來歸者數萬。或請遣還，臨曰：彼歸我而遣之，必為亂，不如因而撫之。詔從其請，自是來者益多，契丹悔失計。進安撫副使，歷知涇、鄜州、廣信、安肅軍。召對，還文階，知齊州、滄州、荆南，入為户部副使，以寶文閣待制

知廣州府、河中，卒。

陳瓘

論説

宋・董史《皇宋書録》卷中　張文靖公云，字畫精勁蕭散，有《蘭亭》典刑，自應寶藏，以傳不朽，當不獨以名節之重，詞文之工也。

綜述

明・陶宗儀《書史會要》卷六《宋》　陳瓘，字瑩中，號了翁，南劍州沙縣人。官至右司員外郎。字畫精勁蕭散，有《蘭亭》典刑。

傳記

宋・王稱《東都事略》卷〇〇《列傳八十三》　陳瓘，字瑩中，南劍人也。舉進士甲科，為湖州書記。久之，用蔡卞薦，召為太學博士，遷校書郎。【略】以論事切直，出通判滁州。蔡京用事，編管歸州，遇赦放還而卒。

《宋史》卷三四五《陳瓘傳》　陳瓘，字瑩中，南劍州沙縣人。少好讀書，不喜為進取，學父母勉以門户事。乃應舉，一出中甲科，調湖州掌書記，簽書越州判官，守蔡卞察其賢，每事加禮而瓘測其心術，常欲遠之，屢引疾求歸，章不得上，檄攝通判明州。【略】五年乃得自便，纔復承事郎。帝批進目以為所擬未當令，再叙一官，仍與差遣，執政持不行，卜居江州，復有譖之者，至不許，輒出城，旋令居南康，纔至又移楚。瓘平生論京卞皆披摘其處心，發露其情慝，最所忌恨，故得禍最酷，不使一日少安。宣和六年，卒，年六十五。瓘謙和不與物競，閑居矜莊，自持語不苟發，通於易數，言國家大事，後多驗。靖康初，詔贈諫議大夫，召官正彙。

紀事

宋・周必大《文忠集》卷四九《題跋・跋陳瓘書》　張文潛謂韓文公揭陽謝上表頌德近諛，此非知言，古人愛其身以有待，不欲死瘴癘耳。其後爲兵部侍郎，宣撫鎮州，甲士陳廷大聲數責賊帥，視死爲何如。今伯紀謂陳忠肅公跋敢疑論爲懼死時，語亦非也。蔡氏烈焰燎原，爇天乃直犯其鋒，雖被竄斥，辨論不已，懼死者，能之乎。忠肅存心吾之矣。私史廢而宗廟尊，朝聞夕死可也。嘉泰元年四月壬辰廬陵宰黄伯庸以示，邑人周某敬題其後。

陳恬

綜述

宋・董史《書録》卷下　陳恬，字易叔，號存誠子。陳簡齋詩載其能書。

明・陶宗儀《書史會要》卷六《宋》　陳恬，字叔易，陽翟人。為祕書省校書郎，後棄官，上築嵩華間，號澗上丈人，能書。

清・倪濤《六藝之一録》卷三四六《歷朝書譜・宋》　陳恬，為祕書省校書郎，後棄官去，隱嵩華間，能書。

紀事

宋・朱弁《風月堂詩話》卷下　本朝陳恬，叔易，隱居潁川陽翟潤上，號潤上丈人。大觀間，宋喬年諷監司薦於朝，起為館閣，書疏間猶不去丈人之號。晁以道作詩譏之曰：東海一生垂釣客，石渠萬卷校書郎。丈人風味今如此，鶴到揚州興更長。其後以道謁叔易於京師，有婢應門，嚴妝麗服，熟視之，乃故時潤上赤脚也。以道又作一絶云：處士何人為作牙，盡携猿鶴到京華。可憐巖壑空惆悵，六六峰前少一家。王平甫閲韓退之送石洪温造二處士詩序云：退之善與處士作牙。

鄒浩

綜述

明・陶宗儀《書史會要》卷六《宋》　鄒浩，字志完，號道鄉先生，常州人，官至吏部侍郎，謚曰忠。元符間，任諫争，危言讜論，朝野推抑，亦善書。

傳記

宋・王稱《東都事略》卷一〇〇《列傳八十三》　鄒浩，字志完，常州晉陵人也。舉進士，為揚州教授，除太學博士，出為襄州教授，召對，除右正言。【略】。

建中靖國初，召為大宗正丞，宰相曾布數羅致之，晝不肯見，朝士争屬目，私自語曰：彼尚不肯見丞相，誰敢易之者。尋除提舉江西常平，改知淮陽軍，卒於治所，年四十五。

《宋史》卷三四五《鄒浩傳》　鄒浩，字志完，常州晉陵人。第進士，調揚州、潁昌府教授。吕公著、范純仁為守，皆禮遇之。純仁屬撰樂語，浩辭。純仁曰：翰林學士亦為之。浩曰：翰林學士則可，祭酒、司業則不可。純仁敬謝。【略】。

五年始得歸，初，浩除諫官，恐貽親憂，欲固辭。母張氏曰：汝能報國，無愧於公論，吾顧何憂。及浩兩謫嶺表，母不易初意。稍復直龍圖閣。瘴疾作，危甚。楊時過常，往省之。薾然僅存餘息，猶眷眷以國事為問，語不及私。卒，年五十二。高宗即位，詔曰：浩在元符間，任諫争，危言讜論，朝野推仰。復其待制，又贈寶文閣直學士，賜謚忠。誥所與游田晝、王回、曾誕，皆良士也。

藝文

宋・董史《皇宋書録》卷中　誠齋楊公咏新隆寺題壁詩云，道鄉千古一清風，雪壁銀鈎墨尚濃。

劉正夫

綜述

《宣和書譜》卷一二《行書六・宋・劉正夫》　文臣劉正夫，字德初，三衢人也。少有文行，鄉里畏服，及居太學，俊名籍甚，後登進士第，知名四方。既被召擢立朝，謇謇有大臣節。方時紹述熙豐，正左右輔佐一德之初，而正夫以精忠相與圖回至治，其所以持盈守成，而熙豐之盛德美意燦然一

新，正夫其有力焉。方且登庸，不期月間得疾，卒不即用。天下士夫皆為之嗟惜。閱歲以疾不起，訃聞，帝震悼，為之輟朝。正夫平日喜書學，多作行法，好與人論字。嘗謂字美觀則不古，初見之則使人至愛，次見之則得其不到古人處，三見之則偏傍點畫不合古者，歷歷在眼矣。字不美觀者必古，初見之則不甚愛，再見之則得其到古人處，三見之，則偏傍點畫亦歷歷在眼矣。故觀今之字如觀文綉，觀古人字如觀鍾鼎。學古人字期於必到，若至妙處如會於道，則無愧於古矣。人以為知言。然平生不泥於此，亦不求人知。所書字間有被旨承命為碑刻者，以是傳於世者絶少。晚年間作逸字，獨藏於家。官至少宰，贈太師，謚文憲。今御府所藏行書二。

明・陶宗儀《書史會要》卷六《宋》　劉正夫，字德初，三衢人，登進士第。官至少宰，贈太師，謚文憲。謇謇有大臣節，平日喜學書，多作行法，好與人論字，所書字間有被旨承命為碑刻者，以是傳於世者絶少，晚年間作逸字。

清・吴升《大觀録》卷四《劉少宰褒除帖》　正夫字德初，元豐間，南省奏名犯諱當黜，宣仁太后命寘末級，除左司諫，解蔡邸獄。政和中，擢少宰，以疾致仕，封康國公，東歸，賜詩畫硯筆，寵行獻詩以謝，歸至盱眙，卒，年五十六，謚文憲。喜學書，多作行法。

傳記

宋・王稱《東都事略》卷一二〇《列傳八十五》　劉正夫，字德初，衢州西安人也。舉進士，為真州教授，遷太學博士，徽宗即位，除左司諫。【略】

除安化軍節度使，開府儀同三司致仕。明日落致仕，移鎮安静，充中太一宮使，封康國公，行有日，徽宗賜詩寵之。疾作，卒於道，年五十六，贈太傅，謚曰文憲。自正夫去位，王黼為相，誤國召亂，以禍天下，余深白時中李邦彦輩相繼竊位，皆鄙夫患失之徒云。

張舜民

綜述

清・倪濤《六藝之一録》卷三四五《歷朝書譜・宋・張舜民》　浮休善豪翰，其蹟見羣玉堂法帖中。

清・吴升《大觀録》卷四《張諫議東來帖》　公名舜民，字耕叟，邠州人，中進士第。令襄樂，上書斥新法，士論壯之。元豐中，坐靈武詩貶，會赦北還。徽宗立，擢諫議大夫，居職纔七日，封事六十上，尋坐元祐黨謫，復集賢殿修撰，卒。公慷慨喜論事，善爲文，字型大小，浮休居士云。

傳記

宋・王稱《東都事略》卷九四《列傳七十七》　張舜民，字芸叟，邠州人也。舉進士，爲襄樂令。王安石行新法，舜民上書，謂裕民所以窮民，彊内所以弱内，闢國所以蹙國，以堂堂之天下，不當與小民争利。時皆壯之，元豐中，朝廷方討西夏，五路出兵，環慶帥高遵裕辟掌機宜文字，遵裕敗，謫監郴州酒税，會赦，得原。元祐初，宰相司馬光舉舜民，才氣秀異，剛直敢言，試祕閣校理，除監察御史。【略】凡五年，許自便，累復集賢殿修撰，致仕，以卒。舜民少慷慨，善論事，其使遼也，見耶律延禧爲皇太孫，因著論以所喜者名茶、古畫、音樂、美姝，它日必有如張義朝挈十三州以歸，當不四十年見之，自號浮休居士，有畫墁一百卷。

《宋史》卷三四七《張舜民傳》　張舜民，字芸叟，邠州人，中進士第。為襄崇令。王安石倡新法，舜民上書言便民所以窮民，内所以弱内，富國所以蹙國，以堂堂之天下而與小民争利，可耻也。時人壯之。元豐中朝廷討

西夏，陳留縣五路出兵，環慶帥高遵裕辟掌機密文字，王師無功，舜民在靈武，詩有《白骨似沙沙似雪》及官軍斫受降城柳為薪之句，坐謫監邕州鹽米倉。又追赴鄜延詔獄，改監郴州酒税，會赦北還。司馬光薦其才氣秀異，剛直敢言，以館閣校勘為監察御史。上疏論西夏彊臣争權，不宜加以爵命，當興師問罪，因及文彦博，左遷監登聞鼓院臺諫，交章乞還職，不聽。通判虢州提點，秦鳳刑獄。召拜殿中侍御史，固辭，改金部員外郎，進祕書少監，使遼，加直祕閣陝西轉運使，知陝潭青三洲。元符中，罷職赴東銓，以為坊州、鳳翔，皆不赴。徽宗立，擢右諫議大夫，居職纔七日，所上事已六十章。陳陝西之弊，曰以庸將而御老師，役饑民而争曠土，極論河朔之困，言多剴峭，徙吏部侍郎，旋以龍圖閣待制知定州，改同州，坐元祐党，謫楚州團練副使，商州安置，復集賢殿修撰，卒。舜民慷慨喜論事，善為文，自號浮休居士。其使遼也，見其太孫禧好音樂、美姝、名茶、古畫，以為他日，必有如唐張義挈十三州來歸者，不四十年當見之，後如其言。紹興中追贈寶文閣直學士。

張察

論說

宋・董史《皇宋書録》卷中 《成都記》云：成都人，嘗帥鼎州以篆名。今成都題榜往往通之筆也。

綜述

明・陶宗儀《書史會要》卷六《宋》 張察，字通之，成都人也。嘗帥鼎州，以篆名。今成都題榜往往察之筆也。

張友正

論說

宋・黄庭堅《山谷别集》卷一〇《題跋・題徐浩題經》 蘇子瞻、錢穆父論書，不取張友正、米芾，余殊不謂然。及見郭忠恕叙字源後，乃知當代二公極為别書者。右皆家傳。

宋・董史《廣川書跋》卷七《張友正草字》 張友正所書自云得漢人心法，其用筆過，為鋒長而力弱，殆不可持，故使筆常動摇，勢若宛轉，世人故自不能用。今考其書，别搆一體，自得成就，雖神明潛發，不逮古人。然自然處正，自過人也。今人不知古人用筆，或妄詆者，不知書者也。皇象曰：欲見草書漫漫落落，宜得精豪甏而兖切柔皮筆委曲宛轉，不叛散者，紙當得滑密不沾汙者，墨又須多膠紺黝者，如逸豫之餘，手調適而心歡娱，正可以小展。觀此便知友正用筆，蓋有所本。近時趙叡彦思學友正用筆，至于草字已能輕舉迅速頡頏，筆墨間自與握一筆頭，拘制方寸間者，異也。

綜述

宋・徐度《卻掃編》卷中 張友正，字義祖，退傅鄧公之子，少學書，常居一小閣上，杜門不治他事，積三十年不輟，遂以書自名。神宗常評其草書為本朝第一，予頃在館中與其族孫巨山同舍，嘗出所藏。義祖家書數卷，每幅不過數十字，便了詞語皆如晉宋間人，蓋閲古書之久，不自知其然也。

清・夏力恕等《湖廣通志》卷五七《人物志文苑・襄陽府》 張友正，《宋史・張士遜傳》：友正字義祖，友直弟，杜門不治家事，居小閣學書，積三十年不輟，遂以書名。神宗評其草書為本朝第一。

傳記

《宋史》卷三一一《張士遜傳》　子友正，字義祖，杜門不治家事，居小閣學書，積三十年不輟，遂以書名。神宗評其草書為本朝第一。

紀事

宋・葉夢得《避暑録話》卷下　張友正鄧公之季子，少喜學書，不出仕，有別業價三百萬盡鬻以買紙筆，蹟高簡有晉宋人風味，尤工于草書，故廬在甜水巷，一日棄去，從水櫃街僦小屋，與染工為鄰，或問其故，答曰：欲假其縑素學書耳。于是與約几有欲染皂者，先假之一端酧，二百金，如是日書數端。米元章書自得於天資，然自少至老，筆未嘗停，有以紙餉之者，不問多寡，入手即書，至盡乃已。元祐末，知雍丘縣，蘇子瞻自揚州召還，乃具飯邀之，既至，則對設長案，各以精筆佳墨紙三百列其上而置饌其旁，子瞻見之大笑，就坐。每酒一行，即申紙共作字，一二小史磨墨，幾不能供，薄暮酒行既終，紙亦盡，乃更相易携去，俱自以為平日書莫及也。友正既未嘗仕，其性介不多與人通，故其書知之者少，但不逮元章耳。

雜録

明・張丑《清河書畫坊》卷三　丑按張友直為唐世書家章友直，乃得象族子，張友正則鄧公季子，並見陶南村，要俗子每相混。

清・倪濤《六藝之一録》卷二八一《歷代書論十一・李日華論筆墨》　張友正云：精毫莬筆，委曲婉轉不畔散者，紙當得滑密不沾汙者，墨又須多膠黚黝者，如逸豫之餘，手調適而心歡娛，正可以小展莬桑皮也。音如紐之去聲，正婉轉不畔散之意也。今人縛筆不患散而患畔，畔者，我意欲東而筆強使西，大都貍毫之罪耳。

石蒼書

綜述

宋・王十朋《東坡詩集注》卷二八《題詠・石蒼舒醉墨堂》　石蒼舒醉墨堂。子仁蒼舒，京兆人，字才美，善行草，人謂得草聖三昧。官為承事郎，通判保安庫，嘗為丞相，汲郡吕公徵仲所薦不逹而卒。

宋・王清明《玉照新志》卷五　石才叔蒼舒，雍人也。與山谷遊從，尤妙筆札，家蓄圖書甚富，文潞公帥長安，從其借所藏褚遂良聖教序墨蹟一觀，潞公愛翫不已，因令子弟臨一本。休日宴僚屬，出二本，令坐客別之。客盛稱公者爲真，反以才叔所收爲僞本，叔不出一語以辨，笑啓潞公云：今日方知蒼舒孤寒。潞公大哂，坐客赧然。

薛紹彭

論説

元・陸友《研北雜志》卷上　薛道祖書温潤。

明・王世貞《弇州續稿》卷一六一《薛道祖墨蹟》　宋思陵稱北宋時唯米襄陽、薛河東得晉人遺意，虞道園則謂黄長睿有書學而筆不逮，識紹彭最佳，世遂不傳。米氏父子舉世學其奇怪獘流。金朝，此卷《雪頂山詩帖》能以拙藏巧，《上清達年帖》皆書所作得意語，波拂之際，天趣益發，《在

縣帖》與《上清》微類而加圓熟，《通泉帖》咄咄逼右軍，幾令人有張翼歎。大抵筆多内擫結，取藏鋒妙處，非乍看可了。前輩語固不虚也，道祖襄陽時人，嘗以從官典郡，與劉涇俱好收古書畫，翠微居士其別號也。

明・張丑《清河書畫舫》卷九上《宋・薛紹彭・靈辟石帖真跡》　張伯雨云：米元章學王書而變，薛道祖學王書而不變。

又　少游近日學書，便有東晉風味，作詩增奇麗，乃知此人不可使閒，遂兼有百伎矣。進伎而不進道，則不可，少遊乃伎道兩進也。浮屠不三宿桑下，東坡蓋三宿矣。去後仲修使君當復念我邪。庚辰八月二十七日合浦清樂軒。東坡題跋。

綜述

明・陶宗儀《書史會要》卷六《宋》　薛紹彭，字道祖，長安人，官至祕閣修撰。出為梓潼漕，自謂河東三鳳後人，書名亞米芾，符祐間號能書。

明・豐坊《書決》　薛紹彭，字道祖，河東人，官至祕閣修撰，書宗二王。

明・張丑《清河書畫舫》卷九《宋・薛道祖・靈辟石帖真蹟》　薛紹彭字道祖，祖別號翠微居士。米元章書畫友也。其書緊密，藏鋒得晉宋人意，惜少風韻耳。

清・吴升《大觀録》卷四《薛修撰三詩帖》　公名紹彭，字道祖，自謂河東三鳳後人，居長安，官祕閣修撰，出轉河東漕，書名亞米芾南宫，而緊密，藏鋒得晉宋人遺意。符祐間號稱能書。

紀事

元・袁桷《清容居士集》卷四六《題跋・題薛紹彭帖》　長安薛道祖與米元章、劉巨濟為三友，朝夕議論晉唐雜蹟圖畫，然其作字則各成一家。紹興中，購薛米書最急，悉以小璽印縫，後御府刻米帖十卷，而道祖書不得入石。客杭見道祖書一巨石于駙馬都尉楊公家，精神峻整，遂深疑紹興不入石之故。問於子昂，子昂曰：薛書誠美，微有按模脱墼之嫌。余不能書，而深識其語，私嘗謂米襄陽書政如黄太史作詩之變，芒角刷掠，求於匱韞川媚則蔑有矣。學魯獨居之男子，於道祖見之。至治二年八月乙亥，袁桷記。

又《薛道祖三帖卷》　翠微居士薛道祖，書學最古，法最穩密，而世傳獨最少，惟道園亦自恨之，十五年前，余嘗得其上清連年實享清適四帖以示文仲子，仲子大快，以為所睹惟晴和二像隨意吟三帖，不謂復覩此真足以軒輊。六朝追蹤漢魏，今年忽於元馭宗伯所見此三帖，不覺失聲歎賞，居月餘，偶及之則雲偶以寄吾弟家馭矣。家馭亦不甚鑒許。又月許而家馭自留都輟以見貺，雲公何自愛之，吾不敢知也。世固有遇有不遇，豈道祖書遇余而不遇家馭兄弟耶。抑家馭兄弟割所愛以殉余而故隱之也。仲子又亟稱道祖所臨禊帖尤妙，此卷實嘗落余手，以贄西川王大夫作先公傳，度不可再返，惟時時屬大夫子續之，勿輕與人而已。跋有居仁者陸姓亦勝國能書人。

又　此大三皆與大年者，蓋宗室令穰也。畫品超絶，與道祖翰墨契甚深。吴文定跋者，其不列於四大家，為之扼腕。按道祖之先少保嗣通者，書法有舅氏褚登善宅相。時人語云買褚得薛不落夾，而道祖與米元章實齊名。故元章貽之詩云：世言米薛或薛米，猶言弟兄與兄弟。然嗣通筆怯不逮登善，乃得列歐虞四大家，道祖品高無遜元章，顧獨不得與蘇黄四子並者，嗣通路必跳跋墨林，旭、素、顔、柳尚未出，而道時四子數已滿故也，與道祖頡頏者章惇蔡京卞，俱有可觀，以人故不齒云。

明・李日華《六研齋筆記》卷一　薛紹彭書法從《蘭亭》，秀整綿密中入譬之道脈，則中行之士也，而變化雄桀之氣絶少，是以不能不遜蘇米，觀其監太清宫見二蘇上清詞悦之，不自揮翰必，求坡公書以入石，則其伏膺眉山深矣。今世稍窺筆法者，必欲論著相排，何其淺也。

雜録

宋・米芾《書史》　薛紹彭有懷素一軸絹書，肅宗行書綾紙《千文》，購于錢景湛處。

少游詩餘草藁一卷，楷、行妙絶，駸駸出黄豫章上。子瞻評其書云：少游行草甚有東晉風，味真知言哉。丁巳八月獲觀妙跡，漫書其尾。

王升

論説

宋・董史《皇宋書録》卷中　谷中云：王升宣和間以草書聖經進上，除書學録，見米友仁跋于文。

蘇過

論説

宋・釋惠洪《石門文字禪》卷二七《跋・跋書黨字》　王子敬童稚時作字，行草已超故方，引紙著腕，右軍從後掣其筆不獲，乃歎曰：是兒他日名當大成。予觀叔黨行草皆蟬蛻墳塵之類，筆法通亞乃翁矣，惜其早世不秋，庸詎不以此即媲子敬耶。邵陽儉上人雨歇攜此帖見過，翛然如見父子角巾竹杖小港榕林之下，不勝清絶。建炎二年三月十八日。

金・元好問《遺山集》卷四〇《跋蔡叔黨帖》　叔黨聞筆雄贍殊有鳳毛。坡嘗云：海外無以自娱，過子每作文一篇輒喜數日，蘇氏父子昆弟文派若不相遠，俗子乃疑黄樓賦，坡亦嘗辯之。颶風賦亦謂非坡不能作，不然亦當增入筆點竄之也。風俗薄惡如此，文賦且不論，至如叔黨如此帖其得意處，豈亦坡代書耶，可以發一笑也。閏月十八日書。

綜述

宋・王清明《揮麈後録》卷八　蘇過，字叔黨，東坡先生季子也。翰墨文章能世其家，士大夫以小坡目之。

曾紆

論説

宋・釋惠洪《石門文字禪》卷二七《跋・跋公衮帖》　見蛇鬬而筆法進，聞雞聲而遂能神。東坡以謂寧有存法與神于胷中而能學書者乎。予觀公衮行草，既不用法，亦不祈其神，娓娓意盡則止耳。

紀事

清・倪濤《六藝之一録》卷三五二《歷朝書譜・曾子宣被召詩》　頃年嘗見曲阜手澤於番陽彭尚書家，後又兩見文肅真帖，然忘其處所矣。若南豐與湘潭翰墨則未之見也。來撫訪跡故家，於是識湘潭之孫淮，而因得盡窺其先世四君子典刑，雖紙獘墨渝，生意瞌然，故在不謂哀莫潦倒，猶有此一幸遇也。敬書以志喜。嘉定癸未夏浚儀趙汝談。

予生平閱前輩翰墨不少，獨湘潭、南豐、文肅、文昭手澤，雖在鄉里，乃未之見。道夫魯兄一日出此軸以相示，見其書，猶見欺人焉。斂衽讀之，所得多矣。若夫四公之文章履行，近世諸賢已自著語，無所容喙，姑紀歲月以附卷尾。嘉定甲申夏六月甲午里人董居誼。

荆公、南豐皆以淡墨片紙荒率行草，而人往往從其後收之，易世之後，敬之如此。此如欹破帽，煨半芋，振衣迎客，客主無語而意自消。因思少年舉子，一門三第，非四方所少，功名富貴竟亦何足復道。惟人自有集，列為三文，大者見稱歐魯，此大江以西，文山文水，太平星聚，諸賢福力，左提右挈，流風餘澤，不乏不衰，是以至此也，而非一家之慶，一人之禄，一書生之所能。此卷家乘在流落為多，在文獻為蓋後，又百八九十年而徵宋猶有存焉。　廬陵劉辰翁。

文定公書如謝家子弟，雖時偃蹇不端，正自爽塏有一種風氣。文肅公如高麗使人，抗浪甚有意氣。文昭公書如玉環臃腫，自是太平人物。湘潭公書如吴興小兒，形雖未成而骨體甚雋。見此衆妙，何其幸歟。丁亥四月十八日陳黄裳觀。

《招子拜觀帖》後，内翰文昭公三書云：五十郎者，吾六世祖，司直公尊行也。公乃艇齋，文諱晦之，字仲共。内翰乃司直公之叔祖，故作書以此稱之。其帖末故云：叔翁批蓋三帖是家書耳。先世未嘗附馬觀雁湖李公之跋，則可見矣。先君恐其遺散，遂附於諸帖之後，侍先君辟地稠原，至於駝善屢遭鋒刃之厄，此帖此身甚於草芥，殆幾於不保矣。幸神其擁護，與他書表裏，佩在左右，一旦遂為不失之物，真可謂奪之虎口，而得之龍頷也。嗚呼，經此一番大變，故而所攜盡焉為一空，可為當日憾。然此生尚存，斯文未喪，猶可謂後來慶，雖則神者相而亦莫非祖宗有靈，冥冥之中陰實相之也。當是時，如高大父艇齋文安贊述，及晦奄先生朱文公所與魯大父適軒講書十七帖俱在囊中，其所謂贊述者，僅存一軸，而文公墨帖止存四五紙，如此書則全璧，依然青氈，再復至今為全書，為我家故物，於斯弗失矣。招子暇日重為緝理，遂得以窺先代四祖染翰之盡其心，文安講書收拾之盡其力，祖考二君珍藏之盡其功，流傳三百年間紙未獘而墨未渝也。嗚呼，一經靖康之變，再歷開慶之擾，終更德祐之厄，異書奇文，古篆名迹，至於泯没澌盡，與之俱化者亦不少，而此帖歸然獨存，尚傳千載，魯不與之俱化，吁，可怪也。夫若使後人觀之聳愕，當撫卷而三嘆也。為之子孫者，又安敢失墜而忘其祖宗付吒之意哉。故子題其帖曰傳家之寶云。歲在元黓敦牂季秋菊前一日，八世孫招子再拜謹書於跋。

曾紆，字公卷，號空青老人，文肅公布子。善詞翰，以蔭補官，崇寧癸未坐黨籍，貶零陵，與黄魯直厚善。紹興二年，直顯謨閣。

公衮行草既不用法，亦不祈其神，娓娓意盡則止耳。

邵箎

紀事

宋・董史《皇宋書録》卷中　崇寧中，直龍圖閣，知蘇州。余家藏其小字《游景叔墓碑》，刻於京兆武功縣，字體清勁，又有《消灾經》石刻，皆其書也。後又得其手帖數紙，實為佳玩。秦少游集《山有聞雁懷仲恭》詩一篇，即其人也。

雜録

清・梁巘《承晉齋積聞録》　邵箎游公墓誌，清勁為瘦，有别述。

唐坰

論説

宋・董史《皇宋書録》卷中　熙寧間同知諫院彦猷，其父也，東坡記其六家書後云：林夫之書，過我遠矣。山谷云：唐林夫學書，知古人筆意。

綜述

明・陶宗儀《書史會要》卷六《宋》　唐坰，字林夫，詢之子。熙寧間附王安石，官同知諫院。學書，知古人筆意，少所許可，甚愛蘇軾書。

雜録

宋・米芾《書史》　唐坰處黄楮紙伯高《千文》兩幅，與刁約家兩幅，一同是暮年真迹，每辯六七字，刁氏者後有李玉、徐鉉跋，為人偽刻建業文房之印，印之連合縫印破字每見，令人歎息。

米友仁

論説

宋・魏了翁《鶴山集》卷六二《跋・跋米友仁帖》　米南宫大字雅逸，細書結密皆有可法，至好為小篆，則有不知而作者。元暉雖不逮其父，然如王謝家子弟竟自有一種風格也。

元・王惲《秋澗集》卷七二《題跋・跋米元暉書》　元暉書類王謝子弟，以當家論之，闇中摸索，知為人豪，然其間時有圓轉藏鋒處，豈厭家雞而欲斂乃翁之掉率耶。

明・王世貞《弇州四部稿》卷一三六《文部・墨刻跋七十二首・米元暉夫子廟記》　米元暉書夫子廟記石刻，在吴城中，書亦秀穎可愛，但結法既不古，又乏變態耳。黄涪翁贈之詩：虎兒筆力能扛鼎，教字元暉繼阿章。取義之獻之故事。書家不愧箕裘者，有大小鍾，大小衛，大小王，大小歐陽，大小米，惟小米差弱耳。

明・王世貞《弇州續稿》卷一六一《文部・墨跡跋・題米元暉手書詩後》　米禮部芾壽止四十五而其子敷文至八十二，書法則不啻箕裘而已。此敷文所書詩叙語後缺一行，詩六章前缺一行，紛披老筆，遒媚險譎，是晚年最合作筆。詩句云：我今將及古稀年。可證也。若其語之沓拖潦倒，不無南渡門面老顛家風。

清・康有為《廣藝舟雙楫》卷六《行草第二十五》　米友仁書中含南宫外拓而南宫佻僄過甚，俊若跳擲則有之，殊失莊若對越之意，若小米書則深奇穠縟，肌態豐嫮矣。

綜述

宋・董史《書録》卷下　米友仁，字元暉，元章子，官至工部侍郎。山谷嘗戲贈之詩云：虎兒筆力能扛鼎，教字元暉繼阿章。虎兒，暉小字也。吕企中跋豫章所刻法帖云：米氏心畫之妙得於家傳，父作子述識者，謂宋之有元章元暉，猶晉之有羲之獻之。

更嘗攷米西清之書，多作斜努力之筆，甚者一字皆成横攲之勢，此傚父體而用力太過耳。

明・陶宗儀《書史會要》卷六《宋》　米友仁，字元暉，小字虎兒，芾之子。官至兵部侍郎，力學嗜古，善書。黄庭堅嘗戲之詩云：虎兒筆力能扛鼎，教字元暉繼阿章。心畫之妙得於家傳，父作子述識者，謂宋之有元章元暉，猶晉之有羲之獻之。或謂作斜弩之筆，一字皆成横攲之勢，此效父體而用心大過耳。

傳記

《宋史》卷四四四《文苑六・米芾傳》　友仁字元暉，力學嗜古，亦善

書畫，世號小米，仕至兵部侍郎，敷文閣直學士。

紀事

宋・陸游《渭南文集》卷三〇《跋四十首・跋米元暉書先左丞海岱樓詩》 右米侍郎元暉書，先大父《題海岱樓詩》一首。《春秋公羊傳》曰：山川有能潤於百里者，天子秩而祭之，觸石而出，膚寸而合，不崇朝而徧雨乎。天下者，惟泰山耳。故大父云起為霖雨從膚寸，蓋言徧雨天下之澤，自膚寸而始也。米所書誤以從為成，遂失本意，可為太息。嘉泰四年秋八月壬寅，山陰陸某書於三山老學菴。

藝文

元・方回《桐江續集》卷二八《題米元暉寒林》 善書善畫古來希，前輩風流日漸微。開卷令人憶羲獻，米元章更米元暉。

元・胡祗遹《紫山大全集》卷七《七言絶句・題米友仁墨蹟》 出奇尚氣米襄陽，怒虎飛龍不可當。柔懦友仁來點化，法衣傳到雪溪堂。

氣稟高卑既不齊，才能巧拙自雲泥。屋中架屋何難悟，愈費工夫勢愈低。

雜録

清・戈守智《漢溪書法通解》卷一《名人論書》 王弇州曰：米友仁書，亦穎秀可喜，但結法既不古，又乏變態耳。黄魯直贈之詩曰：虎兒筆力能扛鼎，教子元暉繼阿章。取羲之獻之故事耳。書家不愧箕裘者，有大小鍾，大小衛，大小王，大小歐陽，大小米，唯小米為差弱。

畢良史

綜述

明・陶宗儀《書史會要》卷六《宋》 畢良史，字少董，紹興間進士，能寫唐人小楷。

紀事

宋・何薳《春渚紀聞》卷五《張友篆字》 畢少董，文簡之孫，妙於鼎篆而亦多見周秦，凡有盤盂之銘，其論水字云：中間一豎更不須曲，只是畫一坎卦耳。蓋坎為水見於鼎銘多如此者並記之。

宋・樓鑰《攻媿集》卷七三《題跋・跋王伯長定武修禊序》 畢少董所藏董氏淳化間本，尤為精好，自言為兒時親在定武見青石本，帶右天三字已闕壞，大觀再見之，與舊所見無異，則五字未必皆紹彭劖損也。更當攷紹彭在中山時歲月云。

明・李日華《六研齋二筆》卷四 畢良史，字少董，蔡州人。略知書傳，喜字學，粗得晉人筆法。少遊京師，以買賣古器書畫之屬出入貴人之門，當時謂之畢償賣。兵火後，僑寓興國軍江西漕將蔣璨喜其辨慧，資給赴行在，遂以古器書畫之説動諸内侍。内侍多喜之，思陵方搜訪古玩，恨未有辨其真偽者，得良史甚悦，月給俸二百千而食客滿門，時號為貧孟嘗。有姓畢人得文資恩蔭，無宗族，承受，良史邂逅得之，補文學後，權知東明縣，到縣搜求，京城亂後遺棄古器書畫復載以達行在，上大喜，良史通《春秋》，改京秩，棲遲輦下，人又號之畢骨董。

藝文

元・陸友《研北雜志》卷上　畢少董作醉蘇堂，蔣璨宣卿為銘曰：畢子飄零，放浪南國。家無儋石，聚書佩玉。惟東坡老，百行一德。發為文章，散作翰墨。筆端翻瀾，泉石竹栢。容我沈酣，無有醒日。四海一家，天地枕席。何以解酲，視此掛壁。

雜録

清・孫岳頒等《佩文斎書畫譜》卷三四《書家傳十三・宋三》　良史能寫唐人小楷。《書史會要》。

良史喜字學，得晉人筆法，少遊京師，以買賣古器字畫之屬，出入貴人之門，當時謂之畢償賣。兵火後僑寓興國軍江西漕將蔣燦喜其辨慧，資給赴行在，遂以古器書畫動諸内侍，内侍多喜之。思陵方搜訪古玩，恨未有辨其真偽者，得良史甚悦，補文學，權知東明縣，到縣搜求古器書畫，復載以達行在，上大喜，改京秩，栖遲輦下，人又號畢骨董。《六研齋二筆》。

吴説

論説

宋・趙构《翰墨志》　紹興以來，雜書、游絲書，惟錢塘吴説。

宋・葉紹翁《四朝聞見録》卷一　東坡既賦寒碧之句，吴氏説能草聖，行書尤妙，嘗書坡句於寺之粲壁。高宗命使詔僧借入宮中留玩者數日，復命還賜本寺，説字畫遇際聖君如此。

宋・趙希鵠《洞天清録》　練塘深入太史之室，時作鍾體。

明・董其昌《畫禪室隨筆》卷一《評古帖・跋吴傳朋書》　昔人稱吴傳朋説真書為宋朝第一，今觀《九歌》應規入矩，深得《蘭亭》、《洛神》遺意。高宗洞精書法，至為閣筆，歎賞不虚也。左方有馬和之侍郎圖，此必當時有李伯時畫《九歌》，米元章作書，而二公復倣之耳。伯時書乃全用鍾法，《宣和譜》謂其追蹤魏晉，今始見之，當與米元章并傳者，宋之小楷名家盡此矣。

清・顧復《平生壯觀》卷三《南宋・吴説》　傅朋書名為南宋之巨臂，見其手蹟平澹自如，不趨險絶，且無一筆蹈襲古人處。讀李青照《金石録後序》云：尚餘石刻五七簏，盜穴壁取去，為吴説運使賤價得之，意者得名為大家者，其從金石刻中悟筆法者乎。王百穀題李龍眠九歌圖云：覩一名畫而并見兩法書以誌為幸，蓋謂李卷後曹緯寫歌傅朋書跋也。鑒賞如百穀尚以一見傅朋之蹟為幸，今余所見如許，豈非大幸。

綜述

宋・董史《書録》卷下　吴説，字傅朋，翰墨志紹興以來，雜書游絲書惟錢塘吴説，篆法惟信州徐兢，亦皆碌碌可嘆其弊也。

《揮麈録》云：説知信州朝辭上殿，高宗云，朕有一事，每以自慊，卿書九里松碑甚佳，向來朕自書，易之終不逮，卿所書當令仍舊。説惶恐稱謝。是日，降旨令根尋舊碑向在天竺寺庫堂中，即復令張挂取宸奎牓入禁中。

明・陶宗儀《書史會要》卷六《宋》　吴説，字傅朋，錢塘人。高宗謂紹興以來雜書游絲書惟錢塘吴説。説知信州日，朝辭，上謂曰：朕有一事，每以自慊，卿書九里松牌甚佳，向日書易之，終不迨卿所書，當令仍舊。是日，降旨俾根尋舊牌張挂，説之見重於高宗如此。

紀事

宋・洪邁《容齋三筆》卷二《題詠絶唱》 吴傅朋，遊絲書賦詩者以百數汪彦章五言。

宋・周必大《文忠集》卷四六《題跋一・題吴説書》 此書乃吴説傅朋書，而劉季高用名字及抒山三印，意其愛而畜之爾。嘉泰二年八月二十四日平園老叟周某題。

宋・葉紹翁《四朝聞見録》卷一《甲集・九里松用金字》 或問予曰：今九里松一字門扁，吴説所書也。字何以用金。予謂之曰：高宗聖駕幸天竺，由九里松以入顧瞻有扁，翌日取入欲自為御書，黼黻湖山命筆研書數十番，歎息曰：無以易説所書也。止命匠就以金填其字，復揭之於一字門云。

宋・王清明《揮麈録・後録》卷一〇《吴傅朋上殿，高宗自謂九里松碑不如吴説》 吴傅朋説知信州，朝辭上殿，高宗云：朕有一事，每以自慊。卿書九里松牌甚佳，向來朕自書，易之終不逮卿所書，當令仍舊。説皇恐稱謝。是日，降旨令根尋舊牌，尚在天竺寺庫堂中，即復令張掛取宸奎，榜入禁中。説所書至今揭於松門，仰見聖德謙仁之不伐也。傅朋自云數十句多用翰墨故事，固已超拔，而劉子翬彦沖古風一篇，蓋為絶唱，其辭云：圓清無瑕二三月，時見遊絲轉空闊。誰人寫此一段奇，著紙春風吹不脱。紛紜糾結疑非書，安得龍蛇如許臞。神蹤政喜縈不斷，老眼只愁看若無。定知苗裔出飛白，古人妙處君潛得。勿輕漠漠一縷浮，力遒可挂千鈞石。眷予弟兄情不忘，軸之遠寄悠然堂。謝公遺髯凜若活，衛後落鬢摇人光。翻思長安夜飛蓋，醉哦聲落南山外。亂離契闊四十秋，筆意與人俱老大。政成著脚明河津，外家風流今絶倫。文章固自有機杼，戲事豈足勞心神。此章尤為馳騁痛快，且卒章含譏諷，正中傅朋之癖。予少時見二公所作，殊敬愛之至，今五十年尚能記憶，懼其益久而不傳，故紀於此。

藝文

宋・汪藻《浮溪集》卷二九《五言古詩》 吴傅朋以王逸少遺意作游絲之書，古今所無，恨未之見也。為賦此詩。

吴侯能書聲，不減《銘瘞鶴》。臺郎今獨步，誰數衛與索。官黄臨小楷，老筆更沈著。年來雞鶩間，兒輩妄穿鑿。超然出新意，非用元和脚。游絲隨春風，忽向窗几落。傳觀懔飛動，安得此健藥。自言臨池時，屢閱更歲籥。毫端幾百鍊，始到蟲網絡。誰云右軍後，兹事祕冥漠。一朝神明還，千載宛如昨。乃知鑪鎚妙，信手皆合作。於皇雲漢章，神授等河洛。光芒下照燭，萬帖悉糟粕。君命幸逢時，當草鳳尾諾。胡為尚留滯，未便持漢橐。行看誠懸歸，佳句題殿閣。

宋・洪适《盤洲文集》卷一《詩四十六首・題信州吴傅朋郎中游絲書》 上饒町俗醇且古，千室鳴絃方按堵。黄堂人人今循良，河南治平追鼻祖。訟棠留景分清陰，爐篆方羊燕寢深。笑談了卻邦人事，游戲翰墨惟書林。自從真行易篆、隸，草聖書絶馳極藝。游雲驚龍初振奇，渴驥怒猊争作勢。臣中第一兹謂誰，寥寥典則其幾希。文人尺牘妙天下，咸去收拾生光輝。作古要須從我始，直欲名家自成體。手追心摹前無人，一掃塵蹤有新意。縱横經緯生胸中，落紙便與游絲同。緑甃繭車飛白雪，織簷蛛網破清風。一行一筆相聯屬，姿態規橅駭凡目。臨池漫勞三十年，千兔從教後人禿。舊聞吕向連錦書，百字環寫縈髮如。惜哉澳汨已無考，盍使北面稱臺輿。獨步不復名相甲，端恨二王無此法。只今四海書同文，使者來求至將押。

雜録

宋・周密《癸辛雜識續集》卷上《接待寺》 杭之北關接待寺，寺額乃吴傅朋書。敕賜妙行之院初扁甚小，其後展而大之，殊乏書體。其右廡

有古觀音殿，亦傳朋書，極佳。

明・張丑《清河書畫舫》卷八下《補遺》　吴説傳朋爲宋小楷第一，世亦不傳。余曰：古人亦自有不幸，雖然，安知非幸乎。古之書畫有名無跡者定多幸耳，若其流傳後人撿點未有已也。《妮古録》。

清・孫岳頒等《佩文齋書畫譜》卷三四《書家傳十三・宋三》　北山九里松牌，吴説書。高宗詣天竺，親御宸翰，徹去吴書。説未幾守信州，陛辭高宗，因與語云：九里松乃卿書乎。朕嘗作此三次，觀之終不如卿。朝退，令再揭元牌，遍索之，得於天竺庫院，復令植道旁。《行都紀事》。

席大光以母碑銘，屈吴傳朋書之。大光立於碑側，不數字，必請傳朋憩偃，終日。傳朋病之，至夜分，潛起，秉燭而書。大光聞之，起立，以文房玩好之物盡歸之，預儲六千緡潤豪。《貴耳録》。

杭之北關接待寺，寺額乃吴傳朋書。勅賜妙行之院初扁甚小，其後展而大之。右廡有古觀音殿，亦傳朋書，極佳。《癸辛雜識》。

練塘深入黄太史之室，時作鍾體。《洞天清録》。

汪藻

論説

明・王世貞《弇州四部續稿》卷一六一《文部・墨蹟跋・宋名公二十帖》　汪藻者，字彦章，德興人。仕累禁近，後以顯謨閣學士謫死。藻有文行饒志節，其書亦出入米襄陽。衡者，葉衡，金華人，以右丞相樞密使竄郴州，後復官予祠，衡以進士十年取相位，以宰相片言得罪，時多疑之。書雖不免墨豬而有拙意且以力勝。

綜述

宋・董史《書録》卷下　汪藻，字彦章。闕，湖異，跋于湖，篆字云：昨宦吴門，得汪藻龍溪小篆，今守長沙，得張于湖大篆，皆前此所未見也。

明・陶宗儀《書史會要》卷六《宋》　汪藻，字彦章，饒州德興人。官至翰林學士，博極羣書，手不釋卷，工小篆。

傳記

《宋史》卷四四五《文苑七・汪藻傳》　汪藻，字彦章，饒州德興人。幼穎異，入太學中進士第。調婺州觀察推官，改宣州教授，稍遷江西提舉學事司幹當公事。【略】

二十四年卒，秦檜死，復職，官二子。二十八年，《徽宗實録》成書，右僕射湯思退言藻嘗纂集詔旨，比修實録所取十蓋七八，深有力於斯文，詔贈端明殿學士。藻通顯三十年無屋廬以居，博極羣書，老不釋卷，尤喜讀春秋左氏傳，及西漢書工儷語，多著述，所爲制詞人多傳誦，子六人，恬、恪、憺、怲、懍、愭。

朱敦儒

論説

宋・周必大《文忠集》卷一七《題跋四・跋汪季路所藏朱希真蹟》

朱希真避亂南渡，流落嶺海江浙間，德壽皇帝因明橐薦，特召而用之，既掛

冠矣。秦丞相擢其子為勑局删定官。希真間來就養，是時東閣郎君慕其詩名欲從之游，為修廢官留為鴻臚少卿。希真愛子而畏禍，不能引去。未幾，秦薨，例遭論罷，出處固有可議，然亦可憫也。今觀其字如其詩，其詩如其人，後世不待識面，當知為伊洛盛流矣。

宋・朱熹《晦庵集》卷八二《跋・跋朱喻二公法帖》 近歲朱鴻臚喻工部者出乃能超然，遠覽追迹，元常於千載之上斯已奇矣。故嘗集其墨刻以為此卷，而尤以《樂毅書》、《相鶴經》為絶倫，不知鑒賞之士以為如何也。

又卷八四《跋・跋朱希真所書道德經》 巖叡老人小楷《道德經》二篇，精妙醇古。近世楷法如陳碧虚之相鶴，黄長睿之黄庭，皆所不及，唯湍石喻公之典，引諸書為可方駕耳。季路得之遠以相視，恨目　已昏盲，不得盡見其妙處。把玩不足，因記其後而歸之。季路能攻石傳刻以與好事者共之，即大幸，蓋此書難得善本，讀此數章似少謁謬，又為可傳也。慶元丁巳十月庚辰雲臺子私記。

綜述

明・豐坊《書決》 朱敦儒，字希真，河南人。書宗晉，晦翁稱之。

明・郁逢慶《續書畫題跋記》卷二 朱敦儒，字希真，洛陽人。以詩名，此紹興乙丑則十五年也，嘗仕為館職矣。既告老去，至二十五年秦檜孫塤欲學詩，因薦以為鴻臚少卿。

傳記

《宋史》卷四四五《朱敦儒傳》 朱敦儒，字希真，河南人。父勃，紹聖諫官。敦儒志行高潔，雖為布衣而有朝野之望。靖康中召至京師，將處以學官，敦儒辭曰：麋鹿之性，自樂閒曠，爵禄非所願也。固辭還山。高宗即位，詔舉草澤才德之士，預選者命中書策試，授以官。於是西部使者言敦儒有文武才召之，敦儒又辭。避亂客南雄州，張浚奏赴軍前計議，弗起。紹興二年，宣諭使明橐言敦儒達治體有經世才，廷臣亦多稱其靖退詔以為右迪功郎，下肇慶府敦遣詣行在，敦儒不肯受詔，其故人勸之曰：今天子側席幽士翼宣中興，譙定召於蜀，蘇庠召於浙，張自牧召於長蘆，莫不聲流天京，風動郡國，君何為棲茅茹藿，白首巖谷乎。敦儒始幡然而起。既至，命對便殿，論議明暢，上悦，賜進士出身，為祕書省正字，俄兼兵部郎官，遷兩浙東路提點刑獄，會右諫議大夫汪勃劾敦儒專立異論，與李光交通，高宗曰：爵禄所以厲世，如其可與，則文臣便至侍從，武臣便至節鉞，如其不可雖一命亦不容輕授。敦儒遂罷。十九年上疏請歸，許之。敦儒素工詩及樂府，婉麗清暢，時秦檜當國，喜獎用騷人墨客以文太平，檜子熺亦好詩，於是先用敦儒子為删定官，復除敦儒鴻臚少卿。檜死，敦儒亦廢，談者謂敦儒老，懷舐犢之愛而畏避竄逐，故其節不終云。

紀事

宋・袁文《甕牖閒評》卷五 朱希真好作怪字，往往人多笑之，其小詞有云：輕紅寫遍鴛鴦帶，濃緑争傾翡翠巵。其怪字似不宜寫在鴛鴦帶上，則争傾翡翠巵，恐未必然也。一日，偶于江陰侯守坐上及之，坐客無不大笑。

宋・周必大《文忠集》卷一七七《朱希真出處》 朱敦儒，字希真，洛陽人。紹聖諫官，勃之孫。靖康亂離，避地自江西走二廣。紹興二年，詔廣西宣諭明槖訪求山林不仕賢者，槖薦希真深達治體有經世之才，静退無競安于貧賤。嘗三召不起，特補迪功郎，後賜出身，歷館職郎官，出為浙東提刑致仕，居嘉禾。詩詞獨步一世，秦丞相晚用其子某為删定官，欲令希真教秦伯陽作詩，遂落致仕除鴻臚少卿，蓋久廢之官也。或作詩云：少室山人久掛冠，不知何事到長安。如今縱插梅花醉，未必王侯著眼看。蓋希真舊嘗為《鷓鴣天》云：我是清都山水郎，天教懶慢帶疎狂。曾批給露支風勑，累奏留雲借月章。詩萬首，酒千觴，幾曾著眼看侯王。玉樓金闕慵歸去，且插梅花住洛陽。最膾炙人口，故以此譏之。淳熙間沅州教授湯巖起刊《詩海遺珠》所書甚略而云蜀人武横詩也。未幾，秦丞相薨，希真亦遣

臺評，高宗曰：此人朕用彙薦，以隱逸命官，置在館閣，豈有始恬退晚奔競耶。其希真老愛其子而畏避竄逐，不敢不起，識者憐之。

明・郁逢慶《續書畫題跋記》卷二　朱敦儒，字希真，洛陽人，以詩名。此紹興乙丑則十五年也。嘗仕為館職矣。既告老去，至二十五年秦檜孫塤欲學詩，因薦以為鴻臚少卿。

雜録

清・張照等《石渠寶笈》卷四二《貯・書卷上等》　朱敦儒跋云：僕昔歲南遊，繫舟黄陵廟下，適江山風雨嘆古今詩人不能賦，今觀米公山水，覺瀟湘舊遊隱然似夢。紹興乙丑清明後兩日，洛陽朱敦儒題。

宋・俞松《蘭亭續考》卷一　傅朋赴鎮上饒相遇嘉興，觀定武舊本，蘭亭真氣凜然。紹興中甲子九月十四日雒陽朱敦儒題。

黄伯思

論説

宋・董史《皇宋書録》卷中　李觀文伯紀志公墓云，公尤精小學。凡字書討論備盡，公之書正、行、草、隸皆精絶。初仿歐虞，後乃規模鍾王。筆勢簡遠，有魏晉風氣。得其尺牘者多藏去。葉石林跋急就章去，長睿好古，善隸楷，能得古人用筆意。

綜述

元・鄭杓《衍極》卷下《造書篇》　伯思字長睿，號雲林子，邵武人，能書，有帖行於世。政和間，為祕書郎，著東觀餘論辨古刻書帖，然多出於米元章，大抵論書宗尚晉人，而闇於古遠。又稱張長史與藏真為同輩，且譏張不善正書，蓋是未知長史者也。又雜以袁昂竇臮等論議裁評諸書，未為久當，至宋名家略不見舉，獨拳拳於章申公而謂其筆勢高古出歐褚之上，又且許太過，似涉狂妄。

明・陶宗儀《書史會要》卷六《宋》　黄伯思，字長睿，别字霄賓，號雲林子，邵武人，官至祕書郎。天資警敏，長於考古，正、行、草、隸書皆精。初倣歐虞，後乃規模鍾王，筆勢簡遠，有魏晉風氣，尤精小學，凡字書討論備盡，劉夢得云長睿好古，善隸楷法，能得古人用筆意。

傳記

《宋史》卷四四三《黄伯思傳》　黄伯思，字長睿，其遠祖自光州固始徙閩，為邵武人。祖履，資政殿大學士，父應求，饒州司録。伯思體弱如不勝衣，風韻灑落，飄飄有淩雲意。自幼警敏，不好弄，日誦書千餘言。每聽履講經史，退與他兒言，無遺誤者。嘗夢孔雀於是庭，覺而賦之，詞來甚麗，以履任為假承務郎，甫冠，入太學校藝屢占上游，履將以恩例奏增秩，伯思固辭，履亦奇之。

伯思好古文奇字，洛下公卿家商周秦漢彝器款識，研究字畫體制，悉能辯正是非，道本末，遂以古文名家，凡字書討論備盡。初，淳化中博求古法書，命待詔王著續正法帖，伯思思病其乖偽龐雜，考引載籍，咸有依據，作判誤二卷。由是篆、隸、正、行草、章草、飛白皆至妙絶，得其尺牘者多藏弆。又二年除詳定九域圖志所編修官兼六典檢閲文字，改京秩，尋監護崇恩太后園陵使司掌管箋奏以修書，恩升朝列，擢祕書省校書郎，幾遷祕書郎。縱

觀册府藏書，至忘寢食。自六經及歷代史書諸子百家天官地理自律歷卜筮之説，無不精詣，凡詔講明前世典章文物集古器考定真贋，以素學與聞，議論發明居多，館閣諸公自以為不及也。

紀事

宋・李綱《梁溪集》卷一六八《墓志》 故祕書省祕書郎黃公墓誌銘。公諱伯思，字長睿。【略】所學最為絶俗。文辭雅健，格高而思深。歌思俊逸清新，追古作者，蓋公之學問慕揚子雲，文章慕柳子厚，詩篇慕李太白，此自其平日所稱道也。有文集五十卷，藏于家。公尤精小學，凡字書討論備盡。本朝淳化中，博求古法書，命待詔王著緒正諸帖，公病其乖偽龐雜，作刊誤二卷，考引載籍，咸有依據，而公之書，正、行、草、隸皆精絶。初倣顔柳，後乃規摹鍾王，筆勢簡遠，有魏晉風氣。得其尺牘者，多藏弆。嗚呼，昔之所謂好古博雅君子，與夫直諒多聞之益友者，非公其誰當之。

趙佶

論説

明・王直《抑菴文后集》卷三六《題跋・跋宋徽宗墨蹟》 蘭坡道人四字，監察御史番禺趙純懷智之所寶也。懷智蓋宋宗室之裔，謂其遠祖與勤，自號蘭坡。徽宗嘗書此四字賜之，是以寶焉。予觀上有問安餘暇端本圖書，豈徽宗嘗為太子而書此歟。與勤乃與闕之弟，與闕當韓侂胄用事時，嘗為開封尹，則其弟兄去徽宗時稍遠，何壽之高如此也。予嘗見今慶壽寺有元太子阿裕錫哩達喇所書三聖殿榜，筆勢與此相似，何魯君之聲似此君也。懷智蘭坡之後，寶之矣。予特愛其字畫清嫩遒美，有可喜者，故題而歸之。

清・孫岳頒等《佩文齋書畫譜》卷二〇《歷代帝王書下・宋・徽宗》 裕陵作黃庭堅書體，後自成一法。

綜述

宋・董史《皇宋書録》卷上《徽宗皇帝》 徽宗皇帝。《會要》云：宣和四年三月，幸祕書省，宣宗御書《千文》、《十體書》、《洛神賦》，行草近詩并御畫。既恩許分賚宰臣，黼蒙恩，獨賞紙金花《千文》一軸，御書二十二軸。

《長編》云：崇寧三年六月壬子，都省言：竊以書學之用於世久矣，今欲依先王置學設官之制，考選揀拔，使人人自奮至於今日所有圖畫之技，與書一體，令附書學，為之校試約束，謹成《書畫學敕令格式》一部，冠以《崇寧國子監》為名，並乞施行，從之。宣和六年正月未，詔提舉措置書藝所，以主客員外郎杜從古、徐知新、大中正丞徐競新差編脩《汴都志》，米友仁並為措置管官，生徒五百人為額，篆正文法鍾鼎，小篆法李斯，隸法鍾繇、蔡邕，真法歐、虞、褚、薛，草法王羲之、顔、柳、徐、李，逐月會試，先是王黼以唐告三道，虞世南書《狄仁傑告》，顔真卿書《顔允南蘭陵郡太夫人張氏告》及《徐浩封贈告》進呈，上曰：朕欲教習前代書法所頒告命，使能者書之，不愧前代，時書學已罷，故特置是局。

更嘗仰觀州郡學有大成殿榜，玉隆萬壽宮有神功妙濟真君殿榜，皆筆勢勁逸，清入霄漢，説者謂宸翰得薛稷法，要是意度天成，不襲前作，非可以陳跡求也。今宸章奎畫間，亦散在人間，實為祕寶云。

明・陶宗儀《書史會要》卷六《宋》 徽宗諱佶，哲宗弟，萬歲之餘，翰墨不倦，行草正書，筆執勁逸，初學薛稷，變其法度，自號瘦金書，要是意度天成，非可以陳迹求也。

著録

明・豐坊《書決・宋人書》 徽宗道君皇帝趙佶改元六，曰建中、靖國，曰崇寧、大觀，曰政和、曰宣和，共二十五年。降金，卒於五國城。書學薛稷，號瘦金體，小楷《德經》、《陰符經》、《度人經》、《消災護命經》、《黄庭内景經》，中楷《大觀聖作之碑》、《元祐姦黨碑》。

鍾離

論説

宋・黄庭堅《山谷別集》卷一一《鍾離跋尾》 鍾離跋尾。少時喜作草書，初不師承古人，但管中窺豹，稍稍推類為之。方事急時，便以意成。久之，或不自識也。比來更自知所作韻俗，下筆不瀏離，如禪家黏皮帶骨語，因此不復作，時有委縑素者，頗為作正書，雖不工，差循理爾。今觀鍾離壽州小字千字，嫵媚而有精神，熟視皆有繩墨，因知萬事皆當師古。往時翰林侍書王著補永禪師千字，筆圓意足，至書家尊之，此書正當鴈行。然公序小楷尤妙，更於行間置小楷，使文質彬彬，當更勝爾。元祐三年八月，甲申門下後省書。南昌黄某。

綜述

明・陶宗儀《書史會要》卷六《宋》 鍾離景伯，字公序，善書。

雜録

清・孫岳頒等《佩文齋書畫譜》卷三三《書家傳十二・宋二・鍾離景伯》 孔武仲觀鍾離中散草書帖，詩云：兒童不識草書法，但見滿紙鰌蛇結。安知筆法追古初，睨視衆體稱雄傑。事忙往往無暇寫，屬思幽牕乃奇絶。鍾離昂昂散人後，寄迹一官今白首。潛心妙趣百事忘，興來書空不停手。當年漂泊鍾湖外，翰墨已有時流愛。風波頓挫格逾遒，羽翮翩翩入吾輩。一時已聞紙價高，千古定有書名在。何當灑埽竹洞邊，雲醅滿泛黄金船。萬事峥嶸置豪末，三盃縱逸如張顛。相知不誇勢力，休論脱帽王公前。

李康年

論説

宋・黄庭堅《山谷集》卷二九《題跋・跋李康年集》 李樂道白首心醉《六經》古學，所著書草章程句斷絶不類今時，諸生身屈於萬夫之下，而心亨於江湖之上。晚寤籀篆下筆自可意，直木曲鐵得之自然。秦丞相斯，唐少監陽冰，不知去樂道遠近也。當是傳其家學。觀樂道字中有筆，故為樂道發前論。蔡君謨行書世多毁之者，子瞻嘗推宗之，此亦不傳之妙也。

宋・董史《皇宋書録》卷中《李康年》 東坡云，江夏人，好古博學而小篆尤精。

綜述

明・陶宗儀《書史會要》卷六《宋》 李康年，字樂道，江夏人，好古博雅而小篆尤精。黄庭堅謂康年晚寤籀筆，下筆自有可喜，直木曲鐵得之自然。秦丞相斯，唐少監陽冰，不知去樂道遠近也。

雜録

宋・黄庭堅《山谷别集》卷一〇《題跋・題李樂道篆韓文公五箴後》 學者揭六藝以趨新，古學湮替，致歎無所，江夏李樂道獨精思於古文，類非希價於咸陽者也。右有時刻。

王子韶

綜述

《宣和書譜》卷六《正書四・宋・王子韶》 文臣王子韶，字聖美，浙右人，官至祕書少監。宿學醇儒，知古今，以師資為己任。方王安石以字書行于天下，而子韶亦作《字解》二十卷，大抵與王安石之書相違背，故其解藏于家而不傳。尤長于《孟子》而學者師其說。一日子韶訪一縣令，正見令與舉子談《孟子》，縣令者寡聞人也，不知子韶善此書，而與客談不已，置子韶一隅，蓋旁若無人也。久之，乃問子韶曰：頗曉《孟子》否，子韶答以從頭不曉，令怪其語。子韶曰：孟子不見諸侯，而首篇稱《見梁惠王》，何也，令與客皆無對。久之知子韶也，為之腼顔。喜作正書，雖其餘事，然亦出於力學，至於三過筆，真可以挂萬鈞之重，蓋其學本宗褚遂良、顔真卿，而暮年自變為一家耳。今御府所藏正書一。

明・陶宗儀《書史會要》卷六《宋》 王子韶，字聖美，浙右人，官至祕書少監，宿學醇儒知古今方王安石以字書行於天下，而子韶亦作《字解》二十卷，大抵與安石之書相違背，喜作正書至於三過筆真可以挂萬鈞之重，蓋其宗褚遂良、顔真卿而莫年自變為一家耳。

杜介

綜述

宋・董史《皇宋書録》卷中《杜介》 善草書，有詞筆皆精絶也六字題于《六一小帖》，清爽圓媚，可以見矣，曹谷中亦云。

明・陶宗儀《書史會要》卷六《宋》 杜介善草書，清爽圓媚誠精絶也。

劉濤

論説

宋・董史《皇宋書録》卷中 山谷題續法帖云，劉無言箋題，便不類今人書，使之春秋高，江東又出一羊欣薄紹之矣。

綜述

明・陶宗儀《書史會要》卷六《宋》 劉燾，字無言，温陵人，以草書名世，晚年雖用筆圓熟，然乏秀氣，黄庭堅題續法帖云：劉燾箋題便不類今人書，使之春秋高江東又出一羊欣薄紹之矣。

清・吴升《大觀録》卷四《劉無言侍坐帖》 燾字無言，温陵人，以草書名世，山谷續法帖云燾書不類古人或以江東羊欣目之。

葛珣

綜述

宋・董史《皇宋書録》卷中 韶聖間人，余嘗得其草書《千文》一卷，朱絲絹上書，是知書者，名不見于傳記無從質證。

明・陶宗儀《書史會要》卷六《宋》 葛珣，字叔寶，韶聖間長於草書。

李彭

論説

宋・釋惠洪《石門文字禪》卷二七《跋・跋李商老大書雲庵偈二首》 近世要人達官，其氣焰摩層霄而門可附而炙手者不翅百千，然其語言翰墨，人見之皆如拒頑百姓見摧租文引恚視之，不棄擲，幸矣。商老灌園脩水之上，而筆畫一出，人争傳寶，以相矜誇。吾是知道德無貧賤也。覺慈生一十年從余而知有商老，偶出所畜一軸見嬉，喜而書其尾，且以雪道向無知之耻云。

綜述

宋・董史《皇宋書録》卷中 無垢志其墓云，其為字畫，有鍾王之風。《日涉園文集》載戲書一篇，自云法右軍之贍麗，用魯公之氣骨，獵奇峭于誠懸，體韵度于凝式。

明・陶宗儀《書史會要》卷六《宋》 李彭，字商老，其字畫有鍾王之風，自言法右軍之贍麗，用魯公之氣骨，獵奇峭於誠懸，體韻度於凝式。

清・吴升《大觀録》卷四李商老公鬭帖》 彭字商老，自詡其書法右軍之贍麗，用魯公之筆格，獵奇峭于誠懸，體韻度于凝式，而山谷亦謂其字有鍾王之風，因專精六法，以書名家者也。

王壽卿

綜述

宋・董史《皇宋書録》卷中《王壽卿》 山谷云，陳留有王壽卿得陽冰筆意，非章友直陳晞畢仲荀文勛所能管攝。

明・陶宗儀《書史會要》卷六《宋》 王壽卿，字魯翁，陳留人，祖擇之之外甥。工篆，得李陽冰筆意。黄庭堅亟稱其書法云：非章友直輩所能管攝。朝廷召至京師，使篆字説辭以與王氏之學異，後以命李孝揚而壽卿終身布衣。

李時雍

綜述

明・陶宗儀《書史會要》卷六《宋》　李時雍，字致堯，號適齋。鷟之子，官至殿中丞，工書。崇寧間與米芾同為書學博士。嘗對御書跨鼇二字，字方及半，宮人以花簪之，不覺滿頭，於是能聲高壓米芾。又嘗以書出外國，敕以絳紗封臂，非被旨不許輒書。能以襟袖濡墨走筆以作大字，當時士夫碑記，多時雍父子之手，蓋其結字嫵媚，乏遒勁，然亦自成一家。

清・吴升《大觀録》卷四《李殿中鄰陰帖》　時雍字致堯，號適齋，官殿中丞。崈聞與米南宫同為書學博士。嘗對御書跨鼇二字及半宮人簪花滿頭，由是聲名高壓米上。又嘗以書流播外國，内出絳紗封臂，非奉詔不得書。因襟袖濡墨作大字而結體嫵媚，別自成一家。

紀事

《宣和書譜》　高宗《翰墨志》云。熙豐以後。蔡襄、李時雍體制方入格律。淳祐庚戌冬有冬有蜀士李某者避亂豫章。自言家世以書善名。謂李鷟字顯夫者其祖也。時雍字致堯者鷟之子也。鷟以能書名。東坡嘗師之。時雍克嗣家聲與米元章同為書學博士。嘗對御書跨鰲二字。書鰲字方及半。宮人以花簪之，不覺滿頭。於是能聲高壓元章。又嘗以書出外國，敕以絳紗封臂。非被旨不許輒書。能以襟袖濡墨走步以作大字。年德新因余編書録。得此一事。以廣所聞余藏李鷟草書文賦一卷。石刻。李時雍真跡數行。非虛得名也。

論說

宋・魏了翁《鶴山集》卷六〇《跋・跋丹淵墨竹詩帖》　右墨竹二副，行草三副，皆迫近文湖州，乃李致堯筆也。隻魚印為時雍二字，圓印文為致堯，而方印則云李大醉墨。致堯，鷟之長子，故自謂李大致堯，早以書畫名於時。元符初，黄魯直在戎州，致堯嘗從乞書，黄甚予之。距元祐四年，蓋十年耳。其後為尚書郎，馮澥書奏疏由是被遇，為書學博士云。

宋・董史《皇宋書録》卷中　高宗《翰墨志》云熙豐以後，蔡襄、李時雍體制方入格律，淳祐庚寅冬有蜀士李某者避亂豫章，自言家世以書善名。謂李鷟字顯夫者，其祖也。時雍字致堯者，鷟之子也。鷟能書名，東坡嘗師之。時雍克嗣家聲，與米元章同為書學博士。嘗對御書跨鼇二字，書鼇字方及半，宮人以花簪之不覺滿頭，於是能聲高壓元章。又嘗以書出外國，敕以絳紗封臂，非被旨不許輒書。能以襟袖濡墨走步以作大字。年德新因余編書録得此一事，以廣所聞。余藏李鷟草書《文賦》一卷，石刻。李時雍真跡數行，非虛得名也。《成都續記》云：朝散大夫李鷟與其子時雍時敏皆以書名，得真、行、草三體，而真尤勝。時雍嘗為尚書郎，馮澥上殿劄子，徽宗異之，問誰書，澥以實對，御批李時雍除書學博士。當時士大夫碑記題榜多出時雍父子之手，蓋其結字嫵媚乏遒勁，然亦自成一家。

元・袁桷《清容居士集》卷四六《題跋・跋李時雍謨蹟》　思陵《翰墨志》謂熙豐以後，蔡襄、李時雍體制方入格律，繇是紹興初年二公子畫，俱用紹興小璽印縫，此卷政初年所收，宋世諸賢筆法終不逮唐，隴西公書，深有懷素氣象，觀此足以知其源委。

釋法暉

論説

《宣和書譜》卷六《正書四·宋釋法暉》 政和二年，天寧節以細書經塔來上，效封人祝萬歲壽，作正書如半芝麻粒，寫佛書十部曰《妙法蓮華經》曰《楞嚴經》曰《維摩經》曰《圓覺經》曰《金剛經》曰《普賢行法經》曰《大悲經》曰《佛頂尊勝經》曰《延壽經》曰《仁王護國經》。自塔頂起以至趺座層級鱗鱗不差毫末，説者謂作此字時，取窽密室正當下筆處容光一點明而不曜，故至此細可書，復有瞭然眸子方辯茲事，然其字累數百萬，不容脱落而始終如一，亦誠其心則有是耶。今御府所藏正書，一細書經塔。

紀事

明·陶宗儀《書史會要》卷六《宋》 釋法暉，政和二年天寧節，以細書經塔來上，作正書如半芝麻粒，寫佛書十部曰《妙法蓮華經》、《楞嚴經》、《維摩經》、《圓覺經》、《金剛經》、《普賢行法經》、《大悲經》、《佛頂尊勝經》、《延壽經》、《仁王護國經》。自塔頂起以至趺坐，層級鱗次不差毫末，恍然如鬱羅蕭臺突兀碧落。説者謂作此字時，取窽密室正當下筆處，容光一點明而不耀，故至細可書，然其字累數百萬，不容脱落而始終如一，亦誠其心，則有是耶。

杜從古

論説

宋·趙構《思陵翰墨志》 書學之弊端無如本朝作字直記姓名爾，其點畫位置殆無一毫名世，先皇帝尤喜書，致立學養士，惟得杜唐稽一人，餘皆體倣，了無神氣。

綜述

宋·董史《皇宋書録》卷中《杜從古》 谷中云：杜從古宣和中與米友仁、徐兢同為書學博士，見徐兢《蘭亭跋》。

史意恐即唐稽其人也。

明·陶宗儀《書史會要》卷六《宋》 杜從古，字唐稽，官至禮部郎。宣和中與米友仁、徐兢同為書學博士。

紀事

清·倪濤《六藝之一録》卷一五七《法帖論述二十七·右陳齊之評唐人摸本》 宣和之末，復置書學，增博士三員杜從古米友仁與兢。昨兼見任職事。一日，太上徽皇各賜《蘭亭叙》石刻一本，其下御筆書云康定二年進，尚是定州所貢。今觀是本，與向來所賜同。今不易得，宜珍祕之。紹興壬申春二月六日，保大騎省云來徐兢題。

李時敏

綜　述

明・陶宗儀《書史會要》卷六《宋》　李時敏，字致道，時雍弟。官至朝請郎。克嗣家聲，尤工大字。

紀　事

《宣和書譜》《成都續記》云：朝散大夫李鷩與其子時雍時敏皆以書名。得真、行、草三體而真尤勝。時雍嘗為尚書郎馮澥寫上殿札子。徽宗異之，問誰書。澥以實對。御批李時雍除書學博士。當時士大夫碑記題榜。多出時雍父子之手。蓋其結字嫵媚。雖乏遒勁。然亦自成一家。

閻蒼舒

論　説

宋・董史《皇宋書録》卷中《閻蒼舒》　谷中云：工正書，雄健而有楷則。尤工扁榜，今陳相堯佐家將相堂大字，乃其所書。

綜　述

明・陶宗儀《書史會要》卷六《宋》　閻蒼舒正書雄健而有楷則，扁榜尤工。

徐琰

綜　述

明・陶宗儀《書史會要》卷六《宋》　徐琰，成都貢士，工篆書。宣和初，嘗書劍南西川四大字，字身長五尺，雄偉可喜。

紀　事

宋・董史《皇宋書録》卷中《徐琰》　成都記云。劍南西川四大字，乃宣和初席叔獻命成都貢士徐郯篆。字徑五尺。雄偉可喜。

胡世將

綜述

宋・董史《書録》卷下　胡世將，字承公，嘗帥江西，刻古帖四卷于郡齋，有《資古録》，類集古今石刻為若干卷，今題跋存於集中，所書鐵柱銘刻于延真宫，邦人習書多取為楷則。庚申火，碑遂毁不存。

明・陶宗儀《書史會要》卷六《宋》　胡世將，字承公，常州晉陵人。官至端明殿學士，嘗類集古今石刻為若干卷，名曰《資古録》，所書鐵柱銘刻於延真宫，邦人習書多取為楷則。

傳記

《宋史》卷三七〇《胡世將傳》　胡世將，字承公，常州晉陵人。宿之曾孫，登崇寧五年進士第。范汝為寇閩以世將為監察御史福建路撫諭使，入境，韓世忠已平賊，遷尚書右司員外郎，又遷起居郎，遷中書舍人。【略】

詔除端明展學士。十一年秋，朝廷復用兵，會母喪，命起復遂復隴州，破岐下諸屯，又取華號，兵威稍振，未幾瘍發於首，除資政殿學士，致仕，恩數視，僉書樞密院事，卒，五年十八命有司給葬事。

蔣璨

論說

宋・陳櫄《負暄野録》卷上《蔣宣卿書》　蔣宣卿待制燦，紹興中以善書著名。因救解岳侯，遂忤秦相，諷言者論罷。閒廢十年，一日忽報有中使至其家，時秦尚當國，老幼驚惶，慮有不測，蔣神色不變，徐言曰：主上聖明，吾無大過咎耳。既從罷免，縱有後命，不過符下州郡處分耳，亦何至遣中使，此必美意，不然亦當任之。既而中使納謁，且傳上旨，賜以香茶、湯藥、宫羅之屬，又頒下翰苑所撰憲聖慈烈皇后之弟吴郡王神道碑，命蔣書之。蔣即奉勅書以授中使而歸，憲聖及後族賜賚至數千緡縑帛丈房之具。蔣久閒，頗窘匱，賴以少蘇。蔣之字畫高出流輩，而高廟垂情辭翰，臣下雖在閒廢中，猶不忘如此，蔣能不為動容，安静以待，其量亦有可取者。蔣先時漕江西時，先大父嘗為幕屬及其家食，嘗間詣荊溪里第訪之，親聞其說。

綜述

宋・董史《書録》卷下　蔣璨，字宣卿，紹興間户部侍郎、敷文閣待制，善行書，亦長於大字。今家藏數帖皆有韻度，豫章諸寺扁額多其所書，圓媚縝密，然少蕭散。

岳氏贊云：廬山之下，僊佛之廬，多公題扁，余熟其體矣。而今見其帖，大抵小則通而大則婉，而不失其健，余猶愧乎知書之淺。

明・陶宗儀《書史會要》卷六　蔣粲，字宣卿，紹興間户部侍郎、敷文閣待制，善行書，亦長於大字，皆有韻度，得古人用筆意。大者徑尺，小者如蠅頭，怪奇偉麗，獨步一時，議者以粲書圓媚縝密，然少蕭散。

明·王世貞《弇州續稿》卷一六一《文部·墨跡跋·宋名公二十帖》 蔣璨，字宣卿，紹興中為户部侍郎、敷文待制，史不載。書史所題沖寂觀二詩極俚淺，而書筆圓嫩，翩翩得晉人意。

傳記

宋·孫覿《鴻慶居士集》卷三七《墓志銘》 宋故右太中大夫敷文閣待制贈正議大夫蔣公墓誌銘。

義興蔣氏以東漢函亭侯澄為鼻祖，距今千餘年，兵氣侵擾，國勢遷移，名臣巨屋，捐墳墓，棄印綬，老死嚴谷，何可勝數，而後世之興，往往不知其族之所自出。義興之蔣，祖孫相望，名迹班班，然以官學世其家為聞姓，奕世顯融以至宋興尚佔數，義興譜函亭之昭穆為三十一世祖，今常州宜興縣函亭鄉是也。咸平中有諱堂者以進士起家，事仁宗皇帝為吏部侍郎樞密直學士贈太尉，而猶子太師魏公之奇，又以文學政事稱天下，繇開封尹擢翰林學士知樞密院，尊顯三朝，而蔣氏子孫有名籍於朝者比比出焉。公諱璨，字宣卿。【略】

公善書，得古人用筆意，大者徑尺，細者如蠅頭，怪奇偉麗，獨步一時，凡今仙宫佛廬窮堂奥殿層臺崇榭得公書榜以為壯觀，至今尺牘人家寶藏之。公除户部時，奏事殿中上顧見所進疏劄，小字楷法，筆勢遒健，不類老者，嘉嘆久之。有詩文三十卷，藏于家，享年七十五。娶同郡李氏承事郎畸之女，贈令人，一男，子志祖，右文林郎，監潭州南獄廟。一女適左從事郎李處全，監鎮江府户部大軍倉門。孫男五人，蘧藺並登仕郎，荃蕭范該公遺恩而未命孫女適進士張操，一尚幼，公平生無嗜好，沖淡簡遠，有晉人之風，家無十畝之産，聲伎之奉，終日據一几，游戲翰墨，至忘寢食，讀書著文之暇則寫佛經，作禪偈，皆出世間語。

雜録

清·孫岳頒等《佩文齋書畫譜》卷三四《書家傳十三·宋三》 蔣燦，字宣卿，常州宜興人。崇寧五年為蘭溪縣主簿，累官至敷文閣待制，贈正議大夫。善書，得古人用筆意，大者徑尺，小者如蠅頭，怪奇瑋麗，獨步一時。凡今仙宫佛廬穹堂奥殿層樓崇榭，得公書榜，以為壯觀。孫覿《南蘭陵尚書集》。

益王神道碑，蔣燦書，甚佳。《湖山勝集》。

東坡《墨妙亭記》，蔣燦書。徐獻忠《吴興掌故集》。

向子諲

綜述

宋·董史《書録》卷下 向子諲，字伯恭，號薌林。書跡傳世，人多寶之。

明·陶宗儀《書史會要》卷六《宋》 向子諲，字伯恭，號薌林，清江人。官至户部侍郎，書蹟傳世，人多寶之。

傳記

《宋史》卷三七七《向子諲傳》 向子諲，字伯恭，臨江人，敏中玄孫。欽聖憲肅皇后再從姪也。元符三年，以後復辟恩補假承奉郎，三遷知開封府。【略】

子譔，相家子，能修飭，自見於時，友愛諸弟。置義莊，贍宗族貧者。初漕淮南時張邦昌僞詔至虹縣令已下，迎拜宣讀如常式，獨武尉徐端益不拜而走，事定，子諲言於朝，易端益文資。退閑十五年號所居曰：薌林，卒年六十八。

劉岑

綜　述

宋・董史《書録》卷下　劉岑，字季高，實學劉公，能草書，余嘗得其《千文》一卷，縱逸而不拘舊法，蓋有自得之趣。誠齋詩話言于湖嘗參書法于公，云：有娑躊齋，號柯山。

明・陶宗儀《書史會要》卷六《宋》　劉岑，字季高，能草書，縱逸而不拘，蓋有得之趣。

雜　録

宋・周必大《文忠集》卷一六《題跋・跋劉季高與溧陽筆工顧綱帖》　杼山老人筆精墨妙，獨步斯世，而顧綱之藝數見褒稱，東坡詩中李文政也。乾道三年八月辛酉。

陳與義

論　説

宋・張嵲《紫微集》卷三五《墓志・陳公資政墓志銘》　子善行草書，高視一世，其書過清，世俗莫知。公初規模其外家法，晚益變體出新意，姿態横出，片紙數字得之者，咸藏弆之。

宋・周必大《文忠集》卷一七《題跋四・跋陳簡齊法帖奏藳》　德壽皇帝嘗論近世絳帖已少，錢希白所臨潭帖為勝，《臨江帖》失真遠矣。又《淳化帖》、《大觀帖》，當時以晉唐善本及江南所收帖擇善者刻之，風骨意象皆存。今觀故參知政事陳公與義為侍從時，奉詔定法帖十卷，釋文一册，其間稍辨劉次莊之誤，殆臨江或潭帖與。陳公字畫清簡，類其詩文。

綜　述

元・陸友《研北雜誌》卷上　陳去非善行草，得晉人筆意。

明・陶宗儀《書史會要》卷六《宋》　陳與義，字去非，號簡齋，其先居京兆，後遷洛陽，官至參知政事。

雜　録

清・孫岳頒等《佩文斎書畫譜》卷三四《書家傳十三・宋三》　陳公與義，字畫清簡，類其詩文。為侍從時，奉詔定法帖十卷，釋文一册。《平圖集》。

簡齋工豪翰，其蹟雜見《羣玉堂法帖》中。《書史會要》。

宋刻《陳簡齋集》，是公自書上木，醇古豐圓，出自《黄庭》。《墨林快事》。

秦檜

綜述

明・陶宗儀《書史會要》卷六《宋》 秦檜，字會之，江寧人，登政和第，官至左僕射，贈申王，謚忠獻。開禧中，追奪王爵，改謚繆厲。能篆書，見金陵文廟井欄上刻其所書玉兔泉三字，亦有可觀。雖以一藝之小善，莫掩萬年之遺臭，姑存之以為姦臣逆賊儆。

徐兢

論説

宋・趙构《翰墨志》 篆法惟信州徐兢。

宋・魏了翁《鶴山集》卷六二《跋・跋范太史記》 徐明叔善篆，今觀其遺墨，則《説文解字》之外自為一家。雖其名及字見於印文者，亦與篆法不同。

綜述

宋・董史《書録》卷下 徐兢，字明叔，宣和間嘗為書學博士，工篆法，以秦斯為本。弟琛亦善篆。

元・馬端臨《文獻通考》卷二〇六《經籍考三十三・高麗圖經四十卷》 奉議郎徐兢明叔撰，宣和六年路允迪傅墨卿使高麗，兢為之屬，歸，上此書物圖其形事為之説。今所刊不復有圖矣。兢鉉之後，善篆書，亦能畫。嘗自題保大騎省世家宣和書學博士，又自號自信居士。

明・陶宗儀《書史會要》卷六《宋》 徐兢，字明叔，號自信居士，歷陽人。鉉之後，自題保大騎省世家。宣和間嘗為書學博士，渡江仕高宗朝，工篆法，以李斯為本。張孝伯謂兢書筆力奇古，其沈著處不異鑽刻，若非豪楮所能成。且復陶鎔醖釀變入小篆，離析偏旁脗合制字來意，縱横馳騁，其用無窮。

楊無咎

綜述

宋・董史《書録》卷下 楊無咎，字補之，清江人，後寓居豫章。學率更小變其體，江西碑碣多其所書。善畫梅，人併蓄其書畫以為珍玩。余家率更邕禪師塔銘刻後有其親題云：余於率更為入室上足。小楷殊清勁可愛，余又收其文集世所不傳，後毁于火深可惜也。

明・陶宗儀《書史會要》卷六《宋》 楊無咎，字補之，號逃禪老人，又號清夷長者，清江人，後寓豫章。高宗朝以不直秦檜，累徵不起。書多率更，小變其體，江西碑碣多無咎書，小字尤清勁可喜。嘗自題所藏邕禪師塔

銘後云：予於率更為入室上足。

紀事

宋・趙希鵠《洞天清録・古畫辨・楊補之》　臨江楊無咎補之學歐陽率更楷書，殆所逼真，以其筆畫勁利，故以之作紙梅，下筆便勝花光仲仁。補之嘗游臨江城中一娼館，作折枝梅於樂工，矮壁至今，往來士夫多往觀之，娼藉此以壯門户。端平間為偷兒竊去其壁，車馬頓希。今江西人得補之一幅梅，價不下百千金。又詩筆清新，無一點俗氣，惜其生不遇蘇黄諸公。今人止以能作墨梅目之，竟無品題之者。

藝文

宋・陳淵《默堂集》卷二〇《楊補之真替》　分别黑白而無愛憎之私，故人不怒。游戲翰墨而無好名之累，故人不争。頽然天放蓋幾於忘我者而不能已。其不平之鳴，吾聞至人灰心槁骸，有口掛壁，其聲如雷，是謂不言之辨。終日如愚，古唯有回，彼有十年端坐，莫或得之，畫工乃能傳此一默，豈非吾師。

康與之

綜述

宋・董史《書録》卷下　康與之，字伯可。吴興陶定序其詞集云：君嘗謂余曰，我昔在洛下受經傳於晁四丈以道，受書法于陳二丈叔易，有書傳於世。

明・陶宗儀《書史會要》卷六《宋》　康與之，字伯升，號頤菴，洪州人。南渡初以文辭待詔金馬門。學字於陳恬，有書傳於世。

傳記

宋・周南《山房集》卷四《傳・康伯可傳》　康與之，字伯可，家宛丘，與常子正相隣又相好也。方全盛時洛陽左王屋右嵩山，巖岫互出，若列庭户，水竹花木，天下鮮儷，故賢士大夫多居之。其後居者衆而物益貴。歐陽公既得謝始去而之潁上焉。宛丘介乎潁洛之間，當崇觀間，嵩山晁以道四丈方閑居，伯可嘗往學焉。又嘗從澗上丈人遊，澗上陽翟陳恬叔易也。兩公名行尊所謂中朝之遺民。伯可操几杖侍談麈，固嘗親聞正始之音一二矣。尤强記熟誦左氏千言，不遺一字。

紀事

宋・陳思《兩宋名賢小集》卷一七一《椒亭小集》　康與之，字伯可，嘉興人。建炎中駕駐維揚，與之上中興十策，聲名大振。宰相汪黄輩不能用及秦檜當國擢為臺郎，專應制。善為樂府，時以柳耆卿目之。有詞五卷，凡中興粉飾治具及慈寧歸養兩宮歡集，必假伯可之歌詠。嘗與檜對局格天閣下，檜戲曰：此卒渡河是爾將軍之疥癩。伯可應曰：今皇御極視公宰相如腹心。檜大喜，撤碁酣飲而罷。檜死，與之亦謫。《五羊名勝志》云：番禺縣玉虹洞之南曰聚龍岡，宋嘉興人康與之流五羊時居此。《桯史》載其在高宗時與左璫狎，適睿思殿有徽宗御畫扇，上時持玩，流涕，璫偶下直竊攜（携）至家，而康適來，留之燕飲，出以示康。康紿璫入取肴核，輒泚筆書一絶於上，即玉輦神遊之句也。璫出見之大恐而康已醉，無可奈何。明日伺間叩頭請死，上大怒，亟取視之，天顔頓霽，但一慟而已。

釋德止

綜　述

宋·董史《書録》卷下　釋德止，號青谷。谷中云：善屬文，工畫，能書。嘗畫廬山尋真觀二壁，朱文公題其上云：此止老所畫，後人勿毁。又二壁皆正書，其文有《青谷文集》。

明·陶宗儀《書史會要》卷六《宋》　釋德止，號清谷，善屬文，尤工正書。

清·倪濤《六藝之一録》卷三五一《歷朝書譜·宋》　釋德止，號清谷，善屬文，尤工正書。

釋省肇

綜　述

宋·董史《書録》卷下　釋省肇。谷中云：廬山人，工行書。廬山多有碑刻，湖州德清海會院常住田記乃其所書。

明·陶宗儀《書史會要》卷六《宋》　釋省肇一作德肇廬山人，工行書。廬山多有所書碑刻。

清·倪濤《六藝之一録》卷三五一《歷朝書譜·宋》　釋省肇，廬山人，工行書。廬山多有所書碑刻。

薛尚功

綜　述

宋·董史《書録》卷下　薛尚功，字用敏，善古篆，尤好鐘鼎書。有鐘鼎彝欵識刻石二十卷。

明·陶宗儀《書史會要》卷六　薛尚功，字用敏，錢塘人，官至僉書定江軍節度判官廳事。善古篆，尤好鐘鼎書，有鐘　鼎彝器欵識二十卷及鐘鼎韻七卷，行乎世。

雜　録

清·馮班《鈍吟雜識》卷六　秦權上，字秦之，隸書乃篆之捷也，與今正書不同，然非分書也。蓋隸書本如此，後漸變為今正書耳。歐公以此似今八分，遂呼漢人分書為未。即知其不同，且疑薛尚功摹之失禮，誤也。今人作正書是鍾王法，然鍾王古字亦多，與今不同，世傳六朝唐初碑上字分隸相雜，疑當時正書如此，至唐中葉已後始變如今法，後人純學鍾王也。

趙構

論說

宋·曹勛《松隱集》卷三二《題跋·恭題太上皇帝賜御製御書翰墨志》 恭惟光堯壽聖憲天體道，太上皇帝端命穆清化周綿宇，盡無窮之能事，覆有截而研幾物之不齊，固蕴萬變，道合至妙會以一心，或於話言宜付以笑談，或於翰墨必詔以可否，莫傳於世，肆筆成書，彰盛旦之嘉言，重帝王之懿德。法宮多暇，明窓浄几，四方萬情，時一志之，不愛珠玉，不邇聲色，乃獨並寒儒，刻意聖學，不滯古制，不狗令為，惟斷以向善，悉歸雅正，質文相濟，為一代格言，題曰翰墨志。又特灑宸翰，書以賜臣，顧無顯績，獲茲假寵，不敢徒藏私室，謹拜手稽首，勒諸石用廣堯文之焕以永下臣之榮。

又《恭題太上皇帝御書史實》 紹興二十八年三月中澣日，有旨以御書史漢事實賜臣曹勛寶章奎畫焜燿天壤，豈以臣羈紲之舊，特被以不世之遇，俾為非常之恩。顧臣草芥，何可負荷，恭惟皇帝陛下聰明濬哲，撫寧函夏，崇儒憲古，茂建丕圖，謂懿則嘉言流風善政有補治道者，肆筆成書，妙奎光璧彩之神，極龍蟠鳳翥之勢，儲思淵默作之君師，於皇偉哉，用以詔天下後世。臣一介踈遠無文以形容聖謨神藻之懿，然叨榮過重，撫已懷慚，命工刊石上以廣緝熙之光明，次以貴子孫於奕世。

又《恭題太上皇帝賜真草宸翰》 恭惟光堯壽聖憲天體道太上皇帝早以神武撫寧寰區，恢淵默而宅衷，擴易簡而敷化，體元抱一，將聖多能，考八法之楷模，略為典則。該二王之秀勁，冠以風神，高攬前蹤，擅場百代，暇日伏蒙聖恩念臣羈紲之舊，特以真草御書為賜，捧拜睿藻，仰奉堯文，豈應雲漢之章，俯降蓬茅之室。謹摹宸翰刻於翠珉用為子孫之傳，期答崇深之貺。

宋·周必大《文忠集》卷四七《題跋·御書樂毅論跋》 臣伏讀高宗皇帝翰墨志云：魏晉以來筆法無不臨摹。又云：每得右軍書，手之不置，初若食密少甘則已，味如橄欖，真味久愈在也。故尤不忘于心手。紹興三四年間，嘗臨羲之所書《樂毅論》以賜樞臣，韓公肖胄之世傳高氏石本間節三十餘字，得非御府別藏真蹟自不同耶。後六十有三年，樞臣之孫前韶州守臣亞卿示臣使記歲月，恭惟龍鸞飛動，衆所共窺，天日清明，臣何敢繪。慶元丙辰四月二十八日具位臣周某謹再拜稽首書其後。

宋·樓鑰《攻媿集》卷六九《題跋·恭題高宗賜胡直孺御札》 高宗皇帝垂精翰墨，始為黄庭堅書今戒石銘之類是也。偽齊尚存。故臣鄭億年輩密奏豫方使人習庭堅體，恐緩急與御筆相亂，遂改米芾字皆奪其真，嘗覩寫詩自周南至商頌全袠，上有帝筆印記，天縱多能，人固莫及，聖度恢然，其視使臣下為拙筆書者霄壤矣。

宋·岳珂《寶真齋法書贊》卷一九《宋名人真蹟》 中興初，思陵以萬幾之暇，垂意筆法，始好黄庭堅書，故戒石之銘以頒而方國一劄遂皆似之，後復好公書，以其子敷文閣直學士友仁侍清燕而宸翰之體遂大變，追晉轥唐前無合作，珂家所藏詔墨幾百軸以歲月攷之良是故紹興間公書盡歸九禁而世罕傳。

宋·曾宏父《石刻鋪叙》卷上《紹興御書石經》 靖康丁未夏四月，皇宋中興，高宗即大位，改元建炎，至紹興十三年癸亥，通十九年。金人逼迫，干戈之日居多，乃能親御翰墨，作小楷以書《周易》、《尚書》、《毛詩》、《春秋左傳》全帙，又節《禮記·中庸》、《儒行》、《大學》、《經解》、《學記》五篇，章草《語》、《孟》悉送成均。九月甲子，左僕射秦檜請鐫石以頒四方，卷末皆刊檜跋語。

宋·周密《齊東野語》卷六《紹興御府書畫式》 思陵妙悟八法留神古雅，當干戈俶擾之際，訪求法書名畫不遺餘力，清閒之燕，展玩摹搨不少怠。蓋睿好之篤，不憚勞費，故四方爭以奉上無虛日。後又於榷場購北方遺失之物，故紹興内府所藏不減宣政。

明·孫鑛《書畫跋跋》卷一《宋高宗養生論》 思陵於字學最深，此是遜功帝遺風，然骨力似尚不及，正與米氏父子相似。紹興中，虎兒直敷文，可謂箕裘世舊。

明·董其昌《畫禪室隨筆》卷一《評書法》 宋高宗於書法最深，觀其以《蘭亭》賜太子，令寫五百本，更換一本，即工力可知。思陵運筆全自

《玉潤帖》中來，學《稧帖》者參取。

綜述

明・陶宗儀《書史會要》卷六《宋》 高宗諱構，徽宗第九子，善真、行、草書，天縱其能，無不造妙。嘗言學書惟視筆法精神，朕得王獻之洛神賦六行置之几間，日閱數十過，覺於書有所得。又言學書必以鍾王為法，然後出入變化。李心傳以謂思陵本斆黄庭堅書，後以僞豫亦能庭堅書，老年間改從右軍，或云初學米芾，又輔以六朝風骨，自成一家。

明・豐坊《書訣》 宋高宗趙構，徽宗第九子，初封康王。女真入汴，自立於建康，遷都臨安。用秦檜降金，受金册封。篡位二十六年，改元二，曰建炎，曰紹興。學山谷、元章書，晚欲學晉而有俗氣。小楷《黄庭經》。

紀事

宋・陸游《老學庵筆記》卷一〇 史丞相言，高廟嘗臨《蘭亭》賜壽皇於建邸，後有批字云：可依此臨五百本來看。蓋兩宫之篤學如此。世傳智永寫《千文》八百本，於此可信矣。

宋・董史《書録》卷上 《中興小歷》云：紹興五年十月，上御書《車攻》詩宣示宰執。趙鼎曰：陛下游神翰墨之間，亦不忘恢復。紹興十三年九月丁巳，宰執奏江東洪興祖欲進石碑事。上曰：石碑安用不善刻者，皆失其真，學書者惟視筆法精神。朕得王獻之《洛神賦》墨跡六行，寘之几間，日閱十數過，覺于書有所得。近已寫《尚書》終篇，學字若使寫經，不惟字進而經亦熟。宰臣曰：平時諸生，未有能寫經一部，於此仰見聖學之不倦也。上嘗親寫《旅獒》、《大有》、《大畜》卦與孟子之言於座右數屏。又寫賜經筵官扇，皆取杜甫詩句。又嘗親書《羊祜傳》賜樞臣。紹興十年十月時，御書皇太后玉册。癸亥，輔臣言陛下字法遒勁，絶類雲天之體。上曰：學書必以鍾、王為法，然後出入變化，自成一家。輔臣

曰：陛下天縱多能，無不造其至妙。上所寫六經與《論語》、《孟子》之書畢，秦檜因請刊石于國子監，仍頒墨本賜諸路州學，詔可。刻于石者，有《翰墨志》一卷，真草《孝經》一卷，御臨歷代帝王名臣法帖十卷，草書《千文》一卷，真書小楷《千文》數本，賜州學六經刻石，各州往往建閣儲藏，臣庶之家亦或寶藏榻本。又臨書《蘭亭》刻數本，御臨雜書每有真跡流傳于世，世人寶之，以比古帖。《羊祜傳》刻石一卷，十卷帖初檜刻之私第石，今不存，惟鄂渚重刻存焉。《翰墨志》初刻某處，今又有蜀中重刻傳焉。俞松刊《蘭亭續攷》載李心傳《跋高宗賜鄭諶本》云：思陵本斆黄庭堅書，後以僞豫遣能黄書者為間，乃改從右軍焉。

元・王惲《玉堂嘉話》卷四 宋高宗善書學，擇諸王命史彌遠教之，視可者以繼統，孝宗其一也。高宗因出祕府《蘭亭》，使之各書五百本以試其能，孝宗不旬日臨七百本以進。

元・劉岳申《申齋集》卷一四《題贊・題宋高宗御書酒德頌後》 嘗建紹間而暇為翰墨之娱，《車攻》之吉日可書也，《六月》、《採芑》可書也。如此宋不為建紹矣。此不書而書《酒德頌》，諸葛亮有言，此臣之所未解者也。

元・陸友《研北雜志》卷上 吏部侍郎葛立方因陛對，高宗從容語及前代書法曰：唐人書雖工，至天然處終不及魏晉，如鋪算之狀皆非善書。立方對曰：古人論書，先論筆法，若不能求用筆意於點畫之外，便有鋪算之狀矣。上曰：然。

明・郁逢慶《書畫跋跋記》卷四 宋高宗留意法書名畫，故御府所藏多宸翰題詠。嘗見馬和之畫《詩經》三百篇，零卷各章，皆思陵御書於前。今收藏家猶有得其《國風》一卷，《雅》、《頌》數篇者。則當時機暇清賞，遊意經史，不徒博玩粉墨已也。

著録

清・孫岳頒等《佩文齋書畫譜》卷六八《歷代帝王書跋》 宋高宗御書：

宋高宗書《樂毅論》。
宋高宗書《翰墨志》。
宋高宗御書史實。
宋高宗真草神翰。
宋高宗《賜胡直孺御札》。
宋高宗《臨顔魯公乞米帖》。
宋高宗書《便面》。
宋高宗書《先聖先賢圖贊》。
宋高宗《賜劉大中御札》。
宋高宗御書《神女賦》。
宋高宗御書《杜少陵詩》。
宋高宗書《徽宗御集序》。
宋高宗《石經殘本》。
宋高宗《養生論》。

藝文

元·王旭《蘭軒集》卷二《五古·宋高宗御書扇頭》 靖康事遠日已忘，武陵花草春生香。德壽宮深日月長，思陵天筆超鍾王。石碑久湮世無有，倬彼昭回焕星斗。刼火焚天鬼神守，我昔見之恒拜手。歸來一夢墮渺茫，眼前想像蛟龍翔。心貪石刻成膏肓，況有真迹如君藏。泥金小字青綾扇，當年知有南薰殿。新詞莫遣歌喉囀，世事何心到游宴。白日未招沙塞魂，北風又散吴山雲。興亡有數夫何云，一笑且賞書林珍。

雜録

宋·楊万里《誠齋詩話》 高宗初作黄字，天下翕然學黄字，後作米字，天下翕然學米字，最後作孫過庭字，故孝宗太上皆作孫字。

清·孫岳頒《佩文齋書畫譜》卷二〇《高宗》 高宗諱構，字德基，徽宗第九子，宣和三年封康王。資性朗悟，博學強記，讀書日誦千餘言。建炎元年即帝位於濟州，手詔巡幸東南，遷都臨安。紹興三十二年詔皇太子即位，稱太上皇帝，處德壽宮。《宋史·本紀》

又 宋高宗評書一卷，亦名翰墨志。《宋史·藝文志》

高宗以御書真草《孝經》賜秦檜。紹興九年，檜請刻之金石以傳於後。上曰：世人以十八章童蒙書，不知聖人精微之學，皆出乎此。朕因學草聖，遂以賜卿，豈足傳後。檜再三請，乃從之。宋學士院經進中興紀事本末。

又 高宗即位十九年，干七之日居多，乃能親御翰墨，作小楷以書《周易》、《尚書》、《毛詩》、《春秋左傳》全帙。又節《禮記》、《中庸》、《儒行》、《大學》、《經解》、《學記》五篇，章草《語》、《孟》悉送成均。曾惇《石刻鋪叙》。

又 思陵妙悟入法，留神古雅，訪求法書名畫，不遺餘力，清閑之燕，展玩摹搨不少怠。陸游《渭南集》。

又 高宗皇帝飛龍之初，頗喜黄庭堅體格，後又采米芾已而皆置不用，顓意羲獻父子，手追心摹，曾不數年，直與之齊驅並轡。紹興十年御書太后玉册，上曰：學書必以鍾王為法，然後出入變化，自成一家。《玉海》。

又 太上嘗書玉堂二字賜學士周茂振鱗之刻石廳上。周必大《玉堂雜記》。

又 淳熙五年，太上賜史少保御書四軸，隨駕宮人内官並賜金絲御書扇。周密《乾淳起居注》。

又 集芳園堂榭有名者曰：蟠翠、古松。雪香、古梅。翠巖、奇石。倚繡、雜花。挹露、海棠。玉蕊、瓊花、荼蘼。清勝，假山。皆高宗御扁。周密《齊東野語》。

又 高宗詔書親札，雲章奎畫，超古冠今。《玉海》。

虞允文

傳記

明・王世貞《弇州四部續稿》卷一六一《文部・墨蹟跋・宋名公二十帖》 虞允文，字彬甫，仁壽人，以左丞相兼樞密使出宣撫川陝，進少保封雍國公，謚忠肅。此公蓋南渡名臣灼然者，吾以其慷慨議恢復近張魏公而識時宜勝之。書法出鍾成侯，雖不能精詣亦自古。

紀事

宋・岳珂《寶真齋法書贊》卷二五《宋名人真蹟・蔣丞相得男帖草書八行》 右乾道相國維師雍國虞忠肅公允文字彬甫《萬里帖》真蹟一卷。公以任重之器，邁往之識，濟時之才，基殊勛位，元宰表表，為世名臣。當其自西掖出掃邊氛，遂戡大憝，江上之人，至今能誦其遺烈。是時沈憲敏以樞曹隨軍，此帖蓋與公西湖後往還書尺，金石交情，藹然尚可覿也。紹定戊子二月，予在京口，得之憲敏之孫鎧聲甫。

明・吴寬《家藏集》卷四八《題跋二十九首・跋宋虞忠肅公手帖》 虞忠肅公采石之戰，日星晦蒙，江水震蕩，功烈赫然，於時足以讋伏彊敵，媿死名將。疑其平日為人，有喑啞叱咤千人皆廢之狀。及觀其手帖，詞語詳雅，氣象雍容，乃真一書生耳。公之子孫居吴中者世藏此帖，今為葑門朱性甫得之。夫性甫雖好文事藏此，吾固知其意不在筆墨間也。

洪适

綜述

明・陶宗儀《書史會要》卷六《宋》 洪适，字景伯，號半洲，鄱陽人，官至右僕射，謚文惠。篤好漢隸，有《隸纂》、《隸釋》、《隸韻》，皆盡漢刻之本末矣。

明・郁逢慶《續書畫題跋記》卷二 洪适，字景伯，鄱陽人，忠宣公浩之長子。乾道元年為左僕射，謚文惠。兩題皆在，紹興十七年三月，其一作十五年，蓋七字已損，或妄填寫作五字耳，是時通判台州，至十一月以言者罷去。

紀事

清・萬經《分隸偶存》卷下 洪适，字景伯，鄱陽人。紹興十三年中博學鴻詞科。乾道元年拜尚書右僕射，同中書門下平章事，謚文惠。洪适古今石刻法其字為之韻，辨其文為之釋，以辨隸書，曰《隸釋》、《隸續》。

謝諤

綜述

宋·董史《書録》卷下　謝諤，字昌國。艮齋書法似東坡而少變其體，大抵窘於舒放，然自成一家，執筆如捉賊，此或近之，所書郡榜尤多，清江其鄉國也。故存者班班可見，曾聞前輩云，嘗書重華宫扁，極蒙高宗稱賞云。

明·陶宗儀《書史會要》卷六《宋》　謝諤，字昌國，號艮齋，清江人。書法似蘇軾而少變其體，大抵窘於舒放，然自成一家，執筆如捉賊，此或近之。

傳記

《宋史》卷三八九《謝諤傳》　謝諤，字昌國，臨江軍新喻人。幼敏慧，日記千言，為文立成。紹興二十七年中進士第，調峽州夷陵縣主簿，未上撫之，樂安多盜，監司檄諤攝尉條二十策大要使其徒相糾而以信賞隨之，羣盜果解散。【略】

以焕章閣直學士知泉州。又辭提舉太平興國宫而歸。紹熙五年卒，年七十四，贈通議大夫。諤為文倣歐陽修曾鞏。初居縣南之竹坡，名其燕坐曰艮齋。人稱艮齋先生。周必大薦士及諤姓名，孝宗曰：是謂艮齋者耶。朕見其聖學淵源五卷而得之云。

紀事

宋·周必大《文忠集》卷六八《神道碑八·朝議大夫工部尚書贈通議大夫謝諤神道碑》　嘉泰二年。孝宗皇帝知人善任，使每擇恬静正大之臣為諫官，御史而宿其業，常曰：學術正，則議論正，議論正，則是非公，必不脩睚眥之怨，計曖昧之過，厥有大姦大佞為時指名，則仁者之勇，其肯舍諸。彼徒以擊搏為能，指摘細故，豪強未必鋤，善類或被害矣。某久侍左右，熟聞聖訓，今觀故焕章閣直學士謝公，舉世稱為子長者，其問學淹貫，内宜為儒林之官，忠信慈惠，外當付以民社，然自監察進殿中歷侍御林，遂拜右諫議大夫以遺光宗，為御史中丞，六七年間，陳善閉邪，遏惡揚善，如漢孝文時議論寬厚，耻言人過失，化行天下，此孝宗用公大意也。公諱諤，字昌國，臨江軍新喻縣人。【略】後生求詩文筆札應酬不倦。

雜録

宋·周必大《文忠集》卷四六《題跋一·題劉昌詩母墓志》　唐人欲銘其先世，必得韓雲卿之文，李陽冰之篆，擇木八分書乃稱三絶。今劉君昌詩有賢母之没也，鄉人徐思叔為志，謝昌國題而趙從善書之，蓋庶幾焉。慶元乙卯六月八日周某書。

洪邁

綜　述

宋・董史《書録》卷下　洪邁，字景盧。善漢隸，有《隸纂》、《隸釋》、《隸韻》，能盡漢刻之本末矣。其隸書頗傳于世。

明・郁逢慶《續書畫題跋記》卷二　洪邁，字景盧，文惠弟也。以博學宏辭賜第，仕至翰林學士，謚文敏。兩題皆淳熙六年巳亥，是時閒居鄱城。其一自署其姓名，上曰野處者。孝宗御書以賜之也。

陸游

論　説

明・李日華《六研齋筆記》卷一　陸放翁詞稿行草爛熳如黄如米，細玩之則顔魯公楊少師精髓皆在。詞乃大聖樂亦辛稼軒之流也。詞云：電轉雷驚，自歎浮生四十年，試思量，往事虚無似夢，悲懽萬狀，合散如煙，苦海無邊。愛河無底，流浪看成百漏船。何人解，向無常火里鐵打身堅。須臾便是華顛。好收拾形骸歸自然。又何須著意求田問舍，生須宦達，死欲名傳。壽夭窮通，是非榮辱，此事由來都在天。從今去任東西南北，作箇飛仙。南宋放翁詞稿真蹟凡一百一十七字，至正改元，獲於山陰王英孫家。細窮詳玩，備見句法清真，筆勢圓熟，信一代之名跡也。按：放翁為陸游，務觀別號，工詞翰，累官華文閣待制，封渭南縣伯，有集百卷行世。

斯其人風流文雅，可知矣。此詞雖係草稿，妙在不經意中天真爛發，姿態橫生，種種可為師法，雜之楊凝式大小米間又曷媿耶。是歲十月之望吴郡陳深敬題。

綜　述

宋・董史《書録》卷下　陸游，字務觀，號放翁。書跡飄逸，可以傳玩。

明・陶宗儀《書史會要》卷六《宋》　陸游，字務觀，號放翁，會稽人，官至寶章閣待制致仕。才氣超邁，尤長於詩，筆迹飄逸。

傳　記

宋・葉紹翁《四朝聞見録》卷二《乙集・陸放翁》　陸游，字務觀，山陰人。名游，字當從觀，平聲，至今謂觀，去聲。蓋母氏夢秦少游而生公，故以秦名為字，而字其名云，曰公慕少游者也。【略】

《宋史》卷三九五《陸游傳》　陸游，字務觀，越州山陰人。年十二能詩文，蔭補登仕郎鎖廳薦送第一。秦檜孫塤適居其次，檜怒，至罪主司。明年試禮部，主事復置游前列，檜顯黜之，由是為所嫉。檜死，始赴福州寧德簿以薦者除敕令所删定官。【略】

上諭曰：嚴陵山水勝處，職事之暇可以賦詠自適。再召入見，上曰：卿筆力回斡甚善，非他人可及。除軍器少監。紹熙元年遷禮部郎中兼實録院檢討官。嘉泰二年以孝宗光宗兩朝實録及三朝史未就，詔游權同修國史實録院同修撰，免奉朝請，尋兼祕書監。三年書成，遂升寶章閣待制致仕。游才氣超逸，尤長於詩，晚年再出，為韓侂胄撰南園閲古泉記，見譏，清議朱熹嘗言其能太高，迹太近，恐為有力者所牽挽，不得全其晚節，蓋有先見之明焉。嘉定二年卒，年八十五。

紀事

宋・朱熹《晦庵集》卷八二《跋・跋周元翁帖》　明州大梅老法楊者，故龍圖閣學士鄭公向之曾孫也。藏周元翁帖與其先世手書一軸，嘗屬山陰陸務觀求予跋尾，未及遣而下世，務觀乃以書致之，且言楊既死，此軸無所付寫畢願為送濂溪書堂藏之，元翁詞翰之美前輩已多稱之，無所俟於予言者，獨味其言，知老先生之學之傳乃專在於程氏，此可歎也。楊公雖不及識然如務觀所稱，則其故家遺俗猶可想見，豈亦自悔其失身於此而不能有以自還也耶。此又重可歎也。務觀別紙筆札精妙，意寄高遠，楊公所賴以不朽，蓋有在於是者，因刻以附卷中而識其後云。淳熙乙巳孟夏既望雲臺隱吏朱熹仲晦父書。

藝文

宋・喻良能《香山集》卷九《七言律詩・過嚴瀨寄陸守務觀》　翰墨場中老伏波，揮毫快馬下晴坡。三年睿主思獻納，千里疲民賴撫摩。瀟灑郡齋方在望，飄摇征棹未能過。擬求墨妙輝衡宇，應有黄庭换白鵝。

雜録

明・汪砢玉《珊瑚網》卷二四下《法書題跋・陸務觀論法帖》　《樂毅論》縱横馳騁，不似小字《瘞鶴銘》法度森嚴，不似大字所以不可仰望也。

世傳中山古本《蘭亭》之流、帶、右、天、五字有殘闕處，於是士大夫所藏《蘭亭》悉然。又謂《樂毅論》古本至一海字而止，于是凡《樂毅論》亦至海字而止，其餘妄偽亂真大抵如此。庚申重九陸游務觀書。

范成大

論說

宋・樓鑰《攻媿集》卷七二《題跋・跋范石湖游大峩詩卷》　文殊示現于五臺，普賢示現于大峩，光景殊勝大略相似。舊見無盡居士清涼傳書五臺事甚詳，亦有詩紀。所見今石湖先生大峩數篇，尤為奇偉。張公素不善書，必不能如此。翰墨飛動，然無盡後謁無業禪師塔，塔上五色光現，有詩云：四入臺山禮吉祥，五雲深處看熒煌。而今不打這鼓笛，為報禪師莫放光。尤為禪林稱誦。使石湖再登大峩，必須別有一則佳話也。

明・楊慎《墨池瑣録》卷一　范成大云：古人書法字中有筆，筆中無鋒，乃為極致。宋濳溪《跋張旭書酒德頌》真跡云：出幽入明，殆類鬼神雷電。余嘗見其《千文》數字，信然。

清・孫岳頒等《佩文齋書畫譜》卷七八《歷代名人書畫跋九》　右范文穆《田園雜興》絶句六十首。公好紀事帥廣右，有《桂海虞衡志》，帥蜀有《吴船録》。此蓋罷金陵閫以大資領洞霄宫歸隱石湖時作，即詩無論竹枝、鷓鴣家言已，曲盡吴中農圃故事矣。書法出入眉山、豫章間，有米顛筆，圓熟遒麗，生意郁然，真足二絶。余不敏何敢望公，然視公挂冠幸尚少息黔補劓之暇，安知不能為公增一段吴語邪，因識其末以俟。

右范石湖行書，後有周伯琦跋云：公以文學，知遇思陵、阜陵，遂登執政。此詩蓋謝事後所作，曲盡吴中郊居風土民俗，不惟詞語膾炙人口，而筆墨標韻步驟蘇黄之下，使人健羨，名不虚得，詎不信然。余向讀石湖志概想之不可得，今觀元白所收墨本，為之憮然。然吴中近為海寇剽刼，痛非昔日矣。縱使石湖老人見之，吾恐不賦田園而賦洗兵馬也。

傳記

宋·董史《書録》卷下　范成大，字至能，近世以能書稱，今有《田園雜興》詩翰刻石，字學山谷、米老，韻勝不逮而勁健可觀。岳氏贊云：近世能書惟范張相望，筆勁體遒，可廣可狹，如公亦足以名家矣。

宋·韓淲《澗泉日記》卷中　范成大，字致能，先公亦與之善，官參政，葺園圃之勝，求壽皇御書為石湖之榜，因自號石湖居士。喜寫草書、行書，又喜賦詩，人亦多喜之。

明·陶宗儀《書史會要》卷六《宋》　范成大，字至能，號石湖居士，吴郡人。擢紹興進士第，官至資政殿大學士。少高放，以能書稱，字宗黄庭堅、米芾，雖韻勝不逮而遒勁可觀。

紀事

宋·陳櫄《負暄野録》卷下《學書須觀真跡》　石湖云：學書須是收昔人真跡佳妙者，可以詳視其先後筆勢輕重往復之法，若只看碑本，則惟得字畫，全不見其筆法神氣，終難精進。又學時不在旋看字本逐畫臨倣，但貴以行立坐卧常諦玩經目著心，久之，自然有悟入處，信意運筆不覺得其精微，斯為善學。

藝文

宋·楊萬里《誠齋集》卷一八《詩·聖筆石湖大字歌》　淳熙聖主錫宴臨遣端明殿學士參政臣范成大居守金陵，觴次肆筆作石湖二大字賜之，以寵其行。臣成大刻石以碑。本分似小臣楊萬里，敢拜手稽首，敬賦長句。

石湖仙人補天手，整頓乾坤屈伸肘。爾來化作懶卧龍，簸美珠璣漱瓊玖。五雲萬里天九重，玉皇深拱蓬萊宫。豈無九虎守閶闔，北門半扉當朔風。夜令雲師勑風伯，鞭起卧龍湖底月。湖冰卷上天中央，却煩北門護風雪。仙人馭風來緑雲，玉宸殿上朝帝真。帝將北斗酌天酒，冰桃碧藕脯麒麟。傳呼玉蜍吸銀浦，黟霜調冰澆月兔。灑成羲畫河洛書，白璧一雙浮雨露。石湖二字天上歸，奎星壁宿落山扉。昭回下飾吴花草，姑蘇臺前近太微。詩人不直一杯水，自是渠儂命如紙。教人妬殺石湖仙，手攬星辰懷袖底。

雜録

宋·王炎《雙溪類稿》卷一《古賦·中隱賦》　三衢留侯以中隱自處，范石湖為書二大字以表章之。

清·顧炎武《石經考》　范成大記考異并序凡二十一碑，在石經堂中。

王淮

論説

宋·岳珂《寶真齋法書贊》卷二六《宋名人真蹟·王文定省中要津二帖》　右淳熙宰相魯國王文定公淮，字季海，省中要津二帖真蹟一卷，公輔阜陵歲月最久，總領衆職要必有以稱上意而非偶然者，婺人劉多祜多蓄近世翰墨，嘉定戊寅六月予得之嘉禾。贊曰：謹嚴而穩愜，一筆之涉足寓心法，淳熙之相業動守檢押耳目猶接，列于書笈百體不乏，是曰王魯公之帖。

明·王世貞《弇州四部續稿》卷一六一《文部·墨蹟跋·宋名公二十帖》　王淮，字季海，永嘉人，以左丞相樞密使罷為大觀文，卒謚文

定。劄子當是答故相或執政者，其人亦非下中以庇一戚，故受朱紫陽掊擊無餘地。

傳記

《宋史》卷三九六《王淮傳》 王淮，字季海，婺州金華人。幼穎悟，力學屬文，登紹興十五年進士第，為臺州海尉，郡守蕭振一見奇之，許以公輔器。振帥蜀辟寘幕府，振出眾欲留，淮曰：萬里將母豈為利祿計。皆服其器識。遷校書郎。高宗命中丞舉可為御史者，朱倬舉淮，除監察御史，尋遷右正言。【略】

改提舉洞霄宮，光宗嗣位，詔詢初政，淮以盡孝進德奉天敬民用人立政罔不在初。母亡居喪如禮，得疾，忽語家人曰：易卦六十四，吾年亦然。淳熙十六年薨，訃聞上哀悼，輟視朝，贈少師，謚文定。

尤袤

論說

宋・朱熹《晦庵集》卷八二《跋尤延之論字法後》 尤延之論古人筆法，來處如周太史奭世係，真使人無間言。朱熹仲晦父識。

雜録

宋・楊萬里《誠齋集》卷一〇〇《雜著・跋尤延之戒子孫寶藏山谷帖辭》 山谷此帖，余初官三衢買之無錢，剥落茶杯托釦銀數兩以易之，子孫其永寶之。錫山尤延之書。

楊萬里

論說

宋・袁燮《絜齋集》卷八《序・題楊誠齋帖》 楊公不妄許可而書辭有云：平生得友議論印券志趨符節，無如左右者，其賢可知，蓋家庭義方之教也。

題誠齋帖。誠齋楊公未第時，嘗小蹶矣。自期以千里之姿必能致遠，竟如其言。歷官中外，表表可紀，抽身早退，晚節益高，其平生之志也歟。

綜述

明・陶宗儀《書史會要》卷六《宋》 楊萬里，字廷秀，吉州吉水人。官至江東轉運使，贈光禄大夫。高宗嘗為書誠齋二字，學者稱誠齋先生。

傳記

《宋史》卷四三三《儒林三・楊萬里傳》 為贛州司户調永州零陵丞，時張浚謫永，杜門謝客，萬里三往不得見，以書力請，始見之。浚勉以正心誠意之學，萬里服其教，終身迺名讀書之室曰誠齋。【略】

萬里精於詩。嘗著《易傳》行於世，光宗嘗為書誠齋二字，學者稱誠齋先生。賜謚文節。子長孺。

朱熹

論說

宋・杜範《清獻集》卷一七《跋・題晦翁書出師表後》 余自少讀《出師表》，輙為之喟然感涕，嗚呼，世無忠臣志士坐視國家之傾覆而莫之救也。悠悠千古，此恨何窮。今觀文公之字畫飛動，其一時慷慨激烈之氣，尚可想見，使九原可作，捨二公吾誰與歸。嘉熙己亥立秋後十日京兆杜某書于宛陵郡齋。

宋・岳珂《寶真齋法書贊》卷二七《宋名人真蹟・朱文公离騷經行書十三行》 右慶元侍講焕章閣待制晦庵先生贈太師信國朱文公熹，字元晦，《離騷》首章帖真蹟一卷，道晦于秦漢歷數千載至我朝而明先生實繇延平沿伊溯濂以至於洙泗，合張吕之淵源，接周程之統緒，淳紹慶元之間，天下蓋粹然一歸于正矣。先生抱道自信與藝俱遊，嘗因暇日書《離騷》首章以寓翰墨之妙，其帖蓋傳家而未出也。予晚生雖不及撰杖履幸與先生之子工部侍郎在嘗為僚，既彙古今帖獨念先生學冠千古，名振一代，不容軼拱璧而寶瑰玖，因書丐之工侍君，寶慶丙戌五月書來以此為貺，攷其歲月，是年先生方以召節改守南康，在黨禍前十年，非託意也。

又 右晦庵先生《儲議帖》真蹟一卷，南渡之初，天步方棘，前星隱耀，國如綴斿。先生忠節，洞穹壤勁，氣貫虹蜺。紹興十載之夏，誓師北伐，首攄大議，以開億萬載無疆之基。拜疏首塗，遂指汴洛，關河響應，境土盡復，去京僅四十有五里而班師之詔下，奸仇其忠，媚甚其功，萌芽始終，皆在是歲。先王蹇蹇，匪躬之心，于是益有攷焉。於虖。元戎啟行，先慮基本。所謂時然後言，不可以為躐。逆鱗劘上及所難決，所謂奮不顧身，不可以為躁。北轅之釁，國無近支，社稷宗廟之託，惟在一人而已。比之嘉祐治平間，利害蓋百倍，所謂君臣相須，是謂一體，又不可謂之嫌。且疑然而先安人心而後可以不常厥居，不常厥居而後可以不忘復讎。先後本末，固自有序。澶淵之天聲，先王周密，蓋與萊公異，而熱血一語，貝錦抵巇，實不謀而與之同也。淳熙之十四年，先君漕湖南因寓書于公，即報函中録此紙以問顛末，攷之張戒所記，謂歲在甲子，其實不然，珂籲天之書，固辨之矣。先王時諡武穆後三十有九載，始更定為忠。公書帖時天若開之云用併語録之舊聞，及珂之辨，刻而繫之。贊曰：道統之傳，洙泗濂伊。公于淳熙，萬古一時。言名之與，世泯其轍。皎皎綱常，首載先烈。粤古大臣，以國為身。浚源培根，茲為愛君。總干徂征，拜疏輙發。外寧内憂，間不容髮。復讎大義，不振不隨。易安于危，本則先之。先王之忠，與萊公對。讒夫孔多，百欽若輩。彼姑息者，大義一毛。謂我徒勞，羣吠以嘈，事是蹟訛。

元・王惲《秋澗集》卷七二《題跋・跋朱文公手書》 予所見手蹟十餘番，皆老筆也。公何嘗以書學名家，只以道義精華之氣，混混灝灝，自理窟中流出，一旦揮灑，有不期然而然者，未易以翰墨畛畦論也。前人稱孔明《出師表》秖見性情，不見文字，予於公書亦云。

元・吴澄《吴文正集》卷五四《題跋・題朱文公武夷歌棹遺墨》 朱子早年肆其餘力于詩章，字畫甚雄偉不凡，而晚乃若不暇為武夷棹歌。年五十有五時作，吾詹叔厚父得遺墨寶藏之。夫詩章守畫妙一世，固人所共愛，而朱子片言隻字流落人間而人之愛之也。又豈直為詞翰之工而已哉。萬世之後有知其解者，是旦暮遇之而余于其詩與字也，夫何言。

元・劉因《静修集》卷一二《序説銘贊雜文・跋朱文公傑然直方二帖真蹟後》 先生傑然直方二帖，郝奉使得之儀真，予觀其詞旨筆勢則跨越古今，開闔宇宙，荆公實不足以當之，而其頹然其順，浩然其歸，方康節檢束之時，蓋亦無有也。書法自漢魏而下，壞於晉宋，極於黄米，此先生千古絶絃之論，觀者以此意求之，或有感焉，而於其讀先生之書而得其心，則視凡世俗之所為學者，皆在百尺樓下矣。又豈但書法而已乎。至元丁丑八月壬戌日書。

元・盛熙明《法書考》卷七《工用・宗學》 朱文公筆銘握管濡毫伸紙行墨一在其間，點點畫畫放意則荒，取妍則惑，必有事焉，神明厥德。

明・王鏊《震澤集》卷三五《題跋・跋充道所藏朱文公書》 觀晦翁書筆勢迅疾，曾無意於求工也，而尋其點畫波磔無一不合書家矩獲，豈亦所

謂動容周旋中禮者耶。

又 公書自言初學魏武其信然耶。觀此帖豈老瞞所嘗夢見也。

明・楊慎《升菴集》卷六二《朱文公學曹操書》 朱文公書，人皆謂出於曹操，操書傳世絶少，惟《賀捷表》元時尚有本，文公所學必此。劉恭父學顔魯公《鹿脯帖》，文公以時代久近誚之。劉云：我所學者，唐之忠臣，公所學者，漢之篡賊耳。此又見文公之書出於操無疑也。

明・李日華《六研齋三筆》卷一 晦翁行草一帖，粉箋書，瘦勁疎秀，用唐法。

清・王士禛《池北偶談》卷一五《朱文公書》 益都高木王梓，予從女兄之夫，博雅君子也。常遺予晦翁墨蹟一卷，詩云：風雪集歲宴，拚關聊自休。今晨展遐眺，倚此寒幽巖。顛倒一字。同雲暗空室，皓彩迷林丘。崩奔小澗歇，飛舞增綢繆。仰看鸞鶴翔，俯視江漢流。乾坤有奇變，澒洞驚兩眸。三酌不自温，倚杖空冥搜。悲歌動華薄，璀璨忽滿裘。向來一杯酒，浩蕩千里遊。亦復有玆賞，微言寄清酬。解攜今幾許，光景逝不留。懷人眇山嶽，省己紛愆尤。對此奇絶境，一懽生百憂。茫然發孤詠，遠思誰能收。雪中與林擇之祝弟登劉園之宴，坐巖有懷南嶽舊遊，賦此呈擇之屬和，並寄敬夫兄。乾道三年冬十二月，上浣新安朱熹奉寄，時燈下走筆。右詩蓋書寄南軒者。昔人謂先生字學曹公，今此書正類東坡先生。卷首有柯敬仲題字，後有歐陽圭齋及大梁班彦功跋。

綜述

明・陶宗儀《書史會要》卷六《宋》 朱熹，字元晦，一字仲晦，徽州婺源人。後寓崇安，又徙建陽之考亭。中紹興進士第，官至焕章閣待制，贈太師封徽國公，謚曰文。學者稱之曰晦菴先生。熹登第五十年仕於外者僅九考立朝纔四十日，簞瓢屢空，晏如也。善正、行書，尤工大字，嘗評諸家書以謂蔡忠惠以前皆有典刑，及至米元章黄魯直諸人出來，便自攲斜放縱，世態衰下，其為人亦然。

明・豐坊《書決》 朱熹，字元晦，新安人，號晦翁。官至焕章閣待制，坐匿喪赴召被論除名，門人史彌遠當國，奏行其書，追贈太師徽國公，謚曰：文。書學張樗寮，唯大字可取。

傳記

《宋史》卷四二九《道學三・朱熹傳》 朱熹，字元晦，一字仲晦，徽州婺源人。父松，字喬年。中進士第，胡世將、謝克家薦之，除祕書省正字。趙鼎都督川陝荆襄軍馬，招松為屬辭，鼎再相，除校書郎遷著作郎以御史中丞常同薦除度支員外郎，史館校勘，歷司勛吏部郎。【略】

熹以年近七十申乞致仕，五年依所請，明年卒，年七十一。疾且革，手書屬其子在及門人范念德黄榦，拳拳以勉學及修正遺書為言，翌日，正坐整衣冠，就枕而逝。

紀事

宋・杜範《清獻集》卷一七《跋晦翁與趙闕書》 黄嵒趙君鐺袖朱文公遺墨訪余，因得以知剡尉君傳家之懿。元祐中丞孝行忠節，載在國史，使人聞風斂容。嗚呼。紹聖黨禍雖雪於紹興，而偽黨之端，又熾於慶元矣。距文公題筆曾幾何時，讀中丞追贈之辭，為之三歎。聞剡尉以廉稱于時，而其子乃不免於困窮憔悴，亦可念也。淳祐三年十一月。

元・戴表元《剡源文集》卷一八《題天臺吴康肅公家所藏朱文公遺墨》 吴康肅公以清純讜直為江南名臣，朱文公銘其墓，誰復有異評者。今又獲觀文公親書為公所作唁疏挽歌二幅，彌可珍尚。其時士大夫人人愛惜自重，不敢棄其身為不肖者，不但名義當然，亦懼端人正士之不與，而或議其後爾。嗚呼，嚴哉。

元・袁桷《清容居士集》卷四六《題跋・跋朱文公與辛稼軒手書》 晦庵嘗以卓犖奇才股肱王室期辛公，此帖復以克己復禮相勉，朋友琢磨之道備矣。嘗聞先生盛年，以恢復為最急議，晚歲則曰用兵當在數十年後。辛

公開禧之際，亦曰更須二十年閲歷之深，老少議論，自有不同焉者矣。公所居號帶湖，一夕而燼，時文公猶無恙。慶元四年，公復殿撰此書，蓋戊午歲以後所作。至六年，則文公夢奠矣。今觀此帖，益知前賢講道彌老，不廢炳燭之功，良有以也夫。

元·虞集《道園學古録》卷一一《跋·跋晦翁書後》 集嘗見文公與東萊先生一帖云：福建人劉氏兄弟爚炳同預薦送乃翁，亦以免舉試禮部，皆欲見於門下，某新阡與其居密邇，兩年相從甚熟，知其嗜學，其教幸與之進，蓋東萊時在館閣也。此書所謂晦伯爚也。韜仲炳也。十千所買之山，豈即所謂新阡之近，而季通之所擇乎。昔者野人有食芹曝暄而美者持以獻其君，野人猶然，而況君子之於其君也。心知其善而忍後其事而弗告哉。紹興山陵改卜之議，季通竟坐貶死，孰知君子之於君親蓋無二致也。得於親而不得於君，其勢然也。觀買山之帖，新阡之好，豈勝慨然。文公之書，豈欲以此藝成名者，而子昂仲章氏舉以為言，豈子昂獨舉其所深解者，而仲章贊之耶。公少年蓋嘗學曹操書，而劉共父誚之，公以時之古為解，然則其可以書求公乎。

明·宋濂《文憲集》卷一三《題凡五十八章·題朱文公手帖》 太師徽國朱文公帖一紙，韻度潤逸，比他日所書人以為尤可玩。濂雖不敏，則非特玩其字畫而已也。蓋有所感也。帖中云：恭叔尚未至，只文叔到已兩日矣，見約誠之在此相聚也。文叔名友文，恭叔名友恭，姓潘氏，二人實為兄弟。恭叔通禮學，文公之修三禮，以《儀禮》與《禮記》相參通為一書，其不合者分為五類，《周官》則別為一書，恭叔實與討論之列。文叔尤善問辨，文公與論《大學》致知格物之義，雖反覆數四而弗措，誠之游澹軒也。澹軒蚤從張宣公游，晚復事文公。文公遇之如黄直卿，則三人者皆其高第弟子，計其一時師友相從之盛，聚精會神，德義充洽如在泗沂之上。自今道隱民散時觀之，不翅應龍游乎玄闢欲一見之而不可得，徒以貽有識者之感慨，不亦悲夫。此帖無歲月，不知何年所發，其或學禁未興，講道於竹林精舍時耶。

雜録

宋·葉適《水心集》卷二九 謙伯別久，一日過余，將為長興縣出朱公此紙，方急迫了劇邑，乃不忘博學審問之功，他日聞其政必異於今人也。

清·孫岳頒等《佩文齋書畫譜》卷三五《書家傳十四·宋四》 嘗見朱子竿牘數張，蓋法魯公爭坐書，即行邊添注，亦復宛然。意致蒼鬱，沉深古雅，有骨有筋，有韻而不以書名，固以學掩之。

朱熹書讀書二大字，在長樂方安里，三寶巖容膝二字，天光雲影四字在雲谷，光風霽月四字在南康，白鹿洞脱去，凡近四大字在瑞州府學，上帝臨汝無貳爾心八大字在撫州府學。

又卷四二《書家傳二十一·明三·張文淵》 張文淵，弘治己未進士，授工部主事，終南京禮部郎中，善真草，筆力遒勁，得朱文公書法。

清·張照等《石渠寶笈》卷二八《貯·書冊上等》 宋朱子書易繫一册。次等字一。素箋本行楷大書欵云：朱熹書後，副頁有虞集倪讚二跋，册計十四幅。

宋朱子書七言截句一册。次等字二。素箋本行楷大書大書一首欵署晦翁，册計十五幅。

宋朱子書僧歌一册。次等字三。素箋本行楷書小詞一首欵署晦翁，後又署僧歌二字，後副頁有沈周跋，一册計十五幅。

單夔

綜述

宋·董史《書録》卷下 單夔。善隸書，倣唐八分書體，官至侍從。

嘗帥豫章，故書疏間有存焉。有老兵王姓者收其藍絹上書二十字，方勁有體，蓋積習之能，非不知而作者也。

明・陶宗儀《書史會要》卷六《宋》 單夔官至侍從，倣唐八分，方勁有體，蓋精習之能，非不知而作者。嘗帥豫章，故書迹間有存焉。

張孝祥

論説

宋・曹勛《松隱集》卷三二《題跋・跋張安國題字》 顯貴英游，乃如湖海之士，胸貯丘壑，筆力扛鼎，以飽學妙藴移其骨相，展玩數過，方想漫仕之風度。挹筆墨之秀發，而未奉延陵之臨寫，絶歎點畫之超詣，昂霄聳壑過數等矣，因知風檣陣馬一日千里，孰不瞠乎若後哉。

跋張安國草書。安國此字尤為清勁，如枯松折竹，架雪凌霜，超然自放於筆墨之外，雖醉中亦不忘般若，豈箇中自有一種習氣，略無間斷。又此觀音心呪而曰釋迦其示不二門，安國得之深矣。

宋・楊萬里《誠齋集》卷九九《雜著・題跋・跋張安國帖》 張安國書甚真而放如此，然學之者皆未嘗見公之足於户下者也。

宋・陳槱《負暄野録》卷上 行書則有蔣宣卿、吴傳朋、王逸、老單、炳文、姜堯章、張于湖，于湖、石湖悉習寶晉而各自變體。【略】

行草則取于湖，蓋非真識，但見其飄逸可喜，殊不知皆字體之變，雖未盡合古，要自各有一種神氣，亦足嘉尚人效之者，往往但得形似，非惟不及且併失其故步，良可歎也。

元・許有壬《至正集》卷七二《跋張子湖寄馬會叔侍郎三帖》 唐以書取士，書以法晉，故多造精妙。宋人不及唐者，不獨人不專習，大抵法唐欲泝洄至晉，而有未至焉。李建中後，蔡蘇黄米皆名家，南渡稱張子湖，朱子稱其不把持，愛放縱，九原不可作，無從一問，不知書法果如斯而已乎。是三帖皆與同年鶴山馬公者也。吾同年劉壽翁不能忘情者有以哉。

明・王世貞《弇州四部續稿》卷一六一《文部・墨蹟跋・宋名公二十帖》 張孝祥，字安國，烏江人，以詞翰名。弱冠及第，歷典大郡。官顯謨閣直學士，卒年僅三十又七。安國射策合執政得狀元，得狀元而忤執政，不調，良可笑也。

綜述

宋・董史《書録》卷下 張孝祥，字安國，號于湖。誠齋云：張安國書甚真而放如此，然學之者皆未嘗見公之足於户下者也。又云：于湖下筆言語妙天下，當其得意，詩酒淋漓，醉墨縱横，思飄月外，興逸天半。東坡云：李白死世無此樂三百年矣。余兒時聞人言于湖廷對第一人，御覽試策有詞翰俱美之褒。

谷中云：于湖篆書極工，今長沙帥司有大字西壁，南康落星寺篆書行記大字，皆佳。

岳氏贊云：思陵嘗因進對見公奏疏，玉音諭公曰：稍進乎此，便可名世。

明・陶宗儀《書史會要》卷六《宋》 張孝祥，字安國，號于湖，歷陽烏江人。讀書一過目不忘，下筆數刻數千言。紹興中廷對第一，御覽試策有詞翰俱美之褒。官至顯謨殿直學士，篆書極工，大字亦佳，楊萬里謂安國書甚真而放。

傳記

《宋史》卷三八九《張孝祥傳》 張孝祥，字安國，歷陽烏江人。讀書一過目不忘，下筆頃刻數千言。年十六領鄉書，再舉冠里選。紹興二十四年廷試第一。【略】孝祥俊逸，文章過人，尤工翰墨。嘗親書奏劄，高宗見之曰：必將名世。但渡江初大議惟和戰，張浚主復讎，湯思退祖秦檜之説，

力主和，孝祥出入二人之門而兩持其說，議者惜之。

紀事

宋・朱熹《晦庵別集》卷四《題落星寺張于湖題字後》　朱某奉處士叔父同王南卿、俞子壽、吴唐卿、李秉文、陳勝私、趙南紀及表侄俞潔已、甥魏愉季子在俱來觀，故張紫微，安國題字為之太息。淳熙庚子十月十三日也。

宋・葉紹翁《四朝聞見録》卷二《乙集・張于湖》　高宗酷嗜翰墨，于湖張氏孝祥廷對，頃宿酲猶未解，濡毫答聖問，立就萬言，未嘗加點，上訝一卷紙高軸大試取閲之，讀其卷首大加稱奬，而又字畫遒勁，卓然顔魯，上疑其為謫仙，親擢首選，臚唱賦詩上尤雋永。張正謝畢，遂謁秦檜，檜語之云：上不惟喜狀元策，又且喜狀元詩與字，可謂三絶。又扣以詩何所本，字何所法，張正色以對，本杜詩，法顔字，檜笑曰：天下好事，君家都佔盡。蓋嫉之也。

宋・魏了翁《鶴山集》卷六〇《跋・跋張于湖念奴嬌詞真蹟》　張于湖有英姿奇氣，著名湖湘間，未為不遇。洞庭所賦在集中最為傑特，方其吸江酌斗，牢籠萬象時，詎知世間有紫微青瑣哉。余客唐安湖上計孟甫袖以見訪，是日八月既望後此來蓋四十有七年矣，撫卷太息，書而歸之。

藝文

宋・范成大《石湖詩集》卷一三《清江臺在臨江郡圃西岡上張安國題榜》　南來富壽岡，形勝此蟠結。岑屏戴高臺，欄檻了風月。蕭灘曳長煙，閣阜炯殘雪。江流當帶横，練練浮木末。天風來無鄉，萬里吹醉纈。登臨信奇事，忍凍亦癡絶。故人春夢覺，遺墨秋蛇掣。浮雲真可咍，揮觶酹空闊。

宋・章甫《自鳴集》卷五《七言律・送張安國》　萬里煙霄早致身，一麾到處作陽春。隨時用舍知無愠，落筆縱横信有神。江國雲山愁送遠，桂林風土獨宜人。笑談坐攝羣偷化，便合歸來據要津。

雜録

清・孫岳頒等《佩文齋書畫譜》卷三四《書家傳十三・宋三》　張孝祥，字安國，《癸辛雜識》號于湖。歷陽烏江人。紹興二十四年廷試第一，以顯謨閣直學士致仕。文章過人，尤工翰墨。嘗親書奏劄，高宗見之曰：必將名世。《宋史》本傳。

張安國書真而放。楊萬里《誠齋集》。

張于湖知京口，王宣子代之。多景樓落成，于湖為大書樓扁。公帑送銀二百兩為潤筆，于湖卻之。《癸辛雜識》。

宋高宗酷嗜翰墨，張孝祥廷對，頃宿酲猶未解，濡豪答問，立就萬言。上閲之，字畫遒勁，卓然顔魯公，親擢首選。臚唱賦詩尤雋永，秦檜語之云：上喜狀元策，又喜狀元詩與字，可謂三絶。詩何本，字何法。孝祥曰：本杜詩，法顔字。《江寧府志》。

樓鑰

論説

明・王世貞《弇州四部續稿》卷一六一《文部・墨蹟跋・宋名公二十帖》　樓鑰。字大防，鄞人，累官參政，以大資領祠，卒，謚宣獻。其書辭黯然天真之痛而札亦稱之。

綜述

明・陶宗儀《書史會要》卷六《宋》 樓鑰善大字，高宗時太學成，奉敕書扁。

紀事

宋・葉紹翁《四朝聞見録》卷二《乙集・攻愧樓公》 攻媿樓公，天性豁達，與物無忤。初嘗與韓侂胄善，獨因草制以天下公論不予韓，故寧罷去韓，心敬之，亦不以憾也。攻媿久廢韓亦迫於公論，欲起而用之，風公之親戚，諭公之子弟，但求寒暄一紙書即召矣。親戚具道韓意於公之子弟，從容以白公，欣然命具紙札，子弟又以白公曰：已具矣。公引紙大書《顔氏家訓》子弟累父兄事，子弟自此不復敢言通韓書矣。

又 公風度高遠，動輒過人，詩律之精深，字畫之遒媚，登覽高致，吟諷低昂，親之則使人意消，王謝韻度尚可想也。

吴琚

論説

明・張丑《清河書畫舫》卷九下 晉陵吴琚書宗米禮部，幾于奪真，今北固天下第一江山，題榜是其跡也。所著有《雲壑集》，今世有米體書用雲壑印者皆吴手筆，鑒家不可不知耳。

綜述

宋・董史《書録》卷下 吴琚，字居父。谷中云：吴琚工扁榜，鄂渚有壓雲二大字極工。又有天下第一江山字，亦其所書，更嘗見壓雲二字搨本，初疑為于湖得意書，大略可與寶晉秦臺字比。又天下第一江山，疑米老書者及得谷中録示，始知又有琚之書也。

明・陶宗儀《書史會要》卷六《宋》 吴琚，字居父，號雲壑，汴人。憲聖皇后姪大寧郡王益之子，官至進安節度使，進少保，謚獻惠，世稱吴七郡，王性寡嗜好，日臨古帖以自娱，字畫類米芾，以詞翰被遇孝宗，大字極工。

明・豐坊《書決》 吴琚，字居父，汴人，官至進安節度使，謚獻惠。書宗米元章大字。

紀事

宋・葉紹翁《四朝聞見録》卷二《乙集・吴雲壑》 公他無嗜好，居近城與東樓平光皇為書扁以賜，不名其名而名其官，樓下設維摩榻，尤愛古梅，日臨鍾王帖以為課，非其所心交足迹不至此。

明・董其昌《畫禪室隨筆》卷一《評古帖・跋吴雲壑書後》 吴琚書自米南宫外一步不窺，京口北固山有天下第一江山牓書，即其筆也。始于都下見七言絶一幅，不欵名姓，但有雲壑居士印，偶閲《宋・經籍志》，《雲壑集》，吴琚撰，知為琚書。已于新安白岳下山，客持晦翁書《歸去來辭》，迺絶似米元章，後有雲壑二字，因得審定，今藏于家。此詩没于焦山江中，潤州守霍君為余拓墨本，然已在若明若晦間，不可臨摹矣。

甘叔异

綜　述

宋・董史《書録》卷下　甘叔異，字叔同。甘叔異者，豫章闕邑士人，以學問稱雄一郡。書學米老，草書學山谷。余猶有存者，余聞之故老，其人豪放不區區拘引繩墨。又有鄧南秀者亦豪放，有文鄉人稱甘鄧云。

明・陶宗儀《書史會要》卷六《宋》　甘叔異，字同叔，豫章人。為人豪放，不區區拘引繩墨，以學問稱雄一郡，行書學米芾，草書學黄庭堅。

姜夔

論　説

宋・張世南《游宦記聞》卷七　吾鄉姜堯章，學書於單。姜帖今亦少有，世南嘗藏姜一帖，正與單論劉次莊輩十數家釋帖非是。又云吾帖中只張芝《秋涼帖》、鍾繇《宣示帖》、皇象《方形帖》、王廙小字二表，皆在右軍之上，其説尤親。有《絳帖平》二十卷，恨未之見也。

元・陸友《研北雜志》卷上　姜堯章作《絳帖評》，旁證曲引，有功於今古，缺亦疑之。趙子固謂姜書精妙，過於黄、米。

元・陸友《研北雜志》卷下　趙子固目姜堯章為書家申韓。

清・孫承澤《硯山齋雜記》卷二《書紀》　宋嚴羽卿論詩，姜堯章論書，皆精刻深至，具有卓見，及所自運顧遠出諸名家後，大抵議論與實詣確然兩事。議論者識也，實詣者力也，力旺者能蔑識，識到者又能消力。語云：識法者懼每多拘縮天趣不得泛溢也。觀白石書詠滄浪詩，自當得之。

綜　述

宋・董史《書録》卷下　姜夔，字堯章，號白石道人。能詩，有書跡傳于時。嘗著續書譜一篇，以繼孫過庭，頗造翰墨閫域，其自得當不減古人也。

明・陶宗儀《書史會要》卷六《宋》　姜夔，字堯章，號白石道人，番陽人。能詩文，書法迥脱脂粉，一洗塵俗，有如山人隱者難登廟堂。嘗著續書譜一篇以繼孫過庭之作，頗造翰墨閫域。

明・豐坊《書決》　姜夔，字堯章，鄱陽人，號白石。書宗王右軍趙孟頫，師之。

紀　事

宋・周密《齊東野語》卷一二《姜堯章自叙》　番陽布衣姜夔堯章出處，備見張輯宗瑞所著白石小傳矣。近得其一書自述頗詳，可與前傳相表裏，云某早孤不振，幸不墜先人之緒業，少日奔走，凡世之所謂名公鉅儒皆嘗受其知矣。内翰梁公於某為鄉曲，愛其詩似唐人，謂長短句妙天下。【略】

當世俊士不可悉數，或愛其人，或愛其詩，或愛其文，或愛其字，或折節交之。【略】

元・不著撰人《東南紀聞》卷二　單路分煒，字炳文，京師人，後居沅州。書法有所傳授，以任為右階，吉水郭敬叔與番陽姜堯章皆師焉。單云：堯章得吾骨，敬叔得吾肉。

雜録

明·王世貞《弇州四部稿》卷一三四《文部·墨刻跋四十五首·宋拓蘭亭帖》 及取姜堯章偏傍攷證之，所謂仰字如針眼，殊字如蟹爪，列字如丁形，云字微帶肉，頗可據，他未必盡爾。

楊妹子

論説

清·孫岳頒等《佩文齋書畫譜》卷二〇《歷代帝王書下·宋》 楊皇后。寧宗楊皇后會稽人。頗涉書史，知古今。皇子即位，尊曰皇太后。《宋史本傳》。

楊皇后書法類寧宗。《書史會要》。

太清宮，寧宗時建，楊太后書《道德經》石幢。《湖山勝概》。

綜述

明·陶宗儀《書史會要》卷六《宋》 楊氏，寧宗皇后妹，時稱楊妹子。書法類寧宗，馬遠畫多其所題，往往詩意關涉情思，人或譏之。

清·厲鶚《玉臺書史》 寧宗恭聖仁烈楊皇后，少以姿容選入宮。慶元三年四月，進封婕妤，五年，進婉儀，六年，進貴妃。恭淑皇后崩，中宮未有所屬，貴妃與曹美人俱有寵。韓侂胄見妃任權術而曹美人性柔順，勸帝立曹。而貴妃頗涉書史，知古今，性復機警，帝竟立之。皇子昀即位，加尊號壽明仁福慈睿皇太后。

恭聖仁烈皇后楊氏寧宗后，忘其里氏，或云會稽人。楊次山者亦會稽人，后自其謂兄也。少以姿容選入宮，頗涉書史，知古今，書法類寧宗。《書史會要》。

太清宮，寧宗時建，楊皇后書《道德經》石幢。《武林舊事》。

楊妹子，馬河中遠進御及賜貴戚畫，寧宗每命楊妹子題署，有楊娃印章。楊娃者，寧宗恭聖皇后妹也。書法類寧宗，以藝文供奉内庭，其蹟惟遠畫見之。《清實録》。

傳記

《宋史》卷二四三《后妃下·恭聖仁烈楊皇后傳》 恭聖仁烈楊皇后，少以姿容選入宮，忘其姓氏，或云會稽人。慶元元年三月封平樂郡夫人。三年四月進封婕妤。有楊次山者，亦會稽人，后自謂其兄也。遂姓楊氏。五年，進婉儀。六年，進貴妃。恭淑皇后崩，中宮未有所屬，貴妃與曹美人俱有寵。韓侂胄見妃任權術而曹美人性柔順，勸帝立曹。而貴妃頗涉書史，知古今，性復機警，帝竟立之。

紀事

明·王世貞《弇州四部稿》卷一三七《文部·畫跋四十一首·馬遠十二水》 有題字如雲生滄海，層波疊浪之類，雖極柔媚而有韻，下書賜兩府三字，其印章有楊娃語長輩云：楊娃者，皇后妹也。以藝文供奉内庭，凡遠畫進御及頒賜貴戚皆命楊妹子題署云。然不能舉其伐及偏考畫記稗史俱無之，獨往往於遠他畫見楊蹟如一。按：遠在光寧朝後先待詔藝院最後。寧宗后楊氏承恩握内政，所謂楊娃者，豈即其妹耶。又后兄石谷俱以節鉞領宮觀，位至太師，時稱大兩府二兩府，則所謂賜大兩府者，疑即石也。此卷初藏陸太宰全卿家，李文正吴文定王文格俱有跋，而不能詳其事，聊記

以備再考。題畫後考陶九成《書史會要》，楊娃者，果寧宗恭聖皇后妹也。書法類寧宗。凡御府馬遠畫多命之題，所謂大兩府者，果楊石也。因記於後。

清・姜紹書《韵石齋筆談》卷下《楊妹子》　楊妹子乃宋寧宗恭聖皇后妹，其書類寧宗，凡御府馬遠畫多令題詠。余曾見馬遠松院鳴琴小幅，楊娃題其左方云：閒中一弄七絃琴，此曲少知音。多因澹然無味，不比鄭聲淫。松院静，竹樓深，夜沉沉。清風拂軫，明月當軒，誰會幽心。詞寄《訴衷情》，波擎秀穎，妍媚之態，映帶縹緗。

牟益

綜述

宋・董史《書録》卷下　牟益，字德彰，余亡友牟德彰畫入能品，晚年尤喜篆書，深究古文，嘗取石鼓詛楚鐘鼎等文為辨證一編，以糾前時釋之誤，未脱稿而君遂亡。

明・陶宗儀《書史會要》卷六《宋》　牟益，字德新，晚年喜篆書，深究古文，嘗取詛楚石鼓鐘鼎等文為辨證一編，以糾前時釋文之誤。

魏了翁

論説

明・王世貞《弇州四部續稿》卷一六一《文部・墨蹟跋・宋名公二十帖》　了翁者，魏了翁，字華甫，蒲江人。以樞密同僉督視江淮軍馬，贈太師，累封秦國公，謚文靖。公名位俱亞真文忠，而卹典遠過之。此書倉卒為密戚弔慰，故旨惻而辭絜，筆亦草草。

綜述

宋・董史《書録》卷下　魏了翁，字華父。善篆，不規規然繩尺中而有自然之勢。余嘗見龜龍麟鳳四字。又于南昌尉饒實夫處，見所篆先世墓道大字，皆名筆也。

傳記

《宋史》卷四三七《儒林七・魏了翁傳》　魏了翁，字華父，邛州蒲江人。年數歲從諸兄入學，儼如成人。少長英悟絶出，日誦千餘言，過目不再覽，鄉里稱為神童，年十五著《韓愈論》，抑揚頓挫，有作者風。慶元五年登進士第，時方諱言道學，了翁策及之，授簽書劍南西川節度判官廳公事，盡心職業。嘉泰二年，召為國子正，明年改武學博士，開禧元年召試學士院。【略】

詔以資政殿大學士通奉大夫致仕。遺表聞，上震悼，輟視朝，歎惜有用才不盡之恨，詔贈太師，謚文靖。賜第宅蘇州，累贈秦國公。所著有《鶴山集》、《九經要義》、《周易集義》、《易舉隅》、《周禮井田圖説》、《古今考》、《經史雜抄》、《師友雅言》。

曹士冕

綜述

宋・董史《書録》卷下　曹士冕，字端，昌谷之後，謙撝嗜學，博參古法，服膺《蘭亭》，嘗與余論書云：今人尚不知有唐，無問魏晉，可以知其志趣矣。

明・陶宗儀《書史會要》卷六《宋》　曹士冕，字端可，昌谷之後，博參羣書，服膺《蘭亭》。

紀事

明・陶宗儀《輟耕録》卷一四《瘞鶴銘》　曹士冕曰：帖總二十卷，元無字號，及斷眼數目，單炳文、曹士冕各有模刻本，世傳潘氏析居法帖分而為二，其後絳州公庫乃得其一。

明・潘之淙《法書離鉤》卷八《賞鑒》《星鳳樓帖》，尚書趙約刻於南康，曹士冕摹勒，工緻有餘清而不濃，亞於《太清續帖》者也。

雜録

清・孫岳頒等《佩文齋書畫譜》卷七一《歷代名人書跋二・梁陶弘景瘞鶴銘》　宋曹士冕云：焦山《瘞鶴銘》筆法之妙，為書家冠冕。前輩慕其字而不知其人，最後雲林子以華陽真逸為陶弘景及以句曲所刻，弘景朱陽館帖參校然後衆疑釋然，其賞鑒可謂精矣。

張即之

論説

明・張宁《方洲集》卷二一《跋・張即之大字跋》　即之作大字如寫小楷，而筆意兼行，轉折作止之懸如老生作禮，雖骨格強硬而意度調熟，見之者自當歎重。此卷三字尤為卓絶，非常所見。

明・吴寬《家藏集》卷五一《題跋三十二首・跋張即之墨蹟》　昔人謂八音與政通，而文章以時高下，豈惟文章哉，字畫亦然。故因時可以知書，因書可以驗時，有不可逃者。張即之生宋南渡後，書名在當時甚盛，此所書杜詩已不完，開化徐敦夫得以示予，蓋書之變至此已極，當時所以重之，則世變亦可知矣。夫即之欲自成家，故其書法如此，若以虞道園之説斷之，則亦太甚矣乎。

明・吴寬《家藏集》卷五五《題跋三十六首・跋張樗寮墨蹟》　樗寮在宋，書名甚盛，然好用秃筆作大字，遂為後來醜怪惡札之祖。噫，不得其意而強效之，其弊至於縛草如帚，以燥為工，是真所謂醜怪者也。

明・文徵明《甫田集》卷二三《題跋七首・題張即之書進學解》　右宋張即之書韓文公《進學解》，即之，字温夫，別號樗寮，參政孝伯之子，仕終太子太傅、直祕閣、歷陽縣開國男。其書當時所重，完顔有國時，每重購其蹟，史稱即之博學有義行，而袁文清《師友淵源録》亦言即之修潔，喜校書，經史皆手定善本，語乾道、淳熙事先後不異史官，書蔽其名。按《皇宋書録》，即之安國之後，甚能傳其家學。安國，名孝祥，仕終顯謨閣學士，所謂于湖先生，孝伯之兄，即之之伯父也。其書師顔魯公，嘗為高宗所稱。即之稍變而刻急，遂自名家。然安國僅年三十有八，而即之八十餘，咸淳間猶存，故世知有樗寮書，而于湖書鮮稱之者。此書無歲月可考，而老筆健勁，大類安國所書《盧坦河南尉碑》，豈所謂傳其家學者耶。周誥商盤下缺一

字，實徽宗御名，韓文商本作殷，豈亦以諱避就耶。故浙江參政崑山張公敬之舊藏此册。公卒無子，圖書散失，從孫比部員外允清以重直購之，允清所謂惓惓於此，豈直字畫之妙而已，後之子孫尚知所寶哉。

明・楊慎《墨池瑣録》卷四 張即之怪誕百出，書怪極矣。不有子昂，誰能迴瀾乎。

明・王世貞《弇州四部續稿》卷一六一《文部・墨蹟跋・宋名公二十帖》 張即之，字溫甫，孝祥從子，以父孝伯蔭補官至直祕閣，壽八十餘，與孝祥俱擅臨池名而即之尤琅琅。

綜述

宋・董史《書録》卷下 張即之，字溫夫，安國之後，甚能傳其家學。

明・陶宗儀《書史會要》卷六《宋》 張即之，字溫夫，號樗寮，歷陽人。參政孝伯之子，官至直祕閣致仕，以能書聞天下，特善大字，為世所重。

明・豐坊《書決》 張即之，字温夫，于湖之姪，官至直祕閣。書學米元章而變以奇勁，有春花秋木之勢。

傳記

《宋史》卷四四五《文苑七・張即之傳》 張即之，字温夫，參知政事孝伯之子，以父恩授承務郎。銓中兩浙轉運司進士舉，歷監平江府糧料院。**【略】**即之以能書聞天下，金人尤寶其翰墨。

雜録

宋・姚勉《雪坡集》卷四一《跋張樗寮遺墨》 璨上人示予以張樗寮《請堪笑翁住翠巖書》及《祭笑翁文》，詞翰俱美，予三復三嘆釋之。住山猶儒之居官也。釋之高者不屑於住美山，儒之高者不羨於為美仕。笑翁與樗寮相得如此，猶不少屈，況肯如其他買院子住者乎。及樗寮翩然去國，笑翁明日即來尋泉石盟，作翠巖西堂，其進退合於義若是。其終文援黃龍山谷故事，托樗寮以死，樗寮亦承所托不負之，皆可觀也。樗寮平生視美官如敝屣，故與笑翁志同道合。今儒之中清風如樗寮者，不可多得，釋之中亦少如笑翁。噫，世道何其日下耶。觀樗寮與笑翁書，笑翁不啟至再至三終不啟，樗寮謂赴法不赴法，啟緘不啟緘，有何干涉，欲笑翁之於此下一轉語也。此一段公案，千古話柄，由釋學論之，雖不啟緘徹底分明，雖不住山，住山已竟無在無不在，何必指山門罵佛殿，而後謂之來住山耶。予固學儒者也，不當戲作釋氏語，謾代笑翁下一轉。璨上人肯之否。

元・鄭杓《衍極》卷下《古學篇》 張即之、陳讜之書，一時籍甚，豐碑鉅刻散流江左，迨今書家尚祖餘習。

明・李日華《六研齋二筆》 張樗寮喜書法，藏字如當三錢大，蒼勁秀拔，蓋以李煜、徐鉉君臣金錯刀法為宗，而稍取率更筆意整齊之者。有書《金剛般若》一部，尾行書題云：樗寮即之七十八歲，喜再逢佛誕，以天臺教宗印講主所校本，敬寫此經，遺天竺靈山志覺上人，受持讀誦。我願執情不作，常觀般若，六如覺性，永明共悟，實相本體，流通利益，均及有情。時景定四年歲次癸亥。

清・姜宸英《湛園集》卷八《跋張即之書楞嚴經》 張即之，號樗寮，書法歐陽率更，加之險峭，遂自成家。今停雲館收刻只數行，余家有其所寫《楞嚴經》全卷，遭亂播遷，僅存此二十二頁。停雲所刻有云：慈溪有王昇者，出入吾家二十餘年，吾邑多張書，其皆王君所得乎。世傳其為水晶書，能禳火，故藏書家多寶之。

明・王鏊《姑蘇志》卷二九《寺觀上》 宋張即之書華嚴性海四字，皆徑丈，刻榜猶存。

葛長庚

綜　述

明・陶宗儀《**書史會要**》**卷六**《**宋**》　葛長庚，自號白玉蟾，閩人，嗜酒，苦吟善草。

清・王毓賢《**繪事備考**》**卷六**《**宋**》　葛長庚，閩人也，學仙有得，自號白玉蟾。嗜酒，能詩，道行高卓，善草書。

清・孫岳頒等《**佩文齋書畫譜**》**卷三六**《**書家傳十五・宋五**》　白玉蟾。白玉蟾，號瓊琯，本姓葛，名長庚，大父有興，福州閩清縣人。董教瓊州，而生真人於瓊，冒白姓，天資聰敏，髫齡時背誦九經，十歲來廣城，應童子科，主司命賦織機詩，遇泥丸真人陳翠虛攜入羅浮，遍遊名山，善草書，有龍翔鳳翥之勢，封紫清明道真人。嘉定末詔徵赴闕對，御稱旨命館太乙宫，一日不知所往。

玉蟾生於海南，自號海瓊子，或號海南翁，或號瓊山道人，或號蠙菴，或號武夷散人，或號神霄散吏，蓬頭跣足，一衲敝甚而神清氣爽，喜飲酒，不見其醉，出言成章，文不加點，隨身無片紙，落筆滿四方，大字草書，視之若龍蛇飛動，兼善篆、隸。

藝　文

元・黄玠《**弁山小隱吟録**》**卷一**《**古體五言・佑聖宫白玉蟾壁上留題**》　仙人白玉蟾題詩留素壁：筆勢來翩翩，臒腅不可測。將飛蛟龍影，或是風雨跡。

元・虞集《**道園學古録**》**卷三〇**《**題白玉蟾像**》　日出扶桑積雪高，海空天净絶纖毫。每看劍氣衝銀漢，知是吹笙詠碧桃。

雜　録

元・陳高《**不繫舟漁集**》**卷一二**《**記・游羅源縣蓮花山記略**》　佛殿旁夾室有白玉蟾題詩，壁上書大草字，頗雄偉。

明・曹學佺《**蜀中廣記**》**卷二**《**名勝記第二・川西道・成都府**》　成都郡青羊肆，尋吾今為青羊觀也。古今集記云：老子乘青羊降其地，有臺存觀中，有白玉蟾書碑，字徑半尺。

清・謝旻等《**江西通志**》**卷七**《**山川一・南昌府**》　七福地有藥臼，洗藥池，各二石，壁上有白玉蟾影及手書江右福地始豐名山八字。

單煒

綜　述

宋・董史《**書録**》**卷下**　單煒，字炳文。谷中云：西班人。善書，有所刻定武《蘭亭》傳于世。谷中嘗取其絳帖辨證刻於襄陽者，重刻于星鳳帖後。

明・陶宗儀《**書史會要**》**卷六**《**宋**》　單煒，字炳文，號定齋居士，沅陵人。以武舉得官，仕至路分，博學能文，於訂考法書尤精，字畫遒勁，得二王法度。

明・豐坊《**書訣**》　單煒，字炳文，沅陵人，號定齋，字畫清勁。

紀事

宋·周密《齊東野語》卷一二 又有單煒丙文者，沅陵人。博學能文，得二王筆法，字畫遒勁，合古法度，於考訂法書尤精。武舉得官仕至路分，著聲江湖間，名士大夫多與之交，自號定齋居士。與堯章投分最稔，亦韻士也。堯章詩詞已板行，獨雜文未之見，余嘗於親舊間得其手藁數篇，尚思所以廣其傳焉。

元·不著撰人《東南紀聞》卷二 單路分煒，字炳文，京師人，後居沅州。書法有所傳授，以任為右階，吉水郭敬叔與番陽姜堯章皆師焉。單云：堯章得吾骨，敬叔得吾肉。

劉震孫

綜述

宋·董史《書録》卷下 劉震孫，號朔齋，善書大字，尤有位置。

明·陶宗儀《書史會要》卷六《宋》 劉震孫，字長卿，號朔齋，中州人，善大字，尤有位置。

藝文

宋·陳起《江湖後集》卷一四《次郡太守劉朔齋秋晚謁謝昭亭小飲三首》 鞭摇五馬踏沙隄，秋晚除書下紫泥。蘚壁篆碑猿捧硯，松關唫句鶴分題。裴休故宅今為寺，謝朓閑官昔仕齊。太守宴歸賓客從，數聲山鳥日平西。

趙孟堅

論説

宋·周密《齊東野語》卷一九《子固類元章》 諸王孫趙孟堅，字子固，號彝齋，居嘉禾之廣陳。脩雅博識，善筆札，工詩文，酷嗜法書，多藏三代以來金石名蹟。遇其會意時，雖傾囊易之不靳也。又善作梅竹，往往得逃禪石室之妙，於山水為尤奇，時人珍之。襟度瀟爽，有六朝諸賢風氣，時比之米南宮，而子固亦自以為不嫌也。東西薄遊必挾所有以自隨，一舟横陳，僅留一席為偃息之地，隨意左右取之，撫摩吟諷至忘寢食，所至識不識望之而知為米家書畫船也。庚申歲，客輦下，會菖蒲節，余偕一時好事者邀子固，各攜所藏買舟湖上，相與評賞，飲酣，子固脱帽以酒晞髮，箕踞歌《離騷》，旁若無人，薄暮入西泠掠孤山，艤櫂茂樹間，指林麓最幽處瞪目絶叫，曰此真洪谷子董北苑得意筆也。鄰舟數十皆驚駭絶歎，以為真謫仙人。異時蕭千岩之妖滾得白石舊藏五字不損本，禊叙後歸之俞壽翁家。子固復從壽翁善價得之，喜甚，乘舟夜汎而歸，至雪之昇山，風作舟覆，幸值支港，行李衣衾皆渰溺無餘，子固方被濕衣立淺水中，手持《禊帖》示人曰：《蘭亭》在此，餘不足介意也。因題八言於卷首云。性命可輕，至寶是保。蓋其酷嗜雅尚出於天性如此。後終於提轄左帑，身後有嚴陵之命，其帖後歸之悦生堂，今復出人間矣。噫，近世求好事博雅如子固者，豈可得哉。

綜述

元·陸友《研北雜志》卷下 近世以筆墨為事者，無如姜堯章、趙子

固二公。

清・孫岳頒等《佩文斎書畫譜》卷三五《書家傳十四・宋四》　趙子固以北海學子敬，病在欹側。

紀事

元・陸友《研北雜志》卷上　宋人書習鍾法者五人，黄長睿伯思、雒陽朱敦儒希真，李處權巽伯、姜夔堯章、趙孟堅子固。

元・陸友《研北雜志》卷下　趙子固清放不羈，好飲酒，醉則以酒濡發，歌古樂府，自執紅牙以節曲，其風流如此。

雜録

元・陸友《研北雜志》卷下　趙子固目姜堯章為書家申韓。

文天祥

論説

元・劉詵《桂隱文集》卷四《古体七言・跋文信公和東坡赤壁詞後》　坡公此詞妙絶百代，然恨鮮得其所自書者。信國文公所和，雄詞直氣，不相上下，而真跡流落如新，尤可謂二美具矣。昔朱文公少時嘗學曹表，劉共父學鹿脯帖，文公以其字畫古誚之，共父謂予所學者唐之忠臣，公所學者篡賊，何論古今。文公終身以為愧，嗚呼，此書距今纔四十年，其可敬慕，何必在千載之上哉。

明・宋濂《文憲集》卷一三《題凡五十八章・題文天祥手題》　予嘗見文山公與黄伯正手帖云：贛州大姓起義旅相從者如歐陽冠侯等凡二十三家，史多不載其名，今莫可考矣。寧都陳蒲塘父子亦二十三家之一，乃因從子景茂請銘于公，答書僅存，而其氏名因籍以弗泯，不亦幸哉。觀公興言宿昔為之哽涕之言，則其有感於蒲塘者深矣。

又《題文履善手帖後》　右少保文信公手帖，知贛州日六月所發，公自為賈師憲所忌。咸淳壬申即援錢若水例，上休致之請，明年癸酉，紹陵特起，公提點湖南刑獄，又明年甲戌改知贛州，公年始三十有九，爾守贛僅踰年，當德祐乙亥之秋，即帥勤王之師來赴臨安，所謂六月正甲戌之六月也。後一年丙子宋亡，又二年戊寅，公在朝為王惟義所執，又四年壬午，公以忠死於燕，則國朝至元十九年也。距作此帖時蓋九閲寒暑矣。丙申春容有以悦生堂《蘭亭》本求跋者，上有師憲題記，予因斥去，不暇顧，未幾，胡君忽出此卷相示，再拜起觀，恍若見寶玉大弓於先王之世，諦玩不能釋手，於戲，善惡之在人心，其可不磨滅者如此，雖千萬世不易也，深可畏哉。

明・解縉《文毅集》卷一六《題跋・跋文信國公手簡》　按：廬陵自宋季惟崇政殿説書，歐陽公守道以程朱學倡東南而須溪劉辰翁心遠方峯二聶先生最稱高弟，先有聲名，方峯諱濟，而心遠即吉甫也。文信公厥後方事歐陽公，則於吉甫固同門而吉甫又先，故此書尤致其敬，其故可考也。

明・李時勉《古廉文集》卷八《題跋・題文丞相與昇叟書跋後》　務施報者，非仁人君子之心也。宋丞相文信公受命於國步艱難之日，非有深恩極寵以榮耀於當時，而所以圖恢復之意，蓋惓惓焉。雖至於危促而氣益壯，極於死亡而心不悔者，豈欲以致報稱之意哉。仁人君子之心固如是也。詳觀臨清司訓錢先生以公所與其五世祖昇叟書三通反覆觀之，可以知其志之所存矣。昇叟其後與其兄弟三人皆死於王事。孔子曰：智者不失人亦不失言。公又可謂智者歟。景仰忠義感歎不已，因題以歸之。

清・顧復《平生壯觀》卷三《南宋・文天祥》　讀文信國《謝江樞密啟》云：領祠宮之香火，敢望彈冠；掌册院之丹鉛，荷蒙推轂。薦非由於識面，事真可以語人。末聯云：稱彦博於都堂，幸借郇公之譽；薦仲淹於館職，敢忘元獻之知。有薦掞為國，舍我其誰之意，而且以文、范兩公自比。君子之出處如此。繼而讀史至燕京，視死如飴，《正氣》遺歌傳誦潘氏，許

其身任三百年綱常之重潸焉，不知涕泗之無從也。茲復見其手書序文長札詩卷，浩氣勃勃音節悽悽，若覩形容而聞謦欬，況乎筆端蟠屈騰踔，從横自然，顧不重耶。

綜述

明・陶宗儀《書史會要》卷六《宋》 文天祥，字宋瑞，一字履善，吉之吉水人，舉進士第一，官至右丞相加少保封信國公。體貌豐偉，美晳如玉，秀眉而長目，忠義名節炳焕史册。善小篆，嘗見丹書一硯後云：紫之衣兮緜緜，玉之帶兮粼粼。中之藏兮淵淵，外之澤兮日宣。嗚呼，磨爾心之堅兮，壽吾文之傳兮。廬陵文天祥書。共四十四字，筆畫貞勁，似其人也。國朝追謚忠烈。

紀事

宋・周密《癸辛雜識續集》卷下《文山書為北人所重》 平江趙昇卿之姪總管號中山者，云近有親朋過河間府，因憩道傍，燒餅主人延入其家，內有小低閣壁貼四詩，乃文宋瑞筆也。漫云：此字寫得也好，以兩貫鈔換兩幅與我，如何。主人笑曰：此吾家傳寶也，雖一錠鈔一幅亦不可博，咱們祖上亦是宋氏，流落在此，趙家三百年天下，只有這一箇官人，豈可輕易把與人邪。文丞相前年過此與我寫的，真是寶物也。斯人朴直可敬如此，所謂公論在野人也。癸巳九月。

薛尚功

綜述

宋・董史《書録》卷下 薛尚功，字用敏，善古篆，尤好鐘鼎書，有鐘彝器欵識刻石二十卷。

明・陶宗儀《書史會要》卷六《宋》 薛尚功，字用敏，錢塘人。官至僉書定江軍節度判官廳事，善古篆，尤好鐘鼎書，有鐘鼎彝器欵識二十卷及鐘鼎韻七卷行乎世。

雜録

清・馮班《鈍吟雜識》卷六《日記》 隸書乃篆之捷也，與今正書不同，然非分書也。蓋隸書本如此，後漸變為今正書耳。歐公以此似今八分，遂呼漢人分書為隸。既知其不同，且疑薛尚功摹之失體，誤也。今人作正書是鍾王法，然鍾王古字亦多，與今不同，世傳六朝唐初碑上字分隸相雜，疑當時正書如此，至唐中葉已後始變如今法，後人純學鍾王也。

杜良臣

綜述

宋·董史《書録》卷下 杜良臣，字子卿，豫章士人也。善小篆，見重一時。筆法精妙，攷究古學為詳。趙鋭者，幼與子卿友善，嘗謂余言，子卿幼日見牕紙有篆字者，亦輒割而取之，可以見其嗜學也。同時又有漆遂良者，亦博洽飽學，人稱漆杜云。嗚呼，老成彫落，微余記録，後生無復道之者矣，豈不悲哉。蓋嘗閲《華陽國志》，雖寠儒貧女有可紀者，莫不咸具，余於是竊有志焉。故處鄉郡苟耳目所接不敢棄也。然所不知者固多矣。雖然士之抱負所長而不見知于一時，不傳於後世者，豈惟書哉，則亦存乎憎愛之私也。則亦有幸不幸也，則是可悲也。至有阿曲以附勢欺偽以盗名者，乃或見稱焉，是益可悲也。

明·陶宗儀《書史會要》卷六《宋》 杜良臣，字子卿，豫章人。學問該洽，以小篆見重一時，筆法精妙，考究古學為詳。

司馬括

綜述

宋·董史《書録》卷下 司馬括，字子開，豫章寓公温國之後，頗長于隸，邦人多寶其真跡，亦善行押。

明·陶宗儀《書史會要》卷六《宋》 司馬括，字子開，文正公光之後。寓居豫章，頗長於隸，亦善行。

王埜

綜述

宋·董史《書録》卷下 王埜，字子文。嘗漕江西徧易諸處扁榜而以已書張之，大字難為結密而公獨有餘焉。嘗見其石刻小楷，蓋深入率更户庭矣。滕王閣有題榜稍劣。

明·陶宗儀《書史會要》卷六《宋》 闕埜字子文，婺州金華人，官至端明僉樞密院。善楷、隸行草，小楷深入率更户庭，大字難為緻密，而埜獨有餘且有位置。漕江西日徧易諸處扁牓而以已書張之。

傳記

《宋史》卷四二〇《王埜傳》 王埜，字子文，寶章閣待制，介之子也。以父廕補官，登嘉定十二年進士第。【略】埜因德秀知朱熹之學，凡熹門人高第必加敬禮。知建寧府，創建安書院，祠熹以德秀配，有奏議文集若干卷，埜工于諸書法，祖唐歐陽詢，署書尤清勁。

金元書家部

趙渢

論說

金・趙秉文《滏水集》卷二〇《題竹溪黃山書》 黃山先生擘窠大字體兼顏蘇，畫畫雄秀，當在石曼卿上。草書如行雲流水，當在蘇才翁、黃魯直伯仲間，非但不愧之而已。

又《題黃山書後》 予嘗評黃山書當在黃魯直、蘇才翁伯仲間，議者未必為然。今日李欽止來與余論合，且云子美有宋初詩人氣象，涪翁圓熟，若論氣韻，當不相上下，復觀竹谿跋公書，云得法在魯公後，得趣在魯公前，三十年後當有知者。

金・元好問《遺山集》卷四〇《跋國朝名公書》 黃山書如深山道人，草衣木食，不可以衣冠禮樂束縛，遠而望之，知其為風塵表物。

綜述

明・陶宗儀《書史會要》卷八《金》 趙渢，字文孺，號黃山，東平人，進士，官至禮部郎中。性沖澹，學道有所得，尤工書。趙秉文云：渢之正書體兼顏蘇，行書備諸家體，其超放又似揚凝式，當處蘇黃伯仲間。

傳記

《金史》卷一二六《文藝下・趙渢》 趙渢，字文孺，東平人。大定二十二年進士，仕至禮部郎中。性沖澹，學道有所得，尤工書。自號黃山。趙秉文云：渢之正書體兼顏蘇，行草備諸家體，其超放又似楊凝式，當處蘇黃伯仲間。黨懷英小篆，李陽冰以來鮮有及者，時人以渢配之，號曰党趙。有《黃山集》行於世。

黨懷英

論說

金・趙秉文《滏水集》卷二〇《題竹溪篆》 李監之篆、蔡中郎之八分、虞永興之小楷、陶謝之詩、六一公之文，妙絶一世，公兼而有之，抑可謂全矣。後數百年不幸文字散落，獨此篆存，亦足以知予言之不妄。

又 竹溪先生篆第一，八分次之，正書又次之，皆當為本朝第一。

金・元好問《遺山集》卷四〇《跋國朝名公書》 黨承旨正書八分閑閑以為百年以來無與比者，篆字則李陽冰以後一人。

元・郝經《陵川集》卷二〇《敘書》 金黨懷英陽冰之後號稱獨步，世多有之，法度尤備，所當學也。隸秦程邈變古文大小篆，漸生楷法以其佐隸，謂之隸屬，猶有古篆法八分，故又謂之八分書，凡諸漢碑皆是也，如蔡邕石經、梁鵠、鍾繇、孔子廟《受禪碑》諸石刻，唐以來蔡有鄰、金黨懷英皆當學也。

元・王惲《秋澗集》卷七一《跋竹谿所題東坡墨戲後》 竹谿書所見多矣，未有若此帖之真楷蕭散者，大似虞中舍諫獵奏狀，間以側筆學坡之媚耳，乃知公當大定明昌間，不秖以篆、隸獨步於玉堂金馬矣。輔之韞櫝愛玩，亦醉翁之意也，可謂真知賞音者哉。

又卷七二《題竹溪詩筆》 文獻黨公大定間翰墨為天下第一，如雪溪黃山輩皆北面師尊之，宜其片言隻字為後世寶藏仰之如泰山云。

元・袁桷《清容居士集》卷五〇《書黨承旨篆杏壇二字後》 翰林承旨黨公，篆法妙一時，所書杏壇二字，刻于曲阜，藹然風雩之意，千載一日

也。衍聖大宗南徙三衢，設祀有廟，傳嫡有緒，令郡守趙侯敬之髣其舊址，築壇於旁，昭揭二字於其上，有新豐肖似之意見堯於墻，著存不忘之義也。若曰思其居處，孔氏子孫萬世不怠，是則趙侯之用心良厚矣。泰定三年二月，具官袁桷拜手謹記。

綜述

明・陶宗儀《書史會要》卷八《金》 黨懷英，字世傑，號竹溪，宋太尉進十一代孫，馮翊人，中進士第，歷官至翰林學士承旨，謚文獻。脱略世務，工篆籀，當時稱為第一，學者宗之。

傳記

《金史》卷一二五《文藝上・黨懷英》 黨懷英，字世傑，故宋太尉進十一代孫，馮翊人。父純睦，泰安軍録事參軍，卒官，妻子不能歸，因家焉。應舉不得意，遂脱略世務，放浪山水間，簞瓢屢空宴如也。大定十年中進士第，調官莒州軍事判官，累除汝陰縣尹、國史院編修官，應奉翰林文字、翰林待制，兼同修國史。懷英能屬文，工篆籀，當時稱為第一，學者宗之。

紀事

金・趙秉文《滏水集》卷一一《翰林學士承旨文獻黨公碑》 先秦古文篆籀，淳古簡嚴，後世邈乎不可及已。漢之文章温淳深厚，如折枯蹊以為明堂之楹，駕騄驥以遵五達之衢，不憂傾覆，使人曉然知治道之歸。韓文公之文汪洋大肆，如長江大河渾浩運轉不見涯涘，使人愕然不敢睨視。歐陽公之文如春風和氣，鼓舞動蕩，了無痕迹，使讀之亹亹不厭。凡此皆文章正也。至于書亦然。秦相李監之篆、漢魏之八分、虞褚魯公之楷，見者莫不歛衽而敬。其下作者如零珠片玉，非無可喜，要非書法之正也。本朝百餘年間以文章見稱者，皇統間宇文公，大定間無可蔡公，明昌間則黨公。於時趙黄山王黄華俱以詩翰名世，至論得古人之正脉者，猶以公為稱首。公諱懷英，字世傑，泰安州奉符人，十一世祖宋太尉進公。少穎悟，日誦千餘言，及壯，以文名天下，取東府魁，大定十年中進士優等，調城陽軍事判官，遷汝陰令。十八年，充史館編修，應奉翰林文字、翰林修撰、翰林待制。明昌元年，遷直學士。六年，預修《世宗實録》及《遼史》，改翰林學士。承安二年，出知兖州泰定軍節度使。為政寬簡不嚴而人自服化。三年，入為翰林學士承旨致仕。大安二年九月以壽終，享年七十有八。是夕有大星隕於家居之階上，衆視之，公已逝矣。官至中大夫。公性寬和，容衆犯而不校。未第之時，樂山水，不以世務攖懷，簞瓢屢空宴如也。夫人石氏，徂徠先生之後，亦能安貧守分。母始娠，夢唐道士吴筠來託宿，而公始生。及長，儀觀偉異若仙，然其文章字畫蓋天性，儒、道、釋、諸子百家之説，乃至圖緯篆籀之學無不淹貫，文似歐陽公，不為尖新奇險之語，詩似陶謝奄，有魏晉。篆籀入神，李陽冰之後一人而已。嘗謂唐人韓蔡不通字學，八分自篆籀中來，故公書上軋鍾蔡，其下不論也。小楷如虞褚，亦當為中朝第一。書法以魯公為正，柳誠懸以下不論也。古人名一藝，公獨兼之，亦可謂全矣。銘曰：文章非能為之為工，乃不能不為之為工也。非要之必奇要之，不得不然之為奇也。譬如山水之狀，煙雲之姿，風鼓石激，然後千變萬化不可端倪。此先生之文與先生之詩也。至于篆籀之妙，後數百歲復有一陽氷則不可知，後數百歲無復一陽氷則書止於斯噫。

王庭筠

論説

金・元好問《遺山集》卷四〇《跋國朝名公書》 黄華書如東晉名

流，往往以風流自命，如封胡羯末猶有蘊藉可觀。

元・王惲《秋澗集》卷七一《跋黄華墨蹟》　予觀公書多矣，曰黄華山主者，蓋公中年筆也。其格調步超要本二王，氣韻蕭散得元章之勝，勁厲初不逮之，然如王謝子弟以生長見聞，猶足以超人羣也。殷溪云。

又《題黄華與李彦明太守一十三帖》　彦明係公同年友也。此數帖蓋公官翰林時書也，至有饑寒之厄近在旦夕，又云收拾扈從秋山，貧家至甚不易，令人披讀可勝嘆惋。當明昌嚮文之世，公以文彩風流照映一時，其窘迫乃爾，豈官散禄薄未為道陵所知，不然貧乃士之常事，造物者庸玉汝於成邪。至於文翰之妙，如荊金和璞，自有定價，不待稱而後重也。

又卷七二《跋黄華老人二詩後》　觀公手跡多矣，此幅恐是早年所作，然澗松出土，已有淩雲之氣，識者自當知之。

元・袁桷《清容居士集》卷四七《題王黄華墨竹》　黄華老人祖襄陽筆墨，至於平世不遇，卒至窮困流離，時使之然。使生元祐盛時，實不在米老下，文丹淵用墨意在筆前，觀此卷豈在彭城下邪。德常評古精詣，遂取其評以書。

綜述

明・陶宗儀《書史會要》卷八《金》　王庭筠，字子端，號黄華老人，遼東蓋州人。史作河東。舉進士第，官至翰林修撰。儀觀秀偉，善談吐，書法宋米芾，論者謂其胸次不在芾下。

傳記

《金史》卷一二六《文藝下・王庭筠》　王庭筠，字子端，河東人。生未期視書識十七字，七歲學詩，十一歲賦全題。稍長，涿郡王翛一見，期以國士。登大定十六年進士，第調恩州軍事判官。【略】書法學米元章，與趙渢、趙秉文俱以名家。

趙秉文

論説

金・元好問《遺山集》卷四〇《跋國朝名公書》　閑閑公書如本色頭陀，學至無學，横説豎説無非般若。

又《題閑閑書赤壁賦後》　夏口之戰古今喜稱道之，東坡《赤壁詞》殆戲以周郎自況也。詞纔百許字，而江山人物無復餘蘊，宜其為樂府絶唱。閑閑公乃以仙語追和之，非特詞氣放逸，絶去翰墨畦逕，其字畫亦無媿也。辛亥夏五月，以事來太原，借宿大悲僧舍，田侯秀實出此軸見示，閑閑七十有四，以壬辰歲下世，今此十二日其諱日也。感念疇昔，悵然久之，因題其後。赤壁武元真所畫，門生元某謹書。

元・王惲《秋澗集》卷七一《題閑閑公書祈宰傳後》　此祁忠義贊也，蓋公在河北時所書，以老筆所至自成一家，觀之似未免效顰耳，然堂堂之氣，已破碎陣敵矣。

又卷七二《跋閑閑公草書心經》　《般若經》前後文辭重複，公書之字字姿態不同，所謂堂堂天陣，臨機制變，出奇無窮者也。

綜述

明・陶宗儀《書史會要》卷八《金》　趙秉文，字周臣，號閒閒居士，磁州滏陽人，登進士第，官至翰林學士。為人至誠樂易，未嘗以大名自居。仕五朝官六卿，書法效鍾王，草尤遒勁，世競寶之。

傳記

《金史》卷一一〇《趙秉文》 趙秉文，字周臣，磁州滏陽人也。幼穎悟，讀書若風夙習。登大定二十五年進士第，調安塞簿，以課最遷邯鄲令，再遷唐山。丁父憂，用薦者起復南京路轉運司都勾判官。明昌六年入為應奉翰林文字，同知制誥。【略】秉文之文長於辨析，極所欲言而止，不以繩墨自拘。七言長詩筆勢縱放，不拘一律。律詩壯麗，小詩精絶，多以近體為之。至五言古詩，則沉鬱頓挫。字畫則草書尤遒勁。

金·元好問《遺山集》卷一七《閑閑公墓銘》 公諱秉文，字周臣，姓趙氏，閑閑其自號也。世為磁州滏陽人，祖諱某用公貴，贈正議大夫，上輕車都尉、天水郡伯。考諱某，贈中奉大夫，上護軍、天水郡侯。李右司誌其墓，述先世以來詳矣。公幼穎悟，讀書若夙習。弱冠，登大定二十五年進士第，調安塞簿，以課最遷邯鄲令，再遷唐山。丁郡侯憂，用薦者及提刑廉舉，起復充南京路轉運司都句判官。【略】字畫則有魏晋以來風調，而草書尤驚絶，殆天機所到，非學能至。

紀事

金·元好問《遺山集》卷四〇《跋閑閑自書樂善堂詩》 人皆有兩足，不踐荆棘地。人皆有兩手，不劘虎兕齒。如何身與心，擇善不如是。從善如登天，從惡如棄屣。而於趍舍乖，如之不審耳。盜跖膾人肝，顔子一瓢水。均為一窖塵，誰光百世祀。較其得失間，奚翅千萬里。所以賢達人，去彼而取此。道腴時雋永，世味不染指。作詩銘吾堂，兼以勗諸已。閑閑公此詩為他人作，而皆公日用之實。古人謂有德者必有言，又曰立言踐行，公無媿焉。今日見公心畫，玩其辭旨，不覺斂衽生敬。公嘗為襄城廟學作《省齋銘》云：言有非耶，行有違耶，君子之棄而小人之歸耶。銘不滿二十言而於三省之義委曲備盡，可以一倡而三歎。惜今世不傳，因附於此。癸丑六月吉日，門生河東元某謹書。

金·劉祁《歸潛志》卷一 趙學士秉文，字周臣，磁州滏陽人。少擢第，作詩及字畫有名。王庭筠子端薦入翰林，因言事忤旨外補，再入館為修撰待制，轉禮部郎中，出典岢嵐，平定寧邊三郡。案《金史》本傳，秉文以言事由翰林修撰出典平定寧邊二郡，未嘗出典岢嵐，其同知岢嵐州軍事，猶在未召入為修撰之前。元好問《中州集傳》亦與本傳同，與此互異。南渡為直學士，遷侍讀，拜禮部尚書致仕。再起為禮部，改翰林學士。天興改元，夏四月卒，年七十三。案《金史》本傳，天興改元之年五月壬辰卒，年七十四，與此志異。公幼年詩與書皆法子端，後更學太白、東坡字，兼古今諸家學。及晚年，書大進，詩專法唐人，魁然一時文士領袖，壽考康寧爵位，士大夫罕及焉。性疎曠無機鑿，治民鎮静不生事。在朝循循無異言，家居未嘗有聲色之娛。夫人卒，不再娶，斷葷肉，粗衣糲食不恤也。酷好學，至老不衰。後兩目頗昏，猶孜孜執卷，鈔録上至六經解外，及浮屠、莊老、醫藥、丹訣無不究心。其所著有《太玄解》、《老子解》、《南華指要》、《滏水集外集》無慮數十萬言，自號閑閑居士云。

又卷八 趙閑閑平日字畫工夫最深，詩次之，又其次散文也。嘗語余曰：今日後進中作文者，有三二人，至吟詩者絶少，字畫亦無也。以是知公所長。然議論經學許王從之，散文許李之純、雷希顔，詩頗許麻知幾、元裕之，字畫頗許麻知幾、馮叔獻也。又嘗教余學書先法張旭《石柱記》，每曰：汝輩幸有天資，正不許學古人一點一畫寫也。

又卷九 趙閑閑本好書，以其名重也，人多求之，公甚以為苦。嘗于禮部廳壁上榜云：當職係三品官，為人書扇面失體，請諸人知。既致仕，于宅門首書曰：老漢不寫字。然燕居無客，未曾不抄書，相識輩强請亦不能拒。若夫其心所不喜者，雖懇求竟不得也。雷希顔得其書最多，凡有求未嘗拒。蓋公頗憚雷，且雷善求其書，時或邀公食，復出古人墨迹使觀之，又出佳研、精紙、名墨在前，或飲以一二杯，待公有書興，引紙落筆，俄頃數幅。累旁觀輒稱嘆，凡一點一畫必曰此顔平原也，此米元章也。公既喜，遂書不倦。又雷與屏山皆不工書，趙公嘗笑之曰：希顔堂堂如此而寫如此字。一日在禮部，適公為王從之書，末云某月日為從之天下士書髯。雷在側笑其不工也，閫坐大噱。又一日，雷得郭恕先篆數幅，甚珍之，以示趙公，公亦喜，雷因求

跋尾，公跋云：恕先篆不減唐人，然迄宋百餘年，不經諸名士發揚。雷希顔趣售之。其鑒裁如此，然其書不減李屏山。此一夕後數日，公壻張履求書，余亦在坐，公跋其尾云：年月日微雨中為張倩書，雷希顔欲以恕先篆相易。雷愕然，公徐曰：劉京叔不可乃止。因相與大笑。又王武叔文出館補外未赴，甚貧，會五月麥熟，將出京，求濟于交友輩，特索純扇數十，詣公求書，公拒之。武叔素嗜酒，不檢既出公門，大叫呼公。公聞而遽召，為書之，然每一扇頭但書古詩一聯，有曰黄花入麥稀者，有曰麥天晨氣潤者，有曰麥隴風來餅餌香者，蓋嘲王求麥也，然王竟以其書多所獲。又一日，公在禮部，白樞判文舉諸人邀公飲丹陽觀，公將往，先謂諸人曰：吾今往，但不寫字耳。如求字者，是吾兒。文舉曰：先生年德俱高，某等真兒行也。公笑，又為書之。

著録

明・楊慎《墨池璅録》卷三　趙秉文。

清・孫岳頒等《佩文齋書畫譜》卷三六《書家傳十五・金・趙秉文》　趙秉文。

清・倪濤《六藝之一録》卷三五三《金・趙秉文》　趙秉文。

宗椿

論説

明・陶宗儀《書史會要》卷七《元》　學王黄華書，工大字。

清・吴升《大觀録》卷一〇《元賢詩翰姓氏》　書似黄華老人，而大字結體工妙。

傳記

明・陶宗儀《書史會要》卷七《元》　宗椿，字壽卿，山東人。官至江南行臺照磨。

周馳

論説

清・吴升《大觀録》卷一〇《元賢詩翰姓氏》　行草婉約豊妍，入山陰堂奥。

傳記

明・陶宗儀《書史會要》卷七《元》　周馳，字景遠，聊城人。官至僉燕南廉訪司事。經術贍逸，憲度著明，行草宗二王，婉約豊妍。

完顏璟

論　說

宋・周密《癸辛雜識續集》卷下《章宗效徽宗》　金章宗之母乃徽宗某公主之女也，故章宗凡嗜好書劄悉效宣和，字畫尤為逼真，金國之典章文物惟明昌為盛。

綜　述

明・陶宗儀《書史會要》卷八《金》　章宗完顏氏諱璟，臨軒之餘喜作字，專師宋徽宗瘦金書。

傳　記

《金史》卷九《章宗一》　章宗憲天光運仁文義武神聖英孝皇帝諱璟，小字瑪達格，顯宗嫡子也，母孝懿皇后，圖克坦氏。大定八年，世宗幸金蓮川，秋七月丙戌次冰井。上生翌日，世宗幸東宫，宴飲歡甚，語顯宗曰：祖宗積慶而有今日，社稷之福也。又謂司徒李石、樞密使赫舍哩志寧等曰：朕子雖多，皇后止有太子一人，幸見嫡孫又生於瑪達格山。朕嘗喜其地衍而氣清，其以山名之。

又卷一二《章宗四》　贊曰：章宗在位二十年，承世宗治平日久，宇內小康，乃正禮樂，省刑法，定官制，典章文物，粲然成一代治規。又數問羣臣漢宣綜核名實，唐代考課之法，蓋欲跨遼宋而比跡於漢唐，亦可謂有志於治者矣。然婢寵擅朝，冢嗣未立，疏忌宗室而傳授非人，向之所謂維持鞏固於久遠者，徒為文具，而不得為後世子孫一日之用，金源氏從此衰矣。昔楊雄氏有云，秦之有司負秦之法度，秦之法度負聖人之法度，蓋有以夫。

耶律楚材

論　說

清・倪濤《六藝之一録》卷三五三《歷朝書譜》　耶律文正晚年所作字畫尤勁健，如鑄鐵所成，剛毅之氣至老不衰。

傳　記

清・倪濤《六藝之一録》卷三五三《歷朝書譜》　耶律楚材，字晉卿，博極羣書，下筆為文若宿搆者。貞祐二年，辟為左右司員外郎。太宗定燕，聞其名，召見之，處之左右，太宗即位，拜中書令，贈太師上柱國，追封廣寧郡王，謚文正。

任詢

論　說

金・趙秉文《滏水集》卷二〇《題南麓書後》　岱嶽夫如何，齊魯青

末了。夫如何三字幾不成語，然非三字無以成下句有數百里之氣象，若上句俱雄麗，則一李長吉耳。此前人論詩也。論書亦然，學南麓者當以是条之。

金・元好問《遺山集》卷四〇《跋國朝名公書》　任南麓書如老法家斷獄，網密文峻不免嚴而少恩，使之治京兆，亦當不在趙張二王之下。

金・元好問《遺山集》卷四〇《跋龍嵓書柳子原獨覺一詩》　龍嵓此卷大字學東坡而稍有斂束，故步仍在，末後四行二十二字如行雲流水自有奇趣，唯其在有意無意之間，故如出兩手耳。

元・王惲《秋澗集》卷七一《跋仁龍巖烏夜啼帖》　南麓書在京師為最多，其擘窠大書往往體莊而神滯，獨此帖豪放飛動超乎常度，而末庵師謂醉後興逸妙能天成，豈長沙率爾，而顛字字圓轉之意邪。然古人得意處，非一如去乖就合，意居筆先，乘其調利，例多高風絶塵，不止藉步兵作氣，而能奪三軍之帥也。

又《跋任南麓所臨［潛珍閣銘］，為大陽津張提舉彦亨賦，總一百八字，提刑王子勉目曰［數珠帖］》　南麓書在金大定間號稱獨步，然擘窠大書往往體莊而神滯，今觀此帖筆勢超逸，氣韻兼勝，豈非抵掌談笑，善學叔敖者邪。

又卷七二《書南麓珍翰後》　龍岩書在顔坡之間，然未免有癡絶處，此帖清勁可愛，豈得意時書邪。

綜述

明・陶宗儀《書史會要》卷八《金》　任詢，字君謨，號南麓，易州軍市人，官至北京鹽使。慷慨有大節，家藏法書名畫數百軸，書為當時第一。

傳記

《金史》卷一二五《文藝上・任詢》　任詢，字君謨，易州軍市人。父貴，有才幹，善畫，喜談兵政，宣間游江浙。詢生於虔州，為人慷慨，多大節，書為當時第一，畫亦入妙品。評者謂畫高於書，書高於詩，詩高於文。然王庭筠獨以其才具許之。登正隆二年進士第，歷益都都勾判官、北京鹽使。年六十四致仕，優遊鄉里，家藏法書名畫數百軸，年七十卒。

張範

論説

清・倪濤《六藝之一録》卷三五七《歷朝書譜》　範善吟咏，富著述，能大小篆、隸，行楷皆遒勁有體。

傳記

清・倪濤《六藝之一録》卷三五七《歷朝書譜》　張範，字議甫，起巖之父。四川行省儒學副提舉。

郝思温

傳記

清・倪濤《六藝之一録》卷三五六《歷朝書譜》　郝思温，號東山雪菴。

藝文

清·倪濤《六藝之一録》卷三五六《歷朝書譜》 高弟何中有郝思温《大字歌》云：《瘞鶴銘》，《摩厓碑》，後來者誰誰繼之。我嘗見龍溪之字大如箕，五百年間無此奇。雪菴老，東山子，優鉢曇花重現世。崑崙以為筆，東溟以為硯，青天以為紙。為我寫太平兩大字，持獻天皇九九八十一萬歲。

陳夢魁

傳記

清·倪濤《六藝之一録》卷三五六《歷朝書譜》 陳夢魁，字希元，登咸淳甲戌進士，大德末典校嵊縣庠。

紀事

清·倪濤《六藝之一録》卷三五六《歷朝書譜》 留意書法，嘗得王右軍《執筆圖》。懸腕者二，腕就几者一，能依其執筆，隨意所之，略無滯礙。

高翼

論説

明·陶宗儀《書史會要》卷七《元》 正、草、行書皆從晉宋規矩中來，但以不知六書偏傍，時作謬字，為識者所鄙耳。

明·李日華《六研齋筆記》三筆卷三 善書小楷，倣《樂毅論》精悍整飭而略少韻味，在揭曼碩之下，所傳極少。

清·吴升《大觀録》卷一〇《元賢詩翰姓氏》 字學正、行、草，皆矩矱晉宋，但不知六書偏旁，時作謬體耳。

傳記

明·陶宗儀《書史會要》卷七《元》 高翼，字茂之，南陽人。官至嘉興路推官。

紀事

明·李日華《六研齋筆記》三筆卷三 余僅購得其書《周子通書》四十章一卷，亦罕物也。

姚樞

論說

明·顧復《平生壯觀》卷四　姚文獻公為理學儒宗，爰繼濂溪、伊川兄弟，横渠龜山玫亭之道統，而騰聲於有元，其書端楷而韵，詩亦婉麗多風，皆無一點頭巾氣，故足尚也。宋廣平氷雪心腸，及其援筆而賦梅花，即極妍盡態，不勝綺羅之致，觀公之詩與書，其亦得此意者歟。

傳記

明·陶宗儀《書史會要》卷七《元》　姚樞，字公茂，號雪齋，營州柳城人，官至中書左丞翰林學士承旨，謚文獻。其歷官政績具見名臣事略，善草書。

清·倪濤《六藝之一録》卷三五三《歷朝書譜》　姚樞，字公茂，柳城人，後遷洛陽，為燕京行臺郎中，棄官攜家來婺州，篆刻諸經以惠學者，讀書鳴琴若將終身。世祖在潛邸召樞至，大喜，待以客禮。世祖即位，拜太子太師，十三年，拜翰林學士承旨，謚曰文獻。

清·吴升《大觀録》卷九《元賢法書》　公名樞，字公茂，號雪齋，營州柳城人，官至中書左丞翰林學士承旨，謚文獻。元名臣也，文章政事之外，留神翰墨，尤善於行草。

又卷一〇《元賢詩翰姓氏》　公字公茂，柳城人。遷洛陽。世祖在潛邸，召至，待以客禮，從征大理，裂帛為旗，書止殺之令，民得相完，即位後累官翰林學士承旨，卒，謚文獻。公具王佐大略而天質仁恕，負德不怨，人稱長者，書善行楷。

廉希貢

論說

清·倪濤《六藝之一録》卷三五六《歷朝書譜》　善扁牓大字。

清·吴升《大觀録》卷一〇《元賢詩翰姓氏》　善書大字，小行楷亦工妙。

傳記

清·吴升《大觀録》卷一〇《元賢詩翰姓氏》　公字薌林，畏吾人。官至昭文館大學士，卒封薊國公。

周嶷

論說

清·倪濤《六藝之一録》卷三五六《歷朝書譜》　周嶷，鄞黄人。博識古文，於篆、隸尤癖嗜。

紀事

清・倪濤《六藝之一録》卷三五六《歷朝書譜》　遠近碑刻藉手以為寶重然，有求書者，或非聖賢理道，雖百計懇，率不與。儒者以是多之，故所行世亦絶少。

許衡

論說

清・倪濤《六藝之一録》卷三五三《歷朝書譜》　許衡習字，必以顔魯公為法。

清・吴升《大觀録》卷一〇《元賢詩翰姓氏》　書法全學君謨。

商挺

論說

清・吴升《大觀録》卷一〇《元賢詩翰姓氏》　工隸書，正、行亦古勁。

清・倪濤《六藝之一録》卷三五六《歷朝書譜》　尤善隸書。

傳記

《元史》卷一五九《商挺傳》　商挺，字孟卿，曹州濟陰人。其先，本姓殷氏，避宋諱改焉。有詩千餘篇，尤善隸書。

趙雍

論說

明・陶宗儀《書史會要》卷七《元》　工真、行、草、篆，篆法二李而清勁有餘，真、行、草法魏公，公嘗為幻住菴僧寫《金剛經》，未及半而薨，雍足成之，其聯續處人莫能辯。於此有以見其得家傳之祕也。子鳳字允文，麟字彦徵，亦習書，更益以工，便可造父之域。

清・倪濤《六藝之一録》卷三五七《歷朝書譜》　趙雍，孟頫子，以書畫知名。

清・吴升《大觀録》卷一〇《元賢詩翰姓氏》　公字仲穆，文敏子，官集賢待制同知湖州路總管府事。姿貌雄偉倜儻，有父風。工真、行、草，得文敏家法，其合作處人莫能辨。篆宗二李，體勢清勁。子鳳字文光，麟字彦徵，俱能書，不墜祖訓云。

傳記

明・陶宗儀《書史會要》卷七《元》　趙雍，字仲穆，魏國公子，官至集賢待制同知湖州路總管府事，姿貌雄偉豪爽，有風槩。

王磐

論說

清・倪濤《六藝之一録》卷三五三《歷朝書譜》 性嗜書，晚年益造精妙，筆意簡遠，神氣超邁，自名一家，持縑素求書者繼踵於門，應之不少拒。

清・吴升《大觀録》卷一〇《元賢詩翰姓氏》 書體挺勁，有坡公骨力。

傳記

清・倪濤《六藝之一録》卷三五三《歷朝書譜》 王磐，字文炳，廣平永年人，金正大中，登進士第。至元元年召入翰林，兼太常卿，進拜承旨。

李倜

論說

清・倪濤《六藝之一録》卷三五六《歷朝書譜》 李倜，河東太原人。好學尚氣，劬神苦思，務求博洽而後已。故其游戲筆墨，皆超悟不羣。

又 集賢學士河東李公士弘，以好書名天下。稍暇則取晉右軍，縱筆擬為之。所居山房之牕壁几榻硯席諸供具，花物皆奕奕有晉氣，由是以擬晉題其顔。

傳記

清・吴升《大觀録》卷九《元賢法書》 書宗古法，趙魏公贊：有落筆雲煙，吐波濤之句。

又卷一〇《元賢詩翰姓氏》 書法翩翩，有館閣氣。

清・倪濤《六藝之一録》卷三五六《歷朝書譜》 李倜，字士弘，號員嶠真逸。官至集賢侍讀學士。

石巖

論說

清・孫岳頒等《佩文齋書畫譜》卷三八《書家傳・元二》 隸書學韓尚書。

清・吴升《大觀録》卷一〇《元賢詩翰姓氏》 行、楷、隸書皆步趨古法，而有冰藍之妙。

傳記

清・孫岳頒等《佩文齋書畫譜》卷三八《書家傳・元二》 石巖，字民瞻，京口人。官至縣尹。

張堪

論説

清・孫岳頒等《佩文齋書畫譜》卷三八《書家傳・元二》 篆書亦淳古可取。

傳記

清・吴升《大觀録》卷一〇《元賢詩翰姓氏》 工篆書，醇古可玩。

清・吴升《大觀録》卷一〇《元賢詩翰姓氏》 公字公弁，真定人。少而岐嶷，以才名著。官至集賢大學士，封滕國公。工篆書，醇古可玩。

杜從訓

論説

清・吴升《大觀録》卷一〇《元賢詩翰姓氏》 公字義方，鄆城人，官知江陰州事。書法出入坡公、涪翁閒，而結字穩密。

傳記

明・陶宗儀《書史會要》卷七《元》 杜從訓，字義方，鄆城人，官至江陰州尹，書效蘇黄。

張伯仁

論説

清・吴升《大觀録》卷一〇《元賢詩翰姓氏》 公字至道，工篆書，釵頭屈玉鼎足，垂金古法具備，行草亦規摹晉宋。

傳記

明・陶宗儀《書史會要》卷七《元》 張伯仁，字至道，閩人，善篆及行草。

鄭炳

論説

清・吴升《大觀録》卷一〇《元賢詩翰姓氏》 公字元炳，書法絶倣晉人，而行筆抑揚頓挫，姿態横生，觀之殊有雋味。

傳記

明・陶宗儀《書史會要》卷七《元》 鄭炳，字元炳，餘姚人。書迹似晉人。

劉秉忠

論説

清・倪濤《六藝之一録》卷三五三《歷朝書譜》 秉忠楷書以魯公筆法為正，草書則取二王以為專門之學。

又 徐世隆祭太保劉公文云： 字畫清勁，筆中法具誰其似之，黄山文孺。

清・吴升《大觀録》卷一〇《元賢詩翰姓氏》 書學誠懸行草，更鋒鋩射人。

傳記

明・陶宗儀《書史會要》卷七《元》 劉秉忠，字仲晦，順邢德臺人。嘗祝髪從釋氏游名山，及至元初，翰林王鶚請改正衣冠，詔從之，拜太保叅領中書省事，後薨，謚文貞。風骨秀異，精天文地理筭數推步之學，兼工書。

郝經

論説

清・倪濤《六藝之一録》卷三五三《歷朝書譜》 經字畫天姿高古，取衆人之所長為己有，故其筆畫俊逸遒勁，似其為人，無輕側頗媚之態，為當代名筆。

清・吴升《大觀録》卷一〇《元賢詩翰姓氏》 書類司馬端衡。

傳記

清・倪濤《六藝之一録》卷三五三《歷朝書譜》 郝經，字伯常，澤之陵川人。世祖以太弟開籓，徵經入見，即位，以為翰林侍讀學士，佩金虎符，充國信使，齎書入宋通好。拘之真州，至元十一年，巴延南伐，乃禮而歸之。累贈昭文館大學士司徒冀國公，謚文忠。

史弼

論說

明・陶宗儀《書史會要》卷七《元》　書師晉人，亦善大字。

清・吳升《大觀録》卷一〇《元賢詩翰姓氏》　書得晉人體魄。

楊桓

論說

明・陶宗儀《書史會要》卷七《元》　善大小篆。

清・吳升《大觀録》卷一〇《元賢詩翰姓氏》　公博覽羣籍，文詞雅贍，尤精篆籀之學。

傳記

清・吳升《大觀録》卷一〇《元賢詩翰姓氏》　公字武子，兖州人。至元末，官御史，成宗踐祚，上時務二十一事，帝嘉納之，遷祕書少監，預修《大一統志》秩滿歸，召為國子司業，卒。

紀事

清・倪濤《六藝之一録》卷三五六《歷朝書譜》　有得玉璽者桓辨識其文曰：受天之命，既壽永昌。即為文述爾始末。

著録

明・陶宗儀《書史會要》卷七《元》　嘗著六書統以詔書刻之尚方多出己意，篇帙浩穰，學者莫之能究。

清・吳升《大觀録》卷九下《元明諸賢法書》　公精篆學，所著有《六書統》、《六書泝源》、《書學正韻》行世。

余應桂

論說

明・陶宗儀《書史會要》卷七《元》　楷書師歐陽率更，體雖純熟，然乏氣韻。

傳記

明・陶宗儀《書史會要》卷七《元》　余應桂，字一枝。號蓀壁，錢塘人。在宋為縣令，入朝不仕。

錢選

論説

明・陶宗儀《書史會要》卷七《元》 小楷亦有法，但未能脱去宋季衰蹇之氣爾。

傳記

清・吴升《大觀録》卷一〇《元賢詩翰姓氏》 公字舜舉，號霅谿翁，吴興人。居八俊之一。宋景定間鄉貢進士，入元不仕。善畫山水，師趙千里。花竹翎毛師趙昌遇。合作處輒自題詩其上。書小楷有法，但未離宋季衰蹇之態耳。

清・孫岳頒等《佩文齋書畫譜》卷三七 錢選，字舜舉，號玉潭，見《書家傳》。霅州人。宋景定間鄉貢進士。元初有八俊之號，以子昂為稱首，而舜舉與焉。及子昂被薦登朝，諸公亦相附取宦達，獨舜舉齟齬不合，流連詩畫以終其身。

姚燧

論説

清・吴升《大觀録》卷一〇《元賢詩翰姓氏》 行書法松雪。

傳記

明・陶宗儀《書史會要》卷七《元》 姚燧，字端夫，號牧閒，樞之子。官至集賢大學士，謚曰文，以文章名海内，書宗顛素。

清・倪濤《六藝之一録》卷三五六《歷朝書譜》 姚燧，字端甫，武宗時為翰林學士承旨，謚曰文。燧之學有得於許衡，為世名儒，為文閎肆該洽，春容盛大，有西漢風。

藝文

清・倪濤《六藝之一録》卷三五六《歷朝書譜》 吴萊題姚文公草書云：我公宴坐展詩史，燈下搦管草數行。鸞鳳盤回恣舞躍，蛟龍倔强高騰驤。

張伯淳

論說

清·吴升《大觀録》卷一〇《元賢詩翰姓氏》 書宗歐體。

傳記

清·倪濤《六藝之一録》卷三五六《歷朝書譜》 張伯淳，字師道，杭州崇德人。少舉童子科，尋舉進士。至元二十三年，薦授杭州路儒學教授。大德四年，拜侍讀學士。

紀事

清·倪濤《六藝之一録》卷三五六《歷朝書譜》 伯淳少善書法，應童子科，給巨筆大紙寫字，伯淳書天字以進，詰之，對曰：惟天為大，惟堯則之。《養蒙先生集》。

鄭瑶

論說

清·倪濤《六藝之一録》卷三五六《歷朝書譜》 鄭瑶，字彦英，與趙魏公同時，其書甚相類。

清·吴升《大觀録》卷一〇《元賢詩翰姓氏》 書法絶仿魏公，得其旨趣，亦虎賁之於中郎也。

鮮于樞

論說

元·孔齊《静齋至正直記》卷二《鮮于困學書法》 鮮于困學公善書，懸筆，以馬黏三片，置于座之左右及座頂，醉則提筆隨意書之，以熟手勢，此良法也。懸筆最好，可提筆則到底亦不礙手。惟鮮公能之，趙松雪稍不及也。

明·陶宗儀《書史會要》卷七《元》 鮮于樞，字伯機，號困學民，漁陽人，官至太常寺典簿。而帶河朔偉氣，每酒酣驁放，吟詩作字，奇態橫生。善行草，趙文敏極推重之，評者以為太常蚤年嘗作吏，故所書未能脱去舊習。不免間有俗氣，曾見手編草韻，下用小楷，音釋類鍾元常，尤不可得也。

明·解縉《春雨雜述》 書自蔡中郎邕，字伯喈，於嵩山石室中得八角垂芒之祕，遂為書家授受之祖。【略】元初，鮮于樞伯機得之。

明・祝允明《懷星堂集》卷一一《跋元末國初叢帖》 鮮于樞如三河壯俠，長袖善舞，豪鷙自擅，時落俗體。

明・何良俊《四友齋書論》 元人自松雪而下，世稱鮮于困學書，然頗有俗氣。

明・王世貞《新刻增補藝苑卮言》 元人自趙吴興外，鮮於伯機聲價幾與之齊，人或謂勝之，極圓健而不甚去俗。

明・趙宧光《寒山帚談》卷上《權輿一》 真書雖各有所取，總之一門。古今推鍾王二家。二家無佳帖須閲，後世趣步二家者，以求二家閫奥而後可。虞得其正鋒，歐得其結搆，智永得其圓而體俗，孟頫得其活而骨柔，仲温學而未成，伯幾成而未至，一皆病多于藥，勿中其毒。

明・莫雲卿《評書》 鮮于太【略】奕奕高流，而行草則伯機古勁類唐人。

明・周之士《評元人書》 元人自趙吴興外，鮮于伯機聲價與之齊，人或謂勝之，極圓健而不甚去俗。

明・方孝孺《評書》 鮮于伯機如漁陽健兒，姿體充偉而少韻度。

清・倪濤《六藝之一録》卷三五四《歷朝書譜》 書法敝於宋季，元興，作者有功，而以趙吴興、鮮于漁陽為巨擘，終元之世，出入此兩家。

清・孫岳頒等《佩文齋書畫譜》卷三七 鮮于公早歲學書，媿未能如古人，偶適野，見二人輓車行淖泥中，遂悟書法。

又 王庭筠擅名於金，傳子澹游，至張天錫。元初，鮮于樞得之。

又 鮮于困學書名在當時與趙吴興、鄧巴西各雄長一方。困學多為草書，其書從真行來，故落筆不苟，而點畫所至，皆有意態。

清・吴升《大觀録》卷一〇《元賢詩翰姓氏》 公字伯機，漁陽人，官止太常寺典簿。體貌雄偉，類河朔士。酒酣以往放筆作行草，法隨意到。趙文敏書家韓范推轂不容口，顧少習為吏，未免帶掾史氣。嘗手編草韻，用小楷，音釋似鍾太傅，固自神古。

清・梁巘《評書帖》 鮮于伯機書自是子昂勁敵，惜大書不多見。

清・楊守敬《學書邇言》 鮮于伯機之老勁。

綜述

清・吴升《大觀録》卷九《元諸賢法書》 公名樞，字伯機，號困學，漁陽人，官太常寺典簿。面帶河朔偉氣。史稱其酒酣驁放，吟詩作字，奇態横生。善行草，趙文敏極推重之，有手編草韻，下用小楷，音釋類鍾元常，尤不可得。

紀事

元・陸友仁《研北雜志》卷下 鮮于樞，字伯機，漁陽人也。少為郡吏，後以材選為行御史大夫掾。意氣鮮豪，每晨出則載筆櫝，與其長廷爭是非，一語不合。輒欲弃去。及日晏歸，焚香弄翰，取鼎彝陳諸几席，搜抉斷文廢款，若明日急有所須而為之者。客至則相對指説吟諷，或命觴徑醉，醉極作放歌顛草，人争持去以為榮。於廢圃中得怪松一株，移植所居旁，名之曰支離叟。中歲益自刻苦讀書，故自號困學。伯機美鬚髯，望之甚偉，卒年五十七，終徽仕郎太常典簿。趙子昂為詩哭之，觀其詩可以見伯機之為人矣。

明・顧復《平生壯觀》卷四 趙文敏初學李北海書，伯機訶之，令其從右軍入手，遂臨摹《淳化閣帖》自此大進。令觀伯機書，穎圓氣壯有之，未必皆遵王法也。至於跋顔魯公祭侄藁劉中使帖，出鋒而嫵媚，如出二手，豈年歲有早晚，筆力有老穉之故耶。

傳記

清·吴升《大觀録》卷一〇《元賢詩翰姓氏》　公字顯甫，鄆城人。官至中書平章政事。

趙儼

論説

明·陶宗儀《書史會要》卷七《元》　善古隸。

清·吴升《大觀録》卷一〇《元賢詩翰姓氏》　書工行楷，全得柳誠懸草法。

傳記

明·陶宗儀《書史會要》卷七《元》　趙儼，字子威，真定人。官至翰林學士。

王惲

論説

清·吴升《大觀録》卷一〇《元賢詩翰姓氏》　書似思陵，圓勁而熟。

傳記

清·倪濤《六藝之一録》卷三五六《歷朝書譜》　王惲，字仲謀，衛州汲縣人。好學善屬文，以選至京師，擢為中書省詳定官轉翰林修撰，至元二十九年，授翰林學士，追封太原郡公。謚文定。

史性良

論説

明·陶宗儀《書史會要》卷七《元》　書有晉人法度，亦能大字。

清·吴升《大觀録》卷一〇《元賢詩翰姓氏》　書法得晉人丰格，大字結搆更精妙。

杜敬

傳記

明・陶宗儀《書史會要》卷七《元》　杜敬，字行簡，號夷門老人，汴人，徙居錢塘。蓄古名人墨迹，歷代金石刻甚富，亦工觚翰。

紀事

清・倪濤《六藝之一録》卷三五八《歷朝書譜》　杜敬，字行簡，汴人，至元大德間，朝廷講求禮樂之事，敬與其友張君錫寓居於杭。延祐初，朝廷首起君錫為太樂署正。次及行簡，行簡善鼓琴，知音律，尤長於書。喜蓄古人墨蹟。大冠長裾。優游湖山文酒間。晚號夷門老人。

釋溥光

論説

明・陶宗儀《書史會要》卷七《元》　善真、行、草書，尤工大字，國朝禁扁皆其所書。

傳記

明・陶宗儀《書史會要》卷七《元》　釋溥光，字玄暉，號雪菴，俗姓李氏，大同人。特封昭文館大學士、榮禄大夫，賜號玄悟大師。為詩沖澹粹美。

紀事

清・倪濤《六藝之一録》卷三五九《歷朝書譜》　趙松雪過酒肆，見帘字，駐視久之。謂當世書無我逮者，而此書乃過我，問知為雪菴，李溥光也。因薦之朝。

著録

明・詹恩《雪庵字要序》　聖朝有詹孟舉數人而已，餘未之聞。世之□傳，率皆石刻墨跡。未之多見，恩幼從先人平菴先生出佐磁汝，公暇□書，惟積几案。時以愚昧未知其法，不幸失怙，南歸故鄉里人，有陳公仲禮，號為能書，嘗往觀其用筆，曾不留心而學也。及備員蕪湖，遇祠宇寺觀之，求不獲健者，遂書以遺之，鮮能合格，深以為愧，失學之悔，曷能追哉。繼而遠入雲南，至臨安，得孟舉墨跡五字，寶而學之，逮今十有餘年，尤未有□就也。去年秋改調開封，偶得雪菴大字書法一部，何異飢渴而獲膏粱瓊液也耶。惜其錯亂訛舛，至陶陰魯魚之多，竊以鄙意補正，尚不免白圭之玷能規矩則庶幾焉。雖拙工且得由此而進，矧有巧思之人乎。是書之傳，實學者之規矩也。嗟夫。字有長短疏密之不同，大小斜正之或異，其自能之體，非人力所能一，筆力高古，在乎學之至與未至耳。程明道先生作字甚敬，曰非致字好，只此是學晦菴先生，亦曰放意則荒，取妍則惑。學菴論大字如王者

之尊冠冕，儼然有威嚴端厚之相，以此觀之，主之以敬，自然端謹，焉敢肆飄逸縱横之態耶。夫初學之士，當一於我以永字八法并變化二十四勢書之，久久純熟，方可結體輳成。永字既成，雖百千萬億之繁，觸類而長，豈有窮極也哉。至閣分間，布白左右，顧揖上下，平均肥瘦合格，學者尤宜勉旃思也。不敢自祕，□刊之以與同志者共，若曰慎勿輕傳，非予志也，永樂辛卯春，當塗詹恩序。

明・葉勝《雪庵字要序》 聖朝而新安詹舍人之體，冠冕玉珮，端嚴遒勁，浩然啟一代字學之宗，江西僉憲黄公曰：體兼歐、虞、顔、柳臨池師之妙者，詹孟舉也。能捧襟勒式者，雪庵季子也，雖季子有盛於元，然我朝亦有詹孟舉，恭然興輔字學，其大成耶。甚哉，體成於唐宋，書成於我朝。愚也早年暇漂，不能有立雪之志，以向明師，以至困而無學也。至邇間思聖道而失進，慙人理而有訛，豈朝食之不飽，非冬裘之不完，居悒悒之無解，獨長思而永歎。是故所以棄室而琢磨於閭巷之中，旦不嬉戲，夕不永寐，貫詩書而無厭，會奇數而有成，雖施蔫志潛心，然亦不免於私□諸人。今年暮春初，予友人胡氏義齋，時妝息而江西片舸回吴，所得雪菴字法，一日適館謁予曰：吾所妝雪庵字法，願與子謄之。予遂以謝，自此觀之，捧襟把筆之法，點畫鈎踢足以有輔予平生之志耶。俾學子鈕文等繕寫成帙，再孜詳視，庶無訛謬，遂即序之以首，次或有同志謄之者，甚宜勉旃也。宣德己酉立夏後二日，南陽葉勝序。

王士點

論説

明・陶宗儀《書史會要》卷七《元》 善大字，亦能篆。

清・吴升《大觀録》卷一〇《元賢詩翰姓氏》 工書，精於楷法，亦能擘窠大字及篆。

傳記

清・吴升《大觀録》卷一〇《元賢詩翰姓氏》 公字繼志，士熙弟，官至四川、雲南肅政廉訪副使。

白珽

論説

明・陶宗儀《書史會要》卷七《元》 德望清重，書學米元章。

清・吴升《大觀録》卷一〇《元賢詩翰姓氏》 公字廷玉，錢塘人。學問該博，德望清重，世稱湛淵先生。書兼行草，絶倣南宫。

傳記

清・倪濤《六藝之一録》卷三五六《歷朝書譜》 白珽，字廷玉，錢塘人。官至婺州路蘭溪州判官，所居西湖有泉自天竺來，及門而滙，榜之曰湛淵。因以自號，晚歸老栖霞，又號栖霞山人，長於詩文翰墨，雖其餘事，亦有晉魏風。

胡長孺

論說

清・倪濤《六藝之一録》卷三五六《歷朝書譜》 長孺耿介不同於俗，下筆言語妙天下，正書學鍾繇，剛勁骨立，似其人也。

清・吴升《大觀録》卷一〇《元賢詩翰姓氏》 書法多鐫入停雲體，不復綴。

傳記

清・倪濤《六藝之一録》卷三五六《歷朝書譜》 胡長孺，字汲仲，婺州永康人。至元二十五年，召見内殿，拜集賢修撰，改教授揚州。至元元年，轉台州路寧海縣主簿。

盧摯

論說

清・吴升《大觀録》卷一〇《元賢詩翰姓氏》 碑版文章，多所命筆，書體工妙，與郭貫齊名。

傳記

明・陶宗儀《書史會要》卷七《元》 盧摯，字處道，號疎齋，涿郡人。官至翰林學士，亦能書。

張與材

論說

清・孫岳頒等《佩文齋書畫譜》卷三九《書家傳・元三》 作大字有法，草書亦佳。

傳記

清・孫岳頒等《佩文齋書畫譜》卷三九《書家傳・元三》 天師張與材，字國梁，號薇山，別號廣微子，封留國公。

滕野雲

傳記

清・倪濤《六藝之一録》卷三五六《歷朝書譜》 滕野雲，不知何許人，能詩善書。

藝文

清・倪濤《六藝之一録》卷三五六《歷朝書譜》 趙松雪贈詩云：閒吟淵明詩，静學右軍字。

程鉅夫

論説

明・陶宗儀《書史會要》卷七《元》 字體亦純正，大抵飽學儒流下筆處暗合書法，兹胸次然也，亦工大字。

傳記

清・倪濤《六藝之一録》卷三五六《歷朝書譜》 程鉅夫文海，以字行。世祖時授宣武將軍，管軍千户，他日召見，應奉翰林文字，尋進翰林修撰。大德八年，拜翰林學士，追封楚國公，謚文憲。

清・吴升《大觀録》卷一〇《元賢詩翰姓氏》 公名文海，以字行，建昌人。世祖給筆札條奏兵事，奇其才，累加翰林學士。奉詔求賢江南，薦趙孟頫等二十餘人，皆擢清要。歷官廉訪使，諸道肅然，拜承旨，如貢舉，建議爲法，卒，謚文憲。有《尚書注解》，書體純正，工大字。

紀事

《元史》卷一七二《程鉅夫傳》 程鉅夫，名文海，避武宗廟諱，以字行。其先，自徽州徙郢州京山，後家建昌。叔父飛卿，仕宋，通判建昌，世祖時，以城降。鉅夫入為質子，授宣武將軍、管軍千户。他日，召見，問賈似道何如人，鉅夫條對甚悉，帝悦，給筆札書之，乃書二十餘幅以進。帝大奇之，曰可置之翰林。尋進翰林修撰，屢遷集賢直學士，兼祕書少監。泰定二年，贈大司徒、柱國，追封楚國公，謚文憲。

吴澄

論説

明・陶宗儀《書史會要》卷七《元》 深究六書之義，直用篆法，而結

體加方以成一家之法。

傳記

明・陶宗儀《書史會要》卷七《元》 吴澂，字幼清，晚稱伯清，號草廬，臨川人。官至翰林學士，贈江西行省參知政事，謚文正，以文章道德稱於時。

劉致

論説

明・陶宗儀《書史會要》卷七《元》 行草宗晉人而不純熟。

清・吴升《大觀録》卷一〇《元賢詩翰姓氏》 草法晉人，但舉止生澀耳。

傳記

明・陶宗儀《書史會要》卷七《元》 劉致，字時中，河東人。官至翰林待制。風情高簡，蚤負聲譽。

著録

明・陶宗儀《書史會要》卷七《元》 能篆，有所著《復古糾繆編》行于世。

張德琪

論説

明・陶宗儀《書史會要》卷七《元》 張德琪，字廷玉，燕人。草書學張長史，行書亦佳。

清・吴升《大觀録》卷一〇《元賢詩翰姓氏》 行書學劉房山，草書學張長史。

傳記

清・吴升《大觀録》卷一〇《元賢詩翰姓氏》 公字廷玉，燕中豪家子，刮磨北鄙，剛勁之習。讀書樂道，游心梅竹。行書學劉房山，草書學張長史。

牛麟

論説

明・陶宗儀《書史會要》卷七《元》 大字尤為時所稱美。

清・吴升《大觀録》卷一〇《元賢詩翰姓氏》 能作擘窠大字，行楷

尤稱嵩門云。

傳記

清·吴升《大觀録》卷一〇《元賢詩翰姓氏》　公字伯祥，太原人。工詞賦，爲當代名宿所許可。

郭貫

論説

明·陶宗儀《書史會要》卷七《元》　尚氣節君子人也，工篆書。

傳記

《元史》卷一七四《郭貫傳》　郭貫，字安道，保定人。以才行見推擇，爲樞密中書掾，調南康路經歷，擢廣西道提刑按察司判官，會例格，授濟南路經歷。至元二十七年，拜監察御史。三十年，僉湖南肅政廉訪司事。至順二年，以疾卒，年八十有二。贈光禄大夫、河南行省平章政事、柱國，追封蔡國公，謚文憲。貫博學，精於篆籀，當世册寶碑額，多出其手云。

李洞

論説

清·孫岳頒等《佩文齋書畫譜》卷三八《書家傳·元二》　李洞書有晉、宋家法。

《明史》卷一八三《李洞傳》　洞尤善書，自篆、隸、草、真皆精詣，爲世所珍愛。

清·吴升《大觀録》卷一〇《元賢詩翰姓氏》　善篆、隸、草，真皆精詣，得晉人法。

趙孟頫

論説

元·陸友仁《研北雜志》卷上　趙子昂學士嘗以皇象章草與王右軍条攷，十得八九，蓋右軍草書本出於此，皇象天發神讖碑在南臺廐，支槽，洛人楊益為御史大夫，掾始移置學中。

明·方孝孺《評書》　趙子昂書如程不識將兵，號令嚴明，不使豪末出法度外，故動無遺失。

明·解縉《續書評》　趙文敏神明英傑，儀鳳沖霄，祥雲捧日。

明·解縉《春雨雜述·評書》　學書之法，非口傳心授不得其門，【略】元惟趙子昂一人。

又《書學傳授》 獨吴與趙文敏公孟頫始事張即之得南宮之傳，而天資英邁，積學功深，盡掩前人，超入魏晉，當時翕然師之。康里平章子山得其奇偉，浦城楊翰林仲弘得其雅健，清江范文白公得其瀟落，仲穆造其純和，及門之徒，惟桐江俞和子中以書鳴。洪武初後進猶及見之，子山在南臺時，臨川危太樸饒介之得其傳授，而太樸以教宋璲仲珩、杜環叔循、詹希元孟舉，孟舉少親受業子山之門。介之以教宋克仲温，而在至正初揭文安公亦以楷法得名，傳其子汯，其孫樞，在洪武中仕為中書舍人，與仲珩、叔循聲名相埒云。

明・祝允明《懷星堂集》卷一一《書述》 明祝允明書述，吴興獨振國手徧友歷代，歸宿晉唐，良是獨步，然亦不免奴書之眩，自列門閥，亦為盡善小累固盡美矣，饒周之屬，且亦可觀。

明・楊慎《墨池瑣録》卷二 虞文靖公曰：大德、延祐之間稱善書者，必歸巴西、漁陽、吴興，巴西謂鄧文原，漁陽謂鮮于樞，吴興謂趙子昂也，以二人先于趙者，以齒叙耳。鄧書太枯，鮮于太俗，豈能及子昂萬一耶。文靖他日又曰：魏晉以來善書者，未嘗不通六書之義，吴興趙公之書冠天下，以其深究六書也，此評始為的論。

明・何良俊《四友齋書論》 蘇黄獨不稱李北海，至趙松雪出，其寫碑專用北海書。

又 趙集賢學李北海書，未入石者，皆咄咄逼真，可謂妙絶。但一入石便乏古意，此不知何理。趙集賢與人寫碑，若非茅紹之刻則不書，亦以此人稍能知其筆意耳。

明・王世貞《新刻增補藝苑卮言》 李北海在唐人書品中，不甚烺烺，而趙文敏法之便自名世，北海傷佻然自雅，文敏稍穩然微俗。

又 趙承旨則各體俱有師承，不必己，撰評者有奴書之誚，則太過，然謂直接右軍，吾未之敢信也。小楷法黄庭洛神，於精工之内時有俗筆。碑刻出李北海，北海雖佻而勁，承旨稍厚而軟。惟於行書極得二王筆意，然中間逗漏處不少，不堪並觀，承旨可出宋人上，比之唐人尚隔一舍。

明・莫雲卿《評書》 勝國諸名流衆口皆推吴興，世傳七觀度人道德陰符諸經，其最得晉法者也，使置古帖間，正似闤闠俗子衣冠而列儒雅縉紳中，語言面目立見垂忤，蓋矩矱有餘而骨氣未備，變化之際難語無方，丿欲利而反弱，欲折而愈戾。右軍之言曰，平直相似，狀如算子，便不是書，但得其點畫耳。文敏之瑕正坐此邪。

明・項穆《書法雅言・資學》 後之書法子昂正源，鄧俞伯機亦可接武，妍媚多優，骨氣皆劣，君謨學六而資七，子昂學八而資四。【略】子昂之學上擬陸顔，骨氣乃弱，酷似其人，大抵宋賢資勝乎學，元手學優乎資，使稟元章之睿質，勵子昂之精專，宗君謨之遒勁，師魯直之懸腕，不惟越軌三唐，超踪宋元，端居乎逸少之下，子敬之上矣。

又《心相》 若夫趙孟頫之書，温潤閒雅似接右軍正脈之傳，妍媚纖柔，殊乏大節不奪之氣。

明・董其昌《容台別集》卷二《書品》 邢子愿侍御嘗為余言：右軍之後即以趙文敏為法，嫡唐宋人皆旁出耳。此非篤論文敏之書病在無勢。所學右軍猶在形骸之外，右軍雄秀之氣。文敏無得焉。何能接武山陰也。雖然其可傳者自成一家，望而可知為趙法，非此則鮮于康里得竝驅墨苑矣。

又 此趙文敏為仇山村書者。余得觀其真跡以意倣之後，有鮮于太常跋云：子昂此書深得北海筆意與其他應副人情者不同，乃知古人以偶然欲書者為一，合非云出自妙，指縱横皆合也。

又 邢子愿謂余曰：右軍以後惟趙吴興得正衣鉢，唐宋皆不及也。蓋謂楷書得《黄庭》、《樂毅論》，法吴興為多，要亦有刻畫處，余稍反吴興而出入子敬同能，不如獨勝余於吴興是已。

又 趙文敏臨禊帖無慮數百本，即余所見亦至夥矣。余所臨生平不能終篇，然使如文敏多書或有入處，蓋文敏猶帶本家筆法，學不純師，余則欲絶肖此為異耳。

又 余嘗見趙文敏作米書，一册在吏部司務蔣行義家，頗得襄陽法，今海内能為襄陽書者絶少。

又卷三《書品》 元人作書，經以蘇文忠、趙文敏爲得二王法不及米漫仕。

又 右皆趙文敏閑窗信筆所書，錫山安氏刻於家，余素不學趙書，以其結構微有習氣，至於用筆用墨，文敏所謂千古不易者，不如是何以名喧宇宙也，前人正自未可輕議。

明・董其昌《畫禪室隨筆》卷一《論用筆》 古人作書必不作正局，

蓋以奇為正此趙吴興所以不入晉唐門室也。

又 趙吴興跋《蘭亭序》云：與丙舍帖絶相似，丙舍乃鍾元常書，世所傳者，右軍臨本耳。

又 趙吴興大近唐人蘇長公，天骨俊逸，是晉宋間規格也。學書者能辯此，方可執筆臨摹。否則紙成堆筆成塚，終落狐禪耳。

又 余嘗見趙吴興作米書一册，在吏部司務蔣行義家，頗得襄陽法，今海内能為襄陽書者絶少。

又 書家以險絶為奇，此竅惟魯公楊少師得之。趙吴興弗能解也，今人眼目為吴興所遮障。

又 大慧禪師論參禪云：譬如有人具萬萬貲，吾皆籍没盡更，與索債此語殊類。書關捩子米元章云：如撑急水灘船，用盡氣力，不離故處，蓋書家妙在能會神，在能離所欲離者。非歐、虞、褚、薛諸名家伎倆，直欲脱去右軍老子習氣，所以難耳。那比析骨還父析肉還母若别無骨肉説，甚虚空粉碎，始露全身晉唐以後惟楊凝式解此竅耳。趙吴興未夢見在。

明·趙宧光《寒山帚談》卷上《權輿一》 真書雖各有所取，總之一門，古今推鍾王二家。二家無佳帖，須閲後世趣步二家者，以求二家閫奥而後可，虞得其正鋒，歐得其結搆，智永得其圓而體俗，孟頫得其活而骨柔，仲温學而未成，伯幾成而未至，一皆病多于藥，勿中其毒。

又卷下《法書七》 孟頫一生學右軍，妙在爛熟，而晉人實無此爛熟。

【略】 好整飾家書，故是雅調而意興，每為之塞，永、趙、歐、顔是也。

明·張丑《清河書畫舫》卷一〇下 解大紳云：學書之法，非口傳心授，不得其精。故自羲、獻而下，世無善書者，惟智永能悟家法，書學中興至唐而盛，宋室三百年，惟蘇米，庶幾元惟子昂一人耳。

又 昔人謂書絶于元賴，子昂承旨振起之斯道，不至大寂寞。然子昂好迹傳者，十不得一。余録其目覩其精美者，而品第之，自當以《過秦論》為小楷之冠云。

又 自歐、虞、顔、柳、旭、素以至蘇、黄、米、蔡，各用古法損益，自成一家。若趙承旨則各體俱有師承，不必己撰，評者有奴書之誚，則太過，然謂直接右軍，吾未之敢信也。小楷法黄庭洛神于精工之内，時有俗筆碑刻出李北海。北海雖佻而勁，承旨稍厚而軟，惟于行書極得二王筆意，然中間逗漏處不少。不堪並觀。承旨可謂宋人上比之唐人尚隔一舍。

又 子昂書法温潤閑雅，遠接右軍正脉之傳，第過為妍媚，纖柔殊乏，大節不奪之氣，似反不若文信。國天祥書體清疎，挺竦其傳世六歌等帖，令人起敬起愛也邪。

又 趙文敏公是小楷真書，全學李北海。管仲姬作草書，得章帝、索靖、皇象遺意。

明·婁堅《評書》 吴興勝場當在小楷，其最合作亦非若，今世所傳石本也。

又 吴興小楷，深穩多姿，行草自是入能，氣韻不無近俗。然後之繼作，未見其倫。目以邁宋相也，舉肥矣。

清·傅山《霜紅龕集》卷二五《字訓》 予極不喜趙子昂，薄其人遂惡其書，近細視之亦未可厚非，熟媚綽約自是賤態，潤秀圓轉尚屬正脈，蓋自《蘭亭》内稍變而至此。

清·馮班《鈍吟書要》卷三四 趙松雪更用法而參以宋人之意，上追二王，後人不及矣。為奴書之論者不知也。

又 趙殊精工直逼右軍。然氣骨自不及宋人，不堪並觀也。

又 趙文敏為人少骨力，故字無雄渾之氣，喜避難，須參以張從申、徐季海方可。

又 趙子昂用筆絶勁，然避難從易，變古為今，用筆既不古，時用章草法，便拙當其好處，古今不易得也。

又 趙松雪，出入古人，無所不學，貫穿斟酌，自成一家，當時誠為獨絶也。自近代李楨伯創奴書之論後生耻以為師，甫習執筆，便羞言模倣。古人晉唐舊法於今掃地矣。松雪正是子孫之守家法者，爾詆之以奴不已過乎。但其立論欲使字形流美，又功夫過於天資。於古人蕭散廉斷處，微為不足耳。

清·陳奕禧《隱緑軒題識》 趙吴興宗李北海，雖無所不學，然終不脱括州氣味。此亦性相近也。董華亭宗楊少師亦無所不學，乃純乎。韭花風度此又功所到也。但能專宗博覽，苦志勿隳，不患無成。

清·倪濤《六藝之一録》卷三五四《歷朝書譜》 公性善書，專以古人為法，篆則法石鼓詛楚，隸則法梁鵠、鍾繇，行草則法逸少獻之，不雜以近

體。又云：扁燕處曰松雪齋自號松雪道人。

清・孫岳頒等《**佩文齋書畫譜**》**卷三七**　公性善書，專以古人為法，篆則法石鼓詛楚，隸則法梁鵠衆繇。行草則法逸少、獻之，不雜以近體。

又　魏公書凡三變，初臨思陵，中學鍾繇及羲、獻諸家。晚學李北海。

又　鮮于樞云：子昂篆、隸、正、行、顛草為當代第一，小楷又為子昂諸書第一。

又　張伯雨跋子昂《過秦三論》曰：後世誰知公落筆如風雨，蓋子昂一日能書一萬字也。

清・梁巘《**評書帖**》　子昂見僧雪菴書酒帘，以爲勝己，薦之於朝，名重一時。僧書未必果勝。而子昂獎拔之誼不可及。

又　子昂書俗。

又　學董不及學趙有墻壁，蓋趙謹於結搆，而董多率意也。

又　智永、虞世南、趙孟頫皆尚圓韻含蓄，是爲一派。

清・姜紹書《**韻石齋筆談**》**卷下**《**書家餘派**》　晉唐而下，書家烜赫者，無如蘇長公、趙松雪、董玄宰，然三公同時，皆有臨池餘派以演其傳，如優孟之於叔敖，抵掌談笑併其神情似之。

清・陳玠《**書法偶集**》　陳香泉論書云：趙子昂書乃古今一大關鍵也。子昂能集晉唐以來眾家之長以為長，而筆下有北朝碑版遺意。人所不識，蓋此法非世之摹刻所備，故學人不得多見。其十三跋尤閒暇賞玩，不經意而出者，饒有自然之妙。若留心書道，從此入手覺稍易也。又云：文敏用筆出鋒而藏鋒，人能知此，則自能用筆。

清・王澍《**淳化祕閣法帖考正**》**卷一二**《**論古**》　子昂天材超逸，不及宋四家，而工夫爲勝。晚歲成名，後困於簡對，不免浮滑，甚有習氣。元時一代書家皆宗仰之。雖鮮于困學諸公猶爲所蓋，其他更不足論。有明前半未改其轍，文徵仲使盡平生氣力，究竟爲所籠罩。

清・翁方綱《**復初齋文集**》**卷四**《**趙子昂論**》　出處大節，人之本也，藝文其末也。趙子昂之仕元，人皆譏之，而其書，人皆習之。說者以爲此，自二義不相妨也。吾則欲合而論之者，君子之論人也。擇其要者，權其重輕，則可以尚論古人耳。夫以出處之節，與藝文之末，擇而權之，孰重孰輕乎。則必曰，出處為重為要矣。然而吾欲合觀者，何也，以出處言，則宋之王孫也，不當出仕，夫人而知之矣，即以其詩集言之，身在京師，每懷退隱，其本志也，而究不能掩其出山之行迹。以其學言之，既承敖繼公禮經之學，又知疑尚書古文，而究不能掩其畫。箕子以自解飾，則其藝文更安足論。然而世皆奉趙書爲模楷，則非一日矣。即以董思白目短吳興，而世或以文人相輕，不能遽伸董而抑趙，則究竟品趙子昂者取其書以薄其人耶。吾則謂子昂出處之大者，人既皆知之，又莫能以此全蔽之，則何若以人所最取重之書法論之。而其書之側媚取妍，實非書之正格。吾每見趙書之側鋒者，笑曰：奸佞體也。俾後來學者專趨圓熟流便以悦人目，而漸失古法，此所爲害於學術人心者大矣。此較之但執出處以概其生平者，孰為切中哉。吾則又有說焉。子昂大楷多側媚，而小楷尚有存《黃庭》之遺意者，行書則實有淵深渾厚，可入晉人室者，專取其書法之深厚以概其餘，則子昂之真品出矣。上而米書，下而董書，皆極神秀皆有習氣。以子昂之深厚例之，則可以仰窺晉法。其有功於學者，視米、董為更優，而無如世人，轉不知此義，乃於其有關學問之深者，忽焉不察，而斷斷焉，徒議其出處，正是好立虛名而不求實得者，是論古者之弊耳，與子昂何有哉。

清・吴德旋《**初月樓論書隨筆**》　趙集賢欲以永興筆書北海體，遂致兩失。集賢臨智永《千文》，乃是當行，可十得六七矣。

又　劉諸城云：松雪自當爲一大宗，既或未厭人意，然究無以易之，此就元人而論。謂鮮于康里諸公皆非松雪之匹耳。若以辭害意，而欲遂以松雪嗣統二王，豈以諸城之智而出此耶。

又　趙松雪一味純熟，遂成俗派，惟黃庭内景經生意迥出，絶不類松雪書，而世亦無問津者。

清・朱履貞《**書學捷要・米元章提筆法**》　趙文敏雖摹二王碑刻，頗似張司直。前人評書亦有偏徇失實、褒貶不公處，至如趙文敏書法，雖上追二王，爲有元一代書法之冠，然風格已謝。宋人至詆以奴書者，李伯楨之失實也，譬之以祥雲捧日，儀鳳沖霄者，解學士之偏徇也。

清・阮元《**北碑南帖論**》　宋蔡襄能得北法，元趙孟頫楷書摹擬李邕，明董其昌楷書托蹟歐陽，蓋端書正畫之時，非此則筆力無立卓之地，自然入于北派也。

清・包世臣《**藝舟雙楫**》**卷四**《**論文洄**》　吳興書筆專用平順，一點

一畫，一字一行，排次頂接而成古帖，字體大小頗有相逕庭者。如老翁攜幼孫行，長短參差，而情意真摯，痛癢相關。吳興書則如市人入隘巷，魚貫徐行，而爭先競後之色人人見面，安能使上下左右空白有字哉。其所以盛行數百年者，徒以便經生胥史故耳。然竟不能廢者，以其筆雖平順，而來去出入處皆有曲折停蓄。其後學吳興者，雖極似而曲折停蓄不存，惟求勻淨。是以一時雖爲經生胥史所宗尚，不旋踵而煙銷火滅也。

又　即吳興用意結體，全以王士則《李寶成碑》爲枕中祕。

又　子昂如挾琴燕姬，矜寵善狎。

清・朱和羹《臨池心解》　然畢竟子昂得《黄庭》、《樂毅》法居多，邢子愿謂右軍以後，惟趙吳興得正衣鉢，唐宋人皆不及也。

又　趙承旨則各體俱有師承，不必己撰，要是元代第一人。評者乃以書奴誚之，真蚍蜉之撼大樹也。

清・英和《恩福堂筆記》卷二《扈身多》　内府收藏趙跡甚富，余皆得見。益知世行拓本，大半圓熟而非其至者也。董跋亦復不少。有云趙書多爲贋本所亂，鈍滯吳興不少。又云子昂書中龍象同時，人受其益者不少。況閨閣之近，宜其一家，以筆墨流傳。又云趙書自二王後直接宗派，非唐人所及。又云余書似可直接趙文敏。又云：今老矣。方知吳興之勁。又云余所書不如趙松雪，與中峯和尚一百八詩之妙。觀此數跋，則傾倒者至矣。劉文清公稱趙爲書中之聖，成哲親王爲余跋趙跡云：董思翁中年以前，每好短趙，最爲失言。

清・楊守敬《學書邇言》　元人書碑之存者，以趙松雪為最多，大抵胎息李北海，足以上凌宋代，下視勝朝。然多行書。

又　元人自以趙松雪為巨擘，其碑刻今存者不下數十通。《寰宇訪碑録》可按也。其墨迹今存收藏者，亦指不勝屈。要之，簡札脱胎右軍，碑版具體北海，自是東坡後一人。其妻管仲姬、其子仲穆，皆能傳其業。

清・沈曾植《海日樓劄叢・文嘉論子昂書》　文嘉曰：子昂於古人書法至佳者無不仿學。如元魏常侍沈馥所書《魏定鼎碑》，亦嘗仿之，謂得隸法可愛。

又　趙硬筆濃墨，董柔毫淡墨。《醴泉筆録》：永叔書法取弱筆，濃磨墨以借其力。余見趙蹟佳者多硬筆濃墨，迄明嘉隆猶然。董書柔毫淡墨，略無假借，書家樸學，可以謂之難矣。

綜述

清・王澍《虚舟題跋》卷四《元人墨蹟》　書法由唐入宋，魏晉風流漸就澌薄，至趙子昂始力振之。自子昂興而世間作字人無有無趙法者矣。卷中鮮于伯機饒分之，非不欲各自立家，而子昂手意宛然具在，周景遠為子昂知舊，尤為全體呈露，唯虞伯生天真爛然，無復摹擬之跡，然其氣息亦時時有之，蓋非直有元一代，皆被子昂牢籠。明時中葉以上，猶未能擺脱文氏父子，仍不免在其彀中也。至董思白始盡翻窠臼，自闢新規。然百餘年來，又被董氏牢籠矣。

清・錢泳《履園叢話・叢話十・收藏》　有元一代書法，大約俱由松雪門逕，如柯丹邱、白湛淵、郭天錫、張伯雨、仇山村、俞紫芝是也。亦有獨自成家者，如虞伯生、鮮于困學、康里子山、鄧善之、周公瑾、楊鐵崖、陸宅之是也。

又　《趙松雪》或問余，宋四家書既不可學，當學何書為得。余曰，其惟松雪乎。松雪書用筆圓轉，直接二王，施之翰牘，無出其右。前明如祝京兆、文衡山俱出自松雪翁。本朝如姜西溟、汪退谷亦從松雪出來，學之而無弊也。惟碑版之書則不然，碑版之書，必學唐人，如歐、褚、顔、柳諸家，俱是碑版正宗。其中著一點松雪，便不是碑版體裁矣。譬如清廟明堂、林居野館，截然兩途，豈可渾而一之哉。或曰：然則何不徑學唐人，而必學松雪，何也。余曰：吾儕既要學書，碑版翰牘須得兼備。碑版之書其用少，翰牘之書其用多。猶之讀三百篇，國風雅頌不可偏廢，書道何獨不然。

傳記

《元史》卷一七二《趙孟頫傳》　趙孟頫，字子昂，宋太祖子秦王德芳之後也。五世祖秀安僖王子偁，四世祖崇憲靖王伯圭。高宗無子，立子偁

之子，是爲孝宗，伯圭，其兄也，賜第于湖州，故孟頫爲湖州人。曾祖師垂，祖希永，父與訔，仕宋，皆至大官，入國朝，以孟頫貴，累贈師垂集賢侍讀學士，希永太常禮儀院使，並封吴興郡公，與訔集賢大學士，封魏國公。謚文敏。孟頫幼聰敏，讀書過目輒成誦，爲文操筆立就。年十四，用父蔭補官，試中吏部銓法，調真州司户參軍。宋亡，家居，益自力於學。孟頫篆、籀、分、隸、真、行、草書，無不冠絶古今，遂以書名天下。天竺有僧，數萬里來求其書歸，國中寶之。前史官楊載稱孟頫之才頗爲書畫所掩，知其書畫者，不知其文章，知其文章者，不知其經濟之學。子雍、奕，並以書畫知名。

明・陶宗儀《書史會要》卷七《元》 趙孟頫，字子昂，號松雪道人，宋太祖子秦王德芳之後。五世祖秀安僖王子偁，實生孝宗，賜第居湖州，故公為湖州人。在宋試中國子監。國朝混一，程文憲以行臺治書侍御史，奉詔訪江南遺佚，得二十餘人，公居首選。又獨引公入見，神采秀異，照耀殿庭，世祖稱之為神仙中人，特授兵部郎中。歷事成武仁英五朝，累遷至翰林學士承旨，贈江浙等處行中書省平章政事，追封魏國公，謚文敏。性通敏持重，未嘗妄言笑，書一目輒成誦，詩賦文辭清邃高古，善鑒定古器物名，書畫山水、竹石、人馬、花鳥悉造其微。尤善書，為國朝第一。篆法《石鼓》、《詛楚》，隸法梁、鍾，草法羲、獻，或得其片文遺帖，亦誇以為榮。然公之才名頗為書畫所掩，人知其書畫而不知其文章，知其文章而不知其經濟之才也。弟孟籲，字子俊，亦工書，殊得公之家傳。

清・倪濤《六藝之一録》卷三五四《歷朝書譜》 趙孟頫，字子昂，宋太祖子秦王德芳之後也。四世祖伯圭賜第湖州為湖州人。幼聰敏，讀書過目成誦，為文操筆立就。至至元中，搜訪遺逸，授兵部郎中，遷直集賢學士。延祐三年，拜翰林學士承旨、榮禄大夫。帝嘗與侍臣論文學之士，以孟頫比唐李白，宋蘇子瞻，封魏國公，謚文敏。孟頫篆、籀、分、隸、真、行、草書無不冠絶古今，遂以書名天下。天竺有僧數萬里來求其書歸，國中寶之。

清・孫岳頒等《佩文齋書畫譜》卷三七 趙孟頫，字子昂，楊載趙公狀云扁燕處曰松雪齋，自號松雪道人。宋太祖子秦王德芳之後也。四世祖伯圭，賜第湖州，為湖州人。幼聰明，讀書過目輒成誦，為文操筆立就。至元中，搜訪遺逸，授兵部郎中，遷集賢直學士。延祐三年，拜翰林學士承旨、榮禄大夫。帝嘗與侍臣論文學之士，以孟頫比唐李白、宋蘇子瞻，封魏國公，謚文敏。孟頫篆、籀、分、隸、真、行、草書無不冠絶古今，遂以書名天下。天竺有僧數萬里來求其書歸，國中寶之。

紀事

元・孔齊《静齋至正直記》卷二《松雪家傳書法》 趙松雪教子弟寫字，自有家傳口訣。或如作斜字草書，以斗直不筆，用筆側鋒轉向左而下，且作屋漏紋，今仲先傳之。又試仲穆幼時把筆。潛立于後，掣其管，若隨手而起不故筆管，則笑而止。或掣在手，墨污三指，則撻而訓之。蓋欲執管之墜，用力如百鈞石也。嘗聞先人如此説，顧利賓、董仲誠亦談及之。

清・吴升《大觀録》卷九下《元明諸賢法書》 公名孟頫，字子昂，宋太祖子秦王德芳後。四世祖崇憲靖王爲孝宗兄，賜第居湖州，故爲湖州人。年十四，蔭補真州司户參軍。宋亡，家居，益自力於學。至元間，程鉅夫奉詔搜訪江南遺逸，以公入見，才氣英邁，神采焕發，如神仙中人。世祖顧之喜，使坐右丞葉李上。帝初欲大用，以争至元鈔抵法議，拂執政意，難之，授兵部郎中，久之，遷集賢直學士。會天變，勸阿剌渾撒里奏帝赦天下錢糧數十萬，又勸徹里奏桑哥罪惡，按誅之，出署濟南府事，平反冤獄，稱神明。延祐中，拜翰林學士承旨，帝字呼而不名。至治元年六月卒，年六十九。追封魏國公，謚文敏。所著有《尚書注》、《琴原》、《樂原》、《松雪齋集》。世但知公長於書畫，而不知文章經濟，學問如此，爰撮史傳而識之焉。

清・倪濤《六藝之一録》卷三五六《歷朝書譜》 彭師立，不知何許人，趙文敏公嘗贈詩云：學書工拙何足計，名世不難傳後難。當有深知書法者，未容俗子議其間。蓋勉其學書也。

又卷三五七 沈璜，字伯玉，元刻《趙文敏集》乃其所書，字極精工，世以為文敏親筆，非也。

藝文

清・王文治《論書絶句》　狂怪餘風待一砭，子昂標格故矜嚴。憑君噉盡紅蕉蜜，無奈中邊祇有甜。

管道昇

論説

明・陶宗儀《書史會要》卷七《元》　有才略，聰明過人，為詞章，作墨竹，筆意清絶，亦能書。

清・孫岳頒等《佩文齋書畫譜》卷三九《書家傳・元三》　管夫人書牘行楷與鷗波公殆不可辨同異，衛夫人後無儔。《容齋集》。

傳記

明・陶宗儀《書史會要》卷七《元》　管夫人，諱道昇，字仲姬，吴興人，趙魏公室，封魏國夫人。

紀事

明・陶宗儀《書史會要》卷七《元》　仁宗嘗取夫人書合魏公及子雍書，善裝為卷軸，識以御寶，命藏之祕書監，曰：使後世知我朝有一家夫婦父子皆善書也。

章德懋

論説

清・倪濤《六藝之一録》卷三五六《歴朝書譜》　章德懋，與趙魏公同時，專學公草書。

紀事

清・吴升《大觀録》卷一〇《元賢詩翰姓氏》　公字茂功，鷗波亭中捉刀人也。文敏當求書者，縑紙填委，則命公代書以塞求者之請，字畫莫辨。

鄧文原

論説

明・顧復《平生壯觀》卷四　善之書學與伯機齊名，見其用意之作，豈能步趨伯機。若行草簡札，天真自然，綽有唐人風致。周景馳、袁清容當遜讓一頭地者也。

明・祝允明《懷星堂集》卷一一《跋元末國初叢帖》　鄧文原如疊嶭層城，不勝沈實。

明・何良俊《四友齋書論》　鄧善之亦是晉法，但欠熟圓。

明・王世貞《新刻增補藝苑巵言》　鄧文原有晉人意而微近粗。

明・周之士《評元人書》　鄧文原有晉人意而微近麤糲。

綜述

明・陶宗儀《書史會要》卷七《元》　鄧文原，字善之，其先自巴西徙杭，由儒學正累遷至嶺北湖南道肅政廉訪使，贈江浙等處行中書省平章政事，追封南陽郡公，謚文肅。嘗自題其齋居之室曰素履人，遂稱素履先生。豐姿凝粹，内嚴外恕，為文精深典雅，詩簡古而麗，正、行、草書早法二王，後法李北海。虞文靖云：大德、延祐間，漁陽、吴興、巴西翰墨擅一代。黄文獻奉敕撰公神道碑云：工於筆札，與趙魏公齊名。

清・吴升《大觀録》卷九《元名賢法書》　公名文原，字善之，其先自巴西徙杭，累官至廉訪使，贈行省平章事，追封南陽郡公，謚文肅。嘗自題其齋曰素履。人遂稱素履先生。公丰姿凝粹，内嚴外恕，爲文典雅，詩簡古，行草早學二王，後學北海與趙魏公齊名。

傳記

清・倪濤《六藝之一録》卷三五六《歷朝書譜》　鄧文原，字善之，一字匪石，綿州人。至元二十七年，辟為杭州路儒學正。至治二年，召為集賢直學士兼國子監祭酒，贈江浙行省參知政事，謚文肅。

著録

清・吴升《大觀録》卷一〇《元賢詩翰姓氏》　公字善之，綿州人。至元間，中書省辟爲杭州路儒學正，召入，累拜國子祭酒兼經筵官。天歷初卒，贈參知政事，謚文肅。公内嚴外恕，家貧行廉，有文集及内制集。正、行、草書早法二王，後宗北海，與松雪齊名。

陳繹曾

論説

明・陶宗儀《書史會要》卷七《元》　真、草、篆、隸俱通習之，各得其法。

清・倪濤《六藝之一録》卷三五七《歷朝書譜》　陳伯孚，善飛白，如塵縷遊絲，秋蟬春蝶。

清・吴升《大觀録》卷一〇《元賢詩翰姓氏》　書法篆、隸、真、草，體參衆妙。

傳記

明・陶宗儀《書史會要》卷七《元》　陳繹曾，字伯敷，吴興人。官至翰林編修，學識優博。

清・倪濤《六藝之一録》卷三五七《歷朝書譜》　陳繹曾，字伯敷，處州人。諸經註疏，多能成誦，文辭汪洋浩博，官至國子助教。

班惟志

論説

明·陶宗儀《書史會要》卷七《元》 早歲宗二王，筆勢翩翩，不失書家法度。晚年學黄華，應酬塞責，俗惡可畏。文宗嘗評其書謂如醉漢罵街。

清·倪濤《六藝之一録》卷三五六《歷朝書譜》 惟志行書清健出塵，不在趙王孫下。

清·吴升《大觀録》卷一〇《元賢詩翰姓氏》 書法早歲宗二王，筆勢翩翩，不失山陰法度。晚年入黄華一種，未免應酬率易。文宗嘗評其書謂如醉漢罵街。

傳記

明·陶宗儀《書史會要》卷七《元》 班惟志，字彦功，號恕齋，大梁人。官至集賢待制，江浙儒學提舉。初徽仁裕聖皇后以泥金寫《大藏經》。鄧文肅舉惟志入經局，補州教授，累官至今任。

袁裒

論説

清·吴升《大觀録》卷一〇《元賢詩翰姓氏》 書體逼魏晉。

傳記

清·倪濤《六藝之一録》卷三五六《歷朝書譜》 袁裒，字德平，與伯長為族兄弟。善書法，隱沙家山。

著録

清·吴升《大觀録》卷一〇《元賢詩翰姓氏》 公字德平，著《書學纂要》，使游藝之士有所歸宿。其論人品格調，亦斤斤不失繩尺，書體逼魏晉。

衛仁近

論說

明・陶宗儀《書史會要》卷七《元》 衛仁近，字叔剛，德辰姪，經子百氏無不該。

傳記

明・陶宗儀《書史會要》卷七《元》 楷書學《黄庭經》自有一種風流蘊藉，俠才子氣。

章弼

論說

明・陶宗儀《書史會要》卷七《元》 未十歲，即能扁牓大字。及長，真、行、草、篆，皆師趙魏公。

傳記

明・陶宗儀《書史會要》卷七《元》 章弼，字共辰，松江人，篤志經史，識度清遠。

俞鎮

論說

明・陶宗儀《書史會要》卷七《元》 行草師李北海。

傳記

明・陶宗儀《書史會要》卷七《元》 俞鎮，字伯貞，嘉興人，官至建德縣尹。

《句曲外史集》。

張珪

論說

清・倪濤《六藝之一録》卷三五六《歷朝書譜》 公端學書，腕力尤健，端重嚴勁，無懟筆諫之臣。

清・吴升《大觀録》卷一〇《元賢詩翰姓氏》 書法絶似潁濱，而行筆古峭，不落尖纖一種。

傳記

清・倪濤《六藝之一録》卷三五六《歷朝書譜》 張珪，字公端，自號澹菴。大德三年，拜江南行臺御史。武宗即位，召拜中丞。延祐二年，拜中書平章政事，封蔡國公。

袁桷

論說

明・陶宗儀《書史會要》卷七《元》 篤學，多所通曉，書從晉唐中來，而自成一家。

清・倪濤《六藝之一録》卷三五六《歷朝書譜》 袁清容書快利沉頓，亦是誠懸兒孫。

清・吴升《大觀録》卷一〇《元賢詩翰姓氏》 書法發源晉唐而自成體制，髣髴坡公早年筆也。

傳記

清・倪濤《六藝之一録》卷三五六《歷朝書譜》 袁桷，字伯長，慶元人。大德初薦為翰林國史院檢閲官，陞應奉翰林文字。至治元年，遷侍講學士。朝廷制册、勳臣碑銘，多出其手。贈中書省參知政事，追封陳留郡公，謚文清。

清・吴升《大觀録》卷九下《元明諸賢法書》 公名桷，字伯長，慶元人。大德初，閻復等交薦爲翰林檢閲官。時新建南郊公進十議，禮官多采用之，升編修，請購求遼、金、宋三史遺書，拜集賢直學士。泰定初，辭歸。公在翰林，朝廷制册、勳臣碑銘，多出其手。所著有《易説》、《春秋説》、《清容居士集》。書法從晉唐中來，而自成一家。泰定四年卒，年六十一。贈中奉大夫，護軍，追封陳留郡公，謚文清。

吾衍

論說

明・陶宗儀《書史會要》卷七《元》 吾邱衍，字子行，號竹房，太末人。寓杭之生花坊，隱居求志，好古博學。凌物傲世，不交雜客，與趙魏公相厚善。精於篆，專法李陽冰，律以石鼓，當代獨步。

清・倪濤《六藝之一録》卷三五六《歷朝書譜》 衍工隸書，尤精於小楷。

清・康有為《廣藝舟雙楫・説分第六》　瘦骨柴立，致吾邱衍，以為燒筆尖而作書哉。

綜述

清・倪濤《六藝之一録》卷三五六《歷朝書譜》　吾邱衍，字子行，太末人。家於錢塘。嗜古，學通經史百家言。工於篆籀，其精妙不在秦唐二李下。性放曠，不事檢束。眇左目，左足跛，而風度特醞藉。每以郭忠恕自比，自號貞白處士。所著有《周秦刻石》、《音釋》、《學古編》。篆籀之學，至宋季其敝極矣，子行始倡其説，以復於古。而吴興趙文敏公實和之，其學乃大明。得其傳以名世者，宛邱趙子奇，濮陽吴孟思。

傳記

清・卞永譽《式古堂書畫彙考》卷一七《吾子衍文塚銘》　吾衍，字子行，太末人，大父為太學生，留弗歸，遂家錢塘。子行工篆、隸書。通聲音律吕之學。讀《太玄經》，號貞白處士。

著録

明・都穆《南濠居士文跋》卷三《吾子行招雨師艾千》　子行，名衍元，武林人。天性高抗，讀書攻古文辭，兼精篆籀、音律之學。宋學士、王忠文公皆爲作傳。其平生著述甚富，行於世者有《學古編》、《楚史檮杌》、《晉文春秋》三書。此文蓋書以遺吾鄉錢學諭翼之者，舊嘗見於友人朱堯民家，今歸沈津氏。

清・永瑢等撰《四庫提要》《學古論》一卷，元吾邱衍撰。是書專為篆刻印章而作，首列三十五舉，詳論書體正變及篆寫摹刻之法。次合用文籍，品目一小篆品、二鐘鼎品、三古文品、四碑刻品、五器品、六辨謬品、七隸書品、八字源、七辨源、凡四十六條。又以洗印法、印油法附於後。摹刻私印雖稱小技，而非精於六書之法者必不能工。宋代若晁克一、王球、顔叔夏、姜夔、王厚之，各有譜録，衍因復踵而為之。其間辯論訛謬，《徐官印史》謂多采他家之説，而附以己意，剖晰頗精，所列小學諸書，各為評斷，亦殊有考核其論。漢隸條下稱寫法載前卷十七舉下，此不再敷。是原本當為上下二卷，今合為一卷，蓋後人多併也。乾隆四十六年十月恭校上。

又《學古編原序》　干莫，利器也，補履者莫能用。欐梁，大材也，窒鼠穴者莫能舉。故求此道，必得於此道，則達於此道矣。既達矣，止斯可乎。曰：不可。夏后氏治水，水之道也，汩使之流，道使之注，山泉之蒙尾閭之虚，不相與達。斯所謂道。偶得此説，因寫為《學古編序》。大德四年五月二十五日，真白居士吾丘衍子行序。

趙奕

論説

明・陶宗儀《書史會要》卷七《元》　工真、行、草書，其合作者可與魏公亂真。

清・孫岳頒等《佩文齋書畫譜》卷三七　仲光書雖不脱文敏家法，而行墨結字微有不同。

清・吴升《大觀録》卷一〇《元賢詩翰姓氏》　真、行、草書視文敏可以亂真。

傳記

明・陶宗儀《書史會要》卷七《元》　趙奕，字仲光，雍之弟，隱居不仕，日以詩酒自娱。

清・吴升《大觀録》卷一〇《元賢詩翰姓氏》　公字仲光，文敏次子，隱居不仕。詩酒任情，翩翩佳公子也。

吴正道

傳記

明・陶宗儀《書史會要》卷七《元》　吴正道，番陽人。世為儒家，深好篆法。

著録

明・陶宗儀《書史會要》卷七《元》　著《六書淵源字偏傍辨誤》，存《古韻譜》等書，吴文正為序之。

元明善

論説

明・陶宗儀《書史會要》卷七《元》　書體純熟，似守李北海之矩度。

清・吴升《大觀録》卷一〇《元賢詩翰姓氏》　公早以文章自豪，晚益精詣。書體純熟，矩矱北海。

傳記

清・倪濤《六藝之一録》卷三五六《歷朝書譜》　元明善，字復初，清河人。弱冠遊吴中已名，能文章。薦為安豐、建康兩學正。仁宗居東宫，擢為太子文學。及即位，改翰林待制。延祐中，陞翰林學士，追封清河郡公，謚曰文敏。

柳貫

論説

明・陶宗儀《書史會要》卷七《元》　工篆籀，於大字得體，杜本謂其妙處不減李陽冰。

清・倪濤《六藝之一録》卷三五七《歷朝書譜》　柳貫善楷法，工篆

籀，妙處不減李陽冰。

又　柳道傳行書，縱橫遒逸，亦鮮于之亞也。

清・吴升《大觀録》卷九下《元明諸賢法書》　工篆籀，能楷書大字，而杜本謂其妙處不減李陽冰。

又卷一〇《元賢詩翰姓氏》　有文集及金石竹帛遺文，書工篆、隸，不亞陽冰。大楷與清碧同體。

傳記

清・倪濤《六藝之一録》卷三五七《歷朝書譜》　柳貫，字道傳，浦陽人。始用察舉，為江西儒學教諭，仕至翰林待制。與黄溍及臨川虞集、豫章揭傒斯齊名，人號為儒林四傑。

清・吴升《大觀録》卷一〇《元賢詩翰姓氏》　公字道傳，浦陽人。受學於金履祥，凡六經、百氏、兵刑、律歷、方伎諸書，靡不該博。爲文春容涵肆，仕至翰林待制，與黄溍、虞集、揭傒斯，爲儒林四傑。

楊載

論説

清・倪濤《六藝之一録》卷三五三《歷朝書譜》　浦城楊翰林仲弘，師趙文敏公，得其雅健。

傳記

清・倪濤《六藝之一録》卷三五三《歷朝書譜》　楊載，字仲弘，其先居建之浦城，後徙杭，因為杭人。博涉羣書，為文有跌宕氣，以布衣召為翰林國史院編修官。延祐初，登進士第，授饒州路同知，遷寧國路總管府推官。

虞集

論説

明・祝允明《懷星堂集》卷一一《跋元末國初叢帖》　虞集如鹵簿禮官，贊導應節，結束弄姿，稍遠大雅。

明・王世貞《新刻增補藝苑巵言》　虞伯生差古雅。

清・倪濤《六藝之一録》卷三五七《歷朝書譜》　喀喇庫庫評虞仁壽札，謂其雄劒倚天，長虹駕海，不無曲筆。又謂如鶯雛出巢，神彩可愛。

清・朱和羹《臨池心解》　虞伯生真、行、草三體咸極其妙，其年稍後頡頏未熟，斯則得之。

清・包世臣《藝舟雙楫》卷三　伯幾如負喧野老，嚐雜不辭。孟頫而與齊名。

綜述

清・吴升《大觀録》卷一〇《元賢詩翰姓氏》　公字伯生，母楊夫人

通曉性理諸書，公受業家庭，出從明師，學有源委。大德初薦入朝，累陞奎章閣侍書學士。至正間卒，封仁壽郡公。會議中書，讜論侃侃，屢以片言出人於瀕死。家貧歸老，登門之士相望於道，好事爭起邸舍以待焉。平生爲文萬篇，稿存十二三。書法真、行、草、篆皆有矩度，隸尤推當代第一。

傳記

明・陶宗儀《書史會要》卷七《元》 虞集，字伯生，晚稱翁生，號邵菴。其先蜀人。徙撫之崇仁。官至奎章閣侍書學士、翰林侍講學士，贈雍國公，謚文靖。博文明識，精於辭藝。真、行、草、篆皆有法度，古隸為當代第一。

清・倪濤《六藝之一録》卷三五七《歷朝書譜》 虞集，字伯生，宋丞相允文五世孫。從吴澄遊，授受具有源委。大德初，以薦授大路路教授。文宗在潛邸已知集名，既即位，除奎章閣侍書學士，贈江西行中書省叅知政事護軍，封仁壽郡公。闢書室為二室，左室書陶淵明詩於壁，題曰陶菴。右室書邵堯夫詩，題曰邵菴。故世稱邵菴先生。

清・吴升《大觀録》卷九下《元明諸賢法書》 公名集，字伯生，宋丞相允文五氏孫也，居崇仁。大德初，除國子助教，以師道自任。由司業遷祕書監。天子幸上都，命執經從，拜翰林直學士、國子祭酒。文宗立，詔公爲總裁，脩《經世大典》。文宗崩，去位。元統二年，遣使賜上尊文錦。至正八年五月卒，贈江西行省參政、仁壽郡公。公學問博洽，究極本源，書善真、行、八分，真書尤得永興家學。

康里巎巎

論說

明・陶宗儀《書史會要》卷七《元》 庫庫，字子山，號正齋，恕叟，康里人。官至翰林學士承旨。風流儒雅，知經國大體，博涉經史，刻意翰墨。正書師虞永興，行草師鍾太傅、王右軍，筆畫遒媚，轉摺圓勁，名重一時，評者謂國朝以書名世者，自趙魏公後，便及公也。

明・方孝孺《書評》 康里公如鸞雛出巢，神采可愛，而頡頏未熟，雖得其重名而趙公高矣。

明・解縉《續書評》 康里子山，雄劒倚天，長虹駕海。

明・何良俊《四友齋書論》 唯康里子山，書從大令來，旁及米南宮，工夫亦到，其神韻似可愛。

明・王世貞《新刻增補藝苑卮言》 巎巎子山有韻氣，而結法少疎。然是三人者，吴興流亞也。

明・周之士《評元人書》 巎巎子山有韻氣，而結法少疎。

明・董其昌《容台别集》卷二《書品》 康里子山，工於書，自趙承旨以後即及之。

清・倪濤《六藝之一録》卷三五三《歷朝書譜》 喀喇庫庫，字子山，博通羣書。始授集賢待制，順帝時為翰林學士承旨。善真、行、草書，識者謂得晉人筆意，單牘片紙，人爭寶之。不翅金玉，謚文忠。

又 子山書從大令來，旁及米南宮，神韻可愛。

清・吴升《大觀録》卷一〇《元賢詩翰姓氏》 公字子山，康里氏，官至翰林學士承旨。至正初，中書平章闕員，帝意在公，未及登庸而卒。在經筵能隨事獻替。文宗嘗觀宋祐陵書稱善，公曰：徽宗多能，惟不能爲君。其譎諫多類此，書學永興，但多行草，極妙。

清·楊守敬《書學邇言》 康里子山之飛動。

傳記

《元史》卷一四三《康里巎巎傳》 巎巎字子山，康里氏。巎巎幼肄業國學，博通羣書，其正心修身之要，得諸許衡及父兄家傳。長襲宿衛，風神凝遠，制行畯潔，望而知其爲貴介公子。其遇事英發，掀髯論辨，法家拂士不能過之。始授承直郎、集賢待制，遷兵部郎中，轉祕書監丞。奉命往覈泉舶，芥視珠犀，不少留改同僉太常禮儀院事，拜監察御史，陞河東廉訪副使。未上，遷祕書太監，陞侍儀使。尋擢中書右司郎中，遷集賢直學士，轉江南行臺治書侍御史。拜禮部尚書，監羣玉内司。【略】巎巎善真、行、草書，識者謂得晉人筆意，單牘片紙人争寶之，不翅金玉。謚文忠。

清·吴升《大觀録》卷九《元賢法書》 公名巎巎，字子山，康里氏。幼隸國學，博通羣書，長襲宿衛，歷官翰林學士承旨。天歷中羣玉内司開命監司事。文宗勵精圖治，每以聖賢格言進講。順帝即位，尤時時在上前誦説。若柳宗元《梓人傳》，有裨任人行政，誦之彌切。至正五年平章闕員，帝意在公，會疾卒，不及拜。貧無以爲斂，特賜賻，謚文忠。公退食，多暇，刻意翰墨。正書師虞永興，行草法右軍，單牘片紙人争寶重。

紀事

清·倪濤《六藝之一録》卷三五三《歷朝書譜》 子山嘗問客一日能寫得幾字，客曰：聞趙學士言，一日可寫萬字。公曰：余一日寫三萬字，未嘗以力倦而輟筆。

泰不華

論説

明·陶宗儀《書史會要》卷七《元》 篆書師徐鉉張有，稍變其法自成一家。行筆亦圓熟，特乏風采耳。常以漢刻題額字法題今代碑額。極高古可尚，非他人所能及。正書宗歐陽率更，亦有體格。

傳記

明·陶宗儀《書史會要》卷七《元》 台哈巴哈，字兼善元，名達布哈，御賜今名，號白野，蒙古人。狀元及第，官至浙東宣慰元帥，台州路達嚕噶齊，没於王事，追贈江浙行省平章政事，封魏國公，謚忠介。以清厲顯名，骨鯁不同於物。

范梈

論説

明·陶宗儀《書史會要》卷七 博學，善屬文，於詩尤長。古隸清勁有法。

清·倪濤《六藝之一録》卷三五三《歷朝書譜》 梈工篆、隸，吴興趙

文敏公曰：范德機我固當避之，若其楷法，人亦罕及。

傳記

清・吴升《大觀録》卷一〇《元賢詩翰姓氏》 公字德機，清江人。年三十六始客京師，中丞董士選薦爲翰林院修編，官歷廉訪司照磨、經歷。所至興學教民，雪冤埋滯。天曆間卒。公居官廉正，不可干以私，吴澄比之東漢君子。長於詩，古隸清勁可法。

歐陽玄

論説

明・陶宗儀《書史會要》卷七《元》 行草略似蘇文忠，而剛勁流暢，風度不凡，未易以專門之學一律議之。

清・吴升《大觀録》卷九下《元明諸賢法書》 行草略似蘇文忠，而剛勁流暢，風度不凡，未易以專門之學一律議之，則其書法貴重可知矣。

又 正書略似元常，方整古厚。

傳記

清・倪濤《六藝之一録》卷三五七《歷朝書譜》 歐陽玄，字原功。號圭齋。其先家廬陵，遷居瀏陽。延祐二年進士，授岳州路平江州同知，召為國子博士。至元五年，拜翰林學士承旨。追封楚國公，謚曰文。

清・吴升《大觀録》卷一〇《元賢詩翰姓氏》 公字原功，瀏陽人。中延祐進士，由縣尹累官翰林學士承旨。在外僚平反疑獄，搏擊豪强，撫諭蠻獠，安集谿洞。三任成均，兩為祭酒，六入翰林，三拜承旨。高文典册，多出其手。屢主文衡，再知貢舉。贊决機務，羽翼斯文。具有功焉。卒謚曰文。著《圭齋集》。

揭傒斯

論説

明・陶宗儀《書史會要》卷七《元》 學藝淵博，而能以和静致治。正、行書師晉人，蒼古有力。

明・王世貞《新刻增補藝苑卮言》 楊曼碩，父子美而近弱。

清・孫岳頒等《佩文齋書畫譜》轉引明・莫雲卿《評書》 鮮于太常、鄧文原、巎子山、虞伯生、鄭元祐、張伯雨、揭傒斯、張來儀、錢逵俱奕奕高流。【略】真、楷則張、揭淳美，並存晉法。品在子昂上，而名價稍似不及，余不能解，良由俗眼望風呼聲，交口相和。

清・孫岳頒等《佩文齋書畫譜》轉引明・周之士《評元人書》 揭曼碩父子美而近弱。

綜述

清・倪濤《六藝之一録》卷三五七《歷朝書譜》 傒斯楷法精健閑雅，行書尤工。國家典册及功臣家傳、賜碑，遇其當筆，往往傳誦於人。四方釋老氏碑版，購其文若字，袤及殊域。

傳記

《元史》卷一八一《揭傒斯傳》　揭傒斯，字曼碩，龍興富州人。延祐初，鉅夫、摯列薦于朝，特授翰林國史院編修官。善楷書、行、草。

清・吴升《大觀録》卷一〇《元賢詩翰姓氏》　公字曼碩，富州人。延祐初，程鉅夫、盧摯薦入翰林。嫻習朝廷典故、臺閣儀文。天曆初開奎章閣，首擢授經郎，累升侍講學士，詔修遼、金、宋三史。宿留史館，得寒疾卒，謚文安。詩文簡當，書法師晉人，蒼古有力。

藝文

清・王文治《論書絶句》　何關燕瘦與環肥，窠臼纔成意已達。承旨風流猶有憾，揭虞應等檜無譏。

杜本

論説

明・陶宗儀《書史會要》卷七《元》　工楷、隸，楷書結體謹嚴，全具八法。隸書學漢楊馥碑。

清・倪濤《六藝之一録》卷三五七《歷朝書譜》　杜公書方正嚴重，如通經巨儒，進止有法。

又　工於篆、隸。

清・吴升《大觀録》卷一〇《元賢詩翰姓氏》　楷法謹嚴，隸學陽馥碑。

傳記

明・陶宗儀《書史會要》卷七《元》　杜本，字原功，號清碧。其先京兆人，徙居武夷。博該經術，淹貫古今。多藏古圖畫、器物、名帖。至正間，朝廷以翰林待制聘至杭，託疾而還。

《元史》卷一九九《杜本傳》　杜本，字伯原，其先居京兆，後徙天台，又徙臨江之清江，今為清江人。本湛静寡欲，無疾言遽色。與人交，尤篤於義，有貧無以養親、無貲以為學者，皆濟之。平居書册未嘗釋手。天文、地理、律曆、度數，靡不通究，尤工於篆、隸。【略】至正十年卒，年七十有五。

著録

清・倪濤《六藝之一録》卷三五七《歷朝書譜》　杜本有所編《五聲韻》，自大小篆、分、隸、真、草以至外番書，及《蒙古新字》，靡不收録。

劉楨

論説

清・吴升《大觀録》卷一〇《元賢詩翰姓氏》　負能書名，翰札特妙。

傳記

明・陶宗儀《書史會要》卷七《元》 劉楨，字廷榦，燕南人。官至福建行省參政，亦能書。

黄溍

論説

明・陶宗儀《書史會要》卷七《元》 書宗薛晉公，而自成一家，危承旨嘗云：吾平生學書，所讓者黄溍卿一人耳。

清・倪濤《六藝之一録》卷三五七《歷朝書譜》 溍筆札俊逸，類薛嗣通。

清・吴升《大觀録》卷一〇《元賢詩翰姓氏》 書宗薛稷，而端楷別自成體。

傳記

清・倪濤《六藝之一録》卷三五七《歷朝書譜》 黄溍，字晉卿，婺州義烏人。延祐二年進士第，授台州寧海丞，入為應奉翰林文字，同知制誥，陞侍講學士，贈江西等處行中書省參知政事，追封江夏郡公，謚曰文獻。

顧信

傳記

清・倪濤《六藝之一録》卷三五六《歷朝書譜》 顧信，字善夫，元大德初為浙江軍器提舉，以能書稱。

紀事

清・倪濤《六藝之一録》卷三五六《歷朝書譜》 從趙文敏公游，得其書，必鐫於石，作亭扁曰墨妙。晚年號樂居處士。

朱珪

論説

清・倪濤《六藝之一録》卷三五九《歷朝書譜》 珪從吴叡授書法，凡三代金石，靡不極意規倣。

又 工古篆籀，精於六書之義。

傳記

清·倪濤《六藝之一録》卷三五九《歷朝書譜》 朱珪，字伯盛，吴人。

郭畀

論説

清·孫岳頒等《佩文齋書畫譜》卷三七 書法出入趙文敏。

清·吴升《大觀録》卷九《元賢法書》 書法精妙，頡頏松雪，顧厚自矜重，不輕爲人書，畫亦高妙得元暉三昧。

又卷一〇《元賢詩翰姓氏》 書法風度沖和，不入凡格。

傳記

清·孫岳頒等《佩文齋書畫譜》卷三七 郭畀，字天錫，丹徒人，為饒州路鄱江書院山長，調平江路吴江州儒學教授，未上，江浙行省辟充掾史。

林春山

論説

清·孫岳頒等《佩文齋書畫譜》卷三八《書家傳·元二》 清臞峭勁，精密妙巧，盤旋迴斡，字字中度。

著録

清·孫岳頒等《佩文齋書畫譜》卷三八《書家傳·元二》 林春山，號漫翁，著《草韻》。

王肖翁

論説

清·倪濤《六藝之一録》卷三五七《歷朝書譜》 尤善筆札，論者謂其酷似吴傳朋。短章醉墨，人爭寶愛之。

傳記

清・倪濤《六藝之一録》卷三五七《歷朝書譜》　王肖翁，字傳朋，金華人。起家衢、婺二郡。《儒學録》：大德中陞婺郡儒學正，以松江府判官致仕。

謝暉

論説

清・倪濤《六藝之一録》卷三五七《歷朝書譜》　詩文簡淡雋永，作字有法，人以得其片紙尺牘為榮。

紀事

清・倪濤《六藝之一録》卷三五七《歷朝書譜》　謝暉，字彥實，受業胡長孺之門，趙文敏見而愛之，授以書法。

倪中

論説

清・倪濤《六藝之一録》卷三五八《歷朝書譜》　正書端謹清潤。

清・吴升《大觀録》卷一〇《元賢詩翰姓氏》　工正楷，結體端勁有骨，復清潤可愛，非沾沾以瘦硬爲法者。

傳記

清・倪濤《六藝之一録》卷三五八《歷朝書譜》　倪中，字中愷，信州人。官至翰林待制。

清・吴升《大觀録》卷一〇《元賢詩翰姓氏》　公字中愷，信州人。官至翰林侍書。

楊翮

傳記

清・倪濤《六藝之一録》卷三五八《歷朝書譜》　楊翮，字文舉，金陵人。元末提舉浙江學校。

藝文

清・倪濤《六藝之一録》卷三五八《歷朝書譜》 楊孟載悼楊文舉詩云：八分書古追東漢，七字詩工到盛唐。

劉堪

論説

清・吴升《大觀録》卷一〇《元賢詩翰姓氏》 工古隸，快劍長戟，森然相向，的有其法。

傳記

明・陶宗儀《書史會要》卷七《元》 劉堪，字子輿，槜李人，思致淵冨，工於古隸。

清・倪濤《六藝之一録》卷三五八《歷朝書譜》 劉堪，字子輿，嘉善人，至正間，隱居讀書，工文辭，善古隸。

王都中

論説

明・陶宗儀《書史會要》卷七《元》 大字似其為人，小字亦善。

清・吴升《大觀録》卷一〇《元賢詩翰姓氏》 書類吴琚，發源老米。

傳記

清・吴升《大觀録》卷一〇《元賢詩翰姓氏》 公字元俞，福寍州人。弱冠由門蔭授平江路治中，僚吏頗易視之。遇事剖決如神，皆腭眙不敢欺。累拜江浙行省參政。卒謚清獻。歷仕四十餘年，所至政績譽暴，卓有古循吏風。著《本齋集》。書類吴琚，發源老米。

傅若金

論説

明・陶宗儀《書史會要》卷七《元》 書學歐陽率更。

清・吴升《大觀録》卷一〇《元賢詩翰姓氏》 正書學歐陽率更，得九成宫銘神態。

傳記

明・陶宗儀《書史會要》卷七《元》 傅若金，字汝礪，新喻人，官至廣東廉訪。照磨長於詩。

吴鎮

論説

明・陶宗儀《書史會要》卷七《元》 草學晉光，亦善畫水墨山水。

清・倪濤《六藝之一録》卷三五九《歷朝書譜》 善書畫，為人抗簡孤潔，高自標表。

又 梅道人書作藏真筆法，古雅有餘。

傳記

清・楊守敬《學書邇言・評書》 吴仲圭之超軼。

清・倪濤《六藝之一録》卷三五九《歷朝書譜》 吴鎮，字仲圭，號梅花道人，嘉興魏塘人。

吴志淳

論説

明・陶宗儀《書史會要》卷七《元》 古隸學《孫叔敖碑》。

傳記

明・陶宗儀《書史會要》卷七《元》 吴志淳，字主一，曹南人。

陳子翬

論説

明・陶宗儀《書史會要》卷七《元》 書學李北海，甚得體，兼工草。

清・孫岳頒等《佩文齋書畫譜》卷三九《書家傳・元三》 負器幹，精藝文，書法李邕。

傳記

明・陶宗儀《書史會要》卷七《元》 陳子翬，字象賢，奉化人。

胡布

論說

清・倪濤《六藝之一録》卷三五八《歷朝書譜》 胡布得書法於宋克，或謂與宋克同受學於紹興老僧。

綜述

明・陶宗儀《書史會要》卷七《元》 胡布，字子中，河南人，有材氣，善草書。

張雨

論說

明・祝允明《懷星堂集》卷一一《跋元末國初叢帖》 張雨如道士醮祠，雖禮而野。

明・何良俊《四友齋書論》 元人中余最喜張良居、倪雲林二人之書。蓋良居師李北海，間學素師，雖非正脉，然自有一種風氣。雲林師大令，無一點俗塵。

明・王世貞《新刻增補藝苑卮言》 張伯雨健而近佻。

明・李日華《六研齋筆記》三筆卷一 張伯雨書性極高，人言其請益趙魏公，公授以李泰和《雲麾碑》，書頓進，日益雄邁。余以為魏公平日學，泰和得其舒放雍容，而伯雨獨得其神駿，所以不同。吾非短趙，趙學勝，張資勝，此骨髓之論，未可與掇皮者言。

清・倪濤《六藝之一録》卷三五九《歷朝書譜》 張雨，字伯雨，號句曲外史。一名天雨，號貞居子。文待詔云：貞居書法先學松雪，後入陶隱居，稍加峻厲，便自名家。

又 貞居書師李北海，間學素師，雖非正脈，然自有一種風氣。

又 張伯雨書性極高，人言其請益趙魏公，公授以李泰和《雲麾碑》，書頓進，日益雄邁。魏公平日學泰和，得其舒放雍容，而伯雨獨得其神駿，所以不同。

清・孫岳頒等《佩文齋書畫譜》卷三九《書家傳・元三》 倪瓚云：貞居真人詩文字畫皆為本朝道品第一。

又 高啓云：貞居早學書於趙文敏，後得《茅山碑》，其體遂變。故字畫清遒，有唐人風格。

又 張來儀云：張貞居生平慕米南宫之為人，故其議論襟度往往類之。其詩句字畫清新流麗，有晉唐人風流，不蹈南宫狂怪怒張之習。

清・吴升《大觀録》卷一〇《元賢詩翰姓氏》 書法清勁秀潤，自成一家，馴有憑虚欲仙之致。

清・錢泳《履園叢話・叢話九・碑帖》 張伯雨書實出自松雪翁，而又有一種逸韻，與柯丹邱異曲同工。曩從王夢樓太守案頭見所書《台僊閣記》殊妙，竟似松雪矣。其片縑短幅，平生所見甚多，一時難以悉記。

綜述

明・陶宗儀《書史會要》卷七《元》 道士張雨，字伯雨，號句曲外史，錢塘人。博聞多識。善談名理，作詩自成一家，字畫亦清逸。

明・顧復《平生壯觀》卷四 道家者流，從古善書極少。唐之杜光庭、梁元一，宋之陳景元，書譜載其名而未見其跡，然稱爲善楷書而已。

若張伯雨，行、楷皆妙，流傳甚多，早年學趙松雪，中歲變純熟為端勁，有干雲度雪之致，此客情既盡，妙氣來宅之自然者也。且其詩句洋洋，畫亦灑灑，故虞、揭、倪、楊諸公，亦交相引重云。

傳記

清・吴升《大觀録》卷九《元賢法書》 外史名雨，字伯雨，句曲外史其號也，錢塘人。博聞多識，善談名理。學道三茅峯，而才名滿天下。虞文靖、黄文獻諸公咸相引重，楊鐵崖至稱之爲黄篋樓仙。妙於書，自成一家，人得片紙以爲寶。詩清新高邁，不流於衆，雖詞林宿素，以爲不逮也。

張起巖

論説

明・陶宗儀《書史會要》卷七《元》 其書見於篆法處，皆有勝韻。

傳記

明・陶宗儀《書史會要》卷七《元》 張起巖，字夢臣，河南人。狀元及第，官至翰林學士承旨，中書平章政事。意氣雄傑。

《元史》卷一八二《張起巖傳》 張起巖，字夢臣，其先章丘人，五季避地禹城。起巖博學有文，善篆、隸。

清・倪濤《六藝之一録》卷三五七《歷朝書譜》 張起巖，字夢臣。中延祐乙卯進士。除同知登州事，改集賢修撰，拜翰林承旨學士。謚曰文穆。博學有文，善篆、隸。

黄中

傳記

明・陶宗儀《書史會要》卷七《元》 黄中，字彦美，武林人。草亦可尚。

吴叡

論説

明・陶宗儀《書史會要》卷七《元》 工篆、隸，而於古隸尤精，但筆畫彫刻，人以為病。

明・何良俊《四友齋書論》 隸書當以梁鵠爲第一。【略】元則有吴叡、孟思褚、奂士文皆宗梁鵠。

明・李日華《六研齋筆記》三筆卷三 工小篆，匀净遒逸，亦能品也。

清・倪濤《六藝之一録》卷三五六《歷朝書譜》 吴叡，字孟思，杭州人。少好學，工翰墨，尤精篆籀。凡歷代古文款識制度，無不考究，得其要妙。下筆初若不經意，而動合矩度。識者謂吾子行、趙文敏，不能過也。

清・吴升《大觀録》卷一〇《元賢詩翰姓氏》 專精篆、隸之學，而於隸書尤奇古，但行筆刻畫耳。

傳記

明・陶宗儀《書史會要》卷七《元》 吴叡，字孟思，錢塘人。

著録

明・李日華《六研齋筆記》三筆卷三 有書《道德經》一卷。

宣昭

論説

明・陶宗儀《書史會要》卷七《元》 尤精翰墨，正書師歐陽率更，字字該備八法。

清・吴升《大觀録》卷九下《元明諸賢法書》 翰札尤工詣，點畫波磔，八法咸備，正書妙得率更勤力。

傳記

明・陶宗儀《書史會要》卷七《元》 宣昭，字伯絅，號艮齋，漢東人，有雅行，博古通今、天文地理，陰陽術數，百氏之學，無不諳詣。

鄭杓

論説

明・陶宗儀《書史會要》卷七《元》 鄭杓，字子經，莆田人。能大字，兼工八分，有所著述，皆行于世。

清・吴升《大觀録》卷一〇《元賢詩翰姓氏》 作擘窠大字，絶有氣概，兼精八分書。

傳記

清・倪濤《六藝之一録》卷三五八《歷朝書譜》 鄭杓，字子經，羅源人。泰定中辟南安儒學教諭，與陳旅為文字友。

著録

清・倪濤《六藝之一録》卷三五八《歷朝書譜》 著《衍極》五篇，《衍極紀載》三篇，其書自倉頡迄蒙古，凡古人籀篆，以極書法之變，皆在所論，宣撫使齋伯亨采而上之，作衍極堂以藏其書。

元・鄭杓《衍極》序 書道其大矣，斯文興焉，世之學者往往務談高虚，謂書非儒道之要而遂小之。軌所以行軍也，車行而毁其軌可乎。水所以行舟也，舟行而廢其水可乎。予南游至亡諸城，見莆田鄭君子經所著《衍極》五篇。雄文卓論，璀錯玢豳，如觀三代器物，不可名狀。軋芴澶曼，如行洞庭之野，不見首尾。夷考其説，然後知子經得絶學于數千百載之後，曠

世奇作也。書道其大矣。又嘗即其言而求其為人，為之廢書而嘆曰：士之負材抱藝，莫不欲有為也。修名未立，老冉冉其將至，平居里巷，相接又無足與語以發舒其所負抱者，慨古道之浸邈，憤俗尚之益乖。乃攸然獨往自托于著書，似鳴其所不能自已者，此衍極之為言，所以弗鬱而唏噓也。觀是書者，又不能無所感云。延祐七年庚申秋九月朔旦李齊仲思序。

又《重刻衍極小敘》 予少有窮盡古文字之志，長而落落不適于俗，因日之暇原始要終，上下三倉間得一窮其紛錯，如奔風怪雨不可名狀，所謂雲烏之故，魚豕之錯，亦略竊其一斑。然終以識見淺陋，欲溯其源流而彙之未能也。近從遺册得《衍極》一書，其文絶類秦漢，其所論則開闢以來字法之變，有宋鄭子經先生之所作也。質我以前聞而起我所未逮，古人之言獲我心矣。但俗筆所傳既多簡誤，蠹穴鼠壤之餘，缺略有不可考者，因集諸碑刻而揣摩之，閱半載而成帙并壽之木以公同志，考字學書之君子或從此其有據乎。萬曆戊午十月既望沈率祖識。

又 有《衍極》五篇，莆田鄭杓所作也。極者，理之至也。凡天下之小數末藝莫不有至理在焉，况其大者乎。孔安國曰：伏羲氏始畫八卦，造書契，是八卦與六書同出，皆聖人所以效法天地而昭人文也。世之言書者蔑焉不知至理之所在，此《衍極》所由作也。是書自古文籀隸以極言法之變靡不論著，辭嚴義密，讀者難之。於是詳疏下方使人考辭以得義而知書之為用大矣。至治壬戌冬十有一月庚申郡人劉有定叙。

清・永瑢等撰《四庫全書總目》卷一一二 《衍極》二卷。元鄭杓撰。【略】著《衍極》五篇，《衍極記載》三篇。其書自蒼頡迄元代，凡古人篆籀以極書法之變，皆在所論。宣撫使齊伯亨採而上之，作衍極堂以藏其書。陶宗儀《書史會要》又稱其能大字，兼工八分。蓋究心斯藝，故能析其源流如是也。其書載《永樂大典》中，而闕其記載三篇。別本又載有學書次第，書法源流二圖，《永樂大典》亦闕。然別本字句訛脱，文注混淆，不及《永樂大典》之精善。謹合兩本參校，補遺正誤，復還舊觀。其註為劉有定所作。有定字能静，號原範，莆田人。其名載林承霖《莆陽詩編》，亦見《書史會要》，蓋亦文雅之士云。

吴炳

傳記

明・陶宗儀《書史會要》卷七《元》 吴炳，字彦輝，汴人。身安畎畝，朝廷三聘，不起，工篆書。

紀事

清・孫岳頒等《佩文齋書畫譜》卷三八《書家傳・元二》 漢淮源廟碑漫漶不可讀，杜昭守唐州，乃延吴炳，參用漢隸，釋書舊文於石而刻之。

王畋

論説

明・陶宗儀《書史會要》卷七《元》 真、行、草師二王，圓勁，成就度越流輩。

清・吴升《大觀録》卷一〇《元賢詩翰姓氏》 真、行、草師二王，圓勁純熟，度越流輩。

明・陶宗儀《書史會要》卷七《元》 王畋，字季野，都中子。官至成都路判官，清峻有高譽。

趙期頤

論　說

清・倪濤《六藝之一録》卷三五六《歷朝書譜》 宛邱趙期頤以書名世，得之吾衍者為多。

又 期頤篆迹渾樸高古，以禹碑周鼓為宗，無一筆陽冰擇木。

清・吴升《大觀録》卷一〇《元賢詩翰姓氏》 工篆書，得古法。

傳　記

明・陶宗儀《書史會要》卷七《元》 趙期頤，字子奇，汴梁人。官至陝西行臺，治書工於篆。

托克托

論　說

明・陶宗儀《書史會要》卷七《元》 善大字。

清・孫岳頒等《佩文齋書畫譜》卷三八《書家傳・元二》 托克托，字畫方毅，酷似顔真卿。《圭齋集》。

傳　記

明・陶宗儀《書史會要》卷七《元》 托克托，蒙古人，官至中書右丞相，贈太師，封鄭王。材器宏大，智謀善斷。扁其燕處之室曰：道濟書院，延納儒士，討論治道。

達實特穆爾

綜　述

明・陶宗儀《書史會要》卷七《元》 讀書能詩，大字學釋溥光，小字亦有格力。

傳　記

清・倪濤《六藝之一録》卷三五八《歷朝書譜》 達實特穆爾，字九成。入國學為諸生，讀經史悉能通大義，尤好學書。初以世胄補官為太府監。至正十五年，為中書平章政事，出為江浙行省左丞相。

繆貞

論説

清·孫岳頒等《佩文齋書畫譜》卷三八《書家傳·元二》　繆貞，字仲素，常熟人。善篆、隸、真行書，好古博識，隱居不仕，善八分、小篆，追踪張有，正書尤高古，致道觀虞山福地四篆字，李烈士碑隸書，其蹟也。旁有正書，題識尤佳。所著有《書學明辨》。

傳記

明·陶宗儀《書史會要》卷七《元》　繆貞，字仲素，姑蘇人，篆書宗張有。

著録

清·孫岳頒等《佩文齋書畫譜》卷三八《書家傳·元二》　著有《書學明辨》。

張體

論説

明·陶宗儀《書史會要》卷七《元》　隸書時作顫掣勢，蓋學李重光金錯刀法，而行楷亦善，又雙鈎書極純熟可喜。

傳記

明·陶宗儀《書史會要》卷七《元》　張體，字孟膚，江陰人。

唐志大

論説

明·陶宗儀《書史會要》卷七《元》　行草落筆，峻激略無滯思。

傳記

明·陶宗儀《書史會要》卷七《元》　唐志大，字伯剛，如皋人，多蓄古法書名畫。

曹永

論説

明・陶宗儀《書史會要》卷七《元》　曹永，字世長，正書學鍾元常，行草學二王。

清・吴升《大觀録》卷一〇《元賢詩翰姓氏》　公字世長，正書學鍾元常，行書學二王，尺牘之美，流譽士林云。

傳記

清・倪濤《六藝之一録》卷三五八《歷朝書譜》　曹永，字世長，松江人。穎悟好學，尤工八法。至正間以《蒙古字學》進，除安州學正，官至廵檢江浙行省，辟為宣使。

黃中

論説

清・吴升《大觀録》卷一〇《元賢詩翰姓氏》　公字彦美，行狎出風入雅，秀麗可觀，草書亦有樹折顛崖，寒藤挂壁之態。

張鐸

論説

清・倪濤《六藝之一録》卷三五七《歷朝書譜》　宣卿工書，得黃豫章、米襄陽筆法。

傳記

清・倪濤《六藝之一録》卷三五七《歷朝書譜》　張鐸，字宣卿，起巖之祖。東昌録事判官。

張翥

論説

明・陶宗儀《書史會要》卷七《元》　蚤年書學鍾元常。

清・吴升《大觀録》卷一〇《元賢詩翰姓氏》　書法勁秀。

傳記

明・陶宗儀《書史會要》卷七《元》 張翥，字仲舉，號蜕菴，河東人。官至翰林學士承旨，領北行省平章政事，封潞國公。博綜羣書，作為文辭，擅一時之譽。

清・倪濤《六藝之一録》卷三五七《歷朝書譜》 張翥，字仲舉，晉寧人。以詩文知名一時。至正初，召為國子助教，以翰林學士承旨致仕。

顧安

論説

清・倪濤《六藝之一録》卷三五七《歷朝書譜》 大字遒勁，法趙。

清・吴升《大觀録》卷一〇《元賢詩翰姓氏》 工行楷，得文敏風致。

傳記

清・吴升《大觀録》卷一〇《元賢詩翰姓氏》 公字定之，淮東人。家崑山，官泉州路行樞密院判官。

陳旅

論説

明・陶宗儀《書史會要》卷七《元》 善古隸，而行楷亦有法。

清・吴升《大觀録》卷一〇《元賢詩翰姓氏》 書善古隸，而行楷更有法。

傳記

清・倪濤《六藝之一録》卷三五七《歷朝書譜》 陳旅，字衆仲，興化莆田人。虞集見其所為文，延至館中，朝夕以道義學問相講習，自謂得旅之助，薦除國子助教，遷國子監丞。

柯九思

論説

明・王世貞《新刻增補藝苑卮言》 柯敬仲老而近粗。

清・吴升《大觀録》卷一〇《元賢詩翰姓氏》 能書善畫，楷書尤精，詣得率更體。

傳記

明・陶宗儀《書史會要》卷七《元》 柯九思，字敬仲，號丹丘生，台州人。官至奎章閣鑒書博士。能詩文，善鑒古器物、書畫，亦善書。

清・倪濤《六藝之一録》卷三五七《歷朝書譜》 柯九思，字敬仲，台州仙居人。遇文宗於潛邸，及即位，置奎章閣，特授學士院鑒書博士，凡内府所藏法書名畫咸命鑒定。賜牙章，得通籍禁署，流寓中吴，又善鑒識金石鼎彝之器，時吴人陸友號為博物，亦歎以為不及。

紀事

清・孫岳頒等《佩文齋書畫譜》卷七九 元柯博士九思在文宗朝，最受知遇，觀訓忠一碑可見。後博士失寵，退居於吴，相傳今城東胭脂橋，即其故第。

汪從善

論説

明・陶宗儀《書史會要》卷七《元》 正書亦合晉人紀律，兼能大字。

清・吴升《大觀録》卷一〇《元賢詩翰姓氏》 能作大書正體，得晉人紀律。

傳記

明・陶宗儀《書史會要》卷七《元》 汪從善，字國良，杭州臨安人。官至邵武路總管。

王士熙

論説

明・陶宗儀《書史會要》卷七《元》 書法亦清潤完整。

清・吴升《大觀録》卷一〇《元賢詩翰姓氏》 書法清潤整齊，妙得唐法。

傳記

清・吴升《大觀録》卷九下《元明諸賢法書》 公名士熙，字繼學，東平人。官江東廉訪使，贈平章政事，封趙國公。風度韻藉，但《元史》不為立傳，事蹟無考。

錢良佑

論説

明・李日華《六研齋筆記》二筆卷二　元錢良佑，字翼之，行書高朗卓越，風格不讓鮮于困學。

清・倪濤《六藝之一録》卷三五八《歷朝書譜》　錢良佑，至正間以書學名家。

又　古篆、隸、真、行、小草，無不精絶。

清・吴升《大觀録》卷九《元賢法書》　《書史》稱其躭古篤學，真、草、篆、隸得古人筆意。

又卷一〇《元賢詩翰姓氏》　篆、隸、真、草，無不工妙。

傳記

清・倪濤《六藝之一録》卷三五八《歷朝書譜》　錢良佑，字翼之，平江人。吴興趙公、巴西鄧公數引拔之，署吴縣儒學教諭，已代去，輒不復出。晚自號江邨民人，因以江邨先生稱之。

盛熙明

論説

明・陶宗儀《書史會要》卷七《元》　工翰墨，亦能通六國書。

傳記

明・陶宗儀《書史會要》卷七《元》　盛熙明，其先曲鮮人，後居豫章，清修謹飭，篤學多材。

著録

明・陶宗儀《書史會要》卷七《元》　至正甲申，嘗以所編《書法考》八卷進，上覽之徹卷，命藏禁中。

元・虞集《法書考序》　伏羲始畫八卦而文字興焉，六書之象形此其端也。中古簡牘之事則史氏掌之，後世有天下者蓋有以書名世者矣。曲鮮盛熙明得備宿衛，有以知皇上之天縱多能，留心書學，手輯書史之舊聞，參以國朝之成法，作《法書考》八卷上之。燕閑之暇，多有取焉。昔唐柳公權嘗進言于其君曰：心正則筆正。天下後世謂之筆諫。勖哉熙明，無俾公權尋美前世。史臣虞集序。

元・歐陽玄《法書考序》　小學廢，書學幾絶，聲音之學尤泯如也。周秦而下，體制迭盛。西晉以來華梵兼隆，唐人以書取士，宋人臨拓慣逾千金，刻之祕閣，法書興矣。然而循流遺源，士有憾焉。此龜茲盛熙明《法書

考》之所由作歟。熙明刻意工書而能研究宗原作為是書，至于運筆之妙，評書之精，則甘苦疾徐之度非老子斫論者疇克如是耶。書成，近臣薦達，以徹上覽，清問再三，又能悉所學以對，因獲賞嘆。給事中兼起居注亦思剌瓦性吉時中，出資鋟梓，以廣其傳。庶俾世之學者有所模楷，其用心可謂公且仁矣。熙明以書入官，今為夏官屬，蓋亦不忘其本者云。翰林學士資善大夫知制誥同修國史，廬陵歐陽玄序。

元·揭徯斯《法書序考》 法書肇伏羲氏，愈變而愈降，遂與世道相隆汚，能考之古猶難，況復之乎。至順二年，盛君熙明作《法書考》，稿未竟，已有言之文皇帝者。有旨趣上進，以修皇朝經世大典。事嚴未及録上而文皇帝崩。四年四月五日今上在延春閣，遂因奎章承制學士沙剌班以書進。上方留神法書覽之徹卷，親問八法旨要，命藏之禁中以備親覽。當是時上新入自嶺南，聖心所向已傳播中外。及即位，開經筵下崇儒之詔，天下顒顒然，翹首跂足，思見聖人之治。法書之復，其在茲乎。然天下之期復于古者不止法書也，而于是乎觀也。則盛氏之書其復古之兆乎。惟盛氏之先曲鮮人，今家豫章，而熙明清修謹飭，篤學多才有文章，工書能通諸國書而未嘗自賢，或為一時名公卿所知。是書之作，虞奎章既為之序，余特著其進書始末如此。元統二年十月望，文林郎藝文監丞參檢書籍事揭徯斯序。

清·永瑢等撰《四庫全書總目》卷一一二《書法考》八卷，元盛熙明撰。【略】是書前有虞集、揭傒斯、歐陽元三序。集序稱其備宿衛，徯斯序則稱為夏官屬，其始末則不可考矣。徯斯序又稱熙明作是書，稾未竟，已有言之文皇之前者。有旨趣上進，以修皇朝經世大典事嚴，未及録上。四年四月五日，今在上延春閣，遂因奎章學士實喇巴勒以書進，上方留神書法，覽之終卷，親問八法旨要。命藏之禁中，以備親覽。《書史會要》亦稱至正甲申，嘗以《法書考》八卷進上，與序相合。則是書實當時奏御本也。其書首爲書譜，分子目四。次爲字源，次爲筆法，次爲圖訣，次爲形勢，各分子目二。次爲風神，次爲工用，各分子目三。次爲附録，印章、題署、跋尾，雖雜取諸家之説，而採擇特精。其字源一門所列梵書十六聲三十四母，蒙古書四十二母，亦與陶九成通，六國書之説合。皆頗足以資考證也。

清·周中孚《鄭堂讀書記》卷四六《子部七之上·術數類一》《書法考》八卷，元盛熙明撰。《四庫全書》著録，倪氏、錢氏補元志俱載之。倪氏作盛昭，豈其名昭以字行歟，抑或明譌昭而脱去熙字也。熙明刻意工書，兼能通諸國書，研究宗原作爲是書，凡分八門曰書譜，分集評、辨古二目。曰宗源，分梵奇、華文二目。曰筆法，分操執、揮運二目。曰圖訣，分八法、偏傍二目。曰形勢，分布置肥瘠二目。曰風神分情性遲速方圓三目。曰工用，分宗學、臨摹、丹墨三目。曰附録，分印章及押署跋尾二目。皆摹集書家之説而分隸之，雖雜取諸書而頗有持擇。至于揮筆之妙，評書之精，則甘苦疾徐之度，非老于斲輪者，疇克如是耶。書成于至順辛未，至元統癸酉，奎章承旨學士實喇巴嘞，以其書呈進，鋟梓以廣其傳。虞道園、歐陽奎齋、揭曼碩俱爲之序。

董復

論説

清·吴升《大觀録》卷一〇《元賢詩翰姓氏》 篤志翰墨，全學鮮于太常，流麗自喜。

傳記

清·倪濤《六藝之一録》卷三五八《歷朝書譜》 董復，字君復，沂州人，居鎮江，書學鮮于太常。

清·吴升《大觀録》卷一〇《元賢詩翰姓氏》 公字君復，自沂僑寓京江。

劉塤

論說

清・倪濤《六藝之一録》卷三五八《歷朝書譜》 劉塤亦能篆。

清・孫岳頒等《佩文齋書畫譜》卷三八《書家傳・元二》 工詩文，精書法，恬放自守。

紀事

清・孫岳頒等《佩文齋書畫譜》卷三八《書家傳・元二》 劉塤，字公坦，陶宗儀云若水子。童時，趙子昂賞其秀異，書小齋二字貽之，遂自號小齋【略】至正間，辟帥府照磨，不久謝歸。

鄭元祐

論說

清・吴升《大觀録》卷一〇《元賢詩翰姓氏》 書法雅健，自然合格。

傳記

清・吴升《大觀録》卷一〇《元賢詩翰姓氏》 公字明德，遂昌人。號尚左老人，官至平江路儒學提舉。

紀事

清・倪濤《六藝之一録》卷三五七《歷朝書譜》 鄭元祐，字明德，遂昌人。兒時乳嫗提攜右臂脱骱，左手寫楷書。規矩備至，世稱一絶。又自名尚左生。

蘇天爵

論說

明・陶宗儀《書史會要》卷七《元》 書學趙魏公。

清・吴升《大觀録》卷一〇《元賢詩翰姓氏》 書法頗學趙文敏。

傳記

明・陶宗儀《書史會要》卷七《元》 蘇天爵，字伯修，趙之欒城人，再徙真定。官至江浙行省參知政事，兩浙都轉運監使。書學趙魏公。

朱德潤

論說

清·倪濤《六藝之一録》卷三五七《歷朝書譜》　朱德潤文采斌鬱，字畫遒麗，亦頡頏鮮趙。

清·吴升《大觀録》卷一〇《元賢詩翰姓氏》　書法秀逸，端行可尚。

傳記

清·吴升《大觀録》卷九《元賢法書》　公名德潤，字澤民，睢陽人。官編修，鎮東儒學提舉，攝長興守。居崑山，自號睢陽山人。著存《復齋集》，書史稱公書法可尚。

饒介

論說

明·解縉《續書評》　饒介之下莊刺虎，功倍力省。

明·顧復《平生壯觀》卷四　介之書學出於康里子山，如運斤成風，略無凝滯。然衹得其趣而未會其神，書述以時花沐雨稱之，洵不誣也。唐人授劍術者，曰凡刺人當斷其所愛，吾以爲授筆法者亦然，介之愛在趣，恨子山之不肯上下其論以斷之。

明·祝允明《懷星堂集》卷一《跋元末國初叢帖》　饒介如時花沐雨，枝葉都新。

明·李日華《六研齋筆記》卷四　饒書圓勁，暢朗，神追大令。元時善書者極多，如饒亦未易屈指。

清·錢謙益《列朝詩集小傳·甲前集》　介字介之，臨川人。自翰林應奉，出僉江浙廉訪司事。釋道衍曰：介之為人，倜儻豪放，一時俊流，如陳庶子、姜羽儀、宋仲温、高季迪、陳惟寅、惟允、楊孟載輩，皆與交，衍亦與焉。書似懷素，詩似李白，氣焰光芒，煒煒逼人。然其志大才疎，而無所成，爲可恤也。介自號華蓋山樵，亦曰醉翁。

清·楊守敬《學而邇言·評書》　饒介之流麗。

綜述

明·陶宗儀《書史會要》卷七《元》　饒介，字介之，番易人。博學有口才，草書亦飄逸。

清·孫岳頒等《佩文齋書畫譜》卷三九《書家傳·元三》　饒介，字介之，臨川人。自翰林應奉出僉江浙廉訪司事，張氏入吴，慕其名以為淮南行省參知政事。家釆蓮涇上，日以觴咏為事，書似懷素，詩似李白，自號華蓋山樵，亦曰醉翁。

傳記

明·解縉《春雨雜述》　饒介，字介之，號醉翁，華蓋山樵，浮丘公童子，亦曰介叟，臨川人。遊建康，丁仲容壻畜之，後卒於姑蘇，時歲丁未。

清·吴升《大觀録》卷九《元賢法書》　公名介，字介之，號芥叟，鄱陽人。官僉江浙廉訪事淮，張承制辟召，仕為江浙行省參政，書史稱其博學有口才，行草亦飄逸。又別自號醉樵，嘗作醉樵歌以如意，擊几案，淵淵作

金石聲。

著録

清・錢泳《履園叢話・叢話十・收藏》 饒介之，號醉翁，本籍江西。以元末亂，隱居姑蘇。跌宕自喜，嘗與雲林生往來。工草書，宗懷素。余嘗見其《焦池積雪》詩卷，童梧岡侍郎所藏也。後有金問、魏瀚、吕[illegible]、吴昂、王淮、朱應祥、蔣宗誼、姚公綬、鮑浩、馬時正十人題跋，並卞令之安鹿邨書畫印記，惜爲後人填墨，殊失真面目矣。

釋明本

論説

清・孫岳頒等《佩文齋書畫譜》卷三九《書家傳・元三》 明本書類柳葉，雖未入格，亦自是一家。

清・楊守敬《學書邇言・評書》 中峰和尚，下筆如柳葉，於尋常波磔中獨開生面，故自可喜。

清・吴升《大觀録》卷一〇《元賢詩翰姓氏》 書法似柳葉飄揚，雖未入格，自成一家書品。

傳記

清・孫岳頒等《佩文齋書畫譜》卷三九《書家傳・元三》 憩止處曰幻住山房，手書遺蹟留院中者甚多。

清・吴升《大觀録》卷一〇《元賢詩翰姓氏》 公號中峯，杭人。坐道場於吴興之天目山，博涉儒書，悟通禪觀。爲詩文不假搆思，援筆立就，仁宗賜號廣慧禪師，文宗賜謚智覺。

龍巖上人

論説

清・倪濤《六藝之一録》卷三五九《歷朝書譜》 龍巖上人善草書。

藝文

清・倪濤《六藝之一録》卷三五九《歷朝書譜》 蒲道源贈詩云：韓公浮屠多技能，祇今復見龍巖僧。高閑懷素去已久，肯向死灰求續燈。手追心慕忽有得，筆底焕然無滯凝。鐵為門限自茲始，但恐紙價相仍增。

曹妙清

論説

清・孫岳頒等《佩文齋書畫譜》卷三九《書家傳・元三》 善鼓琴，工詩、行書，點墨皆有法度。三十不嫁，風操可尚。

傳記

清·孫岳頒等《佩文齋書畫譜》卷三九《書家傳·元三》 士女曹妙清，自號雪齋，錢塘人。

藝文

清·孫岳頒等《佩文齋書畫譜》卷三九《書家傳·元三》 嘗寫詩寄鐵崖，鐵崖答之云：紅牙管蔕紫狸豪，雪水初融玉帶袍。寫得薛濤萱草帖，西湖紙價可能高。玉帶袍，其硯名。

王桂

論説

清·倪濤《六藝之一録》卷三五六《歷朝書譜》 善楷書，端勁方嚴，得顏柳遺法。

傳記

清·倪濤《六藝之一録》卷三五六《歷朝書譜》 王桂，字仲芳，自號月溪，婺之東陽人。為文有前輩典刑，尤工於歌詩樂府駢四儷六之語。【略】元初署處州麗水縣主簿，受而不赴。

楊維楨

論説

明·顧復《平生壯觀》卷四 鐵崖性癖躭奇，其書如吕梁之水，飛流垂勢，聽其所止而休焉。但詩文爲後世所重，并其書亦重之耳。觀其贈宋仲温云：余有所著，必命仲温書之。見楊烈士傳。乃倩朱孟辨爲之隸古，始知古人服善如此。

明·祝允明《懷星堂集》卷一一《跋元末國初叢帖》 楊維楨如吴歌楚些，時露方言。

清·倪濤《六藝之一録》卷三五九《歷朝書譜》 鐵崖不以書名，而矯傑橫發，稱其為人。

綜述

明·朱謀垔《續書史會要》 楊維楨，字廉夫，號鐵崖，亦號銕史，會稽人。元進士，江浙儒學提舉，入明不仕。嘗冠鐵葉冠，衣褐衣，手持鐵笛，游江湖山水間。自著有《鐵笛道人傳》，能詩，有《瓊臺曲》、《洞庭褉吟》五十卷，善行楷。

清·吴升《大觀録》卷九下《元明諸賢法書》 公名維楨，字廉夫，號鐵崖，會稽人，流寓華亭，官江西儒學提舉。詩文雄富，淹貫經史，天性耿介，人稱之爲鐵史。行草書豪爽可喜，如其爲人也。

傳記

清·倪濤《六藝之一録》卷三五八《歷朝書譜》 楊維禎，字廉夫，號鐵崖，會稽人，擢進士第，署天台尹，陞江西儒學提舉。避地富春山，徙錢唐。張自誠累招之不至。行草書雖未合格，然自清勁可善。

紀事

清·吴升《大觀録》卷一〇《元賢詩翰姓氏》 公字廉夫，號鐵崖，會稽人，居華亭，狷直忤物，官止江西儒學提舉。築室松江之上，造門納屨，殆無虚日。酒酣以往，筆墨横飛，鉛粉狼藉，賓客翩躚起舞。人以爲神仙中人。行草書雖未盡合古，然剛毅之氣可掬。

周伯琦

論説

明·何良俊《四友齋書論》 元時有吾子行，國初則周伯琦宗玉筋，似乎少骨。

明·趙宧光《寒山帚談·權輿》 陽冰伯琦，各自名家，惜其骨俗，時限之也。陽冰可取處少而去古近，伯琦可取處多而去古遠。近顧取少者，珠玉在側也。遠顧取多者，時媚繼出也。故曰時限之也。何謂近，曰圓。何謂遠，曰方。篆法圜不法方，以定二公優劣。篆書之名尤為渾亂【略】從此流傳，變而弱者一曰繆篆，唐宋元諸人如李陽冰、僧夢英以至我明程南雲、李東陽、文氏父子諸人是也。變而彊者一曰玉箸篆，如勝國周伯奇之類是也。

清·倪濤《六藝之一録》卷三五九《歷朝書譜》 伯琦篆師徐鉉張有，行筆結字殊有隸體，正書亦善。

又 伯琦古篆得文敏公遺意，字頗肥而玉潤可愛。

清·吴升《大觀録》卷九下《元明諸賢法書》 史稱其潛心古學小篆，師徐鉉，行草結字有隸體，正書亦善。

《元史》卷一八七《周伯琦傳》 伯琦儀觀温雅，粹然如玉，雖遭時多艱，而善於自保。博學工文章，而尤以篆、隸、真、草擅名當時。

傳記

《元史》卷一八七《周伯琦傳》 周伯琦，字伯温，饒州人。伯琦自幼從宦，游京師，入國學，爲上舍生，積分及高等。去，以蔭授將仕郎、南海縣主簿，三轉爲翰林修撰。至正元年，改奎章閣爲宣文閣、藝文監爲崇文監，伯琦爲宣文閣授經郎，教戚里大臣子弟，每進講，輒稱旨，且日被顧問。

紀事

清·倪濤《六藝之一録》卷三五九《歷朝書譜》 至正間，初改奎章閣為宣文，朝臣咸謂必命庫庫書牓時，周伯琦雖在館閣，精篆書，未為上知，庫庫日令書宣文閣牓十數紙，周不識其意。一日有旨。庫庫書閣牓辭曰臣所能者，真書不古，古莫如篆。周伯琦篆書今世無過之者，上如其言，召之書，由是進用。天都載。

又 帝以伯琦工書法，命篆宣文閣，寶仍題扁。

宣文及摹王羲之《蘭亭序》，智永所書《千字文》，刻石閣中。

著録

清・倪濤《六藝之一録》卷三五九《歷朝書譜》 嘗著《六書正訛説》、《文字原》二書。

貢師泰

論説

明・陶宗儀《書史會要》卷七《元》 楷書亦善。

清・吴升《大觀録》卷一〇《元賢詩翰姓氏》 書工楷法。

傳記

清・倪濤《六藝之一録》卷三五七《歷朝書譜》 貢師泰，字泰甫，寧國之宣城人。泰定四年，釋褐出身，授太和州判官，擢應奉翰林文字。至正十五年，除户部尚書，以文字知名。

貫裕

論説

明・陶宗儀《書史會要》卷七《元》 貫裕實哈雅，號酸齋，北庭人。官至翰林侍讀學士，豪爽有風槩。富文學，工翰墨，其名章俊語流於毫端者，怪怪奇奇，若不凝滯於物，即其書而知其胸中之所養矣。

清・吴升《大觀録》卷一〇《元賢詩翰姓氏》 隸書變化古人，自成家數。狂草學素僧，妙有波峭。

蘇大年

論説

清・孫岳頒等《佩文齋書畫譜》卷三九《書家傳・元三》 工八分、行書。

傳記

清・孫岳頒等《佩文齋書畫譜》卷三九《書家傳・元三》 蘇大年，字昌齡，號西坡，真定人，居揚州。

清・吴升《大觀録》卷一〇《元賢詩翰姓氏》 書工小楷，行押、八

分，諸書並造詣入妙。

倪瓚

論說

明・顧復《平生壯觀》卷四　元鎮書，早歲學歐水竹，居惠山圖題，題《過秦論》是也。中年大變，如有一注冰雪之韵，沁入人心肺間，讀其詩，窺其字，觀其畫，更聞其有清癖，意其人必眉宇踈落，秀出天外，否則顴孤頤削，骨骼清癯，無一點煙火氣，及展其像，則盤其面，瓠其身，塵俗溢瞳，有不可解者。嗚呼，子長所以談笑而怪子房也。

明・祝允明《懷星堂集》卷一一《跋元末國初叢帖》　倪瓚如金錢野菊，略存別韻。

明・王世貞《新刻增補藝苑卮言》　倪元鎮雖微有韻而未成長，人或許以得大令法，何也。元鎮以稚筆作畫，尚能於筆外取意，以稚筆作書，不能於筆中求骨，詎宜以汎愛推之也。

明・李日華《六研齋筆記》卷三　倪元鎮書學楊義和、黄素、黄庭，詩清遠真率。

明・張丑《清河書畫舫》卷一一下　雲林倪瓚，蚤年書法精美，其在至正初元者，妙有大令遺風，第指頂已上大字，便不能工，是亦尺有所短也。

清・倪濤《六藝之一録》卷三五九《歷朝書譜》　倪瓚書從隸入輒，在鍾繇薦季直表中，奪舍投胎，古而媚，密而疎。

又　雲林書師大令，無一點俗塵。

又　倪元鎮書學楊義和、黄素、黄庭。

又　倪瓚書從隸入輒，在鍾元常薦季直表中，奪舍投胎，古而媚，密而散，未可以近而忽之也。

清・孫岳頒等《佩文齋書畫譜》卷三九《書家傳・元三》　倪先生人品高軼，其翰札奕奕有晉宋人風氣。

清・吴升《大觀録》卷九下《元明諸賢法書》　高士名瓚，字元鎮，號雲林生，無錫人。家最饒，高士脱略紈綺，一從事於翰墨詩章，沖澹閒遠字作倒薤法，一波一磔，俱有姿態。書品在神逸之間，與一峯叔明一波一磔，俱有姿態。

傳記

清・倪濤《六藝之一録》卷三五九《歷朝書譜》　倪瓚，字元鎮，無錫人也。强學好修，性雅潔，所居有閣名清閟。喬木修篁，蔚然深秀，故自號雲林。雅趣吟興，每發揮於縑素間。蒼勁妍潤，尤得清致，晚益務恬退，黄冠野服，浮遊湖山間。

《明史》卷二九八《隱逸傳・倪瓚》　倪瓚，字元鎮，無錫人也。家雄於貲，工詩，善書畫。四方名士日至其門。所居有閣曰清閟，幽迥絶塵。藏書數千卷，皆手自勘定。古鼎法書，名琴奇畫，陳列左右。四時卉木，縈繞其外，高木修篁，蔚然深秀，故自號雲林居士。

紀事

《明史》卷二九八《隱逸傳・倪瓚》　時與客觴咏其中。爲人有潔癖，盥濯不離手。俗客造廬，比去，必洗滌其處。求縑素者踵至，瓚亦時應之。

余闕

論説

明・陶宗儀《書史會要》卷七《元》 風采峭整，負大節以王佐自任，工篆、隸，字體淳古。

清・倪濤《六藝之一録》卷三五八《歷朝書譜》 余忠宣小字似不經意，而豐處有褚遂良潦倒處，有楊景度林藻，豈漫不留意於墨池者，所能符合邪。紫桃。

清・吴升《大觀録》卷一〇《元賢詩翰姓氏》 篆、隸、行、楷，亦淳雅可法。

傳記

《元史》卷一四三《余闕傳》 余闕，字廷心，一字天心，唐兀氏，世家河西武威。父沙剌臧卜，官廬州，遂為廬州人。闕留意經術，五經皆有傳注。為文有氣魄，能達其所欲言。詩體尚江左，高視鮑、謝、徐、庾以下不論也。篆、隸亦古雅可傳。

周仁榮

論説

明・陶宗儀《書史會要》卷七《元》 楷書宗歐陽率更，尤為時所重。

傳記

清・倪濤《六藝之一録》卷三五七《歷朝書譜》 周仁榮，字本心，台州臨海人。工為文章，用薦署美化書院山長。泰定初，召拜國子博士，遷翰林修撰，陞集賢待制，賜謚號曰康節先生。

薛漢

論説

明・陶宗儀《書史會要》卷七《元》 楷書宗歐陽率更。

清・倪濤《六藝之一録》卷三五七《歷朝書譜》 詩律書楷嚴縝有法，而慎慤不矜。

傳記

明・陶宗儀《書史會要》卷七《元》　薛漢，字宗海，德清人。官至國子助教。

清・倪濤《六藝之一録》卷三五七《歷朝書譜》　薛漢，字宗海，永嘉人。幼力學有令譽。泰定元年，選國子助教。

段天祐

論説

清・吴升《大觀録》卷一〇《元賢詩翰姓氏》　書體率多平整，亦歐陽家令流派也。

傳記

明・陶宗儀《書史會要》卷七《元》　段天祐，字吉甫，汴人。官至江浙儒學提舉，亦號能書。

清・吴升《大觀録》卷一〇《元賢詩翰姓氏》　公字吉甫，汴人。官至江浙儒學提舉，負能書名，爲藝苑所推許。

張仲壽

綜述

明・陶宗儀《書史會要》卷七《元》　内臣張仲壽，【略】行草宗羲獻，甚有典則，亦工大字。

清・吴升《大觀録》卷一〇《元賢詩翰姓氏》　行草宗羲、獻，具有遺範，大字亦工妙。

傳記

清・吴升《大觀録》卷一〇《元賢詩翰姓氏》　公字希静，號疇齋，錢塘人。官翰林學士承旨。

仇遠

論説

明・陶宗儀《書史會要》卷七《元》　好古博雅，楷書學歐。

清・吴升《大觀録》卷一〇《元賢詩翰姓氏》　楷書絶倣率更。

傳記

清・吴升《大觀録》卷九《元賢法書》 公名遠，字仁近，號山邨，又號西湖村民，錢塘人。官溧陽教授，有《山邨遺稿》行世。史稱公好古博學，楷書學歐陽率更。

李祁

論説

清・孫岳頒等《佩文齋書畫譜》卷三九《書家傳・元三》 率具書家風範。

又 楷法精甚，大書行草，亦遒逸，含古意。

傳記

清・孫岳頒等《佩文齋書畫譜》卷三九《書家傳・元三》 李祁，字一初，號希蘧，又號危行翁，茶陵人。李齊榜進士，為江浙儒學副提舉。

張童子

論説

清・孫岳頒等《佩文齋書畫譜》卷三九《書家傳・元三》 張童子，關中人，七歲能作字至徑文者，緊結勁正，骨肉相副，筆力千鈞，類非童子所到，不言其人，雖以為老於書者可也。

揭厷

論説

明・陶宗儀《書史會要》卷七《元》 正書得用筆意。

清・吴升《大觀録》卷一〇《元賢詩翰姓氏》 正書得古人用筆三昧，子雲，字之德，正書學智永。

傳記

明・陶宗儀《書史會要》卷七《元》 揭厷，字伯防，徯斯子，官至燕南廉訪副使，風尚通雅，言議英秀。

朱振

論説

明・陶宗儀《書史會要》卷七《元》 草學《聖教序》，真師趙魏公。

清・吴升《大觀録》卷一〇《元賢詩翰姓氏》 朱振，字良玉，行書全倣《聖教序》，真書學趙鷗波，俱得其神似，同蔣惠稱鄱陽二妙云。

傳記

明・陶宗儀《書史會要》卷七《元》 朱振，字良玉，鄱陽人。

蔣惠

論説

明・陶宗儀《書史會要》卷七《元》 行草師鮮于太常，正書多晉人氣格。

清・吴升《大觀録》卷一〇《元賢詩翰姓氏》 行草師鮮于伯機，正書得晉人風格，同朱振稱鄱陽二妙云。

傳記

明・陶宗儀《書史會要》卷七《元》 蔣惠，字季和，號紫芝山人，鄱陽人，博學多通，機敏有幹。

王默

論説

明・陶宗儀《書史會要》卷七《元》 書學趙魏公，行筆甚捷。

清・吴升《大觀録》卷一〇《元賢詩翰姓氏》 公字伯静，書體全學趙吴興，而行筆迅捷，有快馬入陣，縱横馳驟之勢，幾於不可方物。

傳記

清・倪濤《六藝之一録》卷三五八《歷朝書譜》 王默，字伯静，一字子章，松江人。善論談，喜讀書，徵至京師，書金字釋典，擬官翰林，力辭歸，求書者填户，張天雨稱其豪宕不羈，有姜白石之風。

舒頔

論說

清・倪濤《六藝之一録》卷三五八《歷朝書譜》　舒頔，自作《貞素先生傳》，云風清晝閒，或篆、隸數章，意與筆悟，則快然自得，雖不逮斯邈，然時人亦莫予解。

清・孫岳頒等《佩文齋書畫譜》卷三八《書家傳・元二》　習字尤善樸拙，識者曰宗漢隸，非八法也。

傳記

清・孫岳頒等《佩文齋書畫譜》卷三八《書家傳・元二》　舒頔，字道原，績溪人。至元丁丑辟池陽教諭，至正庚寅轉台州學正，為詩蒼古，不貴纖巧。

楊元正

論說

清・倪濤《六藝之一録》卷三五八《歷朝書譜》　善行草書，其隸法師蔡邕，為時所重。

傳記

清・倪濤《六藝之一録》卷三五八《歷朝書譜》　楊元正，吉水人，官翰林檢討。

鄭琮

論說

清・倪濤《六藝之一録》卷三五八《歷朝書譜》　鄭琮，字叔方，書法得鍾繇筆意，一時號能書。

李元珪

論說

清・倪濤《六藝之一録》卷三五八《歷朝書譜》　李廷璧作行草，勁爽可愛。

又　書法如困學。

傳記

清·倪濤《六藝之一録》卷三五八《歷朝書譜》 李元珪，字廷璧，河東人。

阿裕錫哩達喇

論說

明·陶宗儀《書史會要》卷七《元》 阿裕錫哩達喇，庚申帝子。風儀俊邁，性資英偉。帝於東宮建端本堂，置賢師傅以教之，知好學，喜作字，真楷遒媚，深得虞永興之妙，非工夫純熟不能到也。

唐懷德

論說

清·倪濤《六藝之一録》卷三五九《歷朝書譜》 精字學，得虞伯施法。

傳記

清·倪濤《六藝之一録》卷三五九《歷朝書譜》 唐懷德，字思誠，婺人，嘗為衢路學録。

著録

清·倪濤《六藝之一録》卷三五九《歷朝書譜》 有《書學指南》傳世。

顧德輝

論說

清·倪濤《六藝之一録》卷三五九《歷朝書譜》 金粟手筆未得多見，行楷楚楚，奄有洛神畫贊風範。

傳記

清·吴升《大觀録》卷一〇《元賢詩翰姓氏》 公字仲瑛，一名阿瑛，號金粟道人，崑山人，署會稽教諭不就，以子元臣貴封武略將軍、飛騎尉，築玉山草堂，飆館聲伎之盛，甲於天下，日夜與高人俊流觴詠唱和。子元臣水軍都府萬户，書法自有山林偃仰象。

錢惟善

論說

清・倪濤《六藝之一録》卷三五八《歷朝書譜》 工書法，其卷册多留傳人間。

清・吴升《大觀録》卷九《元賢法書》 詩宗少陵，書法工麗。

傳記

清・倪濤《六藝之一録》卷三五八《歷朝書譜》 錢惟善，字思復，錢塘人，號曲江居士。又自稱心白道人。官至副提舉，張氏據吴，退隱吴江之筒川。

清・吴升《大觀録》卷九《元賢法書》 公名惟善，字思復，號曲江居士。又號武夷樵者，錢塘人。至正元年，鄉薦進士，官副提舉。

藍仲晦

論說

清・倪濤《六藝之一録》卷三五八《歷朝書譜》 藍仲晦，書三體《千文》，清健雅麗，沈著痛快，篆得古意，草、隸無一脱法，無一敗筆。

陸友

論說

清・孫岳頒等《佩文齋書畫譜》卷三七 友仁追踪石經，欲與蔡鍾相上下。嘗書《八分小篆歌》，如昆刀切玉，不見形迹，而剛强之氣，温潤之質，望之儼然。

又 陸友好古博雅，真、草、篆、隸皆有法。

清・吴升《大觀録》卷一〇《元賢詩翰姓氏》 好古博學，隱居求志。書工四體，皆合矩度。

綜述

清・孫岳頒等《佩文齋書畫譜》卷三七 陸友，字友仁，《墨史》云：自號研北生。博雅好古，工漢隸，八分書。尤能鑒辨三代漢魏而下鐘鼎銘刻，晉、唐法書、名畫皆有精識。嘗至都下，虞奎章、柯博士皆善其書。言於上，未及任用而歸。

傳記

清・吴升《大觀録》卷一〇《元賢詩翰姓氏》 公字友仁，平江人。別號硯北生。

魏雲瑞

論説

清・倪濤《六藝之一録》卷三五八《歷朝書譜》　善學米南宫書，得之者如獲拱璧。

傳記

清・倪濤《六藝之一録》卷三五八《歷朝書譜》　魏雲瑞，字祥卿，鄂之蒲圻人。

楊益

論説

清・倪濤《六藝之一録》卷三五七《歷朝書譜》　楊益古隸，學廬江太守碑，亦能篆。

清・吴升《大觀録》卷一〇《元賢詩翰姓氏》　隸書學廬江太守碑，篆亦古峭。

傳記

清・倪濤《六藝之一録》卷三五七《歷朝書譜》　楊益，洛陽人。歷行臺御史，轉員外郎，出府南雍。

藝文

清・倪濤《六藝之一録》卷三五七《歷朝書譜》　虞集贈詩云：洛陽楊友直，字擬漢中郎。

王蒙

論説

明・郁逢慶《書畫題跋記》卷一　叔明公子，文敏公之外孫也。天姿神品，其於翰墨，深入晉漢，至於鑒裁，尤所精詣。漚波之宅相，非子而誰耶。

清・孫岳頒等《佩文齋書畫譜》卷三九《書家傳・元三》　黄鶴山人書，當不在趙魏公下。

傳記

清・倪濤《六藝之一録》卷三五九《歷朝書譜》　王蒙，字叔明，號黄

鶴山樵，吴興人。趙文敏公之甥。强記力學，作詩文書畫，盡有家法。

王逢

論説

明·陶宗儀《書史會要》卷七《元》 作行草，初非經意大率，具書家風範。

傳記

明·陶宗儀《書史會要》卷七《元》 王逢，字原吉，江陰人。才氣俊爽，其屬辭，於詩尤長。

周宗仁

論説

明·陶宗儀《書史會要》卷七《元》 篆書宗其家學，然不逮父。

清·吴升《大觀録》卷一〇《元賢詩翰姓氏》 篆書善承家學，人謂不滅乃父云。

傳記

明·陶宗儀《書史會要》卷七《元》 周宗仁，字克復，伯琦之子，官至山東行省左右司郎中。

釋宗泐

論説

明·陶宗儀《書史會要》卷七《元》 隸書亦古拙。

清·倪濤《六藝之一録》卷三七三《歷朝書譜》 尤精隸古。

那海

論説

明·陶宗儀《書史會要》卷七《元》 善大字，郡之扁牓多其所書。

清·倪濤《六藝之一録》卷三五七《歷朝書譜》 書法本魯公，作大字徑數尺許，皆端勁有體。

傳記

清・倪濤《六藝之一録》卷三五七《歷朝書譜》　諾海，字德卿。蒙古扎衮台氏，襲福建親軍千户。延祐六年，遷武略將軍，鎮撫鎮江萬户。

吴福孫

論説

清・吴升《大觀録》卷一〇《元賢詩翰姓氏》　書兼楷、篆，但未優入神化之域耳。

傳記

清・吴升《大觀録》卷一〇《元賢詩翰姓氏》　公字子善，錢塘人。仕上海縣主簿。不卑小官，頗著能聲。

紀事

清・倪濤《六藝之一録》卷三五六《歷朝書譜》　吴福孫，字子善，杭州人。效趙文敏公書，得其早年楷法之妙。兼工篆籀，文敏極稱許之。阿榮大學士以其所作小楷書數萬字上進，因得召見。庫庫學士方侍書於閣中，前奏曰：臣濫得能書名，如吴福孫所書，雖臣亦有所不及。上頷之，命侍臣引金鐘酌酒以賜。至正六年，授松江上海縣主簿，自號清容野叟。

熊朋來

論説

清・倪濤《六藝之一録》卷三五六《歷朝書譜》　往者鶴山魏公嘗以篆法寓諸隸體，最為近古，時豫章熊先生亦用之。

清・吴升《大觀録》卷一〇《元賢詩翰姓氏》　隸體寓篆法最古，行書宗魏晉。

傳記

清・倪濤《六藝之一録》卷三五六《歷朝書譜》　熊朋來，字與可，豫章人。薦為閩海提舉儒學官，而朝廷以東南儒學之士，惟福建盧陵為最盛，特起朋來連為兩郡教授，所至考古篆籀文字，晚以福清州判官致仕，學者稱為天慵先生。

孛兒只斤・碩迪巴拉

綜述

明・陶宗儀《書史會要》卷七《元》　英宗，蒙古氏，諱碩迪巴拉，仁

宗子。承武仁治平之餘，海內晏清，得以怡情觚翰。嘗見宋宣和手敕，卷首御題四字，又別楮上日光照吾民，月色清我心十字，一卷，上至治之音四字，皆雄健縱逸，而剛毅英武之氣發於筆端者，亦足以昭示於世也。

龔璛

論説

明・陶宗儀《書史會要》卷七《元》 書有晉宋人法度。

明・王世貞《新刻增補藝苑卮言》 龔璛、陳深輩，皆長於題跋。

清・吴升《大觀録》卷一〇《元賢詩翰姓氏》 書翰流麗，得晉宋人風度。

傳記

清・孫岳頒等《佩文齋書畫譜》卷三七 龔璛，字子敬，自高郵徙平江，刻苦于學。戴帥初、仇仁近、胡汲仲皆與為忘年交。官至儒學副提舉。

傳記

清・孫岳頒等《佩文齋書畫譜》卷三八 李泂，字溉之，滕州人。姚燧力薦於朝，授翰林國史院編修官。天歴初，超遷翰林直學士，俄特授奎章閣承制學士。其為文章，奮筆揮灑，意之所至，臻極其妙。

孛兒只斤・托克托穆爾

傳記

明・陶宗儀《書史會要》卷七《元》 文宗，諱托克托穆爾，武宗子。以聰明睿知之資入正大統，迺稽古右文，開奎章閣，置學士員，討論治道，幾致刑措。喜作字，每進用儒臣，或親御宸翰作敕書以賜之。自寫閣記，甚有晉人法度。雲漢昭回，非臣庶所能及也。

孛兒只斤・托歡特穆爾

傳記

明・陶宗儀《書史會要》卷七《元》 庚申帝，諱托歡特穆爾，明宗子，天性仁恕，務以寬平致治，改奎章為宣文，崇儒重道，尊禮舊臣，萬幾之餘，留心翰墨，所書大字，嚴正結密，非淺學可到，奎畫傳世，人知寶焉。

明代書家部

危素

論說

清・孫岳頒等《佩文齋書畫譜》卷四〇《書家傳》 素善楷書，有釋智、永虞、永興典則。

又尤精于書，得片紙隻字者，寶祕以爲榮。宋濂《學士集》。

傳記

明・朱謀垔《續書史會要》 危素，字太朴，號雲林，江西臨川人。仕元，入國朝官侍講學士。文藻敏贍，馳聲翰墨。

紀事

清・孫岳頒等《佩文齋書畫譜》卷四〇《書家傳》 康里子山在南臺時，臨川危素太樸、饒介介之得其傳授。而太樸以教宋璲仲珩、杜環叔循、詹希元孟舉。介之以授宋克仲温。解縉《書學傳授》。

清・吴升《大觀録》卷一〇下《明賢詩翰姓氏》 公名素，字太樸，金谿人。仕元爲翰林承旨。元亡，召至金陵。洪武二年，授翰林學士，明祖初甚禮重。一日聞履聲橐橐，詢爲誰，曰：老臣危素。上不懌，曰：道是文天祥來。遂謫佃和州。書工楷法，在松雪翁上，行草亦妙。

俞和

論說

明・朱謀垔《續書史會要》 俞和，字子中，號紫芝，武林人。隱居不仕，真、行、草書皆師趙文敏，其合作者，殆優孟之于叔敖，用趙款記，人不能辨。

明・解縉《續書評》 俞紫芝臨摹，子夫擅寵。

清・孫岳頒等《佩文齋書畫譜》卷四〇《書家傳》 俞和以書鳴洪武初，後進猶及見之。解縉《書學傳授》。

又 俞和，字子中，杭人，號紫芝。解縉云桐江人，寓居錢塘。沖澹安恬，隱居不仕。能詩喜書翰。早年得見趙文敏運筆之法，臨晉唐諸帖甚夥，行草逼真文敏。陳善《杭州志》。

傳記

明・解縉《春雨雜述》 俞和，字子中，號紫芝，山樵桐江人。寓居錢塘。洪武以布衣卒，年八十餘。

宋濂

論説

明·祝允明《懷星堂集》卷一《書述目録》　宋氏父子，不失邯鄲。濂、燧。

明·朱謀垔《續書史會要》　仁和郎仁寶云：公草書有龍盤鳳舞之像。又云：先生之重也以道，卒用于學士也以文，世珍其書，亦多由此。然即使不道不文，書亦當自珍也。

傳記

明·朱謀垔《續書史會要》　宋濂，字景濂，浙江金華人，官至翰林學士。

陶宗儀

論説

《明史》卷二八五《陶宗儀傳》　尤刻志字學，習舅氏趙雍篆法。

傳記

清·孫岳頒等《佩文齋書畫譜》卷四〇《書家傳》　陶宗儀，字九成，黄巖人。少舉進士，一不中，即棄去。務古學，無所不窺。尤刻志字學，工舅氏趙集賢雍篆筆。洪武辛亥，詔取天下士，癸丑命守令舉人才，又以病免。《名賢遺墨》云：九成詩自叙，洪武二十九年丙子，率諸生赴禮部考試，讀《大誥》，賜鈔遺歸。豈其晚年亦曾列官教授邪。建文初尚在，亦其詩云。由避兵家淞城之北，泗水之南，閉門著書，有《書史會要》九卷。孫作《滄螺集》。

清·吴升《大觀録》卷一〇下《明賢詩翰姓氏》　公名宗儀，字九成，黄巖人。少舉進士，第一不中即棄去。洪武六年舉人才，至京以病辭。家松江，貯藏甕樹陰，有所得，摘葉書之，世傳《輟耕録》是也。又著《南村集》。書法雍容儒雅，氣象可觀。

著録

明·朱謀垔《續書史會要》　陶宗儀，字九成，號南村，天台人。寓居華亭。篆書得舅氏趙仲穆之傳，博學多聞，著《書史會要》、《輟耕録》、《説郛》等書傳世。

清·永瑢等《四庫全書總目》卷一一二　《書史會要》九卷、補遺一卷，明陶宗儀撰。是編載古來能書人，上起三皇，下至元代，凡八卷。末爲書法一卷，又補遺一卷。據孫作《滄螺集》所載宗儀小傳，稱《書史會要》凡九卷。此本目録，亦以書法補遺共爲一卷。而刊本乃以補遺別爲卷。又以朱謀垔所作續編一卷題爲卷十，移其次於補遺前。殆謀垔之子統鉷重刊是書，分析移易，遂使宗儀原書中斷爲二。今仍退謀垔所補自爲一卷，題曰續編，以別宗儀之書。而其書法補遺如仍合爲一卷，則篇頁稍繁。姑仍統鉷所編，別爲一卷，以便省覽。宗儀舊本，以元繼宋，而列遼金於後，與所作

《輟耕録》中載楊維楨《正統論》以元繼宋者所見相同。維楨論已仰稟。

清・周中孚《鄭堂讀書記》卷四六　《書史會要》九卷，補遺一卷，續録一卷。明陶宗儀撰。其續録一卷則朱謀垔撰也。《四庫全書》著録錢氏補《元志》亦載之。南邨自早歲即知六書八法之旨，凡遇名蹟古刻，博覽精研，靡有怠時。每讀史傳以至百氏雜説，書録所記。善書姓氏，攟拾殆遍。因自三皇迄元代人，輯爲小傳八卷，而系以書法一卷，并補遺一卷于其後，題曰《書史會要》。凡聖賢帝王公侯卿相及名士大夫以書法傳世者，審其端末，窮其指歸，多不爲繁，簡不爲略，洵足以備書家之掌故，而垂後學之準繩矣。書成于洪武丙辰，自爲之序及引用書目。又有同時永嘉曹睿序，四明鄭真後序。隱之續録，僅有淳化閣帖一類，前載元周厚，明顧從義、文彭三跋，後列二十六種，而分評其優劣，簡略殊甚。據王阮亭《居易録》稱，所續明代善書人名款識，有張天雨、趙松雪、楊仁巖、周公謹、柯丹邱、周伯温、豐南禺鑒定題跋，極可寶玩云云。而是卷俱無之，其爲不全之本審矣。

清・朱竹垞著、姚柳依《静志居詩話》　陶宗儀，字九成，黄巖人。編《書史會要》，皆有裨史學。

俞貞木

論説

明・朱謀垔《續書史會要》　善小楷，長於用筆，短於結構，但功力未就耳。

傳記

明・朱謀垔《續書史會要》　俞貞木，字樂昌，號大菴，世居吴城。祖琰號石澗先生，精于《易》。貞木亦好學，洪武初，以薦爲都昌縣丞。

宋克

論説

明・解縉《續書評》　宋克，鵬搏九萬，須仗扶摇。

明・解縉《春雨雜述》　宋克，字仲温，一字克温，吴郡人。卒官鳳翔府同知，時洪武丁卯。

明・祝允明《懷星堂集》卷一《書述目録》　宋克，如初筵卣彝，忽見三代。

明・何良俊《四友齋書論》　三宋者，宋克、宋廣、宋璲也。克字仲温，號南宫生，姑蘇人。其書專工章草。

明・范欽《天一閣集》卷一二《刻千字文跋》　書法晉以下業有定評，蓋爛然舉也。國朝頗遜於古，所稱建幟藝林者，篆李長沙、喬太原署書。詹孟舉行草。宋仲珩、端木孝思、祝希哲章草。宋仲温八分。龔聖與、文徵仲小楷。仲温與徵仲皆名家，宋昌裔、李昌祺、沈民則、程南雲諸英非不奕奕，以言對壘，難矣。成弘來尚正書，姜立綱擁腫癡濁，大類算子，世顧好之遞相宗習。邇年陳、方、楊、馬草書，視解大紳、沈文明、張汝弼猶怪誕，乃攘臂馳騖，説者至以病匃、偷兒、殭蛇、曲蚓目之，然乎。南禺先生力追古學，備舉諸體，書家藉以中興。二王、懷素猶臻三昧，即《千字文》底柱，行可睹已。往以語徵仲，咄咄稱賞，孰謂文人不相下哉。子雲云：伏習象、神，巧者不過。余猶以是爲恧。

明・王世貞《弇州山人四部稿》　宋克仲温，華亭人，爲鳳翔同守。正體頗秀健，出《宣示》、《戎路》而失之佻。章草是當家，健筆縱横，差少含蓄。

明・項穆《書法雅言》　仲温章草，古雅微存。

明・趙宧光《寒山帚談・權輿》卷上　真書雖各有所取，總之一門，

古今推鍾、王二家。二家無佳帖，須閲後世趣步二家者，以求二家閫奥而後可。虞得其正鋒，歐得其結構，智永得其圓而體俗，孟頫得其活而骨柔，仲温學而未成，伯幾成而未至。一皆病多于藥，勿中其毒。

又《力學》宋仲温學王氏之章草。

又 章草部索靖《出師誦》及蕭子雲、皇象、張芝、鍾繇、二王，無不間作《急就章》，翻摹雖失，居然周行也。嗣響則近代宋克通時，祝允明通古，其學鍾體，尤融通入妙。

明·李日華《六研齋筆記》卷一 宋仲温書法急就，勁利古雅，髣髴鐘鼎。

明·朱謀垔《續書史會要》 宋克，字仲温，號南宫生，吴人。洪武中官鳳翔同知。博學工詩，小楷、行草、章草種種入神。嘗補《急就章》刻石行世。憲副楊政謂其能繼武于杜伯度、皇休明，殆非虚語。評者云：其用筆如篆，最爲高古，但結體寒酸，故居仲珩之下。又云：初筵卣彝，忽見三代。

清·徐沁《明畫録》卷二 宋克，字仲温，長洲人。家南宫里，時稱南宫生。洪武初，就徵官侍書，出爲鳳翔府丞。書學《急就章》。

清·倪濤《六藝之一録》卷三六一《歷朝書譜》 克書學《急就章》，得古人之妙。王穉登《丹青志》。

清·倪濤《倪蘇門書法論》 豐南禺推明家代書家宋仲温第一，宋仲珩第二，祝枝山第三，文徵明第四。南禺未得古人口訣手授之真傳，輕于立論。仲温書少飛動之勢，但結體穩實，何能窺見古人堂奥。

清·翁方綱《復初齋文集·明人小楷論》 卷五有明一代，小楷宋仲温第一。仲温小楷，《七姬帖》第一。吾題《七姬帖》云：東吴生楷有明冠，睨視枝山孫孟津。蓋祝京兆嘗以天授推仲温也。承元人之雋逸，變宋人之雄奇，而漸可以問津羊薄矣。至其後以全力規仲温者，乃得一孫雪居耳。然而枝山之學晉法，得一王履吉，復得一黄淳甫，竟若據有明一代楷法之勝者，亦猶徐迪功之《談藝》云爾。明人書派結穴於董文敏，文敏不多作楷，而楷則淳古，殆欲突過前人。然若以結構尺度繩之，則壽承公瑕在前，子柔在後，豈多讓哉。故吾究不欲因枝山之學晉，而竟薄衡山之學唐也。善乎，豐道生之論楷也，獨推石熙明刻歐陽《千文》，其有合於華陽隱居之蹟，其即《鶴銘》之縮本矣。夫論明人之書者，固勝於論其詩，然於五言詩，竟專舉徐、高以上下千古，豈得已乎。

清·錢泳《履園叢話》 卷十收藏有明一代書家，前有三宋、二沈，後有文、祝、董思翁諸公，此其最著者。其餘如吴匏庵、李貞伯、陸子傳、王雅宜、張東海、婁孟堅、陳魯南、王百穀、周公瑕之流，亦稱善書，可爲案頭珍玩。大約明之士大夫，不以直聲廷杖，則以書畫名家，此亦一時習氣也。

清·朱竹垞著、姚柳依編《静志居詩話》 宋克，字仲温，吴人。明初徵爲侍書，出爲鳳翔府同知。工草、隸書，祝京兆評其書法天授。

傳記

明·王穉登《吴郡丹青志》 宋南宫先生克，字仲温，長洲南宫里人。書學《急就章》，得古人之妙。

清·倪濤《六藝之一録》卷三六一《歷朝書譜》 宋克，字仲温，吴人。博涉書傳。少任俠，久之，稍厭事，闔門寡將迎。素工草、隸，逼鍾、王。患求者衆，遂自閟希，家南宫里，故自號南宫生。高啓《南宫生傳》。

清·吴升《大觀録》卷一〇下《明賢詩翰姓氏》 公名克，字仲温，長洲人。偉軀幹，博涉書史。洪武中徵爲侍書，同知鳳翔府。有《南宫生傳》。書善草、隸，體多娬媚。

紀事

清·錢謙益《列朝詩集小傳》乾集上 宋克，字仲温，吴人。偉軀幹，博涉書傳。少任俠，擊劍走馬，彈下飛鳥。見天下亂，學握奇陣法，將北走中原，從豪傑計事。【略】工草、隸，時賦詩見志。

清·姜紹書《無聲詩史》卷一 宋克，字仲温，長洲南宫里人。少跌宕不羈，好馳馬試劍，究韜略，將北走中原，會道梗不果。家居以氣節自勵，性亢直，人有過，輒面折之，無少容。與人議論，據事析理，期於比勝。一旦

厭事，杜門謝客，操觚染翰，日費千紙，遂以書名。章草久不傳，至克始得其法，筆墨精妙，可與古人並驅。尤喜畫竹，雖寸岡尺塹，而萬玉千篁，蕭然出俗。洪武初同知鳳翔卒。時有宋廣字昌裔者，亦善草書，與克頡頏，人稱爲二宋。

《明史》卷二八五《宋克傳》 宋克，字仲温，長洲人。偉軀幹，博涉書史。少任俠，好學劍走馬，家素饒，結客飲博。性抗直，與人議論期必勝，援古切今，人莫能難也。杜門染翰，日費十紙，遂以善書名天下。時有宋廣，字昌裔，亦善草書，稱二宋。

藝文

清・卞永譽《式古堂書畫匯考》卷二〇二《元人贈宋仲温卷・南宮生傳》 渤海高啓撰。南宮生，吴人，偉軀幹，博涉書傳。【略】久之，稍厭事，闔門寡將迎，闢一室庋歷代法書、周彝漢硯、唐雷氏琴，日游其間以自娱。素工草、隸，逼鍾、王，患求者衆，遂自閟希，復執筆。歆慕静退，時賦詩見志，泊然處約，若將終身。生姓宋名克，字仲温，家南宮里，故自號云。

又《會稽楊維楨廉夫庚子歲贈》 東吴宋仲温工古歌詩，尤工諸家書法。余有所著，必命仲温書之。且扁舟訪余，東海角觴咏，數日而別，爲賦長歌一解，酒餘使歌之，余和以鐵龍之嘯，不知人間世復有過余樂者不。余既醉書此歌，復令仲温書遺玉笥、崆同兩生者和之。

宋才子，玉雪表，鐵石腸。裔出蘭臺大夫後，才似祁庠大小之雙郎。龍伯國，長鯨未築，封豕未屠。蚩尤張天天鶻塗，白日不照東西隅。東相府，西將府，争致人才出門下。宋才子，高步野鶴，不嚇腐鼠。喏喏恥僕臣，嚶嚶羞妾婦。歸來閉關彈五弦，浩歌激烈驚千古。宋才子，莫論秦，莫美新。城中酒薄不醉人，尋我銕龍東海濱。鐵龍雄飛雌亦走，鐵仙九招重入手。海水未西傾，扶桑未左紐。倩爾五色豪，飲以酒一斗。不書汝祖九辯吊湘纍，大書銕龍九招傳不朽。

又《饒右丞介之論書贈仲温，丁未歲贈》 太白流西荒，音響一何切。蒼精散暘谷，光彩爛昭晰。靈氣垂八芒，雲漢自兹抉。人文既開張，象畫亦區別。冥機不自見，直待智者發。誰能懷邃初，心焉悟皇頡。閉門工造車，出門即合轍。古人有成言，得之盡毫髮。流形歸自然，萬古字不滅。將同造化功，豈獨在書訣。神哉嶽瀆經，煉石補天裂。

又《玉笥生張憲思廉贈》 江南羽化張天雨，海上神交宋仲温。楷法鍾繇稱獨步，草臨皇象已專門。折釵未墜風前股，漏屋先凝雨後痕。寄語臨池諸後彦，蚓蛇雞鶩莫須論。

朱元璋

論説

明・顧復《平生壯觀》卷五 明太祖少遭坎坷，未常學問，其作字豈當以八法求之。觀其區畫軍機，駕馭將帥，於千百里之外，如臂之運指，而英斷截然如此。

明・朱謀垔《續書史會要》 太祖皇帝神明天縱，默契書法。御書第一山三大字于鳳陽龍興寺，端嚴遒勁，妙入神品。

清・康有爲《廣藝舟雙楫》卷六 明太祖書雄强無敵。

傳記

清・孫岳頒等《佩文齋書畫譜》卷二〇 太祖諱元璋，字國瑞，濠州人也。姓朱，即皇帝位，定天下之號曰大明。廟號太祖。《圖繪寶鑑續纂》。

紀事

清・孫岳頒等《佩文齋書畫譜》卷二〇 義烏黄昶引見於西苑，上愛昶有俊才，揮豪賦一詩贈之，字大如斝。宋濂《學士集》。

盧熊

論説

明・朱謀垔《續書史會要》 尤精篆籀，所著有《説文字原》等書。

清・吴升《大觀録》卷一〇下《明賢詩翰姓氏》 尺牘多大草書，甚奇倔。

傳記

清・錢謙益《列朝詩集小傳》乾集上 熊字公武，崐山人。公武少從楊維楨游，學精於六書。洪武初，以故官迫遣赴京，除工部照磨，用能書，授中書舍人，出知兖州。

紀事

清・孫岳頒等《佩文齋書畫譜》卷四〇《書家傳》 盧熊《甫田集》云：字公武，崑山人。洪武初名儒，通篆籀學。嘗爲兖州知州，既視篆，具奏印文兖字誤類衮，上不怡，幾被禍，後卒坐累。《永東日記》。

徐賁

論説

清・孫岳頒等《佩文齋書畫譜》卷四〇《書家傳》 徐賁小楷，法鍾兼虞，亦雅，然皆拘拘法内。《詹氏小辨》。

又 徐幼文楷筆秀整端慎，不爲沓拖自恣。其草書雄緊跌宕，出入旭、素，無不淋漓快健。《六研齋筆記》。

清・倪濤《六藝之一録》卷三六一《歷朝書譜》 徐賁小楷，法鍾兼虞，亦雅，然皆拘拘法内。《詹氏小辨》。

綜述

清・徐沁《明畫録》卷二 徐賁，字幼文，其先蜀人，由毗陵徙吴。工詩，有《北郭集》，與高啓齊名，世稱高、楊、張、徐者也。明初官河南左藩，後下獄死。書學晉王廙，畫法董源，其山水林石，遒麗清潤，濯濯可愛。

清・吴升《大觀録》卷一〇下《明賢詩翰姓氏》 公名賁，字幼文，蜀人徙吴，北郭十才子之一也。工詩善畫，淮張開藩與張羽避地吴興，居蜀山。洪武中，用薦起家，廉訪晉冀，歸驗行槖，惟詩數首。授給事中，改御史，累升河南左布政。坐所司軍興乏犒，下獄死。著《北郭集》。公翰牘多正書，然結體殊拘謹，而行筆復率意，未能高古。

傳記

明・朱謀垔《續書史會要》 徐賁，字幼文，吴縣人。官至河南布政，善楷書，清逸可愛，亦能畫，詩與高啓、張羽、楊基齊名，稱國初四傑云。

清・孫岳頒等《佩文齋書畫譜》卷四〇《書家傳》 徐賁《甫田集》云：字幼文，自毘陵徙居吴之齊門，號北郭生。洪武中徵起，使晉冀還，橐惟所賦詩。命給事殿中，改御史，又改刑曹，參政廣西，進河南布政。《書畫記》。

姚廣孝

傳記

明・朱謀垔《續書史會要》 姚廣孝，字獨闇，長洲人，釋名道衍。永樂中，以功授太子少師，欽賜今名，贈榮國公，謚恭靖。書法古雅，全以筋勝，亦能詩。

清・孫岳頒等《佩文齋書畫譜》卷四〇《書家傳》 姚廣孝，長洲人，幼名天禧。至正間爲僧，名衍，字志道。好讀兵書，尚謀略，兼爲詩學書。靖難後爲太子少師，贈榮國公，謚恭靖。《書畫記》。

張端

論説

明・朱謀垔《續書史會要》 真草、隸篆，俱有古則。尤工草書。

傳記

明・朱謀垔《續書史會要》 張端，字正夫，將樂縣人。

清・孫岳頒等《佩文齋書畫譜》卷四一《書家傳》 張端，【略】少負才名，景泰間，以薦授鑄印局使，直南薰殿。《延平志》。

著録

清・孫岳頒等《佩文齋書畫譜》卷四一《書家傳》 善楷、草書，尤工篆、隸。丘瓊嘗作《考隸辨》以遺之。《延平志》。

宋廣

論說

明・**祝允明**《**懷星堂集**》卷一《**書述目録**》　二宋在國初故當最勝。克、昌裔。昌裔熟媚，猶亞於克。

明・**何良俊**《**四友齋書論**》　三宋者，宋克、宋廣、宋璲也。【略】廣字昌裔松江人。書學素師，兼善行草，亦入能品。

明・**王世貞**《**弇州山人四部稿**》　宋廣昌裔，吾吴郡人。《書述》云：昌裔熟媚，猶亞於克。

明・**朱謀垔**《**續書史會要**》　宋廣，字昌裔，別號東海漁者，又號桐柏山人，南陽人，流寓華亭。嗜吟好古，草書宗張旭、懷素，章草入神，當時與仲珩、仲温稱爲三宋。但昌裔熟媚，尤亞于克。又每作字相聯不斷，非古法耳。

清・**孫岳頒等**《**佩文齋書畫譜**》卷四〇《**書家傳**》　廣草書宗張旭、懷素，章草入神。

又　昌裔善行草，體兼晉唐，筆勢翩翩。而謫辰州後，乃大有造詣。楊士奇《東里續集》。

又　廣與宋克、宋璲，俱以善書擅名，人稱三宋。然評者謂廣書較之二宋不逮，以其筆之聯續不斷，非古法也。《寓意編》。

綜述

清・**吴升**《**大觀録**》卷一〇下《**明賢詩翰姓氏**》　公名廣，字昌裔，號東海漁者，又號桐柏山人，家吴郡。草書宗章草，與仲温，仲珩以書名天下，稱三宋。

傳記

清・**孫岳頒等**《**佩文齋書畫譜**》卷四〇《**書家傳**》　宋廣，字昌裔，陶宗儀云南陽人。仕沔陽同知，善草書。《珊瑚網》。

《**明史**》卷二八五《**宋克傳**》　時有宋廣，字昌裔，善草書，稱二宋。

宋璲

論說

明・**方孝孺**《**評書**》　繼三公而作者，金華宋仲珩草書如天驥行中原，一日千里，超澗度險，不動氣力。雖若不可蹤蹟，而馳驟必合程度。

明・**解縉**《**續書評**》　宋仲珩，龍駒鳳雛，神采已具。

明・**何良俊**《**四友齋書論**》　三宋者，宋克、宋廣、宋璲也。【略】璲字仲珩，乃潛溪學士之次子，官中書舍人。其書宗康里子山，亦可稱入室者。嘗見其書玉兔泉聯句詩，玉兔泉在南京應天府儒學中。

明・**王世貞**《**弇州山人四部稿**》　宋璲仲珩，學士次子，仕爲中書舍人。真、行、草、篆，俱入能品。方孝孺比之威鳳翀霄，祥雲捧日。按《書述》云：宋氏父子，不失邯鄲。余嘗見其行草，流動秀穎，翩翩可愛。比之乃公，誠青出於藍。此所謂國初三宋也，覺仲珩尤勝。

明・**朱謀垔**《**續書史會要**》　宋璲，字仲珩，宋濂之次子也。官中書舍人。工大小二篆，並精行草。評者云其書法，端勁温厚，秀拔雄逸，規矩二王，出入旭素，當爲本朝第一。

清・**錢謙益**《**列朝詩集小傳**》　乾集上璲字仲珩，太史公之仲子。洪

武九年，召爲中書舍人。仲珩工書法，真、行、草、隸，俱入能品。方希直稱爲威鳳翀霄，祥雲捧日。評者謂太使公之文，舍人之書，皆本朝第一。而其詩尤駿發，汗血一蹶，未見其止，惜哉。

清・孫岳頒等《佩文齋書畫譜》卷四〇《書家傳》 高皇謂小宋字畫遒媚，如美女簪花。黄應台《浦江人物補遺》。

又 宋璲大小二篆，純熟姿媚，行書亦有氣韻。

又 近代能草書者，吴興趙公子昂，公所敬者，爲鮮于公伯幾，稍後得名者爲康里公子。山繼三公而作者，金華宋仲珩草書如天驥行中原，一日千里，超澗渡險，不動氣力。雖若不可蹤蹟，而馳驟必合程矩，直可淩跨鮮于，康里。使趙公見之，必有起予之歎。方孝孺《遜志齋集》。

又 仲珩草書，出入變化，不主故常，又非株守一格者，此真翰墨之雄也。李東陽《懷麓堂集》。

又 璲書法端勁温厚，秀拔雄逸，規矩二王，出入旭素。《過庭訓・分省人物考》。

又 仲珩書法沉頓雄快，兼篆籀、急就之能，不獨步驟旭素也。《六研齋筆記》。

綜述

清・吴升《大觀録》卷一〇下《明賢詩翰姓氏》 公名璲，字仲珩，太史公仲子。洪武九年，召爲中舍。十三年，坐兄子慎胡惟庸黨，牽累伏法。方正學稱爲威鳳翀霄，祥雲捧日。書法全得筆諫公三昧，而勁健有骨力，亦稀少難得者。

傳記

明・解縉《春雨雜述》 宋璲，字仲珩，金華人，太史潛溪公仲子，仕止中書舍人，卒於洪武辛酉。

《明史》卷一二八《宋璲傳》 仲子璲最知名，字仲珩，善詩，尤工書法。洪武九年，以濂故，召爲中書舍人。

紀事

清・孫岳頒等《佩文齋書畫譜》卷四〇《書家傳》 宋璲，字仲珩，宋濂次子，官中書舍人。精篆、隸、真、草書，嘗見梁草堂法師墓篆，及吴天璽中皇象書三段石刻，觀之至忘寢食，遂悟筆法。小篆之工，爲國朝第一。濂每見佳處，便曰：寫老夫名，足可傳世矣。《珊瑚網》。

高廷禮

論説

清・孫岳頒等《佩文齋書畫譜》卷四〇《書家傳》 廷禮書，得漢隸法。《列朝詩集》。

傳記

明・朱謀垔《續書史會要》 高廷禮，初名棅，避諱改名，字彦恢，自號漫士，長樂人。永樂初，自布衣召入翰林爲待詔。博學能文，長于詩書，畫亦精雅，時稱三絕。

方孝孺

論説

清・王世貞《弇州山人稿》 希直不以書名，而剛方不折之氣，流溢筆墨間。《弇州山人稿》。

傳記

清・孫岳頒等《佩文齋書畫譜》卷四〇《書家傳》 方孝孺，字希直，一字希古，寧海人。洪武二十五年，擢漢中教授，蜀獻王聘爲世子師，爲名其讀書之廬曰：正學。皇太孫即位，召爲翰林博士，進侍講，尋陞侍講學士。靖難時以死殉。《書畫記》。

紀事

明・朱謀垔《續書史會要》 善書翰，四方夷裔得一字寶于金璧。

沈度

論説

明・祝允明《懷星堂集》卷一《書述目録》 二沈蜚耀墨林，昌辰高步自任，人推皆謂絶景。大君宸譽遂極衮華，抑在一時，誠亦然耳。學士功力深篤，其所發越十九在朝，乃亦薄有繩削之拘，非其神之全也。或有閒窗散筆，輒入妙品，人罕覩耳。

明・王世貞《弇州山人四部稿》 沈度民則，弟粲民敬，華亭人，俱以書顯。度至翰林學士，文皇雅重之，令太子諸王咸習焉。粲遷左庶子，至大理少卿。《書述》稱二子蜚耀墨林，昌辰高步自任，人推皆謂絶景。大君宸譽遂極褒華，抑在一時，誠亦然耳。學士工力深篤，其所發越十九在朝，亦有繩削之拘，非其全也。或有閒窗散筆，輒入妙格，人罕睹耳。棘寺止書娟媚，行書傷輕，因成儇浮，自遠大雅，危帽輕衫，少年毬鞠。又如豔質明粧，倩笑相對，余俱有其真蹟，度稍純質，粲似疏俊。大抵皆未免俗，去元人遠矣。

明・焦竑《玉堂叢語》卷七 太宗徵善書者，試而官之。最喜雲間二沈學士尤重度書，每稱曰：我朝王羲之。

明・朱謀垔《續書史會要》 評者謂其楷書如美女插花，鑑臺舞笑。

又 文皇覽沈度書，稱善。一時翰林善書如解大紳之真、行、草，胡光大之行草，滕用亨之篆、八分，王如玉、梁用行之真，楊文遇之行，皆知名當世，而度書獨爲上所愛。凡玉册金簡，用之宗廟朝廷，藏祕府，施四裔，刻之貞石，傳於後世，一切大制作，必命度書之。書婉麗飄逸，雍容矩度，兼篆、八分。八分尤高古，渾然漢意。

清・孫岳頒等《佩文齋書畫譜》卷四〇《書家傳》 太宗徵善書者，試而官之，最喜雲間二沈學士，尤重度書，每稱曰我朝王羲之。李紹文《皇明

世説新語》。

清・吴升《大觀録》卷一〇下《明賢詩翰姓氏》 楷書姿媚中帶古雅，隸師陳文璧。

綜述

《明史》卷二八六《沈度傳》 沈度，字民則。弟粲，字民望。松江華亭人。兄弟皆善書，度以婉麗勝，粲以遒逸勝。度博涉經史，爲文章絶去浮靡。是時解縉、胡廣、梁潛、王璉皆工書，度最爲帝所賞，名出朝士右。日侍便殿，凡金版玉册，用之朝廷，藏祕府，頒屬國，必命之書。

傳記

明・朱謀垔《續書史會要》 沈度，字民則，號自樂，華亭人。永樂中，薦翰林典籍，累陞翰林學士。【略】工行、草、隸、篆。

紀事

明・朱謀垔《續書史會要》 太宗嘗稱度及弟粲爲我朝羲、獻，凡玉册金簡，用之宗廟朝廷，施之四裔，傳之後世者，必命度書之。宣宗稱度書豐腴温潤，真盛世之氣象。又賜以牙笏，比常制頗高大。孝宗夢中見度服所賜牙笏來朝，次日召其孫世隆，授以中書舍人。

清・孫岳頒等《佩文齋書畫譜》卷四〇《書家傳》 沈度，字民則，《詹天小辨》云號自樂。華亭人。少力學，善篆、隸、真、行、八分書。洪武中舉文學不就，成祖擢爲翰林典籍。一時翰林善書如解大紳之真、行、草，胡光大之行草，滕用亨之篆、八分，王汝玉，梁用行之真，楊文遇之行，皆知名當世，而胡解及度之書，獨爲上所愛。凡玉册金簡，用之宗廟朝廷，藏祕府，施四裔，刻之貞石，傳於後世。一切大制作，必命度書。度書婉麗飄逸，雍容矩度，八分尤爲高古，渾然漢意。累官翰林學士。《東里集》。

胡儼

論説

清・孫岳頒等《佩文齋書畫譜》卷四〇《書家傳》 儼文辭妍贍，精於草書。

又 儼行書矯健而蒼，楷書精熟而整。《詹氏小辨》。

清・吴升《大觀録》卷一〇下《明賢詩翰姓氏》 書體圓活，與曾子棨相似，頗豐滿。

傳記

明・朱謀垔《續書史會要》 胡儼，字若思，號頤菴，江西南昌人。自幼好學，博極羣籍。由舉人仕桐城知縣。太宗初，以解學士薦，上悦其文，遷翰林，累官國子祭酒。行草法趙文敏，亦能畫水墨竹石，頗佳。

金鉉

論説

明・朱謀垔《續書史會要》 精楷書，章草亦入妙境。

清・徐沁《明畫録》卷二 鉉尤工章草。

清・姜紹書《無聲詩史》卷六 鉉，喜吟咏，有風人之趣。書畫皆逼古，時稱三絶。

傳記

明・朱謀垔《續書史會要》 金鉉，字文鼎，號尚素，松江人。書工章草，畫倣王叔明。子鈍，字汝礪，官至中書舍人。

清・孫岳頒等《佩文齋書畫譜》卷四〇《書家傳》 金鉉，字文鼎，别字尚素，華亭人。自幼嗜學，致孝其母。洪武中徵至京師，有欲薦其才者，懇以母老辭。爲人蕭灑絶俗，喜吟咏，有古詩人風，作書畫皆極造詣。《東里續集》。

陳登

論説

明・祝允明《懷星堂集》卷一《書述目録》 二陳壁傷矜局，登略上之。

紀事

清・孫岳頒等《佩文齋書畫譜》卷四〇《書家傳》 陳登，字思孝，長樂人。舉才學，爲浮梁丞。永樂甲申，詔吏部簡能書者儲翰林，思孝以篆籀最先至。時吴中滕用亨待詔翰林，工篆籀，自視天下無愈己者，且恃春秋高，輕後進，往往折屈之。稠人廣坐中，思孝就用亨，語之戾許叔重者十數事，相辨難，用亨乃始默默，不復自矜。時四明王尹實篆書擅名海内，考據精博，亦推讓思孝。思孝於六書本原，精考詳究，周秦以來石刻，雖殘缺剥落，歲月氏名無可考，審度其出某代某人，率中七八。其收蓄之富，歐陽文忠、趙明誠之後所僅見。居翰林十年，擢中書舍人，朝廷大扁，率出其手，四方求者無虚日。《東里集》。

王紱

論說

清・吴升《大觀録》卷一〇下《明賢詩翰姓氏》 書畫兼詣，而柬牘多小行楷，聲價之重，每幀殆與公所繪窠木竹石相埒也。

傳記

《明史》卷二八六《王紱傳》 王紱，字孟端，無錫人。博學，工歌詩，能書，寫山木竹石，妙絶一時。永樂初，用薦，以善書供事文淵閣。紱未仕時，與吴人韓奕爲友，隱居九龍山，遂自號九龍山人。於書法，動以古人自期。

紀事

明・朱謀垔《續書史會要》 嘗以沐上恩拔，慨然曰：書必如古人，方可名世傳後，報稱萬一。尤工山水竹石。

明・嵇承咸等《書畫傳習録・序》 承咸性質檮昧，獲從先生長者之後，側聞緒論，于丹青渲染之事，差已歷有年所。日者道出九逵，延佇故肆，檢其篋中，問得書一册，曰《論書論畫》，卷末復名綴以《叢談》，署曰九龍山人輯。蓋明王舍人孟端所作也。循玩稠叠，遂出資以購之，携歸而校讎之，則其中蟫殘鼠劫者十之三，帝虎魯魚，別風淮雨者又十之二。余維山人以峻品清才，爲勝代文苑弁冕。迹其却貢使之求，麾估客之請，不抑于黔公之索，其夙所樹立，卓然有可表見。夫豈蘄勝豪素，以玩世垂名者哉。且古名流之論書與畫者夥矣，類皆各表其造詣，成一家之言，彼道君宣和之譜駸盛矣。然第標作者之姓氏，矜上方藏弆，至于淵源流品，規矩法度，概未遑也。山人是編，獨彙粹而疏瀹之，不誠上下千古，推排一世者哉。因不揣鄙陋，補闕略，訂訛舛，間有闌入近代，則皆咸所傳也。丹黄侵尋，十易寒暑，因校書之難，復念山人著書之匪易。夫向秀注莊，既没而郭象竊之，竟貽後世之曰寶。是編不記成書之歲月，或本有之而今失之，皆未可知。惜其既未采入藝文，更見遺于邑乘，豈惜之徵文考獻者或失之歟。抑造物者故閟其奥，而不肯示人歟。而乃于四百餘年之後，出諸殘編斷簡之中，不可謂非山人之幸也。而譾劣如咸者，且得附驥尾以傳之，不可謂非咸之幸也，其又敢蹈郭象之前轍哉。梓人斷手，用序其顛末如此。嘉慶十有八年歲次癸酉八月朔日，小阮氏嵇承咸序于層雲閣。

又《後序》【略】 蓋九龍山人原本也。余取而讀之，首曰《論書》，辯源流，次時代，本諸衛恒四體書也。次曰《論畫》，講明筆法，討論位置，本諸謝赫六法三品也。又次曰《書事叢談》，人爲專傳，褒予謹嚴，班馬作史之例也。次曰《書事叢談》，事取分門，旨趣宕逸，《東坡志林》之體也。而鴻篇巨製，感慨于國事之盛衰，臚列夫禮樂兵農之經濟，俾讀之者于書人畫史羹墻如見，此又子孟子尚友古人之旨也。余弟循誦服膺，悉心讎校，補其蟫蝕屋漏之殘缺者，訂其別風淮雨之訛舛者。又念是書僅及元代而止，此後尚屬闕如，爰博稽載籍，依類排纂，數易寒暑，乃蕆厥功，續成全書，可謂後勁。余惟前人之爲是説者衆矣，《宣和書畫譜》號稱詳備，而評品偶有失當。元章米氏《書畫史》，青父張氏《書畫舫》，鑒別精矣，而大都誇珍藏，識聞見。弇州《書畫跋》，世推博衍，而或失之濫。及夫《鐵網珊瑚》、《金薤琳瑯》，皆未免挂一漏萬之誚。終不若是書之探源窮委，發微闡幽，或總論，或遞論，或分論，或專論，或合論，或附論，或散見于論贊之内，或旁出于叙事之中，真所謂上下三千年，縱横一萬里者哉。問考山人生平本末，中歲緣事戍邊，晚以舍人供御，書中歷叙榮遇，想其爲中翰時所作也。余因之有重慨矣。粤自鴻蒙開闢，宇宙淳悶，結繩既久，河洛孕靈，伏羲氏一畫而開萬古文字之先，即爲萬古圖像之祖。故六書之義首曰象形，畫亦濫觴于此。後聖有作，踵事增華，而天地之閟藏于焉盡泄，此杜陵老子所以有禍首

燧人氏，厲階董狐筆之嘆也。而山人復舉從來苞蘊，悉吐其胸中之奇，獨不畏龍雷鬼物拿攫而去。乃經四百餘年，始獲見于世，竟未爲龍雷物所攫。而余弟以無意得之，恐其終爲龍雷鬼物所攫也，梓以行世，其心苦矣。自茲以往，攤書讀畫家，不致如坐四十里霧中矣。若夫游心象外，得意園中，斯則在讀之者化朽腐爲神奇者也。嘉慶十有八年歲在癸酉秋八月望日，小蓉氏嵇承濬序于小芙蓉莊。

又《顧應泰後序》 余與小阮交最久，知之最深。小阮少攻舉子業，遊于鮑若洲先生之門。先生爲邑中名宿，兼工書畫，暇輒臨摹古人，小阮從旁觀之，獨有會心。性本恬淡，不慕榮名，遂弃帖括而肆力于畫，幾欲出藍。繼而遠宗董巨，近紹倪黄，不規矩于繩尺，而自合古人法度，然不喜多作。酷好古今法書名畫，一見輒辯其源流。余亦稍解弄筆，常相過從，議論古今，意甚洽。一日，出所得《書畫傳習録》一書，示余讀之，論書、論畫各一卷，書事、畫事叢談二卷，上溯周秦，下逮宋元，其叢談二卷，各分六門，乃前明九龍山人王孟端先生所著也。每于一人一篇之後，系以論贊，或論之，或闕之，或合論之，或論與書畫不相關而旁及之。有譏其支漫者，觀其大旨，蓋以植品爲先，不沾沾談書畫也，而談書畫特精。小阮顧得之坊間，爲之校讎注釋，積有歲年，爰付剞人，以永其傳。覽是書者沿流溯源，慨然想見山人之品誼，足以徵于今而信于後。小阮以二九載之苦心，采輯散亡，表章絶業，其功于斯道不細，夫豈專爲山人已哉。小阮因思山人之書僅至元代而止，爰博攬勝國人物，爲《書畫續録》一卷。又念長自梁溪，生逢盛世，自當景仰前哲，締結時賢，揚彼清標，闡兹幽隱，爲《梁溪書畫徵》一卷。此則小阮之善繼山人志也。嘉慶十有九年歲次甲戌春二月，耘蕚顧應泰序于補南詩齋。

又《吴寶序》 明初王山人孟端以畫名，然不輕作，故傳世者絶少，今人家或有之，大都贋本，非真迹，每令人有生不同時之慨。嵇子小阮氏，余姻丈行，得所著書，曰《論書》、《論畫》，曰書畫叢談，蓋未刊本也。其體裁則部居州次，其論議則通妙入玄。嵇子爲校討而注釋之，復取明代諸名家爲一集，曰《書畫續録》。更采邑中諸前輩爲一集，曰《梁溪書畫徵》。固已騷騷乎大觀矣，然則山人所爲書，即獨有千古，非得小阮氏不且雖盛弗傳歟。余于此重有概焉。昔唐人蘇華與太白齊名，而其詩一字不傳。黄石公以《素書》貽留侯，左宋時盜發留侯冢，書爲張商英所得，始傳于世。豈傳與不傳固有幸有不幸耶。其出之早晚，抑亦有定數，不可勉强耶。山人至今垂四百幾十年，小阮氏獲其書，排纂續編，又歷十數寒暑而始就，蓋傳之如此其難也。余早與小阮昆弟游，曾侍尊人南玉先生，名璋。見先生作書不擇紙筆，皆能如志。其言曰：以我馭筆，不爲筆使。故其書遠法晉唐，雖行間錯落而一氣相生，從兄相國文恭公以書名，朝宁見其所橅《三希堂帖》極推服，今藏家笥。而小阮之畫出入元四大家，皆堪傳世行遠。寶書不佞，初承先大父、先君子指授，于繪事粗有端緒。今者讀山人之遺書，益知吾祖考之庭訓，遠企古賢。覽小阮氏之著作，深嘆其淵源于家學也。故于其付梓而序其後。嘉慶甲戌三月辛丑，簞仙吴寶書拜手序。

明・嵇承咸《書畫續録・序》 明九龍山人孟端王先生，著有《論書論畫》及《書事畫事叢談》諸卷，既校訂付梓矣。因思先生之書至元末而止，而有明一朝二百七十餘年之間，書畫名流，代有作者，未可缺如。是用不揣固陋，探索方策，綜覽勝國人物而論次之，并爲之序。

又 九龍山人孟端王先生，著有《論書論畫》及《書畫叢談》諸集，考訂淵源，探賾闡奥，殆書法繪事之金針也。至中間論斷，據具史裁，昔人所云上下三千年，縱横一萬里者，殆可方其卓識矣。

清・朱竹垞《静志居詩話》 王紱，字孟端，無錫人。洪武中就徵，坐累稱朔州。永樂初，以善書薦，供事文淵閣，拜中書舍人。錫山自倪元鎮後，孟端山水竹石，瀟灑出塵，筆蹤可繼，人品亦未多遜。在京邸與一商人鄰居，月下聞吹簫聲，明日往訪之，寫竹以贈曰：我聞簫聲，用以蕭材報。其人不解事，以紅氍毹爲饋，乞再寫一枝爲配，孟端大笑，取前畫裂之。又嘗退朝，黔國公從後呼之，孟端不應，私念曰：是必索我畫爾。後十年，寫尺幅萬里遺焉。予嘗見孟端爲惠山僧畫竹茶壚圖，羣賢題咏甚衆，今存顧典籍貞觀山莊。當時夏太常昶亦善寫竹，儲藏家得其十幅，不敵孟端之一也。詩亦清疎，一如其書。章舍人昞如狀云：永樂初詔求天下文章之士，洎善書者各二十八人，登文淵閣，公被首薦，蓋與吉士並入直者，此國史所謂詳也。

楊士奇

論説

明·王世貞《弇州山人四部稿》 楊少師士奇，李布政昌棋，皆廬陵人。余見其真蹟，頗不甚工。《書述》云：李牧、楊師不以書名，亦有可觀。

明·朱謀垔《續書史會要》 善行楷，筆法古雅，而少風韻。

清·吴升《大觀録》卷一〇下《明賢詩翰姓氏》 公書牘甚富，多中書捉筆。其大書真蹟，蒼古有骨，斯辨之矣。

傳記

明·朱謀垔《續書史會要》 楊士奇，名寓，字士奇，以字行。一字傒仲，居東里，人稱東里先生。江西泰和人。永樂初，以博學徵，入翰林，任編纂，官至内閣大學士。謚文貞。

清·孫岳頒等《佩文齋書畫譜》卷四〇《書家傳》 楊士奇，初名寓，以字行。泰和人。建文初，以名儒薦徵授教職太宗靖難後，改編修，入直文淵閣，累官少師、華蓋殿大學士，贈太師。謚文貞。《名賢遺墨》。

清·吴升《大觀録》卷一〇下《明賢詩翰姓氏》 公初名寓，字士奇，以字行，泰和人。由辟召事建文，入翰林。靖難後，改編修，累官少師、華蓋殿大學士。正統六年卒，謚文貞。詩文號臺閣體著。《東里集》。

金幼孜

傳記

明·朱謀垔《續書史會要》 金幼孜，江西新淦人。太宗朝官大學士，禮部尚書，扈從北征。善行楷。

清·孫岳頒等《佩文齋書畫譜》卷四〇《書家傳》 金幼孜，名善，以字行。中進士乙科，授户科給事中。太宗初臨御，改翰林檢討，累官禮部尚書，武英殿大學士。謚文靖。其學該博，文章和平寬厚，類其德性。書兼工真行。《東里集》。

紀事

清·吴升《大觀録》卷一〇下《明賢詩翰姓氏》 公字幼孜，名善，以字行，新淦人。建文元年進士乙科，授户科給事中。靖難後改檢討，升文淵閣大學士。歷官太子少保，禮部尚書，居綸閣垂三十年。著詩文全集及北征諸集。宣德六年卒，謚文靖。書工行押，結體豐滿而有力量。柬牘每用月白箋，製式極佳。元康里子山，其豐致約略相似也。

烏斯道

論説

明・朱謀垔《續書史會要》 行楷俱佳。

清・錢謙益《列朝詩集小傳》 甲集尤精楷法。罷官後，求詩及書者，户限常滿。

清・徐沁《明畫録》卷二 琴弈書畫，皆造妙品。與兄春風，並擅詩名，故高祖有江浙文章數二烏之句。

清・孫岳頒等《佩文齋書畫譜》卷四〇《書家傳》 精書法，小楷、行草，各臻其妙。張時徹《寧波志》。

清・吴升《大觀録》卷一〇下《明賢詩翰姓氏》 書學歐體，筆畫健勁而長，楷法尤妙。

傳記

《明史》卷二八五《烏斯道傳》 斯道字繼善，慈谿人，與兄本良俱有學行。洪武中，斯道被薦授石龍知縣，調永新，坐事謫役定遠，放還，卒。斯道工古文，兼精書法。

鄭定

論説

明・朱謀垔《續書史會要》 以草書名天下，甚爲解學士所推許，亦能詩。

清・錢謙益《列朝詩集小傳》 甲集工古篆、行書。

清・孫岳頒等《佩文齋書畫譜》卷四〇《書家傳》 工古篆，隸書。

傳記

明・朱謀垔《續書史會要》 鄭定，字孟宣，福州長樂人。洪武中舉明經，永樂爲國子助教。

周砥

論説

明・朱謀垔《續書史會要》 周砥，字履道，號東臯。洪武中，以人才授興國州判官，工正書、行草，與詹希原、解縉、盧熊齊名。故時有詹、解鳴于朝，周、盧著于野之語。屠長卿云：朝者乃當讓野。

清・孫岳頒等《佩文齋書畫譜》卷四〇《書家傳》 周砥，字履道，姑

蘇人。《甫田集》云：號匊溜生。《書畫史》云：洪武中，以人才授興國州判官。性宇間静，學藝淹博，行草書運筆分行匀穩。

又 周砥效果坡書坡書甚工。《姑蘇志》。

傳記

清・錢謙益《列朝詩集小傳》 甲前集砥字履道，吴人，寓居無錫。博學工文詞，書畫益工。

清・吴升《大觀録》卷一〇下《明賢詩翰姓氏》 公名砥，字履道，吴人，寓無錫，工文詞。兵亂避地荊谿，依馬孝常，久之遁歸吴。與高楊諸人遊，書畫大進。尋又去之會稽，歿於兵。有謂公於洪武時曾授州判，歷仕四十年，皆委巷之談也。書工小行押，似倪迂一派。

陳璧

論説

明・何良俊《四友齋書論》 隸書當以梁鵠爲第一。【略】吾松陳文東爲最工。余嘗有陳谷陽書一卷，四體書皆備。其正書一段，酷似歐率更，行草則漸逼大令，篆書亦入格。又有其書疏頭二通，全學松雪，極爽可愛。又嘗見其章草，書《竹筆格賦》一篇在舍弟家，殊有古意，出宋仲温上。世評谷陽書爲八寶中之水晶，又以爲得書法於三宋，此皆不知書，妄爲此談耳。

明・屠隆《考槃餘事》 古隸在明世殊寥寥，聞惟陳璧、文徵明、文彭數人而已。

明・朱謀垔《續書史會要》 陳璧，字文東，號谷陽，松江人。官至解州判官。工于詩文，真、草、隸、篆，流麗遒勁，入于神妙，與三宋齊名。用筆俱從懷素《自叙帖》中流出，此所謂如錐畫沙是也。

清・孫岳頒等《佩文齋書畫譜》卷四〇《書家傳》 璧與三宋齊名，用筆俱從懷素《自叙帖》中流出。

又 宋克游松江，陳文東嘗從授筆法。吴僧善啓謂宋筆正鋒，陳多偏鋒，以是不及云。《松江志》。

又 文東國初名筆，松人宗之。《懷麓堂集》。

又 陳谷陽正書酷似歐陽率更，行草漸逼大人令，篆書亦入格。何良俊《四友齋叢説》。

綜述

清・錢謙益《列朝詩集小傳》 甲集璧字文東，華亭人。博學能詩文，尤善篆、隸、真草。洪武間，以秀才舉山西解州判官，調郴州卒。

清・吴升《大觀録》卷一〇下《明賢詩翰姓氏》 公名璧，字文東，華亭人。博學能詩。洪武中以秀才授解州判，調郴州卒。書工小行押，圓熟有力，具入木勢。

傳記

清・孫岳頒等《佩文齋書畫譜》卷四〇《書家傳》 陳璧，字文東，華亭人。《詹氏小辨》云號谷陽生。以文學知名，尤善篆、隸、真、草，流暢快健，冨於繩墨洪武間，以秀才任解州判官，調湖廣。孔輔等《華亭志》。

董紀

論説

明・朱謀垔《續書史會要》 草書大幅，每竟匹紙。

清・孫岳頒等《佩文齋書畫譜》卷四〇《書家傳》 善草書。

傳記

明・朱謀垔《續書史會要》 董紀，字良史，號一槎，上海人。洪武中，任江西按察僉事。

杜環

論説

明・解縉《續書評》 杜叔循真書，清風蘭雪。

明・王世貞《弇州山人四部稿》 杜環，字叔循，金陵人。正書入能品。見《宋承旨集》。

清・孫岳頒等《佩文齋書畫譜》卷四〇《書家傳》 杜環正書入能品。《藝苑卮言》。

又 杜環書法端妍，至於行、草，亦各臻妙。《分省人物考》。

綜述

清・徐沁《明畫録》卷六 杜環，字德環，一字子循，能詩工書，洪武初官工部員外郎。寫生花鳥，妙絶一時。

又 杜繯，金陵人，洪武中補晉王府録事，宋景濂曾爲作傳。

傳記

明・解縉《春雨雜述》 杜環，字叔循，廬陵人。官水部員外郎，卒時洪武戊辰。

明・朱謀垔《續書史會要》 杜環，字叔循，金陵人。官工部員外郎，宋潛溪爲立小傳。蓋義士也，後爲晉王府録士。工臨池之學，解大紳謂其與宋仲珩、詹孟舉親受業於康里子山之門，故其書法相等埒耳。

清・徐沁《明畫録》卷六 杜環，字德環，一字子循，能詩工書。

清・孫岳頒等《佩文齋書畫譜》卷四〇《書家傳》 杜環，字叔循，其先廬陵人。侍父一元游宦江東，遂家金陵。好學工書，爲晉王府録事。《宋學士集》。

又 國初，環被薦，太祖善其書。入侍春坊，仕終太常丞。《書畫記》。

顧禄

論説

明・朱謀垔《續書史會要》 精于隸書，深得秦漢筆法。行草雖盡善，

而未盡美。

清・錢謙益《列朝詩集小傳》甲集　禄少有才名，嗜酒善書。

清・徐沁《明畫録》卷一　善書尤工分隸。

清・孫岳頒等《佩文齋書畫譜》卷四〇《書家傳》　能詩善書，行楷學蘇文忠公，而尤工於分隸。

清・吴升《大觀録》卷一〇下《明賢詩翰姓氏》　書牘傳世甚多，而於篆、隸尤精。

傳記

明・朱謀垔《續書史會要》　顧禄，字謹中，松江人。官太常典簿。少力學，才藻艷發。

紀事

清・孫岳頒等《佩文齋書畫譜》卷四〇《書家傳》　顧禄嘗過鄱陽湖賦詩，太祖聞之，命盡進其所作，故其集名《經進》。嗜酒善書，高士敏贈詩有兩京書博士，一代酒神仙之語。《名賢遺墨》。

焦伯誠

論説

明・朱謀垔《續書史會要》　焦伯誠，松江人。爲人至孝，博雅工書，通五經。

傳記

清・孫岳頒等《佩文齋書畫譜》卷四〇《書家傳》　焦伯誠，華亭人。潔身修行，教授于鄉，通五經，尤長於書。《松江志》。

衛靖

論説

明・祝允明《懷星堂集》卷一《書述目録》　亦有宜黄吴餘慶，崑山衛靖，少自出塵，趣向甚正，恨不廓且老耳。

傳記

明・朱謀垔《續書史會要》　衛靖，字以嘉，崑山人。以能書授中書舍人，善畫枯木竹石。

清・孫岳頒等《佩文齋書畫譜》卷四一《書家傳》　洪熙初，以能書薦，入直文淵閣，進禮部主事。劉鳳續《吴先賢賛》。

詹希元

論説

明·解縉《續書評》 詹希元，署書冠冕、莊重。

明·解縉《春雨雜述》 學書之法，非口傳心授，不得其門。【略】吾中間亦稍聞筆法於詹希原，惜乎工夫未及，草草度時，誠切自愧報耳。

明·祝允明《懷星堂集》卷一《書述目録》 詹解鳴於朝，盧熊、周砥守於野。如滕公等尤多，未遑繁舉，非棄之也。朝者乃當讓野，而希原幹力本超，更以時趨律縛耳。自餘彬班甚衆，夫則不暇。

明·王世貞《弇州山人四部稿》 詹希原中書舍人，善方文署書，諸宫殿額皆其手也。《法書述》云：希原幹力本超，更以時趨律縛。余嘗見其正書，極端勁圓穎，而時露俗態。解大紳見前狂草名一時，然縱蕩無法，又多惡筆，楊用脩目爲鎮宅符。正書頗精妍。時又有周砥者，不知里閥。盧熊者，崐山人，晚以州守歸。《書述》云：詹鮮鳴於朝，周盧著於野。朝者乃當讓野。

明·費瀛《大書長語》下卷 我國初南京宫殿及太學諸扁，皆詹希原奉詔楷書，端穩腴潤，可稱合作。責備者謂其風骨尚謝古人。

清·孫岳頒等《佩文齋書畫譜》卷四〇《書家傳》 詹孟舉篆書用筆，絶類台哈布哈《王貞婦碑》。葉盛《水東日記》。

又 希原署書，於端重嚴整中寓蒼勁雅秀之趣，是爲難能耳。若小字則稍熟媚。《詹氏小辨》。

傳記

明·解縉《春雨雜述》 詹希元，後更名希原，字孟舉，新安人，號逸菴，丙寅訥叟。幼從父官勝國，至洪武初爲鑄印副使，後卒官中書舍人。

明·朱謀垔《續書史會要》 詹希原，字孟舉，號逸菴，别號丙寅訥叟。其先歙人，僑居都下。洪武中官中書舍人。正書體兼歐、虞、顔、柳，篆書深得秦漢筆意。朝廷匾額多出其手。

清·孫岳頒等《佩文齋書畫譜》卷四〇《書家傳》 詹希元，後更名希原，字孟舉，新安人，號逸菴，丙寅訥叟。幼從父官勝國，至洪武初爲鑄印副使，後官中書舍人。解縉《書學傳授》。

紀事

清·孫岳頒等《佩文齋書畫譜》卷四〇《書家傳》 詹希原善大書，兼歐、虞、顔、柳。凡宫殿城門坊扁皆希原書。《書畫記》。

又 詹孟舉嘗作太學、集賢門，字畫遒勁，第用趯。太祖見而怒曰：安得梗吾學路。遂削其趯。李文鳳《月山叢譚》。

章昞如

論説

明·朱謀垔《續書史會要》 尤工章草。

清·孫岳頒等《佩文齋書畫譜》卷四〇《書家傳》 章昞如能詩善

楷書。

傳記

明・朱謀垔《續書史會要》 章昞如，松江人，世業儒。能詩文，精於楷書，授中書舍人。

朱芾

論説

明・何良俊《四友齋書論》 吾松在勝國與國初時，善書者輩出，如朱滄洲，陳谷陽，皆度出流輩。《書史會要》中評朱滄州爲風度不凡，陳谷陽爲富於繩墨。余以爲陳谷陽出於滄洲之上遠甚，蓋朱誠有風度，亦兼善四體書，但不如陳之法度精密耳。

明・屠隆《書家評》 朱孔暘、姜立綱皆掾吏筆，所謂南路體也。馬一龍用筆本流迅，乏字源，濃淡大小錯綜不可識，拆看亦不成章，況多俗筆。

清・孫岳頒等《佩文齋書畫譜》卷四〇《書家傳》 朱芾，字孟辯，華亭人。《松江志》云：自號滄洲生。《鐵網珊瑚》云：洪武初，以徵聘至官編修，改中書舍人。工詞章翰墨之學，真、草、篆、隸，清潤遒勁，風度不凡。

《明史》卷一七三《文苑》 華亭朱芾，工草書篆、隸。

清・朱竹垞著、姚柳依編《静志居詩話》 朱芾，字孟辨，以字行，松江華亭人。明初詩人善書法者，正書則楊孟載、張翔南，行楷則唐處敬、張藻仲，草書則宋仲温、周履道，章草則盧公武，隸則吴王一、邵復孺，大小篆則張士行、宋仲珩。而孟辨名尤在諸子之上。嘗以所書瘞之細林山中，題曰篆冢。

綜述

明・朱謀垔《續書史會要》 朱芾，字孟辨，松江人。官中書舍人。才思飄逸，工詞賦，真、草、篆、隸，清潤遒勁，俱有古則。亦能山水，白描人物。

清・徐沁《明畫録》卷六 朱芾，字孟辨，以字行，號滄洲生，華亭人。善詩詞，書工四體。洪武初就徵，官編修，改中舍。書蘆洲聚鴈，極瀟湘煙水之致。兼寫山水及白描人。

傳記

清・錢謙益《列朝詩集小傳》 乾集上芾字孟辯，以字行，華亭人。才思飄逸，千言立就。工於草書、篆、隸，鐵崖門人也。洪武初，以徵聘至，官編修，改中書舍人。

紀事

清・孫岳頒等《佩文齋書畫譜》卷四〇《書家傳》 朱芾善篆，以所書瘞之細林山中，題曰篆冢。賴良《大雅集》。

藝文

清・朱竹垞著、姚柳依編《静志居詩話》 董徵士良用贈詩云：華亭朱茂才，好古喜欲顛。一埽世俗書，習篆忘食眠。秦望并之罘，碧落兼新泉。小者案間列，大者屋壁懸。平生囊橐貲，多充買碑錢。功深學既精，齒壯志逾堅。池魚染皆黑，鐵硯磨將穿。摹搨累萬番，期差古人肩。師法正

在茲，什襲比蹄筌。孫樵文自祭，智永筆忍捐。嵯峩細林山，函之瘞其巔。聚土封若堂，鑱石表爲阡。寶劒貫胡發，玉柙蔓草纏。何如篆冢光，夜映列星躔。

又 錢提舉《思復歌》云：雲間苦嗜古，手挍科蟲辨魚魯。明窗净見風日佳，臨摹一帚千番楮。商彝周鼓真吾師，蝸扁沉著沙畫錐。鸞迴鳳翥龍夭矯，長戈短劒相交馳。書草日積充棟楣，保愛何啻璧與珪，細林山中一抔土。緗笈箴縢重閉之，合學士《滩哥石硯篇》誦之，可謂好事者也。

胡廣

論説

清・孫岳頒等《佩文齋書畫譜》卷四〇《書家傳》 胡文穆善真、行、草，名不及解大紳，而遇過之。北征諸鎮，皆其勒石。《藝苑卮言》。

清・吴升《大觀録》卷一〇下《明賢詩翰姓氏》 公名廣，字光大，廬陵人。【略】書體從松雪翁出，然時時帶中書氣。

傳記

《明史》卷二八五《胡廣傳》 胡廣，字光大，吉水人。父子祺，名壽昌，以字行。廣，其次子也。建文二年廷試，時方討燕，廣對策有親藩陸梁，人心摇動語，帝親擢廣第一，賜名靖，授翰林修撰。成祖即位，廣偕解縉迎附，擢侍講，改侍讀，復名廣，遷右春坊右庶子。廣善書，每勒石，皆命書之。

清・孫岳頒等《佩文齋書畫譜》卷四〇《書家傳》 胡廣，字光大，吉水人。建文初，以進士廷試稱旨，擢第一。易其名曰靖，授翰林修撰。文皇履極，遂進侍講，仍復舊名。累官文淵閣大學士，謚文穆。爲文援筆立就修《高皇帝實録》、《五經四書》、《性理大全》。尤工書法，行草之妙，獨步一時。《列卿記》。

紀事

明・朱謀垔《續書史會要》 深處榮禄，不忘山林幽澹之趣，公退閉户讀書賦詩而已。行草之妙，獨步當時。雖求者接踵户外，然非其人，則不苟予。

胡子昂

論説

明・解縉《續書評》 胡子中珊瑚碧樹，頗謝琮璜。

明・朱謀垔《續書史會要》 書宗趙文敏。

清・孫岳頒等《佩文齋書畫譜》卷四〇《書家傳》 能詩嗜飲，字體逼趙松雪，自號竹雪。瞿佑《歸田詩話》。

解縉

論説

明・祝允明《懷星堂集》卷一《書述目録》 解縉如盾郎執戟，列侍

明光。

明・豐坊《書訣》 永宣之後，人趨時尚，於是效宋仲温、宋昌裔、解縉紳、沈民則、姜伯振、張汝弼、李賓之、陳公甫、莊孔暘、李獻吉、何仲默、金元玉、詹仲和、張君玉、夏公謹、王履吉者，靡然成風，古法無餘，濁俗滿紙。況於反賊李士實，娼夫徐霖、陳鶴之迹。正如藍縷乞兒，麻風遍體，久墮溷廁，蒲伏通衢，擁腫蹣跚，無復人狀。具眼鼻者，勇避千舍，乃有師之如馬一龍、方元渙等，莊生所謂蝍且甘帶，其此輩歟。

明・王世貞《新刻增補藝苑巵言》卷五 鮮大紳、豐人翁、馬應圖縱盡出正鋒，寧救惡札，不識丁字，人妄談乃爾可恨可笑。

又 鮮大紳、張汝弼非不圓熟，而疏軟村野，種種可鄙，是旭素之重儓，壞家法者。

明・朱謀垔《續書史會要》 解縉，字大紳，號春雨，江西吉永人。四歲能詩，稱神童。舉進士，累官翰林學士。楷書精絶，草體微瘦，筆跡精熟，從懷素《自叙帖》中流出。書法趙魏公，評者云其正書傷媚，草書傷雅，如危帽輕衫，少年毬鞠。又如艶質明糊，倩笑相對。從子禎期亦善書。

清・孫岳頒等《佩文齋書畫譜》卷四〇《書家傳》 永樂時人多能書，當以學士解公爲首。《匏翁家藏集》。

又 縉狂草名一時，然縱蕩無法。正書頗精研。《藝苑巵言》。

清・顧復《平生壯觀》卷五 大紳學士始以神童得名，繼而善書登仕，天才機警，當代罕儔。學業優長，三朝無兩。後世以其人爲書所揜惜之，予以爲功名在一時，筆墨留千古。先生其思之矣。子禎期行草亦精，克兆家學者焉。

清・楊守敬《學書邇言》 明人大抵工行楷，解大紳、張東海、祝枝山所謂草書者，皆旭、素枝流，未足語晉人矩度也。

傳記

清・孫岳頒等《佩文齋書畫譜》卷四〇《書家傳》 解縉，字大紳，《珊瑚網》云一字縉紳。《格古要論》云號春雨。吉水人。自幼穎悟絶人。洪武二十一年進士，授中書庶吉士。文皇正位，雅間縉名，召置左右，進侍讀學士。其文雅勁奇古，逼司馬子長、韓退之。詩豪宕豐贍，似李、杜。書小楷精絶，行草皆佳。《列卿記》。

清・吴升《大觀録》卷一〇下《明賢詩翰姓氏》 公名縉，字大紳，吉水人。洪武末進士，授中書庶吉士。明祖極愛之，每侍書，至親爲持硯。除御史，好直言，上惜其才，命養親歸里。文皇即位，進學士，直文淵閣。逾年出爲廣西參議。尋被譖，下獄死。或云沃以燒酒，埋雪中死。著《春雨齋集》。工草書，頗豐厚，而狂怪自恣。

紀事

清・孫岳頒等《佩文齋書畫譜》卷四〇《書家傳》 縉學書得法於危素、周伯琦，具書傲讓相綴，神氣自倍。有農家陸穎者，善縛筆。縉欲作佳書，必得穎筆。《書畫記》。

又 天子愛惜其楷書，至親爲之持研。任亨泰《解學士文集序》。

著録

清・周中孚《鄭堂讀書記》卷五七《子部》 《春雨雜述》一卷，舊題明解縉撰。《四庫全書》存目《明史・藝文志》不載。其書凡分六目，曰論作書法。曰學書法。曰草書評。曰評書。曰書學評説。曰書學傳授。僅十七條，其篇幅長者祇每目一條，標目俱重複，所述亦皆鈔撮舊文。其爲依託顯然，斷非出於大紳手著也。《説郛續》亦收入之。

張宸

論說

明・朱謀垔《續書史會要》 善真、行、草書，並章草咸入神妙。彭中丞韶謂其書天趣逸發，陸文裕公謂國朝書家，如宋仲温、陳文東、張翰宸，三人難爲伯仲。其意外之意，非常人可及。

清・錢謙益《列朝詩集小傳》 甲集宸尤工書，有晉人風致。

清・吴升《大觀録》卷一〇下《明賢詩翰姓氏》 書體似張芝，小字尤瘦峭可觀。

傳記

明・朱謀垔《續書史會要》 張宸，字翰宸，又名子黼，號草愚，晚號端白居士。嘉定人，舉署本縣訓導。

陳遠

論說

清・徐沁《明畫録》卷二工楷書，繪事得其兄法。

清・孫岳頒等《佩文齋書畫譜》卷四〇《書家傳》 工書法，有晉人風度。張時徹《寧波志》。

傳記

明・朱謀垔《續書史會要》 陳遠，鄞縣人。洪武中授文淵閣待詔，亦以書名。

陳宗淵

傳記

明・朱謀垔《續書史會要》 陳宗淵，剛中之後。黄文簡公以其能書薦於朝，授中書舍人。

紀事

清・孫岳頒等《佩文齋書畫譜》卷四〇《書家傳》 陳宗淵，永樂時人。文廟嘗選中書舍人二十八人，專習羲獻書，以黄淮領之。一日，上謂淮曰：諸生習書如何。淮對曰：日惟致勤耳。惟今翰林有五墨匠陳宗淵者，亦日習書，然不敢儕諸人之列，但跪階下臨搨，頗逼真。因問：卿嘗持所書來否。公因出諸袖中，乃覽之喜甚。曰：此何鄉人。對曰：越陳剛中之後。上素聞剛中名，改容久之，曰：自今當令此人與二十八人者同習書。淮曰：然尚在匠籍，又須如例與飲食，給筆札。俱從之，且令有司落其籍。宗淵遂得入士流云。劉昌《懸笥瑣探》。

楊榮

論說

明・朱謀垔《續書史會要》 楷書姿媚動人。

清・吴升《大觀録》卷一〇下《明賢詩翰姓氏》 書法同危太樸，而稍變其度。正書最精妙。

傳記

明・朱謀垔《續書史會要》 楊榮，字勉仁，福建建安人。洪武末中進士，永樂初簡人翰林，官至大學士、禮部尚書。謚文敏。

清・孫岳頒等《佩文齋書畫譜》卷四〇《書家傳》 楊榮，字勉仁，建安人，初名子榮。建文二年進士，授編修。文皇履極，更其名榮。簡入內閣，累官工部尚書，謹身殿大學士，加少師。謚文敏。《列卿記》。

清・吴升《大觀録》卷一〇下《明賢詩翰姓氏》 公初名子榮，字勉仁，建安人。建文二年進士。靖難後入直內閣，更名榮。累官工部尚書，謹身殿大學士，謚文敏。公迴翔館閣，朝廷高文典册多出其手。著《退思集》。

曾棨

論說

明・朱謀垔《續書史會要》 工行草，自解、胡後獨步當時。評者謂其草書雄放而不踰繩墨。

清・孫岳頒等《佩文齋書畫譜》卷四一《書家傳》 工書法，草書雄放有晉人風，自解胡、後獨步當世。《書畫記》。

清・吴升《大觀録》卷一〇下《明賢詩翰姓氏》 書工行草，墨氣光潤如玉，有蔡忠惠風度。

傳記

明・朱謀垔《續書史會要》 曾棨，字子棨，吉永豐人。永樂進士第一，官至少詹。

清・孫岳頒等《佩文齋書畫譜》卷四一《書家傳》 曾棨，字子啓，永豐人。永樂二年進士第一人，授翰林修撰，讀書文淵閣。宣宗時爲少詹事，贈禮部左侍郎。謚襄敏。《書畫記》。

楊溥

論説

明·朱謀垔《續書史會要》 行楷俱法趙文敏公。

清·吴升《大觀録》卷一〇下《明賢詩翰姓氏》 書體肥瘦不齊，楷精行熟。

傳記

明·朱謀垔《續書史會要》 楊溥，字文濟，湖廣石首人。官至禮部尚書。

清·孫岳頒等《佩文齋書畫譜》卷四〇《書家傳》 楊溥，字宏濟，石首人。中庚辰進士，授編修。永樂二年轉司經局洗馬。歷官至少保、武英殿大學士。謚文定。《列卿記》。

魏驥

論説

明·朱謀垔《續書史會要》 以文學自娱，善書法。

清·孫岳頒等《佩文齋書畫譜》卷四一《書家傳》 魏負書名，雖圓健而不免俗。《藝苑巵言》。

清·吴升《大觀録》卷一〇下《明賢詩翰姓氏》 書法結體頗大，全學永興。

傳記

清·吴升《大觀録》卷一〇下《明賢詩翰姓氏》 公名驥，字仲房，蕭山人。永樂乙酉舉人，由訓導累官禮部尚書。致仕卒，年九十八，謚文靖。著《南齋前後集》。公仕宦四十年，官階二品，年近百齡，可稱五福渾圓之鉅公長德矣。

李時勉

論説

明·朱謀垔《續書史會要》 王元美謂其行草遒勁而少度態，楷法蘇文忠公。

清·孫岳頒等《佩文齋書畫譜》卷四一《書家傳》 善書，鉤畫之内，聚精藏鋒，一筆不苟。《珊瑚網》。

又 忠文清風勁節，風表百世。而書法乃婉媚而有致。《弇州續稿》。

清·朱竹垞著、姚柳依編《静志居詩話》 忠文古之遺直，不以詩名，而《扶風》數篇雖未遠擬《秋胡》，要非拙手可辨。予嘗獲公《致湯都閫》手書，楷法遒勁，乃知書亦能品也。

傳記

明・朱謀垔《續書史會要》 李時勉，名懋，字時勉，以字行。江西安福人。永樂二年進士，官至祭酒。先謚文毅，後改文忠。爲人剛正，不折不撓，當于古人中求之者。

王英

論説

清・吴升《大觀録》卷一〇下《明賢詩翰姓氏》 書工楷法，風度棱棱，藹乎如垂紳搢笏，雍容廊廟。

傳記

明・朱謀垔《續書史會要》 王英，字時彦，號泉坡，江西金谿人。舉永樂甲申進士，時上命解縉選進士穎秀者，得如二十八宿之數，俾盡讀古今之書，公在其數。後以翰林侍講扈從北征，累官禮部尚書。謚文安。善行、草、楷書。

陳敬宗

論説

明・朱謀垔《續書史會要》 行草任筆成形，如蒼虬老檜，鐵屈銀蟠，但欠圓熟耳。

清・孫岳頒等《佩文齋書畫譜》卷四一《書家傳》 敬宗小楷斐亹，饒晉人意。負臨池名，固不虚也。《弇州續稿》。

清・吴升《大觀録》卷一〇下《明賢詩翰姓氏》 書行、草、楷諸體，俱規橅晉宋，而自然入格。

傳記

清・吴升《大觀録》卷一〇下《明賢詩翰姓氏》 公名敬宗，字光世，慈谿人。永樂甲申進士，選讀中祕書，進翰林侍讀。宣德中升祭酒。居國學二十年，諸生多躋鄉貳，公獨久不調，澹如也。卒謚文定。著《澹菴居士集》。

朱權

綜述

明・朱謀垔《續書史會要》 寧獻王諱權，號臞僊，高皇帝第十六子也。始封大寧，徙南昌。王神姿秀朗，慧心天悟。始能言，自稱大明奇士。好古博學，旁通釋老，著述甚富。兼善書法，作《書評》一卷，程量允富，爲世所宗。

沈粲

論說

明・祝允明《懷星堂集》卷一《書述目録》 二沈蜚耀墨林，昌辰高步自任，人推皆謂絶景。大君宸譽遂極衮華，抑在一時誠亦然耳。【略】棘寺正書傷媚，行草傷輕，因成儇浮，自遠大雅，危帽輕衫，少年毬鞠。又如豔質明妝，倩笑相對。

明・何良俊《四友齋書論》 國初諸公儘有善書者，但非法書家耳。其中惟吾松二沈，聲譽藉甚，受累朝恩寵。然大沈正書倣陳谷陽，而失之於軟，沈民望草書學素師，而筆力欠勁，章草宗宋克，而乏古意。

明・朱謀垔《續書史會要》 草書法宋仲珩，嘗以御賜龍香墨、棗心筆書之。

清・孫岳頒等《佩文齋書畫譜》卷四〇《書家傳》 沈簡菴草聖擅一時，真行皆佳。與其兄樂學士同在翰林，遭際列聖，榮遇罕比。《水東日記》。

又 陸深曰：國初書學，吾松嘗甲天下。大抵皆源流於宋仲温、陳文東。至二沈先生，特以豪翰際遇文皇，入官禁近，屢遷爲翰林學士。故吾鄉有大學士、小學士之稱。民則不作行草，民望時習楷法，不欲兄弟間争能也。《陸儼山集》。

清・王文治《論書絶句》 沈家兄弟直詞垣，簪筆俱承不次恩。端雅正宜書製誥，至今館閣有專門。

綜述

清・顧復《平生壯觀》卷五 雲間二沈，以書道獲功名，太宗稱爲本朝羲、獻。考其正草，皆得諸宋仲温，而未化者焉。仲温多雄略，尚氣節，高季迪爲之傳，終於鳳翔別駕而已。民則乃翰林學士，民望爲大理少卿，迨李蕭遠所謂時也，命也，運也。天何怨，而人何尤哉。

傳記

明・朱謀垔《續書史會要》 沈粲，字民望，號簡菴。永樂中與兄度同薦，授中書舍人，累官侍講學士。

清・孫岳頒等《佩文齋書畫譜》卷四〇《書家傳》 沈粲，字民望，度之弟，善真草書，尤長於詩。自中書舍人累官大理寺少卿，自號簡菴。《松江志》。

紀事

清・孫岳頒等《佩文齋書畫譜》卷四〇《書家傳》 沈度嘗言於上云，臣有弟粲，其書勝臣。遂亦被徵用。沈津《史隱録》。

王直

論説

明・朱謀垔《續書史會要》 善行楷，結構老成，筆法精妙，蓋從蘇玉局而出。評者謂如山莊村姑，自然一種媚人。

清・吴升《大觀録》卷一〇下《明賢詩翰姓氏》 書體尤端整清潤，雖行押亦斤斤不失矩矱。

傳記

明・朱謀垔《續書史會要》 王直，字行儉，號抑菴，江西泰和人。永樂二年進士，官至吏部尚書，贈太保。謚文端。

朱有燉

論説

明・王世貞《弇州山人四部稿》 周憲王爲世子久，又多蓄晉唐名蹟，臨摹不倦，以故書法真、行醇婉，無一筆失度。持少腕力，乏風格耳。

清・徐沁《明畫録》卷二 周憲王名有燉。恭謹好文，兼工書畫。

《明史》卷一一六《朱有燉傳》 憲王有燉，博學善書。

傳記

清・錢謙益《列朝詩集小傳》乾集下 王諱有燉，周定王之長子，高皇帝之孫也。洪熙元年襲封，景泰三年薨，在位二十八年，謚曰憲。

明・朱謀垔《續書史會要》 周憲王，諱有燉，國開封王，恭謹好文辭，兼工書法。集古名蹟十卷，手自摹臨，勒石傳世，名曰《東書堂法帖》。

清・錢謙益《列朝詩集小傳》 乾集下王遭世隆平，奉藩多暇，勤學好古，留心翰墨，集古名蹟十卷，手自臨摹，勒石名《東書堂集古法帖》，歷代重之。

揭樞

論説

明・朱謀垔《續書史會要》 揭樞，字平仲，江西豐城人。傒斯之後，官至中書舍人。風尚通雅，言議英秀，正書得其家傳。議者謂其與宋仲珩、杜叔循相頡頏。

傳記

清・孫岳頒等《佩文齋書畫譜》卷四〇《書家傳》 揭樞，字平仲，豐城人。至正初，揭文安公以楷法得名，傳其子汯，其孫樞。樞在洪武中仕爲中書舍人，與仲珩、叔循聲名埒云。解縉《書學傳授》。

凌晏如

論說

明・朱謀垔《續書史會要》 善大書。文廟時以布衣徵至京師，上親視作畫，門殿諸牓皆出其手。尤善小楷，嘗臨子敬《洛神賦》，咄咄逼真。

傳記

明・朱謀垔《續書史會要》 凌晏如，號雲谿，浙江人。官至都御史。

【略】孫太初贈以詩云：會意直須書法外，臨池真到古人中。

陳廉

論說

明・朱謀垔《續書史會要》 少聰敏，嗜古法書，構醉墨堂并雲山不礙樓，學書其中，凡二十年。篆、籀、草、隸，皆嘗究意，而草、隸尤爲時重。

清・孫岳頒等《佩文齋書畫譜》卷四〇《書家傳》 陳廉草書，得懷素法。尤工篆、隸，求者如市。

又 善草書，學張長史。徐𤊹《榕陰新檢》。

傳記

明・朱謀垔《續書史會要》 陳廉，字平叔，福清人。

又 性簡伉，不諧于俗。貴游豪俠踵門求書，弗屑與之。遇故人家有楮墨當意，即解衣揮灑數十紙，人得之以爲奇寶。號黄山翁，又號雪篷散人。林鴻、高廷禮、王恭、周玄諸名士，皆有詩美之。

張紳

論說

明・朱謀垔《續書史會要》 善篆、隸，亦能墨竹。

清・孫岳頒等《佩文齋書畫譜》卷四〇《書家傳》 能作篆書。

清・吴升《大觀録》卷一〇下《明賢詩翰姓氏》 書法瘦而頎，棱棱具風采。

傳記

清・孫岳頒等《佩文齋書畫譜》卷四〇《書家傳》 張紳工大小篆，精於賞鑒，法書名畫，多所品題。撰《法書通釋》一卷。自稱雲門山樵，亦稱雲門遺老。《静志居詩話》。

著録

清・永瑢《四庫全書總目》卷一一四《法書通釋》二卷。是書分十篇：曰《八法》，曰《結構》，曰《執使》，曰《篇段》，曰《從古》，曰《立式》，曰《辨體》，曰《名稱》，曰《利器》，曰《總論》，皆彙集晉唐以來名論，亦閒及蘇軾、黄庭堅、姜夔、吾衍之説。所取古人碑帖，衹及唐而止，然皆習見之文。《立式篇》辨古無真書之名。鍾王楷書皆是隸法一條，足正近代俗劄之陋。其所引法書《瘞鶴銘》前後兩見，一列之小楷，一列之大楷，殆校録偶疎耶。案《静志居詩話》曰：張紳公大小篆，精於賞鑒，法書名畫，多所品題。撰《法書通釋》一卷。今檢此本，實爲兩卷，蓋朱彝尊偶誤記也。

梁時

論説

明・朱謀垔《續書史會要》　工於楷書。

清・吴升《大觀録》卷一〇下《明賢詩翰姓氏》　書體豪放。

傳記

明・朱謀垔《續書史會要》　梁時，字用行，長洲人。警悟博學，善詩文。洪武中，以明經學爲王府紀善。

清・吴升《大觀録》卷一〇下《明賢詩翰姓氏》　洪武中，以善書選授岷府紀善。

夏昺

論説

明・朱謀垔《續書史會要》　書工楷、隸。

傳記

明・李日華《六研齋筆記》二筆卷二　夏孟暘昺，昶之兄也。精書法，預修《永樂大典》。初授永寧縣丞，被誣謫戍。大學士楊榮薦書釋典，擢中書舍人。

紀事

清・孫岳頒等《佩文齋書畫譜》卷四〇《書家傳》　初未知名，洪武季年爲永寧丞，謫戍雲南。永樂乙未，仲昭以進士簡入中書習字，上臨閲稱善。仲昭頓首謝，因言臣兄昺亦能書。召試稱旨，命與仲昭同拜中書舍人。時稱大小中書。《甫田集》。

論説

明・王世貞《弇州山人四部稿》　夏昶，崐山人，太常卿。將廷暉，錢唐人，吏部郎中。朱孔暘，太僕卿。俱直内閣，以書顯。《書述》稱數子榜

署紛紜，易於馳譽，烟煤塞眼，豈易工也。其間太常獨近清潤，吏部頗主沈雄，孔暘掾史手耳。

明・王穉登《吴郡丹青志》 夏昶，楷書、畫竹，爲當時第一。文皇甚賞其書，眷顧優渥，緣此得薦。其兄昺，起自戎伍，爲中書舍人。昺字孟暘，亦善書。

清・徐沁《明畫録》卷二 夏昶工楷書。

傳記

明・朱謀垔《續書史會要》 夏昶，字仲昭，崑山人。初姓朱名昶。舉進士，選入庶常，以善書共事内省。嘗扈從兩京，授中書舍人。歷宣德、正統，官至太常卿。昶既善書，亦能詩，尤工墨竹，得名于時。爲人樂易，不拘小節，自號自在居士。

清・孫岳頒等《佩文齋書畫譜》卷四〇《書家傳》 夏昶，字仲昭，崑山人。舉進士，爲翰林庶吉士。以工楷法得幸文皇帝，命書宫殿榜，授中書舍人，累遷太常寺卿。王世貞《吴中往哲像贊》。

黄蒙

論説

明・朱謀垔《續書史會要》 能大字，題匾額有聲。枝山評云：養正非吾徒也，不知當時何以推服。

清・徐沁《明畫録》卷二 黄蒙與子采，相繼以書法直内閣。

清・孫岳頒等《佩文齋書畫譜》卷四〇《書家傳》 善楷書。永樂中授中書舍人，宫殿坊扁、碑刻。多其所書。《温州志》。

傳記

明・朱謀垔《續書史會要》 黄蒙，字養正，瑞安人。永樂中授中書舍人，累官至太常少卿。

高穀

論説

清・孫岳頒等《佩文齋書畫譜》卷四一《書家傳》 穀書文弱，秀潤可愛而不甚著。《藝苑卮言》。

傳記

明・朱謀垔《續書史會要》 高穀，字世用，號育齋，淮南人。永樂乙未進士，官謹身殿大學士，以清節著，卒謚文義。善行楷。

紀事

清・孫岳頒等《佩文齋書畫譜》卷四一《書家傳》 穀嘗奉命入寺寫經，雨歸而跣。人曰：病矣。穀曰：病直穀耳。若閣老言上不寫佛經，不病甚矣。《書畫記》。

張益

論説

清・孫岳頒等《佩文齋書畫譜》卷四一《書家傳》　文章雅健有法，楷書亦工。《列卿紀》。

傳記

明・朱謀垔《續書史會要》　張益，吴縣人，博洽多聞。永樂中授中書舍人，累官翰林侍講，没于王事。能書。

杜瓊

論説

明・朱謀垔《續書史會要》　善書，亦能倣王叔明山水。

清・吴升《大觀録》卷一〇下《明賢詩翰姓氏》　書牘小行楷，筆法圓熟最精妙。

傳記

清・吴升《大觀録》卷一〇下《明賢詩翰姓氏》　公名瓊，字用嘉，吴縣人。博綜古今，工詩文，尤精繪理。性至孝。有司應詔屢薦，屢辭不起。晚徙家東原，人稱東原先生。好戴鹿皮冠，自號鹿冠老人。卒謚淵孝，三吴會葬者數千人。

朱瞻基

論説

明・王世貞《新刻增補藝苑卮言》卷一一　宣宗書出沈華亭兄弟，而能於圓熟之外，以遒勁發之。

明・朱謀垔《續書史會要》　宣宗皇帝時，三楊蹇夏諸賢輔政，泰交之際，常有御製詩歌，必親灑宸翰賜之。行雲流水，飛動筆端，真天藻也。其上紫泥爲廣運之寶。

傳記

清・孫岳頒等《佩文齋書畫譜》卷二〇　宣宗諱瞻基，仁宗嫡長子也。讀書一目數行，盡帙皆舉。經史百家，莫不涉意。翰墨圖畫，隨意所在，盡極精妙。《書畫記》。

紀事

清・孫岳頒等《佩文齋書畫譜》卷二〇　宣宗賜程南雲《草書歌》云:朕機務之暇,游心載籍,及偏觀古人翰墨,有契於懷,嘗賦《草書歌》以寓意焉。以爾日侍之勞,書以賜之。

草書所自何所授,初變楷法爲章奏。當時作者最得名,崔瑗杜度張伯英。三人真跡已罕見,後來繼之有羲獻。筆端變化妙入神,逸態雄姿看勁健。風驚電掣浮雲飛,蛟龍奮躍猛虎馳。漢晉草法千載師,張顛藏真亦絶奇。一代精藝才數輩,遺墨千人萬人愛。固知頓挫出腕力,亦用飛動生神采。古來篆籀今已譌,何況隸、草譌愈多。吾書豈必論工緻,誠懸有言當然識。《宣宗御製集》。

支鑑

論説

明・朱謀垔《續書史會要》　支鑑,字汝同,崑山人。

又　小楷學夏仲昭。

紀事

清・孫岳頒等《佩文齋書畫譜》卷四一《書家傳》　支鑑整潔自喜,都不與世作緣。每旦起拂拭几案,手界烏絲欄,作百十楷字,蠅頭蟬翼,具有尋文勢。或請書宮廟、墟墓碑版,莊體匀畫,無異小楷。人以爲得書中三昧云。《崑山人物傳》。

聶大年

論説

明・朱謀垔《續書史會要》　行、楷精絶,得李北海筆意。

清・錢謙益《列朝詩集小傳》乙集　書法率更、承旨兩家,嘗署其桃符,高自稱許,爲上官所惡。

清・孫岳頒等《佩文齋書畫譜》卷四一《書家傳》　書法李北海,其名傳於遐邇。姜南《蓉塘詩話》。

又　大年書法趙承旨,能自運,俊爽可愛。《詹氏小辨》。

《明史》卷二八五《聶大年傳》　書得歐陽率更法。

清・吴升《大觀録》卷一〇下《明賢詩翰姓氏》　書法全似張伯雨,而結體舒縱,墨氣亦古厚。

傳記

明・朱謀垔《續書史會要》　聶大年,號東軒,臨川人。宣德末舉明經,授仁和教諭。景泰中徵詣翰林,以疾不赴。公一目重瞳,幼穎悟,日記數千言。善屬文,工詩。

程南雲

論説

明・祝允明《懷星堂集》卷一　程氏父子篆、隸擅名，斯業既鮮，不得不與。

明・趙宧光《寒山帚談・權輿》卷上　篆書之名，尤爲渾亂。【略】從此流傳，變而弱者，一曰繆篆，唐宋元諸人，如李陽冰、僧夢英，以至我明程南雲、李東陽、文氏父子諸人是也。變而彊者，一曰玉箸篆，如勝國周伯奇之類是也。

明・朱謀垔《續書史會要》　篆法得陳思孝之傳，隸、真、草俱有古則。又善大字。

清・姜紹書《無聲詩史》卷一　字備篆、隸楷、草，而行書頡頏趙文敏。

清・徐沁《明畫録》卷七　書工四體。

清・孫岳頒等《佩文齋書畫譜》卷四一《書家傳》　精篆、隸，爲時所尚。

清・吴升《大觀録》卷一〇下《明賢詩翰姓氏》　書法真、草、隸、篆四體俱工。而篆尤秀整，得秦斯、陽冰之遺。

傳記

明・朱謀垔《續書史會要》　程南雲，字清軒，號遠齋，江西南城人。永樂中，累官太常少卿。

清・孫岳頒等《佩文齋書畫譜》卷四一《書家傳》　永樂初，以能書徵授中書舍人。正統中爲南京太常卿。《列卿紀》。

紀事

清・吴升《大觀録》卷一〇下《明賢詩翰姓氏》　宣德七年，御書所賦《草書歌》賜之，朝廷以爲榮。

黄諫

論説

明・朱謀垔《續書史會要》　博學多通，工篆、隸行草，尤長八分。

清・徐沁《明畫録》卷七　在翰林，能書各體。

傳記

清・孫岳頒等《佩文齋書畫譜》卷四一《書家傳》　黄諫，字廷臣，蘭州人，正統壬戌進士及第，授編修。天順中爲侍講學士，博涉諸經子史百氏之書，爲文根極理致。尤工於詩，兼善書，工古隸篆。《列卿紀》。

著録

清・孫岳頒等《佩文齋書畫譜》卷四一《書家傳》　黄諫博學工書，著《從古正文》五卷，藝林宗之。梁維樞《玉劍尊聞》。

丘宗

論說

明・朱謀垔《續書史會要》 丘宗，官中書舍人，善楷書。

傳記

清・孫岳頒等《佩文齋書畫譜》卷四〇《書家傳》 丘宗，華亭人。永樂中，以楷書辟舉修《永樂大典》，除中書舍人，大理寺正。《松江志》。

沈洪

論說

明・朱謀垔《續書史會要》 善草、隸，亦工章草。

清・孫岳頒等《佩文齋書畫譜》卷四〇《書家傳》 沈洪，字雄仲，其先世爲中吴富室，萬三公中衰。嘗游京師，從陳登習篆，時程南雲亦有書名，洪又從之學。凡漢隸、八分、真行、章草皆能書，但拘於繩墨，殊乏風韻。偃蹇老於江湖。皇甫汸《長洲志》。

傳記

明・朱謀垔《續書史會要》 沈洪，字雄仲，長洲人，萬三秀之後。

趙楷

論說

明・朱謀垔《續書史會要》 善書。

傳記

清・孫岳頒等《佩文齋書畫譜》卷四〇《書家傳》 趙楷，字宗範，精字學。永樂中，以楷書除廣西都昌縣縣丞。錢肅樂《太倉州志》。

金問

綜述

明・朱謀垔《續書史會要》 金問，字公素，吴縣人。少受《易》于俞貞木，家貧無書，從人借讀，無不通解。永樂間，以能書薦，授司經局正字。

歷洪熙、正統，累官翰林侍講學士，禮部右侍郎。文行敦茂，義聞流著。平生閱歷，否泰相尋，而不變所操。製述雅健精采，善書，得魏晉筆法。

傳記

清・孫岳頒等《佩文齋書畫譜》卷四一《書家傳》 金問，字公疏，《吴縣志》云别號恥菴。吴縣人。永樂二年被薦爲司經局正字，正統中爲南禮部侍郎。文章雅健，善書，得魏晉筆法。《列卿紀》。

清・吴升《大觀録》卷一〇下《明賢詩翰姓氏》 公名問，字公遡，吴縣人。永樂初，以楷書薦授司經局正字，歷官禮部侍郎。

滕用亨

論說

明・屠隆《考槃餘事》 篆書李東陽、滕用亨、程南雲、金湜、喬宇、景暘、徐霖、陳道復、王穀祥、周天球。

明・朱謀垔《續書史會要》 正書宗虞永興，尤精篆法。

清・孫岳頒等《佩文齋書畫譜》卷四一《書家傳》 尤精六書之學，篆法之妙，高出近世。

《明史》卷二八五《滕用亨傳》 精篆、隸書，授翰林待詔，與修《永樂大典》。

傳記

明・朱謀垔《續書史會要》 滕用亨，初名權，字用衡，避諱改名。吴縣人。官翰林待詔。

紀事

明・朱謀垔《續書史會要》 永樂三年召見，年幾七十矣。面試篆書，亨作麟鳳龜龍四大字稱旨。又精鑒别，嘗侍上閱畫，衆目爲趙千里，亨頓首言筆意類王晉卿。及終卷，果有駙馬都尉王詵名。

清・孫岳頒等《佩文齋書畫譜》卷四一《書家傳》 用衡所獻《禎符》之詩三篇，手寫副本，而正書、篆、隸皆具。蓋用衡以能書薦起，篆、隸尤其所長，時未授職，故欲以此自見也。《匏翁家藏集》。

朱孔陽

論說

明・祝允明《懷星堂集》卷一《書述目録》 朱夏榜署紛紜，易於馳譽。孔暘、仲昭。下及廷暉、養正之流，煙煤塞眼，悉俗工也。其間太常夏稍近清潤，吏部蔣頗主沉雄，惜乎不肯自脱。孔暘掾史手耳，養正吾不知也。不知當時，何以得列。《書苑》。

明・屠隆《考槃餘事》 朱孔暘、姜立綱皆掾史筆，所謂南路體也。

明・朱謀垔《續書史會要》 工於楷書，亦善大字，以詹孟舉爲宗，朝

廷題額，多出其手，故枝山評其掾史手耳。亦善畫，寫《東里少師歸田圖》，識者稱之。

紀事

清・孫岳頒等《佩文齋書畫譜》卷四〇《書家傳》 永樂初，以能書被選。成祖嘗召書大善殿榜，稱旨，授中書舍人，累官順天府丞。《松江志》。

又 永樂初，詔求四方善書士寫外制，又詔簡其尤善者於翰林寫內制，且出祕府古名人法書，俾有暇益進所能。於時孔易兼工署書，駸駸詹希元矩度，風韻偉然傑出也。一日上御右順門，召孔易書大善殿扁，舉筆立就，深荷嘉奬，即日授中書舍人。明日有旨，凡寫內制者，皆授中書舍人。蓋善書授官自孔易始。後北京宮殿成，禁扁皆孔易書，遂陞編修。孔易歷事四朝，皆以法書被知遇，陞春坊中允。《東里續集》。

宣嗣宗

傳記

明・朱謀垔《續書史會要》 以能書授中書舍人。

清・孫岳頒等《佩文齋書畫譜》卷四〇《書家傳》 宣嗣宗，字彥祁，《書史會要》云號凝素。嘉定人。永樂三年，詔郡縣舉楷書士，彥祁既命從中書舍人誥勑，無幾簡從事，翰林諸學士皆重之。宣德初，爲吏部員外郎。《東里續集》。

徐有貞

論說

明・項穆《書法雅言》卷三四 明興以來，書蹟雜糅。景濂、有貞、仲珩、伯虎僅接元蹤，伯琦、應楨、孟舉、原博稍知唐宋。

明・趙宧光《寒山帚談・權輿》卷上 俗人之言，不過曰真、草、隸、篆，自謂盡于此矣。此大可笑。真書中一曰正書如歐、虞、顏以及後世姜、蔣、二沈之類。一如《麻姑壇》、文氏《文賦》之類。一曰署書如蒼龍、白虎之類。此法不傳，而流落後世。帶草則徐武功得之，方正則官家中祕郎得之。然俗不堪齒矣。一曰行楷，如《季直表》、《丙舍帖》、《曹娥碑》、《蘭亭帖》之類。已上五種，世俗通謂之真書，天地懸絕。

又 大書、署書同部。國朝人寫吾吳諸額，如徐有貞《文正義澤》，故自奇逸。中街路、清嘉坊、生幼堂，皆公書也。

明・李日華《六研齋筆記》卷四 徐武功元玉，草書宗長沙，嘗見其《雪夜聯句卷》，極備頓掣飛舞之勢。

明・朱謀垔《續書史會要》 書法古雅雄健，名重當時。

清・錢謙益《列朝詩集小傳》乙集 草書奇逸，自負入神，登山臨水，釃酒悲歌，筆墨淋漓，流傳紙貴。至今吳下推風流儒雅，亦必以武功爲領袖云。

清・姜宸英《湛園題跋・題徐武功書後》 武功倜儻畸人，故其書亦多奇氣。然余浙人也，于忠肅事不能學吳人，以私恕之，於此帖亦不欲多觀。亦如李衛公之惡白香山詩，以爲見則必好也。

清・孫岳頒等《佩文齋書畫譜》卷四一《書家傳》 於書少所不窺，能詩歌，善行草，得長沙素師、米襄陽風。王世貞《吳中往哲像贊》。

又 武功真書法歐陽率更，而加以飄動，微失之弱。《藝苑巵言》。

清・吴升《大觀録》卷一〇下《明賢詩翰姓氏》 書學柳誠懸，而行草别自成家。

綜述

清・顧復《平生壯觀》卷五 武功早年書學褚編修，時有不勝綺羅之態。中歲學王，時出規入矩，古色蒼然。晚年豪放縱逸，謂之學懷素，又謂之學元章，曷勝公路之想，然宋沈習氣爲之一變矣。

傳記

明・朱謀垔《續書史會要》 徐有貞，初名珵，字元玉，號天全，吴縣人。生而短小精悍，穎敏絶世，十二三即能古文辭。宣德中舉進士，入翰林。公于經濟之學無不淹貫，尤善占驗，後以英皇復辟首功，封武功伯。

錢溥

論説

明・朱謀垔《續書史會要》 小楷、行草俱工。

清・孫岳頒等《佩文齋書畫譜》卷四一《書家傳》 原溥書蓋宋仲温派也，硜硜負峭骨，所乏者姿耳。 王世貞《三吴楷法跋》。

清・顧復《平生壯觀》卷五 雲間書學，二沈芫之，錢氏聞風，兄弟繼起。嗣後張東海延其脉絡，至董宗伯乃金聲玉振，集大成焉。沈、錢諸公，爲之先驅者矣。相彼雨雪，先集雜霰，其是之謂乎。

傳記

明・朱謀垔《續書史會要》 錢溥，字原溥，華亭人。舉正統進士，試《薔薇露詩》稱旨，命教内書館，授翰林檢討，修《寰宇通志》。累官南京吏部尚書。

孔彦縉

論説

明・朱謀垔《續書史會要》 衍聖公孔彦縉，精篆書，筆力豪壯，入於能品。

又 顧謹中爲賦詩云：魯國名公篆法奇，懸針倒薤總相宜。其譽在當時如此。

劉珏

論説

明・王世貞《弇州山人四部稿》 劉珏僉事，長洲人。習吴興體甚精絶。《書述》稱其無一筆失度。

明・朱謀垔《續書史會要》 行草師李邕，畫師王叔明，皆能得其

筆意。

清・錢謙益《列朝詩集小傳》甲集　行草師李邕，畫師黄鶴，皆得古人筆意。鑒古，訪求甚富。

清・徐沁《明畫録》卷一　書宗李北海。

清・孫岳頒等《佩文齋書畫譜》卷四一《書家傳》　書正出趙吴興。王世貞《吴中往哲像贊》。

又　劉珏書，效《雲麾》行草，各極其妙。《吴中人物志》。

清・吴升《大觀録》卷一〇下《明賢詩翰姓氏》　書學松雪，墨氣古厚。

傳記

明・朱謀垔《續書史會要》　劉珏，字廷美，號完菴，長洲人。宣德中，由鄉薦官至山西僉事。珏操履清白，好學不倦。工唐律，對偶清麗，當時稱爲劉八句。

清・孫岳頒等《佩文齋書畫譜》卷四一《書家傳》　劉珏，字廷美，號完菴，長洲人。舉應天鄉試，補太學生，授刑部主事，遷山西按察僉事。老而嗜學不衰，爲詩清麗可詠。王世貞《吴中往哲像贊》。

紀事

清・姜紹書《無聲詩史》卷一　劉珏，字廷美，號完菴，長洲人。少遇太守況鍾，推擇爲吏，珏謝不願吏，願得補諸生，守許之。舉應天鄉試，補太學生，以材舉授刑部主事，遷山西按察同僉事。甫五十，乞歸致仕，卜築秀野，花木玲瓏，號小洞庭。

黄翰

論説

明・王世貞《弇州山人四部稿》　華亭有黄翰者，爲江西按察使，有墨聲。《書述》云：翰與汝弼，人絶薰猶，藝猶魯衛。余亦見之，似少不及。

明・朱謀垔《續書史會要》　善隸書，尤工章草，筆力雄健而有則。與宋仲温相仿佛耳。

傳記

清・孫岳頒等《佩文齋書畫譜》卷四一《書家傳》　詩文豪健敏捷，字畫亦遒勁，行草題署得名。顧清《松江志》。

清・孫岳頒等《佩文齋書畫譜》卷四一《書家傳》　黄翰，字汝申，華亭人。永樂壬辰進士，宣德中爲山東按察使。顧清《松江志》。

夏時正

論説

明・朱謀垔《續書史會要》　夏時正，字季爵，其先慈谿人，徙居仁和。正統十年進士，成化初官大理卿。公豊神俊爽，疎眉秀目，高論娓娓，若神

仙中人。博學工詩文，尤精書法。葉文莊爲公文如春空層雲，動含雨意。又如簇繭抽絲，秋鶴引吭。其灑翰亦然。

傳記

清・孫岳頒等《佩文齋書畫譜》卷四一《書家傳》 夏時正，《嘉善縣志》云初名尚，字季爵，仁和人。正統十年進士，成化初爲南京大理卿。博學高才，工詩文，書寫最善。多著述，尤詳禮文之事。《珊瑚網》。

陳輝

論説

明・朱謀垔《續書史會要》 草書宗懷素，得其勢處，亦有可觀。

清・錢謙益《列朝詩集小傳》乙集 善草書，學懷素。

清・孫岳頒等《佩文齋書畫譜》卷四〇《書家傳》 草書學懷素，老而筆力尤勁。解縉雅推服之。《福州府志》。

傳記

清・孫岳頒等《佩文齋書畫譜》卷四一《書家傳》 陳輝，字伯煒，閩縣人。舉永樂乙未進士，授監察御史，官終廣東按察副使。工詩，善鼓琴。

岳正

論説

明・朱謀垔《續書史會要》 字法精熟，大書尤偉。旁及雕繪鐫刻，悉臻其妙。

清・吴升《大觀録》卷一〇下《明賢詩翰姓氏》 書牘筆飛墨舞，行狎可觀。

傳記

清・徐沁《明畫録》卷七 岳正，字季方，號蒙泉，漷縣人。正統戊辰會元，官修撰，直内閣；降欽州同知，戍肅州。成化初復本官，尋出知興化府，後謚文肅。爲文高華，不善作詩，字法精妙。

葉盛

論説

明・朱謀垔《續書史會要》 善行楷，得蘇文忠公筆法。

傳記

明・朱謀垔《續書史會要》 葉盛，字與中，崑山人。正統進士，官至吏部侍郎。謚文莊。篤學辨博，爲一時首稱。

任道遜

論說

明・祝允明《懷星堂集》卷一《書述目録》 談者謂任道遜、姜立綱及邇日周文通，宜攀詹、沈，蓋亦依稀。

明・王世貞《弇州山人四部稿》 任道遜少以神童薦，亦至太常卿，出姜立綱下。

傳記

清・孫岳頒等《佩文齋書畫譜》卷四一《書家傳》 任道遜，字克誠，瑞安人。七歲能賦詩作字，徑數尺有法。有司以神童薦，宣宗聞而奇之，面試其書，命爲國子生。景泰初，授順天府照磨，仍以書藝供奉，累遷至太常寺卿。自號坦然居士，又號八一道人。《匏翁家藏集》。

姚綬

論說

明・朱謀垔《續書史會要》 公通敏閒逸，宅心事外，自得之趣，宛然晉人。畫法吴仲圭，書類張天雨。

清・姜紹書《無聲詩史》卷二 書法眉山。

清・孫岳頒等《佩文齋書畫譜》卷四一《書家傳》 善書，法鍾王，勁婉咸妙。楊循吉《松籌堂集》。

清・吴升《大觀録》卷一〇下《明賢詩翰姓氏》 書體似張伯雨，而神趣迥別。

傳記

明・朱謀垔《續書史會要》 姚綬，字公綬，號穀菴，又號雲東逸史，嘉興人。舉天順甲申進士，官至御史。

沈愔

論說

明・朱謀垔《續書史會要》 軒達通敏，著書作字，迥出塵表。灑翰未

終，户外屨滿。

清・孫岳頒等《佩文齋書畫譜》卷四一《書家傳》 善題署，魏驥、林鶚皆重之，今子孫猶世其楷法。孫鑛《紹興志》。

傳記

明・朱謀垔《續書史會要》 沈恪，字克敬，會稽人。

王㒜

論説

明・朱謀垔《續書史會要》 善楷書，派從趙魏公流出。

清・孫岳頒等《佩文齋書畫譜》卷四二《書家傳》 真、行書皆遒勁脱俗。《列卿紀》。

傳記

明・朱謀垔《續書史會要》 王㒜，字廷貴，武進人。景泰辛未探花，官至南京禮部尚書。謚文肅。

王璲

論説

清・孫岳頒等《佩文齋書畫譜》卷四〇《書家傳》 小楷、行書法晉人，皆雄秀。《詹氏小辨》。

清・吴升《大觀録》卷一〇下《明賢詩翰姓氏》 書法與兄璡風格略同。

傳記

明・朱謀垔《續書史會要》 王璲，字汝玉，以字行，號青城山人。其先蜀之遂寧人，從父宦遊，入籍吴中。璲有異姿，幼善屬文，名籍甚。永樂時官翰林檢討，仁宗在東宮試《神龜賦》，極稱善。黄淮忌其才，因譖之，論死。善書，亦善畫。

張弼

論説

明・祝允明《懷星堂集》卷一《書述目録》 洎乎近朝所稱，如黄翰、二錢、張汝弼，皆松人也。松人以沈氏遺聲，留情豪墨，迄今猶然。然金玉

一出而已。小錢大致亦可，翰與東海，人絶薰猶，而藝斯魯衛。張公始者尚近前規，繼而幡然飄肆，雖名走海宇，而知音歎駭。今且以人而重，與黄行伎俱下，非吾徒也。

明・楊慎《墨池瑣録》卷一至四　黄山谷云：近時士大夫罕得古法，但弄筆左右纏繞，遂號爲草書。蓋前世已如此，今日尤甚。張東海名曰能草書，每草書，鑿字以意自撰，左右纏繞，如鎮宅符篆。文徵明嘗笑之云：草書集韻尚未經目，何得爲名書耶。

又　有人聞張孔暘曰：張汝弼草書何如。孔暘曰：熟到極處，俗到極處。識者以爲知言。

明・何良俊《四友齋書論》　吾松張東海，姑蘇劉廷美、徐天全、李范庵、祝枝山，南都金山農。徐九峯，皆以書名家，然非正脉。

明・項穆《書法雅言》　楊祕圖、張汝弼、馬一龍之流，且自美其名曰梅花體，正如瞽目丐人，爛手折足，繩穿老幼，惡狀醜態，齊唱俚詞，游行村市也。夫梅花有盛開，有半開，有未開，故爾參差不等，若開放已足，豈復有大小混雜者乎。且花之向上倒下，朝東面西，猶書有仰收俯壓，左顧右盼也。如其一枝過大，一枝過小，多而六瓣，少而四瓣，又焉得謂之梅花耶。形之相列也，不雜不糅，瓣之五出也，不少不多，由梅觀之，可以知書矣。彼有不察而漫學者，寧非海上之逐臭哉。

明・朱謀垔《續書史會要》　極有時譽，周德中稱之爲神仙太守。草書宗懷素，而未能脱宋廣、解縉之俗習。然爲時所重，海外之國，重貲購求。亦能詩。仲子弘至，字時行，舉進士，歷管户科都給事，亦善草書，有奔蛇走虺之勢。弘至子其湜，字季琰，善詩，草書有祖風。

清・錢謙益《列朝詩集小傳》丙集　少善草書，怪偉跌宕，震撼一世。

清・孫岳頒等《佩文齋書畫譜》卷四一《書家傳》　爲文自立一家言，事多警句，往往爲人傳誦。其草書尤多自得，酒酣興發，頃刻數十紙，疾如風雨，矯如龍蛇，敧如墮石，瘦如枯藤，狂書醉墨，流落人間。雖海外之國，皆購其蹟。世以爲顛張復出也。《震澤集》。

又　張東海草書名一世，詩亦清健有風致。嘗自評其書不如詩，詩不如文。予戲之曰：英雄欺人每如此，不足信也。李西涯《詩話》。

又　東海在當時以氣節重，其書學懷素，名動四夷。自是吴中書家輩出，聲價少減。然行押書尤佳，今見者少耳。《容臺集》。

清・吴升《大觀録》卷一〇下《明賢詩翰姓氏》　草書怪偉跌宕，震撼一世。東海之名，遂流布外國也。

傳記

明・朱謀垔《續書史會要》　張弼，字汝弼，號東海，華亭人。成化進士，歷官南安知府。

《明史》卷二八六《張弼傳》　張弼，字汝弼，松江華亭人。成化二年進士。授兵部主事，進員外郎。

又　弼自幼穎拔，善詩文，工草書，怪偉跌宕，震撼一世。自號東海。張東海之名，流播外裔。嘗自言：吾平生，書不如詩，詩不如文。

紀事

清・孫岳頒等《佩文齋書畫譜》卷四一《書家傳》　東海張先生守南安時，各郡收兵議賞，武夫悍卒，乃惟願得侯墨妙，而過客亦往往以是罷誅求焉。歲以筆劄佐郡費，類此。張鼒《先進舊聞》。

沈周

論説

明・朱謀垔《續書史會要》　好著書，工詩，與吴原博爲友，而文徵仲尊事之。王文恪稱其風格潔修，眉目娟秀，外標朗潤，內蘊精明。書法涪翁，

遒勁奇倔。繪事絶精，寫物各極其妙。評者謂石田畫、獻吉詩、希哲書，爲我朝三絶云。

傳記

清・吴升《大觀録》卷一〇下《明賢詩翰姓氏》 公名周，字啓南，長洲人。祖父皆隱居相城。工書畫。景泰中，郡守以賢良應詔，筮得遯之九五，乃決計隱遯。所居曰有竹莊，擅亭館花石之勝，圖書彝鼎充牣其中。興至對客揮毫，煙雲滿紙，畫成題署，頃刻千言。風流文采，照映今古。卒年八十三，有《石田先生集》。

陳獻章

論説

明・王世貞《弇州山人四部稿》 陳白沙獻章，好縛禿帚作擘窠大書，中亦有一二佳者。

清・孫岳頒等《佩文齋書畫譜》卷四一《書家傳》 陳徵士獻章，作詩脱略凡近。其書法得之於心，隨筆點畫，自成一家。游潛《夢蕉詩話》。

傳記

明・朱謀垔《續書史會要》 陳獻章，字公甫，號石齋，晚號石翁，廣東人。新會之白沙村，學者稱白沙先生。中天順丁卯鄉試後，會試下第，不復出。徵聘以疾辭，特旨授翰林檢討。善書，亦能詩，畫水墨梅如生。

紀事

清・孫岳頒等《佩文齋書畫譜》卷四一《書家傳》 正統丁卯中鄉試，兩赴禮闈不第。從吴聘君講伊洛之學，憲宗時授翰林檢討。能作古人數家字，山居筆或不給，束茅代之，晚年專用，遂自成一家。時呼爲茅筆字，得其片紙，藏以爲家寶，交南人購之，每一幅易絹數疋。張詡《白沙先生行狀》。

王徽

論説

明・朱謀垔《續書史會要》 尤長筆札，遒勁可賞。

清・孫岳頒等《佩文齋書畫譜》卷四一《書家傳》 尚文，工小楷。《金陵瑣事》。

傳記

明・朱謀垔《續書史會要》 王徽，字尚文，號辣齋，河南考城人。

李應禎

論説

明・祝允明《懷星堂集》卷一《書述目録》 若徐武功、劉西臺、吴文定、李太僕，咸爲近士瞻望。【略】太僕資力故高，乃特違衆。既遠羣從，宋人。并去根源，或從孫枝翻出己性，離立筋骨，别安眉目。蓋其所發奴書之論，乃其胸懷自憙者也。

明・朱謀垔《續書史會要》 真、行、草、隸，皆清潤端方，如其爲人。

清・錢謙益《列朝詩集小傳》丙集 貞伯好古博學，篆、楷俱入品格。

清・孫岳頒等《佩文齋書畫譜》卷四二《書家傳》 篆、楷俱入格。《列卿紀》。

又 少卿書法自成家，蓋軼唐而上，然每耻以是見名。文震孟《姑蘇名賢小記》。

清・顧復《平生壯觀》卷五 英、憲時李范菴、徐天全以善書有聲于宇內。范菴以不奉詔寫佛經而謫歸，無愧孔孟之徒也。予見其簡禮行書四十餘紙，皆字不盈寸，出筆尖用墨，多如一筆一時書。而名大著者，以爲祝枝山舅。枝山早年師之，中年一變其法，遂成大家。學書者可謹守師説乎哉。

清・吴升《大觀録》卷一〇下《明賢詩翰姓氏》 篆、楷俱入能品。

傳記

明・朱謀垔《續書史會要》 李應禎，名甡，以字行，字貞伯，長洲人。領鄉薦，授中書舍人，累官太僕少卿。

紀事

明・朱謀垔《續書史會要》 憲宗朝嘗勅寫梵經，公上疏曰：臣知有五經，不知有佛經。非聖之經，臣不敢奉詔。憲宗亦優容之。王元美詩云：李甡太僕北海後，此書深得蘭亭脈。故評者云其筆精墨妙，動應古法，如守禮之士，恭而能安。然草劣于行，行劣于真，以規矩者勝也。

清・孫岳頒等《佩文齋書畫譜》卷四二《書家傳》 文徵明曰：家君寺丞在太僕時，公爲少卿，徵明以同寮子弟得朝夕給事左右，所承緒論爲多。一日，書魏府君碑，顧謂徵明曰：吾學書四十年，今始有得，然老無益矣。子其及目力壯時爲之。因極論書之要訣，累數百言。凡運指凝思，吮豪濡墨，與字之起落轉换，小大向背，長短疏密，高下疾徐，莫不有法。蓋公雖潛心古法，而所自得爲多。當爲國朝第一。其尤妙能三指尖搦管，虛腕疾書，今人莫能及也。《甫田集》。

又 少卿書，人有求者，怒不應，以故傳世少。《藝苑卮言》。

羅倫

論説

明・朱謀垔《續書史會要》 行楷法文信國，筆力清健，結構端嚴。評者謂爲翰墨中珊瑚玉樹。

傳記

明・朱謀垔《續書史會要》 羅倫，字彜正號，一峰，江西永豐人。成化丙戌狀元及第，授修撰。謚文毅。性慷慨樂善，以斯道自任。與陳白沙友善。

曹時中

論説

明・朱謀垔《續書史會要》 定菴華亭富林人。先生清臞飄灑，有出塵離俗之態。博學多通，而要以詩律名。尤公書，晉唐名家皆能以意會。懷素、宋克，則愛而摹倣者。晚年益精小楷，雖手簡、家稿，亦不苟。嘗曰自少至老，已覺世味淺薄，惟學字一事可以消日。

清・孫岳頒等《佩文齋書畫譜》卷四一《書家傳》 喜爲懷素草書，竟日不倦。《雲間志略》。

傳記

明・朱謀垔《續書史會要》 曹時中，初名節，字時中。惡同漢宦者，請于朝，以字行，號定菴。華亭富林人。先生清臞飄灑，有出塵離俗之態。由成化己丑進士，歷官浙江僉事。

沈藻

論説

明・朱謀垔《續書史會要》 真行、草書並佳，論者云有父風。

清・吴升《大觀録》卷一〇下《明賢詩翰姓氏》 書兼正、行、草，不失家學。

傳記

清・孫岳頒等《佩文齋書畫譜》卷四〇《書家傳》 沈藻，字凝清，朱謀垔云字仲藻。學士度子。以父任爲中書舍人，遷禮部員外郎。亦以書名。《松江志》。

吴寛

論説

明・祝允明《懷星堂集》卷一《書述目録》 若徐武功、劉西臺、吴文定、李太僕，咸爲近士瞻望。吴公不負書名，故非當家。愛人及烏，貴在起雅去俗，斯亦牽筆勿訝不倫。

明・王世貞《弇州山人四部稿》 吴文定公寬，真行體全法眉山。《書

述》稱不以書名，貴在起雅去俗。遇合作處，真可嘉尚。唯不能作醉翁表忠觀體耳。

明·朱謀垔《續書史會要》 博學工詩文，書宗蘇玉局。嘗手抄陶詩一過，匀手整密，蓋前輩之用心如此。

清·孫岳頒等《佩文齋書畫譜》卷四二《書家傳》 作書姿潤中時出奇倔，雖規模於蘇，而多所自得。《震澤集》。

清·吴升《大觀録》卷一〇下《明賢詩翰姓氏》 書法全學坡公，而瓠肥過之。

綜述

清·顧復《平生壯觀》卷五 明初書學，宋、沈遞相祖述，遂成濫觴。匏菴矯其敝而師子瞻，始終不易，可云耐久交矣。但公所學元豐間筆也，何如學元祐以後之書，庶幾毫髮無遺恨哉。

傳記

《明史》卷一八四《吴寬傳》 吴寬，字原博，長洲人。以文行有聲諸生間。成化八年，會試、廷試皆第一，授修撰。寬行履高潔，不爲激矯，而自守以正。於書無不讀，詩文有典則，兼工書法。

張駿

論説

明·王世貞《新刻增補藝苑巵言》卷一一 有張天駿者，亦華亭人。以書直内閣，至工部尚書。用南安體，更變輕弱。《書述》稱其婢學夫人，咄嗟樵爨，斯養醜穢，沕澳齒牙。贅列紫薇郎署，分科木天，大可怪也。

明·朱謀垔《續書史會要》二 書草書宗懷素，得其龍蛇戰鬬之勢。論者病其傷於彫琢，又似婢學夫人，故居張東海之下。

傳記

清·孫岳頒等《佩文齋書畫譜》卷四一《書家傳》 張俊，字天駿，號南山，華亭人。工書法，行草、隸篆入妙入神，與東海齊名，時號二張。景泰癸酉舉於鄉，成化初爲中書舍人，直文華殿，後以禮部尚書致仕。《雲間志略》。

莊昶

論説

清·孫岳頒等《佩文齋書畫譜》卷四一《書家傳》 昶爲詩握唐人機軸，變幻百出，往往近踵風雅。其字畫亦然。嚴從簡《使職文獻》。

傳記

清・孫岳頒等《佩文齋書畫譜》卷四一《書家傳》 莊昶，字孔暘，號木齋，又號定山居士，江浦人。成化丙戌進士，授檢討。上疏忤旨，調湖廣桂陽判。未行，改南京行人司副，陞吏部郎中。湛若水《甘泉文集》。

紀事

明・朱謀垔《續書史會要》 莊昶，字孔陽，號木齋，江浦人。卜居浦口建亭，而東莞林緝熙適至，扁曰卧林，遂號卧林居士。遷定山橋，又號定山居士。夙志慕古，文尤奇偉。與陳白沙、羅一峰爲講學賦詩之游，而深解書法。或問張汝弼草書，先生曰：好到極處，俗到極處。問：何如則可。曰：寫到好處，變到拙處。曰：何居。曰：所謂行墨因調性者是也。白沙曰：定山草書，迥然自成一家。由成化丙戌進士，選庶常授檢討，官至南吏部郎中。

蕭敬

論説

明・朱謀垔《續書史會要》 字初臨歐帖，晚變入沈體，尤好草書。

清・倪濤《六藝之一録》卷三七三《歷朝書譜》 能詩，好草書。《南平志》。

金湜

論説

清・孫岳頒等《佩文齋書畫譜》卷四一《書家傳》 篆、隸、行、草，綽有漢晉人風度。《寧波志》。

又 李東陽《古墨林卷跋》云：卷首三篆字，太僕丞金湜本清書。金善摹印，篆亦不俗。《懷麓堂集》。

傳記

清・徐沁《明畫録》卷七 工詩，善書法。

明・朱謀垔《續書史會要》 金湜，字本清，號太瘦生，晚號朽木居士，四明人。官至太僕少卿。工小篆。

清・孫岳頒等《佩文齋書畫譜》卷四一《書家傳》 正統辛酉舉於鄉，以習古書法授中書舍人，陞太僕寺丞。《寧波志》。

姜立綱

論説

明・王世貞《弇州山人四部稿》 姜立綱，永嘉人。以書直内閣，至太

常卿。小變二沈爲方整，就其體中，可謂工至而不免俗累。今盛行於世，所謂一觧不如一觧。

明·項穆《書法雅言》 民則立綱，盡是趨時之利手。

明·李日華《六研齋筆記》卷三 姜太常立綱，世傳其楷法嚴整，未嘗知其善畫。

明·朱謀垔《續書史會要》 善楷書清勁方正，今中書科寫制誥悉宗之。議者未免板刻。

清·馮班《鈍吟書要》卷三十四 姜立綱尤俗。

清·姜紹書《無聲詩史》卷二 姜立綱，【略】楷法整嚴。

清·孫岳頒等《佩文齋書畫譜》卷四一《書家傳》 立綱書體自成一家，宮殿碑額多出其筆。日本國門高十三丈，遣使求扁，立綱爲書之，其國人每自誇曰，此中國惠我至寶也。嘗臨湖舍作皆春二字，適有操舟過其前，衝濤駭浪，遂成風波行舟之勢。法書行於天下，稱曰姜字。《書畫記》。

又 立綱小變二沈爲方整，就其體中。可謂工至，而不免俗累。《藝苑卮言》。

清·吴升《大觀録》卷一〇下《明賢詩翰姓氏》 楷法端謹有儀範，行書別具豐致。

傳記

明·朱謀垔《續書史會要》 姜立綱，字廷憲，浙江瑞安人。七歲以能書命爲翰林院秀才，天順授中書舍人内勑房辦事。歷成化、弘治陞至太僕少卿，並仍舊辦事。卒賜祭葬，亦異數也。

清·徐沁《明畫録》卷三 世人但知其書法爲院體，不知其精于畫也。

錢博

論説

明·王世貞《弇州山人四部稿》 錢文通溥弟布政博，華亭人。真行出自宋仲温，而少姿韻。

明·朱謀垔《續書史會要》 小楷精妙，章草行書並佳。

清·孫岳頒等《佩文齋書畫譜》卷四一《書家傳》 錢博真行出自宋仲温。《藝苑卮言》。

又 國朝楷、草推三宋，首稱仲温。然未免爛熟之譏，又氣近俗，但體媚悦人目爾。二沈，兩錢承之，益就纖濃，遂成雲間字習。《詹氏小辨》。

又 善楷書行草。《松江志》。

傳記

明·朱謀垔《續書史會要》 錢博，字原博，號静菴，溥之弟。發解應天，登進士，官至四川按察。

趙昂

論說

明・朱謀垔《續書史會要》　趙昂官中書舍人，善真、行、草書。

傳記

清・孫岳頒等《佩文齋書畫譜》卷四一《書家傳》　趙昂，字伯顒，號竹溪，常山人，正統乙丑進士，授中書舍人。英廟復辟，超擢通政使司左參議。仕雖未達，而姓氏甚著，童兒隸卒，皆稱爲趙伯顒先生無異辭。博涉羣籍，苦吟咏，工書翰。《懷麓堂集》。

李東陽

論說

明・王世貞《弇州山人四部稿》　李文正東陽真行，筆頗秀潤，晚節加以蒼老，而不免俗。惟篆書頗佳。明興，曉篆法者有滕吏部用亨，程太常南雲，金太常湜。至文正而自負，以爲得書家妙訣，喬少保宇、景中允暘繼之，然不如金陵徐霖，霖可配元周伯琦。文正大拜後，每書歌詩一紙，立致數金，今不能博數鐶矣。

明・李日華《六研齋筆記》二筆卷一　昭代篆法，惟李西涯擅長。

明・朱謀垔《續書史會要》九　篆書有古則，行草亦清健，深得魯公筆法。但評者云其欲效正鋒，而不知結構體勢疏懈，特入俗，如色厲内荏之靡無端人正士之德。

清・孫岳頒等《佩文齋書畫譜》卷四二《書家傳》　涯翁篆勝古隸，古隸勝真、行、草。《弇州山人藁》。

又　東陽草書筆力矯健成一家，小篆清勁入妙。《詹氏小辨》。

《明史》卷一八一《李東陽傳》　爲文典雅流麗，朝廷大著作多出其手。工篆、隸書，碑版篇翰流播四裔。

清・吴升《大觀録》卷一〇下《明賢詩翰姓氏》　書學林處士，而行筆圓潤如珠。手牘余所見幾百幅。

又　罷相後，頗以詩文書篆資給朝夕。

清・郭尚先《芳堅館題跋》卷三　西涯作篆肥緩而少變化，然終勝趙寒山數籌。

清・康有爲《廣藝舟雙楫・體變第四》　明世分法中絶，懷麓宗師謙卦，蚓笛蛙鼓，難移我情。

傳記

明・朱謀垔《續書史會要》九　李東陽，字賓之，號西涯，茶陵州人。博學工詩文。官至少師，大學士。謚文正。

清・孫岳頒等《佩文齋書畫譜》卷四二《書家傳》　李東陽，字賔之，朱謀垔云號西涯。茶陵人。四歲能大書，景帝召見，加諸膝，賜寶鏹。舉天順八年進士，授編修。弘治八年入内閣，十六年加太子太保，户部尚書，謹身殿大學士，贈太師，謚文正。《珊瑚網》。

紀事

《明史》卷一八一《李東陽傳》　四歲能作徑尺書，景帝召試之，甚喜，抱置膝上，賜果鈔。

桑悦

論説

清・孫岳頒等《佩文齋書畫譜》卷四一《書家傳》　書法趙子昂，其俊秀實祖二王，圓勁方正又得北海遺法。《思玄集小傳》。

又　悦行楷宗晉人，草書流暢，法懷素。《常熟文獻志》。

傳記

明・朱謀垔《續書史會要》四　桑悦，字民懌，號思玄，常熟人。過目成誦，每覽書畢，即棄去之。領鄉薦，官至柳州通判。博雅工書。

金琮

論説

明・王世貞《弇州山人四部稿》　金琮元玉，金陵人。行草法趙吳興，老健可愛。

明・朱謀垔《續書史會要》二　書宗趙文敏公，評者云，松雪在元稱獨步，謂其超宋人而步驟晉唐。若元玉，庶幾能望其後塵耳。

清・姜紹書《無聲詩史》卷二　尤酷嗜字學，初學趙魏公，得其真似，晚師張伯雨，更神雋可愛。

又　十二三能大書。

清・徐沁《明畫録》卷七　書法趙子昂，後學張伯雨尤妙。

清・孫岳頒等《佩文齋書畫譜》卷四二《書家傳》　善書，初法趙子昂，晚年學張伯雨。精工可愛。文待詔極喜之，得片紙皆裝潢成卷。題曰積玉。《名賢遺墨》。

傳記

清・孫岳頒等《佩文齋書畫譜》卷四二《書家傳》　金琮，字元玉，金陵人。遊浙之赤松山，愛其佳，徘徊不能去，因自號赤松山農。

紀事

清・孫岳頒等《佩文齋書畫譜》卷四二《書家傳》　元玉家有極高明

樓，每夜學書，然燭一枝，月然三十枝，寒暑無間。《金陵瑣事》。

蔡珪

論説

明・朱謀垔《續書史會要》 喜臨蘇文忠公帖，頗得其妙。

清・孫岳頒等《佩文齋書畫譜》卷四一《書家傳》 攻書翰，所摹東坡三刻，用意精到，與真蹟不差豪髮。《匏翁家藏集》。

傳記

明・朱謀垔《續書史會要》 蔡珪，字德馨，其先崑山人，寓居京師。

王鏊

論説

明・朱謀垔《續書史會要》 書體清勁有古色。

清・孫岳頒等《佩文齋書畫譜》卷四二《書家傳》 書法清勁，得晉唐筆意。《列卿紀》。

傳記

清・吴升《大觀録》卷一〇下《明賢詩翰姓氏》 公名鏊，字濟之，吴縣人。成化乙未探花，歷官户部尚書，武英殿大學士，加少傅致仕。永陵嗣立，遣官存問，將召用，卒贈太傅，謚文恪。

林俊

論説

明・朱謀垔《續書史會要》 書宗蘇、米，頗得筆勢。

傳記

清・孫岳頒等《佩文齋書畫譜》卷四一《書家傳》 林俊，字待用，莆田人。成化十四年進士，授刑部主事，遷署員外郎。僧繼曉以祕術幸，上發內帑數十萬爲建永昌寺西華門，太監梁芳主之，臺諫莫敢言。俊上疏，直聲大震，都下傳草，有繪圖而鬻者。世宗時爲刑部尚書，贈少保，謚貞肅。《書畫記》。

喬宇

論説

明・朱謀垔《續書史會要》 通篆籀，有二李風。晚精鑒名書古帖以自娱。

清・孫岳頒等《佩文齋書畫譜》卷四二《書家傳》 通篆、隸，有二李風。晚精鑒賞名書古帖，一見知之《列卿紀》。

又 徐霖嘗語人，有明以來喬宇篆法第一，他人莫敢望也。《玉劍尊聞》。

又 篆書幾失其傳，西涯翁極力振其衰而復之古，白巖先生實同斯志。柴奇《黼菴遺稿》。

傳記

《明史》卷一九四《喬宇傳》 喬宇，字希大，山西樂平人。【略】宇登成化二十年進士，授禮部主事。【略】宇幼從父京師，學於楊一清。成進士後，復從李東陽遊。詩文雄儁，兼通篆籀。

吴餘慶

論説

明・朱謀垔《續書史會要》 善行草。評者云：觀其點畫之間，無一筆凝滯，則其胸中所養可知。楷書亦爲世所重。

清・孫岳頒等《佩文齋書畫譜》卷四〇《書家傳》 評者謂其楷如美女簪花草，如瑞雲飛空，流水赴壑。黄漳《宜黄縣志》。

傳記

清・孫岳頒等《佩文齋書畫譜》卷四〇《書家傳》 吴餘慶，字彦積，别號斯白，宜黄人。能詩文，尤善真、草、篆、隸。永樂六年，以薦除中書舍人，歷右通政兼知制誥。黄漳《宜黄縣志》。

左贊

論説

明・朱謀垔《續書史會要》 其書法兼諸體，而尤精于隸，端重奇古，得二蔡筆意。憲宗皇帝嘗訪求善隸書者，或以公所書進，上覽之稱善。

傳記

清・孫岳頒等《佩文齋書畫譜》卷四一《書家傳》　左贊，字時翊，《江西通志》云號桂坡。盱之南城人。學書於程南雲，以詞翰名於時。天順丁丑登進士第，擢吏部主事。成化中爲廣東右布政。何喬新《椒丘文集》。

紀事

明・朱謀垔《續書史會要》　寧獻王聞其名，使賦玉界石，援筆立就。王稱賞曰：秀才詞翰雙美，不易得也。以所作草書賜之。

祝允明

論説

明・王世貞《弇州山人四部稿》　昔人謂右軍才行甚高，有遠識，惜不究其用，以書掩之。此非公言也。令右軍而用，不過作先始興謝文靖耳。千載之下，孰有艷羨珍異若此者乎。張長史與顔尚書同學，隸不勝去而爲草。吴道子與張同學，草不勝去而爲畫。楊惠之與吴同學，畫不勝去而爲塑。彼其所就則已卑，然而其就專也。古人之志於傳也如此，右軍可無惜矣。余始甚愛京兆字學，晚得其集，讀之不稱。人乃有謂京兆書掩其文章者，故識之於此。

又　祝京兆草、隸，奕奕絶世，唯李獻吉詩，沈啓南畫可以配之。然獻吉與京兆絶類，蓋皆有敗筆而不失爲大家也。濟南諸公後出，幾令獻吉失盟主，而京兆遂無有能踰之者。書則文徵仲類何仲默，王履吉類徐昌穀，敗筆絶少。畫家唐伯虎亦不減徵仲。

明・王世貞《新刻增補藝苑卮言》　又收作懷素者凡數家，蘇子美甚得其勢，魯直得其意態，俱不得骨。徐元玉、祝希哲得其骨，却不得意態，然亦皆狂師雲仍之盛。

明・莫雲卿《評書》　國朝如祝京兆希哲，師法極古，博習諸家。楷書骨不勝肉。行草應酬，縱横散亂，精而察之，時時失筆。當其合作，遒爽絶倫。平生見此公墨蹟，惟金山寺石刻碑寫張説時，及余家藏寫阮籍《詠懷詩》焉。草法通神，無可擬議。

明・屠隆《考槃餘事》　國朝書家當以祝希哲允明爲上，今之人不啻家臨池而人染翰，然無敢與希哲抗衡也。

明・項穆《書法雅言》　我明肇運，尚襲元規。豐、祝、文、姚，竊追唐躅。上宗逸少大都畏難。

明・婁堅《評書》　祝京兆筆力非不嬌嬌，求之伯高、藏真，尚多乖少合，況於晉人之遠韻乎。

明・董其昌《畫禪室隨筆》卷一　吾松書自陸機、陸雲創于右軍之前，以後遂不復繼響。二沈及張南安、陸文裕、莫方伯稍振之，都不甚傳世，爲吴中文、祝二家所掩耳。文祝二家一時之標，然欲突過二沈，未能也。以空疎無實際故。余書則并去諸君子而自快，不欲争也。以待知書者品之。此則論雲間書派。

明・趙宧光《寒山帚談・力學》卷上　祝稀哲真楷學鍾元常。【略】行書出於章草，稿草出於芝、素。

又《拾遺》　試觀吾吴書家若履吉之嫵媚，效顰者流而爲崛彊脱落。希哲之蒼古，效顰者流而爲披命胡塗。徵仲之清秀，效顰者流而未舉吴纖弱。二沈之孰健，效顰者流而爲官家時俗。一皆有趨無避之過也。《力學》。

明・趙宧光《寒山帚談・大書署書同部》卷下　祝允明之《夏氏藥室》，文徵明自書《翰林郡衙之承流宣化》，皆入院禮之選，字大不能摹入法帖。

明・歸昌世《假菴雜著》　希哲大草書，長槍大劍，袒裸入陣耳，野氣

不除。不如其小行楷之妙，真是風流蘊藉，顧盼有餘。

明・倪後瞻《倪蘇門書法論》 祝允明書從二王草書得手，下筆最圓勁有力，縱橫如意。但每露俗氣，又不善真行。然即草書中亦能作數家體，其懷素一種，類爲世人借徑，遂墮惡道，甚至如請仙筆。遂使名手蒙譏，真前輩罪人也。

明・朱謀垔《續書史會要》 三書學自《急就章》以致羲、獻、懷素，無不淹貫，而狂草爲本朝第一。當時評者云：其書法頓挫雄逸，放而不野，如鶴在雞羣，風格迥絶。然真不如行，行不如草，以豪縱者勝。又云：枝山真行有天馬行空之態，第入能品。

清・錢謙益《列朝詩集小傳》丙集 顧璘曰：希哲【略】書學自急就，以逮虞、趙，上下數千年，罔不得其結構。若羲、獻真行，懷素狂草，尤臻筆妙。

清・馮班《鈍吟書要》卷三四 枝山多學，其好處真可愛玩，但時有失筆別字。

清・姜宸英《湛園題跋・跋祝枝山書》 今日觀陸子其清家藏書法，最多宋榻《黄庭經》、《十七帖》，及宋仲温真書，孫過庭《書譜》。其尤佳者，又枝山自寫所作詩長幅。文徵仲評其規模襄陽，而其書法原出于王氏父子。可謂曲盡枝山之藴。然祝書尤深入大令閫域，惜僞書紛出，非具眼不能辨也。張鳳翼《後跋》謂徵仲以東方朔學叔敖衣冠，爲一時下筆之誤。然張云枝山爲徐武功宅相，故其書似之。猶張敞之類馬遷，張當是楊字之誤，即楊敞亦未是，司馬外孫，乃敞子惲耳。一事兩誤，可謂彼此更相笑也。

清・孫岳頒等《佩文齋書畫譜》卷四二《書家傳》 其書出入晉魏，晚益奇縱，爲國朝第一。

又 文徵明曰：吾鄉前輩書家稱武功伯徐公，次爲太僕少卿李公。李楷法師歐、顔，而徐公草書出於顛、素。枝山先生武功外孫，太僕之壻也。早歲楷筆精謹，寔師婦翁。而草法奔放，出於外大父。蓋兼二父之美，而自成一家者也。李公嘗爲余言祝壻書筆嚴整而少姿態，蓋不及見晚年之作耳。《珊瑚網》。

又 希哲書學精工，自急就以逮虞趙，上下數千年，變體罔不得其結搆。若羲獻真行，懷素狂草，尤臻筆妙。顧璘《國寶新編》。

又 枝指山人書如緜裹鐵，如印印泥。《容臺集》。

又 京兆楷法，自元常、二王、永師、祕監、率更、河南、吴興。行草則大令、永師、河南、狂素、顛旭、北海、眉山、豫章、襄陽，靡不臨寫工絶。晚節變化出入，不可端倪。風骨爛熳天真縱逸，直足上配吴興，他所不論也。《藝苑巵言》。

又 祝先生天資卓越，臨池之工，指與心應，腕與筆應，故其所學罔不逼真。即草數行，亦必動符軌則。錢允治《少室先生稾》。

清・倪濤《六藝之一録》卷三〇〇《徐文長跋停雲館帖》 祝京兆書乃今時第一，王雅宜次之。京兆十七首，書固亦縱，然非甚合作。而雅宜不收一字。文老小楷從《黄庭》、《樂毅》來，無間然矣，而獨收其行書《早朝詩十首》，豈後人翻愛其刻者詩，而不及計較其字耶。

又《樵史品三吴書》 雲間陸應瑒云：王弇州序三吴書家而漫及若干人，第收其虚聲耳，何足爲公論。余嘗揮其名不愧實者，於蘇得八人焉。祝京兆允明，文待詔徵明，王太學寵，陳方伯鎏，陸尚寶師道，陳太學道復，彭徵君年，俞山人允文。於松得七人焉。沈學士度，陳别駕璧，沈大理粲，張南安弼，陸詹事深，莫方伯如忠，俞文子野先生。

清・何焯《義門題跋・祝京兆書跋》 自明初至景泰間，書體皆沿元人遺風，而用筆實乃勁拔筋骨，足備成宏以後推排吴興，稍欲上追魏晉六朝，自立一家之則，其筋骨則非前人比矣。然樸雅安重，甚得古貌。如此數紙，豈亦近時佻薄所能窺仰邪。

清・王應奎《柳南續筆》 義門論前明書家。義門論書法，頗不滿於勝國諸家。其論著希哲云：京兆書血脉往往不貫，又故爲奇詭，流宕無法，書之魔也。

清・顧復《平生壯觀》卷五 祝希哲爲徐武功之甥，李太僕之婿，書法親炙兩公，而耳提目觸，不須搆思，九勢八法，所得已過半矣。況乎加之以力學，無古不師。見其楷書學《季直表》、《力命帖》，章草學《急就》，狂草學《自叙》，行書學二王，間以唐宋。落筆沈着，氣韵恢弘。當日聲名邁三宋而上接鷗波，洵不虚矣。不百年而董宗伯挺出雲間，希哲聲價減其五六。再數年而王相國繼起孟津，希哲身價頓減七八。嗚呼，吾夫子所以畏後生也。雖然，舉世以尖鋒取態爲工，突穎崛强爲古，而擅名者奚啻天淵

也哉。

清・梁同書《頻羅庵論書》 祝京兆一札，僕所至愛，用筆圓遒蒼秀，可以見其行書大概。有明一代，獨京兆力追晉人，不肯落唐以後。一筆園記，直風馬牛矣。惜其妙處，非墓勒所能到耳。

清・王文治《論書絶句》 吴下風華代有傳，一時文祝更翩翩。饒渠學盡鍾王格，不離聲聞小乘禪。

清・吴德旋《初月樓論書隨筆》 希哲狂草，雖云出自伯高、藏真，而略無遠韻，但可驚諸凡夫。

又 學趙松雪不得真蹟，斷無從下手。即有真蹟臨摹亦須先植根柢。昔之學趙者，無過祝希哲、文徵仲。希哲根柢在河南、北海二家。徵仲根柢在歐陽、渤海。

清・包世臣《藝舟雙楫》卷二 京兆如戎人呀布，不知麻性。

清・吴升《大觀録》卷一〇下《明賢詩翰姓氏》 書學自《急就》以逮虞趙，罔不得其結構。若羲、獻真行，懷素狂草，尤臻奥妙。

清・朱竹垞著、姚柳依編《静志居詩話》 六如居士畫，枝指生書，允稱絶品。

清・朱履貞《書學捷要》 古來書家，自明季邢、王、文、祝以上，從未有以羊豪弱筆之書，得傳後世者。

清・朱和羹《臨池心解》 祝京兆大草深得右軍神理，而時露傖氣。小草則頓宕純和，行間茂密，復豐致蕭遠，庶幾媲美褚公。

綜述

明・王世貞《藝苑卮言》卷五 天下法書歸吾吴，而祝京兆允明爲最，文待詔徵明王貢士寵次之。京兆少年楷法自元常、二王、永師、祕監、率更河南、吴興。行草則大令永師、河南、狂素、顛旭、北海、眉山、豫章、襄陽。靡不臨寫工絶。晚節變化出入，不可端倪。風骨爛熳，天真縱逸，直足上配吴興。它所不論也。唯少傳世，間有拘局未化者。又一種，行草有俗筆爲人譌寫亂真，頗可厭耳。待詔小楷師二王，精工之甚，惟少尖耳。亦有作率更者。少年草師懷素，行筆倣蘇、黄、米及《聖教》晚歲取聖教損益之，加以蒼老，遂自成家。唯絶不作草耳。王正書初法虞永興、智永，行書法大令，最後益以迺逸，巧拙互用，合而成雅，奕奕動人。文以法勝，王以韻勝，不可優劣等也。

傳記

明・朱謀垔《續書史會要》 祝允明，字希哲，號枝山，長洲人，徐武功甥也，弘治舉鄉闈，官應天府判。生而聰慧絶人，右手枝指，五歲作徑尺字，讀書過目成誦。以博學能文名重當時。

清・孫岳頒等《佩文齋書畫譜》卷四二《書家傳》 祝允明，字希哲，王世貞云：號枝山。長洲人，徐有貞外孫也。生而右手指枝，因自號枝指生。以舉人授興寧令，稍遷應天府通判，亡何乞歸。

《明史》卷二八六《祝允明傳》 祝允明，字希哲，長洲人。祖顥，正統四年進士。允明生而枝指，故自號枝山，又號枝指生。五歲作徑尺字，九歲能詩，稍長，博覽羣集，文章有奇氣，當筵疾書，思若湧泉。尤工書法，名動海内。

清・吴升《大觀録》卷一〇下《明賢詩翰姓氏》 公名允明，字希哲，長洲人。弘治壬子舉人，除興寧知縣，遷應天府通判，自免歸。卒年六十七。有《祝氏集略》。

紀事

明・祝允明《懷星堂集》卷一《書述目録》 秋日與客午食罷，客去席地而卧。既交關未息，喜怒亘懷。寐去易境，情隨見遷，寤而更追昔事，以爲真喜怒亦能知其安矣。時仰視庭下木陰過半，日加申矣。内外寂謐，悦懌無限。謂境加美加惡，咸不是適焉，世何負於人哉。廓然感荷，第未及坐忘耳。

又《題草書後》 予舊草書不甚慕山谷，比入廣，諸書帖皆不挈，獨《甲秀堂》一卷在，日夕相對甚熟，略不曾舉筆効之也。昨歸吳，知友多索書，因戲用其法，得者輒謂近之，亦大可笑也。此爲抑菴寫，寫過自視，殊不佳然，而抑菴亦且以爲好也，知如之何。時爲辛巳六月一日，在天津官舟雨中。

又《題草書後》 來索書者動粘數幅，欲誇人爲多得。遥望興殘，臨几手怒，安得而佳。及此卷趣高而筆偶乏，即用二文羊亂落墨爲之。乙酉年九月六十六歲書。

又《寫各體書與顧司勳後系》 僕學書苦無積累功，所幸獨蒙先人之教，自髫丱以來，絶不令學近時人書，目所接皆晉唐帖也。然不肖頑懶，略無十日力，今效諸家裁製，皆臨書以意搆之爾。知者乃或妄許爲能書，殊用愧恨而已。此在建康爲顧司勳所强，《黄庭》、《蘭亭》，急就章草，二王、歐、顔、蘇、黄、米、趙，追逐錯離。時迫歸程，無暇豫之興，又乏佳筆，只饒得孺子態耳。欲且捲去，司勳臨之，勢有不可，姑記日月爾。後倘有餘力，期書一二來，幸肯换之。

清・錢謙益《列朝詩集小傳》丙集 允明字希哲，長洲人。【略】五歲作徑尺字，九歲能詩。【略】海内索其文及書，贄幣踵門，輒辭弗見。

馬紹榮

傳記

清・孫岳頒等《佩文齋書畫譜》卷四一《書家傳》 馬紹榮，字宗勉，太倉人。慕范仲淹之爲人，號景范，蘇之常熟人。登天順壬午鄉舉，成化元年試書中選，授中書舍人，至太常寺少卿。與永嘉姜立綱並以能書名，姜善子昂，紹榮善宋克，爲一時宗。蔡羽《林屋集》。

紀事

明・朱謀垔《續書史會要》 與姜立綱同僚最久，姜善子昂，君善宋克。其陞少卿也，姜以布衣不得齊官，君告主爵者，願損一級與立綱齊，故馬得太常，姜得太僕。姜拜曰：吾固不能窺君際也。

徐霖

論説

明・何良俊《四友齋書論》 憲孝朝，李四涯與喬白巖用小篆，徐子仁宗玉筯，皆入妙品。此篆書之流派也。

明・王世貞《新刻增補藝苑卮言》卷一一 徐霖，字子仁，正、行俱精。雅好堆墨書，神采爛然，覺骨不勝肉耳。

明・周暉《金陵瑣事》卷二 徐子仁，九歲作大書，操筆成體。正書出入歐顔，大書初法朱晦翁，幾亂其真。後喜趙松雪，筆力遒勁，布搆端飭成一家書。至於篆字得法于異客，更造閫奥。西涯李相國，白巖喬太宰，時號篆聖，見則吐舌下之，曰吾輩不及吾輩不及。

明・何喬遠《名山藏列傳》 自前元趙孟頫亡書學遂微，篆法尤多失正，至周伯温始復振之。本朝李東陽遠續其緒子仁以其超穎之姿，躬詣堂室，蚤尚雄麗，晚益樸古拔俗，綽登神品。餘若真行，皆入精妙。碑板書師顔柳楷法，題榜大書師本朝詹孟舉，並絶海内。日本使臣得者什襲爲珍。

明・倪後瞻《倪氏雜著筆法》 徐子仁，號髯仙，錦衣使者。其人美髯，肅宗喜之，故號以此。其書緊腕，在蘇黄之間，當時指爲名筆，何也。

明・朱謀垔《續書史會要》 顧華玉云：自趙孟頫亡，書學遂微，篆

法尤失正，至周伯温始復振。本朝李文正遠續其緒，時則徐君子仁，直詣堂室，綽登神品。餘若真行皆入妙，碑板師顏柳，題榜大書師詹孟舉，並絶海內。王元美亦謂其篆可比周伯琦，豐存禮獨以爲如病水人擁腫垂命，得無過乎。

清・錢謙益《列朝詩集小傳》丙集　嘗得篆法於異人，李長沙見之曰：此周伯温之流，吾不及也。

清・孫岳頒等《佩文齋書畫譜》卷四二《書家傳》　篆法久微自周伯琦後，惟李文正東陽遠續其緒，霖躬詣堂室，蚤尚雄麗，晚益樸古，殆登神品。《松江志・寓賢傳》。

清・陸時化《吴越所見書畫録》卷二　徐子仁，姑蘇人，徙金陵。七歲能詩，九歲能書。善畫松竹、花草、蕉石。長而跅跎自放，精研六書，嘗得篆法於異人。日本使臣得其跡，珍襲爲至寶。李長沙見其書曰周伯温後一人。【略】子仁故長髯，上翦爲拂子，故字號髯仙。【略】卒年七十七。《名山藏》、《藝苑卮言》、《金陵瑣事》、《松江誌・寓賢傳》俱載之。余居所署紙牕竹屋，四字，是髯仙篆，高古絶倫。既朝夕瞻仰，今又見斯卷無體不備，即鍾王已如在目前，况以下乎。乙未夏五十日，聽松山人。

傳記

清・姜紹書《無聲詩史》卷二　徐霖，字子仁，先世長洲人，其祖以事謫戍南京，遂籍焉。子仁生而廣面長耳，體貌偉異，機神夙解，九歲大書輒成體，通國呼爲奇童。年十四補博士弟子員，督學御使每試必稱奇才。然任放不諧俗，忌刻者嘗側目視之，竟遭誣黜落。由是益博極羣籍，尤工詞翰，旁及篆書，並山水花卉無不臻妙。愛雲間之勝，自號九峯道人，或稱爲快園叟，或羨其美鬚髯，又呼爲髯仙。

清・徐沁《明畫録》卷六　徐霖，字子元，號九峯人，呼爲髯仙。其先吴人，徙金陵。七歲能詩，九歲能大書，操筆成體。

紀事

明・朱謀垔《續書史會要》〇　徐霖，字子仁，號九峰山人，別號髯仙，金陵人。能詩畫，善書，尤工《樂府》。正德末，上令填新曲，絶愛賞之，每幸其第，欲授以官，自陳不仕。

清・孫岳頒等《佩文齋書畫譜》卷四二《書家傳》　武宗南巡，召見行宫，兩幸其宅。子仁故長髯，武宗手剪之以爲拂子，因自號髯翁。《珊瑚網》。

周倫

論説

明・王世貞《弇州山人四部稿》　周尚書倫，崑山人。行書法豫章、吴興，至徑寸外頗遒勁，而蒼園不甚工。

明・朱謀垔《續書史會要》　周倫官尚書，行草得承旨筆意。

清・孫岳頒等《佩文齋書畫譜》卷四三《書家傳》　善大書，有眉山、豫章風骨。王世貞《吴中往哲像贊》。

又　康僖公性嗜書，善行草，今刑部壁有其書，識者謂似山谷。《崑山人物傳》。

傳記

清・孫岳頒等《佩文齋書畫譜》卷四三《書家傳》　周倫，字伯明，別

號貞菴，崑山人。弘治己未進士，官至南京刑部尚書，《列卿紀》云嘉靖己丑改刑部尚書。贈太子少保，謚康僖。王世貞《吳中往哲像贊》。

朱應祥

論説

明・朱謀垔《續書史會要》 善於行草。

清・姜紹書《無聲詩史》卷六 草書與張東海並爲時重。

清・徐沁《明畫録》卷七 法書工草法。

清・倪濤《六藝之一録》卷三六五《歷朝書譜》 書兼數家，遒勁有法度，尤長於題壁。《松江志》。

傳記

明・朱謀垔《續書史會要》 朱應祥，字岐鳳，號鳳山，晚號玉華外使，華亭人。領鄉薦，博學工詩。

陳沂

論説

明・朱謀垔《續書史會要》 書倣鍾元常。

清・孫岳頒等《佩文齋書畫譜》卷四二《書家傳》 沂書學蘇長公，旁及篆、隸、繪事，皆稱能品。《金陵瑣事》。

傳記

清・孫岳頒等《佩文齋書畫譜》卷四二《書家傳》 陳沂，初字宗魯，後字魯南，鄞人。正德十二年進士，改庶吉士，除編脩，嘉靖中以行太僕卿致仕。少好蘓氏學，自號曰小坡，與顧璘、王韋稱金陵三俊。《珊瑚網》。

陳芹

論説

明・朱謀垔《續書史會要》 郡守姚汝循評其詩清婉幽澹，有陶韋風。小楷則鍾元常入室弟子，尤工寫生，於竹特妙。在本朝當是王孟端後一人，時以爲確論。

清・孫岳頒等《佩文齋書畫譜》卷四三《書家傳》 陳芹寫章草亦斐然。《詹氏小辨》。

又 子野法鍾、王，後逸可愛。《金陵瑣事》

傳記

明・朱謀垔《續書史會要》 陳芹，字子野，金陵人。嘉靖甲午領鄉薦，屢上春官不第，乃往來天台攝山，日與緇黃爲方外遊。後尹奉新三上書求歸。

紀事

清・孫岳頒等《佩文齋書畫譜》卷四三《書家傳》　起邊笛閣、五柳齋于秦淮水上，日與儕輩臨流觴咏。

唐寅

論説

明・朱謀垔《續書史會要》　唐寅，字伯虎，更字子畏，書法趙文敏。

清・顧復《平生壯觀》卷五　六如書不事臨池，而性成秀發。先君好而習之，語人曰：惟其不蹈襲前人矩度，所爲優人聖域也。

清・徐沁《明畫録》卷三　工詩文，尤精書畫。

清・孫岳頒等《佩文齋書畫譜》卷四二《書家傳》　伯虎書入吴興堂廡，差薄弱耳。《弇州山人稾》。

傳記

清・孫岳頒等《佩文齋書畫譜》卷四二《書家傳》　唐寅，字伯虎，更字子畏，吴人。戊午試應天府，録爲第一人。往會試時，有富子載與俱北。既入試，有仇富子者抨於朝，言與主司有私，并連子畏，黜，掾於浙藩，歸心佛氏，自號六如，治圃舍北桃花塢，日般飲其中。祝允明《唐子畏墓志》。

文徵明

論説

明・何良俊《四友齋書論》　正書祖鍾太傅，用筆最古，至右軍稍變遒媚，【略】惟趙松雪、文衡山小楷直迫右軍，遂與之抗行矣。

又　自衡山出，其隸書專宗梁鵠，小楷師《黄庭經》，爲余書《語林序》、《全學聖教序》。又有其《蘭亭圖》上書《蘭亭序》，又咄咄逼右軍。乃知自趙集賢後，集書家之大成者衡山也。但見其應酬草書大幅，遂以爲枝山在衡山上，是見其杜德機也。枝山小楷亦臻妙，其餘諸體雖備，然無晉法，且非正鋒，不逮衡山遠甚。

明・王世貞《新刻增補藝苑卮言》卷五　文待詔小楷，時時出偏鋒，固不特京兆，何損法書。

明・王世貞《弇州山人四部稿》　古隸在明世殊寥寥，聞雲間陳文東頗合作，然未之見也。獨文太史徵仲，能究遺法於鍾梁，一掃唐筆。徵仲恒自負隸法則不讓古人，而歉於篆。然余得其《千文》一本，亦在吴興堂廡也。陳道復作篆不甚至經心，而自有天趣。王禄之差有準繩，亦善配合周公瑕亦自熟，不免率易。吴向游青州，有高唐、齊東二王者，深於玉筋及大小篆，皆名筆也。

明・莫雲卿《評書》　文太史具體《黄庭》，而起筆尖，微病在指腕雖嚴端不廢，未見翩戣磊落之姿。【略】數公而下，吴中皆文氏一筆書，初未嘗經目古帖，意在傭作，以筆札爲市道。豈復能振其神理，托之豪翰，圖不朽之業乎。

明・屠隆《書家評》　文徵仲以法勝，王履吉以韻勝。然文之書畫，有親藩中貴及外國人，雖遺以隋珠趙璧，而欲購片紙隻字，平生必不肯應。此文之名益重于世。宋仲温、仲珩當與王、文並駕，之四子者，亞于祝者也。

明・項穆《書法雅言》 文氏父子，徵仲學比子昂，資甚不逮，筆氣生尖，殊乏蘊緻。小楷一長，秀整而已。

明・董其昌《畫禪室隨筆》卷一 文待詔學智永《千文》，盡態極妍則有之，得神得髓，概乎其未有聞也。嘗見吳興臨智永，故當勝。

明・趙宧光《寒山帚談・力學》 文待詔真楷之于黄庭帖，行書之于太宗帖，大草之于山谷書。

又《評鑒》 閱名家書須識其來歷，古帖無論矣。如吾吳文氏父子，待詔出于太宗，而目爲右軍者，是截其血脈也。

明・倪後瞻《倪蘇門書法論》 文徵明，長洲人，其書趙子昂《歸田賦》，用筆雖勁，所乏者變化生動之氣。

又 徵明先生每日清晨寫楷書《千文》一遍，然後會客作務，終身不間。此亦執筆貴熟，不可少間之意也。

明・周之士《書家評》 國朝書家自京兆而後，當推徵仲擅代。楷法出之右軍，圓勁古淡，雅不落宋齊蹊徑，法韻兩勝人也。

明・朱謀垔《續書史會要》 小楷、行草深得智永筆法，大書倣涪翁尤佳。評者云如風舞瓊花，泉鳴竹澗。

清・錢謙益《列朝詩集小傳》丙集 先生詩文書畫，約略似趙文敏，嘉之所擬，庶幾無愧辭。

清・馮班《鈍吟書要》卷三四 近文太史學趙，去之如隔千里，正得他不好處耳。

清・孫岳頒等《佩文齋書畫譜》卷四二《書家傳》 文徵明名壁，以字行，更字徵仲，長洲人。以世本衡山，號衡山居士。貢至京師，授翰林待詔。少拙於書，刻意臨學，亦規模宋元，既悟筆意，遂悉棄去，專法晉唐。其小楷雖自《黄庭》、《樂毅》中來，而温純精絶，虞褚而下，弗論也。隸書法鍾繇，獨步一世。生平雅慕趙文敏，公每事多師之。論者謂詩文書畫雖與趙同，而出處純正，若或過之。文嘉《行略》。

又 公於書未嘗苟且，或答人簡札，少不當意，必再三易之不厭。故愈老而愈益精妙，有細入豪髮者，或勸其草次應酬，曰吾以此自娱，非爲人也。李文正公東陽以篆自負，及見公隸，曰：吾之篆，文生之隸，蔑以加矣。黄佐《衡山文公墓誌銘》。

又 徵仲常自負隸法，則不尚古文，而歉於篆。然余得其《千文》一本，亦在吳興堂廡也。《藝苑卮言》。

又 文太史自書所作七言律，皆閑牕日課，乃爾端謹，如對客揮毫，不以耗氣。應想見前輩風流。《容臺集》。

清・陳玠《書法偶集》 衡山少從吳文定公游，遂學蘇書。

清・張照《天瓶齋書畫題跋・跋文待詔書》 書著意則滯，放意則滑，其神理超妙，渾然天成者，落筆之際，誠所爲不居内外及中間也。文待詔書不爲董香光所重者，正以著處滯而放處滑也。然用力久矣，其滯也其沈著，其滑也其流麗，即其病處，已談何容易。

清・梁巘《評書帖》 祝、文、董並稱。董藴藉醇正，高出餘子。祝氣骨過董，而落筆太易，連筆微硬，遜董一格。文書整齊，少嫌單弱，而温雅圓和，自屬有養之品。

又 衡山書單，文衡山好以水筆提空作書，學智永之圓和清藴，而氣力不厚勁。晚年作大書宗黄，蒼秀擺宕，骨韻兼擅。

又 衡山小楷，初年學歐，力趨勁健，而板滯未化。

清・蔣和《學書雜論》 文待詔作隸任意屈曲，但求平滿。宜今人以篆體、楷書雖作隸字筆法，稱能事也。

清・錢泳《履園叢話》卷一一上《書學》 余謂文衡翁老年書，亦染色山谷之病，終遜於思翁。沈石田無論矣。

清・吳德旋《初月樓論書隨筆》 蓋勝國時，萬歷以前書家，如祝希哲、文徵仲之徒，皆是吳興入室弟子。徵仲晚年學山谷，便一步不敢移動，正苦被吳興籠罩耳。

清・朱竹垞著、姚柳依編《静志居詩話》 先生人品第一，書畫詩次之。【略】先生作畫最勤，兼畫必留題。予嘗見所寫朱竹，既以朱書題詩其上。

清・朱和羹《臨池心解》 偏鋒、正鋒之説，古來無之。【略】文待詔、祝京兆亦時藉以取態，何損耶。若解大紳、馬應圖輩。縱盡出正鋒，何救惡札。

又 明楷以文衡山爲第一。

綜述

清・姜紹書《無聲詩史》卷二　文衡山先生者，長洲人。初名璧，字徵明，故信國公裔也。避祖諱，以字行，更字徵仲。十六而父溫州公林歿於官，郡僚合數百金賻，卻之曰：孤不欲以生汙逝者。既補諸生，下帷讀書，而弄筆和墨，旁及他藝。其所嚴事者吴尚書寬，李太僕應禎、沈先生周，而友祝允明、唐寅、徐禎卿。吴徐工古文歌詩，吴又能書；李祝工書，祝又能古文歌詩，沈唐工畫，又能歌詩；而皆推讓先生。先生楷書師二王，古隸師鍾太傅，畫師龍眠、吴興，尤精絶，詩得中晚唐格外趣，獨於科舉文取達而已，而試亦不利。及貢，而臺使者薦之，試吏部，得翰林待詔，預修史，史成，賜金幣。年九十而卒。卒時猶爲人書志石，停筆翛然若蝶化者，人以爲仙去不死也。

傳記

明・王穉登《吴郡丹青志》　文先生名璧，字徵明，後以字行，更字徵仲。金昌世家，奕葉簪組，弱齡雋茂，蜚聲公卿間，好古篤修，大雅君子。書名雄天下。由諸生薦爲翰林待詔，未幾謝歸，逍遥林谷。

清・錢謙益《列朝詩集小傳》丙集　徵明，初名璧，以字行，更字徵仲，長洲人。以諸生歲貢入京，用尚書李充嗣薦，授翰林院待詔。

清・徐沁《明畫録》卷三　文徵明，初名璧，後以自行，更字徵仲，號衡山，長洲人。由諸生薦爲翰林待詔，工詩文書畫。後薦修國史，乞歸，壽九十，私謚貞獻先生。

紀事

清・孫岳頒等《佩文齋書畫譜》卷四二《書家傳》　徵明初游郡學，時學官以嚴厲束諸生，辨色而入，張燈乃散。諸生皆飲噱嘯歌，壺弈消晷。徵明獨臨寫《千文》日以十本爲率，書遂大進。《明詩録》。

著録

清・吴升《大觀録》卷一〇下《明賢詩翰姓氏》　以清名長德，主中吴風雅之盟者三十年。年九十方爲人書志石，未竟，欠伸閣筆，端坐而逝。私謚貞憲先生。

明・朱謀垔《續書史會要》　刻有大小《停雲帖》行於世，蓋雙鈎之極精者。

張黻

論説

明・朱謀垔《續書史會要》　行草、隸書咸入神妙。

清・孫岳頒等《佩文齋書畫譜》卷四〇《書家傳》　書學陳文東，勁健有法。《松江志》。

傳記

明・朱謀垔《續書史會要》 張黻，字孟著，松江人，以楷書授中書舍人，後陞禮部員外郎。

李夢陽

論説

明・朱謀垔《續書史會要》 四書倣顔魯公。

清・孫岳頒等《佩文齋書畫譜》卷四二《書家傳》 王世貞云：嘗見李先生寫七尺碑，大有顔平原筆。王世貞《國朝名賢遺墨跋》。

傳記

清・吴升《大觀録》卷一〇下《明賢詩翰姓氏》 公名夢陽，字獻吉，扶溝人。弘治癸丑進士。爲郎時彈壽寧侯繫獄，旋釋之，劉瑾專恣，公代韓尚書文草疏劾奏，坐姦黨致仕。起江西提學副使，爲臺長訐奏罷官。著《空同子集》。

景暘

論説

明・朱謀垔《續書史會要》二 善行楷，後師周伯琦，小篆頗得風骨。

清・錢謙益《列朝詩集小傳》丙集 善書，初工真、行，後師周伯琦，小篆頗得風骨。

清・孫岳頒等《佩文齋書畫譜》卷四二《書家傳》 工行書，尤善小篆，與周伯琦埒。爲文以意勝，詩蕭散有致。焦竑《澹園集》。

劉麟

論説

明・祝允明《懷星堂集》卷一《書述目録》 徐、劉與吴，并馬刑部、蕭黄門愈顯，亦皆師模宋元之撰而已。於中劉無一筆失步，亦可嘅舍文武而攀成康。

清・孫岳頒等《佩文齋書畫譜》卷四三《書家傳》 書法宗羲、獻，尺牘片簡，人争寶之。李默《劉南坦小傳》。

又 劉司空書，醇、古、簡，足可砭今人好奇作異之病。《墨林快事》。

傳記

明・朱謀垔《續書史會要》 劉麟，字元瑞，江西安仁人。弘治進士，由刑部主事積官至工部尚書，謚清惠。性清慎，不苟取予。守紹興，以忤逆瑾掛冠去，隱居吴興之南坦，教授生徒，學者呼南坦先生。善行草。

顧璘

論説

明・朱謀垔《續書史會要》 善行草，筆力高古。

清・孫岳頒等《佩文齋書畫譜》卷四二《書家傳》 華玉書翩翩有晉人意。《弇州山人稾》。

又 東橋真草皆清澈可愛。《金陵瑣事》。

傳記

清・孫岳頒等《佩文齋書畫譜》卷四二《書家傳》 顧璘，字華玉，上元人。舉進士，方弱冠，敏瞻嗜學，多交名侶。嘉靖中，爲南京刑部尚書。詩篇清麗，文辭雅質，多傳於世。《名賢遺墨》。

陸深

論説

明・王世貞《弇州山人四部稿》 陸文裕深少時作小楷精謹，自謂有《黄庭》遺教意。然不能離趙吴興也。行、草法李北海，而亦出入吴興。

明・莫雲卿《評書》 吾鄉陸文裕子淵，全倣北海，尺牘尤佳。人以吴興限之，非篤論也。

明・董其昌《畫禪室隨筆》卷一 吾鄉陸宫詹以書名家，雖率爾作應酬字，俱不苟且，曰即此便是學字，何得放過。陸公書類趙吴興，實從北海入。有客每稱公似趙者，公曰：吾與同學李北海耳。

明・朱謀垔《續書史會要》 善真、行、草書，俱法趙文敏。

清・錢謙益《列朝詩集小傳》丙集 工書，倣李北海、趙承旨。品隲古今，賞鑒書畫，博雅爲詞林之冠。

清・孫岳頒等《佩文齋書畫譜》卷四三《書家傳》 書法妙逼鍾王，比於趙松雪，而遒勁過之。夏言《桂洲文集》。

又 唐錦《儼山陸公行狀》云：國初吾松多以書學名天下，久已絶響。公近奮起，遂凌轢前人而處其上。張電以書學際遇，實出公所指授。識者謂公趙文敏後一人，非諛詞也。《龍江集》。

又 陸文裕自言：吾與吴興同師北海，海内人以吾爲取法於趙。是意不安於趙也。究論其風力，實出吴興之上。《莫廷韓集》。

又 陸宫詹以書名家，雖率爾作應酬字，俱不苟且。曰即此便是學字，何得放過。董其昌《畫禪室隨筆》。

又 陸深真、草、行書如鐵畫銀鉤，遒勁有法。頡頏北海，而伯仲子昂，一代之名筆。《雲間志略》。

清・朱竹垞著、姚柳依編《静志居詩話》 正書似乎顔尚書，行書似

李北海。莫雲卿之論，謂風力實出趙吴興之上。自董尚書墨蹟盛行，而儼山遂爲所掩，然尚書論書法推爲正宗。世有張懷瓘，估直未必定取董而遺陸也。

著録

清・永瑢等《四庫全書總目》卷一一四 《書輯》三卷，明陸深撰。深有《南巡日録》，已著録。是書分爲六篇。一曰《述通》，二曰《典通》，三曰《釋通》，四曰《筆論》，五曰《體位》，六曰《古今訓》，凡所採用諸書，皆臚列於首，而復以《法帖源流》一篇附于後。嘗自書勒石。

清・周中孚《鄭堂讀書記》卷四八 《書輯》三卷，明陸深撰。《四庫全書》存目。儼山以前代書家之論著，大抵文過其質，寡要約焉。因就羣書中微辭奥義，獵取牽連，使之成篇。分爲《述通》、《典通》、《釋通》、《筆論》、《體位》、《古今訓》六目，而次第其所傳碑帖于末。所以擥百氏之菁華，示一藝之途轍，使後來求方圓于規矩，將由下學而上達也。又嫌其不著書名，似爲己出，故列引用書目于首。又冠以自序，并跋其後。

浦澤

論説

明・朱謀垔《續書史會要》 少與張電學書于陸文裕，晉唐名帖無不縱觀摹臨，窮古人波磔之妙，自學著名一時。

傳記

清・孫岳頒等《佩文齋書畫譜》卷四二《書家傳》 浦澤，字時濟，號小癡，上海人。有慕逸民之風，終身不娶，以能書著名一時。《松江志》。

紀事

明・朱謀垔《續書史會要》 喜任俠，嘗遨遊吴燕趙之間。晚歸兟廛僻所，設一榻，横一破琴，左列圖書與夙昔所嗜帖百卷，偃仰其中。醉則安枕，或一二日不起。平生嗜酒，又喜睡，故里人呼爲小癡，又呼爲晏眠人。

張電

論説

明・王世貞《弇州山人四部稿》 張電，上海人。以書直内閣，至禮部左侍郎，得幸世宗。電書極圓熟妍美。所取顯重者，僅姜氏體耳。吾吴郡書名聞海内，而華亭獨貴。沈度至學士，粲初起翰林，至大理少卿。張天駿至尚書，電至侍郎。時人語曰：前有二沈，後有二張。又吴興有凌晏如者，以書授中舍，遷吏科都給事中，右僉都御使。余見其臨《洛神賦》、《金剛經》俱有法。

明・朱謀垔《續書史會要》五 學書于陸文裕，能通其祕。筆法宗李北海，而規摹沈氏，首爲楊邃菴、夏桂州所稱。

清・孫岳頒等《佩文齋書畫譜》卷四三《書家傳》 書宗李北海，有煙飛霧結之形。楷字以二沈爲模，亦稱妙品。夏文愍公見其書而賞之，以儒士薦於朝。《松江志》。

又 電書極圓熟妍美，所取顯重者，特姜氏體耳。《藝苑卮言》。

傳記

明・朱謀垔《續書史會要》 張電，字文光，號寅山，上海人。【略】受知于上，初以薦入史館，累官至禮部侍郎。太廟額，九廟神位及玉册寶軸，皆出其手。

紀事

清・孫岳頒等《佩文齋書畫譜》卷四三《書家傳》 張電以布衣入都，受知世廟，其得君甚專。嘗命書古賦一篇，電書完即歡飲大醉，上遽召内侍掖之而行。上視所書賦甚悦，見其醉狀，連呼酸子而已，遣之歸。

著録

明・朱謀垔《續書史會要》 世所傳者，有《消痞帖》。

陳淳

論説

明・王世貞《弇州山人四部稿》 陳淳道復，以字行。正書初從文氏，欲取風韻，遂成媚側。行書出楊凝式、林藻老筆，縱横可賞，而結構多疎，亦南路之濫觴也。

明・王穉登《吴郡丹青志》 天才秀發，下筆超異，畫山水師米南宫、王叔明、黄子久，不爲效顰學步，而蕭散閒逸之趣，宛然在目。出其餘作草篆，幽勝可觀。

明・項穆《書法雅言》 高陽道復，僅有米芾之遺風。

明・趙宧光《寒山帚談・力學》卷上 陳復甫學芾之蒼古，而失其圓妙。

又《法書》 書道與時高下，古今未暇爲之品別，亦陳言具在，無俟添足。國朝獨鍾于吾吴，又同起于武世二廟，如祝、文、王、陳四君子者，後先不過一甲子中，盡一時之盛。前乎此者，猶之舜、禹、周、孔未生之初，未始無聖善，要不能擔當一代師表，無蹟可求而耳。京兆大成，待詔淳適，履吉之韻逸，復甫之清蒼，皆第一流書，何後世求全，漫譏祝野，文時，王拘，陳縱，將概千古責備一人，非公論也。謂祝得魏肉，文得晉腴，王得晉脈，陳得唐宋而下筋骨，惜乎不及頭目髓腦。如是判斷，便不能爲之曲蔽矣。若前朝二沈，後代兩文，以及徐、李、吴、黄，各擅偏長。雁門亞祝，姬水亞王，其他非所比論矣。

明・朱謀垔《續書史會要》 善草、隸，亦能花鳥，作没骨圖，妙絶當世。

清・徐沁《明畫録》卷六 善詞翰，尤工草篆。

清・孫岳頒等《佩文齋書畫譜》卷四二《書家傳》 道復正書，初從

文氏，欲取風韻，遂成媚側。行書出楊凝式，林藻老筆，縱横可賞。《藝苑卮言》

又 陳淳小篆，瀟灑而勁。《詹氏小辨》

清・吴升《大觀録》卷一〇下《明賢詩翰姓氏》 工古、篆、正、行出入南宫、北海閒，而結體逾大愈見精能，聲價亦推重。

傳記

明・朱謀垔《續書史會要》 陳淳，字道復，號白陽山人，吴縣人，國子生。

清・孫岳頒等《佩文齋書畫譜》卷四二《書家傳》 長洲之大姚村人，從太史衡山文公遊，涵揉磨琢，器業日進。凡經學、古文詞章、書法篆籀、書、詩咸臻其妙，稱入室弟子。巡撫都御史陳公，知君精於篆法，開館禮聘，俾書五經周禮，鏤板置學，名益大震。《張寰白陽先生墓志銘》

顧應祥

論説

明・朱謀垔《續書史會要》 善行、草，人謂其詩文似白太傅，奏表似蘇文忠，筆札似趙文敏。

又 評者謂其詩如白少傅，書法趙吴興。夷然不屑也。

清・孫岳頒等《佩文齋書畫譜》卷四三《書家傳》 書似趙吴興。《弇州山人稾》

傳記

明・朱謀垔《續書史會要》 顧應祥，字惟賢，號箬溪，長興人。弘治進士，歷官刑部尚書。

何景明

論説

明・朱謀垔《續書史會要》 善書，評者云其欲效顔體，而未脱去怒張之勢。

清・孫岳頒等《佩文齋書畫譜》卷四二《書家傳》 景明書倣李長沙，而指小滯。王世貞《國朝名賢遺墨跋》

傳記

明・朱謀垔《續書史會要》 何景明，字仲默，號大復山人，信陽人。弘治進士，官至學憲。

紀事

明・朱謀垔《續書史會要》 先生性高潔，不妄交游。錢寧持古畫求題，欲因以結納，先生竟拒之。

陳鑑

論說

明·朱謀垔《續書史會要》 作大字勁健奇古，當代珍之。議者云，行筆圓熟，特乏風采。

清·孫岳頒等《佩文齋書畫譜》卷四一《書家傳》 鑑日臨褚，摹禊帖，故似之。而原本過佻，不若魯男子之善學耳。《弇州續稾》。

又 平居無聲色之好，好止藏書并古書畫器物而已。爲文才贍而氣完，善筆札，臨摹古人真蹟，殆不可辨。《匏翁家藏集》。

傳記

明·朱謀垔《續書史會要》 陳鑑，字緝熙。與天全友善。未仕時嘗曰：吾得爲錢塘令足矣。及第，爲祭酒，有大名。

楊慎

論說

明·王世貞《弇州山人四部稿》 楊脩撰慎，伏膺吴興，而運筆蹇滯，指若木强者，亦頗自任。

明·朱謀垔《續書史會要》 尤精書學，有《墨池瑣録》行于世。書法趙魏公。

清·孫岳頒等《佩文齋書畫譜》卷四二《書家傳》 慎以博學名世，書亦自負吴興堂廡。王世貞《國朝名賢遺墨跋》。

傳記

明·朱謀垔《續書史會要》 楊慎，字用修，號升菴，成都新都人。狀元及第，國朝稱博學第一人。所著書百餘種。

紀事

清·倪濤《六藝之一録》卷三六八《歷朝書譜》 楊慎，字用修，新都人。正德辛未舉會試第二，廷試第一，授翰林修撰。兩上《議大禮疏》，謫戍雲南。嘗醉。胡粉傅面，作雙丫髻插花，諸伎擁之，遊行城市。諸酋以精白綾作裓，遺諸伎服之。酒間乞書，醉墨淋漓，諸酋輒購歸，裝潢成卷。《蜀志》。

著録

清·永瑢等《四庫全書總目》卷一一二 《墨池瑣録》四卷，明楊慎撰。慎有《檀弓叢訓》，已著録。王世貞《名賢遺墨跋》曰：慎以博學名世，書亦自負吴興堂廡。世傳其謫戍雲南時，嘗醉傅胡粉，作雙髻插花，伎擁之遊行城市。或以精白綾作裓，遺諸伎服之。酒間乞書，醉墨淋漓。人每購歸，裝潢成卷。蓋慎亦究心書學者。此書頗抑顔真卿，而謂米芾行不逮言。至趙孟頫出，始一洗顔柳之病，直以晉人爲師，右軍之後，一人而已。與王世貞吴興堂廡之説合。知其確出慎手。中間或採舊文，或抒己

意，往往皆心得之言。其述張天錫《草書韻會》源流，及小王破體書，亦兼有考證。至漢司隸楊厥碑達字之類，偶爾踈謬者，已駁正於洪适《隸釋》條下，茲不具論云。

清・周中孚《鄭堂讀書記》卷四八 《墨池瑣録》二卷，明楊慎撰。《四庫全書》著録作四卷，《明史・藝文志》作一卷，蓋據所見本各異也。是編乃其論書之語，或述前言，或綴己見，頗抑顔魯公、米海岳，而推趙松雪爲得晉人法則，其景行可知矣。蓋學焉而得其性之所近，未可是而遽詬及唐宋大家也。然升庵之學甚博，書中亦頗有所考證，亦殊確當，而失之疏謬者，亦時有之。

又《書品》一卷 明陽慎撰。《明史・藝文志》著録升庵《墨池瑣記》所載論書之説，已詳哉其言之矣。乃復作此書以尚論古之人，凡四十三則，頗有道著是處。惟朱文公學曹操書，及涪陵有張桓侯書二則，恐不免失之誣耳。至末一則説元朝番書，似類草澤迂生之見，雖不存可也。

詹仲和

論説

明・朱謀垔《續書史會要》 行草法趙文敏公，一點一畫，必有祖述。自云刻意書學五十餘秋，心記腹畫，方悟旨趣。嘗以子昂款式落之，識者卒不能辯。但評者云其不喜正鋒，兼乏勁氣，如山林老儒，舉止殊俗。使之應時處變，則不免于迂腐耳。

清・孫岳頒等《佩文齋書畫譜》卷四二《書家傳》 書師王右軍《樂毅論》、《東方朔贊》及趙子昂《度人經》、《金丹四百字》、《七觀》、《焦君碣》諸帖皆逼真，年七十餘，燈下作小楷如蠅頭，遒勁可法。兩京俱有碑刻，人皆珍焉。僖名動公卿，而亢潔自好，終不屑丐一官，人以是益重之。張時徹《寧波志》。

又 仲和法趙承旨，幾得其十志之七，但筆法不精，偏鋒一律，不能生變。《詹氏小辨》。

清・姜紹書《無聲詩史》卷二 書仿趙吴興，酷似之。

紀事

明・王世貞《弇州山人四部稿》 倣趙吴興體，酷似之。嘗作贋書以鬻，又別作李懷琳、楊補之，得盲兒價甚夥。

豐坊

論説

明・王世貞《弇州山人四部稿》 豐吏部道生，初名坊。家蓄古碑刻既富，一一臨摹，自大小篆、古今隸、章草、草、行，無不明了。而筆頗滯，不能稱意。若遇其中年得意處，殘篇小碣，驟見之，必以爲古人也。

明・屠隆《考槃餘事》 豐吏部坊，改名道生。自負書藪，第形樸既不美觀，加之狼戾難親，踪跡永絶。

明・項穆《書法雅言》 希哲、存禮，資學相等，初範晉唐，晚歸怪俗，競爲惡態，駭諸凡夫。所謂居夏而變夷，棄陳而學許者也。然令後學知宗晉唐，其功豈少補邪。

明・董其昌《容臺別集》卷二《書品》 懷素《自叙帖》真跡，嘉興項氏以六百金購之朱錦衣家。【略】本朝素書鮮得宗趣，徐武功、祝京兆、張南安、莫方伯各有所入，豐考功亦得一班。然狂怪怒張，失其本矣。

明・朱謀垔《續書史會要》 善書翰，屢評國朝書法。其草書自晉唐而來，無今人一筆態度。唯喜用枯筆，乏風韻耳。李子藎評其《甘露帖》，

特入神品，惜未之見。

清・徐沁《明畫録》卷四　博學能書。

清・孫岳頒等《佩文齋書畫譜》卷四三《書家傳》　書學極博，五體並能，諸家自魏晉以及國朝，靡不兼通。規矩盡從手出，蓋工於執筆者也。已故其書大有腕力，特神韻稍不足。《詹氏小辨》。

又　豐考功晚痺而趺株連臂，於書不無少妨。《徐文長集》。

又　坊家藏古碑刻甚富，臨摹亂真，爲人撰定法書，以真易贋，不可窮詰。《鐵網珊瑚》。

清・倪濤《六藝之一録》卷三六九《歷朝書譜》　詩有别才，書學亦有才。即如豐考功、祝京兆二公，俱以書稱。豐見帖爲最富，功夫爲最深，祝之模擬，似所不逮。而書跡輒過豐者，祝才勝也。

《明史》卷一九一《豐坊傳》　博學工文，兼通書法，而性狂誕。

清・沈曾植《海日樓札叢》　豐考功篆書豐考功篆書唐人《早春》詩屏，余從論古齋得之，索價六十金。留余齋中兩月，雅根不濟，乃以歸穆琴。奇蹟也。體用三體石經懸鍼法，而筆力峻絶。

紀事

清・錢謙益《列朝詩集小傳》丙集　家藏古碑刻甚富，臨摹亂真，爲人撰定法書，以真易贋，不可窮詰。

著録

清・永瑢等《四庫全書總目》卷一一二　《書訣》一卷，不著撰人姓名，《明史・藝文志》亦未著録。案書中稱其十世祖名稷，曾祖名慶，祖名耘，考名熙，則當爲嘉靖間鄞人豐坊所作也。坊有《古易世學》已著録。其平生好作僞書，妄謬萬端，至今爲世詬厲。然於書法則有所心得。故《詹氏小辨》曰：坊爲人逸出法紀外，而書學極博，五體並能。諸家自魏晉以及國朝，靡不兼通。規矩盡從手出，蓋工於執筆者也。以故其書大有腕力，特神韻稍不足。朱謀垔《書史會要》亦曰：坊草書自晉唐而來，無今人一筆態度。惟喜用枯筆，乏風韻耳，是編皆論學書之法，而尤注意於篆籀。又排比古今能書之家，評其次第。其論顔真卿，獨推其擘窠題署第一，而詆《東方朔贊》、《多寶塔頌》爲俗筆。又貶蘇軾以肉襯紙，甚有俗氣。於楷法僅取其《上清儲祥宫碑》等三種。務爲高論，蓋猶其狂易之餘態。要亦各抒己見，固與無實大言者異矣。

王寵

論説

明・何良俊《四友齋書論》　衡山之後書法當以王雅宜爲第一，蓋其書本於大令，兼之人品高曠，故神韻超逸，迥出諸人之上。

明・莫雲卿《評書》　王貢士盤旋虞監，而結體甚疎，雖爛然天真，而精氣不足，晚年行法，飄飄欲仙。

明・趙宧光《寒山帚談・法書》　近代吴中四家並學二王。行草仲温得其蒼，希哲得其古，徵仲得其端，履吉得其韻。一于蒼則蕪，一于古則野，一于端則時，一于韻則蕩。四者皆過也。能漸其髓，四病皆可勿藥，而治偏則無有不爲膏肓之患者。何謂。髓處其中以潤澤四肢，如心爲王，百骸聽令，内有所主，故變化不窮。非若後世集于一家而不能化，或效顰雜態以相惑。識者見之，幾乎欲嘔。

明・李日華《六研齋筆記》卷二　王履吉書法歐虞，風神奕奕。詩公古選，絶無凡調。然未嘗以畫名也。余近得見一幅，散筆翛灑，實兼大癡、雲林兩家韻味度。乃知高流胸中，未易窺測。

明・倪後瞻《倪氏雜著筆法》　王寵，字雅宜，蘇州貢士。其書古質，但時露稚態，臨帖未熟也。

明・周之士《書家評》 王履吉、宋仲温、宋仲珩次之，陸子淵、豐考功。沈華亭、徐元玉、李禎伯又其次者也。至若詹希元、吴寬、楊士奇、黄翰、張天駿、陳白沙、胡文穆、楊升菴、陳道復、周公瑕、羅洪先、王穀祥、文嘉、莫雲卿、俞允文者輩，亦自赫赫取名一時，雖各具一長，然而質既鈍滯，學復不能兼通，求其備衆善，追跡古人則已難矣。

明・朱謀垔《續書史會要》 初竊寀大令，後脱去怒張之勢，漸入圓融，楷書卓然稱一時之妙。自云業已升堂，尚未入室，惜靳其天年，未入化境。邢侗云：斯人可起，余將執鞭。蓋慕其書法如此。

清・馮班《鈍吟書要》卷三四 學古人書，不可失其本趣。如近世王履吉，書行草，學孫過庭，全失過庭意。正書學虞，全不得虞筆。虞云先臨《告誓》，後寫《黄庭》，《夫子廟堂碑》全似《黄庭》。履吉不知也。過庭與右軍殆無別矣。履吉多險怪，全無右軍體，《白雀帖》尤惡。

清・姜紹書《無聲詩史》卷二 書法出入晋唐，詩亦清新絶俗，與祝京兆、文太史、唐六如齊名。惜年僅四十卒，倘躋於上壽，其揮灑當與文沈諸公争坐也。

清・孫岳頒等《佩文齋書畫譜》卷四二《書家傳》 書始摹永興、太令，晚節稍稍出己意。以拙取巧，婉麗遒逸，爲時所趣。幾奪京兆價。王世貞《吴中往哲像贊》。

又 衡山之後，書法當以王雅宜爲第一。蓋其書本於大令，兼之人品高曠，故神韻超逸，迥出諸人上。何良俊《四友齋叢説》。

清・陳玠《書法偶集》 王雅宜書頗有生致，不爲諸公柔熟俗派，多有可觀。

又 義門論書法，頗不滿於勝國諸家。論王履吉云：雅宜書頗學虞世南，然所臨摹者，不過翻本《廟堂碑》往往失之于鈍，由其參證少也。

《明史》卷二八七《王寵傳》 行楷得晋法，書無所不觀。

清・顧復《平生壯觀》卷五 先君述董文敏論書曰：氣爲最，勢次之，筆斯下矣。余觀明世人書，皆以筆尖作楷，秃筆成形，亦得擅名于時。王履吉沈着雄偉，多力豐筋，得氣得勢，非公而誰。故明之中葉，書家祝、王并稱，有以也。

陳欽

論説

明・朱謀垔《續書史會要》 字跡遒勁，世珍愛之。

清・孫岳頒等《佩文齋書畫譜》卷四一《書家傳》 自菴工書，寶愛之。顧起元《客座贅語》。

王同祖

論説

明・王世貞《弇州山人四部稿》 正、行具體而微。

明・朱謀垔《續書史會要》 善行、草，結搆潤密，波瀾焕發，不減古人。

清・孫岳頒等《佩文齋書畫譜》卷四二《書家傳》 善草、隸。《弇州續稾》。

傳記

明・朱謀垔《續書史會要》 王同祖，字繩武，號飛泉道人，又號前峰崑山人，官翰林。

王問

論說

明·王世貞《弇州山人四部稿》 無錫王問有高名，作行草及署書本無所師承，而風骨遒勁，渴筆縱體，往往與高相藏《醉翁亭記》法同。

明·朱謀垔《續書史會要》 自謂徑丈大字，至老有進。

清·孫岳頒等《佩文齋書畫譜》卷四三《書家傳》 問有高名，作行草及署書無所師承，而風骨遒勁，渴筆縱體，往往與《醉翁亭記》法同。《藝苑卮言》。

紀事

清·孫岳頒等《佩文齋書畫譜》卷四三《書家傳》 築亭於湖濱寶界山，焚香讀《易》。興至則爲詩文或行草書數紙，用自娛悅。人稱其書類米芾，又類黄涪翁。王錫爵《文肅公集》。

文彭

論說

明·王世貞《弇州山人四部稿》 吴中文博士彭小楷足箕裘彭肉而圓，行草則彭有懷素、孫過庭法，而傷率弱。臨摹雙鈎，俱我朝第一手也。

【略】彭繼徵仲古隸，亦自遒雅，少傷率易耳。

明·項穆《書法雅言》 壽承、休承，資皆勝父，入門既正，克紹箕裘。要而論之，得處不逮豐、祝之能，邪氣不染二公之陋。

明·朱謀垔《續書史會要》二 精於隸書，行楷脱俗，草書工於先待詔多矣。

清·錢謙益《列朝詩集小傳》丙集 壽承工書法，講六書之學。人謂壽承書類待詔。

清·姜紹書《無聲詩史》卷二 書法步武衡山，尤工隸古

清·徐沁《明畫録》卷七 工書法，其篆刻爲世所宗。

清·孫岳頒等《佩文齋書畫譜》卷四二《書家傳》 少承家學，善真行、草書，尤工草、隸，咄咄逼其父。以諸生久次貢，授秀水訓導，擢國子助教於南京。王世貞《吴中往哲像贊》。

又 文彭篆、分、真、行、草並佳，體體有法，並自成家。不蹈父跡，才似勝之，工力遠不及父。《詹士小辯》。

《明史》卷二八七《文彭傳》 工書畫篆刻，世其家。

傳記

清·姜紹書《無聲詩史》卷二 文彭，字壽承，號三橋，衡山先生長子。以明經授南京國子博士。

紀事

清·孫岳頒等《佩文齋書畫譜》卷四二《書家傳》 先生字學鍾、王，後效懷素，晚年則全學過庭，而尤精於篆、隸。索書者接踵不斷。往太史翁以書名當代，然有時不樂書，雖權貴人不敢强。先生手不停揮，求者無不當意。許穀《文國博墓誌銘》。

馬一龍

論說

明・朱謀垔《續書史會要》七　作字懸腕連肘，落管如飛，頃刻滿幅。初覽若不可辯，細玩則條理脈絡俱可尋識，非苟然者。自謂懷素以後一人，然評者謂其奇怪，爲書法一大變。

清・孫岳頒等《佩文齋書畫譜》卷四三《書家傳》　一龍用筆本流迅而乏字源，濃淡大小錯綜不可識，拆看亦不成章。《藝苑卮言》。

又　一龍法素師聖母文，頗得筆法。《詹氏小辨》。

傳記

明・朱謀垔《續書史會要》七　馬一龍，字負圖，號孟河，別號玉華子，溧陽人。嘉靖時以解元登進士，仕至國子司業。公之生也，有龍祥，因名龍。垂髫能詩，長而博宗羣籍。詩類太白，文類莊、孟，不屑摹擬前人，直寫胸中所得。

文嘉

論說

明・王世貞《弇州山人四部稿》　吴中文教諭嘉，小楷足箕裘，俊而佻。

明・趙宧光《寒山帚談・力學》卷上　文休承學懷素之《千文》。

明・朱謀垔《續書史會要》二　行草、楷書兼宗米南宫，祝京兆評者議其體格欲似，風韻未逮，猶有寒酸氣味。

清・姜紹書《無聲詩史》卷三　善書畫，能鑑古蹟。

清・孫岳頒等《佩文齋書畫譜》卷四二《書家傳》　文嘉，字休承，彭之弟也，其書不能如兄工。王世貞《吴中往哲像贊》。

又　嘉小楷輕清勁爽，宛如瘦鶴，稍大便疎散不結束，逕寸行書亦然。皆不逮父。《詹氏小辨》。

傳記

明・朱謀垔《續書史會要》二　文嘉，字休承，號文水道人。壽承之弟。仕吉水教諭。

《明史》卷二八七《文嘉傳》　嘉，字休承，和州學正。【略】能詩，工書畫篆刻，世其家。

朱曰藩

論說

明・王世貞《弇州山人四部稿》　朱九江曰藩，寶應人。頗臨晉法書，絶喜祝希哲，而以己意出之。婉秀瀟洒，絶有姿態，而結法失之疎踈。

清・孫岳頒等《佩文齋書畫譜》卷四三《書家傳》　九江頗臨晉法書，絶喜祝希哲，而以己意出之。婉秀瀟灑，絶有姿態，而結法失之踈。《藝苑卮言》。

又　素工筆札，門外持縑素求詞翰者，纚纚不絶。歐大任《崙山集》。

傳記

明・朱謀垔《續書史會要》　朱曰藩，字子价，號射陂，寶應人，嘉靖甲辰進士，官九江守，湖廣憲副。與父進士應登俱有詩名，而藩更能書。

羅洪先

論說

明・王世貞《弇州山人四部稿》　羅文恭洪先頗秀潤，出《聖母帖》而豊肉少骨，穠媚有之，蒼老不足。

明・朱謀垔《續書史會要》　善書行草大字。

傳記

明・朱謀垔《續書史會要》　羅洪先，字達夫，號念菴，江西吉水人。嘉靖己丑狀元及第，授修撰，引疾歸，終贊善，贈光禄少卿，謚文恭。公閒居樂道，浮雲富貴，布衣盲履，遍訪名山，罕與世俗相接。四方望之，如景星慶雲。

彭年

論說

明・王世貞《弇州山人四部稿》　彭年孔嘉小楷師率更，精工之甚。大則魯公、誠懸，方整遒勁，行筆眉山差遠耳。許太僕初真、行、草俱圓熟，所乏風稜。

明・朱謀垔《續書史會要》　詩宗二杜，楷法《九成》，行體則翩翩眉山矣。

清・錢謙益《列朝詩集小傳》丁集中　書法宗顏、歐，其名亞于文待詔。

清・孫岳頒等《佩文齋書畫譜》卷四三《書家傳》　書初法晉人。已爲楷，其小者信本，大者清臣，行草則子瞻。王世貞《吴中往哲像贊》。

傳記

清・孫岳頒等《佩文齋書畫譜》卷四三《書家傳》 彭年，字孔嘉，號隆池，吳人。以文行，舉爲郡諸生，尋謝病免。王世貞《吳中往哲學像贊》。

王應電

傳記

明・朱謀垔《續書史會要》 王應電，字昭明，崑山人。嘉靖時僑寓泰和，與羅文恭、陳子虛、康求仁友善。

著録

明・朱謀垔《續書史會要》 精于《周禮》及字學，嘗以高皇帝搀考文之權作《正韻》一書。間以小篆、正楷書之訛，而未嘗以古文正小篆之謬。乃原本六書作《同文備考》，又著《書法旨要》、《六義貫珠圖》、《六義相關圖》、《布字原病》等書。

陳鎏

論説

明・王世貞《弇州山人四部稿》 吳中陳方作鎏，正書出入鍾、顔，而骨不勝肉。行草至徑尺始遒，署書愈大愈勝。

明・朱謀垔《續書史會要》 書法最工，小楷、篆、隸出入晉唐。其他行草及方尺以上，豐媚綽約，有驚鴻游鵠之態。

清・孫岳頒等《佩文齋書畫譜》卷四三《書家傳》 書法尤精絶，牋疏榜署，得者以爲榮。申時行《賜閒堂集》。

又 陳鎏工小楷，出入鍾、歐，自行草、擘窠以逮榜署書，尤豐媚遒逸，有天然趣。《弇州續稿》。

又 雨泉善行草，尤工榜署書。《姑蘇名賢小記》。

莫如忠

論説

明・王世貞《弇州山人四部稿》 雲間莫布政如忠，行草風骨郎朗，亦善署書。

明・董其昌《畫禪室隨筆》卷一 吾鄉莫中江方伯，書學右軍，自謂得之《聖教序》，然與《聖教序》體小異。其沉著逼古處，當代名公未能或之先也。予每詢其所由，公謙遜不肯應。及余己卯試留都，見王右軍《官

奴帖》真蹟，儼然莫公書，始知公深于二王。其子雲卿亦工書。

明·朱謀垔《續書史會要》善行楷。

清·錢謙益《列朝詩集小傳》丁集上 善草書，爲詩尤工近體，有《崇蘭館集》。

清·孫岳頒等《佩文齋書畫譜》卷四三《書家傳》書法以二王爲宗，尤工草書，勢若龍蟠虎卧。

又 中江書法，自右軍、大令而下，不廢夫李處州、趙承旨。殘行斷楮，人莫不奪之蠹魚之口，而襲之篋笥之腹。唐文獻《古星堂集》。

傳記

《明史》卷二八八《莫如忠傳》莫如忠，字子良。嘉靖十七年進士。累官浙江布政使。潔修自好。善草、書，詩文有體要。

黄姬水

論説

明·王世貞《弇州山人四部稿》黄姬水淳父正書，初宗虞永興，行筆本王履吉，而晚節加率。

明·朱謀垔《續書史會要》以書名家，筆法雖古，短於風韻，未免板刻。

明·趙宧光《寒山帚談·力學》卷上 黄淳甫學獻之遒韻，而不得其嚴正。【略】學一名家書竟，旋取他人之學彼者參定得失。如學鍾司徒，必以右軍、衛夫人、宋儋、羊欣諸家爲學徒而參究之。學王右軍，以大令、智永、孫過庭、虞世南、趙孟頫、鮮于機、宋仲温、文徵仲諸人爲學徒，以及顔真卿臨《東方朔像贊》而參究之。學大令，以虞古南、王履吉、黄淳甫爲學徒而參究之。學率更，以小歐陽以及蜀本《石經》之似歐諸家而參究之。大氏前人書法不可多得，故借後人學力以輔吾不及，不可執近忘遠，認藥成病，反增一蔽。

紀事

清·錢謙益《列朝詩集小傳》丁集上 姬水，字淳父，長洲人。五岳山人省曾之子也。生而幼敏，山人出入必攜之俱，有所占屬，每令同賦。五岳拙于書，命淳父學書于祝京兆，遂傳其筆法。

朱俊格

傳記

《明史》卷一一七《朱俊格傳》靈丘王遜烇，簡王第六子。曾孫聰滆子俊格，能文善書。

著録

明·朱謀垔《續書史會要》俊格，代簡王之裔孫也。嗜學，善屬文，聚書數萬卷。尤好古篆籀墨蹟，嘗手模六十餘卷，勒石名《崇理帖》。

陸師道

論說

明・王世貞《弇州山人四部稿》　陸少卿師道中年小楷《化度》、《麻姑》，清麗可愛。

明・朱謀垔《續書史會要》　行楷、丹青，俱法文待詔。

清・姜紹書《無聲詩史》卷三　益習書，小楷以至古隸皆精絶。

清・徐沁《明畫録》卷四　工詩，善小楷、古隸，從文徵明游，盡得其法。

清・孫岳頒等《佩文齋書畫譜》卷四三《書家傳》　師事待詔，刻意爲文章及書畫，皆入能品。《姑蘇名賢小記》。

又　師道工小楷及古隸。《馮元成集》。

又　陸子傳全得《麻姑壇》法，而以色澤傳之，遂爲一時書家冠。王世貞《三吳楷法跋》。

《明史》卷二八七《陸師道傳》　善詩文，工小楷、古篆、繪事。人謂徵明四絶，不減趙孟頫，而師道並傳之，其風尚亦略相似。

傳記

《明史》卷二八七《陸師道傳》　陸師道，字子傳。由進士授工部主事，改禮部，以養母請告歸。歸而游徵明門，稱弟子。家居十四年，乃復起，累官尚寶少卿。

紀事

清・姜紹書《無聲詩史》卷三　陸師道，字子傳，長洲人。始成進士，所射策入故相夏文愍公言手，大奇先生，爲言於故相李文康公時曰：是子也，其文賈董，而書則鍾王。以第一人聞。

許成名

論說

明・王世貞《弇州山人四部稿》　許侍郎成名作真行，筆頗簡勁。然結搆疎而醜，是傖中小有意者耳，而暴得名。

清・孫岳頒等《佩文齋書畫譜》卷四三《書家傳》　書初學逸少，已沉酣吳興小變之，遒逸飛動，甚爲海内鑒賞。《分省人物考》。

傳記

明・朱謀垔《續書史會要》　許成名，字思仁，號龍石，聊城人。正德進士，官禮部侍郎。詞翰流布海内，詩法晚唐，亦善書畫。

俞允文

論說

明・王世貞《弇州山人四部稿》 崐山俞允文仲蔚，小楷絶得褚河南法，而以顔柳筋骨幹之，遇所合作，深可嘉尚。而行筆頗倣河南，稍大則兼黄、米，而傷佻縱。

明・朱謀垔《續書史會要》 善楷書、行草，自成一家。

清・孫岳頒等《佩文齋書畫譜》卷四三《書家傳》 俞允文，字仲蔚，崑山人，少工臨池，久而益擅之。小隸駸駸歐、柳，而上登吴興堂。行書出入褚河南，稍縱之則米襄陽。八分自謂得《西嶽碑》體，以方韓國、蔡，蔑如矣。《弇州續稿》。

傳記

《明史》卷二八八《俞允文傳》 俞允文，字仲蔚，崑山人。允文年十五爲《馬鞍山賦》，援据該博。年未四十，謝去諸生，專力於詩文書法。

周天球

論說

明・王世貞《弇州山人四部稿》 周天球公瑕楷法二種：一種小變《宣示》，而肉微勝。一種出入吴興，而加媚嫵。

明・朱謀垔《續書史會要》 周天球，字公瑕，號幼海，長洲人。人品高古，爲世所重。詩亦莊雅。書法文待詔，純用藏鋒，所謂寧拙毋俗，不墜古意者也。篆亦佳。寫蘭草獨步一代。後强存仁貌其蘭及行草，神韻不及，楷書亦精。

清・錢謙益《列朝詩集小傳》丁集中 天球，字公瑕，長洲人。爲諸生，篤志古學，善大小篆、隸、行草，從文待詔游，待詔賞異之。待詔殁，豐碑大碣，皆出公瑕手。隆慶中，游長安，燕集唱酬之作，一時詞客皆爲讓坐，而詩名頗爲書法所掩。

清・姜紹書《無聲詩史》卷七 周天球，字公瑕，號幼海，少從文太史游，因以書名吴中。其書雖骨有餘而未臻化境，楷書工緻，殊勝行草。所謂有書學，而無書才者也。

清・孫岳頒等《佩文齋書畫譜》卷四三《書家傳》 周天球，字公瑕，號幼海，長洲人。少遊文待詔門下，習爲書法，待詔亟許可之，曰：他日得五筆者，周生也。及籍諸生，不喜治帖括，獨好古文辭，日夜切劘久之，其業乃成。書法亦日有名，爲吴人所宗。于慎行《穀城山房集》。

又 公瑕善大小篆，古隸、行、楷皆模範文太史，晚能自得蹊徑。一時豐碑大碣，無不出其手。《馮元成集》。

傳記

清·徐沁《明畫録》卷六　周天球，字公瑕，號幻海，長洲人。以詩文書學名世。

《明史》卷二八七《文徵明傳》　周天球，字公瑕，錢谷，字叔寶，天球以書，谷以畫，皆繼徵明表表吴中者也。

徐渭

論説

明·倪後瞻《倪蘇門書法論》　徐文長字法腕勁，大類蘇、黄，然有學王草書，又兼章草，然皆不佳也。

明·朱謀垔《續書史會要》　七于行草尤精奇偉傑。嘗言吾書一，詩二，文三，畫四。識者許之。其論書至于運筆，大概昉諸米氏云。

清·錢謙益《列朝詩集小傳》丁集中　草書奇偉奔放，畫花草竹石，超逸有致。

清·徐沁《明畫録》卷六　畫上自爲題句，書法更佳，署曰田水月。

清·孫岳頒等《佩文齋書畫譜》卷四三《書家傳》　文長喜作書，筆意奔放，如其詩，蒼勁中姿媚躍出，在王雅宜、文徵仲之上。不論書法，而論書神，誠八法之散聖，字林之俠客也。袁宏道《中郎集》。

《明史》卷二八八《徐渭傳》　善草書，工寫花草竹石。嘗自言：吾書第一，詩次之，文次之，畫又次之。

傳記

明·朱謀垔《續書史會要》　徐渭，字文長，山陰人。幼孤，性警絶，九歲能屬文，二十爲邑諸生。胡少保宗憲招致幕府，嘗命撰進《白鹿表》，世廟大嘉賞。性通脱，好與少年醉市肆中，似玩似傲，人或病之，不恤也。

清·徐沁《明畫録》卷六　徐渭，字文長，號天池，晚稱青藤道人，山陰人。爲諸生。

紀事

清·姜紹書《無聲詩史》卷三　渭作畫花卉爲多，而書則仿諸米氏焉。其落款往往作田水月，亦好奇之過歟。

著録

清·永瑢等《四庫全書總目》卷一一四　《筆元要旨》一卷，是編論書，專以運筆爲主，大概昉諸米氏。

顧源

論説

明·朱謀垔《續書史會要》　畫師小米，書法李懷琳，落筆無烟火氣。

歿後人爭貴之。

清・錢謙益《列朝詩集小傳》閏集　書法懷琳，落筆無塵俗氣。

清・姜紹書《無聲詩史》卷三　書法得素師三昧，可稱墨池龍象。

清・徐沁《明畫録》卷三　善詩，精於書法。

清・徐沁《明畫録》卷三　顧源，字清甫，號丹泉，別號寶幢居士，江寧人。善詩，精于書法。

清・孫岳頒等《佩文齋書畫譜》卷四三《書家傳》　顧源，字清父，世居金陵。少豪雋不羣，詩與書畫皆不泥古法。其論書曰：書須古法四分，己意六分乃妙。不然，縱筆筆似古，終成奴書，不足貴也。《上元志》。

又　顧寶幢清父，法孫過庭，筆力遒勁古雅。《金陵瑣事》。

藝文

清・錢謙益《列朝詩集小傳》閏集　源字清甫，金陵人。家有日涉園，甲於都城，陳魯南爲之詩曰：六朝家世舊風流，猶説江南顧虎頭。花竹逕深如欒苑，窗楹池繞似滄州。東晉香鑪金籀字，南唐畫幛澄心紙。米家圖畫鄴侯書，平泉樹石烏皮几。其勝概如此。

項元汴

論説

清・孫岳頒等《佩文齋書畫譜》卷四三《書家傳》　項元汴，字子京，檇李人。好收金石遺文、圖繪名蹟，凡斷帖隻行，悉輸其門。所與遊皆風韻名流，翰墨時望，如文壽承、休承、陳淳父、彭孔嘉、豐道生輩，或把臂過從，或遺書問訊，久而彌篤。書法出入智永、趙吳興。號墨林居士。《容臺集》。

清・徐沁《明畫録》卷四　題句、書法並佳。

紀事

明・朱謀垔《續書史會要》　項元汴，淇之季弟，博物好古，尤精繪事。家藏丹青墨蹟，每欣喜意得，輒摹臨題咏其間。自命墨林山人。

王世貞

論説

明・朱謀垔《續書史會要》　書學雖非當家，而議論翩翩，筆法古雅。常自云眼中有神，腕中有鬼。

明・李日華《六研齋筆記》卷二　王弇州先生不徒文章蓋代，而於法書亦極精詣。

清・孫岳頒等《佩文齋書畫譜》卷四四《書家傳》　元美雖不以字名，顧吳中諸書家，唯元美一人前知古法。《詹士小辨》。

著録

清・永瑢等《四庫全書總目》卷一一四　《王氏書苑》十卷，《書苑補益》八卷，是書亦明王世貞編，詹景鳳續編。初，世貞纂《古書家言》多至八十餘卷。撫鄖陽時，擇取十數種付梓，版藏襄陽郡齋。因水漲漂失，尋復以刻本五種畀王元貞，翻刻於金陵，題曰《王氏書苑》。萬歷辛卯，元貞與詹景鳳續刻八種，題曰《書苑補益》。世貞《書苑五種》，曰張彥遠《法

書要録》十卷，米芾《海嶽書史》一卷，蘇霖《書法鉤玄》四卷，黄伯思《東觀餘論》二卷，黄訒《東觀余論附録》一卷。《景鳳補益》八種，曰孫過庭《書譜》一卷，姜夔《續書譜》一卷，米芾《寶章待訪録》一卷，歐陽修《試筆》一卷，宋高宗《翰墨志》一卷，曹士冕《法帖譜系雜説》一卷。吾邱衍《學古編》二卷，劉惟志《字學新書摘鈔》一卷。諸書皆有別單行，世貞特裒合刻板，遂自立名目。是則明人錮習，雖賢者不免矣。朱國楨《湧幢小品》曰：王弇州不善書，好談書法。其言曰：吾腕有鬼，吾眼有神。此説一倡，於是不善畫者，好談畫，不善詩文者好談詩文，極於禪玄，莫不皆然。古語云：知者不言，言者不知。吾友董思白，於書畫一時獨步，然對人絶不齒及也。其詆諆世貞至矣。然世貞品題書畫，賞鑒家實不以爲謬，殆以好談致謗歟。如此書及《書苑》，皆其好談之一徵也。

又 《弇州山人題跋》七卷，明王世貞撰。考《弇州四部稿》有《雜文跋》、《墨蹟跋》、《畫跋》、《佛經跋》諸類。此本爲《墨蹟跋》三卷，《墨刻跋》四卷，其文與稿中所載，又頗詳略不同。疑當時鈔撮以成帙，其後又經删定入集。如《集古録》有真蹟、集本之殊也。

清・周中孚《鄭堂讀書記》卷四八 《古今法書苑》七十六卷，明王世貞編。是書采取古今論書之説，暨法書真蹟，金石文字，分爲十三類。凡一之源一卷，二之體二卷，三之法五卷，四之品五卷，五之評二卷，六之擬二卷，七之評擬一卷，八之文一卷，九之詩一卷，十之傳十一卷，十一之墨蹟十三卷，十二之金十卷，十三之石二十二卷，皆就羣書所有，或因本備載，或删芟舉亂，網羅繁富，條理秩如，誠古今法書之苑也。其末一卷，皆弇州自作跋語，已見于《四部稿》中，因從稿中録入，以求其備。而于詩文一門，僅各一卷，蓋以諸家别集浩如煙海，不暇搜采耳。據此知其成書甚易，非若纂言記事，必鈎其玄而題其要之難也。前有自作小引，末有自作後跋，《四部正續稿》皆不載，殊不可解，而正稿七十一有是書原序，仿太史公自序爲之。是本不載，恐載之而偶佚之云。弇州又有《書苑》之刻，所載各種，俱收拾于是編，而復取其原本彙爲一書，凡十卷，見《四庫》著録。其前卻有是書原序，而又另作小序，亦《正續稿》所無也。

張鳳翼

論説

明・王世貞《弇州山人四部稿》 張貢士鳳翼小楷擬《曹娥》，精雅有致，徵傷矜局。

明・朱謀垔《續書史會要》 行草純用偏鋒，嚴整古淡，自爲一體。

清・錢謙益《列朝詩集小傳》丁集下 與其弟獻翼幼于、燕翼叔貽，並有才名。吴人語曰：前有四皇，後有三張。伯起善書，晚年不事干請，鬻書以自給。

清・孫岳頒等《佩文齋書畫譜》卷四三《書家傳》 伯起平生臨二王最多，退筆成冢，雖天趣小竭，而規度森然。《弇州山人稾》。

盛時泰

論説

明・朱謀垔《續書史會要》 善隸書，畫得倪元鎮筆法。子敏耕，世其業。

清・姜紹書《無聲詩史》卷三 善隸書，畫山水竹石，倣雲林筆法。

清・孫岳頒等《佩文齋書畫譜》卷四三《書家傳》 盛時泰，字仲交，號雲浦，金陵人。行書學米、學蘇，可謂絶妙。小楷學倪元鎮。《詹氏小辨》。

著録

清・孫岳頒等《佩文齋書畫譜》卷四三《書家傳》 仲交隸字更優，有《玄牘記》一册，品題古今名帖。《金陵瑣事》。

孫克弘

論説

明・朱謀垔《續書史會要》 書倣宋仲温逼真，尤精篆、隸，山水、花鳥俱入妙品。

清・孫岳頒等《佩文齋書畫譜》卷四三《書家傳》 正書倣宋仲温，八分宗秦漢。《松江志》。

清・姜紹書《無聲詩史》卷三 正書倣宋仲温，隸、篆、八分，追踪秦漢。

詹景鳳

論説

明・周之士《書家評》 詹景鳳書酷仿狂素，亦爲可觀。而筆落蹊徑，終爲幻怪，鬼牛蛇神，酒肆物耳。

明・朱謀垔《續書史會要》 深于書學，用筆不凡，如冠冕之士，端莊可敬。狂草若有神助，變化百出，不失古法，論者謂可與祝京兆狎主當代。

清・姜紹書《無聲詩史》卷七 草書奇偉，長於墨林。

清・徐沁《明畫録》卷七 工草書，變化百出，即其書法寫墨竹，一竿直上，瘦勁絶倫。

清・孫岳頒等《佩文齋書畫譜》卷四四《書家傳》 景鳳於文章師二京，時出入莊左，於書師右軍父子。《弇州續藁》。

著録

明・朱謀垔《續書史會要》 所著書有《詹氏小辯辨》，並《千文》等帖行世。

王錫爵

論説

明・董其昌《容臺别集》卷三《書品》 文肅公初入館時，書猶近率易，漸久漸蒼，以瘦硬兼姿態。可知前輩名公，學問日益，不止書道也。

清・孫岳頒等《佩文齋書畫譜》卷四四 文肅深于書，書尤深于唐碑。晚年猶懸碑刻滿四壁，特不欲以書名而。《容臺集》。

又 學士自挹，不主墨池盟。筆法秀穎，依稀有翡翠蘭苕狀。《弇州續藁》。

又 文肅書，小楷清整秀勁，大可徑寸者，尤骨重脈和，特爲合作。婁堅《學古緒言》。

王穉登

論説

明・王世貞《弇州山人四部稿》 王稚登百穀，出入淳父、公瑕，而加尖峭。

明・朱謀垔《續書史會要》 行書自爲一體，骨法從《孝侯碑》來，布置稍加己意。時作隸書，亦入妙境。

清・錢謙益《列朝詩集小傳》丁集下 妙于書及篆、隸。

清・孫岳頒等《佩文齋書畫譜》卷四三《書家傳》 王伯谷隸書遒古，大勝真草。《游居録》。

傳記

《明史》卷二八八《王穉登傳》 王穉登，字伯穀，長洲人。四歲能屬對，六歲善擘窠大字，十歲能詩，長益駿發，有盛名。

紀事

清・倪濤《六藝之一録》卷三七〇《歷朝書譜》 王穉登，字百穀，先世江陰人，移居吴門。十歲爲詩，長而駿發，名滿吴會間。妙於書及篆、隸。吴門自文待詔殁後，風雅之道未有所歸，伯穀振華啓秀，嘘枯吹生，擅詞翰之席者三十餘年。閩粤之人過吴門者，雖賈胡窮子，必踵門求一見，乞其片縑尺素然後去。《列朝詩集》。

張翰

論説

明・朱謀垔《續書史會要》 張翰，國子生。草書法懷素，清勁有骨。

又 嘗云：學書貴乎用筆，用筆得法，於書何有，不然，徒得其形耳。

王世懋

論説

明・朱謀垔《續書史會要》〇 與其兄，人稱二美。書無俗筆，多從晉帖中流出。

清・孫岳頒等《佩文齋書畫譜》卷四四《書家傳》 敬美書右軍《分甘》、《青李》二帖，摩詰《輞川疏》，東坡《種橘帖》，弇州謂用《黄庭》小法，出入《洛神》。孫鑛《居業編》。

又 專精古文辭，餘事乃及筆札。《弇州續藁》。

莫雲卿

論説

明・王世貞《弇州山人四部稿》 莫是龍小楷精工，過於婉媚。行草豪逸有態。

明・朱謀垔《續書史會要》五 善行楷。

清・錢謙益《列朝詩集小傳》丁集上 廷韓尤妙於書法，嘗作《送春賦》，手自繕寫，詞翰清麗。皇甫子循、王元美皆激賞之。

清・姜紹書《無聲詩史》卷三 書法無所不窺，而所宗者，鍾王及米顛。

清・徐沁《明畫録》卷四 工詩文書法，性復豪邁。

清・孫岳頒等《佩文齋書畫譜》卷四三《書家傳》 書法無所不窺，而獨宗羲、獻，宗米楷，宗鍾繇。

又 是龍小楷精工，過於婉媚。行草豪逸有態。《藝苑卮言》。

傳記

《明史》卷二八八《莫雲卿傳》 是龍字雲卿，後以字行，更字廷韓。十歲能文，長善書。皇甫汸、王世貞輩亟稱之。

藝文

清・錢謙益《列朝詩集小傳》丁集上 廷韓有才情，風姿玉立。少謁王道思于閩，道思贈詩云：風流絶世美何如，一片瑶枝出樹初。畫舫夜吟令客駐，練裙晝卧有人書。其風致可想也。

王肯堂

論説

清・孫岳頒等《佩文齋書畫譜》卷四四《書家傳》 書法深入晉人堂室。《金壇志》。

著録

明・朱謀垔《續書史會要》 著有《四書義府》、《尚書要旨》、《律例箋釋》、《証治規矩準繩》諸書。尤嫺書，有《鬱岡堂帖》行世。

清・孫岳頒等《佩文齋書畫譜》卷四四《書家傳》 輯《鬱岡齋帖》數十卷，手自鈎搨，爲一時石刻冠。《金壇志》。

項穆

論説

清・孫岳頒等《佩文齋書畫譜》卷四三《書家傳》 書法擅長，與少岳齊名。《秀水志》。

傳記

清・永瑢等《四庫全書總目》卷一一三　王穉登所作穆《小傳》，稱其初名德枝，郡大夫徐公易爲純，後乃更名穆，字德純，號曰貞元，亦號曰無稱子，秀水項元汴之子也。元汴鑒藏書畫甲於一時，至今論真蹟者，尚以墨林印記別真僞。穆承其家學，耳濡目染，故於書法特工。

紀事

明・沈思孝《書法雅言》原序　余故善項子京，以其家多法書名墨，居恒一過，展鑒時，長君德純每從傍下隻語賞刺，居然能書家也。余笑謂子京曰：此郎異日故當勝尊。及余竄走疆外，十餘年始歸，德純輒已自負能書。又未幾，而人稱德純能書，若一口也。余始進而語之曰：以君名地慧才，視取榮泰猶掇之耳，奈何早自割棄，以一藝自掩，不見右軍以書掩生平，爲後來惜乎。德純曰：假令作素王、孟，與命爭斗不可知，孰若爲墨卿、優孟，與藝爭可必得也。且右軍一時所稱，立節則卞忠貞，相業則王茂弘，再寧論鼎則陶長沙而已。然三人者，故不若右軍以書故在人人吻間。不掩右軍，孰大於是。其辨達類如此。大都德純書，於晉唐諸名家罔不該會，第心慕手追者逸少，即稍稍降格，亦不減歐、虞、褚、李，故其于《蘭亭》、《聖教》必日摹一紙，以自程督。雖猛熱沍寒，不輟休頓。嘗謂人曰：比來静坐，如聞泥丸中有呼右軍者。此猶昔人夢見伯英，亦神會之一驗也。

又　因著《書法雅言》一卷，上下千載，品第周贍，進乎技矣。至若放斥蘇、米，詆落元鎮，更定筆陣數語，乃頃近書家不敢道者。又自以爲倘使此終葆祕，後有元常其人，必當捶胷嘔血，別生仲將之釁。遂乞余叙而傳之。余亦便爲舐筆，庶以合語子京者之右券。繡水沈思孝序。

明・張丑《清河書畫舫》卷九下　近日項穆德純纂《書法雅言》，放斥蘇、米，極意詆訾之，當是口業報邪。卒不能掩其美也。

清・永瑢等《四庫全書總目》卷一一三　《書法雅言》一卷，明項穆撰。是書凡十七篇：曰《書統》，曰《古今》，曰《辨體》，曰《形質》，曰《品格》，曰《資學》，曰《規矩》，曰《常變》，曰《正奇》，曰《中和》，曰《老少》，曰《神化》，曰《心相》，曰《取舍》，曰功序，曰《器用》，曰《知識》。大旨以晉人爲宗，而排蘇軾、米芾書爲稜角怒張，倪瓚書寒儉。軾、芾加以工力可至古人，瓚則終不可到。雖持論稍爲過高，而終身一藝，研求至深，烟楮之外，實多獨契。衡以取法乎上之義，未始非書家之圭臬也。

邢侗

論説

明・周之士《書家評》　近代邢子愿書，研精二王筆法，恒髣髴《十七帖》意，即其卷素所書，亦多述王帖，可謂極意臨摹者矣。宋齊而下書法衰颯，晉魏風軌埽地者，已非旦夕之故，乃公獨奡然辟除陋習，追蹟逸少，亡論其精詣謂何，即其矢志則已超人一等矣。韓昌黎以文章振起八代之衰，其此之謂乎。

明・朱謀垔《續書史會要》　臨倣法帖，雖未能盡合古人，但筆力矯健，圓而能轉，時亦有得。有《來禽帖》行於世。

清・姜紹書《無聲詩史》卷七　臨池之學，規摹二王，筆花娟潤，如時女步春，秀骨楚楚，可謂登山陰之堂，而襲其韶者矣。

清・徐沁《明畫録》卷七　以書法擅名。

清・王士禛《分甘餘話》卷一　臨邑行太僕卿邢子愿先生侗，以書名萬曆間，取法晉人，不落唐宋窠臼。時號北邢南董。今董書盛行海内，而邢書知之者鮮矣。余西城別墅茂林修竹四大字是其真蹟。

清・孫岳頒等《佩文齋書畫譜》卷四四《書家傳》　侗法書工諸體，章、懷、鍾、索、虞、米、褚、趙，規橅肖像，咄咄逼人。而其最會心慊意，尤在

右軍，居然有龍跳虎卧之致。試取臨池妙墨，錯雜諸名帖中，不辨蠅頭。真楷遒媚，如舞女低腰，仙人嘯樹。它擘窠大書，體勢洞精，奕奕生動，雄强如劒拔弩張，奇絶如危峰阻日。孤松單枝，而一種秀活。又如揚州王謝人共語，語便態出也。史孝先《來禽館集小引》。

又　邢子愿書，模二王，幾於奪真，而自運故佳。《玉劍尊聞》。

又　書法鍾、王、虞、褚、顛米、禿素，而深得右軍神體。極爲海内所珍。

清・朱竹垞著、姚柳依編《静志居詩話》　子愿雖有詩名，爲書法所掩

紀事

清・錢謙益《列朝詩集小傳》丁集下　子愿生七歲，能作擘窠書，十餘歲，楷法王雅宜。二十四歲登第，殿試策，書法擅場，主者驚異，卒置榜尾。【略】晚年書名益重，購請填咽，碑版照四裔。

清・孫岳頒等《佩文齋書畫譜》卷四四《書家傳》　内豎以字扇進覽，上欣賞，命女史學其書。邢司馬平倭至高句麗，有李狀元妻託致意子愿，願爲弟子朱宗伯出使，從人適携其字二幅，購之黄金同價。琉球使者入貢，願小留，買邢書去。李維禎《大泌山房集》。

著録

清・錢謙益《列朝詩集小傳》丁集下　同里王尚書洽，集子愿書，刻《來禽館帖》。

清・王士禎《分甘餘話》卷一　其邑人王葱岳大司馬洽，萃其書爲《來禽館帖》，凡數十卷。

婁堅

論説

清・王應奎《柳南續筆》卷六　婁子柔堅，嘉定四先生之一也。詩文外，尤精鍾王書法。晚乃變而學東坡，一洗柔媚之習。時華亭董尚書方以工書重海内，而秀整有餘，蒼勁不足。先生視之，蔑如也。後吾邑馮氏，書學講貫最善，實得先生之傳云。

傳記

《明史》卷二八八《婁堅傳》　婁堅，字子柔。幼好學，其師友皆出有光門。堅學有師承，經明行修，鄉里推爲大師。貢於國學，不仕而歸。工書法，詩亦清新。

紀事

清・錢謙益《列朝詩集小傳》丁集下　衣冠修然，容止整暇，書法妙天下。風日晴美，筆墨精良，方欣然染翰，不受促迫。

董其昌

論説

明·董其昌《容臺別集》卷二《書品》　余十七歲學書，二十二歲學畫，今五十七矣，有謬稱許者，余自較勘，頗不似米顛作欺人語。大都畫與文太史較，各有短長，文之精工具體，吾所不如。至於古雅秀潤，更進一籌矣。與趙文敏較，各有短長。行間茂密，千字一同，吾不如趙。若臨倣歷代，趙得其十一，吾得其十七。又趙書因熟得俗態，吾書因生得秀色。趙書無弗作意，吾書往往率意，當吾作意，趙書亦輸一籌，第作意者少耳。古人云右軍臨池，池水盡黑，假令耽之若是，故當勝余。於趙亦然。米老云：吾書無一點右軍俗氣，吾畫無一點李成、關仝俗氣。然世終莫之許也。政恐余所自評，有類憐兒不覺醜耳。

又　吾書無所不臨倣，最得意在小楷書，而懶於拈筆，但以行草行世，亦多非作意書，第率爾酬應耳。若使當其合處，便不能追踪晉魏，斷不在唐人後乘也。

又　學李北海書五十五年矣，初時專習，頗爲近之。自見米老運筆多有詆訶，輒復忘其舊學。然時一撮書，亦不落吳興後也。

又　邢太僕嘗謂余書直接右軍之派。惟趙承旨雖歐、虞、褚、薛，猶非冢嫡。

又　鍾太傅書，余少而學之，頗得形模。後得從韓館師借唐榻《戎輅表》臨寫，始知鍾書自有入路。

又　余書《蘭亭》，皆以意背臨，未嘗對古刻，一似撫無絃琴者。

又　余每臨懷素《自叙帖》，皆以大令筆意求之。

又　以楊少師《韭花帖》筆意書仲宣《登樓賦》，亦兼用陶隱居《華陽帖》，欲以一洗媚艷之習耳。

明·董其昌《畫禪室隨筆》卷一　予學書三十年，悟得書法而不能實證者，在自起、自倒、自收、自束處耳。過此關，即右軍父子亦無奈何也。轉左側右，乃右軍字勢，所謂跡似奇而反正者，世人不能解也。

又　余十七歲時學書，初學顔魯公《多寶塔》，稍去之鍾、王，得其皮耳。更二十年學宋人，乃得其解處。

又　晉唐人結字，須一一録出，時常叅取，此最關要。吾鄉陸儼山先生作書，雖率爾應酬，皆不苟且。常曰即此便是寫字時須用敬也。吾每服膺斯言，而作書不能不揀擇，或間窓游戲，都有着精神處。惟應酬作荅，皆率易苟完，此最是病。今後遇筆研，便當起矜莊，想古人無一筆不怕千載後人指摘，故能成名。因地不真，果招紆曲。未有精神不再傳遠，而倖能不朽者也。吾于書似可直接趙文敏，第少生耳。而子昂之熟，又不如吾有秀潤之氣。惟不能多書，以此讓吳興一籌。畫則具體而微，要亦三百年來一具眼人也。

又　柳誠懸書極力變右軍法，蓋不欲與《禊帖》面目相似。所謂神奇化爲臭腐，故離之耳。凡人學書，以姿態取媚，鮮能解此。余虞、褚、顔、歐皆曾仿佛十一，自學柳誠懸，方悟用筆古淡處。自今以往，不得舍柳法而趨右軍也。

又　吾學書在十七歲時。先是，吾家仲子伯長，名傳緒，與余同試于郡。郡守江西衷洪溪，以余書拙，置第二，自是始發憤臨池矣。初師顔平原《多寶塔》，又改學虞永興。以爲唐書不如晉魏，遂倣《黄庭經》及鍾元常《宣示表》、《力命表》、《還示帖》、《丙舍帖》。凡三年，自謂逼古，不復以文徵仲、祝希哲置之眼角。乃于書家之神理，實未有入處，徒守格轍耳。比游嘉興，得盡睹項子京家藏真蹟，又見右軍《官奴帖》于金陵，方悟從前妄自標許，譬如香巖和尚，一經洞山問倒，願一生做粥飯僧。余亦願焚筆研矣。然自此漸有小得，今將二十七年，猶作隨波逐浪書家。翰墨小道，其難如是，何況學道乎。

又　余性好書，而懶矜莊，鮮寫至成篇者。然無日不執筆，皆縱橫斷續，無倫次語耳。偶以册置案頭，遂時爲作各體，且多録古人雅致語。覺向來肆意，殊非用敬之道理。然余不好書名，故書中稍有淡意，此意自知之。若前人作書不苟且，亦不免爲名使耳。

明·歸昌世《假菴雜著》 董玄宰榜書，真能寫大字如小字，可稱獨擅。但效米體，則無不佳。婁子柔任意揮灑，自成眉山。特晚年欲避奴書之誚，乃極意摹山陰。正不必也。然其摹王，濃姿豐肉，亦復娟好。而細翫神情骨氣，終在元豐、紹聖間。筆性筆才，童時已分，此何可强。

又 玄宰之筆性靈，子柔之工夫實。靈則任意多騁，實則就法多拘。所以玄宰下筆太輕率，而隨處飄洒，子柔下筆極沉着，而時有沓拖。

明·倪後瞻《倪蘇門書法論》 董先生作字，無論行楷大小，寫時俱有古人祕傳法。

又 董先生每不喜臨閣帖，亦不喜他人臨。嘗云：臨閣帖則俗氣纏縛，筆底終不能除。或臨《聖教序》，先生最怒，怒其爲俗僧借徑。

又 董用羊毫筆，其頭甚長，約一寸七八分，又略豐美，所謂毫毛甚至茂，但筆尖瘦耳。此寫大行書筆也。寫小楷、小行，或微襍紫毫，或竟用紫毫。若論扁額，亦用羊毫之大者，絶不用棕及猪毫。

又 我明以邢子愿、黄輝、米仲詔、董玄宰爲四大家，配唐之歐、虞、褚、薛，宋之蔡、蘇、黄、米。然三人，黄雖非董敵，猶有可觀。邢、米惡札，敢與董雁行者，以進賢冠故也。董之蕭疎簡遠，出入晉魏，直超唐宋之上，三人祗堪北面，敢相對乎。一時聾瞽推置，真爲有識者所笑。

又 華亭之姪名尊聞者，評先生書曰：家太史結契瑯琊，每于酷類時還言神氣太鑠，乏自然之韻。迨無縛無脱鋒，藏機忘始，悠然暢志。

又 崇禎甲戌，董先生年八十，爲禮部尚書，加宫保，以禮致仕于家。乙亥，年八十一，尚跋《道德經》石刻，古脱剛勁，有顔魯公之風。八十三，丁丑歿。又八年，國變。

又 董雖極意着力，終無着力之迹。蕭然自遠，真所謂書中仙子。

又 董玄宰少時學北海，又學米襄陽，二家盤旋最深，故得李十之二三，得米十之五六。生平無所不臨，而得力則在此。今後學董者，不得舍李、米而竟取董也。蓋以董學董，終不似董也。

語也。羊山先生曰：可謂定評矣。

又 或云明四大書家，一董，二黄，三米，四蔣，謂之南董，北米，蜀黄，黔蔣。王季重云：四家乃董、黄、蔣、米。季重爲董門人，必有所據。季重又答季研齋書云：右軍以後，歷代未有如董先生之秀逸者，但稍有習氣耳。或云明四大家，一董，二祝，三陳，四鄧。又王覺斯刻《四大家帖》，一黄，二董，三米，四蔣。又覺斯常欲削米，而以己易之。以上三評，俱非定論也。毘陵王雙白云：明朝止有一大家，董先生是也。下此止可謂之名家。總明朝書家計之，其書法可與唐宋匹號爲名家者，止有四人，一鄧太素，二鄒衣白，三倪蘓門，四陳眉公。蓋鄧書得筆于米，而天姿古勁，有屈鐵之勢。如龍門之桐，高百尺而無枝，蓋以骨勝。所少者細筋耳。又變化生動之態，鄧無有焉。至於鄒書，則中鋒懸腕，縈廻剛勁，點滴生致，但局于顔，又時傷瘦硬，未閑變化耳。若倪書則筆法秀逸，從董脱胎于歷代之法，藴蓄宏深，而出之簡遠，不似他人着力。正是畫家逸品也。若眉公用筆甚活，自成一家，能于緊處用藏鋒。其結構如松柯繚繞，有骨有趣，從蘇脱胎，一毫不覺。此四人者，皆亞于董者也。正似孔門有四哲耳。以公論之，董當爲一大家，其名家四人，一鄒，二鄧，三倪，四陳。此雙白語也。羊山先生曰：可謂定評矣。

明·周之士《書家評》 華亭董玄宰擅名詞賦，博通六藝，於六體八法，靡所不精。即今海内學士大夫，莫不盛推其詩文、書、畫爲三絶。今觀其書，出乎蘇，入乎米，而豐采姿神，飄飄欲仙。董爲余恩師，余不敢阿若所好，即其搨有《戲鴻》一帖，搨成而中原争相傳寫，吾蓋不知其門臬，更幾鐵限矣。

明·朱謀垔《續書史會要》 善書札，片楮隻字，人皆珍玩。嘗自云：吾書與趙文敏較，各有短長。行間茂密，千字一同，吾不如趙。若臨倣歷代，趙得其十一，吾得其十七。又云：趙書因熟得俗態，吾書因生得秀色，趙更輸余一籌。

清·馮班《鈍吟書要》卷三四 近董思白不取遒健，學者更弱俗，董公卻不俗。董宗伯全不講結構，用筆亦過弱，但藏鋒寫佳。學者或不知，董似未成，字在文下。

清·傅山《霜紅龕集·書神宗御書後》 當時以書法噪于縉紳者，莫過南董北米。董則清媚，米又肥靡，其爲顔柳，足以先後書法者，無之。所以董謂趙孟頫爲五百年來一人。以若見解習氣，仰視神宗茲製，不違咫尺，有汗流浹背已耳。有君無臣，豈筆墨間亦有然者耶。言之於邑，不勝凌誶。臣山觀時苐戊午之又戊午三月也。

清・徐沁《明畫録》卷四　以書法重海内。

清・孫岳頒等《佩文齋書畫譜》卷四四《書家傳》　謝肇淛云：今書名之振世者，南則董太史玄宰，北則邢太僕子愿，其合作之筆，往往前無古人。《珊瑚網》。

又　董玄宰揮毫楮素，簇簇如行蠶，閃閃如迅霆飛電。《玉劍尊聞》。

又　董玄宰先生字畫之妙，超軼前代，世所共寶。章都諫魯齋令華亭日精印朱絲、烏絲長箋、金箋、斗方、雲母箋、大小副啟，俱以細料潔白棉紙印裁極工者，送備先生文房之用。蓋知先生文字不假手於人，而人亦無能爭巧於化工也。閔奎《翠橘堂箋臆》。

又　少好書畫，臨摹真蹟，至忘寢食。中年悟入微際，遂自名家。行楷之妙，跨絶一代，四方金石之刻，造請無虚日。尺素短札，流布人間，爭購寶之。《松江志》。

清・姜紹書《無聲詩史》卷四　其書無所不仿，最得意在小楷，而懶於拈筆。但以行草行世，亦多非作意書，第率爾應酬耳。若使當其合處，直可追踪晉魏。嘗自言其書，較趙文敏亦各有短長。行間茂密，千字一同，吾不如趙。若臨仿歷代，趙得其什一，吾得其什七。又趙書因熟得俗態，吾書因生得秀色。其自評蓋不虚矣。

清・姜紹書《韻石齋筆談》卷下　阮千里善彈琴，人聞其能，多往求聽，不問貴賤老幼，皆爲彈之。神氣沖和，不知向人所在。余曰：此董文敏書品也。戴安道亦善鼓琴，武陵王晞使人召之，安道對使者破琴云：戴安道不作王門伶人。余曰：此孫文介書品也。然安道之峻，不如千里之達。

清・陳玠《書法偶集》　松僑老人云：董太史書，一清媚外，原無大國人處。晚年始學米襄陽，徑五寸以上者，乃有大合處。

清・王澍《淳化祕閣法帖考正》　董思自始抉破之。然自思白以至於今，又成一種董家惡習矣。一巨子出，千臨百模，遂成宿習，惟豪傑之士乃能脱盡耳。

又　工夫粹密，子昂爲優。天才超妙，思白爲勝。思白雖姿態横生，然究其風力，寔沉勁入骨。學者不求其骨格所在，但襲其形貌，所以愈秀愈俗。

又　自朴而華，由厚而薄，世運遷流，不得不然。蓋至思白興而風會之下，於斯已極，末學之士，幾於所復之矣窮必思反所貴志古之士能復其本也。

《明史》卷二八八《董其昌傳》　初，華亭自沈度、沈粲以後，南安知府張弼、詹事陸深、布政莫如忠及子是龍，皆以善書稱。其昌後出，超越諸家，始以宋米芾爲宗。後自成一家，名聞外國。其畫集宋、元諸家之長，行以己意，瀟灑生動，非人力所及也。四方金石之刻，得其制作手書，以爲二絶，造請無虚日。尺素短札，流布人間，爭購寶之。精於品題，收藏家得片語隻字以爲重。性和易，通禪理，蕭閒吐納，終日無俗語。人儗之米芾、趙孟頫云。同時以善書明者，臨邑邢侗、順天米萬鍾、晉江張瑞圖，時人謂邢、張、米、董，又曰南董、北米。然三人者，不逮其昌遠甚。

清・王應奎《柳南續筆》　義門論前明書家。義門論書法，頗不滿于勝國諸家。論董元宰云：董胸次隘結，字欲開展，而分寸太疎，法意具乖。其用筆亦未始不遒，但嫌照管不到。又云：董思翁結字局促冗犯。無一可觀，所謂都不知古人者也。又云：思翁硬執，密不容鍼，寬通車馬二語，不復理會九宫八面，任意自我，古法幾盡矣。

清・顧復《平生壯觀》卷五　先君與文敏定交時，翁年六十矣。自題贈匾對，大小掛幅，題像，皆翁書，維行草耳，小楷、小行邈不可得。從四方見之，神矣，妙矣。總不如臨《淳化閣帖》十卷，以古人爲式刑，而不爲古人所維縶之集大成也。觀公掛幅、扇箑之書，縱然極不經意處，必有幾字見其天機。惟書柬百數，皆筆尖游戲，佳者絶少，可怪也。

清・梁巘《評書帖》　董公其昌傳執筆法於其邑沈公荃，荃傳王公鴻緒，鴻緒傳張公照，照傳何公國宗，國宗傳白下梅君鉽。予學書，三十歲後始緣鉽得其傳。

又　香光書弱。董元宰、張得天直接書統，卓然大家。元宰魄力弱於得天。

又　元宰初歲骨弱，心怵唐賢，絶未臨率更。問學柳少師亦甚劣，惟摹平原稍有可觀。晚年臨唐碑則大佳，然書大碑版，筆力怯弱，去唐太遠。臨懷素亦不佳。

清・王文治《論書絶句》　書家神品董華亭，楮墨空元透性靈。除卻平原俱避席，同時何必説張邢。

清・蔣和《學書雜論》 今之學董文敏書者，以輕秀圓潤自矜神似，不知思翁本領，從沉着痛快中來。其正陽門關帝廟碑全倣北海，又見臨《淳化閣》墨蹟，各家俱備，無美不臻。想至晚年，酬應浩繁，率意落筆，又似畫法用墨黯淡取勝。王虛舟先生云：習董得其皮毛，愈秀愈俗。信然。

清・吴升《大觀録》卷九下《元明諸賢書法》 公天姿高秀，書畫妙天下。

清・錢泳《履園叢話》 思翁于宋四家中，獨推服米元章一人，謂自唐以後，未有過之。此所謂僧贊僧也。蓋思翁天分高絶，趙吴興尚不在眼底，況文徵仲、祝希哲輩耶。元章出筆，實在蘇黄之上，惟思翁堪輿作敵。然二公者，皆能縱而不能伏，能大而不能小，能行而不能楷者，何也。余謂皆坐天分過高之病。天分高則易于輕視古人，筆筆皆自運而出。故所書如天馬行空，不受羈束，全以天分用事者也。

又 思翁書畫俱是大作手。其畫宗北苑，而兼得大小米之長，尚在第二乘。惟書法無古無今，不名一格，而能卓然成家，蓋天資高妙，直在古人上也。余嘗見思翁一畫卷，用筆淹潤，秀絶人寰。後有欵云：時年八十有一。又見一書卷，臨鍾、王、虞、褚、顔、柳及蘇、黄諸家。後有題云：此數帖余臨仿一生，纔得十之三四，可脱去拘束之習。書時亦年八十一。夫以思翁之天資學力，尚作書作畫老而不衰，自成大家也。

清・吴德旋《初月樓論書隨筆》 十年前見楊少師書，了不知其佳處何在。近習《步虛詞》數十過，乃知後來蘇、黄、米、董諸公，無不髣髴其意度者。

又 香光能集會稽、平原、少師諸家之長，决非南田所及。

又 香光平淡。

又 孫退谷侍郎謂董公娟秀，第囿于右軍，未若柳之脱然能離。予謂柳書佳處，被退谷一語道盡。但娟秀二字，未足以概香光。孫虔禮《書譜》云：不激不厲，而風規自遠。此香光之所以得宗於右軍也。

清・包世臣《藝舟雙楫》 故善學者，道蘇須知瀾漫，由董須知其凋疎。汰瀾漫則雄逸顯，避凋疎則簡澹真。

又 思白但於《彙帖》求六朝，故自言廿年學魏晉無人處，及學宋人，乃得真解。蓋《彙帖》皆宋人所摹，故不如宋人自書之機神完足也。

又 趙宋以來，知名十數，無論東坡之雄肆，漫士之精熟，思白之秀逸，師法具有本末。

又 思翁晚出，自知才力薄怯，慮其解散，每以裹筆制勝，然亦用之救敗耳。

清・梁章鉅《浪跡叢談・思翁書品》卷九 嘗見昔人論思翁書：筆力本弱，資制未高，究以學勝。秀絶故弱，秀不掩弱，故上石輒減色。凡人，往往以己所足處求進，伏習既久，必至偏重，畫家習氣亦於此生。習氣者，即用力之過不能適補其本分之不足，而轉增其氣力之有餘，是以藝成，習亦隨之。惟思翁用力之久，如瘠者飲藥，令舉體充悦光澤而已，不爲勝溢，故寧見不足，毋使有餘。其自許漸老漸熟，乃造平澹，此真千古名言，亦一生甘苦之至言也。此惲南田與石谷論書畫語，頗有精理。

清・郭尚先《芳堅館題跋》卷三 董書用墨濃淡備有神化，最難雙鉤。彦京勒此帖時，香光親爲指授。然能事不過爾，况近人乎。

又 學香光書不得其真蹟細觀之，專向墨刻求生活，非佻則滑，即天分十分高者，不過到明暢二字，與香光至竟無涉也。

清・葉廷琯《鷗陂漁話》卷三 董思翁論書示子帖。思翁有示其子祖源論書語三千八百餘言，康熙時，蕭張翀《淞南識小録》記之。其論用筆、用墨、運腕結體之法。精微曲至，皆甘苦有得之言，所以啟導之者備矣。然祖源不聞以能書世其家。可見爲學之道，父不能傳之子。作字且然，蓋語焉雖詳，所謂能與人規矩，不能使人巧也。蕭氏謂其書更秀逸不羣，惜多殘缺失次，因校正存之。據所言似及見思翁此帖墨跡，今不知流落何所，亦未見有石刻。惟蕭書此條後附一事，頗令可資談助。云新安一賈人，欲得文敏書而懼其贋也，謀諸文敏之客。客令具厚幣，介入謁。備賓主禮，命童磨墨，墨濃，文敏乃起揮毫授賈。賈大喜拜謝。持歸懸堂中，過客見之，無不歎絶。明年，賈復至松江，偶過府署前，見肩輿而入者，人曰董宗伯也。賈望其容，絶不類去年爲己書者。俟其出，審視之，相異真遠甚，不禁大聲呼屈。文敏停輿問故，賈涕泣述始末。文敏笑曰：君爲人所紿矣。憐君之誠，今可同往爲汝書。賈大喜再拜，始得真筆。歸以誇人，而識者往往謂前書較工也。此又可見名家隨意酬應之筆，常有反出贋本下者，可遽定真僞于工拙間乎。曾見方蘭坻《書論》記一事云：思翁常爲座師某公作書，歷

年積聚甚多，一日試請董甲乙之，乃擇其結構綿密者，曰此平生得意作，近日所作不能有此腕力矣。某公不禁撫掌曰：此門下所摹者也。乃相視太息。此事正可與前事相印證，思翁自賞且如此，安能鑒别無訛自信乎。

清・朱竹垞著、姚柳依編《静志居詩話》 趙承旨謚文敏，尚書亦謚文敏，兩公書畫差足相當。

清・朱履貞《書學捷要》 明之董文敏用弱筆，起筆處多搭鋒。

清・楊守敬《學書邇言》 明代學者，大抵擅長行草，正書碑刻，無足傳者。雖以董香光邈視宋元，而所傳碑刻，第有行草，無一真書。

清・周星蓮《臨池管見》 自思翁出而章法一變，密處皆疎，寬處皆緊，天然秀削，有振衣千仞，潔身自好光景。然篇幅較狹，去古人遠矣。

清・朱和羹《臨池心解》 思翁用力之久，如瘠者飲藥，令舉體充悦光澤而已，不爲勝溢。故寧見不足，毋使有餘。其自許漸老漸熟，乃造平澹。此真千古名言，亦一生甘苦之至言也。

清・文廷式《純常子枝語》卷一 董思伯書軟媚，正如古人所謂散花空中，流微自得者耳。不知何以主持，本朝一代風氣，然人材時勢亦因此可見。翰墨小事，而亦與文章同關氣運也。董書通顔趙之郵，惟失之大華美耳，卷摺之風不變，固無有能出其上者。

清・康有爲《廣藝舟雙楫・体變第四》 香光代興，奪子昂之席。然在明季，邢、侗，子愿。張瑞圖，二水。董、米，萬鍾。四家並名，香光僅在四家之中，未能纘一統緒。又，王覺斯飛騰跳擲其間，董實未勝之也。至我朝聖祖酷愛董書，臣下模仿，遂成風氣。思白於是祀夏配天汲汲乎欲祧吴興而尸之矣。香光俊古逸韻，有足多者，然局束如轅下駒，蹇怯如三日心婦，以之代統，僅能如晉元、宋高之偏安江左，不失舊物而已。然明人類能行草，其絶不知名者，亦有可觀，蓋帖學大行故也。

又《体系第十三》《高湛》、《劉懿》、《司馬昇》、《法生造像》，穠華麗美，並祖鍾風。【略】唐初小碑，最多此種，若《張興》、《王留》、《韋利涉》、《馬君起浮圖》，並其緒續，流播人間。吴興、香光亦其餘派也。

又《行草第二十五》若董香光雖負盛名，然如休裏糧道士，神氣寒儉。若遇大將，整軍厲武，壁壘摩天，旌旗變色者，必裹足不敢下山矣。

傳記

清・錢謙益《列朝詩集小傳》丁集下 其昌字玄宰，華亭人。萬曆己丑進士，選翰林庶吉士，授編修，出爲湖廣提學副使，以太常卿召入，歷遷禮部尚書，得請而卒。玄宰天資高秀，書畫妙天下，和易近人，不爲崖岸。

《明史》卷二八八《董其昌傳》 董其昌，字元宰，松江華亭人。舉萬曆十七年進士，改庶吉士。其昌天才俊逸，少負重名。

清・秦祖永《桐陰論畫》卷上 思翁，華亭人。萬曆十七年己丑進士，仕至尚書謚文敏。工詩文，書法自謂突過吴興。賞鑒如鑑洞形，超絶前代。所著《書眼》、《畫眼》，鈎元提要，筆墨訣窮，闡發殆盡。真藝林百世之師也。嘉靖三十四年乙卯生，崇禎九年丙子卒，年八十有二。《明史》作八十三，今據松江婁縣二志，案元宰生乙丑正月十九日。

紀事

明・董其昌《容臺别集》卷二《書品》 蘇端明畫古木竹石贈賈耘老，欲好事家月給米周賈者方與之。余書畫浪得時名，潤故人枯腸者不少。又吴子贋筆，借余名姓行於四方，余所至士大夫輒以所收視余，余心知其僞，而不辨此以待後世子雲。又不知蘇公有此否也。蘇公好爲人作畫，但枼凡筆精，張牋素以俟，便得乘興。若求其書，必不可得。余亦不喜人求，對面作書，即勉應之，亦不能工。又俗子自稱解書者，不應也。

又 余性好書而懶矜莊，鮮寫至成篇者。雖無日不執筆，皆縱横斷續，無倫次語耳。偶以册置案頭，遂時爲作各體，且多録古人雅致語，覺向來肆意，殊非用敬之道。然余不好書名，故書中稍有淡意，此亦自知之。若前人作書不苟，亦不免爲名使耳。

又 余雜好書，都不自作書。每勝日閒窗，爲人所强而應者，當時率意塗抹，知後來盡用人石，不得少藏其拙也。

又　今日寫各體書，煩熇未平，對客拈筆，每倣一種，不能百字，僅嘗一臠，似窮五技。然使紙有餘地，涼風噓之，當不止此。商丞相百里，見訪不孤，其意未知得如賈耘老换羊書否。偶背臨鍾王楷書各一種，失其文句，不能與原本相合。

又　余近來臨顏書，因悟所謂折釵股，屋漏痕者。惟二王有之。魯公直入山陰之室，絶去歐、褚輕媚習氣，東陂謂詩至於子美，書至於魯公，非虚語也。顏書惟蔡明遠序、尤爲沉古，米海岳一生不能仿佛，蓋亦爲學唐初褚公書，稍乏骨氣耳。燈下爲此，都不對帖，雖不至入俗，第神采璀璨，即是不及古人處。漸老漸熟乃造平淡。米老猶隔塵，敢自許逼真乎。題以志吾愧。

清・姜紹書《無聲詩史》卷四　在禮部時，高麗進貢，使者詢知公名，以爲異事，蓋筆跡亦流傳彼中。夏子陽黄門使琉球歸，追講公書以應琉球使人，曰：彼國中所寶，如白香山故事云。

清・顧復《平生壯觀》卷五　先君述文敏作字時，案前敲金吹角，窗外烈風迅雷，耳中無所聞也。憶得季侍御云晉江趙先生名恒，作《春秋録疑訓》顯心屏氣，以纊塞兩耳，然後執筆搆思。書既成，去其纊，耳竟聾矣。抑知文敏耳不必塞而竟不聞年未六十而亦聾也。用志不分如此，欲名之不我隨，可得乎。

著　録

明・朱謀垔《續書史會要》　有《戲鴻》等帖行世。

清・周中孚《鄭堂讀書記》卷五七　《畫禪室隨筆》四卷，明董其昌撰。《四庫全書》著録《明史・藝文志》小説家類。作二卷，蓋刊刻之誤也。按思翁所撰《容臺集》於詩文燦然大備，而獨於論書畫之旨，闕焉未載。長洲楊無補補，取其書畫題跋及評論各條，以及雜論，輯成是編。凡分十五門：曰論用筆，曰評法書，曰跋自書，曰評古帖，曰畫訣，曰畫源，曰題自畫，曰評舊畫，曰評詩，曰評文，曰紀事，曰紀遊，曰雜言，曰楚中隨筆，曰禪説。其言書畫之旨，皆深造微妙，堪與其所存書畫並傳，其餘不過取盈卷帙而已。前有方坦庵、拱乾。梁改亭穆。二序。至乾隆又有其裔孫重梓本。改今本《容臺集》，附有《别集》四卷，當即取此曾入云。

《四庫全書》子部十　《畫禪室隨筆》四卷，明董其昌撰。此乃所作《雜記》，其第一卷皆論書語，第二卷皆論畫語。類多手蹟題跋之文，而後人爲編次成帙者。凡所評隲，頗得書畫三昧。蓋於此道解悟甚深，故談言微中，洵足爲藝事指南之助。

雷鯉

論　説

清・姜紹書《無聲詩史》卷七　書法得朱子體，篆、隸遒勁。

清・孫岳頒等《佩文齋書畫譜》卷四〇《書家傳》　工篆、隸。《建寧府志》。

傳　記

明・朱謀垔《續書史會要》　雷鯉，字惟化，閩之建安人。善於書畫。

清・姜紹書《無聲詩史》卷七　雷鯉，字惟化，號半窗，建寧府學生。

陳繼儒

論說

明·倪後瞻《倪氏雜著筆法》 陳眉公之所有者，董無所不有。董之所有者，陳未必盡有。右軍如龍，北海如象，其董、陳之謂乎。劉玉少家藏眉公真蹟跡頗多，余昔婆娑其下，見一白紙便面，横書閒揮白羽扇五大字，此欵極新。陳眉公執筆，撮于指尖内横擔，又斜又扁，不肯對客作書，恐人盜其筆法。此與右軍執筆何如。

明·周之士《書家評》 陳眉公雅而有致，俱是一時書象。

清·姜紹書《無聲詩史》卷四 書法在蘇、米二公之間。

清·秦祖永《桐陰論畫二編》卷上 書法在蘇、米之間。

傳記

明·朱謀垔《續書史會要》 陳繼孺，字仲醇，一字眉公，華亭人。清修博古，著述甚富爲時高士。

著録

明·朱謀垔《續書史會要》 書法蘇長公，故于蘇書，雖斷簡殘碑，必極搜採，手自摹刻之曰《晚香堂帖》。亦能山水。

趙宧光

論說

明·趙宧光《寒山帚談·用料》卷下 余喜作草篆，以續飛白之脈，其任率自好，若謂前無作者。或詰之曰：大小諸篆，何有此法。既謂之篆，惟古自遵，何得改轍。余曰：有說。凡事取真不取假，用實不用浮，貴自然不貴勉然。大小篆書，必有大小篆器，今器異昔，何堪効颦。必如昔書，勢必虛假，勉然而後可。子言故是，但須出之蒙將軍未作用前而後可，如以將軍筆作丞相書，吾見其難爲矣。古今興革，故有不可知者，子姑執筆臨楮，然後破我未晚也。

又 世人多謂余拙于真楷，故作篆書。名言哉，真堪藥石乎。惜未悉余病也。余故貪夫，常謂遇事不見根氐，寧不學。

又 余無世資，習以成性。以至作字，豈惟不能隨潑逐流，即唐宋而下却不喜效颦。是以每受世嗤。

明·朱謀垔《續書史會要》 其自書創作草篆，蓋原《天璽碑》而小變焉。繇其人品已超，書亦不躡遺蹟，允成高士矣。天啟年間卒。子均，字靈均，亦草篆。

清·劉獻廷《廣陽雜記》卷四 與青來言趙寒山草篆：予之惡草篆者，非惡寒山之草篆，惡今人之學寒山者耳。若寒山者，所謂從容於法度之中，故能變化于規矩之外。今人未嘗一日從事于玉筯，執筆輒擬寒山，所謂學邯鄲之步，未有不失其故者也。

傳記

明・朱謀垔《續書史會要》 趙宧光，字凡夫，姑蘇人。宧室東南隅也，以爲名，連半字，豈謂蘇天下東南，自負能光彼仲耶。早爲經生，棄去，隱寒山，舉家佞佛，疏食。

著録

明・朱謀垔《續書史會要》 篤意倉、斯之學，著《長箋》論六議，《寒山帚談》論書法。

清・永瑢等《四庫全書總目》卷一一二 《寒山帚談》二卷，《拾遺》一卷，《附録》一卷。明趙宧光撰。宧光有《説文長箋》，已著録。是編本在所撰《説文長箋》中，亦析出别行。《長箋》穿鑿附會，且引據疎舛，頗爲小學家所譏。而篆文筆法，則差有偏長，故此編猶爲後人所重。上卷四目曰權輿，論一十五種書也。曰格調，論筆法結構也，曰力學，論字功書法也。曰臨仿，則力學之餘緒，析而爲篇者也。下卷四目：曰用材，論筆墨紙硯及運用法也。曰評鑒，論辨識之淺深也。曰法書，論古帖也。曰了義，論書家祕諦也。其《拾遺》一卷，闡發未盡之意，各註某條補某篇某字。其《附録》則《金石林》、《甲乙表》及諸論也。曰《帚談》者，取家有敝帚，享之千金意耳。

清・朱竹垞著、姚柳依編《静志居詩話》 趙宧光，字凡夫，吴人。有《寒山雜著》。凡夫以篆書名，略用草書體書之，號曰草篆。紺園琳觀，精會名園，咸乞其書題，扈友撰《説文長箋》，一時紙貴。然自解人觀之，未有不齒冷也。古之小學，書數方名，字或不正，童子皆知之。自周秦及漢，無不識字之學生，其後大小二篆，生八分、三真、六草。諸體雜出，古法未盡亡者，賴有許叔重《説文》一編，自一至亥，本之倉頡。迨譜以四聲，《説文》亡矣。顧野王《玉篇》，其文多於叔重，孫强又增益之，迨題以大廣益，而《玉篇》亦亡矣。蓋書之最古者，莫如篆學，野王雜以隸書，已失其舊。李陽冰刊定《説文》，頗出私意，詆訶許氏，學者已恨之。凡夫草篆，其又何所本乎。世人一遵晦菴朱子之説，以灑埽、應對、進退爲小學書。

陳鶴

論説

明・王世貞《弇州山人四部稿》 陳鳴野鶴初習真書，略取鍾法，僅成蒸餅。後作狂草，縱横如亂芻，而張尚寶遜業絶喜之。

明・朱謀垔《續書史會要》 善書畫亦能詩。

清・孫岳頒等《佩文齋書畫譜》卷四三《書家傳》 鶴真書得晉人位置法，頗有韻，第太肥，乏鋒穎。自云出鍾太傅。其徑四五寸以上者，勁秀絶倫。草效狂素，亦枯硬，結搆未密。《紹興志》。

明・朱謀垔《續書史會要》 陳鶴，字鳴野，號海樵，山陰人。家世武弁，棄去葛巾布袍稱山人。

紀事

清・姜紹書《無聲詩史》卷三 陳鶴，字鳴野，號海樵。生而穎悟絶羣，年十餘已知好古，買奇帙名帖，窮晝夜誦覽。其所作爲古詩文，若騷賦詞曲，草書圖畫，能盡效諸名家，既已間出己意，工贍絶倫。其所自娱戲，雖瑣至吴歈越曲、隸草釋梵、櫂歌菱唱、投壺博戲、酒政鬮籌、稗官小説，與一切四方之語言，一遇興至，身親爲之，靡不窮態極調。於是四方之人，日造其庭，盡一時豪賢貴介，若諸家異流，無不向慕。願得山人片墨，或望見顔色，一談一飲以爲幸。時有楊祕圖柯者，善狂草，品亦磊落不羈。每見山人

畫，而祕圖書其蹟，怪偉動人。兩君亦一時奇士。

朱翊鈞

紀事

明・于慎行《穀山筆麈》卷二 上初即位，好爲大書，内使環立，求書者常數十紙。而外廷臣僚得受賜者，惟内閣、講成數人而已。所賜江陵如弼予一人、永保天命、爾維麴蘗、汝作鹽梅、宅揆保衡、及捧日、精忠堂閣之扁，不可數計。字畫遒勁，鸞迴鳳舞，濡毫揮灑，頃刻而成。時聖齡十餘歲矣。一日，謂相君曰：朕欲爲先生書太岳二字。相君曰：主臣不敢。上乃已。

明・董其昌《畫禪室隨筆》卷一 明神宗。帝天藻飛翔，雅好書法。每攜獻之《鴨頭丸帖》、虞世南臨《樂毅論》、米芾《文賦》以自隨。予聞之中書舍人趙士禎言如此。因攷右軍曾書《文賦》褚河南亦有臨右軍《文賦》，今可見者趙榮禄書而。

清・錢謙益《列朝詩集小傳》乾集上 上天藻飛翔，留心翰墨，每攜大令《鴨頭丸帖》、虞世南臨《樂毅論》、米芾《文賦》以自隨。《勸學詩》一章，御書賜太監孫隆，刻世吴中者也。帝奉兩宫純孝，内府藏顔魯公書《孝經》，得之如珙璧，命江陵鄉裝潢題識，珠囊綈几，未嘗一日去左右。喪亂之後，朝士以百錢買得之。魯公法書精楷，儼如《麻姑仙壇》，每章有吴道子畫，精彩映發，手若未觸。天球琬琰，零落人間，躬閣之餘，不自知清淚之沾漬也。

著録

明・朱謀垔《續書史會要》 神宗皇帝聖慧夙成，留意翰墨。蚤歲書月白風清四大字，及御製《詠月詩》賜輔臣，天下欽仰。後王錫爵集所賜宸翰，刻爲一卷，龍翔鳳翥，遠軼羲獻。

王逢元

論説

明・王世貞《弇州山人四部稿》 王逢元子新，金陵人，《習聖教》，歐、虞、蘇、黄諸體其精徑。

明・朱謀垔《續書史會要》 王逢源，字子新，善草書。評者云：如乳臬岐凝，十步九顛。間獲遺跡，亦端莊圓熟。豈評者之過與。

清・錢謙益《列朝詩集小傳》丙集 書初學王右軍、永禪師，晚出入山谷老人。

清・姜紹書《無聲詩史》卷三 清才藻思，長於詩歌，書法出入山陰。

清・孫岳頒等《佩文齋書畫譜》卷四二《書家傳》 楷法元常，草法逸少父子。《詹氏小辨》。

又 顧璘云：王子新英年遒起，遂擅海内書名。或者議其真書稍肥，余謂莊重沉著，脱去佻巧，獨得鍾王遺法。顧璘《息園存稾》。

又 逢元書初學王右軍、永禪師，晚出入山谷老人。《金陵瑣事》。

又 王韋父子俱善書，人遂以大令呼子新。《江寧府志》。

傳記

清·徐沁《明書録》卷三　王逢元，字子新，號吉山，上元人。父韋，官冏卿。逢元博學工詩，精于書畫。

清·姜紹書《無聲詩史》卷三　王逢元，字子新，號吉山，金陵人。

王洋

論説

明·朱謀垔《續書史會要》　書法遒麗，有其家右丞右軍之致。

清·孫岳頒等《佩文齋書畫譜》卷四四《書家傳》　王洋書宗二王，善小楷。大幅草書如龍蛇夭矯，世皆寶之。《山陰志》。

傳記

明·朱謀垔《續書史會要》　王洋，字宗魯，山陰人。嘉靖進士，官湖廣參政。

米萬鐘

論説

明·朱謀垔《續書史會要》　行草得南宫家法，筆更沉古。與華亭董太史齊名，時有南董、北米之譽。尤善署書，擅名四十年，書蹟遍天下，獨不爲權貴作一字。魏璫時嚴拒其請，卒罹黨禍不恤，高勁如此。亦善畫。

清·秦祖永《桐陰論畫二編》卷上　行草得家法。

傳記

明·朱謀垔《續書史會要》　米萬鍾，字仲詔，其先關中人，徙京師。萬曆乙未進士，仕至太僕少卿。賦性澹漠寡營，而獨好石。家有勺園，所羅致四方怪石假山，種種林立。人謂無南宫之顛，而有其癖。號爲友石先生。

著録

清·孫岳頒等《佩文齋書畫譜》卷四四《書家傳》　米萬鍾著《篆、隸考譌二卷》。孫承澤《畿輔人物志》。

張瑞圖

論說

明・倪後瞻《倪氏雜著筆法》 其書從二王草書體一變斬方，有折無轉，一切圓體都皆删削，望之即知爲二水。然亦從結搆處見之，筆法則未也。

清・梁巘《評書帖》 張瑞圖書得執筆法，用力勁健，然一意横撑，少含蓄静穆之意，其品不貴。瑞圖行書初學孫過庭《書譜》，後學東坡草書《醉翁亭》。明季書學競尚柔媚，王張二家力矯積習，獨標氣骨，雖未入神，自是不朽。

清・吴德旋《初月樓論書隨筆》 明自嘉靖以後，士大夫書無不可觀，以不習俗書故也。張果亭、王覺斯人品頹喪，而作字居然有北宋大家之風，豈得以其人而廢之。

清・郭尚先《芳堅館題跋》卷四 張二水書恣睢取勢，在書中爲下劣，阿脩羅余雅不喜之，非第薄其人也。徐會稽、鍾越國書自可重，不以人掩。若蔡元長者，人品豈第而已，倘遇其書又何嘗拉雜摧燒之。乎庚辰花生日又書。

傳記

明・倪後瞻《倪氏雜著筆法》 張瑞圖，號二水，閩人。天啟宰相也。

紀事

清・秦祖永《桐陰論畫二編》卷上 書法奇逸，鍾王之外，另開蹊徑。相傳張係水星懸之書室中，可避火厄。

歸昌世

論說

清・徐沁《明畫録》卷七 工詩書，精草法。

清・秦祖永《桐陰論畫二編》卷上 書法晉唐，善草書，兼工印篆。

傳記

清・徐沁《明畫録》卷七 歸昌世，字文休，崑山人。震川先生之孫，邑諸生。

文震孟

論説

清・梁巘《評書帖》 文震孟書厚實，得北海意，人不太佳。

傳記

清・孫岳頒等《佩文齋書畫譜》卷四四 文震孟，字文起，别號湛持。待詔之曾孫。生而奇偉，眉稜上指，目光射人，與世所傳文信國像無異。年五十始成進士，爲熹廟改元之歲，廷對大魁天下。崇禎初拜禮部左侍郎，兼東閣大學士，謚文肅。書蹟遍天下，一時碑版署額，與待詔埒。《文氏族譜》。

項元淇

論説

明・朱謀垔《續書史會要》二 項元淇，字子瞻，秀水人。尤好臨摹古法書，以草聖擅名。每游戲翰墨，尺幅數行，人競寶之。

清・孫岳頒等《佩文齋書畫譜》卷四三《書家傳》 好臨摹法書，小楷嚴整，尤工草聖。《快雪堂集》。

清・陸時化《吴越所見書畫録》卷二 書則力追右軍，詩則希風靖節，志尚更在晉而不在唐也。

陸時化

傳記

清・孫岳頒等《佩文齋書畫譜》卷四三《書家傳》 項元淇，字子瞻，别號少岳。補諸生，尋遊南太學，謁選得上林録事。《快雪堂集》。

程福生

論説

明・朱謀垔《續書史會要》五 書工各自體，尤長《麻姑壇》楷法、章草、唐隸。

清・孫岳頒等《佩文齋書畫譜》卷四四《書家傳》 篆法壽承，隸法徵仲，小楷法《麻姑仙壇》，又法《黄庭》，草法章草。《詹氏小辨》。

傳記

明・朱謀垔《續書史會要》五 程福生，字孟儒，號六岳山人，江西玉山人。

黃道周

論說

明・倪後瞻《倪蘇門書法論》 黃石齋，其奇不及鴻寶，而孤傲岸異，神骨磊落，亦奇材也。

又 范允臨、王季重、黃石齋、倪鴻寶四人皆學董發筆、抽掣三法。此三法中四人，尚未能盡其底藴，況他法乎。

清・秦祖永《桐陰論畫二編》卷上 所見卷册屏幅，行草居多。筆意離奇超妙，深得二王神髓。

傳記

明・黃道周《黃石齋先生文集》 黃子名道周，字幼平，漳浦人。少居漳海銅山孤島中，後有一石室可居，名曰石齋，故學著稱爲石齋先生。

黃慎軒

論說

明・倪後瞻《倪蘇門書法論》 鄧太素、黃慎軒則有力矣。渴驥奔泉，怒猊抉石，古人有此種，黃、鄧可不愧。

又 黃爲蜀之先達，其書遜董。今四川人誇之爲明朝書家第一，造董遜黃之語煽惑俗子，以訛傳訛，信以爲真。甚至妄言右軍、大令尚出其下。種種可笑，其初意只欲推重本鄉之人，以誇耀一時，遂不覺蹈瞽目之誚。私意妄言，安可廢公論哉。

明・周之士《書家評》 黃慎軒書，老於筆而深於學，揮運所及，輒自成體。雲卷霧收，令人心醉。

明・朱謀垔《續書史會要》 楷法鍾元常，亦作行書。

清・孫岳頒等《佩文齋書畫譜》卷四四《書家傳》 黃昭素獨操機杼，而置古帖中亦不可復辨。《王劒尊聞》。

傳記

《明史》卷二八八《黃慎軒傳》 時同館中，詩文推陶望齡，書畫推董其昌，輝詩及書與齊名。

《明史》卷二八八《黃慎軒傳》 黃輝，字平倩，一字昭素，南充人。幼穎異，父子元，官湖廣，御史屬訊疑獄，輝檢律如老吏。御史聞而異之，命負以至，授錢穀集，一覽輒記。稍長，博極羣書。年十五舉鄉試第一。

紀事

明・倪後瞻《倪蘇門書法論》 性孤峭迂拙，好閉户静坐，累月不會一客。每自矜貴，不肯多寫，索之者或經年不獲一字。生前一扇或數金。羅西溪者，慎軒同鄉人，向余言生作字甚緩，或刻許成一字，或一字作輟數次然後成。每日寫字十餘幅，即止不書。家人每候其神馳之時，輒去之。

又 黃慎軒與董爲萬曆己丑同榜進士。相傳慎軒能左手作字，未來知果否。慎軒號鐵菴。得道死。

倪元璐

論説

明・倪後瞻《倪氏雜著筆法》 倪鴻寶書，一筆不肯學古人，只欲自出新意。鋒稜四露，仄逼複疊，見者驚叫奇絶。方之歷代書家，真天開蠶一線天。

又 王季重、倪鴻寶皆浙人，均有能書名。兩人互相戲評其字，鴻寶戲王曰：汝字如葫蘆躧高撬，其結體尖長，撇捺拖沓也。季重答倪曰：我亦酬君五字，曰刺菱翻斛斗。言其棱角峭一一翻向外也。

二評皆確。

清・吴德旋《初月樓論書隨筆》 明人中學魯公者，無過倪文正。學少師者，無過董文敏。作者雖多，兩雄爲最矣。

清・秦祖永《桐陰論畫二編》卷上 書法靈秀神妙。

清・康有爲《廣藝舟雙楫・行草第二十五》 明人無不能行書，倪鴻寶新理異態尤多。乃至海剛峯之强項，其筆法奇矯亦可觀。

傳記

《明史》卷二六五《倪元璐傳》 倪元璐，字玉汝，上虞人。天啟二年元璐成進士，改庶吉士，授編修。

蔣如奇

論説

明・朱謀垔《續書史會要》 書法特瀟灑絶俗。董思白稱其天骨超逸，功力復深。而其語人，嘗謂右軍書以人重，李志、曹蜍至今安在。其意雅不欲僅以工書名也。

清・倪後瞻《倪蘇門書法論》 蔣如奇，宜興人。進士，仕至臬司，以二王草書行世。歸家後宦農貧苦，往城外小園一樓上。其結體有法，但欠變化耳。

傳記

明・朱謀垔《續書史會要》 蔣如奇，字一先，號盤切，南直，宜興人。萬曆丙辰進士，官湖西大參，性篤孝友，情鍾山水，不以仕禄爲念。

著録

明・朱謀垔《續書史會要》 鐫有晉唐宋諸大家、净雲枝等帖行世。

楊宛

論説

明・朱謀垔《續書史會要》 楊宛，東海茅元儀之侍妾。臨《蘭亭》，董其昌云其書非直娟秀取姿，而迴腕出鋒絶無媚骨。有臨《蘭亭》行世。

傳記

清・錢謙益《列朝詩集小傳》閏集 楊宛，字宛叔，金陵名妓也。能詩，有麗句。善草書。

藝文

清・王士禎《香祖筆記》 汪歷賢《題楊宛叔蘭亭臨本詩》云：獨就規模出新意，更留粉本與蘭亭。雙鈎響榻誰能事，直唤昭陵片筴醒。《香祖筆記》。

吴勤

論説

明・朱謀垔《續書史會要》 字有晉人風格，不擇紙幣俱得其妙。老年燈下小楷，片時數千。湘獻王嘗遺以詩，有清才美德冠時儒，辭翰欣看逼褚虞之句。

清・孫岳頒等《佩文齋書畫譜》卷四〇《書家傳》 善行楷書，在史館時年七十矣。運筆如飛，館中能書者數百人，嘖口稱歎。《解學士集》。

傳記

明・朱謀垔《續書史會要》 吴勤，字孟勤，以先世居廬山號匡山樵者。居鄂，又號黄鶴山樵。晚更號幽翁。生元至於正間，洪武初被徵，除武昌教授。以詩名當世。

紀事

清・孫岳頒等《佩文齋書畫譜》卷四〇《書家傳》 成祖踐極，胡廣薦勤善書，召見，命書《御製永樂大典序例》，字幾萬餘，勤神間意定，書至終紙，點畫一無纖訛。上大悦。《永新志》。

清代書家部

王鐸

論説

清·倪後瞻《倪蘇門書法論》 王鐸，字覺斯，河南孟津人，進士，本朝初爲吏部尚書。其字以力爲主，淋漓滿志，所謂能解章法者是也。北京及山東西秦、豫五省，凡學書者以爲宗主。雙白曰：晉魏瀟踈工秀之致，彼中人何能知之，洵北方之學哉。覺斯字一味用力，彼必誤認鐵畫銀鈎諸法，所以魔氣甚大。畫家有南北派，書家不然，然在今日，則誠有南北之異。王雙白曰：覺斯河南人，横得書家重名，又爲尊官，故彼中之嚮往者衆耳，所以北方五省之人推覺斯爲羲獻，信耳。信口不知書法爲何物，故膽大心粗，妄加評論。

清·姜紹書《無聲詩史》卷四《王鐸》 行草書宗山陰父子，正書出自鍾元常，雖模範鍾王，亦能自放胷臆。

清·桂馥《國朝隸品》 王覺斯如壯夫挽彊，徒以力矜，不必中的。

清·吴修《昭代名人尺牘小傳》卷二 書宗魏晉，名重當代，與董文敏並稱，有《擬山園帖》行世。

清·梁章鉅《吉安室書録》卷一 按：世人論王孟津書，但工大行草，餘不足觀。而余曾得其小楷書一紙，在關中，本《華山碑册》之後。又得一小行書便面，皆絶精，乃知此老於此事自是老斲輪名下固無虚也。此老小楷流傳絶少，嘗以《華山碑册》索張韓山方伯題字，張見王跋，歎爲至寶，謂可掃却琅華館諸種惡札。張南山郡丞見之，亦自詫眼福之奇。二君皆負書名，其賞鑒均可恃也。

清·包世臣《藝舟雙楫》卷五《論書一·國朝書品》 王鐸草書能品下。

清·郭尚先《芳堅館題跋》卷三《論坐帖》 曩不喜王孟津書，尤不喜張二水書，今日澄心細觀，知兩家亦從顔魯國來。虬髯客作夫餘王，雖非隆準在彼，亦自有不羣者在。

清·顧復《平生壯觀》卷五 孟津相國僑居吴下，時最喜與人作書，而人不知重。寫扇甚多，皆臨帖。及其乘箕尾後，人知珍重，而不可得矣。其書皆臨摹古帖，工力精到，三百年一人也。至于詩文簡劄、掛幅對聯、竹箑大小字，皆沉着痛快，無一筆無來歷。處間作楷書幾字，必遵奇古，吁，可謂奪造化入神奇者矣。或者譏其正楷借篆、隸法破體杜撰，欺人自欺。余曾見其勒石，記家藏漢人篆、隸之碑二十餘種，自題云：學書不參通古碑書法，終不古，爲俗筆多也。嗚呼，盡之矣，聞其臨《淳化閣帖》數部，非工力如此，烏能精妙如此。今舉世有南董北米之稱，欲易爲南董北王，識者必吾首肯。

清·震鈞《國朝書人輯略》卷一《王鐸》 王覺斯寫字課，一日臨帖，一日應請索，以此相間，終身不易。

又 文安學問才藝，皆不減趙承旨，特所少者藴藉耳。

傳記

清·震鈞《國朝書人輯略》卷一《王鐸》 字覺斯，號嵩樵，河南孟津人。明天啟壬戌進士，官大學士。入國朝，官禮部尚書。謚文安。

紀事

清·梁章鉅《吉安室書録》卷一 文安公書法妙天下，真得晉人三昧，寸縑尺蹏，海内寶爲拱璧。藉茅先生紹衣家學，不啻大令之於右軍，購求散佚，傳諸永久。逞余笥中有公見贈十二詩，携歸居巢。一夕，爲兵火失去。今所存惟尺牘數紙，心摹手追，不勝過車初策之感。於以知公真蹟爲世所祕藏，以待蕭翼於異日，穩固不僅此數卷而已。淮南龔昆孳識於燕邸香巖齋。

又 先文安公書法傳之海内多年所矣，比來如《琅華》、《銀灣》、《詩酒論》等帖，非不備極精妙。

余小子恐其久而散佚，且先文安五十年臨池苦心，僅僅見之數帖未盡也。茲刻博搜遺墨如《淳化閣帖》式，劃劙有年，始於辛卯，竣於己亥。敢云銘碣仙人之掌樹眉，王母之山邪雙鉤，吕子太初勒石，張子飛卿咸稱善手，俟賞鑑於來茲云爾。順治己亥五月二十八日，仲子無咎恭紀於北畿石鏡山房。

著録

清・張庚《國朝書徵録》卷一《王鐸》 王鐸，字覺斯，孟津人。天啟壬戌進士，入翰林。【略】書法有《擬山園石刻》，諸體悉備。

清・梁章鉅《吉安室書録》卷一 文安公書法妙天下，藉茅太史括所藏書及墨苑家所流傳彙集此本，有缺略模糊，必求别本正字補之，備極龍躍虎卧猊攫象搏之致。文安四十年精力盡在此矣。近代玄宰、子厚兩先生《戲鴻》、《來禽》二帖，壇坫海内。昔衛夫人見右軍書，歎曰：此子必掩我名。此本出，惜兩公不及見也。新鄉張縉彦謹跋。

王時敏

論説

清・徐沁《明畫録》卷五《山水》 善楷、隸。

清・桂馥《國朝隸品》 王煙客如古松露根，野竹抽籜。

清・吴修《昭代名人尺牘小傳》卷一 工分、隸，精鑒藏。

清・梁章鉅《吉安室書録》卷二 太倉王煙客，爲國朝畫苑領袖，而亦善書，尤長八分。余齋嘗藏其八分懸軸一幀，又八分小楹帖一幅，皆極精。

又 煙客畫師黄公望，八分師魏《受禪碑》，參用《夏承碑》。《太倉州志》。

清・包世臣《藝舟雙楫》卷五《論書一・國朝書品》 王時敏行及分書，逸品下。

清・秦祖永《桐陰論畫》卷上 行楷撫《枯樹賦》，隸書追秦漢，榜書、八分爲近代第一，名山梵刹非先生書，不足爲重也。

著録

清・李玉棻《王奉常書畫題跋序》 近之鑒賞家動曰四王，而奉常氣韵實較廉州、石谷尤勝，後之司農抑又遜焉。乃讀其題跋，每道人之精能，而卑以自牧。蓋由研究妙理，志願宏深，其謙抑，正其道高心下處，非虚詞也。卷中揄揚後起，下及楊子鶴，而獨未及南田翁。昔奉常與南田始未相見，惟以筆墨往還。後南田偕石谷詣之，奉常已疾篤，有昨曾夢見兩公之語，可謂神交矣。南田有哭奉常詩十二章，沉痛之至，其契合更有深于他人者。或當時未嘗題南田畫，或間有題跋而未存稿，皆不可知。然不得以未及南田，致滋疑論也。此卷世鮮知者，涿鹿尊行芝陔老人，昔在商丘宋牧仲裔孫家得見鈔本，字多蠹蝕，倉卒借鈔，無可校正，故久未示人。癸卯秋初，棻以索讀，遂得所歸，藏之篋衍，倏忽七年。客冬晴窗雪夜，手自校讐，以付剞劂，俾世之擿埴索塗者，能知畫理。今芝老墓草歲青，追維疇昔，必亦印可也。宣統二年歲次庚戌上元日，通州李玉棻均湖識于甌鉢羅室。

清・倪壎《王奉常書畫題跋序》 王太常在勝國時，與董宗伯訂忘年交，以畫砥礪，探討源流，遂成絶詣。吴祭酒作《畫中九友歌》，首推兩公。至我朝，太常爲畫苑領袖，故工畫者踵門商榷，無不知名，湘碧太守、耕烟散人皆其指授也。此卷題跋世無刊本，未悉何氏所存。昔爲李芝陔觀察搜得草本，耄年未遑校讐，付其宗家筠塢太守。太守暇則編校，節食貶衣刊刻成帙，不獨慰鑒賞好事兩家未見之憾，抑亦完芝公未償之願云。然諾不渝，良可敬也。若夫詞翰之妙，固太常之餘事，然亦豈他人所能及哉。書成，將與

前著過目考并行，游意于古者，其一染指歟。宣統二年庚戌，會稽倪壎小舫，年八十三，人日雪後，爲烟客題跋序。

王猷定

論説

清・吴修《昭代名人尺牘小傳》卷二　以詩古文辭自負，善書，得李北海筆法。

清・震鈞《國朝書人輯略》卷一　于一以詩古文辭自負，對客斷斷講論，蓋兼有筆札喉舌之妙者，其行書筆法亦自通神。

又　天資善書，臨池之技，可以籠鵞，而遠近之慕于一名者，筆秃可數十甕計也。

又　書法亦遒勁，有晉人風度。

傳記

清・震鈞《國朝書人輯略》卷一《王猷定》　字于一，號軫石，江西南昌人。

紀事

清・王猷定《四照堂集》　余少學書於董文敏公，公曰：子知琴乎。余釋褐時有琴師諷學琴，因請教嚴中舍，中舍曰：此事極難，初下指時，一聲不合，即終身無復合理，書道亦然，然則初下指時，一筆不合則竟不合矣，顧所合者何法也。

彭行先

論説

清・吴修《昭代名人尺牘小傳》卷二　書出入晉唐，與金俊明、鄭敷教稱吴中三老。

清・震鈞《國朝書人輯略》卷一《彭行先》　竹里老人當易代之際，有高節，與金孝章、鄭士敬齊名。其書得晉人遺法。

傳記

清・震鈞《國朝書人輯略》卷一《彭行先》　字務敏，一字貽令，號竹里老人，江蘇長洲人。明崇禎貢生，授知縣，不就。

紀事

清・汪琬《堯峰文鈔》卷一三《誌銘三・彭貽令先生墓志銘》　雅善書法，暇即簾閣據几，撫晉唐諸家，莫不酷似。貧不能購書，數十紙錯置巾衍中，時時繙閲不倦。

陳洪綬

論說

清・楊賓《大瓢偶筆》卷六《論國朝人書》　山陰寺觀聯多張宗子岱作，而陳章侯洪綬書，西湖亦有之。章侯以畫名，而書亦佳。

清・吴修《昭代名人尺牘小傳》卷一　書法遒逸。

清・包世臣《藝舟雙楫》卷五《論書一・國朝書品》　陳洪綬行書逸品上。

傳記

清・吴修《昭代名人尺牘小傳》卷一　陳洪綬，字章侯，號老蓮，浙江諸暨人。國子監生，明崇禎間，召入供奉，不拜。甲申後，自號老遲，又稱悔遲，又稱弗遲。

馮班

論說

清・梁章鉅《吉安室書録》卷一　馮班，字定遠，號鈍吟，常熟人，諸生。書法四體皆能，尤工小楷，有晉唐人風度。

傳記

清・震鈞《國朝書人輯略》卷一《馮班》　字定遠，號鈍吟，江蘇常熟人。

著録

清・楊賓《大瓢偶筆》卷七《論筆法》　虞山鈍吟，老人論書大概祖陳繹。曾翰林要訣十二章本，以執筆爲第一，是以鈍吟訓於家庭，有筆法結法二説。

清・楊複吉《鈍吟書要跋》　馮鈍吟工書，從子竇伯傳其筆法，故輯書法正傳，采掇舊文，而以所著書要殿焉。其論正書之法自抒名論，迴不猶人，解惑析疑，研微入妙，與甲集中宋射陵《書法約言》雅稱合璧。癸酉孟冬，震澤楊復吉識。

金俊明

論說

清・楊賓《大瓢偶筆》卷六《論國朝人書》　金孝章學祝自成片段。

清・汪琬《堯峰文鈔》卷一五《誌銘五共六首・金孝章墓誌銘》　先生幼以善書著聲吴中，小楷師《曹娥碑》，行草師《聖教序》，悉有法度，晚益自名一家。

又　其激昂奇偉之材，與夫輪囷結轖傲兀不平之氣，訖於暮年，而剷削

未盡，不得已，寓諸書畫。

清・桂馥《國朝隸品》　金孝章如玉水方折，自然中矩。

傳記

清・吴修《昭代名人尺牘小傳》卷二　金俊明，字孝章，初名衮，字九章，號耿庵，又號不寐道人，吴縣人。兵後，棄諸生，傭書自給，工詩能書。

紀事

清・汪琬《堯峰文鈔》卷一五《誌銘五共六首・金孝章墓誌銘》　四方士大夫聞先生名，以書若詩文來請者，相次不絶。里中窶人子，手不持一錢，亦日夕踵門乞先生書，先生欣然應之，不少厭也。以是三吴碑版，旁及僧坊酒肆，率多先生筆，得之者争相誇示以爲幸。

又　先生既善書，平居繕録經籍祕本以訖交游文稿，凡數百種，無不裝潢成帙，庋置縢鐍惟謹。

萬壽祺

論說

清・董紹書《無聲詩史》卷四《萬壽祺》　與楊維斗樞陳卧子子龍諸君相頡頏，嫻古文詩詞，皆雋永秀拔。頗精篆刻，得漢人章法，隨事賦形，不假配搭，絶去柳葉鐵線急就爛銅諸習，行楷遒逸，有鸞鶴停跱之概。

清・吴修《昭代名人尺牘小傳》卷四　書樵晉人，兼工篆刻。

清・竇鎮《國朝書畫家筆録》　書法顔魯公而變之，亦精篆刻。

傳記

清・竇鎮《國朝書畫家筆録》　萬壽祺，字年少，徐州人，讀書有宿慧，工詩文。明崇禎三年舉人。入國朝，儒衣僧帽，往來吴楚間，世稱萬道人。

傅山

論說

清・嵇曾筠《傳徵君傳》　嘗擕衣草履遨遊於平定祁汾間，所至有墨痕筆跡。工詩賦，善古文辭，臨池得二王神理。該博古今典籍，百家諸子，靡不淹貫，大叩大鳴，小叩小鳴。復自託繪事寫意，曲盡其妙。精岐黄術，邃於脈理，而時通以儒義。

清・戴夢熊《傳徵君傳》　工詩賦，善古文詞，臨池神似二王晉之人重焉。且精繪事，每搦管寫意，各極其妙。

清・郭鋐《徵君傳先生傳》　最善臨池，草、楷、篆、隸，俱造絶頂，筆如鐵畫，不摹古，不逢時，隨筆所至，或正或側，或巨或細，或斷或續，無不蒼勁自異。畫更古雅絶倫。

清・全祖望《陽曲傳先生事略》　先生工書，自大小篆、隸以下無不精，兼工畫，嘗自論其書曰：弱冠學晉唐人楷法，皆不能效，及得松雪香山墨迹，愛其員轉流麗，稍臨之，則遂亂真矣。已而乃媿之，曰是如學正人君子者，每覺觚稜難近，降與匪人游，不覺其日親者，松雪曷嘗不學右軍，而結果淺俗，至類駒王之無骨心術壞而手隨之也，於是復學顔太師，因語人學書之法，甯拙毋巧，甯醜毋媚，甯支離毋輕滑，甯真率毋安排，君子以爲先

生非止言書也。

清·張庚《國朝畫徵録》卷《傅山》一　長分隸書及金石篆刻。

清·桂馥《國朝隸品》　傅青主如蠶叢棧道，級幽梯峻，康衢人裹足不進。

清·包世臣《藝舟雙楫》卷五《論書一·國朝書品》　傅山草書，能品上。

清·郭尚先《芳堅館題跋》卷四　先生學問、志節爲國初第一流人物，世爭重其分隸，然行草生氣鬱勃，更爲殊觀。嘗見其論書一帖云：老董止是一箇秀字。知先生於書未嘗不自負，特不欲以自名耳。

清·沈濤《匏廬詩話》卷下　先生隸體奇古，與鄭谷口齊名。

清·楊賓《大瓢偶筆》卷六《論國朝人書》　康熙初，山西有隱君子傳山，書法晉魏，正、行、草大小悉佳。曾見其卷幅册頁，絶無氈裘氣。

清·李元度《國朝先正事略》　趙秋谷先生推先生書爲本朝第一，顧深自愛惜，不輕爲人寫。

傳記

清·戴夢熊《傳徵君傳》　徵君傳山，字青主，一字公他，別號石道人，世爲山西之忻州人。祖霖，登明嘉靖壬戌進士，歷官少參。父之謨，以明經碩彦衣被學徒。山其仲子也。少參通籍後寓居太原，因隸籍陽曲云。山生而穎異，讀書十行並下，過目輒成誦。少參極鍾愛。迨長，學益該博，凡古今典籍，諸子百家，靡不淹貫。

清·丁寶銓《霜紅龕集》序　傳青主先生，別字嗇廬，學者稱之爲嗇廬先生，山西太原人也。

紀事

清·傅山《霜紅龕集》卷十　索居無筆，偶折柳枝作書，輒成奇字，詩曰：腕拙臨池不曾柔，鋒枝禿硬獨相求。公權骨力生來足，張緒風流老漸收。隸餓嚴家卻蕭散，樹枯冬月突顛甹。插花舞女當嫌醜，乞米顔公青許留。

清·阮葵生《茶餘客話》卷一五　太原古晉陽，城中有傅先生賣藥處，衛生堂藥餌五字，乃先生書也。

清·劉紹攽《傅先生傳》　善丹青，蕭散多古意，書法宗王右軍，得其神似，趙秋谷推爲當代第一。時人寶貴，得片紙，争相購。先生亦自愛惜，不易爲人寫，不得已，多爲狂草，非所好也。惟太原段帖乃其得意之筆。母喪，貴官致賻，作數行謝，貴者喜曰：此一字千金也，吾求之三年矣。其寶重如此。

著録

清·李果《霜紅龕集序》　先生避地入盂縣。又善行楷，嘗言楷書不自篆、隸入，則奴態不足觀。初學趙松雪書，薄其人，後乃學顔魯公書。索居無筆，折柳枝作書，輒成奇字。好事者争乞之。

冒襄

論説

清·梁章鉅《吉安室書録》卷二　行草書流傳海内，晚年却掃家居，年八十，猶存擘窠大書，體勢孟媚。

清·震鈞《國朝書人輯略》卷一《冒襄》　書法特妙，喜作擘窠大字，人皆藏弆珍之。

周亮工

傳記

清・吴修《昭代名人尺牘小傳》卷二　周亮工，字元亮，號櫟園，又號減齋，河南祥符人，移家白下。明崇禎庚辰進士，由濰縣令行取御史。國朝授兩淮監運使，歷户部右侍郎，革職。康熙初復僉事，歷江安督糧道。

紀事

清・周亮工《賴古堂集》卷二二《題所作八分書寒鴉歌後》　自跋隸書云：己亥重九後一日，寫此賣錢沽酒，綴以二絶。一：誰能隔宿對黄花，度盡重陽更憶家。欲换青錢沽雪酒，八分小字寫寒鴉。二：難教去盡外來姿，老腕羞慙力不隨。方壘出誇官樣好，阿誰解愛郃陽碑。命童子携出户，童子笑謂予收此冷淡生活，應惟虎林霍君。已而果爲維翰索去，擕酒爲余作三日醉，維翰雅好筆墨，遂爲童子所知，郃陽即不方整，亦復爲人愛，老人潦倒塗雅，尚可作三日輭飽，皆足記也。

歸莊

論説

清・吴修《昭代名人尺牘小傳》卷一　與同邑顧炎武相友善，有歸奇顧怪之目。工詩，善行草。

清・震鈞《國朝書人輯略》卷一《歸莊》　偶同家弟石公過一裝潢匠家，見歸元公草書一幅，虚和圓熟，不忍舍去。元公書余見者多矣，未有若此之佳者。

又　恒軒好奇，世目爲狂生，善行草書。

又　詩文豪放，善大書，工畫竹。

又　歸生工草書，爲東吴高士。

傳記

清・震鈞《國朝書人輯略》卷一《歸莊》　字元恭，號恒軒，一名祚明，或稱歸妹，或稱歸乎來，或稱歸藏，或字元功，或字園公，或字懸弓，又號普明頭陀，又號鏊鉅山人，江蘇崑山人，明太僕曾孫。

藝文

清・震鈞《國朝書人輯略》卷一《歸莊》　吴梅村《題歸元恭僧服小像》其四《工書》云：中山絶技妙空羣，智永傳家在右軍。爲寫頭陀新寺額，筆鋒蒸出墨池雲。

法若真

論説

清·李集《鶴征前録》　以巨幅大書司馬温公禪偈見貽，筆勢飛動，蓋先生少以詩名，書畫則其餘事耳。

傳記

清·吴修《昭代名人尺牘小傳》卷四　法若真，字漢儒，號黄石，亦號黄山，山東膠州人。順治丙戌進士。康熙己未，薦鴻博，未用，官至安徽布政使。工書畫。

查士標

論説

明·倪後瞻《倪氏雜著筆法》　余友查士標，字二瞻，初學李北海，後倣玄宰帝廟碑，從此入董門庭，然其跡畢竟類李。康熙初來楊州，遂學南宫《天馬十紙》、貞孃《蕪湖學記》數種，用筆駘盪不羈，真是時賢之俊，但可惜落米窠臼，祗恐未易超脱耳。

又　查二瞻之字近趣非趣也，筆筆做作，非天然之態。汪湛若之字近古非古也，筆筆滯拙，少瀟散之致。

清·張庚《國朝畫徵録》卷一《查士標何文煌》　業專事書畫，【略】書法純學華亭，足亂真本。

清·謝希曾《國朝名人書評》　查二瞻行草亦學董，意趣與沈文恪自别。

清·吴修《昭代名人尺牘小傳》卷四　書法襄陽，極似董文敏。

傳記

清·張庚《國朝畫徵録》卷一《查士標何文煌》　查士標，字二瞻，號梅壑散人，海陽人。前諸生，尋棄舉子。

清·吴修《昭代名人尺牘小傳》卷四　查士標，字二瞻，號梅壑，江南海陽人。明諸生，流寓揚州。

鄭簠

論説

清·姜宸英《湛園題跋·題鄭谷口摹古碑》　谷口晚書奇變，殆是游刃之餘，未有舍規矩而能成巧者也。

清·桂馥《國朝隸品》　鄭谷口如湻于髡，東方曼倩，滑稽諧謔，口無莊語。

清·吴修《昭代名人尺牘小傳》卷四　以八分擅名。

清·梁章鉅《退庵隨筆》卷二二《學字》　鄭谷口簠隸書最著，則未免習氣太重，聞其時有戲於黑漆方几上加白粉四點，謂爲鄭谷口隸書田字者，其惡趣可知，不知當日何以浪得名。

清・包世臣《藝舟雙楫》卷五《論書一・國朝書品》 鄭簠分及行書逸品上。

清・梁巘《評書帖》 鄭簠八分書學漢人，間參草法，爲一時名手。王良常不及也。然未得執筆法，雖足跨越時賢，莫由追踪前哲。

清・靳治荆《思舊録・鄭谷口簠》 家藏歷代碑本及秦漢印章名畫法書甚富，其論分隸之學，惟以漢爲宗，占地甚高，故運筆自古人挾勢力求書，遷延累歲月，卒不可得，而於所契合，即不惜欣然從事，其和而介大率類此。

清・楊守敬《學書邇言》 鄭谷口簠之飄逸。

清・方朔《枕經堂金石書畫題跋》 史晨碑跋云：本朝習此體者甚衆，而天分與學力俱至則推上元鄭汝器，同邑鄧頑伯。汝器戈撇參以《曹全碑》，故沈著而兼飛舞。吾郡余忠宣公所撰城隍廟碑是其手書，知者見之，自當謂其遠勝重書郭泰一石已。

又 《曹全碑》跋云：國初鄭谷口山人專精此體，足以名家，當其移步換形，覺古趣可挹，至於聊扁大書，則又筆墨俱化爲烟雲矣。

傳記

清・梁章鉅《吉安室書録》卷三 鄭簠，字谷口，江甯人，精于醫，工隸書。來往揚州，主徐氏平山堂，額出其手。朱竹垞有詩紀其事。

清・靳治荆《思舊録・鄭谷口簠》 簠字汝器，本貫莆田，世居江寧，自號谷口農，故無論識與不識，皆知白下有谷口先生者。先生爲舊京人物，熟曉興廢間事，前輩名流皆與游處。

紀事

清・張在辛《隸法瑣言》 余之謁鄭谷口先生也，在康熙辛未，先生已七十矣。在門牆日久，見先生以醫道應酬。入夜，篝燈於墨稼軒中作字，正襟危坐，肅然以恭，執筆在手，不敢輕下，下必遲遲，敬慎爲之，不似其字之飛動跳舞也。嘗曰：作字最不可輕易，筆管到手，如控千鈞弩，少弛則敗矣。須知其敬慎如此。

又 初拜鄭先生即命余執筆作字，纔下得一畫，即曰：字豈可如此寫。因自就坐，取筆搦管，作禦敵之狀，半日一畫，每成一字，必氣喘數刻。始知前輩成名，原非偶然。

又 鄭先生曰：世人作字，只是寫得皮毛，作字用筆，固有起落，然上下四旁之間，必有脊骨，必有筋力，必有首尾，方有神氣，不然，終不成家。

又 鄭先生自言學者不可尚奇，其初學，隸書是學。閩中宋比玉，見其奇而悦之。學二十年，日就支離，去古漸遠，深悔從前，及求原本，乃學漢碑，始知樸而自古，拙而自奇，沈酣其中者三十餘年。溯流窮源，久而久之，自得真古拙真奇怪之妙。及至晚年，醕而後肆，其肆處是從困苦中來，非易得也。

又 先生生平專力於此，購求天下漢碑不遺餘力，見其家藏古碑積有四廚，摹擬殆遍。余問先生曰：江南漢碑共有幾處。先生笑曰：漢隸多在西秦、東魯、山東，人反問江南，何失近而問遠耶。大江以南止有校官碑，在溧水縣明倫堂東墻下，此外無有也。問西秦之碑何者可學。曰石經剥落不存。《曹全碑》在郃陽學宫，明神宗時出渭河沙磧中，字甚真切，古人用筆歷歷可見。但其字一字一法，一畫一法，方長大小，全無定體，非十年功夫不能窮其奥旨，惟碑陰題名與十七字殘碑當作十三字有法可循耳。又問東魯之碑如何，曰東平有衡方、張遷二碑，頗覺古雅。濟甯學宫第一可學者，魯峻碑並碑陰俱有法度，尉氏故吏人名亦可，景君銘前後二碑方嚴可愛，武榮鄭固二碑則稍樸略矣。

清・靳治荆《思舊録・鄭谷口簠》 常見酒酣起舞，白雪在窗，紅燭在几，墨池魚龍，躍躍欲飛出，更發爆竹數聲以作其氣，然後攘袖濡毫，對客談笑揮灑，所積大小若干幅立盡，猶盤礴有餘勇，坐客歎服。昔趙寒山作篆如作草，一時推爲獨步。今谷口於分書亦然，後世必有知而論定之者。

徐枋

論說

清・張庚《國朝畫徵録》卷上《徐枋》 書多草法，十七帖俱爲世所重。

清・彭紹昇《二林居集》卷九《跋尾三・俟齋徐先生手帖跋》 俟齋徐先生書，瘦硬通神，如傲雪老梅，屈折蕭疏，生意自足。

清・竇鎮《國朝書畫家筆録》 書法孫過庭。

傳記

清・震鈞《國朝書人輯略》卷一《徐枋》 字昭法，號俟齋，江蘇長洲人。明崇禎壬午孝廉。隱居上沙，守約固窮。湯文正撫吴，往訪，不見。自號秦餘山人。

紀事

清・葉燮《己畦文集》 先生美風度，喜談笑，善屬文，書畫尤稱絶。有購得片紙者以爲寶，例不書款，此志也。

清・潘耒《遂初堂文集》卷一二《徐俟齋先生祠堂記》 當明末，造吾吴徐文靖公獨能捐生殉國致命遂志。而公之長子俟齋先生，復能遵公遺志，屏跡荒山，土室樹屋，非其同志，雖通家世好踵門不得見，與之書，亦不畣藜藿，不糝三旬九食，而一切饋遺，堅卻不受。文章書畫妙天下，時人以重幣購之，不肯落一筆。

嚴繩孫

論說

清・朱彝尊《曝書亭集》卷七六《墓誌銘三・修嚴君墓誌銘》 少工書法，入晉唐人之室，兼善繪事。

清・張庚《國朝畫徵録》卷中《嚴繩孫嚴泓曾附》 善書法。

清・謝希曾《國朝名人書評》 尤西堂嚴藕漁，行草俱學董而筆側。

清・李集《鶴徵録》卷二《二等三十人》 藕漁六口歲即能作徑尺大字。

清・秦祖永《桐陰論畫》卷上《書畫名家・嚴繩孫逸品》 精書法，善八分。

清・震鈞《國朝書人輯略》卷二《嚴繩孫》 工楷書小畫，片紙寸縑，爲時珍賞。

傳記

清・震鈞《國朝書人輯略》卷二《嚴繩孫》 字蓀友，號藕蕩漁人，江南無錫人。以布衣舉博學鴻詞，官中允。

紀事

清・阮元《定香亭筆談》卷二 暴書亭扁爲嚴太史繩孫所書，亭圮而

匾未毁，仍懸亭中。

笪重光

論説

清・謝希曾《國朝名人書評》　笪江上學米如元之白湛淵，肉多于骨。

清・吴修《昭代名人尺牘小傳》卷三　書出入蘇米，其縱逸之致，王夢樓最所稱服。

清・梁章鉅《吉安室書録》卷一　書法自魏晉以逮唐人無所不學，楷法動中規矩而不失天真。晚年好道，筆端飄飄有凌雲之氣。

清・秦祖永《桐陰論畫》卷上《書畫名家・笪重光逸品》　書法眉山，筆意超逸，名貴，與姜西溟、汪退谷、何義門齊名，稱四大家。

傳記

清・震鈞《國朝書人輯略》卷二《笪重光》　字在辛，號江上外史，亦稱欝岡掃葉道人，江蘇丹徒人。順治壬辰進士，官御史。

紀事

清・梁章鉅《吉安室書録》卷一　相傳以爲仙去，卒後有遇之天台山者。又善畫，著有《書筏》、《畫筌》、《曲盡》，書畫精微。有別業在茅莊内，有松子閣，鷗笑齋，鶩池館，皆其作書畫處也。

著録

清・梁章鉅《吉安室書録》卷一　有所撰《書筏》一册，專評古帖，持論極精。

張弨

傳記

清・震鈞《國朝書人輯略》卷一《張弨》　字力臣，江蘇山陽人，隱於賈。

紀事

清・江藩《漢學師承記》卷一　雅好金石文字，遇荒村野寺，古碑殘碣，埋没榛莽之中者，靡不椎拓。嘗登焦山，乘江潮歸壑，往山巖之下，藉落葉而坐，仰讀《瘞鶴銘》，聚四石，繪爲圖，聊以宋人補刻字，證爲顧况書，援據甚核。力臣書法唐賢，世稱能品。爲顧炎武寫《廣韻》及《音學》五書，即今行世本也。

沈荃

論説

清・施閏章《施愚山詩集注》 宣宗朝時，雲開有大小沈學士，以布衣善書，入翰林，皆著名跡。大學士名度，小學士名粲。繹堂爲壬辰第三人，官編修。擢授大梁道，亦有書名。小學士後也。

清・楊賓《大瓢偶筆》卷六《論國朝人書》 沈繹堂學董而無其氣韻。

清・謝希曾《國朝名人書評》 沈文恪行草絶似董思翁晚年手筆。

清・梁章鉅《吉安室書録》卷一 國初書家鮮不從董香光出者，惟沈文恪獨專精文衡山，遂不懈而及於古。吾友王惕甫有論書絶句云：書派雲間萬手同，居然晚出號宗工。憑人自説歐虞褚，辛苦争長待詔中。可謂道其實矣。

又 按：王惕甫先生有論書絶句十二首，其小序云：暑雨閉門，瀏覽舊人書帖，因取近世書人之能自立家者各系一詩，外此不甚烜赫，及與諸家師法相同者，概從闕略，非欲等之自鄶，亦謂此足以該之云爾。一，沈繹堂，二，汪退谷，三，姜西溟，四，陳香泉，五，趙秋谷，六，何義門，七，王篛林，八，張文敏，九，厲文恭，十，汪文端，十一林吉人，十二蔣湘帆，今將其詩分見各人條下。

清・包世臣《藝舟雙楫》卷五《論書一・國朝書品》 沈荃正書佳品上。

傳記

清・梁章鉅《吉安室書録》卷一 青浦沈荃，字貞蕤，居沈巷。順治九年進士第三人及第，授國史院編修，官至詹事，加禮部侍郎。康熙二十三年卒於位，謚文恪。以書名海内三十餘年，被聖祖仁皇帝特達之遇，日或一再召見，上或自作大書，令題其後，殿廷屏障皆屬荃書之。著有《充齋集》。

清・震鈞《國朝書人輯略》卷二《沈荃》 字貞蕤，號繹堂，又號充齋，江蘇華亭人。順治壬辰探花，官禮部侍郎，謚文恪。

紀事

清・方苞《望溪集外文》 公學行醇潔，好獎進士類，書法尤有名。聖祖嘗召入内殿，賜坐，論古今書法，凡御製碑版及殿廷屏障，輒命公書之。每侍聖祖書，下筆即指其弊，兼析其由。上深嘉其忠，益其後，公子宗敬以編修入直。

上命作大小行楷，猶憶及前事，使内侍傳諭安溪李公曰：朕初學書，宗敬之父荃實侍，屢指陳得失，至今每作書，未嘗不思荃之勤也。

清・孫岳頒等《佩文齋書畫譜》卷六七《御製書畫跋》 聖祖御跋董其昌畫錦堂記屏云：此屏裝潢既成，尚餘縑素，詹事沈荃亦華亭人，素學其昌筆法，題跋數語，命之續書，以志朕意。時康熙壬戌二月八日。

清・朱彝尊《曝書亭集》卷五三《跋十二・書沈文恪公行書卷》 天子重公書，恒召入禁廷，寫屏障碑版。朝回鄉鄙韋布入都，謀席硯之地者，公爲作薦牘，動費百番紙，無厭倦色者。是卷大半公手札，雖非絶品，而真氣溢於紙墨間，不易得也。

又 公没後，晉陵士子有代朝貴撰公墓碑者，挈其綱云：公以能書聞海内者四十年，是以沈度兄弟目公矣。是卷爲同知辰州府事平湖沈皞日融谷所藏，公以族子遇之者，故裝界日題以文恪公遺蹟，而不著姓。邇年以

來，廷臣以文恪易名者匪一人，予慮後之覽者，或致疑非公書也，遂著姓以表之。

藝　文

清・吴梅村《吴梅村集》卷二《送沈繹堂詩》　君也讀書致上第，傳家翰墨閑遊戲。迸落長空筆陣奇，縱横妙得先人意。頓挫沈雄類壯夫，雙瞳翦水清癯異。卧疾蕭齋好苦吟，平生雅不爲身計，唯留詩句滿長安，清切長宜禁近官。秋雨直廬分手處，忽攜書卷看嵩山。

汪楫

論　説

清・王晫《今世説》卷三《文學》　富於學問，翰墨妙天下，名公卿咸折節願交。

清・李斗《揚州畫舫録》卷二《草河録下》　工書，有楊疑式、米芾之神。充封琉球正使，爲其國王書殿榜，縱筆爲擘窠大書，王驚以爲神。

清・李集《鶴徵録》卷一《一等二十人》　爲竹坨書聯云：會須上番看成竹，何處老翁來賦詩。款云竹翁集杜句汪某書，筆法奇逸，渾脱淋漓，如舞劍器。

傳　記

清・震鈞《國朝書人輯略》卷二《汪楫》　字舟次，號悔齋，江蘇儀徵籍，安徽休甯人，由贛訓導舉博學鴻詞，授檢討，官至福建布政使。

朱耷

論　説

清・邵長蘅《青門剩稿》　山人工書法，行楷學大令、魯公，能自成家。狂草頗怪偉。

清・張庚《國朝畫徵録》卷上《八大山人朱重容附》　有仙才，隱於書畫題跋，多奇致，不甚解，書法有晉唐風格。

清・吴修《昭代名人尺牘小傳》卷四　八分書有别趣。

清・秦祖永《桐陰論畫二編》卷上《朱耷神品》　書法有晉唐風格。

清・楊賓《大瓢偶筆》卷一《論夏周秦漢三國六朝碑帖》　古人但知黄魯直學《瘞鶴銘》，不知魯直以前則有唐張嘉貞，魯直以後則有明八大山人。

又卷六《論國朝人書》　江西能書者以危載余衡爲最，八大山人次之，閔長六應銓又次之，危見其草書本之張伯英、王大令，八大山人雖指不甚實而鋒中肘懸有鍾王氣，閔學《聖教》興福碑，惜乎指動。

傳　記

清・寶鎮《國朝書畫家筆録》卷一　朱耷，字雪個，江西人，故明宗室，國變後匿其姓名，號八大山人，遁奉新山中爲僧。一日，忽發狂疾，或大笑，或痛哭，裂其浮屠服焚之。獨身佯狂市肆間，履穿踵決拂袖蹁躚。市中兒隨觀譁笑，人莫識也。工書法，行楷學大令、魯公，狂草頗怪偉。其畫以簡略勝精密者，尤妙絶山水、花鳥、竹木，均生動。亦喜畫水墨，芭蕉怪

石，蘆雁汀鳧，翛然無俗韻。喜飲，貧士及市人屠沽邀之飲，輒往，醉後墨瀋淋漓，不自愛惜。嘗寓僧舍，雛僧嬲之索畫，牽袂捉衿不拒。士友餽遺，亦不辭。惟貴顯人欲以數金易一石不得，或持綾絹至，直受之，謂將以爲襪。以故貴顯人求其書畫，反從貧士、山僧、屠沽購之。忽大書啞字於門，自是對人不交一言，或招其飲，則縮項撫掌，笑聲啞啞然。蓋其胸次滂浡鬱結，別有不能自解之，故世乃目之曰狂士，曰高人，淺之乎，測山人矣。嘗見山人書畫款題八大二字必連綴，其書山人二字亦然，類哭之笑之之字意，蓋有任也。

紀事

清・邵長蘅《青門剩稿》 澹公語余曰：山人有詩數卷，藏篋中，祕不令人見。題跋皆古雅，閒雜以幽澀，語不盡可解見。與澹數札，極有致，如晉人語也。

勵杜訥

論說

清・梁章鉅《吉安室書録》卷五 按：公書合歐、柳爲一家，結體甚長。今三殿三門扁具在，望之令人肅然起敬，蓋不□近今無第二手矣，即當時亦不易其人矣。

傳記

清・梁章鉅《吉安室書録》卷五 勵杜訥，字近公，號澹園，静海人。學問淵通，工書法。以繕寫實録叙勞，除福甯州同知，未赴。

清・李集《鶴徵録》 勵杜訥，字近公，直隸静海人，以御試鍾王書法，直南書房，賜同博學鴻詞考試，庚申，授編修，官禮部左侍郎。

紀事

清・梁章鉅《吉安室書録》卷五 康熙初，有特賜同博學鴻詞考試者二人填入榜内，則錢塘高士奇，静海勵杜訥。二臣以御試鍾王書法，皆久供奉南書房者，試之日，亦賦省耕詩一首進呈。高授侍講，勵授編修，誠千載希遇也。

清・李元度《國朝先正事略》卷一三 精楷法。康熙二年，纂《世祖實録》。詔選善書士，公試第一。會殿門易額，敕翰林官書禁扁，皆不稱旨，惟公書報可。

藝文

清・王文治《論書絶句》 静海書名擅北方，清華三世接芸香。蹇驢襆被長安道，猶憶親曾見老蒼。

姜宸英

論説

清・姜宸英《湛園題跋》 自論書云：古人仿書有臨有摹，臨可自出新意，摹必重規疊矩，然臨者或至流蕩雜出，摹者斤斤守法尚有典型。余於書非敢自謂成家，蓋即摹以爲學也，傳與不傳，殊非意中所計。

清・楊賓《大瓢偶筆》卷六《論國朝人書》 姜西溟專用第四指，晚年因余言，始兼用大拇指，頗見骨力，惜未大成而卒。

清・全祖望《鮚埼亭集》卷三一 書法尤入神，直追唐以前風格。

清・梁同書《頻羅庵書畫題跋》 本朝書以葦閒先生爲第一，先生書又以小楷爲第一，妙在以自己性情合古人神理。初視之，若不經意，而愈看愈不厭，亦甚胸中書卷浸淫醞釀所致。

清・謝希曾《國朝名人書評》 姜西溟臨帖有盛名，鄙見頗以爲未善，筆意全失也。

清・吴修《昭代名人尺牘小傳》卷一五 書入晉人之室，長於摹古，小楷尤工，稱重一代。

清・包世臣《藝舟雙楫》卷五《論書一・國朝書品》 姜宸英行書能品上。

清・錢泳《履園叢話》卷一一上 西溟書拘謹少變化。

清・錢林輯、王藻編《文獻徵存録》卷二 爲文疏古排宕，得歐曾之神。書法尤逼公權，有乞片紙者，寶若拱璧。

清・秦祖永《桐陰論書二編》卷下 楷法虞褚歐陽。

傳記

清・吴修《昭代名人尺牘小傳》卷一五 姜宸英，字西溟，號湛園，慈谿人。以古文擅名。【略】聖祖稔識之，嘗與朱彝尊、嚴繩孫並目之曰三布衣，薦修《明史》，以翰林院纂修官食七品俸，仍許與試，康熙丁丑第三人及第，年已七十，授編修。

紀事

清・楊賓《大瓢偶筆》卷七《論筆法》 姜西溟少時學米董書有名，至戊辰後，方用第四指學晉人書。丁丑後，方聽余言，用大拇指，專工小楷，是時年已七十矣。使其少時即知筆法，力學至老，豈非豐考功後一人哉。

清・朱彝尊《曝書亭集》卷五三《跋十二・書姜編修手書帖子後》 吾友慈溪姜西溟，以古文辭馳譽江表。書法亦通神。老而不遇，余嘗勸其罷試鄉闈，西溟怒不答也。平生不食豕，兼惡人食豕。一日，予戲語之曰：假有人註鄉貢進士榜燕豕一柈曰食之，則以淡墨書子名，子其食之乎。西溟笑曰：非馬肝也。年七十，果以第三人及第。《楚辭》所云：年既老而不衰者矣。江都程子蒿亭夙愛其書法，查浦編修因以笥中册贈之，觀其穠纖瘦硬，靡不合度。蒿亭幸無飲缸面酒，輕爲人所賺也。

著録

清・蔣光煦《湛園題跋序》 國朝書家以姜西溟先生爲第一，其所著述録入《四庫全書》者，有《湛園集》十卷，《湛園札記》二卷，其湛園未定稾六卷，《真意堂文稾》一卷，録入附存此湛園題跋一册，舊得鈔本有《石鼓亭印記》，蓋武原張文魚徵士所藏也。後又得吴氏拜經樓本，大略相同，

因覆校一過而授之梓。海昌蔣光煦識。

朱彝尊

論説

清・桂馥《國朝隸品》 朱竹垞如效折角巾，聊復爾爾。

清・謝希曾《國朝名人書評》 朱竹垞行草參差有致。

清・吴修《昭代名人尺牘小傳》卷九 善八分書。

清・梁章鉅《吉安室書録》卷四 朱竹垞先生耆年碩學，於書非所措意，而所署牓聯所題卷册，楷、隸錯出，無不爲人珍弆者，良由學問既深，故所揮灑自然高妙，不能畫繩以書家法程也。先生尤注意隸書，漢隸自前代已成絶學，至先生力思復古。而曲阜任城諸刻始盛行於時，《曹全碑》以晚出完好，故刻意仿摹其體態，競近之。同時如程穆倩、林吉人、顧云美、鄭谷口輩，皆自命爲能書八分者，皆先生爲之提唱也。近桂未谷謂竹垞八分如郭林宗墊角巾，聊復爾爾，亦一時戲言耳。

清・包世臣《藝舟雙楫》卷五《論書一・國朝書品》 朱彝尊分及行書逸品下。

清・秦祖永《桐陰論書二編》卷下 觀先生古隸，筆意秀勁，韻致超逸。

傳記

清・吴修《昭代名人尺牘小傳》卷九 朱彝尊，字錫鬯，號竹垞，又號醧舫，晚稱小長蘆釣魚師，秀水人。

惲壽平

論説

清・謝希曾《國朝名人書評》 惲南田書學褚河南《哀册》并褚《黄庭經》、米海岳《千字文》，綽約如仙。

清・吴修《昭代名人尺牘小傳》卷七 書法得褚河南神髓，遒逸可愛。

清・梁章鉅《吉安室書録》卷二 筆墨之性，本原忠孝，南田先生偕其父流離轉徙，不獲已，姑以翰墨自娱。人謂瀟灑出塵，不知正其清勁絶俗也。褚登善於金輪末册之先身爲疾風勁草，觀同州聖教、伊闕三龕，實爲歐顔柳三家先導，《哀策》、《枯樹》異其面目而實同其骨力。南田學登善書，殆於其大節有深契者。而金子誦清嗜其畫，因以愛其書，愛其書，實以敬其人，哀而彙之，勒諸貞石。世有考南田生平出處，忠孝大節，當於是得之。南田本以詩畫書稱三絶。從孫鶴生作傳，謂全集藏於家，然不傳久矣。其在六逸中者，僅三百二十餘首，如帖中諸詩，皆未入於鈔，則此帖爲拾遺補亡有功於南田者，豈尠也哉。蘭泉王昶跋。

清・秦祖永《桐陰論書二編》卷上 書法褚米，自成一格。

清・震鈞《國朝書人輯略》卷一 先生書於遊行自在中，別見高雅秀邁之氣。

傳記

清・震鈞《國朝書人輯略》卷一 字正叔，號南田草衣，又號白雲外史，亦稱東園客，江南武進人。

紀事

清・梁章鉅《吉安室書録》卷二　余平生無所嗜好，且幼多病，輒以書畫自娱，獨於南田先生之蹟，結習尤深，每一展對，至忘寢食。世人但知先生之畫幾□雲林，以有無論清俗，而不知其書法之工。其書蓋出於王大令，而得力於褚河南，所謂瑶臺青瑣，不勝羅綺者。是余所藏先生畫不下數十種，嘗玩味其題署，欲彙成集而未得。一日，天潛山人謂余曰：君愛其書，曷不刊諸石以永其傳。余忽忽心動，適筠谷劉君自金陵至，因囑其鉤勒上石，更從藏弆家假得數十種合成二册，名曰清歡閣帖。雖然先生之書自足千古，又何嘗藉貞珉而後傳耶，抑余豈欲附驥尾而垂不朽耶，實以先生之書之妙，不敢自祕，用與同志共賞焉，耐田金棻跋。

又　惲南田以畫擅名，書本非所措意，而題語書法兼工，故世稱南田三絶。相傳自與王石谷交，受其劘切，謂畫雖佳，而題欵之媸，往往能累畫。每南田畫成，輒令虚欵以待，再三商榷，始令落紙，故南田於八法亦甚研求，今所傳惲畫，其欵字無不佳者，則石谷之力也。

王士禎

論説

清・梁章鉅《吉安室書録》卷一　新城尚書不以書名，而尺牘瀟灑，風華若此，政由神動天隨耳。

清・王弘撰《砥齋題跋》　阮亭於書得老宗家外拓特勝。

傳記

清・宋犖《西陂類稿》卷三一　公諱士禎，字子真，一字貽上，號阮亭，先世自諸城徙家新城，爲濟南望族，代有隱德。

紀事

清・陳奕禧《隱緑軒題識》　褚河南《枯樹賦》，今人惟新城總憲學之，極得其神。先生海内文儒，不肯以一藝名，有求書者，必命門弟子代作，從不輕書。門弟子欲得先生書，輒假問字奏記，先生隨意落札，便藏弆，以爲至寶。或稿紙傳寫，即塗抹點勘者，得之皆裝潢成册，重若顔平原之《争坐位》。先生見之，亦殊喜，因臨此，偶志其概，知大人品大文章君子，如韓昌黎、顔魯公、司馬温公、歐陽文忠，未嘗不善書，若歐陽、司馬，則不以書顯也。

清・梁章鉅《吉安室書録》卷一　此漁洋先生與林吉人手札，蓋爲寫定精華録一事，往復商榷，如見當日情事。先生不以書名，往往以題識付門人林吉人、陳香泉，其實吉人失之峻，香泉失之逋，轉不若先生具沓拖風味也。

愛新覺羅・玄燁

紀事

清・王士禎《分甘餘話》卷二　本朝狀元必選書法之優者。順治中，

世祖皇帝喜歐陽詢書，而壬辰狀元鄒忠倚、戊戌狀元孫承恩，皆法歐陽書者也。康熙以來，上喜二王書，而己未狀元歸允肅、壬戌狀元蔡升元、庚辰狀元汪繹，皆法《黄庭經》、《樂毅論》者也。惟戊辰進士中工二王體者，首推海寧查昇，以其族叔嗣韓兼習《五經》，拔置鼎甲，昇遂抑制二甲。丁未進士工書者，首棗强宋師祁，而不與鼎甲，又不與吉士之選，終於一令，亦可惜也。宋字中郎。

清・王士禎《池北偶談》卷一《賜御筆講義》 初，上以御筆頒賜内閣翰林《起居注》諸臣，即部院大僚皆不得與，惟刑書蔚州魏公象樞一拜賜耳。康熙二十一年，廣西巡撫郝浴疏請頒御筆清慎勤三大字，部議俞其請，遂遣官徧賜各直省督撫云。壬戌翰林檢討汪楫、中書舍人林麟焻册封琉球，癸亥翰林編修孫卓、禮部郎中周燦册立安南，亦以爲請，皆獲頒賜。琉球得守禮之邦，安南得忠孝守邦，各四大字。其講筵《四書、書經講義》成，例頒賜在京三品大臣；國子祭酒四品，亦得拜賜；在外則三品督撫及在籍三品大臣亦與焉。二十四年頒賜《易經講義》，士禎以少詹亦得拜賜。汪今官福建布政使，林今官貴州提學道僉事，皆予門人。

又 康熙十九年，以御書手卷賜日講《起居注》諸臣。學士葉方藹《太極圖説》，詹事沈荃《心經》，侍讀學士張玉書《莊子・説劍篇》。

又 康熙丁巳夏，以御筆格物二大字、清慎勤三大字石刻賜日講翰林院學士陳廷敬、侍讀學士葉方藹、侍講學士張英。尋又賜英忠恕存誠等墨蹟，又賜詹事府詹事沈荃龍飛鳳舞、忠恕等墨蹟大字。

又 康熙二十三年駕幸闕里，御書萬世師表四字，懸大成殿。次年，以四字頒行天下學宫。又御書白鹿書院額廬山白鹿洞，并賜監本《五經》、《四書》。其河南府二程祠、邵康節祠、鳳翔府横渠書院、建寧府紫陽書院、徽州府文公闕里、長沙府石鼓書院，皆頒御書學達性天大字。古今罕覯之盛舉也。

《清實録》四册卷九〇 上以御書大軸賜大學士索額圖、勒德洪、明珠、李霨、杜立德、馮溥諭曰：朕萬幾餘暇，留心經史，時取古人墨蹟臨摹，雖好慕不衰，未窺其堂奥，歲月既深，偶成卷軸。卿等佐理勤勞，朝夕問對，因思古之君臣美惡，皆可相勸，故以平日所書者賜卿，方將勉所未逮，非謂書法已工也，卿等其知朕意。又以御書卷軸賜學士庫勒納、葉方藹，詹事格爾古德、沈荃，侍讀學士牛紐，常書崔蔚林、蔣弘道，侍讀學士張玉書、嚴我斯，侍讀董訥、王鴻緒各一。諭曰：爾等侍講筵，夙夜匪懈。啟沃之暇，每以朕書爲請。朕萬幾餘閒，研精典籍，間取古人墨蹟臨摹，爾等既爲文學侍從之臣，即有成就德業之責，故因所請，輒以頒賜，朕意其悉之。

又六册卷二一〇 召翰林院侍讀學士陳元龍，侍讀講學士揆叙，侍讀宋大業，諭德查昇，編修汪士鋐、陳壯履，庶吉士勵廷儀等入行宫，令各書綾字一幅進呈。

上諭曰：學書臨古人法帖，其用筆時輕重疎密，或急或徐，各有體勢。宫中古法帖甚多，朕皆臨閲。有李北海書《華山寺碑》字極大，臨摹雖難，朕不憚勞，必臨摹而後已。朕素性好此，久歷年所，毫無間斷也。諸臣請瞻仰御書，上親書大字聯對以示之，諸臣奏曰：御書洵如龍飛鳳舞，岳峙淵渟，贊颺難罄。

王鴻緒

論説

清・楊賓《大瓢偶筆》卷六 王儼齋師米，而失其秀潤之氣。

清・梁章鉅《吉安室書録》卷四 工八法，初守山陰矩矱而泛濫於唐宋大家，望其書，而知其爲學養兼到之器。

清・包世臣《藝舟雙楫》卷四 王鴻緒行書，佳品上。

清・梁巘《評書帖》 王鴻緒得筆法，學董元宰，腴潤有致，然不免弱耳。

傳記

清・震鈞《國朝書人輯略》卷二　字秀友，號儼齋，又號横横雲山人，江蘇華亭人，廣心子，康熙癸丑探花，官户部尚書。

紀事

清・包世臣《藝舟雙楫》論書下　横雲山人每見其甥張得天之書，輒呵斥，得天請筆法，山人曰：苦學古人則自得之。得天因匿山人，作書樓上，三日見。山人先使人研墨盈盤，即出研墨者，而鍵其門，乃啟篋出繩，繫於閣枋，以架右肘，乃作之。得天效之，經目又呈書，山人笑曰：汝豈見吾作書耶。

高士奇

論説

清・謝希曾《國朝名人書評》　高文恪行書得董之皮骨，未得其神韻。不如朱伯廬瀟灑自然有米趙意趣。

清・方薰《山静居書論》卷下　高詹事精賞鑒，家藏名跡，與退谷棠村埒書法名於時，畫亦高妙。

傳記

清・吴修《昭代名人尺牘小傳》卷一二　高士奇，字澹人，號瓶廬，又號江村，錢塘人。由諸生入太學，以能書稱旨，授詹事府録事，歷陞詹事，賜同博學鴻儒科，賜號竹窗，加禮部侍郎，謚文恪。

紀事

清《聖祖仁皇帝聖諭》卷二三　康熙十六年丁巳十月癸亥，上諭大學士等曰：朕不時觀書寫字，近侍内並無博學善書者，以致講論不能應對。今欲於翰林内選擇二員，常侍左右，講究文義，但伊等各供厥職，且住外城，不時宣召，難以即至。著於城内撥給閒房，停其陞轉，在内侍從，數年之後，酌量優用。再如高士奇等能書者，亦著選擇一二人同伊等入直，爾衙門滿漢大臣會議具奏。

清・梁章鉅《吉安室書録》卷六　高士奇，字澹人，號江村，又號竹窗，錢塘籍，平湖人。年十九之京師，以書生就試京闈不利，落魄羈窮，賣文自給，新歲爲人書春帖子。偶爲聖祖所見，立召見，旬日之間，三試，皆第一，入内廷供奉，旋由中書累官至禮部侍郎兼學士，出入禁闈二十餘年。於册府圖書編摩最富，善鍾王小楷，精賞鑒，以母老陳情，卒於家，謚文恪。

清・李集《鶴徵前録》　高士奇，字淡人，號江邨，浙江錢塘人。監生，以御試鍾王書法，授内直中書，直南書房，賜同博學鴻詞考試。庚申，授侍講，官詹事府詹事。

著録

清・吴修《昭代名人尺牘小傳》卷一二　精鑒賞，富收藏，所輯《江

村銷夏録》盛行於世。

清・周中孚《鄭堂讀書記》卷四八 《江村銷夏録》三卷，國朝高士奇撰，《四庫全書》著録。江邨退居柘湖，長夏無事，自取所見法書名畫，攷其源流，詮次其甲乙以成。是録于古人書畫真蹟，爲卷，爲軸，爲箋，爲絹，必詳其尺度廣狹斷續，及印記之多寡，跋尾之先後，而間以己意，折衷甄別之，寧慎無濫，得若干種，隨見隨録，不次時代，其閒文字損蝕難辨者，亦不謬爲增益，其與世本異同者，則詳録以備攷訂。評書畫者，至此而大備焉，其體例雖參之。《鐵網珊瑚》、《清河書畫舫》及吴其貞《書畫記》，而是録則較爲精密焉。書成于康熙癸酉六月，故以銷夏名編，前有自序并凡例，及宋漫堂犖朱竹垞彝尊二序。至乾隆己未，無錫劉盤復取是書，重編爲六卷，顛倒其原次，節録其題詠，并删除標題江邨二字，竟莫測其意之所在，姑附見于此，不另爲志焉。

清・永瑢《四庫全書總目》卷七〇 《江村銷夏録》三卷，國朝高士奇撰，是編乃其告歸平湖之日，以所見法書名畫，考其源流，記其絹素長短廣狹，後人題跋圖記，一一誌載，彙爲一書。其體例頗與《鐵網珊瑚》、《清河書畫舫》相似。惟閒加評定之語，又以己所作題跋一概附入，稍有不同。然所録皆出於親見，則視二家更詳審矣。録中書畫，卞永譽《式古堂彙考》已竝載無遺，蓋即從士奇此本録入。其鑒賞之精，爲收藏家所取重，亦概可見也。所記自晉王羲之及明人文沈諸家皆具，惟董其昌舊蹟悉不登載。其凡例云，董文敏畫另爲一卷。此本無之，殆當時未及刊行歟。

陳奕禧

論説

清・楊賓《大瓢偶筆》 陳香泉氣味好作小楷，亦穩稱，但留心字樣，而不知筆法，故媚而少骨。

又 陳香泉專取姿致，然與蘇州庫官王羽大書一條幅，沈著渾融，絶無輕佻之態。阿雲舉尊人西公楞言碑學崔敬邕墓誌，亦深厚有六朝氣。

清・王士禎《香祖筆記》卷五 張遺瑶星題程青溪侍郎畫云：唐六如畫學周東村，不啻過之，只爲胸中多數百卷書耳。予評陳户部：子文書品亦如此。

清・王士禎《漁洋詩話》卷下 子文書法名當代，人尤豪雋。

清（康熙）《江西通志》卷六五 工書法，人争寶焉。

清・桂馥《國朝隸品》 陳子文如田舍翁説古事，往往附會。

清・謝希曾《國朝名人書評》 查侍講、陳香泉俱近董，查則含蓄有致，陳則直遂少韻，筆薄故也。

清・阮元《兩浙輶軒録》 香泉以書名天下，求書者争以資購之。

清・吴德旋《初月樓論書隨筆》 香泉、天瓶當時並負盛名，而風骨未换。

清・包世臣《藝舟雙楫》卷四 陳奕禧行書，佳品上。

清・楊守敬《學書邇言》 國初陳奕禧香泉之超脱。

傳記

清・永瑢《四庫全書總目》卷八七 奕禧字子文，號香泉，海寧人。由貢生官至南安府知府。奕禧以書著名。

紀事

清・王士禎《分甘餘話》卷三 門人陳子文奕禧號香泉，詩歌書法著名當世。其書專法晉人，於秦漢唐宋以來文字，收弆尤富，皆爲題跋辨證，米元章、黄伯思一流人也。康熙庚辰，以户部郎中分司大通橋。一日，東宮舟行往通州，特召之登舟，命書絹素，且示以御製盛京諸詩，賜玻璃筆筒一。後亦召至大内南書房，賜御書。甲申，出知石阡府。戊子，補任南安。江西

巡撫郎中丞重其名，求書其先世碑誌。而子文忽以病卒官，妙跡永絶，清詩零落，所藏金石文字不知能完好如故否。其子世泰，以書名世其家。

清・梁章鉅《退庵金石書畫跋尾》卷一〇　康熙間，書家何義門外，首數陳香泉，香泉與吾鄉林吉人並駕齊驅，同爲王漁洋先生門弟子。漁洋每欲作書，輒令兩人代筆，可以一望而知。然吉人以精楷勝，香泉以行草勝，大幅尤奇恣，不可方物，署名奕禧二字連文仿古押字，自成一體。予嘗與郭蘭石論香泉字，蘭石極稱其結構奇詭。予曰：此即香泉之不及諸家處，古人論書，有寧拙毋巧之訣，惜香泉忘之耳。蘭石爲之首肯。

清・梁章鉅《吉安室書録》卷六　陳香泉工書法，授安邑丞，遷知深澤縣。其在京師日，有陸某亦以書法名，同里尊行也，香泉贈詩云：借問如何是撥鐙。陸見詩甚恚。及遷令，有大吏頗以能詩自矜。王阮亭與查德尹嗣瑮同在京邸，查謂定相水乳，阮亭笑曰：信然，特不可獻詩問撥鐙法耳。合座粲然。

又　國初康熙間，書家不能不推陳香泉，香泉與吾鄉林吉人並駕齊驅，同爲王漁洋先生門弟子。漁洋每欲作書，輒令兩人代筆，可以一望而知。吉人以精楷勝，香泉以行草勝，大幅尤奇恣，不可方物，署名奕禧二字連文仿古押字，自成一體。嘗與一貴官談撥鐙法，至於戟手相向。又嘗與一友争論九宫之法，亦不歡而散，蓋終身顛倒於八法中，而不復知有他世味者也。

又　陳奕禧令深澤時，飲泉甘之，作亭其上，署曰香泉，因自號香泉。少時夢昇一樓，滿貯隃麋，樓中一神人謂之曰：此足供子一生揮灑矣。覺而書法大進，遂以書名天下。起家安邑丞，歷守南安，所至廉貧，求書者填門，争以資購之，藉以補清俸之不足。卒於南安郡署。有《虞洲》、《春靄》、《秋雨》、《緑陰》等集，石刻名《予甯堂帖》。

清・陳其元《庸閑齋筆記》卷一　雍正十一年，世宗勑以公書泐石，爲夢墨樓帖十卷。高宗愛其書，與張天瓶、汪時晴鼎峙焉。

著録

清・何焯《義門題跋・予甯堂法書跋》　歐陽子論，凡學書者得其一可以通其餘，殆非狹陋者所知。蓋古人之研討者博斯擅名一體矣。然自晉永嘉而後，派別遂分南北，洎唐開元以降，風尚乃殊，肥瘦競保，偏詣互致，非許會萃衆妙，亦復罕值其人。國朝書學遠邁前軌，香泉先生尤足雄長一時，蒐集金石文字，視金薤琳瑯石墨鐫華諸編，不啻倍焉。當其下筆，上下古今，舉篆籀、分隸、章草、行押之奥，無所不有。昔米元章悉收六朝妙處，醖釀筆端，幸得先生爲主盟，豈恨今無古人也。余于古碑刻每見所未見，彌服先生之廣大。今先生書方勒之石，承學者獲之而坐卧耽翫即古今諸體，不可由之以通乎。康熙甲申，長洲何焯題於語古小齋。

清・永瑢《四庫全書總目》卷八七　《金石遺文録》十卷，國朝陳奕禧撰。是書爲書法而作，就所得金石，採録其文，彙集成帙。王士禎《分甘餘話》稱：奕禧於秦漢唐宋以來金石文字，收藏尤富，皆爲題跋辨證，而以爲米元章、黄伯思一流人。蓋即指是書。然其採輯前人論説，及奕禧自綴論者，僅漢碑數種而已。唐碑以後，十不逢一。則是意在録文，而不全在跋也。即以録文而論，亦尠體例。如漢碑中録侯成、唐扶、逢盛諸篇，皆拓本之不存於今者。不知奕禧果見其拓本，抑或僅於金石書中録之，若果見拓本，則是希有之蹟，必當詳註所自來，若僅從金石書鈔取，則挂漏在所不免矣。至於碑之原額、原題頗有改竄，又於題下標列姓氏，類坊刻時文之式。篇内譌脱，更復不可枚舉。若碑有傳摹先後真蹟之不同，同一石者又有存字多寡，拓本傳寫之不同，而此書亦復不加審擇。甚至少林寺戒壇銘一篇，真贋二本竝存。又如明皇之孝經注，顔元孫之干禄字書，則連篇全載。《浯溪中興頌》則於王士禎《浯溪考》一字不遺。而漢唐諸碑前人剖辨最有關繫者，乃一字不録。後載奕禧自書諸碑，蓋用宋會宏父載鳳墅帖於石刻鋪叙卷尾之意。然其於本朝諸石刻，僅載傳山、鄭簠二通，即接以自書諸碑。而於元明碑亦寥寥無幾，皆體例之不相稱者。又其書既爲書法而作，則每碑自應詳著其字體，而書内或著或否，參差不一。其諸碑所在地名亦

不詳著，皆非輯録之體，似是裒輯未成之書也。

清・蔣光煦《緑隱軒題識序》 吾邑國初諸老以書名著者，數陳香泉太守所輯《金石遺文録》十卷，録入《四庫全書》附存中，而《隱緑軒題識》尚未刊行，稽之渤海著録，殆所稱葑叟題跋者也。此亦從問蘧手鈔本録出。今邑中故家頗鮮藏弆，知外間無不易得矣。昔公雖以問撥鐙詩不悦於長吏，而反爲書家美談，顧跋語一編尚湮鬱不彰，故樂出與臨池家共之，海昌蔣光煦識。

清・宋澤元《緑陰亭集序》 陳氏爲海甯望族，代有聞人，蒐藏碑原文字，至爲繁富。嘗取名人墨蹟，彙鐫玉煙堂渤海藏真各帖行世，海内寶之。香泉太守生當極盛之時，日坐吉金樂石中，手摹心追者數十年，書名噪甚。好事者得其零縑尺素，珍若球圖。夢墨樓墨刻及安麓村所勒之書譜釋文，其最著者也。道光中，李樹香主簿得太守手書《緑陰亭集》二册，皆自記其題跋之作論斷極爲精卓，如所謂正、隸之法，當與行草兼學，又一字之樣無窮，總以博聞强記爲生，又以勤入以虚受以摹仿就以參悟成，皆發前人所未發，足爲後學津梁。説者謂太守平生不滿於香光，蹈文人相輕之習，固矣。然集内亦盛稱香光負絶世超軼之姿，含英咀華，開來繼往。又云聲光照耀，恐不能久爲人間有。然則亦何嘗不心儀首折之耶。光緒乙酉清和月既望，山陰宋澤元識於懺花盦。

清・王壽昌《緑陰亭集跋》 陳香泉先生名重一時，其著作刊刻流傳者甚夥，獨其《緑陰亭集》二册未行於世，樹香主簿於無意中，得其真蹟，愛若珍寶，誠鑒賞家也。余展閲數番，使人味而忘倦。壬寅歲，余再守嘉禾，得借觀於府署之虚受亭。秦郵王壽昌識。

清・龔麗正《緑陰亭集跋》 香泉書翰人得其片縑存楮，皆鄭重藏弆之。此二巨册皆其手蹟也，且皆平生書畫金石題跋語，於香光《畫禪室隨筆》、孫北平《庚子消夏記》、李氏《觀妙齋金石略》而外，又得此一種，足資考證。樹香寶之。老眼不任健羨也，闇齋龔麗正記，時年七十有三。

清・龔慶五《緑陰亭集跋》 此二册刻石則與過庭書譜同傳，付梓則與竹雲題跋並美，惜乎好事者之少也。汪能肅。余家有趙承旨書謝康樂詩，藏之久矣，其運筆之圓熟，宛若驪鱸，覩之常不忍釋手。今觀香泉先生書，與松雪酷相似，其殆入趙氏之室乎。清溪徐應枚題。此六兼先生真蹟也，樹香親家於敗紙堆中得之，苟非另具隻眼，何以識之。吾願樹香以識字者識人，更當何如耶。己亥初秋，鍾埭舟次吾山，龔慶五跋。

清・徐鐵孫《緑陰亭集跋》 香泉先生書入能品，此二册皆其生平題跋之作，此道中甘苦親歷，多所發明。如云以勤入，以虚受，以摹仿就，以參悟成，乃自道其所得之語也。今觀先生字體，亦自董華亭出，而其論華亭，每多疑詞，豈已入其堂室，故盡知其底藴，如米襄陽之詆李北海耶。《聖教序》自唐以來皆謂沙門懷仁所集無異詞，卷中乃云小王集大王劇迹爲《聖教序》或别有所見，或即謂王行滿所書之本，惜其未詳言也。庚子正月，在嘉興，從繹庵主簿借觀，六月十六日題而歸之。漢軍徐榮鐵孫甫。

清・張廷濟《緑陰亭集跋》 海昌陳香泉太守有《金石遺聞録》，自漢魏至唐之古刻，皆録其全文，并加以考覈。又《瘞鶴銘考》專爲一種，又《玉烟戲鴻諸彙帖》巨刻皆手編目次成書，并高尺許。其書之刻諸石者，予甯堂夢墨樓兩巨刻世皆珍之。此《緑陰亭集》稾書二册，如玉刻十三行之真版，澄清堂古帖之真搨，孫虔《禮書譜》林和靖手簡之真墨，皆目驗心識，俾後之考古者，有所取證，非泛泛評騭書畫可比。樹香主簿爲吾杭黄小松司馬外孫，又承其伯鐵橋老人家學，鑒别儲藏，悉有原本。此蹟於無意中收得，珠光劍氣，洵非偶然。道光二十二年壬寅冬仲十一月十八日，嘉興張廷濟。

又 陳太守名奕禧，字子文，號六兼，晚卜宅於吴之葑門，更號葑叟香泉者。令深澤時，憩大忍寺，飲泉而甘之，甃石築亭其上，以比永叔之醉翁，坡公之喜雨。曾夢升一樓，滿貯隃麋，一神人語之曰：供子一生揮灑。起家安邑丞，擢深澤令，歷户部郎，石阡、南安郡守。著有《虞州集》、《續集》、《春靄堂集》未刻者，有《秋雨齋集》、《笑門集》、《葑叟題跋》、《緑陰亭集》。廷濟又書。

清・孫雲鴻《緑陰亭集跋》 是册爲陳香泉太守《緑陰亭集》，太守善書，此乃自記題跋語，頗有益於臨池，意欲雙鈎入石，而艱於費，且難得雙鈎名手，因録底本，以棃木刻入味古書室，與前刊董香光筆勢論書法闡宗翁覃溪小石帆亭並行。季方明府珍藏此册，或鈎摹落石，則亦如香光玉烟堂諸刻，嘉惠後學，豈不更快哉。識之以請將來。道光戊申夏六月龍溪孫雲鴻識。

清・孫雲鴻《緑陰亭集書後》 海甯陳香泉太守，博學好古精於考證，金石著作各種，此《緑陰亭集》乃太守生平評論所見聞真蹟碑版手録而成者，足資後來取證。歐陽公云：物聚於所好，亦必好而有力。鴻以爲雖好而有力，亦必有機緣適合，庶免交臂失之。即如樹香李君於無意中得此集，藁藏之有年，未嘗輕示外人。丁未冬，鴻因訪姚歐亭二尹，覲王石谷書册，並出示此册，知爲李季方明府所藏，遂借讀數閲，月倩友鈔録讐校再四，以付剞劂，公諸同好，苟非翰墨緣深，何其始終巧遇若是乎。其集中論董思翁書，亦猶如思翁之論趙承旨，雖洞悉底藴，而不免名家習氣，欲删此語，猶恐抹更前人筆墨，轉失本來面目，仍依原本，俟博雅嗜古之士衡稱量之。道光戊申秋八月，孫雲鴻識。

又 集中云：黄山谷謂《小麻姑仙壇記》是本朝一僧人書，歲久已忘其名。余少時學各體皆易入，此碑難得，其疎密寛窄間架而出於自然，不待勉强一篇章法如廣平家廟諸碑，幾幾乎入平原晚年之室也。撫州石刻已亡，建昌有續鐫，明守季膺得羅近溪先生家藏本重橅。考顔公舊石，甚短狹，背有薛稷、歐陽詢小字，顔公豈與歐薛同時，其言不足信。山谷所見，必有徵據，鴻於金石書固不多見，就所知者言之。小字《麻姑記》，山谷而外，尚有趙明誠、都元敬、顧亭林輩皆云後人補刻。《通志・金石略》及陸放翁、田衍又確指爲魯公書，聚訟紛紛，迄無定論。若以原石背刻歐薛小字，非魯公同時而信爲宋僧書，未免附會。其説即宋僧，豈與歐薛同時乎，烏知歐薛小字，非後人摹刻於魯公原石之背耶。抑以爲此石刻歐薛真蹟，於先宋僧書顔體刻於後，然歐薛書名亦著，世當有見歐薛書某文拓本，而何獨以僧書贋顔書爲世所重。顔書可贋，而歐薛之書豈不可僞乎。且魯公忠毅之氣時露筆端，宋僧焉能到此，使學之難入，或有由耳。楊賓鐵函齋題跋云：孔東塘比部家藏小字《麻姑記》碑陰有趙松雪臨衛夫人、褚遂良、虞世南、歐陽詢、薛稷、李邕六人書。東塘曰，此益王所刻建昌府碑也。後大瓢於閩中得一本，有六君書。又跋，别本有褚書而缺衛虞歐薛李五種，多一柳書，豈香泉目驗舊石有歐薛書耶，抑即見益王所刻建昌碑之裝搨不全本，而臆認爲魯公舊石有歐薛書耶。今原石已亡，翻刻非一，無可取證。《論語》云：多聞闕疑，姑不深辨。學者得有重刻善本，寢食研味，合魯公諸碑，細心參究於書法一道，思過半矣。雲鴻又識。

又 集中題書意云：執筆高使掌虛，恐晚年弗能合軌，又執筆離數寸，是以波礫過長太高，故力不能收也，與《筆勢論》所説不同。思翁云：懸掌乃古人之順境，今人之逆境，今此法學之者少，若中途改轍，自是難事。如幼而習之慣，則自然矣。憶道光十年間，越南國海舶到廈門晤所，謂伊國員外、舉人、文士音語不通，以筆代談，皆懸掌書寫行楷，甚敏捷。豈中國不及於外國耶，惟相尚相習耳。楊鐵函齋亦云：學書無他，在肘懸指實楮堆墨臼，意在筆先而已，善書者固不在專於懸肘，然懸肘縱書不妙，而轉折跌宕，别有作用，唯須勤搦管，參究古人佳處，自然合轍。諺云：三日不彈，手生荆棘，洵不誣也。若以晚年爲弗能合軌，人至衰老，氣血枯虚，筋骨不舒，無論懸與不懸，皆難揮灑如意。今因刻是集與《筆勢論》並行，恐學者泥於兩家之説，因併論之，雲鴻再識。

清・震鈞《國朝書人輯略》卷二 著有《隱緑軒題跋》，刻有《予甯堂帖》、《夢墨樓帖》。

藝文

清・查爲仁《蓮坡詩話》卷六 陳香泉太守書法名天下，詩格更高，有漷縣阻風句云：風傳冷樹飛霜葉，雁宿秋江老白蘋。風味不讓唐人。王漁洋謂邢太僕：徐庾文章建安體，悔教書法掩詩名。可以移贈。

清・寶鎮《國朝書畫家筆録》 自幼喜臨摹古帖，又服膺孫處禮《書譜序》焚膏繼晷，日臨一遍，其篇中難識字由參悟而得。後在天津晤安麓村出《書譜序》墨本，相與觀賞，并因麓村之請作釋文一册，用《蘭亭》、《聖教》法書之。麓村訪善手鈎摹上古，合真草爲一，以公同好，而虔禮之苦志經營，始得彰明於後學矣。

查昇

論説

清・楊賓《大瓢偶筆》 查聲山一本於董，而靈秀亦相似。

清・沈德潛《國朝詩別裁集小傳》 宮詹書法得董文敏之神。入直南書房，聖祖屢稱賞之。

清・謝希曾《國朝名人書評》 查聲山大字頗佳。

清・吴修《昭代名人尺牘小傳》卷二 負詩名，書法秀逸，爲時所珍。

傳記

清・震鈞《國朝書人輯略》卷二 字仲韋，號聲山，浙江海甯人。康熙戊辰進士，官少詹事。

湯右曾

論説

清・王士禛《分甘餘話》卷三 少以詩名，書法遒媚似東坡。

清・秦祖永《桐陰論書》卷上 工行楷，書法尺牘華瞻流麗。

傳記

清・震鈞《國朝書人輯略》卷二 字西崖，浙江仁和人。康熙戊辰進士，官吏部侍郎。

汪士鋐

論説

清・何焯《蔬香館書法跋》 康熙甲子，始獲事。退谷先生於研席時，臨學平原《家廟碑》不輟手。今相去垂四十年，工夫至到，骨力成就，館閣前輩，自沈文恪外，誰能雁行，特難爲親見揚子雲禄位容貌者。道耳戊戌中元，何焯書。

清・謝希曾《國朝名人書評》 汪退谷始學褚河南、趙松雪，後學《瘞鶴銘》，漸臻聖境，神韵超越諸家。

清・吴修《昭代名人尺牘小傳》卷一六 書法爲國朝第一，與姜西溟稱姜汪。

清・張維屏《松軒隨筆》 退谷中年後書益沈著。

清・包世臣《藝舟雙楫》卷四 汪士鋐真書佳品上。

清・錢泳《履園叢話》卷十一上 退谷書能大而不能小。

清・楊守敬《學書邇言》 汪士鋐退谷之老勁。

综述

清・梁巘《評書帖》 汪退谷得執筆法，書絶瘦硬，頡頏得天，諸子莫及。曾見其題沈凡民印譜，自謂初學停雲館《麻姑仙壇》、《陰符經》，友人譏爲木板《黄庭》。因一變學趙，得其弱，再變學褚，得其瘦。晚年尚慕篆、隸，時懸陽冰顔《家廟碑》額於壁閒，觀玩摹擬，而歲月遲暮，精進無幾。噫，先生學書本末盡於此矣。

傳記

清・吴修《昭代名人尺牘小傳》卷一六 汪士鋐，字文昇，號退谷，又號秋泉，長洲人。康熙丁丑會元，官中允。

紀事

清・楊賓《大瓢偶筆》 吴門汪文昇宫允用馮補之法，學趙文敏惡言執筆。見余書，輒貶以爲不知分閒布白。一日，同余送梁質人於京師玉皇勝境，質人尚在内城，相與坐車箱待之，因論書法，乃大服。明日，延余至邸舍，問筆法，遂授之。然分閒布白之説，終不能破也。

著録

清・吴修《昭代名人尺牘小傳》卷一六 著有《瘞鶴銘考》。

清・永瑢《四庫全書總目》卷八七 《瘞鶴銘考》一卷，國朝汪士鋐撰。《瘞鶴銘》在鎮江府焦山之下，以雷震墮入江，其石破碎不完，故字多殘闕。傳本往往不同，又作書者或以爲王羲之，或以爲陶宏景，或以爲顧況。自宋歐陽修《集古録》以後，著録者數十家，彼此譏駁，幾如聚訟。而海昌陳氏玉煙堂帖本，尤爲輾轉失真。康熙丁未，淮安張弨親至水澨，仰卧而手搨之，共得六十九字，較諸本獨多，因爲考證成書。後四十六年，陳鵬年守鎮江，乃募工出石於江中，陷之焦山亭壁閒，其石分而爲五，所存七十七字，又不全九字，其無字處以空石補之。按其辭義補綴聯合，益爲完善。士鋐因備採昔人之論，并引弨説而折衷之，以鵬年所出石本爲圖，列諸卷首，彙爲此考，搜羅頗稱詳盡。案：元郝經《陵川集》載焦山寺僧寄《瘞鶴銘考證》一卷。又明司馬泰家藏書目内亦有《瘞鶴銘考》之目，今皆不傳。此書當原石出水之後，視張弨所録較更詳也。

萬經

論説

清・杭世駿《詞科掌録》 晚歲精研分隸，時人珍若拱璧。

清・全祖望《鮚埼亭集》卷三 萬氏史學求隸法源流於鄭君谷口，視學黔中，後以通州修城歸，家既罄，蕭然如布衣，賣所作隸字，得錢以給朝夕。

清・桂馥《國朝隸品》 萬九沙如張平山畫，喜作漁樵閒話圖。

清・吴修《昭代名人尺牘小傳》卷一七 工隸書。

傳記

清・吴修《昭代名人尺牘小傳》卷一七 萬經，字授一，號九沙，鄞縣人，斯大子。康熙癸未進士，官編修。雍正乙卯，薦鴻博，部駁未試。

著録

清・周中孚《鄭堂讀書記》卷三四 《分隸偶存》二卷，國朝萬經撰。《四庫全書》著録。九沙素嗜書學，尤篤於分隸，因取古來論隸學及作隸人姓氏，彙爲是編，附以己説，及漢唐碑刻題識語數十則。上卷凡六篇：曰作書法，曰分隸書法，曰論分隸，曰論隸分楷所由起，曰論漢唐分隸同異，曰漢魏碑考。下卷爲古今人分隸姓氏，自秦程邈以迄明末馬如玉，凡三百十有二人，各繫以小傳，皆捃拾羣書，著其所出，惟馬如玉爲所自撰。凡分隸之源流、碑版之存佚、用筆之工拙、諸家之短長，無不臚列而存之。蓋取《書斷》、《書譜》、《隸釋》諸書合而爲一，名雖偶存，實集其成也。書成，未刊藁藏於家，至其孫，緜前。始爲校刊，有乾隆己丑施養浩辛卯陸耀壬辰胡德琳三序，後有乾隆甲子梁文泓己丑其子福二跋。

清・永瑢《四庫全書總目》卷八六 《分隸偶存》二卷，國朝萬經撰。是編上卷，首作書法，次作分隸書法，次論分隸，次論漢唐分隸同異，次漢魏碑考。下卷爲古今分隸人名氏，始於程邈，終於明末馬如玉。自酈露以前，皆引據諸書。惟如玉不著載何書，則經所自增矣。集録金石之書，梁元帝所輯不可見。歐趙以下，罕有論及分隸筆法者。經所録頗詳晰有門徑。所列漢魏諸碑，雖止有二十一種，而考證剔抉，比諸家務多者，亦較精核。至云唐以後隸與八分各爲二，隸即今楷書，八分即古隸書。以八分爲隸，趙明誠已譏之。

清・錢林輯、王藻編《文獻徵存録》卷二 善隸書，得鄭谷口之妙，著有《分隸偶存》二卷。

何焯

論説

清・楊賓《大瓢偶筆》卷六 汪文升、何屺瞻小變其體，汪則出入于趙，何則別宗玄祕。

清・謝希曾《國朝名人書評》 何義門楷書得褚、虞神韻，行書有六朝人意趣。

清・吴修《昭代名人尺牘小傳》卷一七 善臨摹晉唐法帖，所作真行書，並入能品，吴人，與汪退谷並稱汪何。

清・梁章鉅《吉安室書録》卷六 國朝書家自張文敏外，即推何義門。當時，義門與吾鄉林吉人並以精楷擅名，而義門較有骨氣。至於行草大幅，則揮灑自如，動中矩矱。吉人又當讓其獨步矣。四勿齋隨筆

清・包世臣《藝舟雙楫》卷四 何焯小真書佳品上。

清・梁巘《評書帖》 何義門未得執筆法，結體雖古，而轉折欠圓勁，特秀韻不俗，非時流所及。

清・楊守敬《學書邇言》 何義門焯之寬博。

清・錢林輯、王藻編《文獻徵存録》卷九 讀書必審必覈，所見多宋元槧本，一一記其異同。楷法極工整，蠅頭朱字，粲然盈帙。好事者得其手校本，不惜重價購之。

清・竇鎮《國朝書畫家筆録》卷一 書入晉人之室，與姜宸英、汪士鋐、陳奕禧稱四大書家。

傳記

清・吴修《昭代名人尺牘小傳》卷一七　何焯，字屺瞻，號義門，長洲人。康熙壬午，以李光地薦，特賜舉人。癸未，特賜進士，授編修，出常熟翁尚書之門。

紀事

清・梁章鉅《吉安室書録》卷六　何義門先生謁人，名柬必自書，常喜人珍弃之。湯文正爲大司成某所劾，義門時爲選貢生，詣司成門前肆駡，並索其名柬歸，人共高之。嘗因事獲咎，籍其家。有却某縣令餽金書稿，上閲之，即赦免。聞此稿尚存都門某舊家。然則先生不但以文藝名世，其名節亦足風矣。

著録

清・王應奎《柳南續筆》卷一　何義門耆固精詣，而評論未免太高，其於勝國諸家均有不足之意。論祝枝山書云：京兆作字，血脉往往不貫，又故爲奇詭，流宕無法，書之魔也。論王雅宜書云：雅宜頗學虞世南，然所臨摹者，不過翻本《廟堂碑》，往往失之於鈍，由其參證少也。論董思翁書云：董胸次隘結，字欲開展而分寸太疎，法意俱乖，其用筆亦未嘗不遒，但嫌照管不到。又云：思翁硬執，密不容鍼，寬通車馬，不復理會九宮八面，任意自我，古法幾盡矣。

藝文

清・梁章鉅《吉安室書録》卷六　按：王惕甫論書絶句中題何義門帖云：鍾王已似佛昆婆，歐褚傳衣是達摩。親向祖師承半偈，銀沙珠樹見彌陀。以彼法相形恰肖身分，亦可謂傾倒之至矣。

郭宗昌

論説

清・劉澤溥《金石史序》　字允伯，陝西華州人，國初隱居不仕。先生明以析理，精以博物，制器天巧，書法精善，議論淹通，著述淵奥，談藝之家，取爲折衷。至於秉禮正俗，士大夫多宗之，可謂賢矣。

清・震鈞《國朝書人輯略》卷一　徵君所自書分法直逼漢人，不知有魏，無論唐宋。王孟津嘗稱爲三百年第一手，今觀之，益信也。

又　漢隸之失也久矣，衡山尚不辨，餘子可知。蓋辨之自允伯先生始，先生藏古帖甚富，《華嶽碑》海内寥寥不數本，此本風骨秀偉，鋒芒如新，尤爲罕覯，先生寶之有以也。先生於書法各臻妙，其昌明漢隸，當與昌黎文起八代之衰同功。或曰先生豈能作哉，能述耳，嗚乎，秦漢而後，詎惟作者難述者，不易也。

紀事

清・震鈞《國朝書人輯略》卷一　郭性孤僻，所居沚園，在白厓湖上，

嘗構一亭，柱礎甎碣，皆有款識銘贊，手書自鐫之，既極人功，旋復改作，凡三十年，亭竟不成。華陰王山史語余云。

著録

清・劉澤溥《金石史序》 壬辰初夏，聞先生殁，痛哭數日夜，歸弔於家，哭於墓。即問遺書，其小阮能藏之，唯《金石史》亡矣，益深余慟。甲午，又入都，從民部張爾唯飲，言及《金石史》之亡也。而張公曰：吾能存之。亟觀之，廼習見本也。嘻，是生嗣伯也，且喜且悲。八月八日，手録廿八，功竟人亡，業顯不朽。在是讀是書者，毋謂是書足以盡嗣伯，即余之序是書亦不能極言嗣伯，而是書亦可以知嗣伯矣。劉澤溥序。

清・王宏撰《金石史序》 《金石史》者，武平徵君郭嗣伯先生著也，爲上下卷，皆題其所自藏三代以來金石文之言，蒐考博而鑒定精，詞復蘊藉爾雅。關西好古者未能或之先也。余辱先生忘年之交，雖居相距七十里，時時過從，先生喜余至，則招東子雲雛劉子潤生共坐城南幽篁中，把酒談心，往往達旦不休。當是時，逆閹之禍烈矣，相約潛跡窮巖。余蓋有四懷詩，實首先生，先生亦嘗語人云：近欲作一詩以贈，無異正如一部十七史，不知從何處説起。斯言余不敢承，而先生詩乃卒未就。然今每憶及，不禁泫然涕之霑襟也。先生行誼甚高，著有《松談閣藁》、《涉園雜著》、《印史二戉記》，藏於家，唯《金石史》佚矣。余從潤生處借得一鈔本，攜至秣陵，因壽之木。康熙癸卯花朝，華山王宏撰識於桃葉渡舟次。

清・永瑢《四庫全書總目》卷一九二 《金石史》二卷，明郭宗昌撰，與同時盩厔趙崡皆以搜剔古刻爲事。崡著《石墨鐫華》，宗昌亦著此書，而所載止五十種，僅及趙書五分之一。上卷起周迄隋唐，下卷唐碑二十餘，而以宋絳州夫子廟記一篇閒雜其中，殆仿原本集古目録不叙時代之例歟。其論石鼓文，主董逌《廣川書跋》之説。據《左傳》定爲成王所作，已爲好異。又謂以石爲鼓，無所取義，石又不類鼓形，改爲岐陽石碣文，則乖僻更甚矣。其論嶧山碑一條，引唐封演説，謂其石爲曹操所排倒，而云拓跋燾又排倒之，何一石而兩遭踣云云。考《封演聞見記》云，秦始皇刻石，李斯小篆。後魏太武帝登山，使人排倒之。無曹操排倒之語。殆宗昌所見之本，或偶脱太字，因誤讀爲魏武帝，遂謬云兩次排倒。其援引疏舛，亦不足據。然宗昌與趙崡均以論書爲主，不甚考究史事，無足爲怪。觀其論《衡岳碑》、《比干墓銅盤銘》、《季札碑》、《天發神讖碑》、《碧落碑》諸條，皆灼指其僞，頗爲近理。其論《懷仁集》、《聖教序》勝於定武《蘭亭》，蓋出於鄉曲之私，自矜其關中之所有，不爲定論。故後來孫承澤深不滿之，然承澤作《庚子銷夏記》，其論列諸碑，實多取此書之語，則固不盡廢宗昌説也。惟其好爲大言，冀以駭俗，則明季山人譎誕取名之慣技，置之不問可矣。

清・震鈞《國朝書人輯略》卷一 華州郭宗昌善鑒别，書畫、金石、篆刻、分法爲當時第一，所撰《金石史》與盩厔趙孝廉《石墨鐫華》並行於世。

宋曹

論説

清・楊賓《大瓢偶筆》卷六 宋射陵父子雖有氈裘氣，然亦江北之杰。

清・震鈞《國朝書人輯略》卷一 工爲詩，尤精書法，海昌朱近修稱其古道照人，足以師表海内。

傳記

清・震鈞《國朝書人輯略》卷一 字射陵，江蘇鹽城人。舉博學鴻詞，舉經學，皆不就。

著録

清・震鈞《國朝書人輯略》卷一　著有《書法約言》。

邵彌

論説

清・秦祖永《桐陰論畫》卷上　書得鍾太傅法，逼近虞褚，仿宋元草書，出入大小米。

清・震鈞《國朝書人輯略》卷一　書得鍾太傅圓勁多姿。

傳記

清・震鈞《國朝書人輯略》卷一　字僧彌，後以字行，號瓜疇，江蘇長洲人。

程正揆

論説

清・周亮工《讀書録》卷二　書法師李北海，而丰韻蕭然，不爲所縛。查二瞻題云，昔人論書云，既得平正，須追奇險，青溪先生今之所書名家也，書畫無二致，詎不閒然。

清・張庚《國朝畫徵録》卷一　其印有先代一人師，工法書。

清・梁章鉅《吉安室書録》卷一　端伯少司空有書畫名，書爲查梅壑所稱，爲其能追險絶也。

又　書法師李北海，而丰韻蕭然，不爲所縛。

傳記

清・震鈞《國朝書人輯略》卷一　字端伯，號鞠陵，又號青溪道人，湖北孝感人。明崇禎辛未進士，本名正葵，入國朝，改名正揆，官工部侍郎。

紀事

清・董紹書《無聲詩史》卷一　先生敏而多能，善屬文，工書畫，意有所到，援筆立成，若風雨集而江河流也。四方之人造請者無虚日，一一應之無所靳惜。是時董宗伯思白爲風雅師儒，先生折節事之，虚心請益。董公亦雅愛先生，凡書訣畫理，傾心指授，若傳衣鉢焉。

祁豸佳

論　説

清・徐沁《明畫録》卷五　書法絶類董文敏。

清・楊賓《大瓢偶筆》卷六　祁止祥學董而乏其秀逸。

清・周亮工《讀畫録》卷一　曹顧庵曰：止祥書不在董文敏右。

清・吴修《昭代名人尺牘小傳》卷二　甲申後隱於梅市，書似董文敏。

清・震鈞《國朝書人輯略》卷一　工詩文，善書畫，四方來索者輒忍凍揮汗以應。

傳　記

清・徐沁《明畫録》卷五　祁豸佳，字止祥，晚號雪瓢，山陰人，登鄉薦。

清・震鈞《國朝書人輯略》卷一　字止祥，浙江山陰人。明萬曆舉人，鼎革後，隱梅市。

紀　事

明・倪後瞻《倪蘇門書法論》　祁豸佳，字子祥，浙江紹興人，明末進士。董先生遊杭，住湖上歷數月，豸佳出其門，董教以抽鋒連腕法。故祁字乍見之，逼肖玄宰，較許元禮稍覺駘蕩，然味淺力薄，細看大相徑庭。蓋董從諸家融化衆法而後成，祁則專守一家，所以含蘊處少。

張孝思

論　説

清・吴修《昭代名人尺牘小傳》卷二　善書，工畫蘭，家有培風閣，精鑒賞，富收藏。

清・梁章鉅《吉安室書録》卷二　落筆無一點塵埃氣，小楷尤有黄庭筆意，畫蘭竹亦工。

傳　記

清・梁章鉅《吉安室書録》卷一五　張孝思，字南陔，號白華，長洲人，諸生，爲鄭竹泉先生外孫。幼即受筆法於外家，小楷出入率更河南間，遂以能書著名。顧南雅通副蒓、李子仙孝廉福皆其高足也。家有脉望樓，蓄書畫小品，極精藏硯，亦富詩，有《白華堂稿》，已刊行。

紀　事

清・梁章鉅《吉安室書録》卷二　張孝思，字則之，號嬾逸，丹徒人。父覲宸，前明隱士，居培風閣，專以收藏法書名畫爲事。命孝思收掌之，以故孝思日與名賢書畫相對。

清・震鈞《國朝書人輯略》卷一　處士書法甚工，願學者晉，晉以後似不屑。人得其片紙隻字，同拱璧。畫蘭竹得趙氏筆意，不輕作，故世傳者

不多。

又 自言生平有三癖：潔癖、茶癖、法書名畫癖。

湯燕生

論説

清·吴修《昭代名人尺牘小傳》卷四 詩文有名於時，兼工書法。

傳記

清·靳治荆《思舊録》 先生諱燕生，字巖夫，宣州太平人，遷蕪湖。

紀事

清·靳治荆《思舊録》 篆書古淡入妙，不在伯奇子行下。聞先生與谷口翁同究各體書學，無不透達壺奥。谷口專以分隸鳴，更不作篆，意不欲相掩，兩賢得無同心耶。

張蓋

論説

清·王士禛《居易録》卷一 以能詩聞，工草書。

清·楊翰《息柯雜著》 予既藏皛盟手跡，嘗思一見伯巖，覆輿箑札以慰積慕。癸丑於役保陽飲謝翁信齋處，翁出一卷，曰：此子鄉先生筆，乃覆輿爲伯巖書之，而皛盟跋之者，予狂喜讀之。書如枯藤怪石，空山老衲，如蟲蝕木，如錐劃沙，如龍如象，如利戈矛，如强弓矢，可謂奇矣。先生之書奇，先生之行尤奇，於書見先生，不僅於書見先生也。

傳記

清·震鈞《國朝書人輯略》卷一 字覆輿，一字命士，直隸永平人。與申和孟隱廣羊山中。

紀事

清·朱彝尊《曝書亭集》卷七四 其爲詩哀憤過情，恆自毁其稿，或作狂草累百過，至不可辨識乃已。

清·竇鎮《國朝書畫家筆録》 工草書。甲申之變，成狂疾，嘗遊齊楚晉豫間，有時振筆揮毫，終日不已，有時求輒不應，歸後自閉土室中飲酒獨酌，醉必痛哭，雖妻子不得見，久之，狂益甚，竟死。

查繼佐

論說

清·吴修《昭代名人尺牘小傳》卷四　書法奇逸可愛。

清·竇鎮《國朝書畫家筆録》　書法坡公。

清·劉振麟《東山外紀》　先生自言：吾書法不能逼古，亦自短記，且性不喜重複，二者爲累耳。然正以獨往無拘牽之跡，膽絶過人愈大，徑尺以外，益自見性。把筆時，目前形方丈書爲數尺，猶之蠅頭耳。

清·劉振麟《東山外紀》　書本顔魯公，畫從黄大癡入。

傳記

清·吴修《昭代名人尺牘小傳》卷四　查繼佐字伊璜，號東山，海寧人。明崇禎癸酉舉人。甲申後，家居，極文酒聲伎之樂。

米漢雯

論說

清·王士禛《香祖筆記》卷三　多技藝，工書畫，書仿南宫，尤工金石篆刻。

又　紫來少喜交游，所交游皆海内名士。與余最相善，頗有倡和，其詩惜爲書畫所掩。

清·吴修《昭代名人尺牘小傳》卷九　書法米南宫。

清·梁章鉅《吉安室書録》卷一　書學米南宫，徑寸外者尤勁媚。或評之曰：紫來天才超詣，當在友石先生之上，良非虚譽。

又　紫來歷知長葛、建昌二縣，試博學宏詞科，授編修。書畫承其家學，當時呼爲小米。《畿輔通志》。

傳記

清·李集《鶴征前録》　米漢雯，字紫來，號秀巖，直隸宛平人。明太僕萬鍾孫。順治辛丑進士，授江西贛州府推官，改補建昌知縣。

陳鵬年

論說

清·包世臣《藝舟雙楫》卷四　陳鵬年行書，佳品上。

傳記

清·震鈞《國朝書人輯略》卷二　字北溟，號滄洲，湖南湘潭人。康熙辛未進士，官河道總督。

紀事

清・鄭任鑰《墓志銘》 好賢下士，惟恐不及，薦拔多當代名人。宦轍所至，未嘗一日廢書不觀，作詩頓挫排蕩，得之杜甫爲多。尤善行草書。罷官時持易酒米，人争藏弆以爲榮。嘗游焦山，出《瘞鶴銘》於江波，且爲之考。

王澍

論說

清・謝希曾《國朝名人書評》 王虚舟書學過于諸公，惟以側筆取妍爲病。

清・桂馥《國朝隸品》 王虚舟如窗明几净，爐烟縷縷。

清・王步青《己山先生文集》 君在翰林，望實雅稱，古今文雄深樸茂，傳頌士林。而書法尤一時獨步，自汪退谷、何義門諸名家率推先之。每退食之暇，揮灑淋漓，優游文讌，若當世事一無所關心。比改諫垣，國計民生，指陳深切，所言多見諸施行。

又 既假還，書益工，遠近士夫家牓於庭，鐫於石，必求君書，以金幣請，殆無虚日，然君隨手散去，不問家人生産，以故老病不能書，乃大困。嗟乎，書特藝之一耳，即鍾王復生，於世教奚裨益，而世之知君者多以書。至其平生孺慕之忱，忠義之性，學識之深沈，持身處之和且厚，罕有能知之。末俗重文藝而輕德行，可爲叅唏而長歎者矣。

清・吴修《昭代名人尺牘小傳》卷一九 書入率更之室，金壇良常山館最擅名，款署良常王某，世遂稱王良常云。篆書法李斯，爲一代作手。晚歲眇左目。鑒定古碑刻最精。

清・包世臣《藝舟雙楫》卷四 王澍行書能品下。

清・梁巘《評書帖》 王良常未得執筆法，專學歐字匾削浮弱而乏圓勁，然結搆隱稱，火候純熟，雖未上逼古人，自屬一時好手。

清・郭尚先《芳堅館題跋》卷三 虚舟行書清氣嘘噏，天骨駿利，猶以太戌削爲憾耳。

清・楊守敬《學書邇言》 雍正間，有王澍之兼習歐、褚。

清・竇鎮《國朝書畫家筆録》卷一 善行楷書，兼工篆、隸。

傳記

清・吴修《昭代名人尺牘小傳》卷一九 王澍，字篛林，號虚舟，金壇人，居無錫。康熙壬辰進士，官吏部員外郎。

紀事

清・李斗《揚州畫舫録》卷二 揚州搢紳扁聯，多出其手。法净寺西園中天下第五泉字，是所書也。

清・竇鎮《國朝書畫家筆録》卷一 求書者紛至，貧士丐其翰墨以舉火者，應之不倦，喜成就。

著録

清・王澍《淳化祕閣法帖考正》提要 是編專考正《淳化閣帖》之誤。初，宋元祐中米芾作法帖題跋，以辨别真僞。然芾精於賞鑒，特據其筆跡以意斷之而已。雖錙銖不爽，究未能確指其所以然也。大觀中，黄伯思作《法帖刊誤》，始援據史籍，訂其舛迕，徵實有據，昭昭然白黑分矣。嘉靖

中，上海顧從義更細勘其字畫曲折，如姜夔校《蘭亭》之例。

國朝何焯更摭姜夔絳帖，平增註其上，而徐葆光又雜採諸書附益之，於是閣帖之得失異同漸以明備。澍作是編，復研究諸説，衡其當否，兼米、黄、顧三家之意而用之，以史傳正訛誤，以筆跡辨依託，而行款標目以及釋文之類，亦一一考核，仍以法帖原目分爲十卷。又別爲《古今法帖考》一卷，溯閣帖之緣起，及諸帖之沿流。而作者又自以所得，著爲《筆法》一卷，並附其後。淳化初刻，爲法書之淵藪。

清・王澍《淳化祕閣法帖考正叙》 宋太宗淳化中，出内府所藏古帖，詔侍書王著釐定，勒成十卷，名曰《淳化祕閣法帖》。真僞雜出，錯亂失序，識者病焉。然以刻自天府，臣下不敢妄有訾毁。故自淳化後，無一人異論者，米元章始以所見，創爲區別。黄長睿因之，更據史書考其紕謬，所見益精，而字畫淆譌，未暇是正。明嘉靖中，上海顧汝和本米、黄未盡之指，細意校勘，雖其版本皴裂、字畫剥食處，亦必異同並載，無有遺失。自米、黄後，《閣帖》釋文無有詳到如汝和者。康熙間，義門何太史焯更以姜白石絳帖平增註其上，同年徐太史葆光又復旁搜博採，益增其舊。年來，余抱疴掩關，時時臨寫，偶有所見，輒復條疏。積今五年，漸以成秩，於是發意，博取羣書，詳悉考鏡，事辭糸錯，必補正之。即字畫淆譌，亦援前規，備爲詳訂。於是《閣帖》十卷，是非同異，皆有據依，名曰《淳化祕閣法帖考正》。其鄙見所不及，考索所未備者闕之，以俟賢之解人，或得或失，幸有以教我。雍正庚戌冬十有一月朔，奉直大夫吏部員外郎琅邪王澍書於二泉之聽松菴。

清・周中孚《鄭堂讀書記》卷三四 《淳化祕閣法帖考正》十卷，附二卷，釋文二卷，國朝王澍撰。四庫全書著録總作十二卷，無釋文二卷。蒻林以宋《淳化閣帖》真僞雜出，錯亂失序，歷經米元章、黄長睿、顧汝和諸家區別校勘，尚未明備，因博取羣書，詳悉考校，事辭參錯，必補正之。即字畫淆譌，亦援前人之説，備爲詳訂。仍依原目，編爲十卷。從此，是非同異，皆有據依。末附二卷，一爲《古今法帖考》，論述《閣帖》及彙帖各本源流本末，一爲《論書賸語》，則自述其所得筆法也。末又附釋文二卷，爲烏程沈芥舟宗騫手書校定。蓋芥舟既於諸帖所臨之下分綴考正，并爲附二卷書版，又以己所校定釋文終焉。前載宋史王著、米芾、黄伯思三傳，及米氏原跋原題，黄氏刊誤原序，并王晉玉玠刊誤原跋，蒻林、芥舟二叙。

又 《竹雲題跋》四卷，苕上錢氏晝雲閣刊本。《虚州題跋》十卷，《虚州題跋》原三卷。聞川楊氏易鶴軒刊本。國朝王澍撰澍仕履見四書類。前一編。《四庫全書》著録中後二編，俱刊在後，江蘇巡撫不及采進也。其中編之目注云：見竹雲本者不録，虚州本復有跋者仍録，而每卷之下俱注曰原卷第幾，自第四至十三止。至後一編，即前三卷，故標目增一原字云。三編皆就其所臨摹碑帖，作題跋以成書者。虚舟以工書名，凡篆、隸、真草，各造其極，故其評隲古刻，皆能鉤元抉奧，窺見古人精神之所寄，而其辨證史家之闕謬，其用心又同於歐陽、趙淇之遺意而爲之。至其詆斥鄭汝器簠、蔣湘帆衡輩，此文人相輕，自古而然，不可獨咎虚舟也。後之講書法者，必有取於斯，講金石者亦未必不有取於斯焉。前編有沈歸愚序，陳無軒焯、錢壽泉人龍二跋。中編有錢香樹、馮孟亭二序，無軒暨楊竹坡建二跋。後編有朱清谷辰告序、竹坡跋。

清・馮浩《虚舟題跋序》 國朝書家後先炳蔚，王蒻林先生名最盛。先生篆法直追唐漢，深自矜貴，世人得而藏棄者，真行居多。先生取上下數千載，生平臨摹舊迹，各爲題跋，考核詳確，鉤元洞微，洵書學之祕苑也。論者凖前賢集録諸書，意存乎見少其皮相之流歟。夫入五都之肆，函海珍奇，瑰怪輝爍，爛然雜陳，摇眩心目，奚若清門舊族，承積厚之餘，儲真藴采，不必盡天下罕有之物所永在懷握者，自極流傳之上品也。冥搜遐想之士，昕夕按圖經繙志乘名函神境，可閉户悉數，奚若藤杖芒鞋，任情獨往，就所登陟高深靈秀之狀，雲飛烟結林攢瀑瀉之景，時吞吐出没於胸坎也。習與俱化乃通乎神，豈浮游繁富者克争勝哉。先生從心腕問窮力追摹，瀝其膏液，不知古人爲我，我爲古人。舉凡傳授變化、深淺異同，祕奥舉宣，無少晦匿。是書家之微言，非文人之博覽，其中糾史氏之闕遺，析博聞之舛誤，特齒牙餘馥焉耳。先生竹雲題跋已有刊本，楊君笠函復得《虚州題跋》十卷，較竹雲本稍多，論説間有小异，爲較刊而并行之。笠函藴藉好古，亦與有功于藝林已。余書學茫昧，幼承先大父司寇公意，習隸書迄今，于古所謂投戟揚波、雄奇靈逸，終未近似。惟竊謂漢隸融法于神，唐隸凝神于法，唐之視漢辟聖域之大幾于化，學者不守唐人矩矱，何由問漢人途徑。今人哆口漢隸，實被狡獪者所愚弄，懼招譏訕，牢結吾舌。先生則已痛切推繩，力掃華陰重

霧。即此匡謬祛惑之功，爲益寧有涯量哉。乾隆辛卯九月十有八日，桐鄉馮浩序。

清・朱辰應《虚舟題跋序》 太史有《竹雲題跋》四卷，吾友吳興沈君芥舟手書，錢司馬壽泉梓之。其後陳君映之復得《虚州題跋》十卷，而缺其前三卷，聞川楊君竹坡復乞芥舟手書，合錢本共鏤板傳世。又四年，映之更訪得前三卷於吳門嗜學之士，會芥舟來聞川，竹坡仍乞書之，而補梓於後，於是太史之題跋，得裒然成完書，而諸君子之有力於太史，亦不可謂非相感之深也。夫書之於道微矣，然自秦漢迄元明，工書之士，莫不憔悴其筋力，而殫精其心思，而後能出入古人，自成家數。蓋凡諸藝業未有不以勞苦而得者也。太史嘗自言：當運思落筆時，雖疾雷破柱、猛虎驚奔亦弗及覺，然則所謂池水盡黑，亦有入山十年不出者，豈欺我哉。芥舟及映之俱苦心字學，而力模太史者，竹坡亦與兩人往復議論不倦，讀太史之書，其亦有得乎。太史之言否也。乾隆三十九年冬十月，商河朱辰應拜手謹序。

《四庫全書・竹雲題跋》提要 國朝王澍撰，皆其臨摹古帖題跋，裒合成編。澍本工書，故精於鑒別，而於源流同異，考証尤詳。如：論《西岳華山廟碑》郭香察書爲校勘刻石。鍾繇《薦季直表》，祝希哲誤作《焦季直》，及繇結御與史異。《蘭亭序》派別。《聖教序》始末。王羲之《裹鮓帖》釋文誤作十九字。《瘞鶴銘》非顧況亦非陶宏景。同州《聖教序》稱龍朔三年，時褚遂良卒已五年。魏《栖梧善才寺碑》僞題遂良名。遂良《高士贊》誤題永徽二年爲甲寅。岳珂跋《寶章集》，誤以竇臮爲竇泉。《朱巨川誥》非徐浩書。李陽冰《縉雲城隍廟碑》篆文訛字。《靈飛經》非鍾紹京書。裴耀卿等奏狀非耀卿書。唐明皇批荅中恒山之頌乃用王獻之事。顔真卿《宋廣平碑考異》、《乞米帖》所稱太保是李光弼非光顔。《爭坐位帖》年月，顧炎武《金石文字》未考。《祭姪文》、《告伯父文》，結銜與史異。《江淮帖》爲集字僞作。《李紳告身》與史異。《葉慧明碑》非韓擇木書撰。皆引據有根柢。惟諸褚遂良書出於《曹全碑》，則殊臆度。此碑近代始出，明以前未有言之者也。又排鄭簠、蔣衡而自稱腕，有元章鬼，亦未免文人相輕之習焉。乾隆四十二年五月，恭校上。

清・錢陳群《竹雲題跋》序 金石文字，流傳最爲奧賾，而考評題識，雅不在多，顧非好古而能察書者，鮮克與焉。康熙間，翰林金壇王君竹雲工八法，酷嗜前賢遺墨，所得金石刻，一一鉤稽真贋，手題掌録，必研審再三，而後著於篇。往予見竹雲京邸，圖史左右，其積帙至梁相間者，率古法書也。既同館相善，每退直過從，見竹雲昕夕丹鉛，辨析窮苗髮不少置。則進規曰：子欲爲張仲揚柯丹邱其人耶。竹雲笑謝予曰：人各有癖，樂此不爲疲也。竹雲歿數十年，人稍稍知愛其手蹟，并其題跋，而裒集之者不一家。家壽泉得而刻之，凡四卷。同里楊子竹坡復得其續，成十卷，校梓以傳。抑顧寧人所謂同此好者繼而録之者，非歟。昔孫莘老守吳興，網羅僵仆斷缺於荒坡野艸之間，莫不甄録，其墨妙亭石刻大半載王象之碑目。而劉原父在長安，其地多古簋、敦、鏡、獻、尊、彝之屬，愛其款識，文字奇古，因以攷知三代制度，與先儒所說不同者。予嘗惜吾鄉曹倦圃先生聚法書數十年，自《大禹岣嶁碑》以下凡八百七十餘卷，自爲表示後，迄今散佚，不傳一字。曩會舉似竹雲，竹雲頗不少懈，使其得孫、劉覽古之地，輯而識之，吾知其所得必有與歐、趙諸人相頡頏者，而豈僅此一刻再刻已也。樂順居士錢陳羣，時年八十有九。

清・沈德潛《竹雲題跋》序 《竹雲題跋》者，虚舟王先生評隲其所臨摹碑帖以成書，而苕溪錢君壽泉爲之鋟板以行世者也。虚舟以工書名海内，故能鉤元抉奥，窺見古人精神之所寄。而其辨證史家之闕謬，其用心又同於趙德父《金石録》，仿歐陽集古之遺意而爲之，故壽泉尤愛重，梓以廣其傳。夫以虚舟好古力學，而所著止此，或疑其書不備。然如曾子固亦作《金石録》五百卷，而《元豐類稿》所載金石跋尾僅存十五條，則不必以未備之書爲不足傳，亦在善學者之取資已耳。昔晦菴朱子少好古金石文，自恨家貧不多得，出先世所遺，益以己所搜，不過數十種，爲横軸懸之壁。凡循行卧起，恒不去目以爲樂。以壽泉之力，加以好之篤而求之勤，雖去古日遠，其所積不能如歐陽氏、趙氏、曾氏之多，然亦可繼虚舟著一編，以自志其學古之所獲。第壽泉以賢公子藴經世學，將膺百里之任。凡士有一材一藝，可引爲居官長民之助者，吾知壽泉之愛重，當必進於是。而士之樂見收於壽泉者，必多奇偉特達之材，此其意，予見魏書子序《曹氏金石表》，而移以遺壽泉，倘亦壽泉之所不鄙也夫。乾隆丁亥八月，長洲沈德潛，時年九十有五。

清・錢人龍《竹雲題跋》跋 書爲六藝之一，取指事象形，通其意而

已。而書家必論筆法，猶文章本以明道紀事，又必輔以法度文采而後可傳。然苟不深究法之所在，而妄爲論列，則如昔人之所譏，窮子爲他家數寶，人皆笑其無看囊一錢也。王虛舟先生書家正宗，其用筆主乎堅正，而教學者當原本篆籀。嘗以篆籀之離合，定顏、柳之高下，其説見於與錢訥生書。訥生學何義門，書取姿媚，意在仿褚河南。先生書有烈士氣，得歐陽率更之清勁居多，蓋先生之於法深矣。吾邑沈君芥舟兼長八法六法，而憔悴專壹于法書名畫之中。一日，過其方竹居，得先生所著《竹雲題跋》，反覆讀之，知先生臨池無間，人書俱老，正在會通之際，而盡發其緘祕之情，數他家寶，一如數自家寶，無不可舉其美善之實以告人，而人皆可由是以求其法，并求其不法之法，以通於神明。先生之功于後學，豈淺鮮哉。予於是囑芥舟釐爲四卷，手書以授梓。其原文出自傳寫，間有疑處，無從校讐，則芥舟與其友吴君晚青細按文義，正其譌謬，予乃任剞劂以廣其傳。予聞生臨摹古蹟最多，有積書巖藏本，幾于等身。其跋尾悉有論述，而惜其皆不傳。他日倘遇好古如芥舟其人，不祕所有以示予，予當再邀同志晚青輩二三人，謀續刻于後。雖如趙德父食去重肉，衣去重采，亦無憾焉。嗟乎。得可傳之書而不傳，其賢於守錢者幾何。封己所有，以傲人所無，而不自知，其有同于無也，亦可憫已。錢人龍謹跋。

清·震鈞《國朝書人輯略》卷三 所著《淳化閣帖考正》十二卷二十種，《蘭亭》十二種，《千文》積書巖帖六十册，集書家之大成，此則世所豔稱者。

蔣衡

論説

清·楊賓《大瓢偶筆》 金壇蔣湘騆，十五歲從余學書，今小楷冠絶一時，余不及也。《大瓢偶筆》。

清·梁章鉅《吉安室書録》卷一四 黄元繩，字次準，號華洲，晚號楓香老人。余京之壻亦善書，得唐人法，於虞、歐兩家筆意尤多。或以爲似金壇蔣湘帆，然蔣病拘拙，而黄饒韻度。《丹徒縣志》。

清·楊守敬《學書邇言》 蔣衡之規模《唐石經》。

傳記

清·梁章鉅《吉安室書録》卷九 蔣衡，金壇人，字湘帆，後改名振生。以書法名一時。嘗寫十三經於乾隆五年呈進，特賜國子監學正。《四庫提要》。

紀事

清·李斗《揚州畫舫録》卷二 嘗於蕃釐觀寫十三經，馬曰璐裝潢，大學士高斌進之，奉命刊於辟雍，授官學正。觀中建寫經樓，法净寺旁淮東第一觀，是所書也。【略】阮芸臺閣學《石渠記》云：蔣衡書十三經册，凡十二年始成。衡於乾隆初年嘗薄遊揚州，故此經半在揚州所寫。其書先歸于鹽務，爲兩淮運使盧見曾所賞。言之總督高斌，遂裝潢以進。翰林勵宗萬以序石經校勘一過，記其異同，書成一册。今庋之懋勤殿書閣上。乾隆五十七年因勑纂《石渠寶笈》，及于此册。特命刊石立學宮。

清·寶鎮《國朝書畫家筆録》卷一 嘗入秦摩娑碑洞諸石刻，慨然曰：十三經皆當時經生所書，非歐、虞筆也。中有舛謬且殘缺必校正，一手重書方可。遂矢志鍵關，歷一紀，書成十三經進呈。授國子監學正，不赴補，往來淮揚蘇杭間，碑版榜額多出其手。年七十卒。

著録

清・陳洙《拙存堂題跋》跋　金壇蔣湘帆先生工書法，與王良常同時相友善，而書名亦相埒。能臨古帖，多至數百種。嘗手寫十三經上之朝，璽書嘉獎，勒石國學。晚年書愈工，名亦愈大，所至求書者踵相接。迄今百餘年來，書家輩出，而士大夫得先生寸縑尺楮，猶珍若拱璧，可以見當日書名之盛矣。此題跋一卷，多甘苦有得之言，亟爲刊入叢書，以廣流布。校録既竟，爲書此以告世之寶先生書者。時積雨初晴，杏花乍開，海棠猶未放也。辛亥三月，江浦陳洙珠泉跋于盟鷗水榭。

陳邦彦

論説

清・王昶《春融堂集》　近日陳宫詹邦彦少工董文敏書，晚思效顔魯公，及下筆輒復似董，乃以左手作字，異忘其故習。

清・吴修《昭代名人尺牘小傳》卷一八　書法酷類董華亭，尤工小楷。

清・阮元《兩浙輶軒録》　陳世南幼即工楷法，筆意酷似董文敏，晚年幾亂真。侍直内廷時繕寫聖製碑版文字。

清・陳其元《庸閑齋筆記》卷一　行草出入二王，而得香光神髓，即顔、歐、虞、褚及宋四家無不研究，若遇到真跡，必撥冗仿寫，無間寒暑，書名傾動寰宇，夸酋土司、金瀞玉巑，咸欲邀公尺幅，以爲家寶。南中膺手不下數百輩，公聞之略不計也。

傳記

清・永瑢《四庫全書總目》卷一〇一六　邦彦字世南，此本題匏廬道人，其自號也。海寧人。康熙癸未進士。官至内閣學士兼禮部侍郎。

紀事

清・阮元《石渠隨筆》卷七　陳邦彦小楷書御製《圓明園十景詩》直幅，凡四十行，每行寫詩一首。又臨董其昌臨《淳化閣帖》一部，凡十册。皆清華朗潤，氣韻風格獨擅一時。又小楷書御製《日知薈説》一部，册高二寸許，字畫寬展秀發。

高鳳翰

論説

清・張庚《國朝畫徵續録》　善草書，圓勁飛動。

傳記

清・李斗《揚州畫舫録》卷一〇　工詩畫，善書法，稱三絶。【略】病痺，右臂不仁，作書用左手，號尚左生，又號丁巳殘人。

清・吴修《昭代名人尺牘小傳》卷一九　高鳳翰，字西園，號南村，晚

自號南阜老人，亦稱老阜。山東膠州人。雍正間，以生員舉孝友端方，任歙縣丞，被劾。

著　録

清·李元度《國朝先正事略》　嗜硯，收藏至千餘，皆自銘，大半手琢。箸有研中史，隸法漢人。

藝　文

清·鄭燮《板橋集·贈高鳳翰》　西園左筆壽門書，海内朋交索向余。短札長箋都去盡，老夫贋作亦無餘。

汪士慎

論　説

清·李斗《揚州畫舫録》卷二　工八分。書畫花卉與張乙僧、金勈齊名。

清·阮元《廣陵詩事》　巢林嗜茶，老而目瞽。然爲人畫梅，或作八分書，工妙勝於未瞽時。

清·嚴廷中《藥欄詩話》　暮年雙目失明，猶能以意運腕作狂草。冬心謂其盲於目，而不盲於心。

傳　記

清·寶鎮《國朝書畫家筆録》卷一　汪士慎，字近人，號巢林。安徽休甯人，客揚州。

李鱓

論　説

清（咸豐）《興化縣志》　書具顔柳筋骨，世僅傳其善畫云。

清·秦祖永《桐陰論畫》卷上　書法樸古，欵題隨意，布置另有别趣，殆亦擺脱俗格，自立門庭者也。

金農

論　説

清·金農《硯銘自序》　予夙有金石文字之癖，金文爲佚籀之篆。嘗欲效吕大防、薛尚功、翟耆年諸公，蒐討遺逸，輯録成書，有所未暇。石文自五鳳石刻下，於漢唐八分之流别，心慕手追，私謂得其神骨，不減李潮，一字百金也。

清·杭世駿《詞科餘話》　壽門嗜奇好古，收藏金石之文不下千卷，足

跡半天下，詩格高簡非凡，所蹐分隸獨絶一時。

清・桂馥《國朝隸品》 金壽門如孔雀見人，著新衣輒顧其尾。

清・吴修《昭代名人尺牘小傳》卷一九 書得古趣，在隸、楷之間。

清・包世臣《藝舟雙楫》 金農分書逸品上。

清・江湜《冬心隨筆跋・江湜跋》 冬心先生書，淳古方整，從漢人分隸得來，溢而爲行草，如老樹著花，姿媚横出。

清・楊守敬《學書邇言》 若鄭板橋燮之行楷，金壽門農之分隸，皆不受前人束縛，自闢蹊徑。然以之師法後學，則魔道也。

清・秦祖永《桐陰論畫》卷上 漢隸蒼古奇逸，魄力沈雄，印章擺脱文何，浸淫秦漢，先生筆墨頭頭第一，洵卓絶古今，迥不猶人者矣。

清・蔣寶齡《墨林今話》卷二 書工八分，小變漢人法，後又師國山及天發神讖兩碑，截毫端作擘窠大字，甚奇。亦精篆刻。

清・竇鎮《國朝書畫家筆録》卷二 分隸獨絶一時。

傳記

清・吴修《昭代名人尺牘小傳》卷一九 金農，字壽門，號冬心，又號司農，又稱稽留山民。錢塘人。布衣。

清・沈大成《學福齋集》卷六 金君喜爲古詩及銘贊、雜文，晚益肆力於書畫，四方争購之。

黄慎

論説

清・劉爰《國朝畫徵補録》卷下 書法鍾繇。【略】閉户三年，變楷爲行，變工爲寫，於是稍有請託者。又三年，變書爲大草，變人物爲潑墨大寫，於是道乃大行矣。蓋揚俗輕佻，喜新尚奇，造門者不絶外趣。

清・秦祖永《桐陰論畫三編》卷上 書法懷素，極有功力矣。

清・蔣寶齡《墨林今話》 書工草法，極古勁之致。王已山先生稱其詩、書皆有物。

傳記

清・竇鎮《國朝書畫家筆録》卷一 黄慎，字恭懋，號癭瓢。福建閩縣人。僑居揚州，雍正間布衣。

張照

論説

清・梁同書《頻羅庵書畫跋》 公書有刻意見長之病，若出自率意，儘有神妙之作。

又 《天瓶楞嚴脩釋序稾》亦妙，後幅更勝前紙，尾數語尤妙。蓋作意不作意之分。不作意處，自然之妙流出天瓶。先生從顔法入手，顔用弱翰，而先生用彊筆，莊楷之作，往往不如行書。以此十二兄親炙天瓶之門，其所見不審與愚揣有合否。

清・王文治《快雨堂題跋》 自明中葉以迄今日，書家一脉，繫在華亭。得天先生受純皇帝特達之知，名尤煊赫。

清・翁方綱《蘇齋題跋》 得天臨晉人書，蕭散閒遠，其神韻却在張長史授顔魯公用筆處。

又 得天作褚中令書極有韻，勝處卻是郎官石記本色。

清・謝希曾《國朝名人書評》 張文敏始學董，頗秀潤。後宗蔡、米，遂多作意。客氣勝而真趣失矣。

清・吴修《昭代名人尺牘小傳》卷一八 書宗顔、米，得董文敏真傳，爲世所珍。

清・吴德旋《初月樓論書隨筆》 張司寇書名最煊赫，其筆力沈鷙，洵足追步香光，而氣韻遠不逮矣。

清・包世臣《藝舟雙楫》卷四 張照行書能品下。

清・梁巘《評書帖》 董公其昌傳執筆法于其邑沈公荃，荃傳王公鴻緒，鴻緒傳張公照。

又 得天學米，以硬筆臨其硬筆，棄其軟筆，可謂善于去取。

又 得天天分高，魄力雄。

又 張得天書，早年學董，中晚年學米，遂成一代大家。祇執筆是入門正耳，然勁健，不粗野，有含蓄，極蒼秀。

又 張得天書，墨迹皆勁健。碑牌版諸帖皆弱，或刻工不佳。得天平日轉折稍造作，想其作書時，手腕必不大快。玉虹樓，中年書也，刻手亦不佳。

清・錢泳《履園叢話》 得天能大能小，然學之殊令人俗，何也，以學米之功太深故也。至老年，則全用米法，至不成字。

清・李兆洛《養一齋文集》卷七 公書雖楷出魯公，行兼蘇、米，其真實入律處，不離乎董。好處比董緊挺，遜處不及董之自然，未退火氣，故一半累於名位，出入内殿，一半限於年紀，止五十有五。公每推本朝書，以姜西溟第一，汪退谷第二，議論極當。然二家皆止一色貨，未如公之大小真行擘窠蠅頭，無所不妙也。

清・陶樑《紅豆樹館書畫記》卷八 書法初從董香光入手，繼乃出入顔、米，天骨開張，氣魄沉厚，雄跨當代。

清・康有爲《廣藝舟雙楫》卷一 國朝之帖學薈萃於得天石菴，然已遠遜明人。

又卷六 得天專師思白，而加變化，然體頗惡俗。

綜述

清・李放《皇清書史》卷一五 放按，志稱得天八九歲即能臨晉唐各帖，十三入國學，祭酒孫樹峰擊賞其書，歎爲思翁復出云云。得天童年既已如是，授室之後必且大進，豈有反遭其婦翁呵斥之理。即令不知筆法，而婦翁之於愛壻，亦斷不至有所悋惜，祕而不宣。安吴所記殆不足信。又案，得天配平湖高士奇女孫，並非横雲之壻，李愛伯謂包氏記事半由臆造，今乃信其非誣。

傳記

清・吴修《昭代名人尺牘小傳》卷一八 張照，字得天，號天瓶居士。華亭人。康熙己丑進士，官至刑部尚書。謚文敏。

紀事

清・包世臣《藝舟雙楫》卷六 嘗聞横雲山人每見其壻張得天之書，輒呵斥。得天請筆法，山人曰：苦學古人，則自得之。得天因匿山人作書之樓上三日，見山人作書時，先使人研墨盈盤，即出研墨者，而鍵其門，乃啟篋出繩繫於閣枋，以架右肘。得天出效，爲之經月，又呈書山人，笑曰：豈見吾作書耶。

清・李元度《國朝先正事略》卷一四 公直内廷最久，每奉敕作書皆稱旨。後墜馬傷右臂幾折，時方進呈落葉倡和詩，遂用左手書楷，渾厚藴藉，上尤嘉之。

又 四十四年，上念公性敏博學，尤工書，御制懷舊詩，列公五詞臣中。詩有云：書有米之雄，而無米之略。復有董之整，而無董之弱。羲之後一

人，舍照誰能若。即今觀其蹟，宛似成於昨。精神貫注深，非人所能學。其見重如此。

著録

清・張祥河《關隴輿中偶憶編》 先文敏書少陵夔州以後詩，融化於顔米董三家，上追旭素，爲公書之變體。玉述菴司寇題云：此文敏中年書，正供奉南齋時也。故玉虹樓多收此種。真昌黎云快劍斫斷生蛟鼉者。

清・寶鎮《國朝書畫家筆録》卷一 山東孔繼涑刻玉虹樓帖十六册，先生之書居大半。

藝文

清・王文治《論書絶句》 賜謚都仍文敏名，吾朝司寇繼元明。縱然平淡輸宗伯，多恐吴興畏後生。

清・張廷濟《清儀閣題跋》 余舊有國朝書畫百詠，詠涇南云：方圓體筆妙天瓶，絲繡平原有典型。六百年來成鼎足，趙吴興又董華亭。願與寶涇南書者共參此恉。

汪由敦

論説

清・沈初《西清筆記》 前輩書學擅名而又勤進不懈者，無如汪文端尚書。今内府所藏小楷成册者數十，而時齋少司農家藏者尚多。

清・梁章鉅《吉安室書録》卷八 汪謹堂相公書法以顔爲骨，以趙爲肉，梁階平相國亦然，而肉多於骨，一時操觚後輩效之以書。廷試策遂有黑方光三字訣，又有黑大肥滿四字訣，末流之獘謹堂相公不任過也。《寶雲堂隨筆》。

清・寶鎮《國朝書畫家筆録》 書法秀潤。

傳記

清・梁章鉅《吉安室書録》卷八 汪由敦，字師茗，號謹堂，休甯人。補浙江商籍弟子員。方讀書錢塘時，巡撫徐夢元已薦充《明史》纂修官，旋中雍正二年甲辰順天鄉試。是秋成進士，入翰林，洊至協辦大學士。歷筦吏、刑、工三部尚書。屢掌文衡，得人最盛。承輯各館書，皆爲總裁。在軍機掌制十四年。謚文端。工行、楷書，藝林奉爲模楷。有《時晴齋法帖》十卷勒石内廷。

著録

清・錢陳群《香樹齋集》卷四 書法力追晉唐大家，兼工篆、隸。公既殁，上命集公書爲《時晴齋帖》十卷勒石内廷云。

鄭燮

論説

清・李斗《揚州畫舫録》卷二 以八分書與楷書相雜，自成一派。今

山東濰縣人多效其體。

清・阮元《廣陵詩事》　少爲楷法極工，自謂世人好奇，因以正書雜篆、隸，又間以筆法，故波磔之中往往有石文蘭葉。

清・包世臣《藝舟雙楫》　鄭篁分及行書逸品上。

清・秦祖永《桐陰論畫》卷上　風流雅謔，極有書名。狂草古籀，一字一筆，兼眾妙之長。

清・竇鎮《國朝書畫家筆録》卷二　書法以隸、楷、行三體相參，有別致，古秀獨絶。

傳記

清・張庚《國朝畫徵續録》　鄭燮號板橋，乾隆丙辰進士，興化人。工詩詞，善書畫。【略】書有別致。

紀事

清・梁章鉅《吉安室書録》卷九　吾鄉鄭板橋書八分，自言止有二分半，其五分半皆參以撇蘭畫法也。有求書者自定其價，刻石懸於壁，以省巧者拙奴之煩。

藝文

清・蔣寶齡《墨林今話》卷一　書、隸、楷參半，自稱六分半書，極瘦硬之致，亦間以畫法行之。

故心餘太史詩有云：板橋作字如寫蘭，波磔奇古形翩翩。板橋寫蘭如作字，秀葉疏花見奇致。又一絶云：未識頑仙鄭板橋，其人非佛亦非妖。晚摹瘞鶴兼山谷，別闢臨池路一條。可謂抉其髓矣。

梁詩正

論説

清・竇鎮《國朝書畫家筆録》卷二　書學柳誠懸，繼參文趙，晚師顏、李，凡三變。

傳記

清・李元度《國朝先正事略》卷一七　公諱詩正，字養仲，號薌林。先世自新里遷錢塘。

紀事

清・李元度《國朝先正事略》卷一七　自言嘗爲高宗作擘窠大字，適憲皇帝駕至，諸臣鵠立以俟。憲皇命竟其書，墨漬袍袖。又命高宗曳之，今藏此衣三十年矣。【略】奉命編《祕殿珠林》、《石渠寶笈》，益得縱觀天府收儲。

董邦達

論說

清·包世臣《藝舟雙楫》卷四　董邦達行書佳品下。

清·秦祖永《桐陰論畫》卷上　篆、隸亦深得古法。

傳記

清·梁章鉅《吉安室書録》卷八　董邦達，字孚存，號東山，又號非聞。先世由徽州遷富陽。幼而穎異能言即辨四聲，稍長以筆墨嬉戲。雍正元年，選拔貢生，貧不能具資斧，挾錢八枚，徒步入京，朝考第一。旋中雍正七年順天鄉試，十一年成進士。時方修《石渠寶笈》、《祕殿珠林》、《西清古鑑》諸書，公以博學精考核入内廷襄事。累官至禮部尚書。謚文恪。公善篆、隸書，妙得古法，畫出入宋元諸家。奉敕所作皆藏石渠。

曹秀先

論說

清·吴修《昭代名人尺牘小傳》卷二〇　以能書名。

傳記

清·吴修《昭代名人尺牘小傳》卷二〇　曹秀先，字冰持，號地山，江西新建人。雍正壬子舉人。

紀事

清·李元度《國朝先正事略》　公以文學受主知，尤工書法。上嘗召問。平日究心字學，因進所刻敬恩堂、移晴堂書課。蒙賞御臨黄庭堅尺牘二幅，以公籍江西故也。

嵇璜

論說

清·阮元《國朝書人輯略》卷四　曾乞嵇文恭公寫楹聯，至今刊懸如對古賢。余嘗謂嵇文恭公字體出於唐碑，劉文清公出於晉帖，而世不悟。今讀此幀，當曉然矣。《揅經室集》。

清·梁章鉅《吉安室書録》卷八　書法質重不佻適，肖其人。

清·竇鎮《國朝書畫家筆録》　善書，筆意近董華亭。

傳記

清・寶鎮《國朝書畫家筆録》 嵇璜，字尚佐，一字黼庭，晚自號拙修。無錫人。雍正七年奉特旨，大臣子弟一體會試，時年二十，以國子生登進士，入翰林。

紀事

清・寶鎮《國朝書畫家筆録》 待小人不惡而嚴。與和珅同在政府，一日，以楮素乞書。公召翰林數人飲於堂，童子請曰：墨具矣。公叱之曰：屬有客，安能作書。客曰：吾儕正樂觀公之用筆以爲法也。遂對客書之。甫及半，童子覆其墨，公責之，客爲請乃已。翼日，謝和珅曰：徒敗公佳紙。蓋公本不願作書，預誡童子覆墨，而翰林數人者，皆和珅門下士，故使親見之，言於和以爲信也。其不憚委曲以全所守如此。

劉墉

論說

清・王文治《快雨堂題跋》 劉文正師不多作書，然于書家境界甚深且備。今石庵前輩書名冠海內，諦觀之，皆自文正出也。萬里長河發源星宿，一切皆作如是觀。

又 石庵先生功力最深，極意追踪古人，不肯少趨時徑。真書法中有寒松古柏之操者，可羡復可敬也。

清・吴修《昭代名人尺牘小傳》卷二一 書法魏晉，筆意古厚。

清・英和《石庵先生詩集跋》 公初見和時，即詔曰：子他日爲余作傳，當云以貴公子爲名翰林，書名滿天下，而自問則小就不可，大成不能。

清・包世臣《藝舟雙楫》 劉墉小真書妙品下，劉墉牓書能品上，劉墉行書能品下。

又 諸城劉文清相國少習香光，壯遷坡老，七十以後潛心北朝碑版。雖精力已衰，未能深造，然意興學識超然塵外。

清・包世臣《藝舟雙楫》 近世小真書以諸城爲第一，此尤其經心結撰者，可珍也。黄庭洛神遺法，至諫議護命經而絶。坡老思翁有意復古，而蘇苦出入無操縱，董若布置不變化，外此大都胥史之能事矣。諸城壯歲得力思翁，繼由坡老以窺閣本，晚乃歸於北魏碑誌，所詣遂出兩家之外。小真書取勢必遠而置節尚促，用意必險而措畫尚平，是以覽之無奇，探之不盡。

又 僕嘗謁諸城於江陰舟次：論晉唐以來名迹甚協。諸城曰：吾子論古無不當者，何不一論老夫得失乎。僕曰：中堂書可謂華亭高足。諸城曰：吾子何輕薄老夫邪。吾書以拙勝，頗謂遠紹太傅。僕曰：中堂豈嘗見太傅書乎。太傅書傳者唯《受禪》、《乙瑛》兩分碑。《受禪》莊重，《乙瑛》飄逸，彙帖唯唐摹《戎路》略有《乙瑛》之意，《季直表》乃近世無識者作僞，中堂焉肯紹之邪。中堂得力在華亭，然華亭晚年漸近古澹，中堂則專用巧，以此稍後華亭耳。

清・梁章鉅《吉安室書録》卷九 石菴先生無日不臨帖，亦無帖不臨寫，自少年已□，今尚如是，可謂勤且敏矣。乃其妙處在借古人書以見意，不沾沾以摹仿見長，華亭而后斷推此老鮮人。按：此山舟先生跋文清公行書册後，恰稱文清□分借古人書見意，自是作家高識而不沾沾以摹仿見長，則尚未可以訓後人也。

又卷九 趙子固嘗言：行草宜用棗心筆，以其楷臬婉媚。然用之須筆鋒向左，只用筆鋒，不用筆尖，乃可按棗心筆，大約如之純羊毫，故可以捺鋒向左。近人惟劉文清公善用純羊毫，蓋於子固之言有默契也。

清・張維屏《松軒筆記》 陳星齋先生嘗論，本朝書家，首推何義門，次則姜西溟、趙大鯨，似屬偏嗜。以愚見言之，當以王文安、劉文清爲最，次則張文敏、陳香泉、汪退谷。然張、陳、汪皆不及王、劉二公之原，王猶依傍

古人，劉則厚而能脱，入乎古人而出乎古人，其晚年妙境，蓋先生已歸道山，不及見矣。

清・張維屏《國朝詩人征略初編》卷三二　劉文清書初從松雪入，中年後乃自成一家，貌豐骨勁，味厚神藏，不受古人牢籠，超然獨出。

清・郭尚先《芳堅館題跋》卷二　張文敏臨十三行亦殊不肖，結體太方，出筆太重故也。石菴相國則於象外取之，是爲超詣，非看穿牛皮者所知。

又　晉、唐、宋、元、明諸大家，得力全是箇静字，須知火色純青，大非容易。國朝作者相望，能副是語者，只有石庵先生。張文敏如許神通，畢竟未得無諍三昧，亦緣年華稍促故耳。使其得享大年，固當不啻石庵相國臨十三行，不如其臨黄庭願稔知者。

又　近日石菴相國臨《蘭亭》、臨《洛神》，本不求似，亦遂無一筆似。魯直云：誰識洛陽楊風子，下筆便到烏絲闌。簡齋亦云：意到不求顔色，似前身相馬，九方臯所謂無智人前莫説打你頭破百裂。

清・錢泳《履園叢話》卷一一　近日所稱海内書家者有三人焉，一爲諸城劉文清公，一爲錢塘梁山舟侍講，一爲丹徒王夢樓太守也。或論文清書如枯禪入定，侍講書如布帛菽粟，太守書如倚門賣俏。余謂此論太苛。文清本從松雪入手，靈峭異常，而誤於《淳化閣帖》，遂至模棱終老，如商鼎周彝，非不古而不適于用。侍講早年亦宗趙董，惟自壯至老，筆筆自運，不屑依傍古人，故所書全無帖意，如舊家子弟，不過循規蹈矩，飽暖終身而已。至太守則天資清妙，本學思翁而稍沾笪江上習氣，中年得張樗寮真蹟臨模，遂入輕佻一路，而姿態自佳，如秋娘傅粉，骨格清纖，終不莊重耳。三公者，余俱嘗親炙，奉爲圭臬，何敢妄生議論。然見文清笑侍講爲竈下老婢，侍講亦笑文清爲滕公佳城，太守笑兩公，兩公亦笑太守，雖文人相輕，自古而然，而謂三公必傳，可與松雪、思翁争席者則吾未敢信也。

清・楊守敬《學書邇言》　至乾隆間，劉石菴墉初學松雪，晚師鍾、王，用筆如綿裹裹鐵，卓然大家。

清・康有爲《廣藝舟雙楫》卷六　石庵亦出於董，然力厚思沈，筋搖脈聚。近世行草書，作渾厚一路，未有能出石菴之範圍者。吾故謂石庵集帖學之成也。

傳記

清・吴修《昭代名人尺牘小傳》卷二一　劉墉，字崇如，號石庵，諸城人。文正公子。乾隆辛未進士，官至體仁閣大學士。

紀事

清・包世臣《藝舟雙楫・書劉文清四智頌後》　乾嘉之間，都下言書者，推劉諸城、翁宛平兩家。戈仙舟學士，宛平之壻，而諸城門下也。嘗質諸城書詣於宛平，宛平曰：問汝師那一筆是古人。學士以告諸城，諸城曰：我自成我書耳。問汝岳翁那一筆是自己。余謂宛平書只是工匠之精細者耳，於碑帖無不徧搜，默識下筆，必具其體勢，而筆法無聞，不止無一筆是自己也。諸城實悟筆法而微變其體勢，正是深於古人。必云自成我書，亦稍涉矜張矣。嘉慶壬戌，諸城祝太夫人壽於江陰返擢，余謁於舟次，論晉唐以來名跡甚協。諸城曰：吾子論古無不當者，何不一論老夫得失乎。余曰：中堂書可謂華亭高足。諸城曰：吾子何輕薄老夫耶。吾書以拙勝，頗謂遠紹太傅。余曰：中堂豈嘗見太傅書乎，太傅書傳者唯《受禪》、《乙瑛》兩碑。《受禪》莊重，《乙瑛》飄逸，彙帖唯唐摹《戎路》略有《乙瑛》之意，《季直表》乃近世無識者作僞，中堂焉肯紹之耶。中堂得力在華亭，然華亭晚年漸近古澹，中堂則專用巧，以此稍後華亭耳。中堂默然良久曰：老夫數十年心力，被吾子一語道破矣。近刻《清愛堂帖》被鈎摹者，以世行僞吴興法逐字移改，至爲失真。唯其家藏石十二方，乃諸城自督良工所鐫者，皆小真書，精妙不減墨跡也。

又　按，興源云：包慎伯作《述書》二篇，云余年十五方學時下書，十年尚不能平直，以拙書聞於鄉里。又云余於書道四十年而始知，五十年而始能。考史館列傳，劉文清卒於嘉慶甲子，其壬戌年，包慎伯年僅二十餘歲，正下筆尚未平直之時。及其四五十歲知書之時，則文清没久矣，安能少

年即有論書折服文清之事。包之於劉並無世好淵源，何由欵洽，以少年下士謁元老達尊。且書法一藝又非軍國大事，必須面折力諍者，有何刻不容緩，而交淺言深，肆其唐突。是此條全係子虛，於文清盛德雅量毫無所損，實足自證其荒唐而已。

清・吴修《昭代名人尺牘小傳》卷二一　嘉慶十年，奉旨刻《清愛堂帖》。

雜録

清・梁章鉅《吉安室書録》卷九　按吴修《疑年録》載公生於康熙五十八年己亥，卒於嘉慶七年壬戌，年八十六，此誤也。公實生於康熙五十九年庚子，卒於嘉慶甲子，年八十五。余篋中藏公書頗多，核其後欵，無一不符。其書杜詩册後自跋云舊藏陳文簡公書杜詩五律一册，自記云八十四翁，吾今八十有五，亦書此册，未至目昏手弱云云，最爲顯據。蓋公即終於是年也。又公書錢香樹六人雙樹詩册，欵作乾隆癸亥中秋作。公自跋云：是册爲墉癸亥年焉，二十四歲時也，亦一確證。他家著録尚有誤者，應並正之。

清・李兆洛《養一齋文集》卷一三　蕘蒲先生爲余言：文清公所用皆紫豪筆。有筆工某常治之。蕘蒲密令工增減其法，益加修治，成三十枚以餉文清。文清試之，大稱意，曰：此君用心良苦。因書此册并楹帖一聯貽之。此孫虔禮所謂感惠狥知一合也。宜其書之精彩焕發如此。

周於禮

論説

清・吴修《昭代名人尺牘小傳》　書法東坡。

清・竇鎮《國朝書畫家筆録》卷二　書法襄陽，筆勢雄偉。

傳記

清・吴修《昭代名人尺牘小傳》　周於禮，字立崖，號亦園。雲南嶍峨人。乾隆辛未進士，官大理寺少卿。

紀事

清・毛慶善《湖海詩人小傳》卷一四　少卿耽吟詠，又嗜書法。爲侍御時，暇輒行琉璃廠書肆，見有佳者隨時售之。宋元石刻既多，真跡尤不少，取褚、顔、蔡、蘇、黄、米六家，先勒於石，旋以疾終。所居聽雨樓在神匠胡同，爲明嚴介溪别墅。

許友

論説

清・梁章鉅《吉安室書録》卷一　國朝以諸生終。酷慕米海嶽，構米友堂祀之。字多狂草，而真意涌出，視張二水、王孟津，有過之無不及也。

清・震鈞《國朝書人輯略》卷一　善書畫。

傳記

清・梁章鉅《吉安室書録》卷一　許友，初名宰，字有介，一字甌香。侯官人。父豸，前明進士，官浙江提學副使，以風節聞。有介少曾師事倪鴻寶，故詩書畫皆似之入。

馮行賢

論説

清・楊賓《大瓢偶筆》卷六《論國朝人書》　馮補之清秀無俗氣，但不知筆法，一以分閒布白爲主，未免貽誤後學。

清・楊賓《大瓢偶筆》卷七《論筆法》　虞山亡友馮補之，昔者館於吴門，數過余論書，每多不合。蓋余所主者筆法，而補之所講者閒架。閒架之説起於歐陽信本，而補之之閒架又與信本不同，此其所以不能服余之心也。

清・梁章鉅《吉安室書録》卷二　馮補之工書法，四體皆長，尤精篆、隸刻畫。同時徐州喜鐫刻，行賢常書州刻諸石，一時推爲二絶。

清・震鈞《國朝書人輯略》卷一　此馮丈三十一歲時所書，用筆圓潤穩秀，蓋不減唐經生。微恨失之太拘，乏映帶飛動之勢，此由見元以前人真跡少耳。明代書家自宏正以後皆無筋，望之索索，然此最於此藝有繫升降。

傳記

清・梁章鉅《吉安室書録》卷二　馮行賢，字補之，常熟人，定遠之子。幼承家學，喜吟詠，而書法篆刻精妙，匹文三橋，舉鴻博不售，歸里卒。

清・震鈞《國朝書人輯略》卷一　字補之，江蘇常熟人，鈍長子。

紀事

清・楊賓《大瓢偶筆》卷八　今虞山馮氏一派，莫不以圭峰碑爲師，以是圭峰碑搨一時紙貴。

王宏撰

論説

清・吴修《昭代名人尺牘小傳》卷一〇　工書能文，精金石之學，善鑒別法書名畫。所居華山下有讀易廬。

清・李集《鶴征前録》　先生博貫載籍，書法逼真右軍。

傳記

清・震鈞《國朝書人輯略》卷二　字無異，號山史，陝西華陰人。監生。薦博學鴻詞不就。

著録

清・李集《鶴征前録》　酷嗜金石，所著十七帖述并注極雋而核。又刻華州郭宗昌金石史，家藏漢唐以來金石文字甚富。

孫岳頒

論説

清・楊賓《大瓢偶筆》卷六　孫樹峰十五年前所書，甚可觀。近有市井氣。

清・吴修《昭代名人尺牘小傳》卷一三　善書，受知聖祖，每有御製碑版，必命書之。

傳記

清・吴修《昭代名人尺牘小傳》卷一三　孫岳頒，字雲韶，號樹峰，吴縣人。康熙壬戌進士，官至禮部侍郎。

馮武

論説

清・梁章鉅《吉安室書録》卷二　吾邑自馮鈍吟後，以詩字訓迪後進者，有陸敕先、陳在之，然皆原本馮氏刻覈不少貸。迨兩公没，後進推竇伯爲碩果，争以詩字相質，循循善誘，見輒道佳，有司馬德操之風。

傳記

清・永瑢《四庫全書總目》卷一一三　武號簡緣，常熟人。馮班之從子。班以書法名一時，武受其學。

著録

清・馮武《書法正傳・自叙》　余自鼎革以來，僻處鄉曲，懶游都市，于當世收藏家皆未登龍池而探驪珠。第就平日所留意者，聚得六十餘種，其餘所未見者良多也，而況所見者又無多可取也。曰：叟盍即所取者合成一書，且發明其所未發者，以嘉惠後學乎。余曰：此意良所願也。雖然以寡聞淺見之耳目，而剖明千古不傳之祕奧，書成其不爲遼東豕貂襲續者幾希矣。文子曰：大道以多歧亡羊，此事非小道也。爲天地之文明，爲古今之眼目，説者愈多而亡益甚，叟其忍使不絶如綫者而竟付之無何有之鄉乎。與其不輕傳而竟絶其緒，孰若公諸天下後世，而俟一後起者得馳騁乎康莊

之衢也。余曰：噫。風燭之年，途遠而日暮矣。即吾所知者而當世已艱遇夫知之者，且吾所知爲不然者而往往居之不疑焉。嗟乎。絶固吾不忍也，不大聲以呼而使紛紜于既絶之後，尤吾所不忍矣。于是徇文子之命，冒顔而成是編，以冀岩之阿。水之裔或有謂此未死翁庶可語而教，吾所不逮誠甚幸也，誠甚幸也。不然，千百年後蠶箔瓿口之間，或有拾而惜之者，鍾王或因是而煌然乎。靖節云：但恨多謬誤，君當恕醉人。請易醉爲老何如。虞山簡緣馮武述。

又《跋》 正書以鐘王爲鼻祖，至李唐而其法大闡，自後衣鉢相傳，工者甚夥，近代如趙、董二文敏其尤也。吾虞馮鈍吟先生肆力于此，鍾王瓣香其在兹乎。鈍吟傳我簡緣夫子，憶少時追隨函丈，夫子以翰林要訣及古人結構運筆口授手指，疊疊不倦，略無遺藴。予不敏，强識一二，未登道岸，祇恐失墜。夫子晚歲博采歷代諸名家要訣，參以己見，勒成十册，曰《書法正傳》，熔碎金而成佛，聚狐白以爲裘，洵後學之津梁、書家之寶筏也。其從孫調軒、雲亭兩君，克承先志，壽以棗梨，公諸海内，佇見劃沙印泥揮毫者競窺其祕，漏痕釵脚握管者悉悟其微矣。受葉門人譚紹隆謹識。

《書法正傳》十卷，予從祖簡緣先生編集。先生于晉唐以來諸名家臨池祕論悉窺其奥，而又得先曾叔祖鈍吟公提命，登堂入室，耄而彌工。予自束髮受書，竊聞緒論，謂古人理法寓于楮墨，非徵文考獻，末由悟入。學者苟指授無人，而又不得名流論説，幾何不彷徨歧途，廢然中止也耶，遍考諸家之書，非不鈎其玄妙，要未有統論古今，辨晰源流，使後之覽者恍然得古人之意，以馳騁乎康莊之途者也。是編闡明絶業，鍾王一燈賴以不墜，嘉惠後學豈淺鮮哉。而先生謝塵已逾廿載，予恐是書之將就湮滅也，欲思所以壽世者，舍弟雄與予有同志，因共相參校，以付剞劂。侄孫鼎謹識。

清・周中孚《鄭堂讀書記》卷四八 《書法正傳》十卷，國朝馮武撰，《四庫全書》著録。簡緣受學于鈍吟，傳其筆法，以昔人講説正書之法，名據所見，多著浮詞，初學無從擇取，究于下筆無少益助。因爲提要鈎元，纂成是編，凡《陳絳曾翰林要訣》、《無名氏書法三昧》、《李溥先永字八法》、《李淳大字結構八十四法》各一卷，《纂言》三卷，《書家小傳》、《名跡源流》、《鈍吟書要》各一卷，或全録成書而補注之，或採掇舊文而詳定之，所以統論古今，辨析源流，使後之學者恍然得古人之意，以馳騁乎康莊之途者也。本爲正書而作，故大篆、小篆、八分、草書皆略焉。前有自序、凡例，其從孫調軒鼎手書付梓。末有門人譚紹隆暨調軒二跋，又有陳亦韓祖范序，未刊卷首。後其版歸于楊元峰岱，始補刊之，并爲誌其顛末云。

清・永瑢《四庫全書總目提要》卷一一三 《書法正傳》十卷，國朝馮武撰。年八十一時，館於蘇州繆日芑家，爲述此書，專論正書之法。首《陳繹曾翰林要訣》一卷，次周伯琦所傳《書法三昧》一卷，次李溥光《永字八法》一卷，以三家論書獨得微旨故也。其語意有未顯者，則武爲補注以明之。次明李淳所進《大字結構八十四法》一卷，次《纂言》三卷，則歷代書家之微論。次《書家小傳》、《名跡源流》各一卷，而以班所著《鈍吟書要》一卷終焉。每卷之中，武亦各爲附論，時有精語，蓋武於書學，頗有淵源故也。

顧靄吉

論説

清・桂馥《國朝隸品》 顧南康如骨董主人，遇物能名，未免英雄欺人。

清・方朔《枕經堂題跋》 善隸書，有孔廟諸碑意致。

清・秦祖永《桐陰論畫二編》卷下 善書，精繆篆及八分書。

傳記

清・寶鎮《國朝書畫家筆録》 顧藹吉，字畹仙，後改字天山，號南原。吳縣人，貢生。充書畫譜纂修官，儀徵教諭。

著録

清・張庚《國朝畫徵續録》 精繆篆工八分書，著隸辨行世。

顧苓

論説

清・方朔《枕經堂金石書畫題跋》 國初習《卒史碑》者，有顧苓云美，其大小之隸，無不刻意摹仿。

清・楊賓《大瓢偶筆》 云美隸學《夏承碑》。

清・桂馥《國朝隸品》 顧云美如深閨嬌女，搔頭弄姿，不願與大家周旋。

清・張廷濟《清儀閣題跋》 廷濟按：云美八分書，斬筋截鐵，極有古法。

又 善隸書，工篆刻，精鑒金石碑版。

又 余藏其鼎彝文一册前八分金石之遺四字。又有所藏《曹全碑手跋》，而大興翁學士從舊拓禮器碑陰辨出熹平三年，項伯修題字，亦據云美藏本。可見其鑒藏之精美矣。

道濟

論説

清・包世臣《藝舟雙楫》卷四 行書逸品下。

清・秦祖永《桐陰論畫》卷上 尤精分隸書，王太常云：大江之南，無出石師右者。可謂推許之至矣。

清・寶鎮《國朝書畫家筆録》 尤精分隸書，王翬推爲第一作手。

傳記

清・寶鎮《國朝書畫家筆録》 道濟，字石濤，一字大滌子，號苦瓜和尚，又號清湘老人。前明楚藩之後。

梁同書

論説

清・王昶《湖海詩傳》卷二一 尤工書，東南士大夫碑版及琳宫梵宇題額，有求輒應。而節鎮屬書，則累年不報。年踰八秩，而明鐙矮紙，猶能運筆。人謂唐歐陽信本、明文衡山之比也。

清・吴修《昭代名人尺牘小傳》卷二二 書出入顔、柳、米、董，自立

一家。負盛名六十年，所書碑版遍寰宇。與劉石菴、王夢樓並稱劉梁王。藏國朝尺牘甲於天下。

清・梁章鉅《吉安室書録》 按山舟先生以書雄一代，同時與梁聞山有南北二梁之目，與劉文清公有北劉南梁之目。而近人撰《國朝書品》竟擯之不録，不知是誠何心也。

清・王芑孫《淵雅堂全集》卷二八 近數十年來，海内能書家，推諸城劉文清公及山舟、夢樓二先生。余既事文清公於京邸，晚遇夢樓邗上，皆相盤礴，上下其議論。獨山舟先生未之接，然先生所書余碑版文不少，蓋非無緣者。今觀所與蓮汀書，資地爲先之説，與文清同；留得筆住之説，與夢樓同；落筆快則意出語，又羌得我心之所同。然者具見此道中燈燈相照，光光相入處，談之一快。

清・錢泳《履園叢話》卷六《耆舊》 博學多文，尤工於書。日得數十紙，求者接踵。至於日本、琉球、朝鮮諸國，皆欲得片縑以爲快。余少時游幕杭州，嘗修士相見禮，謁先生於竹竿巷裏第，必縱談古今書法源流，以啟迪後生，有董思翁晚年風度。年九十餘，尚爲人書碑文、墓誌，終日無倦容。蓋先生以書見道也。

清・錢林輯、王藻編《文獻徵存録》卷九 書法益進，該究六法。少作書學顔柳，中年用米法，七十後書若無意，自然高妙。爲當世獨絶，名沸於江南北。

綜述

清・許宗彦《鑒止水齋集》卷一七 公於書法出天性，十二歲即能爲擘窠大字。求文莊書者，不得暇，輒命公代書。徐文穆公夫人墓誌銘，即公少作，書法顔柳。中年用米法，七十後愈臻變化，純任自然，名滿天下，求書者紙日數束。嘗言古善書皆有代者，我獨無，蓋不欲以僞欺人，我性如是。然託公名者甚衆，其去真蹟遠矣。日本國有王子好書，以其書介舶商求公評定，琉球生自太學歸國，踵公門乞一見，公以無相見儀，却之。其人太息曰：來時國王命必一見公而歸，今不可見，奈何。因丐公書一紙，曰持是以復國王耳。

公論學書大旨，具於與孔谷園及張芑堂兩書。公書刻石者至夥，刻工往往不稱公意，惟陳雲杓、陳如岡、馮鳴和二三人，最得公筆法。本朝能書人鮮有長於大字者，公作字愈大，結構愈嚴。九十一歲爲無錫孫氏書家廟額忠孝傳家四字，字方三尺，魄力沈厚，觀者莫不歎絶。【略】尤精賞鑒，於前人書畫過眼輒别真僞。海寧吴生，遇名蹟每潢寫其副，嘗語人曰：他人皆可欺，惟山舟先生不可耳。觀書至耄不輟，精力絶人，九十外視聽未嘗少衰，臨卒之歲，猶能作蠅頭字。

傳記

清・錢林輯、王藻編《文獻徵存録》卷九 梁同書，字元穎，錢塘人。父詩正，官至大學士，謚文莊。

紀事

清・錢林輯、王藻編《文獻徵存録》卷八 善鑒别前人手跡，過眼輒判其真僞。耄年能作蠅頭楷書，精力有過人者。嘗得元人貫酸齋書山舟二字署其齋，杭人婦人童子無不知山舟先生善書者。嘗言古書家皆有代者，我獨無，蓋不欲以僞欺人，我性如是。然託名以售者衆矣。作書喜用許虚白紙，夏歧山、潘岳南筆，刻石必陳雲杓、陳如岡、馮鳴和。今虚白齋紙盛行，潘、陳皆因以致富。

程瑶田

論説

清・包世臣《藝舟雙楫》卷四　程瑶田小真書，逸品下。

清・梁同書《頻羅庵遺集》　江南程易田，《通藝録》筆勢一條，講得最精，前人未曾道過。

清・李斗《揚州書舫録》卷一四　尤精鐵筆書法，步武晉唐，均爲其學問所掩。

清・錢林輯、王藻編《文獻徵存録》卷九　精攷據之學，隸書出入晉唐，精妙無比。

傳記

清・吴修《昭代名人尺牘小傳》卷二四　程瑶田，初名易，以字行，更字易田，又字易疇。歙縣人。乾隆庚寅舉人，官嘉定教諭。

孔繼涑

論説

清・包世臣《藝舟雙楫》卷四　孔繼涑行書，佳品上。

傳記

清・吴修《昭代名人尺牘小傳》卷二三　孔繼涑，字信夫，號谷園，曲阜人。衍聖公傳鐸子。乾隆戊子舉人，候補中書。

紀事

清・梁同書《頻羅庵書畫跋》　幼聘婁縣張文敏公照女，文敏書名海内，君能得其筆法，時以小司寇目之。求書者紙堆几案如束笋。中年進而學蘇、黄，學米，晚更學歐、虞、顔。上於中水行宫命君仿張書以進，奉旨：好，像張照，留覽，發懋勤殿。

清・梁紹壬《兩般秋雨盦隨筆》卷三　孔谷園先生刻《玉虹樓》、《鑒真帖》數十卷，先生之書瓣香天瓶居士。高廟東巡，臨書以進，上熟視曰：好，像張照。同時梁文山巘亦學張書，故世有南梁北孔之目。今人以南梁爲山舟學士，誤矣。

清・張廷濟《清儀閣題跋》　乾隆甲辰仲春，高宗幸闕里，敕孔繼涑依張照體作字。繼涑有《紀恩詩》云：昔侍經筵叨典禮，今書聖製應圓方。注云：照自謂作書體方筆圓。

著録

清・吴修《昭代名人尺牘小傳》卷二三　爲張文敏女夫，得其筆法，有小司寇之目。刻其書爲《瀛海仙班帖》十卷。精於鑒別碑版，有《玉虹樓帖》十六卷，《鑒真帖》二十四卷，《摹古帖》二十卷，又《國朝名人法書》十二卷，並行於世。

朱筠

論説

清・包世臣《藝舟雙楫》卷四　朱筠稿書，逸品上。

清・吴修《昭代名人尺牘小傳》卷二二　書法參六書，有隋以前體。

清・梁章鉅《吉安室書録》卷一〇　書法一本六書，自然勁嫵。

又　吾師作字多兼篆體，古意盤礴可愛。而世人往往以爲怪而訾之，則真少見多怪耳。秦以隸書更易五帝三代之文，傳之既久，忘其本真。漢人猶見科斗、籀文、隸著録於《説文解字》中，證之先秦鐘鼎刻石，皆自符合。自隋以前，刻石者亦多雜用篆、隸、行、楷，如吾師所作者不知凡幾，而獨以吾師之不合行楷爲病，則亦何必舍三代古文，而爲嬴氏之功臣乎。《四勿齋隨筆》。

清・孫星衍《平津館文稿》卷下　世人訾朱學士筠及江徵君作字兼篆體，蓋少見多怪耳。秦以隸書更易五帝三代之文，傳之既久，忘其本真。漢人猶見科斗、籀文，著録於《説文解字》，證之先秦鐘鼎、刻石，皆自符合，壁書漆簡之逸迹，猶有什一存焉。而或以不合於行楷訾之，何必舍三代古文而爲秦功臣乎。自隋以前，刻石皆篆、隸、行、楷相雜，如朱學士及江徵君書者不知凡幾，盍博考以證吾言之不誣。

傳記

清・吴修《昭代名人尺牘小傳》卷二二　朱筠字美叔，號竹君，又號笥河。大興人。乾隆甲戌進士。

王文治

論説

清・包世臣《藝舟雙楫》卷五　王文治方寸真書，能品下。

清・謝希曾《國朝名人書評》　王夢樓從董入宋，宗尚與山舟略同。惟用筆多扁爲病。

清・王昶《湖海詩傳》卷二二　禹卿尤工書，楷法河南，行書效《蘭亭》、《聖教》。入京師，士大夫多寶重之。

清・張維屏《國朝詩人徵略初編》卷三七　夢樓太守風流俶儻，書如其人。

清・梁紹壬《兩般秋雨盦隨筆》卷一　國朝書家劉石庵相公專講魄力，王夢樓太守全取丰神。時有濃墨宰相、淡墨探花之目。

清・楊守敬《學書邇言》　王夢樓秀韻天成，而或訾爲女郎書。

清・方朔《枕經堂金石書畫題跋》　近時王夢樓太守謂鑒書如審音切脈，知音者一傾耳而識宫商，知脈者一按指而知寒熱。門外之人，盡其智量，無從擬議。何子貞太史嘗稱其言。

傳記

清・姚鼐《惜抱軒全集》後集卷七《中憲大夫雲南臨安府知府丹徒王君墓誌銘并序》　君諱文治，字禹卿，丹徒人。自少以文章書法稱於天下。中乾隆三十五年一甲三名進士，授編修，爲壬午科順天鄉試同考官，癸未科會試同考官，其年御試翰林第一，擢侍讀，署日講官。旋命爲雲南臨安府知府，數年，以屬吏事鐫級去任。其後當復職矣，而君厭吏事，遂不復就

官。高宗南巡至錢塘僧寺，見君書碑，大賞愛之。內廷臣有告君招君出者，君亦不應。君之歸也，買僮教之度曲，行無遠近，必以歌伶一部自隨。其辨論音樂，窮極幽渺，客至君家，張樂共聽，窮朝暮不倦。海內求君書者，歲有餽遺，率費於聲伎。人或諫之，不聽。其自喜顧彌甚也。然至客去樂散，默然禪定，夜坐，脅未嘗至席。持佛戒，日食蔬果而已。如是數十年，其用意不易測如此。君少嘗渡海至琉球，琉球人傳寶其翰墨。爲文尚瑰麗，至老歸於平淡。其詩與書，尤能盡古今之變，而自成體。君嘗自言，吾詩字皆禪理也。

紀事

清・姚鼐《惜抱軒全集》卷一四 禹卿之論書如是。吾聞而善之。禹卿之言又曰：書之藝，自東晉王羲之至今，且千餘載，其中可數者，或數十年一人，或數百年一人。自明董尚書其昌死，今無人焉。非無爲書者也，勤於力者不能知，精於知者不能至也。禹卿作堂於所居之北，將爲之名。一日，得尚書書《快雨堂》舊匾，喜甚，乃懸之堂內，而遺得喪，忘寒暑，窮晝夜爲書自娱於其間。或譽之，或笑之，禹卿不屑也。今夫鳥鷇而食，成翼而飛，無所於勸，其天與之耶。雖然，俟其時而後化。今禹卿之於尚書，其書殆已至乎。其尚有俟乎。吾不知也。爲之記，以待世有識者論定焉。

著録

清・李兆洛《養一齋文集》卷一二 夢樓太守以能書名海內，心農中書以收藏甲吴下，逐相契厚。中書所收藏，太守必加墨焉。中書令子桐孫裒集成帙，並搜太守他所評識，輯而刊之爲《夢樓題跋》，持論婉嫿，不循常流，神理時出。元章、山谷之外，讀者自得之。而汪君鑒别之精，藏庋之富，尤令人歆羡也。

藝文

清・王文治《論書絶句》 焦山鼎腹字如蠶，石鼓遺文落筆酣。魏晉總教傳楷法，中鋒先向此中參。

又 當塗四表重元常，典午名流盡瓣香。憑他野鶩家家愛，甘雪私心賞世將。

又 醉本蘭亭付辨才，一篇繭紙萬瓊瑰。菁華已向昭陵閟，宗派還從定武開。

又 東屏不屑獨孤賢，閲世飄零總莫傳。怪底虹光生潁上，石函重見永和年。

又 一十三行珠琲列，宮奴風韻不猶人。何當銀燭圍紅袖，半格烏絲寫洛神。

又 小字黄庭内景經，大書瘞鶴上皇銘。相傳並是神仙跡，揮灑都成鸞鳳形。

又 書家品韻辨聲微，鍾褚誰憑定是非。卻憶味經堂上坐，小窗風雨看靈飛。

又 嫵媚甯徒魏鄭公，河南腕底亦驚鴻。子山枯樹文皇册，顛米平生學不窮。

又 貌寢工書有率更，高麗貢使盡知名。幾人眼見元口贊，陜刻空勞搨九成。

又 狂素顛張草稿工，秉胎漢晉自稱雄。豈知有宋諸名輩，祧却羲之祖魯公。

又 墨池筆冢任紛紛，參透書禪未易論。細取孫公書譜讀，方知渠是過來人。

又 唐代何人紹晉風，括州象比右軍龍。雲麾墓道殘碑在，萬本臨摹意未慵。

又 峋嶁山惟留草樹，延陵碑已失龍鸞。浯溪萬丈磨厓頌，合作商彝夏敦看。

又　曾聞碧海掣鯨魚，神力蒼茫運太虛。間氣古今三鼎足，杜詩韓筆與顔書。

又　雖然筆諫足千秋，争坐天尊未許儔。若把誠懸方魯國，也如子厚擬蘇州。

又　韭花一帖重璆琳，千古華亭最賞音。想見晝眠人乍起，麥光鋪案寫秋陰。

又　君謨落筆帶春韶，玉潤蘭馨意欲銷。心畫心聲原不假，黨人争及萬安橋。

又　坡翁奇氣本超倫，揮灑縱横欲絶塵。直到晚年師北海，更於平淡見天真。

又　學士蘇門沾溉多，出藍生水究難過。便將書品衡詩品，畢竟西江遜大我。

又　鴛鴦繡出任君評，得力終身只自明。小楷蠅頭空一代，誰知從幼學顔行。

又　天姿淩轢未須誇，集古終能自立家。一掃二王非妄語，祗應釀蜜不留花。

又　不徒素練畫秋鷹，筆態沖融似永興。善鑒工書俱第一，宣和天子太多能。

又　狂怪餘風待一砭，子昂標格故矜嚴。憑君啗盡紅蕉蜜，無奈中邊祇有甜。

又　何關燕瘦與環肥，窠臼纔成意已違。承旨風流猶有憾，揭虞應等檜無譏。

又　沈家兄弟直詞垣，簪筆俱承不次恩。端雅正宜書制誥，至今館閣有專門。

又　吴下風華代有傳，一時文祝更翩翩。饒渠學盡鍾王格，不離聲聞小乘禪。

又　書家神品董華亭，楮墨空元透性靈。除卻平原俱避席，同時何必説張邢。

又　衣冠楚相貌中郎，絳汝虚勞搨二王。留得先賢神韻在，前惟寶晉後鴻堂。

又　賜謚都仍文敏名，吾朝司寇繼元明。縱然平淡輸宗伯，多恐吴興畏後生。

又　静海書名擅北方，清華三世接芸香。蹇驢襆被長安道，猶憶親曾見老蒼。

姚鼐

論説

清·梁章鉅《吉安室書録》卷一一　按惜抱先生行楷見重於世，余少見其書，吾友林少穆尚書稱之不容口。尚書非輕許人者，蓋相賞自有真耳。而陳石士侍郎作先生墓誌銘，於書法不提一字，蓋侍郎不工書，故不屑覼縷其緒餘，此亦通人之蔽也。

清·吴修《昭代名人尺牘小傳》卷二三　工書，長於古文。

清·吴德旋《初月樓古文緒論》　書逼董元宰，蒼逸時欲過之。

清·包世臣《藝舟雙楫》　晚而工書，專精大令。爲方寸行草，宕逸而不空怯，時出華亭之外。其半寸以内真書，潔浄而能恣肆，多所自得。

傳記

清·吴修《昭代名人尺牘小傳》卷二三　姚鼐，字姬傳，桐城人。乾隆癸未進士，官禮部郎中。嘉慶庚午重宴鹿鳴，加四品銜。

藝文

清・姚鼐《惜抱軒文集》卷一三《論書六絶句》云：裙屐風流貴六朝，也由結習未全銷。古今習氣除教盡，別有神龍戲絳霄。

筆端神動有天隨，迅速淹留兩未知。莫道匆匆真不暇，苦將矜意作張芝。

雄才或避古人鋒，真脈相傳便繼蹤。太僕文章宗伯字，正如得髓自南宗。

論書莫取形骸似，教外傳方作祖師。老去差當捫鼻孔，世南臂痛廢書時。

本是嶔奇可笑人，衰羸今況髮如銀。蕫芽歛處成何狀，正得嚴家餓隸倫。

翁方綱

論説

清・王昶《湖海詩傳》 書法初學顏平原，繼學歐陽率更，隸法史晨《韓勑》諸碑。生平雙鉤摹勒舊帖數十本，北方求書碑版者畢歸之。

清・吴修《昭代名人尺牘小傳》卷二一 書學永興，長於考證金石。

清・昭槤《嘯亭雜録》 翁覃溪模摹三唐，面目僅存。

清・楊守敬《學書邇言》 翁覃溪見聞既傳，復考究於一筆一畫之間，不爽毫釐，小楷尤精。究嫌天分差遜，雖質厚有餘，而超妙不足。

清・康有爲《廣藝舟雙楫》卷一 論書法，視覃谿老人終身歐、虞，褊隘淺弱。

傳記

清・吴修《昭代名人尺牘小傳》卷二一 翁方綱，字正三，號覃溪，大興人。乾隆壬申進士，官至内閣學士，左遷鴻臚寺卿。

紀事

清・方穀《蘇齋題跋》序 癸巳九日，同人邀予西山第一峯作茱萸會小飲，歸篝鐙書於香山邑署倚山草堂之南榮。夢生，名廷松。海屋，名彭齡。皆香山人。方穀。

又 此册隨見隨録，每種跋内未及釐具次序，暇時當重加編定。丙申十月四日，方穀識。

又 查對《兩漢金石記》，有與跋語詳略不侔者，仍依原跋抄入。閲十日又識。

著録

清・周中孚《鄭堂讀書記》卷三四 《兩漢金石記》二十一卷。國朝翁方綱撰。覃溪以漢刻存者甚希，因編録是記。或以地、或以事類，惟以目所親見爲据，不復能依年次。故首及《年月表》一卷，次及《目録》一卷。附考二首。

《石經》一卷，器物文二卷，碑文十三卷，《隸續補》及洪氏《急就章注》一卷，《隸、八分考》一卷、《補遺》一卷，而終之以《班馬字類附記》一卷。凡録者二百八十有六，其有年月可表者一百十有四，魏、吴、晉共十有附焉。每碑皆列其全文，標其行數，具其款式，而分條攷證於後。寧詳無略，極爲賅備，雖洪氏《隸釋》、《隸續》無以加之。故王述菴師撰《金石萃編》幾

於全部收入，殊堪與是編並垂不朽矣。是書成於乾隆丙午，自爲之叙。越四年己酉，鋟於南昌學署。

桂馥

論説

清·翁方綱《蘇齋題跋》 余初與桂未谷游，以考訂相切劘，不知其能書也。久乃見其分隸，則若心孤詣，直以漢人爲師。余謂其業必傳，而更勗其精進。未谷乃博考古鐘鼎文而研究之，復廣收漢人銅印之傳於今者，融會經營，以成爲未谷之隸。同時工隸書者，推福建伊墨卿，惟未谷與之相抗，未易爲軒輊之分。時孔荃溪、梁茝鄰二儀部，並在余齋談隸法，荃溪謂桂勝於伊，茝鄰謂伊勝於桂，斷斷不相下。余笑解之曰：荃溪魯人，自應左袒未谷，茝鄰閩人，豈能不護墨卿。要旨不免門户之見耳。茝鄰曰：平心而論，二人竟須分別觀之，伊以大隸擅長，能擴之使大，愈大而愈壯。桂以小隸擅長，能縮之使小，愈小而愈精。此其大概。要之斯翁之後，直至小生，二人同之，斷非餘子所能望其項背耳。余爲之意解。且言未谷作隸，徒不肯對客揮毫，余嘗竊窺之，見其以生紙揉至極熟極縐，再將縐紙展平，蘸以飽筆，故有自然斑駁古意。後知爲余所窺，竟至怒形於色也。

清·阮元《小滄浪筆談》卷一 學博而精，尤深於《説文》、小學。詩才隸筆，同時無偶。

清·吴修《昭代名人尺牘小傳》卷二四 以分隸、篆刻擅名，精於考證碑版。

清·包世臣《藝舟雙楫》卷五 桂馥分書，佳品上。

清·梁章鉅《退庵隨筆》卷二二 伊墨卿、桂未谷出，始遥接漢隸真傳。墨卿能拓漢隸而大之，愈大愈壯。未谷能縮漢隸而小之，愈小愈精。斯翁之後，直至小生二語，真堪移贈耳。

清·張維屏《國朝詩人徵略初編》卷五一 百餘年來，論天下八分書，推桂未谷第一。

清·楊守敬《學書邇言》 桂未谷馥、伊墨卿秉綬、陳曼生鴻壽、黄小松易，四家之分書，皆根底漢人。或變或不變，巧不傷雅，自足超越唐、宋。

清·秦祖永《桐蔭論畫三編》卷下 桂未谷馥，學問該博，邃於金石考據之學。篆刻、漢隸，雅負盛名。

清·楊翰《息柯雜著》 老茗先生漢學深邃，嘗繪許祭酒以下至元吾衍之屬爲《説文統系圖》。一生精力萃於小學，故隸書直接漢人，零篇斷楮，直可作兩京碑碣觀也。馮仲青以先生書懺心菴三字示余，隸法醇古樸茂，署款字近《瘞鶴銘》。

傳記

清·張維屏《國朝詩人徵略初編》卷五一 桂馥，字冬卉，號未谷，山東曲阜人。乾隆五十五年進士，官永平知縣。

藝文

清·方朔《枕經堂金石書畫題跋》卷三《附桂未谷荅覃溪閣學雙鉤文衡山分書見貽二絶》 朱竹垞陳元孝傳青主鄭汝器顧云美張卯君王覺斯，氣勢居然遠擅場。若溯漢唐求隸古，蔡中郎後李三郎。

曹全新出派初分，姿媚甯慚白練裙。賴有衡方蕩陰在，停雲猶勝棘門軍。

錢伯坰

論説

清・吴德旋《初月樓論書隨筆》　余友錢魯斯以書名海内四十餘年，初學董香光，繼學李北海，後乃出入顔清臣、蘇子瞻、黄魯直。能掃盡世俗謬種流傳見解，可謂書之豪傑。惜其未參褚河南、楊少師筆意，氣息稍粗，而有時肌理細膩，則又涉於凡豔，書品不無小減耳。然其沉著痛快，固是一時無兩。

清・包世臣《藝舟雙楫》卷五　錢伯坰行及牓書，能品下。

清・吴修《私艾齋文集》　先生書初學董文敏，後學顔魯公，旁及徐季海、李北海諸大家，沈浸數十年，復歸之宋四家蔡、蘇、黄、米。其爲書若風雨驟至，颯然有聲，縱横馳驁，頃刻數十紙。朋舊親故貧而求佽者，輒書與之。惟所欲其不合者，雖强之不顧也。

傳記

清・吴修《私艾齋文集》　僕射山樵姓錢氏，名伯坰，字魯斯。常州陽湖人。國子監生。以善書名天下，稱曰魯斯先生。

紀事

清・包世臣《藝舟雙楫》卷五　壬戌秋，晤陽湖錢伯坰魯斯。魯斯書名藉甚，嘗語余曰：古人用兔豪，故書有中線，今用羊豪，其精者乃成雙鈎，吾躭此垂五十年，纔什得三四耳。余答言書不能佳，然下筆輒成雙鈎。魯斯使面作之，畫旁皆聚墨成線如界。余以此差自信矣。

又卷六　魯斯正、行書名，自文清厭世，論者推爲第一。而魯斯執筆，則虚小指，以三指包管外，與大指相拒，側豪入紙助怒張之勢。常謂永叔使指運而腕不知之論，爲指、腕皆不動以肘來去。又謂作書無以指鈎距之理，痛斥古今相承撥鐙七字之説，意以山人篆法當同，乃藉山人以信其旨。及見山人作書，皆懸腕雙鈎，管隨指轉，與魯斯法大殊。遂助獻之，詆山人尤力。私意所中真識，遂蒙青雲之交，不渝終始。宜山人之痛哭于編修與文敏也。

清・吴育《私艾齋文集》　先生生平所至，京師、山東、湖南北、浙江、揚州、宣、歙之間，書跡皆遍其處。善爲詩，好飲酒，體貌魁梧，瞻視不羣，登望賦詩，自謂一時豪士。先生初至京師，四庫書館方開，天下寒畯争奔走求試謄録，期滿得以丞簿進身。其族叔父文敏公欲爲之地，一試不入格，先生亦去，不屑也。

錢澧

論説

清・包世臣《藝舟雙楫》卷四　錢澧行書，佳品上。

清・梁章鉅《吉安室書録》卷一一　工八法，端嚴圓勁，如其爲人。然其遺墨頗不易得，今厰肆中多公僞蹟，明眼人自辨之。

清・楊守敬《學書邇言》　自來學前賢者，未有不變其貌而能成家，惟錢南園灃學顔書如重規叠矩。此由人品氣節不讓古人，非可襲取也。然余所得其臨米書，又自得米之神髓。

清・吴仰賢《小匏庵詩話》卷四　先生工書法，優入魯公之室。余見手跡甚夥，書不擇紙，皆端楷，類《家廟碑》。滇人珍之如拱璧。

清・李元度《國朝先正事略》卷二一　書法逼平原。嘗興酣畫馬，識者珍之如拱璧。

傳記

清・竇鎮《國朝書畫家筆録》卷二　錢灃，字東注，號南園，雲南昆明人。少時游同邑王素懷先生之門。

錢坫

論説

清・包世臣《藝舟雙楫》卷四　錢坫篆書，佳品上。

清・吴修《昭代名人尺牘小傳》卷二四　最精篆書，得漢人法，孫淵如稱爲本朝第一。晚年用左手書，筆力蒼厚，款或署泉坫。

清・錢泳《履園叢話》　王虚舟吏部，頗負篆書之名。既非秦非漢，亦非唐非宋，且既寫篆書，而不用《説文》，學者譏之。近時錢獻之别駕亦通是學，其書本宗少温，實可突過吏部。

清・楊守敬《學書邇言》　王良常澍，錢十蘭坫之篆書，以禿筆使匀稱，非古法也。

清・李元度《國朝先正事略》卷三四　工小篆，不在李陽冰、徐鉉下。晚年右體偏枯，左手作篆，尤精絶。

傳記

清・梁章鉅《吉安室書録》卷一六　錢坫，字獻之，嘉定人。季父竹汀詹事通經史百家言，爲三吴老宿。君沈博不及詹事，而精當過之。學者所稱爲疁城二錢者也。君少孤貧，於世事無所通曉，獨好讀古書。故未習宋人經説，始就小試，以漢説説之，有司至不能句讀，黜之至再，乃補弟子員。貧無以自存，乃入都就詹事，詹事以君通許氏書，命習篆。購李陽冰《城隍廟碑》，晝夜習之，三月不能成字。忽患痼，醫者診視之，脉無病而手足厥冷，目瞠視，鼻微有息而已。如是者七日，忽中夜躍起，濡墨作篆書乾卦象畢，不勝餓而寢。翌早詹事來視病，君尚未寤，見案上篆一紙，大驚，而君病顧已解。詹事問病狀，君曰：兒故無病，惟夢至石室中，見唐巾老者指授兒作篆，七日夜不得少間，作成輒批抹，最後書乾卦象，老者曰：此可矣。兒遂覺，追憶筆勢，中夜作此幅。詹事細詢夢中所見，蓋即少温也。時都中能作篆者，惟翁覃溪學士。學士聞之，即從君索書，歎絶以爲神授。而君篆書遂名天下矣。後以副榜貢生就職直隸州州判，從陝西巡撫畢公遊，官於陝二十餘年，以積勞偏廢。引病歸，囊橐蕭然，以左手作篆自給。所著有《漢書・地理志》注、《説文解字》注，已板行。卒年六十有六。

紀事

清・洪亮吉《北江詩話》卷三　錢州倅坫工篆書，然自負不凡。嘗刻一石章，曰：斯冰之後，直至小生。

清・包世臣《藝舟雙楫》卷六　獻之自負其篆爲直接少温，然與余同遊焦山，見壁間篆書《心經》，摩挲逾時，曰：此非少温不能作，而楮墨纔可百年，世間豈有此人耶，此人而在，吾不敢復搦管矣。及見山人，知《心經》爲山人二十年前所作，乃摭其不合六書處以爲詆。

鄧石如

論說

清・包世臣《藝舟雙楫》卷五　神品一人：鄧石如隸及篆書。妙品上一人：鄧石如分及真書。鄧石如草書，能品上。鄧石如行書，逸品上。

清・梁章鉅《吉安室書録》卷一五　按劉、姚，指劉文清、姚惜抱也。包慎伯作《國朝書品》，第一爲神品，惟鄧石如一人。隸及真書第二爲妙品上，亦惟鄧石如一人。分隸及草書妙品下三人，則劉墉小真書，姚鼐行草書，黄乙生真及牓書。以下能品上，王鐸等八人，能品下，笪重光等二十一人。逸品上，鄭簠等十六人，逸品下，王時敏等十九人。佳品上，沈荃等二十九人，佳品下，鄭來等十八人。共百十六人。然如衆口交推，衆目共賞之山舟先生，何以不能入品。袁簡齋先生之行書無可取，乃强附之逸品中，而遽以鄧頑伯爲本朝百餘年來書家領袖，其得謂之定評乎。

清・楊守敬《學書邇言》　鄧完白石如以柔毫爲之，博大精深。包慎伯推其直接斯、冰，非過譽也。

清・李兆洛《養一齋文集》卷七　君之書真氣彌滿，楷則俱備，其手之所運，心之所追，絶去時俗，同符古初。津梁後生，一代宗仰，世多能言之。

清・康有爲《廣藝舟雙楫》卷二　完白山人出，盡收古今之長，而結胎成形於漢篆爲多，遂能上掩千古，下開百祀，後有作者，莫之與京矣。完白山人之得處，在以隸筆爲篆，或者疑其破壞古法，不知商周用力簡，故籀法多尖，後用漆書，故頭尾皆圓，漢後用毫，便成方筆。多方矯揉，佐以燒毫，而爲瘦健，之少温書，何若從容自在，以隸筆爲漢篆乎。完白山人未出，天下以秦分爲不可作之書，自非好古之士，鮮或能之。完白既出之後，三尺豎僮，僅解操筆，皆能爲篆。吾嘗謂篆法之有鄧石如，猶儒家之有孟子，禪家之有大鑒禪師，皆直指本心，使人目證自悟，皆具廣大神力功德，以爲教化主。天下有識者，當目知之也。

又　程蘅衫、吴讓之爲鄧之嫡傳，然無完白筆力，又無完白新理，真若孟子門人，無任道統者矣。陳潮思力頗奇，然如深山野番，獷悍未解人理。左文襄筆法如董宣强項，雖爲令長，故自不凡。近人多爲完白之書，然得其姿媚靡靡之態，鮮有學其茂密古樸之神。然則學完白者雖多，能爲完白者其誰哉。

又卷三　近世鄧石如、包慎伯、趙撝叔，變六朝體，亦開新黨也。

又　自宋明以來，皆尚唐碑。宋元明多師兩晉，然千年以來，法唐碑者無人名家。南北碑興，鄧頑伯、包慎伯、張廉卿，即以書雄視千古，故學者適逢世變，推陳出新，業尤易成。舉此爲證，尤易悟也。

又卷四　吾見鄧頑伯學六朝書，而所成乃近永興、登善。

又卷五　蓋頑伯生平寫《史晨》、《禮器》最多，故筆之中鋒最厚，又臨南北碑最夥，故其氣息規模自然高古。【略】夫精於篆者能豎，精於隸者能畫，精於行草能點。能使轉熟極於漢隸及晉魏之碑者，體裁胎息必古，吾於完白山人得之。

傳記

清・竇鎮《國朝書畫家筆録》卷二　鄧石如，其名以恭避仁宗廟諱，遂以字行，更字頑伯，又號完白山人。安徽懷甯人。少讀書好刻石，客江甯梅氏八年，縱觀二千餘年金石善本，窮日夜，忘寒暑，以臨摹學成，名重公卿。曹文敏公稱其四體書皆我國朝第一。涇縣包世臣慎伯推其篆書爲神品。嘉慶十年卒，年六十有三。

清・包世臣《藝舟雙楫》卷六《完白山人傳》　山人安徽懷寧之集賢關人也。姓鄧氏，字石如，其名以敬避今上御名下一字，遂以字行，而更字頑伯，集賢關當皖公山下，故又號完白山人。少産僻鄉，眇所聞見，顧獨好刻石，仿漢人印篆甚工。弱冠孤露，即以刻石遊。性廉而尤介，無所合，七八年轉展至壽州。時亳人前巴東知縣梁巘主議壽春書院，巴東以工李邕

書名天下，山人爲院中諸生。刻印，又以小篆書諸生箑，巴東見之，嘆曰：此子未諳古法耳。其筆勢渾鷙，余所不能，充其才力，可以輘轢數百年鉅公矣。因爲山人治裝，而致之江寧舉人梅鏐。舉人爲文穆公季子，文穆雖貧宦，然梅氏自北宋爲江左甲族，聞人十數，弆藏至富，文穆又受聖祖殊遇，得祕府異珍尤多，蓋秦漢以來金石善本備在焉。

山人既至，舉人以巴東故，爲山人盡出所藏，復爲具衣食楮墨之費。山人既得縱觀，推索其意，明雅俗之分，乃好石鼓文，李斯嶧山碑，太山刻石，漢開母石闕，燉煌太守碑，蘇建國山及皇家天發神讖碑，李陽冰城隍廟碑，三墳記，每種臨摹各百本。又苦篆不備，手寫《説文解字》二十本，半年而畢。復旁搜三代鐘鼎及秦漢瓦當、碑額，以縱其勢、博其趣。每日昧爽起，研墨盈盤至夜分盡墨乃就寢，寒暑不輟，五年篆書成。乃學漢分，臨史晨前後碑，華山碑，白石神君、張遷、潘校官、孔羡、受禪、大饗各五十本，三年分書成。

山人篆法以二李爲宗，而縱横闔闢之妙，則得之史籀，稍參隸意，殺鋒以取勁折，故字體微方，與秦漢當額文爲尤近。其分書則遒麗淳質，變化不可方物，結體極嚴整，而渾融無迹，蓋約嶧山、國山之法，而爲之。故山人自謂吾篆未及楊冰，而分不減梁鵠。余深信其能擇言也。山人移篆分以作今隸，與瘞鶴銘、梁侍中石闕同法。草書雖縱逸不入晉人，而筆致蘊藉，無五季以來俗氣。山人客于梅氏八年，學既成，梅氏家益匱，不復能客山人。山人乃復如前，草屨擔簦，遍遊名山水，以書刻自給。山人遊黄山，至歙，鬻篆於賈肆。武進編修張惠言教授歙修撰金榜家，編修故深究秦篆，爲修撰所器。編修見山人書于市，歸語修撰曰：今日得見上蔡真跡。修撰驚問，語以故，遂冒雨偕詣山人於市側荒寺，修撰即備禮客山人。修撰家廟甚壯麗，其楹皆貞石，而刻聯及懸額，修撰精心寫作，蓋百易而後定，謂莫能加于此也。及見山人書，即鳩匠斵其額，而石楹既豎，不便磨治，架屋而卧楹，請山人書之，刻成乃重建。其傾服至此。山人僑居修撰家，編修遂從山人受篆法。一年，修撰稱之於太子太傅户部尚書曹文敏公，文敏請山人作四體《千文》横卷，字大徑寸，一日而成。文敏嘆絶，具白金五百爲山人壽。

乾隆庚戌秋，純廟八旬聖節，文敏以六月入都，强山人同往，山人獨戴草笠，靸芒鞋，策驢後文敏三日行。文敏輿從以山東發水轉後，與山人相值於開山。時巡撫以下命吏郊迎文敏，山人策驢過轅門，門者呵止之。文敏坐堂上遥見山人，趨出延入，讓上座，遍贊於諸公，曰：此江南高士鄧先生也，其四體書皆爲國朝第一。諸公乃大驚，爲具車從。文敏曰：吾屈先生甚，乃肯來都，卒不肯同行，願諸公共成先生之志。遂率諸公送山人至轅門上驢去，乃入就坐。

時都中工書者推相國劉文清公，而鑒别則推上海左副都御使陸錫熊。山人至都，二公見山人書大驚，踵門求識面，皆曰千數百年無此作矣。山人遂留都中。未幾，文清左遷失勢，而副憲以憂暴卒。時都中作篆分者皆宗内閣學士翁方綱閣學，以山人不至其門，乃力詆山人。耳食者共和其説，山人頓蹟出都。文敏爲治裝，致之於兵部尚書、兩湖總督畢沅。尚書以鑒賞名家，然于此事實疏，不能知山人，而深器其高尚。時吴中知名士多集節署，裘馬都麗，山人獨布衣徒步。居三年，辭歸，尚書留之，不可。乃爲山人置田宅爲終老計，而觴山人之行，曰：山人吾幕府一服清涼散也。今行矣，甚爲減色。四坐慚沮。後文敏病篤，語其長子曰：吾即逝，鄧山人必有輓聯至，汝即以勒吾墓華表及專祠前楹足矣。山人年四十六乃娶于某，不數年没，繼娶于某。然山人遊興不衰，常往來江淮間，鬻書以給旅費。余以嘉慶七年識山人於鎮江，過從十餘日，以余爲能真知山人書。明年復於揚州相值，山人作太山之遊。至九年秋，山人由山東至常州，過揚不入城。及十一月杪，晤陽湖今凰台知縣李兆洛申耆，始知余與翰風同客揚州。翰風，編修弟也，余始聞山人名自翰風。時山人得家書，促歸里，乃買舟回揚，訪余於天心墩，而余適去東臺，山人俟余至十二月初八，乃語翰風曰：歲盡矣，去家尚千里，吾不及終待慎伯矣。遂解纜，翌日而余至。山人歸里不復出遊，遂以明年十月卒於家，年六十有三歲。子尚璽、尚幼。山人書至夥，而少碑刻。有書百軸存于家，又有百軸付懷寧大觀亭僧悟本，聞悟本守之甚慎。申耆亦藏山人各體書精良者二十幀，議勒石以永其傳。

清・梁章鉅《吉安室書録》卷一五 按此包慎伯所撰《完白山人傳》，將及二千字，文繁而不殺。文中又言山人京居時值劉文清左遷失勢，不能推重山人，又翁覃溪先生以山人不至其門，力詆山人，又畢秋帆先生以鑒賞名家，而於此事實疏，不能知山人，語皆失實。因節去二百餘言而附辨之。包慎伯又曰：吾見山人正書，方寸以上者簡肅沉深，雁行登善，非徐、

裘以下所及。余在鎮江初識山人，時嘉定錢坫獻之、陽湖錢伯埛魯斯先在，皆與余爲忘年交。獻之自負其篆爲直接少温，然與余同遊焦山，見壁間篆書《心經》，摩挲逾時，曰：此非少温不能作，而楮墨纔可百年，世間豈有此人耶。此人而在，吾不敢復搦管矣。及見山人，知《心經》爲山人二十年前所作，乃摭其不解六書處以爲詆。魯斯故服山人篆分爲絶業，及見其行草，嘆曰：此少師神境，米、黄所不能。遂因余以見山人。然魯斯正、行書名，自諸城劉文清後，論者推爲第一。而魯斯執筆則虚小指，以三指包管外與大指相拒，側豪入紙以助怒張之勢。常謂永叔使指運而腕不知之論，爲指捥皆不動以時來去。又謂作書無以指鉤距之理，痛斥古今相承撥鐙七字之説，意以山人篆法當同，乃藉山人以信其旨。及見山人作書皆懸捥雙鈎，管隨指轉，與魯斯法大殊，遂助獻之詆山人尤力云。按此亦有門户是非之見，以其爲書家一小公案，姑存之。

又 完白山人之書真氣彌滿，楷則具備，其手之所運，心之所追，絶去時俗，同符古初。津梁後生，一代宗仰，世多能言之。《養一齋文集》。

按：此姚姬傳先生所作《鄧石如墓志銘》，與包慎伯所作小傳互有出入，而簡實勝之。

汪中

論説

清·包世臣《藝舟雙楫》卷四 汪中行書，逸品下。

清·吴修《昭代名人尺牘小傳》卷二四 精六書、《説文》、金石之學。

清·陳壽祺《左海文集》卷八 詩章、書翰，無所不工。

傳記

清·吴修《昭代名人尺牘小傳》卷二四 汪中，字容夫，江都人。乾隆丁酉拔貢生。

鐵保

論説

清·王昶《湖海詩傳》卷一 冶亭少入詞垣，偕其弟閬峯並以詩名。而冶亭尤工書法，北人論者以劉相國石庵、翁鴻臚覃溪及君爲鼎足。

清·梁章鉅《吉安室書録》卷一二轉引《芝音閣筆記》 冶亭尚書與百菊溪制府、法時帆學士，天下稱三才子，而書法亦恰相埒。尚書字專學董華亭，所作尤矜慎。其與人往來尺牘，嘗屬幕賓起草，而自任謄清，此余巡東漕時所親見也。

清·震鈞《國朝書人輯略》卷六轉引《神道碑》 楷書模平原，草法右軍，旁及懷素、孫過庭臨池之工，天下莫及。

清·竇鎮《國朝書畫家筆録》卷二 尤工書法，北人論書者以劉石庵相國、翁覃溪閣學，與先生鼎足而三焉。

傳記

清·吴修《昭代名人尺牘小傳》卷二三 鐵保氏棟鄂，字冶亭，號梅庵。滿洲正黄旗人。乾隆壬辰進士，由吏部郎中改翰林侍講學士，官至

兩江總督。

伊秉綬

論說

清・包世臣《藝舟雙楫》卷五　伊秉綬行書，逸品下。

清・梁章鉅《退庵隨筆》卷一一　伊墨卿、桂未谷出，始遥接漢隸真傳。墨卿能拓漢隸而大之，愈大愈壯。未谷能縮漢隸而小之，愈小愈精。

清・梁章鉅《吉安室書録》卷一四　以能書名，行楷楚楚動人。尤工分隸，於曲阜、任城各漢碑無不臨摹，端莊流麗，剛健婀娜，筆力所至，一時無能與抗衡者。自是蔡中郎後一人，韓擇木、蔡有鄰不足數也。晚年腕力愈健，牓書，楹帖照耀寰宇，無不先睹爲快云。

又　墨卿先生晚年臨池之功愈深，行草書得鐘鼎蟲魚體，迥異時蹊。分隸則托體愈高，隨手揮斥，而方圓肥瘠無不動中矩程。嘗拈孫過庭語，作人書俱老小印，蓋非先生莫能當此語。有竊學之者，徒招效顰之譏而已。《嬾園筆記》

按：墨卿先生擅書名數十年，自以分隸爲絶技，而行楷次之。先生嘗教人學漢碑須備兩本，一大軸懸壁而觀，一裱册據几而仿。自言於《張遷》、《衡方》兩碑用力最深。而晚年變化從心，不可方物，尚有不受曲阜、任城諸舊蹟牢籠者。行草書特學顔平原而小變之，筆力古勁，自成一家而已。而近人編《國朝書品》者，第之逸品下十九人之末，專指其行書，而絶不及其分隸，可謂買櫝還珠者矣。

清・焦循《雕菰集》　卷一七君子儒也。時濡墨作隸書如漢魏人舊蹟。

清・吴修《昭代名人尺牘小傳》卷二四　道光二年入祀三賢祠爲四賢祠。書似李西涯，尤精古隸。獨不喜趙文敏，蓋不以其書也。

清・秦祖永《桐陰論畫三編》卷下　古隸法書，樸古奇逸，深得金石氣味。

清・蔣寶齡《墨林今話》卷八　尤以篆、隸名當代，勁秀古媚，獨創一家。楷書亦入顔平原之室。

清・趙懷玉《亦有生齋集》卷二七　君工詩，尤善隸法，好蓄古書畫，而以前賢手迹爲重。頗究性命之學，不傍門户，屏謝聲色。每食具蔬，曰藉以清吾心耳。

清・康有爲《廣藝舟雙楫》卷一　汀洲精于八分，以其八分爲真書，師仿《弔比干文》，瘦勁獨絶。懷甯一老，實丁斯會，既以集篆、隸之大成。其隸楷專法六朝之碑，古茂渾朴，實與汀洲分分隸之治，而啟碑法之門。開山作祖，允推二子。

傳記

清・吴修《昭代名人尺牘小傳》卷二四　伊秉綬，字組似，號墨卿，福建寧化人。乾隆己酉進士，守惠州多善政。再知揚州，力持風雅，文采映耀一時。

紀事

清・包世臣《藝舟雙楫》卷六　予初識寧化伊墨卿秉綬太守於袁浦。墨卿諸城之弟子也，因從問諸城法。太守曰：吾師授法，曰指不死則畫不活。其法置管于大指、食指、中指之尖，略以爪佐管外，使大指與食指作圓圈，即古龍睛之法也。其以大指斜對食指者，則形成鳳眼，其法不能死指，非真傳也。予曰：玩諸城書勢，其執筆似不如是。太守曰：嘗求吾師面作書，此法斷不誤人。【略】及在都晤陳玉方侍御，侍御尤爲諸城高第弟子，言所受之法與太守同。而侍御守其法不如太守之堅，故其書較勝。

藝文

清・何紹基《東洲草堂詩鈔》卷二　何子貞詩云：丈人八分出二篆，使墨如漆楮如簡。行草亦無唐後法，懸厓溜雨馳荒蘚。不將俗書薄文清，覷破天真闢道眼。

王芑孫

論説

清・王昶《湖海詩傳》　工書，仿石庵相國，具體而微。

清・吴修《昭代名人尺牘小傳》卷二四　書仿劉文清。

清・葉廷琯《鷗陂漁話》卷三　我吴明季以來，書家用筆皆以清秀俊逸見長。至惕翁始以遒厚渾古矯之，遂爲三百年所未有。雖退谷、義門猶當讓出一頭，何況餘子。

傳記

清・吴修《昭代名人尺牘小傳》卷二四　王芑孫，字念豐，號惕甫，長洲人。乾隆戊申召試舉人，充咸安宫教習，後補華亭縣教諭。

雜録

清・張維屏《聽松爐詩話》　王鐵夫詩云：打門一輩但求書。又云：書好何曾换得鵝。又云：苦教磨墨累家僮。鐵夫負重名，故書雖不甚工，而求者甚衆。余名不及鐵夫，乃索書者亦日踵於門，甚至如索逋之急，可笑也。

朱昂之

論説

清・包世臣《藝舟雙楫》卷五　朱昂之，佳品上。

清・秦祖永《桐陰論畫》　善畫工書，均極超逸。爲時人稱重。

清・蔣寶齡《墨林今話》卷一三　下筆遒勁，出入宋元。於思翁堂奥，尤深造有得，而書亦似之。【略】行草筆墨精妙，得者並珍之。

傳記

清・竇鎮《國朝書畫家筆録》卷二　昂之字青立，號津里。傳其家學。

錢泳

論説

清·梁章鉅《吉安室書録》卷一三　按梅溪不但精分隸，其行楷亦在眉山、松雪之間。八十餘歲尚能作小楷，題跋不倦。

清·阮元《定香亭筆談》卷二　工於八法，尤精隸古，與山左桂未谷齊名。欲以八分寫十三經，復鴻都舊觀。

清·蔣寶齡《墨林今話》　工於八法，尤精隸古。晚歲以八分寫十三經，擬復鴻都舊觀，工力甚鉅，刻石未及半而止。平生所摹唐碑及秦漢金石斷簡，不下數十百種，俱已行世。

清·齊學裘《見聞隨筆》卷十　錢梅溪能詩，工書縮本唐帖。至其分書一味妍媚，不求古雅，名雖遠播，終不近古。

清（光緒）《無錫金匱縣志》　工分隸、行、楷。客京師，爲成邸所知，《詒晉齋帖》皆泳刊定。手書碑版幾遍江浙，又所摹漢唐碑及縮臨本刻石，傳世者尤多。

清（光緒）《蘇州府志》　數歲即喜爲隸古書，從《禮器碑》入手，遍臨漢魏諸碑。時南伊北桂之名噪天下，泳先識伊太守秉綬，頗易之，後遇桂大令馥，乃折服，遂避而學唐人。所書碑版滿天下。嘗仿蔡邕《石經》寫《孝經》、《論語》、《大學》、《中庸》刻石置郡學。又嘗縮臨有唐一代真行諸碑爲細書，揚州鮑觀察崇城刻之。

紀事

清·錢泳《履園叢話》卷一一　余弱冠時輒喜學山谷書，雖老學見之，亦爲稱賞不置，心甚疑焉，因求教於林蠡槎先生，先生一見泳書，便云：子錯走路頭矣。因問曰將奈何。先生曰：必學松雪翁書，方能退轉也。後見馮定遠論山谷詩，以爲江西粗俗槎枒之病，一入筆端，便九牛拔不出。必以義山、西崑諸體退之。乃悟先生之言之妙。

著録

清·錢泳《履園叢話》卷九　余生平無所嗜好，最喜閱古法帖，而又喜看古人墨蹟。見有佳札，輒爲雙鉤入石，以存古人面目。亦如戴安道總角刻碑，似有來因也。乾隆五十三四年間，始出門負米，初爲畢秋帆尚書刻《經訓堂帖》十二卷，又自臨漢碑數種，刻《攀雲閣帖》二册，便爲海内風行。嘉慶四年己未，遊京師，鈎刻成親王法書爲《詒晉齋帖》四卷。十年乙丑，復至京師，又增益二集、三集、四集，共十六卷。又得成王書一鱗片爪，集成小册，爲《詒晉齋巾箱帖》四卷。是年七月，仁宗皇帝有旨，命吏部右侍郎劉鐶之，刻其叔父文清公墉平生所爲書，余時在京師，爲之鈎勒，名曰《清愛堂石刻》四卷。十一年夏五月刻成進上。十三年戊辰，爲長白鐵冶亭宫保刻《惟清齋帖》四卷。是年，余始命兩兒日奇、日祥將余歷年所臨漢碑五十餘種，模刻名曰《攀雲閣帖》。十四年己巳秋七月，爲相國英煦齋先生鈎刻《松雪齋帖》六卷，十五年庚午五月成。十六年辛未，自取唐宋元三代墨蹟或舊拓本，擇其尤者輒爲模刻，命曰《小清祕閣帖》十二卷，十七年壬申七月成。十八年癸酉，爲雲間沈綺雲司馬刻《小楷集珍帖》八卷。

十九年甲戌冬，山居多暇，偶取蔡君謨諸書帖刻爲四卷，曰《福州帖》，以寄汪稼門制府及王南陔中丞。時二公俱鎮閩中，爲督撫也。二十年乙亥，自刻《寫經堂帖》，起于鍾、王，終於松雪，凡八卷。是年秋八月，爲韓城師禹門太守刻《秦郵帖》四卷，皆取蘇東坡、黄山谷、米元章、秦少游諸公書，而殿以松雪、華亭二家。時太守正攝篆秦郵。是年蕭山施秋水少府，曾以余所臨漢魏隸書大小數十種，刻成四卷，曰《問經堂帖》。二十一年丙子，南城黄兩峯嵋爲昭文令，介余選集山谷大小行書六册，曰《黄文節公帖》，蓋蔡、蘇、米三家各有專刻，而文節無之耳。二十二年丁丑，婺源齊梅麓太

守彦槐令吾邑，偶見前英相國所刻《松雪齋帖》而愛之，視相國所未備者，又續刻《松雪齋帖》六卷。是年冬，鍾祥彭毓圃志傑爲烏程令，余爲刻《吴興帖》六卷贈之。二十三年戊寅，又自刻《述德堂帖》，自唐人臨本《黄庭》、顔魯公竹山連句及宋四家、趙榮禄、俞紫芝、張伯雨、吴仲圭、郭天錫、倪雲林等書，合而爲一，計八卷，以續《寫經堂帖》之後。是年九月，《攀雲閣帖》刻成，計十六卷。二十四年己卯孟冬，爲長白斌笠耕觀察取趙、董兩文敏墨蹟，刻爲《抱沖齋帖》十二卷，其明年三月告成。

道光元年辛巳，二年壬午，兩年之内，爲歙縣鮑讓齋觀察刻余向所縮臨唐代諸碑三十二册，至四年而始成。是時儀徵巴樸園、宿厓昆仲索視余所刻諸帖，余因檢得六十四石贈之，藏之樸園壁間，命曰《樸園藏帖》八卷。次兒曰祥所刻《枕中帖》四卷，亦以是時成焉。七年丁亥，爲嘉善周又山觀察刻其尊甫山茨先生遺墨，大小楷、行草書六册爲《仁本堂墨刻》。八年戊子，爲膚施張河帥芥航先生刻文與可、蘇東坡畫竹題跋，計兩大册，分裝四卷曰《澄鑑堂石刻》。是年又自刻《學古有獲之齋帖》四卷，自鐘鼎欵識並周秦兩漢魏晉六朝以及有唐一代諸書，各摹數字略備體格，本爲課孫而刻，亦以便初學觀覽，爲書法之源流也。其餘所模刻者尚多，有古碣，有今碑，有墓志、傳誄，有詩刻題名，如秦會稽刻石與碣，石門刻石、泰山、琅邪、之罘、東觀諸刻石，漢《熹平石經》殘字，《郭有道》、《陳仲弓》、《楊伯起》、《曹娥》諸碑，及縮本漢碑、定武《蘭亭》、褚模《蘭亭》、舊本《樂毅論》、《九成宫醴泉銘》、《磚塔銘》、孫過庭《書譜》之類，不可枚舉。俱別載《寫經樓金石刻目録》中。

錢楷

論説

清·吴修《昭代名人尺牘小傳》卷二四 善分隸書，工畫山水。

清·秦祖永《桐陰論畫三編》卷下 漢隸樸古奇逸，深得六法精蘊。知文人能事，正不能盡其伎倆。

清·蔣寶齡《墨林今話》卷九 善篆書。

傳記

清·梁章鉅《吉安室書録》卷一四 嘉興錢裴山中丞，字宗範。乾隆己酉會元，官至安徽巡撫。席藉前光，厚自樹立，文章政事，非儕偶所能仰希。以散館改部曹，旋入軍機行走。自拈一小印，曰謫居猶得近蓬萊。喜講八法，最精小楷。樞直老輩咸斂手讓之。兼工八分，同時與翁宜泉、桂未谷相上下。

張惠言

論説

清·包世臣《藝舟雙楫》卷五 張惠言篆書，能品下。

清·吴修《昭代名人尺牘小傳》卷二四 工篆書。

清·惲敬《大雲山房文稿》 篆書初學李陽冰，後學漢碑額及石鼓文。嘗曰：少温言篆書如鐵石陷入屋壁，此最精。晉篆書勢是晉人語，非蔡中郎語也。

傳記

清·張維屏《國朝詩人徵略初編》卷五五 張惠言，字皋文，江南武

進人。嘉慶四年進士，官翰林院編修。

紀事

清・李元度《國朝先正事略》卷三六　爲庶吉士時，嘗奉命詣盛京，篆列聖，加尊號玉寶。

張問陶

論説

清・梁章鉅《吉安室書録》卷一四　張船山太守未通籍時，書法謹嚴，人以其賤而忽之。及貴，而求書者踵至，太守不屑以廬山真面示之，遂走機趣一派，而姿態溢出，愈媚愈高，求之古人，亦不易得。《福茨室雜録》。

清・楊守敬《學書邇言》　乾、嘉間書家，大抵胎息金石，博考名迹。惟張船山問陶，宋芷灣湘純不依傍古人，自然古雅。此由天分獨高，故不師古而亦無不合格。

清・蔣寶齡《墨林今話》　船山才情横軼，世但稱其詩，而不知書畫俱勝。書法放逸近米海岳。

清・李元度《國朝先正事略》　書法險勁，畫近徐青藤，不經意處皆有天趣。

傳記

清・吴修《昭代名人尺牘小傳》卷二四　張問陶，字仲冶，號船山。四川遂寧人。文端公元孫。乾隆庚戌進士，官檢討，出爲萊州知府，以病辭。

阮元

論説

清・伍崇曜《石渠隨筆跋》　文達所作書，鬱盤飛動，間仿《天發神讖碑》。嘗書學海堂扁二，一懸堂中，一懸文瀾講院，前後不同，如出一轍，則法度存也。

清・方朔《枕經堂金石書畫題跋》　《百石卒史碑跋》云：阮文達公中年亦力學此碑。魯孝王石人有乾隆甲寅阮元移置八字，尚未臻極，至西湖之詁精舍横額，擘窠四大字，則縱横排盪，無一不神合此碑也。

清・康有爲《廣藝舟雙楫》卷一　阮文達亦作舊體者，然其爲《南北書派論》，深通此事。知帖學之大壞，碑學之當法，南北朝碑之可貴。此蓋通人達識，能審時宜，辨輕重也。惜見碑猶少，未暇發撝，猶土鼓蕢桴，椎輪大輅，僅能伐木開道，作之先聲而已。

又卷三　阮文達南北書派，專以帖法屬南，以南派有婉麗高渾之筆，寡雄奇方樸之遺。其意以王廙渡江而南，盧諶越河而北，自兹之後，畫若鴻溝。故改論歐、虞，辨原南北，其論至詳。以今攷之，北碑中若《鄭文公》之神韻，《靈廟碑陰》、《暉福寺》之高簡，《石門銘》之疎逸，《刁遵》、《高湛》、《法生》、《劉懿》、《敬顯儁》、《龍藏寺》之虚和婉麗，何嘗與南碑有異。南碑所傳絶少，然《始興王碑》戈戟森然，出鋒布勢，爲率更所出，何嘗與《張猛龍》、《楊大眼》筆法有異哉。故書可分派，南北不能分派。阮文達之爲是論，蓋見南碑猶少，未能竟其源流，故妄以碑帖爲界，强分南北也。

傳記

清·李斗《揚州畫舫録》一二 阮元，字芸臺，號伯元，儀征人。乾隆己酉進士，官侍郎。工隸書，經學深邃。嘗分校《石經》《儀禮》，著《石經校勘記》三卷。

紀事

清·錢泳《履園叢話》卷一一 書法分南北宗。畫家有南北宗，人盡知之，書家亦有南北宗，人不知也。嘉慶甲戌春三月，余至淮陰，謁阮雲臺先生。時先生爲七省漕務總督，欵留者竟日。論及書法一道，先生出示《南北書派論》一篇，【略】余以爲如蔡、蘇、黄、米及趙松雪、董思翁輩，亦昧于此，皆以啓牘之書作碑榜者，已歷千年，則近人有以碑榜之書作啓牘者，亦毋足怪也。

陳希祖

論説

清·包世臣《藝舟雙楫》 故侍御玉方先生，以書名宇内，稱爲華亭後身。華亭爲近世書宗，執筆者莫不學。劣者不能似，優者得其形，蓋由未悉華亭源流所自也。華亭受籙於季海，參證於北海、襄陽，晚皈平原，而親近於柳、楊兩少師。故其書能於姿致中出古淡，爲書家中樸學。然能樸而不能茂，以中歲深襄陽跳盪之習，故行筆不免空怯，出筆時形偏竭也。侍御酷嗜華亭，而導源平原，故形神皆肖，異於世之學華亭者。然侍御嘗謂世臣曰：二百年士大夫善學華亭者，惟諸城耳。則其宗旨蓋亦主於求變，而侍御之卒不變者，則年爲之也。然侍御終身未染襄陽，故姿致遜華亭，而下筆實近茂。則其自得，固別有在矣。

傳記

清·吴修《昭代名人尺牘小傳》卷二四 工書，得董文敏晚年神髓。

清·顧蓴《雲在軒詩集序》 詩古文辭與一切星命雜學無不究心，而書名獨盛。四方來都者，多方求得片紙隻字以爲榮。其論書，二王後獨董香光得真傳，近時維張文敏、劉文清爲法嗣。識者亦謂本朝書家，可與張、劉鼎足者惟先生。

清·楊守敬《學書邇言》 江右書家以李春湖宗瀚、陳玉芳希祖爲最。李學虞《廟堂》，凝遠沖和，陳學董香光，凝鍊遒厚。

清·齊學裘《見聞隨筆》卷十 其書遠宗右軍、魯公，近法董思白，得晉人空圓之妙。國朝書家自張得天司寇、劉石庵相國而外，無有倫比。

紀事

清·吴修《昭代名人尺牘小傳》卷二四 陳希祖，字玉方，江西新城人。乾隆癸丑進士，官御史。

清·法式善《存素堂詩》 玉春田偕陳玉方比部游西山宿潭柘寺，五日夜，攜宣紙四十番，供玉方揮翰，結大衆緣。

清·陳用光《太乙舟文集》卷七 余從兄子玉方，十一二歲時，從塾師魯東生學擘窠字輒工。余與同塾，見里中人輒來求書也，及成進士，書益進。嘉慶壬戌、癸亥以後，遂大成，踵門求書者益多，書名滿京師。識者謂自劉石庵相公外，無與頡行者。酷好董思白字，聞人有董氏墨蹟，輒從假觀之。當其觀時，寢食俱廢。間或鑒別董書之真僞，無不精當。凡董氏之流

傳者，其爲中歲及晚年作，玉方輒以意决之，不假考證年月，人皆以爲有神契也。

清・齊學裘《見聞隨筆》卷十　臨池時，即命學裘伸紙，耳提面命，口傳八法，囑裘觀其運腕運肘之法，不必觀其落紙之書也。曾書一聯，一條幅，授裘書法。聯云：果是端莊必流麗，全憑頓挫長氣機。邊款云：子治喜學書，天資亦秀，因與論入門之要。條幅云：學書不必展卷即臨，須細玩之，漸得其一種秀氣，則此帖全神在目。半月後臨之，事半功倍矣。

吴德旋

論説

清・吴德旋《初月樓論書隨筆》　余年三十餘始留意書學，即好東坡、思白二家，然苦無入處。學《淳化閣帖》，愛大令、文皇之馳騁自得，而益迷其源。自是泛濫於唐、宋、元、明諸家十有餘年。而私心所好，仍在東坡、思白。世人賤近貴遠，以時代判優劣，輒卑視二家。而卑無高論者，則又以趙松雪爲義皇上人而已。近聞慎伯之論，予所信益堅。慎伯又導余學楊少師《步虚詞》，日習一過，覺於蘇、董二家意趣時有所會。直不知手之舞之，足之蹈之也。

清・吴德旋《初月樓文鈔》　德旋少年時篤好韓退之詩文，見退之有性不喜書之言，即亦絶不措意。三十歲後有所激發，於爲書亦甚嗜之，而在儕輩中質最劣。然以質之劣也，而思之較深，於古人之所以離合得失，實能心知其故，但運之於手，不能如吾意之所欲出耳。

清・包世臣《藝舟雙楫》卷五　吴德旋行書，能品下。

傳記

清・盛宣懷《初月樓古文緒論》跋　德旋字仲倫，宜興人。幼有神童之稱。既長，以廪貢生入都，三試不售，絶意舉業，攻古文。

英和

紀事

清・英和《恩福堂筆記》　余幼時字臨《多寶塔》，及冠，檢先人書，篋中得松雪與子英學士手札墨跡，遂日日仿之，是爲學趙之始。後列諸城文清公門，嘗領論書餘緒，又嘗侍公揮豪，略窺作字用筆之道。一日，公出趙跡二贊二圖詩大字卷，董華亭所稱以魯公送明遠序兼米海岳法者示觀，余愛不釋手，公即慨贈。有一生學之不盡，聊當衣鉢之語。余拜受歸，因名書舍曰藏松。

清・於克襄《鐵槎山房見聞録》　英煦齋師精於臨池，少壯時書法得松雪之神，晚年參以歐、柳，自成一家。嘗與成哲親王、劉文清公並垂不朽。讀《恩福堂筆記》中所載，猶足以想見風采。嘗言柳楷以魏文貞家廟碑爲易學，惜其碑刻剥蝕過甚，可辨之字不能成句，然善學者當具正法眼。古人云得名跡數行，學之便可名世。豈在多耶。又自言幼時習字，臨摹《多寶塔》，及冠，檢先人書，篋中得松雪與子英學士手札墨跡，遂日日仿之，是爲學趙之始。後列諸城劉文清公門，嘗領論書餘緒。又嘗侍公揮毫，略窺作字用筆之道。一日，公出趙跡二贊二圖詩大字卷。董華亭所稱以魯公送明遠叙兼米海嶽法者示觀，予愛不釋手，公即慨贈，有一生學之不盡，聊當衣鉢之語。予拜受歸，因名書舍曰藏松。

吴榮光

論說

清・康有爲《廣藝舟雙楫》卷一　吾粤吴荷屋中丞，帖學名家，其書爲吾粤冠。然竊其筆法，亦似得自《張黑女碑》。

又卷六　吴中丞荷屋，則神采雍容，氣韻絶佳。

又　吾粤書家，有蘇古儕、張藥房、黎二樵、馮魚山、宋芷灣、吴荷屋、謝蘭生諸家。而吴爲深美，抗衡中原，實無多讓。慎伯《書品》不偁之，可異也。

又　吾粤諸帖，以葉氏《風滿樓帖》爲佳，過於吴氏《筠清館》也。吴荷屋中丞專精帖學，冠冕海内，著有《帖鏡》一書，皆論帖本，吾恨未嘗見之，海内好事必有見者，儻有以引申之邪。

傳記

清・張維屏《國朝詩人征略二編》卷五一　吴榮光，字伯榮，號荷屋，廣東南海人。嘉慶四年進士，官湖南巡撫。有《石雲山人詩集》。嘉慶二年丁巳，公二十五歲，入學。戊午，鄉試中式舉人。己未進士，選庶吉士。辛酉，散館改主事。

紀事

清・張維屏《松心文鈔》　嘉慶丁未，余與荷屋同補弟子員。丁卯，余入都，荷屋邀寓宅中數月。後余遷至潘柏臨寓所，相距咫尺，君有暇則學書，取諸家法帖而鑒別考論之，至於古今體詩，未暇究心也。是以翁覃溪學士邀余與諸詞人拜東坡生日，秦小峴侍郎邀余與諸詞人拜秦淮海生日，都中二十四詩人集李公橋酒樓，爲荷花作生日，君皆未與會。蓋當時師友謂君於書學實深，於詩學尚淺。即君亦自以爲然也。

清・吴榮光《辛丑銷夏記・自序》　辛丑四月，余蒙恩放歸田里，時屢聞暎夷之擾佛山，距省城六十餘里，警報日至。既以足疾不能執戈捍患，又放廢餘生，無官守，無言責，閉户養疴，長書無事，因取四十三年來偶有所得書畫，或曾觀鑒家收藏者，詳記欵識，一一録出，漫爲消遣，間録拙詩，跋於後，名曰《辛丑銷夏記》。非敢言真鑒，用附於江邨、退谷兩公之後云爾。六十九叟吴榮光自記。

姚元之

論說

清・方朔《枕經堂金石書畫題跋》卷二《卒史碑跋》　近時習此體者，則推吾鄉姚伯昂總憲。然總憲間架取法，而波撇風神則參之《郃陽令曹全碑》也。

又卷三　《曹全碑》跋：近時姚伯昂總憲乃復拓而大之，雖畦逕有未化處，而縱横揮灑，實有山飛泉立，玉珮紳垂氣象。

清・秦祖永《桐陰論書三編》卷下　工篆、隸行草，書法深得趙承旨神髓。

清・蔣寶齡《墨林今話》卷一一　先生工隸書、行草，畫筆精妙。

傳記

清・劉爰《國朝畫徵補録》 姚元之，字伯昂，桐城人。官至總憲。畫筆絶妙，詩亦佳，行楷得唐人法。世人但知其隸書，蓋工於曹令者也。

包世臣

論説

清・何紹基《東洲草堂文鈔》卷九 包慎翁之寫北碑，蓋先於我二十年。功力既深，書名甚重於江南，從學者相矜以包派。余以横平豎直四字繩之，知其於北碑未爲得髓也。

清・繆荃孫《續碑傳集》卷七九 君學書三十年，盡交天下能書之士，備得古人執筆運鋒，結體分行之奇。其法雙鈎懸腕，實指虚掌，逆入平出，峻落反收，而歸於氣滿。蓋兼秦篆漢隸，以爲六朝正草書，遂稱書家大宗。君爲人短小精悍，而口如懸河，喜兵家言，善經制之學。

清・竇鎮《國朝書畫家筆録》卷三 鄧石如弟子。工行草書，有《國朝書品》，分九等，凡一百七人。

清・楊守敬《學書邇言》 包慎伯以側鋒爲宗，所著《藝舟雙楫》，遂以風靡天下。然自擬右軍後一人，未免自信太過。何子貞又譏其不能平直自由，亦爲過毁。

清・康有爲《廣藝舟雙楫》卷一 涇縣包氏以精敏之資，當金石之盛傳完白之法，獨得蘊奥，大啓祕藏，著爲《安吴論書》，表新碑、宣筆法，於是此學如日中天。

又卷五 包慎伯之論書，精細之至，爲後世開山。然以其要歸於運指，謂大指能揭管側鋒自開，引歐、蘇之説以爲證。乃謂握之太緊，力止在管而不在毫端，其書必拋筋露骨，枯而且弱。其説粗謬可笑。蓋慎伯好講墨法，又好言萬毫齊力。不得其故。

傳記

清・繆荃孫《續碑傳集》卷七九 君姓包氏，名世臣，字慎伯，涇人也。涇本漢縣，而三國時嘗置安吴縣，以故學者稱安吴先生。

紀事

清・李兆洛《養一齋文集》卷五 客冬保緒來，奉手書並墨刻三卷，歡喜無量。所寫真能導源元常，合分隸而一之，以六朝門户開迪後來，不朽之業也。

郭尚先

論説

清・陶廷傑《郭大理遺稿・序》 先生人品高潔，書法精妙。顔筋柳骨，散落人間，識與不識，咸拱璧藏之。

清・竇鎮《國朝書畫家筆録》卷三 善書，摹倣華亭，工夫老到。

清・龔顯曾《芳堅館題跋・序》 《芳堅館題跋》四卷，乃吾閩莆田郭蘭石先生所著也。先生以工八法名嘉道間，作字甫脱手，輒爲人持去，片縑寸楮，咸拱璧珍之。書法娟秀逸宕，直入敬客《塼塔銘》之室。行書嗣體

平原《論坐帖》。中年以後，幾與董思翁方駕齊驅。在京師時，索書者趾接於户，先生每呼酒飲至醉，方濡染落紙。故生平應酬書，時有不經意處。惟署跋金石，鈎稽真贋，手題掌録，恒矜莊研究，不肯率意下筆，獨得晉唐無諍三昧。余家所藏碑帖多經先生手跋，或以泥金盡書每册餘紙，凝厚婀娜，並露豪端，良可寶玩。

傳記

清·竇鎮《國朝書畫家筆録》卷三　郭尚先，字蘭石，福建莆田人。嘉慶己巳進士，由編修官至大理寺卿。

紀事

清·梁章鉅《吉安室書録》卷一五　按蘭石十餘歲即工書，鋭意臨古。自言每徹夜臨《醴泉銘》一過，約半年，始以他事止。通籍入京師後，又無帖不臨，愈變愈上。每晨起必蓄墨一升，至晚輒盡。凡知好及門下士之得試差者，所需賞聯，賞扇二三百事，蘭石輒代了之。笑謂人曰：借他人物以學書，莫便於此。當時索書者，户外屨滿，無不各饜所求以去，無觖望者。身後，其遺蹟貴抵兼金矣。

林則徐

論説

清·金安清《林文忠公傳》　公在翰林，以書名，出入歐、董，尤長小楷，爲世所重。

清·李元度《國朝先正書略》卷二五　公書具體歐陽。

藝文

清·梁章鉅《楹聯叢話》卷二　程春海贈少穆都督聯云：理事若作真書，綿密無間；愛民如保赤子，體會入微。少穆最工作小楷，出聯自然關合。

梁巘

論説

清·包世臣《藝舟雙楫》　梁巘真及行書，能品下。

清·李斗《揚州畫舫録》卷二　書法秀潤，尺五樓之延山堂扁出其手。

又卷一〇　書法潤澤，骨肉均匀。尺五樓、延山亭額，其手蹟也。

清·梁紹壬《兩般秋雨盦隨筆》卷三　曲阜孔谷園先生瓣香天瓶居士，高廟南巡，臨書以進。上熟視曰：好像張照。同時梁文山明府亦學張書，故世有南梁北孔之目。今人以南梁爲山舟學士，誤矣。

清·楊守敬《學書邇言》　梁山舟同書領袖東南，梁聞山巘昌明北學，當時有南、北二梁之目，誠爲雙璧。山舟與張芑堂論書，發明闡奥，聞山論用筆中鋒，獨諦真言。皆可稱度書金鍼矣。

清·竇鎮《國朝書畫家筆録》卷二　書宗徐季海，晚法董香光，與詩正、同書、國治，同時人稱四梁。又與同書曰南北梁，與孔繼涑稱南梁北孔。

傳記

清・梁章鉅《吉安室書録》卷一一 梁巘，字聞山，號松齋，亳州人。乾隆壬午舉人，由教習授巴東知縣，肆力於書，初得筆法於宣城梅鈖，後以功力精專，蒼健遒勁，鈖與弟鈐皆自歎爲不及。楷法晉唐，草法二王，於李邕、張從申摹仿尤久，幾於神似。碑版遍天下。【略】詩亦古雅，而爲書名所掩，故不傳。

楊賓

論説

清・楊賓《大瓢偶筆・原序》 嘗聞歐陽率更好書古事，永叔好書今事，黄山谷好書禪伯句，秦少游好書山鬼句，東坡與高宗好書佛經。今世則大抵書古人詩。余獨不然，往往書金石事。譬諸織者以布帛衣，不必别求旃裘也。耕者以稻粱食，不必别求魚肉也。陶者以土甑爨，以瓦盆飲，不必别求金與玉也。所謂取諸宫中，而用之可乎不可乎。夫古事與今事書之可也。佛經也，僧詩也，鬼詩也，而書之，不幾舍布帛而衣牛衣，舍稻粱而食藜藿乎。雖然傳不傳在書，而不在其所書。衣牛衣，衣布帛，等衣耳，暖而已。食藜藿，食稻粱，等食耳，飽而已。然則余之書金石者，猶之書古事，書今事，書佛經與僧鬼詩也。取諸宫中而用之者偶然耳。積之既久，子侄輩録而存之，得若干卷，名之曰偶筆，而書于其端。康熙四十七年八月，大瓢山人自序。

又卷七 余六七歲時，即臨先府君扇書《曹娥碑》，得其形似。十三四，九有公命學《黄庭經》。十六七出就外傳，隨俗學董宗伯，繼又學顔魯公《劉太沖序》。十八見米海岳《天馬賦》，專意學之，凡書付雲間崇沙人者皆米也。二十一歸故鄉，故鄉皆詆之，乃始學《聖教》，雖與時流爭名，儼然以書家自命，實無所知也。四十五六，略知究心筆法矣，而尚無所得，指復時翕翕動，書亦弱劣。五十一二，見王季瞻宋拓《九成宫帖》，汪安公《邕禪師碑》，始得《聖教》門户。又從《聖教》義字戈法，悟大小書非懸肘不可。五十三，得意在筆先筆字之解。五十七知用意。今五十九矣，始知頓挫輕重之法，日懸肘作細楷可得三百。惜乎晚年解悟，氣弱目昏，煉之未熟，與晉唐碑版較對，尚未能望其項背也。

清・朱象賢《聞見偶録》 本朝康熙間，吴郡書家有三，陳香泉奕禧，何義門焯，楊大瓢賓。陳則專學松雪，而厚實妍媚，無出其右。至於骨力，雖極講究，却其次也。何則專摹唐帖，鋒骨凛然，而且端楷文雅，無一軟弱之筆，摹古可爲獨步。但未見自己性靈，然較尋常之筆，已稱鶴立雞羣矣。楊則自晉至明，無不涉獵，其得力者，楷則《黄庭》，行則《聖教》，專用二帖之筆意，仿各家之形勢，工勤力足，而無懈筆。不知者謂自成一家，實則專攻二帖者也。至於執筆之法，惟楊能懸肘撮管，排蕩不羈。故陳、何妙在分寸之字，而不書大者。楊則蠅頭小楷，與尋丈大字，一例揮灑，不以大小爲難易也。

清・吴修《昭代名人尺牘小傳》卷一四 工書，八歲能作擘窠大字，精鑒碑版。

清・梁巘《評書帖》 楊賓，得執筆法。學右軍、長公、圓韵自然。亦弱。

清・王豫《江蘇詩徵》 任兆年云：大瓢山人家於吴下，求書者日踵其門。自謂得晉賢三昧，枝山、王雅宜外，不多讓也。

傳記

清・佚名《楊大瓢傳》 楊賓，字可師，號耕夫，别號大瓢，又號小鐵。浙之山陰人。【略】賓生順治庚寅年，年近九十乃卒。

雜録

清・梁章鉅《吉安室書録》卷二　按：楊孝子名賓，字可師，自號大瓢山人。本山陰人，後流寓吳門，遂家焉。父爲友人累，遣戍甯古塔。孝子走京師，曰搏顙於達宫之輿前。有爲據情奏請者，得旨准赴柳條邊迎親歸。作《柳邊紀略》，塞外人稱之爲楊夫子。事詳《蘇州府志》。余得其行書七古詩一幅，云：池如明鏡月華開，山學香爐雲氣來。神藻飛爲鵜鶘賦，仙聲颺出鳳凰臺。此未詳何人之句，而結構傲兀，前無所仿。雖不以書名，亦足以自張其軍矣。自余得此蹟，吳人無不詫爲異寶，甚有欲作據舷之請者。蓋重其人并重其書也。

又按，《新齊諧》云：楊大瓢工書法，年六十時，病死而蘇曰：天上書府喚我赴試耳。近日玉帝製《紫清煙語》一部，繕寫者少，故召試諸善書人，我未知中式否。如中式，則不能復生矣。越三日，空中有鸞鶴之聲，楊愀然曰：吾不能學王僧虔以禿筆自累，致損其生。瞑目而逝。或問天府書家姓名，曰：索靖一等第一人，右軍一等第十人。附録之，以廣異聞。

愛新覺羅・永瑆

論説

清・邵連《蕭亭雜録》卷二　成親王爲今上之兄，端醇儒雅，書法擅長。論者謂國朝自王若霖下，一人而已。

又　成親王爲純皇十一子，善書法。幼時握筆即波磔成文，少年工趙文敏。又嘗見康熙時内監言其師少時猶及見董文敏，用筆惟以前三指握管懸腕書之。故王推廣其語，倣撥鐙法。談論書法具備，名重一時，士大夫得片紙隻字，重若珍寶。上特命刻其帖序，行諸海内，以爲榮云。

清・載銓《詒晉齋集序》　王之書法，遠追晉唐，名播海内。

又　臨池不倦，書法尤高。每於扈從之餘，退居之暇，俊民滿席，吮墨擘牋。一時名公鉅卿，莫不退避三舍。

清・楊守敬《學書邇言》　成親王初學趙吳興，不失尺寸，所刻《詒晉齋》可按也。晚學歐陽，以得《化度寺》原石本於吳荷屋也。

清・楊瀚《息柯雜著》　詒晉齋書，素未究心，但知其從趙承旨上溯歐陽率更，雖偶涉諸家，終不離兩家宗旨。集卷隨手雜臨，竟有脱盡町畦，不似本家筆意者。篆、隸亦有法度。跋云：隸惟漢石種種當學，雖人人道語，乃是體會而出。篆書《陋室銘》后《黄庭》一段，深得秦李斯筆法。行楷書三體，其結搆使轉處，皆得前人遺意。《秋圃賦》一篇，尤超淡有晉人風味。餘亦各有精采不磨處。蓋書非一時，臨非一家，不甚經意，而精神所寄，一一渾足。此無意之勝於有意也。王得窺，内府所藏，而自藏又甚富，故書法大備如是。大抵皆從帖中問津，未深究古碑耳。

紀事

清・昭槤《嘯亭雜録》　嘉慶九年八月初八日，内閣奉上諭：朕兄成親王，自幼精專書法，深得古人用筆之意。博涉諸家，兼工各體，數十年臨池無間，近日朝臣文字之工書者，罕出其右。早應摹勒貞珉，俾廣流傳。而王撝謙，自矢不肯遽付鉤鐫。昨特命軍機大臣傳旨，諭令將平日所書各種，自行選擇刻石。始據王具摺陳謝，遵旨於回京后覓工摹刻。著照所請，以詒晉齋名顔其卷帙。王即繕朕此旨，勒冠簡端，以當製序。本日王所奏之摺，亦著另書一通，附刻於後，以誌一時翰墨欣賞之盛。欽此。

高翔

論說

清・阮元《廣陵詩事》卷四　工八分。晚年右手廢，以左手書，字奇古，爲世寶之。

清・秦祖永《桐陰論書三編》卷上　尤精八分。

清・寶鎮《國朝書畫家筆録》卷二　精八分，工繆篆。

傳記

清・李斗《揚州畫舫録》卷二　高翔，字鳳岡，號西唐。甘泉人。

潘奕雋

論說

清・秦祖永《桐陰論書三編》卷上　書宗顔柳，篆、隸入秦漢人之室。

清・蔣寶齡《墨林今話》卷七　書兼行楷、篆、隸。

清・齊學裘《見聞隨筆》卷三　詩古文、詞、篆、隸、真草，卓然大家。

傳記

清・梁章鉅《吉安室書録》卷一一　潘奕雋號榕皋，又號水雲漫士，吴縣人。乾隆己丑進士，典試貴州。書兼篆、隸，有《三松堂帖》行世。

按：榕皋先生年至九十，尚能作行楷字。余官吴中時，每爲題卷册，神明不衰，真異稟也。

蔣和

論說

清・秦祖永《桐陰論書三編》卷下　隸書蒼古渾厚，力追秦漢，高出流輩。

傳記

清・馮金伯《墨香居畫室》卷七　蔣和，字仲叔，金壇拙老人孫，移家梁溪，書學繩其祖武，兼善人物及寫照。初充三通館校録，議敘得候補主薄，復修《四庫書》，得欽賜舉人。

著録

清・蔣寶齡《墨林今話》卷七　書學承其祖法，著有《書法正宗》。

清·周中孚《鄭堂讀書記》卷四七 《書法正宗》四卷，國朝蔣和撰。醉峰既著《隸通》一書梯航學古者，而俱真書通者之弗傳其奥，乃復採摭羣言，稍參己見，以爲是編。凡分四册：一曰筆法精解，二曰點畫全圖，三曰分部配合法，四曰全字結構舉例。每册各爲一卷，末附《學書雜論》二十一則，皆作書者之規矩。童而習之，白首而不可廢者也。首有乾隆己亥自序，閲三載，蔣心餘士銓又爲之序。

吴熙載

論説

清·吴熙載《自評印稿題記》 若意無新奇，奇不中度，狂怪妄作，皆難列等。

清·楊守敬《學書邇言》 承其學者，有吴熙載讓之、趙撝叔之謙皆爲世所重，而讓之遠矣。按：承包世臣之學者。

清·康發祥《伯山詩話》 吴文學書法之妙，直欲淩鑠儕輩，方駕古人。詩才幾爲書名掩矣。

清·蔣寶齡《墨林今話》 善各體書，兼工鐵筆，邗上近無與偶。餘事作花卉，亦有士氣。

清·康有爲《廣藝舟雙楫》卷二 程蘅衫、吴讓之，爲鄧之嫡傳，然無完白筆力，又無完白新理。真若孟子門人，無任道統者矣。

傳記

清·寶鎮《國朝書畫家筆録》卷四 吴熙載，原名廷颺，字讓之，號晚學居士。包世臣弟子。工篆、隸、花卉，兼精鐫刻。

藝文

清·丁輔之《詩贊》 園朱入印始趙宋，懷寧布衣人所師。一燈不滅傳薪火，賴有揚州吴讓之。

清·楊瀚《息柯雜著》 乞向竹西來菊本，蕭疏清氣滿乾坤。筆枯有韻秋心化，墨影如無古意存。摹研世驚遺老在，高南阜《硯史》爲讓翁所摹。求書人識布衣尊。懷甯蟬蜕安吴逝，篆勢蒼茫孰與論。張皋文嘗仿蔡中郎篆勢，贈懷甯鄧完白。安吴包慎伯極推服完白。慎伯，讓之師也。

何紹基

論説

清·梁章鉅《楹聯叢話》 何子貞太史工書，無帖不摹，尤喜臨《争坐位帖》。

清·熊少牧《何君墓志銘》 法書根篆分，通會大小率更、顔魯公、北海、東坡諸大家，自成一體。

清·何紹基《東洲草堂文鈔》卷九 余學書從篆分入手，故於北碑無不習，而南人簡札一派不甚留意。

又 余既性嗜北碑，故摹仿甚勤，而購藏亦富。化篆分入楷，遂爾無種不妙，無妙不臻，然遒厚精古，未有可比肩《黑女》者，每一臨寫，必迴腕高懸，通身力到，方能成字，約不及半，汗浹衣襦矣。因思古人作字，未必如此費力，直是腎力筆鋒天生自然。我從一二千年後策駑駘以躡騏驥，雖十駕爲徒勞耳。然不能自已矣。

又卷一〇 學書四十餘年，溯源篆分，楷法則由北朝求篆分如真楷之

緒。知唐人八法，以出篆分者爲正軌。

清・林昌彝《小石渠閣文集》卷二　何子貞師草法跋。師草法超邁人神，巧妙全在執筆，而執筆則在横懸其臂，廻勒其擘以取周身之勁，乃能操縱自如。運鋒於筆畫之中，平側偃仰，惟意所使，皆成妙趣。顔魯公所云古釵脚，屋漏痕，以及無垂不縮，無往不收，師無不兼備，即鍾、張、二王，均不過是矣。蓋用中鋒筆者，任其所之，而心手俱忘，有不期然而然，當局者亦難自解。趙松雪云：世人但學蘭亭面，欲换凡骨無金丹。究竟所以然處，從未言傳。修仁梁西庚大令民憲，謂世人但學師之蒼勁，而不究心於執筆之直脱凡胎，烏能金丹换骨。即放其執筆外貌而能懸勒其擘，烏足醫俗。此中精詣，難爲不知者言也。大令自言，昔學書十年，得其捷訣。本朝名家雖多，未見獨成一子其成一子者，殆吾師是耶。其超前軼後，爲當代一子，直可俯視一切。烏乎，嘆觀止矣，蔑以加之矣。

清・楊守敬《學書邇言》　何子貞紹墓以顔書爲宗，其行草如天花亂墜，不可捉摹。篆書純以神似，不以分布爲工。隸書學《張遷》，幾逾百本。論者謂子貞純以天分爲事，不知其勤比若此。然學之者不免輕佻，則胸襟自殊也。

清・楊瀚《息柯雜著》　何貞老書，專從顔清臣問津，積數十年功力，探源篆、隸，入神化境。此册書《黄庭》，圓勁精渾，仍從琅邪，上掩山陰，數百年書法，於斯一振。如此小字，人間不能有第二本，仰雲寶藏，當覓精能手鉤摹上石，使後世不獨寶重山陰也。

又　何貞老書，探源篆、隸，晚年尤自課勤甚，摹《衡興祖》、《張公方》多本，神與跡化。

清・繆荃孫《續碑傳集》卷一八　書法具體平原，上溯周、秦、兩漢古篆籀，下至六朝南北碑版，搜輯至千餘種，皆心摹手追，卓然自成一子。草書尤爲一代之冠，海内求書者門如市，京師爲之紙貴。師作書執筆用懸擘，若開强弓勁弩，取李廣猨臂彎弓之義，故晚年自號猨叟。

傳記

清・繆荃孫《續碑傳集》卷一八　道州何子貞師名紹基，字子貞，號東洲，一號猨叟。道光乙未科湖南鄉試省元，丙申會試二甲進士。改庶常，散館授編修。

紀事

清・朱克敬《暝庵雜識》卷三　何編修紹基工書，有重名。達官富商齎金幣求之，往往弗得。嘗之永州訪楊翰，距城數里，忽覺飢倦，因憩村店。具食時，資裝已先入城，食已，主人索錢，紹基無可與。請爲作書，主人不可，乃質衣而行。楊翰聞之，笑曰：何先生書，亦有時不博一飽耶。

清・曾國藩《曾文正家書》卷二勸學篇　子貞現臨隸字，每日臨七八葉，今年已千葉矣。近又考訂《漢書》之譌，每日手不釋卷。蓋子貞之學，長於五事：一曰《儀禮》精。二曰《漢書》熟。三曰《説文》精。四曰各體詩好。五曰字好。渠意皆欲有所傳於後。以余觀之，三者余不甚精，不知深淺究竟何如。若字，則必傳千古無疑矣。詩亦非時下諸人所及。

朱次琦

論説

清・康有爲《廣藝舟雙楫》卷五　先生爲當世大儒，餘事尤工筆札。其執筆主平腕豎鋒，虚拳實指，蓋得之謝蘭生先生爲黎山人二樵之傳也。

又卷六　自元明來，精榜書者殊尠，以碑學不興也。吾所見寡陋，惟朱九江先生所書朱氏祖祠額，雄深絶倫，不復知有平原矣。

又　先師朱九江先生，於書道用工至深。其書導源於平原，蹀躞於歐、虞，而别出新意。

陳澧

論説

清・吴仰賢《小匏庵詩話》卷四　書法酷類蘇齋，篆法圓勁古厚，非時手所及。

清・康有爲《廣藝舟雙楫》卷二　番禺陳蘭甫京卿，出於香山，亦自雄駿也。

又卷五　陳蘭甫京卿，謂《醴泉》雖學，歐書惟有小歐《道因碑》可步趨耳。習之，果茂密。乃知陳京卿得力在此。

曾國藩

論説

清・曾國藩《求闕齋日記類鈔》卷下　作字之道，剛健婀娜，二者闕一不可。余既奉歐陽率更、

李北海、黄山谷三家，以爲剛健之宗，又參以褚河南、董思白婀娜之致，庶爲成體之書。

又　董香光專用渴筆，以極其縱横使轉之力，但少雄直之氣。余嘗以渴筆寫吾雄直之氣耳。

又　余老年始略解書法，而無一定規矩態度。今定以間架師歐陽率更，而輔之以李北海丰神。師虞永興，而輔之以黄山谷用墨之鬆秀。師徐季海所書之《朱巨海》，按當作朱巨川。而輔之以趙子昂《天冠山》諸種。庶乎爲成體之書。

又　余之書勢，應以斗、趹、刷、縮四字爲王。

又　古之書家，字裹行間别有一種意態，如美人之眉目可畫者也，其精神意態不可畫者也，意態超人者，古人謂之韻勝。余近年於書略有長進，以後當更於意態上體驗。因爲四語曰：骫屬鷹視，撥鐙嚼絨。欲落不落，欲行不行。

清・竇鎮《國朝書畫家筆録》卷四　書法山谷。

傳記

清・竇鎮《國朝書畫家筆録》卷四　曾國藩，字滌生，號伯涵，湖南湘鄉人。道光戊戌翰林，官大學士，封毅勇侯。學問醇正，多著述。

莫友芝

論説

清・楊守敬《學書邇言》　莫子偲友芝之學《少室》，取法甚高。

清・陶湘《昭代名人尺牘續集小傳》卷一六　張裕釗撰墓志：子偲工真行篆、隸書。

清・黎庶昌《評郘亭書》　分篆高騫，冰斯雄睨。

傳記

清・陶湘《昭代名人尺牘續集小傳》卷一六　莫友芝，字子偲，號郘亭，貴州獨山人。道光辛卯舉人。

藝文

清・曾國藩《輓莫子偲聯》　京華一見便傾心，當年虎市橋頭，書肆訂交，早欽宿學；江表十年常聚首，今日莫愁湖上，酒樽和淚，常吊詩魂。

楊沂孫

論説

清・楊守敬《學書邇言》　楊沂孫之學《石鼓》，取法甚高。楊且自信歷劫不磨，而款題未能相稱。

清・陶湘《昭代名人尺牘續集小傳》卷一八　李寶淦曰：先生篆書名天下，自署濠叟。筆意出獵碣及各鐘鼎款識，臨摹篆刻者凡數十種。

清・寶鎮《國朝書畫家筆録》卷四　工書，尤精篆、隸。

楊峴

論説

清・楊守敬《學書邇言》　楊見山峴，初學《禮器》，信爲能者。晚年流爲頹唐，款題行書，尤爲俗格。

清・陶湘《昭代名人尺牘續集小傳》卷二〇　見山太守以漢隸名一時。

清・俞樾《遲鴻軒所見書畫録》序　物莫不聚于所好，非物聚之，心聚之也。心苟好，是則必遐搜博覽，喜其得而懼其失，故隨得隨聚，亦愈得愈聚。久之，向所不得者亦因所得而來聚。然而是物也，瀰漫天地，流著古今，非俟好者而後示之，特遇好者而後知之，而後求之。其不好者，熟視若無覩也。此凡事皆然。而古之人精耽道術，則聚之于心，遂筆之于手，彙其説而傳之其人歟。若庾元威論書、論畫，布在藝林，共諸同好也。楊氏爲歸安巨族，鑒賞名家，烜赫是藏，人百其喙。

吾友見山，少嗜翰墨，長則彌精。喜新之所得，懼昔之所失，故見夫名人手迹，必詳考其淵源，審其筆墨，定其真僞，大率以名家爲主，兼及其師弟子孫，不憚煩複。若經史、金石考核，名家、高僧、淑媛，所見無不采録。研心歲久，獲觀日多，編次成帙，出爲鑒定，所好者率多同心，名曰《書畫録》。以其編所見者，誠不能該備無遺，而一代聞人名迹，集成一册，亦略可觀矣。有同好者覽之，宜如何羨其眼福哉。見山年方鼎盛，學業正遥，以一心之好，而所聚如是，則凡理之可以好，而聚者其知所以聚之矣。夫書畫，業之一也。鑒書畫，亦學之一也。君其然此言乎否乎。同治十年芙月上浣，世愚弟曲園俞樾拜手。

傳記

清・陶湘《昭代名人尺牘續集小傳》卷二〇　楊峴,字見山,浙江歸安人。咸豐乙卯舉人。官江蘇知府,署常州府知府。

張裕釗

論說

清・康有爲《廣藝舟雙楫》卷三　南北碑興,鄧頑伯、包慎伯、張廉卿,即以書雄視千古。故學者適逢世變,推陳出新,業尤易成。舉此爲證,尤易悟也。

又卷四　張廉卿專學六朝書,而所成乃近率更、誠懸。

又　本朝書有四家,皆集古大成,以爲楷集分書之成,伊汀洲也。集隸書之成,鄧頑伯也。集帖學之成,劉石庵也。集碑之成,張廉卿也。

又卷五　湖北有張孝廉裕釗廉卿,曾文正公弟子也。其書高古渾穆,點畫轉折皆絶痕迹,而意態逋峭特甚。其神韵皆晋宋得意處,真能甄晋、陶魏,孕宋梁而育齊隋。千年以來,無與比。其在國朝,譬之東原之經學、稚威之駢文、定庵之散文,皆特立獨出者也。吾得其書,審其落墨運筆,中筆必折,外墨必連。轉必提頓,以方爲圓。落必含蓄,以圓爲方。故爲鋭筆而實留,故爲漲墨而實潔。乃大悟筆法。

又　完白純乎古體,張君兼唐宋體裁而鑄冶之,尤爲集大成也。

清・賀濤《賀先生文集》卷二　先生取法北魏,而隸於漢,篆於秦,以上契乎取象、造體之旨,而古法遂得其真。【略】先生之書,乃悟其法於灰塵侵蝕漶浸,斷缺不可辨識之碑碣,其難殆倍於退之。人之怪之也。其又奚疑。嘉興沈子培嗜先生書如性命,恐人之不知也,欲著文以明其旨趣。

傳記

清・陶湘《昭代名人尺牘續集小傳》卷一八　張裕釗,字廉卿,湖北武昌人。道光丙午舉人,官内閣中書。

藝文

清・張裕釗《書聯》　我性不飲只解醉,草書非學聊自娱。

趙之謙

論說

清・趙之謙《章安雜説》　六朝古刻,妙在耐看。猝遇之,鄙夫駭,智士哂耳。瞪目半日,及見一波磔,一起落,皆天造地設,移易不得。必執筆規模,始知無下手處。不曾此中閲盡甘苦,更不解是。

清・楊峴《遲鴻軒所見書畫録》　精鑒金石,花木師陳道復,篆、隸師鄧完白。

清・康有爲《廣藝舟雙楫》卷五　趙撝叔學北碑亦自成家,但氣體靡弱。今天下多言北碑,而盡爲靡靡之音,則趙撝叔之罪也。

清・張鳴珂《寒松閣談藝瑣録》卷四　撝叔書學顔平原,而參以六朝

造象，非僅從事於魏碑也。今骨董家得其存縑尺幅，咸索重值，聲價日高，而贋本亦不少矣。

傳記

清・張鳴珂《寒松閣談藝瑣録》卷四 趙撝叔之謙，初字益甫，號悲盦，又號憨寮。會稽人。【略】

於詩古文辭、書畫、篆刻，無所不能。

藝文

清・趙之謙《書贈星垣聯》 文氣曲如流水，天懷和若春風。

翁同龢

論説

清・楊守敬《學書邇言》 翁松禪同龢亦學平原，老蒼絶倫，無一稺筆。同光間推爲天下第一，洵不誣也。

清・竇鎮《國朝書畫家筆録》卷四 善書法。幼年專習歐、褚，中年用力於平原，雖蠅頭小楷，皆能懸臂書之。五十後更出入蘇、米，又沉浸北朝碑像，漢隸《禮器》、《乙瑛》、《張遷》諸碑，晚年益趨平淡，幾與劉文清抗衡。

藝文

清・翁同龢《書聯》 入我室皆端人正士，升此堂多古畫奇書。

清・翁同龢《將之江右視筱珊侄》 海程行過復江城，無限蒼涼北望情。傳語蛟龍莫作劇，老夫慣聽怒濤生。

康有爲

論説

清・康有爲《廣藝舟雙楫・自叙》 蘇援一技而入微者，無所往而不進於道也。於是康子翻然捐棄其故，洗心藏密，冥神卻埽，攤碑摛書，弄翰飛素，千碑百記。鈞午是富。發先識之覆疑，竅後生之宦奥。是無用於時者之假物以遊歲莫也。國朝多言金石，寡論書者，惟涇縣包氏鉞之揚之，今則孳之衍之，凡爲二十七篇。

又《十六宗第十六》 古今之中，唯南碑與魏爲可宗。可宗爲何，曰：有十美。一曰魄力雄强，二曰氣象渾穆，三曰筆法跳躍，四曰點畫峻厚，五曰意態奇逸，六曰精神飛動，七曰興趣酣足，八曰骨法洞達，九曰結構天成，十曰血肉豐美。是十美者，唯魏碑、南碑有之。齊碑惟有瘦硬，隋碑惟有明爽，自《雋修羅》、《朱君山》、《龍藏寺》、《曹子建》外，未有備美者也。故曰魏碑、南碑可宗也。魏碑無不佳者，雖窮鄉兒女造像，而骨血峻宕，拙厚中皆有異態，構字亦緊密非常。

傳記

清・康有爲《康南海自編年譜》 咸豐八年戊午二月初五日，生於其鄉敦仁里老屋中，錫名曰有欽，在遠寄未及至，伯祖知府公名之曰有爲。

紀事

清・康有爲《廣藝舟雙楫・述學第二十三》 吾十齡，侍先祖教授公於連州官舍，舍飴袴棗，暇輒弄筆。先祖始教以臨《樂毅論》及歐、趙書，課之頗嚴。然性懶鈍，家無佳拓，久之不能工也。將冠，學於朱九江先生。先生爲當世大儒，餘事尤工筆札。其執筆主平腕豎鋒，虚拳實指，蓋得之謝蘭先生，爲黎山人二樵之傳也。於是始學執筆，手强甚，書作勢，夜畫被，數月乃少自然。得北宋拓《醴泉銘》臨之，始識古人墨氣筆法，少有入處，仍苦凋疏。後見陳蘭甫京卿，謂《醴泉》難學，歐書惟有小歐《道因碑》可步趨耳。習之，果茂密，乃知陳京卿得力在此也。

藝文

清・康有爲《廣藝舟雙楫・論書絶句第二十七》 鐵石縱横體勢奇，相斯筆法孰傳之。漢經以後音塵絶，惟有《龍顔》第一碑。

宋《爨龍顔碑》渾厚生動，兼茂密雄强之勝。爲正書第一。昔人稱李斯篆畫若鐵石，體若飛動，可以形容之。

又 魯公端合瓣香薰，茂密雄强合衆芬。章法已傳《鄐閣》理，更開草、隸《裴將軍》。

魯公書舉世稱之，罕知其佳處。其章法、筆法全從《鄐閣》出。若《裴將軍詩》，健舉沉追，以隸筆作之，真可謂之草、隸也。

又 山谷行書與篆通，《蘭亭》神理蕩飛紅。層臺緩步翛翛遠，高謝風塵屬此翁。

宋人書以山谷爲最，變化無端，深得《蘭亭》三昧。至其神韻絶俗，出於《鶴銘》而加新理，則以篆筆爲之。吾目之曰行篆，以配顔、楊焉。

U0912203

書牘總部

先秦秦漢書蹟部

《岣嶁碑》

論說

清·王昶《金石萃編》卷二《夏·岣嶁碑》 禹碑釋文楊殿元、靖陽生俱有刻矣，但十餘字不同，據《遊宦紀聞》云，癸酉二字難識，二公皆未釋之。然則癸酉二字無耶，無則此碑今據《紀聞》，而明《紀聞》亦僞者耶。殊不知字特奇古，非秦漢以下碑文之可證，不過擬其形似者釋之耳。如較廬山紫霄峯刻法帖，禹書亦皆不類，是所謂古書不必同文意也。予因二字欠釋及，以此二字，楊釋爲久旅，非古文語，故擬其相似者，更其十一字，亦庶幾文義之通也。郎瑛《七修類稿》。

又 按《岣嶁碑》非篆非蝌，世多疑其僞，然《路史》云：《述異記》空同山有堯碑禹碣。《淳化閣帖》云：有禹篆二十字。

紀事

清·王昶《金石萃編》卷二《夏·岣嶁碑》 餘來爲禮部尚書之明年，傳聞衡山有《神禹碑》發於地中，即欲往觀之而未能，又明年爲嘉靖乙未之秋，楚士有摹《神禹碑》來遺者，快覩而諦觀之，既不可識，其中所云獨於碑末有小楷書右帝禹刻四字，考韓昌黎《岣嶁山詩》劉禹錫《寄吕衡州詩》及盛宏之《荆州記》，雲南嶽周回數百里，昔禹登而祭之。徐靈期《南嶽記》云，夏禹導水通瀆，刻石書名山之高，《南嶽文》云高四千一十丈。由數說合《禹貢》而觀之，則大禹由岷山導江，歷湖入海，過南嶽，登祭而刻石，此山即此碑，無可疑者。湛若水《甘泉文集》。

藝文

唐·韓愈《岣嶁山》《全唐詩》卷三三八 岣嶁山尖神禹碑，字青石赤形模奇。科門拳身薤倒披，鸞飄鳳泊拏虎螭。事嚴跡秘鬼莫窺，道人獨上偶見之，我來咨嗟涕漣洏。千搜萬索何處有，森森緑樹猿猱悲。

唐·劉禹錫《送李策秀才還湖南，因寄幕中親故兼簡衡州吕八郎中》《全唐詩》卷三五四 嘗聞祝融峰，上有神禹銘。古石琅玕姿，秘文螭虎形。聖功奠遠服，神物擁休禎。賢人在其下，仿佛疑蓬瀛。

雜録

清·王昶《金石萃編》卷二《夏·岣嶁碑》 古今文士稱述禹碑者不一，然劉禹錫蓋徒聞其名矣，未至其地也，韓退之至其地矣，未見其碑也。崔融所云則似見之，蓋所謂螺書匾刻，非目覩之不能道也。宋朱晦翁、張南軒遊南嶽，尋訪不獲，後晦翁作《韓文考異》，遂謂退之之詩爲傳聞之誤，蓋以耳目所限爲斷也。王象之《輿地紀勝》云：禹碑在岣嶁峯，又傳在衡山縣雲密峯，昔樵人曾見之，自後無有見者。宋嘉定中，蜀士因樵夫引至其所，以紙打其碑七十二字，刻於夔門觀中，後俱亡。近張季文僉憲自長沙得之，云是宋嘉定中何致子一模刻於嶽麓書院者，凡七十七字，《輿地紀勝》云七十二字，誤也。《升庵集》。

又 按：夔門觀中之本，今已無存，然稱七十二字，則較嶽麓本少五字。嶽麓本乃自前明張季文僉憲長沙得之蜀士，未詳其名，而後人遂以明之蜀士訛爲宋之蜀士也。周櫟園云：嘉靖甲午，長沙太守潘鑑得於書院後小山草莽中，即宋人摹刻者。其說不同，未知孰是。至衡山本，則自明嘉靖間發於地中，在今岣嶁峯下雷祖殿後，湛若水有記，或云此亦摹本，其真者在一山洞内，須人仰臥搨之，而知之者少，故無流傳者。雖有此說，其是否莫可定也。至釋文，亦不獨楊升菴本，尚有沈鑑釋者，其中字多不同，如以洪流爲漁池，以永奔爲烝奔之類。又有楊時喬釋者，則不同處尤多。前半多以三言爲句，因之用韻亦異。又有郎瑛釋者。蓋升菴與沈異者十一字，沈與郎異者二十二字，至楊時喬所釋，同者僅十八字。或云衡山本即取嶽麓本翻刻，其言出自潘稼堂，果爾，則其爲宋刻耶，不應得自山中，而又刻諸山中。其爲明刻耶，不應同在嘉靖間而既刻之既埋之，又即發之。湛記中何茫然不知也，恐稼堂亦是臆度耳。汪師韓《韓門綴學》。

《壇山刻石》

論説

宋·趙明誠《金石録》卷一三《吉日癸巳字》　右吉日癸巳字，世傳周穆王書。按，穆王時所用皆古文科鬥書，此字筆畫反類小篆。又《穆天子傳》、《史記》諸書皆不載，以此疑其非是，姑録之以待識者。

清·王昶《金石萃編》卷三《周·壇山刻石》　吉日癸巳四字，趙明誠以筆畫類小篆爲疑，今用周宣王時石鼓文攷之，其字形多如小篆，恐當時與古文科鬥書兼行，至李斯始以此擅其名爾。明誠已信石鼓爲周人之書，何獨於此而疑之耶。濂既手摹刻於浦陽山房，恐人惑也，又不得不辯。宋濂《潛溪集》。

清·楊守敬《望堂金石文字·壇山刻石》　余亦嘗謂小篆必非李斯創作，當是積漸而變，然即謂其與古文科鬥並行，則必無此理，且宣王時籀文已興，與小篆原不相遠，世傳石鼓爲宣王所作，而石鼓雖非古文，亦仍有古文遺意，若此刻則竟是小篆，況穆王更在宣王之前，安得有此製作乎。餘直謂此説必無真據，第因《穆天子傳》有吉日戊午、吉日辛酉，言吉日者甚多，注中又有吉日癸巳之文，遂景響附會之。按此石係北宋重刻，今在贊皇縣學。【略】至其筆勢疏秀，洵爲奇蹟，諒非兩漢以下所作，故以舊藏精本重摹之。光緒紀元孟冬月，宜都黄士琳記。

綜述

宋·歐陽修《集古録跋尾》卷一《周穆王刻石》　右《周穆王刻石》，曰吉日癸巳，在今贊皇壇山上，壇山在縣南十三里。【略】慶曆中，宋尚書祁在鎮陽，遣人於壇山模此字，而趙州守將武臣也，遽命工鑿山取其字，龕於州廨之壁，聞者爲之嗟惜也。治平甲辰秋分日書。右真蹟。

雜録

清·王昶《金石萃編》卷三《周·壇山刻石》　吉日癸巳四字，餘從博古堂得一紙，乃政和以前搨木，後又得三紙，一爲贊皇翻刻本，一爲中書謝從寧刻本，一爲吴恭順惟英刻本。聞宋景濂曾刻于浦陽書院，未見其本。《庚子銷夏記》。

又　晉衛夫人謂李斯見穆王書，七日興歎，蓋即此也。宋仁宗皇祐四年九月，尚書宋祁自亳社之鎮陽遣人求取此字，郡守王君使人尋訪得之岩石之上，州將劉莊因鑿取以歸，龕置廳事壁間。宋吴興施宿謂舊石以政和五年取入内府，則今所存者，乃皇祐五年權軍事李中祐所刻别本也。歐陽公《集古録》謂宋公祁在鎮陽嘗摸此字，今按李中祐記，則摹石者乃李中祐，非宋祁，亦在皇祐中，非慶曆也。又顧炎武《金石文字記》謂石今移置儒學戟門西壁，乃中祐所刻石，非原石也。曩於泉南秦太史道然齋閣見其所藏舊本，謂是穆天子舊刻。雍正辛亥春，蔣繡穀出一紙見示，吉日癸巳正與秦同，而前有李中祐記，石平正，而吉日癸巳四字，石多𥕢損。始知向時所見，乃是李本，不復可得矣。王澍《虚舟題跋》。

壞若此哉。古文、籀文，學者不能盡通，諸家釋音不無傅會之失，楊用修任意增改，尤爲識者所憎。至如君子員員，邋邋員斿，鄭、潘説皆不了。按古文，斿、遊本一字，云與員亦相通，楊讀爲君子云獵，云獵云遊，蓋得之矣。

綜述

宋・歐陽修《集古録跋尾》卷一《石鼓文》 右《石鼓文》。岐陽石鼓，初不見稱於前世，至唐人始盛稱之。而韋應物以爲周文王之鼓，宣王刻詩，韓退之直以爲宣王之鼓。在今鳳翔孔子廟中，鼓有十，先時散棄於野，鄭餘慶置於廟而亡其一，皇佑四年向傳師求於民閒得之，迺足。其文可見者四百六十五，不可識者過半。餘所集録文之古者，莫先於此，然其可疑者三四。今世所有漢桓靈時碑往往尚在，其距今未及千歲，大書深刻而摩滅者十猶八九，此鼓按太史公年表，自宣王共和元年至今嘉祐八年，實幹有九百一十四年，鼓文細而刻淺，理豈得存。此其可疑者一也。其字古而有法，其言與雅頌同文，而詩書所傳之外，三代文章真蹟在者，惟此而已，然自漢以來，博古好奇之士皆略而不道。此其可疑者二也。隋氏藏書最多，其志所録秦始皇刻石、婆羅門外國書皆有，而獨無石鼓，遺近録遠，不宜如此。此其可疑者三也。前世傳記所載古遠奇怪之事，類多虚誕而難信，況傳記不載，不知韋韓二君何據而知爲文宣之鼓也。隋唐古今書籍麤備，豈當時猶有所見而今不見之邪。然退之好古不妄者，餘姑取以爲信爾。至於字畫，亦非史籀不能作也。盧陵歐陽某記。嘉祐八年六月十日書。右真蹟。

明・趙崡《石墨鐫華》卷一《周宣王石鼓文》 鼓文出入雅頌，書法淳質，出楚周宣王時史籀筆亡疑，都元敬、楊用脩、王元美諸人辨之已詳。余借得一本，雖磨泐特甚，真三代物也。古人有以爲秦物者，已非，又有以爲宇文周物者，尤可笑。歐陽公最號博雅，乃亦疑之，遂令後人譏駁，無地自容矣。今石猶在太學門內。

《石鼓文》

論説

明・郭宗昌《金石史》卷上《周岐陽石古文》 岐陽石古文，有謂爲周宣王獵碣者，惟董、程二氏以《左傳》成有岐陽之蒐證之，皆鑿鑿有據。其畧云：考之書，天子大蒐，會諸侯，施命令非常事也，史不得無書。若宣王蒐岐，即周史失之，列國不得並逸，胡後世無聞焉，則爲成王信矣，其言真如嶽峙不可復撼。第廣川有其學，有其識，有其辯，而無其筆，故不勝藤葛糾纏，確論反晦耳。鄭樵謂爲秦惠文後及歐陽三疑皆瞽説，迷謬不足與辯。韋應物謂爲文王之鼓，宣王刻詩。真如少君古强之徒，曾目覩其事也，何物又有馬子卿者，以爲宇文周時作，一似無目者，益大可笑。如此，樵又謂石鼓者，立碑之漸千載名言，至謂以石爲鼓，繇其土地之所出，則非也。古人製作，尚象不爲虚器，豈止以地之所出苟且不法耶。觀九州貢物，考工製器，無一不窮極奥眇，以石爲鼓，何所取則乎。今石在太學聖廟戟門，左右寶護無人，冬輒篝火，撫搨燬剥日甚。餘曾手摩其文，與鼓形了不似，其堅類玉，故能久存。就石形之自然少加琱琢，旋轉刻文行字，或七或六，少華山前石之堅潤者，與此無異，想當時因有佳石，即刻置蒐所而已，第文無不典，字無不雅，民休王遊，自加寶愛，此三代有道之長也，非如後世竭力徵石，造天無極，刻龍繡螭，築藩置守，妄意垂遠，然不一轉眄，旋離野火，能得鬼神呵護至今哉。悲夫，余既裝潢成，而題曰周岐陽石古文斷，以成王時物，而不以鼓名，足刊古今之謬。

清・錢大昕《潛研堂金石文字跋尾》卷一《元石鼓文》 右《石鼓文》，今在國子監大成門，左右各五，元國子司業潘廸撰音訓，刻石立其旁，稱見存三百八十六字。今距至元己卯又四百二十餘年，文之存者僅二百五十四，點畫或不具，然猶是周家之故物，非有神物護訶，安能久而不

紀事

清・嚴可均《鐵橋金石跋》卷一《石鼓文》 右《石鼓文》，今在國學櫺星門内，左右各五。元潘迪撰音訓，刻碑立於右旁，偁見存三百八十六字。餘於嘉慶乙丑秋親至鼓所，手自氈椎，得三百十六字，以天一閣所藏北宋拓本校之，僅存十之七而已。古文籀文見於鐘鼎彝器者甚多，石鼓殊不類，謂是周成王、宣王時物，未敢傅和。金馬定國以西魏大統十一年十月西狩岐陽，斷此鼓爲宇文周物。按第九鼓有日佳丙申句，以魏史推之，十月得有丙申，以南北史推之，十月不得有丙申。《續漢郡國志》注陳倉有石鼓山，或即以石鼓得名，則宇文之説亦難盡信。昌黎詩云：公從何處得紙，毫髮盡備無差訛。又云：年深豈免有缺畫。知唐搨有半蝕字，無全闕字，而宋釋諸家皆不滿五百字，又多傅會之失。至楊慎僞造全文，尤無足辯。

清・楊守敬《望堂金石文字・周石鼓文跋》 石鼓文舊拓向推鄞縣范氏天一閣本，其次則靈石楊氏本。乾隆己酉，海鹽張芑堂就范本刻之石，重爲釋，存行世。嘉慶初年，阮文達視學浙江時復刻之杭州府學，十一年又刻之揚州府學，可謂不遺餘力。至道光己亥，張本毁於火。咸豐庚申、辛酉之間，杭、揚兩阮本聞又失之，何受刼如斯之甚耶。今范氏原拓諒已不在人間，杭、揚、海鹽三石刻皆亡，萬存上海徐氏隨軒雙鉤本，畧具輪廓，未臻精要。靈石楊氏雖亦重摹上石，而所據原拓不如范本之舊，乃從阮刻，參校張本，復刻之於木，視徐本差爲古勁，惜乎篇幅側狹，不能如石鼓原式，安得有好古者重刻上石，是則所企望焉。光緒丁丑孟春月，宜都楊守敬記，黄士琳校刻。

雜録

清・王昶《金石萃編》卷一《周宣王石鼓文》 籀文者，周太史籀之所作也，與古文大篆小異。《七畧》曰：史籀者，周時史官，教學童書也。與孔氏壁中古文異體，甄豐定六書二，曰奇字是也。其跡有《石鼓文》傳焉，蓋諷宣王畋獵之所作，今在陳倉。張懷瓘《書斷》。

又 《古文苑》所載石鼓文，乃章樵取薛尚功、鄭樵、王厚之、施宿諸家之説，集録爲一篇，潘迪撰音訓，所多採取，而搜羅最備者，莫如朱彝尊之《石鼓考》，附于日下舊聞之後。同時有南豐劉疑撰《石鼓文定本》，所摹篆文以揚本爲之主，而參以薛尚功鐘鼎欵識，其例凡搨本全者，用圓圍識之，仿佛者無圍，搨本所無，以薛本補者，用方圍，並雜採詩文，薈萃成書。成於康熙乙巳，在《石鼓考》之先。視朱考稍畧，然亦精審，惟其用方圍處，取今所行鐘鼎欵識校之，亦不全合欵識，係崇禎癸酉所刊，恐非善本，然定本亦未可盡據也。又從舊帖中檢得胡正言所摹縮本《石鼓文》，石刻乃本其師李登所輯薛尚功、楊升庵二家之本，細校之，不但與今本欵識多互異之處，即較之搨本，亦有數字不同。又金石圖列鼓形高廣，次第皆備，然七八兩鼓仍同音訓，而與今位置不合，且其所摹問有數字全缺，而今搨本反分明可辨者，亦有全存而今無一畫見者，且有筆畫與搨本異者，大抵諸家著書或但據舊本傳寫，故竟無一書與今搨本脗合者。

又 周宣王石鼓，歐陽文忠公以爲唐以來，韋應物、韓退之嘗盛稱贊，予謂不特二公，老杜固嘗有，李潮《八分小篆歌》云，陳倉石鼓文已訛，況蘇勗載記亦言，石鼓文謂之獵碣，共十鼓，其文則史籀大篆，則知石鼓稱爲周宣王所創者，在昔不止三公也。吳曾《能改齋漫録》。

又 右《石鼓文》宋代搨本，洪武中藏於餘姚儒者趙古則，後歸予家。石鼓昔人論之詳矣，馬定國定爲宇文周時所造，元天臺劉仁本爲《石鼓論》，本之定國，而斷其非史籀之書。二子謬妄，固不俟言。跋復謂蘇勗韋韓諸公去後周未遠，不應繆稱如是，而以其言爲可信。予觀應物退之，其去後周似爲遠闊。勗真觀時仕吏部侍郎，視後周則誠未遠，又按李嗣真《書後品》、張懷瓘《書斷》亦皆以石鼓爲史籀書。嗣真高宗時人，而懷瓘老於開元，則稱石鼓爲籀書者，始於蘇氏，繼於李張，而退之直據之耳。鄭夾漈謂石鼓至唐始出於岐陽，鄭餘慶取置鳳翔孔廟而亡其一，皇祐四年向傳師求於民間得之，十鼓遂足。王順伯謂五代之亂，鼓復散失，司馬池復輦致府學其一鼓已亡，向轉師搜訪足之。二説皆同。予近見傳師跋，乃知第十鼓其先蓋嘗有僞爲者，至傳師而真鼓始復，此皆王鄭之所未及，豈其未嘗見向跋邪。

鄭復謂大觀中，鼓置之辟雍，復取入保和殿，經靖康之變，未知其遷徙與否。王則謂大觀中鼓歸京師，詔以金填其文，靖康之末，保和珍異北去，或傳濟河遇風，棄之中流，而存亡未知，後王子充題此，謂金人入汴剔取其金而棄去之。至元乃輦至京師，置於國學廟門之下。予按《資古録》云，宗寧中，蔡京作辟雍，取十鼓置講堂，後辟雍廢，徙置禁中，則置之辟雍者蔡氏，而所謂禁中即保和殿也。若王鄭之未知其遷徙存亡，蓋當是時北方非中國所有，而二公又皆南人，故云然也。及觀之虞伯生云，金人得汴梁，鼓亦北徙，留王宣撫宅，宅後爲大興府學，伯生助教成均言於時宰，得置之國學大成門内，則淪入濟河與夫金人棄之之説皆不足信，不知二王何從而得之也。餘得唐人拓本於李文正先生，凡七百二字，蓋全文也，嘗刻之木以傳矣。然都元敬《金薤篇》、劉梅國《廣文選》所收仍是殘缺四百九十四字本，蓋亦未見此也。楊慎《升庵外集》。

又 《石鼓文》據楊升庵金石古文載其全文，謂得唐人拓本於李文正家，予讀而驚歎，已録于《京師古石考》中。然陸文裕深謂石鼓經博洽之儒，如王順伯、鄭漁仲搜訪靡餘力，鹹存斷缺。歐陽公《集古録》才四百六十有五字，胡世將《資古》所録僅多九字，孫巨源於佛龕中得唐人所録古文，乃有四百九十七字，近世吾衍子行自謂以甲秀堂譜圖隨鼓形補缺字，列錢爲文，以求章句，又參以薛尚功諸作，亦僅得四百三十餘字。不知近日何緣得此十詩完好，如楊用修之所從來果有的據，固是千古一快，如以補綴爲奇，固不若闕疑爲愈。今細讀十詩，古致翩翩，恐非用修之所能辨，然用修謂得之李文正家，而文正《懷麓堂稿》絶不道及，何也。孫承澤《庚子銷夏記》。

又 國朝崇寧中，蔡京作辟雍，取十鼓置堂後，予嘗見之，辟雍廢，徙置禁中，而岐下有摹本，殊失古意。胡世將《資古紹志録》。

又 温彦威使三京，得僞劉詞臣馬定國文云，石鼓非周宣王時事，乃後周文帝獵于岐陽所作也。史大統十一年獵于白水，遂西狩岐陽。《姚氏殘語》。

又 《古蹟記》云史籀《石鼓文》，不知徐浩何據也。韋左司應物歌云：周宣大獵岐之陽，刻石表功煒煌煌。石如鼓形數止十，風雨缺剥苔蘚澀。飛喘委蛇相糺錯，乃是宣王之臣史籀作。韓退之又從而作歌云：周綱淩遲四海沸，宣王憤起揮天戈。鐫功勒成告萬世，鑿石作鼓隳嵯峨。辭嚴義密讀難曉，如此至寶存豈多。豈亦以浩爲證乎。歐陽公云：言與雅頌同字，古而有法，非史籀不能作。言固同矣，但篆畫行筆當行于所當行，止於所當止。今位置窘澀，促長引短，務欲取稱，如柳帛君庶字是也。意已盡而筆尚行，如以可字是也。十鼓畧相類，姑舉一隅，識者當自神悟，以器窾惟字，參鼓刻惟何惟鯉之惟，則曉然可見矣。蓋字畫無三代醇古之氣，吾是以云，前輩尚疑繫辭非夫子所作，僕於此書，直謂非史籀跡也。翟耆年《籀史》。

《琅琊臺刻石》

論説

清・王昶《金石萃編》卷四《琅琊臺刻石》 按《始皇本紀》，二十八年，作琅邪臺，立石刻，頌秦德，明德意，凡七十二句。末云：維秦王兼有天下，立名爲皇帝，乃撫東土至于琅邪。列侯武城侯王離、列通武侯王賁、倫侯建成侯趙亥、倫侯昌武侯成、倫侯武信侯馮毋擇、丞相隗狀、丞相王綰、卿李斯、卿王戊、五大夫趙嬰、五大夫楊樛從，與議於海上。云云。張守節《正義》言王離以下十人從始皇，咸與始皇議功德于海上，立石于琅邪臺下，十人名字並刻頌。今石刻頌詞全蝕。二世詔書之前惟存二行，一云五大夫闕，一云五大夫楊樛。據《本紀》，則首行闕處是趙嬰名也。蓋十人之名，每行一人，趙嬰以前尚有八行，皆始皇立石時與議之人，非二世從官。所謂石旁著大臣從者名者，即李斯馮去疾臣德之名，與此無涉，且以後十一行字跡亦頗不類，證之《史記》、《正義》，其與頌詞同刻顯然。史載：始皇二十八年，上鄒嶧山、泰山，登琅邪。二十九年，登之罘。三十二年，之碣石。三十七年，上會稽，旬歲之間，立石頌功事凡六，見二世效之，不旋踵而亡天下，功德固安在哉。自秦至今閲數千年，之罘、碣石之刻久已無傳。嶧山、會稽皆出後人重摹，泰山石又毁於火，而此石巋然求存，且一石中備存始皇、二世之跡，金石不朽，信有徵矣。然安知非造物者麈留此刻，以爲萬事好大喜功之主戒也。

又　按《梁書》競陵王子良爲會稽太守，范雲爲主簿，雲以山上有始皇刻石，三句一韻，多作兩句讀之，並不得韻，又字皆大篆，人多不詳。雲夜取《史記》讀之，明日登山讀之如流。今觀《嶧山刻石》及《史記》載泰山、碣石頌詞，皆以三句成韻，以會稽同而《琅邪臺刻石》獨以二句，且其詞冗長，至有三十六韻之多，亦與他刻有異。

綜述

清・張德容《二銘草堂金石聚》卷一　《山東金石志》：琅邪臺在諸城縣治東南百六十里，臺三層，層高三丈許。最上正平，周二百步有奇，東、南、西三面環海，迤北為登臺沙道。臺上舊有海神祠、禮日亭，皆傾圮。祠垣內西南隅，秦碑在焉。色沈黝，質甚麤而堅若鐵。以工部營造尺計之，石高丈五尺，下寬六尺，中寬五尺，上半寬三尺，頂寬二尺三寸，南北厚二尺五寸。今字在西面，碑中偏西裂寸許，前知縣事泰州宫懋讓鎔鐵束之。碑之秦始皇頌詩及從臣姓名久剥去，今所存者，二世從官名及詔書十三行八十六字，字徑二寸。石上下各刻一線為界，自二行弟二字至末行弟一字，有横裂痕。弟三行、八行、十行之前，皆有直裂至底。弟十二行前裂痕半至弟五字而止。綜計每行八字，二行與三行相間少遠，詔書與從臣名不相屬也。末行三字，漫漶特甚。周視之，實再無可辨之文。容咸豐甲寅歲遵海而南，曾至其地望之，其臺臨海而甚高，刻石在其上，頗為難拓，碑賈又復惜紙，故凡拓本有五夫楊樛必缺制曰：可，有制曰：可則缺五夫楊樛。至前尚有五夫，拓本實未之見也，惜未能如劉跋之親至其上一撫之。宋熙甯中，蘇翰林守密令盧江文勛别刻一石於超然臺上，元吾子行撰《周秦刻石音釋》，謂其不類秦刻而不收録。容按秦刻今所見，惟此刻存字為多。篆勢古峭所斷後人所能髣髴，觀與《史記》同，惟詔書金石刻《史》作詔書刻石為少異。又《説文》秦刻石也。字即於此見之。

清・楊鐸《函青閣金石記》卷一　右刻石篆書，在山東諸城，阮氏《揅經室跋》云：元至山東，求秦石刻。如《嶧山》、《成山》皆久佚，泰山石刻於乾隆戊午歲燬於火，惟得舊拓本《之罘》石刻墮入海鄉福山，官士訪之，終不可得。惟《琅邪臺》秦二世石刻巋然獨存，是神物也。甲寅春，至青州，時檄諸城學官物色之，以拓本來，遂知之甚悉琅邪臺在諸城縣治東南百六十里，臺三成，高三丈許。最上正平，周二百步有奇，東、南、西三面環海，迤北為登臺河道。臺上舊有海神祠、禮日亭，皆傾圮祠垣內西南隅，秦碑在焉，色沈黝，質甚粗而堅若鐵。又云：碑字高，跋足始可及。拓時須天氣清朗，否則霧重風大，拓不可成。碑上薜荔皆滿，捎去周視之，再在無可辨之文矣。余案趙德甫謂熙寧中蘇翰林守，密令盧江文勛摹榻刻石，即此石也。别在超然臺上，相距百餘里，與此無涉，此即秦石原刻。今流傳拓本止十一行，文達公所藏共十三行，五夫夫楊樛前尚有五夫夫一行，臣昧死請，後尚有制曰可一行，乃近今所僅見也。

宋・趙明誠《金石録》卷一三《秦瑯邪臺刻石》　右《秦琅邪臺刻石》，在今密州，其頌詩亡矣，獨從臣姓名及二世詔書尚存。然亦殘缺。熙寧中，蘇翰林守密，令盧江文勛模榻刻石，即此碑也。從臣姓名五大夫作夫夫，泰山秦篆亦如此。

清・王昶撰《金石萃編》卷四《秦》　石高三尺二寸五分，廣三尺十三，行行八字，今在諸城縣現琅邪臺。

清・洪頤煊《平津讀碑記》卷一《琅邪臺刻石》　右《琅琊臺刻石》，在諸城縣東百六十里，碑十三行八十六字。首行五夫二，次行五夫二。楊樛三行皇帝曰以下皆二世詔書，與《史記・始皇本紀》所載無異。當時每刻石，後皆著此段文。《本紀》云：盡刻始皇所立刻石，石旁著大臣從者名五大夫趙嬰，五大夫楊樛，前從始皇與議於海上，故二世刻石，復著其名于石旁。

藝文

宋・蘇軾《書瑯琊篆後》跋漢郎中鄭固碑卷上　秦始皇帝二十六年，初并天下。二十八年，親巡東方海上，登上琅琊臺觀出日，樂之忘歸。從黔首三萬家，臺下刻石頌秦德焉。二世元年，復刻詔書其旁，今頌詩亡矣。其從臣姓名，僅有存者。二世詔書具在。自始皇帝二十八年歲在壬辰，至今熙甯九年丙辰，凡千二百九十五年。而蜀人蘇軾來守高密，得舊紙本于民間，比今所見，猶為完好，知其存者磨滅無日矣。而廬江文勛適以事至密，勛好古善篆，得李斯用筆意，乃摹諸石，置之超然臺上。夫秦雖無道，然所立有絶人者，文字之工，世亦莫及，皆不可發，後有君子得以覽觀焉。蘇東坡。

《泰山刻石》

論説

宋・董逌《廣川書跋》卷四《泰山篆》 《泰山篆》，秦丞相李斯書。慶歷庚子歲，宋莒公惜其殘剥，摹石于東平郡，凡四十七字。江鄰幾治奉符患，四方求者日至，厭于供命，則又刻其字于縣廨。按其文，秦二世詔也。《史記》載：始皇帝上泰山，立石封祠下禪梁父刻所立石詔書，其敘巡狩以時，不書封禪事，立石書詔非緣封禪發之，疑《史記》自誤。二世元年，東行郡縣竝海南，至會稽，盡刻始皇所立石，石旁著大臣從者名如此，則泰山刻石始皇帝所立，始皇詔書刻其三面，二世詔宜在其陰。今石南面為二世詔書，始皇帝刻詔書乃在北、西、東三面，蓋石仆而後人起立植之，以其一面稍完，故立之南鄉，此其故也。河間劉跂嘗披抉剔去其翳蝕處，得字九十有八，班班可知。以《史記》考之，其詞可讀。明年，余至泰山，就視其石，高纔八九尺，方面二尺餘，以亂石培其下。昔所建立，蓋鑿石為穴，下寢其中，歲久摧仆，則後人累石固其趾以存。至字則止此，未可以久遠期也。

清・張德容《二銘草堂金石聚》卷一 右《秦泰山刻石》二片，一高一尺一寸，上廣三寸，下廣四寸。一高九寸，廣七寸。考《集古》所録，止二世詔書數十字。大觀中，劉跂親至山頂，見其四面有字，手撫以歸，因作為譜，於是宋時有完具之本。趙明誠取以正史之誤。元楊東里吾子行所見，則又僅二世詔數十字。明都元敬舊藏有五十一字，北平許某於榛莽中得之而跋其後，止存二十九字。至乾隆間，二十九字之石又復失，去後復得於玉女池，則殘石二片，僅存十字。全字七，半字三而已。即今拓本是也。《山東金石志》及王氏《萃編》雖皆據二十九字本入録，其實當時已無二十九字之石也。潘伯寅云：今所存《泰山碑》非原刻，當即宋莒公所橅者，以為秦皇立石頌德，必堅厚高大，非後世尋常碑石可比，今之碎為數小片者，殊為不類。以容考之，此石不類秦原刻。其可疑者，不特碑石之薄小而已。《金薤琳琅》云：刻文起西面，而北而東而南，共二十二行。其末行制曰可三字復轉刻西南稜上，當時刻石誇示，後世二世又表明之，其意何等鄭重，則分行位置，恐未必如此草率隨意，一也。王氏昶云：得舊拓本摹之，其弟二行止昧死言三字，弟三行提起作臣請具刻云云，與琅琊刻石接連者不同，疑當時此處石已剥泐，不能直書。容按《集古録》云：石頑不可鐫鑿，意當時必採堅石，如琅邪之碑，質雖粗而堅若鐵，始皇二十八年至二世元年，相去纔十年，未必遂至剥泐。況臣字與皇帝制曰一律提行，體制亦二世所忌，二也。阮文達云：登岱頂見《無字碑》，碑之高、廣、厚尺度一如《琅邪臺碑》，所差不過分寸間，由此可決無字為秦石之立而未刻者。容按秦皇刻石凡六，餘皆燬佚無可考證，惟琅邪特存。其尺度既如一，則知其為一律無疑，必無泰山以小石另刻之，理三也。容嘗聞山友人，多言泰山頂有秦《無字碑》，形如石柱，絶為高大，仰視其上，尚有筆跡如虎字者。竊謂此真秦刻原石。所謂如虎字者，蓋即帝字。古人有帝虎之誤，正是如此。因歲久漫剥，遂疑以為無字耳。潘説確有見地，向來未經人道，惜未得登泰山一證之也。

綜述

宋・歐陽修《集古録跋尾》卷一《秦泰山刻石》 右秦二世詔，李斯篆。天下之事，固有出於不幸者矣。苟有可以用於世者，不必皆賢聖之作也。蚩尤作五兵，紂作漆器，不以二人之惡而廢萬世之利也。篆字之法，出於秦李斯。斯之相秦，焚棄典籍，遂欲滅先王之法，而獨以己之所作刻石而示萬世，何哉。按《史記》秦始皇帝行幸天下凡六刻石，及二世立，又刻詔書于其旁，今皆亡矣，獨泰山頂上二世詔僅在所存數十字爾。今俗傳《嶧山碑》者，《史記》不載。又其字體差大，不類泰山存者。其本出於徐鉉，又有別本云：出於夏竦家者。以今市人所鬻校之無異。自唐封演已言《嶧山碑》非真，而杜甫直謂棗木傳刻爾。皆不足貴也。余友江鄰幾謫官於奉符，嘗自至泰山頂上視秦所刻石處，云石頑不可鐫鑿，不知當時何以刻也。然而四面皆無草木而野火不及，故能若此之久。然風雨所剥，其存者纔此數十字而已。本鄰幾遺余也，比今俗傳《嶧山碑》本特為真者爾。

宋・趙明誠《金石録》卷一三《秦泰山刻石》 右秦《泰山刻石》。其後大中祥符歲，真宗皇帝東封此山，兖州太守模本以獻，凡四十餘字。其後宋莒公模刻于石，歐陽公載于《集古録》者皆同。蓋碑石為四面，其三面稍摩滅，故不傳世，所見者特二世詔書數十字而已。大觀間汶陽劉跂斯立親至泰山絶頂，見碑石四面有字，乃模以歸。文雖殘缺，然首尾完具，不可識者無幾。於是秦篆完本復傳世間矣。以《史記》本紀考之，頗多異同。史云親巡遠方黎明而碑作親巡遠黎，史云大義休明而碑作著明，史云垂于後世而碑作陲于後嗣，史云皇帝躬聖而碑作躬聽，史云男女禮順而碑作體順，史云施于後嗣而碑作昆嗣，史云具刻詔書刻石而碑作金石刻，皆足以正史氏之誤。然則斯碑之可貴者，豈特玩其字畫而已哉。碑既出斯立模其文刻。

清・畢沅《山左金石志》卷七《碑無年月讓書在諸城頤》 聶劍光《泰山道里記》云，秦刻石先是在嶽頂玉女池上，後移至碧霞元君祠之東廡。石高四尺，四面廣狹不等，載始皇銘辭及二世詔書，世傳為李斯篆，字徑二寸五分。宋人劉跂親為摩拓，得字二百二十有三。近年摹本僅存臣斯以下二十九字，末有明北平許口隸書跋。乾隆五年廟炎，碑遂亡。沅藏舊拓本高三尺七寸，廣一尺一寸，存字四行，筆意同《瑯琊石刻》，惟字形較大。首段界一線，中有裂縫痕。首行上泐二字，下泐一字四行，請字下有分書兩行云。岱史載秦篆碑僅存此二十九字。余至泰山頂上，從榛莽中得之，恐至湮没，因口之口口以口口古之遺跡云。北平許口并題字徑一寸。其城内嶽廟一石乃從者翻出者，真優孟衣冠也。

清・趙搢《金石存》卷二 右秦《泰山碑》，宋尚書郎潘師旦摹本，嘗刻入《絳帖》者也。《金石録》云：大中祥符歲，真宗東封，兖州太守摹本以獻，凡四十餘字。其後，宋莒公摹刻于石歐陽公載於《集古録》者皆同。大觀間，汶陽劉跂斯立親至泰山絶頂，見碑四面有字，乃摹以歸。文雖殘缺，首尾完具，不可識者無幾。秦篆完本復篆世間。斯立摹其文刻石，自為後敘，謂之泰山秦篆譜。《金薤琳琅》云：近得劉譜後敘，謂篆石埋植土中，崇四五尺，五十一字，在南面字稍平，故常為人摹搨。其三面皆殘缺蔽闇，跂刮磨垢蝕，而字始出。蓋刻文起西面，而北而東而南共二十二行，其末行制曰可三字復轉刻西南稜上，由是篆文首尾幾于復完。此譜作於大觀間，而《絳帖》後署淳化五年勒石前劉譜百有餘年。今觀《金薤琳琅》所載，劉譜與《絳帖》正合。意斯立作譜時，當即以潘本為據，而又親至碑所相參定耳。今泰山頂碧霞元君東廡但存臣斯臣去疾以下二十九字，而劉譜世亦鮮傳，泰山秦篆又幾不可復識。予因取潘本録之，并取劉譜相證，庶幾好古者得有所攷據云。申徒駉《會稽碑跋》云：行臺侍御史李處巽獲劉跂所摹本刻于健業郡庠，《楊東里集》亦云應天府學有此譜刻石，余得之張士謙。應天府學，即今江寧縣學。予嘗屢過其地，惟見吴天發《神讖碑》及李處巽所摹《嶧山碑》在尊經閣下，而泰山譜無有問之，人亦莫有知者，俟更訪之。

紀事

明・都穆《金薤琳琅》卷二《秦泰山刻石》 右《秦泰山刻》石，歐陽公謂其友江鄰幾嘗至泰山，視秦刻石，所存僅數十字，而其本乃鄰幾所遺。趙明誠實宋真宗東封，兖州守摹本以獻，凡四十餘字，後宋莒公刻之於石。其説與歐陽公合。明誠復謂大觀間汶陽劉跂親至泰山絶頂，見碑四面有字，乃摹其文刻石，自為後序，謂之泰山秦篆譜。明誠復以《史記》與譜較之，不同者凡十數字，謂足以正史氏之失。予家舊藏此刻僅五十一字，乃二世詔，即歐陽公所謂江鄰幾本，趙氏所謂兖州及宋莒公摹本是也。近得劉譜，視前加九十三字。後序謂篆石埋植土中，崇四五尺，五十一字在南面稍平，故嘗為人摹搨。其三面皆殘闕蔽闇，跂刮摩垢蝕，而字始出。蓋刻文起西面，而北而東而南，其二十二行。其末行制曰可三字復轉刻西南稜上，由是篆文首尾幾於復完，而俾之傳世，此則跋之功也。董氏書跋謂二世詔書宜在石陰，而今在其南。始皇之詔乃在北、西、東三面，蓋碑石嘗仆，後之人以一面稍完，故樹之南向。董又謂石崇九尺，面方二尺餘，而跋云石之崇五尺，更俟登山訪之。歐陽文忠、宋莒公皆不知《嶧山碑》四面有字，蓋在劉譜未出之前。元吾衍子行號稱博洽，其《學古編》云又皆剝落，惟二世詔一面稍見，豈亦未嘗見劉譜耶。

清・嚴可均《鐵橋金石跋》卷一《泰山刻石》 秦《泰山刻石》舊在玉女池上西公所後，明宏治中僉事潔河許莊移之西公所壁間。擁雍乾間，公所傾圮，石亡。此明拓舊本，家侍讀長明字道甫所藏，嘉慶十三年孫淵如觀蔡得之於金陵。其明年，歸余插架。

清・楊守敬《望堂金石文字・泰山刻石》 秦《泰山刻石》，宋大觀間，汶陽劉跂親至岱頂摩拓，得二百二十三字，《甲秀堂帖》載其全譜。至明吴同春所記則僅存劉譜之半。其後北平許某從榛莽中搜得廿九字，嵌置碧霞元君廟東廡，至乾隆五年燬於火。嘉慶二十年，泰安縣知縣蔣因培又從玉女池中得殘石二片，其存十字，然廿九字本尚有存於世者。岱廟中先有摹刻，不久旋佚。邑人聶劍光摹於縣署土地祠，阮文達摹於揚州北湖，孫淵如摹於魏《高貞碑》陰，梁茝林摹於岱廟公輸子祠，葉東卿摹於大別山，又雙鉤十字刻於平安館。諸本以北湖為最，梁本次之。然以殘石十字相較終覺優孟衣冠。余從楊君惺吾借得舊藏廿九字原本，雙鉤刻之，視諸本似為古勁。蓋翻刻古碑，為雙鉤之法為善也。光緒丁丑春三月，宜都黄士瀚識。

清・楊鐸《函青閣金石記》卷一 右刻石為李斯篆書，秦二世元年立，四面刻字，向在泰山頂玉女池上。宋大觀中，劉跂拓得二百二十三字，為《泰山篆譜》。至明嘉靖間，北平許君搜得於榛莽中，僅存四行二十九字，移置碧霞元君祠東廡陷之壁間。第四行末有許君隸書跋，凡兩行四十八字，即其原石也。乾隆五年，碧霞祠火，此石遂亡。拓本有日減少無日增之歎。後人摹刻岱廟，邑人聶劍光又勒於縣署土地祠後岱廟亦佚，惟存聶本而已。儀徵阮文達公刻置於揚州北湖祠塾梁。茝林方伯又以所藏摹勒於公輸子祠。吴平齋太守得舊拓本，屬吴讓之摹勒於焦山。皆不及原刻之神味完足耳。此本為任城孫松坪侍郎家藏，有孫淵如觀察題記，當是百數十年前原石舊拓。其弟禮園太令同官江南，攜至金陵，出以見示。余用油素手鉤一通，擬他日付之剞劂，與海内好古之士共相欣賞，又何異許多古刻在世乎。馮氏《金石索》依《金蘭琳琅》分為四段，摹其全文。第一段西面六行，凡六十三字。二段，北面三行三十六字。三段東面六行，凡六十七字。四段南面七行，凡五十六字。此二十九字分四行，即其全文之後語在第四段之末。南面二段之西一段，前者《山左金石記》云城内嶽廟一石，乃從此翻出，真優孟衣冠也。

《嶧山刻石》

論說

宋・趙明誠《金石録》卷一三《秦嶧山刻石》 右秦《嶧山刻石》者，鄭文寶得其摹本于徐鉉，刻石置之長安。此本是也。唐封演《聞見記》載此碑云：後魏太武帝登山，使人排倒之，然而歷代摸拓之，以為楷則。邑人疲于供命，聚薪其下，因野火焚之，由是殘缺，不堪摹寫，然猶求者不已。有縣宰取舊文勒于石碑之上，置之縣廨。今人間有《嶧山碑》者，皆新刻之本。而杜甫詩直以為棗木刻者，豈又有別本歟。按《史記・本紀》：二十八年，始皇東行郡縣，上鄒嶧山，立石，與魯諸儒生議刻石頌秦德。而其頌詩不載。其他始皇登名山凡六刻石，《史記》具是載其詞，而獨遺此文，何哉。然其文詞簡古，非秦人不能為也。秦時文字見于今者少，此雖傳之餘，然亦自可貴云。

明・趙崡《石墨鐫華》卷一《秦嶧山石刻二種》 唐封演謂魏太武登山，排倒此碑，然猶模拓者多，邑人疲于奔命，聚薪焚之。有縣宰取舊文勒于石。其後徐鉉得模本，鄭文寶刻于長安。自此刻者甚衆。評者謂長安第一，鄒縣最下。而杜甫詩又云：嶧山之碑，野火焚棗木傳刻肥失真。據此數說，則嶧山舊石亡。在開元之前，其翻本或以石，或以木則未知鉉所録者，縣令所刻石耶，抑即肥失真之木耶。而鉉自謂得思于天人之際，何也。

余所收二本，一為鄭文寶本，正臨自鉉者，僅存形似，無復神情。其一本則至元間翻刻，據跋，元祐中縣令張文仲刻之矣。此又當居文寶本之下。原文二段，後段乃二世詔文。都元敬謂宜在石傍，文寶誤録為一，而至元刻跋以為皆二世頌始皇語，尤可笑

明・都穆《金薤琳琅》卷二《秦嶧山刻石》 秦相李斯書《嶧山碑》，跡妙時古，殊爲世重。故散騎常侍徐公鉉酷耽玉箸，垂五十年，時無其比。晚節獲《嶧山碑》摸本，失其筆力，自謂得思於天人之際，因是廣求己之舊跡，焚擲略盡。文寶受學徐門，粗堅企及之。

又 右秦《嶧山刻石》，宋淳化中，太常博士鄭文寶以徐鉉模本刻之長安者。唐封演謂此歷代模搨本，邑人疲於供命，聚薪焚之，令取舊文刻置縣廨，則嶧山前此嘗有是刻，蓋至唐而始焚。歐陽公以嶧山無此，而疑其非真，非也。宋董彦遠書跋謂其文考於《史記》多不合，而疑傳者之誤。今《史記》實無此文，則傳者未必誤，特董氏之自誤耳。自文寶刻徐氏本，其後翻本頗多。世之評者，謂長安第一，紹興第二，浦江第三，應天府學第四，青社第五，蜀中第六，鄒縣第七。又予聞之先師李文正公言，嘗見秘閣舊本，才二十五字。今所傳徐本，乃其全文而字復加大。何哉。此碑自皇帝曰以下乃二世詔文，在始皇刻石之旁。予見《泰山碑》如此，鄭文寶不見，秦刻其所刻乃徐氏摹本，故牽聯誤書。然此碑非文寶之傳，則後世不復再見，文寶可謂有功於字學者。而《宋史》列傳不言其能書，殆以政事而揜之耳。

清・顧炎武《金石文字記》卷一《嶧山石刻》 李斯篆，秦刻久亡，宋淳化四年，太常博士鄭文寶以徐鉉摹本刻之于石，在陝西西安府儒學中。元至元二十九年，重刻者在鄒縣治。其文有云功載日作，當是攻字。古人以攻、功二字通用。齊侯鎛鐘銘肇敏于戎功作攻，《周禮》肆師凡師不功，則助牽王車，故書功為工。鄭司農讀為功，古者工與功同字。

清・趙摺《金石存》卷二 右秦《嶧山碑》，宋徐鉉摹本，鄭文寶刻石，今在西安府學。按秦皇巡行天下，凡六刻石，嶧山最先。《史記》獨無此文，何也。少陵云：嶧山之碑野火燒，棗木傳刻肥失真。封演《聞見記》云：後魏太武登山，使人排倒之。然而歷代摹拓以為楷則，邑人疲于奔命，聚薪其下，因野火焚之，由是殘缺，不堪摹寫。然猶上官求清，行李登涉，人吏轉益勞弊。有縣宰取舊文勒于石碑之上，凡成數片，置之縣廨，則拓取徐氏所摹，不知出于何本。鼎臣兄弟以善篆名當世，此本雕臨古字，實以己法運之，故縝密茂美，是唐以後書，無先秦以上遺意也。董彦遠言：陳伯修示以寺山銘，字已殘缺，其可識者廑廑耳。視其氣質渾重有三代遺意，此必野火未燒時搨本矣。按，此碑未經野火時本未嘗殘缺，此殘缺者，正當在火燒後耳。董又云：其文攷《史記》多不合。今《史記》實無此文，何言之謬也。楊士奇《東里續集》云：嘗見陳孝思論《嶧山碑》翻刻次第云：長安第一，紹興第二，浦江鄭氏第三，應天府學第四，青社第五，蜀中第六，鄒縣第七。攷鄒縣有二刻，一宋元祐八年邑令張文仲刻，置嶧陰堂。一元至元二十九年重刻，在鄒縣治。應天府學本，李處巽刻，在江寧縣學尊經閣下，三字一行，作横列式。吾子行以為甚謬。青社本，金皇昌甲寅河南李仲坦刻，旁有跋，其本亦得自徐氏者。

又 近從恭壽先生處見有李陽冰書《嶧山碑》，其字較鄭本差小，而力緩筋懈，與陽冰他書絶異。攷之于古，亦不聞陽冰曾摹是碑，疑好事者轉臨鄭本而加以李監名耳。都太僕云：皇帝曰以下，乃二世詔文，在始皇石刻之旁。予見《泰山碑》如此，鄭文寶不見秦刻，其所刻乃徐氏摸本，故牽連誤書。謝蒼湄曰：此碑二紙，一紙書頌，一紙書二世詔。二世詔一面字差小，不得謂牽連誤書也。予按第二紙首行原有頌語數句，皇帝曰：字亦未嘗別作行。都公所言甚為有理。滄湄公云云，反似未見此碑者，何也。《金石文字記》云：功戰日作當是攻字，古人功、攻二字通用，齊侯《鎛鐘銘》肇敏于戎功，作攻。予又按荀子《議兵篇》械用兵革攻完便利者。強，楊倞註攻當為功。《國語》辨其功苦，韋昭註功與攻同。封演《見聞記》云：《嶧山碑刻》此樂石，讀者多不見曉。顔師古謂以泗濱浮磬石作碑也。

綜述

宋・歐陽修《集古録跋尾》卷一《秦嶧山刻石元第九百五十》 右秦《嶧山碑》者，者始皇帝東巡，羣臣頌德之辭。至二世時，丞相李斯始以刻石。今嶧山實無此碑，而人家多有傳者，各有所自來。昔徐鉉在江南以小篆馳名，鄭文寶其門人也，嘗受學於鉉，亦見稱於一時。此本文寶云是鉉

所摹，文寶又言嘗親至嶧山訪秦碑莫獲，遂以鉉所摹刻石於長安，世多傳之。余家集録別藏泰山李斯所書數十字尚存，以較摹本，則見真偽之相遠也。治平元年六月立秋日。右真蹟。

清・洪頤煊《平津讀碑記》卷一《嶧山刻石》 右《嶧山刻石》，據封氏《聞見記》，後魏太武登山，使人排倒。此碑後世傳摹重刻，今所見本以長安鄭文寶本為最佳。説文八古文。及秦刻石及如此，此碑陀及五帝及字不如此作。

紀事

清・朱楓《雍州金石記》卷一《秦嶧山石刻》 《嶧山石刻》，李斯篆書。秦刻久亡。宋鄭文寶以徐鉉摹本刻石，在陝西西安府。儒學石裂爲三，共二百二十二字，石刻兩面鄭記録於左。秦相李斯書《嶧山碑》，跡妙時古，殊爲世重，故散騎常侍。徐公鉉酷耽玉箸，垂五十年，時無其比。晚節獲《嶧山碑》摸本，師其筆力，自謂得思於天人之際，因是廣求己之舊跡，焚擲略盡，文寶受業徐門，粗堅企及之志。太平興國五年春天，再舉進士不中，東適齊魯客，登嶧山訪秦碑，邈然無覩，逮於旬浹，怊悵於榛蕪之下，惜其神蹤將墜於世，今以徐所授模本，刊於長安故都國子學，庶博雅君子見先儒之指歸。淳化四年八月十五日，承奉郎守太常博士陝府。州水陸計度轉運副使賜魚袋鄭文寶記。

《魯孝王刻石》

論説

清・顧炎武《金石文字記》卷一《魯孝王刻石》 金高德裔記曰：魯靈光殿基西南三十步有池，明昌二年詔修孔子廟，匠者於池中得此石。其文曰五鳳二年，魯卅四年六月四日成，今在孔子廟中。五鳳二年者，漢宣帝有天下之年也。魯卅四年者，魯孝王有國之年也。上書天子大一統之年，而下書諸侯王自有其國之年，此漢人之例也。

清・葉奕苞《金石録補》卷二《漢魯孝王刻石》 右石金高德裔修孔廟，掘太子池得之。太子者，景帝子，名餘，封于魯，俗呼為太子也。池在靈光殿基西南三十步，曰五鳳二年，宣帝號也。又曰魯三十四年，德裔以為餘孫孝王時也。又曰六月四日成者，當時建廟鑿池，記其成功之日也。歐陽公得《林華宮行鐙銘》以為始有前漢字，補余之闕，曾未有石本也。趙氏止鄭三益闕銘、陽朔磚字居攝墳壇二刻石耳。此碑既湮沒而復出，豈非神物不終晦歟。顧炎武曰：上書天子大一統之年，而下書諸侯王自有其國之年，此漢人之例也。三代之時，侯國之為史者，但書本國之年，而不書天子之年，漢時諸侯王得自稱元年。前書《諸侯王表》：楚王戊二十一年為孝景三年，楚王延壽三十二年為地節元年之類是也。又考漢時不獨王也，即列侯于其國亦得自稱元年。《史記・高祖功臣侯年表》：高祖十八年，平陽懿侯曹參元年。孝惠六年，靖侯窋元年。孝文後四年，簡侯奇元年是也。

清・錢大昕《潛研堂金石文跋尾》卷一《五鳳二年刻石》 右五鳳二年石刻，文曰五鳳二年，魯卅四年六月四日成。凡三行，一十三字。按《漢書・諸侯王表》：魯孝王慶忌以後元元年嗣，三十七年薨。則五鳳二年當為孝王之三十三年，與石刻不合。予因取表與本傳反覆校之，如魯共王餘以孝景二年立為淮陽王，二十八年薨，表與傳並同計，其薨年當在元朔元年，而表乃以為安王光之元年。表稱文王晙十九年薨，而傳作十八，則魯諸王嗣封年歲，史文固多牴牾。此刻出，於當時宜得其實也。

清・洪頤煊《平津讀碑記》卷一《魯孝王刻石》 右魯孝王刻石，在曲阜縣孔子廟，文云：五鳳二年，魯卅四年六月四日成。金明昌二年始出，士高德裔曼卿有記。錢辛楣少詹謂魯孝王慶忌以後元元年嗣，則五鳳二年當為孝王之三十三年。頤煊謂漢表據踰年改元故，以後元元年為孝王慶忌元年，此魯國所書以即位之日為始，故自征和四年下，距五鳳二年為三十四年，漢表諸侯王皆踰年改元，唯《武帝紀》元朔元年書魯王餘薨，表書元朔元年安王光嗣，未踰年改元，此乃其變例也。

清・翁方綱《兩漢金石記》卷七《五鳳二年石刻》 右五鳳二年石刻牛氏《金石圖》云：石高一尺一寸，濶一尺九寸，厚一尺，字刻右方，周方七寸，在曲阜孔子廟同文門西側北向。

錢竹汀詹事《潛研堂金石文跋尾》云：魯孝王慶忌以後元元年嗣，則五鳳二年當為孝王之三十三年，與石刻不合。方綱按：魯共王餘以孝景二年立為淮陽王，二年徙魯，二十八年薨。此魯共王餘之二十八年者，漢武帝元朔元年也。史表書曰元朔元年安王光嗣，四十年薨，則是安王光未逾年改元也。準此度之，則孝王慶忌自必亦以未逾年改元矣。既以元朔元年為安王光之元年，則自應以征和四年為孝王慶忌之元年。而自征和四年計至五鳳二年，正是三十四年矣。史表書曰後元元年，孝王慶忌嗣者，據各國赴告之文書之，非孟堅之失也。蓋孝王上承安王之制，未逾年改元，而其赴告於朝，則曰後元元年嗣位。若逾年改元也者，此或魯國臣下諱言未逾年改元而為此赴告之詞，漢朝未能核正之耳。此刻曲阜人皆言是石，朱竹垞以為甎者，非也。此刻凡三行十三字，文甚完具，孫北海以為殘字者，非也。此刻乃漢初篆變為隸之書，然可云隸而不可云篆，且止可謂之隸而不可謂之分。朱竹垞、吴山夫以為篆書，李光映以為八分書者，皆非也。予於隸八分考卷内詳之。

十三字中，惟五字中畫六字下畫尚餘篆勢，鳳之鳥、魯之魚皆於篆理相合，渾倫樸古，隸法之未經瑚鑿者也。婁彦發舉漢隸年字垂筆之長，蓋僅見楊孟文《石門頌》耳，不知西漢之字已開此法矣。

膠州高南阜鳳翰嘗以是刻舊拓本手自鈎摹，今餘姚張氏為鋟木以傳之，然原本鳳字兩旁並無分出之波，魯字上半中有直畫，魚下之火亦尚分明，高摹皆誤。

綜述

清・王昶《金石萃編》卷五《魯孝王石刻》 石高一尺五寸，廣二尺三寸，三行十三字，後刻高德裔記正書。今在曲阜縣孔廟。

紀事

清・王昶《金石萃編》卷五《魯孝王石刻》 按此石以金明昌二年出土，蓋章宗明昌元年三月詔修闕里孔子廟，二年春興廟工。據後方記，乃知提控修廟者，即高德裔也。靈光殿搆于景帝之子，共王餘此石乃餘孫孝王慶忌時刻，不知其所用。《金石録》補謂周亮工宫山左時有人翻刻此石，易原石而去。亮工所得拓本，較俗本迥異。今審石本古質可愛，定為原刻其説蓋未確也。近人高鳳翰嘗鈎摹舊拓本，餘姚張氏鐫之于木，字畫譌誤，殆無足取。

雜録

清・王昶《金石萃編》卷五《魯孝王石刻》 按德裔題記，以此書為石。朱竹垞《曝書亭集》則云：五鳳二年塼一冉，嵌曲阜孔廟前殿東壁，篆文一行，志塼植之歲月，則又以為塼。又其書極古質，今雖模糊，然斷是隸不是篆，竹垞竟目為篆，皆不可曉。王樹《竹雲題跋》。

孔林《墳壇石刻兩種》

論說

清・洪頤煊《平津讀碑記》卷一《居攝墳壇刻石》 右《居攝墳壇刻石》，在曲阜縣孔子廟。一曰上谷府卿墳壇，一曰祝其卿墳壇，皆居攝二年二月造。卿猶君也，尊美之詞。上谷府卿，上谷太守也，猶《西嶽華山碑》，弘農太守稱袁府君。祝其卿，祝其令也，猶郎中鄭固碑，著令稱著君，卿為上下通稱。故《武開明碑》終於吳郡府丞，《武榮碑》稱吳郡府卿，南安長王君平鄉道碑有丞什邡王卿、尉綿竹楊卿，卿即君也。

清・張德容《二銘草堂金石聚》卷一　右《墳壇刻石》拓本二種，約高五寸，廣六寸，著於趙氏《金石録》。洪氏隸續論之云：趙氏有居攝墳壇刻石二，其一曰上谷府卿墳壇，一曰祝其卿墳壇皆居攝二年造。趙云上谷郡名，祝其縣名，王莽時官名曰易，史家不能盡紀，不知府卿、祝其卿為何官，予嘗於廣漢屬國造橋碑論之矣。應劭所云大縣有丞左右尉所謂命卿三人。漢隸有吳郡府丞《武開明碑》，而《武榮碑》中稱之曰吳郡府卿。又沈子琚《緜竹江堰碑》云縣丞王卿，則居攝墳壇所刻乃上谷府丞。祝其，丞也。又牛氏《金石圖》著其形制云：二石龕龕椁四圍而鑿其中，刻之於內。祝其卿龕崇一尺，廣二尺，厚一尺五分。其龕崇二，以為鑿崇以其三為兩椁之崇，十分其龕，廣三而殺之，以為鑿廣，弦鑿於龕上下中也。以其厚之弱，為之鑿深。上谷府卿龕榮與廣厚如祝其之數，惟鑿廣十分，其龕廣而三之六寸也。他形制從同，同在曲阜縣孔子墓前，雍正十年，廟官陳百户移置孔子廟西齋宿所。又《兩漢金石志》，張塤曰：祝其隸東海郡，新莽天鳳改名。猶亭山，此在居攝時，故猶曰祝其，非《左傳》杜注夾谷即祝其，隸泰山郡之萊蕪者也。翁方綱云：《漢志》祝其隸東海郡。下，泰山郡則無之，蓋《左傳》之祝其非漢之縣名矣。容按：《漢志》祝其，莽曰猶亭，無山字。《左傳》杜注祝其即夾谷。後漢《郡國志》東海郡下云：祝其有羽山，春秋時曰祝其。夾谷地與杜注正同，並無以隸泰山郡之萊蕪為祝其之說。惟顧炎武《左傳補正》有在今萊蕪縣語，是張氏因顧氏之說而誤，翁氏又因張氏之說而誤也。

綜述

宋・趙明誠《金石録》卷一四《漢居攝墳壇刻石二》　右《居攝墳壇》刻石二，其一云上谷府卿墳壇，其一云祝其卿墳壇，皆居攝二年三月造。上谷，郡名。祝其，縣名。不知所謂府卿與與縣卿為何官，蓋自王莽居攝，官名日易故史家不能盡紀也。其曰墳壇者，古未有土木像，故為壇以祀之。兩漢時皆如此。

清・王昶《金石萃編》卷五《孔林墳壇石刻兩種》　二石龕龕椁四圍而鑿其中，刻之於內。祝其卿龕崇一尺，廣二尺，厚一尺五分。其龕崇二，以為鑿崇，以其三為兩椁之崇，十分其龕，廣三而殺之，以為鑿廣，鑿廣五寸五分。餘以為椁廣，一在左，二在右，以置其鑿弦，鑿於龕上下中也。以其厚之弱為之鑿深。上谷府卿龕崇與廣厚，如祝其之數，惟鑿廣十分，其龕廣而三之六寸也。他形制從同，同在曲阜縣孔子墓前，雍正十年，廟官陳百户移置孔子廟西西齋宿所。《金石圖》。

《開通褒斜道刻石》

論說

清・畢沅《關中金石記》卷一《漢中太守鄐君開石門道碑》　永平六年刻，分書，在褒城北石門，字徑三四寸，體界篆隸之間，甚方整，而長短廣狹不一，余所見漢人書，若諸城縣署内延光四年刻石，亦此類也。其文云：永平六年，漢中郡以詔書受廣漢、蜀郡、巴郡徒二千六百九十人，開通褒余道。太守鉅鹿鄐君，部掾治級王宏、史荀茂、張宇、韓岑弟其功作，太守丞廣漢楊顯將領用始作橋格六百二十三，間大橋五，為道三百五十八里。郵亭驛置徒司空，褒中縣官寺并六十四所，□凡用功七十六萬六千九百□□，瓦卅六萬九千八百，共計一百二十四字，合之宋晏袤所云一百三十九字，共少十一字，當是所紀歲月也。袤文中似又有永平九年四月字樣，或此刱始於六年，成於九年後刻此石也。中褒斜作余，橋閣作格，並古字通。

綜述

清・洪頤煊《平津讀碑記》卷一《漢中太守鄐君開褒斜道碑》　右《鄐君開褒斜道碑》，永平六年，在褒城縣北石門。宋紹熙末，南鄭令晏袤有記并釋文。據楊孟文《石門頌》，永平四年詔書開余鑿通石門。此碑云永平六年漢中郡以詔書受廣漢、蜀郡、巴郡徒二千六百九十人，開通褒余道。其相距止二年。又云郵亭驛置徒司空，褒中縣官寺并六十四所。《漢書・地理志》有船司空百官公卿表，有水司空，此徒司空亦官名，隨事所立，故《續漢志》不書。晏袤記云一百五十九字，今拓本止一百三十二字。

紀事

清・錢大昕《潛研堂金石文字跋尾》卷一《利漢中太守鄐君開褒余道碑》　右漢中太守《鄐君開褒余道碑》，永平六年，歐、趙、洪三家俱未著録。宋紹熙末，南鄭令臨淄晏袤始得之，為文記其事。然其地崖壁斗峻，落蘚阻深，自晏令作記後六百餘年，罕有津逮而摹搨者。今巡撫畢公撰《關中金石記》，乃搜訪而録之。文字古樸，東京分隸傳於今者，以此為最先焉。鄐本晉邑，以邑為氏，《廣韻》漢有鄐熙為東海太守，此碑所載鄐君，惜未詳其名字也。

《王稚子二石闕》

論説

清・翁方綱《兩漢金石記》卷一四《漢王稚子闕》　石闕凡物五，若犀笋與柱無甚損益事，而石闕苟不朽，則實二人之甘棠也。于是新都令王君天常趣古甚力，得予説，因請大尹莆陽蔡公為稚子作屋書榜以昭昬昬。按闕面有隸字三十一，法度勁古過于鍾梁。闕上下有衣冠鳥獸等象僅可辨，氣韻精簡過于顧陸，并以告來者。

此文以今所得殘拓本，依其字數度之，當是十一行，行二十三字也。《東都事略》：劉經字巨濟，簡州陽安人，熙寧六年進士，元符末除職方郎中卒，有《前溪集》，為米元章畫友。

綜述

宋・洪适《隸釋》卷一三《雒陽令王稚子二闕》　右《雒陽令王稚子二闕》。王君名涣其，字稚子，廣漢郪人也，《東漢循吏》有列傳。涣舉茂材，歷温令、兖州刺史、侍御史、洛陽令，以和帝元興元年卒今成都新都縣有涣墓，此墓前之雙石闕也，其上各刻車馬之狀，一則二人乘馬，一則二人乘車，見於《隸釋》。惟馮焕、高頤、金恭三人有闕又有碑。趙氏云：本傳稚子嘗為温令，而碑作河内令，乃史之誤。其説非也。温者，河内之邑，河内是郡名，無令也。碑云河内縣令者，以郡為尊，蓋謂河内之縣令爾，即温也。

清・葉奕苞《金石録補》卷六《漢王稚子闕畫像》　右《王稚子二闕》，與路君闕異，路闕前後立，此則左右並峙也。各書官秩已見于趙録，而遺掾首額上洛陽先置稚子六字，洛陽二字在左闕西面，先置二字在右闕南面，稚字在北面，子字在南面，先靈侍御等十六字則在西面也。其石四周方數尺，上琢樓屋為蓋，如寺觀中經幢闕之兩角有斗斗，上鐫耐童兒，又作重屋，四壁刻坐蓮之像四。左右一小兒，其像若今祠刹中所謂天王者，獅象之間僧四，乘馬者四人，引車者二。乘車者以繩曳獸者一，中獸而立者亦一，耐童兒二十七，神體不具者三，龍一，象一，師子八，其六在五角，獸面四，半體者五。予見嘉興曹侍郎所藏此二闕，銘字今歸白下鄭谷口矣。闕至今猶在成都，惜無有椎拓之者。

紀事

清・翁方綱《兩漢金石記》卷一四《漢王稚子闕》 國朝成都通判陳耦漁祥裔《蜀都碎事》載，此文劉涇所為也，今録於左。《西漢循吏》稱文翁葬于成都，其石室在學宫，《東漢循吏》稱王稚子葬于郪縣，即今之新都，其石闕在道傍，然石室依古禮殿，得不磨滅，而石闕獨暴露，骨立可憐，歷兩漢千三百餘年間，二人為古今吏師，而遺跡亭亭勢參峨嵋，氣凜雪山。蓋官學者所當臣于下風，以幸教髫鬌而至有未及知者，其不韙如此。予訪古石類，得秦石犀、石笋，漢石室、石柱、石闕，凡物五。若犀笋與柱，無甚損益事，而石闕苟不朽，則實二人之甘棠也。于是新都令王君天常趣古甚力，得予説，因請大尹莆陽蔡公為稚子作屋書榜，以昭昬昬。按闕面有隸字三十一，法度勁古過于鍾梁，闕上下有衣冠鳥獸等象，僅可辨氣韻，精簡過于顧陸，并以告來者。此文以今所得殘拓本，依其字數度之，當是十一行，行二十三字也。《東都事略》：劉涇字巨濟，簡州陽安人，熙寧六年進士，元符末除職方郎中卒，有《前溪集》，為米元章畫友。

清・黄易《小蓬萊閣金石文字》卷五 右《雒陽令王稚子二闕》，名涣其，字稚子，廣漢郪人也，《東漢循吏》有列傳。涣舉茂才，歷温令、兖州刺史、侍御史、洛陽令，以和帝元興元年卒。今成都新都縣有涣墓，此墓前之雙石闕也，其上各刻車馬之狀，一則二人乘馬，一則二人乘車，見於《隸釋》。【略】崇禎庚辰，余之官新都，即古郪縣，道旁二闕儼然在焉。每公事往還，下車瞻眺，古木平岡，夕陽衰草，輒低回不忍去。癸未，余量移郭南，命工人搨數本以歸。時值喪亂，長物都盡，此數本者僅存其一，以贈顧子云美。嗣後竄處海濱，老病無聊，念西蜀被獻賊蹂躪，城郭人民俱歸刼火，此二闕者豈得無恙乎。一日過云美，索觀舊物，不勝感歎。云美復以見贈，中間殘缺共十一字，據葛君常云吴中藏本皆同，其漫滅自何年已不可考矣。余時年已六十有四，去新都時又重加裝潢，付瑜兒收掌，以為世寶可也。歲次屠維大淵獻，如月望日，攝六老人識。

又 崇禎十三年，太倉黄翼聖知四川之新都縣，余案《隸釋》以二闕字屬之，至十七年解縣事歸，出此為贈，云二闕已横臥榛莽中，各失其下半截矣。此後四川兵戈雲擾，人煙斷絶，正不知二闕尚存否也。洪、趙所藏二闕俱有全文，故知其名涣，歐陽所藏止刺史一闕，而又失去王君下二字，遂不知為何人，止據雒字去水加佳，為光武以後字，定為後漢人耳。苟非洪、趙兩君子，則今之見二闕者，何從知其為稚子哉。丁酉正月顧苓記。

又 《漢王稚子雙闕》，一曰《漢故先靈侍御史河内縣令王君稚子之闕》，一曰《漢故兖州刺史雒陽令王君稚子闕》，今只存漢故兖州刺史雒陽八字，餘不可得，惟此雙闕拓本尚存二十字，久在江寧龔鹿樵家。乾隆丁酉董小池雙鉤一本寄贈，易數煩石友求取原本。越八年，乙巳之夏，嚴侍讀道甫為易作緑，遂歸小蓬萊閣。子羽令新都時，值蜀中雲擾，讀《蓮蓋居士集》中《寇警》諸詩，想見干戈戎馬之苦，幸得歸老江南，優遊泉石，其手拓片紙自覺可貴，今復為黄氏所有，亦一奇也。錢唐黄易識於祥符寓館。

著録

清・張德容《二銘草堂金石聚》卷一二 右《漢兖州刺史雒陽令王稚子闕》拓本，高五尺，廣一尺五寸，在新都縣，歐、趙、洪皆著録，闕本有二，東闕題兖州刺史云云，西闕題先靈侍御史云云，載在《隸釋》甚詳。明崇禎十三年，太倉黄翼聖子羽為新都令，曾拓以贈顧云美。新城王文簡康熙三十五年作《秦蜀驛路後記》，亦詳録闕上題記之文，距黄拓後五十三年，雙闕具在也。先靈一闕，據牛氏《金石圖》，以為雍正九年没於溝水中，而黄子羽所拓之本，久在江甯龔鹿樵家，至乾隆己巳歸錢唐黄小松，易箸於小蓬萊閣，後乃為諸城劉燕庭方伯所得。容於咸豐初元曾得一過眼，當時於金石之學未甚明了也。及同治間，乃聞為沈韻初孝廉所得，今韻初又没，不知此本近復何如。

雜録

清·王昶《金石萃編》卷五《王稚子二石闕》　闕在新都縣北十二里官道西，墓前高一丈五尺，闊三尺，厚二尺五寸，字逕三寸五分，東向。按王君闕有二，其一云漢故先靈侍御史河内縣令王君稚子闕，雍正九年没於溝水中。《金石圖》。

《子斿殘碑》

論説

清·武億輯《安陽縣金石録》卷一《子斿殘碑》　右碑斷剥，僅存文十一行，字全者七十有六，不全者有六。首行載允字子斿，不見其氏。【略】嘉慶三年四月二十七日，徐方于宜訪得之於豐樂鎮西門君祠内，輦歸移置縣孔廟戟門下，碑埋土中久，灰沙盤互，字畫填結，累日剔治，始見全文，後人宜善護惜之。

案此碑及劉君元孫《正直碑》，凡大小五石，同棄毁於西門君祠，當是土人之狡黠者，侵種墳側荒田，欲滅其跡而舁置此間，遂致椓鑿。至此碑為古今著録家未能收採，竊度斷石尚有埋没土中者，冀其精靈間世復出，予亦拭好古苦晚之淚也。

綜述

清·武億輯《安陽縣金石録》卷一《子斿殘碑》　存八分書，永初舊棄豐樂鎮西門君祠，今移置孔廟。

清·洪頤煊《平津讀碑記》卷一《子斿殘碑》　右《子斿殘碑》，與下劉君元孫正直三殘碑在安陽縣西門君祠中，此碑存十二行，七十八字。首云允字子斿，不知其姓。第六行末有永初二年允，當是安帝時人。

雜録

清·王昶《金石萃編》卷一九《子斿殘碑》　字徑建初尺寸許，第四行右上當是琴，九行遺上當是而勒，下當是斯，末行半字當是昭。【略】此碑作斿，蓋省文，後人去水加辵，則失六書之指矣。瞿中溶跋。

《祀三公山碑》

論説

清·翁方綱《兩漢金石記》卷一一《三公山碑》　錢唐黄小松易以是碑拓本見寄，小松跋云：乾隆甲午，三通館方輯《金石略》，長吏搜古碑上之朝，關西王君宰元氏，得此刻在城外野坡。石高四尺二寸，廣二尺，字泐幾不可辨。吴興楊君鶴洲詫其奇，命余辨識，得一百九十字，闕疑六字，知為漢永初四年祀三公山文，書法勁古，與《開母》、《少室》諸篆刻相類，是東漢中葉書。《集古》、《金石》二録有《三公山碑》，乃隸書，立於光和四年，今不存，此刻在隸碑之前，尤可貴也。

清・張德容《二銘草堂金石聚》卷三　右《祀三公山碑》拓本，高五尺，廣二尺三寸，今在元氏縣學，乾隆甲午三通館輯《金石略》，元氏令關西王某得於城外野坡。黄小松、翁覃溪、趙晉齋諸公俱為考釋，沈西雝著於《常山貞石志》，今以拓本細審，諸家多有譌字。【略】碑十行，行十五字至二十四字不等。

清・楊鐸《函青閣金石記》卷三　右碑八分書，以今尺度之，高五尺六寸，廣二尺五寸，共二十四行，行四十字，額一行四字篆書，左右旁各三字隸書，有穿有側，在元氏縣城角兒村八都神壇。余案《河朔訪古記》，元氏縣西故城西門外八都神壇亦有《三公山碑》一通，漢光和四年常山相馮巡所立，此碑是也。《集古録》云文字殘滅尤甚，莫詳其所載何事。第其隱隱可見者，有光和四年，以此知為漢碑耳。其文斷續不可次敘，蓋多言珪幣、牲酒、黍稷、豐穰等事，似是禱賽之文。其後有二人姓名偶可見，云南陽馮巡字季祖，甘陵夏方字伯陽，其餘則莫可攷矣。與此碑正同，惟誤以為《北嶽碑》，非也。《金石録》亦有漢《三公山碑》，隸書，立於光和四年。《隸釋》存其文，凡六百四十餘言。額旁又有封龍君、靈山君六大字，立於光和四年，是歐、趙、洪皆入者録，而國朝諸老皆所未見。道光丁酉，沈匏廬始訪得之，碑為樊瑋所立，《河朔訪古記》云馮巡立，誤也。碑中多假借字，如遷于喬木，遷字作僊，淡字作惔，前哲哲字作嚞，夭札夭字作喬，謳歌謳字作歐。頌詞引詩或耘或芓，與《毛詩》異，蓋本魯詩。《漢書・食貨志》：武帝末年，悔征伐之事，迺封丞相為富民侯，下詔曰：苗生葉以上，稍耨隴草，因隤其土，以附苗根。故其詩曰或耘或芓，黍稷儗儗，耘，除草也，芓，附根也。《續漢郡國志》：三公寨即三公山，在縣西七十里。封龍山在縣西北五十里，靈山在縣西三十里。洪氏謂揭其神於額之旁者，即是配食三公之祠。光和漢靈帝第三改元年號，四年歲在辛酉，四月□亥朔二日甲子。攷《通鑑目録》，是年三月癸巳朔，則四月朔當是癸亥也。碑側四行，行七字，可辨者僅十五字。房子乃常山屬縣，第三行有河字，後漢郡邑有河南、河內、河陽、河閒，未知孰是。東漢承王莽制，人無二名，此君舉元士，蓋其人之字耳。

綜述

清・洪頤煊《平津讀碑記》卷一《三公山碑》　右《三公山碑》，在元氏縣城外野坡上。《河朔訪古記》：三公神廟在元氏縣西北三十里封龍山下，有漢《三公山碑》一通。即此碑。《後漢書・淮陽王昞傳》永元十三年立防子侯為常山王，延平元年就國，立二十五年薨，是為靖王。此碑云元初四年常山相隴西馮君到官，當靖王就國之十二年。碑云國界大豊，穀斗三錢。《明帝紀》永平十三年，歲比登稔，粟斛三十。十斗曰斛，斛三十即斗三錢。碑字作什，或釋為升字，非。

雜録

清・王昶《金石萃編》卷六《祀三公山碑》　乾隆甲午，三通館方輯《金石略》長吏搜古碑上之朝，關西王君辛元氏，得此刻在城外野坡。石高四尺二寸，廣二尺，字泐幾不可辨。吴興楊君鶴洲詫其奇，命余辨識，得一百九十字，闕疑六字，知為漢永初四年祀三公山文，書法勁古，與《開母》、《少室》諸篆刻相類，是東漢中葉書。《集古》、《金石》二録有《漢三公山碑》，乃隸書，立於光和四年，今不存，此刻在隸碑之前，尤可貴。黄易《祀三公山碑跋》。

又　今年春，吾友黄君小松貽予元氏古篆碑，乃祀三公山文，出光和前，讀之驚且喜也。首云永初四年常山相馮君，後列長史魯國顔校及工宋高等九人名。按西漢有太初，東漢有建初、永初、元初諸號，西漢遭新莽碑石無存者，且名例有禁，碑中皆單名，知為東漢無疑。考《通鑑》，漢安帝永初二年，先零羌寇河內，百姓多奔渡河，使朱寵將五營士屯孟津，詔魏趙常山中山作塢堠六百，所以禦寇。羌既轉盛，而緣邊二千石多內郡人，無守戰意，皆爭上徙郡縣以避寇。時運旱蝗飢荒，而驅蹙劫掠流離，分散隨道，死亡不可勝數。今碑曰飢衰之後，曰遭離羌寇蝗旱，而元氏又隸常山，皆與鑑合，殆無可疑。永初之後改元初，計馮君到官在四年，距羌寇後僅六年耳。特文中三公字之下二字疑作御語，而後文治東字之下又似作龍衡。光和四年碑有封龍靈山字，《無極山碑》有龍靈字，求之似皆不合，豈今古異名耶。漫漶之餘不可臆説，當於元氏志中互考之。趙魏《祀三公山碑跋》。

《嵩岳太石室闕銘》

論説

清・翁方綱《兩漢金石記》卷九《崇山太室神道石闕銘》 右嵩山太室闕文，八分書，二十七行，每行約九字，亦有行十字者。顧氏《金石文字記》云在開封縣中嶽廟南百餘步，元初五年四月刻。嵩山三闕惟《太室闕》字差小前銘，後系官名，各以一圈標界於首，亦金石文所罕見也。三闕歐趙洪皆不著録，近人顧亭林、王虚舟、吴山夫、牛空山四家始録之，而吴山夫金石文存有《少室》、《開母》二闕，獨無《太室闕》。牛空山《金石圖》概以為每行九字，殊多舛誤。顧氏《金石文字記》所載太略，王虚舟改正岱祀二字，甚允。若弟四行源流下一字，王所録亦未確也。弟二行冢字，王亦未敢遽信，今方綱諦審，似是冢土二字，然究亦未敢質其必然也。並即普字，誠即戒字，崇即嵩字，顧氏録作嵩，非也。按《説文》有崇無嵩，徐騎省新附字乃有嵩字，注曰：中岳嵩，高山也，從山從高亦從松。韋昭《國語》注云：古通用，崇字，息弓切。王虚舟謂此碑每作波法皆雙鉤，此非也。蓋分隸至末筆捺腳，承接通體之勢，故較他畫倍加寬闊，而鑱刻之痕日久，漸露中央黑地，遂若有似於雙鈎者，實非雙鈎也。禮器碑内往往有之。

清・黄叔璥《中州金石考》卷七《中嶽太室石闕銘》 《金石文字記》今在登封縣中嶽廟南百餘步，銘八行，元初五年四月，陽城□長左馮翊萬年吕常始造作此石闕，以後列職官姓名共十三行，完好未圯，而其文剥蝕殆半。《説嵩》：余嘗游闕下屢摹搨之，自惟中□□至以傳後賢，凡八行，八分書，世傳漢篆，而八分書亦復遒勁如此，可寶也。《金石經眼録》：《太室石闕》在登封縣東八里中嶽廟前百步，闕高八尺，闊六尺，厚一尺六寸，刻銘處高八尺，闊三尺三寸，字徑一寸，南向，額北向，高七寸五分，闊八寸，字徑二寸六分。按銘詞，崇高神君句，《金石文字記》作嵩高。按《前漢書》，武帝祠中嶽，改嵩高為崇高。《後漢書》靈帝熹平五年復崇高山為嵩高，則安帝元初五年，崇高為是。《説嵩》又作帝君。□寸起雲句，《説嵩》寸作方。聖朝肅敬句，《説嵩》肅作齋。□誠奉祀句，《金石文字記》、《説嵩》俱作奉起，今搨本衹有首行中高，三行春生寸起雲潤，四行源流，並五行莫不肅，八行顯賢，九行四陽，十行長始，十二行川，十三行朱，十五行臨，十八行壽副，十九行崇亭蘇監少，二十行陽亭部陽陵，二十一行卿王，二十四行君，三十八字依稀可辨，額凡九字，三行，前二行尚存中嶽奉堂陽城六篆字，末行三字似磨損。

綜述

清・顧炎武《金石文字記》卷一《嵩山太室神道左闕銘》 八分書，元初五年四月。今在登封縣中嶽廟南百餘步銘八行，年月及職官姓名共十三行完好未圯，而其文剥蝕殆半，若《少室》、《啓母》二所即闕亦就隤矣。

清・洪頤煊《平津讀碑記》卷一《嵩山太室神道石闕銘》 右《嵩山太室石闕》，在登封縣中嶽廟南百餘步，前後兩銘，碑額中嶽泰室陽城□□□九字，陽文篆書，前銘二十七行，以後不可計，元初五年四月刻。後銘四十六行，延光四年三月刻。字不甚大，每行俱有界畫直線，依翁閣學《兩漢金石記》所釋，其未舉者，前銘十八行第三是史字，十九行第九是之字，後銘首脱四行，二行有地字，四行有三字，五行有十字三字，七行有孝字，九行孔子上是公字，十一行有陽字，十二行有北海相字，十四行有屬字，十七行有縣字，二十二行有雙字，二十六行□上是存字，三十行有是字，三十二行有親字，四十行有置字。後銘有潁川太守字訪，碑録題為潁川太守題名即此碑。

清・張德容《二銘草堂金石聚》卷三 右《嵩山太室闕》，自明季錢虞山始見，程孟陽所藏宋本繫跋其後，謂其石元至正時已毀，不知其闕至今巋然尚存。至本朝，顧亭林、景冬易、王虛舟、吴山夫、牛空山、黄叔儆、錢竹汀、畢秋帆、翁覃溪、武虛谷皆有著録，所見字數多寡不同，並有譌誤。翁氏所釋前銘弟二行冢土氣三字，十六行易字，十八行垂字，廿四行脩字，後銘十三行官字，廿三行衣字，廿六行庭字，卅行王字亦俱未確。至嵩崇字，以額篆細審，知韋昭《國語》注通用之説足可憑信，似亦不必膠執辨論也。

紀事

清・翁方綱《兩漢金石記》卷九《崇山太室神道石闕銘》 右約四十餘行，有直界紋，其行視《太室闕》前銘稍狹，而字長篆中帶隸，剥泐已甚，不能多辨矣。其文亦前敘，後頌《太室闕》額正當此文中間之上方，其額後空處畫數獸。此文從來不見於著録，牛氏圖亦無之。先是黄小松札來，云見此拓本，略摹數字見寄，未之詳也。逾月，畢秋帆中丞於中州拓寄此本，連上方之額乃知是《太室闕》之後銘，而小松據拓本適亦寄來，二本互對，纔辨四十七字耳。此段與前銘同勒於《太室闕》間，即以歲月亦居前銘之後，則題曰太室闕後銘亦自可通，抑或目曰延光四十潁川太守銘亦可通也。

清・錢大昕《潛研堂金石文字跋尾》卷一《中嶽太室神道石闕銘》 右《中嶽太室闕銘》，顧氏《金石文字記》始著於録，然所見止十三行，其釋文誤以崇作嵩，祀作起，近畢氏、翁氏所釋較為詳審，予諦視，第十三行丞下似是江字，夏下似是西陵字，第十五行河東臨下似是汾字，而第二行翁釋冢土岱氣四字未敢信其必肰也。《少室闕》題名有將作掾嚴壽，此有鄉三老嚴壽，蓋即一人，由鄉三老辟掾也。

清・武億《授堂金石文字續跋》卷一《漢太室石闕正銘》 篆書，元初五年四月，今在登封嶽廟之南。闕正面銘字今尚可識，然自歐趙以迄近代諸家，如葉封《嵩陽石刻記》、顧亭林《金石文字記》皆未收入，余特為著之《金石攷》。按闕陰銘詞崇高神君，《文字記》作嵩高，《漢書》武帝祠中岳，改嵩高為崇高，《後漢書》靈帝熹平五年復崇高山名為嵩高，則安帝元初五年崇高為是。余至闕下，覩闕陽題有中岳太室及嵩高數篆字，皆顯然無訛，則當時崇高、嵩高兩稱之。韋昭注《國語》，崇嵩字古通用，是也。又中岳泰室今指為奉堂，亦字形之訛。闕後石研人埋土中，僅露其首，視之漢制也，疑下胸背間必有銘刻，屢告當事者為發出，竟不可得此一憾也。

雜録

清・王昶《金石萃編》卷六《嵩嶽太室石闕銘》 太室石闕銘，宋歐趙洪三家皆未著録，前明崇禎丁丑，虞山始見程孟陽所藏宋本繫跋其後，然謂至正時其石已毀，今其闕巋然在中嶽廟前，則知虞山之説非也。今顧寧人《金石文字記》謂銘八行，年月職官姓名共十三行，顧南原《隸辨》因之，余以九年七月得新搨一紙於郃陽褚千峯，首有篆額兩行，銘八行，年月及職官姓名十行，則知二顧亦未嘗親見全本，其謂共十三行者亦非也。然孟陽所藏紙墨精古，信是舊搨而剥蝕殆盡。今余所得乃是新本，且的是一石，而字之存者十得八九，蓋不可解，又可知顧氏之云剥蝕殆半者亦非也。《虚舟題跋》。

《開母廟石闕銘》

論説

清・朱彝尊《曝書亭金石文字跋尾》卷二《漢開母廟石闕銘跋》 右《開母廟石闕銘》，存書三十二行，漢避景帝諱改啟為開。《史記》啟禹子其母塗山氏之女也。《尚書》娶于塗山。屈原《天問》焉得彼塗山女而通之于台桑。《呂覽》禹見塗山氏女未之遇，而巡省南土，女乃歌曰：候人兮猗實始作為南音。《列女傳》美其彊于教誨，然則母也賢矣。若夫禹化為熊，塗山氏化為石，右破生啟，荒誕不經。本于墨翟之徒，隨巢子至漢，流傳斯嵩山母廟南，石闕存焉也。闕立于安帝延光二年，地志云是潁川守朱寵造，其製累石而成，兩觀雙植，中不為門，亦有石方數尺，上琢樓屋覆蓋，如佛寺經幢然，武綏宗為兄造。闕用錢十五萬，比立碑費十倍之。洪氏《隸續》具圖闕狀，頋啟母廟暨少室神道末之及者，洪氏主于《釋隸》而二闕銘皆篆文，故爾。予友葉井叔宰登封拓以見遺因，疏本末于冊尾。

清・黄叔璥《中州金石考》卷七《開母廟石闕銘》《金石文字記》曰今見存篆書三十二行，前題名十行，行七字。內第三行止六字，以《少室石闕》所列官名參考之，則此十行之上無闕文也。後二銘共二十二行，前銘十二行，年月一行，每行十二字，今止存六字。後銘今止存九行，每行亦止存六字，蓋亡其上一層矣。後銘視《嵩高志》所載又闕四句，又曰闕式以石條累砌如牆而闕其中，石質粗劣，空地刻雜花紋亦不工細，即篆文亦未盡善也。予親至廟下視此石闕，井叔所謂闕四句者，今又得四行二十餘字，以文多不能容，故轉而刻於其旁，仍亡其上一層也。《金石經眼録》：《開母廟石闕銘》并《季度銘》及東側高八尺五寸，闊六尺，厚一尺六寸，刻字處高二尺三寸，字徑一寸八分，在崇福觀東北步許北向。

清・翁方綱《兩漢金石記》卷九《開母廟石闕銘》右《嵩山開母廟石闕銘》，篆書，牛氏《金石圖》云在登封縣北十里崇福觀東二十步，延光二年造。景氏《説嵩》云闕在啓母石之正南。通前後揔計三十五行，葉井叔以為三十二行，蓋未見後銘之末二行，又未見其最前陽字之一行也。王虛舟亦依井叔以為三十二行者，沿訛也。予得此銘拓本三十五行之後，即接圓幃畫像。王虛舟曰前題名十行。今審是十一行也，虛舟未見前一行耳。行七字，唯第三行六字，共六十九字，內模糊七字，無上層故無闕文。方綱按，顧氏《金石文字記》亦謂之題名其實乃睹官系銜，非題名也。又按，所云模糊七字者，弟二行開母上當是縣。題名之後有界道上下通，界道之後為銘文，銘有上層通前後。前銘十二行，四字為句，上下兩層，每層六字，行共十二字。下層五行，後有界道，共前銘一百四十四字，內模糊四十七字。銘後紀年一行，文曰延光二年。延上模糊四字，年下空二字為後銘重曰二字，行凡六字。後銘文凡十一行，九行之後有界道上下通，九行之前上層約止存一二字，其上四五字皆模糊。九行之後二行，則上下十二字俱全，共後銘百三十二字，六字為句，內模糊五十二字。按前銘之後二行，愚所藏拓本有上層十二字，而虛舟僅見栢碣二字耳。栢即相，廼相字，非栢也。通計予所蔵本，前銘一百四十四字，內模糊三十三字。後銘一百三十二字，內模糊四十二字耳。是予所藏本又視虛舟多出二十五字也。前系銜弟一行虛舟未見陽字，弟二行虛舟未見興字，苐四行泉上當是陵字。前銘上層弟六字是防字，下層弟四行山上一字實非漢字，虛舟駁顧氏之誤是也。弟五行上層首一字是三字，弟四字是入字，其弟三字拓本尚微露末腳，似出字，此句似是指三過家門不入事也。下層斯民下是同字，弟七行上層首四字，景氏《説嵩》作聖漢福亨，未敢知也。其弟四字則或是亨字，弟八行上層弟三字是其字，弟十行上層弟四字，《説嵩》作寧，此或然耳。後銘弟一行上層辟上一字，當依《説嵩》作作字，弟三行上層雖上一字，《説嵩》作時字，此亦或然。

清・張德容《二銘草堂金石聚》卷三　右《開母廟石闕銘》拓本，二層通上下高二尺八寸，橫連圓帳畫像，廣八尺，前後總計實三十七行，翁氏以為三十五行，猶未確也。銘詞實二十五行，蓋下層陽字前尚有一行，祀聖母虖山隅之後亦尚有一行，翁氏仍未見耳。末二行之前乃轉角處，非界道也。王氏《萃編》以為諸家所釋舛譌不一，枚舉多字，似自謂精審矣。然仍有誤字，且有以不誤為誤者。

綜述

清・顧炎武《金石文字記》卷一《開母廟石闕銘》　篆書，延光二年。今在嵩山啓母廟南，漢避景帝諱，改啓之字曰開。葉封《嵩陽石刻記》曰，今見存篆書三十二行，前題名十行，行七字，內第三行止六字，以《少室石闕》所列官名參考之，則此十行之上無闕文也。後二銘共二十二行，前銘十二行，年月一行，每行十二字，今止存六字。後銘今止存九行，每行亦止存六字，蓋亡其上一層矣。後銘視《嵩高志》所載又闕四句。又曰闕式以石條累洳如牆，而闕其中。石質甚粗劣，空地間雜刻花紋亦不工細，即篆文亦未盡善也。內修條二字皆從彳。歲屠維協洽莫春子親至廟下視此石闕，井叔所謂闕四句者，今又得四行二十餘字，以文多不能容，故轉而刻於其旁，仍亡其上一層也。重曰二字出《楚辭・遠遊篇》，所謂言之不足而長言之也。井叔誤以為重曰而云是年月一行，按此一行今存六字，二年之下重曰之上，空石未鐫，益明其非紀日矣。《漢書・班倢伃自悼賦文選》潘岳《寡婦賦》亦竝用重曰二字。

清・洪頤煊《平津讀碑記》卷一《嵩山開母廟石闕銘》 右《開母廟石闕銘》，在登封縣北十里崇福觀東，依翁氏所釋，下層十一行，前尚有一行，有字隱隱可辨，祀聖母虖山隅。後上下層脱一行，所未釋字尚多，蓋所得拓本有優劣也。太守朱寵以下題名共十一人，與《少室神道石闕》同者八人。

雜録

清・王昶《金石萃編》卷六《開母廟石闕銘》 闕在啟母石正南，漢安帝延光二年潁川守朱寵造，其式以石條壘砌如垛，而闕其中如門，石質粗劣，空處刻雜花紋，篆書題名凡，三十二行。葉封《嵩陽石刻記》。

《嵩岳少室石闕銘》

論説

清・顧炎武《金石文字記》卷一《少室神道石闕銘》 今在登封縣西十里邢家鋪西，距少室山尚十餘里，當是漢時廟在其地。葉封《嵩陽石刻記》曰凡二十一行，行四字，其所列丞薛政等與啓母廟同，其為一時所立無疑也。此闕有銘辭，而今僅存二行八字，其可辨者五字。又云三月三日而上無年，云郡陽城縣而上無郡名，亦亡其上石一層矣。其見存之文，每行四字，曰□□林芝，□日月而□□□□三月三日，郡陽城縣興治神道□□□君丞零陵泉陵薛政、五官掾陰林、户曹史夏效、監廟椽辛述長、西河圜陽馮寶丞、漢陽冀秘俊、廷掾趙穆、户曹史張詩、將作掾嚴壽、廟佐向猛趙始。

清・王昶《金石萃編》卷六《嵩嶽少室石闕銘》 闕在少室東邢家鋪西三里許，闕左亦大篆書，銘盡泐不可辨，僅一石存諸人爵里姓名數十家，與《啟母廟闕》姓名相同，蓋亦朱寵所建者。《嵩書》曰兩闕石鐫山水鳥獸之形古拙特甚，若出一手，所刻銘與題辭文既簡質，字體復毫髪不失古意，固知非唐以後人所能辨也。舊志不載而嵩人亦無知此間有字者，予磨洗得之，喜而且歎。史載漢安帝建光元年，大司農朱寵肉袒上疏為鄧騭訟寃，詔許，騭還葬，次年改元延光。闕稱延光二年潁川守朱寵造，寵或自內謫外者與。《説嵩》。

清・趙撍《金石存》卷三 右《漢少室神道石闕銘》、《嵩陽石刻集記》曰凡二十一行，行四字，其所列丞薛政等與啟母廟同，其為一時所立無疑。《金石文字記》曰今在登封縣西十里邢家鋪，距少室山尚十餘里，當是漢時廟在其地。今時拓本少最後三行，恭壽先生本首行多一蕺字，次行多一緜字，則又葉顧二家所未及見者也。嵩山三石闕，《太室》以隸，《開母》、《少室》以篆，繹泰刻石，而後此篆為最古，且係原石，非他傳摹者比，剥蝕之餘，典刑具在，是可寶也。此闕止題名耳，銘辭已亡，無從得之矣。

清・畢沅《中州金石記》卷一《少室神道石闕銘》 篆書，在登封縣西四十里邢家鋪。西闕額文云少室神道之闕六字，三行下二層，上層畫走馬人，下層畫兩螭龍，見褚峻《金石圖》。南面西側銘及題名文云，□蕺林芝緜日月而□□□□三月三日，郡陽城縣興治神道君丞零陵泉陵薛政、五官掾陰林、户曹史夏效、監廟掾辛述長、西河圜陽馮寶丞、漢陽冀秘俊、廷掾趙穆、户曹史張詩、將作掾嚴壽、廟佐向猛趙始。後畫月中兔杵臼，詹諸今存下層，畫蹴鞠人凡四人，見褚峻《金石圖》，今摩滅。東闕題名云，□孟李陽根仲潘除鄭孟根盛潘陽□文令常□□□重令容。上二層有畫一層，畫犬逐兔，一層畫一人牽獨角獸鉤服一象，今存《地里志》。密高有少室山廟，唐楊炯《少室山少姨廟碑》云少姨廟者，則《漢書・地里志》嵩高少室之廟也。其神為婦人像，則故老相傳云啟母塗山之妹也。【略】漢人不拘六書如此，故秦隸行而篆學微，許叔重之功甚大。

清・翁方綱《兩漢金石記》卷九《嵩山少室神道石闕銘》 右《嵩山少室闕》文，顧氏《金石文字記》云在開封縣西十里邢家鋪，葉井叔《嵩陽石刻記》曰所刻丞薛政等與啓母廟同。啓母廟延光二年立，知此亦與同時所立也。《金石文字記》曰此闕有銘詞，而今僅存二行八字，其可辨者五字。方綱按，今可辨者尚有七字，蓋顧氏未見蕺縣二字也。又云三月三日而上無年，云郡陽城縣而上無郡名，亦亡其上一層矣。方綱按，此闕既亡其上層，則三月三日之上其為年無疑，雖葉井叔之説亦可通，然文與事非親見者，又安知其必為一年所立乎。王虚舟遽謂同時所立，故不須復列其年，殊涉武斷。葉井叔以為二十一行，然今拓本實二十二行，每行存四字，其空無字者三行，拓本之字僅十九行而已，然今所拓本往往不搨後三行者，非足本耳。予得此銘足本十九行之後，即接圓畹畫像也。蕺即叢字，《説文》新附字，蕺麻，蒸也，從艸取聲。一曰蓐也，側鳩切。然非此字。

清・武億《授堂金石文字續跋》卷一《漢少室神道石闕銘》 篆書，今在登封縣西邢家鋪南。銘記凡空行及行有字者共二十二行，行四字。顧亭林云此闕有銘詞，僅存二行八字，共可辨者五字，曰□□林芝□日月。余案林字上實為蕺字，日字上實為綿字，又户曹史張此行下仍間一行，字過損脱，不可諦識，跳行廼接詩字，今顧氏連張詩為一行，非也。

清・張德容《二銘草堂金石聚》卷三 右《少室神道闕》拓本，高一尺，廣四尺三寸，末三行乃正面末盡轉刻，西側與《開母闕》刻法正同。向來往往失拓，故前人或以為亡闕，或以為跳行，皆誤也。刻文前銘詞後題名，銘詞通上下二層，題名則全在下層，亦與《開母闕》同，皆明白無可疑者。諸家因上層磨滅，遂各自為説，以相指駁其實，皆贅語耳。右在蕺林一行之前尚有十餘行，磨泐殆盡惟每行末一字猶存過半，從前諸家皆未之見，惟臨海洪氏頤煊曾言及之，云隱隱可辨。然洪以為上層，亦誤也。容近得精拓全本，乃悉撫之，葉九來疑林芝兩行為所題之尾，今總觀全搨，乃知林芝一行實為銘詞之尾，而三月一行則所題年月也，向來臆度之見，可涣然冰釋矣。右刻拓本高一尺一寸，廣八寸，隸書，四行，行六字，每二字為一界格，在《少室神道闕》之東畫像之下。

綜述

清・葉奕苞《金石録補》卷四《漢少室神道石闕銘》 右題名篆書共十八行，行四字，可識者首行曰林芝，次行曰日天，第三行全泐，四行曰三月三日，五行曰郡陽城縣，六行曰興治神道，七行全泐，八行曰君丞零陵，九行曰泉陵薛政，十行曰五官掾陰，十一行曰林户曹史，十二行曰夏監廟，十三行曰掾辛路長，十四行曰西河陽，十五行曰馮寶丞，十六行曰陽祕俊，十七行曰廷掾，十八行曰曹史張，此為族兄登封令。封字慕廬，所貽且云，在少室東邢家鋪西，可摹者二十一行，郡陽城縣推之，郡字上似應尚有潁川二字，丞零陵以下與《啓母闕題》名參考之，雖大同小異，竟無闕文，皆在漢安帝時，但有題名而亡其銘詞。其林芝至三月三日，似屬所題之尾，而郡陽城一行則起手處也。予將搨本校按跋語不可解者有三，蓋可摹者二十一行，今缺三行，一也。闕之勒字處恐不止四字之高，郡陽城上應尚有字，月日上定有紀元，或即在前所泐一行，二也。銘詞有無雖不可考，而興治神道即建闕之詞，似以三月三日為治道之日，未必為所題之尾，三也。且末幅張字下全闕，則此闕之泐者多矣。惜乎，出都悤遽不及與慕廬訂之。

清・洪頤煊《平津讀碑記》卷一《嵩山少室神道石闕銘》 右《少室神道石闕銘》，在登封縣西十里邢家鋪，碑額少室神道之闕六字，陰文篆書，依翁氏所釋二十二行亦有界畫直線，將作掾嚴壽與太室前銘鄉三老嚴壽是一人。《漢書・地理志》西河郡有圜陽圜陰，師古曰圜字本作圁，王莽改為方，陰當時已誤為圜字，此銘亦作圜陽。此銘上層諦視之，尚有以山亶靈親名疇數字隱隱可辨，牛氏《金石圖》未載。

又《少室東闕題名》 右少室東闕題名，在《少室神道石闕銘》之東，題名十二人，令常令容，《史記・孝文本紀》中大夫令勉顔游秦，以令是姓。《風俗通》令姓令尹，子文之後相即查字。

《延光殘碑》

論　說

清·翁方綱《兩漢金石記》卷一四《漢延光殘碑》　右《漢延光殘碑》，凡可見者四十五字，其微辨而未定者又六字，《諸城志》云康熙六十年脩，超然臺得自土中，移置縣治宅門外，亦弗能珎也。胥徒僕諸地坐焉，受詣者必踞是喘息，碑盡涴，非大雨不露字形，乾隆十二年壽光知縣宫懋讓勘灾至縣，辨為漢隸，椎拓以去。越二十七年，宫君來知諸城，乃嵌於内堂之東垣，搆小亭護之，而碑顯矣。碑高三尺，廣尺四寸字，徑二寸，其上半多泐不可辨，其下半可辨者約略如右。碑有界局，文有直無横，其字或長或短，填其格無餘地，其上横三字則篆體矣，蓋額也。揣其文義，似吏民頌長官之辭，而不辨何者為姓名，可惜也。方綱按，其上有横畫一線，此上是五字非三字也。又按，是碑與近日元氏出土之《三公山碑》字勢相似，蓋在篆初變隸之時，是為兼篆法之古隸，碑額亦同。《諸城志》獨以篆目其額，尚未盡也。又按，漢安帝延光四年乙丑，以《安帝本紀》，是年三月戊午朔，驗之《通鑑目録》所載二月戊子朔，六月丙戌朔，九月乙卯朔，皆合。則八月廿一日必非庚戌矣。然延光字與庚戌字皆極分明，月日亦皆無誤，則又何也。存以闕疑可矣。延字與予所得延年益壽漢瓦篆法相埒。元氏《三公山碑》近日出土，視此尚未極泐壞，是以尚可按次圖之，是碑則不可圖矣。牛氏《金石圖》雖摹入，然訛誤甚多，又無附説。

綜　述

清·畢沅《山左金石志》卷七《延光殘碑》　延光四年六月立，並額俱隸書，碑高三尺一寸餘，廣一尺四寸，四周有邊，中界直線，在諸城縣署。此碑自乾隆十二年宫懋讓辨識之後，近日著録家所釋之字大約相同，元得舊拓本，中間泐處尚有可辨者，如第一行是吾上二字似神君，第二行維恩上間二字是延平，下一字作廿頭，左旁從阝，又下一字左旁亦作阝，玩其文義，此君之父卒於延平初，其母寡居至延光四年，適符廿年，下稱□我都官，乃吏民頌述其子之辭，惜姓氏無傳耳。此碑類《嵩山延光殘刻》，屈曲古勁，若符印文所謂膠□是也。碑額横書，首似孔字。

著　録

清·洪頤煊《平津讀碑記》卷一《延光殘碑》　右《延光殘碑》，康熙年間，諸城縣修超然臺，出土中，今移置縣署。碑文五行皆有界畫直線，碑首界畫外有字，似碑額横書，碑唯下段可辨，末行有延光四年六月卅日庚戌字極分明，第三行中段尚有郡字孫字可辨，《金石萃編》、《山左金石志》俱未釋。

清·瞿中溶《古泉山館金石文編殘稿》卷一《延光殘碑》　此《延光四年殘碑》，在山東諸城縣署，乾隆初褚千峰摹入《金石圖》，其文始可識，後宫君懋讓及著録家各有辨論，總未能定為何人之碑。此搨本尚舊，予先於長沙市肆見之，今為親家珠泉先生購得出眎，爰為題記。癸酉六月。

《敦煌太守裴岑紀功碑》

論　説

清·翁方綱《兩漢金石記》卷一四《敦煌太守裴岑紀功碑》　右《漢敦煌太守裴岑紀功碑》，隸書，六行，行十字。牛氏《金石圖》云，碑在西塞巴爾庫爾城西五十里，地名石人子。以碑上鋭下大，孤筍挺立，望之如石人也。雍正七年，大將軍岳鍾琪移置將軍府，十三年徹師又移置漢壽亭侯廟，碑高五尺云。是碑土人有重刻者，其真本多為搨手描失，故真本亦往往不同，然必其有描失之痕者，乃是真本，若其無描畫之蹟而有失誤者，則非真本。

清・張德容《二銘草堂金石聚》卷四　右《敦煌太守裴岑德祠碑》，在巴爾坤關帝廟，今譯改為巴爾庫爾。拓本高三尺六寸，廣一尺六寸。此碑塞外及碑林濟甯皆有摹刻，向來著録家每以德祠海祠為辨。翁閣學云真本多為搨手描失，故真本亦往往不同。又云口字方中帶圓者為真，竟作圓圈者非真。容按口字形勢誠如翁説，至德字左旁本非三横點，細審真本自見。【略】惟二年二字，諦審筆勢，恐是四字，此則真本與復本迥不相同，向未有人言及，願以質諸精鑒者。

綜　述

清・洪頤煊《平津讀碑記》卷一《敦煌太守裴岑紀功碑》　右《敦煌太守裴岑紀功碑》，在巴里坤城西北三里關帝廟前。《後漢書・西域傳》：延光二年陳忠上疏，以為敦煌宜置校尉，案舊增四郡，屯兵以西撫諸國。故前後西域出師皆敦煌太守將兵，裴岑為敦煌太守當在徐由之後，司馬達之前，而史不書其名。此碑巴里坤土人有重刻本，有德祠海祠之辨，諦視此本作滋，本是德字，後人誤釋作海耳。

雜　録

清・王昶《金石萃編》卷七《敦煌太守裴岑紀功碑》　碑在西塞巴爾庫爾城西五十里，地名石人子，以碑上鋭下大，孤筍挺立，望之如石人故也。雍正七年，大將軍岳鍾琪移置將軍府，十三年徹師，又移置漢壽亭侯廟。《金石圖》。

又　考《漢書》，順帝永和二年二月，鮮卑寇遼東，護烏桓校尉耿曄率南單于擊破之。六月，西域長史班勇、敦煌太守張朗討焉。耆尉犂危須三國破之，竝無裴岑克敵之文。夫將兵克敵誅其名王，厥功偉矣。乃見遺於史官功名，顯晦豈非命乎。申兆定《涵真閣漢碑文字跋》。

《仙集留題》

論　説

清・葉奕苞《金石録補》卷三《漢逍遥山石窟題字》　右碑前正書東漢仙集四字，另一行隸書，漢安元年四月十八日會仙友集十三字後，正書留題洞三字。按漢安為順帝年號，是時尚無正書，此必勒在山崖磵壁後人增書之也。元吾子行云，八分與隸有辨八分漢隸之未有挑法者也，比秦隸則易識，比漢隸則微似篆，此則挑法全備，似孔宙孔彪諸碑所謂漢隸也。字畫縱横二寸許，精采焕發，為毛季公藏帖弟一。碑在簡州逍遥山石室，丹竈尚有存者。

清・翁方綱《兩漢金石記》卷一四《漢安仙集字》　漢安元年四月十八日會仙友兩行十二字，隸帶篆勢，其旁正書東漢仙集留題洞天八字。孫退谷《庚子銷夏記》云，余於故侯吴國華家得此書法，妙甚，其事雖未可信，然非漢人手筆不能也。未審石在何所，亦未見它書載其事，存之以志異聞而已。方綱按，此刻惟見於關中。來濬《金石備考》云，在四川簡州逍遥山左窟，而王象之《輿地碑目》於蜀碑最詳，亦未之及也。漢安為順帝改元壬午之歲，所謂仙友者，特道深之詞，姑取以備漢隸一種爾。

清・張德容《二銘草堂金石聚》卷四　右刻拓本高二尺，廣一尺八寸，隸書，二行，行六字，左右正書各四字，在四川簡州逍遥山逍遥洞石崖上。宋景德中有人於荊棘間見之，王象之《輿地碑目》亦未之載。所謂會仙友者，孫退谷以為其事未可信。葉九來以為石室丹竈猶有存者，翁覃溪以為特道流之詞。容桉，《魏志·張魯傳》：祖父陵客蜀，學道鵠鳴山中，造作道書以惑百姓，往受道者出五斗米，至熹平中，妖賊大起，距漢安改元六十年耳。則所謂會仙友者，安知非即陵等一輩也。迨元明以來，天師之教乃遍天下矣。

雜録

清·王昶《金石萃編》卷七《留題洞天》 余於吴國華故侯家得漢安元年四月十八日會仙友十二字書法，妙甚，其事雖未可信，然非漢人手筆不能也。未審其石在何所，亦未見他書載，其事存之以志異聞。孫承澤《庚子銷夏記》。

《北海相景君碑》

論説

宋·歐陽修《集古録跋尾》卷一《後漢北海相景君銘》 漢安二年，元第六百二十六。右《漢北海相景君銘》，其碑首題云：漢故益州太守北海相景君。銘其餘文字，雖往往可讀，而漫滅多不成文，故君之名氏、邑里、官閥皆不可考。一作見。其可見者云：惟漢安二年，北海相任城府君卒。城下一字不可識，當為景也。漢功臣景丹封櫟陽侯，傳子尚，尚傳子苞，苞傳子臨，以無嗣絶。安帝永初中，鄧太后詔封苞弟遽為監亭侯以續丹後，自是而後史不復書，而他景氏亦無顯者，漢安順帝年號也。君卒於順帝時，蓋與遽同時人也。碑銘有云不永麋壽，余家集録三代古器銘有云眉壽者，皆為麋，蓋古字簡少通用，至漢猶然也。治平元年四月二十九日書。右真蹟。

宋·洪适《隷續》卷一六《北海相景君碑陰》 右《景北海碑陰》三，列故中部督郵，故門下督盜賊，故門下議史各一人，故門下書佐二人，故騎吏一人，故吏五人，故書佐十五人，行義一人，故脩行十九人，故午六人，故小史二人。第三列姓名之下又云，行三年服者凡八十七人，末以兩行刻四言韻語十八句。脩循二字隷法只爭一畫，書碑者好奇，所以從省借用。

明·趙崡《石墨鐫華》卷一《漢北海相景君碑》 此碑殘缺幾不成文，考《集古録》，蓋自歐陽永叔時已然，而都京敬乃録其全文，止缺三十字，不知何據。京敬又云，家藏漢碑不完者，皆以洪丞相《隷釋》足之，此是耶。王元美曰，隷法故自古雅，但益州部當言刺史不當言太守，額曰銘辭曰誄亦屬未妥。東京作者往往如是。而碑中眉壽作麋壽，歐公以為古字通用，良是。

明·趙崡《石墨鐫華》卷四《漢北海相景君碑》 右《北海相景君碑》，《金石録》云在濟州任城縣，蓋任氏在漢為任城人也。予按濟州即今之濟寧州，今碑乃在州學，不知何年移置於此。《通志》、《金石》略以不知其地，故直云未詳。姚江謝中舍大中近過濟寧，搨以見惠。予家自祖宗來藏碑頗富，兼以予好收録，中間得于朋友之助者十常四五，如此碑是也。右《景君碑》，陰列門下書佐及故吏等，中有脩行凡十九人，趙氏謂《後漢書·百官志》注河南尹官屬有循行一百三十人，而《晉書·百官志》亦有循行，以為循脩字畫相類，遂致譌謬。予謂《景君碑》刻于漢而《後漢書》舊皆出傳録，則以脩為循者，特傳録之誤耳。趙氏不信碑本而信《漢書》，且復引《晉書》為證，殊不知《晉書》脩于唐，其亦曰循行，蓋仍漢書之誤而云然也。

清·錢大昕《潛研堂金石文字跋尾》卷一《北海相景君碑》 右《北海相景君碑》。王元美云，益州當言刺史不當言太守。予案，漢時有益州又有益州郡，郡有太守，州有刺史，刺史治廣漢郡之雒縣，而太守自治滇池。蜀漢建興三年始改益州郡曰建寧，避州郡同名也。此碑額題益州太守，而銘稱守郡益州，其為太守非刺史明矣。元美於史學未甚究心，故有此失。洪文惠謂景君嘗刺益部，亦偶誤也。

又《碑陰》 右《碑陰》題名一十八行，每行三列，凡五十四人，而下云行三年服者凡八十七人，則故吏之行服而不列名碑陰者尚多也。碑末云諒闇沈思，又云陵成宇立，諒闇即亮陰，似非臣下可用，而稱墓為陵，亦後世所宜回避也。

清・趙搢《金石存》卷六　右《漢北海相景君碑》篆額二行，今在濟寧州儒學，歐陽公作《集古録》時已云漶漫多不成文，今又去公五六百年，其殘缺抑又甚矣。然細加看詳，尚亦可讀，其不可識者數十字耳。

清・畢沅《山左金石志》卷七《北海相景君碑》漢安二年八月立，并陰俱八分書，篆額，碑高九尺九寸，廣二尺四寸餘，上鋭下方，穿居其中，在濟寧州學戟門東側。按此碑雖甚殘缺，然以今日洗石精拓之本與《隸釋》校勘細玩，影跡所不辨者十數字而已。【略】碑陰列臣吏姓名五十四人，惟行義一人上無故字，未曉何義。後二行紀立碑之事，亦作韻語，三載下是已究二字，不獨碑跡顯然，義亦可通。究，終也。謂衛墳三載，則守制已終，當離墓側也。大興翁閣學方綱《兩漢金石記》釋為五究，乃沿張力臣之誤耳。

清・翁方綱《兩漢金石記》卷八《漢故益州太守北海相景君銘》右《北海相景君銘》并陰，漢安二年八月，牛氏《金石圖》云高六尺，闊二尺二寸，厚五寸五分，在濟寧州孔子廟戟門東側面向。亟齋張氏釋云東弟二碑是也。《隸續》云篆額二行，碑十七行，行三十三字，穿居其中，在弟八字之下，其三行各廢兩字。廢兩字者，佔二格也。方綱又按，其穿達於陰在，上列之下，中列之上。【略】元吾竹房三十五舉云，隸書須是方勁古拙，斬釘截鐵，捶拔平硬如折刀頭，方是漢隸。此語惟是碑足以當之。牛真谷云，隸有篆體，洵知言哉。解此則可以通其義於天璽三段碑矣。

清・張德容《二銘草堂金石聚》卷四　右《北海相景君碑》拓本，連額高六尺四寸，廣二尺五寸，十七行，行三十三字，中有穿在八九十行，第八字之下每行各穿空二格，看似各廢兩字，以文義按之，蓋預為穿地，實無缺字也。今在濟甯州學，歐趙洪皆著録。碑前云，乃作誄曰，後又有辭曰與《潘乾校官碑》體制略同。碑陰後二行贊故臣吏，則他碑所無也。歐公以為漫滅多不成文，其名氏、邑里、官闕多不可考。翁覃溪云，碑實無名氏、邑里，非因闕泐所致。容桉，首行即云任城景府君，已著其邑里矣。碑雖漫漶，以今洗石精拓本觀之，不過缺十餘字耳。

清・洪頤煊《平津讀碑記》卷一《北海相景君銘并陰》《北海相景君銘并陰》漢安二年八月。右《北海相景君銘》，在濟寧州學宮，碑雖漫漶，諦視之不可辨者無幾。景君以司農屬官出宰元城，遷益州太守，以路遐戀親，改北海相，以病去官。漢安二年仲秋卒。三載後，故吏諸生乃立是碑，惜不書其名字、邑里。碑云北海部城十九，《續漢志》北海國十八城，樂安國益壽光二縣皆故屬北海，此時當有一縣未改屬。碑陰有故午六人，《續漢志》裏有里魁民，有什伍、什主、十家、伍主、五家，以相檢察。午即伍也，《隸續》以午為幹字之省，非是。

綜述

宋・趙明誠《金石録》卷一四《漢北海相景君碑》右《漢北海相景君碑》在濟州任城縣，景氏在漢世為任城人，今有三碑尚存，余皆得之，此碑家完。

又《漢北海相景君碑陰》右《漢景君碑陰》，按《後漢書・百官志》注，河南尹官屬有循行一百三十人，而《晉書・職官志》州縣吏皆有循行，今此碑陰載故吏都昌台丘暹而下十九人，皆作脩行，他漢及晉碑數有之，亦與此碑陰所書同，豈循脩字畫相類，遂致訛謬耶。碑陰又有故午營陵是遷等六人姓名，莫知其為何官，又台丘不見千姓氏書，惟見于此者兩人云。

《敦煌長史武斑碑》

論說

宋・趙明誠《金石録》卷一四《漢敦煌長史武班碑》右《漢敦煌長史武班碑》，歐陽公《集古録》云，漢班碑者，蓋其字畫殘滅不復成文，其氏族官閥卒葬皆不可見，其可見者，君諱班爾，今以余家所藏本考之，文字雖漫滅，然猶歷歷可辨。其額題云漢故敦煌長史武君之碑，知其姓武而官為敦煌長史也。碑云武君諱班，字宣張，昔殷王武丁克伐鬼方，元功章炳勛，藏王府官族析分，因以為氏，知其名字與氏族所出也。又云永嘉元年卒，知其卒之年月也。

宋・洪适《隸釋》卷六《敦煌長史武斑碑》　右故敦煌長史武君之碑，隸額，在濟州任城。武君名斑，字宣張，從事梁之猶子，吳郡府丞開明之元子，執金吾丞榮之兄也，以沖帝永嘉元年卒。碑者後三年同舍郎史恢曹芝六人所立，字小石損，官壽殘失，威宗建和之元年，開明為其兄立闕刻其傍云：宣張仕濟陰年二十五，曹府君察孝廉，除敦煌長史，被病夭歿，苗秀不遂。闕以二月癸丑作，碑以二月癸卯立，相去浹辰之間爾。碑云金鄉長河間史恢等，追惟昔日同歲郎署歲，字雖不瞭，然考《柳敏碑》云縣長同歲犍為趙臺念素帛之義，為君立碑，則知此為同歲無疑，蓋謂同年為寮也。漢碑多門生故吏，所立至於同舍為之者，唯武斑及柳敏兩碑。大一死一生而寮友之好不變如此，彼有並游誣其懷金身後不能清酒者，不可同日語也。

明・都穆《金薤琳琅》卷四《漢敦煌長史武斑碑》　右《漢敦煌長史武斑碑》，歐陽公謂其字畫殘滅，氏族、州里、官閥、卒葬皆不可見。趙氏謂以所藏本考之，斑官閥、氏族與卒之年月皆歷歷可辨。趙氏生歐公之後，不應其本若是，豈歐公者搨于當時，而趙氏者得之古搨耶。予家本視趙氏雖若不逮，然亦有可觀者。

清・錢大昕《潛研堂金石文跋尾》卷一《燉煌長史武斑碑》　右《燉煌長史武斑碑》歐公集録金石時，已稱其文殘滅不復成文，近代金石家亦未有著於録者，頃錢唐何元錫夢華游山左歸，訪予吳門出搨本見詒，雖曼漶已甚，猶有可辨識者。碑陰有武氏碑三字，頗近六朝人筆法，歐趙諸公所未見也。碑云昔殷王武丁久伐鬼方，元功章炳，官族分析，因以為氏。而應劭《風俗通》以為宋武公之後，則漢人述武姓所自已有異詞，至唐武後竊位，自言周平王少子武之後，因追尊周文王為始祖文皇帝，武為睿祖康皇帝。然《廣韻》武字姓祇取應氏説，《廣韻》本於唐韻，則孫愐亦以武後為誣妄而不之信矣。春秋時周有武氏子來求賻，此武氏之見於經傳者，而姓氏書惟舉趙武臣為始，亦弗深攷也。

清・翁方綱《兩漢金石記》卷一五《敦煌長史武斑碑》　右《敦煌長史武斑碑》，洪氏云在濟州任城，字小石損，官壽殘失，而自洪氏已後，著録家無復知有此碑者矣。丙午秋八月，錢塘黃秋盦易既為扶升尉氏，令鄭季宣碑拓其全文，復於濟寧訪護是碑，拓其文并陰見寄。泐蝕已極，核之洪氏所録，僅存什之一二爾。字小而行列參差，與《倉頡廟碑》略近。以《洪釋》計之，則每行約在四十許字，間雖稍有多少參差，當亦不遠也。銘詞與後銜皆提行，書之銜名之末有云紀伯允書此碑，此又漢碑具書人姓名之一事也。

小歐陽《集古録目》云，嚴祺字伯魯，隸書。今不見此文久矣。據洪氏《隸釋》載，是碑末云紀伯允書此碑，下乃云嚴祺字伯魯。曾、魯二字未知孰是。然驗其文勢，則書者紀伯允，而非嚴祺也。紀伯允三字上有闕文，或是□，紀伯允則紀字是其名，伯允是其字，未可知也。今不能臆定矣。

武君為吳郡府丞開明之長子，仕為敦煌長史，非敦煌人也。小歐陽《集古録目》以武君為敦煌人，亦誤也。

清・畢沅《山左金石志》卷七《敦煌長史武斑碑》　建和元年二月立，八分書，篆額，陰正書三字，碑高六尺六寸餘，廣二尺七寸，上鋭下方，額下有穿，在嘉祥縣武氏祠。碑載洪氏《隸釋》乾隆丙午秋，黃司馬易得於嘉祥武宅山下，今立祠内，額首漢字廼趙氏《金石録》所增，碑陰題武氏碑三字，并洪氏亦未見也。嘉定錢少詹大昕謂筆意近六朝人，斯言不誣碑。文殘泐最甚，案釋辨之僅得三百餘字，黃君曾校正洪氏數處，重摹付梓。案洪氏貪其高賢下缺二字，今碑作力少，疑力是幼字，謂貪慕其高賢尚幼少也。漢順帝陽嘉元年初，令郡國舉孝廉，限年四十以上，其有茂才異行，若顏淵子奇不拘年齒。據武氏《石闕銘》云，宣張案斑字宣張仕濟陰年廿五，曹府君察舉孝廉云云。此為高賢幼少之證。晻忽徂逝下缺四字，今碑第四字是宮字。正與韻叶不享缺。耇句今碑耇上作元是耇字。士女悽愴下缺，今碑有旍字，其下金門，今碑作金石，謂旍其行於金石，故下云令問不忘。題名防東長一行，下有嚴祺字伯魯五字，隔越甚遠。凡此皆可補黃君所未備也。

清・武億《授堂金石跋》卷一《漢敦煌長史武君碑》　八分書，建和元年，今在嘉祥縣。黃小松舊遺余《武氏碑》，字殊漫漶，詢之小松，乃以近所刻釋文與洪氏對勘者，計存三百十二字，較洪氏存四百八十字已少一百六十八字矣。又《隸釋》久代鬼方，趙云克伐鬼方，今審為克伐。洪云萬載嘆誦實是億載，皆小松審驗非訛，予故録之，以見敦煌為余同宗鉅公垂没，復顯非偶然也。碑文字粗可句者，武丁克伐鬼方，元功章缺二字臧王府缺二字分析因以為缺三字氏蓋其後也。質之《風俗通》，云武宋武功之後者更詳備。

清・張德容《二銘草堂金石聚》卷四　右《武斑碑》拓本，連額高五尺，廣二尺六寸，在嘉祥縣紫雲山，歐趙洪皆著録。碑文十一行，銘四行，人名五行，共二十行。當中有穿，剥泐已甚。《集古録》謂其氏族、官閥等皆不可見，僅題曰斑碑。據《隸釋》則尚可考見。以今拓較之，洪氏所録又殘缺什之四五矣。《隸釋》有紀伯允書此碑六字，今已不可見。至末行之末嚴祺字伯魯五字，則尚可辨識。而覃溪翁氏乃謂不見此五字者，殆其所得本偶未拓到耳。黄小松司馬得此碑，又較正洪氏數處云。

清・洪頤煊《平津讀碑記》卷一《敦煌長史武斑碑》　右《敦煌長史武斑碑》，在嘉祥縣紫雲山。碑云建和元年太歲，在丁亥二□辛巳朔。桓帝紀建和元年正月辛亥朔，正月大，故二月辛巳朔。碑與史合。斑字宣張，據《武氏石闕銘》，宣張仕濟陰年廿五，曹府君察舉孝廉，除敦煌長史。碑俱約綜其詞，以永嘉元年□月□日遭疾□，河間高陽史恢等追惟昔日同歲郎署，故□石銘碑，似斑舉孝廉為尚書郎，故碑云□翼紫宫領校秘鄭。《續漢志》注引《決録》注，故事尚書郎以令史久缺補之，世祖始改用孝廉為郎。斑以孝廉為尚書郎領校秘書，除敦煌長史，其官階亦相合。

綜述

宋・歐陽修《集古録跋尾》卷二《後漢武班碑》　右《漢班碑》者，蓋其字畫殘滅不復成文，其氏族、州里、官閥、卒葬皆不可見，其僅見者，曰君諱班爾。其首書云建元年太歲在丁亥。而建下一字不可識，以《漢書》考之，後漢自光武至獻帝，以建名元者七，謂建武、建初、建光、建康、建和、建甯、建安也。以厤推之，歲在丁亥乃章帝章和元年後六十一年，桓帝即位之明年，改本初二年為建和元年，又歲在丁亥，則此碑所缺一字當為和字。真蹟無此六字建和元年也。碑文缺滅者十八九，惟亡者多而存者少，尤為可惜也。故録之。治平元年四月二十日書。右集本後得別本摹搨，粗明始辨其一二，云武君諱班，乃易去前本。熙甯二年九月朔日記。

《武梁祠堂畫像題字》

論説

宋・洪适《隸釋》卷一六《武梁祠堂畫像》　右《武梁祠堂畫像》，為石六，其五則横分為二，梁高行藺相如二段又廣於它。石所畫者古帝王、忠臣、義士、孝子、賢婦，各以小字識其旁，有為之贊文者，其事則《史記》、兩漢史、《列女傳》諸書合百六十有二人，有標題者八十七人，其十一人磨滅不可辨，又有鳥獸、草木、車蓋、器皿、屋宇之屬甚衆。《水經》云，金鄉有司隸校尉魯恭冢，冢前有石祠，自書契以來忠臣、孝子、貞婦、孔子及七十二弟子形像皆刻之四壁，今此碑無闕里聖賢，知其非魯君石祠中物也。又云，鉅野有荆州刺史李剛墓，其石室三間四壁，雕刻為君臣、官屬、龜龍、麟鳳之文，飛禽走獸之像，今此碑不畫四靈，又知其非李剛石壁也。趙德夫雖云嘗得魯君石室所刻，而題其所藏碑則云武氏石室畫像，其説云：武氏有數墓，在濟之任城墓前有石室，四壁刻古聖賢像。趙君東人，當知其實，而不能辯此畫為武氏誰人冢前者。金鄉鉅野皆隸山陽，與任城接境，必是東州阡壟，當時競有此製。予案任城有從事掾《武梁碑》，以威宗元嘉元年立，其辭云：孝子仲章、季章、季立，孝孫子僑躬、脩子、道竭家所有，選擇名石南山之陽，擢取妙好色無斑黄，前設壇墠，後建祠堂，良匠衛改，雕文刻畫，羅列成行，攄騁技巧，委蛇有章。似是謂此畫也。故予以武梁祠堂畫像名之。後之人身履其壤，會能因斯言以求是。先儒説三皇五帝者不一，太史公採《大戴禮》少昊而不録，經傳皆云帝顓之後黎為祝融，蓋高辛之火正也，惟《莊子》以祝融氏與戲農、赫胥同辭。《白虎通》既依《史記》五帝之序，遂以戲農、祝融為三皇，至論五行，則又以祝融為南方之神，初非通論，此碑以祝誦為祝融，而介於戲農之間，則《白虎通》之説也。《帝王世紀》稱上古聖人牛首蛇身之類，亦猶孔子四十九表所謂龜脊虎掌。世之言相者，有犀形鶴形之比也。俗儒作圖譜，遂有真為異類之狀者，此碑所畫伏戲，自要以下若蛇，然亦非也。

宋・洪适《隸續》卷六　右武梁祠堂畫記，自伏戲至于夏桀，齊公至于秦王，管仲至于李善，及萊子母、秋胡妻、長婦兒、後母子義漿羊公之類，合七十六人，其名氏磨滅與初無題識者，又八十六人，得之括蒼梁季珩。始予聞建康寓客有此碑，嘗託連帥方務德訪之，未至而書已成，方亦刻之郡齋，地遠歲久，殆將亂真也。

右碑圖下卷，范史《趙岐傳》云，岐自為壽藏圖，季札、子産、晏嬰、叔向四像居賓位，自畫其像居主位，皆為讚頌。以獻帝建安六年卒，冢在荆州古郢城中。漢人圖畫於墟墓間見之史册者如此，《水經》所載則有魯恭李剛碑碣，所傳則有朱浮武梁此卷，雖具體而微，可使家至而人皆見之。畫繪之事，莫古於此也。

清・朱彝尊《曝書亭金石文字跋尾》卷二《漢武梁祠碑跋》　右《漢從事武梁祠堂畫像》，傳是唐人拓本，舊藏武進唐氏，前有提督江南淮海兵馬章，後有襄文公順之暨其子鶴徵私印。漢自趙岐營壽藏圖，晏平仲羊舌叔譽東里，子産延州來季子四象紀之史册，此外如朱浮、魯恭、李剛、魯峻、董蒲、范皮諸祠墓畫像刻石者匪一，惟梁祠人物最多。洪适《隸續》具摹其形，古帝王、忠臣、義士、孝子、賢婦凡一百六十有二人。今是册存者，僅帝王十人，孝子四人而已。由黄帝至舜，圖皆服冕，禹手操掘地之器，冠頂鋭而下卑，殆《士冠禮》、《郊特牲》所云毋追者，是覩此可悟聶崇義《三禮圖》之非，桀以人為車，故象坐二人肩背，《隸續》所摹失其真矣。每幅上下四旁有小字，分書題識，姓名，或間作韻語。趙明誠稱其字畫遒勁，史繩祖謂其筆法精穩，可為楷式。觀者但覺墨光可鑑，元氣渾淪，謂為唐本當不虚也。

清・王昶《金石萃編》卷二〇《武梁祠堂畫像題字》　余大父武陽府君好古博雅，生平精於篆隸、行草，殘碑斷刻靡不搜訪，自集《隸格》一册，以補洪景伯《漢隸》之闕，其中有一節云：東州冢閒得二碑，高廣各五六尺，皆就石室壁間，刻古聖賢、義夫、節婦及車馬人物，其質樸可笑，然每事各有漢隸數字，字止五六分，筆法精隱，可為楷式。生平所閲漢隸未有若是之小者，而完好如新，蓋不為風日所剥泐，且模印者尚寡故也。乾道丁亥五月子堅書。余每閲之，恨不得見。其碑石之正在何所，然甚愛其伏羲、神農、黄帝、帝堯之贊，及曾子、老萊、丁蘭之贊，文旨精嚴簡古，非後世所及。如祝誦氏，不知其為沮誦或祝融，帝嚳氏作帝佶，殊可以証古辨今，後因護漕攝憲，梓部行部至資州，則此碑在州宅博雅堂下，經兵火之後刓闕多矣。制欄又輦運寘之，明新士大殊無識者，余奉祠歸，過渝為學官言其事，且以祖父所棣模本付之，令補完又，未知其果否也。史繩祖《學齋佔畢》。

清・錢大昕《潛研堂金石文字跋尾》卷一《武梁石室畫像》　右《武梁石室畫像》，婁機云在濟州，宋以後碑石湮没，久失所在，好事家得宋拓本，輒詫為希世之珍。乾隆丙午，錢唐黄易小松始于嘉祥縣南卅里紫雲山得之。嘉祥本析鉅野置，宋時故屬濟州也。今土人名為武宅山，蓋以石室得名。其石裂而為五，以洪氏《隸釋》、《隸續》證之，文字大略相同，惟榆母之前洪云缺一人名者，今驗石刻有榆□親，年老氣力稍衰，笞之□痛心懷楚十有六字，而上下尚有缺文，蓋圖伯俞事，以榆為俞也。錢唐何夢華云榆上一字尚存木旁，當是柏字《漢書》古今人表多以柏為伯也。范且之後又有魏須賈一人，賈字雖泐，其上半猶可識，戰國秦漢人多以且為名，讀子余切，如穰且、豫且、夏無且、龍且，皆是且旁，或加佳，如范雎、唐雎，文殊而音不殊也。胡身之注《通鑑》，輒音范雎之雎為雖，是誤仞為目旁矣。據此碑可正胡注之誤。

綜述

宋・趙明誠《金石録》卷一九《漢武氏石室畫像》　右《漢武氏石室畫像》五卷，武氏有數墓在今濟州任城，墓前有石室，四壁畫刻古聖賢畫像，小字八分書，題記姓名往往為贊于其上，文詞古雅，字畫遒勁可喜，故盡録之以資博覽。

清・洪頤煊《平津讀碑記》卷一《武梁祠堂畫像》　右《武梁祠堂畫像》，在嘉祥縣南武宅山，凡三石，石五層，中三層畫皆有題字，帝王伏羲至夏桀十人，唯黄帝、顓頊、帝佶、帝堯、帝舜冕服，梁節姑姊抹者、齊繼母無鹽醜女、榆母、章孝母、婦人皆長服，被土、曾母、投杼、坐機、上機制與今同，其足略小，或以為古人纏足之證，非也。車凡九見，轅蓋之制皆與孝堂山畫像同。唯處士牛車略異。

紀　事

清・畢沅《山左金石志》卷七《武梁石室畫像三石》　乾隆丙午秋，黄司馬小松於嘉祥縣南武宅山下搜得《武斑碑》及武氏二闕，既又得武氏祠諸像，乃移孔子見老子一石於濟寧州學，餘就其地建室重砌，榜曰武氏祠堂，别撰碑文。其助立之人皆仿漢碑陰例，書名於後，誠一時盛舉也。先是揚州馬秋玉曰琯家藏唐拓本，祇伏戲至曾子二列，視今所得三石不及十之二三，且較之洪氏所録又增補七十餘字，具載翁閣學《兩漢金石記》，翁書有失檢處更為校正之。漢人畫像莫古於此，其中人物器具皆圖繪所未備，故纂録諸石不厭其詳也。

《武氏石闕銘》

論　説

清・洪頤煊《平津讀碑記》卷一《武氏石闕銘》　右《武氏石闕銘》，在嘉祥縣紫雲山，黄小松司馬始訪得之。《武斑碑》在建和元年二月辛巳朔廿三日癸卯，此闕在建和元年三月庚戌朔四日癸丑，其相距止十二日。《武斑碑》稱武氏漢興以來爵位相踵，此闕有武始公弟綏宗景興開明、開明子宣張，宣張即斑也，開明為吴郡府卿，又有中子榮字含和，舉孝廉郎中，遷執金吾丞，綏宗名梁，為從事，子仲章、季章、季立，孫子僑武、梁武榮俱有碑，亦氏族之盛者。

清・張德容《二銘草堂金石聚》卷四　右《武氏石闕銘》，在嘉祥縣紫云山，方廣徑二尺許，刻銘處高一尺二寸，上有畫像數層，為車馬、人物、獸首、螭龍之屬。文中敘武氏諸人頗詳，其綏宗名梁，宣張名斑，皆另有碑。詳文意乃孝子武始公等兄弟為父造闕，而末乃詳敘宣張之夭没，校其月日與《斑碑》之立先後相去僅十日，蓋因哀痛遂連及之。漢人文字樸實有如此者。石工孟李，趙録作季，季弟卯，翁覃溪謂上是孚字，下是李字，容細審，實皆李字，翁未確也。

綜　述

清・畢沅《山左金石志》卷七《武氏東西石闕畫像》　銘題建和元年三月造，八分書，在嘉祥縣武氏祠前。

西闕東向，凡三層，高一丈二尺許，廣二尺。【略】二層一龍昂首垂尾，四足向右，龍首，加刻八分書武氏祠三字，徑五寸，蓋先有畫像而後人續題此字也。

又　西闕北向，凡六層，高廣同前。【略】六層刻建和元年，題字八行，行十二字。

又　東闕西向，凡三層，高廣同前。第一層有獸虎頭，下頦已泐，有一圈中穿似璧。二層一人峩冠左向，兩手執物如旗，漫滅大半。下刻分書武氏祠三字，字亦殘泐。三層皆漫滅難辨。

又　東闕北向，凡五層，高廣同前。【略】四層上下多漫漶，上一人向左有冠，左旁似有屋宇，一鳥昂首，僅露一目，下隱隱有車輪，其上車箱稍見右邊刻鏤之文。

《武氏石室祥瑞圖題字》

論説

清·畢沅《山左金石志》卷七《武氏石室祥瑞圖二石》　無年月，題字皆八分書，在嘉祥縣武氏祠。右祥瑞圖二研，其第二研初出時拓本已裂為三，翁閣學、黄司馬釋之頗多舛錯，然自重立之後，畫像題字更有泐蝕處，益知初拓可貴也。小松云，此刻石背若瓦脊，是為石室之頂，其面題刻可以仰觀。今以拓本案之，伏戲三石當屬右室，其前後左右次序全備，當日石室規模儼如在目矣。

清·張德容《二銘草堂金石聚》卷四　右《武氏祥瑞圖畫像題字》二石，殘泐特甚，黄小松乾隆丙午所得，前人所未見者，《山左金石志》與翁記、王編所録頗有異同，蓋初出土時其石已裂，重立之後更有剥蝕，所謂弟一石之弟三層，翁録已無之，今但據所得本橅録其可見者如右，較《山左志》、《萃編》已少三十餘字矣。

綜述

清·洪頤煊《平津讀碑記》卷一《武氏石室祥瑞畫像》　右《武氏石室祥瑞畫像》，在嘉祥縣武氏祠，凡二石，每段畫祥瑞、草木、禽魚之狀，題記皆與《孫氏瑞應圖》、《宋書·符瑞志》相同。

雜録

清·王昶《金石萃編》卷二一《武氏石室祥瑞圖題字》　武梁石室右一石平露，殘泐最甚，其旁又得殘石三，刻人物鳥獸，有小八分書，標題與武梁石室題字如出一手，其語句《孫氏瑞應圖》及《宋書·符瑞志》所載約略相同。東漢崇尚圖讖，故圖刻乃爾。石背若瓦脊，是為石室之頂，其内題刻可以仰觀也。是刻前人著録所未及，《嘉祥縣志》云，室内石刻伏羲以來祥瑞，所指即此，因名之曰《武氏祠祥瑞圖》。黄易跋。

《司隸校尉楊孟文石門頌》

論説

宋·趙明誠《金石録》卷一四《漢司隸楊厥開石門頌》　余嘗讀范曄《後漢書·鄧騭傳》有云：時遭元二之災，人士飢荒。章懷太子注以為元二即元元也。古書字當再讀者即于上字下為小二字，後人不曉，遂讀為元二，或同之陽九，或附之百六，良由不悟，致斯乖舛。今岐州《石鼓銘》，凡重言者皆為二字，明驗也。其説甚辨，學者信之。今此碑有云中遭元二西戎虐殘，橋梁斷絶。若讀為元元，則為不成文理，疑當時自有此語，《漢書》注未必然也。

清·錢大昕《潛研堂金石文字跋尾》卷一《司隸校尉楊孟文石門頌》　建和二年中冬。右《司隸校尉楊孟文石門頌》文云：高祖受命，興於漢中，建定帝位，以漢詆焉。詆即氏字，謂高帝興於漢中，故定有天下之號曰漢，猶陶唐氏、有虞氏之例也。洪文惠讀詆為抵，失其義矣。棆碭猶言棆唐，古文唐為暘，碑又變為碭，其義一也。股躬疑即股肱字，垓鬲義與閡隔同。

清・洪頤煊《平津讀碑記》卷一《司隸校尉楊孟文石門頌》 建和二年十一月。右《司隸校尉楊孟文石門頌》，在褒城縣北五里。《水經・沔水注》：褒水又東南歷小石門，門穿山通道，六丈有餘，刻石言，漢明帝永平中，司隸校尉犍為楊厥之所開。逮桓帝建和二年，漢中太守同郡王升嘉厥開鑿之功，琢石頌德，即此碑也。碑云永平四年詔書開余鑿通石門，中遭元二西夷虐殘，橋梁斷絶，於是故司隸校尉犍為武陽楊君厥字孟文，數上奏請，帝用是聽。則楊君之開通石門，不在永平中也。楊君名涣，字孟文。其云厥者，助語之詞。《順帝紀》延光四年，詔益州刺史罷子午道，通褒斜路。《隸釋》以為即從楊君之所請。建和二年仲冬，漢中太守王升勒石頌德，距其時又二十四年矣。

綜述

清・翁方綱《兩漢金石記》卷一三《故司隸校尉楗為楊君頌》 此頌磨崖刻於褒斜谷中。趙明誠《金石録》以為楊厥開石門頌，洪氏《隸釋》始著楊君名涣，字孟文。其云厥者，助語之辭。又引蜀中《楊淮碑》云：楊君厥諱淮。始知兩碑皆以厥為語助也。然所引《楊淮碑》今亦拓得之，與此刻同在褒斜谷中。洪謂此在興元，彼在蜀，蓋亦未之深考也。

清・畢沅《關中金石記》卷一《楊孟文石門頌》 建和二年中冬立，隸書，在石門。碑云：楊君厥字孟文。故《水經注》稱為《楊厥碑》。考之《華陽國志》，則楊君名涣，字孟文也。洪适云：厥為語助耳，非名。文内有云：高祖受命，興於漢中。道由子午，出散入秦。以子午塗路澀難，更隨圍谷，復通堂光。又與《郙閣頌》嘉念高帝之開石門，元功不朽云云合。出散入秦者，散關也。碑為漢中太守楗為武陽王升立。以犍為楗，引古字，《説文》無犍字。

清・張德容《二銘草堂金石聚》卷五 右《司隸校尉楗為楊君頌》拓本，高六尺四寸，廣六尺，文二十二行。在今陝西褒城縣東北五里褒斜谷中。自秦漢開通石門，逮北魏迄宋，屢加修治，故摩崖多漢隸，而宋人題刻尤多。至開雞頭關為今行孔道，而石門一道遂非舟莫達焉。此頌歐、趙皆謂之《楊厥碑》，至洪氏始著楊君名涣，厥為語助。容按《華陽國志》載秀穎司隸校尉楊涣字孟文，本注云：武陽人，見《楗為耆舊傳》。即其人也。

《乙瑛孔廟置守廟百石卒史碑》

論說

明・趙崡《石墨鐫華》卷一《漢魯相置孔子廟卒史碑》 此碑都少卿元敬考據始末甚明，楊用修《金石古文》全録之，但碑中奏洛陽宫下有司徒公，河南□□□□字季高，司空公蜀郡武都□□字意伯，二十四字内闕六字，而二公不之及都云。此碑殘闕，據宋洪丞相《隸釋》録其全文，而竟遺此，豈二公但憑鈔録，未見榻本耶。碑後又有刻云，後漢鍾太尉書，宋嘉祐七年張稚圭按圖題記。按此碑永興元年造，元常獻帝初始為黄門侍郎，距永興且四十年，此非元常書，明甚。未知張稚圭所按何圖，其敘事簡古，隸法遒逸，令人想見漢人風采，政不必附會元常也。碑中越戒范史，注字志伯。今云意伯，趙明誠云疑是避桓帝諱。戒，袁宏又作誡。

明・都穆《金薤琳琅》卷三《漢魯相置孔廟卒史碑》 右《漢魯相置孔子廟卒史碑》，今在曲阜，蓋魯相乙瑛上書請置百石卒史一人典主守廟，司徒吴雄，司空趙戒以聞，制從之。蓋在元嘉三年三月，後魯相平補以孔和上書于司空府，則永興元年六月也。攷之范史《桓帝紀》，元嘉惟有二年，碑云元嘉三年三月者，蓋是年五月始改永興，至十月而雄、戒亦罷免矣。

此碑殘闕，據宋洪丞相《隸釋》録其全文。蓋漢文高古難得，將以供學士大夫之嗜好，而不特此碑然也。凡予之録漢刻，其殘闕者皆以洪本足之。

清・朱彝尊《曝書亭金石文字跋尾》卷二《漢魯相乙瑛請置孔廟百石卒史碑跋》 魯相乙瑛以孔子廟在闕，褒成侯四時來祠，事已即去，廟有禮器，無常人掌領，請置百石卒史一人典主守廟。元嘉三年，司徒吳雄、司空趙戒聞于朝，詔如瑛言，選年四十以上經通一藝者，乃舉文學掾孔龢任之。按《漢書・儒林傳》郡國置五經百石卒史，臣瓚以為卒史秩百石者。劉昭注《續漢書・百官志》引應劭《漢官儀》河南尹百石卒史二百五十人，《黄霸傳》補左馮翊二百石卒史，蓋秩有不同，故舉石之多寡别之。今本杜佑《通典》乃謁百石卒史為百户吏卒。我聞在昔有釋《戰國策》音義者，更雞口作雞尸，貽笑藝苑。以百石為百户，是雞尸之類也。

清・趙搢《金石存》卷六 右《漢魯相置孔廟卒史碑》，文字完好，辭理簡暢，尤漢碑中之不易得者。《闕里志》及《山東通志》并載此碑，前後無一缺字。五經上是删述二字，備下是爵今二字，規下是矩字，雞下二字并末句四字，皆削去不存，恐是以臆見增減，非有所據也。

綜述

宋・歐陽修《集古録跋尾》卷二《後漢魯相置孔子廟卒史碑》 右《漢魯相置孔子廟卒史碑》云：司徒臣雄、司空臣戒稽首言：魯前相瑛書言，詔書崇聖道，孔子作《春秋》，製《孝經》，演《易繫辭》，經緯天地，故特立廟，褒成侯四時來祠，事已即去，廟有禮器無常人掌領，請置百石卒史一人典主守廟。謹問太常祠，曹掾馮牟史郭元辭對，故事辟雍祠先聖，太宰、太祝各一人，備爵太常丞監祠，河南尹給牛羊豕，大司農給米。臣愚以為如瑛言，可許。臣雄、臣戒愚戇，誠惶誠恐，頓首頓首，死罪死罪，臣稽首以聞。制曰可。按《漢書》元嘉元年吳雄為司徒，二年趙戒為司空，即此云臣雄、臣戒是也。魯相瑛者，據碑言姓乙，字仲卿。漢碑在者多摩滅，此幸完可讀，録之以見漢制三公奏事如此，與羣臣上尚書者小異也。又見漢祠孔子，其禮如此。治平元年六月二十日書。右真蹟。

清・武億《授堂金石文字跋》卷一《漢魯相乙瑛置孔子廟百石卒史碑》 八分書，永興元年六月。今在曲阜縣。碑載三月丙子朔二十七日壬寅，司徒雄、司空戒。下魯相，又下文永興元年六月甲辰朔十八日辛酉云云。

紀事

宋・洪适《隸釋》卷一《孔廟置守廟百石碑》 右《孔廟置守廟百石卒史孔龢碑》，無額，在兖州仙源縣，威宗永興元年立。嘉祐中，郡守張稚圭按《圖經》云鍾繇書碑，載孔子十九世孫麟廉請置百石卒史一人，掌廟中禮器。魯相乙瑛書言之於朝，司徒吳雄、司空趙戒奏於上，詔魯相選年四十以上通一經者為之。時瑛已滿秩去，後相平復以其事上于朝。

雜録

清・王昶《金石萃編》卷八《孔廟置守廟百石卒史碑》 勉字下隱起是學字，蓋崇聖道，勉學藝，詞理俱暢，而人往往缺之。盛時泰《蒼潤軒帖跋》。

又 每見近日文移奏牘，一事必再三繁複，至於連篇累紙而不休，竊怪何不省簡，乃浪費筆墨如此。今觀此碑，乃知漢時其體便爾。《虚舟題跋》。

《孔謙碑》

論説

宋・歐陽修《集古録跋尾》卷二《後漢孔德讓碑》 右《漢孔德讓碑》，蓋其名已摩滅，但云字德讓者，宣尼公二十世孫都尉君之子也。仕歷郡諸曹史，年二十，永興二年七月遭疾不禄。碑在今兖州孔子墓林中。永興，孝桓帝年號也。其人二字一作德讓。早卒，無事蹟可考。余集録所藏一有獨闕二字。孔林中漢一無此字。碑，最後得此，遂無遺者。蓋以其文字簡少無事實，故世人遺而不取，獨余家有之也。治平元年閏正月二十日書。

清·武億《授堂金石文字跋》卷一《漢孔德讓碣》 碣文備載《隸釋》，已云其名不甚可辨，今益漫漶，所存字少有完者，惟後文年卅四顯。據今《集古録》訛卅作廿，又脱四字。洪氏亦訛卅作廿，傳刻之過也。流俗人謂此碣為孔宏，蓋失檢爾。

清·張德容《二銘草堂金石聚》卷五 右《孔謙碣》拓本，高二尺，廣一尺五寸，在曲阜孔廟。歐、趙、洪皆著録，碑雖漫漶，然洗石精拓之本，尚字字可辨。乃牛氏在《金石圖》謂所存不滿四十字，吴氏《金石存》亦空至二十三字，亦未免太鹵莽矣。

綜述

宋·趙明誠《金石録》卷一五《漢孔君碣》 右《漢孔君碣》，在孔子墓林中。其額題《孔君之墓》，文已殘缺。其前云元年乙未，而元年上闕二字，按東漢自建武以後，惟桓帝永壽元年歲次乙未，其他有三乙未，皆非元年，然則此碣所闕二字，當為永壽也。

宋·洪适《隸釋》卷六《孔謙碣》 右《孔謙碣》，其名不甚可辨。考孔氏譜得之所謂都尉君者，太山都尉宙也。《孔融别傳》云：宙有七子，融之次第六。載於譜録者，惟有謙、褒、融三人，褒之名見《史晨碑》。

宋·洪适《隸續》卷五 右《孔謙碣》，甚小，一穿微偏，左有暈一重起於穿中，復有兩暈在右，其一甚短，與它碑小異。文八行，行十字，後餘兩行。

清·畢沅《山左金石志》卷八《孔謙碣》 永興二年七月立，八分書。碑高二尺五寸，廣一尺五寸，上圓下平，在曲阜縣孔廟同文門西側。《隸續》云：此碣甚小，一穿微偏，左有暈一重起於穿中，復有兩暈在右，其一甚短，與他碑小異。今以碑證之，文後尚餘兩行，穿在正中，不知洪氏何以謂其微偏也。碑中磨滅者惟謙、讓二字，餘皆可辨。《縣志》云不存一字，殊未然矣。

清·翁方綱《兩漢金石記》卷七《漢孔德讓碑》 右《孔德讓碑》，永興二年立。牛氏《金石圖》云：在曲阜縣孔子廟同文門西側北向，高二尺四寸，闊一尺四寸，厚五寸。《隸續》云：孔謙碣甚小，一穿微偏，有暈一重起於穿中，復有兩暈在右，其一甚短，與它碑小異。文八行，行十字，後餘兩行。愚按，穿當五六兩行之間，第八行止二字，通計七十二字。今洗石精拓，尚與洪氏所見相同。牛氏近在兖州，乃云剥落所存不滿四十字，則無怪乎吴氏《金石文存》空至二十三字之多矣。

清·洪頤煊《平津讀碑記》卷一《孔謙碣》 右《孔謙碑》，在曲阜縣孔子廟。謙字微泐，尚可辨。謙字德讓，宣尼公廿世孫都尉君之子也。

雜録

清·王昶《金石萃編》卷九《孔謙碣》 東漢《孔君碑》及《孔德讓碑》皆在孔林中。孔君，孔子十九代孫名震，官至河東太守。德讓，孔子二十世孫都尉君宙之子，名謙，德讓其字也，歷郡諸曹吏。宙，震之弟。彭大翼《山堂肆考》。

《宛令李孟初神祠碑》

論説

清·翁方綱《兩漢金石記》卷一二《益州刺史李君神祠碑》 是碑歐、趙、洪以來著録，諸家皆未之及。前題大字二行，後文一十三行，行僅存數字。其當中穿處，曰永興二年六月己亥朔十日。以《通鑑》攷之，漢桓帝永興二年甲午四月己亥朔，七月戊辰朔，則六月為己亥朔無可疑者。碑以立祠為主，故不詳敘李君出處之蹟，蓋曾舉孝廉，官郎中，官宛令，又官益州刺史。卒於官，吏民追思，為立祠也。賊捕掾，官名不見於史志，碑文系於勸農下，則所謂各署諸曹掾史者，史亦未之詳也。貴君以下，則立祠之諸官姓名，其令則益州官也。門人江秋史自亳州雙鈎其本見寄，既而又得此拓本，紙墨皆新，其碑今蓋尚存，俟更訪之。貴君之名微露上半，似是盛字。劉俊字叔艾，漢碑多以艾為乂也。婁氏《漢隸字原》云：漢碑年字垂筆有長過一二字者，然此碑婁所不載也。詳其筆勢，蓋以當穿未得放筆，故於穿下不嫌過垂以伸其氣，此不獨可悟書法，亦文章蓄瀉之理耳。楊孟文《石門頌》命字則以石紋斷裂適當垂處不遑寫下一字，而引上脚使長，又與是碑年字不同。

清·武億《**授堂金石文字跋**》**卷二**《**漢故宛令神祠碑**》碑首題磨滅不知為何人，其字較文内獨大，云故宛令益州刺史南郡襄陽，下缺數字，另行云字初神祠之碑。【略】又二年，年字中畫獨長，《漢隸字源》云：乎、命、年，此三字垂筆或長過一二字。余于他碑亦少見，惟五鳳二年磚文，兩年字俱長。今是碑存其梗概，益可珍也。

綜述

清·洪頤煊《**平津讀碑記**》**卷一**《**宛令益州刺史李孟初神祠碑**》右《宛令益州刺史李孟初神祠碑》，在南陽縣。其名已闕，孟初其字也。舉孝廉，除郎中，遷宛令、益州刺史。己亥朔十日下《金石萃編》有宛令二字，諦視此碑亦有，而《兩漢金石記》無之。宛為南陽郡治，貴君以下皆宛令故吏名。

清·張德容《**二銘草堂金石聚**》**卷五** 右《漢李孟初神祠碑》拓本，高三尺八寸，廣二尺二寸，在南陽縣。下半截多泐，起首大字標題二行，與他碑題額者獨異，其式僅見此碑。中有穿在文中弟四五六行弟三字之下。

清·畢沅《**中州金石記**》**卷一**《**宛令李孟初神祠碑**》永興二年六月立，隸書，在南陽。此碑題首二行，行約十五字。文十三行，行二十八字。第一行故宛令益州刺史云云，字大三寸，其文字僅半之，中有穿，惜半摩滅不可復辨。碑新出土，故前此金石家多未及載，今録其可辨者如右。蓋因李孟初官宛有德政，義民因為立祠也。書法疏秀，似《韓仁銘》，當為唐蔡有鄰所本。永興二年，年字末一筆甚長過兩字，于漢碑少見。

《孔君墓碣》

論說

宋·趙明誠《**金石録**》**卷一五**《**漢孔君碣**》右《漢孔君碣》，在孔子墓林中。其額題孔君之墓，文已殘缺。其前云元年乙未，而元年上闕二字，按東漢自建武以後，惟桓帝永壽元年歲次乙未，其他有三乙未，皆非元年。然則此碣所闕二字，當為永壽也。

綜述

清·畢沅《**山左金石志**》**卷八**《**孔君碣**》永壽元年立。八分書，篆額碑連座高三尺，廣一尺五寸，上圓下方，邊界二線周刻回文，在曲阜縣孔廟同文門西側。

又《**孔君之墓**》右碑文八行，行十五字，字徑一寸。乾隆癸丑暮春，錢唐何夢華元錫得於聖林牆外，移置廟内，别立碑以識其處，元為記之。文中可辨者五十二字，孔君名字無存，惟云孔子十九世孫，當是孔宙、孔彪兄弟行也。此碣規式異於諸碑，自趙氏《金石録》已云漫滅，况又閲數百年，宜其存字無多也。

清·洪頤煊《**平津讀碑記**》**卷一**《**孔君殘碑**》右《孔君殘碑》，何夢華上舍訪得於孔林牆外，今移置孔子廟。元年乙未上字已泐，趙明誠《金石録》定為桓帝永壽元年。碑云孔子十九世孫，當是孔宙、孔彪兄弟行，其所歷官五官掾守長史兼行相事，字尚可辨。

清·張德容《**二銘草堂金石聚**》**卷五** 右《漢孔君碑》拓本，高二尺八寸，廣一尺五寸，在曲阜孔廟。見於趙氏《金石録》，自後鮮著録者。

乾隆癸丑歲，錢唐何夢華元錫得於聖林牆外，移置廟内，别立碑以識其處，阮文達為之記。《山左金石志》云可辨者五十二字，孔君名字無存。容今以洗石精拓之本細加審諦，可辨者尚有八十四字。孔君字少垂，惟名不可辨耳。

《韓勑造孔廟禮器碑》

論說

宋・歐陽修《集古録跋尾》卷二《後漢修孔子廟器碑》 右《漢一有朝韓明府修孔子廟器碑》云：永壽二年，青龍二字一作歲在涒灘霜月之靈皇極之日。永壽，桓帝年號也。按《爾雅》云歲在申曰涒灘，桓帝永興三年正月戊申，大赦改元。永壽明年一有歲次二字丙申曰歲在涒灘是矣。云霜月之靈皇極之日，莫曉其義，疑是九月五日。前漢文章之盛，庶幾三代之純深，自建武以後，頓爾衰薄。崔、蔡之徒擅名當世，然其筆力辭氣非出自然，與夫楊、馬之言，醇醨異味矣。及其末也，不勝其弊。霜月皇極，是何等語。韓明府者名勑，字叔節。前世見於史傳，未有名勑者，豈自余學之不博乎。《春秋・左氏傳》載古人命名之說，不以為名者頗多，故以勑為名者少也。治平元年二月晦日書。右真蹟。

明・郭宗昌《金石史》卷上《漢韓明府叔節修孔廟禮器碑》 漢《韓明府修孔子廟器碑》，纔剥蝕十一字，存者猶有鋒鍛，文殊高古，尚可讀，豈神物固有鬼神呵護耶。其字畫之妙，非筆非手，古雅無前，若得之神功，弗由人造所，謂星流電轉，纖踰植髮，尚未足形容也。漢諸碑結體命意皆可髣髴，獨此碑如河漢可望不可即也。

綜述

清・畢沅《山左金石志》卷八《魯相韓勑造孔廟禮器碑》 永壽二年九月立，并陰及兩側俱八分書。碑高五尺三寸，廣二尺四寸，厚六寸五分。在曲阜縣孔廟同文門西側。案此碑文辭古奥，别成一體，諸家皆考核無遺。碑末自韓明府名勑字叔節八字以下三行，皆捐錢諸人名氏，與碑陰、碑側連屬，間有字體參錯不齊者，皆增書也。碑陰第三列謝伯威、高伯世下，有熹平三年左馮翊池陽項伯脩來八分書三行，凡十三字，筆畫極細，翁閣學嘗得舊拓橅以示人，今以洗石精拓本辨之，其前後二行尚有影跡，中間左馮翊池陽五字，則磨泐無存矣。

清・翁方綱《兩漢金石記》卷六 右《韓勑造孔廟禮器碑并陰及兩側》，永壽二年立。牛氏《金石圖》云：高四尺五寸，闊二尺二寸，厚五寸，在曲阜縣孔子廟同文門西側東向。碑正面十六行，行三十六字。弟八行皇戲統華胥高出一字，前十三行是碑正文，後三行則韓相名氏暨出錢諸人名氏，與碑陰、碑側相連屬者也。碑陰十七行，行皆三列，碑側左右各四行，右側四列，左側三列。陰與側皆有增書名氏，故參錯不齊。

清・張德容《二銘草堂金石聚》卷六 右《漢魯相韓勑修孔子廟造立禮器碑》拓本，高五尺五寸，廣二尺五寸，厚七寸，在曲阜聖廟。自來金石家皆著録。正面十六行，前十三行為碑銘正文，行三十六字。弟八行皇字高出一格。後三行，行三列，為韓明府及出錢諸人名氏。碑陰十七行，行三列，末又小字一行。碑側左右各四行，左三列，右四列，皆有增書名氏。碑文多用纖緯及别體字，不可盡通，諸家考證極多，亦得失互見。

《郎中鄭固碑》

論説

清・翁方綱《跋漢郎中鄭固碑》 密理與縱横兼之，此古隸第一，《禮器》第二，《乙瑛》第三，《孔宙》第四。此漢隸之定品，推此意也，可以品定古今書法矣。既見建武泉範，益得上追岐鼓，下量化度，與右軍非木幾同原。

清・楊守敬《平碑記》 此碑古健雅潔，在漢隸亦稱佳作。尤少積氣，《禮器》之亞也。

綜述

宋・歐陽修《集古録跋尾》卷二《後漢郎中鄭固碑》 右《漢郎中鄭固碑》，文字摩滅，其官閥、卒葬年月皆莫可考。其僅可見者，云君諱固，字伯堅，孝友著於閨門，至行立乎鄉黨。初受業於歐陽，仕郡諸曹掾史、主簿、督郵、五官掾、功曹。又曰忠以衛上，清以自修。其餘殘缺不復成。文又云延熹元年，又曰詔拜，而不見其官。惟其碑首題云漢故郎中鄭君之碑，以此知其官至郎中爾。漢隸刻石存於今者少，惟余以集録之勤，所得為獨多，然類多殘缺不完。蓋其難得而可喜者，其零落之餘，尤為可惜也。

清・翁方綱《兩漢金石記》卷八《漢故郎中鄭君之碑》 右是碑之上段，止見每行十九字之本也。自乾隆四十二年以前所拓之本，皆止於此，蓋其中段尚埋土中未出也。而其間就近今所拓，又微有辨者。弟二行籍字全見，膺字猶見上半者，舊拓也。藉字止露其頂，膺字全不見者，新拓也。計上段凡存二百五十四字，又半字二。

又 上段本與中段相連，石並未斷，乃往日因石埋土中，只拓得其半耳。似應合中段聯為一圖，然其中又微有拓本新舊之不同，若聯為一圖，則觀者無以考新舊本之所以異，故先以上段別為圖，其存字如右。

又 右是碑之中段六十字，又半字五。乾隆四十三年戊戌，定海藍嘉瑄掘起入地之半凡尺許，而碑所存於今之字止此矣。先是，雍正六年有李鶠者，於濟寧學泮池左發地得是碑最下一段，今別為圖於後，而李得下段時不知有此中段也。蓋土人相傳以為中段已亡，而今一旦掘起升高，始知此段實與上段相連也。

又 右是碑之下段，雍正六年出土者，凡二十字，又半字四。牛氏《金石圖》所云，李鶠於泮池左得殘石，高六寸，闊一尺六寸，因移置於碑旁者是也。

紀事

清・朱彝尊《曝書亭金石文字跋尾》卷二《郎中鄭固碑跋》 己酉之春，泊舟任城南池之南，步入州學，見儀門旁列漢碑五，左二右三，《郎中鄭君固碑》其一也。碑文全漫漶不可辨識，舍之去。明年冬，同崑山顧甯人、嘉定陸翼王觀北平孫侍郎藏本，文有逡遁字，甯人謂是逡巡之異文。退而引《三禮注》以證之，且博稽《晏子春秋》作逡遁，《漢書》作逡循，《莊子》作蹲循，《靈樞經》、《亢倉子》作遵循，又謂逡遁之異文，筆之《金石文字記》。以予考之，《集韻》逡遁俊三字牽連書之，均七倫切，音義則一。《説文》釋辵字云：乍行乍止也。遁字雖音徒困切，而配之以辵，當讀如足縮，縮如有循之循，以為假借則可，不得謂之異文矣。甯人作音論惜《集韻》不存，未知是書尚存天地間，故于諸書疑義未盡晰爾。

清・畢沅《山左金石志》卷八《郎中鄭固碑》 延熹元年四月立，八分書，篆額，碑高六尺，廣二尺四寸餘，上鋭下方，額下有穿，在濟寧州學戟門西側。又殘石高六寸，廣一尺五寸餘，今嵌明倫堂東壁。右碑全文已載翁閣學《兩漢金石記》。鄉來拓本惟存上段，自雍正六年州人李鶠得下段殘石於泮池，其子東琪又於乾隆四十三年，同藍別駕嘉瑄，將此碑升高出土之上重立，復出中段，較洪氏《隸釋》所缺無幾。

清・張德容《二銘草堂金石聚》卷六 右《漢郎中鄭固碑》拓本，上中段高四尺一寸，廣二尺五寸，下段殘石高七寸。自四行讓字言旁起，至十四行馬字止，在濟甯州學。歐、趙、洪皆著録，不知何時下截斷裂，中段埋於土中。凡乾隆四十二年以前拓本，皆每行十九字，而雍正六年李鶡所得殘石，則另置碑旁，不相連屬也。至乾隆四十三年，李東琪與藍嘉瓊將中段掘起升高，於是全碑俱見，較洪氏所録闕字並不甚多，亦不甚漫漶。而諸家所釋頗有訛誤，如模字從木，《隸釋》乃誤為從巾。楊字從木，劉太乙《續金石録》本不誤，而楊用修以為從手，吴山夫反信楊説，而以劉跋作楊為誤，皆不可解。又弱冠仕郡，更諸曹掾史，諸家皆作仕郡吏，容諦審實是更字。蓋更諸曹，猶云歷諸曹耳。從來竟未有一人細審也。

雜録

清・顧藹吉《隸辨》卷七《鄭固碑》 今在濟寧州儒學。額題云漢故郎中鄭君之碑。八篆字為二行，有穿，文十五行，行二十九字。行間方若棋局。今碑已中斷，失其下一截。予家有拓本尚完。

清・王昶《金石萃編》卷一〇《郎中鄭固碑》 右《郎中鄭固碑》，亡其半，僅存上節。雍正六年有李鶡者，於泮池左發地得一殘石刻，高六寸，闊一尺六寸，存二十二字，蓋鄭碑之下節云。因移置碑旁，頋不知其斷剥沉埋者何代也。《金石圖》。

清・洪頤煊《平津讀碑記》卷一《郎中鄭固碑》 右《郎中鄭固碑》，在濟寧州學宫。碑舊拓止上段，近始得下段殘石，又洗出中段，拓本始完。

《西岳華山廟碑》

論説

宋・洪适《隸釋》卷二《西岳華山廟碑》 右《西嶽華山廟碑》，篆額，在化州華陰縣。威宗延熹四年，袁逢守洪農郡，以華嶽舊碑文字摩滅，遂案經傳載原本勒斯石以垂後，會遷京尹，乃勑都水掾杜遷市石，遣書佐郭香察書碑，成於後之四年，蓋孫璆典郡時也。

清・趙搢《金石存》卷七 右《西嶽華山廟碑》，錢唐金壽門舊有此拓本，予從摹得之，殘缺不十餘字，餘或筆畫小損，皆可辨認也。此碑自嘉靖時毁壞，拓本流傳甚少，關中郭允伯所藏，得自東雲駒，後歸王無異，後又入商邱宋太宰家。凡顧亭林、朱竹垞、劉太乙、頋南原所見，皆此一本，幾以為騏驥一毛，虬龍片甲，世間無復副本矣。乃胤伯自云缺百二十字，而此本乃不若是之甚，郭本有額，而此本篆額六字亦全，豈不較勝于郭本耶。又梁谿吴棟臣客淮陰，自言其家亦有一本，得之其鄉秦氏，雖不知視此本何如，要之此碑之流傳于世者，尚不止此數本也。

清・翁方綱《兩漢金石記》卷一〇《西嶽華山廟碑》 右《西嶽華山廟碑》，延熹八年立。其石已亡，都南濠援徐季海《古蹟記》以為蔡中郎書。趙子函云郭香乃蓅中郎書耶，今雖不能遽定為中郎，然《金石文字記》及《曝書亭題跋》皆謂《後漢書・律歷志》郭香即此人。攷郭香之名見于五官郎中馮光、沛相上計掾陳晃奏中，事下三府集議，其時坐侍中西北與光、晃相難問者，即蔡邕爾，在熹平四年三月九日也。邕可以理香之説，則香何不可以察邕之書哉。中郎集中《楊秉碑》正在延熹八年，而秉又華陰人也，若碑中字體奇正互出，古今選用，非中郎《隸勢》所謂修短相副，異體同勢，奇姿譎誕，靡有常制者乎。即以一二字略言之，如克字、陵字皆加點，與《説文》不合，而與古籀奇字體勢轉近。《夏承碑》克字亦有點，世或以夏碑亦出中郎，雖難概信，然其説正非無自也。《佩觿》云李少監陽冰説蔡中郎以豐同豐，又與此碑合矣。凡此數者，有一於此，足以附質中郎之説，而況有徐季海語可据乎。

又　全謝山《鮚埼亭集》跋是碑後云：竹垞見西陂本文字完好，并篆額俱無恙，因有驚心動魄之喜。然則予家所藏，為豐學士萬卷樓中故物，歷二百餘年不缺不爛，可寶更何如乎。篆額左右有唐太和中李衛公諸人題其旁，其下有宋元豐中王子文題幾無隙地。予按今華嶽廟中趙文淵、劉升八分諸碑，上下左右皆有題識，知謝山之言不妄。《劉升碑》有明河濱李楷叔則題云：地震後古碑大為俗人所損，所存於廟者寥寥數種耳。据此，則是碑毁於地震之説，蓋為可信。

又　朱竹垞於漢隸最推是碑，以愚平心論之，則漢隸自以《禮器碑》為最。此碑上通篆，下亦通楷，借以觀前後變割之所以然，則於書道源流，是碑為易見也。夫使人易見者，非其至者也。

綜述

宋・歐陽修《集古録》卷二《後漢西嶽華山廟碑》　右《漢西嶽華山廟碑》，文字尚完可讀。其述自漢以來，云高祖初興，改秦淫祀。太宗承循，各詔有司，其山川在諸侯者，以時祠之。孝武皇帝修封禪之禮，巡省五嶽，立宮其下，宮曰集靈宮，殿曰存僊殿，門曰望僊門。中宗之世，使者持節，歲一禱而三祠，後不承前，至於亡新，寖用邱虚。建武之元，事舉其中，禮從其省，但使二千石歲時往祠。自是以來，百有餘年，所立碑石，文字摩滅。延熹四年，宏農太守袁逢，修廢起頓，易碑飾闕，會遷京兆尹，孫府君到，欽若嘉業，遵而成之。孫府君諱璆，其大略如此。所謂集靈宮者，他書皆不見，惟見此碑，一有爾字。則余之集録，不為無益矣，一無此十字。治平元年閏五月十六日書。右真蹟。

宋・趙明誠《金石録》卷一五《漢西嶽華山廟碑》　右《漢西嶽華山廟碑》，其略云：孝武皇帝修封禪之禮，巡省五嶽，立宮其下，宮曰集靈宮，殿曰存仙殿，門曰望仙門。歐陽公《集古録》云：所謂集靈者，他書不見，惟見于此碑爾。余按班固《漢書・地里志》華陰有集靈宮，武帝起，而酈道元注《水經》亦云敷水北逕集靈宮，引《地里志》所載，其語皆同。然則不獨見于此碑矣。而所謂存仙殿，望仙門者，諸書不載。

清・顧藹吉《隸辨》卷七《華山廟碑》　《金石文字記》云舊在華陰縣西嶽廟中，嘉靖三十四年地震碑毁。華州郭胤伯有此拓本，文字完好，今藏華陰王無異家。予從商丘宋尚書摹得之，即無異藏本也。額題云《西嶽華山廟碑》六篆字，為二行碑式云。文二十二行，行三十七字袁府君肅恭明神及京兆尹勑杜遷市石，皆平闕，高祖、太宗、孝武並列行高出一字，有紋如棋局。

著録

清・顧炎武《金石文字記》卷一《西嶽華山廟碑》　此為漢延熹八年四月甲子前弘農太守汝南袁逢所立，會遷京兆尹，後太守安平孫璆遵而成之者。碑舊在華陰縣西嶽廟中，嘉靖三十四年地震碑毁。華州郭胤伯有此拓本，文字完好，今藏華陰王無異家。其末曰京兆尹勑監都水椽霸陵杜遷市石，遣書佐新豐郭香察書。東漢人二名者絶少，而察書乃對上市石之文，則香者其名，而特勘定此書者爾。漢碑未有列書人姓名者，歐陽叔弼以香察為名，殆非也。

清・嚴可均《鐵橋金石跋》卷一《西嶽華山廟碑》　右《華山廟碑》，石已毁。此明拓本，舊為鄞縣豐氏萬卷樓所藏，雍正末歸全謝山，謝山有跋，載《鮚埼亭集》。後歸范氏天一閣，乾隆末歸錢竹汀，嘉慶十三年歸阮伯元撫部。越三年，余在撫部寓所，坐臥相對者七日，雙鉤一幅而歸。此本單紙整幅未經割標，凡泐缺百餘字。碑首有李衛公等題名，為長垣、華陰兩本所無，洵海内墨寶也。

又　此宋拓本，明季為長垣王文蓀鵬沖所藏，文蓀與王覺斯為親家，册後有覺斯跋。康熙三十八年歸商邱宋漫堂，漫堂及邵子湘有詩，朱竹垞有跋。乾隆末歸陳伯恭學士，嘉慶二年歸成邸。碑文完善，其偏旁損缺僅十許字，惟額左右之李衛公等題名失拓。余既從阮伯元撫部借得四明天一閣整本，手自雙鉤訖，整本缺字百餘。乃借出成邸此本鉤補缺字，合而觀之，整本洗碑晚拓，鋒鋩畢露，而字畫稍肥。此本較瘦勁，竹垞以為驚心動魄，故自不誣。因復全鉤一本，而額首缺題名，亦以整本鉤補附諸册末。雍正間如臯姜任修曾以此本重刻于石，而鉤手庸惡，牛鬼蛇神不復成字。緣此本乃涑墨所拓，要審視墨暈并與整本對看，始能措手也。顧南原曾鉤此本，與翁覃谿閣學鉤本，皆無鋒鋩，與真蹟不合。朱竹君學士得華陰王無異本，余未見之，聞亦缺百餘字，不及此完善。

清·畢沅《關中金石記》卷一《西嶽華山廟碑》 此碑世有兩本，一為商邱宋氏犖所藏，一為華州王宏撰所藏，皆宋搨也。宋氏本雍正初姜任修摹刻于揚州，郭本今為曲阜孔繼涑所刻，兩本字殘泐處悉同。世又有所謂全本，則不足信。

清·楊守敬《望堂金石文字·漢西岳華山碑》 《華山廟碑》舊拓凡三本，一長垣本，一四明本，一華陰本。三本中又以長垣本為最完具，詳阮文達《華山碑考》。世傳摹本無慮數十通，以敬所見，則有孔谷園本，在谷園摹古法帖。中華陰華嶽廟本，四明、長垣本合校，陝西布政錢寶甫立。揚州北湖本，四明本，阮文達立。新會陳氏兼采三本，支云從刻石，存京都積古堂。翁覃溪本，華陰本，此係木質印本，全刻諸名人題跋。婁東鄒氏本，南海倫氏本，此石為吾友倫孟臣所購得，不知為何人所摹。京都琉璃廠磚刻本。此本最劣，磚存德古齋。雙鉤刻本者，則有嚴鐵橋本，長垣本。唐竹虚本，長垣本，歸安丁筱農刻。張芑堂本，長垣本，歸安吴平齊刻。諸本互有得失，惟翁氏兼據三本，雖渾古之氣不足，而矩度無失。同治丁卯，敬得武原陳南叔克明雙鉤本於諸城劉氏，蓋長垣本，道光中歸劉燕庭方伯。此本即燕庭倩南叔手鉤者，故精審出諸本上。惟柴祭燔作燎與諸本異，然覃溪、文達親見三本，而所摹皆作燎，良由長垣本墨瀋過重，致斯訛誤。今以南叔本為主，參校翁氏本重摹入木，一點一畫皆不詭於漢法，惜未得三原本一證之。丁丑二月望日，守敬記。

《倉頡廟碑》

論説

清·趙搢《金石存》卷六 右《漢蒼頡廟碑》並碑陰、兩側共四紙。前碑及陰漫滅已甚，惟乃諏訪國老，及蒼頡天生德于大聖，四目靈光，為百王作憲，及乃作頌曰數句可讀。頌後又有劉明府字，其他字畫時有存者，然皆不成文理。碑陰有五官掾、高陵守、故昇盜賊等字，蓋亦掾屬題名，然姓名無一存者，故皆不可著録。惟兩側字尚多明白可讀，【略】此碑自歐、趙而外，他家皆所未見，越今五六百年，乃復為人所椎拓，而予適得之。碑字特小，隸法頗精。兩側字時有縱筆，不及前碑之嚴整，然其佳處亦饒有曹郃陽碑陰風致。但破碎零落，他人不肯諦視，故棄置至今耳。予挾之行笈中，渡河者二，冬夜篝燈一一檢録，時漏下數十刻未休，旁觀睨視漫不省為何物，其捉鼻慼額者，不知日凡幾輩也。

綜述

清·翁方綱《兩漢金石記》卷一一《蒼頡廟碑》 右《蒼頡廟碑》并陰及其兩側凡四紙。牛氏《金石圖》云：碑在白水縣東北五十里史官村正北五里許廟中西向。又云高五尺，闊二尺，厚五寸。然今以拓本度之，其闊乃不止二尺，則牛氏諸圖所載尺寸，蓋有未可盡信者矣。

是碑歐公僅得其兩側，其目以為朔方太守碑陰者，左側也。又目以為不知何碑陰者，右側也。趙氏《金石録》知其為《蒼頡廟碑》矣，而又離而二之，其目以為熹平六年五月《蒼頡廟碑》者，碑之正面也。又目以為延熹五年蒼頡廟人名者，碑之兩側也。吴山夫《金石文存》云：《金石録》

以為熹平六年，予但以兩側有延熹五年字而定為桓帝時刻。此語是矣。然吳山夫蓋亦未審碑正面上方別有熹平六年字也。山夫自謂所得四紙皆具先後不紊，舉似古人不覺色喜。而趙氏所見之年月，吳氏猶未之見，豈得謂之全乎。然吳氏又幸而未見熹平之字，不至如趙氏誤以後人題字之年月，為立碑之年月也。

清・錢大昕《潛研堂金石文字跋尾》卷一《蒼頡廟碑》 右《蒼頡廟碑》，在白水縣東北五十里之史官村，其地於漢為衙縣，春秋秦晉戰於彭衙，即此地。【略】碑文雖漫漶，諦視之尚有可識者，惜洪丞相《隸釋》未著於録，不得其全文，故不能通耳。碑上穿之左有宋人題名四行，云汲郡吕大忠、華陰喬岳同過蒼頡祠下，嘉祐庚子五月。大忠者，大防之兄，嘗為陝西轉運副使者也。

又《碑陰及兩側》 右《碑陰》，文更漫滅，其可見者有故督盜五官掾高陵守等字，蓋掾屬題名，而姓名無一存者。其兩側面各有字尚可讀，其一云朔方臨戎孫羨以永壽二年為朔方太守，上郡仇君察孝除郎中太原陽曲長，延熹四年九月乙酉，詔書遷衙令，五年正月到官，奉見劉明府立祠刊石，表章大聖之遺靈云云。下有上官鳳諸人題名三列。歐陽《集古録》題為《朔方太守碑陰》者，蓋即此。【略】歐公亦有跋，而不知其為何碑之陰，蓋碑本四面有字，歐公僅得其兩側，又誤分為二。趙德甫《金石録》有《蒼頡廟碑》，即碑之正面，又有蒼頡廟人名，即碑側之一面，其又一面與碑陰，則趙亦未見。洪文惠則全未之見。予訪之十年未得，頃曹中允來殷游秦中，始募工搨以餉余，以歐、趙、洪三家未能盡見者，而予幸得之，誰謂古今人不相及乎。

清・張德容《二銘草堂金石聚》卷六 右《漢蒼頡廟碑》拓本，高四尺九寸，廣二尺四寸，厚五寸六分。在白水縣之史官村，於漢為衙縣地。《續漢志》左馮翊有衙縣，注引《皇覽》云有蒼頡冢在利陽亭南，墳高六丈是也。碑作圭式，上鋭下方，額幾居其少半，中有穿，雖有額而無標題，後人乃多題字其上。

雜録

宋・趙明誠《金石録》卷一五《漢蒼頡廟人名》 右《漢蒼頡廟人名》。歐陽公《集古録》云：碑有蓮勺左卿有秩，池陽左卿有秩，池陽集水有秩，皆不知是何名號。又有夏陽侯長，祋祤侯長，則是縣吏之名。其字畫不甚精，又無事實可考，姑疑其名號，以俟知者爾。按《前漢書》張敞以卿有秩，補太守卒史。《後漢書・百官志》鄉置有秩，三老、游徼，本注曰：有秩，郡所署秩百石，掌一鄉人。注引《漢官》曰：鄉户五千，則置有秩。《風俗通》曰：秩則田間大夫言其官裁有秩爾。然則有秩，蓋亦鄉吏名也。

清・畢沅《關中金石記》卷一《蒼頡廟碑》 隸書，在白水黄龍山廟内。是碑圭首，上有穿，文甚磨泐，惟蒼頡天生德于大聖，四目靈光數字可辯。其陰多曹字，蓋是當時人題名，如兵曹、胄曹、賊曹之類。兩側甚明晰，有永壽二年延熹四年字樣。側又有記，故有大聖之道憲，以示來世之及。下行因紀姓名等説，其云萬年左卿，有秩萬年，北鄉有秩，蓮勺左卿有秩，池陽左卿有秩者，則是方民眾之有搊秩者。司馬彪《百官志》以為三老、游徼、嗇夫之屬也。趙明誠以為熹平中立。余審碑側已有永壽年號，則非熹平可知。

清・洪頤煊《平津讀碑記》卷一《蒼頡廟碑并陰兩側》 右《蒼頡廟碑》，在白水縣東北五十里史官村。《續漢志》衙縣注引《皇覽》曰：有蒼頡冢，在利陽亭南，墳高六丈，後人因建廟于其縣。《廣韻》：倉姓，黄帝史官倉頡之後。此碑作蒼，碑額有左馮翊東牟平陵衡君。東牟屬東萊郡，此云東牟平陵，當由東牟而遷于平陵也。碑字體最小，漫漶亦最甚，兩側明白可辨。

《桐柏淮源廟碑》

綜述

宋・歐陽修《集古録跋尾》卷二《後漢桐柏廟碑》 右《漢桐柏廟碑》，摩滅雖不甚而文字斷續粗可考次，蓋南陽太守中山盧奴口《文苑》作張字。君，奴下正闕一字，當是其姓。又云：尊神敬祀，立廟桐柏，春秋宗禁。一作宗奉。災異告變，水旱請求，位比諸侯，聖漢所尊。一作宗。太守奉祀二十餘年，不復身至，遣臣行事，簡略不敬，明神弗歆災害以生。五嶽四瀆，與天合德，仲尼慎祭，常若神在。君準則大聖，親之桐柏，來見廟祠，崎嶇逼狹，開拓神門，立闕四望，一作達。增廣壇場。又云：執玉以沈，為民祈福，靈祇報祐，天地清和。其大意止於如此。其後有頌，亦可讀，第不見太守姓名爾。然不著他事，惟修廟祀神爾。桐柏淮瀆廟也。治平元年六月十三日書。右真蹟。

清・顧藹吉《隸辨》卷七《桐柏廟碑》 《天下碑録》云：在唐州，即今南陽府唐縣，桐柏山在其境。《字原》云：或云在隨州棗陽桐柏鎮。按《一統志》桐柏山南接隨州，西接棗陽、唐縣，隨州皆有淮瀆廟，或隨州別有一碑非即唐縣之碑已。《集古録》目云在鄧州，恐誤。

《碑式》云：無額，有穿，文十三行，行三十三字。末有兩行題侍祠官屬，以春秋二字題於兩行之上，春四人，秋五人，中無空字。《水經注》云：桐柏山南有淮源廟，廟前有碑，是南陽郭苞立。又二碑並是漢延熹中守令所造，《隸釋》云此則其一也。《弇州續稿》云：漢淮源廟碑漫漶不可讀，杜昭守唐州，乃延吴炳參用漢《隸釋》書舊文於石而刻之。吴炳元時人，見《書史會要》。潘耒作《金石文字記補遺》云：拓本完好，蓋唐人重刻者。據朱長文《碑帖考》云是釋曠書，不知釋曠所書者乃是正書。《隸釋》云此碑又有一正書者，華蓋誤作萃豊，晝夜誤作立式，凡十數字。即謂釋曠所書之碑也。未見吴炳重摹本，而誤以為唐人重刻，亦失考之甚。

論說

清・朱彝尊《曝書亭金石文字跋尾》卷二《漢桐柏廟碑跋》 右《漢桐柏廟碑》，購之江都市上。《水經》淮水出南陽平氏縣胎簪山，東北過桐柏山。酈道元謂山南有淮源廟，廟前有碑，是南陽郭苞立。又二碑並是漢延熹中守令所造，斯蓋其一矣。【略】獨怪歐陽氏謂其文字斷續，而是碑甚完好，疑為後人重摹，然流傳于世罕矣。

清・王昶《金石萃編》卷一〇《桐柏淮源廟碑》 洪氏《隸釋》載此碑缺五字，今拓本字畫完好，而乏淳古之氣，蓋唐人重刻者。據朱長文《碑帖考》云是釋曠書，釋曠開元時僧，《金石録》中有《北嶽恒山碑》，亦其所書也。潘耒《金石文字記補遺》。

清・錢大昕《潛研堂金石文字跋尾》卷一《淮源桐柏廟碑》 右《淮源桐柏廟碑》，漢刻久亡。元至正四年，同知唐州事杜昭既修祠廟，乃請翰林待制浚儀吴炳重書，炳子嗣昌填摹上石。炳分隸頗有法度，而少漢人淳古之氣。碑末記亦炳所述，行書殊遒美，中州罕拓碑手，故流傳者寡，而碑估之黠者往往割去炳重書字及碑後記，裝界成册。收藏家未見全文，遂以為真漢刻矣。朱錫鬯疑為後人重摹，而不得其主名，潘次耕又疑為唐人釋曠書，蓋兩公所見者，皆裝界之本耳。但錫鬯謂碑闕靈祐二年，此本卻未闕。又謂碑云盧奴張君，今盧奴下闕一字非張字，豈錫鬯所見者又別一本耶。

著録

宋・洪适《隸釋》卷二《桐柏淮源廟碑》 右《桐柏淮源廟碑》，今在唐州，載延熹六年南陽守躬祠淮廟事。《水經》云：廟前有碑，是郭苞立。又二碑，延熹中守令所造，此則其一也。碑云奉祀禴絜，字書無禴字，以文意推之，當為齋戒之齋。此碑又有一正書者，如華蓋誤作萃豊，晝夜誤作立式，凡十數字，婁壽亦有正書。一碑州鄰誤作鄰里，愛懷誤作盛德，其難辨如朱爵及處，謚字則以為闕文。予之費目力於此書良不少也。

《泰山都尉孔宙碑》

論説

明・都穆《金薤琳琅》卷三《漢泰山都尉孔宙碑》 右《漢泰山都尉孔宙碑》。宙，孔子十九世孫而融之父也，其事實不見史傳。然碑稱其齊聖達道，德音孔昭。又稱其治泰山，旬月之間民皆解甲服罪，可謂無愧聖人之後者。碑在曲阜，延熹七年立。《通志・金石略》嘗載其目云未詳所在。復載《泰山太守孔宙碑》云：在兖州，立於延熹六年。是漢有兩孔宙，而碑復有二，何其繆哉。

明・趙崡《石墨鐫華》卷一《漢泰山都尉孔宙碑》 宙，融之父，孔子十九代孫也。卒以延熹六年，碑造于七年。而趙明誠、歐陽永叔、王元美皆曰四年。宙字季將，隸書易辨，而永叔集一作秀持，皆不知何據。鄭漁仲《金石畧》又載兩《孔宙碑》，尤謬。余借得東肇商本，又得二紙于王户部堯年、趙郡丞可行，大都殘闕，過元敬所録者猶精彩動人。元美乃謂文與書皆非至者，何也。

清・翁方綱《兩漢金石記》卷六《泰山都尉孔宙碑》 右《泰山都尉孔宙碑》，延熹七年七月立。牛氏《金石圖》云：在曲阜孔子廟同文門東側南向，高八尺五寸，闊三尺二寸，厚八寸。碑正面十五行，行二十八字。其穿在額之弟二字中間也。漢碑有額而首行復有標題者，惟此碑爾。牛氏以為隋唐以來碑式之異也。碑陰有門生故吏名五字題額，亦漢碑所少，惟是碑與《鄭季宣碑陰》有之。而《季宣陰》額横書，此直書，其式又異也。額五字在穿下，其下三列，上中列皆二十一行，下列二十行，其穿視碑正文獨小。

清・洪頤煊《平津讀碑記》卷一《泰山都尉孔宙碑并陰》 延熹七年七月。右《泰山都尉孔宙碑》，在曲阜縣孔子廟。宙字季將，孔子十九世孫，孔融父也。《後漢書・孔融傳》：年十歲，隨父詣京師。年十三喪父。《獻帝紀》：建安十三年八月，曹操殺太中大夫孔融。融傳云時年五十六，融當生于永興元年。此碑宙年六十一，延熹六年正月乙未卒，時融年十一。《後漢書》融傳作十三喪父者，誤也。《桓帝紀》延熹三年九月，太山琅邪賊勞丙等復叛，寇掠百姓。十一月，太山賊叔孫無忌攻殺都尉侯章。十二月遣中郎將宗資討破之。宙為泰山都尉當在侯章之後。

綜述

宋・洪适《隸釋》卷七《泰山都尉孔宙碑》 右《漢泰山都尉孔君之碑》。篆額。孔君名宙，即融之父也。歷郎中、都昌長、元城令、泰山都尉。威宗延熹六年正月卒，碑以次年七月立。宙有七子，曰謙、曰褒，皆見於碑誌。凡漢刊，其首行即入詞無額者，或題其前，如張納、樊安之比，亦甚少。已篆其上，復標其端，惟此碑爾。釋《左傳》者，以窀穸為厚夜，此云窀夕，非借也。

清・畢沅《山左金石志》卷八《泰山都尉孔宙碑》 延熹七年七月立，并陰俱八分書，篆額。碑高九尺餘，廣三尺，厚六寸餘，上圓下方。在曲阜縣孔廟同文門東側。此碑有額，而首行復作標題，漢刻中僅見也。碑陰有題額門生故吏名五字，與《鄭季宣碑》同，惟此作直書，與彼横書異耳。

第三列平輿謝洋輿字，碑石凹下二三分，蓋刻時因誤鑿去，復又補刻也。碑有穿，在篆額兩行之中。碑首起四暈至篆字止。碑左側題大中元年四月廿四日，同邑大夫臧公謁先聖陵謹記正書三行，左行字徑寸餘。又題朝議、郎前行蘇州常熟縣令、上柱國蓨縣男食邑三伯户、賜緋魚袋高元度，□□將仕郎、前守宣州廣德縣尉裴章正書三行，左行字徑寸許。右側題太子中舍同判兖州梁辶、著作佐郎崔暨四十六代孫文宣公佑，同謁先聖陵，大宋天聖元年癸亥季秋望日，進士劉炳題正書二行，徑八分。皆唐宋人謁聖陵留題也。蓋此碑嚮在宙墓前，于乾隆某年間始移置廟内耳。

清・武億《授堂金石文字跋》卷一《泰山都尉孔宙碑》 右《泰山都尉孔宙碑》。文云：天姿醇嘏。醇嘏，即純嘏也。云祗傳五教。祗傳，即敬敷也。銘詞以虔嗽二字葉陽唐庚青韻，吴才老《韻補》所未取。

又《碑陰》 右碑陰，額云：門生故吏名。題名三列，凡六十有二人，每人具書郡縣名字，漢碑陰之最謹嚴者。惟弟子魯國戴璋不書某縣，未審其故。

清・張德容《二銘草堂金石聚》卷七 右《漢泰山都尉孔宙碑》拓本，連額高九尺，廣三尺二寸，在曲阜聖廟。正面篆額兩行十字，陰額一行五字。碑文十五行，碑陰人名三列，上二列廿一行，下列二十行。【略】碑側有唐臧公、高元度、裴章、梁□、著作佐郎崔暨文宣公佑、劉炳等題字，向來拓者多遺之，惟著於《山左金石志》，并附記於此。

雜録

宋・歐陽修《集古録跋尾》卷二《後漢泰山都尉孔君碑》 右《漢泰山都尉孔君碑》，云君諱宙字季將，二字一作秀特。孔子十九世之孫也。年六十一，延熹四年正月乙未以疾卒。一有於家二字。其敘官閥甚簡，又或殘滅不完，但見其舉孝廉為郎，遷元城令，遂為泰山都尉爾。其辭有云躬忠恕以及人，兼禹湯之罪己。宙人臣而引禹湯以為比，在今人於文為不類，蓋漢世近古簡質，猶如此也。治平元年閏五月二十一日書。

又《後漢孔宙碑陰題名》 右《漢孔宙碑陰題名》。漢世公卿多自教授，聚徒常數百人。其親授業者為弟子，轉相傳授者為門生。今《宙碑》殘缺，其姓名邑里僅可見者纔六十二人。其稱弟子者十人，門生者四十三人，故吏者八人，故民者一人。宙孔子十九世孫，為泰山都尉，自有録。治平元年閏五月二十一日書。

宋・趙明誠《金石録》卷一五《漢泰山都尉孔宙碑》 右《漢泰山都尉孔宙碑》，宙，孔北海父也。見《後漢書》融列傳。又據《桓帝紀》，泰山都尉元壽元年置，延熹八年罷。宙以延熹四年卒，蓋卒後四年官遂廢矣。

清・趙摺《金石存》卷七 右《漢泰山都尉孔宙碑》，別有篆額，而首行又題有漢泰山都尉書予記君之銘十字，與他碑體制微異，文字雖有剥蝕，然尚可讀。

《執金吾丞武榮碑》

論説

宋・洪适《隸釋》卷一二《執金吾丞武榮碑》 右《漢執金吾丞武君之碑》，隸額，在濟州。武君名榮，吴郡君名開明，敦煌君名班。榮之亡在靈帝初。

明・都穆《金薤琳琅》卷五《漢執金吾丞武榮碑》 右《漢執金吾丞武榮碑》，歐陽公謂其文字殘闕，不見卒葬年月及氏族所出。予家本殘闕與歐公同，而《隸釋》所載者則又往往可讀。如云君即吴郡府卿之仲子，敦煌長史之次弟，此乃其氏族之所出也，但碑文簡短，不書卒葬年月，歐公特未之知耳。

清・翁方綱《兩漢金石記》卷八《漢故執金吾丞武君之碑》 是碑之書，孫北海賞其簡質，而牛真谷病其板拘。予以為字畫差小，而道古彌出他碑之上，不特不病於板拘，即簡質亦尚不足以盡之耳。

清・顧藹吉《隸辨》卷七《武榮碑》 今在濟寧州儒學。額題云《漢故執金吾丞武君之碑》十隸字，為二行，其字作陰文凸起。《金石文字記》載王弘撰之語，以為此額他碑所無。予考洪氏碑式，若此者甚多，碑之存於今者《衡方碑》亦然，不獨此碑也。其文十行，行三十一字，字多漫滅，後餘三行。碑無年月，其文有云：遭孝桓大憂，戚哀悲慟，遭疾隕靈。桓帝崩於永康元年十二月，武君之卒，必在靈帝初年也。

右《漢執金吾丞武榮碑》，今在濟寧州儒學。《字原》云碑言遭孝桓大憂，哀隕而亡，是靈帝時也。謝滄湄云：永康元年十二月帝崩，靈帝即位，改元建寧，蓋君之卒，當在靈帝未改元之前，故不書年也。

清・王昶《金石萃編》卷一二《執金吾丞武榮碑》 碑凡十行，前敘後銘，中界裁畢，虚其半無文字，它碑少似此形制。《金石圖》。

清・畢沅《山左金石志》卷八《執金吾丞武榮碑》 無年月，并額俱八分書，額陽文。碑高七尺三寸餘，廣二尺六寸餘，上鋭下方，額下有穿。在濟寧州學戟門西側。

清・翁方綱《兩漢金石記》卷八《漢故執金吾丞武君之碑》 右《漢執金吾丞武榮碑》，牛氏《金石圖》云高六尺三寸，闊二尺二寸，厚六寸。在濟寧州孔子廟戟門西側東向。亟齋張氏《濟州學碑釋文》云西弟一碑是也。碑凡十行，行三十一字。額下有穿，穿當碑之正中，文在穿下，十行皆不逾穿之左，蓋甫及碑石之半云。其左半石上無文。

清・武億《授堂金石文字跋》卷二《漢執金吾丞武君碑》 八分書，無年月，今在濟寧州儒學。 碑過殘缺，不可成文。王宏撰以碑額《漢故執金吾丞武君之碑》十字作陰文凸起，他碑所無。余十餘年所集拓本多覓之搨工，未及全收額題，後惟親往手摹。如《漢太室闕》篆字正銘陰文凸起，《魏公卿上尊號碑額》、《唐麓山寺碑額》、《周公祠碑額》開行滿書，《聖教序碑額》宋仁宗《御書飛白賜陳繹碑額》並陰文凸起，又龍門山老君堂一造像，磨崖小碑題為始平公者，文皆用陰字。此乃他碑所希見耳，王君蓋未睹也。

清・張德容《二銘草堂金石聚》卷四 右《執金吾丞武榮碑》拓本，連額高五尺，廣三尺，中有穿，文僅刻碑之半，今在濟甯州學。

《太尉楊震碑》

論　説

宋・洪适《隸釋》卷一二《太尉楊震碑》 右漢故《太尉楊公神道碑銘》，篆額。楊公名震，弘農華陰人。安帝時為司徒垂四載，為太尉閲半載，以延光三年卒。楊氏墓在陝州閿鄉，所存隸碑凡四。此碑乃其孫沛相統之門人汝南陳熾等所立。碑中載楊秉陪陵，則威宗延熹八年事也。沛相以靈帝建寧元年卒，此碑蓋建寧以後刻者，去楊公物故時已四十餘年。碑載其諸子官秩凡四人，而《傳》云震五子，誤也。今之門下士，旦握權則獻諛飾詐靡所不至，夕失勢則相忘於江湖矣。沛君已死，而門人為其禰廟立碑，漢人風義後世不可跂及。

又《楊震碑陰》 右《楊震碑陰》，可識者百九十餘人，皆其孫之門生也。

清・王昶《金石萃編》卷一五《太尉楊震碑》 《傳》云舉茂才，四遷荊州刺史。不詳所遷者何官。碑止除襄城令，遷荊州，其餘自太守至太尉皆同。但震性剛言直，違時罹禍，如劾王聖，救趙騰，糾劉瓌，黜耿寶，地震封事尤為愷摯，碑無一字及之。即關西孔子之號，王密暮夜之金，無可忌諱，而皆不及之，何也。《傳》五子，碑牧、讓、秉、奉，凡四人，當以碑為正。後復詳序牧子統金城太守、沛相，讓子著高陽令，而不及牧孫奇，奇子亮，秉子賜，奉子敷，敷子眾，又何也。楊氏碑甚多，皆在閿鄉縣，墓中有《繁陽令碑》，亦牧之少子，惜遺其名。《金石後録》。

清・葉奕苞《金石小箋》卷二七《漢太尉楊震碑》 右《楊震碑》，云長子牧富波侯相，次讓黄門侍郎，次秉復登上司陪陵京師，次奉黄門侍郎。

《傳》云五子，止列牧、秉、奉而遺讓。據碑云四子，《傳》誤矣。建寧中牧之子統為金城太守、沛相，門人汝南陳熾等立。碑陰可識者河東孫定博以下百九十餘人，皆其孫之門人也，字而不名何耶。

綜述

宋·洪适《隸續》卷七《碑式》《楊震碑》，篆額二行，黑字，有穿。碑十八行，行二十八字。碑陰二十五行，行九人。穿在第二、第三列之間，凡複姓者十二人，惟公王子舉、上官仲祖、信成君嚴三川、宣闕四人，各高出其列一字。

《繁陽令楊君碑》

論説

清·王昶《金石萃編》卷一五《繁陽令楊君碑》楊君以叔父大尉喪去官，吏民二千餘人，守闕上書歷年，運穀萬斛助官，以乞還君。《集古》、《隸釋》皆謂此事未之前聞，蓋以上書歷年，輸穀為僅事也。豈知漢人近古，直道在人，即前書魏相為河南太守去官，河南卒戍中都者，二三千人遮大將軍，自言願留作一年以贖太守，而河南之老弱守闕上書者萬餘人。古之善教得民者，爭欲得賢守令，以父母之乞留之，誠固自不約而同也。前、後書如乞還楊君者屢見，彼經年留戍尚所不辭，況輸穀乎。今之猴冠虎翼者，多人陳乞，輒引漢公卿二千石父母之喪，不得奔赴為例，而千萬吏中得一二循良，反鋤而去之，無一人敢攀號者。讀此碑能不太息乎。《金石後録》。

綜述

宋·歐陽修《集古録跋尾》卷三《後漢繁陽令楊君碑》右《漢繁陽令楊君碑》，首尾不完，文字摩滅，可識者四百三十字，不可識者六十一字。碑云：君遭叔父大尉薨，委榮輕舉，吏民攀轅，守闕上書，運穀萬斛，助官賑貧，以乞君還。又云：一作君富波君之子。按《漢書》楊震子牧為富波相，君乃牧子也。叔父太尉者，秉也。出米乞令，前史所無，惜其名字摩滅，不可見矣。嘉祐八年十月二十三日書。

宋·洪适《隸續》卷七《碑式》《繁陽令楊君碑》，篆額二行，有穿碑。十八行，行二十字。碑陰二十二行，每行六人，第七列惟有一故民。其中書典作者姓字，每列之下各虚一字，有官氏字多者，則高出其上，亦有下出者。穿在第一、第二列之間。

雜録

清·王昶《金石萃編》卷一五《繁陽令楊君碑》漢繁陽令楊君，其名既闕，弟字上又闕三字，乃沛相之弟富波君之少子。所云叔父太尉者，乃太尉震弟三子秉，富波君之弟也。以叔憂去官，唯漢為然。潘寧跋。

《高陽令楊著碑》

論説

宋·洪适《隸釋》卷一一《高陽令楊著碑》右漢故《高陽令楊君

之碑》，篆額。楊君名著，太尉震之孫，常山相讓之子。碑缺其名，得之于震碑。仕歷司隸從事議郎、高陽令、思善侯相。年五十三而卒。石損，亡其年。漢之王國相則秩二千石，侯國相纔與令長等耳。思善者，汝南之小國。碑首題以高陽者，蕞爾國，不若壯哉縣也。《楊震碑》亦稱著為高陽爾。晉宣温《薦譙秀表》云敦在三之節，李善引《國語》欒共子之言曰：人生於三事之如一，謂父生之，師教之，君食之也。漢代銘誌類皆門人所立，故用此語者頗多。《逢盛碑》云感激三成，一列同義，《楊震碑》云緣在三義一，《楊統碑》云追在三之分，此碑云感三成之義。三楊碑皆用之，同出《晉語》也。

綜述

宋・歐陽修《集古録跋尾》卷三《後漢高陽令楊君碑》 右漢《高陽令楊著碑》，首尾不完，而文字尚可識云。司隸從事定潁侯相，最後為善侯相。善上一字摩滅不可見，蓋其中閒嘗為高陽令，而碑首不書。最後官者，不詳其義也。按《楊震碑》高陽令著，震孫也。今碑在震墓側。

雜録

清・王昶《金石萃編》卷一二《高陽令楊著碑》 碑無年號，其中云遭從兄沛相憂去官，繼之以不惠憖遺之語。沛相以建寧元年卒，考之長歷必建寧元年也。《漢隸字源》。

《沛相楊統碑》

論説

宋・歐陽修《集古録跋尾》卷二 右漢《楊君碑》者，其名字皆已摩滅，惟其銘云明明楊君，其姓尚可見爾。其官閥始卒，則粗可考云。孝順皇帝西巡，以掾史召見，帝嘉其忠臣之苗，器其璵璠之質，詔拜郎中，遷常山長史，換犍為府丞。非其好也，乃翻然輕舉，宰司累闢，應於司徒，州察茂才，遷鯛陽侯相，金城太守。南蠻蠢迪，王師出征，拜車騎將軍從事，軍還策勛，復以疾辭。後拜議郎、五官中郎將、沛相。年五十六，建甯元年五月癸丑，遘疾而卒。其終始頗可詳見，而獨其名字泯滅為可惜也。是故余嘗以謂君子之垂乎不朽者，顧其道如何耳，不託於事物而傳也。顔子窮臥陋巷，亦何施於事物邪，而名光後世。物莫堅於金石，蓋有時而敝也。治平元年閏五月二十八日書。

又 右《漢沛相楊君碑》，在閿鄉楊震墓側。碑首尾不完，失其名字。按《後漢書》震及中子秉，秉子賜，賜子彪，皆有傳。又云震長子牧，富波相牧孫奇，侍中奇子亮，陽成亭侯。又云少子奉，奉子敷，敷子衆，務亭侯。又有彪，彪子修。楊氏子孫載於史傳者止此爾，不知沛相為何人也。碑云孝順皇帝西巡，以掾史召見，拜郎中，遷常山長史，換犍為府丞，宰司累闢，應於司徒，州察茂才，遷鯛陽侯相，後拜議郎、五官中郎將、沛相。年五十六，建甯元年六月癸丑，遘疾而卒。其終始尚可見，而惜其名字亡矣。治平元年六月十日書。

宋・洪适《隸釋》卷七《沛相楊統碑》 右漢故《沛相楊君之碑》，篆額。碑缺不知其名，仿佛有富波君字。按《楊震碑》云長子牧富波侯相，牧子統，金城太守、沛相，則知此為《楊統碑》也。順帝以其忠臣之苗，特召為郎，歷常山長史，犍為府丞，鯛陽侯相，金城太守，車騎將軍從事議郎，五官中郎將，沛相，以靈帝建寧元年卒，故吏戴條等共立此碑。其從昆弟高陽令著碑陰題名所云沛君者，即統也。此碑辭翰俱妙，以百寮作百遼，以遐邇作假爾。震子孫名見于史者數人，富波相及其孫衛尉奇，皆在馬統，居其中而不見，録亦史策之缺遺也，右《楊統碑》陰凡十五人，不稱郡，皆沛人也。贊即鄭，蓋是借用。前史已嘗書倪寬為兒，此有兒銀，乃知兩京之所通用。

綜述

宋・趙明誠《金石録》卷一六《漢沛相楊君碑》 右《漢沛相楊君碑》，歐陽公《集古録》云碑首尾不完，失其名字。余按《楊震碑》沛相名統，震長子富波侯相牧之子也。

《衛尉卿衡方碑》

論説

宋・洪适《隸釋》卷八《衛尉衡方碑》 右《漢故衛尉卿衡府君之碑》，隸額，建寧元年立。趙氏誤以為三年。

明・都穆《金薤琳琅》卷五《漢衛尉衡方碑》 右《漢衛尉衡方碑》，其敘門閥云：伊尹在殷，號稱阿衡，因以為氏。君考廬江太守，兄鴈門太守。敘官秩云：歷郎中、即邱侯相、膠東令，遷會稽東部都尉，徵拜議郎，北平、潁川兩太守，太醫令，京兆尹，入登衛尉，至步兵校尉。敘卒葬云：年六十三，建寧元年二月五日癸丑卒，其年九月十七日辛酉葬。文字詳悉，頗為完好，漢碑中之不易得者。

清・顧炎武《金石文字記》卷一《衛尉卿衡方碑》八分書，建寧三年六月。今在汶上縣。 其文有曰：履該顏原，兼修季由。洪氏以顏原為顏淵、原憲，而都太僕以季由為仲由字季路，即是一人，與兼修之義不協。按《史記・仲尼弟子傳》公晳哀字季次，孔子曰：天下無道，多為家臣仕於都，惟季次未嘗仕。《遊俠傳》：季次、原憲，終身空室蓬户，褐衣疏食不厭，死而已。四百餘年，而弟子志之不倦。然則，季乃季次也。四人皆安貧守道之士，故並舉言之。其一字一名，亦古文之所嘗有也。

清・翁方綱《兩漢金石記》卷一二《漢故衛尉卿衡府君之碑》 碑立於靈帝建寧元年九月，趙氏《金石録》以為三年二月，顧氏《金石文字記》以為三年六月，皆非也。背人背字，《毛詩譜》云：自紂城而，謂之邶，字又作鄁。碑省阝作背，即邶字也。至於蓼莪之為蓼儀，則古字莪、儀相通，此亦其一證。趙氏《金石録》以為漢人師傳有異同，亦不然也。

綜述

清・畢沅《山左金石志》卷八《衛尉卿衡方碑》 建寧元年九月立，并額俱八分書，額陽文。碑高七尺四寸，廣三尺三寸，餘額下有穿，在汶上縣西南十五里平原郭家樓前。

清・翁方綱《兩漢金石記》卷一二《漢故衛尉卿衡府君之碑》 碑高八尺，闊三尺，厚七寸。額下有穿，穿下即碑文也。文凡二十三行，行三十六字，銘文提格，另起銘文之末，又另起一碑字。此碑字下分二行，門生平原樂陵朱登，字仲希書。此是書人姓名附系於碑末，而其另起一碑字，既不提行，又不多空格，是以人多見其泐，而忽之耳。

清・張德容《二銘草堂金石聚》卷七 右《漢衛尉衡方碑》拓本，連額高七尺六寸，廣三尺五寸，在汶上縣西南十五里，平原郭家樓前，建甯元年九月立。【略】此碑別體字有如以濡為儒，以愍為閔，以淡為痰，以緄為兖，以庵為奄，以聲為馨，以旨為只，邶人作背人，蓼莪作蓼儀，委蛇作禕隋，不吴不揚，作不虞不陽之類，有通有借，漢碑中多有之，若癘盧鷹廉等字，皆從疒，則實開六朝破體之弊，顯與六書不合，非許祭酒《説文》之功，後人孰從而是正哉。

紀事

清·朱彝尊《曝書亭金石文字跋尾》卷二《衡方碑跋》 右《漢步兵校尉衡方碑》，在今汶上縣。文述其先伊尹在殷，號稱阿衡，因而氏焉。【略】碑以椎拓者少，故文從字順可讀。康熙乙巳秋九月，檇李曹溶潔躬、太原傅山青主、長水朱彝尊錫鬯同觀。

清·翁方綱《兩漢金石記》卷一二《漢故衛尉卿衡府君之碑》 右《漢故衛尉卿衡府君碑》，牛氏《金石圖》云：碑在汶上縣西南十五里平原郭家樓前，南向。雍正八年，汶水泛決，碑陷臥，土人出貲重建立焉。

《孝廉柳敏碑》

論說

清·趙搢《金石存》卷七 右《漢孝廉柳敏碑》，《漢隸字原》云在忠州。忠州今屬四川重慶府，道路遼遠，自宋時洪、趙二家而外，他人皆未見著録，近時不知何人始數致拓本，江南藏碑者，皆有之。予審視再四，疑後人用舊文刊刻，不及細檢，致多脱誤，其可呰者數端。【略】予蓄此疑久而未決，適錢塘黄松石過予，因論漢碑，出此相質，彼言審視隸法，亦無漢人淳古之氣，斷為偽作無疑。予遂欲屏去不録，既以此碑真跡遠在蜀地，實為難得，獲此本者，鮮不珍之，未必有細加推勘如此者，因納之録中，而詳載其説于後，且願與天下博古者，更加論定焉。

綜述

宋·洪适《隸釋》卷八《孝廉柳敏碑》 右《孝廉柳君碑》，今在蜀中。柳君名敏，歷五官功曹、宕渠令。碑以孝廉稱之，重其行也。其父亦因孝廉除郎中。碑字雖有漫滅，孝其文意，蓋柳君以本初元年再為郡守，所舉不幸而死。後二十三年，縣令趙臺念其墓無碑識，故為立石，時靈帝建寧二年也。碑云：敏之先，廼二十八舍柳宿之精，頗類張姓連天之説，不典孰甚焉。

雜録

清·王昶《金石萃編》卷一三《孝廉柳敏碑》 碑文云：二年十月甲子，考《金鄉長侯成碑》，建寧二年四月二日癸酉，順數至十月，不應有甲子，當在九月十一肛之下旬。《校定隸釋存疑》。

《竹邑侯相張壽碑》

論說

清·翁方綱《兩漢金石記》卷一二《張壽碑》 碑字淳古，與《孔靈碑》相類，牛氏擬以《白石神君碑》，謂開魏隸之法，然是碑隸法，實在《白石神君碑》之上也。

綜　述

清・朱彝尊《曝書亭金石文字跋尾》卷二《跋竹邑侯相張壽殘碑》　《竹邑侯相張壽殘碑》，在兖州城武縣，立于漢建寗元年五月。土人截作碑趺，所存約二百字，竹邑侯者，彭城靖王恭之子阿奴，明帝永初六年封，見熊方《後漢書・同姓諸王年表》。

清・翁方綱《兩漢金石記》卷一二《張壽碑》　右《漢故竹邑侯相張壽碑》，牛氏《金石圖》云：碑在城武縣孔子廟内，陷戟門東壁，而砌置之。闊三尺，高二尺。方綱按：此指今所存殘碑言之耳。蓋碑於何時為後人截作碑趺，而穴其中成凹，凡壞四十字。碑凡十六行，以洪氏《隸續》所載全文度之，每行當有三十八字，今上半至泐處，每行僅存十四五字，則後人之截為碑趺者，必是取其石之正方而用之。就今拓本趺眼居中上下左右皆正相等，則其上久已無額，可知即竹垞亦稱殘碑可證也。牛氏乃以為下截為碑趺，尤誤。洪氏載是碑全文，凡五百四十二字外又闕十四字，今之存者一百八十字而已。

清・張德容《二銘草堂金石聚》卷七　右《漢竹邑侯相張壽碑》，全文著於《隸釋》，不知何時斷為碑趺，大抵明人所為也。拓本僅上截，高二尺二寸，廣二尺五寸，每行十四五字，中間凹陷處又損四十字，以《隸釋》全文度之，每行應三十八字。今但有碑之少半存字一百八十而已，在城武縣學宫。乾隆五十六年，知縣林紹龍建亭重嵌，就碑凹處題記焉。縣志稱墓在文亭山，戲名雲亭山。碑於何時何人移置學宫，亦無可考。

紀　事

清・畢沅《山左金石志》卷八《竹邑侯相張壽碑》　建寧元年五月立，八分書，碑高二尺二寸，廣二尺五寸，在城武縣學。

碑為明人截作碑趺，祇存上段，每行十四字，中間凹處又毁四十字，視洪武所見，僅三之一矣。本在學宫戟門壁間，乾隆五十六年，知縣林紹龍建亭重嵌，就碑凹處題記之。案，《縣志・鄉賢》有《張壽傳》，事蹟多本此。碑惟云累官右諫議大夫、尚書右丞，則志所增也。又稱卒葬文亭山，後墓如陵阜，今山在城西北一里，戲名雲亭山，有古柏數株，傳為漢唐時物，墓在與否，無可攷矣。

《魯相史晨祀孔子奏銘》

論　説

宋・歐陽修《集古録跋尾》卷三《後漢魯相晨孔子廟碑》　余家集録漢碑頗多，亦有奏章，患其摩滅，獨斯碑首尾完備，可見當時之制也。

清・張德容《二銘草堂金石聚》卷七　右《漢魯相史晨奏祀孔子廟碑》拓本，高五尺五寸，廣二尺七寸，在曲阜聖廟。碑文十七行，行三十六字，多以讖緯之説贊述聖人，與《韓明府碑》正同。蓋自光武善讖，終東漢之世，雖鄭賈大儒莫不信而習之。此碑贊詞即何休《公羊傳》注之説，可見當時緯與經無異也。

清・錢大昕《潛研堂金石文字跋尾》卷一《史晨奏出王家穀祀孔子碑》　右《魯相史晨奏出王家穀祀孔子碑》，前載史晨奏詞，後為韻語，贊孔子之聖也。晨既奏言于朝，以其副上太傅、太尉、司徒、司空、大司農府。漢世郡國奏事之例蓋如此，猶今時題本之有副，又有揭帖也。攷是時太傅則南郡華容胡廣伯始，太尉則沛國聞人襲定卿，司徒則東萊牟平劉寵祖榮，司空則潁川郾許栩季闕，大司農卿則不知其人矣。

綜述

清・顧炎武《金石文字記》卷一《史晨請出家穀祀孔子碑》八分書，建寧二年三月，今在曲阜縣廟中。 飲酒畔宮者，泮宮之異文也。益州太守高朕修周公禮殿記亦作畔宮。

清・顧藹吉《隸辨》卷七《史晨奏銘》建寧二年，今在曲阜縣孔廟中。 無額，文十七行，行三十六字。兩尚書字及朝廷並平闕時副言諸官府，在尚書一行之下，隔三字。昔在仲尼別作行，《金石録》云：魯相晨有兩碑，皆在孔子廟中。其一云臣蒙恩受符守者，即此碑也。其一云相河南史君諱晨者，即後碑也。《集古録》作史晨，《孔子廟碑》、《天下碑》録作《魯相晨等奏出王家穀祠孔子廟碑》。

清・王昶《金石萃編》卷一三《魯相史晨祀孔子奏銘》 東京隸墨，其流傳於今者，《乙瑛》、《韓敕》、《史晨》最為完善。《乙瑛碑》祇敘奏而附以贊，是碑祇敘奏而附以銘，蓋法《史記・三王世家》，為髯翁《表忠觀碑》所祖。但是碑銘詞以談、然、崇為韻，吾甚訝之，古韻有不可強通者，如此等其一也。《鮚埼亭集》。

清・翁方綱《兩漢金石記》卷六《魯相史晨奏祀孔子廟碑》 右《魯相史晨奏祀孔子廟碑》，建寧二年立。牛氏《金石圖》云：碑高五尺五寸，闊二尺四寸，厚七寸，在曲阜縣孔子廟同文門東側，東向。洪氏《隸續》云：碑十七行，行三十六字，兩尚書字及朝廷並平闕時副之，諸官府，在尚書一行之下，隔三字，昔在仲尼別作行。

清・畢沅《山左金石志》卷八《魯相史晨奏祀孔廟碑》 建寧二年三月立，八分書。碑高五尺五寸，廣二尺七寸，在曲阜縣孔廟同文門東側。

紀事

清・畢沅《山左金石志》卷八《魯相史晨奏祀孔廟碑》 此碑陽面附牆，陰面向外，蓋後人重立時之誤。孫退谷《銷夏録》據之，遂致前後倒置，碑下一層字嵌置趺眼，鄉來拓本難于句讀。自乾隆己酉冬，何夢華將趺眼有字處鑿開，于二行下見崇字，三行下見畢字，四行下見自字，五行下見孝字，六行下見明字，七行下見歸字，八行下見祀字，九行下見而字，十五行下見魯字，十六行下見經字，後碑亦多六字，從此全文復顯，殊可喜也。

《史晨饗孔廟後碑》

論説

清・翁方綱《兩漢金石記》卷六《史晨饗孔廟後碑》 右《史晨饗孔廟後碑》，刻於前建寧二年《魯相史晨奏祀孔子廟碑》之陰，凡十四行，行三十六字，惟弟九行，弟十一行，行三十五字。後有正書題名四行，洪氏所未著者，林即財字，傲即假字也。【略】此碑在孔廟同文門之東，蓋前碑東向而碑陰乃西向，故孫退谷《庚子銷夏記》誤以後碑為前碑也。退谷又誤以戊子為戌時，褚千峰曰：《史晨碑》後人重立，下一層字置趺眼內，手不能搨，故牛氏《金石圖》不摹入也。方綱按：此言重立者，蓋謂後人重植于趺耳，非重立也。予嘗得百年前拓本，亦皆前後二碑，每行三十五字耳，竟覓下一字不得也。乾隆丁酉，曲阜孔誧孟户部請假歸，予屬其命良工洗濯諸碑而精拓之，且以是碑下一字諄切為訂。户部歸而視其碑，則每行下一字皆深入趺嵌者寸許，是以從來拓者莫能措手。户部命工人多力者，舉而起之。於是戊戌寄來之精拓新本，皆每行三十六字，計前碑凡多出十字，後碑凡多出五字，然今世所行偽翻本之《絳帖》內有雅歌吹長生不老，至與天無極四十字目為蔡邕書，其考字下，確有六字，《絳帖》是就《淳化閣帖》重摹，豈得摹入是碑哉。此必是明朝人所為耳，而其時是碑下一字，尚有拓本可知矣。

清・顧藹吉《隸辨》卷七《史晨後碑》 在前碑之陰，《字原》云：

《闕里記》不録此碑，而有碑陰，攷文意當是前碑之陰。此説是也。

綜述

宋・洪适《隸釋》卷一《史晨饗孔廟後碑》 右《史晨饗孔廟後碑》，前碑載奏請之章，此碑敘饗禮之盛，其補牆垣、治瀆井、種梓，守冢皆在饗廟之後，字畫亦大小不等，蓋史君孔林中事，不一書也。

清・畢沅《山左金石志》卷八《史晨饗孔廟後碑》 八分書，高廣同前。案《史晨饗孔廟奏銘》刻于前碑，此後碑敘謁廟饗禮之盛，及補牆垣、立會市、治瀆井、設守吏，文分六節，故字畫亦大小不等也。

著録

明・趙崡《石墨鐫華》卷一《漢魯相史晨孔子廟後碑》 又一碑紀晨姓字，載當時廟亭觀禮者九百七人，復修瀆置井及守墓人，可謂盛事。余所收二碑，在漢碑中頗為完好，前碑止缺十一字，後碑止缺一字。按都京敬與楊用脩所録前碑缺二字，而後碑乃缺三字，且前碑上尚書後有時副言太傅、太尉、司徒、司空、大司農府治所部從事等二十字，而都楊本俱無之。後碑又較二公多一望見闕觀觀字，一享獻之薦薦字，豈都公所收偶是缺壞本，楊公又從都公書中鈔録不及以碑証耶。余生後二公而得見所未見，為之一快。

《淳于長夏承碑》

論説

宋・洪适《隸釋》卷八《淳于長夏承碑》 右《漢北海淳于長夏君碑》，篆額，元祐中，洺州治河堤始得之。夏君名承，仕郡為主簿、督郵至冀州從事，四府舉辟附淳于長。靈帝建寧三年卒。此碑字體頗奇恠，唐人蓋所祖述，漢字有八分，有隸，其學中絶不可分別。梁庾元威作《書論》，載隸有十餘種，曰芝英隸、花草隸、幡信隸、鍾鼎隸、龍虎隸、鳳魚隸、麒麐隸、仙人隸、科斗隸、雲隸、蟲隸、龜隸、鸞隸。此碑蓋其間之一體。

明・都穆《金薤琳琅》卷六《淳于長夏承碑》 右《漢淳于長夏承碑》，《金石録》云：元祐中，洺州因治河得之於土壤中，刻畫完好如新。《隸釋》云：此碑字體奇怪，唐人蓋所祖述。又引梁庾元威論書載隸有十餘種，此乃其間之一體。宋鄭幾百《書衡》云：漢石經諸刻乃隸體八分，《夏承碑》乃篆體八分，然三家皆不言為何人書也。元王文定公惲跋此碑云：蔡邕書《夏承碑》，如夏金鑄鼎，形模怪譎，雖蛇神牛鬼，庬雜百出，而衣冠禮樂已胚胎乎其中，所謂氣裝作百代筆陣堂堂者乎。予由是始知為中郎之蹟。碑在今廣平府學，後刻尚書蔡邕伯喈及永樂七年等字，乃庸妄人所加，然心竊疑之。《楊文貞公集》中亦有此跋，謂近歲廣平府民因治河得此，蓋廣平古洺地也。所謂近歲，恐即永樂七年。予向官京師時，廣平通判山西宋孟清為予言府學復有一碑，字與此類，予益疑焉。江陰徐子擴好奇鄢民嘗得舊刻雙鉤，其字近以惠予，與此絶異。此云勤紹，舊刻作勤約，且其間字之闕者四十有五，而此獨完好，則其偽不俟乎言，而予昔日之疑，始釋然矣。楊公跋又謂中書舍人陳登以碑為蔡伯喈書，蓋不攷王氏文集之故。後公撰登墓志，言永樂間以篆書名者，登之外，有吴中滕用亨及四明王尹實，予觀三家之篆，用亨第一，登不能逮，若尹實則惟用燥筆，又在登之下。登門人有程南雲者，以篆書得至顯官，其用筆雖熟，然殊乏古法，觀此亦可以知其師矣。

明・趙崡《石墨鐫華》卷一《漢淳于長夏承碑》 余亦覓得一紙，非漢刻，似不待辨，而楊用脩謂為漢刻之僅存者。王元美亦云：其隸法時時有篆籀筆骨氣，洞達精彩飛動，非中郎不能，豈所見別一碑耶。

清・王昶《金石萃編》卷一三《淳于長夏承碑》 蔡邕書《夏承碑》，如夏金鑄鼎，形模怪譎，雖蛇神牛鬼，龍雜百出，而衣冠禮樂已胚胎乎其中，所謂氣陵百代，筆陣堂堂者乎。碑在今廣平府學。元王惲《秋澗集》。

又 碑稱夏君於建寧三年六月卒官，而是時伯喈繇橋司徒府出長河平入為郎中，又其隸法時時有篆籀筆，與鍾、梁諸公小異，而骨氣洞達，精彩飛動，疑非中郎不能也。但蔡集不載而他書亦無可考，姑闕以俟知者。明王世貞《弇州山人四部稿》。

清・錢大昕《潛研堂金石文字跋尾》卷一《淯於長夏承碑》 右《淳于長夏承碑》，字體奇怪，王秋澗以為蔡中郎書，雖出臆揣，要是漢隸之佳者。今再經翻刻，古意盡失矣。

綜述

宋・洪适《隸續》卷五 右《淳于長碑》，圭首之上有暈二重，自右周于左，其左復有一重篆額，三行，黑字，其文十四行，行二十七字。

紀事

清・朱彝尊《曝書亭金石文字跋尾》卷二《漢淳于長夏承碑跋》 右《漢淳于長夏承仲究碑》，在今廣平府。宋元祐間，因治河隄得于土壤中。崇禎癸未，予年十五，隨第六叔父子蕃觀同里卜氏所藏，猶是宋時拓本，今為士人重摹，失其真矣。

清・王昶《金石萃編》卷一三《淳于長夏承碑》 予承乏廣平，見府治後堂有碑僕地，閱之，乃《漢北海淳于長夏承碑》，建寧三年蔡邕伯喈所書，八分體。按古者天子諸侯士葬，必木樹豐碑，鑿孔貫繩，縴以懸棺而下壙。秦漢以下始易石，臣子因書君父之功于其上。今碑額有孔政古制也，但碑之下截凡一百一十字，年久蘚蝕，係後人摸刻，覽者當自擇之。明秦民悅《廣平志》。

著録

清・王昶《金石萃編》卷一三《淳于長夏承碑》 《夏承碑》，《字原》云：在洺州州衙。洺州今北直廣平府也。王秋澗則云：在今廣平府學。今其石已亡，不可得而考矣。成化己亥，秦民悅跋云：碑之下截係後人模刻，則成化間元碑下半已重刻矣。至嘉靖二十四年，知府唐曜重刻于漳川書院，跋云：碑因取石築城，為工所毀，元碑于是全亡。今世所行，皆漳川本也。較之元碑不惟筆法全失，并字畫之譌者三十有七，至以勤約作勤紹，則又譌之最甚者矣。元搨余曾見兩本，一則何屺瞻太史，一則楊景西明府。楊本闕字正與秦跋合，則猶是下半未補刻以前本。比余至淮陰，而楊本已為吾友畢既明鉤得，然終以斷闕不全為恨。及還二泉，臨江刺史胡君玉笥亦有鉤本，而一百十字巍然竟完，于是發意精摸一本。碑首舊有《漢北海淳于長夏承碑》九字篆額，今本無之，而何、楊兩元本亦未搨得，故余所臨竟亦闕如也。《虛舟題跋》。

清・趙搢《金石存》卷八 右《漢淳于長夏承碑》，予得雙鉤本于海鹽畢既明，後有豐道生跋，蓋從宋搨影摹者。是碑在廣平府。宋元祐中因治河隄得之，字畫最為完善。暨明成化己亥，知府秦民悅見碑僕府治後堂，乃復樹于堂之東隅，創愛古軒以覆之。刻跋于碑陰，謂碑下截凡一百一十字，年久蘚蝕，係後人重摹者，不知何時又復淪没。嘉靖戊戌掘地得之，求索者眾，郡守唐寬即碎其石。後守唐曜又重刻于漳川書院，亦有跋，言此碑因取築城之石，為工所毀，蓋不欲暴前守之短，故微其辭也。今廣平本，字跡醜惡，筆畫譌謬，去宋本遠甚，首無篆額，但正書數字而已。此本中缺三十二字，其餘字完。書蓋猶在一百一十字未缺之前者，都太僕家本缺字四十五，謂是舊搨，顧南原家本與都正同。然按《隸辨》所載，碑字曩作冀，羣作群之類，顯與宋本乖異，則顧氏所有，即非漳川書院本，亦秦跋所謂一百一十字重摹本也。

清·嚴可均《鐵橋金石跋》卷一《淳于長夏承碑》　右《夏承碑》，宋元祐中，洺州治河出土，即今廣平府也。歲久碑僕，明成化己亥，知府秦民悦建愛古軒覆之。碑之下截凡百一十字，年久蘚蝕，經後人摹刻，見民悦《廣平志》。嘉靖癸卯築城，為工匠所毀。越二年乙巳，知府唐曜重刻于漳川書院，碑舊十四行，行二十七字，重刻改為十三行，行三十字，筆法全失，并字畫之譌者三十有七，至以勤約作勤紹，尤譌之甚者。豐道生萬卷樓有宋拓本，後歸全謝衕，又歸楊景西，又歸陸謹庭，闕化行以下三十字。何屺瞻得宋拓本，亦多闕字。唯王虚舟臨摹胡玉笥之雙鉤本頗完善，惜未得見之。又《天一閣碑目》有此碑，亦未得見。近翁覃谿有重摹本，云出無錫華氏真賞齋所藏。又程瑶田有重摹本，云得周櫟園所藏。余以二本與嘉靖碑互校，則程本稍佳，嘉靖碑雖有譌字，仍在翁本之上，因合三本裝之，歸于插架。碑舊有穿，有篆額云漢北海淳于長夏君碑，三行，黑字，諸舊本未拓得，故翁、程所摹皆無額也。

清·洪頤煊《平津讀碑記》卷一《淳于長夏承碑》　右《淳于長夏承碑》，在永年縣紫衕書院。《金石録》云：元祐間因治河隄得于土壤中，余家所藏漢碑二百餘卷，此碑最完。至明中葉，此碑猶存，唯下半截殘缺。今世所傳有闕三十字本，闕一百十字本，成化間補刻下半截本。嘉靖二十三年碑為築城工役所毀，知府唐曜重刻于漳川書院，即此本也。舊本勤約，重刻本作勤紹，末云：建寧三年，蔡邕伯喈書。是後人肊題。

《博陵太守孔彪碑》

論説

宋·洪适《隸釋》卷八《博陵太守孔彪碑》　右《漢故博陵太守孔府君碑》，篆額。孔君名彪，歷郎中、博昌長、京府丞，拜尚書侍郎、治書御史、博陵守、下邳相、河東守，以靈帝建寧四年卒。趙氏云：孔君自博陵再遷河東，而碑額題博陵，莫曉其何謂。予觀漢人題碑，固有用前官，如馮緄魯峻者，俱自有説。此碑陰有故吏十三人皆博陵之人也。蓋其丞甘棠之惠，痛夏屋之傾，相與刊立碑表，故以本郡題其首也。

清·翁方綱《兩漢金石記》卷六《漢故博陵太守孔府君碑》　方綱按：碑陰十三行，其八九兩行，當穿之下。今故於碑陰之文，按行列横書之，是碑剥泐最甚，而其陰又加甚焉。凡今所録碑之字，皆据洪氏也。予得研山齋舊拓本，止有正面，其弟五行膺，弟六行命，弟九行位，弟十一行遺，弟十四行辯，此五字尚皆未損，然洪所有而今不可辨者，已有三十二字，故於字旁以据洪記之。至今日拓本，則并此五字亦不辨矣。吴山夫《金石文存》所載尤多空缺，至十行，綱下□字洪氏所闕，吴山夫作而，今以舊拓本諦審，頗是，附著于此。【略】是碑全似今日正書之法，不特人旁起筆不用逆勢也。朱竹垞喜作兮隸，而以是碑絶類《曹全碑》，亦未然也。

清·趙搢《金石存》卷八　右《漢博陵太守孔彪碑》，在今孔子墓林中，文字損壞，較孔廟他漢碑為甚，幸其全文録在《隸釋》者，大半可讀，官閥世族亦班班可考也。孔君名彪，隸書從虍之字多變從□，故彪字變而為□，字既難識石又就壞，自歐陽公已不能舉其名，所以明人修《闕里志》者，遂譌為震，而彪之名不復存于孔氏譜牒矣。幸有《韓叔節碑陰》題名，有尚書侍郎孔彪元上，名字全美可證不疑，此修志者所宜急改正也。

清·張德容《二銘草堂金石聚》卷八　右《漢博陵太守孔彪碑》拓本，連額高八尺四寸，廣三尺一寸，在曲阜聖廟。歐陽《集古録》謂名字皆磨滅，至趙、洪乃著為孔彪。趙氏云：孔君自博陵再遷為河東太守，而額仍題博陵太守，莫曉所謂，洪氏斷為博陵故吏所立，良是。蓋漢人通例多如此，或河東別有碑，未可知也。

綜述

清·畢沅《山左金石志》卷八《博陵太守孔彪碑》　建寧四年七月

立，并陰俱八分書，篆額。碑高八尺六寸，廣三尺一寸，上圓下方，額下有穿，兩旁有暈，在曲阜縣孔廟同文門東側。

清・翁方綱《兩漢金石記》卷六《漢故博陵太守孔府君碑》 右《漢故博陵太守孔府君碑并陰》，孔君卒於建寧四年七月，碑蓋其時所立也。牛氏《金石圖》云：碑高八尺，闊二尺六寸，厚八寸，在曲阜縣孔子廟同文門東側西向。洪氏《隸續》云：碑篆額兩行，額下有穿，穿下有文，兩旁有暈起於圭首之半，至篆處則没。其文十八行後餘二行，行四十五字，有闌界，如碁之局也。

《陳德碑》

論説

清・畢沅《山左金石志》卷八《陳德殘碑》 其字體渾厚圓勁，洵漢刻中佳品也。近人以此為千峯偽造，并云褚嘗親説其偽造之事，無論字之古質，非千峯所能作，且使假託漢碑，旋即自吐亦何所樂而為此乎，揆之於理，必無其事，故為辨之，以諗好古者。

清・翁方綱《兩漢金石記》卷一六《漢陳德碑》 右《陳君碑并陰》，予見春陰拓本，而碑之前面則歙程易疇孝廉以雙鉤本見餉者，牛氏圖曰：《陳君碑》僅存上截，高一尺八寸，闊二尺，厚五寸，然牛氏所圖兩面界格并其額穿相去位置皆如一，而云碑字逕寸五分，陰字逕二寸，是陰字大於前矣。而所圖因前十行，陰十一行，廼陰字反小於前，則牛氏所圖，豈足信乎。予初見是碑於牛氏之圖，頗聞是碑乃人所偽造，牛氏誤信而圖之也。及見程荔江師意齋所藏碑陰拓本，渾古圓勁，則實漢刻無疑，然則其碑之正面，亦出真石，可無疑矣。是以姑依牛氏所圖之碑載於前，而以予所見碑陰載于後。然即以牛氏著録，此陰只五十五字，而其待於訂正者，已有數字，則益信凡事之未目覩者，果未可盡信也。是碑從來不見於著録，惟近昰牛氏《金石圖》及吴衡夫《金石文存》載之。牛氏圖云：碑在沂州東南數十里田間，郃陽褚峻跡得之，搨數本，再往則土人埋之矣。詢之云：懼是碑之聞於官而歲是求也。師意齋藏本蓋即褚峻手搨數本之一也。雍正六年以後是碑遂亡所在，不可復拓矣。然是碑今聞之錢塘趙晉齋魏及予門人江秋史德量皆云：確是褚千峯偽造，秋史言其叔江賓谷昱云：褚千峯嘗親説其偽造是碑之事，是一董姓人所書，即寫黄初年孫二娘石刻之人也。今承附録於此。

清・洪頤煊《平津讀碑記》卷一《陳德殘碑》 右《陳德殘碑》，牛氏《金石圖》云：碑在沂州府東南數十里田間，郃陽褚峻跡得之，搨數本，則土人埋之矣。或云即褚千峯偽造，碑止存上截十行，行五字，每字有方格界線。碑陰十一行，俱有額，諦視之，字僅形似，乏漢隸淳古之氣，其為偽造無疑。

綜述

清・畢沅《山左金石志》卷八《陳德殘碑》 建寧四年三月立，并陰俱八分書，篆額拓本。右碑載牛氏《金石圖》云：在沂州東南數十里田間。郃陽褚千峯護跡得之，曾拓數本，再往則土人埋之矣。自雍正六年以後，此碑遂亡。元得舊拓本，兩面俱全，衹上段高一尺八寸，廣二尺，上鋭下方，額下有穿。

紀事

清・王昶《金石萃編》卷一三《陳德碑》 右《陳德碑并陰》，《集古録》、《金石志》所不載。歐陽公、趙、鄭諸君子，皆未之見也。碑在沂州東南數十里田間。郃陽褚峻跡得之，搨數本再往，則土人埋之矣。雍正六年以後，是碑遂亡所在，不可復搨。《金石圖》。

《西狹頌》

綜述

宋・曾鞏《元豐題跋》卷一《漢武都太守漢陽阿陽李翕西狹頌》 武都太守漢陽阿陽李翕，字伯都，以郡之西狹閣道通梁益，緣壁立之，山臨不測之溪，危難阻峻，數有顛覆霣墜之害，乃與功曹史李旻定策，敕衡官椽仇審治東坂，有秩李型號治西坂，鐉燒大石，改高即平正曲廣阨，既成，人得夷塗，可以夜涉，廼相與作頌刻石。其頌有二：其所識一也。其一立於建寧四年六月十三日壬寅，其一是年六月三十日立也。又稱翕嘗令澠池治崤嶔之道，有黄龍、白鹿之瑞。其後治武都，又有嘉禾、甘露、木連理之祥，皆圖畫其像刻石在側。【略】近世士大夫喜藏畫，自晉以來，名能畫者，其筆蹟有存於尺帛幅紙，蓋莫知其真偽，往往皆傳而貴之，而漢畫則未有能得之者，及得此圖所畫龍、鹿、承露人、嘉禾、連理之木，然後漢畫始見於人，又皆出於石刻，可知其非偽也。漢武帝元鼎六年，以汧隴西南接于巴蜀，為武都郡，及其後始分而為興州，為成州，成州則武都之上流也。郙閣立於建寧五年，翕治崤嶔西狹郙閣之道，有益於人而史不傳，則頌之作，所以備史之闕，是則傳之，亦不可以不廣也。

清・翁方綱《兩漢金石記》卷一三《漢武都太守李翕西狹頌》 右《漢武都太守李翕西狹頌》，《隸釋》云在成州。《隸辨》据《墨寶》云磨崖在同谷縣成州，即今鞏昌府成縣同谷，宋屬成州，今廢。此頌今所傳拓本，皆止此二十行，行二十字。《隸續》云：十九行者，蓋不算年月一行。故又云末有一行，書年月也。又云後又有小字題名二行，低四字許。

清・洪頤煊《平津讀碑記》卷一《武都太守李翕西狹頌》 右《武都太守李翕西狹頌》，在成縣，摩崖書。翕，漢陽阿陽人。阿陽，《水經・漾水注》作河陽。《漢書・高帝紀》師古曰：阿陽，今流俗書本或作河陽者，非也。《後漢書・隗囂傳》李賢注亦云：本為河陽者，誤也。此碑作阿陽，與《續漢志》同。碑額有惠安西表四篆字，年月後有丞右扶風陳倉吕國字文寶小字題名二行，又有丞右扶風陳倉吕國字文寶大字題名十二行，即《隸續》所謂天井道題名。

清・張德容《二銘草堂金石聚》卷八 右《漢李翕西狹頌》拓本，高四尺八寸，廣四尺七寸，文二十行，頌後小字題名十二行，高一尺九寸，廣一尺七寸。磨崖刻在今成縣。

紀事

宋・曾鞏《元豐題跋》卷一《漢武都太守漢陽阿陽李翕西狹頌》 蓋嘉祐之間，晁仲約質夫為興州還京師，得郙閣頌以遺余，稱析里橋郙閣，漢武都太守阿陽李翕字伯都之所建，以去沉没之患，而翕字殘缺不可辨得，歐陽永叔《集古録目》跋尾以為李會，余亦意其然。及熙寧十年，馬瑊中玉為轉運判官於江西，出成州所得此頌以示余，始知其為李翕也。永權於學博矣。其於是正文字尤審然一以其意質之，遂不能無失，則古之人所以闕疑，其可忽歟。

雜録

清・錢大昕《潛研堂金石文跋尾》卷一《武都太守李翕西狹頌》 右《武都太守李翕西狹頌》，文字完好無刓缺，由所在僻遠多虎豹之害，椎拓者少故也。碑前有小字二行，云：君昔在黽池，修崤嶔之道，德治精通，致黄龍、白鹿之瑞，故圖畫其像。而碑文亦云二剖苻守，致黄龍、嘉禾、木連、甘露之瑞。蓋洪氏所謂《黽池五瑞碑》者，本與此碑首尾為一。五瑞圖像當在小字二行之前，拓碑者不知而遺之可惜已。

《李翕析里橋郙閣頌》

論説

明·趙崡《石墨鐫華》卷一《漢李翕析里橋郙閣銘》 此碑在畧陽，相傳為蔡邕書，馬伯循信之，固未的然。【略】但碑文磨泐，歐陽謂一句適完好，今亦損過半矣。又碑中太守李君諱翕，字伯都，今板本皆作李會，或傳寫之誤，唯鄭樵畧曰李翕，與碑合。

清·趙搢《金石存》卷八 右《漢析里橋郙閣頌》，《金石文字記》云：今重刻在略陽縣，字畫醜惡，絶無古意，正此本也。較《隸釋》所録，益多殘缺。

清·洪頤煊《平津讀碑記》卷一《李翕析里橋郙閣頌》 右《李翕析里橋郙閣頌》，在略陽縣。《隸釋》所載缺四十字，後有年月題名五行，《金石萃編》本無年月題名，視《隸釋》多闕十三字，此本又視王氏本多缺三十七字，然皆非明申如塤翻刻之本。此本建寧三年與《隸釋》同，王氏本作五年，當由摹刊之譌。

綜述

宋·洪适《隸釋》卷四《李翕析里橋郙閣頌》 右《析里橋郙閣頌》，隸額，今在興州。靈帝建寧五年立，後《西狹碑》一歲，別有數行，刻書撰人及石師姓名。

清·張德容《二銘草堂金石聚》卷八 右《漢析里橋郙閣頌》拓本，高五尺八寸，廣四尺，在略陽縣。

紀事

清·張德容《二銘草堂金石聚》卷八 諸城王大令森文云：略陽西北有郙曰置口，西依寶虹，東枕嘉陵，為古棧舊路。郙南有深溝，溝南五里許兩山夾江成峽，曰白崖。西壁臨江，有郙閣磨崖碑銘。考今地析里即置口，深溪即南溝，郙閣即白崖。又云：城南靈岩寺石壁有故明知縣申如塤重刻《郙閣銘》，左角有宋太守田克仁磨崖小碑云：《漢武都太守李翕修析里郙閣碑》，在今沔州西二十里之金堂閣，歲久昏蝕，殆不可讀。克仁開禧間得舊墨本於京口，勘之歐陽公《集古録》、洪氏《隸釋》及郡志所載，亡缺差。少來守是邦，因勒諸靈岩寺之石壁，以永其傳。紹定三年五月既望，臨沂田克仁書。今石壁所刻末行書，知縣申如塤重刻，存田記而不言所以重刻之故，以致滋後人之惑。若縣志謂李虞卿重刻於靈岩，則絶無所據。容按：王氏親至其處所，言碑地形狀最為詳明，惜其考證文字尚未甚精確耳。今據所説，是碑在白崖者，為漢原刻，在靈岩寺者，為重刻，田刻已不可見，并無知之者。顧炎武、吳山夫所見皆申刻本耳。自陳氏《金石遺文録》始詳辨之，至洪氏所云隸額六字，今並未見，原刻前七行缺三十餘字，後十行缺五十餘字，申刻所補不足据。

《司隸校尉魯峻碑》

論説

明·都穆《金薤琳琅》卷四《魯峻碑陰》 右《魯峻碑陰》，歐陽公、趙明誠皆失收録，至洪丞相《隸釋》於漢碑搜羅殆盡，而亦復遺焉。予家此碑不特人間少有，且文字麤完可讀，惜不令三公見之。

明・郭宗昌《金石史》卷上《漢司隸校尉魯忠惠峻碑》　碑已剥蝕不可讀，見《集古録》，書法峭峻古雅，第小開魏人堂室，然自是漢格。鄭樵氏謂出蔡中郎，何據。明誠疑之，良是。

清・趙搢《金石存》卷八《漢司隸校尉魯峻碑》　右《漢魯峻碑陰》，其載在《隸續》者，與此不同，蓋洪氏誤以他碑之陰為此碑陰也。《隸辨》云：凡三列，下一列漫滅，存者二列，每列得二十一人，前有故吏四人，餘稱門生，最後一人稱義士，凡四十二人。《金薤琳琅》云：此碑歐陽公、趙明誠皆失收録，至洪丞相《隸釋》于漢碑搜羅殆盡，亦復遺焉。予家此碑不特人間少有，且文字粗完可讀，惜不令三公見之。今取石本較都公所録，都本少八人，其中誤釋者數十字，又都本以為殘缺，而今本尚完好可識者十餘字，蓋聰于分隸，非其所習，又或所見本不清，遂據以為定爾。

綜述

宋・洪适《隸釋》卷九《司隸校尉魯峻碑》　右《漢故司隸校尉忠惠父魯君碑》，隸額，在濟州任城縣。魯君名峻，歷郎中、謁者、河内丞、侍御史、頓邱令、九江守議郎、太尉長史、御史中丞、司隸校尉，遭母憂，自乞拜議郎，服竟，還拜屯騎校尉。靈帝熹平元年卒，明年葬。門生丁直等三百二十人謚之曰忠惠。其子叡立石作銘。

清・顧炎武《金石文字記》卷一《司隸校尉魯峻碑並陰》　八分書，熹平二年四月。今在濟寧州儒學。

清・顧藹吉《隸辨》卷七《魯峻碑》　今在濟寧州儒學。額題云漢故司隸校尉忠惠父魯君碑十二隸字，為二行。忠惠父者，其私謚。峻後為屯騎校尉，而額題司隸者，《隸釋》云：漢人書碑，或以所重之官揭之，司隸權尊而秩清，非列校可比，亦猶馮緄舍廷尉而用車騎也。額下有穿，文十七行，行三十二字。趙氏、洪氏皆云《水經注》亦載此碑，而誤以峻為恭。

清・趙搢《金石存》卷八《漢司隸校尉魯峻碑》　右《漢司隸校尉魯峻碑》，今在濟寧州儒學，較《隸釋》所録損六十餘字，惟隸額十二字尚全。

清・畢沅《山左金石志》卷八《司隸校尉魯峻碑》　熹平二年四月立，并陰俱八分書，篆額，碑高八尺八寸，廣三尺三寸，上鋭下方，額下有穿，在濟寧州學戟門東側。

《司隸校尉楊淮表紀》

論説

宋・洪适《隸續》卷一一《司隸校尉楊淮碑》　右《司隸校尉楊淮碑》，靈帝熹平二年，同郡卞玉過其墓，為勒此銘，敘淮及其弟弼前後歷官，且稱其功德牟盛，當究三事，不幸早隕。又云俱大司隸孟文之元孫也。紹興中此碑方出，歐、趙皆未見之。碑云楊君厥諱淮，字伯邳，蓋以厥字為語助。大司隸有《石門碑》，亦云楊君厥，字孟文，今古皆以厥為孟文之名，得此始知其非。凡稱元妃、元子、元兄、元舅之類，皆以長言之。二楊俱曰元孫，猶元士，然以元為美稱也。

清・錢大昕《潛研堂金石跋尾》卷一《司隸校尉楊淮碑》　右《司隸校尉楊淮碑》，洪氏《隸續》具載其文，惟御史中丞下闕一字。頃陝西巡撫畢公拓此碑見贈，審視之，乃是三字，可補洪書之闕。孟文、伯邳祖孫皆為司隸校尉，故稱大司隸以別之。伯邳官終河南尹，而首題司隸校尉，與《魯峻碑》同例。京尹雖列九卿，其權任之重，遠不逮司隸故也。

綜述

清・張德容《二銘草堂金石聚》卷九　右《漢司隸校尉楊淮表紀》拓本，高六尺四寸，廣二尺，在褒城縣。王森文《遊石門記》云：石門東小洞褒水背亥向已，門中通，深四丈五尺，東西兩壁自漢以來，石刻數十種，此刻在西壁楊孟文《石門頌》之南。

清・洪頤煊《平津讀碑記》卷一《司隸校尉楊淮表紀》　右《司隸校尉楊淮表紀》，在褒成縣褒斜谷。

紀事

清・王昶《金石萃編》卷一五《司隸校尉楊淮表紀》　《楊淮碑》字體與《石門頌》彷彿而疎瀊過之，近沔大尹李公衍孫寄精搨一本來，自守上得約身二字，門字上得黄字，郡字下得卞玉二字，因以卞玉摩崖名之。《涵真閣漢碑文字跋》。

《熹平殘碑》

論説

清・錢大昕《潛研堂金石跋尾》卷一《熹平殘碑》　右《熹平殘碑》，乾隆癸丑十月，黄郡丞小松訪得之曲阜東關外，會學使阮詹事芸臺按試至縣，因命移置孔廟，并題識左方。碑存字厪七十餘，有云年廿有七，熹平二年十一月乙未者，蓋其卒之年月也。又云：府君君國濟民以禮，闓風旌善表德，當是曾任郡守者。漢時唯郡國守相及都尉得稱府君也。攷漢自陽嘉以後，用左雄議，孝廉年不滿四十不得察舉，此君官至二千石，計其入官踐歷當亦有年，而卒之時僅廿有七，豈陽嘉詔書所謂有如顔回、子奇，不拘年齒者邪。

清・洪頤煊《平津讀碑記》卷一《熹平殘碑》　右《熹平殘碑》，在曲阜縣孔子廟，近時始出土，年廿有七，熹平二年十一月乙未，蓋其卒時年月。《靈帝紀》是年十二月癸酉晦，乙未為十一月廿一，或廿二也。但無官爵名氏，府君者，是稱其立碑之人，故書在卒後。《孔褒碑》亦魯相汝南陳府君立，即其證。錢辛楣少詹謂當是曾任郡守者，卒時年厪廿有七，非是。

清・張德容《二銘草堂金石聚》卷九　右《漢熹平殘碑》，拓本高二尺，廣一尺九寸，在曲阜聖廟。乾隆癸丑，黄小松司馬所訪得者，碑有府君君國濟民以禮，闓風旌善表德語。錢竹汀謂是曾任郡守者，武授堂以為國相。容按：郡守、國相雖俱有府君之稱，然此碑府君下有旌善表德之語，在敘末銘前，恐是立碑之人，與《孔褒碑》中汝南陳府君一例，非必如錢、武之説也。

綜述

清・畢沅《山左金石志》卷八《漢熹平殘碑》　熹平二年立，八分書，碑高二尺，廣一尺九寸，在曲阜縣孔廟同文門西側。此碑上下右側三面已殘闕，存字七行，字徑一寸，前四行為序，後三行乃銘辭也。

紀事

清・畢沅《山左金石志》卷八《漢熹平殘碑》　乾隆癸丑十月，元案試至曲阜，適黄小松訪碑人訪得此石于東關外，急告元命人掘土出之，舁至試院，秉爝洗土審際，得七十三字，不全者六字，其熹平二年十二月乙未下進過字存少半，此卒之年月，非立石年月，如魯陵卒於熹平元年□月，碑立於二年四月也。因移置孔廟，為題識數語刻碑後焉。

《武都太守耿勳碑》

綜　述

宋·洪适《隸續》卷一一《武都太守耿勳碑》 右《武都太守扶風茂陵耿勳碑》，靈帝熹平三年造，在成州同谷縣，載熹平癸丑，淫雨害稼，耿君開倉振贍，冒熱行縣，經營扶活十有餘人，出奉錢以給衣賜發荒田以賦寡獨，凡百有餘言。

清·張德容《二銘草堂金石聚》卷九 右《漢武都太守耿勳表》拓本，連額高八尺，廣五尺，在成縣。著於洪氏《隸續》。碑雖漫漶，已為後人重鑿，然其原刻之字，以洪録對審，猶隱隱可見。如五行六日郎官之為癸酉到官，十二行勸課之為勸勉，右半力字甚明，十四行都之為譯，右半睪字甚明，十五行，大小民小之為如，民之為農，皆確鑿可辨，故今仍照原字摹之。

論　説

清·王昶《金石萃編》卷一五《武都太守耿勳碑》 《耿勳碑》字與《郙閣頌》相類，乾道間方出。《漢隸字原》。

又 碑内譯字作𧬈字，俗工刓劖所致，或者謂是都字異文者，非也。獨柔嘉惟則則字，碑竟作賊字，雖漢人善于借用，不應謬戾至此。然筆勢自然，絶非重經開鑿者。《涵真閣漢碑文字跋》。

清·翁方綱《兩漢金石記》卷一三《漢武都太守耿勳碑》 右《耿勳碑》，歐陽、趙氏所不載，惟洪氏《隸續》有之，《隸續》云在成州同谷縣，即今鞏昌府成縣也。婁氏《字原》云：字與《郙閣頌》相類，乾道間方出。予今所得拓本凡廿二行，行廿二字，已極泐缺矣。然就其畫隱隱可見者，諦審之，全文尚粗可讀。其中洪録原闕而今無從別識者四字而已。【略】碑字逕一寸五分，雖與郙閣大小相埒，而疎泐之中仍具勁逸之勢，又時時有參差大小，不甚整齊者，似因石理漸長所致。

清·錢大昕《潛研堂金石文跋尾》卷一《真武都太守耿勳碑》 右《武都太守耿勳碑》，中有十數字，經後人重開不無訛舛，翁閣學《金石記》中辨之審矣。唯苻莢乃胙一句，洪氏《隸釋》闕乃字，而莢字未誤。翁謂洪誤釋為英，此刊本之譌。予家藏鈔本，猶未作英也。莢與筴同，即策字。漢時郡守賜虎符及策書，故有苻莢之語。翁釋為筭，恐未然。

清·洪頤煊《平津讀碑記》卷一《武都太守耿勳碑》 右《武都太守耿勳碑》，在成縣，《隸續》有此碑，後殘泐重開，故多譌字，癸酉到官重開本作癸日，郎官勸勉趍時，重開本勉作課，□如農，重開本作大小民，此本雖已重開，而翁、王兩家據《隸續》所補之字，此尚隱隱可辨，洵可寶也。

《石經殘字》

論　説

宋·趙明誠《金石録》卷一六《漢石經遺字》 右《漢石經遺字》者，藏洛陽及長安人家，蓋靈帝熹平四年所立。其字則蔡邕小字，八分書也。其後屢經遷徙，故散落不存，今所有者才數千字，皆土壤埋没之餘摩滅而僅存者爾。按：《後漢書·儒林傳》敘云為古文、篆、隸三體者，非也。蓋邕所書乃八分，而三體石經乃魏時所建也。又按：《靈帝紀》言詔諸儒正五經文字，刻石立于太學門外。《蔡邕傳》乃云：奏求正定六經文字，阮正不同，而章懷太子注引《洛陽記》所載，有《尚書》、《周易》、《公羊傳》、《論語》、《禮記》。今余所藏遺字，有《尚書》、《公羊傳》、

《論語》，又有《詩》、《儀禮》，然則當時所立，又不止六經矣。【略】今石本既已摩滅而歲久轉寫日就訛舛，以世所傳經書本校此遺字，其不同者已數百言。又篇弟亦時有小異，使完本具存，則其異同可勝數邪，然則豈不可惜也哉。而後世學者于去古數千百歲之後，盡絀前世諸儒之論，欲以己之私意羌通其說，難矣。余既録為三卷，又取其文字不同者，具列于卷末云。

清·顧炎武《金石文字記》卷一《石經》 八分書，熹平四年。予兩見此本，一於鄒平張氏，一於京師孫氏。《尚書·盤庚篇》三十餘字，《論語·為政篇》七十餘字，《堯曰篇》三十餘字，以視洪氏，《隸釋》所存，不過什之一而已。

清·王昶《金石萃編》卷一六《石經殘字》 按《後漢書·蔡邕傳》：以經籍去聖久遠，文字多謬，俗儒穿鑿，疑誤後學，乃與堂谿典等奏求正定六經文字。又《儒林傳》、《宦者傳》並言諸博士試甲乙科，爭第高下，更相告言，至有私行金貨，定蘭台漆書經字以合其私文者，靈帝乃詔諸儒正定五經，刊于石碑。此即《漢石經》之緣起也。自是以後，傳注紛出，或不遵太學所刻，私自改竄，迨雕板既行，而輾轉傳譌，益不可勝計，其久而可據者，惟石本耳。顧《石經》始刻于東漢，歷代論書家時齒及之，而未有參校其文字之異同者。至邵博、趙明誠、黃伯思、董逌、洪适諸家，方始詳述其文，後來學者藉以考見漢時定本，實賴有此，惜所存之字無多耳。然昶歷攷經傳諸書，其引《石經》足廣邵、趙諸家所未見者，蓋《石經》殘字存者止此，而讀其遺文，猶可以見鴻都之售，則未始非經學之助矣。顧氏靄吉《隸辨》序言於北海孫氏摹得《石經殘碑》，蓋即昶所見黃氏本。然攷《隸辨》採《石經·尚書》惟平聲五支十一模於戲二字見孫氏本中，餘所引《尚書》、《論語》、《公羊》、《魯詩》、《儀禮》共八十餘條，皆孫本所無，知顧氏所見止此，其餘則皆從《漢隸字源》採出也。

綜述

宋·洪适《隸釋》卷一四《石經尚書殘碑》 右《石經尚書殘碑》，《盤庚篇》百七十二字，《高宗肜日篇》十五字，《牧誓篇》二十四字，《洪範篇》百八字，《多士篇》四十四字，《無逸篇》百三字，《君奭篇》十一字，《多方篇》五字，《立政篇》五十六字，《顧命篇》十七字，合五百四十七字。熹平四年議郎蔡邕所書者。漢儒傳伏生《尚書》有歐陽、大小夏侯之學，孔安國《尚書》漢人雖有為之訓傳者，然不立於學官。永嘉之亂三家之書並亡，故孔氏傳獨行，以其書校之石本多十字，少二十一字，不同者五十五字。借用者八字，鴻艾勸猶之類是也。通用者十一字，於戲毋女之類是也。孔氏敘商三宗以年多少為先後，此碑獨闕祖甲，計其字蓋在中宗之上，以傳序為次也，但云高宗饗國百年異爾。范史云：蔡邕以俗儒穿鑿經籍疑誤，後學與堂谿典、馬日磾等奏求正定六經文字，時博士試甲乙科，爭第高下，至有行賂改蘭臺漆書經字者，靈帝乃從諸儒之請，刊石立之太學，天下咸取則焉。碑高一丈，廣四尺。陸機《洛陽記》云：碑凡四十六。書《易》、《公羊》二十八碑，其十二毀。《論語》三碑，其二毀。《禮記》十五碑，皆毀。北齊徙之鄴都，至河陽岸頹，半没于水。隋復載入長安，有《易》一卷，《書》六卷，《魯詩》六卷，《儀禮》九卷，《春秋》一卷，《公羊》九卷，《論語》一卷。未及補治而亂作，營繕者至用為柱礎。唐初魏鄭公收聚之，十不存一，則《石經》之散亡久矣。本朝一統時，遺經斷石藏於好事之家，猶崑山片玉，已不多見。今京華鞠為氊罽之鄉，殘碑日益鮮矣。予既集《隸釋》，因以所有鑱之會稽蓬萊閣。

又 右《石經·魯詩》殘碑百七十三字，魏、唐《國風》數篇之文也。與《毛詩》異者如猗作兮，貫作宦，樞作蓲數字。又有一段二十餘字零落不成文，惟有《叔于田》一章及女曰雞八字可讀。其間有齊、韓字，蓋敘二家異同之說，猶《公羊》碑所云，顔氏《論語》碑所云盍毛包周之比也。漢代詩分為四，在東京時毛氏詩不立學官，《隋志》有《石經·魯詩》六卷，此碑既論齊、韓於後，則知《隋志》為然也。

又 右《石經·儀禮》殘碑四十五字，皆《大射儀》之文也。石摩滅，字畫比它經不明白。《靈帝紀》云詔諸儒正五經文字，刻石立于太學。《蔡邕傳》則云奏求正定六經。紀傳既已不同，陸機《洛陽記》所載，但有書《易》、《公羊》、《禮記》、《論語》爾。惟《隋志》云後漢刻七經於石碑，皆蔡邕所書，其目有一字石經儀禮九卷，乃漢史、陸記之疏略也。未央宮有曲臺殿，天子射宮也。西京無太學，於比行禮，故後蒼著書說禮數萬言，名曰《曲臺記》，今禁中有選德殿，蓋便坐觀射之地，而清閒之燕，咨訪治道，率在於是，殆與曲臺暗合。古者射為六藝之一，《儀禮》一經說射者兩篇，後世非介冑之士則不習，與古殊矣。

又 右《石經·公羊》殘碑三百七十五字，自隱公四年至威公元年及哀公十四年之文也。所書者皆是《公羊氏傳》辭，而無《春秋》正經。又有顏氏說，石文斷續不可考繹，蓋嚴、顏異同之辨也。以今板本校之，惟易四字，省四字爾。漢注引陸機《洛陽記》云《禮記》碑上有馬日磾、蔡邕名，今此碑有堂谿典八人姓名，《論語》碑亦有左立二人姓名，陸氏所記未之詳也。

又 右《石經·論語》殘碑九百七十有一字，前四篇、後四篇之文也。每篇必計其章，終篇又總其字，又載盍毛包周有無不同之說，以今所行板本校之，亦不至甚異。其文有增損者，其字亦有假借及用古者，有字異而訓不遠，若置其杖賈之哉者。

清·朱彝尊《曝書亭金石文字跋尾》卷一《跋蔡中郎鴻都石經殘字》 中郎《石經》初非三體書法，而楊衒之、劉芳、竇蒙、蘇望、方句、歐陽棐、董逌等皆誤讀范史《儒林傳》，惟張縯謂以三體參校其文，而書丹于碑，則定為隸，其說獨得之。今觀宛平孫氏所藏《尚書》、《論語》殘字，平生積疑為之頓釋。論語書云孝乎惟孝，包咸注云：孝乎惟孝，美大孝之辭。金石本乎乃作于，然則孝于惟孝，友于兄弟，施于有政，句法正相同也。

紀事

清·翁方綱《兩漢金石記》卷三《漢石經殘字》 乾隆丁酉秋八月，錢唐黃秋盦易購得《漢石經殘字·尚書·盤庚篇》五行，《論語·為政篇》八行，《堯曰篇》四行，方綱手摹屬海鹽張芑堂燕昌勒之石。昔宋乾道中，鄱陽洪文惠以所得尚書、魯詩、儀禮、公羊、論語千九百餘字，鐫之會稽蓬萊閣，凡八石。愚今獲見此殘字三段，敬摹重勒，亦名其齋曰小蓬萊閣，而秋盦以其先世貞父先生讀書南屏山有小蓬萊之題，自號小蓬萊閣，不謀而合，洵一奇也。愚因以蓬萊宿約四字題其藏册之首，并為跋與詩系於後。

藝文

清·翁方綱《兩漢金石記》卷三《漢石經殘字歌》 熹平初作皇義篇，石渠故事追孝宣。通經釋義事優大，文武之道非丹鉛。雕蟲篆鳥那比數，鴻都未立前三年。議郎意不在工畫，蓋以正誤代傳箋。蘭臺漆書敢私易，煌煌日月當中天。四十六石堂十丈，聚觀車兩爭駢闐。楊家略著洛陽記，宋初尚有斷石傳。東觀論出御史府，論語跋記董廣川。成都會稽各搜篋，洪相八石精摹鐫。因依破缺非貌古，太璞粹氣逾于全。吾鄉孫氏硯山笈，南原摹本殊不然。隸原隸辨槩與籥，毛槧黃槧烏非焉。鄒平復聞張氏本，硯山又落吴淞船。義門每用譏退谷，弃藏鑒別相後先。盍毛包周證魯義，歐陽夏售訂孔編。越州閣圮海水緑，柯亭桐爨朱絲絃。玉邸半圭虹貫斗，龍頷百寶珠臘淵。崑山顧亭林四明萬季野各有攷，我欲彙續無由緣。便當摹勒自此始，涓濡溜且尺硯穿。乞名蓬萊扁小閣，賀梁語燕來翩翩。

又《南昌學宮摹刻漢石經殘字歌》 石經未及洪家半，尚抵吴萊籀書換。龍圖晉玉雖舊聞，魏公資州餘幾段。鴻都學開後三年，皇義篇章未點竄。正始那誤邯鄲淳，隸分先估張懷瓘。黄晁援据正宜審，蔡馬姓名原可按。六經七經孰淆訛，一字三字精剖判。迴來鄒平與北平，商書魯論珍漫漶。如到講堂筵幾度，我昔豐碑丈尺算。表裏隸書果徵實，章句異同兼綜貫。洪釋篇行記聘禮，今我諸經儼陳燦。春秋嚴顏詩盍毛，只少義爻象與象。書云孝于復友于，鼠食黍苗三歲宦。近人板本据婁機，追想饒州簡初汗。鄱陽石泐五百年，中郎聽遠焦桐爨。豈惟西江補典故，龍光紫氣卿雲縵。方今聖人崇實學，六籍中天森炳煥。羣言壹稟醇乎醇，如日方升旦復旦。諸生切磋函雅故，不獨琱琢工文翰。宮牆齋廡探星宿，清廟明堂列圭瓚。鳳皇一羽麟一角，琪樹芝華非近玩。研經奚必古本執，樸學幸勿承師畔。河海方將測原委，質厚先須植根幹。越州石氏證蓬萊，餘論何人續東觀。摩挲小閣一紀餘，甫得南州映芹泮。偏傍或裨箋傳詁，參檢置到周秦漢。踟躕凝立語學官，桂露秋香手勤盥。

《聞喜長韓仁銘》

論說

清·翁方綱《兩漢金石記》卷一二《漢循吏故聞熹長韓仁銘》 此碑出京索間，《左氏傳》京城太叔之地，滎陽令李侯輔之行縣發地得之，字畫宛然，頗類《劉寬碑》書也。韓仁，漢循吏，蚤卒，不見於史而見於此，非不幸也。李侯亦能吏，天其或者為李侯出耶，抑偶然耶。夫物之顯晦有時，猶士之遇不遇也，向使此碑不遇李侯，埋没於荒煙草棘中得為礎為矼足矣。吾聞君子之道闇然而日彰，然自古賢達埋光鏟采，堙滅無聞，亦何可勝數，抑有時而不幸也。後千百歲，陵谷變易，獨此碑尚存，李侯之名託此以不朽，亦未可知也。正大五年十一月廿一日，翰林學士趙秉文題。

又 碑額十字長短隨勢為之，王虚舟謂不規規就方整，故行間茂密是也。此與《張遷碑》額皆漢隸之最得勢者。

綜述

清·王昶《金石萃編》卷一七《聞憙長韓仁銘》 碑建於漢靈帝熹平四年。金哀宗正大五年，滎陽令李輔之行縣發地得之，著於翰林學士趙秉文跋。然康熙間修《佩文書畫譜》復又見遺，顧南原《隸辨》專搜漢碑，不遺殘闕，而亦闕如，為可怪也。《虚舟題跋》。

清·翁方綱《兩漢金石記》卷一二《漢循吏故聞熹長韓仁銘》 右《漢聞熹長韓仁銘》，牛氏《金石圖》曰：在滎陽縣署東角門東側西向，高六尺，闊三尺，厚六寸五分。篆額，額下有穿，碑凡八行，行存十八九字。下半泐闕，後有金哀宗正大五年翰林學士趙秉文及趙郡李獻能二跋，并滎陽令李天翼題重立歲月，及立石吏左匠姓名。趙跋四行，八分書，李跋三行，李題一行，吏匠姓名一行，皆正書。

清·張德容《二銘草堂金石聚》卷九 右《漢循吏聞喜長韓仁銘》拓本，連額高五尺三寸，下截斷缺，廣三尺，行存十七字至十九字不等，篆額十字二行，在滎陽縣署。此碑金正大中出土，後刻趙秉文、李獻能二跋，並李天翼再立石題字，而自前明至國初金石諸家皆不見著録。吴山夫謂劉太乙《續金石録》始載之，至翁氏《兩漢記》、王氏《萃編》所録李跋已泐七八字。容今以精拓本諦審，李跋僅闕二字，而原碑存字尚完好如新，因并全録二跋，庶將來日有缺泐，或猶可考見云爾。

紀事

清·洪頤煊《平津讀碑記》卷一《聞憙長韓仁銘》 右《聞憙長韓仁銘》，在滎陽縣署。金正大中，滎陽令李天翼得于京索間土中。碑止存上截，碑右有正大五年趙秉文、李獻能題字。前半似敘司隸校尉績勛，下云尉表上，似仁為司隸校尉所表，遷槐里令，除書未到而卒。

清·錢大昕《潛研堂金石文跋尾》卷一《聞熹長韓仁銘》 右《漢循吏聞熹長韓仁銘》。金正大中，滎陽令李天翼得之京索間土中，令石匠王福再立石，趙秉文周臣、李獻能欽叔俱有跋刊於碑之左方，今在滎陽縣廨。

《豫州從事尹宙碑》

論說

清·武億《授堂金石跋》卷一《漢豫州從事尹宙碑》 八分書，熹平六年四月，今在鄢陵縣。碑出土完好，苦無善本，近以土人據之要利，不容搨工摹拓，惟予所收較無濃暈之痕。文首云：君諱宙，字周南，其先出自有殷。然證以《漢書・古今人表》堯師尹壽，則其世系所自遠矣。而碑尚不無所遺，蓋譜學難明如此。又碑云位不福德，顧亭林謂福亦副字之誤，不知福即副本字，《匡謬正俗》文已詳言之，然則福非誤也。惟顧氏所指鉅鹿之鹿不當從金，案《玉篇》鉅鹿俗作鏕，蓋由漢人亦未能免此，此伯喈刊正之功，所為不可以已與。

綜述

清・顧炎武《金石文字記》卷一《豫州從事尹宙碑》八分書，熹平四年四月。 今在鄢陵縣。豫字磨滅，以其潁川人，而言本州，知其為豫州也。

清・顧藹吉《隸辨》卷七《尹宙碑》 今在鄢陵縣。額題從、銘二篆字，上有穿，額橫書在穿之右。文十四行，行二十七字。《金石文字記》作《豫州從事尹宙碑》，云豫字磨滅，以其潁川人而言本州，知其為豫州。今碑甚完好，無一字磨滅，惟云仕郡歷主簿、督郵、五官掾功曹、守昆陽令，州辟從事而已，無豫字也。或亭林所見之本，傳拓不清，以為磨滅耳。

清・翁方綱《兩漢金石記》卷一二《尹宙碑》 額殘缺，止餘從、銘二字，分二行篆書，在穿之右。吴山夫《金石文存》曰：篆額二行，今但存其下從、銘二字。君歷官至從事而卒，疑其額必題漢故某州從事尹府君銘十字，今其上八字破壞不存，故搨工但傳其下二字也。

清・張德容《二銘草堂金石聚》卷九 右《漢豫州從事尹宙碑》拓本，連額高六尺一寸，廣三尺一寸，額上半斷缺，止存從、銘二字在穿之右，今在鄢陵縣孔廟。元皇慶間，阿八赤訪得于洧川，移置學宮。

紀事

清・王昶《金石萃編》卷一七《豫州從事尹宙碑》 右碑近日鄢陵地中得之。嘉靖十七年通政鄢陵劉訒以詒許吏部穀，董生子元復以貽余者也。《金石史》。

清・翁方綱《兩漢金石記》卷一二《尹宙碑・附録》 忠顯校尉、汴梁路鄢陵縣達魯花赤、兼管本縣諸軍奥魯勸農事阿八赤，自皇慶元年正月二十有四日下車蒞事，欽奉詔書，追封孔子為大成至聖文宣王，立石泮宫，所以彰聖恩，重名教也。公因物色碑材，得片石于洧川，蓋東漢熹平六年故豫州從事尹君諱宙者之碑也。公捐己俸購石輦來鄢泮，命匠刮磨，將舍舊而新之。既而幡然改曰，碑歷一千二百餘年故物，舉一廢一，有所弗忍，遂議更以新石，併舊石附立廟廡。于此見公好古尚賢，成此美事。鄢之士民，咸頌公德，為之辭曰：仁哉忠顯，治績在鄢。事師古始，德崇哲先。更新修廢，二美得全。寫之琬琰，以永其傳。皇慶三年春正月望日立石，鄢陵縣儒學教諭李謦撰，古洧歲寒野人王克讓書丹。

按：是碑記重立《尹宙碑》事，明言其為豫州從事，可見元皇慶移置學宫時，其額尚完也。

《劉君殘碑二石》

綜述

清・王昶《金石萃編》卷一九《劉君殘碑》 右殘碑二石，皆方尺餘，中為大孔。其一文六行，其一文五行。第一行乃其辭曰三字後空一行。第二行心上當是帝，又上一字以意度之，必是在也。三行為上當是兮，四行人上當是良，五行歲上當是萬。二石字皆徑八九分，結體亦無異。然第一石文在上方，自孔以下皆無字。第二石又與第一石行款文句俱不接，且兩石後半并無字，不可曉也。歲在辛酉三月十五八字，字徑二寸强，較前碑字大倍之，又結體與前碑絶不相類，武君謂是《劉君碑》側，未審然否。瞿中溶跋。

清・洪頤煊《平津讀碑記》卷一《劉君殘碑》 右《劉君殘碑》。一石存六行十五字，第二行有春秋博覽四字，當亦顓經之士。一石存五行二十二字，有國之裔兮四字，因知其人姓劉。兩石中皆有穿孔，碑側有歲在辛酉三月十五八字。

紀事

清・武億《安陽縣金石録》卷一《劉君殘碑》 右碑鑿斷穿孔，龕置西門君祠大門左右作門闕，縣吏添仕麟偕工拓宋馬需修祠碑，於門側瞥見，拓之以歸。

《校官碑》

論説

清・顧炎武《金石文字記》卷一《溧陽長潘乾校官碑》 八分書，光和四年十月。宋趙彦衛《雲麓漫鈔》曰：范曄《後漢書》永平十年閏月甲午，南巡狩，幸南陽祠章陵，日北至，又祠舊宅。禮畢，召校官弟子作雅樂，奏《鹿鳴》，帝自御塤篪和之以娱嘉賓。則東漢時縣有校官矣。

清・趙搢《金石存》卷九 右《漢溧陽長潘君校官碑》，隸額一行，今在溧水縣學。《隸釋》云：潘君自曲阿尉來宰溧陽，興學宫，講賓射，碑頌所由作也。碑自紹興十一年溧水尉喻仲遠得之固城湖濱，置于官舍，其後洪丞相録入《隸釋》。元至順間文學掾單禧又為釋文，視洪氏尤為詳盡，然剥泐已甚，字但隱隱可見，非就釋文審視之，幾莫能辨其筆畫矣。江南絶少古碑，惟此乃為漢人遺刻，識者尚珍愛之。

綜述

宋・洪适《隸釋》卷五《溧陽長潘乾校官碑》 右《校官之碑》，隸額，靈帝光和四年，溧陽為其長潘君作。紹興十三年，溧水尉喻仲遠得之固城湖中，碑今在溧水縣。潘君名乾，自曲阿尉來宰溧陽，興學宫講賓射，碑頌所由作也。其間用字，剗省其刀，賢去其貝。干矦用張考《周禮》士以三耦射犴矦。大射禮用千字，尚、旦在昔者，似謂太公、周公也。

明・都穆《金薤琳琅》卷七《漢溧陽長潘乾校官碑》 右《漢溧陽長潘乾校官碑》，在今南畿溧水縣學，蓋溧水即漢溧陽地也。予初得此碑而不知其有釋文，近始得之，乃元至順四年校官單禧所為而刻之者也。禧謂此碑宋紹興中縣尉喻仲遠得于固城湖濱，置之官舍，則其得免于毁棄，仲遠之力也。禧又有跋，謂考訂碑文與隸釋不同者二十七字，而復辨《溧陽志》之失，可謂有功于文字者，故備録之。

清・張德容《二銘草堂金石聚》卷一〇 右《漢校官碑》拓本，高四尺六寸，廣二尺五寸，在溧水縣學。

紀事

清・葉奕苞《金石録補》卷三《漢溧陽長潘乾校官碑》 碑在溧水，張子令則搨以見貽，字皆完好，間有闕文云。

清・王昶《金石萃編》卷一七《校官碑》 《漢校官碑》原在溧陽縣學，光和四年立。紹興十一年，溧水尉喻仲遠始得之固城湖，移置官舍，至今得免于水侵土掩，仲遠之力也。蓋相去已九百六十二年矣，時時見光彩，弓兵宿直或以褻衣頓於趺上，必夢大龜逐而齧之。乾道戊子，有官告院吏出職為尉，顧此碑字多缺蝕，以為無用，且厭人來觀，呼隸史曾彦與謀，將沉之宅後廢沼内。一寓客素好古，聞其説往詰止之，邑宰陳容之為徙之縣圃，作屋覆焉。至辛卯歲，金陵守唐瑑作文一篇，欲識石背，遣匠來，甫鋟兩字，遭碎屑激入目，旋易他匠，皆然，竟不能施工。此説見洪邁《夷堅志》，其碑之靈異，知自有據矣。番陽洪景伯為之註釋，至順間博士單禧始考訂而跋之，因手書洪氏釋文而附所補于後，可謂有功于此碑之文字者矣。王著《校官碑考》。

清・錢大昕《潛研堂金石文字跋尾》卷一《校官碑》 右《校官碑》，溧陽人頌其長潘乾構修學宫而作。隋時割溧陽西鄉置溧水縣，宋南渡初，溧水尉得碑於固城湖中，其後移置縣學，碑遂為溧水所有矣。

又 右《校官碑》釋文，即洪文惠所釋也。元至順癸酉，濟陰單禧官溧水，始刻之石而跋於下方，又補洪氏所闕者八字，改正者兩字。

《白石神君碑》

論説

宋・洪适《隸釋》卷三《白石神君碑》 右《白石神君碑》，篆額，在真定，靈帝光和六年立。【略】漢人分隸固有不工者，或拙或怪，皆有古意。此碑雖佈置整齊，略無纖毫漢字氣骨，全與魏晉間碑相若，雖有光和紀年，或後人用舊文再刻者爾。

清・錢大昕《潛研堂金石文跋尾》卷一《白石神君碑》 或疑此碑為前燕重刻，予觀其字體方整，已開黄初之先，漢隸遒逸之格，至此小變。然慕容僭偽，詎能辨此，况字體亦絶不類，要為漢刻無疑矣。

清・張德容《二銘草堂金石聚》卷一〇 右《白石神君碑》拓本，連額高六尺，廣二尺四寸，在元氏縣。【略】洪氏以其分隸佈置整齊，疑非漢人原刻，而吴山夫并疑及其文，未免失之過當。容謂此碑書法、文法與《三公》正類，乃其時風會如此，雖不及前此諸碑，然自是漢人手筆，非後人所能及也。

綜述

清・顧藹吉《隸辨》卷七《白石神君碑》 今在無極縣。額題《云白石神君碑》五篆字，為一行。文十四行，行三十五字，空一行方刻銘。又空一行，書年及常山相、長史、丞尉、掾史、石師姓名，共二行。後空一行，有燕元璽二年題字。元璽，慕容儁號。聞有碑陰，予未之見。

清・翁方綱《兩漢金石記》卷一一《白石神君碑》 右《白石神君碑并陰》。牛氏《金石圖》云：在元氏縣城内龍化寺後西向，高五尺五寸，闊二尺二寸，厚四寸五分。

清・嚴可均《鐵橋金石跋》卷一《白石神君碑》 右《白石神君碑》，有碑額，有碑陰，拓工往往遺之。碑陰有主簿十六人，祭酒一人，都督一人。

清・洪頤煊《平津讀碑記》卷一《白石神君碑》 右《白石神君碑》，在元氏縣開化寺。碑云縣界有六名山，三公、封龍、靈山先得法食去。光和四年，三公守民蓋高等始為無極山，詣太常求法食，相縣以白石神君道德灼然，乃具載本末求依無極為比。六名山者，此碑得其五，其一則御語山也。見元初四年《三公山碑》。《毛詩・雲漢篇》敬恭明神，釋文本神作祀，此碑作敬恭明祀，與陸氏本同。

紀事

清・王昶《金石萃編》卷一七《白石神君碑》 康熙廿九年，予宰深澤，崑山司寇公搜訪名刻，于無極縣求此碑，蓋因碑中有無極山語。而顧亭林《金石記》又云在無極縣，遍尋久之不獲，其他州邑亦絶無知者，疑此碑已亡。三十年，真定十州邑災，余奉檄調赴贊皇縣監賑，抵元氏縣開化寺，見後殿左側有一碑，其形如圭，心異之，急趨視，乃《白石神君碑》也。即出錢與元氏令劉君趣其搥搨，此碑之顯，寔自予始。《金石遺文録》。

又 《漢白石神君碑》始見于《金石文字記》，云在直隸之無極縣，實未之見也。丁亥秋，陳香泉使君以此本易我《瘞鶴銘》，余遂裝而藏之。後題名有元璽字，元璽者，前燕慕容儁年號也。楊賓《鐵函齋書跋》。

《豫州從事孔褒碑》

綜述

清·翁方綱《兩漢金石記》卷七《漢故豫州從事孔君之碑》 右《漢故豫州從事孔君之碑》。牛氏《金石圖》云：在曲阜孔子廟同文門内西側北向，高七尺五寸，闊二尺八寸，厚六寸。有半碑出於縣東周公廟側廢田中，雍正三年鄉民犁田得之，以告廟官陳百户，乃輦置孔廟，列於漢諸碑之次。碑在土中時正面向上，故碑字泐最甚，惟弟一行諱字、家世皆具，知為泰山都尉宙之長子也。前敘後銘，立石歲月不可知矣。其額十字一行，下有穿。其文每行三十字，其行數以今拓本審之，可見者十四行耳。然拓者紙稍窄，每不見其後二行，則僅見十一二行者有之。碑既泐蝕將盡，而拓者復惜紙若此，可慨也已。

清·趙搢《金石存》卷七《漢孔裦碑》 右《漢孔褒碑》云：君諱褒，字文禮，孔子廿世孫，泰山都尉之元子。此下石理皴剥，文字斷續，多不成讀。【略】碑字已極剥蝕，獨行首十餘字，名字、世系一一俱完，亦一奇也。

清·畢沅《山左金石志》卷八《豫州從事孔裦碑》 無年月并額，俱八分書。碑高七尺九寸，廣三尺一寸，上圓下方，額下有穿。在曲阜縣孔廟同文門西側。

此碑剥蝕幾盡，衹存百數十字。雍正二年始出土，故歐、趙、洪及近時亭林、竹垞皆未著録。碑無年月可系，今以其與弟融争死事在靈帝年間，故列于熹平之前。額右有二暈起碑首，額左第二字旁亦起二暈，相連如半環，與他刻異。

《郃陽令曹全碑》

論説

明·趙崡《石墨鐫華》卷一《漢郃陽令曹全碑》 萬歷初，郃陽縣舊城掘得此碑，中平二年造。【略】碑文隸書遒古，不減《卒史》、《韓勅》等碑，且完好無一字缺壞，真可寶也。余曾與友人論及古碑，友人曰：吾輩幸生此時，猶得見漢晉人書，恐後世無復存者。余曰：神物顯晦有時，寧無沉埋以待後死者，如《曹全碑》，歐陽公、趙明誠、都玄敬、楊用修諸公豈得見哉。相視一笑。

清·顧炎武《金石文字記》卷一《郃陽令曹全碑并陰》 八分書，中平二年十月。今在郃陽縣。此碑萬歷中掊地得之，文字最為完好。

清·朱彝尊《曝書亭金石文字跋尾》卷二《漢郃陽令曹全碑跋》 萬曆中，郃陽縣民掘地得《漢曹全碑》，以其最後出，字畫完好，漢碑之存于今者，莫或過焉。

又《續題曹全碑後》 右予庚戌冬跋尾，越二年再至京師，從慈仁寺市上買此碑，石已中斷，完好者且漶漫矣。更歷數十年，必又歎此碑為難得。

清·劉青藜《金石續録》卷一《漢郃陽令曹全碑》 碑在郃陽，萬曆間始出，故字完好。【略】其隸法遒古，饒有逸韻。近人多目為中郎書，中郎以光和二年，高屋建瓴，副職天會，自是十二年始為董卓召用，是碑造于中平二年，正其亡命時也，安得書此。此本不足置辨，因近世附會者衆，聊及之。

清·翁方綱《兩漢金石記》卷一一《郃陽令曹全碑》 竹垞分漢隸為三種，虚舟亦以是碑與《華岳》、《婁壽》分為三種。自後學平心論之，漢隸各有妙境，殊不必爾也。顧寧人以遂為遴，蓋出偶然審視之誤。至巴郡朐忍令，則朐忍縣名，載《於後漢書·郡國志》巴郡條下，其文無異。而顧氏以為別體字，則不可解矣。

清・張德容《二銘草堂金石聚》卷一〇 右《郃陽令曹全碑》拓本，高五尺八寸，廣二尺八寸，在郃陽縣。此碑明萬曆間始出土，字完好，而隸法秀美，一時盛行，故當時考証者極為詳備。

綜述

清・錢大昕《潛研堂金石文字跋尾》卷一《郃陽令曹全碑》 右《郃陽令曹全碑》。漢時重清議，故雖邊方人士，猶知敦孝友以立名譽。若全之重親致歡見于鄉諺，亦其一也。其稱季祖母，猶言庶祖母也。官府所居曰寺，碑云燔燒城寺，又云開南寺門，又云繕官寺，開南門，皆以寺為官廨之稱也。

又《碑陰》 右《碑陰》，列出錢人名，有鄉三老，鄉嗇夫，門下祭酒，門下掾，門下議掾，督郵，功曹門下賊曹，市掾，郵書掾，門下史，塞曹史，法曹史，賊曹史，集曹史，金曹史，皆縣屬掾史也。處士岐茂，別為一行，不與掾史並者，非其部民也。義士五人，亦別為一列，在掾史之下，無職故也。

清・趙搢《金石存》卷九 右《漢郃陽令曹全碑》。安世鳳《墨林快事》云：此發自我師葉龍潭少保。葉粵人，以名侍御謫郃陽丞。鈕玉樵《觚賸》云：碑出於郃陽之莘里邨，初出土時止缺一因字，今移置學宮，榻者眾多，亦日就刓剝矣。銘辭後空二三行許，然後書年月一行，又復書于行末。今榻工惜紙，別搨年月一行，不知當置何所。予見舊搨未斷全本，乃知其式如是。

又 右《曹全碑陰》，凡四列，共五十七行，內第一層一字者一行，第二層一字者一行，二字者一行，上一字今缺，三字者一行，第三層左一字者一行。又第一層故功曹秦尚，孔都下但一二字，而無千百之數。審視拓本初無剝泐之蹟，似當時原未書鐫，或有所闕疑，故空而未刻也。處士岐茂一行，獨超上一列書之，蓋尊其人，不使吏掾屬伍也。

紀事

清・劉青藜《金石續録》卷一《漢郃陽令曹全碑》 余家舊無此本，時從友人田子青笠借觀。丙戌官都下，友人方子養虛正玭贈一本，郃陽康子孟謀乃心寄五本，貧兒暴富，不減坡公讀漢書夢也。

清・翁方綱《兩漢金石記》卷一一《郃陽令曹全碑》 右《曹全碑并陰》。牛氏《金石圖》云：高五尺二寸，闊二尺六寸，在郃陽縣孔子廟東掖門內西向，碑出於明萬歷中郃陽之莘里村。方氏曰：相傳石厓崩而碑出也。趙氏《石墨鐫華》云：萬曆初，郃陽舊城掘得之。莘里村，即郃陽舊城也。

《蕩陰令張遷表》

論説

明・都穆《金薤琳琅》卷六《漢蕩陰令張君碑》 右《漢蕩陰令張君碑》。碑云：君陳留已吾人，治京氏《易》，少為縣吏，徵拜郎中，除穀城長，遷蕩陰令。後云：中平三年二月，故吏韋萌等刊石立表。蓋其去思碑也。字特完好可讀，漢碑中之不易得者。

清・顧炎武《金石文字記》卷一《蕩陰令張遷碑》 八分書，中平三年二月。今在東平州儒學。其文有云荒遠既殯者，賓之誤，中謇於朝者，忠之誤。而又有云爰既且於君，則暨之誤。古字多通，而賓旁加歹，已為無理，又何至以一字離為二字也。歐陽、趙、洪三家皆無此碑，《山東通志》曰近掘地得之，豈好事者得古本而摹刻之石，遂訛謬至此耶。

清・朱彝尊《曝書亭集金石文字跋尾》卷二《漢蕩陰令張遷碑

跋》右《漢蕩陰令張遷碑》，不著于歐陽、趙氏、洪氏之録，殆後時而出者。碑額字體在篆隸之間，極其飛動。

清・洪頤煊《平津讀碑記》卷一《蕩陰令張遷碑并陰》 右《蕩陰令張遷碑》，在東平州學宫，明時始出。碑爰既且於君，暨字分為二，顧亭林疑為後人重刊，其實當時撰文一人，書石一人，刊碑往往有文義相屬，中空一格，此無足怪。

綜述

清・翁方綱《兩漢金石記》卷一二《漢故穀城長蕩陰令張君表頌》 右《張遷碑并陰》。牛氏《金石圖》云：高六尺三寸，闊二尺六寸，厚五寸。在東平州學明倫堂前南向。碑額二行，居碑文弟八行至弟十三行之間，蓋碑文偏右而空其左也。碑文十五行，而十三行後空一行，方接弟十四行也。每行四十二字。其陰三列，上中皆每列十九行，下列三行而止。其正文弟十四行末，刊石立表句，表字之旁又刻衣字。郃陽褚峻千峯云：嘗見舊搨本無此。牛氏圖据此説以謂此半表字，殆後人所刻。方綱按：此半字實是原石所有，褚氏、牛氏之説非也。其碑陰下列無字處之末尾，有楷書付訖二字，此則後人妄鑿，非原碑也。

又 方綱奉使江西、廣東，往返四過東平，而不得一觀是碑。己亥秋，奉使往江寧途，於十月二日曉發東平，入州學獲觀是碑，碑在明倫堂西階下，磚亭覆焉。頂圓，下無龜趺，中無穿。牛氏圖碑之四旁有螭遶之，今磚砌不見。表字之下空處，至地尚餘三寸五分。東里二字已缺，東字止存右上一角，里字全缺。潤字止餘下半。石質蒼黝而不細膩，然視江寧天璽碑則蒼古過之。在江寧時，汪君庸夫持舊搨殘本來，謂今碑是重刻。予以今本對之，實是一石，豈以其無穿，疑為重刻乎。必因顧寧人之語，傅會為之耳。既得親見原石，作歌記之。是冬還都，而揚州羅兩峰以所藏舊拓本見贈，併為予繪觀碑圖云。

清・錢大昕撰《潛研堂金石文字跋尾》卷一《蕩陰令張遷碑》中平三年二月。 右《張遷頌》，其額云：漢故穀城長蕩陰令張君表頌。張君治穀城，有惠政，及遷蕩陰令，而去穀城，故吏韋萌等豎石表以頌之，今在東平州儒學。

又《碑陰》 右《碑陰》四十有一人，皆字而不名，古人命字有祇一字者，此范巨、范成、韋宣三人，當亦其字也。范伯□、韋德榮、韋武章、騶叔義四人，不言出錢之數，《曹全碑陰》亦有類是者。

清・畢沅《山左金石志》卷八《蕩陰令張遷碑》 中平三年十月立，并陰，俱八分書，篆額。碑高七尺五寸，廣二尺五寸，首圓無穿，在東平州學明倫堂下。

紀事

明・都穆《金薤琳琅》卷六《漢蕩陰令張君碑》 此碑予官京師時嘗于景太史伯時處見舊搨本，不及録，近得之友人文徵仲。按《隸釋》云：東漢及魏，其碑到今不毁者十才一二，凡歐、趙録中所無者，世不復有。予生去宋數百年，而此本兩見。歐、趙録中蓋未嘗載，《隸釋》並《隸續》亦無其文。《通志・金石略》所載碑目雖多，然亦未之及，乃知昔人之言未必可信，而舊物之在天壤間者，固不可盡謂之無也。

《尉氏令鄭季宣碑》

綜述

宋・趙明誠《金石録》卷一八《漢尉氏令鄭君碑》 右《漢尉氏令鄭君碑》，云君字季宣，聘君之係。而其名已殘缺，其他字畫時有可識處，皆斷續不成文理。略可見者，年五十有七，卒于中平二年。而碑陰題尉氏故吏、處士人名，知其為尉氏令爾。

清・王昶《金石萃編》卷一七《尉氏令鄭季宣碑》　右《漢故尉氏令鄭君碑》，篆額穹碑多有裂文，字半湮晦，少成章句，有其字而亡其名，官閥略不一見，僅存卒葬年月。《隸續》。

清・顧藹吉《隸辨》卷七《鄭季宣殘碑》　中平三年。今在濟寧州儒學，額題云：漢故尉氏令鄭君碑八篆字。此額見《隸續》，今已磨滅。

清・畢沅《山左金石志》卷八《尉氏令鄭季宣碑》　中平二年四月立，並陰俱八分書，篆額。碑高六尺二寸，廣三尺一寸，上圓下方。碑陰額上有垂虹三條，額下有穿，在濟寧州學戟門東側。

清・張德容《二銘草堂金石聚》卷一〇　碑凡十八行，今可見者十七行。孔葒谷據《隸釋》所録畫為圖格，以每行為三十七字。翁覃溪核之多差。今校對洪釋、孔圖，大約差一字者居多，恐是行三十六字也。正面已不見題額，惟碑陰額上横列篆書八字。

著録

清・張德容《二銘草堂金石聚》卷一〇　右《鄭季宣碑》拓本，高四尺五寸，廣三尺二寸，在濟甯州學。此碑自宋時已殘缺，惟洪氏《隸續》所録二百六十餘字尚屬全碑，今則僅存半截，而此半截又分作二段看。乾隆丙午以前下截埋在土中，故凡稍舊拓本，正面皆止每行十字，陰止有上列而存字稍多。丙午以後，黄小松將碑升高，於是正面乃有十七字，碑陰乃有下列，而上層之字又已有殘缺矣。

清・洪頤煊《平津讀碑記》卷一《尉氏令鄭季宣碑并陰》　右《尉氏令鄭季宣碑》，在濟寧州學宫。此碑宋時已殘缺，《隸續》所録僅二百六十八字，碑陰二百九十二字。《兩漢金石記》舊拓本可見者四十八字，碑陰九十一字。此本可見者三十一字，碑陰七十七字，協上神人二字甚明，《金石萃編》摹本反闕之，翁氏本又不著協字，何也。

《魯王墓石人胸前題字二種》

論説

清・翁方綱《兩漢金石記》卷七《魯王墓石人刻字》　予初得二拓本，諦審之，其一云府門之下一字是卒字。其一云漢故樂安太守麃君亭下一字是長字。既而又拓得一本，則并其弁首、眉目皆拓出之。牛氏雖云自腰以下陷土中不可見，然今所拓字實已全具，非其下尚有字也。筆法整勁，漢篆之最工者。

綜述

清・王昶《金石萃編》卷一九《魯王墓石人胸前題字二種》　魯王墓前東側一石人，介而執殳，高五尺，腰圍七尺，刻曰府門之卒。一石人冕而拱手立頷，下如滴淚痕，高五尺五寸，腰圍七尺五寸，胸刻漢故樂安太守麃君亭長十字。兩石人竝肩而西向，相去者五六步。《金石圖》。

清・錢大昕《潛研堂金石文字跋尾》卷一《石人胸前題字》　右《石人胸前題字》，滋陽牛運震云：曲阜縣東南五里許張屈莊西魯王墓前東側一石人，介而執殳，高五尺，腰圍七尺，自腰以下陷土中不可見。刻曰府門之卒，字徑四寸。一石人冕而拱手，立頷下裂文如滴淚痕，高五尺五寸，腰圍七尺五寸，胸刻漢故樂安太守麃君亭長，字徑三寸。

清・畢沅《山左金石志》卷八《魯王墓二石人題字》　無年月，篆書。舊在曲阜縣城外，今移城内矍相圃。

又　右二石人，一人介而執殳，高六尺八寸，腰圍七尺餘，腹間刻篆書一行，曰：府門之卒。字徑五寸。一人冕而拱手立，頷下有痕如滴淚，高七尺一寸，腰圍五尺四寸，胸間刻篆書二行，曰：漢故樂安太守麃君亭長。字徑四寸餘。鄉在縣東南張屈莊魯恭王墓前，年久傾側。其一已斷，敲火礪角，不護將毁。元於甲寅春飭教授顔崇槼、縣尉馮策以牛車接軸徙置今所，洗拓其文，於門下見卒字，亭下見長字，皆牛空山《金石圖》未備者。

清・張德容《二銘草堂金石聚》卷一二 右《漢魯王墓前二石人題字》拓本，高二尺五寸，一廣一尺二寸，一九寸。在曲阜魯王墓前東側，並肩而西向，相去五六步。一介而執殳，胸刻府門之卒四字，一冕而拱立，刻漢故樂安太守麃君亭長十字。

《仙人唐公房碑》

論説

綜述

宋・洪适《隸釋》卷三《仙人唐公房碑》 右《仙人唐君碑篆額》，漢中太守郭芝立，今在興元。唐君字公房，王莽時人也。

清・翁方綱《兩漢金石記》卷一二《唐公房碑》 右《唐公房碑》，在今陝西漢中府城固縣西北三十里，碑無年月可考。

清・嚴可均《鐵橋金石跋》卷一《仙人唐公房碑》 右《唐公房碑》，有碑額，有碑陰，有穿。碑陰一列，在穿下一寸，以正面穿處度之，似碑陰原十七行，《隸釋》所載僅十五行，疑右邊二行舊泐，或原無字，皆未可定。碑陰額暈三重，内有隸書四行，翁氏僅舉山字，公房字，其右上露一國字，頗明白，翁氏未言也。

清・洪頤煊《平津讀碑記》卷一《仙人唐公房碑》 右《仙人唐公房碑》，在城固縣西北三十里。碑殘泐，僅存三百餘字。

清・張德容《二銘草堂金石聚》卷一二 右《漢仙人唐公房碑》拓本，連額高六尺六寸，廣二尺三寸，在成固縣。

《魯相謁孔廟殘碑》

綜述

宋・洪适《隸釋》卷一七《魯相謁孔廟殘碑》 右《無名碑》，首尾上下皆碎裂，餘石才有數行。詳其辭，非是誄墓中人者，亦非頌德政，紀工役之事。前有帝命策授俾相于魯，吉月令辰欽謁十四字。又云春秋烝嘗，幾以獲福。蓋是謁廟之文。後有訪之儒彦，稽之典謨，聖德設章，及昔在周人之句，似皆是鋪張孔子也。中云覽鴻基之曠蕩，觀林木之窈深。似指孔林而言。或題為《駐蹕亭前斷碑》，此亭蓋在闕里。趙氏著録，有《魯相謁孔子碑》而無其説，疑即此也。末有叔德、仲雅題名，皆東海人，而亡其姓。碑以況基為祝其，乃春秋夾谷之地。

清・王昶《金石萃編》卷一九《魯相謁孔廟殘碑》 按此碑見《隸釋》第十七卷，洪氏讀其文，定為《魯相謁孔廟殘碑》，所釋凡八行，行十六字。今碑九行，而第七行無字可見，實亦八行也。《金石圖》誤為《孔宏碑》，翁鴻臚深以為疑，并據土人稱為《吉日令辰碑》，謂碑首尚見吉日令字，而不知《隸釋》已載，且碑作吉月，並非吉日。甚矣，考古之難也。

著録

清・畢沅《山左金石志》卷八《魯相謁孔廟殘碑》 右碑見洪氏《隸釋》，今人題為孔宏者，其誤蓋自牛空山《金石圖》始耳。碑陰洪氏失載，鄉來搨本亦俱無之。乾隆己酉冬，錢唐何夢華洗滌孔廟諸碑，始為剔出，并得碑側。有唐人題名云：門人徐泗，節度掌書記、殿中侍御史、内供奉、賜緋魚袋杜兼童子高賁。大唐貞元七年辛未春二月八日。凡四行，左行碑文存六十六字，較諸家所釋為多。茲因碑陰未有著録，故并載之。

清・張德容《二銘草堂金石聚》卷五　右《魯相謁孔子廟殘碑》拓本，高三尺四寸，廣二尺四寸，厚八寸，在曲阜聖廟。此碑載於《隸釋》，行存十六字。近今拓者因上半漫漶，往往惜紙，衹行十字而已。據《萃編》所録，則二行覽字，三行而物，四行之儒彦，五行秋字，尚皆可識。碑陰剥蝕尤甚，并碑側有唐人題字，自來皆未有著録者。乾隆己酉，錢唐何夢華始剔出之。容所得本碑陰可識之字，較多於《山左金石志》，而正面亦秖行存十字。

《竹葉碑》

綜述

清・王昶《金石萃編》卷一九《竹葉碑》　按碑本在曲阜顔氏，近始移置孔廟。

清・畢沅《山左金石志》卷八《竹葉碑》　無年月，并陰俱八分書。碑高三尺八寸，廣二尺二寸，首圓有穿，左角殘缺，在曲阜縣顔氏。

清・翁方綱《兩漢金石記》卷七《漢碑陰》　右《漢碑陰》，牛氏《金石圖》云：高四尺，闊二尺，厚三寸，碑今在曲阜顔氏家。其正面無字矣，此其陰，亦泐甚，滿石皆縱横鏟鑿之痕，有類竹葉，俗呼《竹葉碑》云。

又　碑上有穿，穿之上隱隱似有字者。【略】陰凡十一行，行十六字。牛氏《金石圖》所摹者纔四十八字而已。

清・張德容《二銘草堂金石聚》卷一二　右《漢少皞之冑碑》，向謂之《竹葉碑》，以有斧鑿痕如竹葉也。拓本高四尺，廣二尺三寸，本在曲阜顔氏，後置聖廟，正面漫漶已甚。翁閣學、阮文達各以為辨識數字，而各不同。今容細加諦審，首行尚辨七字，二行辨二字，三行辨二字。惟弟三行造字與翁、阮同，餘亦不能同也。碑陰則翁謂辨九十八字，半字三。阮謂百餘字，王少司寇《萃編》與翁同。容今所辨較翁多十四字，翁誤而今正者二字。蓋弟七行上列掾字，翁誤作卿，下列奚字，翁誤作虞也。海昌陳以綱因其職皆屬吏，貫皆魯國，定為《魯國長官德政碑》，其説良是。翁閣學以較陳氏所釋人名又多得五人，並足補《隸釋》所記孔氏譜牒之所未及為幸，容今又多辨四人，而孔揚又足補孔氏譜牒，不更幸歟。至《山左志》謂正面有字七行，可辨只三行三字。容今審諦首行少皞之冑四字猶可辨，頗自覺不謬，故改題為《少皞之冑碑》，竊願以質諸善金石之學者。

紀事

清・畢沅《山左金石志》卷八《竹葉碑》　右碑嚮來祇見碑陰題名二列，乾隆己酉冬，何夢華洗石精拓，始知陽面有字七行，漫漶殊甚。惟首行第七字是之，二行第六字是祖，三行第二字是造，餘皆不可辨矣。碑陰存百餘字，吏有督郵、奏曹、辭曹、賊曹、決曹諸史，縣有文陽、蕃、薛、卞，皆魯屬。當是魯相紀德碑也。今人以泐文似竹葉，遂稱為《竹葉碑》云。

清・翁方綱《兩漢金石記》卷七《漢碑陰》　乾隆壬辰秋八月二十一日，揚州羅兩峯聘持是碑拓本於城南陶然亭，請予及錢辛楣同審定。後數日，見海寧陳竹厂以綱釋文。後四年丙申秋，曲阜孔葒谷繼涵以精拓本見贈，於是合前後所見諸本及釋文重加審繹，凡得可辨之字九十有八，半字三，而碑陰之文幾全矣。其缺泐處則實不能定其所闕字數耳。故第就圖式書之。

《殷比干墓題字》

論說

清・翁方綱《兩漢金石記》卷一四《殷比干墓字》 石公弼跋云：殷比干墓四字在今衛州比干墓上，世傳孔子書，然隸始于秦，非孔子書必矣。字畫勁古，當是漢人書。方綱按，洪、婁二書所引《水經》及石氏語，大略相同。据《水經》則曰大夫比干之墓，据石氏則曰四字而已。若謂七字闕其三，則殷字下當有泐裂之跡，而今所見拓本，則殷比二字連接自為一行，干墓二字連接自為一行，與《水經》所云不同矣。墓字下半泐去，及其字勢之清勁，則皆與洪、婁所云，又無以異也。而吳山夫又云字不類隸之批法，疑是先秦、西漢人書，此則强作解事者，仍以洪氏所云，當是東漢人書者為正。

綜述

宋・洪适《隸釋》卷二〇《比干碑》 朝歌縣牧野有殷大夫比干冢，前有石銘題隸云：殷大夫比干之墓。所記唯此，今已中折，不知誰所誌也。

清・翁方綱《兩漢金石記》卷一四《殷比干墓字》 右《殷比干墓》四字，隸書，二行，字逕五寸許。【略】大觀中會稽石國佐有此四字，比《水經》闕其三，字畫清勁，乃東都威、靈時人所書者。收碑如歐、趙，皆未之見。婁氏《漢隸字源》云：殷比干墓四字，《水經》云朝歌縣牧野比干冢前有石銘，隸云殷大夫比干之墓，今只四字，復不完。

雜録

清・王昶《金石萃編》卷一九《殷比干墓題字》 按衛輝府舊志云：殷少師比干墓，在汲縣西北一十五里。墓前有殷比干墓四字碑，年深石斷，字畫不全，世傳孔子所書。今此碑現存，竊觀其體勢，與周穆王時書吉日癸巳石刻相類，其為古筆無疑。謹用摹鐫以暴于世云。曹安《太師比干録》。

《元孫碑》

論說

清・武億《安陽縣金石録》卷一《元孫碑》 右碑棄置西門君廟壖田間，徐方于偕柴望之景堂、趙仲原敞尋出，僅得遺字四行，字全者十有四而已，不全者十有三。前云遺孤奉承字，蓋述其家之式微，故繼以大兄早終，是為可哀也。書之秀蘊，當奉為神品。

綜述

清・王昶《金石萃編》卷一九《元孫碑》 右殘碑可見者十四字，字徑七八分。第一行後似空三行，二行人下空一字，云：大兄元孫早終蓋敘其兄弟三行云：二子名重，則又敘其子孫也。瞿中溶跋。

清・洪頤煊《平津讀碑記》卷一《元孫殘碑》 右《元孫殘碑》，存七行十八字。第二至第四行無字。可知唯遺孤奉承，大兄元孫早終，二子名重，字元□而已。

《正直碑》

綜述

清・王昶《金石萃編》卷一九《正直碑》 碑字徑二寸許，第三行眾，下當是所考，上當是祖。七行亓，上當是動，末行二字當是孝信。瞿中溶跋。

清・武億《安陽縣金石録》卷一《正直碑》 存八分書，舊棄西門君祠外，今移置孔廟。右碑字幾二寸餘，中鑿大圓孔，毁殘元文最多。凡得字八行，行中全字三十有四，不全字十有三。

清・洪頤煊《平津讀碑記》卷一《正直殘碑》 右《正直殘碑》，存八行三十八字。第一行有正直是以揚名于州里。第二行有部職二字，其人似常為曹掾。第四行終年下似卅字。碑中有大穿孔，下有年三二字，似其人終時年卅□，當□年之三月也。碑字竅作竅，究作究，其作亓。

紀事

清・武億《安陽縣金石録》卷一《正直碑》 舊埋棄西門君祠外頽坊下，康熙某年建坊，毁為柱石，今柱已折矣，而猶存殘字若干，□□淪毁。

《朱長舒墓石室畫像題字》

綜述

清・畢沅《山左金石志》卷八《朱鮪墓石室畫像》 惟一幅，有題字，八分書。在金鄉縣城西三里石室。

右畫像本皆連屬，拓者分為二十五幅。上層十二幅，俱高一尺五寸，下層十三幅，俱高三尺五寸，惟横廣尺寸不等。【略】惟一幅上有八分書，題朱長舒之墓五字，夭斜不工。下又有八分書四行，字徑三分，衹存數字，精勁獨絶，惜剥落太甚。

清・翁方綱《兩漢金石記》卷一四《朱長舒墓石室題字》 朱長舒之墓。右五字隸書，夭斜不工，在畫像旁。畫作數人，有冠冕者，有持杯盂者。其下方有字數行，泐壞之極。諦審之，亦似小隸書五行。弟一行似云漢朱長舒之墓云云，其下不可辨。又一人旁有金吾二隸字，右二石室字，皆黄小松於濟寧拓得寄來者，云是郭巨、朱鮪二墓石刻。按朱鮪墓見於《水經注》。

魏晉南北朝書蹟部

《薦季直表》

論説

明·張丑《清河書畫舫》卷一上《三國·鍾繇》《薦季直表》上有書錦堂等印及元人跋尾，此帖紙墨奇古，筆法深沈，而識者定為唐人模本，非真跡云。元美續收褚河南《哀册文》細玩，益見筆勢飄舉，姿態動人。顔平原《送裴將軍北伐詩》，體兼正、行、草，雜出篆法，並屬真筆，是二公生平最合作書也。【略】此卷鍾元常《薦季直表》真跡，世不多有，仔細觀之，果符諸賢之論，而其點畫之間，多有異趣，可謂幽深無際，古雅有餘，蓋其楷書去古未遠，純是隸體，非若後人妍媚纖巧之態也。或疑此帖唐人所書，其間民字缺而不全。夫民字之不全，特唐人避諱而刓撥之，非不全書也。痕跡猶存，端可察識。觀者亦觀其筆勢字體，與夫英氣雅韻，不可舍本而求末，遺精而究粗也，要當鑒以心目。至正十八年戊戌五月望日，袁泰題。【略】此帖誠元常之所合作，若黄長睿之推而得其詳，論而極其至，且究其字體之變，更似為此書發也，不可不重識焉。至正二十五年五月二十日，泰再題。右鍾繇《薦季直表》真跡，黄初到今千二百餘年矣，而紙墨完好不渝，信希世之寶也。應禎往年在天府得見二王真蹟，今復于相城沈啟南所觀此，區區餘年，何多幸也。時同觀者吴江史鑑曹孚汝泰、崔瀓、葑門朱存理。弘治四年人日，長洲李應禎記。史載鍾太傅事魏殊有偉績，此《薦季直表》又見其為國不蔽賢之美，其書平生所見特石刻耳，若真蹟之存于世者，則僅止此。啟南所藏法書甚多，吾固知其不能出此上也。吴寬。

明·都穆《寓意編》城西張氏藏鍾元常《薦焦季直表》，上有書錦堂米芾、賈似道等印，元人跋云：是宋僧存此山物。又薛紹彭四帖，元張伯雨藏，趙松雪、金蓀壁跋。後伯雨歸，倪雲林二物今在石田翁家，李少卿近跋鍾書，定為真蹟，余不敢以為然也。

清·萬斯同《羣書疑辨》卷九《書鍾繇薦季直表後》按元常此帖，書法固絶倫，然歷千數百年至元世而始出，則人不能無疑。王元美于此帖凡三跋，其己之所購，則力辨其真，為他人之所刻，則力駁其偽。二説將何從。愚考《魏志》繇本傳，獻帝東還之歲，繇已拜尚書僕射，封東武亭侯。至建安二十一年，曹操封魏王，始由大理遷相國。越三年，坐事免朝。曹丕襲王位，復為大理，及篡帝位，改廷尉，封崇高鄉侯。黄初四年八月，代賈詡為太尉，改平陽鄉侯。明帝即位，進封定陵侯，尋拜太傅。太和四年四月卒，謚誠。是繇未嘗為司徒也，乃帖尾書黄初二年司徒、東武亭侯，其謬妄實甚。考二年之為司徒者，華歆也。繇時尚為廷尉，且爵為崇高，安得稱東武。一披史傳，真偽立見。元美非不知之，而曲為解釋，是作偽者以之欺人，而元美更以之欺己，不亦異乎。至其書法之佳，人固無異論，即謂元常真跡，亦可也。又按：米元章《書史》言：余閲書至白首，無魏人遺墨，故斷自晉始。是《宣示》、《賀捷》諸帖，皆非元常真跡，況此帖之出自元世者乎。且元常與潁川胡昭，同學書于劉德升，時稱鍾胡體，但有胡肥鍾瘦之嫌。今觀《季直》諸帖，亦云肥矣，如是而猶以為瘦，將以何者為肥乎。固知諸帖皆非真也。

清·馮班《鈍吟雜録》卷六《日記》《薦季直表》不必是真跡，亦恐是唐人臨本，使轉縱横，熟視殆不似正書，徐季海似學此也。此帖李貞伯一見定為真，匏翁繼之，祝京兆、都太僕即有疑詞矣，偽作者徒見智果所寫書評有鐘司徒字，豈知元常終身未歷耶。但其書體，非北宋以前不辨有此。《季直表》，余以後黄初三年，司徒東武亭侯十字質之《魏志》，定為偽作，不但非臨本也，鐘跡當世已絶，惟右軍所臨《宣示帖》，可以考信無疑耳。《丙舍帖》，余在陸其清家見一宋搨本，字樣與近來諸家法帖中稍異，真三國時去分書未遠結體也。石已略蒙，未考究是何人摹刻，此必待好古多識者而後定也。《鼎帖》耳下有《千文》云字分書石號，細尋亦與越州石字本有短長，石氏似優也。

清·馮武《書法正傳》卷九《名蹟源流·鍾繇季直表》高古純樸，超妙入神。

《尚書宣誓表》

論說

清・張廷濟《清儀閣題跋》 清瘦如玉，姿趣橫生，絶無平生古肥之誚。梁武評其書有十二意，此蓋得之意矣。

紀事

明・張丑《清河書畫舫》卷一上《三國・鍾繇》 鍾繇《尚書宣示》真蹟在王丞相導家，導過江時藏衣帶中，以遺逸少，逸少以遺王修。修死，其母以修平日所寶並入棺中，真蹟遂絶。刻本乃右軍臨者。

《賀捷表》

論說

宋・佚名《宣和書譜》卷三《正書敘論》 楷法者，今之正書是也【略】鍾繇者，乃有《賀尅捷表》備盡法度，為正書之祖。

宋・董逌《廣川書跋》卷六《鍾繇賀表》 昔人辨鍾元常書，謂字細畫短，而逸少學此書，最勝處得於執巧形密，然則察真偽者，當求之於此。其失於勁密者，可遥知其偽也。賀表畫疏體枝，鋒露筋絶，不復結字，此決知非元常之為也。永叔嘗辨此，謂建安二十四年九月關羽未死，不應先作此表。論辨如此，正謂不識書者校其實爾，若年月不誤，便當不復致辨邪。辨書者於其書畫察之，當無遺識矣。

清・王澍《淳化秘閣法帖考正》卷四《歷代名臣法帖・魏鍾繇書》 鍾繇字元常，魏明帝太傅，帖目當稱魏太傅。鍾繇書按《吴志》，魏文帝黄初三年，孫權使稱蕃於魏，十一月，魏加權九錫，羣臣議不應受，權曰，此時宜耳。及帝欲封權子登，權以幼辭，權外託事魏，而誠心不款。魏遣將侍中辛毗等往，與權盟，併索任子，權又辭之。魏乃命曹休等圍南郡索任子，都尉浩周勸權遣，權許之，而又辭之。及帝久留浩，權與浩書，又欲為登求婚，並以孫長緒與俱，帝信之，而權終不遣。表所謂權之委質，實懷不自信之心者也。權以外患內難未弭，卑辭上書，求自改厲。帝報書悃款信誓，詔諸軍不得妄進。表所謂報權疏曲折得宜者也。時魏三公奏，勸帝削權爵土，移兵進討。繇意以為過，故云今者事勢尚當有所依違，願君思省也。繇意誠厚，然其辭旨鬱而不揚，繁而無緒，豈流傳歲久，遺文錯亂與。然文帝卒，未嘗移兵削爵，以從三公之請，則或因繇之一言而止者與。《宣示表》，長睿云真跡本在王丞相導家，導過江時藏衣帶中，以遺逸少，逸少以遺王脩。脩死，其母以脩平日所寶並入棺中，真跡遂絶。此本右軍所臨者。玩《賀捷表》唐人模本真跡，一正一偏，真有意外巧妙。此表信可謂幽深無際，古雅有餘。然比之《賀捷》，則故有間矣，豈爾時矜心作意，亦未免有摸擬之跡邪。應據長睿鑒與得《長風帖》，同還之右軍。顧云逯韻會音代及也，鍾繇《力命表》有復蒙逯，及語孫作人姓音録，於文義不可通，橫所眄睨，眄當作盻，省上兩筆耳，作眄作盻似未是。

清・王澍《論書賸語・論古》 鍾太傅書，唐摹《賀捷表》為第一，幽渾而大雅，或正或偏，誠具方外之妙。

雜録

清・王士禛《居易録》卷一 偶看鍾繇《戎路帖》，因憶亡友韓郎中詩姬人某氏，好臨摹晉唐人法帖，獨廢鍾書。韓詰所以，對曰：季漢正統，關侯忠義，而斥以賊帥，狂悖甚矣。書雖工，抑何足道。韓有詩記其事云：誰知太傅千年後，敗闕端從《戎路》開。

《上尊號碑》

論說

明・趙晦《石墨鐫華》卷一《跋三十六首・魏百官勸進碑》 此碑或曰梁鵠書，或曰鍾繇書，未有的據。但隸法遒古，非二公不能，自是鐘鼎間物也。

明・郭宗昌《金石史》卷上《魏勸進碑》 《勸進表》或謂是鍾繇書，又謂梁鵠書，皆未有據。視《封孔羨碑》，雖無其矯飾屈强，亦無漢人雍雍超逸古雅之致。阿瞞才弋漢鼎，書法頓分時代，人概以漢隸目之，謬矣。當時華歆與管幼安齊名，表首列歆，則其寵冠羣姦，一時得意，千載歲唾，視遼海滄涼何如，九原有知，寧無汗顔。

清・顧炎武《金石文字記》卷二《魏》 公卿《上尊號碑》，八分書拓本殘缺，按此文當在延康元年，而刻於黄初之後。

清・翁方綱《兩漢金石記》卷一八《魏公卿上尊號碑》 右魏《上尊號奏》，亦名《勸進碑》，不書立石年月，顯寧人云，此文當在延康元年，而刻於黄初之後。按《後漢書・獻帝紀》，建安二十五年三月以改元延康，冬十月乙卯，皇帝遜位魏王，歐陽公《集古録》謂《魏志》是年十一月癸卯猶稱令者，當是十月衍一字也，方綱《考通鑑目録》是年十月癸卯朔，歐陽子之言信矣。然延康是漢年非魏年，《通鑑目録》既不著延康之號，而《魏志》書於《文帝紀》，正恐覽者或未之詳耳。洪文惠云，碑自造於華裔之後，石理皴剥，字跡晻昧。近日吴山夫《金石文存》亦載至華裔句止。至近今數年，拓碑者始知併後段拓之，雖極剥泐，然尚略辨其概，但與《受禪碑》俱已模糊，不若華裔句，已上前半石本，尚筋骨具備耳。

又 柱即杜字，倉即蒼字，□即泉字。至於光被四表，則漢末之文亦已如此。建安黄初閒為將相者，必非臨文時甫就經師取料，則其為東漢以來傳誦如此之，本可無疑者。而戴東原必謂古文堯典作横被四表，横轉寫作桄，桄又脱誤為光，以此矜言復古，其亦可以不必矣。吴《禪國山碑》亦有格于上下、光被八幽之文，去此碑不遠，亦可相證也。愚嘗平心論之，借使古本有作横被者，亦當兩存，以相參質，不必定斥光字之非，況於義理，光字更為足乎。

清・畢沅《中州金石記》卷一《魏・公卿將軍上尊號奏》 碑載勸進之詞，裴松之注《三國志》有其文，按碑云，可謂信矣著矣，闕矣裕矣，高矣卽矣，志作可謂信矣省矣。碑云，民命之懸於魏邦，民心之繫於魏政，志作民命之懸於魏政，俱是傳寫脱文，餘文亦稍有異，當以石刻為正。

清・劉熙載《藝概》卷五《書概》 《上尊號碑》及《受禪碑》，書人爲鐘爲棵，所傳無定。其書愈工而垢彌甚，非書之纍人，乃人之累書耳。

清・梁啓超《碑帖跋》 書執稍傷平板，不如東京諸碑之姿致横溢，然而裔皇典重，岳廟之外，莫或媲之。

綜述

宋・歐陽修《集古録跋尾》卷四《魏公卿上尊號表》 右魏公卿《上尊號表》，唐賢多傳為梁鵠書，今人或謂非鵠也，乃鍾繇書，爾未知孰是也。

宋・洪适《隸釋》卷一九《魏公卿上尊號奏》 右公卿將軍《上尊號奏》，篆額在潁昌，相傳為鍾繇書，其中有大理東武亭侯臣繇者，乃其人也。曹氏父子，睥睨漢祚，非一朝夕，勢極事就，乃欲追大麓之蹤，竊箕山之節，後世果可欺乎。又自比嬀汭納漢二女，豐碑至今不磨，所以播其惡於無窮也。當時內外前後勸進之辭不一，此蓋刻其最後一章，魏志注中亦載，此文有數字不同，非史臣筆削之辭也，皆當以碑為正。碑自造於華裔之後，石理皴剥，字蹟晻昧，今世所傳者，多是前一段爾。

又 魏公卿《上尊號奏》，篆額二行，文三十二行，行四十九字。先王及高陵兩武王三陛下皆平闕，有奕局之紋，自陛下即位後十行，刻于碑陰，二陛下亦平闕，篆額黑字。

《大饗碑》

綜　述

宋・洪适《隸釋》卷一九《魏大饗碑》　右大饗之碑，篆額在亳州譙縣，魏文帝延康元年立，相傳為梁鵠書，碑字有不明者，唐大中年，亳守李暨再刻，故有文可讀。漢獻帝建安二十五年正月，魏王曹操死，其子丕嗣位，改元延康。《魏志》云，丕以七月甲午，軍次於譙，大饗六軍，是時漢鼎猶未移也，丕為人臣，而自用正朔刻之金石，可謂無君之罪人也。武王載西伯神王於軍中者，弔民伐罪之師也。丕以姦賊之心，欲吞吴翦蜀，遂攘神器爾。操之肉未寒，而置酒高會酣飲，無筭金奏，間作祕戲，畢陳誇辭訣語，無所忌憚，可謂無父之罪人也。士大夫櫝藏其碑者，特以字畫之故爾。碑云八月至譙，而史作七月，亦不必多辨也。

宋・歐陽棐《集古録目》卷三《魏・大饗碑》　右隸書不著書撰人名氏，亳州圖經以為梁鵠書。魏文帝初即王位，將伐吴南，行至譙，饗軍士耆老於故宅，此碑其元年上兩字缺不可見，當為延康元年也，在亳州魏帝廟中。

宋・婁機《漢隸字源》卷一《魏大饗記殘碑》　《隸續》云，饗借作嚮，碑在長安瑶臺寺，謂之鍾繇殘碑，姑傳疑以俟知。

紀　事

北魏・酈道元《水經注》卷二三《陰溝水》　譙城東有曹太祖舊宅，所在負郭對廛，側隍臨水。《魏書》曰，太祖作議郎，告疾歸鄉里，築室城外，習讀書傳，秋冬射獵，以自娱樂。文帝以漢中平四年生於此，上有青雲如車蓋，終日乃解，即是處也。後文帝以延康元年幸譙，大饗父老，立壇於故宅，壇前樹碑，碑題曰《大饗之碑》。

宋・趙明誠《金石録》卷二〇《跋尾十・唐重立大饗碑》　大中五年，亳州刺史李暨，以舊文殘缺，再刻於石，舊碑既斷續，不可盡識，而此本特完好，故附於其次，俾覽者詳焉。魏之事跡，雖無足取，而其文詞工落，亦不可廢也。

《受禪表》

論　説

元・張明卿《潛溪集》　右魏《受禪表》一通，劉禹錫以為王朗文。朗字景興，東海郯人也，史稱其文博而富贍，觀此碑蓋可見矣。

明・趙崡《石墨鐫華》卷一《跋三十六首・魏文帝受禪碑》　此傳是司徒王朗文，梁鵠書，太傅鍾繇刻石，謂之三絶碑，又云即鍾繇書，亦未有的據。然謂為鍾書者，出顔魯公言或不妄，隸法大都與《勸進碑》同，王元美曰，以太傅手腕，使書前後出師表，刻七尺珉，不遂與日月照映哉。但其文與事，海内士所指而唾罵者，寶玩不忍釋手，孰謂書一藝也。又曰，余始喜明皇《泰山銘》，見此而悦然自失也。漢法方而瘦，勁而整，寡情而多骨。唐法廣而肥，媚而緩，少骨而多態。漢如建安，唐如三謝，時代所壓，故自不得超也。此語得評書三昧，并識之。

明・盛時泰《玄牘記》　右《受禪表》、《上尊號奏》，皆元常、梁鵠妙蹟，學書者自此求之，而遡乎中郎，可全見古人面目矣。

明・郭宗昌《金石史》卷上《魏受禪碑》　書法同《勸進》，雖小遠漢人，雍雍雅度，衫履自適，亦復矯矯。昔莽篡位，匈奴猶感漢恩，不拜新室。

印至操碑，稱南單于諸國皆服，或出矯詐，若果爾，則操奸更出莽上。

清・錢大昕《金石後録》 右魏《受禪表》云，惟黄初元年冬十月辛未，皇帝受禪於漢氏，蓋紀受終踐阼月日也。《魏志》：庚午，王升壇即阼。歐公據裴松之注及此碑，證庚午之誤固矣。《漢獻帝傳》曰，辛未，魏王登壇受禪，公卿列侯諸將，匈奴單于四夷朝者數萬人，陪位燎祭天地，五嶽四瀆遂製，詔以延康元年為黄初元年。夫改元在即位以後事，不應初受禪時，竟書黄初意者，與嗣君即位，踰年改元，不忍没其親之殘年不同耶。其文有云，堯舜之事，復存于今，是言漢獻下禪于魏也。《魏氏春秋》曰帝開壇禮畢，顧謂羣臣曰：舜禹之事，吾知之矣。是言已之，受禪于漢也。丕直以己無媿于舜禹，故為此言。而是時，公錗不道德，臣又以天下後世為可欺，復勒此表。《説文》云：表，識也，所以揭其事而記之也。成湯放桀，曰予有慚德，恐來世以為口實。魏之君臣，良心陷匿至於廼爾，遂借堯舜為口實，唐虞受禪，果若是乎。

清・翁方綱《兩漢金石記》卷一八《魏受禪碑》 右魏《受禪碑》。小歐陽《集古録目》云，碑不著所立年月，今按辛未是黄初元年之十月晦也。洪所未釋者，機即璣字，鹿即麓字，照即昭字，至若乏字上作横畫，尤於反正之旨相合，此最有益于六書者，而婁氏《字原》不收，近日顧氏《隸辨》收之，乃訛作上撇，何也。《古文苑》載間人牟準魏敬侯碑陰云，魏羣臣上尊號，奏鍾元常書魏《受禪表》、衛覬《金針八分書》。方綱按，此二碑實出一手，書蓋純取方整，開唐隸之漸矣。

清・翁方綱跋、沈津輯《翁方綱題跋手札集録》 碑文不載于史，《水經注》云，繁昌城内有三臺，時人謂之繁昌臺，前有二碑，魏文帝受禪於此，故其石銘曰，遂於繁昌築壇也。於後其碑六字生金，論者以為司馬金行，故曹氏六世遷魏而事晉，即此碑及尊號碑。《漢隸字源》云，碑在潁昌府臨潁縣魏文帝廟内，今為漢獻帝廟者，後人毁斥文帝像復為之也。

綜述

宋・歐陽修《集古録跋尾》卷四《魏受禪碑》 右魏《受禪碑》，世傳為梁鵠書，而顔真卿又以為鍾繇書，莫知孰是。按《漢獻帝紀》，延康元年十月乙卯，皇帝遜位，魏王稱天子。又按《魏志》，是歲十一月葬士卒死亡者，猶稱令。是月丙午，漢帝使張愔奉璽綬。庚午王升壇受禪，又是月癸酉，奉漢帝為山陽公，而此碑云十月辛未受禪於漢，三家之説皆不同。今據裴松之注魏志，備列漢魏禪代詔册書令、羣臣奏議甚詳，蓋漢實以十月乙卯策詔魏王，使張愔奉璽綬，而魏王辭讓往返三四而後受也。又據侍中劉廙奏，問太史令許芝今月十七日己未可治壇場。又據尚書令桓階等奏，云輒下太史令擇元辰，今月二十九日可登壇受命。蓋自十七日己未至二十九日正得辛未。以此推之，漢魏二紀皆繆，而獨此碑為是也。《漢紀》乙卯遜位者，書其初命而略其辭讓往返，遂失其實爾。《魏志》十一月癸卯猶稱令者，當是十月行一字爾。丙午張愔奉璽綬者，辭讓往返，容有之也。惟庚午升壇最為繆爾。癸卯去癸酉三十一日，不得同為十一月，此尤繆也。禪代，大事也，而二紀所書如此，則史官之失以惑後世者，可勝道哉。

宋・洪适《隸釋》卷一九《魏受禪表》 右魏《受禪表》，篆額在潁昌，亦曰鍾繇書。所謂表者，蓋表揭其事，非表奏之表也。碑云黄初元年十月辛未受禪於漢，《漢紀》作乙卯，《魏志》作十一月庚午，裴松之注所載甚詳，蓋是月十三日乙卯，漢帝使張音奉璽綬，詔册禪位於魏，魏王辭者三，及漢册四至，乃以二十九日辛未升壇受命。碑之所載是也。《水經》云繁昌城内有三臺，人謂之繁昌臺，壇前有二碑，其後六字生金，論者以為司馬金行，故曹氏六世遷魏而事晉，此蓋附會符命之談也。

宋・婁機《漢隸字源》卷一《魏受禪表》 黄初元年立，在潁昌府臨潁縣魏文帝廟，劉禹錫嘉話王朗文，梁鵠書，鍾繇鐫字，謂之三絶。

紀事

北魏・酈道元《水經注》卷二二《潁水》 黄初元年，以潁陰之繁陽亭為繁昌縣，城内有三臺，時人謂繁昌臺，壇前有二碑，昔魏文帝禪于此，自壇而降，曰受禹之事，吾知之矣。故其石銘曰，遂於繁昌築靈臺也。於後其碑六字生金，論者以為司馬金行，故曹氏六世遷魏而事晉也。

《孔羡碑》

綜　述

宋·歐陽棐《集古録目》卷三《魏·魯孔子廟碑》　右不著書撰人名氏，字為隸書。魏文帝黄初二年，封議郎孔羡為宗聖侯，奉孔子之祀，詔魯立廟，置吏卒守衛魯人，立此頌碑在兖州。

宋·趙明誠《金石録》卷二〇《跋尾十·魏孔子廟碑》　右《魏孔子廟碑》。按《魏志》，文帝以黄初二年正月下詔，以議郎孔羡為宗聖侯，奉孔子之祀，及令魯郡修起舊廟。今以碑考之，乃黄和元年。又詔語時時小異，亦當以碑為正。

宋·洪适《隸釋》卷一九《魏脩孔子廟碑》　《魏修孔子碑》，篆額二行，有穿文二十三行，行四十二字，制詔皇上聖皇三行皆平闕。

宋·婁機《漢隸字源》卷一《魏脩孔子廟碑》　黄初元年，立在兖州。嘉祐中，郡守張稚圭按圖經云，陳思王曹植辭，梁鵠書。

清·葉奕苞《金石録補》卷二五《集異·碑題六·孔子廟碑》　《隸釋》、《字原》作修孔子廟碑，《金石略》作封議郎孔羡為《宗聖侯碑》。

清·錢大昕《潛研堂金石文跋尾》卷二《魏·孔子廟碑》　碑文稱追存二代三恪之禮，兼紹宣尼褒成之後，《魏志》祗載封孔子後詔書，而不及存三恪事，乃史之闕漏爾。

紀　事

北魏·酈道元《水經注》卷二五《泗水》　魏黄初二年，文帝令郡國修起孔子舊廟，置百夫吏卒。朱謀㙔註曰，按曹植撰《孔羡奉家祀碑》云，以議郎孔羡為宗聖侯，邑百户，奉孔子之祀，令魯郡脩起舊廟，置百户吏卒以守衛之。

論　説

宋·洪适《隸釋》卷一九《魏脩孔子廟碑》　右《魯孔子廟之碑》篆額。【略】魏隸可珍者四碑，此為之冠，甚有石經論語筆法，《大饗碑》蓋不相遠，若繁昌兩碑，則自是一家。亦有以為鵠書者，非也。

明·趙崡《石墨鐫華》卷一《跋三十六·魏封孔羨奉孔子祀碑》　梁鵠，字孟皇，學書於師宜官，舉孝廉，官至選部尚書，漢靈帝重之，曹孟德愛之，王逸少學之。梁武帝評其書曰龍威虎震，劍拔弩張，是其書亦可重者。此碑結法古質遒健，未知果為鵠書否。碑後題曹植詞，梁鵠書，出張稚圭，亦曰按圖經與卒吏碑同，殊不可曉。

明·王世貞《弇州四部稿》卷一三四《文部·墨刻跋四十五首·孔子廟碑》　碑字多漫漶，其存者結體亦與《受禪》同差，可寶也。

清·翁方綱《兩漢金石記》卷一八《魏孔羡碑》　碑以縱為蹤、揖為輯、斑為班、姿為資、愘為恪、霧為瞀、咨為茲、大皓為太皥、尋之為尋，蓋涉偶移左右耳。至於世代之世，則下横畫右出，與世為三十字之卄旁加一者迥不相同。今諦審石本，卅餘年，卅字右邊，直畫垂下之勢宛然，此亦講隸法者所宜知也。《隸辨》第引《武榮碑》年卅六之字，以為與世代字無別，而不知引此碑也，其可以魏人之隸而少之耶。中間慨然而歎，下一段有韻育與測為韻，即可知杜屋職同用之理矣。《汝帖》掇集此碑之字，因題目梁鵠書，雖不必其果足徵信，然其書實自遒勁，不必盡以漢隸一概律之，孫退谷嗤其矯厲，方板過矣。

清·楊守敬《平碑記》　此碑以方正板實胜，略不滿者，稍帶寒儉气，六代人分楷多宗此种，惟北齊少似之者。

雜録

明·盛時泰《玄牘記》 魏魯孔子廟之碑篆額白字，世稱此文為曹植文，梁鵠書，鍾繇刻字，謂之三絶。余久求墨本不可得，今乃獲借於淵泉記室，晨起蓬首臨數十字，不覺清風洒然也。

《膠東令王君斷碑》

論説

宋·洪适《隸續》卷一一《膠東令王君廟門斷碑》 右漢故膠東令王君之廟門十隸字為額。予新獲此全碑，其中白紙相去數字許，如石斷裂之狀，上段十八行，是叙事之文，下段少一行，是四字韻語。判然非一碑，必是二石毀缺，好事者匣而一之，藏碑之家，隨行翦貼，故文意錯亂，不可曉解。其所叙有兩人舉孝廉者，有以博士召者，有丞勃海者，有為太守、為尚書郎、為譙令、為郡功曹者，其一人名字可辨，曰嗆，字叔恭，下云凡所宰莅，馳化如神，年四十一，黄初中卒。韻語有身歿名立及剖符字，蓋謂最後之人張氏，祔於先姑，疑其匹也，勃海丞、尚書郎則其子也。所謂上世有邯鄲之功者，秦之王翦也。韻語初云，闕二字魏後實天所授，繼云文好俎豆武侯，膺揚朱旗，乃舉充成帝宇，則其人仕於魏初也。中云伊漢中葉，皇極不建，又云總目質闕祚，炎闕中微，又云仇牧之忿，奮不顧難，則是述其先世前朝之事也。碑云葬于京師者，五世所叙，既非一人，又載婦姑相祔，而以廟門題其額，必是昭穆宗兆者。碑中雖有景武孝昭總目質之文，卻有魏後黄初之字，而題額以漢者，豈膠東是其祖廟，没於漢代者乎。

清·王昶《金石萃編》卷二三《膠東令王君斷碑》 《隸續》不言碑所在，婁氏《字源》謂在濟州。按，宋濟州，治鉅野，亦不知在濟州何處也。今濟州學舊有漢碑五，在戟門内，門之西北大成殿，西階下有古樹，根空而片石楮挂，與樹相銜不可脱，其來久矣。鐵橋李子東琪疑此石有異，洗之無所有，其内向一面不可見，探手辨之，覺有文，遂以紙墨摹之，得隸書四十餘字，稽之洪氏書，知其為膠東令碑，較《隸續》所存漢十之一矣。《隸續》所載，叙其世系，有葬於京師五世及太守自高平就學之語。按高平，故治在今鉅野、金鄉之間，與任城為脣齒，今濟州即古任城也，豈太守以前居京師，以後就學因居高平，而廟因在任城耶。婁氏云，碑在濟州者，以任城為州屬邑而統稱之耶，抑本在鉅野而移於此耶。不可考矣。康熙時，淮陰張力臣曾撰濟州學碑釋文，惜其未見此石，續而釋之，自在我鐵橋矣。盛百二跋。

又 《漢隸字源》云：喜，義作熙。蓋熹字古通熙，是碑因又以喜通也。其云克成帝宇者，僅見於洪録，雖未知拓本若何，然按之文義字體，均當是克字。洪釋作充，誤矣。克，肩也，從屋下之象，本從人，不從十也。碑有黄初五云云，則是碑立于黄初五年之後，是魏碑也。以其著録猶云漢故膠東令，故附于漢。洪氏《隸釋》採趙氏《金石録》，謂膠東令廟門碑，以其非東漢而出之，然《隸續》仍載此。《兩漢金石記》。

又 文中述舉廉凡二見，一在孝昭二年後，為其先世，一叙于勃海府丞尚書郎二子之後，似亦其子也。《山左金石志》。

又 按碑在宋時，所存已止上截，洪氏初以他殘碑為此碑之下段而牽連説之，後乃自知其誤。《隸釋目録》云，《隸釋》成書十年，再因考古，始知膠東廟門是兩碑，是也。隸額十字，今不復存，洪氏猶及見之，疑是另為一石。跨廟門之横梁者，額題曰漢，而文有黄初五口疲僊不堪，當為立廟之年。其仕于魏初者，即立廟之子若孫耳，碑叙王氏家世甚詳，惜斷缺不可盡讀。

《范式碑》

論説

清・倪濤《六藝之一録》卷五一《范式碑》 右《范式碑》。《法書要録》云蔡邕書。今以碑考之，乃魏青龍三年立，非邕書也。《金石釋》。

又 《范式碑》在濟州，《漢獨行傳》：范式，字巨卿，或云蔡邕書《法書要録》，唐李嗣真作《書品》云，蔡公諸體，惟范巨卿碑風華艷麗，古今冠絶。《隸釋》詆之，以為藻鑑之謬。金石云，以碑考之，乃是魏青龍三年立，非邕書也。《漢隸字源》。

右漢廬江太守《范式碑》。式仕漢為侍御史，拜荆州刺史，遷守廬江，官亦不卑，而史氏列之《獨行傳》中，蓋以式之可重者，在篤於友誼，其官爵固可略也。此碑但云篤友足以輔仁，及云超管鮑之遐踪，其外更無他語。洪丞相謂未足以光颺盛德是已。唐李嗣真《書後品》以碑為蔡伯喈書，考之碑立於魏明帝青龍三年，則非伯喈之筆明矣。後鄭氏《金石略》亦云是蔡公書，則又承《書品》之誤也。《金薤琳瑯》。

清・王昶《金石萃編》卷二四《廬江太守范式碑》 《范式碑》篆額，廬内之由變而從州，范内之已變而從巴，此在隸禮之變則可，而在篆則不可，是六朝以後書體之濫觴也。

又 今年夏，曲阜桂未谷書來云，於歷城郭氏見《范巨卿碑》，翦褾本可辨者三百三十字而已，結體在《衡方》、《韓仁》之間，與漢石經絶不類。李嗣真真定為蔡書，無論立碑年歲不符，即筆法亦大相遠矣。《兩漢金石記》。

又 乾隆丙申歲，膠州人崔儒眎初得是碑篆額於濟寧龍門坊水口，遍求碑身未得。越五年，黄司馬易得泰安趙相國家藏宋拓本雙鉤付梓，又六年，州人李鐵橋竟獲原碑殘石于學宫，雖存字不及宋拓本之半，而碑陰四列即洪氏所誤載之《魯峻斷碑》陰也。《山左金石志》。

又 碑陰題字名氏可全讀者，第一層都文則嚴公儀邱子則，二層江德和郛公然，三層倉舒邱叔則，四層何文幹餘尚一二字可見，惜以磨滅，不具録也。此為歐、趙、洪三家所未收，而鐵橋獨搜得之，益為可珍。又洪氏以傳云為荆州刺史，而碑作冀州，以新野之事證之，則碑誤。按碑前文已有潤枯斃于荆漢，其為書刻傳訛無疑也。《授堂金石跋》。

又 李嗣真以此碑為蔡中郎書，吴念湖以《鄭氏通志》所載一廬江太守《范式碑》注云蔡邕書，濟州一魏《范式碑》注云有碑陰青龍三年，未詳是范式實有兩碑，則李嗣真所指不為無據，或以為前人著録往往一碑複見，《通志》亦未可信，然碑中范君行實甚略，自因别碑已詳，茲不重叙耳。《小蓬萊閣金石文字》。

綜述

宋・趙明誠《金石録》卷二〇《跋尾十・魏范式碑》 右碑《法書要録》云蔡邕書，今以碑考之，乃魏青龍三年立，非邕書也。

宋・洪适《隸釋》卷一九《范式碑》 右故廬江太守范府君之碑，篆額在濟州任城，魏明帝青龍三年，縣長薛君、鄉人翟循等所立。范君仕漢至廬江太守，傳書張邵、陳平子、孔嵩三事甚詳，至治郡則云有威名而已。此碑辭勝而事寡，雖曰略依舊傳昭撰景行，但云篤友是以輔仁，超管鮑之遐蹤爾，未足以光颺盛德也。傳云為荆州刺史，而碑作冀州，以新野之事證之，則碑誤也。此碑雖不及延康黄初四刻，在魏隸它碑中可取爾。唐李嗣真作《書後品》乃云，蔡公諸體，惟《范巨卿碑》風華艷麗，古今冠絶。甚矣，藻鑒之謬也。

紀事

宋・歐陽棐《集古録目》卷三《魏・范式碑》 右隸書不著書撰人名氏，式字巨卿，山陽金鄉人，後漢時官至廬江太守，獨行之士也。此碑文字斷缺，其字及鄉里皆不可見，魏青龍三年，縣長薛名缺為之立廟建碑，在金鄉。

《王基碑》

論說

清・王昶《金石萃編》卷二四《王基斷碑》 按碑字僅有半截，然所敘官職大約與《魏志》本傳同。傳稱高貴鄉公即尊位，進封常樂亭侯，及領豫州刺史，進封安樂鄉侯，都督揚州諸軍事，進封東武侯。而碑率稱進爵常樂亭、安樂鄉、東武侯，連次敘之，轉不如傳之詳晰也。傳稱散騎常侍王肅，著諸經傳解，及論定朝儀，改易鄭元舊說，基據持元義常與抗衡。今考《隋書・經籍志》載，基撰《毛詩駁》一卷、《七録》五卷，又有《毛詩荅問駁譜》合八卷。陸德明云，基字伯輿，東萊人，駁王肅申鄭義即此書也。王應麟云，王肅引《周書》言芣苡如李，出於西戎。基駁云，遠國異物，非周婦人所得采，可謂鄭氏功臣，惜書不傳，而志與碑皆未及，故著之於此。

清・錢大昕《潛研堂金石文跋尾》卷二《魏・東武侯王基碑》 右《王基碑》，碑中斷，存下半，近洛陽民墾土得之。以歷官及薨之年月攷之，其為基碑無疑。碑云年七十二，而《魏志》本傳遺之，其遷荆州刺史，加揚武將軍，而本傳作揚烈，亦誤。《廣韻》：東萊王氏殷王子比干，為紂所害，子孫以王者之後，號曰王氏。此碑云，有成父者，出仕於齊，獲狄榮如，孫湫、違難為萊大夫。然則東萊之王，系出王子成父，成父豈殷之後乎。伯輿，東州名士，康成高弟，敘述先世，當有傳授。韓退之撰《王仲舒神道碑》云，王氏皆王者之後，在太原，為姬姓，春秋時，王子成父敗狄有功，因賜氏，厥後世居太原。按太原之王皆祖王子晉，成父在子晉之前，既祖子晉，不得更祖成父矣，退之誤也。

清・畢沅《中州金石記》卷一《魏・王基墓碑》 按碑近世出土，故載其全文，以續《隷釋》所不及。王基，陳壽《魏志》有傳，以碑證之，多合。惟碑云又選使持節鎮南下闕當是將軍云云在克敵獲儁，賜爵關内侯，及毋邱儉、文欽作亂之前。史則云欽等已平遷鎮南將軍，亦在擊吴賜胺之後，未知何也。其小異者，碑云克敵獲儁，斬首萬計，史云隨征南王昶擊吴，虜安北將軍譚正，納降數千口。或碑有浮詞。碑云增邑五千户，史云增邑千户，並前五千七百户。碑葢合前舉大數言之耳。史云基母卒，詔祕其凶問，迎基父喪，合葬洛陽。今碑出于是者，知基祔父母冢，而方志缺載也。基之死，既贈官封子孫，又賜其家奴婢，而此碑云策鐫石表墓，則亦奉勅所立，而史缺載也。世傳碑之出土，僅刻其半，下截朱字宛然應手而滅，本非殘缺，未知審否。

清・武億《授堂金石跋・一跋》卷三《魏王基碑》 碑石出土僅刻其半，土人傳云，下截朱字隱然，惜無人辨識，付之鐫工，遂磨拭以没。今存者凡得三百七十字，姓名俱不見。近假得吾鄉張九六先生拓本，題曰《魏王基碑》，余質之《三國志》基本傳，良然。

《天發神讖碑》

論說

宋・趙明誠《金石録》卷二〇《跋尾十・吴天璽元年斷碑》 右《吴天璽元年斷碑》，其前云上天帝言，又云帝曰大吴一萬方，又云天發神讖文，天璽元年七月己酉朔，又云天讖廣多不鮮，解者十二字。嗚呼，甚言可謂妖矣。據《吴志》，天璽元年秋八月，鄱陽言歷陽山石理成字，凡二十，明年改元，大赦，以協石文。今此碑乃在金陵，驗其文，與《吴志》所載亦異，莫可考究。孫皓在位，凡八改元，而六以符瑞，然竟不能保其國，葢人事不修，而假託神怪亦矯誣天命，其不終宜矣。

清・李玉棻《甌鉢羅室書畫過目考》 吴《天璽紀功碑》，雄奇變化，沉著痛快，如折古刀，如斷古釵，為兩漢以來不可無一，不能有二之第一佳跡。

清・王昶《金石萃編》卷二四《天發神讖碑》 皇象書人間殊少，惟建業有吴時《天發神讖碑》，若篆若隸，字勢雄偉，相傳乃象書也。張懷瓘目以沉著痛快，真得其筆勢云。《東觀餘論》。

又 象書獨步漢末，沉體兼篆籀，此誠宜居周鼓秦刻之次，魏鍾繇諸書無論也。其石四方，面背闊書各八行，兩傍細書二行，其文書滿三方，而虚其一辭，雖不可讀，其可識者八十餘字，末後別書曰蘭臺東觀令，曰巧工九江，曰吴郡，曰東海夏侯。蓋列與事之臣于正文之後，華覈為東觀令，是必華覈也。戚光《集慶續志》。

又 考《吴志》，天册元年，吴郡言掘地得銀，上有年月字，遂改明年為天璽元年。是年，鄱陽言歷陽上石文理成二十字，云：楚九州渚吴九州，都揚州，士作天子，四世治，太平始。又吴興陽羡山有石實之瑞，又改明年為天紀，以協石文。此碑不見於志，考其文，有天發神讖等語，則亦當時瑞應之事，然天紀四年，王濬遂入吴矣。楊士奇《東里集》。

又 《天發神讖碑》，吴皇象書，又定為蘇建。周暉《金陵瑣事》。

又 案諸書俱以為皇象書，周暉獨言又定為蘇建。建無能書名，亦不知為何時人。考孫皓封禪國山所立碑，文末有東觀令史邱信、中郎將臣蘇健，或暉誤引此邪。周在浚《天發神讖碑考》。

又 碑文相傳為華覈所作，蓋本張勃《吴録》，而許嵩《建康實録》注戚光《集慶續志》因之，以覈嘗為東觀令，而碑復有蘭臺東觀令字，遂以實之也。考覈為東觀令時，犯顔數諫，號稱直臣，又其免官，在天册元年，則碑之所云蘭臺東觀令，别是一人。覈既免官，又素伉直，必不復藉，符瑞取媚，未可遽信為覈之文矣。文曰天璽元年泰，其下蓋有月字，揚雄《太玄經》曰，運諸泰政，王莽侯鉦。文曰重五十泰斤，咸書七為泰，而吴興國山碑有云，神女告徵表祥者世有七，與是碑先後建立，則為七月無疑耳。《曝書亭集》。

又 字數其釋文僅七十一字，客座贅語載與志同，俱誤。以中書郎行在關内侯下，吴郡在九江，朱下未有釐正之者。今石三段排尊經閣下，上段置中央，中段置左，下段置右，共字一百九十有六，因洗剔段石，攷證舊搨，連接三段，正其舛合。且就剥落思，維補三十一字，則辭意貫通可讀矣。仍有偏旁字脚不可識者五字，并載以竢攷古君子。王□跋。

清・孫岳頒等《佩文齋書畫譜》卷八九《書辨證下・淳化法帖・第二漢魏吴晉人書》 吴時《天發神讖碑》，若篆若隸，字勢雄偉，相傳乃象書也。張懷瓘目以沈著痛快，真得其筆勢。

清・翁方綱《天發神讖碑跋》 清・沈津輯《翁方綱題跋手札集録》

按孫皓天璽元年，屢有石函石室諸祥書于本紀傳。碑云天讖廣多，又云上天宣命，則亦是時紀符瑞者。碑斷折三段，合之止數尺，許山謙之《丹陽記》云長二丈者，妄也。張勃《吴録》以為華覈撰文，皇象書，許嵩《建康實録》注、董逌《廣川書跋》、黄長睿《東觀餘論》説皆從之。近朱氏彝尊据《吴志》辨其非覈所作。昶攷《國山碑》以旃蒙協洽之歲乙未，月次陬訾之舍十一月，重光大淵獻之日辛亥，受天玉璽於柔兆涒灘丙申，月正革元，即為天璽元年，而告祭刊石中，有國史瑩覈名，意覈雖因策譴免官，猶在左右，遂命以撰文，未可遂定為非覈，且并疑象書也。象字休明，廣陵江都人，張懷瓘《書斷》云，象工章草，小篆入能，或即指此等篆書而言。然《書斷》及張彦遠《法書要録》，並以象為官至侍中。

《梁書》及《南史・皇侃傳》並云青州刺史，惜《吴志》不為立傳，不能定其孰是矣。仁和袁明府枚舉此册以贈，因記所疑于簡末。

清・楊賓《大瓢偶筆》 王僧虔稱其沉著痛快，袁昂稱其如歌聲繞梁，琴人捨徽。今觀其筆法生澀險勁乃至如此。其不用挑法，挑撥平硬，非篆非隸，并州指為八分。

清・方朔《枕經堂金石書畫題跋》 予觀其書，方折盤旋以隸筆而行篆體，戈長劍利中實乃弓燥手柔。張懷瓘以沉著痛快目之，良不虚也。漢時篆法惟《張遷》碑額略有此意。北朝李仲璿《修孔子廟》，《臨淮王像》諸刻似極仿之，亦時勢漸遞使然耳。

清・康有為《廣藝舟雙楫》卷二《分變第五》 由篆變隸，篆多隸少者，筆力偉健冠古今，藝偉雙世，篆隸之極。

綜述

清・王昶《金石萃編》卷二四《天發神讖碑》 秣陵縣南三十里有巖山，山西有石室，山東大道左有方石，長一丈，勒名題贊吴功德，孫皓建。宋明帝太始中，建平王休祐從巖山射雉即此。巖山東有大石碣，長二丈，折為三段，因以名岡。《丹陽記》。

又 今江寧縣有段石岡，蓋舊立碑處。据《丹陽記》，晉宋時已折為三段，内一石上有轉運副使胡宗師刻字，言此石在府南天禧寺門外，半埋於土，因輦置轉運司後圃籌思亭。時宋元祐六年。此石歷八百十有五年矣，蓋又不知何年自巖山徙至城南也。轉運司今府治，此石在綱書閣前，後又徙錦繡堂，前碑刻中歸附後改臺治。此石欹僕於地，其一段缺壞，蓋嘗為人鑿以他用而不果也。其第二段處，有襄陽米芾四字，亦為人磨礪幾盡。至治八年，臺掾楊益得之廨草中，與教授湯彌昌、訓導李東戚光言于中丞，石公珪治書郭公思貞，募民踐踏至廟學門内之左。張鉉《金陵新志》。

《禪國山碑》

又 吴後主立碣紀吴功德，《吴録》云其文東觀令華覈作，其字皇象書也。《明一統志》。

論說

清・倪濤《六藝之一録》卷五六《吴國山碑》 右吴《禪國山碑》，其前叙孫皓即位以後，祥瑞凡千餘言，又其後云，乃以涒灘之歲，欽若昊天，月正華元，郊天祭地，紀號天璽。又云丞相沇、太尉璆、大司徒燮、大司空朝等，以為今衆瑞畢，至三表納貢，九垓八埏無不被澤，率按典繇，宜先行禪禮，紀勒天命。遂於吴興國山之陰，告祭刊石，以對揚乾命，廣報坤德。按皓以丙申歲改元天璽，碑言涒灘之歲是也。皓淫無道，人神憤疾，而羣臣方稱述符瑞，讚述功德，蓋刻石之後四年，遂為晉所俘矣。

清・王昶《金石萃編》卷二四《禪國山碑》 《說文》，桼，象形，如水滴而下。賈山云，桼，塗其外是也。而漆枲、絺紵、椅桐、梓漆之類，經傳已多借用，至今反以桼為古字。漆沮之漆，卻有省其水者，韓勑碑書漆作洓，候鉦銘云重五十桼斤者，隸法小變而借用作七也。吴天璽年《國山碑》云神女告徵表祥者，卅有桼。唐《裵談司刑寺佛跡碑》云，長安貳秊漆匝，夫豈無據乎。惟北齊文宣以七為漆，而誅上黨王渙，則冤哉虐也。數目有壹貳至於玖拾，莫非假借，鄙俗無他，訓若仿古而用漆，豈不韻勝。《隸續》。

又 碑自丞相而下十四人，獨有大司空朝而無處名，按處傳，處仕吴止東觀令，無難督，無有兼太常之事，豈史氏見處為陽羨人輒附益耶。當以碑為正。《咸淳毗陵志》。

又 自三國鼎立，天光分曜，而後文人多舍年號而稱甲子。吴後主《國山封禪文》，旃蒙協洽之歲，月次陬訾之舍，曰惟重光大淵獻。日當言辛亥，而冒用歲陽歲名，則又失之。《日知録》。

又 據碑言，似因封山而後改元天璽，據《吴記》則陽羨石室之瑞在天璽元年，因封禪國山，明年又改元，大赦，則改元者天紀也。大抵此時無歲無瑞，亦頻歲改元，先後之間固有不及細詳者矣。碑云三表納貢。三，籀文，四字，《金石録》作三，非是。《金石存》。

又 愚按是碑侈陳符瑞，詞多誣誕，即後人或取以考核忠志，前後年月，究無確據，皆無關於著録之大者，惟篆勢遒勁，為三國孫吴時之蹟，是為古物可翫耳。是碑玉皆書作王，一皆書作弌，四或作三，七皆作桼，皆古體之僅存者。桼字則洪氏嘗說之矣，廿卅字則古本《左傳》已然，惟筵字篆勢不甚可解，而又極分明，姑從諸家録作筵耳。《兩漢金石記》。

清・錢大昕《潛研堂金石文跋尾》卷二 右吴《禪國山碑》，其前叙豫皓即位以後，郡國祥瑞凡千餘言，其後去乃以涒灘之歲，欽若昊天，月正革元，郊天祭地，紀號天疊，又云丞相沇、太尉璆、大司徒燮、大司空朝等，以為今衆瑞畢，至三表納貢，九垓八埏同不被澤，率按典繇，宜先行禪禮，紀勒天命。遂于吴興國山之陰，告祭刊石，以對揚乾命，廣報坤德。按皓以丙申歲改元天璽，碑言浛灘之歲是也。皓滛虐無道，人神憤疾，而群臣方稱述符瑞，讚頌功德，蓋刻石後四年，遂為晉所俘矣。

清·康有為《廣藝舟雙楫》卷二《本漢第七》 筆力偉健冠古今。

清·楊守敬《平碑記》 玩其筆法，即未必追踪秦相，亦斷非後代所及。

綜述

宋·歐陽修《集古録跋尾》卷四《吴國山碑》 右吴《國山碑》者，孫皓天册元年禪于國山，改元天璽，因紀其所獲瑞物，刊石于山陰。是歲晉咸寧元年，後五年，晉遂滅吴矣。

宋·趙彦衛《雲麓漫鈔》卷七 《吴志》：天璽元年，吴興陽羨山有空石，長十餘丈，曰石室，郡表為瑞，遣兼司徒董朝兼太常周處封禪國山，大赦，改明年為天紀，即前所云水洞是也。山後有封禪碑，土人目為國碑，以其石圓八出，如米廩云。字畫奇古，歲久多磨滅，訪得舊刻，以今文寫之。碑中大概言符瑞，初無可取，姑備録之，以見皓之亡有自矣。

宋·周必大《泛舟遊山録》卷一 按《三國志》、《金陵實録》，孫皓因國山有石，立遣司空董朝、太常周處封禪刻石，碑字三面可辨，惟東面剥裂模糊，蓋無犀茈之也。碑詞載所遺人姓名，而無周處，史氏誤矣。

明·陶宗儀《書史會要補遺·吴》 蘇建官至中郎將，其書與皇象同，所書禪門協文國下疑脱山字，在宜興善卷山中。

《任城太守孫夫人碑》

論說

清·王昶《金石萃編》卷二五《任城太守孫夫人碑》 昔見《新泰縣志》有《晉任城太守李夫人碑》，求之弗獲，乾隆甲寅，江子秬香鳳彝搨此碑寄觀，額曰晉任城太守夫人孫氏之碑，始知志載誤孫為李也。洪景伯跋《廣漢屬國侯夫人碑》，云漢婦人墓銘見于《文士集》中，固不一。石刻存者，獨此一碑耳。晉碑本少，婦人墓銘則尤少，況文古書莊不滅。漢魏夫人父孫、夫羊均失其名，八年之上殘闕莫辨，惟知二子宏明、宏哲及嗣子揚迅耳。夫人父位列卿，封建德侯，夫官任城太守，爵已不卑，史傳宜有紀載，當再考之。傳母之訓下一字，潛神內識下一字，與罔極之罔同。魏受禪表罔不沾渥，省文作岡，此作父也。殊塗尒下作年，隱隱似羊字，疑代伯序為侍中者，是羊君父，為侍郎，此為同寮故云云。疑其父與羊君同寮，因與婚姻，夫人曾事舅姑，其舅當在碑中，或叙及在前，所以後文止云夫人在羊氏，不復云何年于歸也，惜剥落難辨，不敢臆斷耳。黄易跋。

清·包世臣《藝舟雙楫》卷五《論書一·述書下》 是《孔羨》法嗣。用筆沉着不減，而体稍疏雋。

又 西晉分書有《太公望》、《任城太守孫夫人》二碑，雖峻逸殊科，而皆曲折頓宕，資致天成。

清·劉熙載《藝概》卷五《書概》 晉隸為宋、齊所難繼，而《孫夫人碑》及《吕望表》尤為晉隸之最。論者以其峻整超逸，分比梁、鍾，非過也。

綜述

清·錢大昕《潛研堂金石文跋尾續》卷一《晉·任城太守夫人孫氏碑》 右碑在新泰縣新甫山下，向來未有著録者，乾隆甲寅秋，阮詹事臺搨以見詒，文多剥落，而點畫嚴整，頗似《范氏碑》筆意。任城太守不見其姓名世系，據文有夫人在羊氏語，知其姓羊也。又有庚寅十二月甲申字，以千支求之，當是泰始六年也。又云昔臧武仲先犯，齊壯不令予邑，蓋用左氏傳齊侯將與臧紇田事，壯與莊，古書往往通用。其云長沙人桓伯序者，桓階也，《魏志》階字伯緒，此碑作序，古人名字多相應，當以序為正。

《太公望碑》

論說

清·王昶《金石萃編》卷二五《齊太公呂望表》 《水經注》又言縣民故會稽太守任宣白令崔瑗曰，太公生於汲，舊居猶存，君與高國同宗，今臨此國，宜正其位，以陰尊祖之義，遂立壇祀。又言，城北三十里有太公泉，泉上又有太公廟，晉太康中，范陽盧無忌為汲令，碑立於其上，此碑是無忌所立。無字作無，而自稱為太公之裔孫。然則崔、盧二姓皆出太公，其後人之門第可謂盛矣。表云，其紀年曰康王六年，齊太公望卒，蓋壽百一十餘歲。宋王應麟《困學紀聞》謂尚書顧命稱齊侯，呂伋則成王之末，伋已嗣太公為齊侯，以太公為康王時卒者，非矣。開寶中，詔修先代帝王祠廟，而以鬻熊配文王，召公配武王，周公唐叔配成王，太公畢公配康王，蓋因此碑而誤。《金石文字記》。

又 碑云太公此縣人，攷之《四書·釋地》，以後漢瑯琊國海曲縣，劉昭引《博物記》注云，太公呂望所出，今有東呂鄉，又釣于棘津，其浦今存。則當日太公辟紂居東海之濱，即是其家。漢崔瑗、晉盧無忌立《齊太公碑》，以為汲縣人者誤，余謂不然。《水經注》言縣民故會稽太守任宣白令崔瑗曰，太公生于汲，舊居猶存，任宣所徵去古未遠，當得其實，而太公既生居是土，迫近朝歌之墟，不堪其困，然後辟居于東，則汲固其邑里，海曲乃流寓耳。碑溯其始，而閻氏輒以為誤，不亦甚歟。《授堂金石跋》。

又 案此碑稱，太康二年盜發冢出《周志》，即所謂《汲冢周書》也，其詞有文王夢天帝云云，今不在《逸周書》中，可證知後人以《逸周書》為汲冢所出之謬矣。孫星衍《三國六朝金石記》。

綜述

清·錢大昕《潛研堂金石文跋尾》卷一《晉·太公呂望表》 字畫頗古雅，不似東魏之率易。

清·包世臣《藝舟雙楫》卷五《論書一·述書下》 《太公望碑》是《乙瑛》法嗣，結字宕逸相逼而氣加凝整，大率晉人分法原本鍾、梁，尤近隸勢。

《平復帖》

綜述

宋·樂史《太平寰宇記》卷五六《河北道五·元領縣四·汲縣》 太公廟在縣西南二十五里。《水經》云汲城東門北側有太公廟，廟前碑云，太公望者河内汲人，又有太公泉。

論說

宋·米芾《書史》 火箸劃灰，連屬無端，可以評士衡此帖。《宣和譜》

注之為章草，非也。

明·董其昌《平復帖跋》 右軍以前，元常以後，唯此數行，為希代寶。

明·詹景鳳《東圖玄覽編》 陸士衡《平復帖》，以禿筆作稿草，筆精而雅，真跡也。

明·張丑《清河書畫舫》卷一下《晉一·陸機·平復帖》 雲間陳仲醇謂其書，極似索靖筆法。

又 《平復帖》最奇古，與索幼安《出師頌》齊名。惜剥蝕太甚，不入俗子眼。然筆法圓渾，正如太羹玄酒，斷非中古人所能下手。

清·顧復《平生壯觀》 墨色微緑，古意斑駁，而字奇幻不可讀。乃知懷素《千字文》、《苦荀帖》，楊凝式《神仙起居法》諸草聖，鹹從此得筆。

清·吴升《大觀録》卷一《陸士衡平復帖》 草書若篆若隸，筆法奇崛。

綜述

明·張丑《清河書畫舫》卷一下《晉一·陸機·平復帖》 韓存良太史家陸士衡《平復帖》計九行，墨色有緑意，紙亦百雜碎，其前有宋徽宗泥金標題，雲間陳仲醇謂其書極似索靖筆法。

紀事

清·方濬師《蕉軒隨録》卷九 于蘭翁處得見陸平原《平復帖》手跡，紙墨沉古，筆法全是篆籀，正如禿管鋪於紙上，不見起止之跡。後有香光一跋而已，前後宣和印，安歧、張丑諸印，宋高宗題簽、董香光簽、成親王簽。此卷為成哲親王分府時其母太妃所手授，故以福晉名齋。後傳至治貝勒，治貝勒死，今歸恭邸，恭邸以贈蘭孫相國。光緒七年十月初十日。

著録

宋·佚名《宣和書譜》卷一四《草書二·晉·陸機》 今御府所藏二：章草《平復帖》，行書《望想帖》。

《出師頌》

論説

明·張丑《清河書畫舫》卷一下《晉一·索靖》 索靖章草《出師頌》一卷，用黄麻紙書之，上有宣和印識而朱色如新，且與《書譜》文合，故文壽承定為真蹟。為之刻石行世，評者至謂靖書如飄風忽舉、鷙鳥乍飛，又如雪嶺孤松、冰河危石，則其結法遒逸從可知矣。或云頌文蓋出蕭子雲筆，元初藏霍清夫處，見《雲煙過眼録》，宋時在錢勰房下，亦見米氏書史，其真是耶，否耶。

又《索靖出師頌》 上有宣和記識，考書譜良合。然宋時諸公，極艷稱蕭子雲《出師頌》，而秘殿不收，蓋是唐人臨得蕭子雲頌，因見《閣帖》内靖數行相類，遂鑒定以為靖《出師頌》耳。自永嘉南渡，靖真跡已鮮，梁武湘東鳩集之繁，貞觀開元購求之篤，何于茲時寥寥也。

又 鍾太傅書自晉渡江時止傳《宣示表》，百餘年間妙跡已絶，寧知今世有索靖《出師頌》耶，此書在檇李項子京家，故是甲觀。《戲鴻堂帖》。

又 右軍《禊飲序草》用退筆書，故字未免賊毫直出，幼安《出師頌》是退筆之尤者，結構奇偉可愛，昔人謂能書不擇筆，殆非浪説耳。

清·孫岳頒等《佩文齋書畫譜》卷七〇《歷代名人書跋一·晉索靖出師頌》 史孝山《出師頌》係古章草法，在宋時有兩本，天府志索幼安所謂銀鈎之敏，而人間則盛推蕭子雲。余舊於文壽承所見一卷，上有祐陵泥金御題征西司馬索靖書與宣和瓢印，蓋天府本也。第黯□不甚可別，細翫其行筆處，亦似微蹇澀，往往有楓落吴江之恨。今年秋，家弟敬美購得一卷，其大小行模相髣髴，而結法特加遒密古雅，墨氣如新，又有太平公主胡書，王涯僕射、永存珍祕二印，越國公鍾紹京半印，楮尾米友仁敷文鑒定，以為隋賢書，遂入紹興内府，余竊謂二蹟皆自幼安臨出，特紹興之所入者佳，而宣和之所藏當小次耳。小米不能別所以，而概以隋賢目之，大似暗中摸索，余良幸獲再覯此希世之珍，所小不滿者，子雲奇跡遂以永絶，令人慨歎。《弇州續藁》。

傳記

宋·佚名《宣和書譜》卷一四《草書二·晉·索靖》　索靖字幼安，燉煌人，張芝之姊孫也，官至征南司馬。少有出羣之才，與鄉人氾衷、張甝音含、索介、索永俱遊太學，時稱燉煌五能。及舉賢良方正，對策高第。張勃薦之，謂靖才藝絶人，宜置臺閣。經史之暇，喜作字，遂以章草名動一時，學者宗之。如歐陽詢以翰墨自名，未嘗妄許，可路見靖碑，初過而不問，徐視乃得之，至卧碑下不忍去。王廙嘗得靖書，每寶玩之，遭永嘉喪亂，乃四疊綴衣中以渡江。故論者以為飄風忽舉，鷙鳥乍飛，以狀其遒勁。或以謂如雪嶺孤松，冰河危石，以狀其峻嶮。或以謂精熟至極，索不及張芝。妙有餘姿，張不及索靖。或以謂八分亞韋鍾，楷法過衛瓘。何其得譽之甚。有至於此，非特人譽之也，而其自許亦甚高，嘗謂上稽科斗鳥篆之文，幽窮造化物象之奧，可以命杜度運指，張芝回腕。要是靖自得意處，宜其書名與羲獻相後先。也今御府所藏章草四：《急就章》、《月儀》、《出師帖》、《七月帖》。

《月儀帖》

論說

唐·張彥遠《法書要録》卷三《唐李嗣真書後品》　有《月儀》二章，觀其趣況，大為遒竦，無愧珪璋特達。猶夫聶政、相如千載凜凜，為不亡矣。又《毋丘興碑》云是索書，比蔡，《石經》無相假借。蔡公諸體，惟《范巨卿碑》風華艷麗，古今冠絶。王簡穆云，無可以定其優劣。亦何勞品書者乎。

宋·董逌《廣川書跋》卷六《月儀》　近世惟《淳化官帖》中有靖書，其後購書四方得《月儀》十一章，今入續帖中，其筆畫勁密，顧他人不能眦睨其間，然與前帖中書亦異，不知誰定之。李嗣真曰，靖有《月儀》三章，觀其趣尚，大為遒竦，無愧珪璋特。猶夫聶政、相如千載凜凜，為不亡。今《月儀》不止三章，或謂昔人離析，然書無斷裂，固自完善，殆唐人臨寫近似，故其書剞劂逕出法度外有可恩者。崇寧三年四月十七日書官帖後。

明·張丑《清河書畫舫》卷一下《晉一·索靖》　索靖章草《月儀帖》，一短卷下有希世藏小印及閱古永興軍節度使印，其詞曰，山川路阻，不能翻飛，登彼崇丘，逍遥長望，延佇莫及，思積神疲，不勝眷然之感，裁復具書不悉。真蹟藏鮮于伯機處。索征西筆短意長，誠不可及，長沙古帖中有急就章數十字，劣于此帖，今人作字，大概筆多而意不足。《並書系》。吾友何不易草體，想便古人也。蓋其體已近古，但少為蔡君謨腳手爾。餘無可道也，闕稍用意，若得大年《千文》，必能頓長，愛其有偏側之勢，出二王外也。又無索靖真蹟，看其下筆處。《月儀》不能佳，恐他人為之，只唐人爾，無晉人古氣。草書若不入晉格趣，徒成下品，張顛俗子，變亂古法，驚諸凡夫，自有識者。懷素少加平淡，稍到天成，而時代壓之，不能高古。高閑而下，但可懸之酒肆，晉光尤可憎惡也。《山林集》。

明·孫鑛《書畫跋跋》續卷二《墨刻·索靖月儀帖》 《月儀帖》是古帖，然恐未必出幼安，後人以結法稍類幼安載妖一章，遂舉以歸之索耳。大約近唐人所為，其搆法亦可玩，第筆意則全失耳。米貴筆意，故謂不能佳，董謂筆畫勁密，則以法求之耳。今《東書堂帖》中亦刻有小半，筆意更湮，第所云勁密者，點畫間尚有可尋。

清·孫岳頒等《佩文齋書畫譜》卷七〇《歷代名人書跋一·晉索靖月儀帖》 晉人評書，以索靖比王逸少，近世惟《淳化官帖》中有靖書，其後購四方得《月儀》十一章，今入續帖中。其筆畫勁密，然與前帖中書亦異，不知誰定之。李嗣真曰，靖有《月儀》三章，觀其趣尚大為遒竦。今《月儀》不止三章，或謂昔人離析，然書無斷裂，固自完善，殆唐人臨寫近似，故其書剞劂逕出法度外，有可貴者。《廣川書跋》。

今年冬得黄熊所攜索幼安《月儀帖》一卷，按幼安真跡為宣和殿所藏而先已刻之，《祕閣續帖》中米元章《與其友人書》謂《月儀帖》不能佳，而黄長睿遂未信以為贋物，獨董逌稱其筆畫勁密，他人不能睥睨，然亦是唐人臨手也。《月儀》有正二三九凡十一章，俱稱具告君白了不可曉，其辭亦錯雜，絕不類晉人尺牘，而中得一二古雅如黄初時語，然終不可曉也。此本刻頗精，楮墨亦佳，有古色，或是《閣帖》真本，故存之。《弇州續藁》。

清·馮武《書法正傳》卷九《名蹟源流·索靖月儀帖》 晉人評書，以索靖比逸少，而歐陽詢至卧碑下，則筆墨妙絕可知。《月儀》十二章入《續法帖》中，李嗣真謂靖有《月儀》三章，今不止三章，董逌疑是唐人臨寫，故書剞劂逕出法度外。簡緣云，索靖有《出師頌》，書法推為章草神品，翻刻亦多，真蹟在項子京家，又有無名氏《月儀》。

清·倪濤《六藝之一録》卷一六四《法帖論述三十四·晉索靖月儀帖》 《月儀帖》本出索靖，後多散逸不傳，此多唐人擬作者，筆法亦宗索靖，其虛和夭嬌，間有豹奴遺意。大都為章草者，必兼右軍乃合，不則宋刻輩耳。

《劉韜墓志》

論說

清·錢大昕《潛研堂金石文跋尾續》卷一《晉·征東將軍軍司劉韜墓版文》 《右征東將軍軍司劉韜墓版文》，其石廣僅二尺餘，予題為墓版文，未知其然否也。軍司之名不見于《晉志》，而紀傳屢見之。《文帝紀》：帝奉天子西征，是時魏諸王侯悉在鄴，命從事中郎山濤行軍司事鎮于鄴。《義陽王望傳》：置太尉軍司一人。《南陽王模傳》：遣軍司謝班伐賈疋。《譙王承傳》：王敦詐稱北伐，請承以為軍司。《傳祗傳》：齊萬年舉兵反，以祗為行安西軍司。《汝南王亮傳》：舉軍司曹冏上言，節度之咎，由亮而出。《東海王越傳》：以尚書曹馥為軍司。《謝元傳》：時遣軍司鎮慰荒離。《劉允傳》：為平南軍司。《衛瓘傳》：以本官持節監鍾會、鄧艾軍事，行鎮西軍司，給兵百人。《李熹傳》：司馬伷為寧北將軍鎮鄴，以熹為軍司。《羊祜傳》：為都督荆州諸軍事，嘗欲夜出，軍司徐裔執戟當營門曰，將軍都督萬里，安可輕脱。《劉寔傳》：杜予之伐吴也，實以本官行鎮。

《八月五日帖》

論說

明·張丑《清河書畫舫》卷一下《晉一·謝安》 謝安書品，前人原列羲、獻之下，米元章眼空百世，不妄許可，至以高古目之，謂出二王之上，宜傾囊購取。及觀《八月五日帖》，一洗書家蹊徑，益知米公之言為可信也。或云米跋係真跡，謝書唐人所模，未知然否。八月五日告淵、朗、廓、攸、靖、玄、允等，何圖酷禍暴集，中郎奄至逝没。哀痛崩慟，五情破裂，不自堪忍，痛當奈何，當復奈何。汝等知慕斷絶，哀號深至，茲可為心。奈何，奈何。安疏。唐太宗題贊，今逸謝安書。宋太宗神翰。右晉太傅南郡公謝安，字安石，書六十五字，四角開元小璽御府書也。永存珍祕印，入唐相王涯家，翰林之印，建中御府所用。更兵火水土之刼者八百年，歷代得以保之，必有神護。元祐中，見晉十三帖于太師李瑋第，云購于侍中王貽永家。太宗皇帝借其藏書模《閣帖》，但取郗愔兩行，餘王戎、陸雲、晉武帝、王衍及此謝帖，謝萬帖共十二帖，皆不取模版。余特愛此帖，欲博以奇玩，議十年不成。元符中，歸翰長蔡公。建中靖國元年二月十日，以余篤好見歸余，年辛卯，今太歲辛巳，大小運丙申、丙辰于辛卯月辛丑日。余生辛丑月。丙申時獲之，此非天耶。米芾記。家藏晉王謝真跡五軸，唐文皇而下名書甚衆，王謝帖唐梁御府物，璽跋宛然，每開卷，使人目動神驚也，因作《謝帖贊》云：山林妙寄，巖廊英舉。不繇不羲，自發淡古。有赫太帝，天造翰藝。末下龍跡，震驚天地。有我太宗跋也。芾真跡。米南宮臨謝太傅《慰問帖》，卷後有不覩本寫四字，米芾印。跋云：米老書振迅飛騫，書家之豪也。此帖中年真蹟，殊可翫賞。吴興趙孟頫題。

東坡與米元章云，某食則脹，不食則羸甚，昨夜通旦不交睫，端坐飽蚊子耳。不知今夕云何度，示及鼓文，幸甚。謝帖未敢輕跋，欲書數句，了無意思，正坐老謬耳，眠食皆未佳，無緣遂東，當續拜簡。《東坡手柬》。

唐太宗購晉人書，自二王而下僅千軸，《蘭亭》文以玉匣葬昭陵，世無復見，餘皆在秘。府至武后時，為張易之兄弟所竊换，遂流落人間，多在王涯、張延賞家。涯敗時為軍人所刼奪，取金玉軸而棄其書。余嘗于李都尉瑋處見晉人數帖，皆有小印涯字，意其為王氏物也。有謝尚、謝鯤、王衍等皆奇，而夷甫獨超然，若羣鶴聳翅，欲飛而未起也。《東坡題跋》。

跋法帖：王侍中學鍾繇絶近，真行皆妙，如此書乃可臨學。謝太傅墨跡，聞駙馬都尉李公炤有之，不作姿媚態度，恨不見耳。若但如此卷中帖，去右軍父子間，可著數人。《山谷題跋》。

余閲書白首，無魏遺墨，故斷自西晉。晉賢十三帖，檢校太師李瑋于侍中王貽永家購得，第一帖張華真楷，鍾法，次王濬，次王戎，次陸機，次郗鑒，次陸統，表晉元帝批荅，次謝安，次王衍，次右軍，次謝萬兩帖，次王珣，次臣詹，晉武帝批荅，次謝方回，次郗愔，次謝尚，内《謝安帖》，有開元印，縫兩小璽，建中翰林印。安及萬帖有王涯永存珍，秘印，大卷前有梁秀收閲古書印，後有殷浩印，殷浩以丹，梁秀以赭，是唐末賞鑒之家，其間有太平公主胡書印。王溥之印。自五代相家寶藏。侍中，國壻，丞相子也。米氏《書史》。

陸玩，字士瑶，《晉史》謁為陸玩，至米芾又謁為陸統，孰謂偏傍點畫之誤僅為細故歟。

太宗皇帝文德化成，情無他好，留意翰墨潤色太平。淳化中嘗借王氏所收書，集入《閣帖》十卷内。郗愔兩行《二十四日帖》，乃此卷中者，仍于《謝安帖》尾御書親跋三字以還王氏，其帖在李瑋家。余同王涣之飲于李氏園池，閲書畫竟日。末出次帖，棗墓大軸，古青藻花錦作褾，破爛無存模，晉帖上反安冠簪様、古玉軸。余尋裂擲棗軸池中，拆玉軸，王涣之加糊共裝焉。一坐大笑，要余題跋，乃題曰：李氏法書第一，亦天下法書第一也。

薛書來云：購得錢氏王帖，余荅以李公炤家二王以前帖，宜傾囊購取，寄詩云：歐怪褚妍不自持，猶能半蹈古人規。公權醜怪惡札祖，從茲古法蕩無遺。張顛與柳頗同罪，鼓吹俗子起亂離。懷素獦獠小解事，僅趨平淡如盲醫。可憐智永妍空白，去本一步呈千嗤。已矣此生為此困，有口能談手不隨。誰云心存乃筆到，天工自是秘精微。二王之前有高古，有志欲購亡高貲。殷勤分語薛紹彭，散金購取重跋題。薛和云草聖神蹤手，自持心潛模範識前規。惜哉，法書垂世久，妙帖堂堂或見遺。寶章大軸首尾具，破古欺世完使離。當時鑒目獨子著，有如痼病工難醫。至今所收上卷五，流傳未免識者嗤。世間無論有晉魏，幾人解得真唐隨。文皇鑒定號得士，河南精識能窮微。即今未必無褚獠，寧馨動欲千金貲。古囊織褾可復得，白玉為躞黄金題。葢為子弟索重價難購也。並米氏《書史》。

清・卞永譽《式古堂書畫彙考》卷六《書六・東晉・謝太傅八月五日帖》

八月五日告淵、朗、廓、攸、靖、玄、允等，何啚酷禍暴集，中郎奄至逝没。哀痛崩慟，五情破裂，不自堪忍，痛當奈何，當復奈何。汝等知慕斷絶，哀號深至，茲可為心。奈何，奈何，安疏。

《六十五字真蹟》

論説

清・孫岳頒等《佩文齋書畫譜》卷七〇《歷代名人書跋一・晉謝安六十五字真蹟》 謝太傅六十五字真蹟，後有米元章行楷百餘字，米自貴其小楷，云不輕為人寫，惟跋古帖與前賢墨跡用之。所謂獅子捉象必全其力，今在嘉禾項晦夫家，若王右軍《奉橘》、期小女《修載》等真蹟，皆項氏之傳貴者。《容臺集》。

清・倪濤《六藝之一録》卷一六四《法帖論述三十四・晉謝安六十五字真蹟》 右晉太傅南郡公謝安字安石，書六十五字，四角開元小璽，御府書也。永存真祕印，入唐相王涯家，翰林之印，建中御府所用。更兵火水土之刼者八百年，歷代得以寶之，必有神護。元祐中，見《晉十三帖》於太師李瑋第，云購於侍中王貽永家。太宗皇帝借其藏書摸《閣帖》，但取郗愔兩片，餘王戎、陸雲、晉武帝、王衍及此謝帖謝萬帖共十二帖，皆不取摸版。余特愛此帖，欲博以奇玩，議十年不成。元符中，歸翰長蔡公。建中靖國二月十日，以予篤好見歸余，年辛卯，今太歲辛巳，大小運丙申、丙辰於辛卯月辛丑日。余生辛丑，丙申時獲之，此非天邪。米芾記。《寶晉英光集》。

《樂毅論》

論説

南朝梁・陶弘景《與梁武帝論書啟》 《樂毅論》，愚心近甚疑是摹，而不敢輕言。今旨以為非真，竊自信頗涉有悟。箴詠吟贊，過為淪弱。許靜素段，遂蒙永給。仰銘矜奬，益無喻心。此書雖不在法例，而致用理均，背間細楷，兼復兩玩。

唐・孫過庭《書譜》 寫《樂毅》則情多怫郁，書《畫贊》則意涉瑰奇，《黄庭經》則怡懌虚無，《太師箴》又縱横爭折。暨乎蘭亭興集，思逸神超，私門誡誓，情拘誌慘。所謂涉樂萬笑，言哀已嘆。

宋・沈括《夢溪筆談》卷一七《書畫》 王羲之書，舊傳惟《樂毅論》乃羲之親書於石，其他皆紙素所傳。唐太宗裒聚二王墨跡，惟《樂毅論》石本，其後隨太宗入昭陵。朱梁時，耀州節度使温韜發昭陵得之，復傳人間。或曰：公主以偽本易之，元不曾入壙。本朝人高紳學士家。皇祐中，紳之子高安世為錢塘主簿，《樂毅論》在其家，余嘗見之。時石已破缺，末後獨有一海字者是也。其家後十餘年，安世在蘇州，石已破為數片，以鐵束之。後安世死，石不知所在。或云蘇州一富家得之。亦不復見。今傳《樂毅論》皆摹本也，筆畫無復昔之清勁。羲之小楷字，於此殆絶。《遺教經》之類，皆非其比也。

宋・程大昌《考古編》卷八《王書樂毅論》 歷代以《樂毅論》為大令正書第一。陶隱居之啓梁武，乃曰心疑近摹而不敢輕言，今時果謂為梁世模本也。梁、晉相去絶近，既皆不以為真，則誠偽矣。貞觀十三年，褚遂良叙禁中大令書五卷，遂以《樂毅論》為第一，《黄庭經》次之，其別叙又援太宗敕語為證，曰：此《論》誠真跡也。此恐誤也。梁經侯景之亂，所藏王書，悉爐於火，何以此《論》獨得不毀。豈其搨蹟猶存好，而帝獨過賞，以比其真耶。太平公主後從禁中取而有之，以織袋褁置奩中。及其敗，入咸陽老嫗手，吏蹟捕急，嫗欲滅蹟，亟投爨竈，香聞數里。此徐浩建中四年所記也。若武平一所記，則又不然，曰：太平敗，其黨薛崇胤懼罪，乃以賂岐王，遂歸岐邸，不焚棄也。二説如此，未知孰是。然貞元五年哀大王真跡，為百五十八卷，以《黄庭經》為正書第一，無《蘭亭》、《樂毅》，則開元時真本不存，明矣。今世傳本，必是模搨，又未必正是當時傳本。按褚遂良、武平一皆言：貞觀中嘗敕馮承素等搨本，賜長孫無忌等六人，人間遂有六本。其内本之經褚河南叙録者，凡接縫及卷首、卷尾，皆印貞觀二字以識，今傳本又皆無之。知是搨之又搨不疑也。

宋・桑世昌《蘭亭考》卷二《睿賞・高宗皇帝》 王羲之《樂毅論》正書第一，天下珍之。梁世模出，字法奇古全是。帝後屬餘杭公主，主以帝所重，常加寶惜，諸王皆求不得。及天下一統，處處尋訪，累載方獲此書。留意運功，特盡神妙。御書稿本一幅，塗改頗多。藏汪奎家。

明・李日華《六研齋三筆》卷一 右軍書法，千古宗匠，然其在當時，猶或受人排抑，如庾翼有家鷄野鶩之喻。陶貞白評其蹟，謂《樂毅論》極勁險，然不甚用意，《太師箴》、《大雅吟》甚用意乃成拘束。惟鍾太常正書，下筆有十二種意外巧妙，世所傳黄素《黄庭經》，實上清真人楊羲之蹟，非凡手腕所成也。歷觀唐宋名公，顔、褚、蘇、米俱以行草擅場。昭代精細楷者，宋景濂一人而已。希哲之圜媚，徵仲之峻峭，俱非當行也。余於書學本無功，若小楷又所畏者，蓋經歲不曾作一兩段也。今霜降後，天氣驟凜，晴窗映几，筆研無塵，頗思娱弄柔翰，追古人行狎縱恣之趣以自快，而孟鳴侄必欲楷書此箋，重違其意，勉强試為之，不覺醜怪百出矣。惟以古人所難，聊徵引以為自寬地耳，擲筦一笑。

明・李日華《紫桃軒雜綴》卷一 古人作一段書，必別立一種意態。若《黄庭》之玄淡簡遠，《樂毅》之英采沈鷙，《蘭亭》之俛仰盡態，《洛神》之飄飄凝佇，各自標新拔異，前手後手亦不相師。此是何等境界，斷斷乎不在筆墨間得者，可不於自己靈明上大加淬冶來。

清・張丑《清河書畫舫》卷二《晉二・王羲之・題右軍樂毅論後》 《樂毅論》者，正書第一，梁世模出，天下珍之。自蕭、阮之流，莫不臨學。陳天嘉中人得以獻文帝，帝賜始興王。王昨收禁中，即以見示。吾昔聞其妙，今睹其真，閲玩良久，匪朝伊夕。始興薨後，仍屬廢帝，廢帝既没，又屬餘杭公主，以前王所重，恒加寶愛，陳世諸王，皆求不得。及天下一統，四海同文，永處處追尋，累載方得此書劉運公，特盡神妙。其間書誤兩字，不欲點除，遂雌黄治定，然後用筆。陶貞白云：《大雅吟》、《樂毅論》、《太師箴》等筆力妍媚，紙墨精采。斯言得之矣。智永記。《法書要録》。

又《題樂毅論後》 予嘗戲為人評書云：小字莫作痴凍蠅，《樂毅論》勝《遺教經》。大字無過《瘞鶴銘》，《官奴》作草欺伯英。隨人作計終後人，自成一家始逼真。然適作小楷，亦不能擺脱規矩。客曰：子何捨子之凍蠅而謂人凍蠅。予無以應之。固知書雖棋鞠等伎，非得不傳之妙，未易工也。《山谷題跋》。

又 晉右將軍王羲之書《樂毅論》，貞觀六年十一月十五日，中書令、河南郡開國公臣褚遂良奉敕審定及排類。貞觀時令褚遂良定右軍書，以《樂毅》為正書第一，遂摹六本賜魏徵等，此其一也。《戲鴻堂帖》。

又 王羲之書，舊傳唯《樂毅論》乃羲之親書于石，其他皆紙素所傳。唐太宗哀聚二王墨蹟，惟《樂毅論》石本其後隨太宗入昭陵，朱梁時耀州節度使温韜發昭陵得之，復傳人間。或曰公主以偽本易之，元不曾入壙，本朝入高紳學士家。皇祐中，紳之子高安世為錢唐主簿，《樂毅論》在其家，予嘗見之，時石已破缺。末後獨有一海字者是也。其家後十餘年安世在蘇州，石已破為數片，以鐵束之。後安世死，石不知所在，或曰蘇州一富家得之，亦不復見。今傳《樂毅論》皆摹本也，筆畫無復昔之清勁，羲之小楷字，于此殆絶。《道德經》之類，皆非其比也。《筆談》。

又《跋樂毅論》 《樂毅論》縱横馳騁，不似小字。《瘞鶴銘》法度森嚴，不似大字。此後世作者不可仰望也。庚申重九，陸游書。《渭南集》。

又《原石樂毅論》 茂實府君購得一本，筆法清勁高古，較唐宋摹刻，字形幾小一倍，後歸之大兄矣。癸巳首春下浣，從嚴和宇許見王麟洲所藏《閣帖》，墨色如漆，完整若新，每卷首下有臣王著摹四字，鍾繇書内多《戎路帖》一段。凡吾平生所見宋拓《閣帖》中，少有模糊不清處，此中絲毫無闕，信是希世之寶。後收藏印章内如蘇滄浪、米元章諸名人多有之。又有成國公朱希忠，及我朝諸名家俱備有印記。獨王氏兄弟好題跋，而此帖獨無，不審何故，漫為識之。《故劍編》。

明・董其昌《畫禪室隨筆》卷一《跋自書・臨洛神賦書後》《樂毅論》乃扇書，後人又以為右軍自書刻石。梁世所摹與唐摹字形各異。淳熙秘閣，梁摹本也。予家《戲鴻堂帖》，唐摹本也。又有一本唐摹，在長安李氏，曾屬余跋，亦有文壽承跋，蓋貞觀中太宗命褚遂良等摹六本賜魏徵諸臣。此六本自唐至今，余猶及見其二。恨梁摹白麻紙真跡為新都吴生所有。余亦不甚臨《樂毅論》，每以大令十三行《洛神賦》為宗極耳。

清・孫岳頒等《佩文齋書畫譜》卷六《論書・宋董逌論書》　觀《蘭亭叙》《樂毅論》，便知逸少於法度備矣。

清・錢泳《履園叢話》卷一一上《書學・總論》　昔人謂右軍《樂毅論》為千古楷法之祖，其言确有理据。蓋《黄庭》、《曹娥》、《像贊》非不妙，然各立面目，惟《樂毅》冲融大雅，方圓适中，實開後世館閣試策之端，斯為上乘。

清・劉熙載《藝概》卷五《書概》　右軍《樂毅論》、《畫像贊》、《黄庭堅》、《太師箴》、《蘭亭序》、《告誓文》，孫過庭《書譜》論之，推极情意神思之微。在右軍為固物，在過庭亦為知本已。

紀　事

明・陳繼儒《太平清話》卷四　《樂毅論》，王右軍親書於石，殉葬昭陵。温韜發得之，至宋人高紳家。紳子高安世自錢塘至蘇州，十餘年，石已破數片，以鐵束之，後亡矣。或云：唐公主以僞本易之，不曾落昭陵中。

明・張丑《清河書畫舫》卷二《晉二・王羲之・王右軍稚恭帖贊》　王逸少以永和六年十二月廿四日寫《樂毅論》。時年四十有六。

《初月帖》

論　説

宋・黄伯思《法帖勘誤》卷上《第八王會稽書下》　羲之死罪小大悉佳，帖書殊惡。末云因緣不多，亦近代所為耳。足下各如常，亦唐人作，比《初月帖》差勝。中云淡悶干嘔，淡，古淡液之淡，千古干濕之干，今人以淡作痰，以干作乾，非也。據此，當亦非今人之所作。闊轉久，帖末云卒未近緣如何，非晉士語，阮公故爾一帖非逸少書。

宋・岳珂《寶真齋書法贊》卷七《唐人摹二王帖・右軍初月帖》　右唐人摹王右軍《初月帖》真蹟一卷，筆勢婉遒，具有法則，獨紙素不與他帖類似。唐末者有小璽在卷端，先君以淳熙庚子歲中秋，併遺信帖得之趙千里。贊曰：唐摹之傳取奇古，髣髴硬黄疑此楮。我從眼力别瑶賦，安得庸奴字如許。

《蘭亭序》

題　解

明・陳繼儒《珍珠船》卷二　晉人謂《臨禊序》，唐人稱《蘭亭詩》，或言《蘭亭記》，歐陽公云《修禊序》，蔡君謨云《曲水序》，東坡云《蘭亭文》，山谷云《禊飲序》，通古今雅俗所稱，俱云《蘭亭》，至高宗宸翰題曰《禊帖》，於是《蘭亭》有定名。

清・查慎行《得樹樓雜鈔》卷二《定武蘭亭考》 《禊序》，右軍神筆也。七傳而歸僧智永，永傳其徒辨才，唐太宗取之，上距永和癸丑二百六十餘年。未幾，殉葬昭陵，真跡亡矣。唐初善書者多摹本，惟歐陽率更為逼真，勒石禁中。石晉時，契丹輦歸，流落於定武。宋慶曆中，碑出民間，《集古録》以為別本，非也。熙寧間，薛師正父子始別刊一本，以易元碑，於湍、流、帶、左、天五字劖損一二筆為識，行於世者往往而是。南渡後，摹刻幾千石，謬以傳謬，漸失其舊矣，惟五字不損而書法猶存率更體者為真。米南宮所得，乃褚河南臨本耳。蓋定武真本，宋時已不可多得矣。

清・梁章鉅《歸田瑣記》卷三《玉枕蘭亭》 今人熟聞玉枕《蘭亭》之名，而不知其有三本。其一見《太清樓帖》序，云唐文皇使率更令以楷法摹《蘭亭》，藏枕中，名玉枕《蘭亭》；其二則宋政和間營繕洛陽宮闕，内臣見役夫所枕小石有刻畫，視之乃《蘭亭序》，只存數十字；其三則賈秋壑使廖瑩中以燈影縮小，刻之靈壁石者。率更、洛陽二本，余皆未見，惟秋壑石舊存福州舊家。按：文待詔謂賈氏刻有二石，字畫大小皆同。其一有秋壑珍玩印章，右軍作立象而鬈心。其一坐而執卷，左有賈似道小印，即今福州本也。石高五寸，寬九寸，厚四分，旁微缺，内會字磨滅，群字、石字、帶字、流字有損，蕭蟄庵跋云：康熙壬寅秋，余在長安得之閩人之手。蓋因秋壑死後，石落在閩。及出閩，仍歸於閩之人，亦異矣。近聞為陳鑑亭廉使觀以重價購去，又不知何時復能歸閩否耶。

論説

宋・蘇軾《東坡題跋》卷四《題逸少書其三》 《蘭亭》、《樂毅》、《東方先生》三帖絶妙，雖摹寫屢傳，猶有昔人用筆意思，比之《遺教經》則有間矣。

又卷五《右軍斫膾圖》 徐彦和送此本來，云是王右軍《斫膾圖》。予觀此榻上偃蹇者，定不解書《蘭亭序》也。右軍在會稽時，恒温求側理紙，庫中有五十萬，盡付之。計此風神，必有岩壑之姿耳。永思堂書。

謝安石人物為江左第一，然其為政，殊未可逸少意，作書譏誚，殆欲痛哭。此所謂君子愛人以德者。以紙五十萬與恒温，何足道。此乃史官之陋，而魯直亦云爾，何哉。書生見五十萬紙足了一世，舉以與人，真異事耳。本傳又云，蘭亭之會或以此比金谷，而以逸少比季倫，逸少聞之甚喜。金谷之會，皆望塵之友也。季倫之於逸少，如鴟鳶之於鴻鵠，尚不堪作奴，而以自比。決是宋晉間妄語。史官許敬宗，真人奴也，見季倫金多，以為賢於逸少。今魯直又怪畫師不能得逸少高韻，豈不難哉。余在惠州，徐彦和寄此畫求余跋尾，書此以發千里一笑。紹聖二年正月十二日，東坡居士書。

宋・朱長文《墨池編》卷一《字學門・唐太宗筆意》 夫學書者，先須知有王右軍絶妙得意處，真書《樂毅論》，行書《蘭亭》，草書《十七帖》，勿令有死點，盡書之道也。學書之難，神采為上，形質次之，兼之者便到古人，以斯言之，豈易多得。必使心忘於筆，手忘於書，心手遺情，書不妄想。要在求之不見，考之即彰。

宋・黄庭堅《類編增廣黄先生大全文集》卷四三《書王右軍蘭亭草後》 王右軍《蘭亭草》，號為最得意書，宋齊間以藏秘府，士大夫間不聞稱道者，豈未經大盜兵火時，蓋有墨跡在《蘭亭》右者。及梁州之間焚蕩，千不存一。永師晚出此書，諸儒皆推為真行之祖，所以唐太宗必欲得之。其後公私相盜至於發冢，今遂亡之。書家得定武本，蓋仿佛古人筆意耳。褚庭誨所臨極肥，而洛陽張景元劚地得缺石極瘦，定武本則肥不剩瘦，瘦不露骨，猶可想其風流。三石刻皆有佳處，不比寶己有而非彼也。

又卷四八《跋與張載熙書卷尾節録》 《蘭亭禊飲詩叙》二本，前一本是都下人家用定武舊石刻摹入木板者，頗得筆意，亦可玩也。一本以門下蘇侍郎所藏唐人臨寫墨跡刻之成都者，中有數字，極瘦勁不凡，東坡謂此本乃絶倫也。然此本瘦字時有筆弱骨肉不相宜稱處，竟是常山石刻優耳。

宋・黄庭堅《山谷別集》卷一〇《題范氏模蘭亭叙》 右軍自言見秦篆及漢《石經》正書，書乃大進。故知傴促轅下者，不知輪扁斫輪有不傳之妙。王氏以來，惟顔魯公、楊少師得《蘭亭》用筆意。右得於元氏。

宋・黄庭堅《山谷題跋》卷九《書王周彦東坡帖節録》 東坡云：大字難於結密而無間，小字難於寬綽而有餘，此確論也。余嘗申之曰：結密而無間，《瘞鶴銘》近之；寬綽而有余，《蘭亭》近之。

宋・李之儀《姑溪居士後集》卷一五《雜題跋》 晉右將軍王逸少善

草書，為古今之魁，嘗為越州内史。永和九年三月上巳日，同子侄輩游山陰之蘭亭，修禊事也。各賦詩為樂，遂製《蘭亭叙》，辭翰精絶，為世之寶。後唐太宗泊玉華，大漸，語高宗曰：吾有事語汝，汝必從之。高宗涕泣引耳而聽。曰：吾身後得《蘭亭》陪葬，吾無恨矣。唐末亂離，賊發諸陵，唯取其金玉，而書畫復落於人間。皆摹刻失真遠甚，惟長安薛真，極為清絶。

宋·李之儀《姑溪題跋》卷一《又跋東坡蘭皋園記節録》 世傳《蘭亭》，縱横運用，皆非人意所到，故於右軍書中為第一。

宋·董逌《廣川畫跋》卷五《清夜遊西園圖》 王逸少《蘭亭》，世稱筆墨詣絶。唐諸子翻搨，其書至衆，逮今《蘭亭》真本不見傳於世者，皆臨摹之遺也。然世猶以此書至矣，豈典刑未泯，蹈規循矩可以移奪之，故自有佳致哉。

又卷六《蘭亭序》 《蘭亭序》在唐貞觀中舊有二本，其一入昭陵，其一當神龍中太平公主借出搨摹，遂亡。其後温韜發諸陵，《蘭亭》復出。太宗朝留神書學，嘗出使購求藝文諸書咸得，當時已無《蘭亭》矣。仁祖復尚書篆，求於四方，時關中得《蘭亭》墨書入録，字畫不逮逸少它書，其後秘閣用此刻石，為《後法帖》。今諸處《蘭亭》本至有十數，惟定州舊石為勝。此書雖知皆唐人臨搨，然亦自有佳致，若點畫校量，固有勝劣，後人不考其法有得其書者，皆謂真逸少跡也。此其説所以異也，惟仿像得真為最傳也。

又卷八《徐浩開河碑節録》 觀《蘭亭叙》、《樂毅論》，便知逸少於法度備矣，此皆已出後人模勒以傳，不能盡得當時下筆意，至其合處，猶度絶前輩，備有書法可考，則知書到古人地位，自可以法度論也。

宋·袁文《甕牖閑評》卷五 余嘗得周子發真跡一軸云：王羲之嘗書《蘭亭會叙》，隨末廣州僧得之。唐太宗特工書，聞右軍《蘭亭》真跡，求之，得其他本，知第一本在廣州僧處，難以力取，故令人詐僧，果得之。其説如此。而宋景文公《雞跖集》亦云：余幼時讀《太平廣記》，見唐太宗遣蕭翼購《蘭亭帖》，蓋譎以出之，輒嘆息曰：《蘭亭叙》若是貴耶。以太宗之賢，巍巍乎近世所無，奈何溺小嗜好，而輕失信於天下也。觀景文公所書，益知子發之言為不謬，惟是《蘭亭》一篇，梁昭明太子集魏晉以來諸公雜文作《文選》，而《蘭亭》獨不入。本朝太宗摹魏晉以來諸公真跡作法帖，而《蘭亭》復不入，抑可謂之不幸矣。

宋·周必大《文忠集》卷一六《題跋·跋劉仲威蘭亭叙》 晉人風度不凡，於書亦然。右軍又晉人龍鳳也。觀其鋒藏勢逸如萬兵銜枚，申令素定，摧堅陷陣，初不勞力。蓋胸中自無滯礙，故形於外者乃爾，非但積學可致也。昔梁昭明以一語不中，廢此《叙》而不録，後世因以絲竹管弦為重復之病。至齊梁小兒偽妄之作，則信而不疑，是蓋以微瑕棄玉，而以玉表重瑁也。唐太宗親傳《晉史》，備載斯文，豈無意耶。雖然翰墨如此，閲千百載終當輝映學海，後之覽者亦將有感於此，固右軍期望於士大夫之志也。故吾樂為仲威言之。紹興乙亥九月二十七日書。

宋·桑世昌《蘭亭考》卷三《紀原》 李文和遵勉，其家書畫最富，有懷仁真跡《集右軍聖教序》、貞觀《蘭亭詩序》、《山陰帖》、《樂毅論》，皆冠世之寶。李氏遺事。

又 右軍祠堂碑有云：公之生也踐得二之機，膺五百之慶，骨鯁清貴，鑒裁端凝，夷簡澹雅，魁梧頽放，性敖如也。深為伯父大將軍敦、丞相導之所器重，學總墳索，藝苞流略，書窮八體，才贍五能。至若垂露崩雲，芝英薤葉，鸞回鵠顧之巧，虎踞龍騰之勢，信可挺拔終古，輝映來今者乎。我太宗萬機之暇，宏覽典墳，得之右軍，欣然師範，親製贊論。有曰：詳察古今，研精篆素，盡善盡美，其唯王右軍乎。心摹手追，此人而已，斯乃萬世之榮觀也。又云：既而金行不競，小人道長，興言慷慨，峻誓墳塋，隨時卷舒，關國隆替，窮述名山，遍歷滄海。捐龜組，褫龍車，煉金膏，屑瓊蕊，泛曲水，茂蘭亭。於是謝安、孫綽、李充、許詢、支遁、許邁之儔，若非闕一字首謝時，即是文章冠代，何嘗不攀勝慕德，夕處朝遊，公白為之序，以申其誌也。唐王師範。

又卷六《審定上》 《蘭亭修禊叙》，世固不乏，特佳本，則精神焕發，意態横生。

平生所閲亦多，然如此本不過五六，與宿得於蘇魏公家本争雄長，皆熙寧以前所搨。山谷所謂肥不剩肉，瘦不露骨，正此帖也。吴興施宿題。以上六跋，續得於祖武本後。

又卷七《審定下》 《蘭亭叙》，逸少得意書，後賢多臨寫。石本數十，以定武本為勝。石歸薛氏，亂後便復難得。熟閲悵然。維揚朱犯同光宗諱儒題於錢塘。

又 《蘭亭》以定武為第一，而定武復有二本，真刻為薛氏藏去，而以模本刻定武。比於吴傳朋處見真定武本，略不與他本相侔，此其次也。襄潭張嶼巨山書。紹興丁卯孟夏十四日，平仲，必毛平仲。此刻今在趙仁仲家前。

又 石刻如右軍臨鍾繇《墓田帖》，長安范氏玉石褚河南《靈寶經》變相小楷，秘閣開皇右軍諸帖，與《定武蘭亭》，則石工妙矣。高氏所藏《蘭亭》舊本，藏久斷爛，僅可褾軸，而意韻態度，邈焉古高，如晉宋間人物，風流超逸，後人皆不可及。此本紙墨俱稍新，而筆法備具，精神氣骨，有跳天卧閣之雄，觀之可喜可愕。及與舊本並觀之，則品格標韻似覺少低，然皆佳本。洛人康復。紹熙癸丑上元日。

又 王逸少一不得意，誓墓不出，遂終其身。子敬答殿榜之請，辭意峻甚，豈知世間有得喪福禍哉。以此學二王書，庶幾得之。若不辨此，雖家藏昭陵繭紙真跡，字字而講之，筆筆而求之，去《蘭亭》愈遠矣。謂予不信，有如大江。陸游。

又 《修禊叙》，是右軍得意處，當落筆時，自有神助，醒後更寫十數本，終莫能及，此豈當以筆求畫哉。山谷晚得定武本，已僅能仿佛存筆意，今距山谷又幾何時。商榷真贋，大似逐塊；摹寫肥瘦，各自成妍。當時存之於心，會其妙處爾。解賞此語，許渠具一隻眼。羅點。

又 《蘭亭序》，逸少得意書，後賢多臨寫。石本數十，以定武本為勝。石歸薛氏，亂後便復難得。熟閲悵然。惟楊朱犯同光宗諱。儒題於錢塘。

又卷一〇《詠贊》 羲之年三十三書《蘭亭》，三十七書《黄庭經》，書訖聞空中有語：卿書感我，而況人乎。吾是天台丈人。羊欣《筆陣圖》。

宋・陸游《渭南文集》卷三一《跋陳伯予所藏樂毅論》 世傳中山古本《蘭亭》之流、帶、右、天五字，有殘闕處，於是士大夫所藏《蘭亭》悉然。又謂《樂毅論》古本至一海字止，於是凡《樂毅論》亦至海字而亡。其余妄偽亂真，大抵如此。今伯予此軸皆佳，後一本尤敷腴可愛，未可以海字為定論也。嘉定戊辰歲七月己未，山陰陸某務觀書，時年八十有四。

宋・姜夔《續書譜・臨摹》 世所有《蘭亭》何啻數百本，而定武為最佳，然定武本有數樣，今取諸本參之，其位置長短小大無一不同，而肥瘠剛柔工拙要妙之處，如人之面，無有同者。以此知定武雖石刻，又未必得真跡之風神矣。

宋・俞松《蘭亭續考》卷一 王羲之《蘭亭序詩》真跡，唐貞觀中御史蕭翼就會稽僧得之，詔内供奉摹寫，賜功臣。時褚遂良在定武，再模於石。真跡復入昭陵，世不復見。自唐以來，所傳惟寶定武本，當時印取已多，缺去會字。此石宣和間又歸内府，亦不復見矣。今古摹刻向搨，奚翅數十百，卒非識者眼中物。按張彦遠《法書要録》云：羲之復書此《叙》凡三十，終不類初。以是知無心之妙，亦不自知也。能造此理，可以學道。僑寓南安，觀知白所藏定武真本，旅愁頓解。建炎二年五月二十六日，宋唐卿謹識。

右藏越僧處。

又 唐太宗既獲《蘭亭叙》，乃命馮承素、趙模、諸葛貞之流，鉤模以賜近侍，令褚遂良檢校而董之。今嗜古好奇君子，尚有秘傳當日賜本。近見一本，已歸御府矣。神物護持，斯為萬世不朽之藏，廣宇間石刻莫可勝紀，悉以為定武最善，此蓋是也。紹興十九年九月十五日，懶拙老人米元暉書。

宣和之末，復置書學，增博士三員，杜從古、米友仁與兢，昨兼見任職事。一日太上皇各賜《蘭亭叙》石刻一本，其下御筆書云康定二年進，尚是定州所貢。今觀是本，政與向來所賜同，今不易得，宜珍秘之。紹興壬申春二月六日，保大騎省雲來徐兢題。

《定本蘭亭叙》，如世奇寶，不惟難得，亦難辨。此蓋故家所藏，米、徐二公，好古博雅，與之不疑。仆因而識焉，幸矣。淳熙辛丑閏月晦日，唐季度題。

右一本三跋，藏俞松家。

又 《武定蘭亭叙》，熙寧中薛師正為帥，其子紹彭竊歸洛陽，斫損湍、流、帶、右、天數字，以惑人。宣和間歸御府。建炎初，宗澤送之維揚，虜騎焚維揚，方不知所在。此本未斫損，乃舊日定武所搨，尤可貴重。黄太史謂肥不剩肉，瘦不露骨，謂此帖也。臨川王厚之跋。

前輩論《定武蘭亭》石本，風流秀潤，骨肉相稱；視其筆意，右軍清真氣韻，冠映一代，猶可想見。今觀此帖，寧不信然。己未中冬，武夷詹體仁。

宋・陳思《書苑菁華》卷一二《書論下・唐蔡希綜法論節録》 右軍之跡流行二代眾矣。就中《蘭亭序》、《黄庭經》、《太師箴》、《樂毅論》、

《大雅吟》、《東方先生畫贊》，咸遇得其精妙。故陶隱居云：右軍此數帖皆筆力鮮媚，紙墨精新，不可復得。右軍亦自訝焉，無復似者。乃嘆而言曰：此神助耳，何我能力能致。

宋·周密《齊東野語》卷一二《禊序不入選帖》 逸少《禊序》，高妙千古。而不入《選》，或謂絲竹管弦、天朗氣清，有以累之。不知絲竹管弦，不特見《前漢·張禹傳》，而《東都賦》亦有絲竹管弦，燁煜抗五聲之語。然此二字相承，用之久矣。張衡賦：仲冬之月，時和氣清。又晉褚爽《禊賦》亦曰：伊暮春之令月，將解禊於通川。風摇林而自清，氣扶嶺而自鮮。況清明為三月節氣，朗即明，又何嫌乎。

若以筆墨之妙言之，固當居諸帖之首，乃不得列官法帖中，又何哉。豈以其表表得名，自應別出，不可與諸任齒耶。亦前輩選詩不入李、杜之意耳。識者試評之。

宋·周密《志雅堂雜鈔》卷上《畫圖碑帖》 王逸少《禊帖序》文章妙天下，而不得入《文選》；書筆妙天下今古，而不得列於官帖。

宋·林希逸《竹溪鬳齋十一稿續集》卷一三《跋徐平父所藏蘭亭二帖》 山谷謂右軍《蘭亭》，無一字一筆不可以人意。摹寫或失之肥瘦，亦自成妍。此卷二帖，皆摹而又摹者，與余所藏頗相類，雖其間有失真處，然亦有可心會者，以山谷之語求之，則可。竹溪林某咸淳己巳九月己巳書。可以心會，亦山谷跋中語。

元·鄭杓撰、劉有定注《衍極》卷五《天五篇》 《蘭亭》多用篆法，至於曲字之類，則間用側筆。米元章評褚臨《蘭亭》曰：曲字益彰於楷則者是也。故善觀《蘭亭》者，知隸草之變矣。其要妙在執筆，善執筆則直側一以貫之，隨手萬變，任心所成，天下無全書矣。

明·宋濂《宋學士文集》卷三三《跋西台御史蕭翼蘭亭圖後》 予幼時聞文皇遣蕭翼撰《蘭亭敘》於辨才事，頗疑之，以為文皇天縱人豪，未必為是瑣屑也。及覽劉餗《傳記》云：《蘭亭敘》因梁亂流落人間。陳天嘉中，為僧智永所得。至太建中，獻之宣帝。隨平陳，又獻之晉王廣，即煬帝也。帝之不寶，僧智果從帝借搨，及登極，竟不從果索。果死，弟子辨才獲焉。文皇為秦王日，見搨本驚喜，乃貴價市羲之書，《蘭亭序》終不至。及知在辨才處，使歐陽詢求得之，以武德二年入秦王府。由此而觀，辨才之師乃智果，非智永。求《蘭亭序》者乃歐陽詢，非蕭翼也。汝陰王。

汝陰王銍性之采餗所載，謂餗父子世為史官，是正文字尤精，其言當不妄。遂詆蕭翼之事鄙妄狹陋，僅同兒戲。且云秦邸不能遣台臣，文皇始定天下，威震萬國，詎殘老僧亦何敢靳一紙書。

或者雲辨才所居雲門寺，有翼留題二詩，秦、晁、黄三公皆信而不疑，此固不足取以為據。至若閻立本會《辨才翼圖》，則出於何延之等傳會，謂為立本當時之所親見，尤非也。今閱此卷，遂執筆詳識，如此年耄神昏，未必能中乎理，又俟博雅君子定之。

明·解縉《春雨雜述·評書》 右軍之序《蘭亭》，字既盡美，尤善佈置，所謂增一分太長，虧一分太短。

明·金幼孜《金文靖集》卷一〇《跋·跋定武蘭亭》 《蘭亭》模寫多失真，以致真贋難辨。余生平所閲石刻者，無慮數十，惟定武本尚存古意，然見於世者甚少。此本以為元大德間臨安唐師善所藏，而趙文敏公題識其下，文敏以為紙墨佳、搨本工，世所不易得者，誠為確論矣。因丘敬常持此求題，故書其後如此。

明·陳敬宗《澹然先生文集》卷六《題蘭亭臨本墨跡卷後》 右《蘭亭》墨本一卷，説者以為褚遂良所臨，用筆精熟，略不經意。然神氣完密，風韻温雅，體格規矩，咄咄逼真，誠非他人所能到者。昔虞世南既没，唐太宗嘗興無與論書之嘆，魏徵因薦遂良入為侍書，當時購求右軍真跡甚富，真贋莫辨，遂良一一鑒别，如辨黑白，遂敓右軍精魄，故後世多其所臨刻本，今亦罕得。予意當時必擇其精者刻之，此其次本散落人間，流傳至今耳，亦足為稀世之珍也。好古博雅君子必有能辨之者，宜姑俟之。遂良字登善，錢塘人，官至尚書右仆射，封河南縣公云。

明·王直《抑庵文後集》卷三六《題跋·題蘭亭帖後》 右《蘭亭叙帖》，晉王右軍書，清潤勁健，號為第一，唐文皇帝最珍惜之，後以葬昭陵，唐末之亂，温韜發昭陵，凡書畫，皆剔取其裝飾寶玉而棄之，故魏晉名筆復散落人間。宋太宗嘗購求之，獨《蘭亭》亡逸不存。此本乃唐人所摹者，骨肉相稱，猶足以見右軍書法，因是而想真跡，其妙可知也。吾友樂象明藏此本而習之，賢於俗書遠矣。

明·釋濟孫《憨山大師夢遊全集》卷八《題跋·蘭亭卷跋》 蘭亭勝

集雅尚一時，而高風激千載之頹波，清流洗終古之垢濁，故後世君子邈矣遐思。繪其圖，詠其詩，不覺神情超越，況右軍生平得意之書，獨此一序，豈非天真秀發，而人不自知其神者乎。此卷蓋其余蘊耶。

明・董其昌《容臺別集》卷二《題跋二・書品一》 古人作書必不作正局，蓋以奇為正，此趙吳興所以不入晉唐門室也。《蘭亭》非不正，其縱宕用筆處無跡可尋，若形模相似轉去之遠。柳公權云，筆正須善學柳下惠者參之，余學書三十年見此意耳。

又卷三《題跋三・書品二》 右軍去郡之後，有《告墓帖》，既避王述，遂終不出。然《蘭亭》、《黄庭》皆在爾時始出。米芾所謂右軍妙跡，去郡方佳，甚矣。纓冠為墨池一蠹也，知此可知書道無論心正，亦須神曠耳。

明・董其昌《畫禪室隨筆》卷一《評法書》 右軍《蘭亭序》章法，為古今第一，其字皆映帶而生，或小或大，隨手所如，皆入法則，所以為神品也。

又 《蘭亭》出唐名賢手摹，各參集自家習氣，歐之瘦，褚之肥，于友軍本來面目不無增損，政如仁智自生妄見耳。此本定從真蹟心眼相印，可以稱量諸家稧帖，乃神物也。

明・謝肇淛《五雜組》卷七《人部三》 右軍《蘭亭》書，政和太史公、伯夷、聶政傳，其初亦信手不甚著意，乃其神采橫逸，遂令千古無偶。此處難以思議，亦難以學力强企也。自唐及元，臨《蘭亭》者數十家，如虞、褚、歐、柳及趙松雪，雖極意摹仿，而亦各就其所近者學之，不肯畫畫求似也，此是善學古人者。如必畫畫求似，如優孟之學孫叔敖，則去之愈遠矣。此近日書家之通病也。

明・張丑《清河書畫舫》卷二《晉二・王羲之・王右軍稚恭帖贊》 王逸少以永和四年十二月廿四日寫《樂毅論》，時年四十有六。以永和九年三月三日寫《蘭亭序》，以永和十二年五月十三日寫《畫像贊》，五月廿四日寫《黄庭經》，一一見真跡中。羊欣《筆陣圖》云：右軍三十三書《蘭亭》，三十七書《黄庭》，皆誤也。設果三十三在蘭亭修禊事，不應第五子徽之已能詩句耳。

明・汪砢玉《珊瑚網》卷一九《神龍蘭亭序》 《褉帖》在唐貞觀中，舊有二本：其一入昭陵，其一當神龍中，太平公主借出模搨，遂亡。而《蘭亭》自唐以後，又分二派：其一出於褚河南，是為唐本；其一出於歐陽率更，是為定武本。餘如會稽本之類，多唐賢所臨。至宋理宗内府所藏，有一百二十七刻，逮遞傳遞勒，何啻千余種，宜乎考論者如聚訟也。昔人以《蘭亭詩序》，為書家六經，神龍本其壁中葩上物乎。源崐子識。

又《趙承十六跋定武蘭亭》 自永和九年至於今日，千有餘歲，其間善書入神者，當以右軍為第一，所謂龍跳天門，虎卧風闕，真不誣也。右軍平生書最得意者《蘭亭》為第一，其真跡為隋僧辨才所藏，唐太宗以計獲之，命褚遂良、馮承素等摹搨以賜近臣，刻石惟建武一本最得其真，後世共寶之。故石刻當以定武為第一，石晉時為契丹輦其石投北，棄中山境中，後人取龕宣化堂壁，薛紹彭易歸，其弟獻於朝。高宗南渡，至揚州而失之，其石已亡。而碑本散落人間者有數，然墨有濃淡，紙有精粗，摹手有高下，故雖出一石，迥然不同。又有真贗相雜，非精鑒者，不能識也。余平生所見定武本，惟此一本紙墨既佳，摹手復善，無毫發遺恨，千古墨本中，此本當為第一。自右軍之下，唐宋勿論，千有餘年後，能繼右軍之筆法者，為先外祖魏國趙文敏公當為第一。文敏平昔所題《蘭亭》墨本亦多矣，或一題數語，或至再題，則為罕見，不可得矣。惟此本凡十有六題，復對臨一本，可見愛惜之至，不忍去手。於文敏題跋中，此本又當為第一也。嗚呼，一千年之前，惟有一人，一人惟有此得意書。數千刻中，惟此一刻。墨本在世者，何啻萬計，皆化劫灰，存至今日，惟此一本最精。後千年惟有一人，一人惟有此一題，為至精至賞。舉千年之世，書法之精妙者，無過此一本。以此論之，金玉易得，性命可輕，好事家當為傳世之寶，不可以尋常書刻觀也。余於至正廿五年秋七月，購得於吴城，如獲重寶，玩弄不捨，後之子孫，當世寶之。毋為富者財物所易，毋為强者勢力所奪，真吾之子孫也。苟能專心臨摹數千過，雖不能企及前人，要當不讓今世能書者，遂識而藏之。黄鶴山人王蒙書。

唐太宗得右軍《蘭亭》真跡，使趙模搨以十本賜方鎮，惟定武用玉石鐫之。江左所傳，會稽石也。錢氏歸朝，定武富民買之以還。一云：文宗朝，舒元輿作《牡丹賦》，刻之碑陰，薛尚書帥定武，求勿得，子紹彭於公廚見鎮肉石，有賦在背，乃別刻之，攜玉石歸長安。宣和中，詔取入，乃連夜墨搨，冀得多蓄，流傳人間。每疊三紙，加氈墨焉，故最下近石字内為真，在上二紙，字畫愈細。榮芑云：長安帥薛嗣昌，紹彭之弟也。時內侍梁師成為長安承受官，批旨取舊刻，嗣昌倉卒，以紙三幅作一重模石，第一本墨深，第二本墨淺，第三本又加淺，世謂之蟬翼本。一云：唐歐陽詢摹《蘭亭》稿最為逼真，太宗愛之，刻置學士院。後朱梁徙於汴，耶律氏輦載寶貨圖書而北。至真定，德光殂，棄此石於中山，李學究得之，不以示人。韓忠獻之守定武也，李生始以墨本獻公，公索之，乃瘞地中，另鐫以進公。又一紀，李生謝世，其子出石模售，每本須錢一千，由是好事者爭取之。其後李氏子負取緡，無從取償，時宋景文守定，乃出公帑金代輸之，匣石藏於庫，非貴游舊交，不可得也。一云：慶曆間，宋祁帥定武，有士子攜此石至郡，死於營妓家，樂營將河水清，見而識之，取以獻祁，為龕石郡齋。遂以定武著名。熙寧中，河東薛珦出牧定武，重摹於外以應求者，自是定武有真贋矣。珦子紹彭，又刻別本留中山，攜原石歸長安，暗鑱湍、流、帶、左、右五字，各一二筆，以私識之，世因號五字損本。宣和初，彭弟嗣昌進上徽宗，置睿思殿東壁。靖康亂，獨此石棄不取，高宗駐蹕廣陵，宗留守汝霖，見石馳獻。逾月，虜騎大至，盡棄御用諸物，獨瘞石渡江。後揚帥向子固，奉密旨搜訪，竟不獲。一云：國朝宣德四年，揚州某寺僧舍，發地得二石，乃《蘭亭》舊刻，兩淮運使何士英命工截齊，合之為一，前所存者十八行，止獨不二字，後存者十行，起能不二字。明年，士英致仕，攜歸金華，毀於火。又有以何轉運獲石民間，一而肥本，一而瘦本，惜遭回祿，是定武絕跡矣。余再考之，得康伯可云：舊刻與岐陽石鼓，俱載以北，宋定國嘗從虜使，言在所謂中京者，則士英多得，豈薛師正贋刻類耶。又張蕓叟云：靖康中，有得《蘭亭》真跡，詣闕獻之，半途而京城破，後不知所在。奢望何止李學究中山之獲。近董玄宰云：姜山人游豫章，得《蘭亭》石，蓋農夫鋤田，數見夜有火光，因為異，發而獲之，已缺兩行，真定武宋搨也。惟好事者，加意搜訪耳。杵蘭主人玉識。

自山谷嘉定武，以為肥不剩肉、瘦不露骨，於是士大夫爭寶之。其實或肥或瘦，皆有佳處。又以定武自有三本，獨民間李本為勝，其餘用李本再刻，蓋瘦細矣。蔡山父云：予見唐刻本有二：一是貞觀間石刻，一是泗南山杜氏所藏本。崇寧初，米老嘗模於寶晉齋，號為《三米蘭亭》，鋒勢筆法，絕不類他本，區區珍愛定武者，是不知有唐刻也。其二唐刻，為汪丞相逵藏。而季路所蓄《褉序》至多，有汪氏本，刻同豫章，自第十至十四行橫裂，或有汪德輝忠衛社稷之家一印，足徵吾家之不沾沾定武焉。余更兄賜潘貴妃正本。弇州跋有云：開皇石本，褚河南臨本，皆行箋也。定武稍真，為一時賞重，然米南宮絕不喜之。其後摹者，日益楷而小，非復故步矣。相傳定武為歐陽率更臨，故楷法多勝；褚河南臨，則行法勝。蓋皆以其質之近為之耳。米筆佻，以故不為定武左袒。噫，先荆翁嘗收《褉序》數十種，多宋搨，乃余徒好之而不能守。兒淵僅能執筆，仿佛何日，若米氏得唐刻，父子三人，逐字模於第一軒，甘露降其家西山書苑梧桐上，以侈一時勝事，庶不辜予改定武意乎。時癸未中秋日，看桂花，莊有十尋之蕉，結甘露如九品蓮，采供韻齋官窯唾壺，歷小春朝猶未凋，是亦足當寶晉墨瑞矣。漫贅之，俟後賢耽此道者。蘭上裏墨王侍者玉再識。

明・張岱《夜航船》卷八《文學部・書畫・蘭亭真本》　王右軍寫《蘭亭記》，韶媚遒勁，謂有神助。後再書數十餘幀，俱不及初本。右軍傳於徽之，徽之傳七世孫智永，智永傳弟子辨才，辨才被御史蕭翼賺入軍庫內，殉葬昭陵。

明・王一槐《玉唾壺》卷上《蘭亭考異》　王逸少《褉序》，今所傳者乃初書本，故有塗抹之跡。如不可哀哉作痛哉，亦可悲已。悲夫。亦將有感於斯作斯文，此跡可見者，如歲在癸丑，實原作歲赤奮若。僧不知老之將至，實原作曾不知老之將至。蓋在字即赤字所改，故下腳長。癸丑二字即奮字所改，上奮作癸字，下臼作醜字，故皆體匾，醜下空處則若字之地也。《爾雅》歲名在醜曰赤奮若，文正用此。僧傍立人乃鉤進行裏筆勢，今人脫有字，必於其旁作一人，其形如立人，後人林，臨摹遂作僧。《東觀餘論》有傳會為徐僧權梁舍人得之，用名字小印押縫，歲久只存僧字，此不足信。因為晉史逸少傳無曾字，不知正因僧字而誤之去也。夫《蘭亭》代為王氏所寫，至七世孫智永以傳弟子辨才，所謂付授有緒者也。安得出於梁而僧權為之押縫也，此又可笑。唐宋諸人考鑒精密，辨不到此，有遺論矣。

清・胡世安《褉帖綜聞》卷六《鄭作肅題》　米蘭宮謂《蘭亭序》為行草第一，黃太史謂《蘭亭序》摹寫或失之肥瘦，要當以心會其妙處，二公之論，古今無以加也。世所貴者定武本，此定武本之最善者，余生平閱是書為多，可望而知爾。鄭作肅恭老。

勢書之，故天然秀逸，妙絶古今。褚登善書，每分隸體，用其法臨摹，益饒古色，近所傳刻，多是褚書。余所見五字缺本，吳興十三跋絶工，往在延令，今不可蹤跡矣。潁上學官所得石，較川王氏猶藏之，而拓本粗劣不足觀。此本紙墨黝古，余家藏《十七帖》絶類此，皆五六百年物也。辛酉冬將入都，得王子勤此帖，燈下漫記。

清・姜宸英《湛園題跋・題禊帖》　右軍《禊帖》，乘醉用退筆，隨有

清・顧復《平生壯觀》卷一《神龍蘭亭》　《蘭亭序》，白麻紙本，前神龍二字長璽下一方印譪彭書府鈐縫，會字上有趙子昂印，中有紹興小璽鈐縫，後有神龍半印，譪彭書府半印下宋印半方，斯文字下紹興小長璽。前玉池綾中有趙字小方印，後有譪彭書府印鈐縫。後玉池有松雪齋印、趙孟頫印。拖尾白宋紙，宋人圖章甚多。長樂許將，熙寧丙辰孟冬，開封府西齋閲。臨川王安禮、黃慶基同閲，元豐庚申閏月十日。朱光裔、李之儀觀，元豐五年三月廿七日。李秬、王景通同觀，壬戌七月十八日。王景修、張大寧同觀。元豐四年孟夏十日，又同張保清、馮澤觀，文安王景修題。仇伯玉、朱光庭、石蒼舒觀，元豐五年四月廿八日。息翁，永陽清叟少字，景歐父識，圖書三。趙孟頫行書跋，圖書五。郭天錫跋，圖書五。鮮於樞題。至元甲午三月廿日，巴西鄧文原觀。楷書一行天曆二年四月十日，閲於愿學齋。因換簽題，元統乙亥三月清明日重閲。日字上蓋吳彥暉印。至元乙酉十一月十一日，太原王守誠觀。至正丁亥三月三日乙巳，因閲重識。李廷相、文嘉、項元汴跋。

《蘭亭》摹本惟神龍本差瘦，較諸本稱巨臂，因有神龍二字長小璽鈐記，遂因以為號焉。神龍者，唐中宗紀年，世間惟此卷用此印，在彼時亦鄭重無二者矣。金陵陳以御從太平曹氏得之，拆去元人諸詩跋，云是右軍真跡，高價以售延令季因是銓部。銓部亦居諸不疑，忻然以為昭陵殉物競出人間也。後知其故，乃索諸跋而重裝，今乃作全璧，大幸大幸。此卷相傳為馮承素所摹，余定其為馮承素所臨，良以生動不可端倪，且無勾勒痕，後之鑒賞者以為何如。或問諸摹本優劣，答曰：神龍清勁黃素厚。所謂豐妍瘦硬各有態，飛燕玉環誰敢增。若趙模所摹，及世云褚摹者，顧辱刻畫為虛聲者也。

清・徐用錫《圭美堂集》卷二二《項書存家藏蘭亭神龍本跋》　此即唐摹《蘭亭》，以有神龍半印，又稱為神龍本者。割去前後印章，欲以借宋拓耳。禊帖中惟此使盡筆勢，沉著飛動，炯有神采。雖少失閑雅意，自潁上、定武外，以余所見，未能或之先也。余家有周江左嘉胄貽先贈公此帖舊刻初拓，誠可寶愛。後嘉興友人曹仲經拓既乏本，漫漶已甚，亦是重勒。近丁亥新安江氏頤貞堂刻，視此不啻嫫母之與西施，惟用墨稍重，侵及鐫溝，微覺瘦損。其形神宛然，不失學者，得此習之，視為正鵠，則穿楊頁有准矣。

清・徐用錫《字學劄記》卷下　《禊帖》，余私持論，當以潁上石刻為第一。第定武名尊，未嘗見，不敢自信。後於何義門、王箬林處見之，漫漶全無鋒勢，不見佳妙。義門書宗極唐賢，考校碑刻有端緒，亦不肯輕妄下語。厚繭其駁東華亭謂思古齋《禊帖》近年出自井中，為吊詭不實，《楊東里集》便有《思古齋帖跋》，云潁上令餉二本矣。又云：定武率更摹，嚴重有餘，風趣或減。此刻褚摹，宋思陵刻於大內，米南宮稱為轉折毫芒備盡，與真無異，為天下《蘭亭》本第一，洵篤論也。南渡後，士大夫競尚定武，此遂為其所掩。思翁之名，始噪崇禎間。潁令張俊英恨上官索取，碎其石。義門考訂不誤，而評語宗尚銖兩無忒，余亦藉之以自壯。

又　《禊帖》筆法、字法、章法，俱精極入化，固推行書聖軌。至風神氣韻，則惟絹本為獨絶。

又　問潁本《蘭亭》之妙，曰静，曰細，曰得勢，曰韻，曰骨不凡。

又　潁本《禊帖》結字用正局者少。

又　鋒斂而意足，機應而神閑，惟潁本《禊帖》有之。

又　他本較潁本持矜莊者，失其瀟灑；露鋒勢者，失其閑雅。收鋒多，出鋒少，結字讓左側右，其筆勢虛秀作姿，字中用方角硬者少。

清・納蘭常安《受宜堂集》卷一七《書蘭亭定武真本後》　晉永和九年，王右軍會四十二人於蘭亭修禊事，乘醉以鼠須筆、蠶繭紙書序，自謂腕力遒勁，書法古媚，若有神助。酒醒攜歸，輒復書數十本，終不能及。知其一生精神在此，與李廣夜行射虎，再射不可得相類。其七世孫智永，亦以書名，出家藏醉本，示弟子辨才，後遂為唐太宗構得之。賞識寶玩，命虞、褚二公臨摹諸籓將，真本勒石，諭葬昭陵，凡跋《蘭亭》者言之詳矣。至薛師正竊易石刻，復取入祐陵，皆咄咄怪事。近世傳會稽何氏藏定武石刻，厲叙真本之變幻，遭亂之不滅，與夫得而復失，失而又得，鑿鑿可據，似乎精華寶貴

之物，不終塵埋，雖數百年，必一發見，此亦物理之自然，有足征信者。然予竊有説者，昔右軍醉本止一，而復書者輒十數本，安知此數十本不復留傳於世耶。唐太宗既令虞、褚二公臨摹賜諸藩，則諸藩之刻虞、褚臨摹本者，又豈少耶。況虞、褚二公書法絶妙，若得虞、褚摹本，既無醉本真跡在，由孰從而辨其真偽，定其高下哉。以此推之，則維揚古塔寺井中之所得，吾不敢遽為歐陽之臨本，雖然真本固不可得矣，得虞、褚、歐陽輩臨本亦幸矣。今何氏家藏差較勝於世之偽拓者，余取姜白石《禊帖偏傍考》按之良允，即欲謂非真不可，有識者其共寶之。

清・王澍《竹雲題跋》卷一《蘭亭二十種》　金華王禕云《蘭亭》自唐以後，分為兩派：其一出於褚河南，是為唐本；其一則出於歐陽率更，是為定武本。定武唯一石，至宋南渡後，士大夫家有一刻，遂至多不可稽。褚本當時摹拓極多，流傳最廣，故古本今刻亦往往各異。自歐、褚盛行，而趙模、馮承素諸家摹本皆於是單微矣。余就所見，歐得八種，褚得九，歐、褚以外別派僅得三種，《蘭亭》變態大略已盡。因用宣德箋精心摹勒，合為一卷，以示兒稻孫，依吾學之，便是承顔順志之孝子矣。所臨各種序列如左。

又《定武真本》　《蘭亭》摹拓始於隋之開皇，唐文皇見拓本求真跡，真跡乃出，命廷臣臨摹分賜諸王大臣。選逼真者得歐陽本刻置禁中，所謂定武本者是也。宋南渡後家刻一石，真贋不分，故朱子有聚訟之譏。余來京師垂十年，所見宋拓數十卷，皆是南宋時覆本。唯程孟樸村所藏的為真本，雖剥蝕已多，而再三研玩，杪不可尋。字中有韻，字外有神，腴而不膩，清而不浮，變而不佻，莊而不滯。唐文皇所為煙霏霧結，狀若斷而還連，鳳翥龍蟠，跡似奇而反正。唯此得之，余臨他卷往往落筆輒得，獨此凡五易紙，猶未肖其仿佛，信定武為天下妙也。

唐文皇得辨才真跡，命歐、褚二公摹賜諸王大臣，既稱勾摹，不應歐、褚異同若此。余以定武正本反復玩味，始知歐之與褚格律不同，淵源自一。余嘗論《蘭亭》之有定武，猶十二律之有黄鐘，雖互相損益以成變化，要未有能過黄鐘者。細研定武本，始知昆侖為五派之原，河南妙腕猶為所蓋，東陽以下，皆其友流矣。後壬寅九月十四日，從儼齋大司農借觀趙子固《落水蘭亭》，始知孟陽樸村所藏，猶非正真定武，然亦攀躋無路矣。把玩競日，悄恍久之。

又《東陽本》　宋理宗所藏百十七種，其一集十三刻，第一為舊梅花，十二為新梅花。今東陽何氏本石裂為三，號三段石，世所稱梅花本者是也。但未知其新舊何居耳。吾友淳安方棨如文輈云：曾至東陽親見此石，質堅如玉，字裏涂金。何氏子孫各執一片，冬至祠祭已，乃會為一處，拓數本以傳，其矜重如此。余謂此刻乃南宋定武覆本，決非原石。定武全俱右軍筆妙，此則但有歐法，定武衆妙俱來，乃一妙未罄，此則一已無余，衆復何有。辨定武者，正須以此具眼。

同年洪瞻仁為江西泰和令，得楊東里先生所藏四種，第一種為鄭清之家本，蓋即重摹松圓老人九字損本者。第二種即何氏本，而尚未斷裂，欲取之不可得，為之惘惘。

又《國學本》　國學本明初出天師庵中，比定武本短二寸許，字亦差小而瘦，然精神意度，奕奕動人，勝東陽本遠甚。今在大成殿東蕪，余嘗親詣其下，手拓數紙。細玩筆意，往往時露趙法，定為吴興手摹。後見周錫圭上黨本跋語，先得我心，為之拊掌。

楊東里亦以國學本為吴興所摹，與余見正合，甚快。

又《上黨本》　有明熹廟時，上黨長治令荀海來，從縣治東偏土中得此石，筆法圓勁，風神清朗，蓋亦南宋佳刻，的為定武之子。周錫圭贊以為水流雲行，鸞翔鳳翥，信矣。

又《玉枕本》　《玉枕蘭亭》有三本：其一見《太清樓帖》，序云唐文皇使率，更令以楷法摹《蘭亭》藏枕中，名《玉枕蘭亭》；其二則宋政和間，營繕洛陽宫闕，内臣見後有役夫作枕小石有刻畫，視乃《蘭亭序》，只存數十字，其三則有秌壑使廖瑩中，以燈影縮小刻之靈壁石者。今洛陽宫本不復可見，率更、秌壑兩種猶有存者。往在淮南從友人周白民借得玉枕宋本，比秌壑本高下如一，而行列較寬，字亦較為清瘦，豈即率更本耶。又金華王禕玉枕跋云：河南始縮為小本，或為率更亦嘗為之。今此本清和淡蕩，正與定武宛合，不似河南，還當以率更為正。余曩以油箋摹得一本，攜來京師，念不可再得，將復精摹，藏之篋笥。

又《賈秌壑玉枕本》　文待詔云：賈氏刻有二石，字畫大小皆同，其一有秌壑珍玩印章，右軍作立像而鬈心；其一坐而執卷，左有賈似道小印。豈當時得率更遺墨而刻一石，燈影縮小者又一石耶。余所見閩中蕭氏所藏石，乃坐而執卷者，所謂福州本是也。此石向在金壇，余曾手拓數紙，今被勢家所收，不復易得矣。

新安汪博山云：藏有立像宋本特精妙，而未由得見寶應喬分夫有一卷，與秌壑本微有不同，疑是立像本，而失其像，無從考鏡，亦一段恨事也。

又《南宋重刻定武本》 此本乃淮安程有懷同年所藏，會字闕，亭字、群字不全，蓋亦南宋覆刻定武本，而純用禿筆，與定武又微有不同。趙吴興所云右軍書《蘭亭》是已退筆，此可征也。

又《趙吴興臨本》 趙文敏喜臨《蘭亭》，平生凡數百本。余所見真跡，唯獨孤所藏定武正本，後有文敏十三跋，跋中臨得一卷，與今《快雪帖》中所刻字畫一同，今古迥絶。同年繆二文子處，尚有俞紫芝所臨，獨為得髓，然亦不免稍縱，時露我法矣。以上八種歐陽派。

又《潁上本》 《蘭亭》兩派：一為歐陽，一為褚氏。歐陽獨有定武，褚氏首推潁上。董宗伯目潁上為米所臨，正恐未然。米雖天才超軼，而一種清和廣大韻度，故當遠遜前良，非河南妙腕，焉能到此。余曩時初拓，視今本少肥，特為精妙。五年前為吾友方貞觀取去，惋惜至今，河南摹本最多，要無出此上者。李伯時云：柔閑蕭散，神趣高華，風流天成，非學力可到。惟此得之。

又《米氏袖珍本》 米元章得褚摹黄絹真跡，對紫金浮玉，裁為袖珍手裝成卷者，即是此也。其先為蘇太簡所藏，裝於天聖丙寅，用忠孝之家印鈐識之。後歸米氏，鑒定為褚摹真跡第一。有明景泰間，歸吴中陳祭酒緝熙，陳好勾摹，遂拓數本亂真，而分綴宋元諸跋以便售利。明季黄宗伯得一本，後有范文正、王堯臣、米元章父子等跋，以五百緡質於海寧陳氏，掣去盛字以下六行共三十五字，以示必收取之意。後竟不果，故玉煙堂所刻遂闕六行。海寧查氏重摹一石，以他本補之。《蘭亭》雖非真跡，而刻猶娟秀，要是時本之可觀者。

又《洛陽宫本》 唐文皇以褚摹本賜高士廉於洛陽宫，前有御書兩行，後有臣褚遂良四小字款，比河南他本筆法不殊，風神又別，向藏涿鹿馮相國家，刻之《快雪帖》中，格韻清朗，自是近刻佳觀也。

又《婺女本》 此宋丞相游景仁所藏百種之一，首闕永字，後有貞觀八年褚良摹七大字款，蓋當時奉命摹拓。進御之外，必有自臨別本。進御唯恐不似，則規規摹仿法勝於意，自臨則心閑手散，意勝於法。此卷別有法外之意，格韻又微不同，款字大書，又不稱臣，決是自臨別本。

又《張界奴本》 此亦褚氏摹本，比之潁上特為沉雄縱逸，有神明廟間藏新安吴太學用卿家，刻於《余清帖》中。惜刻手不精，全乏神采，要之褚公筆妙，故非凡庸所能抹殺也。

張界奴本，滄桑後入真定，梁相國手刻《秌碧堂帖》中，摹拓之工頗勝吴氏，余從昆圃黄奉常處見之，惜未由拓得也。

又《神龍本》 《珊瑚網》云：《禊帖》在唐貞觀中舊有二本，其一入昭陵，其一當神龍中太平公主借出摹拓，遂亡。余所得毗陵董侍御玉蟣宋本，前有神龍小璽，後有褚氏印章，拓法精良，紙墨皆古，比他本高半字，字亦較大，勢極縱宕。郭天錫稱為字法遒逸，墨彩艷發，奇麗超絶，洞心駭目，良非虚語。往在毗陵見新安汪氏所藏褚摹黄絹真跡，與此正同，以余篤好之，遂為奴子竊去，竟失所在，可惜也。

又《良常于氏所藏本》 此吾邑于氏藏本，因、向、之、痛、夫、文六字雙鉤，第九行闕，董文敏以紅戕補之。江上笪在辛跋為定武，前者非也，此皆神龍褚本耳。細按筆法，無不合同，唯闕六字，雙鉤為異。廣陵李都諫書云：為于氏館甥得，于藏四世矣。今其曾孫建侯攜來京師，因從借摹本，已遂為有力者售去，不可復見，惋惜何已。

頃見送丞相游景仁所藏一本，六字雙鉤與于本一同，而更清明有神采，蓋即于本之佳者，以索值過昂不能得，可惜可惜。

又《宋元章臨本》 此吾家損庵先生所藏宋本十種之一，中闕七字，不名何人所摹，筆法清圓飛動，特為超特，非是褚公自運，即為米老所臨。細玩其波、戈、趯、磔，雖極自然，要自俶詭，還當以米為正。

又《宋高宗臨本》 陸放翁《老學庵筆記》云：史丞相言高廟嘗臨《蘭亭》賜壽皇於建邸，後有批字云可依次臨五百本來看，蓋當時兩宮之篤學如此。此本乃臨賜向子湮者，行列較寬，字尤秀腴，中闕五字，郎字月中闕兩小畫，蓋臨褚本，亦游丞相所藏百本之一也。以上九種褚派。

又《馮承素本》 承素臨本，他無所見，惟見家損庵先生《郁岡帖》中，變化俶詭，如千丈游絲，獨裊空際，頃刻百變。或以為元章所臨，故作奇麗，以驚俗眼。余謂米老作書，飛動有余，瘦勁不足。此卷純是一片清剛之氣冰結所成，非歐、褚別成一格，決非米老所到。與楊義和《黄庭内景經》正相似，有鼻孔人定不向人言下轉也。

又《慈溪姜氏本》 慈溪姜西溟前輩得舊刻《蘭亭》一石，兩面皆集《聖教序》字所成，西溟題為唐刻褚本，非也。南渡後，欲尚定武，家刻一石，凡數十百本。好事家出奇破俗，為《蘭亭》别開生麵當時懷仁集《聖教序》，以《蘭亭》為宗極，此集《蘭亭》以《聖教》為宗極，轉轉相仿，愈遠而愈失真。觀其刻法殊嫩而弱，不及《聖教》遠甚。西溟好古，而過向上擠排，正恐未為定論。兩本一肥一瘦，細玩筆法大致相同，故獨存其肥者。

又《開皇本》 此海寧陳氏所藏，字類定武而少肥大，中間合縫處僧字上有騫異兩字，乃滿騫、朱異合縫款，定武所無，蓋開皇本也。余臨《禊帖》，先之定武以求其中正；中之穎上以盡其變；終之開皇以還其本。千變萬化，不離本宗。跂想前良，風流如睹，心摹手追，烏能已已。

穎上變化似定武，而雄厚不及開皇，遒古似定武，而淵渾不如，大而化之，無所不有，其唯定武乎。以上三種别派。

又《陸司議蘭亭詩》 褚河南《各軍書目》：永和九年，二十八行。詩二十二行，共五十行。今右軍詩不可見，所傳者獨序耳。宋淮海桑世昌《蘭亭博議》中載陸柬之《蘭亭》本，又引王氏《金石録》云，五言蘭亭詩四十二行，今柬之《蘭亭》亦不可見獨五言詩得睹宋游丞相所刻全本。近今《戲鴻》、《余清》諸刻不同，以其難得，特臨以附《蘭亭》之後。以上一種附見。

宋理宗收集《蘭亭》已一百十七種，丞相游景仁亦得百種，理宗所藏今俱進入内府，無從得見，獨游丞相百種往往散落人間。余來京師垂十年，所見凡十餘本，不免好惡雜出，良由當時意在博收，不暇抉擇故耳。然雖擇之不精，而細玩筆法，亦各自有可人意處。董宗伯言《蘭亭》無下拓，信解人語也。余所臨雖僅二十種，而少有不愜，輒使廢去，凡經百易乃始定之。其有未曾到眼者，且從闕略，以俟他日更補，未知於古何如，然用力亦可謂勤矣。稻孫其好收之，毋為蕭郎所賺也。

是卷始於戊戌之三月，暨庚子正月乃始畢工，計此時稻孫纔三歲耳，未親筆硯，便圖書此，授之為計太早。獨計吾發已種種矣，失此不書，後將弗及，非為兒早，正恐余遲耳。今稻兒已七歲，頗能執筆，每引筆作長畫，雖徑尺，輒端若繩，他日果能學父書，知老子三年辛苦，未必為過計也。

雍正元年夏五月，客有持秦玉印來者，上為九連環子母相屬，母印徑方寸，厚如之，文曰秉萬福健無極。子印方八寸，厚亦如之，文曰壽昌子母俱覆。斗紐紐旁刻細螭文，色黄黑，精古可愛，希世之珍，不可易得，因印其文於卷首。

自余來京師，於今二十年，所見定武真本凡六卷：一涿州馮相國所藏趙松雪十三跋本，二崑山徐相國所藏賈烁壑本，三同年繆太史所藏榮芑本，四關中王山史所藏宋仲温本，五佟太保所藏范文正公本。賈、趙、宋三本皆五字已損者，榮芑本雖五字未損，而拓法未精，不免如輕雲之籠日。范本拓手精良，遠出前四本上，而浥爛特甚，損失殆半，皆不得為全玩。唯華亭儼齋司農所藏趙子國落水本，雖亦不免少頑，然五字俱全，且拓法較善。為定武本第一。坐卧其下，真覺無美不臻，而筆痕墨跡無所不化，惟懷仁所集《聖教》為覺具體而微，虞、褚、顔、柳諸公，皆各以其資之，所近得其一體耳。備記於此，以志余之追摹，雖未能擬其萬一，而所見之廣，亦足為平生一快事也。

往在淮陰見程太學霞起所藏大令銅印，文刻九鼎，第九鼎中有獻之兩字，精古特絶。余家系出義、獻，此印宜以歸余，然中心藏之，未敢言也。壬寅烁，聊復作書求之，則云已贈中州友人矣，遂絶意不復問。既逾年，而霞起復索還見寄，寄到日，余此卷適裝成，豈亦有數存其間耶。爰印於卷端，以志一時遭逢之幸。

清·彭遵泗《蜀故》卷一〇《古蹟》 蜀府《蘭亭帖》，當時稱為第一，子半刺益州時，遍覓不獲，偶於城西散步，見民家房側砌一横石為豖圈，隱隱有字跡，披閲之，正趙子昂臨《蘭亭貼》也。字大於損字碑，而筆法遒古過於他帖，因購得之，移於署中。碑陰即《蘭亭圖》，惜其久於污穢中，剥落不堪矣。

清·安岐《墨緣匯觀録》卷一《法書上·東晉·虞世南臨王右軍蘭亭序卷》 白麻紙本。墨色黯淡，神采備具，有然純古之氣，發乎楮墨之間。前宋綾隔水，遣押天厲之寶。本帖前上角鈐圖書二字朱文半印，下角有内府圖書朱文印，後有紹興連珠小璽。斯文下有長方一，前後半珍舊印累累，其文難辨。左下角書臣張金界奴上進。後綾隔水上下鈐紹興小璽及御府之印，又張氏珍玩、北燕張氏寶藏二印。後有淳熙五十月朔，魏昌、楊益同觀。明初宋金華以及張東海、董華亭、朱之蕃、王衡、陳繼儒等跋，世稱《天蘭亭》者是也。此本用筆，結體全類開皇刻本，蓋唐模之最佳者。董文敏、陳眉公定為虞書，則未敢輕許。卷多吴江村、馮涿鹿收藏印，戲鴻堂曾刻。

清·吴高增《蘭亭志》卷五《品隲》 世傳唐文皇所愛《蘭亭》，蓋草稿也。義之醉中所書，醉後屢作皆不及之。詔十八學士摹寫，又不知用何工本，孰為精到。初本既歸昭陵，流落世間皆摹寫者。余過定武得二本，一差肥似新者，一謂舊本，與人所取又不同，余亦未能辨其是否得唐拓賜侍臣本。卷尾三印曰賜書、翰林院文字、延資庫之印，備一時官吏銜名，有蔡君謨跋，刊之郡齋。甫畢而游君少逵持所藏定武本來，余見而喜，既不去手，因并書之。陸九淵。

清·曾恒德《滋蕙堂法帖題跋·唐摹蘭亭》 晉魏妙選，半雜仿書，王知微辯證未詳，真僞淆亂，米漫士、黄雲林不為許可。余斷自唐摹始，而以蘭亭冠。蘭亭易聚訟，觀者以為何如。省軒曾恒德。

又《唐集蘭亭》 懷仁集《蘭亭》筆法同《聖教》，而章法過之，《興福碑》可伯仲觀也。宋理宗庫藏《蘭亭》百十七種，未識有此否。曾恒德記。

清·沈彩《春雨樓集》卷一四《評蘭亭聖教序》 《蘭亭》如肥馬輕裘，莎平原短，一往俊快；《聖教》如倩女登場，左旋右折皆生白媚。《蘭亭》如武夷九曲，横峰側嶺每轉出奇；《聖教》如五步一樓十步一閣，欣賞不僅。世有於《蘭亭》、《聖教》分左右，袒者可以此説甚之。

清·王宗炎《晚聞居士遺集》卷五《蘭亭跋》 學《蘭亭》如讀經，淺者見淺，深者見深，諸家刻本方圓肥瘦，各有一種妙處，所以為群帖之祖。右軍天衷高朗，興會所至，神與文化。褚、歐諸賢極力追摹，不得其一體，何況展轉翻刻並形似，而失之者以其規矩尚存千百之什一。正如辟穀導引縱不得仙，差可卻疾耳。

清·翁方綱《復初齋集外文》卷四《跋神龍蘭亭》 右《神龍蘭亭》，項墨林題曰馮承素摹，其源委略具於文文水跋中。長樂許悔至仇伯玉元豐五年凡七跋，皆與《卞氏書畫考》所載神龍本相同。而其下諸跋，卞所載者則有二本，其一本與朱性甫《鐵網珊瑚》所載諸跋悉同，卞注云以上皆拓本，以下皆墨跡題跋。可見此七跋真跡在唐拓墨本中無疑矣。至其後天曆二年四月十日閲於愿學齋，至至正丁亥識凡四條，皆吴彦暉跋，則又與朱性甫所録之後半墨跋相同，而性甫所録愿學齋跋，尚有前後三條，則此內無之。今第就其必須記者摹書於此，以備考證。

又有郁崗齋所刻馮承素本，王虚舟謂如游絲裊空者，歲字中小横多一點，領字左令之末點，絲右系之末點，皆多出一折，其餘皆是從褚影出者，而多旋折，以取異者。虚舟之云非真鑒也。副記於此。

清·尤侗《艮齋雜説》卷八 《蘭亭序》不入《文選》，或以絲竹、管弦疊出，不知《東都賦》已有布絲竹、管弦暈煜語，《張禹傳》亦云：後堂理絲竹管弦。或以天朗氣清非時，則張衡賦仲冬之月，時和氣清況暮春乎。褚爽《禊賦》云：伊暮春之令月，將解禊於通川。風揺林而自清，氣扶嶺而自鮮。況三月節為清明，朗即明也，又何異乎。至文詞之妙，過《金穀序》十倍。或以比之右軍，亦自喜，其然，豈其然乎。特其筆致高雅，迥非齊梁習氣，故昭明不以入選。然《蘭亭》之帖，摹寫千本，傳之百世，則曾不以文傳，而以字傳也。

清·徐用錫《字學雜記》卷下 《禊帖》，余私持論，當以潁上石刻為第一。第定武名尊，未嘗見，不敢自信。後於何義門、王箬林處見之，漫漶全無鋒勢，不見佳妙。義門書宗極唐賢，考校碑刻有端緒，亦不肯輕妄下語。後見其駁董華亭謂思古齋《禊帖》近年出自井中，為吊詭不實，《楊東里集》便有《思古齋帖跋》，雲潁上令餉二本矣。又云：定武率更摹，嚴重有餘，風趣或減。此刻褚摹，宋思陵刻於大內，米南宫稱為轉折毫芒備盡，與真無異，為天下《蘭亭》本第一，洵篤論也。南渡後，士大夫競尚定武，此遂為其所掩。思翁之名，始噪崇禎間。潁令張俊英恨上官索取，碎其石。義門考訂不誤，而評語宗尚銖兩無忒，余亦藉之以自壯。

《禊帖》筆法、字法、章法，俱精極入化，固推行書聖軌。至風神氣韻，則惟絹本為獨絶。

問潁本《蘭亭》之妙，曰静，曰細，曰得勢，曰韻，曰骨不凡。鋒斂而意足，機應而神閑，惟潁本《禊帖》有之。

他本較潁本持矜莊者，失其瀟灑；露鋒勢者，失其閑雅。收鋒多，出鋒少，結字讓左側右，其筆勢虚秀作姿，字中用方角硬折者少。

有雲潁本為褚書，不爾，不應勝歐陽定武本如是之遠。恐即右軍真本上石，不屬唐諸家摹勒。蓋字字比較，詣及入聖，無得而逾也。

清・孫原湘《天真閣集》卷四四《跋・跋定武蘭亭何氏本》 姜白石言《蘭亭》本以有鋒芒棱角為正，近世五字未損本既不可得，得東陽本便足寶貴。此本猶明季王氏所搨，鋒穎神采尚十得三四，惟舊傳薛紹彭刻損湍、流、帶、右、天五字，今按湍字不損，何士英跋僅雲天、流、帶、右，孫退穀《銷夏記》則雲群、帶、右、流、天，當以孫記為是耳。

清・顧蒓《覺非盦筆記》卷七 唐太宗得《蘭亭》真跡，命六臣各為臨本。諸葛貞得其筆意，趙模稍遜之，湯普徹得其形似，馮承素形意兼得，而褚遂良、歐陽詢之本，則定武所從出也。

清・錢林《玉山草堂續集》卷一《買得領字從山本蘭亭》 右軍麻紙不得見，並失唐賢舊黄絹。一僧旁注領從山，快然自足旁有小僧字。二百餘字開生面。心疑為影為雙鉤，墨氣晶瑩千萬秋。安得滄江逢米老，看碑為辨逮鄉侯。

清・英和《恩福堂筆記》卷下《蘭亭帖》 考《蘭亭》者，曆朝不知凡幾，在朱子時已有聚訟之譏。余家舊存數十本，今皆散佚矣。嘉慶丙寅，奉使路出平陽時，劉松嵐觀察河東，談及向在維揚曾見松雪所跋獨孤本真跡，近為江南觀察以八百金售去，其名甚秘。迨行至西安作劄，屬兩淮鹽使額約齋少司農訪之，比得覆書，知為吴杜村物，厘為二卷《定武蘭亭》及董思翁各家跋裝一卷，八百金售與蘇藩之吏；又取宋搨《蘭亭》並松雪各家跋裝一卷，八百金售與河庫觀察談韜華師。次年丁卯，因公赴清江晉謁時，師即出示，且命攜至傳舍，公餘另摹以呈。因得一月親炙古人，既為師臨一過，又自臨一通。瀕行時，師以為贈，辭不敢領。師曰：吾知君意，今亦不强，來歲有卓薦入都之行，再當攜贈。未幾，師歸道山，署中不戒於火，此物罹劫。師母推師遺意，檢寄爐餘，同年李春湖代裝成册，翁覃溪先生為之細考長跋，詒晉齋、南韻齋並索觀題識。逾年，詒晉齋得松雪小楷《法華經》三册之一，亦半毁於火，完字五千六百二十有七，以半殘微闕者補之，得字六千百四十有三。王以見贈，並云：歸尊齋以配趙跋《蘭亭》，可云兩美。

清・阮元《揅經室三集》卷一《王右軍蘭亭詩序帖二跋》 王右軍《蘭亭修禊詩序》，書於東晉永和九年，原本已入昭陵，當時見者已罕。其元本本無鉤刻存世者，今定武、神龍諸本，皆歐陽率更、褚河南臨搨本耳。夫臨搨之與元本必不能盡同者也。觀於歐、褚之必不能全同於右軍矣。真定武本余惟見商邱陳氏所藏一卷，餘皆一翻再三翻之本。真定武本雖歐陽學右軍之書，終有歐陽筆法在內，猶神龍本之有河南筆法也。執定武而以為右軍書法必全如是，未足深據也。昭陵原本誰見之耶。況此外潁上、張金界奴，鶩異僧押縫等百數十本不同耶。領字或從山、崇字或作崠，更大不同耶。要之右軍書之存於今者，皆展轉鉤摹，非止一次。懷仁所集、《淳化》所摹，皆未免以後人筆法羼入右軍法内矣。然其圓潤妍渾，不多圭角，則大致皆同；與北朝帶隸體之正字原碑但下真跡一等者不同也。世人震於右軍之名，囿於《蘭亭》之説，而不考其始末，是豈知晉唐流派乎。《蘭亭帖》之所以佳者，歐本則與《度化寺碑》筆法相近，褚本則與諸書《聖教序》筆法相近，皆以大業北法為骨，江左南法為皮，剛柔得宜，健妍合度，故為致佳。若原本全是右軍之法，則不知更何景象矣。

永和八年秋，殷浩北伐無功，再舉進屯泗口。羲之移浩書曰：區區江左，力争武功，非所當作，莫若退保長江，引咎責躬，與民更始，依舊倒懸。若猶以前事為未工，複求之於分外，宇宙雖廣，自容何所。浩不能從，遂有九年秋七月之敗。《蘭亭叙》作於浩屯泗口之後、敗走蕉城之前，其憂國之心含於文字之内，非徒悲陳跡也。

清・張廷濟《清儀閣金石題識》卷三《神龍本蘭亭叙》 《蘭亭叙》神龍本，褚中令臨摹本也。此有貞觀及神龍等璽，而定武何以闕，如翁潭溪學士疑之，然出於褚摹則無疑也。項氏天籟閣、范氏天一閣皆有摹勒。項刻今不易得見，范刻亦甚剥落，此刻精善，與項、范埒，石雖少損，而鋒勢猶存，是可寶也。

清・胡自治《翰墨卮言》卷二 右軍書《蘭亭》無矜意，意無不含；無平筆，筆無不韻；無定體，體無不玄。非意以神印，筆以音諧，體以氣結，烏能臻此神化。

又 學《蘭亭》如登天，舉目皆空；學《聖教》猶入海，萬寶俱備。在學者自為之而自取之。

清・楊慶琛《絳雪山房詩續鈔》卷五《王右軍蘭亭序》 名家手筆重新斯篇，如見蘭亭集衆賢。一水茂林修竹地，三春朗日惠風天。胸無俗趣銜杯樂，言又新詩擊鉢先。四十二人入圖畫，争傳修禊永和年。
俯仰隨時感喟興，電光泡影死何稱。敢將虚誕齊修短，為外形骸寓勸懲。一代奇文傳晉史，千秋佳帖閟昭陵。孫公後序五由覓，想亦當年將服膺。

綜述

宋・李之儀《姑溪題跋》卷一《跋蘭亭記》 貞觀中，既得《蘭亭》，上命供奉搨書人趙模、韓道政、馮承素、諸葛貞等各搨數本，分賜皇太子、諸王近臣，而一時能書如歐陽、虞、褚、陸輩，人皆臨搨相尚，故《蘭亭》刻石流傳最多。嘗有類今所傳者參訂，獨定州本為佳，似是鐫以當時所臨本模勒，其位置近類歐陽詢，疑詢筆也。此石已為薛向取去，見在向家。而定州石刻，又從而傳模者，然亦不能辨真贋，若諦觀鎦銖，則較然相遠矣。此乃向家本也。

宋・米芾《書史》 蘇耆家《蘭亭》三本。一是參政蘇易簡題贊，曰：有若像夫子，尚興闕里門。虎賁類蔡邕，猶旁文舉尊。昭陵自一閉，真跡不復存。今余獲此本，可以比。第圬本在蘇舜元房，上有易簡子耆天聖歲跋。范文正、王堯臣參政跋云：才翁東齋書，嘗盡覽焉。蘇洎，才翁子也，與余友善，以王維《雪景》六幅、李王《翎毛》一幅、徐熙《梨花大折枝》易得之。毫髮備盡。少長字，世傳衆本皆不及。長字其中二筆相近，末後捺筆勾回，筆鋒直至起筆處。懷字内折筆抹筆，皆轉側徧而見鋒。塹字内斤字、足字轉筆，賊毫隨之，於斫筆處賊毫直出其中，世之摹本未嘗有也。此定是馮承素、湯普徹、韓道政、趙模、諸葛貞之流搨賜王公者。余跋曰：《樂毅論》正書第一，此乃行書第一也。觀其改誤字，多率意為之，咸有褚體，餘皆盡妙。此書下真跡一等，非深知書者，未易道也。贊曰：熠熠客星，豈晉所得。養器泉石，留腴翰墨。戲著標談，書存焉式。郁郁昭陵，玉碗已出。戎温無類，誰寶真物。水月非虚，移模奪質。繡繅金鐍，瓊機錦綒。猗歟元章，守之勿失。第二本唐粉蠟紙摹，在舜欽房，第二本所論數字精妙處，此本咸不及，然固在第一本上也。是其族人沂摹，蓋第二本毫髮不差。世當有十餘本，一絹本在蔣長源處，一紙本在其子之文處，是舜欽本。一本在滕中處，是歸余家本也。一本在之友處。

宋・程大昌《考古編》卷八《蘭亭》 《蘭亭》真本傳徽之，徽之傳七世孫智永，智永傳弟子辯才，辯才本貞觀中歸禁中，後入昭陵。褚遂良受勅叙次王書在十三年，《蘭亭》著録在行書第一。武平一謂：貞觀搨本是湯普徹等搨賜房玄齡已下八人，何延之謂趙模、韓政、馮承素、諸葛貞等四人各搨數本賜皇太子諸王近臣，則《蘭亭》之傳世者，亦又轉模搨本者也。未知今世石本，其模諸温韜所出者耶，抑當時轉搨本也。故今世傳本，亦自相異同，正以此耳。

宋・桑世昌《蘭亭考》卷六《審定上》 世傳唐文皇所愛《蘭亭》，蓋草稿也。羲之醉中所書，醒後屢作皆不及之，詔十八學士摹寫，又不知用何工本，孰為精到。初本既歸昭陵，流落世間皆摹寫者，今人多重定武本，問其所分別，不過以一二字為證。余過定武得二本，一差肥似新刊者，一謂舊本，與人所取又不同，余亦未能辨其是否。近得唐搨賜侍臣本，卷首尾三印，曰：賜書，翰林院文字、延賓庫之印，備一時官吏銜名，有蔡君謨跋，刊之郡齋。甫畢，而游君少逵持所藏定武本來，余見而喜，既不去手，因并書之。王信誠之。

又卷七《審定下》 古今書稱右軍為首。正書見《曹娥碑》，妙絶超古，與鍾元常抗衡，三十年猶及識於河南王晉玉家。《黄庭經》、《樂毅論》若兩手。行書見《蘭亭叙》，高風勝韻，為一代冠。太宗褚遂良摹勒賜近臣，此本蓋有苗裔耶。洛陽李處權跋。戊午中秋前三日，已上姚偓本。

宋・陳櫄《負暄野録》卷上《右軍書論》 右軍書，使門生喪心，僧辨才殞命。昭陵被發，咸陽媪受驅，其為世所珍而貽害於人也蓋如此。

宋・岳珂《寶真齋法書贊》卷七《唐人摹二王帖・馮承素蘭亭叙》 二十八行，尾記小楷兩行。

右唐貞觀將仕郎、直弘文館馮承素奉詔摹《修禊帖》真蹟一卷，太宗天造翰藝，儲神湘素，蕭軺南駕，辨櫝西來，緬觀羣臣，仁智之情，畢奏從官，步趨之技，承素其一也。按何延之記謂，當時供奉榻書，曰趙模，曰韓道政，曰諸葛貞，實偕肆筆，各有數本，以分賜皇太子、諸王、近臣，流傳幾百年，以元和十三年詔取入九禁，又五百載乃入御府，有小璽一，又印縫二，古篆不可識，首尾有裴氏等印三，其後著米存仁鑒定，攷之寶晉書。史載蘇耆家有《蘭亭》三本，內次本少長字，世傳衆本皆不及。長字其中二筆相近，末後捺筆鉤回，筆鋒直起筆處。懷字內折筆、轉筆、抹筆皆轉側，褊而見鋒。蹔字內斤字、足字轉筆賊毫隨之，于斫筆處，賊毫直出其中，世之模本未嘗有也。耆題以為褚遂良，芾辨其非，定為承素輩，且製贊以表之。今閱此本蹔字，賊毫所出無絲髮異，殆是繭紙舊帖，有此一筆，故凡親見真蹟于昭陵未閟之先者，其臨摹之手不約而同，不惟是帖。足以信千古之傳，而芾之精鑒至是，殆尤不可及也。嘉定壬午歲二月，託人從故循邸贖之，凡三易所託而後至，想山陰之手澤未見英姿，聽空谷之足音詎無喜色，式昭傳緒，以覿前徽。

贊曰：猗應龍蟠，九峻抱驪。珠閟含風，見似人喜。若翌作者，誰臣姓馮。

宋・俞松《蘭亭續考》卷一 《蘭亭》、《樂毅》、《東方先生》三帖，皆絕妙。雖墓寫屢傳，猶有昔人用筆意思。比之《遺教經》，則有間矣。元豐一年上巳日寫。東坡跋官本《法帖》。

《蘭亭叙》，世間本極多，惟定本者最佳，且有東坡先生跋，證可為雙寶。張氏其珍藏之。辛未孟春中休日，賀方回云。

此《蘭亭》乃定本也，今亦罕有，賞歎無已。元祐辛未仲春十八日，田晝，楊書思、趙滂。

始鄒正言浩赴貶所，其友入告之曰：使君官京師，遇寒疾，不汗，五日死矣。獨嶺海之外能死人哉。友為誰。田晝是也。《蘭亭》佳，無說蘇子瞻、賀方回，人所共識，由田君求楊、趙，又從可知也。淳祐四年夏至日，長樂潘牥。

右一本，自東坡而下四跋，藏俞松家。

唐硬黃紙雙鉤《蘭亭叙》，字皆率意為之，咸有褚法，必馮承素之流所搨寫本，無復可疑。此書當下真跡一等，非知書者未易道也。昔南宮米舍人芾元章《書史》有云，《樂毅論》天下正書第一，《蘭亭叙》行書第一也。縫有半書印，乃米氏寶晉書印。後有忠孝之家印，即吳越錢氏印。及有趙景道進德齋印，蓋已經名公鉅卿賞鑒矣。乾道二年中元前一日，獲於錢塘故人杜可升，升之因手裝於行在祥符寺。張堯臣跋。

元・郭畀《快雪齋集・唐摹蘭亭墨跡并序》 唐賢摹晉右軍《蘭亭宴集序》，字法秀逸，墨彩艷發，動心駭目，此定是唐太宗朝供奉搨書人直弘文館馮承素等奉聖旨，於《蘭亭》真跡上雙鉤所摹。與米元章購於蘇才翁家褚河南檢校搨賜本張氏石刻對之，更無少異。米老論精妙，數字皆具有之，毫鋩轉折，纖維備盡，下真跡一等。余家舊藏趙摹搨本，雖結體間有小異，而義類良是。然各有絕勝處，要之俱是一時名手摹書。前後二小半印神龍二字，即唐中宗年號。貞觀中，太宗自書貞觀二字，成二小印。開元中，明皇自書開元二字，作一小印。神龍中，中宗亦書神龍二字，為一小印。此印在貞觀後、開元前，是御府印書者。張彥遠《名畫記》，唐貞觀、開元書印及晉宋至唐公卿貴戚之家私印，一一詳載，獨不載此印，蓋猶搜訪未盡也。余觀唐摹《蘭亭》甚衆，皆無唐代印跋，未若此帖唐印宛然。真跡入昭陵，搨本中擇其絕肖似者秘之內府，此本乃是，余皆分賜皇太子諸王。中宗是文皇帝孫，內殿所秘信為最善本，宜切近真也。至元癸巳獲於楊左轄都尉家，傳是尚方資送物。是年二月甲午，重裝於錢塘甘泉坊僦居快雪齋。

神龍天子文皇孫，寶章小璽余半痕。鸞飛離舞秦雲，龍驚蕩蕩躍天門。明光宮中春曦溫，玉案卷舒娛至尊。六百餘年今幸存，小臣寧敢此璵璠。

清・孫承澤《閑者軒帖考・禊帖》 隋本《蘭亭叙》刻於開皇間，真本在智永處，手模上石，為《禊帖》石刻之祖。唐太宗為秦王時，見此本因訪求真跡，唐何延年之云：右軍永和中，與太原孫承公四十有一人修祓禊，擇毫製序，用蠶繭紙、鼠須筆，道媚勁健，絕世更無。凡三百二十四字，有重者皆具別體，就中之字有二十許，變轉悉異，遂無同者，如有神助。及醒後，他日更書數百千本，無如此者。

唐本《蘭亭叙》刻於太宗貞觀間。太宗嗜書，留心右軍之跡，因魏徵言《蘭亭叙》真跡在僧辨才處，特遣御史蕭翼賺得。武德四年，《叙》入秦府。貞觀十年，始命湯普徹、馮承素、諸葛貞、趙模各臨搨以賜近臣。當時褚遂良、歐陽詢各有臨本，人並崇尚，然二人自出家法，不復拘拘點畫。後之所謂定武本，歐臨是也。所謂唐絹本，褚臨是也。遂回分二派，互爭雄長於宇宙間矣。彼時歐石刻於禁中，最稱難得，每本已值數萬錢。迨後石晉之亂，契丹輦石而北，棄於殺虎林。慶歷中為李學究所得，其子負官緡無償，時宋景文守定武，乃以帑金代償，納石於庫。熙寧間，薛師正出牧，刊一別本以應求者，此郡真贋已有二刻矣。其子紹彭，字道祖，又模之他石，潛易古刻，又剔損古刻湍、流、帶、左、右五字為識。大觀中，詔向其子嗣昌取龕宣和殿。後靖康之亂，宗汝霖為留守，猶馳進高宗於揚州，倉卒竟失所在。今國學有《蘭亭》本，弘治間出於天師庵土中。燕都自五代終宋，未歸中國。石極道秀，知為唐模，當是金人輦致東京之物。姜堯章謂靖康之變，宣和殿上石鼓及《蘭亭叙》同入於燕，或即此也。今人止知復州本為定武的派，而不知有國學本，以見之者少也。又褚摹絹本，當時廣賜各郡學宮，如穎上石及長治縣石，皆得之近年，俱學基也。穎上井中夜放光如虹，縣令異之，使下探，得《蘭亭》及六銅罍。荀君好善，令長治，掘地得《蘭亭》及舍利數顆，後同官汴中，曾以搨本遺余，與穎上刻相對無絲毫異，今此石聞已為荀君攜至家矣。至於墨跡在世，絶不聞有歐陽書，而褚書舊聞嘉興項氏家一本。甲申之冬，見舊内一本，蓋宋人蘇氏物，上有大中祥符三年九月九日前進士蘇耆字國老題，米老所謂三本之一也。元時歸鄧文原家，後有文原及柯九思跋。又有第十九本，賜高士廉絹本，貞觀十二年閏二月癸未書，向在江南顧氏家，皆褚摹真跡也。至於有宋，競尚墨本，家刻一石，宋理宗御府所收，至一百一十七刻，玉池用御府圖書鈐縫，余僅見三衢板本、福州本、蘇州本十余幅，墨色黟潤，誠為國寶。又南渡宰相遊景仁似亦有藏百本，分為甲乙十集。西川胡菊潭太史得二十余幅，每本有遊氏跋。其甲之乙為搨賜本，中有雙鉤數行尤妙，所謂唐蠟本也。又如御府領字從山本、錢塘許氏本、中山王氏本、淳熙帖中本、李公擇本、栝蒼劉涇本、會稽本、臨川本、閶門湯舍人本，又贈余武陵本，又於錢牧齋寓見玉山本，王文蓀家見向薌林所刻二本，其精采俱不在御府之下。又元大德間，錢唐錢國衡刻十種《蘭亭》的筆法咸有異趣，蓋彼時宋人諸善本皆在其家，故國衡得選其粹，余曾見其全帙。至河南周憲王所刻五種，系其自臨，勁而稍板。益府所刻一定武、一米摹褚本，及文氏停雲館所刻薛紹彭臨本，精工有余而古韻亡矣，亦世使之然也。如賈秋壑使廖瑩中縮《蘭亭》為小本，以靈璧佳石刻之，此帖之妖也，不足言矣。

紀事

宋·何薳《春渚紀聞》卷五《雜記·定武蘭亭叙刻》　《定武蘭亭叙》石刻，世稱善本。自石晉之亂，契丹自中原輦載寶貨圖書而北，至真定。德光死，漢兵起太原，遂棄此石於中山。慶曆中，士人李學究者得之，不以示人。韓忠獻之守定武也，李生始以墨本獻，公堅索之，生乃瘞之地中，別刻本呈公。李死，其子乃出石散模售人，每本須錢一千，好事者争取之。其後李氏子負官緡無從取償，宋景文公時為定帥，乃以公帑金代輸，而取石匣藏庫中，非貴遊交，不可得也。熙寧中，薛師正出牧，其子紹彭又刻副本易之以歸長安。大觀間，詔取其石，龕置宣和殿，世人不得見也。丙午金寇犯順，與岐陽石鼓，複載而北。今不知所在也。此語見於續仲永所藏《定武蘭亭》後康伯所跋也。

宋·程大昌《考古編》卷八《蘭亭》　《蘭亭》真本傳徽之，徽之傳七世孫智永，智永傳弟子辨才。辨才本貞觀中歸禁中，後入昭陵。褚遂良受敕叙次王書在十三年，《蘭亭》著録在行書第一。

又《陪葬》　太宗曰：《蘭亭序》，羲之用蠶繭紙、鼠須筆乘醉興而書。遒媚勁健，絶代更無。太宗後於玉華宫語高宗曰：若得《蘭亭序》陪葬，終無恨矣。高宗涕泣而從之。

宋·周必大《文忠集》卷五〇《題跋·跋修禊序》　唐太宗始得《修禊序》，命趙模、韓政、馮承素、諸葛貞搨本賜群臣，而虞世南、歐陽詢、褚遂良各自臨摹，由是流傳人間。今高宗皇帝臨定武石本，則唐摹本亦亡矣。皇諸孫臣善鑣好古博雅，得紹興宸奎寶藏之，屬臣某記其後。臣嘗伏讀御製御書《翰墨志》，近三十年而稱美。此序無慮數四，既曰測之，益深擬之，益嚴姿態横生，莫造其原。又曰得右軍書，手之不置，自束髮喜作字，晚年得趣。又曰右軍揮毫製序，用蠶繭紙、鼠須筆，遒媚勁健，絶代更無，凡三百二十四字，有重者皆具別體。之字二十許無同者。歷代論書，遂集大成。方孝宗皇帝在王邸詔摹寫為日課，乃知二聖心書，雖曰天縱，亦積學之助也。使羲之復生，將云非恨陛下無臣法，恨臣無陛下法耶。嘉泰二年三月三日，具位臣周某謹書。

宋・桑世昌《蘭亭考》卷三《紀原》　貞觀末，太宗一日附語高宗：吾欲就爾求一物，可乎。高宗踊足俯伏從之。對曰身體髮膚受之父母，國家天下陛下所賜，此外更欲問臣求何物。太宗曰吾千秋萬歲後，欲將蘭亭如何。高宗再拜，哽噎而已。至昭陵作，治以玉匣内之玄堂。其後昭陵累經開發，《蘭亭》復出人間。元豐末，有人自兩浙與織女隻機石同賫入京師，至太康縣，值裕陵奉諱，不獲上之，質錢於民間而去，今不復聞存没。王欽若云：隻機石予嘗見，其圜可方二寸，不圜，微宛正碧，天漢左界，北斗經其上。太宗在唐，不世主也，一書之微，坐以計取，死以愛求。生猶可玩適，死將何為哉。與夫富民多藏厚葬者，無以異也。張舜民《畫墁集》。

又卷六《審定上》《蘭亭叙》，右軍得意書，唐虞世南輩皆嘗摹傳。兵火之餘，所存亡幾。宣城太守趙公介然，聞宗人明遠有舊藏者，出而觀之，謂真虞永興本也。命勒於石，元勳不伐。趙明遠本，紹興五年三月庚寅。

宋・俞松《蘭亭續考》卷一　予嘗觀歐陽文忠公題是書，是知真本已葬昭陵。唐末之亂，昭陵為温韜所發，其所藏書畫，皆剔取金玉而委棄之。於是魏晉以來諸賢墨跡，復流落於人間。我宋太宗皇帝購募所得，集為十卷，俾模傳之，特以分賜進臣。今公卿家所有《淳化法帖》是也。獨《蘭亭》真本亡矣。自唐以來，傳本雖多，皆以所藏舊本轉相模傳，失真彌甚，而皆不同，間或得其一二爾。此本光朝頃得之於表兄羅山宰王敬子，蓋其奉使北庭，歸以為贈，藏之逾三十年矣。嘗以諸本校其優劣，獨此為冠，今所謂定武本者是也。故特寶之，以為楷式。因知傳刻者尚爾造妙，想其真跡宜如何哉。嘉定十六年，歲在癸未六月望日，樂静居士永城劉光朝明遠跋。

右藏俞松家。

宋・周密《齊東野語》卷一九《蘭亭詩》　永和蘭亭禊飲集者四十二人，人各賦詩，自右軍而下十一人，各成兩篇；郄縣、王豐而下十五人，各成一篇。然亦不過四言兩韻，或五言兩韻耳。詩不成而罰觥者十有六人，然其問如王獻之輩，皆一世知名之士，豈終日不能措一辭者。黄徹謂古人持重自惜，不輕率爾，恐貽久遠之譏，故不如不賦之為愈耳。

余則以為不然。蓋古人意趣真率，是日適無興不作，非若後世喋喋然，强聒於杯酒間以為能也。史載獻之嘗與兄徽之、操之，俱詣謝安，二兄多言，獻之寒温而已。既出，客問優劣，安曰：小者佳。吉人之辭寡，以其少言，故云。今王氏父子群從咸集，而獻之詩獨不成，豈不平日静退之故邪。

明・胡儼《胡祭酒集》卷一三《題跋十一首・定武蘭亭跋》　王右軍《蘭亭叙》，世傳書用蠶繭紙，鼠須筆，遒媚勁健，絶代更無。凡二十八行，三百二十四字，字有重者，皆構別體。其時若有神助，及醒後他日更書數十百本，終無如祓禊所書者。右軍亦自珍愛，留付子孫傳至七代孫智永，永即第五子徽之之後，掌其書至唐弟子辯材為蕭翼紿而取之，太宗尤用寶惜，從葬昭陵。唐末之亂，昭陵為温韜所伐，其所藏書畫皆剔取其裝軸金玉而棄之，於是晉魏以來諸賢墨跡，遂復流落人間。宋太宗時購募所得，集為十卷，俾摹傳之數以分賜近臣，今世所傳法帖是也。然《蘭亭》真本亡矣，故不得列於法帖以傳世，獨以定武本為冠，而所傳亦不一二云。唐太宗以真跡刻之學士院，後朱梁徙於汴，耶律德光載歸，棄於中山。士人李學究得之，埋土中，以別刻獻韓衛公。李没，其子出之，宋景文公買置公帑。薛向子紹彭載歸長安，以別刻置公帑，大觀中就薛氏取置宣和殿。靖康之變，金人以紅毯載取而歸。一云唐太宗既得辨材真跡，令趙模等摹十本賜方鎮，定武以玉石刻之。一云江左所傳會稽石也，錢氏歸朝，定武富民買之以歸。一云自薛向作帥，別刻石易去，於元石鐫損天、流、帶、右四字以惑人。然定武又自有肥瘦二本，而鐫損者乃瘦本為真定武。後復州以真定武本重模，亦鐫損四字，其字極瘦，王順伯、尤延之爭辯如聚訟。然瘦本風韻竟勝，而瘦本之石，宣和間就薛向家宣取入禁中，龕於睿思殿東壁。建炎南渡，宗澤遣人護送此石至維揚，虜犯維揚，不知所在，或云金人以氈裘裹車載之而去。其所傳顛末不同，大概如此。今此本其來甚遠，永樂四年五月，余始得觀之，較他本定武筆法差瘦，殆所謂有風韻者。今觀天、流、帶、右四字具存，當是定武初刻未鐫損時本也。鄉里前輩凡論《禊帖》，必以此為言，信知其可寶也。

明・高濂《遵生八箋》卷一四《燕閒清賞牋上・叙古鑒賞》　太宗酷好書法，有大王真跡三千六百紙，率以一丈二尺為一軸，寶惜者獨《蘭亭》為最。置於坐右，朝夕觀覽。偶一日附耳語高宗：吾千秋萬歲後，與吾《蘭亭》將去也，及奉諱，用玉匣貯之，藏於昭陵。

明・陳繼儒《珍珠船》卷二　蘭亭會者四十一人，羲之製序，用蠶繭紙鼠鬚筆，遒勁絶代。

清・王棠《燕在閣知新録》卷二一《臨河序》 右軍《蘭亭序》膾炙人口，而《世説注》則云王羲之《臨河敘》曰永和九年云云。今人言《修禊帖》，言《蘭亭序》，人皆知之；一言《臨河》，未有不茫然也。人所易忽，故表而出之。

清・顧堃《覺非盦筆記》卷七 唐太宗得《蘭亭》真跡，命六臣各為臨本。諸葛貞得其筆意，趙模稍遜之，湯普徹得其形似，馮承素形意兼得，而褚遂良、歐陽詢之本，則定武所從出也。

清・蔣光煦《東湖叢記》卷五《東陽蘭亭》 楊大瓢山人跋石公所藏東陽《蘭亭》云：定武《蘭亭》余所見最多，從無出東陽何氏之右者，故雖石理尚有可疑，而字畫堅勁，不得不以定武真本目之也。余所得何氏本最多，然皆近時搨，墨漫漶幾無完筆。石公此本為宣德後初拓，筆畫尚多清楚，惜後十一行失去，未為全璧。然前後本系兩石，而後石差弱。今既得前石，則後石之有無固可弗論，毋怪乎石公之以《十三行》、《半截碑》為比也。石公索余跋，為道其大都如此。案：石公名和，字省吾，山人之弟行也。余亦藏有東陽本，乃許兄心如光清所贈，尚是明時搨本。兩石具在，特後石裁去一行，雖屬重文，亦可惜也。後有何士英、張元忭二跋，皆板刻。後石有一白堂三字，跋中有東陽一白公云云，當是士英之號。後石自欣俛仰一行起，前後至欣俛仰一行止。潢者每翦去後石首行，故《東里集》以為後石起能不也。《竹雲題跋》：石裂為三，號三段石，世稱梅花本。方婺如言何氏子孫各執一片，抑又在擁車而爭之後耶。

清・李慈銘《越縵堂讀書記》卷九《藝術・金石・定武蘭亭帖》 得宗湘文書，以所藏《禊帖》見示。前有金壽門題簽曰：定武《蘭亭》未損本。雍正九年人日，杭郡司農記。末有楊大瓢、王箬林、板橋諸家印。帖中亦可二字塗處有某睿二字陰文印。二十七、二十八行間有賈似道印四字朱文印，蓋不可信。十四、十五行間有鶱異僧三字，在自足不三字之旁，此它本所罕見。據桑世昌《蘭亭考》，謂鶱者梁句章令滿鶱，異者朱异，僧者梁中書舍人徐僧權。黄伯思《東觀余論》謂梁御府中法書接紙處皆於旁著名，謂之押縫。姜白石所見吳傳朋家古石本，僧字上又有察字，謂即姚察。王箬林竹雲題跋，謂海寧陳氏藏本中間合縫處，僧字上有鶱異兩字，定為隋開皇本。自唐以後，摹本傳刻者或止有僧字，不察者遂謂右軍於不知老之將至句上旁註一曾字，而偶誤作僧，可笑甚矣。此本紙堅墨黝，精采焕發，第一行末會字亦全，自為難得。湘文自系跋十五則，定為唐摹宋搨本，謂非定武本，而實在定武之上，其詞甚辯。光緒十五年三月初七日。

清・蔣光煦《東湖叢記》卷五《玉枕蘭亭》 賈秋壑命王用和縮《蘭亭》於靈璧石，經年乃成，至酬以勇爵，錢文端所謂以萬燈炙而成之者也。相傳有二石，其一右軍立像，有秋壑珍玩印；其一坐像，有賈似道小印。立像近不復見，覃溪閣學謂福州府學本立像，殆偶誤耳。坐像之石，流歸福州郡學，大瓢山人謂明末藏陳盤生家，其曾孫持至京，與石田畫卷同質於蕭蟄庵侍御震。侍御別以一石刻其自跋云：《太平清話》載賈秋壑使廖瑩中以燈影縮《蘭亭》字，令工王用和以靈璧石刻之，經年乃就，酬以武爵。今石高五寸，大九寸，厚四分，色青黑，遠望如墨，叩之瑯然。旁微缺，丙、會字磨滅，群字、右字、帶字、流字有損。背有右軍像。又云是石摹勒之妙，在諸石本之上，且縮大為小，形神逼真，即起右軍於九原，當亦驚嘆其殊絶也。康熙壬寅秋，予在長安得之閩人之手，蓋因秋壑死後，石落在閩，及出閩，仍歸於閩之人，亦異矣。此後存亡當有數，姑記之，以識神物。康熙壬子秋七月既望，蟄庵居士題。侍御子靜君贅於金壇虞氏虞名興簡，故侯官令，攜至江南，王箬林嘗手搨之。後歸鎮江守秀水陳鶱峰。乾隆二三十年間，錢唐汪主事憲得此石，以獻其座師錢文端，而錢又歸金壇於文襄，文襄貢之天府。余所聞玉枕流傳始末如此。中間蕭遇耿逆之亂，石為其私人陳昉所得，蕭之子復得之，亦大瓢山人説也。近有謂武林人家有此石者，不知信否。六舟上人謂趙晉曾見之，以絲網密裹，恐為人盜搨也。余前年曾假張叔未丈藏錢文端家拓本，精摹一石，刻者武原人胡衣谷也。

藝文

宋・米芾《寶晉英光集》卷三《古詩下・劉涇新收唐絹本蘭亭序作詩詢之》 劉郎無物可縈心，沈迷蠹縑與斷簡。求新不獲狂時發，自謂下取且謾眼。猗嗟斯人今實鮮，我欲從之官有限。何時大叫劉子前，跽閱墨皇三復返。

又《題永徽中所模蘭亭叙永徽去貞觀不遠，得真為最》 永和九年暮春月，內史山陰幽興發。群賢吟詠無足稱，叙引抽毫縱奇劄。愛之重寫終不如，神助留為萬世法。二十八行三百字，之字最多無一似。昭陵竟發不知歸，模寫典型猶可秘。彥遠記模不記褚，《要録》班班紀名氏。後生有得苦求奇，尋購褚模驚一世。寄言好事但賞佳，俗説紛紛那有是。

宋·洪芻《老圃集》卷下《七言絶句·跋橘帖二首之一》 右軍一字價連城，斷簡殘章尚典型。坐獲驪珠三十九，絶勝辛苦賺《蘭亭》。

宋·王十朋《梅溪王先生後集》卷三《詩·和喻叔奇集蘭亭序語四絶》 我自扁舟入越初，蘭亭已向夢中如。崇山峻嶺至今阻，唱和詩成無處書。前日具筆硯治詩牌，竟不成往。群賢少長畢經過，曲水流觴憶永和。一代風流已陳跡，世殊時異感傷多。晤言一室許誰親，相國無非我輩人。放浪形骸皆老矣，仰觀宇宙尚艱辛。茂林修竹未成往，遊目騁懷聊自飲。暢叙幽情有齊契，一觴一詠細論文。

宋·陸游《劍南詩稿》卷四九《跋馮氏蘭亭》 堂堂淮陰侯，夫豈噲等伍。放翁評此本，可作《蘭亭》祖。唐古石刻本。

宋·范成大《石湖居士詩集》卷二一《觀禊帖有感三絶》 古人賦多情，無事輒愁苦。蘭亭一觴詠，感慨乃如許。寶章瘞九泉，摹本範百世。白鵝滿波間，誰識腕中意。三日天氣新，禊飲傳自古。今人不好事，佳節棄如土。

宋·楊萬里《誠齋集》卷三一《跋袁起岩所藏蘭亭帖》 南朝千載有斯人，拈出《蘭亭》花草春。俯仰之間已陳跡，至今比紙尚如新。

宋·王阮《義豐集·蘭亭一首並序》 晉寧遠將軍王公逸少，始以咸康六年為江州刺史，愛廬山紫霄峰，居其下，墨池在焉，今歸宗寺是也。永和六年，徙為會稽內史盡十一年，然則蘭亭之集，蓋公在官之日也。時晉政不綱，春行秌令，書曰天朗氣清，得春秋之旨矣。蕭統不悟，不以入選。坡公云拙於文而陋於識，莫統若也，其斯之謂與。某家世九江，視公為遠祖，因過亭下尋訪遺跡，莫知是否。敬賦小詩以明公志。

金行中否野多遺，越禊諸賢不受羈。天朗氣清書上巳，春行秌令紀當時。九原寂寞不可作，一水縈迴或在玆。歸去廬山定相問，為公關報紫霄知。

宋·樓鑰《攻媿集》卷二《跋汪季路所藏修禊序》 永和歲癸丑，群賢會蘭亭。流觴各賦詩，風流見丹青。右軍《草禊序》，文采粲日星。選文乃見遺，至今恨昭明。字畫最得意，自言勝平生。七傳到永師，襲藏過金籯。辯才尤秘重，名已徹天庭。屢詔不肯獻，托言墮戎兵。妙選蕭御史，微服山陰行。譎詭殆萬狀，徑取歸神京。辨才恍如失，何異敕六丁。文皇好已甚，丁寧殉昭陵。當時馮趙輩，臨寫賜公卿。惟此定武本，謂出歐率更。采擇獨稱善，遂以鐫瑶瓊。流傳迨五季，皆在御寢扃。耶律殘石晉，睥睨不知名。意必希世寶，氈裹載輜軿。帝羓既北去，棄與朽壤並。久乃遇知者，龕置太守廳。或云政宣間，此石歸紹彭。又言入內府，宣取恐遑程。焚膏繼短晷，拓本手不停。疊紙至三四，肥瘠遂異形。南渡愈難見，得者輒相矜。我見十數本，對之心欲醒。汪侯端明子，嗜古自弱齡。錦囊荷傾倒，快睹喜失聲。帶流及右天，往往字不成。而此獨全好，護持如有靈。尤王好博雅，異論誰與評。硬黄極摹寫，唐人苦無稱。贋本滿東南，瑣瑣不足呈。猶有娑與撫，碔砆近璜珩。右軍再三作，已覺不稱情。心摹且手追，安能效筆精。響拓固近似，形似神不清。不如參其意，到手隨縱横。況我筆素拙，何由望群英。近亦得舊物，庶幾窺典型。此本更高勝，著語安敢輕。孤風邈難繼，悵望冥鴻征。

又卷二《跋袁起巖所藏修禊序》 悵望當時真跡，臨摹所在支分。千載但稱合作，誰能有感斯文。定本為世第一，此又在定武前。今日錦標玉軸，向來不直一錢。

宋·桑世昌《蘭亭考》卷一《蘭亭·右將軍會稽內史王羲之》 代謝鱗次，忽焉以周。欣此暮春，和氣載柔。詠彼舞雩，異世同流。乃攜齊契，散懷一丘。

仰眺碧天際，俯瞰緑水濱。寥郎無涯觀，寓目理自陳。大矣造化功，尤殊靡不均。群籟雖參差，適我無非親。御府本及陸柬之本，作鄰又作新。篇首由多二句。

又《司徒謝安》 伊昔先子，有懷春遊。契玆言執，寄傲林丘。森森連嶺，茫茫原疇。迴霄垂霧，凝泉散流。

相與欣嘉節，率爾同褰裳。薄雲羅物景，微風扇輕航。醇醪陶元府，兀若遊羲唐。萬殊混一象，安複覺彭殤。

又《司徒左西屬謝萬》 肆眺崇阿，寓目高林。青蘿翳岫，修竹冠岑。穀流清響，條鼓鳴音。元萼吐潤，飛霧成陰。元冥卷陰旆，勾芒舒陽旌。靈液披九區，光風扇鮮榮。碧林輝雜英，紅葩擢新莖。翔禽撫汙遠，騰鱗躍清泠。

又《右司馬孫綽》 春詠登臺，亦有臨流。懷彼伐木，肅此良儔。修竹陰沼，旋瀨縈丘。穿池激湍，連泛觴舟。

流風拂杆渚，停雲蔭九皋。嬰羽吟修竹，遊鱗戲瀾濤。攜筆落雲藻，微言剖纖毫。時珍豈不甘，忘味在聞韶。

又《行參軍徐豐之》 俯揮素波，仰掇芳蘭。尚想嘉客，希風永歎。

清響擬絲竹，班荊對綺疏。零觴飛曲津，歡然朱顔舒。

又《前餘姚令孫統》 茫茫大造，萬化齊軌。罔悟元同，競異標旨。平勃運謀，黄綺隱幾。凡我仰希，期山期水。

地主觀山水，仰尋幽人蹤。回沼激中逵，疏竹間修桐。因流轉輕觴，泠風飄落松。時禽吟長澗，萬籟吹連峰。

又《王凝之》 莊浪濠津，巢步潁湄。冥心真寄，千載同歸。

絪縕柔風扇，熙怡和氣淳。駕言興時遊，逍遥映通津。

又《王肅之》 在昔暇日，味存林領。今我斯遊，神怡心静。嘉會欣時遊，豁爾暢心神。吟詠曲水瀨，渌波轉素鱗。

又《前永興令王彬之》 丹崖竦立，葩藻映林。渌水揚波，載浮載沉。鮮葩映林薄，遊鱗戲清渠。臨川欣投釣，得意豈在魚。

又《王徽之》 散懷山水，蕭然忘羈。秀薄粲穎，疏松籠涯。遊羽扇霄，鱗躍清池。歸目寄歎，心冥二奇。先師有冥藏，安用羈世羅。未若保沖真，齊契箕山阿。

又《陳郡袁嶠之》 人亦有言，意得則歡。嘉賓既臻，相與遊盤。微音迭詠，馥焉若蘭。苟齊一致，遐想揭竿。四眺華林茂，俯仰清川焕。一作涣。激泉流芳醪，豁爾累心散。遐想逸民軌，遺音良可玩。古人詠舞雩，今也同斯歎。已上十一人，各成四言、五言詩一首。

又《散騎常侍郄縣》 温風起東穀，和氣振柔條。端坐興遠想，薄言遊近郊。

又《前參軍王豐之》 肆眄岩岫，臨泉濯趾。感興魚鳥，安兹幽峙。

又《前上虞令華茂》 林榮其鬱，浪激其隈。泛泛輕觴，載興載懷。

又《潁川庾友》 馳心域表，寥寥遠邁。理感則一，冥然元會。

又《鎮軍司馬庾説》 神散宇宙内，形浪濠梁津。寄暢須臾歡，尚想味古人。

又《群功曹魏滂》 三春陶和氣，萬物齊一歡。明後欣時康，駕言映清瀾。亹亹德音暢，蕭蕭遺世難。望岩愧脱屣，臨川謝揭竿。

又《郡五官佐謝懌》 蹤暢何所適，回波縈遊鱗。千載同一朝，沐浴陶清塵。

又《潁川庾藴》 仰懷虚舟説，俯歎世上賓。朝榮雖云樂，夕斃理自因。

又《前中軍參軍孫嗣》 望岩懷逸許，臨流想奇莊。誰云元風絶，千載挹遺芳。

又《行參軍曹茂之》 時來誰不懷，寄散山林間。尚想方外賓，超超有餘閑。

又《徐州西平曹華》 願與達人遊，解結遨濠梁。狂吟任所適，浪遊無何鄉。

又《滎楊桓偉》 主人雖無懷，應物寄有尚。宣尼遨沂津，蕭然心神王。數子各言志，曾生髮奇唱。今我歎斯遊，愠情亦暫暢。

又《王元之》 松竹挺岩崖，幽澗激清流。蕭散肆情志，酣暢豁滯尤。

又《王藴之》 散豁情志暢，塵纓忽以捐。仰詠挹遺芳，怡神味重元。

又《王涣之》 去來悠悠子，披褐良足欽。超跡修獨往，真契齊古今。

已上一十五人一篇成。

侍郎謝瑰、鎮國大將軍掾卞迪、行參軍事印丘髦、王獻之、行將軍羊模、參軍孔熾、參軍劉密、山陰令虞谷、府功曹勞夷、府主簿后綿一作澤、前長岑令華耆、前余姚令謝滕、府主簿任儗一作汪假、任城吕系、任城吕本、彭城曹禮一作禋，晉列傳有李充，天章碑則無之。

已上一十六人，詩不成，罰酒三巨觥。修禊之會，人各賦詩，成兩篇者，自右軍、安石而下才十一人。成一篇者，郄縣、王豐而下十五人。詩不成罰觥者，凡十六人。今觀所傳詩，類皆四言五言，而又兩韻者爾，四韻者無幾，四言二韻，止十六字爾。當時得預者，往往皆知名士，豈獻之之輩，終日不能辭於十六字哉。切意古人持重自惜，不欲率爾，恐貽久遠譏議，不如不賦之為愈。《碧溪黄徹詩話》。

宋・許綸《涉齋集》卷一六《七言絶句・題所藏二修禊帖後》 昭陵脱手已非真，石本流傳喜似人。瀋墨似肥濃似瘦，驪黄不見見精神。

宋・何基《何北山先生遺集》卷二《七古・題定武蘭亭副本》 文皇命殉昭陵土，《蘭亭》神跡埋千古。率更搨本勒堅珉，璽帝歸裝留定武。薛家翻刻愚貴遊，舊本和龕歸御府。煙塵横空飛渡河，中原荆棘交豹虎。維揚蒼茫駕南轅，百年文物不堪補。紛紛好事競新摹，傾敧醜俗亡遺矩。如今薛本亦罕見，髣髴典型猶媚嫵。清歡盛會何足傳，右軍他帖以千數。托言此筆不可再，慨然陳跡興懷語。今昔相視無已時，手掩塵編對秋雨。濂洛風雅。

宋・鄭思肖《所南詩集・王羲之蘭亭圖》 猶記蘭亭三月三，流觴曲水暢清酣。分明一段永和意，好向羲之筆外參。

宋・鄭思肖《心史・咸淳集・書蘭亭帖後》 千載流芳禊事餘，鼠須筆法重璠璵。晉人多喜清虚語，不及《蘭亭》一紙書。

宋・王柏《魯齋集》卷二《七言古詩・題定武蘭亭副本》 玉華末命昭陵土，《蘭亭》神跡埋千古。率更搨本入堅珉，璽帝歸裝投定武。薛家翻刻愚貴遊，舊石宣和龕御府。邊塵横空飛渡河，中原荆棘穴豺虎。維揚蒼茫駕南轅，百年文物不堪補。紛紛好事競新模，傾敧醜俗亡遺矩。如今薛本亦罕見，仿佛典型猶媚嫵。清歡盛會何足傳，右軍他帖以千數。托言此筆不可再，慨然陳跡興懷語。今昔相視無已時，手掩塵編對秋雨。

宋・柴望《秋堂集》卷二《七言律詩・山陰蘭亭》 寂寂山陰事已塵，至今亭址尚嶙峋。落花時節朝朝雨，插柳人家處處春。曲水自流寒食酒，茂林無復永和人。昭陵繭紙今何在。空有梅花點翠珉。

元・郝經《陵川集》卷九《歌詩・定武蘭亭帖》 會稽蘭亭修禊草，一世真行此尤好。當時信手叙興感，心手兩忘都壓倒。法度備具都有神，一篇秋水逍遥身。不知孰為鐘太傅，何處復有衛夫人。有時姿媚似花朵，卻向莊嚴生婀娜。蕭然自有林下風，野逸行間亂塗抹。字字不同數十之，清流激湍黜黜奇。管弦豈計絲與竹，九方相馬誤黄驪。遂使書家推第一，昭陵玉匣藏真跡。歐虞褚薛臨硬黄，價重兼金與連璧。温韜劫墓出人間，縑墨生塵冰水寒。中秘緘封貴人手，翰林待詔時得看。西蜀初傳刻棗板，點畫傷硬亦蕭散。後來定武刊翠琰，山陰春風還在眼。君謨坡谷始盛稱，韻勝遠過换鵝經。宋金以來三百年，永和規模存典刑。昨向燕都得善本，重為摹勒憂墜損。雲龕細鑿黄金臺，永與諸人作繩準。當時無意不欲傳，只今視昔似偶然。君不見浙江變作黑水源，越山筆塚高摩天。運斤斫輪熟乃精，蒙横十萬方無言。初從有意到無意，始知前賢道為技。試看魯公《座位帖》，數幅書稿為二絶。

元・方回《桐江續集》卷二四《為合密府判題趙子昂大字蘭亭並序》 人之身，天地之一物耳。而人之心，包乎天地之外。故曰方寸中有六合。君子之道，可大可小。唐太宗命褚遂良等臨《禊帖》賜群臣，予嘗見減小字本，極精妙。今見學士趙子昂匹紙大字《蘭亭》本，尤神奇而妙。斂之可，擴之亦可，雖筆法，亦心法也歟。

神奇變化莫若龍，屈蟠可藏螺殻中。一聲霹靂起頭角，金鱗萬丈横蒼空。右軍《禊帖》不盈咫，善臨摹者子趙子。一觴一詠十九之，方如帶玉滿匹紙。小字古稱《黄庭經》，大字焦山《瘞鶴銘》。小斂大縱出一手，壁如寫真妙丹青。寫真但要寫得似，小纖大濃皆可喜。小如眼中見瞳人，大如鏡中見全身。

又卷二四《淳熙甲午東陽郡齋蘭亭》 大唐天子紿孤僧，轉瞬人間幾廢興。一幅永和故繭紙，入昭陵又出昭陵。唐太宗以御史蕭翼取永禪師《禊帖》已入昭陵，温韜發之，再出人間。定武梅花本予舊有之，今不易得。此韓元吉摹本也。

又《淳熙癸卯錢伸東陽本》 永和貞觀晉沿唐，奉詔臨摹老遂良。展轉流傳非一手，虎賁猶得似中郎。太宗使起居郎褚遂良，檢校馮承素、韓道政、趙模、諸葛貞之流模賜王公。見張彦遠《法書要録》蘇才翁云。

又《張模仲實見惠江陰邱本》 絶喜他鄉見似人，頗如畫手善傳神。忽思今昔無窮事，十五回經癸醜春。永和九年癸醜，東晉穆帝在位之九年，元帝睿建武丁醜中興之三十七年。貞觀八年甲午，遂良摹本去修禊時二百八十一年。修禊至今戊戌九百四十六年，凡十五癸醜矣。

又《小本蘭亭二種》 子雲可擬易論無，頗似《蘭亭》細字模。始信聖經非小易，不羞依樣畫葫蘆。文武之道，或識其大者，或識其小者。此《禊帖》巧矣。《太玄》、《法言》亦《周易》魯論之小者歟。逸少字可擬也，聖人之經不可擬也。

趙子昂衍匹紙《蘭亭》,回曰:此如寫真,小如眼中見瞳人,大如鏡中見全身。

又《北本蘭亭》 一千年想永和會,十九之傳貞觀摹。此本中原今第一,真成一字一驪珠。近得此本,乃中原本也。雖定武本不可復得,此亦近之。

又《朱字蘭亭》 傾城國色著胭脂,紅字《蘭亭》又出奇。比换鵝書更姿媚,一杯卯酒醉西施。相傳以為賈葛嶺石本,如書板覆印,用朱為之。臨寫者頗放縱,還施以其異也,姑存之。

元・程鉅夫《雪樓集》卷二四《題跋・題禊帖》 曩聞遊五臺者,人人言見文殊。問之,則或雜雲物,或現光相,或渺渺然。山谷間又問之,則曰神,人其可即哉。淡齋示此帖,因識所聞。

元・馬臻《霞外詩集》卷九《蕭翼蘭亭卷》 治國不求難得貨,使民為盜過繇誰。松風已閉昭陵土,誰料人間出有時。

元・陸文圭《墻東類稿》卷一五《五言古詩・跋徐知事所藏禊帖》 辨才將九十,及見開皇初。不知虞褚輩,得似老僧書。尤物世稀有,昭陵劫灰餘。玉函人不見,繭紙乃蠹魚。梅花一片石,猶自寶璠璵。定武久荆棘,長安復邱墟。茂林有陳跡,今誰山陰居。

又卷一六《七言古詩・題王復初所藏子昂臨禊帖》 昭陵玉函出人間,開平經今四百年。永和遠距貞觀先,俛仰陳跡俱可憐。古人學書如學仙,筆鋒誰入玄之玄。水晶宫裏佳公子,風流翰墨皆天然。吾評逸少非真逸,史載深謀並絶識。獨留繭紙博千金,似是藝成能掩德。名士由來饜逼真,書空咄咄彼何人。遺才流落稽山下,修竹娟娟萬古春。

元・沈夢麟《花谿集》卷三《七言絶句・文敏公蘭亭帖》 茂林修竹已荒墟,《定武蘭亭》歲月除。回首吳興松雪老,風流不減右軍書。

元・王逢《梧溪集》卷四《題蕭翼蘭亭圖》 右軍《蘭亭》書繭紙,五朝天王但聞耳。不謂虯髯龍鳳姿,密遣行人來賺己。嗟爾何必飲恨死,舊賺君親晉陽起。君不見萬年弓劍橋山藏,玉押曷為温滔防。

元・丁鶴年《鶴年詩集》卷二《題劉伯昇所藏蘭亭》 右軍高致極清真,盛集蘭亭詠暮春。文彩風流那復見,摩挲遺墨想豐神。

元・王冕《竹齋集》卷下《七言古體・過蘭亭有感》 東晉風流安在哉,煙嵐漠漠山崔嵬。衰蘭無苗土花盛,長松落雪孤猿哀。滿地斜陽似無主,昏風不獨黄鸝語。當時諸子已寂寥,真本《蘭亭》在何許。欷歔老樹緣女蘿,崩崖斷壁青相磨。舊時觴詠行樂地,今日魚鼓瞿曇家。荒林晝靜響啄木,曲水潺潺似山哭。遊人不來芳草多,習習餘風度空穀。去年載酒誦古詩,今年拄杖讀古碑。年年慷慨入清夢,何事俯仰成傷悲。故人不見天地老,千古溪山為誰好。空亭回首獨淒涼,山月無痕修竹小。

明・烏斯道《春草齋集》卷五《七言絶句・為順上人書禊帖後》 牝牡驪黄都莫猜,只看形似亦佳哉。近來無地無蕭翼,珍護還須過辨才。

明・王恭《白雲樵唱集》卷四《七言絶句・題施子安家藏蕭翼賺得僧辨材蘭亭卷》 蘭亭禊事跡空陳,片石猶傳定武真。自是宸居貪玩物,不關蕭翼解瞞人。

明・王翰《梁園寓稿》卷四《七絶・賺蘭亭圖》 山陰樂事已塵埃,留落名書到辨才。殉葬昭陵何足貴,他年佳傳更新裁。

《永樂大典》卷一三九九三《范石湖大全集・祓禊破陣子詞》 漂泊天隅佳節,追隨花下群賢。只欠山陰《修禊帖》,卻比蘭亭有管弦,舞裙香未湔。淚竹斑中宿雨,折桐雪裏蠻煙。喚起杜陵饑客恨,人在長安曲水邊,碧雲千疊山。

又《國朝顧禄詩・觀晉人修禊圖》 閑披臨禊閣,令我思古人。一時晉名士,曠達任天真。春陽正和煦,逍遥蘭渚濱。羽觴逐輕流,陶然飲其醇。吟眺窮有象,冥搜入無垠。奇才互馳駛,藻思俱清新。最後得逸少,白紵方綸巾。風神自散朗,揮毫著雄文。高情獨超絶,誰能追後塵。

明・朱有燉《誠齋録》卷一《題拙書蘭亭後》 清晨小僕奉卷至,裝潢錦銹並瓊琚。開緘展玩自可笑,乃是初學《蘭亭》書。先生致語欲題跋,使我慚愧空躊躇。春蛇秋蚓誠足比,況復字字皆墨豬。憶昔蕭郎貢真跡,昭陵寶此猶明珠。紛紛學者各盡藝,惟歐陽詢仿佛如。若軍大令去已久,後來逐者徒奔趨。欲度驊騮不可得,駸駸唐宋誰騎驢。嗟予學術久荒落,安有一筆令人譽。便當覆瓿勿暖惜,莫使瑀斌同璠璵。

明・李東陽《懷麓堂集》卷六〇《詩後稿十・七言絶句・題褚臨蘭亭後二絶》 晉代書家失典刑,河南別自有《蘭亭》。寧知千古風流興,只在山陰酒未醒。晉帖唐臨太未遲,還從點畫認須眉。向來賞極翻成恨,不見當年運筆時。

明・鍾芳《筠谿文集》卷三〇《詩・七言絶句・蘭亭遺蹟》 亭翠春

濃褉事修，瓊觴流曲倡還酧。夜深惟有溶溶月，長照新亭一段愁。樂意無多百感生，激湍修竹共冥冥。從頭細讀《蘭亭記》，總是牛山灑淚情。

明・文嘉《文氏五家集》卷九《和州詩集・蘭亭》 曲水蘭亭宴，風光屬暮春。豈惟酬勝賞，聊用樂嘉賓。酒罰杯無算，書成筆有神。翻憐金穀會，回首跡俱陳。

明・朱慎鐘《寶善堂稿》卷上《五言律七十首・詠晉人蘭亭修褉之會》 上巳蘭亭會，嬉遊曲水池。崇山晴色映，修竹翠陰移。借草情多曠，流杯興益奇。風流前代老，陳跡在遺詩。

明・徐學謨《歸有園稿・詩》卷二《題蘭亭圖》 修褉山陰跡更陳，於今圖畫墨猶新。當歡豈合成悲感，大令能知過去身。

明・王世貞《弇州四部稿》卷二一《定武蘭亭真本歌》 髭龍蜕骨咸陽陌，玉匣幹秋閟神跡。天憐墨派不欲湮，為掃中山一片石。《樂論》《黄庭》總非故，褚臨馮拓知難敵。隆準雖稱高帝裔，赤符自許真人獲。面面看來俱是態，頭頭勘罷無凡格。似從天骨見風流，小展驥群争辟易。世人耳觀論肥瘦，飛燕阿環俱國色。一字能開八法先，分身立作諸家式。陳家老叟似比禪，趙吴興乞不可得。幾三百年落余手，更數千年誰其匹。玉變金題豈增貴，連城照乘難為直。野夫黯淡一瓣香，相攜去訪山陰宅。

明・徐渭《徐文長文集》卷七《七言律詩・蘭亭次韻》 相傳蕭翼竊《蘭亭記》，掀閲，百花一時盡開。長堤高柳帶平沙，無處春來不酒家。野外光風偏拂馬，市門殘帖解開花。新觴曲引諸溪水，舊寺巖垂幾樹槃。回首永和如昨日，不堪悵望晚天霞。

明・徐渭《徐文長文集》《徐文長逸稿》卷八《右軍修褉圖二鵝浴於溪》 蘭亭修褉只須臾，也抱雙鵝浴淺渠。校計吾儕淹酒肉，教鵝不啄一蝦魚。

明・趙琦美《趙氏鐵網珊瑚》卷一《二王墨刻節録》 不學《蘭亭》貯屋樑，宓妃曼倩出裝潢。王家舊物足羲獻，絶勝遺金發窖藏。商丘宋無。

又卷一一《蕺山題扇圖詩卷》《蘭亭》墨本摩挲盡，老我愁書咄咄空。一自蕺山題扇後，千年誰復繼清風。婁東生。

一自《蘭亭》飛筆後，昭陵風雨夜如何。當年老媪能知此，扇出人間在價過。張渥。

明・張丑《清河書畫舫》卷一二《鑒古百一詩・銘心籍其十二》 永師千字千斤重，律召調陽符節同。《褉序》臨摹稱法嗣，藏鋒真得古人風。

明・謝肇淛《小草齋集》卷一一《七言古詩四・題蕭翼賺蘭亭圖》《蘭亭》真蹟流傳久，轉入空門老僧手。緹囊十襲鑿空梁，遁跡山中詫烏有。太平天子雅好文，徵求百計空紛紜。烏臺魚服向蘭若，衣冠潦倒通殷勤。擁爐傾蓋拈詩句，翰墨相親表情素。甕頭春釀未曾幹，梁上明珠已飛去。一朝驛中出墨敕，卻是山東夜來客。御史奉詔取《蘭亭》，老僧僕地無人色。天生神物有廢興，豐城劍氣光飛騰。南山石槨椁閟不得，終隨玉碗辭昭陵。只今臨摹千萬種，鑱鼎重儓轉相踵。片石唯傳定武真，肥瘦毫端成聚訟。我觀此圖長歎息，天上人間總成跡。永和風流今已矣，貞觀君臣亦兒戲。書生御史何足言，笑殺登床老常侍。

明・楊德周《銅馬編》卷下《蘭亭帖》 五代時賊帥温滔發昭陵，取鐘、王真跡，不知《蘭亭》復於何代失之。昭陵松柏晚棲鴉，金碗茫茫繡墨花。地下再宣蕭奕詔，人間真帖落誰家。

明・淩雲翰《柘軒集》卷一《五言絶句・書》 僧舍《蘭亭帖》，蕭郎取得還。昭陵一片墨，依舊出人間。

又《七言絶句・蘭亭卷》 字體紛紛變若雲，後人惟睹永和文。昭陵一刻誰能學，盡道吴興似右軍。

明・李日華《六研齋二筆》卷三 平生右軍書，固自歷代寶。永和修褉事，醉筆落晴昊。粉蠟冰一方，蘭膏玉萬擣。繭紙化飛埃，摹拓貽永保。相傳金錫帖，貴比漆書誥。多事桑澤卿，雌黄費探討。巧偷竟沈淪，肥瘦異鐫造。化身遂千億，濁俗不可掃。昭代二王家，玉匣尚精好。東山賢相君，購之苦不蚤。寶氣白虹蜿，逸思青雲渺。想像清閟堂，玉石光皓皓。

明・郁逢慶《書畫題跋記》卷一《復州裂本蘭亭》 繭紙《蘭亭》世絶倫，蕭郎小黠紿驚人。錦褾牙軸今安在，回首昭陵跡已陳。卧雲散僧無本可往。

使星東犯門牛來，猿鳥忘機豈見猜。莫笑老僧藏不得，昭陵玉匣有時開。桂衡。

書生設計渾如海，開士珍藏重若山。不道當時俱詐恪，翻成佳話落人間。集慶净曦。

蕭翼辭京奉德音，辨才識淺墮機深。雖然賺得《蘭亭帖》，未合君王好事心。姑蘇釋德謙。

己未夏五過盧陵，觀《蘭亭》褚模真跡及此復州搨本，皆海内罕物。董其昌題。

《蘭亭帖》為趙子固、子昂題品者，如升山、獨孤、東屏三種，後世詫之為奇，要自不免耳食。如越石此本絶勝，乃作空穀之蘭，不知經吾輩品題，亦復為茲帖長價否。其昌再題。

明・汪砢玉《**珊瑚網・名畫題跋**》**卷一八**《**蘭亭圖**》 曲水蘭亭宴，風光屬暮春。豈惟酬勝賞，聊用樂嘉賓。酒罰杯無算，書成筆有神。翻憐金穀會，回首跡俱陳。

清・曹溶《**静惕堂詩集**》**卷四二**《**得宋搨蘭亭本**》 昭陵玉匣走蛟龍，秘跡煙銷恨萬重。驗取率更真蠆尾，貞觀押縫紫泥封。

清・徐士俊《**雁樓集**》**卷七**《**觀右軍蘭亭卷并圖**》 《蘭亭》一集儼未散，四十二人須眉生。握管不就招酒斝，書空宛然藏水聲。銀鉤鐵畫自矜貴，金馬玉堂誰與賡。從古山陰道上好，至今春暮有人行。

清・胡世安《**禊帖綜聞**》**卷一五**《**題修禊圖**》 寄傲蘭亭半酒狂，誰云閣筆即枯腸。畫圖不省增支許，嘉會何因集廖張。廖棠將樂高士，張鹿樂成隱士。

支遁許邁，日相周旋，此會不應遺之。嘗在不泛交讀書銀蓋山，右軍屢征不至，右軍造廬逃避竹中，不與相見。

清・李敬《**退庵詩集**》**卷七**《**題蘭亭**》 會稽清絶地，羲之瀟灑人。群賢詩就日，三月水流春。啼鳥當歌變，飛花拂綺新。《蘭亭》傳墨妙，俯仰契天真。

清・朱彝尊《**曝書亭集**》**卷一四**《**古今詩十三・奉題徐副相祝園修禊卷三首**》 右軍但草《蘭亭序》，不及群賢祓禊詩。輸與先生鼠須筆，春風一一寫烏絲。一時裙屐最風流，擘紙花前點筆收。我若當年參末座，便應罰酒似羊劉。滴珠方勝杵頭新，瘦本看來妙入神。真跡只愁容易賺，莫將缸面酒留人。

清・韓純玉《**蓬廬詩・蘭亭**》 永和名士集如雲，瀟灑無過王右軍。曾向蘭亭修禊事，還從誓墓表遺文。流連觴詠疑忘世，俯仰山林自樂群。莫笑清譚空暇逸，近看塵鞅更紛紜。

清・高士奇《**歸田集**》**卷一二**《**古今體詩共四十二首・定武蘭亭帖**》 右軍器識江左雄，不分但稱書法工。永和三日醉落筆，鐘張老輩咸下風。貞觀天子極珍愛，竟和玉匣埋幽宫。惜哉神物不再見，寶鼎乃以沈淪終。褚、馮臨模得點畫，後世傳刻多朦朧。真面目惟留定武，神光蕩射筋肉豐。年深兵火苦磨滅，貞瑉散棄隨蒿蓬。天公親遣鬼神護，妙跡落落存寰中。湍流五字未經損，熙寧詩寶猶桓躬。星鳳樓頭密藏弆，含珠韞玉輝長虹。書家近推董宗伯，品題第一言誠公。董文敏跋為法書第一。我愛臨池老更癖，朝昏立課如兒童。窮搜力索得茲本，頓割妙悟心神融。筆健果類蟹爪屈，鋒回細認針眼通。前人辨定武本謂殊字若蟹爪，仰字若針眼。氣豪腕壯姿轉逸，猛虎横卧龍拏空。堯章舊考固精確，按之止與開皇同。姜堯章有偏傍考，與開皇本合。古今幾人論《禊帖》，家雞野鶩紛相攻。金丹一粒已入掌，庸鑴俗搨真難充。摹觀不惜日千遍，待換凡骨成元功。黄涪翁詩云：世人但學《蘭亭》面，而欲换凡骨無金丹。餅金未許易只字，白鵝安用攜滿籠。

清・陳邦彦等《**歷代題畫詩類**》**卷三二**《**古蹟類・蘭亭圖二首**》 京洛銅駝草莽深，春風修竹滿山陰。右軍憂國心如許，也伴蘭亭醉客吟。觴詠余情落筆時，後來感慨已先知。山陰道士衣冠少，竹裹荒祠澗水悲。元吴師道。

又卷三六《**故實類・逸少蘭亭圖**》 蘭亭佳處憶曾過，已較前人感慨多。修竹茂林今在否，畫中一看意如何。明張以寧。

又《**蘭亭修禊圖**》 分别層溪與遠巒，天章寺裹雨中看。會稽内史風流甚，賴得中朝有謝安。石搨誰知定武訛，綻紋猶識舊宣和。憑君莫話冬青樹，添得青山淚許多。明袁宏道。

又卷三八《**故實類・蕭御史取禊帖圖**》 《禊帖》屋梁上，世人那得知。不關蕭翼黠，自是老僧癡。元程鉅夫。

又《**題蕭翼賺蘭亭圖**》 使星東犯鬥牛來，猿鳥忘機豈見猜。莫笑老僧藏不得，昭陵玉匣有時開。明桂衡。

清・顧嗣立《**元詩選初集**》**卷五〇**《**題定武蘭亭**》 繭紙香隨玉匣遺，寶書天上世難知。狼烽幾墮昆明劫，蟬翼猶傳定武碑。曉雨苔花侵搗石，秋山柿葉費臨池。東都已往誰能繼，神物終煩謹護持。黄鎮成。

又《元詩選二集》卷六《題趙模榻本蘭亭後》《蘭亭》化身千百億，貞觀趙模推第一。百家聚訟漫紛紜，正傳寧到中山石。論書當論氣韻神，誰與癡兒較形質。想當廓填斷手初，帝與歐、虞皆嘆息。昭陵玉匣秘重泉，自此中天無一日。無章老去不及見，欲見蘇家評甲乙。北山居士得何許，購取寧論萬金值。幾年僦屋客江海，寶氣奎光夜相射。南來北人多健者，各色連艘金滿屋。應嗟我輩太癡絶，常抱蠹書論得失。鮮于樞。

又卷一一《題蘭亭定武本》會稽晉名山，中有幹世寶。斯人臨池波，歷歷照穹昊。流傳長安道，老僧惕如搗。昭陵雲務深，玉匣失所保。周成顧命篇，垂戈列經誥。至今天下人，欲觀何由討。幸然定武石，難容以智造。宋家幾播遷，惜哉跡如埽。眼明偶相遇，精神更美好。五字未曾缺，劃出紹彭早。《黄庭》亦不存，《瘞鶴》殊渺渺。摩挲憶真者，須發空白皓。王士熙。

清・愛新覺羅・弘曆《御製詩二集》卷四五《古今體一百首甲戌一・題定武蘭亭帖後》虎卧龍跳正複奇，流觴曲水想其時。無邊感慨一篇具，有數文章千古知。檢校才聞褚遂良，旋教玉匣伴文皇。戎温無賴千秋恨，豈礙經天日月常。松雪書宗不可當，十三跋出十三行。恰如身到瀛壺裏，澗草岩花總異香。

清・吴高增《蘭亭志》卷八《過蘭亭書堂》蘭亭擬金谷，逸少比季倫。史臣作此語，無異屠沽人。君看蘭亭墨，歲久跡豈陳。當時本嬉戲，後世乃見珍。我行適春暮，及此稧飲辰。墨池奏環玦，書堂暗松筠。堂中有遺像，儼坐遺冠巾。情知金堂仙，可望不可親。物色儻見之，欲去猶逡巡。宋劉度。

又《詠古》墨妙風流亙古今，等閑陳跡冠山陰。耳聞貞觀求真跡，眼見天章照茂林。鐵限僧房跡未移，千通真草了無遺。蘭亭醉本何由見，只説蕭郎奉使時。宋華鎮。

又《蘭亭帖》文皇嗜好非聲色，偶愛蘭亭亦其癖。河南猶恐後來聞，竟使昭陵隱真跡。世間能悟性知幾人，墨真真傳意愈勤。有似春雲隱明月，光影還到千江分。法曹得此深恨晚，有客攜從大樑遠。多言南渡罕曾見，大勝薛家蟬翼本。嗟我學書從少年，較計點畫分媸妍。老拈攧筆萬事懶，忽見錦軸心淒然。直行姿媚公所取，篆隸何妨更兼有，退之但作石鼓歌，談筆譏訶換鵝手。宋羅頌。

又《題稧帖後》昭陵繭紙傳軼事，修稧千古飲餘芳。公今克攜定武本，趙北複嘆塵沙黄。細看筆力自外出，妙處畫裏藏鋒鋩。漢官威儀落眠界，九鼎之重虞窺攘。暗中摸索辨真贋，蔀屋猶有千丈光。麴車道逢我所嗜，流涎顧視裾淋浪。祈公分貺我一本，小儒不願尚書郎。宋田秀實。

又《過蘭亭有慨》東晉風流安在哉，煙嵐漠漠山崔嵬。衰蘭無苗土花盛，長松落雪孤猿哀。滿地紅陽似無主，春風不獨黄鸝語。當時諸子已寂寥，真本蘭亭在何許，欹簷花樹緣女蘿，崩崖斷壁青相磨，舊時觴詠行樂地，今朝花鼓瞿曇家。荒林晝静響啄木，流水潺潺繞山曲。遊人不來芳草去，習習餘風度空穀。去年載酒誦古詩，今年拄杖讀古碑。年年慷慨入清夢，何事俯仰或悲傷。故人不見天地老，千古溪山為誰好。空亭回首獨淒涼，山月無痕修竹少。明王冕。

又《蘭亭期山人不至》日晚蘭亭北，煙花曲水濱。浴池逢婉女，采艾值幽人。石壁堪題序，沙場好醉人。群公望不至，虚擲此芳辰。唐孟浩然。

又《修稧》危橋跨淵淪，清宜滌世紛。飛湍逢石磚，漱玉隔山聞。影亂林花落，山叢磵草熏。玆為稧飲地，何羡右將軍。宋蔣堂。

又《右軍祠》因山盛敞浮屠舍，遺像仍留内史祠。筆家近因為俗塚，墨池今已化蓮池。書樓觀在人隨遠，鸝渚亭空世幾移。數紙黄庭誰不重，退之猶笑籠鵝時。宋朱子。

又卷九《蘭亭謁右軍祠》山印高嶺接長河，人物風流晉代多。王匣昭陵秘繭紙，孫金擲地任高歌。采蕺山巔不生蕺，愛鵝池畔誰養鵝。歲歲桃花寒食路，遺祠瞻拜一經過。江都杜甲補堂。

又《蘭亭》揮毫臨曲水，酬和屬賓僚。陳跡雖已逝，追思千載遥。《其二》溪流猶昔日，亭麗勝當年。宸翰豐碑勒，應同醉本傳。長白舒寧安履坦。

又卷一〇《蘭亭秋稧詩》鈴閣風清政自閑，相攜賓從渡溪灣。寒花細繞流觴水，爽籟飛拄頰山。內史《蘭亭》千古在，昭明《稧帖》一疵刪。欲歸州宅休回首，總在長湖高嶺間。山陰劉鳴玉鳳岡。

清・張埴《竹葉庵文集》卷一七《祕閣集二・論定武蘭亭十二絶句》寫過蘭亭後兩年，誓詞墳墓告尊先。此君人品原高絶，故與書名蓋世傳。

非將退筆誇能事，那肯簪花媚眾人。不襲建安鐘傳體，化方去扁妙無倫。趙集賢謂《蘭亭》用退筆，非也。是收盡鋒鋩，不肯一露，何曾是退筆耶。

扁法螺旋祖隸書，蘭亭踈秀鶴身如。修蛇不與蝦蟆似，後代諸賢半墨豬。東坡謂魯直書似蛇掛樹梢，魯直謂東坡書似石壓蝦蟆。

昭陵繭紙黍燈紅，裕陵祖石金甌空。二陵風雨無人夜，猶在永和春色中。

李唐趙宋富簽廚，下暨中朝士大夫。二十八行八千柙，江山多少換來吳。謂賈士道也。

道昇山下亦驚魂，舵折檣摧天地昏。風雪安閒姜白石，也能託付到王孫。

銅漏曾經易滿師，獨孤亢爽東屏癡。蘭亭大有僧緣分，缸面人教最吃虧。

字取肥者王順伯，字取瘦者尤延之。卻笑模棱黃魯直，取它環燕適時中。

有肥有瘦重祖石，議禮諸公論半非。看到後來承素與褚遂良，始知能瘦不能肥。定武刻，無弗肥者取瘦者，謬論也。

半生及見五定武，落水者、直齋本、東屏本、程孟陽本、最淡墨本，而濃墨本不與焉。同是尹邢絶代姿。獨賞人間直齋本，何由綱得到西施。

缺月娟娟殘未殘，香微色淡似春蘭。誰家濃墨重裝本，破費庭珪黍一丸。定武刻，無弗用淡墨者，近見一濃墨本，心尚疑之。

古帖要看古刻手，奏刀艱澀不分明。山陰妙跡如無恙，今日重刊亦未精。

清·沈彩《春雨樓集》卷四《臨蘭亭畢卻題》 春慳花信雨冥冥，一縷爐煙繞畫屏。妝罷小樓無各事，翠螺香墨寫蘭亭。

又卷五《臨蘭亭畢卻題》 春慳花信雨冥冥，一縷爐煙繞畫屏。妝罷小樓無個事，翠螺香墨寫《蘭亭》。

又卷一四《評蘭亭聖教序》 《蘭亭》如肥馬輕裘，莎平草短一往俊快；《聖教》如倩女登場，左旋右折皆生百媚。《蘭亭》如武夷九曲，橫峰側嶺每轉出奇；《聖教》如五步一樓，十步一閣，欣賞不儘。世有於《蘭亭》、《聖教》分左右，袒者可以此説甚之。

清·王宗炎《晚聞居士遺集》卷五《蘭亭跋》 學《蘭亭》如讀經，淺者見淺，深者見深，諸家刻本方圓肥瘦，各有一種妙處，所以為群帖之祖。右軍天褱高朗，興會所至，神與文化。褚、歐諸賢極力追摹，不得其一體，何況展轉翻刻並形似，而失之者以其規矩尚存千百之什一。正如辟穀導引縱不得仙，差可卻疾耳。

清·愛新覺羅·顒琰《味余書室全集定本》卷八《詠蘭亭褉事》 褉事初修春暮天，蘭亭集會盛當年。山林有跡雖今古，水竹無風自管弦。樂叙所欣隨録述，静觀斯遇每情遷。暢懷遊攔形殊異，一曲清流感昔賢。

清·曹貞秀《寫韻軒小稿》卷一《題何水部所藏定武蘭亭》 考辨曾煩白石仙，潘妃吴後跡雲煙，《蘭亭》宋拓紛紛出，不遺簪花一字傳。

又《集蘭亭字題帖》 褉文臨取每無因，俯仰山陰跡已陳。自昔《蘭亭》咸叙録，是間少管一夫人。

清·洪頤煊《筠軒詩鈔》卷三《題陳伯恭宗丞定武蘭亭卷後》 永和三月天氣新，同人祓除越水濱。一觴一詠偶然事，名士往往傳其真。右軍乘興寫此叙，筆妙龍騰雜風雨。昭陵嗜好天下稀，蕭翼一賺成千古。當年歐褚臨紛紛，意態各出誇風雲。況複後來競刻石，長短肥瘦誰敢分。君從何處得此本，五字如新石未損。墨痕千載有光輝，評以定武理非遠。我欲借此摹雙鉤，好手鐫刻不可求。還君此卷三嘆息，他時一夢燕山秋。

清·韓是升《聽鐘樓詩稿》卷五《上巳端江舟中觀定武蘭亭帖》 序逢修褉泊端江，雨阻尋山坐水窗。恰好永和年月日，《蘭亭》真本看無雙。

清·詹應甲《賜綺堂集》卷一九《詩·書褉帖後四首》 《蘭亭》真墨久銷亡，聚訟紛紛説晉唐。臨本不如鉤本確，漫疑定武出歐陽。趙模馮承素諸葛貞共追尋，先後唐賢手自臨。畢竟宗風歸穎上，河南勝處入山陰。退筆千秋禹右軍，枉教縮本寫停雲。昭陵繭紙人間失，玉匣原無玉版本。開皇神武亦耽書，叔寶如何鑒別虚。可惜南朝江總筆，擘箋不寫摹春初。

《東方朔畫像贊》

題解

清·張丑《清河書畫舫》卷二《晉二·王羲之》 《東方朔畫像贊》，相傳逸少真蹟，乃永和十二年五月十三日書與王敬仁者，筆蹤茂密，法律森嚴，其糜破處歐陽詢補之。宋初在丁諷學士家，尋入宣和秘殿，有御題璽記。暨南渡後，復歸趙與懃家，雜見《書史》、《書譜》、《雲烟過眼録》中。國朝嘉靖間，為朱太保希孝所購，蓋絶世之寶也。太保卒，流傳至關中，今藏南太史處，珍異何減連城夜光矣。按逸少小楷，此贊與《樂毅》、《黄庭》、《太師》、《告誓》、《宣示》、《累表》也，《蘭亭》行書，《稚恭》、《王略》等帖並草書。草十行敵行書一字，行十行敵真書一字耳。況《樂毅》就石書丹，黄庭後人傳會，《宣示》倣彿元常，迨《太師》、《告誓》、《累表》一一出此贊下，即小有剥蝕，得之固足以豪也。

論説

唐·蔡希綜《法書論》 右軍之跡流行代衆矣，就中《蘭亭序》、《黄庭經》、《太師箴》、《樂毅論》、《大雅吟》、《東方先生畫贊》咸得其精妙。

宋·黄庭堅《山谷題跋》卷四《題東方朔畫像贊後》 逸少《東方朔畫像贊》，趙子昂有臨本并跋，亦見韓太史家，較之真跡不差毫髮。嚴分宜家晉人墨寶，當以書《東方朔畫像贊》後云。予嘗觀《東方畫贊》墨蹟，疑是吴通微兄弟書，然不敢質也。遺筆結字極似通微書《黄庭外景經》也，如佛頂石刻止是經生書，不可引與同列矣。

宋·米芾《書史》 右軍《東方朔畫贊》糜破處歐陽詢補之，在丁諷學士家，歸宗室令時劉涇以僧繇《畫梁武帝像》易去。米氏《畫史》。

宋·岳珂《寶真齋法書贊》卷七《唐人摹二王帖·右軍東方朔贊帖》 右唐人摹王右軍書，晉夏侯湛所作，《漢大中大夫東方朔畫像贊》真蹟一卷，首尾紹興印四，御府半印一。按是帖在《淳化秘閣》與《樂毅論》並為真書之祖，雲烟流形，水月移質，摹寫之合，作以神合妙，信乎，唐人之為精也。予在建康訪郿塢遺物，以嘉定辛巳九月奉詔移節京口，治行冗甚，而售者持以至，云其家之在外邑者，一昔入郛留質某氏，以去亟以善賈購得之，蓋亦内府之自出云。

贊曰：昔唐貞觀中，河南公褚遂良著定右軍真行書六十三卷，真書獨存五卷，而是帖居第三。開元中，會稽公徐浩收綴二王真蹟一百五十有八卷，真書亦共存五卷，而是帖居第二。蓋永和之所書，而王修之是畀。今觀兹摹具有遺製，蓋李嗣真所謂如嚴廊簪裾之肅，陰陽寒暑之備，鏗鏘金石之在耳。氤氲蘭麝之觸鼻，縹緲仙跡昭章聖祕然。河南則標以為真，會稽則疑以為偽，二君皆升堂而入室，夫豈黨同而伐異，況後六百載而予惟即其摹以觀其似，而何以別其非。是惟梁袁昂評古今字，嘗有言曰：王右軍書如王謝子弟，縱復不端正者，軒軒有一種風氣。

明·張丑《清河書畫舫》卷二《晉二·王羲之》 或問：《東方朔畫像贊》是逸少書否，余曰：此帖米芾載之書史，定為真跡，無貶辭。魯直疑為吴通微筆，好奇之論也。又題《東方朔書贊》云：東方生畫贊用筆極痛快，今時傳摹去真甚遠，猶可喜。

明·程嘉燧《東方朔畫贊題跋》 其點畫鋒鍛，風骨挺特。古賢用筆之意，摹勒精巧，入玄洞微。

清·張英《聰訓齋語》卷下 楷書如坐如立，行書如行，草書如奔。人之形貌雖不同，然未有傾斜跛側為佳者。故作楷書，以端莊嚴肅為尚，然須去矜束拘迫之態，而有雍容和愉之象，斯晉書之所獨擅也。分行布白，取乎匀净，然亦以自然為妙。《樂毅論》如端人雅士，《黄庭經》如碧落仙人，《東方朔像贊》如古賢前哲，《曹娥碑》有孝女婉順之容，《洛神賦》有淑姿纖麗之態，蓋各象其文，以為體要，有骨有肉。一行之間，自相顧盼，如樹木之枝葉扶疏，而彼此相讓；如流水之淪漪雜見，而先後相承。未有偏斜傾側，各不相顧，絶無神彩步伍、連絡映帶而可稱佳書者。細玩《蘭亭》，委蛇生動，千古如新。董文敏書，大小疏密，於尋行數墨之際最有趣致。學者當於此參之。

《黃庭經》

論說

宋·程大昌《考古編》卷八《黃庭經》 《晉書》謂換鵝者，《道德經》也。世或用為《黃庭》，人輒笑之。按褚遂良、武平一記當時親見，皆是《黃庭》。遂良仍列正書五卷之二，且曰：六十行，與山陰道士者。以此驗之，知為《黃庭》不疑。大令書大令書李校本作右軍書，是。按程氏誤記。其最為後世貴重者三：《蘭亭》、《樂毅論》與《黃庭》也。《蘭亭》既入昭陵，《樂毅論》開元間已亡，唯《黃庭》非太宗所甚愜意，故更太平不取，得在御府。至潼關失守，真跡為張通儒持向幽州，不知何在。

清·孫承澤《硯山齋雜記》卷二《書紀》 凡作小楷，不可尋常，須有法象。《黃庭經》肩有力而腰脚隨風，《洛神賦》頭足用力而胸腹慊然，天倮水倮宛然可見。《樂毅論》勁正而遒歛，《東方朔贊》和易而逍遥，以寫二賢之情性。《力命表》柳葉溶曳於微風，象微臣之遇寵。《曹娥碑》花蕊飄流於駭浪，似幼女之捐軀。巧畫不能摹，雄文不能寫，而形容分明。可見於翰墨之間，此天地之融精鬼神之幹妙，所以數帖神護，持傳寶百世也。

明·何良俊《四友齋叢説》卷二七《書》 正書祖鍾太傅，用筆最古，至右軍稍變遒媚，如《黃庭經》、《樂毅論》皆神筆也。此後歷唐、宋絶無繼者，惟趙松雪與文衡山，小楷直追右軍，遂與之抗行矣。

明·李日華《六研齋三筆》卷一 右軍書法，千古宗匠，然其在當時，猶或受人排抑，如庾翼有家雞野鶩之喻。陶貞白評其跡，謂《樂毅論》極勁險，然不甚用意，《太師箴》、《大雅吟》甚用意乃成拘束。惟鍾太常正書，下筆有十二種意外巧妙。世所傳黃素《黃庭經》，實上清真人楊羲之跡，非凡手腕所成也。歷觀唐、宋名公，顔、褚、蘇、米，俱以行草擅場。明代精細楷者，宋景濂一人而已。希哲之圓媚，徵仲之峻峭，俱非當行也。余於書學本無功，若小楷又所畏者，蓋經歲不曾作一兩段也。今霜降後，天氣驟涼，晴窗映幾，筆硯無塵，頗思娱弄柔翰，追古人行狎縱恣之趣以自快，而孟鳴住必欲楷書此扇，重違其意，勉强試為之，不覺醜怪百出矣。惟以古人所難，聊徵引以為自寬地耳。擲筦一笑。

明·張丑《清河書畫舫》卷二《晉二·王羲之》 以永和十二年五月十三日寫《畫像贊》，五月廿四日寫《黃庭經》，一一見真跡中。羊欣《筆陣圖》云：右軍三十三書《蘭亭》，三十七書《黃庭》，皆誤也。設果三十三在蘭亭修禊事，不應第五子徽之已能詩句耳。

明·董其昌《畫禪室隨筆》卷一《評古帖·題褉帖黃庭各帖後》 《蘭亭》無下本，此刻當是唐人鈎摹。其《黃庭》吾不甚好，頗覺其俗。《告墓表》集智永《千文》而成之，《宣示表》轉刻已多，既失其渾宕之氣，聊存形似。後之學者當以意會之可也。

清·孫承澤《硯山齋雜記》卷二《書紀》 《樂毅論》小中有楷，《黃庭經》楷中有小，《東方朔書贊》五分中有方丈，《洛神賦》方丈在五分中，《曹娥碑》五分字四分畫，《力命表》三分畫五分字。

清·卞永譽《式古堂書畫彙考》卷四《書四·襄陽寶章待訪録》 黃素《黃庭經》是銛鋒筆行書，恐非右軍殆六朝人所作。界行有鍾紹京書印，卷末真寫胎仙二字用陳氏圖書，又有錢氏忠孝之家印，紙跋云：山陰道士劉君以羣鵞獻右軍乞書《黃庭經》，此是也。逸少真書，此經與《樂毅論》、《太史箴》、《告誓文》、《累表》也。《蘭亭》、《洛神賦》皆行書，其他並草書也。草十行敵行書一字，行書十行敵真書一字耳。又續題云：此乃明州刺史李振景福中罷任過浚郊，遺光禄朱卿名友文，即梁祖之子，後封博王，王薨，予獲于舊邸，時貞明庚辰秋也。晉都梁苑因重背之，中書舍人陶穀記，是日降麻以京兆安彦威兼副都統。米某跋云：印小字乃唐越公鍾紹京印也。此書在李太師第，固是甲觀。

清·王士禛《居易録》卷七 右軍《黃庭經》真跡，今藏内府，康熙某年曾賜閣臣、學士同觀。

清·孫岳頒等《佩文齋書畫譜》卷二《論書二·宣和書譜叙論》 東

晉聿興，風流文物，度越前世，如王羲之作《樂毅論》、《黃庭經》，一出於世，遂為今昔不貲之寶，後日雖有作者，詎能過之。

清・焦循《憶書》卷一　江習隅所藏《黃庭經》後跋云：右軍書《黃庭》，有飛仙之致，真跡淪於五季，惟臨本入宋鐫矣。隋唐人皆從真跡臨摹，去右軍才一間，故宋刻為足寶也。此卷筆致，如淩空鐵笛吹過洞庭，永和妙即在是，又何論隋唐臨手，尚有一間也。辛亥十月，山陰潘寧為墨癡題。又，《西嶽華山廟碑》跋云：華山西嶽廟漢隸三碑，皆光和二年立，聞漫滅久矣。昔曹秋嶽先生於戚畹家見郭香察書本，稱為至寶，今余疊見樊君本，又豈在郭香下邪。歐陽公言：此碑乃即時所立，立之遽者，為文必率，宜乎有云河南、南河者，不分郡邑而疊言之也。《隸釋》載全文，此闕若幹字，並為虞泉録文，備考訂焉。辛亥歲六月二日，平野居士潘寧識。寧於金石之學最核，客邗上，嘗主江氏，故習隅所藏多其手跋也。

清・姚衡《寒秀草堂筆記》卷四《賓退雜識》　右軍《黃庭》，宋以前俱是前賢摹本，惟文待詔謂有唐石刻，殆如天吴紫鳳。而黃山谷云：《黃庭經》王氏父子書皆不可復見，是不必定屬右軍矣。又謂小字殘闕者，是永禪師書，既刓缺，亦難辨真贗，字之差大者，云是吴通微書，形差長而瘦勁，筆圓勝徐浩書也。黃伯思所見李鵬舉家本，乃褚令摹單廓未填者。是《黃庭》之有各本，由鉤摹非一手也。近世所傳，以元祐《秘閣續帖》所刻及越州石氏本為海內第一，嗣後互相翻刻，不一而足。王弇州所見二本，一石刻，一木刻，皆是宋搨，迄今以不可復睹矣。藹余觀察三兄見示北宋搨本，紙色、墨色開卷瞭然。至字畫腴潤而古，非宋時良工鐫搨，不能精妙乃爾。與停雲館重摹秘閣本相似，而肝字不作肝，則又少異。假葉東卿駕部所藏秘閣本相校，其渾厚似出葉本之上。伊墨卿太守定為絳州本，謂從真跡上石，必有所據。細審五十七行至六十行斜裂紋，殆是木本，而非石刻，豈即弇州山人所賞嘆者歟。惟最不解者，第十行泐處或作不可杖，或作杖可扶，獨《東書堂帖》作令可扶，則與諸本不同，未有定論。

潁井思古齋《黃庭》，不知宋朝何人所刻，殆因金、元兵燹，藏之井中者也。明萬曆時，潁上民浚井得之，縣令惡上官求索之煩，碎之。此相傳之語也。安丘劉莊年觀察宰潁上時，曾親至其處，言此石出井時，即在公帑，不知何時流入民間。今在諸生楊廷楷家，乃是一緑玉，厚四五寸，於兩面刻《黃庭》、《蘭亭》兩帖，四處皆已殘缺，僅留中心一塊，則所謂碎而棄之者，亦傳聞之妄。彼有錢姓士人，木刻二帖甚佳。阜陽一明經劉澤菁，石翻二帖，刻手亦佳，乃劉體仁公勇所摹。是潁井本已有三種。此刻失之無韻，後又斜裂紋，為原石所無，或亦重摹本耶。重摹《黃庭經》木刻本。

清・李鴻裔《靠蒼閣日記》　於世所傳本，雖梁丘子所注本，猶為謬誤也。董文敏試文停雲景曜流暉之硯，臨此一過。陳眉公為丁南羽題一詩。同治十三年三月初六日。

吾與退樓同觀董思白所臨《黃庭》小楷綾本，及書《世說》冊。

辨轂老民程瑶田跋《黃庭》卷云：香光論書，每言趙魏公臨摹過於肖似，而又往往謙言己之不能形求似，又以不肖似為功有未至耳。然試觀所書《黃庭》一卷，氣斂而不散，神王而不露，純以空運而息自深深，純是內運而光尤熊熊。所謂天下之馬，若滅若没，若亡若失，故九方皋之求馬，以牡而驪者為牝而黃，伯樂亟稱之，謂在其內而忘其外，非臣之比者也。香光此卷，毋亦觀於天機者乎。其於肖似有不在彼而在此者矣。後書嘉慶三年題於鐘鏗石磬之齋。同治十三年三月初七日。

敬叔復以所藏宋搨《黃庭經》及趙千里畫《上林賦圖》見示。《黃庭》與今本異者四十五處，元、明人十四跋，並皆佳妙，蓋茝林中丞收藏之甲觀也。自午至酉，展玩不能釋手，於書理若有所會。

《黃庭》初為龍虎山道士方方壺所藏，有金門羽客不芒道人方壺書印印，及四十三代天師無為跋。昔人論右軍《黃庭》尚存鐘法，今於此本結構見之，其正訛處文理皆勝於世所傳本，雖梁丘子所註本，猶為謬誤也。董文敏試文停雲景曜流暉之硯，臨此一過。陳眉公為丁南羽題一詩。同治十三年三月初六日。

紀事

清・孫岳頒等《佩文齋書畫譜》卷五《論書五・唐虞世南勸學篇》　羲之於山陰寫《黃庭經》感三台神降，其子獻之於會稽山見一異人，披雲而下，左手持紙，右手持筆，以遺獻之。

《快雪時晴帖》

論說

宋・米芾《書史》 王羲之《玉潤帖》是唐人泠金紙上雙鈎摹，帖云：官奴小女玉潤病來十餘日，了不令民知。昨來忽發癇，至今轉篤。又苦頭癰，頭癰已潰，尚未足憂。痼病少有差者。憂之燋心，良不可言。頃者，艱疾未之有，良由民為家長，不能克己勤修，訓化上下，多犯科誡，以至於此，民惟歸誠待罪而已。此非復常言常辭，想官奴辭已具，不復多白。上負道德，下愧先生，夫復何言。此帖連在《稚恭帖》後，字大小一如《蘭亭》，想其真跡神妙。右軍《快雪時晴帖》云：羲之頓首：快雪時晴，佳想安善。未果為結，力不次。王羲之頓首。山陰張侯。是真字數字帶行。今世無右軍真字，帖末有君倩二字，疑是梁秀。縫有褚氏字印，是褚令所印。蘇氏有三本在諸房，一余易得之，一劉涇巨濟易得，無褚印。

清・孫承澤《硯山齋雜記》卷二《書紀》 右軍《快雪時晴帖》，舊在元内府，廷祐五年出示羣臣，令劉賡、趙孟頫、圖卜德勒題跋，相傳此為右軍正書，今在真行之間，米老亦有此疑。

宋・岳珂《寶真齋法書贊》卷四《晉名人真蹟・王獻之蘇氏寶帖》 《快雪時晴帖》同此書也，晉代遺帖今存無幾，大令襲芳名父，得法自心，書品人神，天真造妙，為法書家傳付之祖，筆奇墨古，不可殫述。按寶晉《書史》有曰：余家最上品書畫，用姓名字印：審定真跡印、神品字印、平生真賞印、米芾秘篋印、寶晉書印、米姓翰墨之印、鑑定法書之印、米姓秘玩之印。玉印六枚：辛夘米芾、米芾之印、米芾氏印、米芾印、米芾元章印、米芾氏，以上六枚白字，有此印者皆絶品。玉印惟著于書帖，其他用米姓清玩之印皆次品也。無下品者，今此貼凡著二十一印，凡所載印文大概畢具，又印以承平禮部名表之印，蓋方在瑞錦窠，因以官識。帖首有古半印七唐褚河南家褚氏印在焉。末有兩古印，又半印二，下題君倩字，印文不能別白，隱約國老二字可見，芾謂之蘇氏寶帖，蓋出太簡參政家者之故藏也。方芾無恙嘗刻《寶晉齋帖》于無為，此帖蓋首出，又有河南書，標題小紙今不存。其後轉入中都貴游家矸。嘉定庚午歲，叨官故府已聞此帖名，嘗宛轉得拭目，繼聞貴游死，其子舉書畫以售人，又流落他處，冥搜歷歲，託士友以十數僅而得之。蓋癸未八月睽初見時，已十四年矣。帖三十二字，以世系先後，故繫于晉三帖之次。

贊曰：世未始無帖，有眼如月，真贋以別。帖不可無傳，有筆如椽，春容大篇。猗歟寶晉，萬古一瞬，厥鑑以心，嬙嫫奚遁。晉帖之存，今幾何人。有右軍之跡，以竝其秀，有太簡之識，以揚其芬。奇氣干霄，丹霞紫雲。宜乎南宫之仙，下睨海嶽，發金章寶篆之信，振玉佩瓊琚之作。蓋不如是，則不足以表泰山之繩檢，而合洞庭之拊搏也。

明・王世貞《藝苑卮言》附録二 行書有二：有真帶行者，如右軍《蘭亭》、《霜寒》、《來禽》、《官奴》之類是也；正行配者，右軍《旦極寒》、《雪晴》、《晚復》是也。

明・張丑《清河書畫舫》卷二《晉二・王羲之》 褚氏字印，是褚令所印。蘇氏有三本在諸房，一余易得之，一劉涇巨濟易得，無褚印。米氏《書史》。

米南宫《快雪時晴帖》跋云：晉右將軍會稽内史王羲之，字逸少書《快雪帖》見張彦遠《法書要録》，本朝叅知政事，蘇公太簡家故物。故有翰林學士院印。唐賜魏丞相徵，傳之子孫。故有鄭公之後印，又傳于褚遂良，之孫長史，故有褚氏印。予在都下以好玩十種易于蘇太簡孫秘書激，字志東，志東與余德友也。蘇才翁子美有跋及國老押署。紹聖丙申以示翰林學士蔡公，仍以翰林印印之，即太簡作翰林時所用。一日駙馬都尉王晉卿借觀，求之不與，已乃剪去國老署及子美跋，著于摹本，乃見還，因詳録得之之自。紹聖丁酉海岱樓題。米芾審定。

又 王百谷徵君藏逸少《快雪時晴帖》白麻紙真蹟，唐宋秘府官本，曾入寶晉齋中，米元章有跋，又入大元御府，趙子昂以下奉敕跋者三人，第前元章識尾，不知何時失去，完璧之難如此。丑按右軍行楷，海内僅存一二，詳其品格，定在項子京《家行穰帖》上。

或云秘府裝池名跡，往往剪去前人題識，故元章所題書畫，向後輸入宣和御府者，其跋尾例皆不存。及觀《快雪時晴帖》卷，殆真是耶。

右軍《快雪時晴帖》云：羲之頓首：快雪時晴，佳想安善。未果為結，力不次。王羲之頓首。山陰張侯。是真字數字帶行。今世無右軍真字，帖末有君倩二字，疑是梁秀。

又　郭佑之天錫號北山所藏，晉右軍《得告帖》又《快雪時晴帖》皆真跡。有米芾老跋，遂以名齋，且刻石，葉森曾見此二帖，神韻精采。《雲煙過眼録》。

《四庫全書總目》卷一七九《集部第三十二・快雪堂集六十四卷》　明馮夢禎撰，夢禎有《歷代貢舉志》已著，録夢禎舊藏王羲之《快雪時晴帖》，故以名堂後帖歸馮銓堂。名亦隨之而移，實則始自夢禎也。是編文六十二卷，詩止二卷，所作皆喜於疏快，不以鏤刻為工，而隨意所如，無復古人矩矱矣。

清・卞永譽《式古堂書畫彙考》卷四《書四・襄陽寶章待訪録》　羲之《雪晴帖》真蹟，在承務郎吳郡蘇激處，集賢校理舜，欽子也，帖尾有古跋。君倩字及褚氏字印。

逸少《穉恭進鎮帖》真蹟，麻紙書著作郎王仲脩藏。《官奴帖》雙鈎麻紙本亦在仲脩學士處。

《曹娥碑》

論説

明・文徵明《文徵明集》　古雅純質，不失右軍筆意。

明・董其昌《畫禪室隨筆》卷一《跋自書・臨王右軍曹娥碑跋》　余為庶常時，館師韓宗伯出所藏《曹娥碑》真蹟絹本示余，乃宋德壽殿題，元文宗命柯九思鑒定書畫，賜以此卷，趙孟頫跋記其事其詳，且云見此如岳陽樓親聽仙人吹笛，可以權衡天下之書矣。當時以館師嚴重，不敢借摹，亦渝潎難摹，略可彷彿，于非煙非霧間耳，因書《曹娥碑》識之。

清・張廷濟《清儀閣題跋》　《曹娥碑》綫勁清麗，趙子昂、虞伯生皆推為正書第一。

《十七帖》

題解

唐・蔡希綜《法書論》　晉王右軍，特出不羣，穎悟斯道，乃除繁就省，創立制度，謂之新草，今傳《十七帖》是也。

論説

清・王士禛《居易録》卷九　華陰宗人宏撰山史，博物君子也，寄所著《十七帖述》並註，極雋而核。《述》云：此帖前人謂皆與周益州者。周名撫，字道和。永和三年，桓温攻成都，李勢降，以撫代毋丘奥為益州刺史，進爵建成公，征西都護，進鎮西將軍。在官三十餘年，有惠政。卒，蜀人廟祀之。帖中多言蜀事。又按《淳化帖》有一帖云：周益州送此邛竹杖，卿尊長或須此，今送。則此帖謂是與周者，可信。而中有數帖，非與周語。《來禽帖》，宋僧邦詩謂與桓宣武。楊用修《四川誌》只載八帖是與周，則謂此帖皆是與周者，亦不然也。帖凡二十有七，以第一帖首字名篇，故曰《十七帖》。張彦遠《法書要録》云：《十七帖》長一丈二尺，即貞觀中内本，一百七行，九百四十三字，是炬赫著名帖也。黄長睿《東觀餘論》云：《十七帖》多臨本，永禪師、虞世南、褚庭誨臨字皆不甚遠，故書有數本，皆不同。南唐李後主勒石澄心堂者，乃賀知章臨本。宋魏泰家有硬黄本，《淳熙秘閣續帖》亦有刻，《淳化帖》刻多殘缺。今世所傳，雖非皆右軍真跡，然皆出於右軍，要皆不及唐人摹刻，卷尾有敕字及解褚勒定者為佳也。山史工書，嘗刻華州郭宗昌《金石史》，家藏漢唐已來金石文字甚富，古文辭亦嫻雅。康熙己未，以博學鴻儒征至京師，居城西昊天寺，不謁貴遊，以老病辭不入試，罷歸。嘗攜示《蘭亭》湍、流、帶、右、天五字未損本、唐棣《水仙圖》，乞予作長歌，同觀者施侍讀愚山也。在關中，蓋張蕓叟一流人。

清·王澍《淳化秘閣法帖考正》卷六《晉王羲之書一·日月如馳帖》 右軍草書鳳翥鸞翔，實則左規右矩，故為古今絕品。《十七帖》是其烜赫有名之書，曾有一字怒張否，以此稱量右軍，凡筆勢怒張者皆非也。王侍書模右軍帖，乃以此等怒張之書為右軍首選，豈以此為右軍絕奇書耶。其無識一至於此。

清·吳騫《尖陽叢筆》卷五 右軍《十七帖》，張彥遠《帖録》載廿二則。今内府藏宋本三十則，南宋修内司本廿八則。黄伯思謂南唐澄心堂《十七帖》廿七則。明邢子願摹本缺十五行。

清·姚衡《寒秀草堂筆記》卷三《賓退雜識》 逸少《十七帖》，《法書要録》所記僅二十條，凡一百七行，九百四十三字。鐘紹京記為二十五帖，凡一百二十行，一千一百二十四字，卷尾有《十七帖》草書，晉右軍真跡等字。而黄伯思《東觀餘論》謂本二十七條，今官法帖有其十五，散置逸少書三卷中。又《續法帖》有五，而印竹杖、絲布衣、漢講堂、諸葛顒、天鼠膏、四果種、虞安吉七條不載，當是亡軼。而世有完卷者，傳摹殊精，非此比也云云。三家之言，各不相合。《淳熙修内司》刻本，凡二十七帖，詎即伯思所謂完卷者歟。然敕字為先唐刻石，何以二十五帖。豈即鐘紹京所記者，而字數又不吻合，且行之高矮、劄之前後、字之大小，皆與之不同。或謂靖康之變，二王書卷流落民間，後經搜羅得之，遂以勒石。所得者，或系他手摹泐，如《蘭亭》之有歐摹、褚摹，黄山谷謂永禪師、虞世南、褚廷誨臨寫皆不甚遠，其殆是歟。堪喜齋所藏，紙墨俱化，的是宋搨無疑。而以同藏之宋搨館本相校，固不相侔。即以四明姜西溟先生所臨之館本相校，兩館本且不同焉。竊以敕字本為先唐刻石，張彥遠記之甚詳，並未載與貞觀本有異，則相傳有緒，摹手定有少差，萬無加以損益之理。昔關杞謂米海嶽曰：越州修佛寺，於屋梁上得一函，内古摹數十本，其一為右軍《十七帖》，上有儲氏圖書古印。同為是帖之支派，未知與《修内司》本同異何如也。黄山谷跋《十七帖》，謂必多臨本，此全是褚廷誨筆意云云，則宋時名跡尚多，無從别其孰為真贋矣。獨惜古人題跋，無不渾舉大意。若《法書要録》之於大王書，固為僅見之筆，而據無可據，不得不疑以存疑。特不可如葉公好龍，轉失色於真龍下窺耳。宋搨《十七帖》許大司馬藏本。

又 逸少《十七帖》，先唐已有石刻，詳見《法書要録》及《東觀餘論》，僅二十帖。近世所傳之敕字本，後有解无畏、褚遂良題字者，二十五帖。《多衣財帖》、《足下今年政七十邪帖》、《去夏得足下致印竹杖帖》、《彼鹽井火井帖》、《胡母氏從妹平安帖》、《知彼清晏歲豐帖》，凡廿八行，少《諸從並數有問帖》、《雲譙周帖》、《吾有七兒一女帖》。又五帝以來上少知有漢時講堂十八字，嚴君平上少足下具示四字，與所謂一百七行，九百四十二字迥不相合。此卷後有悦生葫蘆印，為賈相摹刻，出廖瑩中、王用和手，故神采特異。孫退谷於山東人家見李後主刻本，後有悦生印，即賀知章所臨，刻置澄心堂者。此殆因所見而復摹刻，故次第微有不同耳。然賀知章所臨當是唐世傳本，乃不同若此，自來鑒賞家皆未論及，詎即所謂别本歟。道光丙午之秋，滇生世丈尚書見示館本，復以《修内司》本及姜葦間先生臨本屬為參校，謬定此為重摹南唐本，未知與貞觀本為何如，亦可謂山陰哲嗣矣。宋拓《十七帖》許大司馬藏本。

又 姜葦間先生臨館本《十七帖》，僅二十四條，與近世所傳之二十五條者不同，每條綴以釋文，殆是先生自記，非館本所舊有也。滇生世丈尚書見示《十七帖》，凡三種，一為館本，一為《修内司》本，一即此本。以賈摹李後主本對校，自《旦夕帖》後，增《吾有七兒》一帖，少《嚴君平》、《胡母氏》二帖，此帖數之不同者也。《講堂帖》，館本闕前二行，茲則有之；《足下行至吴帖》之念字，作會；《瞻近無緣》末一字作及；《旦夕帖》都邑二字，作近想。此字之此字之不同者也。唐人雙鉤館本，明時尚在京師王思延家，濟南邢子願借以上石。孫北平以為甲申後石並不存，而嘉慶十年，歷下人曾以搨本出售，又與此本不同，詎即山舟先生所跋隔麻本邪。黄山谷謂永禪師、虞世南、褚廷誨皆有臨寫《十七帖》。朱文公所跋，為馬莊甫刻本。畢文簡家有唐初人摹此帖，來禽等四物外，尚有密蒙花一種。甚至解无畏之名，《東觀餘論》作解如意，是否即系一人，抑同時别有一解无畏邪。同一《十七帖》，而多寡不侔；同一館本，而詳略互異。以相傳有緒之名跡，而傳刻既久，轉使足據者因以無據，固可抱殘守缺，以自多乎哉。承命析其原委，姑臚舉其不同者言之，不敢稍涉武斷也。姜兩溟臨館本《十七帖》許大司馬藏本。

又 黄伯思記張彦遠《法書要録》云：《十七帖》長丈有二尺，貞觀中内本也，凡一百七行，九百四十三字。茲本凡一百十七行，若並來禽、青李、櫻桃、口給滕為一行，則一百一十四行，九百九十四字。末有敕字，解无畏敕，褚遂良校，乃先唐石刻如是。而解无畏，伯思作賈如意，殊不可解。後以悅生印，則為賈相重摹，其多七行五十一字，或即似道所增，若《洛神》之四行邪。許滇生大司馬藏有一册，與此絶相類，曾為詳考宋以來諸家之説，而為之跋。明吴廷用卿刻《余清齋帖》，亦有此卷，即是一百十四行者，後有宋人觀款，與此不同。若南唐後主所刻，及與淳化同刻之本，世不經見，未知即是一百七行者否。濟南邢二子願刻，精神畢露。萬歷中，子願見於京師王思延家，後借得上石，乃唐人雙鈎本。其澄心堂本，乃賀知章臨本，大觀中又刻之太清樓，其即一百七行者歟。新得明潞藩所藏宋揭館本《十七帖》。

《寒切帖》

論説

明・孫鑛《書畫跋跋》卷二上《文氏停雲館帖十卷・第二卷》 乍看若趙吴興，豐人翁謂趙筆法入右軍室，良然不誣，字形與此刻相似，而筆圓墨净，其使轉之妙，亦非石所能傳，然却有不到處、率意處，不若石之完善，末一定字絶有勢，此刻原不及也。情字下闕一點，絹復完好，敬美與余相持莫能定。敬美疑米臨，余時未能斷，既而思之。此或唐人臨。古人不欺人，原帖想紙損因缺點，臨者不敢益。故缺若米臨，決當補一點矣，未知是否。今《司寇集》中無此帖，跋《奉常集》中亦無之，應是疑其臨本還之耳。然則帖固佳不當惜價不買也。素師小草《千文》果平淡古雅，然似不若陝刻之奇逸超絶，今休承贊歎如此，且云姚公闕後經數家無人賞識，則想是骨勝饒醞。籍此刻石，祇傳其形質耳。楊少師起居法無，但紛披老筆亦儘有天趣。第效之者，須師其意，若形體恐難步鄒。荆公書紙紛彼近似耳，殊無此遒逸態也。徵仲評商留褚人跋詳覈如此，謂之熟元人履歷，果然哉。

明・婁堅《寒切帖跋》 尋繹再三，往往得其異趣，真所謂從容中道者。

清・王澍《淳化秘閣法帖考正》卷七《晉王羲之書二・寒切帖》 寒切劉作寒切，為是筆帶上來，又鈎摹小失，故有似切耳。顧作寒切，非懸情，懸字鈎摹亦誤，不□□，當是不一一，劉顧作具非。

《平安帖》

論説

明・郁逢慶《續書畫題跋記》卷一《王右軍二謝帖》 右軍真跡，世所罕見，此《思想帖》與余舊藏《平安帖》行筆墨色略同，皆奇蹟也。《平安帖》有米海嶽籤題，此帖無籤題而有趙魏公跋，并同觀者自霍清臣而下凡十有三人，皆鑒賞名家，咸咨嗟嘆賞。神物之難遇如此，余何幸得附名其後哉。

嘉靖丁巳冬十一月十又三日，長洲文徵明題，時年八十有八。

清・俞樾《春在堂隨筆》卷一 吕本南茂才又以王右軍《平安帖》墨跡見示，其文曰：適得足下書，深有感切，遂冀平安，不暫面。王羲之頓首。墨色暗淡，紙質亦多損壞，有内府寶玩印，又有張九齡、歐陽修名印，餘兩印不甚可辨。其前有明敕云：頃四明所進王羲之《平安帖》，筆墨飛動，古勁圓朗，真跡無疑。敕卿等重加審定，裝潢成卷，諸跋不必删去可也。宣德四年夏六月，武英殿敕。其後有魏征跋、賀知章跋、薛紹彭跋、東坡居士蘇軾跋、黄庭堅跋、放翁陸游跋、趙孟頫跋，班惟誌七言絶句一首，又有米芾、顧瑛、許衢、張羽、李和、吴寬、朱澤民、高啟諸人名印。余不能辨其真僞，亦不敢率題一語，留數日而歸之，姑記所見如此。

《奉橘帖》

題　解

清・張照、梁詩正等《石渠寶笈》卷三一《晉王羲之平安、何如、奉橘三帖一卷》 素牋本，凡三則，前隔水有晉王羲之《奉橘帖》七字，下有宣和一璽，卷後有開皇十八年三月廿七日十字，又諸葛穎、梆顧言、釋智果題名三，拖尾有歐陽修、韓琦、吴中復、吴奎、劉敞、蔡襄、陸經、唐詔、王繹諸題名，又舉正曾觀四字姓氏未詳，又張靖諸人記語一，又張孝思、孫承澤、項元汴記語三，張孝思又跋語一，又張覲宸、項元汴記語二。唐明皇賜毛應佺《知恤詔》一卷。次等地一。

素牋本，行楷書，卷後署十七日三字，又大書勑字，拖尾有張雨、文徵明二跋，又項元汴記語一。唐褚遂良摹王羲之《長風帖》一卷。次等元一。

素牋本，草書，姓氏見跋中，拖尾有曾棨、董其昌、王廷相、汪道會諸跋。

《何如帖》

論　説

清・王澍《淳化秘閣法帖考正》卷二《歷代名臣法帖・晉司徒王珉書》 《何如帖》前半一十六字，與後半下何如一十九字筆法不同，當别是一帖，而失其前半，淳化不詳文義筆法，合為一帖，可怪也。

得書□之當是慰之，慰與至草法相近，筆駛偶圓轉耳。劉顧作至非吾□，劉顧作吾亦非，當是吾邑。

今欲出帖此月□□，山谷作亟盡月小盡也。劉顧作急遣帖，後遣報作□，則知此之為盡也。□當作卿可，二字合併如一，古帖中多有此寫法。□□山谷作則非，劉顧作明為，是吾下大觀多一早字，□出一作湌出，或作限出，俱未是。劉作臨出，得之王家。畢三字小，當是旁注，模以入行，耳家一作敬非。□□當是豫檄，山谷作豫報，謂有傷筆，非□□，當是敬報。書垂竟筆，駛故失折，與上□字忽多作折同，皆緑筆駛不能停綴，故劉顧俱作相報非。

《行穰帖》

論　説

明・董其昌《行穰帖題跋》 宣和時收右軍真跡百四十有三，《行穰帖》其一也。以淳化官帖不能備載右軍佳書，而王著不具玄覽，僅凭仿書録版，故多于真跡中挂漏，如《桓公帖》，米海岳以為王書第一，猶在官帖之外，余可知已，然人間所藏不盡歸御府，即歸御府或時代有先後，有淳化時未出而宣和時始出者，亦不可盡以王著為口實也，此《行穰帖》在草書譜中諸刻未載，有宋徽宗金標正書，與《西升經》、《圣教序》一類，又有宣和政和小印，其為内殿私藏無疑。然觀其行筆蒼勁兼籀篆之奇踪，唐以後虞褚諸名家視之遠愧，真希代之寶也，何必宣和譜印傳流有据，方為左券耶。万歷甲辰冬十月廿三日，華亭董其昌跋于戲鴻堂。

《官奴帖》

論　説

明・張丑《清河書畫舫》卷二《晉二・王羲之》　王逸少《官奴帖》真跡，今在檇李項氏，即《寶章待訪録》所載者，其詞云：官奴小女玉潤病來十餘日，了不令民知。昨來忽發癎，至今轉篤，又苦頭癱，癱以潰，尚不足憂。癎疾少有差，憂之燋心，良不可言。頃者艱疾，未之有良由。民為家長，不能剋已，懃修訓化，上下多犯科誡，以至於此。民惟歸誠待罪而已，此非復常言常辭，想官奴辭以具，不復多白。上負道德，下愧先生，夫復何言。此帖乃逸少晚年名筆，歷歲千禩紙墨完好，得而藏之，不假南面百城矣。《官奴帖》一名《玉潤帖》，米氏所載有二本，一真跡，在王寔處，一模本，在王仲修家。

明・董其昌《畫禪室隨筆》卷一《跋自書・臨官奴帖真蹟》　此帖在淳熙秘閣續刻，米元章所謂絶似《蘭亭叙》，昔年見之南都，曾記其筆法于米帖曰：字字騫翥，勢奇而反正，藏鋒裹鐵，遒勁蕭遠，庶幾為之，傳神已聞。為海上潘方伯所得，又復歸王元美，王以貽余座師新安許文穆公，文穆傳之少子胄君，一武弁借觀，因轉售之，今為吴太學用卿所藏。頃于吴門出示余，快余二十餘年積想，遂臨此本云：抑余二十餘年時書此帖，茲對真跡，豁然有會，蓋漸修頓證，非一朝夕，假令當時力能致之，不經苦心懸念，未必契真。懷素有言，豁焉心胷，頓釋凝滯，今日之謂也。時戊申十月十有三日，舟行朱涇道中，日書《蘭亭》及此帖一過，以《官奴》筆意書《禊帖》，尤為得門而入。

又《臨官奴帖後》　右軍《官奴帖》事五斗米道上章語也。己卯秋，余試留都，見真蹟，蓋唐冷金牋摹者，為閣筆，不書者三年。此帖後歸婁江王元美，予于己丑詢之王澹生，則已贈新都許少保矣。此帖類《禊叙》，因背臨及之。

清・馮班《鈍吟雜録》卷六《日記》　或云右軍行書《聖教序》是集成，若尋常作書，須大小相參。此説亦有理。然右軍《官奴帖》小字，亦無大小相參者；唐宋人碑上行書，亦自匀整。

又卷七《誡子帖》　行書王右軍正有《蘭亭》及《官奴帖》、獻之《辭中令表》。米元章云：但取《聖教序》學之，更學右軍諸劄，使大小相雜便成書。此言甚有會，然《蘭亭》、《官奴》字無大小，正如唐人碑上字耳。唐人多兼二王，張從申所云右軍風規，下筆斯在者也，然今所存頗似大令。徐季海有筋骨，如渴驥奔泉、怒猊抉石，東坡云細筋入骨無人知，此言極妙。米海嶽以為過老詆之，偏見也。米、黄論書殊不及坡，然今人多信米，所謂癡人前不可説夢。米、黄俱好為快語，非篤論也。我嘗謂蘇、黄論詩，米元章論書不為無見，但抑揚太過，使人不樂聞耳。趙子昂用筆絶勁，然避難從易，變古為今。用筆既不古，時用章草法，便拙，當其好處，古今不易得也。近文太史學趙，去之如隔千里，正得他不好處耳。枝山多學其好處，真可愛玩，但時有失筆别字。董宗伯全不講結構，用筆亦過弱，但藏鋒為佳。學者或不知董似未成字，在文下。

紀　事

清・姚鼐《惜抱軒筆記》卷八《集部・李義山集》　王子敬小名官奴，若唐宋人自呼妓女為官奴。李義山似誤認《樂毅論》之官奴亦為妓也，《妓席》詩：請書為小字，切莫喚官奴。此誤用右軍語也。若東坡欲借官奴遣吹笛，及在湖州有遺官奴持燭語，此皆指女妓，與子敬無與。

《長風帖》

論説

明・孫鑛《書畫跋跋》卷二上《碑刻・淳化閣帖十跋・第二卷》 《長風帖》為逸少書，以札語得之，亦是總之鍾，六帖俱佳。子玉《賢女世將廿四日》軟而近俗，果僞筆。皇象《幽州箴》古勁而虚和，所謂恭而安，真是神品。後一表稍弱，或臨或摹，不可知，然亦佳。張王兩鉅公雖風稜高利，然構法稍疎，以係晉人，故落筆不塵耳。元子亦然獨處，仲素以豪上聞，而結字乃沉著有法，豈千人皆廢者，類工嘔嘔耶。世將二表，精絶之至，古而媚，字字飛動，是小變鍾法，右軍所自出也。敬和季琰安石俱行書妙品，珣方回草書妙品，書一涉魏晉詩，一涉建安文，一涉西京，便是無塵世風，此是藝文三昧評，正可與蘇長公能事畢語作對。

明・汪珂玉《珊瑚網》卷二一《王弇州淳化閣帖十跋》 《長風帖》為逸少少年時書，卻琅琅可據，雖然買王得羊尚可，況贋元常真右軍大令哉。皇象《文武帖》寫東觀校書郎高彪送第五御史箴語，後一表云是唐人書，亦以章法類有道《八月帖》耳。《書賦》稱其龍蠖蟄起，伸盤腹行。《書斷》稱其沉著痛快，才力似蔡邕，而妖冶不迢。肩吾品以上下，葛洪謂之書聖，然哉。張茂先王茂弘一時名臣，然俱入能品。

《聖教序》

論説

清・馮班《鈍吟雜録》卷六《日記》 或云右軍行書《聖教序》是集成，若尋常作書，須大小相參。此説亦有理。然右軍《官奴帖》小字，亦無大小相參者；唐宋人碑上行書，亦自匀整。

清・傅山《霜紅龕集》卷三七《雜記二》 真行無過《蘭草》，再下則《聖教序》，兩者都無善本。若必求善本而後臨池，此道不幾乎息耶。近來學書家多從事《聖教》，然皆婢作夫人，《聖教》比之《蘭亭》，已是轅下之駒，而況屋下架屋，重儓之奴。趙子昂善抹索得此意，然楷中多行，殊不知《蘭亭》行中多楷也。即《蘭亭》一記，世之膾炙，定武第一，以余視之，無過唐臨絹本，此可為知者言，難與門外人語。若以大乘論之，子敬尚不足學，何況其他。開米顛一流，子敬之罪。開今日一流，米家之罪，是非作者之罪，是學者之過也。有志者斷不墮此惡道。此余之妄談，然亦見許有膽有議之同人，不敢强人之同我也。吾家現今三世習書，真行外，吾之急就、眉之小篆，皆成絶藝。蓮和尚能世其業矣，其秀韻又偏擅於天賦，臨王更早於吾父子也。至於漢隸一法，三世皆能造奥，每秘而不肯見諸人，妙在人不知此法之醜拙古樸也。吾幼習唐隸，稍變其肥扁，又似非蔡、李之類。既一宗漢法，回視昔書，真足唾棄。眉得《蕩陰令》、《梁鵠》方勁璽法，蓮和尚則獨得《淳於長碑》之妙，而參之《百石卒史》、《孔宙》，雖帶森秀，其實無一筆唐氣雜之中，信是自娱，難與人言也。吾嘗戒之，不許亂為作書，辱此法也。

清・顧埜《覺非盦筆記》卷七 世但知《三藏聖教序》，唐沙門懷仁集王右軍書，而不知開元九年所立《鎮軍大將軍吴文碑》。明萬曆末，浚西安府城濠，得之於土中，移之於學宫，只存半載，俗號《半截碑》者，亦釋大雅集王書中也。又，富平美原鎮《永仙觀主田尊師碑》，立於大曆六年者，亦為某名德集王書。《文獻通考》：唐六譯《金剛經》，恒農楊翱、中貴人楊承和集右軍書。蓋當時風尚如此。至趙宋，而又習書之款。汧陽龍泉山《普濟禪院記》，乃大中祥府三年立，題云：沙門善傳習王右軍書。又，中州濟源縣《延慶禪院舍利塔記》，為楊虛己書。虛己當時藉有書名，亦稱習王右軍書，蓋其所宗法者，特為表明之也。

清・姚衡《寒秀草堂筆記》卷三《賓退雜識》 《聖教序》唐石，以佛道崇虛道字起手第二筆丿辨之，字當石筋之上，故分作丶、丿。自來考證家，均未之及，邵又初聞其伯父之口授如此。王覺斯本、荀老人本摹刻逼真，此處未經顧及也。

此明時拓本，鋒鍛已無，殊乏機韻。頃見北宋拓本，拓手不甚佳，而用筆轉折，輕重纖悉可見。有董香光跋，因録之於左：唐拓《聖教序》於紛糾何以四字俱存，第微刓耳。又有内出出字，諸宋拓所無。予有懷仁真跡，持以程量石科，定為致佳本。裝池亦宋大内物，款以晉府書畫印，反為蛇足。董其昌題。

又 《聖教序》盛行於宋，幾於人有一册，至明時而面熾，當時反以院本目之。所集之字，或有未備，則並割以就之，然歷歷可數。則右軍行書，得以傳至今日者，此碑之功偉矣。所見宋拓者，無慮十數本，率皆前小後大，鋒穎亦前鈍後鋭。顧其前後一同者，蓋未之見。錢塘何夢華丈親至碑下，睹字畫中，皆煤煙積垢，故字畫刓蔽若此。濯之以水，剔之以杖，仿北宋禪翼法拓得數本，分贈同志，留此傳後。方穀重裝而藏之，暇時假得，摹仿數月，神意躍然紙上。若今北宋時有此精手，不知更當何如矣。張叔未謂觀之令人生妒，良不誣也。

清・蔣光煦《東湖叢記》卷四《懷仁集聖教序》 《聖教序》碑斷，文漸弱，鋒穎芒鍛俱無，不獨紛糺、何以、慈、出等字也。碑斷時代，則曹秋嶽侍郎謂在紹興二年，王虛舟吏部謂在宋南渡後，何義門太史謂在明天順中，楊大瓢山人謂在嘉靖乙卯。然楊後亦自知其非，其《大瓢偶筆》云：《聖教》碑斷時代，曹秋嶽謂在紹興二年，至王敬美謂在元末國初，何屺瞻云在明成、宏間。余向以為斷於嘉靖乙卯地震，偶見徐興公跋引敬美語，始悟余説之非。蓋乙卯為嘉靖二年，而敬美生於其時，如果是時新斷，不應有元末國初之語。所謂疑以傳疑者也。

《保母磚志》

題解

清・王昶《金石萃編》卷二五《保母磚志》 按原磚久已不存，所傳者惟脱本耳。明末嘉興項子京家曾得一本，有宋元人詩跋題名，樓鑰、周必大、姜堯章等三十餘人。國朝康熙中，為高宫詹士奇所有，而朱竹垞《曝書亭集》有題，崑山徐尚書原一所得之本，後亦有宋元人題跋。豈江村所得又一本歟，抑即徐尚書所得之本也。近吴門蔣氏亦有一本，蓋即高氏藏本耳。《紹興府志》。

論説

清・王昶《金石萃編》卷二五《保母磚志》 右晉興寧三年王獻之保母墓碑，嘉泰二年夏六月，山陰農人闢土得磚於黄閍岡，即是碑也。時有曲水小研俱出焉，色黝而潤，後有晉獻之三字，旁有永和二字，以志文觀之，蓋殉葬時物也。碑字十行，斷缺之餘，其文可讀。今歸錢清王畿家，畿字千里，好文博古，乃三槐文正之後，得所歸矣。碑云：後八百餘載，知獻之保母宫於兹土。墓甎之出實八百三十八年，獻之前知如此，異哉。閏十二月既望，會稽太守豫章李大性跋。

又 錢清三槐王畿，得晉大令《保母志》并小研於稽山樵人周，二物予皆親見之，志以磚刻，甎四垂，其三為錢文，皆隱起，已斷為四，歸王氏，又斷為五，凡十行，末行缺二字不可知，第六行缺十二字猶可考，曰中冬既望，葬會稽山陰之黄閍。硯背刻晉獻之，字上近右，復有永和字，乃畫成，甚淺瘦，永字亡其傑，和字亡其口。碑石絕類靈壁，又似鳳味，甚細而宜墨，微窪其中。自興寧距今八百三十八載。異哉，物之隱顯亦有定數，而古之賢達皆能前知之歟。又按《畫記》，大令以晉孝武太元十一年，年四十三乃終，上推至乙丑歲，年廿二，其神語已如此，言語翰墨之妙，固不論也。

又 保母。志有七美，非他帖所及。一者，右軍與懷祖王述同家越，右軍郎邪族，懷祖太原族，故大令首言郎邪，所以自別，古人之重氏族如此。二者，世傳大令書，除《洛神賦》是小楷，餘多行草，此乃正行，備盡楷則，筆法勁正，與《蘭亭叙》、《樂毅論》合，已外雖《東方贊》、《黄庭經》亦不合也。三者，《蘭亭叙》世無古本，共寶定武本，定武本刻於數百年之後，寧不失真。此乃大令在時刻，筆意都在，求二王法，莫信於此。四者，不惟書似《蘭亭》，文勢簡秀，亦類其父。又與叔夜、伯倫、淵明、遠公所作同一標致。五者，定武《蘭亭》乃前代巧工所刻，嘗以他古本較之，方知太媚。此刻甚深，惟取筆力，不求圓美。雙字之掠，夫字之磔，載字之戈，志字之心，再三刻削，乃成妙畫。蓋古之能書者多自刻，鍾元常刻《受禪表》，李北海之寓名黄仙鶴、伏靈芝之類。此甎亦恐是大令自刻，不然何其妙也。六者意如婦人，而能文善書入元，乃知當時文風之盛，婦人可稱者不獨楊皇后、魏夫人、衛茂猗、謝道韞輩。又至古人教子，既使之外從師友，退居于內，亦使之婦人之能文藝、知道理者與之處。宜乎，子敬為晉名臣也。七者，預知八百餘年，事雖近於異，然古之賢達如此者衆，伊川之為戎，樗里之知葬，此出於神明虛曠，自然前知，豈必運式持籌而後得之哉。但此字較之《蘭亭》，則結體少疏，當是年少故耳。右軍書《蘭亭》時年五十一，多大令卅年工夫也。數日與諸名公極論，因備著之。

又 《保母志》與《蘭亭》同者廿四字，之、三、年、在、各二，文、能、老、趣、與、歲、丑、日、終、以、曲、水、於、悲、夫、後、者。與右軍他帖同者十八字：行、秀、王、懃、書、善、七、十、三、二、月、六、無、小、冥、貞、而、二。其嘗見於大令雜帖者三字：獻、二、寧。而見於《蘭亭叙》、右軍帖者，大令帖中亦多有之。此刻大都百五字，其可以他帖驗者凡四十五字，餘六十字，如保、歸、柔、恭、屬、解、釋、交、螭、墓、志等字，尤精妙絕倫，晉宋以來，書家所未有也。壬戌十月，余故人了洪瀍師攜墨本自錢清來示余，且言六月六日過王君，有野人自外至，出小硯以饋王君之子，云春時剷山得之。洪取視，見硯背有永和及晉獻之字，知是壙中物。問有碑否，野人云，一磚上有字，已碎矣。亟使致之。明日持前五行來，是時猶未斷也，驗是大令《保母墓志》而文未具，又使尋之。旬日乃以後五行來，斷為三矣。一以支牀，上有交螭字者是也，一為小兒壘塔，上有曲水字者是也，一棄之他處，碎而復合，似有神助。野人周姓，居越之稽山門外，去錢清六十里，不致之他人而致之王君，亦異矣。王君攜磚硯入都，余得借觀累日。或以為王君贋作以欺世，亦有數人刻別本以亂真者。然余觀此志，斷非今人所能為。予學書卅年，晚得筆法于單丙文，世無知者。諦觀此刻，苦合一契，而謂王君能為之歟。誠使今人能為之，則別刻本便當並駕，何乃拙惡如彼也。或謂大令晉人，不應於硯肯自稱晉獻之，此見其偽，亦非也。大令刻硯肯以殉葬，知八百年後且出，故先書晉以自見。又案歷代印文皆不稱代，惟魏晉率善令則曰，魏率善某官，晉率善某官，生人用印猶得稱晉，殉葬之硯不得稱晉乎。或又謂蜀為李氏所據，久非晉有，安得廣漢人而為王氏之保母。此亦非也。獻之之稱郎邪，是時晉豈有郎邪者，亦本其世之所自焉耳。今西北人子孫多矣，然亦各從其父祖言之。按意如以惠帝元康六年生，爾後蜀雖亂，而晉遣使羅尚在蜀甚久，不可謂蜀非晉有也。永興元年李雄克成都，軍大飢，蜀人流散，東下江陽。意如之出蜀，或在此時矣。

又 或又謂佛之徒稱釋，起於道安，大令時未應有釋老之稱，此又不稽古之甚者。《阿含經》有云：四河入海，與海同鹹。四姓出家，與佛同姓。釋，佛姓也，此土謂佛為釋久矣。志稱釋老，以佛對老，非謂佛之徒也。《晉史》云：何充性好釋典，崇修佛氏，是也。然道安以前，比邱各稱其姓。道安欲令皆從佛姓，初不之信，後得《阿含經》，始信之耳。後此土比邱皆姓釋，如釋惠遠是也。案何充是中興初人，道安、習鑿齒皆依桓温于荆州，正與大令同時，亦非異代事也。

又 或謂此字多似《蘭亭》，疑後人集《蘭亭》字為之，此又不然。大令字與《蘭亭》同者，何止《保母志》而已。然大令平生行草多，正行少，試以官帖第九卷中行書帖較之，《相過》一帖同者十八字：相、終、無、日、在、未、暫、坐、感、感、得、古、盡。痛、此、所、不、流。《思戀》一帖同者九字：事、既、將、視、左、右、無、喻、盡。《十二月二十七日》一帖同者十一字：日、操、之、歲、盡、感、懷、不、亦、情、得。《靜息》一帖同者四字：靜、是、極、無。《發吳興》一帖同者八字：吳、興、感、喻、不、静、兄、情。其他三兩字同者，不可勝記。右軍、大令既是父子，不應疑其書蹟之同，今人父子書蹟同者衆矣。

又　或又謂降自南朝，始有銘志埋之墓中，大令時未應有之。此又不然，漢謝君墓甎云：元和三年五月甲戌朔，謝君造此墓磚。又武陽城東彭亡山之巓，石窟中有漢章帝建初二年張氏題識三所，洪氏《隸釋》云，此亦埋銘之椎輪也。其不始於南朝，明矣。或謂東坡《金蟬墓銘》云，百世之後，陵谷易位。知其為蘇子之保母，尚勿毁也。此末章似之為可疑。予謂東坡意其理之或然，大令知其數之必然，作者之言自應相通。東坡固是文宗，然以兩《保母志》較之，高識者自能定其優劣也。

又　或又謂保母王氏之妾，不當言歸王氏，《金蟬碑》謂之隸蘇氏為當。予謂既曰母矣，稱歸何嫌。且東坡銘其弟之保母，故稱隸。使子由自銘，則不忍稱隸矣。此以見古人之忠厚也。世人好妄議如此，令人短氣。予恐流俗相傳，誣毁至寶，故不得不力辨。雖然，妄議可以惑庸人，博雅之士一見自了，不待予之喋喋也。姜夔跋。

又　崑山徐尚書原一初得王子敬《保母甎志》，予往觀焉，驗是宋嘉泰間拓本，經羣賢鑒定，鄱陽姜堯章尤賞之，連書十一跋於後。尚書以晉石墨難得，出白金十鎰易之。是日同觀者，慈谿姜宸英、西溟晉江黄虞稷、俞邰秀、水沈廷、文元衡也。按保母之名見《禮・内則》，鄭司農謂安其居處者，《儀禮・喪服》緦麻三月為乳母，《子夏傳》曰何以緦也，以名服也。鄭注以為養子者有它，故賤者代之慈己。慈己蓋慈母必父之妾，保母、乳母以賤者代母，或自有所從之夫。子敬云歸王氏，匪主右軍而言可知已。黄閍不見於施宿、張淏二志，《爾雅》閍謂之門，閍、祊同廟門，亦巷門也。甎出土時已斷為四，歸於畿，又斷為五，合而搨之，宜有裂文，而仍若不斷者，信夫搨手之良，非今工匠所能及也。歸德安世鳳撰《墨林快事》，詆其字不佳，語不倫，然堯章精於書法，其於《禊帖》、《絳帖》評隲不爽，謂是本有七美，與《蘭亭序》不少異，且言必大令自刻，傾倒至矣，又云有人刻別本以亂真。然則安君所見，母乃別本拙惡者乎。《曝書亭集》。

清・倪濤《六藝之一録續編》卷二《石刻題跋・晉王大令保母甎志宋榻本跋》　崑山徐尚書原一初得王子敬《保母甎志》，予往觀焉，驗是宋嘉泰間拓本，經羣賢鑒定，鄱陽姜堯章尤賞之，連書十一跋於後。尚書以晉石墨難得，出白金十鎰易之。是日同觀者，慈溪姜宸英、西溟晉江黄虞稷、俞邰秀、水沈廷、文元衡也。志出於嘉泰壬戌，錢清王畿獲之會稽山樵，樵人獲之黄閍興寧中保母葬地也。按保母之名，見《禮・内則》，鄭司農謂安其居處者，《儀禮・喪服》緦麻三月為乳母，《子夏傳》曰，何以緦也，以名服也。鄭注以為養子者有它，故賤者代之慈已。蓋慈母必父之妾，保母、乳母以賤者代母，或自有所從之夫。子敬云歸王氏，匪主右軍而言可知也。黄閍不見於施宿、張淏二志，《爾雅》閍謂之門，閍、祊同廟門，亦巷門也。甎出土時已斷為四，歸於畿又斷為五，合而搨之，宜有裂紋，而仍若不斷者，信夫搨手之良，非今工匠所能及也。歸德安世鳳撰《墨林快事》，詆其字不佳，語不倫，然堯章精於書法，其於《禊帖》、《絳帖》評隲不爽，謂是本有七美，與《蘭亭》不少異，且言必大令自刻，傾倒至矣，又云有人刻別本以亂真。然則安君所見，母乃別本拙惡者乎。予惟堯章之言是信，語尚書寶藏之母，為豪者所奪可爾。

《保母帖》

論説

宋・孫應時《燭湖集》卷一〇《跋・跋王獻之保母帖》　嘉泰二年歲在壬戌，會稽之黄閍，有樵者斸廢壞破故冢，得小硯及磚十數以歸。一日，攜硯獻其主人錢清王畿，畿乃士人，因視其硯甚潤，腹背有晉獻之永和五字，異之，從至其家，又搜得二甎出，此志遂傳於世。羲獻帖獨此未經摹搨轉刻。猶是當時手跡，幸而早遇，好事得不碎毁。自興寧乙丑至是，適八百三十八載，而子敬固逆知之，古人卜筮精妙多如此，物之成敗隱見，豈偶然哉。志文十行，字百有十七，缺不可識者十四，樵者未幾死，莫知其破冢之處云。餘姚孫某季和父識。

明・郁逢慶《書畫題跋記》卷三《唐榻保母帖》　保母碑雖近出，故是大令當時所剜，較之《蘭亭》，真所謂固應不同，世人知愛《蘭亭》，不知此也。丙戌冬，伯機得一本，繼之公餘又得此本，令諸人賦詩，然後明識中知有此文。丁亥八月，僕自燕來還，亦得一本，又有一詩僧許僕一本，雖未得，然已可擬。世人若欲學書，不可無此。僕有此，獨恨馳驅南北，不得盡古人臨池之工，因公餘出示，令人重嘆。孟頫。

撞破煙樓固未然，唐模晉刻絶相懸。莫將定武城中石，輕比黄閍墓下塼。

蕫侯才氣亦人豪，辯析區區漫爾勞。不向驪黄求驵駿，書家自有九方皋。

臨摹舊説範新婦，古刻今看李意如。卻笑南宫米夫子，一生辛苦學何書。

千年鬱鬱閟重泉，暫出還隨刼火煙。靳惜乾坤如有意，流傳君我豈無緣。漁陽鮮於樞伯機父題。

此碑乃獻之為乳母書，藏於墓，手鐫於塼上，高尺餘，闊尺七八，前有小硯影，書類《蘭亭》，約二百許字。

明・張丑《清河書畫舫》卷二下《晉二・王獻之・王獻之保母帖》　説者謂勝於定武《蘭亭》初刻，蓋此帖乃獻之親書於甎，而又晉工刻之，若《蘭亭》則馮承素、趙、模、韓道政、諸葛貞等鉤摹，而又唐工鐫之，所以精神氣韻敻然不侔也。獻之刻此石，以端硯及交螭銅壺為殉，帖前有小硯影。《妮古録》。

明・汪砢玉《珊瑚網》卷二〇《王大令保母帖》　保母碑雖近出，故是大令當時所剜，較之《蘭亭》真所謂固應不同，世人知愛《蘭亭》不知此也。丙戌冬，伯機得一本，繼之公餘又得此本，令諸人賦詩，然後朋識中知有此文。丁亥八月，僕自燕來還，亦得一本，又有一詩僧許僕一本，雖未得，然已可擬。世人若欲學書，不可無此。僕有此，猶恨驅馳南北，不得盡古人臨池之工，因公餘出示，令人重嘆。孟頫。

撞破煙樓固未然，唐模晉刻絶相懸。莫將定武城中石，輕比黄閍墓下磚。

蕫侯才氣亦人豪，辨析區區漫爾勞。不向驪黄求駔駿，書家自有九方皋。

臨摹舊説範新婦，古刻今看李意如。卻笑南宫米夫子，一生辛苦學何書。

千年鬱鬱閟重泉，暫出還隨刼火煙。靳惜乾坤如有意，流傳君我豈無緣。漁陽鮮於樞伯機父題。

《保母帖》藏于項氏鵞羣閣，此碑乃獻之為乳母書，手鐫於磚上，高尺一寸，濶尺五寸餘，前有小研影，書類《蘭亭》，約二百許字。磚已裂為二片，後有元人題語及詩數十首，玆僅録二公所書，見世人極重《蘭亭》，不過歐虞所模，唐工所鐫，未若此本，大令所自剜承旨，因有固應不同之語。玉識。

明・宋濂《文憲集》卷一四《跋・跋王獻之保母帖》　右王獻之《保母帖》，説者謂勝於定武《蘭亭》初刻，蓋此帖乃獻之親書於甎，而又晉工刻之，若《蘭亭》則馮承素等鉤摹，而又唐工鐫之，所以精神氣韻敻然不侔也。或者不知猶妄有所疑，董堯章乃作辨評一篇，設為問答，援據甚詳，博雅君子，宜取而覽之，正不必求題識之多也。

明・蘇伯衡《蘇平仲文集》卷一〇《題跋・跋保姆帖卷後》　今闕大本堂有《鵞羣帖》，大令真蹟也，自唐迄元，諸名公題跋具存，而袁文清公其一也。文清以謂嘗見《保母帖》，雖墨本，而筆意正如此，乃知古人字畫妙固不可及，至於鐫刻之妙，後世亦未易及焉。今此卷前後有桷字小方印，乃文清之名，豈其當時所見本耶。據周丞相跋，此蓋拓本，然前後又有袁通甫印。通甫，姑蘇人，名易，嘗為石洞書院山長，號稱好古家，有静春堂，多藏法書名畫，鮮於伯機、趙子昂極推敬之，而敬伯得此姑蘇，其為通甫家藏舊物無疑矣。余數詢會稽人，此石已不知所在，則似此本亦豈可多得，尚寶護之哉。蓋非獨宜於臨學，亦可以為博洽之助，樓參政詩云坡翁應未見此志，金蟬之銘何絶類，則以石之出在宋渡江之後，而我先文忠公保母楊氏墓銘作於元豐間，而語意符合，初非蹈襲，以故又云固知文章有暗合，智謀所見略相似也。因敬伯持以相示輒，所知於後而歸之。

明・賀復徵《文章辨體彙選》卷二七七《帖一・保母帖》　瑯琊王獻之保母姓李名意如，廣漢人也，在母家志行高秀，歸王氏柔順恭懃，善屬文，能草書，解釋老旨趣，年七十，興寧三年歲在乙丑二月六日，無疾而終，仲冬季望葬會稽山陰之黄閍岡下，殉以曲水小硯、交螭方壺，樹雙松於墓上，立貞石而志之。悲夫，後八百餘載知獻之保母宫於兹土者，尚勿毁焉。

清・倪濤《六藝之一録》卷一六三《法帖論述三十三・保母帖》《保母帖》、《辭中令帖》。大令實為北海之濫觴，今人知學北海而不追蹤大令，是以佻而無簡，直而少致。北海曰，似我者，俗學我者，死不虚也。趙吴興猶不免此，況餘子哉。《畫禪室隨筆》。

清・孫岳頒等《佩文齋書畫譜》卷七一《歷代名人書跋二・晉王獻之保母帖》　右嘉泰癸亥越人掘地得古碑，乃晉興寧三年乙丑歲，王獻之保母李意如壙志也。云善為文，能草書，王謝奴婢定小異耳。又有小硯，背刻王獻之永和五字，二者以致行都，别鐫此本，四明樓尚書鑰摹以相示，字畫固妙，其辭則有望於八百餘年後守官之人。自興寧距今適八百三十餘年，預知如此，蓋當時卜地如郭璞輩固不乏也。五月二十八日記。《平園集》。

藝文

清・顧嗣立《元詩選二集》卷六《王大令保母帖四首》　撞破煙樓固未然，唐摹晉刻絶相懸。莫將定武城中石，輕比黄閍墓下塼。

董侯才氣亦人豪，辯析區區漫爾勞。不向驪黄求駔駿，書家自有九方皋。

臨摹舊説範新婦，古刻今看李意如。卻笑南宫米夫子，一生辛苦學何書。

千年鬱鬱閟重泉，暫出還隨劫火煙。靳惜乾坤如有意，流傳君我豈無緣。

按蘇天爵題鮮于伯機詩帖云，鮮于公蚤歲學書，媿未能若古人，偶適野，見二人輓車行淖泥中，遂悟書法。今讀論書諸作，可以知其所從入矣。

《辭中令帖》

論說

明・王世貞《弇州四部稿》卷一三四《文部・墨客跋四十五首・子敬辭尚書令帖》　子敬稱州民，當是上揚州刺史耳，蓋會稽王時為揚州秉政故也。書法遒逸疎爽，然右軍家範不無少變，北海吴興皆其濫觴，少可惜耳。

清・孫岳頒等《佩文齋書畫譜》卷七一《歷代名人書跋二・晉王獻之辭中令帖》　子敬稱州民，當是上揚州刺史耳，蓋會稽王時為揚州秉政故也。書法遒逸疎爽，然右軍家範不無少變，北海吴興皆其濫觴，少可惜耳。《弇州山人稿》。

大令《辭中令帖》書家不甚傳，或出於米元章、黄長睿之後耳。觀其運筆，則所謂鳳翥鸞翔，似奇反正，必非唐以後諸人所能夢見也。李北海似得其意。《容臺集》。

《洛神賦十三行》

論說

宋・黄庭堅《山谷集》卷二八《題跋・題洛神賦後》　予嘗疑《洛神賦》非子敬書，然以字學筆力去之甚遠，不敢立此論，及今觀之，宋宣獻公周膳部少加筆力，亦可及此。

宋・黄伯思《法帖刊誤》卷下《第九王大令書上》 虞龢表云逸少為會稽，子敬為吳興，故三吳之地偏多遺跡，又是暮年遒美之時，今此卷中亦時有《吳興帖》，然《大令帖》傳於世佳者尚多，如《乞假表》、《庾公帖》、《周姊帖》、《洛神賦》、劉氏所藏十二字等帖，官帖中皆遺之。僕頃以韻語題河南王氏所藏子敬帖云：君家大令書盈紙，筆勢翩翩趣多媚。雖云沓拖如少年，豈至拘攣同餓隸。會稽七子五知名，此公風概尤超詣。太極旋題猶重書，謂不書太極殿榜。一時凛凛標英氣。半袖精裓衆争求，數幅新帬世尤貴。當時親遇得已難，況復傳今僅千歲。龍珠歸浦劒還津，此帖君藏真得地。才披尺許目增明，鸞跂鴻驚欲飛逝。硬黄響搨若傳吾，完璧摹刊願垂世。聊爾以記大令書事，漫附於此。

宋・岳珂《寶真齋法書贊》卷四《晉名人真蹟・王獻之洛神賦帖》 嬉左倚采旄，右蔭桂旗。攘皓腕於神滸兮，採湍瀨之玄芝。餘情悦其淑美兮，心振蕩而不怡。無良媒以接歡兮，托微波以通辭。願誠素之先達兮，解玉佩以要之。嗟佳人之信修兮，羌習禮而明詩。抗瓊珶以和予兮，指潛淵而為期。執拳拳之欵實兮，懼斯靈之我欺。感交甫之棄言兮，悵猶豫而狐疑。收和顔以静志兮，申禮防以自持。於是洛靈感焉，徙倚彷徨，神光離合，乍陰乍陽。擢輕軀以鶴立，若將飛而未翔。踐椒塗之鬱烈兮，步蘅薄而流芳。超長吟以慕遠兮。案珂書體例每帖皆有跋有贊，此帖無跋，疑係脱去。

贊曰：慶雲絢彩，河漢縈之。列星垂天，日月明之。先民授能，維聖成之。英英後先，疇其勝之。

元・鄭杓《衍極》卷二《書要篇》 《洛神賦》亦後人訛獻之而間行之。《洛神賦》魏曹植作，有小楷石本行於世，相傳為王獻之書。

元・陶宗儀《説郛》卷一九上《寓簡》 唐李嗣真《論右軍書》、《樂毅論》、《太史箴》體皆正直，有忠臣烈女之像，《告誓文》、《曹娥碑》其容憔悴，有孝女順孫之像，《逍遥篇》、《孤鴈賦》跡遠趣高，有拔俗抱素之像，《畫像替》、《洛神賦》姿儀雅麗有矜莊嚴肅之像。皆見義於成字，予謂以意求之耳。當其下筆時，未必作意為之也，亦想見其梗概云耳。

明・董其昌《畫禪室隨筆》卷一《評古帖・題大令洛神十三行真跡》 趙吳興曾得《洛神十三行》于陳集賢灝，自題此晉時麻箋，思陵極力搜訪，僅獲九行百七十六字，故米友仁跋，作九行，宋末賈似道復得四行七十四字，欲續于後，則于九行之跋不相屬，遂以四行別裝于後，以悦生印及長字印欵之。今此本不知猶在人間不，余所摹秀州項子京藏，是《宣和譜》中所收。吳興云：更有唐人臨本，後有柳公權跋，亦神物也。視世所傳十三行宋搨，何啻霄壤耶。

又《跋自書・臨洛神賦後》 大令《洛神賦》真蹟，元時猶在趙子昂家，今雖宋搨，不復見矣。今日寫此四行，亦唐摹泠金舊蹟，余見之檇李項氏，遂師其意試朝鮮鼠鬚筆。

明・張丑《清河書畫舫》卷二下《晉二・王獻之・趙子昂跋洛神賦真跡》 晉王獻之所書《洛神賦》十三行二百五十字，人間止有此本，是晉時麻牋，字畫神逸，墨采飛動。紹興間，思陵極力搜訪，僅獲九行一百七十六字，所以米友仁跋，作九行，定為真跡，宋末賈似道執國柄，不知何許，復得四行七十四字，欲續於後，則與九行之跋自相乖忤，故以紹興所得九行裝於前，仍依紹興以小璽欵之，却以續得四行裝於後，以悦生胡盧印及長字印欵之耳。孟頫數年前竊録翰苑，因在都下，見此神物，託集賢大學士陳公顥委曲購之，既而孟頫告歸。延祐庚申，忽有僧闖門，持陳公書并此卷，數千里見遺，云陳公意甚勤勤也。陳公誠磊落篤實之士，不失信於一言，豈易得也，因併及之。至治辛酉既裝池，適老病不能跋，壬戌閏五月十八日，雨後稍涼，力疾書於松雪齋。真跡。

又題云：又有一本，是《宣和書譜》中所收，七璽宛然，是唐人硬黄紙，略高一分半，亦同十三行，二百五十字，筆畫沈著，大乏韻勝於屢，嘗細視，當是唐人所臨，後卻有柳公權跋兩行三十二字，云子敬好寫《洛神賦》，人間合有數本，此其一焉。寶曆元年正月廿四日，起居郎柳公權記。以吾不敢以為真跡者，蓋晉唐紙異，亦不可不知也。《松雪齋集》。

又卷六下《宋一・宋綬・山谷題洛神賦後》 予嘗疑《洛神賦》非子敬書，然以字學筆力去之甚遠，不敢立此論，及今觀之，宋宣獻公周膳部少加筆力，亦可及此。

明・楊慎《墨池瑣録》卷二 李嗣真云《黄庭經》象飛天仙人，《洛神賦》象凌波神女。《續書品》云《樂毅論》小中有楷，《黄庭經》楷中有小，《東方賛》五分中有楷方丈，《洛神賦》方丈在五分中，《力命篇》三分畫五分字，《曹娥碑》五分書四分字。

明・孫鑛《書畫跋跋》卷二上《碑刻・王子敬洛神賦》 王子敬《洛神賦》王氏跋一。自宋來所傳《洛神賦》祗十三行，乃章氏忽刻此全本，不知原帖今在何所。論姿態信有之，第結構全疏，尤多稺筆。晉法不應若此，恐是懷琳餘技耳。碑刻借石力無轉筆，蹟作贋本固自易。

明・王世貞《弇州四部稿》卷一三四《文部・墨客跋四十五首・王子敬洛神賦》 子敬《洛神賦》舊僅見石本十三行，今刻之吳中章氏者，雖結法小異，翩翩有格外姿態，昔人評右軍《洛神》如凌波仙女，今絶不可復得，覩此彷彿遊龍驚鴻矣。

明・潘之淙《書法離鉤》卷八《賞鑒》 昔人謂《洛神賦》象凌波神，孜趙吳興孟頫所得之陳集賢者，十三行僅二百五十字，繫晉麻紙，字畫神逸，墨彩飛動，為天下法書冠，又謂《宣和書譜》所藏，末有柳公權跋語者，其行字筆意皆同，而小乏韻，且繫唐硬黄紙，定以為臨本無疑。

明・郁逢慶《書畫題跋記》卷三《宋榻東方畫贊、洛神賦二帖》 大令《洛神賦》間以章草，柳誠懸嘗謂子敬好寫是賦，人間合有數本，此其一焉，似不誣矣。故鄉先生海粟王君舊有此二帖，未及裝潢，而先生没，其仲子東，字起善者，得諸故篋，即成軸以襲藏，是亦以手澤之氣所存，匪特為古人翰墨之寶也。蘇人錢良有敬題。錢翼之氏朱文。

又 法書家評王右軍《畫像贊》、《洛神賦》有矜莊嚴肅之象，今觀此刻信然，而大令以章草法書《洛神賦》尤為奇偉，王君善寶藏之。朱德潤題。朱澤民氏。

又 若《洛神賦》為子敬生平所好寫，亦用意之書也。然自昔人所見，皆自嬉至飛十三行耳，此獨得其全文，何耶。陳味先生持此示余，城東之續古堂因歎二王書，如雲行太虚，態度不定，觀書者如魯僖登臺，使每歲分至啓閉，皆八表同昏之云，雖不望可也。

清・劉體仁《七頌堂識小録》 子敬好寫《洛神賦》，今所存者，《十三行》耳。余所見《十三行》，輿停雲館諸刻大異。又見一拓本，乃全文。右軍亦有全文拓本，不知何時何刻，原出之内府。右軍全學鐘太傅，時作行草，闌入索、史。子敬則駸駸《曹娥碑》法。滿騫、異題識，字在子敬全文下，不在《十三行》下。

清・孫承澤《庚子銷夏記》卷八《王大令十三行》 余有宋刻《洛神十三行》，精采如手書，重玄宰云：十三行真跡元時在趙文敏家，使我得之，則不啻也。一日得見文敏所書跋云：晉王獻之所書《洛神賦十三行》二百五十字，人間止有此本，是晉時麻牋，字畫神逸，墨彩飛動。紹興間極力搜訪，僅獲九行一百七十六字，所以米友仁跋作九行，定為真跡。宋末賈似道執國柄，不知何許，復得四行七十四字，欲續於後，則與九行之跋自相乖忤，故以紹興所得九行裝於前，仍以紹興小璽欵之，却以續得裝於後，以悦生胡盧印及長字印欵之。孟頫數年前見此神物，託集賢大學士陳公顥委曲購之，既而孟頫告歸。延祐庚申，忽有僧持陳公書並此卷見遺，陳公誠磊落篤實之士，不失信於一言，豈易得也。因併及之。又有一本是《宣和書譜》所收，七璽完全，是唐人硬黄紙所書，當是唐人臨本，後有柳公權兩行云：子敬好寫《洛神賦》，人間合有數本，此其一焉。寶曆元年正月二十四日，起居郎柳公權記。吾不敢以為真跡，蓋晉唐紙異，亦不可不知也。

清・馮武《書法正傳》卷九《名蹟源流・洛神賦》 古人書目多云逸少《洛神賦》今不傳，所傳者子敬書也。《東觀餘論》跋草書《洛神賦》後云：世傳王大令書然，結體殊不類獻之，而頗似智永，疑其遺跡也。至洛神小楷，則子敬書無疑矣。世以小王好書此賦，故凡有洛神書本，皆歸之子敬，亦猶東漢諸碑，流俗多以為蔡邕，豈盡中郎筆蹟哉。要當鑒以心目，而弗信耳傳為佳。

董逌云逸少此賦當以為第一，今無復存者，但子敬所書猶傳，疑未可以伯仲間論也。謝安石嘗疑子敬不逮父書，世或謂不復可辨。子敬曰外人那得知，豈書法雖一藝，亦自有至處，恐非造其域者，不能致論也。此書摹傳失據，更無神明點畫存耳，非子敬書法盡此。

又跋《洛神賦》別本云今世所傳《洛神賦》余見已四本矣，雖王和甫家者最勝，結字疎密得法，然不若此書，亦自與周子發家者稍異。子發謂子敬愛書《洛神賦》，人間宜有數本，似未見其餘也。昔馬澄評右軍書，謂勸進洛神諸書十餘種皆作今體，知逸少嘗書此賦，子敬當是習。

清・李光暎《金石文考略》卷三《王子敬十三行》 王獻之所書《洛神賦十三行》一百五十字，人間止有此本，是晉時麻牋，字畫神逸，墨彩飛動。紹興間，思陵極力搜訪，僅獲九行一百七十六字，所以米友仁跋作九行，定為真跡。宋末賈似道執國柄，不知何許，復得四行七十四字，欲續於後，則與九行之跋自相乖忤，故以紹興所得九行裝於前，仍依紹興以小璽欵之，卻以續得四行裝於後，以悅生葫蘆印及長字印欵之耳。孟頫數年前竊祿翰苑，因在都下見此神物，託集賢大學士陳公顥委曲購之，既而孟頫告歸。延祐庚申，忽有僧闖門，持陳公書並此卷數千里見遺，云陳公意甚勤勤也。陳公誠磊落篤實之士，不失信於一言，豈易得也。因併及之。至治辛酉既裝池，適老疾不能跋，壬戌閏五月十八日，雨後稍涼，力疾書於松雪齋。

又有一本是《宣和書譜》中所收，七璽完然，然是唐人硬黄紙所書，紙略高一分來，亦同十三行二百五十字，筆畫沉著，大乏韻勝，余屢嘗細觀，當是唐人所臨，後却有柳公權跋兩行三十二字，云子敬好寫《洛神賦》，人間合有數本，此其一焉。寶曆元年正月廿四日，起居郎柳公權記。所以吾不敢以為真跡者，蓋晉唐紙異，亦不可不知也。《二條松雪齋集》。

子敬能作方丈大字，觀其細書巧妙，方丈不足為。大令、右軍法雖同，其放肆豪邁，大令差異。古人用功精深，所以絶跡也。治平三年三月廿八日襄。刻帖後。

趙文敏得宋思陵十三行於陳灝，蓋賈似道所購，先九行後四行，以悅生印欵之，此子敬真跡，至我朝惟存唐摹耳。無論神采，即形模已不相肖，惟晉陵唐太常家藏宋搨為當今第一，曾一見於長安，臨寫石刻，恨趙吳興有此墨跡，未盡其趣。蓋吳興所少，正洛神踈雋之法，使我得之，故當不啻也。《容臺集》。

子敬《洛神賦》舊僅見石本十三行，今刻之吳中章氏者，雖結法小異，翩翩有格外姿態。昔人評右軍洛神如淩波僊女，今絶不可復得，覩此髣髴遊龍驚鴻矣。《弇州山人稿》。

清・王澍《淳化秘閣法帖考正》卷一二《論書賸語・論古》 余得古搨《洛神賦》全本，篆隸楷行草皆備，真是有妙畢見，無美不臻。次惟毘陵唐氏所藏十三行，駘宕庾潤，猶有遊行自在之趣。賈秋壑玉板本則神明渙散，不足取則，而世皆寶之，貴耳賤目，吾所未喻。

清・倪濤《六藝之一録》卷一六三《法帖論述三十三・王大令書洛神賦》 獻之《洛神賦》蹟遺頭尾外，得一十三行都二百五十字，重加整背，祥符八年八月十日，周越記。《戲鴻堂法帖》。子敬能作方丈字，觀其細書巧妙，方丈不足為。大令、右軍法雖同，放肆豪邁，大令差異。古人用功精深，所以絶蹟也。治平三年三月廿八日襄。仝上。

書摹傳失據，更無神明點畫存爾，非子敬書法盡此也。仝上。

大令好書《洛神賦》，而李陽氷論右軍書，與《畫像贊》同稱。右軍之蹟不可復見，不知更勝此否。柳公權記於前，璨題其後，何止公慙卿耶。《松隱集》。

清・王士禛《居易録》卷二二 獻之《洛神賦》遺跡，頭尾外得一十三行，都二百字，重加整背祥符八年十日周越記。又，括蒼周采觀，熙寧十年九月廿七日三衢官舍書。又，梁邱孫亞夫，熙寧巳仲冬十一日雙檜堂觀。又，建康王旂、武林張彦中、吳興茅鐔同觀於清心堂，元祐丙寅七月二日。又三茅翁丁卯八月八日觀，不書年號。禾郡項氏故物也。

清・劉熙載《藝概》卷五《書概》 正以明大令之書，不惟以妍妙勝也。

清・楊賓《鐵函齋書跋・翁蘿軒玉版十三行》 字之秀勁圓潤，行世小楷無出其右。

清・馮武《書法正傳》卷九《名蹟源流・洛神賦》 字畫神逸，墨彩飛動，為天下法書冠。

清・張廷濟《清儀閣題跋》 風骨凝厚，精采動人。

又 然風神怡蕩，氣骨雄駿，固已無美不臻。

清・何子貞《跋停雲館刻晉唐小楷》 用筆横逸跌宕，欲出父書之外，頗見本色。

清・姚衡《寒秀草堂筆記》卷三《賓退雜識》 二王並書《洛神賦》。右軍者，世不經見；大令所書，《宣和書譜》所收已非完本。《汝帖》刻於大觀時，亦止嬉字五行。快雪堂所刻肥本，有世南半印，唐初已僅僅存此。宋高宗紹興年間，竭力搜索，止得九行。賈秋壑複得四行，屬其客廖瑩中刻之於玉，世所傳《玉版十三行》是也。趙松雪跋謂悅生葫蘆印及長字印，此並無之，尾有宣和二篆書，與趙本又不同。而字畫之神逸，迴出諸家之上，或即賈刻原本歟。頃帖賈邵生，持李穀齋收藏本來售，乃其素所寶愛者，神意遠不逮此。解字之丿，竟作一小直竪，已失妙理。然跋字極精，愛録於此，以備考証。道光十三年三月望日識。

子敬《洛神賦》，誠懸跋謂人間有數本。玉版者，乃就麻箋真跡，勒以於闐玉上，故神采獨勝諸本。家藏宋寶晉齋《十三行》，筆意沉著，與此迴異。擢字作權，後有貞觀小璽及天佑元年跋二行，乃諸本所無也。華亭董宗伯摹刻《戲鴻堂帖》中。

右臨快雪堂《十三行》兩跋，可見前之肥者，謂下真跡一等，是宋拓也。瘦本云系墨跡，與《玉版十三行》對觀，則神理多遜。或有《玉版》後，方有此臨本，且必唐人所為，饒有歐、褚風味，非著意臨摹，不易知也。雍正十三年八月五日識，世倬。

《玉版》於未進時，拓者甚眾，世不為重。有真賞者，已知寶愛，近則杳不可得。此拓已藏三十餘年，直謂之初拓可耳。今之紛紛以價購者，形似而神差，不足珍矣。適以《玉版十三行》就此相較，故特識之。穀齋。

《玉版十三行》至明末國初，始行出世。相傳篙師得之江中，有宣和印，自是宋時藏物，猶潁井之棄《蘭亭》也。思伯云：小楷不易工，即米元章，亦但能行押。刑子願有云：右軍以後，惟趙吳興得正衣鉢，唐宋皆不知也。然仍不免以妍媚飛動取態。學此，便無所不得，即系問津處。展轉他求，必至恍惑，反失所從，則受病終身矣。雍正十二年八月望後三日，李世倬。

不大損者，僅得一百七十二字。

快雪堂肥、瘦兩刻皆佳，而瘦本神理絕似伯衡相公，雖為至戚，詢其後人，莫知所自，或於明時，即有《玉版》之完本行世邪。抑或得之臨本之最善者邪。學者當知所尚，不可視兩刻為尋常而忽之耳。丙寅十月十八日，夜大風，深更秉燭書。

有云太倉王宮詹藏宋拓《十三行》，一字無損，然與《玉版》對觀，無少差，信為《玉版》未損時之拓也。何由落水，以致剥瀍，或造物忌之邪。

紀事

宋・董逌《廣川書跋》卷六《洛神賦別本》 今世所傳《洛神賦》余見已四本矣，雖王和甫家者號最勝，結字疎密得法，然不若此書，亦自與周子發家者稍異。子發謂子敬愛書《洛神賦》，人間宜有數本，似未見其餘也。昔馬澄評右軍書，謂《勸進》、《洛神賦》諸書十餘種，皆作今體，知逸少嘗書此賦，子敬當是習其家學爾。然書録不記子敬《洛神賦》其傳之失實，將後人摹搨不可知也。字法端勁，是書家所難，偏旁自見，不相映帶，分有主客，趣鄉整嚴，非善書者不能也。大觀元年正月為安希古書。

明・談遷《棗林藝簣・王大令洛神賦》 王子敬小楷《洛神賦》，顧愷之畫其下，藏內張康侯家，購以五百金。康侯甲申避寇金陵，張藐山先生借觀。《圣集》。

《送梨帖》

論說

宋・米芾《寶章待訪録・王右軍相温破羌帖有開元印唐懷充跋》 王獻之《送梨帖》有黎氏印連柳公權跋，王右軍言叙帖兩行有貞觀半印、徐僧權字。

右在左藏庫副使劉季孫處，據柳公權跋，於唐太宗書前雜出獻之書，乃將其父書却黏於獻之帖後，云又一帖，柳誤以父為子矣，況不知書者乎。

明・汪珂玉《珊瑚網》卷一《王大令送梨帖真蹟》 子敬後幾百年而為柳誠懸，誠懸又幾百年而為文與可，前者紙渝，故當墨敝，後者筆近，乃宜色鮮。然而墨色濃淡，文不及柳，柳不及王。前後幾如倒置，乃知古今人不相及，非獨用筆用墨亦然。仲將之墨，一點如漆吾不得而見也。幸有子敬片楮在持是以觀，凡稱右軍墨蹟，墨瀋昏淡者，皆贋品也。王世懋。

清・卞永譽《式古堂書畫彙考》卷四《書四・王獻之送梨帖》 闕景輝家刻石，子敬帖節過觸事云云，甚奇妙，真蹟在越州石元之大夫家，今在其子縣尉處。晉庾翼稚恭真蹟在張丞相齊賢孫汝欽家，古黃麻紙，全幅無端，末筆勢細弱，字相連屬古雅，論兵事有數翼字，上有竇蒙審定印，後連張芝王廙草帖，是唐人偽作。薰紙上深下淡，筆勢俗甚，語言無倫，遂使至寶雜於瓦礫，可嘆，余屢言與汝欽，不拆也。

中貴高樓楊氏收數帖，蕭思話表一，思話字有鍾法，此乃無，而武帝批答四字，君臣筆氣一同，紙古後破前完，此是唐人所為，然亦佳作，今人不能為也。又王珉書真草是真蹟。有鍾張法，張翼當是作宋翼，魏人，非真。又阮研草帖奇古，非僞。又一帖如竹片書，亦好事者為之，並無古印跋可考。

清・孫岳頒等《佩文齋書畫譜》卷七一《歷代名人書跋二・晉王獻之送梨帖》 王獻之《送梨帖》云：今送梨三百顆，晚雪，殊不能佳。上有黎幹黎氏印。所謂南方君子者跋尾半幅云：因太宗書卷首，見此兩行十字，遂連此卷末，若珠還合浦，劍入延平。太和三年三月十日，司封員外郎柳公權記。後細題一行曰：又一帖十二字連之，余辨乃右軍書，云：思言敘卒何期，但有長歎念告。公權誤以為子敬也。縫有正觀半印，世南孝先字跋。孝先是本朝王曾丞相字。劉季孫以一千置得，余約以歐陽詢真蹟二帖、王維雪圖六幅、正透犀帶一條、硯山一枚、玉座珊瑚一枝以易，劉見許，王詵借余硯山去，不即還，劉為澤守，行兩日，王始見還，約再見易，而劉死矣。其子以二十千賣與王防。唐太宗書竊類子敬，公權能於太宗書卷辯出，而復誤連右軍帖為子敬，公權知書者乃如此。其跋馮氏西昇經，唐經生書也，乃謂之褚書者，同也。蓋能書者未必能鑒，余既跋定之蘇子瞻，於是跋詩曰：家雞野鶩同登俎，春蚓秋蛇總入奩。君家兩行十二字，氣壓鄴侯三萬籤。蓋以《晉史》，太宗贊貶子敬也。然唐太宗力學右軍不能至，復學虞行書，欲上攀右軍，故大罵子敬耳。子敬天真超逸，豈父可比也。《米芾書史》。

明・王世貞《弇州續稿》卷一六一《文部・墨蹟跋・王大令送梨帖》 敬美弟自燕中歸，得大令此卷，後有柳誠懸、文與可二跋。考誠懸跋，蓋併右軍思言敘卒何期，但有長歎念告不二字，俱誤以為大令，故有劍合延平、珠還合浦語。米元章鑒定之，遂拆為二卷，二子瞻所題：家雞野鶩同登俎，春蚓秋蛇總入奩。君家兩行十二字，氣壓鄴侯三萬籤。蓋右軍《思言帖》尾也。元章左袒大令，故不謂為然，而誠懸跋後細題又一帖十二字連之，語皆為元章所削去，恐後覽者以誠懸跋語致疑，備記於此。若大令筆雖稍有剥蝕，而存者猶自煜煜射人眉睫間。元章所稱天真爛漫，故不虛也。誠懸搆結淳古，生平鋒鍔斂盡，隱然有羹墻思。吾弟其善有之。

明・胡應麟《少室山房集》卷一七〇《題跋十二首・跋王大令送梨帖》 右大令《送梨帖》云：今送梨三百顆，晚雪，殊不能佳。凡十二字五字。紙素破蝕，筆踪大半不存，無恙者七子而已。庚辰夏，王次公以計吏入燕竣役瀕發。賈人持是卷索十萬錢，顧囊空真無所出，偶朝士寄贈所知金五十在焉，輒罄舉償之，一時盛傳為奇絕事。信次公之癖于書也。晉自典午渡江，距今不啻千載，二王真蹟流落人間，如《天球河圖》舉世不能三四。此帖雖漶滅不全，而筆勢之瀠洄縹緲，飛動于薄蹏之上，即寥寥數字，如目擊其超逸絕羣之氣，致足觀也。或猶以五字殘缺為憾，余戲謂：今世購《定武蘭亭》者，必五字損本為真，《送梨》亦五字不全，異時將復為書家公案，得非山陰父子墨翰間例有斯厄耶。同閱是卷者，是日聞余言，皆失笑噴飯滿案，次公亦捧腹而起。

又《再跋》 永師書一字五萬錢，即今中金五十也。然則大令身後一帖，僅足當永師存日一字耳。而次公是舉，世便詫為異聞，即此徵古人好事倍于今，今嗜利百于古矣。迺次公方以書名天下，寸楮片箋，舉世共珍，傳諸異代，知不有以五萬錢易其一帖者耶。

清・愛新覺羅・玄燁《御製詩二集》卷六五《古今體九十四首丙子六・題王獻之送梨帖》 《送梨》未審於何氏，凌雪宛看大谷珍，因王昔有得羊者，題語欣逢筆諫人。卷尾有柳公權題跋。

清・阮元《石渠隨筆》卷一《晉・王獻之送梨帖真蹟》 王獻之《送梨帖》真蹟，今送梨三百顆，晚雪，殊不能佳十二字，反復剥落，唐時與右軍《思言帖》同裝。又有唐太宗臨《送梨帖》一紙十字，太宗臨本將第二送字剥落者空一格不寫，三百下顆字亦不寫。柳公權因觀太宗書，兼及前兩帖，故有劍入、珠還之目。至米元章定《思言帖》為右軍書，斥公權為誤。見於《書史》。當於此時割去《思言帖》另裝，不與獻之《送梨》同卷。其實公權本未指《思言帖》為獻之書，安在羲獻合裝，不足當劍入、還珠之目哉。

《授衣帖》

論　説

宋・黄伯思《法帖刊誤》卷下《第九王大令書上》　《授衣帖》歷世所傳自為一卷，法帖中亡其帖尾，政在此耳，下當云：當今可復使不，萬全不，願其以多筭難易得之，便自可令不為因累耳。比者忉怛，當不可言，當不可言，獻之死罪。法帖無此四十三字，入其間多有燥筆及魚食處，而官帖不復依本，其失多矣。

清・王澍《淳化秘閣法帖考正》卷九《晉王獻之書一・授衣帖》　長睿云：《授衣帖》歷世所傳自為一卷，官帖中亡其帖尾，政在此耳，下尚有：當今可復使不，萬全不，願其以多筭難易得之，便自可令不為因累耳。比者忉怛，當不可言，當不可言，獻之死罪。共四十三字。官帖亡之，又其間多有燥筆及魚食處，而官帖不復依本，所失多矣。按長睿所見，當非大觀正本，僕於仁和湯懷清少宰家，借得亮字不全本對校，因内衾作因累，當不可言，只作當可言，無不字，於當可旁各加一點，言下亦加一點，末死下無罪字，與長睿異，《絳帖》則與長睿同，惟以因衾為因条，則異耳。又《絳帖》自當今下四十三字，筆法差瘦與前不同，大觀則前後如一。一帖而三刻互異如此，果將何所為據乎。

清・孫岳頒等《佩文齋書畫譜》卷七一《歷代名人書跋二・晉王獻之授衣帖》　右摹本王大令獻之《授衣帖》一卷七十二行，有徐僧權陳惠辨押尾，蓋梁御府法書也。筆勢閎放，實子敬書之合作者。政和二年夏四月洛陽官舍裝。《東觀餘論》。

《玄度帖》

論　説

清・王澍《淳化秘閣法帖考正》卷九《晉王獻之書一・玄度帖》　長睿云：《玄度帖》米以為無名人作，僕謂此真晉人語，但筆勢疎緩，謂大令書則非。帖云：仁祖欲請為軍司。按獻之以晉孝武太元十一年四十三卒，上推謝尚於穆帝升平元年卒時，獻之方年十三，請軍司又在升平前，大令是時纔十許歲，安得已作書論時事，殆是穆帝時人偽作。第十卷玄度何來遲亦此類，按《世説新語》注，獻之卒于孝武帝太元十三年，考本傳，謝安以太元十年乙酉卒，獻之疏請加禮，未幾遇疾卒於官。若如十三年之説，則去安之卒已三年，不得云未幾遇疾卒矣。當以長睿之言為正。玄度許恂也，興公孫綽也，齡即修齡，王胡之也，仁祖謝尚也。

又卷一〇《晉王獻之書二・玄度帖》　長睿云：玄度何來遲亦似逸少語，其字皆長史、藏真輩偽作，或自書二王帖中語耳，如第二卷知汝殊愁及藏真、長史部中諸帖一手也。□□當是常復，顧作當謂，非。多感下大觀多共字，□豈須言，當是卿，或作公，非。後面得□送，亦是卿也。過半已定，當是半日，模搨失耳。□當是喻，顧作呱，非。□帖明是一十，顧云當合作卑，非。所以致□陽，當是□陽，以地名，故右從邑，模搨時失一折耳。泉本正有之，顧作歎陽，非。帖後有諸□，乃是歎也。又何物近道兩行，按文義，大觀模誤，顧乃謂大觀改正，亦非。□劉顧作貪，黄諫作奕。

清・孫岳頒等《佩文齋書畫譜》卷七一《晉代名人書跋二・晉王獻之玄度帖》　大令之書極易辨，大抵無右軍八面變化，故其辭多複間架，不茂實，所以貴於人間者，筆畫勁利，態致蕭疎，無一點塵土氣，無一分桎梏束縛，非勉强仿傚可以夢見，諸如此等，皆是其真蹟無疑。《墨林快事》。

《中秋帖》

論説

明・張丑《清河書畫舫》卷二下《晉二・王獻之》　獻之《中秋帖》卷藏於鈞樵李項氏，子京自有跋，細看乃唐人臨本，非真跡也。卷首節去十二月等六字，亦無米贊可考，第裝背褾錦則宣和舊物也，豈南宮寶帖元未曾輸入大内邪。

清・倪濤《六藝之一録》卷一六三《法帖論述三十三・中秋帖》　米姓晉唐法書真蹟，祕玩目有獻之《中秋帖》，趙松雪以為寶晉刻石即此，余因出石刻較之，間有不類處，夫形似且失，况其精神氣韻，欲得之難矣。此真蹟所以可貴，而恨世不多見也。《匏翁家藏集》。

清・張照、梁詩正等《石渠寶笈》卷二《御臨王獻之中秋帖一卷》　宣德箋本，欵識云：大令此帖，古今第一奇寶，膾炙人口久矣。偶閲御府秘笈，見而愛之，不啻和珍，摹之凡數易紙，始得其依稀耳。乾隆御識下有乾隆宸翰、幾暇臨池二璽，前有研露一璽。

又卷一九《晉王獻之中秋帖一卷上等》　卷中應載欵識題跋，俱見御書房《石渠寶笈》卷之三，前隔水。御跋云：大内藏大令墨蹟，多屬唐人鈎填，惟是卷真蹟二十二字，神采如新，洵希世寶也。向貯御書房，今貯三希堂中。乾隆丙寅二月御識。下有乾隆二璽，後隔水。

清・吴升《大觀録》卷一《魏晉法書・王大令中秋帖》　此跡書法古厚，墨采氣韻鮮潤，但大似肥婢，雖非鈎填，恐是宋人臨仿。

《十二月帖》

題解

宋・米芾《書史》　晉太宰中書令王獻之字子敬，《十二月帖》黄麻紙，辭云：十二月割至否，中秋不復，不得想，未復還慟，理為即甚省，如何。然勝人何慶等，慶等大軍。下一印曰鐸書，事唐相王鐸印。後有君倩字，前有絹小帖，是褚遂良，題曰大令《十二月帖》。此帖運筆如火箸畫灰，連屬無端末，如不經意，所謂一筆書，天下子敬第一帖也。元與《快雪帖》相連，蘇太簡家物，上有國老才翁子美題跋，云：卤僧守一所藏，先令以命服得之。子美子激，字志東，與余分藏，以書畫寶玩易之。

論説

宋・岳珂《寶真齋法書贊》卷四《晉名人真蹟・王獻之蘇氏寶帖》　十二月割玉不，中秋不復，不得想，未復還慟，理為即甚省，如何。然勝人何慶等大軍。

右蘇氏寶帖，故連右軍《快雪時晴帖》，元豐甲子獲于子美子志東，探玄子國老也。印二分，在《快雪帖》合縫，四角亦有褚氏印。崇寧元年五月十五日易跋，時甘露下，吾家寶晉齋碧梧甘本。

猗太宰，秀當代，靈襟疎，冲韻邁。一筆落，兩行帶，雲龍廷，走百怪。驚電掣，斷兕快，盤偃蹇，意無在。藐百川，會北海，人那知，冠千載。襄陽米芾審定真跡，手裝秘玩時，以芾字行適一繩。

米元章示及二王寶墨，世所罕見，與予家藏十四帖筆跡深相類也。嘆服，嘆服。元祐丁卯孟秋二十二日，李瑋題。楷書五行。

右蘇氏所寶王獻之《十二月帖》真蹟一卷，寶晉米芾以贊識其後，副車李瑋跋具焉。所謂二王者，蓋與右軍《快雪時晴帖》同此書也。晉代遺帖今存無幾，大令襲芳名父，得法自心，書品人神，天真造妙，為法書家傳付之祖，筆奇墨古，不可殫述。按寶晉《書史》有曰：余家最上品書畫，用姓名字印：審定真跡印、神品字印、平生真賞印、米芾秘篋印、寶晉書印、米姓翰墨之印、鑑定法書之印、米姓秘玩之印，玉印六枚。辛夘米芾、米芾之印、米芾氏印、米芾印、米芾元章印、米芾氏，以上六枚白字，有此印者皆絶品。玉印惟著于書帖，其他用米姓清玩之印，皆次品也，無下品者。今此帖凡著二十一印，凡所載印文，大概畢具，又印以承平禮部名表之印，蓋方在瑞錦窠，因以官識，帖首有古半印七，唐褚河南家褚氏印在焉，末有兩古印，又半印二，下題君倩字。印文不能別白，隱約國老二字可見。芾謂之蘇氏寶帖，蓋出太簡參政家者之故藏也。方芾無恙，嘗刻《寶晉齋帖》于無為，此帖蓋首出，又有河南書標題小紙，今不存。其後轉入中都貴游家，珂嘉定庚午歲，叨官故府，已聞此帖名，嘗宛轉得拭目。繼聞貴游死，其子舉書畫以售人，又流落他處，冥搜歷歲，託士友以十數，僅而得之，蓋癸未八月，暌初見時，已十四年矣。帖三十二字，以世系先後，故擊于晉三帖之次。贊曰：世未始無帖有眼如月，真贋以別帖不可無傳。有筆如椽，春容大篇。猗歟寶晉，萬古一瞬。厥鑑以心，嬙嫫奚遁。晉帖之存，今幾何人。有右軍之跡以竝其秀，有太簡之識以揚其芬。奇氣干霄，丹霞紫雲。宜乎南宮之仙下睨海嶽，發金章寶篆之信，振玉珮瓊琚之作。蓋不如是，則不足以表泰山之繩檢，而合洞庭之拊搏也。

《鵝羣帖》

論説

宋・黃庭堅《山谷別集》卷一二《鵝羣帖》 右軍寫經換鵝，時子敬尚幼少，必未能作簡，此是好事者為之耳，如貞觀初楊師道輩可作此字。元符戊寅十月，飯後來恡魔閣致平子禮，端夫在焉。《右家傳》。

宋・黃伯思《法帖刊誤》卷下《第十王大令書下》 《鵝羣帖》，前輩謂此墨帖乃大令真筆，僕觀此書殊不惡，但怒張狂勁，無晉諸賢韻味，而前輩乃云此帖筆勢險遠，如從空中數丈外擲下，恐是真筆，此非僕之所敢知也。又此帖詞云：崇虛劉道士，鵝羣并復歸也。獻之等須向彼謝之。亦非當時尺牘體，蓋以大令父逸少嘗書《道德經》換鵞，而山陰曇壤村道士舉羣贈之，故以此事傳會作是帖耳。案崇虛館乃宋明帝泰始四年建，子敬晉人，去亡慮五十餘年，何得已稱之，其偽可無疑。又按魏收《釋老志》，太和十五年詔立道家寺宇於桑乾之陰，名崇虛寺，去晉愈遠矣。予前所校量諸書，詎敢自謂竟理，要非臆決目論。蓋書雖小道，亦六藝之一，能之既艱，知亦匪易，然天下理當為天下士言之，真賞難遇，豈獨論書哉。

清・孫岳頒等《佩文齋書畫譜》卷八九《淳化法帖・第十王大令書下・鵝羣帖》 前輩謂此墨帖就乃大令真筆，僕觀此書殊不惡，但怒張狂勁，無晉諸賢韻味，而前輩乃云此帖筆勢險遠，如從空中數丈外擲下，恐是真筆，此非僕之所敢知也。又此帖詞云：崇虛劉道士，鵝羣并復歸也。獻之等須向彼謝之。亦非當時尺牘體，蓋以大令父逸少嘗書《道德經》換鵞，而山陰曇壤村道士舉羣贈之，故以此事傳會作是帖耳。按崇虛館乃宋明帝泰始四年建，子敬晉人，相去亡慮五十餘年，何得已稱之，其偽可無疑。又案魏收《釋老志》，太和十五年，詔立道家寺宇於桑乾之陰，名崇虛寺，去晉愈遠矣。《法帖刊誤》。

《地黃湯帖》

論説

明・孫鑛《書畫跋跋》卷二上《碑刻・淳化閣帖十跋》 桓江州下八

帖，司冦謂恐是大令創草，良是，第二卷已備論。且此諸帖中，凡少帶行法，如胛、痛、官、前、甚、急、體、恕等字，全是大令風，度顛史狂僧何嘗有此等筆也。《地黃湯帖》唐摹本，李伯玉曾于文壽承家見之，云筆法真入神，此刻帖亦得意筆，并《鴨頭丸》、《不審阿姨》兩帖俱佳，承《冠軍》、《服油》、《復面》、《悲積》、《還此得西問》五帖，不知米、黃何據定為非真。刻帖與真蹟不同，摹手有工拙，於此欲具淄澠，古恐難。《東家帖》筆態宛然二公無異說，然極不妙之事一語甚俗，恐晉人無此，作何甄別。《鶩羣帖》筆勢最蒼老，然却是卧筆，又險勁乏醞藉，幾落顔魯公、蘇長公窠臼，余亦疑之。第前《地黃湯》下三帖，亦俱微帶此法。沈瑞伯嘗謂余曰：肥匾卧取勢，此蘇體。然《寶章集》内王僧虔太子舍人四行，形態絶相似，可見古人體無所不有。然則此怒狂勢，又安知非子敬之龍爪書耶。寺觀名前後重者，多不必以宋明建崇虚館為證，米謂鄱陽歸為羊欣，無據。五卷内重此帖，乃又註云子敬，可見亦祗是鑿空臆度耳。

清・王澍《淳化祕閣法帖考正》卷一〇《晉王獻之書二・新婦服地黃湯帖》 未還□爾，□字可疑劉，作何顧作可，俱未確。《絳帖》亦收此帖，與淳化殊不同。絳本云：獻之自吾鄱陽東歸，新婦遂不佳，服地黃湯來，眠食尚未復常，憂懸不去心。阿姨所患得差否，前所論事，想必及也，明當與君相見耶。獻之。按《新婦帖》有唐人摹本，與淳化正同，當以淳化為正。絳本所收乃是後人集大令書，《鄱陽東歸集》、《鄱陽歸鄉帖》語阿姨所患得差否，《集阿姨帖》語明當與君相見，《集鴨頭丸帖》語皆集，十卷大令書當是偽帖。

清・孫承澤《庚子銷夏記》卷一《王子敬地黃湯帖》 子敬《地黃湯帖》一紙，後有秋壑印文，三橋跋謂：其祖得之龍游士紳家，衡山先生每以自隨，王雅宜見而健羨，乃歸之。及雅宜歿，復歸文氏。三橋稱為唐鉤之最佳者。余細玩之，筆意全是米老，知為海嶽臨本。又如右軍《東山帖》，乃米老書，吴江村竟刻入王帖中，墨蹟在嘉禾曹秋岳處，裝入米卷，余借之刻米帖中。

清・倪濤《六藝之一録》卷一六五《法帖論述三十五・王子敬地黃湯帖》 子敬《地黃湯帖》一紙，後有秋壑印文，三橋跋謂：其祖得之龍游士紳家，衡山先生每以自隨，王雅宜見而健羨，乃歸之。及雅宜歿，後歸文氏。三橋稱為唐鈎之最佳者。余細玩之，筆意全是米老，知為海嶽臨本。又如右軍《東山帖》，乃米老書，吴江村竟刻入王帖中，墨蹟在嘉禾曹秋嶽處，裝入米卷，余借之刻米帖中。

《伯遠帖》

論説

宋・佚名《宣和書譜》卷一四《草書二・晉・王珣》 王珣字元琳，導之孫，洽之子也。與弟珉俱有名官至尚書令。珣三世以能書稱，晉武帝雅好典籍，珣與殷仲堪、徐邈、王恭、郗恢等竝以才學文章被遇，嘗夢人以大筆如椽與之，既覺，語人云：此當有大手筆。於是珣詞翰為時宗師。然當時以弟珉書名尤著，故有僧彌難為兄之語。僧彌，珉之小字也。則知珣之所以見知者，不在書。蓋其家範世學，乃晉室之所慕者。此珣之草聖，亦有傳焉。今御府所藏有二。草書：《三月帖》。行書：《伯遠帖》。

明・董其昌《畫禪室隨筆》卷一《評古帖・題王珣真蹟》 米南宮謂右軍帖十不敵大令跡一，余謂二王跡世猶有存者，唯王謝諸賢筆，尤為希覯。亦如子敬之于逸少耳。此王珣書，瀟洒古淡，東晉風流宛然在眼，用卿得此，可遂作寶晉齋矣。

藝文

明・胡應麟《少室山房集》卷二八《七言古詩十五首・王元琳伯遠帖真蹟歌》 自從兵入宣和殿，晉人真蹟世罕見。二王之外尤無聞，胡乃此帖傳王珣。四十二字鬬奇絶，字字精芒射天闕。蕭踈逸宕轉姿態，牝牡驪黃半明滅。當年宣武稱黑頭，誰其大筆東亭侯。至今江左僅茲帖，如椽恍忽存風流。錚錚伯遠隸書譜，妙蹟宣和曠今古。右軍大令俱塵埃，靈光一柱猶嵩萊。九百餘年秘雲笈，暗中神鬼互呵斥。何論寶玉與大弓，茅齊白日飛長虹。

《廣武將軍碑》

論　説

清·武億《授堂金石文字續跋》卷一《廣武將軍碑》　碑已殘剥。文前題建元四年，歲在丙辰。《晉書·載記》興寧三年，堅又改元為建元。今以碑證之，四年實為丙辰，而《歷代紀元彙考》乃以為戊辰，何也。

清·毛鳳枝《關中金石文字存逸考》卷一〇《廣武將軍□産碑并碑陰碑側》　此石本在宜君縣，今未詳所在矣。武授堂氏億。《金石跋》謂建元四年，《歷代紀元彙考》皆作戊辰，碑作丙辰，疑史之誤。今蒲城縣《鄧太尉祠碑》，苻秦建元三年立，題云歲在丁卯，則四年當作戊辰，史不誤而碑誤也。當從史為正。苻秦建元四年，為東晉海西公太和三年。

綜　述

清·洪頤煊《平津讀碑記》卷二《廣武將軍□産碑并陰》　右《廣武將軍□産碑》，在宜君縣，碑已殘泐。前叙其先世，次叙其政績，末有官名、疆界。似是紀功、立界之碑。碑首維大秦建元四年，歲在丙辰。秦苻堅以晉哀帝興寧三年改元建元，其四年當晉廢帝太和三年，歲當在戊辰，而碑云丙辰，是撰文人誤記。碑末有銘，不書《銘曰》亦變例也。碑陰有夫蒙頭，夫蒙彭□部，夫蒙獲部，夫蒙大毛部，夫蒙傷大部，夫蒙大祁部，夫蒙進部，夫蒙犁部，當是所屬部落名。《新唐書·突厥傳》有夫蒙靈察，當即其遺種。《元和姓纂》：夫蒙，今同、蒲二州多此姓。

《瘞鶴銘》

題　解

宋·歐陽修《集古録跋尾》卷一〇《瘞鶴銘》　右《瘞鶴銘》，題云華陽真逸，撰刻於焦山之足，常為江水所没，好事者伺水落時模而傳之，往往祇得其數字，云鶴壽不知其幾而已，世以其難得，尤以為奇，惟余所得六百餘字，獨為多也。按《潤州圖經》以為王羲之書，字亦奇特，然不類羲之筆法，而類顔魯公，不知何人書也。華陽真逸是顧况道號，今不敢遂以為况者，碑無年月，不知何時，疑前後有人同斯號者也。

宋·張壆《瘞鶴銘跋》　《瘞鶴銘》今存於焦山及寶墨亭者，蓋盡於此，凡文字句讀之可識及點畫之僅存者三十餘言，而所亡失幾五十字，計其完書蓋九行，之全者率二十五字，而首尾不預焉。熙寧三年春，予與汾陽郭逢原公域、范陽范褘子厚索其遺逸於焦山之陰，偶得十二字於亂石間，袤留惟寧十字完，餘二字譌缺。石甚廹隘，偃卧其下，然後可讀。故昔人未之見而世不傳，其後又有丹楊外仙江陰真宰八字，與華陽真逸上皇山樵為，似是真侣之號，今取其可攷者次序之如此，其間缺交雖多，如華亭寥廓之類，亦可以意讀也。

宋·趙明誠《金石録》卷三〇《跋尾二十·瘞鶴銘》　右《瘞鶴銘》，題華陽真逸撰，真逸未詳其為何代人。歐陽公《集古録》云華陽真逸是顧况道號，余徧檢唐史及况文集，皆無此號，惟况撰《湖州刺史廳記》自稱華陽山人爾，不知歐陽公何所據也。

宋·胡仔《漁隱叢話後集》卷二《楚漢魏六朝下》　《集古録》疑華陽真逸前後有人同斯號者，《西清詩話》云：予讀道藏陶隱居外傳，號華陽真逸，此蓋同斯號矣。

宋・趙彦衛《雲麓漫鈔》卷二　《瘞鶴銘》在今鎮江府大江中焦山後巖下，冬月水落，布席仰卧，乃可摹印。紹興中，訪舊本，有使者過，命工鑿取之，石頑重不可取，祇得十許字，又以重不能攜，但攜一兩字去，棄其餘，今通判東廳者是也。

宋・高似孫《緯略》卷一〇《瘞鶴銘》　歐公曰，《瘞鶴銘》題云：華陽真逸撰刻于焦山之足。按《潤州圖經》云王羲之書，然筆法不類羲之，而類顔魯公。華陽真逸，顧況道號。碑無年月，疑前後有人同斯號者。杜子美詩：山陰不見換鵝經，京口空傳《瘞鶴銘》。真作右軍書矣。按陶隱居畫傳曰，隱居號華陽真人，晚號華陽真逸，則《瘞鶴銘》為隱居不疑。及日休《悼羽士詩》：大椿枯後新為記，仙鶴亡來始有銘。且言前朝文集未有悼道士碑銘，其用鶴銘可謂神奇。

宋・董逌《廣川書跋》卷六《瘞鶴銘》　華陽真逸撰，上皇山樵。闕一本，有書字。

鶴壽不知其紀也，壬辰歲得於華，闕一字，當為亭。甲午歲化於朱方。天其未遂，吾翔闕一字，當為廖。廓耶。奚奪闕一字仙鶴之遽也，迺裹以玄黄之幣，藏乎兹山之下，仙家無闕四字，我竹讀也。二月一日南陽張埊子厚記。

《瘞鶴銘》。

鶴壽不知其紀，壬辰歲得於華亭，甲午歲化於朱方。天其未遂，吾翔廖廓也耶。奚奪余仙鶴之遽也。迺裹以元黄之幣，藏之兹山之下，故立石旌事，篆銘不朽。詞曰：相此胎禽，仙家之真。山陰降蹟，華表留名。真惟彷彿，事亦微冥。西竹法里，宰耳歲辰。鳴語解化，浮邱去莘。左取曹國，右割荆門。後蕩洪流，前固重扃。我欲無言，爾也何明。爰集真侣，瘞爾作銘。宜直示之，惟將進寧。丹陽僊尉，江陰真宰立石。

書《瘞鶴銘》後。

《瘞鶴銘》在潤州焦山下，初刻于崖石，久而崩摧，覆厭掩没，故不復得其全文。余嘗怪唐人尚書學，而此名字特奇偉，宜世賞悉而卒不見傳於人，自張懷瓘、張愛賓、徐浩論書，備有古今字法，亦不見録，考其歲月，雖不可得，然此山之摧裂圯垝莫知何時，而是書厭覆其下，知其刻已久，但隱没石間，自昔或未知之，然其刻畫亦幸，至今尚完。歐陽文忠公以舊記稱王羲之書為非，又疑顧況自號華陽真逸，謂此書類顔太師，沈存中直謂顧況所書如何，而碑書篆者，上皇山樵也，則謂況書不可也。往時邵興宗考次其文闕四十二字，而六字不完，又有六字不知其次，其後張埊自力求之摹兩山間，其闕字三十有五，不完者七，而又别求十二字，與興宗不同。昔刁景純就金山經庋中得唐人於後書瘞鶴文，以校興宗子厚，其字錯雜失序多矣。宜直示之，惟寧則不可究，令竝列序之，來者可以考矣。文忠《集古録》謂得六百字，今以石校之，為行凡十，行為字廿五，安得字至六百，疑書之誤也。余於崖上，又得唐人詩，詩在貞觀中已刻銘後，則銘之刻非顧況時可知，《集古録》豈又并詩繫之耶。

書黄學士《瘞鶴銘》後。

黄伯思學士以《瘞鶴銘》示余，世謂晉右軍將軍王逸少書，歐陽公疑華陽居士顧況道號，然逸少逋翁其書可見不與此類，嘗考次其年，羲之生晉惠帝大安二年癸亥歲，至穆帝升平五年辛酉歲卒，當五十九年，而成帝咸和九年太歲在甲午，逸少當三十二歲，逮四十八年辛亥始去會稽，其時未嘗至朱方，華陽又非其郡邑所望，不得以此為稱。顧況卒於貞元末，當元和七年為壬辰，九年為甲午，良不及也。上推壬辰歲為天寶十一載，況當兒穉，其號華陽乎，蓋自貞元以後，皆不合於此。昔陶弘景嘗以其居華陽觀，故自號華陽隱居。貞白平時著書，不稱建元，直以甲子紀其歲，今曰壬辰歲得之山陰，甲午歲葬於朱方。壬辰當天監十一年，甲午則其十三年也。隱居以天監七年遊海岳，住會稽來永嘉，至十年還茅山。十二年弟子周子良仙去，貞白作傳，即十一年在華陽，此其可知也。或曰茅山碑前一行，貞白自書，與今銘甚異，則不得為陶隱居所書。然華陽真逸特其撰銘，若其書者，上皇山樵也。四人各以其號自别，固不得識其姓名，疑皆隱君子也。然其書在江巖石壁，摹搨最難。又石摧厭其上，人不得至，風雨雪霜不及，故字書至今尚完。或疑梁以書傳逮六百年，不應如新刻于石，余求銘後王瓚書，蓋自貞觀至今，亦無譌缺。貞觀去梁未久，可考而知也。

明・董其昌《畫禪室隨筆》卷一《跋自書・跋臨瘞鶴銘》　黄涪翁云，大字無過《瘞鶴銘》，小字無過《遺教經》。今世所傳遺教，直唐經生手耳。瘞鶴則陶隱居書，山谷學之，余欲縮為小楷，偶失此帖，遂以黄庭筆法書之。

清・王昶《金石萃編》卷二六《瘞鶴銘》　按丹陽，古雲陽，縣唐天寶初號丹陽，非晉漢之比，漢丹陽郡治秣陵，以山多赤柳得名，故古本丹楊皆從木也。又按壬辰為梁天監十一年，甲午乃十三年，即以此銘為宏景書，亦當繫之天監中，不知長文何據而云普通四年。

又 按《瘞鶴銘》，原刻焦山之陰崖石之上，後摧落江中，宋淳熙中嘗挽出，不知何年復墮江中。康熙甲午，蘇州守長沙陳鵬年滄洲旅居京口，募工挽曳遷而出之者五石，今所搨者是也。其未曳出時，張弨力臣嘗於水落時，卧石上搨之甚精，位置石木繪為圖，於是汪士鋐退谷備採昔人之論，詳加辨證，著《瘞鶴銘攷》一卷，首列諸家之本。一曰邵資政亢考次本，附見《東觀餘論》卷後者，一曰張子厚壆本，附見《廣川書跋》者，一曰金山經皮唐人書本，乃刁景純約所得，亦見《廣川書跋》者，一曰輟耕録本，一曰近代流傳刻本，海昌陳氏刻之玉烟堂法帖者。各本俱字句多寡不同，以今石本校之往往不合，似皆非確據石刻者，退谷攷之已詳，兹不具載。今惟取石本現存者，合全與半共九十字，大書居中，復據張力臣所補者，小字旁注，取便於讀，若《集古録》以下諸家論説可資攷證者，節取存之，又近年海監張燕昌芑堂，嘗取楊大瓢未出水藏搨本，重摹刻之，增多華陽真逸紀也六字，亦足見舊搨之不易多見者也。序銘皆正行書，而序云篆銘不朽，此非篆隸書體之謂也，説文篆引書也，謂筆引而出也。丨字説云引而上行，引而下行，亦此義。序蓋謂引筆作銘以垂不朽也。篆銘二字不見他碑，諸説亦未有論及者，因附識之，書人舊説如聚訟，諦觀此銘，正如董文敏評黃庭經，必出楊許諸人手，飄飄有仙氣，其為通明遺蹟無疑。或謂為右軍書者，蓋緣黃文節公詩，有大字無過《瘞鶴銘》，小字無過《遺教經》，似兩書皆出右軍，故後人亦多襲其説耳。

論說

宋・蔡襄《端明集》卷三四《評書》 瘞鶴文非逸少字，東漢末多善書，惟隸最盛。至于晉魏之分南北差異，鍾王楷法為世所尚，元魏間盡習隸法，自隋平陳，中國多以楷隸相參，瘞鶴文有楷隸筆，當隋代書。

宋・黃庭堅《豫章黃先生文集》卷二八《題跋・書遺教經後》 頃見京口斷崖中《瘞鶴銘》大字，右軍書，其勝處乃不可名貌。以此觀之，《遺教經》良非右軍筆畫也。若《瘞鶴銘》斷為右軍書，端使人不疑，如歐薛顔柳數公書，最為端勁，然纔得《瘞鶴銘》髣髴爾。唯魯公《宋開府碑》瘦健清拔，在四五間。

宋・黃庭堅《山谷題跋》卷四《題瘞鶴銘後》 右軍嘗戲為龍爪書，今不復見。余觀《瘞鶴銘》勢若飛動，豈其移法耶。大字無過《瘞鶴銘》者。第一斷崖殘壁，豈非至寶。

宋・黃伯思《東觀餘論》卷下《跋瘞鶴銘後》 右《瘞鶴銘》，資政邵公亢嘗就焦山下缺石攷次其文如左，其不可知者闕之，故差可讀。然文首尾似粗可見，雖文全亦止此百餘字爾。而歐陽文忠公《集古録》謂，好事者往往只得數字，唯余所得六百餘字，獨為多矣。蓋印書者傳訛，誤以十為百，當時所得蓋六十餘字，故云比數家本為多。此銘相傳為王右軍書，故蘇舜欽子美詩云：山陰不見換鵞經，京口親傳《瘞鶴銘》。文忠以為不類王法而類顔魯公，又疑是顧況，云道號同，又疑是王瓚。僕今審定，文格字法，殊類陶宏景，自稱華陽隱居，今日真逸者，豈其別號與。又其著真誥，但云己卯歲，而不著年名，其他書亦爾。今此銘壬辰歲、甲午歲亦不書年名，此又可證。云壬辰者，梁天監十一年也。甲午者，十三年也。按隱居天監七年東遊海嶽，權駐會稽，永嘉十一年始還茅山，十四年乙未歲，其弟子周子良仙去，為之作傳，即十一年，十三年正在華陽矣。此銘後又有題丹楊尉山陰宰數字，及唐王瓚詩，字畫亦類似《瘞鶴銘》，但筆勢差弱，當是效陶書，故題於石側也。或以銘即瓚書，誤矣。王逸少以晉惠帝大安二年癸亥歲生，年五十九至穆帝升平五年辛，酉歲卒則成帝咸和九年甲午歲，逸少方三十二，至永和七年辛亥歲，年四十九，始去會稽而閒居，不應三十二年已自稱真逸也。又未官於朝，及閒居時，不在華陽，以是攷之，此銘決非右軍也審矣。

又 余又云焦山鶴銘俗傳王逸少書非也，一小書中載云陶隱居書，此或近之，然此山有唐王瓚一詩刻，字畫全類此銘，不知即瓚書抑瓚學書中字而書此詩也。劉曰嘗親至彼觀，疑即瓚書也。下有云上皇山樵人，逸少書，非王逸少也，蓋唐有此人亦號逸少耳。

宋・劉昌詩《蘆浦筆記》卷六《瘞鶴銘并序》 考銘引雷門鼓事，按臨海記，昔有晨飛鵠入會稽雷門鼓中，于是鼓聲聞洛陽。孫恩斫鼓，鶴乃飛去。恩起兵攻會稽，殺逸少之子凝之，蓋在安帝隆安三年，斫鼓必此時，豈復有羲之誰肯遽取以為引證哉。然則非晉人文，不辨可知矣。漁隱考訂華陽真逸為陶隱居，或庶幾焉。

明・何良俊《四友齋叢説》卷二七《書》 焦山《瘞鶴銘》，華陽真逸撰，上皇山樵書，今剥落不可讀。其全文見董逌《書跋》。《茅山志》載唐顧况隱於菖蒲潭石墨池上，自號華陽真逸，撰焦山《瘞鶴銘》的有可據如此。而前輩棼棼或以為逸少，或以為陶隱居，皆臆度語耳。

清・王昶《金石萃編》卷二六《瘞鶴銘》 銘文昭所搨先於側石上得八字，仰卧石上得三十字，仆石下原存二十三字，并不全二字，後察出惟寧上得厥土二字，華亭上得爽塏勢掩四字，其右題名，徵字上得岳字，徵字下得君字，此八字儼然現存，合前六十九字，何以數百年前諸君竟未之見耶。據子厚云，石甚迫隘，偃卧其下，然後可讀。即昭當日同僕仰卧搨出時甚苦，漶漫粘置壁間，諦審熟揣者累日夜，而後得此八字，蓋不敢使古人遺跡等諸過眼烟雲也。曩嘗遍質之宇内精鑒，東吴顧亭林先生著《金石文字記》載云，淮陰張弨審訂，復得八字，可謂毫髮無遺矣。茲欲論其全勢，惟據原石上下見存之定位，即可揆度其餘，而余所難置者，尤在中間亡失一段，據廣川跋云，行之全者率二十五字，即為句讀之約束定數，每行除上下存者若干，又據各本所傳之文填寫湊合，恰當原位，無容那移，其無證佐不敢妄入者，僅闕十字。金山唐人書本存字如去華酉竹法里山陰之類盡，可成句，亦不輕為引用。較前後諸本又獨多矣。昭之於《瘞鶴銘》也，既備列五本於前，可以一覽較然矣。然釋文雖詳，而本文未顯，究不能與石鼓篆刻，彪炳天壤，吁，可惜也。原其要歸仍以重立原石為主，請試言其次弟，蓋重立之法，宜先以仰面一石側立一石，移置寶墨亭上，至仆石雖大，固曩所會植，若扶而立之，江邊斯稱極快，否則俟冬日水涸時，掘其沙土，容身可搨，再別磨一石，依原位行次，效宋人之補刻重摹而精勒之，亦一快也。不然姑將仰面一石取起，可一朝而畢，至為簡易。從來遺墨數字即可垂之永達，况此石見存三十字，已得首尾之大槩乎。誠令此石先得無恙，徐圖再摹，三十九字與不全二字，并宋人補序，三十四字合一十三字置於一處，則神物復還舊觀，一以正前人之謌舛，一以啓後來之信從，力而寶之，是所望於博雅君子者也。余始於丁未，迄於甲戌，垂三十載，其間遍遊五嶽，較列諸書，故鹿鹿無暇，每思各依原形大小，摹刻四幅於家園，日月逾邁，忽至七旬。嗚呼，余且老矣，方苦形神之衰憊，老病之相侵，無可如何，因念茲殷勤細訪，亦大費苦心，亟重刻此本，并力疾雙鈎數紙以待識者，且玩而老焉可矣。至於石之果能復立耀光怪而吐虹霓，他日有望氣者，是必遠知神物之所在也。《論辨》。

又 其書法雖已剥蝕，然蕭書淡遠，故是神仙之跡。退穀所謂字體寬綽，具古隸，鋒棱雖刓，精光瑩者。大字如小字，唯《瘞鶴》之如意指揮，斯足當之。《虛舟題跋》。

清・計僑《玉煙堂翻刻本跋》 立石真侣有丹陽外仙尉，攷郡名，唐曰丹陽，史遷《年表》文從楊，《祭姪帖》顔魯公官爵亦然。今之仙尉，晉邪，唐邪，正自待辨。朱長文帖攷載云，梁普通四年，陶宏景書。

清・劉熙載《藝概》卷五《書概》 《瘞鶴銘》剥蝕已甚，然存字雖少，其舉止歷落，氣體宏逸，令人味之不盡。《瘞鶴銘》用筆隱通篆意，與後魏鄭道昭書若合一契，此可與究心南北書者共參之。

清・包世臣《藝舟雙楫》卷三《歷下筆譚》 南朝遺跡唯《鶴銘》、《石闕》二種，蕭散駿逸，殊途同歸。

紀事

清・王昶《金石萃編》卷二六《瘞鶴銘》 余淳熙己酉歲為丹陽郡文學，暇日遊焦山，訪此石刻，初於佛榻前見斷石，乃其篇首二十餘字，有僧云往年於崖間震而墜者，余不信然，遂挐舟再歷觀崖間，尚餘茲山之下二十餘字。波間片石傾倒，舟人云，此斷碑水落時亦可摹搨。今因請於州將龍圖閣直學士張子顔發卒挽出之，則甲午歲以下二十餘字。偶一卒曰，此石下枕一小石，亦覺隱指如是刻畫。遂併出之，其文與佛榻所見者同，持以較之，第闕二字，而筆力頓異，乃知前所見者，為寺僧所給耳。因摹數本以遺故舊。近觀陶隱居諸刻，反覆詳辨，乃知此銘真陶所書，前輩所稱者衆矣。惟長睿之説得之。宋馬子嚴跋。

又 《瘞鶴銘》刻於焦山西足，當江流之衝，怒濤走齧其下，想昔日轟裂之時，正值雷雨之夕，俗因傳爲雷轟石。其石常没於江淮，冬日水落始得

清・沈大成《學福齋集》卷一三《汪退谷瘞鶴銘初稿跋》 退谷先生於《瘞鶴銘》臚舉衆説，攷訂精審，後千載可無異論矣。近金陵老友程南耕寄示張力臣《瘞鶴銘辨書》後一首則云，雲林爲陶貞白書，或疑不類。所云本山重刻之文，上皇山樵下增人逸少三字，乃依陳氏《玉烟堂帖》而謌。考黄董陶所録原文無此三字，陳氏刻於明代，不知何所據，而以謌傳謌也。又云，案皮日休先字逸少後字襲美，見《北夢瑣言》。詩集內有《悼鶴詩》云却向人間葬令威，此瘞鶴之證也。又一詩序云，華亭鶴聞之舊矣，及來吴中，以錢半千得一隻養之，經歲不幸為飲啄所誤而卒，悼之不已，遂繼以詩。陸魯望和云，更向芝田為乞銘，此撰名之證也。又云，襲美為唐懿宗咸通八年進士，崔璞守蘇辟軍事判官，自叙以九年從北固至姑蘇，咸通十三年壬辰，僖宗乾苻元年甲午，襲美正在吴中，其年相合，集内《與茅山廣文南陽博士詩》皆不書其姓字，又《憶華陽潤卿博士》詩亦不書其姓，魯望亦有《寄華陽山人》，詩與石刻華陽真逸上皇山樵，丹陽仙尉江陰真宰諸稱謂同，所云得于華亭經歲卒與銘詞合，文筆亦復相類。集内佗處稱丙戌歲、庚寅歲皆不書年號，又非獨貞白為然也。又云是銘疑為襲美所作，而華陽北固之間無上皇山之名，惟會稽有之。南宋卜陵奏云：直以上皇青山之雄翼，以紫金白鹿之秀。豈襲美以右軍遺蹟在會稽而已，亦字逸少，遂假其名以傳世歟。向傳為右軍書，亦非無故也。右南耕之説，如此是又出黄陶張之外，而別自為説者，余雖未敢遂信以為然，然其言亦似有可取者，知其一説而不知其又有一説，旁引而曲證，古人不廢也。南耕名嗣章，上元名宿，與蔗畦兄弟亦世好，故備采於後以相質。

清・李光暎《觀妙齋金石文考略》 屺瞻云皮襲美《顧道士亡弟子乞銘詩》云：大椿枯後新為記，仙鶴亡來始有銘。正用《瘞鶴銘》事。若近出逋翁，肯以對莊子乎。按陸魯望《悼鶴詩》，有君才真似清如木，應向芝田更勒銘。見《松陵集》，亦一證也。

見。丁未十月望後三日過此，先觀重刻二石，次至壯觀亭址右俯瞰，碎石叢雜，攝衣下尋，見一石仰卧於前，一石仆於後，字在石下，去泥沙咫尺，卧地仰觀，始見字蹟，又一石側立剥甚，各存字多寡不一，命僕各搨一紙。時落日風寒，不能久立，遂乘片帆回所寓之銀山蘭若，挑鐙審視，未得其詳，次日復往搨之，仆石下仰搨為難，僕之兩手又不能兼理搨具，余皆取其傍落葉藉地親仰卧以助之，墨水反落，污面不顧也。及挐舟而返，余之周旋於石隙者已三日矣，手足不寧，衣履皆穿，始得四紙，湊其裂痕，詳其文字，皆歷歷可觀，所少者無幾爾。此刻因手書於石，故自左而右，其字之大小、疏密亦不一，謹按原石存字，上有並列六行，下有並列三行，是當時本文之定位也。雖其間殘缺一段難於追尋，要可計數其方，又察重刻二種，云是本之海昌陳氏《玉烟堂帖》内者，竊意重摹本山之書，未有不先求本山舊跡，而反依轉摹之本，以意為增損者也，豈因水涸之時未能訪求，或轉相委託，承謌襲舛，不肯如余之身任共勞與。此所以不得不辨也。因節録《東觀餘論》、《廣川書跋》中切要語，知非王逸少書，并非顧陶所書，凡余之欲言者，古人已先言之，殊勝余之喋喋也。《論辨》。

清・顧炎武《金石文字記》卷二《瘞鶴銘》 《瘞鶴銘》今在丹徒縣焦山下，刻於崖石。考此銘字體與舊館壇碑正同，其為隱居書無疑。予友淮陰張弨以丁未十月探幽山下，復得七字云惟寧之上有厥士二字，華亭之上有爽塏勢掩四字，其右題名徵下有君字，皆昔人之所未見也。

清・朱彝尊《曝書亭集》卷五〇《書張處士瘞鶴辨跋後》 淮陰張力臣乘江水歸壑，入焦山之麓，藉落葉而仰讀《瘞鶴銘辭》，聚四石繪作圖，聊以宋人補刻字，倫序不紊，且證為顧逋翁書書。蓋逋翁故宅雖在海監之橫山，而學道句曲，遂移居于此。集中有謝王郎中見贈琴鶴詩，鶴殆出于性所好，斯瘞之作銘理有然者，自處士之圖出，足以息衆説之紛綸矣。

清・王澍《竹雲題跋》卷二《瘞鶴銘考》 此銘舊在焦山下崖江流亂石間，非俟霜降水涸布席仰卧即不可搨，故人間難得。近日滄洲使君拽致山上，搨之為易，然正恐自此以後無鶴銘矣。雍正六年秋七月，特遣從事孫龍往焦山搨一本，并滄洲新刻石亦搨以來，又潤城蔣亦扂于北固得米老題字，云仲宣法芝米芾元祐辛未孟夏觀山樵書，凡十有六字，亦左行，至類鶴銘，乃從來未有者，老友蔣拙存以一紙贈余，特附列銘後，以為絶觀。

《吊比干墓碑》

論說

宋·趙明誠《金石録》卷二《比干墓刻》 後魏孝文《弔比干文》，其首已殘缺，惟元載字可識。其下云：歲御次乎閹茂，望舒會于星紀，十有四日，日惟甲申。按《爾雅》云：歲在戌，曰閹茂。又鄭康成注《月令》：仲冬者，日月會于星紀。《後魏書》：季文以太和十八年十一月甲申經比干墓，親為弔文，樹碑而刊之。是歲甲戌，其説皆合。其未嘗改元，而稱元載者，孝文以是歲遷都洛陽，葢以遷都之歲言之也。碑陰盡紀侍從羣臣官爵、姓名，按《後魏書·官氏志》邱穆陵氏後改為穆氏，今此碑自侍中邱目陵亮以下，同姓者凡三人，字皆作目，而《元和姓纂》所書，與此碑正同。又碑自穆崇至亮皆姓邱目陵氏，《姓纂》亦云後改為穆，而史但云姓穆者，皆有闕誤。

清·陳奕禧《隱緑軒題識》 崔浩之為國書也，皆自書刻石，當時被毁，即拓者不可得見。惟《弔殷比干文》，傳為浩書，今猶存衛輝府城外比干墓上。字體奇怪，他碑所無，似楷似隸，因以見當時筆法之遞變。點畫多少，【略】不可枚舉，多是古法，賴廣見聞。乃顧亭林翻為紕繆莫有甚於此者，書生不深究，以識難字為厭，亦可發嘔噱也。此則臨汝帖所刻，撮拾四句，前句是第四句，二句是第三句，便見王輔道之乖舛，伯思之譏，有由來矣。

清·王昶《金石萃編》卷二七《孝文皇帝弔殷比干墓文》 按高祖孝文帝以太和十八年十一月十九日己丑，自代遷都洛陽，先於十四日甲申經比干墓，為文弔之而刊此碑也。碑叙道里所經淇右鄘西商區衛壤，睇川觀陸，迢遞詳明。惟謂比干為虚名，千載無勛可揚，奚若騰魂遠逝，飛足歸昌，比肩尚父，同協周王云云，則雖哀比干之忠，而重違其志矣。

清·錢大昕《潛研堂金石文跋尾》卷一《孝文皇帝弔比干文》 右孝文皇帝《吊比干文》。《金石録》云：其首已殘缺，惟元載字可識。今拓本字畫完好，葢宋吴處厚所重刻也。碑陰下方有《記》云：汲郡比干墓，舊有元魏高祖吊文一篇，其體類騷，其字類隸，久已為鄉人毁去。賴民間偶存其遺刻，再獲刊勒，固知興廢自有數也。元祐五年九月十五日，左朝請郎知衛州吴處厚記。此碑别體之字最多，又經後人翻刻，不無失其本真，故閑有一二難曉者。處厚言《高氏小史》載其文，以嗚呼介士，為嗚呼分士，字之誤也。今《高氏小史》久亡，好古者亦無從是正矣。

清·王澍《虚舟題跋》卷一《比干墓殘字》 《水經注》云：朝歌縣牧野比干冢前有石銘隸云：殷大夫比干墓。今此石尚存大夫二字，闕墓字復不全，世傳以為孔子書。案隸始于秦，不應孔子時遽有隸書，故秦觀以為唐人筆。愚意此四字筆力淳古峭拔，唐人所不能及，然《字原》以為是漢人者亦過。今玩其筆法結構，與《魏公卿上尊號》、表奏《受禪》兩碑絶相似，定當是魏人書。《集古録》云：唐賢多傳此二碑為梁鵠書，而顔真卿以為鍾繇書，則此四字若非梁鵠，定是鍾繇，真卿淵鑒必非無據。總之，鍾繇、梁鵠，紛紛聚訟所不能定，然目為魏人書，竊自謂不磨之論，魯公復起，不能易矣。

綜述

宋·樂史《太平寰宇記》 河北道衛州汲縣比干墓，在縣北十里餘，有石銘題云：殷大夫比干之墓。魏太和中，孝文帝南巡，親幸其墳弔焉，刊石于墓。

清·顧炎武《金石文字記》卷一《比干銅盤銘》 今在汲縣北十五里比干墓上。《魏書·劉芳傳》：高祖遷雒，路由朝歌，見殷比干墓，愴然悼懷，為文以吊之。芳為注解表上之，即此文也。

紀事

北齊·魏收《魏書》卷七下《高祖孝文帝》 太和十八年十一月，車駕幸鄴，甲申，經比干之墓，傷其忠而獲戾，親為弔文，樹碑而刊之。

《始平公造像記》

論說

清·武億《金石三跋》卷一《後魏始平公造像記》 用棋子格，陽文凸起，石刻所希有也。其文稱父使持節，缺。大夫洛州刺史始平公奄焉薨，放印。缺。後云亡父造像一區。考《隋書》元孝矩祖修義，父子均，並為魏尚書僕射。孝矩西魏時襲爵始平縣公，然則此記始平公當太和時，或子均為修義所建與。

清·王昶《金石萃編》卷二七《始平公造像記》 又碑立於太和年，其時未分東、西魏，則非西魏時之始平公，或是另一人，非即元均及孝矩也。吾友謝蘊山方伯作《西魏書》亦未加核證，俟再考之。

清·洪頤煊《平津讀碑記》卷二《始平公造像記》 右《始平公造像記》在洛陽縣老君祠，碑正書陽文凸起，漢碑唯《執金吾丞武榮碑》額有此，碑字皆用陽文，前此所未有也。碑云父使持節光禄大夫、洛州刺史始平公，《魏書·地形志》：洛州，太宗置，太和十七年改為司州。此碑立于太和廿二年，其為洛州刺史當在十七年以前。又魏置始平郡，真君年中并入扶風郡，在太和前二十餘年，此所封當是扶風郡之始平縣，惜碑不著其姓名。

《孫秋生造像記》

論說

清·王昶《金石萃編》卷二七《孫秋生等造像記》 按此碑記新城縣功曹孫秋生等二百人造像之事，《魏書·地形志》：高陽郡領縣九，新城其一也。碑中所列姓名，皆稱維那，惟孫道務一人稱邑子。所造者又係佛像，而額題邑子像三字。孫道務及安城□白犢二行，分刻額上邑子像三字之左右，義皆不可曉。《魏書·釋老志》：若為三寶巡民教化者，在外齎州鎮維那文移，在臺者，齎都維那等印牒，然後聽行，違者加罪。又翻譯名義，南山之聲論翻為次第，謂知僧事之次第，《寄歸傳》云：華梵兼舉也。維是綱維，華言也那，是梵語刪去羯磨陀三字也。《僧史》略云：梵語羯磨陀那，譯為知事，亦云悅衆，謂知其事，悅其衆也。稽其佛世，飲光統衆於靈鷲，身子涖事於竹林。《音義指歸》云：僧如網假有德之人為綱繩也。隋智琳，潤州刺史李海游命琳為斷事綱維，邇後寺立三綱：上座、維那、典座也。此碑稱維那，因附詳于此。造像始於太和七年，訖於景明三年，相距二十年，歷時為已久矣。

清·洪頤煊《平津讀碑記》卷二《孫秋生等二百人造像記》 右《孫秋生等二百人造像記》，在洛陽縣伊闕。碑上截為孫秋生等造像記，下截為維那程道起等題名。碑首稱太和七年，碑末題景明三年，歲在壬午，五月戊子朔，廿七日造訖。其相距已二十年。《魏書·世宗紀》：是年閏四月丁巳，司空穆亮薨。若以五月戊子朔推之，閏四月不得有丁巳日，知史誤也。

綜述

清・錢大昕《潛研堂金石文跋尾》卷二《孫秋生等二百人造像記》 右《孫秋生等二百人造像記》，孟廣達文，蕭顯慶書。首稱大代太和七年，蓋自道武建國稱魏，仍兼稱代。崔浩所云代、魏兼用，猶彼殷、商者。至孝文時，此號尚未改也。額題邑子像旁，刻邑主中散大夫、滎陽太守孫道務，寧遠將軍、中散大夫、潁川太守、安成令衛白犢二人名。記之下方，列維那程道起等諸人名，而後題景明三年，歲在壬午，五月戊子朔，廿七日造。距太和七年癸亥已二十載，蓋後來續刻者。

《比丘法生造像記》

綜述

清・王昶《金石萃編》卷二七《比丘法生造像記》 按碑為景明四年十二月立，末題比邱法生為孝文皇帝并北海王母子造。考北海王詳，字季豫，孝文之弟，太和九年封北海王，其母為高太妃，見《魏書・北海王傳》。詳後獲罪暴死，沙門之造像求福，亦何益哉。

清・洪頤煊《平津讀碑記》卷二《比丘法生造像記》 右《比丘法生造像記》，在洛陽縣。文云：魏景明四年十二月一日，比丘法生為孝文皇帝并北海王母子造。是時孝文帝薨五年矣。《魏書》：北海王詳，獻文帝子，太和九年封。母高太妃是時并存。《洛陽伽藍記》：追聖寺，北海王所立也。

《石門銘》

論說

清・畢沅《關中金石記》卷一《石門銘》 遠無書名而碑字超逸可愛，又自歐、趙以來不著録，尤可寶貴也。序文有云：此門為漢永平中所開，即指鄐君事言之。鄐君為漢中太守，甚有功於民，而史志家皆不載其人，碑又遺其名字，余甚惜之。

綜述

宋・歐陽修《集古録跋尾》 右魏《石門銘》云：此門蓋漢永平中所穿，自晉氏南遷，斯路廢矣。皇魏正始元年，漢中獻地，褒斜遂開，假節龍驤將軍、梁秦二州刺史羊祉開創舊路，詔遣左枝令賈三德共成其事。起四年十月，訖永平二年下月畢功。其餘文字尚完，而其大略如此。石門在漢中，所謂漢永平中所穿者，乃明帝時司隸校尉楊厥所開也。厥自有碑述其事甚詳。正始、永平，皆後魏宣武年號也。

清・洪頤煊《平津讀碑記》卷二《石門銘》 右《石門銘》在褒成縣，文云：此門蓋漢永平中所穿，皇魏正始元年，漢中獻地，褒斜始開。三年，假節龍驤將軍督梁秦諸軍事、梁秦二州刺史泰山羊祉，表求自回車已□開創舊路，詔遣左校令賈三德共成其事，起四年十月十日，訖永平二年正月畢功。《魏書・宣武紀》正始四年九月甲子，開斜谷舊道，即其事。《魏書》羊祉在《酷吏傳》。正始二年，王師伐蜀，以祉假節龍驤將軍、益州刺史，出劍閣而還。又以本將軍為秦梁二州刺史。《太平寰宇記》：迴車戍在梁泉縣南一百六十六里。梁太清五年，西魏遣雍州刺史達奚武為大都督，率眾七萬由陳倉路取迴車戍入斜谷關出白馬道，謂此也。諸葛孔明稱葛氏，亦見於此銘。

清・錢大昕《潛研堂金石文跋尾》卷一《石門銘》　右《石門銘》，蓋述龍驤將軍、梁秦二州刺史泰山羊社開通石門之功。《魏書・宣武紀》正始四年九月甲子，開斜谷舊道，即其事也。碑云起四年十月十日，至永平二年下月畢功，而史書於四年九月者，據奉詔之日言之耳。《北史・羊祉傳》不書開斜谷道事，此史文之闕漏，當據石刻補之。

《安定王造像記》

綜　述

清・王昶《金石萃編》卷二七《安定王造像記》　按《魏書》列傳，景穆皇帝十四男，次於第十三者，即安定靖王休也。王為孟椒房生，碑所稱亡祖親母太妃者，乃孟太妃也。休以太和十八年薨，下距造像時永平四年，又十八年矣。次子燮以世宗初襲父爵，故題稱華州刺史安定王。

清・洪頤煊《平津讀碑記》卷二《安定王燮造像記》　右《安定王燮造像記》，在洛陽縣龍門，文云：安定王仰為亡祖親太妃、亡考太傅静王、亡妣蔣妃，敬造石窟一軀，蔣妃敬造石窟一軀，安定王燮魏書有傳，亡祖親太妃，景穆皇帝孟椒房也。椒房位尊故不著其姓，其父安定静王名休，以太傅領大司馬，詔書皆稱大司馬，此稱太傅者以三公銜尊在大司馬上。

《司馬紹墓志銘》

論　説

清・錢大昕《潛研堂金石文跋尾》卷二《寧朔將軍司馬紹基誌》　右銘題云《魏故寧朔將軍、固州鎮將、鎮東將軍、漁陽太守、宜陽子司馬元興墓志銘》，而文中絕無一言及其官位，以題已著之也。古人文字之簡如此，後代罕知此法矣。考《晉書》，河間王欽之名，僅于河間王洪、河間王顒兩《傳》內一再見，至欽子曇之，則《晉書》并未見其名。《魏書・司馬叔璠傳》叙其父曇之為河間王，又不言曇之為欽子，得此碑可補《晉書》之脱漏。碑稱欽謚武，曇之謚景，叔璠謚簡，亦晉、魏二書所未及載也。元興嘗為固州鎮將，考《魏書・地形志》無固州之名，惟析州有固郡，其即固州與否，俱未可知。

清・武億《金石三跋》卷三《後魏司馬元興墓志銘》　魏司馬氏讀誌石，近為吾友魚山所得者凡有四，惟元興及景和兩誌，以土人祕不肯出，僅自得一拓本，又不忍獨藏，遂用油紙影摹寄余。按其文云云，考《晉書》河間平王洪傳內，有河間王欽，今《誌》文所云，元興謚武，王欽之玄孫，即其人。然史未嘗著其詳，則史之疎也。《魏書・司馬叔璠傳》但云父曇之，亦不載其歷官、贈謚。至云司馬德宗，河間王。桓玄劉裕之際，叔璠與兄國璠北奔慕容超，後西投姚興，裕滅姚泓，北奔屈丐。世祖平統、萬兄弟，俱入國。按之《誌》文，晉祚流移，姚授冠軍將軍、殿中尚書，則當叔璠西投姚興時，其官階所歷，已如此矣。又《誌》文云：大魏蒙授安遠將軍、丹陽侯，與史傳同。其贈平西將軍、雍州刺史，謚曰簡，公傳更未之及。叔璠次子道壽，史載其為寧朔將軍、宜陽子，與《誌》文合。惟《誌》言驃騎府從事中郎、鎮西將軍、略陽王府長史，《傳》亦略而不書，宜皆取徵于此文也。元興亦見《魏書》，但云道壽長子元興襲父爵而已。今誌石題首魏故寧朔將軍、固州鎮將，鎮東將軍、漁陽太守、宜陽子，史指其襲父爵，以寧朔將軍、宜陽子並與道壽父爵同也。然《誌》文云：君諱紹，字元興，史録其字而佚其名，其為缺記，豈小失也哉。

紀事

清・洪頤煊《平津讀碑記》卷二《寧朔將軍司馬紹墓志銘》 右《寧朔將軍司馬紹墓志銘》，在孟縣某氏。紹字元興，寧朔將軍、宜陽子道壽之子。《魏書》本傳，道壽長子元興襲父爵。碑首結銜。稱魏故寧朔將軍、固州鎮將、鎮東將軍、漁陽太守、宜陽子，唯宜陽子是襲父爵，餘并其所授官也。此碑年月干支之誤，《孟縣志》已言之。《魏書・孝文紀》，太和十七年七月，有癸丑戊午，若七月庚辰朔，不得有戊午日，此亦碑誤之一證。

清・錢大昕《潛研堂金石文跋尾》卷一《魏司馬元興墓誌銘》 右《魏司馬元興墓誌銘》，與後《司馬景和妻墓誌銘》、《司馬景和墓誌銘》、《司馬進宗墓誌銘》於乾隆二十年間同時出土，其地在今縣東北八里葛村，蓋父子夫婦宗族合葬於此，故其出亦同時也。諸《誌》初出，為縣學生張大士購得其三，復有韓姓者買得是誌以贈河内劉姓，今自劉姓轉入孫姓人家，孟人欲贖歸不得，僅宛轉搨得紙本，因載其文如右。

《鄭文公上碑》

綜述

宋・趙明誠《金石録》卷二一《後魏鄭羲上碑》 右《鄭羲上碑》，初，予為萊州，得羲碑於州之南山，其末有云：《上碑》在直南二十里天柱山之陽，此《下碑》也。因遣人訪求，在膠水縣界中，遂摹得之。羲之卒，葬滎陽，其子道昭永平中為光州刺史，為其父磨厓石刻二碑焉。案地裏書，後魏皇興四年，分青州置光州，領東萊郡。隋文帝時罷郡，仍改光州為萊州云。

清・陸增祥《八瓊室金石補正》卷一四《中書令秘書監文公鄭羲上碑》 碑在天柱山最高處，峭拔險峻，椎拓極艱，乾嘉諸先達均以不得見為憾。甲戌六月，偶見於長沙市上，亟購而藏之。聞數年前，有大力者不惜巨貲，絙崖結架，募壯膽者竦立施工，此本當即爾時所拓也。快甚，快甚。往嘗詢友人之嗜金石者，謂文與《下碑》悉同，字體較小，今得拓本，審讀之，較為簡約，知耳食者多非目擊手摩，愈不敢纂録矣。据《下碑》碑末所題，則先鐫《上碑》，宜列《下碑》於後，而此碑無年月，並無葬日，得之在後，第校其不同者，録而識之。

《鄭文公下碑》

論説

宋・趙明誠《金石録》卷二一《後魏鄭羲碑》 右後魏《鄭羲碑》，魏史列傳與此碑皆云：羲，滎陽開封人。碑又云：歸葬於滎陽石門東十三里三皇山之陽。而碑乃在今萊州南山上，磨厓刻之。蓋道昭嘗為光州刺史，即今萊州也，故刻其父碑於茲山。余守是州，嘗與僚屬登山，徘徊碑下久之。《傳》云：羲卒，尚書奏謚曰宣。詔以羲雖宿有文業，而治闕廉清，改謚為文靈。今碑首題云滎陽鄭文公之碑，其末又云加謚曰文。《傳》載賜謚詔書甚詳，不應差誤，而碑當時所立，必不敢諱其一字，皆莫可知也已。

清・錢大昕《潛研堂金石文跋尾》卷一《中書令鄭羲碑》 右《中書令鄭羲碑》、《魏書》本傳：父，不仕。而碑云拜建威將軍、汝陰太守。當從碑為是。羲之使於宋也，宋主客郎孔道均就邸設會，酒行樂作，均問樂其何如。答曰：哀楚有餘，而雅正不足，其細已甚矣，而能久乎。均嘿然。移年，而蕭氏滅宋。此事可補本傳之闕。義謚文靈，碑祇稱文公者，猶諸葛孔明謚忠武，而後人止稱武侯，舉其美者言之也。義字幼驎，碑及《魏書》皆同。《北史》、《唐史·世系表》俱作麟，蓋二字可通用矣。

清·洪頤煊《平津讀碑記》卷二《中書令鄭羲碑》 右中書令《鄭羲碑》，在掖縣寒同山。羲字幼驎，《魏書》有傳。以此碑考之，稱羲注諸經論，撰《話林》數卷，又作《孔顏誄》、《靈巖頌》及諸賦詠、詔策行於世，皆可補史之闕。本傳稱羲政以賄成性，又嗇吝，民有禮餉者，皆不與杯酒臠肉，西門受羊酒，東門酤賣之。太和十六年卒，詔曰羲。雖宿有文業，而治闕廉情，案史作清。稽古之效未光於朝策，昧貨之談已形於民聽。可贈以本官，加謚文靈。此碑稱謚曰文，鄭述祖《天柱山銘》稱文貞公，皆諱之也。

綜述

清·畢沅、阮元《山左金石志》卷九《中書令鄭羲碑》 右《鄭羲下碑》，連標題、年月，凡五十一行，千三百餘字，字徑二寸。後有宋人題名四行，云高郵秦峴、西洛馮維秬同遊神山，讀魏鄭文公摩崖碑，因刻其後。政和三年十月晦日。凡三十三字，亦正書，徑二寸。《上碑》在平度州東北五十里天柱山絕頂，其山竦立如柱，昔有人訪之，未及幾墜。《下碑》在掖縣城南十五里雲峰山之東，阮嘗親至崖間摩挲一過，其崖黄石堅緻，筆畫深勁，惟後幅七八行有石理坌起處，自右斜向左，石工祇就平正處刻之，其文仍聯屬也。

《楊大眼造像記》

論說

清·錢大昕《潛研堂金石文跋尾》卷一《楊大眼為孝文皇帝造像記》 右《楊大眼為孝文皇帝造像記》。首稱邑主仇池楊大眼云云，而額云邑子像，殊不可解。《魏書》本傳云封安成縣開國子，《北史》作安城，此記作安戎。安戎縣隸略陽郡，于仇池為近，當據此以正史文之誤。其為梁州大中正，則史所不載也。《記》無年月，以大眼所署官推之，當在世宗景明初矣。

清·王昶《金石萃編》卷二八《楊大眼造像記》 大眼，武都氏難當之孫，《魏書》有傳。碑云輔國將軍、直閤將軍、□□□□、梁州大中正、安戎縣開國子，官與史合。史惟不及梁州大中正，及安戎為安成，傳寫之誤耳。《中州金石記》。

又 《記》首題邑主仇池楊大眼為孝文，下缺。以記後文證之，知其為孝文帝造石像作也。大眼書官云輔國將軍、直閤將軍、下缺四字。梁州大中正、安戎縣開國子。《北史》裴叔業以壽春内附，與奚康生等率衆先入，以功封安成縣子，除直閤將軍，出為東荆州刺史。以此記相較，蓋缺録為輔國將軍，不如《魏書》之詳。《魏書》除直閤將軍，尋加輔國將軍。而梁州大中正失載，及安戎之訛安成，則兩史並誤脱也。《記》又云：南穢既澄，震旅歸闕。案是時為宣武初，裴叔業内附。所謂南穢者，即當指此。然則此《記》正記於宣武時也。《記》後文單書一武字，莫曉其指，書勢尤礫卓，魏石刻亦希見。《授堂金石跋》。

清·洪頤煊《平津讀碑記》卷二《楊大眼為孝文皇帝造像記》 右《楊大眼為孝文皇帝造像記》，在洛陽縣伊闕，碑不書年月，結銜稱輔國將軍、直閤將軍、□□□□、梁州大中正。《魏書·楊大眼傳》：世宗初，裴叔業以壽春内附，大眼與奚康生等率衆先入，以功封安成縣開國子，食邑三百户。除直閤將軍，尋加輔國將軍、游擊將軍，出為征虜將軍、東荆州刺史。《宣武紀》：正始元年正月丙辰，東荆州刺史楊大眼大破群蠻樊季安等。大眼此《記》當在景明中。梁州大中正，本傳亦不載。

《賈思伯碑》

論　説

清・王昶《金石萃編》卷二八《賈思伯碑》　右《賈思伯碑》云：青諱思伯，字士林，武威姑臧人也。太和中召拜滎陽太守，辭不獲。又云：青龍中，出為幽州刺史、齊郡太守。其前後已磨滅不可盡識。按趙氏録《賈思同碑》跋云：思同與其兄思伯，後《魏書》皆有傳。為青州益都人，今其墓乃在壽光縣，而思伯之碑亡矣。此碑官秩與《傳》合。青龍年號，則三國之魏，非拓拔氏也。前魏有賈詡，為姑臧人，豈即思伯之高曾，列在此碑，以殘泐而無考耶。德父云：碑已亡而尚存于數百年後，又一奇也。但勸進、受禪、大饗諸碑，皆作漢隸，此碑忽開隸楷之漸，直似褚河南三龕記筆意，乃正書之始歟。《金石録補》。

又　案賈思伯，《魏書》有傳，此碑官秩皆合，惜文多剥蝕。碑云：□夜勤王，匪躬斯著，遐邇欽風。《傳》云：任城王澄圍鍾離，以思伯持節，為其軍司。澄失利，思伯為後殿，澄大喜。思伯不伐其功，時論稱其長者，即其事也。立碑歲月，字更漫漶，惟神龜下隱隱有己亥二字，考之，知是二年也。碑陰有宋元人記，得碑始末甚詳。其側康熙間知府金一鳳題數行，以為三國時物，是誤以元魏為曹魏也。《山左金石志》。

綜　述

清・王昶《金石萃編》卷二八《賈思伯碑》　右兖州《賈思伯碑》，文多殘失。立碑之歲月，趙明誠云神龜二年四月，今不可攷矣。碑云思伯字士林，而《魏書》、《北史》作仕休，當從石刻。其書休為烋，與《司馬元興墓誌》同，晉人草草休下多一畫，亦以此碑云。晉太師賈他之後，即賈佗也。又云：九世祖□，魏青龍中為幽州刺史。按《唐書・宰相世系表》：賈詡，魏太尉、肅侯，生璣，駙馬都尉、關内侯，又徙長樂。此碑九世祖下似是璣字。又有因忠喪亡之語，官位亦與唐《表》不合，未審其是否也。《潛研堂金石文跋尾》。

清・洪頤煊《平津讀碑記》卷二《兖州刺史賈思伯碑并陰》　右《兖州刺史賈思伯碑》，在兖州府學宫。思伯字士休，《魏書》有傳。此碑雖殘闕，以《魏書》本傳證之，官階皆相合。碑為兖州故吏沈預民、徐貞思等所立，故自兖州刺史以後遷官皆不載。本傳思伯李昌元年卒，碑立于神龜二年，其時思伯尚存。碑陰有宋元人題字。

《高植墓志》

論　説

清・錢大昕《潛研堂金石文跋尾》卷一《高植墓誌》　右《高植墓志》，存字不及百名。惟首書君諱植，字子建，渤海條人數字，題有故濟青相凉朔恒六州刺史數字，及文中宣武皇帝字可辨識。《魏書・外戚傳》稱植頻莅五州，皆清能著稱。不言其刺凉州，蓋史文之闕也。相傳康熙中，德州第三屯居民得之運河岸傍。

清・王昶《金石萃編》卷二九《高植墓志》 按：此碑從德州田氏家藏殘石搨出，碑中一穿，徑八寸許而不圓，似經後人鑿損者，餘未損處亦多磨泐。左空處有龍飛鳳舞四字，筆畫字體迥與本碑不同，文義不相聯屬，疑是後人妄刻。末行有大魏神龜年歲次等字，僅存左邊數筆，神龜下一字全泐，歲次下微存左旁。按魏孝明帝神龜元年、二年，是戊戌、己亥，文不類戊、己，惟三年庚子之庚字，庶幾近之。是年七月改元正光，然則此碑立於神龜三年七月以前也。碑中字可辨者，首行云：魏故濟青相涼朔恒六州刺史。《魏書・高肇傳》稱子植自中書侍郎為濟州刺史，歷青相朔恒四州，頻涖五州，皆清能著稱，卒贈安北將軍、冀州刺史。今以碑攷之，實為六州刺史，《傳》失載涼州，而碑但未見有贈官冀州耳。次行云：君諱植，字子建，勃海蓨人也。勃與渤，蓨與蓚皆通用字。蓨，《魏書・地形志》作脩，《高肇傳》稱渤海蓨人，正與碑同。下有宣武皇帝，皇帝字即謂北魏世宗及肅宗明帝也。此碑賴有此數處能辨，定為高植碑，否則，未有不誤認為陳思王也。

又 此碑有□字體精整，鋒穎猶新。為顔魯公所祖，洵可珍也。《山左金石志》。

綜述

清・王昶《金石萃編》卷二九《高植墓志》 按景州城東十八里，有村名六屯，本蓨地，割屬德州。河岸正席拆得一石，十人取之，置野寺中，字跡殘闕，什不存一矣。石形高横三尺，厚五寸，四面遍書。上云諱植，字子建，魏濟、青刺史，末注神龜元年。蓋北魏高植之墓石也。考《魏書・外戚傳》，高肇之子植，自中書侍郎為濟訓　刺史，率州軍討破元揄別將有功，當蒙封賞不受。云家荷重恩，為國致効，是其常節，何足以膺進陟之報。懇惻發於至誠。歷青相朔恒四州刺史，清能著稱。田雯《長河志籍考》。

清・洪頤煊《平津讀碑記》卷二《濟青相涼朔恒六州刺史高植墓誌》 右《濟青相涼朔恒六州刺史高植墓志》，在德州田氏，碑殘泐，所存字無幾。第一行：魏故濟青相涼朔恒六州刺史。次行：君諱植，字子建，勃海蓨人也。末行：大魏神龜，字尚可辨。植，高肇子。《魏書》本傳，植自中書侍郎為濟州刺史，歷青、相、朔、恆四州刺史，卒贈安北將軍、冀州刺史。又云，植頻歷五州，皆清能著稱。此碑有涼無冀，與史異也。銘云：彼蒼者天，喪此明公。又云：每見我君，終始許師。碑非其子孫所作。

《張猛龍碑》

論説

明・趙崡《石墨鐫華》卷一《後魏魯郡太守張猛龍碑》 猛龍為魯郡太守，郡人立碑而頌之。正書虬健，已開歐、虞之門户。碑首正書大字十二尤險勁，又蘭臺之所自出也。

清・楊賓《大瓢偶筆》卷一 曲阜孔廟《張猛龍碑》，筆意近王僧虔，而堅勁聳拔則過之。六朝正書碑版可得而見者，當以此碑為第一，《崔敬邕》不及也。案：猛龍南陽白水人，熙平中為魯郡太守，郡人立碑頌之。魏孝明帝正光二年幸國子學祀孔子，此碑立于正光三年正月，其得列孔林者，以當日有興起學校之功也。碑文雋永，開齊梁風致。正書虬健，已開歐、虞門户。碑額題《魏魯郡太守張府君清頌之碑》，正書大字十二尤險勁，又蘭臺之所自出也。《石墨鐫華》既《金石後録》諸書具論之。

清・盧文弨《抱經堂文集》卷一五《魏魯郡太守張猛龍碑跋》 此碑書甚古拙，亦多別體。

清・康有為《廣藝舟雙楫》卷六《行草弟二十五》 碑本皆真書，而亦有兼行書之長。如《張猛龍碑》陰，筆力驚絶，意態逸宕，為石本行書第一。

綜述

清・顧炎武《金石文字記》卷二《魯郡太守張猛龍碑并陰》 今在曲阜縣孔子廟。其陰書陽原縣義士州主簿王人生造頌，文多剥缺。

清・林侗《來齋金石刻考略》卷上《魯郡太守張猛龍碑》 額題《魏魯郡太守張府君清頌之碑》，正書十二大字碑額。正書首見於此。君諱猛龍，字神圓，可異也。正光三年，魏明帝詡之七年，梁武帝普通三年也。

清・王昶《金石萃編》卷二九《張猛龍清頌碑》 □中出身奉朝請，熙平之年，除魯郡太守，正光三年，吏民為立此碑。按：猛龍《魏書》無傳，其八世祖西平公在涼州徵胄子立學校，行鄉射禮，猛龍能繩祖武，重道隆師，洵守土之賢者矣。頌後列義主十人，皆其屬吏。魏、齊之世，凡斂資刊石，出資者率稱曰主，如造象稱象主，刊經稱經主，勸緣稱功德主，此則郡人頌太守之德，事近於義，故稱義主也。《山左金石志》。

《高貞碑》

論說

清・洪頤煊《平津讀碑記》卷二《營州刺史高貞碑》 右《營州刺史高貞碑》，在德州學宮。貞《魏書》無傳。碑云：貞字羽真，勃海脩人也。祖左光禄大夫勃海敬公式，誕文昭皇太后，是為世宗武皇帝之外祖。考安東將軍青州史莊公，即文昭皇太后之第二兄也。《魏書・外戚傳》：高肇父颺，高祖納颺女，是為文昭皇后，生世宗。颺卒景明初，贈左光禄大夫，賜爵渤海公，謚曰敬。肇長兄琨，琨弟偃，太和十年卒，正始中贈安東將軍、都督、青州刺史，謚曰莊。是貞為高颺之孫，高偃之子。偃為文昭皇后第二兄。《皇后傳》以偃為文昭皇后弟者，誤也。碑云：君姊有神表淑問拜為皇后。偃《傳》景明四年，世宗納其女為貴嬪，永平二年立為皇后，即貞姊。貞弱冠以外戚除秘書郎，遷太子洗馬。延昌三年卒，贈龍驤將軍、營州刺史，謚曰懿。《魏書・道武紀》：天興元年，群臣言國家萬世相承，啟基雲、代，應以為號。帝下詔，宜仍先號以為魏。此碑末稱大代正光四年，亦變例也。

紀事

清・陸增祥《八瓊室金石補正》卷一五《魏故驃騎將軍營州刺史高使君懿侯碑銘》 嘉慶丙寅歲，王孝廉保訓告我，德州衛河弟三屯出魏《高貞碑》，與知州原逊志、庫大使沈志水移置學宮。山東督糧道孫星衍記。

《李超墓志》

論說

清・王昶《金石萃編》卷二九《懷令李超墓志銘》 碑稱正光五年卒，越六年始葬。按明帝正光六年改元孝昌，孝昌三年改元武泰，核其時，當是武泰二年也。云秦州隴西郡狄道縣都鄉華風里人，又云卒於汝陽縣之永年里，皆古里名。又云匡衡洛陽縣覆舟山之東南，《太平寰宇記》：偃師縣有覆舟山。陶季述《京邦記》云：周回二十里，下有白水苑，是也。此云在洛陽者，與偃師接境。《中州金石記》。

又 億案：《誌》石近出土，並無斷缺。李君諱超，字景昇，本字景宗，後承始族叔在江左者懸同，遂易其字。《誌》下文又云：正光五年卒，起六年始葬。當時年號在數年中凡屢改易，而纖悉書之不便於文，故約舉言之。又《誌》云女皆作息。女子皆作息，《史記・漢高祖本紀》：臣有息女。

正義曰：息，生也。《東觀漢記》：蓋我子息也。《誌》蓋本此。書子女而並書壻，牽連之文，則愈煩贅矣。《誌》石出自今喬家邨旁近，此《誌》云：葬洛陽縣覆舟山之東南。當時偃師並屬洛陽，於斯可徵，而覆舟山古跡之尚存者，亦有指也。《偃師金石遺文記》。

清・錢大昕《潛研堂金石文跋尾》卷二《懷令李超墓志》 右懷令《李超墓志》。文云：正光五年八月十八日，卒于洛陽縣之永年里宅。越六年，正月丙午朔十六日辛酉，葬洛陽縣覆舟山之東南。其云越六年者，即謂正光之六年，是年六月改元孝昌，當刻石之時，猶未改號也。證之温公《通鑑》目録，其年正月果是丙午朔。又唐以前碑志，每云粤以某年月日葬，其年號未改者，即承前數之，非卒後又隔若干年，與此志同例。吾友武虛谷跋是碑，謂自正光後又越六年，當是武泰二年，蓋用《尚書》越三日、越七日之例。考武泰無二年，當為永安，虛谷記憶偶誤，而永安二年正月乃是癸丑朔，非丙午朔。故知《志》云越六年者，承前五年數之耳。

《嵩陽寺碑》

論説

清・王昶《金石萃編》卷三〇《中岳嵩陽寺碑》 碑記生禪師造塔及其徒倫豔繼造二塔事。書法不工，而碑文可誦。《金石文字記》。

又 東魏《隸書》曰：《中嶽嵩陽寺碑銘序》，共九百五十六字，東魏天平二年刻石，無撰書姓名。筆法頗含風致。嵩自啟母諸闕漢篆外，唐以前書最少，此其冠也。《説嵩》。

又 碑以僧坊為僧房，以莞衍為蜿蜒，以巡獸為馴獸，以飲喙為飲啄，以菀囿為菀囿，以汪庠為汪洋，以丹航為舟航，以蒼海為滄海。或借或誤，都未可知。書矩作短，顯係筆誤。築立分稟，蓋不可識。《金石存》。

又 《洛陽伽藍記》云，嵩高中有嵩陽寺，即此是也。碑云：司空公裴衍，昔在齊都，欽承師德，願歸中國為寺檀主，本願既從雲歸云云。按《魏書》列專云：裴粲弟衍，字文舒，仕蕭寶卷，景明二年始得歸國，授通直郎。衍欲辭朝命，請隱嵩高。又云贈使特節車騎大將軍，司空、相州刺史，蓋其隱時，與生禪師有舊也。《中州金石記》。

綜述

清・王昶《金石萃編》卷三〇《中岳嵩陽寺碑》 今在嵩山會善寺。末有正書一行曰：大唐麟德元年歲次甲子九月景午朔十五日庚申，從嵩陽觀移來善會寺立。《金石文字記》。

又 碑上：截刻佛相，雕鏤層疊，佛像隆起，餘地鐫平。文刻於下截，當碑四分之一。其字之上方，又刻空方六寸許，深入二寸許，規制亦迥異後代也。北齊諸碑，俱仿此式。碑末正書三十字，曰大唐麟德元年，歲次甲子，九月景午朔，十五日庚甫，從嵩陽觀移來會善寺立。寺自隋大業已改為觀，唐避世祖諱，丙字易為景字。碑之移，在營奉天宮時，立於會善寺佛殿東楹，久無剥蝕，尚得完好。今康熙四十八年己丑歲，重修佛殿，更移立於寺西之戒壇。《説嵩》。

又 右《中岳嵩陽寺碑》，碑立於天平二年。而文云：仰資皇帝，聖歷無窮，國境寧泰。太后德被蒼海，永保二齡。孜孝静帝以清河王世子嗣大統，而清河王未有尊號，胡妃亦無太后之稱。前朝諸后或憶殁，或別嫁，不識此所稱太后何人也。《潛研堂金石文跋尾》。

又 碑在會善寺廢戒壇，字多漫蝕。予今收得舊本，復次其文，云：大德沙門生禪師，隱顯無方，沉浮崧嶺。此山先來未有塔廟，禪師卜茲福地，創立神場，當中岳之要害，對眾術之樞牙。司定公裴衍，昔在齊都，欽承師德，願歸中國為寺壇主本，願既從，雲歸表節。《魏書》列傳：衍字文舒，仕蕭寶卷，至陰平太守。景明二年，始得歸國，授通直郎。衍欲辭朝命，請隱嵩高。碑所謂雲歸表節，實與傳合也。衍後歷顯仕，北討葛榮，軍敗見害。贈使持節車騎大將軍，司空、相州刺史。今碑稱司空公者，舉其贈官也。後稱禪師大弟子沙門統倫、豔二法師各窜兩塔，仰副師願。沙門統者，魏製綰轄僧眾之名。《釋老志》沙門統惠深上言，是其證也。《授堂金石文字續跋》。

清・洪頤煊《平津讀碑記》卷二《中岳嵩陽寺碑》 右《中岳嵩陽寺碑》，在登封縣嵩山會善寺。碑記生禪師與其徒倫艷造塔事，立于天平二年。生禪師與裴衍相善，衍《魏書》有傳。孝昌中北討葛榮見害，贈使持節車騎大將軍、司空、相州刺史。此碑稱司空公，其時衍已死矣。碑多異字。

《司馬昇墓志》

論説

清・王昶《金石萃編》卷三〇《司馬昇墓志銘》 按碑所述先世，《孟縣志》攷證已極詳明。碑稱曾祖彭城王，祖刑州，但書爵、書官，而不書名，與《高湛碑》同，是當時誌銘之一例。父字下缺二字，想亦是官位可知。使君温縣人，而官懷縣令，二縣同屬河内，故云錦遊邦里也。盜息如奸藏，令行如禁止。兩如字皆當作而字讀。纓冤，當是纓冕别體字。薨於懷縣，是卒于官也。縣令卒而書薨，是不拘于公侯之卒稱薨者矣。

綜述

清・馮敏昌《孟縣志》 右《司馬昇字進宗墓誌銘》，其曾祖、祖父，《誌》不著其名號，史亦無司馬進宗之《傳》，姑以《誌》中所云祖荆州，來賓大魏，授侍中，使持節、征南大將軍、開府儀同三司、十州軍事，封瑯琊王，遷司徒公考之，則其人為司馬楚之。

清・洪頤煊《平津讀碑記》卷二《南秦州刺史司馬昇墓志銘》 右《南秦州刺史司馬昇墓志銘》，在孟縣某氏。昇字進宗，河内温縣孝敬里人。《魏書》無傳。《孟縣志》考為司馬楚之之孫，與延宗、茂宗、慶宗為兄弟行。其説頗核。昇以孝昌二年釋褐太尉府衛參軍，除懷縣令，以天平二年二月廿一日春秋四十有一薨于懷縣，贈使持節、冠軍將軍、都督南秦州諸軍事、南秦州刺史。以縣令而贈刺史，亦異數也。

《高湛墓志》

論説

清・錢大昕《潛研堂金石文跋尾》卷一《贈齊州刺史高湛墓誌》 乾隆己巳秋，德州衛第三屯運河決東岸，岸崩得此石，文字尚全。宋蒙泉弼修以予嗜金石刻也，遣人搨一本見貽。惜高君之名不見於魏史，碑文有尋除使持節都督南荆州諸軍事、鎮軍將軍、南荆州刺史。按《魏書・地形志》有荆州，有北荆州，無所謂南荆州者，而攷《通鑑》所載，是時東魏尚有東荆州，西荆州，亦皆《志》所未載，蓋其時干戈搶攘，僑置州名甚多，史家不能詳也。元象二年，即興和元年，據《魏書》本紀，是年十一月癸亥改元，碑建於十月，故猶稱元象。碑不書湛祖父之名，或云當是高肇之子，肇為尚書令，遷司徒，肇父颺贈渤海公，與碑官位頗合。但本傳無湛名，未敢定也。湛有臨難捐軀之節，宜見於史，不幸與齊文襄武成同名，殆作史者避齊諱，故并其事没之乎。千載之後，陵谷變易，而留此一片石以顯湛之名，不可謂非幸矣。而其死於何人之手，碑亦諱而不書，使人讀其文而不詳其殉難本末，則又湛幸中之不幸也。

清・王昶《金石萃編》卷三〇《高湛墓誌銘》 《志》云勃海滌人也，滌即脩字。《周禮》司尊彝，凡酒脩酌注云，脩讀如滌，是也。漢蔡湛頌：蕭滌而雲消。蕭滌，即蕭條。後漢《郡國志》：勃海郡脩縣故屬信都。前漢《地理志》：信都國脩縣。顏注：脩音條。《周亞夫傳》：封條侯。顏云縣在勃海。《地理志》作蓨字，其音同爾。漢《劉衡理》除蓨令。《詩》暵其脩矣。釋文云：脩本或作蓨。《功臣表》：亞夫紹封脩侯。顔注云：脩讀條。馥案：《地理志》勃海郡無脩縣，有脩市縣，應劭音條。亞夫所封乃脩縣，非脩市也。顔不稱信都，而屬勃海，似誤。蓋脩縣自後漢始隸勃海，此志以滌屬勃海，自不誤。晉勃海郡有脩縣，《元和郡縣志》云：本漢脩縣，晉改條為脩。然《功臣表》已作脩字，惟《亞夫傳》作條耳。桂馥跋。

又 右碑錢辛楣少詹論之甚詳。湛字子澄，孝静詔字而不名，尊之之意，亦制詔異例也。碑字秀勁，為唐時虞、褚諸家所本。其中滌人即修人，古多通用。《山左金石志》。

又 按此碑正書，每字界方格，筆法秀勁，文字完善，其損者，僅詔語中高子澄之澄字耳。

《西門豹祠堂碑》

論説

清・翁方綱跋、沈津輯《翁方綱題跋手劄集録》 是碑不見歲月，惟中國稱使持節驃騎大將軍、開府儀同三司、司州牧宗師清河王岳出應敵國，入當□宇云云。北齊清河王岳，以天保初封清河郡王，尋除使持節驃騎大將軍、開府儀同三司、宗師司州牧，五年八月加太保，此當在未加太保之前，是天保四五年所立也。書體與《隴東頌》相似，而此尚在其前十數年，在歐、虞二公未生之前三四年，上承隸意，開啟唐賢，吾於此觀書勢焉。

清・王昶《金石萃編》卷三三《西門豹祠堂碑》 碑云使持節驃騎大將軍、開府儀□□司、□州□□師清河王岳者，《齊書》列傳云：顯祖出撫晉陽，令岳以本官兼尚書左僕射，留鎮京師。天保初，進封清河郡王，尋除使持節驃騎大將軍、開府儀同三宗師司州牧，蓋以此時立碑也。《明一統志》云：西門豹廟在府城北大夫邨，北齊天保年建，碑刻尚存，今碑缺年月。《太平寰宇記》云：鄴縣西門橋，齊天保五年，僕射魏收為碑存焉。則碑是天保五年魏收所撰無疑。碑故在豐樂鎮廟内，知縣彭某移于城隍廟中。

又 案碑殘剥斷裂，文詞句不相貫。其叙西門君治鄴之跡，有云：□拒比周，治中嚴察，簪筆聽神，民吏不敢兩欺。□巫老，沉姦□，波浪頡頏。蓋約舉《史記》為文。《安陽縣志》。

又 按碑文多缺蝕，無立石年月。惟云使持節驃騎大將軍、開府儀同三司、□州□□師清河王岳，傾賢禮俊，畏威仰德，堅碑在□云云。是碑雖題《西門豹祠堂碑》，而文意並無紀述西門豹事蹟，亦無建造祠堂之語，大率頌美清河王之詞為多。

綜述

清・洪頤煊《平津讀碑記》卷三《西門豹祠堂碑并陰》 右《西門豹祠堂碑》，在安陽縣城隍廟。《水經》濁漳水注：漳水又東北徑西門豹祠堂前東側，有碑隱起為字，祠堂東頭石柱，勒銘曰趙建武中所修也。趙明誠《金石録》有僞趙建武六年《西門豹祠殿基記》，此碑又在其後。《明一統志》：西門豹廟在府城北大夫村，北齊天保年建，碑刻尚存。今碑殘泐，年月不可辨矣。此本視《金石萃編》所釋多八十餘字，碑前叙西門豹治鄴事，次叙齊獻武、文襄時祠宇興廢，末叙清河王岳立碑始末。碑陰題名，從事以上皆著其郡，門下督以下不書。録事延陵仲□，延陵是姓，非郡縣名。《元和姓纂》：趙襄子謀臣有延陵正，又有隊主西門萬同，當是其裔孫也。

《銅雀臺銘》

論説

清・翁方綱跋、沈津輯《翁方綱題跋手劄集録》 北齊天保七年，修廣三臺宮殿，至九年竣，故此刻云八年、九年也。後三行人名，猶存古刻先上列後下列之式，亦考證者所宜知也。北平翁方綱識。

又 文云：大齊天保八年、九年，造銅雀臺石龕之門，百代之後，見此銘者，當復知之。將陳驤承、婁晞，軍主董侯，軍副程顯，幢主孫悦，幢主楊曇。石高五寸三分，横闊五寸八分，凡七行，後三行，行二人，凡六人，分二列三行書之。按漢碑横列人名，皆先上列，而後次列，此刻猶存古式也。予同年盧抱經《鍾山札記》亦云：古書兩重排列者，皆先將上一列順次排訖，而後及下一重，後人誤以一上一下讀之，至改兩重為一列，失本來次第矣。《後漢書・馬武傳》後載雲臺二十八將，昔人頗多致疑，薛季宣、王伯厚始從而正之。《史記正義》所載《謚法解》，亦本是兩重，改為一列，文多間雜，亦當改正，今驗此刻，則北齊時石刻尚如此，亦考訂者所宜知也。又按《北齊書》，齊文宣天保七年六月，修廣三台宮殿，至九年八月始竣，故此刻據實書云八年、九年也。

清・洪頤煊《平津讀碑記》卷三《銅雀臺石龕門銘》 右《銅雀臺石龕銘》在安陽縣。文云：大齊天保八年、九年，造銅雀臺石龕之門，百代之後見此銘者當復知之。龕從厽，《説文》：厽，絫坺土為牆壁。龕疑即壘字之俗。銘後有將陳驤、軍副程顯承、婁晞、幢主孫悦、軍主董侯、幢主楊晏。《隋書・百官志》：齊制將作寺，掌諸營建，大匠一人，丞四人。若有營作，則立將、副將、長史、司馬、主簿、録事等各一人，又領軍主副、幢主副等。陳驤以下，皆是將作姓名。

《夫子廟碑》

論　説

清・王昶《金石萃編》卷三三《夫子廟碑》 按《闕里文獻考》云此碑可辨者才百有二字，《闕里志》不載其文，《祖庭廣記》云剥落不可考。

今取碑諦視，可識者得一百四十餘字，較《闕里文獻考》所識增多四十餘字矣。碑云：公道昭之第□子也。《魏書》本傳：道昭之子有五，曰嚴祖，曰敬祖，曰述祖，曰遵祖，曰順祖。然則述祖乃道昭第三子也。述祖善隸書，此碑筆法，頗與鄭述祖書《天柱山銘》同。然使述祖自書，不應指斥父諱，而云公道昭之第幾子也。疑是他人紀其事，而述祖書之，猶雲峯山鄭道昭刻其父文公德政，而託名於故吏程天賜也。大意是道昭為光州刺史，時來謁孔廟。迨述祖繼刺光州，訪父遺蹟，刊碑祠堂以紀之，文故云嗟嘆久之，命工重鐫也。額不曰《夫子廟碑》，而曰《夫子之碑》，見立碑之意，不繫乎廟也。

綜　述

清・顧炎武《金石文字記》卷二《孔子廟碑》 今在曲阜縣廟中，字

清・翁方綱《復初齋文集》卷二一《孔廟北齊乾明碑跋一》 宋大觀中，王寀刻入《汝帖》，取此碑字題云：北齊樊遜書。遜字孝謙，河東北猗氏人，官北齊員外郎，嘗於天保七年，被旨校定秘府書籍，即乾明之前四年也。於時魏收作《庫狄干碑序》，令孝謙為之銘，陸印不知，以為收合作也。是碑書法在隸、楷之間，實啟唐人虞、歐、褚之先路。北齊三公郎中劉珉之蹟，今不可得見，即以此為之職志可矣。

又《孔廟北齊乾明碑跋二》 以《北史》考之，鄭道昭官光、青二州刺史，入為秘書監。其第三子述祖，齊天保中為兖州刺史。此碑乾明元年庚辰立，正際天保之後。碑云，開封人，又有道昭之弟，云云。詳繹其文，當是為兖州刺史鄭述祖修孔子廟而建此碑也。開上當是滎陽二字，秘書監以上，蓋皆道昭歷官而史所未詳者。後泐，文内有云：嗟嘆外之。又云命工重鐫，則或道昭昔官東土時有修廟之舉，未可知也。本傳云：述祖父為兖州起齋亭刻石，述祖時年九歲，及為刺史，尋舊蹟得一破石云：中岳先生鄭道昭之白雲堂，述祖對之嗚咽，悲動羣僚。此情事亦相類也。此碑殘泐之極，不可句讀，今猶得據《汝州帖》，識是樊遜之書，又知為鄭述祖事，亦良足幸已。

剥落不可辨。

清·畢沅、阮元《山左金石志》**卷一〇**《**夫子之碑**》 右碑文多剥蝕，以舊拓本審之，知為鄭述祖所立也。述祖字恭文，見《重登雲峯山》石刻，《魏書》云：道昭，熒陽開封人。歷官平東將軍，光州刺史，轉青州刺史，復入為秘書監。座贈鎮北將軍。今碑存字曰開封人，曰鎮北將軍、秘書監，曰某公道昭，皆與《傳》合。述祖嘗刺兖州，故有重勒廟碑之事。乾明元年，為庚辰歲，是年八月昭帝廢立，改元皇建，此是八月以前所立也。《闕里文獻攷》但稱為《北齊夫子廟碑》，不辨何人所立，其釋文亦衹及今之半耳。

清·洪頤煊《**平津讀碑記**》**卷三**《**夫子廟碑**》 右《夫子廟碑》在曲阜縣孔子廟，碑殘泐僅存百四十餘字，是乾明元年兖州刺史鄭述祖所立，《山左金石志》論之詳矣。《北齊書·鄭述祖傳》：述祖釋褐司空行參軍，天保初累遷太子少師、儀同三司、兖州刺史，卒於州。此碑云職歷七屬，《重登雲峰山記》、《天柱山銘》俱云歷瀛、趙、滄、冀、懷及兖、光行正七州刺史，皆可補史之闕。

《隴東王感孝頌》

論説

清·王昶《**金石萃編**》**卷三四**《**隴東王感孝頌**》 按《齊紀》天統四年五月，以尚書右僕射胡長仁為左僕射，十月以左僕射為尚書令，其除齊州刺史，封隴東王皆不載，可以補史之闕。當時陸令茅塞頓開、和士開、韓長鸞等各引親黨，官由賄進，超居非次，庶姓封王者百數，則長仁之封隴東，亦當由令茅塞頓開等所引。觀其挾妃息以游覽，定非納身軌物者，故史臣不為之立傳歟。書撰人不直書姓名，而于文中見之，有中兵參軍梁恭之盛工篆隸，騎兵參軍申嗣邕微學摛藻，似為碑文變式也。《金石後録》。

又 文稱開府儀同三司、尚書右僕射、尚書左僕射、尚書令攝選新除特進使持節齊州刺史、隴東王胡長仁。王字漫，以意增。攷《齊書》、《北史·外戚傳》不言開府儀同三司，略之也。而齊稱尚書右僕射，北稱尚書左僕射，僕射之分左右，先右而後左，碑辭尚誇，故重累言之，史但書其一，是矣。《北史》專事勦襲，而此傳似稍能補本傳所不及，加以本官攝選，北與碑皆有之，而齊獨無，並叙事亦比齊多三百餘字是也。若齊叙長仁從弟長粲事特詳，而《北史》無之，則又北之不及齊也。錢跋頗確，予為補之。《蛾術編》。

又 右碑詳錢辛楣少詹《金石文跋尾》。申嗣邕撰文，梁恭之書隸，於文中見之，亦變體也。碑述郭巨軼事，如分財雙季，獨養一親，客舍凶弭，兒埋福臻等語，皆《搜神記》諸書異。千百載後，賴此一闡明之，尤金石文之有關風教者。碑末唐開元廿三年楊傑題記四行，趙氏《金石録》每分見之，茲因本屬一碑，故附于此。《山左金石志》。

又 碑後載唐齊州刺史楊傑重叙斯文。今案其文始以齊武平元年正月廿一日雕瑩，前稱開府儀同三司、尚書右僕射、尚書左僕射、尚書令攝選新除特進使持節齊州刺史、隴東王。下一字缺其左旁，惟右一月字顯，當是其名。而《北齊書》有隴西，無隴東王，竟莫詳為何人也。碑中凡王者皆鐫毁，亦在金海陵時。《金石文字記》作《孝子郭巨碑》，引碑文嗣邕撰，恭之書，武平元年正月，並與今頌合。但此係唐人重叙刻者，而顧氏以為齊。又云正書與余所見八分書亦懸殊，或顧氏所收為北齊原碑與。《授堂金石跋》。

清·洪頤煊《**平津讀碑記**》**卷三**《**隴東王感孝頌**》 右《隴東王感孝頌》，在肥城縣孝堂山。隴東王者，胡長仁也。《北齊書》本傳：長仁，武成皇后之兄，累遷右僕射及尚書令。世祖崩，預參朝政，封隴東王。和士開嫉之，出為齊州刺史，長仁怨憤，謀刺士開，事覺賜死。以此碑證之，知長仁之為齊州刺史，在武平元年正月。《北史》本傳載天統五年從駕自并還鄴，因及士開之譖，及長仁到任，謀刺士開，士開與祖孝徵議，遣使馳驛責長仁賜死事。《通鑑》遂以長仁刺齊州及賜死，俱繫之天統五年四月。錢辛楣少詹改《隋書·五行志》，武平四年四月，隴東王胡長仁謀刺客殺和士開事露，反為士開所譖死。則長仁之死，又在其後四年，以駁《通鑑》之誤。其實皆非也。《北齊書·後主紀》：武平二年秋七月庚午，太尉、琅邪王儼矯詔殺録尚書事和士開于南台。則長仁之死豈得至武平四年。長仁從駕自并還鄴在天統五年，其為和士開所譖，及為齊州刺史，到任謀遣刺士開事覺賜死，在武平元年四月。《隋書・五行志》武平四年，當是元年傳寫之訛。碑本云武平元年正月，少詹釋作四月，亦誤。

綜述

宋・趙明誠《金石録》卷三《北齊隴東王胡長仁碑》 右《北齊隴東王感孝頌》。隴東王者，胡長仁也。武平中為齊州刺史，道經平陰有古冢，詢訪耆舊，以為郭巨之墓，遂命僚佐刻此頌焉。

清・錢大昕《潛研堂金石文跋尾》卷二《隴東王感孝頌》 右《隴東王感孝頌》，今在泰安府肥城縣孝堂山，因孝子堂而名也。

清・王昶《金石萃編》卷三四《隴東王感孝頌》 按《北齊書・後主本紀》，天統四年五月癸卯，以尚書右僕射胡長仁為左僕射，中書監和士開為右僕射。冬十月辛巳，左僕射胡長仁為尚書令，右僕射和士開為左僕射。此碑立於武平元年，則長仁方以尚書令出守齊州，而繫銜猶兼左、右僕射者，殆當時書銜之製，雖去其職而猶備繫之歟。胡長仁《北齊書》列《外戚傳》，其赴官齊州時，宜乎妃息侍行，道經孝子之堂，因感而作頌，非無故游覽者比。《金石後録》所云，蓋未審也。又云開府中兵參軍梁恭之盛工篆隸，騎兵參軍申嗣邕微學摛藻，並應命旨，俱營頌筆，是文頌為申嗣邕所撰，書碑篆額者為梁恭之。文稱梁恭之，則譽其盛工篆隸，而自述其撰文，則云微學摛藻，蓋謙詞也。後一行云：居士慧朗侍從，至能草隸，世人稱朗公書者是也。又云開府行參軍王思尚侍從能文，有節操，下已殘缺不知此語何所謂也。此一行亦隸書，字體較小，筆法亦别，當另是一人所書。末有開元廿三年楊傑跋，亦隸書，四行，每行下，石缺一角，自右斜向左，每行缺八字。玩其重叙斯文一語，似因舊碑湮没，楊傑為之重刻者。

郭巨事惟見干寶《搜神記》，但云郭巨于野鑿地欲埋兒，得石蓋，下有黄金一釜，中有丹書曰：孝子郭巨，黄金一釜，以用賜汝。於郭巨事蹟未詳也。此碑則云前漢逸士，是漢時人也。河内貞人，是家於河内也。分財雙季，是圾兩昆季，而以家貲分與之也。獨養壹親，是所奉者一親也。客舍凶弭，是其適遇凶事於客舍也。當時撰碑必有故籍流傳，年久佚之，得此可略見郭孝子之軼事。《肥城縣志》則云：漢郭巨，孝德鄉人，家貧養母，妻生一子，三歲母常減食之，巨謂妻曰：貧不能供親，共汝埋子，子可再有，母不可再得。妻不違，遂掘坑二尺餘，忽見黄金一釜，上云：天賜孝子郭巨，官不得奪，民不得取。與《搜神記》不同。不知《志》何所本也。楊傑題碑云：埋玉彰必死之期，得金表全生之德。即指埋兒事。《縣志》豈本此而演其説與。

《朱岱林墓志》

論説

清・錢大昕《潛研堂金石文跋尾》卷二《朱岱林墓誌》 右《朱岱林墓志銘》，今在青州府壽光縣之田劉村。略《志》文云：第四子敬修，自惟罹此荼毒，眇然孩從父兄敬範，沈懷好古，尤工摛屬，勒銘黄壤，以播清風。蓋《志》為子敬修所撰，而《銘》詞則出于敬範，文皆雅贍，在魏、齊之間，可稱高手。《漢書・地理志》：濟南郡有般陽縣，師古音盤。《魏書・地形志》作盤陽，此碑作槃陽。古字皆通用也。碑書閭闔為閭擱，廷尉為廷慰，清瀾為清灡。以術干帝，干作忏。皆異文。

清・翁方綱跋、沈津輯《翁方綱題跋手劄集録》 北齊武平二年樂陵《朱岱林君山墓志》，子敬修撰志，猶子敬範撰銘。首云：自辛朝喪曆，昌户銜書，親以建社，賢亦啓國，授封於邾，别有因字為氏，斯即去邑從朱。其言辛朝者，商紂也。昌户者，周文王也。《春秋》襄十一年傳，杜注邾，曹姓。孔疏云：《世本》世家文也，姬，即次曹，不以大小為次也。今驗此碑，言親以建社，則周初曹姓，蓋屬姬姓懿親。南北朝之際，尚有所據，亦足資考系者也。北朝碑志，每以摛藻之人叙於文内，武平元年，《隴東王感孝頌》亦如此。而是碑撰志撰銘，出自二人，則金石文字所罕見。惜潘昂霄、王止仲撰《金石例》，但據唐、宋以後，而不及六朝以前也。是碑隸、楷雖非極工，然其發波已開歐、褚之先，惜不具書人姓氏耳。其云武平二年二月乙卯朔六日甲，爾時南北朝或偶有干支不同者，惟是年則陳、齊、周，皆二月己卯朔，此三石刻乃訛為乙卯朔，則唐初《鄜州寶室寺鐘銘》干支之誤，不足怪矣。

清・洪頤煊《平津讀碑記》卷三《朱岱林墓志》　右《朱岱林墓志》，在壽光縣田劉村。岱林字君山，樂陵濕沃人。碑云：魏廣陵王俾侯南服，妙選英佐，徵為國常侍彭城王。又以皇枝之貴，作牧東秦，召為主簿。《魏書・廣陵王羽傳》：高祖時，羽除使持節督青、齊、光、南青四州諸軍事，征東大將軍，開府，青州刺史。《彭城王勰傳》：邵襲封，世宗時除使持節假散騎常侍，平東將軍、青州刺史。然則碑所云廣陵王，即羽。彭城王，即邵也。岱林以普泰之年，為三齊群盜所殺。《前廢帝紀》：普泰元年七月，鎮遠將軍清河崔祖螭，聚青州七郡之眾十餘萬人圍東陽。東陽，青州治。岱林之卒，當即在此時。以武平二年二月六日葬，距其卒時，已三十年矣。

《道興造像記》

論　說

清・洪頤煊《平津讀碑記》卷三《都邑師道興造像記并治疾方》　右《都邑師道興造像記并治疾方》，在洛陽縣伊闕。《金石萃編》謂耀州石刻《孫真人千金方》存字、闕文，與此悉同。頤煊嘗取明隆慶六年耀州所刻《千金寶要》石本，并《孫真人千金方》刻本校之，與此方無一同者。不知少寇何以有此語。唯療霍亂用蠟方，療心痛用生油方，療上氣咳嗽用桑白皮、吳茱萸方，療卒狂言鬼語用甑帶方，葛洪《肘後方》有之。此所刻，疑即葛氏本也。

清・翁方綱跋、沈津輯《翁方綱題跋手劄集録》　右《北齊武平六年造佛像記》，在河南洛陽縣南三十里龍門山萬佛龕之左，其石闕門東南向，此記之上僅見佛像一。按此《記》文云石像一軀，并二菩薩。則佛像之左右各有菩薩像，今其後尚隱隱似雲座形，而其前則不可拓也。此《記》文全可讀，而其前不可拓處，未知尚別有字否。然《記》文則實從此起，其下《藥方》行次較寬，亦實從此起也。藥方依此記下書之，記後又以次書藥方。是此造佛像，實為驗方療病而作，故記內有勤栽藥樹，共越老河之語，與泛常造像之記不同矣。記文十二行，行十七字，內泐不可辨者六字，其十一行文尾，下空五格，文一、文二字，似是後人所刻。而其書實開褚登善之先路，北齊石刻多名跡，然造像之記書體精妙，未有逾此者矣。今以偃師武小谷所贈舊拓裱一裝於前，而以嘉慶丙辰歲錢塘黃小松所手拓本臨全文，并注其泐處附於後。黃君嗜古探奇，親為嵩、洛之游，手拓諸刻，無一字遺失。即以此記僅見於牛氏《金石圖》，而牛云每行二十五字，高尺許。今以拓本量之，高尺許，信然。而每行實十七字，牛云廿五字者，誤也。近時精研古刻，未有如黃君小松者也，故人手拓之全本，不可翦破，故依其行次臨之。

綜　述

清・王昶《金石萃編》卷三五《道興造像記》　雒陽西南二十五里伊闕山，亦謂之龍門，《左傳》謂之闕塞。昭二十六年。兩山相對，伊水出其中，泉出石竇下，注于伊周，昔日神都名勝之地。後魏胡太后崇信浮屠，鑿崖為窟，中刻佛像，大者丈餘，凡十餘處。後人踵而為之，尺寸可磨，悉鐫佛像，至於今未已。蚩蚩之氓，謂鐫佛之功，可得福報，而其出於女子者尤多。余嘗過而覽之，既不可遍，惟此武平六年者，書法差可。畫方格如棊局，而其半亦已磨滅。唐人則多總章以後及武后年號，乃知魏、齊、唐三代之時，無非女主為之崇飾耳。按《魏書》宣武帝景明元年，詔大長秋卿白整準大京靈岩寺石窟，於雒南伊闕山為高祖文昭皇太后營石窟二所。初建之始，窟頂去地三百一十尺，至正始二年終，始斬山二十三丈。大長秋卿王質謂斬山大費功難就，奏求下移就平地去一百尺，綫百四十尺。又言永平中中尹劉勝奏為帝復造石窟一，凡為三所，其所謂大京靈巖寺者，在魏舊都平城，今大同府城西三十里雲岡堡巖上，刻佛像無數，是其作俑也。《金石文字記》。

《華嶽頌》

論說

清・王昶《金石萃編》卷三七《華嶽頌》 周制封郡縣五等爵者，皆加開國；授大將軍開府儀同者，並加使持節、大都督；其曰司宗者，武帝保定四年更禮部稱司宗也。複姓古有之，三字姓始于代北。《魏書・官氏志》載有勿忸于氏，紐作忸，勿疑萬字之譌。賜此姓者，洛陽則于謹，猗氏則樊深，匪特唐瑾也。《曝書亭集》。

又 余嘗過金天祠，輒縱觀前代碑版，漢碑無一存者，獨後周《華嶽碑》如魯靈光巋然古栢下。余手摩其文，製作精雅，洞達若鑑。為萬紐于瑾文，趙文淵隸書。于瑾嘗著碑頌數十萬言，此文殊無可觀。文淵為周書學博士，書跡雅為當時所重。宇文泰時，命刊定六體，至江陵書《景福寺碑》，梁主稱之。又以題榜功增封邑，除郡守，不可謂不遇也。而碑字盡偭古法，淺陋鄙野，一見欲嘔，而名動一時，何耶。《金石史》。

又 按碑是趙文淵書，其云萬紐于瑾造此文者，出自書人所題，故不書其字。而文淵以能書自負，故并其字書之也。《傳》稱瑾由吏部中大夫御正納言內史中大夫，曾未十旬遂遷四職，久之除司宗中大夫兼內史，尋卒于位。趙文深以題榜功除趙興郡守，後以疾卒。則是撰文、書碑之後，皆未久而卒矣。恒農楊子昕官車騎大將軍、儀同三司、西兗州大中正、華山郡守、城陽縣開國公，不為不顯，而《北史》、《魏書》皆無《傳》，猶賴此碑以傳其姓名爵里，亦幸矣。

清・顧炎武《金石文字記》卷二《龍門山造像記》 今在華陰縣西岳廟。其結銜曰：使持節驃騎大將軍、開府儀同三司、大都督司宗治內史、臨淄縣開國公萬紐于瑾造此文。車騎大將軍、儀同三司、縣伯大夫趙興郡守、白石縣開國男、南陽趙文淵字德本奉敕書。余所見碑撰人、書人列名者始此。其陰為唐刻華岳精享昭應之碑。而左右旁各有題名，別見於後。萬紐于瑾者，唐瑾也。後《周書》本傳：時燕公于瑾，勛高望重，朝野所屬。白文帝，言瑾學行兼修，願與之同姓，結為兄弟，庶子孫承其餘論，有益義方。文帝嘆異者久之，賜瑾姓萬紐于氏。又云：封姑臧縣子，以平江陵功進爵為公，而不言臨淄者，史闕也。李昶、樂運傳，并云臨淄公唐瑾。

清・洪頤煊《平津讀碑記》卷三《華岳頌》 右《華岳頌》在華陰縣西岳廟。碑云：前代曾創祠宇，兼植柏樹，歷年茲多，榱棟崩褫，樹亦殘缺。太祖文皇帝以大統十年謁諸於子，命車騎大將軍、儀同三司、西兗州大中正、華山郡太守、城陽縣開國公、恒農楊子昕經始締構，別更列植青松二千餘根。太祖文皇帝者，宇文泰也，時為華州刺史。《周書・文帝紀》，大統十年夏五月，太祖入朝，即碑所謂謁諸天子也。楊子昕，《周書》無傳。《魏書・地形志》：華山郡屬華州西兗州，孝昌三年置。碑叙太師太冢宰晉國公宇文護，太師與太祖皇帝等字俱空一格，與《敬使君碑》同。

綜述

清・王昶《金石萃編》卷三七《華嶽頌》 右後周《華嶽廟碑》，萬紐于瑾撰，趙文淵字德本書。按後《周書》列傳有趙文深字德本，蓋唐初史官避高祖諱，故改淵為深爾。萬紐于瑾者，唐瑾也，周文帝時賜姓宇文，後以于瑾請與同姓，更為萬紐于瑾云。《金石録》。

又 碑文萬紐于瑾造，趙文淵書。按瑾，唐瑾，賜姓，史稱其著碑頌數十萬言，此其一也，而文詞殊無超拔。共稱趙文淵，云雅有鍾，王之則，筆勢可觀，宇文泰時命文淵與黎季明等刊定六體，嘗至江陵書《景福寺碑》，梁主稱之。又以題榜功增封邑，除郡守，後雖外任，每須題榜，輒復追之。竇臮《賦》云：文淵孝逸，獨慕前蹤。至師子敬，如欲登龍。有宋、齊之面貌，無孔、薄之心胸。然則文淵書在當時，固自知名。此碑天和二年造，正其書路寢等榜後也，故官稱趙興郡守云。碑字小變隸書，時兼篆籀，正與李仲璇

《孔廟碑》同，亦褚河南《聖教》，歐陽蘭臺《道因》之所由出也。江陵《景福寺碑》不知存否，此則完好，無一字磨泐，固文淵之幸哉。《石墨鐫華》。

又 右周天和二年修《西嶽碑》，趙文淵隸書。當南北分争之時，即此文章、字畫，足以見其景象，此古人所以擬金石之刻，猶人之面貌也。然是碑好事家罕收，簡翁能搜之淵泉，其勿輕以示人哉。《蒼潤軒帖跋》。

又 右碑萬紐于瑾造，趙文淵字德本。書自隋以前書撰人用官階者，始于此碑，然猶書在年月之後。萬紐于，山名也，在陰山之北。見《于烈碑》，烈之遠祖居于山下，遂以為姓，魏孝文賜改于氏，至周而復也。太師大冢宰晉國公者，宇文護也。護為武帝之兄，故曰任屬阿衡，親惟旦奭也。瑾為司宗中大夫兼内史，文深為縣伯下大夫，與此碑小異。《金石後録》。

又 此碑完好，無一磨泐，在岳廟五鳳樓内甬道東。此文刻石之北，而唐開元劉升所書《精享文》反刻石之南面，何也。顔魯公《謁岳記》即刻此石之西側，東側乃賈竦并諸題詠在焉。《來齋金石刻考略》。

隋唐五代書蹟部

《千字文》

論説

宋・董逌《廣川書跋》卷六《智永千字》 智永拓梁所集千字至八百本，江淮諸寺各留其一，至唐而見於時者雖衆，然真偽并出，藏書者已病其難得也。觀右軍書托永和，世謂默符聖典，有鄉背之宜，而智永取名謂潛印玄踪，盡其家法，故側勒弩趯策掠啄磔，雖盡其法度，而縱舍緩急，自出法度外。若泰豆之御，進退履繩，旋曲中規，取道致遠，氣力有餘，此豈可求於書儈畫販而論真偽耶。千字其初本得右軍遺書，梁武世嘗令殷鐵石拓一千字，每字一紙，雜碎無序，因命周興嗣次韻為語。當其成時，一夕鬚鬢盡白，謂心力極於此書，然謬用其心，可以一笑。當時甚重其書，詔令蕭子雲寫進，而後世以書名者率作千字，以謂體制盡備，可以見其筆力，然非書得成法者，亦不能盡工也。楊文公謂敕當為梁字，本後人作草書筆書轉移誤爾。

元・張明卿《潛溪集・智永真草千文跋尾》 梁武帝欲學書，命殷鐵石於《二王帖》選取《千文》，復召周興嗣次韻，一夕而成，須髮為白，此事最無可疑。王著於淳化中摹勒諸帖上石，見帖中所書海鹹河淡等字，又謂為章草之宗，遂誤指為漢章帝所作。著固不足責，後付劉克莊，乃宏博之士，何為承著之謬而謂《千文》實始於漢耶。克莊固置之，歐陽文忠公名世大儒，其撰《金石録》跋尾，亦謂法帖有漢章帝所書百餘字，其言有海鹹河淡之類，蓋前世學書者多為此語，不獨始於羲之，抑又何耶。非米南宮、黄長睿力詆之，新學小生，未必不為其所惑。余久憤於中，因題智永所書《千文》，故特表而出之。智永名法極，羲之七世孫，字畫之佳，則有不待贊也。

清・孫承澤《庚子銷夏記》卷六《智永千文》 智永嘗書《千文》八百本，散在江南諸寺，今尚有墨迹存世。宋大觀中，薛氏以長安崔氏所藏真迹刻石極其精善，余所收乃當時舊拓，不待驗律吕為律召，及有方綱摹字而知其妙也。董玄宰云：智永為虞世南之師，作永師書當思永與用筆乃不笨鈍，作永興書當思永師用筆乃不板結。吾家有趙文敏六體《千文》，惟楷書純類智永，蓋以虞伯施參合為之，遂為古今之絶。

又 智永《千文》在宋原有善本，歐陽文忠所見本有後人妄補者，遂去二百六十五字，蔡君謨猶曰未能盡去，豈歐陽公文未見善本耶，則薛氏之功大矣。

清・侯仁朔《侯氏書品・正品・千文楷法》 晉人楷法日就淪亡，獨永禪師恪守先模，存右軍一綫於將墜之時。其《千文》楷字，貌則嚴整，而神氣揮灑，觀此帖者，須筆筆解散，目無全牛乃可，不然無以窺晉法也。李嗣真謂智永精熟過人，惜無奇態。此疑為草書言，若其楷法，則瀟散縱横，方圓俱泯，濃纖得中，修短合度，所謂一氣和平，風規自遠者也。至米海岳稱為秀潤圓勁，八百俱備，此言適合楷法，復無與草書事。古人精鑒如此。或謂智永與丁覘齊名，世稱丁真永草，惜遒帖淪亡，不及多見。若據此帖，則永真轉勝。薛嗣昌跋字亦超曠絶倫。

清・王文治《快雨堂題跋》卷二《舊拓智永千文》 書以右軍為宗。餘嘗謂右軍而後分為兩支，一支為子敬，一支為智永。子敬之派，在唐則歐、褚、李、顔諸家，在宋則蘇、米諸家皆是，正如臨濟兒孫遍滿天下。智永一派，在唐惟虞永興，宋惟蔡君謨而已。趙榮禄欲合之而力有不贍，直至董香光始出人於兩宗而唯變所適耳。智永《千文》，世罕佳本，此本家奉常公所收，今休甯汪君心農獲之。觀此書可以知永興之書所自出也。

綜述

宋・歐陽修《集古録跋尾》卷四《陳浮屠智永千字文》 右《千字文》，今流俗多傳此本為浮屠智永書，考其字畫，時時有筆法不類者雜於其間，疑其石有亡缺，後人妄補足之，雖識者覽之，可以自擇，然終汩其真，遂去其二百六十五字。其文既無所取，而世復多有所佳者，故輒去其偽者，不以文不足為嫌也。蔡君謨今世知書者，猶云未能盡去也。《梁書》言，武帝得王羲之所書千字，命周興嗣以韻次之，今官法帖有漢章帝所書百餘字，其言有海鹹河淡之類，蓋前世學書者多為此語，不獨始於羲之也。

宋·趙明誠《金石録》卷一〇《唐千字文》 右《千字文》，世傳智永書，非也。蓋智永陳時人，而此書常字、民字、基字皆闕之以避唐諱，乃明皇以後人所書，不然筆法本出智永，後來臨摹人石爾。其間二十八行字畫不類，蓋舊本不完，國初時人為補足之云。

紀事

明·孫礦《書畫跋跋》卷二《智永真草千文》 此所云山陰之董氏，當即是吾郡中峰少宰家，不知此絹本今尚存否。張子藎翰撰曾示余一本，係是白楮紙，已愁裁作條云。偶鄉里人將來，謂是王陽明先生所常學書者。出數金易之，真書圓勁而多骨，草書轉折有氣勢，風度尤勝，徐渭文長跋定為智永迹，雖未可遽謂然，然不亦唐人臨本，斷非宋代以下人所能作也。今世所盛行石本，皆薛嗣通所翻刻。石今在關中，王伯穀曾贈余一舊拓本，甚是古秀可愛。項子長謂陝中本不佳，渠別購有古佳本，因摹之於石，亦曾以拓本餉余，然肥而弱，遠不及陝刻也。司寇績跋謂晚得木本，古雅胜舊藏者，而有薛跋，又謂《永師千文推史家碑》，安得悉取校評之。

清·翁方綱撰、沈津輯《翁方綱題跋手劄集録·跋千字文》 文壽承前跋嘉靖七年戊子，是年閏十月，壽承年三十二。其後跋在嘉靖四十五年丙寅，壽承年七十矣。而云前後四十年，更未見有似此者，在爾時已珍貴如此，今又二百三十餘年，其珍重難得，更當何如耶。

又 是帖初為吾鄉薦勺庭學士所藏，勺庭嘗以贈何義門癸未同年友也。是册面葉題簽及帖内黃筆加點皆出義門手。勺庭卒後，義門復以歸勺庭之子隅齋太僕，而隅齋以授女夫安平陳來章廷尉。廷尉卒後記尚得借觀於朱竹君之椒花吟舫，與程魚門、曹慕堂嘆賞累日。今又二十餘年，而廷尉嗣君聞之進士持來屬為跋尾，即此一帖，而迴環今昔，感懷前輩，追念友朋，非一緒矣，為題其後而歸之。嘉慶庚申夏四月朔，北平翁方綱。

《啟法寺碑》

論説

宋·歐陽修《集古録》卷五《隋丁道護啟法寺碑》 右《啓法寺碑》，丁道護書。

此書兼後魏遺法，與楊家本微異。隋唐之交，善書者衆，皆出一法，道護所得最多，楊本開皇六年去此十七年書，當益老亦稍縱也。甲辰治平初月十日，莆陽蔡襄記。

蔡君謨，博學君子也，於書尤稱精鑒，余所藏書，未有不更其品目者，其謂道護所書如此。隋之晚年，書學尤盛，吾家率更與虞世南皆當時人也，後顯於唐，遂為絶筆。余所集録開皇、仁壽、大業時碑頗多，其筆畫率皆精勁，而往往不著名氏，每執卷憫然，為之歎息，惟道護能自著之，然碑刻在者尤少，余家集録千卷，止有此爾。有太學官楊褒者，喜書書畫，獨得其所書《興國寺碑》，是梁正明中人所藏，君謨所謂楊家本者是也。欲求其本，而不知碑所在，然不難得則不足為佳物，古人亦云百不為多，一不為少者，正謂此也。

清·翁方綱撰、沈津輯《翁方綱題跋手劄集録·跋啟法寺碑》 歐陽文忠《集古録》謂所集道護書，惟此一碑，而王象之《輿地碑目》亦第援歐録此條為據，蓋在宋時此碑拓本傳者已絶少矣。宜義門何氏之寶賞勿諼也。予聞此碑之名三十餘年，去年春，吴門陸謹庭為予鈎摹一本寄來，已足見其概，而此拓本即義門所藏者，今歸於臨川李春湖宗丞，持來屬為題識。唐以前正書若此者，世已罕有，自蔡君謨、歐陽永叔已嘆美之，况今日乎。吴中金石舊拓多在陸君松下清齊，其齊中尚有《常醜奴墓志》，亦隋時名迹也。惟此本在謹庭一親眷家，極秘藏，不肯示人。春湖宗丞博雅嗜古，若《虞永興廟堂碑》唐拓本及魏棲梧《善才寺碑》，皆藝林所不得見者，今皆歸於春湖齋，而予亦皆幸得附名題記，所見歲月於其贉側，虹月夜光，照我屋壁，何啻共此墨緣邪。嘉慶壬申春二月朔，北平翁方綱。

又　趙子固《論書》云：右軍一拓走下之法，《化度》、《離堆》而外，惟丁道護《啓法寺碑》有之。觀書之秘如此。乙亥三月，復借至吾齋諦玩，八十三叟方綱又書。

又　右陸謹庭跋所稱丁真永草者，蔡君謨語也，然所謂丁真非道護，乃丁覘耳。此碑借至小齋，晨夕諦賞，又經二月有餘，備析其微，與自藏何異。乙亥五月廿九日，將歸帖時，方綱又書。

又　昔以《龍藏碑》與陸謹庭并論，頗覺此碑純趨坦迆，及以趙子固右方直下之語驗之，乃知谷云學者每易豐左病右，右方不整峙，有關全勢力。知此然後得陰陽向背、相關明麗之秘，直據《化度》之上游矣，此實前人所未申之緒耳。嘉慶乙亥五月廿九日，八十三叟方綱。

綜述

清・翁方綱撰、沈津輯《翁方綱題跋手劄集録・跋啟法寺碑》　隋《啟法寺碑》，仁壽二年十二月周彪撰，丁道護正書。自王象之《輿地碑目》已援《集古録》之語，則世無此碑久矣。此拓者，義門何氏所藏，久在吳中，懸價甚高，予聞名三十餘年，今始臨川李春湖宗丞所得。其碑字既經翦裝，中多脱失，而此碑之得名，則以丁道護書也。然以平心論之，南朝碑既絶少，惟北魏、北齊以來碑志多流傳者，而字體蕪雜，多所訛失，至隋時此碑及《龍藏寺碑》，皆足開唐賢之法者，然隋碑如《常醜奴墓志》，不著書人名，而其書實在碑之上，不得因丁道護有書名，遂以為古今獨絶之奇也。即如其中館字，書為舘，此則隋已開俗書之漸矣。狐兔作狐菟，亦六朝之餘習。然行筆清勁，則超出北朝諸碑，是即其傳者耳。若通《論書》家前後流派，則承隸之後，開楷之先，由魏、齊、周以來，遞推論之，此碑雖歸於平正，而亦漸即於坦迆。若二王而下，蕭、羊已上，開闔正變，提頓起伏之妙，敬元得力敬，子敬得於家法者，能由是而問津乎。唐人正書，莫先於虞、歐、褚三家，虞之發原在智永，歐之發原在劉珉，褚之發原在史陵。劉、史之書，世所不傳，智永《千文》，今所傳石刻，是宋人僞作，則三家之發原處，皆渺不可見矣。吾獨取北齊樊遜書《孔廟碑》及隋《常醜奴墓志》耳。《賀若刻碑》下開顔書，與北齊《龍門造像記序》開褚書，又皆次之，若丁書此碑，正與《龍藏寺碑》相比也。《龍藏寺碑》鎸手不工，又在此下，而此碑運筆清迴，似可勝之，若竟以冠六朝諸碑，亦未敢許也，因跋李宗丞所藏舊拓本，以義門所藏，諸前輩詫為希有，是以不得不核其實而言之。

又　惟趙子固《論書》云：書字當立間架墻壁，右軍一搦直下是也。《化度》、《離堆》得此法，左右陰陽極明麗，丁道護《啟法寺碑》右方直下，最是此法。吳傳朋深得諸葛禎《瑶臺寺碑》，右方直下，筆法從《蘭亭》出也，此所謂一搦直下者，謂右邊以勁利作章法也，不言左而言右者，每一字先左後右。山谷云：學者側筆取妍，往往豐左而病右。故其結構不整，則全局為之散弛也，得子固此言，然後知左右皆以陰陽向背并峙，格制乃定，所以云陰陽明麗也。持此義以論丁碑，則此碑在六朝之末，開三唐之矩，雖其圓熟坦迆，似已落《多寶塔》之後勁，而其清挺高秀，實已據《化度》之上游。子固所見，必更是古拓，書見行筆之訣，此可為書家問津者也。

《龍藏寺碑》

論說

宋・歐陽修《集古録跋尾》卷五《隋龍藏寺碑》　右齊開府長兼行參軍九門張公禮撰，不著書人名氏，字畫遒勁，有歐、虞之體。隋開皇六年建，碑云大師上柱國大威公之世子、左威衛將軍、上開府儀同三司、使持節恒州諸軍事、恒州刺史、鄂國公金城王孝僊奉敕勸奬州人一萬共造此寺。其述孝僊云：世業重於金、張，器識逾於許、郭。然北齊、周、隋諸史不見其父子名氏，不詳何人也。龍藏寺已廢，此碑今在常山府署之門，後題張公禮猶稱齊。按：周武帝建德六年，虜齊幼主高常，齊遂滅。後四年，隋建開皇之號，至六年齊滅，蓋十年矣，公禮尚稱齊官，何也。

明・都穆《金薤琳瑯》卷八《隋龍藏寺碑》 右《隋龍藏寺碑》。《集古録》謂在常山府署之門，常山即今之真定。予近以使事過之，聞府治東二里龍興寺有古銅佛一軀，崇七十二尺閣之覆者，崇百有三十尺與太守同年李君往遊其間，見殿前一古碑，其趺已没土中，讀之乃公禮文。蓋寺在隋名龍藏，歐公謂《寺廢與碑》在常山府署，蓋未嘗親歷其地，故誤書耳。

清・朱彝尊《曝書亭集》卷四八《真定府龍藏寺隋碑跋》 真定府治東龍興寺，隋龍藏寺故址也。寺創於開皇六年，宋太祖曾幸其地，寺重建於乾德元年，龍興之額所由更也。然《集古録》稱龍藏寺已廢，遺碑在常山府署之門，則《嘉祐間碑》猶在寺外也。今人門有殿，殿北閣五層，廣九楹，中奉觀世音像，土人目為大佛，寺碑亦具存，而終南山釋道宣撰《神州寺塔録》，鋪叙佛像，顧不及焉，何哉。

清・王澍《虚舟題跋》卷二《隋龍藏寺碑》 龍藏寺在今北直正定府。今名《龍興寺碑》，以隋開皇六年恒州刺史鄂國公金城王孝仙立，末行張公禮下僅有一之字，之下闕，為撰為書皆不可知，而都玄敬竟坐張公禮為撰文，未免太鑿。碑立於隋而張公禮猶書齊官，無所顧忌，則其不屈於隋可知，而隋禁網之寬大，亦於是可見。書法遒勁，無六朝儉陋習氣，蓋天將開唐室文明之治，故其風氣漸歸於正。歐陽公謂有歐、虞之體，此實通達時變之言，非止書法小道已也。碑中字多訛謬，如以何人為河人，五臺為吾臺之類，不可一二數，蓋當六朝荒亂之餘，同文之治破滅已盡，此雖已稍歸於正而其宿氣猶有存者，此固事理之可推，無須厚非者也。

歐陽公《集古録》謂碑在常山府治之門，常山今之正定府也。明都玄敬以使事過正定，嘗游龍興寺，見碑在殿前，而謂歐陽公未嘗身歷其地，故至誤書。今顧寧人《金石文字記》謂在殿中，不知寧人亦曾親至否。如顧説，又未知何時移入殿中也。

清・孫承澤《庚子銷夏記》卷六《龍藏寺碑》 真定府龍興寺有隋人《龍藏寺碑》，其書方整有致，為唐初諸人先鋒，可存也。至碑立於開皇六年，齊已久滅，而張公禮猶稱齊官，書者不以為嫌，當時不以為禁，此皆尚有古道，尤可紀也。

綜述

清・顧炎武《金石文字記》卷二《龍藏寺碑》 碑今在真定府龍興寺大殿内，其後為天寧閣，九間，五層，高一百三十尺。中有銅觀世音像，高七十二尺，四十二臂，各有所執之物，俗謂之大佛寺也。碑為隋開皇六年恒州刺史鄂國公金城王孝僊立，而其末乃云齊開府長兼行參軍九門張公禮撰。齊亡入周，周亡入隋，而猶書齊官，蓋君子之能不降其志，而其時之人亦不以為非也。其書踐阼為踐祚，何人為河人，伽藍為伽籃，懷為壞，五臺為吾臺，則理之不可通者，疑為後人摹刻之誤。

《趙芬碑》

論説

清・錢大昕《潛研堂金石文跋尾》卷二《淮安定公趙芬碑》 右《淮安定公趙芬碑》，碑已斷失其上半，又無題額。按：《隋書》芬傳稱封淮安縣男，而碑稱淮安縣開國子，《傳》不載芬謚而碑云定公，其以大將軍歸第，傳亦不書，皆可補史之闕漏。此碑前人未有著録者，予於京師琉璃廠市中得之，如獲珍珠船矣。

清・翁方綱撰、沈津輯《翁方綱題跋手劄集録・跋隋趙芬殘碑》 隋《趙芬殘碑》，無歲月撰書可孝。錢辛楣、王述庵皆有跋，以史互證之，亦不能詳也。六朝以來，碑多字體雜出，惟隋世所傳《龍藏寺》、《啟法寺碑》，書體開唐人之先路，此殘刻亦差近之。然就其可讀者研尋百氏研訛為斫，則是胥史所書，又非《龍藏》、《啟法》比矣。愚意鑒藏古刻，曷非實有問益經傳源流者，則可勿問其書體耳，不然則自以書體為妄義也。

綜述

清·朱楓《雍州金石記》卷一《隋淮安定公芬殘碑》 碑今存前後二魂，土人砌於堡門内，書銜已亡，僅存一碑字，其下無書撰人姓名，存字三百餘。

清·趙魏《竹崦庵金石目録》卷一《尚書淮安公趙芬殘碑》 碑在中兆村，墓在西安城南少陵原，俗呼太伯塚，即中兆村也。

《姚辨墓志》

論説

清·錢大昕《潛研堂金石文跋尾》又續卷一《左屯衛大將軍姚辯墓志》 右《左屯衛大將軍姚辯墓志》，此信本小楷之有名者。銘詞執恭履下脱一字，方陪紀岳遽佳城，遽下脱字，而旁有祀、掩兩字，謂紀岳之紀當作祀，而遽下脱掩字也。志文克著奇功，克誤作充。校尉之井既枯，將之泉又竭，將字上下當有脱字。右光大夫，光下脱禄字。此刻文字完好，而詞意間有不屬處，蓋元石已亡，後人據搨本鈎摹入石而芟棄其殘缺曼患者故爾。褚登善《聖教序》立於永徽中，刻字為萬文韶，此志刻於隋大業中，已出文韶之手，一技之微，擅名兩朝，亦足稱也。隋時石刻書隋字，多不從辵，吴曾《能改齋漫録》謂古無隋字，隋文受禪，以魏、周、齊不遑寧處，惡之，遂去辵，單書隋字。王伯原亦謂隋文改隨為隋，然此刻却用隨字。

清·翁方綱撰、沈津輯《翁方綱題跋手劄集録·跋姚恭公墓志》 是碑在京兆，而陳思《寶刻叢編》無之，蓋碑之毁久矣。世所傳者，皆贋本也。都南濠所見，尚是舊本，故題下無撰書人姓名，蓋以石泐闕之。而歐陽《集古録》云：内史舍人虞世基撰、太常博士歐陽詢書。舍人二字，據本傳作侍郎是也。近人刻《金薤琳瑯》者，乃據世所行贋本補入。結銜云：虞軍内史侍郎虞世基撰文。考《隋書·百官志》，内史省侍郎四人，從四品，并無虞軍内史之官。世基本傳亦云：煬帝即位，遷内史侍郎。是碑立於大業七年十月，世基之官，正與史合，不知何時碑本殘字中偶有虞軍二字零落，虞字即文内家實食虞之虞，軍字，即文内將軍之泉又竭之軍。遂妄增入世基官銜之上，甚可笑也。又志文之末，右光禄大夫脱去禄字，而紙無裁割之痕，中間克著奇功，克字誤作充，此皆贋本之尤謬者。然此一本，尚是每行裁割裝成，故尚欲貌為真本，在重刻本中為稍舊者矣。此石是宋人重開者，今藏海寧陳秀才鱣字仲魚家。

綜述

明·都穆《金薤琳琅》卷八《隋左屯衛大將軍左光禄大夫姚恭公墓志銘》 右《隋左屯衛大將軍姚辯墓誌銘》，虞世基撰，歐陽詢正書。誌稱辯精於邊事，屢立大功，蓋老將也。其官至大將軍，而死謚恭公，爵亦尊矣，而《隋史》不為立傳，向非率更之書，後世不復知有辯。此古人墟墓之文所以必託此名筆，豈無意耶。

《宗聖觀記》

題解

明·王世貞《弇州山人續稿》卷一六〇《大唐宗盛觀帖》 此碑建於武德九年二月，給事中騎都尉歐陽詢撰序，侍中江國公陳叔達撰銘。觀以祀文始真人尹喜者，神堯嘗幸其地，用幣焉，故其徒相與侈大之，其文辭稍雅乾浄,而隸古亦遒婉可愛,疑即詢筆也。攷本傳,詢官位正合。叔達以黄門侍郎判納言事,而此云侍中,蓋武德三年改納言,仍為侍中耳。《宰相表》則叔達以二年正兼納言,九年十月坐事罷,而傳遺之,當以此碑為定。

論說

明·孫鑛《書畫跋跋》 隸甚淳雅,饒古趣,猶是漢法,第恨無受禪折刀頭勁力耳。後有二行小字,跋謂中統時新此觀,嫌其字畫褊淺,命工鏤剔,此乃所謂洗碑法,筆法經此,十無一二存者矣,可恨,可楷。其風格不峭峻者以是耳。今存者字畫尚細,料原本必更細,蓋亦是石鼓勒法。中統者,元世祖初嗣位未混一時年號也。

明·趙崡《石墨鐫華》卷二《唐宗盛觀碑》 此與前為一碑而刻其陽,陰為唐刻,此則為元翻刻。按碑建於武德九年,為神堯祀尹喜作也。分隸書,無書者姓氏,書法故自佳,經翻刻失其筆意耳。

清·林侗《來齋金石刻考略》卷下《宗聖觀記》 宗聖觀。唐奉老子為遠祖,故神其說,謂尹文操遊太白山,睹異象,立壇而祀之,老子降於壇,間不經實《華陽録》記云:秦始皇好神仙,於尹先生樓南立老子祠,此祀老子之始。晉元康中,重更修葺,蒔木萬株,連亙七里,給户三百供灑掃。按:尹先生相傳為老子之師、著《尹真人經》者,有紫雪樓在盩厔縣東三十里,尹先生結草為樓,望紫氣西邁處,今名樓觀是也。晉惠帝時重修,唐高祖武德改為宗聖觀。蘇東坡通判鳳翔來遊詩:古觀正依林麓斷,居民來説水泉甘。亂溪赴澗争趨北,飛鳥迎山不復南。羽客衣冠朝上象,野人香火祝春蠶。女師豈解言符命,山鬼如何説老聃。刻於碑側,子由亦有和詩。

清·朱楓《雍州金石記》卷二《宗聖觀記》 今在盩厔縣。樓觀大殿前碑首正書大唐宗聖觀記六大字。題曰:大唐宗聖觀記,給事中騎都尉歐陽詢撰序并口,侍中江國公陳叔達撰銘。其并字之下字雖殘缺,左方尚有筆畫可認,當是書字。信本楷書,名高千古,其分書如《房彦謙碑》,亦多傳於世。今玩碑字時作篆體,乃唐隸之佳者,微露筆意,似信本楷書,而顧林亭《金石文字記》僅載歐陽詢撰序,趙子函《石墨鐫華》直云無書者姓氏,豈二君於并字均未之見耶。且歐已撰序,陳已撰銘,碑首又正書,試思歐之并為何事也。按:鄭漁仲《金石略》:歐陽詢書有《宗聖觀碑》分書,此真信而可徵者。又碑末小字題云:中統元默閹茂之歲,命工搜剔。是元時以舊碑開鐫,故其規模無恙,趙子函以為經翻刻失其筆意,誤矣,備記之,以俟博雅君子。

綜述

清·王昶《金石萃編》卷四一《宗聖觀記》 按,碑云:給事中騎都尉歐陽詢撰序并書,侍中柱國江國公陳叔達撰銘。《新唐書·歐陽詢傳》:詢仕隋為太常博士,高祖即位,累擢給事中。不言騎都尉。又《陳叔達傳》:叔達為陳宣帝子,高祖武德初授黄門侍郎,判納言,封江國公。不言侍中者,納言即侍中,而騎都尉則《傳》所略也。《太平寰宇記》云:樓觀在盩厔縣東三十二里,晉惠帝時置,其地舊有尹先生樓,因名樓觀。唐武德初改名宗聖觀,碑但云晉宋謁版,於今尚存,而於惠帝之始置畧焉。碑云:武德七年,歲惟作噩,月在黄鍾,六轡齊驤,百辟咸從,親幸觀所,謁拜尊儀。《爾雅》:太歲在酉曰作噩。《史記》曰作鄂。武德七年為甲申歲,從《爾雅》則曰涒灘,從《史記》則曰赤奮若,不知碑何以云歲惟作噩也。黄鍾為十一月律,《唐書·高祖紀》:七年十月丙子,謁樓觀老子祠,是高祖之謁樓觀,實是七年,非八年,乙酉一是十月,非十一月,碑與史互有異同者如此。是時已改崇聖觀,額紀猶稱樓,故至今土人有樓觀之稱也。

《化度寺碑》

論説

宋・羅從彦《豫章文集・題化度寺碑》 歐陽率更書，所謂直木曲鐵法也，如介冑有不可犯之色，然未能端冕而有德威也。

元・張明卿《潛溪集・題邕禪師塔銘後》 長沙歐陽信本書，在唐許為妙品。鄭漁仲《金石略》所載凡二十三種，而行於南北者惟僧邕塔銘而已。銘文多所翻刻，南本失於瘦，北本失於肥，殊無精絶之本。

明・李東陽《懷麓堂集》卷七四《書化度寺帖》 子兒時亟聞先憩菴府君稱《化度寺帖》妙出《九成宮》右，而未獲見，每以為恨。今太史英國張公廷勉出所藏舊帙，乃附馬李子期家物，銘叙略備，其空闕處率用印識若文，書家所謂蓋印者。帖後若趙松雪、揭曼碩、巙子山諸公皆有題識。

明・孫鑛《書畫跋跋》卷二《化度寺碑》 此碑亦多殘缺，惟韓宗伯一本有五百餘字，當是宋初拓本。字畫亦饒精采，絶為不易得，體方筆圓，在醴水碑上。第以虞恭公較之，此猶覺少拘耳。

又 余嘗謂漢魏時隸乃正書，鍾、王小楷乃隸之行，章草則隸之草也。若楷書則斷自歐陽始，點點畫畫皆具法，無一筆遷就從使意，正與隸同法，正與行草相配也。若云行草在先，則章草亦在鍾、王楷先，蓋各自創為法耳。今吏楷皆是歐派，其俗處乃在筆弱，不以體方也。司寇謂法自率更始，謂之楷誠楷，良與余意合。若柳玄秘則又具篆法，然是篆之行。

明・安世鳳《墨林快事》卷五 此歐陽得意之筆，未收有舊搨本，是本乃經重刻者，每行闕其半，中間更有節去損壞不可摹之字，遂可讀者少，字亦直存其大都。

清・王澍《虛舟題跋》卷三《唐歐陽詢化度寺邕禪師碑》 《醴泉銘》、《化度寺神》皆率更晚歲合作。《醴泉》朗暢，《化度》遒逸，正如東岱、西華，不可軒輊。評者目《化度》勝《醴泉》，非篤論也。《特化度碑》毁廢已久，比於《醴泉》，尤不可易得耳。曩見一本於天津，字之完好若猶存於許，此本繞璠璵貴之，得謂過乎。

又 自趙子固以率更《化度》、《醴泉》為楷法第一，於是率更楷迹聲價遠出虞、褚上，自姜堯章以《化度》勝《醴泉》，於是化度聲價又出《醴泉》上。究竟《化度》雖精緊，而體方用圓，與《醴泉》同，特以是小楷故更為可貴，以此氈蠟無虛日而殘闕尤甚，所謂甘井先竭也。河南范謂遂謂其高王父雍舉使關右，歷南山佛寺，見斷石砌下，視之乃此碑，稱嘆以為至寶，寺僧誤以石中有寶，破石求之不得，棄之寺後。公他日再至索之，則石已三段矣，乃以數十縑易之以歸。靖康之亂，藏之井中，兵後好事者出之，拓數十本，遂更碎其石。此蓋石歸范後，范氏子孫以石破碎已甚，從為之辭，以長其光價耳。寺僧雖甚貪痴，決不至此。又解大紳謂西安府學亦有一本，不及原刻清勁。又宋潛溪謂僧邕塔銘多所翻刻，南本失於瘦，北本失於肥。則西安本外又有一本，而《化度》有三石矣。今翻本尚為好事者寶愛，錘拓銷食已盡，何況原刻。余之所見，大抵皆翻本耳，求其肥瘦適均、清勁煥發者，蓋絶不可得矣。

清・翁方綱撰、沈津輯《翁方綱題跋手劄集録・跋化度寺碑》 予去年得《化度》真本，吳門陸謹庭孝廉見而嘆為希有，因説其小時於吳下見賈人持一本，字更少於予本，後有《虛舟跋》，墨色古香，至今在目也。及今春謹庭復北來，云去年冬於其友人齋中見一本，有陸子淵、胡孝思二跋者，尚不及予所得本及賈人本，然亦真本也。予按其言即弇州所得第二本，則知虛舟所見之本，不盡是翻本明矣。然則虛舟不以《化度》勝《醴泉》之説為是者，蓋其病先中在長庚芒角一語。夫歐書之蘊藉者，蓋莫如此二碑矣。即《醴泉》且不當以芒角賞之，況《化度》耶。此所謂不揣其本而齊其末者也。且二碑皆出自《蘭亭》，而《蘭亭》全用退筆，此其不當以芒角見長，尤為可信，然則虛舟直未解歐書者耶。虛舟論褚書出《禮器碑》，其論隸最不直鄭汝器，可謂於書道有獨得者，豈他書皆有所得，獨於歐書祇效其皮膚耶。凡今之士，宜務含蓄以養氣質而已，不止書法一藝也。若虛舟此跋入於人心，將使學率更者隋入異趣，所關非細故，不得不再三辨之。

又 唐碑皆有界格，《化度》、《醴泉》亦皆有界格，顧《醴泉》全石雖存，而界格已不可辨，惟宋拓至精者，乃略辨其界格，亦才三五處耳。信知一磨再磨之說不誣也。蓋其石至宋拓時，已磨去面上一層，不啻每字去其厚之半耳。中有細瘦之筆，非其本矣。若《化度》，北宋末石已碎壞不可拓，而今偶見宋拓殘本，拾珠璣於什一之餘，猶有一二界格可尋，則《化度》但有斷裂之傷，而無磨治之失也。

又 昔嘗微憾良常王給事於歐書，不識《化度》之妙，今乃知不然者。良常自跋《化度碑》後云：嘗於津門，見將近千字之本，而徐壇長備叙所見虛舟齋中古拓，不言有《化度》也。據此，則良常未得收藏此碑真本，其偶見一二古本，或又苦於殘剥太甚，所最賞者，惟是於津門所見將近千字之本，此即《安氏書畫記》載元人所跋本也。津門，即安氏之沽水堂也。安氏所記，即陳彦廉所藏宋翻宋拓，紙墨俱古，是以元諸賢皆極稱之，而況良常乎。以此宋翻宋拓之舊本，為《化度》善本，則其為神品，自當在《醴泉銘》之下矣，何怪乎良常不首推《化度》。惟是趙松雪、鮮於困學，皆有元書家，何以未見古拓真本，而亦惟宋翻、宋拓本之是賞，則誠有不可解者。益知范氏書樓本，自宋已來，世所罕傳，其偶一見者，又苦太淺泐，是以唐楷追晉法之第一種，而人多罕識耳。

又 率更書以《化度》為第一，即合論唐賢楷書，亦推《化度》為第一。趙子固所謂於唐楷求法，王秋澗謂其奇古，乃隸書之一變，皆書家不易之論也。近日王篛林專習歐書，而其推美《成》過於《化度》，蓋未嘗得見《化度》真本耳。若疑今世所存率更書止此數種，或宋、元以前尚著名之迹出此右者，然《宣和書譜》云：歐陽信本書，自洋薄以來，略無勁敵，其正楷若化度寺刻墨本為世所寶，學者雖盡力不能到也。《宣和譜》在北宋時而其言如此，足見從古以來藝林論，《書苑》定評，推此為正書之冠矣。愚今亦備得親見《廟堂碑》唐石真本，信為山陰嫡裔，又見《官石記》古本，知為唐楷正宗，而愈見《樂毅》、《黄庭》後，首推《化度》也。

又 王虛舟先生以朗暢評此碑，吾觀樓亦沿其説，謂《醴泉》與《化度》不可軒輊，不知《化度》勝於《醴泉》，乃自古書家之定評，非虛舟一人所能翻案也。蓋歐書以淳古肖極，《醴泉》前半淳古遒逸，與《化度》同功，微覺第二十行以後則稍漸放手，趨於朗暢，所以稍讓《化度》耳。至此拓本，則元氣渾淪，正在不以朗暢取妍，所以非諸拓本所及也，此義恐非虛舟先生所能拈出。

又 率更正書《皇甫》、《虞恭》，皆前半毅力，入後漸歸輕斂，雖以《化度》淳古無上之品，亦後半斂於前半，此其自成筆格，終身如一者也。惟《醴泉銘》，前半遒勁，後半寬和，與諸碑之前舒後斂者不同，豈以奉敕之書，為表瑞而作，抑以字勢稍大，故不歸斂而歸舒歟。要之合其結體，權其章法，是率更平生特出匠意之三，千門萬户、規矩方圓之至者矣。斯所以範圍諸家，程式百代也，善學歐書者，終以師其淳古為第一義，而善學《醴泉》者，正不可不知此義耳。

清・王文治《快雨堂題跋》卷二《化度寺碑》 昔米襄陽謂歐書真到内史，而化度寺尤得内史神髓。石本在宋時已亡，明初解大紳所跋者僅二百四十餘字。其以為碑在南山寺邕禪師塔，所及西安府學本，與此伯仲，皆未嘗確有考據也。王元美所藏有三本：一、二百四十二字，一、二百十九字，一、四百四字。此本蓋四百四字者，或云即府學本，或云翻刻。余於此三本皆獲見之，皆神采焕發，非尋常所見之歐書也。此本墨氣過潤，不及彼二本之工，而神氣貫注處則遠過之，斷非翻刻。其二百四十二字者，遒古密致，與此亦異曲同工。二百十九字者，聞已歸秘笈，惜未能薈萃三本於一處而討論之。然此本之非翻本，余竊敢為之懸判，俟諸後世，當有知言。舊為吴門繆氏所藏，今歸汪梅滕民部，愛識其後。

又 余於《化度碑》獲見三本。繆氏本匆匆借觀，見其字數較多，遂以為萬卷樓所藏之四百四字本，頃為梅滕所得，朝夕諦觀，細數之得七百餘字，乃知余向所見者，僅王氏所藏之二百四十二字及二百十九字本耳。此本當另為一拓，在萬卷樓所收之外，非四百四字本也。其二百四十二字本在吾友陸謹庭家，秘不示人，余亟求觀，謹庭乃弗能却，因取以同較，見其摹拓甚精，而剥蝕處彼此互异，似非一刻。蓋陸本古茂，此本空靈，各據其勝，而此本一氣貫注，神采飛動，躍然於紙墨之外，斷非翻刻所能。意者王氏所藏三本，皆宋之能手重刻，而此本乃真唐拓乎。昔董文敏見宋刻李秀雲麾，嘆為希有，刻之鴻堂，後重見唐刻，又題云：雲霞變滅，金鐵森翔。而不復追論前碑之偽，非自護其短，以前碑奇古高秀，亦自可傳也。余於古帖，專取眼照前人，不倚考據，雖懸判處或有舛訛，而真偽自是分明，優劣亦復不昧。請以俟諸後來之真鑒者。

又　古人謂《化度》勝《醴泉》，説殊可參。余向見數本，或字多而摹拓不精，或摹拓精而字數太少，此本兩得之。稚書前輩跋考訂已詳，不復贅。然謂是斷後合拓，細審之，略無合并形迹，當仍是宋初拓本。癸丑暮春之初，靈巖山人出以見示，因記。

又　吴門陸孝廉恭字謹庭，所藏《化度寺碑》致佳。前明上海陸子淵詹事跋云：率更書《化度碑》為最精。此帖剥泐殘缺之餘，故自焕然，今藏徐侍讀處。陸深題，共廿九字，醇古沉厚可喜。余童時學歐陽《醴泉銘》，以為全從右軍《黄庭》、《像贊》得筆，質之塾師，塾師莫敢應。及見米元章評歐陽真到内史之語，私幸少時所見不謬。蓋唐初諸家學右軍，皆能傳其神而變其貌，非率更變之甚乃似之甚耳。近時善學歐書者，惟何義門先生，然蠅頭書至妙，才過徑寸，即未免痴凍蠅。王、蔣諸人繼之，沿而益甚，並疑未見此種碑版也。然八識田中，非夙具書家正法眼藏，雖日對此種書，亦復不契，如前明陸子淵先生，庶幾得法眼者。

又　《化度寺碑》余生平遂有三本，皆為跋尾，惟繆氏本歸汪氏者，更一再跋之。今此本乃在余所見三本之外，既非解大紳所跋之本，又非萬卷樓所藏之本，顧其神韵之佳，亦復迥出尋常蹊徑外，非世間易觀物也。米元章稱歐陽書真到内史，正指此種，竊恐《醴泉》尚隔一塵爾。此書之作，當在《醴泉》之前，《醴泉》於右軍老子習氣，掀翻殆盡，直是漢人隸法，此書猶有一分右軍窠臼在也。然正惟留得一分右軍窠臼，而神韻轉勝，見此書如見右軍焉。大抵顔、柳諸家，皆欲擺脱右軍窠臼以自立家，而其擺脱不盡處，能令吾輩學徒得間而入。《醴泉》字體較大，故用漢碑法。《化度》字體較小，故參用右軍楷法。此又書家移步换形之妙。五百載後，當有首肯余言者。

又　余於吴門見宋拓《化度寺碑》三：其一字數最多而拓少漫漶，其一字數最少而拓極精工，此本則字數較極精工者為多，較漫漶者為少，而拓手則在精工、漫漶之間，皆罕有之珍也。余足迹幾半天下，收藏之富，終在東南，而碑帖則吴中極盛。春皋居士博雅好古，出此見示，因為識之。

紀事

明・解縉《春雨集》　河南范謂隆興初跋尾云：慶歷初，其高王父開府公諱雍，舉使關右，歷南山佛寺，見斷石砌下，視之乃此碑，稱歎以為至寶。既而寺僧誤以為石中有寶，破石求之不得，棄之寺後。公他日再至，失石所在，問之，僧以實對，公求得之，為三斷矣。乃以數十縑易之以歸，置里第，賜書閣下。靖康之亂，諸父取藏之井中，兵後好事者出之，椎搨數十本，已乃碎其石。恐流散浙右者，皆是物也。

明・孫楨《金石評考》　余過文氏停雲館，聞有宋搨本，索以觀，手摹以歸，亦無李百藥字，是知此碑自宋已不全矣。豈明誠所見，又當時之善本與。

清・翁方綱撰、沈津輯《翁方綱題跋手劄集録・跋化度寺碑》　此册自辛酉春，留吾齋二十餘日。戊辰夏，又借至小齋八十餘日，今又得借展玩，前後凡百數十日之久，其為墨緣非淺，不可以空言贊説也。予所見《化度碑》，王弇州家二本，顧汝和王泓館本及予舊藏本，及此凡五本矣。裱裝家多選明白之字，而棄其餘。惟此本依其行次，多留空隙，此碑不特石已久亡，即拓本亦至為罕遘。外間所傳翻刻本，或多訛誤，非真見原石之全者，不能知也。予於是碑，究心歷四五十年之久，嘗合所見真本之確可次叙者，繪為范氏書碑三段殘石之圖，於是盧崇嵩翁、趙松雪以來諸家所品鑒之真偽，皆了然可指數，即其殘石之露半字處，亦皆可確得其位置。爰殫旬日之力，用紅筆拙楷，就其昏蝕不可識者，備加注釋，其注字之或偏上下，或偏左右，則以紙暗與老眼不能盡取畫一也，識者鑒之。壬申九月三日。

《房彥謙碑》

論說

清・吳玉搢《金石存》卷一二《房彥謙碑》 右唐臨淄郡公《房彥謙碑》，玄齡父也，李百藥撰，不載書者姓名。《金石録》以為歐陽詢書，未知所據，然以書法審之，周當為詢跡也。《金石録》云：碑在齊州章邱縣界中，世頗罕傳。《金石文字記》亦云：在章邱縣西南七十里趙山之陽。蓋彥謙墓域在此，有唐以來尚未毀廢，其遺澤可謂遠矣。碑序二千餘字，分書，極挑拔險峻之妙，與正書正是一律，蘭臺道因亦全是此種風味也。詢分書如《隋工部尚書段文振碑》、《唐昭陵六馬圖贊》、《司空竇抗碑》之類，今皆不復可見。此碑雖有剥損，然十九可讀，顧收藏家恒少有之。又《金石録》載此碑有陰紀彥謙歸葬恩禮儀物之盛，未知是何人書法，俟更訪之。乃為銘曰，作迺為銘粵，後魏武定八年《太公呂望碑》，其詞曰，亦作粵。《金石文字記》云：古曰字與日同一書法，故變其文為粵，欲讀書之易曉也。予謂非是，粵、曰雖皆語辭，而用各有當，惟《尚書》粵若借用曰，此外皆無有借粵為曰者，亦書碑者好奇之過耳，豈真嫌其與日相混哉。

清・翁方綱撰、沈津輯《翁方綱題跋手劄集録・跋房彥謙碑》 昔與梁瑶峰前輩論及歐書，瑶峰云：嘗見率更分書《房彥謙碑》，實《化度》、《九成》之左券，以未得拓本為恨。今予於章邱訪得是碑，乃知顧亭林諸人皆未見其陰側，惟據趙明誠云率更耳。今見其側曰：太子右遮子安平男李百藥撰，太子率更令渤海男歐陽詢書，貞觀五年三月日樹其陰。分書尤偉，惜不使瑶峰得見之。蓋趙湖州已云，是碑罕傳，况其陰與側乎。書於此，以志墨緣。碑在章邱西南七十里，地名采石村，房公墓前，其左側有字，其趺已入地，不可見矣。碑南向，約厚八九寸，其陰字在上半。

綜述

宋・樂史《太平寰宇記》卷一九《章丘》 河南道齊州章邱縣臨淄定公墓在縣西三十里，高三丈，在趙山之陽。公姓房，隋故司隸刺史，唐徐、泗、江、淮、浙五州刺史，追封臨淄公，謚曰定，即故司空梁文父也。有碑，庶子安平公文，率更令歐陽公書。

明・曹昭《格古要論》卷三《率更虞恭公碑》 房彥謙字孝冲，唐初為長葛令，百姓號為慈父，立碑頌德，去官不仕，而清白守貧。以子玄齡功追封定國公，其墓碑乃歐陽詢真書。

清・于令淓《方石書話》 《房彥謙神道碑》，歐率更書，舊在山東濟南章丘縣頓邱村，去濟南城五十里。康熙初，字猶完備，後李撫臺樹德屢索墨拓，民罷於役，碎之。存者僅落落數十字，埋土中數十年，無處搜羅。後頓邱為朱孝廉山莊，據為己有，不知此碑近屬何人。

清・畢沅、阮元《山左金石志》卷一一《贈徐州都督房彥謙碑》 右碑文三十六行，行七十八字，徑八分。

《麓山寺碑》

論說

明・王世貞《弇州山人四部稿》卷一三四《嶽麓寺碑》 余友俞仲蔚為余言李北海《岳麓寺碑》勝《雲麾》，余亟購得之。題名稱前陳州刺史，按：邕謁上太山還，獻詞賦，上悅，會有仇人發其賦者，張説忌之，下獄論死。許昌男子孔璋救之得免，謫尉遵化，此其赴謫時道書也。碑文頗庸陋，又於《杜拾遺集》見其一詩，稗語殆不可曉，何以負干將、莫邪稱於世耶。邕以纖文獲名，以虛名獲死，以佳書獲訾，皆所不虞者，因附識之。

明・盛時泰《蒼潤軒碑跋紀・唐李北海行書嶽麓寺碑》 是碑筆勢雄健，在《雲麾》之上，刻字亦出公手。大凡李公書，言黄鶴仙、伏靈芝、元省己者，皆託名也。

明・孫鑛《書畫跋跋》卷二下《麓山寺碑》 余少時曾見拓本，然靡泐已甚，不知司寇所購者何。若元章故輕於貶人，若屈强生疏，則與北海書全不似，謂其輕率熟脱，猶近耳。此君文雖纖，固是才子，不然燕公何為忌之。

清・錢大昕《潛研堂金石文跋尾》續卷二《麓山寺碑》 文云：元徽中，尚書令湘州刺史王公僧虔。右軍之孫也，以晉、宋、齊史考之，僧虔為丞相導之玄孫，於義之為族曾孫，不當云孫也。又云：梁天監二年，刺史夏侯公諱祥。按：《梁書》、《南史》俱作詳，古書祥、詳二文恒通用。

綜述

清・王昶《金石萃編》卷七八《麓山寺碑》 按：碑在嶽麓書院，昶數過長沙，渡湘江，詣書院，親至碑下，見是碑上多裂文，土人作亭，碑嵌亭壁甚固，碑陰所題，今不可復見矣。碑為李邕書，李邕自開元十三年十一月後獲罪，貶遵化尉，至是蓋五年矣。弇州山人謂此碑是邕赴謫時道中所書，然則當時謫貶卑官，竟可遷延不赴。觀其題銜作前陳州刺史，而不云遵化尉，又可見謫官亦不必入之題署矣。

清・武億《授堂金石跋・金石二跋》卷二《麓山寺碑併陰》 碑舊為集録者所收，僅見碑陽而已，其陰則自予遊長沙始得之者也。此碑為世所重，然惟題曰《嶽麓寺碑》，今證以題額作方篆，陰文凸起，蓋為《麓山寺碑》。再證之文内亦云麓山寺者，晉太始四年之所作也。而杜工部詩又稱麓山之南，則向所名《嶽麓寺碑》，疑為非實。又《石墨鐫華》云在岳州府，《金石文字記》云今在寺中，皆得之傳聞。予以目驗，睹是碑在書院之右十餘步，碑陰列銜書名，為安庸人題名交午横貫，以致損蝕，不可次第。

清・王文治《快雨堂題跋》卷三《宋搨嶽麓寺碑》 北海為有唐書家之冠，深得二王精髓，當日所謂碑版照四裔者，今多失之，惟《嶽麓》、《雲麾》最為煊赫，而《嶽麓》漫漶尤甚。此册完善可愛，應是明以前拓本。昔人謂北海如象，觀此帖氣骨峥嶸，如泰山卓立，覺馴象巍然，宛在目前也。

紀事

清・王文治《快雨堂題跋》卷三《宋搨嶽麓寺碑》 此帖乙未歲余見於西安撫署中，蓋竹痴山人物也。越十九年癸丑而復見於武昌制署中，則竹痴又貽其令兄靈岩公已。靈岩、竹痴皆具精鑒，皆寓意而不留意，乃烟雲往來，聽其去留。顧余於數十年間屢獲見之，豈非殘年之翰墨緣耶，因再題志幸。

又《李秀》、《雲麾》二種皆竹痴物，亦神品也，今亦流轉他人矣。並記。

《李秀碑》

論説

明・沈榜《宛署雜記・古墨齋》 《古墨齋記》云：良鄉縣學有《雲麾將軍碑》，蓋唐北海刺史李公邕所書也。雲麾將軍名秀，幽州人。事跡具載碑中。天寶三載正月建，公書《雲麾將軍碑》二，其一為左武衛李思訓，其一此碑也。舊置官廨，不知何時為校官裂為柱礎，墨本遂不見於世，好古者深惋惜之。近復修學舍，更以新砥，置而不用，推之瓦礫中，過者不睨也。友人邵生正魁、董生鳳元往經其地，蹤跡之，則古礎存焉，規如鐵，字尚未泐也。以語宛平李侯於美，侯喟然興歎，寓書縣令，輦致都下，將為亭以覆之。視寢室之右有別館可庋，亟塗塈之，納礎其中，屬藩參王子世懋顔之曰古墨齋，志存舊也。按公仕武后朝，為郎官，辨魏元忠事，以直節自見，終其身不變，蓋社稷之臣也。當時不能用，而娼嫉者忌之以死，可以知唐祚之不競矣。獨其書法之妙，出入二王，而奇偉倜儻，類其為人，杜工部所謂碑版照四裔，李集賢以為書家仙手，其流品可知已。是雖摧剥之餘，見之猶令人起敬，況其解衣盤礴時耶。良鄉，京師衢術之交，為吏者疲於奔命，宜其不知護惜。彼豎從而斧之，庸妄紛如，亦何誅焉。侯以雋雅善文章，浩穰繁劇，戴星出入，乃能庇覆於散落之餘，使先賢妙蹟頓還舊觀，不惟好奇多愛，而與廢補敝，亦可以概其為政矣。且宛平赤縣也，宜有金石志其興作之歲月，周視廨宇，迄無傳焉，侯始亭而碑之，俾采風者得以故事列於紀載，文獻將有徵焉，非侯之功邪。亭成，侯歌以落之，和者自博士歐子大任而下，凡若干人，民表從鉛槧之後，因記其事，甘棠之愛，庶幾勿翦焉。侯名蔭，南陽人。萬曆六年，歲次戊寅夏六月，嶺南黎民表撰并書。承德郎知宛平縣事南陽李蔭建。

明・董其昌《書樂志論跋》 《李秀碑》僅存三百許字，漫漶不可讀。曾於海上顧氏得全本，雄秀異常，用其意書此論。

清・顧炎武《金石文字記》卷四 《云麾將軍李秀碑》 孫承澤《春明夢餘録》曰：李秀字元秀，范陽人。以功拜雲麾將軍、左豹韜衛翊府中郎將，封遼西郡開國公。開元四年卒，葬范陽之福録鄉。此碑為靈昌郡太守李邕文并書，逸人太原郭卓然模勒并題額。李北海有《雲麾碑》，一為《李思訓碑》，在蒲城，一為此碑，其官同，其姓同也。趙子函，名崡。秦人，未見此碑，其著《石墨鐫華》乃以為一碑。又以此碑為趙子昂所臨，誤矣。碑不知何時入都城。萬曆初，宛平令李蔭署中掘地得六礎，洗視乃此碑，存者百八十餘字。碑首存唐故雲三字，因築室砌之壁間，名曰古墨齋。後移少京兆署中，止二礎，其四礎相傳萬曆末王京兆惟儉攜之大梁。

清・朱文藻《碧溪文集》 右二石礎拓本。二礎顛末，詳見順天府丞石門吴涵所撰記。碑中所有字，成句可讀者，如式表先公之墓，其詞曰則為墓表，可知曰。曰遼水渺瀰，則在范陽無疑。曰懿文壯武，廣孝移忠，利倍往昔，功省今兹，是其功業可略見也。曰賢和淑慎，静恭貞白，此必稱其所配之德。曰國家方築壇拜將，考玄宗初年，契丹、突厥皆興戎事，而李秀既為范陽人，則其所効武功，或即鄉士所近。築壇拜將，當指薛訥伐契丹之事。惟朝議大夫使持節，不知其何所指耳。碑析為六礎，度今拓本，每礎圓徑尺二寸，以方廣計之，則是碑高僅四尺餘，博不及三尺也。準以唐時碑制，恐所殘損者多矣。礎由良鄉輦致宛平縣署，又移入京兆少尹署，遂為王京兆惟儉攜四礎之大梁，然王京兆既好此碑，何以又留二礎於尹署，此誠不可解者，豈非神物完缺聚散，實有數存。今雲麾隴墓，過良鄉者，渺不知其處，而片碣留遺，轉徙離合，所遭不一，顧此二礎，得與信國祠堂永垂不朽，殆雲麾之靈自為呵護。京師去良鄉四十里，桑梓憑依，亦雲麾之所樂也。石門吴丞，其功甚偉，戊戌之冬，吾友陳萬青遠山、萬全梅垞昆弟寓京師，二君子皆吴公鄉里後進，好古之懷，先後同揆，得此拓本，裝池成軸，出以示余，因叙論之如此。

清・翁方綱撰、沈津輯《翁方綱題跋手劄集録・跋雲麾將軍李秀碑》 北海書天挺雄秀，然其原却從隸法來，《雲麾》舊拓本猶可想見隸法遺意，致可寶也。

綜述

宋・趙明誠《金石録》卷二七《唐云麾將軍李秀碑》 《李秀碑》，李邕撰并書，碑在幽州。按：明皇以天寶三年改年為載，今此碑元年正月立而稱元載，何哉。

元・孫國敉《燕都遊覽志》 古墨齋在宛平縣署内，唐李北海所書《雲麾將軍碑》，邑令李蔭購得，甃之署壁。傍構卜亭，植柳蒔花，以為公餘退思之地。

清・錢大昕《金石後録》 右《李秀碑》在順天府廨中，趙《録》云：明皇以天寶三年改年為載，此碑元年正月立而稱元載，何哉。按蘇頲撰《凉國長公主碑》云開元十二載，前此二十年，亦稱載者，文字中偶一用之，與此同也。又按李邕撰《靈巖寺碑頌》，在天寶元年，亦曰靈昌郡太守，而新舊史止云天寶中邕為汲郡、北海二太守，可以補兩書之闕。予從嘉興項氏得拓本，有額唐故雲三字，此今碑字多三之二，為項墨林珍玩云。

紀事

清・吴涵《雲麾將軍斷碑記》 《李秀碑》刻於天寶中，在今良鄉縣地。其後碑石既斷，良鄉學博士某斲為柱礎。又若干年，重修學宫，棄礎雜置瓦礫間，閩人董生見之，以告宛平令李蔭，蔭寓書良鄉令，輦致宛平署中，凡六礎。蔭既得石，嵌於署壁，號為古墨齋，時嘉靖中事。又若干年，移入京兆少尹署，而王京兆惟儉攜四礎之大梁，今所存者遂止二礎。余以康熙三十有一年承乏順天府府丞，公務之暇，訪求所謂《雲麾碑》者不可得，召胥吏訊之，皆云無有。其夏，因校士宿署中，日既暮，閒步於庭，見蔓草中有二石，就視之，則碑石也，驚喜過望，急拂拭讀其文，已多漫漶不可辨，可辨者才數十字而已。余惜其棄置，思仍甃之署壁，既又念是署中宦游者往來如傳舍然，下者若良鄉博士，不免視同土石，而博雅好古若王尹其人，又或且取之而去，余雖復效古墨齋遺事，安在其能久存者。而宋丞相信國文公祠去府署甚近，數百年祭祀不絶，竊以為官舍之屢易，不如祠宇之常新也。宦游者之去來無定，不如忠臣義士之歷久而不殁也，故不甃於署，而甃丞相祠中，令四方之士謁祠者，觀壁間之書，思古直臣風概，為之慨然興慕，未必非廉頑立懦之一助也。

清・翁方綱撰、沈津輯《翁方綱題跋手劄集録・跋雲麾將軍李秀碑》 《李元秀碑》，靈昌郡太守李邕文并書，逸人太原郭卓然模勒。李為靈昌守，新、舊《史》皆不載，而舊書本傳云：累轉括、淄，滑三刺史。《地理志》：滑州，天寶元年更名靈昌郡。此碑正是天寶元載所立，當即滑州刺史耶。若非今日見此舊拓本，為之考證，又不知叢生多少疑竇矣。

《述聖紀》

論説

明・趙崡《石墨鐫華》卷二《唐述聖紀》 碑立乾陵，今倒仆，折為數段，止存兩段耳。據《金石録》，武后製，中宗書，字法遒健，深得歐、虞遺意，非中唐以後所辨也。

清・王昶《金石萃編》卷六〇《述聖記》 按：碑不見立石歲月，文皆述高宗聖德，高宗以文明元年八月庚寅葬於乾後，此碑蓋立於其時也。然文是武后撰，中宗書。中宗以宏道元年十二月即位，次年二月即廢為廬陵王，幽於別所，五月遷於均州，尋徙居房州，則書此碑在未廢之前矣。高宗崩於東都，次年五月靈駕西還，而文有云：將歸上京，崩訴穹。正是靈駕未發時語，則此文尚在東都作也。

紀事

清・林侗《來齋金石刻考略》卷中 高宗乾陵有述記石，來自于闐，填以金屑，照耀陵園。後仆斷為數段。萬曆間趙子函見其兩段，予登陵，不見此石矣。

《鶺鴒頌》

論説

宋・歐陽修《集古録》卷六唐《鶺令頌》 當皇祐、至和之間，余在廣陵，有勑使黄元吉者，以唐明皇自書《鶺鴒頌》本示余，把玩久之。後二十年獲此石本於國子博士楊裒，又三年來守青州，始知刻石在故相沂公宅。

明・詹景鳳《書旨》 唐玄宗行書《鶺鴒頌》真跡一卷，字徑寸許大，酷似子敬，以所見褚登善楷書《倪寬贊》較之，褚不及也。後有徽廟及蔡京、蔡卞題跋。京、卞皆法大令，間《鶺鴒頌》，其不逮唐，則以唐密而京、卞少疎爾。

清・王文治《快雨堂題跋》卷二《鶺鴒頌真跡》 唐代帝王書，太宗、高宗最為卓越。閣帖所收太宗書，頗有以高宗書誤入者，固由王著輩失考，然亦見其工妙不相上下也。明皇書閣帖未收，乃其工麗若此，足知唐人重書法，帝王無不深進此道者。此頌詞旨藹如，微吟一過，使人增友於之愛。開元盛治，信有本歟。

又 帝王之書，行墨間具含龍章鳳姿，非為人臣者能仿佛，觀此頌猶令人想見開元英明卓犖時也。後有宋二蔡跋，雖其人不足重，而書法之精自蘇、米諸公而下，罕有能逾之者，亦可玩也。此書或有疑為雙鈎者，良由未曾多見唐宋人真迹，不知古人筆法沉著、墨法豐厚之處。深知書者，詳玩自得，不待多辭。又記。

《裴光庭碑》

綜述

宋・歐陽修《集古録》卷六《唐裴光庭碑》 右《裴光庭碑》，張九齡撰，玄宗御書。按，《唐書》列傳云：光庭素與蕭嵩不平，及卒，博士孫琬希嵩意，以其用循資格非獎勸之誼，謚曰克平。帝聞，特賜謚曰忠憲。今碑及題額皆為忠獻。傳云撰摇山往則，而碑云往記。光庭以開元二十一年薨，二十四年建此碑，玄宗自書，不應誤，皆當以碑為是。

宋・歐陽棐《集古録目》卷三《唐裴光庭碑》 唐中書令集賢院學士張九齡奉勑撰，玄宗御書，侍中裴耀卿題御書字，兵部尚書同中書門下三品李林甫題額，諫議大夫褚廷誨摹勒。光庭字連城，河東聞喜人。官至侍中正平郡公，贈太師，謚忠憲。碑以開元二十四年十一月立，在聞喜。

清・王昶《金石萃編》卷八一《裴光庭碑》 按：此碑金石諸書僅見《集古録》與《録目》有之，餘皆不見著録。錢塘倪濤《六藝之一録》載及此碑，蓋倪氏是廣採諸家録目者，此碑得入録，賴有歐公二跋也。

《紀泰山銘》

論説

明・王世貞《弇州山人四部稿》卷一三四《記泰山銘》 者，唐元宗皇帝御撰及書，字徑六寸許。雖小變漢法，而婉縟雄逸，有飛動之勢。

明・孫鑛《書畫跋跋》卷二下《泰山銘》　帝王假手臣下固常事，第詞可潤色，書則祇可代為之，何由潤其筆，使寫成而重加描補，恐無但不能增妍，將愈滯鈍矣。此銘當是帝手書，不然則是擇不特效帝作此肥筆耳。

綜述

明・聶鈫《泰山道里記》　碧霞廟北懸厓有削壁，為大觀峰，一曰彌高殿。有唐玄宗《紀泰山銘》，世謂之《摩厓碑》，高二丈九尺，寬一丈六尺七寸，額高三尺九寸，寬四尺，開元十四年九月御製八分書并題額。字徑五寸，額字徑一尺九寸。

紀事

明・王世貞《弇州山人四部稿》卷一三四《唐玄宗御書泰山銘》　余嘗登泰山，轉天門，則見東可二里，穹崖造天，銘書若鸞鳳翔舞於雲煙之表，為之色飛。既摩挲久之，惜其下三尺許为搨工人惡寒篝火焚蝕，遂闕百餘字，傍有蘇丞相頲《東封頌》正書。閩人林焯以四大字刻其上，恶札題名縱横，湮滅不可讀，悵然而下。後人事可憎，殆不特此。

《干禄字書》

論説

清・王昶《金石萃編》卷九九《干禄字書》　碑字方整有法度，尚存魯公遺意，句詠跋所云令通顔書之士摹勒刻石者，信非虚語，而《匏翁集》直謂詠所書與公頗類，則誤也。

清・錢大昕《潛研堂金石文跋尾》續卷三《干禄字書》　按：豪州，据《唐書・地理志》，濠州鍾離郡，濠字初作豪，元和三年改从濠。韓退之有《徐泗濠三州節度掌書記廳石記》，洪慶善攷退之作記在貞元十五年，因據唐志以證俗本作濠之誤。而吴曾《能改齋漫録》駁之，且引杜佑《通典》稱濠州北齊為西楚州，隋改曰濠州，因濠水為名，而唐因之。佑上《通典》在貞元十年，其書初不見豪字，以此知韓文作濠者為是。今攷此碑，元孫結銜稱滁沂豪三州刺史，豪不从水旁，石刻分明可以徵信。又《廣韻》豪字下注：州名，古鐘離國，隋改為州。《廣韻》本於孫愐，愐撰《唐韻》，在天寶十載，足徵其時州名不从水也。李吉甫《元和郡縣志》亦云，武德五年，杜伏威附改濠州，濠字中間誤去水。元和三年又加水焉，正與唐志相合。杜氏《通典》偶漏不載，而吴乃據以議歐志之失，豈其然乎。

清・吴省欽《白華前稿》卷一九《潼川干禄碑跋》　魯公書石遍天下，其存蜀者僅武連逍遥樓三字，至南部縣《離堆摩厓記》已泯，劍州《中興碑》則紹興初攝州事吴盰摹刻，而費少南跋之，四川新舊志不復舉其名矣。《干禄碑》見《潼川州志》，謂公自書在州學，予惟歐陽公以謂《干禄書》真本，開成中石已訛缺，世所傳者乃楊漢公摹本，潼安得有此。亟訪之尊經閣下碑石，厚尺餘，穴兩旁如貫綍之制，其正面則表裏刻之。碑下斷一尺餘，宋人跋已不完。跋首言《干禄碑》在湖州刺史宅東廳，蜀士大夫所見，惟板刻鮮得其真。府尹龍閣宇文公比刺湖州，得公所書。以下缺。州《職官志》：宇文氏三人。昌齡、雙流進士。時中，成都進士。峒，成都人，修治學校。四川科第志無時中名，惟費著《氏族譜》言宇文氏凡六院，其自廣都院者，閎中、粹中、虚中迭登第，時中賜進士第，後以直龍圖閣知潼川，即是跋所云府尹龍閣者矣。虚中以建炎初使金，被留遇害，與時中為兄弟行。碑之立當在建炎、紹興之際，容訪足本再考之。

著録

清・紀昀等《四庫全書總目提要》《干禄字書》一卷。兩淮馬裕家藏本。唐顏元孫撰。元孫，杲卿之父，真卿之諸父也。官至滁、沂、濠三州刺史，贈秘書監大歷九年，真卿官湖州時，嘗書是編勒石。開成四年，楊漢公復摹刻於蜀中。今湖本已泐闕，蜀本僅存。宗寶祐丁巳，衡陽陳蘭孫始以湖本鋟木。國朝揚州馬曰璐得宋槧翻刻之，即此本也。然證以蜀本，率多謬誤，如卷首序文本元孫作，所謂伯祖故秘書監，乃師古也。蘭孫以元孫亦贈秘書監，遂誤以為真卿。稱元孫而以序中元孫二字改為真卿以就之，曰璐亦承其譌，殊為失考。其他闕誤亦處處有之，今以蜀本互校，補闕文八十五字，改譌體十六字，刪衍文二字，始稍復顏氏之舊。是書為章表書判官作，故曰《干禄》，其例以四聲隸字，又以二百六部排比字之後先，每字分俗、通、正三體，頗為詳核。【略】雖不免千慮之失，然其書酌古準今，實可行用，非詭稱復古以奇怪釣名者。

《宋璟碑》

論説

明·王世貞《弇州山人四部稿》卷一三四《宋文貞碑側記》　《宋文貞神道碑側記》，顏魯公書石刻，沙河二公剛勁大節相埒，書亦稱是，真足三絶。余始有碑側記，又後一歲乃得碑文，頗剥蝕，其行筆與記全異。碑辭内稱公雅善戲謔，不常矜莊，凡所詼諧，人輒疏取。昔人見公賦梅花，以鐵心石腸為怪，故不足怪也，非所望於蕭傳，亦是一証。太史公讀張文成事，而疑其偉然丈夫乃如好女子，世固有不可曉者。

明·都穆《金薤琳琅》卷一六《唐故太尉文貞宋公神道碑側記》　《金石録》謂碑與新史不同者二事，又謂碑側記載文貞逸事甚詳，而新舊史皆無之。予家藏《魯公文集》中有此碑，因得比較，以補石本之闕，但其文時有小異。如集本云建一言而天下倚平，碑一言作一陽。集本云曾祖宏俊，碑作宏峻。集本云嘗夢大鳥銜書吐公口中，公吞之，碑作大鳥銜書吐公口中而咽之。集本云欲優游自免，碑自免作鄉里。集本云左右震竦，碑左右作天后。集本云敕使馳救之，碑救作赦。集本云與執法通問，碑作與執政通問。集本云玄宗將幸西蜀，碑作中宗將幸西京。集本云公盛氣詰之，碑氣作色。集本云東宮有大功，宗廟社稷主也，安得異議。碑作春宮有大功主，安得異議。集本云駕幸洛陽，碑作駕達東都。集本云馳道隘險，行不得前，碑作馳道隘稽，車騎不得前。集本云以臣免之，碑臣字下有言字。集本云母空寵子愛，碑作母寵子異。集本云敕公按覆，碑無敕字。集本云置之座右，碑之作諸。集本云仲冬十九日，碑作十有九日。集本云喪葬官供，碑喪葬作器葬。集本云戊寅歲五月，碑無歲字。集本云叨太僕之下烈，碑烈作列。集本云義形言色，碑言作顔。集本云既遷鄴城，碑遷作還。集本云汗洽流漿，碑流作如。其不同者又如此，此則趙氏之所未及也。

清·錢大昕《金石後録》　以碑證傳，互有脱漏。如史云張易之誣魏元忠，引證張説，公語説以名義，時人呼易之為五郎，而稱之曰卿。韋月將告武三思亂宮掖，不奉詔以救之，王仁皎卒諫止，用竇孝諶故事，皆公志節所，而碑遺之，至遷殿中侍御史，同列有博於臺中者，天后將黜之，公獨引過。神龍復辟，讓封不受，改貝州刺史，與數人同辭，三思獨揖公住，公竟出。太平長公主有異謀，遂奏婦人干政，恐生禍階。男又縱横，公執奏之。及碑側所記，必歷歷在人耳目間，修史者有何避忌而不之載也。當請窮治易之兄弟，時武后蒼皇欲起，遽令之出者，新《史》曰姚璹，舊書曰楊再思，碑止書内史而逸其名。若李邕曰：陛下坐則天下安，起則天下危。詳述其詞，蓋揚善隱惡之意寓焉。以公之忠直，諸子皆不肖，歿後三十五年，孫儼始為樹碑，雖公名在天壤，不以碑為久遠，然過公之里，拜公之墓，讀斯碑而興起者，未嘗不以魯公之文而欷噓長太息也。

清·錢大昕《潛研堂金石文跋尾》卷四《廣平文貞公宋璟碑》　《舊唐書·本紀》：開元二十一年十一月，尚書右丞相宋璟以年老請致仕，許之。碑稱開元廿一年抗疏告老，正與舊紀合，而新舊書本傳俱作二十年，誤矣。唐以黄門監即侍中。紫微令即中書令。及同三品平章事為真宰相，開元元年改尚書左右僕射為左右丞相，雖名丞相，而非宰相之職。文貞以開元八年由侍中拜開府儀同三司，始罷政事。十七年拜尚書右丞相，非再入政府也。《碑側記》別載逸事二條，又云：昭義軍節度觀察使、尚書左僕射兼御史大夫平陽郡王薛公嵩慕公德業，乃命屯田郎中權邢州刺史封演購石俾工刻之。《舊唐書・薛嵩傳》不稱御史大夫平陽郡王者，略之也。封演天寶末進士，所著有《聞見記》、《古今年號録》。

綜述

明・都穆《金薤琳琅》卷一六《唐故太尉文貞宋公神道碑側記》 右《唐宋文貞公碑并碑側記》，皆顔魯公撰并書。文貞墓在沙河縣，碑久埋没土中。近予友方思道作縣，出之，重樹於墓，以搨本見示。

明・歸有光《歸震川集》卷五《跋廣平宋文貞公碑》 右《廣平宋文貞公碑》，顔魯公書，在今沙河縣之東北康陵。丁丑之年，太末方思道為沙河令，碑已斷没，出之土中，鎔二百斤鐵貫而續之。今方公所為修復封樹皆無存矣，惟此碑屹立於風霜烈日之中，恐亦不能久也。歐陽文忠公以謂魯公真蹟，今世在者，得其零落之餘，猶足以為寶。今此碑剥蝕猶少，況以廣平之重，使歐公得之，其為珍賞，當倍他書矣。

清・王昶《金石萃編》卷九七《宋璟碑》 按：此碑兩面一側，皆《神道碑》銘，其一側記宋公軼事，謂之《碑側記》。《魯公文集》有碑銘而無側記，《金薤琳瑯》有側記而無碑銘，今取兩書互勘，碑闕數字，得以補足。

《李玄靖碑》

論説

清・王昶《金石萃編》卷一〇〇《李玄靖先生碑》 魯公好仙術，不特書《麻姑壇》已也。按李合光者，陶隱居裔，凡五世，其事絶無可紀。獨人謂其隸法勝乃父，遂斷不作隸，差近厚耳。《弇州山人稿》。

清・王澍《虚舟題跋》卷六《唐顔真卿玄静先生碑》 魯公以大歷六年罷刺撫州，七年九月至東京，除湖州刺史，十二年為此碑，於時年六十有九。先是，乾元二年，由昇州刺史充浙西節度使，兼江寧軍使，致書元静，與之締交。越十年而元静死，又八年而公為之作碑，留元剄年譜系碑於大歷八年，誤也。是年春三月，元載伏誅，召公為刑部尚書，而此碑書於五月，猶稱湖州刺史，當由刑部尚書之命猶在五月後耳。原碑斷於宋紹興七年丁巳，不知何時毁去，今茅山所有碑乃是覆刻，筆畫細瘦，全客滿魯公雄健之氣。且字之訛者七十餘處，而原碑不可復得矣。

清・翁方綱撰、沈津輯《翁方綱題跋手劄集録・跋李玄靖碑》 《李玄靖碑》，顔魯公撰并書。魯公忠節正人，李道士亦克篤孝行，忠孝即神仙也。唐人碑刻，多以《老》、《易》並言，若魯公正人，豈有不尊經者。而此文云尤精《老》、《莊》、《周易》，則自魏晉以後，竟皆視《周易》為元虚之談，且列於《老》、《莊》之次，其亦可謂言之無稽也矣。唐世經學，自孔疏、陸釋外，罕見於著録者，豈盡習於麗藻耶，豈徒事於隸、楷耶。韓之文起八代之衰，而於諸經亦未有所詮次。爾時隋唐藝文、經籍所未備者，或尚有一二留遺足摭據者，何至數百年間寥寥曠隔，直至宋人始追古義，而又不甚留意詁訓，為可慨也。因讀魯公此碑而發之。

又 右茅山玄靖先生《李含光碑》，顔魯公晚年筆也。中有改字，覆壓於本字之上，即以入石，《爭坐》、《祭姪》諸稿而外，正書所罕見者。然愚意廣陵江者人句下本姓，姓字亦是誤筆，必是名訛作姓耳。蓋其名因避諱改含字也。

綜述

明・屠龍《考槃餘事》卷一《茅山玄静先生碑》 《茅山元静先生碑》，一顔魯公楷書并文，一唐柳識文，張從申書，李陽冰篆額，世號三絶。碑俱在直隸應天府句容縣茅山。

明・都穆《金薤琳琅》卷一〇《唐茅山玄静先生廣陵李君碑銘并序》 碑稱隱居先生以三洞真法傳升元先生，升元付體元先生，體元付正一先生，正一付先生。自先生距隱居凡五葉矣。今考之隱居先生者，梁陶宏景。升元為王遠知，體元為潘師，正一為司馬子微，三人《唐書》有傳，惟元靖無之。予嘗遊茅山，至玉晨觀，其前有雷平池，池南為伏龍岡，元靖葬其上。碑今在觀中，四周皆刻文字，道士以亭覆之。

紀事

清・錢大昕《金石後録》 予嘗遊茅山，過雷平池，登伏龍岡，弔先生墓，慨然有遺世之想。碑中所謂靈芝、甘露，固不可復得，即鬱岡山齋壇、仙院亦改舊觀，惟穹碑屹峙，聲施至今。

清・汪志伊《李玄靖碑跋》 乾隆壬子秋，錢辛楣先生語予云：向游茅山，至玉晨觀，訪《顏魯公書玄靖先生碑》，已糜碎，尚存二十餘片，道士不知寶愛，委諸糞土瓦礫之場，恐妙蹟不復留人間矣。並出《游山記》示予，予竊惟辛楣以訪碑出游，隨處表章舊蹟，而茲復向予諄諄者，蓋以拾殘補缺為守土者責也。予公冗不暇入山，札句容縣學兩廣文徐君彬、俞君獻搜尋殘碑，督工椎搨。越月來報，言此石見存觀中者，半屬疊床支竈，砌地鋪階，及附近居民家供在書案者，檢來共得二十三片，當運至學舍藏貯，但四面刻字，難以架空磊竪，并郵到搨本六十紙，計存一千四十餘字。經辛楣詳加考訂，其完全之字僅得七百六十有六，其殘缺者正面三百六十一字，右側八十六字，背面三百三十三字，左側五十九字，計共殘缺字八百三十有九。以硃書補注之。適賈人挾此碑宋搨本至，其文字與辛楣考訂無異，而神采尤為焕發，予且喜且驚，豈知予相需之殷，來索重價耶，抑魯公之靈默默相之耶。乃價賈人直，付姚東樵以缺字鉤勒上石，期成完璧。又恐膠合以遠舊觀，日久仍不免有摧裂之虞，今仍於玉晨觀中築石臺兩行，將殘碑及補石分別大者為一行，小者為一行，排置臺上。其兩行之頂亦砌石覆蓋，俾免散失。又以文字顛倒，另縮小字，勒碑於旁，以為後人叙次之據。復建石亭以覆之。爰偕僚友捐廉以襄其事，茲因工竣而為之記。

《元結碑》

論說

清・畢沅《中州金石記》卷三《容州都督元結表墓碑》 《容州都督元結表墓碑》，大歷□年十月立，其文與《新唐書》本傳略同，宋祁當即據此為之。惟碑云祖利貞，史云祖亨，字利貞。碑云充山南東道節度參謀，史作西道。碑云猗玕洞，史作猗玕沮。碑云將家讓濱，史作瀼濱。蓋傳寫之誤。李義山作《元結文集後序》云：見憎於第五琦、元載，故其將兵不得受，作官不至達，母老不得盡其養，母喪不得終其哀。碑獨不述其事者，以同時忌諱，而《新唐書》則應採録此事，乃僅襲碑文，何也。碑云葬君於魯山青嶺泉陂原，今在縣城北三十里青嶺，俗名青條嶺也。

清（嘉慶）《魯山縣志》卷一七《唐故容州都督兼御史中丞本管經略史元君表墓銘并序》 銘載道士申泰芝誣湖南都防禦使龐承鼎謀反，並判官吴子宜等畢被決殺，推官嚴郢坐流。俾君按覆，君建明承鼎，獲免者百餘家。《新唐書》結本傳不載此事，惟附於《嚴郢傳》。方士申泰芝《舊唐書》作奉芝。以術得幸肅宗，遨遊湖衡間，以妖幻詭衆，姦贓鉅萬。潭州刺史龐承鼎按治，帝不信，召還，泰芝下承鼎江陵獄，郢具言泰芝左道云云。帝怒，叱郢去，卒殺承鼎，流郢建州，與誌銘符。《舊唐書・吕諲傳》：龐承鼎因奉芝入奏，至長沙縶之，遣使奏聞。輔國黨奉芝，召泰芝赴闕，既得召見，具言承鼎曲加誣陷，詔鞫承鼎誣罔之罪。据是則泰芝不過指承鼎為誣陷，何至帝怒不已，必致之死地。以銘考之，泰芝乃誣承鼎謀反，《傳》殆未具其實也。後承鼎竟得雪，泰芝竟以贓敗流死，亦由結建明承鼎，而新舊史皆於結本傳不書，其疎甚矣。銘載淮西節度使王仲昇為賊所捡、裴茂與來瑱交惡事，亦見《來瑱傳》。

綜述

宋・趙明誠《金石録》卷二八《唐元結碑》 《元結碑》，顔魯公撰并書。按，《唐書》列傳：結後魏常山王遵十五世孫。而碑與《元氏家録序》皆云十二世，蓋史之誤。又碑與《元和姓纂》云，結高祖名善禕，而《家録》作善褅，未知孰是也。

清・錢大昕《潛研堂金石文跋尾》續卷三《容州都督元結表墓碑》 右《容州都督元結表墓碑》，顔魯公書四，而刻字與宋廣平、李含光及《家廟碑》式相同。後題大歷下闕一字，據魯公行狀稱，大歷七年除湖州，此碑署湖州刺史，必在七年以後矣。《唐書・元結傳》稱，曾祖仁基，寧塞令，而碑云褒信令。又稱父延祖再調春陵丞，而碑云歷魏成主簿、延唐丞，皆其異者。

清・武億《授堂金石跋・金石二跋》卷三《元次山墓碑》 碑舊在青條嶺。予近所見搨本，蓋魯山李居來家所藏持以贈予者。字間有剥泐，證以舊志所載全文，讀之始無遺缺。碑云曾祖仁基，朝散大夫，褒信令，傳乃作寧塞令。次山父延祖歷魏城主簿、延唐丞，傳僅云再調春陵丞而已。春陵漢舊縣，宋景文書唐人仍襲用舊名，使其歷官所在，後世幾不可考，殆非例也。《元和郡縣志》：春陵故城在延唐縣北十里。景文於傳書之，其亦用古之過，而遂僻澀如是與。凡史以紀實也，作尋常文字，猶不宜遷就其詞，况於成一代之史以俟後世，其毋益滋之惑而大失真與。碑載次山起家為道州刺史，為西原賊所陷，人十無一，户絻滿千。今傳云遺户裁四千，攷次山《春陵自序》，道州舊四萬餘户，經賊以來不滿四千，《傳》所書當據此文。而碑云户絻滿千，真卿在當時手自傳録，理亦不謬，然或更有所本與，殆亦詩人靡孑遺之謂與。次山祖，《傳》云諱亨，字利貞，碑惟云利貞，由避肅宗諱不書。

《臧懷恪碑》

論說

明・孫鑛《書畫跋跋》卷二下《臧懷恪帖》 唐史不立傳，若非魯公書碑，即湮滅無聞矣，雖百朱輪何益。

清・武億《授堂金石跋・金石二跋》卷三《贈工部尚書神道碑臧懷恪碑》 碑云：開元初嘗遊平盧屬奚，室韋大下公挺身與戰，所向摧靡。《新唐書・室韋傳》惟載開元、天寶間凡十朝獻，其後貞元四年，與奚共寇，乃見於傳。證之碑，則開元初已内侵，而史蓋失録。又碑下文，遇突厥斬啜八部落十萬餘衆於狼頭山。今檢突厥部落，無此名。《通鑑》：聖歷九年九月，改默啜為斬啜。當時武后憤其倔彊，故漫為此號，而魯公亦襲用之。然懷恪應變紿敵，功不為細，乃卒不附《突厥》本傳，亦其疎也。又所云僕固懷恩父設支適在其中，獨身遮之，由此獲免，遂與設支部落二千帳來歸。案之《唐書》，皆不合。傳載懷恩鐵勒部人，則懷恩父亦舊屬鐵勒矣。又云乙李啜生懷恩，世襲都督，則傳言父蓋名乙李啜，今碑乃云懷恩父設支，則又名設支矣。至云與設支部落二千帳來歸，設支又自有部落，及開元初來歸，始為唐臣，亦非世襲部督者。疑此數事，史文皆未悉，並當以碑為據，且足補《突厥》、《室韋》二傳之闕，則是碑之傳，益可寶也。

綜述

明・王世貞《弇州山人四部稿》卷一二四《臧懷恪碑》 《臧懷恪碑》，顔魯公篹並書。懷恪再為王晙、蕭嵩兵馬使，積官右武衛將軍，封上蔡縣侯，三贈而至工部尚書，則以子希讓貴故也。兄懷亮至左羽林大將軍。

懷恪有子七人咸顯，而希讓至尚書、節度使。《魯國公碑》稱兄弟子姓，勛賢間出，自天寶距於開元，乘朱輪而拖珪組者數百人。而唐史不為立傳，故聊載之。書法偉勁，不減《家廟》、《茅山》，而石完不泐，尤可喜也。《金石録》又載韓擇木書第三子太子賓客《希忱碑》，及《希晏碑》，以韓秀弼書之。希讓胄子也，而能為不朽計乃爾，誠有過人者矣。

明·都穆《金薤琳琅》卷一〇《唐故右武衛將軍贈工部尚書上柱國上蔡縣開國侯臧公神道碑銘并序》 尚書墓在陝西之三原縣，顔公此刻，人間少傳，予向以使事道陝得之。尚書七子皆為顯官，而希讓至魯國公。《顔公文集》復有《臧氏糾宗碑》，書七子官，與此不同。

《峿臺銘》

論説

宋·歐陽修《集古録跋尾》卷七《唐元結峿臺銘》 右斯人之作，非好古者不知為可愛也，然來者安知無同好也邪。

明·王世貞《弇州山人四部稿》卷一三四《峿臺銘》 元結次山撰《峿臺銘》，見歐陽永叔《集古録》中。次山凡文多從顔尚書真卿、李學士陽冰索書，此篆書不知陽冰作者，或自作之。次山於文爾雅，然不能高，而愛身後名，其銘亦類是。昔杜襄陽碑《峴首》，一絶頂，一深淵，曰：吾懼千秋之後之陵谷也。嗚呼，古人之於名如此。

清·吴玉搢《金石存》 右唐《峿臺銘》。黄山谷云：溪銘季康篆，亭銘江華令瞿令問篆，惟臺銘篆書無姓名。又云：以字法觀之，亦季康篆也。

綜述

清·顧炎武《金石文字記》卷六《峿臺銘》 《峿臺銘》，元結撰，篆書，大歷二年。《浯溪銘》，元結撰，瞿令問篆書，大歷三年。《庴亭銘》，元結撰，瞿令問篆書，大歷三年。右三銘並在祁陽縣。元次山愛祁陽山水，遂寓居焉。名其溪曰浯溪，築臺曰峿臺，亭曰庴亭，所謂三吾者也。臺銘刻在臺之後，甚完整。溪銘、亭銘刻於東崖石上，隨石欹斜，蘚厚難搨，而篆筆特佳，視臺銘更勝。別有黄山穀書百餘字，云：與陶介石披榛翦穢，得次山銘刻，喜而試之。又有皇甫湜五言古詩一首，次山之子讓五言長律一首。

清·錢大昕《潛研堂金石文跋尾》續卷三《峿臺銘》 右《峿臺銘》。次山尚有《浯溪》、《庴廎》二銘，皆瞿令問篆書，以地僻蘚厚難搨，惟此銘世多有之，雖不著書人姓名，當亦令問筆也。

《城隍廟記》

論説

元·熊朋來《經説》卷七《雜説·評篆》 陽冰篆《城隍祈雨碑》，曰字如日，顛上作山。李氏《三墳碑》，敢下作身。忘歸堂、庶子泉，皆石下作凵。修廟碑，曾下作甘，建字從冗，而喜作乙。若此類，不可以陽冰之蹟，尤而效之。人字本有刀、几二體，陽冰合之，象俯身曲脛，於理則通。女字象形，陽冰曳為兩足以取稱，頗非象形之初意。子字象小兒圓頂，鍾鼎至以丁點象其頭，而四布其畫，以象手足。陽冰喜破圓作鉤，使疋、足二體不分，要非子字之正。主字象燈之炷，陽氷或卧其上炷。□上從彡，陽氷中書常正横作𠃌，無象反欠。□□上皆三畫，陽氷亦謂象人開口作𠃌，然欠象開口猶可也，□，安步也，何取於開口乎。今篆者於二字多從氷體。

明・趙崡《石墨鐫華》卷四《唐縉雲縣城隍廟記》 李陽冰為縉雲縣信，值旱禱於城隍，約五日不雨，將焚其廟。及期而雨，乃遷廟而記其事。書固奇，事亦奇。余觀其篆，瘦細而偉勁，飛動若神。歐陽公以為，視陽冰他篆最瘦。余謂佳處正在此。又云世言此石與忘歸臺、孔子廟三石俱活，歲久漸生，刻處幾合，故細。若然，今去歐公又四五百年，寧不為無字碑乎。記云：祀典無城隍神，吴越有之。至歐陽公云：天下皆有，縣猶少。今則無縣無之矣。且記云自西穀遷廟於山巔，又以見城隍廟前朝不必在城中也。今西安府西村落大者多有城隍，是其遺意。

清・王澍《竹雲題跋》卷三《李陽冰謙卦》 五日不雨，日字以□為日。篆法日从⊙，象形也。□，古三切，從口，含一，象口含物也。又山宜作□，今作山，乃耑、豈等字之頭，皆誤。

綜述

宋・歐陽修《集古録》卷七《唐李陽冰城隍神記》 右《城隍神記》，唐李陽冰撰並書。陽冰為縉雲令，遭旱禱雨，約以七日不雨，將焚其祠，既而雨，遂徙廟於西山。陽冰所記云，城隍神祀典無之，吴越有爾。然今非止吴越，天下皆有，而縣則少也。

清・朱文藻《碧溪文集》《縉雲縣城隍廟碑》文，唐李陽冰撰并篆書。碑形上圓下方，後楷書宣和重刻年月，立石人官爵姓名，下截一格缺蝕三字，微存偏傍，可意會也。文只八十六字，而叙述禱雨，遷廟二事，義意已足。古人作文，言簡意該，於此可見。山農需雨，多在盛夏，此自七月不雨，至八月既望始行禱祀，以今日情事較之，則亢旱成災，已不可支矣，豈今昔農事亦遲早異候耶。縉雲治當婺女、括蒼之交，山水奇秀，燕坐衙齋，如作仙吏。余嘗遊其境，徘徊不忍去，惜匆遽經過，未暇搜剔苔蘚，一讀遺碑。碑作於乾元，迨宋宣和，祀逾三百，而已遭寇攘斷裂。宣和至今，閱歲倍於前，而完好可讀，若有鬼神呵護之者。

《遷先塋記》

論説

清・畢沅《關中金石記》卷三《遷先塋記》 陽冰書，結體茂美，而多乖於六書之義，然蔡邕《石經》已多别體，豈書家多不究小學耶。

清・錢大昕《潛研堂金石文跋尾》續卷三《李氏遷先塋記》 右李陽冰書《遷先塋記》。《説文》改更字從戊己之己，㪅，改字，從辰巳之巳。徐鉉引陽冰説，謂已有過攴之即改，而此碑書改元字卻從已不從己。秦《詛楚文》改亦從己，蓋二文可假借也。毛字《説文》、《玉篇》、《廣韻》、《集韻》俱不載，惟《家語・執轡篇》息土之人美，毛土之人醜。注：毛，耗字。此少温所本矣。叙，説文从攴，此與《三墳記》俱從又。泉即洎字，水當在左旁，變文居下。

綜述

清・王昶《金石萃編》卷九四《遷先塋記》 按：此碑述者名全泐，《石墨鐫華》以為季卿。據《三墳記》為季卿述，首稱先侍郎之子云云，此碑亦有先侍郎即世之語，則其同為季卿所述，固無可疑。

碑云：天寶改元，我之伯也卒。天寶以壬午年改元，則其前云蒼龍大淵獻，是開元二十三年乙亥歲。前云先侍郎即世，又云先大夫徐公，此先大夫未詳何謂也。下云單閼歲先夫人合祔，是二十七年己卯也。伯之卒在合祔後四年，又其後十年之間，仲叔俱卒，即前碑三墳者是也。霸岸鑿龕，客土毛矣。此是形家之言，龕與堪通，今俗用磡字。《太平寰宇記》：灞岸在通化門東三十里。霸崖鑿龕，有傷地脈。此云客土，猶形家謂之來龍也。土坼則脈傷，而藏者體魄不安矣。温冥之禁未詳，以臆度之，温取室閉而暖，冥有幽冥之義，皆謂墳穴也。又云攝提格辜月，攝提格者，寅年也，當是壬寅年。仲叔之卒在天寶十一載壬辰，又越十載為寶應元年。辜月，十一月也，以壬寅十一月遷葬也。

碑云異時述口三百篇，永泰中小宗伯賈公至為之叙，此必是其先侍郎所作之詩也。《唐書・賈至傳》：至之轉禮部侍郎，正在永泰二年未改大歷之前。惜不知其集名，無從考矣。

碑今在西安府學，不知當時從何處移來。碑有其原鳳栖之語，則其先塋在今咸寧縣鳳栖原。《長安志》云：少陵西北三十里皆此原。雍大記柳宗元為伯姒志曰：葬於萬年之鳳棲原。在唐時為萬年縣安化里，似碑當立於此處，今碑移而墓亦不可考矣。碑為宋初威安璨重開，而助緣者皆僧名，想宋時李墓尚存，墓旁當有僧寺為之守護，諸僧皆住寺者也。

明・趙崡《石墨鐫華》卷四《唐李陽冰先塋記》 此李氏卜葬李曜卿兄弟三人，而弟季卿記，從子陽冰書。卜地人為邵權。《記》云：遍得管、郭之道。管謂公明，郭則景純也。書《玉筯經》，大中祥符間翻刻，故不及《縉雲碑》。

清・吴玉搢《金石存》 右《唐李氏遷先塋碑》經宋大中祥符間重開，今復剥落，自清河郡太夫人以下，文多不可卒讀。《爾雅》歲在亥，曰大淵獻，此碑書作泉獻，避高祖諱也。《唐兖公頌碑》亦書顏回字為子泉。客土坼矣，坼字字書不載，疑是耗字，重開時譌耒為土也。

《三墳記》

論説

明・趙崡《石墨鐫華》卷四《三墳記》 此季卿表曜卿三墓，陽冰書。碑雖無翻刻字，字畫法具而神亡，似與前碑同。陽冰《顏魯公家廟碑》書作陽冰。

清・孫承澤《庚子銷夏記》卷七《李陽冰李氏三墳記》 篆書自秦漢而後，推李陽冰為第一手。今觀《三墳記》，運筆命格，矩法森森，誠不易及。然予曾於陸探微所畫《金騰圖》後見陽冰手書，遒勁中逸致翩然，又非石刻所能及也。

清・錢大昕《潛研堂金石文跋尾》續卷三《三墳記》 右《三墳記》碑末無重開年月，而字畫更明顯，筆力似較弱，蓋開鑿又在前碑之後也。文云：下土得漮，上腴成賦。《説文》無漮字，蓋用《楚辭》后土何時而得漮語。又云：僅逾强仕，以講陰堂。《後漢書》：周磐夢見先師東里先生，與講於陰堂之奥，既而長歎，其月無病忽終。《記》蓋用此事也。吴當從夰，而碑從天。壑當從叡，而碑從豁。疑翻刻之為。

綜述

明・王世貞《弇州續稿》卷一六〇《李陽冰書三墳碑》 按：此碑為李曜卿兄弟三墓，其人皆有文學，早仕宦而不壽以歿。最少弟季卿撰表，而宗人陽冰緊玉刻之也。其石猶故物，故無傳改之譌。

清・吴玉搢《金石存》 右唐李氏《三墳記》，李陽冰書，與李氏《遷先塋記》同在今西安府學，皆大歷二年建。《先塋記》有宋人重開歲月，此碑無有。

清・朱文藻《碧溪文集》 右唐李氏《三墳記》。凡二碑，中俱有半截裂紋。第一碑左角斷闕，下脚微闕。凡全闕者十四字，半闕而猶可辨識者七字。末行吏不敢以後，文氣未盡，隱躍尚有八字，右旁痕迹可辨者四字。趙明誠《金石録》祇載其目。

《般若臺銘》

論說

清・顧炎武《金石文字記》卷六《般若臺銘》 閩中絶少古刻，鼓山題刻如麻，無一唐蹟，惟此銘在三山為最古。又聞石塔寺有唐貞元中碑，余未之見。

清・楊賓《大瓢偶筆》卷三《李陽冰書》 李陽冰《般若臺碑》與處州《新驛記》、縉雲《城隍記》、麗水《忘歸臺銘》，古今稱為四絶。處州、縉雲、麗水皆經翻刻，惟《般若記》二十四字，在福州烏石山石崖上，猶是原刻，恐不在李斯碑下。

綜述

宋・王象之《輿地碑記目》卷三《福州碑記・李陽冰篆》 在神光寺，《般若臺記》，刻於華嚴頂，與處州《新驛記》、縉雲縣《城隍記》、鏡水《忘歸臺銘》，世寶之為四絶。

清・楊賓《大瓢偶筆》卷三《李陽冰書》 李陽冰《般若臺碑》，在福州烏石山崖上，計二十四字，字大如盤，未知與李斯《泰山詔》孰勝。昔人稱陽冰書格峻氣莊而法備。又云如太阿、龍泉，横倚寶匣，華峰崧極，新浴秋露。又云李斯之後一人。則前輩之推崇，概可知也。

《謙卦銘》

題解

明・屠龍《考槃餘事》卷一《謙卦爻辭》 《謙卦爻辭》，李陽冰篆書。石在直隸太平府蕪湖縣民家。

論說

明・王世貞《弇州山人四部稿》卷三四《李陽冰篆書謙卦》 李陽冰此刻雖再登石，居然有殘雪滴溜之狀，是延尉正脈。至於謙卦，當人置座右一紙。

明・孫鑛《書畫跋跋》卷二下《李陽冰篆書謙卦》 余家有此拓本，曾以飾圍屏，書勁而細，然筆筆有態。古篆今存者少，宜寶之。

清・王澍《竹雲題跋》卷三《李陽冰謙卦》 篆學之亡，四百餘年矣，斯喜妙跡淪絶，至唐李少温上追孔轍，下襲斯法，篆學於是中起。謙卦尤其奇絶之作，運筆如蠶吐絲，骨力如綿裹鐵，舒元輿所謂蟲食鳥步、鐵石隔壁、龍池駴解、鱗甲活動者，於此見之。

僕論書法有意求變，即匪能變。少温書謙卦，謙字數十，兼用大小篆，不足，又以 為謙，雖字各異體，然未免有意求變，所以變盡輒窮。絳雲在霄，化工肖物，所以萬古不同者，無心於變也。作書但因時舒卷，即變化具足，何事研同較異，逐字推排，乃始為變乎。

清・王昶《金石萃編》卷九八《李陽冰書謙卦》 陽冰篆書祖秦相斯，而筆力過之，舒元輿輩論之詳矣。是刻藏蕪湖王氏，國初得之當塗縣治。風骨雅健，卓有古意。近諸刻失之矣。豈即寶應間作令時書耶。歲久板機拆裂，予視権暇，乃屬吳郡章生簡甫壽之石，樹邑癢明倫堂，與諸好古君子共焉。蜀岳池張大用識。

綜　述

清・王昶《金石萃編》卷九八《李陽冰書謙卦》 按：陽冰《謙》卦，据張大用跋云：近諸刻失之，是刻者不一。又云：歲久板幾拆裂，乃壽之石。是先有板本，而後有石刻也。木刻未詳始於何代，刻石亦未詳明之何年，陽冰自署名而不署書時歲月，張跋以為寶應間作令時書者，是懸揣之詞，今因附《般若臺》之後，與陽冰諸篆連類及之。下碑黃帝祠宇及聽松等刻，亦此例也。

凡篆書皆用釋文，此書《謙》卦，經文可以不釋。至其書用筆秀勁，字多變體，陽冰書中又一種也。

《藏真帖》

論　説

明・孫鑛《書畫跋跋》卷二下《懷素藏真帖》 此帖是用張長史水筆作顔尚書行押法，内甚稱羨二公，豈有意效之耶。肆筆亂寫，頗有不成字及類稚筆處，然意態自妙，蓋草法力深故耳。周越書僅見此，固此佳，何為彼時人不甚許之。蔣穎叔是蘇、黄前輩，乃顧肯效其書，古人服善如此。

清・侯仁朔《侯氏書品・正品・藏真律公三帖》 世稱素師得草書三昧，余謂憔《藏真》、《律公》尤蒼勸森嚴，精神飛舞，帶澡方潤，將濃就枯。周越稱其如懸巖墜石，驚電遺光。非深人斯道者，不知其比擬精確至此。昔楊用修論智果書時有僧氣可恨，此帖蒼勸中復饒秀雅，綽有王、謝家風，然後知素師非但筆力高妙，其品地已到絶頂處也。若《自叙帖》，非不揮灑絶倫，而矜氣未化，蓋《自叙》書於十二年丁已，《聖母帖》書於貞元九年癸酉，相距十有七年，神韻已大相懸絶。此帖雖無年月可稽，而據晚遊中州一語，其為老筆無疑。可知古人即作書，亦未嘗不因年加進也。

《千字文》

論　説

明・孫鑛《書畫跋跋》卷一《懷素千文》 此帖在文忠公家，又已見《集古録》，不知米顛何由未見。陝刻今盛行世，跋語不言字畫同，應别是一本。素師雖有鐵腕力，然不脱緇流氣，筆法亦太近今，周公瑕謂不讓哀册文，恐未然。河南游夏比肩，師則蘇、張輩耳，無但品格殊，地位亦懸絶。

又 素師《千文》今世存者尚多，想其在日，所書固不少，然其筆法祇是狂勁，故易偽作，以乏醖藉耳。此帖據跋似亦疑其偽，然偽亦有佳有不佳。楊二山太宰雅好書畫，每向飛鳧入曰：有假者持來，我買，真迹價重，我不能買。然往往亦得佳者。

又 此帖最飛動有勢，第運筆太速，於草法多失，使非《千文》，素師日後觀之，恐亦將如張文定不自識耳。此書以神勝，佳處不在形似，最難摹刻，使唐人為之猶可。茲石乃摹刻於成化間，出陝西俗工手，安得佳。

清・王文治《快雨堂書題跋》卷三《懷素千文真蹟》 右軍草聖之室，自唐以降，罕有能入之者。顛張醉素，皆從右軍出，而加以怒張狂怪，論者病之。然素師獨得右軍淡處，右軍草書，無門可入，從素師淡處領取，殊為得門，此意董香光屢發之，惜知音者希也。是帖晚年之作，全以淡勝，展玩一過，令人矜躁頓忘。靈岩山人所收唐宋名迹極多，當以此為第一，余獲借觀，亦餘年之大樂事云。

綜述

宋・米芾《書史・懷素千文絹本真蹟》 懷素《千文》絹本真迹在蘇液家。沈遘家刻板本，是後歸章惇家。

《自叙帖》

宋・米芾《書史・懷素自叙真蹟》 懷素自敘真跡在蘇泌家，前一幅破碎不存，其父集賢校理舜欽自寫補之。

論説

明・孫鑛《書畫跋跋》卷二下《懷素自叙帖》 文徵仲跋此帖，謂毫髮無遺恨，恐未然，中間訛筆尚多，可恨者不止毫髮也。第視《千文》，微入規矩，使轉處意態尚可求，顧逍逸飛動，則猶當讓彼。細玩彼似羊毛筆書，此似兔毫筆書，以此氣韻稍別耳。此帖乃徵仲手臨，無但渴筆處鉤勒入杪忽，尤更得其勁筆勢，真不讓唐人技，使《千文》亦使徵仲摹之，神采應更勝也。王荊公作字常忙，昔人謂公一生那得許多忙事，然不獨荊公，藏真及元章亦多忙，荊公祇係性躁，二公則不係躁。藏真是恐弱其筆，元章是恐滯其態，坐此尚未得安閑蕭散之妙，然總之亦是未熟，故論聖人，必曰從容中道。

明・董其昌《容臺别集》卷四《題跋二》 《懷素自叙帖》真跡，嘉興項氏以六百金購之朱錦衣家。朱得之内府，蓋嚴分宜物，没入大内後，給侯伯為月俸。朱太尉希孝，旋收之。其初，吴郡陸完所藏也。文待詔曾摹刻停雲館行於世。余二十年前在檇李獲見真本，年來亦屢得懷素他草書，鑒賞之，惟此為最。本朝素書鮮得宗趣，徐武功、祝京兆、張南安、莫方伯，各有所入，豐考功亦得一班。然狂怪怒張，失其本矣。余謂張旭之有懷素，猶董源之有巨然。衣鉢相承，無復餘恨。皆以平淡天真為旨，人目之為狂，乃不狂也。久不作草，今日臨文氏石本，因識之。

明・趙琦美《鐵網珊瑚》卷一《唐懷素自序帖》 藏真《自叙》，世傳有三：一在蜀中石揚休家，黄魯直以魚箋臨數本考是也。一在馮當世家，後歸上方。一在蘇子美家，此本是也。元祐庚午，蘇液携至東都，與米元章觀於天清寺。舊有元章及薛道祖、劉巨濟諸公題識，皆不復見。蘇黄門題字乃在八年之後，遂昌邵宰疑是興宗諸孫，則蘇氏皆丹陽里卷也。今歸吕辨老，辨老父子皆喜學書，故於兵火之間能終有之。紹興二年三月癸巳，空青老人曾紆公卷題。

又 藏真草聖所閱多矣，未有如自序之精妙，筆法走龍蛇，悉具於此。壬子閏夏五日，保之，行父景晉同觀。

又 今時夏日與劉延仲，吕辨老過都統太尉王公觀法書名畫，如行山陰道上，映照人目，殆不可言。遂知兵火之餘，珍奇大都莫此若也。因見辨老素師自序，一洗累年胸中塵土，是真幸會。紹興二年五月十二日，趙令時德麟題。

又 辨老藏懷素自序，後有先入題字，蓋紹聖三年謫居高安時為邵葉稽仲書也，不知流傳幾家以至辨老。紹興癸丑三月九日，遲觀於婺女馬軍橋潘氏之第。

又 《懷素自叙帖》，余嘗見宋昌裔所臨一本，然多自出己意，吾疑其相遠。及得原博先生所摹，透迤曲折，具得禿翁之意，於是益知宋之不類也。豈臨書家非才參力及，有不可以易致與。米元章《書史》載蘇沂所摹《自序帖》，一如真迹，不知於吾原博者何如，借予不得而并觀之也。庚子歲正月庚子，坐日色中展玩，因書之。昆山陸釴。

又 蘇黄門題此帖時，恨不令吾兄一見，後東坡得見之，則曾空青所謂當世家本也。偶得坡翁跋語，而山谷觀於石揚休家，又得其説於《名臣言行録》，因具録於後。見蘇、黄為一代書宗，所以評自序者如此，以為博古者之助耳。跋語云：僧藏真書七紙，開封王君鞏所藏者，君侍親平凉，始得其一二，而兩紙在張鄧公家，其後馮當世又獲三。雖所從得異不可考，然筆勢奕奕，七紙意相屬也。君鄧公孫，而與當世相善，乃得而合之。予嘗愛梁武帝評書善取物象，此公尤能自譬，觀者不以其過，信乎其書之工也。然其為人儻蕩，本不求工，所以能工如此。如没人操舟，無意於濟否，是以覆却萬變，而舉止自若，其近於有道者耶。《言行録》云：元祐中，與子瞻、穆父飲寶梵僧舍，因作草書數紙，子瞻賞之不已，穆父無一言。問所以，但云恐公未見藏真真跡，某心竊不平。紹聖貶黔中，得藏真自序於石揚休家。諦觀數日，恍然自得，落筆便覺超異。回視前作可笑，後知穆父之言不誣，且恨其不及見矣。成化十六年正月廿五日，寬再書。

清・楊賓《大瓢偶筆》卷四《論僧懷素書》 懷素《自叙》，宋時如錢穆父、蘇子由輩，皆極其推崇。黄山谷以魚箋臨摹數本，自是非常之跡。今余所見明時刻本，雖頗秀潤，而不免稚氣，全與藏真諸帖不同，豈即山谷臨本，而又出惡手所刻者耶。

綜述

宋・米芾《書史・懷素自叙真蹟》 懷素自叙真跡在蘇泌家，前一幅破碎不存，其父集賢校理舜欽自寫補之。

《聖母帖》

論説

明・孫鑛《書畫跋跋》卷二下《懷素聖母帖》 唐元卿謂此碑為偽筆，可謂卓識。雖云匀美清熟，却微帶俗氣，應是高閑輩書耳。細玩亦有數筆類《自叙》及藏真稿帖，更俟具眼者辨之。近張南安等是祖此碑法，然此書却不涉忙，撰碑者何人，稱郭公為叔公，應姓郭。僧而書《道家碑》，亦是異事。

清・侯仁朔《侯氏書品・正品・聖母帖》 此素師極高之筆，雖未可與二王相頡頏，亦庶乎江左風流矣。觀其筆筆韶雅，不復作矜肆態，較藏真《律公》，貌則稍豐，而筋骨略同。學此帖者，能於妍潤容與中，法其迴翔顧盼之妙，則落筆自然多姿，枯槁寥落之弊無自失矣。

附記碑之事實於後：廣陵婦人姜杜有神術，當時以為妖，遂收之囹圄，變形莫知所極。有司具聞，詔於其地立廟祀焉，號曰東陵聖母。素師書此以識之。出唐鄭常《洽聞記》。

《于志寧碑》

論説

宋・趙明誠《金石録》卷二四《唐于志寧碑》 右《唐于志寧碑》，以考唐史列傳，其微時所歷官，史多不書，今亦不復録，録其尤著者。碑云大業十年為清河縣長，而傳云為冠氏長。碑云自中書侍郎遷兵部，授蒲州刺史，不赴。後為衛尉卿，判太常卿事，以本官兼雍州别駕，遷禮部尚書，而史皆不載。中云自侍中拜尚書左僕射，同中書門下三品。頃之，兼太子少師，遷太傅。顯慶四年，以老乞骸骨，詔解僕射，更拜太子太師，仍同三品。今以碑考之，其初拜僕射也，未嘗領中書門下三品，至罷僕射，乃為同中書門下，參謀朝政，皆史家之誤。又案：《百官志》，唐初宰相有參議朝政、參預朝政、參知政事，其後有同中書門下三品、同平章事。永淳中，遂以平章事入銜，而獨無參謀朝政之名，蓋惟見於此耳。

清・錢大昕《金石後録》 右碑趙氏据志寧自冠氏縣長歷官同中書門下三品，證新舊史之脱漏顛倒詳矣。尚有未盡者，如碑云：曾祖謹、祖義、父宣道。義仕隋，為名臣，自有傳，史乃遺之。以冠氏為清河者，新史也。卒於麟德二年，舊史與碑同。則劉氏之書，未敢盡以為可議已。

清・錢大昕《潛研堂金石文跋尾》續卷三《燕公于志寧碑》 右《燕

公于志寧碑》。碑稱所著文集勒成七十卷，而《舊唐書》本傳云有集二十卷，《經籍志》又云志寧集四十卷，皆誤也。新史《藝文志》與舊志同。志寧罷相後，嘗為岐州刺史，此新舊書本傳所失載，而趙氏《金石録》亦未之舉，故為表而出之。

綜述

清・林佶《**來齋金石刻考略**》**卷下**《**燕國公于志寧神道碑**》碑文剥落，未知誰氏撰書，亦不知何年所建，但夢於麟德二年十月，而葬以乾封元年丙寅歲十一月也。癸卯夏，予既得盡讀三原諸石碑，縣志以此碑為於立政碑，予竊惑之，碑雖剥蝕，數語可辨，因考之《唐書》，復與友人申聿馳謁墓下，搨其碑額，曰大唐故柱國燕國公于公之碑，了然無疑矣。

清・朱楓《**雍州金石記**》**卷三**《**燕公于志寧碑**》碑下半磨泐，存字二千。《金石文字記》云：令狐德棻撰，子立政書。乾封元年十一月。

《明徵君碑》

論説

明・盛時泰《**蒼潤軒帖跋**》右高宗御製，高正臣書，王知敬篆額。碑陰有棲霞二大字，乃大中庚子歲立。今碑乃景子，此即米芾所謂手摩一丈玉，讀盡上元記者。書自《聖教序》中出，極有風骨，可愛。

清・顧炎武《**金石文字記**》**卷三**《**明徵君碑**》上元三年四月立，今在上元縣棲霞寺。唐有兩上元，此云景子者，高宗號也。《舊唐書・明崇儼傳》：累遷正諫大夫，特令入閤供奉。崇儼每因謁見，輒假以神道，頗陳時政得失，帝深加允納。潤州棲霞寺，是其五代祖梁處士山賓故宅，帝特為製碑文，親書於石，論者榮之。今按：此碑乃高正臣書，史家以御製并訛為御書耳。

清・錢大昕《**潛研堂金石文跋尾**》**續卷二**《**棲霞寺明徵君碑**》右《棲霞寺明徵君碑》。徵君者，南齊處士僧紹。朱錫鬯以為梁處士山賓，蓋承《舊唐書・明崇儼傳》之誤。山賓仕梁通顯，没贈侍中，非處士也。據碑捨宅為寺，乃僧紹第二子臨沂公仲璋，而崇儼傳以為山賓故宅，皆誤也。碑稱僧紹祖玩，晉建威將軍，而《南史》云州中從事。父略，宋平原太守、中書侍郎，而《南史》云給事中，未知孰是。

綜述

宋・趙明誠《**金石録**》**卷二四**《**唐明徵君碑**》上元三年，歲在景子四月戊戌朔廿五日壬戌建。右唐《明徵君碑》。徵君者，梁人，名山賓也。高宗朝，其裔孫崇儼以方伎進，故立此碑。舊唐史言高宗自製文而書之，非也，蓋高宗撰文，高正臣書耳。

《美原神泉詩碑》

論説

清・王昶《**金石萃編**》**卷六一**《**美原神泉詩碑**》《美原神泉詩碑》，字體頗學石鼓文，但乏挺健之氣。

綜述

清・顧炎武《金石文字記》卷三《散騎常侍褚亮碑》 碑兩面。其一面為雲陽主簿明臺子徐彥伯字光序、裕明子河東尹元凱字鹹、左司郎中温翁念字敬祖、天官員外郎李鵬字至遠各詩一首，五言十二句。其一面為美原縣尉口口旦字烜序，內三人皆以一字為字。

清・錢大昕《潛研堂金石文跋尾》又續卷二《美原神泉詩並序》 右《美原神泉詩》，韋元旦製序，賈言淑及無名氏詩各一篇，刻於碑之正面。徐彥伯序，尹元凱、温翁念、李鵬詩各一篇，刻於碑之背面。元旦、元凱史皆有傳，而失載其字。彥伯史稱名洪以，字顯，據碑乃名彥伯，而字光也。李至遠史稱初名鵬，以大父素立奉使，因名至遠。

清・畢沅《關中金石記》卷二《美原神泉詩》 右詩刻面陰皆有文：垂拱四年戊子四月造。趙德父以四年作元年者，非。韋元旦，史稱其兩為縣尉，一為東阿，一為感義，而不及美原。尹元凱，史稱為瀛州樂壽人，而碑云河間。《地理志》云：深州有樂幫縣，本隸瀛州，大歷中來屬。則其時樂壽猶屬瀛州也。又河間亦屬瀛州。元旦等史或不著其字，并詳此碑。

清・翁方綱撰、沈津輯《翁方綱題跋手劄集録・跋美原神泉詩》 右《美原神泉詩》，在富平，凡二面，其一面篆額云大唐裕明子書，其下為垂拱四年徐彥伯序，尹元凱、翁念、李通三人為賦五言六韻詩，而元凱篆書者也。彥伯、元凱皆一字字，其三詩皆仿韋烜而作，非專頌神泉也。其一面隸額云《美原神泉詩序》。其下為《夏日游神泉序》，美原縣尉□□旦，字□□。序後有主簿賈言淑詩，詩二首，亦皆五言六韻。篆書、刻手皆不工，詩既不載於唐籤，篆亦不著於碑録，亟宜録之，并闕其泐者數字，以備考焉。

《孔宣公碑》

論説

清・吴玉搢《金石存》卷一二《唐贈孔子泰師碑》 右《唐高宗封孔子泰師碑》。《左傳》：室如縣罄。《國語》作磬，碑書擊磬，字作罄，二字古蓋通用也。杍材即梓材，見《古文尚書》。楊雄《甘泉賦》：上天之縡。師古曰：縡，事也。讀與載同。銘云：縡無聲臭。蓋用《戴記》語而從子雲之《奇字》也。

清・錢大昕《潛研堂金石文跋尾》續卷二《贈泰師孔宣公碑》 右《贈泰師孔宣公碑》，新舊《唐書・霍王元軌傳》不載為兗州都督事，可據以補史之闕。

清・畢沅、阮元《山左金石志》卷一一《贈泰師孔宣公碑》 此碑銘云：循性稱教。循與修通，漢碑多以修為循也。爻書先起，依文義當作爻畫，蓋刻者誤耳。文末作韻語，又銘詞四字為句，末二句忽六字，初唐人體格不拘類如此。碑陰太宗封孔德倫為褒聖侯詔一，高宗新廟致祭，免子孫賦役詔一，皇太子宏請立碑表一，乾封祭告文一，末行但書儀鳳二年七月訖功，無書人姓名。筆意頗似前碑，惟字多別體，及錯為通借者。

綜述

明・趙崡《石墨鐫華》卷三《唐贈太師孔宣公碑》 此崔行功撰，孫師範書。行功，嘗書《開元寺千佛記》者。師範無書名，而此碑分隸，是唐初法，亦有漢魏遺意，可與《唐詔表碑》同觀。高祖、高宗詔各一通，祭文一通，太子宏表一通，皆分書。金明昌中，暴風折木壓碑仆，趺損而碑不損，刺史高德裔易跌樹之，行書題六十五字於后。王元美曰：其行筆不甚精功，而時有漢意。乃知古法自開元帝始盡變也。

清・王昶《金石萃編》卷五五《贈太師孔宣公碑》 碑篆額十二字，分四行，字徑四寸。碑首形圓，題額外左右刻二仙子，峩冠羽衣，騎鶴而行，左右相向，鶴含草如竹葉，周刻大花葉。唐書真蹟不易見，此石刻猶略得其規模，而碑首刻仙人跨鶴尤棢見。

《李靖碑》

論説

清・孫承澤《庚子銷夏記》卷七《王知敬書李靖碑》 《李衛公碑》稍泐，《金石録》謂為王知敬書。知敬負書名，其書遒美可愛。唐初名手，人止知虞、褚。如《李衛公碑》、《蘭陵公主碑》、《崔敦禮碑》、《高士廉塋兆記》、《孔穎達碑》、《馬周碑》、《薛收碑》、《褚亮碑》，有著名者，有不著名者，皆精妙絶倫，不遜虞、褚。人罕見之，故多不知也。

清（乾隆）《醴泉縣志・金石志・衛景武公李靖碑》 舊志云存千五百字，按：篆額司徒字作徒，考徒字從辵，土聲，此誤從人，從出，謬於六書矣。

綜述

明・趙崡《石墨鐫華》卷二《唐李衛公靖碑》 碑下半磨泐，上半完好，考《金石録》，為許敬宗撰，王知敬書。歐陽永叔謂，碑云為安撫使及授濮州刺史云云。余考前二事，誠如歐公，但《舊唐書》傳有改封衛國公，授濮州刺史，仍令代襲，例竟不行等語。宋祁修《新唐書》削之，但曰改衛國公耳。歐公正與宋公同事，何得云宜書不書也。且舊書云本名藥師，碑與新史皆作字藥師，公又有弟名容師，豈先名藥師，后改曰靖，而以藥師為字耶。

清・朱楓《雍州金石記》卷二《衛公李靖碑》 碑下半磨泐，存字二千，碑陰有朱遊師雄跋。

清・武億《授堂金石跋・金石二跋》卷一《衛公李靖碑》 碑殘蝕，其文已不可次，惟書者王知敬，證之《新唐書・王友貞傳》，友貞，懷州河内人，父知敬，善書隷，武后時仕為麟臺少監，即其人也。

《王居士磚塔銘》

論説

清・錢大昕《潛研堂金石文跋尾》續卷二《王居士塼塔名》 右《王居士磚塔銘》。古今志墓之石，類小而薄，不能耐久。歐、趙所見志石，今無一存者。此銘出土纔百餘年，已裂為三矣。

清・楊賓《大瓢偶筆》卷三《論唐人碑帖》 唐敬客書《王居士磚塔銘》，在終南山梗梓谷，近始出土。余初見《金石文字記》載其名目出處，不甚留意，丁亥秋，於香泉陳刺史座上見潘次耕太史家拓本，借歸細觀，舒徐嚴整類趙模，瘦勁風神似褚令。敬客書名不著，而其書如此，文皇熏陶之功大矣哉。

清・王澍《虚舟題跋》卷七《唐王居士磚塔銘》 居士諱公，字孝寬，太原晉陽人，蓋儒而佛者也。以顯慶元年丙辰卒，上官靈芝撰銘，敬客書。敬客名不顯於時，然其書法特為瘦勁，大類褚公，則知唐世能書人多不免為巨公掩耳。

清・翁方綱撰、沈津輯《翁方綱題跋手劄集録・跋王居士磚塔銘》 是銘凡十七行，行十七字，先有直裂紋，而後横斷，斷後離而為六矣。此則初有直裂，而未經横斷者，自第七行以後文皆尚具，且行間腴潤，原拓輕楮細，不以瘦為至也。王虛舟精研褚派，於潁井《蘭亭》則知有肥本，而於是銘則專以瘦賞之，則可見虛舟，亦未見此銘舊本耳。此雖僅後半，而其可寶蹟如此。

綜述

清・朱楓《雍州金石記》卷三《王居士塼塔名》 向在西安府城南百塔寺，今為墨客取去。《金石文字記》云：近出終南山楩梓谷中，乃明末時出諸土中者。出土時石已裂而為三，其大唐王居士磚塔之銘，上半截五行已無存矣。其靈芝製文，敬客書。下半截五行又裂而為四，其罄求彼岸十一行又裂而為三，下截亡五十字。此碑盛行於世，摹臨翻刻者不下十餘處，較之原碑，不啻霄壤。第碑裂而為七，又亡去百二十餘字，僅存者其能久乎，故記之以備考云。

著録

清・王昶《金石萃編》卷五一《王居士磚塔銘》 按：此銘翻刻有二本，一為長洲鄭廷暘嵎谷臨，一為吴縣錢湘思贊書，皆臨摹善本。鄭娟秀，錢瘦勁。原刻破裂，則此二本皆可寶也。余與三君善，故得其詳。此銘原刻不知高廣若干，幾行，行幾字。以槌碎拓本較之，周有邊匡，刻大花葉約寸許，首行末是潁邁二字，以此準之，當是每行十七字，字徑八分，上下占二分，則是高約二尺也。前一行是標題及撰書人姓名，銘序二百十一字，銘詞四十八字，推之當為序十三行，銘三行，總計之得十七行，行十七字。其為塼蓋方二尺也。製文者上官靈芝，《唐書・上官儀傳》有子庭芝，此靈芝或是庭芝之弟兄。碑刻於顯慶三年，正與庭芝同時也。

《夏日遊石淙詩碑》

論説

清・朱彝尊《曝書亭集》卷四九《跋石淙碑》 右唐武后《夏日游石淙詩并序》。斯游也，新舊《唐書》本紀均未之書，計敏夫《唐書紀事》亦不載，僅見之趙明誠《金石録》及《樓大防集》而已。予友葉封井叔知登封縣事，撰《嵩陽石刻志》，始著於録，顧删去九首，覽者不無憾其闕漏。康熙己卯九日，獲披全文，碑尚完好，漫漶僅三字，惟張易之、昌宗姓名為人擊去，然猶可辯識也。井叔曩語予：澗壁而水，必穴崖棧木，乃可摹拓，故儲藏家罕有之。予性嗜金石文，以其可證國史之謬，而昔賢題詠，往往出於載紀之外，若賈竦華岳詩，李夏恒岳詩，任要韋洪岱岳觀、白蝙蝠詩，三衢石橋寺李諲古風，臨朐馮氏《詩紀》，海鹽胡氏《唐音統籤》，泰興季氏《全唐詩集》，皆略而不收，斯碑亦棄不録，世遂莫知睿宗及狄梁公之有詩傳於今，予因為跋其尾。

清・畢沅《中州金石記》卷二《御製夏日遊石淙詩并序》 《寶刻類編》有此碑，劉昫《唐書・本紀》云：聖歷二年四月幸三陽宫，五月改元為久視。《通鑑》云：久視元年正月戊寅，作三陽宫於告成之石淙，夏四月，幸三陽宫。蓋以此時賦詩也。三陽宫在嵩山，其碑三格，横書，上層書詩序及天后御製七言詩一首，中、下層書侍游應制皇太子顯等各一首。顧炎武譏其文內天臺為右，銜為衡，瀑水為曝。今諦視之，實作天台，右撇一筆，乃裂文耳。末有大定癸卯，棲雲挈家再游十字，隸書，是金人題名。

綜　述

清・顧炎武《金石文字記》卷三《御製夏日遊石淙詩並序》　今在嵩山石淙北崖上，其詩天后自製七言一首，侍遊應制，皇太子惠顯以下各七言一首。

清・盧文弨《抱經堂文集》卷一五《武周夏日遊石淙詩石刻跋》　武后以久視元年夏行幸嵩山，賦石淙詩并序，太子及羣臣和者共十有六人，皆七言四韻，薛曜正書。朱竹垞於康熙己卯跋此，謂漫漶者僅三字，惟張易之、昌宗姓名為人擊去，然猶可辯識。今年乾隆癸卯，余得搨本，漫漶已多，除二張姓名外，其全損者計四十有五字。相去僅八十有五年，便已如此。竹垞謂此碑難搨，兼睿宗及狄梁公之詩，搜輯者均未之及，今余晚歲猶獲見此，未必非幸。

《升仙太子碑》

論　説

明・孫鑛《書畫跋跋》卷二下《武后書升仙太子碑》　后書體素軟媚，他刻皆然。跋謂既為太子立碑，何得以蓮花六郎為其後身，嗤為穢青簡，不知此雌何心子晉，正自為蓮花君前身立碑耳。司寇素滑稽善謔，何至此忽落鈍根，隨酸腐窠臼中。

清・楊賓《大瓢偶筆》卷三《論唐人碑帖》　武后書《昇仙太子碑》甚巨，余素未之見，一日書賈攜一張，及鍾紹京所書碑陰來，索值甚昂，余以其無飛白額，題數語於陰而還之。後為何章漢所見，以余題故，出白金八兩市之。書賈遂日以破帖索題，余曰：右軍為葺山老嫗題扇，可偶一為之耳，習以為常耶。何屺瞻云：飛白額，章漢竟得之於虞山故家云。

清・翁方綱撰、沈津輯《翁方綱題跋手劄集録・跋昇仙太子碑陰》　《昇仙太子碑》，唐武氏為張昌宗而作，其事無可論者，惟碑陰出於薛、鍾二家手迹，則考古之家及研究法書之家，皆罕有知者。薛題前建辰，在武后聖曆二年己亥，而鍾書諸王等銜名，在神龍二年景午，此則中宗即位之後，武三思復用事，而諸人復承旨題名於陰，此即復武氏陵廟之。

清・武億《偃師金石遺文記》　又按：曾子固《跋襄州偏學寺碑》，碑云：鍾紹京書，其字畫妍媚，遒勁有法，誠少與為比。然今所見特此碑尚完，今余證之此碑題名，亦紹京書，而幸完無缺，曾氏未之見也。又碑陰諸臣列銜，凡王字皆鐫去，亦由金海陵改定封爵，置局立限，毀抹王字，雖墳墓碑志亦所不免，而承事者遂波及於前代石刻，是碑陰亦當被厄是時矣。

綜　述

宋・趙明誠《金石録》卷二五《周升仙太子碑》　右《周昇仙太子碑》，武后撰并書。昇仙太子者，王子晉也。是時張易之、昌宗兄弟方有寵，諂諛者以昌宗為子晉後身，故武后為葺其祠，親銘而書於其碑。君臣宣淫無恥類發如此，可發萬古之一笑也。

明・趙崡《石墨鐫華》卷二《唐升仙太子碑》　武曌淫橫千古，而亦假借柔翰，天之生才於彼，何其不靳也。此文未必真出后手，當是北門學士語。碑首昇仙太子之碑六大字，飛白書，作鳥形，亦佳。飛白書久不傳於世，此其僅存者耳。

清・楊賓《大瓢偶筆》卷三《論唐人碑帖》　《昇仙太子碑》在河南偃師縣緱氏山，乃武則天手書。書與唐太宗相伯仲，額亦其飛白書，碑陰有相王旦及鍾紹京真書。往有書賈攜一紙來，後歸何章漢家。今至大梁即遣人拓之，未知能得否也。

又　則天書《昇仙太子碑》，在偃師縣緱嶺上，碑陰有相王旦及薛稷題名，額亦則天飛白，然頗近怪，與《唐太宗晉祠碑》額不同。戊戌初夏，在大梁曾拓數紙，惜碑陰尚未得也。

又 《昇仙太子碑》乃武則天手書，幾與文皇《晉祠銘》不相上下。碑陰初疑鍾紹京書，後乃知為薛稷書。余見一紙，為何章漢購去。近何屺瞻亦得一本，秀水曹氏物也，然不及章漢本。

《漢將紀信碑》

論說

清・王澍《虛舟題跋》卷五《漢將紀信碑》 紀信，漢高帝將也。漢三年，項羽圍滎陽急，五月，將軍紀信請誑楚，於是詐為漢王，乘黄屋左纛詣楚軍，曰：漢室且盡，王降楚。及見，乃紀信也。問漢王安在，曰：已從東門出矣。於是項王燒殺信。當是時，羽用范增計，急圍滎陽，兵少食盡，微紀信，即沛公已矣。及帝定天下，論功行賞，不及紀信，史遷、班固亦不為立傳。至武后長安二年，滎陽令會稽孔祖舜始作《頌樹碑》，然後紀信之忠始顯於世。

又 隸法自鍾繇《勸進》、《授禪》二碑已截分今古，不復流人渾噩風格。此碑立於唐初，去漢為遠，然筆力疏勁，無唐人纖巧習氣，故是可尚。惜前幅脱失五十餘字，未為全玩，然傳本絶少，拓亦數百年前物，余故録而存之。

清・畢沅《中州金石記》卷二《紀信墓碑》 吕總《續書評》八分書五人，稱盧藏用書露潤花妍，煙凝修竹。今觀其書，信然。陰記耕者於紀公墓側得一古石，其螭首及兩側龍距文，詢之故老，莫究年代，遂樹之於墓，刊勒斯碑云云。今碑額螭文宛然，即其石也。事甚奇異，後人庶保護之。

綜述

清・王昶《金石萃編》卷六五《漢紀信碑》 此碑為盧藏用撰書，隸體完整，文幾九百字，泐者祇五字。初唐碑之似此完善者亦不多得。【略】藏用工篆隸，當時稱為多能之士。觀此碑所書，傳非虚語也。【略】碑陰刻記并及丞、尉等六人，官位、里居、姓、名、字具列。未有勒碑人，又有石工，殆鉤摹者為勒碑人，鐫字者為石工，然他碑未見有若是分晰者。

清・吴玉搢《金石存》卷一二《唐立漢將紀信碑》 右《唐立漢將紀信碑》。自來收集金石文字者，皆未之及，始著録於恭壽先生《積書巖題跋》中，惜其前段缺損數十字，予得此本，僅少七八字，餘者刻畫完好如新。【略】碑陰紀孔府君樹碑刊頌之事，并列丞、尉等名。以前碑字法審之，亦盧藏用書也。

《蘇瓌碑》

綜述

明・趙崡《石墨鐫華》卷三《唐蘇許公碑》 蘇許公瓌，武功人。景雲元年十一月，葬於武功。碑隸書，剥蝕過半，存者纔十三，書法猶有漢魏遺意。《金石略》云盧藏用書，而《金石録》云藏用撰書。攷《文苑英華》，藏用撰序，張説撰銘，今碑後猶有范陽張説字，鄭、趙二公未見耶。

清・朱楓《雍州金石記》卷四《許公蘇瓌碑》 碑已漫滅，存八百餘字。《金石文字記》云：盧藏用序并八分書，張説銘。景雲元年十一月。《石墨鐫華》云：碑後有范陽張説字，今碑中猶隱隱可讀。

清・王昶《金石萃編》卷六九《蘇瓌碑》 按：此碑文約千五百餘

字，存者千二百餘字，較《石墨鐫華》云存者纔十三，固已倍其二，即《雍州金石記》云存八百餘字，亦增多三之一也。銘、序二人分撰，而張説撰銘，則署里貫曰范陽，盧藏用撰序并書，而不自署其貫。

清・錢大昕《潛研堂金石文跋尾》續卷二《司空蘇瓌碑》 右《司空蘇瓌碑》，首行浸漶，篆額十二字特完好。其文云：維唐景雲元年，歲在庚戌，太子少傅許國蘇公薨於崇仁里之私第。粤明年三月己酉，葬我公於武功之先塋。趙德甫《金石録》題為景雲元年十一月，蓋未撿其全文也。《文苑英華》曾載此文，以石文校之，頗多異同。如曾祖隋尚書右僕射、開府儀同三司、雍州牧，諱威，石刻作邳國公，不作雍州牧。大父隋職方郎中，石刻無中字。攷隋文帝父諱忠，故改中書為内史，諸曹郎皆去中字，不當稱郎中，蘇威亦未為雍州牧，皆石本之可信者。又碑稱中書侍郎同中書門下平章事范陽張公，石刻平章事之下又有昭文館學士兼修國史皇太子侍讀十四字。攷唐史，中宗朝，張説以兵部侍郎兼修文館學士，至是為宰相，仍領學士，昭文館即修文改名也。《宰相世系表》蘇氏魏都亭剛侯則第三子遁，八世孫綽。此碑述其先世有魏侍中則、晉尚書遜，遜與遁古字通。碑稱瓌有子七人，銘詞亦有七子令德之語。今攷世系表，止有六人，蓋史之漏。

《祭華嶽文》

論説

明・楊士奇《東里集》卷一一《告泰華府君文》 右唐補闕韓賞《告泰華府君文》，韓擇木書，賞所以盟於神者，嚴矣。士夫君子立志操節，篤於内而已，豈必盟神，然後固哉。必俟明於神者，蓋由其内之不足也。

清・王昶《金石萃編》卷八五《告華嶽文》 按：此碑文為韓賞撰，韓擇木書。賞與擇木史皆無傳，《述書賦》注稱：擇木昌黎人，工部尚書，歷右散騎常侍。此碑結銜云：諸王侍書、榮王府司馬，是其初官也。榮王者，玄宗第六子，名琬。始王鄫，徙王榮，後謚靖恭太子。諸王府侍書無專員，其司馬則每府一人，從四品下也。又檢《韓昌黎集》，稱同姓叔父擇木善八分。以擇木為同姓叔父，則不與之同系。

《華嶽昭應碑》

論説

清・葉奕苞《金石録補》卷一二《唐華嶽精享之碑》 右碑彭城劉升書，升素以書名，如造觀音像、徐州刺史《蘇誂碑》行於世。此碑隸法古勁，無唐人習氣，可愛也。

清・武億《授堂金石跋・金石二跋》卷二《華嶽精享昭應之碑》 碑在嶽廟，尚全整。《金石文字記跋》：此謂古碑陰多無刻字，故後周之碑而唐人得以刻之。然攷《水經注》樊城西南有《曹仁記水碑》，杜元凱重刻其後，書伐吴之事，蓋古人簡便不重煩如此。又《渭水》内載漢文帝廟數碑，一碑是建安中立，漢鎮遠將軍段煨更修祠堂，碑文漢給事黄門侍郎張昶造，昶自書之。魏文帝又刻其碑陰二十餘字，此又碑陰刻字更在社征南之前者，若至近世磨滅往代碑碣，欲以自張其迹，未幾而亦頹殘作柱礎矣，悲夫。

清・王昶《金石萃編》卷七二《華嶽精享昭應碑》 書碑者殿中侍御史彭城劉升，《唐書》作劉昇，附見《劉德威傳》云：德威彭城人，德威子審禮，審禮弟延景，延景子昇，開元中，累遷中書舍人、太子右庶子，能文，善草隸。似即此劉升，惟不言其官殿中侍御史，與碑不同耳。

綜述

明・趙崡《石墨鐫華》卷三《唐華嶽精享碑》 此唐開元帝遺蘇頲禱雨華山，有應而建碑也。書者為御史劉升，見《金石略》，僅二碑而遺此。

清・顧炎武《金石文字記》卷三《華嶽精享昭應之碑》 《華嶽精享昭應之碑》，其文即刻於後周天和二年。《頌碑》之陰、《宣碑》之右旁有顔魯公大字題名，乾元元年十月。左旁有賈竦《謁華嶽廟》詩，元和元年十月作并書，太和六年四月，姪男宣義郎行華州參軍珹重修。碑之下方亦有唐人題名。此碑前後空處，為宋人攙入題名甚多，幸正文皆八分書，題名或隸或行，不相混耳。廟中古碑，嘉靖末，地震多毁，唐碑惟此與《述聖頌》二通僅存。古碑陰多無刻字，故後周之碑而唐人得以刻之，觀此一碑，而周人之質樸，唐人之謙約，兩見之矣。按：此為華阻縣主簿咸廙，而《新唐書・趙冬曦傳》有大理評事咸廙業，亦開元時人，恐即是一人。

清・王昶《金石萃編》卷七二《華嶽精享昭應碑》 銀青光禄大夫、撿校華州刺史、上柱國李休光題額，右碑序、頌，華陰主簿咸廙為故相許國蘇文憲公頲祈雨獲澍而作者也。侍御史升書。按：趙明誠《金石録》於唐碑搜訪殆徧，而獨遺此升書，亦僅一見於此碑而已。《弇州山人稿》。

清・錢大昕《潛研堂金石文跋尾》續卷二《華嶽精享昭應碑》 攷蘇頲以開元八年正月罷相，為禮部尚書，本傳不載遺禱雨西岳事，闕之也。碑左方又有八分書蓮華巍巍，竹箭喧豗。浩浩今古，憧憧往來十六字。則銀青光禄大夫，守兵部尚書，博陵郡開國公崔漢衡所題，而華陰縣令盧倣書，其時興元元年十二月也。又有銀青光禄大夫、檢校華州刺史、上術國李休光題額二十字，驗其字體，亦出盧倣手，蓋勒碑之後，又六十餘年而始題其額耳。碑前兩行下半空處，有貞元元年二月，檢校水部員外郎崔頻、華州司功參軍鄭齊蚪、華陰縣令韋綬三人題名。其下則宋元豐五年正月，通直郎劉陶題名。碑中空處，又有政和壬辰二月，顯謨閣直學士席旦及子奎益題名。其餘明人題名不及載。

《御史臺精舍碑》

論説

元・黄溍《黄文獻公集》 漢史列傳具載包咸、劉淑、檀敷、李充所立精舍，而唐御史臺精舍，史闕弗録，蓋彼四人者，皆以講授諸生，此則以奉浮屠氏，故略之耳。幸有此碑，可存當時故事也。

明・王世貞《弇州山人四部稿》卷一三五《御史臺精舍銘》 唐史稱梁昇卿善八分，《東封朝覲碑》聲華為一時冠，此帖亦可寶也。

明・趙崡《石墨鐫華》卷四《唐御史臺精舍碑》 此梁昇卿追書崔湜文。湜人品殊污人齒頰，而昇卿尚追書其文，何也。豈唐世重佞佛，湜之立精舍于御史臺，適投時好耶。但昇卿分隸聲動一時，《東封朝覲碑》史册稱之。今觀此碑，名不虛耳。碑陰題侍御史并内供奉、殿中侍御史并内供奉、監察御史名共六百餘人，參差不齊，分書首五六人，餘皆正書，書有法，不似後世胥吏書也。

清・王昶《金石萃編》卷七四《御史臺精舍碑》 題名中凡單名者，姓下闕一格書，令與二名者齊，此例始見於此。

綜述

宋・歐陽修《集古録跋尾》卷六《御史臺精舍記》 《御史臺精舍記》，崔湜篡，梁昇卿書。讀其文，則湜於佛，可謂篤信者矣。【略】其碑首題名多知名士，小字頗佳，可愛也。

宋・董逌《廣川書跋》卷七《御史臺精舍碑》 《御史臺精舍記》，唐中書令崔湜撰，梁昇卿八分書。

清・顧炎武《金石文字記》卷三《御史臺精舍碑》 碑陰題名表其上格曰侍御史并内供奉，列盧懷慎等名。中格曰殿中侍御史并内供奉，列崔湜等名。下格曰監察御史，下有一并字，下缺不全，列陸景初等名。其盧、崔、陸三人姓名，並八分書，蓋梁筆也。餘則正書，乃後人續書之者。

碑額空處，前後皆有刻。前刻監察御史及姓名，後刻知雜侍御史及姓名。有自天寶元載以後七字。按：天寶三年始改年為載，不當云元載，恐是追書。

清・朱彝尊《曝書亭集》卷四九《唐御史臺精舍記並碑陰題名跋》 唐自貞觀中李乾祐為御史大夫，別置臺獄，因當訊就近拘繫之。其漸也，侍御史東西推，監察御史糾視刑獄，各禁其囚。迨武后時，來俊臣、侯思正皆為御史，制獄之外，臺獄圜扉恒滿。崔隱甫總臺務，言於朝，掘去。於是旁列精舍，以釋典懺之。崔湜為文，梁昇卿書以八分。開元十一年，勒諸石，碑陰列侍御史、殿中侍御史、監察御史并内供奉銜，題名僅盧懷慎、崔湜、陸景初三人，亦昇卿分書。自懷慎以下正書百二十二人，侍御史也。自湜以下正書百八十四人，殿中侍御史也。自景初以下正書三百四十七人，監察御史也。碑額又有天寶元載以後侍御史、知雜侍御史、監察御史共五十人，而碑之左右椎拓不及焉。中有薛偘偘者二名重文，碑凡三見，此唐一代所僅有也。

《鄭曾碑》

論説

清・畢沅《中州金石記》卷二《慈州刺史光禄卿鄭曾碑》 梁昇卿見《新唐書・韋抗傳》云：淺學工書，於八分尤工，歷廣州都督，嘗書《東封朝覲碑》，為時絶筆。又《御史臺精舍記》亦其所書也。

綜述

清・畢沅《中州金石記》卷二《慈州刺史光禄卿鄭曾碑》 《慈州刺史光禄卿鄭曾碑》，開元二十四年五月立。梁升卿撰并隸書篆額。碑缺書撰人名，据《寶刻類編》知之。【略】是碑書於開元時，僅据陸氏通行之本，未見傳本耳。

《景賢大師身塔記》

論説

清・王昶《金石萃編》卷七八《景賢大師身塔記》 按：此碑題開元廿五年，歲次乙亥八月十二日建。開元廿五年是丁丑歲，非乙亥，碑蓋誤書廿三為廿五也。自《金石文字記》以來，諸家皆未加留意，並承其為作廿五年，今正之。

清・武億《授堂金石跋・金石二跋》卷二《景賢大師身塔石記》 記載景賢没於開元十一年八月，春秋六十有四。唐文集如《柳子厚誌》僧年皆作僧臘，蓋彼教法謂出世即不復以俗年計算，而此獨書春秋，與《隆闡法師碑》同，豈亦不襲浮屠氏語耶。書逸峭，未以其僧徒易之也。

綜述

清・顧炎武《金石文字記》卷三《景賢大師身塔石記》 羊愉撰，沙門温方行書，開元二十五年八月。葉封曰：按，王維有《留別温古上人兄》

詩云：宗兄此削髮。蓋其族人，亦必可稱者也。

清·牛運震《金石圖》 右《景賢法師碑》，塔高三丈，圍二丈五尺。在登封縣西北十里許會善寺後山坡閒，北向。

《田琬德政碑》

論說

清·錢大昕《潛研堂金石文跋尾》續卷二《易州刺史田公德政碑》 田琬以開元二十四年治州有善政，二十八年遷攝御史中丞、安西都護以去，州人立石頌之。碑云：公名琬，字正勤，而趙氏《金石録》、鄭氏《金石畧》、于氏《天下金石志》並題作《田仁琬德政碑》。今易州龍興觀石刻《道德經》，末亦題刺史田仁琬，《元和郡縣志》又書易州刺史田琬，碑刻立於當時，稱名必無差誤，不知何以異同若此也。

綜述

明·趙崡《石墨鐫華》卷三《唐田仁琬德政碑》 此蘇靈芝書。靈芝武功人，生開元、天寶間，書與胡霈然齊名。今霈然書不可見，見此碑可以得其概矣。

《夢真容碑》

論說

清·畢沅《關中金石記》卷三《夢真容敕》 此非唐原碑，乃後人重刻者。碑首有《重模蘇靈芝書唐老君應見碑》十二字可證。

綜述

明·趙崡《石墨鐫華》卷三《唐夢真容碑二種》 此蘇靈芝書。按碑：開元帝夢老子真容，求得之中南之樓觀。博州刺史李成裕奏準諸州同勒石，則此碑天下皆刻之。《金石畧》載之云：未詳所在。余此碑并《田仁琬碑》得自鄉人之守易州者，或在易州。今中南樓觀亦有此碑，亦靈芝書，文同。而《易州碑》稱奉勑旨宰相牛仙客，《樓觀碑》稱張九齡。按碑：此事在開元二十九年閏四月，九齡自二十四年罷相，二十五年左遷荊州長史，二十八年薨，未嘗生至二十九年也。似當以《易州碑》為是。

清·李光暎《觀妙齋金石文考略》 《石墨鐫華》論此碑在易州樓觀之，異同可謂明確，余所收一本稱牛仙客，不稱張九齡，則此碑亦非樓觀所刻也。獨異真容求得之樓觀，而碑刻於樓觀者，有以牛為張之誤，何與。

清·錢大昕《潛研堂金石文跋尾》卷三《真容應見記》 右《真容應見記》，東武趙氏題為《夢真容碑》，武功蘇靈芝書。今傳於世者有二本，一在盩厔縣，一在易州。予皆得之，文字行欵皆同，惟勑內兵部尚書兼侍中牛仙客，盩厔本作張九齡，蓋後人惡仙客名，輒磨去妄以九齡易之爾。

《徐浩碑》

論説

清・畢沅《中州金石記》卷三《彭王傳徐浩神道碑》《寶刻類編》云：《彭王傳徐浩碑》，張式撰，次子峴正書并篆額，表姪張平叔題諱，貞元十五年十一月立，在洛，今缺峴名。《墨池編》稱徐峴善書，工行草，石曼卿得其石刻，屢稱於人，其書信有父風。

綜述

清・錢大昕《潛研堂金石文跋尾》卷四《彭王傳徐浩碑》右《彭王傳會稽郡公徐浩碑》，亡其下截，每行止存三十九字，其文河南少尹張式撰，書石者據《金石録》為浩之次子。現字畫遒勁，猶能步趨家法。碑稱其歷官甚詳，其為太子校書、集賢殿侍詔，改鞏縣尉，拜右拾遺，又授河南府司録，代宗時再兼集賢殿學士，皆史所未載。傳稱越州人，碑云東海郯人者，舉其族望也。

清・王昶《金石萃編》卷一四〇《徐浩碑》按：此碑張式撰，次子某書并篆額，銜名俱泐。【略】碑立於貞元十五年十一月廿四日，距其建中三年卒葬又十八年。碑云垂廿年者，舉成數也。廿四日下泐二字，是月辛丑朔，則廿四日是甲子也。

《石壁寺鐵彌勒像頌》

論説

明・趙崡《石墨鐫華》卷四《唐彌勒佛頌》此房璘妻高氏書，高氏又書《安公美政頌》，歐陽公謂字迹如出二手，而疑好事者寓名以為奇。余未見《美政頌》，此本借自東肇商，觀其筆法遒勁，信足名家。而一經元祐火燬，政和問寺主道珍重勒，再經大定火燬，泰和間寺主元釗又勒，鉎鏉都亡，僅存形似耳。金人口苑跋語歷歷可證，近吾鄉人有為交城廣文者為言，碑今又就燬，交城人猶有舊搨本。以此觀之，當亦非開元刻，乃泰和刻也。然則碑自元祐至今，幾三燬於火矣，何高氏之不幸耶。

清・王昶《金石萃編》卷八四《石壁寺彌勒像頌》按：受陽、壽陽，潛研跋辨之甚晰，然尚有未盡者。今刻《太平寰宇記》，壽陽縣本漢榆次縣地，西晉於此置壽陽縣，屬樂平郡。盧諶《征艱賦》云歷壽陽而總轡即謂此。晉末省。後魏《風土記》云：晉末山戎内侵，徒壽陽之民於太寧《元和郡縣志》作大陵。城南，置受陽縣，屬太原郡。隋開皇十年，改壽陽縣為文水縣，又於壽陽故城别置壽陽縣，屬并州，即今縣是也。大業三年，罷州為太原縣，仍屬焉。唐武德三年，置受州縣，改屬焉。貞觀八年，廢受州縣，屬并州。據此則自西晉至唐貞觀祇作壽陽，未嘗有受陽也。据《魏書・地形志》，則自晉至魏皆作受陽。《隋書・地理志》則文水縣，注云：舊曰受陽，開皇十年改焉。壽陽縣，注云：開皇十年，改州南受陽為文水，分州東故壽陽置壽陽。詳玩文義，改州南受陽，當作州西，州東故壽陽當作受陽，疑隋志刻誤。州東者，并州之東也，齊周所置，隋大業三年改太原郡。故受陽在州東，則析置之文水在州西明矣。碑所謂西壽陽縣者，即此。《元和郡縣志》：壽陽縣本漢榆次縣地，西晉於此置受陽，永嘉後省，後魏太武遷戎外出，徙受陽之户於大陵城，置受陽縣，即今文水縣是也。開皇十年，改受陽為文水縣，又於受陽故城別置受陽縣，屬并州，即今縣是也。大業三年，罷州為太原郡，縣仍屬焉。武德三年置受州，縣改屬焉。貞觀八年，廢受州，縣屬并州。貞觀十一年，更名壽陽。是貞觀十一年以前，從無壽陽之名。《寰宇記》傳刻之誤，信矣。然稽之《舊唐書·地理志》，盂縣云：隋縣，武德三年置受州，領盂、壽陽二縣。六年，移受州於壽陽。貞觀八年省受州，盂復屬并州。壽陽云隋舊縣，武德三年屬遼州，六年移受州於此，領壽陽、盂二縣。貞觀八年廢壽州，縣隸并州，是以壽陽為隋時舊名，且於受州前作受，後忽作壽，自相牴牾如此，可知壽、受二字之易涉訛誤，又不獨《寰宇記》為然矣。《新唐書》獨不誤，兩《五代史》有郡無縣，不能攷。其後如《文獻通考》於壽陽但云晉舊縣，於文水但云漢大陵縣，皆不著受陽字。鄭氏《通志》叙地理仿《禹貢》之體，不詳沿革，無可折衷也。此碑既以壽陽之名起於隋，復以改壽陽為文水，云在唐時，并與隋、唐諸史異。碑下云：先朝分置交城而立寺焉。《隋書·地理志》交城縣開皇十六年置，不始於唐，其云先朝，《唐·地理志》謂先天二年析置靈川縣，開元二年省，依文當云析置靈川，非析置交城也。以意度之，交城與文水接壤，或犬牙相錯之處，隨時彼此析屬，而寺址遂隸於交城耳。碑云石壁寺者，晉之西山，舊號石壁谷。《山西通志》：石壁山在交城縣西北二十里，疊巘周環，拱列如壁，南有石崖，峭削百仞，唐建石壁禪寺，今為永寧寺。

綜述

宋·歐陽修《集古録跋尾》卷六《唐石壁寺鐵彌勒像頌》 開元廿九年，歲在辛巳六月庚辰朔廿四日癸卯建。右太原府交城縣《石壁寺鐵彌勒像頌》者，林鶚撰，參軍房璘妻高氏書。余所集録古文，自問秦以下訖於顯德，凡為千卷。唐居其十七八，其名臣顯達下至山林幽隱之士，所書莫不皆有，而婦人之書，唯此高氏一人爾。然其所書刻石存於今者，惟此頌與《安公美政頌》爾。二碑筆畫字體遠不相類，殆非一人之書，疑模刻不同，亦不應相遠如此，或好事者寓名以為奇也，識者當辨之。

清·顧炎武《金石文字記》卷三《石壁寺鐵彌勒像頌》 今在交城縣石壁山寺，末有金泰和四年跋。

《述聖頌》

論説

清·畢沅《關中金石記》卷三《述聖頌》 《頌》以述聖名者，以玄宗有《西嶽碑銘》，因述而頌之也。玄宗銘曰：十有二載孟冬之月，步自京邑，幸於洛師，停鑾廟下。以《唐·本紀》攷之，即十二年十一月庚午如東都事。碑云孟冬，史云十一月，微有異。向本傳叙向以開元十年，召入翰林院，兼集賢院校理，擢左拾遺，進左補闕。帝為文勒石西嶽，詔向為鐫勒使，以起居舍人從東巡。玄宗之封太山在十三年十一月，案：孫逖有《春初送吕補闕往西嶽勒碑》詩，是向以是年春奉命華山，後即從往太山矣。攷《會要》，《華嶽碑》十三年七月七日成，則向之進起居舍人，即以鐫勒功，而從太山在七月後，更可知。又向本傳不及向為集賢殿直學士。《趙冬曦傳》云：冬曦與秘書少監賀知章、校書郎孫季良、大理評事咸廙業人集賢院修撰，是時翰林供奉吕向為校理，踰年并為直學士，此史家互見之例，非缺略也。但云踰年并為直學士，而集賢院即以十三年改名，此碑立於十三年六月，則向之為直學士，猶未踰年矣。珣後由御史為河南尹，從禄山為右相，至德二年伏誅。趙氏《金石録》置此於開元，無歲月，諸碑内因未見額陰所題故也。

綜述

明·趙崡《石墨鐫華》卷三《唐述聖頌碑》 碑在華陰縣岳廟中，達奚珣撰序，吕向撰頌并書，不著年月。攷吕向開元中召入翰林，此碑稱集賢殿直學士，當是開元中立。【略】今其碑已裂，趺尚存，如山上存二字，大可徑四寸許，分隸，不減《太山銘》。而呂向此書尚完，在一道士院中。向書昔人稱其草隸峻巧，又能一筆環寫百字，號連綿書。

清·顧炎武《金石文字記》卷三《述聖頌》 碑陰上方有韓賞告嶽神文，韓擇木八分書。下方有大歷九年華陰令盧朝徹《謁嶽廟文》，有貞元九年、十三年題名。左旁有乾元二年張惟一《祈雨記》。右旁有上元元年華陰縣令王宥等題名，李樞書，上為篆，下為八分。

明·郭宗昌《金石史》卷二《唐述聖頌》 玄宗所建《華嶽碑》已燬，尚存塊石，巋然如山，《頌》稱其光洞納，不可復見，至云嶷若斷山，真成碑讖。又云：羣神離立負其下，髣髴猶存，尚餘兩字，徑數寸，甚奇偉飛動，恍如龍翔鳳舞。昔向曾以《美人賦》諫，幾死，張説為請，即拜補闕，賜銀章朱紱，不可謂不遇也。建碑時帝侈心既萌，且謂岳神來迎，《頌》不以諷，何也。

《兖公頌》

論說

明·趙崡《石墨鐫華》卷三《唐兖公之頌碑》 兖公，顏回也。字子淵，碑避高祖諱，作子泉。都督李庭誨命縣令張之宏撰頌，包文該正書。書遒勁有法，石惡多泐耳。

清·錢大昕《潛研堂金石文跋尾》續卷二《兖公之頌》 右《兖公之頌》，天寶初，都督李庭誨命曲阜縣令張之宏為頌，其序云：宣王既已銘焉，兖公豈宜闕爾。似之宏尚有文宣王頌，而今不傳矣。碑末列名者，丞隴西牛孝麟，主簿平陽霍廷玉，尉廣平安休光、天水趙再良。

清·畢沅、阮元《山左金石志》卷一二《兖公之頌》 右碑書李公諱庭誨，諱字下空二格，亦變列也。末題邠王文學文宣公孔璲芝，考闕里世系，孔子三十五代孫璲之，字藏暉，開元五年，襲封褒聖侯，授國子監四門博士、邠王府文學、蔡州長史，二十七年，詔謚孔子文宣王，進封璲之為文宣公兼兖州長史。又《唐書·宰相世系表》亦作璲之，當以石刻為正。

《李光弼碑》

論說

明·趙崡《石墨鐫華》卷三《唐臨淮武穆王李光弼碑》 張少悌書在當時不大知名，而此碑殊勁拔清圓，深得右軍行草遺意，惜殘缺不完，且於李公中興偉畧，不得一一證之唐史耳。

清·王昶《金石萃編》卷九二《李光弼碑》 按：此碑間段缺泐，賴《顏魯公集》刻此文可以校補。碑無立石年月，文云廣德□年□七月五日己亥薨，而年上泐一字，顏集作二年。据《通鑑目録》，是年七月丙申朔，則己亥是四日，非五日，然推其前五月為丁酉朔，若五月小盡，則六月為丙寅朔，再小盡，七月為乙未朔，五日正是己亥，與碑合。或《通鑑》有誤文也，則碑當立於廣德二年，與《魯公集》合矣。

綜述

宋·樂史《太平寰宇記》卷三一《富平縣》 關西道耀州富平縣李光弼墓，在縣西四十里，顏魯公為碑。

清·錢大昕《金石後録》 右《李光弼碑》，顏真卿撰，張少悌書。按：史光弼，營州柳城人。父楷洛為契丹酋長，武后時入朝。而碑云京兆萬年人，父楷洛薊郡開國公，未嘗言契丹酋長也。

《楚金禪師碑》

論説

清・王昶《金石萃編》卷一〇四《楚金禪師碑》 按：《賈氏談録》言，通微為學士，工行草，然體近吏，中州士大夫效習之，謂為院體。此碑清圓有餘，遒勁不足，即所謂院本體，非耶。《弇州山人稿》。

綜述

清・錢大昕《潛研堂金石文跋尾》卷二《楚金禪師碑》 右《楚金禪師碑》。楚金天寶初建多寶塔，置法華道場，乾元二年卒。貞元十三年，以中官竇文場奏勅追謚大圓禪師。文場官左街功德使、開府邠國公，新舊《書》本傳所未載也。唐自貞元四年罷崇元舘大學士後，復置左右街功德使、東都功德使、修功德使，捻僧尼之籍及功役，大率以中官為之。其見於史者，吐突承璀、仇士良、田令孜、楊復恭。見於石刻者，竇文場、梁守謙、楊承和皆是也。後題貞元廿一年七月廿五日，是歲為順宗永貞元年，以八月改元，故碑猶稱貞元也云。

《唐鄭澣陰符經序》

論説

宋・歐陽修《集古録》卷九《唐鄭澣陰符經序》 唐世碑碣，顔、柳二家書最多，而筆法往往不同。雖其意趣或出於臨時，而模勒鐫刻亦有工拙。集本無此十八字。公權書《高重碑》，余特愛模者，不失其真，而鋒鋩皆在。至集本有於字。《陰符經序》，則蔡君謨以為柳書之最精者，云善藏筆鋒，與余之説正相反，然君謨書擅當世，其論必精，故為誌之。

又 余自皇祐中得公權所書《陰符經序》，遂求其經，云石已亡矣。鐫工張景儒忽以此遺余家小吏，遽録之，信乎，余所謂物常聚於所好也。右真蹟。

《李晟碑》

論説

明・孫鑛《書畫跋跋》卷二下《柳書西平王碑》 太保聽能求誠懸書父碑，亦可謂有意不朽矣。晉公名相也，文雖不及韓柳，然言之足重過之，且亦非不能文者。聽此舉未為全失，若近世其人貪邪，又不解摛辭，乃徒以官爵高趣之，此則又出李聽下數倍者也。使李愿若在，或尚知乞昌黎文，然是時愿已亡矣。

明・都穆《金薤琳琅》卷一四《右唐西平郡王李晟碑》 晟在唐功蓋

天下，可謂偉矣。《唐書·列傳》叙其官時與碑不合。【略】晟之碑作於當時，而史成於後代，要當以碑為是。

清·孫承澤《庚子銷夏記》卷七《柳公權書李晟碑》 子舊未見此碑，近始見之，字雖剥落，然一段挺拔不羣之概，尚可捫而得也。王元美不滿晉公之文，謂西平之子皆逝，獨太保聽存，乞文於晉公。然此碑列銜云，臣裴度奉敕撰。予以為奉命之作，固自有體，西平之功，赫著人世，何可過為鋪揚不為人主地，元美見不及此矣。嘗見蘇子瞻著《温公碑》，累累數萬言，卒來忌者之口，温公竟不能有其碑，此千秋之炯鑒也。

清·錢大昕《金石後録》 晉公之文不能風發電掣，凜凜有生氣，特以誠懸書法為古今所重，故此碑保護至今，猶得不仆，然歷歲滋久，不無剥蝕，其波磔漸失矣，惜哉。

綜述

宋·王象之《天下輿地碑記》 關西道雍州高陵縣，唐西平王李晟墓在縣東南一十里，裴度撰碑，柳公權書。《太平寰宇記》。

宋·趙明誠《金石録》卷二九《唐西平王李晟碑》 右《唐李晟碑》，裴度撰，碑載西平子十二人：愿、聰、總、愻、憑、恕、憲、愬、懿、聽、惎、慇。唐史《宰相世系表》所書亦同，而新舊史列傳皆云晟有十五子。舊史云侗、伷皆無禄，蚤世，豈以侗等早世，故碑不載歟。又李名撰《李聽碑》云西平有子十六人，疑更未名而卒者爾。《元和姓纂》載西平子十人，以碑校之，《姓纂》缺聰、總、憑、懿四人。而愻、應二子墓碑，舊史皆無之。又其倫次差謬，亦當以碑為正。

明·王世貞《弇州山人四部稿》卷一三六《唐柳書西平王碑》 《西平忠武王神道碑》石刻在高陵縣，墓所苔蘚剥蝕，字畫僅存耳。然要之含蓄於元秘也，是時西平諸子皆已逝，獨太保聽存，乞晉公文，亦寥落不能發其忠義戡定之續。

《苻璘碑》

雜録

宋·趙明誠《金石録》卷三〇《唐義陽郡王苻璘碑》 右《唐苻璘碑》。按：《唐書·列傳》璘姓符，而碑作苻，以姓氏書考之，琅邪符氏出於魯頃公之孫公雅，為秦符節令，因以為氏，而武都苻氏出於有扈之後，為啟所滅，犇西戎，代為氐酋，本姓蒲，至苻堅，以背有文，改焉。今此碑以璘為苻氏，又云其先琅邪人，皆不可知。然按璘與弟瑶，皆封邑於琅邪，豈書碑者誤以苻為符，其家出於武吏，不知是正乎。

清·顧炎武《金石文字記》卷四《義陽郡王苻璘碑》 《金石録》云：題中書侍郎同平章事李宗閔撰，宗閔大和七年為此官。宋王林《野客業書》曰：苻堅其先本姓蒲，其祖以讖文改為苻，符融其先魯頃公孫，仕秦，為符璽郎，以符為氏，故苻堅之姓從草，符融之姓從竹，二姓固自不同。而唐《義陽郡王苻璘碑》，合從竹而書作苻，而苻堅之苻，又有書從竹者，皆失於不契勘耳。余考漢碑隸書，率以竹為艸，少有從竹者，如符節字皆然。今《前漢書》符瑞多從艸，魏晉以下真書碑亦有書符節為苻即者，蓋古者皆通用故耳，此又不可不知。顔元孫《干禄字書》曰：從草者為姓，從竹者為印，亦未之察也。符融之符，獨非姓乎。

清·畢沅《關中金石記》卷四《義陽郡王苻璘碑》 今額上并無字蹟，應是勒碑時未及之也，或謂後人磨去者，非。

清·武億《授堂金石跋·金石二跋》卷三《贈越州都督苻璘神道碑》 碑字亦有殘脱，然繹其文，皆可句。

《馮宿碑》

論説

清·林侗《來齋金石刻考略》卷下《禮部尚書馮宿碑》　觀韓昌黎與馮宿論文書，時值唐文之衰，馮公獨能力進乎古，為昌黎所推許，生無愧秩宗之官，死而柳公權為之書碑，今又列於泮宫，馮公亦足以不朽矣。苐碑移竟失墓所，惜哉。

清·武億《授堂金石跋·金石二跋》卷三《梓州刺史馮宿神道碑》　碑後文磨蝕垂盡，今獨前文存者尚可辨。案，碑云宿冀州長樂人，而《新唐書》本傳則稱婺州東陽人，《金石續録》謂宜以碑為正。攷馮氏之所自出，惟杜陵、長樂二望，碑因以宿為長樂。《北史·馮跋傳》亦云，代本出長樂，宿北燕裔也。今碑書其始望，是也。唐碑刻如池州刺史馮仁碑云，長樂馮文王之允，與此碑同，則碑信非無據，然驗其實，宿之占籍，當在婺州。今文内所載，乞歸江左，以奉色養，當時自宿祖父並居東陽，又宜依新書為是。此固當兩存之，不宜有所偏廢也。

雜録

清·孫承澤《庚子銷夏記》卷七《柳公權馮宿碑》　《馮尚書碑》今在陝西省下。秦人王宏度酷嗜古墨，余問：如此妙跡，近在省會，何以不多見搨本。王云：碑已剥盡，不可復搨，每捫碑石，輒欲涕流。余亦為之憮然。楊用修曰：誠懸《馮尚書碑》，亞於《廟堂碑》。

清·畢沅《關中金石記》卷四《贈吏部尚書馮宿神道碑》　宿字拱之，馮審之從兄也，官終吏部尚書，卒謚曰文。起字舉之，終太尉，卒謚曰文。

《玄秘塔碑》

論説

明·孫鑛《書畫跋跋》卷二下《玄秘塔碑》　柳書惟此碑盛行，結體若甚苦者，然其實是縱筆，蓋肆意出之，略不粘帶，故不覺其鋒棱太厲也，全是《祖魯公家廟碑》來，久之熟而渾化，亦遂自成家矣。此碑刻手甚工，并其運筆意俱刻出，纖毫無失，今唐碑存世能具筆法者，當以此為第一。

清·王澍《虚舟題跋》卷七《唐柳公權玄秘塔碑》　唐初書學首重歐虞，至於中葉盛稱顔柳，兩家皆以勁健為宗，柳更清瘦，《玄秘塔》故是誠懸極矜練之作，此本與余所藏正同，皆是有明内庫宋本，除斷食外，鋒鍔纖毫不失。今石在關中，雖猶如故，然亦已甚頽矣。碑文裴休所作，休於禪理最深，此獨侈陳大達恩遇，文亦方幅鮮義味，而《唐文粹》收之，殊不可曉。

清·翁方綱撰、沈津輯《翁方綱題跋手劄集録·跋大達法師碑》　柳誠懸書《大達法師碑》，余八九歲所日臨習，既而與顔《多寶帖》皆厭棄置之矣。同年梁山舟每語予以此碑水旁猶見柔豪運腕之法，余笑而弗應也。然今見此本，亦復迴環諦玩，蓋拓足貴也。

清·侯仁朔《侯氏書品·玄秘塔碑》　柳誠懸用力捉筆，剛猛之氣無敵千古，至佈置點畫，必以長短補砌，邪正撑拄，其法森嚴難犯，欲參以他家一筆不得，雖乏恬澹雍容之度，而廉頑立懦，非此不能中人骨髓也。世因誠懸、清臣同用正鋒，遂號為一派。然柳之超脱神駿，顔似不及，而甘棄晉法，則柳為差甚耳。前輩論草書，謂古人作草如今人作真，何嘗有一筆苟且。余謂晉人作真，亦如今人作草，並無一筆留滯。柳書則一意作真，以求入木三分之力，奈筋骨外露，筆筆皆屬盡境，即以力言，亦反不若晉人之沉著也。《馮宿碑》與此手筆小異，惜剥蝕已甚矣。

清・王昶《金石萃編》卷一一三《玄秘塔碑》 按：此碑世多搨本，下截每行磨滅二字，雖舊搨者多同，其餘則皆完好也。【略】此碑搨本南字上一字大半已泐，然左旁下存點，右旁下存短畫，諦視之，確是江字之下半，非山字。宋米芾《書史》云：江南廬山多裴休題寺塔諸額，皆真率可愛。是可為江南西道之確据矣。書篆者柳公權結銜云充集賢殿學士兼判院事。新《書》傳作知院事。《百官志》：集賢殿書院，開元十三年置，初制，宰相知院事，常侍副知院事，又置判院一人。元和四年，始以學士年高者判院事，是知院與判院品秩不同。立碑之時，公權年已逾七十，宜乎判院，而傳作知院，疑傳訛也。傳又稱公權嘗書京兆西明寺《金剛經》，有鍾、王、歐、虞、褚、陸諸家法。當時大臣家碑誌非其書，人以子孫為不孝。然則大達之門弟子亦以得公權書為孝耶。碑但稱大達，天水趙氏，世為秦人，而不詳其諱。

綜述

清・王昶《金石萃編》卷一一三《玄秘塔碑》 《元祕塔銘》，裴觀察休撰。又十二年，休始以鹽鐵使入相，所著《楞嚴義解》，諸所參會，妙入元宗，出彼法中，居士長者之流邪。《弇州山人稿》。

清・畢沅《關中金石記》卷四《大達法師玄秘塔碑》 大達，憲宗時奉詔與迎佛骨之僧，正言是其弟子。

清・錢大昕《潛研堂金石文跋尾》卷二《大達法師玄秘塔碑》 右《大達法師元祕塔碑》，裴休撰，其署銜稱山南西道都團練觀察處置等使。攷《唐書・方鎮表》，建中元年，升山南西道觀察使為節度使，嗣後無降為團練使事，蓋史文有脱漏爾。休傳不載，觀察山南西道一節，亦略也。

《高元裕碑》

論說

清・武億《授堂金石跋・金石二跋》卷四《右僕射高府君神道碑》 碑過漫漶，書撰人名氏尤缺蝕，惟字體類柳誠懸。今士人猶指為河東書也。

清・王昶《金石萃編》卷一一四《高元裕碑》 按：元裕初名允中，碑與兩《唐書》傳皆不載，惟《宰相世系表》有之。此碑叙先世，有與他碑不同者，首行諱字之下，即叙六代祖士廉，下乃叙其受姓之始源於太公望，下又叙六代祖以上諸世，而後及於曾祖以下，其特提六代祖於前，不知何義也。碑云六代祖申國公諱士廉，《舊唐書・高儉傳》云：儉，字士廉。新傳云以字顯，世系表則云宗儉，字士廉，與碑傳俱不同。其封申國公，惟舊傳有之，乃貞觀十二年事。新傳不載其官終開府儀同三司、同中書門下三品，而碑不書，特書尚書右僕射者，新傳稱士廉三世居此官，世榮其貴，故碑亦特書之。

綜述

清・畢沅《中州金石記》卷三《唐下・右僕射高元裕神道碑》 大中七年十月立，蕭鄴撰，柳公權正書篆額，在洛陽，碑缺撰人名。據《金石録》，書之篆額甚工而無人名。碑稱元裕，曾祖迴，大父虬，皇考集，銜名皆與《宰相世系表》合，惟世系表誤虬作彪。劉昫《唐書》有高元裕傳，亦正作虬，知碑是也。碑載元裕官爵事實亦較史詳備，云贈尚書右僕射。劉昫書亦未及舉，云歸葬於河南府伊闕縣白沙之南原。今碑在縣南三官凹田間，是其墓也。

《乘廣禪師碑》

論說

清・錢大昕《潛研堂金石文跋尾》續卷二《楊岐山禪師廣公碑》　右《楊岐山禪師廣公碑》，廣公者，乘廣也，古人稱僧曰某公，皆以名下一字，故支道林曰林公，佛圖澄曰澄公，竺道生曰生公，慧遠曰遠公，寶誌曰誌公，齊己曰己公。宋元人稱僧或名字兼舉，若洪覺範妙高峯柏子庭、噩夢堂訢笑隱渤季潭之類，亦取名下一字。今世知之者尠矣。此文載於《劉賓客集》，以石刻校之，不同者廿餘字，皆當以石本為正。乘廣弟子甄叔，亦有塔銘，今集本叔作升，誤之甚矣。碑文之末有時宜春得良守，齊□似是君字理行第一，雅有護持之功，化被於邑之庶寮及里之右族，咸能回向，如邦君之志，故偕具爵里名字，列於其陰，凡五十字，集本無之，當是夢得編定交集時刪去之耳。碑云始生之辰，歲在丁巳，當玄宗之中元，終之夕歲，直戊寅，當德宗之後元。攷明皇三改元，先天、開元、天寶，則開元為中元也。德宗亦三改元，建中、興元、貞元，則貞元為後元也。夢得自署銜云朗州司馬，員外置同正員，蓋當時遷謫惡地，不必待缺，大率員外置之。東坡詩云：逐客不忍員外置。正用唐故事。

清・王昶《金石萃編》卷一〇五《乘廣禪師碑》　按，碑不言禪師春秋若干，据云始生之辰，歲在丁巳，為開元五年，故云玄宗之中元，終□之夕，歲直戊寅，為貞元十四年，故云德宗之後元。以此計之，是春秋八十二也。然則三十受具，更臘五十二，可据以補碑之渤。

綜述

清・武億《授堂金石跋》續跋卷五《楊岐山廣禪師碑銘》　碑為中山劉禹錫撰及正書，碑記年書中元、後元，他碑亦希見。鳳臺胥燕亭官萍鄉拓得之贈子，前著録者未及也。

《圭峰定慧禪師碑》

論說

清・王昶《金石萃編》卷一一四《定慧禪師碑》　圭峯禪師宗審法門龍象第，以多所游講著述一時，不能無疑於達摩、慧能之宗旨，而裴丞相休獨能知之，然至累千言而為之辨，則亦贅矣。自心而證者為法，隨願而起者為行，行有殊法，則一即四，語已盡之。是時，柳誠懸以書名天下，僅以之篆額，而自書文者，欲有效於密也。書法亦清勁蕭灑，大得率更筆意。裴能知密為四依十地人，其自待當亦不遠，而没後為于闐王子書姓名於背，豈猶未能離輪迴耶，抑亦所謂隨願而現者也。記於此，俟耆宿質之。《弇州山人稿》。

明・孫鑛《書畫跋跋》卷二下　余初得此碑時，絕愛之，以其秀媚而精緊，又別出一風致，且有墻壁，及後取而臨寫，乃覺其拘，且力弱，形體雖微似歐，卻全不得歐法，歐結體雖方整，其實筆筆含飛動意，安插得宜，所謂體嚴而用和，此則刻核求工，往往不能稱意，又乏其筆圓之妙，所以不得佳。然裴素負書名，此碑想翻以有意失之，若縱筆作北海構法，或當勝，惜未之他見也，文筆甚弱，談佛自是此公當行，禪理吾不能知，第觀所序密公傳教原委知爾，時流派分明如此，非鑿空撰出，自可嘉尚，今時即不能然，然雖有聖師，亦不能使弟子皆得慧解，此又存乎其人。

明・郭宗昌《金石史》卷二《唐圭峰禪師碑》 柳書名噪一時，視公美固在鴈行，裴博綜教相，通徹祖心，手書藏經五百函，序諸疏論，固是宰官禪那。其父中明肅越州觀察使，又建龍興大佛殿。先是越州沙門臺彥同許詢造塔未就，詢亡，彥師可百二十歲猶存。岳陽王將撫越，彥曰：元度來也。時詢亡已三十餘年，弟子疑其耄忽，岳陽果至，以誌公，密示先造彥，彥遥召曰：許元度來何暮，昔日浮圖今如故。岳陽曰：弟子蕭詧，何呼許元度。彥曰：未達宿命，拉入室，席地，以三昧力加被，岳陽忽悟前身造塔事，宛若目前，因重新二塔，眾以殿事請，彥曰：吾緣力未至，二百年後以待非衣刻石記之。及裴至，期應不爽，遂為建殿。觀此，則裴公再世，皈依宿因，故碑能為其家言，復無精詣，何也。

清・林侗《來齋金石刻考略》卷下《奎峰定慧禪師傳法碑》 金禮部尚書趙秉文，自號閑閑，遊草堂寺詩五首，寺僧刻之石，首篇云：下馬來尋題壁字，拂塵先讀《草堂碑》。平生最愛圭峰老，惟有裴公無媿辭。五詩可頌，字尤佳。

清・翁方綱撰、沈津輯《翁方綱題跋手劄集録・跋奎峰和尚碑》 裴書《圭峰碑》，在唐楷中亦無可書，《寂照碑》之亞，尚高出《多寶》、《玄秘》二塔，況此舊拓精神頗自焕然。丁巳十二月，為頤園光禄題。

清・畢沅《關中金石記》卷四《定楚禪師宗密碑》 自迦葉至達摩廿八世，達摩傳可，可傳璨，璨傳信，信傳忍，為五祖，忍傳能，為六祖，可即慧可，信即道信，忍即宏忍。宏忍與道信并居蘄州雙峰山東山寺，故謂其法為東山法門，贊寧高僧傳稱宏忍七歲至雙峰，道信密付法衣，號為東山法門者是也。六祖本住寶林寺，後刺史韋據命出大梵寺，辭，往雙峰曹侯溪，故六祖時亦稱為雙峰和尚，所謂曹溪宗者是也。宏忍既傳能，為南宗，又傳秀，為北宗，其弟又各以其師為六祖，秀這弟子普寂為七祖。王縉《大證禪師碑》叙達摩歷傳及大通，大通傳大照，大通即秀，大照即寂也。後能宗衰，而秀宗盛，惟會以能門高弟直入東都，與北宗相抗，獨孤及《三祖碑》所謂曹溪頓門孤行嶺南，秀公師弟兩京法主三帝門師，帝王分坐，后妃臨席，惟荷澤會公致普寂之門，盈而復虚，能祖宗風於斯不振者，以此秀宗盛於開元，會乃復於天寶至貞元十二年，勅以會為七祖，北宗自是遂無所聞矣。會亦稱神會，如即法如，如之弟子為惟忠，惟忠即荆南張也。文又云師初謁遂州，繼謁荆南，謁東京，後謁華嚴觀。觀即澄觀，唐時所稱清涼國師，我朝雍正十二年，特封妙正真乘禪師者也。師本不識觀，後遺人持書，以門人禮通之，觀答書有云：伯牙絶弦，仲尼傾蓋，矧乎不面而傳意猶吾心。其自作圓覽經論序有云：叨沐猶吾之納謬，當真子之印者，即指其事。文裴休撰，其《圓覺經》論書，前亦有休序，傳次師事，與此略同。

清・錢大昕《潛研堂金石文跋尾》續卷三《奎峰定慧禪師傳法碑》 右《圭峰定慧禪師傳法碑》，禪宗自神秀、慧能分南北二支，而曹溪之教但行於嶺外，迨荷澤會公説法西京，而南宗始盛。荷澤傳磁州如，如傳荆南張，張傳遂州圓，圓傳宗密，密又得上都澄觀師華嚴疏而好之，遂兼通禪教，為人天師，所著《禪源諸詮集》、《起信論》、《起信論鈔》、《原人論》、《圓覺經》大小疏鈔，具載《唐書・藝文志》，即圭峰也。碑叙六祖之傳，惟荷澤、江西二宗，而不及青原，蓋其時青原之學尚未大行，厥後曹洞雲門法眼出，乃尊青原，與南嶽並而祧，荷澤為旁支，緇流之盛衰，亦有數焉。其云萬行未嘗非一心，一心未嘗違萬行，與濂溪一實萬分是萬為一之説頗相似。

清・侯仁朔《侯氏書品・圭峰禪師碑》 裴公美楷法不多見，前輩論次碑版，亦未甚賞識。余觀此碑與顔、柳適相等埒，而佈置尤費工巧。蓋當時書家競立門户，樸率則有登善，峭拔則有信本，至倔强怒張又有清臣、誠懸，公美以匀整之筆，作束縛之體，間用一二筆行書，以求多姿，是殆取嫵媚勝人者，因而工巧一途，遂造極品。但自此以下，作何底止，君子作事，必思流弊，書又其小焉者耳。

綜述

宋・歐陽修《集古録》卷九《唐圭峯禪師碑》 右《圭峯禪師碑》，唐相裴休撰并書，其文辭事跡無足採，而其字法世所重也，故録之云。

清・牛運震《金石圖》 右《圭峰碑》，在西安府西南八十里草堂寺後，東向。

清・武億《授堂金石跋》續跋卷五《定慧禪師傳法碑》 《舊唐書・裴休本傳》：累轉中書侍郎，兼禮部尚書，而不載充集賢殿大學士。按之此碑，兼禮部，當為兼户部。至於傳載十年罷相，是年冬，進階金紫光禄大夫。攷碑之建立，當大中九年，已書此階，然則史文繫於十年冬者，誤也。休嗜浮屠，講求其說，演法附著數萬言，習歌唄以為樂。《新唐書》本傳文。今碑稱定慧所著經旨書偈議論，皆謂本一心而貫諸法，顯真體而融事理，其推演禪趣亦云至矣。碑書號不從虎，避諱故也。史稱休書楷遒媚，有體法，覩此碑，信然。

清・王昶《金石萃編》卷一一四《定慧禪師碑》 案，末行有府兼右街功德使，驃騎大將軍，行右驍衛上將軍，知内侍省事，上柱國。施碑石三十字，與第三十五行重出，疑是覆刻者。

《王忠嗣碑》

論說

清・吴玉搢《金石存》 清源不獨忠勇敢戰，其策石堡，料禄山，皆深謀早見，非一將之識也。獨為林甫所惡，陰使誣告。明皇不察，論死，非哥舒翰以官爵贖罪，幾至不免，然猶貶死。史稱工於謀國，拙於身圖，其然哉。元載，清源女夫也，其筆力庸冗，固爾不言林甫排陷，何也。史稱忠嗣，華州鄭人，碑稱華陰人。碑豎州城西三十里赤水道南，又南高原，即其塚也。余猶及布氈其下，頗極穹窿，追琢之妙，非今人可及，側刻水獸，尤奇異怪偉，益令人遠想唐人書蹟，不覺色飛。萬曆間，渭南崔令君邦亮忽移置縣城之西道北，不知何故。

清・武億《授堂金石跋・金石二跋》卷三《王忠嗣神道碑》 碑僅磨泐數字，細推皆可識，唐石刻之幸完整無缺者，如是碑亦不多見，其為後人取資多矣。

清・王昶《金石萃編》卷一〇〇《王忠嗣碑》 舊傳又云，開元十八年，又贈安西大都護，恐碑云安北即此也。碑云元獻皇太后降家人之慈，盛擇配之禮，命之主饋，恩情甚厚。元獻太后者，元宗后楊氏，生肅宗及寧親公主，其後寧親下嫁張説之子垍。碑所謂擇配主饋之語，所未詳也。其餘碑叙歷官戰功諸事蹟，大較與兩傳合，而文繁句冗，意為辭掩，讀之不易了了。碑無薨年，以舊傳攷之，在天寶八載，其贈兵部尚書，在寶應元年，而碑立於大歷十年，則距其死二十七年。至撰書者元載、王縉，其同居相位，亦在寶應、廣德之間，則自撰書當在其時，書後又距十餘年而始立石也。

綜述

清・王昶《金石萃編》卷一〇〇《王忠嗣碑》 《唐朔方河東河西隴右節度使清源公王忠嗣碑》，所記事與史不甚異，其文詞瑣冗，無足多者。縉於書稱名家，與李邕相伯仲。《弇州山人稿》。

明・趙崡《石墨鐫華》卷三《唐王忠嗣碑》 忠嗣歿於天寶初，碑立於大歷十年，元載撰文，王縉書。載，忠嗣女夫，縉，王摩詰兄也。

清・錢大昕《金石後録》 按，忠嗣初名訓，賜今名。李林甫惡之，陰使人誣告欲奉太子。帝怒，付三法司鞫治，應死。哥舒翰請以官爵代贖罪，貶漢陽太守。久之，遷漢東郡，年四十五而卒。碑多不詳。忠嗣功在社稷，知禄山有亂萌，不免以讒死，史官惜之。碑文宏麗，其叙述處，多與史合，至云借公為資，動摇國本，成公讁居，人無不恨，以四語易史傳數行，微而顯矣。

《北岳恒山安天王銘》

論說

清・朱彝尊《曝書亭集》卷四九《唐封北岳神碑跋》 唐天寶七載

封北嶽神為安天王，是時禄山近在肘腋，安天王之名得毋為之兆乎。碑辭李荃撰，其陰則康傑文，書以八分者戴千齡也，筆法淳古，遠在韓擇木、蔡有隣、梁昇卿、張庭珪、史惟則諸家之上。乃盛熙明攷書法，獨遺之，何與。

清・葉奕苞《金石録補》卷一五《唐封恒山碑》　右碑後列范陽節度安禄山、博陵太守賈循及從吏馮承相、張元瓚、鄭收、郗懷玉等職銜，皆有頌揚之語，而於歲、賈則云常樂安公，曰禄山國之英也，八柱承天三門出將武威賈公，曰循時之傑也。夫以國英時傑出自稱，李荃阿諛必小人之尤。況傳稱禄山陽為愚不敏，其姦工於媚上，以天寶七載正月，群臣上尊號，而禄山即樹碑恒岳，借封爵為辭，而致其上號之意，且夸揚已烈，有風順遼海霜明憲秋等語，不臣之漸，於此可見。後附杜南金、韓休烈刻字，與碑陰同。

《臧希晏碑》

論　說

明・孫鑛《書畫跋跋》卷二下《臧希晏碑》　唐隸固時有瘦者，第古色終讓漢耳。

清・吳玉搢《金石存》卷一五《唐金吾衛將軍臧希晏碑》　按，《寶刻叢編》載：諸道石刻録有唐贈楊州都督臧希晏，碑云唐張孚撰，韓秀弼八分書，大歷五年立在三原。今碑不見贈楊州都督事，亦無大歷五年字，或皆在所缺處，葬於廣德，而建碑於大歷年，亦不遠也。

希晏為懷恪子，兄弟七人皆貴顯。《懷恪碑》為魯書，甚傳於時。《金石録》載，臧氏墓碑凡三。《金石略》載，韓秀弼所書碑凡四，而俱不及此，何也。碑雖斷缺，然名字、世系、歲月、功勛及夫人、嗣子俱尚可見，亦異於泯滅失傳者矣。

清・王昶《金石萃編》卷九五《臧希晏碑》　按，臧希晏為懷恪第六子。《弇州山人稿》誤作長子。碑題□□州大都督泐二字，據《懷恪碑》，是贈揚州也。撰文者張孚，孚字可辨，蓋與曹倦圃先生藏本同為佳搨矣。張孚及書人韓秀弼，史皆無傳，《古今碑帖考》載：韓秀弼、秀實、秀榮三人，云並以八分擅名，又俱同時，必其兄弟，諸書皆無可攷。《墨池編》載，秀弼所書碑有六：《曰元待聘碑》、《李齊物碑》、《鄭叔清碑》、《裴曠改葬碑》、《鎮國公李元亮功德頌》、《李晟先廟碑》，並八分書，而不及此碑。《弇州山人稿》則載此碑云廣德二年書。是亦未細閱全文也。

《李元諒碑》

綜　述

明・趙崡《石墨鐫華》卷三《唐李元諒昭德懋功碑》　李元諒者，駱元光賜姓名也。以朱泚之亂，能鎮定華州，將徒治隴右，故華州人感之，行軍司馬董叔經請於天子立碑述頌也，張濛撰，韓秀弼分書。秀弼手筆固是君家尚書公嫡派，而碑頌駱公詞無虛溢，并可重也。駱公封武康郡王，謚莊威，舊史不收，見《新唐書》，此所謂事增於前者乎。

明・郭宗昌《金石史》卷二《唐李元諒懋功昭德碑》　李元諒本安息安氏，少養宦官駱奉先，冒姓駱，名元光。鷙敢有謀，會朱泚之亂，能鎮定華州。張濛述頌所謂昭德懋功，皆實録也。韓秀弼分書，當兵戈雲擾，碑復琢磨精工，窿然歸然，不為苟就，亦足占中興之兆。萬曆初，碑卧廢署草間，人多蔑其上。永昌石公元麟來守華州，移置郡衙。

雜　録

清・錢大昕《金石後録》　碑序諒狥國之功十，皆隱約其詞，與舊《書》合，彬彬郁郁，有初唐風。新《書》云贈司空，謚莊威。碑不之及，豈立於元諒未卒時耶。舊《書》初加檢校工部尚書。新《書》實封五百户。皆碑所遺。

《姜嫄公劉廟碑》

論說

明・趙崡《石墨鐫華》卷三《姜嫄公劉廟碑》　郢事李懷光，能引譬忠義，不為勢屈，卓然名臣。獨為相時不能制王叔文輩耳。文尤冗弱，殊無足稱。張誼於書家不甚著，此書不及王縉而畧似柳公權，亦足存也。

清・錢大昕《潛研堂金石文跋尾》卷四《姜嫄公劉廟碑》　獻甫封朗寧郡王，新舊史俱失載，李氏自言出於伯陽，而伯陽為庭堅之裔。故天寶初，尊咎繇為德明皇帝。此碑叙三代承禹、稷、契之祚，而咎繇積累在天，天命乃歸於唐，蓋以此也。都元敬《金薤琳琊》嘗載其文石，今已損失三十餘字，前兩行空處攙入明人范文光題石。

清・畢沅《關中金石記》卷四《姜嫄公劉廟碑》　《唐書》稱獻甫從渾瑊討朱泚，累遷至金吾將軍、檢校工部尚書，不及刑部，為邠寧後加檢校尚書、左僕射，不及封邠寧郡王，并史之缺誤，當從碑為是。

綜述

明・都穆《金薤琳琅》卷一七《唐姜嫄公劉新廟碑》　廟在今邠州城南，邠寧節度觀察使張獻甫所遷，故當時稱曰新廟，而高郢為文。予昔以尚書郎出使寧夏，道邠，謁廟，其後稍上有履跡平，乃姜嫄履巨人跡所在，予為大書履跡平三字，俾州官刻寘廟側，蓋州人但知有廟，而少知乎此，故表而出之。

清・武億《授堂金石跋・金石二跋》卷三《姜嫄公劉新廟碑》　《德宗紀》：貞元四年九月庚申，吐蕃寇寧州，邠寧節度使張獻甫敗之。今碑所載戎醜是膺授鉞而至，是其事也。碑後云，自先幽州大夫以來，一門四人，幽州張守珪也。四人者，則獻誠、獻恭及昫與、獻甫。當時伐閲之盛若此，可謂濟美矣。

清・王昶《金石萃編》卷一三〇《姜嫄公劉廟碑》　按，《陝西通志》：姜嫄祠在邠州城外太王祠右，唐節度張獻甫建，即此廟也。【略】此碑撰文者高郢，書者張誼，篆額者張琯，《新唐書》傳：高郢，字公楚，衛州人。李懷光引佐邠寧府，懷光誅，李晟表其忠，馬燧奏管書記，召拜主客員外郎，遷中書舍人，碑即書於此時。張誼、張琯無傳。立碑者韋丹，新傳云，丹，字文明，京兆萬年人，蚤孤，從外祖顔真卿學，擢明經，歷官咸陽尉，張獻甫表佐邠寧幕府。順宗為太子，以殿中侍御史召為舍人。其立此碑在召為舍人之前，佐邠寧幕府時也。

《鹽池靈慶公碑》

論說

清・武億《授堂金石跋》續跋卷五《河東監池靈慶公神祠頌碑》　碑殘泐，《金石文字記》云：公字叔敖，鄭州滎陽人，而不得其名。今案：碑前列鄭楚相名，故下惟云字叔敖，而名不再見，顧氏殆失檢也。鄭君初擢秀才第，為東觀校書郎，授長安府，至於宰是邑，百姓孫士良等請命朝省，斯頌作焉。後又言左司郎中宇文邈修功善狀，蓋唐自武后聖歷二年，制州縣長吏，非奉有勅旨，毋得擅立碑。於是凡以政績將立碑者，具所紀之文上尚書考功有司而攷其詞。今此碑猶可案也，驗實則人無溢美，準勅立，益有風勸，余故録之，以見唐制如此。

綜述

清·錢大昕《潛研堂金石文跋尾》卷四《河東監靈慶公神祠碑》 《唐書·叛臣傳》：大歷中，淫雨壞河中鹽池，味苦惡，韓滉判度支，慮減常賦，妄言池生瑞鹽，王德之美祥。代宗疑不然，命蔣鎮馳驛按視，鎮内欲結滉，故實其事，表置祠房，號池曰寶應靈慶云。又《地理志》：安邑縣有鹽池與解為兩池，大歷十二年，生乳鹽，賜名寶應慶靈池。以傳及此碑證之，則志作慶靈者，誤也。《舊唐書·德宗紀》：貞元十二年九月，户部尚書判度支裴延齡卒，碑云十一年秋九月薨，未詳孰是。碑為鹽池官吏所建，宜不誤矣。

清·武億《授堂金石跋》續跋卷五《河東監池靈慶公神祠頌碑》 碑記為將仕郎太常博士崔敖撰，將仕郎前試大理評事韋縱書，《新唐書·宰相世系表》：崔氏，清河小房，有敖與敦敷汶敏列一格，韋氏鼓城公記有縱，左金吾衛兵曹參軍。今碑所署即其人。

清·王昶《金石萃編》卷一〇三《鹽池靈慶公碑》 按，此碑陽為頌，陰為記，頌為崔敖撰，韋縱書，并篆額，記為劉宇撰書，頌刻於貞元十三年八月廿日，記刻於貞元十三年七月二日，是記先刻矣。然記内已言有崔君之頌，恐其頌或有闕，乃命山客重紀於碑云。重紀又似記為後出者，而乃先刻之，何也。鹽池靈慶公神祠在山西解州安邑縣，《山西通志》云，池神廟在鹽池内，唐大歷十二年建。十三年，韓滉奏解池産瑞鹽，請置神祠，賜號曰寶應羣慶池，神曰靈慶公。張濯撰記，貞元十三年修，太常博士崔敖撰頌。貞元十七年四月，知解縣池陸位安邑池，韋縱立《池神祠頌碑》，崔敖撰文。據此則似崔敖撰頌在十三年，立碑在十七年，敖又别為撰文。然此碑有頌并序，而别無他文，實是十三年建，無十七年字，《通志》語所未詳也。

《竇叔向碑》

論說

清·錢大昕《潛研堂金石文跋尾》續卷二《左拾遺竇叔向碑》 右《左拾遺竇叔向碑》，第十一姪易直書。易直兩字雖磨泐，以筆勢求之，仿佛可見。趙氏《金石録》以為竇公直書，公直名不見於《宰相世系表》，疑未可據。《唐書·竇羣傳》：武元衡輔政，薦羣代為中丞，羣引呂溫、羊士諤為御史。李吉甫以二人躁險，持不下，羣忮很反怨吉甫。今按，吉甫以元和三年九月戊戌罷相，碑立於是年十月癸丑，士諤已為侍御史，計其授官，必在吉甫未罷之日，則吉甫亦未能終持不下也。文雖殘闕，其所叙世系，頗可證唐表之漏。據表，叔向於善衡當為曾祖，而碑稱高祖善衡，又云曾祖元□，兖州任城令，然則表脱任城一格矣。其所述諸子宫階與史不盡合，史所載者，後來易歷之職，此據當時見任而言，非有異同也。

清·王昶《金石萃編》卷一〇五《竇叔向碑》 按，撰文者羊士諤，兩《唐書》無傳，其詩載《全唐詩》，小傳云，士諤，泰山人，登貞元元年進士第，累至宣歙巡官。元和初，拜監察御史，坐誣李吉甫，出為資州刺史。此碑結銜侍御史内供奉，上護軍，正即元和初所拜之官也。碑文湮没，賴縣令湯毓倬表而出之。毓倬，字吉人，南皮人，領乾隆壬午順天鄉薦，為予門下士。其官偃師也，邑中金石竭力蒐羅，凡淪陷沙土者，盡拂拭而出，適武虛谷，億罷官歸，同修縣志，盡搨諸碑跋以入志。毓倬之功不可没也，在附識之。

綜述

清・畢沅《中州金石記》卷三《唐下・竇叔向碑》 《金石録》有此碑，《金石略》有竇易直書《左拾遺竇叔向碑》，羊士諤撰，未詳，即此其字摩滅，棄在牛王廟作俱几，近始移置學宮。

清・武億《偃師金石遺文》卷五 億按：碑漫滅，又以字畫纖瘦，益難尋識。近用細灰墁其上，乃粗可讀。

《朱孝誠碑》

論說

清・錢大昕《潛研堂金石文跋尾》續卷三《忠武君監軍使朱孝誠碑》 右《朱孝誠碑》，在三原縣，乾隆戊子歲，縣人掊土得之。頃江寧嚴侍讀冬友遊秦中歸，摹以遺予。書法流麗可愛。

清・武億《授堂金石跋・金石二跋》卷三《贈雲麾將軍朱孝誠神道碑》 朱孝誠以宦者為忠武監軍，薦歷華膴而有妻王氏，有嗣子士俛，次子士倫。史稱李輔國娶元擢女，奉勅為之，唐内侍之横，其有由也。夫碑言問罪淮西，以護許軍，攷是時，光顔為陳許帥，而李誠奉命與之左右，蓋不獨梁守謙一人往撫蔡師也。又言李師道窺竊近郊。案本傳，師道遺客燒河陰漕院錢三十萬緡、米數萬斛、倉百餘區，即指其事。

《梁守謙功德碑》

論說

明・都穆《金薤琳琅》卷一九《右唐邠國公功德銘》 邠國公者，内侍梁守謙也。攷之唐史，宦者守謙無傳。惟憲宗十五年書，帝暴崩於太極殿，中尉梁守謙、王守澄等共立太子，殺吐突承璀及澧王惲。而韓文公《平淮西碑》亦載守謙在帝左右，嘗命之往撫蔡師。大守謙以一宦者，而爵至上公，此可見憲宗之信任小人，宜其晚節不終，卒此宦者之手。然則予之録此，蓋將為天下後世之戒，而非徒取其文字也。

清・畢沅《關中金石記》卷四《邠國公功德銘》 韓愈《平淮西碑》稱，守謙出入左右，命撫蔡師，碑中云蔡人迎戎，命公撫眾，與之正合。守謙於興唐寺寫經，為國祈福，故立此頌。碑末云，天水强瓊摹勒并刻字，强瓊亦中人，見其妻王夫人墓銘碑額已失。《文獻通考》、唐六譯《金剛經》、恒農《楊翶集》、中貴人《楊承和集》，右軍書刻之興唐寺，亦應是其時所為。

綜述

明・趙崡《石墨鐫華》卷三《唐邠國公功德銘》 此宦者梁守謙造經於興唐寺，而護軍中尉楊承和為銘之書之者也。頌宦者功德，乃謂淮蔡之功，十居其七，將令裴、李諸公何處生活。

清・錢大昕《潛研堂金石文跋尾》卷三《邠國公功德銘》 右邠國公功德銘，楊承和為文而書之。承和一閹人耳，安能工於文辭，且書法精妙乃爾，殆當時文士游中官之門者為之假手也。守謙以元和十三年充右軍中尉，至大和元年三月始致仕，以王守澄代之，蓋典禁軍者十年，故穆宗、文宗之立，皆預定策功。《唐書・宦官傳》：劉克明弑敬宗，樞密使王守澄、楊承和，中尉梁守謙、魏從簡與宰相裴度共迎江王，發左右神策及六軍飛龍兵討之。承和事見於史者，惟此爾。碑以尺晏為尺鷃，蒴蓡為芻豢，皆異文。

《南海神廟碑》

論説

清・王昶《金石萃編》卷一〇七《南海神廟碑》按：此碑裝本，今取留耕王氏宋刻《昌黎先生文集》本校之。文集集注云，首有使持節袁州諸軍事守袁州刺史韓愈撰，使持節循州諸軍事守循州刺史陳諫書并篆額，其後云元和十五年十月一日建。今裝本陳諫書下失，并篆額三字并失。其後年月一行文内故海岳之祀，集本祀作祝。故常以疾病解，集本疾病下有為字，故明言齊盧，集本作明宮。敬祭某，集本某作其。米三萬二千斛，集本三作四。又補注泐文十九字，末句誅其尤無下，裝本全缺，今補注一百三字，又詩八十字，然後文全可讀也。

清・武億《授堂金石跋》續跋卷五《南海神廣利王廟碑》《舊唐書・孔戣傳》：戣授廣州刺史，先是準詔禱南海神，多令從事代祠，戣每受詔，自犯風波而往，韓愈在潮州作詩以美之。今此碑後繫以詩者，當謂此也。然傳謂在潮州，不知其已移守袁州矣。

《李良臣碑》

論説

宋・趙明誠《金石録》卷二九《唐贈太保李良臣碑》右《唐李良臣碑》。良臣，李光顔之父也。碑李宗閔撰，文詞爾雅可喜。宗閔、牛僧孺皆一代奇才，而自陷朋黨，惜哉。

清・武億《授堂金石跋・金石二跋》卷三《贈太保李良臣神道碑》《李光進傳》云：其先河曲諸部，姓阿跌氏，貞觀中，内屬。今以碑證之，良臣王父當唐初受命，太宗文皇帝已即大位，遂率其所統南詣靈武，請為内臣，於時方在貞觀初，而史以為中，非其實也。

清・王昶《金石萃編》卷一〇七《李良臣碑》按：此碑無建立歲月，歐公《集古録》不收此碑，趙氏《金石録目》作長慶二年，據碑撰文者李宗閔，結銜云守禮部侍郎。《舊唐書・宗閔傳》稱其權知禮部侍郎，在長慶三年冬。新傳不載。至四年，貢舉事畢，即權知兵部侍郎矣。碑文前叙李光顔戰功，自庚子歲起，歷叙至鎮許昌，斬岕首，平汴宋，册功拜司徒兼侍中等事。舊書《李光顔傳》：長慶四年，敬宗即位，正拜司徒，汴州李岕逐其帥，叛，詔光顔率陳許之，師討之俄而誅岕，遷太原尹，仍於正衙受册司徒兼侍中。然則碑文叙事已及長慶四年，則非二年所立明矣。惟謂碑立於四年，與李宗閔結銜不合，則當是舊宗閔傳有誤也。

《諸葛武侯祠堂碑》

論説

明・盛時泰《蒼潤軒碑跋》 右裴度撰文，乃成化中重鐫者，有御史榮華跋，言子寬此書如端人正士，筆法遒勁。裴公文首稱秉事君之節者，無開國之才，得立身之道者，無治人之術，四者備矣，惟武侯有之，信如跋所言也。

明・孫鑛《書畫跋跋》卷二下《柳尚書諸葛武侯祠記》 余友詹惟柄為成都守，曾寄一本，字僅能具態耳，以塤篪誠懸，尚有慚色，何得云過之。裴晉公文是唐時常體，然頌武侯語甚精，殆志意有符契哉。

清・錢大昕《潛研堂金石文跋尾》續卷三《蜀丞相諸葛武侯祠堂碑》 是時元衡以宰相出鎮西川，裴度、柳公綽皆為幕僚。《唐書・元衡傳》所云開府極一時選者是也。《柳公綽傳》稱，武元衡節度俱為判官，尤相引重。今案：裴公時為節度掌書記，公綽以營田副使成都少尹，皆非判官，特同在帥府耳。碑不見於歐、趙二録，王象之撰《輿地碑目》始載之。

清・武億《授堂金石跋・金石二跋》卷三《修武侯祠堂碑》 此碑裴公題銜云侍御史，質之本傳，遷監察御史，論權梗切，出為河南功曹參軍。武元衡帥西川，表掌節度府書記，碑文當作於是時。而為侍御史，史亦未詳載。碑在前明補刻，今所見者已非舊觀，用為可憾耳。《文苑英華》辨證裴度《諸葛亮祠堂碑》，故州平心與元直神交，謂亮與崔州平、徐庶友善也，而《文粹》以故為荆。

綜述

清・王昶《金石萃編》卷一〇五《諸葛武侯祠堂碑》 右記裴晉公度撰，柳尚書公綽書。是時在武相元衡幕中，三公勳業年位雖小異，要之不愧忠武侯者。柳於書不得稱名，獨米元章謂其勝誠懸。碑在成都可七百年矣，完好尚如新，得非以僻故存邪。《弇州山人稿》。

清・王士禛《池北偶談》卷一五《談藝五・裴碑》 成都遭張獻忠之亂，金石文字一無存者，惟《武侯廟碑》尚完好。蓋武丞相元衡帥蜀時，裴、柳二公皆在幕中，寔元和四年己丑也。

紀事

清・林侗《來齋金石刻考略》卷下《蜀丞相諸葛武侯祠堂碑》 明末大盜張獻忠入蜀，屠殺之慘，亘古未有，萬里煙絶，侯神人也，廟貌得保無恙。家大人刺達州，予擬遊錦江浣花未果，此碑予得之故家宦蜀者，而録孫文於裴本之末。

《寂照和尚碑》

論説

明・安世鳳《墨林快事》卷五 唐季惟裴休、成式以通釋典稱，裴事莊嚴流行猶為外事，則悟佛心印者段一人而已。今觀此所為《照公碑》記，聞洵博然，精微奧義，何未數數然也，豈專重在戒，故於法禪二宗，不無軒輊乎，乃牟尼一人之身耳。道何以三也，倘段於所謂一者未能唯耶。碑稱顔氏子若戒可尚門則四，勿為一偏之語矣，而法禪二物又將屬之誰乎。段未免貪多，識而不見，如來已無可之書，固一時習尚石經多，此法可知也。然此碑則導源二歐，掩有河東清遒圓利，洵可擅一時之技，出諸書僧之上，世輕其人，因薄其技而不傳，余乃為拈出，不徒以愛段文而已也。

清・翁方綱撰、沈津輯《翁方綱題跋手劄集録・跋寂照和尚碑》 此碑予所藏有篆額唐故安國寺照和尚碑九字，篆亦不工，而無可書法，雖自柳出，乃自具神理，在《圭峰碑》之上，趙子函譏之，非也。拓本全體完好，前後無年月，惟顧氏《金石文字記》云開成六年正月。然此石是康對山之嗣君得之於成陽縣西馬跑泉，是以宋人《金石録》、《寶刻類編》諸書皆未及載耳。

清・王昶《金石萃編》卷一〇八《寂照和上碑》 按：此碑撰者段成式，《舊唐書》傳：段文昌子成式，字柯古，以蔭入官，為祕書省校書郎，研精苦學，祕閣書籍，披閲皆遍，累遷尚書郎。咸通初，出為江州刺史，家多書史，用以自娱，尤深於佛書。《新唐書》則稱其官終太常少卿，而皆不載其官著作郎、充集賢殿修撰，史之畧也。段成式詩與温庭筠、李商隱齊名，時號三十六體，以三人皆行十六也。書者僧元可，《全唐詩》小傳稱，無可居天仙寺，此碑則云少華山樹谷僧。其詩有《宿安國寺簡公院》一首，殆即此書碑之安國寺也。碑書無憂王寺，誤作無優，薝蔔作瞻蔔，通用字。碑無建立年月，据文稱大和七年冬季，上弦而疾，下弦而病，化其月，闍維於寺北原，計其時歲暮矣，此後神晏置幢，契元述行實，相請銘，皆非闍維時所能猝了，而大要亦不出來年之事，然無可確定，附於七年。

綜述

明・趙崡《石墨鐫華》卷四《唐寂照和尚碑》 此碑在咸陽西馬跑泉地中，武功康子秀先生過而識之，以語士人，豎於道傍。其后王咸陽移之咸陽城中寺，以碑有安國寺字，遂改名其寺為安國寺。按：碑，段成式撰，僧無可書。成式文筆自奇，此文為佛言尤奇。無可，賈島從弟，有詩集傳世，其書法出柳誠懸而優孟者。子秀，名梣，太史德涵子也。

明・王家端《咸陽金石遺文》 碑舊在縣西卅里馬跑泉鎮，今移置縣寺堦下。夫物之善合，往聞未覩，碑初出失趺，士人以碌磏承之不相宜，移來方慮寺堦下，方石刻雲覆宛然，以碑合之脗然，原趺不知何相遠也，遇亦奇矣。聞初康牧識而出之土中，牧號小山，對山子也。

清・畢沅《關中金石記》卷四《安國寺寂照和尚碑》 唐安國寺有二，一在西京，一在東京。在西京者為睿宗龍潛宅，以景雲元年九月為寺，即此是也。在東京者為中宗節愍太子宅，神龍二年為崇恩寺，後為衛國寺，亦以景雲元年十二月改名。其並得名為安國者，以睿宗本封故也。大德以大和七年卒，文稱大和二年來延唐寺，以《會要》攷之，延唐本名萬善，為會昌六年奏改，碑於開成末即稱延唐，是《會要》云云，亦不甚是矣。

《等慈寺碑》

論說

清・王澍《虛舟題跋》卷三《等慈寺碑》 此碑為破王世充作，武德三年七月，太宗攻王世充於洛邑，世充屢北，乃求救於竇建德。四年二月，建德以兵十餘萬來援，至於酸棗，碑所謂偽黨實繁，凶毒孔熾，將規合勢，以抗我師者也。蕭瑀、屈突通等以腹背受敵，請退師，不許，復請據險以候其變，又不許。建德自滎陽西上，至於板渚。太宗升高以望，自信必克，乃揮旝而入，突出陣後。賊遂大潰，生擒建德。碑所謂妙算所甄，洞其曲折，中權所禀，見可而進，發自板渚，迄於兹地，禽兹元惡，未及旋踵者也。太宗既擒竇建德，世充懼，率衆請降，山東悉平。碑所謂仍執醜虜，曾靡不遺者也。未幾，建德舊將劉黑闥復舉兵反，十二月，太宗總戎東討，五年春，破之洺水。徐圓朗阻兵徐兗，太宗回師討平之，於是江淮河濟，諸郡皆平。碑所謂廓清萬里，大定山川者也，於是海宇漸平。太宗即鋭意經籍，開文學館，以待天下之士，旋念義勇隕身，立寺度之，雖不免婦人之仁，然偃武修文，庶幾放牛歸馬之治，升平泰階，由斯道矣。

清・武億《授堂金石跋・金石二跋》卷一《等慈寺碑》 碑完具，後文題銜顔師古，下缺一字，或懸度之當作書，余攷其寔不然。《舊唐書・太宗紀》：貞觀三年十二月癸丑，詔建義已來交兵之處，為義士勇夫殞身戎陣者各立一寺，命虞世南、李百藥、褚亮、顔師古、岑文本、許敬宗、朱子奢等為之碑銘，以紀功業。案：汜水為破竇建德之地，師古奉詔為文，光昭大業，見於碑詞。然則此記決為師古所撰也，碑言乃命克敵之處普建道場，與史所記符。又唐人臨文遇言及朝廷必闕三格，此獨空一格。

綜述

宋・樂史《太平寰宇記》卷五二《河北道一・孟州・汜水縣》 河北道孟州汜水縣等慈寺，在縣東七里。唐師既破建德，有詔於戰所起寺，立碑紀功焉。

清・畢沅《中州金石記》卷二《唐上・等慈寺碑》 《等慈寺碑》，貞觀二年立，太宗破王世充、竇建德，乃於戰處建寺，為陣亡將士薦福。文中稱世充為王充，因諱去一字耳。朱晨《墨池編》作大唐皇帝《等慈寺碑》者，額文也。

清・王澍《虚舟題跋》卷三《唐等慈寺碑》 《舊唐書・太宗紀》：貞觀三年十二月詔，建義以來交兵之處，為義士勇夫殞身戎陣者各立一寺，命虞世南、李百藥、褚亮、顔師古、岑文本、許敬宗、朱子奢等為之碑銘以紀功業。此碑與朱子奢《昭仁寺碑》蓋皆一時立也，兩碑皆不著年月，趙德甫《金石録》皆系之貞觀三年，蓋據史書而名之也。當時撰碑凡有七人，今之所存僅有其二。《集古録》載有李百藥《正解寺碑》，《金石録》載有許敬宗《普濟寺碑》，名存面碑亦亡矣。兩碑今頗完好，各不著書者名氏，然書法皆絶工。此碑上援丁道護，下開徐季海，腴潤跌宕，致有杰思，與《昭仁寺碑》各樹一幟，而不能軒輊。遥想七碑一一精絶，惜其過半亡失，為之邑邑。

《孔穎達碑》

論說

宋・歐陽修《集古録跋尾》卷五《唐孔穎達碑》 右《孔穎達碑》，于志寧撰，其文磨滅，然尚可讀，今以其可見者質於《唐書・列傳》，傳所闕者不載穎達卒時年壽，其與魏鄭公奉勑共修《隋書》亦不著，又其字不同。傳云字仲達，碑云字沖遠，碑字多殘闕，惟其名字特完，可以正傳之繆不疑。以沖遠為仲達，以此知文字轉易失其真者，何可勝數。幸而因余集録所得以正其訛舛者，亦不為少也。乃知余家所藏非徒玩好而已，其益豈不博哉。

宋・黄伯思《東觀餘論》卷下《跋孔穎達碑後》 《孔祭酒碑》，世傳虞永興書，非也。沖遠之没，迺後伯施十年，豈非當時學永興法者耶。然筆勢遒媚，亦自可珍。

清・錢大昕《潛研堂金石文跋尾》續卷二《曲阜憲公孔穎達碑》 右《曲阜憲公孔穎達碑》，新舊書本傳并云字仲達，《宰相世系表》則云字沖遠，碑雖曼患，而沖遠字特分明。表所書三代名諱官階，盡與碑合。汲古閣本脱穎達一格，監本初不誤也。穎達長子名志元，碑與表同，而傳但作志，蓋宋人避諱，去下一字。然傳諱而表不諱，宅傳於元字亦多不避，當時史官非一手，無素定之例故也。

清・翁方綱撰、沈津輯《翁方綱題跋手劄集録・跋唐孔穎達碑》 《孔祭酒碑》在醴泉縣，此拓本尚可見者一千三百六十餘字。考明崇禎十一年醴泉令苟善所修縣志云：此碑尚存千字。則此本是苟未修志以前拓也，以較歐陽《集古録》所稱磨滅大約不甚相遠。【略】于志寧名位年齒不能居穎達之前，且萬無撰文而自稱黎陽公之理，且系銜自稱字，尤碑法所無，以此論之，則是碑之文或是尊志寧者所代撰也。文既尊于者所撰，書亦效虞者所書，而黄長叡、趙德父皆言世傳永興書，則沿稱為虞，其來已久。蓋自

《廟堂碑》石既亡追蠡，遂專屬此碑也，亦見唐世書道人皆知二王正脉，必以永興為軌則也，後來《開成石經》、《嘉祐石經》皆師此碑筆法為之，而永興筆髓無若此碑得之最真，蓋以《廟堂》、《昭仁》合為之，亦因以知《昭仁》信是虞也。今《廟堂》原本既不可見，得此想像遺意，尚可與王節度本參合微茫，由永興問津二王，所必由之坦途，而今日遂為希有之迹矣。然趙子函云：碑在西峪村東南古塚間。子函訪昭陵諸迹在明萬曆四十六年，至今一百六十餘年，則是石今或尚有之，惜無好事者搜剔榛蕪，覆以亭檻移置長安碑林，以配《廟堂碑》，則諸經疏義之功并峙殿庭，永寶用享，豈不盛哉。乾隆四十六年春二月望日，北平翁方綱識於蘇齋之石墨書樓。

清·王昶《金石萃編》卷四七《孔穎達碑》按：此碑文凡二千五百餘字，《集古録》已云字多殘缺，《石墨鐫華》猶及見薨年月及春秋七十有五，今已盡滅。然《雍州金石記》云可識者僅二百餘字，今所見本尚存一千六百餘字，何多寡之數若此，豈搴搨人工拙懸殊耶。碑但有撰人，無書人，亦無立碑年月。【略】碑書灰燼作灰燼，省文也。闕閱作伐閱，借用字。又墓上又一石，題唐國子祭酒孔公墓八字，隸書，石高三尺六寸，字徑八寸，無年月，當是後人所題，附記於此。

綜述

宋·趙明誠《金石録》卷四《唐孔穎達碑》右《唐孔穎達碑》，于志寧撰，世傳虞永興書。據碑云，穎達卒於貞觀二十二年，時世南之亡久矣，然驗其筆法，蓋當時善書者規摹世南之書而為之者也。

明·趙崡《石墨鐫華》卷二《唐祭酒孔穎達碑》碑半没土中，年壽字半泐，隱隱可讀，云貞觀二十二年六月十八日薨，春秋七十有五。然則歐陽公所有碑與今碑略同，數百年間，豈無剥蝕之災，且昭陵諸碑多不可讀，而《孔公碑》獨尚如此，或公有功於六經，而鬼神可護之耶。

清·葉奕苞《金石録補》卷二七《孔穎達碑》螭首嵌空處，有至正四年三月顧游特看此碑墨書十四字，趙崡子函云，在泥土中拂拭之，如新。子函見時為萬曆戊午，溯至正中甲申，已二百七十五年，而墨書無恙，斯足奇也。

清·朱楓《雍州金石記》卷二《國子祭酒孔穎達碑》碑已磨泐，可識者僅二百餘字，《石墨鐫華》所云：貞觀二十二年六月十八日薨，春秋七十有五。已不可識矣。明荀好善作《醴泉志》云：《孔穎達碑》存字千。時崇禎十一年也，相去百餘年，頓失八九，好古者所宜亟為保護者也。按，《金石文字記》：《孔穎達碑》作貞觀十六年，《集古録》云二十二年，與《石墨鐫華》合，宜從《集古》。

《薛收碑》

論説

宋·趙明誠《金石録》卷二四《唐薛收碑》右《唐薛收碑》，文字殘缺，其可讀以唐史校之，無甚異同，惟收之卒，謚曰懿，而史不書爾。又收之子元超，據唐史及此碑皆云名元超，而楊炯《盈川集》載炯所為元超行狀，乃云名振，字元超，蓋唐初人多以字為名耳。

明·趙崡《石墨鐫華》卷二《唐太常卿薛收碑》此碑殘缺，存者數十字，碑額題太常卿汾陰獻公。據史，永徽間贈太常卿而不書謚，見史之佚者多也。碑書法亦類王知敬、趙模，而無名氏撰者，據《金石録》為于志寧。

清·顧炎武《金石文字記》卷六《汾陰公薛收碑》昭陵陪葬者百六十五人，今存者僅十六，碑記中載其十五，惟遺此碑。先師所録，必目覩其碑與收得拓本者非，然則置之，蓋其慎也。碑止存百餘字而額尚完。

《張允碑》

論說

明・趙崡《石墨鐫華》卷二《唐尚書張後胤碑》　碑額故禮部尚書，碑已殘，其可讀者有云：故金紫光禄大夫張允。攷唐史儒學傳有張後允，即其人，而碑曰張允，豈字後允耶。舊史無字，而《新唐書》曰字嗣宗，然則後字衍耶。碑書撰俱無姓氏，書法精健，是得河南支流而開平原之門户者。

按：碑雖缺蝕，尚存九百餘字，視《雍州金石記》所見較多矣。兩《唐書》傳皆從畧，不及此碑之可見者猶詳。

綜述

清・王昶《金石萃編》卷五一《張允碑》　碑連額高一丈二尺一寸，廣四尺一寸二分，三十一行，行八十一字，正書。額題大唐故禮部尚書張府君之碑十二字，篆書。今在醴泉縣昭陵。

清・林侗《來齋金石刻考略》卷下　右碑無書撰人姓名及建碑年月，前後磨滅已極，中有金紫光禄大夫張允，知為允碑。又有顯慶三年正月遘疾等字，知為唐人也。《趙録張後碑》有目無跋，亦註顯慶年三月，無書撰姓名，予意即此碑，但後允系二名而此單名，張字下更無殘泐，何也。《唐書・後允傳》：字嗣宗，蘇州崑山人。碑云：禄賜防閣，陪窆昭陵。又與傳合，豈嗣宗有二名耶，抑後字為文耶。傳止載後允之子齊邱與鎰，而碑中未泐處有第三子謙，第四子巽，第六子小師。第五子律師，泗州司馬。第七子統師，太常丞。第八子下缺，不獨補史傳之遺，亦以證吾邑之誌為未備也。邑志有張承休，為後允之孫，恒州刺史，多惠政，而《唐書》不載。孔子曰：於其所不知，蓋闕如也。疑以傳疑，直以為《張允碑》亦可。《金石後録》。

清・朱楓《雍州金石記》卷二《尚書張胤碑》　碑已殘缺，存六百餘字可辯者。按：《唐書・儒學傳》有張後允，其官爵與碑同，而碑稱張允，字書分明，可信無疑，是新舊《唐書》之誤也。《金石文字記》直稱張後允，《石墨鐫華》辯之甚詳，而仍稱後允，考金石者，原以正謬誤也。今從碑。

清・畢沅《關中金石記》卷二《禮部尚書張允碑》　《復齋碑録》云：李義府撰文。

《尉遲恭碑》

綜述

清・王昶《金石萃編》卷五二《尉遲恭碑》　按：碑泐共上半，存者可千餘字，今取《文苑英華》録其全文，補碑之闕，復取兩《唐書》傳與碑參校，得其異同。

清・錢大昕《潛研堂金石文跋尾》續卷二《鄂公尉遲敬德碑》　右《鄂忠武公尉遲敬德碑》，止存下截，可辨者約五百字。趙子函《遊九嵕記》云：碑自額以下埋土中，掘而出之，了無一字。今去趙氏作記時又百五十年，而碑字可識辨者尚多，則知子函所云非其實矣。碑文許敬宗撰，《文苑英華》録其全文，以石本校之，間有異同，當以石本為正。如貞觀四年，授襄均鄧淅唐五州都督、襄州刺史，石本均作鄀。攷《唐書・地理志》均州貞觀元年廢，八年復置。又云：武德四年置鄀州，貞觀八年州廢。敬德除都督在貞觀四年，其時有鄀州，無均州也。顧寧人云：凡數字作壹、貳、叁、肆、捌、玖等字，皆武后所改。此碑立於顯慶中，有云贈絹布壹千伍伯段，米粟壹阡伍伯石，則不始於武后矣。

清・朱楓《雍州金石記》卷四《鄂公尉遲敬德碑》 碑已磨滅過半，其下段每行二十餘字可識，有云高陽郡開國公許敬宗撰。其書人姓氏碑中本無，有云封吴國公。又云：聯姻瑶肘，結庭瓊枝。碑已磨滅，斷續無文理可尋，或鄂公始封吴國，其後改封鄂國耳。至其聯姻之事，則不可考也。此碑已陷土中，惟碑額在土上，啟土搨之，約存千字。趙子函《遊九嵕記》云：《尉遲敬德碑》自額以下埋土中，余出之，了無一字，蓋棰而瘞之耳。此乃子函啟土時見大半無字，遂不更掘，孰知其可讀者，猶在下也，好古者固未可半途而廢也。

《蘭陵公主碑》

清（乾隆）《醴泉縣志》 右碑文許敬宗撰，石今泐，其詞見《文苑英華》，以其可辨者對校，始知板本傳寫之譌，謹依碑改正，而以誤字分注。若碑云授襄鄀鄧淅唐五州都督，板本寫鄀為均。碑云浮雲寫陳，板本作雁陳。碑云蒙授帥都督，板本云元帥都督之類。尤謬也。

論説

明・趙崡《石墨鐫華》卷二《唐蘭陵公主碑》 蘭陵公主，太宗第十九女，名淑，字麗貞。駙馬都尉慶州諸軍事，使持節慶州刺史扶風竇懷悊，太穆皇后孫，銀青光禄大夫、上柱國竇德素子也。史書竇氏二十餘人，無德素名，而公主傳但言悊為太穆皇後族子而已。此碑亦可以備史之闕，撰者據《金石録》為李義甫，無書者姓名，而方整勁拔，亦歐、虞之流亞也。

清・孫承澤《庚子銷夏記》卷七《蘭陵公主碑》 余嘗見趙模所書《高申公塋兆記》筆致相合。模擅書名，太宗嘗命之摹《蘭亭》者，此為模書無疑也。

清・朱楓《雍州金石記》卷三《蘭陵長公主碑》 碑已磨泐，可辨者八百餘字。按：《唐書・蘭陵公主傳》云太穆皇后之族子，今碑及穆皇后之孫懷悊，又不叙其下嫁時官爵。又碑稱太宗十九女，而史載太宗二十一女，蘭陵公主第十二，傳宜以長幼為序，蘭陵宜在後，此皆可以正史之缺誤也。又《金石文字記》云顯慶四年十月，今碑已漫漶，月上一字殊未分明，不敢妄記也。

清・畢沅《關中金石記》卷二《蘭陵長公主碑》 新書本傳謂公主名淑，字麗貞，下嫁竇懷悊。懷悊太穆皇后之族子，考之碑則云太穆皇后之孫。《宰相世系表》在第五格，爲后父毅之元孫，三者皆不合。若從碑，則族子亦無稱孫之理，或是族子之子為族孫，於后為族祖姑與。

清・錢大昕《潛研堂金石文跋尾》續卷二《蘭陵長公主碑》 右《蘭陵長公主碑》，《金石録》不著書人姓名，據《寶刻類編》則駙馬都尉竇懷哲所書也。碑稱懷哲太穆皇后之孫，銀青光禄大夫、少府監、上柱國德素之子。按：太穆皇后，神武公竇毅女，而德素為毅曾孫，於太穆屬孫行也。史稱德素南康郡太守，而碑云少府監。《宰相世系表》：懷哲武威郡都督。公主傳稱兖州都督，而碑云慶州刺史，皆與史互異。碑誌例書某郡縣人，以表族望所出。若親王、公主，天家肺腑，其姓望世所共知，何必拘此成例。而沈約撰《安陸昭王碑》，任昉撰《竟陵王行狀》，皆稱南蘭陵人，此碑亦稱隴西狄道人，似未通乎尊王之義矣。荀粲字奉倩，碑作奉蒨。

綜述

宋・趙明誠《金石録》卷二四《唐蘭陵長公主碑》 右《唐蘭陵長公主碑》，李義甫撰。據《唐書》列傳，公主太宗第十二女，而碑云第十九女，蓋傳誤也。

《碧落碑》

論説

宋・趙明誠《金石録》卷二四《唐碧落碑》　右唐《碧落碑》，大篆書，其詞則唐宗室黄公譔所述，或云陳惟玉書，或云譔自書，皆莫可知。李肇及李漢並言李陽冰見此碑，裴徊數日不去。又言陽冰自恨其不如，以槌擊之，今缺處是也。此説恐不然，陽冰嘗自述其書，以謂斯翁之後直至小生，於他人書蓋未嘗有所推許，唐人以大篆當時罕見，故妄有稱説耳。其實筆法不及陽冰遠甚也。

宋・董逌《廣川書跋》卷七《碧落碑》　碧落篆，李肇得觀《中石記》，為陳惟玉書，字奇古，行筆精絶，不類世篆學，而惟玉於唐無書名於世，不應一碑便能到古人絶處。李陽冰於書未嘗許人，至愛其書，寢臥於下，數日不能去。段成式謂碑有碧落字，故以名之。李肇謂碑在碧落觀，故名。李漢謂終於碧落字而得名。余至絳州龍興宫，考其記，知舊為碧落觀，又篆文若未畢者，終非碧落字，則肇説是也。其云有唐五十三禩，龍集敦牂，永叔謂高宗總章三歲，以唐歷攷之，實咸亨元年，總章者誤也。絳州碧落篆刻天尊背，州將不欲以槌擊石像，迺摹別石，因封其舊石像，今世所得，皆摹本也。雖横直圜方，典型有稽，然逌其神者眾矣。段成式言，樊宗師作誌，令陳惟玉立太行山上。此言險怪難知，豈嘗求得其當而妄戲哉。世言字不攷古，甚則以品為鄰，今於古文數字正如此，便知後世不識古字而妄議者，可以歎也。

明・孫鑛《書畫跋跋》卷二下《碧落碑》　余不解篆書，然於此碑則絶愛之。其筆法有數字與常篆不同，亦稍怪異，乍覩之，仿佛石鼓文，第字形稍長耳。雙白鴿事良涉誕妄，然世間怪事固有，彼時有如此篆手，不應無聞，亦不應祇書此一碑，傳疑可也。

明・趙崡《石墨鐫華》卷三《唐碧落碑》　《碧落碑》，其文曰：有唐五十三禩，龍集敦牂。歐公謂為高宗總章三年，董逌謂為咸亨元年。按：總章三年三月，始改咸亨耳。

明・郭宗昌《金石史》卷二《唐碧落碑》　《碧落碑》，篆書，韓王元嘉四男為母房太妃立。碑云：有唐五十三祀，龍集敦牂。則咸亨元年也。《唐書》言垂拱中，元嘉徙絳州刺史，與此不合。今在絳州有咸通十一年鄭承規釋文，但篆文難通者頗多，而翻刻復多舛誤。如淮館儀　，釋　為由。貪逮餘漏，釋逮為建。汪儀鄰以同焕，釋同為洞。直書心事，釋書為言。敏心感慕，釋敏為叨。並誤。敏，古叩字，出《周禮》。宋謝靈運《山居賦》：卷敏舷之逸曲，感江南之哀歎。用此字。此碑用粤若稽古作乩，託字作侂，宋韓侂胄字本此。《金石文字記》。篆書三代尚矣，下訖秦絶矣。世傳三代遺跡，皆屬贋作，獨岐陽石鼓文彝器欵識為真，即字畫不必盡識，而古雅無前，望而可辯。此碑獨以怪異奥人以不可解，所以有扁户化鴿之説，而點畫形象，結體命意，雜亂不理，其高處不能遠追上古，下者已墮近代惡趣，如村學究教小兒角險字，凡俗可厭，定為惟玉輩書無疑。唐人於八分尚不能造極，況古篆乎。後人慴於傳聞之異，眩然莫辯，遂不敢輕加評駁，不知李陽冰之墓，習非為盲瞽，定屬謬傳，曷足據為斷案耶。釋文雖非至者，反不失唐人氣格，但作字潦倒未稱，此石無足深論，獨恨不能起元美於九原，而與之上下其議，為之惘惘。

清・吴玉搢《金石存》　元嘉六子，碑止列四，《舊唐書》稱潁川王訓早卒，《新唐書》又稱上黨公諶早卒，彼此互異，蓋流傳誤耳。《竹雲題跋》。劉太乙《金石續録》云：按《唐書》韓王好學，藏書萬卷，皆以古文字參定異同。子譔封黄公，工辭章，孟利貞嘗稱其文曰：劉隣之、張思茂不是過也。家書甚多，皆文句詳正，秘府所不及。据此則謂碑為譔書，理或然也。

清・汪由敦《松泉文集・董逌廣川書跋》　董逌《廣川書跋》云：段成式謂碑有碧落字，故名。李肇謂碑在碧落觀，然考之《國史補》，則肇正謂碑有碧落字耳。李漢又謂碑終於碧落字，董逌駁其非，今以篆文驗之，僅有棲真碧落一語，既非全文結束，亦非文中要語。攷古人詩文字迹，舉一行首標目者有之，無以末字目全文者，其謬蓋不待言。歐陽公《集古録》謂龍興宫有碧落尊像，篆文刻其背。宋潛溪亦云：唐高宗咸亨元年庚午歲，韓王元嘉子訓等為其妣妃房氏造碧落天尊像於龍興宮，而刻文於背。董廣川則謂嘗親王絳州龍興宮攷其記，知為碧落觀。今以篆文驗之，但云立大道天尊，建侍真像，無所謂碧落天尊者。疑廣川所云碑在碧落觀，而龍興舊為碧落者為得其實，此碧落之所由名也。廣川又謂州將不欲以槌擊石像背，乃摹別石，今所傳皆摹本，而《五總志》謂絳、澤二州皆有韓王元嘉子黄公為妣妃薦福作文立石，文雖不同，皆名《碧落碑》，在絳州者刻於天尊之背，在澤州者立於佛龕之西。今以篆文驗之，則云：哀子李訓、誼、譔、諶等銜恤在疚，寘懷靡所，永言報德，思樹良因，敬立大道天尊，建侍真像。又云：敬守真容，庶幾終古。則刻文像背者近之，州將摹石事，理所有顧，其文不容有二，則所云澤州傳刻者，又不知出自何人也。《集古録》云：李璿之以為陳惟玉書，李漢以為黄公譔書。趙明誠《金石録》云：其詞則宗室黄公譔所述，或云陳惟玉書，或云譔自書，廣川疑惟玉唐無書名，不應一碑便奄有秦漢遺文，到古人絶妙處。宋潛溪又謂翠巖龔聖予以為宗室瓘，或有所攷，終莫能定其何人。而前人論書，率歎其妙絶，至謂李陽冰見而寢處其下，數日不能去。又言陽水自恨其不如，以槌擊之，今缺處即是。予謂前説本歐陽信本觀《索靖碑》語附益之，後説鄙謬，不足辨。趙明誠謂唐人大篆少見，故妄有稱説，似得其隱。然其文亦不純用籀文，故周伯琦疑其雜出諸體，而李西涯亟取其説。愚謂自漢以來，隸草盛行，篆法惟習《説文解字》，古文籀書幾於中絶。所傳陽冰、二徐及夢英輩大率皆嶧山一種，以匀圓齊整為上，不知古人繁簡參差，惟意所適。按之石鼓及夏周以來器物欵識，尚可推其遺意，此碑超出相斯窠臼，筆法亦自深穩，意訓、譔弟兄皆振奇好古之士，雜取籀文，兼及小篆，加以詭辭標置，駭動世俗，如道士白鴿神異，故有名當代爾。

清・錢大昕《潛研堂金石文跋尾》續卷二《碧落碑》 右李訓等《造大道天尊像記》，世所稱《碧落碑》也。篆書奇古，小儒咋舌不能讀，賴有鄭承規釋文稍可句讀，至其假借之原，好古者猶或昧焉。有以聲相轉而借而妄作也。《碧落碑》釋文，咸通十一年鄭承規所書，距造像時已二百年矣。承規書名不甚著，而楷法遒整，釋文未審即出承規之手，或別有傳授否，要非精研六書，博涉古今者不能辨也。

清・王昶《金石萃編》卷五七《碧落碑》 此碑書體不必純小篆，然其用字結體，偏旁假借，多有根据。

又 按：碑凡六百三十字，闕者四字。文皆古籀不易讀，咸通十一年，鄭承規用正書釋文刻石於旁，然後可讀。然承規稱奉命書，命字空一格，不知奉何人之命也。【略】有唐一代，篆書碑無多，《碧落碑》尤為有名，宋初郭忠恕所以編入汗簡。今取碑文與汗簡參較，汗簡筆法，皆得籀文遺意，此碑筆畫，皆易以方整，全非籀文面目。【略】蓋碑文重摹，汗簡翻刻，恐彼此各有筆畫舛異，不能定其孰是也。

綜述

唐・李肇《國史補》卷上 絳州有碑，篆字與古文不同，頗爲怪異。李陽冰見而寢處其下，數日不能去。驗其文，是唐初，不載書者姓名，碑上有碧落二字，人謂之《碧落碑》。

宋・歐陽修《集古録跋尾》卷五《唐龍興宮碧落碑》 右《碧落碑》，在絳州龍興宮，宮有碧落尊像，篆文刻其背，故世傳爲《碧落碑》。據李璿之以爲陳惟玉書，李漢以爲黄公譔書，莫知孰是。《洛中紀異》云：碑文成而未刻，有二道士來請刻之，閉户三日，不聞人聲，人怪而破户，有二白鴿飛去，而篆刻宛然。此説尤怪，世多不信也。碑文言有唐五十三祀，龍集敦牂，乃高宗總章三年，歲在庚午也。又云：哀子李訓、誼、譔、諶，為妣妃造石像。按《唐書》韓王元嘉有子訓、誼、譔，而無諶，又有幼子訥。元嘉以則天垂拱四年見殺，在總章三年後十八年，有子訥不足怪，而不應無諶，蓋史官之闕也。

宋・吴坰《五總志》 唐韓王元嘉絳、澤二州皆有子，黄公為妣妃薦祀，作文立石，以表孝誠。文雖不同，而俱名曰碧落，在絳州者刊於天尊之背，在澤州者立於佛龕之西。

明・宋濂《鑾坡集》 絳州《碧落碑》，唐高宗咸亨元年庚午歲，韓王元嘉之子訓等爲其妣房氏造碧落天尊像於龍興宮，而刻其文於背，故以名碑，然不知何人書。據李璿之《玉京宮記》以為陳惟玉，李漢《黄公記》以為李訓弟譔，殆莫能定，而翠岩龔聖予則又以為宗室瓘，豈或有所攷耶。

清・楊賓《大瓢偶筆》卷三《碧落碑》《碧落碑》有二：一在絳州，立於大道天尊之背。一在澤州，立於佛龕之西，皆篆書也。又有鄭承規釋文，近率更體。《碧落碑》有釋文，乃唐人鄭承規所書，大都本之率更。惜有弱處，是以不甚知名，然亦在宋、元人上。

《集右軍書聖教序》

論說

宋・黄伯思《東觀餘論》卷下《題集逸少書聖教序後》《書苑》云：唐文皇製《聖教序》時，都城諸釋諉宏福寺《懷仁集》右軍行書勒石，累年方就。逸少真跡咸萃其中。今觀碑中字與右軍遺帖所有者纖微克肖，《書苑》之説信然。近世翰林侍書輩多學此碑，學弗能至，了無高韻，因自目其書為院體。由唐吴通、微昆弟已有斯目，故今士大夫玩此者絶少，然學弗至者自俗耳，碑中字未嘗俗也，非深於書者，不足以語此。

明・郭宗昌《金石史》卷一《集右軍書聖教序》此未斷舊本也，是武關構皮紙，堅柔相得，虚和受墨，秦産也。簾紋如織，隃麋如漆，歲久入理，第多補字，為拈出無致《蘭亭》訟端。其宏福寺福字闕，以蒼生罪而還福，福字補。晉右將軍，將字以將日月而無窮，將字補。然則大教，然字以然而天地，然字補。晦影歸真，真字以受真教於上賢，真字補。智通無累，通字以通神甸，通字補。非蓮性自潔，非字以習俗而是非，非字補。桂質本貞，貞字以幼懷貞敏，貞字補。將日月而無窮，日字誤，以即説咒曰，曰字補。斯福遐敷，斯字以以為斯記，斯字補。皇帝在春宫，皇字以我皇福臻，皇字補。赴感應身，感字以感懇誠，感字補。重昏之夜，重字以誠重勞輕，重字補。火宅之朝，火字以火宅之乾燄，火字補。幽闇而恒明，而字以日月而恒明，而字補。忽見來書，忽字以忽得來書，忽字補。度一切苦，苦字以除一切苦，苦字補。無意識界，無無名第二，無字以亦無無明下，無字補。苦集滅道，滅字誤，以不增不減，減字補。共割補十八字，一一指次，頗極然犀。至於斷文三十三，反無一闕者，亦奇矣。余生平所見舊搨數十本，惟仲宗王孫先世所藏為第一，余曾為一跋，已二十餘年矣，猶憶其鋒鍛，此髣髴勝之。仲宗伯仲、子斗皆精研博古，千秋自命，結社青門，分余半席，苟非斯道，冠蓋不入，故鑒賞斯精。

清・顧炎武《金石文字記》卷三《大唐三藏聖教序記並心經》王宏撰曰：序中如金容掩色，《心經》中色，不異空空中無色，諸色字於草法合，至空不異色，色即是空，空即是色，無色聲香味觸法諸色字，乃包字，集書者誤以此作色字耳。觀天地苞乎陰陽，苞字下體文抱風雲之潤，抱字右邊自見，而昔人無言及之者。

清・楊賓《大瓢偶筆》卷四《論聖教序》碑洞聖教額原有佛頭七座，因鬻碑者多不拓佛頭，故反以拓者為贋耳。余訪之鬻碑秦人，言皆合。今年於白下得舊拓未斷本，七佛宛然。何屺瞻吉士云：白下汪安侯唐拓本亦有七佛頭。

西安碑洞《聖教序》額原有佛頭七座，因鬻碑者多不拓佛頭，故世翻以拓者為贋。留心金石如曹侍郎秋岳，陳刺史子文皆不能不為所惑。惟福州林同人《金石考略》與余説合。蓋余問之西安碑賈，而同人則親至碑洞手拓《聖教序》故也。

唐懷仁所集《聖教序記》，後有《心經》一卷，而褚中令所書慈恩寺同州諸聖教後無《心經》，非闕典也，褚書在前，《懷仁集》在後，褚知有御製而已，何暇他及。況三藏六百五十七部，而僅書一《心經》亦屬掛漏，則《心經》有無，亦何足重輕耶。

右軍真刻止《聖教》一序，而未斷本不易得，今有力家所藏者，大半皆贋本也。故余觀諸學書者，亟收斷後佳本，失今不收，則斷後本亦不可得矣。

《懷仁聖教碑》斷時代，曹秋岳謂在宋紹興二年，至王敬美謂在元末國初，何屺瞻云在明成、弘間。余向以為斷於嘉靖乙卯地震。偶見徐興公跋引敬美語，始悟余説之非。蓋乙卯為嘉靖三年，而敬美生於其時，如果是時新斷，不應有元末國初之語。所謂疑以傳疑也。

《聖教序》碑斷歲月，前輩紀載皆無確據，近見義門題陸彤采《聖教》

云：天順中斷，蓋得之孫仲墻《金石志》云。

西安《聖教序》懷仁集本有三：其一為碑洞七佛頭本，一為費鑄甲方石本，一為朱進父書條本。後有補缺字三行，今在滿州城關壯繆廟內。

清・王澍《竹雲題跋》卷二《唐僧懷仁集王右軍書聖教序》 自唐以來，士林甚重此碑，匪直興福寺隆闡法師等碑為顯效其體，即李北海、張司直、蘇武功亦皆從此奪胎。自有院體之目，於是光燄遂殺，以故宋元以來，黄、米諸巨手皆弗道及，獨《宣和書譜》黄長睿如為吐氣耳。至有明弘、正間，士大夫始復重此碑，購求一本，往往傾囊倒篋，以為難得。雖已斷者，購之猶數十金。蓋至於今二百餘年，而《聖教》石刻遂至斷闕剥蝕，幾於無字可尋矣。舊史《玄奘傳》，玄奘年五十六，以顯慶六年卒，顯慶六年即龍朔元年也。由龍朔元年上推五十六，當生於隋煬帝大業二年。劉軻《三藏法師塔銘》則云玄奘十三出家，顯慶五年二月五日卒，年六十九。由顯慶五年上推六十九，當生於隋文帝開皇十二年。以仁壽四年出家，唐高祖武德元年，乃從高祖於晉陽，太宗貞觀三年，自請於帝往遊西域，於時年三十八。歷十七年，以貞觀十九年還京師，年五十四。又十五年，當高宗顯慶五年，年六十九，卒於故玉華宮肅成院。其徒令檢以三藏傳記，請為塔銘，比於史書，故當無誤，可據。若據史書五十六年之語，則十三出家，當在高祖武德元年，與其所稱大業末出家者自相矛盾矣。文皇之序降於貞觀廿二年八月，文皇以是年二月幸玉華宮，十月乃還，則此序自玉華宮出也。又塔銘稱天皇大帝居春宮，以廿二年夏六月製《述聖記》，則亦當以八月同降白玉華宮，故於《述聖記》之末總而記之，曰貞觀廿二年八月三日內出也。又本傳顯慶元年奉敕潤色經文者幾六人，碑只五人，無杜正倫。本傳又有助加翻譯三人，碑亦無之，當由史誤。序記雖皆有總將三藏要文凡六百五十七部譯布中夏之語，然當貞觀時所翻經論尚未就，惟《西域記》十二卷先成，文皇及高宗先作記序賜之，顯慶初乃更令于志寧等詳加潤色，踵而成之耳。翻經潤色，皆由奉敕，集書則懷仁所自為，故自貞觀廿二年至咸亨三年，歷二十五年乃成，不稱奉敕也。後記不知出自何人手，蓋亦唐人所作，宋經生所書，余以康熙六十年見自京師，中有玄奘《求序表》、《謝序表》及文皇兩敕，皆世所未有，因屬蔣生師淵仿懷仁例，集右軍書，經年乃就。及余司封吏部，官居多暇，乃臨一本，以之而南，過淮陰，程生專江取以勒石，乃更臨一本藏之。

清・錢大昕《潛研堂金石文跋尾》卷三《三藏聖教序并記》 右三藏《聖教序》并《記》，宏福寺沙門《懷仁集》王右軍書。玄奘以貞觀元年遊西域，十八年始還，得經典六百五十七部，奉敕於宏福寺翻譯，玄奘表求御製經序，凡再請乃許焉。二十二年序成，命宏文館學士上官儀於明月殿對羣僚讀之。玄奘奉啓陳謝，賜敕褒答。已而皇太子復為撰記。玄奘啓謝，東宫亦賜教答，褚王所書，惟序與記爾。此復附以答敕及教并《心經》於後，蓋右軍真跡，世不多有，而集古人書愈多則愈難，此懷仁之以多自誇也。《舊唐書・玄奘傳》：顯慶元年，高宗令左僕射于志寧、侍中許敬宗、中書令來濟、李義府、杜正倫，黄門侍郎薛元超等共潤色元奘所定之經。國子博士范義碩、太子洗馬郭瑜、宏文館學士高若思等助加翻譯，此碑列潤色諸臣名，獨無杜正倫，不知何故也。

清・侯仁朔《侯氏書品・懷仁集聖教序碑》 創造行書起於東漢，而此帖實為百代楷模，乃行書之鼻祖也。鍾太傅嘗言：吾見萬類，皆作書象觀之。余觀此帖，得懷仁天巧，渾如一筆書成，焕若神明，頓還舊觀，而其中殊質異狀，覺書象中萬類俱備。庚肩吾謂伯英、元常、逸少三子者，書入神化，藻鑒可謂精絶。當時學此碑者，目為院本體，此耳食輩有手無筆，傚温潤而流於軟緩耳，而逸少豈任咎哉。或謂此碑剥蝕殆盡，何如求之《蘭亭》。如國學、東陽諸善本，神彩焕然。余謂二帖如隋珠和璧，異質同妍，各造無上神品，《蘭亭》以韻勝，此碑以骨勝。觀其表裏洞達，飄飄欲仙，正如畫家作遠人遠樹，雖涉影響，全神畢露。黄山谷云：字中有筆，如禪語中有眼。學者能於數字中求得一眼，則用之不竭，尚何剥蝕慮耶。

清・王文治《快雨堂書論》《聖教序》 遠遜《蘭亭》，然臨池家必不可不從之入手。以《蘭亭》字太少，當與《聖教》參觀，乃盡其變也。《蘭亭》多佳本，《聖教》惟一石，且非宋拓不可。余見宋拓甚多，正如鷗波跋《蘭亭》所謂石刻雖一石，而墨本輒不同。此本真守拓雖墨氣太濕，又另具一種風味，請質諸墨卿。

又《聖教序》 在宋時煊赫極矣，自明董文敏有懷仁自運之説，於是書家各有異議，至有貶之過當者，究非公論也。有唐一代，行書皆從《蘭亭》入，然《蘭亭》字少，輔行者其《聖教》乎。《聖教》宋拓之在人間，尚不為少，然急而求之，雖重貲亦不易得。此本前一、二葉紙色略為黝黑，後半愈有神采，真佳本也。邢子願跋亦有別趣。

清·王昶《金石萃編》卷四九《集右軍書聖教序》 集右軍書《聖教序》、《心經》，右軍真跡固多，第自禊帖外，不應行法大小匀整乃爾，且梵字多所不備，其小小展縮、偏傍輳合所不免也。《聖教序》書法為百代模楷，病之者第謂其結體無別構，偏傍多假借，蓋集書不得不爾。仲蔚謂出文皇手，又經于志寧等潤色，不無失真，是不知咸亨中沙門懷仁摸集勒石，而《心經》末有志寧等潤色題字，蓋玄奘方於洛中總譯西域所齎經藏，以志寧等領其事故云爾。唐世宰相有兼譯經潤文使者，即其職也。凡唐藏經卷尾皆有諸公名姓，此何與於書而仲蔚乃以是病之陋一至此乎。展册為之失笑。《弇州山人稿》。

又 唐文皇製《聖教序》，高宗作記，沙門懷仁集右軍書，河南褚登善所書序、記，分刻二碑，龕置慈恩寺塔下。同州又有褚書刻本序、記并為一碑，《蒼潤軒帖跋》有褚公行書《聖教序》刻於咸亨三年，《金石録》載有王行滿正書《聖教序》并記在顯慶三年，是《聖教》有五本矣。第褚公行書本與王行滿本儲藏家罕著於録，予以懷仁、雁塔兩本校勘，其文字多寡有不同者。《古石瑯玕》。

清·翁方綱撰、沈津輯《翁方綱題跋手劄集録·跋聖教序》 此百餘年前所拓舊本，神采奕奕，浮動紙上，雖用筆過濃不害也。唐楷入石，皆有界書，是碑序記皆有横直界紋，而拓本皆在界紋磨滅之後久矣。以此度之，則是碑之字，其原本似尚未必盡若今所見，如此之瘦也。古刻日失其真，良用慨然。

又 《聖教序》石中間斷泐，明天順年間事也，王篛林乃謂趙松雪已臨斷本，此所見偽趙臨耳。

綜述

清·朱楓《雍州金石記》卷四《大唐三藏聖教序并記》 今在《西安府儒學碑》首有佛像七，皆極精緻，世所傳七佛頭也。宏福寺僧懷仁集王羲之書，太宗序，高宗記，太宗批答并《心經》。

紀事

清·王澍《虚舟題跋·唐褚遂良雁塔聖教序》 雍正六年，新建友人裘魯青之任歸安，過余九龍山齋，款語移日，道及《聖教序》云：曾見山東新城王氏所藏唐拓硃砂本，朱色鮮潤，香氣襲人。自首迄尾，纖毫無闕。碑一册，跋三册，重十數斤。蓋是初刻成時進御者，非直《聖教》奇寶，亦是碑刻墨王。吾前以積書巖所藏為天下第一，聞此當退避三舍矣。楷末由見，償此饑渴。

清·王昶《金石萃編》卷四九《集右軍書聖教序》 至此碑經萬曆乙卯地震，塔頂墜壓，碑斷為二，首行晉字、末行林字，一路皆有裂紋，故好事者以不斷本為貴。但此後翻本極多，如孟津王鐸本、西安苟氏本皆極工，可以亂真。并識於此。

《阿史那忠碑》

論説

宋·趙明誠《金石録》卷二四《唐阿史那忠碑》 右《唐阿史那忠碑》，《唐書·列傳》云：忠尚宗室女定襄縣，上始詔姓獨著史。今此碑當時所立，題云阿史那府君之碑，而《元和姓纂》亦云阿史那氏，開元中改為史，疑傳誤也。唐太宗親撥隋亂，即位未幾，遂致太平。其好賢樂善，蓋出天性，故一代之豪傑，皆樂為之用。如忠之徒，出於降虜，亦皆立勳本朝，著名後代。雖云太宗天姿睿，絶人甚遠，至於輪忠盡節，諸賢之助亦多矣，嗚呼，盛哉。

明・趙崡《石墨鐫華》卷二《唐薛公阿史那忠碑》 碑泐，其存者稍倍於豆盧寬碑，亦以額識之，而書法更勁拔，在永興、河南間，惜撰、書俱無名氏可考耳。

綜述

清・朱楓《雍州金石記》卷三《薛公阿史那忠碑》 碑已漫漶，可識者七百餘字。按《新唐書》忠傳，蘇尼失子也。今碑作蘓，其下虚一字，以下文乃皇朝字也。是忠父名蘇，史誤耳，宜從碑。《金石文字記》作上元二年。

清・王昶《金石萃編》卷五八《阿史那忠碑》 按：碑文約二千六百餘字，存者千七百餘字。雖存十之六，而其最要處皆經磨泐，兩《唐書》傳又皆簡略，今取碑所存字，節録其官閥事蹟與史傳參考之。

清・錢大昕《潛研堂金石文跋尾》卷三《薛公阿史那忠碑》 右《薛公阿史那忠碑》，《醴泉縣志》云存七百餘字，予所藏本僅存二百餘字，所書專跡與本傳略同。惟《突厥傳》稱太宗立阿史那思摩為可汗，詔左屯衛將軍阿史那忠為左賢王，左武衛將軍阿史那泥孰為右賢王相之。而其後又云：右賢王阿史那泥孰，蘇尼失子也。始歸國，妻以宗女，賜名忠。及從思摩出塞，思慕中國，見使者必流涕求入侍，許之。又併忠與泥孰為一人，前後自相牴牾，則其謬也。

清・畢沅《關中金石記》卷二《阿史那忠碑》 按：《集古録》作上元二年，《金石録》作咸亨四年，《元和姓纂》云阿史那氏開元中改為史，《唐書・列傳》云：忠尚宗室女定襄縣主，詔姓獨者史。碑建於高宗時，並不言改姓，《唐書》誤也，《姓纂》為是。

《于大猷碑》

論說

清・錢大昕《金石後録》 正書酷似褚登善，於聖歷中不用武后所置諸字，尤為僅見云。

清・錢大昕《潛研堂金石文跋尾》續卷二《明堂令于大猷碑》 右《明堂令于大猷碑》。唐制，京縣令正五品上，輦轂之地，職務要劇。大猷雖歷任德州司馬、汾州長史、隨州刺史，而改任京縣，當時不以為左降也。《唐書・于志寧傳》云京兆高陵人，碑云東海郯人者，蓋舉其族望。此碑乃大猷之兄兖州刺史辨機所立，攷《世系表》，本名知微，字辯機。碑於祖、父皆稱名，不應獨書兄字，竊意辯機本知微之名，明皇之世避嫌，名改以字行，如劉知幾之改為子元耳。碑云風儀磊落，天骨昂藏，磊即磊字，昂即昂字。唐人謹於家諱，此為大猷立碑，乃不避猷字。

綜述

清・王昶《金石萃編》卷六三《于大猷碑》 《唐書》無辯機傳，而表則云兖州刺史東海郡公，碑不書爵者，想立碑之年猶未加也。辯機是字，其名知微，而碑直自署曰辯機，想兄撰其弟碑，可自稱字耶。

清・朱楓《雍州金石記》卷四《明堂令于大猷碑》 今在三原縣北五十里三家店，碑首已失，存千二百字。按《新唐書・于志寧傳》：父宣道，隋内史舍人。餘官爵及謚均未載。志寧贈幽州都督，今碑稱幽州刺史，是史誤也，宜從碑。

清・顧炎武《金石文字記》卷三《升仙太子碑》 碑云：聖歷三年，

歲次庚子十一月十二日，合葬於雍州三原縣萬壽鄉之先塋。而碑非此時立也，蓋後續為之，故其書竝不用武后所製字。

明・趙崡《石墨鐫華》卷三《唐于大猷碑》　此碑僅存强半，書者名氏遂不可求。按：大猷，志寧之孫，立政之子。志寧之元孫休烈顯於肅、代朝，傳云：休烈父默成，沛縣令，早卒。合之正為四世，但不知默成者是大猷子否。趙明誠有《默成碑》，今不可得見矣。

清・畢沅《關中金石記》卷二《明堂令于大猷碑》　《唐書・于志寧傳》載志寧官爵頗詳，於封燕國公後，加尚書右僕射，同中書門下三品，兼太子少師。顯慶四年，解僕射，拜太子太師，出為榮州刺史，改華州，卒贈幽州都督，與碑不甚相合。

《于知微碑》

論説

清・林侗《來齋金石刻考略》卷下《兖州都督於辨機碑》　據《金石文字記》，為姚崇撰，石殘缺，無書名。按：辯機，燕公志寧之長孫，吏部郎中立政子，刺史大猷之兄，封東海郡公，贈兖州都督。碑曰葬於三原縣萬壽鄉之先塋，余特謁燕公墓，辯機、大猷二碑相去不遠，大猷墓僅存如堵墻，辯機墓已平耳，其碑存。

清・朱楓《雍州金石記》卷五《兖州都督于知微碑》　按：知微乃立政之子，與大猷同父。其世次與《大猷碑》及唐史有小異，讀者當自得之。至《唐史・志寧傳》贈幽州都督，《大猷碑》稱志寧贈幽州刺史，今知《微碑》又與《大猷碑》同，則志寧之為幽州都督，為史之誤無疑也。

清・錢大昕《金石後録》　右碑殘缺，即姓名亦不可見，有五代祖謹，知為於氏。及考趙《録目》註建碑年月，始定為知微也。父立政，見志寧傳。知微自釋褐，歷官至兖州都督，皆有惠政，撰文者，姚崇也。末云：平生言行，實僕所知，揄揚事功，則吾豈敢。竊謂不知其人，視其友武氏之臣，苟為姚、宋所與建碑，庶幾不愧。惜三原之鄉人鑱泐其文，為無識也。公侯子孫，非奇才異績，不得附見國史，向録《大猷碑》，喜於氏復得三人。此碑云子克勤、克搆、克懋，皆顯官，合知微而四，於氏之傳於今者，非碑版之故耶。於氏諸碑，皆在今三原縣墓上。

清・錢大昕《潛研堂金石文跋尾》卷三《兖州都督于知微碑》　知微，燕國公志寧之孫也。碑書志寧所歷官頗詳，其云秦王友、禮部尚書，新舊史皆未載。又雲蒲、岐、華三州刺史，新史則云出為榮州刺史，改華州，以蒲為榮，又不云岐州，是其缺誤也。碑叙先世譜系及諸子，俱與《宰相世系表》合。碑稱知微高祖義，周涇州刺史，隋瓜、潼、兖、邵四州刺史，涇州總管，而表云隋潼州總管。碑稱曾祖宣道，周儀同大將軍，隨內史舍人、左衛率、上儀同，皇朝贈涼州刺史。表惟云隋上儀同，舊書志寧傳惟云隋內史舍人而已，是其異也。碑云京兆萬年人，而史云京兆高陵人，當以碑為正。

《興福寺殘碑》

論説

明・趙崡《石墨鐫華》卷二《唐集右軍殘碑》　此碑斷缺，棄西安城南隍中，王生堯惠輩見之，以語郡守，舁置頖宫。碑為大將軍吴文立，宏福寺僧大雅集右軍書。余觀其筆法，去《聖教》遠甚，應是集字者不及懷仁。而碑中有開元九年字，疑又從《聖教序》諸刻中摹集，非右軍真蹟也。

清・楊賓《鐵函齋書跋》卷一《吴將軍半截碑》　古今碑刻集右軍書，見諸載記者凡十八家，皆從《聖教序》出，此碑其最著者也。

清・畢沅《關中金石記》卷三《鎮軍大將軍吴文碑》　文中神龍三年下有所謂唐元年者，應是唐隆元年，避玄宗諱，去一字耳。

清・翁方綱撰、沈津輯《翁方綱題跋手劄集録・跋興福寺碑》 此碑明末西安府濬城濠始得之，闕失其半，所云公諱文者，已失其姓，不知者因其上句惟大將軍矣。字上半行書似口形，遂誤為《吴文碑》，顧寧人亦沿其誤。近日王篛林直稱《吴碑》，莫之省也。予見北宋時解州《鹽池集右軍書碑》云弊急可救之矣，矣字正即此碑矣字，在宋時尚不誤也。

又 唐人集右軍書，懷仁、大雅二者并稱，而其佳本皆在魚門先生齋中，大有寶晉名齋之意矣。北平翁方綱。

清・武億《授堂金石跋・金石二跋》卷三《王府君斷碑》 碑斷立，失其上半，文多不屬，其中推次成句者，有云以秩授公文林郎，適舉從班也。又制轉公右監門大將軍，神龍三年，又制舉公鎮軍大將軍行右監門衛，又奏乞骸骨，身歸常樂，蓋以宦寺引年，非怙寵於終也。其云平均七政，恭踐五朝，則上逮高宗，皆已服事宫掖矣。後又云：公夫人之顧命，顧不令於雙棺。顧命之義，上下亦得通稱，蓋起於葉公之顧命。又《後漢書・趙咨傳》：子允不忍父體與土并合，欲更改殯祇建，譬以顧命。《蔡中郎集》朱公叔墓前石碑，其孤野受顧命，《陳太邱碑》臨歿顧命，《司空臨晉侯楊公碑》寢疾顧命是也。文諸子名位，俱存於碑者三人，行内當侍上柱國處行，行内僕局丞上柱國昇。

清・侯仁朔《侯氏書品・大雅集吴將軍殘碑在碑林》 此碑在行書中亦是絶世奇珍，《聖教》之行□庭局丞騎都尉處昇。後惟此而已。碑字極類《聖教》，而神韻又復不同。蓋懷仁大雅自出神技以成其事，而右軍不與焉。懷仁專尚超脱，大雅偏收遒勁，俱如一筆書成，無一字可以混人者，異哉。技至此乎。

紀事

明・郭宗昌《金石史》卷二《唐大雅集王右軍書吴將軍碑》 此碑破碎，視之已無碑形，余手摩其文，止餘□□□字。文已不可讀，尚存宏福寺僧大雅集右軍書，為大將軍吴文立，又有開元九年字，若神鬼呵護，并姓名年代無一殘闕，亦奇矣。此石萬曆間，王女舉堯惠遊於西安府隍中見之，亟語郡守，移置頖宫。余聞吾家有《道碑》，遭一儒生布氈其下，嘯賞良久，一夕失所在，跡之無蹤。今刻惡道匿跡，訖無傳之者，與成土灰何異。堯惠自我得之，不私諸己，使右軍遺跡亡而復存，賢矣哉。

清・侯仁朔《侯氏書品・大雅集吴將軍殘碑在碑林》 前明萬曆中，王文學堯惠得此碑於西安府隍，亟語某賢守，移至學宫。惜碎石遺落，當日未經搜獲，今令人徬徨不已。豈造物故為秘惜，留之以待後人耶。

雜録

清・楊賓《大瓢偶筆》卷四《論半截碑》 《吴將軍半截碑》，出萬曆間，行世者皆止半截。陝西碑賈云，六七年前，見靈壁縣教諭某，有未斷全本，宋拓也。

又 《吴將軍半截碑》，相傳出萬曆間，然余曾見一宋拓本，有危太僕印者，亦止半截。蓋斷已久矣。

又 《吴將軍半截碑》，萬曆間出於西安城濠，止後半截。此碑不知斷於何時，其前半截在何處亦無從考。世以其出自《聖教》，遂爭寶之，不知其出《聖教》者纔十二三，出《泰和》者乃十六七。余幼時誤以此碑為學《聖教》之梯航，今乃始識其謬。

《唐儉碑》

論説

明・趙崡《石墨鐫華》卷二《唐莒公唐儉碑》 此碑在昭陵東南最遠而地僻，故傳者極少。余至其下，摹一紙，真行書輕圓秀勁，卓然名家，惜無姓氏。攷舊史官為立碑，碑雖殘缺，後有夫人河南元氏，又有皇唐開元廿年等字，或開元時始建碑耶。似不可曉。

清・錢大昕《潛研堂金石文跋尾》卷三《莒公唐儉碑》 右《莒公唐儉碑》。按本傳：祖邑，北齊尚書左僕射。父鑒，隋戎州刺史。《宰相世系表》：儉父義，字君明，隋應州刺史、安富公，與傳不同。此碑儉父名已闕，州刺史之上亦闕一字，惟碑稱晉昌郡公，而表云安富公，則表誤矣。據表，儉之高祖曰令世，又不載其官位。此云高祖岳，北魏為州刺史，亦當以碑為正。碑雖斷裂不能讀，其可識者以文義求之，與本傳事跡多合。惟碑云封新成縣公，尋改晉昌郡公，史不載新成之封。碑云加鴻臚卿，史亦不載。碑又云：人多庸鄙，惟尉遲敬德頗識事機，公示之以安危，告之以成敗。大意述儉陷劉武周時，密説敬德使降唐，而新舊史俱不書者，疑其非實録也。

綜　述

清・牛運震《金石圖》 右《唐儉碑》真跡三十九行，下剥落過半，行字不可數。在醴泉縣東北十里許，昭陵南向。

清・朱楓《雍州金石記》卷四《莒公唐儉碑》 今在醴泉縣北二十五里小楊村，碑已磨滅，僅存四百字。

清・王昶《金石萃編》卷八四《唐儉碑》 按：此碑全文約三千三百字，磨滅已甚，存者一千二百餘字，僅三之一。撰書人俱不可攷。儉卒於顯慶元年，陪葬昭陵，葬時即已立碑。年久碑斷，據碑文，前有并□立碑語，後有蒸嘗之薦貞石斷裂語。又《舊唐書》傳云官為立碑，皆可證也。此碑是開元廿九年曾孫重立，距葬時逾七十六年矣。

《李廣業碑》

論　説

明・王世貞《弇州山人四部稿》卷一三四《李劍州碑》 碑辭多泐闕不可讀，書法極清婉可翫，《集古》、《金石》諸書俱遺之，因志其略。

明・趙崡《石墨鐫華》卷三《唐李劍州廣業碑》 書者則誠不可考，書法直是徐浩敵手。

清・葉奕苞《金石録補》卷一八《唐劍州長史李公神道碑》 右碑云：祖淄川王孝同，烈考雲麾將軍璲。據《孝同碑》云子瑱，此云璲，豈孝同有二子耶，抑璲有二名耶。撰文應是鄭雲逵，逵與錡同時，以禮部侍郎為李晟軍司馬，而碑之署撰處隱隱有侍郎字，信為雲逵也。陝西趙子函《石墨鐫華》及馮孝廉文錫皆云相傳為徐浩書。觀其筆致，頗似會稽。此碑楮墨工好，波磔未泐，署撰處確然為雲逵撰并書等字。後一行則袁滋篆額也。近搨殘闕過半，不可句讀。

清・王昶《金石萃編》卷一〇四《李廣業碑》 按：碑泐撰書人姓名，撰人為鄭雲逵，則文内已有雲逵字可據。《金石録補》以為前行是雲逵撰書，後行是袁滋篆額。今驗其結銜，有華州刺史字。袁滋官華州刺史，一見於《軒轅鑄鼎原碑》，再見於《晉太原王公碑》，一是書碑，一是篆額，則此碑定為袁滋篆額，無可疑也。

雜　録

清・林侗《來齋金石刻考略》卷下《劍州長史李廣業碑》 在三原縣北，與《淄川郡王孝同碑》近。杜甫《贈劍州李長史廣業》詩：使君高義驅今古，寥落三年坐劍州。但見文翁能化蜀，焉知李廣未封侯。路經灔澦雙蓬鬢，天入滄浪一釣舟。戎馬相逢更何日，春風回首仲宣樓。

《開成石經》

論説

明・趙㴲《石墨鐫華》卷二《唐刻石經考》 按：六朝以前用分隸，今石經皆正書，且多用歐、虞書法，知其為唐人書矣。《禮記》首《月令》奠明皇純字諱尊憲宗，又知其非天寶以前人書矣，然則今西安府學石經乃唐文宗時石經也。嘉靖乙卯地震，石經倒損，西安府學生員王堯惠等，按舊文集其缺字，別刻小石，立於碑傍，以便摹補。又按：《唐書》謂文宗朝石經違棄師法，不足觀，然其用筆雖出衆人，不離歐、虞、褚、薛法，恐非今人所及。惟王堯惠等補字大為紕繆，今華下東生文豸家有乙卯以前搨本，庶幾稱善焉。

清・朱彝尊《曝書亭集》卷五〇《唐國子學石經跋》 右唐國子學石刻九經，開成二年，鄭覃勘定勒石本也。《新唐書》載覃奏起居郎、集賢殿學士周墀等四人校定。又《册府元龜》載文宗命率更，令韓泉充詳定官，而題名於石者，有四門館明經艾居晦、陳玠等，并覃。其十人，顧國史所記者，題名不書，題名書者，國史亦不紀，不可解也。石經文，劉昫譏其字乖師法，然終勝今監本、坊本，儲藏家不可不以此插架焉。

清・葉奕苞《金石録補》卷二〇《唐國子監石經》 顧寧人博學多聞，考據不苟，即石經辯析處，一點畫未或輕易放過，真古來善讀書人也。惜相去數千里，不能縮地就正之。

綜述

清・顧炎武《金石文字記》卷五《國子學石經》 《國子學石經》，今在西安府儒學。其末有年月一行，題名十行。按《舊唐書》：開成元年正月，中書門下奏起居舍人集賢殿學士周墀，監察御史張次宗、禮部員外郎孔温業，兵部員外郎、集賢殿直學士崔球等，同勘校經典釋文。又云令率更、令韓泉充詳定。

清・王士禛《池北偶談》卷一三《談藝三・石經孟子》 喬三石作《石經記》。恨獨無《孟子》，謂自開成至今七百年，無好事及此者。近賈中丞漢復始為補刻，以成完書。

紀事

清・畢沅《關中金石記》卷四《石刻十二經及五經文字九經字樣》 西安府學大成殿後，舊為碑林，今稱碑洞。經始於宋元祐庚午龍圖閣學士呂大忠，自明迄本朝，屢加葺治。余以乾隆壬辰歲，政務稍暇，進訪古刻，見屋宇傾圮，經石及諸碑率棄榛莽，瞻顧悚息，復議興修，前後堂廡，皆鼎新焉。旋於土中鏝得舊刻數十片，遂取石經及宋、元以前者，編排甲乙，周以闌楯。明代及近人所刻則汰，存其佳者，別建三楹以存置。其鎖鑰則有司掌之，設法保護，以冀垂諸永久。壁經貞石頓復舊觀，後有好古者，舉而弗替可也。

宋代書蹟部

《土母帖》

綜述

清・安岐《墨緣彙觀録》卷一《法書上・北宋・李建中土母帖》 深牙色紙本，行書十行。用筆沉著，猶存唐之遺風，有歐陽率更法。款書一押字，帖前有一半鈐舊印，並半鈐葫蘆印，下角有畏字編號，為項氏所藏者。相傳西台此書本有六帖，宋元明皆有題識，今惟見此帖及金華姜良、文江蕭引高、制河王尹實、獨山王偁四跋，其五帖並宋元諸跋，不知歸於何所。

《三君帖》

論説

清・吴升《大觀録》卷四《三君帖》 此和靖真跡，聶衛公帥蜀時所得也。觀其筆勢遒勁，無一點塵俗氣，與暗香、疎影之句標緻不殊。此老胸中深有得梅之清，故其發之文墨者類如此。當襲藏之以為珍玩。元統甲戌夏五，謝升孫書于南窗。

綜述

清・安岐《墨緣彙觀録》卷一《法書上・北宋・林逋秋深三君二帖》 牙色紙本，前一帖，行草八行。前鈐朱文連珠半印難辨。下角有沈周寶玩、子孫永保其用朱文二印。【略】後一行書暫倩一人引此僕去章八郎家。後一帖，行草十一行，末角有沈周寶玩印。後三行書：所托買物錢二索，省是前人留下，尚恐未足，餘俟面致。多感，多感。下押朱文四州安撫制置使之印，後紙押朱文三大印，文難全辨。二帖騎縫鈐朱文四州安撫制置使之印。前印首李應禎篆和靖處士真跡六字于藏經紙上，款書吴郡李應禎題。後有謝升孫、陳頎、吴寬三跋，及沈周、吴寬、李東陽、張淵、陳頎追和東坡題處士詩韻，並程敏政詩題。嘗見和靖自書詩五首，較此二帖結體稍肥，確類李西台。本帖紙又蘇文忠題詩於後，即沈吴諸公和韻者。王弇州昆仲皆有跋。今為吴門徽人汪氏所得。

清・王杰等《石渠寶笈續編・林逋手札二帖一册》 第二，横一尺二寸。逋奉簡：三君數日前曾勞下訪，屬以多故，未果致謝，感愧，感愧。牓名必已見了，彼珍重者，果為兩手所指矣。呵呵如因暇時，許相過否。馳此不宣。從表林逋頓首，四月十七日。所托買物錢二索，省是前人留下，尚恐未足，餘俟面致。多感，多感。左右褾紙，裘曰修恭録。

《伯夷頌》

論説

元・柯九思《丹丘生集》卷一《范文正書韓子伯夷頌贊》 右宋推誠保德功臣贈太師中書令魏國范文正公書唐韓子《伯夷頌》真跡。筆意精嚴，動合法度，有晉人之遺風。熙寧以後名公題識具存，誠寶玩也。按公書此頌遺武功蘇舜元，南渡後歸秦檜氏，又歸賈似道，宋亡流入北方。李侯既得之京師，來守吴，實魏公之鄉，因謁公遺像，以其書歸其後之人，今藏于范氏義莊，子孫世守之。竊嘗謂時有代謝，世有盛衰，至於天理民彝，則越萬世而不可泯者，必有人焉。王侯之貴，晉楚之富，死生之大，舉不能以動其心，乃足與有為也。太史公纂史傳，思可以厲節義，維綱常者，許由、務光之倫，其事不經。得孤竹君之子，遂為千載人物稱首，遷之志念深矣。唐韓子稱其微旨，著《伯夷頌》，文正公複以韓子之旨而為之書。蓋公屢以忠讜不容于時，遭誣擯斥，守道彌篤。所謂不動心以有為者，其在斯人與，其在斯人與。《式古堂書考》不重。夫聖賢所遭之時雖異，至於厲節義、維綱常，而天理民彝賴之而不泯者，則一而已。故觀此書者，莫不興起，書云乎哉。贊曰：於昭民彝，不億而泯。肅肅元夫，厥德孔純。弗移弗屈，執中允固思。皇九有，克寧無斁。民不可乏主，我不隕厥清。匪茲元夫，日離亂爭。此何人斯，孤竹之子。非其君不事，非其民不使。韓侯作頌，鬱鬱其章。魏公書之，翼翼其相。死生弗渝，是式是似。曠代同心，惟余與爾。人獲遺書，如珪如璠。懷德不替，來歸其孫。維魏公子孫，永保弗失。惇我風化，尚祚皇國。後學柯九思拜手謹書。

明·程敏政《篁墩文集》卷三九《題范文正公手書伯夷頌後》 范文正公之學，莫知其師承，然每有所事，知要而不泛，得聖門遺法。如在韓文中，獨取《伯夷頌》書之，隱然立儒廉貪之志，與先憂後樂之語，如出一轍。其餘小者，若彈琴止記《履霜》一曲，大者若摘《中庸》於經禮中，授橫渠張子，尤秦漢以來未有也。然則學不知要，而欲大有所立於天下後世，烏見其可哉。走過姑蘇，晉謁祠下，緬仰風烈，不勝懷思。既謁之，明日公嗣孫從規攜此頌真跡至舟中，得拜觀焉。竊附鄙意。

又 范希文好談古賢人節義，老而彌篤，書此頌時六十有三矣。癸巳歲夏四月，昌朝書。

又 此書皆謗毁艱難者，讀之益以自信，故退之、希文尤殷懃耳。治平二年五月六日，襄題。河東薛嗣昌亢宗觀。

又 范文正高風表表，文采云為天下後世之仰服，蓋不獨其書也。此卷皆元老、真儒翰墨，使人竦然欽賞。政和四年正月六日，濮陽李孝彦跋。今墨蹟佚。

又 皇佑三年十有一月，文正范公在青社用黃素小楷書韓子《伯夷頌》，遺京西轉運使蘇公舜元。蓋天下萬世大綱常、大議論，扶植天地不可一日以無者。昔文王三分天下有其二，以服事殷，伯夷固知其將終身西伯，故辟紂而歸之，其心豈遂忘殷哉。一旦武王之師載木主而以王號於其眾，非文王意也。兄弟奮然以身為天下萬世爭綱常，繼之以死，其事誠卓絕。然人乃或非之，至孔子時猶有以為怨者。而孔子獨曰：求仁而得仁，又何怨。至唐時猶有以為偏而不通者，而韓子獨曰：伯夷者特立獨行，窮天地亘萬世而不顧。韓子之言，上繼孔子，而公乎天下萬世，有功於綱常甚大。時無韓子，議論廢則綱常泯，吾為此懼。而幸獲睹范公之所書，義士仁人，壯顔毅色，凜在心目間。使頑者懦者一見且泚汗破膽，知畏議論。是范公亦與有功於綱常也。公平生自許忠義，前後緣論諫得罪，至被以誣謗，目以朋黨，擯斥遠外。而公通道之篤，躓而愈奮，老而愈厲，《伯夷頌》固其中素所蓄積者。嗚呼。皇佑盛名時，公之書此，猶義形於色，設不幸處綱常之變，當何如。若公者，真可畏而仰哉。大興李侯戡丁丑歲得此本于燕，揭來守姑蘇，偕濟南陳君祥、汴梁焦君德明，首詣公祠下，訪問其子孫而以畀之，尊賢尚義有如此。公之孫邦瑞、士貴敬受而藏，不啻珙璧。始其家嘗以摹本刻于義莊歲寒堂，至是乃得真跡於二百四十八年之後，若有神物護持，以待其子孫而後付，殆匪偶然。二君議勒石傳不朽，輒具論顛末俾以刻。晏元獻、杜正獻、文忠烈、富文忠、蔡忠惠諸賢，與公忠義相期，各有題賦。而蘇公詞翰氣概又公所重，宜並刻後。若昌朝、執中輩，雖素有抵牾，亦不以人廢焉。抑予觀忠宣公兄弟，有感手澤言泯，意外志念深矣，尤後人所當取節。二君皆有典刑，文學能亢其宗，族黨所共推尚。師其族之人與其子弟，謹守此寶，圖繼前志，用衍忠義之傳，其永永無斁。大德四年二月初吉，陵陽牟巘識。

又 《豫章先生集》有此帖，跋云：范文正公書《伯夷頌》，極得前人筆意。蓋正書易為俗，而小楷難於清勁有精神，如斯人不必以書立名于來世，然翰墨乃工如此。蓋喜多能，雖大賢不免焉。志仁伏讀諸名公所題，大篇短章，于伯夷之清風，昌黎之偉詞，文正公之寶墨，賢侯歸帖之美聞，孫承家之懿藻繪盡矣，尚何辭之措。敬書山谷此跋以補闕遺。又，《山谷嘗跋公真跡》云：范文正公書，落筆痛快沉著，極近晉宋人書法。往時蘇才翁筆法妙天下，不肯一世，人惟稱文正公書與《樂毅論》同法。老年觀此書，乃知用筆實處是其最工，想其鈎指回腕皆優，入古人法度中。此跋首述才翁，所云于寫《伯夷頌》亦相關涉，因牽聯書以歸之竹趣先生。晚學清江羅志仁拜手。壺秋先生。

又 文正公所以師表百世者，固不在書，然筆法之妙，自足追媲古人。故蘇公號稱能書者，亦從公求之以為珍玩焉。書此頌時已六十有三，距公薨財一年耳，而楷法謹嚴，一筆不苟如此，真可敬而仰哉。夫書雖細事，而最足以觀人。公書如是，中之所存，可知已。同時如文、富、韓、歐、諸公，書之工拙雖或不同，而其渾厚端莊則亡以異。此四五公者，坐廟堂，邦其有弗又，俗其有弗醇者乎。世稱王荆公書如斜風急雨，其胸中躁擾可以想見，一旦當國，遂盡取成憲而紛更之，天下騷然，而風俗亦一變而趨於薄矣。厥後溫公復古，而國再安。章、蔡崇新而世遂亂，其正與邪皆莫逃於筆墨之間。益信心畫之説不誣。然究其大歸，則熙寧以前之書多重厚而少輕浮，熙寧以後之書多輕浮而少厚重，茲蓋世道之所以升降者。予嘗從故家盡得宋南渡前墨蹟，觀之而竊為之説此，故並識之，俾來者有考焉。大德庚子六月乙巳朔，陵陽牟應龍敬書。成甫先生。

又 夷齊之論，至夫子而定，或謂得夫子而名益彰。二子求仁得仁，名之彰與否，不暇為身後計也。退之之頌，賢於司馬遷附青雲之見遠矣。按文正公在青社，皇佑三年十一月書此，未幾以病請汝陰，明年五月薨于徐。其平生特立獨行之志，夷險一節，老且死不變，而見於心畫者如此。與守桐廬日祠嚴子陵祠同意，清風凛乎其相劘也。時文潞公罷相知許昌，杜祁公為賈昌朝所抑致仕，去富鄭公淮西，晏元獻京兆。諸賢在外，詞翰往返，蕭灑高潔，語出意表。視夷齊異世同調，所恨者公方向用，而即世矣。後三年，文、富並相，使公而無死，天章一疏盡行，豈有熙寧之禍哉。蔡忠惠治平二年五月之題，謂此書皆謗毁艱難者，讀之益以自信。是年忠惠為三司使給事，以讒出守杭，故云爾。意謂公屢遭擯沮，蓋夷齊其行，而世或有非之者，遂借此以自見。然公知有直道而行而已，豈自必于夷齊哉。自必於夷齊，亦未免有所利而為之矣。天荒地老，崑玉不爐，宛其複歸，與義田並傳。君子之澤，通乎盈虛之運，幽明之故，正不偶然也。片紙三百年，承平碩輔，姓字皦皦如日月，見之束衽。盤辟若檜、若似道，亦蝨其間，使人指畫唾罵。然則士不以夷齊自厲，其不為文正公之罪人者幾希。雖然，亦豈願其為夷齊哉。大德庚子日長至，長樂郭隚拜手謹書。梅西先生。

又 伯夷之行，昌黎頌之，文正書之，真三絶也。子孫其寶之哉。真定董章。小山郡侯。

又 先正范公文武忠孝、親親仁民之德，充周穹壤，是以尺素寸楮，觀者斂衽。墨妙如曹操、王敦、恒温，未嘗書不佳也，至今見者唾之。公所書《伯夷頌》流入秦檜、賈似道家，繇賈遂没入官。宋亡出於燕趙間，複歸吴范氏，世所共貴重者有在也。熙寧以來，見者必著姓名，豈欲托以不朽耶。苟不知觀感興起之微，求公之心，希公之德，徒珍玩是誇，亦秦、賈耳，不幾於狎大人乎。凡我同志，相與勉焉。泰定丙寅七月十九日，天台後學楊敬德書。仲禮提學。

又 古人尚友，以其類也。伯夷之心，惟孔子為能知之。千載而下，惟文正范公有以似之。文正之心，惟朱文公為能知之。千載而下，其亦有似之者乎。嗚呼，希矣。至順壬申夏五月，宛平曹鑑拜手謹書。克明太常。

又 文正公以寶元元年赴潤，道謁狄梁公廟，為之作記立碑。又十三年，皇佑三年鎮青社，用黄素小楷書《伯夷頌》寄蘇才翁，蓋去公薨半歲耳。於是公屢以言事忤旨，出殿外服，知其道之莫可行也，將以仰睎古人，而於伯夷之清風，梁公之大節，竊深慕焉。攬公之迹，可以諒公之心矣。所謂百世以俟聖人而不惑者，茲非其徵乎。東陽柳貫謹題。道傳博士。

又 右宋推誠保德功臣、贈太師中書令魏國范文正公書唐韓子《伯夷頌》真蹟，筆意精嚴，動合法度，有晉人之遺風。熙寧以後名公題識具存，誠寶玩也。按公書此頌遺武功蘇舜元，南渡後歸秦檜氏，又歸賈似道氏，宋亡流入北方。李侯戡得之京師，來守吴，實魏公之鄉。因謁公遺像，以其書歸其後之人，今藏於范氏義莊，子孫世守之。【略】後學柯九思拜手謹書。敬仲博士。

又 古之君子之於學也，至於成己成物，其於天下國家，則曰功成治定，所謂言之必可行也，行之必可言也。蓋物格知至，而至於國治天下平者如此，非苟以為言而已。世之君子，何其言之詳，而卒不見其成功耶。若文正范公，則所謂能言之，而能行之者也。觀其所書韓子《伯夷頌》，豈特筆墨之妙，其為萬世之慮也深矣。後學京兆杜本敬觀。白原先生。

又 魏國文正范公，在宋朝為名臣稱首，當時論者或直以為聖人，或方之以夔卨，是豈泛然而為之言哉。觀魏國出處，始終大節，一合乎道，其豐功盛德焕乎簡策，若日星之不可掩，山嶽之不可齊，與天地相為悠久，其窮理盡性以至於命者與。今觀魏國所書《伯夷頌》，筆法森嚴，直可與《黄庭》、

《樂毅》等書相頡頏，是則魏公非特于德行功業超然傑出，其于書法亦造乎其極者也。然公不他書，而書韓子《伯夷頌》者，尤見公切切於綱常世教，未嘗一日而忘也。披玩再三，令人歛衽起敬。至元三年後丁丑歲秋九月望，後學台哈巴哈謹書。

又　首陽高節，退之頌之。吏部文章，文正書之。時稱為三絶。趙宋諸賢及有元之材大夫士題詠之不少置。其八世孫静翁裝潢而珍襲之，求名筆以發其光華，信可寶已。余嘗私竊論之，伯夷以特立獨行之節，不待退之頌之而始顯，惟得退之頌之，則其節為益顯。吏部以日光玉潔之文，不待文正書之而可傳，惟得文正書之，則其文為益傳。故伯夷之節，唯知適於義而已，初不計後之頌與否也。退之之頌，深以為亂臣賊子、不守名節者之戒，初不計後之書與否也。三者無心會而為一，虹光渥彩，昭如日星之乘天，使世之亂臣賊子未為者而觀此書此頌，則神駭心悸，而不敢肆其惡。已為者而觀此書此頌，則膽落魄喪，而無所逃其罪。其有功於世教大矣。且文正以清才茂行，為時名臣，先哲稱其事業滿邊陲，忠義滿朝廷，聲名滿天下，則字畫乃其餘事，然猶莊楷遒麗，過人如此，真趙宋第一流人物也。余適以事過吴，伏謁祠下，静翁持成卷示余，故欣然書之，以俟夫知言者得焉。薊丘韓璵載拜。庭玉秘書黄簿。

又　《伯夷頌》首云：士之特立獨行，適於義而已。不顧人之是非，皆豪傑之士，信道篤而自知明者也。此數語已足盡伯夷之心。文正公親書此頌，匪惟知之，亦久蹈之。觀其立身大節，亦不顧人之是非，信道篤而自知明者，豈非豪傑之士哉。其裔孫静翁先生，恬愉樂道，獨能保有斯文而珍藏之。觀此者，千載清風俱凜然矣。後學永嘉鄭僖再拜書。天趣先生。

又　范文正公所書《伯夷頌》，後有秦檜之太師、賈師憲太傅兩人圖記。宋南渡後，此卷必流落江左，而嘗入其家，至李侯戡得之於燕，則宋亡之明年也。范氏所居，近在吴中，兩人不能舉而歸之，卒有待于李侯，而公之子孫乃獲敬受寶藏焉。豈偶然哉。蓋自西方兵寢不用，公歸而均逸外潘，因得以暇日游心於藝事，才翁善書，而深服公楷法之妙，求公寫乾卦，而公以字數多，眼力不逮，故為寫此頌。卷末第云書法亦要切磋，未是處無惜賜教而已。後來一二大老又推廣其説，謂公書此，實為天下萬世綱常計。至哉言乎，不容複贊一辭也。至正七年春正月甲子，後學黄溍敬觀。

又　宋范文正公書唐韓文公殷《伯夷頌》，想其清風勁節，德行文章，真希世之三絶也。元初平江太守李侯戡得之中原，歸之范氏子孫，可謂劍出豐城，珠還合浦，李侯其亦仁人之心歟。展玩之頃，頓覺忠義之氣凜然在天地間，令人毛髮竦立。宋朝十相景仰之忱，藹然見於言辭之表。秦、賈二公猶加企敬而珍藏之，度其心寧無所愧。大明兵至義莊，祠宇俱為灰燼，此卷同罹此患，覬必不存，大宗孫廷珍十世孫天倪，複覯之於軍砦中。嗚呼，公之靈在天，天佑其忠，俾公之手澤不泯於世，是知公之遺澤未艾也。雖生二百載後，而獲觀覽，猶天青白日睹景星鳳皇，快平生之心目也。河東後學王雖拜書。

又　文正公文章政事載諸簡册者，竊嘗觀誦感仰。至於遺墨，罕獲見焉。癸未秋，予督餉至東吴，憩公書院，其十代孫天倪，持公手澤一軸示予。盥手拜閲，且羡且慄。何也。蓋所書者非他文，乃韓吏部《伯夷頌》。伯夷特立獨行，聖之清者也，後世孰加焉。公書其頌，所以寓儆者深矣。矧公之書法，遒勁嚴整，妙絶前代，而予也敢不起敬起慕。永樂癸未仲秋，資善大夫户部尚書夏原吉，拜手書於姑蘇文正書院。

又　右魏國文正公書韓昌黎《伯夷頌》一通，筆意精妙，清古入神，雖鍾王顔柳不過也。余聞書藝也，君子貴之，藝之美也。況大賢之手澤，傳於後與世俱存。公之在盛宋，而其名天下重之，不特文章翰墨也。而學問淵源，立朝大節，世未必盡知之。當時公之書與蘇才翁，范氏子孫複得而珍惜之，十一世孫主奉元理出以相示，余生也晚，恭睹遺墨，肅然起敬，悚然在下，凜然如公之在前也。其真有感發也夫，其真有興起也夫。時宣德戊申仲春上澣，奉政大夫户部郎中零陵劉良拜手謹書。

又　伯夷，聖之清者也。韓昌黎頌之，范文正書之。頌之者固尚其節義之清，書之者亦尚其節義之清。書之以遺蘇才翁，豈惟欲尚書法之古，亦欲其尚節義之清也。是書也，曾幾何年複歸范氏，非世有賢子孫，惡能珍藏之若是耶。巡按劉同年葺文正祠堂，偕余往觀焉。頃見主奉從規，能善言厥祖，不謂之賢矣乎。且見其二子，其幼者歧嶷不凡，而知范氏又將有興者矣。然則公之遺墨，不亦留芳於千古不磨者乎。成化辛丑秋八月八日，句曲戴仁敬題。

又　拜觀是卷，以韓、富諸公之詞翰，以秦、賈二人之圖書，一善一惡，而勸戒具焉。有志者得不凜然而敬慕，惕然而警懼乎。時成化甲辰二月朔旦，天台楊澤書。

又　亟評訂宋之名臣，謂范希文質性氣局可比伊尹。當有真知亟者，信斯言矣。茲拜觀所書《伯夷頌》，因用識此。大明成化甲辰九月，蘭亭司馬亟書於鶴山書院。

又　右宋范文正公書唐韓文公《伯夷頌》，以貽西京轉運使蘇舜元。蘇之後不知何代失之，而畢竟歸於文正公之子孫。豈偶然哉，豈偶然哉。今其嗣孫從規持以示予，且請題。古今人題詠多矣，予何容贅。嗟夫，文正公，宋名臣也。道德功業，烺烺炳炳，當以三代以上人物論之，其片紙隻字流落人間者，雖三尺之童皆知寶之，況其子孫乎。噫，先天下之憂而憂後天下之樂而樂，安得復見斯人也耶。高山仰止，景行行止，又當於書法之外求之。若檜與似道，乃宋之賊臣，公視之宜不啻犬彘，其墨蹟豈可廁於其間，當削去勿為此卷之汙。大明弘治乙卯歲春二月之吉，後學淳安徐貫謹識。

又　此卷首乃宋魏國范文正公遺墨也。後世珍襲或詠歎之，無間善惡，豈真所謂柳骨顔筋而作祖書法耶。抑惟其人而已矣。況其所書，又韓昌黎之文，頌伯夷之清哉。於乎，觀其書而究其心，誦其文而論其世，千載之下，流風猶襲人襟懷。范氏子姓，其永寶之勿替。賤子以弘治丁巳來按吴，謁公祠，而主奉汝舉出此卷征題，遂忘其僭陋，而贅此于末簡云。長至日，古閩王鼎書於蘇臺之冰玉堂。

又　君臣大經，猶天高地下，非可以人力移易者。是以武王八百國精兵，可以滅商家六百年社稷，而不可滅二子扶植綱常，違衆自是之論。觀吾夫子謂武王盡善可見矣。世降戰國，生民塗炭已極，孟軻氏始以仁義之師諷諭當時，蓋不得已而救世之大權耳。後世以爭戰定天下，往往援以自濟，遂至篡竊相仍，衆亦視以為常，不復以為變，二子之論幾滅。此昌黎韓公又違衆自是，特為之頌，文正范公又違衆自是，特為之書。今考韓公入淮蔡，范公在西夏，君臣之義，死生以之。是二公者，附美於二子，不止於頌與書也。二公既遠，頌與書存，范氏子孫世守若大訓。然得之復失，失之復得，若有以冥護之者。人得而閱之，如商彝周鼎，大為奇遇，輒有題識，用從不朽，是又欲附美於公者也。嗚呼，附公之美謂可止於斯耶。正德七年壬申三月朔旦，賜進士吴縣知縣山陰胡文静題。

又　文正公筆蹟之重，重人也。觀者輒有題跋，以識景仰之私，且欲託名於不朽耳。檜何人斯，亦有詠焉，斯亦可見秉彝好德之心，無間於忠佞矣。嗚呼，韓、范之不同時於檜，亦幸耳。使不幸而同焉，抑豈為檜所容哉。檜為此言，又將舉天下後世而欺之矣。愚欲其子孫割去之。使無汙此卷可也。雖然，若檜者，世亦有之，毁程朱之道以立異，議廟祀之禮以阿世，得無似耶。范氏之象賢者，其韜此卷，使無重汙哉。嘉靖七年乙酉季冬，高安鶴坡朱彦昌書。

又　范文正手書《伯夷頌》，端雅有好致，第不能作開天章、帥延慶風骨耳。書家者流以為得《樂毅論》遺意，吾不識《樂毅論》，未敢附和。然伯夷聖清，與昌黎、高平皆斯道楩梓不應於翰墨中論輕重也。跋内文、富、晏、杜四名相，與文正相伯仲，純仁昆玉不忝象賢，而君謨、才翁輩皆臨池老手，尤可寶愛。別一卷皆元人跋，蓋元有平江路李總管者，嘗得之以歸於范氏之子孫，一時諸公高其誼，爭為其詩歌題識，其間極多名筆。不佞獲一寓目焉，不勝高山仰止之感。乃至秦繆醜，欲與韓范論心，為之失笑。庚午春日，鄉後學王世貞頓首書。

此帖與忠宣公《告身》，跋之月餘，而其後人主奉者不能守，作餘質庫中物者十年矣。余聞之數，責其以原價取贖不得。今年初夏，悉理散帙，分授兒輩，因舉此二卷以歸主奉，且不取價。嗟夫，余豈敢以百金市義名，顧滿吾甘棠勿剪之願云耳。為范氏後者，時時念文正之手澤。為他人者，遠則念伯夷，近則念李總管，庶幾其常為魏公家有哉。庚辰初夏，世貞又題。

又　先正文公手書《伯夷頌》，自李總管戢歸吾范氏，迄今將三百年而復得，王大理世貞不索質鏹而歸之，誠是義事。夫當吾世，而為不肖子孫所質且久，而不知其事，何能無罪。因識數語卷尾，以歸掌守者，並示後人世寶藏焉。倘後有不肖子孫仍以質人，請其人勿與質，質而如王大理之捐鏹以還，無益也。即子孫不能贖，而竟留不歸，或因而貨有之，則又為大理君子罪人矣。吾不能保後之子孫，而所可信者，好德尚義如大理君，士君子孰無是心乎。萬曆庚辰六月，十六世孫南京太僕寺卿致仕惟一謹識，時年七十有一。

又　曩時於弇州王先生所，獲睹先賢范文正公手書《伯夷頌》，字畫楷秀，令人肅然起高山之仰。卷後題跋甚富，多名賢擅臨池者。即秦繆醜論心一語，不妨並存，以備勸戒。真范氏世寶也。後人弗能守，並忠宣《告身》，質弇州庫鏹，後捐以歸與范，與李總管先後一轍，稱盛德事。萬歷庚戌，不佞叨貳雲間，其主奉者不戒，二卷並元佑間所賜忠宣御詩，落拾遺手。諸搢紳謂可同裴丞相失印事處分，虞投水火。不佞竊計，印以用，用訖無所複用，故可緩得。此卷無論用不用，人人共珍，緩將流匿旁邑，無複出理，竟以急追得之。乃知緩急隨宜，顧用之何如耳。為識諸卷末，授公十八世孫必溶，什襲藏之，毋再落他人手，詭冀李總管、王弇州複遇也。甬東朱勳謹識。

又　先生曾為吾鄉守，遺澤在人，甘棠猶思，矧惟奕世也。百花洲雖複淩墟而過化，贔屭之石屹屹矣。五六百年間，桐鄉裔氓得睹手澤，愴然先世之感何如。明後學彭而述，觀于姑蘇廿世孫之安柱鳳來堂。

又　世有兵火，而古物之遭其劫者，不獨名人遺蹟。而名人遺蹟尤易消毀，其獲存於世者，皆神物也。然世存之，而未有子孫世守之者。其世存之，而即為子孫世守之者，則惟范文正公之後而已。文正德業文章，為有宋以來第一人，書法其小技也，而為世所寶愛。余從公二十世孫安柱者，備觀於其鳳來堂，并諸名公手跋，洞心刮目，應接不暇。內有《伯夷頌》卷書獨精楷，當時秦、賈二賊皆有題識，故論者恨之。余謂白璧明珠，知其寶者奚分善惡。古來遺蹟，不有藏者，何以能存，造化自不得不有所藉以護持神物，而與其人原不相掩也。嗟嗟，滄桑遞變一消一息，宇宙間何物長為人有。此之筆墨淋漓，六百年來聚散得失，不知幾經人手，獨見超然劫外，至今日而范氏之物還歸於范，家藏無恙。余因幸見先賢典型，斯奇遇矣。後學王心一謹題。

又　余再宦游吳，獲謁范公祠屢矣。每瞻拜文正、忠宣遺像，令人肅然起敬。今年春，從公十九世孫主奉能浚，得觀祠中所藏墨跡九種，其一乃文正公楷書《伯夷頌》，貽京西轉運使蘇公舜元者。文正公為有宋第一流人，固不以書名，而此書謹嚴有法度，一筆不苟，世之善書者或莫及焉。虞道園有云：仰惟前賢，爭光日月，不敢妄有贊述。良然。按跋中文、富、晏、杜四名相，實與文正相伯仲，忠宣暠弟不忝象賢，君謨、才翁及元明諸鉅公一一具在，真巨觀也。秦繆醜題句，欲與韓范論心，得毋顙有泚耶。此卷南渡後歸繆醜，又歸賈似道，宋亡流入北方。元李侯戡得之，因來守吳，舉而歸之范氏義莊。明神宗時曾入王弇州質庫，後仍歸范氏，不取直。未久主奉者不戒，復失去，為雲間貳守朱勳追得，複歸祠中。今巋然無恙，信有神物呵護其間也。其餘八種，一為唐懿宗賜文正公四世祖柱國誥。一為宋哲宗賜恭獻公拜給事中誥。恭獻公，純禮也。一為哲宗賜忠宣公御書。一為文正公與尹師魯二帖。一為文正公《道服贊》。一為忠宣公劄子。一為《忠烈傳芳卷》。忠烈，徽宗賜文正祠額，卷中載詩文甚夥。一為《東溪書舍卷》。東溪，為唐以安氏讀書處，唐正統間人，因其地隣范祠，不知何時歸祠中。展閱諸卷，定當以《伯夷頌》為第一。余承乏此地，幸睹鴻寶，敬綴不文之辭於卷末。尚有忠宣誥未及見，今兩江制府蘇公先生，即忠宣二十世孫也。康熙丙子花朝後二日，商丘後學宋犖識，男至敬書。

又　文正公忠貞貫日月，事功炳史册。其正書《伯夷頌》，筆力清挺，世所罕觀。又有文、富、杜、晏諸公及忠宣昆仲跋尾，聿為巨觀。康熙庚辰三月廿有六日，舟至中吳，擬拜公祠下，天雨未果。曉過芝蘭堂，請觀墨本，展閱再四，想見公之豐神。其源流贊頌，宋元以來，衆君子言之詳矣，士奇後學無文，何敢多述，謹附名卷末，誠為厚幸。錢塘高士奇拜書。

綜述

明·張丑《清河書畫舫》卷七上《宋二·范仲淹·伯夷頌》　文正范公小楷《伯夷頌》，黃素真跡，上上。詳其結構，蓋清勁品也。左方宋元人題識甚多。世謂首陽之節，韓子之文與文正之書，同為三絕。范氏子孫嘗模以刻石，真筆今存義莊。

清·卞永譽等《式古堂書畫彙考》卷九《書九·宋·范文正公書伯夷頌並劄卷》　士之特立獨行適於義而已。不顧人之是非，皆豪傑之士，通道篤而自知明者也。一家非之，力行而不惑者，寡矣。至於一國一州非之，力行而不惑者，蓋天下一人而已矣。若至於舉世非之而不惑者，則千百年乃一人而已耳。若伯夷者，窮天地亘萬世而不顧者也。昭乎日月不足為明，崒乎泰山不足為高，巍乎天地不足為容也。當殷之亡，周之興，微子賢也，抱祭器而去。武王、周公，聖也，從天下之賢士，與天下之諸侯而往攻之，未嘗聞有非之者也。彼伯夷、叔齊者，乃獨以為不可。殷既滅矣，天下宗周，彼二子乃獨恥食其粟，餓死而不顧。繇是而言，夫豈有求而為哉。通道篤而自知明也。今世之所謂士者，一凡人譽之，則自以為有餘。一凡人沮之，則自以為不足。彼獨非聖人而自是如此。夫聖人，萬世之標準也。予故曰：若伯夷者，特立獨行，窮天地亘萬世而不顧者也。雖然，微二子，亂臣賊子接跡於後世矣。皇佑三年十一月戊申，高平范仲淹書。

示諭寫黄素為幹卦，字多眼力不逮，且寫《伯夷頌》上呈。此中寒甚，前面筆涷，欲重寫，又恐因循。書劄亦要切磋，未是處，無惜見教。

紀事

明・程敏政《篁墩文集》卷三九《題范文正公手書伯夷頌後》　壬辰歲孟春月，使車按部，獲一觀焉。執中題。

又　丹陽邵亢獲觀。熙寧庚戌二月庚寅記。時領滎陽，舟次泗上。

又　許昌題後及今二紀，乃熙寧甲寅之歲，仲冬澣之日。念往懷賢，不覺悵悵。伊川逸老再題。

又　番陽劉定、金陵陳佑甫同觀。元豐四年三月廿八日。

又　辛酉季冬九日，當世題。

又　潁昌韓縝玉汝屢嘗觀之。元豐甲子歲仲秋社日，又從安國借看。西府東廳書。今墨蹟佚。

又　元佑二年臘日，靖恭楊傑、京兆慎宗同觀。今墨蹟佚。

又　皇佑三年，侍行于青社時，先公書此頌以寄京西轉運使蘇公。今再見手澤，不勝悲慕。元佑三年六月七日，嗣子守尚書右僕射兼中書侍郎純仁謹題。

又　林種、賈公望獲觀。戊寅冬十月廿九日。

又　汾陽郭彭年、建安陳昱同觀。宣和壬寅夏六月二十有六日。

又　崇寧五年，純粹得見先公、先兄遺墨于潁昌，伏讀久之，涕落紙上。七月八日謹題。

又　政和丙申孟秋二十八日，趙子琥、王孝迪同觀于高平三瑞堂。

又　清江李開、晉陵胡唐老同觀。

又　吴興趙孟俯子昂、高郵龔璛子敬同觀。

又　文正公為蘇舜元書《伯夷頌》，名公題贊甚富，二百年間不知凡幾。傳至於賈秋壑，宋亡北流于燕。逸齋李侯時為部侍郎，得之寶藏文府。大德戊戌，侯自兩淮都轉運使來守是邦，謁公祠下，求公之後人以與之，侯盛德也。衎奉檄來姑蘇理海舟之獄，范氏之族長竹趣先生出示，幸獲觀焉。大德庚子秋七月，小子李衎再拜謹識。息齋同知。

又　文正范公細書昌黎公《伯夷頌》石刻，在建業玉麟堂。墨跡傳流，大德己亥複歸於范氏。庚子歲九月，過吴中獲觀，拜手敬贊。餘杭盛彪。虎林先生。

又　汲郡王簡、漢東孟淳同觀。大德乙巳夏五十日。王敬夫御史孟能靜總管。

又　文正范公手澤，獲見於二百六十三年之後。扶植綱常，流傳是寶。濟南王文羽、保定孫杲同觀。時皇慶二年歲癸丑暮春，大名王亢宗識。王伯儀郡推官，孫缺吴縣尹。王仲常郡侯。

又　弘治元年夏四月廿四日，掌宗人府事駙馬都尉相人周景，同兄蘇州府同知周冕拜觀。

又　承勲於甲戌歲荷蒙聖恩，自滇黔召總臺綱，甫就道，又蒙調制兩江。季秋屢任金陵，即受命閲視太湖暨吴淞水利，以孟冬抵姑蘇，公事既竣，因得謁祀先祠。翌日，往天平省視賜廟，不勝水木霜露之感。因念先文肅公平生每心憶東吴，冀一親到，而緣會未偶，厥志莫遂。先兄忠貞公撫越制閩，三過吴門，數行祭告之禮，又為捐俸葺祠，至今賴弗圮墜，兄之力也。因思我父兄德業事功，幾與文正、忠宣爭光媲美，承勲無似，雖忝竊是土，其于祖功宗德，何能增益毫末，但矢志斤斤恪守先訓，不敢遺羞於我列祖父兄之靈，斯為幸矣。主奉能浚出文正諸手澤見示，真吾宗世寶也。卷帙零落，因請歸署內，命工裝潢新之，還納祠中。附語卷末，以誌歲月，且鈐記製篆，以示鄭重。俾子孫葆藏，世世勿替，毋再歸他氏，庶先澤藉以長存，是所望於吾族之賢後人云。大清康熙歲次乙亥清和月穀旦，兩江制使忠宣房第二十代裔孫承勲謹題，時年五十有五。

藝文

明・程敏政《篁墩文集》卷三九《題范文正公手書伯夷頌後》 書從北海寄西豪，開卷裁窺竦髮毛。范墨韓文傳不朽，首陽風節轉孤高。戊申後三十有七日，許昌郡齋中題，平陽文彥博寬夫。手書《伯夷頌》後皇佑三年庚寅十一月戊申日。

又 夷清韓頌古皆無，更得高平小楷書。舊相嘉篇題卷後，蘇家能事複何如。壬辰歲正月，才翁按察富弼題。

又 青州資政寄示小楷《伯夷頌》，許昌相公以詩跋尾，因作詩謝二公，兼呈永興觀文相公。舜元上。法書遥逐使車還，嘉句新從相府頒。牢落二賢天地外，孤竹之二賢。風流三絕古今間。台文競耀高逾麗，化筆交揮老更閑。不用悲吟恐飛去，豈無神物護重關。

又 轉運度支得青州資政黃素書韓吏部《伯夷頌》，許昌相公以詩跋尾，遂為七言因而寄及，謹用拙篇紀詠。殊上。

首陽垂範遠，吏部屬辭深。染翰著嘉尚，系言光德音。褒崇亘千祀，精妙極雙金。題詠益珍秘，用昭賢彥心。

又 遠蒙運使度支以資政范公所寄黃素小字韓文公《伯夷頌》，親許昌文公、淮西富公題詩於後，才翁複綴雅什，兼寄長安晏公，公亦有作。衍久茲休退，人事僅廢，不意雅故未移，悉以副本為貺，俾愚繼之。對此怔忪，既感且愧，輒爾率强課成拙句奉呈。敢言亦驥之乘，聊為績貂之比耳。衍上。

希文健筆鈔韓文，文為首陽山下人。甯止一言旌義士，欲教萬古勸忠臣。頌聲益與英聲遠，事蹟還隨墨蹟新。當世宗工複題詠，尤宜率土盡書紳。

又 覽才翁家希文手筆《伯夷頌》，輒書短篇於紙尾。熙寧庚戌歲初伏日，潁川韓絳子華題。高賢忠義古今同，手筆遺篇法甚工。寶軸傳家當不朽，追懷餘思凜生風。

又 高賢邈已遠，凜凜生氣存。韓范不時有，此心誰與論。紹興甲寅八月望，建康秦檜謹題。

又 伯夷古賢人，昌黎追作頌。文正小楷書，尊仰世所共。李侯吾故人，收藏萬金重。適來尹平江，范氏暫陪從。一日拜祠下，歸諸子孫用。三賢固自佳，侯德亦堪誦。再拜書五賢，心薌辦清供。大德己亥四月十五日，曹南馬紹書於平江旅次舟中。子卿右丞。

又 長白山中名相出，首陽山下若人賢。古今如此能多少，歲月相望越二千。遺墨來從新畫戟，故家複取舊青氈。偉哉君子無窮澤，留得餘芳奕世傳。嘉興張伯淳敬題。師道學士。

又 班固人表吾嘗疑，第一武王二伯夷。我謂伯夷可第一，武未盡美宜二之。退之第一唐文人，希文第一宋輔臣。韓為夷頌范為寫，三絕誰歟什襲珍。星奎運餘三百年，皇佑慶曆諸巨賢。逮至渡江幹淳後，珠題玉跋盈長編。《名士題跋不一》。范氏衮衮饒公侯，丞相忠宣公純仁以下。幽州栝州至蘇州。范氏本幽州良鄉人，遷栝蒼，今江湘提學君澤居處州，是文正始居姑蘇。行軍元昊驚破膽，義莊睦族春複秋。子子孫孫居吳中，族長主祭，令八世孫邦瑞也。指李後人今黃龔。謂平江使君李公信之迭齋。錦囊偶貯此三絕，燕香夜寒吐長虹。衮衣繡衣觀且詫，衮衣謂右丞馬公性齋，繡衣謂陳廉訪君祥，完顏廉訪正卿。故國喬木興諮嗟。大尹不吝歸趙璧，祠以少牢複其家。提學翰林索我詩，謂君澤自玉堂外補。肯損此寶真複奇。授者良難受者易，即此可刊遺愛碑。大德庚子春上丁之明日，紫陽方回萬里。虛谷先生。

又 企清風兮薇山之陽，寶芳帖兮薇露之香。意人世不可以久留兮，雷霆下而取將。幸鄴侯之巾襲兮，儼墨蹟之未亡。把一麾而東來兮，文正之鄉。喬木蒼蒼兮，蘭菲菲其彌芳。嘉先正之有後兮，偉德澤之長。出此帖而歸之兮，甚魏笏之輝煌。時不可兮再得，勉世世兮珍藏。天臺柯謙。山齋先生。

又 小楷青州三絕碑，複還范氏事尤奇。不知百世聞風者，更有何人似伯夷。

古今一理是綱常，范筆韓文妙發揚。公餓首陽元不死，春風歲歲薇香。錢塘仇遠再拜。山村先生。

又 退之嘗作伯夷頌，綱常更為文章重。小范老子翰墨香，喚醒首陽千古夢。爾來宇宙三百年，劫灰不壞寧非天。姑蘇李侯賢太守，為將手澤歸雲玄。因憶右軍修禊叙，智永藏之固其所。今比蕭翼誰賢愚，豪奪何如能樂與。君子于物不留意，好德終然勝好古。劍許徐君自有心，書還孔子非無故。粟可不食國可辭，較之一紙真豪厘。聞風廉立遽如許，信哉聖人百世師。西山之薇何獨美，向微二子一草耳。東海魯連死猶生，中書馮道生猶死。承平文獻傳至今，品題先後如盍簪。就中何人合愧死，九錫不是夷齊心。楚北村民湯炳龍題。北村先生。

又 逸齋總管相公以所藏文正公書《伯夷頌》歸於范氏，懷賢尚德之心，士大夫皆樂道之，為詩若文盈軸，甚盛事也。不揣蕪陋，賦小詩，高沙龔璛拜手。

一時瑞合拯斯民，萬世寧無啟不臣。此意聖賢非二致，誰令今古共彝倫。墨胎事遠頌聲在，青社人鈔楷法新。尺素郡俠還范氏，先憂天下亦同仁。大德庚子二月廿一日，書於義宅之西序。

又 海濱二老本同歸，末路殊塗孰是非。叩馬匆匆扶義士，憐渠未識首陽薇。韓辭范筆照千齡，扶植綱常似六經。日月争光宜下拜，莫將此眼對蘭亭。眉山史孝祥。藥房先生。

又 翰墨嘗托文章傳，文章益重節義全。使無節義照今古，文章翰墨空嬋娟。特立獨行不顧衆，萬世標準權亦用。吏部雄文破鬼膽，為渠喚醒西山夢。范公相望餘千齡，人物自與皋夔并。黄素細書伯夷頌，白頭不草太玄經。一字千金價無讓，虹光夜徹星斗上。夷清韓頌高平書，再拜莫作文翰想。奸臣襲藏猶畏仰，面無生色泚流顙。珠還氈複子孫，賢我信斯文天未喪。佳辭善書常有餘，嗚呼，節義不可一日無。致和元年中秋日，金華後學胡助再拜謹書。古愚編修。

又 伏承主奉范君出示先世書詔，及文正公手書《伯夷頌》，令集題識。仰惟前賢争光日月，不敢妄有贊述，輒以鄙句奉謝，用表惓惓景慕之意云耳。蜀郡虞集頓首。伯生侍制。

慶歷元臣細字書，清風真與伯夷俱。潞韓並識何春應，秦賈争藏實巇汙。神物護持天愛寶，子孫驚喜海還珠。敢以微塵替喬岳，願推余論砭頑夫。

企仰前賢歲月深，阿衡事業伯夷心。義田猶是當時祿，遺像能令百世欽。竊頌詩書求仿佛，默嗟人物轉銷沈。誰人浪漫矜家世，看取天平萬石林。

又 敬題文正公所書《伯夷頌》卷尾，長沙湯彌昌頓首再拜。碧山先生。

頌文遥附青雲傳，楷法獨推黄素書。百世清風元不泯，兩公高志更誰如。珠遺舊入權臣橐，璧返今逢刺史車。一卷寶藏同魏笏，虹光清夜燭寒虚。

又 文正千年士，精忠凜不亡。勲名山嶽重，翰墨日星光。喬木參天古，幽蘭迸砌芳。我來拜祠下，端欲濯滄浪。高昌偰玉立再拜。別駕。

又 孤竹身為百世師，范公手染退之辭。不知青社揮毫日，得似天章論道時。

鐵畫銀鉤黄素帖，珠還璧返歲寒堂。須知此事關風教，子子孫孫盍寶藏。吴後學幹文傳載拜。壽道州尹。

又 青青首陽薇，皎皎孤竹子。求仁亦何怨，清風千萬祀。昌黎述玄聖，雄文劇頌美。偉哉青社書，感激有深旨。列宿麗寒旻，羣鴻戲秋水。李侯信卓犖，不惜百金市。分符守吴會，開緘授云耳。故物傳衛公，遺璧歸孔氏。一玩三歎息，當思繼前軌。元統乙亥三月壬寅，新安汪澤民再拜。叔志郡推官。

又 韓文稱頌伯夷賢，黄素真書慶歷年。月照明珠還合浦，春風長共義莊田。至正甲申六月辛未，燕山呼勒圖再拜。

又 廣庭端拜一塵無，門外清谿點緑蕪。三代偉人生慶歷，千年遺廟托姑蘇。淺夫敢竊先憂號，盛德還征後樂圖。徽國陋儒空仰止，海峯高絶倚雲孤。右一。

范家園脚步春風，皎日英標在眼中。銀杏十圍家廟古，玉粳千頃義莊豐。身當文正無雙士，手授中庸第一功。却走畫廊看翠碣，朱弦三歎憶歐公。右二。

走奉詔北上，道吴門，伏謁文正祠下，得閲忠宣恭獻諸遺像，緬想高風，敬賦二律，寫貽公世孫從規，用致鄉仰之萬一云。時弘治六年，歲次癸丑，春二月廿七日。新安後學程敏政謹志。

又 西望天平萬笏林，凜然生氣到於今。名文有托幽光顯，余事能傳楷法深。義士若微真接跡，高賢雖有莫論心。歲寒堂裏千年物，敢作尋常翰墨臨。

先正范魏公楷書韓子《伯夷頌》，宋元以來題詠甚多，然奸檜亦廁其間，有韓、范不時有，此心誰與論之句，是可笑也。舊嘗獲觀此卷，今再從公裔孫從規主奉借觀，焚香再拜，謹題其後。鄉學生吳寬。

又 鳳梧以巡撫之暇，謁范文正公書院，捧閱公手書《伯夷頌》真蹟，肅然起敬。因奉次宋諸名公題韻，以致景仰之私云。

范公千載一人豪，小楷精分穎上毛。真蹟至今傳不朽，泰山北斗並爭高。右次文潞公韻。

首陽特立古今無，韓頌還兼范老書。三絶世間真罕見，商彝周鼎可能如。右次富鄭公韻。

昌黎辭爾雅，文正字精深。峻節清風頌，高山流水音。聲華尊北斗，詞翰重南金。千載神交地，先憂後樂心。右次晏公殊韻。

青天白日仰希文，自是先朝第一人。西賊膽寒真大將，東垣望重此名臣。青編已載聲華舊，黄素猶傳手澤新。應有鬼神為拱護，云仍百世尚冠紳。右次杜公衍韻。

嘉靖丙戌春三月中旬，後學廬陵陳鳳梧謹書於鶴山學院。

雜録

宋·董史《皇宋書録》卷中 有石刻所書韓文公《伯夷頌》行于世。

明·張丑《清河書畫舫》卷七上 范文正《伯夷頌》題跋一卷，詳載《鐵網珊瑚》中，詞多不録。惟涪翁數語，頗書法膏肓，摘附於右。

《道服帖》

論説

明·吳寬《家藏集》卷五四《跋范文正公道服贊》 右范文正公為同年許書記作《道服贊》真蹟。道服之製不可考，許公為此，其意蕭然物外，非不臧之服也。不然，文正公豈率易為人下筆者哉。此卷今藏范氏義莊，贊後又有文與可諸賢跋語，亦不可得者也。

明·孫礦《書畫跋跋》卷一《道服贊王氏跋三》 文正非書家當行，特亦非不能書者耳，然視永叔固勝，跋謂不作天章、延慶風骨，可謂善為辭。《道服贊》今刻停雲館帖中。

明·王世貞《弇州山人四部稿》卷一三〇《范文正道服贊》 范文正楷書《道服贊》，遒勁中有真韻，直可作散僧入聖評，非諂筆也。跋者皆名賢大夫，而獨文與可、黄魯直最著。魯直此書極精妍端雅，不作險側態，豈見正人書後，所謂心正筆亦正耶。然結法時有元人濫觴，不可曉也。

清·卞永譽等《式古堂書畫彙考》卷九《書九·宋·文正公道服贊帖》 希道比部借示文正詞筆，觀之若侍其人之左右，令人既喜而且凜然也。熙寧壬子孟夏丙寅，陵陽守居平雲閣題石室。文同與可。

又 獲觀文正公之詞翰，淳重清勁，如其為人。每展卷諷誦，未嘗不想見風采。何名德之重，使人愛慕如此其深也。富川吳立禮題。隸古書。

又 竊觀范文正《道服贊》，文醇筆勁，既美且箴，以盡朋契之義，有以見高陽公之德矣。《傳》曰：不知其人視其友，諒哉。熙寧壬子年十一月甲子，吳興戴蒙正仲題。

又 魏文正公，祥符八年進士也。其為同年許比部作《道服贊》，辭莊義舒，愨乎有德之言哉。南北分合餘二百年，而員幅疆理，複混為一區。公之孫曾嗣守先業，不懈益恭。得公書遺蘇才翁韓文公《伯夷頌》真蹟而寶蓄之，且摹刻于石。今年至正元年益都宗人複自北携此贊併公侍祠像來南而歸之，合浦之珠，曲阜之履，得於既失，所以委重宗祊，藩飾世緒者，夫豈偶然之故，有相之矣。熙寧間，文公與可題識，云希道比部，而不著其名，宋《登科記》當自可考也。卷中有東漢太尉、祭酒家學印，高陽及仙系小印，皆緣許氏，則是贊之為許氏物蓋已久矣，不知何時而遂失之也耶。作贊時，許公為平海掌書記耳，熙寧始轉至比部，其恬於進取如此，於以見許公亦盛德之士。不然，公豈肯輕以清其意、潔其身者而許之哉。昔公書《伯夷頌》以遺才翁，今復見公為希道譔書此贊，則希道亦才翁一等人哉。宋三百年文運休明，泰治熙洽，自景德、詳符而始盛。觀公此贊，則公與許公之聯芳科甲，信人才與時升降者為不誣矣。元年冬十有一月二十七日，東陽柳貫書。

又 文正公為同年友許書記作《道服贊》，言皆至理，書特清勁，至今觀之，悚然增敬。所謂寵為辱主，驕為禍府。重此如師，畏彼如虎，是又美不忘規，益可玩味。乃知異時丞相堯夫《布衾銘》，實權輿於此歟。然是贊不載文正集中，則公之文之遺者有矣，抑亦盛年之作，而或失於編次也耶。因綴廿字以寓景行之意云：文正道服贊，忠宣布衾銘。家乘揆一德，名德符六經。至正癸未春正月廿日，金華胡助書。

綜述

清·卞永譽等《式古堂書畫彙考》卷九《書九·宋·道服贊並序》 平海書記許兄製道服，所以清其意而潔其身也。同年范仲淹請為贊云：道家者流，衣裳楚楚。君子服之，逍遥是與。虛白之室，可以居處。華胥之庭，可以步武。豈無青紫，寵為辱主。豈無狐貉，驕為禍府。重如此師，畏彼如虎。旌陽之孫，無忝于祖。

紀事

明·李日華《味水軒日記》 文彥博寬夫題云：竊觀范文正《道服贊》，文淳筆勁，既美且臧，以盡朋契之義，有以見高陽公之德矣。《傳》曰：不知其人視其友，諒哉。戊申後十有七日，許昌郡齋中題。

又 江萬里題贊云：范文正公《道服贊》，其書有法而詞有氣，前人題跋盡之矣，余復何言。敢僭用公韵，敬作《遺墨贊》，欲范氏後裔，益知所寶重云：武觀遺墨，端嚴曰楚。柳骨顔筋，微公孰與。龜文龍鱗，或翔或處。烈士忠臣，兼文兼武。畫見諸形，曰心為主。詞發諸口，曰學為府。石決怒猊，章成綉虎。百世珍藏，弗替厥祖。咸淳甲戌秋日。

又 真德秀題云：范文正公，當時文武第一人，至今文經武略，衣被諸儒。譬如蓍龜，而吉凶成敗不可變更也。故片紙隻字，士大夫家藏之，世以為寶。至其小楷，筆精而瘦勁，自得古法，未易言也。端平甲午十一月朔。

又 文天祥題云：余嘗謂士君子能為光明俊偉之事業，必先有高潔灑落之胸次為之地也。范文正《道服贊》，所見如此，其身心固若蕭然出於風埃之外者，則其所立卓越千古者，有以哉。咸淳癸酉二月，文天祥書。

又 趙松雪題云：文正公為其同年友許君作《道服贊》，都九十八字，礫勁弩策，皆入規矩中。上有悦生印，蓋賈秋壑故物也。因題其後。至大二年四月二日。

明·張丑《清河書畫舫》卷七上《宋二·范仲淹》 又文正公楷書《道服贊》，為同年許希道書記作，有文同以下題跋，亦見之義莊。文徵仲為摹刻《停雲館帖》中。

《陝右帖》

綜　述

清・安岐《墨緣彙觀録》卷一《法書上・北宋・王素才德帖》　白紙本，楷書八行，筆法瘦健。前書：素再拜啟，陝右久藉才德，宣布天子之惠，一方安肅，實解朝廷西顧之憂。後書：素再拜，前有浦江旌表孝義鄭氏朱文長印。末角有審定真蹟朱文方印。考素宋太尉旦之季子也。

清・吴升《大觀録》卷四《王懿敏陝右帖》　此札紙本，高九寸，闊九寸五分，書八行。素再拜啟，陝右久藉才德，宣布天子之惠，一方安肅實解朝廷西顧之憂。然偶淹使麾，輿議甚鬱，想進用之命，不出旦夕，伏冀寬以處之。前迓寵數，少慰門人之望，幸甚幸甚。素再行。

《子安帖》

綜　述

清・安岐《墨緣彙觀録》卷一《法書上・北宋・呂公弼子安帖》　淡牙色紙本，行書六行。前書：子安學問博贍，材智深遠。後書：公弼再拜。帖内有何氏元朗、柘湖居士及項氏諸印。

清・吴升《大觀録》卷四《呂肅穆子安帖》　札牙色紙，高七寸八分，闊八寸三分，行書六行。子安學問博贍，材智深遠，豈能久困常選。方朝廷搜楊俊異，用特立之士，何必借譽平常之流。公弼再拜。

著　録

清・卞永譽等《式古堂書畫彙考》卷一二《書十二・宋》　呂寶臣子安《學問帖》。行書紙本。

《集古録跋尾》

綜　述

清・英和等《石渠寶笈三編・宋歐陽修集古録跋一卷》　本幅紙本，四幅皆縱八寸五分，通横五尺一分，楷書。

《山藥帖》

綜　述

清・卞永譽等《式古堂書畫彙考》卷一二《書十二・宋・趙清獻山藥帖》　抃啟：辱誨示，以南都山藥分惠，曷勝珍感。介還布謝崖畧，不宣。抃頓首。知郡公明大夫坐前。即刻。海柑四十顆，容易為獻。皇恐，皇恐。

清・安岐《墨緣彙觀録》卷一《法書上・北宋・趙抃山藥帖》　白紙本，行書七行。後書：海柑四十顆，容易爲獻，皇恐皇恐。内多項氏印，及李氏鶴夢軒收藏印。

著録

清・卞永譽等《式古堂書畫彙考》卷一二《書十二・宋》　趙清獻《山藥帖》。行楷書，紙本。

《茶録》

論説

清・孫承澤《庚子銷夏記》卷七《蔡君謨茶録》　宋人無工楷法者，忠惠《茶録》出入晉唐間，絶搆也。此本刻于宋大内，彼時已稱不易得。余又于友人處見一本，結構稍懈，大不及此此。本後有黄文獻手跋云：蔡君謨小楷《茶録》，結體似顔平原，張景隆刻之汴京。又有墨本，入紹興煥章閣，摸勒禁中，無八分題序，字勢飄逸，頗具晉人風軌。此搨是也。今皆不傳。恐當日所書不止一二，或别有真跡旦暮遇之，亦未可知耳。至正三年佛日，黄溍記。

清・孫岳頒等《佩文齋書畫譜》卷七六《歷代名人書跋七・宋蔡襄書茶録》　善為書者，以為難，而真楷又以小字為難。義獻以來遺蹟，見於今者多矣，小楷惟《樂毅論》一篇而已。今世俗所傳，出故高紳學士家最為真本，而斷裂之餘，僅存者百餘字爾。此外，吾家率更所書《温彦博墓銘》，亦為絶筆。率更書世固不少，而小字亦止此而已。以此見前人於小楷難工，而傳於世者少，而難得也。君謨小字新，出而傳者二，《集古録目序》横逸飄發，而《茶録》勁實端嚴。為體雖殊，而各極其妙。蓋學之至者，意之所到，必造其精。予非知書者，以接君謨之論久，故亦粗識其一二焉。治平甲辰。《歐陽文忠公集》。

又　余所見《茶録》凡數本，暮年乃見絹本。豈非自喜此作，亦如右軍之於《褉帖》，屢書不一書乎。公吏事尤高，發奸摘伏如神，而掌書吏輒竊公藏稿不加罪，亦不窮治，意此吏有蕭翼之癖，與其他作奸犯科者不同邪。可發千古一笑。淳祐壬子十月望日，克莊書，時年六十六。《後村集》。

又　蔡端明書，評者謂其行草第一，正書第二，然《宣和書譜》載御府所藏，獨有正書三種，豈不足於行草邪。歐公云：前人於小楷難工，故傳於世者少而難得。君謨小字新，而傳者二。謂《集古録序》及《龍茶録》也。端明亦云：古之善書者必先楷法，漸至行草，某近年粗知其意，而力已不及。觀此，則其行草雖工，而小楷尤為難得，當時御府所收僅有三種，而《茶録》在焉。蓋此書尤當時所貴，嘗刻石傳世，數百年來，石本已不易得，況真蹟乎。侍御王君敬止，不知何緣得此，間以示余，蓋希代之珍也。按公以慶歷四年為福建轉運，進小龍茶時年三十有四。後三年，爲皇佑三年，入修《起居注》，還進此録。後知福州，失去藏稿，懷安令樊紀購得刊行，當是至和二年再知福州時。至治平元年，始定正重書，相距皇佑又十餘年，公年五十有三，遂卒。晦庵評蔡書，謂歲有蚤暮，力有深淺，公書至是，蓋無遺法矣。元人盧貴純跋云：歐公最愛公書，而此書晚出，惜不及見。余按：歐公云《集古録序》横逸飄發，而《茶録》勁實端嚴，結體雖殊，各極其妙。則此書必嘗入其品題矣。且後題治平甲辰，即元年重書之歲也。又按：劉後村云《茶録》凡見數本，則當時所書，宜不止此。此帖南渡後嘗為蔡修齋所藏。修齋，永嘉人，名範，字遵甫，幼學尚書之子，仕終吏部侍郎，嘗官閩中，與端明家通譜，因得此帖，不知即御府藏本或後村所見諸本，今不可考矣。元人題語二十餘，皆記修齋之孫宗文授受收藏之故，而不及書之本末。余因疏其大略如右，其詳則俟博雅君子。《甫田集》。

綜述

宋・劉克莊《後村集》卷三一《蔡端明茶録》　《茶録》，余凡見數本，此本與《臨真草千字文》、《唐太宗哀册》，頃屢同方孚若借觀，主者出於軸中，卷舒纔畢，急袖之去，其秘惜之如此。後三十年，乃為方君所得。始君之求之也，不得不止，及既得之也，則又大喜，巾襲扃鐍，若恐有負之而走者。噫，君可謂好之篤矣。余聞異書，名蹟天所靳，固人欲以區區智力擅為已有，自昔及今，未有能久者。蔡邕藏《論衡》於帳，辯才棲《禊帖》于梁，皆為人盜去，是猶曰匹夫不足於力爾。虬鬚帝絶重鐘、王筆跡，貯以玉匣石函入陵中，後為温韜所發，諸帖遂傳人間。甘露宰相捐厚貨或官爵鈎取名書畫，鑿垣納之，禍作，為人剔取奩軸金玉，而棄書畫於路。此一主一相，以天下之力而不能守，而世之篤好必取者，尚自以為可傳萬世子孫而不失，幾於惑矣。或者守之有道歟，余曰惟得之無愧者差庶幾。昭陵諸帖，皆懸金帛，而得惟《禊序》，以譎取。然賜蕭翼銀瓶一，金鏤瓶一，瑪瑙枕一，並實以珠，内廄馬二，第一區，賜辯才物三千段，穀三千石，固非虧價矣。劫陵之厄，殆不可曉。王廣津以榷茶致宰輔，以權力聚玩好，身與家且不能庇，惡能庇書畫哉。君有好古博雅之名，無巧偷豪奪之謗，不但廣求以足所好，又能積善以永其傳。然則雖久，而不失之矣。

清・張照等《石渠寶笈》卷一三《宋蔡襄茶録一卷》　素箋烏絲闌本，楷書，分上下篇，前後俱有自序。款識云：治平元年，三司使給事中臣蔡襄謹記。引首有李東陽篆書君謨茶録四大字，拖尾有康衢、林璡、吴湛然、曹公密、蔡卓、陳堯龍、盧貴純、逵溥化、曹稹孫、劉修真、曹彌芳、陳剛、章仕堯、陳昶、鄭僖、陳公珪、汪與懋、李迪彝、方沁諸跋。又題句一，款署天趣。又章沂春賦一，後附文征明隸書《龍茶録考》，有文彭、文震孟二跋。

紀　事

清・卞永譽等《式古堂書畫彙考》卷一〇《書十・宋・蔡君謨茶録并序》　文徵仲跋《龍茶録考》云：蔡端明書，評者謂其行草第一，正書第二，然《宣和書譜》載御府所藏，獨有正書三種，豈不足於行草邪。歐公云：前人於小楷難工，故傳于世者少而難得。君謨小字新而傳者二，謂《集古録序》及《龍茶録》也。端明亦云：古之善書者必先楷法，漸至行草，某近年粗知其意，而力已不及。觀此，則其行草雖工，而行楷尤為難得。當時御府所收僅有三種，而《茶録》在焉。蓋此書尤當時所貴，嘗刻石傳世。數百年來，石本已不易得，況真蹟乎。侍御王君敬止，不知何緣得此，間以示余，蓋希代之寶也。按公以慶歷四年為福建轉運，進小龍茶時年三十有四，後三年為皇佑三年，入修《起居注》，還進此録。後知福州，失去藏稿，懷安令樊紀購得刊行，當是至和二年再知福州時。至治平元年，始定正重書，相距皇佑又十餘年，公年五十有三，遂卒。晦庵評蔡書，謂歲有蚤暮，力有深淺，公書至是，蓋無遺法矣。元人盧貴純跋云：歐公最愛公書，而此書晚出，惜不及見。余按：歐公云《集古録序》横逸飄發，而《茶録》勁實端嚴，結體雖殊，各極其妙。則此書必嘗入其品題矣。且後題治平甲辰，即元年重書之歲也。又按：劉後村云《茶録》凡見數本，則當時所書，宜不止此。此帖南渡後嘗為蔡修齋所藏。修齋，永嘉人，名範，字遵甫，幼學尚書之子，仕終吏部侍郎。嘗官閩中，與端明家通譜，因得此帖，不知即御府藏本或後村所見諸本，今不可考矣。元人題語二十餘，皆記修齋之孫宗文授受收藏之故，而不及書之本末。余因疏其大畧如右，其詳則俟博雅君子。

《大研帖》

綜　述

清・卞永譽等《式古堂書畫彙考》卷一〇《書十・宋・大研帖》　襄啟：大研盈尺，風韻異常，齋中之華，繇是而至。花盆亦佳品，感荷厚意。以珪易邽，若用商於六里則可，真則趙璧難舍。尚未决之，更須面議也。襄上，彦猷足下。廿一日。

清・安岐《墨緣彙觀録》卷一《法書上・北宋・大研帖》　淡牙色紙本，正書八行。後書：襄上，彦猷足下。二十一日用辰閏月。帖前有半鈐大印，又委角長條半印。末角押和叔寬邊一印，並黄琳美之收藏印。

清・安岐《墨緣彙觀録》卷一《法書上・北宋》《大研帖》。

《寒蟬賦》

論説

明・汪砢玉《珊瑚網》卷三《蔡端明書寒蟬賦并序》　右蔡君謨書《寒蟬賦》真蹟，觀其大似褚河南書法，乃御府收藏之物也。先朝評書者稱蘇子瞻、蔡君謨、黄魯直、米元章為四大家，並馳海内，縱横于夷島之間，隻字片楮，而不易得。今閲此帖，楷法咸精，殆高駕三公，而優入于神，誠翰墨中之至寶也。京兆宇文公諒。

又　楊宗道云：先朝蔡君謨楷書，最為可師，端勁高古，落筆如削鐵，此書中龍也。張彦遠《法書要録》有云：唐太宗購二王書，右軍草書有千紙，取其迹類相從，率一丈二尺為卷，臨學遂得右軍筆也。余友黄聖儀好讀異書，馳心翰墨，家藏此帖為師，然于楷法大得其神韻耳。近世君謨楷書絶少，然已歸内府，民間亦不復可得也。善藏之，善藏之。廣信吴元善書。

著録

清・卞永譽等《式古堂書畫彙考》卷一〇《書十・宋》　蔡端明書《寒蟬賦並序》。楷書。

《自書詩卷》

論説

清・英和等《石渠寶笈三編・後幅題跋》　端明蔡公詩稿云：此一篇極有古人風格者，歐陽文忠公所題也。二公齊名一時，其文章皆足以垂世傳後。端明又以翰墨擅天下，片言寸簡，落筆人争藏之，以為寶玩。況盈軸之多，而兼有二公之手澤乎。覽之彌日，不能釋手，因書於其後。政和丙申夏四月癸未，延平楊時書。

又　君謨妙畫如此，詩詞稱之，宜乎每為歐公所譽。二公所謂陪奉得著也。張正民題。

又　君謨字畫名世，每自書所作詩，不惟意在揮染，亦使後人得之，便可傳寶。向來過目，不啻十許卷也。蔣璨。

又　東坡先生嘗以蔡公書為本朝第一。此公自書所為詩也，纔三紙餘，而真行草法皆備。歐陽文忠公嘗題其一篇，云極有古人風格，可為三絶矣。真予家之寶也。鈐印二，一作蟠螭形。古歡。

又　余舊得君謨所書詩十數幅一卷於秦忠獻公家，今又復得此三紙。紙雖一同，而界行不接，故難續於其後，因書以識。嘉定壬午歲除先五日，寀林老人向水若冰甫。鈐印一，寀林。

又　蔡君謨書，深得魏晉之意，深穩端潤，非近時怒張筋脈，屈折生柴之態。且其詩極有古人風致，誠為二絶。吴郡張天雨題。鈐印一，貞居。

又　端明蔡學士，書翰文藻與歐陽公並驅聯璧，稱譽當世。歐公親題是作，謂有古人風格。龜山先生，道學先賢，亦推奬之，信不誣也。去公今五百有餘歲，片楮在人間者無幾矣。以恒宗友，當寶惜之。林泉老生陳留張樞拜觀。鈐印二，林泉氏，張樞夢辰。

又　華亭陳彦高，平生以好古自憙。年已八十，家無餘貲。而所藏蔡端明手書自為詩，及宋諸儒先題識凡一卷猶存。它日命其子以相示，展玩再四，因念先哲身殁名傳者，有其實也。握筆知愧矣，願為同志言之。後學奉化陳朴敬書。

又　楚紀善管公竹閒，示余所藏宋學士君謨詩累幅。學士自書其作，凡十有一首，字畫清勁，誠一代名筆。如華星秋月，輝映太虛。當時歐陽公、龜山先生俱有品題，閱之，誠希世之寶也。夫自皇佑至今，流傳數百載，非好古博野之君子，孰能知所寶乎。今觀學士所書，殆不止此，惜其有缺口耳。竹閒公寶而藏之，可謂好古博雅之君子矣。洪武九年正月庚寅，匡山凷翁。鈐印三，匡山雲林，勤窗，凷翁山房。

又　昔者孔子讀《詩》，至高山仰止景行行止，曰詩之好仁如此。蓋高山景行，人自不能不仰之行之耳。蔡公君謨文翰，有名一代。此其自書所為詩，辭氣類陶彭澤、韋蘇州，書法得晉人筆意。當時歐陽文忠已稱其極有古人風格，龜山楊文靖公亦贊其左方。夫以蔡公之才賢，自足為二公所景仰，況二公文章道德，尤為古今所崇望。觀此卷者，安得不起高山景行之思。卷末題識，尤多名士。余同僚雲閒管侯得之，珍重特甚，非好仁之君子，惡能然。壬午冬十二月甲子，會稽胡粹中拜觀敬書。鈐印二，粹中私印，蓬居子。

綜　述

明・汪砢玉《珊瑚網》卷三《蔡莆陽試卷墨蹟》　可笑夭桃耐雪風，山家牆外見踈紅。為君持酒一相向，生意雖殊寂寞同。南劒州芋陽鋪見臘月桃花。

又　長岡隆雄來北邊，勢到舍下方迴旋。三世白士猶醉眠，山翁作善天應憐。如彼發源今流泉，兒孫何數鷹馬然。有起家者出其間，願翁壽考無窮年。書載處士屋壁。

又　山僧九十五，行是百年人。焚香猶夜起，扈酒見天真。生平持戒定，老大有精神。那知不變者，那減故時新。右題龍紀僧居室。歐陽文忠公題其傍云：此一篇極有古人風格。

又　雙溪為一流，新構橫鮮渚。浮居紫霄傍，卧影澄川下。峽深風力豪，石峭湍聲瀉。古劍蟄神龍，商帆來陣馬。晴光轉羣山，翠色看萬瓦。汀州生芳草，香樹自間冶。主郡黃士安，高文勇扳賈。顧我久踈怦，霜髩漸盈把。臨津張廣筵，窮書傳清斚。舞袖鷩浪翻，歌扇嬌雲惹。驩余適晚霽，望外迷空野。曾是倦遊人，意慮亦瀟洒。右題南劒州延平閣。

又　大雪壓空野，驅車猶遠行。乾坤初一色，晝夜忽通明。有物皆遷白，無塵頓覺清。只看流水在，卻喜亂山平。逐絮飄飄起，投花點點輕。玉樓天上出，銀闕海中生。舞極雍容態，聞餘淅瀝聲。客爐何暇暖，官酤未能醒。薄吹消春凍，新陽破曉晴。更登分界嶺，南望不勝情。自漁梁驛至福州，大雪有懷。

又　寧越門前路，歸鞍駐石梁。西北山氣色好，晚日正相當。右福州寧越門外石橋看西山晚照。

又　夙昔神都別，于今湘水遭。故情彌望切，佳月事追遨。太守才賢重，清明士俗豪。犀珠來戌削，征鼓去啾嘈。湖樹涵天潤，船旗罥日高。醉中春渺渺，秋外自陶陶。新曲尋聲倚，名花逐種褒。吟亭披越岫，夢枕覺胥濤。議論刀矛快，心懷鐵石牢。淹留趨海角，分散念霜毛。鱸鱠紅隨筯，予之吳江。瀧波綠滿篙。君往嚴瀧。試思南北路，燈暗雨蕭騷。崇德夜泊，寄福建提刑章屯田，思錢唐春月並遊。

又　盡道瑤池瓊樹新，仙源尋到不逢人。陳王也作鷩鴻賦，未必當時見洛神。嘉禾郡偶書。

又　紫綬金章被寵榮，筆牀茶竈伴笭箵。只知江海能行道，未識朝廷舊有名。

笑我病去相蒙藥，圭刀小試即春回。瘡痍未復君知否，國手于今數老來。蒲陽蔡襄。

清・吳其貞《書畫記》卷三《蔡君謨小行書詩稿一卷》　紙墨完好，詩十一首，字八百八十四。無題識，蓋草稿也。書法飄逸，風神妍媚，為蔡書第一。內有歐陽永叔批八字，曰：此聯極有古人風格。上有賈似道圖書。卷後宋元明胡粹等十一人題跋。此卷于八月五日在虎邱觀于王君政寓中。

清・英和等《石渠寶笈三編・宋蔡襄自書詩一册》　本幅紙本，摺裝八幅，皆縱九寸七分，通横六尺五寸六分。行書詩之三。皇佑二年十一月，外除赴京。

紀事

明·汪砢玉《珊瑚網》卷三《蔡蒲陽詩卷墨蹟》《道山清話》：予頃時于陝府道間，舍于逆旅，因步行田間，有村學究教授二三小兒，間與之語，言皆無倫次。忽見案間有小兒書卷，其背乃蔡襄寫《洛神賦》，已截為兩段，其一塗汙已不可識。問其所自得，曰吾家敗籠中物也。問更有别紙可見否。乃從壁間書夾中取二三十紙，大半是襄書簡，亦有李西台川箋所寫詩數紙。因以隨行白紙百餘幅易之，欣然見授，問其家世，曰吾家祖亦常為大官，吾父罷官歸，死于此。吾時年幼，養於近村學究家，今從而姓李，然吾祖官稱姓名，皆不可得而知。頃時如此紙甚多，皆與小兒作書卷及糊窗用耳。會日已暮，乃歸旅舍。明日天未明即登途，不及再往，至今為恨也。詮次至此，偶憶是，附入。千頃生。

雜録

清·英和等《石渠寶笈三編·後副葉》 乾隆五十五年，歲在庚戌，秋七月朔日，觀於吳中經訓堂。丹徒王文治。鈐印一，王禹卿氏。鑒藏寶璽。五璽全。寶笈三編。收傳印記：武岳王圖書。重七，聿印三。賈似道圖書，子子孫孫永寶之，賈似道印。重二。窣林向水。重二。管延枝印。二，半一。似道。悦生。梁清標印。重一。蕉林。重一。長蒼巖。重一。雲中。重二。棠邨審定。蕉林玉立氏圖書。真賞。餘印不可辨。

《思詠帖》

綜述

清·安岐《墨緣彙觀録》卷一《法書上·北宋·思詠帖》 白粉箋紙本，草書十行。前八行後書：襄頓首。通理當世屯田足下。又續書二行，云：大餅極珍物，青甌微粗。臨行匆匆致意，不周悉。帖前有半鈐三印，末角有全鄉朱文長方印。

清·吴升《大觀録》卷六《蔡忠惠公十札合册·通理札》 白粉箋本，高八寸六分，闊一尺一寸六分。行草書，大六分，計十行。

襄得足下書，極思詠之懷。在杭留兩月，今方得出關。歷常劇醉，不可勝計，亦一春之盛事也。知官下與郡侯情意相通，此固可樂。唐侯言王白今歲爲遊閏所勝，吁可怪也。初夏時景清和，願君侯自壽爲佳。襄頓首。通理當世屯田足下。大餅極珍物，青甌微粗。臨行匆匆致意，不周悉。

《陶生帖》

綜述

明·郁逢慶《續書畫題跋記》卷三 襄：示及新記，當非陶生手，然亦可佳。筆頗精，河南公書作散卓不可為。昔嘗惠兩管者，大佳物，今尚使之也。耿子純遂物故，殊可痛懷，人之不可期也如此。僕子直湏還，草草奉意疎略。三月十一日，襄頓首。家屬並安。楚掾旦夕行。

清・安岐《墨緣彙觀録》卷一《法書上・北宋・陶生帖》 白粉花紙，本草書十行，字大小不一，有經寸者，有寸半者。前九行後書：正月十一日，襄頓首。又續書一行云：家屬並安，楚椽旦夕行。

《謝賜御書帖》

論說

明・解縉《文毅集》卷一六《跋蔡端明謝賜御書真迹》 予嘗讀《蔡端明文集》，載其所上《謝賜御書詩》一首，後有答詔。時宋仁宗皇佑四年，距今永樂四年丙戌三百五十有餘年，今存此卷。當其時所上真迹，必藏之秘府，此詔當在，彙聚《文集》者故得之。詔之存亡不可知，而此本不知何時流落人間。然遞遭兵火，中原多故，公此紙獨為人所愛惜，夫豈惟其書之善哉。彼若蔡元長夫子，書非不工，偶有傳者，人必不能以此易彼。且論之者，非有慨然而歎，則必醜詆之矣。又安能如此書之合口一辭，敬羡而無間也。嗚呼，書之美惡，不誠系於人也哉。

清・孫岳頒等《佩文齋書畫譜》卷七六《歷代名人書跋七・宋蔡襄謝賜御書詩真蹟》 蔡忠惠公書，名重當時，上嘗令寫碑誌，則以例有資利，辭曰：此待詔識也，與待詔爭利，可乎。力辭不從，竟已其人品如此。其書之莊重，凡落筆皆然，豈以御前表疏始不苟耶。宮傅謙齋先生得此，甚加珍惜，蓋非特重其書，重其人爾。《匏翁家藏集》。

清・吴升《大觀録》卷六《蔡忠惠公謝賜禦詩表卷》 蔡忠惠公書，爲趙宋法書第一。此玉局老語也。今觀此帖，藹然忠敬之意見於聲畫，又不可與《茶録》、《牡丹譜》同日言也。鮮於樞獲覩，敬謹題。

又 余嘗在祕府讀君謨《文集》，閲其所上《謝賜御書》，歎其君臣相遇之盛也。及觀所書《荔枝譜》，字畫臻妙，每與同列歎其博物之精，而又惜其與武夷粟粒同一用心之勤耳。雖然，君謨嘗自珍愛其書，謂有翔龍舞鳳之勢，觀此書，其言當不虚也。識者解之。豫章胡儼。

又 書以羲之《蘭亭》爲盡善，蓋等閒文雅也。觀忠慧公真蹟，非獨筆法精妙，玩其詞，一代明良相契告戒，謹飭忠厚，視等閒文雅不可同年而語明矣。公虞得而秘藏之，其能以忠惠公之心爲心，又明矣。洪武壬午歲長至後九日，新安吴牧書。

又 按《宋史》仁宗皇祐四年，蔡忠惠公襄除起居舍人，知制誥，兼流内銓。至和二年，由樞密直學士知泉州。今觀公所署銜，則此書作皇佑、至和之間無疑矣。當時寶之至四十年，米芾始得見其真蹟。今且三百五十餘載而猶不泯，余不知凡歷幾人，而為侍郎黄公所得耶。噫，東坡論趙宋書法，以公為第一，信哉。會稽宋洵。

又 蔡端明書，最嚴重可敬畏者也。在當時猶稱不妄爲人書，則其流落人間者蓋鮮。況距今數百年，得獲睹此答仁宗筆劄，誠希世之奇器矣。黄公宜寶之。永樂二年冬十一月二日，會稽劉真識。

又 昔人謂公書爲宋第一，近從秘閣獲睹公所書《荔枝譜》，其言信矣。今觀黄公侍郎所藏答仁宗詩，筆精墨妙，神采端嚴，令人敬悚，是又當與唐諸名家相頡頏矣。可不貴哉。永樂甲申冬十一月，尹昌隆識。

又 人材與元氣相爲盛衰，故時遇治隆，則人材輩出，非惟德業文章焜耀一世，下逮字畫餘藝，亦皆精妙絶倫。今觀宋蔡端明所答御書古詩一首，詞義既極醇美，而其筆力嚴重，如冠冕佩玉，周旋殿陛間，求之晉唐諸名書家，未可多得，豈非誠有關於當時元氣者哉。嗚呼，事有難恃，而禁秘之物不免流落江湖，爲好事者傳玩，此聖師所以有文獻不足之歎，而深致意于杞宋也。侍郎公尚寶藏是書，以爲後來取徵者一助云。永樂五年春二月望日，浦江趙友同謹識。

又 蔡忠惠公，宋朝上等人物。其才德俊偉光明，故其發於翰墨者亦精妙不苟。如公輪之運斤，王良之執御，舉動轉折，無一不合軌度。以之班歐虞而儕顔柳，誰能伯仲哉。永樂乙酉孟冬三日，星沙夏原吉書。

又 蔡忠惠公書名重當時，上嘗令寫大臣碑志，則以例有資利，辭曰：此待詔識也，與待詔爭利，可乎。力辭不從，竟已。其人品如此。其書之莊重，凡落筆皆然，豈以御前表疏始不苟耶。謙齋宮傅先生得此，甚加珍惜，蓋非特重其書，重其人也。長洲吴寬題。

又　端明上此詩，爲仁宗皇佑四年，是年遷起居舍人，知制誥，兼判流内銓。此載文忠歐公撰公志，今詩前署官正與志合。公草書法二王，余得見數卷。若真隸，獨此獲見於趙叔度家，蓋韻極兼《樂毅》、《東方碑》筆也。《志》云：公工於書畫，畫則幾于無李論矣。米元章一跋極神雋，買王得羊，尤可快幸。大雪中展玩，便覺辟寒犀減價十倍。甲辰臘月，叔度坐雪弇山園寄示此卷，呵凍題。陳繼儒。

又　蔡君謨此詩學韓昌黎《石鼓歌》，此書學歐陽率更《化度寺碑》及徐季海《三藏和尚碑》。古今書法，無一筆無來處，不獨君謨也。董其昌觀因題。

清・端方《壬寅消夏録》　按《大觀録》云：此卷澄心堂紙本，書三十七行，每行約十一二字。結構遒緊，法度整密。驅褚柳于毫端，調骨肉於腕底。故能賞譽宸旒，騰輝奎斗。亟付雙鈎，勒石翰苑也。今拓本亦不多見，況乎真蹟。明郁逢慶《書畫記》及《裝餘偶記》亦載此卷，黄氏、喬氏、王芷等章邇時已有之。《偶記》又收黄要叔《雀兒圖》，亦有喬臾成墨印，又有喬氏簣成朱印。此亦墨印也。藏印有皇六子、安麓村、葉潤臣等印。迭經名家收藏，其寶貴為何如耶。

綜述

清・吴升《大觀録》卷六《蔡忠惠公謝賜禦詩表卷》　此卷澄心堂紙本，書三十七行，每行約十一二字。結構遒緊，法度整密，驅褚、柳于毫端，調骨肉于腕底。故能賞譽宸旒，騰輝奎斗。亟付雙鈎，勒石翰苑也。臣襄伏蒙陛下特遣中使賜臣御書一軸，其文曰御書賜字君謨者。臣孤賤遠人，無大材藝，陛下親灑宸翰，推著經義，俾臣佩誦，以盡謀謨之道。事高前古，恩出非常。臣感懼以還，謹撰成古詩一首，以叙遭遇。干冒聖慈，臣無任荷戴兢榮之至。朝奉郎起居舍人知制誥、權同判吏部流内銓上騎都尉、賜紫金魚袋臣蔡襄上進。皇華使者臨清晨，手開寶軸香煤新。沿名與字發深旨，宸毫灑落奎鈎文。精神高遠照日月，勢力雄健生風雲。混然氣質不可寫，乃知學到非天真。緘藏自語價希代，誰顧四壁嗟空貧。臣聞帝舜優聖域，皋陶大禹爲其鄰。吁俞敕戒成典要，垂覆後世如穹旻。陛下仁明加舜禹，豪英進用司鴻鈞。臣襄材智最駑下，豈有志業通經綸。獨是丹誠抱忠樸，常欲贊奏上古珍。又聞孔子春秋法，片言褒貶賢愚分。考經内省莫能稱，但思至理書諸紳。乾坤大施入洪化，將圖報效無緣因。誓心願竭謀謨義，庶裨萬一唐虞君。

清・端方《壬寅消夏録》　紙本，高九寸四分，寬一尺五寸五分。共五紙，末一紙寬一尺三寸。三十七行，正書。曾經内府收藏，有乾隆御覽之寶、石渠寶笈兩璽。又有永瑢朱文方印，慎餘堂書畫記白文長方印，喬氏史成朱文藍色方印，王芷私印白文方印，王芷朱文小印，朝鮮人白文小長印，安岐之印白文方印，儀周鑒賞白文方印，安氏儀周書畫之章白文長方印，安儀周家珍藏印朱文長方印，華亭黄氏家藏圖書印朱文方印，黄鐘公虞朱文方印，伯私白文小方印，平安館記朱文方印，葉名澧潤臣印白文方印，高州何氏珍藏朱文方印，竹朋過眼白文長方印。

著録

清・卞永譽等《式古堂書畫彙考》卷一〇《書十・宋》　蔡忠惠公《謝御賜詩卷》。行楷書，紙本。

《紆問帖》

綜述

明・郁逢慶《續書畫題跋記》卷三　襄啟：中間承勞紆問，適會疾未平，殊不從容。示書兩通，知煩指幹。新第有未備，且與鐍鑰，卻俟別作一番併了之。四人園子，只與門下每人一間，園中地分與四人分種，要他栽種也。不一一。襄奉書。五日。

清・吴升《大觀録》卷六 三帖綿紙，高八寸，闊一尺二寸，書十行。襄啟：中間承勞紆問，適會疢未平，殊不從容。示書兩通，知煩指幹。新第有未備，且與鐍鑰，卻候別作一番併了之。四人園子，只與門下每人一間，園中地分與四人分種，要他栽種也。不具。襄奉書。五日。

《局事帖》

綜　述

清・卞永譽等《式古堂書畫彙考》卷一二《書十二・宋・曾子固局事多暇帖》 局事多暇，動履褆福，去遠誨論之益。忽忽三載之久，跧處窮徼，日迷汩於吏職之冗，固豈有樂意耶。去受代之期，雖幸密邇，而替人寂然未聞，亦旦夕望望。果能遂逃曠弛，實自賢者之力。夏秋之交，道出府下，因以致謝左右，庶竟萬一。余冀順序珍重。前即召擢，偶便專此上問。不宣。鞏再拜。運勾奉議，無黨鄉賢。二十七日謹啟。

清・安岐《墨緣彙觀録》卷一《法書上・北宋・會鞏局事多暇帖》 行楷十三行，書於印書紙背。前書：局事多暇，後書：二十七日謹啟。押會鞏再拜朱文一印於七日上。此帖有項氏收藏印及朱文清森閣書畫印。

著　録

清・卞永譽等《式古堂書畫彙考》卷一二《書十二・宋》 曾子固《局事多暇帖》。行楷，書印書紙背。

《欽聞帖》

綜　述

清・卞永譽等《式古堂書畫彙考》卷一二《書十二・宋・韓玉汝欽聞帖》 縝欽聞制命，深副願言。屬此守藩，莫皇修慶。嚮風馳想，言敘奚殫。縝又上。

清・安岐《墨緣彙觀録》卷一《法書上・北宋・韓縝欽聞帖》 白紙本，行楷五行。字法顔平原。前書：縝欽聞制命，後書：縝又上。前後空紙，皆項氏印章。

著　録

清・倪濤《六藝之一録》卷三九四《歷朝書譜九十四・宋賢墨蹟》 韓玉汝《欽聞帖》。行書。

清・卞永譽等《式古堂書畫彙考》卷一二《書十二・宋》 韓玉汝《欽聞帖》。行書紙本。

《別久帖》

綜述

清・卞永譽等《式古堂書畫彙考》卷九《書九・宋・錢君倚別久問稀帖》 公輔啟：別久問稀，日遲還轅之來，得元珍書，乃知憂禍歸於故里，榮養未幾，不遂雅志，痛當奈何。奈何。冬序已晚，不審孝履何若。末由面慰，惟冀節哀，以力大事。遠情所祝，不宣。公輔手啟。公默祕校大孝服舍，張微之同此哀苦。料日得相依，足以自寬。季冬初七日。

清・安岐《墨緣彙觀録》卷一《法書上・北宋・錢公輔別久帖》 淡黄紙本，行書十五行。前有浦江旌表孝義鄭氏印，後下角有審定真蹟朱文印，及項氏收藏印。

著録

清・倪濤《六藝之一録》卷三五二 錢君倚《別久問稀帖》，行書。

清・卞永譽等《式古堂書畫彙考》卷九《書九・宋》 錢君倚《別久問稀帖》。行書，紙本。

《軒馭帖》

綜述

清・卞永譽等《式古堂書畫彙考》卷九《書九・宋・范忠宣公日企軒馭帖》 念者，日企軒馭之來，以釋煩渴。天氣斗寒，必已倦出，應且盤桓過冬。況伯康初安，諒難離去。咫尺無由往見，豈勝思仰之情。更祈以時倍加保重，其他書不能盡。純仁頓首。上伯康、君實二兄坐前。九月十一日。

清・安岐《墨緣彙觀録》卷一《法書上・北宋・范純仁軒馭帖》 白紙本，行書九行。與伯康、君實二兄内，有忠孝世家、瞻衮堂白文印，南昌袁氏家藏珍玩、子孫永保朱文大印。後有明安國玩、吴興二字連珠，王濟賞鑒過物及項氏諸印。

著録

清・卞永譽等《式古堂書畫彙考》卷九《書九・宋》 范忠宣公《日企軒馭帖》。行書，紙本。

《尚書帖》

綜　述

清・安岐《墨緣彙觀録》卷一《法書上・北宋・吕大防台慈帖》　白紙本，行書六行。前書：大防頓首，後書：大防頓首，尚書右丞台座。帖內有項氏印章，及何元朗石湖居士印。

清・吴升《大觀録》卷四《吕汲公尚書帖》　此札白紙本，高八寸三分，闊八寸四分，行楷書六行，大七分。大防頓首。私門不幸，息女喪亡，伏蒙台慈特賜手問，仰荷軫恤，無任悲感。未由面謝，哀咽奉啟。不次。大防頓首。尚書右丞台座。

《辱書帖》

綜　述

清・安岐《墨緣彙觀録》卷一《法書上・北宋・蔣之奇辱書帖》　畫花白紙本，行書九行。前書：之奇啟：辱書承比來體履佳愈，後書：之奇頓首，彦和河州司户，二月二十日。帖前有浦江旌表孝義鄭氏印，後上下半鈐二舊印，以及項氏、李氏鶴夢軒等印。

清・吴升《大觀録》卷四《蔣樞密辱書帖》　此札白粉箋，高七寸，闊一尺二寸三分。行書，大五分，計九行。之奇啟：辱書，承比來體履佳愈，遠宦枹罕，想難於行計也。往使陝右，乃所嘗到。一味只有人與兵馬，便可以習帥才也。呵呵。承國門嘗見訪，非諭及則不知也。方暄，自愛自愛。不宣。之奇頓首。彦和河州司户。二月二十日。

著　録

清・倪濤《六藝之一録》卷三五二　蔣穎書《辱書帖》，行草書。

清・卞永譽等《式古堂書畫彙考》卷一二《書十二・宋》　蔣穎書《辱書帖》。行書紙本。

《起居帖》

綜　述

清・安岐《墨緣彙觀録》卷一《法書上・北宋・錢勰先起居帖》　白紙本，行書四行。首書先起居贈開府儀同三司司空一帖，末書付沈氏以防遺墜云。帖中有一朱文大印押勰字上，又浦江旌表孝義鄭氏朱文印，及黄美之、項氏、陳氏等印帖。前有三字編號。

清・吴升《大觀録》卷四《錢學士起居帖》　此帖白紙，高九寸八分，闊七寸五分。行書四行，得大令法。先起居贈開府儀同三司司空一帖，先叔父修懿尚書儀同十八帖。已上，元佑庚午十二月，知軍州事勰，因移高陽安撫使，辭墳，遂命裝褫付沈氏，以防遺墜云。

著　録

清・倪濤《六藝之一録》卷三五二　錢穆父《跋先起居帖》，行書。

清・卞永譽等《式古堂書畫彙考》卷一二《書十二・宋》 錢穆父《跋先起居帖》。行書，紙本。

《會稽帖》

綜　述

清・安岐《墨緣彙觀録》卷一《法書上・北宋・章惇會稽帖》 白紙本，行書六行。前書：會稽尊候萬福，後書：冀盡從容，惇別紙。後押張氏圖書朱文寬邊大印，有浦江旌表孝義鄭氏及項氏印。

清・吴升《大觀録》卷四《章丞相會稽帖》 此札白粉箋，高八寸，闊八寸六分，行書六行。會稽尊候萬福，承侍次維揚，想必迎侍過浙中也。宜興度應留旬日，二十間必於姑蘇奉見矣。冀盡從容，惇別紙。

著　録

清・倪濤《六藝之一録》卷三五二 章子厚《會稽尊候帖》，行書。

清・卞永譽等《式古堂書畫彙考》卷一二《書十二・宋》 章子厚《會稽尊候帖》。行書，紙本。

《蝶戀花詞帖》

紀　事

清・卞永譽等《式古堂書畫彙考》卷一二《書十二・宋・王晉卿潁昌湖上詩蝶戀花詞卷》 余前年恩移清潁道，出許昌前途小阻，留西湖之別館者幾一月，常與韓持國、范景仁泛舟嘯詠，使人頓忘去國流離之恨也。韓公德性温厚，風度高雅，固已可愛。范公雖老，而精神不衰，議論純正，白須紅面，動輒醺酣。時余有所賦詠，公即取紅蓮葉命筆疾書。初不經思，佳辭麗句，頃刻而成，坐客莫不驚歎也。比聞朝廷就除端明殿學士以寵之，因思方今進任老成如公者，若再起之，亦足以厚風俗耳。

潁昌湖上，余有贈諸公詩，其畧曰：清影十分月，暗香千柄蓮。不知從此別，高會復何年。韓公詩曰：浩歌輕白雪，密意得青蓮。詩就西橋月，留為好事傳。而蜀公云：慣乘霄漢鶴，翻説淤泥蓮。可惜玉臺處，等間閒幾年。蓋公不喜釋氏，故有是句，亦可一笑也。

小雨初晴迴，晚照金翠樓。台倒影芙蓉，沼楊柳垂垂。風裊裊嫩荷，無數青鈿小。似此園林無限好，流落歸來到了心情少。坐到黄昏人悄悄，更應添得朱顔老。右蝶戀花。余舊不飲酒，近年輒能飲，故多醉中所書耳。

著　録

清・卞永譽等《式古堂書畫彙考》卷一二《書十二・宋》 王晉卿潁昌湖上詩《蝶戀花詞卷》。行書，紙本。高一尺，長九尺，原題黄山谷蹟，今從秋岳辨正。

《寶月帖》

綜述

清・安岐《墨緣彙觀録》卷一《法書上・北宋・寶月帖》　白紙本，行書四行。前書：大八令致懇，爲催了禮書，後書：軾頓首。帖中有通白朱文一印，末角即朱文廷字印。

清・吴升《大觀録》卷五《東坡寶月帖》　大人令致懇，爲催了禮書。事冗未及上問，昨日得寶月書，書背承批問也。令子監簿必安勝，未及修染。軾頓首。

《辯才詩帖》

論説

清・吴其貞《書畫記》卷四　紙墨尚佳，書法流麗，為東坡神品書也。

綜述

清・吴升《大觀録》卷五《蘇文忠辯才詩帖》　辯才老師退居龍井，不復出入。軾往見之，嘗出至風篁嶺，左右驚曰：遠公複過虎溪矣。辯才笑曰：杜子美不云乎，與子成二老，往來亦風流。因作亭嶺上，名之曰過溪。亦曰二老。謹次辯才韻，賦詩一首。眉山蘇軾上。

日月轉雙轂，古今同一丘。惟有鶴骨老，凜然不知秋。去住兩無礙，人天争挽留。去如龍出山，雷雨卷潭湫。來如珠還浦，魚鼈争駢頭。此生暫寄寓，常恐名實浮。我比陶令愧，師爲遠公優。送我還過溪，溪水當逆流。聊使此山人，永記二老遊。大千在掌握，寧有離别憂。

《洞庭、中山二賦》

論説

清・王杰等《石渠寶笈續編・蘇軾二賦真蹟一卷》　内府收藏蘇軾書，凡數十種，妍秀飄逸，各極其勝。此所書二賦，乃將過嶺時筆，精氣盤鬱豪楮間，首尾麗密，信坡書中所不多覯。讀賦中悟此世之泡幻，藏千里於一班，與夫取通明於盤錯，出肪澤於烹熬數語，殆其自道，于無意中自然流出。所謂氣高天下者，尚可想見。乾隆丙寅長至後一日，御題。鈐寶二，會心不遠，德充符。

中山停蹕憶松醪，開卷如親書興豪。大令漫教誇裹鐵，曹郎差可擬持螯。文章爛豈驚徽纆，拄杖投仍起續騷。雪浪齋前重俯仰，髯翁曾此一揮毫。乾隆庚午小春，駐眾春園題。鈐寶二。乾隆。洞庭春及定州醪，二賦同書一卷豪。飛興逸同子安雀，拍浮樂勝蝍陽螯。盆成無礙安磐石，城守還教奠驛騷。行館書長值清暇，弗尋花柳試拈毫。壬子清和上澣，再疊庚午詩。御題。

綜述

清・安岐《墨緣彙觀録》卷一《法書上・北宋・蘇軾洞庭、中山二賦卷》　白紙本，行書，字大如錢。賦前書：洞庭春色賦五字，計三十二行。後賦前書：中山松醪賦五字，計三十五行。文忠自題十行云：始安定郡王以黄柑釀酒，名之曰洞庭春色，其猶子德麟得之以餉予，戲爲作賦。後予為中山守，以松節釀酒，復爲賦之。以其事同而文類，故録為一卷。紹聖元年閏四月二十一日，將適嶺表遇大雨，留襄邑書此。東坡居士記。前粉箋引首太原喬宇篆坡翁詩翰四大字於上。後有至元間隆安張姓一跋，並明黄養正、李東陽、王穉登、王弇州昆仲題。又弇州付陳從訓一札，末有張孝思一跋。卷首押耆德忠正朱文大印，前後有張則之、張應甲等印。外籤乃弇州書。

清・王杰等《石渠寶笈續編・蘇軾二賦真蹟一卷》　本幅白麻紙本，縱九寸四分，横一丈三寸八分。行書《洞庭春色賦》、《中山松醪賦》二篇，并自記。有張孔孫跋。

藝文

清・王杰等《石渠寶笈續編・蘇軾二賦真蹟一卷》　薄用收松製作醪，髯翁想見意雄豪。烹熬自可出肪澤，鋪啜何須較蟹螯。猶子贈兹同氣味，大夫擬彼畔牢騷。中山正此數典處，携卷重賡點詠毫。丙午季春月，疊庚午詩韻，御題。鈐寶二。

《歸去來辭卷》

論説

清・方濬頤《夢園書畫録》卷三　右東坡所書陶靖節《歸去來辭》，贈學佛者卓契順也。今藏上淦謝繩正家。觀其筆法之精，雖一點一畫，皆有天然之妙。歷紹聖以至於今，已數百年，而其精神飛動，猶能輝映於楮墨之間，使觀者爲之忘倦。吾固知二公之文章翰墨，可以傳之不朽矣。繩正其寶愛之。永樂元年春三月二十六日，翰林院五經博士青城王汝玉跋。

又　右蘇文忠書《歸去來辭》全文，事詳自跋。跋字較大於前。跋後有清江彭鏞，及上淦鄒文瑒、金固觀欵，皆在洪武年間，皆未詳何人。另紙又有永樂初翰林博士青城王汝玉題字，稱藏上淦謝繩正家，王與謝皆無可攷。紙角有澹如齋收藏印，亦未詳其源流也。憶道光乙未夏月，余由里中奉召復出，再過蘇州時，李蘭鄉都轉方權臬篆，訪得坡公爲僧契順書《歸去來辭》碑石於城東定慧寺，復尋得嘯軒故址，因葺祠修軒以存舊蹟。時陶雲汀宫保及林少穆、陳芝楣二先生皆撰楹聯張其事，余亦留詩紀之。攷定慧寺及嘯軒本在黄州，前明正統中，蘇州巡撫周文襄公得坡公書此辭墨蹟，爲鐫於石，太守況公因建定慧寺及嘯軒以貯之。當時原與黄州勝概並稱，歲久圮蕪，鮮有知者。至是始還其舊，而蘇之墨蹟落在何方，或存或失，乃無人論及。余於丙午小住邗上，始從楊杏農孝廉處獲觀此卷，因取蘇州所摹石本並几對勘，則二本截然不同。蘇州本有周文襄跋，云：寺僧出東坡墨蹟，其行列、大小，與曩所見彭澤刻本不相類，不敢必其東坡書云云。則文襄原不以寺僧本爲真蹟，姑以定慧寺中無此碑，聊刻之以存其概耳。初疑其後幅跋字大於前幅，據魏默深云：蓋仿蔡明遠體爲之，若世俗所偽為之件，鮮不前大而後小者。即此蘇州本是矣。據孝廉稱，道光乙巳以二百金得於鄂城許茂才家。時孝廉將捧檄黔中，頗乏行李之資，余以重價易之，質之儀徵阮太傅師，以爲非常墨寶，非常墨緣，不可易視也。重裝畢，而記其顛末於此。道光二十八年，歲次戊申孟冬，福州七十四叟梁章鉅書。

綜述

明・孫鑛《書畫跋跋》卷二下　前歸去辭字畫全不佳，後題跋六行稍縱逸有態。此碑是延佑乙卯彭澤縣摹刻者，當是石理粗，刻手拙耳。司寇後於文休承處見佳臨本，有跋，極贊其佳。懊戲題此雞毛筆語云，罪過。

清・吴其貞《書畫記》卷六　前段紙色暗黑，似為墨水所染者。及看後面數行，始露出本色紙來，方信為真舊之物。書法效顏魯公《多寶寺碑》。縱筆太重，而横筆太輕，又似宋板書字樣。觀其筆鋒精俊，非天姿超邁，不能到此。或為公蚤年之書耶。上有郭衢階圖書。衢堦，字亨父，為明之大鑒賞。卷後有解學士、郭亨父、莫雲卿題跋。

清・張照等《石渠寶笈》卷二九《宋蘇軾書歸去來辭一卷》 素箋本，行楷書，無款，有東坡居士一印。卷前有金書蘇文忠公書五字。前有西蜀郭衢階賞鑒二印，下有雨拜手往、郭亨父氏珍賞圖書二印。又衢階亨父珍秘長公半印。四卷後有雨拜手往、郭衢階印、蕉林梁氏書畫之印諸印，又顧渚顧氏合同半印三，又半印不可識。卷中幅押縫有武林、開國珍玩各二印，又二印不可識。前隔水有古香書屋一印。拖尾解縉跋云：書之為藝，非他藝此也。歷世聖賢重之，蓋宣人文，施治化，述六經，應萬事，經天緯地，不能外此。至百千萬年，日用而不可闕者，而豈他技藝之能比哉。是故自庖犧作書契，三皇五帝無不通於書者，世遠不能得見其迹，古文尚書與世傳石刻亦仿佛其萬一，皆非謬惡者矣。周人善篆書，孔子為人作題扁大字，觀闕里牀前硯，延陵季子墓石，可見已。漢晉唐宋帝王皆學書，漢光武、章帝、晉武帝、元帝、唐太宗、宋太宗、高宗，其尤也。當時臣庶多能書者，杜慶、張芝、鐘元常、王逸少、歐、虞、褚、薛、顏、柳、蘇、黄、米、蔡，其尤也。其悉工於書者，豈圖為人觀美哉。蓋天之文，與地之文，人之文，一也。景星卿雲，人皆仰之，精金美玉，人皆寶之。謬惡之書，見者亂吐，覆瓿且不暇，何以垂世傳遠哉。余嘗患世之不能書者，不自咎其拙惡，而以書為末技藉口也。蘇文忠公大節表著，文章妙天下，其書師顏魯公，規模淳厚，筋骨隱映，古意渾成，中藏至巧。如周鼎秦鐘，使人可愛，固可以破愚起懦於千百載之下。今趙君景輝既躭學古人書，於文忠公此紙，玩之不啻拱璧，書之所進，他日安知不與古人並傳哉。余姑識此為之兆云。永樂元年癸未九月十一日，翰林學士廬陵解縉書。後有郭衢階記語：此文錄在格古要論。八字下有亨父一印，又玉堂學士印章，臣量士雅諸印，前有子孫世昌、郭亨父氏永存珍秘諸印，又一印不可識。又巙字之印、生亨父、木字道人諸半印，又半印不可識。又蘇雨記云：甲申長至前，侍御龔一清、憲僉蘇雨同觀於內臺署中。又跋云：此卷筆法遒勁飄逸，非長公不能作。予初觀已殊奇之，及得江州碑刻，細憶往閱，則布置結構，宛無二蹟，益信此卷之真，非後世臨摹贋玉，希重值而貸者比。然則江碑、郭民部家藏卷，其古今一符節歟。萬歷丙戌八月廿七日，予以楚兵憲入賀萬壽，得再一縱觀，不勝驩賞，因書此以紀歲時。川東蘇雨以時甫筆於郭亭甫長安僑寓。跋中押縫有治書之印、心賞二印。卷高一尺零三，分廣五尺六寸九分。

清・吴升《大觀録》卷五《東坡書歸去來辭卷》 紙本，高九寸五分，長五尺。大行楷，四十七行。字畫剛勁，挾大海風濤之氣，而姿致仍娟秀。此公在惠州書與卓契順者，着意規摹魯公筆也。解大紳跋二十二行，亦峥嶸自喜。

清・方濬頤《夢園書畫録》卷三 紙本，宋尺高一尺三寸，闊一丈四尺七寸，共六十八行，五百九十三字。四節，行楷，前用藏經紙作複首。右角鈐梁敬叔所藏名畫長印，字前下角鈐高士奇圖書記一方，別館二字一方，高岱二字一方。每節均有高岱二字遜齋二字圖章，惟第二節有圖章不可辨，並有桂坡安國鑒賞長印，後鈐蕉林審定、叢芸館、吴士讓印、天目山人、敬叔二字、自巖、陸氏、蘇齋二字、吴氏子如、子孫保之等章。本文字不盈寸，題欵倍之，運筆神妙。考核精詳，已見王青城、梁蕉林兩跋。

清・邵松年《澄蘭室古緣萃録》卷一 紙本，高一尺五寸二分，長三丈二尺一寸許，都八十四行，行四字，正楷，字三寸許。題款十六行，行五字。紙六接，有丹邱生隸書陶顏後身四字題首，又小字至正九年秋九月廿六日，奎章陶監書學博士臣柯九思審定蘇文忠真蹟，奉勒題首。前鈐奎章闔寶，在上角又有胥山樵及西京口氏家口兩印。尾下角有羅六湖家藏印，項氏書畫口及胥山樵三印。紙色光瑩，墨氣濃厚。至其魄力沈雄，筆情豪放，直入魯公之室。間有數字偶露本色，尤覺姿態横生，固非文忠不辨。

紀事

明・王世貞《弇州山人四部稿》卷一三六《蘇書歸去來辭帖》 此帖頗似李北海，流便縱逸，而小乏遒氣。當是三錢雞毛筆所書耳。卓契順，大奇人，然亦名使之，在彼法中固無取也。瘴海孤臣，借暖牢落，不爾無以送日。為之一歎。

清・邵松年《澄蘭室古緣萃録》卷一　右蘇長公和陶淵明《歸去來辭》，大楷巨卷，濶近二尺，長約四文。運用己意，結體採摘魯公筆法，側勒弩趙，策掠啄捺，毫無遺憾。而仙骨姗姗，直能駕乎魯公之上，可謂學書者階梯。本長公自書於舟中，後為康節邵先生家藏，傳至陳郡殷氏，後又為胥山樵王叔明所有，不知何時歸元天府。前有柯丹邱奉敕題首，明末歸於項氏。余巡撫姑蘇，不惜千金購而得之，遂命良工重裝，交付筠兒收藏，垂諸子孫，世人寶重。後之好者，雖以十五城酬，不可易也。商邱綿津山人宋犖識于姑蘇官署。

又　道光癸卯立夏後一日，蕭山湯金釗觀。

又　是卷潘德畬方伯與余同官比部時，曾摸刻作挂屏八幅，京中拓者甚眾。道光乙巳七月初二日，羅天池志于滇垣行館。又陳孚恩、吴其濬、李煌三跋未録。

又　按此卷結構魄力證以昏墨其為長公真跡無疑惟商邱一跋筆力細弱，殊覺可疑。即前丹邱生綾上題首，亦乏精采，且如此巨迹，宋元以來，豈更無一人題跋，恐是作偽者鈎摹一贋本，將真跋割去附後以欺人。此真本草略，系以一跋，謂真識者必有以辨之也。是當有一贋點真跋卷在世間。姑記于此，俟嗜古者攷證之。宋跋中謂後歸康節邵先生，不知何徵。

雜録

清・吴升《大觀録》卷五《東坡書歸去來辭卷》　誦彭澤《歸去來辭》，觀蘇長公談卓契順事，皆天壤間古今奇特，以一展卷得之，足快人意。第蘇長公感卓僧寓書，而爲煩筆墨以報，余謂此緇巧于取名，借長公不泯千古，如士衡黄耳當不勝耶。此緇固方外俠烈，然聞余此語，不能不揶揄地也。莫雲卿戲題。

《黄幾道文》

論説

明・汪砢玉《珊瑚網》卷四《蘇長公兄弟祭黄幾道文》　坡老兄弟祭黄幾道文一通，傳襲至錫山華尚古氏，福偕弟祚得伏覩之，知非坡老不能及也。幾道未能悉其為人，而坡老稱許至謂天實愧之，當自有見。嘗稱潁濱黄樓賦稍振勵人，徹謂其代作，要亦自知有辨。福讀古史，頗覺其議論不合處，與吾弟評訂之。茲同見此，乃書以歸尚古。弘治辛酉九月三日，華亭後學錢福敬識。

紀事

清・顧文彬《過雲樓書畫記》卷一《蘇文忠祭黄幾道文卷》　長公此文，結銜稱翰林學士朝奉郎知制誥蘇軾，朝奉郎中書舍人蘇轍，故《式古堂書考》題東坡兄弟祭黄幾道文。文後并載宏治辛酉華亭錢福跋，而卷中無，是蓋萬曆間歸王鳳洲後去之，見《弇州山人續稿》六大家十二帖跋中。然考續稿，又有摹蘇長公真蹟跋云：客有周□□、徐長孺、章仲玉及吾從子駰素，善公結法，因令各響搨大小，彙為七帙，藏之山房，内有《祭黄幾道文》云云。知此文鳳洲有響搨本，卞氏在國初時覆載錢跋，得非跋爲飛鳧家所得，乃取響搨本合之耶。文見公集中。又袁桷《清容居士集》有跋蘇文忠與黄師是尺牘云：黄師是實先浦城人，其父潁州府君好謙，與二蘇公爲同年進士，師是遂與蘇公家通姻。譜與祭文稱潁州使君同年及納幣請婚，義均股肱語合。施注蘇詩《送黄師是赴兩浙憲》云：黄師是名，實神宗時登進士第，歷京東、河北轉運師。是爲章子厚之甥，子由官陳，由是二女皆爲子由婦是也。好謙字幾道，蓋取易傳人道惡盈而好謙之義，知幾道即好謙無疑。書此補董華亭、笪江上、王横雲諸跋遺漏。

《寒食詩帖》

論説

宋・黄庭堅《山谷別集》卷一一《跋東坡書寒食詩》 東坡此書似李太白，猶恐太白有未到處。此書兼顔魯公、楊少師、李西臺筆意，減使東坡復為之，未必及此。他日東坡或見此書，應笑我于無佛處稱尊也。

清・阮元《石渠隨筆》卷二《蘇軾黄州寒食詩卷》 蘇軾黄州寒食詩墨蹟，卷後有黄魯直跋，爲世鴻寶。顧戲鴻所刻，止蘇詩黄跋。其後張縯一跋，人未之見。其跋云：東坡老仙三詩，先世舊所藏。伯祖永安大夫嘗謁山谷於眉之青神，有攜行書帖，山谷皆跋其後。此詩其一也。老仙文高筆妙，粲若霄漢雲霞之麗。山谷又發揚蹈厲之，可謂絶代之珍矣。昔曾大父禮院官中秘書，與李常公擇為僚。山谷母夫人，公擇女弟也。山谷與永安帖自言，識先禮院于公擇舅坐上，由是與永安游。有先禮院所藏《昭陵御飛白記》及曾叔祖《盧山府君志》，銘名皆列《山谷集》，惟諸跋世不盡見。此跋尤恢奇，因詳著卷後。永安爲河南屬邑，伯祖嘗爲之宰云。三晉張縯季長父甫，懿文堂書。

又 彭大司空云：縯跋所謂會大父禮院，乃張公裕會官秘閣校理，其子浩即所謂永安，庭堅爲作仁宗皇帝御書記者也。盧山府君乃公裕弟。公邵官通直郎，知盧山縣。張氏世爲蜀州江原人，云出閏侯之裔，故以三晉署望也。

清・王杰等《石渠寶笈續編・蘇軾黄州詩帖一卷》 東坡書豪宕秀逸，為顔楊已後一人。此卷乃謫黄州日所書，後有山谷跋，傾倒已極，所謂無意於佳乃佳者。坡論書詩云：苟能通其意，常謂不學可。又云：讀書萬卷始通神，若區區於點畫波磔間求之，則失之遠矣。乾隆戊辰清和月上澣八日。御識。鈐寶三。乾隆幾暇臨池。

綜述

清・吴其貞《書畫記》卷四 紙墨如新，惟紙一裂縫將斷。書法豪宕，鋒鋩奕奕，神品書也。無題識。後餘紙黄山谷題曰：東坡此詩似太白，猶恐太白未到處。此書兼顔魯公、少師、李西臺筆意，使東坡復為之，未必及此。他日東坡或見此書，笑我於無佛處稱尊也。山谷此書亦自瀟灑絶妙，與東坡聯珠合璧，同傳千古。此卷名著當代，已刻入石。

清・卞永譽等《式古堂書畫彙考》卷一〇《書十・宋・坡翁寒食詩》 自我來黄州，已過三寒食。年年欲惜春，春去不容惜。今年又苦雨，兩月秋蕭瑟。卧聞海棠花，泥汙燕支雪。闇中偷負去，夜半真有力。何殊少年，病起頭已白。春江欲入户，雨勢來不已。小屋如漁舟，濛濛水雲裏。空庖煮寒菜，破竈燒濕葦。那知是寒食，但見烏銜紙。君門深九重，墳墓在萬里。也擬哭塗窮，死灰吹不起。右黄州寒食二首。

清・安岐《墨緣彙觀録》卷一《法書上・北宋・寒食詩卷》 牙色紙本，行草書，字前小後大，黄山谷大行書題於後。又董文敏小行書一跋，俱書於本詩紙上。前黄綾隔水，上押天歷大璽，下押稽察司半印，又鈐寬邊容齋清玩朱文印。前下角有琅琴閣珍藏印，北平孫氏小朱文印。接縫鈐朱文寬邊舊印。黄跋前接縫有容齋葫蘆印，董跋後又一寬邊舊印，下角押轉運使朱文大印，二印其文不能全辨。後紙有張氏珍玩、北燕張氏寶藏二印。後一跋款三晉張演季長甫，懿文堂書，下押懿文堂圖書一朱文大印。黄跋已見鴻堂帖中，內董跋云：余生平見東坡先生真蹟不下三十餘卷，必以此爲用。觀已摹刻戲鴻堂帖中。董其昌觀并題。

清・王杰等《石渠寶笈續編・蘇軾黄州詩帖一卷》 本幅素箋本，縱一尺二寸二分，橫三尺九寸。行書。自我來黄州，已過三寒食。年年欲惜春，春去不容惜。今年又苦雨，兩月秋蕭瑟。卧聞海棠花，泥汙燕支雪。闇中偷負去，夜半真有力。何殊病少年，病起頭已白。春江欲入户，雨勢來不已。小屋如漁舟，濛濛水雲裏。空庖煮寒菜，破竈燒濕葦。那知是寒食，但見烏銜紙。君門深九重，墳墓在萬里。也擬哭塗窮，死灰吹不起。右黄州寒食二首，無名欵，有黄庭堅、董其昌題跋。

紀事

著録

明·張丑《清河書畫舫》卷八下《宋三·蘇軾·寒食詩》　東坡草書《寒食詩》當屬最勝，後有黄山谷跋，今在檇李項氏。

清·卞永譽等《式古堂書畫彙考》卷一〇《書十·宋》　坡翁《寒食詩》。草書。

藝文

清·王文治《夢樓詩集》卷一〇《過黄州懷東坡先生》　東坡先生謫黄州，到處嬉游成樂土。勝賞輒與季常俱，佳節遥同子由數。禪僧道士偕卧起，村嫗田夫相爾汝。筍香魚美固稱快，葦濕庖空亦無忤。出處規模擬樂天，文章格律追工部。我想昔人胸次間，浩然直與造物伍。古今上下隨雲煙，貴賤窮通一寒暑。並未思量身後名，況復計較腰間組。豈云遷逐反便美，須信升沉無樂苦。暮年海外盍孤冷，却向蠻荒啟聾瞽。戲論猶堪百世師，寓公翻作名山主。我尋墜緒惜生晚，幸讀遺文如面語。適從戎馬抽身來，過此徘徊不能去。

《李白詩卷》

論説

清·吴升《大觀録》卷五《蘇文忠書太白詩卷》　老坡平生多與異人遇，此詩帖云傳于丹元。丹元者，道人姚安世自號也。先生將赴定武前兩月，與姚相會於京師，出南嶽典寶東華李真人像及所作二詩，言近有人于海上見之，蓋太白云。雖事涉荒怪，然决非火食肉人所能贋作。嗟夫，二公未遺世時，世皆以謫仙目之，今當相從於閬風弱水之上，醉嘯調歌，靈音相答，皆九霞崆峒中語，衆不可解。後復有神遊八表者，傳誦而來，洗空萬古俗氣。吾老矣，尚或見之。正隆四年閏六月，西山蔡松年書。

又　頌太白此語，則人間無詩。觀東坡此筆，則人間無字。今有丞相蔡衛公所題，則人間無所啟其喙。縱複妄發，適為滓穢。清虚此卷當有神物護持，自非夙緣。留名十洲三島者，未易得見。矧擅有而藏之者，豈陸行人哉。二公仙去已久，衛公且謂復有傳九霞崆峒中語而來，僕敢言蕭閑住世，今此身是，何謂尚或見之耶。施宜生謹書。

又　孔子作春秋，游夏不能措一辭，此帖清奇超妙，蔡衛公首發明之，施先生繼品題之，顧如晚進，安敢措辭於其後哉。姑記姓名，以見榮觀之幸焉。劉沂謹書。

又　太白清奇出塵之詩，老泉飄逸絶倫之字，非衛公品題，無以發明。施老以謂二公僊去已久，蕭閑今此身是，誠非虚語。正隆己卯立秋前一日，高衎題。

又　玉局傳東華之詩，蕭閑題玉局之字，三住老仙發揚之，金闕侍郎秘藏之，雖至寶所在，有物護持，終恐六丁持去。如珪輩薄福之人，或不得時見之也。此所以捧玩再四，遲遲其還。是月中休日，蔡珪謹書。

又　此東坡書李太白詩，金相蔡松年跋之詳矣。正隆乃金主逆亮年號，施宜生即程史所記奔金使宋，洩機而被戮者。松年而下，用筆皆稍似蘇者。當時程學行於南，蘇學行於北，金之尊蘇與孔子並，故習其餘風皆有類耳。宜生輩於松年辭極推重，書必提頭，此當時諛佞之風也。然而由此亦可以觀其人，覘國之脈矣。松年與宋京卞同姓同時，又云西山，故觀者誤以爲宋人，非京卞鼠輩，即季通諸大君子固不敢輕議也。然其言之當，雖京卞輩亦不以人廢言。松年雖略過稱，其所見以是爲的耳，何怪哉。鄉貢進士南海梁克載得而珍藏之，吾三兒弘至與之同舟來南安，因出觀之，遂書以復。大明成化十九年八月，晦華亭張弼在南安郡之吟風弄月台書。

綜述

清・吴升《大觀録》卷五《蘇文忠書太白詩卷》 白紙本，堅厚，與《西山詩》色澤相似。高一尺，長三尺。詩二首，各十行。墨采凝漆結體，始僅指頂後大如核桃矣。筆勢酣暢，有淩雲氣，前後元印奕奕。蔡松年五家並金源之能詩者，張南安跋尤多所折衷焉。【略】元佑八年七月十日，丹元復傳此二詩。

紀事

宋・趙令畤《侯鯖録》卷二 東坡先生在嶺南言，元佑中有見李白酒肆中誦其近詩云：朝披夢澤雲，笠釣青茫茫。此非世人語也。少游嘗手録其全篇。少遊叙云：觀頃在京師，有道人相訪，風骨甚異，語論不凡。自云嘗與物外諸公往還，口誦二篇，云東華上清監，清逸真人李白作也。

清・高士奇《江村銷夏録》卷三 蘇文忠公行書真蹟，惟《寒食詩》與此卷流傳名重。筆墨蒼奇，紙色完好。然《寒食詩》止黄文節公一跋，此則金朝諸老所題凡五，多一時名輩。金人筆墨，世尤罕見，當與蘇公所書並傳。按蔡松年，字伯聖，仕金，由行臺尚書省令史至尚書右丞相，加儀同三司，封衛國公。鎮陽別業有蕭閒堂，自號蕭閒老人，謚文簡。當時樂府推伯堅與吴彦高，號吴蔡體，有集行於世。【略】今之傳世宋元人墨蹟尚可得，金人墨蹟甚少。此不僅坡公書法高妙，諸跋字跡皆佳，故各書大畧後之覽者當并跋，寶而藏之。江邨抱甕翁高士奇。

著録

清・高士奇《江村銷夏録》卷三 宋蘇文忠公書李太白詩卷，紙本，高尺許，長三尺餘。砑花箋二幅，字各十行。前有松雪齋墨印，喬中山收藏鈐記，前後八方。楊仲曦收藏鈐記，共數十方。後有笑狂半印，謙字印，喬字九疊文圖書問不知齋墨印。跋尾紙六接，計九尺餘。

《高臺詩卷》

論説

清・吴升《大觀録》卷五《蘇文忠公妙高臺詩卷》 煑茗聽琴而神游於南華妙高臺之上，真蓬萊瀛洲方丈謫仙人也。就爇龍麝作嬰香供，已時夜將半，月出房心間，風露浩然。曲肱就睡，夢與先生遇，且賜余犧尊二、義墨一、鼠鬚筆三、雪繭紙三十六，曰：汝往哉後，二年五月，當唤汝于集英龍池，汝勿怖。東嘉石樓後學徐龍友善大識。

又 文天祥、陳文龍伏觀至再謹書。篆書，作四行，每行三字。戊辰三月初七，蒙二先生留名此卷，二百餘年流傳之自。其詳已載張果老卷中。

又 陳懋欽堯俞、鄭文實仲登同三山林文覺彦修拜觀。壬申冬至日謹書。

又 東海宗斗以南宗魯以禮、宗文以道、宗裕以仁同觀於跳珠軒，怡怡如也。立春後一日，仝謹志。

又 熙寧五年壬子，先生在杭，八月監視進士試院煎茶。七年甲寅，先生同於潛毛令方尉遊西菩提，聽賢師琴。元豐八年乙丑七月，自常赴登題金山妙高臺，紹聖元年甲戌冬十月，抵南過南華寺，合四詩而觀，相去二十三年事，何緣一時迸在紙上。山谷云東坡極不惜書，遇紙無精麄書遍乃已。坡亦自言春蚓秋蛇隨意書，往往一時隨寫。隨寫又安知好事者寶藏，傳爲萬古美觀哉。雖然此紙既録題南華詩，却是過海後書：，有風濤洶湧之氣。龍友。

又 蘇文忠公文章字畫妙天下，點墨落人間，例能褁去爲榮。僕遊京師三十年，乃獨未之見，兹非恨歟。甲戌暮春，於蜀人王君見公惠州帖二，越翌日又得公四詩於石樓君家恵帖，乃信筆書詩乃公作意書也，流麗婀娜之態皆具。顧思壯歲誦公之文，又景慕公平生大節，願爲執鞭豎而不可得，一旦獲睹翰墨遺芳於二百載之下，世所謂洞心駭目之觀，有踰是耶。始知連城白璧未足爲寶。後學耦耕子王夢高敬附賤姓名於下方。

又 先生居海外尚以了論語書易謂是措大餘業。今後學辟世東海之濱，雖食無肉，病無藥，出無友，冬無炭，正先生所謂大率皆無爾。然亦一意書册間，以志先生之志勿忘也。丁丑良月朔書於容膝所。

又 黎蜒雜居，無復人理，置之不足道，此先生鐵石處變之夙心也。今夏狄患孔殷，腥羶泥潦亦汙及於香翰意，先生以素患難之心處之，又豈爲之變色動容哉。飛馭九霄，度必有取於愚言。戊寅冬至作皇象書後學龍友謹識。

又 右四詩毫采飛動，真遇羽衣道士，乃得孤鶴橫江，蹁躚之勢。後五百餘年得獲展玩累日，是何多幸。敬仰，敬仰。墨林項元汴。

綜述

清・吴升《大觀録》卷五《蘇文忠公妙高臺詩卷》 白闊紋紙本，正書略帶行法，結搆如錢大，墨采濃厚，行筆遒勁，而復具姿媚，洵爲翰墨妙天下也。

著録

清・卞永譽《式古堂書畫彙考》卷一〇《書十・宋》 坡翁四詩卷。行書，紙本。

《楷木詩卷》

論説

清・吴升《大觀録》卷五《蘇文忠公書杜工部楷木試卷》 金華胡長孺、淮陰湯炳龍、鄱川劉鉉、眉山程郇、龍泉陳象祖、廬山連璧、富春潘夢得，大德辛丑立冬日同觀於胡氏顔樂齋。

又 此蘇太師真翰也，仲德先生其寶藏之。大名後進王執謙拜觀，大德丁未十月朔日。

又 山翁之孫庚白攜以見示，獲寓目焉。至順癸酉春正月既望，蒲陽黄玭敬書于海盌寓舍。

又 翥童子時師事南陽先生，詩從舒君和父與先師嗣伯壽父同觀，今四十餘年矣。至正三年三月至長安鎮，過先師甥館之孫懋出示斯卷，歎息之餘，不啻晨夕，敬書於後，用以識存殁歲月云。河東張翥。

又 至正六年夏四月，濮陽吴叡捧觀於長安張氏棣華堂。文忠公墨蹟多散落人間，然此卷題識觀玩者，亦多先輩，皆物故殆盡。今存者，特張君仲舉，官至侍講。蓋侍講嘗學於仇仁近先生，而此卷則先生舊藏也。展卷之際，感念存殁，爲之慨然。至正二十一年冬十有一月，遂昌鄭元祐識。

又 臨川危素同四明袁士元拜觀。

又 昔先生嘗贊美杜子美詩，顔魯公書此，求之於聲律點畫之外。今觀先生書杜詩後千百年，宛然若日昨。揮灑者蓋寓精神於翰墨而材品所自到爾。倘拘以宇宙之隘而論之，是未可同賞妙也，宜自襲藏寶玩爲尚。洪武己巳八月六日，嚴陵金冕志。

又 坡翁書，大概骨撐肉，肉没骨，自出新意，亦一快哉。今觀此書，其字畫更圓熟遒勁可愛，與余舊所見諸帖夐别。文幹當寶愛，以傳諸子孫於無窮也。永樂己丑春三月望日，吴郡姚廣孝識。

又 此卷鄉袞尚寶卿葛公所藏，唐思房得之。公字文幹，思房之母公之女孫也。成化丁亥，予於濟南太守楊君必貴處見東坡所書《醉翁亭記》，字徑二寸。今又見此并前元名卿碩儒觀者題名，是日也兼得拜瞻東坡小影於其裔，足以洗塵心而償夙念。觀者題名，欲一一疏之，第註易未暇也，尚有俟焉。希世之珍，思房宜祕之，虞有力之婪人可也。癸卯歲正月壬戌日，姑孰謝理一卿跋。

清·王杰等《石渠寶笈續編·蘇軾書杜甫榿木詩一卷》 杜甫草堂有數處，此詩云背郭緣江，則當屬成都之浣花。山川風物之美，惟久習者知之。東坡蜀人，故於榿林、籠竹，言之特詳。《山海經》云單狐之山多機木，郭注：似榆，可燒以糞田。與坡語合。此明楊慎以為即榿木也。坡以蜀人而書古人故鄉之詩，神采尤奕奕飛動，超越筆墨之外，不特尋常稱詩字合璧而已。明牕展卷，輒識數言，時已臘日。鈐寶二，幾暇怡情。乾隆宸翰。

綜述

清·安岐《墨緣彙觀録》卷一《法書上·北宋·書杜工部榿木試卷》 澄心堂紙本，行草書。前杜詩一首，計七行。後自題，十二行。凡見蘇文忠公書用墨太豐，此卷字畫沈着，用墨濃淡中挍豐墨者别有生動之趣，亦紙之使然耳。卷首用叡思東閤朱文大印，下角有東海郡圖書記白文印。接縫處鈐遼海王氏朱文印，下押賈洵朱文印。尾有紹興連珠小璽，後跋金華胡長孺、淮陰湯炳龍、鄱川劉鉉、眉山程郇、龍泉陳象祖、廬山連璧、富春潘夢得大德辛丑立冬日同觀於胡氏顔樂齋。又王執謙、黄玭、張翥、吴叡、鄭元祐、危素、金冕志、姚廣孝、謝理等題。

清·吴升《大觀録》卷五《蘇文忠公書杜工部榿木試卷》 牙色，紙本。高八寸，長一尺五寸，行書。結體秀潤，姿態横生，無一筆板滯。雖短幅，令人愛玩不忍舍。惜胡、王、黄三拔係偽蹟，得删去，但存仲舉以下諸真蹟，則成完璧耳。背郭堂成蔭白茆，緣江路熟俯青郊。榿林礙日吟風葉，籠竹和煙滴露梢。暫下飛鳥將數子，頻來語鷰定新巢。旁人錯比楊雄宅，懶惰無心作解嘲。

又 蜀中多榿木，讀如欹仄之欹，散材也。獨中薪耳，然易長，三年乃拱。故子美詩云：飽聞榿木三年大，爲致溪邊十畝陰。凡木所芘，其地則瘠，惟榿不然。葉落泥水中輒腐，能肥田，甚於糞壤，故田家喜種之，得風葉聲，發發如白楊也。吟風之句，尤為紀實云。籠竹，亦蜀中竹名也。

著録

清·卞永譽等《式古堂書畫彙考》卷一〇《書十·宋》 蘇文忠公書杜工部榿木試卷。行書，紙本。

《前赤壁賦》

論説

元·王惲《秋澗集》卷七三《題東坡赤壁賦後》 余向在福唐觀公惠州醉書此賦，心手兩忘，筆意蕭散，妙見法度之外。今此帖亦云醉筆，與前略不相類，豈公隨物賦形，因時發興，出奇無窮者也。

明·董其昌《畫禪室隨筆》卷一《書後赤壁賦跋》 余三見子瞻自書《赤壁賦》，一在檇李黄承玄家，一在江西楊寅秋家，一在楚中何宇度家。皆從都下借臨。黄卷有子瞻跋，尤勝，然皆前賦也。後赤壁則惟趙子昂有石本。又思陵嘗書之，夏禹玉為補圖，亦在楊寅秋家。因書《後赤壁賦》并記于此。

又《跋赤壁賦後》 坡公書多偃筆，亦是一病。此《赤壁賦》庶幾所謂欲透紙背者，乃全用正鋒，是坡公之蘭亭也。真跡在王履善家。每波畫盡處，隱隱有聚墨痕如黍米珠，恨非石刻所能傳耳。嗟乎，世人且不知有筆法，況墨法乎。

綜　述

清・吳其貞《書畫記》卷三 書在蜀素之上，氣色燦然，書法熟健，行間茂密。長篇一氣書成，字字有結構，無一苟且。如此筆力，非東坡不能到。上無題識。此在姑蘇觀于曹秋岳先生寓中。是日又見顏魯公劉中使帖，黃山谷詩翰四則。時壬辰三月二日。

清・張照等《石渠寶笈》卷二九《宋蘇軾書前赤壁賦一卷》 素箋本，楷書。款識云：軾去歲作此賦，未嘗輕出以示人，見者蓋一二人而已。欽之有使至，求近文，遂親書以寄。多難畏事，欽之愛我，必深藏之不出也。又有《後赤壁賦》，筆倦未能寫，當俟後信。軾白。卷前有天籟閣子孫永保、項元汴印神品諸印。又山人真賞軒字全卿半印。四卷後有墨林子寄傲子孫永保、平生真賞、項墨林父秘笈之印，項子京印，項墨林鑑賞章諸印。又秋壑珍珍、秋壑虚朗齋墨林從吾所好、項子京家珍藏、考古正今墨林主人神遊心賞、項叔子檇李子孫世昌項墨林印，檇李項氏世家寶玩、項元汴印，宮保世家子孫保之全卿珍賞神品、蒼巖子長字諸印。又子京父印二。又全卿墨林寄傲半印。三卷前押縫有退密桃里墨林秘玩、項子京家珍藏諸印。卷中幅押縫有墨林印二，神品印四，項元汴印二，賈似道印四，子京印二，元汴印三。又若水軒子京所藏墨林山人諸印。原卷缺三十六字，文徵明補書於前。另行小楷注云：右繫文待詔補三十六字，前有停雲文徵明印，衡山諸印。前隔水有蒼巖子、蕉林居士二印，後隔水押縫有河北棠村冶溪漁隱二印。引首有天籟閣一印。又墨林山人項叔子二印。拖尾文徵明跋云：右東坡先生親書《赤壁賦》，前缺三行，謹按蘇滄浪補自叙之例，輒亦完之。夫滄浪之書不下素師而有極媿糠粃之謙，徵明於東坡無能為役，而亦點污其前，愧罪又當何如哉。嘉靖戊午至日，後學文徵明題。時年八十有九。又董其昌跋云：東坡先生此賦，楚騷之一變。此書，蘭亭之一變也。宋人文字俱以此為極，則數百年來所藏名跡雖多，知無能逾是矣。萬歷辛丑攜至靈巖村觀，因題。董其昌。後有梁清標印，蕉林觀其大畧諸印。又文彭之印，壽承氏停雲晤言室印，文氏圖書之印諸印。卷高七寸五分，廣七尺二寸五分。

《人來得書帖》

綜　述

清・安岐《墨緣彙觀録》卷一《法書上・北宋・新歲展慶人來得書二帖》 二帖皆白紙本，乃坡翁傑作。前帖行書，十九行，後帖行書，亦十九行。皆與陳季常者。前帖前下角押一朱文大印，後上角鈐御府書印，接於後帖。後帖有御府寶繪朱文大印。後上角鈐御府朱文半印。二紙舊印累累。及項氏諸印後，董文敏跋於綠絹上，字亦甚精，有杜老所謂須臾九重真龍出，一洗萬古凡馬空之句。快雪堂曾經刻石。

清・吳升《大觀録》卷五《坡公人來札》 紙本。高九寸五分，闊一尺七寸。楷書，十九行。體肥骨勁，筆墨至精，有金章宗御府寶繪印。

軾啓：人來得書，不意伯誠，遽至于此，哀愕不已。宏才令德，百未一報，而止於是耶。季常篤于兄弟，而於伯誠，尤相知照，想聞之無復生意。若不上念門户付囑之重，下思三子皆未成立，任情所至，不自知返，則朋友之憂，蓋未可量，伏惟深照。死生聚散之常理，悟憂哀之無益，釋然自勉，以就遠業。軾蒙交照之厚，故吐不諱之言，必深察也。本欲便往面慰，又恐悲哀中反更撓亂，進退不皇，惟萬萬寬懷，毋忽鄙言也。不一，不一。軾再拜。知念九日舉挂，不能一哭，其遽愧負，千萬，千萬。酒一擔，告爲一酹。苦痛，苦痛。

《乳泉賦》

論説

清・吴升《大觀録》卷五《蘇端明書乳泉賦卷》 趙京兆所藏此軸，奇偉特甚。以歲月驗之，蓋蘇公元符北歸所書也。時方厄于章蔡之餘，而人之貴重如此，豈待百年而後定耶。若夫筆老墨秀，挾海上風濤之氣，以平生所見論之，當爲海内蘇書第一。紹定癸巳歲九月七日，陵陽李心傳謹書。

又 天一生兮上浮，羽人誒兮丹丘，邈儋耳兮東注，夾崑崙兮倒流。嘉熙三年四月旦，王遂題。

又 尤焴、劉厚南、蔡抗、林希逸、王璞、趙時焕、高斯得、徐霖，同觀於道山堂。淳祐丙午季夏望日。

又 此卷舊藏雪川向澤民家，澤民以遺施武子。甲戌歲，同醉白記歸三桂。晦夫姓歐陽，梅聖俞嘗有詩贈之，作八分體，東坡跋數語於後，今亦藏向氏云。端平丙申暮春朔，錫麓尤焴。

又 蘇公早聞道，文章乃其戲。乳泉出重海，作賦聊記異。玉池嗛中夜，挈缾非小智。氣者水之生，此語可深味。淳祐甲辰孟夏朔，峴山王亞夫書於西湖孤山之陽。

又 坡翁謫海上，人傳已仙去。道逢章子厚，遄復返塵路。至言恐世驚，猶祕《乳泉賦》。遥憐嵩山丘，千古不可駐。是日仙居，陳仁玉同書後。

又 萬籟既寂，一氣孔神。吸彼沆瀣，沃此肺膺。至陽之精，天一所生。欽哉此詞，展也大成。端。

又 《乳泉賦》不待多贊，特恨此軸尚有餘紙，安得起坡翁書滿卷後耶。天台謝奕修書于西湖，淳祐甲辰首夏望後二日。

又 腥波暗天，濁浪翻日。蛟蜃黿鼉，之所出没。有屹其島，清泉中發。靜涵太虛，寒浸孤月。汲之無窮，元氣所泄。古今正理，不可泯滅。抑斯泉也，爲斯人設。會稽孫子秀書。

綜述

清・張照等《石渠寶笈》卷一三《宋蘇軾書天慶觀乳泉賦一卷》 素箋本，楷書。卷後自識云：庚辰歲七月十三日書。未署名。【略】後李心傳跋云：趙京兆所藏此軸，奇偉特甚。以歲月驗之，蓋蘇公元符北歸所書也。時方厄于章蔡之餘，而人之貴重如此，豈待百年而後定耶。若夫筆老墨秀，挾海上風濤之氣，以平生所見論之，當為海内蘇書第一。紹定癸巳歲九月七日，陵陽李心傳謹書。後有成紀李氏一印。又王遂題云：天一生兮上浮，羽人誒兮丹邱，邈儋耳兮東注，夾崑崙兮倒流。嘉熙三年四月旦。王遂題後有李肇亨印，醉鷗二印。又記語云：尤焴、劉厚南、蔡抗、林希逸、王璞、趙時焕、高斯得、徐霖，同觀於道山堂，淳祐丙午季夏望日。後有梁清標印，蕉林玉立氏圖書二印。又李肇亨印，檇李李氏鶴夢軒珍藏記，李鎮廣川開國成紀李氏諸印。前隔水有蕉林書屋、蒼巖子棠村審定諸印。拖尾尤焴跋云：此卷舊藏雪川向澤民家，澤民以遺施武。子甲戌歲同醉白記歸三桂晦夫，姓歐陽。梅聖俞嘗有詩贈之，作八分體，東坡跋數語于後，今亦藏向氏云。端平丙申暮春朔，錫麓尤焴。又王亞夫題云：蘇公早聞道，文章乃其戲。乳泉出重海，作賦聊紀異。玉池嗛中夜，挈瓶非小智。氣者水之生，此語可深味。淳祐甲辰孟夏朔，峴山王亞夫書于西湖孤山之陽。又陳仁玉題云：坡翁謫海上，人傳已仙去。道逢章子厚，遄復返塵路。至言恐世驚，猶閟乳泉賦。遥憐嵩山邱，千古不可駐。是日仙居、陳仁玉同書後。尤焴又題云：萬籟既寂，一氣孔神。吸彼沆瀣，沃此肺膺。至陽之精，天一所生。欽哉此詞，展也大成。端。又謝奕修跋云：乳泉賦不待多贊，特恨此軸尚有餘紙，安得起坡翁書滿卷後耶。天台謝奕修書于西湖，淳祐甲辰首夏望後二日。又孫子秀題云：腥波暗天，濁浪飜日。蛟蜃元鼉，之所出没。有屹其島，清泉中發。靜涵太虛，寒侵孤月。汲之無窮，元氣所泄。古今正理，不可泯滅。抑斯泉也，為斯人設。會稽孫子秀書。後有季鎮廣川開國成紀、李氏華陽諸印。又宋濂跋云：蘇長公以紹聖四年丁丑二月謫授瓊州別駕，安置儋州。六月渡海，七月十三日至儋，僑寄城南，鄰于天慶觀。觀有乳泉，故公為授筆賦此。元符三年庚辰，公居儋已四年。會正月祐陵登極，大赦天下。五月移公廉州，六月還瓊，復渡海至廉。七月又以皇長子，生國有大慶，遷舒州團練副使，量移永州。八月終，方自廉啓行。賦後題云：庚辰七月十三日書，則正在廉時也。十一月行至英州，又復朝奉，郎提舉成都府玉局觀，任便而居，公遂度嶺南還。明年為建中靖國元年，辛巳五月至毘陵，六月因疾告老，以本官致仕。七月廿八日遂薨。公之書是賦，時年已六十有五，距其薨僅隔一歲，實為晚年之筆。李侍郎微之謂其筆老墨秀，挾海上風濤之氣，當為海内蘇書第一。誠知言也哉。濂嘗見漳水鄺元與跋公眉子石硯歌四十五字斷簡，謂曰：百閲而弗之厭，使其見此，吾知其必曰百拜而不止也。然公之薨未幾，辭翰皆為世大禁，而狗鼠之徒如霍謹英輩猶嗚吠不已，磨剗焚烆，無所不用其極。而斯卷無纖毫不完，豈公妙墨所在，或有鬼物呵護之耶。金華宋濂謹書。後有蕉林秘玩觀其大畧二印。又楊一清跋云：是卷為蘇書第一，前輩已有定論。其所著述，亦第一等議論也。予渡清淮望第一山，盱眙陳質之出所藏相示，不圖今日得數奇觀，非平生第一快事耶。弘治丙辰仲冬望後三日，陝西按察司提學副使石淙楊一清。最後，李肇亨記云：宋蘇文忠公匹紙正書《乳泉賦》與歐陽晦夫手書真蹟，宋人題觀凡九段，明人題二段，崇禎己巳臘月得于角里包氏。鶴夢軒寶藏。記下有李肇亨檇李李氏、鶴夢軒珍藏記二印。諸跋中押縫，泰安州印凡四，杭州通判之印一，印成紀李氏印二。華陽一印，高九寸，廣一丈一尺八寸。

清・吴升《大觀録》卷五《蘇端明書乳泉賦卷》 白麻紙本，高一尺一寸，長九尺。每行十字，或九字。行筆縱放，具顔筋柳骨之勝，而墨采古厚。賦無款。時公雖量移北還，猶戒心黨禍也。末附尺牘，低本身一寸。後宋跋如林。入明宋金華題，尤於公事詳核。庚辰歲七月十二日書。

紀事

明・宋濂《文憲集》卷一四《跋東坡書乳泉賦後》 蘇長公以紹聖四年丁丑二月責授瓊州別駕，安置儋州。六月渡海，七月十三日至儋。僑寄城南，臨於天慶觀。觀有乳泉，故公為援筆賦此。元符三年庚辰，公居儋已四年，會正月祐陵登極，大赦天下。五月，移公廉州。六月還瓊，復渡海至廉。七月又以皇長子生，國有大慶，遷舒州團練副使，量移永州。八月終，方自廉啟行。賦後題云：庚辰歲七月十三日書，則正在廉時也。十一月行至英州，又復朝奉郎，提舉成都府玉局觀，任便而居，公遂度嶺南還。明年為建中靖國元年辛巳，五月至毘陵，六月因疾告老，以本官致仕。七月二十八日遂薨。公之書是賦，時年已六十有五，距其薨僅隔一歲，實為晚年之筆。李侍郎微之謂其筆老墨秀，挾海上風濤之氣，當為海内蘇書第一。誠知言也哉。濂嘗見漳水鄺元璵跋公眉子石硯歌四十五字斷簡，謂日百閲而弗之厭，使其見此，吾知其必日百拜而不止也。然公之薨未幾，辭翰皆為世大禁，而狗鼠之徒如霍漢英輩猶嗚吠不已，磨剗焚烆，無所不用其極。而斯卷無纖毫不完，豈公妙墨所在，或有鬼物呵護之耶。

明・李日華《六研齋二筆》卷二 蘇東坡《乳泉賦》，文載全集。其真蹟行楷，在一友人處。余得借觀。秀朗華潤，大約與公所書《赤壁賦》向得見於黄又玄中丞家者，同一結構，皆公極得意筆也。此卷乃為歐陽晦夫書者。前有手柬一通云：軾數日病痢，不果往謁，想起居佳勝。餞行詩輒跋尾匹紙，亦作數百字，餘皆馳納。軾再行。晦夫推官閣下，七月十三日《乳泉賦》切勿示人。切懇，切懇。

《天際烏雲帖》

論説

明・李日華《六研齋二筆》卷二　蘇東坡手書蔡君謨《夢中詩》天際烏雲含雨重一絶於太守陳述古閣中壁上。君謨書一絶：綽約新嬌生眼底，侵尋舊事上眉尖。問君別後愁多少，得似春潮日夜添。又不知誰人和一絶云：長垂玉筯殘粧臉，肯為金釵露指尖。萬斛春愁何日盡，一分真態為誰添。又杭妓周韶落籍詩，及同輩胡楚、龍倩二詩，東坡乘興偶連書之。字法婉麗含蓄，真千古妙札也。元時柯敬仲得以示虞奎章，奎章試郭屺墨書，跋其後，益足重矣，但不知誰人所和。君謨之作聲調本凡，幸經坡翁手筆，若連茹之拔耳，而奎章以為軒轅彌明之流，則過當矣。

清・翁方綱《復初齋文集》卷二九《跋天際烏雲帖三首》　坡書《天際烏雲帖》涿州馮氏快雪堂會入石，近日曲阜孔氏及徽州程氏又皆入石，實皆一摹本也。董文敏嘗見摹本者，蓋即此耳。今畢秋帆以千金買自徽州吴杜邨，客或詫爲奇蹟，程音田、周載軒皆親見之云。其紙色墨色，前後皆一律。而予齋真本蘇蹟，紙質古厚，數經擦損如舊楮幣，昔人著録所稱粉箋者，不可辨矣。虞、柯、張、倪、馬、張六人題識，自爲一色之舊紙。最後則明末董文敏項墨林二題之紙，又較新矣。即以此前後宋元明紙質有古今後先之别，則知此真而彼僞，無可疑者矣。又有確證者，凡臨書，其每行之高下長短必不能準依原式，此臨書必至之勢也。蘇蹟第十四行，愁何日盡一分真態更九字一行，因行筆稍縱，視前一行之脚微長下一黍許，而彼一本此行視前行下長出至三分有餘之甚，柯詩第五行則縮短五分，柯跋第五行縮短二分，第七行縮短四分，第八行縮短三分，第九行縮短二分，此則又是彼本出於臨寫之確驗也。至於筆法，則聖凡天淵矣。雖彼一本亦有勁逸神肖處，而其筆趨於滑利，每多直瀉。予藏真本則筆筆頓挫，處處節制，即如蘇蹟末段人間幾度春幾字，中間長趯用虞戈萬鈞之力，此通帖中第一見神力處。而前一筆向内迴鈎之勁折，與末一點飛空之停頓，恰與相稱，此最是晉唐以來相傳筆勢正法眼藏也。彼摹本則前一筆之迴折既鬆弱，末點又誤作迴帶更弱矣，中間長戈之弱更何待言。即舉此一字，足以定真本、摹本之大相懸絶，其餘諸字類此者，不待縷舉矣。且坡書三十六行摹本之弱猶可言也，至虞柯諸蹟以下摹本之短淺膚弱，則處處俗態矣。又有最易見者，凡寫草頭皆先左直，次由左横帶過，右横而後轉下右直，此古今作行書之所同也。獨此一摹本前後出一手，所仿其艸頭乃先作左邊小横以帶左直，然後作右二筆，蓋此人生來筆勢如此，雖臨仿古蹟，不能自改也。内惟柯第一詩花字，原本帶過之勢極顯，此摹本亦隨之，除此一處外，餘皆盡改原蹟艸頭下筆之法。張倪、馬諸詩尚含混不甚覺，柯詩内諸艸頭處處露痕矣。虞跋夢字、第字亦其顯然者。至坡書第四行夢字，廿三行筆字亦露痕迹。援筆立成，筆字是先作左一小横，自覺其有病，遂因而左直極重，以蓋覆之。合快雪本與程刻本對看，更自了然，鑒藏勒石諸家皆未知也。然此摹本卻在最前，其時柯詩第八首末一行尚未亡，又坡蹟中間旁挂小輩字尚未擦失。末句杭人多惠，惠字予藏真本，被人墨描增多一直畫，則此摹本尚無之，而張伯雨跋在柯後倪前，亦宜据此摹本以訂正之也。摹本至馬治跋止，諸家著於録者皆同此。可見摹本在董、項之先，而後人於摹本卷内又妄加項氏諸印耳。梁蕉林馮涿鹿諸印，則皆摹本内所原有也。予齋藏此真蹟，每臘月十九日於蘇齋筍脯之筵，拜祭坡公笠屐像前，輒以快雪諸刻並陳几上，客來讚詠，無不驚歎予本之真者。聞吴江史明古先已刻石，屢屬吴江友人訪之，不知其拓本尚存否。予既無力伐石精勒，而彼摹本自快雪勒石後，聲價煊赫，致有不辨魚目，竟以彼爲真者。如桐鄉馮星實應榴亦來予齋，隨聲贊予本之真，而其歸浙後，撰蘇詩合注本，於後卷輒疑翁氏所藏未必確真，蓋星實未嘗以彼摹本逐字研審，而以予本紙質被人擦汙，涉於可疑，是皆不妨聽其岐説者。而坡公真本之所以然，則安得不核實以表出之乎。

又　熙寧甲寅，坡公往來常潤道中，有懷錢唐寄述古之作。其次章云：去年柳絮飛時節，記得金籠放雪衣公。自注：杭人以放鴿爲太守壽，此不欲明言所指，而託之放鴿也。鴿無雪衣之號，故王注必援唐天寶中白鸚鵡事，以明其爲借用，且鴿非僅白色，亦非雪衣字所能該得也。注家蓋未見此墨蹟，但以爲借用雪衣鸚鵡，而不知其指此雪衣女也。陳述古和云：緱笙一曲人何在，遼鶴重來事已非。猶憶去年題別處，烏啼花落客沾衣。語意更明，可知蘇詩雪衣之非指放鴿矣。然則陳太守放營妓事在熙寧六年癸丑春也，蘇詩外集《長垂玉筯》一首題云：過濰州驛見蔡君謨題詩壁上，綽約新嬌云云，不知爲誰而作也。和一首。此又以杭守居閤所題，移之濰州驛壁，而此墨蹟卻言又有人和，不知誰作，皆故爲逃離其詞耳。然即以濰州驛壁考之，坡公以熙寧五年壬子通守杭州，是秋陳襄述古來知杭，至七年甲寅六月，陳移知應天府，是年九月公移知密州，其過濰州則熙寧九年冬。自密移徐，除夕大雪。留濰州，元日早晴。遂行此墨蹟云。僕在錢塘，則是先生再到杭州以前之語。即蘇子容居杭亦非一日，而此云子容過杭，述古飲之，亦指其初到杭時言之。此蹟不著歲月，當是熙寧甲寅以後數年間所書。若以濰州度歲論之，則或即熙寧十年丁巳春所書歟。虞道園詩云：乞食衲衣渾未老，先生是時年四十二也。

又　此蹟見於趙德麟《侯鯖録》周公謹《雲煙過眼録》。原是卷軸，柯博士再閱於王氏環慶堂，猶軸也。不知自何時改卷爲册，其爲卷軸時已有行間破蝕之痕矣。而項墨林購自松陵史氏時，則已是册子。觀其每末頁之前後鈐以項氏印可知也。柯敬仲跋末，脱失年月名字二行，張伯雨詩脱失前五詩，尚在此前。而其一摹本摹於明宣德年之前，此二處尚未脱失也。汪砢玉《珊瑚網》所載已是摹本矣。所以後來諸家著録，皆至馬治題止也。今予所得真蹟，凡元明人題八段，虞道園題於元文宗至順二年，柯金仲、張伯雨皆順帝至正三年，倪雲林明洪武元年，馬孝常洪武十四年，馬治字孝常，宜興人。初爲沙門，洪武初知内邱縣，終知建昌府。陳汝同宣德二年，陳詢字汝同，華亭人。永樂戊戌進士，官翰林侍講學士。董思白題不知歲月，項墨林題在嘉靖三十八年。項題云陳汝同、吳原博二跋，史氏皆未刻石，吳跋固不可問，而松陵史明古此石之刻，予託吳江友人叩諸史氏子姓，皆無有知之者矣。

綜　述

清・吳升《大觀録》卷五《蘇文忠書君謨天際烏雲詩卷》　白麻紙本，高九寸，長四尺。紙色玉潤可愛，字及寸許，結體頗豐肥，而轉折頓挫極流麗雄厚之致。筆鋒墨采殆翩翩欲舞，坡公諸品中最合賞玩者。鴻堂帖已刻入。後元賢諸詠，並清新俊逸，琅琅可誦。

天際烏雲含雨重，樓前紅日照山明。嵩陽居士今何在，青眼看人萬里情。此蔡君謨夢中詩也。僕在錢塘，一日謁陳述古，邀余飲堂前小閣中。壁上小詩一絶，君謨真迹也。綽約新嬌生眼底，侵尋舊事上眉尖。問君別後愁多少，得似春潮夜夜添。又有人和云：長垂玉筯殘妝臉，肯爲金釵露指尖。萬斛閒愁何日盡，一分真態更難添。二詩皆可觀，後詩不知誰作也。

又　杭州營籍周韶多蓄奇茗，常與君謨鬭，勝之。韶又知作詩，子容過杭，述古飲之，韶泣求落籍。字容曰，可作一絶。韶援筆立成，曰：隴上巢空歲月驚，忍看回首自梳翎。開籠若放雪衣女，長念觀音般若經。韶時有服衣白，一座嗟嘆，遂落籍。同輩皆有詩送之，二人者最善。胡楚云：澹妝輕素鶴翎紅，移入朱欄便不同。應笑西園舊桃李，强匀顔色待東風。龍靚云：桃花流水本無塵，一落人間幾度春。解佩暫酬交甫意，濯纓還作武陵人。固知杭人多惠也。

清・英和等《石渠寶笈三編・高宗純皇帝御賜蘇軾天際烏雲帖一軸》　本幅紙本，皆縱八寸五分，横五尺九寸，行書。天際烏雲含雨重，樓前紅日照山明。嵩陽居士今何在，青眼看人萬里情。此蔡君謨夢中詩也。僕在錢塘，一日謁陳述古邀余飲堂前小閣中。壁上小書一絶，君謨真迹也。約綽新嬌生眼底，侵尋舊事上眉尖。問君別後愁多少，得似春潮夜夜添。又有人和云：長垂玉筯殘妝臉，肯為金釵露指尖。萬斛閒愁何日盡，一分真態更難添。二詩皆可觀，後詩不知誰作也。杭州營籍周韶多舊奇茗，常與君謨鬭，勝之。韶又知作詩，子容過杭，述古飲之。韶泣求落籍，子容曰可作一絶。韶援筆立成曰：隴上巢空歲月驚，忍看回首自梳翎。開籠若放雪衣女，長念觀音般若經。韶時有服衣白，一坐嗟嘆，遂落籍。同輩皆有詩送之，二人者最善。胡楚云：澹粧輕素鶴翎紅，移入朱欄便不同。應笑西園舊桃李，强匀顔色待東風。龍靚云：桃花流水本無塵，一落人間幾度春。解佩暫酬交甫意，濯纓還作武陵人。固知杭人多惠也。無款印。

著録

明・汪砢玉《珊瑚網》卷三 蘇文忠公《天際烏雲卷》。在白粉箋上，行草書。

清・卞永譽等《式古堂書畫彙考》卷一〇《書十・宋》 蘇文忠公書蔡詩《天際烏雲卷》。中行草書，白粉箋本。

藝文

清・吴升《大觀録》卷五《蘇文忠書君謨天際烏雲詩卷》 秖今誰是錢塘守，頗解湖中宿畫船。曉起鬭茶龍井上，花開陌上載嬋娟，白樂天、蔡君謨、陳述古、蘇子瞻皆杭守也。

又 老却眉山長帽翁，茶烟清颺鬢絲風。錦囊舊賜龍團在，誰爲分泉落月中。

又 三生石上舊精魂，解後相逢莫重論。縱有繡囊留別恨，已無明鏡着啼痕。

又 能言學得妙蓮花，贏得春風對客誇。乞食衲衣渾未老，爲題靈塔向金沙。

又 丹丘柯金仲多蓄魏晉法書，至宋人書殆百十函，隨以與人，弗留也。宅日獨見此軸在几格間，甚怪之，及取觀，則吾坡翁書蔡君謨夢中詩及守居閣中舊題也。第三詩以爲不知何人作，其軒轅彌明之流，與陳太守放營妓三詩，亦辱翁翰墨，傳流至今，信亦有緣耶。卷後多佳紙，敬仲求集作詩，識其後、賦此四首。是日試郭玘墨，但目疾轉深，不復能作字。又不知年歲，後雖若此者亦尚能作否，臨楮慨然。至順辛未二月望日，蜀人虞集書。

又 山中覆鹿拾蕉葉，眼底生花二月明。不道人生俱夢裏，新詩猶話夢中情。

又 緑窗度曲初含笑，銀甲彈箏不露尖。人生莫待頭如雪，華屋春宵酒屢添。

又 雲中初下勢如鶩，白鳳蹁躚雪色翎。多少舊遊歌舞地，不堪回首又重經。

又 桃花扇底露脣紅，不復梳妝與衆同。一曲山香春去也，荼蘼無語謝東風。

又 一顆摩尼不染塵，瑶池玄圃度千春。昭陽殿裏雲深處，誰是當時解珮人。

又 三月旌旗幸玉泉，牙檣錦纜御龍船。千官車騎如雲湧，楊柳梢頭月色娟。

又 長憶眉山鶴髮翁，舊時阿閣贊皇風。如今流落那堪説，黼黻文章似夢中。

又 鼓瑟湘靈欲斷魂，洞庭風浪不堪論。遥知舊賜宫袍錦，雙袖龍鐘總淚痕。

又 興聖宫中坐落花，詩成應制每相誇。廬山面目秋來好，自杖青藜步白沙。

又 此卷天歷間得之都下，予愛坡翁所書之事，俊拔而清麗，令人持玩不忍釋手。故侍書學士虞公見而題之，予攜歸江南，會荆谿王子明同予所好，攜之而去，他日再閲於環慶堂。俯仰今昔，爲之慨然。因走筆盡和卷中之詩，以舒其悒鬱之氣。旁觀者子明之兄德齋，淮南潘純、金壇張經、長安莫浩。至正三年夏五月，丹丘柯九思書。

又 日將公事湖中了，醉入重城列炬明。自古天藩財賦地，古人偏得賦閒情。

又 謝女嬌吟雪比鹽，北臺馬耳見雙尖。衲衣政索歌姬笑，不道春寒繡被添。

又 寫韻軒中塵不驚，與誰同躡鳳皇翎。采鸞可惜情緣重，秖合清齋寫道經。

又 釵頭新緑荔枝紅，那與江珧色味同。聞道端明新進譜，一時殿閣起薰風。

又 香辟春寒玉辟塵，流蘇斗帳醉和春。一雙明月都無價，寂寞人間第二人。

又　江南在處烟波好，浪迹先生不上船。近就闔閭城外宿，可憐霜月夜娟娟。

又　青城樵者一衰翁，寫罷烏絲滿袖風。消得玉堂金研匣，至今傳入畫圖中。

又　聽碾龍團怯醉魂，分茶故事待誰論。纖纖玉捥親曾見，秖有春衫舊酒痕。

又　白公種竹蘇公柳，談笑功名後世誇。依舊葑雲三萬丈，斷橋誰與築隄沙。

又　奉同柯丹邱前後用韻凡九章，言無倫次，且有廣平媚語之罪，信識法者懼也。癸未冬十一月九日，吴郡張雨爲子明王君寫。

又　盈盈秋水眼波平，脉脉遠山螺翠横。西北風帆江路永，片雲不度若爲情。

又　兩挾江潮來浦口，霜彫木葉見山尖。寒波曾照飛鴻影，髭雪朝朝與恨添。

又　風雨翻江夢裏驚，忽思風馭絳霄翎。世間安得麻姑爪，癢處爬搔憶蔡經。

又　湖邊窗户倚青紅，此日應非舊日同。太守與賓行樂地，斷碑荒蘚卧秋風。

又　奎章閣下掌絲綸，清淺蓬萊又幾春。三十六宫秋寂寂，金盤零露泣仙人。戊申十月十七日瓚。

又　蔡公閩橋雙龍壁，蘇子儋州萬里船。何事歸田虞閣老，醉吟清浦月娟娟。

又　嗜酒狂吟秃鬢翁，華陽壇館百花風。晚輩傳得登真訣，歸卧南山磵穀中。十九日又追和虞奎章韻。

又　東閣小書詩夢破，後堂殘醉燭花明。春風客散茶香在，寂寞人間萬古情。

又　紅入兩頭春意滿，翠籠雙袖曉寒尖。雖知别後情難減，也覺愁中醉易添。

又　彩筆詩成舉坐驚，素衣新翦鶴毛翎。多生應是蓮花女，留得銀箏金字經。

又　透海丹砂一粟紅，前身宜與後身同。就中只換神仙骨，塵業何由到素風。

又　滄海桑田複幾塵，東風惟見落花春。須知剩水殘山外，冰雪肌膚别有人。

又　蜀人文采相先後，多在西湖載酒船。斷腸至今湖上柳，空殘眉翠簇連娟。

又　三百年來此兩翁，詩人情性道人風。醉中還似昆耶老，花雨紛紛一笑中。

又　梅花香冷返冰魂，往事茫茫跡未論。寶劍已隨隆化去，誰憐水上刻舟痕。

又　賦罷仙人萼緑華，金聲玉色衆中誇。歸來世上空塵土，雲白江清月滿沙。洪武十四年，歲在辛酉秋九月朔，義興馬治。

《維摩卷贊》

論說

清・吴升《大觀録》卷五《蘇東坡書維摩贊卷》　東坡先生之文之書，所謂如我按指海印發光者也。《維摩贊》其室中八萬四千獅子坐，一一演説妙法，未能答此半偈。《魚枕頌》非鏡燈光中所見世界耶。在近世惟邵庵道人與之同參杜本。

又　大慧與富公書曰，如是得與，究竟相應，豈獨於生死路上得方。異日再秉鈞軸，致君於堯舜之上，如指諸掌耳。伏觀蘇公真書二頌，益信其為究竟，此所以為蘇公歟。方外張雨。

又　余讀蘇玉局在玉堂所寫《維摩贊》、《魷冠頌》二首，而知是老遊戲人間世，其所見卓然獨立乎。造是物者之表，雖東方曼倩，號為滑稽之雄，豈能及哉。玉堂瘴海，一升一沈，世間以為利害禍福者，又豈足以入其舍哉。世以是老之學溺般若，而不知般若之學不能出其文字之妙也。籲，維摩欲以無語現不二門，而是老欲以横説竪説現妙憙，語默雖殊，三昧一也。【略】至正三年冬十月朔，鐵心道人識于錢塘湖上。

又　盛宋稱文章，蘇翰林當一代之雄，然觀其書奏，皆忠言讜議，深謀遠慮，為國家世道計，豈居文章之下耶。及其鬼蜮之謗，横逆之加，朝玉堂，夕嶺海，而公處之泰然，未嘗以死生得失累於其心，是皆順受之乎天也，豈真所謂有無幻化，深得于禪學者哉。所書《維摩贊》、《枕冠頌》，自以為録其戲言，此又嬉笑怒駡之緒餘耳。遺墨粲然，誠為世實。後之觀者，當與公書所撰昌黎廟碑並參，庶無憾焉。巨鹿王余慶百拜書。

綜述

清・吴升《大觀録》卷五《蘇東坡書維摩贊卷》　牙色，闊紋箋本，高一尺，長八尺。正書帶行法，字寸許大，筆蹤舒放，韻度天成，公玉堂染翰得意作也。

雜録

明・徐渭《徐文長文集》卷二一《書蘇長公維摩贊墨蹟》　予夙慕大蘇公書，然閲覽止從金石本耳，鮮得其跡。馬子某博古而獲此，予始幸一見之，必欲定其真贋者，則取公之贊維摩中語答之。曰：若云此書無實相毗耶，城中亦非實。

《西山詩卷》

論説

宋・樓鑰《攻媿集》卷七八《東坡西山詩》　西山詩碑止有坡谷張右史三篇，近歲鄧公裔孫以前輩和篇數十首相示，輒不揣次韻，附見於後。時在翰苑，仍效周益公用印章。蓋南渡來，官府印多更鑄，惟翰林院猶用承平時舊印，鑄于景德二年，蘇、鄧二公俱曾用此也。

清・吴升《大觀録》卷五《蘇文忠西山詩卷》　子瞻内翰林昔竄謫黄岡，游武昌西山觀，鄧聖求所題墨蹟。時聖求已貴處北扉，而子瞻方誤時遠放，流落窮困。不二年，遂與聖求對掌誥命，並驅朝門，優遊笑語，於清切之禁，在常人固足感歎，有文而賦於情者，宜何如哉。此前詩之所以作也。元佑丁卯二月，因會飲子功侍郎宅，子瞻為予筆此，遂記而藏之。江陵岑象求岩起跋。

又　宮保都甯陸君全卿得坡翁此詩，乃為岑象求書贈鄧聖求者。岑跋云，子瞻謫黄岡，遊西山觀，聖求墨蹟。時聖求已處北扉。不二年，對掌誥命，作詩感歎。樓大防和章，並及元次山遺跡，有二公先後搜訪，同念舊遊之語。今坡集載此詩序云：嘉佑中，聖求為武昌令，居黄相望，常往來溪山間。元佑元年十一月，會宿玉堂，偶話舊事，而其詩乃有金鑾相望不可見之句。意者聖求先人，坡亦隨召，其題武昌西山者，則賦舊事為贈，非山游時作也。集又載次韻一首，序云：和者三十餘人，今皆不復見樓詩，乃出其後，而坡亦不之見矣。聖求名壁，其在翰林為學士承旨云。正德八年七月四日，長沙李東陽書。

綜述

清・阮元《石渠隨筆》卷二《蘇軾武昌西山詩帖》乃為岑象求所書者，名壁翰林承旨學士。墨氣濃腴秀髮，極磊落沈酣之趣。蘇跡極多，正當以此與《黄州寒食詩》為無上妙品。幅内有岑象求跋，引首李西涯篆書坡翁書翰四字，後幅有樓攻媿、李西涯和詩及跋。

清・吴升《大觀録》卷五《蘇文忠西山詩卷》此卷白麻紙，本帶輕粉光膩，高一尺二寸，長八尺餘，四接行書，徑寸大。前八九字一行，後三四字。筆古墨奕，全法河南，而姿態較雄邁。余見坡跡多矣，此與《寒食詩》卷尤為冠絶。無款。宋印四十餘方鮮豔。岑樓詩跋亦足輝映。春江緑漲葡萄醅，武昌官柳知誰栽。憶從樊口載春酒，步上西山尋野梅。西山一上十五里，風駕兩腋飛崔嵬。同游困卧九曲嶺，褰衣獨到吴王台。中原北望在何許，但見落日低黄埃。歸來解劍亭前路，蒼崖半入雲濤堆。浪翁醉處今尚在，石臼壞飲無尊罍。爾來古意誰複嗣，君有妙語留山隈。至今好事除草棘，常恐野火燒蒼苔。當時相望不可見，玉堂正對金鑾開，豈知白首同夜直，卧看椽燭高花摧。江邊曉夢忽驚斷，銅環玉鎖鳴春雷。山人帳空猿鶴怨，江湖水生鴻鴈來。願君作詩寄父老，往和萬壑松風哀。

右武昌西山贈聖求一首。

藝文

宋・蘇轍《欒城集》卷一〇《黄州陪子瞻游武昌西山》千里到齊安，三夜語不足。勸我勿重陳，起遊西山麓。西山隔江水，輕舟亂鳧鶩。連峰多回溪，盛夏富草木。仗策看萬松，流汗升九曲。蒼茫大江湧，浩蕩眾山蹙。上方寄雲端，中寺倚岩腹。清泉類牛乳，煩熱須一掬。縣令知客來，行庖映修竹。黄鵝時新煮，白酒亦近熟。山行得一飽，看盡千山緑。幽懷苦不遂，滯念每煩促。歸舟浪花暝，落日金盤浴。妻孥寄九江，此會難再蓄。君看孫討虜，百戰不摇目。猶憐江上臺，高會飲千斛。巾冠墮台下，坐使張公哭。異時君再來，攜被山中宿。

《與李方叔詩卷》

論説

清・吴升《大觀録》卷五《蘇長公與李方叔詩卷》吾友方叔，真天下士也。觀先生所期若此，則又不論而可知也。然沉淪尚爾，得非命歟。淳佑丙子十月望，會稽昔李方叔見月岩之文於東坡坐上，諦觀不舍。公謂曰：謝安蹈海，至風濤蕩覆而不知返，子豈涉是境界而欲追謝公也。公于方叔固雅所推重也，既典禮部貢士，乃失之。今觀此帖，殆若致遺賢之深恨者。然字中有筆奇也，句中有眼又奇也，跋中有文物議論又多奇也。潼川後學吴泳輒書其後。

又 東坡先生一代偉人，而于李方叔拳拳若此，然則李君之為人大略可知矣。同時之人雖有第者，或有無益于時無聞於後者，視李君何如其得失也。東坡先生平生為小人所憎嫉，而身没名存，百世敬仰，得其一字尚知寶愛，矧當時為所敬愛得贈其言者哉。此皆當時之小人，雖妬忌而無可為計耶。子山書。

又 至元庚辰十二月乙酉，魯人王士點觀于京師迎陽里。右蘇文忠公送友人李方叔不第詩真跡一卷。古君子急於賢才，厚于友誼若此，直足以廣褊心厲薄俗矣。臨川危君太朴得之燕山，如獲拱璧，出必與俱。後至元庚辰夏五月，伯琦以翰林修撰同待制晉甯趙君宗吉扈從獲觀於上京之視草堂。太朴求題歲月，宗吉頃以憂去，伯琦遂不果題。今年夏，同太樸侍經筵，複來上京，太樸出是卷，理前説，曰又四年矣。是日同閣中諸公譯講崇文監，至正癸未六月四日鑒書。博士番陽周伯琦識。至正三年癸未六月七日，襄陰王沂觀。

又　方叔不第，是不遇於當時也。得知遇于大蘇公，尤勝於得第也。蘇公之墨，永為世寶之，是方叔之意氣永永相與於無窮也。在元之名公相贊許于前，李氏藏之於今日，蓋當時蘇公之光價赫然，而方叔之光價亦不泯也。後學鍾陵侯複謹書。

又　東坡先生典貢事，李方叔下第，其母亦能委之於命，則方叔無怨尤可知。觀先生所送詩，友誼卓然，溢於言表，不特可以因翰墨而窺偉度也。後學江陵熊釗識。

又　宋元佑中，東坡先生知貢舉，屬意李方叔，令叔党持簡與方叔。值方叔出，僕受簡置幾上。時章、惇二子持援來，歸見之，遂持去。既就試，兄弟皆仿坡意，援第一人持第十，方叔竟下第。東坡為之悵然。及方叔歸，送以此詩，以示悵懌。情見乎辭，此等事無代蔑有之。若楊大年丕休哉頗與此同。然君子唯知修其在己，窮達付之命而已。東坡此書真跡，清潤可愛。洪武中見之友人李士廉家，今歸山東憲使黄汝申。汝申求題，故為書其本末如此云。正統四年正月丙戌，豫章胡儼謹題。

又　蘇文忠公高名大節，為宋朝第一。其書法又當獨步。今觀送李方叔詩，下筆沉著，如錐畫沙，無一筆不妙。然書載李廷珪潘穀之墨，為世所寶。淳化中，内閣專用此墨摸搨，精妙異於他刻。此帖元佑迄今五百寒暑，其色光潤如漆，真希世寶也。然公之才名，奚俟末學所敢讚美，李潘之墨亦不可泯而無聞也，故識。八千老人為玄室題於卧雪軒。

綜述

清・吴升《大觀録》卷五《蘇長公與李方叔詩卷》　紙本，高九寸五分，長二尺。書十四行，大如指頂。結構秀勁，墨氣漆黑，有刀不能刮，水不能濡之異。如以漆和墨成書者，知用李廷珪藩穀所製也。錢魯望跋書本身宋印二方，極精。後元跋皆名跡。

軾與方叔相知久矣，元佑三年春，領禮部貢士，而方叔不第愧甚，作詩送之。

與君相從非一日，筆勢翩翩疑可識。平時謾説古戰場，過眼終迷日五色。我慚不出君大笑，行止皆天子何責。青袍白紵五千人，知子無怨亦無德。買羊沽酒謝玉川，為我醉倒春風前。歸家但草淩雲賦，我相夫子非臞仙。

《長者帖》

論說

清・吴升《大觀録》卷五《蘇文忠行書長者帖卷》　東坡先生一時翰墨衣被天下，雖中更禁絶，而流傳猶多。以集之寡陋所見，何啻百十。雖老少工拙不同，要是天人風致，非凡俗所可知也。仙並虞集書。

又　坡翁此卷，筆意似徐季海，尤覺天真爛熳也。癸醜中秋，同王季耕觀于徐良夫之耕漁軒。倪瓚。

又　肆筆成文，隨意作字，戰國有此文無此字，六朝有此字無此文。展卷疾讀，良一快也，廬山黄石翁書于澹軒喬侯圖書之府。

又　此卷舊藏光福徐良夫教授家，吾聞良夫所藏高編大册，一字不存者頗多，則此卷未脱落，為幸甚矣。且徐皆出偃王，春秋時徐子章羽被執，子孫散處揚徐間。今耕學與良夫同姓且同里，此卷之在耕學，猶在良夫也。為幸益甚。嗚呼，楚人得失，孔子鄙之。吾恐故家子孫得以藉口也，故拘拘于徐云。若夫坡老聲畫之妙，前輩論之詳矣，區區末學，何足以知此。成化戊戌暮春三月癸卯，延陵吴寬題。

綜述

清・吴升《大觀録》卷五《蘇文忠行書長者帖卷》　牙色，箋本，高八寸五分，長二尺九寸。共三幅。行書，大半寸許，四十八行。劄尾月日上壓眉陽蘇軾印。書運本體，墨氣如凝漆。公謫黄後答畢仲舉者。窮達禍福，拋置度外。麄衣飽飯，即為至足。蓋其中自有確不可拔者。在非如鄙夫，以得失為患也。伯生迂翁諸跋，皆謹重不苟。箋前後鈐喬氏半印，晉府收藏諸印。

《別紙帖》

綜述

清・安岐《墨緣彙觀録》卷一《法書上・北宋・李之儀別紙帖》 淡黄紙本，行草，十三行。前書：之儀再啟，伏讀別紙，延尋加重。後書：之儀再啟。

清・吴升《大觀録》卷四《李朝請別紙帖》 此劄牙色，箋高九寸二分，闊一尺二寸，行書，大六分，十三行。

之儀再啟：伏讀別紙，延譽加重。深畏非據，頃自稍遠。一向杜門，時到田畝。間與鄉老，周旋外塊坐而已。高誼素所景仰。裹糧而趨，固所欣願。况近在數十里地耶。便當掇置以圖，傾盡不愚，早晚可回。聞其婦家已有代期，何猶遷延也。丁君聞好事，鄙語書於質轉，應副過煩奬予。皇恐，皇恐。叔党定肯書否，果得之，足以借重也。乍到過從，必未間又一端。若將遠別，得無應接，稍勞否之。儀再啟。

著録

清・倪濤《六藝之一録》卷三五二《歷朝書譜》 李端叔《別紙帖》，行書。

清・卞永譽等《式古堂書畫彙考》卷一二《書十二・宋》 李端叔《別紙帖》。行書紙本。

《車馬帖》

綜述

清・卞永譽等《式古堂書畫彙考》卷一〇《書十・宋・蘇子由車馬帖》 轍啟：頃承車馬按部，獲少奉談笑，殊慰傾瞻。奉違未幾，即日不審起居何如。轍幸此解罷，免于敗闕，皆出餘庇，感戴實深。未遑走謝左右，惶悚可量也。酷暑，千萬為時珍重。謹奉手啟，不宣。轍再拜提刑國博執事。六月九日。

清・安岐《墨緣彙觀録》卷一《法書上・北宋・蘇轍車馬帖》 白紙本，行書，十二行。前書：轍啟頃承車馬按部，後書：轍再拜提刑國博執事，六月九日。帖有項氏及李氏鶴夢軒等印。

著録

清・倪濤《六藝之一録》卷三五二《歷朝書譜》 蘇子由《車馬帖》，行書。

斯言為實録。幹道乙酉五月一日，東里周必大書。

又　兩蘇公碎墨斷稿，不自愛惜，求者輒予。往時士大夫大多有之，近歲有力者喜奪人所好，藏書者至不敢示人。趙從季所藏甚富，何以能然。蓋所謂廉者不求，貪者不與。能如是，所以得久存也。幹道乙酉冬至後二日，盧溪王廷珪書。

我思故人，起于峨岷。瑞我昭代，鳴鳳儀麟。揮毫落紙，天葩吐芬。端拜拭目，我思古人。幹道三年冬至後二日，樂備書。

葉少由來過，言其季父恭叔死矣，且出其所藏坡帖二紙相示。余欲留之諦玩，而愴然感舊不暇也。姑識歲月于卷末而歸之，庶他日冀複覽焉。嘉定辛未中秋節後八日，趙汝談。

眉山二蘇先生，文章氣節，光耀簡册，後世獲見其書翰，如親侍焉，安敢妄言以取不自量之譏。幹道諸公墨蹟亦不易得，況洪内翰周益公確論，藏者寶惜之。東平周泰識。

兩蘇翰墨貫文章，瑞鳳祥麟應世昌。什襲珍藏傳不朽，一天星斗燦光芒。崧叟王敬立題。

綜述

清・吴升《大觀録》卷五《蘇潁濱先生詩卷》　此卷硬粉箋本，高八寸，長二尺字，如錢許。筆法秀勁。詩尾押眉山蘇印，極精。孝甯間，諸公跡並墨寶，然雅非沾沾題此卷云。

《晴寒帖》

綜述

清・安岐《墨緣彙觀録》卷一《法書上・北宋・晴寒帖》　行書，五行。前書：轍啟晴寒履況，清安。後書：廿七日。

清・吴升《大觀録》卷五《潁濱晴寒帖》　轍啟：晴寒履況，清安。今晚有暇一訪，甚幸。不一一。轍頓首。定國使君仁弟。廿七日。

《蘇轍詩卷》

論説

清・吴升《大觀録》卷五《蘇潁濱先生詩卷》　兩蘇公帖，平生多見之，蓋真贋相半也。從季所藏，如淵明詩一紙，雖擲棄瓦礫，當自有神光發見。幹道七年十一月廿九日，鴻邁書。

又　坡寫淵明詩藍縷茆簷下，豈無旨哉。銓案：欒武子云：若敖蚡冒，篳路藍縷，以啟山林。杜預云：藍縷敝衣，言勤儉以啟土，然則坡老之旨微矣。幹道改元四月仲，藩胡銓識。

又　二蘇兄弟，行如冰雪，足以下照萬世。望如九鼎，足以坐銷羣奸。學士大夫得其片文隻字，輒藏弆以為榮，蓋非特取其華藻也。《質翁帖》是中年書，《南至帖》疑叔党輩代作，《寄米帖》、《寄淵明詩》遒媚秀傑，晚年精妙蓋如此。黄門嘗贊其兄云：人言吾兄，我曰吾師。讀戴公詩，便知

《秋浦歌》

論説

明・宋濂《文憲集》卷一四《跋黄魯直書》 右太史黄公書李白《秋浦詩》，凡十七首，筆勢瀟灑，皆超軼絶塵。觀公所自題，謂寫此時雲日流焕，移竹西牖下，旋添新翠。有攜幽禽至者，時弄新音，翏翏可聽。則其情景相融蕩，而生意逸發於毫素間，至今如玉飛動。當是時，公方謫涪州别駕，自常情言之，必憔悴無聊。所見花鳥，濺淚驚心。公乃能藉之遊戲翰墨，無一髮隕獲之意，非行安節和夷險一致者，有弗能也。昔人稱公以草木文章，發帝杼機，花竹和氣，驗人安樂，雖百世之相後，使人躍躍興起者，豈欺我哉。紹聖二年，公年已五十二，故此書蒼勁，比舉學官丞秘書時，如出二手。當時錢穆父不能深知，猶病公為拙。公嘗謂李致堯云：書要拙多於巧，近時少年作字，如新婦子妝梳，百種點綴，終無烈婦態。嗚呼，言其有所感也矣。

清・吴升《大觀録》卷六《宋名賢法書・黄文節公草書秋浦歌》 字學至唐最勝，雖經生亦可觀。其傳者，以人不以書也。褚、薛、歐、虞，皆太宗之名臣。魯公之忠義，公權之筆諫，雖不能書，若人如何哉。豫章先生友孝文章，師表一世，咳唾之珠，聞者興起。況其書又入神品，宜其傳寶百世。恭聞徽宗皇帝評公之書，謂如抱道足學之士，坐高車駟馬之上，横斜高下，無不如意，聖人之言經也，晚學小子尚安所云。張安國跋。

豫章先生襟宇洞達，意趣毫逸，超然埃𡏖之表，其書之妙，當以九方皋相馬法觀之。楊士奇敬題。

嘗見楊東山跋王盧溪遺墨，引山谷家書云：摩圍閣在黔州南，寺閣正對摩圍峰，蜀人呼天為圍屋，極寬潔瀟灑，冬温夏凉，風物似江西。大抵先賢君子直道而行，雖處憂患無所悔，尤胸次明净，無往不適也。士奇又題。

書法之變，至宋極矣。然君謨尚有晉唐遺意，蘇黄及米始大變也。學者必求諸忠惠之上，其庶幾乎。士奇三題涪翁書太白詩十五首，筆法頗不類故常，或疑非真跡，不知書故也。翁嘗自評元佑間草書，筆意癡鈍，用筆多不到。晚入峽，見長年蕩槳，乃悟筆法。又云紹聖甲戌在黄龍山中，忽得草書三昧，晚年之作與少時固異矣。安得複以故我求之其間。或以筆勢猛氣，逸出常度，然不害其神駿也，鏊題。

觀公自叙，因錢穆父之言而改度，湔祓舊習，且云摩圍閣老人固知為晚年筆矣。鏊又題。

綜述

清・吴升《大觀録》卷六《宋名賢法書・黄文節公草書秋浦歌》 黄麻潔紋紙本，高一尺有咫，長二丈餘。草書。逼真素僧，而筆蹤奔放。構字始寸許，後大及二寸。圓勁流轉如蓴菜，條墨氣濃潤欲滴。《青蓮歌》未録，止録公題及張安國諸跋。楊誠齋謂安國書真放，亦名跡也。

著録

明・汪砢玉《珊瑚網》卷五 黄文節公草書《秋浦歌》。

明・郁逢慶《續書畫題跋記》卷六 黄文節公草書《秋浦歌》。

清・倪濤《六藝之一録》卷三四四《歷代書普・宋》 山谷草書《秋浦歌》。

清・卞永譽等《式古堂書畫彙考》卷一一《書十一・宋》 黄文節公書《秋浦歌》並題。草書，原文不録。

清・吴升《大觀録》卷六 黄文節公草書《秋浦歌》。

《寒山子龐居士詩》

綜述

清・英和等《石渠寶笈三編・宋黄庭堅書寒山子龐居士詩一卷》 本幅紙本，縱九寸二分，横六尺六寸四分，行書。

紀事

清・胡敬《胡氏書畫考三種・西清劄記序》卷二 黄庭堅書寒山子龐居士詩卷，紙本，行書。我見黄河水，凡經幾度清。水流如激箭，人世若浮萍。癡屬根本業，愛為煩惱坑。論回幾許劫，不解了無明。寒山出此語，舉世狂癡半。有事對面説，所以足人怨。心真語亦直，直説無背面。君看渡奈河，誰是嘍囉漢。寄語諸仁者，仁以何為懷。歸源知自性，自性即如來。任運堂試張通筆，為法聳上座書寒山子龐居士詩兩卷。涪翁題。後幅題跋思陵好山谷書。此卷嘗入紹興甲庫，後乃歸秋壑圖記三上為悦生，下長字，最下乃其姓名。卷首官印。德佑末，籍其家凡入官者，皆有台州抵當庫印云。延佑四年三月廿又三日，高郵龔璛書印一，龔氏字敬。收傳印記紹興内府書印。重二。悦生長台州抵當庫印。半印。巡撫江西地方兼理軍務關防，商邱宋犖書畫府印。左清交。寶軸時開心一洗，商邱宋犖審定真跡。卷内押縫六印不可辨，卷尾一印刮去。前褾綾舊題簽宋黄庭堅書《寒山子龐居士詩》。臣錢陳群題簽。

《花氣詩帖》

綜述

清・安岐《墨緣彙觀録》卷一《法書上・北宋・花氣詩帖》 白紙本，七言一首，行草，五行，字大有如小拳者。其詩花氣熏人欲破禪，心情其實過中年。春來詩思何所似，八節灘頭上水船。前有貞元連珠半印，前後下角押朱交緝熙殿寶此詩。書法精妙，神氣焕發。每見涪翁大草書，其間雖具折釵股屋漏痕法，然多率意之筆，殊不滿意。此書無一怠意，或因詩句短少使然。余嘗以黄書小行書柬劄為第一，正行大字第二，大草書第三。若大草書如此詩者，不能多睹也。

《李白憶舊遊詩卷》

論説

明・汪砢玉《珊瑚網》卷四 雙井之學，大抵韻勝，文章、詩樂、書畫皆然。姑論其書，積功固深，所得固别，要之得晉人之韻。故雖形貌若縣而神爽冥會歟。此卷馳驟藏真，殆有奪胎之妙，非有若似孔子之類也。其故乃是與素同得晉韻然耳。今之師素者，大率鹵莽，求諸其外，動至狂妄，又是優孟為叔敖，抵掌變幻，眩亂人鬼，只能惑楚豎子耳，亦獨何哉。卷跡英氣横發，於其本書故是平生神品。尚古光禄先生藏獲，過於至寶。嘻，老穀不死之神在華氏矣。吴郡祝允明跋。

又 右一卷，與蔣叔震書所謂清公頌同一筆意，真紹聖後神化之書。

清・翁方綱《復初齋文集》卷二九《跋黄書太白詩卷》 右黄山谷艸書太白憶舊遊詩，前闕八十字。沈跋云後有闕文，後字乃前之誤也。篇內銀鞍金勒到平底，集本作倒，非行來北京歲月深，集本作涼，非漢中到太守句，應作漢東，其作中者，板本誤耳。集本既不加訂正，而山谷此書亦尚仍其訛也。王弇州所謂張守跋者，今不見於卷內，而所云蕭、沈後二跋者在焉。蓋是卷尚有他跋，為人翦割也。弇州《跋祝枝山書》，成趣園記云：華氏之園餘八十載不復可蹤跡，而此記尚存。按豐人叔為華氏作《真賞齋賦》，在嘉靖二十八年己酉，有魯直五書舊遊豪趣之句，自注云山谷艸書太白憶舊遊詩也，據此則是卷其時正在華氏，而予嘗見祝書墨蹟，云尚古華君汝德，署光禄丞致政而歸，于居第之旁作園以佚老，祝書此記在正德二年，而沈跋亦在正德改元之歲，蕭海酌跋則又在其前二十年，是則此跡之在錫山華氏最久。幸得存蕭、沈二跋以識之，與豐賦相為印證，此段收藏風味，何啻與鐵香覃溪並幾而共語也。予去年見祝書華氏尚古園記卷，嘗手摹於篋，今複為鐵香題此卷，殆若夙緣焉為。作歌於卷後。

清・阮元《石渠隨筆》卷二《黄庭堅書李白詩卷》 黄庭堅草書李白憶憶舊書寄譙郡元參軍詩卷，横一丈二尺。卷首斷爛，闕八十字，自迢迢訪仙城起，草法全是藏真。自叙山谷早年客有見其書者，曰使見藏真。自叙當更有長進，黄不悦。後得見自叙帖，遂學之，始服客言。此卷蓋其晚年之筆。李詩萬壑度盡遺松聲，黄書作松風生。行來北涼歲月深，黄書作北京。落花心生春暮争，黄書作心先筆紛紛。可以校正異同。後幅有張鐸、沈周跋。

清・梁章鉅《退庵所藏金石書畫跋尾》卷六 黄文節公草書太白詩卷，紙本。黄山谷草書李太白憶舊遊詩，前闕八十字。後有蕭頌、東方啟明、沈周、王世貞四跋，及近人劉文清公、翁覃溪師、成親王三跋。石田跋謂後有闕文。後字當時前字訛。弇州跋謂張守跋初不知為太白詩，後見李集始知。今此卷無張守跋。卞令之《式古堂書考》亦載此卷有張鐸、祝允明兩跋，今此卷亦皆無之，而阮雲台師曾在他處見此卷，又祇有張鐸、沈周二跋，蓋此卷摹本非一，其後跋又為人移易再四，不可得而詳矣。此本為陳伯恭宗丞所藏，亦首尾不完，並無款印可辨。恃前後諸名手題詞，可斷為原本真跡。覃溪師考訂詳核，詩筆尤堪增重。石田跋稱此跡大得藏真三昧，自是具眼。昔孫月峰《書畫跋跋》云：長沙是僧筆，山谷是文人筆。然僧是長沙短處，文人是山谷長處。正是此卷的評，與石田語若合符節。篇中銀鞍金絡到平地，集到作倒。行來北京歲月深，集京作涼。落花春莫争紛紛，集作落花心先春莫争。皆當以此卷校正之。案張鐸、祝允明兩跋，於此跡顛末叙述頗詳，似應補書於卷後，以備參考。今此卷為丁兒攜入京師，因先附録於此。張跋云：余守長樂郡，客有董君詳者，手攜草書一幅，自云沈埋塵中人鮮能辨，今求教而就贈君。余拂拭展玩，驚喜歎異，謂君詳曰：此山谷真跡也。居無何，閩士李明父來訪，出而示之。明父隨曰：李太白詩也。前猶有文，惜乎斷簡耳。及觀全帙，乃知憶舊遊寄譙郡元參軍之作。考其遺落凡八十字。噫，雖豫章之筆無以復加，而謫仙之詩不可不補，故足而記之，深有望於珠還劍合之時。他日果如吾言，豈不為盛事哉。其辭曰：憶昔洛陽董糟丘，為余天津橋南造酒樓。黄金白璧買歌笑，一醉累月輕王侯。海内賢豪青雲客，就中與君心莫逆。回山轉海不作難，傾情倒意無所惜。我向淮南攀北枝，君留洛北愁苦思。不忍別還相隨，下接迢迢訪仙城。元貞乙未，烈子野人張鐸書于三山英達坊之為已堂。

祝跋云：雙井之學，大抵韻勝，文章、詩樂、書畫皆然。姑論其書，積功固深，所得固別，要之得晉人之韻。故雖形貌若懸，而神爽冥會歟。此卷馳驟藏真，殆有奪胎之妙，非有若據孔子之貌也。其故乃是與素同得晉韻然耳。今之師素者，大率鹵莽，求諸其外，動得狂妄，又是優孟為叔敖，抵掌變幻，眩亂人鬼，只能惑楚豎子耳，亦獨何哉。卷跡英氣横發，於其本書故是平生神品。尚古光禄先生藏護，過於至寶。噫，老穀不死之神在華氏矣。吴郡祝允明跋。又案：余在吴門曾見祝枝山所書錫山華氏成趣園記，知此跡是華氏真賞齋舊物。祝跋所稱尚古光禄先生者，即園記所謂華君汝德，署光禄寺丞，致政而歸，于居第之旁作園，以佚老者也。豐人叔熙為華氏作《真賞齋賦》，有魯直五書舊遊豪趣之句，自注云：山谷草書太白《憶舊遊詩》，今此卷後蕭海釣跋，在成化丁未，已云無錫華汝德上舍出示此卷，沈石田跋在正德丙寅，祝枝山書園記在其次年丁卯，皆可互證。此跡久存無錫華氏，不知何時流落人間，始被傖父描摹偽本，割易真跋，使讀是卷者如墮五里霧中耳。

綜述

清・王杰等《石渠寶笈續編・黃庭堅書李太白憶舊遊詩一卷》 本幅素箋本，縱一尺一寸八分，横一丈二尺一寸，草書。

清・英和等《石渠寶笈三編・宋黃庭堅書李白詩一卷》 本幅紙本，總一尺一寸七分，横一丈二尺五寸，草書。李白憶舊遊寄譙郡元參軍詩一首。【略】無款印。

清・吴榮光《辛丑銷夏記》卷一 蘭紙本，不著欵。迢迢訪仙城起，前闕數紙。前後有北燕張氏珍藏、□川棲真石室憶孫寓目等印。名蕭頌跋，丁未八月。東方啟明跋，成化八年三月。沈周跋，鬱氏書云尚有祝允畫積記明跋，失去。王世貞跋。為無錫華氏之物。真賞齋賦所謂憶書遊之豪趣者，是也。後有劉墉書東坡丹元子示所藏李太白真七言右詩一首。葵醜三月。翁方綱跋，乾隆葵醜十月。成親王跋。嘉慶乙丑。見於陳伯恭宗丞家，余曾借摹與來攜妓恣經過後十數行。嘉慶乙丑伯榮手記。

著録

明・汪砢玉《珊瑚網》卷四 黃太史草書《李太白憶舊遊寄譙郡元參軍》。

明・郁逢慶《續書畫題跋記》卷六 黃太史草書《李太白憶舊遊寄譙郡元參軍》。

清・倪濤《六藝之一録》卷三四三《歷朝書譜・宋》 草書《李太白憶舊遊寄譙郡元參軍》。

《范滂傳》

論説

宋・劉克莊《後村集》卷三一《跋山谷書范滂傳》 黨禍東都最慘，唐次之，本朝又次之。固、喬皆社稷臣，伏刑都市，膺滂諸賢，率身貫五木，駢頸就僇，所殺天下賢俊數千人。其幸而得免如陳寔、申屠蟠之流，僅一二數。使孟德、仲謀不生，漢亦必亡。唐末舉當世清流盡投之濁河，而國隨之矣。本朝黨論屢興，事與漢唐同，而治亂與漢唐異。蓋列聖至仁至明，静觀徐察，竦夷簡指。富范為黨魁，而昭陵隨悟。章、蔡請斲君實、晦叔，棺族莘老，而泰陵不聽。檜欲按誅趙元鎮等家族，上賴思陵保全。侂胄誣陷忠定王，禁道學，因而廢錮名勝，茂陵一旦奮發雪忠，定弛學禁，而羣賢複用矣。三百餘年之間，邪説終不能以勝正論，小人終不得以勝君子。雖更陽九百六之會，適以開一馬渡江之業。歷丙午丁未之厄，晏然享太乙臨吴之福，有以也夫。予嘗謂前世黨人有刀鋸之禍，若本朝則煙瘴而已。然前世或自系於獄，或誼不獨生，或以齊名李杜為榮，同於為善，同於嫉惡，同於捨生取義。烏呼，威矣哉。季世風俗不然隨好惡而改化，視勝負為向背，首畔大防者有之，反噬安石者有之。范忠宣諸子多賢尚，勸乃翁求出籍而斬顧萬，段恕亦不救者，皆是也。此風既成，竊意未必樂與范、尹、歐、富同貶，況甘與君廚後及同死乎。豫章公遠竄不悔，囚宜州譙樓上，猶書此傳，無愧於蓋博矣。忠定子吏部孫尚書當慶元初，闔門避謗，絕口不自明，尤賢于忠宣之家矣。彼雍容立朝，進無刀鋸之禍，退無煙瘴之憂，而不能自强於善者，覽卷宜有愧色。

清・卞永譽等《式古堂書畫彙考》卷一一《書十一・宋・黃山谷書范滂傳》 山谷遺事云：黃庭堅謫宜州時，黨禁頗嚴。通判余若著為之經理館舍，謂公曰：先生今日舉動，無愧東都黨錮諸賢，願寫范滂一傳。許之。遂默誦大書盡卷，僅有二三字疑誤。是年，山谷云亡。

又云：黄太史晚年謫宜州，自崇寧四年歲旦，凡風雨寒暑，親舊往復，以至日用飲食之類，皆系日書之，名曰《乙酉家乘》。八月晦至九月，則易簀矣。意長日月短，悲夫。

清·孫岳頒等《佩文齋書畫譜》卷七七《歷代名人書跋八·宋黄庭堅書范滂傳》 山谷在宜州嘗大書《後漢書·范滂傳》，字徑數寸，筆勢飄動，超出翰墨徑庭意，蓋以悼黨錮之為漢禍也。後百年真跡逸人間，趙忠定得之，寶寘巾篋，搢紳題跋如牛腰焉。《桯史》。

紀事

清·錢大昕《潛研堂文集》卷三一《跋黄山谷書范滂傳》 山谷老人謫居宜州，為余氏二子書《范孟博傳》，真跡後歸趙忠定公。忠定之子崇憲以嘉定壬申知江州，模刻於郡齋，石久無存。乾隆乙巳六月，偶于四明范氏稻香樓見此搨本，紙墨工妙而文多闕落。蔚宗傳凡一千一百卅字，今失去二百六十二字。樓宣獻詩跋亦殘闕不完。考《攻媿集》有此詩而無此跋，蓋樓公初見余氏摹本賦比長句，在奉祠里居時，及嘉定改元臘月，崇憲出示真跡，宣獻已登樞府，公事少暇，但書舊作，不復賦詩也。忠定居饒之餘幹，而崇憲自題開封者，南渡後宗子雖散處江南，仍領于宗正司。予所見題名石刻或稱祥符，或稱浚儀，或稱開封，以寓不忘故都之思，非與史有抵牾也。我亭秀才精于考據，並書以質之。

著録

清·卞永譽等《式古堂書畫彙考》卷一一《書十一·宋》 黄山谷書《范滂傳》。大書，原文不録。

《廉頗藺相如列傳》

綜述

清·安岐《墨緣彙觀録》卷一《法書上·北宋·廉頗藺相如傳卷》 白紙本，大草書，紙墨皆精。首押紹興連珠大璽，下有内省齋白文印，前有半鈐朱文印。紙計三十接，每接接縫押内府書印，並紹興連珠大璽。後不書款。本傳拖尾押紹興連珠小璽，並紹興腰圓朱文小璽，秋壑圖書朱文大印。後拖尾有歐陽元印，卷經項氏所藏。

清·吴升《大觀録》卷六《黄魯直大草書廉頗藺相如傳》 淡牙色綿紙本，高一尺，長五丈四尺，共三十接字，一百十一行。每接縫處鈐内府圖書，首紹興小璽，内省齋秘玩元頤禄私印，墨林藏印。鈐尾紹興小璽，秋壑圖書曹子文印，歐陽元印，又墨林等印。字大如小兒拳掌，全學孫過庭草書法，結體遒勁，中更秀潤綿密，無一懈筆，能如晉人以楷法作草者，可寶也。惜無款。

紀事

明·張丑《真蹟日録》卷二 黄涪翁草書《廉頗傳》，全學懷素，亦在項子京家。

《松風閣詩》

論説

元・袁桷《清容居士集》卷四五《黄太史松風閣詩》 謂松有風不知，謂風入松無形，聲繇形始成。言六書者取焉，肇于無名，入于有名，萬化之始，吾未始以妄聽。鬆動風動，當於混沌以前得之，斯可矣。

清・孫承澤《庚子銷夏記》卷一《黄魯直松風閣詩墨蹟》 予于甲申後見山谷數卷，最愛松風閣卷。其詩清脱，妙不可言。字乃正書勁秀，全用柳公權法，他書所不及也。予晚年極喜柳書，複得一二秘本。今見此卷，益知世之學柳者，一味硬直，真鈍漢也。卷佳極矣。而有可恨者，嘉定間向姓者所題不稱，一也。舊在賈似道家，上有賈似道小印及悦生秋壑長字諸印，辱于權奸之手，二也。元大長公主不擇人而命題，絶有可噴飯者，三也。項墨林妝藏之印太多，後又載所買價值，俗甚，四也。

又 友人吉安李梅西元鼎得山谷書杜詩卷，字極佳。與此相類，趙松雪有跋語，亦得意書。先在予家，予物色此卷，經年不得，聞在梅公處，乃以趙跋歸之，竟成合璧。

又 曹嘉禾溶有山谷小字墓誌稿二合裒一卷，董玄宰大書四字於後，曰山谷墨寶，真墨寶也。嘉禾與余好尚相若。其應徵入京，盡以所攜卷册送予齋，如米老卷、君謨卷及此卷，俱累累千百言，世不多見之珍也。又王長垣有山谷書陰長生詩，亦正書，不及松風閣。

清・吴升《大觀録》卷六《黄山谷書松風閣詩卷》 宣惠堂帖有涪翁所書宿蝦湖詩，後云女奴輩皆鼾寐，無為和墨者，故盡用一池淡墨。又嘗在湖間用雞毛筆，亦堪作字。蓋前輩能書者，亦有時而乘興，不擇佳筆墨也。此松風閣詩乃晚年所作，筆墨雖不相副，歲久光彩差退，然書法具存，章章乎羲獻父子之間，當有識者。嘉定壬申重午後四日，窔林道人向立敬跋。

築閣依山月露清，簷牙軒豁拂雲平。昔人大好吟詩處，聽徹松風晝夜聲。集賢侍講學士、中奉大夫致仕魏必複敬題。

又 東坡游惠州松風亭，一悟得熟歇處。涪翁於此亦相看不歸卧僧氈。聞香系竹，同見如來。風鳴松耶，松鳴風耶。至治三年季夏廿有三日，監修國史長史李洞奉皇姊大長公主教拜手稽首敬書。

又 閣上風來松有聲，高人胸次灑然清。當時詩筆今猶在，撫卷重看眼倍明。中書平章政事張珪敬題。

又 曾聞狂小子，恣意輕論量。浮雲風掃去，千古説蘇黄。集賢大學士王約謹題。

又 大蘇門下士，真不愧涪翁。前日長松閣，依然謖謖風。前集賢待制馮子振奉皇姊大長公主命題。

又 涪翁詞翰氣横秋，自古如君能幾個。高閣一詩四遠聞，知音自有松風和。前集賢大學士陳顥敬題。

又 涪翁胸次海漫漫，興在松風高閣間。蘇子沈泉無複見，空餘此老獨躋攀。儒學提舉陳庭實載拜書。

又 晨鐘暮鼓鎮匆匆，蟲鳥春秋各自雄。何似道人高閣上，蕭蕭雙耳聽松風。中司左司員外郎孛術魯翀賦盥手書。

又 黄太史書自謂得江山之助，此書與詩皆其得意處。涪翁人品如此，詩什又如此，書法又如此，宜其為內家之珍玩也。翰林侍讀學士李道源拜觀。

又 謂松有松風不知，謂風入松風無形，聲繇形始成。言六書者取焉。肇于無名，入于有名，萬化之始，吾未始以妄聽。鬆動風動，當於混沌以得之，斯可矣。翰林直學士袁桷敬題。

又 山谷，黔南之後，詩、文字、畫尤為殊勝，蓋為世之所珍惜也。翰林國史院編修官杜禧敬題。

綜述

**清・安岐《墨緣彙觀録》卷一《法書上・北宋・黄魯直松風閣詩墨

蹟》 粉花白紙本。正書二十九行，字大如小兒拳，筆法精奥，紙墨俱佳。首書松風閣三字，其詩已載集中。卷前上押皇姊圖書朱文大印，又半鈐一印。下角有一殘缺舊印。後不書款，有宋賈氏封字大印，悦生葫蘆印，似道秋壑二印，皆朱文。又仇英朱文小印，十洲朱文葫蘆印，然仇氏印章皆實次自作畫中用之，凡古人書畫中未見之，亦所稀有者。後紙有嘉定間向氏一跋，其名難辨。嘗見李成茂林《遠岫圖》，亦有其題識。考向姓字若冰，在宋三世好古，收藏甚富，其家所蓄後為賈似道致多豪取。此卷有賈氏諸印，蓋當時取于向氏者，卷經孫少宰退穀鑒收。觀《庚子銷夏記》，少宰失考，不許其人故及之。後有元魏必復、李洞、張珪、王約、馮子振、陳顥、陳庭實、李術魯翀、李源道、袁桷、鄧文原、柳貫、趙岩、杜禧十四人，皆奉元大長公主命題者。內多項氏印章。余又見涪翁正書《漢人得道陰長生詩》，原屬長幅。未審何時改裝册頁，有明賢題識，書法亦佳。

清・吴升《大觀録》卷六《黄山谷書松風閣詩卷》 牙色印花箋本，高九尺餘，長六尺三寸，四接。楷書二十九行，楷字一寸五分。大行草，遒勁整密，姿態秀出，妙入平原三昧。范石湖謂公尤于顔有所得，此卷可信。宋有秋壑藏印，元大長公主鑒賞諸大老題後。

松風閣。

依山篆閣見平川，夜闌箕斗插屋椽，我來名之意適然。老松魁梧數百年，斧斤所赦今參天。風鳴媧皇五十弦，洗耳不須菩薩泉。嘉二三子甚好賢，力貧買酒醉此筵。夜雨鳴廊到曉懸，相看不歸卧僧氈。泉枯石燥複潺湲，山川光輝為我妍。野僧早饑不能饘，曉見寒溪有炊煙。東坡道人已沈泉，張侯何時到眼前。釣台驚濤可晝眠，怡亭看篆蛟龍纏。安得此身脱拘攣，舟載諸友長周旋。

清・王杰等《石渠寶笈續編・黄庭堅自書松風閣詩一卷》 本幅麻紙本，縱一尺二分，横六尺八寸六分，行書。松風閣。依山築閣見平川，夜闌箕斗挿屋椽，我來名之意適然。老松魁梧數百年，斧斤所赦今參天。風鳴媧皇五十弦，洗耳不須菩薩泉。嘉二三子甚好賢，力貧買酒醉此筵。夜雨鳴廊到曉懸，相看不歸卧僧氈。泉枯石燥複潺湲，山川光輝為我妍。野僧早饑不能饘，曉見寒溪有炊煙。東坡道人已沈泉，張侯何時到眼前。釣台驚濤可晝眠，怡亭看篆蛟龍纏。安得此身脱拘攣，舟載諸友長周旋。無名欵。

《糟薑銀杏帖》

綜　述

明・郁逢慶《續書畫題跋記》卷一 庭堅頓首：承惠糟薑銀杏，極感遠意。雍酥二斤，青州棗一蔀，漫將懷向之勤。輕瀆，不罪。庭堅頓首。

清・安岐《墨緣彙觀録》卷一《法書上・北宋・銀杏帖》 淡牙色紙本，行草，五行。帖左上角押一朱文半印。下鈐朱文寬邊半印，項墨林厭字編號，又一景父項氏韞輵圖書陽文墨印。後下角有紹勳朱文葫蘆印及項氏、姚氏等印。

《趙景道書劄並詩帖》

論　説

清・吴升《大觀録》卷六《黄文節公與趙景道絶句詩卷》 革頃與德麟游，頗聞元佑諸公言行之緒餘。及兹揭來臨漳，路鈐趙昌叔，相與款厚。因出示山谷道人與其先府丹陽君往來書帖及詩詞，想見前修風流餘韻，而貴公子樂善喜文之高致也。丹陽君，德麟之兄。而昌叔，德麟猶子也。然則好事喜賓客，蓋有家範云。温革叔皮父。光風轉蕙，泛崇蘭些。此山谷先生小楷氣象。石湖居士題。

又 漢武帝故事曰：上起神屋，以珠為簾箔，玳瑁厭之。東坡詞云：

銀蒜押簾，此山谷改厭簾作押簾之自來也。温叔皮。字畫亦蒼老，嘗為尚書郎，著《瑣碎録》。酺池書堂試云：人言九事八為律，立儒讀圭父偃傅，上書言九事，其八事為律令，一事諫伐匈奴。並志卷後，建袁立儒書。

又 溪翁續得山谷題前定録等八詩，小點大癡螳捕蟬二篇居其中，遺趙景道者小字，送李伯牖者大字，余兼而有之。于好古博雅，不曰徒費光陰矣。寶佑甲寅中秋日書。

又 山谷老人與趙景道帖並絶句八首，今藏海虞錢工部士弘家。前有賈丞相似道悦生印，及長字印，蓋宋末嘗入其家，悦生乃其堂名也。聞之昔人似道藏法書名畫甚富，其妙品輒用二印識之。後宋人三跋中石湖居士者，予鄉先生范文穆公至能也。正德庚午春三月，前進士吳門都穆。

綜述

清·吳升《大觀録》卷六《黄文節公與趙景道絶句詩卷》 此澄心堂紙三幅，前一劄，後八詩。楷書。骨肉停匀，不肥不瘦，而墨采濃厚，别有一種爽氣迸射紙上。行列長短不拘格，古致錯落。余録山谷書至此卷，直欲屈脚下拜。無款。前後有悦王長字印、官印、項氏雞印。

《諸上座帖》

論說

清·孫承澤《庚子銷夏記》卷一《黄魯直書諸上座帖》 此卷乃涪翁草書，末有數行正書。字法奇宕，如龍搏虎，躍不可控禦，宇宙偉觀也。然横縱之極，卻筆筆不放，古人所謂如屋漏痕折釵脚，此其是矣。世傳東坡見山谷草書，從旁稱歎。錢穆父謂惜未見懷素真跡。後山谷見自叙帖書法頓異，然山谷天分高，學力足，固非全取法於懷素者也。卷上有紹興及内府書印，曾入思陵禦府者，後又在賈似道家。余見山谷草書，當以此為第一。

綜述

明·張丑《清河書畫舫》卷九上 黄魯直《諸上座帖》，草書，師懷素，頗逼真，即嚴氏書畫記所載也。舊藏季範庵家。按《寓意編》云：李少卿嘗為郎中，奉使湖湘，道過江西，于石亭寺僧處得山谷草書一卷，後有穀真字跋尾，而紙墨如新。平生閲黄書頗多，此其最矣。山谷書法，真勝行，行勝草。其傳世大字《發願文》乃公盛年之筆，藏於郡城一古寺中。明昌七印全，並北宋以來諸人跋尾前，元趙菊坡故物也。其兄蘭坡亦藏山谷真書《楞嚴經咒》，甚妙。聞今在越州，未獲見。余今收得《頭陀贊》卷，楷法精勁，筆勢飛揚，真足壓倒二趙。藏本雖削去題名，無損也。王元美先輩云：蘇長公喜畫枯木拳石，山谷愛書禪伯語，秦少遊愛寫山鬼句。古人風流奇詭，若合一轍，可想見耳。明昌七印文，曰内府羣玉，明昌珍玩，明昌御覽，禦府寶繪，明昌中秘，明昌禦府。

《奉别帖》

綜述

清·安岐《墨緣彙觀録》卷一《法書上·北宋·曾肇奉别行複帖》 深牙色紙本，行書，十六行，大類蘇文忠。前書：肇奉别，行複歲暮。傾鄉實倍常情。後書：歲晚益寒，强食自愛為祝。肇又上。前半鈐子敬等三印，内有衍極堂、楊嘉尊、杓三印，後半鈐古心樓、易庵二印。帖經黄美之、項墨林收藏。

著録

清・卞永譽等《式古堂書畫彙考》卷一二《書十二・宋》 曾字開《奉別行複帖》。行書，紙本。

《冷淘帖》

綜述

清・安岐《墨緣彙觀録》卷一《法書上・北宋・王鞏冷淘帖》 淡黄紙本，草六行，字法蘇文忠。前書：鞏已作冷淘一杯，幸如約也。末書鞏再拜。帖有浦江旌表孝義鄭氏印，末角有審定真跡朱文印。

清・吳升《大觀録》卷四《冷淘帖》 紙本。高七寸四分，闊九寸四分，字半寸大，六行。鞏已作冷淘一杯，幸何如也。區區所叙，承惠團餅，珍感之至。有翰示之，聊陳謝誠，無煩枉書為報。鞏再拜。

《雪意帖》

綜述

清・安岐《墨緣彙觀録》卷一《法書上・北宋・蔡卞四兄帖》 白紙本，行書，八行，頗類京書。字大經寸。後書：卞拜覆四兄相公座前。帖前角有寶玩半鈐朱文印。末角有沈氏半鈐朱文印，曾經沈右田所收並項墨林、李君實、何元朗等印。

清・吳升《大觀録》卷四《蔡樞密雪意帖》 此劄紙本，高八寸六分，闊一尺，大行書，八行。筆勢飄逸，但未圓熟。

卞拜覆。雪意殊濃，甿晦大洽，殊為可慶。蒙賜答誨，尤以感慰。適行首司，呈賀雪笏。記似未穩，試為更定。如可用，即乞令寫上也，不備。卞拜覆。四兄相公坐前。

著録

清・倪濤《六藝之一録》卷三五二《歷朝書譜》 蔡元度《雪意帖》，草書。

清・卞永譽等《式古堂書畫彙考》卷一二《書十二・宋》 蔡元度《雪意帖》。草書，紙本。

《多景樓詩帖》

論説

金・趙秉文《滏水集》卷二〇 跋米元章《多景樓詩》。海岳老人書，惟《華陀帖》與《多景樓詩》最為豪放，偃然如枯松之卧澗壑，截然如快劍之斬蛟鼉，奮然如龍蛇之起陸，矯然如雕鶚之盤空，烏獲之扛鼎不足以比其雄且壯也，養由基之貫七劄不足以比其沉著。痛快也。千俊之鐘，萬石之虡，其重厚有如此者。浙江之潮，涿鹿之戰，其噴薄蹴踏有如此者。鐘、王之清潤，歐、虞之簡潔，顔、柳之端嚴，誠為鮮儷。至於雄入九軍，氣淩百代，而于古人有一日之長，其筆陣之堂堂者乎。

清・翁方綱《復初齋文集》卷二九　跋米書《多景樓詩》。米海岳《多景樓詩》，自書，不著歲月。後有明初虎林平顯跋，謂是潤州致爽軒所書。而宋何執中跋在崇甯元年云。在元度座上見之。元度者，蔡卞也。何跋又云：可目為三絶。據此，則米書此詩時樓已著名于時，故與詩書並稱三絶也。又按坡公潤州甘露寺彈箏詩，已有多景樓上彈神曲之句，坡詩作于熙寧七年甲寅，更在前矣。是則此詩後米自識謂禪師有建樓之意者，蓋謂重加修建耳。又考米元暉題跋有云：先臣芾，元佑末權潤州，州學教授合之焦山《瘞鶴銘》側，米老題名在元佑辛未孟夏，筆勢與此詩亦極相似，是此詩書於元佑末年，米老年四十許時，是其中年縱筆時也。

清・吴榮光《辛丑銷夏記》卷二　昨日元度座上見襄陽米元章所題《多景樓詩》，不獨仰其翰墨，尤服造語之工，真可目之三絶。崇甯元禩清明前一日，劍川何執中謹跋。

又　多景樓第一之勝，非第一流人品題不能極其妙。米襄陽，《宋史》稱其風神蕭散，音吐清暢，其書則沉著飛翥，為詩尤奇峭。荆公嘗摘其句書扇上，東坡亦喜譽之，見重於當時如此。是必書於潤之致爽軒者，何太傅目為三絶，信非溢美。惜畀僧舍，馴致淪落。後為檜熺父子所藏，陸沈悠久，天發其秘，永樂辛丑素軒沐公自滇來朝，北京得而寶之。解襄見示，觀其超邁不凡，令人痛快。所謂天馬脱銜者于虖，忠孝世家物類斯，感奇跡逸氣，翕然有歸。視者之隕獲于誤國奸臣之辱，萬萬天壤矣。不辭蕪陋，僭識左方。南宫有神，亦幸其書之遇。是歲秋季之望，松雨老人虎林平顯拜題。

綜述

清・吴其貞《書畫記》卷三　紙墨尚新，書法雄秀，鋒芒凜然，神品也。前有題目，後無題識。此詩原有二首，為人分開，此其前首也。卷後李西涯題跋，孟秋十八日，同張範我觀于丹陽董二酉家。姜本尚書公之字，家豪富，好書畫。是日所觀唐宋元書畫數種，不能悉記。

清・卞永譽等《式古堂書畫彙考》卷一一《書十一・宋・秋暑憩多景樓》　縱目天容曠，披襟海共開。山光隨眥到，雲影度江來。世界漸雙足，惟未入閩。生涯付一杯。横風多景夢，應似穆王台。

清・安岐《墨緣彙觀録》卷一《法書上・北宋・米芾多景樓詩册》　淡牙色紙本，原屬横卷，在宋已改裝為册。擘窠大行書七律一首。每行有兩字、三字者，計四十一行。詩後自題云：多景樓禪師有建樓之意，故書。前引首有古篆朱文二大印，後有崇甯元禩清明前一日劍川何執中一跋，内云：在元度座上見者，即蔡卞也。册中每頁押左史江氏朱文大印及檜字朱文印，秦熺之印。此册在明為沐府所收，上有黔甯王子子孫孫永保之白交印，沐璘廷章公余清玩白文印，征南將軍圖書朱文大印。後藍箋松雨老人一跋云：册為檜熺父子所藏，陸沈悠久得歸素軒。沐公忠孝世家，視昔之隕獲于誤國奸臣之辱，萬萬天壤矣。册有嘉興曹氏、大名成氏等印。此詩已經刻石，余曾見搨本。

清・吴榮光《辛丑銷夏記》卷二　華胥兜率夢曾游，天下江山第一樓。冉冉明廷萬靈入，迢迢溟海六鼇愁。指分坱圠方輿露，頂矗昭回列緯浮。衲子來時多泛缽，漢星歸未覺經牛。雲移怒翼搏千里，氣霽剛風禦九秋。康樂平生追壯觀，未知席上極滄洲。多景樓禪師有建樓之意，故書。

紀事

清・李佐賢《書畫鑒影》卷一〇　此册載《墨緑彙觀》，稱原是横卷，在宋已改裝成册，擘窠大行書，每行有兩三字，計四十一行。前引首有古篆朱文二大印，後有崇宝元積劍川何執中一跋，内云：在元度座上見者，即蔡卞也。册中每頁押左史江氏朱文大印及檜字印、秦熺之印。在明為沐府所收，上有黔宝王子子孫孫永保之印，沐璘廷章公余清玩白交印，征南將軍圖書朱文大印。後藍箋松雨老人一跋，有嘉興曹氏、大名成氏等印云云。今已刻《詒晉齋摹古帖》中，為成邸所藏，不知何以散出。咸豐年，余曾見於京都廠肆，借觀一日。筆力矯健，傲岸不羣，真有怒猊抉石、渴驥奔泉之勢。惜價昂，力不能致，為多智友廉訪所得。智友去世，近聞轉歸徐壽蘅少司農處。瑰寶奇珍，不脛而走，理固然也。

著録

清・卞永譽等《式古堂書畫彙考》卷一一《書十一・宋》 米海岳《多景樓詩帖》。行書，紙本，小字自注。

《虹縣詩》

論說

清・吴榮光《辛丑銷夏記》卷二 故天官侍郎田公，乃僕從姑之夫也。聞公自兵火閑獲米元章書。無為禪師録等帖。幢、檜詩簡虹縣二題、五言臘雪詩真跡。□軸，寶藏珍玩，非好事知音者莫得觀也。皇統末，田公不幸遭讒被罪，薨逝之後，家屬流竄于遠境，生涯蕩盡，唯米帖攜行。至天德二年，蒙恩召還舊里。是時僕在會寧，隨先兄讀書，先姑道過於此，遂得瞻侍表兄處獲觀米字，假得雪詩一軸臨摩。摹本後遭穿窬之盜。大定六年，僕自梁鄉瓜代回，都下再見真跡，各摹一本，藏於翰府。至辛卯歲仲春，不肖守職。

又 京輦，聞法表兄，欲貨米老真跡□軸。僕矜其貧，高其賈，以阿堵物二百千易得之。嗟乎，田氏昆仲雖處困窮，不忍棄青氈舊物，提攜游于四方，眾目觀覽，倖免富者圖之，貴者售之，廿餘年後終為我所得，豈非物理自有歸耶。大定十三年孟夏廿三日，燕台劉仲游景文書。

又 東坡愛海岳翁有云：元章書如以快劍斫蒲葦，無不如意，信乎。子敬以來一人而已。又云：清雄絶俗之文，超邁入神之字，其稱道如此，後世更無可言。所可言者，其天資高，筆墨工夫到，學至於無學耳。歲乙卯九日好問謹書。

又 趙吴興云：米海岳以書學博士召對。上問本朝以書名世者凡數人。海嶽各以其人對曰：蔡京不得筆，蔡卞得筆而乏逸韻，蔡襄勒字沈遼排字，黄庭堅描字，蘇軾畫字。上複問：卿書何如。對曰：臣書刷字。蓋言其運筆之迅勁耳。今觀《虹縣詩帖》，勁處有柔態，迅處有婉致，具超塵絶世之概，饒神明規矩之奇。筆端雲湧，如羣帝之驂龍。墨氣騰空，如滄溟之浴日。見者無不目動神驚，歎為莫及。宜其當日高自矜許如此。康熙五十七年，歲次戊戌冬十月長至前二日，横雲山人王鴻緒題。

又 此幀余為庶常時，曾得觀于館師繹堂先生家。運筆之妙，有行神如空，行氣如虹景象。今匆匆三十餘年，繹堂師刻之《蓮池書院法帖》中，焕若神明，頓還舊觀，令我追想四十年妙墨因緣也。道光辛丑五月廿有五日，伯榮記于老學庵，時年六十有九，距觀真跡時四十三年矣。

綜述

清・吴升《大觀録》卷六《米南宮虹縣詩卷》 白綿紙本，高九寸，長九尺，行草書，大四寸，計共三十七行，每行二三字。筆精墨妙，與《府公帖》相頡頏，但彼沈著，此飛舞。彼有款此無，僅宋印十一方。價直府公五百有奇，此三百餘，米書價重踰晉唐若此。

清・吴榮光《辛消丑夏記》卷二 虹縣舊題云：快霽一天清淑氣，健帆千里碧榆風。滿船書畫同明月，十日隋花窈窕中。再題：碧榆緑柳舊游中，華髮蒼顔未退翁。天使殘年司筆研，聖知小學是家風。長安又到人徒老，吾道何時定複東。題柱扁舟真老矣，竟無事業奏膚公。米芾。

《珊瑚帖》

綜述

清·安岐《墨緣彙觀録》卷一《法書上·北宋·珊瑚帖》　淡黄之本，前行草六行，字大寸餘。首書收張僧繇天王，上有薛稷題，末珊瑚一枝四字倍大。内墨畫一珊瑚筆架，其形如義，甚為奇絶。下連一座，左傍書金座二字，後首又書七絶一詩。帖之前後半鈐内府書印及大雅半印。並珊瑚帖先臣芾真跡，臣米友仁鑒定公恭跋。後有季姓及天臺謝在杼、郭天錫、楊肯堂、施光遠、焦元溥等跋。

清·吴升《大觀録》卷六《米南宫珊瑚詩帖》　黄箋本，色光滑。高九寸，闊一尺五寸。前繪珊瑚一莖，有枝節兩三枝。書體瘦硬入神，頗與刻本合。收張僧繇天王，上有薛稷題。閻二物，樂老處元直取得。又收景温《問禮圖》，亦六朝畫珊瑚一枝。三枝朱草出金沙，來自天支節相家。當日蒙恩預名表，愧無五色筆頭花。

雜録

清·王澍《虚舟題跋》卷八　米老《珊瑚帖》真跡，于商邱宋氏見之。中畫珊瑚一枝，有座。座下書玉座二小字，奇跡也。

《蜀素帖》

論説

清·吴升《大觀録》卷六《宋米南宫諸體詩卷》　裝褫將屬諸善書者題其首，熙寧元年戊申三月丙子，吴郡記。希子中。上蓋至道無爲圖書。熙寧八年四月十四日，與東海徐道淵、成都閭邱公顯，同赴子中邵氏東園之招，觀此數遍。鈐縫蓋至道無爲琴印一方。晉陵胡完夫題。

又　襄陽公在當代，愛積晉唐法書，種種必自臨搨，務求逼真。時以真跡溷出，眩惑人目，或被人指摘，相與發笑，然亦自試其藝之精，抑試人之知如此，所以名書於宋，與蔡、蘇、黄爲四大家，後之人惡敢議其劣，亦不容諛其優矣。汪君宗道持其所書雜詩，纖行綾卷，索題，佛頭上豈可作罪過，但以蘇長公論其清雄絶俗之文，超妙入神之字，今於此卷見之，因掇以塞其請云。正德改元八月，下浣後學沈周。

又　《南宫帖》予見數本，每見未嘗無所得，此卷藏汪宗道家，尤爲精粹。余作有意學米，安得常對面也。臨別，漫志於尾。唐宋書苑大家不過數輩，宗道皆能致之，歐陽公謂物長聚於所好，信哉。祝允明書。嘉靖丁巳十月，長洲文征明觀。

又　《蜀素》一卷，乃慶曆四年甲申東川所造，東園邵子中藏於家廿餘年。熙寧元年戊申，裝褫成卷，先記其尾，虚其首以將屬諸善書者。慶曆至熙寧二十餘年矣，至熙寧八年乙卯，胡完夫、徐道淵、閭邱公顯觀於子中家，展轉數遍，亦題其尾，尚其素也。至元祐三年戊辰，始爲米谿堂書。熙寧至元祐又幾二十餘年矣，子中、完夫諸公愛其素如此，不知諸公及見谿堂之詞翰否乎。余自嘉靖三十二年癸醜得見於長安友人家，傾囊以購之。余素愛米書，見者不下廿卷，此卷五百五十有六字，詩體具備，墨妙入神，真祕玩也。且自慶歷至今五百二十餘年矣，完好如故，又為沈石田、祝枝山、文衡山三先生所賞鑒，尤為可寶。余以此卷自隨。一日，過吳中，謁衡山先生，獨不攜此，適有覆舟之厄，先生曰：米書在否。曰：否。先生曰：豈無神物呵護至此耶。嘉靖四十年辛酉閏五月，研山居士顧從義北上，舟次南陽閘，展卷謹志。

又　右米書蓋以老法用禿筆者，遒古可愛。甲辰閏九月九日，王衡題于春水船。

又　崇禎七年，歲在癸酉。子月申甫計偕入都門，再觀於東華門邸中，一似米老重觀研山，第無玉蟾蜍淚滴之恨。董其昌識。時年七十九歲。

又　米元章此卷，如獅子捉象，以全力赴之，當爲生平合作。余先得摹本，刻之鴻堂帖。甲辰五月，新都吳太學攜真蹟至西湖，遂以諸名蹟易之。時徐茂、吳方詣吳觀書畫，知予得此卷，嘆曰：已探驪龍珠，餘皆長物矣。吳太學書畫船為之減色。然複自寬曰：米家書得所歸。吳太學名廷尚，有右軍《官奴帖》真本。董其昌題。

又　萬歷乙卯長至日，海昌陳瓛觀曾孫陳壽珍玩。增城嗜書，又好米南宮書，余在長安得蜀素摹本，嘗與增城言米書無第二，但恨真蹟不可得耳。凡二十餘年，竟爲增城有，亦是聚於所好。今方置棐几，日夕臨池。米公且有衛夫人之泣，余亦不勝其妬也。董其昌題。

清・王杰等《石渠寶笈續編・御題行書》　猶看蜀素存米老，幸逭鬱攸獻晉卿。堪與漁村為合璧，似爭蘭畹擅連城。書雖涉放原歸整，辭固云頗頗是英。磬折香光非謬譽，謂獅捉象具精評。癸卯仲春上澣御題。鈐寶二。古稀天子，猶日孜孜。前有董其昌題。

又　此米芾蜀素真蹟卷，為大學士傅恒舊藏。壬寅東，其子額駙福隆安家不戒於火，而是卷適以付裝獲全，因進入內府，即題什紀其事。今春，其孫豐伸濟倫家複遭祝融之厄，使是卷不早入石渠，馬知不為丁甲下取洵乎。翰墨因緣，流傳有數，藝林名蹟，當有神物護持，不可思議耳。戊申孟夏御識。臣董誥奉。

綜　述

清・吳其貞《書畫記》卷五　書在《蜀素》之上，氣色如新，計五百五十有六，大如指頭，是為行書也。書法清健，結構瀟灑，落筆處絶無垂珠滴露，蓋用懸針，全脱本色，似效李北海，稍類山陰圖題跋。詩之後段素上有宋人胡完夫題曰：熙寧八年四月十四日，與東海徐道淵、成都閭邱公顯同赴子中邵氏東園之招，觀此數遍，晉陵胡完夫題。此題是觀賞其素也。又無名氏題曰：秦伯鎮書蜀道難，已下此題，想前段還有伯鎮書也。又東川題曰：慶曆甲申歲，東川造此，是造素人題也。又希子中題曰：蜀素一卷，藏在余家二十餘年，今既裝槤，將屬善書者題，熙甯元年戊申丙吳郡記。又希子中此系藏素主人所題也。以上諸題時，而元章尚未為書，及元章書後，剩有白素，至完夫題處，空有二尺，為明董思白題於其中曰：米元章此卷，如獅子捉象，以全身力赴之，當為生平合作，余先得摹本，刻之《戲鴻堂帖》。甲辰五月，新都吳太學攜真跡至西湖，遂以諸名跡易之。時徐茂、吳方詣吳觀書畫，知余得此卷，歎曰：已探驪龍珠，餘皆長物，吳太學書畫船為之減色矣。然複自寬曰：米書得所歸矣。太學名廷尚，有右軍《官奴帖》真本，董其昌題。又陳瓛題曰：萬曆乙卯長至日，海昌陳瓛觀題，到此蜀素畢矣。卷後副紙上有沈石田、祝枝山、文衡山、顧從義、王衡、董思白等題跋。前面引首宋箋上又有思白題跋，隔首上又有思白題跋，此卷載《米氏志林》。余慕之久，今始觀于子魚侄孫海昌之僑居，翫賞兩日，陪賞者子魚從兄長公也。時甲辰仲冬廿二日。

清・阮元《石渠隨筆》卷二《米芾蜀素書卷》　米芾《蜀素帖卷》乃塵絹織成，烏絲闌一幅，存者八十行。前段割去米書凡五十一行，餘二十九行，為董其昌、胡完夫、林子中題字。林子中題云：慶曆甲申歲，東川造蜀素一卷，藏余家者二十餘年，今既裝褫，將屬諸善書者題其首，熙甯元年戊申三月丙子，吳郡記。希子中。胡完夫題云：熙寧八年四月十四日，與東海徐道淵、成都閭邱公顯，同赴子中邵氏東園之招，觀此數遍。晉陵胡完夫題。米書末署款云：元佑戊辰三年九月廿三日，溪堂米黻記。然則林、胡二題皆在元章元佑所書之前矣，蓋此屬素原甚長，林子中先題字，後遍屬善書者書之，其前必有各家書，末乃為元章墨寶，方胡完夫觀此時尚無米書也，後人惟重米書，其前人書皆割去，故其前烏絲闌有斷紋也。米書、胡跋之間卻留十三行為董文敏書跋，亦相稱也。米詩玉被破鱸魚霜破柑，霜字旁以小字改為金字。

清・吴升《大觀録》卷六《宋米南宫諸體詩卷》 蜀素織就，烏絲欄光膩，高八寸，長八尺，行書，共五百五十六字。詩篇諸體皆備，有禦璽及收藏諸印。素造于慶曆甲申。熙甯戊申，邵子中志於尾，虚其前，以俟善書者。元佑戊辰，溪堂始書於上，距造素之日已四十五年矣。思翁三題，一在引首，一在隔水綾，一在贉尾，定為米跡第一，不虚也。

清・王杰等《石渠寶笈續編・米芾書蜀素帖一卷》 本幅烏絲蜀素本，縱八寸九分，横八尺五寸三分，行書。【略】 鈐印一，米姓之印，後有邵希識云：慶曆甲申歲，東川造蜀素一卷，藏余家者二十餘年，令既裝褫，將屬諸善書者題其首，熙甯元年戊申三月丙子，吴郡記。希子中鈐印一，至道無為。又有胡完夫識云：熙寧八年四月十四日，與東海徐道淵、成都閭丘公顯，同赴子中邵氏東園之招，觀此數遍，晉陵胡完夫題。又有小字一行，秦伯鎮書蜀道難，已下董其昌等跋。

紀事

清・何紹基《東洲草堂文鈔》卷一一《跋牛雪樵丈藏米書蜀素卷》 東川造蜀素一卷，織就烏絲闌，在慶歷四年甲申以後，收藏題尾者各有姓名而不敢徑書其上。至元佑三年戊辰，米老乃振筆自書，其詩距造蜀素時已四十五年。據高詹事攷證，大略如此。此爲阿章矜持珍重之筆不待言矣。是卷無烏絲闌，自不得據爲原本。香光刻鴻堂帖亦從摹本，鈎取入石，後乃得見真蹟，此殆所據之摹本乎，良未可輕視也。雪樵製府丈實之如真，甚當，甚當。香光所見真蹟，計當尚在人間，不審何日可幸遇之。

著録

清・卞永譽等《式古堂書畫彙考》卷一一《書十一・宋》 米元章諸體詩卷。行書，織成烏絲闌絹本，高八寸，長八尺，有御府鈐印，李西厓印，項子京吴廷等印。

《天馬帖》

論説

明・祝允明《懷星堂集》卷二五《跋米書天馬賦》 南宫與眉山、豫章、莆陽擅聲宋室，近時學者寡師王氏，宗祖必先事四家，為襄陽之學者，大抵步入狂狠。允明亦願學而資力兼乏，乃不易爾，而亦不易以語人。此《天馬帖》為梁溪錢氏世藏，其孫昌言出示，舒玩未終，第覺法度森出，與尋常之論大異，高陽馮几之口，不幾於誤人邪。昌言請識跋稍附爾爾，異時締觀著力或得畦徑一二，當為再議，以易此語。

明・張丑《真蹟日録》卷三 米書大字《天馬賦》，舊藏嚴分宜家，其書豪舉縱逸，真是放而能秒者。今吴中有石刻，徒得其欹側怒張之態，而未盡其秀媚映發之姿，此蓄法書者，所以必求真蹟也。

清・孫承澤《庚子銷夏記》卷一《米元章大字天馬賦墨蹟》 元章所書《天馬賦》，以擘窠大字書于平海大師後園者，為最得意之作，雄渾流動，起止横竪，諸法俱備。余嘗見其《多景樓詩》亦大書，遠不及此。此卷不獨在天馬卷中稱第一，其生平書跡亦當以此為第一。上有蔡姓藏印，乃蔡京也。又有賈似道小印及秋壑圖。書在明又入嚴相家，籍没入内。如此名蹟，累辱于權奸之手，良為可歎。黄子久云展視之時，有大星貫丰而墜，其聲如雷，亦一奇也。卷既入内，將後跋皆割去，今江南傳一卷，後有永樂甲辰浚儀張肯跋，從徐有貞家傳流者，臨本也。

清・卞永譽等《式古堂書畫彙考》卷二《書十二・宋・米南宫書天馬賦》 米南宫書《天馬賦》，有掣御頓轡，不受羈絡之氣。山谷注李伯時所寫天閑六馬贊，矜票聳峙，如就駕鑾輿，排仗閶闔，蓄千里遠邁之意，而不敢逞。若坡翁作馬卷與李方叔，則高朗卓犖，宛然龍騋步驟，延頸顒目以顧草澤之羣，三公筆墨變化，往往隨事注精，以展其妙如此。

清・吴升《大觀録》卷六《米海岳大字天馬賦卷》 海岳能書又能詩，書品超邁入神，詩稱意格高遠，傑然自成一家。嘗寫詩投許沖元，自言不襲古人，生平未嘗録一篇投豪貴，遇知己則不辭。元豐中，至金陵，見王介甫，過黄州，識蘇子瞻，皆不執弟子禮，其高譽道如此。時論章伯益書，如宫女插花，嬪嬙對鏡，自有一般態度，能繼者惟海岳耳。或云海岳學羅讓書，蓋其少時非得法於讓也。此帖詞翰兼美，誠佳品也。幼澄宜保藏之。永樂甲辰中秋前五百日，浚儀張肯識。

綜述

清・張照等《石渠寶笈》卷二九《宋米芾書天馬賦一卷》 素牋本，行書，無款，姓名見跋中。卷前有東吴生一印。後隔水孫承澤跋云：米元章《天馬賦》，余於滄桑後得之故内，其奇逸處，全倣顔魯公。余取魯公送劉道太沖序墨跡對觀，無一部相合者。古人書法皆有原本如此，記之以自勉。退道人澤。拖尾王鐸跋云：甲戌春過北海齋，觀米海岳《天馬賦》。矯矯沉雄，變化於獻之、柳、虞，自為伸縮，觀之不忍去。噫，兵燹之餘，一時文獻凋剥，乃僅存此卷，光怪陸離，不減没於瓦礫，物之遭由蹇遇亨，可勝歎耶。北海孫公雅嗜古博通，海岳何不幸嘉書經戎行，何幸出之象弭僕軜，登之君子之堂，逢北海為異代知己也，天下事盛衰顯晦，豈不有數存乎其間乎哉。予不意今年復見北海，又復觀海岳及諸家字畫，疇謂予顛沛後非幸歟。孟津王鐸。卷高七寸七分，廣六尺零二分，前隔水。

清・吴升《大觀録》卷六《米海岳大字天馬賦卷》 白宋紙本，高一尺一寸，長三丈八尺，計二十九幅，每幅書四行，每行三字，間有四字及二字者。結體大於拳，中有脱落一二字處。鈐縫賈似道朱文小印，蔡姓珍藏方印，上下合同御府書印。前後斜紋綾，隔水，鈐賈秋壑悦生胡盧印，北平孫氏收藏諸印。雖乏宋元跋，不害為真蹟也。止録前後系語，賦不録。

高君素收唐畫御馬，感今無此馬，故賦。平海大師後園，水丘八慧悟師看書。襄陽米芾。

著録

明・汪砢玉《珊瑚網》卷五 米南宫大行楷書《天馬賦》。

清・卞永譽等《式古堂書畫彙考》卷一一《書十一・宋》 米南宫書《天馬賦》。大行楷書。

《苕溪詩帖》

論説

清・吴升《大觀録》卷六《米襄陽苕溪詩卷》 奉敕題右呈諸友等詩，先臣芾真蹟，臣米友仁鑒定恭跋。

又 右米元章詩翰，有紹興及睿思殿圖印。其子友仁題其後，稱先臣芾，蓋君前臣名之義也。元章書極精妙，而真贋每相混淆，如米氏者江南僞本不知其幾，此卷妙處望而可知。太宰水村陸先生檢諸故篋，重加裝飾。物之顯晦，固自有數哉。先生方操黜陟之柄，振幽起滯，天下之士賴以不汩没於世者多矣，識者幸毋以一事觀之。正德丙子二月十二日，長沙李東陽題。

綜述

清・吳其貞《書畫記》卷三　紙墨如新，書法行楷，運筆瀟灑，結構舒暢，蓋效顔魯公化書者，絶無雄心霸氣，為老米超格妙書。卷後李西涯題識。以上書畫，于嘉興守李公署中觀之。公諱國楝，號隆吉，關東人，篤好字畫，識見過人。是日同觀者，三韓王丹葵、杭州藍田叔、休寧孫對微，時甲午三月九日。

清・吳升《大觀録》卷六《米襄陽苕溪詩卷》　此卷澄心堂紙本，高八寸五分，長約五尺，行楷，大徑寸。體勢方勁，全得魯公筆法，上押紹興小璽，睿思殿諸印。舊爲仝卿陸太宰所藏，蓋吳中故物也。有李文正篆書，引首尾紙小米奉敕題及正文跋，董宗伯已刻《鴻堂帖》中。

《研山銘》

綜述

清・吳其貞《書畫記》卷三　書在粉箋，墨色退落，僅存字影，此銘係南唐李後主之銘也。予始知寶晉齋研山原是後主物。以上書畫，時壬辰十一月二十一日，仝陶康叔觀于昭慶寺，歙人許方成陶售其秋梧圖。

紀事

宋・周密《雲煙過眼録》卷四　米氏研山，後歸宣和御府，今在台州戴覺民家。

《元日帖》

綜述

清・安岐《墨緣彙觀録》卷一　淡黄紙本，草書十行，字八分許，首書元日焚香西北。

清・吳升《大觀録》卷六《米南宮就帖册・元日帖》　元日明窗焚香，西北向吾友，其永懷可知。展文皇大令閲，不及他書。臨寫數本不成，信知者在前，氣燄懾人也。有暇作譜，發一笑於事外。新歲勿招口業，佳。別有何得，泗戎東下未，已有書至彼，俟之。

《真酥帖》

論説

清・吳升《大觀録》卷六《米南宮真酥帖》　《翰墨志》謂公書醞釀風骨，自然超逸。不虛也。

綜述

清・安岐《墨緣彙觀録》卷一《法書上・北宋・真酥帖》　淡黄紙本，行書，五行。前書：真酥一斤，少將微意。後書：芾惶恐頓首。虞老可喜，必相從歡。

清・吴升《大觀録》卷六《米南宫真酥帖》 淡黄紙本,高八寸二分,闊六尺餘。行書,大七分,計五行。

著 録

清・卞永譽等《式古堂書畫彙考》卷一一《書十一・宋》 老米《真酥帖》。行書,紙本。

《嚴寒帖》

綜 述

清・安岐《墨緣彙觀録》卷一《法書上・北宋・陳瓘仲冬帖》 淡黄紙本,行書,十一行。前書:瓘啟:仲冬嚴寒,伏惟尊候萬福。後書:瓘拜上。思濟使君大夫十二姐縣君,十一月廿二日。

清・吴升《大觀録》卷四《陳忠肅嚴寒帖》 此札紙本,高八寸餘,闊一尺二寸,大行書,十二行。清勁有山陰典型。

著 録

清・倪濤《六藝之一録》卷三五二《歷朝書譜》 陳瑩中仲冬《嚴寒帖》,行書。

清・卞永譽等《式古堂書畫彙考》卷一二《書十二・宋》 陳瑩中仲冬《嚴寒帖》。行書,紙本。

《辱書帖》

綜 述

清・安岐《墨緣彙觀録》卷一《法書上・北宋蘇邁辱書帖》 淡牙色紙本,小行草,十行。前書:邁頓首再拜,主管學士坐下。辱書愈勤,感不勝道。後書:邁頓首再拜,主管學士坐下。前後多空紙,押有陳氏印章。

著 録

清・卞永譽等《式古堂書畫彙考》卷一〇《書十・宋》 蘇伯達《辱書愈勤帖》。行草書,紙本。

《台眷帖》

綜 述

清・安岐《墨緣彙觀録》卷一《法書上・北宋伯達台眷一帖》 淡黄紙本,小行草,五行,共二十五字。前後所留空紙約有尺餘。

清・吴升《大觀録》卷五《伯達台眷帖》 邁拜問台眷,一一萬福。别紙所悉,尚容細處之,它委勿鄙。邁拜。

《蒙餉帖》

綜述

清·吴升《大觀録》卷四《趙郡王蒙餉帖》 此札牙色紙本，高八寸五分，闊一尺三寸，行書，九行。

清·安岐《墨緣彙觀録》卷一《法書上·北宋·趙令畤賜茶帖》 牙色紙本，行書，九行。字類蘇文忠。前書：令時頓首：辱惠翰，伏承久兩起居佳勝。後書：令時頓首：仲義兵曹宣教。八月廿七日。帖前下角有一朱文印，後餘紙押臨川王氏朱文大印，及朱文清森閣書畫印，白文何良俊印，以及項氏收藏印。

著録

清·倪濤《六藝之一録》卷三五二《歷朝書譜》 趙德麟《蒙餉梨栗帖》，行書。

清·卞永譽等《式古堂書畫彙考》卷一二《書十二·宋》 趙德麟《蒙餉梨栗帖》。行書，紙本。

《又啟帖》

綜述

清·安岐《墨緣彙觀録》卷一《法書上·北宋·劉正夫又啓帖》 淡黄紙本，行書，八行。字類蔡元長。前書：正夫頓首又啟：遠辱手翰，得聞佳履，殊用慰感。末書正夫頓首。帖内有二書印，並李君實、何元朗、項氏、陳氏等印。

清·吴升《大觀録》卷四《劉少宰褒除帖》 正夫頓首又啓：遠辱手翰，得聞佳履，殊用慰感。正夫乍至都下，公私擾怵，叙布草略，惟亮幸甚。他冀珍嗇，以需褒除。正夫頓首。

著録

清·倪濤《六藝之一録》卷三五二《歷朝書譜》 劉德初《又啟帖》，行書。

清·卞永譽等《式古堂書畫彙考》卷一二《書十二·宋》 劉德初《又啟帖》。行書，紙本，内項氏、何氏、李氏、陳氏諸印不録。

《蒙恩帖》

綜述

清·安岐《墨緣彙觀録》卷一《法書上·北宋·吕嘉問進職帖》白紙本，行書，十行。前書：嘉問衰晚無堪，蒙恩進職易郡，悉出交游，延譽之賜。後書：嘉問再拜。帖有項氏收藏印及何良俊印，陸沈、金馬門二白文印。

清·吴升《大觀録》卷四《吕侍郎蒙恩帖》此札白粉紙本，高八寸五分，闊一尺一寸七分，行書，十行，大八分。

著録

清·倪濤《六藝之一録》卷三五二《歷朝書譜》吕望之《蒙恩進職帖》，行書。

清·卞永譽等《式古堂書畫彙考》卷一二《書十二·宋》吕望之《蒙恩進職帖》。行書，紙本。

《徵局帖》

綜述

清·安岐《墨緣彙觀録》卷一《法書上·北宋·唐坰珍翰帖》白紙本，行書，五行。前書：坰啓。征局冗坐，忽辱珍翰。後書：坰再拜。彦遠尊兄侍史，午刻。前有浦江旌表孝義鄭氏印，後下角有審定真蹟朱文印，内多項氏及李氏鶴夢軒印。

清·吴升《大觀録》卷四《唐中允征局帖》此札白箋，高八寸，闊一尺一寸四分，行書，半寸大六分。

著録

清·卞永譽等《式古堂書畫彙考》卷一二《書十二·宋》唐林夫《征局冗坐帖》。行書，紙本。

《試後四詩帖》

綜述

清·安岐《墨緣彙觀録》卷一《法書上·北宋·叔黨試後四詩一帖》淡黄紙本，行書，十九行。前書：試後四詩，一《呈吴開府》兩絶句，一《呈儀真張使君》七律一首，一《寄如皋葉尉》五律一首。此帖有曹氏印章，亦自曹册中拆入者，較前曹册二帖更勝。册後有宋人王安□□幵二跋，皆非原題。册前有老泉臨顧一帖，卞氏拆去，未得一見。

《杜門帖》

綜　述

清·安岐《墨緣彙觀録》卷一《法書上·北宋·王升杜門帖》　淡黄紙本，草書，十行，字大寸餘。前書：升再拜。衰老杜門多病，久不承興居之問。未書：升再拜。

著　録

清·倪濤《六藝之一録》卷三五二《歷朝書譜》　王逸老《杜門帖》，草書。

清·卞永譽等《式古堂書畫彙考》卷一二《書十二·宋》　王逸老《杜門帖》。草書，紙本。

《草履帖》

綜　述

清·安岐《墨緣彙觀録》卷一《法書上·北宋·曾紆草履帖》　牙色紙本，草書，八行，字大寸許，前六行，首書：紆以道半雨淖，狼狽之甚，欲煩左右置草履以濟兵卒。後書：紆再拜。久直知縣七哥。後二行續書：借一二十人來相接左言。帖前下角押珍繪堂記朱文印，後下角押一舊印，模糊難辨。

著　録

清·倪濤《六藝之一録》卷三五二《歷朝書譜》　曾公卷《草履帖》，草書。

清·卞永譽等《式古堂書畫彙考》卷一二《書十二·宋》　曾公卷《草履帖》。草書，紙本。

《瘦金體千字文》

綜　述

清·安岐《墨緣彙觀録》卷一《法書上·北宋·徽宗瘦金千字文卷》

白紙本，朱絲隔欄，字大寸許，每行十字。首書：千字文。後書：崇寧甲申歲宣和殿書，賜童貫。上蓋御府之印，朱文大璽。前後有長樂未央及雪堂二印。

《公鬬帖》

綜述

清・安岐《墨緣彙觀録》卷一《法書上・北宋・李彭家兄帖》　白紙本，行草，十一行。前書：公鬬家兄，得彼相從，當甚歡也。後書：未間，千萬珍重。彭頓首。帖前下角有一半鈐舊印，後有肇明二字朱文長印，下半鈐金匱石室之書及河東三鳳二白文大印。

清・吴升《大觀録》卷四《李商老公鬬帖》　此帖紙本，高八寸七分，闊一尺二寸五分，行草大六分，十一行。

著録

清・倪濤《六藝之一録》卷三五二《歷朝書譜》　李商老《公鬬家兄帖》，行草書。

清・卞永譽等《式古堂書畫彙考》卷十二《書十二・宋》　李商老《公鬬家兄帖》。行草書，紙本。

《收録帖》

綜述

清・安岐《墨緣彙觀録》卷一《法書上・北宋・張商英女夫帖》　白紙本，行書，九行。前書：商英惶恐，女夫王潙之蒙收録。後書：商英惶恐再拜。帖有屠氏白文印。

清・吴升《大觀録》卷四《張丞相收録帖》　此札紙本，高九寸，闊一尺四分，字大七分，九行。

《風範帖》

綜述

清・安岐《墨緣彙觀録》卷一《法書上・北宋・林希風範帖》　白紙本，行書，十四行。前書：希再拜。前此四年，嘗於武林奉見風範。後書：長樂林希再拜。劉君秘書文几，二月十三日手狀。末有腰圓朱文印，蓋於二月字上，帖有項氏收藏印。

著録

清・倪濤《六藝之一録》卷三五二《歷朝書譜》　林子中《奉見風範帖》

清・卞永譽等《式古堂書畫彙考》卷十二　林子中《奉見風範帖》。行書，紙本。

帖》，行書。

《到京帖》

綜　述

清・安岐《墨緣彙觀録》卷一《法書上・北宋・邵鯱到京帖》　深牙色紙本，行書，九行。前書：鯱啓。到京俗事區區，遂不果。後書：鯱再拜。存道良親司理閣下。帖有項氏諸印。

清・吴升《大觀録》卷四《邵直閣到京帖》　此帖紙本，高七寸七分，闊九寸，字大六分，九行。

著　録

清・倪濤《六藝之一録》卷三五二《歷朝書譜》　邵仲恭《到京帖》，行草。

清・卞永譽等《式古堂書畫彙考》卷一二《書十二・宋》　邵仲恭《到京帖》。行草，書紙本，内項氏諸印不録。

《三詩帖》

綜　述

清・安岐《墨緣彙觀録》卷一《法書上・北宋・薛紹彭三詩帖》　白紙本，行書，十二行，七言絶句三首。其一，簇簇深紅間淺紅，苦才多思是春風。千樹萬落花相照，盡日經行錦繡中。其二，村落人間桃李枝，無言風味亦依依。可憐憔悴蓬蒿底，蜂蝶不知春又歸。其三，十日狂風桃李休，常因酒盡覺春愁。泰山為麴釀滄海，料得人間無白頭。款紹彭二字。前下角有珍繪堂記朱文印，後無白二字上蓋朱文德壽堂書籍印。此紙經孫退谷收藏。

清・吴升《大觀録》卷四《薛修撰三詩帖》　此帖粉箋，高八寸，闊一尺八寸，行書，絶句三首，共十二行。

《雲頂山詩帖》

紀　事

清・卞永譽等《式古堂書畫彙考》卷一二《書十二・宋・薛道祖雲頂山詩卷》　右宋薛紹彭書五紙，薛氏三鳳名河東，紹彭其後人也，字道祖，號翠微居士，居長安。符祐間以書名，名竝米芾，今《書史會要》所載是也。水村陸公得此卷，特愛重，間出示余，為識數語於後。長沙李東陽。

《昨日帖》

綜　述

清·安岐《墨緣彙觀録》卷一《法書上·北宋·昨日帖》　淡黄箋本，草書，七行，戲鴻堂曾刻。首書：昨日得米老書，云欲來早率吾人過天寧素飯。後書：幸照察。紹彭再拜。帖前下角有一半鈐舊印，内有項氏及黄氏陳定等印。

著　録

清·倪濤《六藝之一録》卷三五二《歷朝書譜》　薛翠微《昨日帖》，草書。

清·卞永譽等《式古堂書畫彙考》卷一二《書十二·宋》　薛翠微《昨日帖》。草書，蠟牋本。

《塵勞帖》

綜　述

清·吴升《大觀録》卷七《朱鴻臚別後帖》　敦儒字希真，河南人。志行高潔，雖爲布衣，而有朝野之望。靖康中，召至京師，固辭還山。高宗立，屢詔敦遣，故人勸之，始幡然起。賜進士出身，除祕書省正字，兼兵部郎。以人言請歸。希真工詩及樂府，婉麗清暢。秦檜當國，擢鴻臚卿。論者咎其晚節不終云。此札白紙本，高九寸，闊一尺二寸餘，行書，十一行。

清·安岐《墨緣彙觀録》卷二《法書下·南宋·朱敦儒塵勞帖》　牙色紙本，行韋書，十一行。前書：敦儒再拜，後書：臨書神馳，敦儒再拜。末角押半鈐一印，内有項氏諸印。

著　録

清·卞永譽《式古堂書畫彙考》卷一四《書十四·南宋》　朱希真《別後塵勞帖》。紙草書，紙本。

清·倪濤《六藝之一録》卷三五二《歷朝書譜·宋》　朱希真《別後塵勞帖》。行草書。

《二詩帖》

綜　述

清·卞永譽《式古堂書畫彙考》卷一四《書十四·南宋·蔣宣卿詩帖》　行楷書，紙本，詩内小字自注。

清·安岐《墨緣彙觀録》卷二《法書下·南宋·蔣璨二詩帖》　淡黄紙本，行楷書，十九行。前七律二首，詩内注有小字四行。後自題云：沖寂觀去南莊數里，肇建於有唐，逮今數百年，中間衰弊。吾家曾祖太傅公，為司出納，且主盟興起之，相繼累世，不墜兵火。之後殿宇久廢弗理，房舍荒寂。璨今再至，不勝感歎，故作二詩。紹興甲子季秋乙亥，蔣璨拜呈。帖前押貞元朱文連珠半印。

清·顧復《平生壯觀》卷三《南宋·蔣璨》 題冲寂觀二詩，詩俚而筆圓，𢿙二十名公帖中。

著録

清·倪濤《六藝之一録》卷三八二《歷朝書譜·宋賢墨蹟詩翰》 蔣宣卿詩帖。行楷書。

《詠水仙花詩帖》

綜述

清·吴升《大觀録》卷七《陳參知水仙帖》 公名與義，字去非，洛人。政和 s 三年甲科擢符寶郎，尋貶。高宗南渡，召赴行在，累拜參知政事。紹興八年卒，年四十九。長於詩，嘗賦墨梅，為祐陵嘉賞，世稱簡齋。此札粉箋，高九寸四分，闊一尺二寸餘，行書六行。

清·安岐《墨緣彙觀録》卷二《法書下·南宋·陳與義詠水仙花詩帖》 牙色紙本，行書，六行。前二行書：詠水仙花書，呈幸光，與義上。其詩：仙人緗色裘，縞衣以裼之。青帨紛委地，獨立東風時。吹香洞庭暖，弄影清晝遲。萬里北渚雲，亭亭竟何思。唯應園中客，能賦會真詩。帖前下角有一白文舊印，不能辨。

《付岳飛手敕》

論説

清·吴升《大觀録》卷三《宋思陵行書付岳武穆手勅》 此宋高宗手札，岳武穆飛北伐之勅。觀其詞義，體恤調度得宜。以張、韓、劉、楊為犄角，以王、趙督錢糧。慮兀术遁去而促其速進，中興事業成在旦夕。其曰國爾忘身，其曰素志殄虜。君上之知臣下三代以後，實為罕匹，宜武穆之盡忠報國也，夫何奸相旋沮之身死詔獄，宋帝前何明而後何闇也。書生曰：内有奸相，邊將何由立功。信哉。三復是勅，志士不能不為之隕涕云。嘉靖四十有一載仲秋既望，古檇、李墨林、項元汴謹識。

綜述

清·吴其貞《書畫記》卷四《宋高宗付岳武穆一手敕》 勅末書付岳飛三字，書法精妙，紙墨如新。言辭慷慨，視岳為股肱臣，然殺而不問，豈獨檜罪也歟。

清·吴升《大觀録》卷三《宋思陵行書付岳武穆手勅》 白紙本，高八寸，長三尺，行書。字如錢大，筆畫遒整，覺靈秀之氣拂拂從指中流出。詔尾壓大璽一方。

清·張照等《石渠寶笈》卷二九《宋高宗賜岳飛手勅一卷》 素牋本，行楷，書後署付岳飛三字，上鈐御府之寶一璽，下有押字一卷，後有高承延印、吴氏書畫之印二印。卷高一尺一寸四分，廣一尺九寸二分。

清·顧復《平生壯觀》卷三《南宋·高宗》 岳敕手書與武穆王飛者，白紙二尺許，字如古錢，後敕岳飛真書，蓋御書之寶。文徵明大行書，題岳敕《滿江紅》一詞，未識題此敕者否。

紀事

明·張丑《清河書畫舫》卷一〇上《南宋·高宗》 又聞宋高宗賜岳武穆手詔，舊藏崑山黄應龍家，後人題詠極多，尋為妄人竊去，今不知流落何所矣。

著録

清·卞永譽《式古堂書畫彙考》卷一三《書十三·南宋·高宗》 思陵付岳武穆手勅。楷書，紙本。

《洛神賦帖》

綜述

清·張照等《石渠寶笈》卷二九《宋高宗書洛神賦一卷》 上等曰二。素絹本，行草，書後識云德壽殿書，上鈐德壽殿御書寶一璽。卷前有雪軒、真瀆二印，又半印不可識。卷後有皇姊圖書一印，又梁清標印、蕉林鑑定、張維節印諸印。前隔水有卷字七十五號六字，俱作半字。後隔水押縫有蒼巖、治溪漁隱二印，又一印不可識。引首有子孫世保、蕉林玉立氏圖書二印，拖尾趙巖題云：花石綱閒四海分，錢塘日日雨如春。孔明兩表無人讀，德壽宮中寫洛神。趙巖。又宋獻記語云：崇禎癸酉九月廿五日，宋獻獲觀於俞光禄觀玩軒。後有蒼巖子焦林秘玩、觀其大畧諸印，最後有韓逢禧一印。卷高八寸六分，廣八尺六寸三分。

清·顧復《平生壯觀》卷三《南宋·高宗》 《洛神賦》，絹本，行書。前綾玉池上有雪軒大方印，又真淡大委角方印，稽察司半印，皆宋印德壽殿書。上蓋德壽殿寶，下有皇姊圖書、趙巖題詩。

著録

明·汪砢玉《珊瑚網》卷七《法書題跋·高宗行草洛神賦》 高宗行草《洛神賦》。書絹上，後欵云：德壽殿印。

明·張丑《南陽書畫表》卷上《法書》 高宗書《洛神賦》。絹本，有趙巖詩。

清·卞永譽《式古堂書畫彙考》卷一三《書十三·南宋·高宗》 高宗書《洛神賦》。行草書，絹本，原文不録。

《徽宗文集序帖》

論説

明·張丑《清河書畫舫》卷一〇上《南宋·高宗》 思陵銳意學書，多歷年所，故其書楷法清逸，行草渾成，無不臻妙。吾家舊藏御書《徽宗集序》一卷，前後雖有殘缺，而字宗虞褚，實為希世奇寶。先府君博雅好古，目力過人，生平寶愛三代九螭白玉玦及此卷，至仙游時，以授長兄伯含，永為傳家清玩。

綜述

明・張丑《真蹟日録》卷二　宋高宗御書序文一首，前有斷簡，後稱臣稱名，蓋御製《徽宗御集序》也。

清・吴升《大觀録》卷三《高宗書徽廟御集卷》　白紙本，紙色極佳，楷書端謹，全法《曹娥碑》結體指頂大計。首行闕五六字，自室則泣起，至謹序止，紙二接，共三十二行。另紙用壽卿圖書一方，後胡三省、袁清容跋，清容無款，衡山跋考核精詳，可稱此卷董狐也。

雜録

清・吴升《大觀録》卷三《高宗書徽廟御集卷》　圣有謨訓，後之人寶而藏焉。唐虞大訓，三代傳寶之。若天球河圖諸器，寶云乎哉。閣藏御集，宋以靖也。越若高宗，祐陵遺墨，藏于敷文凡百卷，而親爲之序。昔嘗觀復古殿損齋諸書，率肆筆而成，此序則用楷法，以崇孝敬。孝敬積于中而現于書法者，徵是可觀已。西清邃密，謹厥緘縢，期于啟佑罔缺，而復散落人間，唏矣。胡髯墮弓，抱而號慕，彼一時也。使其横棄道側，大鴻力牧之後，有子孫者，倘然見之，當何如耶。識者宜深有感于斯。魏文作典論，明帝立石。大學欲與五經并傳，至於隋朝猶存其本。典論之永其傳，以有斯石。立石初心固不望其入隋。唐太宗觀煬帝集而語侍臣，謂其亦知是堯舜而非桀紂，而行事則反是。不知當時如蕭瑀、虞世南輩亦在側否。春秋為尊者親者諱，抑當重有感于斯也。龍舒故吏胡三省，拜手稽首，敬書于袁桷清容齋。

粤自國家儀文典章之屬，咸歸有司，而文辭詔令，亦各有主掌。爲人主者，宜若無為，以濟治平。然猶兢兢然惟日不足，豈其間誠有所好而然也。夫人生之所好，患其淺而至于藝也。藝成而下士或恥之，況為國乎。天下之足以動人者不一，乘其好以投，未有不遂。而人主為尤甚。自古奸臣弄國，遇明智之主，則必内懼，以俟其好。好之雖正，猶或因之以塞其聰明，移其耳目。哀音怨歌，相與媮佚，樂以亡國，蓋有之矣。謂不當使之讀書者，是視人主為何如也。維昔祐陵，以天縱之姿，修立法度，崇尚儒學，一時姦臣，懼其皆然，遂使所好若近于藝，未嘗不扼腕太息也。家有御集百卷。實思陵手書，伏而讀之，思昔時之時，復重感于此。既又惟思陵楷法遒麗，方古之藝名者，殆不能過。然聞當時大臣，正色立朝，至有斥論，書之臣于殿上，而書尤若是。吁，是亦好之不失其正已。右宋高宗御書序文一首，前有闕簡，後稱臣稱名，蓋御製《徽宗御集序》也。按紹興二十四年九月己巳，宰臣進呈徽宗皇帝御集凡百卷，上自序之，權奉安于天章閣。今序文無歲月，豈即當時所上耶。後有龍舒故吏胡珵跋，亦無歲月可考。第雲書于袁桷清容齋，蓋元袁文清公伯長所藏，伯長自跋亦闕其後。按伯長生咸淳二年，宋亡時纔十有四歲，胡跋蓋作于易世之後，故不書年月。觀其書能舒故吏而不稱臣，可見已。又云集藏敷文閣而史云天章，按杭宋内府有寶文等十閣，并貯諸帝御集，而敷文實徽宗集所在，天章則屬真廟，而史云權奉安者，豈當時敷文未成耶。然前此侍臣已有帶敷文學士者，而當時秦熺實為奉安御集禮儀使，鄭重如此，不應閣尚未成，此皆不可曉也。惟宋多右文之主，自真宗而下皆有御集，多致數百卷，今皆不傳。而其所以為世輕重，實不在此。思陵詞翰，尤號名家，此文既典雅而翰札尤精。然胡、袁題識皆微致不滿之意，豈帝王之學自有所重耶。正德十六年，歲在辛已，三月之望，衡山文徵明書于停雲館。

正德庚辰仲冬望後一日文彭敬觀。

《養生論帖》

論説

清・王世貞《弇州山人四部稿》卷一三〇《宋高宗養生論》　右太史

姚君繼文藏宋思陵手書《嵇中散養生論》一篇，行楷具草相間，後有德壽御書印。德壽，思陵為太上時所居宮也。思陵初擬豫章，在青氷之間，晚始記得意山陰，傍及鐵門限，此尤其得意筆正書。時於督策露章法一二，蓋欲以拙救熟耳，行草翩翩二王堂廡間而不能脱蹊逕。然要當於六代人求之。繼文工八法，無俟餘贅。余獨歎中散之精於持論，而身不能免也。其微言奥旨，若遺丹之在藏，數百千年尚能起痼離。凡中所謂一怒足以侵性，一哀足以傷身，思陵深戒之。故德壽三十年，不減玉清上真，而五國之游魂不返矣。單豹食外，彭明為夭，其思陵與中散之謂耶。

綜述

清・吴其貞《書畫記》卷二《宋高宗〈嵇康養生論〉一卷》 書在箋紙上，書法連真帶草，為高宗超格好書。上有德壽御書小璽，是為上皇時所書也。後有李西涯題識。

清・張照等《石渠寶笈》卷二九《宋高宗書養生論一卷》 金粟箋，朱絲闌本，真草二體相間，書無款，有德壽御書一璽，又御書一璽，又坤卦一印。卷前有宏誼、姚叔、子子孫孫永寶之三印，卷後有天曆之寶一璽，又姚氏珍玩、姚宏誼珍玩書印、梁清標印諸印。押縫有河北棠村印凡十。前隔水有蕉林書屋一印，後隔水有端本一印，押縫有蒼巖、蕉林二印。拖尾李東陽跋云：右稽康《養生論》一卷，真草相間，用智永千文體，後有德壽御書印。德壽，宋高宗宫名。作於紹興十八年戊辰，實中興之二十二年也。又九年丙子，孝宗受禪，十一而崩於是宫。此書蓋倦勤時筆，計其年當過耳順，而楮墨精密乃如此，豈真有得於養生之説。故與史稱其博學强記，繼體守文，而撥亂反正，復讐雪恥為未足，觀於是書者，其亦有所感矣。吾友楊應寧都憲得此而藏之，敬題其後。正德三年六月十三日，長沙李東陽書。又王世貞跋云：右太史姚君繼文藏宋思陵手書《稽中散養生論》一篇，行、楷、真、草相間，後有德壽御書印。德壽，思陵為太上時所居宫也。思陵初擬豫章，在青氷之間，晚始刻意山陰，傍及鐵門限，此尤其得意筆正書。時於督策露章法一二，蓋欲以拙救熟耳，行草翩翩二王堂廡間而不能脱蹊逕。然要當於六代人求之。繼文工八法，無俟餘贅。余獨嘆中散之精於持論，而身不能免也。其微言與旨，若遺丹之在藏，數百千年尚能起痼離。凡中所謂一怒足以侵性，一哀足以傷身，思陵深戒之。故德壽三十年，不減玉清上真，而五國之遊魂不返矣。單豹食外，彭蚺為夭，其思陵與中散之謂耶。萬曆紀元秋七月晦，吴郡王世貞書於武昌南樓。後有蒼巖子梁清標玉立氏印章、觀其大略二印，押縫有冶溪漁隱一印。卷高七寸七分，廣一丈八尺七寸八分。

著録

明・孫鑛《書畫跋跋》卷一《墨蹟・宋高宗養生論》 王氏跋一：右太史姚君繼文藏宋思陵手書《稽中散養生論》一篇，行、真、草相間，後有德壽御書印。德壽，思陵為太上時所居宫也。繼文工八法，無俟餘贅云。

《適造帖》

綜述

清・吴升《大觀録》卷七《虞忠肅適造帖》 公名允文，字彬甫，隆州人。登紹興二十三年進士，早以文學致身臺閣。晚際時艱，出入將相，孜孜忠勤，垂二十年。采石之役，公以儒臣犒師，奮勇督戰，轉危為安，功績尤偉。淳熙四年薨，謚忠肅。所著有《詩文集》、《奏議志》。書學鍾成侯，雖未精詣，自合古法。此札紙本，高一尺餘，闊一尺七寸，行書，十七行，停雲刻石。

清・安岐《墨緣彙觀録》卷二《法書下・南宋・虞允文適造帖》 白紙本，行書，十五行，結字兼具隸體。前書：允文適造見，後書：右謹具呈，九月二十八日，允文劄子。帖前有貞元連珠印，後接紙虞堪一跋，謂丞相手澤，得之于黄舜臣名夔先生家藏，時至正二十五年七月六日也。嗣孫堪謹識。

著録

清·卞永譽《式古堂書畫彙考》卷一四《書十四·南宋》虞彬甫《適造帖》。行書，紙本。

《吴説尺牘》

綜述

清·英和等《石渠寶笈三編·延春閣藏十三·宋吴説尺牘一册》本幅紙本，摺裝，九幅，行書。一，縱九寸三分，横一尺四寸一分。【略】二，縱七寸四分，横一尺二寸二分。【略】三，縱九寸，横一尺二寸四分。【略】四，縱九寸六分，横一尺四寸七分。【略】五，縱九寸五分，横一尺三寸九分。【略】六，縱八寸九分，横一尺二寸二分。【略】七，縱一尺三分，横一尺四寸六分。【略】八，縱八寸七分，横一尺二分。【略】九，縱九寸二分，横一尺二寸。【略】鑒藏寶璽。五全璽。寶笈三編。嘉慶御覽之寶。

《三詩帖》

綜述

明·朱存理《珊瑚木難》卷三《宋人墨帖·右九帖雲松録之》右詩三紙，其一作游絲書，其二作真書，其次則行書也。其書真好游絲，風逸無比，劉屏山嘗題其書，有《游絲帖歌》一首，元安陽韓性亦有題贊於後。時乙巳歲之八月一日，觀於玉峰黄應龍静逸堂書齋，故識。

著録

清·卞永譽《式古堂書畫彙考》卷一四《書十四·南宋》吴傅朋《三詩帖》。游絲書。

清·倪濤《六藝之一録》卷三八二《歷朝書譜七十二·宋賢墨蹟詩翰》吴傅朋《三詩帖》。游絲書。

《王荆公詩帖》

論説

清·安岐《墨緣彙觀録·法書下·南宋》按，説宋紹興中稱善書者爲第一，更精於楷書，凡所見者多行書，小楷惟見定武蘭亭一跋，姿媚遒勁，秀逸特出，其草書則未之見。此書筆畫細如毫髮，全作草體，每行一筆直書，連綿不斷，轉折間架，疎密得宜，雖具縱橫飄揚之勢，不踰規矩之外。考古雖有此法，後皆無傳。想見傅朋之苦心，非為傳奇，欲使後學知其所謂正鋒者如是用筆也。惜乎世不多見。相傳明季崑山黄應龍家藏有吴傅朋游絲書。又按《鐵網珊瑚》轉傅朋有游絲書七律三首，款紹興戊辰歲十月十三日書于雙港者。

綜　述

清・吴升《大觀録》卷七《吴傅朋游絲書王荆公詩卷》　説字傅朋，錢唐人。游絲書細如髮，硬如鐵，時稱獨詣。白宋紙本，高九寸，長九尺，凡三接。第一紙宋印七方，又吴説私印一方。第二紙收藏宋印三方，下三吴説章一方。第三紙收藏宋印四方，又延陵君子後裔説章一方。游絲書荆公題西太乙宫壁樓，計詩十五行，行書，東萊贈傅朋長歌二十五行，末作楷跋七行。傅朋在南渡初以書名，為思陵眷異，行體直逼虞永，興娟秀大雅正書，出入楊義和内景經，翩翩有逸致。游絲則傅朋自刱一格，大約變中郎飛白法，如晴絲游空，全以筆尖運化。擅此藝者，傅朋之後無聞焉。荆公詩前一首，集中失刊，想删逸耳。

清・安岐《墨緣彙觀録》卷二《法書下・南宋・吴説游絲書王荆公蘇文忠三詩卷》　白紙本游絲書，王荆公柳葉鳴蜩緑暗六言詩二首，蘇文忠和荆公一首，字大寸半。卷前首押二舊印，下一葫蘆印，又鼎式二印，其文模糊不能全辨。詩後有白文吴説私印，三吴吴説章朱文印，延陵君子後裔説章白文印，及書帷董史祕玩等印。後傅朋自書長歌一篇，前題上饒使君郎中游絲書歌。

【略】此歌以前行書二十五行，後又小行楷八行，跋云直學士院紫微舍人東萊吕公爲説作此詩。後二十許日，公捐館舍，此殆其絶筆也。公之句如槃中走九，如地中行水，雜之少陵詩編中，未易議優劣也。其季偉信見屬寫本，因題其後。紹興十五年歲在乙丑，十月既望，錢塘吴説。下押吴説白文印，後有董史祕玩及鼎爵爐瓶式八印。

《叙慰帖》

綜　述

清・吴升《大觀録》卷七《叙慰帖》　紙本，高八寸，闊八寸五分，行書，大八分許。

説頓首上啟，區區叙慰，已具右疏。即日凝凜，不審孝履何似。末由一造廬次，惟冀節抑哀苦，以承家世寄託之重，不勝至望，謹奉啓不宣。説頓首上啓大孝宣教苦次。

清・安岐《墨緣彙觀録》卷二《法書下・南宋・叙慰帖》　牙色紙本，行書，八行。前書：説頓首上啓，區區叙慰，已具右疏。即日凝凜，不審孝履何似。後書：説頓首上啓。大孝宣教苦次。帖前有十二兩字，係編號，又項氏、黄氏並易菴圖書、楊嘉等印。

著　録

清・倪濤《六藝之一録》卷三五二《歷朝書譜・宋・吴説》　吴傅朋《叙慰帖》，行楷書。

《手簡二帖》

論説

明・郁逢慶《續書畫題跋記》卷三《陸放翁手簡二通》 放翁以詩名重天下，受知周益公范文穆，為中興大家。嘗讀其《劒南集》，愛不忍去手，思見其人而不可得。今得觀此二帖，恍然如侍左右，何其幸哉。然放翁在當時不以書名，而遒麗若此，真所謂人品既高，下筆自然不同者也。二帖一與仲信議婚，一為明遠題鄉禪師遺墨。放翁到今不為久遠，而此三人者皆不可知。昔蔡明遠鄱陽一卒爾，以魯公之書而傳仲信，既與翁結婚，而禪師遺墨有見晚之恨，則二公要皆非尋常流輩人矣。而余皆不之知，鄙淺可笑。此卷既歸墨林，墨林博雅好古，而蓄書極富，必能考以補余之不逮也。

嘉靖戊午仲冬二十日，後學文彭謹題。

綜述

明・郁逢慶《續書畫題跋記》卷三《陸放翁手簡二通》 真蹟，行草，在楮上。

清・顧復《平生壯觀》卷三《南宋・陸游・二札》 二札皆白紙，一與仲信學士，一與明遠老友，皆中行書，文彭題。

《自書詩帖》

論説

明・都穆《寓意編》 松江人携示陸放翁自書詩一卷，大字，行書。詩凡七首，今見其集中，字畫遒勁。山陰杜思永跋。

清・孫承澤《庚子銷夏記》卷一《陸放翁詩稿》 陸務觀先生自書所作詩八首，後題嘉泰甲子歲正月甲午，用郭端卿所贈猩猩毛筆，時年八十矣。書法勁逸，老年不衰如此。詩句冲淡，全無烟火色相。蓋公以寶章閣待制修實録，完即致仕優游若耶溪，久領林泉之樂，故其筆墨清勝如此。昔公跋山谷卷，謂此卷不應携在長安逆旅中，亦非貴人席帽金絡馬，傳呼入省時所觀。他日幅巾筇杖渡清衣江，相羊喚魚潭瑞草橋，清泉翠樾之間，與山中人共小巢龍鶴菜飦，掃石置風爐煮蒙頂紫茁，然後出此共讀，乃稱耳。予於公書亦云然。卷中嘉泰甲子乃嘉泰四年也，越五年而公殁。按陸渭南文集他日上有程子二字，蓋帖乃程正伯所藏。程為蜀人，清衣江喚魚潭瑞草橋在蜀中。小巢亦蜀蔬，即東坡所賦元脩菜也。

綜述

清・張照等《石渠寶笈》卷二九《宋陸游自書詩帖一卷》 素箋本，草書，五言古詩一首，七言古詩一首，七言律二首，五言律一首，七言絶句三首。款識云近詩一卷，為五七郎書。嘉泰甲子歲正月甲午，用郭端卿所贈猩猩毛筆，時年八十矣。後有山陰始封放翁二印，卷前有潘沂希哲寶積一印，又藏書印半印。卷後有太原王掞藻儒父章顓菴孫承澤印，潘沂希哲寶積諸印。卷中幅有許安國二印，押縫有孫氏印凡九，許安國印七，西田印八。卷後押縫有許安國印，承澤、西田諸印。拖尾郭畀跋云：宋南渡後，放翁先生文章號大家，數一時學者所宗。暮年休致後，詩法圓美，蓋傳之於曾茶山也。此卷字畫遒勁，實先生得意書，秋泉其善藏之。若夫先生出處之詳，則有二南詩文盛行於世，予復何言。京口郭畀題。又俞庸跋云：放翁居紹淳，講好偃兵之時，天下休息，疆埸無事。入掖垣，出藩宣，晚年優游若耶溪，上壽八十餘。宜乎劍南前後續集之富，大而天地日月星辰之運行，小而昆蟲草木之動植，内而朝廷，外而邊徼，以至於禮樂法度、刑賞兵財，凡所見聞，一寓之詩。世間妙語奇對，騷人墨客呫嗶推敲之所未到，莫不網羅蒐獵，畢盡無遺。真可以泣鬼神、袪瘧癘，讀之使人倘然。止贊然立，而獨未嘗見公之翰墨，秋泉高侯暇日以巨軸示，展眂乃翁所自為詩，音調諧雅，字畫遒勁，猶龍躍鳳翥，鵬搏鯤運，對之精爽飛越，誠見所未見也。侯蹙然曰：先公以戎行從太傅伯顔公，戰勝攻取，將校惟珠玉金帛是競，先公獨以圖書文史寓意焉。凱旋輦以踰嶺，衆有薏苡之疑，先公發篋示之，悉皆驚嘆悦服。平定以來，往往為博雅之士奪其所好，今存無幾，此卷母夫人藏之久矣，近始以畀，曰而父下江南所得者也。蚤暮披閲當有益，勿廢墜。拜而受之，不啻獲至寶，願識諸左方以信。後予聞放翁唐内相宣公之裔，二百年後乃能以文章事業晃耀一世，振其家聲，侯家傳帶礪笏襲簪裳，遭圣明繼武垂拱守成四方無戰伐以恒人遇之孰不縱恣自肆。而侯也日與繁弱忘歸，鞭弭櫜鞬周旋。公退燕閒，左圖右書，紬今繹古，客至圍棋投壺，且馭裨佐，如嚴師友，撫士卒，如親子弟。雖古之名將向寵、杜元凱之流，不能過也。侯龍觀放翁之文章翰墨，思放翁之勳名事業，如放翁之振耀家聲，行將易金莬大符，樹崇牙高節，妙年未艾，為天子出於南土，以成考志，以悦母顔，使功烈洸洸赫赫，吾見不止如今日之所觀也。斯卷也，其殆無恤袖簡也耶。捲錦之餘，因書以寓箴規焉。放翁姓陸氏，名游，字務觀，山陰人。至治元年二月八日，永嘉俞庸題。前後俱有時中齋一印。又程郇跋云：放翁文章妙天下，出處大節載之宋史，世庸有不知者。石湖范公帥蜀，辟為元僚。金椿玉撼，人以為醉，翁門下客，輕裘緩帶，雅歌酒應是投字壺，當時意氣何如耶。錦官城蓋翁朱同鄉也。東歸還朝，本非素志，嘗有詩云：杜鵑言語原無據，悔卻東吳萬里歸。其心事蓋可見矣。投老會稽，世故盡絶，東村西鄰，田翁野老，爾汝相忘。猶有栗里，柴桑氣象。余往歲長尹和，靖堂正在翁故里，嘗得遊歷。柳姑廟道士莊遺趾尚在，翁之高風猶可遐想。秋泉高侯出示此卷，正歸老會稽所作，時翁年已八十，字畫遒勁，詩律古淡乃如此。中有夢為孤鶴過青城之句，益知翁思蜀之念，未始一息忘也。余蜀人也，岷山錦水寧不介然於懷耶。嘉泰甲子距今歲泰定甲子恰兩周甲子矣。感今懷昔，慨前修之不作，為之太息。是歲四月望日，眉山程郇書於京口郡幕。後有王藻儒收藏圖書一印。又陳璉跋云：鎮江楊時中，元至正初，為郡庠直學，有識鑒，購得高秋泉所收陸放翁親書所作詩若干首，共為一卷，有元人永嘉俞庸、眉山程郇、京口郭天錫題跋，後歸其姪敏所，尤寶愛之。洪武中，敏僑居南詔，以所蓄書畫留其親戴處，及回索，原寄物俱已遺落，幸而此卷獨存。重加裝潢，屬浙江僉憲致仕顧君仲謙馳書徵予言。按史，翁諱游，字務觀，越州山陰人，年十二能詩文，及長，蔭補登仕郎，為秦檜所疾，檜死，始赴福州寧德簿用，薦為勑令，所删定官直言無隱，尋遷大理寺司直，兼宗正簿。孝宗即位，遷樞密院編修官，兼編類聖政所檢討官。史浩、黄祖舜薦其善詞章，諳典故，召見。上曰：游力學有聞，言論凱切。遂賜進士出身。後出判建康隆興夔府。時王炎宣撫川陝，辟為幹辦公事。翁為炎陳進取策，後皆驗。後范成大帥蜀翁為參議官，以文字交，不拘禮法。人議其頽放，因自號放翁。後累遷江西常平提舉。江西水災，檄諸郡發粟與民。召還，改知嚴州。過闕陛，辭上諭曰：嚴陵山水勝處，職事之暇，可以賦詠自適。再召入見，上曰：卿筆力高，非他人可及。除軍器少鑒。紹熙元年，遷禮部郎中，兼實録院檢討官。嘉泰二年，以孝宗、光宗兩朝實録及三朝史未就，詔翁權同修國史實録院修撰，尋兼秘書鑒。三年，書成，陞寶章閣待制，致仕。翁才氣超逸，尤長於詩，今卷中諸詩，蓋致仕回山陰時所作者。翁書於後曰：嘉泰甲子歲正月甲午，用郭端卿所贈猩猩毛筆，時年八十矣。嘉定二年卒，年八十有五。若公之詞翰，在當時已為人主所重，有不待予言之贅，因備記其仕蹟，俾覽者有所考，與直學之識鑒，敏之知所寶愛，俱可嘉也。時正統四年乙未冬十月既望，嘉議大夫禮部左侍郎羊城陳璉書。後有北海孫氏珍藏書畫印、孫承澤印、无住道人王掞藻儒之章、顓菴諸印。又沈周跋云：放翁詩大類石湖，書法亦大同小異，在當時蓋二公互相取益也。宜乎其忘勢遺位，與之傾倒平生。後世推范公之知人，陸公之自信，今人重勢位而輕人材者比比，觀此卷重有感焉。弘治庚戌，後學長洲沈周跋。前有洗心亭一印,後有王掞之印、西田居士二印。諸跋中,押縫許安國印凡三,西田印二,又時中齋王掞拙修堂諸印。卷高九寸一分,廣二丈一尺八寸二分。按程郇跋,陳璉作程郁,當有悮。

《上恩帖》

綜述

清·吴升《大觀録》卷七《王丞相上恩帖》 淮字季海,金華人。登紹興十五年進士第,爲御史,劾免宰相湯思退等,除舍人,封駮龍大淵等。詔書知制誥,訓詞深厚,得代言體。歷拜左右丞相,提舉洞霄宫。淳熙十六年卒,謚文定。獨以不喜朱紫陽興僞學之禁毒痡善類,為士林切齒云。此帖紙本,高九寸,闊一尺二寸,行書,九行。

清·安岐《墨緣彙觀録》卷二《法書下·南宋·王淮上恩帖》 白紙本,行書,九行。前書:淮誒罪機廷,每慙無補。後書:右謹具,呈中大夫參知政事,王淮劄子。帖前有正獻之後清源王孫何氏、鄭氏貞元等印,後有畏齋何氏。

著録

清·卞永譽《式古堂書畫彙考》卷一四《書十四·南宋·王淮》 王季海《上恩帖》。行書,紙本。

清·倪濤《六藝之一録》卷三五二《歷朝書譜·宋·王淮》 王季海《上恩帖》,行書。

《垂誨帖》

綜述

清·吴升《大觀録》卷七《范文穆誨帖》 公名成大,字至能,吴郡人。紹興中進士第。隆興初,致書北廷,幾被殺,卒不辱命而還。帥廣西,制置四川,卓有治略。召拜參知政事,尋帥金陵,鋪饑戮盜,江境乂安,以病請間領洞霄宫。紹熙四年薨,謚文穆。所著有《石湖集》、《攬轡録》、《桂海虞衡志》。書法遒勁,在米黄間。此札白粉箋,高九寸,闊一尺六寸,行草,十六行。

清·安岐《墨緣彙觀録》卷二《法書下·南宋·范成大垂誨帖》 白粉蠟紙本草書,十六行,前書:成大向蒙垂誨,後書:成大再拜。帖經項墨林收藏、何良俊、陳定等印。

著録

清·卞永譽《式古堂書畫彙考》卷一四《書十四·南宋》 范至能《垂誨帖》。草書,紙本。

清·倪濤《六藝之一録》卷三五二《歷朝書譜·宋·范成大》 范至能《垂誨帖》,草書。

《清和帖》

綜　述

清・吴升《大觀録》卷七《楊文節清和帖》　公名萬里，字廷秀，吉水人。紹興中進士，官至寶謨閣學士。開禧二年卒，年八十三。孝宗始欲大用，以疏詆吕頤浩配享，上不悦，由是出外。光宗立，召還。尋侂胄柄國十五年，卧家不起，已而聞侂胄用兵事，呼憤慟哭而逝，謚文節。光宗嘗賜誠齋二字，學者稱誠齋先生云。此札白箋，高一尺，闊一尺一寸餘，行草，十四行。

清・安岐《墨緣彙觀録》卷二《法書下・南宋・楊萬里清和帖》　白紙本，草書，十四行。前書：萬里伏以首夏清和，後書：右謹具呈，四月廿二日，朝請郎守尚書左司郎中兼太子侍讀楊萬里劄子。末角押宣和書學博士江南徐氏仍孫朱文大印。

著　録

清・卞永譽《式古堂書畫彙考》卷一四《書十四・南宋》　楊廷秀《首夏清和帖》。草書，紙本。

清・倪濤《六藝之一録》卷三五二《歷朝書譜・宋》　楊廷秀《夏清和帖》。草書。

《卜筑帖》

綜　述

清・顧復《平生壯觀》卷三《南宋・朱熹》　《卜築鐘山帖》，龔璛、郭畀同觀題。蘇希則、吴均、楊溥金幼孜楊榮題。

雜　録

明・汪砢玉《珊瑚網》卷七《法書題跋・徽國文公朱夫子手帖》　朿三傳以讀《春秋》，事猶可略也，據綱目以考《通鑑》，法不可不備也，其始終條理之際而且下問如是，極精微矣。凡銘識率因其家子孫門人所述，類多掩惡溢美之辭，使富道德而能文章者從而書之，則必傳信於永久。以張忠獻公之賢，紫陽先生猶有悔，况餘人乎。故雖契家不肯假借，凜然《春秋》之意，世盍所知懼哉。延祐改元，詔取士一用朱氏學。高郵璛、京口郭畀同觀于虎林般若僧房，時八月十有四日敬書。

又　右徽國文公考亭夫子手帖，一以辭譔墓志，一以致問起居，而以編輯《通鑑綱目》，義例得失取正，於人皆不書官職名氏，其誨己誨人之意藹然見於言表。至今二三百年後風范猶在。目前先生文章事業昭在簡册，又豈後學窺其涯涘，又奚待於稱揚褒美哉。今京口何彦徵得之於其外祖郭畀，天錫彦徵實而藏之。亦庶幾知道者，翰林學士士奇楊公復議其後，均得拜觀文公之手澤，誦之三復起敬時。永樂庚子仲春清明後五日，臨川吴均端肅書。

又　京口何彦徵氏所藏文公先生墨蹟，得觀者以為至幸，而題識之者互相發明，殆無餘藴矣。然《通鑑》一書，上下數千百年，則本《春秋》為萬世公論，而於契家事蹟，乃以性命之憂為説而辭之，豈耳目所及不及簡册歟，抑彼此所施有不可同者歟。大賢君子必有以處之，此則學者所當講求也。詩曰：魚潛在淵，或在於渚。其斯之謂歟。宣德三年歲次戊申，秋八月望日，南郡楊溥識。弘濟白文。澹菴白文。

又　此卷手書凡三，二書如前所云，一書則折簡道問安者。京口何彦徵寶藏之，以示予於戲。先生片紙隻字流傳於世，不啻拱璧之難得，况此晚年之筆，其所言尤後學所當矜式者耶。拜觀之餘，謹識歲月于後云。

宣德四年歲次巳酉，夏四月巳卯，臨江後學金幼孜謹識。

又　右宋朱夫子晦菴先生手書二通，觀其於撰述《張魏公銘誌》與他書所載不同，不免悔之。至其所修《通鑑綱目》，十年而後成，然汲汲尚欲求正於人，則知前賢於為文及著書二事，其不敢忽如此。後進之士率爾妄作者，觀於此可不少致其謹乎。此卷今藏何彦徵氏，間以請予識，把玩之餘，遂書此於末簡以歸之。關西後裔白文，楊氏勉仁白文。宣德四年巳酉秋七月庚午，後學楊榮謹識。

《城南詩卷》

論説

明·朱存理《趙氏鐵網珊瑚》卷四《朱文公書城南詩》　右晦菴先生真跡，筆精墨妙，有晉人之風。大賢無所不能，固非可一藝名也。當時先生由建中回新安，時所書流落人間，文傳薄游婺源得之，攜以歸吳中。嘗同仁夫一觀，余不以示他人也。近伯廣自琴川來訪，病中不及欵曲，別後思所以見意，念他物皆不足以浼伯廣，因書於卷尾，令淵持贈之，轉似仁夫，仍題數語云。吳郡干文傳。

又　右張宣公城南雜詠廿首，子朱子嘗所屬和者也。南沙虞子賢氏，受朱子詩翰於其眷棣錢廣，而宣公真跡逸矣。子來婁，賢介其友王師道，持卷來徵予言。適于宣公集中得其元唱，賢且躬至予邸，請予追和，未及，先為補書宣公詩。時至正壬寅冬十二月，東維叟楊維禎謹再拜書。

清·孫承澤《庚子銷夏記》卷一《朱元晦城南二十詠墨蹟》　朱夫子和敬夫先生城南二十詠，字法俊逸，大有晉人風致，而詩之清遠，亦非宋人所能及。元尚書干文傳得之於婺源，以贈常熟錢伯廣，錢氏居於城南，遂搆城南齋刻詩其中，而黄文獻溍為之記。至楊廉夫又録敬夫原詩於其後，惜不得當日張宣公手書與文公書合成一卷耳。余舊有先生或問手稿一卷，前畫先生小像，惜為有力者攫去，見此益為惘然。

晦翁在浙東時，侍御史謝廓然、陳賈，秘書郎趙彦仲首攻之後，以提刑召對，人恐其遂陟清要，唆侍郎林栗極論之，謂其為亂人之首。及韓侂胄用事，則御史林采、施康年攻為偽學。是時言官以晦翁為奇貨，御史胡紘嘗謁晦翁山中，飯以脱粟，怒之，與太常沈繼祖共詆其十罪，汪義端、余嘉又請斬之，以絶偽學。京鏜、何澹輩謂其講學山中，棄母不養，使其乞食，親黨小人誣陷之惟恐不至。方林栗上疏，時其友人止之，謂朱侍制當今聖賢，何仇而必欲痛詆。林曰：吾見其面貌可憎，擊邪人，非詆聖賢也。友人曰：昔人指孔子為喪家狗，或亦見其面貌可憎耳。林曰：使孔子而在，吾亦不辭為叔孫、武叔，况此么麽。嗟乎，小人無忌憚一至於此。未幾，晦翁舉世仰之如山斗，得其片楮隻字，寶如琬琰。則當日小人，殊足憐不足惡也。故士君子立身行己，有終身之憂，無一朝之患。閱先生遺墨，謾記於此。時庚子四月初九日。

綜述

清·英和等《石渠寶笈三編·延春閣藏十三·宋朱子自書城南二十詠一卷》　本幅紙本，縱九寸八分，横八尺六寸，行草書，【略】鈐印一，朱熹之印。幅尾題晦翁此帖極神俊。宏治庚戌孟夏，後學司馬垔，拜觀於友人沈暉時暘所。鈐印一，司馬垔氏。後幅題跋。【略】引首晦翁手澤。篆書。鈐印一，李東陽印。前隔水元晦夫子手蹟。孫承澤題。鈐印二，願學未能、城南書舍。鑒藏寶璽五璽全。寶笈三編。收傳印記謝在杭。半印。孫承澤印。重十一。願學未能、城南書舍。西田居士、西田。重一。無住道人、司馬蘭亭賞鑑。重一。王掞之印、顓庵。重一。王藻儒收藏圖書、太原郡圖書印、退軒。王掞字藻儒，號顓庵，又號退軒。掞，一號顓奄。文肅後人。婁江王藻儒氏真賞。太原顓庵王氏拙修堂收藏圖書。

紀事

明・朱存理《趙氏鐵網珊瑚》卷四《朱文公書城南詩》 右徽國文公真跡，先祖禮部府君所藏也。禮部君常守婺源，實公闕里，其故業久為豪右所據。公五世孫光繫頸以組，誓復故業，雖死不去其組，凡十有五年，而禮部至力復其業，光深德之。已而秩滿，光持公所書二卷以報禮部君，納焉愛之，不啻拱璧重寶。會海虞錢伯廣氏謁禮部君於私第，伯廣嗜古好學，因出示之，詳玩不忍釋手。先祖以其好之之篤，他日命淵持其一以贈伯廣，為構城南小隱以居之。又博求大夫士為詩文，以詠歌其間且成軸矣。未幾，禮部君歿，更十餘年而兵戈搶攘，伯廣亦已遺世，向之城南小隱，鞠為丘墟，則此卷者安知其所在哉。近乃于虞君子賢客次見之，及覩先祖手澤，黄太師所為記，竊深有所感焉。矧聞虞君之得是卷也，亦于其所居之東搆軒二十楹，各顏其詩于上，蓋其好之之篤，不亦愈于伯廣者乎。故併以家藏之卷贈之，是亦承禮部君之遺意也。因識其顛末于左方，而歸之虞君云。至正癸卯冬十有一月既望，吴郡干淵再拜書。

《與姪帖》

論説

明・朱存理《趙氏鐵網珊瑚》卷四《朱文公與姪手帖》 右新安朱夫子與所親手簡真跡一卷，詞語真淳，氣誼周密，婣睦之厚，著於當時，筆墨之精，粲然傳久，誠為後進之楷式也。鄱陽周伯琦敬題。

又 子朱子繼續道統，優入聖域，而於翰墨，亦加之功。善行草，尤善大字。下筆即沈著典雅，雖片縑寸紙，人争珍秘，不啻璠璵圭璧。此帖乃與姪家書，畧不用意，出于自然，尤可寶也。展讀一過，敬識諸卷尾。天台陶九成。

紀事

明・朱存理《趙氏鐵網珊瑚》卷四《朱文公與姪手帖》 余記十年前，與焕章氏題先譜，推其六世祖為考亭夫子，家藏夫子手澤甚富，約至其家閱之。今年冬，予始至横溪，焕章仲子扂，出示夫子與其姪六十秀才書一紙，兵燹之餘，僅留手澤者是帖也。書中墓木事丁寧告戒，望之至而責之顓。又言析居事，閔其失館地，勉之以忍耐二字。其家教之概如此。扂時時披展于讀書之室，非朱氏子孫之座右銘乎。至正二十年冬十月八日，會稽楊維禎謹識。

又 考亭夫子七世孫扂，自其祖僑居華亭者三世矣。一日出夫子與猶子六十秀才一帖，蓋嘉言也。扂其佩服，見之行事可也。墓門有木，則愛護之。不如意事之來，則忍耐之。祖訓是則是，效是不為考亭之賢孫乎。武夷山樵錢惟善謹識。

又 紫陽夫子遺墨，七世孫扂，字叔重，家藏裝褫成卷，如襲珠璧，可謂善貽後矣。吾先子為題其後，上以發明夫子之微意，下以勉勵後進之立身，不惟叔重由之而能敬守上世之遺訓，而震誦先子之言，尤當慎保是身，以奉承書詩之澤，所得不既多乎。詩曰：無念爾祖，聿修厥德。叔重其有之矣。又曰：夙興夜寐，無忝爾所。生吾所當致力焉。至正甲辰八月廿有八日，孤子震百拜謹識。伯修。

又 愚按，宋寧宗慶元五年，先正文公始獲休致之請，今封題朝奉大夫致仕，則時年蓋七年餘矣。所謂六十郎八十姪者，必新安眾族之家，墓木摧倒，亦曾高以上之塚。當是時，公還居建上，長子已死，家事屬之仲子埜，故云埜必自有書，茲特因其姪之來書，以荅書中之意而慰勉之耳。附書者叔重所遺之人，不知叔重為何人。今獲是書而寶之者，蓋公之後人名垕，而亦字叔重，是宜永守而勿失也。雖然公手澤之物，非直為後世珍玩而已。叔重好學而年富，必能自立，有以異於尋常。抑又考公家譜諸子孫，皆以五行相生之字為名，若是，則垕當為七世。諸孫慎毋曰：君子之澤，五世而斬。叔重其勉之。至正二十五年歲舍乙巳，夏五月望，後學秦裕伯拜書。

董銖、叔重在朱門為高弟，此書蓋因之以寄諸姪者，親親之意，藹乎言表，是足以敦乎薄俗。七世孫垕，適與銖同字，大夫士又從而明之。祖孫師友，宛然在目，宜其益為世守之重也。錢唐凌雲翰敬跋。

雜録

明・朱存理《趙氏鐵網珊瑚》卷四《朱文公與姪手帖》　紫陽夫子百世之師，一言一行無非妙道精義之所發，學者皆當佩服而敬守之，况其為後者乎。今觀此帖，閔其姪之失館地，則勉之以忍耐。知其墓木之摧倒，則囑之以修理。蓋能忍貧，則無苟得無恥之患。念先隴之彫毁，則無望其木思以為材之心。修己奉先，事之大者。故其言懇至如此，宜當置之几案時時展玩，引而伸之，觸類而長之，則凡吾所當為之事，皆可自此而推也。至正庚子嘉平，後學沈存端拜謹書。性之。

又　考亭夫子集道學之大成以遺後人，豐功盛德，天地為終始，一言一字皆可師法，况手書喻姪，其尊祖淑後之意，尤當服膺。至于源委，考證先儒名筆既已詳悉，區區膚陋有何他辭。齋沐撫觀而附姓名於卷末，後學奉化陳朴敬題。

又　昔者，坡翁嘗謂昌黎先生道濟天下之溺愚，亦嘗謂曰宋之亡，得晦翁先生註述四書諸經，故斯丈有傳，久而五常不廢，可不謂滲天下之溺乎。其於片言隻字，皆不失格言畦逕，至於私書，尚且見其尊卑存亡之序，尊尊幼幼之道，非命世大賢，疇能若此。浙右墨跡，自來不得多見，今之收藏者，乃亦同姓後人，夫豈偶然也哉。嚴陵後學邵亨貞敬識。

《晝寒書卷》

論説

明・汪砢玉《珊瑚網》卷七《法書題跋・朱考亭晝寒書卷》　觀悔翁書筆勢迅疾，曾無意於求工，而點畫波磔無一不合書家矩矱，豈所謂動容周旋中禮者耶。翁書自言，初學為蔡端明所誚，曰余學魯公，乃唐忠臣公所學漢奸相也。及考魏武本傳，云漢世安平崔瑗與子實、弘農張芝與弟昶并善草書，而操亞之。則魏武之善書信不誣矣。今此詩帖真有漢魏風骨，視唐宋以下，自別何物俗儒，將元人題品盡行屏棄，豈非藝林中殺風景者哉。展卷再三，不勝慨恤。吴下王世貞題。

綜述

明・汪砢玉《珊瑚網》卷七《法書題跋・朱考亭晝寒書卷》　卷首有崐山王綸理之篆書。

紀事

明・汪砢玉《珊瑚網》卷七《法書題跋・朱考亭晝寒書卷》　成化丙午仲夏之望，集惟謙年丈廨中積雨新霽，出晦翁手墨見示，展讀之二十餘韻，亮節清詞，一洗塵俗，而筆法尤遒勁端重，目所罕覩。所惜者其先有元人跋十八家，惟謙尊人貞孝先生惡之，悉為屏去，猶存倪元鎮一絶，蓋高其品耳。雖然世不乏人第以時無人之見，而嚴於取，亦足以見貞孝先生之正大，真足以繼晦翁之芳躅矣。把玩不忍置，因識其末。翰林編修吴釴志。

《關徹帖》

綜述

清・卞永譽《式古堂書畫彙考》卷一四《法書下・書十四・南宋》張安國《關徹帖》，行書，紙本。

清・安岐《墨緣彙觀録》卷二《南宋・張孝祥關徹帖》白紙本，行書，十一行。前書：孝祥拜覆，後書：孝祥拜覆，姨夫判府留守，待制侍郎台坐。帖前有貞元朱文連珠印，下有浦江旌表孝義鄭氏朱文印，後有甲辰二字朱文葫蘆印。

著録

清・倪濤《六藝之一録》卷三五二《歷朝書譜・宋・張孝祥》張安國《關徹帖》，行書。

《雨潤帖》

綜述

清・吴升《大觀録》卷七《樓宣獻兩潤帖》公名鑰，字大防，隆興元年進士，累擢起居郎兼中書舍人。繳奏無所迴避，韓侂胄嗛之，奪職。侂胄誅，起為翰林學士。時年過七十，精敏絶人，詞頭下立進草院，吏驚詫。進位兩府者五年，求去。嘉定六年薨，謚宣獻。自號攻媿主人，有文集一百二十卷。此札紙本，高一尺，闊一尺六寸六分，行書。十九行。

清・安岐《墨緣彙觀録》卷二《法書下・南宋・樓鑰雨潤帖》白紙本，行書，十九行。前書：鑰泣血再拜，上啓叔清宣教親契兄坐前。梅天雨潤，伏惟堊室，有相孝履支福。後書：鑰泣血再拜，上啓叔清宣教親契兄坐前。帖前有朱文貞元連珠印，後角朱文柯氏敬仲半印。

著録

清・卞永譽《式古堂書畫彙考》卷一五《書十五・南宋》樓大防《梅天雨潤帖》。行書，紙本。

清・倪濤《六藝之一録》卷三五二《歷朝書譜・宋》樓大防《梅天雨潤帖》，行書。

《焦山題名帖》

綜述

清・安岐《墨緣彙觀録》卷二《法書下・南宋・吴琚觀李氏譜牒、焦山題名二帖》淡牙色紙本，二帖共一紙，全法米書。前帖行書，六行。書杞宋文獻不足，而禮無所取證，先聖憫之。今觀唐李氏譜牒，命誥宛然具存，迺知來裔善守其家者如此。攬卷為之三歎。時淳熙歲丙午中秋後四日，書于淮東總餉官舍，延陵吴琚，九月廿六日。下押川壑主人白文大印。後帖行書，六行。前題焦山題名四字，書延陵吴居，父解組襄陽汝陰，孟子開臨邛常叔度，皆一時秩滿，聯舟東下，泊紫金山。越三日，來浮玉觀，新建飛仙亭，又三日，絶江而南。紹熙辛亥季秋丙寅題。下押川壑主人白文印。

《雜詩帖》

綜　述

清・張照等《石渠寶笈》卷二八《宋吴琚詩帖一册》 素箋本，凡十九幅，行草書無欵。第十四幅、第十八幅俱有默菴一印。前幅頁有舊人籤，書云壑居士真跡六字，下注云蕉林藏易農書，又蕉林收藏一印，前邊幅有蕉林書屋一印，後餘幅有蒼巖子梁清標玉立氏印章、觀其大畧二印。第一幅、第二幅高八寸二分，廣三寸八分。第三幅、第四幅高八寸三分，廣四寸七分。第五幅高七寸三分，廣三寸。第六幅高同廣三寸六分。第七幅、第八幅高八寸三分，廣三寸二分。第九幅高八寸，廣四寸六分。第十幅高同廣三寸七分。第十一幅高八寸，廣三寸。第十二幅高七寸八分，廣二寸六分。第十三幅高七寸七分，廣二寸七分，第十四幅高同廣三寸。第十五幅高八寸五分，廣四寸五分。第十六幅高七寸八分，廣一寸九分。第十七幅高八寸一分，廣三寸四分。第十八幅高同廣二寸五分。第十九幅高八寸六分，廣一寸七分。

《金剛經帖》

綜　述

清・吴其貞《書畫記》卷五《張樗寮楷書金剛經二本》 紙墨如新，書法清健，後有天順年間陳謙題一跋，又董思白一跋，又畢氏三跋。此經同長兒振啟觀于本郡東山營遊府王公方仲公廨内。公陝西人，督兵之暇，喜玩古董，與客對奕，外無他好也。時丁未五月三日。

清・顧復《平生壯觀》卷三《南宋》 張即之字樗寮《金剛經》一卷，白宋紙梵本，後題寶祐元年七月十八日，張即之為顯妣楚國夫人韓氏五九娘子遠忌云云。時年六十八歲。

又一卷白紙梵本，正書如錢，與前本無異，後題云即之七十八歲，喜再逢佛誕云云。景定四年歲次癸亥，後陳鎏題識項元汴持誦。

著　録

清・孫岳頒等《佩文齋書畫譜》卷七八《歷代名人書跋九》 宋張即之正書《金剛經》。

清・倪濤《六藝之一録》卷三四九《歷朝書譜・宋》 張樗寮正書《金剛經》。

《老柏行帖》

論説

明・張寧《方洲集》卷二一《仲彦輝所藏張即之書老柏行》 温夫特善大書，扁額字如作小楷，不煩布置，而清勁絶人。余屢見所書《楞嚴道德經》，雖甚纖小，皆得筆興。此卷《老柏行》，規格絶類，但此卷中，策掠進止轉摺間，殊不自遂，豈温夫書時因筆墨未愜自加補緝哉。彦暉善書者，必有定見矣。

明・王世貞《弇州山人四部稿》卷一三〇《張即之書後》 張温甫好書少陵《古柏行》，豈所謂霜皮溜雨四十圍，黛色參天二千尺者，似渠墨池派語故耶。余見凡數本，咸峭骨可畏。此稍和腴，而遂不甚能發筆，可歎也。

明・王世貞《弇州續稿》卷一六一《文部・墨蹟跋》 余所謂温甫好書《老柏行》，此即其一也。峭骨成削，如畫枯木醜石，而中間微帶一點生氣。凡温甫書，余悉以乞好事者不惜。今春曬書，偶於敗簏得之，稍為裝池，俾伴古蹟，若鰲之守鯉，金象之配玉，不念乘風飛去耳。

又 張温甫雖以世胄起家，然其痛中原之板蕩，憂宗國之黍離，往往於翰墨發之。故特好書孔明《老柏行》，而所謂根若青銅霜皮溜雨者，老筆槎牙，亦自相類。第余前後所見，凡四五本，皆不能快。而我州牧仰松公所藏最為傑出，蓋其風神骼格綽有生氣，如自巫峽雪山間來者，公絶寶愛之，以為足當雪堂雙井，則僕未敢遽許。昔張彦遠評估，謂伯英書價可以敵國，豈張氏諸賢為清河左袒例。當爾耶一笑。

綜述

清・吴其貞《書畫記》卷三《張樗寮古柏行一卷》 張樗寮《古柏行》一卷，書在絹上，卷後文衡山題跋。

清・張照等《石渠寶笈》卷五《宋張即之書古柏行一卷》 素牋本，大楷書，欵署即之，下有國史經筵官一印，又自識云：淳祐十一年人日書。下有張氏即之、翰墨流聲二印，卷首有草堂學士之章、古柱下史、懷氏、鐵松收藏半印四，又半印不可識。卷末有中南山人、馬位二印，又高昌正臣、四益之齋圖書之府半印二通。卷押縫有芾字印。凡七卷，高一尺三寸四分，廣二丈五尺二寸。

《華嚴經帖》

論説

清・端方《壬寅消夏録・王文治跋張即之書華嚴經》 張樗寮書，人知其師米海岳，而不知其出入于有唐歐、褚諸家者至深邃也。古之名家，不惟善學，古人抑且善學。古人之所以學古人，子美詩云，轉益多師是汝師。非得學古甚深三昧者，不能道此語。惟是樗寮，生平多以翰墨為佛事《金鋼經》，曾見真蹟二本，石刻一本，《法華經》曾見真蹟數卷，木刻全部，乃華嚴海藏，又復累書不一，書其於文字，可謂精進頭陀矣。

又《祝德麟跋張即之書華嚴經》 張樗寮生平好寫佛經《金剛經》，傳世者凡三本，此《華嚴經》有正副本，正本久入《石渠寶笈》，副本向藏内閣庫中，旋以蠹爛散佚。此本余予于丁亥歲購之同年王蓬心舍人，珍祕不啻拱璧。因雷峯親家酷愛，遂裝潢遺之。余自有者，蓋不及四百字也。觀其運腕結體，遒練虛和，有太阿剸截之勢，所謂藏針裹鐵，無筆不收。焦山《金剛經》石刻，頗得神理，識者猶珍之，況墨蹟耶。雷峯傳諸子孫，其世寶之。辛丑七月，雷峰重來京師，因為補記。妙果山樵人祝德麟。

又《周貽徽跋張即之書華嚴經》 凡藏昔賢名蹟，不得真本不足為寶，贋作往往亂真。然相貌可為，而神力斷不可為。樗寮此書，丰骨魄力直接唐人。與九先生評為由鐘紹京兜沙經得來，□有唐人風力。夢樓先生既加鑒賞，洵為得其本源。真贋互參，盧山真面不待辨而明矣。二月廿二日海帆先生携來，與與九觀晉同觀。藹餘周貽徽識。

又《蘇廷玉跋張即之書華嚴經》 剛健婀娜，兼有其勝。芷塘先生以藏針裹鐵，無筆不收評之。信定論也。道光十六年二月廿五日，閩南蘇廷玉識于成都藩廨。

又《王庭蘭跋張即之書華嚴經》 樗寮秘閣書，余向未多觀，此册運腕結體，虛和空靈，誠得晉唐風力。後二頁夢樓先生定為贋書，殆非明眼人不能道破。從未禪刺史處借觀累月，因識數語歸之。道光戊戌三月，古蓼王庭蘭。

綜述

清・端方《壬寅消夏録・王文治跋張即之書華嚴經》 張樗寮《華嚴經》真蹟册。白紙六業，每半業五行高，高一尺，寬四寸五分，行十五字，烏絲闌行書。

清・陸心源《穰梨館過眼録》卷三《張節之書華嚴經册》 紙本，高一尺一寸，長九寸二分，計六十二頁，共長五丈七尺四分。張節之所書《華嚴經》全部，在內府失去六卷，康熙間裘日修補全，如出一手。相傳節之係水星，其書可避火。裘為節之後，身死成河神。然節之書大金國匾，知其國將火，則又何說。此第七十一卷，得之杭城潮鳴寺僧。僧藏有三卷，一為梁山舟題，作鎮山之寶，劫後不知存亡矣。予得之卷，退光漆，原板面尚存，雕漆金嵌，題籤亦樗寮書，精絶尤為難得，鈕福惇記。

《自書詩卷》

論說

清・吴升《大觀録》卷七《趙子固詩帖卷》 余自幼學舉業之暇，嘗閱歐帖。先君惡其方拙，俾習二王書。吾鄉吾族少有能書者，於是親炙蘭坡子固兄之字，此兄不惟長於文章，亦精于字學。若怒猊抉石，渴驥奔泉。予雖習寫，亦未免乎有春蚓秋蛇之譏焉。一旦訪蘭坡兄，承出示此紙，謂邇者因暇而書，且曰吾家好學者少，蘭室弟可以着語否。孟葆自揣其生也晚，其學也晚，拙札特春蚓秋蛇，何敢與龍蛇并。既珍愛寶翰，又不容辭者也。時丙辰上元後三日，弟蘭室趙葆茂叔謹書。

綜述

清・吴升《大觀録》卷七《趙子固詩帖卷》 深牙色綿紙本，高一尺，長一丈八尺，凡六接，紙素之精，墨采之潤，硯石之古，玉簪筆號之佳，臨池諸具，無美不備。加以絶妙好詞，事淋漓揮灑，結體約一寸五六分，計八十一行，出神入化，宋末法書中希有蹟也。後有趙蘭室蘇昌齡諸詩跋，又一詩無款，紀年宣德，疑夏尚書元吉筆，但詩中改蘭室名孟葆為孟荐，初意誤，欲押韻耳，及觀跋語亦稱孟荐，豈別有考耶。疑者闕焉，俟博雅訂正。

清・安岐《墨緣彙觀録》卷二《法書下・南宋・趙孟堅詩草卷》 白紙本，高一尺，長一丈八尺八寸，行書，字大寸半，筆法飄逸，生平所見彝齋妙跡，以此為最。前題送上馬嬌圖與賈秋壑，後書：詩一首，二鼠歎一首，三牆頭花一首，四繁昌官舍行一首，五惜補之梅於君謨弟一首。後自題十六行，云寶祐甲寅十一月廿八日，午睡起，忽有持此帋來者，因為書舊詩好紙。馬嬌口上顔猶良，臨風忍別汗衣裳。形容徒為千古説，一踐塵坌何渺茫。偉哉古人真可羡，詳觀書法良多辨。魏公適逝更伊為，繼踵翰華維孟荐。胡為奪得此中奇，龍蛇科斗真魁為。寥寥百世遺風在，安能謂我塵後隨。宣德壬子歲中秋。

清・吴榮光《辛丑銷夏記》卷二《宋趙子固自書詩卷》 《送上馬驕圖與賈秋壑》。錦韉金絨玉蹀躞，天寶繁侈逾大業。華清浴罷燕沈香，弓箭才人擁旌節，前頭樂部紫雲迴。催駕禺迎奏三疊，阿瞞駐轡立多時。欲上花嬌尚嬌怯，步步將隨那肯離。會聞願作連理枝，燕安黨及思艱危。那有馬嵬攀訣時，漢家山河安四維。披香千秋惟弋綈，龍眠畫茲非衒奇。端與曹高向孟陳元龜。

《鼠歎》。落落雨鼠入伏箱，窒穴已計逃無方。擁貍追捕冀一快，顧視窮搏成迴徨。先登鑿矛隸弗力，苐諉貍也才非良。我觀感憤成歎慨，陰邪自古能干陽。陰邪豈果能干陽，否泰還知屬主張。元和御史勇論諫，一剟閹豎無精光。欲從低回取相位，繞指由來百鍊剛。

《牆頭花》。牆頭花，紅且白。一百五日過寒食，寒食過了好風日。風又吹，日又炙，滿枝好花盡狼藉。愚者見花不知惜，我輩見花常唧唧。有酒莫停杯，當歌莫停拍。頭上絲絲霜雪來，老大見花空歎息。

《繁昌官舍竹》。南牆牆下梅邊竹，今歲竹根始入來。雙筍並生成幹立，一梢斜娜對窗開。知吾欲畫如呈様，向汝無言只舉杯。此去更應多長旺，後人端合事栽培。

《借補之梅於君謨弟》。知是珍藏難假借，其如愛學啟思惟。蹔時為我開心法，他日偕君作畫師。曩習凌波偷筆格，亦會面壁鬲年期。從今軸上成雙美，不恨此梅無好枝。

寶祐甲寅十一月廿八日，午睡起，忽有持此紙來者，因為書舊詩數首。用吴升玉簪筆，唐端石。執硯自好漫耳，觀者未知謂何如也。三十年臨池所得僅尒，益信翰墨非易事。天與分數限量，更欲有加不可。它時或更進，視此當一笑。或流落箱笥間，為吾愛存之。無彝齋居士趙孟堅子固記。

數首。用吴升玉簪筆，唐端石。執硯自好漫耳，觀者未知謂何如也。三十年臨池所得僅爾，益信翰墨非易事。天與分數限量，更欲有加不可。它時或更進，視此當一笑。或流落箱笥間，為吾愛存之。無忽彝齋居士趙孟堅子固記。後子固三印，内二印模糊不能全辨。卷尾題有至治壬戌之秋九月既望，四明東發後人黄正孫敬觀。末書真道二字，押朱文一印，文不能辨。下有雲根碧澗半鈐朱文印，後紙有趙孟荐長跋，蘇昌齡詩題，又宣德間人一跋，考據甚詳，系歌一篇。後書：宣德壬子歲中秋節不款，或被割截，深可惜耳。

清・吴榮光《辛丑銷夏記》卷二《宋趙子固自書詩卷》 紙本五接，壓縫有儀周鑒賞、河北棠邨印。詩凡六十六行，款十六行，行書，失記尺寸。趙孟葆跋凡二十二行，一接紙宣德壬子歲中秋節無名氏二跋并款，凡三十行，一接紙字俱拙且有誤，故不録。無名氏跋以孟葆為孟荐，安氏《書畫記》仍之。

藝　文

清・吴升《大觀録》卷七《趙子固詩帖卷》 前朝諸王孫，風流富文彩。遺蹟滿江湖，寶惜依然在。子固老詩仙，雄才抱磊塊。赤心願中興，微言忤時宰。栖遲遂初志，浮湛了無悔。游戲精翰墨，竟為世所採。題詩拜後塵，相望二百載。後學蘇大年拜題。

又 復觀彝齋蘭坡趙子固所書《上馬嬌圖與賈秋壑》并《題補之梅》、《官舍竹》、《牆頭花》詩若干首，且筆力奇古，愛之不能去手，後乃弟蘭室趙孟荐跋注諸家法書甚美，見其雲根碧澗圖書有真道二字獨懸，方知乃沈紫玄先生號也，想必有詩磨去矣。予嘗見先生有《雲根小草》詩集，多有傑句，清新剛烈挺異，驚入肺腑，切切於心，今竟不獲睹耳。故用述此，少追諸先覺之良譽者耶。予老鄙言，荒誕弗工，聊寫於卷末，以塞其意云。贅以歌曰：嘗慕雲根集小草，良標貴格今何討。數觀雷平竹隱圖，獨占銀潢霽秋掃。彝齋翰墨驚江湖，謂之箱笥存口烏。人中老龍知何許，至俾真道懸圖書。我歌帳望情曷已，若得驪珠萬斛喜。補之梅壓牆頭花，王孫爲愛書

《宏齊帖》

論説

明・汪砢玉《珊瑚網》卷七《法書題跋・宋丞相文信公劄子》 右宋丞相文信公劄子一幅，蓋賀包公宏父遷官時書也。其中言在瑞陽時，嘗遣一介人往候先生者，蓋公為户部郎官，上疏論董宋臣之惡不報，束裝將出關時，相遣人謂其不可差知瑞州，故公在瑞州祭與宏父通問也。其曰郡未一考，被召除郎，即丐香火以歸。不從，反得鄉節者，蓋公以癸亥為瑞州，甲子十月召赴行在，除禮部郎，十一月除江西提刑也。其曰以先人本生母之喪，解印歸里者，蓋公甲子為提刑，乙丑伯祖母梁夫人殁，賓公尊府本生母也。其曰宏齋先生嘗為鄉漕者，蓋宏父嘗知隆興府兼江西轉運也。

其曰先生當是時適在緑野者，蓋宏父為刑部侍郎知平江府，以言事召赴，闕辭。改知紹興，又辭。疑是時罷歸，正在景定末年公解印時也。其曰先生以新天子蒲輪束帛之勤，為時一出，進長六卿，典事樞者，蓋度宗初即位，召宏父為刑部尚書，簽書樞密院事，對南城縣侯，故公賀以此書也。其曰謗毁之餘，賴君相保全，無大督過。束禮書，入深林，温理故讀，自是浩然方外之想者，蓋是時臺臣黄萬石，以公不職論罷之公，於是闢文山築居，第為山水之游，故云然也。反覆觀之，其忠正之氣，凛然見於言辭之間。俛仰慨慕之餘，若將見之。況當時親炙之者，能不感激發奮也歟。是書今建陽縣尹張君光啟所家藏者，蓋光啟之五世從祖父日中，宏父之館甥也。倅守興化，起兵應丞相，恢復閩廣，後抗節以死。是書之傳也，有自光啟裝潢以示予，留玩累日，敬書於後以歸之。宣德六年秋七月望日，後學李時勉拜手敬書。

綜述

明・汪砢玉《珊瑚網》卷七《法書題跋・宋丞相文信公劄子》 小行草真蹟，在紙上横卷。

清・顧復《平生壯觀》卷三《南宋・文天祥・申宏齋先生長劄》 申宏齋先生長劄，中行書，白紙，李時勉長跋。

著録

明・郁逢慶《續書畫題跋記》卷三 宋丞相文信公劄子一幅。小行草真蹟，在楮上横卷。

《木雞集序帖》

論説

明・張丑《清河書畫舫》卷一〇下《南宋・文天祥・文信國公木雞集序》 甲辰四月立夏日，王百谷快雪亭裝咸淳癸酉長至里友人文天祥書于楚觀。庚申九月溧陽宋獻、武康茅鏊同拜觀于寒山青霞榭。天啟元年辛酉十一月廿有六日，莆陽宋穀觀。真蹟。

長元按：文信國墨跡傳世絶少，予友鮑以文近得丞相手札一卷，是曾見于卞氏《式古堂書考》者，《書考》所刻頗多脱悮，謹附刊于左以正之。文丞相遺墨，未見何如。前半已失，今第一行衹存此四字。運一棹也。回信在二十後則可定。以上十七字卞不録。一唐仁，卞悮信。恐卞悮臣。

不測，有申述宜速應之，或渠得章貢捷剳，宜即率二謝兵馳入城，與之共守，卻命卞悮欲。報行府。卞失府字，約缺三字。萬兵即卞缺一字事卞失事字又在目矣。一，諸處取到，物色已有，幾無對證。無數證者，固是難理寫，如優草書難辨，依卞刻作優字。全卞悮令所共如。前此項下有數目者，即與數卞悮爰行卞于行字下添出根行二字，悮。根究，須斬犯法者數人，然後取得起。若肯納還者，又可少寬其刑。如平素省剳，如印紙他們卞作們，非。收得，亦何用此納誥之人，誥在其手則省剳，印紙敕黄皆在焉。一，徐妳同柳娘在劉千户下，傳卞悮傅佺巳親之，但伊榜不載想。徐妳託以為别人女，不直指為吾女也。徐妳有夫，此項卞脱此項二字可托其夫往贖，幸圖之。一，環娘十歲，軍中既無名，想亦在民間。此項須遍剳永丰諸隅物色，方有出場。一，在此無片楮可用，費力二二全靠使司取些物色來，及卞脱及字靠舍弟與民章來，有此小卞悮少攜帶，此外無策二二。一，黄州周都統死于瑞金，可惜二二。一，在瑞金時，賤體一病，甚可憂。入汀以來，幸巳勿藥。一，合家書與舍弟，又一書達民章，又一書達樂，此字不可識。撫千户送卞悮道達。天祥皇恐拜筆。十月八日發。嗚呼，此文山先生真蹟也。詳味卞悮玩此書，乃空坑之敗之後，遺其所知者之書。蓋是時天阨甫脱，勁敵在後，政卞脱政字流離顛沛之際，荒迷不次之秋也。而其筆意乃雍容閒雅，無一毫驚懼，忙卞悮荒迫之狀如此，然非素存素養之熟能如是乎。毛氏幸得此書，今讀其辭想其事，令人心膽奮惕，卞悮揚。精神凛冽，有不勝其感激者焉，因泣下而謂。夫後世之為人者，其立心操行，亦當何如耶。一峰。

清·吴升《大觀録》卷七《文信國詩簡卷》 右文信公遺墨，前參知政事本齋王公所藏。公殁已久，家人理筐篋，書尺叢積，顧是紙損爛將裂，以拭卮匜。公之子季境適至，識為信公書，咄嗟驚異，亟命裝池以完。嗚呼，豈非有神物守護之歟，不然英靈之氣不泯而致之歟。是詩之作，念國家之覆敗，痛骨肉之離絶，其情切，其辭哀，使人至不忍讀。然其竭孤忠於所事，付一死於素定，其志決，其氣壯，聞者為之興起，可謂仁至而義盡矣。先賢尺牘，人尚皆藏棄之，矧信公之精忠偉烈，震耀古今，翰墨光芒，垂示臣子者乎。不惟王氏寶之，百世而下，固夫人之所同寶也。史官河東張翥書。

又 文信公當國朝至元戊寅歲厓山事潰，被拘北行，此卷諸詩，即是歲道中所作。後五年為至元壬午，遂執節以死。嗚呼，自古人臣，遭國家喪亡，能秉志不遷，從容就義，為天下後世所嚮屬，未有盛於公者也。觀此諸詩，則知公之所以處生死之際者，可謂審矣。嗚呼，百世之下，讀其詩而不為之感激流涕者，尚為有人心也哉。至正十年歲在庚寅，五月甲子，布衣金華王禕敬書。

又 余每讀公《指南録》，至其為母夫人小祥并懷弟妹妻妾子女諸詩，未嘗不為流涕太息也。今於王君季境家獲觀公所作諸詩真蹟，忠義之氣藹然於紙墨之間，直與日月争光。予雖從浮圖學槁木死灰之人，亦不能不為感動。使章甫縫掖有國有家，覽之當何如哉。當何如哉。洪武十三年秋七月，吴郡沙門道衍。

又 文信公之死偉矣。其危急流離之際，亦惟其能以詩發之。故信公之有詩，如屈原之有騷，皆善鳴其死者也。錢公世恒以家藏三詩示余，蓋出公親書以寄其妹氏。此又原之女嬃也乎。其詩今載《指南録》中，而此則系以與其妻妾子女決絶之言。嗚呼，淚下如雨，讀者猶然，而西臺慟哭，如公門下客者，未必其涕之無從也。吴寬。

綜述

清·張照等《石渠寶笈》卷三〇《宋文天祥書木雞集序一卷》 素牋本，草書，款識云：咸淳癸酉，長至里友人文天祥書於楚觀。拖尾有宋獻諸人記語，又宋穀記語一。

清·吴其貞《書畫記》卷四《文信公〈行書木雞序〉一卷》 紙墨新健，是為白鹿紙也。書法清癯，使人心目爽然。然見者懷其忠義而更愛之，所以書畫因人重也。

清·顧復《平生壯觀》卷三《南宋·文天祥》 《木雞集序》，咸淳癸酉，長至里友人文天祥書於楚觀。文保丞題筌，王百穀快雪亭裝。牙色紙，中行草書，中講詩三百篇一段甚妙。上天祥圖書，下履善圖書。

況其後之人乎，又況徵明之賢不實其世者乎。雖然忠義所在，自當有神物護持之。

綜述

清·顧復《平生壯觀》卷三《南宋·文天祥》　《過小青口詩》，中行草，白紙。詩則悲悽剛烈，字則秀挺清疎。吳文定王文恪跋。又札一張，磨去名欵。顧千一携來見之，與三字卷同一筆法，白紙。

雜録

明·張丑《清河書畫舫》卷一〇下《南宋》　又信國手書《過小青口詩》一卷，後有原博、濟之二跋，乃徵仲故物也，今摹刻停雲館中。

《劄子》

論説

明·郁逢慶《續書畫題跋記》卷三《宋丞相文信公劄子一副》　右宋丞相文信公劄子一副，蓋賀包公宏父遷官時書也。其中言在瑞陽時，嘗遣一介人往候先生者，蓋公為刑部郎官，上疏論董宋臣之惡不報，束裝將出關時，相遣人謂其不可差知瑞州，故公在瑞州與宏父通問也。其曰郡未一考，被召除郎，即丐香父以歸。不從，反得鄉節者，蓋公以癸亥為瑞州，甲子十月召赴行在，除禮部郎，十一月除江西提刑也。其曰以先人本生母之喪，解印歸里者，蓋公甲子為提刑，乙丑伯祖母梁夫人歿，實公尊府本生母也。其

《小青口詩帖》

論説

明·吳寬《家藏集》卷五〇《題跋三十八首·跋文信公過小青口詩墨蹟》　宋以祥與元年八月加文天祥少保，封信國公，閏十一月公屯潮陽，與鄒㵯劉子俊合兵討賊，不克，被執於張弘範。蓋明年二月宋亡，弘範卒不能屈公，乃送至燕京。

此其在道中所作詩也。夫古人死國多出於一時之慷慨，公何獨迤邐，於途宿留於館日，猶賦詩，不即就死，豈尚有他覬耶。蓋不知公之死已久仰，藥而死不死，絕粒而死不死，死而不死，忠義之氣鬱塞於胸中，聊假之詩以洩之，故使公即死無此詩矣。詩之有無固不足為公之輕重，然玩其言想其人，亦足以示於世，此天所以緩公之死也歟。公所著有《指南》等集，寬嘗讀而悲之。今兵部員外郎李君應禎出示此紙，手蹟宛然如新，蓋自己卯至今戊戌，二百十年矣。

明·王鏊《震澤集》卷三五《題跋·跋宋文丞相過小青口詩》　右宋文丞相信國公詩墨蹟一首，其詩今見《指南録》中。

初公自奉使巴延，軍前被留，得間亡真州，浮海以達行在，後屯潮陽，師潰被執。自廣州傳至燕獄，所至有詩，昔鐘儀幽而楚操，莊舄病而越吟，或者猶謂之仁，況公流離顛沛，有感必發于詩，詩必歸于忠義，讀其集未嘗不為之流涕也。於戲可不謂仁乎。此蓋公被執北去，將至桃源五十里而作。文君徵明出以示予，予謂公之精忠大節焯焯天地間，固無庸贊，獨念公時在縲絏，動止當不自由，其感慨不平之氣，發之詩可也。而字畫精妙，雖紙墨之微亦皆不苟，何從容如是，豈公之賢，能使蒙古待之以禮耶。無亦公之所養有定力，故臨難如平，時不少動於中耶。然則公之大節，不待柴市而後知也。觀于此詩，亦可以知之矣。今去公且三百年，片紙遺墨，人傳寶之，又

曰宏齋先生嘗為鄉漕者，蓋宏父嘗知隆興府兼江西轉運也。其曰先生當是時適在緑野者，蓋宏父為刑部侍郎知平江府，以言事召赴，闕辭。改知紹興，又辭。疑是時罷歸，正在景定末年公解印時也。其曰先生以新天子蒲輪束帛之勤，為時一出，進長六鄉，典事樞者，蓋度宗初即位，召宏父為刑部尚書，簽書樞密院事，封南城縣侯，故公賀以此書也。其曰謗毀之餘，賴君相保全，無大督過。束禮書，入深林，温理故讀，自是浩然方外之想者，蓋是詩臺臣黄萬石，以公不職論罷之公，於是闢文山築居，第為山水之遊，故云然也。反覆觀之，其忠正之氣，凛然見於言辭之間。俛仰慨慕之餘，若將見之。況當時親炙之者，能不感激發奮也歟。是書今建陽縣尹張君光啟所家藏者，蓋光啟之五世從祖父日中，弘父之館甥也。倅守興化，起兵應丞相，恢復閩廣，後抗節以死。是書之傳也，有自光啟裝潢以示予，留玩累日，敬書於後以歸之。宣德六年秋七月望日，後學李時晚拜手敬書。

綜述

明・郁逢慶《續書畫題跋記》卷三《宋丞相文信公劄子一副》 小行草真跡，在楮上横卷。

著録

明・汪砢玉《珊瑚網》卷七《法書題跋・宋丞相文信公劄子》 宋丞相文信公劄子。小行草真蹟，在紙上横卷。

清・孫岳頒等《佩文齋書畫譜》卷九五《歷代鑒藏書一》 宋丞相文信公劄子。小行草真蹟，在紙上横卷。

金元書蹟部

《孔廟碑》

綜述

清・李光暎《觀妙齋金石文考略》卷一五《党懷英孔廟碑》 此金修《孔子廟碑》也，自唐荒於五季。宋初統一，崇奉之儀，日有建樹。俚言傖字，未臻美盛。直至金主曲阜，而此碑方能推原道田六經而取衷於孔子。自漢向以來分途名家之製，為之一洗，何其懿也。八分之業，唐自明皇外諸大亦未數數，然此刻豐贍平淡，卓具軌物，一時南北，莫之或先。《墨林快事》。

著録

清・孫岳頒等《佩文齋書畫譜》卷七八《歷代名人書跋九・金黨懷英隸書孔廟碑》 金黨懷英隸書《孔廟碑》。

《中嶽廟碑》

論説

明・趙崡《石墨鐫華》卷六《跋四十一首・金中嶽廟碑》 此碑正書方整遒勁，蓋習清臣誠懸而兼運以永興者，於金碑中最為妙品。書者名郝，史不立傳，亦無書名。觀其結構，王庭筠輩似不及也。黨懷英號為能書，乃任篆額，不任書，知郝書在當時亦自知名。碑立於大定中，與《博州碑》同時。世宗勵精政事，頗稱太平，故以其暇得修祀事耳。

綜述

清・孫承澤《庚子銷夏記》卷七《金修中嶽廟碑》 碑文為黄久約撰，書者止云臣郝，不著其名。石又完好，非泐也。書法方整遒勁，大有唐人遺致。

紀事

清・王昶《金石萃編》卷一五六《金三・重修中嶽廟碑》 碑高一丈三尺九寸五分，廣六尺四寸，三十三行，行七十字，正書篆額，在登封縣。

清・武億《授堂金石文字續跋》卷一二《金・重修中嶽廟碑》 正書，大定二十二年十月，在登封縣嶽廟。

清・畢沅《中州金石記》卷五《金・重修中嶽廟碑》 大定二十二年十月立，黄久約撰，郝史正書，黨懷英篆額正。登封。

碑述大定重修中嶽廟，始於十六年四月丁未，絶手於十八年六月戊子二十二年十月庚申，制詔臣久約書其事於石。

《博州重修廟學記》

論　說

明・趙崡《石墨鐫華》卷六《跋四十一首・金博州重修廟學記》　王庭筠在金，與趙秉文、黨懷英輩同負書名，而庭筠酷似南宮，此書是也。攷是時庭筠父遵古寔成廟學事，王去非記之，而今庭筠書之，故尤為得意。篆額者即懷英也。

清・孫承澤《庚子銷夏記》卷七《王庭筠書博州廟學碑》　庭筠負書名，此碑風骨磊落，有襄陽之勁秀而無其傾欹，金石不多見者。庭筠以名家子仕於完顏，年未四十，自稱黃華老人，其意良可悲矣。

清・錢大昕《潛研堂金石跋尾》卷一八《元博州廟學記》　右《博州廟學記》，東昌人謂之《三絶碑》，三絶者，王去非文，王庭筠書，黨懷英篆額也。三人《金史》俱有傳。庭筠之父遵古，時為博州倅，以興學自任。庭筠此書，結束殊有力，真可與米顛《蕪湖縣學記》抗衡。而去非作記時年已八十有一，耄而能文，亦可稱也。遵古字元仲，好學守道，當時稱遼東夫子，官至翰林直學士。而庭筠傳中衹一見其名，未免失之略矣。

綜　述

明・盛時泰《蒼潤軒碑跋・金王庭筠行書博州重修廟學記》　右黃華行書，全學南宮。史言老人儀覩秀偉，善談吐，胸次不在元章下，覩之信可見矣。元白收法書極富，長夏坐鵝羣閣臨摹不輟，予每借閱之，故焉題此。

清・王昶《金石萃編》卷一五五《金二・博州重修廟學記》　碑高八尺五分，廣四尺二寸，二十九行，行字數不等，行書。額題《新修廟學之記》六字篆書，在東昌府學。

著　録

清・孫岳頒等《佩文齋書畫譜》卷七八《歷代名人書跋九・金王庭筠行書博州重修廟學記》　金王庭筠行書《博州重修廟學記》

《草書杜甫詩》

論　說

清・顧復《平生壯觀》卷三《王庭筠》　杜少陵五言律詩四首，白紙四幅，字大如拳，草書。每詩一首寫於一紙，後幅欵黃華，《胡馬》、《擣衣》、《促織》、《螢火》，項子京收藏。

《秋夜》詩，宋高麗白蘭紙，長一丈有半，前黃華襍詩。每行二字，字半尺餘，秋夜二字二寸許。五言古風一首，字六七寸，每行二字，後筆愈縱，草書神化，遠勝四詩。

完顏竊國，日從事於干戈戎馬之役，藝士亦甘心負弩執殳而已。北方翰墨垂垂幾絶，王學士子端産自遼左，以善書鳴於時。謂其從米元章得筆。予觀其草書筆力位置從横自如，元章何得以限之，所謂大字不失結密者耶。

清・吴其貞《書畫記》卷五《黃華老人草書杜詩四首》　紙墨尚佳，書法蒼健，蓋法米元章。卷後有項墨林題跋。

《草堂寺刻詩》

論説

明・趙崡《石墨鐫華》卷六《跋四十一首・金趙秉文草書刻》 趙秉文，金禮部尚書，號閒閒居士。嘗為張天錫序《草書韻會》云：徘徊閒雅之容，飛走流注之勢，驚竦峭拔之氣，卓犖跌宕之志，矯若游龍，疾若驚蛇，似邪而復直，欲斷而還運，千態萬狀，不可端倪，亦閒中之一樂也。觀此則其自負可知。而此諸詩草法頗似鄭駙馬《心經》，王元美謂不中素師作奴者，然則閒閒其不免元章重儓之誚乎。

綜述

清・陸增祥《八瓊室金石補正》卷一二七《金五・趙閑閑詩》 高一尺二寸，廣二尺八寸，前十七行，行字不一，字徑八分，後十二行，行十九字，字徑三分，均行書。

清・劉青藜《金石續録》卷四《金趙秉文草堂詩》 《閑閑草堂詩》絶句五首，乃正大乙酉奉使夏臺回所題，行書清矯，余友車同急稱之。

《義齋札》

論説

明・顧復《平生壯觀》卷四《元・燕公楠》 《義齋札》，白紙，用筆瘦勁，無元人俗氣，此訪別札。

《牛麟書札》

論説

明・顧復《平生壯觀》卷四《元・牛麟》 札一，黄鬆紙，小行書兼章草，甚佳。

《鮮于樞書蹟》

論説

明・顧復《平生壯觀》卷四《元・鮮于樞》 遊高亭山，《廣嚴院記》一千四百餘字，又詩七首。欵鮮于樞頓首。鄧文原題為用筆遒勁，詩律精嚴。龔璛跋云：詩逼王半山，敘事類崔德符。予評豈妄，盍就子昂學士正之。

明・王世貞《弇州山人四部稿》卷一三一《鮮于伯機千文》 鮮于太常草書千文，初展卷間，不能大佳，久看始覺其精緊，有筆外意。跋尾楷書數行，輕纖自媚，乃謂是五十以後筆，豈亦有明遠文通之恙耶。

又《鮮于伯機詩記真蹟》 昔人謂趙文敏每以己書三紙易鮮于困學一紙，今困學三紙往往不敵趙一紙，豈古今人頓異嗜耶。余所有困學《遊高亭華嚴記》及詩真蹟，殆數千言，見《鐵網珊瑚》中。行筆清圓秀潤，芒角不露，隱然唐人家法。即與文敏鞭橐中原，不知合置誰左。跋尾鄧文原、龔璛亦臨池老手，可寶也。

明・孫鑛《書畫跋跋》卷一《墨蹟・鮮于伯機兩卷》 王氏跋《鮮于伯機千文》：鮮于伯機草書千文，初展卷間不能大佳，久看始覺其精警，有筆外意。跋尾楷書數行，輕纖自媚，乃謂是五十以後筆，豈亦有明遠文通之恙耶。王氏跋鮮于伯機《詩紀》真蹟一：余所有困學詩《遊高亭華嚴記》及詩真蹟數千言，見《鐵網珊瑚》中。行筆清圜秀潤，芒角不露，隱然唐人家法。即與文敏鞭橐中原，不知合置誰左。先伯父都督有伯機草《蘭亭》石刻，今在從子處，龕為卓屏。其書衹是圓熟，筆力亦不弱，但無一種山塵意。若子昂，則入眼媚色照人，何可相比。趙以己書二紙易鮮于一紙，當是時，名已成，故為此以推重困學意。若謂易一紙焚之，則是入宮蔽目，子昂或不應爾。

明・郁逢慶《續書畫題跋記》卷五《鮮于奉常草書昌黎琴操四章》 鮮于樞為國寶先輩書，國寶書法臻妙，家藏秘蹟甚多，吾札何足以污几案，愛忘其醜長者事也。

清・孫承澤《庚子銷夏記》卷一《鮮于伯機書杜詩》 漁陽太常以書名一世，予見其遺跡極多，最佳者為杜詩《秋風破屋歌》，風格遒逸，有晉人遺法。後自跋亦自負，蓋得意書也。其子去矜亦善書，見卷後。世傳伯機與趙吳興齊名，趙每自書二紙易其一紙，輒焚之，不知果有此事否，然寥寥宇宙，得一人妬亦足矣，吳興乃知己也。此卷余官開封時，張大理睡心所贈，相隨二十餘年矣，每開卷輒作聚散存亡之感。

元人書吳興、漁陽而外，無可存者，即庫庫喀爾名甚，承旨書，後人尚有評其稍熟者，蓋作畫則欲熟中熟，作字則欲熟中生。董玄宰謂鮮于書勝趙承旨，亦正以鮮于書不熟不俗耳。

又卷七《鮮于樞書蕭山文廟碑》 太常特起北地，與吳興齊名，吳興常自書二紙易其一紙，重之如此。被圓秀瀟灑，具見名士風流，可珍也。

清・卞永譽《式古堂書畫彙考》卷一七《書十七・元・直寄老人書昌黎石鼓歌卷》 《石鼓》文字奇也，韓此詩又奇。困學書此，力與之敵，又奇也。嘉靖甲申初夏，陸深觀於思齋。

又 困學翁崛起幽州，與鷗波亭主人齊驅爭道，未知誰得驪珠。嘗僑居我里，署名曰檇李某，故余見其手墨，輒喜為題之，敬附梓里後進之誼。秋嶽生曹溶。

又《戲題廣嚴僧房壁》 伯機於書法用功極深，每數日相見，輒云：近見余某帖，孰離孰合。言語必相劘切，率以為常。伯機仙去十載，非詩特書法如伯機者不可得，而朋友箴規之道，亦使人慨然。此詩乃元貞乙未遊高亭廣嚴寺所作，用筆遒勁，與詩律精嚴，是或一道卷中所及。嚴翁、井西、無逸亦相繼云，亡交遊凋謝，雅道寥落，益增隕涕。至大辛亥十二月望日，巴西鄧文原書於素履齋。

又 書法不講百餘年，至元間，伯機、子昂二妙詩特起，古意復見於今。予嘗謂後有尚論國家文藝之盛，必來取斯。伯機歿既久，時人購藏，殆欲家有其書，而其合作未有如此卷者。亦有錢塘佳山水，當時神情朗闕以至此。昔人云，不恨臣無二王法，恨二王無臣法，非耶。詩逼王半山，敘事類崔德符。予評豈妄，盍就子昂學士正之。延祐五年四月二日，高郵龔璛書。

清・孫岳頒等《佩文齋書畫譜》卷七九《歷代名人書跋一〇・元鮮于樞與嚴處士翰墨》 大德延祐間，漁陽、吳興、巴西翰墨擅一代，而嚴氏琴亦見稱道，年來無一存者。得此卷則四人具在，惜乎集之目力已病，不足窮其波磔之妙，徒諷其辭，以想見其遺音雅趣於湖波山水之間也。

又《元鮮于樞書迎詔三詩》 鮮于伯機自書其《迎詔》三詩，其行草之精，固吳興趙公平昔所推遜者。而此紙筆意尤妙，固非率遽而書之邪，抑亦天機之精到，雖出於率遽，非他人之所及也。梁寅書。

又《元鮮于樞草書後赤壁賦》 鮮于困學書名在當時與趙吳興、鄧巴西各雄長一方。困學多為草書，其書從真行來，故落筆不苟，而點畫所至，皆有意態，使人觀之不厭，不若今人未識歐、虞，徑造顛素，其散漫連延之勢，終為飛蓬蔓草而已。錫山鄒永章蓄此《後赤壁賦》，觀之數行後，益可把玩，然自愧非書家，不能深知其妙處耳。

又《元鮮于樞詩墨》 書家例能文詞，則望而知其筆畫之俗，特一書工而已。困學翁平生以善書掩其詩名，余每讀其詩，輒歎其妙，若此篇概亦可見。蓋世之學書者，如未能詩，吾未見其能樞也。都憲顧公示此，因以諗之。

又《元鮮于樞真草千文》 鮮于伯機書，當時與趙文敏公齊名。兩人相與甚厚，而鮮于早歿，故其遺跡之傳者甚少。此真草千文刻板，今在南京太學，所謂真草書，蓋無行也。

又《元鮮于樞草書千文》 智永千文，號得羲、獻家傳心法，學草書者必由是入，始不失古人矩矱。困學此卷，其為初學發者邪，亦得永禪師筆法者邪。蔡中郎不可見矣，得見虎賁氏亦可矣。

此卷千文，予屢見之，其一勒石於四川按察司後堂，其一表弟顧世安所收，京師見一本，乃臨書也，與此卷結構行款俱同。困學前元時書名與趙文敏松雪相埒，或謂遒勁過之。好事者至云松雪每以己書三幅易困學一幅焚去，以其軋己也。斯言何謂，而學書家乃有發冢嘔血之事，將後人之談柄邪。顧松雪書法盛傳於時，而升堂入室者，往往有人。其甚乃有奪胎亂真，至不可辨詰，而困學之法，傳者落落。此卷跋尾所云，南方士大夫以予北人，麤識點畫，固是撝謙。若雲雪寒晨起，筆墨不調等語，豈容一朝之頃，連書三四本，殊以為疑，而未之解，但筆力當以卷為勝。壬寅巧夕，試筆儼山，陸深。

又《元鮮于樞墨蹟》 《元史》稱趙子昂篆籀、分隸、真、行、草書，無不冠絕古今。又云：孟頫之才，頗為書畫所掩。子昂不易得矣，然子昂嘗云：與伯機同學草書，伯機過余遠甚，極力追之而不能。及伯機已矣，世乃稱僕能書，所謂無佛處稱尊耳。推重伯機如此。伯機尤不易得也，伯機大德二年過京口，為高孝賢書《蘭亭記》一卷，余得之，見筆鋒遒勁，風神凜然，謂不易得。昔人謂作字墨淡則傷神采，絕濃必滯筆鋒，又謂古墨蹟必表古而裏新，余於是乃知為真伯機無疑也。嗟夫，《褉序》筆墨之妙，高出千古，人或病其絲竹管絃、天朗氣清之語，此與以耳食無異，不知《東都賦》已有布絲竹鍾鼓，鏗鏘管絃，燁煜之句。張衡賦已有仲春之月，時和氣清也。伯機此卷，豈為右軍殺恥邪。《石涌集》。

或謂困學面帶河朔偉氣，酒酣作字，奇態橫發，今觀所作，良是也，但未知酒酣與否。其為早年曾作吏，不免間有俗氣。謬矣。若然，何敏文公推重之至，不敢與齒。其自序：惡札污几案，不可以示人。前輩君子，藝愈妙而心愈下如此哉。士亨能寶此，其趣向可知矣。劉珝《古直集》。

予嘗見松雪趙公跋鮮于先生所書《歸去來辭》後，謂其同學書，而過僕遠甚，誠非過言也。蓋二公皆由晉帖中來，自各成一家，何世人但知趙而不知有鮮于也。及觀此書，筆意遒勁，而機械妙用，婉轉無窮，趙公之言豈欺予，所以識此者，特嘉趙公之推美同列，而嗟世人不識也。蔣生其寶藏之。鄭本忠《安分先生集》。

又《元鮮于樞帖》 困學老人善迴腕，故其書圓勁，或者議其多用唐法。然與伯機相識，凡十五六年間，其書日異勝人間俗書也。大德壬寅長至後三日表哀。《戲鴻堂法帖》。

又《元鮮于樞遊高亭巘詩記》 鮮于困學氏博學負材氣，貌偉而髯，類河朔傖父。余見其行草，往往以骨力勝而乏姿態，略如其人，以故聲稱漸不敵趙吳興。人謂吳興以己書三紙易困學一紙焚之，恐未必爾也。此《遊高亭巘記》及詩，凡一千六百五十六字，見《鐵網珊瑚》中。字無正行體，大小如宣示，而備有褚、柳筆法，其文亦典贍可喜，獨所紀凈師草聖，以為錢塘人家所收王逸老合作皆其筆，却大誤。逸老名昇，別號羔羊居士。宣和中，嘗獻草書，稱旨得官，至紹興時，年八十餘乃終。楊用修著《墨池瑣録》謂逸老南唐人，名文秉，又誤也。逸老不合狂擬右軍，兩見詆作僧俗人，可發一笑。

又《元鮮于樞行書進學解》 頃見鮮于伯機絹書唐人詩二軸，筆勢如猿嘯蒼松，鶴鳴老檜。以茲刻視之，用筆雖同而丰神稍異。學書者必多求之墨蹟，而後覽乎石刻，庶可以悟古人筆法之妙。嘉靖甲寅三月十八日曉起題。

又《元鮮于樞詩帖》 嘗聞故老云：鮮于公早歲學書，愧未能若古人，偶適野，見二人輓車行淖泥中，遂悟書法，蓋與昔人觀舞劒器者同一機也。公生燕趙，宦吳越，而詞翰有晉唐風。屢薦名館閣，不果，一試卒深抑外官，命矣夫。嗚乎，士有懷異負奇不克顯於世者，可勝歎哉。彼居要官，偶擅書名於一時，百世之公議弗然也。夫唐人工書，故以書名世者難。近世工書者鮮，故書易名世。矧公書極工，宜有名以傳後世矣。

又《元鮮于樞蘭亭記》 鮮于奉常公嘗見葉秋臺書，反覆諦視，至欲下拜。秋臺之書，人頗譏其陋，公獨知其用筆之妙。字學雖淺，藝非功力精到，亦不足以相知，況其他者乎。予藏公所書《濟石硯賦》，自謂可入妙品。今觀此卷，寔可與之抗衡，非真知書中意者，未必以予言為至當也。

清・張照等《石渠寶笈》卷三七《元鮮于樞大書二十字一軸》 元鮮于樞大書二十字一軸。

又 趙孟頫跋云：困學之書，妙入神品，僕所不及，然四幅不若合為一幅之為佳，爰使能者重裝潢之。松雪識押。

又 陳敬宗跋云：此書有元鮮于太常之筆，趙松雪公家藏之物也。二公書皆師晉右軍王逸少。初，右軍學繇書，池水盡墨，因得書名。而二公用功雖未然，必駸駸乎入王氏之門墻。見宗廟之美，百官之富裕，菴既識而藏之，可不寶諸。翰林侍讀學士慈谿陳敬宗言。

又 聶大年跋云：書法盛於晉，至唐顔、柳出，法度漸廢。又至宋蘇、米出來，晉魏之風軌掃地矣。鮮于伯機與趙文敏同學書，而草有過文敏處。僕觀此大書尤妙，兼觀陳學士跋，為之汗出。臨川聶大年。

又 張弼跋云：伯機之書名彰千古，先輩陳、聶二公已備言之矣，何待僕更為多喋。但以鄙見言之，皆真蹟無疑。宋魯先生求僕惡札，題於其上，即是標瓦礫於珠林也，寧不赧顔。東海張弼。

清・吴升《大觀録》卷九上《元賢法書・鮮于太常行書千字文》 近代能書惟此二公，今觀進之所藏千文，伯機書之於前，子昂繼之於後，可謂聯璧。至大戊戌季冬十月一日，聊城周馳書於錢塘新橋之寓所。

余曾從伯機遊，每聚首，未嘗不論及書法。得子昂片紙，輒藏之，伺相見，即詳説某字合，某字乖，子昂亦為余言，伯機其畏友也。今世學二公書甚衆，未知用工視此何如。亦嘗考求二公書法，其本源固有在否，因觀所書千文，輒題其後。至大辛亥人日，巴西鄧文原書。

伯機妙札子昂筆，翰墨場中今二豪。倏睹雙為追晉軌，真成九颯讀離騷。長庚明月光同好，秋色南山勢共高。駿馬華夷俄踏遍，巴西端是九方皋。至大四年五月朔，休堂雪翁溥光漫題。

清・陶樑《紅豆樹館書畫記》卷一《元鮮于伯機書佛遺教經》 伯機書負雄勁之氣，加以清苦之學，故其造詣如此，今觀此經使人肅然起敬。至正十年冬十月，扶風馬琬。

又 元鮮于太常負氣雄勁，以一代人物自許，今傳世者獨其書而已，此書《遺教經》，意度中藏，風骨外露，觀之者尚可想見其人。完庵劉珏題。

又 右元鮮于伯機書佛《遺教經》一卷，運筆處得《蘭亭》遺意，可當一代合作。松雪翁謂困學書筆筆皆有古法，斯盡之矣，宜寶藏之。成化甲辰七月既望，延陵吴寬題。

又 伯機此書，用中鋒秀潤，得晉人風格。昔見趙文敏寫《佛説》四十二章於中州，又獲觀此帖於家鳳卿賢仲，所惜歲事匆匆，不及臨本，望鳳卿之影寫見詒矣。嘉慶五年八日，孫星衍題於金陵五松書屋。

又 鮮于伯機書佛《遺教經》長卷，瀋水孫問經草堂所藏。跋之者馬琬、吴孟思、劉珏、吴寛。或謂負雄勁之氣，加清苦之學。或謂意度中藏，風骨外露。又謂運筆處得《蘭亭》遺意，可當一代合作。皆非阿好。他日鳳卿泐之石，堪與晉唐人争席無疑。宜城張炯跋尾。時嘉慶庚申二月朔日。

又 世稱《遺教經》乃逸少筆，歐陽文忠公以為非是。東坡云：自逸少在時，小兒亂真，自不能辯，况數百年後，傳刻之餘，而欲必其真僞，難矣。顧筆墨精穩，自可為師法。其論極至當。鮮于太常書與松雪翁相抗，運筆遒潤，頗得晉唐人正派。今此經四五千言，用金粟箋書，自首至尾，無一懈筆。世所稱逸少本者，此真得其雄勁矣。古人多喜寫佛經，如蘇、黄諸公。至於趙松雪、文衡山、董香光，要皆以筆墨作佛事者也。雨窗問經草堂藏弆甚富，此其一焉。頃將北歸應試，欲以是卷摹石，公諸同好，因屬跋尾而並記雨窗之語，以當左券。嘉慶五年庚申二月朔上元，義山楊堉拜手。

又 唐人書經，每一部輒易其一法，而卻一筆到底，毫不間雜他法。太常此卷，乃師其意，而遒古撇脱，有天馬行空之勢。松雪每以三紙易其一紙，得輒毁之，其見畏於名人如此，可想知也。梟薌其善藏之。道光七年四月，汲林那彦成題。

又 困學書與松雪齊名，世間真跡甚少。此卷為鳳卿二兄所藏，秀勁中無一懈筆，尤可寶貴。予鄉見明人嚴調御所臨佛《遺教經》，小楷，書後附唐太宗《施行敕》，雖未知此經譯於何時，知為唐以前傳本也。嚴君石刻，今在吾鄉佛寺，他日當手搨奉寄，以資考證。嘉慶辛酉年上元後三日，錢塘何元錫書於五松園。

又　鮮于太常與松雪齊名，乃後世斷無不知松雪之人，而竟有不知鮮于之人，則何也。是書結體與松雪相同，用筆則微別，蓋中多偃筆，無趙之圓熟，而蒼勁則或過之。鳳卿先生博雅好古，珍藏頗富。前示我松雪《酒德頌》，今復示以此卷，展玩數日，神妙如在心目間也。嘉慶六年二月，冶城山樵管鏞題。

又　困學民此書特為閑雅，殆唐人寫經手之遺韻耶。涵齋居士張濤。

又　董香光謂鮮于伯機不能與吳興並駕馳驅，蓋其結體稍遜，忌之也，非惡之也。鳳卿觀察出此見示，因識於後。嘉慶丙寅，路經涿州獲觀。茸城少云沈觀成。

又　右《佛遺教經》一卷，鮮于太常所書。書法予所不知，但覺其秀美潤勁，脱手如新而已。庸母老弟丧，沉溺苦海，將自還南，鳳卿觀察出此屬題，讀之如熱毒中服清涼散。漫書數語，為著其略。嘉慶丙寅上元前一日，武進臧庸題於涿州孫氏經訓齋。

又　道光丁亥五月十日，則徐由都赴陝，路經保陽，飲晃薌前輩衙齋，出示此卷，輒為盡一大白。時同觀者孝感屠之申、來安、戴宗沅。夜闌酒酣，則徐倚裝識之，別後當勿忘此墨緣也。

又　西清編輯書畫，得見困學真跡數種，以透光鏡，詩足稱雙絶，此書恰到受用處，非爐火純青之候不辨。僕年未六十，而目昏手弱，不能細書，恐愧於古人者，又豈獨斯事也耶。丁亥冬至前期，晃薌先生還寄屬題，聊識數語，歸之英和。

又　數年來，見唐人書經將十數卷，雖運筆結體，間有工拙，而意境皆相類。此卷遒古蕭散，於漁陽為變體。驟觀之，幾以為廣惠禪藏本也。戊子九月十四日，尚先入蜀，道出保陽，飲晃薌前輩署，出觀此卷，三復敬題。

又　鮮于太常遺蹟流傳頗少，此卷後半紙墨完好，更得諸大賢審定，臨池家尋其筆蹤，庶可上窺晉唐閫奥，洵希世之珍也。道光己丑立秋日，謁晃薌先生於宣武寓齋，惠賜一觀，曷勝厚幸。毛鼎亨謹識。

又　伯機於至元間渡江，始學書，時年二十四，其卒年四十六，學書僅廿三年，輒與松雪比並。蓋其天姿有大過人者，非第以清苦學力勝也。此卷妙處，前跋洵稱確評。第攷伯機生於元憲宗七年，為宋理宗寶佑五年，少後松雪四歲，卒於大德六年。此卷署延祐六年，則伯機没之十有八年矣。或太常書時無款，後人憮補而未之考耶。郭蘭石編修精賞鑒，疑為元以前人所書，當不謬。或舊有此卷，後人署款太常，未可定耳。就書論書，信可寶也。晃薌七兄屬為題識，即希正之。道光九年十一月四日，姚元之書。

又　或謂困學生於宋咸淳二年，則卒時年三十七耳。攷《松雪集》有《寄伯機》詩云：之子稱吏隱，才高非衆鄰。脱身軒冕場，築室西湖濱。開軒弄玉琴，臨池書練裙。又云：我生少寡諧，一見夙昔親。誤落塵網中，四度京華春。松雪以至元二十三年應召至京，廿四年授兵部郎中，奉使還家。廿五年以夫人北上，廿九年壬辰，出知濟南路總管府事，暫還吳興。所謂四度京華春，當是廿五年至辛卯未出都時也。困學築室西湖，一見相親，當為松雪奉使還家之前，或未應召之前耳。而詩有臨池書練裙句，若以咸淳二年計之，困學才過二十，尚未學書，自當以生寶佑五年為是。松雪《哀伯機》詩，又有憶昨聞令名，宦舍始相識。我方二十餘，君髮黑如漆句。如困學生度宗咸淳二年，松雪方二十餘，則困學不過十歲左右，未必有令名相聞也。又可證生咸淳二年之非。異日展卷，因疑年録一語偶閲趙集，為一證。之元又記。

清・孔廣陶《嶽雪樓書畫録》卷三《元鮮于伯機書石鼓歌真蹟卷》　石鼓文字奇也，韓此詩又奇，困學書此，力與之敵，又奇也。嘉靖甲申初夏，陸深觀於思齋。

困學翁崛起幽州，與鷗波亭主人齊驅争道，未知誰得驪珠。嘗僑居我里，署名曰檇李某，故余見其手墨，輒喜為題之，敬附梓里後進之誼。秋嶽生魯溶儷荃既示我困學《苦齋合辟》卷，翌日復以是卷來，神骨超絶，較前卷倍益精妍。【略】王元美初見宋拓《嶽麓碑》，詫為神物。後見唐拓，輒仰首微吟，曰：欲窮千里目，更上一層樓。旨哉。道光庚戌小除夕，羅天池觀於宋惺齋。

卷為令之中丞舊藏，往在都門兩見，卷册有式古堂印記者，并皆佳妙。當年收羅之富，與牧仲齊名，所謂一時難得兩中丞也。余曾親得龔子敬詩卷，詞翰精絶，亦式古堂故物。後以債累，盡舉所有而去之，今不知流落何所矣。因閲此卷，緬想悵然。次日泩湖再識。

困學老人書與趙吴興齊名，每當酒酣驁放，吟詩作字，其態横生，故草法牧寂。吴興自謂遠遜，不敢於有佛處稱尊，或識其俗吏氣，謬矣。小楷醉心二王，行狀得法顛素。曾見兩書《進學解》，筆力不及此卷，其點畫遒動，無一筆不有意態，細心玩味，當有得也。咸豐庚申仲春，後學孔廣陶敬識。

清·李佐賢《書畫鑑影》卷一三《册類·元·鮮于伯機書御史箴册》 伯機書筆筆皆有古法，足為至寶。孟頫跋。

清·葛嗣浵《愛日吟廬書畫續録》卷一《元鮮于樞行書詩翰卷》 元人書無論工拙，細玩之，大半似趙文敏，殆亦當時風尚使然歟。獨困學此卷，結體權奇，筆力雄肆，直與宋之山谷、海嶽、雲壑相頡頏。丹邱諸公不能到也。敝篋中有數之品，編録至此，特為揭出。

困學先生至元閒以材選，為浙東宣慰司經歷，改江浙行省都事。每出必載筆櫝，父老環聚，指謂曰，此我鮮于公也。及日暮歸，則弄硯撫琴，取古鍾、鼎、彝、法書、名畫，縱玩之賓。至則共諷詠於竹林之間，或命觴徑醉，醉極放歌作畫，飄飄然有塵外風格。營一室，號曰困學齋，又號直寄老人。當時文望，與趙魏公相伯仲，後遷太常、典簿。矐樵沈遇。雍正十有二年，歲在甲寅春二月十有二日，瑯琊王澍觀。

清·曾恒德《滋蕙堂法帖碑跋·鮮于伯機與澄虛真人書帖》 習俗於此道無大得力處，動輒妄自標置，若果有此彌天本領，何人能薄待之。傅山題。

綜述

明·顧復《平生壯觀》卷四《元·鮮于樞》《滿江紅》詞。自題云：近覽鏡，白髮漸多，戲作《滿江紅》長短句。繡江先生拜參上馬，敢録呈醜，幸乞一笑。鮮于樞頓首。

又 杜少陵《過昭陵》詩，白宋紙，大行書，筆法甚精，王禕、宋濂跋亦精。

又《跋趙子昂札》，札已不存，跋於黃紙二尺，於中行書。

又《湛淵札》，白紙尺許，破碎，行書草，草同《太初札》，作一卷。有元末宇文公諒四人跋《閒書札》，韋詩。

又《千文》行書，白宋紙，為進之寫。高尺餘，字徑寸。寫到多士實寧止，趙子昂補寫完全。跋云：伯機草書千文，至多士實寧止，進之得此，求予足成。余諦玩龍跳，深漸慚狗續。然進之請之既勤，伯機之亡已久，此而不勉，後必難全，輒忘珠玉在側之譏，庶盡生死交情之道云。後鄧文原、周馳、溥光跋，又文嘉諸人跋。

又 書荆公詩四首，紙卷後自題云：右荆公雜詩，至元辛卯二月八日，過君錫真味堂，出紙命書，遂為盡此。君錫書法，得前人之正，又所收秘笈在諸法家帖上，亦須拙筆，亦愛其醜之意耶。鮮于樞記。

清·安岐《墨緣彙觀録》卷二《法書下·元·鮮于樞遊高亭山記卷》 牙色紙本，高一尺八分，長六尺七寸五分。行書，大五分許，筆法清韻，體勢平穩。所見伯機行書，此卷灼然第一。前記元貞元年四月二十二日，送客臨平鎮，自高亭山遊覽之事。其文詳妙，讀之如覩其勝。記後書初約元仁同行，及期元仁以事不果，故備述所見以告。拙詩數首附後，仍丐呈似巖翁山村井西存，博善之、仲實、無逸諸同志寵和。其詩題有《留題廣嚴寺》、七律一首。高亭道中一絶。《留題浄慧壁》、七言。浄慧寺四絶。七言。又《戲題廣嚴僧房壁》。七言絶句一首。款鮮于樞頓首。後押漁陽鮮于困學齋三朱文印，末上角有張氏清夫朱文印，下角有朱文心遠堂印，前後有王鳳洲貞元、爾雅朱文印，及白文有明王氏圖書之印，後有鄧文原、龔璛跋。楊循吉謹觀。又張寰、袁尊尼、周天球、黄姬水、彭年跋。嶺南黎民表、武林吕需、吴門沈伯麐同觀。陳繼儒、徐益、孫鑒記。王世貞、王穉登題。又有錫山安氏圖章，及王氏官印。

又《草書杜少陵茅屋為秋風所破歌卷》 白宋紙本，高九寸二分，長二丈八尺餘，草書。字大二寸及三寸許者，太常得意之書也。後自題右少陵《茅屋為秋風所破歌》。玉成先生使書，三易筆，竟此紙。海嶽公有云：今世所傳顛素草書，狂怪怒張，無二王法度，皆僞書。東坡亦謂，吴門蘇氏所寶伯高書《隔簾歌》以後等草非張書。誠然，樞作草頗久，時有合者不敢去此語也，玉成先生以為如何。大德二年九月晦日，困學民鮮于樞伯機父。下押鮮于樞伯機父一印，伯機印章一印，二印皆白文。虎林隱吏朱文一印，後鮮于去矜為玉成之孫一跋，深得家法，款季男鮮于去矜百拜謹書。時己酉孟秋二日也。後押鮮于朱文圓印，又白文印，糢糊莫辨，及困學後人白文印。又董文敏小行書一跋甚精，款萬曆三十七年，歲在己酉十二月十九日，董其昌跋於延津公署。又小行書二行云：鮮于去矜以己酉跋太常書。余亦以己酉為此跋，事有偶符。董其昌再題，下押董元宰白文印。卷經孫退谷少宰所藏，鮮于去矜與董跋俱題於本後。

又《**書襄陽、煙江疊嶂二歌卷**》 淡黃藏經紙本，行草，四十五行。前書《襄陽歌》三字，歌後又書《煙江疊嶂歌》，末題名。連前歌一體書竟，款書大德四年華朝日，困學民書。原裱册子，項氏改裝横卷，有墨林收藏以及笪氏、李氏諸印。

又《**草書千字文卷**》 白宋紙本，高尺餘，草書，共一百六十七行，字大寸餘及二寸許者。首書千字文，敕散騎侍郎周興嗣次韻。

此卷伯機書至多士實甯止，計九十五行，後押鮮于朱文圓印、伯機印章白文印。又慎發、箕子之裔二朱文印。後半段子昂補完，文後子昂行書題七行字，大寸許。云：伯機草書千文至多士實甯止，進之得此，求余足成。余諦翫龍跳，深慚狗續，然進之之請既勤，伯機之亡已久，此而不勉後必難全，輒忘珠玉在側之譏，庶盡生死交情之道云爾。款吴興趙孟頫，後押趙字一印，趙氏子昂及松雪齋、天水郡圖書印，四印皆朱文。後周馳、鄧文原、溥光詩跋，皆題於本文紙末，後押五馬山房、鑒賞真蹟、子孫世昌等十一印。又文嘉、周光、顧德育三跋題於藏經紙上。

清・吴升《**大觀録**》**卷九上**《**元賢法書・鮮于太常行書千字文**》 約八尺，作行押，精奕有古致，惜殘毫未竟，公遽仙去，松雪因為足成之。迨今審視，莫可指辨。若出一手，可異也。公別書拱北樓卷，行筆殊爛熳，第紙素精燦可愛耳。茂苑、文嘉兩跋語未録。

千字文。伯機草書千文，至多士實寧止，進之得此，求予足成。予諦玩龍跳，深慙狗續，然進之請之既勤，伯機之亡已久，此而不勉，後必難全，輒忘珠玉在側之譏，庶盡生死交情之道云。吴興趙孟頫。

清・阮元《**石渠隨筆**》**卷四**《**元・鮮于樞書襄陽歌**》 金粟牋，十二幅接裝，每幅四行，蓋册頁改裝卷子者。其鈐縫有項子京印。字蹟活潑而有力，在孫過庭、李北海之間。

清・吴榮光《**辛丑銷夏記**》**卷三**《**元鮮于伯機書歸去來辭册**》【**略**】

伯機號困學民，漁陽人，官至太常寺典簿。書名與趙吴興各雄長一方，不為五斗米折腰之文，宜得此健筆書之。伯榮。

紀事

元・虞集《**道園學古録**》**卷一〇**《**跋鮮于伯機與嚴處士翰墨**》 大德、延祐間，漁陽、吴興、巴西翰墨檀擅一代，而嚴氏琴亦見稱道，年來無一存者。得此卷，則四人具在，惜乎集之目力已病，不足窮其波磔之妙，徒諷其辭，以想見其遺音雅趣於湖波山水之間也。

明・郁逢慶《**續書畫題跋記**》**卷五**《**鮮于奉常草書昌黎琴操四章**》 鮮于樞為國寶先輩書，國寶書法臻妙，家藏秘蹟甚多，吾札何足以污几案，愛忘其醜，長者事也。

明・董其昌《**畫禪室隨筆**》**卷一**《**題朱敬韜所藏趙榮録鮮于伯機真蹟**》 吴興書少有師褚登善者，此前二幅似之，又所報燕京奇畫，是孫過庭法也。鮮于伯機評書天真爛漫，盡力與吴興敵者，是皆可傳也。今日過敬韜，出此相視，因借歸摹之戲鴻堂帖中。

清・姜宸英《**湛園題跋・題困學書李潮八分歌**》 予家藏伯機草書《蘭亭》及李潮《八分歌》。《蘭亭帖》戊午攜至京師，客人困乏，為有力者購去，獨此帖留家，復黴爛去半截，偶於行笥檢得，輒割裂其行數，命工裝之。雖斷文訛缺，若過中郎，猶足為柯亭之賞也。

清・陸時化《**吴越所見書畫録**》**卷四**《**元鮮于困學醉筆卷**》 鮮于困學詩卷，一名醉筆卷。此詩伯機屢嘗為余書，時會飲張汝明家，酒酣援筆作此，尤為得意書也。義山自京口攜來毗陵，展卷醒然，蓋廿又一年矣，奚翅山陽鄰笛之感。至大庚戌立秋日，虎林盛彪中文。

又 延祐己未秋，出使江表，還次京口，得觀於寓意齋，不見伯機者十八年矣。慨歎良久，於是乎書。宛平曹鑑。

又 先生此書醉墨超逸，神氣激揚，與詩語相為表裏。蓋天才間出，唐宋以來，憲章二王，無出其右者也。沂陽後學董復拜手書。

又 至元後丁丑六月，奉郡文欽賞詔書來陽羨，畢事，訪仲德先生，獲觀困學翰墨，書以識之。金華吴福孫。

清・陸心源《穰梨館過眼録》卷七《鮮于伯機十詩五札卷》 鮮于書在元人中最為蒼厚，此十詩五札真蹟，薈萃一處，尠為難得。其中首二札，末一札，尤得晉唐人骨髓。往在陸氏松下清齋中見之，兹為漸門居士所收，重得展翫，亦衰年眼福也。嘉慶庚申佛成道日，雨窻記夢樓七十一老人文治。

又 鮮于太常書名與松雪翁埒，兹十詩五札，為漸門居士所藏，渾古蒼秀，無側筆取媚之習，以視吴興，殆有過之無不及也。可寶可寶。

清・方濬頤《夢園書畫録》卷五《元鮮于太常行書真蹟卷》 困學老人與松雪翁並時齊名，而困學沈著雄放處，似松雪尚遜一籌。相傳松雪恐困學之掩其名，每購困學書焚之，故傳於今者絶少。此無稽之談，松雪似不至此。余齋亦只得兩種，一為草書《歸去來辭》册，現在逢兒處。一即此卷，為恭兒所藏。然册係狂草，破空而行，尚不及此之精神融結也。道光二十四年，歲在甲辰重陽節，福州梁章鉅記。

又 鮮于太常書與趙文敏齊名，而文敏在當時極推許之，有鮮于書法獨步一時，余所不逭之語。觀此卷則知二公固並驅中原，未有高下，併未有能敵之者。千百年後，必以余為知言。范昌。

又 余見鮮于書不少，率皆單辭短劄，未有如是之連篇疊句。考《揚州》詩，《鮮于集》中不載，然有關地志採擇，非他書可比，況其筆法沉着痛快如此哉。高郵劉天爵題。

又 鮮于伯機此卷，實為揚州寶翰，梁茝林中丞寶藏。元會見過石刻本，訪之不再見，今揚州休園重葺，元欲借鈎刻，中丞肯借，而覓鈎者無好手，懼損壞之，未果。留觀日久，衹好繳還。丙午秋日，揚州阮元識。

又 嘗謂《元史》不為太常立傳，《揚州府志》不採四十韻為憾事，即《四庫書目》亦惟子部收《困學齋雜録》一種，而集部不載其全集。彼總集如宋氏《元詩體要》、潘氏之《名家集》、顧氏《元詩選》，雖皆以《伯機集》入選，視他選已為完善，然終非全豹，即無以斷四十韻之必無異同，宜乎。茝林夫子出所家藏鮮于此卷墨蹟壽諸石，而奭亦得綴名於末。據款年月為至元癸巳，元有兩至元，一世祖，一順帝，而世祖、順帝各有一癸巳，特順帝癸巳已改元至正，知此癸巳為世祖之三十年。太常生憲宗七年，卒成宗大德六年。寫詩之年原不必即成詩之年，然就詩所云重來猶耿耿，是寫詩時已三十七歲。越九年壬寅，甫四十六歲而歸道山。詩又云：乍喜尋歸路未知。能如其願否。蓋太常為漁陽人，亦《畿輔通志》所宜審者。若謂生中統八年，則是二十八歲寫詩，三十七歲而没，何以當日與趙魏公齊名。魏公生宋寶佑二年，止長太常三歲，然則魏公四十歲為太常，寫詩之三十七歲無疑。凡七年在揚，有舊城鹽院署所書《御史箴》碑可證，彼時已四十三歲。詩結句明朝又江浙，不三年即四十六歲，豈竟終於浙耶。【略】道光丁未春三月上巳，門下士甘泉黄奭。

雜録

明・顧復《平生壯觀》卷四《元・鮮于樞》 《襄陽歌》大行書，後人截去真欵，題為蔡君謨，若俞兄文跋，定伯機無疑。

又 七紙紙色不一，粗鬆而黄者為多。有欵一，無欵五，潦草異常。陳以御疑焉，余曰此非贋作也，不經意之作也。落筆時豈計存於四百年後哉。

《動静帖》

綜述

清・安岐《墨緣彙觀録》卷二《法書下・元・戴表元動静帖》 淡黄紙本，行書二十行，書法蒼秀。帖前外封書記事，頓首再拜徐仲彬總管相公侍史，客信泮戴表元謹緘封。右紙邊續書寶佑橋西四字，下書九月十六日，有朱書五字號本帖，前書表元記事，頓首再拜仲彬總管相公侍史，久不承動静，一年之間，多問往來人，不得端的，以此無書問相及。後書表元頓首再拜奉記。末有甲三編號帖，經項墨林收藏及項廷謨印。帥初書世不多有，此帖余所僅見者。

吾衍書蹟

紀事

明・汪砢玉《珊瑚網》卷一〇《吾子行書古文篆韻二帙》 此本為吾子行先生筆也。先生名丘衍，住杭之先花坊。時年二十七，即不下樓。樓上下分業子弟，刻至，僮輒止不使登，通焉使登乃登。先生好古，變宋末鍾鼎圖書之妙，寸印古篆，實自先生倡之，真第一手，趙吴興又晚效先生法耳。所著有《學古編》、《字源七辨》、《篆品三十八則》，私印有竹素山房、吾氏子行、我最嫩、懷真樂、飛舟雷數印。印鼻小韋帶，嘗在手弄之，蓋欲和其四稜，令有古意。是本正子行尚業，秋嚴得而證寫之者焉。至正七年，歲次丁卯五月望，嘉禾陶九成識。

又 吾子行為錢塘人，不仕不娶，離世異俗，好古博雅，隱居授徒。四方之士相傾慕者，冠履交於户内，而子行不以貴賤為低昂，可者與之，不可者拒之。居僅容膝，迎送未嘗下樓。留心古道，樂志簞瓢，不與世俗争妍巧，蓋亦尚友千載者。弘治初，得《説文解字篆韻》於沈石田氏，所少者《古文篆韻》耳。今復得子行手蹟，不惟點畫足法，且合之成全書，良足快心耳。中秋葭園庸史王鴻羽識。

又 吾禾沈叔雅弘嘉望子商丞，工篆、隸、八分，所往還多名流。董氏《戲鴻堂帖》，其手摹勒石也。與余交有年矣，叔雅垂盡時，以是書授余曰：此吾一生得力處也。余即酬而閲之，豁然心目焉。蓋篆既分韻可檢，每體各書字文所出，為古《孝經》、《石經》、《周易》，古《毛詩》，古《尚書》，古《周禮》、《古禮記》，古《春秋》，古《論語》，古《爾雅》、《周書》、《陰符經》、《道德經》，古《老子》，古《莊子》，古《漢書》、《碧落文》、《籀文》、《古文》、《雜古文》、《説文》、《演説》、《文荆山文》、《石郭文》、《開元文》、《牧子文》、《澄裕古文》，古《世本》，古《月令》，古《樂章》，又雲章汗簡、《鳳樓紀》、《茅君傳》、《天台經幢》。《南嶽碑》、《華嶽碑》、《三方碑》、《雲臺碑》、《彌勒傳碑》、《王庶子碑》、《樊先生碑》、《貝丘長碑》、《陳逸人碑》、《比干墓銘》、《季札墨銘》、趙琬璋《古字略》、李商隱《字略》、衛宏《字説》、郭招卿《字指》、庾儼《字書》、朱育《集字》、李宗吉《釋字》、王存又《切韻》、《祝尚書韻》、《崔希裕略古》、《顔黄門説》、《張庭珪劍名》、《裴光遠集》、《綴濟南集》、《徐邈集》、《張揖集》、《李彤集》、《孫彊集》、《馬日集》、《林宜集》諸書。惜觀止矣，無以復加矣。迺叔雅故今之子行也，不但伎倆相當，品行相若。惜其父子相次作古，無有繼之者哉。申立秋日，繡水汪珂玉識於稽古齋。

又 吾竹房書杜詩諸帖。吴人錢翼之與僕交遊數載，每欲得篆字而不言，僕謂好事若此，豈可無片紙為相贈。意今日雨作，賓朋不來，因染筆寫杜詩一首，字不甚好，然其意則頗有拙處，姑且充數，俟他日心宇清泰，别作一紙未害也。大德庚子正月廿有六日，趙郡吾衍書。

清・倪濤《六藝之一録》卷三八三《元賢墨蹟・詩翰・吾子行手迹》 右故人吾子行手迹十二紙，皆前後得之於書夾，所藏復恐散落，集而存之。其為人見後塘胡先生所為墓銘，兹不書。後三十年為至正五年己卯九月九日，江邨民錢良佑識。

姚燧書蹟

論説

明・王世貞《弇州山人四部稿》卷一三六《王重陽仙蹟記》 姚牧庵璲，至元世祖朝，以安西文學為書，書法全學宋《文貞碑》，比之孫、李，不作墨豬氣。

綜述

清・吴升《大觀録》卷九《元賢法書・姚文獻公行書卷》 八寸，凡三接，五言古，共二十首，多理學語。牧庵跋亦可珍重。牧庵名燧，字端夫，公之猶子，官集賢學士，謚曰文。以文章名海内，書宗顛素。第跋稱公為世父，而《書史》直謂燧為樞之子，豈以文公少有育於文獻，遂得猶子比兒耶。

《月庭札》

論説

明・顧復《平生壯觀》卷四《元・程鉅夫》 《月庭札》一，白紙行書，有蘇文忠法，甚佳。鉅夫書不多，槩見惟此行押及正書題帖六字耳。已能洗盡南宋衰蹇習氣，開伯機、子昂之士，接東晉風流，且聞其採訪東南也。薦子昂、舜舉諸賢於朝，可以知其為人矣。此札竟忘其與阿誰者，品價當邁文敏而媲文忠，豈可以時代限之，此薄歲札也。

趙孟頫書蹟

論説

明・李東陽《懷麓堂集》卷四〇《文稿二〇・箴銘贊引題跋・題趙子昂書茅屋秋風詩後》 右杜子美茅屋秋風詩，賀給事克糸所藏云趙子昂書。今按，此書累有俗筆，當非子昂真跡無疑。嗚呼，讀是詩者，可以興矣，書不足論也。唐室中興，瘡痍未復，子美以一布衣，衣不蓋兩肘，食不飽一腹，不愁朝夕凍餓死填溝壑，乃嘐嘐然開口長嘆為天下蒼生生計，其事若迂其志亦可哀矣。使開元之世，海内富庶，邊塵不生，唐之君與相能以子美為心，豈有成都之禍哉。豈惟開元古之人皆然。嗚呼，漆室婦死，狂人病子之誚平天下，孰可與言是計者哉。君卧病，環堵間展卷呻吟之暇，尚有味子予言哉。

子昂臨右軍十七帖，非此老不能為此書。然觀者掩卷知為吴興筆也。大抵效古人書，在意不在形。優孟效孫叔敖法耳，獻之嘗竊效右軍醉筆，右軍觀之，歎其過醉，獻亂者，如此能書者當自知之。

明・都穆《南濠居士文跋》卷三《趙子昂書襄陽歌》 太白聖於詩者，魏公書。此真可謂詩之勍敵，後之學書者，雖奮力追之，吾知其不能及也。

明・王士貞《弇州山人四部稿》卷一三一《文部・墨蹟跋中三十二首・趙子昂枯樹賦真蹟》 褚河南《枯樹賦》為武延秀差作二王屏風脚，歐虞之跡不與焉。其在當時珍貴可知。趙英典更取二王結法臨之，茂密秀潤，視其蹟不知孰叩山陰堂室耳。書樹全得古籀法，真吾山房中二絶也。

又 昔人謂臨書如雙雕摩天，各極飛動之勢，余得褚河南雙鈎真蹟與此卷對之，雖形模大小不甚異而中間行筆絶不同，褚妙在取態，趙貴王藏鋒。褚風韻遒逸飛動，真所謂謝夫人有林下風氣。趙則結構精密，肉骨匀和，顧家婦清心玉映，自是閨房之秀也。若買褚得趙，當亦不失所望矣。

又《趙吴興小楷法華經》 勝國之法，以因果調殺心以饒益餌貪癡，故多粉金書大藏者。以十數，獨法華為勝。書法華者，人以十數，獨趙吴興為勝，而此卷乃吴興自用了，願者以小楷書，精簡。其結構細密，肉骨豐遒盡備，有北海誠縣之妙而時濟以大令者也。第二卷缺，為明夏太常泉所補，尤明潔可愛，吾弟其善護持之，賢於多寶塔功德矣。

又《趙吴興大通閣記》 文敏書此記，遒勁匀整，肉不隱骨，晚年最妙筆佛地位書也。元人跋至三十餘皆具八法，蓋其時多能書而又好事，非今人所可及也。

又《趙吳興心經真蹟》《般若密多心經》是王舍城中無上三昧語，吳興書史蘭亭室中無上三昧筆。昔有開士學殷楊州咄咄法寫《蓮華經》能使方丈地畢刼不被四風雨，今留此經山房中鄴侯三萬卷，皆賴護持矣。珍重，珍重。

又《趙文敏書濟禪師塔銘》趙文敏既夙精臨池，詣極八法而又服膺西來，深入三昧，故其書視他蹟尤妙，蓋本右軍骨，調以大令肉，即北海跳跟不露一筆也。

又《趙文敏公行書》行書有全力而無意，乃得佳耳。此卷趙吳興行書。二贊而圖，詩及跋尾凡二百三十二字。【略】卞華伯以眉山贊語跋之，亦似見一斑者。立春日題此，覺芳英爛熳筆端。

又《趙子昂二帖後》昔人評趙吳興如丹鳳翀霄，祥雲捧日，余謂正書不足以當之，獨以尺牘行草得山陰父子撅拓法而以有意無意發之，蓋不負此評耳。余所有二帖，一開卷間見其精采映注，姿態狎出而結法復不踈，蓋尤其合作者，跋尾俱交游中書家，董狐語可信也。

又《趙文敏公篆書千文》書家有流，篆獨為楮體之樝大較有字筆，有字學，不可廢一者也。二李遠矣，僅徐騎省兄弟郭恕先有字學而不得筆，夢英而下亡論也。【略】然讀王氏跋，衛官嶧山豎子陽冰語，又未嘗不為一笑，至錯喉噴卷也。

又《趙魏公千文篆書》趙魏公書，貴重人間，若拱璧。然往往有力輙易致，獨篆體不甚經見。今年夏為歙人吳生跋一千字文，筆法之妙，仿佛斯冰復生，旋聞其鬻之好事家，為邑邑雷日，歲筆雲暮，有以公別紙千字贄吾文者，其用筆雖細而結構愈密，煥然舊觀，時病肺，强進一大白賞之，既而自悔其多好也。卷後老鐵一銘，亦自佳當時聞有伯琦条政纂不聞有鐵，乃知前輩未易才也。

又《趙文敏公於歸帖》趙吳興於歸帖，淳雅有古法，是和作者，然此青鳳一毛耳。生獨寶愛之，若周人不知其得吉光全裘，當更如何也。蘇長公嘗書赫蹏云，吾此紙可以劖錢祭鬼，後五百年當受百金之享。古人自負定不虛耳。

又《十絶句詩畫跋》唐人十絶句婉麗有情，得藍田詩中畫趣。趙文敏書筆翩翩能發之。【略】吳興要文休承併作之，共成一冊，不敢倣書院品第，庶幾後之覽者如入寶山，各自有獲也。或云趙書有疵筆出俞紫芝手，果爾所謂買王得羊耳。

又卷一三六《番君廟碑》《番君廟碑》。【略】元學士明善文趙承旨孟頫書，皆暮年筆，故老勁而書尤可喜也。

又《孫真人碑》孫真人德彧碑，鄧集賢文，原撰趙承旨孟頫書，德彧即書《重陽真人碑》者也。承旨此書不甚取骨而姿韻溢出，於波拂間，蓋能用大令指於北海腕者也。

又《趙子昂雜銘》子昂續書譜，文賦精工之極。如花月松風，娟娟濯濯，披襟留連不能自已。

左太沖詩於曹氏兄弟，猶子昂於大令父子，可謂逼真。第太沖詩末云：振衣千仞岡，濯足萬里流。尚覺子昂手腕間乏此大氣象。

服食帖家，弟初見之驚愕，咋指謂吳興遂能造此妙境，既讀跋尾知為臨右軍筆也。相與愀然，歎佛菩薩地分不同若此。子昂大書不如小，楷書不如行，豐碑大碣，螭首龜趺，要多非其至者，須於閒窓散筆有意無意間求之耳。《赤壁賦》刻之江右王邸中間，亦有金錯刀法，雖瀟灑縱逸而不乏矩度，與蘇賦俱變體之佳者。

明・孫鑛《書畫跋跋》卷一《墨蹟・趙子昂枯樹賦真蹟》凡臨書或取態或取勢，大概以意求之，於位置間不能無毫釐失。果得其意則失亦似矣。此臨褚則惟點畫真行處不改換面目，其結體遺筆全是自運，不知何為亦標曰臨，然此之自書，卻稍近古雅，豈魯人之學柳士詩者耶。

又《趙吳興小楷法華經》此本是敬美所寶，余曾寓目，細筆方匾體，每字起處俱有折鋒。敬美所示余，此蓋字字相連不斷勢勻熟有餘，然不脫寫經手氣。此云備有北海誠縣之妙，而時濟以大令，余未敢附和也。夏太常補一卷，是二沈餘派，謂尤其圓潔可愛，亦所未解，豈過篤友於，遂志忘其曲筆耶。

又《趙吳興大通閣記》此卷與前卷同日觀字幾如錢大，展卷光彩射人，覺得歐虞碑碣法。雖微帶肉而骨力圓勁，媚姿自肉中出，猶是本色。惟骨法令人改觀，筆縱而不肆，殆如半空擲下，起妝處皆莫得端倪。點畫一一得所，不若他碑之漫排置，謂是晚年最妙筆，良然。此是長洲伊家故物，乙亥歲伊客部在庭，至京欲以宋人胡笳十八拍圖易之，敬美不應伊亦曾以圖示余，乃臨本中最低下者，價不能當三十一，孰與易也。

又《趙吴興心經真蹟》 王氏跋一○吴興書，是蘭亭室中無上三昧筆。吴興書信佳，然謂與《般若經》俱入三昧則似過。

又《趙文敏行書》 松雪在當時聞一字，白金五分，此跋云二百三十二字，豈論價耶，然亦止十一兩餘耳。趙筆法全得之右軍，其寫碑乃參用北海拖曳法，襄陽大令恐不甚似有全力而無先意行押法，信如此，若正書或不然。筆陣圖固云：意在筆前者勝。

又續卷一《墨蹟・趙松雪書千文》 王氏跋二○一跋云：右趙承旨千字文。不言是何年書，當是至元以後延祐以前無疑也。蓋其功力既完，精神正旺，故於腕指間，從容變化，各極其致，中有疎而密者，柔而勁者，生而熟者，緩而緊者，出山陰入大令，傍及虞褚，不露蹊逕。正以博綜勝耳。文待召乃謂師李北海，吾未敢薦也。三十年所見千文真蹟多矣。紹興董氏智永真草從規矩出風度，當為第一本，三辰顧氏懷素草從風度覓規矩，當是第二本，此卷折衷二僧間，具體而微，不免居第三，若趙模時代，雖古而韻不足，鮮于樞骨力雖强而氣不清，四五之間尚為幸矣。次跋云：今年六月，有故人以趙文敏公千文來售者，初閱之，則潦草酬應厭勸筆墨之意可掬，為再三過。時時得佳字，重玩之則結搆波策，有不容言之妙。文休承謂生平見公草書，僅二本。此本尤佳絶，蓋公以至治二年壬戌四月廿八日書，以六月辛巳捐館，中間閏五月十八日會跋。子敬十三行《洛神賦》謂老疾不能作跋，雨後稍凉書此，蓋去書千文僅二十日耳，是宜其有厭勸色而老手斲輪運斤成風之勢，固不容掩，然公自是翰墨緣且盡矣。余置書畫緣亦於今日盡臨紙黯然低徊久之，望日曬書題。

大凡詩文書畫等，晚年則力量進，所謂年是年力，然精神周密，却不如少年時。書畫道成，雖不若詩文之焦勞，第衰邁時潦倒或亦不免，但就其漫興中詩文則氣格深厚，書畫則姿態淋漓，皆有一種天趣，正是大不可及。今司寇評松雪此書云：酬應厭勸，云運斤成風曲盡老手之妙，第自謂置書畫緣於此日盡，不知是何年語，此後果能不再購名蹟否。

又《松雪歸去辭書畫》 王氏跋二○一跋云：趙吴興書《歸去來辭》極多，獨此為第一本，妙在藏鋒，不但取態，往往筆盡意不盡，與余所寶《枯樹賦》結法相甲乙。余平生見蘇長公鮮于伯機及公書，此辭不少，然見輒愧之。自已卯冬決筴不出，明年棄家作道民，稍堪一舒卷，然陶公好酒乏酒資，余好酒酒資頗不乏而年來厭謝杯勺，以此竟輸公一籌。人間世貴人嗜書畫，若渴，獨此辭亦見諱得免，近始屬吾弟敬美，敬美倦遊且歸矣。歸則遠出吾上，再能作趙公書，步籌，亦恐不免輸却。貴人嗜書畫若渴，獨此辭以見諱得免，大是快事快語，宜對之進一觥。

又《松雪洛神賦》 王氏跋一○趙吴興《洛神賦》乃中年筆，不甚經意而時時有法，外賞十行後姿態溢出，宛然驚鴻游龍也。歎賞之餘，為題其後。

余少時會於友人卞孝廉應龍所見松雪書，此賦是絹素上書最蒼勁多姿態。卞友日置案上臨寫，贉池半已脱落，絹亦多浮起，憶其風骨似是晚年筆，視此中年者未知孰勝。

又《趙子昂雜帖》 子昂於大令父子應如韋蘇州於陶彭澤，氣韻非不似，然相去卻遠。今謂猶左太沖於曹氏兄弟，恐未足當。二王帖，敬美所熟見，為何不能辨。《服食帖》臨本直至讀跋尾，始知之耶。佛菩薩地位不同，自是當行解。大不如小，楷不如行，豐碑大碣不如閒窓散筆，以此評趙松雪最為確論，淮府《赤壁賦》余有搨本，是此公得意筆。

又續卷二《墨刻・永福寺碑》 王氏跋一○，按：至元十三年，常福生以饒州降授其路總管達此寺，自延祐六年而碑始立，相去四十三年矣。其文與事俱不足道，獨趙文敏書，為晚年筆，其規摹李北海，遂無一筆失度，不止優孟虎賁之似而已。往事已非，那可説，想文敏丹石時，不能少此感。

余素不喜《松雪碑》刻以其匀穩處近俗，獨此碑清勁瀟灑，深得李北海《雲麾碑》筆。跋末無一筆失度，果然。松雪他事姑無論，若此碑或不書亦得。

又《趙吴興真草千文》 王氏跋一○，永禪師真草千文後先散施江左僧寺，蓋千餘文，而余於會稽董文王侍郎家覩八百本中之一本，自恨此生如值阿閦國一見不再見，今年在敬美弟處獲睹趙吴興此紙，所謂焕如神明，頓還書觀者非耶。跋尾皆國初名士，如宋承旨父子王侍制胡山長、蘇史吴殿學，名腕中有眼者。

吴興他書於永師似尚有仙凡之隔，今司寇乃以頓還舊觀許之，余未見此本無敢臆斷。

明・孫鑛《書畫跋跋》卷二下《碑刻・番君廟碑》 趙碑旁多方穩，故韻不長，《番君碑》較蒼勁。

明・董其昌《容臺別集》卷二《書品》 趙吴興之蘭亭與丙舍帖絶相似，官奴帖與丙舍又一家眷屬也。

又卷三 昨見項晦伯家有趙文敏書《汲黯傳》，小楷特為猶媚，與本家筆不類，元人跋以為文敏見唐人書此傳石刻因倣之，乃軼唐而晉矣。

又 趙吴興書《文賦》，雖難姿媚横出，未脱本家筆。

又 客有持趙文敏書《雪賦》，見視者，余愛其筆法遒麗有黄庭樂毅論風規未知後人誰為競賞，恐文徵仲膛乎若後矣。

又 子昂背臨蘭亭帖與石本無不肖似，計所見亦及數十本矣。

又 吴興此書學黄庭《内景經》時年三十八歲，最為善者機也。成名以後，隤然自放，亦小又習氣，於是贋書亂之，鈍滯吴典不少矣。論二篇，止勒其一。子昂《過秦論》。

明・董其昌《畫禪室隨筆》卷一《跋趙子昂書過秦論》 吴興此書學黄庭《内景經》時年三十八歲，最為善者機也。成名以後，隤然自放，亦小有習氣，於是贋書亂之，鈍滯吴典不少矣。

明・顧復《平生壯觀》卷四《元・趙孟頫》《金剛經》黄紙楷書，秀水一卷，圓筆正鋒，雖不得齊驅《法華》《洪範》，在《道德》之上。東山一卷前，文三橋題者次之，又二卷不能無疑，太修美而乏風骨。

又 大洞王經白紙楷行頗有別調，延祐三年，歲在丙辰五月望，為石塘尊師書虞集，《題趙雍觀》，宋濂題。

又《黄庭經》楷書，楮不光潤，字絶生澁。

又《汲黯傳》楷書，稍肥，甚精。董文敏云：小楷特為猶媚，與本家筆不類。又一卷仿樂毅論法，後文徵明跋，亦精。《望江南》浄土詞十二首，白雲法師譔，松雪道人書。至大二年秋七月八日重書，一道文嘉跋。

又《洛神賦》皆行書，一卷，張雨、陳方、唐珙、楊世奇跋，一卷危素跋。季弟一卷前有趙子圓印者更勝。

又《枯樹賦》白紙真書兼行，前書枯樹，為燕國公書，孟淳、白珽、陳深、密古、龔璛跋，法褚河南。

又《絶交書》行書緑絹為欄，延祐六年九月望日最精。

又《茅山碑》松江普照寺藏殿記，紙本朱闌，字寸餘，法李北海玉筯篆額，張之翰記，趙孟頫書，并篆額，董其昌正書跋本紙。

又 真草千文白宋紙，書規模智永筆，不豪放而法有餘。丁元吉張弼王汶蔣誼徐灝周天球跋。

又 書王維顧況五歌，白紙，肥中行。

又《雪賦》白紙，中行甚佳。

又《文賦》白紙，中行甚佳，吴訥跋。又一卷，行書略小，白紙更佳，牟巘、任士林、俞焯、文徵明、劉麟、俞承勛、張景賢、陳道復題。

又 二札與管公節幹月窓判簿早年筆，錢良右李皓梁子寅陸友李升張遜嗣益王禮實邱宗張淵鄭元祐盧熊跋。

又《洪範》《無逸》《法華經》天冠山詩小楷，仰接鍾王。《絶交書》《枯樹賦》《歸田賦》及諸碑版行書，俯窺二李。南宋偏詖衰陋之習掃盡無遺，此書道中興時也。嗣後士人僧道悉遵其體法甚而贋書假名横行，俾後士貽譏俗熟，神奇化為臭腐，可嘆也。

又《頭陀寺碑》，黄蠟箋烏絲闌小行書極精，董文敏跋，於綾池謂子昂書第一，信然。

又 衛宜人墓誌銘，中行楷法北海，前篆額前元人跋。廿二，明初人一二耳。

又 扞表楷書最精，得稟樂毅論法，二千許字。

明・郁逢慶《續書畫題跋記》卷六《趙文敏臨張長史京中帖》 右趙文敏公所臨張長史京中帖，筆法操縱，骨氣深穩，為真蹟無疑，且不用本家一筆，故可寶也，聞公嘗背臨十三家書，取覆視之，無毫髮不肖似，此公所以名世也。觀此帖信然。

嘉靖九年禊飲日，陸深跋於舟中。

又卷八《趙文敏書洛神賦》 典刑具在，居石刻之右，句曲外史張天雨觀，至順四年閏三月十九日元文館記。

又 蔡襄云王子敬愛寫《洛神賦》，故世多傳，十三行而已。余見陸子順所藏者，其筆意峭拔，陸得於文敏公，且公藏大令真蹟，凡九行，嘗為余手臨於松雪齋。此卷謂文敏晚年楷法之進，蓋得此故也。或者又謂陸藏十三行，其法往往類歐揚，今較文敏所書，此賦誠與中年臨本不同。賦後所題年月當為公最後之筆，故其法度如此。元統二年六月考亭陳方題子貞。

又 當年子敬《洛神賦》，歐褚臨摹不知數，世人惟重十三行，真贋難分抵捂。趙公書法宗二王，手寫全篇復前古。上追黄庭下樂毅，善刻唐臨俱未許，殘篇斷簡久脱畧，趙璧隋珠獲全睹。宓妃下走天吴奔，驪龍騰驤老蛟舞，人間欲見不易得，往往妝藏秘天府。江南故家多好事，一紙寧論百倍金估。臨池墨筆畫飛動，貫月虹光夜吞吐。願加十襲重珍護，却恐雷霆來下取。雲門唐珙温如。

又 文敏公隸楷之妙，俊麗飄逸，蓋得於《洛神》為多，此卷尤見其波瀾老成，蓋捐館之前二歲所書，誠可寶也。正統八年九月十三日泰和楊士奇志。

又《趙文敏真草千文》 結字難，筋骨相承，不爾，則有斷續之態。子昂書法獨步當世，備聚諸體，然變態不常，或者以形似求之，大類優孟抵掌耳。袁子英題

又 慶梓削鎼，見者驚猶鬼神，非旦夕之功也。或者觀其表而不觀其裏，則不足以議子昂書矣。

浦城楊載題。

又 松雪翁千文，平生閲數卷，未有如此本精絶，直逼永師，後之書家恐難追及。嘉靖庚戌閏月二十三日觀於至德里之小樓。子京。

又卷九《趙松雪書中峰懷净土詩後系讚》 書法甚難，有得於天資，有得於學力。天資高而學力到，未有不精奥而神化者也。趙松雪書筆既流利，學亦淵深，觀其書得心應手，會意成文。楷法深得《洛神賦》而攬其標，行書詣聖教序而入其室。【略】欽哉，斯人，欽哉斯人。虞集識。

又 王孫書法有神機，漫説籠鵞繼者稀。千載禪家鐵門限，何人入室更探奇。楊一清題。

又《子昂小楷陰符經》 子昂小楷自是一絶，此又其精到者可寶也。式觀於姑蘇寓舍，因書大德七年春二月廿有六日。小楷無拘狹之態，此書畫讚黄庭筆意，惟子昂得之。

又 《陰符經》一名黄帝天機之書，曩見王右軍石刻陰符文與今文少異字，子昂蓋有所受，故筆力精到不減右軍石刻，其得宇宙在乎手之一歟。南山從吾子黄仲圭於三茅峰難老堂。大德丁未十月廿有三日。

明・李日華《六研齋二筆》卷一《趙榮禄與管公節幹月窻判簿二劄》 子孫少年筆，精緊匀和，字字皆義之法。晚年雖縱逸可喜，然雜揉諸家非玄酒之味矣。

又 跋者十四人，一云今人觀趙承旨書，但見其晚筆縱逸為勝，殊不知妙年應規入矩，有如此帖者，不由規矩而縱逸，是猶徐行無善步也。識者試與評之。至治三年九月廿五日後學錢良右敬題。

又 松雪老人書法在中年時一筆不苟，怡怡然得天趣，此惟識者能知之。泰定元年八月廿日，隴西李皓見於吴氏文房。

又 吴興公字畫之妙，不待贊詠而知。是帖蓋在兵部時所與江南故人者。王謝沓拖風氣不可復作，撫卷為之太息。吴郡陸友記。

又 自晉唐以來法帖其事率皆慰問通叙施於家人朋友之間，不過數行而已。其初非用意而逸筆餘興淋漓揮灑，百態横生，使人驟見驚絶，徐而視之，其意度愈窮，故後世傳之，往往以為奇玩而想見其人。今觀松雪仙人與月窻判簿手帖，宛有古意，濃纖剛柔皆與人意會，真希世之珍，又非獨傳玩而已也。淳卿其善保之。泰定元年九月九日，隴西李升書於静寄東軒。

又 神品人材一子昂，晉唐翰墨漢文章。紛紜兒輩輕論議，白璧黄金未足當。丁應榮。

吴興松雪公名高當代，而書法之妙，蓋牢籠今古，出入羲獻也。此二帖雖盛年所書，然其輕清流麗之畫，得超妙入神之變，有非後人所可及者。淳卿寶之無斁。泰定五年三月一日，梁谿生王禮實觀。

又 松雪先生翰墨之妙，名貫一代。其下筆之勢，出規入矩，灑落超逸，非鍾王不足與議也。至其晚年，筆蹟猶為妙絶，金石所刻，後學之士，多所師法。今觀此二帖，前人流風餘韻典刑具在，不覺啟敬，吴門丘宗。

又 書法自唐顔柳以來，多尚筋力而乏於風韻，然尚筋力者則失於狂邊，喜風韻者則過於軟媚，求其兼善而適中者亦難矣。至宋李建中蔡君謨輩追蹤六朝，見稱於時，論者猶謂未能書善。本朝趙魏公識趣高遠跨越古人，根柢鍾王而出入晉唐，不為近代習尚所窘束，海内書法為之一變，後進咸宗師之，或緘之篋笥，或傳之金石，不能悉數也。此二帖規摹羲獻，其第一帖絶與聖教序相類，非有墨池筆家之工者，豈易及此。披玩嘆服，因識其後。至正二十五年秋七月既望，盧熊書。

又　右趙魏公丈人節幹月窻判簿二帖，節幹即公舅氏管公直夫，月窻不知何人，想亦是管姻家。跋者十有三人，陸友仁謂兵部時書，按帖意以除授未定，欲遣二姐歸侍，二姐管夫人仲姬也。公以至元丙戌入京，除兵部郎中，後二年，始以夫人北上，不應先有是語，或是元貞元年自濟南赴史館時而是歲竟歸吳興，意者未歸時所遣，不可知也。二帖行筆秀潤與他書殊不類，是蚤年學思陵書，如此其署名猶循宋習。或謂出聖教叙者，非也。管公無子，公奉之甚至，既歿，建孝思道院以主其祀，亦厚矣哉。沈潤卿氏藏魏公書甚富，疑此帖有異，特以相示，余為考訂歲月，定為史館時書，甲子衡山文璧。

又卷二《趙松雪書光福重建塔銘》　結搆用《薦福》《興福》二碑，稍鬆活耳。觀者以為倣李泰和則失之矣。

又　趙松雪為黄子夂展書快雪時晴天四大字可作扁。署諸公題者數人。

又　趙公展快雪時晴為大書，與昔人促蘭亭同一機括。如畫龍者，胸中先有全龍，則或小或大，隨時變化在我矣。此四字公為黄君子夂作，子夂以遺莫君景行，遂以名其齋云。至正五年九月二十日黄溍觀。

又　右軍張候帖，唐人硬黄所臨，米南宫定為神品，并叙其傳者本末而字多朽闕，趙文敏公為書於後，帖中快雪時晴一語最為佳絶。復展書之筆勢，結密咄咄逼真，使南宫復起見當斂衽。二者俱藏景行氏，嗟乎，逕寸之珠，盈尺之璧，小大或珠皆至寶也，得而合之，是豈偶然也耶。河南張翥敬題於武林史局。

又　文敏公大書右軍帖字，余以遺景行，當與真蹟並行也。黄公望敬題。

又　晉尚清言，雖片言隻字亦清快。雪帖首尾廿四字耳，字字非後人所能道。右軍之高風雅致，豈專於書即。趙文敏公以松雪名齋，特表章首四字而大書之，亦豈無謂歟。此福可與帖並傳天地間，散落異處，何幸而合，於莫君寶之寶之。汴叚天祐。

又　晉人為書，每能徑丈一字，方寸千言，蓋其胷中自得全牛，故或大或小，皆有遊刃之地。若趙文敏書法，雖特起今代而其所造詣實追晉人。及觀快雪時晴四字，信乎與右軍帖高致無異。想當其運筆之時，意合手從亦不自知有今昔大小之間，故能得其神趣之妙，使第以形骸索諸古人，惡足以及是哉。

又　古人臨帖妙在得其意度，不特規規於其形似而已。趙文敏公臨右軍帖為尤多，余家藏快雪帖夂矣。公反覆題識於上，可見其珍重之深也。又摘此四字展書之，雖大小形似之，或殊其意度則得之矣。遂揭之齋中以並傳不朽云。南屏隱者莫昌識。

又卷三《趙文敏臨王右軍書陰符經》　精麗晃目，文亦與世傳者稍異，跋者三人俱元高士。

又　子昂小楷自是一絶，此又其精到者可寶也。式觀於姑蘇寓舍，因書大德七年春二月廿又六日。

又　小楷無拘狹之態，此書讚黄庭筆意，惟子昂得之。大德七年二月二十又七日，通川錢重鼎觀於子順書室，欣賞之餘，聊識卷末。

又　《陰符經》一名黄帝天機之書，曩見王右軍石刻。陰符文與今文少異，子昂蓋有所受，故筆力精到不減右軍石刻，其得宇宙在乎手之意歟。南山人從吾子黄仲圭書於三茅峰難老堂。大德丁未十月廿有三日。

又《臨王獻之三帖》　子昂書法於王大令極其染神，嘗臨授衣新婦服地黄湯承冠軍三帖尤為畢肖。俞焯題云：草書自漢張芝而下，妙入神品者，官妓一人耳。此數帖雜用行法，初非用意而逸筆絶羣，自非生而與晉人氣韻冥合者，未易窺其室也。松雪臨之如大鏡中看全身鬚眉形影無一不相似者，非但髣髴而已。寧之其寶也。

又《子昂楷書叅同契一卷》　筆法寬和流利不甚莊栗，有輕裘緩帶之風，而從首迄終無一惰筆，又起伏聯貫，若一時書完者，純熟之極，幾於化矣。【略】跋云：古之善書者，雖下筆輸妙，然紙墨不佳，終多滯澀，此孫過庭所謂書有五乖，其為病一也。余見松雪公書多矣，此卷獨得白宋紙，堅細潤滑，瑩然如玉，宜其書之化而不羈，終七千餘言而無一滯筆也。書法本師二王而出入北海，如老將用兵，奇正沓出，並皆神妙，豈不為希世之珍哉。玉山顧仲瑛識。

明・張丑《清河書畫舫》卷一〇下《趙榮禄小楷過秦論真蹟》　子昂篆、隸、真、行、顛草俱為當代第一，小楷又為子昂諸書第一，此卷筆力柔媚備極，楷則後之覽者，豈知下筆神速如風雨耶，斯又古今之一奇也。至元辛卯十二月七日，鮮于樞伯機父記。

又　子昂白技過人，就中楷書尤妙絕。民瞻自京師攜此卷來錢塘見之，歎賞不足。辛卯十二月初七，金城郭天錫題。

又　古之帝王，德莫過於堯舜，功莫高於禹湯文武，仲尼兼之。孟子祖述仲尼，為傳道之正。故自楊墨而下皆為異端矣。書法自篆籀而下，楷法稱鍾繇，草法稱張芝，右軍兼而有之。隋唐以來，善書者宗之為法書之祖，子昂之書全法右軍，為得正傳，不流入異端者也。云貞丙申春正月七日，薊丘李衎仲賓題。

又　子昂善書名世，求者紛至，輒搔稱苦，然卒不能不為之書。民瞻蓋所樂與者固應，結字勻停，首尾如一，自爾有和平之氣。吳興姚式題。

又　子昂書名天下，今觀小楷《過秦論》三篇，如花舞風中，雲生眼底。又得伯機息齋二君子發明盡矣。民瞻珍之。元貞丙申二月中澣題於燕山客舍，濟南張謙。

又　嗣真嘗見晉黄素《黄庭經》吳興公定為上清真人，楊義和作七言詩識於後，此卷楷法大類楊書，惜世罕知者。句曲外史張嗣真拜題。

又　予十數年前游白石披雲菴，南谷杜先生出示子昂所書黄素《黄庭經》楷法端勁，今復見《過秦論》於民瞻，字畫比黄素尤縝密，實為二妙。邇來子昂小楷與前微不同，年事筆力日進日益，真予之畏友也。大德辛丑長至日南陽仇遠書。

又　吳興公在寂寥風雨中，能為民瞻父引墨，所謂空谷聞人足音，云胡不喜。故此卷結體精密，無一筆苟作，豈但無一字無來處耶。藉使古人復生，亦應為之心服。今之作小楷者，民瞻父試與過目，自當起望洋之嘆也。後八年致和改元，復以見示，敬題卷尾良右。

又　字，心畫也。松雪齋此書要是全法右軍者，風格意度清和，可以觀公之心矣。張敬夫謂王丞相作字，不知有許多忙時。斯言雖戲，大有深意，況吾儕於此可不知所鑒哉。至正己丑端陽後一日，四明姚安道謹題。

又　右黄素《過秦論》，趙吳興楷書第一，神情蕭散，結搆嚴整，誠希世珍也。晚生甘立書。

又《題趙松雪書大洞玉經》　真誥言《大洞玉經》讀書萬遍當白日上昇。楊許二掾妙迹不復可得，得吳興松雪公書此經足矣。陽德觀察出示貞，焚香靜閱數過，覺右軍北海出入結構中，拂拂有天際真人。想異日觀察於清虛小有紫薇雲林謁諸帝，真以此卷為贄。乃跋尾有王生姓名，不亦大愉快哉。吳郡王世貞題。

又《子昂秋興賦一卷》　項氏又藏子昂《秋興賦》一卷，筆勢婉媚，姿態動人，左方有張東海跋尾，佳甚，然遠不及茂實府君所收小字《歸田賦》卷，雖點法去一行而筆墨縝密，不減李泰和遺法，兼包首宋繡復作採菊東籬下，悠然見南山無異劉松年筆也。欵云某年月日雲間朱氏製。

又《松雪翁行書歸去來辭》　錫山華氏藏松雪翁行書《歸去來辭》係晚年書，筆法圓熟，墨氣淋漓，足稱毫髮無遺恨，波瀾獨老成者矣。後有李貞伯、吳原博、文徵仲等五跋，乃吾郡王文恪公之故物也。

又《趙榮祿寫絶交書真蹟》　范半醒藏本，後有文徵仲跋尾，妙絕可愛。趙書傳世頗多，此其第一帖也。

又《趙魏公臨智永千文》　魏國趙文敏公孟頫以書法稱雄一世，書入神品，其書人但知自魏晉中來，晚年則稍入李北海。嘗見千字文一卷，以為唐人字，絕無一點一畫似公法度，閱至後方知為公書，公自題云：僕廿年來寫千文以百數，此卷殆數年前所書。當時學《褚河南孟法師碑》，故結字規模八分，今日觀之，不知孰為勝也。田君良卿於駱駝橋市中買得此卷，持來求跋為書其後，因思自五歲入小學書，不過如世人漫爾學之耳，不意時人持去可以粥錢，而吾良卿又捐錢若干緡以購之，皆可笑也。元貞二年正月十八日，子昂題。則知公之書所以妙者，無帖不習也。又嘗見公題所畫馬云：吾自幼好畫馬，自謂頗盡物之性。友人郭祐之嘗贈余詩云：世人但解比龍眠，那知已出曹韓上。操韓固是過許，使龍眠無恙，當與之並驅耳。然往往閱公所畫為及人物山水花竹禽鳥等圖，無慮數十百軸，又豈止龍眠並驅而已哉。又聞公偶得米海嶽書《壯懷賦》一卷，中闕數行，因取刻本摹搨以補其缺，凡易五七紙，不如意，乃嘆曰：今不逮古多矣。遂以刻本完之。公之翰墨為國朝第一，猶且服善如此。近有一等人，僅能點畫如意，使自誇大者，於公寧不愧乎。

又　吳原博《跋趙魏公臨智永〈千文〉》。古今人書千文甚多，如趙魏公此卷尤秀潤可貴者，按方正學跋語：宋舍人仲珩為國初第一手，其論如此，豈待他人哉。此卷初為臨海葉夷仲惠仲之物，今文太僕宗儒得之，太僕之子璧好文而能書，必有以識奇妙矣。《家藏集》。

明・汪砢玉《珊瑚網》卷八《趙文敏公摹蘭亭叙》 蘭亭自褚河南雙鈎以還，未有能傳其神者，即閣帖間有所摹，復是影上捕影。文敏公以書家其視右軍，自謂能腕不負心，故亦步亦趨，似不愧優孟叔敖而運筆布形不免露本來面目。然吳興此帖，猶贔屓負山猛力竭盡矣，真神品也。偶於友人明古處見此，遂以定武蘭亭易之，而篋中寶録知當為此書奪氣也。延陵吳寬。

又 蘭亭墨蹟水閟昭陵精華盡在定武一刻，然屢輕摹勒，微以失真典刑僅存耳，若他搨不足觀也。文敏此帖奕有王謝家子弟風流氣，別得一種意外神采即起右軍使觀之，吾知必嘖嘖首肯。吳門周天球識。

又 正德元年秋日藏青老人、嘉禾毛五雲、京口褚勉、盧志愛仝觀，二年夏望，彭城富世觀於清照堂。

又《趙集賢臨蘭亭卷》 西涯篆書子昂親筆於卷首。此卷松雪晚年筆力，精神清勁飄逸，擬之早年如出二手。古人云：筆隨人老。斯言也，豈欺我哉。成化十六年庚子六月大熱偶觀此卷，揮汗書之。士奇之印。朱文倣松雪書幾三十年，未能入室，懊惱，懊惱，書法必見多則進，得眼入心乃應之於手也。士奇載題。

昔人有評孟頫畫不如詩，詩不如字者，予觀此卷，但絕其爛漫掩映，俱入神品，蓋謂敢以其言為確論云。弘治戊申臘月十八日蘭亭居士識。

又《趙吳興真草千文》 結字雖筋骨相承，不爾，則有斷續之態。子昂書法獨步當世，備聚諸體，然變態不常，或者以形似求之，大類優孟抵掌耳。襄《題卧雲齋》。

慶梓則鑲，見者驚猶鬼神，非旦夕之功也。或者觀其表而不觀其裏，則不足以議子昂書矣。浦城楊載題。

松雪翁千文平生閱數卷，未有如此本精絕直逼永師，後之書家恐難追及。嘉靖庚戌歲閏月廿三日觀于至德里之小樓。嘉禾項元汴子京。

又《又臨智永千文卷》 書法甚難，有得於天資，有得於學力。天資高而學力到，未有不精奧而神化者也。趙松雪書，筆既流利，學亦淵深，觀其書得心應手會意成文，楷法深得《洛神賦》而攬其標，行書詣聖教序而入其室。至於草書飽十七帖而變其形，可謂兼有學力天資，精奧神化而不可及矣。此種千文又非平日率意之書，若以鐵門限相並較之，雖永師復作不能為高下矣。欽哉斯人，欽哉斯人。雍虞集伯生識。

王孫書法有神機，漫説籠鵝繼者稀。千字禪家鐵門限，何人入室更探奇。楊一清。

又《趙魏國臨張旭京中帖》 右趙文敏公所臨張長史京中帖，筆法操縱，骨氣深穩，為真蹟無疑。且不用本家一筆，故可寶也。聞公嘗背臨十三家書，取覆視之，無毫髮不肖似，此公之所以名世也。觀此帖信然。嘉靖九年禊飲日陸深跋於舟中。《國子祭酒》。

又《趙魏公楷書道德經真蹟二卷》 余觀趙翰林書法，深得晉人之旨，故筆端蒼勁，精神煥發，悦醒人目。辛卯夏日，獲觀良久，不忍去手，因識其末云。太原王穉登。

墨林山人得之仲兄少谿子長手，授其值七十金。

又《趙書高上大洞玉經》 此卷乃趙魏公六十三歲所書，至精至妙，非言辭贊美可盡。蓋公之字法凡屢變，初臨思陵，後取則鍾繇及羲獻。末復留意李北海，此正所謂學羲獻者也。舊嘗獲見周侍郎家，侍御既坐貶竄，竊意必歸天上，不知復流落人間，今得披玩累日，抑何幸哉。殷卣周彝而此卷不可得。博雅君子尚思謹秘而傳焉。金華宋濂題。

昔華陽洞中仙經多楊許二君手書，結字畫符之妙，所以為洞天千載秘寶。近世吳興趙公子昂書法畢絕，偏善小楷，又嘗親授洞訣於茅山劉真人所以書，此其可寶，不愧古人矣。僕衆學以來忽馬老至，得隱地於臨川華蓋浮邱壇東麓仙人茅公修行故處，將結龕誦經，得見此卷，猶記是年與趙公同在京師，今廿三春，公與劉君各已仙去，遡瞻回風，俯仰慨然。大洞三境弟子虞集書。至正九年歲在己丑秋八月廿二日拜觀於苕溪之上。趙雍。

又《魏公楷書洛神賦》 子建《洛神》規傚宋玉《神女》，精麗相埒而瀏亮過之，或誣以感甄之事，潛夫詩話力辯其非，而東阿紀夢形容巧絕比李長告，前後復自相反，何哉。余頃見淳熙秘閣帖王令所草賦止揚輕桂之猗靡而下筆勢飄逸，殆與此賦相頡頏。今學士乃楷全文，遒勁清婉，尤為可愛，子中得之以與同甫，二君皆早世學士，晚年筆力愈奇，二君不及見之矣。辛酉夏至日墻東老叟題。陸子方。

柳程懸云：子敬《洛神賦》，人間合有數本，今世所見，惟自嬉至飛十三行耳。蔡君謨云：子敬放肆豪邁，與右軍差異，臨學之家必謹辨矣。趙承旨一手全文，好事者欲考王氏父子之法，此其可觀之乎。延祐中集從承旨在集賢翰林，嘗出此賦真跡九行見示，上又阜陵題字甚謹，又三行別得之，云是賈相似道購諸北方者也。計其歲是後此書十餘年乃得之耳。蜀郡虞集伯生識於吳郡寓舍芙蓉洲。至治二年九月十五日。

篆、隸變，真、草興羲獻獨擅厥長，時去浸遠，其跡間見。今世所傳惟石刻耳，而石刻又不能得其初模者，如《洛神賦》文字翰墨卓為二美，復無完本。昔曾子固記墨池，謂羲之之書，晚乃善，則其所能，蓋亦以積力自致，非天成，然後世未有能及者。今觀趙公子昂所書是賦，全篇亹亹逼真，與他本絕異，非蚤歲晚年可比。通甫子中余皆及識之，子昂固以能書著大名於當世，不假贊美，二賢蚤記玉樓矣。承旨公亦既云亡，欲求一字已不可得，況若此賦哉。通甫子仲長出以示余，感慨久之。仲長宜什襲珍妝，慎毋輕出。至治癸亥立夏日書。嗚鳳李氏時可。

周越法書苑王獻之，字子敬，羲之第七子，官至中書令。正書入神品，《洛神賦》小楷烏絲欄寫成，精密淵巧，出於神智。後有柳公權跋尾，云子敬好寫《洛神賦》，人間合有數本，此其一焉。寶曆年正月二十四日，起居即柳公權記，亦楷題。又柳燦題云：天佑元年五月六日，堂侄孫中書侍郎同中書門下平章事，判戶部璨續題子敬帖後。越觀歐柳筆法，全出此書也。又載子敬初為謝安長史，太元中起太極殿，安欲使獻之題牓，以為萬代之寶而歎之，乃說韋仲將題凌雲臺之事，獻之知其旨，乃正色曰：仲將魏之大臣，寧有此事，使其若此，知魏德之下衰矣。安遂不之逼。又李嗣真論書體樂毅論太師箴體皆真正有忠臣烈女之像，告誓文《曹娥碑》，其容慘悴有孝子順孫之象。《逍遥篇》《孤雁賦》迹遠趣高，有拔俗抱素之象，畫象贊《洛神賦》，姿儀雅麗，有矜莊嚴肅之象，所謂見義以成字，以得意，非獨研精措理實根於教化矣。至治三年七月廿五日寓齋録記。袁仲長。

泰定丙寅七月既望，龔璛觀於吳中之寓舍，於是昂翁之没五年矣。擬之於今，此則人琴未遂俱亡者，仲長寶之。

《洛神賦》嘗屢書之世傳十三行者，以其所見入石，非可遂以為據也。柳誠懸謂人間合有數本，則固不止是，豈他本誠懸亦未之見耶。此松雪老人所書全篇，雖自用其體，然應規合矩，抑可謂善學大令者歟。今人觸目贋本一見便疑其非，不知其中固有不可以僞為者矣。非仲長蓋未足以語此。東陽柳貫識。

余家所藏舊刻《洛神賦》，累朝名人題識於後者，今附録於此。普通三年正月，徐僧權，湯法象，淌騫，姚察，丁道矜，唐懷充，中書侍郎禮部尚書平章事集賢殿大學士崔所。

天嘉二年十月廿三日，中書舍人朱異，姚懷珍，開元十八年三月廿七日，參軍事學士諸葛穎，釋智果，咨議參軍開府學士柳碩言。均。宋丙子歲正月十六日。

至正二十五年乙巳四月十二日袁泰記。仲長。

趙公用意，楷法窮極精密，故其出而為行草，縱横曲折，無不妙契古人，不善學者，下筆輒務為傾側之勢，而未嘗窺其用意處，是以愈工而愈不及也。此賦筆法尤森嚴，學書家宜守為律令。仲長尚寶藏之泰定元年六月八日，金華黄溍書。

子建之賦洛神麗矣，然其於則遠焉。子敬喜書之而子固亦喜書之，豈其才情氣習有所相類者歟。十三行真蹟不可復見，一刻本翩翩逸氣猶能動人，此全文固書中之佳者，然細觀之，殆少累焉，若以越中韻士與河朔少年馳逐耳。知書法者，當能辨之。天全翁為石田高尚書。

又《又書洛神賦卷》 魏國趙文敏公書此《洛神賦》，當是大德之時，後之學書者，能闖其藩籬者蓋亦鮮矣。況堂奥哉。君羽其寶之。後學危素燕城清浄軒題。

又《又晚年書洛神賦》 公藏大令真蹟，凡九行，嘗為余手臨之於松雪齋。此卷典刑具在，居石刻之右，句曲外史張天雨觀。至順四年閏三月十九日玄文館記。

蔡襄云王子敬愛寫《洛神賦》，故世多傳十三行而已，余見陸子順所藏者，其筆意峭拔。陸得於文敏公，且謂文敏晚年楷法之進，蓋得此故也。或者又謂陸藏十三行，其法往往類歐揭，今較文敏所藏書，此賦誠中年臨本，不同賦後所題年月，當為公最後之筆，故其法度如此。

元統二年六月考亭陳方題子貞。

當年子敬《洛神賦》，歐褚臨摹不知數，世人惟重十三行，真贋難分爭牴牾。趙公書法宗二王，手寫全篇復前古。上追黄庭下樂毅，善刻唐臨俱未許。殘編斷簡久脱畧，趙璧隨珠獲全睹。宓妃下走天吴奔，驪龍騰驤老蛟舞。人間欲見不易得，往往收藏秘天府。江南故家多好事，一紙寧論百金估。臨池墨筆畫飛動，貫月虹光夜吞吐。願加什襲重珍護，却恐雷霆來下取。雲門唐珙温如。

文敏隸、楷之妙，俊灑飄逸，蓋得於洛神為多。此卷又見其波瀾老成，蓋捐館前二歲所書，誠可寶也。正統八年九月十三日泰和楊士奇志。

又《子昂行書歸去來辭》 趙文敏書《歸去來辭》，南北所見無慮數十本，或真或行，各極精好。淵明有道而隱者也。其為文辭皆以發其沖澹幽逸之趣，文敏居官達中，獨能好之，其志亦可尚矣。方之晉人愛寫《洛神賦》者，不賢乎哉。此卷尤妙入神，正宜寶之。至正十六年歲在丙申正月廿六日藁城倪中書於杭城東橋寓舍。外曲江錢惟善檇李鮑恂没儀趙淑諸詩皆不録。

又《趙書勉學賦并序》 子舊藏趙魏公《雪賦》中有破損十餘字，余昔在京邸，為弟特去不復返也。今觀此《勉學賦》，筆法尤精，紙墨完好，此非易得之物。敬題於紙尾安所雅文請善珍之。夢萱卞士華。

右趙松雪書中峯《勉學賦》真跡。松雪生平深得意於中峯之道，於家所刻停雲帖中松雪手札一十三紙，與中峯者言言皆有道味，故嘗書此賦謂闇室之燭，薪迷途之鄉導。此卷予曩見在白下徐碧泉處，先待詔欲假刻石，最後為一豎子謀去，殊為夢想，今得復覽，慨悦不勝，敬識數語。昔胡仲汲謂松雪之書，上下三百年，縱横一萬里。不虚耳。隆慶丁卯春三月朔日。文嘉。

又《趙承旨書光福重建塔記真蹟卷》 右記為松雪翁真跡無疑，蓋亦是晚年得意之筆，故其筆蘊風神，愈見精絶出塵雲。

《子昂碑》板絶似李泰和，余所見無慮二十本，此卷筆意虚和，尤可寶也。董其昌書題於墨花閣。

《薦福》《興福》二碑，俱集右軍書而有神會天成之趣，非拘拘刻畫求肖者，遠勝懷仁聖教以懷仁嗜奇，偏於王跡中擇其峭刻頓挫者聯貫以布之，雖於鈎掣映帶極意求其血脈而平和淡宕之致不存矣。以故二碑乃千載碑書之模楷，下是而歐顔柳褚，非拘即縱，若太和益放矣。松雪翁此書正用薦福遒緊之筆，視他本倣太和者大不類也。玉冰親翁倍宜真襲雲。崇禎元年春三月古秀李日華題。

先荆翁習舉業時即得趙書《光福碑記》，置墨林筆格間，時一展玩也。已未春董太史過余舍，因觀此卷，著數語後，李璽卿見之以玄宰衡鑒未確為題云，趙松雪書光福重建塔銘結構用薦福興福二碑稍鬆活耳，觀者以為倣李太和則失之矣。未幾，余重罹不憫，君實太翁同珂雪親家來，奠欵齋頭，復見是卷，喟然蹴前之未盡焉。乃余竟為殯事所需，鬻諸藏玩并去趙跡，至今猶悵先澤之不存也。第卷留汪氏印記為驗，他年子孫或有購之者，未知得合浦珠還否。時值崇禎癸酉秋余獲文敏公翫花美人圖，有歲月不與我之嘆，因識所録碑記後云。禾興汪珂玉。

又《趙魏公楷書湖州妙嚴寺碑記》 在宋楮紙上横卷公自篆卷首。右湖州妙嚴寺記一通，蓋趙文敏書，端雅而有雄逸之氣，在其意欲託之金石，故不草草。湖州，公桑梓之鄉，豈昔寺僧與公善而得之，然得此自不凡矣。靈芝主僧雨菴得而藏焉，又乞予書數語，亦豈凡僧也耶。惜予語不能超脱，凡有愧於公之書耳。成化戊子十月七日永寧一客。

松雪記妙嚴寺中有云，妙嚴乃佛心所見之事相也。觀此書端妙嚴重，知為松雪心中所見之事相焉。又云幻十八開士於殿中，金碧眩耀，以此文此字勒堅珉樹諸殿中，其光彩與開士争光，不直眩耀一時而已。靈芝瞻上人得其真蹟，可不寶之乎。張震跋。

趙公書寺記，予昔跋之，兹來雨菴，又有請焉請之意，蓋欲予志今昔歲月，昔為成化戊子十月七日，予歸自永寧，今為辛卯十月八日來自丹邱，一俯仰間，四見寒暑，念人生聚會幾何，良可嘆息。公書已不待贊，予又未識，幸一再閲。是月十有二日燈下公綬書於芝園深處。嘉禾丹丘棲棲倦姚氏子游客：芝園深處余宿之屢矣。兹來為成化甲午中秋，雨菴將移往上天竺，竺國山前復有著余行跡也耶。雨菴索余送往天竺詩，余歸速，弗克就，因出是卧軸，請再誌歲月日，詩則俟予補書別紙也。公綬。

趙公書法晉人，所以妙絶千古。余謬贊公書屢矣，前此筆格路猶未入公格範，不意老年又復私淑公之書法，固不待贊贊之者無間於往古來今，無間於簪紱韋布，則公之書得之於心，應之於手，通之天下，使右軍復生，亦必嘆賞。蘭亭裹鮓墓田等帖，料容其一著脚也。雨菴以余言為何如。壬寅孟夏五日逸史姚綬記。

明·汪砢玉《珊瑚網》卷二〇《趙吴興書赤壁賦》 子昂大書不如

小楷，楷書不如行，豐碑大碣，螭首龜趺要多非其至者，須於閒窗散筆有意無意間求之耳。《赤壁賦》刻之江右王邸中，間亦有金錯刀法，雖瀟灑縱逸而不乏矩度，與蘇賦俱變體之佳者。

清・楊賓《鐵函齋題跋》卷二《趙子昂細楷書樂毅與燕惠王書》 承旨書大都飄逸而多姿，獨京口萬壽宮錬師敕及此書則瘦勁，沈著全以骨勝，承旨亦烏可忽哉。

清・孫岳頒等《佩文齋書畫譜》卷七九《歷代名人書跋一〇・元趙孟頫詩卷》 趙松雪書法片楮隻字，人無不知寶重者。世傳松雪嘗臨右軍十七帖，得其風韻最多。此幅筆勢流轉，品格精高，知非松雪莫之能也。松雪詩復名家集行於世已久，顧鮮有以詩知松雪者，字掩之也。錫山故按察使吳公喜學趙字，藏其真蹟頗富，余回於子尚質鴻臚君處見之，其家文獻亦可徵已。

又《元趙孟頫書渼陂行》 趙文敏公書多從二王法中來，其體勢緊密，則得之右軍，姿態朗逸則得之大令，至書碑則酷倣李北海嶽麓娑羅體，此其大概也。如此卷書《渼陂行》，神氣奕奕，備有二王致，豈俞紫芝詹孟舉能辨邪。

又《元趙孟頫書歸田賦》 趙吳興子昂書張平子《歸田賦》，有以為類宋人者，當是見其取態，謂米襄陽見其藏鋒，謂薛河東耳，不知結法，自二王來而大令分數獨勝，其視二子，居然有閉門造車，開門合轍之妙，與余家所藏天馬圖贊雜詩蹟正同，大較高處在肉不沒骨，筋不外透，雖姿韻溢發而波瀾老成，譬之豐肌玉環作霓裳舞，誰不心醉。平子此賦殆是觧太史令五年內做，聊以寓其蕭散跌宕意耳。春秋至六十三尚作尚書典樞要，豈若淵明之真能詠歸去來者。史固稱其少工屬文，貫六藝，善機巧，以後身之蔡中郎，始究八法而兼綜之，千載而得吳興其才技風流，大有相賞契者，而豐生老詩不學僅取歸田之名而恣其甚口於宋王孫，寧非所謂蜉蝣撼大樹邪。且吳興卒於至治二年，年六十九，而今謂延祐以後七十餘時，筆結法妙脫蹊逕，唯祝希哲十九首略近之，而蚩其頹筆老態遇殺風景，人無可奈何，因附志於此。

又《元趙孟頫書秋聲賦》 趙承旨此書，英標勁骨，謖謖有松風意，要當與秋聲鬭雄而行間茂密豐容縟婉，春氣融融波拂間，故賦所不能兼有也。承旨書與歐陽少師文皆中右而後，最鮮令標舉者，惜不能脫本來面目，盡脫之何必減羊中散褚愛州。

又《元趙孟頫書杜秋興五詩》 前輩云松雪作書初規模鍾元常，後欲展大字，乃入李北海，而終主於右軍。余及見公作白駒圖，書白駒之詩四章在後，筆意皆出鍾。此書杜秋興詩，其又在習鍾之前歟，而視公後來所書敻異，曾子固論右軍書，亦出學力，非天成也。蓋非學五以成名，觀公此書尤信。

又《元趙孟頫書浮山遠公傳》 趙魏公之書凡三變，初臨思陵，中學鍾繇，及義獻諸家，晚乃學李北海。此卷視北海最為逼真，誠絕代之寶也。

又《元趙孟頫書蘇詩真蹟》 右蘇子瞻寄吳德仁兼簡陳季常詩一首，趙魏公子昂所書。公時年六十又四，其從集賢學士進拜翰林學士承旨亦僅十有四月耳。公自是更不遷官。又五年而公薨矣。公之書傳世者，真贋相半，非有識未易辨，蓋真者猝難入目，筆意流動而神藏不露，愈玩愈絕其妍。贋則其氣索然，不待終覽而厭之矣。此帖寔公晚年妙筆，老氣翩翩逼人，黃石小兒，日百臨摹，難近終不近也。公自題為月江學士書月江，乃昭文館大學士張克朋云。

又《元趙孟頫臨十七帖》 學書者師晉王氏乃為善學，若近代吳興趙公又其高第弟子也。公於右軍書尤喜臨十七帖，此則馬抑之刑曹所藏，一日持示，適客有自錫山來者，亦出一本觀之，筆畫肥瘦稍異，然俱出公手無疑。客又言吾族人尚藏其一亦真蹟也。於一日之間，所聞見者已得三本，乃知此帖蓋為公平日書課，所謂弊精疲力以學書為事業，用此終老而窮年不免如歐陽子之所譏者。然歐陽子又謂古人作書，初非用意，逸筆餘興，淋漓揮灑，使人驟見驚絕，徐而察之，愈無窮盡，夫其書之妙如此，豈一舉筆而遂能哉，蓋其功已用於平日久矣。故世傳右軍臨池學書，池水盡黑，因有墨池之名，事之有無，固不足辨，然果欲其書法之妙，雖由天資人品，而學力所至，亦不可誣，觀於吳興公足以驗之矣。

又《元趙孟頫秋興賦卷》 齊興朱康侯以使事至留都，過予草堂，出此相示，開卷之際，風神煒然，照耀左右，陸士衡有云：秀色若可餐。殆謂此也。徐而玩之，其波礫轉折，取法取態，無一不合度者，而意況蕭遠，更有寢處山澤間儀，當是松雪得意之筆，尋其結法小拓於雒神，微擲於蘭亭，離合之間髣髴見之虞李而下勿論也。坐遯園中展閲數過，歎未曾有追憶生平所見吴興墨跡，可謂回頭一顧，粉黛無色，因識以歸之年來萬事不挂胸中，獨此卷妮之不休，不能做昔人煙雲過眼觀也。

昔人言有字學不可無性，有字性不可無學。吴興功力篤摯，為書家指南，其不可及處，正在韻勝耳。大抵下筆無一點塵氣而古人書法無不懸合，此胸次使之然也。世人效之多肉而少骨力，至貽墨豬之誚。觀此賦遒美俊逸，而中藏鋒鍔，凜然與秋色争高，倘無此胸次，雖盡力臨摹，豈能及哉。以此論之，非獨評趙，庶幾盡古今書同一關紐耳。朱民部出此示余，乃大父一溪公所世寶者，子孫其善有之。

又《元趙孟頫二體千文》 宋之季年書學埽地蕩盡而詩尤壞爛不可收拾，趙文敏公生其時而能脱去陋習，上師古人，遂卓然以二者名家。正書尤為當世所貴重，此卷千文，洪武初，鬻金陵市中而金華宋公仲珩稱為公中年得意書，故刑部主事葉公夷仲因購而藏於家。公之弟惠仲父預修先朝寶録，出以見示，於是歎文敏公之學古舍人之精識，刑部之好奇，皆不可得也。

又《元趙孟頫臨大令四帖》 趙魏公留心字學甚勤，義獻帖凡臨數百過，所以盛名充塞四海者，豈無其故哉。後生小子，朝學操觚，暮輒欲擅書名者，可以一笑矣。今觀張唯編修所藏臨大令四帖，聊書其末，以示解事者。

又《元趙孟頫演公碑銘》 唐《李北海書碑》版最多，趙光禄繼之，亦然此碑骨肉兼到，可以雁行李公矣。嘉靖甲寅七月五日午後睡起曬藥，適有遺墨，因書此評，以還姚元白書府。

又《元趙孟頫裕公碑》 右《裕公碑》程鉅夫奉敕撰，趙孟頫書，在少林寺。按趙文敏書法為元朝第一，此碑奉敕書，不當假手，乃絶肥慄少風力，何邪，然筆力又致。

又《元趙孟頫行書頭陀寺碑》 右軍大令俱書洛神，大令風華俊麗，研態溢出，而右軍蒼秀卓峙，姿法具備。趙文敏平日醉心大令而此碑獨摹肖右軍，點畫顧盼，纖毫不失，乃知書家正行旁行嚴祖親禰，自分銖黍，不偶然也。乙亥清河月晴牕展閲印此密諦，遂為拈出。

又《元趙孟頫蘭亭十三帖》 近世以書名家者，惟松雪翁，最得二王筆法，幾所謂謂達一間者。二王真蹟元世上不多見，觀翁得定武蘭亭，喜不自制，如此使得昭陵真本又當何如。其書法亦當遂逼真邪。蘭亭本真贋，前人之鑒不遺餘力亦，余復何言。

又《元趙孟頫書韓詩》 韓公山石句，浩爛豪擅，非細軟筆墨能發之，而學士此筆亦復襟宇跌蕩，情度濃至，脱去平常姿媚百倍。譬如聖后封嶽省方，德容正大，琚衮和博，擯相明習，儀履安閑，所謂從心所欲，不踰矩，可望不可學也。

又《元趙孟頫書團扇賦》 子昂書《團扇賦》，近來頓見兩本，此小字者，先出精微妙麗，所謂不能贊一辭。

又《元趙孟頫書四十二章經》 右四十二章經摩騰法蘭自中天竺攜來，以梵書紀梵音，至吴興趙承旨孟頫，乃以漢語作漢字，要之能受如來心印作東震旦功德先後一也。承旨精八法，咄咄逼晉人，而此書尤遒媚蕭散，有王會稽父子風，若能乞精手如章藻拓作石木二本搨之，則尤我如來千百億化身一證也。得之者，慎無秘為篋笥間物哉。

又《元趙孟頫小楷法華經》 松雪居士平生善以筆硯作佛事，所書經當不下數十百本，玆《法華經》固其一耳。舊聞有草本在王奉常敬美處，已軼其半，此為真書獨完好若此，且字勢遒緊勁媚異居士他書，而首尾七萬餘言，無一筆失度，真龍藏中之墨寶也。昔柳誠懸所書諸經石泐墨渝，人猶等之於吉光片羽，矧此經邪。書已三百年，不知歷幾地，更幾人，而今始落吾雪浪師之手，奉之以鎮長干玄奘塔殿，亦可謂有大因緣出現於世矣。固知韋馱諸天共作護持，不負師殷勤囑累意也。

又 世言子昂書初臨思陵，中學鍾王，晚學李北海，亦其大端耳。書病至衆，唯積學漸成以次解脱，乃入三昧，世徒見公一種趍姿媚書而不知其他，繇見書不廣也。此經為公大德元年，筆時自集賢出佐濟南，年才四十有三，精謹遒勁，有初唐虞薛風，雨餘書絶異。相傳出毛宫保所藏，諸鄉薦紳欲多方購之以還其家而未果，恩公偶得之將置長干奘公塔院以充常住。噫，此經誠得其所歸，而吉州諸公其亦可息喙也夫。

又《元趙孟頫書陰符經》 公書妙一世，此卷蓋盛年所作，波瀾老成不及暮歲，而法度整整，未容無所師匠者知之也。隆山翁吾鄉先生博學玩世，所謂醉人語不可了了，真語邪，果醉語邪。

又《元趙孟頫書過秦論》 吴興此書學《黄庭内景經》，時年三十八歲，最為善者機也。成名以後，隤然自放，亦小有習氣，於是贋書亂之，鈍滯吳興不少矣。論二篇止勒其一。

清·王澍《虛舟題跋》卷八《元趙孟頫大道歌篆書》 雍正壬子見趙吳興篆書三種：一酒德頌，二太白登東嶽詩，三大道歌。前兩跡都無欵，獨此乃下欵耳。而此尤神駿可喜，直欲打破二李舊格，為篆學另開門户，信是奇絶之作。三種余皆臨之，此尤當意篆學自李丞相後一振於少温，再振於子昂，自子昂後又四百年矣。轉眼來學無能繼者，余老矣，觀此絶跡，能不汗顏。

清·張照《天瓶齋書畫題跋·跋松雪臨右軍書》 此書在吳興平生書，固是第一合作，特恐吳興或尚未能耳，若非吳興書，斷非吳興下手所作，市賈恐無款識起人疑，乃僞作香光跋以實之，鈍置不少。

又《跋松雪臨蘭亭帖》 右軍蘭亭帖高曾矩矱所存，臨池家不得不問津。顧唐宋鉤拓之本，今世益復希有，東晉風流邈若河漢，此趙松雪臨本遺韻猶在，非伯玉之肖仲尼也。平生欲仿永師千文例，臨八百本未及百本而止，自愧無恒，晴嵐弟筆姿天挺而嗜學鋭甚，因以此卷歸之，臨得八百本不愁書不進也。

又《跋趙文敏書松江普照寺藏殿記》 香象渡河，脚跟著底，具見神力，乃可學右軍之如龍松雪，當此時書家羅漢果也。

清·張照、梁詩正等奉敕撰《石渠寶笈》卷三《元趙孟頫書法帖譜系雜説一册》 張孝思跋云：此譜系文一帙，迺宋淳祐乙巳陶齋曹士冕所著，當時東湖曹史曾跋其尾。趙文敏公好古博識，手録以為便覽者。昔鮮于太常云：公書本朝第一，小楷尤為公書第一。且運腕如風雨之驟至，觀此益有以味乎其言亦。此帙數千言，都似不經意而成用筆結構，秀勁縱横，游刃自在，定非其子仲穆暨余子中輩所克髣髴也。其為真蹟何疑。考公書此年四十有九，正情興鬱蔚，神智强明之會，余固鄙野，然於公真筆亦嘗覩數十卷，自未有蠅頭纍牘若此者也，安得不珍重什襲奉為稀世之寶哉。雖款識圖記為人損去，固弗害其為璧爾。時甲午仲冬之一日懶逸張孝思敬跋。

又《元趙孟頫書撫州永安禪院僧堂記一册》 詹景鳳跋云：趙承旨書《永安僧堂記》，法出思陵，兼子敬《洛神賦》，盡離畦町而化之，良是乃公得意筆，惟章宜寶藏之，以當金氏天球可也。萬曆乙未年中秋後十日菱塘館獲觀敬題新安詹景鳳。

又卷五《元趙孟頫書文賦一卷》 牟巘跋云：子昂書士衡《文賦》，曲盡變態，辭之妙，固有以發之，亦未嘗不資乎字之妙而相交發也。松江普照乃士衡故宅，聞師其緹襲善藏傳之無窮焉。丁未重陽前三日陵陽叟牟巘書。

又 任士林跋云：余老且賤，獨不幸得文名，遂來華亭，每過士衡故宅，恨不得起千載而商之。碧溪上人出子昂所書《文賦》示余，人患不遊心秦漢以上，士衡所賦固猶在畦町中耶，子昂當一笑也。句章任士林。

又 俞焯題云：二王去後久無人，《文賦》書來筆法存。深得晉人波撇意，風流氣象見王孫。洛陽令俞焯題。

又 文徵明跋云：趙文敏公云結字因時相傳，用筆千古不易。書法雖以用筆為上，而結字亦須用工。右公所書《文賦》，結字用筆無不精到，蓋得意書也。公書初學《孟法師碑》，晚學李北海而皆過之。此賦雖無歲月，要為中年書無疑。昔胡汲仲謂子昂書上下三百年，縱横一萬里。舉無此書，非過論也。嘉靖丙辰七月七日文徵明跋，徵明時年八十有七。

又 劉麟跋云：書學白玉右軍以降，乃有吳興趙承旨研窮奥妙，數百年操觚之士，鮮克追步。惜華夷一變，厥跡罕存，間或有之，皆飯僧施佛祈禳之帖，不足藏也。今石川子得其所書陸士衡《文賦》，真天孫衣被雲錦也。觀者嘆曰：是醴泉甘露，未可學而能也。麟竊以為不然，嘗聞承旨乞蘭亭帖於僧淳鵬，得之入舟北行，且臨且跋，僅月餘，得跋一十有三篇，勤苦可知。今所書陸賦，賦中論文亦曰才士作文收視反聽，耽思旁訊，精騖八極，心遊千仞，言能之為難也，獨染翰哉。惑於醴泉甘露之説者，此卷直玩具耳。此學鍾王而下蘇黄而上名家匪一學者，何居。昔僧皎然欲學詩韋左司，左司曰：人各有能，有不能，子而為我，將失其故步。恐書學亦然。承旨又曰：書非晉法，終是胡塗。學者惑焉，我儀圖之衡山文翰詔，今之異人騣騣九十方瞳炯炯，上下鍾王米蔡無乎不善，局中學者必由承旨以求右軍，吾則由翰詔以求承旨，不亦可乎。歸見衡翁幸為先容曰：麟將北面乞金丹以換凡骨，緣承旨淳鵬例也。書之卷末，其並存乎。丙辰秋八月二十有五日南垣劉麟記事，時年八十三。

又 俞承勛跋云：松雪此卷筆精殊妙絶，無容品題書法矣。觀其字畫湮蝕處，間有墨花點染，微失其真，豈亦為人摩搨，工拙非經於一手致然耳。此卷信可珍愛，明厓好古博雅，所藏古墨帖甚富，安得乘暇過訪一一開藏篋覽玩，以畢此素懷已耶。戊午孟秋。

又 張景賢跋云：觀古人文可得書法，觀書可得文法，此具目者之能事也。此卷所具亦多矣。右祝枝山跋語簡意盡深，有益於文賦而此卷亾之，豈為好事者割截以售僞卷歟，不勝感歎，因附録於左方，明厓張景賢書。

又 陳道復跋云：右松雪翁書《文賦》，精妙無容贅言，乃余家舊藏物也。別去二十餘年，無日不在夢想，今得於於舜凝香閣再見，恍若隔世事，於舜好古博雅，最所珍重，此卷其得所矣，吾何憾焉。嘉靖壬寅冬暮白陽山人陳道復。

又卷五《元趙孟頫書耤田賦一卷》 趙鳳儀跋云：書之作，其來尚矣。胚胎於羲畫，露跡於頡書，支離於篆、隸，變化於行、草，因時而異，與日而增，而書之變極矣。析而書之，雖有真、草、篆、隸之分，約而求之，舉不外乎。六書八法之規，蓋六書乃造字之宏範，而八法乃運用之規模，得之則善，失之則俗，是以神人授之蔡邕，付文姬，傳鍾繇，傳之衛夫人，傳之王羲之，傳獻之，傳羊欣，傳王僧虔，傳孝子云，傳僧智永，傳虞世南，傳歐陽詢，授陸柬之，授姪彦遠，授張旭，授李陽冰，授徐浩，與夫顔真卿鄔彤韋玩崔邈等輩，皆接其傳，大概以真、楷為體，行、草為用，其變化之勢，自然而然也。至正辛丑歲卧疾山中，故人廬陵劉子亭先生從京師購得一卷，若獲至寶，俾予一言，展几視之，乃松雪翁書《耤田賦》，大國朝書家時稱巴西鄧文肅公、吴興趙文敏公、漁陽鮮于太常、康里子山為書法大家，而文敏最為獨步，專工鍾王，有自得之妙，所以不為之奴，卒以名世造道者，貴自得焉。【略】久不臨池而獲觀奇品，神思暢然，執筆如椽，勉强應云。花朝前二日，汴人趙鳳儀為子亭題於翠微僧。

又《元趙孟頫書普照寺藏殿記一卷》 董其昌跋云：普照寺轉殿藏記，趙文敏最得李北海法，何元朗鑒藏第一。甲戌中秋董其昌觀。

又 張照記云：香象渡河脚跟著底，具見神力，乃可學右軍之如龍松雪。當此時書家羅漢果也。張照敬記。

又卷一〇《元趙孟頫題畫詩一册》 許謙跋云：松雪與明遠契友，故其為書神化莫測，他書不同，為至寶，覽者勿以尋常視之。至正壬申金華許謙題。

又 王穉登跋云：趙松雪公書或褚或李，然不無本色，在此則盡脱本色矣，然而絶似褚李也。太元生穉登。

又卷一三《元趙孟頫書待漏院記一卷》 錢惟善跋云：待漏院記孰不知而誦之，承旨魏公為之書，於是乎生民休戚有所賴，官箴邪正有所規，寧獨夸翰墨以為觀美，為人臣子者，可不思所以自省。曲江居士錢惟善。

又卷二八《元趙孟頫詩帖一册》 顔素跋云：此松雪趙先生之筆也。意思婉轉，體勢迺麗，細玩之令人起敦厚温柔之想。萬曆辛丑歲三月之望日，余遊丹陽獲觀於笪元珪氏至書室，幾欲奪之不忍也。其善寶之，無為大力之士負壑而趨。皖人漫翁素題。

又《元趙孟頫遺墨一册》 饒介跋云：右趙魏公與田師孟省郎十帖，迺其守濟南泊在翰林日所書。筆勢縱逸，若稍遠繩墨，而法度具於毫末，真可謂善書者矣。余友劉孝章出以見示，覽之不能釋手，因識於末。時至正癸卯仲春上澣魯陰饒介書。

又 又宋克跋云：長司劉君孝章示余松雪數帖，雖其在公匆遽，率意揮洒，而筆法妍麗，辭意固至，觀其書，玩其辭，其為人慈祥豈弟，概可想見，宜其楊聲當時，作範百代也。孝章其寶之。龍集乙己七月既望廣平宋克識。

又 謝徽跋云：松雪道人書，變化萬狀，炫燿人目，而予輒能辨之。此帖誠可珍也。吴郡謝徽記之。

又《元趙孟頫書雪賦一册》 程邃跋云：余舊藏吴興《洛神賦》與潘景升家所寶收三都《兩京賦》，皆承旨之聖品。同失之兵中，不知落何人之手，是年得項氏《雪賦》，文長洲補全之，帖差無憾，書學惟二公之於大令，如鏡分影合，當世有雲間二沈二莫與邢濟南王孟津堪與齊驅接軫，後世有詆趙文兩家，窠臼傷能，則亦所謂恨二王無臣法者矣。垢道人程邃識。

又《元趙孟頫書詹儀之告身勅論二道一册》 王鐸跋云：長安覯百史松雪卷小楷赤壁二賦，樂志論蘭亭記菖蒲歌，秀瑩温雅，及覩雍來年翁家藏松雪書詹儀之誥身論書，老澣孤特，又一結法，當是文敏晚年筆也。翫之心懌，譬之華霍聳立巍峩，培塿之阜，莫之頡頏。丁亥十月十三第王鐸跋。

又卷三〇《元趙孟頫千文一卷》 張雨跋云：智永書千文八百本，散江南諸寺，今無一二存。吳興書，嘗患其多去世幾何年，若此本者，霜曉長庚無與並其光采。缺展對惘然，老生張雨記。

又　莫雲卿跋云：昔人謂方圓一萬里，上下數百年，絶無承旨書法，觀此本信然。吾不辨其師匠何代，而要若此本之沈著穩便，非其指撝間得書家三昧，未易能也。此公千文卷余所見亦不下數十種，而獨此為尤妙。郭亨父善八法，故得藏之。後學莫雲卿。

又　王國器跋云：嗚呼，公令往矣。生而文登琬琰珍藏内秘，没而篆記玉樓，遊宴清都，其流落人間者，一波一戈，偶爾見之，不覺老淚漆落。王國器拜題。

又　鄭元祐跋云：魏公書千文較之智永固不止八百本，今散落人間者，缺尚得見。自宋渡南至國家一海寓法書第一，蓋無及公者，吾宗高士君來自龍虎山，山中寶藏公書者，至與天真皇人按筆仝，又非人間世所得比也，遂昌鄭元祐識。

又　黄公望題云：經進仁皇全五體千文，篆、隸、草、真、行，當年親見公揮灑松雪齋中。小學生黄公望稽首謹題。至正七年夏五書於龍德通仙宮松聲樓，時年七十九。

又　詹景鳳跋云：趙承旨此卷千文，蓋學沈馨元《魏受禪碑》，沈書世人罕見，余固表而出之，佳令承旨有靈，當必莞爾而笑，且服詹生知公源委於三百年後也。此卷筆法高古，圓潤峻秀，為承旨得意之作，新安詹景鳳。

又　郭衢階跋云：逸少有名之蹟不過數首，黄庭進像贊洛神而已。吳興公若此等書，所謂子孑注目，晝晝抽心者，足擬黄庭數首，詎可多得耶。張雨鄭元祐輩當時已甚秘惜之，矧逾二百餘年，而令神光猶自奕奕也。後學蜀中郭衢階題。

又　蘇雨跋云：松雪翁書法宗逸少而有天然三昧自得之妙。令去翁三百餘歲，乃覩比真蹟，遇顧不奇哉。萬曆甲申秋廿九日渝人蘇雨識。

又　闞大道跋云：吳興公書法上追晉人，此本尤其得意者，誠可寶也。汝南闞大道跋。

又　沈紹文跋云：此卷匪直後輩所不易見，亦文敏公所不易書者，一刻披對，便足千古，敢識數字以附不朽。丁亥春日華亭沈紹文同觀者新都吳景白氏。

又《元趙孟頫書閒居賦一卷》　曹溶跋云：趙文敏在元朝甚被寵遇，洊歷中外，勤於職事，晏息水晶宫之日較短，其書《閒居賦》得無倦於仕進，寄箄鱸之思歟。用筆純思李北海而運以姿秀不詭過江家法，定為晚年合作，倦圃老人曹溶。

又《元趙孟頫書歸田賦一卷》　豐道生跋云：張平子博學工文，出處清正，東都士之翹楚者也。孟頫知録其賦獨不師其人品，寧復有愧色耶。此卷實其晚年真蹟，延祐以後七十餘矣，頽筆老態，顯然可驗。終自二王中來，略無俗氣，余妝趙書頗多，皆識歲月，遂能鑑定之耳。隆慶乙己四月四日豐道生。

又　王世貞跋云：趙吳興子，有以為類宋人者，昂書張平子《歸田賦》，有以為類宋人者，當是見其取態謂米襄陽，見其藏鋒，謂薛河東耳，不知結法自二王來而大令分數獨勝，居然有閉門造車，開門合轍之妙，與余家所藏天馬圖興子昂書張平子《歸田賦》，當是見其取態謂米襄陽，見其藏鋒，謂薛河東耳，不知結法自二王來而大令分數獨勝，居然有贊雜詩蹟正同大較高處在肉不没骨，筋不外透，雖姿韻溢發，而波瀾老成，譬之豐肌玉環作霓裳舞，誰不心醉。平子此賦，殆是解太史令五年内作，聊以寓其蕭散跌宕意耳。春秋至六十三作尚書典樞要，豈若淵明之真能詠歸去來者，史固稱其少工屬文，貫六藝，善機巧，似後身之蔡中郎始究八法而兼綜之，千載而得吳興，其才技風流大有相賞契者，而豐生老誇不學僅取歸田之名而恣其甚口於宋王孫，寧非所謂蚍蜉撼大樹耶。且吳興卒於至治二年，年六十九而今謂延祐以後七十餘時筆，結法妙脱蹊徑，惟祝希哲十九首畧近之，而蚩其頽筆老態遇殺風景，人無可奈何，因附志於此。萬曆辛巳秋仲王世貞書。

又　王世懋跋云余自辛巳歲解關中之綬，始有此《歸田賦》，壬午冬復召補浙江學憲，以疾力辭，癸未春得請養痾澹圃，先是陰雨浹旬，寒食日々忽開齋，籃輿抵家念所藏古墨蹟久不披玩，展卷首得此賦讀之，正仲春時景象也。平子能賦而不能歸，子昂能書而不能踐，余何人斯而果斯緣，即賦中弋鈎之事，僕病未能，老氏遺誡何敢多讓，若夫承旨書法之妙，人翁老悖之識，余兄已悉之矣。萬曆十一年閏二月十三日王世懋書於日損齋中。

又《元趙孟頫書蘇軾古詩一卷》　董其昌跋云：趙吳興為中峯書，此卷全類李北海，最稱合作，其詩亦學韓昌黎《石鼓歌》，後有鷗波小印，蓋鷗清・梁同書《頻羅庵論書・復孔谷園論書》　松雪和潤寬博之筆從二王來，唐宋人駿嚴肅多以法勝，得晉法者故推松雪，然凡帖所刻多過熟，熟中生有者乃佳，往在京師見松雪臨皇象《急就篇》墨本項氏所藏，真古真厚。又見蘇州蔣氏藏松雪寄妻母家信册，即用竹紙寫，箇摺作寸許，闊未有騎縫，月日花押，用筆秀絶，寔區無一點圓熟習氣。

此人間未見之趙字，實從來至妙之趙字也。見此二種則趙氏諸帖皆可廢，不知何以尚未出人間也。

清・曾恒德《滋蕙堂法帖碑跋》卷三九《趙松雪書韓文三叙》　趙子昂書深得二王神髓，於黄庭洛神尤為留意，此筆法所自出，故能風流蘊藉，迥離凡近。翰研太史藏其韓文三叙，乃晚年手蹟，飄飄入勝，生平傑作也。臨池家其寶之。戊子四月海甯陳奕禧題。

觀此如身遊海中三神山，尋向上去行往間，煙雲羅繞，清光變滅，種種異趣呈露目前，非可以等夷思議及也，吴興小楷於此觀止。後有香泉太守手跋，其前空處不及半幅，自為標題并記乾隆戊午長至得天居士張照。

又《趙松雪與康里子淵書帖》　文敏與中峰和尚書文待詔摹刻停雲館，為臨池家所推重，歲久漫漶，苦無佳本，何論墨蹟。此與康里子淵書更精妙，知者絶少，其他散失不傳者，何可勝數，丙寅初夏浙西查昇題。此子昂墨蹟，筆意不俗，結體復不雷同，知其非臨本也。戊寅六月八日宸英。據此當更有黄庭經未之見也。二康里世稱雙璧書法重當時，文敏致書下筆，無矜持意，其境界遠矣。曾恒德題。

又《趙松雪聖經帖》　此書壁畫圓健，氣象從容，其為真跡無疑。夫鍾王字在天地間如書之六經，人患不能，學不厭，其似宋人非無能書者，盡亡二家之法，克追踪於千載之下者，惟趙公一人而已。古法之不喪，使後學趨正道，厥功歸誰，珍重，珍重，後學宋克琴志於沈文舉讀書處。

公書流傳於世者，雖片紙尺幅，人争購得之。此册用意尤為超越，易勝愛玩，子貞裝此索題識數語歸之。嘉靖丁未九月十九日文徵明書。

清・王昶《春融堂集》卷四四《跋二・題趙松雪手札》　松雪道人書《檆耕録》稱其初學大令，繼習北海，而少時效褚河南，於《孟法師碑》尤深。故秀逸之氣，自不可掩。余謂吴興山水清遠靈淑所鍾，發於翰墨，不求姿媚而自工。觀此册敷腴蒼潤，出力藏稜，葢天授使然，非作態者能仲跂。乾隆

波亭公家臨池處，獨此卷見之董其昌題。

又　程正揆跋云予得祖榻，淳化四卷李北海數日帖，多藏鋒拙筆，與世所刻尖露者不類，故知文敏得其神髓，非僅為優孟衣冠也。程正揆。

又　文從簡跋云趙文敏書法得嶽麓三昧，評者云微傷於肥，此卷瘦勁遒逸，又入雲麾之穀，公於北海變化隨筆神形俱符上下五百年，縱横一萬里，信然。文從簡。

又《元趙孟頫書蘇軾西湖詩一卷》　沈度跋云：趙文敏書坡仙西湖詩一卷，筆力遒勁，姿態横溢，正中年妙境之書，不可不寶。雲間沈度。

又　彭年跋云：余閲文敏書多矣，每謂其微傷習氣，獨此卷古致錯落，深得二王遺法，想其録坡翁詩尤為用意耳。昌穀持示，聊書數語於後。沛彭年識於雲卧閣。

又《元趙孟頫三札一卷》　文苑發跋云：魏公三帖筆法飛動，神彩焕發，葢聞之故老云：公蚤年學思陵書，故用筆遒勁，至晚歲與伯機同摹晉帖，遂升王氏之堂。此帖葢真為二王傳神。已丁酉三月題於蘭雪齋文元發。

又　張鳳翼跋云：文敏書少宗李北海，故特具勁氣，後法二王，遂號稱入室。此三札與子敬一與達觀，雖似信手師心而二法俱見，真可寶也。丁酉春抄張鳳翼題。

又　王穉登跋云：魏公書妙絶千古，而尤妙於八行之扎。此卷與子敬教授者，而達觀長老者，一二札自具一法，縱横爛漫，疎勁妍密，無不可意，若無此天女散鬘陀寶花，飛揚歷亂而皆得三昧，五百年來無此扛鼎筆也。丁酉三月既望王穉登。

又《元趙孟頫書崇禧萬壽宫記一卷》　觀此松雪善學晉矣，今之學松雪者，能得其肯綮乎。天水胡纘宗題。

又　王倅跋云：松雪真筆固自遒勁，迺來學者多失之凡弱，豈古今人真不相及耶，遇崇禧得覩此册，為之灑然，書以自警。嘉靖戊子冬十二月吉旦長洲王倅公爵並書。

又《元趙孟頫雜書一卷》　陳旅跋云：右趙文敏公自壯至老之所書者，袁安道次為一卷，可以考見其平生筆力之日進而臻妙也。古之為學者，其亦若是乎哉。至元後戊寅正月望日陳旅識。

癸丑小雪書於蒲褐山房。

清・翁方綱《復初齋文集》卷三〇《跋秋史所藏趙書歐詩冊》 此跡留予案頭旬月矣，今日以友人所持來趙書互審之，雖其為真跡同而其圓美一種遜此遠矣。吾嘗言趙跡以深厚為主，此跡中間有甜筆，有辣筆，所以為趙書上乘也。趙跡以深厚者為右軍嫡乳，其辣筆則與深厚近，其甜筆則與深厚漸遠。此品趙書者之玉尺也，豈特趙書哉。人品學問文章悉於此分焉，可不慎哉。吾於子昂人品不欲隨衆人作譏彈，吾於子昂書亦不肯隨人道好，必如此方是上乘，再進則即右軍矣。

又《跋趙十札》 華亭王氏所藏趙文敏十札，用筆遒媚，得蘭亭法外，意深可寶也。至黃庭經保守皃堅身受慶，皃即貌字，趙文乃書完備之完，如此則誤讀黃庭矣，是以不可不記出者。

清・吳德旋《初月樓論書隨筆》 松雪行書以天冠山為最，北海肖子也。世人黜稱民瞻十札，已屬次乘，梅花詩則自鄶無譏矣。

清・吳榮光《辛丑銷夏記》卷三《元趙文敏書過秦論》【略】 榮禄壯年書，尺寸古法去俗人雅，幾與樂毅論抗衡，及其名成，頹然自放。此卷閱人皆勝國名流，如鮮于伯機、倪元鎮、張伯禹輩互相鑒定，以為榮禄真書第一，即余平生所見榮禄小楷《道德經》、《大洞玉經》、《度人經》七觀帖，雖各有奇致，第圓熟如一手，令人望而知為吳興法門矣。【略】 萬曆庚子仲春晦日文華濫直董其昌題。

子昂集賢小楷。

此文敏壯歲書，於時專師右軍，無本家習氣，尤為可貴，良常王澍記。

又《元趙文敏書妙法蓮華經第五卷》 紙本真書小如黃庭經，字計一萬三千有奇，前有趙字印，大雅印，後有大雅印，趙孟頫印，趙氏書印，天水郡圖書印，無款，引首紙前有心遠堂印，儼齋書印，王世懋印，後有儼齋印，王鴻緒印，王世懋印。卷首經目下有橫雲山人印。敬美印，二蓮居印，鴻緒印。卷尾經目後有子孫永保印，儼齋秘玩印，雲間王鴻緒鑒定印，世鈺印，姚字圓印，徵字方印，隔水絹上有郎邪王敬美所藏圖書印，賜金園主人印，紙凡五接，每押縫有鴻緒印，郭世尚印。此本凡七卷，文敏為本師中峯書，在明時已缺第二卷，夏太常昺補之，見《江邨銷夏録》，金君廷恩云最後為王儼齋司農所藏，只存五卷，仿辨才收蘭亭之例為五木匣，懸屋梁上一日，匣内火起，燒去兩卷半，後為安徽吳姓購得兩卷，吳亦中落，以一卷售之畢秋帆制府，沅得千金，故剩此一卷也。乙丑六月望金君攜來同賞記此。伯榮。

又《元趙文敏臨黃庭經冊》 書家真、行之妙無過於右軍，而右軍小楷之妙，無過於黃庭經一帖。然黃庭習之者衆，名家者寡，自晉歷唐歷宋鮮有能繼之者，惟我朝趙承旨子昂出入晉唐，擅名當代。今觀此卷，乃其臨摹手跡，而一點一畫之間，靡不合其矩度，真知叔孫優孟驟然見之，未必不死山陰道上行也。泰定二年十月十九日鄭之僑持以示余，遂題而歸之。良右。

右趙文敏公摹王右軍黃庭經一卷，精妙入神，沈啓南重購得之，余自白下歸，莊持示敬觀。時宏治己酉秋七月既望吳寬題。致和戊辰夏六月二十七日盧克柔陸輔之同觀，南陽仇遠敬題。趙子昂書法娟秀，此臨黃庭，更遒古有勁氣，蓋其暮年書也。垂數百年，神采煥發，紙墨若新，必有神護，琅邪王澍題。昔年在金壇觀於中甫所藏趙承旨黃庭經石刻，乃元榻本，特所賞愛，季鸞復得此墨跡，觀其行筆結構，瀟灑輕脫，即唐人猶讓一籌。石本用刀，即失圓轉之致，去之遠矣。辛未九秋季鸞寓至快甚。董其昌記。更有奇事趙子昂臨内景黃庭小楷真絹迹本，亦有吳文定題跋。友人官嶺南得之，今在予行笈中，季鸞若見瞠目絶叫，必有玉環飛燕難兼之恨。

此冊藏里中舊家主人極珍秘，昔王念昔太史重貲求之不得，欲借摹入罔齋帖亦不可，余庚申歲得一睹，心目俱駭，妄意轉易屬，一至戚居間多設方略，終於無益。余望岫息心久矣，不悟今日機緣忽湊，趙書余所見不少，小楷如婁東王氏蓮經最知名實，妍秀可愛，然是文敏自運本色，董先生畜内景經，余雖未見，然是絹本，獨此臨換鵞經，遒勁圓轉，絶無臨摹拘攣之迹，而楷復精妙，豈非天下趙書第一。崇禎辛未十月於鏘季鸞父識。癸酉蘭時陽羨吳聞卿兄，攜其光禄公所遺趙文敏十脱三字旁注行真蹟見示，遒勁瀟灑，政與此帖相副，奈其珍重矜秘不可奪也。蒨士第三記。觀錢翼之吳原博跋語，皆稱卷不稱冊，不審何時遇歌利王，遂割截審題，恨已遭一刲，願後賢珍重保護，勿輕付裝池。蒨士翎又記。松雪所臨黃庭經，嘉慶乙丑成邸摹刻詒晉齋帖中所謂蓋文達摹貯，文德宮房元齡起復貯，層觀諷誦，謂有訛字，韋應物刻石，永定精舍，歐陽修鋤地得石搨壽文彦博校正者。子昂延祐丙辰臨於水晶宮本也。此冊與詒晉齋帖本用筆相同，而比詒晉本略輕儇，豈文敏寫黄庭人間合有數本，此其最初臨之本邪。册内標裝各題跋，前後多倒置，蓋妄人改卷為册時不復考其世次先後也，此仍原標本録之。伯榮。

又《元趙文敏書張總管墓志銘卷》 紙本真書，失記尺寸。【略】尚古樓蓄魏公此筆，予觀之沖素渾含而姿媚溢發，非他粗示地文者比，蓋周旋中禮從容中道其書之聖者也。祝允明跋。松雪真蹟余得見十餘種，正書則千文，汲黯傳及此碑銘也。香光以展卷便知端松雪最為失言。觀枝山傾倒究是前輩深識。嘉慶甲子二月朔。成親王題。白羅紋紙書共九十二行，每行十二字，蓋初本，故中多更易處，内破損數字，此卷乃真定梁相國之物，今藏余藏不全《洛神賦》本也。伯榮。此書原卷凡九十二行，行十二字，詒晉齋帖本改為一百十一行，行十字，帖本第四十行出奇應變下叙總管事未，了當有闕文。第四十一行於商人舟中，嗚呼，痛哉，公，十字當移置九十行獲字之下，文字方順，不知是原卷為裝裱者所亂，抑詒晉齋鉤摹時誤置也。黄本驥校。

陳伯恭學士家。字如《御服碑》大，生平閲趙楷書以此卷為第一，行草則

又《元趙文敏詩帖卷》 此趙文敏學顔魯公宋蔡明遠叙，兼米海嶽用筆，迥異平日之作，可寶也。董其昌。

松雪翁此卷直與襄陽老於同參顔平原，宜刻之碑版，以張吴興之勍。陳繼儒題於硯廬。

作書有全力而無先意，乃得佳耳。此卷趙吴興行書二贊二圓，詩及跋尾凡二百三十二字，李北海法十四，米襄陽法十六，而妙際，時以大令發之，天真縱逸，中極自緊密，波磔迺麗外不廢拙古，所謂信手拈來，頭頭是道，故曹溪以後境也。卞華伯以眉山贊語跋之，亦似見一斑者。立春日題此，覺芳英爛漫筆端。

嘗聞故老云松雪翁蚤年學書，專法思陵，及入仕後，與鮮于公往還，始壹宗二王，故中歲書，猶多婉媚，要亦其藴藉風流韻勝於骨，故運脱翩翩，神情酷肖，或遂疑其雙鉤廓填也，卞司農王司寇皆精於鑒賞者，其題語甚珍重，知為翰墨之貴品矣。平生所見，惟義興吴澈如光禄所藏《家廟碑記》與此筆法正等，皆四十時所書也。崇禎元年清河月雨中題於清瑶嶼之長生壺。竺塢樵文震孟。

又《元趙文敏頭陀寺碑卷》 紙本，失記尺寸。【略】生平見趙承旨書，皆不及此卷有右軍之靈和迴出懷仁聖教序遠矣。過廣陵，予友嬰能吴君以宋張瑞衡書卷易去，嬰能善護持之。董其昌志。

右《頭陀寺碑》，乃文敏書與密印寺力法師者也。予嘗藏文敏所書神仙篇諸詩，筆法大與此類，予重之若連成之璧，竟以貧不能存，為好事者易去。今見此卷，不覺慹中嬰能方事舉子業，乃能鑒賞以名畫易之，其視乎予之不能守者，不啻百尺樓上下矣。米海嶽好古，常以書畫玩器貿易，今案頭改觀，嬰能殆其人哉。萬曆己亥嘉平月望長洲張鳳翼識。

讀簡栖《頭陀碑》未竟，便低迷思寢。松雪寫長卷出入山陰，無一懈筆，精緊虚和如宣律師尺寸皆法而仙人嘯樹之意自在矣。吴興真蹟當屬第一。陳繼儒題。

趙承旨書《頭陀寺碑》，用聖教序十七，用孫虔禮書譜十三，其嶠蒨遒勁出聖教序而時佐以游絲輕颺，有裘馬少年沓拖態，此蓋用孫法也。此卷乃董太史物，吴君嬰能以一宋人盡易之，米元章以盈尺硃砂從蔡攸易陸探微獅子不得，便據船大叫，欲墜嬰能之癖，故當不在襄陽下耳。己亥臘月十又九日青箱庫題。太原王穉登。

右軍蒼秀卓峙，姿法具備，趙文敏平日醉心大令此碑，獨摹肖右軍點畫顧盼纖毫不失，乃知書家正行旁行，嚴祖親禰自分銖黍，不偶然也。崇禎乙亥清和月晴牕展閲秘印，此諦敢以質於大方。古秀李日華題。

文選於日種一門，他不多采，惟簡栖此碑與各巨公名撰後先照映，蓋其翻倒三藏，綴輯極其華整，最為弇州先生稱重，誠為貝册香林第一文字而松雪公為勝國時墨苑大家，樂書碑版俾龍象獰跤者滿天下，若《頭陀寺碑》，則掃素尋丈，波偃百千，莫不行鸞停而字虯舞也，輝光陸離，此以文副筦之第一手也。然以第一手書，第一文字，亦惟第一流，具眼足以珍賞之耳。鑒邑姚士粦題。

趙松雪喜書仙釋藏卷，如《黄庭》、《圓覺》等多種寺觀碑記大文，字復多種，蓋以墨妙樹勝，因想當日樂不為疲也。此《頭陀寺碑》意儗《聖教》，而《聖教》特集書，有字法無章，求完錦初舒，爛焉霽日，無踰此碑已。檇李門年弟譚貞默題。

吴興以全力師唐人，此尤其賞心得意之筆，龍跳虎卧此四字，亦當移寫松雪之照矣。乙亥七月既望得觀於眉公之晚香堂，因為翁老師題。吉州門

人楊文驄。

又《元趙文敏金書金剛經册》 大德三年己亥，趙松雪以集賢直學士行浙江儒學提舉，辛丑行部過會稽，此金書金經款云，大德五年十月廿八日，是年辛丑松雪四十八歲，或在會稽時所書耶。 松雪以四十六歲得定武稧帖於獨孤長老，正鋭意追討山陰書派之時，此真書乃舍右軍而用褚薛，蓋元時楊許黄素黄庭經在鮮于伯機家，《松雪題》有鸞鶴翔舞猿猱輕，子能保之慎勿驚之句，禪悦所及或偶仿之，故不覺其風舉雲移，烟霏霧結耳，以泥金易損，會壽於石而記之南海吴榮光。

又《元趙文敏書杭州福神觀記卷》 松雪書凡三變，元貞以前，猶未脱宋高宗窠臼，大德間專師定武稧序。延祐以後，變人李北海柳誠懸法而碑版尤多用之，此卷署鄧善之所撰《杭州福神觀記》參用端州石室記及《西平郡王碑》法。 按：松雪以延祐三年為翰林學士承旨，六年得請南歸，善之以五年由翰林待制出簽江南浙江肅政廉訪司事，六年移江東。福神觀成於延祐七年庚午，正善之為江東肅政廉訪，時松雪則以學士承旨告歸後結銜均與史合，是時善之年六十三，松雪年六十七矣。文既簡净，書尤圓勁。道光丙申秋孟有攜卷至京師求售者，余定為真蹟，屬友石大京兆收之，越歲大京兆屬記卷末。 吴榮光。

又《元趙文敏小楷書洛神賦卷》 趙文敏《洛神賦》，大德三年，己亥十二月俞子中書，時年四十六歲書也。後二十三年，為至治二年壬戌虞伯生跋尾，時伯生年五十一，松雪以是年六月卒，年六十九，伯生跋，為九月己在公卒之後，故追遡集賢同直示觀大令九行殘字耳。又後五年，為泰定三年丙寅，此卷歸於仲長，有龔子敬跋，後有柳道傳跋，為善學大令者，想與龔跋同時，余謂此卷乃松雪由誠懸而悟入大令隨筆所至，無意求工，乃遠出平日書蹟上，羌由學力既到，遂能如此。伯生跋，一筆全文四字，真得此書神理，評書者，正不必鍊取字句剿襲前人牙後慧也。余二十年前得公行書，此賦册前闕廿四行，乃公四十八歲所書，後此二年，雖規仿蘭亭聖教而用筆消息與此同一鼻孔出氣，知此為公所書確然無疑者。此益見公之八法與年俱進，蓋公以四十六歲得定武稧帖於獨孤長老，有十三跋，此後用筆乃直趨右軍矣。道光辛卯二月得此卷於京師，越三年為甲午四月廿有五日，南海吴榮光跋於湖南撫署之四春館，時年六十有三。卞令之式古堂彙攷載虞伯生跋，一筆全文作一手全文。又三行作又四行，夫容州作芙蓉洲，以筆為手，則卞本之誤以洲為州，又似此本之誤。然古九州字，與洲渚字通，故《説文》引《周南》在河之洲亦作州，芙蓉去艸，洲去水，皆古體非誤也。伯榮。

清・何紹基《東洲草堂文鈔》卷一一《題跋・跋陳叙齋藏趙文敏書千文》 智師真艸千文，艸書分行比格，與真書齊同，故意近章艸而少參差超邁之趣。惟懷素小艸書千文，神明變化，妙極古穆。文敏為此使轉縱横，有自然湊泊之妙，蓋曾見素師墨迹而仿為之者。素師卷今在六舟上人小緑天庵中，叙齋前輩嗜古搜奇，亦曾寓舍目及之否。

又《跋朱筱漚藏趙文敏書天冠山詩卷》 余不甚喜榮禄書，然其由北海以上溯山陰意徑，則非不曉也。筱漚老弟篤嗜趙迹，此詩帖經蘇齋品為第一神品，宜其倍加珍秘，余亦樂得與觀焉。丁巳大寒日，記於滄浪亭之可園。

清・孔廣陶《嶽雪樓書畫録》卷三《元趙文敏行書望江南・净玉詞十二首真蹟卷》 右趙文敏公所書白雲法師《净玉》詞，筆法妍媚，結體淳古，且紙墨完好，精神焕發，尤可寶愛。按：公於古人書無不臨學，近見其千文，謂時方師沈馥，魏《定鼎碑》，以其有鍾法則，於他書臨習者多矣，故能薈萃衆美，書法大成。【略】於又嘗見公所書《金剛經》，自題其後云：欲延答祥慶，俾有得之士解説與義，增術福德，則宜乎《净玉》詞，為公用意之書矣。詞凡十二首《詞寄望江南》云。

萬曆丙子九月七日茂苑文嘉。

時公年五十又六，越年即以學士内台矣。以西方之三心十念作娑婆之逝水浮漚，其人不可思議，其書法亦不可思議。道光丙申臘月三日為琴山農部題，吴榮光。時年六十有四。

道光丁酉春日，古歙程思澤拜觀。

清・李佐賢《書畫鑑影》卷四《卷類・元・趙文敏書吴興賦卷》 趙文敏真、行美秀而文，一自修稧聖教中出，其去逸少毫末之間耳。唯一時鼎貴，贗作種種，而相者舉肥魚目不辨，遂致異代文敏聲價頓減，遇目此卷，神閒氣老，乃見文敏真、行本面矣。可傳可久，珍重珍重。劉重慶耳枝氏識。

行書七行。押尾。

清・陸心源《穰梨館過眼録》卷七《趙文敏行書稼説卷》 松雪翁《稼

説》左規右矩，而又能虛和宛轉，出於繩律之外，蓋得之十七帖為多，真可一字一絹也。陳繼儒得觀題。

余不解趙書，一再展卷，得其筆意，大凡非品也。魯公博古，稱之一字一絹，豈謬耶，識者當美藏之。七十七叟陸應陽。

又《趙文敏洛神賦卷》 《洛神賦》中所謂翩若驚鴻，婉若游龍者，此書蓋似之。陸陽牟獻之甫書。

又《趙文敏送任叔實詩卷》 文敏書雖以姿媚取勝，而實能力追晉人。今之邯鄲步學者，往往取貌遺神，一意柔婉，衣冠優孟，豈遂亂真。予生平見公墨蹟十餘種，及至公鄉里，而所覩轉多贋鼎。今復見此卷於珊洲先生，覺典型尚在，風韻猶存，較之吳興故家子孫珍秘而黨媢為奇寶者，又不可同日語矣。庚寅五月湯貽汾。

奉化任士林，字叔實，六歲能屬文，諸子百家靡不周覽，鄉子弟多從之遊。嘗經理文公書院，職教上虞，講道會稽，授徒錢塘，終於湖州安定書院山長。疾江湖纖挑之習，所作皆力追唐人，今《松鄉集》詩卷尚傳世。【略】壬辰春，仲珊洲先生出示此卷，因記任君生平大畧於卷尾，以見古人不妄稱道蓋如此。若文敏詞翰之美，諸君子品定詳矣，無俟贅述也。鴛湖讀舊書生錢泰吉跋於海昌學舍之可讀書齋。

清・邵松年《澄蘭室古緣萃録》卷二《趙松雪四體千文卷》 右文敏趙公四體書千文，惜不見司馬子微五體書《道德經》較此何如也，近代是書為家。張雨記。

文敏真、草、篆、隸，平日未嘗多寫，觀此卷必為焦侯好事而書，惜其《九原》不復作矣。唐棣敬題。

此卷商邱陳氏所藏，余以董文敏楷書千字文《樂志論》易得之，蓋四體成於一日，在松雪固是極率意之作，然日能萬字，蓋可徵信。成親王。

明嘉靖四十一年冬十有二月購於上海顧研山處。元趙松雪書四體千文帖，墨林項元汴珍秘，原價十兩。

悦詒晉齋時有書畫之惠，此其一也。

此卷係墨精潔流傳有緒，自是松雪墨跡點中一大觀，成邸跋謂其四體成於一日，為松雪率意之作。子承下款十一月廿三日而言，然古人書日或即以書畢之日係之，未必竟一日書也。松雪此書，誠有率意之筆，而前後運墨不同，固由係有精麗亦疑非竟一日書也。

又《趙松雪書右軍四則卷》 至元後四年閏八月十又五日觀於玄文館，甫里陸繼善、趙榮禄書，氣骨精神，奄出宋人之右，但沈著不及唐人耳。今觀書右軍四事，風流不愧古人。歲戊申十月十七日覩於張元度之環緑軒。倪瓚。

文敏公平生學書，以羲、獻為師，故喜書其事，其風度蓋六類之也。宏治癸丑七月十六日雨中在泣秀堂記。吳寬。

又《趙松雪節臨書譜卷》 趙魏公法書名貫一代，此其手臨樹皮一紙，乃暮年意刻筆隨之作，矩度浸心，故能直入鍾、王堂與。覽此卷，知非篤學孫堅者莫能至也，豈不信然。此卷令歸雲谷農部二兄秘笈。嘉慶丁丑夏五月四日八十五叟方綱題後。

清・端方《壬寅消夏録》卷八《趙文敏書張文潛送秦少章序卷》 東坡先生嘗言：書至顔魯公，文至韓追之，詩至杜子美一出之後前人皆廢古今能事畢矣。楊少師、蔡蘇、黄、米皆以顔為師者也，惟趙承旨獨師右軍而能自闢門徑耶。子應謂其直接東晉風流，殆非虛語。余雖未嘗學趙書，然每見真蹟，比手臨數遇。此卷為學使樵棠宮詹所藏，借觀一月，欲呵凍臨習，而年率腕弱，弗能也，因題紙尾而歸之。隆慶戊子十二月昌平陳浩書於汴城之嶽影齋。

又 昔人云：右軍如龍，北海如象，文敏書自李入王，固龍、象之裔也。思翁中年議論唐突文敏者不少，晚歲自悔而所以傾倒之者，亦至矣。康熙間，華亭派盛，百餘年來無學趙者。【略】嘉慶甲子正月廿五日。成親王題。

又 松雪師褚，當於張治中家見虞書七八行，奉困學云吾兄伯機不可不知云云，以為得未曾有臨《枯樹賦》極用意，皆其師承之派在也。康里子山以其弓刀紈綺之豪，争為雄長，自闢門庭，餘子乃望風而靡。蓋宋四大家之後，至松雪一變，唐初面貌宛然可識功亦偉矣。流傳既多，真贋雜出，在所不免。然登善云：連成殊於碔砆，芝蘭豈溷蕭菌，識者故有人耳。送泰少章序文，潛文之有意致者。松雪書極豐艷，與文相稱，可寶也。燈下展玩數曲，因題。辛亥仲冬之月二日。劉墉。

又 此卷乃英煦齋趙松雪真蹟也。道光已丑仲夏余購得之，書歲月以誌翰墨緣。行有恒堂主人題。

又 按：趙魏公為季堅書張少潛送泰少章序，行書，六十三行，為至精至妙之品，前明歸項子京，國朝歸英煦齋。相國曾摹刻之，摹極佳，特不可以真跡對校耳。現缺五字，近時傷損，摹本未缺。

綜述

明·王世貞《弇州山人四部稿》卷一三一《文部·墨蹟跋中三十二首·趙文敏書詹舍人告》 右趙文敏所書宋起居舍人詹仲儀告辭、獎論各一通，豐麗遒逸，肉骨停整。其學李北海，殆如玉環之於飛燕，雖任吹多少，而霓裳一曲，足掩前調。後當有題名及勝國諸公跋，惜為俗子益以松雪道人僞款及印章，污其前後，遂成蛇足。聊為拈破，留之勿令覽者有蘭亭之訟也。

明·顧復《平生壯觀》卷四《元·趙孟頫》 《過秦論》三篇，至元時書與石民瞻者。黃絹小楷，後集賢灑直欵鮮于樞、郭天錫、盧克柔、李衎、姚式、張謙、張嗣真、即甬仇遠、虞集、錢良。右宋無、倪瓚、姚安道、甘立跋。袁子方、曹克明、劉致、李瓚、李衍觀、董其昌題絹上云：學黃庭樂毅，而用其意，名成以後，頹然自放矣。文華灑直欵伯生云：惜伯機諸公不及見其暮年書矣。

又 《道德經》小楷，黃紙前白描老子像。延祐三年，歲在丙辰，為進之高士書於松雪齋。

又 黃箋小楷。延祐黍年孟秋七月望日，太上弟子吳興趙孟頫為崔汝晉書於松雪齋，比前更佳。

又 《歸去來辭》前白描淵明像，白紙中行書倪中、錢惟善、鮑恂、趙俶、陳彥博、周鼎跋。又一卷中行，白紙前序後跋。大德年月為受益作欵孟俯，後倪淵、姚武、林士曜、黃淮、王英、王世貞、王世懋二跋。又一卷中行，粉紙，有剥落，畫竹石於後。題云：既書《歸去來》，餘興未盡，乃作竹石小景，淵明亦當愛此耶。王行、陳沂叔嗣、楊儀、錢福、沈周題詩。又一卷白紙，高頭大行草。

又 《蘭亭十七跋》，揭傒斯、康里巎、張天雨跋，王蒙長跋。

又 《蘭亭十三跋》，胡翰、王尹實、吳訥、貝泰、魏驥、王鏊、何淳、汪道昆、周天球題。

又 中峰十三札，後管夫人出名，一亦文敏筆。趙孟頫，永寧祝允明、楊循古、董其昌跋。

又 《天冠山》詩，為道士祝丹陽作，祝名玄衍，貴溪人，能大字。延祐二年十月廿四日，松雪道人書詩廿八首孟頫，清容居士和廿八首袁桷，虞伯生和廿八首集有一跋，王繼學和廿八首士熙，小行楷皆精，子昂小行更精。吾家筆記所載，更有王景文奎和。林傳以道和吳全節唐律一首，跋。祝堯丹陽宗人和，又跋。馬伯庸和，杜清碧本和。六人手蹟想已遺失矣。

明·郁逢慶《續書畫題跋記》卷五《趙文敏白描淵明像，後行書歸來辭》 松雪書《歸去來辭》，前作淵明像，後餘興未盡，又作竹石，其風流蕭散，可以想見。予曾見人得一墓石，乃東坡作銘，自書後亦作小竹以盡興。二公文采情致，大畧相類然也。此《松雪卷》有王行題，王行，元末人。殁於難，詩亦清雅。錫山鄒氏家藏。淵明曠世逸材，出處卷舒，匹之者鮮矣。然恥向官折腰，達人每恨其褊，豈先生託此以發歸來之興耶。撫故園而不歸，殉微官以自失，先生固亦齒冷也。此卷乃松雪真蹟，舊為錫山鄒氏珍藏，今歸之楊氏七檜山房。癸巳夏，蘇門山人叔嗣赴山西燈下醉題。松雪作淵明像，予見者數幅矣，皆不若此卷為佳。所書《歸去來辭》，用筆尤精，不類他本，其紙亦松雪齋自製，箋粉中隱起，有八分書子昂二字可證也。卷末復作小竹石，能令人想見古人雅致，極為可愛。舊為錫山鄒炫家藏，嘉靖戊子夏，予寓蘇，王氏水閣中作《溪光》詩，成炫從第煌偶見之，求書一通以去。更歲餘，煌忽來予家，自言攜此詩歸，得消其家門骨肉之禍，其事有出於意料之外者，因以此卷為贈。予辭之再四，委之而去。瓊瑤之報，甚可愧也，甚可笑也。癸卯歲十月二十日五，川居士楊儀書於萬卷樓中。右元趙文敏公手摩晉處士陶靖節先生像，兼録其《歸去來辭》，翰墨精妙，楮隙復補以竹石，且謂淵明亦當愛此，豈謂其辭中偶不及此耶。讀其辭，想見其為人。文敏公尚友，吾亦想見之矣。第靖節之孤松，卓有定見，而文敏公之愛，或博而不專，非後學可輕議也。錫山鄒松石翁圖書甚富，而於此尤珍之，吾亦想見其尚友矣。然獨出以示予，豈亦謂予知辭中趣耶。書以質諸有識者。弘治己未中秋後二日，賜進士及第翰林國史修撰華亭後學錢福誌。

明・張丑《清河書畫舫》卷一〇下《題趙松雪書大洞玉經》　趙子昂小楷《洞玉經》一卷，紙高五寸，字大如黍，後有虞伯生題。王南原家物，後歸松江曹氏，為故翰林孔目何柘湖得之。余所見松雪小楷，惟永嘉趙氏《馬蹄篇》及此。然馬蹄絹本多渴筆，此用澄心紙，精緊筆墨，精妙毫髮，無遺恨矣。石刻字大如《黄庭經》，與吾家《道德經》無異，有陸儼山亦有《道德經》一卷，然遠不及吾家者。

清・陶樑《紅豆樹館書畫記》卷一《元趙文敏公臨十七帖》　紙本高一尺二寸，寬一丈八尺四分，計三接，分二十六段，其一百三十五行。文敏書直入晉人之室，而秀骨天成，自然流露。晚年致力既深，氣息醇古。此卷純用秃筆，無復平時姿致，所謂皮膚剥落，獨見真實者。按：仁宗延祐三年，公已年近七十，臨池之興，老而彌篤，宜其深造自得也。卷為鈐山堂故物，接縫處有介溪方印。後歸天籟閣中，亦足一雪老奸之辱矣。

清・安岐《墨緣彙觀録》卷二《法書下・元・趙孟頫正書姑蘇元妙觀重修三清殿記卷》　白紙本，烏絲隔欄，正書八十二行，字大經寸，筆法雄偉，觀之令人駭然。《文敏碑》書中第一傑作也。明晉府諸印，緋紅奪目。首書元妙觀重修三清殿記，後書十月既望，前朝奉大夫牟巘記。集賢直學士朝列大夫行江浙等處儒學提舉趙孟頫書，并篆額德七年目日。【略】文敏篆元妙觀重修三清殿之記，字大四寸許。後紙陳眉公跋云：賞鑒家謂元《妙觀碑》酷似李北海《嶽麓碑》，昔見蘇靈芝鐵佛寺刻，彌見松雪翁書學來歷。此卷精彩可照四裔，更勝《吾松亭林碑》也。陳繼儒題。

又《楷書陰符經卷》　白宋紙短卷，楷書二十二行，筆法妍媚，視久愈無窮盡，書法之妙如此。首書《陰符經》，上角有朱文半印難辨，下角鈐朱文子順半印，款書子昂二字，下押趙氏子昂朱文印。後上角鈐姚氏朱文半印。後有姚子敬、錢德鈞、黄仲奎三跋，皆元人。末董文敏一跋雖真，非原題。卷經項氏收藏。

又《小楷書清净經卷》　絹本如新小楷，字大三分許。沈著端嚴，體勢裕和，可稱極品。首書太上老君説常清净經文，内永字避諱，不克考。後款水精宫道人書，下押趙氏子昂松雪齋二朱文印。後康里子山一跋，行書十四行，字大經寸。書法亦精，款至正四年五月十六日題於杭州河南王第之西樓，康里巎識。下押子山正齋恕叟二朱文印。觀此卷必有老子畫像，後水精宫道人書之書字，似畫字改者，然子山跋語未及之。

又《楷書汲黯傳卷》　淡黄藏經紙本，烏絲界欄。楷書法唐人，清勁秀逸，超然絶俗，公書之最佳者。首書《汲黯傳》，上押趙字朱文印，下角有大雅朱文印。此傳至夫以大將軍有揖客後闕十二行，文衡山補至率衆來止後，書延祐七年九月十三日，吴興趙孟頫手鈔。此傳於松雪齋，此刻有唐人之遺風，余仿佛得其筆意如此。下押趙氏子昂朱文印，後文衡山小楷書十二行跋，於藏經紙上款辛丑六月既望，文徵明書，時年七十有二。下押徵明二字。小連珠朱文印卷有項氏收藏印及寅叔完齋。笪氏、李氏等印，維楊李書樓已經刻石。

又《書嵇叔夜絶交書卷》　元黄色紙本，烏絲界欄。行書二百二十七行，字五分許，全法右軍公之得意書也。前書嵇叔夜與山巨源《絶交書》，上押趙字朱文印，下角押鷗波連珠朱文印。文後嵇康白下押朱文天水郡圖書印，款延祐七年二月十九日書於松雪齋子昂。下押趙氏子昂、松雪齋二朱文印。末角半鈐朱文小封字印，前後有沈氏等收藏印。後有張羽、胡儼、林慈、王英、鄒緝、陸深等題。按，陸跋云：卷中題者凡十一人，内有十人皆為夏中靖元吉所題，今已失其六題，必鬻者割去，别裝他卷。余見趙文敏所書《絶交書》凡三本，一孫退谷侍郎所藏本，今在梁氏。一平湖高氏緑絹本，俱不及此卷。

又《書陶淵明歸去來辭卷》　白宋紙本，行書二十九行，字七分許，本體書，筆法潤秀。前押白文陳字半印，又白文顔字半印，有舉字編號，首書歸去來三字，辭後款書至大二年冬十二月十三日書於松雪齋子昂。下押趙氏子昂朱文印，後白描淵明叟杖而行，一童子負壺攜書卷隨後。畫法吴道子，雖李龍眠不能勝此。後倪中、錢惟善、趙俶、陳彦博、鮑恂、錢鈞、周鼎、儲巏題識。周跋云有，渠先大父丁丑小識二十三字，今卷中已闕。此卷經文衡山項墨林收藏。

又《書陶靖節飲酒詩》　白宋紙本，書淵明《秋菊有佳色》五言一首，行書六行，字大寸餘，筆法蒼古，深有二王風度。款子昂，下押趙氏子昂朱文印。後虞伯生隸書一跋云：我朝書法，當以松雪齋為第一，今觀所書陶靖節詩，筆力痛快，無一點塵俗氣，繼羲、獻之後者，其在斯人與，烏乎，主人為予寶之，蜀人虞集。

又《**德俊茂才帖**》　元淡黃紙本，行書十七行。前書孟頫頓首，德俊茂才友愛足下後書孟頫記事頓首。下押趙氏子昂朱文印，五月十七日。帖後外記書記事，泰復德俊茂才友愛足下，趙孟頫就封，孟頫二字上蓋趙氏子昂朱文印。帖經項氏收藏，末有二字編號。

又《**草書千字文卷**》　白宋紙本，烏絲界欄。草書一百三行，首書草書千文，上角押趙字朱文印，下角有大雅朱文印。次行書《梁員外散騎侍郎周興嗣次韻》，上有朱文墨妙二字。連珠印。此書體勢圓熟，轉折峻峭而兼章草，雖宗智永，與往昔所見迥別，乃公之變筆也。【略】後款子昂下押趙氏子昂、松雪齋二朱文印，上角有朱文松雪齋圖書印。後柳貫大草書長跋。余向見真草千文一卷，有丁元吉、張東海、周天球等跋者，酷似永師，然不及此卷。又六體千文一卷，泰興藏本，白宋紙書，非魏公真蹟，類俞紫芝。

又《**書蘇東坡道場何山詩**》　牙色宋紙本，行書十七行，本體書，筆法精妙。前上角押朱文趙字圓印，有惶字編號。下角押大雅朱文印。詩後自題云：吾長兄之孫頗好學，性亦馴謹，時時來從吾求書，意甚嘉之。因其求寫此篇，遂書與之。款子昂下押趙氏子昂朱文印，帖前押師臣白文印。卷經項氏收藏。

又《**進之帖**》　元黃紙本，行書十七行。前書孟頫頓首，進之足下後，書皁斜皮靴若已辦，乞今萬八送至為感，孟頫頓首。前空紙處小行書，續書萬八來時，望於養齋處贖來復丹蘇合香丸各數帖，陳居士消風散數帖，轉煩王成之於沈鑄處討漢壺，葉蘭坡處討琴帖。經項氏收藏，末有三字編號。

又《**次山總管帖**》　白宋紙本，行書十三行，筆法峭拔，公之合書也。前書孟頫再拜次山總管仁弟足下，後書正月十九日孟頫再拜。外封裝帖後上書記事，再拜次山總管仁弟足下，孟頫謹封。上蓋趙氏子昂朱文印，封右又小行書續云皮帽一枚，同往帖，經項氏收藏。

又《**明遠提舉帖**》　元黃紙本，行書七行，筆法精謹，著意之作。親屬孟頫頓首，明遠提舉賢弟後，書三月八日孟頫上覆。

又《**子房帖**》　白宋紙本，行書八行，字大經寸，書法晉人。親屬昨日甚望足下過此而竟不來，何耶。後書孟頫再拜，子方協律仁友足下。孟頫二字上蓋朱文趙孟頫印。項氏收藏。

又《**靜心帖**》　白宋紙本，行書八行。前書孟頫頓首再拜，靜心相幹，心契足下。後書孟頫頓首再拜。外封裝帖後，上書記事，頓首再拜，靜心相幹足下，趙孟頫謹封。孟頫二字上蓋朱文趙孟頫印，帖內有遙陵連珠印，吳國用印瑩之半印，三印皆朱文。經項氏收藏。

又《**與中峯十一帖附管夫人與中峯一帖冊**》　歸自吳門帖。粉蠟箋本，行書，共十九行。項氏凋字編號前有白文文徵明印，衡山朱文印。外封首書中峯和上吾師侍者。孟頫和南謹封，孟頫二字上蓋朱文趙孟頫印。本帖前書孟頫和南拜覆，中峯和上吾師侍者。孟頫歸自吳門，得所惠字，審道體安隱，深慰下情。後書弟子趙孟頫和南拜覆。後四行續書月師云：吾師近到弊舍，而弟子偶過吳門，不得一見，不勝悵然。下押文壽承氏朱文印。三橋居士白文印，後有文衡山鈐縫二印。

又《**每蒙尊者帖**》　淡黃紙本，行草書，共十九行。前有文衡山鈐縫二印，外封首書中峯和上老師侍者，弟子趙孟頫再拜，謹拜，中峯和上老師侍者。孟頫汩汩俗塵中，每蒙尊者不棄，時時賜問，顧惟何者，乃辱過愛如此，當亦是前世有緣故耶。後書孟頫和南再拜，廿四日。後三行續書侍者，前蒙惠藥，甚濟所之，冀為道謝。下押白文文彭之印。

又《**自山上來帖**》　白紙本，行書十八行。前有文衡山二印，紙邊下角有文壽承氏朱文半印。外封首書和南再拜，中峯大和上老師侍者，弟子趙孟頫謹封。本帖前書弟子趙孟頫和南拜覆，中峯和上老師侍者，近數有人自山上來，知道體安隱，慰不可言。後書弟子趙孟頫和南和南，六月廿一日。末角有文壽承氏朱文半印。

又《**得旨還南帖**》　白紙本，行草書，二十行。前有文衡山二印，外封首書和上老師，弟子趙孟頫和南再拜，謹封。本帖前書弟子趙孟頫和南上記中峯和上老師侍者，孟頫得旨南還，何圖病妻道卒，哀痛之極，不如無生。後書弟子趙孟頫和南上記六月十二日。末角有文彭白文半印。

又《**如在醉夢帖**》　白紙本，行草書，二十二行。前有文衡山二印，紙邊下角有半鈐文彭之印。白文印外封首書和南再拜覆，中峯大和上師父侍者，弟子趙孟頫謹封。本帖前書弟子趙孟頫和南拜覆，中峯和上師父侍者，孟頫自老妻之亡，傷悼痛切，如在醉夢。當是諸幻未離，理自應爾。後書六月廿八日，弟子趙孟頫和南拜覆，中峯大和上師父侍者。末角有三橋白文半印。

又《如對頂相帖》 白紙本，行草書，二十六行。前有文衡山二印，外封首書和南復書，中峯和上老師侍者，弟子趙孟頫謹封。本帖前書弟子趙孟頫和南再拜，中峯和上老師侍者，以中來，得兩書披讀，如對頂相，感激慈念，不覺淚流。後書弟子趙孟頫和南再拜，中峯和上老師侍者，下押白文文彭之印。

又《以中還山帖》 白紙本，行草書，二十行。前有文衡山二印，紙邊下角半鈐白文居士半印，外封首書中峯大和老師弟子趙孟頫和南趙孟頫和南拜上，謹討。本帖前書弟子趙孟頫和南再拜，中峯大和老師侍者，昨以中還山，草草具字，陳敘下情，茲承嘉上人下訪，特猛惠書，審即日道體勝常，深用為慰。後書孟頫和南再拜，中峯大和上老師侍者，廿三日。再拜二字下，有文壽承氏朱文印。

又《千江入城帖》 白紙本，行草書，二十二行。前有衡山朱文印，白文文彭之印。紙邊半鈐承氏朱文印。外封首書中峯和上老師侍者，弟子趙孟頫和南再拜，謹討。本帖前書孟頫和南拜覆，中峯和上老師侍者，孟頫千江入城，得誨帖，知杖錫以藍輿入山，益深聞之，甚為篤歎。後書弟子趙孟頫和南拜覆，四月十二日。下押白文文徵明印，末角有白文文彭之印。

又《雨後漸涼帖》 白紙本，行書，二十六行。前有文衡山二印，外封首書中峯和上師父尊者，弟子趙孟頫和南拜覆，謹討。封字旁押朱文陸氏腰圓印。本帖前書弟子趙孟頫和南再拜，中峯大和上尊者，尊前孟頫近者拜書，謝丹藥之惠，言不盡意，想蒙深察。雨後漸涼，山中氣當已寒，伏惟道體安隱。後書八月廿二日，弟子孟頫和南拜覆，中峯大和上尊者，尊前末有文彭白文半印。

又《紛紛塵事帖》 淡黄紙本，行草書，十七行。前有文衡山二印，紙邊下角有半鈐白文文彭之印。外封首書中峯和上老師侍者，弟子趙孟頫和南謹討。孟頫二字上蓋趙氏子昂朱文印。本帖前書孟頫和南上覆，中峰和上老師侍者，孟頫紛紛塵事中，不得以時上狀，惟極馳嚮，漸熱，伏計道體安隱。後書四月廿六日，弟子趙孟頫和南，和南中峯和上老師侍者，末有文壽承氏半鈐朱文印。

又《久不上狀帖》 白紙本，行草書，十六行。前有衡山朱文一印，外封首書和南再拜，中峯和上老師侍者，弟子趙孟頫謹討。孟頫二字上蓋趙氏子昂朱文印。本帖前書弟子趙孟頫和南再拜，中峯和上老師侍者，孟頫政以久不上狀，側聞苦瘡、痰之疾，深助耿耿。後書弟子趙孟頫和南再拜，閏月廿日。下押白文文彭之印。

又《管道昇拜別頂相帖》 淡黄紙本，行書，三十二行。書用鍾太傅法，結體精嚴，其秀潤有天成之妙。董文敏云：畫眉閏彦，甯不傳受筆訣。二語確然。或云子昂捉刀，非也。帖前有文衡山二印，外封首書和南拜覆，本師中峯大禪師法座前女弟子管氏道昇謹討。道昇二字上蓋趙、管二字朱文印。本帖前書道昇和南拜覆，本師中峯和上大禪師法座前道昇拜別頂相動，是數載瞻仰之心，日積不忘。後書六月初七日，女弟子管氏道昇和南拜覆。册後有趙孟頫、水甯、祝允明、楊循吉等題人，董文敏二跋，一小行書題於綾隔水上，云子昂書中龍象，當時與之同世者皆沾餘潤，遂成名家。况畫眉閏彦，甯不傳受筆訣，與之俱化耶。觀魏國夫人尺，一題董其昌，押朱文昌字印，一題於側末，云：文氏停雲館帖從此卷真蹟摹出，乃文敏最得意書。自右軍大令後，直按宗派，非唐人所及也。今為惠生鑒藏，墨池中一段奇事。董其昌觀因題庚午夏五望前二日，下押元宰董其昌印。二印皆白文，今觀董文敏二跋，董公為之心降矣。此册經項氏收藏，以及有黄琳美之諸印。余見趙書多矣，當以此册與獨孤定武《蘭亭十三跋》為趙書中無上奇品。至於真、楷、行、草、章、篆書，所見不下數十本，其最心賞者已録於前，而未及録者，楷書如七卷《蓮花經》，正書如《靈隱大川濟禪師塔銘》，行書如中峯《勉學賦》與張清夫書《洛神賦》，皆上等之蹟。可謂直接二王宗派者心領神會，至今言及，尤在目前。其如《遊天冠山》詩、《白雲净士》詞，亦是海内名卷，但不出北海軌範，階梯豐厚，秀逸不足。況二卷皆行書，多傷於工，故未登記。余嘗謂趙、董二公書，天資學力，可稱兼美者，然趙書多熟，遂掩天資，董書遠熟，似虧學力。若使趙書變生，董書存熟，後世入羲、獻之室者，非二公而誰。

紀事

元・虞集《道園學古録》卷一一《子昂臨洛神賦跋》 柳誠懸云：子敬《洛神賦》，人間合有數本，今世所見，唯自嬉至飛十三行耳。蔡君謨云：子敬放肆豪邁，與右軍差異，臨學之家，必謹其辨亦。松雪翁一筆全文，好事者欲考王氏父子之法，此其可觀者乎。延祐中，集從公在翰林，嘗出此賦真蹟九行見示，有阜陵題字甚謹。又三行別得之，云是賈似道購求北方者也。計其歲，應是後此書十餘年乃得之耳。

明・葉盛《水東日記》卷四 鮮于困學壙志，趙文敏公書小楷精絶，篆筆出石鼓文少師，廬陵楊公得之吴人，武昌陳士謙家藏，文敏自書。

明・何良俊《四友齋叢説》卷二七《書》 余家有松雪小楷《大洞玉經》，字如蠅頭，共四千八百九十五字，圓均遒媚，真可與黄庭並觀。余嘗呼為墨皇，每移至衡山齋中，即竟日展翫。在南京因囊中空乏，有人以重貲購去，至今時在夢寐也。

明・顧復《平生壯觀》卷四《元・趙孟頫》 千文楷書卷，大德五年五月五日書與韓定叟，後二年重題。韓性字文公諒、張雨祖銘、文璧都穆題。

季弟一卷，行書，柳貫諸元人跋。與甥張景亮行書一卷，劉宗海、潘廷玉、袁尊尼、董其昌跋。又一卷帶章草者更勝。

又 萬壽曲中行書《上仁宗皇帝前》，皇慶二年元日，應制萬壽曲後，臣孟頫圖，書臣孟頫。柯九思小楷寫排名，中楷寫詞，又長跋泰不華跋。

又 四體千文，延祐六年十一月廿三日為録事焦彦實書於松雪齋，張雨、唐棣跋。

明・王世貞《弇州山人四部稿》卷一三六《趙吴興佑聖觀記、推官聽記》《佑聖觀記》在杭州本觀，《推官聽》在湖州郡齋，俱趙吴興書，俱規摹李北海。而《聽記》稍遒勁，余至湖州，訪墨妙亭遺跡，無一存老，用此辭解饞耳。

明・孫鑛《書畫跋跋》續卷一《墨蹟》 趙松雪書《大洞玉經》。王氏跋一：趙文敏公書法妙古今，海内争效法之，以故贋書百出。信耳者多不能辨，不知文敏書從二王、李北海來而構趙體，今人從文敏書來而為今書，那得遂無辨耶。《洞玉經》是文敏合作，傳於世多矣，紛紛幾如聚訟，而真蹟乃在參知王公所。余一見篤歎，不獨快其夙慕，亦以自快隻眼。

先君有同年友周君，諱感，永嘉人。富文學，有氣節，仕止縣令。其子思友亦讀書善談論。嘉靖戊午，謁先君於金陵，攜有松雪《大洞玉經》一卷出示余，意若欲售者然，且曰：先人少學黄庭逼真，晚獲此卷，愛之，更時時臨寫。因指其標首趙松雪墨蹟五字云：此即先人筆也。又曰：此原係一幅紙，長可二丈餘，因背者欲揭之壁，無此高壁，遂中裂斷，甚可惜。亦指示余，傍有一友曰：此價幾何。周曰：聞松雪在日，每一字五分，今經二百年，宜更增。但恐勢不能耳。余時尚不甚知書，但亦覺其勻净可喜。此經字甚多，私計之，價殊不貲，度不能價，留十餘日還之。近萬曆戊子，管子安出法書數卷，内趙書《大洞玉經》，即向周氏卷也。中裂跡宛然，標首五字猶存，蓋三十年矣，感歎者久之。玩其書，覺穠媚有餘，風骨未勁，疑未是趙書。去年壬寅，復從子安子允功索觀之，則愈覺骨力少，料趙楷法不應如此。今司寇為王陽德跋趙書此經，謂右軍、北海出入結構中，則當是松雪真蹟無疑。王亦永嘉人，何松雪兩本皆落一邑中耶，安得取置案上並校之。

明・李日華《六研齋筆記》卷四 趙松雪臨王右軍《東方朔畫象贊》，跋云：右軍小楷存於代者，唯《樂毅論》、《黄庭經》及《東方畫贊》耳，余深愛此墨。本畫贊筆意清古，思齊有此，以情求之，不我靳也。乃為臨本，歸之王敬美，謂當時魏公臨以與思齊，深恐不得當，寧知今日趙蹟昂於古搨數等耶。然元美跋趙麟《黄庭經》又以為古搨有飛天仙人之致，趙雖極意，終為所形，何也。

明・郁逢慶《書畫題跋記》卷六《趙集賢行書歸來辭卷在宋楮上》 趙文敏書《歸去來辭》，南北所見，無慮數十本。或真或行，各極精好。淵明有道而隱者也，其為文辭，皆以發其沖澹幽逸之趣。文敏居宦打達中，獨能好之，其志亦可尚矣。方之晉人愛寫《洛神賦》者，不賢乎哉。此卷尤入妙循正，宜寶藏之。

至正十六年歲在丙申正月廿六日，稾城倪中書於杭城東橋寓舍。

又 予先人嗜書，所藏松雪翁遺墨頗多，亦有《歸去來辭》一卷，并淵明畫像，兵燹後無一存。手澤泯然，觀此卷良足慨歎。此卷熟視盡佳，非效孫叔敖者。

洪武辛亥孟夏吉日，錢塘陳彥博謹書。

又卷七《趙文敏行書烟江疊嶂歌》 松雪大書，見者絶少。東吴王敬之氏有此，其永寶之。正德十五年十一月十一日，李東陽書於卷末。此亦大篆書。沈石田翁見而補圖，長丈餘，水墨變幻，實公之得意筆。後書正德丁卯八十一翁沈周識。文衡山又補一圖，沉録著色，絶似大米。長二丈許，前作楷書云：正德戊辰春三月廿日，衡山文璧觀槐雨先生所藏，松雪翁書，因補此圖。後重行草，題云：嘉靖乙巳臘月重觀於玉磬山房，回首戊辰已三十八年矣，撫卷慨然，徵明。

又卷九《趙文敏真行文賦》 右晉陸士衡《文賦》，元趙文敏公子昂為其友楊仲弘所書。士衡言：二十作此賦，吴亡，因杜門績學。太康末，晉徵為郎中令，成都王兵敗被害。【略】延祐三年，仁廟超拜翰林承旨，階榮禄大夫。六年己未，得請歸老。仲弘名載，宋楊文公裔孫，等進士第，授梁州同知。七年正月，仁廟升遐時，仲弘遷寧國推官，歸杭省墓，道謁子昂，雪上書此。猶題延祐七年者，蓋英宗初嗣位，尚未改元也。明年辛酉，始號至治。越明年壬戌，子昂卒。又明年癸亥，而仲弘歿矣。子昂人品甚高，書法晉人，元初克變晚宋，詩體上接於唐者始乎公也。繼以仲弘二公名重一時，此賦晚年合作，尤為世寶。襄城伯李公，世濟忠孝，功載彝鼎，以此卷求題。余攷士衡之歿，距今千有一百五十載，而子昂、仲弘下世亦已一百又十年矣。海桑遷變匪一，然遺文賸墨，流傳至今，三君子之名，耿耿在人耳目，孰謂辭翰非不朽之事，又況立德、立功、立言之在天壤間者乎，有志者其可不自勉勗而甘同草木之泯滅乎。予重襄公請，因書梗槩以復之，攬者亦將有感斯言也。

宣德六年乙卯春正月中澣之吉，中順大夫都察院右僉都御史海虞吴訥書。

又《趙文敏小楷高上大洞玉經在宋楮上横卷》 大德九年十月八日，吴興趙孟頫書。

右趙松雪小楷《洞玉經》後題云：大德九年十月八日書。按：元成宗大德九年，歲在乙巳，公時年五十二歲。先是，公被召金書藏經，許舉能書者，自隨書畢，所舉廿餘人，皆受賜得官。執政將留公入翰苑，公力請歸。己亥改集賢直學士，行江浙等處儒學提舉，正其時所書也，但其體專宗元常，與公平時書微有不同。【略】蓋公於古人書法之佳者，無不倣學，如元魏常侍沈馥所書魏《定鼎碑》，亦常倣之，謂其得鍾法可愛，則其於元常固惓惓矣。至其晚年，乃專法二王，自右軍黄庭子敬十三行之外，不雜他人一筆，所以深造自得，為一代書學之祖也。嘉禾子京項君以重價購得此卷，持來求跋，遂為書此，然予又嘗見翰林孔目何君元朗所藏一卷，乃金陵王南原舊物，字小如黍，紙高五寸餘，精妙不可言，今已歸之天府，不可得而見矣。【略】萬曆三年四月十一日，茂苑文嘉書於歸來堂。

明・汪砢玉《珊瑚網》卷八《趙承旨臨禊帖》 唐人臨模禊帖，非必規矩點畫間，而意度獨至子昂，此卷近之。師道題。子昂臨《蘭亭帖》而師道著題於上，可謂二美矣。雪澗翁宜善藏之，不肖復何言。趙孟頫題。余見子昂臨《臨河序》，何翅數百本，無一字不咄咄偪真。如郢人運斤成風，庖丁奏刀，批卻導窾，因其固然。如輪扁老於斲，如大馬摇鈎不失毫芒，得之心，應之手，在夫熟之而已。此本經師道子後鑒定，增價十倍。錢唐仇遠跋。

又 趙文敏小楷《麻姑壇子》，仲穆書《讀書城南》，又司馬温公《勸學》三帖卷。水晶宫松雪齋道人趙孟頫書，後二欵趙雍書。今年四月十九日，余自華亭過松陵之甫里田舍，天氣驟然，因留度夏。鄰有張君德常、德機賢伯仲，伯子多蓄名跡，而希會面，名跡亦罕以示人，幽居默然，如潛逃而已。乃子元度亦不肯相過，招邀數次不過，黽勉一來。六月十六日旱久而雨，一雨浹旬，茅屋上漏下濕，獨坐惟有悲嘆。因寄二君詩曰：積雨不為休，漂摇使人愁。哀吟四壁静，病卧百蟲秋。何人肯相念，載酒一銷憂。幸有兩張叟，清詩遠見酬。余六月末病臂瘡足痛，呻吟幾及旬，故云。七月四日，雨止風静，雲翳開朗，泥潦尚没足，忽叔子來訪，元度踵武亦至，攜榮禄此卷及其子趙雍遺墨，以怡悦老眼。濯甕牖之凉颸，臨碧江之激湍，相與玩詠不已。因自念老景侵尋，親朋淪落殆盡，雖近在跬步，如張君伯仲父子，尚不得數數晨夕，況二趙星宿光芒，昭回霄漢，夢寐亦所不覩，安得不見其遺蹟而為喜忭哉。遂記其後，以寫余之憤憤者焉。歲次己酉，倪瓚。詩後改四句：開門望原野，江湖渀瀁流。誰能載美酒，相從以銷憂。

經》，半是行草，其人攜去，真贋不暇辨也。此卷疑是晚年所書，得心應手，非淺學可以仿佛。予何幸，獲觀於檇李汪長公家，惜歸迫不能手録此經，潛心筆法，聊題數語，以志鴻泥之感。萬歷乙未秋杪，吴下杜大中書。

又卷九《榮禄簡覺軒路教諸蹟》　右趙榮禄與覺軒先生手簡共六帋，有以知交誼之深，家世之舊也。先生學行純正，為宋瑯琊王字仲寶之。後仕至蘭溪州判官。今獲觀於其孫光大之彜齊，老成典型，不可復見矣。尚賴翰墨文章，有以見其風流哉。至正二十年，歲在庚子二月望日，倪瓚謹題。

余聞荆溪有覺軒王先生，繇文學起家至蘭溪判官，生晚不及識聞之。四十年，見其孫光大出松雪與先生手筆，凡六帋，内謂樓居仙人眺入極而自得者，真可企仰。光大乞書楮尾，於是乎書。至正乙巳冬十月二十有四日，會稽抱遺叟楊楨。在卷素齋試沈先生樂墨。

義興舊閥之家，得松雪翁者，元初唯王氏、嶽氏兩家而已。治生唐門，幼學之時，尚多見之。到今五十年來，訖無片紙存者。而嶽氏之後，蓋亦寂寥無聞焉。今觀彜齊所藏六帖，皆翁與其先大父往還書，紙墨尚新，則知王氏子孫之賢，視它族所守，厥有間哉。因感而識之。壬戌歲九月二十又二日為立冬日，馬治。

又《趙子昂書陶詩》　陸宅之文楊眉菴、徐武功跋。古者書至，凡嘉言善行，聞見必録，故經傳皆曰志莫非修齊平治，不徒夸多識，資譚柄，是尚其不經者。若齊諧志怪之類，反以資惑，聖人無取，後世無傳焉。魏晉而下，其膾炙人口如《世説》者，亦純駁相半，務博者多資之，然去經傳遠矣。近世惟宋代特盛，客譚筆録，何啻數百家。若近思、典刑、敦論諸録，雖未敢儕諸經傳，然敦倫美俗，亦足為風化助。彼《夷堅》、《酉陽》，無稽浮誕適足蠱愚導姦，則又甚於齊諧者。以是觀之，志録可苟作乎。宗人景周博學好古，聞善必録，皆使言者自書其事，大率皆當代賢士大夫嘉言善行，將以為循省資志，亦善矣。然善可法、惡可戒與否，則在客之見與景周之自擇至正甲辰立夏日，雲間陸君仁在千山環翠樓書。

松江陸蒙者，家富而好禮，收蓄古書畫彜器甚多，一時名人無不獲交。有友聞録者，楊廉夫、陸宅之皆為之序，余亦嘗書數詩與之。蒙既死，家破於兵，此文流傳竟歸於余，前松雪書亦其家故物，因合作一軸，異時當訪其子孫有識者還之。時洪武四年七月十一日，吴門楊基孟載記。

趙魏公書於規矩之中，自有神仙蜕骨風度，楊鐵崖狂怪不經，而步履自高。陸宅之學，藏真而自出機局。三公雖高下不同，然皆能以其文章翰墨豪於一時。陸景同不知何人，乃能筆而得之，流落之餘，復為吾鄉楊先生所輯。觀其題識，宛然忠厚可掬，皆足重也。元聖高士寶此卷數年矣，間出相示，因評數語如右。東海徐有貞。武功崇禎癸未重九日，寒山趙子惠來吾，禾訪女史黄皆令，攜其先凡夫所遺物，欲售余，因得觀此卷並衡山手録《甫田全集》、李北海墨蹟、宋元人畫及古澄泥研，作陰陽對扇開合，宋倣白玉飛鸞，楊萱彩描漆囊魚耳、宣罏種種。又子惠近作云：盛夏非關逼，歲除凱風，偏不借吹噓，抽毫那有生花筆。展卷寧無蠹字魚，裝束有懷人杳渺。榮枯不定任親疎，斷雲孤月魂無倚，荏苒年華獨掩居。欵題扶風馬昭，從夫姓也。詩與字不下其先陸卿子，至寫生逼真，其母氏文淑也。惜不免去婦嘆耳。噫，佳人薄命，自古為然矣。

明・張丑《清河書畫舫》卷一〇下《趙榮禄小楷過秦論真蹟》　至元辛卯秋民瞻自江左來謁選，時時相過慰。余寂寥風雨中，持黄素四幅求作小楷，適案上有賈生《過秦論》三篇，乃為書之。八月晦日，集賢濫直趙孟頫書。

又　吴興公為民瞻書此卷時年三十八，惜伯機諸公不及見其暮年書矣。後公卒之五十日，與民瞻同在吴郡載玩之餘，不覺悵惘。至治壬戌八月四日，蜀郡虞集書。

又　元貞乙未，予游句曲，見梁中砥藏松雪翁黄素小楷五千文，蓋翁居集賢時所書。予今三十餘年又得見民瞻公《過秦論》三篇，皆一時妙筆，後人罕及之者。憶翁是年秋序余拙稾及為書篆翠寒齋扁，惜不獲。小楷一紙，為家寶翼之。攜此卷見示，令人慨然有不足之嘆。廣平宋无。

又《隴西李瓚敬觀於泰宇書房》　此卷余舊得之石民瞻，元度見而愛之，輒以相贈。其結體妍麗，用筆遒勁，真無愧隋唐間人。至正二年壬午歲九月望日，元度自錢塘暫還山中，笈以自隨，因得重觀。是日潘子素同在密庸齋展玩久之。勾吴倪瓚題。

又《文徵仲跋趙松雪四帖》　子昂快雪時晴四大字，乃是題張伯雨

《臨右軍帖》者，後有徐幼文畫亦佳。子昂行書韓昌黎《送孟東野序》、柳柳州《梓人傳》，共一卷，亦藏太原王氏。文休承極稱賞之。

又《趙松雪臨洛神賦跋》 余臨王獻之《洛神賦》凡數百本，間有得意處，亦自寶之。顧善夫，余亦愛友，其家所藏者皆得意筆也。揚州何進士每以高價求予書，可謂好事者，遂書此賦一通贈之。至治二年秋，孟子昂記。

清·孫岳頒等《佩文齋書畫譜》卷七九《歷代名人書跋一〇·元趙孟頫七觀帖》 右七觀帖，元袁文清公所作，以贈程文憲公致仕南歸而趙文敏公之所書也。余家有公小楷帖，如黄庭樂毅，皆臨古文書，獨此帖出公自然之趣，惜紙墨未甚佳耳。此刻今在四明，余得之陳孟顒秀才。

又 余多得七觀帖，獨此本紙墨差勝彭百鍊浙東還所惠者。

又 程文憲之歸袁文清之文，趙文敏之書，皆所謂得意者也，而具於斯盛哉。所惜當時刻手不及耳。余所得者獨此本差明白，蓋鄞士吳友麟所惠者。

又《元趙孟頫書龍門三自省偈》 隨僧智永字畫精妙，嘗寫真草千文八百本，散於江東諸寺，其意蓋為書者設耳。近世吳興趙公亦以字畫名世，其寫《龍門三自省偈》，自謂無慮數十百本，且曰頓一切見聞，悉皆成佛，此豈專為學書者設邪。二公一儒一墨，所見不同如此，必有能辨之者。

又《元趙孟頫書歐陽氏八法》 近世錢唐金氏一之以善為歐書得名，暨趙魏公出，學者爭慕效焉，歐學遂廢，而不知公之教子實用其八法，賴此帖故存本末源流，尚可考也。雖然，梓匠輪輿能與人以規矩，不能使人巧，父子不傳之妙，必有出於此帖之外者矣。臨學之家，宜深造而自得焉。

又《元趙孟頫書歸去來辭》 趙吳興書《歸去來辭》極多，獨此為第一本，妙在藏鋒，不但取態，往往筆盡意不盡，與余所寶《枯樹賦》結法相甲乙。余平生見蘇長公鮮于伯機及公書此辭不少，然見輒愧之。自巳卯冬決筴不出，明年棄家作道民，稍堪一舒卷然。陶公好酒乏酒資，余好酒酒資頗不乏，而年來厭謝杯勺，以此竟輸公一籌。人間世貴人，嗜書畫若渴，獨此辭亦見諱得免，近始屬吾弟敬美。敬美倦遊且歸矣，歸則遠出吾上，再能作趙公書，步陶公辭，第畏酒一籌，亦恐不免輸却，因戲題於後。

又《元趙孟頫書滕王閣記》 右趙孟頫書《滕王閣記》，刻板不知何在，此本永樂十三年七月廿五日臣士奇侍文華殿所被賜者也。筆意精妙絕倫，後得孟頫書此記，墨蹟參較之，乃不及此遠甚，其亦得善刻者之助乎。簽題當時睿翰所書，謹識而珍藏之。

又《元趙孟頫書招隱卷》 右趙魏公所書《招隱士》一篇，公自大德三年八月改集賢直學士，行江浙等處儒學提舉，至七年十月，已閱五載，而公年亦五十矣。鄉先生方君壽甫從其父巖南翁游杭提舉官署，時寓於杭府，故先生得見公而請書此卷葉。卷左有翰林待制柳公、長薌山山長吳公題識，二公皆濂所嘗師事者。九泉不可作矣，披玩數四，不覺淚落紙上。

又《元趙孟頫書玄妙觀重修三門記》 越石於天啟之元，得文敏所書《殿記》於清溪曹起華家，展至後段，覺語脈齟齬，深以為惑。後三年，又得《三門記》於五茸何氏，閲之乃悟其首尾互裝，向非越石嗜古，徇奇遇，即妝之，則延津之合難矣。文敏此書，有太和之朗，而無其佻，有季海之重，而無其鈍，不用平原面目，而含其精神，天下趙碑第一也。不易得，不易得。

又《元趙孟頫書玉樞經》 《玉樞經》稱雷聲，普化天尊法語，是杜光庭輩擬撰耳。趙文敏好為人書佛經，又奉敕繕寫幾滿藏。至道經獨有《黄庭》、《常清净》、《洞玉》諸經。《洞玉》余所見兩本，其一屬何元朗内翰，一屬王陽德大參，皆神品也。此經稱道子弟後撰轉奉某為人削去，以供養禮誦故尚作摺，近始裝池成卷，而世亦未有識之者。休承謂小變孟法師體，恐亦未是，大要李北海出入耳。【略】當與余柳河東禊詩同識賞。

又《元趙孟頫書圓覺經後》 余於錫山道中，華生出此卷見示，乃宋紙紙絕佳者。獨訝其結法之圓熟，而波發過媚，運腕少弱，擬於吳興，猶在疑似之際，再為華所强，漫爾署題。别後忽忽記得，曾見此跋於吳興木夲，蓋書於行書圓覺之後，為管夫人營福於中峰禪師。而中峰為梓之，仍手跋法語於後。偶遇張仲玉，道其事，仲玉色沮，謂一飛鳧偶得吳興與中峰一札，言送經事，蓋真蹟也。因乞仲玉作此小楷贋本而書本夲之跋。質直吳氏子，得五十金而去，余因失笑。老年鑒賞，破敗若此，而王百穀尤甚，然吳興本夲更自廓落無奇，真龍似龍，何常之有。所歎者末俗之狡獪而已。

又《元趙孟頫書度人經》 昔唐人好寫道、釋家書，以其書流俗之所恭事字畫，或託之以傳。今趙文敏公則不然，蓋因其嬪魏國夫人管道昇仲姬之薨，書《度人上品經》，以資冥福耳。然到家諸書，多寇謙之、吳筠、杜光庭，王欽若之徒所撰，文多鄙俚，獨《度人經》號為雅馴，唐《藝文志》頗著其目。公豈以其真可以度人邪，公自承旨翰林，以延祐乙未五月謁告南歸，舟次臨清鎮，而夫人薨。明年庚申，公為書是經，年已六十七。越二年，當至治壬戌六月辛巳，而公亦薨矣。觀其天機逸發，出入右軍大令間，寔為晚年妙筆。區區小夫，唯見公蚤歲書，概以插花美女為病，使其覩此，必將吐舌而走矣。

又《元趙孟頫書道德經》 趙魏公書此卷，年始四十，故筆力極妙極精，有未易形容者。時自集賢出佐濟南已閱十八月矣，其謂士弘學士即李章肅公偘，自號負嶠居士，性最愛到家言，故求公寫老子而藏之爾。

世好趙書女，取其媚也。責以古服勁裝，可乎。蓋帝胄王孫，裘馬輕纖，足稱其人矣。他書率然，而《道德經》為尤媚，然可以為槁澀頑麁，如世所稱枯柴蒸餅者之藥。

又《元趙孟頫書靈寶經》 承旨公作小楷，著紙如飛，每謂歐、褚而下不足論。此經尾題距下世纔兩月，痛當作慟。

又《元趙孟頫書中峰老人行道歌後》 中峰老人《行道歌》真得游戲三昧。松雪居士為老人入室上足，每得法語。輒不憚傳寫，所謂人間合有數百本，此其一也。余嘗見其《大洞玉經》墨跡於浙東一薦紳家，與此結構正同，不必置雌黃也。

清・張照等《石渠寶笈》卷三《元趙孟頫書麻姑仙壇記一冊》 董其昌跋云：文敏小楷，余所收有《內景》、《黃庭經》、《過秦論》三篇，所見王奉常家藏《法華經》、項太學家《汲大夫傳》，今又見此卷，觀止矣。其昌。

又卷一三《元趙孟頫跋定武蘭亭一卷》 錢惟善題云：萬金難購蘭亭帖，定武刻本妙逼真。區區模擬何足數，獨稱貞觀四名臣。錢惟善重題。

又 孫大雅記云：霜融日暄，觀於上竺道室，老眼為之增明。同席者豫章周棹、長安雒英。嘉平日，江陰孫大雅書。

又 僧弘道云：蘭亭墨帖，莫過定武本，得者宜寶之。吳沙門弘道。

又 董其昌跋云：此吳松戴氏所藏，四十年前曾得寓目。萬曆丁巳九月五日，重觀於會稽山陰朱明臣之息柯軒。董其昌識。

又《元趙孟頫書歸去來詞一卷》 李升隸書跋云：松雪翁極喜書此詞，流傳世間，何啻數百本。余家亦有數卷，此特其尤者，輟以贈拙公。豪梁李升子雲識。

又 僧景瞻跋云：苕下溪山天下奇，文章國器斗南稀。官高一品不為貴，德邁二疏尤見幾。談塵可同埋玉樹，草綸常想在鼇扉。知君會盡無生理，寶帶何須換衲衣。愚作挽松雪翁詩數日，忽覩書《歸去來》篇真叔世墨寶也。展卷之餘，豈勝哀感，因書以此紀歲月云。天曆二年臘月，景瞻。

又僧正印題識云：鐵畫銀鉤法二王，平生好寫晉文章。斷絃喜有鸞膠續，跨竈衝樓穆與光。元統甲戌夏，獲觀松雪老人書淵明《歸去來詞》於鄞，並無及法兄挽詩，敬成一絕，少伸追慕之意。玉兒松月翁。

又 又跋語云：宋社既屋，松雪翁迺仕於元。平日復愛書晉徵士陶潛《歸去來詞》，以傳於世。或議翁與潛意果合歟，否耶，噫，是奚足以知翁也哉。昔殷之微子識天命有歸，乃負祭器奔周，卒受封以存殷祀，然則翁之書是詞也，又奚愧焉。款署松林澹居叟至仁。

又 僧自厚題云：趙公筆法稱獨步，陶令文章不厭聽。此卷祇宜天上有，莫嗔蕭翼賺蘭亭。湖隱老衲自厚。

又 聶大年跋云：松雪翁書《歸去來》，余見亦多矣，此幅尤清絕可愛。錫山華君以章好古博雅，寶此有年，間以示余，余為之把玩，不能釋手，為題其後而歸之。若近時王孫不返迷途之說，則豈如松雪者，因併及之。正統戊辰夏四月朔，臨川聶大年謹書。

又 張九方跋云：余友華君以章得松雪翁所書柴桑《歸去來詞》一幅，裝潢成卷，愛之重之，甚於拱璧，錦衾十襲，櫝而貯之，加以鐍鑰，置諸净室，俾謹密荅頭典守，非親信道義之交，罕得覩也。暮年以歸其表姪鄒永章氏，且囑之曰：此筆山陰蘭亭之偶，非晉唐諸名家可及，宜謹獲持，勿為他人所賺也。大抵永章家藏法書甚夥，尤注意此卷，蓋有所受而寶愛之也。於戲，物有所遇，則貴失其所遇，則賤使良驥，不遇伯樂，則斃於監車之輈，焦桐不遇伯喈，則化為爨下之灰。斯卷苟不遇以章、永章相繼收藏寶愛，安知其不與殘書獘卷為伍，而委諸網蟲塵篋，而就腐毀耶。感慨之餘，姑贅於卷末以歸之。時成化丁酉八月初吉，月林張九方識。

又卷三〇《元趙孟頫書小學一卷》 錢虞山跋云：文敏公一生苦心學書，得右軍之正傳，行書又在大令北海之間，至於細楷，薄海內外窮搜不可得。此卷成宗時書以進呈者，字數約有三萬，而小大勻圓則一，誠希世之寶也。所可惜者，內府密儲之物，尚有時流落於人間，安知千百年後，此卷更屬何人，凡吾子孫，當以余言為鑑也，宜寶惜之。時天啓丙寅三月六日，虞山識。

又 邵彌跋云：松雪老人細楷，世不多見，況累數千言絶無魯魚亥豕之誤，城至寶也。獨於中為後人失去九十六字，深可惜哉。一日在牧師耦耕堂中出卷索補，彌且縮手固辭，以老師言之再四，莫敢相違，敬填之。時崇禎戊寅秋八月，門人邵彌並識。

又《元趙孟頫書朱子感興詩一卷》 陳淳跋云：趙文敏公書妙絶古今，片紙隻字，重如金玉，況此鉅卷，尤為罕見。余嘗藏公所書《道德經》小楷一卷，文賦一卷，今皆散失，若併得之，可相伯仲。洛川其用心求購，吾將快覩焉。嘉靖癸卯仲冬望後，白陽山人陳道復。

清·錢泳《履園叢話》卷一〇《收藏·元》 趙榮禄書《壽春堂記》大楷書，是絹本屏幅剪裝巨册者。嘉慶元年，余客兩浙轉運使幕中，雲間陳古華太守攜以見示。同海豐張穆菴都轉，烏程陳無軒學博披覽一過。後阮雲臺先生嘗刻石武林。

又 二贊，二圖詩卷，凡二百三十二字，後有卞華伯、王弇州、董思白、陳眉公、文湛持五跋。思翁謂是卷學顏魯公《送蔡明遠叙》，兼米海嶽用筆，迥異平日之作，洵至論也。向藏畢秋帆尚書家，余嘗鈎刻入經訓堂帖。嘉慶己巳，偶遊京師，知為劉文清得之，今又為煦齋相國所有矣。

又 小楷《過秦論》三篇，刻於戲鴻堂帖者，惟一篇耳。嘉慶乙亥，婺源齋梅麓員外宰吾邑，偶談此卷，云：真蹟在其同鄉董小椿編修處。越數年，果得之。既而董又取去，且云：五年後當惠贈也。梅麓賦詩云：鷗波妙墨世原稀，況復香光論入微。趙璧竟從千里去，吴鈎今許五年歸。米顛豪奪真無賴，季布盟言豈有違。寄語山靈好呵護，莫教化作朵雲飛。他日此卷竟來，余當為員外一並上石，以與戲鴻滋蕙雨刻抗衡，亦快事也。

又《洛神賦》，松雪平生臨本最多，相傳松雪曾見過王子敬墨蹟者。余曩在京師，見司馬達甫中翰家一本，紙墨如新，今為孫制府平叔氏所藏。粤東吴荷屋方伯亦有一本，惜前缺數行，乞詒晉主人補書之。其餘如梁蕉林所藏刻入秋碧堂者，尚是真蹟，至經訓堂帖所刻楷書本則僞矣。而學者甚多有翻刻盛行於世，異哉。

又《頭陀寺碑》文，吴門蔣氏所藏，余於己卯三月在斌笠耕觀察舟中見之，用筆在《洛神》、《枯樹》之間，可寶也。

又 臨褚河南《枯樹賦》卷，白宋箋本，長洲宋小巖編修所藏，後歸畢秋帆先生有。趙孟淳、白珽、陳深、龔璛、周天球、黄姬水、彭年、文嘉、王世貞、文伯仁、黎民諸題，最後有太僕寺印及撫治、鄖陽等處關訪，是明時王敬美家舊物。

又 快雪時晴四大字，乃是題張伯雨《臨右軍帖》前者，後有徐幼文山水一幅，今藏查小山比部家。

又 嘉靖己未春，余在京師，過質郡王府，見松雪畫陶靖節像，闊袖幅斤，手攜一杖，翩翩欲仙，上書《歸去來詞》小楷十二行，真妙筆也。郡王薨後，世子尚幼，惜不能再見矣。

又 孫平叔制府家有松雪小楷《歸去來詞》，是畢氏廣堪齋舊物。余嘗模入《集珍帖》中，審其用筆，當為中年之作。

又 松雪所題《蘭亭十三跋》，墨蹟並定武《蘭亭》，余嘗於吴杜邨太史家見之，所謂獨孤長老本是也。尚有吴傳朋、錢舜舉及柯九思二跋，為商邱陳望之中丞所藏。後德清談套華觀察得之，談没後被火，圖籍俱失，惟此卷尚存數字，今在英相國家。

清·李佐賢《書畫鑑影》卷四《卷類·元·趙文敏千文卷》 舊藏趙文敏四體千文帖，其中隸書方折而具圓博之勢，嚴整而寓流動之機，饒有《六朝碑》版神致。與此卷筆意絲毫不爽，故知此為真蹟無疑。攷王弇州《書畫跋》，載有文敏篆書千文卷，其畧云：此書精整有意，絹素用織成烏絲闌，是南渡修內司物。此絹亦屬織成烏絲，當與篆書者為同時所作。非但書法不能僞託，即此絹亦非近代所有也。想此老愛書千文，既有合書四體者，即有各書一體者。余昔在都肆，曾見其行書千文卷，力不能致，每以為憾，乃失於彼，而得於此，亦足以償夙願矣。咸豐戊午清和月，題於宣武城南之海藏廬。竹朋、李佐賢。

翁覃谿謂松雪翁書多押趙氏子印印，其印之上邊有微凹，其僞者邊直而無凹，執此辨真贋，百不失一。此印與其説恰合。卷後鑒賞印不盡佳，或有以此疑僞者，但市儈欺人，往往真蹟而增假跋，僞品而裝真跋，則真卷假印，亦情所或有。余細審焦林、棠村二印極佳，其經真定梁相國鑒定，固無可疑。餘印即有僞作，亦不得因此疑全卷之僞也。竹朋重閱。又題。

清・郭尚先《芳堅館題跋》卷三《趙松雪法華經》 右松雪書《法華經》殘本，先持至余處，議直不諧，乃為某公得之。李春湖侍即為之上石，摹勒亦佳，然真跡墨光炯炯，如欲射人眸子，非雙鈎所能傳也。

清・方濬頤《夢園書畫録》卷五《元趙文敏臨黃庭經真蹟卷》 尋常於石刻見松雪書，其搨手工拙，相去已自不侔。琴山同年太守出所藏松雪書《黃庭經》真蹟，神采奕奕，直入山陰之室，去石刻殆不可以道里計。謹識數語歸之。武陟毛樹棠。

又 澹然無欲，翛然無為，心手相忘，縱意所之。如太虛之靈，大江之波，悠悠然而來，浩浩然而逝，不知書之為我，我之為書，而自然高古，閒暇恣睢徜徉。鮮于太常論公書，一日萬字，落筆如風雨，此其所以神也。琴山太守既示我以六翰札真行，玆又得縱觀《黃庭》、《道德》小楷二卷，潛神玩繹一過，不可名言。惜乎旆從將啟，無緣久味斯旨，不啻夢華胥之遊，聆鈞天之樂，慨然歎息而已。時丙午仲夏，潤堂李廷鈺識於茗桂堂。

又 養叔治射，庖丁治牛，僚之於丸，秋之於奕，亦曰熟而已矣。松雪能日書萬字，其熟可知。近年見其真蹟，如《華佗中藏經》、《修行賦》、《道德經》，並皆佳妙。而此卷尤覺百鍊剛化為繞指柔，令人觀之便動。臨池之興，安得明窗净几，萬事屏除，如東坡所謂筆禿千管，墨磨萬錠也。儷荃郎官年四兄大人屬題即正。遂江熊景星。

又 松雪臨《黃庭》，曾見一本，後有吴文定、董文敏諸跋，不署年月，未知與此本孰為後先，豈松雪喜臨此經，人間合有數本耶。至其運筆精熟，起伏轉折，動合矩度，蓋從心不踰後也。春和景明，偕盧簡侯比部鼓楫渡江過聽香樓讀書，儷荃姻丈出此見示，因志數語。陳其錕記。

又 逸少《黃庭》搨本，無慮數百種。鷗波此臨，殆北宋之最善者，故姿態橫溢，丰度嫣然，與《絛同契》同一機軸，猶是水晶宮中年筆也。卷為何仙槎尚書所藏，不解因何落琴山太守手。今又歸聽薌樓收藏，十載之間，三易其主，亦可慨矣。趙書行草流傳尚多，而小楷致為難得。儷荃四兄好古善鑒，其慎之。羅天池題於寂惺齋。

又 客冬筠清齋，擕售北宋搨本《黃庭》。據詹鳳顯跋，謂有松雪臨本合裝，今趙跡已失，而帖亦缺十餘行。又往見金陵蔡氏藏松雪書《黃庭・內外景經》一卷，前缺數行，文徵仲舍人以硃書補之，可知《黃庭》為松雪素習之書，亦往跡難聚易散之徵也。性湖重閱附識。

又 此文敏真跡，乃年五十有九所書。用筆如龍飛鳳舞，深得《黃庭》真三昧正未，可以一熟盡之。儷荃老棣所藏趙書數種，各皆精妙，應亦無逾於此。寶之。道光己酉冬大寒日，潘仕成記。

又 道光庚戌三月，東侯盧福普拜觀。

又 流傳改為環，寶而今改為揭來，落墨後始知有複字，易之附注於後。午刻再書時，油雲布空，頗有雨勢，蓋嶺南不雨已四月餘矣。寶米齋主人誌。

清・端方《壬寅消夏録》卷八《趙文敏書膽巴帝師碑墨跡卷》 吴興書此碑年已六十又三，去卒時衹七年，猶綽約饒風致，而神力老健，如挽強者，矯矯然令人見之氣增一倍。

又 道光二十有三年，歲次癸卯七月大暑後十日，姚元之拜觀。

又 戊午己未，閒客許文恪京邸，即知有《膽巴碑》，屢乞觀，文恪靳之，今歸屺懷世仁兄，始得展讀，筆筆出力而仍筆筆風趣，如鳳皇展翅，光彩溢目，書畫舫評為趙書第一，良然。乙酉二月廿七日，楊峴題。

又 唐李北海寫碑版最多，後唯趙文敏足以繼之。文敏晚年寸大字規橅北海，點畫顧盼，遂無一筆失度，不止優孟虎賁而已。此書《膽巴碑》，故其遒美，純用本家自運之筆，王弇州所謂有太和之朗而無其佻者也。光緒甲申嘉平小除日，李鴻裔題。

又 咸豐乙卯丙辰閒，文廟好松雪書，於是供奉諸臣皆學趙體。其時同直者沈文忠師、徐仁山師、單地山侍讀、彭子嘉編修共五人，蒙發下松雪卷冊二百餘，命諸臣鑒定，今懋勤殿有舊檔可稽也。任山師收藏鑒別尤精，此卷即其所藏，蔭當於澄懷園之池南老屋見之。池南，師所居也，今諸公墓木拱矣，任山師秘笈亦復散出，為屺懷屬題世兄所得，出示為之惘惘。潘祖蔭識。

又 真定原石久逸，錢潛研所据，乃法帖本，孫伯淵著之《訪碑録》，即據錢本也。是本未集賢真跡，彌可寶貴。以錢跋證之，一一符合。惟元貞九年為梵書云云。此作元年。案：元貞無九年，則作元者是帝師八思巴。錢氏歷舉譯文之異，而仁宗紀作帕合斯巴，《元典章》作八四馬，錢未及舉。

寶則譯者有徐言疾言之別，猶俺八孩或作咸補海，罕札拉臺亦作札剌而帶耳。碑立於仁宗延祐三年，所稱皇伯晉王則顯宗也。顯宗傳云：密尚浮屠，每歲作佛事，耗財無算，與碑之受戒法足相證明。屺懷道兄出眎此卷，為識數語歸之。光緒乙酉相月，長洲王頌蔚。

又 自徐鉉以後，歷宋、元、明三朝，能篆書者，止趙吴興一人，即此額可見。嘉定錢詹事言，曾見吴興篆書《大道詞》石刻。儀真阮文達言，曾見內府收藏吴興大字篆書真跡。可為吴興善篆左證。特當時為行楷所掩，後世藏家又多不解篆書，無稱者耳。據此知吴興篆書亦數數為之。

自宋刻唐摹諸晉僞帖起，後賢相承，以函札字體入碑版，數百年不變，唐法盡失。趙、董為兩袋宗工，能轉移風氣，然所作碑版，仍函札書也。凡函札書最貴墨本，其字裏行間，波折起伏，濃淡之際，具有墨采流露，猶文字所謂筆妙，非木石刻本所能傳，故論趙、董書者，求之刻帖中，相去則萬里矣。光緒十一年從江陰師許獲觀屺懷先生所藏此卷，附記於後。懿榮。

又 膽巴即丹巴，譯者之轉也。今哲卜尊丹巴實總漠北黄教，仍世呼畢勒罕，皆襲其名。屺懷郎中出示趙書《膽巴碑》，屬題數字。

著録

清·錢泳《履園叢話》卷一〇《收藏·元》《元妙觀重修三門記》，烏絲方格，字大逕寸。前有篆書八大字，作四行，本文計六十三行，每行八字。有董思白、李日華兩跋，錢塘梁文莊公家藏物也。嘉慶元年二月，余謁山舟先生，始觀此卷。曲阜孔氏既刻鑒真帖，而長白㫋齋相國見而愛之，因介余往錢塘雙鈎，又收入松雪齋帖。

雜録

明·郁逢慶《續書畫題跋記》卷七《趙松雪書洛神賦卷》 魏國趙文敏公書此《洛神賦》，當是大德之時，後之學書者，能闖其藩籬者，蓋亦鮮矣，況堂奥哉。君羽其寶之，後學危素燕城清净軒題。

明·張丑《清河書畫舫》卷一〇下《小楷尚書·洪範並圖》 右趙文敏公書《尚書·洪範》並畫箕子、武王授受之意為圖畫。既古雅而小楷精絶，殆無遺恨，但無歲月可考。嘗見公所書《莊子·馬蹄篇》，乃初被召為兵部郎中時書，其筆法與此正同，疑此亦當時之作。維公以宋之公族仕於維新之朝，議者每一位恨。然武王伐紂，箕子為至親，既受其封，而復授之以道，千載之下，不以為非，然則公獨不得引以自蓋乎。公素精《尚書》，嘗為之集注，今皆不書，而獨書此篇，不可謂無意也。因崦西徐公出示，為著此語，以備折衷，不知公以為何如。嘉靖乙未八月，文徵明書。

又《文徵明跋家藏趙魏公二體千文》 右中國二體千文，後有跋語而無名氏，驗印章為方公孝孺。永樂初禁藏其書，故當時人刮去名字以避禍耳。最後則高公遜志。二公皆題為葉夷仲所藏，夷仲，臨海人，名見泰。博學善草書，仕國朝，為刑部主事。此書或疑其筆弱，予殆亦以為然，而出規入矩，有非餘人所能。舒卷數日，見其波發轉摺，皆倣智永，因取永石本比觀，了無差別，遂定為臨永書。按：柳文肅稱公蚤年喜臨智永千文，與之俱化，入朝後乃成家，不區區泥古，而無一毫窘束之意。此帖正少時書也，宋中書謂中年筆，恐未必然。《甫田集》。

又《文徵仲跋趙松雪四帖》 右魏公四帖中一帖，與鮮于太常有南來會晤之語，蓋至元丁亥為兵部郎中，奉使還家時所發。是歲公年三十有三。常聞故老云：公早年學思陵書，及入仕後，與鮮于公往還，始專二王。此帖殆初學晉人時邪，若與進之三帖皆率易而作，莫不精妙，雖無歲月，要為晚年無疑。且其中有鄧善之簽浙之語，鄧公簽浙在延祐間，公時六十餘矣。觀者或疑此書如出兩手，故為詳疏其事。《甫田集》。

清·孫岳頒等《佩文齋書畫譜》卷七九《歷代名人書跋一〇·元趙孟頫書大通閣記》 仙人稱五通所不能通者，出輪廻之外耳。佛法六通，豐麗遒勁，肉骨停整。其學李北海，殆如玉環之於飛燕，雖任吹多少，而《霓裳》一曲，足掩前調。後當有題名及勝國諸公跋，惜為俗子益以松雪道人僞款及印章，汗其前後，遂成蛇足，聊為拈破，留之勿令覽者有蘭亭之訟也。

又《元趙孟頫書茅屋秋風詩》 右杜子美《茅屋秋風》詩，賀給事克恭所藏，云趙子昂書。今按：書累有俗筆，當非子昂真跡無疑。嗚呼，讀是詩者，可與興亦，書不足論也。

清·張照等《石渠寶笈》卷二一《元趙孟頫書急就章一册》 俞和跋云：此書不傳久矣，非深於書者未易語也。又《急就章》文字最奇古，得栢梁體製，尤為可寶。至元辛卯十二月廿八日，濟南周密公謹、漁陽鮮于伯機同觀於困學齋之東軒。

清·阮元《石渠隨筆》卷四《元·趙氏尺牘三帖》 趙氏尺牘三帖卷，乃松雪及妻魏國夫人、子仲穆與中峯和尚書。中峯和尚，孟頫稱曰吾師，魏國稱曰本師，仲穆稱曰師父，辭意皆極豚愨，不知何以一家皆妄此僧。若是松雪書中峯和尚《净土》詩一卷，以其詩觀之，皆游脚口頭禪，無大智慧也。魏國札云：歸心切切，度日如年。此書在戊午十月十一日。仲穆書則因魏國於五月十日卒於臨清舟中，七月到家後，謝中峯遺奠之札。松雪與人手札，大半多言鈔定者，此宋人手札所無。

又《跋七觀帖》 趙文敏書《七觀帖》在延祐四年丁巳三月，時年六十四矣。至泰定二年九月，袁清容記勒石之歲在文敏卒後三年，蓋勒石時仿前趙書也。今重刻本有嘉靖壬戌豐道生記，則泰定初刻又為難得。然以趙氏子昂及大雅印例之，則重刻之失真已可概見，而此小楷尚具有師法《黄庭》之意，信為趙楷第一石墨矣。約而論之，全仿《黄庭》，得其秀逸而不能追其遒古，又何怪乎趙臨《樂毅》，僅逐重摹之甜滑，而不知原本之淳古耶。至勤襲之勤從力，館舍之館從舍，茶然之茶從爾，則竟徇俗而失其本字，豈書家所宜出此，則不得不糾正者矣。

又《跋趙文敏飛英塔詩墨蹟》 右趙文敏《登飛英塔》詩真蹟，第五句危字，一本作扶，集作危，危字為是。飛英塔在湖州府治東北二里，飛英教寺建於唐咸通中，至宋紹興庚午塔燬，迨元延祐六年十一月始重修訖工。文敏以是年已未夏得請南歸，時年六十七。越三年，為至治二年壬戌六月，公卒，則此詩言秋日者，在庚申辛酉間六十七八歲時，為公最晚年之筆矣。

清·錢泳《履園叢話》卷一〇《收藏·元》 《汲黯傳》小楷用歐筆，爛漫千餘言，當為松雪平生傑作。惟余今年所見者已三本，俱有文衡山補書，絹紙相雜，真贋莫辨。甚矣哉，作僞之人也。

又 《天冠山》詩本廿八首，今陝刻衹有廿四首。乾隆戊申、己酉間，北平翁覃溪先生督學江西得一本，紙墨完好，後松雪自題云：道士祝丹陽示余《天冠山圖》，求賦詩，為作此廿八首。按：其時是延祐二年，松雪在京師，官集賢學士，未嘗至此山也。陝刻跋云：予昨遊天冠山。且謂山在丹陽郡，不知是山在江西貴溪，丹陽乃道士號，足證陝刻之不真。然用筆自佳，非近世人所能為之，或曰文持詔少年作也。

又 《神仙篇》五首，一張正見，二盧思道，三王融，四陳思王，五郭景純。後書大德改元三月廿六日，水精宫道人書。字如中指大，靈和峭拔，當似松雪中年得意之筆。然觀其卷中如億之作憶，娥之作蛾，阿誰作何誰，進趨作進趣，恐松雪未必至此，其為僞本無疑。今在英相國家。

又 舊聞當湖家夢廬處有松雪臨《黄庭經》卷，思之十年不得一見。道光丙戌春日，偶於梅麓員外寓齋閲之，後無年月可考，審其結體，用筆實松雪早年書。殊乏英俊之氣，有鄧善之、楊載等十六人題跋皆真。

又 《仇府君墓碑》字與《壽春堂記》相等，前篆額六行，計廿四字，內兩行為後人重補。此卷近藏笠耕少僕家，惜文中闕數行，失去仇公諱字。後有倪鉦一跋云：仇字彦中。又見虞道園書仇公墓志，始知仇名鍔也。

清·何紹基《東洲草堂文鈔》卷一一《題跋·跋趙文敏書參同契卷》 據黄宗豫跋語，則此即子昂所録副本，在茅山，蓋未經後人妄紊者矣。今以持校世閒傳本，則文字異同及前後更置處甚多。【略】因憶老友周鑑湖刺史曾校刻是書於方城，惜其未見此卷也。茅山本楊許舊迹，所藏古記必多，何年得一訪之。

清·王應奎《柳南隨筆》卷四 趙松雪書飽滿圓潤，所見石刻皆然，而吾友顧文寧士瑩所藏松雪《黄庭》墨跡，蓋臨右軍本也。用筆頗以側取，致以瘦標骨，以澁見古，與石刻迥然不同。邑中書家如馮竇伯、武。孫子逸祖詒。俱極賞之，定為松雪真本。

袁桷書蹟

綜　述

清・安岐《墨緣彙觀録》卷二《法書下・元・袁桷和一菴首坐四詩帖》 白唐紙本，行書。七行律詩四首，凡二十六行。字大五分許，書法豐潤。前書一菴首坐：久客大慈，比得會於萬壽，深湛宏博，運辱和篇，不可虛其雅意，用韻奉謝。桷和南後，書師一永嘉人，故末章及横川長老後，押袁伯長白文印、清容齋朱文印。

又《雅譚帖》 元黄紙本，行草書，十一行，字法精妙。前書：桷比者終日獲接雅譚，繼即採伺，且有假書之請。後書桷再拜。前後有沐璘廷章、牛鈴白文印。

鄧文原書蹟

論　説

明・汪砢玉《珊瑚網》卷一〇《鄧文肅公臨急就章》 天曆庚子清明日，汾亭石巖民瞻觀於武林宗陽明復齋隸古。

又 至正八年六月二十日，會稽楊維楨偕河南陸仁，同展卷於東滄挺海閣。仁嘗學章草者，以此卷入臨品之能云。

又 至正庚寅夏五月二十四日，方外張雨謂肅履齋書此，早年大合作，中歲以往，爵位日高，而書學益廢。與之交筆硯，始以余言為不妄。殆暮年章草，如隔世矣，信為學不可止如此。洪武十一年戊午歲五月，豐城余詮拜觀於東倉之甘泉里寓舍。

又 《急就篇》，漢黄門令史游作，蓋推本《倉頡》、《爰歷》、《博學》、《凡將》等篇而廣之也。今石刻相傳為吴皇象書，比顔師古所著者，無焦滅胡以下六十三字，又頗有訛脱。始東漢人以用藁法寫此章，故又號章草。此卷前元鄧文肅公所臨。公繇房山高公薦入掌制誥，出持憲節。斯乃應奉翰林時，為理仲雍所書。觀其運筆，若神蛐出海，飛翔自如。仲雍名熙，于闐人。好古博雅，為吴郡判官，建言助役法，民便之。弘農楊子掄出示求題，故並及之，洪武十二年三月清明日。後學袁華書於鰲峯精舍。

又 嘗論《急就篇》，此小學家之説，漢史游倣《凡將》為之也。末敘長安涇渭街術，後或增《齊國公》、《山陽》二章。宋歐陽修居史館日，以餘力及於是篇，取州名袠次之。然是篇去古逾遠，脱漏訛舛，不無人欲辨其失得而增補，亦徒自勞耳。漢人以藁法書之，故曰章草。此章書之祖也。近世人多尚草，真、行未始學，而先習草，如人未能立而欲走，蓋可笑也。況章草之來，作於科斗、籀篆，觀其運筆圓轉，用意深妙，烏有不通籀篆而能學者哉。苟有聰明之人，雖不通籀篆，能仿佛其形似猶可，其奈刻鵠不成者耶。自東漢以降，臻乎妙者，惟皇象、鍾繇、王右軍而已。唐宋間人臨鍾、王所書，亦不多見，欲習之者，不通籀篆，誠難乎哉。此卷巴西鄧文肅公所臨，公在元時，獨以文章名世，而又以能書名世，號稱三大家，公與焉。觀公運筆用意，甚合古人之妙，此卷實稀世之寶也。亮上人出示乞余題，余故以草書之難習，併録於卷末，非但以警於人，而有自警也。洪武二十七年蒼龍甲戌秋七月，獨菴道衍寫。

綜　述

明・顧復《平生壯觀》卷四《元・鄧文原》 《急就章》，大德三年三月十日，為理仲雍書於大都慶壽寺僧房。仲雍名熙，于闐人。袁子英云：章草甚佳。石岩隸書，楊維楨、陸仁同展卷跋，張雨、余詮、袁華、道衍、陳謙跋。

清・安岐《墨緣彙觀録》卷二《法書下・元・鄧文原清居院記卷》 白宋紙本，烏絲隔欄，正書，大寸許，凡六十四行。書法李北海，前書《清居院記》，後銜款書延祐五年三月既望，翰林待制承直郎兼國史院編修官鄧文原記並書。下押學而未能白文印。卷經項氏收藏。原跡延祐五年之年字，誤寫月字。

清・吴升《大觀録》卷九上《元賢法書・鄧文肅公書懷友詩卷》 此卷牙色紙本，字徑寸大，勢極豪放，運筆結體洵與王、李合法也。公別卷書《急就章》，仍帶章草法。袁子英謂若神虬出海，飛翔自如。知言哉。

范梈書蹟

論説

清・孫岳頒等《佩文齋書畫譜》卷七九《歷代名人書跋一〇・元范梈墨蹟》 昔人稱道兩美，於其人則曰風塵物表，於其文則曰不食煙火語，於其字則曰蕭然有林下風。今觀范君德機詞翰而想其人，真足以當之矣。至治元年，某試禮部，君時為封彌官，事已往謁，則已赴江西憲幕矣，遂不獲識，至今以為恨也耳。

綜述

明・葉盛《水東日記》卷五 范德機隸古見推當時，近見廉州《海角亭記》，為其自書無疑。此碑亦用漢、唐碑法，題額四篆字居首，下方就書文不復重出亭記字。高平范梈文拜。題額俱就在文後，不復分書也。

紀事

清・孫岳頒等《佩文齋書畫譜》卷七九《歷代名人書跋一〇・元范梈隸書》 鄉先生范公隸書八字：風月自清，水霜相看。乃清江傅氏二亭名也，何謙伯遜於兵後得之民家，如崐山之玉，拾之於抵鵲之餘，為之主者固不必識，而有之而又使人亦得而見焉。物之可珍者，固常如是，無足怪也。梁寅謹識。

趙奕書蹟

論説

清・張照等《石渠寶笈》卷三六《元王冕畫梅趙奕書梅花詩》 黄謙跋云：趙文敏以詞翰兼美，擅譽當世。仲光妙傳家法，優入能品，可謂善繼善學者矣。《梅花雜詠》，清澹古雅，峻爽不羈，足為世重。彦明寶而藏之，宜也。使其朝夕展玩，想像其故家文獻之所以不乏者，景行無已而思齊焉，亦君子學以成身之事。若直去之於聲律筆畫之間，以資玩好之具，是亦奚足尚哉。三復之餘，是用卷鯨。建業黄謙。

又 陳沂跋云：趙魏公書入神品，至於夫人管氏，子雍、奕，公之弟孟籲，雍之子鳳麟，皆以善書鳴。元仁宗嘗取魏公與夫人、雍之書，作一卷，識以御寶，藏諸秘府，使後世知有趙氏父子、夫婦筆翰之妙意，以自侈也。余往年在金赤松家，曾觀魏公十三書，後有管氏、孟籲書一卷。在京師有貸魏公父子《葡萄》詩一卷，在杭見雍父子書一卷。又嘗有互見者，其書品之高下，大抵如其倫人。有謂雍、奕能亂父書，葢着筆意態不失家法耳。若魏公之風神結構，如水中芙蓉，天然標格，非剪裁雕刻者所能亂之也。今觀奕所書《梅花》五十詠，雖不迨魏公遠甚，而詩情筆態宛有餘澤，若是亦可謂克肖者矣，尚復過求哉。彥明其藏之。鄞陳沂題。

又 顧璘跋云：仲光書不多見，然頗傳其善書名。今觀此卷，乃知其材品悉出魏公也，可謂賢子矣，名至今不泯，有以也夫。正德四年八月十九日，東橋居士顧璘題。

又 祝允明跋云：魏公上祖王氏，下撫諸家以成體，為元一代書宗。自有公來，學者多效之，然每病乎易似而不真，蓋乏其所自也。今觀仲光筆，亦已似近時人手路矣，蓋髮膚之易，而性氣風骨之難，每如此夫。然喬梓承襲之美，甚重藏者，其知之矣。吴郡祝允明題。

又 王韋跋云：古來父子以書名者，不啻數家。如晉之王氏、唐之歐陽氏，元之趙氏為著，然其家法規格皆同，至其妙處，皆子為不逮，觀於此卷可見。豈莊子所謂得之手而應之心，雖父不能傳之子歟。近世沈民則、今金元玉家學皆然。壬申閏五月七日，葵邱王韋題。

又 文徵明跋云：趙仲光書雖不脱文敏家法，而行墨結字微有不同。王子敬云：外人那得知，要之不可臆論也。今世傳文敏及仲穆書不少，而仲光書獨不多見，至其詩尤不易得。金陵許彥明藏其手書《梅花雜詠》多至五十首，可謂富矣。仲光號西齋，晚居吴中，與崑山顧仲瑛交。仲瑛稱其風流文雅，有王孫風度，而無紈綺故習。觀於此詩，有可想者。文敏三子，長亮，次即仲穆，名雍，仲光季也。或以為次子，豈以亮早卒無聞耶。正德己卯秋，留宿彥明之惟適軒，雨中無聊，因盡讀諸詩，輒識其後。八月初八日也，衡山文徵明書。

又 蔡明跋云：趙仲光之書初見於此卷，其父子兄弟相傳之盛，諸公已言，不俟贅也。而彥明堅委之，夫家法盛者，其傳必遠。晉庾氏、王氏可見。矧松雪公酌諸家，集大成，首變宋字，自為結構，元以來得見晉人法門，公之力也。仲光雖不逮，風儀宛然，彥明善寶之。吴郡蔡明識。

紀　事

清・張照等《石渠寶笈》卷三六《元王冕畫梅趙奕書梅花詩》 都穆跋云：右元趙仲光所書《梅花》，今藏金陵許彥明氏。仲光為文敏公次子，觀其字畫，宛然乃翁家法，宜彥明之寶也。正德戊辰秋九月，前進士吴門都穆。

龔璛書蹟

綜　述

清・安岐《墨緣彙觀録》卷二《法書下・元・龔璛宣城詩卷》 白宋紙本。高一尺一寸，長八尺五寸。行書，計詩十一首。卷前上角有朱方郭異朱文印，下角有郭異天錫白文印。接縫處上鈐郭異天錫白文印，下鈐郭異天錫朱文印。後自題：予歸京口省墓，天錫出此紙徵予書《宣城詩記》，憶不甚真。天曆二年孟夏二日，龔璛識。本詩紙後張天雨《荊蠻民題識》，有朱文松雪齋圓書印，及檇李李氏鶴夢軒諸印。

又《教授帖》 淡黄紙本，行草書，十四行。前有集字編號，外封首書記事拜覆錢翼之教授足下，客袁州龔璛敬封。本帖前書璛記事拜覆翼之教授足下，小壻子行來，重為手帖，深慰岑寂。後書璛再拜。帖經項墨林收藏，及項廷謨白文印。末有甲二編號。

紀　事

清・卞永譽《式古堂書畫彙考》卷一七《書十七・元・龔子敬宣城詩并識卷》 壬子秋八月，余同叔明友兄養痾於汾湖之濱，承京口過天錫，廣陵王伯容兩來慰訊，攜龔子開所寫詩一卷見示。嗟嗟，子開逝矣，書法絶矣。外史張君與余有卅年之交，近聞隱僻修真，會晤未卜何時，撫卷三歎。荊蠻民識。

圖帖睦爾書蹟

論説

清·陸心源《穰梨館過眼録》卷六《元文宗永懷二字卷》 唐文皇《晉祠銘》筆法疎宕，褚遂良所謂出逸少之奇縱者也。元文宗臨永懷二字，宣付玉局康里子山跋，酷類虞永興《廟堂碑》，皆可傳也。董其昌題。

又 元文宗臨《晉祠銘》永懷二字以賜康里子山事，見袁中道《游居録》。又見《黄文獻集》，然此二字《晉祠銘》前後各一見，非臨寫連屬成文之比，特文宗自有寓感云爾。康里子山以近侍蒙賜，復再進御，入覽良久，嵌寶還賜，其一時往復存識之意，蓋可想也。噫，即此二字，可以知人論世矣。子山名從山從夒，其字或作岱巙，《説文》：夒，奴刀切。與夔龍之夔不同，而世所行板本之《玉篇》、《集韻》及《元史》本傳，皆沿訛作巙，今見此墨迹，筆畫昭然，信知從夒不從夔無疑矣。子山墨札，世傳頗罕，故具述之。北平翁方綱。

綜述

清·端方《壬寅消夏録》卷八《元文宗永懷二字墨拓本卷》 紙拓本，為寸八分寬廣。收藏有希之朱文方印，翁方綱覃谿朱文連珠方印。

又 按：此拓字徑寸餘，藏鋒有骨，紙方約四寸，描金雲花，碧色綾嵌之，金即描於織成雲花上也。右騎縫用天曆之寶，左騎縫用奎章閣寶，皆紅文，二寶下右騎縫有小白文歸來印三字印，左騎縫有小紅文希之二字印。子山前跋，小楷十行，右下角亦有歸來印，後跋小楷八行，左下角有紅文希之二字印。攷黄文獻公《奎章閣記》云：文宗天曆二年，上肇登奎章閣，延登儒流入侍燕閒，萬機之暇，親灑宸翰，凡墨本悉識以天曆之寶，或加揭前後復奏，然後予之，非文學侍從近臣為上所禮遇者未嘗經畀，與此拓二璽恰合，希之不知何人，鈐印之品，無不精妙，餘三紙不知何往矣。

紀事

清·端方《壬寅消夏録》卷八《元文宗永懷二字墨拓本卷》 至順三年五月十七日，上在興聖殿之穿廊，奎章閣大學士臣阿榮、倚正臣阿魯輝侍焉，臣進呈先所賜御書永懷字，上覽之良久，遂命羣玉金司高志印天曆之寶、奎章閣寶於宸翰之左右而還賜焉。

此卷向藏鮑以文氏知不足齋，以文今年六十有七，一切嗜好，淡然無所繫，舉此以贈吾友小松司馬。小松嗜奇好古，不讓以文，於此卷感石交之雅好，喜舊物之有歸，遠寄京師見示，因得再一展閱。文宗得國始末，史多微詞，臨此二字以賜臣僚，吾不知其意之所屬矣。甲寅嘉平廿有六日余集識。

乾隆甲寅臘月十九日，荆溪陸致遠、欽州馮敏昌、臨川樂宫譜、金谿陳玭同觀於蘇齋之詩境軒。

紀事

清·陸心源《穰梨館過眼録》卷六《元文宗永懷二字卷》 上臨唐太宗《晉祠銘》，因書永懷二字，親刻之石，乃手印四紙以賜奎章閣大學士臣阿榮、御史中丞臣趙世安、宣政使臣哈剌八都兒，及臣□□。臣伏覩宸翰迺麗雄强，神采輝映，龍跳虎卧，不足喻也。賜與之際，聖恩低徊，復謂之曰：唯賜卿四人，其石朕已剷去矣。臣等無任感激悚懼之至。至順二年正月三日，通議大夫禮部尚書羣玉內司事□□拜手稽首，謹記。

又 至順三年五月十七，上在興聖殿之穿廊，奎章閣大學士臣阿榮、倚正臣阿魯輝侍焉。臣進呈先所賜御書永懷字，上覽之良久，遂命羣玉金司高志印天曆之寶、奎章閣寶於宸翰之左右而還賜焉。

又《書畫譜》載：【略】《黄文獻公集》云：文皇以佩刀劍蘆菔根作永懷二字模賜近臣，翰林學士承旨哈剌拔都兒入侍，曾被是賜，此卷亦斯時所賜，吾友鮑以文寶玩多年。乾隆甲寅五月段里寄贈可感也。黄易重装謹記。

藝　文

清・端方《壬寅消夏録》卷八《元文宗永懷二字墨拓本卷》　縑護分明璽色丹，奎章閣下晚風寒。侍臣三歎緘懷袖，莫作唐臨晉帖看。

銀鉤細楷拜恩承，真箇華亭説永興。且莫會稽官印擬，縱横三萬字誰能。

門取昐窻卷共摩，鮮于困學對鷗波。妬君又得元人一，酒琖燈光奈爾何。

秋盦尊兄以所得元文宗臨《晉祠銘》永懷字卷屬題三詩，乾隆甲寅臘月望日，方綱。

郭畀書蹟

論　説

清・卞永譽《式古堂書畫彙考》卷一七《・書十七・元郭天錫書遺林上人詩卷》　了堂上人方外友如天錫者，情惟至矣。故其手跡盈篋，每皆惜之，不令有所散逸。雖俗士有不及也之者，宜勤師拳拳，不忘歐公於冥冥中也。錢良佑跋。

綜　述

清・翁方綱《復初齋文集》卷三〇《跋郭天錫日記》　郭天錫手書日記，始於至大元年戊申八月二十七日，訖於二年己酉十月三十日，蓋前後皆有失去之葉也。攷倪元鎮題天錫畫詩，在至正癸卯十二月，時距天錫之殁二十餘年，則至大之初，正其壯歲時筆也。天錫書出於趙文敏，是時文敏年五十五矣。觀是册尚及與文敏及石民瞻諸人往還其書，亦純用趙法，通計四册，幾三萬字，可寶也。近日厲樊榭僅録其四之一，別題曰《客杭日記》，鮑氏刊於知不足齋叢書者，則又非此蹟之全矣。

清・安岐《墨緣彙觀録》卷二《法書下・元・郭畀四禽言詩帖》　淡牙色箋本，行書，二十四行，法題趙松雪。字大八分，前書禽言三字，用樂府體，衍禽言為詩四首，一《脱卻布袴》，一《不如歸去》，一《提葫盧》，一《行不得也哥哥》。後自題云：右相臺梁隆吉作，延祐丁巳春。余客番易，吴昭德同集於徐秋湖之一碧亭酒邊，舉似次年歸故里，書於家藏隆吉詩卷後，京口郭畀天錫，下押郭畀天錫朱文印，末有張則之朱文印。

紀　事

清・卞永譽《式古堂書畫彙考》卷一七《書十七・元・郭天錫抄諸賢遺稿》　《珊瑚網》云：天啟丁卯冬，覩郭畀手録詩文一帙，格外上下俱命墨，可想其書畫擅勝。倪迂追念，郭髯我所愛者也。余時病未痊，聊摘一二，旋為嚮古者索去，姑存此以俟延津劍合，淋漓滿志耳。

清・端方《壬寅消夏録》卷八《郭氏詩翰卷》　元退思郭子，吾嘗聞其人矣，文則未之見也。希魯俞子序《退思集》，吾今見其文矣，人則未之見聞也。或考其序，步驟瞻足，有典有則，字畫且有楷法，見其文固可得其人矣。因俞之文以求郭，郭之文有不待承其顏回，聽其論議而後知者，然非曹卿汝學持此以示二子，得無失乎錦包玉軸。曹能裝潢，珍重以存之，其為人與文又得之矣。崑山周倫跋。

藝文

清・端方《壬寅消夏録》卷八《郭氏詩翰卷》 天錫山長筆精墨妙，余於士友願見不可得者。近以公事來，諸公争致之。適高駿良新構雲蓬，愛其瀟洒，多襆被其間，醉飲劇談，終夕不寐，綽有晉人曠達風度。一日為葉秀軒戲掃壁間竹石就題前詩，余與天錫别一年矣，客裏相逢，因此元韻。吴興陳象祖頓首再拜。

造化凝毫楮，槎牙出酒杯。高標塵外鶴，清思水邊梅。雨榻容吾對，雲蓬為客開。采芹知己少，襆被莫辭來。

歲晏西窗語，天涯酒一杯。吟身堪倚竹，衰鬢怯簪梅。絳蠟清宵短，玄雲素壁開。浪遊吾已倦，蓬島待公來。

邊武書蹟

論説

清・卞永譽《式古堂書畫彙考》卷一七《書十七・元・邊伯京書千文册》 書法弊於宋季，元興，作者有工，而以趙吴興、鮮于漁陽為巨擘，終元之世，出入此兩家。是卷千文，為邊隴西伯京書，自叙出於漁陽，結構潤密，波瀾焕發，殆未易優劣也。按《元史》，順帝以至順四年六月即位，改元統，凡二年，乙亥則重紀至元，凡六年，辛巳則改元至正，不知何以復系至元於辛巳耶，豈作是書時，乃至元之日，而遠方尚未知改元耶。石抹元之宦族，仕浙者尤盛，景良未詳其履歷，此必伯京寓浙時為書耶。自後數年而元亦季矣。我朝三宋者出，追蹤魏晉，開一代書學之源，今而才賢輩出，駸古人矣。鄭思齋啟范購得此卷，思齋治理，文章直欲等奏漢上之顧於此卷加欣賞焉，異時當軸取人之善，亦若此馬矣。是歲嘉靖甲申三月三日，儼山陸深謹跋。

紀事

清・卞永譽《式古堂書畫彙考》卷一七《書十七・元・千字文》 至元之辛巳春正月元日，石抹景良以此紙徵不肖書。時天氣清淑，光景可人，遂滌玉腰研，試貍豪筆，大書千文以歸之。近人以余粗學困學翁墨蹟，但知點畫形似耳。武奚足尚，今且塞公雅命，殊勉强也。覽者幸勿見誚。隴西後學玉蓑漁者邊武伯京父識。

楊遵書蹟

紀事

清・吴榮光《辛丑銷夏記》卷四《元楊宗道臨各帖卷》 襄陽精於摹古，此臨張伯英及二王四帖，非墨磨千鋌，筆禿萬管，不能到此境界。後跋飛行絶跡，寥寥六七行，光燄萬丈。宋四家書，就天分而論，當以南宮為第一，此卷尤其出色之作，余藏玩二十餘年，今以贈荷屋廉訪，爰識數語於後。道光癸未菊秋，七十六叟蔡之定。

又 廬州以下，乃是臨柳誠懸句，常州人所謂劉斯立題字也，與前四段不相聯屬，恐是裝池者合而為一字。定又識。

又 右浦城楊宗道所臨晉唐各帖，卷前冠以漢張伯英，卷内有海嶽庵主者印。子京收藏，悮為米書，歷數載，藏家均未論正。余謂《鵓羣帖》米老既目為怒張狂怪，自不肯屈意臨之，且每段明有楊字及宗道書印，又清白及懷玉山人印，蓋祖關西太尉清白及子孫南浦學士夢懷玉山人而生故事。海嶽閣主，則其別號也。宗道名遵，有元遺老，家浦城，徙錢塘，明洪武初以薦徵，官至鎮江守，能撫流亡，有勛聲。此卷首有著雍敦牂印，或書於洪武十一年戊午耶。字體稍近米老，顧米多側筆，此則中鋒懸腕，飛行絶迹，五百年後人罕知者，余表而出之，亦以見項氏賞鑒，未盡足憑也。此卷余以庚寅五月刻入《筠清館帖》第六卷末所跋如此，今日稍暇，重為録入，并易籤題。時道光十有二年，歲在壬辰五月初七日，南海吴榮光并記。

又 此卷為吾師甫光先生所貽，藏弆又十載。今吾師遠居笤水，何日相見，一為請正也。同日在湖南撫署之蓉桂堂再識。伯榮。

又 此卷五年前曾經論證，屬陳恭甫太史書福建《浦城縣志》於後幅，故不重叙。伯榮又記。

項氏之悮，由於書者未著欵，賴有印識以定之。古人隨手作書，未必意在必傳，而五百年後得余為之論定，文字英光，殆有不可磨滅者耶。余十五年前，曾得宗道所藏北宋拓化度寺《邕師塔銘》真本，並記於此，為墨緣佳話。壬辰五月八日又書。伯榮。

又 宋米南宫《臨張伯英二王四帖》，海嶽書跋附。嘉靖四十五年冬日，從洞庭王文恪家購歸，用價下乞去三字，上蓋□□白文印。兩。項元汴識。直書二行，前有子京所藏白文印，及墨林秘玩。前後項子京印七十二顆，藏家為王氏、項氏、梁氏、蔡氏。伯榮又記。

又 楊遵，字宗道，浦城人。洪武初以薦起家，累官鎮江知府。暇日登覽山川，賦詩寄興，工篆隸，師院杜本，盡得其法。金焦銀蒜閒，題榜多其筆蹟，縣志稱其廉明有為，百廢具舉，撫衈流離，人皆復業。然則宗道古之循吏也，豈獨以翰墨流傳後世，而吾鄉至今尠有能舉其姓氏者，何也。此卷臨張伯英二王四帖及臨柳誠懸帖，劉斯立題字并跋。項墨林諸君誤以為米南宫書，緣諸帖末有海嶽庵主數印識也。荷屋方伯獨斷為楊氏真蹟，謂余云，白石枕一條下，明有宗道書印，處州一條上，明有楊氏小引，首下鈐清白二字，皆與元章無涉，所謂海嶽庵主，乃慕米而襲其號耳。非方伯精於考古，孰能辨之。然余因是嘆鄉先生文采風流邈不可攀，若此後之操觚者，又安用摇擘筆札為哉。道光十七年春二月，三山陳壽祺謹識。

李倜書蹟

論　説

清・卞永譽《式古堂書畫彙考》卷一七《書十七・元・李士弘臨右軍明府諸帖卷》 李公無帖不臨，可謂好學也已。僕亦好書者，然無暇臨古帖，但羡士弘耳。子昂。

又 擬晉齋臨帖，用筆圓活精到，其勤篤可為世法。余每見愧悚不已，自恨昏惰，無此功夫耳。黄石翁。

又 臨古人書多苦局促，鮮能得其韻趣。余素聞李公善書，今觀此帖，誠得逸少筆意，無媿前人也。

又 士弘天資高邁，風神秀朗，宜其筆墨超然。蜀郡虞集。

又 右集賢侍讀學士李公士弘手臨晉王右軍明府等帖真蹟一卷。士弘名倜，河東太原人。好學尚氣，劬神苦思，務求博洽而後已。故其游戲筆墨，皆超悟不羣。此卷雖臨倣古人，而清新婉麗，自有一種風度，是可珍也。泰定四年七月壬辰，吴郡陸友仁書。

又 今人臨帖，自松雪翁後，便利員嶠，真逸謂皆有晉人風彩，此卷又闞薛道祖與米老書者，實晉之流，世豈無斯人，仙遊去已矣，興懷感悼。錢良佑敬題。

余幼時每見士弘公與先君議論談笑，使人敬服不已。其文章政事，為當世之所推重，人但知公之能書，而不知公之為人者，有不在於此。東昌高晉繄游藝，擬晉氏河東李後十年筆墨仙兹其傳。弋陽李瓚。

又 員嶠作畫息齋伯仲間，其臨摹又頡頏於松雪、困學二老。斯時有三君子而能追及之，可謂難矣。員嶠至今存，雖獨步可也。翰墨特其餘事，至於立身宦途而志趣常超然於物表，此吾所以起敬者也。至順辛未仲春望日，後學黄公望。

又 龍跳虎卧世眩淑，忒翳其古心，員嶠、真逸、李昇。

又 論書至於孫過庭、姜白石，盡善盡美矣，他皆為足為評也。姜謂臨書多得其筆意而失其位置，今再觀員嶠所臨，兼無位置之失，非其胸中熟於二家之論，恐未易致也。良右題。

又 公在延平日，政事之餘，留意翰墨間，故臨帖為最多，此卷又其精妙者，亦何憾於古人耶。吴興趙雍題。

又 余昔侍李學士，見其作書多喜矮卓，執筆甚高，臨帖亦然。其精熟如此，非拘拘摹倣者比，宜其遺墨若斯之妙也。鄱陽張昕子東。

綜述

清・吴升《大觀録》卷九上《元賢法書・李士弘臨右軍諸帖卷》 此卷硬黄箋本，高九寸，墨氣濃厚，筆力神古，雖臨晉帖，自運機杼，非規規以形似為能者。原文不録，止録款松雪以下《十三跋》，皆名蹟，誠可為藝林之大觀已。

柯九思書蹟

論説

清・孫岳頒等《佩文齋書畫譜》卷七九《歷代名人書跋一〇・元柯九思隸書十九首》 柯丹丘敬仲於四體八法，俱能起雅去俗，此以古隸書古選，宜其合作也。十九首中多歎榮華不能久，人命之難期。敬仲始受知人主，司書畫考功，晚途骯髒，流落江左，蓋於篇中有甚慨焉。是以波佛雖古雅，而不如圉圉意。昔人謂右軍書《誥誓》則情怫鬱，柯生殆近之矣。

紀事

明・郁逢慶《書畫題跋記》卷九《柯丹丘石屏記》 古之人遇物之異者，必書其册，若斯屏之異，安得不為之書也。因命之白江山曉思復書其背而刻之。至順二年夏四月望，奎章閣學士院鑒書博士文林郎柯九思記。

揭傒斯書蹟

論説

清・吴升《大觀録》卷九上《元賢法書・揭文安公雜詩卷》 昔唐宋之韓、柳、歐、蘇以文擅名，時稱四大家。元有虞、楊、范、揭，以詩鳴世，人亦謂之云。余近日頹榮進，閉門却掃，倦則游藝，雅好博古，展卷品評。至視文安公手書已作，詞格清麗，筆法婉媚，似得晉、唐人逸韻，由其心志，非力可勉。若困而學之，終不能入，豈可與庸鄙罔習共鑒定其甲乙。若斯人者，當時罕有與之儔匹。余特寶重是卷，獨嘆其高處，不必世論之同也。賞音者自以余言為然，予何言哉。明嘉靖己未仲夏十又一日，在北窗下書。退密齋主人墨林項元汴力疾饒舌。

綜述

清・安岐《墨緣彙觀録》卷二《法書下・元・揭傒斯雜詩卷》 元淡黄紙本，草書，五十一行。前五律三首，一題真村堂，一題園趣亭，一題《山水卷》。又七律《憶昨》四首，又七言絶句宫詞一首。款揭傒斯後項墨林一長跋，卷内有文衡山、文壽承、項墨林諸印，及白文邵彌之印、吳下阿彌朱文印、朱之赤等印。

清・吴升《大觀録》卷九上《元賢法書・揭文安公雜詩卷》 正書略帶行法，計五十行，字大寸許，端方正勁，有嚴毅之度，無識靡之習，墨林珍秘物也。

紀事

清・孫岳頒等《佩文齋書畫譜》卷七九《歷代名人書跋一〇・元揭傒斯書千文》 余與蕭氏交舊矣。元統甲戌、乙亥間，於孚有家見今翰林學士揭公手書《千文》，正直端楷，如刀畫玉，心甚重之。時坐有善書者張漢英，尤稱善之不置。後三年，孚有酷致其所藏書畫，不得復見。漢英一日於他人家偶見此卷，曰噫：此故人孚有所藏也。問其所從來，則孚有之豎童鬻而之也，乃歸其值，丐而藏諸家。又四年，漢英出示此卷，求嘗與孚有往來者叙其故。余念朋友死生離合，物之變遷流落，皆有可感者。此卷藏於漢英，猶幸為不失所也。

貫裕書蹟

綜述

清・安岐《墨緣彙觀録》卷二《法書下・元・貫小雲石海涯七言詩帖》 白紙本，行草書，十八行。書法唐人，有高閒遺意。字大寸餘，前書篁、栗、樂三字，用樂府體，書雄雷怨別雌電老詩一首。後書酸齋道人，為西瑛公子，款右押酸齋朱文連珠印，卷有翰墨流戲渚湖堂印，及嘉禾李氏文穆等印。

紀事

明・汪砢玉《珊瑚網》卷一〇《貫雲石詩卷真蹟》 竹懶翁嘗雅集紫桃軒，招周敏仲、高明水友余出所藏書畫鑒賞，余獨喜老酸崛韻，懶翁即手録遺余，書法亦效之，誠一時佳興也。珂玉記。

錢良佑書蹟

論說

清・卞永譽《式古堂書畫彙考》卷一七《書十七・元・錢翼之四體千文卷并記》 吳郡翼之錢君書法，為明時名重四方者也。此卷千文，備四體之精妙。性之張君攜至闕陽，因得以觀。至元丁丑二月望日，浮光王都中敬題。

又 此卷錢君翼之作以遺其壻張性之，篆、隸、真、草，古之善書者，亦各有所長，而鮮能兼之也。性之究農黄之經，餘暇戲臨池，清標雅尚，蓋貌如其心。錢君書四體千文而授之法，粲然可玩。性之當亦開悟矣。新安王澤民書。

又 右四體千文一卷，吳中錢翼之先生書也。古精於書者，莫如晉，如王，如庾、謝，皆稱書聖。篆、隸、真、草猶鮮能兼，況其下者乎。翼之道學而善書，備四體且精到，書此遺其佳壻張性之，蓋望於性之者，其有深意乎。性之儒而醫，好古博學者也。暇則臨池，日不下千餘字，雖造次顛沛，一點一畫不苟，駸駸逼翼之而窺古人之域，自是不止其當何如哉。由筆法得三昧，持敬以養其心，言動舉措，無不求是至而一如用筆，然此又何至於論書也。古所謂心正則筆正，其不謂兹乎。至元丁丑二月集賢同書。

又 吴人之以書名世者，始張旭。張從申至於今，風徽未泯也。翼之以字學有聞於其鄉卅年，此卷為其快婿作，四體千文，是尤得意之書，即今已不可易而致之，况其後哉。東陽柳貫。

又 評者謂吴中惟松雪翁書法備衆體，繼之者錢君翼之，因觀為其（甥）［壻］張性之作篆、隸、正、草四千餘字，老筆至此，亦甚勤矣。闕外訓之傳，將見青出於藍者，勉旃，勉旃。海岱劉貞白記。

又 吴興趙公，早年學書用工至精密，迨其得於心，應於手，縱横曲折，無不如意之所欲出，以公之學名其家者，務於連成，往往摹倣公暮年所書，而求其形似，如不由其户而欲升其堂，入其室也。得公之用工至精密，蓋不多見。此卷千文四體，皆其得意書，尤不可易得。今翼之已不可作，而有子達能傳其業，亦以予言為然否乎。至正六年六月十五日，黄溍書。

又 予觀中吴錢君翼之書四體千文，其用工可謂精至矣。四體之字，出有先後，當時學各工一體，今以一人而欲兼之，難矣哉。大篆籀實字之源，隸、真、草其流派也。體雖不同，凡下筆儻務方園雄勁，則風神完足，而結締之工拙不足計也。臨池積久，必自有得，翼之其見於此歟。惜其冢木已拱，而不得握手極談也。此卷乃其女夫張性之提舉家藏，尤其著意所書。性之以通儒精廬扁之學，佳士也，能知寶此，其東牀之選不苟矣。至正十八年臘日，鄱陽周伯琦書。

綜述

清·吴升《大觀録》卷九上《元賢法書·錢翼之四體千文》 結構多古致，隸書雖摹古，而行筆草率，篆則不脱元人窠臼，以是知包衆長而兼善，具四體以集成，得解免乎疵議者，鮮矣。

清·孫岳頒等《佩文齋書畫譜》卷七九《歷代名人書跋一〇·元錢良右書春遊詩卷》 右詩一卷律絶，共四十有五篇，辭旨清麗，書法遒美，蓋前元時吴壽民仲仁者，游吴中與諸文士春遊倡和之作，而書筆悉出錢良佑錢翼之。

紀事

明·顧復《平生壯觀》卷四《元·錢良佑》 四體《千文》自題於册云，與壻張性之久言作四體《千文》，未暇也，云云。後至正二年丙子三月下旬，蘇人錢良佑翼之記。王都中王澤民、回回柳貫、劉貞白、黄溍、周伯琦題。

清·卞永譽《式古堂書畫彙考》卷一七《書十七·元·錢翼之四體千文卷并記》 余壻張性之久言作四體千文，未暇也。連日不及，無以遣興，遂為引墨，雖妙不及古人，或後予生者，庶亦知字之源委也。至元二年丙子三月下旬，蘇人錢良佑翼之記。

清·孫岳頒等《佩文齋書畫譜》卷七九《歷代名人書跋一〇·元錢良右書春遊詩卷》 翼之吴人，號江邨民，雅以書學名家，而詩律尤精，有高行，年六十七，卒於至正七年。此至元三年書，時已六十餘年矣。真、行間出姿態横生，不少衰竭。吴人徐宗毓氏藏此，使人持以示余。余惟吴中山水深秀，自昔多文人遊寓，於時未被兵，故得從容文酒如此。壽民，吴興人，出處本末不少概見，惟趙文敏嘗叙其詩，所謂南山樵吟者，稱仲仁不以家事廢學，故其詩清新華婉，有唐人餘風，然其詩竟亦不傳，非此卷之存，固不能識其妙也。

康里巙巙書蹟

論説

明·顧復《平生壯觀》卷四《元·康里巙巙》 《論書》，黄蠟紙，三接草書，甚古雅，顏魯公與懷素相對語，若有脱落，後於欵跋。

又 書《懷素自叙》，白宋紙，草書兼行，字可徑寸，無欵，後有墨池二字圖書。

又 見子山諸書，皆作草字，以未見正書為欵。及觀跋元文宗賜永懷二字，書則小楷端麗破邪論，乃知前代書家之險絶於行草者，未有不工於正楷者也。聞其日寫三萬字，距今四百年，所見無過三千字而不欵者多，殊為未解。昔人記姚少師游村埜人家，見糊壁乃蘇滄浪跡，子山書，不落欵，焉知非糊壁覆瓿，致消磨妙跡耶。

明・郁逢慶《書畫題跋記》卷八《康里夔草書柳子厚謫龍説》 彦中判府賢友，久不覩僕惡札，因草書《謫龍説》，往想展謫龍之事甚奇，河東之文尤奇，康里公之書益奇，可謂三奇矣。康里公標望絶人簡交際，重然諾，雖不倦與人作書，然非其人，終身不得也。彦中公交契之素，於是乎見之。

又 章文簡孫伯昌氏所藏康里夔公為葉判府書柳河東《謫龍説》，判府乃伯昌外族而得之。余嘗聞韓昌黎評柳子厚文，雄深雅健，崔、蔡不足多也。而子山平章書似公孫大娘舞劍器法，名擅當代，前後相去數百載，而具美於卷中。展玩之，如秋濤瑞錦，光彩飛動，可謂妙絶古今矣。伯昌宜寶之。庚子七月廿八日，高平翟智謹識。

綜述

明・顧復《平生壯觀》卷四《元・康里夔夔》 《謫龍説》，草書如大錢，有欵，紙六尺許。自題云：彦中判府賢友，久不覩僕惡札，因草書《謫龍説》，往想展覽之餘，如相見焉。康里巎再拜。周伯琦記，西夏昂吉七絶詩，翟智、胡悌跋。皆元人。

清・張照等《石渠寶笈》卷三〇《元康里巎書顔真卿述張旭筆法一卷》 草書，款識云：魯公此文，議論精絶，形容書法要妙，無餘藴矣。今之曉書意者，蓋莫如公，所以及此。至順四年三月五日，康里巎為麓菴大學士書。

清・安岐《墨緣彙觀録》卷二《法書下・元・康里巎巎書柳子厚謫龍説卷》 白宋紙本，草書，大寸餘，及寸五六分不等者。首書《謫龍説》，柳子厚前上角有松風堂朱文長印，下角押正齋朱文印，文後自題彦中判府賢友，久不覩僕惡札，因草書《謫龍説》，往想展覽之際，如相見也。康里巎再拜。後押康里子山朱文印，末角有常州莊氏二印，後紙周伯琦記，昂、翟智詩跋。

又《書柳子厚梓人傳卷》 白宋紙本，草書大寸餘，筆法超逸，與前卷可稱雙美。首書《梓人傳》。柳子厚前上角押濟美堂朱文長印，下角押春雨樓朱文長印，接縫處鈐芳所朱文印。凡二接，文後自題《康里巎為信卿侍郎書》。時至順二年冬十月之廿八日也，下押子山正齋二朱文印。

紀事

明・郁逢慶《書畫題跋記》卷八《康里夔草書柳子厚謫龍説》 謫龍之説，柳河東在南荒時已有所激而云，彦中公少年登朝，赫然有聲，晚乃仕於郡縣，平昔交好於子山，獨密其於是説，豈無意乎。伯昌，公之外孫也，多種愛於外大父，故得公中朝諸公書尺最富，皆一一寶藏之，不獨此紙而已。六一翁云：視其所好，可以知其人。余於伯昌亦云。辛丑夏五月，越人胡悌書。

清・倪濤《六藝之一録》卷三五三《歷朝書譜・喀喇子山遺墨》 故翰林學士承旨喀喇公遺墨四帖，其後兩帖乃公在宣文閣時所書以貽某，而某轉予顧召仲瑛者。今年孟春，過玉山草堂，仲瑛出以見示，伏而玩之，恍如見公與王右軍父子翱翔於天門鳳閣之上，而蛟龍鸞鶴為之後先也。九原不可復作，尚幸屬從仲瑛遊時一披展，俯仰今昔，得不重為感慨乎。

藝文

明・郁逢慶《書畫題跋記》卷八《康里夔草書柳子厚謫龍説》 故人河南隔音聞，為寫河東柳子文。寄與江南葉少府，臨風展玩憶青雲。西夏昂吉。

虞集書蹟

論　說

明・顧復《平生壯觀》卷四《元・虞集》 伯生簡札題跋，落筆草草，以浪得名疑之，如《誅蚊》行草、《天冠山》精楷、《寄光公》中行，抗衡唐宋，居然大家。

明・王世貞《弇州山人四部稿》卷一三六《重建廬山東林禪寺記》 右記為奎章閣侍書學士虞公集撰，及書所志寺顛末頗詳，而書亦圓婉可愛，特少遒耳。

明・汪砢玉《珊瑚網》卷二〇《虞文靖垂虹橋記》 文靖此帖，嚴雅中有餘意，不失中古衣冠，可重也。

清・吴其貞《書畫記》卷四《虞雍公江右帖一卷》 計字百餘，書法縱逸，多得天趣。惜紙為蠹蝕，玲瓏如蛛網。卷後鄭子宣、祝枝山題識。

清・孫岳頒等《佩文齋書畫譜》卷七九《歷代名人書跋一〇・元虞集書賜碑贊》 道園先生正書八分俱入能品，此卷為柯九思博士作《賜碑贊》，用筆若草草而中自遒勁，有古挑截法。其文辭尤雅净可頌，雖然，令舜華一經意亦自到也。

清・吴榮光《辛丑銷夏記》卷三《元虞文靖書劉垓神道碑墨蹟卷》 虞伯生為有元一代大手筆，其書往往見於題跋。此卷欲勒碑垂久者，故用意規摹唐人，如端人正士，言動可法。向為項子京家收藏，頃自檇李得之，重裝珍秘，因記卷末。康熙甲戌二月五日，輕陰作寒，坐柘西簡静齋書，江村高士奇。

又 元虞待制書《劉元帥神道碑》真蹟，江村高氏簡静齋珍藏神品。

又 伯生真蹟，近今罕覯。此卷筆力金堅，結形玉立，殆如永興書，内含剛柔，不愧二王法嗣，大小虞真後先相望也。康熙癸巳四月，張照識。

又 元劉元帥垓《神道碑》銘卷，縱一尺，横二十一尺七寸，《虞文靖集》正書並撰，按：垓為武敏整之子。整少隸孟珙麾下，有賽存孝之稱。入元後，屢有戰功於西北。垓是整第四子，整本傳垓下唯都元帥三字略，末及其勳績。此碑則歷叙戰功績，《宏簡録》并載御史言：劉整子垓，素不知兵，且闕時望。孰是孰非歟，似宜以碑為據也。又《文靖全集》中不載此文，亦可補諸藁之闕。其書則内含剛柔，一氣貫注，純乎永興家法，視吾家榮禄，固當各樹一幟也。是卷經墨林江村藏弆，又得得天諸公題識，識者宜共珍之。嘉慶戊寅十月，涓皋賸人趙懷玉跋，庚辰二月力疾補書。

清・邵松年《澄蘭室古緣萃録》卷二《虞伯生書飛龍亭記册》 是册為韓幼安所藏，無後跋，簽上題數行，今附録之。此册楷瀍純用隸腕，直逼晉魏。昔人以元代書家推尊趙子昂為第一，若以此册觀之，則虞文靖書格超邁前賢，下視子昂如泰山之於培塿矣。幼安題識。

又 此虞文靖公六十有七歲時所書，極衿鍊潤深之作。幼安書。

清・楊守敬《學書邇言・評碑》 虞伯生《劉公神道碑》，獨為正楷，刻於海山僊館者，足以式靡流俗。

綜　述

明・顧復《平生壯觀》卷四《元・虞集》 《誅蚊賦》，虞雍公兄文所作，集乃六世孫也。父井齋參政從侯顧軒道士得賦藁，伯生書與龍興閒上人者。小行書，一千五百字。紙寫不盡，跋語寫於隔水絹上。字得唐人丰度。鄭元祐、魯威、蘇大年、王敬方、楊椿、柯九思、周鼎跋。

又 《杞菊軒》詩，黄鬆紙，行書出鋒。

又 《寄光公》詩，白紙，三尺有半，中行，五百字，極精。

清・安岐《墨緣彙觀録》卷二《法書下・元・虞集白雲法師帖》 漢黄紙本，行草書，十七行。前書集頓首：奉記白雲法師和上鄉契，去年過訪，足仞至情。後書《虞集上記帖》，經項氏收藏，及檇李李氏、鶴夢軒、董氏等印。

清・錢泳《履園叢話》卷一〇《收藏・元》 虞文靖公書其先世宋

丞相雍國忠肅公允文所撰《誅蚊賦》，桂花紋白綾本，共計七十二行，最後十七行參錯書在紙上，蓋應其方外交閒上人所請也。後有魯威、柯九思、蘇大年、王敬方、鄭元佑、楊椿並元祐書刻石跋，共七題。此卷明時藏沈石田家，後歸吾鄉華東沙氏，至本朝又為梁蕉林所得，畢氏《經訓堂帖》始刻之。

清・何紹基《東洲草堂文鈔》卷一一《題跋・跋李季雲藏虞文靖書訓中碑記墨蹟》 文詞特莊雅可頌，隸法亦遒穆。余曾在龔定庵舍人處見文靖隸書小字《出師表》，較此更精要，是一路筆法。敬仲鑒別書畫，至今有名，想見文靖執筆時，亦以其少年儒雅，不無溢譽。文人結習宜然。而《道園學古録》及《道園遺集》皆不存此文，或自删卻，或後人遺之，皆未可定也。李季雲侍御前輩得此墨本，甚珍重，屬為題記，因考論如此，竝系以詩。

清・吴榮光《辛丑銷夏記》卷三《元虞文靖書劉垓神道碑墨蹟卷》 元虞伯生正書《劉元帥神道碑》真蹟，項子京真賞，其值念陸金。

又 右虞伯生書劉元帥仲寬《神道碑》銘，縱一尺，横二十一尺七寸有奇，計一百七十九行，行八字，武進趙懷玉億生甫收藏。乾隆四十三年十月二十九日，丹徒王文治觀并識。

紀事

清・卞永譽《式古堂書畫彙考》卷一八《書十八・元・虞雍公誅蚊賦刻石疏》 此帖今藏余家。往在無錫蕩口，得於華氏中甫處。少溪家兄重購見貽之物。元汴。

又《虞邵菴書記并詩卷・擬硯臺記四字隸書》 右奎章閣侍書學士虞公書曾文公《擬硯臺記》，及公自作《新建曾公祠堂記》，附以王文公臺詩以遺臨川危素太僕。甫積昔從公於京師，自天曆以後，公日在閣下，而又總裁史事，非大制作多不及親書。又苦目昏，今觀此卷，遒粹整密，所罕見也。至元三年正月十又六日，門人九江方積同豫章楊鎰觀於鄖子柴。

又 虞公篆法八法，楷書暨文章，皆萃美於兹卷。

又 右虞邵菴先生《擬硯臺記》，四隸字，南豐曾氏《新建文定公祠堂記》十二篆字，楷書記文一通，詩跋各一首，書家者流所謂人品高師法古者，殆兼有之。此危太僕家物，傳至左庶子吴君原博，蓋百四十年於今矣。《祠堂記》及跋皆先生所著，臺記出文定，皆世所傳誦。而王荆公詩筆亦與此時作者不同，然則此卷雖謂之三絶可也。原博博古能文，且邃書法，其以予言為將無同乎。卷尾有黄晉卿題名，宋景濂、陳衆仲、吴師道跋語，又出三絶之外。詩所謂尚有典刑者，竊有慨焉。姑識其紙隙，以俟後來君子。弘治元年戊申日，南至長沙，李東陽書。

清・翁方綱《復初齋文集》卷三〇《跋虞道園隸書賜碑贊後》 右《訓忠碑贊》，元虞文靖隸書并篆額。文靖此文，《道園學古録》及《類藁》皆不載。道園之授侍書學士，据郭子章豫章書云，在天曆二年二月甲寅。按：是年三月，建奎章閣於西宫興聖殿之西廊，置學士院，階正二品侍書學士二員，兼經筵官，道園撰記，刻石於閣中，奎章二璽皆道園所篆也。或疑建閣在三月，其授學士不應在二月。然是年二月戊子朔戊寅是二月二十七日，蓋以奉詔之日書之，郭所記當不誤也。提舉墓碑之文，亦不見於道園集中，惟賴是記以存。其槩。而先生篆法之妙，尤世所罕傳者。後四百五十有五年，大興翁方綱為武進趙味辛舍人補録都元敬、王元美二跋而識於其後。

道園此蹟，趙味辛南歸覆舟，竟漂没不存，深以未得録稿為恨。又記。

又《跋元劉元帥碑》 此卷虞文靖八分書，在趙味辛篋。予跋後，屢欲借鈔而未果，其後味辛南歸舟覆，此卷沉没，竟未得存稿，至今以為憾事。嘉慶庚午四月又記。

清・吴榮光《辛丑銷夏記》卷三《元虞文靖書劉垓神道碑墨蹟卷》 此卷以道光癸未十月得於武林，攜以之黔，之閩，回粤東，復至閩省，兩入京師。庚寅十一月，復攜入都，初八日行抵粤東之英德縣，夜被刼，篋失去，宛轉購回。念生平好收書畫，多至累心，記此自警，且以保守之難，益增珍重耳。道光十二年壬辰九月十六日，衡州行館，南海吴榮光識。

藝文

清・吳榮光《辛丑銷夏記》卷三《元虞文靖書劉垓神道碑墨蹟卷》 高張皆説真蹟罕,我忝十年手重盥。甲辰秋為味辛題《訓忠碑》卷。我亦恰得天冠詩,正楷甲於分隸篆。天冠詩想在禁林,吳興四明同賞音。此篆還朝復僕直,世家忠孝如規箴。瀘州接武名父子,西南兵事相終始。勒銘墓道無愧辭,家狀具書同國史。鄧穰高原贔屭負,石本幾家曾世守。山河儼為峙雄文,波榮猶然氣深厚。劈窠不減賽李旗,界絲誰説仿唐碑。漫因手跋吳興卷,卻記榆林對月時。乾隆五十八年十月朔,為味辛大兄題所藏虞文靖「書」元帥劉公《神道碑》墨跡卷。北平翁方綱。

馮子振書蹟

論説

清・陸心源《穰梨館過眼録》卷七《馮子振書居庸關賦卷》 海粟馮公以博學名於時,當其酒酣氣豪,横厲奮發,一揮萬餘言,少亦不下數千言,真一世之雄哉。遺墨之出,爭以重價購之,或刻之樂石,或藏諸名山,往往有之,則為人寶愛可知矣。余藏此卷者久,極為珍秘。今以歸蒲圻魏先生,先生博雅君子,必有以賞識之,斯文為有所托矣。友生金華宋濂跋。

又 馮翁耽耽老墨虎,嘯風詞林彍飛弩。熊羆象犀在不數,血人牙牙齒喻斧。有一嬰之折汝股,横行妥尾孰敢侮。天門九闕列翁伍,讓翁先登翁孔武。兩班文章耀榮府,葩華綷錯雜織組。【略】枝撐倒顛人汝苦,北登居庸豁心腑。飛鑾去天僅尺五,黛擁嵐浮動百堵。翠華北巡六飛舉,從官車騎多如雨。翁如揚雄不羅縷,作賦鋪陳傳下土。如何大將建旗鼓,六帥如雲一擲賭。翁今騎箕遠帝所,獨遺手書作媚嫵。得之者誰鄧春父,菖蒲為葅范登俎。蟄喉戟唇不敢吐,還如天霜貸宿莽。物以多貴等束楚,嫠婦煬竈喜欲儛。遂昌山樵手獨拊,題詩愧無一字補,翁名星垂萬萬古。遂昌鄭元祐敬題。

張雨書蹟

論説

明・汪砢玉《珊瑚網》卷一一《張貞居雜詩册》 張貞居以詩名湖海而翰墨尤為人所重,片縑尺楮,往往見之,蓋未有若此卷之富盛者也。孫過庭云:一時而有乖有合。心遽體留,日炎風燥,皆其乘也。神怡務閒,時和氣潤,偶然欲書,皆其合也。今貞居自言自春徂夏,陰雨至五月之久,故閒弄筆研,以自料理,則非心遽體留,日炎風燥,正所謂神怡務閒,時和氣潤,偶然欲書耳,宜其聯篇接簡,不覺其多,而穠纖間出,清婉流麗,有合於古人之度也。其詩傳之人口,已有定論,特語其書如此。彥廉好古博雅,必能加寶愛矣。蘇人王行題。

又 余觀張外史自書雜詩一帙,詞翰之妙,使人如快雪時晴,行山陰道中,幽景所奪,應接不暇,披覽竟日,不能去手。勾吳張適識。

又 貞居早學書於趙文敏公,後得《茅山碑》,其體遂變,故字畫清遒,有唐人風俗。詩則出於蘇、黃,而雜以己語,其意欲自為家也。唐宋以來,浮屠之能書與詩者雖衆,然亦不能兩美,況道流之久乏人哉。此自書襍詩也,古律行草,各臻其妙,宜子英之慎與而彥廉之喜得矣。高啟識。

又 貞居真人詩文字畫,皆為本朝道品第一,雖獲片紙隻字,猶為世人寶藏,況彥廉所得若是之富且妙耶。舒展累日,欣慨交心。噫,師友淪没,古道寂寥,今之才士,方高自標致,余方憂古之君子終陸沉耳。吾知前人好修不以為賢,於流俗而遂已,不患人之不知,栗里翁志不得遂飲酒賦詩,但自陶寫而已，豈求傳哉。壬子初月八日，倪瓚題。

又 余初學書，即知有句曲外史為浙之擅名者，雖急於采其規格，而世甚鮮有。及間獲觀數帖，率皆真跡，其於運腕指、用紙墨之妙，誠超於衆能而成家者也。以之才氣，則並於蘇、米，詞或有過之者，故一時名重朝野，得片紙如寶珠璧，豈偶然哉。此帖知久，深慕一見，二三不聞，其定在茲獲一覽，平昔所見，猶霄壤矣，孰不珍其傳哉。時癸亥歲孟夏月，耆老山無為謹書於朝天宮之桂堂。

又 昔人作字類人，若顔書之剛勁，虞之美麗，歐之清瘦，亦似之。余謂非惟字類人，作詩雖言志，而剛勁清麗亦似其人，今觀貞居字之隨體賦形，殊不經意，詩文隨詠寫志，若出自然，覽之清氣可掬，深類貞居之為人。昔人所云為信然。貞居書此亦自得意者，故題以勿示不知我。噫，示知尚不輕得之者，必好古博雅也。張昱為彦廉得之，謂得其所，陳從道得之，可謂又得其所矣。從道宜保諸。浚儀張肯識。

明・郁逢慶《續書畫題跋記》卷八《張貞居襍詩册》 張貞居平生慕米南宮之為人，常為著《中嶽外史傳》，故其論議襟度往往類之。獨其詩句，字畫清新流麗，不蹈南宮狂怪怒張之習，蓋非獨其學問使然，亦由貞居寄跡方外，不為聲利所累，而又居東南形勝之邦，獲見故都文獻之懿，優游林壑，以養其真氣，故其發於詞翰者如此。今去貞居二十餘年耳，使人望而企之，若古僊人，可勝歎哉。友人陳彦廉氏得其翰墨二秩，皆平生得意作也。余家與貞居世契，展詠之餘，益增感舊之思云。尋陽張來儀志。

又 張貞居詞翰俱清逸，飄飄然如驂白鸞遊霞鄉，自非有僊風道骨者不能到。唐之羽流中，杜光庭輩，詎足專美於前哉。彦廉宜寶之。洪武十九年蒼龍丙寅，吴僧道衍敬觀於春草堂。

又 余嘗愛張貞居此帖詞翰清拔，風致高遠，當其神清和氣，用筆遣意，疾徐頓挫，濃纖間出，故雖連篇累幅，不厭其多。玩之如飛鸞戾空，明珠映月，飄光燦然，快人心目，可謂絶類離倫，特立道流之表。自子英化去，垂三十年，意昔此帖亦遂淪没，今復覽於放鶴軒中，展玩終日，不能釋手，信知至物終當有歸，從道宜珍藏之。東吴文泰謹識。

綜述

明・李日華《六研齋筆記》 張句曲潤阿詩，行書，當五錢大，極雄快沉着，詩亦豪邁。詩云：駕壑載流安尺齋，客來如入市簷壺。百年身外樗蒲居，四月山中櫻筍厨。雉雊煙叢朝日上，魚潛瓦影夕凉初。自餘眠食都忘念，更擬求觀後世書。後幅楊鐵笛又作縱横百餘字跋之。

清・安岐《墨緣彙觀録》卷二《法書下・元・道張雨並陸友［仁］合卷》 淡牙色紙本，前張伯雨行書《元史》二論，馬陶三傳，仲謝三詩，共右十七行。【略】款題大元泰定二年，歲在乙丑六月廿五日，句曲外史張嗣真華陽南洞記。其嗣真二字，上蓋朱文。張嗣真印後又小行書太上十三訓，十五行，款泰定三年丙寅二月廿八日，嗣真學下押朱文張嗣真印。此卷本紙後有烏絲隔欄，陸友［仁］隸書《世説》中語七十六行，款書至元二年秋七月十日，吴郡陸友［仁］書《世説》中語於款右，紙空處押白文陸友［仁］私印，卷尾有至元四年龍集戊寅正月二日，京口袁矩子方、曹南史元舉，金華吴福、孫子善同觀於清閟閣。一題後伯雨又自跋云：此卷余舊藏，又嘗雜書紙尾，把玩山澤閒，後為元鎮持去。至正丁亥十二月四日與元鎮同遊梁鴻山，攜在行笈，因得重觀，故友陸友仁隸書《世説》數則語。感慨歲月，余老矣，能幾把卷，重題而歸諸《清閟閣》。海昌張雨前引首周天球行書，題元言妙翰四大字，款書隆慶辛未八月朔，周天球批閱竟日，漫書卷經，大蒼王奉常收藏，有朱文王時敏印、烟客鑒定印。

又 次天鏡上人送柑二詩帖。牙色宋紙本，行書，八行，字大五分許，前書次韻謝天鏡上人送柑，後書七言絶句二首，款書大雨二字，上蓋句曲外史朱文印。

又《行書七言詩》 牙色紙本，長條幅，行草書七言一首，字大如拳。其詩：絶頂新秋生夜凉，鶴翔松覆溼衣裳。前村月照半江水，僧在翠微開竹房。款書大元至正辛巳，張雨下押句曲外史朱文印，前下角有張丑白文印，末角有吉父朱文印、范氏白文印，及廬州太守張見易收藏。

清・翁方綱《蘇齋題跋》卷下《元張伯雨書東城虎丘寺詩卷》

右張貞居書東坡《虎丘寺》詩，後題云至正戊子上巳日。按：是年貞居七十二，故有鬖絲之歎，窅然留清詩，窅亦勝刻本窈也。安邑宋芝山得此蹟以見示，時乾隆四十三年歲在戊戌夏閏六月二十日。北平翁方綱。

題此後之廿有七年，雲谷復持來重題於後，六行異字，乃左之誤，偶然筆誤不足疑耳。嘉慶十年乙丑又值閏六月，復以予臨本對看。方綱識。

紀事

明·郁逢慶《續書畫題跋記》卷八《張貞居襍詩册》 貞居先生清詩妙墨，飄飄然自有一種僊氣，信非塵俗中人也。此卷手書以遺余者，履離兵燹，似若有神物護持。泉南陳君彥廉好古博雅，與余同志，故割愛以贈。壬子夏六月，汝易袁華書。

又 張貞居詞翰政如月底踈松，雲中脩竹，信非煙火食之所能賞識，宜為吾子英之寶藏也。貞居題云：非知我者勿示。今子英出以示余，豈別久而弛其約束耶。齊郡張紳觀於孫氏映雪軒。戊申子月。

又 右碉阿雜詩墨蹟五十五首，乃張貞居詞翰最得意者，亦自慎重，不輕示人，觀其小序可見。雖然非子英之知，貞居不能久藏至今，非彥廉之好古博雅，亦不能得子英之割贈所愛，以交誼之篤，而歸諸春草堂，可謂得其所矣。子英亦知人哉。保為陳袁之家子孫左券，珍之可也。廬陵張昱題於凝香閣中。

又 余觀在昔右文之際，文章墨翰，蓋莫盛於東南矣。不惟列侍從，居館閣者，皆彬彬文學之徒，至於方外名流，亦或負其清才絶藝，擅名一時之盛，故釋之徒有笑隱忻上人，道家者流有貞居張外史，皆以詩文篇翰照映乎山林，而與虞、趙、歐、黄諸君子交接於後先，迭響乎中外，於是東南文物之盛，殆前古所未聞。今觀陳氏所藏外史墨跡一册，能詩者或無此書，能書者或無此詩，外史蓋兼之矣。概名筆之流傳，念昔人之凋謝，江空歲宴，不無有繼響者乎，覽卷為之憮然。吴郡謝徽識。

又 右張貞居自書詩一帙，温嶺陳君彥廉之所藏，戊申歲見於袁子英家，今歸於君。君別有貞居所書詩，大小十餘幅，可見物長聚於所好。君非作詩，往往有物外意，非獨愛貞居之書而已也。壬子亥月，張紳再題。

雜録

清·翁方綱《復初齋文集》卷三〇《跋張貞居墨蹟》 張貞居書東坡《虎邱寺》詩，後題云：比遊虎邱，伏讀前詩，真有摩挲石刻鬖成絲之歎。謹録。□卷中，至正戊子上巳日。按：劉伯温《句曲外史墓誌》云：至正乙酉，基與外史一見如平生歡，明年七月而外史卒。此則貞居之卒，在至正六年丙戌也。貞居集尾有辨之者，曰集中有丁亥十二月五日雪晴，及六日喜晉卿至，二詩末復，有再用丁亥歲雪韻懷中舉一首。又《送錢思復之永嘉》詩，題下注八年九日四字。元代自元貞以來，無所謂八年者，獨庚申帝有之，實至正戊子也。其諸外史以是年刻詩《藥》，并不久而黄蘘告終歟。若然，則伯温墓誌所謂明年七月，當為八年某月之訛。方綱考元貞以後至甲辰，為成宗改元之八年，然錢思復以至正辛巳領鄉薦，官至副提舉，張氏據吴，退隱吴江之筒川，又移居華亭，至明洪武初始卒，則成宗改元之八年時，不應貞居有送思復詩也，是貞居之卒在至正八年戊子無可疑者。又姚雲東《句曲外史小傳》云，綬從甘泉劉邦彥得其手稿二紙，其紙標丁亥二字，因此蹟而益可相證，是年貞居七十二，故有鬖孫之歎，窅然留清詩，窅亦勝刻本窈也。

黄公望書蹟

論説

明·張丑《清河書畫舫》卷一一上《小楷世説新語全部》 黄子久好作小楷，圓熟中饒古意，別有一種韻度，蓋自趙文敏公而下，指不多屈，定在俞和、倪瓚以上，今觀所書《世説新語》，如飛鳥依人，翩翩可喜，真賞者當亟購也。

吴志淳書蹟

紀　事

清・孫岳頒等《佩文齋書畫譜》卷七九《歷代名人書跋一〇・元吴志淳隸書國清禪寺興修記》　《國清禪寺興造記》，乃勝國時張翥温、周伯琦篆，吴主一書者，後有章草小跋云：《國清寺興造記》，張太史為宗勉公製之，主一吴隱君書之，適時多故，未惶入石，今宗勉主嶽林，予問會舒、汝諭、徐自牧諸公於契此堂，因請視斯文，恐久而湮没，乃合志命勒石。闕他日國清山中或能復刻，豈不謂之習硯山故事乎。況闕別石心二老嘗撫誦而歎美之，玆石之立，誠其志也。洪武元年十月既望，大闕子闕謹識。內數字不甚明，右徐九峰故物，世稱吴公書，是學孫叔敖，向見閩人陳少峰所藏墨本，正與此相類。

歐陽玄書蹟

論　説

清・孔廣陶《嶽雪樓書畫録》卷三《元歐陽圭齋楷書楊公墓志銘卷》　元代書家，多師法松雪，此獨得魏晉人格意，故用筆如大阿剸截而古穆之氣流露行間，當從逸少《曹娥碑》、子敬十三行得法，固知取法貴上也。道光丁亥四月，瓊州張嶽崧題。同治元年壬戌秋九月既望，南海後學孔廣陶以禿毫敬書於雲山得意樓。

綜　述

清・安岐《墨緣彙觀録》卷二《法書下・元・歐陽元為黃巖王君伯春暉堂記卷》　白宋紙本，烏絲隔欄，正書，四十二行。前書《春暉堂記》，下角有二舊印痕，書法蘇文忠，筆鋒過峻，記後銜款書至元後己卯八月己亥，翰林侍讀學士、通奉大夫知制誥同修國史冀郡歐陽玄記，下押白文冀郡歐陽玄印。又虤虤齋、霜華山人二朱文印，末下角有白文半印，後有河東張翥、臨川吴當、宣城貢師道、山東程益五詩。

饒介段書蹟

論　説

明・顧復《平生壯觀》卷四《元・饒介段》　鵠説雙軿。元紙潤掛幅，字寸半，枯筆漫書如懷琳。

清・吴升《大觀録》卷九上《元賢法書・饒右丞介之四體書卷》　右帖。吾友淮南行省參知政事饒介，字介之所臨，後二十年偶見。此卷筆意，盡有風度，觀者未可以工拙論也。乙丑冬至前二日，齊郡張紳題於浙江之紫薇樓。

清・倪濤《六藝之一録》卷三五九《歷朝書譜・元・饒介之草書》　余嘗怪古人評書，而草獨以聖名，夫書而至於聖，亦精矣。然夷攷其人，皆有超世絶俗之才，不得盡用於世，故於是焉發之。昔韓文公論書，至與堯、舜、禹、湯治天下並稱，有以哉。臨川饒公介之，學問器識卓然為士大夫翹楚，而其嚮用於世，蓋所謂鷙鳥舉而風迫之也，書特其餘事耳。然近來所書尤瓌詭逸羣可喜，公豈欲以書擅當世哉，然觀其勢，殆不至於聖不止也。

綜述

明・顧復《平生壯觀》卷四《元・饒介段》 《送孟東野序》，黄蠟箋，草書，不盈寸。

又 諸體書，紙高尺許，長丈餘，第一段臨右軍，第二段臨章草，第三段草書諸葛武侯《隆中對》，第四段仿顔平原正書，寫陳壽作《武侯贊》，至雖微必僇止，字寸許。後至正二十又一年秋九月一日書，芥叟。拖尾張紳二跋，紳圖書二方雲門印鉗縫。

清・安岐《墨緣彙觀録》卷二《法書下・元・饒介草書韓柳文卷》 淡牙色經紙本，後二紙微黄，高八尺餘，長一丈七尺四寸，草書韓、柳二文。筆法流利，學巙子山。前韓文首書《送孟東野序》，後劉文首書《梓人傳》，文後自題九月七日，九成自崑山載酒來問字，且欲書諸作者所作，余飲其酒美輒醉，遂不能答其問為何問，亦不能書。明日，九成持此紙復來，意不能答，乃笑而書此。九成謂余酒未醒也。辛丑九月八日，華蓋洞酒史識。後有都穆、姜紹書二跋，同邑蔣清書卷有嘗字編號，項氏諸印及董光裕印。陳定書。

又《土行帖》 淡黄紙本，行書，九行，書法精妙。前書介再拜，衰病不得時面，殊懸懸爾。後書介再拜，土行尉相先生無家謹空帖有項墨林收藏印，及項廷謨印，停雲館學刻。

清・吴升《大觀録》卷九上《元賢法書・饒右丞介之四體書卷》 紙本，高七寸三分，長一尺餘。初臨右軍，後更章草，書諸葛武侯《隆中對》，與史中微有不同，故全録之。又草書《前出師表》，全篇文不録，末仿顔平原正書陳壽《武侯傳贊》，至雖微必戮止，字大徑寸，計八行。

紀事

清・倪濤《六藝之一録》卷三五九《歷朝書譜・元・饒介之詩册》 饒介，字介之，號醉樵，嘗仕張士誠。能詩，攻書法，擅名當時。宋仲温、宋昌裔皆出其門，此册介之手筆，余得之廬陵劉彦信。

又饒介之草書韓、柳二文。韓、柳文妙絶今古，《送孟東野序》、《梓人傳》，乃其尤者。元臨川饒介之為易久成書此，蓋有深意，不特字畫之妙而已。

朱德潤書蹟

綜述

清・孫岳頒等《佩文齋書畫譜》卷七九《歷代名人書跋一〇・元朱德潤録范致能四時田園雜興詩卷》 御史姑蘇朱天昭，視予以其高祖承復先生澤民手書一卷，蓋范石湖《四時田園雜興》詩也。先生勝國名士，世多得其畫而罕見其書。虞邵菴謂其文為畫所掩，書固未暇論也。今存復集刊本，有《大星記跋》載予先提舉希蘧府君事。予家亦有府君題先生遺墨，予與朱氏，雖稱通家可也。《石湖集》世不傳，浦陽吴清老嘗作月泉社為詩試，實用《春日田園雜興》為題，乃四時之一時，東南名士盡在選中，而拘於律體，亦未有能出石湖之外者，宜先生之重是詩也。況天昭之於世澤，有念祖修德之義，又豈獨以詩而已哉。予又聞天昭有睢陽《五老圖》真蹟，遡是以往，其世澤尤有深遠者，尚當於他日考之。

紀事

清・孫岳頒等《佩文齋書畫譜》卷七九《歷代名人書跋一〇・元朱德潤録范致能四時田園雜興詩卷》 范文穆公在宋淳熙戊戌自禮部尚書拜參知政事，甫兩月而罷，此其《田園雜興》詩六十首，序稱作於丙午，蓋公退居吴中石湖之上已七年，其於邨野景物人事，親覩而熟諳之，悉從筆端貌出，真有聲之畫也。公在乾道中奉使北庭，執節不屈，雖北主亦稱其忠，孝宗器公可大用實兆於此。然甫用而亟罷，豈當時之不幸歟。或謂孝宗欲相公，以公未知稼穡之事，故公作此以見志。考其時世，殆不然歟。舊傳壽櫟堂有石刻，筆力遒勁，辭翰兼美，惜未之見。是卷乃元鎮東儒學提舉存復朱先生所手録，先生以詩文書畫名一時，為趙文敏、虞文靖諸公所稱許，録此亦可以見其高山景行之意矣。先生玄孫進士天昭出以求予題，予世農家，深知田園之趣，少喜諷頌，此詩況先生筆札，尤所愛玩批閱之餘，不忍釋去，敬書此以附名卷末云。李傑識於石城山房。

溥光書蹟

論説

明・顧復《平生壯觀》卷四《元・溥光》《華嚴經》全部泥金，蠅頭細楷，年月欵錢謙益從武林所得，作跋於後。元世書僧，稱溥光頭陀為首，其蹟甚少，惟見其跋字於書畫間。《華嚴經》字體端嚴而生動，若行蟻蠕蠕，流螢熠熠，真如一筆一日書者，奇觀也。昔善財童子聞此經之音聲而得覺悟，今溥光頭陀寫此經之文字，作筆墨功，行其所得，當何如耶。

明・汪砢玉《珊瑚網》卷二〇《雪菴茶榜》 元僧溥光書茶榜，其辭紫方袍底語耳，不得禪説真味。書法風骨多遒勁，略具顏、柳及眉山豫章結法，惜胸中無卍子骨，令天趣流動，而結習未忘，超灑不足，所書官學士從贈司徒唐不空三藏且然矣。

明・孫鑛《書畫跋跋》卷二下《碑刻・雪菴茶榜》 此茶榜刻，今世多以飾屏，字全師顏魯公，雖天趣未流動，然亦有骨力。余曾見此僧他墨蹟，頗遒勁可喜。

清・孫岳頒等《佩文齋書畫譜》卷七九《歷代名人書跋一〇・元釋溥光書杜詩》 前元士大夫多善書者，其大字獨稱雪菴學士為第一，此卷老杜《送孔巢父》詩，乃雪翁真蹟，其莊重遒勁，如端人節士，莫可狎玩，真有得乎顏氏家法，後之作大字者見之，當不止於退三舍也。

清・吴榮光《辛丑銷夏記》卷四《元釋雪菴書八大人覺經卷》【略】

右雪菴書佛説《八大人覺經》一卷，施下天竺寺慈雲檝主塔院。永樂十一年三月十五日，菩薩戒弟子資善大夫太子少師。姚廣孝。

又 雪菴此卷，自明葉藏東塔寺僧處，幸不飲人缸面酒，至今無恙，已刻石嵌禪堂兩廡。向藏初搨本攜至京師，皇十一子見之，深加歎賞，謂筆力破餘地，腕有顏柳鬼，實出松雪翁上。宜當時之推重之也。今過僧盧，縱觀墨蹟，正如親到寶山，得見真面目，何幸如之。乾隆乙巳春三月，錢載題後。

又 籜石先生昔曾見眎雪菴和尚書《八大人覺經》石刻搨本，乾隆癸卯，先生南歸，甲辰相晤於崑陵驛，及今廿八年矣，乃得觀墨蹟，有歲月不居之感。先生名印，猶余手製也。嘉慶辛未十二月，成親王。

又 從來詩文書畫，皆不能不囿於時代，此雪菴和尚《八大人覺經》，追蹤顏、柳，無一筆涉元人蹊徑，亦不蹈僧家習氣，所謂一超直入如來地者耶。嘉慶甲戌新秋，嘉善錢樾觀并識。

又 宋人書派，多出夢瑛禪師，至蔡忠惠，猶不脱藩籬，雪菴生尤晚，其善守禪門衣盋者耶。道光甲午十二月，南海吴榮光觀并記。

又 元僧雪菴俗姓李氏，至大初授昭文館大學士、中奉大夫，贈號圓通元悟大師。其時趙文敏書為朝野推重，而禁扁署書，則以雪菴主之。所刻有萬安寺茶榜，在嵩山峻極院，字徑三寸許，王弇洲稱其風骨遒勁，惜胷中少卍字骨，謂結習未忘，少天趣也。然海嶽《書史》稱為工夫字，葉井叔《嵩陽石刻記》謂有顏柳風，則其書亦誠可寶矣。黄本驥附記。

綜述

清·孫岳頒等《佩文齋書畫譜》卷七九《歷代名人書跋一〇·元釋溥光書茶榜》 右茶榜釋溥光撰并書，至大二年刻於戒壇寺，為石四，兩面刻，凡八幅，今移立在城西峻極下院。按：王世貞跋云：元僧溥光書茶榜，風骨頗遒勁，惜胸中無卍子骨，令天趣流動筆端，結習未忘，超灑不足。又周叙記云：元雪菴所書茶榜，字徑三寸許，遒偉可觀。今觀其書，筆雖過豐而結體遒緊，有清臣誠懸之風，《書史》亦稱其工大字，録之。

紀事

清·孫岳頒等《佩文齋書畫譜》卷七九《歷代名人書跋一〇·元釋溥光大字》 雪菴俗姓李，名溥光，以善書遥授昭文館大學士。溥光通儒書，能古文詞，大書視小字尤勝，寔有可傳者，不繫其官也，故凡有所書及著作，皆不繫銜，其所見亦過人矣。彼負藝不精，及非所當藝而業之，以躐等偉進者，又此衲之罪人也哉。

周伯琦書蹟

論説

清·孫岳頒等《佩文齋書畫譜》卷七九《歷代名人書跋一〇·元周伯琦四體千文》 右周伯温四體千文刻板，在鄱陽，中書舍人朱季寧仲子為樂平教官以見貺者也。蘇州舊亦有刻板，視此頗勝，元之工篆書者多矣，伯温最用功，其作字結體，蓋出泰山李斯舊碑，其著書發明斯義，有《説文字原》、《六書正譌》云。

綜述

明·顧復《平生壯觀》卷四《元·周伯琦》 臨石鼓文。揀字清明者，臨三百五十八字，跋亦篆文，時年六十有五。圖書五。《息軒記》楷書。

明·李日華《六研齋筆記》 元周伯琦書《相鶴經》。自稱谷陽生，跋云：右經一卷，迺浮丘公授王子晉之書也。崔文子學道於子晉，得其文，藏嵩山石室中，淮南王采藥得之，遂傳於世。又繫一詩云：江南羽化張天雨，海上神交宋仲温。楷法鍾繇稱獨步，草臨皇象已專門。折釵未墜風前股，漏屋先凝雨後痕。寄語臨池諸俊彦，蚓蛇馳騖莫須論。

紀事

清·卞永譽《式古堂書畫彙考》卷一九《書十九·元·周伯温書藏經銘并詩》 鶴齋隱居，浮海至京師，為其母夫人請銘於中書參政危君，既得之，復來吴，謁予求篆題，并以翰林承旨張君所作《藏經銘》求予古篆，恐難其書，賦三絶句以請，予嘉其篤孝以貽之，仍次韻為答。時至正癸卯季春上吉也，老友鄱陽周伯琦上。

楊維楨書蹟

論説

明・王世貞《弇州山人四部稿》卷一三一《文部・墨蹟跋中三十二首・楊鐵厓卷》　至元間，楊鐵史聲價傾海内，餘名往往借客，今其文與書俱在耳，獨勁氣時一見筆端，異日老客媍謡，此亦可窺也。

明・孫鑛《書畫跋跋》卷一《墨蹟・楊鐵厓卷》　鐵厓公余曾見用墨頗重，亦有紛披老筆，然恐非書家派，當借詩以傳耳。

清・孫岳頒等《佩文齋書畫譜》卷七九《歷代名人書跋一〇・元楊維楨遺墨》　大將班師，三軍奏凱，破斧缺斨，倒載而歸，此書或似之。清癡筆翰好奇，宜其珍重，若予之淺陋，則未能學也。

綜述

清・安岐《墨緣彙觀録》卷二《法書下・元・楊維楨詩帖》　淡黄紙本，草書，二十一行，字大二寸及寸許者。書法豪邁，體勢奇崛，前序後又七律一首，款書明日書。此紙會稽抱遺叟楊維楨再拜。天樂大尹見此，聊發一盧胡也。後押楊廉夫白文印、鐵笛道人朱文印。

又《書小遊仙辭序帖》　淡黄紙本，烏絲界欄，草書，二十四行，筆法峭拔，首自遂啟迪蓬心起，文氣不順，前必有闕。序後款書至正辛丑花朝丁酉，鐵笛道人會稽楊維楨在竹洲館試老温筆。後押李黼榜第一甲進士朱文印、楊維楨印、抱遺老人一印，二印皆白文。

紀事

清・孫岳頒等《佩文齋書畫譜》卷七九《歷代名人書跋一〇・楊維禎書真境菴疏》　浙西儒學提舉楊先生廉夫，元季寓於吴中，多往來僧盧道院，此《真境庵疏》之所由作也。庵在上海縣東北二十里，其曰募緣天隱子者，唐司馬承禎，字子微，乃道家者流，而先生之書之者。大抵古人作疏，率多借重如是。

清・顧文彬《過雲樓書畫記》卷三《書類三・楊鐵崖海棠城詩卷》　行書，二十七行。記己酉春正月十三夜，夢至海棠城事及詩二絶，有海棠城郭君須記，熟到胡麻第二番之句，仿佛王子高夢游芙蓉城故事。以後自識二十二行，稱是月望日，會稽抱遺老人楊維楨在雲間拄頰樓筆識，以遺吾鐵門諸弟子云。按：乙酉為明太祖洪武二年，先生自云：吾自行年七十有四，以《明史・文苑傳》卒年七十五推之，明年遂作紫微絳闕之游。海棠城主所謂自兹十九年後，當至此簡余主者，亦復惝恍無憑矣。惟辰鈎子之稱，意指先生母李氏夢金鈎自月墜於懷事，見《清江文集・鐵崖先生傳》，傳又云：家隱三吴，屢遷其居，曰草玄閣，曰藉景軒，曰拄頰樓。其曰小蓬臺者，以紹興之山有蓬萊，示不忘鄉里云。即所稱拄頰樓及卷首有小蓬臺印是也。嗚乎，靈芝宫殿招平甫於夢中，兜率仙山待樂天於海上，文人慧業，自古已然，不得以游戲三昧目之。末有天啟丙寅五月，後七龍宫僊史詹景鳳跋。往歲從歸安吴親家退樓見一卷，與此正同，而字體略小，當時書遺鐵門諸弟子，合有數本，良無可疑。景鳳字東園，休甯人，見《書史會要》。

趙雍書蹟

論説

清・卞永譽《式古堂書畫彙考》卷一六《書十六・元・趙待制臨洛神賦》 王大令好書《洛神賦》，而世所傳者惟十三行，然墨迹罕遇。趙松雪翁亦倣為是賦，則得全文遺於世。余家所妝者二本，一絹一紙，真、行皆臻其妙。今得其字，仲穆摹本，雖不經意，以至純熟，不下父風。故重裝，因識厥後。時正統三年七月望，太常少卿忠徹書。

綜述

清・安岐《墨緣彙觀録》卷二《法書下・元・趙雍書中峯净土詩》 白宋紙本，七言絶句六首，行草書，十八行，蓑衣裱字，大寸許。書法蒼勁絶俗。欵題右中峯和尚作《懷净土詩》，吴興、趙雍、仲穆書。雍字上蓋仲穆朱文印。

清・阮元《石渠隨筆》卷四《元・趙雍書詩詞卷》 文徵明跋云：楷行間作，轉益妍美。德璉姊丈，葢魏公長倩王國器也。國器長於今樂府，楊鐵崖亟稱之，故此卷所書樂府為多，豈亦因其所好耶。後仍有袁表、沈仕、許初、彭年、黄姬永、張鳳翼、陳繼、王澍九跋。

紀事

清・卞永譽《式古堂書畫彙考》卷一六《書十六・元・趙仲穆書黄庭内外玉景總經》 大德四年春三月，余暇坐小齋，偶檢笥中，得晉右軍書法《黄庭》，細閲一過，誠千古筆法之宗。自覺神悚，遂一念而類《黄庭内外玉景總經》，劃算製絲，掃室焚香，神明其慮。每晨薰沐，手書數百字，並寫老聃像，共成連幅，計三浹旬而成。愧筆力未堪，不能仿佛於右軍之萬一耳。第幸點畫不遺，稍愜鄙願，供奉齋頭，以紀歲月云。道弟子吴興趙雍謹識。

雜録

清・顧文彬《過雲樓書畫記》卷二《書類二・趙仲穆行書洛神賦册》 此式古堂卞氏故物也，《書考》所列屢正統三年七月望，太常少卿忠徹跋。余按：忠徹字静思，袁柳莊子也。初授鴻臚序班，遷尚寶司丞，進少卿。有《符臺外集》。見《明史・方伎・袁珙傳》。今紙尾存袁氏真玩子孫寶之印可證。嘉、道間，册為梁退菴年丈收藏，自為詩跋，又屬覃谿、雲臺、荷屋三家跋之。覃谿據署款至正六年冬，謂是仲穆中年作，在召入集賢之前八年，去文敏之卒廿有四年矣。復精楷作七言古詩中有子敬《洛神》，無歲月，而此六年題至正時在集賢侍直前、先承旨法彌端勁之句，復初齋考核至精，此尤得意筆也。余官浙東時，得之吉甫同年。

趙麟書蹟

綜述

清・安岐《墨緣彙觀録》卷二《法書下・元・趙麟衡唐帖》 元黄紙本，行草書，八行。前書今早擬欲專造，緣執事昨晚云：大尹兄到敝舍，所以不果。後書趙麟拜啟衡唐徵君先生。外封裝帖後上書衡唐先生趙麟完帖，有檇李李氏等印。

倪瓚書蹟

論説

明・王時敏《王奉常書畫題跋》卷上《題倪瓚雲林手書詩潔長卷》 雲林詩詞書畫超逸簡貴，不似食煙火人筆，江南士大夫家以有無為清俗，其崇尚也久矣。此册録鈔各體百餘首，初無首尾，行欵整密，字畫精楷，儼然晉唐風格。但旁多改竄，疑是手書詩稾。然何以莊重若此，余昔年購得小景一幀，乃其未改名前所作，盡端題詠兩行，書法全倣率更，猶拘拘繩墨，未若晚年流變，正與今册字相類，因知真蹟無疑。且見古人纖細必謹，可為後法，彌用感歎。惟是所録諸詩，流連光景，夷猶泉石者居多，而微辭隱語，憂時憫世，一種抑塞磊落之氣，時磅礴於筆墨之間，益以見高人志士其肥遯砥俗之意，無時暫忘，所謂詩卷長留天地間者，固自有在，不獨詞翰足珍而已。亦僊年翁不惜重購裝潢什襲，亦以氣韻之同，曠世相感，非徒總其清芬，而余以垂盡殘年，復得寓目，誠没齒之幸也，特為援筆，以識其後。雲林初名珽，後又改名瓚。

明・顧復《平生壯觀》卷四《元・倪瓚》 玄度黄箋詩札，名三肥而帶行，晚年筆頗長。

又 來鴻軒詩，牙色紙，正書掛幅，為陳維寅作，字精美。

清・孫岳頒等《佩文齋書畫譜》卷七九《歷代名人書跋一〇・元倪瓚二帖》 倪先生人品高軼，風神玄朗，故其翰札語言奕奕，有晉唐人風氣。

清・端方《壬寅消夏録》卷一一《倪元鎮静寄詩卷》 按：《鐵網珊瑚》：朱珪，字伯盛，吴人，工篆籀，精於六書之義。又《蘇州志》：珪從吴叡授書法，凡三代金石，靡不規倣。即此朱伯盛無疑。以朱為邾者，當是溯其得姓之始，故雲林詩中亦稱朱翁也。雲林書固稱逸品，其書法亦淡遠静穆，一展卷如見其人。《六研齋筆記》稱其學楊義和、黄裳、黄庭，僊人逸士，固應沆瀣一氣也。光緒丁未三月，宜都楊守敬。

又 此四詩及贊，載於《名蹟録》附録《像贊》，游乎古六藝之書林。集脱書字。類夫魯獨居之男子，集作善學獨居魯之男子，蓋追蹤西塞山前之漁、踵武桃花源之民者，非邪。集踵武，作寄跡。非邪，作歟。五律詩千載挹清芬。集作揚清芬，集由輾轉傳鈔，自不不如手蹟亦之足據。朱原出於邾，《廣韻》云：朱姓出沛國義陽吴郡，河南四望，本高陽後，周封於邾，為楚所滅，子孫乃去邑氏朱焉。以朱為邾，溯其得姓之始耳。

綜述

明・張丑《清河書畫舫》卷一一下《倪元鎮贈徐耕漁詩卷》 東岡草堂圖者，倪清閟早年筆也。作於戊寅七月，時年三十有八耳。其題語凡三十字，絶不類盛年之筆，故楷法尚未成就，乃是寫贈希賢高士者。草亭中人物，有二面部，衣紋極細，自非秋林野興之比。本身上有張天雨題詠，參箋上有杜瓊、吴寬、楊循吉三詩，原係周原已故物，轉入劉廷美齋中，樹石高古，人物秀雅，真劇跡也。近歸溪南吴氏，聞其家尚有《汀樹遐岑》小幅、《吴淞山色》大軸，並是元鎮極品，未及見之，至今尚在夢想。

紀事

清・何紹基《東洲草堂文鈔》卷一一《題跋・跋羅六湖藏倪雲林詩艸册》 今世所傳《雲林集》，分體為卷，觀此册次第，知分體由後人所為，非本意也。雲林當日著稾，張天雨俞和為書成帙，藏於家，蓋即此本矣。六湖兄得此甚珍異，屬為題記，漫興得詩一篇。

王蒙書蹟

綜　述

清·安岐《墨緣彙觀録》卷二卷二《法書下·元·王蒙書杜工部詩帖》　元黄箋本，行書《拾遺流落錦官城》七言古一首，十九行，字大六分及七分許者，行筆蒼勁，書法松雪，款書黄鶴山樵書。

紀　事

明·汪砢玉《珊瑚網》卷一〇《王叔明書溪南醉歸詩》　此元人王蒙所書《溪南醉歸》詩，而吾里李氏所藏也。蒙字叔明，自號黄鶴山人，為趙文敏外孫。玄度、玄實則張氏，為宜興人，兄弟並尚文雅，一時士大夫多與之交，故蒙書此遺之。蒙以畫名，今讀其詩甚流麗，而其書頗亦似舅可藏而玩也。吴寬題曰：人嘗見黄鶴山人畫，皆稱再世王維。山人之學書聞見，此紙尤為悚人，當不在趙魏公下。魏公信居不有之譽，而山人盡曷有之美矣。後學沈周跋。

陸繼善書蹟

論　説

清·張照等《石渠寶笈》卷一〇《元陸繼善摹禊帖一册》　别幅柯九思跋云：右甫里陸繼［善］之摹右軍《蘭亭序》，唐太宗既得繭紙真本，命當時羣臣能書者搨賜諸王。予平日所見，何啻數十本，求其弄翰能存右軍筆意者，蓋止二三耳。此卷自褚河南本中出，飄撇醖籍，大有古意，一洗定武之習，為可尚也。今世學書者但知守定武刻本之法，寧知繭紙龍跳虎卧之遺意哉。繭紙既不可復見，得見唐摹，斯可矣。唐摩世亦艱得，得保兹卷，勝世傳石刻多矣，當有精於賞鑒［者］以吾言為然。至元後己卯歲三月廿二日，奎章閣學士院鑒書博士柯九思跋。

又　揭傒斯跋云：右陸繼善鈎摹《蘭亭叙》一卷，能以支遁道林愛馬法觀之，方可得其精神，於筆墨畦逕之外，此亦人間一清賞也。至元五年己卯四月廿一日，揭傒斯觀。

又　陳旅跋云：昔余在京師，見褚河南雙鈎《蘭亭叙》，留數字不填，所以示摹本也。筆意飄勁，後人猶足以見當時醉墨之在繭紙者，蓋若是耳。定武本人既少見，而褚公真蹟尤不易得，繼之其猶存永和之流風乎。陳旅識。

又　黄溍跋云：舊見馮承素、米禮部及趙文敏公所臨《禊帖》，未嘗苟同。今觀此本，筆勢翩翩，風神峻發，又絶異，欲以參較之，而不能不以四者之難并為恨也。至正元年冬十有二月庚申黄溍書。

又　倪瓚跋云：《蘭亭》繭紙，固不可得見，苟非唐世臨摹之多，後之人寧復窺其仿佛哉。今觀陸元素雙鈎一卷，筆意具在，展玩不忍舍置也。至正二年正月十日，勾吴倪瓚文。

又　董其昌跋云：唐摹下真蹟一等耳。此卷得唐摹遺法，趙吴興所謂專心學之遂可名世者，宋時聚訟可謂多事。天啟四年九月晦日，董其昌觀於苑西。

紀事

清・張照等《石渠寶笈》卷一〇《元陸繼善摹禊帖一冊》 自識云：先兄子順父得唐人摹《蘭亭序》三卷，其一乃東昌高公家物，余竊慕焉。異日兄用河北鼠毫製筆精甚，因念嘗侍先師筠庵姚先生，文敏趙公聞雙鈎填廓之法，遂從兄假而效之，前後凡五紙。兄見而喜，輒懷去。已而兄卒，其所藏皆散逸，至元戊寅夏得此。予兄故隸家，既喜且慨。吁吾兄不復生，唐摹本不復見，余年已中，亦不復可為，撫卷增歎。是年十月十有五日，甫里陸繼善。

又 陳方跋云：鈎填摹搨之法盛，宋時惟米南宮、薛紹彭能之。蓋深得筆意者，然後可以造此，否則則用墨不精，如小兒學描朱耳。繼之親承姚先生，先生與趙文敏皆知書法，故今摹搨褚河南修《禊帖》，筆意俱到，非深得其法者未易至此，但不入俗子眼也。至元五年九月十五日，繼善訪予無錫村居，出此卷相示，展玩久之，遂題於後。

又 沈荃跋云：歷觀諸跋，想見元時唐摹《禊帖》尚多，不止褚中令一種，加以善書之家鈎填精妙，幾欲亂真，如甫里劉繼之此本是也。米老嘗評中令撫本云：率意落筆，咸清潤有秀氣，轉摺毫鋩備盡，與真無異，此冊洵足當之。康熙九年庚戌初秋，堂邑張子上虹攜至都門，余與施研山、季滄葦、陸笏田、孫赤崖、馮緯人、高堯臣同觀於西廠寓舍漫識，一時之幸云。華亭沈荃。

雜録

清・張照等《石渠寶笈》卷一〇《元陸繼善摹禊帖一冊》 按：繼善自識語應在柯九思諸跋前，收藏家屢經裝池，遂失位置，而舊裝特精整，不欲改也。

元人合冊

論説

清・吴升《大觀録》卷九下《元明諸賢法書・趙文敏四家合書詩卷》 趙吴興、虞文靖、袁文清、王趙公四家書合成長卷，皆白紙本，高一尺，可謂四美具矣，得開開題於尤合璧。

趙文敏書《天冠山詩》。【略】此卷字如錢大，墨濃如漆，骨停肉勻，體勢圓勁筆法全學北海，堪為虞袁諸公壓卷也。

又 袁清容和原韻。【略】此卷筆勢凌厲似蘇文忠妙年，有老熊當道之勢。

又 虞伯生和。【略】此卷字指頂大，斤斤具繩墨，是公早年有意競勝子昂，故尤神妙也。

又 王繼學和。【略】此卷清潤，完整結構亦清勁饒骨力，置之末簡，不特濟美趙袁諸公殆步步引人入勝也。

又 子昂諸賢賦《天冠山五言詩》二十八首，摹寫已盡矣。予遂作七律一首，題卷尾云：青山特地聳天冠，聞説羣仙駕紫鸞。浮世黄金空白髮，倚雲蒼玉尚玄壇。松根怪石前年化，檜頂飛泉六月寒。弘景定辭神武去，鷗波浩蕩錦江干。天曆二年六月十有一日，雨中書閒道人吴全節。

又《四名家詩詞合卷》 袁清容詩帖。【略】紙質極佳，書法酷肖蘇文忠而神采激越，令人心爽。

貫酸齋《筆栗樂》。【略】書本學素師而運筆結體得渾脱瀏灕之勢，所謂不凝滯於物者也。

徐遐《水調歌頭》。【略】字畫可觀，殊得楮精墨妙之助，堪與袁貫郭三公合璧也。

郭天錫《四禽言詩》。【略】骨力遒勁，神彩焕發，置之徐後，得無駱丞之嘆耶。

清・卞永譽《式古堂書畫彙考》卷二〇《書二十・元人合卷・趙子昂書騰騰和尚歌嶙子山檃括古詩合卷》 趙雪翁書法獨步當代，喀爾公繼起，遂有北庫庫南趙之譽優劣固未易言也。金庭王希淵實藏二公真蹟間出以相示，俾予評之，予謂趙書如士大夫按樂蹤爽，節奏而意態閒雅，庫庫書如生駒出櫪，未閑鞚御安事驅馳，世有知予此論者，方許具一隻眼。雒陽鎦師邵。

清・張照等《石渠寶笈》卷一〇《元趙孟頫鮮于樞合卷一册》 上官伯圭跋云：書法晉唐以下日壞，宋惟米元章一人能行書耳。今國初有吴興趙子昂以字行，初學六朝人書法，名世後，官進至學士，人往往求學《丹碑》碣者，衆方退取孫過庭、李北海、張從申、蘇靈芝輩字體雜書之，獨不甚草書，太常典簿鮮于伯機父，中原人，寓居錢塘，閑於行草，楷不多見，與子昂齊名一時。今觀前子昂報伯機常州張治中家藏虞永興枕卧帖，筆意清峭，及論裴行儉、褚遂良、虞世南書選譜草字雜體一帖，故作唐人書法，良有意焉。又後帖報友人京師所觀諸法書名畫，又復六朝紙尾問訊，及伯機意不特報書畫欲使見近書何如耳。伯機後一帖獨輪張良史懷素高閑草書之妙，末云至山谷乃大壞，不可復理，亦譏子昂草書之不及已也。二公作詩缺二字好古博雅，厚善且密，可謂同志之友。至於論書法各宗其長，頡頏當世，如林下秋風，令人可愛，復可畏也。不審清權仙翁存日怡賞之際，曾參二公此意否，清權翁乃廬山人，其徒同叟李君至治癸亥季夏觸暑携此卷同南唐李廷珪墨過我，就磨李墨題之後。鄱陽上官伯圭。

又 二幅似之，又所報無燕京奇畫，是孫過庭法也。鮮于伯機評書天真爛漫，盡力與吴興敵者，是皆可傳也。今日過敬韜兄出此相視，因借歸，摹之《鴻堂帖》中并題。壬寅長至後五日董其昌。

又 陳繼儒跋云：《榮禄碑》版文法顔平原李北海尺牘純用二王，獨此卷與鮮于困學論書畫皆以褚河南哀册行之，一洗生平本色。困學論張長史帖亦不復類鮮于家書，兩公墨苑中小遊戲，不無摩壘血戰之意。榮禄得伯機書，輒以己書易之，付之烈燄，曰：此子定掩吾名，有衛夫人妬，泣然不可謂鮮于之知己也。偶過敬韜緑陰古石間出此相示，漫記數語，此日不虛擲矣。陳繼儒題。

綜述

明・顧复《平生壯觀》卷四《元・無逸篇》《無逸篇》。楊恒武子大篆，蕭㪺隸古，趙孟頫小楷，揭傒斯題詩一首作跋。《無逸》一篇，三人以三體寫之，各遵奇妙，而子昂小楷更妙，恨揭文安不善草書，惟題一詩耳。若得康里子山草聖一篇，則四體備具，豈非一大觀哉。

清・吴升《大觀録》卷九下《元明諸賢法書・三名家書無逸篇》 大德己亥東魯楊恒書。

此三篇極白元箋本皆神妙之作，第一幅篆書，三十六行，止録年月款前云後藏印，鈐縫印二十三方。

大德辛丑中伏關中蕭㪺作漢隸附於楊武子古書後。

公名㪺，字維斗，奉元人，讀書南山三十年，博極羣書，天文地理律曆算數靡不研究，一以洙泗為本，累授國子司業、集賢侍讀學士皆不赴。大德間拜太子論德至京，尋以疾辭歸，卒年七十八，謚文貞。所著有三禮說小學標提，駁論九州志，勤齋文集行世。此隸書第二幅，三十九行，藏印十一方，鈐縫印三方。吴興趙孟頫書。第三幅小楷，仿樂毅論，每行二十餘字，錦春堂等藏印十二方。篆、隸、真、行細作行，誰能一卷備三長。莫徒點畫論書法，試看周公輔哲王。揭傒斯。元印五分。

清・張照等《石渠寶笈》卷一〇《元趙孟頫鮮于樞合卷一册》 宋牋本凡四幅，前三幅趙孟頫書，末一幅鮮于樞書，第一幅、第二幅，論虞世南、裴行儉書法。【略】第三幅與鮮于樞尺牘，論古人書跡。【略】第四幅論張旭、懷素、高閒草書。

清・端方《壬寅消夏録》卷八《元人書翰册》 按：元人翰墨二十幅，項墨林舊藏，每幅後人標題有脱落者，有誤粘者，現存文信、王應高、倪瓚、程文海、汪從善、柯九思、馬祖常、鄧文原、黄溍、虞集、汪澤民、鄭基、袁桷、張珪，文信前後兩幅，克恭是高房山公，楠是燕公楠，知自是曹雲西霜葉飛一詞，署非：狂叟，人不知何人。錢伯行一幅，是後人考證伯行仕履，伯行所書，早已抽去。

紀事

明・郁逢慶《書畫題跋記》卷八《趙文敏公小楷，麻姑壇趙仲穆書讀書城南司馬温公勸學三帖卷》 今年四月十九日，余自華亭過松陸之甫里田舍，天氣驟熱，因留度夏，鄰有張君德常，德機，賢伯仲，伯子，多蓄名蹟，而希會面名蹟，亦罕以示人，幽居默默如潛逃而已。乃子元度亦不肯相過，招邀數次，不過黽勉一來。六月十六日，旱久而雨，一雨浹旬，茅屋上漏下濕，獨坐唯有悲嘆，因寄二君詩曰：積雨不為休，漂搖使人愁。哀吟四壁静，病卧百蟲秋。開門望原野，江湖漭交流。誰能載美酒，為我散煩憂。余六月末病臂創足痛呻吟幾及旬，故云。七月四日雨止，風静雲翳開朗，泥潦尚没足，忽叔子來訪，元度踵武，亦至攜榮禄此卷及其子趙雍遺墨以怡悦老眼，濯甕牖之凉飈，臨碧江之湍激，相與玩詠不已，因自念老景侵尋，親朋淪落殆盡，雖近在跬步如張君伯仲父子，尚不得數數晨夕，況二趙星宿光芒，昭回霄漢，夢寐亦所不覩，得不見其遺蹟而不喜抃哉。遂記其後以寫余之憒憒者焉。歲巳酉倪瓚。

清・卞永譽《式古堂書畫彙考》卷二〇《書二十・元人合卷・趙子昂楊廉夫陸宅之合卷》 淞江陸冢者，家富而好禮，收蓄古書畫彝器甚多，一旹名人無不獲交。有友聞録者楊廉夫陸宅之皆為之序，余亦嘗書數詩與之。冢既死，家破於兵，此文流傳竟歸余於前松雪書亦其家故物，因合作一軸，異時當訪其子孫有識者還之。時洪武四年七月十一日吴門楊基孟載記。

趙魏公書於規矩之中，自有神仙蜕骨風度，楊鐵崖狂怪不經而步履自高，陸宅之學藏真而自出機局，三公雖高下不同，然皆能以其文辭翰墨豪於一時。陸景周不知何人，乃能筆而得之流落之餘，復為吾鄉楊先生所輯，觀其題識，宛然忠厚可掬，皆足重也。元聖高士寶此卷數年矣，間出相示，因評數語如右。東海徐有貞外録。

【略】又子惠近作云：盛夏非關歲除，凱風偏不借吹噓。抽毫那有生花筆，展卷寧無蠹字魚。一束有懷人杳渺，榮枯不背任親疎。斷雲孤月魂無倚，荏苒年華獨掩居。款題扶風馬昭從夫姓也。詩與字不下其先陸卿子至寫生逼真其母氏文淑也。惜不免去歸嘆耳，噫，佳人薄命，自古為然矣。

清・李佐賢《書畫鑑影》卷四《卷類・元・四賢詠天冠山詩卷》 松雪清容道園繼學四先生天冠山題詠手藁，凡百十二詩，總行楷二千六百七十三字，無上希世神品，定為趙蹟之冠，兼補虞詩之遺，審定陝石之僞，北平翁方綱鑒藏珍祕。戊申長至日對匡廬五老峯滌硯題記。

又 虞文靖此蹟，蓋去趙書時不甚遠，約在延祐三四年間所書也。至延祐六年，則文靖以丁殳憂歸矣。曩者余以為延祐至治間書猶考之未審耳，此時文靖四十五六歲也，予所藏坡公天際烏雲帖，後有文靖手蹟，在至順辛未，則文靖年六十矣。辛酉十月二日方綱記。

又 元趙松雪、袁清容、虞遠園、王繼學四家《天冠山詩》，各廿八首，合書為一弓。虞跋云：三公先後同賦而郁氏書畫記汪氏珊瑚網皆詳於趙而略於三家書者，趙書名尤重也。然陝西碑林趙書天冠山之石刻，名著於世久矣。其後有文衡山癸丑秋跋云：天冠山在丹陽郡，丹陽郡固無此山，且文衡山時亦不當稱丹陽郡。癸丑則明嘉靖三十二年，衡山年八十四，斷無此平弱之書。且云欲髣髴圖之而不敢，衡山亦不出此語也。予疑此石刻之僞，非一日而未有以斷之。今得此四賢手蹟卷，則松雪詩較石刻多四首，皆集中所有而山刻失之。丹陽則道士之號而附會為郡者又失之。且其詩是《題天冠山圖》而作，故目云題詠而陝刻趙自跋云：余昨遊天冠山，見佳境興發，偶詠鄙句，是何語也，惟以其書論之，則陝刻書法未嘗不佳，但以今所得真蹟比之，則真蹟神氣渾淪，而陝刻側削為稍異耳。《一統志》天冠山在江西廣信府貴溪縣三里，脈與三峯山相連，其巔方正，兩頭如垂旒，故名也。三峯下有長廊嚴，又與五面石相接，皆與此詩題相合。《廣信府志》亦具載趙題諸作，不知作僞者何以有丹陽郡之説也。此陝石之刻，在國朝康熙二十一年壬戌至今繞百年，而石理盡泐，其後跋字亦皆有磨滅而不可辨，後人更無從而驗其作僞之端矣。若非予來江西，恰得邁此希有之蹟，為之攷證明白，將使靈山誣冒隔省之郡名，而文敏徒留一僞蹟於世耳。修《廣信志》者，既不知駁正陝西石刻之誣，而刻陝西石者復不知此山在何處。天壤之大，古賢名蹟湮晦而不自者何限，始歎人見書不多之足憾也。然趙文敏之書，自元明以來，千百臨摹僞者殆徧天下，雖善鑒者亦未有以定之。今得是蹟以斷陝刻之僞，然後知凡行世之趙書，其近於側削者雖工弗信矣，必如此卷精腴圓潤，得蘭亭聖教神髓者，然後信其直接右軍超出前後諸家耳，是固刻陝石者之有啓我也。然予於此又別有感焉。古今詩人派別不同而其理則一，如右丞輞川之詠，必著孟城華子岡少陵巴山之作，亦言花溪先生廟，推而上之，則檜楫松舟，必言淇水，川訏鱮甫比言韓土也。今以四先生之詩，凡百十有二章而使讀者不能確識其在何地，毋乃與古之立言者不相揆合歟。則何恠乎作僞者，誣以為丹陽郡也。此亦學人所宜鑒古而深省也。方綱於役江西日，以山谷道園詩法自勖，且以廣勖學人。今年夏六月十有二日，山谷先生日按行至臨江與通守錢塘徐君論古今書道源流，君出所藏諸名蹟屬予題識，而以是弓見貽，即如道園二十八詩為學古録類藁遺稿之所不載，且正書遒古，得黄庭化度，神理，清容繼學書詩皆古雅可實，將與趙蹟並勒石而傳之。江右名勝文字精靈一旦豁然得此印證，大白於世四百七十餘年，真氣如對几席，是又豈特區區陝西碑林後人僞刻較得失而已乎。

四先生詩，惟《道園集》不載，《松雪集》題曰：《天冠山題詠》二十八首，與此卷同。《江亭集》題云：天冠山二十八首，《清容居士集》題云：信州招真觀二十八詠《廣信府志》云：招真宫在貴溪三峯山之右，漢王表修鍊之所，李光詩：舉手金沙嶺，片石聊寄足。井池丹藥就，千載湛寒緑者也。志又載貴溪縣南三里長廊嶺有藥池丹井，亦録趙詩於下，蓋諸巖泉皆在貴溪之南，祝道士之圖，概以天冠總括之耳。故清容詩題曰：信州招真觀舉道士所棲止之處，以名之王表，表字當依山中石刻作儦。《招真志》譌作昭，當依石刻及《清容集》作招也。祝道士名元衍，號丹陽，貴溪人，能大字，見《書史會要》。至於陝西石刻與此不同者，馨香巖巖作嶺，玆巖可逍遥，巖作嶺，直與猿雀鄰，直作真，皆以墨蹟為是。【略】神龍或潛淵，皆陝刻本勝於墨迹本。又靈湫一首題下注云：上有亭名聽雨亦與集同，凡若此者，皆不得執墨迹以概駁之也。虞道園跋固云：先已書一卷失去，則趙詩草稿安知不有別本傳在人間者，但陝西刻本不應妄撰為子昂之跋，又妄為文衡山跋，遂自實其僞而無可復辨甚矣，下筆之宜慎也。然陝本行草實亦清利得法藉，使明著其為仿趙之書，亦豈不足傳後，又何必妄作跋語以欺世乎。不過多此一跋，使吾知為僞迹耳。此又足見作僞者無不敗露而真物之不易冒也。【略】今以吾審定此蹟，與陝本比較徵驗作趙書定論可也。延祐二年乙卯，文敏年六十二為集賢學士，正清容道園繼學同官邸之時，題詠唱酬極文藻風雅一時之盛，又安得有遊天冠山之事乎。方綱去年冬，按試廣信於上饒南巖得唐人所篆應谷二字，因以古緣名齋，蓋院廨原題曰：谷園書屋，前年奉使西江時，取夙昔瓣香山谷道園之意也。及得廣信唐篆，適於匡廬青原得山谷石墨，故復以谷緣名之，而今歲六月十二日恰逢山谷先生生日，薦筍脯賦詩之頃，適得此卷，其山正在廣信，又有道園詩墨在焉。古今人精神感召不謀而合，有如是者乎。爰為攷據辨證，既識其大畧於卷之後幅，而復系之以詩。

古詩一首未録題欵在後。

乾隆五十三年歲在戊申冬十有一月望後一日北平翁方綱書於南康試院後堂嵐漪軒。

清·端方《壬寅消夏録》卷八《鮮于伯機評靈長書梅花賦孫雪居盡梅合卷》　宋廣平《梅花賦》世所罕傳，於新得於右丞何公處，實東京舊國子監寫本。蓼塘庄恭甫聞之，以求故書，此以贈之漁陽困學鮮于樞。時至元二十七年中秋日書。

又　傳本頗少困學民書於武林，田子藝《留青日扎》見半首，惶汗不敢下筆，忽得孫雪居為許靈長畫梅，靈長為蠅頭小楷書此賦其上，後半備寫合之文恰完，乃聊為一卷，識其後以歸松石。夫伯機書此賦時，宦武林，許靈長武林人，孫雪居華亭人，亦如朱子云，正是一時偶然也。乾隆己未小滿日張照記於京邸觀頤齋。

又　昔松雪得鮮于伯機暮年所書千字文未完少四百餘字，松雪閉門臨仿者閱月始為續成，復跋其尾，余得觀於古香書屋，又於繆文子洗馬齊中見文待詔補松雪所書《汲黯傳》十一行，自識云：欲下筆輒止，凝眸而注者累月，乃仲卷為之，終不如志，古人服膺前輩類如此。松石黄先生既得伯機手書廣平《梅花賦》，掩衷擁髻，擁字上闕，即攜向天瓶居士乞為補之，天瓶許而難之，即趙文敏意也。尋復得許靈長書孫雪居梅花卷，於五柞字下缺，靈長善小楷好而即日可作五千字，此獨缺又落松石手，延津劍合殆有作之者歟。天瓶聞之喜甚，即記其事。天瓶没後將三年，松石訪予於武林舟次，並出天瓶手跡雜著若干册見託。松石幽寡儔侶，每展閲天瓶之詩文必曰：若得見香樹，當為商榷今茲遇合亦有數存於其間歟。文湖州畫竹成謂主人曰：某年月日眉山蘇子過此，當出索題，已而果至，蘇引龔生事以志其異，天瓶與余同官雅善，每狂醉大叫，得意疾書，必相屬題識，古今風義性靈輒寄筆墨，至勝處往往若有神功，殆不必强者矣。

乾隆十二年十月十三日，嘉興錢陳羣題於武林之寶慶橋舟中。

又 乾隆壬子三月三日，北平翁方綱獲觀於秋□九兄涕南官舍之小蓬萊閣。

又 昔者廣平賦梅花，不類其人心似鐵。後來雪居工寫梅，鐵榦横空推勁筆。唐明世遠千餘年，中間誰復引相匹。鮮于困學書絶倫，毫端透出梅精神。為寫此賦逸其半，得之尚值錢千緡。一從鏡分樂昌邸，何當劍返延平津。飫古又見涪翁黄，扁舟來訪天瓶張。手攜錦贉舊卷子，扣門乞書求補亡。天瓶行押擅當代，迴看趙董真流輩。獨對此書五體投，欲行奚啻三舍退。效顰學步空貽識，鶴脛貂尾甯割愛。無已願損篋中珍，幸有孫郎手痕在。脱贈梅花數折枝，名高文竹鄭蘭外。靈長許子楷法精，小字不作癡凍蠅。偶綴唐賢三百字，如瑞合璢絲貫繩。認陶作阮雖未敢，買王得羊猶可憑。襲美賦桃仿體態皮日休擬廣平體作《桃花賦》吴興焚紙爭聲稱。世傳子昂以己書三紙易困學一紙焚之，見《弇州集》。同時主盟迭晉楚，異代雨美成尹邢。由來書畫本一致，漢陽枯管漁陽字。諸公嗜梅臭味同，著手成春等閒事。家君往年題跋時，放筆喜報添丁奇。我做此歌傳藝苑，竊慚綺麗餘波為。

松石黄君得鮮于太常所書宋平《梅花賦》，僅存擁髻字後半，因乞步書於張文敏惶悚不肯下筆，出孫雪居畫梅卷贈之，卷首許靈長曾題此賦，恰得前半合之文始全。文敏浸後數年，家君跋其卷，今又二十餘年矣。今子小松出以示余，余愛此卷筆墨之妙，且奇其會合之因識七古一首。時乾隆癸巳八月朔日。清怡居士錢汝誠。

又 伯機作書以膽勝，此賦獨周規折矩，其所謂膽者殆神明於規矩也。黄小松與余為世交知方，勒鑑真帖寄以助余愛古之僻，因刻竣而歸之，若夫文缺而劍合珠還，天瓶先生言之詳矣，不復具贅。乾隆庚子嘉平望日孔繼涑識。

光緒己亥初春睫菴得於南海孔氏，庚子六月誌於西樵官山舟次，今夏曾見鍾氏所藏困學老人草書《歸去來辭》，即吴氏刻入筠清館者，紙色稍黯，似不及此卷之精並記。

清・端方《壬寅消夏録》卷八《元明賢詞翰册》 第一趙孟頫。【略】文敏此書置之右軍帖中幾無辨。安上。

趙文敏手札所見者七紙：一宋商邱藏五短札，一王弇州藏定武禊帖又寄陳直齋。一札合此為七與鮮于太常饒介之蘇昌齡五紙並繆氏物，繆氏文子善鑒賞，為顧維嶽後一人所藏多可信。

第二鮮于樞。【略】此紙有唐人氣息，太常書中上乘也。

第五趙雍。【略】仲穆書亞於文敏，猶大令□右軍也。此雖紙糙筆澁，而風韻自在。

第六揭傒斯。【略】此與停雲刻迥異，豈其稿耶。然筆勢瀾□，頗勝正書，有目者當不因異致疑。

第九饒介。【略】介之書當在康里承旨鮮于太常之上，白湛淵張伯南諸公似不遠也。

第十二倪瓚。【略】雲林詩稿自少至老子稍異，早年楷法極工，晚年漸草率，全稿向在王弇州家，後散失，城外周氏藏一册，詩頗多而字不如也。此八首得之無錫華氏。

又 余既集明賢遺墨，因思及元人，然元人中善書者，松雪而下不數人，且元紙低不耐久，所見殊少所可，此册雖未備，而元人習尚可概見也。

庚申八月幾望，希曾記。

元人真跡以蔣春皋所得繆氏本為最，然松雪札尚有可疑，此册積年自諸藏家，審辨頗亦非易也。

按元人翰墨十三帖向為契蘭堂謝安山輯録，今與名賢遺墨同歸寶華盦中，安山頗推許繆文子所收之五札，寓意録亦未著録，然筆墨自佳，因考諸賢仕履附後。

藝文

清・卞永譽《式古堂書畫彙考》卷二〇《書二十・元人合卷・趙庫庫二公翰墨歌》 元朝翰墨誰擅場，北庫庫南趙高頡頏。二公才名蓋當世，片楮傳播如珪璋。子山學士位館閣，天水王孫登玉堂。官居位望正相似，後先雙璧聯輝光。趙公至元初入覲，深姿皎皎明秋霜。世祖重瞳特加敬，顧盼恩渥殊非常。真行篆籀誇第一，匡鐫石刻傳四方。金薤琳瑯炯相照，天球寶鼎森成行。今觀此書乃行體，筆意蕭散還嚴莊。危藤兀兀寄高樹，斗柄落落垂穹蒼。左迴右顧自遒勁，骨肉平均筋力强。庫庫公此書兼行草，翩翩筆勢鸞迴翔。春蛇秋蚓恣揮掃，走兔落鶻何驚惶。有如鄂公握神槊，縱横擊刺誰敢當。三軍一掃皆敗北，狼藉斷箭並刀鎗。吁嗟墨妙有如此，初學詎可窺門墻。金庭山下右軍宅，墨池尚有京雲香。聞孫千載踵家學，收得此卷如珍藏。為言迺祖在元世，結交趙魏同肝腸。相遺不贈合歡綺，特寫昔賢金玉章。妙好文詞二公筆，天葩雲錦何焜煌。家傳舊物賴有此，臨摹欲繼蘭亭芳。白虹貫室鬼神護，仰視東壁生寒芒。清河張燦。

雜録

清・翁方綱《復初齋文集》卷三〇《跋江秋史所藏元人墨蹟》 秋史以所藏舊蹟相眎，其與鶴皋並致雲西居竹者，當是元人所作，卞氏式古堂書畫攷載之亦作米起，卞氏列於曹雲西之後，鄭遂昌之前，注云：原蹟采字有疑，俟考。此幅筆意圓潤，非僅學松雪者可比，蓋亦元人也。宋字諦審是宗字，元人有吴宗起，見於書畫史，俟再詳之。然予嘗謂蘭亭崇字中間一筆直下，於此蓋亦可證也。餘數幅亦多元人之蹟，錢良佑，字翼之，號江邨氏，吴人，有《江邨先生集》。唐隸，字子華，吴興人。沈右，字仲説，號御齋，亦吴人，以純孝稱，所居曰清輝樓，陳敬初嘗為文記之，所著清輝樓藁多與叔方伯行敬初唱酬之作，伯行名逵，錢良佑子也，詞翰有殳風，嘗見沈右詩簡後書沈右頓首拜啟。叔方教授先生尊契文坐下，叔方姓鄭，名琮，見《鄭師山集》，稱其書得鍾元常筆意。季野姓王，名畝。福宣人，官成都路判官，亦善書。敬初陳基原名無逸，則他書所未見，賴衆仲此蹟得以識之。陳旅字衆仲，興化莆田人，至正初官國子監丞，所著《安雅堂集》載此詩，題曰：與陳敬初同舟北遊，題餞行卷後。陳基台州臨海人，仕元為經筵檢討，後參張士信軍事，有《夷白齋集》。匪石司業者，鄧文原，字善之，一字匪石，錦州人，皇慶初，為國子司業，官至集賢直學士兼國子祭酒，有《素履齋集》，謚文肅。楊鎰於至元三年題名，虞邵庵所書擬硯臺記，後見鐵網珊瑚居竹，是成柳莊訴公，是笑隱大訢也。幅内有乾明大藏印紙，乾明寺在瑞州路，趙文敏有記，所謂經律論教之藏各為大屋以覆之者也。惟周南是明成化十四年進士，縉雲人，字文化，官至右都御史，總督兩廣，贈太子少保，合前與鶴皋一幅，凡十三種，當裝為一册，其柯敬仲行書帶名五行，與予所藏蘇書《天際烏雲詩》迹後跋筆勢正相符合，緼真濟陽皆柯氏印也。

清・顧文彬《過雲樓書畫記》卷二《書類二・元賢手跡集册》 右元賢手跡集册，凡七家，笪江上松子閣中物也，後以贈同年楊青岩者。其首有松雪翁書《回仙觀贊》，審是僞蹟，去之。所存倪、周、顧、陶四家，載《六研齋筆記》，其餘張與二楊，則筆記不載，眉公跋亦不言，意是江上合裝也。惟《筆記》云：周公謹，名密，號草牕，又號弁陽老人。泗水潛夫。殘元時流寓吴中，目見僞吴張氏狂圖不遂，城破國亡，皆由任用非人，淫樂自恣，竟殲天戈，有足嗤者。於雜札中得其詩數絶，皆追悼之作也。余按：草牕詩有《蠟屐集》，其序存《伯牙琴》，又有弁陽詩，其序存《剡源文集》，今皆亡佚，無從考見。唯鄉於《倚聲瓣香》、《蘋州笛譜》嘗欲刺其撰著為《年譜》一書，知實生宋紹定五年壬辰。張氏起於元至正十三年，至二十七年而亡，苟草牕目見吴亡，年當百三十六歲以外，固知不得因署欵潛夫而疑之也。意潛夫乃錢塘陳振祖，明初為國子監學正者。《静志居詩話》謂潛夫於洪武十八年三月曾上書言事，載《實録》，則淮張之亡，為所親見。此詩云次盧先生韻，當是盧熊，熊字公武，昆山人，見《書史會要・列朝詩集》。潛夫有盧公武《鹿城隱居詩》，是其確證。又吾家阿瑛及雲林兩札，皆云公武先生，想見同時酬唱往還。李竹嬾得而合并之耳。

《樂善堂刻帖》

綜　述

明・王世貞《弇州山人四部稿》卷一三六《趙子昂帖》　吾鄉人陶氏治地，得藏石凡法帖十卷。後二卷為姜堯章、盧柳南，餘俱趙吴興孟頫書。吴興書蘭一本，清絶楚楚，與王摩詰蕉雪同韻。弟國香零落，不無楚畹之嘆耳。書《蘭亭記》幾遂逼真，所不足者，雌黄之表固未易言。《樂志論》、《盤古序》并數尺牘皆佳，石既完好，搨手亦精，視真本當不失一，真可意也。此帖為顧善夫所刻，内《千文》、《歸去來辭》、《西銘》，各闕數行。陶謁文太史書補之，文固謝曰：莫易視，吾不能為後人笑端。人謂太史勝束先生、補亡遠。彼宋康王之於吴傳朋非無此論，但恨晚耳。

清・程文榮《南村帖考》卷四　元顧信所刻趙吴興書各帖，不知全帙凡幾。余初得三册。一為《淮雲通上人化緣序》，正書，五十行，前有通上人像。首有趙字及大雅二字印。一為《太上老君説常清浄經》，正書，三十三行，後有趙氏子昂天水郡圖書印。《般若波羅蜜多心經》，二十五行。前有顧氏藏書後有趙氏子昂二印。一為澄心静慮，行書，十三行，前有趙字及大雅二字印。大抵古人用筆之法行書七行。後有趙氏子昂印。首有墨妙亭書法五字。後有泰定改元，歲在甲子仲春十有九日，門主崑山顧信善夫摹勒上石二行，姑蘇吴世昌刻一行。並正書。後又得四册，第一册為永和九年，行書，二十八行，後有趙氏子昂印。《送李愿歸盤谷序》，行書，四十四行，前有趙氏及松雪齋印，後有趙氏子昂印，行間有墨妙、合同二半印。後亦為墨妙亭書法。第二册為《樂志論》，行書，二十二行，後有趙氏子昂、天水郡圖書印。後有姑蘇吴天澤鐫正書，一行。孟頫記事頓首，善夫副使友愛足下，行書，十四行，番微恙而還，行書，十行，孟頫記事頓首，善夫提舉友愛足下，行書，十四行。前有顧氏藏書印。後有善夫顧信摩勒上石，四明茅紹之鐫，正書，一行。第三册首亦為心經，次為行書，千文，七十二行，淑姿下缺。前有顧氏藏書印。第四册顧氏所得名賢法帖，今已别著於録通册，皆無標題，卷數疑當時本未署名，趙均、陳鑑、范大澈、孫克宏諸家並題，此為樂善堂帖者，殆因顧所刻也。

紀　事

明・范大澈《碑帖記證・樂善堂刻》　元顧善夫刻。近歲吴中掘地得石搨之，俱趙子昂書，後有姜白石《書譜》。刻手甚佳，止二十五轉，惜不全耳。善夫，即阿瑛子也。

明代書蹟部

危素書蹟

論說

清・孫岳頒等《佩文齋書畫譜》卷八〇《明危素炬法師塔銘》　寶石山蓀師以臨川危公所撰炬法師塔銘裝潢成卷，持以示余，曰：此危公垂没之筆也。其文總若干字，而點竄又計若干字，字大如蠅頭，而兼用行草。其孤𠁽識其後，曰：此文洪武五年正月十日，先君子所作，是月廿又五日以疾終。今以此文寄其徒秋巖昆仲，用見先君子之意。𠁽今為安慶府教授，秋巖則蓀師字也。余以此本乃公未脱稾之文，行草兼用，且加點竄上，讀者難認取。今天界寺住持泐公所為行狀，正其差訛，命諸生方質録於稾本之後，以便讀者，且屬蓀師請善書者登其文於右，而以稾本留於山中，使人見公當垂殁之際，其文與字畫不苟如此。公以文章翰墨名世，著作既高，而楷行草三體並臻於妙，凡世臣大家釋老寺觀穹碑短碣多冶鞭策之者甚至。此帖乃庚申歲謫蜀將辭京師時所發，詞意重厚，拳拳以古賢哲之事見勉，若誠以為可望者。《遜志齋集》。

綜述

清・安岐《墨緣彙觀》卷二《危素陳氏方寸樓記》　白紙本，烏絲隔欄，正書四十四行，為四明陳貴白為記者，書法虞永興，首書陳氏方寸樓記，款書臨川危素記，後押危素白文印，太樸朱文。

紀事

清・孫承澤《庚子銷夏記》卷七《危素書崇國寺碑》　太樸擅書名，雖乏挺拔，然圓秀有致，名手也。此碑在京師崇國寺，人甚重之。寺有二井，元末京城陷，太樸奔井所將躍入，寺僧挽之，曰：國史非公不能也。自此老臣危素遂不得為文天祥矣。

宋濂書蹟

論說

明・王世貞《弇州山人四部稿》卷一三一《明宋太史手書鄭濂名解後》　右包參軍家藏《宋太史書鄭生名解》示余，按書述稱太史父子不失邯鄲。此書行筆極蕭散而有純綿，裹鐵之意似非規規學步者，跋尾如烏傷王子充、金華胡仲申、豫章揭汯號能文章家，初不以臨池名而結法翩翩自佳，皆可重也。汯故曼顧應奉子，太史名濂，鄭生亦名濂，豈古所謂慕藺齊莊之遺耶。則其文該洽辨覈，固宜尒昔斛律丞相至不能署其名，而更之猶以為繁，若太史者，得無乃愧其簡乎。此語頗有意，然當不免參軍一盧胡也。

明・孫鑛《書畫跋跋》卷一《宋太史手書鄭濂名解後》　太史書醇古入書品，鄭濂名解潛溪集未載，近聞有刻太史全集，不知搜及此否。

清・顧復《平生壯觀》卷五　樗菴詩白紙，行押如錢，字如松雪，引首篆樗菴二字，後胡翰序。

又　題鐘鼎文藍紙，方不盈尺，字如指，小楷兼隸體。

又　宋文憲書多，於卷軸詩題見之。小楷學顏，行押帶趙，其最精妙者，無如錢舜舉《桃源圖上跋》也。

紀事

清・孫岳頒等《佩文齋書畫譜》卷八〇《明宋濂手帖》 某年二十時獲見先生於翰林，遂受業於門，及先生致事還金華，侍左右者數年，每蒙獎與以為易教，所以陶冶鞭策之者甚至。此帖乃庚申歲謫蜀將辭京師時所發，詞意重厚，拳拳以古賢哲之事見勉，若誠以為可望者。《遜志齋集》。

宋克書蹟

論說

明・王世貞《弇州山人四部稿》卷一三一《宋克急就章》 余往與徐獻忠先生論書法，嘆章草自二王後僅一蕭子雲，即顔柳蘇米以至趙吴興，負當代能聲而不一及之。黄長睿刻意其學，而無其法。國初宋南宫仲温可備述者，然波險太過，筋距溢出，遂成佻卞。先生笑謂余家藏仲温《急就章》二百年矣。差不露筋距，舉以乞余賻池零落若追蠡而絹墨，幸不敗結意純美，余欣然，重表飾之，以為征誅之後獲覩揖讓，而後偶取葉少藴刻皇象石本閲之，大小行模及前後缺處若一，惟波撇小異耳。此豈亦仲温手臨象本耶。然一二傍釋小字圓穩。有藏蓄與仲温它書不類，而仲温別自補急就，闕文與張夢辰則小而勁，此恐或非仲温筆也。然因是得覩皇象渥窪之種，遠出仲温蹀躞上。語曰：買王得羊不失所望，夫寧啻不失而已哉。

又《宋仲温書畫帖》 宋仲温生平作章草極多，然微涉佻而尖。此書書帖遂能藏顯古法藹然，大抵不經意乃佳耳。宋此書本無可疑而為後人增二印章，遂成蛇足，吾故為拈出，生其善有之。

又卷一三六《七姬帖》 七姬志銘為尋陽張羽撰，東吴宋克書。文既近古而書復典雅，有元常遺意，足稱二絶，弟其事大奇而不情，楊用脩跋可謂得其隱，弇漢廷老吏也。

又《宋克前後出塞詩》 宋克書此詩及後一帖皆合作者，其精巧更勝古章法，乃所以為終不及耳。

又《明宋克書畫帖》 宋仲温在勝國時以書名雲間，其源出章草，後二沈揚波雲間，士人比比學之，至錢原博輩濫觴，幾以仲温為惡札祖，此世人不多見宋書，從其末流論也。仲温七姬帖石本最精，諸為急就章者，皆贋，此一帖乃不經意，天真殊自爛漫，且談書畫津津，因以知古書家未有不溺情古蹟，不獨米顛癖也。今人信筆作字，字那得佳。生其識之。《王奉常集》。

明・孫鑛《書畫跋跋》卷一《宋克急就章》 章草不難學，難精，第亦人所難識去篆隸殆不遠，征誅之後獲覩揖讓，良幸。然魏文不云乎：舜禹之事，我知之矣。看皇索兩帖，何筆法。

又《宋仲温書畫帖》 仲温作字僅能不俗耳，無晉唐筆意。弇州每推許之，殆所不解。

又卷二《七姬帖》 跋謂其事大奇而不情，極欲得讀之，恨未覓得。

又《宋克前後出塞詩》 此刻在關中，今每以裝於懷素千文後，不知何説，豈石相連耶。字亦小有致，然無古意，祇以章草法助佻勢，未為甚工。

又《明宋克墨蹟》 國初書家稱三宋，謂璲克廣也。克字仲温，號南宫生，其書出魏晉，深得鍾王之法，故筆墨精妙，而風度翩翩，可愛，或者反以纖巧病之，可謂知書者乎。仲温為吴人，其墨蹟在吴中者顧少，開化徐君惇夫乃有此巨册，而真行草章草，皆具信可寶也。《匏翁家藏集》。

又《明宋克草書》 右索靖《草書勢》，宋仲温書，蓋得其妙而無愧於靖者也。今人或肆妄議，則以學之者之過而未見其真蹟耳。《匏翁家藏集》。

又《明宋克書陶詩》 鄉先生宋仲温氏書法師鍾元常，後竟以是妙絶天下。其書今人間往往有之，余所閲殆不止此，獨元常書世遠遠罕傳，并刻石者，亦不多見。曩成化間，嘗觀元常薦焦季直表真蹟，始知仲温之誠有得於元常，而今豈易得哉。《寓意編》。

明・都穆《南濠居士文跋》卷三《宋仲温書陶詩》 鄉先生宋仲温氏，書法師鍾元常，後竟以是妙絶天下。其書今人間往往有之，予所閲殆不止此，獨元常書世遠罕傳，并石刻者，亦不多見。曩成化間，嘗觀元常薦焦季直表真蹟，始知仲温之誠有得於元常而今豈易得哉。

明・汪砢玉《珊瑚網》卷二〇《作姬帖》 《七姬誌銘》為尋陽張羽撰，東吳宋克書。文既近古而書復典雅，有元常遺意，足稱二絶。第其事太奇而不情，楊用修跋可謂得其隱，真漢廷老吏也。

明・李日華《六研齋二筆》卷三 宋仲温書法急就勁利古雅，髣髴鐘鼎。

綜述

清・顧復《平生壯觀》卷五 筆説黄紙，小楷可與《七姬誌》抗衡，而字更小，中論做筆法，甚精，為筆工陸文寶。

又 《書譜》黄箋折册章草如大指，後戊申端陽前一日。宋克章草，其字秀於《亟就章》，尾間天順五年辛巳冬十月廿二日，苹川周鼎識。三百餘餘言指頂字亦真書兼章草。

清・安岐《墨緣彙觀》卷二《宋克書杜工部枏木為秋風所拔款卷》 白宋紙本高一尺一寸，長一丈一尺三寸，草書，字大寸半至四五寸者，體法一變，脱盡元人風氣，後自題老杜《枏木為秋風所拔歎》。東吳宋克能書本文紙，後孫賁一跋，字大一寸，及三四寸者，書亦蒼勁，後有徐誌、曹瑩二跋。

又《兩得來書帖》 深牙色紙本，行楷書，十四行，宗鍾太傅，兼用章草法，行筆清勁。明初如高季迪徐幼文方希直諸公書，皆類之，前書宋克啟兩得來書，備悉勤懇，使者不復再至，失於裁答非慢也。後書宋克頓首再拜，下押宋克白文印，末二行續書蒙索小楷，不有清興，未能奉命，後多作數紙請教矣。

紀事

明・汪砢玉《珊瑚網》卷一三《宋仲温書鐵崖古歌即為鐵崖所跋》 東吳宋仲温工古歌詩，尤工諸家書法。余有所著，必命仲温書之，且扁舟訪余東海，角觴詠數日而别，為賦長歌一解酒餘，使歌之，余和以鐵龍之嘯，不知人間世復有過余樂者不，余既醉，書此歌，復令仲温遺玉筍崆峒，生者而和之。會稽楊維楨庚子歲贈。

清・卞永譽《式古堂書畫彙考》卷二三《東吳生書孔文舉論盛孝章書》 右孔文舉，論盛孝章書，劉先生以佳紙一番徵余楷書，數月之遥不能奉命者情思不佳，倦於界行故也。今復界紙二張求草書，不得辭，遂為書之，但久廢筆墨不能妙也。宋克識。

又《宋仲温書陶詩并書竹石卷》 庚戌九月僕來雲間，寓於徐彦明氏。彦明素慕僕書，因僕盤桓甚久，遂裝此卷徵書，乃以真行章草草書四體録陶詩以為贈。東吳宋克仲温父識。《右章草》。僕來雲間館徐彦明寓所，日夕相與笑談，幾踰四旬。彦明酷愛鄙字，乃以四體書陶靖節詩一卷，餘紙尚多，遂戲寫竹石小景。僕素不精此，聊復弄筆而塵俗之氣一洗盡去，雖不入時流之目，識者自能辨之。庚戌九月廿四日燈下東吳宋克仲温記之，小行楷書時年四十有四，庚戌歲也。《行草書》。

清・孫岳頒等《佩文齋書畫譜》卷八〇《明宋克書七姬志》 《七姬曆誌》張來儀文，宋仲温書，余得之姑蘇王汝玉。七姬皆潘妾，不負其主，俱死於一日之間，可謂烈矣。而其文其書，亦皆奇也。《東里集》。

清・顧復《平生壯觀》卷五 折剪刀歌急就兼篆籀，自題云：百年前草亭王先生用鍾王法書此歌，先人得之，命余臨摹，故遇人有求書，輒贈之云云。王先生不知名號，而仲温推重若此，其書必佳，恨未之見也。

又 《書譜》指頂小楷間露章草意，黄元箋折册寫與俞仲者，前失數行，未補，後孫雪居、克弘小楷跋字亦學仲温法。

又 題宋南宫《章草》後，周鼎二長跋自題云：庚戌七月十八日，偶閲此紙，愛其光瑩，遂書皇象《亟就章》，計十紙共一千九百餘字，行筆澀滯，不成規模，豈敢示諸作者，聊以自備遺忘耳欤。

雜録

清・孫岳頒等《佩文齋書畫譜》卷八〇《明宋克書七姬志》 國朝真行書當以宋克為第一，所卷七姬帖文真冠絶也。然其事則可疑，七姬之死，蓋出於潘之逼之，謂不幸則可，非狥節也。宋之書人多珍之，故其帖盛傳，適以播潘惡耳。《楊升庵集》。

又《宋仲温書陶詩卷》 高啟《鳧藻集・南宫生傳》云：素工草隸逼鍾王，患求者衆，遂自閟，希復執筆是仲温書，當時已不可多得，此為雲間徐彦民書陶詩四十四首，用紙二十番，首署晉陶靖節先生詩，東吴宋克書，末作竹石小幀真書。僕來雲間館徐彦民寓所，日月相談笑，幾踰四旬，彦民酷愛鄙字，乃以四體書陶靖節詩一卷，餘紙尚多，遂戲寫竹石小景，僕素不精此，聊復弄筆而塵俗之氣一洗盡去，雖不入時流之目，識者自能辨之。庚戌九月廿四日燈下記之。又行書時年四十有四，庚戌歲也。按庚戌為明太祖洪武三年，上推仲温當生於元文宗天厤元年。仲温自言不精寫竹，而倪瓚《雲林集・題宋仲温竹枝》云：畫竹清修數宋君，春風春雨洗黄塵。集外詩贈别仲温高士云：宋公天下士，畫竹能鼓琴。則仲温亦工此矣。

又《寓意編》 有宋仲温書陶詩，《式古堂書畫考》亦載宋仲温書陶詩并畫竹石卷，初疑即是此卷，細勘廼知署款行式以至脱文誤字多從同而行楷書闕時運榮木二首，命子下闕九月望日夜宋克書一行，急就章體書形影神等十五首全闕。又卷後闕天順癸未錢溥、萬厤丙戌馮大受二跋，始悟彼卷即從此影寫而短於章草，遂爾臧拙。溥字原溥，華亭人，正統四年進士，見《書史會要》。大受字咸甫，松江華亭人，萬厤己卯舉人，有《竹素園詩集》，見《明詩綜》。

徐賁書蹟

論説

清・顧復《平生壯觀》卷五 泰山記游詩三首，筆墨淋清，出入旭素，此幼文得意詩，書又自跋。

綜述

清・顧復《平生壯觀》卷五 顥命一篇，後有跋，小楷極精，為筆工陸文寳書極精。

姚廣孝書蹟

紀事

清・孫岳頒等《佩文齋書畫譜》卷八〇《明姚廣孝書劉太保詩》 元劉太保詩一絶，國朝姚少師所書也。劉姚俱隱於僧，劉瑞州人，名子聰，號藏春居士，改名秉忠。佐世祖建號立國，為國朝驅除今京都地是也。姚蘇州人，名道衍，號逃虚老人。洪武間以高僧徵事文廟，潛邸參謀贊成大業，其改名廣孝，世傳以為御筆所定也。兩翁雖遭際不同，蹟頗相類，觀姚書劉作有契會之意焉。陳錦衣用明持以視余，兩翁皆天下奇士，其學余則不能知，後有具法眼者，不知作何等觀也。姑書此以俟。《懷麓堂集》。

宋璲書蹟

論說

明・王世貞《弇州山人四部稿》卷一三六《明宋璲書千文》 仲珩此書頗得晉唐人筆意，圓熟流便，有弄丸運斤之勢，唯結法小踈耳。嘗見方遜志評其草去如天驥行中原，一日千里，起澗度險，不動氣力。初以遜志為太史公，故未免曲筆覽而信其非妄也。

明・孫鑛《書畫跋跋》卷二《宋璲千文》 此千文是何體，世所傳舍人書，多行草耳。

清・顧復《平生壯觀》卷五 鄙書固不足言，札行草極精。

清・孫岳頒等《佩文齋書畫譜》卷八〇《明宋璲篆書》 以清圓勁拔為高，秦唐二李，皆以是名世，其用心至矣。自江南徐鼎臣始變而肥，已稍遠於古，然能不失其意，故論者尚之。近代趙魏公子昂愛鼎臣書，所作大小篆多類鼎臣，繇是學者翕然效之，甚至彭亨濁俗如腯豕，然不知魏公天資高邁，故所書自過於人，俗子輩粗胸陋質，欲逐其蹟，無怪其謬也。金華宋君仲珩病古學之不振，學大小篆匪二李不師，其用心甚久，故所作駸駸逼真，此王荊公《刻漏銘》為李思問書，亦其一也。嗚呼，古人不可見矣。欲識其遺意者，尚於宋君觀之。《遜志齋集》。

又《璲草書自作詩》 近代善書尤其著者，稱吳興趙文敏公及康里子山文敏，妙在真行，奕奕得晉人氣度，所乏者格力不展。子山善懸腕，行草逸邁可喜，所缺者沈著不足。金華宋君仲珩兼得二公之妙而加以俊放，如天驥奔行，不躡故步，而意氣閒美，有踙蹋凡馬之勢，當今推為第一。乃余在金華時，自京師書其所作詩寄餘者，詩與書皆翩然有塵外意，誠希世奇玩也。《遜志齋集》。

又《璲篆文金剛經後》 從曲江過韋曲宿牛頭寺，汪右轄以虛出是卷，卷首有伯時繪子昂篆，皆極精工而《金剛經》則宋仲珩篆書也。仲珩草書為當代第一，而篆不多見，今見此卷勁如屈鐵豐道，生不及也。景濂一跋叙實詳委，此公邃於禪而教典尤博，紫陽圭峰分身入流者也。卷尾有姚少師書，極遒逸。少師書數變而晚更秀，余嘗見其自題畫像及跋欒天竹窗詩，雋氣見於筆端，復可皆高禪，兩書俱出他手，可不善書而復有臨池之譽，不知何以借捉刀人也。若余不能書者，然每見佳卷，輒書此亦可發一笑。雨中至興教寺，小史設長案，山僧出簾石硯雞尾筆，强余書以好光景上情下達：仲珩必屏處書，子豈亦有此癖邪。余曰：彼工書，畏敗名耳。余亦何畏也。遂笑而識之。《袁宏道嵩華遊》。

紀事

清・孫岳頒等《佩文齋書畫譜》卷八〇《明宋璲雪月軒三篆字》 月軒三篆字，前中書舍人宋君仲珩書也。仲珩，諱璲，金華宋學士景濂先生仲子，名能詩歌而小篆之工國朝第一。初學巙子山行草書而篆師張有講於宋季子吳志淳孫子林朱孟辨及見太樸危公，乃合師獻之行草而篆法以李斯為宗，嘗見梁朝有草堂法師墓篆字奇古，及吳天璽中，皇象書三段石刻皆真蹟，觀之至忘寢食，遂悟筆法絕出流輩。學士君更甚愛其書，每見佳處，便曰：寫老夫名，足可傳世矣。此三字余友蕭君世英得之，余猶及見，有學士姓名印識。蕭君與余別幾二十年，中間亦播遷南北，茲幸會於桂林，復以相示，則姓名印識不知為何人裁去，蕭君甚惋惜之。俾余追書其事以示後之人，若夫雪月名軒則有賢士大夫詩文所以稱美，蕭君而勸之備矣。余但祝公佈君之必有以副其所期耳。《春雨集》。

又《明宋璲草書》 人草書，余游南都時屢觀之，今復觀於此，披玩數四，殊不厭也。《匏翁家藏集》。

方孝孺書蹟

論說

清・方濬頤《夢園書畫録》卷八《明方正學臨顔魯公麻姑仙壇記墨蹟卷》 顔魯公為有唐一代偉人，忠烈之氣，争光日月。其書法為後人圭臬，石刻如撫州麻姑仙壇記，大字本，筆力整峭，真為杰搆。國初方正學先生忠事建文，殉身靖難，其激烈之忱，無異平原後生，追念及之，可歌可泣，此卷臨仙壇記大字本，字意行間有尋丈之勢，折釵屋漏亦隱躍紙上，並有抽刀斷水之妙，始信忠臣烈士，無論何藝，時時流露性情。今展此作，非大本立，焉能如是耶。鎮州後學海瑞。

又 我成祖文皇帝御極之後，凡建文諸臣文章墨跡全行消毀，而方希直之物尤甚。仁宗即位，其禁乃弛，希直忠事建文，當時姚少師猶傾心稱為讀書種子，且年止四十有六，平日所作又少於他人，此卷臨撫州大字本仙壇記，骨力不凡，真可追步魯公，得覩遺跡於嚴禁之後，豈非有神呵護耶。焚香展閱喜幸何如。莆陽宋珏跋。

清・端方《壬寅消夏録》卷一一《方正學字軸》 前賢既往不復得見，所可見者，紙上之手蹟耳。正學先生當文皇帝正法金陵之日，其忠烈之氣争光日月，至今追念及之，凛凛猶有生氣。今觀墨蹟，筆似蟠鐵，平生本行已露豪端，折釵漏痕足與平原並垂不朽。錫山後學高攀龍識。

又 我成祖文皇帝御極之後，凡建文諸臣文章手跡概行銷燬而方孝直之物為尤甚。仁宗即位，其禁乃弛，希直逮事建文，當時姚少師猶傾心稱為讀書種子，且年止四十有六，其年少所作又少於他人，今獲其遺筆於嚴禁之後，豈非有神呵護者耶。吴郡後學杜大中題。大中白文。

紀事

清・方濬頤《夢園書畫録》卷八《明方正學臨顔魯公麻姑仙壇記墨蹟卷》 暇日坐有竹莊中檢理舊簏以作消遣，適友人潘宗敎徐良臣見過，出示方先生墨《臨麻姑仙壇記》一卷，銀鉤鐵畫，字字勁挺，展公之法書，即知公之耿直不阿矣。友人索余贅筆雅合鄙懷，爰留玩數日，不忍釋手，遂書紙尾，並屬吾哲交重為珍秘也。余亦得以三復云爾。成化丁酉七月廿又二日。長州沈周識。

又 此正學先生臨平原《撫州麻姑仙壇記》，大字本手卷，家大人收藏有年。己巳春，我子箴同年都轉由粤東移節兩淮，公餘晤語，出所藏名人書畫見示，東坡、海岳兩墨蹟已是奇寶，及觀岳忠武奏草九章，精忠浩氣流溢楮墨，其書法不必拘拘規摹平原，而氣息與《争坐位帖》酷似。大率忠臣烈士一氣相承類如此，贊嘆之餘，因及正學此卷，都轉云：此固吾家物也，盍以詒余，為忠武結德鄰乎。歸告家大人，命即割愛持贈，正合與奏草同勒貞正珉，雙忠二絶，共炳日星於以扶植綱常，照耀今古，豈特書林盛事而已。卷尾有海忠介一跋，鍼芥相投不媒而合，此後入虹月舫中，凛凛乎平原諸公謦欬如在，吾輩謹當焚香盥手整衣瞻拜，以志幸事。爰敬識數語以歸之。丹徒吴台朗同弟台壽謹記。

沈度書蹟

論說

清・孫岳頒等《佩文齋書畫譜》卷八〇《明沈度臨樂毅論》 沈學士度以書鳴，永樂中，楊文貞公謂其婉麗飄逸，雍容矩度，一時翰林善書者，如解胡輩與之齊名，而度書尤為上所愛，凡一切大制作必命書之。今觀其所臨《樂毅論》，無一筆不合右軍遺意，解之草法胡之行體殆不能及也。《陸樹聲學士題跋》。

清・翁方綱《復初齋文集》卷二八《跋二沈學士書卷》　明初雲間二沈學士並有書名，民則楷書遠宗虞永興，民望草書近法宋仲珩，陸儼山云：民則不作行草，民望時習楷法，不欲兄弟妥能也。然愚嘗見民則所書《朱子年譜》數萬言如一筆書，而愚所藏宋人真迹，後有民望小章草，更為精勁。又民則有與友人求惠梁鵠孔廟碑之手札，即黄初孔羡碑也。然則民則八分已開啟後來文衡山孫雪居家數，不獨雲間書派所自始矣。至其用筆追及古人分際處，即離遠近則覽者自喻之。

綜　述

清・顧復《平生壯觀》卷五　《畫錦堂記》，白紙，三尺餘，正書如錢。永樂年月，翰林侍講學士名欵，引首自樂軒名下，玉堂清趣二圖書。擬感遇前小楷序後詩八首，中楷小楷，小行章草幾幾乎南宫矣。當不止八詩，想有遺失也。格言隸書，寸餘，宋紙。二則顧愷之格言四十一字，無欵，圖書三。陸子方格言連欵，四十二字，圖書一。

清・安岐《墨緣彙觀》卷二《沈度鏞翁大參帖》　牙色紙，本行草書，共十一行。筆法清勁，體勢飄逸，外封首書書奉鏞翁大參鄉兄閣下沈度固完，度字上押白文沈度私印，前書前者恪來具領雅意，向索真字，今寫西銘一通，卒右銘一通，奉去，殊愧陋劣。後書十月廿四日，友生度奉鏞翁大參鄉兄閣下。

紀　事

清・孫岳頒等《佩文齋書畫譜》卷八〇《明沈度書先賢格言》　此蓋翰林學士雲間民則沈先生書宋南軒先生之言，為余南京太常少卿行時贈者也。因憶先君子知上高縣事時，亦嘗榻朱文公書是言，刻於瑞州府學者，示而且屬之曰：學者能服膺是言，體而行之，則不患不為賢人君子，故謹識之，不忘已。今學士公復書此以為贈，則余安得不重惟先君子之遺訓，而感學士之所愛，以益佩服先賢之格言哉。《魏驥南齋集》。

雜　録

清・顧復《平生壯觀》卷五　題《仁宗臨蘭亭草稾》，小行如指，云臣度伏睹仁宗皇帝所臨稧帖碑本。

清・顧復《平生壯觀》卷五　《相宿主經》字甚妙，無欵，後人以沈度民則印蓋之。

清・張照《天瓶齋書畫題跋・跋雲間兩沈學士墨蹟》　鄉兩沈學士以書名，明宣德間，前紹松雪，後啟香光，度越文氏父子。茲卷為江村高氏報納徵禮者，向在休寧朱之赤家。今按大學士度，小學士粲，裝潢兄弟倒置，又所書朱子詩未盡將詩序鑱損一字，補作八首八字，實涇舟膠楚澤章一詩，而真草兩書第七首耳。又落款度字轉筆放筆，俱孱弱，與前書有武夫美玉之辨，蓋曾落市賈，截其半另為一卷，偽造款字改詩數以傅合之可恨。戊午九月廿八日，重觀茲卷在余家已閱三朝矣。

楊士奇書蹟

紀　事

清・孫岳頒等《佩文齋書畫譜》卷八〇《明楊士奇書宣宗御製詩》　宣宗章皇帝之在位也，天下晏然，號稱至治，亦惟有若少師楊文貞公實左右之，今四十年矣。一時君臣既不可見而獨見文貞手書御製詩，慨想當時，明良相逢之盛一德一心，雍容和樂，兮事之餘，發於聲畫，蓋與虞舜作歌，臯陶賡歌同一意也。嗚呼，休哉。是詩今為都御史錫山楊公所藏，翰林修撰臣寬獲觀而謹識之。時成化九年，夏四月辛未也。《匏翁家藏集》。

陳璧書蹟

清・卞永譽《式古堂書畫彙考》卷二三《楊文貞覓山圖記帖》 子與原大有一面之雅，原大因吾鄉友，皇帝為監察御史，歷官幾十年職司風紀位要而任重，王君時彥求予文以記之，予重其可有警勸，故為之書。永樂二十年歲次壬寅春三月吉，榮禄大夫柱國少師兵部尚書兼謹身殿大學士國史總裁廬陵楊士奇書。

論説

清・孫岳頒等《佩文齋書畫譜》卷八〇《明陳璧通波阡表》 右《通波阡表》，余得之張氏之孫户部主事賓陽，其文楊謙夫撰，其書真篆二體，皆出陳文東，而用太樸伯温名者，太史公所謂附青雲之士，施於後世者也。文東極力晉唐，其書姿媚醖藉，自成一家，所未足者，骨力耳。《東里續集》。

詹希元書蹟

論説

清・孫岳頒等《佩文齋書畫譜》卷八〇《明詹希元千文》 右中書舍人詹希元大字千文刻板在蜀中，余得之禮部胡侍郎。國朝大字希元為第一，蓋兼歐虞顔柳之法而有冠冕佩玉之風者也。《東里集》。

又《明詹希元書畫錦堂記》 韓公之功烈，歐公之文章，皆世所甚重。此記自出入將相，至社稷之臣數語。古今言韓公者，未有能逼真若此也。當時書石是蔡君謨，至今傳世為寶，詹君此書不減君謨，亦可寶也。《東里續集》。

紀事

清・孫岳頒等《佩文齋書畫譜》卷八〇《明詹希元書王光菴敘字》 右詹中書孟舉書吾鄉王光菴先生叙字一首，叙為沈學菴及其子貴成作。學菴，名宗學，字起宗，隱於鍊墨，又自號墨翁。高太史為作傳，稱其能書徑尺大字，貴成，字志道，隱於櫛髮，皆博學善書，抱奇崛之行。學菴尤精於醫，故與光菴善。所著書有《本草發揮》、《精華十二經絡》、《治療溯源》、《外科新録》、《墨法集要》、《增補廣韻七音字母》，今皆不傳，傳者《新録》耳。然獨王氏有之。孟舉，婺源人，仕元為供奉監照磨麻善用庫副使，洪武初，授吏部奏差鑄印局副使，後為中書舍人，卒。其書評者謂兼歐虞顔柳之法而有冠冕佩玉之風，為國朝書家第一。此紙沈氏物，光菴從玄孫雲偶購得之，裝池成卷，俾余疏其事。詹書近時絶少，此文既有關王氏而又家集所不載，雲之寶此尚可以尋常翰墨論哉。光菴名賓，字仲光，其行能之詳，自具家傳，茲不復著云，弘治辛酉徵明。《停雲館帖》。

張宸書蹟

論説

清・孫岳頒等《佩文齋書畫譜》卷八〇《明張宸書金剛經》 嘉定張

先生翰宸在洪武中以母夫人生日手書是經，用以資福，此可以見其孝，而字畫之勁健清美，則又可以頡頏古人，而不多讓。嗚呼，若先生者，可謂有德有文之士矣。惜乎甫官訓導而遽罹於非辜，故百餘年來，其名罕傳，雖以穆為鄉後進而所閱墨蹟亦惟此而已。穆嘗謂天之生才甚艱，宜其愛護保惜，而先生乃獨不然，其亦可悲也。夫其亦可感也夫。《都穆南濠文跋》。

又《明張宸書宋清傳玉連環歌》　右小楷宋清傳一通，行草玉連環歌一通，南關懷張翰宸先生書姚文光照所藏，裝池成卷，以示余，二文皆醫客言而文光亦好書習醫，故尤愛之。翰宸嘗署嘉定校官，國初以能書名在宋仲溫陳文東之間。今觀其行筆用鋒，楚楚有法，前輩自可想也夫。書學必窮點畫波礫之妙，方能成家，其猶醫也，必知望聞問切之道，乃可濟世。諺云：學書止於廢紙，學醫將至於廢人。嗚呼，可不慎哉。文光其寶之。《陸儼山集》。

胡廣書蹟

論　說

清・孫岳頒等《佩文齋書畫譜》卷八〇《明胡廣草書杜詩》　三十年來士大夫以書名家者，光大之行草，民則之八分，皆獨步當世，兩人時同在禁林，亦交相推慕，常出所有以易所無。此詩光大為民則書，跌宕雄偉，得意之迹也。作書必盡臨池之工，而非天趣，自得不臻於妙，二公皆有蕭間簡遠之趣，故高出衆作，光大謝世已一紀，民則間出此書見示，昔人有言：懷舊惟顧念之悽愴，蓋僕於光大亦然。《東里集》。

解縉書蹟

綜　述

清・張照等《秘殿珠林》卷二《明胡廣書〈真實名經〉一册》　磁青箋本泥金楷書，欵云臣胡廣奉勑敬書。經中有貝葉文，前畫佛像，後畫韋馱像，通計三十六頁，頁高八寸七分有奇，廣七寸六分有奇。按胡廣書流傳者少，雖未定其真贋，顧楷法精詳，筆意淳美，實為名跡。

論　說

清・孫岳頒等《佩文齋書畫譜》卷八〇《明鮮縉書筆舫銘》　筆之用於世久類，自韓文公作毛潁傳，其名始起文字間。吴興張文寶在國初業擅製造，因名其舟，當時士大夫多為詩文遺之而學士解公大紳特為作銘，蓋公之書妙固資其用而賞之也。文寶之孫士行僑居吴中，能傳其業，持公銘文求余題識，余以文字為職而亦資其用者，惜書不若解莫能賞其妙，而文不若韓可以增重其名，然念毛潁之功不可負，而士行之意不可拂也。聊題數語歸之。

又《明解縉墨蹟》　永樂時人多能書，當以學士解公為首。此册真行草小楷皆具而紙墨並佳，故其下筆圓滑純熟，尤為得意，乃公傳家物也。觀公前後題識，所以示其族人者可見，今為吾鄉薛朝英得之，朝英保愛甚，其亦識公之意者歟。

又《明解縉書黄庭經》　解春雨才名噪一時，而書法亦稱之，能使趙吴興失價。百年後寥寥乃爾，然世所多見者狂草，其所以寥寥者亦生狂草，故今此紙小楷黄庭全摹臨右軍，筆婉麗端雅，雖骨格少遜，要不輸詹孟舉陳文東也。按：右軍所書黃庭是外景，非內景，與南真所傳揚司命者，雖理同而句字小異，亦微有斷缺，當是渡江以前南真受之景林真人者，偶爾逸出行世，故右軍得而書之。今大藏中內外景經，則出爾反爾帆白訪尋司命手書的派也，數年內與黃長睿分析甚苦，今可以無辨矣。《弇州續稾》。

清・卞永譽《式古堂書畫彙考》卷二三《解大紳、解禎期合卷》 大紳書前後赤壁賦禎期臨蘭亭叙。解學士文章翰墨獨步一世，今觀所寫赤壁二賦，筆法精麗，深有晉人風致。東里少師謂其小楷第一，信然。若禎期所書比之王謝家子弟風流似有間耳。成化辛丑正月甲午後學吴下李應禎謹識。是卷翰墨迺貞襄公所珍愛而時用所寶藏者出以示余，把玩不能釋手，因附姓名歲月於末。弘治戊申夏五會稽魏瀚拜書。吾吴中前輩人物推範菴李少卿為第一，其翰墨珍重於海內，猶夫解學士之在江右也。其品題數語約而盡，予復何言，展卷莊誦如覩羹牆耳矣。嘉靖丙辰後學張寰識。行書右三跋一紙。

清・邵松年《澄蘭堂古緣萃録》卷四《解縉紳草書千字文卷》 紙本高六寸八分，長一丈二寸，紙二接都一百八行，首行千字文，末行款三字，草法連綿，筆意閒熟，字大小相間，仿智果論書帖不拍拍於智永成規，蓋自鮮於太常作狂草，明人多效其體，至技指生極盡其致，而不免為論書者所譏。寔則顛張狂素雖日不守二王成法，而筆情縱恣，自成一家，何嘗非豪杰之士。此卷其流亞也，卷首有南海葉氏雲谷家藏印，𥿄稍剥損，約缺數字。

綜　述

清・顧復《平生壯觀》卷五 七星岩詩，黃箋，七律四首，小草極精。

清・安岐《墨緣彙觀》卷二《解縉草書自作雜詩卷》 白紙本高一尺，長一丈三尺九寸，草書，自作雜詩七首，書法精妙，字大寸餘，至六七寸者，詩後自題：此余近日所作數詩，皆率爾而成，今又率爾書之，雖然未嘗敢序幕古自為也，中間複筆覆筆返筆之妙，付有識者自辨之。永樂庚寅五月二十三日夜，京城寓舍書與禎期。縉紳識。後有王穉登一跋。

紀　事

清・孫岳頒等《佩文齋書畫譜》卷八〇《明解縉墨蹟》 學士解公才名蓋世，其翰墨奔放而意向特謹嚴如此卷，前輩正自可敬也。姚文學文光攜示，閱之累日，不忍釋手，別有李文正、吴文定、王文恪三跋，正為此卷，乃知為薛二守朝英物，今為南關懷張子奇所藏，可寶也。《陸儼山集》。

雜　録

清・阮元《石渠隨筆》卷五《解縉自書雜詩卷》 字跡揮灑自如，頗似懷素，特轉折處露鋒耳，故此公工力正自不少。詩極奇麗，多粵中詩，蓋永樂五年謫廣西布政司參議旋改交阯督餉化州八年始還，此詩為謫後所作，觀此可知偽文穀集中之謬。【略】末款云：此余近日所作數詩，皆率爾而成，今又率爾書之，雖然未嘗敢序幕古自為也，中間複筆覆筆返筆之妙，付有識者自辨之。永樂庚寅五月二十三日夜，京城寓舍書與禎期。按，禎期，縉子也。

清・翁方綱《復初齋文集》卷三一《跋解春雨一經齋記》 右明解學士一經齋記墨蹟，齋為其里人龍氏所築，當元之季，解氏以治易名於鄉。觀我名觀，求我名蒙，並學士大父行觀我有《周易義疑通釋》，求我有《易經精蘊》，觀我主師席於龍氏家，後經亂，齋毀，至明初，龍氏後人構是齋，請學士為記，記字多漫滅，結銜有翰林學士兼春坊大學數字可辨。學士入參機務在洪武三十五年八月，其黜外在五年二月，文內有登第後二十年之語，則此卷當是四年丙戌或明年正月所作，距其舉鄉之洪武二十年丁卯正二十年矣。學士洪武二十一年戊辰成進士，時年二十而撰明詩小傳者，或謂年十九成進士，又或謂洪武二十六年進士，皆誤也。去年見草書長軸，其印文曰解薦春雨縉紳印，今見此卷云：解縉紳書，蓋一名薦字縉紳也。雪門編修持來屬題，為賦二詩而跋於後。

沈粲書蹟

論說

明・王世貞《弇州山人四部稿》卷一三一《沈民望、姜堯章續書譜》 事固不可知，沈民望以一書遇人主備法，從更百五十年乃不能與操觚少年爭價，問之人，有不識者。然此卷行筆圓熟，章法尤精，足稱宋南宮入室，而所書乃姜堯章《續書譜》為臨池指南，皆可玩也。因收而志之。

明・孫鑛《書畫跋跋》卷一《沈民望書姜堯章續書譜》 二沈氏弘治以前天下慕之，弘治末年語曰：杜詩顏字金華酒，海味圍大碁左傳文。蓋是時始變顏也。余童時尚聞人說沈今人或有不識想吳子然耳，出吳境即希哲履吉，恐亦有不識。

明・都穆《南濠居士文跋》卷三《沈大理草書千文》 大理少卿華亭沈公粲與其兄學士度皆以能書擅名，天下稱我朝羲獻，然學士特妙於楷，少卿特妙於草，今片楮隻字流落人間者，爭寶愛之，不啻金玉。此卷藏於練川劉氏，為少卿行草，蓋其晚年得意筆也。

清・陸心源《穰梨館過眼録》卷一二《沈簡菴草書千字文卷》 雲間二沈並擅書名，簡菴先生尤長於草聖，立品甚嚴，不輕為人作，嘗有計訓導者，介先生之友求書，且欲識姓名，先生忽有思曰：得非囊日訐奏有司者耶。遽卻之。其友固請，先生為易題，計某以外之。其耿介如此。是卷雖臨懷素而盤空瘦硬，自成一家，一展玩間如見其端嚴絕俗之操，昔人評右軍書云：人品甚高。故書入神品。吾於先生書法亦云耳。道光丁未秋七月元和韓崇記。

清・葛金烺《愛日吟廬書畫録》卷一《明雲間二沈遺墨册》 國朝人書多宗趙文敏，以其備有晉法故也。沈內制受知文廟，其書用筆圓熟渾厚，殊合作者自解大紳之外不多遜也。風流漸遠，無復舊觀，煙煤塞眼，能免誚耶。曹駕部出示此卷，尤為暢逸可喜，君襲而重之，豈徒以其同鄉哉。固可為操觚者鑒也。萬曆乙亥夏四月嶺南黎民表題。印二黎惟敬氏朱文方印瑤石山人。白文方印。

又 觀二難遺墨八分，足稱妙品，而楷書亦不乏俊氣。萬曆癸卯夏許志古跋。印一許志古印。

綜述

清・張照等《石渠寶笈》卷一三《明沈粲書千文一卷》 灑金箋本，草書，款識云：余友徐尚賓得佳箋寶藏久矣。一日持來簡菴次求作草書《千文》，勉為書一過，惜鈍拙之不稱耳。正統丁卯秋七月初三日，沈粲書後有雲間沈粲民望作。德心逸日休中議大夫贊治尹之章三印，卷後高士奇跋云：明初雲間二沈以書名天下，民瞻草洗尤工，然傳於人間甚少，向日得其千文一卷，藏於信天巢，頃以銷夏展觀，覺有龍蛇飛動之勢，與宋仲珩詩卷並寶藏焉。康熙巳卯七月朔記於柘上清吟堂，江邨高士奇又跋云：宋仲珩詩卷去歲贈漫堂中丞，近來墨蹟甚少，明初尚不可得，安望宋元乎。然觀宋元贋筆，豈若勝國真本饒有趣味。辛巳嘉平四日久晴暄和，黃梅已破萼矣。侍萊衣人竹窓。卷前有竹窓一印，卷中幅押縫有簡菴印，凡九後隔水有高氏江村草堂珍藏書畫之印一印，引首有瀛山館一印，卷高七寸八分，廣一丈七尺九寸。

紀事

清・張照等《石渠寶笈》卷三一《明沈粲千文一卷》 灑金牋本，草書，款識云：足庵徐先生之孫燈好學不羣，侍其尊府來京師間，持此卷求書千文，因寫以答，庶足以酬其世契之好。云時正統丁卯四月廿又七日，簡庵書於南薰里之官舍，引首有篆書《幾上空青》四大字，欵署西園拖尾有張弼跋一。

朱瞻基書蹟

紀事

明·汪砢玉《珊瑚網》卷一三《宣廟御製緑竹引并書》 宣德四年二月十二日，御武英殿，書賜都督孫忠。國初，當天兵下徽時，朱申請留宸翰以光後圃書屋，上親書梅花初月樓賜之，直一洗乾坤腥色。自後則代擅奎藻。萬曆間，玉應試留都，見聖母御筆於瓦棺寺之青蓮閣。天啟間，在燕京見神廟御書於李戚畹之清華園。今復覩章皇帝御蹟，足可壓閣帖帝王書也。譚子國轉運臣砢玉識。

聶大年書蹟

論說

清·翁方綱《復初齋文集》卷二八《跋聶大年墨蹟卷》 右明景泰間，聶司訓大年手牘，有題者云似趙松廬入意之筆，此一語良是。蓋元末書家之脈，與明人相接也。嘗見明初人手蹟數通，皆深得趙書之顏，實踵周馳、郭畀之後，逮明中葉而猶未大變。宋沈詹解諸人偶自立格，而後來傳習無若吳興之繇遠也。直至文衡山出也，江左字體乃多文家筆意，始習尚唐碑，而不肯囿於趙體。陸儼山書偶近趙，人或謂儼山公學趙書乎。儼山曰：吾與趙同學專北海耳，然亦尚未即薄視趙書也。惟至董香光乃短目吳興自立骨格，以為能起衰式靡矣。而自明末直到國朝初年，諸家又皆沿習董書，亦猶之前此諸家之學趙耳。學者居今日則宜由虞歐以問蕭羊，師承所自，即一書家藝事，而鑒古宜今，與詩文之源流沿革實一理也。故因摹君之書而發之。

紀事

清·吳榮光《辛丑銷夏記》卷四《明聶壽卿尺牘詩卷》 仲君彥輝舊得東軒先生詩柬凡廿二紙，珍藏已久，裝潢成卷，屬予跋其後。恭惟先生詞翰高出等夷，觀其書法晉趙，詩宗李杜，柬出歐蘇，其中變化之妙，不泥於古而足法於人，此其所以不可及歟。且才高而不矜，德謙而善誘，雖以余之不肖亦嘗屢辱和章，矧彥輝才行素有以動之，宜其致詩柬之多，推許之重如是也。嗚呼，先生九原不可作矣。展卷三復，豈勝傷感耶。晚生錢唐江震拜書。

又 嘉慶戊寅春三月，漢陽葉志銑觀。

又 右明景泰間，聶司訓大年牘草。有題云似趙書者良是。蓋元明書家風會於此，資攷鑒焉。予嘗見明初人手蹟，每多深得趙書神致，實遥接周馳、郭畀之後，迨明中葉而猶未大變。宋沈詹解雖自成格，而所津逮無若吳興之繇遠也。直至文衡山出而江左字體乃多用文家筆意，不僅囿於趙體。陸儼山書偶近趙，或謂儼山公學趙書乎。儼山曰：吾與趙俱學李北海耳，然亦尚未遽薄視趙書也。惟至董香光乃目短吳興，自立骨格，以為起衰式靡矣。自此以後諸家又多沿習董書，亦猶前此諸家之學趙耳。學者居今日自應問津晉唐，由歐虞以尋蕭羊之正脈，即一書家藝事，而鑒古宜今，與詩文家之源流沿革不殊也。故於聶君此蹟發之。嘉慶癸酉夏四月廿七日為荷屋比部題。方綱時年八十有一。有白文翁方綱印、覃溪印。

又 聶壽卿手蹟，覃谿為荷屋題。行書籤。道光二年秋孫雨淮觀並借摹上石。

又 聶壽卿司訓詩翰存十幅及江用亨跋為一卷，余與一友爭購得之。一日晤此，友於比部敘雪堂譁然曰：子購此卷，將遺要人某君耶。余一笑置之。蓋某君欲得此卷，余莫之知，此友實知之也。余歸語諸兒，此卷當如江氏職思堂右軍思想帖平生名節所關，慎勿與人。既思余不能見信於友，至使謂購玩物遺要人，則此友之言不宜笑宜自省耳。嘉慶十八年七月廿九日，南海吴榮光伯榮書於京寓之宿主露軒。

壽卿號東軒，臨川人，景泰間用薦起為仁和訓導。博涉羣書，篤意古文及唐人詩，書法師李北海、伯榮。

程南雲書蹟

論說

清·顧復《平生壯觀》卷五 隸書淵源即以隸書書之，字如大指，甚佳。

又 梅所二大字篆文甚古，其餘大篆字儘多皆妙。

紀事

清·孫岳頒等《佩文齋書畫譜》卷八〇《明程南雲千字文》 致堂胡先生作叙古千文，朱子謂其足以養正於蒙，是則初學之士，所當誦習乎此也。周興嗣所次韻者，可同年語哉。姑蘇姚鍊師可弘得南雲程公楷書本，而板刻之，請識歲月。余謂鍊師年盛業廣，葢非初學者也。刻此誠為初學之所便云。《張益文僖公集》。

徐有貞書蹟

論說

明·王世貞《弇州山人四部稿》卷一三一《天全翁卷》 右前一紙為聽句詩，僅失詩題耳。後一帋為，《水龍吟》慢句，詞半已不全，皆天全翁手筆，故特存之。人謂翁書由米顛來，非也。其遒放波險，全得長沙面目，神彩風骨亦自琅琅，惜結體少踈耳。

又《靈巖勝遊卷》 天全先生遊靈巖作此詞，寓《水龍吟》局已載郡乘中，此卷為劉以則書者，以則靈巖之東道主也。其詞不盡按格，而雄逸伉爽，時一吐洩，居然有王大將軍麈尾擊唾之態。書筆勝法亦往往稱是，卷首沈啟南畫，足為茲山傳神，劉西台祝參省錢學士皆有書名者，獨來民懌以文自豪，而語不甚稱，為可恠也。

又《徐天全二札》 天全翁出入長沙襄陽間，余嘗評其書如劍客醉舞，傲傲中有俠氣。此二帋皆真跡，而盤谷一章尤横逸不可當，豈所謂遇其合者耶。

又《徐天全詞》 天全翁自金齒還吴十餘年，多游吴中諸山水，醉後輙作小詞，宛然晏元獻。

明·孫鑛《書畫跋跋》卷一《天全四帖》 謂翁書由襄陽由長沙皆未然，元末得筆，謂勝法，亦未是。衹是天分高，畧涉獵古帖，遂以意行之耳。神采風骨不乏，其横逸處，正與蘇滄浪相似。

綜述

清·顧復《平生壯觀》卷五 古詩一卷，白紙，懷素兼米法，大字豪放。

在德生家。

劉玨書蹟

論　説

清·端方《壬寅消夏録》卷二二《明賢遺墨卷上》 第二十劉玨。【略】完庵草書得素師心印，其妙入神，行楷専師鬆雪，用意超古，而無習俗之病。

又《明賢遺墨卷下》 《明賢遺墨》上下兩卷，展玩一過，無美不備，真氣流溢，凡征收藏眼力，前在湘，見雅宜山人借券數十字耳，索價甚昂，遂爾割舍，今聚一代名手於兩軸中，其爲珍重，當何如耶。俞廉三廉白文。按：明賢遺墨兩卷，謝安山所薈萃，間有項子京、朱卧庵印章而非項朱所集也。上三十八開自國初至中葉名賢，下卷三十九開皆明中葉名賢也。大半皆江蘇人，今爲攷其仕履如左。

綜　述

清·安岐《墨緣彙觀》卷二《劉玨玉田帖》 白紙本，行書，十六行，有松雪餘潤，前書仰間承見示範寬秋山圖，觀其石潤林深，筆力蒼老，縱横滿幅，真有古意，後書玨端復玉田賢親待聘押，有金庫氏廷美朱文印。《明賢遺墨卷》。

姚綬書蹟

論　説

清·陸時化《吴越所見書畫録》卷二《明姚雲東園味卷》 前明三百年，藝苑擅詩畫書三絶者得四人焉。沈啟南、文衡山、姚雲東、唐子畏而已。於畫之一絶。此四人又能兼山水花菓翎毛為尤難，陳道復擅三絶矣。未能如四子之變化不測，登峯造極。王禄之擅三絶而秀色可餐，畫則僅見花卉也。雲東官御史方壯，遽賦遂初，矻矻於吟詠，書畫不少休，何勞於仕為甚苦，勞於筆墨為甚樂，昔蒙莊言子貢，遇丈人於漢陰，見丈人鑿隧入井，抱甕出灌圃畦，子貢憫其勞多而功寡，授以用穆取水之法，丈人忿然不欲行，惡其有機械也。雲東作此長卷，殫心竭力，勞精疲神，豈亦諷世之便易而作機械者耶。甲午七月七日，聽松山人偶跋。

綜　述

清·安岐《墨緣彙觀》卷二《姚綬書自作咏物詩册》 淡黄紙本，烏絲界欄，行草，書自作咏物七言律詩二十二首，書法清勁，前押姚字圓印，詩後自題山人受用清福無過霜瓦竹屋，而雪燈清冷，紙帳高寒，蠏杯之挈我醉鄉，鶴爐之坐人香國。又霜瓦竹屋中必不可少之供具也。老年消日，借此實多，各賦七言，用彰嘉績。至如鐵笛兔毫最助吟興，落花柳絮時動禪情，爰將同賦者亦古人賦月賦嘯之意也。凡得詩二十二章。時成化庚子十月望後二日雲東懶仙綬識。後押朱文姚字圓印，白文公綬印，册内公綬印記繁多，未及全録。

張弼書蹟

論說

明・李東陽《懷麓堂集》卷四〇《跋韓給事所藏張汝弼草書卷後》 張汝弼嘗自評其草書，以爲大者勝小者，予謂英雄欺人每如此，不足信也。及觀韓黄門此卷，則其大字果勝，賢者固不可測耶。

又《跋張汝弼書蔣玉山既醉軒詩卷》 醉與醒異趣而同適，醉者常眥醒者爲拘。醒者常病醉者爲縱。屈原曰：衆人皆醉，我獨醒。李太白云：但得醉中趣，勿爲醒者傳。此皆有托而謂，非真語也。蓋次公見謂醒狂不害爲賢，梅聖俞每醉輒叉手温語，蘇子瞻乃以爲。善飲者人之趣固若是，異哉。事或出於偶然，或成於有意，是不可執一論也。張駕部飲酒不過中人而書此軒及卷若甚醉者，其興致風態固出一時，要非有意。論者蔓引波漫，各極其趣。蔣君其有擇乎此邪。然世之文章事業，疲志憊力者，常患於泯没而一時一事或以傳播，是固有幸不幸而亦係乎其人。此卷之傳其賓主之美，概可想見醉不醉不必論也，子亦不能飲者，書此以附吴陸二太史之說。

清・孫岳頒等《佩文齋書畫譜》卷八〇《明張弼草書卷》 東海先生以草聖蓋一世，喜作擘窠大軸，素狂旭醉，震盪人心目而此卷矮紙疎行，尤擅清麗，況詩律散語，俱有關系處，不但其子孫當寶之也。後有吴文定公為陳冷菴跋識。蓋冷菴所得，今為先生之孫敷善所收，祖武手澤不但尋常所當寶之書畫也。冷菴名琦，字粹之，罷察官歸，至口食不給，余時猶及識焉。清癯鶴立，望而可敬。又聞文定公起歲貢，先生獨識之曰：歲貢中亦有此人邪。遂以狀元及第，卒為名臣，五六十年前，先生風範如此。最後東橋顧華玉衡山文徵仲文翰有法，皆吴産也。語云：魯無君子，斯焉取斯，深於是為之全省衽，敷善其尚寶之。敷善名其性後樂先生之長子涵養粹，深慨然有求道之志，又不但以辭翰世其家而已。《陸儼山集》。

明・都穆《南濠居士文跋》卷三《張南安草書》 有詩七首，故南安守張公汝弼書以遺滁武庫者，張公草書師宋昌裔，昌裔名廣。洪武初，與宋克仲温宋璲仲珩俱以善書擅名，人稱三宋，然評者謂昌裔書較之二宋不逮，以其筆之聯結不斷，非古法也。

明・王世貞《弇州山人四部稿》卷一三二《張東海册》 张南安書雖流浪自喜，往往失之緩弱，此册鐵漢臨用禿筆差遒緊可存。

明・孫鑛《書畫跋跋》卷一《張東海册》 東海翁筆勢飛動，自是顛旭狂素流派，遺筆處殆如雲行電掣，安得云緩弱，惟未能去俗。凡俗、體俗、筆俗、意俗，氣俱不免犯之，蓋亦為長沙所誤。

紀事

清・孫岳頒等《佩文齋書畫譜》卷八〇《明張弼雜書》 東海張公守南安時，雜書數紙，郡掾劉暹得之成卷。公之子時行黄門持以示余，中有公與余詩一首，蓋公寫而未發者，余欲取之，因感楚弓得失之語，書其後而還之。《匏翁家藏集》。

又《明張弼草書卷》 曩余問東海索書，輒謝曰：待偶然有得意者，當舉以為贈，不敢取應酬者，塞命也。然竟不獲其所謂得意者，恒以寘憾，乃若倡和詩篇往返書札，則所得甚富，每一展玩，疑所謂得意者，或在其中，雖東海亦或不能自知邪。時行黄門持此册見過，摩挲再三，恍然如見其笑語而東海之不作久矣。噫，時行尚謹護之，安知不有好事者，以為得意之筆，伺其傍而拔其尤者以去邪。《程篁墩集》。

清・陳奕禧《緑陰亭集・題張汝弼書》 往在虞州見東海翁與桑民悦合書一册，愛而欲得之，竟為祁縣戴楓仲取去，今莫知所在，巢寄齋司寇公示觀此卷，極慰夙想，翁書傳世者甚少，四十年來三五見耳，當善藏之。戊子春分後一日，栩栩山房雨窗。

雜録

清·顧復《平生壯觀》卷五 千文小草，前楷書千文無欵，云是沈度，我以為即弼。

沈周書蹟

綜述

清·安岐《墨緣彙觀》卷二《遊虎邱各體詩卷》 白紙本，高八寸五分，長一丈二尺三寸，行書，遊虎邱諸作十七首。書法黄山谷，後款弘治癸醜歲沈周録，下押沈氏啟南朱文印。

紀事

明·郁逢慶《續書畫題跋記》卷一一 秋日同友人步虎丘，倦坐可中亭上，值談空上人持筆索書，漫録舊作二首，長洲沈周。

清·葛嗣浵《愛日吟廬書畫續録》卷二《明沈周行楷詩翰卷》 余家所收明人書畫中，惟石田真迹獨少，壬子秋間將編輯是録，始得畫軸畫卷各一而此卷尚是先子手購者，確為詩書雙絶之作，突出於尋常諸品上也。即置之山谷書中亦無多讓，敢不寶諸。按：石田翁自書舊作四首，其牡丹燕一首，曾見明耕石齋本，《石田先生詩鈔》第二卷中惟題為陳太常師召邀賞南軒牡丹云云，與卷中小異耳，盛得集中作盛德，餘三首未曾刊入並誌於此。

陳獻章書蹟

綜述

清·顧復《平生壯觀》卷五 德孚先生札白紙狂草。

紀事

清·吳榮光《辛丑銷夏記》卷五《明陳文恭詩卷》 白沙先生以成化十九年癸卯應召，三月三十晶至京師，鄉人祭酒使人邀先生主其家，憶而先生蹴居慶壽寺，至八月二十八日，疏陳患病乞終養，九月初四日得旨，授翰林院檢討。先生令侄陳景星具狀告俟筋力稍紓，赴闕稱謝。既又病，不能興，乃具疏令景星謝恩而歸，時年五十六歲，見其門人張詡所撰行狀及黄淳應召録此卷，書於桃源舟中，十年前，余得先生茅筆大書宋人詩二首，乃癸卯九月書於京師慶壽寺方丈者，此潞河詩草，乃出京後一月所書，合之可以印正先生出處何多幸也。因裝為卷用志景仰前哲之意。嘉慶乙亥八月十有七日南海後學吳榮光伯榮甫敬識於京寓之小知大年室。

李應禎書蹟

論說

明·文徵明《甫田集》卷二一《跋李少卿帖》 家君寺丞在太仆時，公爲少卿，某以同僚子弟得朝夕給事左右，所承緒論爲多，一日書魏府君碑顧謂某曰：吾學書四十年，今始有得，然老無益矣。子其及目力壯時爲之。因极論書之要訣，累數百言，凡運指凝思吮豪濡墨，與字之起落轉換大小向背長短踈密高下疾徐莫不有法，蓋公雖潛心古法而所自得為多，當為國朝第一。其尤妙能三指尖搦笎，虚腕疾書，今人莫能為也。余雖知之而心手不逮，蓋數年未始有得今公已矣。嘗欲萃其言，為李公論書録，而未暇也。今日偶閲此帖，不覺感愴疇昔用記如此。《甫田集》。自書學不講，流習成獘，聰達者病於新巧，篤古者泥於規模，公既多閲古帖，又深詣三昧，遂自成家，而古法不亡。嘗一日閲某書，有涉玉局筆意，因大咤曰：破卻工夫，何至隨人脚踵，就令學成王羲之，只是他人書耳。按：張融自謂不恨己無二王法，但恨二王無己法，則古人固已規規爲耻矣。此帖爲郎中時，書其轉折處，鋒芒削利，蓋早年嘗學虞恭公碑如此。後五日又題目。《甫田集》。

明·王世貞《弇州山人四部稿》卷一三二《李范庵卷》 書家評吾郡李少卿貞伯如純綿裹鐵，視祝京兆不愧冰清。餘此所藏卷，雖尺一草草不經意，而遒勁有生氣，可重也。少卿當憲廟時，抗疏不肯書佛經，爲藝林樹赤幟，今給事岑君允穆於鼎革之際，白簡數上皆國家大策，至救周太常一疏，尤卓犖偉甚，餘故舉而歸之，且以慶貞伯此書之得所托也。

明·孫鑛《書畫跋跋》卷一《李范庵卷》 司寇公稱貞伯眼底無千古，至目趙吴興為奴書。金在余嘗見其數札，大約從二沈來，亦間作賓之原博脚手。夫學古人何名為奴，若從風而靡則真從者氣習耳，如今人恥先秦兩漢不學，或拾歐蘇餘芳，乃自矜捨筏，其失正同。

清·陸心源《穰梨館過眼録》卷一七《李貞伯行書尺牘卷》 顔太師乞米諸帖傳之到今，豈惟字畫之妙，抑以人品之高爲可重耳。今世士大夫交遊之際，往還裁答，必有尺牘，多見其裂爲鐙炷，或以包裹，豈真無可傳者，直哀俗薄惡爾。二御史大夫柴墟公分司南部時與李尚寶貞伯特密，尚寶手札，雖片語單辭必哀而輯之藏之篋笥，尚寶用筆學柳誠懸，嘗見其真書逼真《玄秘塔碑》，能書有家法者，舉莫能及。柴墟卷則多行草，其結構有規矩，可愛公莅持憲節總南畿庾政出以見示，命題數語，其重故舊敦有衛爲何如惜走，不足爲斯卷重也。正德己卯二月庚子仇東之跋。

尺牘有三種：王右軍最雅，次東坡一種，次朱子一種，大抵以簡拙爲貴要全與書啓各別此册書法深得晉人風味，諸牘亦有右軍旨趣，大可寶貴。此亭吾兄其善藏之。辛卯長至後三日觀並識李御。

清·端方《壬寅消夏録》卷一六《李應禎書翁氏墓志》 是册先君購之吴氏後人，以李貞伯先生手筆故窗藏之。觀其連腕，貞有鐵石氣硜硜露指爪下，鵰鵬翔秋漢，凌霜排空，勢益迅勁，吴中錚錚公為首稱矣。至於出入率更、魯國猶剩技也。吴璠中書聞以孝廉起家所居，已未泰幾何年矣。

萬曆戊申秋月陶元柱跋於修羣館。元柱、陶氏武□，均朱文。

按：此志劉鉉所撰，簡潔樸茂，明人文中所罕見，内有汝氏稀姓，攷《世本》天皇封弟㻞於女水陽，其後為女氏，夏少康臣有女艾，商有女鳩、女元，晉有女寛，皆其後也。或加水旁，《華陽國志》多汝姓。

紀事

清·孫岳頒等《佩文齋書畫譜》卷八〇《明李應禎手帖》 故太僕少卿李貞伯最喜交游，然非其人輒怒見顔色，不與接一言。此手帖一卷，皆遺今孫太常志同者，蓋非志同契合之厚，何以得此而志同重其為人，雖貞伯歿久，片紙數字及瑣細事者，亦不忍棄，所謂一死一生，乃見交情者歟。《匏翁家藏集》。

明·都穆《南濠居士文跋》卷三《少卿李公書石湖詩》 右宋參知政事齊國範文穆公詩一律，故太僕少卿李公應禎所書，李公與文穆同為吴人，其云夏日雨坐，因書是詩，則文穆詩語似為李公，今日而發此可以見古今之同心，而李公崇重鄉賢之意，抑又可知，蓋非特字畫之妙而已。穆嘗灑掃李公之門，今而九原不作，懷想典刑，為之慨然。

吴寬、沈周合册

論　說

清・翁方綱《復初齋文集》卷二八《題吴沈詩草合卷後》　明吴匏庵、沈石田二先生並以翰墨見推於吴下，匏庵書學蘇，石田學黄，亦肩相並也。蘇黄既並稱於前而吴沈復以同地同時追效之，誠韻勝矣。然宋時人已多效蘇書，黄書乃罕繼者，而匏庵之學蘇，實過於石田之學黄。蘇書神秀，吴僅得其二三耳。黄書古勁，沈或得其十之一歟。然而爾時吴人屈指名輩，於搢紳，首稱匏翁，於布衣首稱白石翁。其他或少次矣。石田雖以畫擅名而每成一軸，手題數十百言，風流文彩，照映一時，詩文與匏庵並峙。匏庵年六十以後，手鈔所讀書卷帙，自署吏部東廂詩者，皆晚年筆也。石田詩自芟其少作，海虞瞿氏耕石軒為鋟板行之。吾嘗平心論次，吴門翰墨謂文徵仲學蘇勝於匏庵其學黄，亦勝於石田，然而匏庵石田之書終自洋溢人品而暉曜贉㬥者，非以其書究以其人也。匏庵固以清名長德不愧台閣者宿，而石田風格高邁，望相城有竹莊者，不啻若神仙之居也。即後來以詩文書畫名冠東吴如衡山者，亦以師長尊禮二老，淵源有自，典刑不忘，即此同卷之手蹟，猶如親見其對客揮灑，煙雲盈幅時也。吾聞松陵史氏家藏有石田小畫，上有自題，記雨夜相過從事，此吴沈二詩卷，若得一好手作二先生像於前，吾當更為歌詠之。

綜　述

清・張照等《石渠寶笈》卷五《明吴寬、沈周合書一卷》　素箋本，行楷書小山聯句詩，凡二幅，前幅吴寬書欵識云長洲沈周啟南、吴寬原博同遊笠澤瑞雲觀而作，時成化己亥正月廿二日也。後幅沈周書欵識云成化己亥，余與匏菴吏書登瑞雲小山主觀，松月翁已出，相與聯句留別。逮正德丁卯，及二十九年，將幾一世，匏菴既觀化物表，松月亦已藏劍，其徒静山能裝為卷來徵重題，因即前韻以寓感嘆云，八十一翁沈周。拖尾有陳璚書次韻詩。

吴寬書蹟

論　說

明・王世懋《王奉常集・明吴寬書大石聯句》　原博諸君子大石聯句，久為吴中盛事。原博書法第一，此書又平生最合作者，重以嗣響聯翩，觸目琳琅，江南文獻盡在是矣。事既奇勝，蹟復完富，便是我明蘭亭，永為世寶，妙物通靈，儻及搜剔，異日山東書生過訪，恐此非先生有也。《王奉常集》。

清・卞永譽《式古堂書畫彙考》卷二四《匏菴臨懷素自叙帖並題》　懷素自叙帖，余嘗見宋昌裔所臨一本，然多自出己意，吾疑其相遠，及得原博先生所摹，逶迤曲折，具得秃翁之意，於是益知宋之不類也。豈臨書家非才參力及有不可以易致歟。米元章書史載蘇沂所摹自叙帖一如真迹，在於吾原博者何如，惜余不得而竝觀之也。庚子歲下月庚子坐日色中展玩，因書之崑山陸釴。

又《吴原博雜詩卷》　吴文定公體度俱效蘇文忠而神致全本二王，故筆筆生動，其足引人玩味，雖朝斯夕斯趣韻難以縷數也。一字中具足令人十日思，劄篇牘二十四幅，豈非稱墨寶乎。乙未夏日偶得於吾鄞，賞鑒家尚珍藏之。己亥秋日雨臣霖識。行書藍紙本。

清・孫岳頒等《佩文齋書畫譜》卷八〇《吴匏翁書》 匏翁吴中前輩行誼擅絶，不直文翰之工爾也。書法法菌學士，濃顔厚面，祛去吴習，亦畢竟趙宋本色耳。超箸實難。《來禽館集》。

又《明吴寬臨懷素〈自叙帖〉》 文至莊，詩至太白，草書至懷素，皆兵法所謂奇也。正有法可循，奇則非神解不能，及觀文定所臨懷素此書，用筆結體，譎詭恍惚，兮不可為象矣。若真蹟不知，又當何如邪，令人遐想無已。《顧璘息園存稾》。

清・方濬頤《夢園書畫録》卷九《明吴文定公匏菴楷書詩册》 吴文定公書學出眉山氏，名雄當世，臨池之士至今虚左而讓之，非獨以人重也。筆劄精勤，迨老不勸。此卷自録其詩而繕寫工緻，緐麗茂密，非苟然者。舊藏王履吉、黄勉之二先生家，故兩君皆有印識。晚又經文太史鑒閲，手題標目，其流傳如此，益足重矣。太原王穉登敬書。

综　述

清・安岐《墨緣彙觀》卷二《吴寬書東坡詞卷》 白紙本，行書，蘇文忠公《浣溪沙》五首，共三十一行。書法亦學蘇文忠，前書蘇題十二月二日雨後微雪太守徐公君猷攜酒見過坐工作《浣溪沙》三首，明日酒醒，雪大作，復作兩首，詞後款題偶閲東坡詞録一過匏翁，前押延陵朱文長印，後押太史氏朱文印，玉延亭主白文印。

清・方濬頤《夢園書畫録》卷九《明吴文定公匏菴楷書詩册》 吴文定小楷詩一册為題寄江陵張先輩，此公禮部、廷試皆第一也，勉之，勉之。右吴文定公詩藁一帙，計一十七葉，為詩八十六首，五七言律絶，歌行，古選排律諸體畧備，皆公手筆，蓋偶録一時之作耳，非特為此集也。按：公平生勤於筆札，每得異書，必手自抄録，予所見頗多，聞其平時訓後學亦以筆勤為勉，宜其遺跡之多如此。然往往皆行草，而此帙楷法精謹，尤為可寶。前籤題猶先待詔之筆，中有王履吉印章，則知此嘗為雅宜所留賞者，因漫及之。萬曆丙子八月四日，後學文嘉謹題。

又 吾鄉吴文定公手書詩藁一册，大都是其初登第官翰林之作。公平生好學，老而不倦，家有叢書堂，藏書萬卷，凡古書秘本多出手鈔。其題署有云：書於吏部東廂者，則其佐銓時書也。王文恪公手鈔《唐六典》，今鏤版吴中，先輩遭時承平，讀書汲古，優游翰墨，其風流可想見也。北海先生出此册見眎，感而書其尾。乙酉嘉平，虞山錢謙益敬書於花市之桂邸。

又 匏菴尚書詩法香山，書法眉山，為當時一代文宗。此册手書詩草，有王元美、文休承、王百穀諸君之跋，皆吾鄉聞人。又有王雅宜、孫退谷收藏印，流傳有緒，最後在查恂叔中丞家，今歸茝林方伯。夫士大夫登魏科膺高爵，當時則榮，惟文字因緣則有曠世而相感者，方伯嗜古懷賢，愔愔大雅，此册真得所歸哉。吴下州民石韞玉手識。

紀　事

清・孫岳頒等《佩文齋書畫譜》卷八〇《明吴寬自書詩卷》 匏翁此詩，余二十年前嘗見之，今世宏復持以相示，竊有感焉。翁詩如漢循吏所至，無赫赫聲，而去思不已，世或模擬之，鮮能似也。翁逝矣，詩失於彼而傳於此，余亦何知哉。正德六年正月十三日。《容春堂集》。

又《明吴寬與沈石田手札》 聞之王秋澗云字畫亦可以觀人之壽夭，文定以甲子七月十日奄逝，此札作於是月之六日，相去四日耳。點畫法度具在言辭，温潤諄切，與平日無異也。秋澗之言豈欺我哉。昔曾子臨終所以告孟敬子者也。謹於容貌顔色，詞氣之間，文定此札久要之誠，恬退之節，蓋【略】見焉。其所養可知矣。公於石田最厚，往來簡牘尤多，而此札則若與永訣然者，故尤重之，寶之，裝潢成卷，碑余書其後，於戲，公之筆於是乎絶矣。《震澤集》。

明・都穆《南濠居士文跋》卷三《吴文定公及第後謝恩表稾》 成化壬辰科進士凡二百五十人，而狀元為吾鄉吴文定公。故事狀元宴禮部，受冠服之後，當率諸進士上表謝恩，此則公所作表稾，而藏於其子中書舍人奭，公領鄉薦時名列第三，是科會試第一，及廷試復居榜首，入翰林為修撰，至學士進大宗伯，專典內制。天下之人無不知有公者，穆謂公之所以重於天下，豈直科第與官而已，其道德足以師乎後學，述作足以匹乎古人。至於書翰之妙，識者亦以為不減宋之大蘇。國朝自設科以來，前乎公者，狀元凡三十人，為學士至大官，蓋不知其幾，道德文章有如公者，可多見哉。而況此表為公榮遇首作，當與廷對策並傳於世可也。

清・陸時化《吳越所見書畫録》卷五《明吳匏菴醫俗亭記行楷立軸》

余乘暇偶作此俚言，書於小亭自適，辱玉汝契友過訪誦之，不以鄙俚見嫌，索書丹四，余不愧醜陋，復書以歸之。時成化二十二年，歲在丙午秋七月望後三日，延陵吳寬記。延陵原博。

清・顧文彬《過雲樓書畫記》卷四《吳文定自書種竹詩卷》 匏菴先生自書種竹詩，具見本集七古，云：成化庚子夏，予從城內護國寺分竹六莖種之，遂為初祖，因作此詩。五古云：記園中草木有詩二十首，內竹為筠隱翁所分種者，因附録之。七律云：次韻阿給事種竹，又雨中對竹，雙王朋十三日，故園種竹，時舊竹俱亡，醫俗亭亦撤去擬別搆數椽，名之曰：復竹。五律云：賦叢桂堂前矮竹分刖部居，不翅為緑卿青士作《氏族志》、《世系表》矣。據署款七古為弘治甲寅正月十七日書，有云筠隱翁性好竹，他日致素卷求書，聊為執筆，時入夜已深，兒奭侍立，數剔鐙，艸艸不成字也。是歲為弘治七年，先生政六十。五古已下為戊午秋在吏部右廂書，有云近稿有此數首，公餘更録歸之。是歲為弘治十一年先生且六十四矣。先後所書一千餘字，文不加點，通幅惟奪一俗字耳。奭字嗣盛，見《震澤集》，吳奭，字嗣盛。説又有半舫齋種竹詩，亦次韻自注。玉汝，齋名，知陳給事為玉汝家藏集屢稱陳玉汝是也。集中有《醫俗亭記》，又有吏部右廂前種竹及吏部右廂前有朱藤一株，予手種也。今歲始聞花開甚盛，詩皆與此卷脗合，卷首文壽承隸書《筠窗雅玩》四字，尾有壽承及長洲徐顯卿跋。顯卿，字檢菴。隆慶二年戊辰羅萬化榜進士，亦官吏部侍郎，見府志選舉門。

清・端方《壬寅消夏録》卷一七《明唐子畏聽琴圖吳匏庵書琴賦卷》 弘治癸醜四月既望，余坐醫俗亭憒悶無聊，適社友錢翁耒齋持唐子畏所繪撫琴圖見示，且曰：公其為我書松雪翁之賦，然後可以稱是圖愜吾願也。予初唯諾，既乃搜案頭讀其文，則聲音之清濁高下、節奏疾徐已悉具於所見矣。錢翁其真知音者哉。因書以歸之。若夫字畫之拙陋，觀者幸勿以之見誚也。長洲吳寬書。

藝文

清・方濬頤《夢園書畫録》卷九《明吳文定公匏菴楷書詩册》 東坡書筆久不傳，後來摹仿兼癡妍，匏菴尚書嗜蘇字，用筆直追元祐先。清詩小册寫何歲，緝綴百萬驪珠圓。不獨字佳詩亦雋，春容澹沲朱絲弦。歌行古律各體備，八十六首紛羅駢。中間題贈最密者，陳氏玉汝沈石田。匏翁去今三百載，紙色渝晦微蠹穿。雅宜山人夙寶愛，長洲待詔題其前。未後乃歸退谷叟，跋語尚識虞山錢。遷流展轉落我手，重綈十襲熏蘭荃。匏翁手鈔昔頗富，蠅頭蠆尾蠶蛾眠。服官操觚兩不厭，東廂署記天曹銓。嗟余所見僅此本，太倉粒米慚囷廛。安得遺書盡插架，勿使過眼空雲煙。

匏菴尚書手書一册，乾隆戊辰秋得於京師之櫻桃斜街鬻古家。己巳秋，余由農曹改官廣右，鹿鹿奔馳，忽已十載，戊寅長夏偶檢行笥，出此册翻閱數過，成詩一首，敬題於太平郡廨之瘴雨亭。宛平查禮。

又 吳文定公手書詩册，為詩八十六首，詩題中姓氏可考者，自賓之慰南天全翁外，李汝賢名傑、陳粹之名琦，皆登成化丙戌科，先文定成進士者也。文宗儒名林，即衡山之父，壬辰進士，與文定同年。玉汝為陳公璚，戊戌進士。賀其榮解元名恩。文定舉戊子南榜，則文、陳、賀、王公又皆鄉試同年也。沈貞吉者，石田世父也。玉汝孫津，嘉靖戊子舉人。陳維寅名汝秩，洪武間高士，疑文定追和其所作也。自餘諸人多不可攷。册尾王元美詩，作於文定没後。唐人稱應試舉子為先輩，元美與江陵張太岳為嘉靖丁未進士同年，或以贈嗣修、懋修兄弟歟。惟文休承跋衹及待詔題籤，而不言册中有與溫州酬答之作，未免數典忘祖矣。册歷為王雅宜、黃勉之、孫退谷所藏，最後歸宛平查儉堂撫軍，今為余有，因畧審定一過而係以詩。

匏翁集卷七十七，邇日吳中行本稀。偶書繭紙出塵劫，八十六首皆珠璣。學宗坡老字亦近，細楷整暇如其時。中藏鋒稜外取勢，但有端潤無癡肥。玉延亭邊想歌嘯，大雪舒卷神曠夷。往來名輩備參攷，交無雜流真庶幾。弇州山人立朝日，不阿權要風骨奇。江陵二子覬高第，題詩致勉心何居。後來蒙叟亦誕謾，以匏自寓言支離。老居台閣豈不達，讀書論世非相知。鉅人長德世所仰，學究何戹言詆。規撫前人中有得，精鑒還推王濟之。莳門賜莊作民舍，賢祠新築靈堪依。吏部東廂舊卷帙，昔猶流傳今則微。我來公卿得公册，有人先我裝重綈。判事操觚不偏廢，公其許我希前徽。

道光十一年歲次辛卯臘八日，福州梁章鉅書於吴中藩廨。

又 借取眉山筆一枝，北堂鈔徧佐銓時。畫圖省識五同會，翰墨流傳百首詩。瓦硯齋頭今什襲，玉延亭畔舊臨池。南飛奏罷迎神曲，追配風流亦我師。

道光辛卯臘月十九日，社集延月舫祀蘇文忠公生辰，適莒林方伯以此册命題敬書一律。同里後學韓崶。

姜立綱書蹟

論説

清・孫岳頒等《佩文齋書畫譜》卷八〇《明姜立綱書四子全文》 故姜太僕立綱書此四子全文，句讀各有圈，甚精，當是先朝春宮進讀本也。結法圓熟端勁，妙不可言。初見絶以為沈度學士書，徐覺其波磔處小露鋒鍛，乃敢定為姜筆，噫嘻，今兩制諸君不復能辨此矣。《弇州續稿》。

明・孫鑛《書畫跋跋》續卷一《姜立綱書》 米元章謂但如布算子便不是書，今書家多祖其説，不知篆隸元布算子者也。米又以吏楷嗤徐季海，近弇州公見字稍方整者亦率以掾史目焉。不知古所云女流正今吏及掾史也。右軍蹟今幾絶矣。近代能得其筆法者惟趙子昂姜廷憲二君，趙之右軍，人猶知之，然亦不免算子之誚。若姜則語八法者率不道矣。余在李伯玉家，見姜小楷真精工之至，晝畫有筆，驅遣如意，其姿態全從筆中出，宛是聖教碑法。伯玉家又有《樂毅論》臨本，精密而流動，絶有骨力，文壽承極賞之曰：泛看止如此，然欲效之，即一波一點，亦不易到。此殆唐初人所臨沈瑞伯亦以為然。韓禮侍存良亦有一本，行欵紙色俱相同，云是馮承素等所臨。余愛其愛筆浄又沉著，瘦而有筋，亦謂是唐臨本。後余媚劭之見都城一前輩，乃云非也，此乃姜廷憲手臨者耳。此言大有理，余聞之怳然心服。姜書力原深宜壽承云：不能到也。今司寇謂初見以為沈學士，此徒以字形方整言，沈法祇從趙變圓熟，是其所長，無右軍筆法，細玩無意趣，然姜亦有一種學沈者，豈此四子全文正用沈法者耶。姜雖為吴子所嗤，然自致身金紫，今其遺蹟在京都，價亦不減希哲履吉，效之者多白衣躋貴顯亦可謂遇時者矣。有人作《千禄字書》應以為准。

雜録

清・張照等《秘殿珠林》卷三《明姜立綱書心經一册》 按：書畫譜云：姜立綱天順中授中書舍人，天順距萬曆越百餘年，且此册字畫筆法與朱孔易册如出一手，疑後人附會之作。

李東陽、陸深墨蹟卷

論説

明・王世貞《弇州山人四部稿》卷一三二《李文正、陸文裕墨蹟卷》 涯翁篆勝古隸，古隸勝真行草，此硏光箋書數詩乃晚手筆，余割其半及跋尾遺王學士，而留此以其備有衆體故耳。最後蘇墨亭一歌更遒勁，蓋中年得意筆也。儼山先生實應雪夜翫月歌，則出入北海吴興雄逸超爽，有秋雕春駿，騰騫絶影之勢。陸之於李歌辭不妨衣鉢，書法更自青水也，因合而藏之。

明・孫鑛《書畫跋跋》卷一《李文正、陸文裕墨蹟》 西涯翁在位日，書名震海內，篆書姑置勿論，行草亦清勁，有筆第微帶邪氣。彼時士夫書多作此形狀，蓋幾日用不知矣。儼山翁精究八法，於瘦硬中露秀媚，亭亭獨上，但尚未是當行耳。謂勝李果然，謂出於李，或未然也，以青冰目之，恐陸未服。

李東陽書蹟

論說

清・孫岳頒等《佩文齋書畫譜》卷八〇《明李東陽書苦熟行》 長沙公大草中古絶技也，玲瓏飛動，不可按抑，而純雅之色，如精金美玉，豪無怒張蹈厲之態，蓋天資清澈，全不帶渣滓以出。然公他作，即刻石者，乃多有一種習俗之氣，是以評者多不與之，若皆如此紙，則何處可容其抨彈焉。公振起文運，令後來之雋遠陋宋元，世人又多以繞指病之，大抵人各有品論世者，宜另具心胸眼目也。天啟乙丑首夏三日。《墨林快事》。

又《明李東陽書〈長江行〉》 西涯先生天資高朗，愛才喜引接後進，海内文章之士翕爾歸之。名日益尊，然詩樂浮靡，字以自出機軸為佳，人漫謂之台閣體。自爾以來，遂致與海内才士分塗不相通轉相誚者若而年，今稍稍契合，乃才士之力多矣。長江行正其本色，余收有先生長卷大草二，韻致與此殊，然彼佳矣。金山諸刻以此蓋先生，或未盡先生之美，識者當知長沙自有大全在。天啟辛酉九月八日。《墨林快事》。

清・陸時化《吳越所見書畫録》卷二《李文正各體書〈東祀録〉略卷》 文正公以次輔奉使祭告，重其事也。此卷迺其於役時紀公佈之作。詩則有四言，有五言古，五言律，五言排律，七言律，有樂章，有銘。字則為大小真楷，為行，為草，為篆，為未，四始八法【略】備眾體，而筆蹊墨逕之外，並其肅穆之氣，儼毖之容，縱横流映，使觀者欲斂容褒拜，若殿堂絲竹怳惚相遇於耳目之前也。昭代右文邁千古，但六飛不輕出，又厭薄七十九代之事，不能如唐宋以前往來往蹕，以一太牢祀。然新宮告竣，而遣黄扉重臣輟論思之，寄以安神休，亦闕里一盛典也。文正立朝未必能為徂徠松新甫柏，然青林翠樾上不能禦惡禽而下可以蔭芳草，菁蔥蒨美正堪黼黻裳，丹青聖添下至蒼籀之格，顔柳之長，雖獨造未至而兼綜有餘，二百年來詞林詎公亦罕其儷。聖人復起必曰：可以為文矣。此卷今藏於光禄勛曲周劉敬仲家。崇禎四年嘉平月，吳郡渼學姚希孟書於京邸之小羅浮。姚印希孟。

綜述

清・安岐《墨緣彙觀》卷二《李東陽書種竹諸詩卷》 白鏡面箋本，高八寸，長三丈餘，正行草篆四體書，自作種竹各體詩十四首，正行草書皆法顔平原，後自題張甥，屢為移竹助我園居之興為書往歲諸詩，以見種竹之難如此。後數首乃得竹時所作，凡有關於竹者皆附焉。甥娶於吾之從女，而吾弟不及見，故題曰：竹林餘興。蓋諸子兆延嘗為速成之也。正德丙子二月八日西涯翁識。前有長沙朱文小長印，後押實之七十一峰深處二朱文印，本詩紙尾有宏儲一跋，字亦不俗。

清・張照等《石渠寶笈》一三《明李東陽自書詩帖一卷》 灑金箋本，草書七言絶句，款識云：芍藥始萌為宿主所啄，戲成三絶，酒半縱筆，為孟清通判書之。西涯翁識。引首有周天球書《西涯遺翰》四大字，拖尾有文徵明跋一。

紀事

明・王世貞《弇州山人四部稿》卷一三二《李文正詩翰卷》 太師李文正公詞翰拉聲館閣間，此卷為宗易太史書，當謝首揆之次歲而卷端有牧關島擊賊笏二曲，豈意有所不足耶。今年為甲戌，距公書時正一甲子，北虜有解辮而邊戍無脱巾，當此可無感也。宗易為任丘李文康公時亦以首揆贈太傅，偶與元馭語次及此因舉贈之，以比於虔刀之義云爾。

明・孫鑛《書畫跋跋》卷一《李文正詩翰》 牧羝擊賊笏二曲，亦是偶然書之，恐未必有意，長沙任丘居首揆皆尚包荒，今以贈荊翁或未首肯。

清・孫岳頒等《佩文齋書畫譜》卷八〇《明李東陽書風雨歎》 長沙公以壬辰為此風雨歎，後二十年為苦熱行，又後十有八年因書一卷，前以茅筆書苦熱，後另以豪筆追書此詩，考其年皆公為史官宮坊日所作，而於天序民情汲汲以為已憂，已有相天下之概焉。彼其時而依違委曲於其間，蓋亦潛為補救之苦心而論者不察，豈欲人各自顧其聲跡而置國事於不恤，所云末之難者，又足顧乎。此字更謹嚴有體，即不如苦熱之橫逸而古雅過之，皆翰圃之瑰寶也。《墨林快事》。

又《李文正各體書東祀録略卷》 西涯先生李文正公東祀録一卷，在懷麓堂文集中。此其手書以詒太原喬公白巖者，劉司空敬仲藏弆是卷，出以示余，余與敬仲評論本朝文章，深推西涯語焉，而未詳也。請因是而【略】言之。國初之文，以金華烏傷為宗，詩以青棐青田為宗，永樂以還，少衰靡矣，至西涯而一振。西涯之文有倫有脊，不失台閣之體。詩則原本少陵隨州香山以追宋之眉山，元之道園，兼綜而牙出之弘正之作者，未能或之先也。李空同後起力排西涯，藉以壓倒一世，而爭黄池之長，中原少俊交口訾謷，百有餘年，空同之陰霧漸次解駁，後生乃稍知西涯。於戲，唏矣。試取空同之集，汰去其吞剥尋撦吽牙齟齒者，而空同之面目猶有存焉者乎。西涯之詩有少陵，有隨州，有香山，有眉山道園，要其自為西涯者，固宛然在也。卷中之詩雖非其至者，人或狎而易之，不知以端揆大臣啣君命祀闕里紀行之篇什，和平爾雅，冠裳佩玉，其體要固當如是，此狎而易之者，秖見其不知類而已矣。若近代訾謷空同者，魈吟鬼嘯，其陰霧尤甚於空同而不自知也。又烏足以知西涯哉。余將與敬仲別矣，敬仲暇日焚香簾閣勿著西涯空同於心眼中，取兩家之集，平心易氣，旋而觀之，以余言為何如。他日其有以教我也。崇禎戊寅四月朔虞山書。

清・陸心源《穰梨館過眼録》卷一五《李西涯贈陸鼎儀詩翰卷》 嗚呼，吾友靜逸陸先生之卒二十餘年矣。其子中書舍人爰輯予嘗所還往簡札數十通為卷，蓋自筮仕以來幾五十年者，皆在焉。予展卷諦視，猝不知為何人筆也。因撫而歎曰：人之少老其異一至此哉。當弱齡驟進之時，粗率簡【略】，莫知所裁，固不可與靜逸並駕，第意氣之孚洽，志趣之符合，倉卒造次，亦有不相遠者，而箴規磋切，予得之靜逸多。據時考事，誠亦有不可序幕者，況卷尾一紙靜逸已不及見，其於存歿聚散之際，可勝道耶。吾家私稿所識不過十之四三，而中書君乃能俱藏並録無所遺失，固趨庭授簡之餘事，而篤念舊故親賢好學之誼，亦於是乎存焉。予之始觀不覺有宋景文欲焚少作之意，徐而思之，知之不可咈，且自懼老耄之年所得與所進無幾為不足校不能不。乃為之標首跋尾憮焉而歸之。正德庚午冬長至後一日，長沙李東陽識。賓之朱文，學士章白文。

著録

清・孫岳頒等《佩文齋書畫譜》卷八〇《明李東陽字刻》 西涯公德行文章重天下，其書在金石者，天下之人重之若珪璧琬琰固無容贊矣。但刻工有高下，故其精神之妙，或不能無異。公嘗謂近時京師惟間傑刻為第一，汴梁郝升篆文亦頗合古意，後寄示《揚州瓊花詩》，不知何人刻，又極稱許，餘皆未滿公意。刻工之難有如是哉。太原陳君邦瑞以所得公金石書若乾通，萃為一册，邀寳觀之，寳出公門下，聞公評書每及於刻，因附數語俾觀者知之。公真行草書皆自古篆中來，晉以下特兼取而時出之耳，故所成如此，若不求其原而惟迹之逐，豈知公書者哉。邵寳《容春堂集》。

金琮書蹟

論說

明・王世貞《弇州山人四部稿》卷一三二《金元玉卷》 王可大比部亟為予言，鑫元玉書法勝徐子仁，問之吴中人，不識也。亡何購得此卷。元玉筆撫倣吴興老意縱橫，神爽奕奕可愛，惜結筆小未去俗耳。視子仁堆墨不啻誠過之。

又《金元玉書》 徐子仁書嘗見之金元玉書，未見元玉名琮。

又《明金赤松詩卷》【略】 姑蘇王百穀評金元玉字云詹仲和得趙承旨之皮，未得其骨。陸文裕得趙承旨之骨，未得其體。若得其體者，惟金陵之元玉乎。崇禎辛未秋八月望後二日，予得此卷，右書於後，以紀其事。貞一房元。

嘉慶十四年，荷屋侍御巡視天津漕務，因借置案頭數月劉權之觀。

赤松銳於臨池，每夜作書以五寸長燭為度，燭盡而止，其勤如此。衡其書品，故在莫雲卿聶大年之上。道光三年，新正十日穀山蔡之定觀並跋。

赤松山農書初年松雪，晚入張伯雨之室。此卷苟不著款，鑒家未有不以為句曲外史者。嘉慶乙丑秋葉雲谷農部所贈昔文徵仲好收赤松書蹟都一篋，貯之名曰：積玉。余寶此蹟洵當蘊櫝而藏之矣。後三年戊辰長夏南海吳榮光伯榮甫記於京寓之桐壽山房。

右金赤松近體詩草共十七首，雨花台和韻乃庚申七月録，及庚申七月送毛景叙等詩書於前駐景亭。春日詩九首，題下注云：宏治十三年即庚甲歲反書在後，末一行云：庚申二月望，赤松山農金琮記。蓋此許題下只有宏治十三年而無作詩月日，故補記之。其實此十七詩皆庚申挨個兒民録也。赤松卒，於宏治十四年辛酉，年五十二歲，此乃晚年所書，由子昂變入伯雨境界，房貞一跋謂得承旨之體，未為定論耳。道光戊子二月廿有五日燈下書。去戊辰所跋又廿有一年矣。伯榮再識。軍書旁午，稍暇，展讀駐景亭九首，頗悟我静如鏡，民動如煙之理。壬辰二月十六日南征駐師永州記此。伯榮。

元玉金陵諸生嘗游浙之赤松山，愛其佳不能去，因自號赤松山農。家有極高明樓，日以學書為事，寒暑無間。倪文毅岳參贊留都將薦於朝，不果，卒。伯榮。

綜述

清·安岐《墨緣彙觀》卷二《金琮別久帖》 淡黃芪本，行草書，十七行，字類張伯雨，前書別久，不勝企仰，屢辱詩翰見惠，故舊之情溢於言表，鄉人之便諏詢動履清嘉，深用為。後書友弟金琮再拜，民望鄉尊先生閣下。

傳記

清·李佐賢《書畫鑒影》卷二一《金元玉書詩軸》 按：元玉名琮，金陵人。善書，文待詔極喜之，得片紙皆裝潢成卷，名曰：積玉。見《列朝詩集》。又元玉學書，每夜然燭一枝，寒暑無間，見《金陵事》。今其字不多見，余僅見此幅，其筆力剛健而兼嬝娜，固非文待詔所能抗行。

紀事

清·方濬頤《夢園書畫録》卷一四《明金赤松詩帖卷》 右金元玉詩草一帙，舊存陽湖趙味辛先生齋中，今為定遠方濂舫太守所得，計七言律凡八首，彙裝成卷。謹按：金秀才琮，字元玉，金陵人。嘗游吾浙之赤松山，愛其佳徘徊不忍去，因自號赤松山農。卷中第一首，第六首，後均有朱鐫刻記可識也。昔盛仲交亟稱其丹陽道中云：丹霞推日出，陰壑帶冰流一聯。茲卷七言亦無多讓豹班之窺，良可寶貴。其書初學趙子昂，晚年學張伯雨。見《歷朝詩集》。夷攷元玉卒於宏治辛酉，今卷中詠雪一首，署尾有庚申臘月晦前一日，語距卒時僅隔一年，殆抉鷗波之神髓，久而能作者與。又按：《金陵瑣事》元玉家有極高明樓，每夜讀書，燃燭一枝，月然三十枝，寒暑無間，宜其造詣之工，争長翰墨久矣。夫要伏敦□十駕，可馳乎千里，天下之業精於勤者，豈勤倚池欄畫髹幾而已哉。道光甲辰仲冬烏程高錫蕃識。

祝允明書蹟

論說

明・王世貞《弇州山人四部稿》卷一三二《祝希哲小簡》 希哲此書皆赫號小簡，與舍中子多言市井廻易事，駑鈍收便是雅語，至末簡所謂月甚佳可來一跳。蓋希哲與閶門少年時時傳粉墨作優伶劇耳。書極潦草，中有結法，時時得佳字，豈晉人所謂裴叔則麁服亂頭亦自好耶。

祝京兆卷。祝京兆書名薄海內，然其行草往往自豫章來，獨此卷徵仲灌木圖歌時有大令遺意，雖極縱放而結法不踈，運腕極勁，卷後王履吉跋、黄勉之歌旨可重也。圖今在徐氏，大可丈餘，徵仲生平得意筆，上有京兆書，作擘窠大字，恠偉動人，因附記於此。

又《祝京兆雜詩》 祝京兆少時書雜詩，多作小行楷體，若草草不經意，而流麗有態，時時媚眼，譬之夷光阿環捧心病齒皆可圖也。

又《枝山艷詩》 希哲詞多青閨中瘦語，令人絶倒，宜從褚河南瑶台美女，不當作禿師屈彊老筆也。淳父乃以豐麗賞之，得非取駿於驪黄之外乎。

又《祝京兆季静園亭卷》 祝京兆書季静園亭詩，以大令筆作顛史體縱横變化，莫可端倪，雖攷之八法，不無小出入，要之鐵手腕可重也。然書道止此耳，過則牛鬼蛇神矣。

又《祝京兆卷》 此希哲中年書，雖不無出入，然往往自楊少師豫章襄陽束而踈瘦横放不求盡合，所以可重也。卷首四字尤遒偉，中有贈開西孫逸人即太初也。

又《祝京兆秋興八首為王明輔題》 祝京兆書本作顛旭，時時闌入顛芾，中比卷書少陵《秋興》數行後，天骨遒發，兮與波浪兼天石鯨鱗甲語争雄長，小展視間，太行諸山忽者奔動，為之一快。

又《京兆雜詩卷》 祝京兆此帋雖出海嶽末復遒勁，政如三河少年躍馬自快，然是正德間筆也。

又《希哲草書月賦》 逸此賦真江左琳琅，一時膾炙人口，然不無穉語。希哲生書法波靡，時乃能用素師鐵手腕，參以雙井，逸趣題千載而上之尤可貴也。余嘗謂希哲如王謝門中佳子弟，雖偃蹇縱逸而不使人憎，跳盪健鬭如祭將軍而有雅歌摧毁壺風味，識者以為知言。此卷為故毛光禄書，光禄嘗刻之石，歿而其家貿以供何頴考兩日費，今年春與張中丞肖甫閲之，時陸叔平在坐，曰：此贋本也，真蹟在故毛光禄所。余嘆謂叔平曰：子知光禄之有此賦，不知此賦之不為光禄也耶。叔平悟乃睨視之而嘆，嗟乎，人閲物，物亦能閲人，聊以寓吾一時目而已。

又《祝京兆好書謝希逸月賦》 人間合有數本，吾所得毛氏者，其甲也。此卷落筆甚遒，初亦緊束未暢，數行後姿態横出，波撇嘆帶，幾欲與豫章争衡，且結法全類毛氏本，唯以管城君小弱故乙耳，然亦是渠喆昆也。

又《祝枝山李詩》 祝京兆作旭素書，是京兆旭素書耳。所處亦多大令取態筆，獨此卷大白上皇西巡歌五首，因秃管淡墨之勢而用之，雖極狂恠怒張而結搆自不踈，中復饒古，飛白遺意駸駸乎二氏青冰矣。卷在江西程生所，余以京兆他書數帋，文太史書一紙，畫一帋，易之，亦用來襄陽故事耳。

又《京兆書杜紫薇詩》 祝京兆好書中唐詩，初讀前一詩，以為京兆語而恠其稍濃渥有致，既辨其為杜紫微集，為之一嘆，至於書紛披老筆，望而知其枝指生也。

又卷一三六《祝京兆六體帖》 韓舉證陰自謂用兵多多益善，此帖近之，唯學素師腕差弱耳。

又《祝書王文恪公墓志名》 此書方於晉而不踈，圓於歐而不局，開卷時古雅之氣照人眉睫間，是祝金石中第一手。

又《祝書毛中丞夫人墓志銘》 此書視王文恪志銘運筆小圓，形差匾，古雅亦相亞也。

明・孫鑛《書畫跋跋》卷一《祝希哲小簡》 余亦有枝山赫號數簡，潦草中儘有佳趣，語亦多鄙俚，第不作廻易語，差免銅臭，然他人孰無廻易簡，或用拭几，或以炷油，人何由見之，此簡傳至今正坐為佳字累耳。

又《祝京兆灌木圖歌卷》　京兆腕本勁第間失之疎，此云縱放而不疎，允為合作，豈徵仲圖如裴將軍舞，能發京兆筆勢耶。圖上大字更恠偉，不知是大令筆，豫章筆。

又《京兆雜詩艷詩》　欵曲中庱語，是京兆詩本色，秀媚中逸態，是京兆書本色，若作屈彊老筆，豈哉矯其枉乎。然同是何不作昌黎次山語書之。

又《祝京兆季靜園亭卷》　枝山筆微似大令，縱牛鬼蛇神終是豫章，非顛長史也。然渠此種草卻易僞。

又《祝京兆卷》　書法於古人何必盡合，既云楊黃米，安得若出一手，當是與希哲而四耳。關西太初司寇公想亦重其人，故特點出。

又《祝京兆秋興八首為王明輔題》　京兆於顛史不近狂僧稍近，然取姿處多要非的派也。顛米態彷彿似之，用筆亦不類，若謂素骨而芾姿，庶為定評，顧又恐許京兆太過耳。京兆好書中晚詩，此書杜老《秋興》，固自難得，更覺與墨池增勝。

又《京兆雜詩卷》　三河少年躍馬自快，兩語可謂善論。

又《希哲草書月賦》　自國初來諸書家多書珍寶中文，希哲乃好書《月賦》，當是漸作獻吉解。此賦良多俊語，第突起説初喪應劉，不知何意。雖古人無忌諱，亦何必乃爾。素師參雙井，王謝子弟祭將軍評希哲最當，物能閱人，大是閱世深語。

又《祝枝山李詩》　京兆旭素書信是確論，然此語凡學古人者，皆可加不獨京兆也。若以禿管淡墨，遂謂為二氏青冰，則是希哲殫平生力，翻不如敗毫殘煙矣。恐無但二氏未心服，希哲必且屈彊，即毛顯陳元亦將有後言也。元章與人易書畫，自謂看久，即厭時易新玩兩適其欲，乃是達者，今司寇公亦此意否。若程生則恐是為徇知屈，但得取數多，聊自寬耳。然亦可見是軸之勝他卷矣。

又《京兆書杜紫薇書》　枝指生望而知杜紫薇辯而知此，豈公之鑑詩暗於鑑字乎。不然稍濃之怪，是別淄澠之舌，此無假物色。若紛披老筆，恐猶是以形旁求人，或以贋本誑公，離朱暂眩，尚未可知也。

又《祝京兆真蹟》　右軍才畧，豈云以書掩之，正自以書顯耳。許元度孟參軍，晉代固不乏也。祝京兆之文章亦然。使書不工，孰是甌頭取敝籍視之哉。張長史授顏尚書筆意，唐人所記甚明，此云張與顏同學女流不勝，去而為草，不無矛盾，且郎官壁記真書出顏上，何謂不勝，當是譬楊惠者，假兩公為重，巧為此説，不足據。

又《祝真蹟》　獻吉詩，希哲書，啟南畫，果是三絶，獻吉何嘗失盟主，第以晉楚爭强，遂忘齊桓耳。五霸桓公為盛，終是定論。嘉靖末年，履吉字佑遂在希哲上，好古者又或首舉豈人翁，然要之行利皆通，終當歸希哲，余不解畫，獨妄謂啟南未必擅場，戴進吴偉亦自嶽，嶽彼各有流派，啟南格雖入妙，然多行書，筆譬之米南宫，終身無楷也。時吴戴不能詩品稍俗耳，唐伯虎若在，恐亦未甘居第二。

又《祝京兆書成趣園記》　庚寅歲司寇公曾遺余此卷，真體微帶行，數之幾可得三千字，徹尾無一懈怠，敗筆逸筆，俱不傷其妙，最媚最蒼最密最散，驅遣自如，全以渾脱勝，不拘拘步趨古人而古意涌浡毫穎間，生平所見祝京兆書未有出此上者，跋謂法頗出趙吴興，亦其章法跌蕩處彷彿似耳，至其幽深無際，乃得之鍾太傅，謂遒而古，勝趙不誣也。上方微腐，前一段全缺者三字，微損者五字，裝潢亦不甚精，今云有二本，則余所得當是叔達强投本，其付幼公者，不知何若，既云各遵其妙，必微有不同，安得並展較之園亡矣。賴此記存而記，又賴字以傳不朽者，寧獨言哉。

又《祝京兆諸體法書》　京兆書大約得之蘇黄米趙者多，其氣格亦

【略】　相上下，擬南宫謂不欲為韓幹似果然，若歐顏則流派原不同，今云二家本難學，非也。間架方整，蹲筆緩趨，最易得轉干徑，世間難學者，惟鍾索二王耳。黃庭蘭亭、曹娥、洛神即百重繭追之，恐終為壽陵步也。古書似亦得不似亦得，古文似亦不得不似亦不得，是箴祝膏肓語，京兆聞之必大憤懣，然詎能不心折。

又《祝京兆書太白傳》　宋景文唐書步驟孟堅以尚簡古，故每每讀之不甚快，以作太白傳良非宜，然整齊收全省亦頗有法，延壽南北史雖姿態穠郁，然秪長於叙碎小事，稍近傳奇小説，且靡曼乏裁，使紀大事未必勝景文也。

又卷二《六體》　王文恪墓誌最有名，然余尚未見，六體帖舊曾有，今失去，亦不為甚佳。祝真書有一種近隸者，雖古勁，然頗倔强，非本色。

明・張丑《清河書畫舫》卷一二《祝允明》　希哲楷書《秋軒賦》為

石田翁作，雖循規亂世，大饒風趣，後有古詩一帖，乃是寫贈朱野航者，亦佳蹟也。

又 祝希哲小楷《楞嚴經》十卷，《孫武子十三篇》。行書曹子建詩，草書馬異結交詩，前後並見之，而書法各各不同，真大家也。

又 祝希哲吳中勝景詩卷，宋經箋上行書，全學王大令。

又 祝希哲京兆書法入神，真草皆絕代，四方餅金收購，聲價不減松雪翁。或云過之，向見王氏小楷《黄庭經》袖卷，筆意全斅鍾繇，後作蠅頭章草，跋語殆百餘字，尤為佳絕，不知今尚存否。予家藏翁小草懷知詩十九首，為守齋書跋。又藏翁行書《離騷經》、《九歌》共一卷。並能融化羲獻，逸趣翩然，兼字形圓渾，精采動人，見者稱為皇明書法之冠，不妄耳。尋遇好事家宛轉購去，迄今惋惜，尚往來方寸間也。

又 祝希哲臨黄庭經，【略】予嘗見趙文敏所臨《黄庭經》。刻本雖時一露嫵媚而右軍堂室已稱優入，蓋不啻為叔敖之優孟，中郎之虎賁而已。此卷為祝京兆晚年所書，不必點畫惟肖而結構疎密，轉運遒逸，神韻具足，要非得書家三昧者，不能第令右軍復起，且當頷之矣。豈獨追蹤文敏而已哉。設有好事儒者，摹勒登石以嗣王趙二帖，即以搨本一紙易一鵝誰曰不可。萬曆甲辰孟冬八日，張鳳翼跋，時年七十有八。

又 古今臨黄庭者不下數十家，然皆泥於點畫，形似鉤環戈磔之間而已，昔賢所以有脫壑之譏也。枝指公獨能於榘矱繩墨度中而具豪縱奔逸之氣，如豐肌妃子著霓裳羽衣，在翠盤中舞，而驚鴻游龍徊翔自若，信是書家絕技也。太原王穉登書於快雪亭上。《真蹟》。

清・卞永譽《式古堂書畫彙考》卷二五《祝希哲書月賦卷草書》 吾鄉前輩書家稱武功伯徐公，次為太僕少卿李公，李楷法師歐顔，而徐草書出於顛素。枝山先生武功外孫，太僕之壻也。早歲楷法精謹，實師婦翁而草法奔放出於外父，蓋兼二父之美而自成一家者也。李公嘗為余言，祝壻書筆嚴整而少姿態，蓋不及見晚年之作耳。昔人評張長史書，驚蛇入草，飛鳥出林，而郎官壁記，乃反嚴整，世固無有能草書而不能正書者，因觀九疇所藏枝山《月賦》為拈出之徵明題。

又 祝京兆書法當時無輩，而或者評其不出正鋒，蓋謂此老目視短，不能懸筆運肘耳。此卷藏毛氏，不克見，嘗見其刻本細驗於點畫間，皆正鋒也。丙寅冬獲觀手蹟，竊謂所鑒不謬，因識其末。周天球題希逸此賦，真江左琳琅一時，膾炙人口，然不無穉語。希哲生書法波靡，時乃能用素師鐵手腕，參以雙井逸趣，超千載而上之，尤可貴也。余嘗謂希哲如王謝門中佳子弟，雖偃蹇縱逸而不使人憎，跳盪健鬪如祭將軍而有雅歌投壺風味，識者以為知言。此卷為故毛光禄書，光禄嘗刻之石，而其家貿以供何頴考兩日費，今年春與張中丞肖甫閲之，時陸叔平在坐，曰：此贗本也，真蹟在故毛光禄所。余笑謂叔平曰：子知光禄之有此賦，而不知此賦之不為光禄也耶。叔平悟乃諦視之而笑，嗟乎，人閲物，物亦能閲人，聊以寓吾一時目而已。萬曆癸酉秋日，王世貞題。

又《枝山書偕美賦并叙》 枝山翁書為當代第一，然質性豪爽，不耐拘檢，故其作書多狂草大幀，至於小楷，則僅一見之。此卷結構精密，而筆力矯健，微測其裏，似從衛夫人發源，真不媿逸少矣。嘉靖辛卯春三月六日，王寵。

又《祝希哲懷知詩帖》 此京兆祝先生所書懷知詩，深得鍾王筆法，然停雲之思，出自心腑之真，前輩風流，豈特詞翰間已也。門人黄姬水敬識。

又《枝山詩草》 珊瑚網云：本朝法書首推希哲，其狂草有不可以素旭擬者項。又新嘗過余，煑霜鱸夜話索所藏扇册，展玩見祝書身在雲西一首，運筆如煙雲，變幻莫測，越明又新復過余，云思竟夕得之矣。出手録片紙，對之相與撫掌叫絶。又光君每撫松擊竹，哦枝山句《客香秋，可憐想，得非仙亦非鬼，松濤竹籟，答響清冷，不復知，有人間俗務。今思之恍如隔世，可勝浩歎。

又《祝京兆書離騷、九歌并孔雀東南飛二卷》 祝希哲京兆書法入神，真草皆絶代，四方餅金收購，聲價不減松雪翁。或云過之，向見王氏小楷《黄庭經》袖卷，筆意全斅鍾繇，後作蠅頭章草，跋語殆百餘字，尤為佳絶，不知今尚存否。予家藏翁小草懷知詩十九首，為守齋書跋。又藏翁行書《離騷經》、《九歌》共一卷，並能融化羲獻，逸趣翩然，兼字形圓渾，精采動人，見者稱為皇明書法之冠，不妄耳。尋遇好事家志購去，迄今惋惜，尚往來方寸間也。

又《祝枝山書東坡記遊卷》 我朝善書不可勝數，而人各一家，家各一意。惟祝京兆為集眾長，蓋其少時於書無所不學，學亦無所不精。此卷廼全法鍾太傅，而用筆遒勁偉麗，出人清臣誠懸間，蓋能用太傅指於大令腕者也。三橋文彭。隸書。

又　祝京兆書清圓秀媚，在大令下，北海諸君之上，然草書易得而真楷不可多見，余嘗於文休承所見其十九首，心竊愛之，聞以桂玉故鬻之他人，每恨明妃嫁呼韓。今見此卷不覺大難心勃勃，置之幾案間，可當阮公數斗美酒。瑯琊王世貞跋。行書。

又　曩見鍾元常薦季直表，筆意自篆隸來，及觀祝希哲夜坐記，則知得之季直表者為多。若此卷亦夜坐記類也。元美性好酒而以數斗美酒當之固宜。長洲張鳳翼。行草書。

又　二十年來內府真蹟流落人間，自右軍以下至於子昂伯幾所見五六百卷，大有古今不相及之嘆。京兆正書力追魏晉乃爾，可謂頽波一柱，然其他行草殊不盡然，而世又酷重之，此古法終不可復也。庚戌仲冬日，檇李曹溶。行書。

又　鍾司徒書法惟宋仲溫窺其堂奧，希哲此卷俱從季直宣示諸帖，神明變化，良足寶也。越州羅坤。行楷。

又　山陰張陞觀於廣陵客舍，辛亥四月浴佛日謹識。祝京兆書法推為明朝第一，此卷極摹鍾太傅季直表字，無纖毫遺憾，洵足並美晉唐諸名家，世具隻眼者，當自有共鑒也。登子陞再記。張二跋，行書藍紙本。

又　枝指生書宋人品詩韻語卷。本朝書法推祝希哲先生為首楷書尤佳，或以為當在趙魏國上。余向有牡丹帖甚精，歸之亡友項氏，逸廿餘年不入目中矣。此日放舟吴閶凌玄房出示先生所書宋人品詩韻語幾千餘字，蓋贈顧箬溪先生者。跋語學季直表，書法尤勁，所雲煥若神明，頓還舊觀者，喜而書此。萬曆癸卯仲春日，馮夢禎書。

清・顧復《平生壯觀》卷五　史在野墓誌稿，白紙，折帖小楷，仿宣示帖，生秀可愛，非若王文恪毛夫人兩碑之妍媚也。大抵兩碑未入石時，焉知不若此藁之生秀者，然則碑刻豈足定書法短長哉。

又　千文白紙小楷，仿季直表極佳。

又　草書一卷，字經寸，似臨孫過庭，後太原祝允明欵。

又　《養生論》宋箋六，接中行草，甚精，自題於後云：前規溢瞳，下筆頓失。

又　《阿房宫賦》宋箋，中行書，已上三卷，紙墨如新，皆十九首古詩之流亞也。

又　抄白香山吴中詩二十九首，小行書，規模李範菴者，文文水，朱白民跋，小册。

又　子黄子瑩中字訓，白箋，後欵吴郡祝允明，正書仿顔如古錢。

又　雜詩一卷，白紙，中行書頗帶米法，已上二卷，乃公之僅見者，始知大家無法不能者也。

又　白書詩一卷，計三十五首，白紙，字經寸餘，行草得二王法。又中行書一卷，白紙，長丈餘，五律二十首。

又　自書詩，淡青紙，小楷，十數首，字長而古，乃學鍾成侯力命帖。

又　長安古意，白紙，二丈餘，大字，縱逸如旭素。

又　畫序黄花箋二紙，小行草，題宜興陳氏藏明初諸畫家之跡，草草而得天真之趣。

又　著述小章草，甚精。丙戌十月望日。

又　約看牡丹札，黄紙，楷書，欵祇允字，學鍾法。

清・王澍《虛舟題跋》卷八《明祝允明蘭亭並文徵明圖》　平生見祝京兆書凡數十百卷，莫有同者，蓋書到熟來無心於變自然觸手盡變者也。吾嘗論有明一代書法，祝京兆變化不拘，董宗伯天才超軼，二公於三百年來足可籠罩。然京兆雖能盡變而骨韻未清，宗伯骨韻雖清而又未能盡變。論才三代以下，要當各取所長，正不必過為求備之論也。余藏京兆書凡三卷：一竹隱記，二臨老米《天馬賦》，各能別製規格，不自蹈襲。此卷乃余雍正五年冬所得自昭明文選樓下者，風神朗暢，比於前二卷，格韻又別，意其為此書時胸中不欲復存右軍一筆，故能脱盡骨肉，自見清净法身，真為右軍血嗣，視世之規規摹仿，但襲形貌者，相去何啻千里。

又《明祝允明小行楷》　祝京兆為李範菴女夫，徐天全外孫，二公書學皆一時魁傑。京兆承藉既異，工力復深，故其為書涵泓渟滀，無所不有。吾當論其書自趙吴興以來二百餘年至此，乃始一變，雖以文待詔之秀勁，猶循吴興故轍，未如祝京兆獨挺流俗，較然自名一家也。然京兆雖能自拔而風骨未清，往往多帶俗韻，故其狂草多見賞於俗子，而不免沿門擉黑之目。此册即書其舅氏題跋，故用筆矜慎，無復平時豪縱，宿習寄語歸安令，此新建袁氏所藏京兆第一，幸好收之，勿被蕭郎賺取也。

又《明祝允明家訓楷書》 自李龍眠僞為鍾太傅薦季直表，並後人啻縮簡便陋習，不知者目為古雅，實則無復太傅幽淡之趣。此賀捷表所以為太傅第一絶跡，非右軍所能攀仰也。枝山書學骨韻未清，但以己意變化，襲古人僞跡，遽目為太傅，實則未窺真贋也。且其文字在當時以為古雅，在古人實是惡道，唯第六條純白無俗氣語，亦頗有警發，為可誦耳。

清・梁巘《評書帖》 枝山書古詩十九首，刻停雲館中，古勁超逸，真堪傾倒徵仲。餘書學懷素離奇詭怪，而無其瘦硬，亂世度不及徵仲遠甚。

清・陳玠《書法偶集》 祝京兆急就得索征西筆意，更有別韻，世人多不知其妙，好處正不在彼之真行草書也。

清・劉獻廷《廣陽雜記》卷四 西溟出手卷二，一明祝枝山《離騷經》墨跡，一宋搨定武本蘭亭。枝山《離騷經》純本章草，其結搆轉换多得之孫過庭。《書譜》西溟以為似藏真，聞余言深以為然，自始至終，二千餘言無一筆溢出規矩之外，絶無平日狂怪怒張之態，非此卷幾不識枝山本領矣。允明自跋小楷佳絶，跋云：東國紙，此佳品，其筆亦甚好。予有而失之，使用此寫不啻尚可觀也。兩美難合，騷中語亦世事人情。丙戌佚老堂記，六十七歲祝允明。西溟跋云：此書雖本章草，其結搆之法多得之藏真。余所見枝山十九首真跡，遠不如此脱敢説蹊徑，獨造天然。明一代書法推枝山第一，此帖又枝山第一。乙丑六月，因暑展玩終卷，遂記之。

清・張照等《秘殿珠林》卷六《明祝允明書圓覺經四卷》 王寵跋云：文敏公所書佛氏經多矣，如道德度人諸品種種不同，俱得展玩，獨聞《圓覺經》純妙絶倫，識者謂其上下三百年，縱横一萬里，無出其右。為益藩購往，久思一觀不可得，及入苕溪，獲見希哲臨本，運潁之妙，八法具足，而轉折波撇更多天趣，非尋常可得而擬思，松雪不得見而見抵掌松雪者，知不少異，或遇之亦未可知，其喜有能禁者乎。至正迄茲未三百年，吴興之與茂苑若此其近，縱横上下有枝山一人，而書學之傳得其大統。余因是經亦神遊吴興，乃知精誠所格，自有遘逢，聊可解吾夢寐也。謹題識之王寵。

又《查示跋云趙文敏書道氏》 諸經傳布宇内，不知凡幾，以予淺陋所見不下十餘卷，既深究八法，又研精内外典故，其所書視他跡尤妙，此《圓覺經》則未得經見，今獲覩祝京兆所臨墨跡，筆力圓健，直逼文敏，恐文敏自書殆無以過。雅宜山人與京兆同時，其尊重推服見於跋書，雅宜負一代書名，豈肯虚譽哉。予生也晚，尤幸縑素間拜披遺跡，先民典型，若身遘之不可謂非有生之大幸，雖不能生，然心向往之，敬識數言，冀請正於同好云。白岳後學查士標。

清・薑宸英《湛園題跋・題祝京兆千文》 章草書，前朝惟宋仲温得張索遺意，而過於放軼。枝山繼之，體兼衆家，故為明書家第一。昨研谿庶常過余寓齋，出觀予所藏《離騷經》墨蹟，研谿嘆絶，因以千文此本見假，予手臨一過，頗識其用筆之妙，但此帖不用章草，位置停匀，規矩謹飭，殆是此公杜德機時也。枝山又有一千文，純用藏真法，大小錯綜行間，天機亦自盎溢，只是摹本，摹本又不工，不及此真蹟遠甚。乙亥春三月記。

清・阮元《石渠隨筆》卷五《明》 祝允明論書小行書卷，得閣帖正訣，其設論亦好。

又 祝允明楷書東坡遊記矮卷，全學鍾繇，謹飭有法度，迥異外間狂草僞筆。

清・翁方綱《復初齋文集》卷二八《跋芝山所藏祝書卷》 右祝芝山楷、行二體書後跋云：楷仿率更化度碑，行仿米元章，然以子觀之，其楷書尤為超逸，直入晉人堂室矣。至其行書，雖視外間所傳狂草以為祝書者相去懸絶，然予所見祝書行草亦有深得晉法者，且書法以質厚為本，自米董以後，趨行草者多不留意於楷法，於是視楷法為應酬束縛之事，必以修飾匀净為工，而行草則日即於宕軼，此所關於學問之深人心，士習之正變者非如了民。芝山喜蓄宋元以來諸家墨迹，特此求跋，故於此二體書，欲芝山分別觀之。

又《跋祝枝山書》 今日書家皆知祝書小楷勝其大草矣。然予見其行書無錫華氏成趣園記，合歐褚為一手，直追晉法不易幾也。王虚舟艉識枝山骨韻未清，殆僅見其贋蹟歟，即大草亦有絶妙之作，非外間所傳贋蹟可比，而停雲所勒十九首，卻非甚至者。當日文祝同時，何以審擇不精耶，此不可解耳。

清・蔣衡《拙存堂題跋》 祝京兆真書《過秦論》《報燕王書》。昔人善草者，必先工楷法，楷工則規矩備，善草則使轉靈，楷工而不能草，由於天姿魯鈍也。若不能楷而徒習草，則點畫狼籍，必流於怪僻矣。張旭以草聖傳，而書郎官碑極端楷，吾於京兆此册亦云然。夫書必先意足，一氣旋轉，無論真草，自然靈動，若逐筆安頓，雖工必呆，可語此者多不留意矣。

清・李佐賢《書畫鑒影》卷七《祝京兆書飲中八仙歌卷》 祝枝山書有龍跳虎臥之勢，此卷尤其佳者。淡香主人授我，因題名幅後藏焉。乾隆乙巳伏日，孫星衍。

清・陸時化《吴越所見書畫録》卷二《祝京兆行書古詩十九首册》 祝希哲書力追二王，趨向既高，兼之天資超卓，學力深沉，邃為有明書家第一。此所書十九首，徐孝穆以行行重行行，青青河畔草，西北有高樓，涉江採芙勞保，庭中有奇樹，迢迢牽牛星，東城高且長，為枚乘作。明月何皎皎，亦為枚乘。劉勰以孤竹一篇為傅毅之辭，昭明以失其姓名，統為古詩，所見甚是。乙未六月廿一日，陸時化書。

又《祝京兆草書秋水篇卷》 癸丑春仲偶同壽承郡博公瑕文學集石壁山齋，坐間出示枝山先生《秋水篇》，共賞其神妙，而石壁復索余小楷。余何知書，乃敢殿枝山哉。固辭不獲，為書此説，歸之。以瓦礫，没珠玉，形穢自不能掩矣。五湖陸師道識。五陸湖子傳。予素喜祝書，雖片紙只字，不惜重購得之，今觀此卷《秋水篇》，筆勢飛逸，天真爛然，深入大令之室，誠希世之珍也。石壁宜永寶之。三橋居士文彭。文彭之印。

又 國朝士大夫以書名家者，未易殫述，亦各有所長，惟祝京兆行草舉世稱為獨步，且與先君世交，故得其詞翰頗多，亦未有是《秋水篇》之佳絶者。蓋其運腕神助弄造化於毫端，深得大令遺意，而間出顛素風致，是以用筆圓勁，神采溢出，真力能扛鼎者也。後復得五湖儀部小楷書，説嚴重中天花散漫，羽衛階列，濟濟鏘鏘之稱合璧，並傳。憶昔癸丑興儀部同觀於石壁山齋，今以癸巳又獲覩於嚴中翰誥勅堂中，嗚呼，歲月如流，回首不覺半百年矣。撫卷不能不為之三嘆。六止居士周天球識，時年八十。

又《祝京兆行楷朱益軒像贊卷》 京兆此卷全摹蘇長公，有明三百年書，惟吴文定得長公神髓，亦畢生心力殫萃於斯，以成一家。若京兆則無體不備，無不絶妙，偶效坡書，較之匏菴又有遇無不及，是以論書者以京兆為勝國書家第一。癸巳荷誕日聽松山人陸時化。按：京兆以弘治壬子舉於卿，為王文恪所取，累試禮部不得志，除興寧縣知縣，稍遷奉天通判，告歸，卒，年六十七。此為貢士時書，年僅三十許，而書已成大家，乃天授，非可異也。時化又記。

又《祝京兆小楷孫過庭書譜卷》 京兆楷法為勝國名家第一，直入元常之室。此卷則全訪魯公仙壇仙記，當是京兆中年之筆。仙壇記在顔書中最高古難學，筆筆從鍾王化出，惟京兆乃能規撫之，而書譜三千餘言，自首至尾，無一懈筆，尤為奇特，斷非雅宜山人輩所能夢見也。識者其寶藏之。甲午長至月，山舟同書。山舟。

又 祝京兆書行草為多，楷法極少。余饒眼所見僅數十種，皆隨時變換無一重者。今《舊譜》得顔平原書法正傳，且數千字以一氣呵成，非具神力者不能辯，宜有明書家推為第一耳。甲冬長至日，燕昌。

又《祝京兆張體自詩卷》 祝京兆書不豪縱，不出神奇，素師以清狂走翰，長史用酒顛滿載而歸墨，皆是物也。今人第知古法從亂世矱中來，而不知前賢胸次，故自有呑雲夢湧，若耶變幻如煙霧，奇收如鬼神者，非若後士，僅僅盤旋尺楮寸毫間也。京兆此卷雖筆札草在有意無意，而章法結法一波一磔，皆成化境，自是我朝第一手耳。余所藏京兆書阮步兵《詠懷》詩及金山寺刻石張説詩，與此卷當為伯仲，信非常筆藏者宜診之一襲焉。華亭湲學莫雲卿。

又 説京兆書每以放縱自雄，故言雖稱説二王而落筆多師顛素，即此卷可見矣。黄勉之嘗作歌云：枝山草書天下無，妙灑豈獨雄三吴。良以是夫。張鳳翼題。

祝先生詩法奇矯，大婁其書，乃態為龍蛇掩其白雪。余每為短氣，亦書無所不詣，而詩即往往曲終奏雅，宜乎風雅不能勝八法耳。此卷書既奇儁，詩復清雄，可謂合之雙美者矣。己廿十月五日，過懋謙長公修羣館題，王穉登。

又 我吴素稱文獻之地，而書家自徐李而後，至祝京兆合諸家之秘，為集大成，蓋其出入放縱，自不出乎繩墨之外也。此卷信手揮霍，似不經意而天真爛熳，周旋規矩使二王復生，未必不為之歛手矣。其得徐李之資而天縱以神採者耶。懋謙實此不啻十穀，亦復何疑。陸士仁。

又 此卷書法不獨枝山先生力可扛鼎，即一題四跋，亦各極所長，堪稱瞧璧。識者珍之，嬾逸張孝思敬識。張孝思嬾、張逸則。

又 枝山草書，人賞其豪縱，我愛其謹嚴，如太白古樂府錯綜變化，隨意所之，無筆不入規矩，外間狂而無節者，皆贋本也。此卷俱從二王法書中出，騰空超逸，全在有意無意，深此藝者必不河漢予言。乾隆丁卯夏五，沈德潛。

清·方濬頤《夢園書畫録》卷一〇《明祝枝山書雲江記真蹟卷》 余嘗論書云：自羲獻而下，惟唐孫過庭氏得其筆法之妙，及顔柳歐虞蘇黄米蔡諸公書，亦非不精，亦特出於一偏之學，此之謂各家而未能稱大家者也。至元趙文敏公刻志臨池，檢括諸家，又恨筆氣稍涉於精，於書者不無惜而三歎。我明之興，承宋元之餘流，亦多陷於一偏。惟京兆祝公希哲筆端龍蛇，瀰漫瀚浩，人不能測，公，天人也。其片紙隻字，世為至寶，而況積卷盈軸者乎。但宗之者，廣借其形似，混亂真跡，甚為初學之誤也。今觀《江記》筆意瀟灑，心手相師，宛大令而伯仲之。此京兆掛冠後得山林之興而作者歟。宜寶而藏勿同諸書視也。景鳳喜而跋之。萬曆戊子秋日於留都白玉署中，新安詹景鳳。弇州月峯雅宜皆以大令品祝書，此不易之論也。近日王虚舟謂枝山骨韻未清，此特見偽祝書有激而云，尚未能盡祝書之真耳。弇州又云：祝希哲中年書，雖不無出入，亦往往自楊少師豫章襄陽來而踈瘦横放不求盡合。亦予則謂豫章襄陽尚稍遠，楊少師庶其近之。此《雲江記》是其三十六歲所書，正弇州所謂中年作也。真趣横溢亦覺彷彿米老目空諸家時耳。嘉慶丁卯夏五月二十八日，翁方綱。

又《明祝枝山自書詩詞卷》 十二篇快埽塵緣，高譚道妙，可以醒世。枝指生重作書亦甫在壯年，是八法將成候也。伯滎觀並記。

祝京兆書學二王，可稱能所難能，亦碔砆炫玉，類多嫁名惡劣之狀，頗不可耐，是卷尚存古拙，筆法圓勁，乃如秋蒓絶無怒張之態，是京兆老年之作，故可貴也。向藏曹倦圃家後歸花山馬氏，余又從長安得之，不禁展卷三歎。乾隆八年二月花朝藥林居士識。

枝山生於有明英宗天順四年庚辰，此書十二詞欵辛亥十月，乃孝宗弘治四年，時枝山年止三十二歲，安得云老年之作，前人之不加考訂如此。伯滎。

枝山卒於嘉靖五年丙戌，年止六十有七耳。伯滎又書。

枝指生書最多贋本，看似豪縱，實則粗率，蓋僅得其皮毛，未得其髓也。今觀南舟此卷，結搆精研而又筆筆生動，真有一絲不苟者，詞雖自吐胸臆，無意求工，譬之古詩，亦若游仙詠懷合為一手，甚可咀味，英詞妙墨，世所罕傳，有把玩不忍釋手者，因綴數語於後。道光四年三月廿一日，錫山顧翰觀。

祝京兆書，余所藏行草卷册頗夥，皆縱横變化，不可端倪。庚辰歲在豫章，友從處見所臨晉唐宋諸大家小楷，無不神似，良由天資卓越，而又初始饋於古者最深，是以動符軌則，此卷自書蘇武慢詞，用筆結搆，純是鍾元常諸表法，容台謂其書如緜裹針，如印印泥不虚也。詞亦超妙，是通慧人語，可寶藏也。道光甲午三月，宛平楊振麟敬跋。

藏巧用拙，晉人之法渠也。觀其晚年巧麗，乃自少壯時守拙中出古歙程因厚。

凡善書不必裝頭飾面，自示拔俗超羣。今觀儷荃老棣所藏希哲卷，天機浩盪，神味淵永，壯年書已有老成之象。顧華玉論枝指生學務師古吐詞命意，逈絶俗界，效齊梁月露之體，高者裝作徐庾，下亦不失皮陸，云唯其胸有醖釀，是以暮年書法與六如畫並稱絶品。

道光庚戌二月，盧福普題。

又《明祝枝山書艷體詩册》 枝山得諸家書法，至執筆時則信手運去，遂成一家。此卷蓋在蘇黄之間，豈為艷詩，故學此風流人物耶。陳鎏跋。昔孫過庭評右軍書寫樂毅則情多怫郁，書畫讚則意涉瓌奇，此枝山所書閨體詩，宜姿態之豐麗也。壬戌歲黄姬水敬書。希哲詞多青閨中褻語，令人絶倒，宜從褚河南瑶台美女，不當作禿師屈强老筆也。淳父以豐麗賞之，得非取駿於驪黄之外乎。世貞題。心遠堂小酉館藏。

清·陸心源《穰梨館過眼録》卷一六《祝枝山自書詩卷》 昔人評右軍書如龍跳天門，虎卧鳳闕。徐制誥書如怒猊觸石，渴驥奔泉，一種浩瀚蕭遠之致，非筆墨可形容耳。京兆博覽羣書，探原悉委，落筆自異，予酷嗜枝翁書，生平所得幾三十餘卷，擇其各體，備而不雷同者，存一十二種。京兆之書法盡此矣。此卷運腕極靈行乎，不得不行止乎，不得不止，非尋常應酬，會稽舊蘭亭刻，結法頗似之，友生：云京兆能以兩腕指尖最筆書竟尺字，細玩卷次，友人之言，當亦不妄。己丑臘月十有二日，艾衲書於聞閒堂。

嘉如之印，白文。半急菴，朱文。

清·邵松年《澄蘭堂古緣萃録》卷四《祝枝山小楷書詩文卷》 祝京

兆書無所不詢，獨於鍾王尤為苦心。世但稱其草法之工，不知正書最為絶代。此卷自録其所著詩文，筆法出元常薦季直表，波盡轉掣，無纖微失度，信臨池之射鵰手也。近世學鍾王者，不為卷豬便作插花美女耳。如此卷者，豈諸人之所夢見哉。隆池山樵彭年跋。乙亥夏仲，墨卿伊秉綬觀於小玲瓏山館。枝指生詩文字無不絶妙，此卷隨意揮灑，雖曰鍾王忘不拘拘於鍾王。詩文或仿騷，或假古，無不神肖，故備録之。

又《祝枝山小楷林酒僊詩卷》　祝京兆書法在有明與文董齊名，而流傳不多，世争作贋本以射利塗雅走蚓軼於准繩規矩之外，蓋回其生平為人放達不羈，遂疑落筆自非法則所可拘束，珠失其真也。此卷藏於侍御李繩其先生家，著筆用意鎌歸口法，絶似鍾太傅，非晉以溪所能及，是真迄之最佳者，先生鑒賞家，此卷可謂得所歸矣。康熙己丑冬十二月朔日，桐城方登嶧跋。

希哲書於古無所不學，為前朝第一人。外間流傳多作狂草，小楷在吾卿亦最難得，佳時見其真蹟。二本作二，王褚虞家筆法種種各異，今於窗海卒師劇獲覩此卷，鮮穠古樸，全作鍾法，興嚮時所見又進一格，真可謂前無古人。藝苑厄言僅稱其上配吴興非薦論也。我師命題數語，未識有當書評萬一否。康熙庚寅，徐葆光。

又《祝枝山大楷書陳情表卷》　祝京兆楷書最佳，亦極難得，至大楷則尤難。此書規仿魯公而平日所習鍾法時時流露，其古楷之致令人深玩始得之。余又見祝書大楷千文全似魯公，不覩題識，殆弗知為祝書，賢者不可測，往往如此。丹徒王文治觀并記。乾隆丙午。

又《祝枝山小楷道德經册》　祝京兆早年書學趙魏公，後乃無所不學，亦無所不精，此帖雖若率意而翩翩風度，具有柳誠懸骨力。雅宜先生嘗謂祝京兆書落筆輒好，覩此益信其不誣也。乙酉春三月既望，王穀祥覩。

丙戌臘月朔日，包山陸治、隆池彭年、武陵山人顧孟和同覩於玉峯舟中。彭年。

庚寅仲夏客攜此帖於停雲館展玩竟日，乃知枝山先生真書家散花手也。後學文嘉謹題。

昔雪舟先生論枝指生書學骨韻未清，蓋因其艸法任意揮灑，不守繩墨，亦跋京兆小行措云：涵泓渟滀，無所不有。自趙吴興以末二百餘年至此，乃始一變，雖文待詔之秀勁，猶循吴興故轍，未如京兆獨挺流俗較亦自名一家也。傾倒又抑何深即。此册雖未能脱魏公溪逕，而鋒叢韻流指揮如意，且前後完善，題跋皆精，在京兆書中自系極精之品，深可瑶玩記此册在麻市多時，罕有識者，余購之自謂有灼見也。後請繆太史寓意録載此册云：為昆陵莊氏所藏，跋皆同。

清・張照《天瓶齋書畫題跋》　祝京兆殘帖四百二十三字，皭亦拔於塵盍之外，所謂圭璋特達者，較松雪翁圓潤，雖不如其雄渾排奡，欲度驊騮前矣。香光未出世書壇執牛耳，宜哉。平生所見枝山書無喻此帖者，文董兩家未出時，書法仍是元人氣象，兩家既出，便別成明代之書，此中境象，言語道斷。

清・陳奕禧《緑陰亭集・題枝山梅花詠》　枝指生書明代一人也。出手多由晉魏，不染唐法，別具雋永澹遠風味。若專作柔媚以悦人者，不可與同幾研，此卷是其縱筆應酬，非傑作耳。

明・汪砢玉《珊瑚網》卷一六《祝希哲書月賦卷》　吾鄉前輩書家稱武功伯徐公，次為太僕少卿李公。李楷法師歐顔，而武功艸書出於顛素。枝山先生武功外孫，太僕之壻也。早歲楷法精謹，實師婦翁而草法奔放，出於外大父，蓋兼二父之美而自成一家者也。李公嘗為余言：祝壻書筆嚴整而少姿態，蓋不及見晚年之作耳。昔人評張長史書驚蛇入草，飛鳥出林，而郎官壁記乃極嚴整，世固無有能草書而不能正書者。因觀九疇所藏枝山《月賦》為拈出之徵明題。祝京兆書法當時無篳而或者評其不出正鋒，蓋謂此老目視短不能懸筆運肘耳。此卷藏毛氏不克見，嘗見其刻本，細騐於點畫間，皆正鋒也。丙寅冬獲觀手蹟，竊謂所鑒不謬，因識其末。周天球題。

希逸此賦真江左琳琅，一時膾炙人口，亦不無稗語。希哲生書法波靡，時乃能用素師銕手腕，參以雙井逸趣超千載而上之尤可貴也。余常謂希哲如王謝門中佳子弟，雖偃蹇縱逸而不使人憎，跳盪健鬬如祭將軍而有雅歌投壺風味。識者以為知言。此卷為故毛光禄書，光禄嘗刻之石，而其家貿以供何顥考兩日費，今年春與張中丞肖甫閲之，時陸叔平在坐，曰：此贋本也，真蹟在故毛光禄所。余笑謂叔平曰：子知光禄之有此賦，而不知此賦之不為禄也耶。叔平悟乃諦視之而笑。嗟乎，人閲物，物亦能閲人，聊以寓吾一時目而已。萬曆癸酉秋日，王世貞題。

又《枝山詩草諸蹟》　本朝法書首推希哲，其狂章有不可以素旭擬者項。又新嘗過余爇霜爐夜話，索所藏扇册展現，見祝書身在雲西一首，運筆如煙雲，變幻莫測。越明又新復過余，云：思竟夕得之矣。出手録片紙，對之相與撫掌叫絶。又先君每撫松擊竹，哦枝山句《容香秋，可憐想，得非仙亦非鬼，松濤竹籟，答響清泠，不得知有人間俗稱》。今思之恍如隔世，可勝治歎。日損玉居士識於玄隱齋。

綜述

清・顧復《平生壯觀》卷五　古詩十九首，高麗繭紙，中行書，後秋風辭，寫與文休承者有跋，王寵楷跋，陳道復草書題顧璘觀季銓部，因是喜枝山書而《十九首》為最。購得者不真。丁未正月余與季弟同在先生所，適溧陽史氏以真本來易之，季氏得快觀焉。

清・安岐《墨緣彙觀》卷二《祝允明臨黃庭經册》　白紙本，烏絲界欄，楷書，共五十九行，首書黃庭經，前押枝指生小長印，後款章草書。正德庚午八月二日，雨窗孤坐，戲臨一過，枝山祝允明。下押枝山白文小長印，祝希喆白文印。

又《書米元章論書》　白紙本，高八寸餘，長一丈三尺，草書，大五分及寸餘者。書法米南宫，前書米南宫論書，後自題。允明雅嗜古，僅以六藝中博其一耳。世乃有以善書名我，我其敢當。故上人幼公，亦有志我志，而來謁諄諄，余無以應，且書法米南宫論之詳矣。故以其所評者，書以俟其自得云。時正德丙子秋八月生明日也。後押祝印允明白文，晞哲朱文印，後有馮涿鹿一跋，卷經睢陽袁氏收藏。

又《正書子黄子瑩中字訓帖》　白紙本，烏絲隔欄，正書，二十五行。法顔平原，字大四分，祝書至精者。前書子黄子瑩中字訓，款書吴國祝允明，下押允明晞哲生二朱文印，帖有朱臥菴寶祝堂等印。

清・陶樑《紅豆樹館書畫記》卷一《明祝希哲行書楊太真外傳》　紙本高一尺一寸七分，寬一丈二尺二寸，計三接共二百二十行，觀希哲題識，知前有周文矩《楊妃出浴圖》及元明人跋為吾鄉震澤王文恪公家藏，今則僅存此傳為可惜耳。希哲書放縱如其人，此卷獨遒勁縝密，筆筆不苟，亦生平所僅見也。

清・邵松年《澄蘭堂古緣萃録》卷四《祝枝山與箬谿先生詩札册》　祝京兆行草獨步一時，人多以厚直購之。其小楷尤不易得，此卷文詩手簡共三通，皆與中丞箬谿公者。時公方以憲節蒞廣南君宰興寧，寔未節下故翰劄精謹，尤非他比，亦非公【略】去勢兮與相周旋，亦安能自與斯哉。文章厚德蓋一卷而兩具焉。韓敬。

紀事

明・汪砢玉《珊瑚網》卷一六《枝山書語怪録》　自古才士無不喜怪者，是編迺祝希哲所輯，昔常於張士魯舟中閒坐閲之，不覺終帙。此日士魯索跋，偶盡一二紙，始憶蒨請，長夏無事，即六經諸子豈能與此等書争勝哉。癸卯立秋日夢禎識。卷末有王守谿太傅筆記，正德間異聞二則，為墨林項氏所珍，後歸吴功甫太學名題科者。功甫去世又歸之愛荊府君，時得陸象玄作宣和裝，極精工，友輩欲出重價購求，愚父子莫許也。萬曆壬子秋予應試留都，得祝子辜知録附志怪五卷，乃魯孫化甫所鐫，云尚有續編失去而予家竟獲之，可稱合璧也。先生前序以語怪，雖不若語常之為益，亦幽詭之物，固宇宙之不能無，而變異之事亦非人尋常念慮所及，今苟得其實而記之，則卒然之頃而逢其物，值其事者，固知所以趨辟，所以勸懲，是已不為無益矣。今余既資先生記載之，復鑒先生楷法之妙，欣幸何如，第未及與全録鋟行為欠事，每不去心耳。慧國十林弟子汪砢玉識於話夕軒。

又《祝希哲急就行草懷知詩帖》　此卷為項氏物，後識其值二十金購於文文水氏，嘉靖甲子年重裝。崇禎初，余獲一觀，其詩，竟失去並逸，歲寒十人名姓，先露八人，則吴文定公寬、王文恪公鰲、韓襄毅公雍、沈先生、周東郡使君、南海林公世遠、陸冢宰完朱、孝廉性甫朱文學羌民。

又《枝山真書古詩帖》　本朝名公楷法，予家彙成一函，首此希哲書古詩，嗣為徵仲書《阿房宫賦》，雅宜書唐宫詞，隆池書紀遊諸帖亦偉觀也。徽友程松蘿竟以漢玉兕鎮瑪瑙羣邪，青緑小高易去，惜哉，樂卿漫記。

明・張丑《清河書畫舫》卷一二《明》 祝希哲臨《黄庭經》。崑山魏誠甫遠謁乞書黄庭，此非抱病老人所辨也。誠甫意極懇，且欲坐守，急回，遂以六十七歲，久病初間，卻藥執筆，半日間了千三百餘言，可謂老人多兒態矣。自亦不堪屬目以徇愛情而已。覽者若以作字視之，尚大笑，況謂臨帖乎。丙戌十月，枝山老樵祝允明記。

又 祝京兆楷行《離騷經》《九歌》，行草《孔雀東南飛》二卷，並藏中吴王氏，是盛年妙跡，在吾家《莊子・逍遥游》卷之上，用意購求，卒未得，記此以當銘心。吾家世傳希哲京兆行書《莊子・逍遥游》，師虞世南，後有茂實府君古體詩二首，城南陸氏藏。王履吉草書枚乘《七發》倣十七帖，又一好事家收文徵仲小楷古本《水滸傳》全部法歐陽詢，未及見之。

又 行書《莊子・逍遥游》。錫山華氏寶藏希哲小楷草堂詩餘全部師鍾元常履吉真書《尚書》毛詩全本。師王逸少足稱雙璧，而希哲尤沈著痛快。又聞陸氏藏希哲小楷《北西廂》及《琵琶記》，書法極精，未及見之。

清・張照《天瓶齋書畫題跋・跋祝京兆草書文壽承隸書千字文真蹟》 學書最宜千文，九成之台必自地起，未知分布而能縱横出奇者，非所聞也。平生所見古人書千文松雪篆書一本，四體書一本，草書一本，文待詔蠅頭小楷一本，草書一本，董香光行書一本，楷書一本，皆奇妙名蹟也。今又得見祝京兆草文壽承隸，余於墨池良為有緣。

清・翁方綱《蘇齋題跋・成趣園記》 右祝枝山書《成趣園記》，自署鄉貢進士枝山以弘治壬子舉於鄉直至其出知興寧之前，此廿餘年間手迹，皆稱鄉貢進士。此卷在正德二年，枝山年四十八矣。然正德二年是丁卯非丁醜，不知何由誤也。子昔見貞觀鄘州鐘銘年月干支差誤。又米老蜀素卷，後有董文敏手跋年之干支亦誤，古人竟往往有如此者，觀者幸勿以為疑耳。乾隆壬子秋九月北平翁方綱識。今年春三月三日，方綱按：試道出沛上秋盦具舟相迓，支篷啖麯，同賞此卷，輒題二字於前，明日雨後，宿鄒縣，燈下作二詩以寄題之，即此第一首及末章也。其秋還濟南，夢寐之間，時在此卷，因復寓書至沛上，借卷重觀，秋盦不音珍祕，馳以見付，自秋至冬，百有餘日，無時不陳，幾上復得三詩，合前凡五首，書於其後，蓋予所見祝書未有過於此者矣。今將緘還，並為識此。十月朔旦，方綱。

清・孔廣陶《嶽雪樓書畫録》卷四《明祝京兆楷書前後出師表真蹟卷》 曩見南雪齋帖刻枝山小楷出師兩表，乃正德甲戌時為華中甫補趙榮禄圖後者，以不見真蹟為憾。今得此卷，是其先五年所書，時剛五十歲，字體莖大，始見所謂加綿裹鐵，如印印泥者，確得魏魯遺意。武侯為三代後一人，不朽於千秋者。兩表宜其端謹莊重，一再書之。咸豐丙辰嘉平人日，少唐孔廣陶謹誌。

清・蔣光煦《別下齋書畫記》卷一《祝枝山字册》 壬子歲春三月望日，承祖君允暉，拉予尋芳晚歸，集於清白楊中，仍設饌相款，偶紙筆在案，爰書老杜出塞詩以遺之。枝指道人祝允明。祝氏希哲。

清・邵松年《澄蘭堂古緣萃録》卷四《祝枝山真艸千文卷》 南沙有古癖家多蓄名畫及古法帖不下數千本。丙寅秋中余有事過之，出智永千文相示，墨光瑩膩，字畫遒勁，真宋拓之上乘也。展玩再三，不能釋去，南沙乃附小青衣作嘖嘖語，遂出朱絲素縑，欲臨摹其上。余聞智永為王逸少七代孫，妙傳家法，為隋唐間學書者宗匠，住吴興永欣寺，積年臨筆，所退筆頭置之大竹簏，受一石餘而五簏皆滿，後取筆頭瘞之，號退筆冢。夫其天資學力，豈其易致斯境，而余遂以寸晷之長欲郊邯鄲之步，無論藍之非青而并其故武，且失去卒，有舉手揶揄者，是知我者也。書已識其後以自勵。支山。此祝希哲為南沙公所書也。展卷之際，若登右軍之堂，入智公之室。希公真種人哉。盥薇露焚玉蕤不覺，龍蛇在手，永宜寶之。長洲吴寬。余嘗謂書法不同有如人面，希哲獨不然。晉唐測晉唐矣。宋元則宋元矣。彼其資力俱深，故能得心應手，此自摹臨智永祥師法帖而雄姿勁氣更軼而上之。吾不知其為逸少，為智公，為希哲也。南沙護藏如珠胎鼉采誠得其寶者，出以相賞。聊藏其實非跋語也。雁門文徵明。

希哲此卷作於正德丙寅，時年四十有七。匏庵先生先二年弘治甲子七月十日卒於官，是篇不應有跋，然細審祝書及吴文二跋，皆非偽作，或丙寅是丙辰之誤。古人書千支時或有之。若丙辰則祝年三十有七，其書之婉潤亦近似。吴卒之歲月不當有悮也。

著録

清·王昶《春融堂集》卷四五《跋祝希哲書黄庭經後》 《道藏》載太上黄庭内景外景玉經，謂扶桑大帝命暘谷神王授南岳魏夫人，因以傳世。有劉長生蔣慎修梁邱子三注，今梁注最行，梁邱子国白履中，《舊唐書》有傳。《雲笈七籤》具載其註而明藩亦刻入道書全集。内景凡三十六章，外景凡上中下三篇。歐陽文忠公得石刻，乃永和十三年晋人所書。其文頗簡，獨為有理，因而删正之。今其本亦不傳，而唐宋勒石者甚夥，今皆不可見矣。余常考此經黄素真蹟，萬曆時藏於吴敬堂，刻於王氏欝岡齋者，乃内景經。王氏跋稱朱氏書史謂是六朝人書，無唐人氣格。趙魏公謂飄飄有仙氣，乃楊羲許翽舊蹟，王氏因真誥以實之經後，無右軍題識，則内景實為楊許書也。文氏停雲館刻《外景經》既删去老子閒居，作七言解説，真形及諸神二句，又以上有關元七言二句，作四言四句，後有永和十二年五月二十四日山陰縣寫意。歐公所見晉人書即此外景經歟，抑右軍所書内景久已亡軼歟，亦外景猶是上中下三篇全文也。若董氏刻戲鴻堂僅取内景經上清上有二章，其第三口為章録至登廣寒而止，又割其末沐浴章十讀四拜下十二句以足之，斯繆妄之甚者矣。此本祝希哲書，希哲人儻易，書法尤狂縱，而楷法謹嚴古憺出力藏稜如此，蓋以鍾王書法行之，是希哲法書中絶無僅有者，良可貴也。世人論黄庭於右軍楊許往往至聚訟而不審，所書内外景本各不同，故攷之如此，且文董所刻遺落顛倒，後人轉輾摹勒，益失其真，而此僅數字不同，設有好事者勒之貞石，以繼楊許右軍之後，豈非藝林增一墨寶哉。

雜録

清·何焯《義門題跋·祝京兆書述跋》 用筆渾厚圓足中廉鍔森然，非枝山先生決無此書功腕力，惜所值紙澀而豪又弱，如策駑駘上峻坂，意所欲至蹇蹶弗前，稍減色耳。文中宋昌裔名廣，余嘗見其行草真得晉韻，蓋以字行也。周盧則崑山盧熊公武，嘗知兖州，指斯人不疑，或云周即周砥履道為興通守，則前輩如文太史，但記其避地會稽，死於兵。虞山列朝詩集中仍之未敢輒信也。太史當是崑山夏昶仲昭，初為翰林庶吉士，成祖即命書宫殿榜，授中書舍人，轉吏部考功主事，而其兄昺孟暘，但有大小中書之目，旋得謝歸老枝山。或誤記仲昭所歷之官為孟暘乎。旅次若無他書可檢也。華亭朱孔易名寅，以字行，廷暉其别字，官至少京兆，成祖嘗召書大善殿榜，稱旨行在，禁扁多其所書，上下互舉兩字欲句法變换耳。養正為永嘉黄蒙，亦以字行二。陳登，字思孝，長樂人，與黄皆官中書舍人。吴餘慶者，字彦積，别字斯白，官至右通政衛靖者，字以嘉，為禮部主事。程氏殆謂南雲字清軒，思孝弟子，南城人，官至太常卿，其羣從未詳。李牧楊師亦不知孰謂黄翰者，字汝。申小錢名博，字原博，與翰並按察使。天駿則張宗伯駿字也。自號南山，以配東海，雲間亦稱二張，任道遜克誠，瑞安人，官至太常卿，國學有弘治癸醜進士題名牌，周文通所書，結銜為大理寺左寺副兼司經局正字，其人莫可攷。劉西台名珏，字廷美，别字完庵賬洲人。馬刑部名愈，字抑之，吾郡嘉定人。蕭黄門名顯，字文明，永平山海衛人。前代書家但舉其字，或舉其官，書蹟不甚海傳者，聊疏其畧，彌愧見聞之寡陋云。康熙丁酉冬日，義門老民何焯呵凍書。

清·翁方綱《復初齋文集》卷二八《跋祝枝山懷知詩》 右祝枝山自書懷知諸詩草，枝山卒於嘉靖五年丙研發，年六十七。時王雅宜年甫三十三也。王文恪卒於其前二年，此當是乙酉丙研發間所書，故於履吉有梅蘂照衰顔之句，石田性甫之卒又在其前十餘年，蓋雜憶成詠耳。小草之法，具兼楷隸，非深於魏晉人書者不能也。

又《跋祝枝山〈成趣園記〉》 右祝枝山書《成趣園記》，自署鄉貢進士枝山以弘治壬子舉於鄉，直至其出知興寧之，前此二十餘年間手蹟皆稱鄉貢進士。此卷在正德二年，枝山年四十八矣。然正德二年是丁卯，非丁丑，不知何以誤也。予昔見貞觀鄜州鐘銘年月千枝差誤，而米書《蜀素》卷後有董文敏手題年之干支亦誤，古人竟往往有如此者，不足異也。觀者幸勿疑耳。

清·顧文彬《過雲樓書畫記》卷四《祝枝山楷書擬詩外傳卷》 米襄

陽書為有宋一代之冠，而挹其滴髓者。草則吴雲壑，楷則祝枝山。此擬詩外傳二十一則，匪惟文筆出入周秦諸子，得孫況、吕不韋説詩之遺，其書亦與寶晉齋代興矣。後記正德十一年歲在丙子五月二日，偶在縣署之。念茲齋畏暑獨坐，檢得舊作擬詩外傳數篇，遂書之素卷，不特謂古人作字忘暑，亦可徵縣治之可羅雀也。考枝山卒於嘉靖五年丙研發，年六十七，上推正德丙子是年五十七歲，以集【略】五十服官政效白公詩，吾年五十五始受一縣寄計之，知宰興寧時歲在甲戌，年五十五，興寧縣城隍廟碑云：歲乙亥予來宰興寧者，實到官之二年丙子，其三年也。

又《祝枝山懷知詩卷》　京兆自書懷知詩，自王文學履吉至朱文學堯民，凡近體九首，四言古詩八首，末雲在野史妹丈往隨省親一絶附録卷尾，弇州山人四部稿，復初齋集，均已著録，余以集【略】校之，始知卷首脱去數行，今為補之。小序云：臥病泊然，緬懷生平知愛，遂各為一詩，少長隱顯遠近存没皆非所計，祇以心腑之真，凡十有六人，共詩和首。又標同老十人，首顧明府榮夫云：雞山燕市每依依，此日都抛入洛衣。家近鬱林公舊隱，門如彭澤令初歸。空憐舊社惟君密，卻笑無車訪我稀。最愛滄浪池水好，幾時同坐一方磯。次錢太常元抑云：入室芝蘭始見熏，也知孤陋令離羣。煙霄本自冥黄鵠，城郭安能駐白雲。震澤晚山青歷歷，漕湖秋水碧沄沄。相思只借中天月，合把清輝兩地分。以下方接王文學履吉集【略】，行世甚少，故缺佚無知之者，亟録之以完懷星堂名蹟，末附在野省親詩集【略】所無，但有史在野，墓誌雲：在野為余女弟之夫氏，史諱臣，字在野，吴縣人也。又云：史氏自處士浩生今隨州守引之，甫室張夫人生在野，為冢嗣，隨州往任，在野守廟墓於家，嘗一往省於隨，皆與詩相合，至卞令之式古堂書考，有黄姬水跋，稱其深得鍾王筆法云云。乃珊瑚綱所稱項氏物，逸去歲寒十人姓名者，非此卷也。

徐霖書蹟

論説

明・王世貞《弇州山人四部稿》卷一三二《徐髯仙墨蹟》　金陵少臨池者，如顧司寇陳太僕，皆得意而不得法。最得法者，徐子仁。亦好堆墨書離披擁腫，不能免墨豬之誚，此卷雖極濃肥，而有骨端重而不乏態，是最合作書也。子仁行世最少，君其評估藏之。

又《雜書畫册總跋》　前後序及題畫八分皆文徵仲手書，精絶之甚，第不及晚年鐵手腕耳。吴中一時書法盡此矣。惟祝京兆妙得晉人法趣常有餘，王履吉陳道復皆少年筆，與晚歲全不同。吴中文士盡此矣。語遂無一佳者，乃知此道之難也。

明・孫鑛《書畫跋跋》卷一《徐髯仙墨蹟》　子仁書行世亦不少，第掛幅多，大概亦是松雪派。

明・盛時泰《蒼潤軒碑跋記・書徐子仁三體千文卷後》　余友宣光蔭多蓄古書畫，余數過花嶼山房中披覽竟竟夕。此卷乃吾卿徐九峰先生書，以貽光蔭助其少歲學書者。余嘗聞九峰篆書直繼周玉雪之後，李西涯喬白岩惟為當代一人，真書有歐陽率更遺意，行押出入李北海趙松雪二公之中，豈徒二百年來，江南傑出之士，蓋亦海内翩翩善書者也。況此又暮年之書，筆力尤為勁篦，極為光蔭珍秘，久留余蒼潤軒，昨自洊拜山還，忽於笥中檢得，敬兼題第云爾。嘉靖甲寅中秋前五日净信居士盛時泰記。

雜録

清・翁方綱《復初齋文集》卷二八《跋墨溪居士傳》　右明徐髯仙

行草書永定廖氏墨溪居士傳，傳為餘姚孫編修清撰。編修字志大，直隸武清籍，浙江餘姚人，弘治壬戌一甲第二人，予同年錢擇石閣學所藏編修行書手蹟，即是文後段，亦在是年九月。髯仙，字子仁，吴人，徙金陵，善畫松竹蕉石精研六書，嘗得篆法於異人，茶陵李文正見之，歎為不及，築快園，製小令，填南北詞，武宗南巡，幸其家，賜飛魚服，扈從還京，將授以官，固辭，罷歸。其歸在武宗末年，歸後又二十餘年，卒年七十有七。則此蹟是其年四十許所書也。廖氏墨溪在汀州府永定縣城南，其曰方形溪，出寒袍崠者《集韻》崠，音東，山名，縣有方形二溪，武溪出寒袍崠下，由龍潭合文溪入大洲溪，其地名溪南里，而廖守初氏以墨名之，守初氏之名，惟見於趙文敏所藏獨孤本蘭亭卷，後有廖守初跋，在正德己卯冬。又有廖氏尊樂堂書畫記之印，蓋亦鑒藏名家也。其跋小章艸墨迹，今為人燒燬矣。

唐寅書蹟

論説

明・汪砢玉《珊瑚網》卷一六《唐六如書嘆世詞八闋》 弇州評子畏書軟熟亦不惡，此紙更稜峭可異，乃子畏自稱江南第一風流才子。又曰普救寺婚姻案主者，而太原相業偉如生平不二色，何嘆世詞相唱和至此。兒淵云：唐解元狂者也，王文肅狷者也，狂狷迹異而心同，宜其相契合乎。亦子畏作風態以遠宸濠，未常不介亦自守耳。至詞調率意縱横有如巵言，伯虎共乞兒唱蓮花落，少時亦復玉樓金埒，故復不惡。研山山長汪砢玉識於盟鷗小檻。

清・陸時化《吴越所見書畫録》卷三《唐六如漫興十首詩卷》 六如書其結搆用筆與趙松雪皆同，少異者，松雪含蓄，六如叢露。其道亦有可想而知者，松雪所享極人間榮禄，又得俶配賢子，宜其出筆雍和。六如哀亦為舉首即遭折失傳，無可進身而家又酷貧，衣食書畫不平之氣有不從筆興在在流露耶。此卷較松雪有過無不及，所謂不平者不獨見之書，誦其詩而悲歌感慨之交集矣。向為雲貴捻制虞山蔣雨亭所寶愛，已摹刻入敬一堂帖中，卷中脱一金字，從別處鉤一金字補之，多一向字，則删去之不全録。陸時化。

清・葛嗣浵《愛日吟廬書畫續録》卷二《明唐寅行楷詩翰軸》 六如書畫於明四家中獨以韻勝，南田私淑之為情初名宿，則六如可知矣。惟贗多真少，求之不易，是幅為猶子昌楣所收，余視之果真也。喜而誌之。按：是詩見六如居士全集第二卷，首句為檢束斯身益最深末句為默把精微義理尋摘記於此，俾讀是詩者，得窺全豹。

清・端方《壬寅消夏録》卷一七《唐子畏自書詩卷》【略】 題跋。

伯虎雅游，惟文待詔祝京兆耳。乃文則動純矩矱，以故唐祝稱莫逆。云此頁意在筆先，如山谷以作畫法作字。蘆花湄上主人佳胤。

昔人論書法，謂必入晉人三昧，斯稱臨池善手，亦筌蹄未脱，終屬抄書手耳。子畏以畫傳世，人無有重其書法者。觀此跳盪變幻，如覩公孫大娘渾脱舞時致趣，肖甫為謂其意在筆先有以也。康熙壬寅五月下，澣坐桐竹齋對風雨樓偶題。術陽趙胤翰。

綜述

清・安岐《墨緣彙觀》卷二《唐寅若容帖》 白紙本，行草書，二十三行，字大五分，餘深得李北海遺意。前書寅頓首頓首，若容老兄翰學省示，知浮邱遷化，欲往哭之，事冗不湖色，遂懷也。後書即日寅頓首頓首，若容老兄翰學。

紀事

清・陸時化《吴越所見書畫録》卷三《唐六如漫興十首詩卷》 同年唐子畏詞翰見重當世，此則書為姚舜承者，舜承亦年家佳子弟，子畏以此書益工，但不久溘逝，此蓋其絶筆耳。展卷三歎。嘉靖甲申上元日景暘書。

雜録

清·顧文彬《過雲樓書畫記》卷四《唐子畏漫興詩軸》 漫興古作漫與，特宋以來多譌興字，明人承之，子畏自書，乃漫興十首之一，云：龍頭獨對五千文，鼠跡今眠半榻塵。萬點落花都是恨，滿杯明月即忘貧。香鐙不起維摩病，櫻筍消除穀雨春。鏡裏自看成大笑，一番傀儡下場人。以校袁宏道本唐伯虎集，則首句作馳驅南北罨頭塵，襤褸衣衫墊角中。下亦字句微異。據公安云：余見其親筆行書者兩處，互有不同，此殆其一耳。有傳經堂含碧樓花步劉氏諸藏印。

文徵明書蹟

論説

明·王世貞《弇州山人四部稿》卷一三二《文太史三詩》 文太史八十四時，為余出金花古局箋行書，此三詩以贈，書極蒼老秀潤，而結體復不踈。三詩濃婉，不在温飛卿下，叭明妃曲為永叔所誤，不免時作措大語耳。以此知宋人害，殊不淺也。

又《文太史内體千文》 文待詔以小楷名海内，其所沾沾者隸耳。獨篆筆不輕為人下，然亦自入能品。此卷千文四體，楷法絶精工，有黄庭遺教筆意。行體蒼潤可稱，玉版聖教隸亦妙得受禪三昧。篆書斤斤陽冰門風而皆有小法，尤可寶也。自興嗣成此文後，獨元時趙承旨及待詔能備此眾體，惜少章草耳。

又《文待詔游白下詩》 文太史歸隱後，扁舟秣陵，與劉司寇顧司空但是和，大是香山社風度。書筆視平日小縱而蒼老秀潤，時時有法外趣，詩亦清逸可喜。第起句往往落韻，此公疥癬疾誤入膏肓，吴人至今中之耳。

又《文太史書進學解後》 史稱昌黎為《進學解》，執政憐而奇之，遂以省郎知制誥，令昌黎今日出此文，三日内不得回首望春明門鳴吻矣。然此文雖跌宕，終不能如東方子雲雅質而饒古意，文待詔書法出聖教序亦然。

又《文太史絶句卷》 文待詔此書真得豫章三昧者，取態雖小，不足而風骨遒類，殆似過之，諸絶句如老病迂踈，非傲客只愁車馬破蒼苔，大類白少傅分司洛中語，皆可寶也。

又《文太史三體書》 蘇文忠書錢唐伎女諸絶句真蹟，字頗小，文太史特以意臨寫，不拘拘形似而古健遒偉，隱然為眉山傳神，抵掌老優，當自色愳，後三體書擬豫章尤妙，唯作米家筆差不似耳。昔人謂右軍臨摹宜示勝於自運。又云：筆禿千管，墨磨萬定，不作張芝，作索靖，信然信然。

又《文太史三詩後》 晉陽風物淒緊，九月於明佐藩伯齋中覽故文太史三詩，金波桂樹清露梧桐語，怳如此身在越來虎丘間。其結搆之遒美，亦似與玉蘭堂中人烹茗匡坐卻，卷後别是一境界，良增季鷹之感。

又《趙飛燕外傳》 文太史小楷書趙飛燕外傳，初看之若掾史筆草草不經意者，而八法自具是真蹟也。余乃丐尤子求作小圖，凡九段，系其後。尤於此圖有精思，頗得龍眠吴興遺意。周公瑕復為書《西京雜記》十餘則，俞仲蔚書外傳，皆小楷，工絶之甚，往往有遺憾太史上坐意。外傳文蕪雜，蓋稍為筆削之耳。飛燕合德事不足論，第伶玄此文與國色並絶代，為千載風流斷案。太史鐵心石腸而寄托乃爾，毋亦靖節閒情賦故事耶。

明·王世懋《王奉常集·明文徵明小楷周召二南詩二王目録》 衡山先生初名壁，時作小楷多偏鋒，太露芒穎。年九十時猶作蠅頭書，人以為仙。然行筆未免澀强，其最稱合作者以字行，後五六十時也。是書三紙，據其孫上林君筆祉所跋，俱正德十四年書，正先生盛年之作。然二南疏體匾而尚作尖筆，猶帶少年之意。二王帖目録釋則純用正鋒，微加豐肉，又時吐拙意，余生平所見先生楷書，未有奇古如此書。蓋是書雖為稾草而實刻意學古，兼有逸少元常之趣，未可以二南疏同年而語也。右軍寺亭記敘亦是醉後屬稾，此豈先生神來時筆邪。是卷已分授兒子駉暇日取視，復為識於紙後。駉雅好楷隸，即此便是指南，毋他求也。

又《明文徵明楷書原道》 蓋世懋年甫十有七而見文先生，先生謬謂奇頴而愛之，因手寫是箋為贈。紙尾所呼季美，蓋先君初命字也。已復改稱今字云。嘉靖戊午年世懋舉北畿，先生猶在人間，笈指賢書曰和：此子果如余所料邪。已未舉南宫而先生已仙逝矣。寶惜此册，蓋終身不去目焉。嘗為懷舊詩云：總角謁大賢，握手呼小友。蓋紀實也。萬曆丁亥冬十二月，世懋以南奉常歸，養疴小圃，再閲此册，恍然卅餘年事矣。恐後吾見者，不知季美為何人。病中手題以志弱齡之遇云。

明・孫鑛《書畫跋跋》卷一《文太史三詩》 衡山翁書絶有古法，筆力甚蒼勁，以不經意出之，乃更妙在日名絶重，卿相無不折節，下至婦人童子，皆知之。乃今歿後四十年來，人遂或不搆甚書此皆肉眼以目皮相耳。若於書學稍究心，見翁真蹟，必當全省袵下拜。

又《文太史四體千文》 待制真行自佳，無容言，若四體恐終係强作，云沾沾矜末法想稍能熟其體耳。篆書倘遇生字，或不無旋檢篆韻。

又《文待詔遊白下詩》 徵仲齒長於獻吉，其詩猶沿宋元來餘習，以大歷後俊語為的。其起句落韻亦坐此，然卻有一種真趣，讀之亦醒快，邇來詩家家李杜顧去真趣較遠。

又《文太史書進學解》 退之此作雖古質處微遜《客難》《解嘲》，然能別出意不重墮，達旨釋誨煙霧中較量身分，固在倩雲伯仲間，若待制書之於聖教序，則尚隔數塵，恐難與昌黎並論。

又《文太史絶句卷》 徵仲書中年類松雪，晚年益以豫章法，更覺遒勁有神，若詩則原係白傳派，絶句尤多逸趣。

又《文太史三體書》 待制自謂早年效玉局作字，然玉局淳古，待制秀媚，不得其真，惟得其偃筆肥墨耳。晚年縱筆豫章形不似而神似，其險側飛動有墜石裂冰之勢，與效蘇處意正拗，若襄陽則標格原殊，奈何得似也。

又《文太史三詩》 諺云：物離鄉貴。在晉中觀蘇詩蘇字，自是誤入天台司寇，吴人鄉感尤當深也。

明・孫鑛《書畫跋跋》續卷一《文徵仲手札》 司寇兩跋皆謂寶之者，勝於姚殿帥。按：魯直所雲：乃是韓宗儒，每得坡一帖即於殿帥姚麟家换羊肉十數觔，然則姚正是收買蘇書者，何為冒此誚也。宜云：勝韓宗儒乃是。

明・張丑《清河書畫舫》卷一二《明》 文徵仲精楷，温州府君詩集二册，係盛年筆，韻致楚楚，近歸余家。

清・顧復《平生壯觀》卷五 林見素文三溪樓詩二十韻三篇，皆黄箋紙，筆墨極精，而溪樓詩更精也。

又 西苑詩白紙，行書一卷，曾勒之石。想其得意作也。亦平平無奇，他可存而不論矣。

又 《滿江紅》詞，大行書，題《思陵與岳武穆手勅墨蹟》，字法黄山谷書，與張靈虚者，袁尊尼、周天球、彭年、黄姬水諸公數跋。

清・張照等《石渠寶笈》卷二《明文徵明書金剛經一册》 王穀祥跋云：衡山先生小楷，世不多得，而是帙《金剛經》端楷，工藝，用筆時若有神力所護。先生云：王中翰請之已久，三易寒暄，方始書就想亦籠鵞之好，信有是哉。宜寶之。嘉靖甲寅上巳西室王穀祥識。

又 陸師道跋云：衡山先生小楷，愈小愈妙，大書愈大愈奇，可謂能兼蔡君謨石延年之所不能兼者也。況此《金剛經》凡數千百言而以垂白之年端坐精楷，出規入矩，無一筆苟簡，則松雪翁之書《靈寶經》不是過矣。孰謂古今人不相及哉。五湖居士陸師道。

又卷五《明文徵明書盤谷序一卷》 周天球跋云：小楷。自褚河南後，僅有趙文敏。文敏後則僅有文太史，當代蓋絶無其偶也。此書盤谷序，閲其筆意，當是望九之年之筆，遒勁清逸，目力不少衰，殆天假之歟。泰峯茅子示余為識。此戊寅十一月八日周天球。

又 陳繼儒跋云：衡山先生楷未在歐褚堂室間，未肯心服，直與逸少父子爭衡耳。獨書數百言，無一字訛筆，蟻陣雁行可敬也。司馬温公《資治通鑑》草稿幾塞屋子，亦無一字苟且，古人格心具於筆扎間見之。先生若出亦温公地位，上人也。吴翁醇之道眼澄澈，當必以余為知言。陳繼儒得觀於頑仙廬戊午五月廿一日。

又 李日華跋云：文太史早歲辭温州公之聘，晚節不赴逆藩之聘，大操卓犖，照映千古，其藝文翰事特所餘耳。小楷精緊峻削得率更三昧，此卷尤其蓄意合法者也。公自解組後夷由林壑縱浪風雅，亨有上壽，名播八寰，韓公所謂車服不維，刀鋸不加，為不遇時之大丈夫非耶。醇之先生寶此亦欲為邱壑吐氣耳。余欣然願為執鞭云。壬子春二月，寓武林昭慶寺六湛堂題《竹懶》，李日華。

又 陸應暘跋云：嘉靖間文待詔先生以書名天下，片楮尺幅何啻火齊木難，余少日蓋心協慕之，已而稍有知識，則辨其大小行草平平耳。較晉唐諸名家或未能伯仲，惟真楷精工妙絶一代，而文賦一石，尤獨步也。今世所流傳者甚少，是卷為吴翁醇之見賞，什襲以藏，譬之青萍結緑生氣薛卞之門矣。三復爽然。七十七老人陸應暘題西湖之飛翠閣。

又 馮元鑑跋云：醇之先生以花封高第拂衣歸隱，覺陶柴桑李盤谷不能專美。是卷若衡山先生持書面贈者，無論醇翁賞玩，當有別趣，即此數行精楷，琴餘茶熟之暇，足堪偕老矣。珍重珍重。丙寅長至後二日，題於雙溪草堂。馮元鑑。

又卷七《明文徵明書藥師經一册》 文彭隸書跋云：先君手書《藥師經》一卷，乃正德辛巳在薦福寺書奉古泉大師者。於時摹倣歐陽率更，筆力心神，超入聖品耳。學之徒未曾望見王氏藩籬，妄置喙於羲獻父子間，如矮人觀場，隨人咤説，此大令所以有外人那得知之言也。男彭敬題。

又 陸師道跋云：本願功德不可思議，衡山先生書以精楷遒勁整肅，力逼率更《九成宫碑》，卷首慈容為仇君之筆，相好端嚴，允稱合作，宜世之奉如聯璧也。惜未得石刻流傳使學者朝持夕誦，則其福勝彼更不可思議矣。嘉靖二年二月廿二日五湖陸師道。

又 彭年跋云：甲子春仲予養疴九龍山中，日與衲流談空，頗有會處，因得見文太史所書《藥師尊經》，澄心閲之，真毘盧心印大願共深，能與有情冰消冤業者持之清冷旬，頓覺身心霍然，我佛妙諦自當信受，世世生生，永不退轉。茲四月八日，隨喜浴佛將欲入城，敬誌卷末，以歸常住云，隆池山樵彭年。

清·王澍《虚舟題跋》卷八《明文徵明隸書千文》 文待詔隸書金壽門，謂其源出自蔡邕，而效法顧戒奢得。顧戒奢得書寡陋者，未之或見，中郎鴻都石經嘗見數百字，未見有一毫似據。余謂待詔此書專師鍾繇勸進受禪二表，而兼取歐陽詢房彦謙碑，蓋自曹氏篡漢後，書法便截然分今古，無復漢人高古肅穆之風，猶羲之書蘭亭，破壞秦漢渾古風格，為後世妍媚者，開前路。此昌黎譏右軍，謂羲之俗書騁姿媚也。要之風會自然作者，所不能自主者也。此書筆力斬絶，深得無常遺意。宋元章稱歐陽率更為真到。內史此書真不媿此語。待詔為隸全法唐人，此更軼而上之直到鍾太尉地步，壽門稱為待詔第一，隸書不據也。

清·楊賓《鐵函齋題跋·文待詔小楷千文》 余往見待詔手鈔永嘉詩稿，雖規模不爽絲髮，而微失之拘。此則舒徐中節態有餘妍，韋誕云：方寸千言而有徑丈之勢，不愧斯語矣。

清·吴德旋《初月樓論書隨筆》 文徵仲黄庭經亦與右軍原書酷似，但恨用筆太工巧耳。

清·陸時化《吴越所見書畫録》卷三《文衡山詠文信公事四詩卷》 衡翁書脱胎松雪，此書特定為規撫放翁，放翁遺墨罕見，以一二家藏鉤帖對之，則放翁躍然出矣。非竹嬾巨眼誰能道破此卷。竹嬾極嘆賞，既為題識，復著其説於六硯齋二筆一卷中，衡翁書世傳最多，能別真偽已異庸俗，豈能於一字一詩各盡其情致耶。余終歲杜門，日與古人相對，安得有如李太僕者與之語。乙未二月初七日，雨牕聽松山人陸時化。

又《衡山太史手書詞一卷》 其書法遒美，故是當家又不煩游夏一辭矣。太原王穉登題。

又《明文待詔蠅頭小楷落花詩册》 周公瑕先生為先公門下士，好學書，退筆成冢，追蹤古人。先公晚歲燃燭作蠅頭字，無虚夕，大半遺之。此册神於遺筆，真一波一趣，轉折之妙，頗稱匠心，蓋先公楷法有二種，朝紳簪笏莊肅整嚴，金石書也。衫屨蹁躚韻致妍美，遊戲書也。若以一眼腔觀辯鹿失馬矣。弁首棐几怡情知為公瑕物無疑。公瑕以棐幾名齋。癸酉六月廿日，曾孫從簡百拜題。

又 小楷自右軍父子以後，其法不傳。唐之顔柳歐褚，宋之蘇黄米蔡，皆未當行也。至趙松雪始得《黄庭經》《樂毅論》《曹娥碑》《東方朔像贊》十三行諸帖之神髓，繼之者，則文衡翁一人而已。此所書落花詩，真一字一珠，為及門周公瑕藏於棐几軒。昔右軍詣門生家正相半書一大驚失色几而去。公瑕以此名齋，不忘待詔門下也。癸巳小春望，後海岍閒民陸時化題於剪鑑亭。

清·翁方綱《蘇齋題跋·文衡山書喜雨亭記卷》 適為門人莫繢軒作畫雨亭，詩用蘇文，吾以名吾亭作結句。是日購得文衡山書《喜雨亭記》

卷子，因題小齋曰雨香。賦此志之。邀魚門韻亭和。歸築山房第八秋，二桐簷影更深幽。鐵門限法工尤細，上黨禾書氣可求。參刻石經無屋貯，竊題畫雨已涎流。感驚珠玉從天賜，稽首冥冥豈易酬。甲午是嘉靖十三年，先生六十五，請告歸里，築玉磬山房之第八年也。至今二百四十五年矣。乾隆四十三年，歲在戊戌秋八月廿四日，北平翁方綱。

雨窗無事展翫文衡山書《喜雨亭記》卷，再疊前韻。方綱綱辛醜六月二日。

衡山此卷實能以歐虞之法，上接右軍正脈者也。

書家有意到筆不到者，雖作手亦不能免，然精熟蘭亭定無此慮，如玉潤旦極寒諸帖，皆所謂飛騰綺麗兼有之矣。

甲辰夏五月廿二日雨中展翫大觀真本因，識於此卷後。方綱。

是歲仲冬廿日以衡山仿蘇書泗州僧伽塔詩，與此對看，深歎其能用南唐後主撥鐙法，為書家不傳之秘，漫記於此。

昨於沛南得衡山所作樹石大軸，始備見先生具體坡谷之妙。癸醜中秋前一日，記於此卷後。蘇齋學人方綱。

清・吴榮光《辛丑銷夏記》卷五《明文待詔七言詩卷略》 書家貴本領足，此由學力積習，非可勦襲得之。衡山先生大草書見之極少，此卷廼余房師左副憲所藏，似不甚經意者，然其力量體勢具在，奇姿變態，隨筆自生，鄭駙馬心經，懷素自叙，大令諸草帖，皆有取之心而應之手者，内景不足，而欲馳驟擺脱，所謂世俗筆苦驕，眾中强嵬騀，可勝慙惶。康熙癸巳八月用錫前有書譚朱文印，後有徐用錫白文印，畫堂朱文印。寓齋，酒間，出法書名畫示余甚夥，目不暇給，就中見尊甫副憲公所珍文衡山草真蹟一幀，縱筆所之，離奇變化，如神龍拏攫，不可方物。又若朱霞天半舒卷自如，壇長徐前輩嘆賞弗置，絶非時下贋手所能貌襲也。予所見待詔行楷多以飄逸取勝，此幀跌宕超邁，是晚年得意手筆，尤覺獨闢境界。左先生當什襲藏之，況先人所愛更勿輕以示人云。會稽周長發跋。前有賜書堂朱文印，後有長發白文印，石學朱文印。

清・孔廣陶《嶽雪樓書畫録》卷四《明文徵明行楷詩翰卷》 停雲書法上追晉唐，久有定評，所著《甫田集》屢經兵燹，已不多見。余家藏有小楷五律十五首，已登前録，此卷行楷七律四首，可想見承平時吴中韻事書蹟尤妙絶，向在明人詩翰册中，茲謹另裝成卷，特標於此，俾得輝映兩録云。

清・方濬頤《書畫鑒影》卷一一《明文衡山行書前後赤壁賦卷》 衡山公行草深得晉人三昧，落筆縱横，高出書苑。近代名家罕克竝馳，蓋其吮毫行墨，匆遽不苟，必繇軌度，點染片楮，往往為人珍惜，遂至溢賈非偶也。此卷乃公八十餘所書，流麗典雅，勢若飛動，【略】無衰遲之態，信足為書家奇琛得者宜慎保之。賜進士第承德郎禮部儀制司主事陸師道謹題。

又《明文衡山楷書封建論小册》 運筆全取中鋒，結字彷彿麻姑仙壇碑記。古之人所謂錐者於此可見。

清・陸心源《穰梨館過眼録》卷一八《文衡山歸去來辭書畫卷》 右小楷《歸去來辭》並圖，題為己亥秋日之筆。時先待詔歸田已十三年，意頗閒適，故筆墨精妙，非他卷所及，其後懷歸詩三十二首，則次年庚子歲所書，皆以贈顧君克承者，珍秘寶愛而為人竊去，百計歸之，原跋已剪去不存。克承既歿，其子二武持來請書，因為題此時。萬曆戊寅九月三日仲子嘉。文嘉白文印。

清・邵松年《澄蘭堂古緣萃録》卷三《文衡山小楷文賦卷》 文待詔先生當代書家宗匠，其楷書出自黄庭陰符，纖微縝密，筆法遒勁，若此書《文賦》而宗率更，秀穎絶倫，乃其得意之筆，豈易言論形容其妙哉。出以相示漫題以重其珍。雅宜山人王寵。

又《文衡山小楷古詩十九首册》 另紙蠅頭小楷書陶詩：人生歸有道，種豆南山下，少無適俗韻，野外罕人事，四首，計二頁，每頁高三寸九分，寬三寸八分，十一行行十二三字不等，無款，結構謹嚴，筆筆精到，每頁上有徵明一印，又有子京墨林山人游方之外神品墨林項元汴精玩書嘉之印，項廷模印，師昌文鼎之印，共十三印，半印三題在另紙。

翰林待詔文徵明衡山先生小楷古詩十九首，細楷列五柳詩二帋，墨林項元汴裝襲珍賞求書，潤筆禮金肆兩。覲衡山先生小楷如春在百花妍麓奪目。又如月掛孤松清朗透骨，令人披覽終日忌卷。丁巳中秋日黄葉庵沙門智舷題。

此卷古詩十九首，潤明田園詩四首，先生為秀州墨林翁書於嘉靖三十六年丁巳。余於是年始生，距今萬曆四十五年丁巳，余年六十有一，墨翁孫師昌博雅好古，綽有祖父風者。余是年春得活靶子氏天枝庵居焉。回以所居易名黄葉，師昌遇我，出此卷相示。得觀於新篁嫩緑之下，後請留案頭日夕細閲，覺先生精奥之氣，隱隱出煙翠間，余於是卷然自有緣。冬至日，黄葉庵老衲筆如丹筆之。

又《文衡山小楷離騷・九歌册》 衡山翁楷書出自黄庭陰符，精妙絶倫，近代書家罕見其儔。此卷小楷《離騷・九歌》乃其晚年所書。筆法遒勁，神效奕然，故縱横轉折，無不如意，安知百世之後脱字與實晉名帖至馳薪圓耶。煙霞山人陸茱題。

按後跋原當是一長卷，不知何時中間損失，遂改裹為册，故經缺，其末，而《九歌》缺其首焉。

又《文衡山小楷金剛經册》 此册先生八十八歲書，筆力遒勁精工，乃爾希世之珠也。古詩十九首一册，然是年書，先此一月，虚和婉妙，率意據微見老態，蓋應酬之作，或不甚經意，此則敬謹。所書故特精到不苟耳。

又《文衡山小楷西廂記册》 《西廂記》向見明初刻本，前有陳居中所繪□文像，豐肥端重，不類文君一須人。自金聖嘆大加删潤，遂無見之者。此册所録與明初本正同，可寶也。至其字書之妙，蓋有目共見，不贅辭矣。黄鉞跋似聽泉亶長正之嘉慶辛酉仲春。

明成化中長安某谷大水，流出墓碣一方，載鶯鶯才德兼備，與鄭恒合墓事見顧窗人《金石文字記》，惜架上無此書，不能詳矣。附識於此，為天下讀《西廂記》者下一捧喝。黄鉞又記。

道光八年九月長洲吴錦借觀於武昌屬齋，時年五十。按嘉靖丁巳太史年已八十有八矣。以耄耋老人而毛頭細書，精嚴若此，非學力功深，烏能有是。玩其波撇全用古人□燈之法，係據筆縣辭而書，且結搆縝密，寬綽有餘，脱盡東坡所謂小字患弱促之病，更出入規矩，觸手成法，飄飄入勝，真晚年偕作也。可不寶諸。賜硯堂主人識。

又《文衡山行書滕王閣記册》 此册三十年前得於閩中，南方天氣鬱濕，易于蠹蝕，故精神已損，然的為真迹。余蓄先生小楷最多，逕寸行楷只此一册而已。

清・郭尚先《芳堅館題跋》卷四《文衡山書陸獻之墓志銘》 待詔書法築基吴興，以入二王之室，晚年心中純孰，幾於神化，一時名士如彭孔加王禄之百穀皆宗之。當明嘉萬之際，文氏書派盛於吴下，至董華亭出而其派漸微，然論者謂文之剛勁，勝董之婉媚，此可以書道覘世尚矣。此潯州知府陸君墓志草稿，為待詔七十餘歲書，規矩之至，道於神明，文亦雅絜，不染當時銑谿虬户之習，深可愛覩。匋齋尚書收藏名人手書碑志真蹟百餘通，其中遺聞逸事，頗有書傳，所不具者，倘編録付刊以餉學者，即何異名人琬□録即。光緒壬寅嘉平，東海李葆恂護觀題記。有明書家盛雅董文吴祝，其實四體兼精，書畫並擅者，數衡山一人而已。此陸獻之墓志為待詔晚歲書，精神團結，始終無懈，筆妙處絶，類鮮於之七姬，權厝志同時，如枝指生，匏庵老人固應卻步，即華亭譏其著處滯而放處滑者，見此亦當首肯耳。今年九月議在吴門得明人手蹟甚夥，此志亦在其中。匋齋尚書見而賞之，因獻焉，并以石田尺牘為賂，尚書藏勝朝及昭代名人書志傳無慮百本，物聚所好，固以得歸清秘為幸耳。光緒二十八年歲在壬寅歲不盡二日，餘杭褚德儀記。

又《文衡山小楷列仙》 衡山先生此卷蠅頭細書而取勢在尋丈之外，其章法似十三行，似破邪論，靈秀獨絶，如王子晉騎宿主吹笙，邈然在雲煙之表，不知下土方攀藿而附葛也。是為化境，是為仙境，平生見衡山書多矣，此其甲觀。

又《文衡山行書九歌長卷》 衡山翁書奄有魏晉而以清健出之，實出希哲之右。此卷數千字，無一滯筆，闔闢變化，頃刻萬狀，當是生平得意筆。視他書之穎秀者，倜乎遠矣。周公瑕引首五字亦佳。壬申除夕前二日呵凍記。

綜述

明・汪砢玉《珊瑚網》卷一五《徵仲書赤壁賦小跋》 文太史書前後赤壁，在烏絲黄宋牋工盡楷法之妙。休承為補兩圖云：作於歸來堂，覺逸趣横溢毫端，可稱珠聯璧合。萬曆丙辰春，梁溪陶碎虚來客余家，為煉秋石諸服食藥，因攜此主徵仲山水二卷，貫休應真像，胡子霑所製瓶合售之先子時，置賦于紫檀榻右，坐臥展玩，不休松色花光并肩頭所書相映發，今一旦咸作銀杯羽化，可勝惋惜。雪巢居士汪砢玉識宿主夢軒。

清・顧復《平生壯觀》卷五　《離騷經》、《九歌》，白紙，小楷書，與其第四孫者，甚佳。

隸宋李至座右銘。

又　千字文，小楷，曾見四卷。聞其晨起，必端寫一篇，書學之勤如此。

明文衡山書《醉翁亭》《岳陽樓記》冊。生紙本，高一尺五分，寬六寸，行草，計十一頁。十五行冊為正定梁氏舊藏《醉翁亭記》，自禽獸知山以下缺五十一字。《岳陽樓記》缺慶歷四年春，滕子京八字，以字數計之，知冊本十二□□脱去其一耳。衡山為吾鄉先哲，翰墨流傳□□□殘縑猶足寶貴，正不得以首尾不完□□□也。嘉靖戊午三月既望書，老眼昏暗，書不成字，聊以遺懷耳。徵明時年八十九。勝國以書法名世者，指不勝傴，始則以宋金華嚴文靖為冠，繼惟長洲文氏，若待詔公手書醉翁岳陽兩篇，首尾畧缺數字，每為扼腕，然始嬉終飛耳。如柳公所云：首尾外得之者，未可以寸朽而棄□抱之材也。有識者當不以為憾。康熙已酉長夏恒山梁穆敬仲氏題。

清・安岐《墨緣彙觀》卷二《文徵明書歸去來辭》　白紙本，蠅頭小楷，書十九行，首書《歸去來辭》，文後款書辛亥九月十一日橫塘舟中書。徵明時年八十又二。末押徵明朱文小連珠印，後崇禎甲戌花朝林寵一跋，亦作蠅頭小楷，此冊首入米海嶽書，蘇太簡參政一帖，已録於前米帖內。

又《文徵明四體千字文卷》　藏經紙本，前真書本，烏絲隔欄，首書字文，下角有玉蘭堂白文印，文後款書嘉靖戊申歲春二月廿又七日徵明書，下押徵明朱文珠印。又徵仲白文印，次草書本，烏絲界行，首書千字文，下角有文仲子白文印，文後款書嘉靖戊申夏四月十有八日徵明書，下押徵明停雲二白文印，次隸書本，烏絲隔欄，首書千字文，下角有白文悟言室印，文後款書□□□□冬十月七日書，徵明下押徵明白文印，又徵仲父朱文印，後篆書本，烏絲隔欄，首書千字文，下角有停雲生白文印，文後款書嘉靖辛亥歲上元前二日。徵明篆於停雲館，下押徵仲白文長印，文印徵明白文印，後紙自書二跋，陳道復一跋，前引首周天球題書法四體四大字，款周天球書，下押周氏公瑕朱文印，止園居士白文印。

又《雜花詩卷》　藏經紙本，烏絲界欄，行草書，自詠《雜花詩十二首》，皆七律，字大七分許。所詠梅花、紅梅、蠟梅、桃花、梨花、楊花、瑞香、百合、玉蘭、梔子、芙蓉，第十二詩未題名，讀其詩，詠水仙花也。後自題右《雜花詩十二首》，皆余舊作，今無復是興也。暇日偶閱舊稿，漫書一過，戊午冬日，徵明，時年八十有九。卷首押停雲朱文圓印，下角有停雲館白文印，衡山朱文印，後押文印徵明文仲子二白文印，衡山朱文印。

又《晴明帖》　白印花紙本，行草書，共二十行。書法精妙，前書別來不審行李何日　抵家，途中晴明，想跋涉無恙。後書八月五日，璧簡奉希古賢姪光輩。又續書昨日提學出帖子禁約遺才不許在京打攪開知之令尊先生，前不別具字，煩侍閒道意後餘半封一行，末押陳淳朱文印，白文嚴澤之印。

紀事

明・郁逢慶《書畫題跋記》卷一二《復楷書老子傳》　嘉靖戊戌六月十有九日，為北山煉師補書此傳，於是余年六十有九矣。歐陽公嘗言，夏月據作書，可以消暑忘勞。然余揮汗執筆，祗覺煩苦爾。豈公自有所樂也。是日午後微雨稍涼，但苦窗暗，故首尾濃織不類，不免觀者之誚雲。徵明識。

又《衡山白描老子像後楷書〈清凈經〉帋上橫卷》　猶龍公道貌玄言，吾夫子以為不可測識者，而徵仲先生以筆墨追之，幾得影響，此不復當以藝事目矣。必焚登流眉香一銖，乃可開卷。壬戌十二月，李日華敬題。

清・顧復《平生壯觀》卷五　前後出師表，小楷，白鹿紙烏絲闌，後嘉靖己酉六月四日，偶客論及孔明人物文章，因録一過歟。

清・張照等《石渠寶笈》卷七《明文徵明書金剛經一軸》　磁青箋本，泥金小楷書，經末欵識云：嘉靖丙辰四月朔，余敬掃浄室，神明其慮，調染金汁楷書若對如來，清冷旬而功聿成，點畫不贋，稍慰夙願，更援實父仇君肅繪如來真境，共成連幅，以紀同時弟子誠意。長洲文徵明謹識。時年八十有七。經文上方舊箋本，仇英著色畫如來像，欵云：弟子仇英薰沐拜寫。

又《明文徵明書金剛經一軸》　嘉靖乙卯四月廿二日，余敬掃静室，神明其慮，茲以高麗箋製絲，研將金汁，焚香拜書寶經，若對如來，清冷旬而功聿成。然耄衰眵而幸點畫不僢，稍愜鄙願，敬授實父仇英肅繪大慈勝境，共成連幅，以紀同時弟子誠意。謹識。長洲文徵明時年八十有六。

又卷一五《明文徵明書清浄經、内景經、外景經合册》 墨箋本，泥金楷書欵識云：嘉靖壬子仲春之朔，予焚香静室，神明其慮，齋沐研金拜倣晉右軍黄庭筆意，每晨端肅手書數百字，清冷旬而成。因延仇實父寫老聃像於首，供之齋頭，以便恭誦。奉道弟子長洲文徵明識。今按經前無仇英繪老子像，有董其昌跋一，計三十四頁。

清·陸心源《穰梨館過眼録》卷一八《文衡山蘭亭修禊圖卷》 余每羨王右軍蘭亭修禊，極一時之勝，恨不能追復故事，以繼晉賢之後也。往歲有好事者，嘗修輯舊蹟，屬予為記，兹復於暇日彷彿前人以作圖重録蘭亭記於卷末。蓋老年□下多所閒適，聊此遣興，其畫意書法都不暇計工拙也。戊午八月既望，時年八十有九矣。徵明。

清·邵松年《澄蘭堂古緣萃録》卷三《文衡山小楷唐人絶詩册》 此册為崇丙舲中丞所藏，為人竊出，余始得二册嗣三次後得四册，五七言律絶詩似已全，惟五絶上段缺首一二頁，在當時隨意鈔録，無意求工，而前後一律。筆意鬆活，數百年後散佚後合，誠是强也。丙戌先生五十有七，在先生猶中年耳。

清·張照《天瓶齋書畫題跋·跋文待詔洛原草堂圖》 文待詔為白貞夫作洛原草堂圖，并為之記，而手書於圖之左方，一時名流歌詠其事。文字之美，足傳千載。夫史稱文待詔主風雅四十餘年，四方乞詩文書畫者，接踵於道。外國使者，道吴門望里肅拜，以不獲見為恨，人謂徵明四絶不減趙孟頫面，其筆墨徧天下，門下士多贋作，亦弗禁也。此卷秀逸淳古，為真定梁相公鑒定真跡，今在静海勵文恭公家，公子衣園閣部出以示余，因得經月借觀。余惟文待詔名，雖兒童走卒莫不耳熟，餘卷中人即學者，恐自楊升庵康對山而外，或未能睹名而即知也，故書其平生事【略】於左。

雜録

清·顧復《平生壯觀》卷五 與朱青谿手柬大小二十餘幅，行書，皆全縣渠代筆作畫，以應所求者。

清·顧文彬《過雲樓書畫記》卷四《文待詔曹君墓志銘卷》 小楷書，三十行，行二十三四字不等，首題涇南《曹君墓志銘》。結銜署前翰林院待詔將仕郎兼修國史長洲文徵明著。據志曹君諱游移□，字子堅，蘇之吴邑人，世居洞涇里之南，因號涇南生。曹氏自大城教諭瀚以來傳業相仍，至按察僉事暠以進士起家，敭歷中外，□學諭公曾孫，按察公從子也。考暠字元潔，成化進士，見《江西通志》，餘無考。衡山此志亦不載於《甫田集》，然集中不載者，尚有陳以弘志銘。當時刻石留落乘鯉坊民家，民婦誤以褻器，置其上，是夜寒熱譫語，若有物憑之者，責婦不當擅汙此石，民家大恐，移送西鄰禪興寺中，堯峰文鈔記其事。昔晏元獻見鄭文寶書取白樂天語書其後曰：此詩在在處處有神物護持，吾於衡山信之矣。

又《文待詔落花詩卷》 弘治甲子春，石田首倡落花詩，衡山迪功和之。旋衡山隨計吏南都，又屬吕太常秉之再和，金春玉應備極喁於之盛，石田又各有酬報，先後累至三十篇，是歲十月衡山以精楷書之，都四家六十篇，自為跋語。其後董思翁、陳眉公均有題記。庚申前歸吾鄉張研樵，研樵因眉公有書法永師，畫宗趙伯駒松雪之語，知舊嘗有圖，遂以大青緑補之，雖未能希蹤二趙，望而知為衡山替人也。研樵名培敦，工詩畫，精鑒别，嘗於所居胥門外築小樓，牓曰：如畫。自譔聯云：繞郭有山皆入畫，登樓無客不成詩。春秋佳日每與賓朋遊讌其中，乃琴尊未冷，芳草成塵，五十年來風流闃絶，余亦垂垂老矣。

又《落花詩卷》 是卷視前小及其半用金粟山房藏經紙，亦烏絲闌書，衹跋中節去而先生為是四句，其餘皆同，甚至添注三字，亦悉相合，蓋一時所書。後有更定，遂兩卷並改之耳。昔夢鬯詠琴川慧日寺蠟梅云：蝶粉蜂黄大小喬，一般清瘦各無聊。今吾樓合此兩美，政如銅台雙影，深鎖春風，又何僧，廬臘花之足羨哉。

清・邵松年《澄蘭堂古緣萃録》卷二《文衡山小楷金谷園記册》　首册前覃谿先生蠅頭小楷，二行，題絶精，末册溪石庵先生小楷，三行，□古厚有致。昨見阮芸台侍郎所藏畫錦記小楷册子正與此相類，自喜審完細書之功不差銖忝也。嘉慶四年歲在己未冬十月有二日，試新安方氏菊香膏墨北平翁方綱。弇州自言年少時，意薄文微仲，老乃悔之。弇州卮言詆諆盧陵【略】無難色。於從仲何有晚乃皈依坡公，畫□前説，宜於微仲致許可耳。微仲詩與書未嘗自稱格韻，然守繩墨，戒祝骫足以自壽此記，非偽迄藏者宜判之。己未九月石庵識。

又《文衡山精楷金剛經册》　古末名家多愛寫佛經道經，鮮有寫聖經者，黄石齋先生在狐右，每日寫孝經一通，江南獨老人寫十三經，余曾見張文敏書四子書全部，它無所聞也。然此風實始自晉唐，如右軍黄庭道德佛遺教經，登善靈寶，度人誠懸護命清静，為千古名蹟，所以松雪香光緒書傳世類多經典。而余所藏衡山先生《金剛經》二種外，又有傅青主《金剛經》，張文敏翁覃溪顧南惟各種《金剛經》，豈以藏之名山，惟經卷人知彌重，抑真寫經一通，有無量功德耶。

陸深書蹟

論説

清・張照等《石渠寶笈》卷三〇《明陸深自書白雁詩一卷》　陳繼儒跋云：文裕公嘗云：我與松雪翁同參李北海。其自負如此。然實從吾鄉沈學士得來，故梁叔寶之與先世墨蹟並藏，不作野鶩視也。若白燕諸詩，氣骨高邁，變化感愴，直可平抗海叟矣。陳繼儒題。

清・孫岳頒等《佩文齋書畫譜》卷八〇《明陸深書》　陸文裕公儼山先生書法雅宗趙松雪，晚鎔李北海，西晉風格宛然具存，足傳不朽。人言先生平居，雖尺簡裁答必精，鉛槧必工，結搆即於所甚暱者，造次應之不廢也。其用力蓋勤如是。今觀東濱朱君所藏諸帖信哉，而秦君鴻臚後沙東濱塤也。寔彙緝成卷，以備珍賞，則公雖往而神標輝暎，已在二君冰玉間矣。《崇蘭館集》。

清・翁方綱《復初齋文集》卷二八《跋陸文裕〈秋興詩〉卷》　耳山都諫以其先文裕《秋興詩》墨迹卷屬題，是卷作於嘉靖二年癸未，先生年四十七矣。先生書在李北海、趙吴興間，或有謂先生學吴興者，先生曰：不然，吾與吴興但學北海矣。蓋其自負如此，今觀是卷，所謂□鋒覆腕者也。昔南唐李後主以押擫鉤格抵五字為職志，近日徐壇長發揮此義，廼謂對面透過一步，是右軍之書，所謂似欹反正，撥鐙妙用，盡洩於此。世人孰不學北海，雲麾而知此意者罕矣。先生此卷，可謂度盡金針者也。曩予題先生玉舜詩卷，嘗攷論先生出處之概，與其心跡之所以然，而其用筆之妙，則未之及也，故於是卷附綴之。

又《跋陸儼山書放翁詩卷》　陸文裕嘗自言與松雪俱學李北海，蓋不甘讓趙也。蓋松雪學北海，尚不若文裕之得其縱宕為多耳，然未可因此而薄趙之學北海也。董香光亦學北海，則格韻兼得之矣。昔鄭杓衍極於北海書，行狎不無微辭。而趙松雪之學北海，則力追晉法，兼以分隸遺意合之。予評北海書，由李秀碑而及端州石室記，即此意也。陸文裕卒後十年，而董文敏始生，惜不得陸董二公同几論書於吴淞江上也。放翁每自憾不近陶謝，此語最可味耳。

清・陸時化《吴越所見書畫録》卷二《明文裕公詩卷》　上海陸文裕公儼山書，真得晉人骨髓，摩運二王，更歷年久，下筆有不可端倪者焉，出入李北海、趙吴興，直公游戲耳。我吴中祝京兆名高一時，要之不能執書家牛耳盟，文待詔小楷為弘、正、嘉三朝獨步，他亦玩世也。儼翁造詣，辟之禪宗，竟臻最上一乘。惟公持己端峻，卒莫有以貨取之，所以墨蹟流傳人間似不多得，得之，豈惟眎若珙璧而已哉。余兄弟平生最好文裕書，收藏不滿十卷軸，更無有佳逾此，間有一二散在好事家無恠乎。其孫三山君常出重帑購之以歸，可謂善存其祖矣。吴興吴昊初此卷，是公為故人徐奉化伯臣書，極為得意，余伯臣所逮今凡見展閱，不忍釋手，隆慶己巳距今已卅一年久。余老矣，再見不知又是何年，第想文裕臨池之日，以宋經箋鳳尾筆試東坡遺硯，居然是翰林氣象，奚啻李供奉倚金花箋書清平調時，即歆艷文之。吴初之先靈壁君遜甫寔亡弟敬美戊午同年，昊初詣白下，乞余傳遜甫攜此索題，因走筆記之，懼昔文休承跋祝希哲《十九首》，後有幾欲奪之之語，余不敢作是念，昊初善護持之。萬曆己丑十月望日，琅琊王世貞撰。

又 陸儼山先生書法遒健，有二王風骨，收藏家多與祝希喆書並高，每為過之，此卷吳光禄昊初以十二金相購，要之不在京兆十九首後矣，惟光禄君與周山人身份證尊友善，山人過光禄，展玩焉，賞嘆不已。光禄即以之貽山人，可謂有高誼也，故併紀之，松陵顧大典。顧大典印。

又《儼山公書自詠一一首卷》 前明法書松江三大家為鼎足，吾家文裕公莫廷韓，總之以董文敏，則九峯三泖之秀發露已盡然。董猶可得，二公更難，是卷其吉光片羽也歟性感識。

紀事

明・都穆《南濠居士文跋》卷三《陸翰林藏鄉先生諸帖》 翰林編修雲間陸君子淵藏其鄉先生姜司諫殷惟中夏叔正、沈少卿、陸潤玉錢文通、張南安諸公遺墨，聯為一卷，俾予識之。予觀諸公，雖或仕，或否，知名於時者，惟少卿、文通、南安，其餘四公之翰，人不多見。向非陸君之藏，幾乎泯而無聞，陸君可謂厚於其鄉者矣。世有受其先人之遺者，往往不旋踵而失之，陸君於一鄉而猶若是，則其厚所當厚，又不於是而可見邪。

陳道復書蹟

論說

明・王世貞《弇州山人四部稿》卷一三二 陳道復赤壁賦卷。此道復過醉時筆，雖得失相當，而遒偉奔放，有出蹊逕之外者。唐文皇云：當今名將，唯李責勣、薛萬徹耳，勣不大勝，亦不大敗，萬徹不大勝則大敗。以語丈太忠及道復，必當各領取一將印也。

明・孫鑛《書畫跋跋》卷一《陳道復赤壁賦》 道復書大約山野，但不係山野貴人，猶稍有真率意。司寇引李、薛作平論，初讀時，默為徵仲稱屈，然英公赫赫千古，即婦人小子皆知徐懋功，若薛將軍，則問之青衿生，且或不識，以之當陳，或亦是流品。

清・孫岳頒等《佩文齋書畫譜》卷八〇《明陳淳武林帖》 吾蘇陳白陽先生素以文翰自命，其豪暢之懷，跌宕之氣，每於唫詩作字中發之。詩步晉唐，書則出入米蔡而時有幻態，蓋勾吳之宗匠也。此卷皆武林遊覽諸作，檃括湖山勝概，而揮毫體勢，儼若崖谷巔戲煙霞吞吐，亦生平適意筆也。昔司馬子長遊名山大川，而文遂肆。先生蓋盡攬武林之勝云。

又 陳道復少有逸氣，作真行小書，極清雅，晚好季懷琳、楊凝式書，率意縱筆，不妨豪舉。而臨池家尤重其體骨，陸君持示此結構特密，豈其銳意詠勝，當神與景適之際邪。錢唐山水之勝，為此老助一等矣。

又《明陳淳草書卷》 陳道復花卉豪一世，草書飛動似之，獨此帖既純完，又多而不敗。蓋余嘗見閩楚壯士，裘馬劍戟，則凜然若熊羆，及解而當繡刺之繃，亦頹然若女婦可近也，非道復之書與染邪。

又《明陳淳書李青蓮宫詞》 陳徵君書李青蓮宫詞一卷，筆氣縱横，天真爛熳，如駿馬下坡，翔鸞舞空，較之米家父子，不知誰為後先矣。曾駕部北行，攜以自隨，舟過高郵，得一快覩於雲濤縹緲中，政自令人有天際真人想也。

清・陸時化《吳越所見書畫録》卷二《陳白陽樂志圖并書仲長統論卷》 此卷陳太學所書，復補圖於首，爛熳多天趣，為玄旻嘉玩，玄是博學儁才，方將紆紱帝王之門，無徒樂此為也。已巳八月，延州生黄姬水書。

又 披展猶可想像其酒酣落筆如風雨驟至，而點畫狼藉，姿態横生，奕奕在眉睫間也。前畫雖草草，而天真爛熳，欲與方方壺張復陽争勝，吾猶恨其筆墨稍嫌，蓋道復之畫，愈簡愈妙耳。己巳九月二十六日，雨，坐烏程學舍，玄旻攜示，因為評此，茂苑文嘉。道復書此論時，年五十三歲，絕去筆墨蹊徑，而頹然天放，有旭、素之風，信非餘子可及。今去之二十餘年。

又 吳中稱書畫兼長者，文待詔而下，陳復父、陸子傳、王禄之數人而已。然陸以山水，王以花鳥，各有專工。而復甫前摻之，至夫淋漓跌宕，離合於古人，而抒其才藻，往往有出待詔上者，故其品在季孟間。此卷尤為復父得意之作，良可寶也。萬曆辛丑五日，臧懋循題於秦舉證客舍。

清・方濬頤《書畫鑒影》卷一一《明陳白陽自書詩册》　復父先生書原本坐位帖，晚年老境轉游行於聖教，自然之意欲減矣。此册乃先生中年之筆，於遒鍊見其縱横，何可及哉。李御敬服。

又《明陳白陽書畫卷》　茶山先生題簽。道復書此論時年五十三歲，絶去筆墨蹊徑，而頹然天放，有旭、素之風，信非餘子可及。今去之二十餘年時一披展，猶可想像其酒酣落筆如風雨驟至，而點畫狼籍，姿態横生，奕奕在目睫間也。前畫雖草草，而天真爛熳，欲與方方壺張復陽争勝。吾猶恨其筆墨稍繁，蓋道復之畫愈簡愈妙耳。己巳九月二十六日，雨，坐烏程學舍。玄旻攜示，因為評此，茂苑文嘉。白陽山人天才秀發，雖為謝山入室弟子，而不囿師法。此卷畫既疎爽，書尤得顛素流逸之趣，琴山兄其重寶之。丙申季冬古歙程恩澤。

綜述

清・陶樑《紅豆樹館書畫記》卷二《明陳白陽古詩十九首行草卷》　金粟牋，高一尺二寸八分，寬三丈一寸八分，計十一，接共一百八十行前序後跋，卷首大姚圓印，即其所居村名也。白陽從文待詔游，詩文書畫得其指授，稱入室弟子。王元美《藝苑巵言》謂：其正書初從文氏，欲取風韻，遂成側媚，行書出楊凝式、林藻，老筆縱横可賞，是行草風骨轉勝也。此卷為檇李項氏舊藏，前後有朝鮮安氏圖書，不知何時流轉海外，彌足寶貴矣。隔水綾上有元汴之印、項氏子京二印。

紀事

清・陸時化《吴越所見書畫録》卷二《陳白陽書前後赤壁賦并圖卷》　癸卯秋日，白陽山人陳道復書於五湖田舍之浩歌亭，時畫赤壁圖，每於舟中作，一僧指為佛印。李竹嬾則云：賦中所謂客有吹洞簫者，乃綿竹道士楊世昌，若佛印足跡，未嘗至黄，著其説於六硯齋。第二筆二卷中此圖亦有道而無僧，與竹嬾同一意，特未審竹嬾□何震攷索來，即筆記中未鑿出於何書。癸巳重陽後，偶覽此卷，因題，陸時化。

豐坊書蹟

論說

明・王世懋《王奉常集・明豐坊書卷》　昔王逸少人品為書法所掩，天下知其書，不能盡知其人。豐人翁實有筆，人望不副，天下惡其人，並廢其書，非也。今觀諸帖，雖多老年頹筆，然時出入二王，兼存米顛風致。王山程孟孺最善鍾、顔二家書，故特寶存此老遺筆，亦宋人不廢京、卞書意。

明・馮夢禎《快雪堂集・明豐坊論書真蹟》　本朝知書者，推豐吏部，而吴人往往短之。四明李生子初出此帖相示，楷篆八分行凡四體，大都論書法及舉魏晉人名墨而未終者。然其議論刻核，非精其技者不能也。余筆札最拙，亦顧以暇日臨摹古人而未及，安能窺豐先生藩籬哉，姑跋數語以塞子初之請。馮夢禎《快雪堂集》。

明・汪砢玉《珊瑚網》卷二〇《明考功筆訣》　《筆訣》一册，故鄞人豐道生所著。道生初名坊，以罪竄易今名。皆采古八法精語，而時時傳以己意，其最所宗事者，右軍耳，兼亨魏晉而旁及唐人，至宋元及近代，則齒牙餘剩耳。其書自古鐘鼎籀篆及小楷行草，凡十餘，種種各有法，而以筆滯故不能無利鈍。吾所謂豐氏有書學而無書才者，此亦一徵也。世貞。

明・孫鑛《書畫跋跋》卷一《題豐存禮詩後》　司寇夙昔殊不滿存禮前附名賢內一紙，猶謂宜汰削，秪以附學士公後。今此跋乃極口贊公佈山陰、建安，既是第一流評語，至謂無一筆不顛，以比於裴令之病劇回盼，則尤是傾倒心賞，與平日持論頓異。以此觀之，可見公服善且處心甚平，曩昔刺譏之言，乃是隨吳人短長，取唇脗間流快耳。

又 豐存禮手札。

沈青門仕，其書亦學二王，以入行卷中，侑其畫及詩，亦自稱第未成家耳。夏四乃文愍公幹僕，一時氣焰甚張，曾闌入司署。雷司空時為正郎，樸之一十，以此謫外，名亦以此大起。此等僕時時有之，存禮作此評時，應是貴溪當國時也。存禮書學極深，顧所書，乃有絶不佳者，殆不可曉，然尺牘類多工。此跋謂比之生平最為合作，以此知司寇平日所見豐蹟，或是偶不佳者，又或係贗筆狂草等耳。

清・葛金烺《愛日吟廬書畫録》卷二《明豐道生書古詩十九首卷》 豐存禮苦志臨摹，其書法深得古人意，但性情怪誕，坎壈終身。此卷於朱臥菴處得之，知後世有不忍没其能者。康熙己卯八月七日秋曉晴霽，適裝成并記，江村高士奇。

綜述

清・顧復《平生壯觀》卷五 虹隱札草書託借陳道復家劉夢得詩。

清・安岐《墨緣彙觀》卷二《豐坊臨右軍養生論卷》 白紙本，高八寸，長一丈五尺餘，行草書字大寸許，原裱册子，今改横卷，前書養生論，下押清敏公家發解出身南禺外史三朱文印。文後正書自題嘉靖庚戌端陽日，在武林元芝樓，時雨初霽，明窗絶塵，偶閲右軍養生論古刻，為臨此册。南禺外史題後，押四明朱文連珠印，豐印道生白文印，又人翁等五印皆白文。

紀事

清・卞永譽《式古堂書畫彙考》卷二六《豐南禺臨養生論并題》 嘉靖庚戌端陽日，在武林京芝樓，時雨初霽，明窗絶塵，偶閲右軍養生論古刻，為臨此册。

王寵書蹟

論説

明・王世貞《弇州山人四部稿》卷一三二《王履吉五憶圖歌》 履吉五憶歌，雖昉自平子而能用己意發之，後復有文伯仁系圖。伏日一展閲，如碧玉壺賜對消得紫綾半臂矣。其用筆秀雅，絶得尚書宣示樂毅論遺意，獨中間一乀崛强肥重，文皇戈法，未易療也。

又《王雅宜書雜詠卷》 履吉行草自山陰父子中來，然所得者，姿態耳。此卷白雀寺諸詩，尤備風骨，有美女舞竿，良驥走坂之勢。友人王元肅云：履吉作此時，病已甚。然時時偃臥，以指畫腹曰，祝京兆許我書狎主齊盟，即死，何以見此老地下。前輩用心如此，何必減鍾太傅，可念也。

又《王履吉白雀帖》 王履吉先生養痾白雀寺，訪故人王元肅虞山，不值，作此歌。元肅拏舟追及之，因以二丈許，□皮縱筆滿卷為贈。雖結法小踈，而天骨爛然，姿態横出，有威鳳千仞之勢。蓋月餘而履吉物故，當是絶筆也。又二十餘歲而元肅為雙鉤入石，嘗乞余言跋尾。居數歲，元肅亦殁。又二歲，而有以此卷質者。詰之，知非王氏有也。無何，贖去。又數歲，而復得之它所。流落宛轉，真如傳舍，失兮得兮，何必在我，因為題其後，以俟後之君子主斯卷者，時庚午之夏伏日也。

又《王雅宜長恨歌後》 白學士歌綿麗詳縟，宛然開元宫中韶景。履吉以行草書之，艷冶之極，併得玉真情態。余乃乞莫雲卿書陳鴻小傳，家弟書手删外傳，俱小楷補之，翩然有晉人意。尤子求復系以圖，令人怳怳有乘槎犯斗之興，然不欲多展，展則恐費蒲團工力也。

又《王履吉書江文通擬古詩》 江文通擬古詩，如逸少臨宣示帖，形勢巧密，勝於自運，唯古離別李都尉二章，差不似耳。履吉之於虞永興，亦似文通擬古書法，姿態既備，結搆復不疎，蓋晚年得意筆也。

明・孫鑛《書畫跋跋》卷一《王履吉五噫圖歌》 歌昉平子，復有伯仁為之圖，豈生平所歷勝地耶，抑即吳中名蹟乎。伏日消得紫綾半臂，據跋，當是自詩及圖得之，然使非履吉墨妙，恐清寒亦未必侵入公肌骨也。履吉書效虞永興，其一波倔彊正，自王彥超重摹廟堂碑來，若得唐搨本效之，當無此失。

又《王雅宜書雜詠卷》 履吉行草得之大令為多，若右軍，恐不甚似。病中猶以指畫腹，蓋酷意在書矣。吳人言履吉書日進，詩日退，不虛也。

又《王履吉白雀帖》 余有此石本，是徑三寸餘，行書，而間用素師自叙法，忽出一二行，徑五寸字，米元章亦時有此法。大約由縱筆中乘勢為之耳，若稍有意，恐遂不入格。此幅全是大令風骨，微出入永興，比之平日筆，更覺顧盼有姿。履吉年不滿四十，亦既臻此，使天假之年，亦何讓祝京兆，蘭摧玉折，可痛，可惜。詩稱緘書報不遇此雲訪或係誤。余在禮部時，與沈瑞伯、王家馭同觀此帖。瑞伯書法主趙吳興，甚不取履吉，曰：此帖有何佳處，祇是取媚時眼，絕無古法。瑞伯去，家馭曰：此終是佳筆，何得云爾。家馭又謂，此蹟今歸王陽德參知。陽德宦吳中，得佳蹟數種，此其一。今觀跋，當是庚午歲，後公以贈陽德耳。失弓得弓，何必在我。此猶龍公去其人之論，然此卷書者，王姓所贈者，王姓購得者，王姓今轉贈者，又王姓則是終未能去其楚耳，書訖囅然。

又《王雅宜長恨歌》 履吉艷冶書白歌雲卿穠麗，書陳傳敬美秀潤，書外傳子，求巧密作圖，皆與玉環姿態相稱。

又《王履吉書江文通擬古詩》 擬古惟文通最高，無但陶謝諸章，彷彿逸少擬宣示即遠別離李都尉，猶是米元章摹書手。若履吉之於永興，則稍得其層台緩步遺意，尚乏骨力，果出得意筆，亦是文通自運詩耳。

明・趙宧光《寒山帚談》附録《金石林緒論・狂草部》 王寵白雀絕筆尤佳，余家藏焦露諸詩，可以伯仲。

清・孫岳頒等《佩文齋書畫譜》卷八〇《明王寵墨蹟》 王履吉書元自獻之出，疏拓秀媚，亭亭天拔，即祝之奇崛，文之和雅，尚難議雁行矧餘子乎。余三十許時，實諳此法，久之易轍改塗，茫然故步，殊不任年華之感也。此軸陽丘銓部胡公家藏，神明煥發，校別作，更覺精嫻，若無論世代，真可登子昂上佑矣。百穀向余言，履吉品清夷簡，貴烏衣龍鳳儔拊，今念昔顧執廝役於斯人。《來禽館集》。

清・顧復《平生壯觀》卷五 書譜宋經箋，似臨過庭者。

又 千字文中行書，宋箋，七紙，己上五卷，紙墨相發，精彩煥然，紙之係於書大矣。

又 白雀寺詩白紙狂草，如懷素顛圓鋒正，開卷時以其為枝山卷，末欵識，則雅宜也，得享長年，豈讓枝山獨擅名當世哉。

清・陸時化《吳越所見書畫録》卷二《王雅宜行草立軸》 王雅宜書專師二王，故其筆墨精絕，無一毫塵俗之態。書此五詩時，年甫二十有八耳，而詩辭筆法，皆非諸人可及，況去之五十餘年，其名益盛，其書益少。若此卷者，可珍重也。萬曆丁丑七月晦日，書於耆英堂。

又 雅宜書學醉法二王，而是卷獨探大令玄奧，至於過此十年，益不可窺矣。沈生家所藏真草甚多，廼見文仲子所不覺有感識之。周祖宗道。

清・陶樑《紅豆樹館書畫記》卷三《明王履吉草書五言詩》 紙本高一尺二寸二分，寬五尺五寸二分，計二十五行，方鐵珊家藏。何良俊四友齋叢說，衡山之後，法當以王雅宜為第一。蓋其書本於大令，兼之人品高曠，故神韻超逸，迥出諸人上。

又《明王履吉與沈民望手札》 計四通合裝一卷。雅宜山人品高志潔，絕聲色之嗜香，締泉石之緣，故其書冰雪聰明，不着人間一點煙火气息。同時文、祝諸名家風行宇內，山人取法右軍、大令之間，參以入化出神之筆，未嘗與諸君子争名，而實至名歸。迄今三百餘年來，片羽吉光，珍如拱璧。此四札靈气結撰，天馬行空，尤爲上逸品。信齋尊兄暇日出示，附識數言，以誌景仰。乙未重九前六日，石門方廷瑚跋。

清・孔廣陶《嶽雪樓書畫録》卷五《明王雅宜小楷南華真經卷》 書家以小楷爲難，自王山陰後，惟推趙吳興，然吳興猶少幣行法，至文衡山、王雅宜兩先生，端瑩風逸，各擅其妙，而傳世者甚鮮。斜嘗見衡山所書《離騷》全部，詫爲奇觀。今又□□翁先生據得見雅宜《南華》七篇，□□萬言，有永興之秀逡，兼山陰之結構，與文書屈騷可謂一時叢寶。斜以老耄之年，何幸俱獲入目，良可快也，八十老人孫所譯書。

清・郭尚先《芳堅館題跋》卷四《王雅宜楷書沖虛經》 王履吉書意

澹筆遠，唯過穎而近薄耳，此其晚年合作，骨法清虛，風神散朗，諦觀之，令人邈然有天際真人想，雖衡山未必能遠過也。道光壬午四月十一日，觀於鷺門寓廬。

清・陳奕禧《緑蔭亭集・題雅宜道人王寵書南華真經》 王履吉小楷為前明第一，其用筆全學黄庭，兼以遺教法，沕穆古雅，後人總不及也，一時風尚開文氏門庭，天下學者翕然慕之。書道一事，亦有主持者在，康熙戊子三月十九日，大司寇寄齋巢公得此卷，出以共賞，命題。

綜述

清・顧復《平生壯觀》卷五 文選全部行草如指，若一筆一日寫者，見之於嘉興吴太學所，是日，登天籟閣。

又 《詩經》全部小行圓熟，在德生家，竹紙折册，文震孟、文震亨楷書跋。

又 《長恨歌》宋箋十餘幅，行書，經寸，極精，莫雲卿小楷寫陳鴻傳，王麟洲小楷寫太真外傳。尤鳳邱補圖白描葉法善見太真，後王弇州二跋。

又 《思玄賦》宋箋，中行草，後楷書題二行，甚佳。

又 《連昌宫詞》宋箋中行草，書欵則小楷一行，更佳。

又 欵識前引首雅宜小草，四大篆書，後跋語一篇，草書，皆陳白陽筆也。

又 石湖詩七言律四首，七言絶句八首，宋箋，小楷，卷後則皇甫子浚昆仲和韻作也。

清・安岐《墨緣彙觀》卷二《王寵草書自作雜詩卷》 絹紋牙色紙本，草書，七律八首，共二紙，字大五分，許書法精妙。前一紙詩四首，自題右山中雜作，閒書于石湖精舍，雅宜山人王寵，後押雅宜山人朱文印，白文王履吉印。後一紙又詩四首，自題辛卯孟夏七日，雅宜山人王寵書于越谿莊，後押雅宜山人朱文印，白文王履吉印。後有泰昌時平湖洪邦基題繩頭小楷，筆法清勁，法顔魯公《麻姑壇記》卷經，項墨林曾收有項氏、李氏等印廊字編號。

又《石湖〈包山雜詩卷〉》 藏經紙本，凡四接鈐，辛夷館朱文印，草書石湖詩八首，又包山雜詠七首，字大寸許，前押大雅堂朱文長印，首書石湖八絶句，詩後自題丁亥春二月之吉雅宜山人王寵書于石湖精舍，下押白文王履吉□□韡齋朱文印。

清・端方《壬寅消夏録》卷一九《王雅宜先生自記藁》 右為先哲王雅宜先生自記藁一軸，計得詩五言古二首，七言古四首，五言近體十一首，七言近體七首，七言截句十一首，墓銘文二首，集載為嘉靖中作。先生書筆高邁，力追魏晉。評者稱無間然，而記此紙於率意中，以故至性流露，非他書之稍容靚飾者。今諦此跡，清真朗潤，如恬静沖和之士，即之頓令人消鄙吝之萌耶。若其詩文，則有大老服膺，余何敢贅叙，獨恐茲卷之傳有僅讀其詩文而駒歷其迹者，請味其至味焉。癸卯暮春褉後三日，跋於金閶之愓琴山房，晉陵二泉樵者華天銈并書。

紀事

清・卞永譽《式古堂書畫彙考》卷二六《王履吉書離騷并太史公贊卷》 明嘉靖乙卯歲月正元日，古檇李墨林山人項元汴拜觀于博雅堂中，時梅芳蘭吐，甚有興趣。行書吴門王雅宜行草書楚屈平《離騷》，檇李項墨林山人家藏幽賞，求書銀十五兩。明嘉靖卅二年二月，得於池灣沈氏時，加五兩，共廿兩。

清・張照等《石渠寶笈》卷三一《明王寵書莊子内七篇一卷》 余昔年過補庵先生劍。光閣，見虞永興手書漆園内篇，筆法絶似度人經而遒媚過之，披次心賞，留舟中閲數日，不忍釋手。丙子春王，予再過梁鴻溪上，補庵持素縑屬予手摹永興腕法，書成七篇，三閲月始報命，要亦優孟衣冠，虎賁之貌，殊足愧也。正德十一年寎月之望，雅宜山人王寵識。

清・陸時化《吴越所見書畫録》卷二《明王履吉書倪雲林贈徐良夫畊漁軒諸詩卷》 雲林先生散千金之産，流寓吴中，而性高亢，不屑與俗人交，所至之家必有詞翰寄興，此卷皆為徐良夫所作。余嘗見良夫耕漁軒卷圖畫，題詠皆極一時之盛，而獨無雲林，豈别有一卷耶。此卷為雅宜所書，時正德庚辰，寓讀治平，余亦同事筆硯，計今嘉靖乙巳已二十有六年，而雅宜下世已十三年矣，撫卷不覺為之惘然。雁門文彭題。

又　吉凶榮辱無定相也，故君子惟居易以俟命。讀雲林前半卷之詩，神怡物外，讀素衣之卒章，抑鬱不平，余百不能勝，人惟忍辱為第一，其詠素衣也，亦不一矣。猶憶余童時追隨先侍御至吴門，得見遺老萊陽姜學在先生出示此卷，嘆詩興書□，而雲林集徐𤣱符抄録精本反未載此諸詩，知琳琅珠玉，散落在人間不少，復言喬梓。今日見訪草寓，何異雲林止宿耕漁，先侍御為之遜謝，兹已歸雙塔孫中翰，見時化每遇侮我家者，輙激烈，因借此卷令讀，俾知名賢皆當困阨，惟自省以變化氣質，及還趙而識之樸野陸恬。

又《明王雅宜小楷九歌卷》　同懋甫筆墨精妙，世不多見，此《九歌》圖臨李龍眠，細若遊絲，神采具足，王雅宜楷書其辭，二者皆不易得，故項氏珍之天籟閣，不知何時流落都市，余於舊書攤中獲之，跋尾已失，戊寅春，蕭兀齋重裝。近人於人物則重仇實甫，于書則重董文敏，其他雖有佳蹟，目不一顧，而董書、仇畫又往往以魚目亂珠，如兹卷即雜宋元諸蹟，亦當以坐席，是賞鑒物也，不為標顯，何以示後。今歲自四月末，梅雨濕悶，五月望，酷暑灼人，幾難可耐。兩日，【略】有涼風而炎氣未減，閩蘭初開，列齋檻下以清泉沃地，展閲舊題，隨筆題識，淡中滋味，不足為外人道也。前十日，得大兒輿讀書中秘之信，次見軒侍側，康熙庚辰六月四日，江邨高士奇，簡静齋。

清・邵松年《澄蘭堂古緣萃録》卷四《王雅宜摹晉唐小楷册》　衡山文先生當世書家宗匠也，寵書何能窺郢氏之門，而顧虔嗜痂，所不解已。昔年承命書此數萹，艸堂讀書之暇，漫為提管，積五歲而始竣，不揣呈覽，幸先生教之。太原王寵并識。王雅宜先生意法得鍾繇之骨，有右軍之神，百餘撲來楷法之妙，無出其右。乙未春，過關門，欲覓其遺墨數種，以資臨池之助。世友陳陶如聞之，唯唯，云文氏藏有多帙，恨無六丁法以得之。中秋後復納涼于山塘間，如舞蹈而至，若獲異寶，袖出此册，乃雅宜先生小楷也。余披翫之頃，不覺驚喜欲狂，復聞有七帙，正擬割小莊相易云，已為□□□年翁所有矣。□翁風雅天成，品重當世，一見是帙，而盡得之，信乎，筆墨之好有同心也，把閲久之，不忍釋手，强留案頭者七日。因叙其事歸之，順治乙未仲秋，延陵莊同生識。昔唐文皇自蘭亭後殉外右軍以下法書不啻數千，即右軍亦一千五百紙，古人用心翰墨，筆不停手，日書萬字，後聞米南宫日書二萬字，趙榮禄日書萬字，至光高祖太史公日臨千文，一卷，燈下作蠅頭小楷，夜分不休。乃雅宜先生書法，尤為海内珍重，此八帙摹寫精工，波畫不減銀鐵，誠得意之筆也。孝緒龔先生博雅好古，所藏墨跡甚富，而數册愈加鍾愛，真賞鑒家宗匠，莊先生之跋語不謬矣。乙未仲秋，偶題于晴雪齋，時年八十，東吴文寵光。文氏仲書雅宜山人楷法取法鍾王，無筆不古，與文詩詔馳聲藝苑，卓然名家。此册前數種為衡山先生書，尤極經意之作。觀莊文兩跋，或曰七帙，或曰八帙，知為兩册合裝而成，惜【略】有缺頁，不能確指為衡山先生書者，為幾帙也。

又《王雅宜小楷孫武子十三篇册》　此册家弟于書坊舊書中偶得之，攜踈示余，筆意古茂，精妙絶倫，真蹟無疑，亟□得珍藏物之遇之遇，亦有時耶。

又《王雅宜小楷嵇草夜文册》　晉室中如草夜之文，余獨慕其旨與巨源絶交一書，自叙其生平之志，風度品藻大雅絶倫者也。客持素紙屬書其文，予亦欣然作楷，漫録三首，時在石湖精舍。壬辰夏四月，雅宜山人王寵。小楷自黄庭出，千古之學書者遂無不奉之為祖，其用筆在精微一線中，非他行草可比，是書蓋深得黄庭之神髓者，但收筆據有意藏而不露，【略】嫌遲鈍然，因是味逾古矣。穆堂其好藏之，退庵管鏞。

雜録

清・陸時化《吴越所見書畫録》卷二《吸王履吉書倪雲林贈徐良夫畊漁軒諸詩卷》　鐵網珊瑚第五卷載雲林畊漁軒詩畫卷，卷後高巽志記一萹，楊基説一萹，唐肅包大同銘二萹，然後雲林署云：予既為良夫友契作耕漁軒圖，復為之詩，系鄧山之下，其水舒舒一詩，後樓周砥、隆山、張緯、陳寅、高啟、張羽、徐賁、王隅、劉天錫、仇機、王□、西澗翁堅白叟諸詩，後又接雲林溪水東西合一詩，後又接陳宗義、俞銓二詩，沙門道衍耕漁軒後序一萹，雅宜山人□玩竹處，所見全聚雲林詩，不雜以他人，亦無雲林書者，高江村已刻之銷夏，録未載此卷，未刻繕本，未曾列此圖。核其作記銘詩叙之人，皆與鐵網珊瑚中對仝，獨無雲林二詩，想玩竹家已將畫卷二詩與雲林平日往還之詩彙為一卷，故江村見時已少此二詩矣。三橋所見圖卷，亦云獨無雲林，此卷中有雲林題，朱澤民圖耕漁軒詩，則當時圖非一圖，卷非一卷，不可得而考也。是卷以雅宜書法為重，全師鍾繇□隸法，出合雲林詩為雙美也。回憶先君子垂訓，作跋在癸酉歲，迄今已二十年，忽為無父之人對卷淚下。乾隆癸巳清明，日聽松山人陸時化題。

清・顧文彬《過雲樓書畫記》卷四《雅宜山人遊包山詩卷》《御覽》引吳地記云：包山在縣西一百五十里，中有洞庭深遠，世莫能測，道書所謂第九洞天地。銀房玉柱□寮仙，都翠巘丹崖豁庨。靈境雲山幽勝在，於煙水窟中故自奇絶。此為雅宜山人烏絲蘭晉唐小楷書游包山集自旦發胥口，經湖中瞻眺，過石公山入消夏灣登縹緲峯入林屋洞，為詩二十五首，末云，庚辰歲游包山。距今丁亥八年矣。補菴先生見索復録一過，殊足愧也。後有補菴居士跋，丙戌之冬，雅宜過余梁鴻溪上，因以佳箋，乞為楷書。閱明年十月，一函遠寄，喜極欲狂云云。知此卷為華補菴書，補菴名雲，字從龍，無錫人，嘉靖甲辰進士，歷刑部郎中，與唐荊川司諫為友，見萬姓統譜荊川文集，有與華補菴郎中是也。庚辰為明武宗正德十五年，雅宜游包山，至世宗嘉靖六年丁亥，始為補菴書此。據《甫田集・王履吉墓誌銘》，生弘治甲寅，卒嘉靖癸巳，享年四十。推之庚辰，年二十七，丁亥，年三十四，盛年篤學，文壽承謂是極力用意之作，良非虚語。至玉雨堂書畫記，亦有雅宜游包山詩卷，為補菴書，乃是絹本草書，且後丁亥一年，自跋嘉靖戊子，可證，特不解補菴於此詩索書至再，豈以包山為雅宜習游之地，據其所作，以當導師丙洞耶，曲巖耶，毛公壇胡道泉耶，俱可從目想神游得之，則有此兩卷，不勝於向龍威丈人取靈寶經正機平衡飛龜授秩三篇也哉。

文彭書蹟

論說

明・王時敏《王奉常書畫題跋》卷上《跋文壽承隸書古詩十九首》八分自漢魏以降，流入於唐，姿態雖濃，骨力漸弱。至明文氏父子，始力追古法，其體格悉師受禪碑，而韻致過之。此文博士書古詩十九首，為嘉禾沈受著孝廉所藏，遒逸勁健，縱横盡勢，真有鸞鶩□時之奇，尤生平合作也。余與孝廉投契有年，自滄入易，各以衰遲有連蹇之隔。己亥暮春，匆匆邂逅於西子湖上，握手笑言，恍若夢寐。既出此卷，見眎精光陸離，不覺昏眸頓豁，何幸殘年病目，復獲此鉅麗之觀，而卷末有故友景全縣數行墨痕尚新，神采奕奕，展玩廻環，更不勝山陽聞笛之感。

清・方濬頤《夢園書畫録》卷一二《明文三橋臨十九體古詩卷》右帖古詩十九首，為文壽承真蹟，仿古人十九體書之，雖一時游戲之作，然意超妙遺貌取神時露趣逸致足喜也。文氏書法萃於一門，衡山之筆直追榮禄，得此足見家法耳，中間尤快人者，如幼于之古茂，右軍之雄秀，大令之跳脱，伯高藏真之剛健婀娜，又如孫虔禮之清雄，蘇子瞻之横溢，黄魯直之沉摯痛快，趙文敏之紆徐卓犖，所謂聚古人於一堂，而與之揖讓進退，三橋先生餉我良厚耳。道光壬午開春十二日，重展此卷，瓣香欣然，浮白以跋之。道光二年壬午秋七月，劉天池觀。道光六年歲丙戌正月五日，吳榮光觀。

清・陸心源《穰梨館過眼録》卷二二《文三橋醉翁亭記卷》東坡有草書《醉翁亭記》，字類右軍父子，及見濯纓筆記，乃知白家斑者贋作，若三橋為此卷，神采爛熳，以此加於坡仙，當不拒也。陳繼儒。

綜述

清・安岐《墨緣彙觀》卷二《文彭臨蘭亭詩序册》　白紙本，烏絲界欄，臨禊序一紙，下押文彭之印，文壽承氏二朱文印，前引首篆書蘭亭修禊四大字，末押文氏壽承白文印，後以真行草章草篆隸六體書蘭亭詩三十四首，又自題云：客有攜山陰所刻蘭亭卷相示，遂録一過，並臨蘭亭於前，聊以戲耳，勿謂老人多稚態也，時隆慶辛未暮春之初，三橋文彭記，時年七十有五，下押文彭之印，壽承二白文印，此題草法大類唐孫虔禮，凡見三橋得意書，皆類此，則知從書譜中得來，册有朱之赤收藏印。

紀事

清・孫岳頒等《佩文齋書畫譜》卷八〇《明文彭隸書卷》　漢唐人隸法結撰古特宋則整矣，文氏父子稍稍以秀美出之，幾似宋書元畫顧揆之兩家，抑亦眉山雲林之選也。壽承曾掌故吾郡，其書流傳頗多，此卷闌入一俗子手，且覆醬瓿得藎卿見而寶之，應是壽承有靈耳。

雜録

清・陶樑《紅豆樹館書畫記》卷六《明文壽承彭孔嘉書前後赤壁賦册》　紙本，高一尺一寸四分，寬六寸一分，前賦為壽承書，字大徑寸，計八十六行。余嘗見文忠此賦真跡，用筆謹嚴，筆筆皆倒衂□藏鋒，雖極力效之，不能得彷彿，昔人乃云字被蘇題寫壞，豈未嘗見公用意之書耶，有持素卷索書，此賦米海岳所謂真者，在前氣焰懾人，而座客從旁稱善，豈猶文舉之尊虎賁耶，閣筆為之一笑。嘉靖癸丑暮春廿又八日，文彭記。婁江兄既得文三橋所書坡翁《前赤壁賦》，復邀余書此，三橋以能書擅名當世，尚未能得翁彷彿，況□之拙劣而未學者耶。此字旁註諺云一解不如一□，正此謂也。此字旁註臨楮不勝惶恐，時丙辰夏五晦，彭年□。□賦後云：近見東坡真跡，為食左傳伍員曰□□□食已註食消也，知壽承此字本之庭訓□□□□學之盛，後賦為孔嘉書，計四十八行，孤鶴横江，□横與孤字，上下倒置，用筆勾轉過我，我字旁註□以署款歲月，考之距壽承作書時閲□矣。

文嘉書蹟

論説

清・孫岳頒等《佩文齋書畫譜》卷八〇《明文嘉書後十九首》　昔聞祝京兆欲有所貸，文休承故置繭紙室中，京兆喜為書古詩十九首，大獲聲價，世以休承譎，得此書，為藝苑一謔。然余以為京兆書雖佳，欲與此詩旗鼓相當，須令右軍父子復生耳。休承晚年書奇進，幾不減京兆，而為于鱗書後十九首，亦尠愧色。于鱗吾故人，九原有知，當不平吾語，然可與士衡並驅争長，終隔兩漢一塵世，自有公論在王孫，當以為何如。《王奉常集》。

紀事

清・卞永譽《式古堂書畫彙考》卷二四《文外翰書松壑虎嘯詩》　予書《題虎圖》，實與石田同一感題之意，宿田翁語書之，予何可辭。萬歷乙亥仲夏十有一日，文嘉録于蔭白堂。

莫如忠書蹟

論説

明・王世貞《新刻增補藝苑卮言》卷一一《明莫如忠崇蘭館帖》 今天下墨池一派推重三吴，而吾鄉獨以工書遇主，前有二沈，後有二張，沈公度，至學士粲起翰林，至大理少卿，張公天駿至大宗伯，電至少宗伯，其後如張南安東海以草書勝，得顛素筆，陸學士儼山以行楷勝，得李括州，趙吴興筆自莫方伯父子出，聲寔烜赫，掩其上。今展翫崇蘭館帖，神明焕然，名不虚得，真莫氏之山陰羲獻也。吾鄉書家如任子明仁發，王伯静默朱，蓋辨茀，陳文東璧，衛立中德辰，章共辰弼，曾心傳遇，顧謹中禄，皆名載書史，而以子孫彫零，無從簡括，其一點一畫，若後有賢者，如君全兄弟，豈至泯滅不傳哉，故吾表而出之，庶幾托莫氏以不朽云。

清・陸時化《吴越所見書畫録》卷四《明莫方伯行楷大字詩卷》 莫方伯此卷不獨詩歌浩瀚如浙潮，書法之妙，融宋四大家而出之，魯直之法流露更多，然後知雲卿先生雖秀骨天成，亦家學淵源有自也。乾隆壬辰冬至前一日，聽松山人陸時化。

紀事

清・陸時化《吴越所見書畫録》卷四《明莫方伯行楷大字詩卷》 如忠字子良，華亭人，嘉靖戊戌進士，授南虞衡主事，改儀制，擢貴州提學副使，道遠不能將母，投劾歸家，居十五年，補湖廣副使，歷河南參政，陝西按察使，浙江布政，乞歸，為人束脩，自好澹於勢位。貴溪相死西市，門下士皆避匿，獨奮身經紀其喪，朝士以此多之。善草書，為詩尤工近體，有崇蘭館集。王元美初登第，時子良為前輩，稱詩元美，因仲山人往交，稱其詩清令，蔚有唐風，晚年為之詩曰：子良豈不文，宛若田父社。飢來翫清泌，衡門亦瀟灑。子是龍字雲卿，以字行，更字廷韓，十歲善屬文，以諸生久次貢，入國學，有才情，風姿玉立，少謁王道思於閩道思贈詩云：風流絶世美何如，一片瑶枝出樹初。畫舫夜吟令客駐，練裙晝卧有人書。其風致可想見也，善書，嘗作送春賦，手自繕寫，詞翰清麗。皇甫子循、王元美皆激賞之，廷韓及張仲立皆翩翩佳公子，青溪社中之白眉也。癸巳清明，日聽松山人書。廷韓書法遠勝方伯，余所見甚少，曾至華亭舊家遍搆之，竟不可得，謂董宗伯惡其勝己，出重價收而焚之，巽為第一人，此齊東之語。香光居士何至焚琴煮鶴至是，然每觀其論書，則以趙松雪暨明之文徵仲、祝希哲輩痛毁之，巽為第一人之説，亦似可信。聽松丹筆。

徐渭書蹟

綜述

清・方濬頤《夢園書畫録》卷一二《明徐文長草書長卷》 文長于檇李時一老氈毹耳，死後為屠緯真所識賞，大底有千秋才，厄一時遇，事之常也。我明七子後名噪於隆萬間者，獨文長與中郎兩人焉，中郎以十集行世，文長亦不憾不足。然知其名者，多醉心於文，若得知其書法者，正寥寥也，然文長亦不以書法重觀者，轉以其書法奇耳。此卷出自陳鼎元手持，索涿鹿馮太史品題其妙，噫，左氏賦三都，得元宴而重者，其太史之跋乎。茂苑卜遠讀識。徐文長落落世外，其文得石簣中郎兩先生迺行，此卷得馮太史品題亦是，珍於拱璧，世自有識寶者，不在一時也。上海張肇林。文長起山陰，磊落不羈，放意騷壇，幾欲前無作者。余每竟其全集，何減歷下瑯琊，至於小品，亦復吉光片羽，殊足寶也。乙丑，京邸偶睹兹卷，知其兼擅鍾、王，令吾王父考功而在，定為擊節。東海豐建。徐文長當代奇人，身雖不遇，而才名藉藉，其所畜積固非偶然者。吾觀其所遺詩文，大都有不可一世之態，今此卷筆勢軒舉，氣致疎宕，別具一種風味。似不火食者，亦足賞也。陳鼎元家藏物而嚴君重持來索題，吾是以得縱觀之。涿鹿馮銓題。同觀者卜萬安、姚瞻雲，甲子孟夏廿又四日也。徐文長一甕牖士耳，生不遇梅林胡公，則詞章不重，歿不遇中郎袁公，則蘊藉不揚。文長雖好學，得二公而名益顯。余未見其人而雅慕其名，今忽覩其真蹟，嬉笑怒罵，宛在筆端，令觀者指發，嗟乎，使文長而在，爭當刮目以待。施鳳來。

紀事

清・張照等《石渠寶笈》卷二八《明徐渭詩帖並書評一冊》 隆慶庚午元日，醉後，呼管至，無他書，漫評古人，何足依據徐渭。

王錫爵書蹟

論說

明・王世貞《弇州山人四部稿》卷一三三《明王錫爵書黃庭經》 元馭學士書法在虞褚間，而過自謙抑，不肯與墨池盟間興到作一薄蹏，竟則裂之，或有求者，復不應，以故行世絕少。今年乃為華亭徐長孺書黃庭內景經，神采風調，翩翩出蹊徑外。吾不知於汝南公主志《枯樹賦》如何，書陰符者，信本登善度人者，誠懸金剛者，子瞻法華大洞玉者，子昂余皆獲寓目焉，昔許黃民所藏楊司命書內景已散佚。貞白先生間關訪購，久而後得之，長孺僅一叩而得元馭手授，不亦大幸哉。今人知寶右軍，殘誤之外景，而不知司命有內景，惜其靈翰永秘，聊為年號出之，以元馭書作司命隆準可也。

明・董其昌《容臺別集》卷三《題跋・書品》 王文肅論文推歸太僕，其於弇州公未嘗措意，弇州公亦謂文肅不脱措大氣。然文肅諸奏忠疎筆鋌迅利，一刀見血，四稿部中無是也。此屬蒲泉先生墓誌，婉暢尖新，描寫如畫，宜其平視元美，獨苦少鬱屈瑰偉氣沓歐虞長史，雖以醉繼顛，終無此精魄，然所謂不可無一，不可有二，吾師韓宗伯所藏以為甲觀。

清・孫岳頒等《佩文齋書畫譜》卷八〇《明王錫爵書》 太原相公書谿聖教孫虔禮出大是書家而靳不與人書，此其為州大夫，今觀察韓公書，初覺風骨凜然，久之頓成嫵媚，太原一瓣香真為韓南宮。《來禽館集》。

王穉登書蹟

紀事

清・張照等《石渠寶笈》卷二八《明王穉登書古詩十九首一冊》

古詩三百之後惟稱十九，或云枚乘作，未可考信，千古之絕唱也。弼垣先生訪余不值，留此册索書齋頭雨雪寒甚，秉燭擁爐，畢此，手指瘅瘃，研中冰鏗鏗，且呵且凍，惡札不工，藉此為解耳，甲午正月廿又二日，太原王穉登。

清・方濬頤《夢園書畫録》卷一二《明王百穀手書詩冊》 余得百穀王校書所貽墨妙一卷，其五言古律諸什並得建安、大歷風雅，字畫得晉人書法，愛而藏之，不啻連城，未嘗出以示客。薄游燕山，往返凡七，皆攜之行李中，風雨岑寂，反覆展翫，賴是以銷客況。一日，余館吳京兆幼元官署，叔玉君卿見訪，偶為譚及，索而泛覽，不減余好，心欲奪之，以義自阻。嗟乎，大凡物之精良，咸貴得所。叔玉與余，世為通家之好，通清博雅，超出時輩，即以是卷歸之，在彼在此，何暇計哉。叔玉他日請更弗以示人可也。萬歷甲戌夏六月十七日，隴西董正誼識。此百穀先生手書南還詩卷也，當年董隴西愛而持去，藏之七年，後以吳叔玉悅而歸之，迄今幾七十載。季方兄乃得之於燕都，珍而好之，亦復不減二公焉。噫，物之尤者，人人寶惜，然往往不為一人所秘私，其得與失，恆莫可測識，自古已然，無足深異。一日，季方出以示余，且令書其空幅。予思先生佳什妙墨，蜚聲天上久矣。余書其末，真續貂也。又不可以方命，漫書近稿數首，一以就正，一以見。季方之癖愛野鶩耳，咲咲婁中孺識，崇禎十七年甲申春二月，蘇庵老蠢婁中孺書正。此王百穀再入燕都南歸，自書諸詩，年三十有四矣。百穀以紫牡丹詩受知於汝南，此內昔者行一篇為汝南作也，昔人謂吳門風雅，以百穀繼文待詔，此蹟亦何減停雲風味，輒系小詩於後，以當書評，世傳百穀手蹟未有若此冊之，足見其平生者矣，雲谷農部其善藏之，嘉慶丁丑秋八月二日，方綱。

藝文

清·方濬頤《夢園書畫錄》卷一二《明王百穀手書詩冊》 昔聞文家派，藝林接長洲。後惟青羊生，不數彭陸周。觀此手書詩，二承其匹儔。何用解嘲作，戊辰南歸舟。眾誇牡丹句，薇垣殿螭頭。劍雖徐君擬，鋏肯馮驩求。孰若放江湖，脫屣輕王侯。七十春鶯宴，褰屐奬風流。嘯傲越女白，憑凌燕台幽。山房玉磬響，然否半偈酬。豈止杜季良，借品馬少遊。艱哉翰墨場，如此勞蹇脩。即茲企鮑謝，頗亦窺虞歐。未知漸山傳，誰補王弇州。

又 題《王百穀自書詩》後。八十五叟方綱。

汝南月旦有知音，忽斷朱弦海上琴。彈鋏不成空挂劍，燕山零落牡丹吟。

落月停雲孰主盟，卅年壇坫繼詩聲。寸縑買得龍編客，十襲鮫綃未足珍。

園開飛絮萬花團，紅袖殷勤宴未闌。七十鴛鴦三五夜，徵歌猶記馬湘蘭。

弇州宿草竟無聞，後裔匡扶賴有君。留得故人風義在，免教羞抵孝標文。

《絕句四首》為南雪樓主人題。堂溪陳其錕漫筆。

邢侗書蹟

論說

清·孫岳頒等《佩文齋書畫譜》卷八〇《明邢侗法帖》 余少得古搨十七帖，為邢子願先生鑒定，又綴語其後，知先生書法斷以山陰為宗，唐宋名家，不以屑意已。又得雜札數通，古澹圓渾，上掩鍾索，昭代文祝，諸公無是調度也。此刻大都與馮青方先生往來游戲翰墨之語，氣酣神肆，有類中散絕交書者，有類虛白神仙起居法者，情韻逾席，軌度逾超。楨卿使君攜以入苕，而刻石署中，正如甓社之珠，泳波而達震澤，照耀南天，光景煜煜，其裨益我南士不淺，使君神明，此特政之刃餘，顧琳瑯寶祕即與嘉胏二石並垂，誰曰非可。《恬致堂集》。

又《明邢侗尺牘》 邢子願為友人作肩頭書，多青李來領取語意，其人必善臨池者，流恨雲山間之無繇見其人之風流染翰，頃從姚百雉卷中見其遺牘，政如桓南郡坐廳事上一時雪飛五版，並答皆粲然有章，而惜乎子愿已矣九泉下，顧安所得知己其人百函相乎，雖然，子愿非常人也，生而為才子，死而為才鬼，疊韻千嶂，清唫一灣，月下歌之，當必如劉妙容婉轉可聽，而物既多姿態，復屢遷，恨不隨珠襦玉椀流播向人間也。錢文薦《麗矚樓集》。

清·顧復《平生壯觀》卷五 臨右軍書知有漢時講堂云，云後跋云，此右軍書，東坡臨之，點畫未必皆似，頗有逸少風氣圖書。

綜述

清·李佐賢《書畫鑒影》卷二一《邢太僕臨王書屏》 此屏除諸從，並時有音問至，吾無間，然一段係臨閣帖，餘皆臨十七帖，然語句微有詳畧異同。

婁子柔書蹟

論說

明・王時敏《王奉常書畫題跋》卷上《題婁子柔書唐叔達詩册》 邑唐婁兩先生，皆余父執，並以道德文章名世。婁尤精於習學，其法原本山陰，旁追北海，為海内所珍，求來者户外屨，幾同永師□門限。此册書叔達先生圖中詩八首，詩聖墨仙，允稱合璧，為德超購藏，眎余，屬為之跋，展觀，結構精密，神采陸離，洵得晉唐三味。德超素工臨池，又得此册為師，模戈法當益進，宜其寶護，如襲連城追溯疁中諸君子學問藝業，悉有淵源，前輩風流，何可復見，俯仰今昔，實有餘思，寧第字書足傳也哉。

清・陸時化《吴越所見書畫録》卷五《明婁子柔橅蘇文忠書册》 子柔先生為太僕公高弟虞山宗伯序其詩，謂在元和慶歷之間。書法亦直造晉宋人妙處，惜名位不顯，不為時所艷稱，然賞音光價又豈以名位為增損耶。盛唐四家，不廢襄陽，有明七子，亦首茂秦，若準此例，以評書，故應為先生高置一卒，戊寅十二月十九日，狄億呵凍書。

清・方濬頤《夢園書畫録》卷一四《明婁子柔謝餉茶詩卷》 去年初夏為爾常賦詩，後又致高麗紙，索草書，久留未暇也。昨磨佳墨，因餘瀋欲了此，老眼眵昏，已不辨燈下書，而今日又以事當之南翔里，不忍棄之，無用乃炷燈試黄生筆，但覺隨手，初不辨點畫如何，晨起視之，亦不甚乖，復題小字以識，庚戌三月丁丑朔也。婁堅。

又 覃溪老人論明人書格，每服膺婁子柔，孫雪居，其實子柔有蕭羊餘韻，雪居不能及也。此卷謝爾常惠茶詩，全用李懷琳筆法，大有勝文董處，亦如懷琳在唐，與顏柳並視，畢竟帶有六朝氣韻耳，琴山以為何如，道光丁酉三月，吴榮光記。

紀事

清・陸時化《吴越所見書畫録》卷五《婁子柔書二蘇擇勝銘附千字文卷》 余嘗為友人作真行二卷，今日久雨初霽，為作草書，第欲彷髴古人，所以不無束縛之患，遺賞鑒家誚也，萬曆庚子秋八月廿三日，堅書。

雜録

清・孔廣陶《嶽雪樓書畫録》卷五《明婁子柔書四十二章經墨蹟册》 子柔先生以學行著，書法妙天下，五十貢於春官，不仕。而□二册為四十二章經，此經為摩騰法芮自中天竺攜來，當時但以焚書紀梵音耳。至元趙文敏始能以漢語，作漢字，要亦受如，來心印者。先生繼文敏書此，落筆遒媚，結構謹愿，得唐人風韻，每一詞卷，□見□窗染翰，不受促迫，時雅度咸豐，歲次戊午冬至，後學孔廣陶敬識。

董其昌書蹟

論說

明・董其昌《畫禪室隨筆》卷一《臨〈禊帖〉題後》 《蘭亭叙》最重行，間章法。余臨書乃與原本有異，知為聚訟家所訶，然陶九成載禊帖考尚有以草體當之者，政不必規，規相襲，今人去古日遠，豈在行段乎。

又 趙文敏臨禊帖無慮數百本，即余所見亦至夥矣，余所臨生平不能終篇，然使如文敏多書，或有入處，蓋文敏猶帶本家筆法，學不純師，余則欲絶肖此為異耳。

又《書〈自叙帖〉題後》 米元章書多從褚登善悟人，登善深於蘭亭，為唐賢秀穎第一。此本蓋其衣鉢也，摹授清臣，清臣其寶之。余素臨懷素自叙帖，皆以大令筆意求之，時有似者。近來解大紳、豐考功狂怪怒張，絶去此血脈，遂累及素師，所謂從門入者不是家珍，見過於師方堪傳授也。

又《書小楷册題後》 小楷書乃雅難，自臨帖者，只在形骸，去之益遠，當由未見古人真蹟，自隔神化耳。宋時唯米芾有解，至今如阿閦一見也。

又《書〈雪賦〉題後》 客有持趙文毎書《雪賦》見示者，余愛其筆法遒麗，有黄庭樂毅論風規，未知後人誰為競爽，恐文徵仲瞠乎若後矣。遂自書一篇，意欲與異趣，令人望而知為吾家書也。昔人云，非惟恨吾不見古人，亦恨古人不見吾。又云，右軍無臣法，此則余何敢言，然世必有解之者。

又《臨四家尺牘跋尾》 余嘗臨米襄陽書，于蔡忠惠、黄山谷、趙文敏非所好也。今日展法帖，各臨尺牘一篇，頗亦相似，又及蘇文忠示子所習也，元人作書經，以蘇文忠、趙文敏為得二王法，不及米漫士，其持論如此，未省所謂。

又《臨顔帖跋》 余近來臨顔書，因悟所謂折釵股屋漏痕者，惟二王有之。魯公直入山陰之室，絶去歐、褚輕媚習氣。東坡云：詩至于子美，書至于魯公。非虚語也。顔書惟蔡明遠序尤為沉古，米海岳一生不能彷彿，蓋亦為學唐初諸公書，稍乏骨氣耳。燈下為此都不對帖，雖不至入俗，第神采璀璨，即是不及古人處，漸老漸熟，乃造平淡，米老猶隔塵敢自許逼真乎，題以志吾愧。

又 臨顔太師明遠帖五百本，後方有少分相應，米凶章、趙子昂止撮其勝會，遂在門外，如化城鹿車未了事耳。

又《題禮觀音文》 余書此文，意欲擬虞永興、歐陽率更，自愧無出藍之能耳。趙吳興云：永興書叭枕臥帖清峭有晉人韻。使余得見之，書道必不止此。

又《書〈月賦〉後》 小楷書不易工，米元章亦但有行押，嘗被命倣黄庭作千文一本以進。今觀其跡，但以妍媚飛動取態耳。邢子愿余曰：右軍以後，惟趙吳興得正衣鉢，唐宋皆不如也。蓋謂楷書得黄庭樂毅論法，吳興為多，要亦有刻畫處。余稍及吳興而出入子敬，同能不如獨勝，余於吳興是也。

又余少時為小楷刻畫，世所傳黄庭經東方贊，後見晉唐人真蹟，乃知古人用筆之妙，殊非石本所能傳。既折衷王子敬、顧愷之自成一家，因觀昔年書《月賦》漫題。

又《臨顔書題後》 顔平原争坐帖與祭季明文，唐時林藻師之，楊景度、蔡端明皆具有一體，余此書頗似類顔，具眼者謂何。

又 右顔平原書絳州帖，所刻蓋師陶貞白瘞鶴銘，小異平日學右軍書者，黄魯直宗之。

又《題自書古詩卷尾》 今日臨古詩數首，俱不入晉人室，唯顔平原、虞永興、楊少師三家，差不愧耳。時乙巳正月十九日，為余懸弧辰也。

又《臨稧帖跋後》 余書《蘭亭》，皆以意背臨，未嘗對古刻，一似撫無絃琴者，覺尤延之，諸君子葛藤多事耳。

又《臨楊少師書後》 余以意倣楊少師書，山陽此論雖不盡似，【略】得其破，方為圓削，繁為簡之，意蓋與趙集賢書，如甘草甘遂之相反，亦教外别傳也。

又《臨趙松雪書跋後》 婁水王奉常家藏趙吳興持帖致佳，余從高仲舉見之，把玩移日，舟行閒適，漫臨一過，余素不為吳興書，【略】得形模耳。聞吳興臨米元章壯懷賦數行，輒復自廢除，以俟它醬瓿也。

又《書琵琶行題後》 白香山深于禪理，以無心道人作此有情癡語，幾所謂木人見花鳥者耶。山谷為小詞而秀，鐵訶之，謂不止落驢胎馬腹，則慧業綺語猶當懺悔耳。余書此歌，用米襄陽楷法，兼撥鐙，意欲與艷詞相稱乃安，得大珠小珠落研池也。

又《臨海岳千文跋後》 米海岳行書傳于世間，與晉人幾争道馳矣，顧其平生所自負者為小楷，貴重不肯多寫，以故罕見其跡。予游京師，魯得鑒李伯時《西園雅集圖》，有米南宫電頭題跋，最似蘭亭筆法。己丑四月，又從唐完初獲借此千文，臨成副本，稍具優孟衣冠。大都海岳此帖，全倣褚河南哀册枯樹賦，間入歐陽率更，不使一實筆，所謂無往不收蓋曲盡其趣。恐真本既與余遠，便欲忘其書意，聊識之于紙尾，此余己丑所臨也。今又十年所矣，筆法似昔，未有增長，不知何年得入古人之室，展卷太息不止，書道也，戊戌四月三日。

清・孫岳頒等《佩文齋書畫譜》卷八〇《明董其昌字卷》 僕生平見玄宰真跡幾百種，此卷大有李邕、徐浩風，雖小下晉人一等，總之名世書也。是日，廣川刺史北卿先生鑣至彩亳，遂滿載而歸墨為題此，此時，波撼河樓，不減岳陽，惜筆勢不堪作敵。《來禽館集》。

又《明董其昌書誥》 蔡忠惠公書法妙一世，而風裁自持，至卻溫成書碑之命以為職，非侍書歐陽六一集古目録成，得公書，叙以為厚幸。元趙文敏為其宗，人書誥敕，皆變用小楷，亦欲稍別中翰體耳。唯唐顏魯公自書誥，恭謹如式。今董宗伯為吴觀察公書綸誥，一如魯公自書，例無一筆越縱者，盍觀察公才品文學，宗伯素所推重，不啻歐蔡之交，故樂為濡染而無厭斁也。書法圓勁蒼秀，兼有顔骨趙姿，而顧盼雄毅加精采焉，觀察得此，誠瓌寶矣。《恬致堂集》。

又《明董其昌與沈侍御書牘》 思翁書法，吾朝米襄陽也，未經特召，反繫袍袖，跳躍飛捷，落筆如云，煙博金硯匣玉鎮紙之賜。又不如王岐公宣入，坐便殿，敕宫嬪求詩，與學士潤筆。各取頭上珠花裝幞頭簪，不盡者，納入袖中，旋取鍼線縫聯袖口。宴罷，以金蓮燭送歸。世傳為天子請客，蓋國朝君臣禮嚴，故應爾爾。若翰墨流傳朝野，不減米博士。王岐公獨復菴沈侍御能寶於未遇之前，梁叔出入於懷袖之內，直是真正賞鑒家，家藏兩學士翰札也。新思翁題曰：御墨堂為吾松第一名胄，梁叔博雅，堅守清白，不佞事之，在師友間矣。《書史會要》。

清・王時敏《王奉常書畫題跋》卷上《題董文敏仿蘇黄米蔡書》 文敏公仿宋四家，不拘拘形似，而各得其神韻，所謂善學柳下惠者，石谷精研八法，每見其撫古帖，亦專主神肖正，與葉契宜，其不惜重購寶愛之如髯珠也。

清・王宏撰《砥齋題跋・趙元朔藏董文敏手札跋》 文敏嘗云：詩文書畫少而工，老而淡，淡勝工，不工亦何能淡。其素所經營，可知矣。元朔藏此札，腕力微弱，而清淑之氣迎人眉宇。

清・顧復《平生壯觀》卷五 臨淳化閣帖十卷鏡面箋折册，後跋二篇，雖臨古人，而豐格則玄宰也。

又 黄庭内景經鏡面箋折册，字較原本稍大，筆法亦覺流麗，其臨古大抵如此。

又《臨十七帖書後》 十七帖硬黄本，宋時魏泰家藏淳熙 秘閣續帖，亦有刻。予在都下，友人汝陽王思延得硬黄本，魯借臨一卷，已于濟南邢子愿冏卿見所刻石即王本也，余以臨卷質之，子愿謬稱合作，弟謂趙吴興臨十七帖流落人間，當不下數十本，請多為之足傳耳。余自是時寫此帖，以懶故，終不能多也。

又《臨洛神賦書後》 樂毅論乃扇書，後人又以為右軍自書刻石 ，梁世所摹與唐摹字形各異。淳熙秘閣梁摹本也，予家《戲鴻堂帖》唐摹本也，又有一本唐摹在長安李氏，魯屬余跋，亦有文壽承跋，蓋貞觀中太宗命褚遂良等摹六本，賜魏徵諸臣，此六本自唐至今，余猛然慣用語見其二，恨梁摹白麻紙真跡為新都吴生所有。余亦不甚臨樂毅論，每以大令十三行《洛神賦》為宗極耳。

又《臨宣示表題後》 鍾太傅書，余少而學之，頗得形模，後得從韓館師，借唐搨戎輅表臨寫，始知鍾書自有入路，蓋猶近隸體，不至如右軍以還，姿態横溢，極鳳翥翔之變也。閣帖所收，惟宣示表還示帖，皆右軍之鍾書，非元常之鍾書，但觀王世將宋儋諸跡，有其意矣，辛丑冬，因臨宣示表及之。

又《跋臨瘞鶴銘》 黄涪翁云：大字無過瘞鶴銘，小字無過遺教經。今世所傳遺教直唐經生手耳，瘞鶴則陶隱居書，山谷學之。余欲縮為小楷，偶失此帖，遂以黄庭筆法書之。

又《書舞鶴賦後》 往余以黄庭樂毅真書為人作牓署書，每懸看，輒不得佳，因悟小楷法，使可展為方丈者，乃盡勢也，題牓如細書，亦跌宕自在，惟米襄陽近之。襄陽少時不能自立家，專事摹帖，人謂之集古字已有規之者，曰須得勢乃傳，正謂此因書舞鶴賦及之。

又《題歸去來辭後》 以米元章筆法書淵明辭，差為近之。

明・董其昌《容臺別集》卷二《題跋・書品》 李北海碑帖，余見數本，皆不全，不可讀，最後得此帖，文義了然，以大照禪師碑筆意參合臨之。昔人評北海為書中仙手。至宋時，米元章微有異論。姜堯章、趙子固亦踵之，惟趙子昂以為宗極，蓋子云太玄，必俟後世子云如此做北海沙羅樹碑。

又卷三《題跋・書品》 余意倣楊少師書書山陽，此論雖不盡似，略得其破，方為圓削繁為簡之意，蓋與趙集賢書，如甘草甘，遂之相反，亦教外之別傳也。

又　山陽真逸卷樂志論一篇，藏鋒精楷，《題老子西昇經》字畧小，鋒稍露。臨鴨頭九帖家雞野鶩詩一絶小行，又臨行穰帖鏡面紙前絹書四字如拳，後行書自跋云，有督學楚中之命，其盛年作也。

又　杜詩五言律八首，白綾行書，二首仿藕，二首仿黄，二首蘇米，二首仿蔡元長。

又　如來成道記高麗紙折册，微見生澁行書甚佳。唐王勃譔自長跋欵，上稱香光居士。

又　天馬賦紙高二尺，長八丈，字半尺餘，每行三字，大有力量。

又　《霜天曉角詞》長跋，字大如拳，有山谷意。

又　四十二章經行書兼正，不露風稜，而姿態自妙，白紙折册千餘言，無一懈筆。

又　唐古詩卷鏡面紙行書如錢運顯圓厚，計三首，其首篇則右丞月從斷山口，遥吐柴門端也。

又　管城子誥鏡面紙折册小楷兼行，筆細處猶灰線肥者，若箸頭有不可端倪之趣，後雜書幾則皆中行書甚妙。

又　《戲鴻堂帖題跋》藁宣紙折册有小楷、小行、中行、小草，皆用意妙筆。

又　太學吳澹菴墓表鏡面紙卷字幾五百，楷書，如指間帶行，法腕運氣，而鋒善藏，此公書之僅見者，後後銜編修日講官乃早年筆也。

清・張照等《石渠寶笈》卷四《明董其昌書畫合璧一册》　御筆跋云：董華亭書畫神味蕭遠，超軼古人。而此册尤稱美具難并，予晨夕愛玩不置，近以田盤之游，攜之行篋，每日駐蹕餘閒，輒隨意臨仿一過，雖未能遠追筆妙，而翰墨風華與川原行色相映，致足喜也，乾隆甲子冬十月，白澗行宫識。

又《明董其昌書天馬賦一卷》　笪重光跋云：華亭最喜臨襄陽書，以其神駿，如支公之愛馬，性相近也。此卷用小行押書摹之，尤為可寶，江上外史笪重光識于曬腹齋。

又卷二四《明董其昌書濬路馬湖記一卷》　沈荃跋云：此碑筆意極仿北海，而亦時近季海，宗伯作書，每有合諸家者，惟其神與法會變化，不自知耳。乙巳四月廿四日，後學沈荃書於龍潭舟次。

清・張照《天瓶齋書畫題跋・跋董文敏臨李北海書荊門行真蹟》　崇禎乙亥，香光居士八十一歲矣，筆意沖夷高遠，躐唐人之庭而入其室，元以後書壇四百年，執牛耳有以也。魯公曰：自鍾、王至虞、褚，皆口訣手授，以至吳郡張旭長史。香光云：吾與吳興同學北海，必先識得其與吳興，以上諸賢瓣香水乳之處，然後可以評書。近日香泉輩輒謂香光別用我法，甚且謂晉唐楷則，香光始革典不為盲人觀象，即為仰面唾天，故言不可以不慎也。孫過庭云：通會之際，人書俱老，觀香光、衡山丙公，八十外書於此二句，合有悟衡山翁少時書寄跡松雪籬下，故香光意輕之，迨晚年，書直與澗翁伯仲，惜少作，盛傳為累耳。思翁平生得力處，在顔平原、李北海兩家，參合用之，即思翁書也。余所藏臨平原者多，無臨北海者，雍正戊申六月得此帖，大幸，平生所見臨北海書，以大照禪師碑為最。向在江村高氏，後落賈豎，今歸虞山蔣氏。又有絹本臨各家書，内有荊門行，至隔衣嚼膚，耳邊鳴止。高文恪孫刑曹枝指生尚寶之。大照禪師碑真蹟入高麗，從高麗入大内，勒在淵鑑齋官帖中，意必有宋本，惜未見也。嵩見以西南水竹漸深，過荊門，山色益佳麗，江魚遈味，彫胡流白，不識方壺堪伯仲不。唐人遷謫至此，卻如飄墮羅殺蟲鬼國，豈非所為一切由心造哉。安心竟山川猶昔風播不動，此詩何不與四句偈等耶。第一行神品小印，高文恪故物也，荊門行三字下，有補痕，恰與高某圖書記小印方廣正等，不知何故割去。

又《跋董文敏臨顔平原送蔡明遠序》　余向有思翁明遠序，高文恪故物也。為勵南湖大司寇取去，雍正二年正月，典試閩中，復於武林購得此卷，煥若神明，頓還舊觀。思翁平生得力處，在學顔不見顔書不知也。晚乃造晉人之門，已目力腕力不如心矣，乃知此事非易易。

又《跋董文敏臨顔平原〈裴將軍帖〉》　紙幅蝕損，體無完膚，而神彩奕奕如此，此非神之所為耶，香光晚歲乃能爾。

又《跋董香光臨懷素帖》　香光草書學素，自叙晚乃謂聖母勝而斥自叙狂怪怒張，然素書傳今者千文最上，香光不言何也，細玩千文，方知其狂怪怒張者，正是絲絲入扣處，蓋十方處空，一時消殞，舉足下足，皆在道場中也。

又《跋董文敏臨楊風帖》　思翁平生於顔平原得身，于楊少師得地，末後一關，尚未行解，相應此帖正其藏身處，後縱跡，雍正乙卯午日。

又《跋董文敏臨潭帖》 此亦思翁壯年筆，蓋作史官或學使時也，絹本不如紙，又多寫生絹，不著膠礬，卻未曉古人用意處。

又《跋董文敏臨米海嶽詩帖真蹟》 米海嶽蜀素，舊為思翁所藏。今歸横云山人，横雲殁後，公子中書君猶珍之，即鴻堂所刻也。書五七言古近體皆備，此其二云，思翁臨仿，專取神韻，所謂師其意不師其語，必悟此然後可與學古，乾隆己未六月朔記。

又《跋董文敏書唐人日月二詩》 香光此帖，雖不經意，具有天趣，戊午六月六日記。

又《香光書後赤壁賦跋》 思翁此書，便有挾飛仙以遨遊，抱明月而長終之意，雖用襄陽法，而具有坡公神髓在真跡中，如是合作，亦不多覯。曾得思翁鏡箋本《後赤壁賦》贈南沙相公，既復得綾本二賦，合寫兹，得此册，三本中此為甲觀。

又《跋董文敏書宋詞三闋》 多訛脱不可讀，書時當大醉也，不爾亦不能妙至此。

又《跋董文敏書少保陳于廷誥命》 曩讀横雲山人史稾陳少保傳，知我鄉前賢偉望，人之龍虎，異代所矜式。既與給諫坦齋游，得觀倪鴻寶行詞，董香光手書誥命，如高山大林，復有琳屋瓊宇以壯形勢，益令人聳觀肅神。香光書上下四百年，縱横一萬里，然觀倪鴻寶文，則令人樂觀辭句而不暇鑒賞香光筆法矣。鴻寶忠烈貫金石，文章動鬼神，然為陳少保行詞，則令人追慕少保行業，又不暇感嘆鴻寶之平生矣。遊於泰岱，領【略】造化神秀，雖秦松漢柏，名蹟林立，有目不給賞者，理固然。

又《跋董文敏自書佘山倡和詩》 書此，公蓋八十三歲矣，乃能左挹元章袖，右拍涪州肩，松雪翁猶咋舌，玉磬老人莞爾曰：讓此子出一頭地。

清・梁同書《頻羅庵書畫跋・跋董文敏臨晉唐三種書真迹》 古人臨帖，但師其意，未嘗刻舟求劍也。右軍蘭亭，自唐宋以來，書家無不臨之，各不相似。即褚公猶帶本色，此意獨香光為能參破，譬如雞頭末寺小沙。

又《董文敏書準提呪册跋》 香光晚年書法，得顔之髓，故隨手皆妙，陳徵君老境亦愈遒逸可愛，二公合作，良不易得也。據跋似曾刻過，愚揣必不能刻，即刻亦必不佳，蓋此種妙處在筆墨外，一經鉤摹，便索然矣，自來佳刻，畢竟下墨蹟一等者。

又《跋錢撫棠所藏董文敏臨閣帖》 予見思翁臨閣帖書多矣，未有如此本之圓厚深湛者，入後七八幅愈妙，畢竟老年方有此超詣，藏者珍重之。

又 唐裴行儉非精墨佳筆，未嘗輒書。董公至妙之作，大率用宣德鏡面。或羅紋牋故其興會所到，精采十倍，不翁又記。

又 楊泠然先生善擘窠書，每牓書輒署吉州某，不知為楊龍友文驄父也，父子異籍，閲此卷始了然，此古人所以重碑版文字也。志銘凡二千餘言，文敏書時年已耄老鴞，故前後大小行楷不倫閲者，往往以此少之，不知古人作書，惟無名心，故能成大家，看其精神，到底不懈，其性情自在流露處，豈復他人所能仿擬。予留之几案間年餘，録其副而後卷還之倩之，其善藏焉，弗為墨豬算子輩所惑也。

又《跋陶氏所藏董文敏墨蹟》 思翁晚年一洗姿媚，以唐法行晉人意，遒逸之致，如老樹著花。江村所謂初看不覺佳，愈觀愈妙者。吾於此書亦云然，書記庚申，為萬曆四十八年，思翁六十六歲也。

清・陳奕禧《緑陰亭集・題董文敏書》 文敏釋聖母碑，其跡已不全，而字畫運用神氣藴藉，若有懷園山夜之意，究不離韭花原本也。即余未嘗不為其傾動心迷志揺者，所遇即是，幸能自持堅牢。而此跋為其熏染亦多，但其間閣據為己有子或有不同，即文敏復起，或首肯吾言矣。

又《偶題》 戊子六月廿六日，偶得高麗繭紙，隨筆書此。昨見香雪堂帖刻董華書頗多，率意者亦復不少。余此作亦信意疾書，不識較華亭率筆何如。華亭每不滿於趙吴興，訾之日重儓，余亦不滿華亭，嘗摘其敗處，不免殘懦不振之病也。

又《題董文敏字卷》 華亭以為聖教黄庭有繩尺，不足學，此論可與上達人説法，難與學者共之。夫書固應神明變化離繩尺之外，然脱去繩尺，又何能合法。華亭天姿高妙，可以超絶羣倫，求其矩度，執使九宫分寸，往往落足失步，不復按轍而行，舍黄庭聖教，更有何可學耶。此卷非僞作，神氣閒雅，良足愛玩。京師張玉汝明府遇於吴山，出以示觀，即華亭語聊發鄙論，識者當自擇取。展閲間，雖秀色動人，病處亦復不少，此華亭生平工力未到，難以强為也。丁亥十一月三日題。

又《題華亭書》 董字如月下美人折名花，虚無綽約，在不即不離處，會心自是天授，聰明姿色凡俗，若欲以意態擬之，不向古人規矩中求真見，其不知量也。是日看董書《偶題》。

又《偶書》 董文敏負絶世超軼之姿，又加之以數十年覽古，博雅之功，含英咀華，開來繼往，為有明三百年之殿，且天生後福，貴重擬於右軍，此亦夙世所種，非常人淺薄者可望。此卷尤其得意筆，疎散十倍於他書，亦世間難遺物，聲光照耀，恐不能久為人間有也。

又《偶書》 思翁書自非刑化外學顏，學米，學李，得力於三家為多，初未嘗不從趙入，晚而毁趙，吾不與也，韭花用力為深，若顏米李學而未至焉。

又《偶書》 董學米亦得手，但其腕弱，姿態則過之，極多敗筆，無一字能完備規矩者，無一字不做得如美人柔媚綽約可愛。

清・董宸英《湛園題跋》 董臨《澄清堂帖》跋。華亭書派輕薄，模彷頓失古意，惟此卷筆筆藏鋒，妙于用拙，始見文敏真本領，然不得澄清祖帖，亦不能酣適如此。昔人論學書者，必得古人真蹟一二段臨摹，方能入妙，端有此理。今人眼界淺俠，書格所以日下也。聞張子漢瞻為人乞文以潤筆得之，余傭書至老，墨刓穎秃，無從購此一字，以此知文章聲價，去君遠矣。

清・何焯《義門題跋・書董思翁摹争坐位帖後》 思翁行押尤得力争坐帖，故用筆圓勁，視元人幾欲超乘而上，此跋其加意所書，精采溢發，直與魯公相質於千載之上，不惟來學可資為津逮也。康熙庚寅，後生何焯獲觀漫志。

清・陸時化《吴越所見書畫録》卷五《董文敏倣李北海體書洞庭西湖春景詞卷》 吾友玄宰書半天下皆葉公龍耳，世人從筆墨掀舞處摹之，往往亂真。此卷矩格森嚴，正如莊士律師，非狂禪初學能望其門庭，珍重，珍重，眉公陳繼儒題。

又《董文敏行書初月賦荅送處士書揚州看競渡序册》 右董文敏墨跡高麗鏡光□書，文敏絶矜練作也。雍正二年三月，獲自京師，喜不能勝，因記歲月於卷尾，七日虚舟書於吏部官舍。

又《董文敏楷書趙應禎子誥勑袖珍册》 唐人最重誥命，每乞名公之能文而善書者為之。開元中，加皇子榮王已下官誥，宰相張九齡、裴耀卿、李林甫、朝士蕭嵩等十九人人書一通以進。顏魯公所受誥及贈誥皆自書。朱巨川誥魯公書外尚有徐季海書，明季，猶沿唐風，獲董宗伯書誥為幸事，今則出之中書，不復更求人書也。此香光為趙侍御書，字字挾風霜之肅，乃晚年得意之作，朴埜老人陸恬翠花軒。

又《董文敏楷書項墨林墓志銘册》 余垂髫時則耳墨林公名舊矣，蓋即俠好義，宏覽博物君子也，恨不生當其時，一接豐儀，左執鞭弭，右捧櫜□，以為缺陷，乃幸得宗伯所撰志銘讀之，儼然如見其人，可謂三生石上舊姻緣矣，如此佳文而又得名筆書之，可稱雙璧，因題數語於尾，以自託於蠅之附驥，便足千秋耳範。允臨書。

又 墨林先生倪雲林顧阿瑛曹雲西之流也，余欲縮為小傳，如元時石刻，而思翁先之其孫，即為流通可入逸民史矣，思翁此卷學楊少師韭花帖，八十一書此，大奇大奇，陳繼儒。

又《右軍官奴帖真蹟》 文敏公臨玉潤帖，筆力圓秀，深得晉人奥妙。其自跋云：二十餘年積想臨此。又云，不經苦心懸念，未必契真，前賢成名，良不易也。高士奇，康熙庚午冬九月，舟行塘西道中，瓶廬。

又《董文敏小楷倣洞庭、力命、玉潤三帖册》 董尚書臨鍾太傅二帖，與官奴帖，俱刻玉煙堂。筆法遒媚，較平時所書尤覺精彩。康熙庚午十一月，余往虎林，攜此二册自隨，蓬窗，朝夕觀覽，似有會心，蠟余多病，杜門，未得浮家泛宅於五湖煙水間，尚愧米家書畫舩也，時霜清氣肅，黄葉滿林，舟行謝村道中書，抱瓮翁高士奇。

又《董文敏大行書贈陳眉公詩三十首之四卷》 董文敏書秀宕中饒有蒼勁，不獨一掃元人習氣，明三百年中無有敵手，往往於鏡面箋尤為合作。此卷前後書七言律四首，如青天白雲，舒卷自在。戒翁前輩攜以相示，共為擊節，因付重裝跋之卷末，康熙戊寅十月十九日，寒雨□堦，木葉未脱，籬邊殘菊正佳，江村高士奇。

清・陶樑《紅豆樹館書畫記》卷六《明董文敏公臨米南宫書册》 紙本高一尺三分，寬五尺五分，行草，共七幅，計十九行。華亭此册，雖擬襄陽用筆，仍是本色，遺貌取神，固不在區區波磔間也。

又卷八《明董文敏行書絶句》 絹本長九尺，寬二尺一寸，共三行，字大四寸許，遒逸處深得襄陽神理。《容台集》所稱：三十年參米書，無一實筆是也。

清・吴榮光《辛丑銷夏記》卷五《明董文敏論書卷》 董華亭以禪理

論書直透無上妙諦，固是前人所未到矣，然書非小藝也，性情、學問、人品，皆於此見焉。自米老已專用力於行書，其於古人分際，第年號取大意遂自謂得之矣若虞歐以上由蕭羊以問津山陰，自必從楷書始。褚何南西堂手定右軍書目，首以樂毅黄庭冠之，未有舍楷不問而專意行草者，未有不講臨摹而高語飛行絶跡者，如謂臨摹不求似則貞觀時馮承素輩能自運筆格，以為蘭亭乎，今所賴存真者，懷仁集書在也，而於羣腳雙權崇山旁點，尚可辨驗也，宋元以後，漸皆不講攷訂之學，雖以趙吴興臨蘭亭而崇山旁點帶頂四直之原委，皆邈不可問。董文敏、邢子愿以吴江邨所藏樂毅論目為梁唐正本，不本實學，而專尚空談，其來久矣。董文敏天資筆力十倍於前人，故能卓立成家，若後人，無其骨力，而效其虚機，竟可束古帖於高閣，而自騁筆鋒矣。董文敏處於明末，熟習帖括之時，其天骨神秀，兼畫理禪觀而出之，是以論者謂書道結穴於華亭也，其實在前有宋仲温，同時有孫雪居、婁子柔并研隸楷，豈盡以行草為勝乎。士生今日，經學日益昌明，皆知攷訂訓故以求實得，則書學必當上窮篆隸，研究晉唐，以來體格家數，為空言虚機所惑，不可以運掉空靈而忘結搆，不可以矯語神肖而廢臨摹，且楷本隸體自必以方整立定間架而後可言圓美，凡此數義，皆言董書者，所厭薄不屑聞者，而實吾學侶所宜切講，且於士君子持躬植品所係，非細故，因此卷華亭真蹟，最匠意之作而附書於此。嘉慶癸酉夏六月十二日，北平翁方綱，時年八十有一。

清·蔣光煦《別下齋書畫記》卷一《董香光尺牘册》【略】法門有龍象，祝京兆、董宗伯，書中之龍象也，二公相肖而相峙焉。京兆剛健得好，宗伯頽唐得好，京兆圓之□勁□好，宗伯質樸崛强亦好，未易優劣也。吾家稼書先生性情學問與香光迥別，而亦有契合焉，作香光象贊曰：公之學殖，見乎文章，公之翰墨藝苑稱長，肅瞻遺象，我心洋洋，人知公聲名被乎亦荒，不知其夙興夜寐，孜孜矻矻，擾而月摇，宜乎至今者餘光。其稱詩如此此贊□三魚堂集中，乾隆丙午，長至亦三老人陸時□。

以册名異暑帖，以第一簡今年異暑起，能以為名，仿十七帖之意。

清·孔廣陶《嶽雪樓書畫録》卷四《明董文敏楷書多心經册》文敏自跋所書《麻姑仙壇記》云：余書初師顔平原多寶塔，不過借此開拓筆力，寔于平原之神理未有入據，是其醉心顔書久矣。自後學鍾、王、虞、褚諸家，又為一變。此經天啟六年七十二歲書，後□八開齋筆意駕輕就熟，與□俱進，可寶也。當時同觀者，兩孝廣，兩逸士，許令則下前手挖去其名，未知可故。道光己酉仲冬十日，呵凍書，少唐孔廣陶。

又《明董文敏行書陳心抑尚書神道碑墨蹟册》香光書，吾見亦夥，未有谷此之光恠陸離者，是本書詞並皆佳妙，殆與争坐位祭稿絶相似，蓋平時醉心於二帖，故不覺其神似乃爾。細審之，為煉筆書以練墨證之無，或疑焉。至陳公心抑到方恬遠為，有明一代偉人，歿，以節見，尤為世所共仰。大都能手皆所樂書，宜乎其遒麗箬此，三後斯編，蜀勝欽歎，時丁酉小秦，下浣我東方良□出示此本，屬題，為兼數語，恨書彎未諳，展卷已令人氣懾，但覺其出入晉唐，不能一一指出耶，即祈教我知無當也，潤堂李廷鈺誌。廷鈺。

明兵部侍郎陳禹謨墓，錢唐縣志在芳家，卒天啟間，諭英分省人物攷，禹謨孺心抑仁和人，萬歷丁丑進士，授中書選御史，尋除江西巡按，所至簡肅，終養里居十年，起補巡漕，陸太僕卿撫邵陽，轉刑部侍郎，終於官。生平見文敏真跡幾已百種，失於漂滑者多，此碑骨氣洞達，爽爽如有神力，參以坐位帖筆法，故趙姿穎骨倍加精采，與尋常所書，奚啻天壤。近觀其書聖主得賢臣公布，曾為石渠珍祕，披得圓秀之姿，此得蒼勁之氣，均為董書第一。咸豐戊午重九日，南海孔廣陶書於嶽雪樓。

清·何紹基《東洲草堂文鈔·跋徐壽蘅藏董香光書卷》香光此次豎起筆尖，頓折入樸，極為精致。昔年老友包慎伯評書多偏執，惟於香光云：如龍參禪，欲評男果。可謂妙評確見。丁巳七月十三日，飲壽蘅少司馬齋中，出示董卷二，以此卷為勝。兼看範華原山水巨軸，渾厚妙遠，因並記之。

又《跋陳子鶴藏董香光書詩幅》書畫一理耳，余昔年題畫詩有云：思翁微，尚祖迂安，肚年持節乘楚軺，洞庭以南入屏障，此後骨潤神姿饒。至今華亭舊巘出，半自楚雨官篷敲。今此幅乃受事長沙試筆書，然則謂香光書律亦得韻於瀟湘可矣。按，頭無容台集此詩不審，即其自作否。子鶴屬為題語，兼贊此詩，音節之妙，不僅開門埽地桐花裹等雋語也。余論詩最重音節，而解此意者殊少，子鶴忽譚及此，大愜鄙懷，附筆記之。

清·翁方綱《復初齋文集》卷二八《書董文敏少林寺道公碑後》董文敏書少林寺碑，用李北海岳麓寺碑法也。諫趙、董二家皆得力於北海，而董書此碑，意若目無吴興者。昔俞仲蔚謂北海岳麓碑在雲麾之上，而趙子函、孫退谷皆未喻其旨者，何哉，北海書碑凡八百通，其存於今而最炫赫在人耳，目前者則雲麾將軍李昭公碑也，其雲麾將軍李秀碑。僅存二礎，而董文敏獨存其唐搨全本，今刻入《戲鴻堂》類耳。少林寺戒壇銘亦尚不無可疑，則北海書之著於今而可貴者，惟端州石室記岳麓寺碑而已。端州石室記古雅淳質，竟以分隸為正書，無一筆涉行押體。劉有定衍極注曰：行草之書，自魏晉以來，唯用之簡札，至銘刻，必正書之，故鍾繇正書謂之銘石，虞、褚諸公守而勿失，至李邕始變右軍行法，頓失傳起伏，自矜其能，銘石悉以行押書之，而後世多效尤矣。愚按，鄭劉之言韙矣，然於北海書，豈未見端州石室記耶。然而有唐一代碑刻，既以宗法晉楷為則，而太宗之晉祠，高宗之萬年，已皆多涉行艸。高正臣之攝山碑，更不待言。而懷仁大雅，苦心搜集亦皆藉行草也。是以愚於品列唐賢正書，第其上選為六十種，而竊欲以順宗之韋臯碑，李邕之麓山碑，附系於後者，不得已而尋正書之路，如此也。然董文敏雖曰法北海矣，而其意豈果止於是哉，蓋直以右軍自處，而有唐宋以後二王復生之想。吾嘗於山谷夷齊廟碑之仰追褚楷，而竊慨於時世之限人不可跬步移也，英豪間出，不為時習所囿，而力已不能從心矣，奈之何哉。然則品北海書，鑒古宜今，吾必以岳麓李秀二碑為最，而端州石室之古質，吾且不敢質言，猶之品褚書者。吾必以孟法師為第一，而伊闕三龕之古質，吾且不敢質言也。若北海之雲麾，以鋒潁取勢，以研妙取勝，則董書正陽門關朝碑，足以盡其法矣。故曰，文敏之意，不欲止於是也。董蹟世傳正楷極少，偶有一二傳其楷者，又多偏於全省渣滓，蹈清虛，使後學無所入路，不若竟懸此少林碑以為董書之正楷，而其天然伸放，不能含味處，此老當亦自知其難矣。然以視吳興大行楷之全露研逸者，得失合離之界，微乎，微乎。吾未敢遽軒輊也。所以鄭劉之云不能不韙之，而顏柳一出，又無復行押之流弊者。其於褚、薛、北海之上下源流，孰沿而孰溯之邪。吾十年前臨此碑，以為可使趙集賢卻步矣，今粘册細翫，頗亦不敢自執前言，此事人巧天工，何者，為主乎，嗚呼，此所謂智勇俱困者也。

又《跋董書杜詩卷》 此卷題籤云臨米、黃二家，予謂非也，試觀文敏自跋，即見矣。文敏蓋偶會心於少陵二詩，觸煙雲墨戲之法，一作米書，一作黃書，以發揮書畫三昧，其曰庶子者，畢宏，大歷二年畫松石於左省廳壁，改京兆少尹，為左庶子是也。文敏是卷，神遊目馳唐畫家宋書家，渾而一之矣。戊申為嘉靖三十六年，文敏五十四歲，蓋視學自楚歸時也，其十月，朱涇舟次，日書蘭亭及玉潤帖，一過蓋心手，純乎晉法，故能酣恣若此。乾隆己亥夏五月望日是，瘦同祕閣擕過詩境小軒，煑茶品畫，論秦漢金石，暢觀此卷作，天風怒濤想旁，觀者翰林陳崇本、程晉芳，文學沈習醇、黃景仁、袁清也。

又《跋董文敏馮少集序》 董文敏自書馮少集序，在萬歷十六年戊午。少名從吾，字仲好，陝西長安人，與文敏同登萬歷十七年進士，由庶吉士授山西道御史，歷官副都御史，卒，謚恭定。田公名一儁，字德萬，大田人，隆慶戊辰進士，官禮部左侍郎，有鍾台遺藁，其云請急歸，越歲還朝者。本集云，余為庶常，時館師宗伯田公病且劇，同館議以一人行者，余為請急，卒成挂劍之遊，是其事也。此蹟去登第時三十年，文敏年六十四矣，先生為庶常時，已擅北海南宮之祕法，至此更渾而化之，所謂百鍊剛化為繞指柔，蓋去山陰門逕不遠，宜其目短趙魏公之牆也。卷有卞中丞鑒藏印，寶董書者，常以此為上乘矣。

又《跋董書文賦二首》 此董文敏壯年之筆，融合褚、顏之法而為之者，與趙吳興頗不相近。乃跋云，臨趙正其兀傲，不肯服趙處，趙、董二公皆具天然神秀，而其來處不同，皆以褚法例之，則其所得力又自不同也。趙、董皆得李北海法，此二公所同也。然趙文敏自言學褚時規模分隸，此則董所未歷之境矣。予今見褚公孟法師碑真本，乃知趙書所從出之路也，而董書入路處，雖云由顏人，卻終祕不盡言，大抵全由神力勝人，此其高視千古，竟非虛語。此卷雖小結構，然董公得力處具於此，正是其入路處耳，觀者勿輕視也。

又《跋董尺牘二首》 昔人嘗病董文敏與人手牘，往往有請託語，以為士君子涉筆之戒，然士君子致謹，原在平日動止不苟，豈僅在手牘哉。因觀此而益致謹焉，可耳。今人論書以顏公三龕，皆信手點竄所為，故謂不加意之書更妙，然亦不可以概論也，有加意而愈妙者，有不加意而愈妙者，若概以不加意為工，則亦非持平之論耳。

又《跋董文敏尺牘》 予見董書尺牘，未有若此册之多者。有內子六十語，又有自楚歸語，大半皆其晚年筆也。明政不綱，如大計之說，往往形於尺牘，此皆黨援門户之習耳。又嘗笑明朝士人幸而不精於攷證，若使明朝人互相攷證，正不知貽累經籍若何，如董文敏，雖八股出身，然亦何至說孟子不動心，動者猶如支動錢糧弔動兵馬之動，反駁朱注為非，每覽舊蹟，宜鑒觀得失也。

又《跋董文敏書五條》 董書有虞有褚，有顔有李北海，有蘇有米，有黄，獨其心不肯服趙耳，然就此諸家中似北海者，其精能也，似顔者，其本質也，似虞者，則其最高之境也，然每到似虞處，吾亦有智勇俱困之歎矣，此事天人之界，固一毫不能假借耳。二十年前見胡雨方侍御所藏董臨蔡明遠帖，雖顔法，而頗得虞意，嘗借臨，旬日還之。此外則惟今日見墨卿所購此册矣，惜不得以彼卷對看也，然臨蔡明遠帖，卷皆行草，而此内乃有正楷，豈竟欲更在彼卷上耶。吾齋有文敏大楷，以顔法入瘞鶴銘，則直欲上進魏晉六朝矣，又豈止學虞法而已。歐陽子與徂徠論書，既言書不可無法，而又薄鍾、王以下，為君子所不務此，蓋以魏晉唐賢皆不足言書也。岳倦翁以米老之身關係六書存亡，此蓋以書至米而後足言書也，嘻，二賢之言皆過也。乃若董文敏書，則當於何論，是程也乎，若以歐答徂徠之説概之乎，吾則何敢，若以岳贊米老之言概之乎，吾亦不敢也。董公一生得力在轉束二字，知此者，鮮矣。人皆知有明一代書家，結穴於董文敏，然明人書開始者，當誰屬耶，吾必推南宫生矣，如此則由董書直溯魏晉六朝矣，慎勿日饜董書，而只求之米海岳，吴雲壑諸老以還耳，今日對此董書蹟，方發此言。

又《跋董文敏論書帖》 董華亭以禪理論書，直透無上妙諦，固是前人所未能到矣，然書非小藝也，性情學問，鑒古宜今，豈一二説所能盡乎。自米老已專務行書，其於古人分際，第年號取大意，自謂得之矣。若虞、歐以上，由蕭羊以問山陰，自必從正書始，褚公西堂寫右軍書目，首以樂毅黄庭冠之，未有捨楷不問而專力行草者，未有不善臨草原而輕語飛行絶蹟者。若謂臨古不求肖似，則貞觀時馮承素輩敢以已意別書禊帖乎。今之取真者，惟賴沙門懷仁集字在也，而於羣腳之雙杈崇山之旁點，尚可辨驗也。宋元以後，書家漸皆不知講攷證之學，雖以趙集賢之臨蘭亭而崇山旁點帶頂置之所以，然皆邈不可問。至董文敏、邢子願，直目吴江邨所藏樂毅為梁本，則不求實學而專事虛機，其來久矣。董文敏天資筆力實務古作者，故能卓立自名家，若後人無其骨力，而效其虛機，以禪倡為筆髓，漸且竟可不講古帖，自騁筆鋒矣。董文敏處明末藝林熟習帖括時，而能天挺神秀，是以論者謂書道結穴於華亭也，實則其前尚有宋南宫，可時尚有孫漢陽，精研古隸，豈可廢乎。士生今日，則經學日益昌明，士皆知攷證詁訓，不為空言所泥，於此精言書道，則必當上窮篆隸，闢繹晉唐以來諸家體格家數，不得以虛言神理而忘結搆之規，不得以高談神肖而忽臨摹之矩，且楷承穎變，自必由方整以定其程，不得輕言圓美以開率易之漸，此則實關於士君子持躬涉世之正，所裨非細，豈徒為書道計哉。

清·李佐賢《書畫鑒影》卷八《董文敏臨王右軍書卷》 學詩者不可貌似古人之詩學，文者不可貌似古人之文學，書者亦不可貌似古人之書，其理一也。香光此卷，雖摹王書，然遺皃取神，絶去臨摹之跡，純以己意運之，未嘗規規求似，正惟不似王書，所以善學王書也，此董書中之變體，而實董書中之上乘，蓋晚年神化之境，方有此得心應手之樂，非淺學所及窺也，後學李佐賢識。

又卷一三《董文敏書信心銘册》 董文敏書滿天下，然所見多行草，真書固百不得一也。此册小楷，乃公書之尤佳者，世人但以姿媚學公書，甚至有濫董之目互相詬痛，豈邪訟書固未可輕，為書議平，似此剛健婀娜，端莊流利，兼而有之，且從容中矩，有意到筆隨之樂，其書名震耀一時，楷模百世，洵無愧色。貽良得此於京都，其永寶之，竹朋權佐賢跋。

清·葛金烺《愛日吟廬書畫録》卷二《明董其昌臨絶交書卷》 善書家，元時之有趙文敏，前明之有董文敏，皆上下三百年，縱横一萬里者也。然二公書，尋常都有矜莊氣。董公此卷，決是晚歲頽放之筆，故舒卷側正，無不忘乎手，忘乎法也，真可寶也。趙與董，才能前後相似，然玩董書，使人如對裴叔則在玉山上行，又如對李太白無復有皺眉情緒，趙書固亦佳矣哉。戊申冬十二月，嶺海二樵居士跋，印一百華邨夫子。朱文方印。聞人採同日觀，印一古卿。朱白文方印。

又 香光書在當時已多贋作，且去今未遠，故流傳尚多，就其真者論之，實書中之龍也。此卷起處既佳，而向後復極瀏漓頓失傳，獨出冠時政。如公孫大娘弟子舞西河劍器，乃所謂妙舞，此曲神揚揚者矣。余前在河陽崔梅軒太學家，見香光臨趙文敏盤谷圖，作青緑山水甚妙，圖後書盤谷序，其筆蹟縱逸，亦是佳書，然猶未及此絶交書之飛行絶跡也。鐵香先生公祖雅有書癖，所好如此，與葉公固當不同，此龍既在，彼龍固當逃耳。乾隆癸丑初冬中浣，欽州馮敏昌跋，印二敏昌之印。白文方印馮伯子白文方印。

又　董思翁書絶交，其自跋謂，曾見真蹟，乃右軍書，思翁精鑒，固當不誤。然如今所傳刻本，畧無遠致，決非右軍書矣。淳化閣帖中所收右軍書，雁筆頗多，故疑黄長睿輩見而命為李懷琳者，與思翁所見本固不同耳。此卷乃思翁暮年極得意筆，可稱無上妙品。柳東以為千金不易，誠哉是言。道光己亥暮春，宜興吴德旋跋。印二德旋私印白文方印仲倫朱文方印。

又《明董其昌書王右丞詩并圖卷》　思翁當文、沈、唐、仇之後，以書畫振起，遂為有明一代大宗，論書不服趙吴興，而畫則深為推重，然宗仰在董巨不相襲也。觀畫禪室隨筆其評隲古跡，均作透頂之論，故落筆超邁。此卷璧合珠聯，晴窗展對，可以得其概矣。吟樵四兄先生方家正是。壬子冬至前三日，嚴承健并誌。印二承健私印朱文方印嚴氏起云。

清・葛嗣浵《愛日吟廬書畫續録》卷二《明董其昌小楷書杜工部秋興詩卷》　思翁楷書絶少，此卷為藏家所僅有者，以其不輕作也，思翁收儲極精富，又勒於臨古，非如他藏家之僅供展玩者，然偶不愜意，即不示人，故傳世長篇精楷仍復寥寥，欲如此卷之圓湛温和，不更難能可實哉。

又　思翁書此卷時，年已古稀，筆力仍不少減婀娜從容，開豁通暢。翁書之正格，其渴而不燥，肥而不臃，正後偽者，何從著筆耶。

又《明董其昌行書宋人詞卷》　思翁是卷得顔魯公不傳之祕，似不僅從碑版來，而并得於真迹者，故凝重之中仍兼爽利，如此學顔乃無流弊近時何蝯叟於顔書有深造。使以此卷示之，正不知如何贊歎也。

清・方濬頤《夢園書畫録》卷一三《明董香光仿唐宋諸家法書真蹟卷》　按此卷臨蔡、蘇、黄、米四大家，雖各得其妙，而學君謨為尤當，正文敏精進時作，董書多圓熟，難得其生澀者，卷中無體不工，無筆不到其孤詣勁達之處，奪過前人，此香光之所以自成一家也。【略】不難其秀，而難其拙樸無纖媚氣，此香光老境也，學素師，作草如作楷，正如驌隨湘轉望衡九面而夷猶容與風日流麗。今人學素師，輒云狂草，失之遠矣。儷泉郎官年四兄大人屬題即正，戊申秋七月，熊景星。

又《明董香光書杜詩臨顔帖卷》　有明一代書家劇多，惟香光能集其成，所以尤為寶貴也。是卷係中年書，秀潤之氣溢於行墨，後幅臨争坐帖，視清暉堂刻本，神韻較勝矣。嘉慶十五年九月廿二日，胡翔云觀并識。此卷向藏城西程氏為家，文敏公五十三歲旹所作，見者輒疑為贋本，頗生異議，遂以他卷為書畫賈易去，不知其結搆緊嚴，揮灑如意處，遇明眼人，自當有特識也。嗜好各殊，愛野鶩而厭家雞，真乃魯人不識麒麟也，姑付一笑，勿典深辯可耳。

嘉慶辛未又三月廿七日，雨窗，香光後人錬金謹誌於小游仙廬。

又《明董香光書摸魚見詞卷》　明代書家無不精草體者，唯香光運以靈和之氣，脱去閣帖面目，故獨擅風流。早年欲壓倒松雪，後乃深加推讓，其拘折之味，愈率易處愈見精力。此卷故為甲觀，世稱香光用淡墨，亦不盡然，唯墨分五色，工畫理者，能會其趣耳。孫吴郡云：帶燥方潤將濃遂枯。咸豐元年九月，南海桂文燿記。

又《明董香光臨諸名家帖卷》　論有明之書者，曰邢、董，曰文、董，皆膚見者也。邢苦遲弱，文病飄直，遲弱則弗堅實，飄直則不能操縱。董書入鋒斬絶，使轉圓實，於其行草，則尤見其妙。嘗聞安吴包先生云：公荅人問書法日，行草須跌得倒，跳得花粉囊。予曾於宗湘文郡伯案上見公草書岳陽樓記長卷，字將四寸，徑真力彌滿風教過走挽，下不可方比，如大將臨陣，雖矢石交注，死生決俄頃，而指麾調度不失分寸，意氣從容，不異揖讓堂廡間也。洵知公言為非誇此書，公問時偶筆，然精於詧者，於公平生書法亦可見一斑矣。丹甫賢弟出以見示，屬誌數語敬獻淺陋。同治七年冬仲上澣，邵陽愚兄魏耆。

又《明董香光法書長卷》　庚午春日，掩關無事，偶檢佳紙書此，大抵學楊少師韭花帖筆意，頗得其破方為圓，削繁為簡之致。董其昌。

又《明董香光行書西園雅集記長卷》　米元章自靳固其小楷，謂唯題跋古名迹用一二字，此其最仗者也。董其昌。

又　余書素師自叙帖，以張長史筆勢合之，然旭肥素瘦，總屬顛草，擬聚一家也，學者當並參之。

又《明董香光臨禊帖真蹟册》　余家有白麻紙唐草原禊帖元文宗欸，以天歷之寶，宣和、政和小璽皆具，末有臣張金界奴進及宋濂小楷跋。跋中有云，標籤乃趙文敏所書，今已失之矣。余觀文敏跋《定武蘭亭》、《獨孤東屏》二本，或十七跋，或十三跋，顧於唐摹不下一語，豈禁中之本不在襲藏之數耶，墨本余幸收之，石刻多宋搨傳人間也。其昌。

又《明董香光書圓悟禪師法語册》　香光晚年書於生平所學諸名家，

或勝耶。經尾行草如迅教過，如飛雷，又如公孫大娘舞劍器，天地為之久低徊，若非心亡手，手亡筆，縱其所往無不法惡能神妙若是也，遂如二字脱落。

又 琴山公祖精於鑒裁，所藏名蹟，並皆佳妙。出此册屬跋，不揣孤陋，輒爾落筆，幸為教之，時丙午仲夏，潤堂李廷鈺并識。

清・陸心源《穰梨館過眼録》卷二四《董文敏小楷卷》 仲長統此論，所謂未聞巢由買山而隱者，然熾火熾然相將入火坑者，不必皆貧賤士，蓋盛滿不知足，往往十而九矣，書以愧之覺之，亦不可少也。董其昌。余此書學右軍黄庭樂毅，而用人意不必相似，米元章集古字已為錢穆仲所訶云：須得勢自此大進，余亦不能背臨法帖，以為非勢所自生，故不為也。是日過崑山，作送曹中丞詩四首及書此卷，其昌識。老子《西昇經》，余在南都見之，云褚河南真跡，米元章又以為經生書，又云是一種好偽物。余曾以玉壺、玉禪易之，主人迫欲朱提力不能有，遂落賈人手，如美人為沙吒利擁矣。書家以豪逸有氣能自結撰為極，則西昇雖俊媚，恨其束於法，故米漫仕不甚賞心。若兒子輩能學之，亦可適俗，因作小楷書記。家雞野鶩齊登俎春蚓秋蛇拖入奩君家兩行十三字，氣壓鄴侯三萬籤。東坡題《大令》、《鴨頭丸帖》，予家亦有《行穰帖》十五字，乃右軍書，亦當弁，以此語行穰九人遠示，應決不大都當佳，此在宣和譜載，有宋思陵金書右軍行穰帖字，其昌。

又《董文敏臨蘇米行書册》 香光以二王筆法臨蘇、米書，正如大菩薩應願作梵天王，然猶不敢使一縱筆，戒力深也。

癸未上巳，謝紹烈、黄家彬瑄敬觀鑒定，思翁中鋒懸□，提得起，留得住，乃學蘇偃米刷用意模楷，幾於亂真。蘇偃米刷俱是中鋒，所謂貪嗔痴愛，即是菩提。今之學書後，米中鋒於偃刷之外，乃外道斷滅禪，豈可以窺測香光哉。唐文皇評大王書云：鳳翥鸞翔勢，如奇而反正。書家正法眼，藏實在於此。當與徑山杲公佈臨濟偈子直下痛施三頓棒，夜來依舊宿蘆花二語參看。如黄氏所論提得起，留得住等語，尚是前人身後□□墨水成池只是未在。乾隆四十五年庚子冬十一月旬有八日，初得此册，因記。丹徒王文治。

又《董文敏盤谷序圖書畫卷》 梁武評右軍書，謂如龍跳天門，虎臥鳳闕。蓋狀其變化莫測，氣概非常，非鸞停鶴立之觀所可彷佛者也。余謂董文敏書，無一筆不使盡氣力，而蹁躚綽約，望若神仙，全由胚胎右軍來。今軌則一齊放下，純任天真，到此地位，大是難事。文治。

董文敏晚年書圓悟禪師法語，亦董書化境。也吾輩近日飽增眼福者，有雲谷所收董帖，具臻化境。墨卿先生極妙之董帖。今又得此帖，而吾齋所藏董書謝詩，於正楷得此化境，尤為難遘，然日日對此神化之詣，則亦啟下學輕言躐等之漸，則吾輩當益自警勉，勿以眼福自矜耳。方綱題。全部修多羅悉如標月，指若在語言上生知解，則未免認指而為月，於腳跟下事了不干涉，種種照用，都成弄精魂，漢圓悟禪師訓語大旨如是，與初祖意正同一鼻孔，真亘古徹今，參學人之大明燈，大寶炬也。香光居士曾於云棲大師座下參請净土諸要，又從紫柏尊者學禪，宜其於圓悟師語深有所契入，即其筆墨亦已有迴脱根塵體露真常底意思，後生禪病正多稱性饒舌，未知居士常寂光中首肯不也。嘉慶丙寅，花朝春海學人謹跋。

又 此同年朱滄湄文翰跋，滄湄歙人庚戌南宮第一，官西曹郎時，相欲薦之禁垣，辭曰：不能半日静坐。丙寅十一月來揚州，謁墨卿太守，出示秘藏書畫，其中董文敏書數種最勝，留案頭觀摩數夕，歸之并記。錢塘屠倬。

又 香光八旬後書為雲谷農部祝高堂無量壽，伊秉綬稽首。戊辰立夏。得無上三昧現清净法力，一切禪聞小乘，盡出其下，然自遍參十方得來，非坐香打七可得也。子和。香光得悟於米而歸宿於顔，此其晚年之書，嗑著觸著無非平原妙處，與少年之書姿媚自喜者，當有庭徑之别。

又 比邱成杲得余此卷，如解衣得珠，且欲刻石經流布。今禪門冷落，耆宿能標揚宗旨者幾人。成上人日念如是經妄一氣轉得五千四百卷，乃為奇特。董其昌重題。

又 玄宰為杲公書《心經》，可與率更刻並行，達大師嘗勸吾輩四大推身，五蘊推心，心身既空，寫經與諷經者安在，是真度一切苦厄也。陳繼儒得觀於頑仙廬。

又 畫禪翁刻意學書將廿餘年，猶作隨波浪。比遊嘉興，得觀項子京家藏名跡，又於金陵見右軍官奴帖，方悟從前妄自標題，自此始，漸有得翰墨小道其難有如是者。今人朝學執筆，暮則自詩。孫過庭所謂躍泉之態，未見其妍，窺井之談，已揚其丑。是終其身悟，且未能逮，於何有此，今之所以不逮古也。觀香光楷書《般若波羅密多心經》，全擬《宣示》、《力命》二表，沉著蘊藉，疾而定，徐而利，極意逼古，而結體仍帶本家法，與尋常所見刻帖又《董香光書登樓賦卷》 以楊少師韭花帖筆意書仲宣賦亦，兼用陶隱居華陽帖，欲一洗娟艷之習耳。壬子二月十三日，董其昌。

又《董香光書東坡大江東詞卷》 此卷用筆極空，而不免于率，非文敏經意之作，以非贗迹，故仍録之。

又《董香光小楷洛神賦册》 董文敏此書亦有翩若驚鴻，婉若遊龍之妙，古肆疑為偽作，索值極廉。余購得之物之遇不遇，信有時哉，如瓶室主人識。 文敏於天啟乙丑正月，拜南京兵部尚書，時年七十有一，人書俱老，益堪寶貴。帋本瑩厚如玉，服殆硬黃箋之類，滑不留指，非手腕具大神力未易著筆也。舊藏古刻大令洛神賤全本，乃世目所不多覯者。它日擬令潢匠裝于此册之前。同治壬申臘月七日，振甫麟識。

清・端方《壬寅消夏録》卷一九《董文敏二書汪繼環汪體義墓志合卷》 按汪繼環墓志：汪體義墓志皆董文敏自撰書。余先後收得，合裝一卷，書法清明雋工，由唐窺晉，文敏法書以此等筆意為最，世人專以圓轉流麗目垂，誤矣。

又《董文敏書華亭縣重建清倉石橋碑卷》 香光自跋所書云，不肯自立家數，故數遷業。然其晚年書，恪守顔法。余嘗見其補書宋拓醴泉銘，亦純是平原波磔。其自記謂生平不習歐法，蓋古人作字，雖兼取諸家之長，而胸中自有成竹，不隨人轉移。竹泉方伯極嗜董書，尤能鑒别，所藏真跡皆莊嚴犀利，為香光上品，此其一也。余事竣候代借觀經旬，爰識數語歸之。道光二十年九月既望，固始吴其濬識。余辛醜奉使至山西太谷，從賈肆得立宰所書崔顥黄鶴樓詩，與此本筆意正相類，時將來鄂，因購以自隨，且將刻石置黄鶴山巔，與渭卿觀察共欣賞也，癸卯正月，披覽此卷，牽連及之。

清・曾國藩《求闕齋日記類鈔》卷下《文藝》 董香光專用渴筆，以極其縱横使轉之力，但少雄直之氣。余當以渴筆寫吾雄直之氣耳。辛酉二月。

清・郭尚先《芳堅館題跋》卷四《董董香光臨顔自書告身》 香光書以顔魯國收因結果，此册臨顔，妙有生拙之致，蓋以拙得厚耳。

清・王昶《春融堂集》卷四五《董思翁臨顔魯公送裴將軍詩跋》 思翁書從魯公入，不從魯公出，而用筆險勁，深契古人之法，是以所摹與公具體而微。魯公真蹟，朱樓攻媿，明王弇州皆有跋，謂是詩不見公集，至嘉靖

觀此卷，驚猶鬼神，倘所謂龍跳虎臥者，是耶，非耶。宋米南宫乃有此神勇，文敏學書□平原人手，李邕、楊凝式皆其心慕手追者，米老尤所服膺，其自跋臨官奴帖云：漸修頓證，非一朝夕，此甘苦自道，所謂外人那得知者也。其生平得力處，此卷盡露，然恒蘊無窮，實亦未易窺測，至以盤谷序為奇文。余謂此卷真奇字，用配昌黎文有過之無不及。文敏書余見多矣，至是乃歎觀止，明代書品以文敏公函蓋諸家，宜哉。嘉慶庚申八月之朔，程瑶田書，時年七十有六。

又《董文敏雞毛筆臨楊凝式書册》 因試雞毛筆以楊凝式書書此數詩，欲離不欲合，與唐人虞褚輩不近也。丁卯十月十日，思翁。 此書純以意行，所謂心手俱忘，惟老年方臻此妙境，然無筆不留，亦無筆不到，熟極矣，自謂以生得秀妙，其在行筆順逆間耳。嘉慶甲戌新秋，魏塘錢樾觀并識。 觀此可以由歐柳而上追二王筆趣，蓋不獨瓣香洛陽風子也，董跡於斯觀止矣。嘉慶甲研發七月中澣吴榮光識。 丁卯歲，公年七十三，嘗自謂筆下璀璨除不得，若此册，蓋愛好之心已盡，璀餐之姿不除自去矣。嘉慶甲戌十月廿二日，成親王觀。 余舊藏思翁所臨宋四家帖，與此本甚相似，撫棠錢師稱為心乎俱忘，可謂盡之矣。嘉慶甲戌十月十二日，榮郡王記。

清・邵松年《澄蘭堂古緣萃録》卷五《董香光節臨小雲麾碑卷》 予未粵中，頗收董書，然非其至者，概屏弗臣，此卷臨李北海，是董書極詣可寶也。振甫識。

又《董香光節臨黄庭經各種卷》 曇□换鵝，興自佳耳，以為《道德五千言。又云黄庭外景經，可無深論，松雪臨《道德經》石刻，或於其後，仿登善數字，似松雪學褚法，益滋葛藤，至於鵝羣有帖，大為黄長睿揮揄坡公，不以為偽，以其書自佳耳。黄庭亦多褚臨太白不云换鵝者，何書也。香光臨寫數行，内忽攙内景一句，非誤也，正欲通山陰於楊許耳，自記拉拉雜雜，不阡不阡不陌，書韻固超，文筆尤逸，以下隨意臨仿，其意匠皆逆怡懌虚無而米觀者，須以四字求之，乃能有會。劉墉。 黄庭棄捐摇俗専子精，獨松雪所藏唐搨本作淫欲，香光亦嘗見而跋之，此鄭蓋即臨松雪藏本耳，然香光政不若是拘爐也，所謂寫帖不得不似，不得遏似者，亦香光中年持論如此，至晚年直是意行，不復於似不似之間起分别想矣。傳世書雖多，如此境地者，希有，撫棠先生宜寶弆之。皇十一子識。

間，無錫安國刻本有之，殆安氏弆此真蹟，因以增入爾。裴旻，《新書唐書》皆無傳，《宰相世系表》僅言出自洗馬川之後，于承恩為十世孫，官左金吾大將軍。

綜述

清・顧復《平生壯觀》卷五　刻鵠不成鏡面紙小册二本，紙高五寸，前仿魏晉鍾、二王小楷，前本題箋曰：寶鼎齋。後仿唐人楷書，宋人小行書，後本題箋曰：瑞環樓。前引首題刻鵠不成四大字，皆公書也，後陳仲醇跋。

又　臨坐位帖，所見三本，字皆大于石刻。

又　臨汝南公主銘，後論夫子廟堂碑，及褚登善書鏡面折册，甚佳。

又　古詩二十首鏡面紙，仿魏晉唐宋諸家法，而各寫一首面目、固殊骨力，自在當興文通擬各體詩同觀。

又　雜書一卷月賦登樓賦，俱中行，最精，又小行，書題云書《雪賦》，後五日，再書《月賦》《登樓賦》，稍以褚河南為法，蓋家姪一帖運筆也。又仿右軍一則，又《家姪帖》有題，又臨王僧虔書中正書，又《溫泉賦》楷書，《竹扇賦》楷書，又送菊中行書，後總跋云，此余在長安呵凍手書，及還山舟中，待放閘，消遣永晝者。仲醇兄為汰而裝池，及自披之，頗似五技寠習耳。若曰殉知之合，則吾豈敢，董其昌書于來仲樓，戊戌書，此卷行書之最。

又　與悟軒卷，白紙，前三尺許行書，記前人真跡墨刻二十餘種，想刻《戲鴻堂帖》時記此以公敵勾勒入石耳。後幅臨送梨十一字及東坡詩欵，為悟軒弟。

又　雜言一卷，前羅漢贊達摩贊十餘首，皆寸許，行書，後大字詩，每行三字，起至一字一行，用筆瘦勁而放逸，白紙，二丈餘，記年癸卯，迨壯年作也。

又　《金剛經》鏡面紙，正書，如錢楷，書如指藏，鋒前稍露行法，後更端嚴，用意之作也。前姚秦三藏法師鳩摩羅什譯，明禮部尚書董其昌書。又一册，字較小而更精，凡三跋焉。

又　茶山詩三十三首鏡面折册，烏絲界畫，正書，如古錢，筆有出鋒。

又　《赤壁賦》大字，學山谷。

又　雜書八册，有棉紙，有白六紙，有竹紙，有行書，有中草，有小草，有柬劄，有詩，有文，有草稾，無佳紙精楷。嘉興馮硯祥從文敏家購求裝裱成册者。

清・安岐《墨緣彙觀》卷二《董其昌楷書彌陀經册》　白鏡面箋本，烏絲界欄，楷書，十一頁，書法秀麗，可稱極品。首書佛説阿彌陀經，後自題云：棲蓮池大師，甲寅下月八十初度，余以師純提浄土，掃彼狂慧行，在梵網志，在觀經僧臘最高，居然古佛，乃書此經，刻石流布，以廣宏願，亦祈大年，自愧筆法弱劣，不能如趙文敏之為中峯書浄土一百八詩足傳耳。萬歷四十三年，歲在乙卯五月廿日，華亭董其昌識。前藏經紙，引首有得天居士題贊。向見一偽本於浄面高麗紙，上對此臨模者，後有吴錫秦氏一題，幾為亂真，故及之。相傳公書有七卷《蓮華經》，與趙松雪七卷《蓮華經》並藏松江王氏，因題其齋為二蓮居。趙書，余得一見，公書，不知歸於何所。

又《臨晉唐法書册》　白鏡面箋本，烏絲界欄，楷書《陰符經》，計四十行，首書《陰會經》，後題唐人，有李八百産《黄庭經》圖，宋趙千里有老姥授李筌陰符經圖。【略】丙寅六月十八日書款，其昌臨。《黄庭經》，烏絲界欄，計書十八行，首書黄庭經，後書得宋搨不全本黄庭經，臨竟，款，其昌。又臨樂毅論一段，計九行。又臨顔魯公《乞米帖》。又臨楊凝式《韮花帖》。又臨顔《爭坐位》數語。又臨懷素《律公帖》，後書懷素書，以《聖母帖》為最，勝《自叙》之狂怪怒張也。款思翁臨，後有得天居士一跋。

又《書晉唐諸帖卷》　白鏡面箋本，首押元賞齋白文，長印前楷書，□□□一段。又楮書景福殿一段。後章書臨羲之五帖，小行楷，釋四帖，後書戊申秋九日，臨十七帖，並釋文款，董其昌。下押太史氏董其昌二朱文印卷，有朱之赤收藏印及高氏宋氏等印。

又《法虞永興徐季海書册》　白鏡面箋本，烏絲界欄，楷書，法虞永興書皮日休《桃花賦》，首書《桃花賦》，文後自題戊午三月，崑山道中，以虞永興法書此賦。今年八月，從京口張太學修羽觀永興廟堂碑真蹟，歎賞之次，更有悟入，因重書一通。虞師永禪師，以永師千文意為伯施書，如菩薩應願作梵天主也，天啟元年，歲在辛酉十月八日，其昌。後行書臨徐季海書杜工部謁元皇帝廟詩，後自題新安之溪上，有吴太學家藏此詩真蹟，以為杜甫書。余玩其用筆，知是徐季海真書，蔡君謨宗之，雖方實圓，雖勁實婉，所未及顔魯公者，在有筆墨蹊逕，未脱歐虞褚薛姿態耳。歲在辛酉十月十七日，其昌後鈐忠孝之家朱文大印，册有沈文恪一題、高江村四題。

又《臨唐人四家書卷》 白鏡面箋本，烏絲界欄，楷書，臨徐褚薛歐四家書，每段後小行楷書其數語，字甚精妙。第一臨徐季海唐至德、廣德間恩制一段，後書右臨徐浩書，東坡行書學徐季海，真書學顔清臣兩家，正書相似，徐稍圓耳。二臨褚河南唐文皇衣册一段，後書右臨褚遂良書，褚書近隸法，孟法師碑是已，哀册似王僧虔，亦米書所自出。三臨薛稷四言詩，後書右臨薛稷書，薛稷為褚河南甥，書法似河南三藏聖教序。四臨歐率更九成宫一段，後書右臨歐陽詢書，歐書，米南宫評以為真到，内史此九成宫碑，其烜赫有名者。此卷末角有董氏家藏白文印，是文敏傳家者也。觀容台别集文敏有云：余性好書而懶矜莊，鮮寫至成篇者，雖無日不執筆，皆縱横斷續，無倫次語耳。偶以册置案頭，遂時為作各體，且多録古人雅致語，覺向來肆意，殊非用敬之道。按，文敏此語，但余所録文敏卷册，即鮮有成篇者，而臨法前人無不造其神奥，實多精神焕發之作。孫過庭云：偶然欲書一合也。此語信然。

又《臨僧懷仁聖教序卷》 白鏡面箋本，書自皇帝在春宫述三藏聖記起，至豈與湯武挍其優劣，堯舜比其聖德者哉，止計四十五行。後自題六行云：《聖教序》懷仁集右軍書，予以《褉帖》證之，多有遺者，蓋是懷仁一筆偽造，羲獻風流，所存無幾，學書者更具眼可也。思翁。

又《臨李北海大照禪師塔銘卷》 白鏡面選擇本，共二紙，董書之最佳者。前一紙臨四段，首書大照禪師塔銘，後小行書款，其昌臨李北海真蹟，下押董其昌朱文印，後一紙臨三段，行書款，其昌臨李北海真跡，後四太史氏白文印，董其昌朱文印，後有江村高詹事三題。

又《書蘇文忠煙江疊嶂歌卷》 白鏡面箋本，烏絲界欄，行書，法蘇文忠而多己意，精神焕發，得意之作。前書《書王定國所藏煙江疊嶂圖》，文後小行草，自題七行云：東坡為王晉卿題《煙江疊嶂圖》，與右丞桃源行抗行。真跡在婁江王氏，余嘗借觀閲，月足當三絶，欲臨其畫與書成一圖，未能也，往來於懷時，寫此詩俟足成之，董其昌，下押董印其昌白文印。

又《路馬湖記卷》 白鏡面箋本，烏絲隔欄，正書兼行，字大經寸，法李北海。首書舉證安府濬路馬湖記，每接縫有蘭雪堂收藏印，後絹隔水，沈文恪一跋，書於龍潭舟次。

又《楷書心經册》 宣紙本，其白如新淡，烏絲界欄，共八頁，楷書，法虞永興而兼十三行，端嚴秀韻，了無怠意，文敏著意之作。首書摩訶般若波羅蜜多心經，後款書香光居士董其昌。

又《書蘇玉局詞》 宣紙本，闊條幅長二尺九寸五分，闊一尺三寸二分，行書花褪殘紅青杏小一首，共五行，字大寸半，亦學蘇文忠，筆法蒼勁，詞後下又兩行，書辛未春書蘇玉局辭，款董其昌，下押宗伯學士白文印，董印，其昌朱文印。

清·張照《天瓶齋書畫題跋·跋香光臨唐人書四種》 香光臨浯溪碑少何千萬年句，及撰刻年月十六字，是否與遁甲神經同幅而並失之，不可考也。異日，若更離散，將不知為何人之迹，故補書而記之。此帖高文恪公每云，平生性命之寶，鍾紹京遁甲經，一葉在海寧陳學士家，内又失去内景經，二葉在南沙蔣相公家，前幅遁甲神經清静經與此數幅皆香光《戲鴻帖》跋語藁也，前為康熙辛卯，渤海君所攜來此，則乾隆己未，在京師購得合裝，而記於後俾觀者，知語重辭複之，故聞戴内章狀元家有類此數丈，惜未見也。

又《跋董思翁楷書千文》 康熙己巳，此帖始歸江村先生，癸未，先生捐館，凡十五年。辛卯，先生長孫女適余攜以來十八年矣，師友名迹較先生歲月反多，何其幸也。發未燥學書，顛華無成，可嘆也已。雍正戊申六月六日記。

思翁書此，數年乃成，故高下疎密，不同永師，真迹雖未見，見宋搨本與此無一筆不肖似，所為樝梨橘柚不同而皆可於口也，得其所以可口者，則鍾王口訣手授，以至虞褚者，有津逮矣。

陳學士世南藏思翁書千文，絶類米元章紙素割裂兩三字為一條，連綴成册，而九宫茂美，非裝潢者所能，直是思翁自排，或云勒石本旋書旋改旋勒，然未見搨本也，六月十日又記。

又《題董思翁行楷書唐詩宋詞卷》 明董尚書行楷書唐詩、宋詞合璧，無上真跡神品。董文敏於冰繭紙上作楷行，神采焕發，所書唐律、宋詞，又人間傳為極新警者。己巳年得此卷，藏之祕笈。

清·陳奕禧《綠蔭亭集·記華亭真跡》 三月九日，飲於宋聲求副憲觀董文敏真跡鏡箋黄庭經，崇禎元年寫千文，甲戌年寫《女史箴》，己亥年在京師寫臨歐虞楷書，又鏡箋臨閣帖十許段，皆絶妙好書，但可看而不可學，有識者能然余言否。

清·吴榮光《辛丑銷夏記》卷五《明董文敏臨麻姑壇記卷》 臨顔帖非顔而不背乎顔，是董所臨而脱去本家習，真乃超超元著。道光癸未正月九日，蔡之定觀。有之定白文印，穀山朱文印。

《女史箴》：茫茫造化至神聽，萬歷己未歲書無譽至敢告庶姬，《女史箴》余市長於鴻堂，帖乃晉人默默蹟，命之顧虎頭與十三行《洛神》，筆法差近，高可作大令，下亦不失伯施也。庚午七月十一日書，竟旋書旋歇十二年矣，其昌。有董其昌朱文印元宰白文印余此書直得晉人之髓，非敢自譽書，道本如是，歷代皆迷耳，元宰又識。米襄陽云：行書十行不敵楷書一行。古人不輕作楷如此，香光畫禪室隨筆，謂余性好書而懶矜莊，鮮寫至成篇者。今觀《女史箴》，以跋語考之，神聽二字以前，係萬歷己未歲書，時年六十有五，神聽以後，係崇禎三年庚午歲書，時年七十有六。前整峻雅飭，後稍參活筆，真生平極構也。乾隆庚子長至日，仁山王一峯。有一峰秋印白文庚辰生朱文印。

綺霞二兄初得香光居士仙壇記臨本，後復得《女史箴》，將彙裝一卷，屬為書後。蓋香光初學魯公《多寶墖》，此是既學鍾王虞褚，後再臨本，體格一遵顔法，而渾厚之氣流露行間。《女史箴》則自謂直得晉人之髓，不虚也。可見天分絶高，臨池之功，但求氣骨逼真，我用我法，以集大成，與趙集賢共有千古耳。嘉慶己未長至，後學錢伯坰謹識。

清·邵松年《澄蘭堂古緣萃録》卷四《董香光書王介甫金陵懷古詞卷·金陵懷古》 東坡赤壁辭獨步當世，及讀介甫金陵懷古，歎曰：此老狐精猶在，李白搥碎黄鶴樓，信有此事，古人讓善，不以仇廢如此，蔡京輩乃以黨故，欲盡禁蘇家之文，何耶。董其昌。坡公大江東詞得黄涪翁書之，頓成變美，王半山金陵懷古不減坡公，然當時未聞有人書之者，設章、蔡輩即為揮毫，其能與涪翁抗行千古耶，以此知文章翰墨要以人重而傳耳。董文敏公有慨於此惓惓於古人與善不以人廢，特欲為半山洗千古之陋，遂書此詞。其筆力雄健古雅，直欲越涪翁，在文敏平日書中，家為合作者。余寶藏之有年，每游輒置行笈中。今春過凫江，謁中丞公，出此共賞。公極賛歎，謂開董蹟多矣，無踰此者。時公方按部金陵，回舉此，為贈樓船簫鼓對澄江似練，翠峰如入籍，展此卷，抗聲長歌，俛仰今古。公之興會，當何如也。康熙丁丑夏四月朔日，林信謹跋於水心亭。

又 右董文敏書金陵懷古詞一卷，余丁卯使浙，過清江，陳曼生明府所贈，己巳攜至津門，以示約齋司農，把玩不去手，舉以為贈既。而司農轉贈湘林，儀部古蹟如雲煙過眼，貴得所歸，約齋善鑒，湘林善書，俱能不為此跡玷，湘林屬為記所自得于卷末，逸筆新意，董家長，伎此卷所貴，尤其在雄健耳。乙亥四月既望，南海吴榮光書後。此卷舊為吉人林氏所藏，後歸曼生陳氏贈吴荷屋中丞，荷翁贈約齋司農，約齋贈湘林將軍，湘翁贈蘭止閣學，後復疎還，遂遺古漁廉訪。同年，余奉使金城，獲觀，并綴小詩於後云。嘗恠孟東野低頭得退之，誰云半山筆不及大江詞，烏巷斜陽地，鴻堂夜雨時。精靈食劍合，執枝揖雄雌。道光二十九年十二月望，觀齋祁寯藻并記。

又卷五《董香光臨蘭亭敘册》 紙本八開十六頁，高四寸七分，潤二寸九分，每頁烏絲界三行，行六七字，用筆順逆，往來曲折如意，空靈沉著兼而有之。摹楔帖者，每依其行次，或歐或褚，皆可指名。惟香光此册，與前一種皆我行我法，而自得蘭亭神韻，不復於似不侣間起分別想矣，此册尤極經意，董書中不多得之品，後款。

又《董香光尺牘册》 朱完九札，字之大小相仿，隨意揮洒，氣足神，完扎語煩不具録，前有文敏小像，振甫先生題小款字註，摹伊墨卿藏本，旁記云：偶見董文敏小像，今工摸寫，附裝册首，光緒丁丑冬月，楊慶麟識。又録王鉄夫賛曰：皇帝建元之初，余將出為筆亭校官，一日，過曲阜拄未谷，覩所藏筆亭尚書小像。其明年，到官以載事，奉繳往祀啟，見祠中塑像，恍若舊識，蓋塑像與未谷所藏故逼肖也。今余偕計米京師，見墨卿太守摸藏此册，目為題賛於後，證書畫祥，現老婆相。我謁其祠，恍曾揖讓。祠側告身，臥石相向。門户衰孱，子孫惆悵。惟其英光，世所慕仰。遺紙一番，傳摹依樣。文采風流，千秋無恙。嘉慶四年二月五日，華亭縣教諭王芑孫書，振甫録。

題簽董文敏尺牘真跡，江上鑒定十一字為笪江上書。

古肆以董書一册送看，册為伊墨卿舊藏，有張文敏諸家題跋，册首有米鶴年所摸董尚書小像，因市賈居奇，不能成購，遂命工摹像，並手録王暢甫先生像讚附裝於此册之首。光緒丁丑十一月望日，振甫楊慶麟識。董文敏尺牘流傳尚多，此册特精妙可喜，曾經江上外史鑒藏，籤題完好，尤堪增重也，丁丑二月，振甫識。華亭尚書自云：吾書可直接趙文敏。近日見公所書樂志論精楷一卷，秀勁圓美，使松雪為之亦無以遇，乃知古人精詣，其自揣分量，正復不虞絲銖，松雪自謂盡馬不讓龍眠，亦此意耳，振甫。

又　八札字大小相仿，【略】有率筆，不及前册之精，然神勁天隨，無限天真，亦足珍也。古人重稿書，謂其無意于書，而粗服亂頭，天真盎流，反有非它書所能及者。右軍蘭亭，魯公座帖是也。尺牘雖非稿，然較他書為便易，此册蓋尤其率者，宜乎神動天隨，自然入妙，雖得之湘中，不免蟲蛀，而精神自露耀露，吾子孫其永寶之。光緒三年端陽日，臥雲識。

紀事

明・董其昌《畫禪室隨筆》卷一《跋自書》　臨官奴帖後。右軍官奴帖事五斗米道上章語也，己卯秋，余試留都，見真蹟，蓋唐冷金牋摹者，為閣筆不書者三年。此帖後歸婁江王元美，予于己丑詢之王澹生，則已贈新都許少保矣，此帖類稧叙，因背臨及之。

又《臨洛神賦後》　大令《洛神賦》真蹟，元時猶在趙子昂家，今雖宋搨不復見矣，今日寫此四行，亦唐摹冷金舊蹟，余見之檇李項氏，遂師其意，試朝鮮鼠須筆。

又《書樂志論題尾》　余在梁溪，見徐季海書《道德經》，評者謂子瞻似之，非也，子瞻多偃筆，季海藏鋒正出欲透紙背，安得同論，此書欲仿之。

又《書酒德頌題尾》　伯倫善閉關，雖沉湎，自有韜世之致，故得與嵇、阮輩並稱。余飲不能三酌，而書此頌，又自笑也。

又　唐世官誥皆出善書名公之手，魯公為禮部尚書，猶收朱巨川誥，如近世之埋誌，非藉手宗匠，以為孝慈，不足其重，蓋如此。國朝制誥，乃使中書舍人為之寫軸，而書法一本，沈度、姜立綱可能傳後。予兩掌制詞，及先太史誥，欲自書之，忽有非時之命，持節長沙，封吉藩，頒誥之時，王程于邁不獲從魯公自書之例，因臨顏帖，為之憮然。

又《臨顏書後》　顏清臣書深得蔡中郎石經遺意，後之學顏者，以觚稜斬截為入門，所謂不參活句者也。余此書，竊附魯男子學柳下惠之意。

又《臨天馬賦書後》　襄陽書《天馬賦》，余所見已四本，一為擘窠大字，後題云：為平海大師書，後園水丘公觀，特為雄傑，乃仿顏平原爭坐帖。一在吾鄉宋參政家。一在新都吳氏，後有黄子久諸元人跋，子久云：展視之時，有一大星貫斗而墜，其聲如雷。宋本余已摹取刻石，吳本多枯筆，别自一種米書，然皆真蹟也。米賦材乃强弩之末，而子瞻稱其寶月賦，以為知元章不盡，乃魯無一本傳世，何也，因背臨及之。

又《臨懷素帖書尾》　懷素自叙帖真蹟，嘉興項氏以六百金購之朱錦衣家。朱得之内府，蓋嚴分宜物没入大内，後給侯伯為月俸。朱太尉希孝旋收之，其初，吳郡陸完所藏也。文待詔魯摹刻《停雲館》行于世。余二十年前在檇李獲見真本，年來亦屢得懷素它草書鑒賞之，唯此為最，本朝學素書者，鮮得宗趣。徐武功、祝京兆、張南安、莫方伯各有所入，豐考功亦得一斑，然狂怪怒張，失其本矣。余謂張旭之有懷素，猶董源之有巨然，衣鉢相承，無復餘恨，皆以平淡天真為旨，人目之為狂，乃不狂也，久不作草，今日臨文氏石本，因識之。

又《自書卷後》　此余壬辰北上時，在廣陵舟中書也。丙申除夕，清臣復持至齋中，余重展之，因念古人書與年俱老，今去壬辰又五年矣，無能多勝于曩時，深以為媿。

又《酣古齋帖跋》　余見懷素一帖，云少室中有神人藏書，蔡中郎得之，古之成書者，欲後天地而出，其持重如此。今人朝學執筆，夕已勒石，余深鄙之。清臣以所藏余書一一摹勒，具見結集苦心，此猶率意筆，遂為行世，予甚懼也。雖然，予學書三十年，不敢謂入古三昧，而書法至余，亦復一變，世有明眼人，必能知其解者，為書各種，以副清臣之請。

又《書大江東詞題尾》　余以丙申秋奉使長沙，浮江歸，道出齊安，時余門下徐暘華為黄岡令，請余大書東坡此辭，曰且勒之赤壁。余乘利風解纜，後作小赤壁詩為吾松赤壁解嘲，既而余兩被朝命，皆在黄、武間，覽古懷賢，知當日坡公舊題詩處也，因書詞識之。

又《題卷後》　醉後磨墨一斗，以三文頭雞毛筆書此篇，迅疾如追風逐電，【略】無凝滯，皆自顏尚書、米漫士書法得來，書家當有知者。

又《書後赤壁賦跋》 余三見子瞻自書《赤壁賦》，一在檇李黄承玄家，一在江西楊寅秋家，一在楚中何宇度家，皆從都下借臨，黄卷有子瞻跋尤勝，然皆前賦也，後赤壁則惟趙子昂有石本，又思陵嘗書之，夏禹玉為補圖，亦在楊寅秋家，因書《後赤壁賦》，并記于此。

又《書各體卷題後》 此余在長安呵凍手書，及還山，舟中待放閘，消遣永書者。清臣為沃而裝池，及自披之，頗似五技窮鼠耳，若曰徇知之合，則吾豈敢。

又《臨十三行跋》 此韓宗伯家藏子敬洛神十三行真跡，予以閏三月十一日登舟，以初八日借臨，是日也，友人攜酒過余旅舍者甚多，余以琴棋諸品分曹欵之，因得閒身倣此帖，既成，具得其肉，所乏神采，亦不足異也。

又《題爭坐位帖後》 《爭坐位帖》宋蘓、黄、米、蔡四家書皆仿之，唐時歐、虞、褚、薛諸家雖刻畫二王，不無拘于法度。惟魯公天真爛漫，姿態横出，深得右軍靈和之致，故為宋一代書家淵源。余以陝本漫漶，乃摹此宋搨精好者，刻之戲鴻堂中。

又《臨褚遂良西昪經跋》 褚遂良《西昪經》與淳熙秘閣續帖所刻《黄庭經》，同一筆法，真跡昔藏新都殷尚書家。余在長安，魯于殷參軍見之，永嘉王中舍為吴太學手摹一本，不差毫髮，後歸武林洪黄門，黄門以余寫《法華經》字形相等，遂以贈余，且曰：子臨百本，使馬骨追風，畫龍行雨。以一本見酬，余茫然，未知何時得慰其意。

又《臨王右軍曹娥碑跋》 余為庶常時，館師韓宗伯出所藏曹娥碑真跡絹本示余，乃宋德壽殿題，元文宗命柯九思鑒定書畫，賜以此卷，趙孟頫跋記其事甚詳，且云：見此，如岳陽樓親聽仙人吹笛，可以權衡天下之書矣。當時以館師嚴重，不敢借摹，亦渝敝難摹，【略】可彷彿于非煙非霧間耳，因書曹娥碑識之。

又《書別賦題後》 陸魯望詩云：丈夫非無淚，不灑離別間。仗劍對尊酒，恥為游子顏。蓋反丈通此賦，如子云反《騷》，惜江令少此一轉耳。義陽吴光禄丞徹如寄褚登善千文示余，披賞數日，風雨如晦，泓穎久廢，朝來始見霽色，偶然欲書，為竟此卷，觀者必訝，謂餘本家筆安在也。

又《臨坐位帖題後》 新都汪太學孺仲以宋搨《爭坐位帖》見示，神采奕奕，字形較陝刻差肥。余臨寫之次，時有訛字，乃知是米海岳所臨，米嘗自記有臨《爭坐帖》在浙中，此殆其真跡入石者耶。

又《臨米書後》 是日，海上顧氏以米襄陽真跡見示，余為臨此，大都米家書與趙吴興各為一門庭，吴興臨米輒不能似，有以也，吴興書易學，米書不易學，二公書品於此辨矣。

又《跋稧帖後》 唐相褚河南臨稧帖白麻跡一卷，魯入元文宗御府，有天歷之寶及宣政紹興諸小璽，宋景濂小楷題跋。吾鄉張東海先生觀于楊氏之衍澤樓，蓋雲間世家所藏也，筆法飛舞，神采奕奕，可想見右軍真本風流，實為希代之寶。余得之吴太學，每以勝日展現，輒為心開，至於手臨，不一二卷止矣，苦其難合也。昔章子厚日臨蘭亭一卷，東坡聞之，以為從門入者，不是家珍東坡學書宗旨如此。趙文敏臨稧帖最多，猶不至如宋之紛紛聚訟，直以筆勝口耳，所謂善《易》者不談《易》也。

又《臨官奴帖真蹟》 此帖在淳熙秘閣續刻米元章，所謂絶似《蘭亭叙》昔年見之南都，魯記其筆法于米帖曰：字字騫翥勢奇，而反正藏鋒裹鐵，遒勁蕭遠，庶幾為之傳神。已聞為海上潘方伯所得，又復歸王元美，王以貽余卒師新安許文穆公，文穆傳之少子胄君，一武弁借觀，因轉售之。今為吴太學用卿所藏，頃于吴門出示余，快余二十餘年積想，遂臨此本云，抑余二十餘年時書此帖，茲對真跡，豁然有會，蓋漸修頓證，非一朝夕，假令當時力能致之，不經苦心懸念，未必契真，懷素有言，豁焉心胸頓釋凝滯，今日之謂也。時戊申十月十有三日，舟行朱涇道中，日書蘭亭及此帖一過，以官奴筆意書稧帖尤為得門而入。

清・孫岳頒等《佩文齋書畫譜》卷八〇《明董其昌倣顏清臣楊景度書》 顏、楊書於唐人中可謂絶去緣鏇，身青冥，不可呼致者矣，其於右軍靈和一脈，終有瞠若之歎。玄宰於書無所不淹，而少年得力在蘭亭聖教序，所以妙會處多，未可一途取也。余友孫茂叙雅善鑒，極重玄宰此書，故相與評之。《恬致堂集》。

清・王時敏《王奉常書畫題跋》卷上《跋董宗伯書卷》 董文敏公高文妙翰，驚耀古今，平日家庭問璞言剩筆點滴，盡是珠璣，令似季苑結集襲藏，蓋有年矣，其為金石之藏，馳涣之觀，與晉唐諸賢並垂不朽，洵乎天壤所生，誠有自然之妙，顧不知何因散佚，王假沈文以重購得之寶章他屬，未免有識興歎。然楚弓楚得，舉世共珍，豈復以在人在我，為軒輊耶。丙辰長夏，獲觀，漫言於後。

清・顧復《平生壯觀》卷五 少陵醉歌行大草書自跋云，因見黄山谷梵志詩，學懷素，復倣之趙文敏，謂草書至山谷大壞，不可復理，余此書，觀者謂何。戊午。

清・梁同書《頻羅庵書畫跋・董文敏臨宋四家書册跋》 此予家故物也，數年前為僕人竊去，今知為鑒家所得，予亦不憾，第前此裝褾，極精紙墨，亦凈好無點汙，兹則未免展轉受劫，無復舊觀，為可惜也。乾隆壬子十月又三日，不翁重過眼題。

又 跋後數日，景高孫大兄持過贈予，并執原主人札為證，蓋得之桐鄉金氏者。予始爽然皇然，悔前言之莽鹵也，夫物之在人與我，一也，我失之，人得之，而我且得見之，幸此物不終毀棄，未始不大慰於予心也，廼使得之者，轉疑我之疑人，是予以一跋為之要也，惡乎，可因暫時留踰月，復識數語歸之，以懺吾過長至月之末，不翁又書。

清・王澍《虚舟題跋》卷八《明董其昌臨黄庭内景經》 楊義和黄素《黄庭》真蹟，前明神廟間藏吴郡韓敬堂宗伯家。當董思翁及家損庵為庶常時，敬堂主教習，館課之餘，屢出相示。損庵從其借摹入石，勒之《鬱岡齋》中，今第二卷是也。此册為思翁所臨，蓋其庶常時筆，沉雄俊腴雖不逮其後來，而風神韶令，的是思翁本色。然非具隻眼人，鮮有知者也。後失去五頁，為俞□芝所補，與此正相類，亦異數也。余以甲午上巳獲黄素真蹟於燕市容巢，葉君亦於是日得思翁臨本，既幸神跡之各有所歸，而又歎兩美之不可復合，豈有數存乎其間耶。

清・陸時化《吴越所見書畫録》卷二《董文敏楷書千字文册》 小楷惟文待詔晚歲逾工。年八十二，燈下尚作毘頭書，又能每旦書千文一卷。余學書幾六十年，每為人强書數卷。此本起自戊辰春，至甲戌夏，先後七年而成，書道安得進乎談何容易。偶從篋中撿出，跋此以志愧。又中秋前三日，其昌，時年八十歲。

清・吴榮光《辛丑銷夏記》卷五《明董文敏書王介甫金陵懷古詞卷》 董思翁每喜書王荊公此詞，謂悲壯淋漓，可記坡公大江東去，而其書則欲與山谷老人書蘇詞敵也。嘉慶丁卯，余得董書此詞一卷，約齋司農愛之。己巳，視漕淀津，約齋為巡鹺御史，與余同官，敦好，遂以為贈。道光癸未，陳臬杭州，復得此卷，彼卷用渤海法，此卷用襄陽法，董從宋四家得筆，故用歐不録用米耳。後九年，道光壬辰二月望日，督兵南征，師次永州，記此，南海吴榮光。

清・葛金烺《愛日吟廬書畫録》卷二《明垂其昌臨絶交書卷》 天監三年九月廿三日，進入雲湘東所進絶交草書晉右軍董文敏臨絶交論，後有大宗伯印，是文敏七十外所書也。自跋云：嘗見真跡，是右軍書。此則與文衡山所見雙鉤本者不同矣，今臨其原題字於此，以資考證。乾隆己酉八月廿三日，北平翁方綱，印一宫詹學士。朱文方印。癸丑十月廿五日，方綱復觀。

又 余在閩中，曾得思翁《女史箴》正書拓一寸外，全似顔魯公家廟碑，為孫文靖公索去，至今未能釋然也。兹來甬江，獲此卷，乃鄞人邱東湖太守物有覃溪、二樵、魚山三跋，彌足增寶，同時又得思翁尺牘詩翰，皆八甎五研齋中特健藥也。道光甲午人日，柳東舊史記。印二登府朱文橢圓印先朝舊史白文長方印。

又 詩翰册已送周澗東觀察，行書唐人送别詩，非其至者，此卷神妙莫測，董書之僅見，千金不易矣。己亥寒食重記，印二柳東朱文方印八甎華館。白文方印。

又《明董其昌書古詩十九首卷》 祝希哲詣文休承，屬休承之吴市。案，上有高麗繭紙為書十九首，書竟，休承猶未歸，紙有餘地。又書榜枻歌秋風辭，《停雲館》所刻是也。祝書本褚遂良行草《陰符經》，因書十九首識之，東城一首舊誤為一，今正之，當二十首，庚戌重九後二日，董其昌。

又 董文敏各體十九首，向在莆田黄若木教諭家，教諭没，命其僧帚予，乞予誌其墓，其僧不肖，以三斗粟易之林小眉，林後以重資歸之孔學憲文，在余曾一見之，十九首流傳數處，近為吾友鄭汝器所寶。汝器工行楷，恆藏文敏書，可謂知文敏者矣，予不獲藏若木之卷，得時時從汝器展視此卷，雖不得仙，亦足自豪矣。壬寅上巳，櫟下周亮工題於情話軒。印二。

清・陸心源《穰梨館過眼録》卷二四《董文敏書誥敕卷》 董文敏書御史誥二道，先大夫曾已刻石。乙酉之變，石在故居，人有見之者，半已毀折，半為階砌，且原誥已失，而是書獨存，幸矣，敬永寶臧，貽之子孫。乙未七月十二日，昶識。

清・邵松年《澄蘭堂古緣萃録》卷五《董香光書昆吾洲記卷》 思翁此卷，未署年月，細審其用筆，于騰酈中仍極沉著鎮帋，殆脱胎北海及禮南宫而將遇蹤魯圖時作，應在周甲左右。少穆先生善書精鑒，以此言為何如。辛丑秋七月，陳延恩記。 此卷為宫傳林文忠公所藏，潔具完君蒼湄明府自粵游閩，其將旋粵也，公孫小颿茂才持以相贈，蒼翁如獲拱璧，屬予識數語於後。予昔在公七十二峯樓讀書數年，時與是卷相親，喜其筆筆飛騰，筆筆沉著，至不忍釋手。今重覩此，正如異鄉邂逅故人，跋而歸之，又如相聚未久，匆匆話別，黯然魂銷也。蒼翁行有期矣，書此以誌萍蹤。它日展玩晴窗，當無忘三山聚首時乎。同治六年仲冬，榕城王景賢敬題。

清・端方《壬寅消夏録》卷一九《董文敏精書仙壇記女史箴合裝卷》 《仙壇記》。紙本，高五寸五分，寬一尺九寸，四十行正書。跋七行小行書。

文不録。余學書，初師顔平原《多寶塔》，不過借此開拓筆力，實於平原之神理，未有入處。自後學鍾、王、虞、褚諸家，將平原格轍漸與相忘。今來鳳麓楊年兄家，几案間横陳古人墨妙，出佳箋，命臨宋搨此記。把玩三晝夜，方敢濡毫，回憶向年寫《多寶》時，如何運筆，信老僧之癢處難搔而搔著者，萬不一遇也。戊申十月十一日，其昌。

題跋。臨顔帖非顔，而不背乎顔，是董所臨而脱去本家習，真乃超超元著。

道光癸未正月九日，蒸之定觀之定白文峪朱文。

《女史箴》。絹本，高六寸，寬三尺六寸，三十六行，行書。跋十二行，行書。

文不録。《女史箴》，余刻于戲鴻堂帖，乃晉人墨蹟，命之顧虎頭，與十三行《洛神》筆法差近，高可作大令，下亦不失伯施也。庚午七月十一日，書竟，旋書旋歇，十二年矣，其昌。

余此書直得晉人之髓，非敢自譽，書道本如是，歷代皆迷耳，玄宰又識。

題跋。米襄陽云：行書十行，不敵楷書一行。古人不輕作楷如此。香光《畫禪室隨筆》，謂余性好書而懶，矜莊鮮寫至成篇者。今觀《女史箴》，以跋語考之，神聽二字以前，係崇禎三年庚午歲書，時年七十有六，前整峻雅飭，後稍參活筆，真生平極搆也。乾隆庚子長至日，仁山王一峰書。

綺霞二兄初得香光居士《仙壇記》臨本，後復得《女史箴》，將彙裝一卷，屬為書後，蓋香光初學魯公《多寶塔》，此是既學鍾、王、虞、褚後再臨本，體格一遵顔法，而渾厚之氣流露行間。《女史箴》則自謂直得晉人之髓，不虚也。可見天分絶俗，臨池之功，但求氣骨逼真，我用我法，以集大成，與趙集賢共有千古耳。嘉慶己未長至，後學錢伯坰謹識。

寫《麻姑記》太著意，故麗密多於逍逸，寫《女史箴》乃龍女參禪得悟時矣。徛屋丈人出眡，何紹基記。乙未秋仲，子貞朱文。道光己亥春仲，覩于荷屋中丞之吉見齋，羅天池記。 眚年三十五。

余藏思翁卷册百六十餘種，後將其少年不經意作，及綾絹本之不精良者沙汰之，僅得四十三種耳，内楷書有孝經册二，悉藏經，紙本桃花賦册一，宣紙本書儲光羲詩及千字文册各一，悉玉版，宣本臨九成宫各帖册，宋紙本均七十以後所書，樂志論卷一、二玉版，宣本係中年書，餘則行楷及行草耳。董書膺跡極多，非漫淫十餘年，莫能辨此。《麻姑記》雖非暮年書，而沈渾雄勁放之可以尋丈，由此得逕，可悟平原三昧。南海葉雲谷農部，曾借刻入友石齋帖，亦什得三四耳。道光二十七年丁未十月二日，羅天池題於寂惺齋。

清・張照《天瓶齋書畫題跋・跋董文敏臨柳誠懸蘭亭詩真蹟》 思翁臨此為明萬歷四十六年，年亦六十餘矣，精采煥發，尚如初日出雲，名花當午，百歲以來，書壇執牛耳，無誰能與迭主夏盟者，非偶然也。余廿二歲始得與此卷，周旋中間，八出長城，一使閩海，因歸華亭故里，至武林西溪山莊，一使潔具南，跋涉萬里，無往不與俱也。今年亦四十有四矣，因念卷中之人思翁年八十餘，海寧相公今年八十有四，優游林泉，止生及鷗天老漁者莫考，餘則莫若二老之壽者。卷既久為余有，不必以書拙劣而不著語其尾以自永也。雍正乙卯三月二十日，燈下，是日為余生日云。

又《跋思翁臨楊少師大仙帖》 此卷曾為江邨先生收藏，不知何年落市兒手。雍正五年五月，購得卷首題籤手迹。

又《跋董文敏自書詩三臨東坡書四》 此書誤屬棄捐之物，虞卿必不知書者，其紙必斷不可泚筆，苦索不已，漫檢以應，安知今日奉為拱璧耶。

東坡作書不懸腕，涪州云然，涪州目見當非妄語，但腕不帖案，即能虛懸，亦不在懸之太高也。世人不察，遂謂東坡偃筆，夫偃筆，安能作佳書耶。

又《跋董文敏書東坡詩真蹟》 雍正丁未，狄編修宗維捐館，囑其門生劉子騰蛟持此卷來贈余。狄君，余戊子同年友，劉又余丙午絜具南所得士也。戊申，劉生亦解組歸里，今聞亦下世矣。余既後死，又援筆誌之，有情同曉露，藉無情以永之，自古然耶。乙卯二月記。

又《跋董文敏書金沙姜鳳阿尚書官銀台告身》 康熙六十一年十月，以朱提一斤購於京師，鳳阿先生，金壇人，卷尾有二酉小印。二酉，鳳阿孫也。向在海寧陳宗伯家流傳有緒，涇南老史長卿照記。鳳阿不與思翁同進，蓋二酉索書勒石者，故題曰：先賢綸誥，思翁有自書三世制誥真跡，今在上海葉忠節公家。其在海寧館師陳宗伯家者，贋鼎也。雍正元年七夕，又記。董蹟近日益不可得，先生當謂趙吴興書為雁跡純滯，孰知今日先生書亦復然耶。葉公惡真千載一轍耳，食者又以不狂為狂，噫。癸卯十月望，長卿對菊展閲，清芳沁魄。甲辰穀日，錢塘江舟次，潮平浴日，船窗重觀先皇幾暇玩羲爻玉札雲羅奏殿岰異代君臣金作礪先生易傳手曾鈔，丁未二月，雲間後學張照敬跋。康熙庚辰進士朝勛，康熙乙未進士朝俊，皆先生後人也。十月十一日，病眼初愈，試手題記。辛亥二月二十四日，展玩舊題，正同觀化。戊午六月四日，久旱得雨，曉涼，又題。

又《跋董文敏書扇後》 偶過竹溪逸史，雙青軒對弈，竹溪連失數路，無以洩其憤，乃勒令作楷於香光名迹規日後若言負弈事，即出此事示人。

清・陳奕禧《緑陰亭集・題董文敏書畫册》 文敏書畫，至今世盈天地間矣，因求之亟，懸重價以償，而贋者出矣。廉讓藏此，出觀於京師寓舍，此不經意之筆，俗手雖竭其心力，終不能到。賞識家各具眼目，書畫無口角，任人自定也。戊子閏春二日題。

又《偶書》 今高麗有極光繭帋，如董文敏當日寫《法華經》者。昨在劉安徽處作書，方知。

著録

清・王時敏《王奉常書畫題跋》卷上《題董宗伯尺牘》 文敏公文章翰墨妙天下，書法包舉晉唐宋諸賢，而神韻特起，故為一代臨池之冠。尺牘雖璅言剩語，必饒風致，洵是安石碎金，好事者得其隻字，不啻吉光片羽，況多至十餘通積累成帙者乎。舜工兄廣蒐海内名公手札，葉集裝潢不下數十册，又得此册厭卷，羣玉圃中寶光更當坌溢，且使後世學者，於殘煤斷飄香中想見往喆流風遺韻，摩挲披繹，有遐思焉，不徒為藝苑勝事已也。

藝文

清・方濬頤《夢園書畫録》卷一三《明董文敏書西都賦墨蹟册》 思翁此書，原本大令兼楊少師、蘇靈芝、米元章、東坡居士，使趙集賢短氣絶作也。

衣帶過江宣示表，漆燈夜照屬王脩。今宵偶記遺他日，可得千秋伴我不。

湧出華嚴自在雲，秀華葉葉漾秋旻。了知不作煙豪相，八法如來屬此君。

乙卯下月廿七日。

又 藝林鼎足三文敏，慧業難從一世修。就裏雲間有衣鉢，風流還讓晉人不。

超妙卻從沈著出，鶴泉跋云爾，合將鼎説勵潛修。狂花客慧非真放，坡語精微君記不。

君家十萬卷書樓，傑構全憑妙手修。明珠挂壁百九十，並題款百九十字，甓社湖光得似不。

韭花一帖落君手，我亦今生眼福修。生怕更傾囊篋出，題詩一一可能不。

小山公祖屬，賈臻題，甲子五月杪。

又　絹素流傳二百秋，文殊無二悟來不。試看筆底金剛杵，猶有人間寒具油。

小山仁兄同年屬題，潘祖蔭。

又　工夫粹密子昂為優，天才超妙思白為勝。思白姿態横生，然究其風力，實沈勁入骨，翁林數語評董書最為的當，故能打破趙家圍，為數百年來一大宗也。此書《西都賦》百八十五字，非常俊快，有風檣陣馬之概，非有入骨沈勁幾，何其不顛且踣也。不獨香光真蹟，當亦董書成家後作。小山觀察以為何如，馬平王拯。

又　思翁此帖及張天鉼跋，曾於石刻見之。今又得覩真蹟，於兩文敏墨緣為不淺矣。

乙丑閏夏，許乃釗。

又　大令風流渺難即，華亭筆法企前修。雪窗合配梅花卷，西崦春風憶我不。

曾在王椒畦易畫軒觀香光西崦探梅圖，筆意高潔，題跋甚精，筆法與此相似。

又　尚書翰墨妙天下，三百年來留古香。落落千秋懷素叙，金丹猶在玉煙堂。

燈下再題一絶。曾瑩。

又　香光此册稱妙絶倫，卻筆筆從沈著而出，宜張文敏公之傾佩不置也。小山觀察以為所見百餘本，無逾此者，真具眼哉。因步文敏原韻，一産題之。

消盡人間煙火氣，不知慧福幾生脩。年來贗鼎紛紛出，得似廬山面目不。

同治癸亥嘉平望日，膠西匡源。

又　思翁筆法稱奇絶，汲古真如得綆修。十萬卷書樓内物，可能惠我盡觀不。

應小山親家之囑，孫毓溎左腕題。

雜録

清・顧復《平生壯觀》卷五　手札曾見百幅，皆筆尖游戲，無一佳，即與先君二札亦然，幾不能識其為真矣。近見吴聖蕃所集二十四紙一册，内與復菴一札四行，甚佳。説者曰：公書喜光滑紙，素白六紙澀滯，則筆不能舒展矣，未知然否。

清・張照《天瓶齋書畫題跋・跋董文敏臨褚河南枯樹賦真蹟》　乾隆丙辰九月初六日出獄，越十日，命以白衣校書武英殿，既脱累械，復離薄書，儤直之暇，遊於廟市，識面者咸若丁令威，再來華表佛殿之右階，忽見此卷，豐城劍氣留待張華，良不偶然，購歸，摩挲三嘆，而記於後。

又《再跋》　褚河南《枯樹賦》有宋拓本，今在静海勵滋大侍郎家，明代好事家裒刻法帖所刻《枯樹賦》，大率本此，真有若似孔子也。然有不可解處，閣帖山河阻絶，數行即是此賦，因脱落不全，故就其所有，集成文字，若全賦見在，不宜有强，豈淳化時無之，而今轉有耶。或曰，閣帖所集，皆真蹟，無翻刻石本，此賦真跡只存此數十字耳，理或有之，然無籍可徵也。

清・郭尚先《芳堅館題跋》卷四《董書飛白法二館辨》　右香光先生六十歲時，書意澹韻遠，但見靈氣往來，書至此，可謂造化在手矣。卷中館字恭字皆有刮痕，蓋為章蒙臨寫，故致慎於偏旁耳。墨磨濃後公敵冷，以羊毫醮之，紙又滑膩，受墨書成，當邈然，有天際真人，想此興到時，偶有此數行，非能有意為之也。

清・翁方綱《復初齋文集》卷二八《跋董文敏臨實際寺碑墨迹》　文敏自跋云：唐時多集右軍書，此實際碑亦聖教之流韻也。按，實際寺碑，僧懷惲行書，初不與懷仁集右軍相涉，不知文敏何由而發此論，若然，則唐人行書多矣，皆可謂之集右軍乎。昔米海岳少時嘗取晉賢書及六朝書佳者，翫其體勢，習而效之，謂之集古帖書。此在學人用功，自有善為融貫之理，至於品隲碑帖，則言各有當，不得漫以一語該盡唐人明矣。唐人固無不學右軍者，然其才力所至，亦各有及有不及，即集書亦豈易言哉。

又《跋董文敏書正陽門關帝廟碑》　此董文敏書碑之最佳者，當與李北海云麾將軍碑、米南宮蕪湖學記並觀矣。然以予攷之，文敏書此碑，在萬歷十九年，文敏年三十七。時韓宗伯教習庶吉士嘗以所藏書畫屬為品次，文敏嘗以柳書書館課試卷，王文肅見之，曰：公對策書學率更，今復仿誠懸耶。蓋先生為庶常時，精意學唐碑，故此書雖仿北海，而實以骨格為主，非若後來效董書老，專以行押取姿也，此則善觀董書者所當知耳。

又《跋董文敏自書詩卷》 右董文敏自書詩卷，在癸亥四月，文敏生於嘉靖三十四年乙卯，至是天啟三年癸亥，年六十九。沈文恪跋謂年六十八者，誤也。文敏以是年秋擢禮部右侍郎，協理詹事府事，而此蹟言舟行青□者。攷，文敏於天啟二年八月五日，充實録纂修官，是年十月，往南京採輯邸報，因歸里鈔寫，上疏乞休，不報。次年，入都，則癸亥春夏正在江南矣。疏中有家居二十餘年之語，即此詩所云廿載寔心者也。乾隆乙未十一月廿四日，同人小集瘦銅舍人記珠軒觀文敏書樂志論屏幅，蘇詩小幀，及此卷，皆文敏真蹟。而余尤激賞此卷，無論陳香泉所云草率者，為門外漢語，即孔跋内所稱茶山司寇賞其神似趙松雪者，亦尚非至論。此卷乃真能通篆隸之津梁者，其用力處可及也，其不用力處不可及也，嗚呼，豈易言哉。是日，同人分詠，方綱得天字附四小詩於後。

清・顧文彬《過雲樓書畫記》卷四《董文敏臨黄庭經小楷卷》 米元章《寶章待訪録》載：褚遂良書黄庭經云右閒録綾所書，丁謂孫全縣處質在無錫民家。此卷思翁自云從褚河南緑綾本臨摹，温潤虛和，超唐入晉，凡千一百餘字，首尾如一筆書，絶無先後作輟之跡，殆生平傑搆也。後有眉公跋云：此為于蕃臨，于蕃姓項，孝竹嬾畫媵有為項于蕃畫，是也。思翁為于蕃書屢見，容台集有云，于蕃寓書於余，謂以好收余書，囊為之澀，又稱于蕃賞音者，不欲自藏其技，此卷亦為于蕃書者，徇知之作，特見經營。王虛舟推為董書第一，信然。

又《董文敏臨樂毅論册》 香光臨樂毅論，以高麗紙界烏絲書之，迴腕藏鋒，極得右軍父子神髓。余考畫禪室隨筆云：樂毅論梁世所摹與唐摹字形各異，余家《戲鴻堂帖》唐摹本也。又有一本唐摹在長安李氏，曾屬予跋，恨梁摹白麻紙真跡為新都吳生所有云云。《式古堂書考》又載，香光題梁摹《樂毅論》云：余所見樂毅論宋搨本，及唐貞觀摹真蹟二本，皆無付官奴三字，獨此有之，初甚完好，聞吳氏購時，主人故漫之，殊可惋惜。智永跋所云：梁世草原出，天下珍之，即此帖也。此本亦有付官奴三字，當是香光臨吳氏所藏梁摹本無疑，故與《書史會要》所云羲之嘗書樂毅論一篇，後題云：賜官奴，即獻之小字，合若符契也。吳氏為吳周生太學，工書博古，見《容保實驗室》中。

又《董香光臨東坡叔黨父子帖册》 帖後有狄億跋云：思翁此帙，是用全毫筆魚油墨所倣者，故能獨得蘇家三昧。是已，余更考《甫田集》有《跋東坡五帖叔黨一帖》云，二帖皆與忠玉提刑，當是自杭赴召途中，與王忠玉者。又次歙硯帖亦元祐四年在杭時書。思翁所臨，即此二帖，而舍所謂與郭君廷評及食蠔帖耳。後接臨叔黨詩二，祝氏集【略】《跋蘇文忠五帖》云，帖在朱子儋，所後一帖，為叔黨題郭熙平遠三絶，與妮古録所見相同，蓋以合裝，故并臨也。思翁習於蘇家筆法，又於甲寅十月觀東坡叔黨此帖於吳閶舟次，所謂吳性中從項氏探此驪珠，勿遂落好事手，宜搨傳海内共賞之者，故非尋常臨摹可比。余於大觀録載思翁跋知之。

陳繼儒書蹟

論説

清・葛嗣浵《愛日吟廬書畫續録》卷二《明陳繼儒行書軸》 明季重處士佘山詩文書畫無一不佳，為士夫所欽佩，惟拔一毛一語，特為後人口實。而衰之不終，實由反間，不然，去毛存衰，何至不能為天下事耶。總之，名高易於招謗。觀此所書四箴，則其自勉勉人頗多，省察如佘山者已為明季不可多得之人也。

又《明陳繼儒行書尺牘卷》 眉公當明季，以處士家居，亨名山之樂，不入黨社，足徵先見，惟以多藝多材，名高難隱，猶於朝局是非，地方利弊，殷殷致意，則山林亦良苦矣。讀是卷者，須知知人論世，當於細微曲折中求之乃見真情，史傳有飾辭，恐難全信。

紀事

清・卞永譽《式古堂書畫彙考》卷二八《陳眉公冬餘記》　余願為冬餘處士文逋俗逋，不復叩門，擁罏炙日，濁酒陳書，此目前輕安法三十年不能得也。伯承以歲杪踏冰霜，訪余草堂，信宿，信宿，非特高義，實以五十婚嫁皆畢，二子皆秀才，閉門讀書史，無煩檢課，伯承真冬餘處士也。是晚，同玄宰雜論，因言知天命非有别法，但安命不攀緑耳，耳順亦非有别法，但譏稱順逆如風相似，不分别耳。龍溪子謂八十不踰規，余以為即百歲決不踰矩，平天下只言絜矩耳。庚戌十二月二十日，陳繼儒記。

黃道周書蹟

論說

明・黃道周《黃石齋先生文集》卷一二《題自書千字文岫後》　凡三章。書未有不摹本而能佳者，如古人艸法中有極嫩放而不堪觀，細思之，乃不得不如此，數變屢反，復歸其貫，乃知作者之精也。學聖賢人不可得，須取其論著詳翫，於極粗處見其精細安妥，有不得不如此者。然後其行事進反可得而求也。

十年前筆法極嫩，時有穉氣，所見法書亦皆隨俗依傍，間出己意墜敗甚多。自見率更千文及曼全縣碑後，稍稍有進，終是小道，不足留神。此本乃甲戌散牒在而遠處，為陳望卿鐫于温陵，殊彰其醜，不足存也。

貞觀間，右軍法書在者尚萬二千紙。上命飄香遂良及諸公集成千文，至高宗時，歐陽率更所集猶其真本，惜今不可見耳。病起偶作，此在余書中其最劣者矣。

清・翁方綱《復初齋文集》卷二八《跋黃石齋先生隸書》　石齋先生分隸，世不多見，聞先生講學處有石平如案，上有刻畫，非篆非爻，人莫識也。嘗語閩中友人當拓其文，與二易洞璣參攷之，此分隸雖不用漢唐書家之法，而自有書傳氣味，實即先生楷法之一變耳。

清・陸時化《吴越所見書畫録》卷四《黃石齋哀宗將軍卷》　今于平原得見先生遺墨，辭麗而情深，乃公未成進士前十年在幕府所作，足見當時之膺重寄者上正亦延極有學識之士與之俱，不獨胡太保之倚漱仙也。書則楷法雜草，筆法俱有來歷，惜不得佳紙書之，神採已失，不堪再付裝池。因嘆昔之名人三不朽，外凡八法，六法天文地理，無不精詣。余年老力衰，悔無及矣，嗟如之何。乾隆三十七年八月既望，古巖王俊，時年七十有五。

清・李佐賢《書畫鑒影》卷二二《黃忠端詩翰軸》　石齋先生書規摹鍾元常，筆力高古，態度含蓄，有明書家輩出此獨擺脱恆蹊，追蹤魏晉，可勿寶諸。道光己丑春日，梁南倪琇識。行書八行。押尾白文倪琇嵇印方印。

清・方濬頤《夢園書畫録》卷一五《明黃石齋草書立幅》　此幀剛介特立，真如屈鐵，拜誦之餘，敬志於後。卿後學林則徐。

清・葛嗣澎《愛日吟廬書畫續録》卷三《明黃道周草書軸》　明季書皆奔放雄奇，盡力恣肆，自殿廷台閣至韋布山林，無不出於此途。故當易代時，上者殉國難，下者思念劫運，其潔身遠引者，無復幾人。此殺機已動，而剛氣乘之也，然就中揣摩，亦分數種，殆各本其性情學力以赴，此風尚歟此忠端，書宫絹本草而扁筆，致極婀娜，蓋由其素習漢分、鍾楷、章草而然，與明季諸家小異矣。明季作狂草者多不勝論，論公書以發其凡。

綜述

清・顧文彬《過雲樓書畫記》卷四《黃忠端唐公墓志銘卷》　石齋先生以文章風節高天下，乃其書亦復出入鍾、王，為書家龍象，特當世流傳，大抵優孟叔列入虎賁中郎，求其真而精，如明誥封朝議大夫禮部儀制司郎中西雛唐公墓志銘，實為生平僅見也。是卷紙凡三接界，以朱闌楷書六十四行，乃唐公之子亨予請先生銘者，以漳浦集唐棣之墓誌對校如集本。故自甲戌闖賊躪蜀以來，此作闖獻集本達獨無恙，此作達獨晏堵人民無恙集本，如搔髮頭上，此作如搔灶頸上，集本兒輩何足聞也，此作問也，集本於是搖黄寇與獻賊，雜蹂川東，公攜家退守，達此作，公攜家入捍城寨避之，遥黄從諸寨求餉，不可得，悉力破諸寨，公攜家退守達。集本李悍莫當處，此作莫敢處者，集本同舋，此間此作無間，集本以建間□，此作間諭，集本正以示無外，此本作以示無外，中葉儒衿，此其禎禬刊誤補闕類，足正集本之失，末署龍飛。弘光元年三月朔日，賜進士出身、光禄大夫、太子太保、協理詹事府事、禮部尚書兼翰林院學士、前吏部左右侍郎、正詹事兼翰林院侍讀學士、充經筵日講官、纂脩實録玉牒，通家侍生漳海黄道周頓首。識《明史》本傳，但云福王監國，拜禮部尚書，協理詹事府事，未書兼官，得此結銜，足以補之，乃知真蹟無在不有裨史學也。卷初為二林居士所藏，有引首及自跋，後歸家文學湘舟，有石琢堂殿撰跋，最後歸余有，何子貞同年跋，稱其純是晉法，余每嘆為先生知己。

紀事

清·卞永譽《式古堂書畫彙考》卷二八《黄銅山與蔣八公札二卷》 外翁解相印歸籠，偶從案頭見石齋黄先生手書二册，近百葉皆詔獄中與翁□□案牘也。先生臨池高妙不必言，至造次顛沛中，信紙直書，顔筋柳骨，不失尺寸，斯豈臨池之技乎，抑不獨黄先生難也。

又 先生獄中所著，有《春秋論斷》、《詩序正》、《易象正》等書，又手寫《孝經》百本，頌颺聖孝，今觀逞來諸牘，皆履險經危之具，而兩賢敦勉道誼，獨立不懼之概，具可想見，即其文辭斐然，書法一本鍾王，又何其從容不苟也，古人之美，何足以云，華亭門人張壽孫謹跋。

清·陸時化《吴越所見書畫録》卷四《明黄石齋孝經定本册》 忠臣必出於孝子，此千古不磨之論也。石齋於崇禎辛巳，自詔獄過刑曹，初拜杖，血肉淋漓，乃據一敗，几日書《孝經》凡百餘本，每本繫之以跋，無一語重複。當時人得一本，侈為奇寶。孫退谷獨得二本，一小楷，一小八分書。載退谷銷夏記。此册為所書第四十四本，楷隸兼有，且題籤尚出親筆，久而未失其寶貴，為何如也。乙未小春二十日，聽松山人陸時化書。

倪元璐書蹟

論説

清·顧復《平生壯觀》卷五 諸公之跡，文正最優，曾見其與姚文初幾札，更見其恤災定亂札，及弟欲一日涉夜私過台邸札，又數札皆好，公等雖以名節為重，若品藝兼高，豈不更足重耶。

清·陶樑《紅豆樹館書畫記》卷八《明倪文貞公草書太白廬山絶句》 書法矯健，不減祝京兆。

清·葛嗣浵《愛日吟廬書畫續録》卷三《明倪元璐行書詩翰軸》 文貞行草，鋒芒銛利，妙於轉折，歛放並行，筆有方勢，具右軍尺牘之一體。張二水有此活潑，無此清矯，謹當與善書者參究焉。

雜録

清·顧文彬《過雲樓書畫記》卷四《倪文貞十七帖卷》 文貞臨十七帖，頗極煙霏霧結、鳳翥龍盤之妙，旁作楷書，釋之。據王良常跋云：乃倪鴻寶先生所臨，格韻清遠，無世俗圓輭態。後雖無款，定知非先生不能各條，後釋文則南沙秦先生筆，間誤一二字，余為補正，附注其下。先生工分書，直入東漢，觀其楷法，魏晉風流，淵然任目，與鴻寶先生信為雙璧。良常具正法眼藏目為上虞遺墨，自是定論。南沙為無錫秦道然，字雒生，康熙己丑進士、翰林，歷官御史，有泉南山人稿，其善分隸，則《虚舟題跋》有《秦南沙太史臨〈曹全碑〉》可證云。

《明賢三楊墨蹟合卷》

綜　述

清·端方《壬寅消夏録》卷一一《明賢三楊墨蹟合卷》　第一楊士奇。南雲程郎中名程，以筆墨供事西殿，官郎中，精隸籀古法。文貞公每有碑版題額，輒屬之。此册十段，皆與郎中往復赤牘。文貞公少有聖童之譽，七歲即善大書，徵入大廷，揮毫如弄丸，其法漸老漸蒼，所不必言，乃當其致身宰輔，揆業赫，時而折簡造請，一皆藝苑文事，且稱郎中，呼老友冠之以名，其高雅古朴渺焉有今古之異，先輩典型，熙朝風尚，具可想已。叔度其善藏之，己卯仲春廿二日，雪苑社弟王水曾跋。時值春雪乍降，小憩静坐。弟二楊廷和，弟三前人，弟四楊慎，弟五前人，弟六前人。明楊文貞與程南雲札子，一南雲字得恐南成人，據王承曾跋，共有十段，今止存其一耳介。夫兩札均與王辭卿者，青羊宫在成都南郭，西接草堂，東眺惠陵，臨浣花溪上，二月間花事最盛，蜀中勝地也。升庵一札三詩，均與三溪年兄，末一帋二詞，止云年兄，恐亦與三溪者。

《明七家書畫卷》

綜　述

清·陸心源《穰梨館過眼録》卷六《仇十洲、祝允明、王雅宜、文衡山、陸五湖、蔡九逵、彭隆池七家書畫卷》　吳中書法，自昔有傳前修如徐武功有貞、劉大參玨、李太卿應禎稱名家，至祝京兆、文太史、王履吉原始二王，追美文敏，一時學書者彬二輩出，實昭代之宗工也。太史愛我，自弱冠即引為小友，許之可教，林屋先生亦曾辱下榻，故暇時偶筆手贈特夥，此蘭亭九歌其一也。因徙居，為祛篋失之，僅存二帋，乃裝小册，屬陸璽卿、彭徵君繼後，至於祝京兆之黄庭經，王履吉之曹娥誄，近又得之白雀寺僧者，余留心廿年，始得數幅，其亦可謂難矣。隨全縣仇實甫各寫一圖，若博士彭太僕許初、文選王穀祥、太學袁褧學諭、嘉同學黄姬水、文宗、袁尊尼，皆我同志，將取次求書滿帙，以蹉跎誤時，竟不畢事，於衷不能無憾，吁，甲戌正月，周天球記。右明人書畫凡六段，長洲周公瑕所集也，公瑕先得文衡山縮臨蘭亭暨蔡九逵所書九歌湘君湘夫人二章，因裝成册，屬陸子傳為縮臨麻姑仙壇記，彭孔嘉為書洛神賦於後，又於白雀寺僧所得祝京兆臨《黄庭》、王雅宜臨《曹娥碑》，合成六段，每段屬仇實甫為繪像於前，皆矮紙蠅楷，雖以黄庭、曹仙壇本皆細楷，而此皆更加縮小，可謂極小楷之能事矣。此内祝京兆臨黄庭是其四十一歲時所書，在王雅宜寓居白雀寺之三十年前。雅宜受學於蔡九逵，居洞庭三年，既而讀書石湖之上二十年，至壬辰、癸巳間，息虞山白雀寺經年矣。是年三月晦日，猶復往白雀寺，至其夏四月晦日，遂卒。則此臨《曹娥碑》為其將絶筆時之作矣。宜寺僧與三十年前祝書同珍賞以贈公瑕，而公瑕寶之尤篤也。九逵書在丁酉，則雅宜殁後四年。陸子傳書在乙内骨骼，彭孔嘉書在辛亥，則九逵又已殁數年矣。惟衡山巋然靈光，至陸彭二君續書時尚健在也，其縮臨蘭亭時，年已七十有六，而韻逸手柔，彌臻勝概，不足為衡山異也。吳中人相傳衡山殁後，凡豐碑巨碣，皆出公瑕之手，蓋公瑕能以書法嗣響衡山者。此跋在明神宗之二年甲戌，時已為文伯子壽承卒後之二年矣，其篇末所舉數人者，蓋俯仰今昔，感慨系之，雖石湖五賢之記，雙梧六客之圖，何以加諸。攷吳中往哲者，當於是卷增三復焉，又不僅為細楷作故實而已也。昔年嘗為祝、文二家小楷作跋，今復題此卷，皆兩峯道人案頭翰墨緣也，適兩峯以宋拓越州石氏刊本褚河南度人經見贈，因記於卷後。乾隆五十六年，歲在辛亥夏四月廿有三日，書於石墨書樓之東軒，北平翁方綱。

《明人合册》

論説

清・翁方綱《復初齋文集》卷二八《跋明賢小楷卷二首》 明人書畫凡六段，長洲周公瑕所集也，公瑕先得文衡山縮臨蘭亭暨蔡九逵所書九歌湘君湘夫人二章，因裝成册，屬陸子傳為臨麻姑仙壇記，彭孔嘉為書《洛神賦》於後，又於白雀寺僧所得祝京兆臨黄庭，王雅宜臨《曹娥碑》，合成六段，每段屬仇實父為繪像於前，皆矮紙蠅楷，雖以《黄庭》、《曹娥》仙壇本皆細楷，而此皆更加縮小，可謂極小楷之能事矣。 自昔稱小楷者，若永興破邪論序、河南陰符度人經最為有名，至率更千文，稍大而尤淳古，為正書之極，則此後惟米老西園雅集圖記已微帶行矣，至於師友淵源，以小楷遞相祖述者，至明吳下諸家為最盛焉。 此内祝京兆黄庭是其四十一歲時所書，在王雅宜寓白雀寺之前三十年，雅宜受學於九逵，居洞庭三年，既而讀書石湖之上二十年，至壬辰、癸巳間，息虞山白雀寺經年矣。 是年三月晦日，猶復往白雀寺，至春夏四月晦，遂卒，則此臨《曹娥碑》為其最後將絕筆時矣。宜寺僧與三十年前祝書同珍賞以贈公瑕，而公瑕寶之尤篤也。 九逵書在丁酉，則雅宜殁後四年，陸子傳書在乙巳，彭孔嘉書在辛亥，則九逵又已殁數年矣。 惟衡山巋然靈光，至陸、彭二君續書時尚健在也，其縮臨蘭亭時，年已七十有六，而韻逸手柔，彌臻勝概，不足為衡山異也。 吳中人相傳衡山殁後，凡豐碑巨碣，皆出公瑕之手，蓋能以書法嗣響衡山者。 此跋在神宗之二年甲戌，時則文伯子壽承又已前二年卒矣。 其篇末所舉數人者，蓋俯仰今昔，感慨系之矣。 雖石湖五賢之記，雙梧六客之圖，何以加諸，不特為細楷增故實已也。 昔年嘗為兩峯題祝文二家蠅楷小册，今復為兩峯題此。 此是舊册子，兩峰改裝為卷也。 公瑕跋内所舉細楷者，於此六君之外，復舉七人。 而子所藏明人扇卌内作細楷者尚不止此，有俞仲蔚允文為王元美書洛神賦二篇於扇頭，其字妙極銖黍，更小於此爾。 時吳門諸君子書法精妙，至於如此續，有好事者專裒集細楷，以樂石鉤摹，共成一集，誠大觀也。 適兩峯以宋拓越州石氏本度人經見贈，因記於是卷之後。

《東林諸公遺墨》

論説

清・顧復《平生壯觀》卷五《東林諸公遺墨》 甲戌重陽之夕，獨寐甜閒堂中，風吼空而雨灑窗，薄寒中，人輾轉，聽雞聲、鳥聲、鐘聲以達旦。晨興，晴光入牖，客叩門，攜字册一帙相示，曰：此明季神光時宰執台垣諸公之所為作也。 開展縱觀，曰：嗟乎，此忘軀殉國與宮隣金虎之婦寺為仇讐東林黨之正人君子也。 讀其言，皆躊躇國計民生，區畫邊疆戎馬，或談理學，或講藝文，無非忠愛之旨，與黨中一人之手跡，是人也，純盜虛聲，懷慙末路，諸公有靈，能毋嘆息當年之失卻一隻眼乎。 數其札，得三十人，其中昌明正學，攻擊奸邪，苟大夫死視無瞑景中丞空皮猶躍者十五六，杭國有聲，守身無玷，蓋棺而論定者十二三，若夫位叨憲長居鄉横虐而焚其家，名冠庶常事親忤逆而駢其首虞邑討背明之巧宦燕都號從順之司空彼三人者，天上修羅，世間魑魅，飛走中之梟獍也。 諸公有靈，能毋痛悼，濫收若輩之敗羣者乎。 至於瑞圖一札，墨飽而鋒偏，閱視東林點將録一百九人中，其名不載，是時有大學士張瑞圖者，秉成日淺，人雜薰蕕，曾為先君題匾贈詩，考其用筆，斯人無疑，諸公有靈，必顰蹙而同詞曰：非我族類，竊我好音，此物奚宜至哉。 予正擬記諸公之手跡，于壯觀録中，恐瓊琚之累玉，時忽忽乎中懷憶得佛于鹿苑轉四諦後第三時用維摩彈斥第四時用般若真空淘汰清凈，雞聲再唱，欣然感心，披衣起坐，遲白東方，將懷慙者姓氏隱之，敗羣者姓名去之，彈斥也，非族類者投畀水火焉，淘汰也，大書二十六公之名，而顔之曰東林遺墨，俾後之觀覽者必正容而嘆曰，嗟乎，此與宮隣金虎之婦寺為仇讐,殉國忘軀,純是君子之遺蹟也,豈不快哉。楞嚴末卷有如雞後鳴顧瞻東方之義,千百年來,參求者恒河沙數,未得明白曉暢之解,今一旦得之,下筆時焉,知諸公之精爽,非陟降吾左右而憑依吾手腕者邪。

《東書堂帖》

論　說

明·王世貞《弇州四部稿》卷一三三《文部·碑刻跋二十九首·東書堂帖》　《東書堂帖》者,周憲王為世子時手摹上石,大約以淳化為主,而秘閣續帖亦時有删取,至宋太宗以後蘇、黄、米、蔡諸家,勝國虞、趙、鮮于之跡皆與焉。刻成亦嘗進御。憲王臨池之力甚精,惜其天資少遜,以故粉澤有餘,膚理不足。又似徐偃王前仰後俯,僅爾囟立。此帖蓋摹筆,至使古人之跡,屈而從手耳。其於蘭亭亦然。蓋雙鉤廓填,始可免此病也。憲王不喜宋人書,亦是偏處。此帖無蘇、黄、米、蔡迹,但有元人鮮于、趙諸帖耳。細玩亦未是摹筆,祇緣鈎法未工,故骨不勝肉,亦石理似粗。

清·歐陽輔《集古求真》卷一三《彙帖·東書堂帖》　按此帖,首有憲王敘,又有凡例十一條。序云攷各代之書,并所得真跡,嘗臨者臨之,未嘗臨者摹之。凡例云,予平生不樂宋人書,止有蘇易簡臨稧帖墨跡一本,甚為俊逸,猶太肥耳。以此推之,王元美之言,殊不盡然。今諦眎此帖,其小楷多臨本,樸拙鈍滯,貌似古質,所謂嘗臨者,臨之也,殊未見其媚潤。其行草多與諸帖相同,但筆畫較瘦,決非臨仿所能到,所謂未嘗臨者摹之也。敘文本自昭晰,元美殆未留心,否則未見序耳。第二卷,全為宋諸帝書,不樂宋人,而於宋帝則仍崇重矣。帖有敘,以前罕見,帖有凡例,則尤僅見也。

綜　述

清·王澍《淳化祕閣法帖考正》卷一一《古今法帖考附録·東書堂帖》　《閒者軒帖考》云:周憲王為世子時,手模上石,共十卷,以淳化為主,參以祕閣續帖,及增入宋元人書。

清·歐陽輔《集古求真》卷一三《彙帖·東書堂帖》　明周憲王為世子時所鎸,以閣帖為主,又旁取絳潭等帖,並增入宋元人書,仍為十卷,内有蘭亭五本,凡古帖皆稱臨。故王弇州云:似以己意臨搨,不作雙鈎,媚潤有餘,古勁不足,恐未能為中郎之虎賁也。每卷末題:永樂十四年,歲在丙申,七月三日書。首與尾俱題東書堂,《集古法帖》第幾。

清·楊賓《大瓢偶筆》卷六《論各帖》　明諸王刻法帖者三:一周王刻《東書堂法帖》十卷,一晉王刻《寶賢堂法帖》十二卷,一肅王翻刻《淳化閣帖》十卷,所謂《遵訓閣法帖》是也。《寶賢》、《遵訓》互有得失,《東書》則直周王自書矣。

清·楊守敬《學書邇言》　《東書堂帖》,亦明藩王所刻,亦根源《閣帖》而有增損。

《寶賢堂集古法帖》

論　說

明·張頤《題寶賢堂集古法帖後》　晉府長史雷普、胡晟,以世子殿下所刻《寶賢堂集古法帖》見示,銀鉤鐵畫,爛然絢目,過於重刊潭、絳諸帖遠甚,覽之盡日,不忍釋手。惟殿下寔惟我太祖高皇帝五世之孫,以神聖之裔,躬明哲之性,仁孝之稱,遍於内外,處富貴之極而無所躭好,惟詩書道德講求尋討，不遺餘力，而尤酷嗜翰墨。自始學及今，金石遺文，古今名人真跡，旁求遠訪，充牣左右，自臨摹響搨，不下萬餘紙，遂能深窮古今善書者用筆之意。乃集諸帖之最者，命生員宋灝、劉瑀摹勒於石，以成是集。毫髮之差，躬自厘正，故字畫精妙，非其他臨倣拘拘於形似者之可擬也。夫通六書製作之故。然後知文字垂世之情，知其情，然後能究其法，知其法，則知古人之用意矣。今觀是帖，俱法度嚴整，遒勁縝密，神彩飛動，與初帖較之，略不能辨，有過無不及者。蓋殿下天資明爽，識鑒精審，其自得之趣，迥出諸人之上，故選擇之妙如此。而古今能書名人，森然在目，譬猶登孔堂，七十二子與歷代諸賢衣冠劍珮，凜然侍坐，見之不覺斂容起敬。於戲，殿下之用心，其賢矣哉。弘治庚戌上元日，維揚張頤敬題。

明・王世貞《弇州四部稿》卷一三三《文部・碑刻跋二十九首・寶賢堂集古法帖》《寶賢堂帖》，自晉靖王為世子時刻者，大約以閣帖、絳帖、大觀、寶晉為主，而益以邸中所藏宋、元及明人墨蹟，摹勒上石。於行欵次第頗不俗，第石理既粗，而摹刻、搨三手俱不稱，以此在諸帖下耳。當一孝廟時，嘗進御人主。右文親為手書褒美之。其所自敘，頗夸詡其墨蹟之盛，而所見寥寥乃爾。視今權相緹帥家蓄，殊不能百一也。余往歲為晉臬，邂逅中貴人，問古刻真蹟，今無一存者，不知何繇失之，為一慨歎而已。

明・孫鑛《書畫跋跋》卷二上《碑刻・寶賢堂帖》 余舊曾購一本，問楚中友人，云是重摹絳帖，及後獲見真絳帖，殊不同。此帖行款高正與太清樓帖相似，疑即是摹太清樓，然不及遠甚。惟蘇、黄、米諸帖稍可觀，想係真迹上摹出耳。

明・汪砢玉《珊瑚網・法書題跋》卷二一《寶賢堂集古法帖》 晉靖王為世子時，以閣帖、絳帖、大觀、寶晉為主，而兼以邸中所藏宋元及明人墨蹟，摹勒上石。于行欵次第頗不俗，第石理既粗，而摹、刻、搨三手俱不稱，以此在諧帖下。當孝廟時，常進御，親為手書褒美之。其所自敘，頗夸詡墨蹟之盛，而所見寥寥乃爾也。

清・劉梅《跋寶賢堂帖後》 余校士太原，獲覩寶賢石搨，竊歎晉世子之好書法，與梁太子之註文選，其賢一也。夫席尊處厚，不聲色狗馬是躭，而惟朝夕古人，以視溺富貴而戚貧賤、漠然風雅間者，賢不肖相去雲壤，況其生長深宮者哉。文選千百年，卷帙橫溢宇宙，昭明為不朽矣。寶賢歷年未遠，搨已亡去十之三四，又以知形而下者器也，有形者必敝，天地且然，矧托迹金石者哉。雖然，世與世相遞，人與人相續，寶賢廢自閔寇，疊遭兵燹，荒壹馬㽞，井竈溝垣，皆龍飛虎跳、鐵畫銀鉤之炯炯者。宗君彝登其完塊，合其殘碣，為亭以覆之，而嵌於壁之内外，是誠寶賢功臣矣。顧一臠既味，何如金鼎皆嘗，余方思摹勒，以補宗君之不逮，竊慮碔玞混玉，久而併亂其真。一日，共陽曲令商略，則竟命工刻石，先獲我心，急索觀新鐫五十三塊，宛如舊本在目。雖肥瘦方圓，鉤起轉側，不必一一神肖，後之學書者，玩其新益珍其舊，陽曲之功，不在宗君下也。簿書坌集之餘，而能留心風雅如此，陽曲其賢矣哉。昔人以五百金市千裡馬之骨，而千裡馬至。搨厚七寸許，水火未遽剥蝕，夫安知神物之不劍合也。陽曲購之不得，又復摹勒，其亦市千裡馬之意也夫。令姓戴，諱夢熊，浦江人。康熙十九年菊月，洮河劉梅識。

綜述

清・戴夢熊《寶賢堂集古法帖鉤補後序》 寶賢堂集古法書，勒石於有明晉藩世子，而原出自絳帖，其臨摹之真贋，鉤補之工拙，青主傅先生論之詳矣。若夫游雲驚龍，風檣陣馬，實為世所珍尚。迨我朝鼎革之際，石多散失。順治己亥間，郡守宗公、司李王公搜奇探勝，得於斷壁頹垣者二十餘塊，而石終不全。觀二公序記，有欲求民間遺本臨橅足之，慮工弗良，冒積薪束葦之嘆，誚會當延津復合之語。夫滄桑變易，物有興廢，峴山之碑與沉淵之石，其猶復存者乎。則是白璧之完，不可恃也。方今聖天子右文重道，薄海内外，油然向風，金石遺文隻字，貴於拱璧，而寶賢一帖，獨有玉碎珠沉之感，豈非缺陷事耶。余簿書之暇，游心翰墨，因訪求藏本，初搨捐貲給廪，延邑諸生張敏臨摹鉤勒，鐫之上石，計補五十三塊，而全帖以完。復捐修亭屋十間，以蔽風雨之剥蝕。雖鐵畫銀鉤，工拙參半，而識者自能辨之。嗟乎，傳之久而不易磨滅者，無逾於石，積之多而不為物所忌者，莫過於書。然而聚散升沉，亦有定會，況乎金玉貨貝，人世之所欲者，而欲恃為長久，則過矣。遂因序而并及之。時康熙十九年一之日，古婺後學戴夢熊謹題。

清・王澍《淳化祕閣法帖考正》卷一一《古今法帖考附録・寶賢堂帖》《閒者軒帖考》云：晉靖王為世子時，刻石以閣、絳、大觀、寶晉為主，而益以所藏宋元明人墨蹟，凡十卷。

清・歐陽輔《集古求真補正》卷一三《彙帖・寶賢堂帖》 前編據王元美跋，謂石理既粗，摹刻搨三手俱不稱。余初得本，乃補刻新拓，模糊拙劣，殊不足觀。後得舊拓，雖似差勝，然比之東書肅府，猶難抗行。信王氏之言為不謬，遂取而録之。近得原石精拓，則固不亞於象書肅府，首存清事二大字，大約四字失其二，行欵比大觀尤高，而潤則倍之，每頁一石，不煩剪裁，惟成册太巨，不便展臨。乃改裝一頁為二，亦因原頁四廂，中間已被蠹蝕，不如改為五廂以免再損。《東書堂帖》其式之巨，亦差不遠。二帖出後，當時坊間，即有翻刻。故明拓亦當細為別辨。如王元美、孫月峰、王靈舟，所見時坊刻十卷本。無怪其言若理粗云。且并不知有十二卷，蓋是論其未見原刻。

清・楊賓《大瓢偶筆》卷六《論各帖》《寶賢堂帖》十二卷，明晉靖王為世子時刻，以閣、絳、大觀、寶晉為主，益以宋元明人書。明末石多散失，順治丁亥，郡守宗彝司李王照千搜得二十餘石，作亭覆焉。康熙十九年，陽曲令戴夢熊訪求藏木，令邑諸生張敏鈎摹補勒五十三塊而帖復全，然世不甚重之。

清・楊守敬《學書邇言》 明代有晉藩《寶賢堂帖》十二册，大抵翻刻《大觀上》而續以宋元書。

紀事

清・楊賓《大瓢偶筆》卷六《論各帖》 太原守李清鑰，康熙五十七年戊戌秋，刻《古寶賢堂帖》四卷，其序略云：明初晉恭王棡，乃太祖第四子，其後有恭世子者哀集古今書法刻石藩府，寶賢堂約六十年而堂廢。石刻散逸民間或埋没頹垣宿莽中。又約六十年，太原守宗公有六，于順治六年在署後圃構室三楹購諸石刻，復聚其中，復名曰寶賢堂。後晉撫白公遷石刻于試院而堂為虛設。清鑰丙申莅任，戊戌歲復將家藏古今墨筆刻石，其中并刻恭世子書五言律詩一帖，而名堂曰古寶賢堂，即名帖曰《古寶賢堂法帖》。所記與此微異録以備考。

雜録

明・朱奇源《寶賢堂集古法帖・序》 予高祖恭王幼好法書，初之國時，太祖高皇帝賜前代墨本甚多，曾祖定王蒙高皇帝命中書舍人詹希原教字書，故睿翰重於當代。是以祖憲王暨父王俱嗜書學，數世以來，無問古今，但字之佳者兼收並蓄，所積益富。予於侍膳問安之暇，亦留心於古人筆墨，間每令侍者收古今名人真跡法帖張於左右，終日睇視潛玩。一旦恍然，見其方圓法乎天地，動静類乎山川；其轉摺同向，則若日月周旋，五緯出没。其恣張放肆，則若龍跳虎躍，鳳舞鸞飛。或如端人正士，劍珮森嚴，朝於法宮。或如仙人野客，跨鶴引鹿，游於山林。其高致逸興，淋漓揮洒於筆墨間，姿變横出，千態萬狀，不可形容，使人終日相對，殆忘寢食。於是取魏晉以來諸家字帖，凡心之所欲者，或臨或模，自幼及今，不下萬餘紙，遂頗識古人用意處。間有以古今法書奇帖來獻者，或點畫之是否，刻鏤之工拙，亦頗能辨其真偽。或得真者，不啻隋珠趙璧，終日把玩，不忍釋手。遂成愛書之癖，日積月累，前後左右，森然充牣於几案間者，皆古今字書也。性樂乎此，他俱不能易，自笑如蠹魚出入書中，終老是鄉矣。一日，因與侍郎張公頤、都御史翟公瑄論及淳化帖，世不多見，後雖演為諸帖，然多得彼失此。如蒼頡，字之祖也，孔子，聖人也，而帖或不收。或又不取宋書，以為盡廢唐人法度，然如蘇、黄、米、蔡書入神品，結體穩密，有勁古豪逸之勢，而不失範圍，豈可少邪。又不知漢魏楷法，至唐復廢，去彼取此，是殆不然。要之一代高人，自有所見，但取其字之工妙，以見一代人物之用心，正自不必有所軒輊而為去取也。因取淳化、絳帖、大觀、太清樓、寶晉諸帖，並我朝以書著名者不下十數家，暇日同參政王進、副使楊光溥、僉事胡漢、楊文卿擇其尤者，命生員宋灝、劉瑀摹勒上石，釐為十二卷。其次序先後、字之多寡、與諸家不同者，因所取擇耳。每一紙出，輒刻意校其一鉤一畫之似否，雖昧於鑒賞，不能盡如古人之用意，然較之諸家亦頗精矣。因命之曰《寶賢堂集古法帖》，置之齋中，以留示我後人，非敢傳於士林間也。嗚呼，三才之奥，五經之旨，王化之端緒，道統之源流，俱賴文字而傳。豐碑鉅碣，照耀於山川，高文大册，震駭人耳目，俾千百世之下，高人韻士撫摩愛玩之無已，亦賴字書而顯。則其所係，不其重歟。雖然，前人以疲精神、棄百事而學書者為喪志，孔子不曰：飽食終日無所用心，難矣哉，不有博奕者乎，為之猶賢乎已。然則予留心於翰墨，必勝於博奕，使聖人生今之世，亦將稱許之矣，則亦何喪志之有。因書梗概，以序其所自云。時弘治二年，歲次己酉秋九月一日，晉世子書於寶賢堂。

又《**跋**》　臣幼好法書，父王因臣所好，命臣採擇古今字帖之佳者，集成巨册，因名之曰《寶賢堂集古法帖》。既成，不敢自私，啟於父王，裝潢成册以進。荷蒙皇上天地大恩，不賜鄙棄，乃置之便殿，以備燕間。復賜敕嘉獎，天語温淳，雲章焕爛，山川改色，城郭增輝。臣父子拜誦之餘，不勝忻抃。恭惟皇帝陛下神文聖武，睿知聰明，稽古右文，崇儒重道，故四方風動，萬國歸仁，用培我國家萬萬年靈長之祚。臣忝居宗室，承恩最先。顧一技之微，上塵睿覽，復蒙天慈垂許過甚，雖皇上之德，與天同大，然微臣警懼之意，則與日俱積。臣敢不服膺聖訓，益志於道德，益敦乎庭訓，雖不敢與藩輔生光，俾臣没齒無過，亦皇上垂教之恩也。謹以天書勒之貞珉，以遺子孫，昭示萬世，俾知天恩之深，聖訓之切，亦同歸於無過之地，則聖恩之被，豈特泰山之高而已哉。弘治九年端陽日，晉世子臣奇源稽首頓首謹書。

又《**後序**》　書法之傳也久矣，而篆、隸、真、草之不同，亦一時之所尚，因其時尚，而學書者益求其精而入神矣。神固入神，苟非識辨者、好玩者，則與不神者同，曾誰珍重之有邪。晉藩世殿下，自高祖恭王迄今五葉，所積金石墨帖不下數萬幅，委積書庋，炱朽蟫斷，籤縢糾舛，雜無次第。殿下一目閲之，深為惜焉。命藩臬善辨書法儒臣輯理序次，補苴缺畫，始有緒端，將刻諸石，俾傳後昆。吁，殿下用心亦動矣。予惟居宗室富貴中者，溺聲色嗜貨利之不暇，豈能書帖之是尚是好哉。回視殿下，賢於彼溺視者遠矣。殿下自序於前已備，奚容加喙，因重其異常所為，故特序於卷末云。弘治三年春二月之吉，懶雲書。

又　集帖既成，獨有元字書甚少。偶閲書畫庫，得宋王晉卿煙江疊嶂圖，僧巨然秋林圖，而元諸臣俱有題詠，參考其字畫，多自書者。因命勒之於石，以備一代之字書云。寶賢堂題。

清·翁方綱《**復初齋文集**》**卷二八**《**跋寶賢堂帖**》　是帖，明晉世子奇源所刻，凡十二卷。孝宗時，嘗以搨本進御。奇源，晉莊王子，以天順三年封晉世子，弘治十四年薨，追謚靖王。孫月峰云：聞諸楚中友人云，是摹絳帖，後見絳帖，殊不同。又云，此帖行欵高與太清樓帖相似，疑即摹太清樓者。今觀帖後傅青主跋，以單炳文、曹士冕所舉絳帖真本數條，相證皆合，乃知月峰見新絳本，而反疑此，不知此内正多以絳帖舊本入石帖首。孝宗墨勑云：承以高叔祖晉定王絳帖，石刻年久損壞，乃命世子搜揀舊藏，以古今名書摹集成帙。據此其為摹自絳本無疑。由此以推，則凡淳化、大觀諸帖所有而此微異者，皆絳本矣。況絳帖原比淳化高二字，則月峰以為皆從太清樓摹者，亦非也。絳本今即不傳於世，猶得借寶賢刻本以髣髴真絳之一二，若合淳化、大觀諸本，細校其與諸帖異者，猶當一一論其偏旁、體勢，以續補劉次莊、顧從義之書，而月峰、退谷、虚舟諸先生帖考，皆未之致審也。每卷後有宏治二年九月一日字，起子訖亥。而退谷、虚舟以為十卷，亦誤矣。原帖即有闕泐，至國朝康熙十九年，陽曲令浦江戴夢熊，屬晉水段綍摹補，凡五十三石。傅青主生於明神宗三十四年丙午，故此跋云七十五歲老人也。而傅所引單炳文考中云，荄字下夕字微仰曲，下夕當作上夕，此傅所引誤也。石在晉陽書院，予同年友餘姚盧學士主其講席，以拓本見貽，為摭其概而書之。

又《**跋陳伯恭所收張樸園藏大觀帖**》　戊子冬，予在粤東，見大觀帖十册，紙墨俱舊，而疑其畫細，未敢定也。後十年，於伯恭翰林齋見所收十册，有漢陽張樸園前輩題字者，與前所見者同，以為舊人用墨濃重致然爾。今日覆審，乃知是明晉藩《寶賢堂帖》初搨本，其每卷每頁子一丑二等字痕，皆用枝山陰文印蓋之。蓋大觀、絳帖皆每行高於淳化二字，明弘治二年，晉世子奇源，以絳帖年久損壞，乃合大觀、絳帖、寶晉諸本，彙擇，摹勒為此本，故其行式與大觀同，而增入顔魯公及唐宋諸賢帖為十二卷。至國朝康熙十九年，陽曲令浦江戴夢熊補其缺壞者，凡重摹五十三石，石今在太原晉陽書院，而舊拓本未經戴補者，亦已難得矣。其有舊搨本間存者，又被坊賈删去餘帖，存其十卷，目為大觀，是以猝難辨也。不特無以見大觀之真，且恐作偽者踵相效，則寶賢舊搨皆不得自伸其光氣，是可慨也。伯恭祕校聞吾斯言，亟改裝，易其題目，而原裝完好，不可褫補，遂屬予跋其概於後，且以見祕校之虛懷，庶以存古人之真耳。

清・歐陽輔《集古求真》卷一三《彙帖・寶賢堂帖》 明晉靖王為世子時所刊，大致亦以閣、絳諸帖為主，而增以所藏宋元名人佳跡，但石理頗粗，摹刻搨三手，均非良工，當在諸帖之次。雖初搨本，未為精善。孫退谷、王虛舟，皆以為十卷，實則十二卷，以十二時紀其次第。孫、王殆僅見十卷，其紀次之干支，為估人所填没耳。其石今猶在晉陽書院，早已缺失，康熙十九年，補刻五十三石，近又多破裂矣。

又 《寶賢堂後帖》，晉靖王以前賢真跡，未經入石者，續刻補遺五卷。卷一為晉人，卷二南朝隋唐人，卷三宋人，卷四元明人，卷五明人。前二卷未免多有偽託，宋元諸帖，則皆妙品也。《墨林瑣事》云：其中王平南章草，唐高宗飛白，顯為偽作，前帖石存，而舊本亦甚多，後帖視前帖較為精善，石已亡，而傳本亦甚希，收藏家罕知其名，著録家亦罕存其說。

《真賞齋帖》

論說

明・孫鑛《書畫跋跋》卷二上《碑刻・真賞齋帖王氏跋一》 章簡甫乃邇來刻石第一手，尤精於摹拓，聞為華東沙刻此帖時，既填朱登石，乃更取原帖置面前玩取形勢，刻成後再較對，有毫髮不似，必為正之。蓋刻石而又兼手臨者，以故備得筆意，内惟季直表係小楷，亦尚未得逼真。若袁生及唐摹王相家帖，筆勢飛動，真所謂周昉貌趙郎并得其情性者，止下唐時書丹刻一等，淳化太清俱不及也。右軍袁生，太令廿九日，閣帖固俱有，何能及此。華亭顧氏摹閣帖，其袁生一札就此體出，便覺神采增數倍，今人欲研精晉法，此帖須日置案上。第聞此石倭亂時毁於火，然其初本不甚難購，其華氏有拓佳本，更有朱色華夏私印，印在首幅，吴中好事家多有之。岳倦翁跋最核，然内寶眾作寶泉，燕涎作燕涏，不知原誤書或摹拓時意改。季直表後司寇公購得，寶章帖項子長少參購得，獨袁生帖未聞所歸。

清・楊守敬《學書邇言》 《萬歲通天帖》《真賞齋》刻之，絶佳。《三希堂》復刻之。

綜述

明・王世貞《弇州四部稿》卷一三三《文部・碑刻跋二十九首真賞齋帖》 《真賞齋帖》三卷，第一卷為鍾太傅薦季直表，初在相城沈啓南所，李貞伯、吴原博俱定為真蹟，後歸華氏。第唐以來，落何人手，不入天府及寶眾《賦述》、肩吾懷瓘《吕斷》中。又卷首有米芾印，芾自言生平覩真蹟，自晉而止，無漢魏者。寶章待訪諸録，亦不言太傅，此為妄益無疑。結體錐與宣示、墓田少異，余嘗評之，小法十六，楷法十四，要非二王以下人手。第二卷右軍袁生帖妙甚，徽宗時進御者。第三卷唐人摹王方慶進先世書，凡二十八人，其存者僅此。内右軍二帖，有籙籀、隷分法，黯淡古雅，出蹊徑之外。餘帖雖有剛柔攦礫之異，種種可翫。沈啓南曾從華氏乞得，令文徵仲雙鈎復刻《停雲館》中，此華氏本也。摹本既精，搨法亦佳，為爾時法書墨本第一。留山房中，歸耕作勞，假以散力。

清・王澍《淳化祕閣法帖考正》卷一一《古今法帖考附録・真賞齋帖》 錫山華東沙出其所藏古蹟，勒成三卷，上卷鐘繇薦季直表，中卷王羲之袁生帖，下卷王方慶萬歲通天進帖。鉤摹者為文待詔父子，刻石者為文氏客章簡父。模勒既精，氊蠟尤妙，為有明一代刻帖第一。出《停雲館》上，後以倭亂燬於火。更勒一石，遂有火前火後之别。賞鑒家以季直表袁泰第一跋第十、十一兩行倒置者為火前本，實則前後兩本無甚差别也。

清・陳昌齊《真賞齋帖跋》 《真賞齋帖》，錫山華氏東沙刻本。當時鉤摹者爲文待詔父子，勒石者爲章簡父，皆一時名手，故爲有明刻帖第一。後以倭亂，燬於火，更勒一石，遂有火前火後之别。此火前本之佳者，蓋不獨季直表袁泰第一跋第十、十一兩行倒置，與火後本有别，而模刻之精，氈蠟之妙，尤非後手所能太也。昌齊識。

清・歐陽輔《集古求真》卷一三《彙帖・真賞齋帖》 明華夏所刻，名為三卷。上卷為鍾繇薦季直表一帖，中卷為王羲之袁生一帖，下卷為王氏寶章集。即合為一卷，亦不為多，皆從真跡上石，為文待詔父子所鈎摹，而名手章簡父為之鐫石，紙墨俱精，當時名人極重之。未久即被燬，旋再刻之，亦無甚差異。然火前本特為收藏家所貴重，比再刻本價逾倍蓰，蓋以少見珍耳。以袁泰第一跋十行與十一行倒置，為火前本之驗，再刻本亦未久，即併人王氏《鬱岡齋》，殆東沙身後人即不能守，故拓本傳世亦不甚多。

清・楊守敬《學書邇言》《真賞齋帖》四冊，明無錫華氏所輯，甚精。後石毀於火，華氏復重刻之，故有火前、火後之本。今並火後本不易得。市上傳本，又經翻刻者。

又《薦季直表》，此帖元時始出，真賞齋刻之。

紀事

明・文彭《真賞齋帖跋》 嘉靖癸丑四月八日，過東沙真賞齋，見此帖，喜其異於他本，乃知用古帋搨成者，良可愛也。是日緑陰清晝，庭無雜賓。新茶初熟，盡閱所藏法書名畫，恍然不知有身外事。昔東坡謂靜坐一日如兩日，不知今日之適，當作幾日也。文彭記。

雜録

清・張廷濟《清儀閣題跋》 無錫華東沙住蕩口，此三卷刻成即遭倭亂，石燬，嗣更從真蹟摹勒，其前刻者，上卷袁泰第一跋第十第十一兩行倒置，鑒者以此為辨別。余細較之，除此二行外，絲毫不異，唯萬歲通天二章一行，前刻者，萬字典史館新鑄之印，新字中畫平，後刻則年款高三四分，與新全字平耳。故前後兩本，原豪無軒輊，特以前刻拓本更少，愈加珍重耳。金壇王損庵《鬱岡齋帖》，寂初拓者此三卷，原石全在其內，并《真賞齋帖》上中下數字竝不磨損。非寂初者，則為王氏自刻之本，意華始質於王，後旋贖歸，與余所見後刻者，亦俱舊本，想石亦毀泐已久邪。余藏有是上卷復刻本，字畫亦精好，唯畫錦堂二印作陽文，未知刻於何時。

《停雲館帖》

論説

明・孫鑛《書畫跋跋》卷二上《碑刻・文氏停雲館帖十卷・第一卷王氏跋一》 跋謂所摹二王小楷俱不離文氏故步，良是。蓋字真而小，摹手無所着力，即游絲筆亦猶粗。若純付之鈎填，恐失真處或不美觀，不得不稍以己意潤之耳。第二卷，實章集諸帖俱不及真賞齋。

清・陳奕禧《緑隱亭集・題玉版十三行》 學玉版，須以寶晉、停雲、戲鴻之所有參看，自然適得其妙，若竟宗此太露瘦骨，失之偏矣。

清・楊賓《大瓢偶筆》卷六《論各帖》《停雲館法帖》唯第一卷可觀，第一卷亦止黄庭第一本可觀，度人經次之，餘皆可廢，然難與世人言也。

清・王澍《淳化祕閣法帖考正》卷一一《古今法帖考附録・停雲館帖》《閒者軒帖考》云：文衡山父子皆精書學，而又能自鐫刻，嘉靖中，摹勒舊跡及近時名筆共十二卷，清勁不俗，近世諸刻，推此第一。

清・張廷濟《清儀閣題跋・黄庭經》 右文氏《停雲館》刻本，遒勁俊絜，為有明彙帖中黄庭第一。停雲卷首如黄庭經殘字，東方畫象贊、曹娥碑、心經、玉枕、尊勝呪、正草陰符經、度人經、消灾護命經，率據越州石氏刻石，此黄庭全本則據宋僧希白潭帖。希白摹勒精善，文氏父子精鑒，又得章簡父名手重摹，宜遠出戲鴻、玉煙之上。

清・邵松年《澄蘭室古緣萃録》卷一八《碑帖下・舊拓停雲館晉唐小楷六種》 停雲小楷摹刻最精，殘失亦最早，蓋經待詔父子鑒定，經營悉取古搨善本，得章簡父細意摹勒，清勁樸茂，獨出冠時。全石後歸寒山趙氏，繼分藏武進劉氏、常熟錢氏，後為畢弇山購全簿録，又入桐鄉馮氏構貯雲居置之。然黃庭、樂毅而帖已覆刻充補矣。余收一全册，其小楷一卷，悉是覆刻充補者，是所歿又不止黃庭、樂毅也。是册始為四種，黃庭殘字、曹娥碑、洛神十三行、靈寶度人經。外舅畀以陰苻經一種，溪有龍石先生石緑題字，又得破邪論序一種，合裝一册，致為精美。嗣得一殘帙，內有樂毅全本、畫像贊、臨丙舍帖、宣示表、護命經。晉唐小楷八册，內有樂毅海字本，宣和十三行，心經臨昨疏遠示帖。又得一黃庭全本，計十種，止少仙壇記、陀羅居兩種而已。

又 右《停雲館》凡四種，小楷，信都王偉亭本也。摹拓並佳，而曹娥碑尤為精妙。近令如此者，殆不可多得矣。甲戌五月五日，武進費兆鋐識。

又 甲戌冬，伯吳賺得此册，氈蠟之妙，不減宋拓，向藏褚書，陰符經亦是《停雲館》舊拓本。他日當檢出同裝，則停雲帖中精華萃是矣。振甫觀於瓶麓齋並識。

又 此《停雲館》精拓本，學小楷之津梁也。庚戌九月七十老人識。

待詔工書紹晉賢，停雲楷法手親鐫。抱殘莫笑真癡絶，一册相依廿五年。

熙明石墨人間少，博古終須遜一籌。幸有停雲殘拓在，晉唐風格至今留。

戊戌冬日展玩偶題。

清・楊守敬《學書邇言》 李懷琳書《絶交書》，《停雲館》刻之。自是唐人之筆，若云臨嵇叔夜，未必然也。

又 柳誠懸收《清净經》，《停雲館》刻之，甚佳。

綜 述

明・王世貞《弇州四部稿》卷一三三《文部・碑刻跋二十九首・文氏停雲館帖十跋》 第一卷晉唐小楷。自右軍黃庭至子敬洛神，雖極摹搨之工，然不離文氏故步。

第二卷唐人雙鈎。王方慶所進真蹟，後有岳珂、張雨、沈周、王鏊、文徵明跋。

第三卷顏魯公祭姪文。

第四卷宋名人書。

第五卷蘇才翁、子美各一紙。

第六卷為南宋名人書。如王定國、錢穆父、賀方回、陳簡齋，皆元祐政和間人，文氏悞耳。

第七卷為元名人書。

第八卷為吳興趙文敏書。

第九卷宋承旨濂、舍人璲各一紙。

第十卷為祝京兆允明書古詩十九首、秋風辭、榜枻歌。余往從文嘉所見真蹟，清圓秀潤，天真爛然，大令以還一人而已。顧華玉跋不能佳，文徵仲代為書石者，後有陳道復、王履吉題字，亦可觀。

明・趙宧光《寒山金石林部目》 余有法書之嗜，染成膏肓之疾，以為人有蘭宮、閟宇，二酉、五車，而不藏名帖，未畜名石，即琳琅珠玉、異玩奇琛積如丘山，堆令充棟，都不成佳話。然名帖易存，名石難得。非出於書家手勒，非名帖也。非出於精工手刻，非名石也。余家近藏《停雲館法帖》貞珉，乃文待詔先生為之冰鑒，國博和州兩先生為之手勒，溫恕、吳鼒、章簡甫三名人為之手刻，鏤不計工，惟期滿志，完不論日，第較精粗。凡此諸公每搆真蹟古搨。非彌月窮年不輕摹拓，最後止得一十二卷。特以待詔先生父子三人皆握翰墨，宗匠海內，以名蹟觀覽者門無虛日，是以此帖遂得晉、唐、宋、元、我明劇蹟咸萃於中。今有遺帖與之相角，無不纖微克肖，名公苦志，於此逮見。且多歷年所，總計其時，則春秋閱盡二十又四，始克竣工。至若右軍、黃庭，尤三易石而就，首卷小字，則名公繼起不易鐫摹。且無論國朝名帖舍之莫可比肩，即今溯觀宋、元以來淳化、大觀、戲魚、臨江等帖，俱已煙銷，莫知何所，則此帖不珍，更何可珍，此帖不寶，更何可寶。而今而後，吾知法書至此，止矣，無以加矣。即有精帖，必無良工，即有良工，必無精鑒，如是遇合，千古難遭，既遭名時，復獲名帖，可弗寶諸。自昔外家流傳他所，皆成和璞，歲之甲寅，乃歸寒山，凡翰墨親知，咸歎希有。遂什襲珍藏，不輕示人，每一春秋，止搨數帙，以公同好。或有真能冰鑒者，舉而贈之，間有以貨財相易者，利而與之。飾以縑緗，裝以珉玉，定為十種，不二其價，列之下方：

一、法用涇縣薄楮、歙州精墨，凡四椎而浥之。或作黃麻粗文，或作柔絹細文，裝成雙面，表裏前後都無纖毫雜紙亂廁，裝工悉用吳中知名高手，一洗參差硬厚諸病。其面俱用棗梨柎柏，精刻篆籀簽首，塗以潔具中石青，貯以廣南梨匣，為第一種。定價五兩。未裱者一兩。其飛白而裝飾同前者，為第二種。定價四兩。未裱者七錢。

一、法用龍門紙飛白蟬翅等搨，飾用錦繡玉簽，曳以水流花帶，為第三種。定價三兩。未裱者六錢。

一、法用龍門紙重墨搨，更加雞子純白令黑如黝漆，其光可鑑，裝法如前，為第四種。定價二兩。未裱者五錢。

一、法用龍門紙正乾搨，單面，裝飾等類並稍次之，為第五種。定價一兩六錢。未裱者四錢。

其濕揭重張者並不用，並可驗非余家搨，皆偽刻惡帖也。

昔有尤敬以搨工藝冠吳中，俱與温、吳、章諸君子齊受知於待詔先生父子。其搨法必椎之數次，務以輕墨幾翻刷之，令紙合於石，墨浮於紙，則字之宛委，波折纖微不滲。余亦深究此法，然成功匪易。今止間用之，以俟真賞鑒家耳。

清・歐陽輔《**集古求真**》**卷一三**《**彙帖・停雲館帖**》 明文徵明刻，凡十二卷，為章簡甫所鐫。初為木版，未成即燬於火，後乃刻石。文氏父子，均有書名，故此帖亦為世人所重。然經其鈎模，不免過於圓潤，幾成一家之書，論者亦間有微詞。初刻四卷，帖首標題為小字正書，十二卷本，改為隸書法書，字亦略大。其石初入寒山趙氏，繼則分藏武進劉氏、常熟錢氏，後歸畢氏靈巖山館，最後桐鄉馮氏，然斷裂已多，且補刻黃庭樂毅矣。章簡甫曾自刻一本，無甚差易，今亦破爛。第一卷小楷，皆用越州石氏模刻。

又《停雲館帖》，初搨本，止十卷。范文穆，南宋人，而列於五卷。北宋之中，王定國、錢穆父、賀方回、陳簡齋，元祐政和時人，而列於六卷南宋人之中，後乃改正。又增入孫過書譜，為第三卷。徵仲自臨黃庭、西苑十律，為第十二卷。其初本第三卷為祭姪文。朱巨川告身，林乾緯書，懷素小草千字文，而殿以楊少師。

清・楊守敬《**學書邇言**》 《停雲館帖》十二册，明文徵明所集刻。前一卷小楷，根源宋拓，以下則多以墨迹上石。當時其門下即重刻一部，故有文刻、章刻之分。今皆殘缺。有補刊者，不足觀矣。

紀事

清・王澍《**淳化祕閣法帖考正**》**卷一一**《**古今法帖考附録・停雲館帖**》 《停雲館帖》先有四卷，帖首標題乃是小字，後更毀去，重摹為十二卷。余向得二卷於京師，被友人索去。昨于張生羲仲手又見一卷，比之後帖，為較勝也。首卷晉唐小楷，多據越州石氏本，入石越州本，今在錫山秦太學元獻家。雖是古搨，要亦枯燥少神采，停雲祖之，更益板滯，宜為吾宗損菴先生之所呵也。唐荊川先生云：余見停雲帖李懷琳絶交書，後乃見孫氏所藏宋本，則精神相去十倍，書之者非有異，而刻之者異也。雖有善書，非善刻者不能發其精神，而傳於世也。余見孫過庭書譜真跡亦正如此，文氏父子精于摹搨，又得章簡父等妙手左右之，尚且不能無憾，況下者乎。

雜録

明・汪砢玉《**珊瑚網・法書題跋**》**卷二一**《**文氏停雲館十跋**》 王元美先生所跋，為停雲初搨本，後入孫過庭譜，增毛澤民、李端叔、王定國諸家，其兩宋人倒置者改正焉。王肯堂太史云：近世盛行長洲文氏《停雲館帖》，皆作待詔父子手腳，而小楷尤為失真之極，不特晉法書亡，即褚、虞、歐、顔筆意蕩然無遺矣。吾友董玄宰刻《戲鴻堂帖》，亦一色自書，即雙鈎林印。安及萬帖有王涯永存珍秘印，大卷前有梁秀浟閱古書印，後有殷浩印。浩以丹，秀以赭，是唐末賞鑒之家。其間有太平公主胡書印，王溥之印。是五代相家寶藏。侍中，國壻，丞相子也。淳化中，太宗嘗借王氏所收書，集入閣中十卷，内郗愔兩行《二十四日帖》，乃此卷中者，仍于《謝安帖》尾御書親跋二字以還王氏，其帖在李瑋家。余同王渙之飲于李氏園池，閱書畫竟日，末出此帖，棗木大軸，古青藻花錦作褾，破爛，無存模，晉帖，上反安冠簪様古玉軸。余尋裂擲棗軸池中，拆玉軸，王渙之加糊，共裝焉。一坐大笑，要余題跋，乃題曰：李氏法書第一，亦天下法書第一也。又晉謝奕、桓、温、謝安三帖為一卷，上有霄蒙雷印。謝安帖後以濃墨横搨，遂全暈過，後歸王詵家，分為三帖，云謝安帖，以墨重暈。唐人意寶此帖，而反害之也。李瑋云，亦購於王氏。晉右將軍會稽内史王羲之行書帖真蹟，天下法書第二，右軍行書第一也。帖辭：伏想朝廷清和，稚恭遂進鎮云云。長慶某年月日，太常少卿蕭祐鑒定。在王禹玉家，後有禹玉跋，以門下省印印之。時貴多跋。後為章子厚借去不歸。其子仲修，專遣价請未至。是帖亦甚草草，石工又庸劣，故不能大勝停雲。玄宰書家能品，作此欲傳百世，乃出新安吴用卿《餘清齋帖》下，甚可惜也。此論與弇州俱為得之。珂玉識。

清・楊賓《大瓢偶筆》卷六《論各帖》 案《閑者軒帖考》云：文衡山父子皆精書學而又自能鎸刻，于嘉靖中草原勒舊迹及近時名筆上石，共十卷，為《停雲館帖》，清勁不俗，近世諸刻，推此第一。唐荊川云：余見文氏所刻帖中李懷琳絶交書，後乃見孫氏所藏宋刻本，則精神相去十倍。書之者非有异，而刻之者异也。雖有善書，非善刻者，固不能發其精神而傳于世也。然余于友人處，見唐林緯乾墨迹，秀宕絶倫，文帖于此卷上摹勒者，及一對勘，相去業已甚遠。當日衡山父子自模自刻，而又有門客温恕章簡父為之周旋，尚有遺憾，如此則摹帖豈易事乎。孫退谷此論，正可與此相發明。

清・何焯《何義門家書》 偶然燈下將《紹興米帖》與《停雲館》中所刻九帖比對，辨出《停雲館》中所刻乃元人摹本，太求狂逸，失其淡古。身分相去不啻數十層，末一帖不全，海岱二字因不像，别摹一字於側，米友仁跋乃從他蹟改頭换面偽造，却是待詔先生亦被瞞過，甚矣鑒別之難也。九帖，紹興米帖草書一本中只有其六，想其三又在别卷耶。米帖苟遇舊搨者必當收之，蘇、黄得力唐人，多超乘而上，與晉為徒者唯有米、薛，但不必效其面目耳。

《餘清齋法帖》

綜述

清・楊守敬《學書邇言》 《餘清齋帖》八册，明吴用卿刻。大抵皆以墨迹上石，又得楊明時鐵筆之精，故出明代諸集帖之上。其石乾嘉間尚存，無翻刻者。余竭力搜得三部，以一部售之日本山本竟山，家存二部，今未卜存亡，惜哉。

論説

清・沈德符《萬曆野獲編》卷二六《小楷墨刻》 近日新安大估吴江村名廷者，刻《餘清堂帖》，人極稱之，乃其友楊不器手筆，稍得古人遺意，然小楷亦絶少。

清・王澍《淳化祕閣法帖考正》卷一一《古今法帖考附録・餘清齋帖》 新安吴太學用卿，以所藏真蹟模勒《餘清齋正帖》十六卷，續帖八卷，刻極精詳，惜是板本不免猶有斧鑿痕跡。

清・楊守敬《學書邇言》 《十七帖》一册，所刻皆右軍一人之書。選擇最精，在宋以魏泰藏本為最，宋拓間有存者。餘清齋所刻為佳，來禽館刻本次之。

又 《行穰帖》，餘清齋刻之，絶佳。

又 《官奴帖》，餘清齋刻，右軍書。除《快雪》外，以此為最。董香光最所激賞。

又 王大令《鴨頭丸帖》，餘清齋刻之，有宋高宗贊，清超絶塵。《閣帖》已刻之，重濁不堪矣。觀此足知董香光深不滿《閣帖》，有此實證，知非故為軒輊也。

又《東山帖》、《餘清齋》所載，以為大令書，恐未然。或以為米虎兒書。

又 虞永興《積時帖》，餘清齋刻本最佳，下筆如天馬行空。

又 顔魯公《祭侄稿》，此帖忠義堂刻之，最遒厚。次則餘清齋所刻亦佳。然與《忠義堂》面貌殊異。或以為是末人臨本。然宋人未聞有此風格也。余《鄰蘇園》刻之，則從《餘清》出也。

又《蔡明遠帖》，快雪堂、餘清齋皆有刻本，而面目各不同。疑《快雪》從古刻翻模，《餘清》則以墨迹上石，然《餘清》疑是後人臨本。

雜録

清・翁方綱《蘇齋題跋・餘清齋樂毅論》 戊午七月四日，王堉持來《樂毅論》一本，與此無二，而無前後諸印，後無書付官奴四字，中間數行之末所空分許，悉同第一行。先之必迂迴五字間無泐痕，第四行其字亦無泐痕，其刻手視餘清為善，蓋與此同所出也，刻在前耳。宋刻本無書付官奴四字。渤海藏珍帖刻趙臨樂毅，行次全改，直是另寫非臨也，固不足論耳。然其後有至治元年子昂自識。自識云：目昏手弱，不能作也。至治元年，子昂年六十八。是當日必實有此臨本，與國學本無可稽考者，尚有間也，而其尾亦無書付官奴字，蓋子昂亦是見南宋重刻本爾，所臨竟無足置論。

又 嘉慶癸酉秋，又以越州學舍本與南宋再翻本及明朝人別一翻本細對，深歎邢、董、王篛林輩之失考也。此出自元祐秘閣續帖之本，停雲其嫡孫，而餘清又其旁支裔孫也。以南宋翻刻《樂毅論》對之，則停雲勝餘清遠矣。餘清竟是墨迹上石，此墨迹必宋人所書耳。甲子十月。新安吴氏餘清齋刻之《樂毅論》，乃南宋重翻之第三傳矣。而邢、董、吴、王皆詫為梁唐摹本，豈知書者所宜出此。宋刻前有題目三字一行。南宋初翻本即墨下亦闕三行，先之必迂迴字間泐痕，是其墨迹如此，後泐亦然，皆宋刻所無。王篛林極推此刻，竟不知其從宋刻本來也。清河張氏《真蹟日録》云：吴能遠氏示余梁臨《樂毅論》，後有刑侗帶再跋，細辨之，是宋人筆，尚未及韓太史家唐初臨本。何消細辨哉，原本筆勢全失，直是一手另寫耳。張米庵辨是宋人筆，尚非難事，獨恠王良常之謬贊耳，邢文不足言也。按張米庵《清河書畫舫》自序，在萬歷四十三年丙辰，而所著《真蹟日録》又在其後，則此條云，於吴氏見邢跋《樂毅論》，者又在其後矣。吴氏此刻《樂毅論》及邢跋，皆不同年月，明朝人不知考據，凡刻帖皆不同年月。而其卷内之黄庭有戊戌己亥，則是萬歷廿七年己亥也。以此考之，則張米庵見此蹟又在吴氏此刻之後廿餘年，蓋既吴用卿此卷上石之蹟矣。王篛林所稱臯閑蕭散，逸態横出，不言是墨迹，則即據此石本言之。篛林竟未知張米庵是宋人筆之語，而竟以為梁摹耳。鄙見宋人之語果非妄也。嘉慶乙丑十月，以元祐秘閣帖之本考停雲餘清二刻，因識。鬱岡亦從此迹出，非從宋刻出。此直是宋朝一書手另自寫之，非臨也，但是影照古本之行次位置寫之。張米庵曾見吴氏此蹟，以為出宋人筆，信不誣也。然所影亦非古本，乃是影照宋刻，而宋刻疑古本耳。十四行第九字廢。此頂點彎，自南宋初翻本來。戲鴻堂刻宋《樂毅論》，即明人所妄傳貞觀六年褚銜者，而其後乃有董跋，竟目為唐摹六本之一，似此則董文敏之為書家也，何以為後人作師法乎。

又《餘清齋黄庭經》 涿州馮文敏臨《黄庭經》，後有文敏自記云：余在甲寅年見此書，乃新安吴江邨家物，後有董元宰先生跋，謂是唐人臨右軍真蹟，蓋小字難於寬綽而有餘，故非宋元諸名家所及，即此本也。甲寅是明神宗之四十二年，此清且涼下脱一行，凡廿一字，與穎并本所脱正同，是從宋後翻本摹出也。

又《餘清齋張金界奴本蘭亭》 此卷世稱天歷蘭亭，白麻紙本，墨色黯澹，蓋唐人摹本。安氏記云：董陳定為虞臨，尚未信也。《安記法書》上。蘭亭帶字，餘清尚微近之，秋碧則益失矣。

清・張廷濟《清儀閣題跋・顔魯公祭姪文稿》 董思翁容臺集魯公祭季明文真蹟，鮮于伯機所藏，在新都吴太學家，《停雲館》所刻，乃米臨耳，予刻之，《戲鴻堂帖》者是也。張米庵《清河書畫舫》：新都吴氏藏顔書祭姪文真蹟，後有鮮于樞、張晏跋，而無《停雲館》刻陳深、陳繹會、文徵明三跋，中間顔書神妙，其結構與石本微有不同。二陳與文稱，破罐為黄花，真賞之難如此。王虚舟《竹雲題跋》，祭姪稾，吴用卿家刻，餘清帖本第一，停雲館或云米臨，非魯公筆也。廷濟案，停雲祭姪刻，浩放遒勁，不可掩抑，遠勝戲鴻。唯快筆過多，未見魯公鬱崛真意。商山月卿往處佳刻，往來胸中者，垂三十年矣。嘉慶乙亥，始於澉水見餘清初本，庚辰歲，莫海鹽從子質夫茂才，復從上海購此見貽。沈著飛動，詭異鬱勃，具見魯公真面目、真性情。回視停雲石本，則襄陽筆意，處處呈露。方信華亭為書家董狐，而二陳與文，認羊為王，誠不免如青父所譏也。然二陳與文，若果見江村藏蹟，則一真一臨，當必審别論定，是則生數百年後，翻得見兩妙刻，非吾輩之幸邪。

《戲鴻堂法帖》

論說

明·倪後瞻《倪蘇門書法論》 余觀董先生刊帖戲鴻堂、寶鼎齋、來仲樓書，種堂正續二刻，鷦鷯館、孤鶩館、紅綬軒、海漚室、青來館、兼葭堂、眾香堂、大來堂、研廬帖十餘種，又見褉刻十數種，其中戲鴻、寶鼎為最。先生生平學力，皆在此兩種內，其餘諸帖妍媸各半，而最劣者則來青及眾香也，此二帖筆意酷似，楊彥沖疑其作偽也。

又 董先生所刻戲鴻、寶鼎，臨摹歷代大家及自書題跋，精妙絶倫，近則可掩鬱岡，遠則距諸淳化各種名帖之上，誠希覯也。

明·王肯堂《鬱岡齋筆麈》卷四 吾友董玄宰刻《戲鴻堂帖》，亦一色自書，即雙鉤亦甚草草，石工又庸劣，故不能大勝停雲。玄宰書家能品，作此欲傳百世，乃出新安吴用卿餘清堂帖之下，甚可惜也。

明·用大齋主人《戲鴻堂法帖跋》 《戲鴻堂帖》乃董太史家所刻，初時紙墨搨工各極其妙，四方爭賞，以高價購之而不易得也。迨董太史督學楚中，董治者不得其人，徒取速就射利而已，一時價亦頓減。今其刻歸於余，余誠不知書，但耳食董太史之聲價，不敢輕墮壞之，務令紙墨搨工悉還其舊，識者勿復冀以賤值得之也。帖共十六卷，舊無目録，傳之遠方，或苦裝褫失次。謹為序於逐卷之首，其中或所書文詞難於標題者，但摘首一句或數字兩字為目，其舊有標題者，則從其舊。丁未季秋，用大齋主人識。

清·沈德符《萬曆野獲編》卷二六《小楷墨刻》 董玄宰刻《戲鴻堂帖》，今日盛行，但急於告成，不甚精工，若以真蹟對校，不啻河漢。其中小楷，有韓宗伯家黄庭内景數行。近來宇内法書，當推此為第一，而戲鴻所刻，幾并形似失之。予後晤韓胄君，詰其故，韓曰：董來借摹，予懼其不歸也，信手對臨百餘字以應之，并未曾雙鉤及過朱，不意其遽入石也。因相與撫掌不已。此外刻帖紛紛，俱不足置齒頰矣。

清·王澍《淳化祕閣法帖考正》卷一一《古今法帖考附録·戲鴻堂帖》 董思白以平生所見真蹟，勒成一十六卷，惜刻手粗惡，字字失真，為古今刻帖中第一惡札。

清·梁巘《評書帖》 《毁鴻堂帖》中，唐明皇《鶺鴒頌》遒緊健勁，較宋秘閣尤妙。

又 《戲鴻堂》趙文敏雪賦遒整似季海，是唐人結構，非本色書也。

清·楊守敬《學書邇言》 《劉太沖破》，《戲鴻堂》刻之，自是魯公傑作，然鈎刻未精。

又 有《步虚詞》，刻於《戲鴻堂》，亦是其體，惜刻手稍劣耳。

綜述

清·歐陽輔《集古求真》卷一三《彙帖·戲鴻堂帖》 董其昌刻，凡十六卷，文敏書法，名重一世，論者且推為有明之冠，而此帖實不能副其盛名，摹鐫俱未為精，至有訾為惡刻者，則又詆之太甚，一代宗工所為，其中亦不無可取。平心而論，首卷小楷，一經手模，都成董氏家奴。即以後各種楷帖，俱奄奄無生氣。惜千載名跡，遭此削趾適屨之酷霍。惟各行草，尚有幸留其本來面目。未經塗飾者，未始不可藉此以傳於後代，固未可盡廢也。然以方之宋人彙刻，固望塵莫及，即較之吴王文陳諸家，亦瞠乎後矣。乃亦有慕其名而翻刻者，可謂貴耳賤目矣。原刻於諸帖中字，有自以為未善者，另改單字於卷末，亦有改刻至一二行者，原以備裝褫時割換，用心亦可謂勤且密矣。翻刻本無之，歡求原刻，以此為驗。

清·楊守敬《學書邇言》　《戲鴻堂帖》十六册。香光見聞既博，抉擇亦精。初本本刻已多失真，後又為石刻，尤為重濁。王虛舟疵為明代集帖之最下者是也。

紀事

明·董其昌《容臺別集》卷二《書品》　顏魯公《祭季明文》真跡，鮮于伯機所藏，跋云：吾家無第一，天下無第二。在新都吴太學家，《停雲館》所刻，乃來臨，余刻之，《鴻堂帖》者是也。

又　東坡先生書《養生論》真跡一卷，是靖江朱光禄所藏，後為河南俞中舍購去，今吴中多雙鈎偽跡，乃從我家鴻堂帖摹出，無復筆態，但存形似耳。

又　柳誠懸有小楷《清静經》，余摹於海上，潘光禄刻已鴻堂帖，因摹手不稱，未盡柳法。今停雲館刻《玄真護命經》，亦柳書也，以《護命經》參合嘉禾項希憲所藏《誠懸度人經》真跡書法，知其與顏尚書頡頏，名不虛傳矣。

清·梁巘《評書帖》　《戲鴻堂》初刻木板被火焚，遂以初搨上石，今之所傳石本，皆翻刻也。思翁常不得於鄉人，焚其屋，木板之被火以此。

清·董宸英《湛園題跋·題戲魚堂像贊》　寶晉齋初刻像贊最為神妙，中缺九十餘字，《停雲館》摹本雖少生趣，風格尚可想見。余家藏寶晉，乃是曹之格重刻者，結體豐勻，亦無缺字，然頓乏風致，不足重也。前年北上時，收拾得舊藏戲魚堂殘本四册，吴門遇故人司寇徐公，云當為予命善手重裝，今不知竟落何處，内亦無此帖。今日友人查浦以此本見示，快所未覩，殆是寶晉初本之亞也，雖石刻多剥意，正似微雲之點月，愈覺妍好。

清·錢泳《履園叢話》卷一〇《收藏·元》　小楷《過秦論》三篇，刻于《戲鴻堂帖》者惟一篇耳。嘉慶乙亥，婺源齊梅麓員外宰吾邑，偶談此卷云，真蹟在其同鄉董小楂編修處。越數年，果得之，即而董又取去，且云五年後當惠贈也。梅麓賦詩云：鷗波妙墨世原稀，況復香光論入微。趙璧竟從千裡去，吴鉤今許五年歸。米顛豪奪真無賴，季布盟言豈有違。寄語山靈好呵護，莫教化作朵雲飛。他日此卷竟來，余當為員外一并上石，以與戲鴻、滋蕙兩刻抗衡，亦快事也。

清·王芑孫《惕甫未定稿》卷二五《題沈氏戲鴻堂帖》　華亭董文敏《戲鴻堂帖》十六卷，初刻固木版也。當文敏提學入楚，版燬於火，乃重摹而刻之石。文敏即世，是石為郡人施叔灝所得，施氏搨致精慮，工人裝失，次第增加目録，其目有紅印、墨印二種，其紅印世尤貴之。叔灝自稱用大齋主人，所謂用大齋本也。其後石從施氏出，歸於故尚書王公儼齋之家，尚書復為精搨以傳。然是時，米書《西園雅集圖記》以字小，頗有漫滅。儼齋自為仿寫一通，刻置其中，其字視原刻較大，然都無目録。儼齋自號横雲山人，所謂横雲山莊本也。久之，石復從王氏出，一再流轉，今為北郭古倪園沈氏所藏。沈氏有子曰恕，字正如，自號屺雲，方為府學生，偶敏有雅尚，以是帖久晦，市賈所為贋紅印，滿世識者憾之，因整理原石，選工精搨，以還用大齋、横雲山莊之舊。嗣此，世復當有沈氏古倪園本矣。蓋自文敏刊石于兹二百年，一顯於叔灝，再顯於儼齋，及是然後得恕而託之，即一石之在人間，其顯晦亦若有不偶然者，然施氏搨芒角粲爛，今原石搨久，不能無漶損，此則勢之所無如何，而恕亦不敢重刻，以致失真，又其慎也。

《墨池堂帖》

論說

清·何焯《義門先生集》卷七　《墨池堂帖》，章家刻手笨甚，又存李衛公告西岳文，尤為無識，然比諸快雪，居然尚勝貪得幾個字樣也。

綜述

清・歐陽輔《集古求真》卷一三《彙帖・墨池堂帖》 章藻功刻，凡六卷。藻功即簡甫也，雅善鐫勒，此帖為所自刻，固應精工。其中海字本《樂毅論》，出自越州石氏，比他刻為佳。有翻刻本，中有趙文敏行書《洛神賦》，為原本所無，米書《蕪湖學記》後小楷題跋，亦原本所無。十三行内擢字，誤作權，防字誤作方，則沿原刻之誤。近有木刻本，板裂痕可見，不能冒真本也。上海有石印，亦非簡甫原本。

清・歐陽輔《集古求真補正》卷一三《彙帖・墨池堂帖》 《墨池堂帖》，章簡甫刻，此帖隨刻隨搨，未及成功，即有零本出世，故趙文敏《道德經》、《文賦》皆有單行本。余先有初搨濃墨本，尚無《文賦》，旋得淡墨本《文賦》一册，以為在此帖之外，今見六卷完全本，前有目録，則《文賦》固在其中，乃知前編疑為翻刻者所增，實錯誤余之誤。

紀事

清・楊賓《大瓢偶筆》卷六《論各帖》 明萬曆間，吴門章仲玉手鐫《墨池堂法帖》五卷，内《黄庭》、《告誓》、《佛遺教經》、《心經》、《道德經十三行》皆絶佳。因原石在廣陵李氏埋没幾百年，康熙甲午臘月間，歸汪子慎皎行，將公之海内，真墨池一段佳話也。此刻吴門有翻刻本，失之于肥，真本復出，贋本廢矣。往在京師，見慈仁寺帖賈有一部，索值本微，因余頻過而問，遂高其價，後為何屺瞻庶常所得，至今恨之。今原石尚在，可以傲庶常矣。

清・邵松年《澄蘭室古緣萃録》卷一八《碑帖下・舊拓墨池堂二王小楷兩種》 摹勒小楷之妙，無過于停雲、墨池兩帖，然停雲猶可見，墨池直不可得。癸未之春，曾見一册，有黄庭、樂毅數種，為崇兩舲中丞舊物，議值未就，為人易去。十數年來，留心搜訪，僅得此册，雖止兩種，而二王之楷法具在。《黄庭經》六開有半，前有裴崇錫印，召辛一小印，末有緑野舊堂、跌宕文史二印，又吟餘湖筆聽啼鳥、讀罷推窗數落花一印。最精十三行，兩開下有裴崇錫印，此外尚藏有《佛遺教經》一册，《趙陰符經》、《道教經》二種，皆墨池原石。至行世之墨池全本，皆是覆刻，即晉唐小楷中所集各種，不過覆刻之至精者，有此規模，無此神韻矣。墨池黄庭得渾樸之神，停雲黄庭得疏宕之致，秘閣石氏帖外，當推此二種摹刻最為近古，後來各帖鐫勒雖極精工，不能及矣。

雜録

清・翁方綱《復初齋文集》卷二八《跋墨池堂帖》 明吴門章仲玉《墨池堂帖》，此其翻刻本也。然以原石本細對之，中間實有較原石重加整頓者，如王徽之新月帖及化度寺碑，中間一二泐處，蓋又取原鈎之油素審定為之，非但以墨池原石翻刻也。《蕪湖學記》後小楷一跋，及趙文敏行書《洛神賦》，則此本有，而原石皆無。之此猶之，文氏停雲帖翻刻本，亦有重加整比處耳，不足疑也。至其中沿舊刻可取者，若《樂毅論》不全本，實出於越州石氏本，今日遥想高紳家原石，尚得假此以略存其意，勝文氏停雲之《樂毅論》不全本遠矣，此《墨池堂帖》全部之精華也。其沿舊刻謬者，則洛神十三行，擢輕軀，擢譌為擢，申禮防，誤為方刻帖，至此荒唐極矣。

《鬱岡齋帖》

論説

清・楊守敬《學書邇言》 《千字文》，《鬱岡齋》刻之。《三希堂》亦刻之。

又 《賀捷表》,《鬱岡齋》刻之。結體雖古,頗嫌有做作氣。

又 顏魯公《祭伯父稿》,魯公三稿并重,顧此稿古撫刻者無多。《鬱岡齋》所刻當是從古刻翻出,不能與《座位》、《祭侄》並論。不然亦後人臨本。

綜述

清·歐陽輔《集古求真》卷一三《彙帖·鬱岡齋帖》 明王宇泰刻,半木半石,真賞齋再刻,併其內。初拓本,尚留原題,後乃更定次序,改易標題。明人所刻,惟此帖稱最善,在諸家之上。鐫者管駟卿,亦名手也。木刻早已蛀壞,其石刻於國初爲徽人購去,後不知所在,故傳本甚少。

清·郭尚先《芳堅館題跋》卷三《鬱岡齋帖》 《季直表》果鍾書否不可知,然方之戎路為差可信,元常二帖刻摹皆精。近得《來禽十七帖》過吴王二刻遠甚,惜傳世少耳。以來禽所刻校之,此帖摹手尚似微嫩,無蒼勁之趣。虛舟絶賞唐摹《樂毅論》,未可為外人道也。摹《内景經》精絶,鴻堂不足言,近孔氏、畢氏亦莫能逮。柔閑蕭散得意處,乃不在字裏行間。香光得法於《玉潤帖》,此秘可參。此書謂為李懷琳書覈巳顧,何以有天監三年進入欵也。此卷真蹟歸於成邸齋,名詒晉以此。此書果出中令否不可知,書自佳耳。《清娱墓志》可與《神龍蘭亭》參觀。顏魯國《論坐》、《祭姪》二稿皆曾見宋拓,惟《祭伯》未見善本,此粗存髣髴耳。以《論坐》、《季明》二草衡之,似失真,要自清迥。此書佳甚,然何必託之内史,作賢帖觀可也。唐賢書氣味自殊,以去山陰近也。唐賢書《月儀帖》清暢獨絶。《月儀帖》即不出索征西,然亦唐人能事,徐鼎臣所不能到。玉煙堂勃海藏真皆勒,司議此帖眡此遠遜。《萬歲通天帖》惟宇泰所刻獨精,勝文氏刻。王宇泰鑒賞自不及香光之審然,摹勒皆用國工,卻不至如鴻堂之草草。王季野精於別書,以《絶交書》、《萬歲通天帖》觀之,出文、董上。

清·王澍《淳化秘閣法帖考正》卷一一《古今法帖考附録·鬱岡齋帖》 吾宗損菴先生所摹勒,凡十卷,上自鍾王,下迄蘇米,蒼深不及停雲,而秀潤過之,故當遠出戲鴻之上。十卷木石參半,木本今已蠹損不全,石猶完好。

《玉煙堂帖》

論説

清·楊守敬《學書邇言》 虞永興書《破邪論》,余見宋拓頗與右軍《曹娥》相似。《玉煙堂》刻本亦可觀。

綜述

清·歐陽輔《集古求真》卷一三《彙帖·玉煙堂帖》 《玉煙堂帖》,海寧陳息園刻,凡二十四卷,首有董其昌序。其中孫過庭書譜,不著所自出,而筆畫頗瘦,大約出自太清樓續帖,惜刻工非妙手,未能傳神耳。末有《瘞鶴銘》,文句無缺,字亦略小,殆從臨本上石,非由舊搨橅刻。又有《急就章》,亦不知所出,皆不足觀。蓋搜集既繁,金沙混雜,抉擇自非易易,固不必苛論苛求矣。

紀事

明·董其昌《玉煙堂帖跋》 宋時内府既刻官帖,而士大夫亦家刻一石,如戲魚、寶晉、星鳳樓、羣玉堂諸帖,更僕莫數,故書家輩出,蔡、蘇、黄、米之外,風流不盡。本朝惟文氏《停雲館》,予家《戲鴻堂》二帖耳。予友陳元瑞,博雅好古,深於書學,各體俱工,就中楷法盤旋鍾太傅令公祖孫間。吴興尚退三舍,餘子無論也。兹所結集歷代名跡與石刻佳本共如千卷,雖綱羅千載，而鑒裁特精，黄長睿之餘論，米元章之書史，元瑞或離或合，以意衷之，無取耳食，此帖出而臨池之家有所總萃矣。歲在癸丑暮春之初，董其昌題並書。

《渤海藏真帖》

論説

清・楊賓《大瓢偶筆》卷六《論各帖》 海寧陳增城刻《玉煙堂帖》四卷、《渤海藏真帖》一套、《秀餐軒帖》一套，《渤海藏真》、《玉煙堂》余家有之，《渤海藏真》有兩三種可觀，聞《秀餐軒》更佳，恨未之見也。

又 渤海藏真所刻《靈飛經》甚精工，然不類紹京他書，疑趙承旨臨本，未知是否。

綜述

清・歐陽輔《集古求真》卷一三《彙帖・渤海藏真》 《渤海藏真帖》，海寧陳氏刻，凡八卷，首有目録，為彙帖所創見，若彙帖均能如此，可免後人羼入偽刻，並可檢目而知其完全興否，惜宋人刻均無目，致後人譌傳謬指，紛紜争辨，而無從證實。陳氏彙帖五部，以此刻為精，亦以此刻為流傳至廣。其中《靈飛經》，為石本中第一，而蔡京《大觀御筆記》亦甚佳，京雖小人之尤，而筆法實出諸君子之上，未可以人廢也。

清・楊守敬《學書邇言》 《渤海藏真帖》，亦海寧陳氏刻，皆以墨迹上石。其中《靈飛經》一册，最為精勁，為世所重。翻刻本無慮數十百通，皆不能亂真。原刻以齋室二字不壞者為舊拓，無十八刀者次之，董跋不斷者又次之。

雜録

清・錢大昕《潛研堂文集》卷三一《題跋六・跋渤海藏真帖》 趙松雪《千字文》後有元復初一跋，予一見，決為贋作。復初卒于至治二年，此題云：至正八年，距復初之卒已廿有八年矣。

《净雲枝帖》

論説

清・歐陽輔《集古求真》卷一三《彙帖・净雲枝帖》 《净雲枝帖》，明蔣一先所刻，余僅有殘本，未知全帙為若干卷，内有釋懷素，草書千字文甚佳，比宋人元祐戊辰刻本字略小，而筆法似較勝一籌，足見其模刻之精善不苟。

綜述

清・歐陽輔《集古求真補正》卷一三《彙帖・净雲枝帖》 《净雲枝帖》，今得全本，實為八册，前四册皆一先自書，册首題《净雲枝帖》，卷一二三四，第五册刻蘭亭及右軍父子二帖，第六册為懷素千字文，第七册為蔡蘇黄米四家之書，册首均署净雲枝藏帖，不記卷數。末一册又先所書，竟不題首，刻亦不整，則其子所為也。

紀事

清・胤敬、胤睿《净雲枝帖跋》 吾父性澹拓，獨嗜書法，四十年來未嘗須臾忘。此晝指几穿，操管食廢，與曩時漆版皆破，胯馬不釋，並成勝事，故能以唐人之骨，追晉人之韻，不落近今姿格。昔東坡書不可乞，乞即一字弗與，酒酣興到，方濡毫申紙，神采灑溢。吾父書亦然，流傳於世者頗少，今特摹鐫一二以廣之。吾父每謂右軍書以人重，李志、曹蜍，至今安在。則人之所繇重吾父者，豈區區筆札間垂法哉。胤敬、胤睿謹識。

《來禽館真蹟四卷續刻二卷》

論説

明・王洽《來禽館真蹟續刻跋》 余刻子願書凡三易矣。初刻草創，真即收之，次則唯晚蹟是求，最後購之即廣，晚筆大出，於是致精致約，陶汰轉劇，而先刻二種，十不一二存矣。蓋先生壯歲臨二王，肖其形神，海内傳之。末年取精愈多，運筆愈化，而無意中天趣淋漓，則往來書牘尤獨為海内所珍，故余帖中絶無臨晉一筆，此續刻則盡尺牘書也。事竣，余心力物力俱殫，雖先生神情所寄不盡在是，而吉光片羽留在人間，欲窺龍函寶氣者，以此為狐甲可矣。天啓元年季春日，瑞露館主人再識。臨來禽真蹟王洽之印

明・董其昌《來禽館真蹟續刻跋》 茲其同里王涵仲司封結集其書，刻成五卷見寄，且所收惟晚年行狎尺牘不矜莊而合者，尤為具眼。嗟夫，子雲之玄，待知後世，林宗之鑒，直取神情。子願書名滿海内，非致石鋟版之難，惟其自謂大好者若乳在水中莫能拈出耳。得司封此舉，子願復生，廣陵舊曲殷殷吾耳，真翰墨林中一段奇事，亦非獨翰墨林中一段奇事也。嗟歎

不足，書此以附不朽。天啓元年十月之望，雲間友人董其昌書。

明・張延登《來禽館真蹟續刻跋》 余同年友王涵仲裒邢子願先生行草雜筆，釐為四卷，命吴郡吴生士端雙鉤上石，命曰來禽真蹟。鐫即成，以一部寄余，書法大小不一，大抵尺牘赫蹏居多，其中攧捺不差毫髮，劇有生氣，余觀未竟，不覺身勢飛動，為之起舞。憶往年嘗備藺數番，求先生書自作新詩，先生答謂拙書唯臨晉一種為世所尚，竟出十七帖見遺。今海内盛傳先生書贋鼎混真，非具眼不能别識矣。此書俊美圓逸，天骨遒發，迥出臨晉之外，蓋以不經意而妙，故足寶也。涵仲博雅好古，夙善臨池，辛苦成此快舉，有功書道非淺。蘭亭稧本，定武為佳，獲者幸珍重之。丁巳孟夏廿日，濟東張延登濟美父題於六茂亭。

紀事

明・王洽《來禽館真蹟續刻跋》 邢子願先生妙蹟，不脛而馳四裔，余邑顧獨少向虞，至寶散失，久致湮没，多方懸購，遴付他山，戛戛乎難之矣。吴生孟元兩載來為余廣覓而精摹之，如寫照點睛無不形神俱得者，於是與次君玉衡佳壻、楊君元郎商略往復，汰前帙之濫收，增新蹟之殊絶，貴精貴少，且鐫且更。刻已成，試一展玩，儼若先生鬚眉在對，運肘灑灑，蓋至此始無遺憾焉。竊嘗妄評先生書法：晚末數載中超神入化，墨瀋淋漓，滿楮生動，殆如飛虹飲澗夭矯千尋，蜃閣翻空靈幻莫測，而一種韻致則又若京洛少年鮮衣怒馬、白紵舞女嫋弱嬌凝、含情顰笑。人巧天工，可謂各臻其至，亦各極其趣者也。史紹卿兄於此舉助資踰半，而孟元呵凍攻堅，妙同削郢，先生精神用此長在人間，余忝懿誼，且有所借手矣。萬曆戊午嘉平即望，邑人王洽涵仲父再識。

又 子願先生墨妙，不脛而馳四裔，然真贋並行莫可詰也。余初抵里，博搜遠購，得斷簡數行即付他山，貴其真耳。然先生晚歲書乃入化，而得之者不以飽蠹魚即亦斗粟易去耳。余忝里閈，恐久且滅没無餘，所關文獻不淺，遂命管駟卿挾槧就摹，摹已還之，數更番而成帙焉。向嘗親侍先生濡毫，見其年六十餘，雙眸炯如，運腕圓迅，盈楮灑灑。如鴻鶩雲際，蜃幻海

湄，而五陵年少裘馬揚揚，白紵舞娥纖腰嫋嫋，又不足為其蒨逸俠宕也。鑑別自近，評定者久，若天下後世居之何等，余則曷敢知，曷敢知。是役也，石采太湖，削付國工，精遴逸蹟，酷採殊尤，較初刻存十之三增者倍，余與次君元譽劼商訂，蓋亦閱歲而告成焉云。觀者有得，尚以此印，無為贗林所眩。泰昌龍飛之月，邑人王洽涵仲父跋。

《寶鼎帖》

論說

清・梁巘《評書帖》 寶鼎齋董字刻手不精，規模神氣俱失，內惟臨樂毅有唐人筆意，非平日本色書。

紀事

明・李日華《味水軒日記》卷二 紺碧玉圭廣一寸，長倍之。小篆瑑文云：洛脩貢兮江獻珍，散金景兮敲浮雲，寶鼎現兮色蜺蜺，煥其炳兮被龍文。即班孟堅寶鼎歌而微有異，其陰有癸鼎二字，意元鼎年得寶鼎而刻玉以紀瑞者，孟堅仍其語於賦之亂辭耳。或治河沉璧，金泥玉檢即是物耶。甲辰秋，余得此於西湖，因以名藏書之室，兒子刻余真行各種書稍稱合作者為寶鼎齋帖，有微余書者以此塞請，足以簡應酬之煩，壹似永師作鐵門限也。因書寶鼎名齋之義以系之。萬曆己酉十月朔，董其昌識。

《小玉煙堂帖》

論說

清・歐陽輔《集古求真》卷一三《彙帖・小玉煙堂》 《小玉煙堂帖》，亦陳息園所刻，專集董書，前為雜帖四卷，後為《蓮華經》七卷。是時董尚生存，已為之刻帖，足見其名重一世。然傳至今日，亦未為士林所珍，不過聊備一種而已。

綜述

清・蔣光煦《東湖叢記》卷二《董文敏法帖》 楊大瓢山人賓《大瓢偶筆》云：董宗伯法帖，松江董彦京刻書種堂帖十卷，續帖十卷；海寧陳增城刻蓮華經一部，《小玉煙堂帖》十三種，觀復堂帖一部。又有汪森然刻玉山草堂帖二卷，吴延之刻研廬帖六卷。又玉露堂帖不知何人刻。趙晉齋魏云：董帖有寶鼎齋、來仲樓、鷦鷯館、紅鵝館、紅綬軒、海漚堂、來青閣、蒹葭堂、衆香堂、大來堂、銅龍堂諸刻。案余所見劍合齋帖六卷，皆文敏臨古諸書，刻者為陳鉅昌。又有延清堂帖亦陳鉅昌刻，未見。清暉閣帖十卷不知何人所刻。國朝長白斌笠耕觀察良抱沖齋帖十二卷，董書居其半。《東湖叢記二・二三》。

《晚香堂蘇帖》

綜述

清・楊守敬《學書邇言》 明陳繼儒刻《晚香堂帖》，亦皆蘇書。余嘗得舊本凡二十餘册。不及《西樓》之精，然選擇亦不甚謬。今蘇州有翻刻，則失真矣。

紀事

明・陳繼儒《晚香堂蘇帖跋》 陸務觀云：成都中和勝相院有刻蘇帖一卷，皆蘇仲虎鑒定，精審無一可疑者。又有成都西樓下汪聖錫刻蘇帖三十卷，嘉泰三年癸亥九月三日重裝。自務觀去此又已四百餘年矣，成都吾不及至，嘗訪之宦游於其地者，不復能悉其有無存亡，為之浩歎。吾自少喜長公書，丙辰閒居，偶檢篋中數十年所積，屬衲友蓮儒、古冰蕉幻及兒曹夢蓮等手摹之，始於中秋，刻成於陽生日，共得二十八卷。若豐樂亭、表忠觀、醉翁亭、羅池記及滿庭芳等類字太大，金剛經字太多，別有醉翁亭草書字太贋，皆不入選。初，長公在元豐間以謝表被逮，中使自彭城舟中遣吏追攝，公遺書老幼，驚且恚，搜其書悉毁之。宣和間禁蘇氏學，手蹟零散，甚則東坡易傳學者私記之曰毘陵先生，而不敢名。至紹興中，詔求蘇公書，常州報恩寺老僧告之郡守有公所寫堂壁，脱而龕之以獻，高宗大喜，賜度牒。其韓平原閲古堂壁，後亦移入秘書省之著作庭。公當時翰墨禁省已不常有，何況今日。然以余耳目之外，或為神物所呵護，或為世家所收藏，不論石刻真蹟，得鉤摹見寄，使長公翰墨之氣不至毫髮稍遺，亦藝林一大快事也。敬為之拈瓣香以請。眉公陳繼儒書於晚香堂。

《二王帖》

綜述

明・董漢策《二王帖目録評釋》卷下 二王書法，初鐫木於江陰湯氏，彙為四卷，意亦勤矣。然惜其木刻之易刓也，策欲易之以石。迺於嘉靖辛酉摹且勒其三之一，其二則以摹委男邦寧，以勒委男邦用、邦典，迄今乙酉，凡二十有五年始成。釐為六卷，增入蘭亭、黄庭、曹娥、書贊、樂毅、宣示、洛神七種為首卷，以備書家真草之全。釋文凡三卷，皆今名公筆。又增目録於前，以便觀覽。余惟淳化閣帖用澄心堂紙、李廷珪墨，傳為世珍。策刻此帖，心亦良苦，自造貽善堂楮墨，仍倩佳工搨行于世，意亦庶乎其不朽云。萬曆十三年乙酉中秋日，吴江董漢策識。

清・楊守敬《學書邇言》 摹二王書者，明嘉靖間所刻《二王帖》上、中、下三册，大抵皆從宋刻善本出。相傳出王元美手，宜其鑒別之精。近日蘇州重刊於留園者，不足觀矣。

紀事

明・彭履道《二王帖跋》 《二王帖》刻於江陰湯氏，摹勒固佳，惜其木本，搨時燥濕難調，過燥則滋膩之態失，稍濕則浸蝕之痕透，是以撫卷者有遺恨焉。吴江董君朝獻精於摹搨，為吾伯父隆池先生所重，嘗與降池先生評論法帖，欲以江陰本摹刻於石。降池先生曰：君能刻此帖，吾當為君書釋文，以便學者。董君雖欣然有志，而工費浩繁，不能速辦，荏苒歲月，無何而余伯父成古人矣。嗣後復累積寒暑，而董君之志始克就緒。余適館松陵，董君乃以伯父舊盟俾余尋焉。余悵然興懷，不能以筆拙辭也，遂取舊釋文校訂差落，上卷則落十五字，中卷則落五字，下卷則差二字，落一字，悉為增入改正而書之。蓋以塞董君之請，而亦以贖伯父生前之信也，觀者當憫其志，而無重譏其字畫之劣云。萬曆辛巳夏四月望，吴郡彭履道書於吴氏之懷德齋。

清代書蹟部

王鐸書蹟

論　說

清・張庚《國朝畫征録》卷上《王鐸》　白苧村桑者曰：余於睢州蔣郎中泰家見所藏覺斯爲袁石愚寫大楷一卷，法兼篆、隸，筆筆可喜。明季工書者推董文敏，文敏之丰神瀟灑，一時固無有及者，若據此卷之險勁沈著，有錐沙印泥之妙，文敏當遜一籌。張庚《畫徵録》。

清・郭尚先《芳堅館題跋》卷四《王覺斯自書詩長卷》　京居數載，頻見孟津相國書此卷最爲合作，蒼鬱雄暢，兼有雙井天中之勝，亦所遇之時，有以發之。晚歲組佩雍容，轉作纏繞掩抑之狀，無此風力矣。己卯燕九日。

再四觀之，其抑塞磊落之狀，實出顏清臣，不能爲清臣之渾古耳。其得力之深，則非之室友石所能逮也。觀《擬山園帖》，乃知孟津相國於古法躭玩之功，亦自不少，其詣力與祝希哲正同，如天神波旬固非正等，覺然不可不謂之具大神通也。

書貴沉著專意，求沉著便無餘味，書貴變化專意，求變化便無真趣，此顏魯國行、草書所以爲正法眼藏，米老之所以僅爲辟支果也。張温夫才八流，時有魔氣古怪槎枒如上帝陰兵，舉世不識者則墮五百生野狐身矣。因觀覺斯相國書附識於此。

又　觀《擬山園帖》，乃知孟津相國於古法躭玩之功亦自不少，其詣力與祝希哲正同，如天神波旬固非正等，覺然不可不謂之具大神通也。《芳堅館題跋》。

綜　述

清・梁章鉅《吉安室書録》卷一　按王孟津書名震爆一世，余初見其《琅華館石刻》寥寥數種，最後得觀《擬山園帖》十册，則行、草、楷、隸俱備，洋洋大觀。帖後三跋，叙述詳盡，因附録之。帖為公之次子籍茅太史所輯刻。太史為順治丙戌進士，亦有書名，今京師爛面衚衕水月禪林扁，即太史所書也。

傅山書蹟

論　說

清・郭尚先《芳堅館題跋》卷四《傅青主行書》　先生學問志節爲國初第一流人物，世争重其分隸，然行草生氣鬱勃，更爲殊觀也。嘗見其論書一帖云：老董只是一箇秀字，知先生於書未嘗不自負，特不欲以自名耳。

綜　述

清・陶樑《紅豆樹館書畫記》卷八《國朝傅青主草書七絶》　綾本高七尺三寸五分，寬二尺二寸三分，其三行落筆遒勁，兼撮顏筋柳骨之勝。

查士書蹟

綜述

清·方濬頤《夢園書畫録》卷一七《查二瞻書手札册二本》 紙本長短寬狹不等，前册八開，計十首。後册十開，計十三首。筆意飛動，奕奕有神。後册尤具信手拈來之妙。每頁左角鈐家有九經暨漢儀小印，末鈐項芝房字漢泉、項芝房審定，及小天籟閣主人印。中鈐存閔印、奕仕、義行、家在黄山頂上身居對月舫中、影嵐等印。文不備録。

鄭簠書蹟

紀事

清·葛金烺《愛日吟廬書畫録》卷三《鄭簠八分書軸》 鄭汝器之隸書，竹垞翁最為傾倒，曾有詩贈之。曝書亭中鷗舫額，即汝器所書也。同治壬戌余避地閩垣，偕譚仲修遊書肆，見此幀，相與歎賞，次日屬仲修購之，屈指二十年矣。

笪重光書蹟

著録

清·梁同書《頻羅庵書畫跋·書笪在辛重光侍御畫筌册跋》《書筌》爲江上外史所著，按原跋尚有《書筏》一篇，並經鐫版，卒未之見。順之周君録有清本，因製□紙界朱絲闌，索予書之，字數既繁，予不免人事之擾。又今年春夏奇寒毒熱，不能握管之日居多，計此册留案頭不下年餘，而忽作忽輟，凡閲數月，始畢事。前後字跡都不相貫，又無論工拙矣。每段内細注爲王石谷、惲南田兩先生評，亦依原跋録也。

沈荃書蹟

論説

清·陳奕禧《緑蔭亭集·題沈繹堂夫子書》 文恪公之學，自大小學士發源而興起於文敏臨顔臨米，亦用法之得力者，其小隸尤精，不多行於世。本朝書家以公爲第一，雖宗董而筆下尚有質意在也。小子爲公成均士知公學力頗詳，大司寇公得此卷屬題，遂書其概。

種種人䝉,蘇子瞻所謂十手無一心,手手得其處,展玩良久,不覺見獵心動,雖力不能强,只如蔡君謨之愛茶,惟有時置几案,把弄不輟耳。戊午十月九日慈水弟姜宸英謹題。

晉唐書家時於臨摹中得意外巧妙,始鍾太傅四表,其三帖皆右軍書也。今視樂毅黄庭迥自不同,唯善鑒知其實出一手耳。舟次先生胷懷洒落,故下筆輒有古人風味,留此卷示後人,恐雖書家董狐,如黄長睿者,不能辨其時代也。戊午陽月,梁溪弟秦松齡題。

讀陸辛齋詩并題語覺有未安處,晉米門庭之殊皆由其運掉不一,等千古而觀之,筆畫自無有異,即而求其妙用,則王家父子已大相遠,若古今皆能運掉,當不令右軍獨絶千載矣。惜予將西發,不能痛爲發明,聊於詩中微啟其端,使辛老見之,必掀髯更有所作也。禧又識詩家言唐者必黜宋,言宋者必詬厲唐人。獨山聞詩杜韓蘇陸靡所不有,即此臨摹書法兼晉唐諸賢之長,乃知胷具舀冶,斯垂金屈玉各極天巧,安得不以永興五絶歸之。秀水弟朱彝尊。

太原傅青主先生書法最高,妙絶不肯爲世人書,往余訪之松莊,乞得其數幅,悉是臨摹舊蹟。云學書不須多看帖,但得古人真蹟片紙,臨寫萬遍自工也。余見南人書無及傅者,傅已老病,其書遂不可得,今見舟次此卷,雜仿諸家,精神飛動奕奕亂真,精於摹古,如是宜其自運之工也。舟次書名且與青主分道而馳,余將乞其片紙以當古人真蹟。松林潘耒。

己巳庚辰間從先生游洛中,賢勞之暇,每爲余論筆陣出入斫斬結束及心手緩急之妙,余蓋耳食之心識之而手不能赴也。忽忽十五年得睹此卷,真覺山摧雨驟,絲輕雲重,無所不有,吾安得覓五靈丹與鍾元常相與搥胷嘔血耶。查嗣瑮識。

丙戌四月崇烈幼年從先生學書,有提得筆起轉處著力之訓,茫然不知所謂,然謹識之不敢忘,久乃悟轉處著力,正須提得筆起,印之古人無不脗合,雖結體各有不同而運掉正自無二,其成就之大小,則各從其所造之淺深而已。觀先生臨摹諸帖,并辛齋先生斷句何啻針芥,彼以時代分甲乙者,恐未窺兩先生之門庭,况堂奥乎。崇烈敬識。

始悔齋與余言於京師,每及書法,余驚悚以爲河漢,其時余蓋未得用筆之傳也。後余粗知學書而悔齋宦游於外,不復得相質問,恆以爲憾。今

綜　述

清・陶樑《紅豆樹館書畫記》卷八《國朝沈繹堂臨米帖》　紙本高四尺五寸,寬一尺六寸二分,行書,其五行繹堂書接武思翁閒臨《米帖》,風度自勝。

汪楫書蹟

論　説

清・方濬頤《夢園書畫録》卷二〇《汪舟次橅古墨蹟卷》　舟次手臨諸帖真得昔人筆法,昨與友人論書,或以爲不可落宋人門庭。余以爲落門庭則羲獻已殊運掉則古今無二。宋人不爲摹晉,故得與晉並存。今人以晉帖爲晉書,終無是處,爲舟兄作四斷句復書此語正之,不知有當不也。鹽官弟陸佳叔。

愚自少未嘗學書,故垂老不進。今觀舟次所臨,筆勢翩翩,風神駿發,如此頗自悔悵。旅邸稍暇,願攜尊酒往從舟次講求筆訣,未審肯出其秘否。堯峯宗兄琬跋。

昔王僧虔論書,謂神彩爲上,形質次之。今觀舟老所臨諸帖,位置各肖,而精神躍躍浮動紙上,如禪家所謂不爲律縛者,真不愧風檣陣馬之目。北地米漢雯跋。

古人論書謂如逆灘上撐篙,用力許久不離故處。余少時頗講究運腕之法,時合時離,久之,猶故吾也。兼之塵務經心,蹉跎遲暮,此事遂輟。今日病足,據膝床上,閲友人汪子舟次臨橅此卷,此其逆流中上灘時也。人驚其法,兼諸體以爲奇絶,不知此正由其運筆之熟。運筆既精,心手相習,自然

悔齋没已數年，余過其鄉，獲睹其所臨帖數種，乃知悔齋真不愧向之所自言者矣。海甯陳君以書自高，吾不識其於古人何如。若所云晉宋之殊皆由運掉，則松雪翁用筆千古不易之言，夫豈無所根而出之，安得召悔齋於道山而問之耶。康熙丙戌益都年友趙執信題。

心與古會，筆若有神，撥鐙口傳，又其糟粕耳。何必紛紛乃爾耶。楊中訥觀。

後有徐樹本、方扶南、許乃釗、陳元鼎、朱稻生各家跋語，不備録。

藝文

清・方濬頤《夢園書畫録》卷二〇《汪舟次橅古蹟卷》 戊午秋杪，遇揚州汪舟次賢友於新城夫子邸第，出所臨諸帖展對良久，令人歎服。海昌陳奕禧題。

過江空復惜張芝，舉似旁人那得知。今日何人同庾翼，神明解識右軍奇。

漏痕釵股語空存，攟拓毫芒莫妄論。爲語撥鐙君不信，家珍原不是從門。

何妨看罷有微詞，歡譽同聲友自疑。曾讀三王世家不，從教人笑表忠碑。

得羊已足向人誇，况復雙鵰並運斜。不是當年親發塚，誰知真不異長沙。

人傳大帥昔同船，真跡曾橅内景經。果是筆端通妙巧，不禁相見眼逾青。

書家須是筆能隨，不在空談雅好奇。縱使傍觀多解事，此中消息讓君知。

翰櫝真懸廿載稱，手迷揮運我無能。王家攟拓猶能説，且問如何是撥鐙。

廣文詩筆表當時，一卷臨池更乞師。我向中條山下去，耐人遠路百迴思。

戊午嘉平月，海昌弟陳奕禧拜題。

雜録

清・方濬頤《夢園書畫録》卷二〇《汪舟次字軸》 按：此詩當在守河南時所録也。又按竹垞老人有《題汪檢討乘風破浪圖》七言長古，碧海鯨魚，雅與題稱，先生之聲望，亦可想見。此詩清麗、雄宕，書法更豪邁不羣，足稱二絶。道光甲辰斗指子之月日，長至節前，鄉後學方士淦謹誌於撫松□之晴窗。

薑宸英書蹟

論説

清・梁同書《頻羅庵書畫跋・湯西厓少宰進呈楷書詩册跋》 高文典册大率多倩人繕寫，非不圓潤工整，而書者之性情不存焉。前輩名人不然，予嘗見西溟先生暮年進呈册子，金牋上淡墨書楷，中間帶行筆而遒媚更可愛。山東孔氏已鈎入《國朝名人法帖》中，此册少宰公縮東坡春帖，子意端莊流麗，絶無對御矜持之態，足見老輩風度不凡，越人遠甚。點山禮祥爲公五世從孫，裝而藏之，洵可爲家寶，并後代法則也。

又《跋姜西溟楷書後漢書黄憲徐穉姜肱申屠蟠列傳册》 本朝書以葦間先生爲第一。先生書又以小楷爲第一，妙在以自己性情合古人神理。初視之若不經意，而愈看愈不厭，亦其胸中書卷，浸淫醞釀所至。董思翁嘗評平原書所謂不爲結搆天真爛漫者是也。此册爲俌之孫君所藏，中缺二頁，屬某補之。予逡巡不敢下筆，再三徵索不得已應之狗尾之續，得罪於先生多矣。因附識册末，以自懺云。

又《姜西溟臨魏晉人各種書册跋》 予反復觀湛園先生此册，微覺有會今人臨摹古帖率皆相其大小長短肥瘦而一一描畫之如小兒仿本習之，久未必無虎賁之似，然神氣去而萬里矣。先生之於閣帖不然，只就逐行逐字熟其綰結纓帶之法，然後行以己意，或對臨或背臨，全於神理間取之，故初看若不經意者，愈看愈不厭耳。昔孫退谷嘗言聞之鐘伯敬云：古法帖無妍拙，放斂，其下筆無不厚者，試取古人帖中數字極朴而無態者，一臨之才，覺有一二分似處即佳□，而彼其朴而無態者，自若人反不以爲佳，此所謂厚也。予謂天真爛漫是吾師，惟真故朴，惟朴故厚，吾故於先生紙上意趣之妙，見胸中醖釀之深，而益以想見先生性情之真也。臨之難□摹而得其意當亦不易。

清・陳奕禧《緑蔭亭集・題周姜書意》 周鄮山容吾浙人也，久學八法，其執筆高，使掌虚固是佳處，及至晚年力衰，使勢遠弗能合軌，不知字之大小，爲筆之遠近。右軍之論鑿鑿可憑，善書者何必以此自炫於人乎。其後姜西溟宗其鄉先輩之傳執筆亦離數寸，是以波磔過長太高則力不能收也。然姜之學識逸氣兼天人之資，所製過鄮山遠矣。朱聲遠案上見《鄮山題帖》，遂論其淺深。

又《題姜西銘臨十七帖》 西銘於丙辰到吾甯，日聚拙閒堂，與夏重德尹過從，酒闌燈灺，終夜談藝，輒不復卧，其能書乃餘事也。篋中□有鮮于國學草書《蘭亭》，筆墨妍妙。又有舊搨寶晉齋神韻，若得墨氣，西銘潛心味之，故其書清逸有前輩瀟灑風度。余在農曹，西銘且入館閣，復同查氏昆弟會於京師，幸續後緑，追思舊雨致足樂也。庚辰西銘即世，交朋中痛失老宿，其書之散在人間者，尤見寶重。薄勺庭翰林因予自黔歸招攜坐次出此册，與雙峰宫庶遜菴太守同玩，屬余跋其後，數年來間關萬里，筆硯既荒，學殖亦退，見我故友手跡，益覺形穢，因略叙交誼所自，迴環於心，不勝泣然。戊子閏朔題。

清・梁章鉅《吉安室書録》卷四 山舟先生復孔谷園論書云：西溟書尊處有小册及破邪論各種，僕處所藏金箋册無足論矣。小册前五版最勝，破邪論序意致亦佳，西溟臨帖能以自家性情合古人神理，不似而似所以妙也。金箋册畢竟是供官之作，滅人意興然而老年筆，較它作更蒼，且其字裡行間全行己意，無一毫對御矜莊之色，亦是見前輩意度，政自不凡。若在今日必倩所謂黑光長者為之，大小分□不爽，殊失風雅矣。故特奉寄一覽。《頻羅菴遺集》。

又 湛園先生之臨閣帖，只就逐行逐字，熟其綰結纓帶之法，然後行以己意，或對臨或背臨，全於神理問取之，故初看若不經意者，愈看愈不厭耳。《頻羅菴遺集》。

又 湛園先生所藏宋陽麻搨十七帖一本，余曾見之王韓城相國，生平得力在此，故書格為我。□第一。《頻羅菴遺集》。

清・蔣光煦《别下齋書畫記》卷一《姜西溟真蹟》 裝郎尚有右軍四種，宋搨猶可作活計，然子敬風流自此遠矣。天啟五年，歲在巳丑，暮春之朔，書於天津舟次。董其昌。

紀事

清・梁章鉅《吉安室書録》卷四 壬戌冬鎮海謝君仲諧過訪，出示先世天愚先生詩稿序一篇。予一見即曰：此西溟先生楷法，及讀竟署穎款，乃萬先生言，予方在遲疑間，君曰：姜嘗館予家，此紙相傳為先生書，未之信，故以奉質。予曰：無疑也。第序作丁丑，正先生成進士之年，書在後，非適館時，故老境精卓如此。近日先生手迹多贗作，此片紙，真吉光也。《頻羅菴遺集》。

朱彝尊書蹟

論説

清・葛金烺《愛日吟廬書畫録》卷三《朱彝尊八分書瑞蓮詞册》 竹垞先生鑒兩漢金石甚夥，下筆具有根據，而風神標舉，仙骨不凡，非僅形模。

曹全徒以弱毫取勢，桂未谷品以林宗墊巾，信不誣也。昔年李金瀾明經貽余先生隸書水仙華詞不全本，余補全裝册。柳東孝廉爲余題曰：墊巾玉屑。因復出示此册，水珮風裳洵堪連璧，聊識數語，亦自幸鄙之，竊有仙緣也。嘉慶庚辰正月十五日，叔未張廷濟。印二。張廷濟印。朱白文方。

又　竹翁分書多別體，生平心服谷口，畧得其意，而丰神絶世，自不可及。柳東印二登府。朱文連珠方印。

惲壽平書蹟

論説

清・端方《壬寅消夏録》卷二一《惲壽平書唐孫兩傳墨蹟卷》　南田先生天機清妙，書畫冠絶一時，與二王名竝，然石谷、麓臺固不及也。是卷所書唐、孫兩公傳，用筆秀逸遒上，神似晉賢，余所見先生墨蹟甚夥，皆不如此卷之精嚴，嘗謂文襄沉智竑議，邃于孫吳，當時以知兵被薦，未竟其用，論者以文華之推轂爲南園之累大。有明中葉，門户之見未興，豪傑之士得以權術馭功名，而不失為正人君子。當世亦亮其苦心，未嘗輕呰其過，如楊一清、王守仁是已。至若倭蹂東南，三關震驚，父母之邦，義不容辭，執干戈以衛社稷。聖人且予之，後人奈何引繩枇根不能恕耶。文介幼時，習聞唐公緒論，才可大有為，不幸世丁叔季，賫志以没。今讀其擊首相方從哲一疏，生氣凜然。所謂鷹鸇之逐鳥雀，不是過也。二公洵一代偉人，宜先生之景行鄉賢，樂為書之。汪君其珍襲而藏之，勿為豪奪，勿為巧偷，可焉。道光三年秋九月中瀚，武原後學俞月倫跋。

又　惲南田書唐襄文、孫文介兩傳，趙味辛老人后跋襄文傳，陳玉瑊撰而《學文堂集》無此文，文傳董以甯傳而《正誼堂集》無此文，即《亦有生齋集》中有跋南田書誓願文南田手書秘方彙鈔文。兩跋亦無此文，而墨蹟具存可見。昔賢文字出集外者，正復不少矣。汪君竹坪工畫，即為袁簡齋繪湖樓請業圖者。

清・李兆洛《養一齋文集》卷七《跋惲南田楷書杜詩》　曩見南田書，自爲《華嚴經》疏義，小行楷，凡四五十頁，秀媚中蒼勁氣，當是其中年所作。文多脱佚，不具首尾，亦無欵署，然望而知爲南田書也。此杜詩數百首，乃是其少年所書，和婉密麗，真所謂金生玉潤者，或以見示，欣然識之。《養一齋文集》。

著録

清・梁章鉅《吉安室書録》卷二　南田書以神韻勝，非朱墨所易鉤取，玉虹樓孔氏始摹入《鑒真帖》中，然未有如此之富者，清歗閣主人精於鑒別，酷愛南田書畫，大半皆出顧橱所收。又得溆水陳君助其搜羅，刻成上下二卷，亦可稱大觀矣。山舟梁同書跋。《頤香館集帖跋》

又　按吴江金芝原蔬香館法書中所摹南田書蹟頗多，前幅係臨唐賢三種，一王右軍，一褚河南，一顔平原。自跋云：皆素所醉心服習者。後幅雜録畫蹟，後跋語皆自題己畫，間以雜詩，凡五十餘叚，無不精妙，知南田妙兼三絶，世徒羡其六法之工，但與耕煙山人相提並論，尚淺之乎視南田也。又册後載王虚舟一跋云：無此山川，無此筆墨，伯牙不存，鍾期太息，此南田自題句。閲此册知非過語。又稱南田先生忠孝之性出自天然，兼以儒姿秀骨，敻絶一世，故每一涉筆，輒覺飄飄有仙氣，非食煙火人所能。虚舟老人深於書者，而其傾倒如是，則南田之所詣可知矣。

雜録

清・王昶《春融堂集》卷四五《跋金誦清清歗閣帖所刻惲南田書》　筆墨之性，本原忠孝，南田先生偕其父流離轉徙，不獲已，姑以翰墨自娱戲，人謂瀟灑出塵，不知正其清勁絶俗也。褚登善于金輪未册之先，身為疾風勁草，觀同州聖教伊闕三龕，實為歐顔柳三家先導，哀策枯樹异其面目而實同其骨力。南田學登善書，殆于其大節有深契者，而金子誦清嗜其畫，因以愛其書，愛其書實以敬其人，裒而匯之，勒諸貞石。世有考南田生平出處，忠孝大節，當于是得之。南田本以詩畫書稱三絶，從孫鶴生作傳，謂全集藏于家，然不傳久矣。其在六逸中者，止三百二十餘首，如帖中諸詩皆未入于鈔，則此帖為拾遺補亡，有功于南田豈尠也哉。

孫岳頒書蹟

論説

清・陶樑《紅豆樹館書畫記》卷八《國朝孫樹峰行書絶句》 風格秀整，洵可嗣軌華亭。

王鴻緒書蹟

論説

清・王昶《春融堂集》卷四五《跋儼齋司農臨李北海米元章書册》 儼齋先生在仁廟時，文章著作與徐東海齊名，其擅鑒別工書翰，又與高江村相上下。錢文端公常謂其大書行草絶類襄陽，信然。然襄陽雖法大令，實本北海。此册臨兩公書，奔逸蒼勁，變化縱横，不為法度束縛。又高徐所望塵不及者已。

陳奕禧書蹟

論説

清・陳奕禧《緑蔭亭集・題自書》 趙吴興熟於内景，用其法書《過秦論》，遂成吴興絶妙好書。余兼取而作此，欲與争席，殊未能也。且行迫務繁，不及逗留多製，然因知賞已遲十日矣。

又世未有以元常意入吴興者，予戲為之，知吴興本自有鍾法，未嘗不相合也。

又李北海會歸往哲而自成其家，嗣後學北海而顯名可見者，惟趙承旨一人。時代相壓，學之者，見其薄矣。予此册規承旨而逐段變勢，力不及古人，學有不足，其病何止薄也。然駸駸欲進之心，則未嘗以衰年而敢怠，是乃子之稍勝處耳。

清・陳奕禧《緑蔭亭集・為姪孫婦楊淑文書竹樓記題後》 衛夫人茂漪善書，右軍學之，其跡見於官帖。王氏諸婦及歷代以來名翰頗衆，傳者惟房璘妻高氏，是吾家渤海前媛也。先世自明初託姓潁川，歷年復久，發跡既多，閨閣中通於書傳文史者不少，兹難悉著。吾坦園姪孫媳存質，字淑文，乃宏農之秀，少本能文，歸於坦園，伉儷相莊，更精字體，此其繼起者也。坦園學余書有年，深得筆法，余授其執使用轉輒能領會，比諸會稽操徽之流也。故淑文所得精妙迥出，近時懿美余書，謬為時所稱慕，甚至繡廉鸞鏡之間，多起湘管松膠之韻，回思右軍當日出於衛夫人之門，而今之衛夫人反學書於余，自笑老夫之流風餘蘊，若是乎較右軍為過矣。戊子七月廿七日三鼓書於梅溪書屋以應淑文之請。

又《偶書》 為人不入時，自是拙鈍，余之不學董亦拙鈍所致也，一笑置之。

又 此相非幻人中峰題像語，惟覺乃知幻也。幻既無著，覺于何求。

聲遠以覺，覺之，惟當參此覺是誰。

又《**偶書**》 余書謬為海内所推，名從實赴，其實有四十年之功在也。毓東與余交二十年，相識時即已成名，揮染在宋元人家數之間，其功亦實有二十餘年也。深淺妙境，無所不歷，余不能以畫家理立説，姑就余甘苦言之，亦覺有徵矣。

又 香泉書翰，人得其片縑寸楮，皆鄭重藏弆之。此二巨册，皆其手蹟也。且皆平生書畫、金石題跋語於香光《畫禪室隨筆》，孫北平《庚子消夏記》李氏《觀妙齋金石略》而外，又得此一種，足資考證，樹香實之老眼不任健羨也。閎齋龔麗正記，時年七十有三。

又 此二册刻石則與過庭書譜同傳付梓，則與《竹雲題跋》並美，惜乎，好事者之少也。汪能肅。

又 余家有趙承旨書謝康樂詩，藏之久矣。其運筆之圓熟，宛若轆轤，覩之常不忍釋手。今觀香泉先生書與松雪酷相似，其殆入趙氏之室乎。清溪徐應枚題。

又 此六兼先生真蹟也。樹香親家於敗紙堆中得之，苟非另具雙眼，何以識之。吾願樹香以識字者識人，更當何如耶。己亥初秋鍾《埭舟次吾山龔慶五跋》。

又 香泉先生書入能品，此二册皆其生平題跋之作。此道中甘苦親歷多所發明，如云：以勤入，以虚受，以摹仿就，以參悟成，乃自道其所得之語也。今觀先生字體亦自董華亭出而其論華亭，每多疑詞，豈已入其堂室，故盡知其底藴，如米襄陽之詆李北海耶。聖教序自唐以來皆謂沙門懷仁所集無異詞，卷中乃云：小王集大王劇迹為聖教序，或别有所見，或即謂王行滿所書之本，惜其未詳言也。庚子正月，在嘉興從繹庵主簿借觀，六月十六日題而歸之，漢軍徐榮鐵孫甫。

清・邵松年《**澄蘭堂古緣萃録**》**卷一〇**《**陳香泉試翰册**》 第一開臨黄山谷書札，二開以下均書自作，書法飄逸，兼河南北海之勝。

傳記

清・陳奕禧《**緑蔭亭集**》 陳太守名奕禧，字子文，號六兼。晚卜宅於吴之葑門，更號葑叟。香泉者，令深澤時憩大忍寺飲泉而甘之，甃石築亭其上，以比永叔之醉翁，坡公之喜雨。曾夢升一樓，滿貯隃麋，一神人語之曰：供子一生揮灑。起家安邑丞擢深澤令，歷户部郎，石阡南安郡守，著有《虞州集》、《續集》、《春靄堂集》未刻者，有《秋雨齋集》、《笑門集》、《葑叟題跋》、《緑陰亭集》。廷濟又書。

紀事

清・陳奕禧《**緑蔭亭集・題自書**》 戊子七夕為學庭書，此後一日而畢，繼以貫休此詩用感學庭之癖嗜也。所謂千人萬人一人兩人，古今真有同慨。

又 戊子來京師與學庭相聚者積月，為書數册，具各家體，未必能得前人奥義，或手勢變换，學庭沉酣斯道有年，翫之當悟其意，孔子教人以時習工夫，舍是，無他語矣。

又《**臨閣帖自題**》 臨摹之事，非熟知古人深意，不能稱手，而出由宋而唐，上溯愈難，蓋晉法簡貴中含藴藉，須縮筆攖衂，方能入其門庭。戊子改補重來京師，時迫務繁，未嘗為人臨摹以其費時失事，故概為辭却。六月廿八日聚於怡齋，暑殘秋近，天氣稍解，且良朋娱心，清歌悦耳，侑我筆研興頗不乏，遂撿閣帖作此，方其對原蹟而彷彿似為所拘，及真本既離，獨觀成翰，則楮素中疑有妙音發乎頓放之際，此一時之雅韻書於册後，後之覽者，或亦有欣羨之思云。

又《**題姜氏蘭亭**》《蘭亭》起於定武，繼以神龍，是歐褚之二源，論之數矣。後之稍好翰墨者，家有鐫勒，雜出於數百年間，不言其所得之出，於是耳目紛然難辨。此本乃西溟姜編修家藏，有字形不同者絶多，大畧皆聖教筆法，別作蘭亭一派。廿年來所創見者，往從沈芷岸讀學處見之。今學庭孝廉有一本，學庭為西溟所得士，西溟臨歿以贈學庭。予向學庭索得，乃為之臨摹以存記其本末，芷岸西溟皆作古人，余重來京師，拈弄筆墨，交友風流，雖不減昔而由今追想，不覺情深，故舊惘然莫解也。

又《題自書艷體詩》 淵明《閒情賦》在本集中與諸文不類，余每寫一過，疑其為贋筆也。然古來評隲家，未嘗論及於此，故不敢率爾道之。韓冬郎當圍城中作香奩詩如許，吾以為亦未必然，而感物言情因時有觸，何嘗不可比類而發。予來京師，乍緣客語戲作艷辭，事有所由，意曾借託積日成帙，坦園姪孫索書之册，美人君子在若有無，惝怳不定間，謂之閒情也，可謂之香奩也可。

又《題泥金書》 泥金書經唐時已有之，大約内府居多也。至明更盛，今則愈繁。存世者，惟吴興妙蹟，然而贋本雜糅，殊眯人目也。甲申余為梅溪侍御姪書感應篇，今已五年，重觀一過，未能離經生窠臼，而今之書者，未見能手，安得起鍾紹京而問之。

又《題書與秦侍讀册》 往在川衡為敬敷寅長書此册，自魏晉以及唐宋十許家雜臨之以見筆意，各系一跋，疏其法脈。敬敷留神翰櫝藏之已九年，紙墨如新，而余之齒則加長矣。感故人之篤好，奈離別又新，為題其後，若得相見再題，豈非天壤間樂事耶。

又《題黄庭經》 黄庭以晉唐小字及寶晉齋本為準的，其餘別刻筆畫多有不同，而神氣亦異絶，如《蘭亭》之不能辨其所自出也。此本為南苕宗伯所藏，紙墨古穆，洵是舊搨，與之相對，自有異趣可賞。

又《題自書閒情賦》 每讀閒情再三尋味，覺淵明諸文不類。淵明詩文高妙悠遠，令人作天際真人之想，又何必此賦寄其閒情耶。竊慮此論從來學者所未發，余忽創言，必致眙譏，然既有鄙見，聊書於册，以質高明，或有同心未可知也。

又《題自書枯樹賦》 客冬在杭州翁蘿村家，以宋榻《枯樹賦》索題，其中字體俱不同于今刻，略記竪梓等字寫存此册，非無所本也。褚書為米家鼻祖，于恬静中露奇險，非米氏所及，此賦與哀册同一氣味，哀册緊而枯樹寬，推而至於汝南諸銘，無非眷屬也。

又《題玉枕蘭亭》 陳鴻跋云：廖瑩中縮定武本刻之靈壁石，號玉版《蘭亭》。或又云：賈相刻於玉枕之端，號玉枕《蘭亭》，未知孰是。雲舉阿太史藏一本，乞予臨摹，以藏本贈予，而予臨者，太史又轉贈孝廉伊學庭，此時正在鐫勒，然不過優孟衣冠，何如廉讓所藏。此本宋搨之精，字雖蠅頭而《蘭亭》轉折神情宛然畢具，余既苦心學習，燈下重逢如親師範矣。戊子八月廿四日燈前題于天津舟次。

又《書孫過庭書譜釋文後》 孫過庭，字虔禮，陳留人。或云富陽人，武后時，官至率府録事參軍。好古博雅，工文辭，得名翰墨，草書咄咄逼羲獻，妙能用筆，儁拔剛斷，出於天才，評者以為丹崖絶壑，筆勢堅勁，所著書譜序上卷凡四千言，纘述作字之旨，迺古邁今，追微闡妙，窮極論議。體勢筆法，發露殆無遺藴而所謂譜者必尚有所製，及下卷文字今皆不傳，余從幼學，焚膏繼晷，日臨一遍，其篇中難識如變篆咎糺，等字並參悟而得稍後方遇刻本對勘乃信無差且為逐字較正，既詳解其辭，復深味其義，已歴四十年所，頗惜自宋元明累朝以還，究心其書者蓋少。戊子八月予改補南安，守途出天津與安子麓邨相晤，出書譜序墨本共賞，驚歎率府手跡，千餘載猶在人間，乃是真定梁蒼巖相國北平孫退谷侍郎家藏物，兩端有宣和政和小璽，本自内府散落。展閲間，覺點畫頓挫轉折變化之機，一如至契重逢歡欣復聚，毫無間然，洵為海内難得之至寶，有神物憑護，流傳至今，得以不朽，而遇我麓村愛重珍秘之也。因思書家之所以不能人人解者，良由草書未通，輒從疎闊，麓村遂浼余作釋文一册。余雖行迫，然而心之所好，餘業皆空，為停舟十日，兼用蘭亭聖教法，書以應之。且將率府譜内婆心傳示筆法關竅緊要之處一一點出，麓村急欲付諸樂石以公同好，如此盛事固屬機緣，遲蚤成就有時，絶不可强考。夫文氏停雲館收鐫吾家司寇從祖亦曾別刻皆未註明，此本一出，今而後率府之苦志經營始得彰明於後學，神氣所聚，非期而遇，曠代相感，豈偶然哉。麓邨學問淹通，深於精鑒，毅然發斯宏願，其為功不小矣。

又《題宋人尺牘真蹟》 昔人云：得古帖殘本，如優曇出現。此册宋名賢真蹟廿二件，兼蘇黄米蔡盡有之，儼入瓊林琪樹中，賞翫終日，而莫能窮，目炫心摇，豈止優曇出現耶。麓邨安君博學嗜古，得而寶藏，因余來天津，謬以余能鑒別而示余，余獲翫味而附記於後，如此數公，余輒附記於後，是余之不知量也。麓邨乃屬余不以爲塵點愛我深矣。戊子八月廿五日，漏下二十刻題。

又《題自臨米書方圓菴記》 予官於南北三十載，素嗜作書，求得海內墨搨頗富。離鄉既久，如杭州諸名蹟猶多未備，丁亥守黔，迴避歸方得此龍井米刻，馳驅萬里，學古之功，久已荒廢，偶然發興，攜此素册，在吳山寓樓臨之應接，間斷踰一月，北行赴補，嚴寒風緊，長河凍合，烘研畢其事，亦舟中消遣計也。好友與門人同行，遂爲講論筆法，貴以勤人，以虛受，以摹仿就，以參悟成，其點畫神情態度變化字樣家數，總在此四語中。研窮便得有志者，日夕從事，自然進步，難量所造漸深，儻欲條析言之，雖積紙盈寸，未能盡其緒也。十二月十二日，望亭阻凍漫筆。

又《題麻古壇記》 黄山谷云：小麻姑仙壇是本朝一僧人書，歲久已忘其名。余少時學各體書皆易入，惟此碑難得，其疎密寬窄間架而出於自然，不待勉強，一篇章法如廣平家廟諸碑幾幾乎入平原晚年之室也。撫州石刻已亡，建昌有續鐫，明守季膺得羅近溪先生家藏本，重橅此刻，肥瘦與建昌所刻相似。考顏公舊石甚短狹，背有薛稷歐陽詢小字，顏公豈與歐薛同時，其言不足信，山谷所見必有徵據，然自是名蹟由吾所論如此。丁亥獵之廿四日，周確齋示觀於北塗舟次，舉以告之。

又《題王勇循户部册》 自入黔往返，五歷干支，其間雖不廢筆硯而應酬冗迫，無復細心作鐘王小字。道路之際，或念我餘習，覺胸次空空，舊所規模竟若遺忘殆盡，以戊子二月九日勇循王户部姪邀過邸舍，案上置此册，知欲乞予書者，適遇無事，因爲作小字，用季直樂毅法，隨手散見，源源而來，猶不待記憶而得麤材，郡吏日就衰澀，豈於此中尚有緣耶，抑翰墨之逋未了也。

又《題郭孝子碑》 漢郭巨有碑，今不存。北齊武平元年中嗣邕梁恭之撰書刻石，應齊州刺史隴東王胡長仁之命也。文本東都，書綜古隸。予每學蔡梁等法，且歷觀北朝江左諸家之製，融會變態，遂成一體，非篆非隸，善鑒者賞其能，寡議者嗤其怪。然反覆自審，未嘗不内慚私哂。戊子來京師從王符躬處見孫退谷侍郎舊藏，此本恍然與予所製之體，構思脗合，結撰略同，不覺心領神會，得古賢之明證，庶可以自信其非妄，余本積學貫通中來而虛靈所出，便有先見於千載之上者，我契古人耶，古人須待我耶，均不得而知。因獲覩此碑自言得失，當不以示人惹非議也。

又《自書蘭亭跋》 《蘭亭》有定武神龍二派，由歐褚而分。余揭而告於世久矣。世間《蘭亭》本最多，家雕户鐫，觀者目眯，莫知所自來，只學佳者一種，日夕參悟足矣，不必求其多也。予臨《蘭亭》四十年來，不記其數。此本爲阿太史雲舉書，憶寫時趣之甚急，甚不得意，今從六年後觀之，似有可取處，則知三載投荒所學廢棄昔所不取而今以爲佳，其退可驗矣。六年後，猶得至京師再觀之，且叙故交而數晨夕，天之待我亦幸也。戊子三月題。

又《題自書聖教序》 余自黔歸，在長江舟中臨聖教兩本，頗有合處。一本爲于中丞刻於蘇州。戊子入都，復見七年前所作，自較先後手勢有不同處，此册自都入粤，由粤至滇，復從滇還京，余旦來遇之於廉讓世兄齋，無論世事，榮悴興衰，即予之筆墨，亦如人生遇合之恰相值也。可不悟運數變易，莫能預定乎。廉讓其善藏，他年更閱，尚當作跋尾也。戊子閏春二日，書於廉讓寓居之崕珍軒。

又《偶書》 《古柏行》乃宋人書，後署有庚辰九月龍巖字而無時代年號，今西安碑洞，或得其搨本，去其末行，便舉世認爲魯公書矣。吾鄉查伊璜前輩酷學極似余未經臨摹，戊子閏月來京師補官，梅溪侍御姪於酒闌燭下索爲書，此用筆之頃覯彼學力規顏而未至也，焉能如四家之得魯公神明，而自爲變化哉。余故略以己意救之，且識書人題署，用解誤認之惑。

又《再題玉版十三行》 此臨玉版十三行也。其刻諸别帖者，已各具風華而玉版所勒，用筆挺拔尤異，庶幾與停雲近而高簡勝之，相傳爲秋壑舊物。今自裘氏轉至學使杭州翁蘿邨處，蘿邨賞識家以二百四十金重價居之，可爲得所矣。曩者丙子歲見於乾齋弟處，昨至武林晤蘿村，得再見之。其玉方尺餘，色黝黑堅凝而質不甚融縈，下削極難以摹鐫之力抵於此境，固是神手，然轉折流動，未免稍爲所礙，學者要當知之。

又《題自臨蘭亭》 此卷真跡舊藏吾家，亦自董文敏處來，唐摹《蘭亭》爲蘇才翁所收，有三卷，元章以徐熙折枝花等古物三件易得，即是此卷，後爲他人取去，轉至查聲山少詹，復還吾甯，聲山勒諸石較，勃海藏真所刻爲勝。大司寇巢公甚愛余書，既有聲山刻本，出松江新製絲闌，欲命余更臨古人妙蹟，固所深願。然塵點名縑，益深慚負觀，夫鉤摹廓填之學，至此而極。蓋趙模本能書，故其墨氣淡濃無痕，與真跡莫辨，而臨手亦必發露本色，不肯爲規矩所拘，乃見力量，此臨摹訣竅也。昔向學人有譬如畫小照，只求面孔像，自得神氣之語，似與今論不合，不知此對學業未化，好為大言以欺世者言耳。今所用筆法本乎褚而歸宿則源於王，規矩勿違，丰神自活，庶不虚賞識之雅。時值春闈，遠人欲邁，緬玆樂事，他日相憶於緑陰亭上，當更製別種寄政以驗所學，望愛我進教，使有長益，以成千載之業乃可矣。

又《題自臨十三行》 大司寇巢寄齋先生，當代龍門也。蒙賞識陋儒已十三四年，凡一縑一楮，必付裝褙而藏之勿失。僕之人輕學淺，有愧知已，今年來改補南安，為公臨晉跡四件，此其一也。年衰識退，公雖教之，不能進矣。自跋數則依趙吴興蘭亭例，吴興題定武古本，予乃跋自臨書，但所言者洛神王蹟，當不罪其妄。

清・張照等《石渠寶笈》卷三《陳奕禧各體書一册》 素箋本雜臨諸家帖，並自書詩句，每則皆有自記語，末幅款識云：雲舉太史先生愛我書，盈筐滿篋，片紙隻字，藏弆弗厭也。此册前後共三年積而成之，遂無倫次。歐陽公云：偶然欲書，當勿散棄，他日便成故事。即我自觀，已有今昔之感矣。又思天下事，惟漸可以進，惟久可以就，惟耐可以成，不獨書為然也。好友分離，一官遠去，當有再晤時，惟漸惟久惟耐，此臨別之言契合者，定不謂妄耳。甲申八月三日，奕禧題册計十頁。

著録

清・陳奕禧《緑蔭亭集》 陳香泉先生名重一時，其著作刊刻流傳者甚夥，獨其緑陰亭集二册未行於世。樹香主簿於無意中得其真蹟，愛若珍寶，誠鑒賞家也。余展閲數番，使人味而忘倦。壬寅歲余再守嘉禾，得借觀於府署之虚受亭，秦郵王壽昌識。

又《緑陰亭集書後》 海寧陳香泉太守博學好古，精於考證，金石著作各種。此緑陰亭集，乃太守生平評論所見聞真蹟碑版手録而成者，足資後來取證。歐陽公云：物聚於所好亦必好而有力，鴻以為雖好而有力亦必有機緣適合，庶免交臂失之，即如樹香李君與無意中得此集槀藏之有年，未嘗輕示外人。丁未冬，鴻因訪姚歐亭二尹，觀王石谷書册，並出示此册，知為李季方明府所藏，遂借讀數閲月，倩友鈔録讐校再四，以付剞劂，公諸同好，苟非翰墨緣深，何其始終巧遇。若是乎，其集中論董思翁書，亦猶如思翁之論趙承旨，雖洞悉底藴而不免名家習氣，欲删此語，猶恐抹更前人筆墨，轉失本來面目，仍依原本，俟博雅嗜古之士，持衡稱量之。道光戊申秋八月孫雲鴻識。

又 海昌陳香泉太守有金石遺聞録，自漢魏至唐之古刻，皆録其全文，并加以考覈，又《瘞鶴銘》考，專為一種，又玉烟戲鴻諸彙帖巨刻皆手編目次成書，并高尺許。其書之刻諸石者，予甯堂夢墨樓兩巨刻，世皆珍之。此緑陰亭集槀書二册，如玉刻十三行之真版，澄清堂古帖之真搨，孫虔禮書譜林和靖手簡之真墨，皆目驗心識，俾後之考古者有所取證，非泛泛評隲書畫可比。樹香主簿為吾杭黄小松司馬外孫，又承其伯鐵橋老人家學，鑒別儲藏，悉有原本，此蹟於無意中收得，珠光劍氣，洵非偶然。道光二十二年壬寅冬仲十一月十八日，嘉興張廷濟。

又 是册為陳香泉太守《緑陰亭集》，太守善書，此乃自記題跋語頗有益於臨池，意欲雙鉤入石，而艱於費且難得雙鉤名手，因録底本以梨木刻入味古書室，與前刊董香光筆勢論書法闡宗翁覃溪小石帆亭並行，季方明府珍藏此册，或鈎摹落石，則亦如香光玉烟堂諸刻嘉惠後學，豈不更快哉。識之以請將來。道光戊申夏六月龍溪孫雲鴻識。

雜録

清・陳奕禧《緑蔭亭集・題自書》 十五年前為長源雜書各體歲月久遠都已忘之，今自黔迴避歸，同長源入杭，寓吴山王氏小樓，予醉後思睡，長源忽出此，觀之不覺惺然，如逢故人於湖海，雖復欣喜而鬚眉且不可識矣，因為書其後。他日，余更補別郡，長源攜之來，知今宵燭下之題又成往事，亦何所容其慨嘆也。丁亥十月廿二日書。

查昇書蹟

論説

清·邵松年《澄蘭堂古緣萃録》卷一〇《查聲山小楷羽獵賦册》 輕圓流利，秀媚絶倫，得松雪《過秦論》筆意。後題五行印首查字下角，家在花谿石漾南，只可自怡，不堪持贈二印，末頁聲山淡遠堂圖書印。又汝南史氏門無剥啄，松陰条差，禽聲上下，午睡初足二印，附頁身在書生壯士開連壁軒中萊子衣二印。

國朝摹趙書者，惟何義門、汪退谷及聲山三家最工。聲山天資稍遜退谷，而學力過之。此册遒嚴絶倫，殆師鍾紹京，非僅摹松雪已也。丁酉仲秋，童□若良契出此見惠，如獲拱璧，因重裝潢成册，為系數語於後云，李廷鈺識于韓江節署之絳雪堂。李廷鈺印□堂罕翰墨。

聲山小楷在國初最稱精工，以其天資過人而功力復足以副之，故能出入吴興，直追晉唐，李跋謂其天資稍遜退谷，吾不信也。特骨力稍遜退谷耳。此賦曾勒于某帖中，惜為蠹蝕殘損十之二三，其完好處，圓秀冲和，神乎技矣。

楊賓書蹟

論説

清·邵松年《澄蘭堂古緣萃録》卷一〇《楊大瓢臨黄庭經册》 黄庭雖皆唐人書，然圓渾居多，其臨晉，猶有晉人筆意故也。惟歐陽信本所臨，仍是歐法，然不多見。昔年但見汪巽泉尚書師所集晉唐小楷兩册内有之，此大瓢山人所臨，但臨其間架結體耳，至筆法則純以側鋒取尖利之勢，往見大瓢它書亦如此，自有一種勁挺之趣，於黄庭中拔戟自成一隊者，質之扶山年老道兄以為何如。咸豐甲寅四月十八日建卿弟米善旂。□善藏印。

徐用錫書蹟

論説

清·端方《壬寅消夏録不分卷·京江負笈圖卷》 予謂壇長書三年必成，大楷宜法《廟堂碑》，小楷宜潁上褚本，真書成，行草隨之。壇長心諾，尤復懇懇不忘，麓隱高士乙丑歲曾受業于京江麓隱之，於壇長亦京江之源也。又於淮陰索顧子京江負笈圖，予題其端曰：三山在望，其仰止之義歟。逸史宋曹草。

汪士鋐書蹟

論説

清·邵松年《澄蘭堂古緣萃録》卷一〇《汪退谷小楷離騷經册》 予愛讀《離騷》，嘗欲書一册自隨，忽卒未能得，今蚤過爽林寓齋見退谷前輩所書此册，喜不自勝。《離騷》既予所愛讀而退翁書法尤予所酷嗜，得此册，平生志願足矣。故書此以告爽林。它日渇間便當攫去，爽林其好藏之，勿謂予言之不蚤也。壬辰冬十月廿有七日，良常山下人王澍書。《志林》。

清・陶樑《紅豆樹館書畫記》卷八《國朝汪退谷行書》 灑金粉牋，高四尺九寸三分，寬二尺四寸一分，共七行。退谷書從歐陽率更出，瘦硬處嶄然獨絶。

紀事

清・張照等《石渠寶笈》卷三《汪士鋐書法宗師録一册次等地一》 素箋烏絲闌本行書款識，云：古人書法遞有師承，羲獻以來私相傳授，故能各自名家。初非貌襲，今自唐時歐虞顔柳，其碑刻至今，現存形模規橅，各具面目。然皆方正端重似其為人，故書以人重，非書之能重人也。香圃侍御留心翰墨，要以端莊遒勁為本，此誠得書家三昧者，而其為人丰采凝重，主於愛民澤物，昨者對章言事，首除樂籍，舉數百年之陋習，一日掃滌。舉數十萬衆盡為良民，其陰功福德莫可限量，所以黼黻太平盛治者，源源乎未有已也。玆承以素册索書，因録唐以來書家最有名者，以顔柳為首，知書之以人重也。秋泉居士汪士鋐識册計十。

清・蔣光熙《別下齋書畫記》卷一《汪退谷中允臨洛神賦册》 紙本高六寸八分，闊三寸五分，每頁半五行。《洛神賦并序》，賦全文不録，□□齋右方下押角，康熙五十八年，歲次己亥八月廿六日秋泉居士汪士鋐臨。□汪印士□□退谷。

昔人最重《洛神賦》，以陳思文既冠千古而右軍父子又喜書之，故尤稱於世。柳誠懸元子敬書《洛神賦》，人間合有數本，固不獨世所傳十三行已也。往得時本《洛神賦》，以為右軍書，不知果否。觀其用筆頗類大雅集與福寺《吴文碑》，因偶臨之，己亥八月廿八日秋泉跋。□左坊□中允。

昨見龍眠臨天嘉間畫本，則知古人於《洛神賦》不獨書之，而又圖之，此所以尤重於世也。天嘉為陳文帝年號，其畫逐節徵事繪圖，每節書賦語於上，字格古朴，真得六朝書格，畫尤古雅，其衣冠制度車輿服飾，以及花卉樹石，絶非世所常見，尤可愛玩，因臨此書，并為及之，同日秋泉居士又跋。□士鋐雙龍印□秋泉。

清・方濬頤《夢園書畫録》卷二四《汪退谷詩册》 舟發柳林得蕉飲先生新河阻牐之作，因憶往事，並增今感次韻十首。蕉飲先生疊韻見和，因成放言，再酬十首。戊子七月後一日過。蕉飲先生於開河道中相淍既久，辱賜詩寵贈，敬以數字代書，從此往復筆，不能休，五六日間得詩五十四首，先以寸幅寫去後録之絹本，不覺成帙。鋐素不能時，承先生之教，強為搦管，蛩吟枯寂，知不足一笑耳。廿四舟次東關門同年後學汪士鋐記。

清・葛金烺《愛日吟廬書畫録》卷三《汪士鋐行書洛神賦册》 昔人最重《洛神賦》，以陳思文既冠千古，而右軍父子又喜書之，故尤稱於世。柳誠懸云子敬書《洛神》，人間合有數本，固不獨世所傳十三行已也。往得時本《洛神賦》，以為右軍書，不知果否。觀其用筆頗類大雅集興福寺《吴文碑》，因偶臨之。己亥八月廿八日秋泉跋。印二，左坊朱文方印，中允朱文方印。

昨見李龍眠臨天嘉閒畫本，則知古人於《洛神賦》不獨書之而又圖志矣。此所以尤重於世也。天嘉為陳文帝年號，其畫逐節徵事繪圖，每節書賦語於上，字極古朴，真得六朝書格。畫尤古雅，其衣冠制度車輿服飾，以及花卉樹石，絶非世所常見，尤可愛玩，因臨此書并為及之。同日秋泉居士又跋。印二士鋐朱文雙龍方印秋泉。

萬經書蹟

論説

清・邵松年《澄蘭堂古緣萃録》卷一〇《萬九沙隸書程子西箴屏》 隸法古雅疏宕，西漢之遺。

紀事

清・梁同書《頻羅庵書畫跋・萬九沙先生手書冊跋》 同書弱冠之年，隨先大父、先君子移居後洋街，與先生七桂聽屋衡宇相望，晨夕過從，同書嘗侍立焉。見先生童顏皓髮，躡朱履支過頭杖，談書論文，亹亹不倦，間蒙垂盼，藹然粹然不以小子忽之。回憶曩時，蓋又七十年事矣。今先生曾孫子雨三兄雲出守粤東，臨行以先生八十外所臨閣帖及古隸一冊見示，屬為之跋，循覽數四，如商彝周鼎古色黝然，又如蒼松老柏可愛可敬，竊以得睹為幸，謹識歲月於別幅而歸之。

清・郭尚先《芳堅館題跋》卷四《何屺瞻楷書千文》 屺瞻先生書出自湜禽，得意處遂青於藍，登臨登善千文下筆生鞭，純用伊闕佛龕法，當是得意之作，汝文三兄以球璧視之，可云精鑒。

清・端方《壬寅消夏録》卷二二《何義門楷書程濬庵墓志》 義門先生書程濬庵墓志，向未曾見榻本，兹通幅横書無首行標題，不似誌式。或其槀本與筆筆精妙得平原渤海二家神髓，南窓向暖，不厭百回展閲也。乾隆戊子歲㞔齋有滇南之役，因假存余處。己丑十月余復以事去官，將北上待闕，為識數語以歸之。他日過吴門當訪之。程氏得其榻本與此卷互校，尤有會心也。 蔗畦江恂識。

按何義門先生楷書程封翁墓志，朱竹垞文考曝書亭集無此志，馮登府輯遺集亦未收入，是柳東所未見也。江于九，名恂，高郵貢生，徽州府知府，江秋史之父。

紀事

清・邵松年《澄蘭堂古緣萃録》卷一〇《何義門楷書楹帖裝冊》 芍坡妹文與余同受業陸澹郇姑，文師名仁虎，讀書醉義堂，偶於曝書時，見義門先生所書金牋楹帖，知為令先祖款字，從予索去。昨秋由武林歸里，芍坡裝成一冊，仍以贈余，然翥上已失去鳳字矣。栗園表妹倩飛舄淮甯，善政宜民，循猷卓著。公餘之暇，好古成癖，為政風流，今在兹洵，足增吾黨之光也。甲戌春相晤汴梁，譚次索此，因復歸之，不特楚弓楚得，即以此中吉語爰祝雲路鸞翔，丕振德門云爾。二月十日書於梁園節署，子正愚弟姚棨。

王澍書蹟

論說

清・陶樑《紅豆樹館書畫記》卷八《國朝王虛舟篆書》 紙本，高三尺四寸，寬二尺五寸。虛舟書法遒逸，及作篆體，筆筆圓勁，脫盡板滯之習，宜平紙貴一時矣。

清・端方《壬寅消夏録》卷二二《王虛舟書其先人事狀冊》 恭壽老人篆法為國朝之冠，惜抱先生贈錢獻之詩所謂金壇王侍御先朝篆弟一者也。行楷書亦功力過絶人。所撰《閣帖考正》，評鑒曲當，即黄伯思見之，亦應心折。世以拙老人並稱，非其倫也。此其母夫人事畧碣，書法遒麗，在秘監、率更之間，尤為生平合作。後附墨本，為旌德劉景山所摹，鐫刻精妙，較原本不失累粟。余往藏先生為任城喬鞠莊書墓表一冊，末附手札云：刻非旌德劉生不可，得此人精摹乃可行遠。此不朽盛事，不可惜費。云云。大約書家最重刻手，必刻者與書者心手相習，始無遺憾。如萬文韶之於歐，邵建和之於柳，茅紹之於趙，皆所謂相得益彰者。若北海託名伏靈芝，實自書而自刻之，其愛惜羽毛至矣。先生亦猶此意也。

匋齋尚書收藏漢唐碑版千餘通，於近人書惟收志傳底本，以為其所序述既可備考証耳。書家為傳世計，必不苟作，誠然誠然。光緒二十八年壬寅七月廿三日李葆恂題記。

又《王虛舟恭壽書其先人墓表冊》 良常先生究心八法，工力至深。生平所見古刻，必以白麻紙模存其副，今傳《積書巖摹古帖》十二冊，篆分行、草無不畢具，而楷法尤為專家。大約使筆轉折處鋌鍛森然，純用大小歐陽遺法，而温潤似虞，超逸似褚。此册自書其先德墓表，自是極用意作，刻者惟妙惟肖，亦先生之茅紹之章藻也。望溪與先生交最善，讀在請室時送先生南歸序，可為悽然。此表略用《瀧岡阡表》體，語尤高簡，亦集中高作。葆恂於兩先生素所服膺，頃承匋齋尚書出示此册，為之狂喜，乃備書數語以志古驩。光緒二十八年壬寅七月廿九日，義州李葆恂記於武昌。

王虚舟先生四體皆精，而服膺歐、褚，老而彌篤，臨摹之多，本朝書家殆無有過之者。此先生為其父所書墓表，自是精心結撰之作。結體雖用信本，而行筆全法同州《聖教叙》，殆得河南公之神髓，行間布白有一種嚴肅氣象，令人不可褻玩。古人於先人表志，自書者多，唐人如徐浩碑為其子峴書撰，韋又損志為其子樸玉書撰，此外不可枚舉。若宋歐陽公之阡表自書，又其顯著者耳。

匋齋尚書以此表墨蹟並刻石之拓本合裝，展玩一過，題記于後。光緒壬寅十一月十二日，褚德儀。

綜述

清·葛金烺《愛日吟廬書畫録》卷四《王澍大楷書醉翁亭記屏十二幅》 虚舟吏部楷書直入率更之室，舉世推重，至今無不奉為鴻寶。此十二幅字徑三寸，自首至尾無一懈筆，所謂龍馬精神也。觀其自跋為雍正四年所書，是時年五十有九，病目復明，尚能作楷，結構謹嚴乃爾，可見古人功力之深。至謂老狀日至，恐以後不復能書，顧視此本，不得不倍加愛惜。己之珍重，視人之珍重何如耶。越今百六十年，輾轉流傳，中更兵燹，非如卷册之易於收藏，乃能一無損失，完善如新，固由於得之者之愛護，亦未始非虚舟之靈有以式憑之焉。舊藏黎里一巨家，友人携來求售，遂歸余齋。因識之。時光緒辛巳閏七月十七日。

清·方濬頤《夢園書畫録》卷二一《王虚舟篆書條幅》 虚舟先生書《豳風·七月》詩，用乾皴法縱横取勢，為篆書神品。《法書攷》論篆法畫如鐵石，字若飛動，觀此益信。子箴前輩舊藏此書十二幀，遭兵亂散失，邑人林松圃州倅得八幀懷遠市，歸之京師。詩首章失去三十字，其前一行蓋標題也。五章自婦子以下，失去三十九字，餘皆完好。後二幀先生自為跋語，并散失無存，可惜。先生之書精氣當不磨滅，倘得如林君者收之，以有合併時乎。是詩凡為月字三十，字各一體，變化之奇極之小如此。咸豐八年戊午三月，湘陰郭嵩燾謹識。

紀事

清·張照《天瓶齋書畫題跋·跋王虚舟書静默寺碑記》 康熙壬寅間，沛公和上屬余書此。余以海内金石書，今日執牛耳者虚舟，因為介于虚舟而辭其請。乾隆丁巳秋，沛公曰：虚舟書迄未得而聞已，老疾不能復作書，盍如前請乎。余曰：唯唯。未幾虚舟從江南郵致所書，神采焕發，不減少年，而高古則又非昔比。乃知虚舟遲之二十年者，蓋特重沛公，不輕下筆也。余遂削其柎而記此因緣，俾勒于後。

清·葛金烺《愛日吟廬書畫録》卷四《王澍大楷書醉翁亭記屏十二幅》 余少時喜讀《醉翁亭記》，如見歐公當日醉態欲仙，風姿綽約，讀之神往，輒動筆愛書此文，以為流風餘韻，至今猶在。是以每書一卷，必記數目，二十年來，大小凡百十四本。康熙五十年，是秋忽患赤眼，連綿七八年，曾無間斷，以為從此後殆不復能書。雍正四年四月，清暇還里，杜門息關，塵事都廢，是後復明，竟能作字。試以眼鏡書之，轉覺目光更澈。興到書此一本，回視昔年所書，曾無少異。然眼疾雖瘳，而老狀日至，疾病纏綿，有加無已，正恐以後并此大字亦不復能書，顧視此本，不得不倍加愛惜矣。賜進士出身，誥授奉直大夫、吏部驗封文選兩使員外郎，良常王澍書。

清·邵松年《澄蘭堂古緣萃録》卷一〇《姜西溟王虚舟臨古册》 此余雍正六年所臨，緣被人攫去前幅，意闌甚，不復完之，遂令此書竟失首尾，可惜也。九年十二月十二日，瑯琊王澍書後。

又《王虚舟碎墨册》 余書謬為世愛，即片紙隻字，臨池家亦争相購取。此廿年前興到所書，作輟無定，不復檢點，遂零落廢棄，為童子收拾裝潢成册，今日展閲，頗有可觀，當又為見者心喜也。因書數語于後，以記學士雅好一時之盛云。良常恭壽老人王澍。

此册直是先生臨古或為人書墓志寫壞之頁，為人裝册求題，遂書數語應之。其曰興到所書，作輟無定，猶欺人之談也。亦足見當時書法名噪一時，雖殘鱗片甲，人猶爭相寶貴也。

雜録

清·端方《壬寅消夏録》卷二二《王虛舟臨韓敕修孔廟碑》 王翁林臨韓刻《禮器碑》，首册正碑題雍正壬子夏五月，瑯琊王澍摹。次册碑陰題是歲閏五月，瑯琊王澍重摹，六月端五成。攷虛舟題跋云：余臨此碑凡經三年經始，辛亥六月至壬子五月，五易稿矣。此碑是弟五本碑陰，碑側則閏五月所摹也。九跋皆見。《虛舟題跋》字句多寡不相同者，刻跋時修改略有增損，凡各人墨蹟與文集核對，類皆如此。

蔣衡書蹟

紀事

清·張照等《石渠寶笈》卷三《蔣衡摹聖教序增補遺文一册》次等洪一》 素箋，本集義之字重摹。款識云：《聖教序》前後尚有求序、謝序二表，文皇帝手勅皇太子牋答。吾鄉太史王虛舟於藏經中得之，屬舍弟師淵集右軍書附入帖内。虛舟書法横絶一時，其搜羅金石無所不備。甲辰暮春，余病卧其齋半載，互相討論。既愈，借聖教宋搨本用師淵所集字重摹一册。因念今日文人家有石刻，然後學萬不及前賢，倘遇有心人以此勒之於石，豈非大觀。虛舟拍掌稱善，曰子今為是西行，至鴈塔第一層深暗處，有唐刻《聖教序碑》未經人拓，如獲此帖以較正斯文，乃得所未有，安知世遂無成子志者。余愧老拙無能，所識皆賤貧，何敢希望，惟不惜苦辛，力書數十本長留天地間，以俟知我，是則余之私願也。江南老布衣金壇蔣衡識册。

清·邵松年《澄蘭堂古緣萃録》卷一〇《蔣拙存臨書譜殘册》 孫公《書譜》精熟二王法，雖縱横跌宕，無一點拂不中繩墨。顛張、醉素非不神奇，但後學步趨輒入鬼怪，規模過當，或亦作者有疵。余嘗云：行草須用正書法，正書亦必得行草意，庶於血脈貫通中，而提頓轉折之妙自具。八年之前在京見鄉先輩王虛舟草法，嘆為奇妙，舍弟星泉得其法，亦遂睥睨一時。老拙無能，甘心袖手。近來略得其理，揆之作書法，絶無真草懸殊，覺二君欺我久矣。但愧拙鈍不能記憶，難於自作，若臨摹舊本，無可遜焉。此百幀為顔引年作，諒不我笑也。庚戌嘉平月十一日祭聖廟日燈下，江南拙老人蔣衡醉後記。

清·葛金烺《愛日吟廬書畫録》卷四《蔣衡臨蘭亭序卷》 褉帖褚模本墨蹟，余自秦中臨來。寓二泉六年，與王吏部虛舟各書百餘本，流布人間。濺山華十五兄主虛舟家書法，盡得其奥妙，而固索拙書。嘁踖三年，未之敢應，每相見，則以老而更長益為辭。壬子春正，余將移歸故里，知己之命不可不報，然百端交集，心遽體留，豪無善狀，撥冗率書，幸勿見笑。他日相逢，當圖再補前愆耳。華陽拙老人蔣衡記。

此拙老人臨神龍《蘭亭》，舊藏嚴豹人家，予於道光甲申初夏得之於江寧李生方滋。其筆意不必合於古人，而自有一種古拙之氣。拙老人之後今居無錫，此云寓居二泉，則其時猶未定卜築之計也，而與二泉因緣由此而起。故附於鄒鳴和先生書後，亦以類相從云耳。獨學叟手識。

清·梁章鉅《吉安室書録》卷九 蔣衡書《十三經册》，凡十二年始成。衡於乾隆初年常薄游揚州，故此經半在揚州所寫。余《揚州雜詩》云：江南老拙舊風流，十載蕃釐一研秋。石室他年傳御搨，游人爭上寫經樓。其書先歸于鹽務，為兩淮運使盧見曾所賞，屬馬徵君曰琯為之裝潢，費至數千金。因總督高斌以進，賜國子監學正，翰林勵宗萬以序石經，校勘一過，記其異同，書成一册，今庋之懋勤殿書閣上。乾隆五十七年，因勅纂《石渠寶笈》及於此册，特命刊石立學宮。《石渠隨筆》。

又 拙老人之寫《十三經》也，以陝本唐開成石經多謬誤也。始於雍正四年，訖功於乾隆三年，凡十有二年而成八十餘萬言，為卷三百，為函五十，可謂勤矣。先是，雍正三年，老人觀碑於秦，因獲臨摹晉唐以來諸名蹟，是為《拙存堂臨古帖》三百六十六種，王虛舟為之篆題者也。而虛舟又曰：吾與拙存相期鬥勝在甲辰之冬，每臨一書已，必相從質證，酌泉賞奇，兩年中無虛日，蓋合前後言之。君以甲辰夏秋間養病虛舟齋，病幾不起，因自號曰再生人，有再生人臨古帖目録書後一首。今所見君手蹟，有再生後書印記者是也。《復初齋文集》。

陳邦彥書蹟

論説

清・端方《壬寅消夏録・陳世南書陳軒成墓表》 世南先生書法香光，為純廟所賞，一時御製文字皆其手書，朝士榮之，以比華亭。張文敏云：此冊細楷温潤如玉，有晉人之風，尤為合作。椒園先生為望溪古文高足弟子，此文敘次潔甚，而不枯寂，具有師法，足配此書，均可珍也。光緒壬寅七月晦，匋齋尚書出示，敬記其後。李葆恂。

清・梁章鉅《吉安室書録》卷六《書法酷似董香光》 余曾見其為季由姪臨平原《爭坐帖》，全冊精妙絶倫。平原此帖是用篆法，此則以楷勢行之，所謂各出手眼，各運神通，倣古者當知此意耳。《四勿齋隨筆》。

又《内府陳邦彥小楷書》 御製圓明園四十景詩，直幅，凡四十行，每行寫詩一首並小序。又臨董其昌仿淳化閣一部，凡十冊，皆清華朗潤，氣韻風格獨擅一時。又小楷書御製《日知薈説》一部，冊高二寸許，字尤寬展秀發。《石渠隨筆》。

紀事

清・梁章鉅《吉安室書録》卷六 余游海昌，慕安瀾園勝地，暢遊數日，蒙陳氏昆玉諸君情殷，下榻，出其令祖世南先生手定《四部韻編彙攷》謄真稿本見示。按世南號邦彥，少孤，世父元龍撫教之，總角即工楷法。康熙癸未進士，入館選侍值内廷，詩文皆典雅有度，書法宗董文敏。稿中半出手書，其畢生所著書，聞是稿極得意之作，俾經史子集依韻而編彙攷而成，一以貫之，庶覽者一目了然，洵後學之津梁也。但其中卷帙繁多，間有遺漏，所謂為山九仞，尚虧一簣。予不揣冒昧，擬請集其成，唯恐陳氏不予信，竟將行篋所貯名人字畫，暨宋元秘本書籍、古玩漢器等約值三百餘金交質，得允所請。在陳氏可得遂乃祖之志，而予亦幸隨驥尾而益彰矣。予即順棹之杭，得謁阮君芸臺先生，憩息竟日，譚及是稿，即索予出示，一覽不勝擊節嘆賞，囑予續成後并許付鋟以壽世。予欣然諾之，即遄歸時加釐定，尤慮卷帙遺佚，姑即付裝以便易于注閲也。裝成三百二十冊，爰著數語以為弁首云。時丁夘清和月，古吴枚䔍吴翌凰識。《四部韻編類攷序》。

按此書今為黄右原比部所得，凡十二函。余在右原齋中曾暢觀數過，其大半精楷，皆宗伯手書，信可寶也。

金農書蹟

論説

清・邵松年《澄蘭堂古緣萃録》卷一三《金冬心臨西嶽華山碑冊》 先生最愛延熹《華山廟碑》，手自雙鉤，今刻於曲阜玉虹樓下，此中年最精之跡，餓隸渴筆不讓古人。余得于濟甯，謹裝界藏之。嘉慶二年正月二日，黄易題于秋影行庵。

又 金天豁西爽，浩浩鬱空翠。文肖清明姿，實□炎漢世。郭香察蔡書，延熹八年事。是名華岳碑，海内本存二。全者宗漫堂，缺者王無異。冬心為重橅，神物乃一致。未徵玉虹刻，欣見稽留字。想其運筆飛，揮灑出靈氣。突如蛟龍躍，赫若風雨至。離披裹藤蘿，橫掃呈筆勢。黑疑偃松狀，白得翚帚意。近楷並近草，更忘作分隸。雙鈎既遠勝，重鐫翻不逮。半壁落秋庵，殘葉賸巾笥。誰知金司農，乃逢李都尉。帖同傳硯重，珍比藏經遺。刻眼足稱福，饜心乍知味。書此豹斑餘，聊以當題識。咸豐十年庚申六月，為故人子武筠莊壽齡題于濟州秋北軒。越硯山人宗稷辰。

張照書蹟

論　説

清·張照《天瓶齋書畫題跋·跋自臨董仿柳公綽書武侯廟碑》 思翁真跡落余手者惟此書與《郎官壁記》為大楷，神采奕奕，煥若神明。沁筆臨此，妙處正如三神山，比至風輒引去也。

又《跋自臨董書別賦》 右臨思翁真跡，刻在《玉烟堂帖》内者即此是，是書真得晉人蕭灑出塵之韻。

清·王文治《快雨堂題跋·張文敏臨黄山谷書》 余生平見黄文節書僅四五幅，以袁簡齋前輩所藏書太白洛陽董糟丘詩長卷為第一。黄書荒寒清放之致乃其獨到，子瞻、元章才力或過之，至黄之擅場，二公竟不能及。乃知古人以書名家，良不易也。張文敏從歐陽率更入手，遊歷宋四家門徑，而于黄、米較深。蓋藏其墨迹數種而日夕臨之者，雖乏自得之趣，然其用功深矣。此册臨黄，是其極得意書。

張文敏詩册長卷及所臨十三行，亦于嘉慶丁卯刻入《試研齋帖》。文敏自題十三行後云：《吴興官帖》，翻刻唐太常家宋拓本。誼案，唐太常本即先君子所收董香光續書九行之本也。嘗欲取翻刻本彙裝一册以證其離合，自元宴齋以下已得六種，而吴興官帖等尚未之見，殆亦如臨濟兒孫遍天下矣。

清·阮元《石渠隨筆》卷七《國朝》 張文敏照臨《争坐位帖》有兩卷。一宣德箋本，縱七寸八分，横一丈三尺五寸，爲矮本。一黄蠟箋本，蠟箋厚如革，兩面光滑，裝者不用别紙託背，惟以引首後幅接黏首尾成卷而已，縱一尺，横一丈五寸五分，爲高本。此本乃劉石菴參知購得進入者。高本乃司寇書以與其姪崑喬，故多其收藏印章。司寇書自是我朝一大家，然間有劍拔弩張之處，内府收藏不下數百種，當以此二卷爲甲觀。筆力直注，圓健雄渾，如流金出冶，隨範鑄形，精彩動人，迥非他蹟可比。内府亦收藏董文敏《争坐位》稿，以之相較，則後來居上，同觀者無異詞。不觀此，不知法華龕真面目也。高本御題云：有一無二，並系以詩。矮本御題云：端莊流麗，並系以跋。二卷相較，高本尤爲希覯已。張文敏小册節臨《黄庭經》、《醴泉銘》極精勁。又書御製九符一卷，高約二尺，宋磁青箋金書，極瓌奇巨麗之觀。又有書九符小册，高僅寸許，小楷如粟，寬展廉正，可謂極翰墨之能事矣。

清·梁同書《頻羅庵書畫跋·書張文敏公手札後》 天瓶先生草草寸札，具有磐控縱送之致，予以爲較蠅頭莊楷，似更勝也。中間科場一段，稱及先少農，其爲乾隆甲子無疑。時上意嚴切，在下奉行不善，遂有援賞搜檢之舉，寃抑不免。近日外省監場大吏務爲寬大，諸生視棘闈爲兒戲，無所不可，則又過矣。寬之至，勢必復趨於嚴，計甲子至今將六十年，乘除之理，未必不爾。存此札，亦足爲後來者殷鑒也。

清·陶樑《紅豆樹館書畫記》卷八《國朝張文敏公臨顔帖》 紙本，高三尺九寸五分，寬一尺二寸八分，共四行。魯公書法勁峭，司寇臨本亦如盤鋼刻玉，棱角嶄然。

清·方濬頤《夢園書畫録》卷二一《張文敏真蹟册》 此册乃得天變體，曾經進御未收，因虞山沈宗斐杕與其子伯庚友善，遂歸於沈。沈所藏得天墨蹟最多，余皆見之。其書本由香光而入蘇、米之室，此獨用中唐人筆意作藏鋒書，如畫沙印泥，太阿截鐵。晚年爲人題榜寫對，偶一用之，故世人識此鮮。沈以余好之，因以爲贈。時乾隆庚寅春正月也。悔田顧學海識。

又　得天先生書法，本朝無出其右者。歿於乾隆八年，身後尤蒙聖明鑒賞，至評其書在宋元明人以上，爲刻《天瓶平齋法帖》，雖片紙亦蒙收録，是以在人間者絶少，人皆珍重如拱璧云。悔田記。

又　自庚寅春余與宗妻別於蒲東而歸，凡三至保陽，再至皖城，一至八閩，今來淮陽，未嘗不攜此册相隨。暇則臨摹展閲，人各有好，不能今人與俱，不如古人與稽，相伴蓋十一年矣，真良友也。惟宗妻今已下世，每一展册，殊用慨然。庚子六月，悔田再記。

又　同治八年冬月，何伯瑜來邗上，以此見詒。《夢園誌》。

清·邵松年《澄蘭堂古緣萃録》卷一二《張天瓶書先儒語録卷》　張文敏髫年書法即稱重藝林，嘗見其十五歲時手寫《老圃雜録》兩册，筆法專師歐陽信本，瘦硬通神，已足名家。弱冠後由歐入顔，純而後肆，於晉唐諸大家無不溯流窮源，深窺堂奥，故能方駕趙、董，自成一家面目。此卷係公中年妙蹟，行楷數千字，用筆無往不留，無垂不縮，潟顔、米之神而化其跡，真有方圓自我，結構遺名之妙。所書皆先儒語録，視公它書，尤為可寶。辛未五月，楊慶麟獲觀敬識。

又　辛未五月，友人持此卷索跋，跋後借留旬餘，日一展對，愛玩不忍釋手。既歸物主，越四月忽遇諸廠肆，索值雖昂，傾囊酬之不稍靳，亦翰墨緣中一大快事也。九月二十五日，振甫識於如瓶室之北窗。

又　《張天瓶書祭儀卷》《右張文敏手書祭儀》凡七千餘字，觀其自識在雍正戊申臘月，云欲令人寫出一通，再動筆改正，則此猶是未定之初稿耳。今為頤園光禄所藏，裝潢為軸，出以見示，因題其後。丙辰春仲，翁方綱。

題簽隸書亦覃溪先生書。

又　《張天瓶雜録各種册》　辛未五月望前二日，偶於廠肆得此四册，審係文敏少年時所書，筆法純師率更，格韻清勁，已自成家。曾見文敏初得館選時手書四書全册，筆意與此正同。石鼓硯齋主人識。

按：癸未公年十三歲，書法勁挺乃尔，宜後來成家也。當時書家，如王良常、蔣拙存皆師率更，此四册中，用筆有與拙老人絶相似者，亦足見一時之效法也。雖然，謂此為公少年書無疑，至癸未一跋，未敢遽定，亦恐另有豐樂主人者録此册，而公轉抄之耳。因羌署一語，尚未有徵。

又　《張天瓶楷書金剛經册》　此張文敏少年時書，沉静秀逸，筆法已自不凡，宜其希踪趙、董，為一代書豪也。近又得公臨《蘭亭》一册，用筆細筋入骨，如有鉄綫縈繞毫端。案頭有此兩册，日一展玩，誠如董思翁跋《靈飛經》所謂寠人解衣珠矣。同治辛未上巳後二日，燈下展閲偶識。振甫。

又　《張天瓶精楷册》　張文敏此册，書法特端嚴入時，初看疑非公真蹟，細玩其結體精嚴，運筆圓勁處，則廬山真面目具在箇中。文敏書初師信本，弱冠後由歐入顔，此書殆其時也。振甫識。

又　《張天瓶臨香光舞鶴賦册》　余十二歲學書，迄今二十年，轉無畔岸，尤於屋漏痕、印印泥、高巖墜石、萬歲枯藤等喻不契。壬寅夏，延太華生灤河官舍學篆，篆畫首尾均，始覺轉不圓，畫不足。太華曰：腕離几，則轉圓而畫足矣。因思行楷皆出於篆，取向所書觀之，亦無一圓轉與足畫也。始悟古人所喻，皆喻中鋒，中鋒不可學，但腕運即中矣。指運二十年，真是桃花作飯也。秋中太華索予臨思翁《舞鶴賦》，記於餘紙。張照。

又　本朝法書當以張文敏為第一，實足方駕趙、董，上追晉唐典型。邇來真跡流傳漸少，數年來極意搜羅，欲求如此册之精妙，多覯。乙丑秋九月，燈下展閲識之。振甫楊慶麟。

是册用筆之妙，如孤鶴盤空，回翔自得。觀文敏自跋語，正是見桃花悟道時也。次日又識。麟。

此册與前《養生論》二卷，同時由瓶麓齋分畀。

又　《張天瓶臨永師真書千文册》　書法沉著透快，結實空靈。前册臨董秀勁中見虚和，此册又於圓渾中見峻厲，各有其妙。惟亦缺八十字，想原本固如是也。

又　張司寇此册雖臨永師本，而結體用筆純從徐季海《不空和尚碑》得來。公與董文敏皆深于徐書者也。壬申三月廿日展閲偶書。振甫，麟。

又　《張天瓶縮臨醴泉銘册》　雖臨率更，仍多魯公筆意。玩其用筆，殆是迴腕所書，故曲折動宕，筆勢不平，於臨歐中另闢一境，自是奇觀。後款一行首行下有欽訓堂書畫印，花黎板面刻隸書張得天臨《九成宮》，刻欽訓堂藏一印。

又　《張天瓶臨蘭亭叙册》　文敏此書無往不留，無垂不縮，筆法之妙，度盡金針。乃知古人墨跡之可貴，其神妙處非石刻所能傳也。辛未三月得此册於廠肆，喜而識之。麟。

塚中秃管已盈千，盡彼栽蕉廿七年。到此依然書不進，可知王質少仙緣。此張文敏題香光墨蹟詩也。每歎書畫特一藝耳，而詣力所至若有限之者。文敏此詩，令人三復慨然。振甫又筆。

又《張天瓶臨右軍帖册》 國朝書家摹帖首推王虚舟先生，余藏其摹二王帖二册，精神矩度無不逼真，然用硬毫，雖尺寸不失，而意趣少遜，蓋不無拘謹之病。觀文敏此册，方知不斤斤求似也，然無虚舟之功力，亦不能臻文敏之神化。醇而後肆，方不至出乎規矩之外，故摹古如虚舟難，如天瓶尤難。

又《張天瓶書七月詩、歸去來辭合裝册》 文敏書沉雄遒勁，骨立筋完。此册録邠風詩，獨以含蓄用筆，格韻自古，神采愈生，在公書尤具十二分意趣。辛丑六月，漁杉慶勛。

綜　述

清・王文治《快雨堂題跋・張文敏書畫》 右葯州主人所收張文敏書畫各一幅，俱未署名，然一望而知為文敏筆也。書是文敏本色，畫非當行，然有別趣。畫右側有題跋，舉五峰嘲一泉怕梅之語，雋別可喜。昔人論書，謂既得平正，須追險絶，既追險絶，復歸平正。張書于險絶則有之矣，復歸平正竟未能到。天耶人耶，似有有限之者也。葯州鑒古最有特識，然頗袒文敏，謂余于文敏有文人相輕之習。顧余書亦曾從張氏入者，我輩行己立身，何致操戈入室，要其真修實證處，如聲之于響，影之于形，不能誣古人，尤不能誣來者也。余嘗謂松雪書有欲令人愛之意，兹見張氏怕梅之説，因知張氏書有欲令人怕之意。愛心怕心一時頓斷，乃謂之平淡天真，此境惟董香光獨到，他人不解也。余嘗謂香光為辟支佛，其在斯乎。因葯洲精鑒，故立此淆訛公案以相翻駁。古德闡發綱宗，不妨呵佛罵祖，良有以也。葯洲于此必有轉語。

紀　事

清・張照《天瓶齋書畫題跋・跋自臨宋拓枯樹賦》 竹溪逸史家藏宋拓河南《枯樹賦》，今世所希有也。時得借臨，竹溪因索臨一本留雙清齋中。辭不獲命，塵形俗狀，遊水鏡而多慚。如何，如何。

又《跋自臨争坐位》 思翁云宋四大家皆學顔，然惟《争坐位》一種耳。皆學顔吾知之，惟《争座位》一種，則不能知。思翁精鑒，必有確據，非苟然也。家有《鴻堂帖》，而不能解此帖之意，自見《祭姪文》後乃知之，惜未得臨數百過也。翰翁年長兄索臨此帖，因并臨董跋于末，展看數次，良用自愧。

又《跋自臨趙松雪書唐律》 趙松雪此書平生僅見，昔在殿撰王寶傳家，今歸海寧陳宗伯。余曾借臨數過。丁未四月九日，曉雨輕濛，緑陰落几，偶展此册，緬想松雪風流，正如白雲在天，山川間之，自嘆跛鼈難追騄耳。張照。

季和館丈得告奉太夫人旋里，索余書，因持贈。時秋八月朔旦，照又識。

又《跋自臨香光仿力命、季直、戎輅、丙舍、蘭亭諸帖》 向於江邨高文恪家見思翁臨洞庭、力命、玉潤三帖，直入晉人之室，二十年來所見董跡百餘本，無其匹也。文恪孫枝指生所藏《金沙帖》及余家藏《舞鶴賦》近之，然自運之與臨書未嘗無高下。今年秋，太華李生示余此卷，所謂焕若神明，頓還舊觀者，輒臨二本。雍正六年八月十六日，張照。

又《跋自臨董思翁書姜尚書告身》 右明董宗伯書金沙姜鳳阿先生告身真跡，向藏天瓶齋。鳳阿先生經學純粹，立朝清正，明之名士也。其子孫至今為金沙高門，作《易傳》，聖祖采其説入《周易折中》甚多，曩余曾題帖尾云云。詩見前。鳳阿之孫二酉曾勒此帖，思翁平生書上乘也。臨寄寶翰堂二姪，時姪方新昏，因以爲祝云。乾隆二年上元日。

又《自書宿雲塢額跋後記》 此《宿雲塢扁額跋》語也，雍正癸卯歲，大人命書，書時室尚未成。室成，而扁之長短與室不符，司工者遂以跋語勒石置壁，于今十八年矣。甲辰三月使閩過里，信宿山下即去。今年蒙恩省親，始常得徘徊宿雲塢泉石間，見所書波磔太不中于程度。大人謂此額跋而非壁記，亦不可以不著也，遂命易書而志其緣起。乾隆辛酉八月，照謹記。

又　往予舅氏迪甫先生與華亭張文敏公爲總角交，壬寅後先太史官京師，兩家僦居相近，樂數晨夕。丁未秋，先太史得假南旋，文敏臨松雪詩一册以贈，時予生僅一歲也。稍長，從遺篋中見此册，始知愛之。繼遊舅氏園亭，見其題牓，并示觀各手蹟，都識于心。及予庚午計偕北上，而文敏下世閲有年矣。都門師友所藏文敏墨蹟，予無不假觀，合前後所見不下數十餘種，其有跋語者悉録副本藏弆之。忽忽二十年，交親零落，而殘縑斷紙亦復轉眼雲煙，可慨也。昨春予再入京師，晤曲阜孔君葒谷，爲文敏婿，蓋親見其懸臂作楷而得真傳者。文敏遺蹟葒谷既廣爲蒐羅，鉤勒上石，復以題跋見詢，因即其家舊本而以予向所録者附益之，謹識其後。癸巳秋七月，南沙後學沈栻書。

又　右《天瓶齋書畫題跋》二卷，先外舅張文敏所作也。昔先公爲涑聘文敏女，文敏答以董臨《大仙帖》并銘端溪硯背見賜，涑時方小，未識其妙。稍長，篤好之，遂從文敏遊，得少承指畫。既而文敏下世，妙跡永絶，涑家無隻字，莫可臨摹，遂從戚友之弆藏者假觀，觀必假歸，勒石以爲永式。其有批尾者，必録之别紙，以代提命。顧局於見聞，所獲無幾。壬辰赴禮闈試，謁鰱使沈欽伯先生於都門，先生與涑有同嗜，出所録合之，遂得裒然成册。間嘗論古今題跋不下百十家，其卓然名世者，前則米之書畫史，後則董之《畫禪室隨筆》，蓋其學聖，故識超，故語足重耳。今文敏法書上動天鑒，刊在石渠，其名世聲價與米、董二公鼎足，而顧無跋尾傳世，非闕典歟。且文敏著作等身，身後率皆散佚，則是區區者，尤吉光片羽，不可不亟傳也。爰付之剞劂氏以公同好，倘海内賞鑒家出其篋衍，俾得賡續以終之，則更幸甚。乾隆癸巳冬十月，子婿繼涑拜跋。

清·張廷濟《清儀閣題跋·張文敏縮臨多寶塔碑》　多寶塔碑，顔魯公最少年之作，涇南尚書書，當從此入手也。乾隆甲辰仲春，高宗純皇帝幸闕里，敕孔繼涑依張照體作字。繼涑有紀恩詩云：昔侍經筵叨典禮，今書聖製應圓方。注云：照自謂作書體方筆圓。云云。涇南書贋迹甚多，但以此四字求之，自有準的。余舊有《國朝書畫百咏》，咏涇南云：方圓體筆妙天瓶，絲綉平原有典刑。六百年起成鼎足，趙吴興又董華亭。願與寶涇南書者共參此旨。道光十三年癸巳□月。

清·邵松年《澄蘭堂古緣萃録》卷一二《張天瓶小楷詩卷》　昔年得此卷於都門廠肆，楷法遒斂整肅，合顔、歐為一手，此正文敏本家書也。庚午長夏，試畢旋署，檢閲所藏各卷册，以此卷出示諸友，因并識之。振甫。

又《張天瓶臨松雪唐律詩册》　右館師海甯陳宗伯所藏承旨真蹟，余於雍正乙巳八月借臨四本。丙午四月，内子沈恭人索書此册，未就，奉命典試滇南。六月八日，行次武陵溪上，邸舍水窗涼静，隔江碧樹遠山如畫，偶然欲書，撿行篋此册在焉，因竟之。張照。

又《張天瓶臨香光真書千文册》　右思翁臨永師《千文》真蹟，曾見宋本永師《千文帖》，與思翁臨本神情畢肖，有頰上三毫之妙，因知思翁竭力學古。世多謂思翁獨闢門庭，晉唐以來所無，或又病其師心蔑古，皆所謂孤陋寡聞，愚蒙等誚也。張照臨并識。

又《張天瓶臨文衡山草書千文册》　雍正丁未六月，文待詔孫于宋禪師出示待詔所臨永師草書《千文》，本從永師真蹟臨仿，尚可想見八百本風味。便從于宋假得手臨四本，此其一也。張照。

著録

清·梁章鉅《退庵所藏金石書畫跋尾·張文敏臨米册紙本》　張文敏臨米海岳《天馬賦》本係横卷，因卷首尾被蟲蝕殆盡，乃改裝為册。舊聞米書《天馬賦》不止一本，有大字，有小字。此所臨殆是小字本，精力彌滿，竟可奪真，蓋非文敏無此健筆。余友林少穆自謂得一米海岳所書《天馬賦》大字卷，詫耀于人，亦時時自行臨寫，余每恨不得一寓目。道光乙未被召復出，重過吴門，維舟之次日，即急往節署索觀此迹，則所見不逮所聞。再四審觀，恐是董思翁臨本，亦非凡迹也。但似尚不及張文敏此册，而少穆大不以為然，不敢與之辨矣。

又《張文敏書文賦册紙本》　張文敏書《文賦》，不署年月，初落筆似稍拘繩墨，中幅漸近自然，入後乃變化從心，不懈而及于古矣。余齋藏有宋高宗書《文賦》全册，純是山陰家法，視此則不啻如元龍之據百尺樓。又有董思翁書《文賦》，則視此為伯仲之間，而筆筆沉雄，恐思翁尚瞠乎其後矣。此册為祝東岩親家持贈，觀者率疑為贋本。余再三諦視，知非俗手所能僞為，因重付裝潢，而神采愈出。恭兒見而欲得，遂以付之。

又《張文敏書普門品册紙本》 右張文敏小楷書《觀世音菩薩普門品》全分，凡九百餘字。大僅粟米，而首尾謹嚴如一律，字體又復寬博有餘。昔人所謂作小字如大字者是也。款署大清國男子張照敬寫，戊戌、壬戌、丙寅、癸巳竣。案，此戊戌是康熙五十七年，文敏二十八歲所書，盛年目力故應有此。余齋藏有郭去問小楷書《道德經》全部，與此同一精絶，可稱合璧也。案，張照性喜談禪學，蘇已恭見純廟御製詩。乾隆四十四年，上念張照資敏博學，尤工書，御製懷舊詩，列張照于五詞臣中。詩云：書有米之雄，而無米之略。復有董之整，而無董之弱。羲之後一人，舍照誰能若。精神貫注深，非人所能學。詞臣榮遇藝苑，定評如文敏者，亦可無遺憾矣。

又《張文敏書格言卷紙本》 此張文敏小行書長卷，裝潢完好，楮墨俱精。首書陳南塘先生《夙興夜寐箴》，凡二百餘字；次書張子《語録》數則，凡七百餘字；又次雜書名人格言，通前約二千四百餘字。自始至終，無法不備，而無一率筆可指。即論書法已可寶貴，況所録皆前賢緒論，有益于身心者乎。時余方在上海防堵英夷，有寶山士人持此求售，索值頗昂，因有愜于心，如所請與之，可謂忙中勝緣。乃不數月而寶山陷，此卷先逃劫外，不與兵燹同銷，文字精靈，殆有呵護之者。不可不寶，不可不紀也。

又《張文敏書岳陽樓記軸紙本》 張文敏行、楷、草書俱為本朝書家之冠，故論者謂元有趙松雪，明有董思翁，我朝有張得天。三人皆謚文敏，而工力悉敵。此《岳陽樓記》于乾隆八年岳州黄太守求公大書勒屏間，今尚林立岳陽樓上。凡十二幅。惟刻本耀金，此作躍金，或是當時另書副本，而筆意雄偉轉折，分明較勝刻本，不知何時被人剪裱裝成大册。今復還為十二幅，以符舊觀。濡染淋漓，足與此樓并峙千古矣。案：文敏生于康熙三十年辛未，終于乾隆十年乙丑，此其歸道山前二年所作。考趙文敏壽至六十九，董文敏壽至八十三，而張文敏壽僅五十五，遂能與趙、董成鼎足之勢，使天更假之年，不知其所詣又何如也。近張詩舲方伯祥河以《續驂鸞録》見寄，中有一條云：《洞庭湖志》稱我朝書法以張文敏為第一，而文敏書法又以《岳陽樓記》為第一。巴陵令以拓本見遺，先人遺墨非宦游過此不得見，拜而受之，不啻魏徵之笏，范喬之研也。故謹志之。案，此尚指拓本而言，若他時得見吾齋墨本，當更不知如何歡喜讚歎矣。

雜録

清·李佐賢《書畫鑒影》卷九《張文敏仿趙文敏書唐律卷》 此卷未經署欵，跋後僅一印章，印紙係另接，未免令人滋疑，而筆力沉著透快，確屬文敏真蹟，固不必藉欵印而可決也。攷公行狀，於雍正二年甲辰典試閩省，四年丙午典試滇省。此跋云雍正改元，王君出是帖索值百金，又云議未定，會典閩試而解。想是帖出於元年，而議價未定在二年，跋語省文，非有參差也。至丙午使滇，則與行狀吻合，可以互證。又考公生於康熙三十年，此卷作於雍正乙卯，乃四十三歲，所書故已漸臻老境。咸豐己未春仲，利津李佐賢跋。

清·梁章鉅《吉安室書録》卷六 《洞庭湖志》稱：我朝書法以張文敏為第一，而文敏書法又以《岳陽樓記》為第一。巴陵令以搨本見遺，先人遺墨，非宦游過此不能得，拜而受之，不啻魏徵之笏，范喬之研也。故謹志之。《續驂鸞録》。

按此張詩舲方伯所記，其引《洞庭湖志》所稱我朝書法文敏第一固當，惟謂文敏書以《岳陽樓記》為第一，則所見猶未廣也。余在江南曾得《岳陽樓記》墨本，欵云：乾隆八年，岳州黄太守求大書勒屏間者，今已勒石林立岳陽樓上。凡十二幅，惟刻本耀金，墨本作躍金，或是當時另書副本，而筆意雄偉轉折，分明較勝刻本。不知何時被人剪裱裝成大册，今復還為十二幅以符舊觀。吾齋所藏文敏書，當以此為甲觀矣。又按公行、楷、草書俱為本朝書家之冠，故論者謂元有趙松雪，明有董思翁，我朝有張得天，三人皆謚文敏，而工力悉敵。然公生於康熙三十年，終於乾隆十年，壽僅五十有五，而遽能與六十九歲之趙文敏，八十三歲之董文敏遥遥鼎峙，倘天更假之年，不知所詣更何如也。

汪由敦書蹟

綜述

清・端方《壬寅消夏録・汪文端書趙滈培墓志》　趙氏易州望族，三子同年登科，其州人至今猶艷稱之。此志為陳紫瀾宫詹所作，而汪文端為之書。文筆簡潔，無諛墓之習，書法莊雅，有端笏正紳氣象，均可寶也。匋齋尚書收藏國朝名公鉅卿所為傳志墨本數十巨册，若裒集成書，其遺聞逸事，必多有裨於考証，不止文章字畫之工，供人愛玩已也。光緒二十八年壬寅七月，李葆恂記。

鄭燮書蹟

論説

清・邵松年《澄蘭堂古緣萃録》卷一四《鄭板橋楷書軸》　板橋先生書畫風流倜儻，豪邁多姿，而僞跡最多。余收得書畫兩軸，楹帖一付，皆屬真跡。尚有小册一本，集裝呈詞、批語並標日等字，亦頗別致，殆當時好事者所為也。

梁巘書蹟

論説

清・邵松年《澄蘭堂古緣萃録》卷一五《梁聞山臨興福寺碑册》　先生書法勁挺，筆力堅凝，與山舟齊名，有南梁、北梁之稱。然山舟以姿態勝，先生以氣魄勝，各擅其長，未易軒輊。然先生書究藴藉少差耳。

劉墉書蹟

論説

清・王文治《快雨堂題跋・劉石庵書卷》　書法雖小道，然非忘寢食寒暑致力于其中，則不能工。及工矣，又非捐得喪，遺榮利，有超時出俗之志，則將墮于偏邪小果，不能深遠淡宕與古人相上下。吾于近時善書者服膺劉石庵前輩久矣。石庵未通籍時，其書已卓然不欲與時俗伍，迨今復四十餘年，殆所謂忘寢食寒暑致力于其中者。石庵以名翰林揚歷中外，繼世業，參國政，清操直節，朝野仰望。至于書，則往往震于其名，而泛泛稱道之，逮叩其所以佳，未必真之也。石庵之書，其佳處輒含藏于筆墨蹊徑之外，必先于晉唐以來劇迹貫穿胸中，然後取其書反覆審觀乃見异趣，故其得名轉不若隨波逐浪書家，無賢愚悉嘖嘖然必欲得其屏障卷册以為快。然而石庵之為石庵自此遠矣。此卷乃其今春自都中遠寄瑶圃中丞者，中丞既自能書，又愛鑒別古今書家之書，其措躬操行，渾然如古重器不露圭角。然與石庵自有默契之處，故于書法亦有針芥之合。昔放翁詩云：詩到無人愛處工。書法何獨不然。石庵之書既直造無人愛處，而中丞又能愛石庵于無人愛處，此中皆有甚深三昧存焉，未可以常言常辭測也。

又 詩有詩禪，畫有畫禪，書有書禪，世間一切工巧技藝不通于禪，非上乘也。石庵前輩書于軌則中時露空明，于運用中皆含虛寂，豈非深于禪者。敬齋中丞藏所書小楷二種，尤其經意之作。德韶傳發揮禪門宗旨，如日麗天，如月印水，了了明明，毫無隱覆。而水官詩所稱在吾猶在子，此理寧非禪亦深契無我網宗。中丞合二書成卷，可謂即書即禪，盡大地皆沙門隻眼矣。治諦審諦觀，不覺合掌贊嘆，以為希有云。

又 陸放翁云：詩到無人愛處工。書畫何獨不然。畫家以士氣為上，不貴縱横，元四家各擅專長，而倪迂簡淡，遂冠諸家之首，其品勝也。石庵前輩書絶去宋元以來縱横妍媚之態，而筆意高古，拙中含姿，淡中入妙，近時罕有能及之者，其工處殆在無人愛處耶。顧作書固難，知書亦不易，敬齋中丞慧光朗照，巨細無遺，于石庵之書最為心賞。此卷書杜詩凡六首，復以東坡《醉翁操》繼之，皆石庵得意筆也。石庵作書不計旁人毁譽而深契古人，中丞賞石庵之書不在點畫皮毛而獨高風骨，皆可即其好尚想見其為人。他日傳之藝林，允稱佳話矣。

《試研齋帖》中劉文清公書凡一卷，亦係先生審定，皆清愛堂刻中所無者。

清・方濬頤《夢園書畫録》卷二四《劉文清燎蚊詩卷》 文清相國詩品在蘇黄間，别饒逸趣，然為書名所掩，其實足方駕也。余兩奉使至粤，南人亦苦蚊害，而無計驅之。此二詩頗盡情貌，字畫遒媚，是中年以後作意書，可寶也。

又《壬午小春月錢塘後學陳嵩慶跋》 石庵相國早歲書，亦自香光得法，其淳厚得之天賦，婉暢則學力也。晚歲書脱盡璀璨，獨出蒼渾，幾無轍迹可尋，學之者如摹米家山，往往有墨無筆，不若研習其少時矜雅之作，繩尺備存，不至失壽陵餘之步耳。甲申四月四日，莆田郭尚先獲觀。

又 劉文清公書名見重當世。嘉慶乙丑、丙寅間，余在京師晤伊墨卿郡守，曰：吾書乃師文清公筆意者。又晤張船山前輩，曰：吾兄亥白書，逼真文清公手筆。余嘗舉二君之語語公，公笑而不答。道光丙申八月，吴榮光記。

清・何紹基《東洲草堂詩鈔》卷一三《伊少沂見示劉文清為尊甫墨卿丈人作書并丈人自書文清詩合裝卷，奉題一首》 文清專詣固在書，日揮百紙腕乃舒。至今流轉遍天壤，眼中日日逢瓊琚。韶語祕惜不謂足，慧力風趣書之餘。墨卿丈人録成卷，意在表微仍叩虛。

又《劉文清臨諸家法書册》 同治三年仲冬購得此册於羊城，渾脱自然，筆筆都臻化境，洵爲石庵先生得意書，可寶之至。敬識數語於後。夢園主人。

清・梁同書《頻羅庵書畫跋・跋劉石菴先生與沖泉弟手札》 今之能爲晉魏人書者唯石菴先生，雖隨意書尺不可玩，視數年前予所見與徐芳圃恕方伯一札更精妙，不知其爲祝融取去否也。

清・曾國藩撰、王啟原輯《求闕齋日記類鈔》卷下《文藝》 閱劉石菴《清愛堂帖》，其起筆多師晉賢及智永《千文》，用逆蹴之法，故能藏鋒。張得天之筆多師褚、顏兩家，用直來横受之法，故不藏鋒，而聯絲縈帶以發其機趣。二者其理本一貫，特逆蹴與直來横受形迹判然，難合而為一耳。辛酉六月。

又 看劉文清公《清愛堂帖》，略得其自然之趣，方悟文人技藝佳境有二，曰雄奇，曰淡遠。作文然，作詩然，作字亦然。若能含雄奇於淡遠之中，尤爲可貴。

紀事

清・梁章鉅《吉安室書録》卷九 余在都市得諸城書《許敬宗傳》三百餘言，字徑小半寸，行間頗任意，而樸茂中自在恣肆，絶去平日作用。乃近八十時書，所謂拙勝也。老去漸於詩律細，諒哉。《藝舟雙楫》。

學士以書擅時名，少年書宗松雪，中年刻意平原，篤守文莊家法，老年筆用散卓，參用唐人寫經遺矩，尤好唐人所書兜沙經。此泉唐金君墓志，書以煮硾青格楮，為學士晚歲得意筆，深得奚虛己、張少悌二家神髓。鄉人如高爽泉、陳輯甯皆不敢或之先也。匋齋尚書以此命題，賞鑒一周，以附名簡末為幸。光緒二十八年十二月廿二日，餘杭褚德儀。

又 山舟先生書法源出東晉，得松雪、香光兩家之精英而不襲其面目，晚年心手相忘，更臻神化，當與張文敏、劉文清並為國朝書家之傑，夢樓太守專以側媚取妍，殆不如也。此錢塘金君志銘墨本，雋雅遒麗，為先生最用意書。淵如先生篆，蓋筆力雄勁，足與相配。金氏曾以先生真蹟彙刻一帙，此志在焉。葆恂曾獲觀於海鹽吳氏，頃承匋齋尚書示此原本，始知筆鋒墨采斷非剞劂之伎所能曲盡其妙，而凡古帖之屢經繙刻者，更可知矣。光緒二十八年壬寅七月廿八日，李葆恂。

又 錢塘陳國賢善鐵筆，子雲杓世其業而藝益精。山舟先生所書碑記誌銘，多延雲杓鉤摹上石，諫菴先生比之李仲甯、茅紹之。今觀此志，墨蹟遠勝刻本。王文敏師嘗謂書家之精神意態非鐫手所能傳，本朝雕勒者尤鮮佳手，良信。鍾羲寫記。

又 晚聞居士文字極類曾南豐，為南北時望所推。此誌尤其經意之作，合之頻蘿菴主之書，薇隱山人之篆，可稱三絶。寶巽寫記，時壬寅九月作客武昌。

又《梁山舟書王筠吉墓志》 山舟學士以宰相子早登上第，而脱屣榮利，課書教子，年逾九秩，好學不倦，有衛武懿詩之風。今觀其《頻羅菴集》高古沖澹，有非同時名輩所及者。葆恂意所獨嗜，不能喻諸人也。書法源出松雪，而無側媚之習，晚年純乎晉法，心手相忘，兩浙書家，一人而已。世以聞山大令並稱，謂之南北二梁。余謂大令雖筆力雄健，而神韻微乏，似不如也。陶齋尚書出示此册，結字用筆，有唐人寫經遺榘，當是中年合作。大約碑版為傳世計，尤不苟作。公於近人書不甚留意，惟於名家傳志墨本則收藏極夥云。光緒壬寅七月既望，李葆恂記。

又 嘗觀夢樓、山舟兩先生書，多用淡墨而精采焕發，心竊異之。後乃知其作書時以佳墨磨使極醲，又置盂水於旁，以筆蘸水破墨書之，是以濃澹相間，於起處見墨，於收處見筆，以畫家作水墨山水之法行之，故所書生紙

藝　文

清・方濬頤《夢園書畫録》卷二四《劉文清燎蚊詩卷》 二十七惡洵可誅，誰歟賦者虞忠肅。宋虞忠肅《誅蚊賦序》曰：蚊蚋坌集，聚類冥頑，余以爲苦。因衰得蚊事之惡二十七，古聖賢無一言之褒，是可誅也。豈惟昏市結死黨，白晝來螫倮蟲肉。摑之見血慭不畏，接踵而至旋果腹。呼朋引類千百羣，么麽實比蜂蠆毒。西園未和茶叟詩，鄰溪前月索和誅蚊詩，以事未果。且取燎蚊兩歌讀。除惡務盡肯姑息，用猛無如火攻速。斯言雖小以喻大，痛癢相關中有觸。嶺南道上駐使車，文清自跋云：癸酉秋典試粤東道中作。揮汗淋漓翦官燭。字摹董趙詩蘇黄，後生寶此若珠玉。相公清望垂人寰，執法難寬黍民戳。前虞後劉堪頡頏，顧我何能作貂續。定遠方濬頤。

梁同書書蹟

論　説

清・邵松年《澄蘭堂古緣萃録》卷一五《梁山舟書重修净慈寺大殿記册》 筆意秀逸，中有蒼勁之氣。

又《梁山舟書修廟碑記册》 書為先生八十九歲書，雖腕力稍弱，而丰致不減。

又《梁山舟書松讚軸》 書法流動，清挺多姿。

又《梁山舟詩翰屏》 圓勁潤秀，絶世丰姿。

又《梁山舟書唐詩屏》 大行楷，運筆虛和，其氣静穆。

清・端方《壬寅消夏録・梁山舟書金協恭墓志》 題跋：吾鄉梁山舟

極少，非蠟箋、熟楮、礬絹不辨也。細玩此册，可知其妙。筠吉王公世有隱德，積而能散，足稱鄉里善人，故學士樂為之書，以示矜式也。光緒壬寅嘉平五日，諸可權。

王文治書蹟

論説

清·王文治《快雨堂題跋》 先生臨此本及所臨古帖二卷，先君子已與劉文清、梁山舟兩公書合刻之，曰《試研齋帖》。跋其後云：劉文清公書古勁中饒有姿韵，得魏晉風流。同時以書名海内者，梁山舟侍講、王夢樓太史，與余結翰墨緣，時得聞其論書微旨，因彙三家之精髓壽諸石，當以一瓣香伴維摩供耳。先君子于嘉慶丙寅又彙刻先生生平得意之作凡四卷，曰《快雨堂詩帖》，跋其後云：夢樓先生詩，刊播海内久矣。余自乾隆庚戌獲交先生于吴門，以後數相過從，談藝之餘，兼味禪悦，每燒燭深坐，至丙夜不倦。或别去三數月，輒深懷念。凡題贈見寄之作，零縑寸楮，積久遂夥，其深情摯誼，具見于毫素之間。曾遴高手，為隨時勒石。今先生已歸道山，向笛嵇琴，能無棖觸。因檢篋中所存未上石者，彙刻成帙，其詩半見先生集中。快雨堂者，先生丹徒所居之題額也。

又《自臨宋四家書》 余幼時喜臨晉唐人書，不敢略涉宋派。年逾四十，始知宋人深得晉唐神韵，學晉唐者當于宋人真跡問津，然不能實證也。又十年，筆端乃暫得相應，蓋非深于晉唐，無從窺見宋人之妙。亦猶不識如來禪，無從透入祖師禪也，既透祖師禪，乃真見如來禪矣。近日深入宋人真迹，于晉唐蹊徑益明，然則書豈易言哉。

清·邵松年《澄蘭堂古緣萃録》卷一五《王夢樓評書絶句册》 此册全仿董文敏，字裏行間圓勁非常，雖不能盡掩本面，而轉折峻峭處味美于回，非他書所可及也。

紀事

清·王文治《快雨堂題跋·自臨樂毅論》 余致力于右軍小楷垂五十年，然所臨仿者惟《黄庭》、《像贊》、《曹娥》，輔以子敬《洛神》、永興《破邪》而已，于《樂毅論》不甚臨仿，以未見善本故也。後獲笪氏藏本，與世俗流通者迥异，末有江上侍御小字跋數行，以為筆勢圓豁充拓，董文敏生平書法實基于此，愛而習之。嗣更詳味鬱岡齋宇泰先生跋語，以為轉折之間皆含异趣，于是于《樂毅》大有入處矣。前年汪竹坪以舊拓貽余，臨仿數過，知係鬱岡祖本，因將諸舊拓彙于一處，暇則臨仿數行，然罕能至終篇者。去年竹坪屬余臨一完本，余感其佳貺，不敢辭，遂臨二本，一貽竹坪，一兼質心農，然猶不甚稱意。頃有武昌之行，舟中多暇，再仿一通，似較去年所作稍有進步，寄心農兼質竹坪也。

又《自臨蘇米矮卷》 薺原宫保與治同在翰林時，文字追尋殆無虚日，忽忽將四十年矣。治既伏處江干，公亦以侍養予告在籍，數百里内相見甚難。頃承以矮卷索書，爰臨蘇、米二家詩帖歸之，欲更結老來翰墨緣也。

姚鼐書蹟

論説

清·方濬頤《夢園書畫録》卷二二《姚姬傳楷書金剛經册》 姬傳先生文章行海内，固不僅以書重，然其書故自可傳。近謁先生金陵，年已近八十，猶能作小楷如此册所書經者，非具大智慧，力不克至是。丁卯二月十九日，小石禪友出以見眎，爲識於後，即送上人之揚州。屠倬孟昭甫。

又 姬傳先生所書，以歐陽率更遺教經用筆，參以黄素、黄庭逸致，有靈山會上拈花微笑景象。小石禪友得此册，可謂有文字緣矣。平江袁廷壽題。

紀事

清・方濬頤《夢園書畫録》卷二二《姚姬傳楷書金剛經册》 桐城姚先生爲今時書家之卓卓者，且所寄夢樓太守，太守又言專書乞送高旻寺，宜此書爲先生之精楷。小石上人其永寶之，西溪同社錢東爲上人屬題，時庚午三月既望。

又 唐人有《金剛鳩異記》，於是後人争書此經以資冥福，雖姬傳先生亦不免焉。余素有志，欲寫一卷作佛事，而未能也。嘉慶辛未六月十九日。

又 姬傳先生爲鼐作書最夥，即手札亦装成十餘册矣。然皆行草，今年令嗣庚甫同年，始以先生臨晉唐小楷見示，歎爲臨池逸品。茲復盥讀此經，又與至言同伸禮拜讚頌，遥望隔江講舍，既幸鄉先生靈光巋然，而又嘆夢樓先生暨如師不可再見也。時万為先太淑人寫經，愧無奇蹟以薦法光，不及前輩多矣。甲戌二月九日，年家子吴鼐跋。

又 右爲姚姬傳先生楷書《金剛經》，送高旻寺丈室以資父母冥福者，不知何時歸詩僧小石。小石往來邗上，常栖息城西隆慶禪院，予數過從，曾一見此册。後小石以遘疾將返西溪，凡有所需，皆仰給寶亭道丈，乃舉以爲報，今道丈出示是書，得重展數遍，使翰墨因緣再添公案，亦佳話也。先生自惜其書如愛其身，苟非其人，絶不輕與，故書最爲難得，而楷爲尤難，道丈其什襲藏之。題後諸家，如王夢樓、張船山、伊墨卿、吴穀人、孫淵如五先生，如鑑、小石兩方外，皆歸道山，對之不勝憮然。戊寅重九前五日，丹徒張崟敬觀，謹識。

又 姬傳先生爲淵大父癸未進士同年，今歲夏四月謁先生於鍾山，年七十有六矣，身健如鶴，匆匆話别，不能得其隻字爲憾。今觀此書，洵與文行共垂不朽矣。嘉慶戊辰十月望日，觀於小石上人之楞伽室。淵庚申秋先大夫於白下棄養，扶護江行，舟中日誦此經以資冥福。與姬傳先生别是時也，今十四年矣。癸酉花朝，魏成憲記。

翁方綱書蹟

論説

清・邵松年《澄蘭堂古緣萃録》卷一五《翁覃谿真行書論書册》 此册用墨濃厚，光彩如新，真行俱全，氣息醇樸，先生書中絶品也。尚藏有詩翰一册，筆意古茂，而不無拙滯之病，不敢遽目為贋品，附記于此。

紀事

清・葛金烺《愛日吟廬書畫録》卷四《翁方綱臨天際烏雲帖卷》 蘇文忠書《天際烏雲帖》舊藏檇李項氏，跋稱尚有吴文定跋，今已失去。又柯丹邱跋，末失去十八字。經長安莫浩至正三年夏五月丹邱柯九思書。張貞居詩失去前五首。原是卷子，不知何時改為册。方綱於乾隆戊子十月八日購得之，今壬辰五月廿九日，爲宫詹錢七兄蘀石先生臨此，又倩古歙羅兩峯繪君謨夢中詩首二句爲圖，而詩之庶以髣髴前賢往復嗟賞之意。是日識於孫公園寓舍之青棠書屋。

錢灃書蹟

論説

清・梁章鉅《吉安室書録》卷一一　錢南園先生臨《争坐位帖》跋語。錢南園先生嘗疏劾和珅，直聲震一時。此所臨顔平原論坐稿，端穆之氣流於楮墨間。昔蘇文忠公嘗跋《平原帖》云：凜乎如見其誚盧杞而叱希烈。余於此書亦云。瓊州後學張岳崧識。

又　學魯公書者類多得其面貌，而無其沉鬱剛勁之氣，蓋根於心者不可襲而取也。南園先生秉正嫉邪本於性生，不畏强禦，挫折彌厲，其性情氣骨與魯公同，即不學魯公，亦必與之暗合，况所夙好而素習者乎。《詩》曰：惟其有之，是以似之。吾於此書亦云。湯金釗拜題。

又　錢南園先生書法為世所寶，其佳處在有骨氣，而絶無纖毫軟美之態，此非能強，為其性情然也。生平愛顔平原書，時時臨寫，不必在規模形似，而其骨氣之本於性情者，與平原若曠世相感，詎第在漏痕釵股之間哉。笛生同年得自厰肆，珍若拱璧，其志趣亦可見矣。莆田郭尚先題於增默菴中。

又　錢南園先生，詞館諫垣之前輩也。生平以文章氣節負當代重望，善畫馬，其運筆一空凡馬，直似韓幹、李伯時一輩，昔曾見而愛之。尤愛其書法似顔平原，嘗得先生所書楹帖裝池之，以為珍祕。今觀此幅，與余所藏無異。蓋先生之似平原，非僅在書法，則後人之私淑先生者，其於先生之書法，宜何如其寶之也。錢唐陸言。

又　當和珅用事之時，能扼之者，惟錢南園先生與曹劍亭侍御兩人而已。先生負盛名，尤為和所忌，竊惟先生既不恤其身以與和抗，何不聲其姦私，而僅以在軍機不循舊例為言。既讀顔魯公《争坐帖》不直指魚朝恩擅權，而但言坐次之不可紊，其意正同。此即孔子正名之微義也。然則先生之心，即魯公之心，有魯公之心，而不能作魯公之書乎。方正學云：德之盛者，其藝必精。信哉。吴縣顧莼書。

紀事

清・梁章鉅《吉安室書録》卷一一　錢南園先生臨《争坐位帖》跋語。按，此魏笛生觀察戊生所得公與周石芳學政臨争坐軸。觀察裝成大軸，遍徵日下名公巨卿題識。余為摘録數條如右，庶觀先生書者，如見先生之為人云。

鄧石如書蹟

論説

清・包世臣《藝舟雙楫》卷五《國朝書品》　平和簡静，遒麗天成，曰神品。醖釀無跡，横直相安，曰妙品。【略】神品一人：鄧石如隸及篆書。妙品上一人：鄧石如分及真書。

又卷六《完白山人傳》　山人篆法以二李為宗，而縱横闔闢之妙，則得之史籀，稍參隸意，殺鋒以取勁折，故字體微方，與秦漢當額文為尤近。其分書則遒麗淳質，變化不可方物，結體極嚴整而渾融無跡，蓋約《嶧山》、《國山》之法而為之。故山人自謂：吾篆未及陽冰，而分不減梁鵠。余深信其能擇言也。山人移篆分以作今隸，與《瘞鶴銘》、梁侍中石闕同法。草書雖縱逸不入晉人，而筆致蘊藉，無五季以來俗氣。

又　包世臣曰：余性嗜篆分，頗知其意，而未嘗致力。至于真、行、稿草之間，則不復後人矣。然吾見山人正書，方寸以上者，簡肅沉深，雁行登善，非徐、裴以下所及。

清・李兆洛《養一齋文集》卷七《跋鄧完白真書》 完白真書深于六朝人，蓋以篆隸用筆之法行之，姿媚中別饒古澤，固非近今所有。此屏是其未歿前數月所書，後未署名，或欲題記而未及耳。令子傳密以貽予，予欲丐慎伯為之跋，以慎伯服膺完白有年，庶幾發揮真切，言之有當。而慎伯不得見面，比予刻此屏成，而慎伯已從宦江西，益不可得見矣。姑記于末幅，以補完白自署名焉。道光丙申二月。

清・吴讓之《跋鄧石如篆書朱熹四齋銘》 同治壬戌秋，仲陶購得此書，為完翁生平得意之作。惜橫幀氣較促，經仲陶重裝，易為立幅，其氣頓舒，見者為之改觀。讓之記。

紀事

清・包世臣《藝舟雙楫》卷六《完白山人傳》 山人游黄山，至歙鬻篆於賈肆。武進編修張惠言教授歙修撰金榜家，編修故深究秦篆，為修撰所器。編修見山人書於市，歸語修撰曰：今日得見上蔡真跡。修撰驚問，語以故，遂冒雨偕詣山人於市側荒寺。修撰即備禮客山人。修撰家廟甚壯麗，其楹皆貞石而刻，聊及懸額修撰精心寫作，蓋百易而後定，謂莫能加於此也。及見山人書，即鳩匠斵其額，而石楹既樹不便磨，治架屋而卧楹，請山人書之，刻成乃重建，其傾服至此。

又 余在鎖江初識山人時，嘉定錢坫獻之、陽湖錢伯坰魚斯先在皆與余為忘年交。獻之自負其篆為直接少温，然與余同游焦山，見壁間篆書《心經》，摩挲逾時，曰：此非少温不能作，而楮墨才可百年，世間豈有此人也。此人而在，吾不敢復搦管矣。及見山人，知《心經》為山人二十年前所作，乃摭其不合六書處以為詆。魯斯故服山人篆分為絶業，及見其行草，嘆曰：此楊少師禪境也。遂因余以見山人。

藝文

清・鄧石如《白氏草堂記》 南抵石澗，夾澗有古松、老杉，大僅十人圍，高不知幾百尺。修柯戛雲，低枝拂潭，如幢樹，如蓋張，如龍蛇走。松下多灌叢蘿鳥，葉蔓駢織，承翳日月，光不到地。北据層巖，積石嵌空，奇花異草，蓋覆其上。緑陰蒙蒙，朱實離離，不知其名，四時一色。

清・鄧石如《游五園詩》 隨意出南郭，名園方始游。濤光潑檻入，帆影逐雲流。緑幔洲前樹，班聯水上鷗。一尊逢勝日，長嘯大江樓。游五園作。完白翁。

清・曾國藩《跋鄧石如隸書聯》 處世勞塵事，傳家寶舊書。完白先生法書，自張皋聞、李申耆諸老表章後，海内翕然宗之。友人見詒此聯，尤為奇古。因求先生嗣君守文鈎摹刊刻，以公同好。同治元年三月，曾國藩識。

錢坫書蹟

論說

清・邵松年《澄蘭堂古緣萃録》卷一五《錢獻之篆書戒書屏》 十蘭先生篆法奇古，國朝第一，與完白山人並觀，覺山人猶有以姿態取勝處。必也山人之古隸與先生古篆可以匹敵乎。余藏此二屏，為先生精詣所在。

成親王書蹟

論説

清・邵松年《澄蘭堂古緣萃録》卷一六《詒晉齋臨米襄陽書册》 此余初學米時作也，故神氣消沮。憶其時尚是石刻中伎倆，即於此年得見墨跡數種，後乃稍稍展拓。

又《詒晉齋書峴山亭記册》 清挺圜轉，歐、趙之遺。

又《詒晉齋書白香山詩屏》 書法瘦勁清挺，得道因、圭峯之意為多。

著録

清・方濬頤《夢園書畫録》卷一六《成親王小楷小册》 藏經紙本，今尺高三寸五分，濶四寸。計十八開，每開十行，行十六七字，蠅頭小楷。書《洛神賦》、《樂毅論》、《蓮社圖記》，筆意精妙，在趙子昂、文衡山之間。

伊秉綬書蹟

論説

清・邵松年《澄蘭堂古緣萃録》卷一六《伊墨卿隸書、行書横幅》 墨卿先生隸法俊偉，倜儻不羣。余留意搜羅，殊少真品，僅購得楹聯兩付，及此一幀。已亥在京師購得《虞仲翔祠碑》底本，徑寸隸書，筆力遒勁，歎為僅見。今夏季弟歸里，以井九女侄學隸無所取法，持以北去，並擬付之石印，以廣其傳寫。萃録至此，不能憶其尺寸、開數，附記于此，後當補入也。

清・何紹基《東洲草堂詩鈔》卷一三《書文清詩合裝卷奉題一首》 丈人八分出二篆，使墨如漆楮如簡。行草亦無唐後法，懸崖溜雨馳荒蘚。不將俗書薄文清，覷破天真關道眼。留春堂詩春水明，乃與諸城并涵演。

清・楊守敬《學書邇言》 墨卿八分書根柢漢人，行書學李西涯，尤為超妙。

清・梁章鉅《退庵隨筆》卷二二《學字》 伊墨卿、桂未谷出，始搖接漢、隸真傳。墨卿能脱漢隸而大之，愈大愈壯。

清・康有為《廣藝舟雙楫》卷一《尊碑第二》 汀州精於八分，以其八分為真書，師仿《吊比干文》，瘦勁獨絶。

紀事

清・包世臣《藝舟雙楫》卷六《記兩棒師語》 余初識寧化伊墨卿太守秉綬於袁浦。墨卿，劉諸城之弟子也。因曾問諸法，太守曰：吾師授法曰，指不死則畫不活。其法置管于大指、食指之尖，略以爪佐管外，使大指與食指作圓圈，即古龍精之法也。其以大指斜對食指者，則形成鳳眼，其法不能死指，非真傳也。

清・謝章鋌《賭棋山莊詞話》卷五《聚紅詞社》 嘗曰，墨卿每朝起，學筆畫數十百圈，自小累大，至匀圓為度。蓋謂能是，則作書腕自健。

雜録

清・董玉書《蕪城懷舊録》 揚州太守代有名賢，清乾嘉時，汀州伊墨卿太守為最著，風流文采、惠政及民，與歐陽永叔、蘇東坡先後媲美。鄉人士稱道不衰，奉祀三賢祠載永堂。

王芑孫書蹟

紀事

清·端方《壬寅消夏録·王惕夫書沈元昆小傳并墓志》 余先後作此二文，皆書而刻之石矣。綺雲復寄紙求為重録，將裝治以藏之家，傳示子孫，是亦無窮之慮，不匱之思也。獨愧余極劣，恐不足以副其鄭重耳。嘉慶戊辰春三月，楞伽山人自記。

郭尚先書蹟

論説

清·邵松年《澄蘭堂古緣萃録》卷一六《郭蘭石臨磚塔銘册》 郭蘭石先生臨本極多，此本獨善。余友楊翠巖分惠，謹當奉以學楷。晉三藏，時維乙酉巧月十三日。

又《郭蘭石小楷書譜册》 蘭石先生書得《醴泉》之骨力，兼磚塔之丰神，圓潤挺秀，獨出冠時。此册寫《書譜》文，參以河南之風度，益覺鋒發韵流，翩翩可愛。

又《郭蘭石行楷屏》 蘭石先生以楷書為精，小楷尤妙，行書次之，遇大則不免肉勝于骨，有轉不圓，畫不足之病。所以然者，未能擺脱館閣之體也。

紀事

清·郭尚先《芳堅館題跋》卷四《自臨張長史郎官記》 此王弇州兄弟所藏，今歸葉雲谷農部，世無二本。庚辰借來，盍孟晉室臨此奉竹坡老弟。此帖如曇花過眼，不能再見，姑留此影子觀之，於書道不為無助也。

又《自書説文異字》 讀《説文》苦其難記也，輒疏其異字及有關於經義者，以備遺忘。余曩者嘗日識且數百字，皆古文。今乃筆之於簡，有來質之，則已忘之矣。如是其不可恃也。後生有志於古者，以余爲鑒可也。

何紹基書蹟

論説

清·何紹基《東洲草堂文鈔》卷八《又跋衡方碑拓本》 《衡府君碑》，方古中有倔强氣，自是東京傑跡。昔石卿贈余石拓本整幅，經覃溪、小松題賞者，高懸雪壁，余目近視，苦難臨仿。丁巳薄游歷下，購獲此本，精采勃發，又剪裱册便于摹取，意甚珍之。嗣復得黄小松乾隆末年拓本，楮墨極舊，有韻味，而得字比此尚少。

又卷九《跋褚臨蘭亭拓本》 《禊帖》傳本，大抵以纖婉取風致。學者臨摹，遂往往入於飄弱。竊疑右軍當日以鼠鬚寫蠶繭，必不徒以纖婉勝。唐初諸賢臨本，亦當似之。故臨此帖者，仍當以凝厚為主，子昂深得此意。

又《跋玉版洛神賦十三行拓本》 意思奇矯，所謂外人那得知者，直亦不欲其遽知耳。後來《鶴銘》實師其意。唐則誠懸，宋則東坡，根矩祕傳，波瀾不二。良工不示人以樸，故亦無道破及此者。然非如此佳刻，亦何從窺其津逮耶。

清・楊守敬《學書邇言》 隸書學《張遷》，幾逾百本，論者知子貞之書純以天分為事，不知其勤筆有如此也。

清・楊翰《息柯雜著》 積數十年功力，晚年猶自課甚勤，摹《衡興祖》、《張公方》多本，神與跡化。數百年書法，于斯一振。

清・邵松年《澄蘭堂古緣萃録》卷一六《何子貞書札詩翰册》 子貞先生天才超邁，詩翰皆工，其學書懸肘迴腕，用法而不為法縛。外舅嘗謂先生書無一筆無來歷，論至當也。惟恃才傲物，不為時容，嘗為先生惜之。晚年僑寓蘇臺，賣書自給，應酬之作率多潦草，而作僞者亦遂摹擬，幾不成字。故論先生書者，當以中年為極則。與龍石漱芸為金石至交，故淂其手蹟最夥。

紀事

清・何紹基《東洲草堂文鈔》卷五《善化黄氏藏先文安公墨跡書後》 先公廷對時，名在第四，睿廟謂筆墨飛舞，拔置第三。時方習褚公《樂毅論》，登第後乃習歐書《醴泉銘》。此書作于丙寅秋，是及第後一年書，故有兩家行筆意。理堂丈本以書名湖湘間，與先公上下議論極偕際，想見湘上秋燈精談八法時也。

清・邵松年《澄蘭堂古緣萃録》卷一六《何子貞跋瘞鶴銘詩册》 先君索貞丈題詩，後即以此帖寄贈，而留此題頁，它日當覓水拓本同裝，以補此一段墨緣也。同治庚午冬十月，慶麟識于粱園學署之二芝軒。

藝文

清・何紹基《東洲草堂文鈔》卷一九《春舟賦》 遲遲麗景，淡淡韶辰。香塵撲地，垂柳依人。簇山翠以醒夢，鏡波虚而寫神。千尺深潭，誰送孤蓬之客；一聲柔櫓，驚回兩岸之春。

清・何紹基《東洲草堂詩鈔》卷四《舟中即景・明窗小楷》 舟行搖兀妙宜書，小字行行比貫魚。半幅風帆毫動處，十分春氣墨香初。長鬚黠鼠鋒爭健，宛頸溪禽腕不如。真逸留銘遲再訪，笑同弱水阻飛車。

又《書詠落花》 江南有客惜年華，三月憑欄日易斜。春在東風原是夢，生非薄命不為花。仙雲影散留香雨，故國臺空賸館娃。從古傾城顔色好，幾枝零落在天涯。

又《書七言聯》 日暮青天猶過雁，雪消新水欲生魚。

又《九言聯》 破半日功夫清書檢畫，同兩三知己道古論文。

李瑞清書蹟

論説

清・李瑞清《自臨毛公鼎跋》 近鬻書因臨《毛公鼎》一通，影印之，以塞諸門人之望，使知學書必從學篆始。

清・李瑞清《跋自臨散氏盤》 余近寫《鄭文公》，好習《散氏盤》，因為臨之，他日學書有悟，當知古人無不從鼎彝中出也。

孔葭穀書蹟

論説

清・邵松年《澄蘭堂古緣萃録》卷一一《孔葭谷臨鍾王小楷卷》 按先生此段議論確為得之天瓶，天瓶于臨《舞鶴賦》後略示其意，先生於此直宣其祕，以見學書之法。然自廷試尚小楷務趨光圓勻潤，孰能背道而馳，故館閣體中不復有知書者矣。近三十年中，惟吾鄉松禪相國懸臂學書，而日值內廷，恐不能無作輟。每見其得意之作，神采飛動，直追蘇黄。

又《孔葭谷臨董香光演連珠册》 懸臂作楷，古人亦以為難。本朝惟張文敏擅長，葭谷先生得筆法于文敏，書亦酷肖。葭谷學張文敏書可云神似，所不逮者秀韵耳。文敏之書其秀勁在骨，殆得自天授，非功力所可幾及也。辛未秋八月，燈下展閲偶書。慶麟。

《快雪堂帖》

題解

清・楊守敬《學書邇言》 《快雪堂帖》五册，馮銓所輯，劉雨若鐫。其中有從墨迹出者，如《快雪時晴帖》及蘇、米等帖是也。有翻舊刻者，如所收右軍諸書、顔魯公諸書是也。摹刻之精，當時目為鬼斧神工。然如《樂毅論》，的是後人臨本，毫無古意，特以筆迹近時，利於場屋，人争購之。馮固涿人，故初拓淡墨者，謂之涿拓。後其石歸閩中黄氏皆重墨拓者，謂之建拓。後黄氏以其石獻於内府，謂之内拓。此帖近得一涿拓者，非數十百金不可。而《樂毅論》、趙書《蘭亭十三跋》、《閑邪公》翻刻尤不可勝數，而其他皆視若土苴，其實買櫝還珠也。

又 《快雪時晴帖》刻於《快雪堂帖》之首，有趙松雪跋。《三希堂帖》亦首載之。

論説

明・倪濤《倪蘇門書法論》 涿州馮相公家刻《快雪堂》，亦儁載蘇米書，採摭頗精，人多未見，於晉魏歷代之書，則十得四五耳。

清・楊賓《大瓢偶筆》 快雪堂《快雪時晴帖》及王氏一門諸帖，皆吴興臨本。蓋馮氏家藏趙跋最多，取而致之于右耳。

又 《快雪堂帖》乃涿州馮氏所刻本，不甚惡。若劉光暘翻刻本則惡矣。然今行世者皆劉刻也。

又 率更《卜商》、《張翰帖》，誠懸《蒙詔帖》，快雪堂刻本尚可觀。若會稽朱巨川告則蒼勁之骨全無，但覺其肥痴類墨猪耳。董尚書跋極力推崇季海，止言戲鴻堂刻不能似，而無一語褒及快雪，其意可見。快雪堂有劉雨若翻刻本，世多歸咎于雨若。近觀馮氏本無毫髮之异，當必有信余言者。

清・王澍《法帖考證》卷一一 涿州馮銓所摹凡六卷，以得右軍《快雪帖》真跡，因以名。其帖刻法秀潤，故盛有名於時，然乏昔人蒼深之韻。吾鄉周丈東會稽稱為天書神鏤，過語也。

清・郭尚先《芳堅館題跋》卷三《快雪堂帖》 《快雪堂》收天中書最富亦最審，唯丹青引非耳。

又 道光壬午，承竹泉觀察招來鷺門講學，笈中都未攜得金石文字，乃從雲麓司勳借《快雪堂帖》，以遣長夏。世重此帖，争賞。其《樂毅論》，所謂看牛皮也，須穿也。此帖精華曰：《快雪》、《力命》、《丙舍》、《玉潤》，世將二表敬和二帖大令昨遂不奉柳跋《十三行》，顔魯國蔡明遠過埭寒食三帖而已。此以古今書旨言之，非為習干禄字者言之也。雲麓解人定契斯語。

綜述

清・楊守敬《學書邇言》 《鹿脯帖》、《快雪堂》刻本佳。

又 《寒食帖》、《快雪堂》刻本。然亦涿拓本刻者佳。

清・歐陽輔《集古求真》卷一三《快雪堂帖》 馮銓刻凡五卷，數雖少，其中諸帖大半由真跡模出。鐫手劉雨若亦鐵筆名家，故是帖久為世人所重，後馮子孫不能守，析離為二，同歸質庫州牧黄可潤贖之以歸。總督楊樸園購以進奉，遂入内府，作快雪堂以貯之，原有木刻三版乃悉易以石。馮為涿州人，故初出墨本名曰涿搨，至為珍貴。黄為福建人，故次拓者名曰建搨，此不易得。因捆載歸閩，致有繩勒痕可見。再次曰内搨。首有乾隆御筆，《快雪堂記》其中以《蘭亭》及宋人書為佳。趙文敏《閑邪公家傳》、《蘭亭十三跋》，尤非他刻所能及。《樂毅論》雖為臨本，亦最風行，翻刻頗多，而單翻《樂毅論》者，愈多以濟弱二字，左下似三點者為快雪，原本其小圓點乃石花，非真三點也。翻刻作二點者，固易辨乃有竟作三點者，更一望而知，其僞且非通人所為矣。

紀事

清·乾隆《御制文集》二集卷一三《快雪堂記》　《淳化閣帖》之重刊，以内府向有賜畢士安之初刻，而世鮮原本，用以永其壽，而公後來臨池習書者也。爾時，並有以覓快雪堂原刻為請者，其人為裘曰修。置而弗許。蓋以淳化所收頗富，其内不過缺一《快雪帖》耳。餘則倍蓰勝之至，彼墨蹟則早收入石渠，且刻之《三希堂》法帖矣。一之為甚，其可再乎。乃今楊景素以快雪石刻來獻，且云快雪堂石刻本，故臣馮銓所集，其子孫不能守，鬻於閩之黄氏。兹黄氏復不能守。臣曾督閩知其事，故貫之以獻，欲却之則事已成，且舉闕翰墨非貢諛逢惡之為，因受之並築堂為廊。以嵌石版從淳化軒之例也。石版長短寬窄不一，且有木刻三版，因命内府摹淳化之善手，重撫其蹟而泐之石碑，長短寬窄較若畫一，其木版仍置堂中，以記數典列觀兩廊秩如彬如弗，啻黄氏所未嘗而亦馮氏所未逮矣。夫快雪堂之建因石刻非因雪，然循名責實三冬，未逢時玉蕎目焦心，又何有於悦目娱志而閲古則增滄桑之歎，問今益凛好惡之戒，凡吾所為記，多出於誌愧而不出於誌喜也。

清·彭元瑞《快雪堂帖跋》　《快雪堂帖》刻於涿州，故相馮銓，後其子孫析産分而為二，歸之質庫數十年，易州牧閩人黄可潤贖而合之以歸，楊樸園督閩時購得會移節畿輔，載石過杭鹾使陳葯洲借搨數十本，以貽同人，聞楊將以奏御，從此人閒難得矣。乾隆己亥七夕，芸楣識在武林使署。明年庚子，南巡行在，賜臣瑞《快雪堂帖》一部，知已入内府蒙，睿賞補定貯堂作記，秘函下逮子孫永寳，此猶是望海上三神山風引去，未至時凡骨也。瑞再識，江蘇試院紫薇題。

清·梁章鉅《退庵所藏金石書畫跋尾》卷五《舊拓快雪堂帖》　《快雪堂帖》為涿鹿馮氏所鐫，操觚者以其便于臨摹，家置一本。余嘗聞龍溪黄正夫侍御照言：康熙初，吾鄉平和黄某官畿輔時，以重價得之，載石歸閩，以拓本贈某郡守。郡守本亦欲得石者，告之制府，制府飛騎索其石。黄某賄來使緩數日，疾拓千本獻之。當馮氏將石歸黄氏時，已有鑱損數字，即大令《節過帖》及《十三行帖》數字。自此石入貢内府，此後民間佳本愈稀。或有以舊拓翻刻者，轉無鑱損之迹，蓋欲僞舊本欺人耳。此本乃余友林梅甫州牧靖光官涿州時得之，馮氏姓者，楮墨完美，勝近本遠甚，蓋尚是未歸黄氏以前所拓。經翁覃溪師鑒定不差。後有吾師手跋可據。近恭兒又從梅甫家以重植展轉得之。余生平所見此帖不下數十本，惟此本拓法精細古香襲人，可以信為初本。因録吾師跋語于後，以質觀者云。

清·錢泰吉《甘泉鄉人稿》卷一一《跋快雪堂帖》　此帖為先君舊藏，或疑非元石。然每見翻刻本，精采迥不相及，道光庚寅於州判南昌吴丈嗣芄處，見彭文勤公題跋本，紙墨相同，字畫剥蝕處亦悉符合，乃知此本確為楊公從元石椎拓無疑。楊公督閩時，先君適為縣令也。辛卯夏日得見涿州初搨本《樂毅論》，濟弱之仁，弱字左旁亦作三點，翻本則不然，真僞之别，於此益信。夫以家藏故物，疑之至久而後明，益痛早年失怙不克受教於先君。凡事尢豫宜無成矣。趙書《閑邪公家傳》、《蘭亭十三跋》為人借失，泰吉小時已不得見，當覓善本補完之。

雜録

清·翁方綱《翁覃溪師跋》　董文敏嘗云：《蘭亭十三跋》，世無第二本，正謂涿鹿馮氏本為《十三跋》之真本無疑者也。考至大三年庚戌，子昂除翰林院侍讀學士、知制誥，同修國史，其年九月五日，登舟北上，至十月七日，正得三十二日。北行、丙舍二跋是十月七日所書，其前右軍人品甚高，一跋是十月三日所書，故其《蘭亭》帖尾云同日臨此。同日者，同上段之日即十月三日所臨也。今世俗所行裝褾本，皆誤以永和九年廿八行之臨本裝于前，而以諸跋裝于後，則同日臨此四字，當作何解乎。此本是馮氏家藏，舊拓紙墨匀細，字畫即皆清真無損，而即以裝褾之前後言之，先諸跋而後臨本，乃知趙迹原本如此。當日初拓時，依原刻次第以付裝潢，而同日臨此四字文義曉然矣。故為識其原委如此，俾觀者有考焉。

《秀餐軒帖》

論　説

清·王文治《快雨堂題跋》　前明亦多彙帖，惟董氏戲鴻堂最工。海寧陳氏博古善鑒，所刻彙帖，多經董氏手訂，藏真、玉烟其尤著者矣。此《秀餐軒帖》亦陳氏所刻，書稍肥拙，非董氏所訂，然另有一種風氣。余舊獲墨本於京師，臨仿已久，頃至揚州，晤故人唐太守悔菴，始知此石今流轉至悔菴家。余慫悔菴命工精搨數十本，且告之曰：去古漸遠，微獨真蹟散亡，雖石刻亦多漫漶，晉、唐風流，舍彙帖則不可窺見，而彙帖必多聚善本參觀而融會之，乃於古人筆法有省。此刻雖較遜董摹諸本，然間有佳處，輒出其外，以此知學之無盡藏也。悔菴之尊甫觀察公聞治言而善之，命書而鐫諸卷末。時乾隆四十六年辛丑冬至日也。

綜　述

清·歐陽輔《集古求真》卷一三《秀餐軒帖》　六海寧陳氏刻小揚楷居多。其中《黄庭經》頗佳，亦小字裂痕本，首為鍾太傅《宣示》、《戎路》、《季直》、《力命》四表，次即黄庭，後有米元章《西園雅集圖記》未見全帖，不知其幾卷。其石後歸楊州唐悔庵太守乃增。乾隆四十六年王夢樓跋。

紀　事

清·錢泰吉《甘泉鄉人稿》卷一一《跋秀餐軒帖》　渤海陳氏玉煙堂，寶晉齋《渤海藏真》，玉煙堂董帖《妙法蓮華經》，諸刻拓工以為衣食之業。今雖剥蝕，全石尚存。若息園氏《秀餐軒帖》，不知所在。收藏家以為罕觀，有一溉園之刻，僅見於張退庵《桑梓録》，即陳氏子姓不能舉其名矣。俞霞軒興瑞得此帖於城中，故家余愛而藏之，借本校核，乃知多羼他刻，以足原目。續得《黄庭經》、《兩蕃表》於徐壽魚紹會，《西昇經》、《華陽隱居詩》於查槎海，時濟《消災獲命經》於徐庚笙鼎，《西園雅集圖記》於張火蓮模，去僞存真，乃為全璧。夫攫喉而嘔蛇躍，捧匣而棄燕石，無乃區别過嚴，然異翮同飛，殊聲合響，將累良質而為瑕，亦學者之患也。息園名旹水，國學生隅陽太常之曾孫。

《秋碧堂帖》

題　解

清·楊守敬《學書邇言》《秋碧堂帖》六册，國初梁清標以所藏墨迹上石，模刻之精，下真迹一等。顧所選皆高古絶俗，故寶之者少。

論　説

清·楊守敬《學書邇言》　陸機《平復帖》、《秋碧堂》首載之。古健瘦勁。有董香光跋。

又 王右軍《蘭亭序》，右軍之書。【略】有張金介奴本，相傳為虞永興臨，《餘清齋》刻之，秋碧堂亦刻之，皆佳。

綜述

清·歐陽輔《集古求真》卷一三《秋碧堂帖》 梁清標刻蕉林相國收藏甚富，此帖八卷，皆泛真跡棰出，鐫刻六精善不苟。卷為陸機《平復帖》、《蘭亭序》張金界奴本，杜教《張好好詩》。卷二為顏魯公自書《告身》及竹林聯句詩。卷三為宋高宗御筆《黄庭經》、蘇東坡書《歸去來辭》。卷四為東坡《洞庭春色》、《中山松醪》二賦。五卷為黄山谷陰《長生詩》，六卷為米元章書《大字詩》一首。七卷為蔡君謨書其自作詩十一首。八卷為趙子昂書《洛神賦》及《常清净經》、《平復帖》為卓書，筆勢奇異，頗男難全識，與《淳化帖》中陸機書迥乎不同，為真為贋，殊難攷究。竹山聯句詩，或評為魯公傑作，或譏其僞造，亦難確定。惟宋四大家書皆為抄跡，趙書亦不浚於他刻。

論說

清·王澍《竹雲題跋》卷一《張界奴本》 張界奴本滄桑，後入真定梁相國手刻《秋碧堂帖》中，摹搨之工，頗勝吴氏。余從崑圃黄奉常處見之，惜末由搨得也。

清·郭尚先《芳堅館題跋》卷三《秋碧堂帖》 梁玉立摹《秋碧堂帖》鑒別之精，尚當在馮相衡上。蓋馮集《快雪帖》中猶有僞書雜之，不若此之粹然精善也。

《懋勤殿法帖》

題解

清·嵇璜、劉墉等《皇朝通志》卷一一六《金石畧二》 聖祖仁皇帝欽定《懋勤殿法帖》，凡二十六卷。前四卷刻歷代帝王書，又世祖皇帝御書十二種。聖祖仁皇帝御書二十九種。其自五卷至二十四卷，刻歷代名臣書。二十五卷二十六卷刻本朝臣工。孫承澤、沈荃、史鶴齡、張英、米漢雯、孫岳頒等六人書。其中有御臨《樂毅論》、《蘭亭帖》、《聖教序》、智永《千文》、褚遂良《負苓者傳》、顏真卿《告身》、蘇帖四種、米帖五種、趙帖七種、董帖三種、又御製《曹娥碑》跋、《蘭亭》跋、《不自棄文》跋，均刻於原帖之後。

著録

清·康熙《聖祖仁皇帝禦制文集》二集三二《懋勤殿法帖序》 朕惟書契既興，歷代相傳，自篆、籀變而為隸、楷、行、草，古人往往積歲月殫學力結體運思，以務臻其妙，所由來遠矣。嘗於機政之暇，游心翰藻，觀晉人所書，體尚圓潤，結構天然，風采流奕，斂鋒藏鍔，而自能碓勁，故歷代重之。逮唐以後或格法謹嚴，或筆勢軒翥，類皆神明，於昔人之矩矱而變化出之，自成一家之書，亦代不乏人。在昔右文之君得一名蹟，每使當世之能書者排類摹倣，鐫諸文石，以廣其流傳，為策府藝林之所共寶。如《聖教》、《蘭亭》以及淳化、淳熙諸墨刻，皆其最著者也。朕念古帖歲久漸湮，近時轉相摹刻者多失其真，因取内府所藏舊搨與名人墨蹟，遠自上古，以迄本朝，編次撫刻，題曰《懋勤殿法帖》。凡二十有八卷。帝王法書自漢以後咸在簡牘。有明諸帝之善書者，亦搜輯其遺楮，以列於後。洪惟我世祖章皇帝，聰明天亶，深心典學，時灑宸翰，雄奇高古，體格渾成，神彩柄煥，洵足卓越前代，謹以登諸琬琰，昭示子孫臣民，垂諸不朽。朕自幼習書，豪素在側，寒暑靡間，歷年以來，手書勅諭、詩文、跋語以及臨摹昔人名蹟，屢盈笥篋。每思字學淵微，雖精研日久，正欲然未敢自信。緣諸臣敦懇再四，勉從其請，用識嗜古之夙志云爾。皇太子、皇子亦晨夕侍朕習學，因并附焉以策勵。其意夫書列六藝之中，兼八體之妙，唐太宗論筆法，謂欲書之時，當收視反聽，絶慮凝神，心正氣和，則契於微妙。昔人評右軍書《樂毅論》，有忠臣烈士之象，《曹娥》有孝子順孫之象，《逍遥篇》有抱素拔俗之象，《畫像贊》有矜莊嚴肅之象。由是觀之，學書之道，亦非僅操觚染翰之為，其通於學問性情，有如是哉，後之覽者，考源鏡流，由今溯古，臨池之學，具在斯帙矣，故於刻石既成而序之。

《古寶賢堂帖》

綜述

清·歐陽輔《集古求真》卷一三《古寶賢堂帖》 李清鑴刻凡四卷，首為朱子書，以大賢手跡用冠於前。次為褚遂良草書《戰國策》一段，其書雄秀，而不免粗放。雖有元明臣公題跋，終疑僞托，即題跋亦恐非真，虞道園一跋尤劣，絶不似伯生之蘊藉。次為山谷書則真跡也。一卷前為趙文敏詩及《桃花源記》，次為明人及國朝人。卷三皆國朝人，卷四全為陳奕禧書。康熙五十七年刻，明與國朝人書，决不至有僞作也。

紀事

清·李清鑰《古寶賢堂帖後序》 明初晉恭王棡，乃太祖第四子也，約六十其後有恭世子者，賢而好文，裒集古今書法，刻石於藩府之寶賢堂。約六十年，而寶賢堂廢，其石刻散逸民間，或埋没於頹垣宿莽中，又約六十年，太原守宗公有六雅懷好古，於順治六年在署齋後圃構室三楹，基高丈許，勢頗巍壯，購求諸石刻，復聚於其中，復名曰寶賢堂。既而晉撫白公試院為人文地，將諸石刻遷於院，今固巋然在也。石刻遷而寶賢堂為虚設，郡守王公民順遂請元帝祠之，名真武殿。余於丙申三月莅，【略】戊戌歲，余復將家藏古今人墨筆刻石堂中，並附恭世子一帖，而名堂曰《古寶賢堂法帖》，不忘舊也，亦復古意也。【略】時康熙五十七年戊戌八月，太原守鐵嶺李清鑰撰並書。

《三希堂法帖》

題解

清·鄂爾泰、張廷玉等《國朝宫史》卷三六《御刻三希堂法帖一部》 皇上以《石渠寶笈》舊藏王羲之《快雪帖》、王獻之《中秋帖》、王珣《伯遠帖》，實為希世之珍，貯之。《三希堂》，竝命鈎橅上石，自三代以下，迄於明代諸家，内府所藏真蹟。命内廷諸臣，擇其尤者，鈎臨編次。諸帖内御筆題識，敬謹恭摹，以示書學大成，凡三十二卷。乾隆十二年勒石首冠。

清·嵇璜、劉墉等《皇朝通志》卷一一六《金石畧二》 欽定《三希堂》法帖，三十二卷。卷首恭刻諭旨，前二卷，起鍾繇至王珣書。三卷，起梁武帝至顔真卿書。四卷，孫虔禮書。五卷，懷素至楊凝式書。六卷、七卷，起宋太宗至孝宗書。八卷至十七卷，皆宋人書。十八卷至二十二卷，趙孟頫書。末附管道昇書。二十三卷至二十八卷，元明人書。二十九卷至三十二卷，董其昌書。帖中御筆題跋，分列各卷者共四十則，末刻梁詩正等恭跋及總理排類諸臣銜名。

清・楊守敬《學書邇言》《三希堂帖》三十二册，乾隆年間內府所藏墨迹上石，刻手頗趨圓潤，以御製墨拓之絕精。當時以賜臣下者皆一律。近日拓本，紙墨皆遜矣。

綜述

清・歐陽輔《集古求真》卷一三《御刻三希堂帖》乾隆十二年，梁詩正等奉勑校刊，凡三十二卷。自鍾王以至明人，俱以內府所藏真跡上石，自淳化閣帖以下，官私法帖，無此巨麗，摹刻搨三俱，天下之良工。紙墨亦極精良，固非民間寒儉所能比擬。初拓濃墨本謂之烏金搨，當時惟大臣與值南齋翰林始領賜一部。原未有邊放，道光初增刻萬字邊，則以淡墨蟬翼搨為佳，其烏金搨大不如初拓矣。道光以後，石漸有損。光緒皇帝惡寺人竊搨，以蠟封之。己未在都，聞有醵金謀請開拓者，未知果已實行否。及此揭出，猶為完善，傳之數百年後，亦當價重連城。雖不能比初搨之精，究非別刻所能及。

按：是帖摹鐫，雖極精善，然第一帖為鍾元常《薦季直表》，其中民字缺末筆，顯為唐人所為，無論前人多其僞，即以為真，亦唐臨本耳。袁泰跋有顯屬剜撥之辨，尚恐出於面謾，今删袁跋不刻，更貽後人口實。第三帖為右軍《千字文》本，唐趙模集字所成，尚見於宋人書，與明初宋金華集，不知何人，妄題為魏鍾繇《千字》。王羲之奉勑書欝岡齋刻，竟依之入石，當世在事諸臣，遂沿誤不知釐正，亦未免疎忽矣。是帖早有石印，頗不失本來面目，近日用石印再為翻印，則離之遠矣。

清・楊守敬《三希堂法帖跋》《三希堂法帖》鐫於乾隆十二年。當國家全盛時，內府所藏，美不勝收。在廷之諸臣，亦能鑒別，故搜採之富，撫勒之精，非民間所能比擬。當時用御製墨拓之，氈蠟之妙，尤稱蓋代，尋以其石加刻邊紋，嵌置金鼇玉蝀行宮，外間遂罕傳本。守敬初入都，尚有舊家不能守而出於廠市者，迄今已等星鳳。同治間，有帖估盜拓本，惡劣不堪矣。此部無一損失，且無邊紋，尤為初拓之證。潘君明訓，不吝重值得之，重裝囑余記之如此。

癸丑四月三日，鄰蘇老人記于上海，時年七十有五。

紀事

清・梁詩正等《三希堂法帖跋》粵自篆、籀易為隸、楷，淵源相繼，代有師承。然各自為家，鮮克薈萃成帙。唐貞觀初，始裒輯鍾王書蹟，至宋，遂有諸法帖之刻，厥後重刊續補，流布益多。我朝文治丕昭，內府所藏名人墨蹟，菁華美富，迥逾前代。皇上性契羲爻，學貫倉史，每於萬幾之暇，深探八法之微，寶翰所垂，雲章霞采，鳳翥龍騰，綜百氏而集其成，追二王而得其粹。又復品鑒精嚴，研究周悉，於諸家工拙真贋，如明鏡之照，纖毫莫遁其形。先已出所藏名蹟，令臣等編為石渠寶笈一書；猶念羣玉之祕，文人學士末由仰窺，非勒之貞珉，不足以公天下，復命臣等擇其尤者，重加編次，鉤摹上石，俾臨池者咸知模式。於是上自魏、晉，下迄元、明，正、行、草書，眾美賅備。凡遇宸翰評跋，一皆敬摹於後，垂則古今，至歷代名人題識之可採，及收藏璽印之可據者，亦具存焉。總為三十二册，炳炳乎，麟麟乎。洵藝苑之鉅觀，墨林之極軌也。臣等竊攷宋代諸法帖，淳化、大觀最著。乃淳化所刻僅十卷，大觀太清樓續刻亦僅二十二卷，題跋印璽，缺焉未備。今恭閱是帖，卷帙之富，審訂之精，既已超越唐宋，加以聖藻評隲，璧合珠連，焜燿册府，而自昔論述之片詞，珍祕之偶記，並得蒙睿鑒，傳美來茲。書契以來，實所希覯。臣等幸與校勘，獲覩琳琅，仰識聖天子好古勤求、嘉惠來學、甄陶萬世之心，有加無已，誠為溯正筆之本根，振同文之綱領，豈淳化諸刻所可同年而並論哉。謹拜手稽首，附識數言於末，庶幾永藉寶刻共不朽焉。乾隆十有五年，庚午秋七月，臣梁詩正、臣蔣溥、臣汪由敦、臣嵇璜恭跋。

清・乾隆《三希堂法帖特諭》書為游藝之一，前代名蹟流傳，令人興懷珍慕。是以好古者恒鉤鐫刻，以垂諸奕禩，宋《淳化閣帖》其最著矣。

厥後大觀、淳熙皆有續刻，其他名家摹本，至不可覼數。我朝祕府，初不以廣購博收為尚，而法書真蹟，積久頗富，朕曾命儒臣詳慎審定，編為石渠寶笈一書。因思文學士得佳蹟數種，即鉤摹入石，矜為珍玩。今取羣玉之祕，壽之貞珉，足為墨寶大觀，以公天下。着梁詩正、汪由敦、蔣溥覆加校勘，擇其尤者編次橅勒，以昭書學之淵源，以示臨池之模範。特諭。乾隆十三年臘月，御筆。

著録

清・英廉等《日下舊聞考》下《閱古樓》 閱古樓額，為皇上御題。乾隆丁卯歲，以内府所藏，魏晉以下名人墨蹟，鈎摹勒石，御定為《三希堂法帖》三十二卷，既成，嵌石樓壁中。

《墨妙軒貼》

題解

清・鄂爾泰、張廷玉等《國朝宫史》卷三六《御刻墨妙軒法帖一部》 《三希堂法帖》既成，皇上復取石渠寶笈續入名蹟，自唐褚遂良以下諸家凡三十餘種，鉤橅編次，凡四卷。乾隆十九年勒石。

清・嵇璜、劉墉等《皇朝通志》卷一一六《金石畧二》 御定《墨妙軒法帖》四卷，自唐褚遂良至元趙孟頫，凡十八人書，分為四卷。卷中恭刻御筆題跋三則。一卷有御筆懷素《苦笋帖》釋文并跋，末有蔣溥等恭跋帖，石嵌萬壽山之惠山園墨妙軒兩壁間。

綜述

清・歐陽輔《集古求真》卷一三《墨妙軒帖》 《三希堂帖》成後，乾隆十九年，復奉勑刻此帖，以為三希堂之續。凡四卷。自褚遂良起至趙孟頫止，共三十餘種，其式之大小，一如三希堂。中有孫過庭《千字文》於唐諱不避，恐不可信。帖末過庭二字亦不類，實後人所加，此帖上海石印，有改其標題為《三希堂續帖》。估人罔利，不知帖首明題墨妙軒，不過序文中有以為三希之續一語耳，烏可妄改原名耶。又一石印，竟作五卷，亦為可笑。

紀事

清・蔣溥、汪由敦等《墨妙軒貼跋》 乾隆歲次庚午，上以内府所藏晉唐以來諸墨蹟，親加甄録，命臣等排比次第，鈎摹勒石，為《三希堂帖》，建閱古樓儲之。越五載，復構墨妙軒於萬壽山之惠山園，再出前人書，自唐褚遂良以下若而人，彙、行、草各體，刻石於兩壁間，凡犁為四册，合之《三希堂帖》，於是燦然稱大備矣。昔宋太宗刻《淳化帖》，今所傳秘閣官本已不多見，然議者謂標識多誤。淳熙脩内司本，則秘閣續帖也，或又譏其麤硬少風韻。良由鑒別未真，故決擇無當，非盡摹勒之不善也。我皇上萬幾之餘，無他嗜好，惟書史是娱，拂楮抒豪，逎至帳殿氈廬，未嘗稍輟。精能之至，真造二王。龍跳虎卧之奇，鳳翥鸞翔之妙，雲生紙上，玉蘊行間。以天縱之多能，宏藝林之盛軌，範圍八法，陶鑄百家，曩代所聚訟紛拏，真贋莫定者，咸予以折衷，加以題品。今兹所搨，視太清、大觀不啻倍蓰過之。凡昔賢零縑斷素，其光耀鬱而未著者，發其精英，俾得附宸賞以流傳不朽。即操觚握管之士，未得仰窺册府珍藏觀搨本，亦足以溯淵源於墨海，擷華藻於文苑。儻由是而更求之柳公權心正筆正之説，推之程頤即此是學之旨，以無負我皇上嘉惠天下後世之至意，則器也而進於道矣。臣等叨與編摩，快夫先覩，慶幸之至，彌覺惕焉加勉。乾隆二十年乙亥春三月，臣蔣溥、臣汪由敦、臣嵇璜、臣裘曰修、臣觀寶、臣于敏中、臣董邦遠、臣錢雄城、臣金德瑛、臣王際華、臣錢汝誠恭跋。

清・乾隆《御刻墨妙軒法帖上諭》 朕聽政之暇，翰墨自娛。內府所藏書家真蹟，無慮數十百種，展閱之餘，手自摹寫，品評題識，至於再三。丁卯歲有三希堂之刻，已駢羅其中，藝林墨寶，畧為大備。近復披遺石渠，得唐賢褚遂良以下若而人，凡三十餘則，彙為四卷，顔曰《墨妙》，鐫之貞石，用廣流傳，古澤發於行間，新香流於字裏，不獨使前人遺墨榘度長昭，亦以畀後學臨池津梁可逮，以是為三希之續，固非與淳化、大觀争多角勝也。

《知止閣帖》

綜述

清・歐陽輔《集古求真》卷一三 《知止閣帖》孫承澤刻。首為王右軍《裹鮓帖》，唐鈎本次為《蘭亭》二種，一五字未損本，一褚摹嶺字泛山本。然退谷自跋稱為三米《蘭亭》，以其有米老及其子友仁、友智三跋而名也。翁覃溪以山字與領字，竟不相連，攷之宋所記，亦不相合，頗疑其僞。未見全帖不能疑其是非，亦不知其卷數。惟見米書數種，為《叔晦帖》、《臨右軍山東帖》、《淡墨秋山詩》、《李太師帖》、《張季明帖》、《夜深露氣清詩》、《魏泰酬和詩》，此外尚見歐陽文忠《集古録跋》三行而已，鐫者劉雨若故能傳神其石。乾隆初尚在為碑，估磨之以刻□書。

紀事

清・張廷濟《清儀閣題跋》 《叔晦帖》、《臨右軍東山帖》、《淡墨秋山詩稿》，是吾禾曹潔躬少司農溶所藏長卷。李太師張季明兩帖夜深露氣清詩，或亦是曹卷中迹。《魏泰酬和詩稿》係朱南昌徽藏卷，皆孫耳伯少宰所借，以入石者。《集古録跋》三行，則少宰自藏之品也。《知止閣刻帖》，六年前，余惟于昆山得《蘭亭》二種，定武五字未損本，褚摹嶺字從山本，少宰皆有題記。此米帖余惟于殷雲樓廣文樹柏處見。倪闇公燦為周元亮少司寇臨寫數條，款為櫟園老師，面板鎸賴古堂。打本曾未之見。二月中，峽石蔣霽峰札寄墨刻數十種，索余鑒別，中有是册，余心欲之而未便言也。三月中，客郡城，海監張犀谷携此數十册歸，余是刻在焉。余今年五十有九，鬚眉俱白，長安道上分難再書驢券。退谷遺珉烟雲凌散，南中訪購渺若蓬瀛。今宛轉入吾齋中，豈非翰墨英靈，默相感召耶。書以志快。《集古録》跋尾墨迹，吾師阮儀徵制軍收得，已全登諸石，米跋左下角有北海孫氏珍藏書畫方印，而此孫氏萬卷樓印則無之，蓋萬卷樓印，是用以上石耳，北海刻帖必倩旌德劉雨若，而阮拓之精却又過之，蓋氈臘之法，南中更勝也。

又 少宰《庚子銷夏記》謂曹嘉禾溶應徵入京，盡以所携卷册送其齋。米卷外尚有蔡君謨黄山谷小字墓志銘，二合裝卷，俱累千百言，世不多見云云。蔡、黄二迹未審知，止閣亦有石本否，豈少宰愛學襄陽，因僅鎸勒其迹耶。

又 少宰得右軍《裹鮓帖》唐鈎本，刻石知止閣，南中收藏家絶不可得，蘇齋學士翁先生曾摹一本銘云：晉跡首此，庚子退谷。今又庚子，銘我筆櫝。余每一檢及輒神往原刻不置，丙戌四月七日。

又 明郁逢慶《書畫題跋記》卷四，米書行草四段旁注云：前有修内司鈐縫半印。余始興公叔晦之子李太師張季明計四段。郁記在明末不載所藏人，意申酉後秋岳司農收得，而孫少宰摹以入石歟。元祐三年，《米漫仕法帖題跋》原題云：余嘗于檢校太師李瑋第，觀侍中王貽永收所收晉帖一卷。內武帝、王戎、謝安、陸雲輩法若篆籀體若飛動者，皆委而弗録，獨取愔兩行入卷中，令人慨歎。己丑八月二日。

《滋蕙堂帖》

論說

清・曾恒德《滋蕙堂法帖碑跋》 會省軒比部精於賞鑒，所校鐫法帖全□苦心經營，編珠綴玉美具難并，令人目不給賞，洛陽紙貴，夫豈偶然題跋，今昔參半，集腋成裘，無不入妙。暇日為之摘録，彙成此帙，覩一斑而知全豹，端在是矣。余十指如椎，每見書家揮翰，輒有宜若登天之嘆。乃比部一門濟美，即閨閣中亦俱嫻勾搨臨摹之法，抑何獨鍾靈秀若是也。甲午夏日，震澤楊復吉識。孫貞起允升校字。

清・郭尚先《芳堅館題跋》卷三《滋蕙堂帖》 吾鄉曾省軒勒《滋蕙堂帖》，頗極用意。省軒固善書，而石工不稱，又多自類帖雙鉤下者，往往失真。余獨愛其送劉太沖敘，用意清潤，勝思白所摹遠甚。因獨存此册，以備臨寫。

綜述

清・歐陽輔《集古求真》卷一三《滋蕙堂帖》 曾恒德刻，凡八卷。一卷，《蘭亭》二本、《樂毅論》、歐陽詢書四段，虞世南汝公主志。二卷十三行，褚遂良《倪寬贊》、《唐人般若經》。卷三，《靈飛經》。卷四，類書五種，徐浩《出師表》、李建中二帖。五卷，蔡君謨、蘇東坡。六卷，米海岳。七卷，趙子昂《歸去來辭》、《韓文三叙》。八卷，又趙充國頌、鄧文原二帖，董其昌《心經》，是帖模刻精善，當時風行，《靈飛經》尤佳評者謂雖不及渤海《藏真》之生動，而端凝過之趙書韓文，亦為精本，其他亦俱可觀。

《經訓堂法書》

題解

清・楊守敬《學書邇言》 《經訓堂帖》十二册，乾隆間畢阮所集，皆以墨迹上石。其中如徐季海《朱臣川告勑》所摹蠅頭小楷，皆不失筆法，可謂精能之至。又如趙松雪《洛神賦》，錢梅溪疵為僞迹，亦非過詆也。

論說

清・梁章鉅《吉安室書録》卷一一 畢秋帆先生所刻《經訓堂法帖》，雖皆王夢樓太守主其事，而先生鑒定之精，非諸彙帖所能並論。其中祝京兆《黄庭經》最為上乘，係從墨蹟上石，而世鮮知者，惟所刊趙松雪《洛神賦》最為低品，而世以此揣摩作□殿試卷，掇高第去者甚衆，亦可笑也。筠清館書論。

清・楊守敬《學書邇言》 虞世南《汝南公主墓志》，此墨迹乾、嘉見尚存。畢氏《經訓堂》刻之，頗佳。

又 徐季海《朱臣川告勑》，季海在唐時幾與顔魯公齊名，而流傳簡札頗少，此帖沉着痛快，刻於《經訓堂》者最佳，未有當時諸臣押，字小如蠅頭，刻之不失筆法，亦絕技也。

綜述

清・錢泳《寫經樓金石目》 余於乾隆五十二年十月，應畢秋帆尚書之招,使至河南幕府。尚書於政事之暇,酷嗜翰墨,因有刻帖之舉,旋市石洞庭,至五十三年五月,始得雙鉤起手,是年六月荆州大水,尚書調兩湖總督,至五十四年泳又往湖北,先後凡三年,所刻晉、唐、元、明人書略備。其中惟徐季海《朱臣川告》、懷素《千丈》、蔡君謨自書詩稿、《陳簡齋詩卷》,趙松雪、鄧善之、虞伯生、張伯雨、錢惟善、陸宅之、白湛淵諸帖為最精,其功尚未竟也。尚書没後,家産入官,此帖終無頭緒。現在所傳之本,是尚書姪名裕曾者略為編次,散於藝林間,非完書也。《寫經樓金石目》卷一五。

紀事

清·錢泳《履園叢話》卷二三《經訓堂帖》 乾隆庚戌歲三月三日,余寓畢秋帆尚書樂圃之賜閒堂,時正為尚書刻《經訓堂帖》,遂取松雪齋所藏《蘭亭》五字未損本及唐懷素小草《千文》、徐季海《朱臣川告》、蔡君謨《自書詩稿》、蘇東坡《橘頌》、陳簡齋詩卷、朱晦庵《城南詩》、虞伯生《誅蚊賦》、趙松雪《枯樹賦》諸墨蹟,置諸案頭同觀者為彭尺木進士、潘榕皐濃部、張東畬大令、郭匏雅、陸謹庭兩孝廉,彈琴賦詩,歡敘竟日,為一時佳話。尚書殁後,家産蕩然,家人輩搨之為餬口計,可憐也。忽忽三十年,諸公牛皆凋謝,卷册亦已散亡。惟《經訓堂帖》歸然猶存,金石之可貴如此。

雜録

清·錢泳《履園叢話》卷一〇《元》 《洛神賦》,松雪生平臨本最多,相傳松雪會見過王子敬墨蹟者。余曩在京師,見司馬達甫中翰家一本,紙墨如新,今為孫制府平叔氏所藏,粵東吳荷屋方伯亦有一本,惜前缺數行,詒晉主人補書之。其餘如梁蕉林所藏,刻入秋碧堂者,尚是真蹟。至《經訓堂帖》所刻楷書本,則僞矣。而學者甚,多有翻刻盛行于世,異哉。

《清歗閣藏帖》

論説

清·梁同書《清歗閣藏帖跋》 南田書全以神韻勝,非朱墨所易鉤取,自玉虹樓孔氏始摹入鑒其真帖中,然未有如此之富者,清歗閣主人精於鑒别,酷愛南田書畫,大半皆出顧厨所收,又得溆水陳君助其搜羅,刻成上下二卷,亦可稱大觀矣。主人以拓本見贈,遂識於尾。同書。

紀事

清·陳希濂舉人《清歗閣藏帖跋》 余與金君耐田有同好,每得古人名蹟,共相欣賞。丙辰長夏,耐田謂余曰:吾兩人所有前明墨蹟,雖僅數十種,然皆希世珍也。何不壽之貞珉,以公同好。爰各出所藏,又從友人處見其佳者亦鉤摹勒人,始於丙辰六月,迄戊午季冬,共得六册,工甫竣,而耐田歸道山已閲半載矣,援筆書此,不勝黯然。穀水外史陳希濂識。

清·金棻《清歗閣藏帖跋》 余所藏先生畫不下數十種,嘗玩味其題署,欲彙成集而未得。一日,天潛山人謂余曰:君愛其書,曷不刊諸石以永其傳,余忽忽心動,適筠谷劉公自江寧至,因屬其鉤勒上石,更從藏弆家假得數十種,合成二册,名曰《清嘯閣帖》,雖然,先生之書,自足千古,又何藉貞珉而後傳耶。抑余豈欲附名驥尾而垂不朽耶。實以先生之書之妙,不敢自秘,用與同志者共賞焉。嘉慶丙辰冬日,耐田居士金棻識。

著録

清·梁章鉅《吉安室書録》卷一三　金莘字誦青，錢塘人。以貲為郎，早卒。生長綺羅，性躭書畫，於八法尤精，嘗集明人法書刻之，名《清嘯閣帖》，尤愛惲南田筆墨，搜藏獨富。所至山水勝處，輒有題名。《蒲褐山房詩話》。

《契蘭堂法帖》

題解

清·楊守敬《學書邇言》　《契蘭堂帖》浙江謝氏刻。

紀事

清·謝希曾《契蘭堂法帖跋》　書法以右軍大令為宗，近代石刻，惟停雲館取法乎上。余求宋摹善本及諸家真蹟，歷二十五年，始得上石，又七年而後成，雖不敢自比於停雲，然首卷《蘭亭》諸帖，次卷小楷，悉宗宋本，不少參己意，庶幾各極其致，無混同之嫌，三卷争坐，五卷自叙，與書譜同源異流，亦他刻所未備也。宋以下真蹟為多，未能一一求合，其間如東坡、海岳、鷗波、仲温，聶臨川、張東海、京兆、香光，咸有右軍大令神趣。易曰，同心之言，其臭如蘭。書雖無聲，在契者自得之耳。

嘉慶十年，歲次乙丑仲冬，安山謝希曾識。

《寫經堂帖》

紀事

清·錢泳《履園叢話》卷九《家刻》　余生平無所嗜好，最喜閱古法帖，而又喜看古人墨蹟。見有佳札，輒為雙鉤入石，以存古人面目，亦如戴安道總角刻碑，似有來因也。乾隆五十三四年間，始出門負米，初為畢秋帆尚書刻《經訓堂帖》十二卷，又自臨漢碑數種，刻《攀雲閣帖》二册，便為海内風行。嘉慶四年己未遊京師，鉤刻成親王法書為《詒晉齊帖》四卷。十年乙丑復至京師，又增益二集、三集、四集，共十六卷，又得成王書一鱗片爪，集成小册，為《詒晉齊巾箱帖》四卷。是年七月，仁宗皇帝有旨，命吏部侍郎劉鐶之刻其叔父文清公墉，平生所為書。余時在京師，為之鉤勒，名曰《清愛堂石刻》四卷。十一年夏五月，刻成進上。十三年戊辰，為長白鐵冶亭宫保刻《惟清齋帖》四卷。是年余始命兩兒曰奇、曰祥，將余歷年所臨漢碑五十餘種模刻名曰《攀雲閣帖》。十四年己巳秋七月，為相國英煦齋先生鉤刻《松雪齋帖》六卷，十五年庚午五月成。十六年辛未自取唐、宋、元三代墨蹟或舊搨本，擇其尤者，輒為模刻，命曰《小清秘閣帖》十二卷，十七年壬申七月成。十八年癸酉，為雲間沈綺雲司馬刻小楷《集珍帖》八卷。十九年甲戌冬，山居多暇，偶取蔡君謨諸書帖，刻為四卷，曰《福州帖》，以寄汪稼門制府及王南陔中丞，時二公俱鎮閩中為督撫也。二十年乙亥自刻《寫經堂帖》，起于鍾王終於松雪，凡八卷。是年秋八月，為韓城師禹門太守，刻《秦郵帖》四卷，皆取蘇東坡、黄山谷、米元章、秦少游諸公書，而殿以松雪、華亭二家，時太守正攝篆秦郵。是年蕭山施秋水少府會以余所臨漢魏隸書大小數十種，刻成四卷，曰問《經堂帖》。二十一年丙子，南城黄雨峯媚為昭文令，介余選集山谷大小行書六册，曰《黄文節公帖》，蓋蔡、蘇、米三家各有專刻，而文節無之耳。二十二年丁卯，婺源齊梅麓太守彦槐令吾邑，偶見前英相國所刻《松雪齋帖》而愛之，視相國所未備者，又續刻《松雪齋帖》六卷。是年冬，鍾祥彭毓圃志傑為程令，余為刻《吳興帖》六卷贈之。二十三年戊寅，又自刻《述德堂帖》，自唐人臨本黄庭、顔魯公竹山連句及宋四家、趙榮禄、俞紫芝、張伯雨、吴仲圭、郭天錫、倪雲林等書合而為一，計八卷，以續寫《經堂帖》之後。是年九月，《攀雲閣帖》刻成，計十六卷。二十四年己卯孟冬，為長白斌笠耕，觀察取趙、董兩文敏墨蹟，刻為《抱沖齋帖》十二卷，其明年三月告成，道光元年辛巳二年壬午，兩年之内，為歙縣鮑讓齋觀察刻，余向所縮臨唐代諸碑三十二册，至四年而始成。是時儀徵巴樸園宿厓昆仲索視余所刻諸帖，余因檢得六十四石贈之，藏之樸園壁間，命曰《樸園藏帖》八卷。次兒曰祥，所刻《枕中帖》四卷，亦以是時成焉。七年丁亥，為嘉善周又山觀察，刻其尊甫山茨先生遺墨，大小楷、行、草書六册，為《仁本堂墨刻》。八年戊子，為膚事施張河帥芥航先生刻文與可蘇東坡畫竹題跋計兩大册，分裝四卷，曰《澄鑑堂石刻》。是年，又自刻《學古有獲之齋帖》四卷，自鍾鼎欵識，並周、秦、兩漢、魏晉六朝，以及有唐一代諸書，各摹數字，略備體格，本為課孫而刻，亦以便初學觀覽，為書法之源流也。其餘所模刻者尚多，有古碣，有今碑，有墓志傳、誄，有詩刻題名，如秦會稽刻石與碣石門刻石，泰山琅邪之罘東觀諸刻石，漢熹平石經殘字，郭有道、陳仲弓、楊伯起、《曹娥》諸碑，及縮本漢碑，定武《蘭亭》褚模《蘭亭》舊本《樂毅論》，九成宫醴泉銘、磚塔銘、孫過庭《書譜》之類，不可枚舉，俱別載寫經樓金石，刻自目録中。

《湖海閣藏帖》

論説

清・張培敦《湖海閣藏帖跋》 近時石刻，或就重翻，或雜贋跡，猶之葉公畫龍，裴公射虎耳。夢漁先生鑒別精審，收藏甚夥，余曾見其所藏，皆真而妙，妙而真，洵是珊瑚木難聚於一家。兹集前賢墨蹟刻於石，復以尊甫艾庵公手蹟附之，不特羣仰君家為賢父子，藉見孝思不匱之一端云。研樵張培敦跋。

紀事

清・張廷濟《湖海閣藏帖跋》 夢漁葉年世丈以其尊人艾庵先生筆墨鐫諸石以壽世，其用心自足重，況先生諸作，亦實實可傳而無疑者乎。采風者攬其故實，樂吟詠者研其情性，嗜書法者摹其筆蹟，一舉而三善備，夢漁洵不愧名父之子矣。夢漁為白湖之胞姪，為童蕚君司臬之快壻，兩君子皆余同年中至契之友。白湖化去已久，蕚君別亦數十年，展讀是册。又不勝契濶之感也。道光十六年丙申六月十四日，嘉興弟張廷濟，時年六十又九。

清・葉元封《湖海閣藏帖跋》 先大夫棄養，封甫八歲，此卷乃生母太宜人藏之篋中者，宜人彌留之日，持以示封曰：此先人手跡，汝當寶愛，越二十年，道光乙未刻所藏前人書翰，以此卷殿其後，蓋謹守弗敢忘遺訓云。慈谿葉元封謹識。

清・陸廷黻《湖海閣藏帖跋》 今其后人不能守，輾轉遠徙，方君紀常嘗用厚價購之而未能得也，歿後，嗣君仰和司馬以番銀五百餅易之，缺其首頁，乃於舊刻中補摹上石，厝諸先人墓莊之壁。司馬此舉，非特鄉邦文字之徵賴以不廢，兼可謂善承先志者矣。會以搨本見貽，為跋數語，時在光緒庚辰七月既望，鄞陸廷黻並書。

清・孫德祖《湖海閣藏帖跋》 舊聞慈北葉氏為浙東收藏家之一，庚辰秋，余以與修縣志來谿上，始見此帖。案題跋上石當在道光中葉，先我生數年耳。此石已以洋銀五百圓歸縣人方氏，樹上城東丙舍，余嘗就觀，為之撫摩太息者久之。今年冬，歸自桐鄉來竟志事，而聞韓君桐仙以原直得之，舁歸慈北。或勸其拓以行世，因匄余識之，吾聞物聚於所好，得前人名蹟，聚之夥，擇之精，且不惜工力壽之貞石，其好之也篤矣。五十年來已更二姓，雲煙過眼，天下事大都如斯。特以桐仙生長華膴，珠玉錦繡何者不足以娱其志，而能斥兼金購致之，且將托氈墨以公同好，使海内賞鑒者攬石墨之華，莫不知慈北韓氏有桐仙其人好前人名蹟者，桐仙亦何修得此，是則可慕也已。光緒十三年，歲次丁亥日長至，會稽孫德祖跋。

《嶽雪樓鑒真法帖》

論　説

清・陳澧《嶽雪樓鑒真法帖跋》　孔熾庭太史紉蘭、州同兄弟皆善書，太史令子少唐郎中承其家學，所藏古法書甚富，選刻為《嶽雪樓法帖》。其中宋人書如蘇、黄、米、蔡、張樗寮、吴雲壑尤多精妙者，唐以前，元以後，佳者亦不可枚舉，可謂精鑒。其第十二册刻太史州同遺蹟，又見其孝思，良可敬仰也。抑余更有感焉，憶余童時，塾師以太史小楷命學之時，太史尚未第，其後同會試入都，過從甚密，得見其書益多，亦益工，州同未識面，嘗見其隸書似石門頌。今四十餘年，而余衰老，書不成字矣。光緒六年九月，陳澧題記。

綜　述

清・徐德度《嶽雪樓鑒真法帖跋》　嶽雪樓為孔熾庭年丈鑒藏金石書畫圖籍之所，以曾踏雪登祝融峰而名。嗣子少唐比部不憚廿餘年之力，搜採而附益之，於五嶽游歸後，復拓樓之舊址，闢室數楹，環列圖史，禮邸又牘之曰三十有三萬卷堂。少唐讀書課子之暇，出其法書真蹟，鈎摹上石，自隋、唐迄國朝百二十餘種，末附年丈暨其叔紉蘭遺墨，編成十二册。其中家藏者七，假刻者一，葉氏耕霞舊鐫者二，凡舊鐫各種前加採入葉刻原石一章以别之，不欲掩人美也。帖則仍署嶽雪樓名，未敢忘先志也。昨以刻成索余書帖目，余與少唐為年世交，平日復得縱觀所藏，因書帖目並跋數語，以誌緣起云。光緒七年辛巳夏，龍南徐德度書。

藝　文

清・孔廣陶《嶽雪樓鑒真法帖跋》　玉虹尚倚東山外，曲阜家谷園諱繼涑，一號東山居士，乾隆間以鑒賞名一時，曾刻玉虹樓諸帖，同治辛未，余謁臨廟，始過訪遺蹟，嶽雪遥臨南海濱。百二十年論翰墨，吾宗人以鑒藏壽石者，始自谷園，余綴之。兩家原是一家人。

硬黄飛白費追摹，十五年華歎隙駒。帖刻於同治丙寅，迄光緒庚辰告竣，試起耕霞諸老問，知他笑我續貂無。葉雲谷、蔗田兩農部先以名蹟勒石，貯耕霞館，惜未成帖而石遂歸余，因以附入，拙刻每種前必鐫採入葉刻原石小印别之，使前人精心相與不泯。

七朝秘笈信多文，先蹟欣隨大雅羣。拙刻墨迹，自隨、唐、宋、金、元、明至國朝，而以先太史暨先叔書附後，庶冀不朽，若橅古則俟續刻，願與牙籤卅三萬，余藏書書於三十有三萬卷堂之西偏三秋圖室內，護持常有吉羊雲。

《螢照堂明代法書》

論　説

清・車萬育《螢照堂明代法書跋》　明帝王真墨落人間者絶少，人亦罕得見之。太祖、世宗天縱神聖，不必規模古法，自然合格，宣宗書純乎鍾王，故當奉為第一，若神宗則秀潤圓勁，筆筆中鋒，原作峰，但只十六字耳。莊列二蹟大書，所謂烟花落紙將動，風彩帶字欲飛者，余以縮小法摹之，雖未得其神化，亦庶幾優孟衣冠矣。至諸藩王稱能品者不少概見，以時地之隔，僅獲數人，正自各擅其長也。癸酉秋七月廿又二日，南楚車萬育謹題。

又　劉青田未有書名，而四箴尺牘端勁有法，居然成家。宋金華道德文章為有明稱首，書尤可珍者也。茅康伯謂：明興，三宋實開一代書法之祖。三宋者，仲温、昌裔、仲珩也，限於時地，各收數行，可見名下自無虛士矣。方正學書以人重，陳判官人以書傳，凡諸帖所摹刻，皆具有龍跳虎卧鳳舞鸞鶩之致，固無俟一一妄為評騭者。然諸公不列官謚，直以名書，亦取君前臣名之義，觀者亮之。敏州萬育。

紀事

清·楊賓《大瓢偶筆》　康熙中車氏螢照堂刻明朝法書十卷，自帝王以至布衣凡百二十有三人，宋陸祝唐文王周邢董范而外皆無足取而挂漏者正復不少，未可據以為斷也。

《國朝名人小楷》

論説

清·吴錫麟《國朝名人小楷跋》　本朝之以書法稱者，湛園、退谷諸公莫不規矩晉賢，垂為楷則，然能各有我在，敞遒密古雅，墨氣如新。是帖乃吾友王君師竹臨摹上石者，起伏之間，毫髮無憾，後又以山翁所書家傳終之，格局精嚴，尤令人歎賞咨嗟，願其子孫永實云。嘉慶丁丑花朝日，穀人吴錫麒題。

紀事

清·陳權《國朝名人小楷跋》　予識山舟學士二十年，得盡觀其所藏前賢遺翰，今年春，復出視國朝名人小楷册，精眇無論，云積數十年搜輯之力，所存者此耳。因借鉤上石，並附刻學士所書先傳於後，五閱月始竣，而學士已歸道山，書此不禁慨然。鎮海王曰升跋，甬上陳權書，時嘉慶二十年九月朔日。

《昭代名人尺牘》

綜述

清·吴修《昭代名人尺牘小傳》　余弱冠時即喜舊人尺牘，前明、國朝諸家，所蓄甚夥，四十年來，經眼者以數萬計。玩其筆墨氣味，證以稱謂行欵，未讀文句，即能知其世次，定其真贋，所識近地收藏之家如錢唐梁學士山舟先生、接山太守春塍、參軍王檢叔、處士陳瀫水、明府仁和趙晉齋明經孫尋雲茂才、海寧蔣夢華上舍，嘉興李金瀾明經、張叔未孝廉、金岱峰廣文、馮柳東明府、秀水殷雲樓明經、錢學士廣文、恬齋方伯味根孝廉、嘉善謝若農中翰、平湖錢夢廬上舍、德清戚馥廣文、徐竹林窓别駕、鎮海王師竹廣文、山陰杜尺莊孝廉、陳霞西處士、蕭山蔡陸士茂才、吴縣潘榕皐農部、陸謹庭孝廉、雅安上舍陶筠椒茂才、陳葦汀上舍貝簡香經歷、長洲吴春生明經、吴江戚藻村處士、震澤凌葦裳理問、崑山吴銀騆明經、嘉定翟木天理問、金匱

紀事

清·車萬育《螢照堂明代法書跋》　書法，晉唐尚矣，宋元以還，代有作者，率皆人刻一石，家秘一帖。明三百年自帝王下逮隱逸，不乏名筆，然未睹全刻也。余少好筆墨，讀書之暇，時一摹弄古帖，至明代諸家真蹟，吉光片羽，亦為購取，積數十年，所藏遂多，不揣鄙陋，效顰勒石，公之同志。但時地既遠，綱羅實難，雖襲腋成裘，未免掛一漏萬，尚望同志君子廣為搜補，以全一代之盛。庾肩吾書品以九例該眾賢，評論精該，猶俟學者更隨點曝。後之攬者，幸有以教我。螢照堂主人萬有育識。

錢梅溪參軍、武進趙味辛司馬、陽湖孫淵如觀察、儀徵阮雲臺制軍、江都秦敦夫編修或千通，或數百通數千通，少或一二通。余並得展閱審定，著名者已得十七八，可謂極東南藏弆之盛矣。因掇其精髓，一一借鉤。竊思近時簡牘，若非書家，或不珍惜，易致散失，乃先刻國朝六百餘家，共七百三十餘札，名《昭代名人尺牘》。大率以書家為主，大家、名家不憚煩複，或一人而三四通七八通，多至十五六通，若理學忠孝名臣、逸士與經史金石詩古文家、詞曲家、書家所見，無不采録。遇長簡或借節去數語，以省繁冗。起國初遺老，迄近日已故諸公間存師友數人，次為二十四卷，前列小傳，以資考核選擇，致為謹慎，非深信真確不敢漫登，不署名之札，不特覈其文義事實，或以詩牋便面證對筆法，溯所自來，然後列入，欲以存一代真蹟，傳信後人。不敢不過為矜重，世有同好，當必鑒余之苦心。摹刻工夫不惜心力，務使人人得其用筆之意。始嘉慶甲戌至今已十二年，刻既成，為識歲月。惜山舟先生、謹庭馥林味辛，淵如、晉齋、溉水筠椒、尋雲、接山諸君之不及見也。道光六年歲在丙戌十二月之吉，海監吴修書於青霞館，時年六十二。

《福州帖》

論說

清·潘奕雋《福州帖跋》　君謨真蹟絶少，而刻石佳者亦稀。茲金匱錢立羣司馬所集，選擇既精，摹勒復審，洵為墨林珍秘，視宋氏所刻有過之無不及也。嘉慶乙亥十月，潘奕雋觀，因題。

紀事

清·錢泳《福州帖跋》　蔡忠惠公書本學顏平原，而結字取態實出大令，自元、明以來，為蘇、黄、米三家之冠，惜其真蹟日稀，如隨珠和璧，不可得矣。每見類帖所收，如渤海、墨池、停雲、快雪，雖不一其家，而從未有專刻者。惟莆陽宋比玉臨本有古香齋茶録、荔枝譜諸帖，究非真蹟入石，況又為後人翻刻，漸失其真耶。嘉慶十九年冬，泳山居多暇，遂集公諸書，或墨蹟，或舊搨，凡宋氏已臨者槩不入石，命曰福州帖。將以寄呈制府汪稼門先生、中丞王南陔先生，傳之十閩，為後生家法，未始非翰墨之一助也。次年九月，楳華溪居士錢泳記。

《景蘇園帖》

題解

清·楊守敬《學書邇言》　《景蘇園帖》六册，此余為成都楊葆初所選刻，大抵皆從舊本摹出，皆流傳有緒之迹，絶少僞作，固應為蘇書鉅觀。

論說

清·楊守敬《景蘇園帖跋》　集蘇書之存於世者，在宋則有成都汪氏之《西樓帖》，在明則有松江陳眉公之《晚香堂帖》。西樓搜羅最博，顧今無全帙，晚香則美惡雜糅，不見真采。近日重刻，更無論矣。葆初大令生長蜀都，少小握翰，即酷嗜蘇書，沾溉既深，妙具神解，凡今世所存，流目立辨。會涖任黄岡，為東坡寄迹之所，迺於廨舍西偏起景蘇園，又發意重輯蘇書為蘇園帖若干卷，以守敬亦嘗涉獵於斯，助其搜討，又倩江夏劉君寶臣細意鉤摹，逾年鐫成四卷，先為氈拓，以餉學者。余意此帖雖後出，當為近世集蘇書之冠，媲美西樓，凌跨晚香，有識斯許，無事贊揚。獨是蘇公忠義大節照曜千古，大令瞻仰前脩，步趨豈獨在翰墨，吾知景蘇園中如泛潁水，頃刻斯見，大令倘神遇之乎。光緒十有九年春正月，宜都楊守敬記。

紀事

清・楊壽昌《景蘇園帖跋》 蘇文忠公文章政事，卓越千古，即書法亦別出機杼，自成一家。公詩云：我書意造本無法。似自謙，實悟後語。而山谷老人謂其得力於顏平原、楊少師，真所謂無佛處稱尊者耶。公又嘗與子由論書詩曰：端莊雜流麗，剛健含婀娜。又曰：守駿莫如跛。嗚呼。盡之矣。予少喜公書而苦無善本，墨蹟既不多覯，即宋刻蜀帖亦罕流傳，其他雖有摹刻，又不免真贋參半。歲庚寅，移宰黃岡，與楊惺吾學博同官，學博收藏甚富，出所有縱觀，抉擇得若干種。因思黃州為坡公宦蹟久留之地，今存者僅乳母碑片石，然有誤字，不能信以為真。迺萃集各帖擇其尤者，屬友人劉君寶臣手摹而壽諸石，年餘，先得四册，嵌置署西壁，名曰《景蘇園帖》，園不甚廣，欲藉公書以傳。詩云：高山仰止，景行行止。公以蜀人而寓於常，予以常人而籍於蜀，數百年後又幸有黃州赤壁之游，予之與公似別有因緣，固不僅學書一端為足令人嚮往也。光緒十有八年，歲次壬辰嘉平月立春前三日，成都楊壽昌謹跋。

《英光堂帖徐渭仁刻》

題解

清・楊守敬《學書邇言》 有《英光堂米帖》，是宋岳珂所集。余見上海徐渭仁所藏一册，有重刻本。又見一本，前後二卷皆大行書，皆不全，然亦率易之字，足知其選刻未精也。後有翁覃溪跋，近日見於滬上汲脩齋古董鋪。

紀事

清・徐渭仁《英光堂帖跋》 《英光堂帖》，世尠傳本。范大澈碑帖紀證云：豐存叔得於袁柳莊家，今止一册，餘不知散落何處。蓋三百年前寶貴如此。壬寅五月，攜家吳門，兵戈患難之中，一旦得之於修仙巷李氏，雖僅有三十五帖，大美忌完，亦不作求全之想。因倩海鹽胡衣谷細心撫刻，務使與原本絲豪不失，余朝夕對勘，兩年而成。第倦翁日不出善工，致行筆有不順處，茲亦仍之不改。道光二十四年甲辰四月，上海徐渭仁記。

清・阮元鉉《英光堂帖跋》 阮玉鉉云：余潦倒米書廿年，中間觀撫者不啻四百餘種，雖未能盡，亦不少概見矣。秋日澄清，過給諫李書雲家園，賞玩古書名畫法帖，中有英光堂一部，展卷縱觀，覺光氣鳳姿，筆法龍翔。蘇公云：超妙入神之字，清新絕俗之文。信然也。吾嘗讀馮多福《研山園記》云：岳倦翁酷嗜米書，書祠像南宮。堂名英光，是之謂乎。吾回思廿年，今日李密乃得見秦王耳。惶汗。惶汗。阮晉林題跋頁三六。

《英光堂帖蔣光煦刻》

題解

清・錢泰吉《甘泉鄉人稿》卷一一《跋英光堂帖》 《海昌金石僧》六册，得宋搨《英光堂帖》一册於新安市，上襟題第一行曰英光堂帖第五，第二行云顎國寶真齋法書第五十二，第三行云本朝詩文帖門，第四行云《寶晉蠶賦帖》。岳倦翁有《寶真齋法書贊》。倦翁類刻米老墨跡，為此帖而仍以收藏之，次第標目，自來類帖之創例。

論說

清·孫承澤《英光堂帖跋》 宋人書學深於晉法者，惟米元章一人。初猶有臨摹之蹟，至為錢穆父所訶，乃一意取勢，古宕天真，去晉愈遠，入晉之堂奧愈深矣。右數帖尤其絕構也。北海孫承澤觀。

紀事

清·錢泰吉《甘泉鄉人稿》卷一一《跋英光堂帖》 聞陶雲生郡佐德封言，上海徐氏渭仁收英光堂帖若干卷，不知有此兩種否，予幸得見此，無力儲藏，因鈔一過，字體略小，行款及塗，乙處皆如舊式，自愧惡札并不足，為中郎虎賁，留此作帖目觀，亦骨董家所樂，寓目歟九日又記。

清·蔣光煦《英光堂帖跋》 《英光堂帖》第五卷蠶賦，余先得於鄉僧六舟，自被萬物以下闕，而附以相義録嗣復得種以俟化，至末凡複三十四行，而賦全矣。後又有真草《千文》等六帖及孫耳伯少宰跋。按翁覃溪閣學集言：英光石本皆作寶晉手書某帖，而此但標寶晉某帖，無手書字，則一刻中亦有異也。至舉催租、墨莊二帖有巨容跋，而辨其非倦翁所刻，謂當以寶真齋法書贊為信，則尚未知巨容謂南宮曾孫，而所跋之帖係巨容所刻之《松桂堂帖》也。帖不知共有幾何，嘉興張叔未翁藏有一册，而余所有之相義録亦其一也。是本中瘞隺銘不見於法書贊，則是英光刻耶。松桂刻耶。或更屬他刻耶。不可知矣。延津之劍，巧於相合，因摹石以廣其傳。內糖霜、麝香二帖，往歲上海徐氏刻英光二卷已有之，不更摹，而翁跋諸帖無一與同者，又足知英光之遺拓尚多也。道光二十六年古花朝日，刻竣因題。鹽官蔣光煦。

《清芬閣米帖》

論說

清·梁同書《清芬閣米帖跋》 法帖中彙一人而成帙者，唐之《澄清堂帖》十卷皆右軍書，不可得見矣。今則東庫二王外，惟宋蔡端明書流傳較夥，古香齋刻大小行楷四卷，稱精備焉。它刻雖卷帙繁富，每一代一人多不過數種，而此一人之書又或所收有彼此之殊，摹勒有美劣之異，好古者欲專有所師法，慮未足以攬其全而掇其奇也。味嗛方伯酷愛米老書，下筆有中郎虎賁之似，因彙諸名刻中米書檢其尤精者，命工雙鉤之，釐為四卷，居然海岳大觀，以視曹之格所模《寶晉齋帖》，應無多讓焉。古人遠矣，不得見墨蹟，石本即其真面目，搜采既廣，決擇益精，後有愛米者無俟徧購而泛索之，洵一大快事也。刻未竟，方伯移節蘭州，屬余督成之，用識數語於卷末。山舟同書。

又 味嗛中丞刻《四集米帖》竟，予見之碑工所，竊歎中丞公嗜米之篤而收米蹟之富也。當其第一刻成，予為跋之，初不意其有二三刻，更不意其有四刻也。世眼視之，疑此中或有贋鼎者，而中丞公神與之契，鑒賞在筆墨之外，謂非米老，那得淩紙怪發乃爾。予因思元章守漣水時，楊次公廉之，米於袖取一石，嵌空玲瓏，洞穴皆具。又出一石，疊嶂層巒，奇巧又勝，最後出一石，盡天劃神鏤之巧，次公乃攫其最後者以去。予不知茲所刻者果天劃神鏤之巧者耶，抑天劃神鏤之巧者已登於初刻二三刻，而茲特其嵌空玲瓏疊嶂層巒者耶。然其為米老所愛其均也。笑語碑工，此老何不幸而為次公奪其所愛，今又何幸而寸縑尺楮為中丞公收拾殆盡，幸不幸其亦有數焉存乎其間耶。客有以語公者，公曰：是即可以跋《吾四集米帖》矣。因筆其說而附之石。庚子五月，山舟同書。

清·吳壇《清芬閣米帖跋》 味嗛中丞雅好米書，前後訪求真蹟，蒐羅善本，共成若干卷上石，郵寄示余，穠纖鉅細無體不備，米之能事盡矣。金沙于氏舊有聚米帖，囊曾見之，尚不及是帙十之三四。似此既美且富，集其大成，海内不當奉為鴻寶耶。因識數語於卷尾。時乾隆庚子仲春，無棣吴壇跋。

清・沈初《清芬閣米帖跋》 味陳中丞搜羅海嶽書，一一鑒定摹石，洵為藝林鉅觀。近又購求未備，廣為四集，其好之為如何。有力之彊為何如，米帖中可謂集大成者矣。余案《宣和書譜》所載暨中興館閣所藏，寥寥無幾，即嘉定元年石刻《羣玉堂法帖》十卷，芾書最夥，僅得一卷，較之兹集不啻一粟之比千囷也。雖曰聚於所好，而中丞之博雅風流，其真米老至知己也矣。乾隆己亥嘉平上瀚，雲椒沈初書於雨香齋中。

清・王文治《清芬閣米帖跋》 味陳大中丞性愛米書，凡米書之佳者廣為搜羅，精為摹勒，名之曰《清芬閣米帖》，刻至四卷，意孜孜猶未厭。古來之刻米書，其精且備莫逾於此，信可謂米書之集大成矣。【略】

中丞以具足心，獲無閡智，故於米公紹述右軍處直下諦當，宜其愛之篤而刻之勤也。治鄙見如是，未審有當一二否。乾隆四十四年，歲次己亥嘉平月，文治謹跋。

清・彭元瑞《清芬閣米帖跋》 味陳中丞書法取塗南宫，討源大令，曾輯鐫《清芬閣米帖》四卷，海内書苑争珍之。兹復搜摹得如前卷。昔君家石泉公集先世書法，自右軍至智永為寶章集，南宫醉心二王，辨析豪末，為寶章待訪録。味陳以節鉞清暇，不憚肆力於此。於翰墨緣中亦云報也。國初京口有《聚米帖》，多人間未見本，予視學江蘇，購之三年乃得。有周少司馬景垣先生所藏五札，予師嵋莪少廷尉藏虹縣詩，皆真蹟希寶，味陳當廣求之為三刻云。乾隆戊戌除夕，南州彭元端跋。

清・王亶望《清芬閣米帖跋》 右米帖第四刻所録書計四册，意在廣搜博採而不能求精，聊以備觀覽，資考訂而已。顧其間所收，或細至蠅頭，或大至數寸，有和易古質直入晉賢之奥窔者，有瑰奇險絶盡掃唐賢之門逕者，風骨姿制詭變不窮，且出於前三刻之外矣。米公云：吾書無右軍一點俗氣。又云：腕有羲之鬼。其言自相刺謬，米公豈好為欺人之語哉。淆訛公案須離於言象，真參實證乃自得之，要非多見米書，亦何從參證也。余初刻米書時，尚不知有二刻，何況三四。乃自西秋撫浙以後，蒐羅補綴，以迄於今，三刻既成，復有四刻，皆余初心所不及料者。盡法僅六藝之一，米書又僅書家之一，其無有盡藏已若此，況古今之理道倍蓰於兹者乎。然余聞古來真鑒之家在精不在多，余此刻未免有貪多之病矣。或且稱此刻為米書之集大成，則吾豈敢。乾隆四十五年，歲次庚子春二月，臨汾王亶望識。

綜述

清・歐陽輔《集古求真》卷一三《清芬閣帖》 王亶望刻，專集米海岳書，凡四集，每集四卷，二集後附刻《晝錦堂記》一册，四集後附刻《離騷》一册，此二册以前未有言及者。王好仿米書，此二種殆其所自為。姑託名於米以試閲者，而列為附譽以示區別微意耳。初刻四卷，為梁山舟所鑒定，後有山舟跋及王杰沈初跋，三集後有味陳自跋及金士松跋，四集後有梁山舟及吴壇跋。惟二集後無跋，不知是余藏本偶有缺失，抑原刻本無。

紀事

清・王亶望《清芬閣米帖跋》 篤好之餘，彙稡寖夥，混淆贋本，汰去若干，猶慮鑒別未精，值具眼人時復出弆商榷。今春與錢塘梁山舟侍講編次審定為一卷，刻石浙藩署中，以公同好。世之論米書者，或謂神鋒太峻，或謂如仲子未見孔子時風氣，不知海岳馳驟中自率晉人軌範，不專以鋭利為工，即此刻觀，有識者自能會之。乾隆三十有九年，歲甲午夏四月，臨汾王亶望識。

又 余彙米老手書，刻成四卷，意亦殊未已，會有蘭州之行，詘然而止。然自甲午暨今，歲星四易，所歷東西陝為古墨蹟之藪，觀政之餘，搜訪補輯，得合作又若干種，較之前刻有神俊若過之者。竊年明曹氏、文氏外，米帖寥寥，莫或副其一刻再刻之本意。今復來浙江，間就豫章芸楣彭學使、錢唐山舟梁侍講審閲續石，余未能窺米老至神蘊，兩家固當世鑒裁之精，少有富有，累成大觀，儻米老復起，設長案洗手展玩一過，當咥然首肯也。乾隆四十三年冬十一月，臨汾王亶望跋。

《琅華館帖》

題解

清・王鐸《琅華館帖跋》 《琅華館帖跋》。是帖皆予與中丞葆一、年伯玉調親家往還牘也，中間天政堉僅一二小札及游金門山有韻之語，玉調公念韻狃多有失墜，遂鈢之。夫昔年得以遨溪山吟詠，沿潭石題壁上，是為何時耶。笻僰畬酋，葆一公為御史不骫法，受命撫蜀，擐甲争利，人馬不罷，以全制敵而承其敝，排山壓卵，獻馘如縛豬羊，一何雄哉。顧公沈毅大略，雖為妬者屈，豈邀功馬上不足懾朐䏰而羞天下歟。玉調為名給事，力除六邪五蠹，皆與乃翁功在社稷，詎第較功尺寸者乎。故知橋梓之所支展，偉矣。天政今為常吉，復纘前烈，尺牘之存，誠不以辭焉已也。使中丞公不即死，後來更有建樹大業，赫奕必多。雖然，子若孫繩繩奮起，除民瘼，與禮樂，磊硐八九，古人何忍自墮壞不光大纘緒哉。是刻成，止謂無失於文墨字畫則輕，謂張氏之屈前伸後、天道之昌、鯁亮者社稷所需若期會，然則又不輕。如以尺牘言，非其細者歟。辛卯三月十四夜，王鐸書。

《擬山園帖》

題解

清・王無咎《擬山園帖跋》 先文安公書法，傳之海内多年所矣。比來如《琅華》、《銀灣詩酒論》二十等帖，非不備極精妙，余小子恐其久而散佚，且先文安五十年臨池苦心僅僅見之數帖未盡也。兹刻博搜遺墨，如淳化閣帖式，劃劙有年，始於辛卯，竣於己亥，敢云銘碣仙人之掌，樹眉王母之山邪。雙鉤吕子太初，勒石張子飛卿，咸稱善手，俟賞鑑於來兹云爾。大清順治己亥五月二十八日，仲子無咎恭紀於北畿石鏡山房。古燕吕昌摹，八旬張翱鐫，盟津蔣剛董。

論説

清・張縉《擬山園帖跋》 文安公書法妙天下，藉茅太史括所藏書及墨苑家所流傳彙集此本，有缺略模糊必求别本正字補之，備極龍躍虎卧、猊攫象搏之致，文安四十年精力盡在此矣。近代玄宰、子願兩先生《戲鴻》、《來禽》二帖壇坫海内，昔衛夫人見右軍書歎曰：此子必掩我名，此本出，惜兩公不及見也。新郎張縉彦謹跋。

綜述

清・歐陽輔《集古求真》卷一三《擬山園帖》 王鐸刻，凡八卷，覺斯書法，雄視一世，所鑑取以刻石者，自當勝人，惟流傳較多，故不勝於《快雪》、《秋碧》之貴。余屢見之因易視而不留心，故不能舉其辭。

雜録

清・翁方綱《復初齋文集》卷二八《跋王孟津琅華館帖》 王覺斯《琅華館帖》臨《興福寺碑》，題曰《薦福寺碑》。此沿俗説之誤也。按唐《薦福寺碑》，歐陽率更書冷齋夜語，范文正守饒有書生獻詩甚工，自言平生未嘗飽，時歐陽修書《薦福寺碑》墨本直千錢，文正為打千本，使售京師。紙墨已具，一夕雷擊碎其碑。是碑在江西饒州也。後人因有一夕雷轟《薦福碑》之句，而唐沙門大雅所集右軍書《興福寺碑》亦剩半截者，俗呼為半截碑，聽者不察，遂以饒州歐書斷碑當之，訛誤甚矣。孟津乃亦沿其誤，何也。然此碑惟大將軍矣，下云公諱文」或誤認矣。字讀為吴公諱文，甚至稱為《吴公碑》，則孟津此臨本卻是矣。字此尚足以正俗誤耳。

《味古齋惲帖》

論說

清・張廷濟《味古齋惲帖跋》　東園客作字骨韻珊珊，有姑射仙子冰雪出塵之致，世不獨以畫重也。葦汀舊友鑒擇精審，又得拙安妙腕，故味古齋帖遂出武林金氏、魏塘戴氏二刻石。曹秋舫仁兄多子姬彝器，近從潁川友載移是石都南濠，琳琅滿眼，朱性甫書畫銘心，君其兼而有之。道光乙未初春，嘉興弟張廷濟，時六十八歲。

紀事

清・陳墫《味古齋惲帖跋》　南田先生畫學為國朝第一，其作字秀入骨髓，黄庭、内景經非台僊不能寫也。金氏甌香館、戴氏寶惲室二刻尚未極清勁之致。歲丙戌，余集家藏真蹟並諸家善本，倩吾家拙安貫霄勒石，作味古齋帖二卷。辛卯，移家山塘，石庋城西舊宅，久不椎拓，曹秋舫表叔鑒古精深，以此刻為善，遂以移贈，因並識之。道光甲午臘月，味古主人陳墫跋。

《曙海樓帖》

綜述

清・王壽康《曙海樓帖跋》　憶昔庚寅奉父命敬鐫先太宜人節孝事實圖，工既竣，藏有文清公墨蹟及借摹數十種，復屬玉峯蘭堂金君彙勒上石，分為元、亨、利、貞四册。世有學公書者當與共寶之。道光十五年，歲次乙未二月，申江王壽庚跋。

紀事

清・王慶勳《曙海樓帖跋》　諸城劉文清公以書冠海内，珍之者幾於鳳毛麟角。家大人嗜公書尤甚，凡得真本，輒擇以摹勒上石，悉藏於家祠中。癸丑秋，邑遭兵焚，守祠者懼為所傷，潛移置於祠旁小屋，事平後，祠宇如故，而小屋獨燬於火，此石僵卧草萊，完固者僅得十之二三，家大人憫然傷之。去年奉命别購石補勒，越十有一月，工始藏，刦火之餘仍還舊觀，可喜又可感也。咸豐戊午年秋，滬上王慶勳謹識。

《頻羅庵法書》

論説

清・張雲璈《頻羅庵法書跋》 頻羅先生手書徧天下，如珠玉不脛而走，藏弆而摹刻者正復不少，其裒然成部，有濮院陳氏之瓣香樓、嘉興吴氏之青霞館、風涇張氏之娱志居，皆精刻也，今又得此而四。嗚和馮君樵先生之書極多，自先生捐館，世珍其真蹟甚於辨才之藏《蘭亭》，秘不可見，君獨出所有勒石，以公同好，賢於辨才遠矣。君金石之功最著者莫如得楊忠烈公劾魏奄二十四大罪手疏稾，並乞先生補書，後四大罪之闕出己資上諸石，其闡揚忠義，豈尋常胸次所有哉。平日於先生書心領神會，故一涉手，精氣溢於行間，瓣香樓、青霞館皆其手刻，可寶也。道光丙戌立夏後二日，張雲璈謹跋。

紀事

清・馮宜瑜《頻羅庵法書跋》 學士梁公，當今右軍，海内名人得其片紙隻字，珍若拱璧。瑜以雕蟲末技，過蒙奬許，得奉教者二十餘年，手摹真蹟無慮數百本。歲乙亥，公歸道山，因輯公書雙鉤入石，得若干卷。憶公嘗有句云：書家縱有凌煙閣，恥把千秋託麝煤。然則兹刻非公意也，亦惟以寄瑜向往之誠耳。於公何妨。嘉慶戊寅十月，句容馮宜瑜謹識。

《完白山人篆書帖》

紀事

清・鄧傳密《完白山人篆書帖跋》 先君子與申耆先師書來往來，神交已久。嘉慶甲子冬，先君子訪舊暨陽，道出三河里第，始獲相見，作平原十日之歡，為書此及《勸學篇》諸屏幅，留詩為别。明年春，先師應禮部試入詞館，先君子遂於是冬棄世，不復能再見矣。後先師官安徽數年，丁外艱，留滯皖江，候文回里。乙亥春，遇傳密於蕭寺中，憐其少孤粗鄙廢學，因携之讀書，相隨十餘年，每設教所至，輒偕訪求先君子四體書，以宣紙雙鉤，裒然成巨帙，刻者十有餘鍾。此篇則道光戊子刻於暨陽書院，傳之大江南北，一時私淑者始知篆法正宗。眾先師歸道山，藏弆墨蹟及所刻版石亦隨散逸，即挩本流傳亦尠矣。矧兹賊氛日熾，三吴淪陷，典册法書所過灰燼，其故家世族博雅君子逋播流離，死亡莫保，回憶曩時名山别業，風雨過從，恣其觀摹，取求不厭，俱成隔世事矣。不惟先人手澤無可再覓，即求一研究古藝者亦安可得哉。今年秋，傳密再游永州，海琴觀察悼絶學之將湮，慮來喆之芒昧，爰以所藏舊挩本重為鉤刻，刻未及半而東安告陷，賊隨造浮梁渡湘，距郡城才五六十里，勢誠岌岌，籌餉募兵，日不暇給，而猶不肯輟工，亦可謂篤信好古者矣。斯世而有斯人，詎非先德之幸歟。刻既成，屬補篆先師銘詞於後，並坿記原委如此。時歲在上章涒灘嘉平月，傳密敬書於溓谿書院。《隸書》。

雜録

清・吴讓之《完白山人篆書帖跋》 曩聞安吴師云：完白山人曾以宣

紙寫弟子識一通，生平傑作。紙質三重，山人筆力透紙背，揭開次層，墨蹟豪髮不缺，一付江陰暨陽書院，一藏某氏。讓之曾轉借得臨而力不能得，今歸兩罍軒主人，主人嗣君苓薌世兄肆力此業甚深，過庭請刻，以公同志，誠盛舉也。拓本寄示，欣忭題之。同治六年三月幾望，儀徵後學吴讓之謹記。

清・桂芬《完白山人篆書帖跋》 此吾友歸安吴平齋觀察所藏，山人晚年極詣也。按包氏世臣《山人傳》：是年秋，自山東至十二月歸皖，明年卒，年六十有三。辨志書塾者，江陰暨陽書院齋名也。同治甲子立秋後元和顧文彬、吴縣馮桂芬同觀，桂芬並識。

《鄧石如篆書十五種》

論説

清・康有為《鄧石如篆書十五種跋》 吾僻處粵中，幼見完白山人篆書，即驚為近世所無。及壯，遊京師，日求之，證以秦漢碑，信為少温後一人也。蓋少温之後千年來皆作玉箸篆，無一人出其範圍者，至完白山人遠師秦漢而集其成。故吾三十歲作廣藝舟雙楫推為千年來一人，即楷書之出歐、虞、顔，範圍直師南北朝，亦創自先生，於書法中如佛法之大鑒、儒家之紫陽矣。孔子二千四百六十六年，康有為記。

紀事

清・吴育《鄧石如篆書十五種跋》 完白山人以篆書名江南北垂三十年，凡長篇巨幅及楹榜之類，好古之家無不求而得之。蓋山人之書，崒若草木之森芊，宛若蛟龍之□糾，□若層巖之拔起，曳若長江之委流，來不可遏，去不可止，雄偉恣縱不可端倪。噫。自唐李監以來，未有能與其奇者。而山人之言曰：余初以少温為歸，久而審其利病，於是以國山石刻、天發神讖文、三公山碑作其氣，開母、石闕致其樸，之罘二十八字端其神，石鼓文以鬯其致，彝器欵識以盡其變，漢人碑額以博其體。舉秦漢之際零碑斷碣靡不悉究，閉户數年，不敢是也，暇輒求規之所以為圜與方之所以為矩者以摹之。其專也如是。蓋昔者右軍卧則畫腹，元常坐席皆穿，彼楷、隸耳，不專精猶不能工，況倉史遺文製作之本歟。迄今鍾王之法日出益新，而斯文晦昧竟絶其傳，以致習其讀而不達其義者皆然也，亦可慨矣。山人存，則人以其詭異之蹟而愛玩之，山人殁，其遺言蔑然，孰有知其心之所存與詣之所至者乎。越十五年，其子尚璽徧求先人遺書，以唐人雙鉤法彙而藏之，尚璽之能不墮其業者可卜也。山人八分得法於衡方碑而益其駘宕，亦古今之所無也。嘉慶二十五年七月始生霸書於勤志館，吴江吴育。

《石耕山房法帖》

論説

清・俞樾《石耕山房法帖跋》 孟甫徐君乃叔鴻方伯之子，余同年前輩壽蘅侍郎猶子也。生平癖好碑帖，得舊拓本必手自鉤摹而精刻之，刻成之後，神采宛然，使古人筆意畢見於紙上，見者皆寶之。然亦坐是貧其家，而君不悔也。余憶唐宰相賈躭詩云：須知孔子《廟堂碑》，便是青箱中至寶。君所精刻者豈止廟堂一碑而已，青箱至寶不亦富乎。然則君烏乎貧。光緒丙申季秋之月，曲園俞樾書。

《游氏蘭亭序帖》

紀事

清・汪由敦《游氏蘭亭序帖跋》 囊見何義門前輩記康熙己亥武黃殿直次張少宗伯為編脩時携宋搨《蘭亭》五種相示，云得之合肥龔端毅公家，宋游相百種之遺也。乾隆戊午，醞真閣主人出以見示，則已增至十餘種，其折摺裝前後印欵一如綜聞所記，未幾，裝成巨卷，遂為翠墨甲觀。去冬，中州友人贈余此卷，又與義門所記無異，而緼真新裝亦適相合。因念余收藏素未留意，得此不足自豪，而歸之緼真閣中，有劍合延津珠還合浦之妙。主人欣然，許以松雪真蹟相易，輒以移贈，並識其由來如此。於戲。南宋至今五百餘年，物之合而離、離而復合者不知凡幾，物不自主，而人亦安能主之耶。方其合也，必有人焉合之，及其離也，復有人焉原其始之合而識之，而後人隨其所得而合之，不可謂造物者之無心於物也。商邱公手題詞卷，亦既鄭重珍惜，而予以無意得之，乃適為緼真主人作合，惜不令義門見賞且續入綜聞一則佳話也。丙寅上元，汪由敦書。

清・毛慶臻《一亭雜記》 毛慶臻云：蔣春皋元城曾購藏定武真本，千金不輕出，後又得游丞相所藏《蘭亭》十卷，損五百金，愛若奇珍，此宋搨無可議者。然游公標題共百餘種，高宗臨本刻甚甜俗不足觀，他亦平平。蔣特設消寒會，延錢竹汀師及潘榕皋農部、汪心農部郎、陸謹庭孝廉，共賞翫累日，咸以傳流有緒。自桐城張相國子晴嵐題識精賞，後歸商邱陳方伯，陳敗，入吳門，載入春皋家傳甚矜貴。今姚氏購得僅百餘金，其所藏趙松雪題定武本則抵至千金云。一亭雜記頁五。

雜録

清・宋犖《游氏蘭亭序帖跋》 《蘭亭》拓本始自開皇，唐文皇見拓本而求真蹟，命廷臣臨摹選偪真者，得歐陽本刻置禁中，即宋世所謂定武本也。自唐至南宋，翻刻不下千種，宋理宗內府所藏百十七種，賈秋壑所藏八百種。此卷三種，一為九江本，簽題辛之三，後題右九江本紹定壬辰歸途所得，與辛亥第三本殊不同。一為唐安本，簽題壬之三，郭明復於淳熙間用正觀舊本刻石，自有跋，後題右唐安本得之於王同年震舉澤之。一為家藏石本，簽題癸之三，後無題字。又蔡君謨諸人跋范太師本，簽題癸之六，後無題字，蓋南宋丞相游似所藏百種之四也。范本今失去，僅存跋。國初，世廟以賜先文康，又有定武一本，今亦不存。按胡菊潭相《國禊帖綜聞》載：游丞相蘭亭以天干編處，自甲之一至甲之十，每本橫表折摺作冊，末題所自得自出，乙癸九干皆然。鈐記凡五種，或用名，或用景仁其字，或用克齋其別號，或用游氏圖書，或用旌德堂章，有單用者，有兼用者。前後裝池用藍牋，鈐前池有珍秘小章，後池有趙孟林印，不知何許人。明歸晉藩，前後皆鈐記，相傳宣廟時進內府，以鼎革散布人間，菊潭所得十八冊，同理宗者僅定武、閣行、鼎州唐人雙鉤、蜀劉涇四種，今此三種獨九江本與理宗所收者同。以此類推，宋世好事者摹刻最多，雖肥瘦不一，皆有一種晉代風流，耐人尋味，獨定武如明河珠斗耳。宋豫章京堂云：前賢筆蹟，真者當祖之，臨者當孫之，定武《蘭亭》去昭陵所得，殆曾孫行耳。余謂《蘭亭考》紛紜聚訟，要當以黃魯直存之以心，會其妙處為此中三昧語，正不必過為辨別，反墮雲霧也。九江本有喜聞過堂印，唐安本有主忠信河東郡圖書，餘與菊潭所記同者不具録。又下令之中丞書考載：趙孟林為游丞相裝潢人。未識何所據，附記以廣異聞。康熙乙亥四月二十九日，綿津山人宋犖跋。

《焦山蘭亭序帖》

論說

清・吴雲《焦山蘭亭序帖題記》 摹帖本難，摹褉帖尤難。此覆刻定武本其原拓舊藏江都汪容甫先生，後歸故友鍾小亭中翰，秘愛甚至，嗣君桐叔世講能世其家學，重摹此帖，極心目之力，踰歲始成，又得家攘之兄相與校定，故能於原本形神肖合，無絲毫或爽。今舁置焦山，屬余為跋，載入山志以垂久遠。丙寅秋日，吴雲題記。

綜述

清・吴雲《焦山蘭亭序帖跋》 董其昌臨《蘭亭》叙吴雲刻。余藏宋元以來古刻碑石四十餘種，庚申之變，盡陷蘇寓。癸亥冬，蘇城收復，於瓦礫中檢得唐廣明元年道德經幢殘石，此幢已載入二百蘭亭齋金石記咸通四年李君墓志銘，明刻《蘭亭帖》二種，一程孟陽本、一米海嶽臨本，又余舊刻祝京兆書《蘭亭序》、《洛神賦》，董文敏臨《蘭亭帖》，祝董真跡均在余齋共七種。内祝董二石中斷，已闕數字，《洛神賦》前半字亦漫漶，其唐明數石轉得完好無損，由於石質堅剛，故能歷劫不壞也。比寓焦山修志，因將各石携置山寺，附記數言於夢陽禊石之後，俾與瘞鶴銘共垂不朽云。同治三年歲在甲子春三月，歸安吴雲書於焦山枕江閣。

紀事

清・吴讓之《焦山蘭亭序帖跋》 定武《蘭亭》叙汪中、張敦仁、趙魏、阮元、翁方綱、吴讓之、吴雲、鍾毓麟跋汪容甫先生得《蘭亭帖》，審定為定武石刻五年不損本，手自標題，又寫小像作贊裝於册首，又作跋十一則親書今體隸書，云云。一則於副頁，嘉慶十八年嗣君孟慈乃請趙君晉齋補書其十則於册尾。今帖歸江都鍾氏小亭淮，小亭令嗣桐叔毓麟覆刻一本，欲世間多一覆定武本以公同好。惟先生親書之一則《高褉帖》寸許，桐叔不欲裁割羅行趙君所書，又字小不易鉤，因屬熙載如《褉帖》之高下就石書丹以便刻，非敢以拙書易趙君筆跡。趙君所書十則次第與今刻述學稍異，或當時孟慈據手跡屬趙君者，今仍依趙君次第書之，而坿趙君書後語於諸觀欵後以存其舊。咸豐庚申十月，讓之吴熙載識。

《縮本唐碑》

論說

清・潘奕雋《縮本唐碑跋》 昔人言法上得中。世之言書者，於宋則曰蘇、黄、蔡、米四家，四家皆從唐人出，而追蹤乎右軍，僅學四家書，未見其有當於四家也。雖然，學唐人書，果即有當於唐人耶。余嘗謂平原、率更從隸出，誠懸則得訣於篆。梅溪固深於篆、隸者，宜其臨唐人書無不神肖也。願與世之深於書者共證之。榕皐奕雋記。

清・鐵保《縮本唐碑跋》 古人書法不同，用筆則一，得筆則清奇穠澹各極其妙，不必問其似不似也。梅谿臨書其得此意乎。聊識數字歸之。鐵保。

清·阮元《縮本唐碑跋》 錢君梅溪隸法直入漢人之室，行、楷亦於晉、唐人三折肱矣。此二卷所臨唐碑以十數，天資高妙，形神並得，洵可愛也。余謂論書者輒曰晉、唐，然由晉而唐，其間魏、齊、隋碑存者甚多，余志山左金石，於魏、齊尤為留意，如韋子深、高湛、刁遵諸碑刻，不知為何氏所書，而卓然大家，實為虞、褚、歐陽所從出也。故予謂讀經當知徐遵明、崔靈恩等為孔穎達、陸德明所從出，論書當知高湛等碑為虞、褚諸家所從出也。錢君曷訪之德州孫淵如觀察，得六朝碑字再寫之，更取法于晉之後唐之前，豈不大備哉。阮元跋。

清·清安泰《縮本唐碑跋》 此卷名為縮本，而筆勢寬展有餘，米元章所謂小字如大字者，梅溪得之矣。嘉慶丁卯暮春，平階清安泰觀並識。

清·鮑崇城《縮本唐碑跋》 余自幼喜臨唐帖，顧以抗塵走俗，未能專精於此。今梅溪先生以縮臨唐帖諸卷見示，收鉅觀於細楷，含晉韻於唐法，真能取其神髓，余家藏安素軒所藏，為之減色矣。嘉慶二十三年，歲次戊寅夏五月二十五日，讓齋鮑崇城拜觀並識。

紀事

清·孫星衍《縮本唐碑跋》 芸臺中丞見梅溪二兄多臨唐碑縮本，屬訪余德州求六朝刻石再摹之。去年得北魏《高貞碑》於衛河第三屯，正四搨寄，梅谿適以今年七月晦日過我，又閱所摹各碑，益服其精妙，借無好事者為之刊石。因話及在安德曾見縮本《蘭亭》、《聖教序》、十三行諸本小石刻，前有仇十洲為王元美寫小象，知是弇州藏本，購之未得。又以宋人寫本鐘鼎欵識與梅谿共觀，中有石鼓文字完備，乃知楊升庵所見李實之家十鼓全本並非僞造，亦擬臨摹上右。再附記於左，以識勝賞。嘉慶十年秋夕，孫星衍書。

雜録

清·翁方綱《縮本唐碑跋》 芸臺中丞此言為唐楷溯原。予囊者頗持此論，因附識於此，正與梅溪隸法足相證也。蓋唐楷皆祖右軍，而右軍實原於舟岐陽十鼓及漢人分隸，今就漢隸以求唐楷之正脈，則《韓勑碑》，褚也，孔宙碑、虞也，鄭固碑、歐也，《魯峻碑》、顏也。若合六朝諸家以求津逮，則虞法惟智永《千文》而已。歐法雖有姚秦金像銘，特出宋人重刻，已非真跡。獨孔廟北齊乾明元年碑殘泐之餘存者僅百許字，而篆、隸、正、楷之法具備，愚意直欲斷定此碑是北齊三公郎中劉珉所書也。諸法源遠流長，指不勝屈，以愚所見，無過於龍門山磨厓古驗方序、常醜奴墓志二種矣。而梁上清真人許長史舊館壇碑，何義門、徐壇長皆目見之，今在誰氏篋中，此楳溪尊兄所宜寤寐求之者也。附系於此，以申禱切。嘉慶乙丑夏五月望前一日，方綱。

《聽雨樓帖》

題解

清·楊守敬《學書邇言》 《聽雨樓帖》四册，滇周於禮集刻。

論説

清·張廷濟《清儀閣題跋》 唐賢墨迹流傳絶少。國潮彙帖中此刻有河南《枯樹賦》，經訓堂有《鶺鴒頌》、《蘭亭》、《叙草書》、《千文》，非極大力而善鑒別何由致此。況此帖摹勒精到，真欲上繼華文二刻。戲鴻堂羅致雖富，直士苴視之矣。嘉慶庚辰十二月十七日。

又 《研山銘》、《虹縣題詩》、《玉虹樓鑒真帖》摹勒之精與此埒。南宮作字，妙在取勢。《虹縣詩》是柔紙柔筆，妙處尤不可思議。嘉慶廿五年庚辰十二月十七日。

清・楊守敬《學書邇言》 褚河南《枯樹賦》，此帖古集帖多有之，今以周於禮《聽雨樓》為最佳。余《鄰蘇園帖》亦刻之。

又 《筆法十二意》、《聽雨樓》刻本，亦自沉着，然以視《坐位》、《祭侄》，則去之遠矣。

綜述

清・歐陽輔《集古求真》卷一三《聽雨樓帖》 周亦園刻，凡四卷，一册為褚、顏、蔡三家書，二册為三蘇書，三册為黄魯直書，四册為米、趙二家書。褚遂良《枯樹賦》後有晁補之跋，祝氏謂是元人繙榻，晁跋却是真跡。顏魯公述張長史《筆法十二意》，全是依仿《爭坐位帖》，而略無沈雄之勢，惟蔡忠惠書，是其真跡。黄山谷書，劉賓客《經伏波神祠詩》，米元章《研山銘》《虹縣詩》則抄品也。後周歸雲南，以道遠留石京師，遂致散失，今石不知存否，拓本亦不常見。

紀事

清・張廷濟《清儀閣題跋》 周亦園少廷尉刻《聽雨樓法帖》比歸雲南，以道遠難致，留石京師。乾隆壬子，海鹽禄里山友人陸雲中奉檄到京刻石經，留京三年，購得是本，裝于琉璃廠肆。一册褚河南、顏魯公、蔡忠惠，二册蘇文忠兄弟父子。三册黄文節。四册米禮部、趙文敏。嘉慶庚辰，陸來篁里王恭壽上舍家清和堂刻碑石，臘盡將歸，索余書四段于後，今屬其甥吳厚生持向余易銀四餅。陸老矣，以余能言古人書，故舉以相貽，然相依數千里，相伴數十年，一旦忍愛割去，得無下米老玉蟾蜍之泪。余故備志流傳之緒，并擬録寄雲老，俾于青山茆屋中讀之。鴻去偶然留指爪。鴻飛那復計東西。典到琴書之慨，庶其釋然也。雲老長余五歲，今年六十有九，無子，厚生，姊之子也。周字立崖，號亦園，雲南嶍峨人，乾隆辛未進士，官大理寺少卿。有《敦彝堂集》。道光十一年辛卯四月四日。

雜録

清・張廷濟《清儀閣題跋》 褚書《三龕碑》、《房玄齡碑》、《聖教序》、《兒寬傳贊》皆愈瘦愈勁，妙絶千古。此《枯樹賦》有晁補之如此佳跋，似不敢横加訾議，而妙處竟尋覓不得，何也。案：宗楚客以中宗所賜二王書為屏，以褚書《枯樹賦》為脚，見徐浩《古迹記》。在褚原自書此賦，壽春魏氏所傳已是横卷，丹陽蘇丞相解之業見蘇魏公集。然晁時所跋自是唐時別本，至祝氏集略謂殆是元人翻拓，晁跋却真云云。則晁所跋之褚筆，又經後人以僞本抽换。此之所刻，大抵即祝所見于金陵人家者，無怪其無善者機矣。甚矣別鑒之難也。道光辛卯四月五日。

又 顏魯公述張長史《筆法十二意》，見宋臨安陳思所輯《書苑菁華》。此迹全是剿取坐書而作，無沈雄勁健之勢，有牽強拙滯之態，不解周廷尉何以濫采。

《平遠山房法帖》

題解

清・楊守敬《學書邇言》 《平遠山房帖》四册，大與李味莊輯刻。

論說

清・李廷敬《平遠山房法帖跋》 鉤勒法書如寫照，然必親見其人而後知其意態精神之克肖與否。魏、晉以前無論矣，世所傳唐、宋碑帖，大率由宋、元搨本重加摹勒，是對照寫照，又烏從辨其意態精神果如其人否耶。魏。晉真蹟不可復覯矣，唐、送人墨寶贋本為多，間得一逢真蹟，細翫其指腕運行之妙，筆倩墨韻炳耀行間，如親待古人而對其眉宇，見其指畫，亟求良工摹之刻之，反覆研磨，務求其克肖。及觀搨本，乃僅得十分之七八。嗚呼，難矣。敬學識譾陋，收藏無多，因獲觀范氏唐、宋二誥及隨軒家兄所藏魯公祭姪文稿，皆希世之珍，不可不摹勒以存模範；復檢平日所得宋、元、明各家墨蹟，擇其尤雅，彙為四卷，勒石家塾，以為學書者津梁，非敢言精鑒也。此良工對人寫照，猶可俾學者想像前賢風采耳。嘉慶壬戌新秋，滄州李廷敬識。

紀事

清・劉樞《平遠山房法帖跋》 味莊觀察之勒是石，在嘉慶辛酉壬戌間，時吳穀人、陳古華、洪稚存、趙味辛諸先生偕游滬上，與觀其成，垂今幾六十年，由朱氏歸於郁。歲癸丑，心卿載石往往槎溪，得免兵火之劫。雖若神護，然非心卿之風雅好古不及此。世世寶之，得其主矣。咸豐七年閏月廿二日，劉樞重觀並識，時年七十有一。

《青華齋趙帖》

題解

清・楊守敬《學書邇言》 元趙松學書，有《清華齋帖》四冊。又有《松雪齋帖》四冊，不過九牛一毛耳。以松雪書傳世者，不勝收耳。

論說

清・錢大昕《青華齋趙帖跋》 旌德姚君式峯嘗集趙文敏真迹，模刻於所居之清華齋。越五十年，其孫東樵復得海寧陳氏雙鉤黃庭諸帖及華亭王氏初搨七觀帖，次第模勒入石，前後合十有二册，既藏事，乃介王君鶴邨屬予審定之。松雪書集晉、唐諸家之大成，兼有衆妙，精能之至，造乎自然。如子美夔州以後詩，不煩繩削而自合，此帖所萃皆得意者。東樵好古而善鑒別，孜孜以繼述先志為務，其至性又有過人者。松雪家吳興，而姚望亦出吳興，此段翰墨緣可資後來嘉話也。庚戌四月，竹汀居士錢大昕題。

綜述

清・李聯《青華齋趙帖跋》 三吳東樵姚君家藏石刻甚夥，唐宋八家合刻外，即輯有明一代名賢法書，又次則取晚香堂、白雲居、清華齋、研耘書屋各彙專册成函，契余嗜好。茲於《清華齋帖》續刻四册，皆覓求文敏真蹟，刻成屬余跋。余憶都中見曲阜孔氏玉虹鑒真諸刻，合六十有餘卷，為一時好古法書者宗。今東樵之所刻，其數差符，觀東樵之篤好於此，而其足備採覽又如此，北孔南姚，殆競美者歟。至文敏書法多力追二王，為名家所共賞，余固非學文敏者，又何能道其萬一。乾隆庚戌仲夏，楚北李聊第。

《太原段帖》

論說

清・王乿《太原段帖跋》 初，余嘗總角時，即聞山右有公他先生。稍長，學其書，讀其文若詩，雖未能索解，而心竊好之，蓋常以不得游先生之門為恨者數十年。歲癸亥，以假館魏榆，始受學於先生。先生之門有段子叔玉者，博學多通，嘗集先生各體書，手自勒石，將公諸天下，先以示余。余學書雖不成，然常有管蠡之見於先生矣。曰：先生之以書名天下，非先生意也，先生尸祝天下久矣，何假於書；且先生逃名者也，而猶執一藝以駴天下，是劵外也，豈先生意耶。然則書何為者。曰：有書之書，有不書之書，先生不書之書也。海水澒滑，山林窅寞，伯牙之琴也，不待撫桐操絲而知其工也。登高山，履危石，臨百仞之淵，伯昏之射也，不待破的貫革而知其善也。先生之於書也，亦若是則已矣。先生之學，無所不闚，其中之所得，杳然難測，至其緒餘之出，則孚尹其采玓瓅其光，先生亦不得秘焉。頃者，道窮德隱，屏跡丘園，山靜日長，無所事事，不過借識毫片楮以陶寫性情、銷磨歲月耳。乃其高風亮節、奇懷偉抱、出塵拔俗之標，遠寄冥搜之韻，自有露之筆端，透之紙背，不求工而工，不期善而善者。故其模楷端凝，則岳峙淵停也；其陳園合變，則鵬翻鼇没也；其神姿卓犖，則松竹之表秀干雲；其逸氣飛揚，則鷩鶴之騰天上漢也。若其規矩從心，疾徐應手，如工倕之指與物化，庖丁之官止神行，無法不該，無美不具，則學者披卷燦然，無俟更僕矣。雖然，向者一紙之貴，三傾五城，天下誰不學先生書者，亦復誰能學先生書者，其故可思也。不然，以書名天下，先生豈杓之人耶。清苑後學王乿題。太原後學段維宸書。

《尊頡堂帖》

論說

清・劉飛《尊頡堂帖跋》 博文貞先生墨刻，《嗇廬帖》、《元仲帖》為最，賀帖、段帖次之，而段帖盛行者，以不禁模搨故也。嗇廬搨本絶少，石在西村者，同族亦不能搨，字心多用小斧鑿壞。余輯仙儒外紀，收《元仲帖》名有《還金記》、《陰符經》、《冠山婆碣》。後得潛厤集帖卷軸甚富，惜搨法俱劣，難以重摹，石皆無考，或云陘人假去，名山勝刹古觀荒琴，耳聞而不見獲見，偶見而不令鉤，鉤矣未必為善本，未得付之帳望，已得可任其散失乎。太谷員君菊亭屬余上石，因命子弟輩取搨法稍可者相意橅勒，非有所擇也，皆先生當年及見者。近人所刻，不敢妄收，惟省心堂無憾。所録較多，特草書數行，未解運筆精意，審而存之，以備一體。壽陽劉飛謹識。

綜述

清・祁寯藻《尊頡堂帖跋》 吾邑劉學庢先生酷耆傳書，兼工鉤摹，每得佳蹟，必付李君復手鐫。此帖為太谷員君菊亭家藏，劉橅李刻，並擅其勝，必可傳世。因録舊題段帖詩於後，雪庢見之，當以子雲知己之言為不謬耳。咸豐頒朔之月小雪日，祁寯藻觀並記。

《詒晉齋法書》

題解

清・楊守敬《學書邇言》 《詒晉齋帖》八册，成親王以所藏古人墨迹，屬袁治上石，摹刻最精，出《三希堂》上，顧流傳不多。其中所刻《黄庭經》真無上神品，非唐人不能。以為光堯御筆者非也。

紀事

清・愛新覺羅・永瑆《詒晉齋法書跋》 永瑆跋臨《右軍帖》卷云：余少壯時，喜臨閣帖，稍得意，即裝成卷軸，私心謂可傳也。由今觀之，始知去作者尚遠，亦猶詩文之道愈進愈厭其少作，未有不悔開雕之早者，余幸未自勒其字於木石。迺有浙人錢生泳者，未嘗識余，不知從何處得余書數種，遂爾鉤模鐫石，余於他所見搨本，深為怪歎，即今尚不通一問也。究不曉生何為好事如此，亦聽之而已。嘉慶辛酉七月。成親王記。

清・錢泳《詒晉齋法書跋》 先是，嘉慶四年春，泳北游京師，謁鄭親王，王以成邸所書進學解見示，命為雙鉤刻石，而質郡王亦有以草書百家姓命刻者。既而復在肅王府借論書三帖，旋又見陳梅垞、家黼堂兩侍郎及吴穀人祭酒俱得有成邸書法，陸續雙鉤，集為四册，名曰《詒晉齋帖》。自此海内風行，珍如拱璧。十年三月，泳再游京師，主刑部員外郎盛松雲家，嘗與松雲商刻二集三集四集以廣之，凡王公貴人藏有成邸手書，皆為借閱雙鉤，時當盛暑，僕僕於車塵馬足間者幾三閲月。是年八月，始從潞河歸棹還江南，遂陸續上石，年餘始成，合初刻四册共十六卷，彙成大觀。不數年，南北俱有翻本，為海内學書者圭臬云。嘉慶己卯春日，泳謹記。此跋見寫經樓金石目，原帖無之。

《惟清齋手臨各家法帖》

題解

清・錢泳《惟清齋手臨各家法帖跋》 錢泳云：《惟清齋書帖》四卷，今禮部尚書鐵公保書。凡臨晉唐小楷及《王右軍十七帖》、大令敬祖新婦諸帖、褚河南《枯樹賦》、懷素《千文》、米海岳峙類，計四卷，後有翰林侍讀吴山尊鼒跋語。知嘉定縣事無為州吴盤齋桓介余勒石者也。寫經樓金石目卷十五。

紀事

清・鐵保《惟清齋手臨各家法帖跋》 余甲戌謫吉林，老屋數椽，足蔽風雨，曾為大夫，不可徒行，暮年昏瞀，不耐酬應，鍵户兀坐，静極思動，聊以筆札自遣。目力漸昏，不能細書，漫臨行草數種，寄元兒藏之，知老夫顛沛之中，興復不淺，非徒以家雞示愛也。晉以前高遠，不可幾及，元以後又未免近於姿媚，均不臨入。其他如虞、柳、黄、蔡諸家，因案頭無帖，姑闕之以俟他日云。乙亥三月，識於吉林小寓。鐵保。時年六十有四。

又 汝父自十幾歲即喜作詩文，不圖廿一歲成進士，觀政吏部，日事簿書，遂荒舊業，唯詩字為性之所近，尚不釋手。乃近年來仕途多舛，興致漸頹，遂不作詩，唯以筆墨消遣。凡唐宋諸家石刻，無不臨摹，雖無入處，然遇得意時未嘗無恨古人不見臣之歎。余老矣，目力漸昏，細書已廢止。此數册是半生精神所託，今付汝藏之。子敬自稱勝父，知汝不能不愛家雞而喜野鶩，亦是大病，願汝莫效之也。人生七十古來稀，余去古稀僅六年，一切功名學問尚有何事掛心，但得目力不壞，静坐臨池，即是樂境，雖遠戍吉林，亦與在家無異耳。元兒勉之。草草不盡。乙亥三月九日，梅翁老人書。

又 余前四卷自唐以下，不及羲獻，謂其高遠不可及也。繼思書家以二王為宗，略而不存，難以入手，為補臨之，以示元兒。孫過庭《景福殿賦》則章草之遺，不可不知，遂並臨之。時嘉慶丙子三月一日，梅翁鐵保識。

余臨各家書五卷寄元兒藏之，不過欲存老年精神，非敢出以問世也。乃元兒竟摹勒上石，余滋媿矣。成事不説，姑毋深論，内多不經意之作，舛誤甚繁，觀者諒之。梅翁又識。

清・吴鼒《惟清齋手臨各家法帖跋》 惟清齋石墨座師長白鐵公臨晉唐人書，附以手牘三，凡四卷。家兄槃齋于十五年前見公書于鼒所，即大悦服，謂鼒曰：今代書傑輩起，若公行楷，無論仿古自運，真能得法虞楷，以仰闖右軍之室者也。至于梅溪錢君處，復見公書，遂全以上石，命鼒書尾。憶乾隆癸丑丙辰，鼒計偕入都，主公家，公謂鼒曰：子詩非金華人語，而書筆近俗。鼒聞之汗浹然，常從旁觀公書，亦稍悟用腕之法。前者公命鼒叙詩集，輒推本忠孝之旨風雅之原以告言者，知公詩非徒作。今又四年，公清德益峻，惠我人者厚且有恒，公之所以式儒林者，獨詩與書乎哉。顧鼒以白髮門生，又為詞館得進職文字，碌碌無所表見，今將歸養其親，與邦人續王褒率職之詩，立張遷垂愛之石，而詞與翰皆不能仿佛萬一，蓋擲筆而背又泚矣。嘉慶戊辰斗指亥，受業吴鼒跋。

《問經堂帖》

論説

清・侯雲松《問經堂帖跋》 右施秋水少府摹刻梅溪先生縮臨各隸書，皆漢碑也。梅溪隸法探索魏晉源流，規橅諸家，運以己意，未易指為某代何碑，其可寶貴正在是耳。少府博雅，工各體書，能刻劃金石，故鉤搨精妙乃爾。王元美評《寶賢堂帖》，謂摹刻搨三手皆不稱。固知賞鑒家鐫布善本，彌自珍也。嘉慶丙子秋仲，白下侯雲松拜觀。

紀事

清・施淦《問經堂帖跋》 金匱錢梅溪先生，工隸古書，為海内稱重久矣。嘉慶癸酉十月，先生來吴門，信宿小齋者二十餘日，所得吉光片羽，俱什襲而珍藏之。爰刻諸石，遂成四册。昔趙吴興見《右軍大道帖》，願供摹搨之役，古人服膺之義，淦竊有取焉。越三年秋七月，蕭山施淦識。

篆刻總部

印人部·唐宋印人分部

盧奂

論説

元・張憲《玉笥集》卷五《方寸鐵為印工盧奂賦》　唐有處士，曰賤臣仝。心一寸鐵，正直以剛。誓刳蟆腹，還明月光。又有奸相，曰李十郎。腹懷利劍，人莫敢當。一正一邪，不翅臭芳。爾奂後出，方雨錚錚。不藉鍛礪，自成利鋼。全省鋒蓄鋭，戲我文場。鐫斯刻籀，用代筆耕。惟多事秋，所在侯王。載玉其符，亦金其章。頑石獻諂，赤伏貢狂。奂不往刻，立取榮富。嗚呼，奂鐵孔方，奂心孔長。持爾利器，往獻我皇。刻泰階符，俾天下昌。無俾爾祖，專美有唐。

祝温柔

紀事

《宋史》卷一五四《輿服志六》　乾德三年，太祖詔重鑄中書、門下、樞密院三司使印。先是，舊印五代所鑄，篆刻非工，及得蜀中鑄印官祝温柔，自言其祖思言，唐禮部鑄印官，世習繆篆，即《漢書・藝文志》所謂屈曲纏繞，以模印章者也。思言隨佳品宗入蜀，子孫遂為蜀人，自是臺省寺監及開封府興元尹印，悉令温柔重改鑄焉。

曾大中

論説

宋・陳櫄《負暄野録》卷上《近世諸體書》　余嘗評近衆體書法，小篆則有徐明叔，及華亭曾大中、常熟曾耆年。然徐頗好為復古篆體，細腰長腳，二曾字則圓而匀，稍合古意。大中尤喜為摹印，甚得秦漢章璽氣象。

吴景雲

藝文

宋・真德秀《西山文集》卷一《贈吴景雲》　昭武吴景雲，善篆工刻，為余作小印數枚，奇妙可喜，因有感，為賦二首。

錕鋙切玉爛成泥，妙手鐫銅亦似之。若會此機來學道，石槃木鉆有通時。

腰間争佩印纍纍，真印從來少得知。不向聖傳中有省，黄金半大亦何為。

蕭文彬

藝文

宋・文天祥《文山集》卷一《贈刊圖書蕭文彬》 蒼籀書法祖，斯冰篆家豪。昔人鋒在筆，今子鋒在刀。收功棠谿金，不禮中山毛。囊錐脱穎出，鐫崖齊天高。

印人部·元代印人分部

朱才俊

藝文

元・方回《桐江續集》卷一六《贈刊印朱才俊》 科半何年變篆字，至秦程邈翻為隸。今人但習真草行，誰會六書三耦意。篆所最難柱與圈，學打一圈費三年。豈容臆決蔑師授，汩没形象迷傍偏。九江法帖鐘鼎刻，兵火以來猶可得。人間亦有説文本，臣翺反切臣鍇釋。朱生贈我古印章，奎躔壁度森開張。自言少小嗜此藝，意欲徑上陽冰堂。細觀刀筆最佳處，頗識傳箋通訓故。苟焉餬口棲此身，元來亦是知書人。

熊默菴

紀事

元・劉壎《隱居通議》卷一七 有熊生者，善篆刻圖書，而自號默菴。予友吴允文侍郎為作《默菴銘》，直以山谷之説檃括為文，雖一時戲筆，而鎔意鑄詞，頗有巧致，且于印事甚切云。

曾維新

藝文

元・劉詵《桂隱詩集》卷四《贈曾維新工篆章》 風吹鐵筆雪珊珊，篆法推尋古意還。老云姓名誰記憶，若為鑱刻得人間。

林玉

藝文

元・吾衍《竹素山房詩集》卷三《贈刊生林玉》 我愛林生刻畫勞，能於筆意見纖毫。牙籤小字青銅印，頓使山房索價高。

李才甫

藝文

元・譚景星《西翁近稿・題李才甫圖書卷》 琱戈之篆，銅槃之文，飛鸞舞鳳，鎪瓊鏤珉。吾儒得之，斯文之徵。於以傳千古文章之心印，又何必纍纍□肘後之黃金。

顧仲英

著録

清·畢瀧《廣堪齋印譜》卷下《跋玉山完璞印》　竹根印，象鈕，款識：金粟道人製。此印乃顧仲瑛之物也。仲瑛元季時，以貲雄吳興，所居界溪別業，名玉山佳處，集四方文士相與□□篇什，今所傳《玉山雅集》詩是也。亭館聲伎之奉，□□彝鼎盛之多，甲於一時。晚年視天下將亂，盡散其家□，隱於吳興之商溪，得全其身，以浪迹江湖，與倪同一卓雅克薩。其後更名完璞，故所著詩曰《玉山璞稿》。為老友支玉山得之玉峰人家，玉山寶愛，藏篋中□載。己亥冬，玉山下世，余從其弟金山易之，朝夕把玩，如見故人，並幸名物之得所歸矣。於鐫手之蒼秀樸雅，不待余言，當與彝鼎盛、璠璵同一寶貴可也。壬子春，竹痴道人記。

李子奇

藝文

元·黃鎮成《秋聲集》卷九《贈李子奇序》　同郡李子奇，有材藝而自隱於世者也。子奇幼孤貧，獨與其季奉母居陋巷，浮沉里中，泊如也。然好學博古，於鍾鼎盛、籀篆、分隸之書，律呂、還宫、正變之法，有能知者，莫不辨問究析，以求其端。尤善琴，得美材輒親斲新調，有何漆治飾，製範古雅。遇水竹佳處，正襟撫几，為鼓一再行，陶然適趣，傍若無人，若非其地與非知者，即强之不顧也。先漢公私印章，多所考綜，凡圖書欵識，或範銅、鐫石為之，得良朋友即與無靳也，若非其人，雖貴勢厚資不屑也。所居庳垣敗屋，風雨不庇，而華琚連騎之客日造其門。儲無甒石，而奉親菽水之具，當盡其歡心。好事者黨周之，而未嘗苟受，博雅之士常樂與之為友，而亦未嘗苟同。籲，若子奇者，蓋未易測其所至也。人患不能名一藝，有藝患不見用，苟用之，下來暇擇其人而為之去就。貧患無得，苟有得，孰能計其義之當否而後取。是皆常人之所難而子奇以為易者也。今有位者巧宦而益尊，多貲者家奪而益饒，然而未常有行學之可見，乃使介然有志之士沉困於窮閻，豈得此遺彼司造者不能齊耶，將俾不奪於外，得益致精於其藝耶，是未可知也。因子奇之事，不能無所感，故次第其說而序之。

錢瓛

藝文

元·吾衍《竹素山房詩集》卷三《贈刻圖書錢拱之男錢瓛二絶句》　唐人小印網蛛絲，漢篆陰文古且奇。賴有錢生能識此，免將古譜較參差。

一種青銅自琢磨，爾家銅色似宣和。十年為爾騰聲價，不道平生篆已多。

吾丘衍

著録

明·汪砢玉《珊瑚網》卷一〇《吾子行書古文篆韻》 此本為吾子行先生筆也，先生名丘衍，住杭之先花坊，時年二十七即不下樓，樓上下分業子弟，客至，僮輒止不使登，通焉使登乃登。先生好古，變宋末鍾鼎盛圖書之謬，寸印古篆，實自先生但是之，真第一手，趙吳興又晚效先生法耳。所著有《學古編》、《字源七辨》、《篆品三十八則》。私印有竹素山房、吾氏子行、我最嫩、懷真樂、飛丹需數印。印鼻小韋帶，當在手弄之，蓋欲和其四稜，今有古意。是本正子行耑業，秋巖得而證寫之者下來。至正七年，歲次丁卯。五月望，嘉禾陶九成識。吾子行為錢塘人，不仕不娶，離世異俗，好古博雅，隱居授徒，四方之士相傾慕者，冠履交於户内，而子行不以貴賤為低昂，可者與之，不可者拒之。居僅容膝，迎送未嘗下樓。留心古道，樂志簞瓢，不與世俗争妍巧，蓋亦尚友千載者。弘治初得《説文解字篆韻》於沈石田氏，所少者《古文篆韻》耳，今復得子行手蹟，不惟點畫足法，且合之成全書，良足快心耳。喜靖甲午中秋，菽園庸史王鴻羽識。王氏可儀。

吳子善

傳記

元·黃溍《文獻集》卷九下《上海縣主簿吳群墓誌銘》 君諱福孫，字子善，姓吳氏。其先有為宋執政者，曰正肅。公育自建之浦城，徙汴之新鄭。南渡初，有自汴之新鄭徙武義者，曰克立，逮君闕世矣。父東又自婺徙家於杭，故今為杭州人。母施氏。君生而俊爽，稍長，强學好修。元貞元年，君猶未冠，用浙西憲使東平徐公察舉，補嘉興路仁厚學録，遷寧國路仁厚學正。江東憲司治寧國，涿郡盧公按臨之暇，略其勢分而與之遊，數以詩篇相但是答。君既書，再考例當序進，絶口不自言。前代名流及時之雅望，若戴先生率初、仇先生仁近、胡先生汲仲、鄧先生善之，咸加愛重，莫不折行輩與之均禮，魏國趙文敏公待之尤親密。文敏以善書名天下，慕而效之者往往逼真，然突進有若君能得其早年楷法之妙者。君兼工於篆籀，文敏極稱許之。皇慶二年，詔起文敏入侍講於集賢，輓君俱行，中朝賢士大夫禮遇甚至，君泊然未嘗有所造請。至治二年，乃以教官借授潮州路潮陽縣青洋山巡檢。遐荒之地，縣長貳久闕，君攝縣事，獲强盗之逋誅者八人，脱平民被誣於盗者若干人，而獲其真盗者若干人。廣東憲府有疑獄，多以諉焉。未幾，移疾而歸。至順二年，赴選集於京師。某月某日，天子坐奎章閣，阿榮大學士以其所作小楷書數萬字上進，因得召見。庫庫學士方侍書於閣中，前奏曰：臣濫得能書名，如吳福孫所書，雖臣亦有所不及。上頷之，命侍臣引金鍾，酌酒以賜。將用為閣職，有沮之者而止。今上皇帝至元元年，調黨州路儒學教授。君氣岸素高，又在師儒之位，不肯為諂曲以事上官，竟坐是去。改調嘉興路澉浦大使，君承命欣然就職，殊不以為歉也。晚益務恬退，足跡不涉達官贖人之門，日與方外大老玄覽王真人及名公之歸休弗仕者湖南帥於公有卿、道州守徐公叔清、翰林次對劉公時中徜徉湖山間，不復以仕神妙為意。至正六年，銓曹考其資歷，當升授將仕佐郎松江府上海縣主簿。到官之始，歲適大旱，有禱立應，遂為豐年。理民田為豪强所據久而不歸者，諭止婚姻之訟積數歲不决者，它利害有當興除，方次第舉行，俄奉省檄，詣温、台兩郡臨給鹽場工本。七年秋，執事於鄉闈，甫畢，復俾馳傳督閩中税賦，以疾還上海。八年下月十三日卒於所居之廨舍，享年六十有九，以某年某月某日還葬錢塘縣欽賢鄉西溪花無情先墓之西。娶唐氏宋朝請大夫天麟之孫女，前五年卒，合葬焉。子男一人，肅，女一人，適宜興岳榜，早卒。孫男繼善。君明敏出於天性，豪邁不羈，談辯絶人，娓娓不倦，好客之名聞於四方。自儒、釋、老氏至於岐黄、《氾勝》之書無不讀。噴香古彝器、法書名畫，其書篆施於金石為尤宜，奉贄幣求之者無虛日。禮部尚書台哈布哈嘗為扁其所居曰清容軒，因自號清容野叟。所著有《清容軒手鈔》若干卷，《樂善齋集》若干卷，《古文韻選》若干卷，《古印史》一卷，藏於家。君入仕時，年甫十有六，至四十有三，始被初命，及出佐一縣，已六十有七矣，間一歲遂不起。士患不遇，君可謂有所遇否乎。後來者居上，而君僅止於斯，天乎人乎。肅以狀來謁銘，謹摭其所述，附以平昔所知者，序而銘之，銘曰：

先發而後至，進難而退易，不汲汲於富貴，類依隱以玩世。鬱鬱而不衰者，浩然之氣。俯無怍兮無愧，不羸於躬兮來者之畀。

朱伯盛

論説

元・朱珪《名跡録》卷六《附贈言・贈朱伯盛詩序》　士不用於當世，必有託焉而隱者。雖一藝之微，一事之微，皆不恥為之，故往往有託於農圃、巫醫、商賈、羣工之中，蓋惟求其可以自晦而已，又庸計其高挺進可否而□處其地哉。吴郡朱珪居婁江之旁，無他嗜好，獨喜周籀秦斯篆畫之古，取石鼓嶧碑之文，習之既久，而盡悟其法。因善為人刻印，賢士大夫多就珪求刻焉。珪之言：吾聞位高者身危，禄富者憂大，名盛者毁隨。彼有自少壯而仕，至發落齒脱而不知止，及其遭疑忌而廢斥，羅刑闢而戮辱。于是時也，則雖深咎極悔，已無及之矣。運轉吾耑吾意於篆畫，唯求其無部分之失，旁從之譌而無戾夫古人制作之義，吾過亦寡矣。若珪蓋有託焉而為者歟。永嘉李孝光、吴郡張雨作詩以貽之，珪不絶于當世賢者，則其為人又可知已。故予系之以序。至正十年四月，昆陽鄭東書。

藝文

元・朱珪《名跡録》卷六《附贈言・贈朱伯盛》　知君用意出雕蟲，自較明窗小篆工。争鑄方銅刻私印，姓名僅了百年中。

又　舞鳳蟠螭追遠古，雕鏤纖妙入秋毫。佩身可比玉剛卯，贈汝愧無金錯刀。李孝光。

又　子刻印如刻秋濤，轉摺變化手縱操。蝸匾神凝李斯篆，肯綮妙悟庖丁刀。漢章舊制蟠龜鈕，魏武新書虎豹韜。太史周南縱留滯，劍文仍欲洗金膏。鄭元祐。

又　煒煌金石刻，鬱崛蛟螭文。猶遺姓名在，蕭然秦漢分。寶玉道幾息，瑰奇散如雲。朱翁業古藝，千古揚清芬。

又　門前索印索如逋，一榻西山對酒壺。池看科鬥春波活，樹養珊瑚雪影扶。縱有黨碑石肯附，只貺奇字手親摸。幽居巷里時相見，清比詩人骨更臞。郭翼。

又　神斧磨天割紫雲，仙葩殞玉發奇芬。靈書寶訣開剛卯，不數人間小篆文。

畫刻輪君總色絲，前身想是伏靈芝。虎頭食肉元無相，鑄鈕休傳左顧龜。

我家金粟道人章，瓦欵蟠螭識未央。千古典型今復見，佩之何必獸頭囊。

鏤玉鍍金與錯銀，盡將工巧失天真。君能獨掃雕蟲伎，定如當年合入神。

伯盛朱隱君，予西郊草堂之高鄰也。性孤潔，不佞於世。工刻畫及通字説，故與交者皆文人韻士，予偶得未央故瓦頭古泥中，伯盛為刻金粟道人私印，因驚其篆文與製作甚似漢印。頃又以趙松雪白描桃花馬圖鉤勒于石，精妙絶世，大合松雪筆法，惜其不得從遊於松雪之門，使茅紹之專美於今世。因題四絶於卷末以美之，伯盛勿以予言為譽，後必有覽事者公論也。至正十七年中秋日，書於玉山草堂，金粟道人顧阿瑛書。

又　朱生心似鐵，篆勢藝彌精。應手多盤折，纖毫不重輕。幺麽形獨辨，蝸匾勢初呈。漢印規模得，秦碑出入明。風流金石在，潤色簡書並。餘刃庖丁解，風斤郢匠成。達觀應自我，賞鑒足平生。趣刻無多訴，因君托姓名。陳世昌。

又　白首耽書更不忘，鵠文蟲篆爛生光。高人為賦峩冠石，太史曾題琢玉坊。野發動踏雲閒訪竹，春簾迎霧静焚香。别來又泛松陵櫂，渺渺輕鷗江水長。盧熊。

又　少林心印元無文，刻雕無乃傷其真。太樸未分親見得，伯盛妙手何超倫。千聖頭邊不一印，猛虎插翼龍奮迅。疾飈過風正令行，不妨堪作如來胤。釋清欲。

又　西祖傳心不以文，伯盛用之心更真。印空印水印泥也，左旋右轉世絶倫。鐵牛之機即此印，石火電光何足迅。得之于手應于心，聚螢讀書笑車胤。釋知寬。

又《方寸鐵志》　吴門朱珪氏，師濮陽吴大小二篆，習既久，盡悟石鼓嶧碑之法。因彙為人刻印。遇茅山張外史，外史錫之名方寸鐵。持以過錢塘，訪予于吴山次舍，求一言白其所謂方寸鐵者。予笑曰：予方以鐵石心取乖于世，而子又欲乖我之乖乎。雖然，古之豪杰修己治人者，必自方寸鐵始，黄金白璧可磨，此鐵不可磨也。予以是鐵印諸金玉銀鋼犀牛象使佩之者，皆無愧於是鐵。外史氏心印之教行矣，豈直無悖於篆畫，無戾夫古制也哉。今一妄男子釋蹻起閭巷，取封侯印如斗大，咫尺書驅役帶甲百十萬，如金翅鶚逐百鳥，無一敢後者，金印之權重矣哉，吾不知果能為天子剪狂寇，佐中興，為生民開太平，無愧于汝鐵，不則徒以苟富貴，不至於腐屍滅名不已，使得珪方寸鐵印，斯可以蒙金斗而壽榮名矣。珪或為今將軍刻符印，其亦以是告之。至正十九年秋七月八日，李黼牓同甲進士，今奉訓大夫江西等處儒學提舉楊維楨志。

又《方寸鐵銘》　婁東朱珪字伯盛，工古籀篆文，其于六書之義，攷之尤詳。嘗以餘刀刻印章，則為中吴絶藝。間遊錢塘，遇句曲外史張雨，名之曰方寸鐵，蓋以喻其能堅其志操，期以進乎道，亦若桑圖僑志於鐵麵包之鐵云。雖然，科斗書廢已久，必以篆籀為師法，漢隸而下不足論，能復其古，其庶幾朱君乎。朱君與予相遊從，知其志操之日堅，今年予來玉山中，聆朱君之書法益有進，是猶張旭悟公孫大娘之舞劍器也。見其刻玉石如切泥，則又若漆園自詩庖丁解牛而得肯綮也。張得于舞劍，庖丁得于解牛，吾知米君得于書而悟外史方寸鐵之旨矣，遂述其事而為之銘。銘曰：聖人作，人文開。龍馬出，榮圖來。神農氏，尚結繩。民勿犯，俗厖淳。史蒼頡，訊息有制。譬孳乳，乃曰字。越夏商，歷周秦。科斗廢，籀篆臻。漢而晋，書變作。唐風媮，政日惡。曰逮今，邈寥寥。事刻畫，昆吾刀。鍾鼎彝，石鼓頹。心太苦，婁朱珪。至正庚子夏四月二十六日，河南陸友仁造。

又《方寸鐵頌》　緊方寸鐵，媲昆吾刀。游刃發古墓，妙契縱操。六書奥旨，探賾捐勞。史籀秦斯，作則孔昭。翔鸞翥鳳，騰龍騫蛟。為印為章，奎壁麗霄。文苑藝林，世賴崇褒。我公佈匪私，永言不佻。至元庚子八月十八日，淮海秦約造。

又　朱君手持方寸鐵，撫印能工漢篆文。並剪分江龍噴月，昆刀切玉鳳窺雲。他年金馬頻承詔，此日雕蟲試策勛。老我八分方漫寫，詩成亦足張吾軍。至正辛丑八月朔，平湖草堂中寫，隴右邾經。

又　蒼頡製書觀鳥跡，白日能令鬼神泣。何如朱生手中一寸鐵，文章刻遍山頭石。山石可移心不移，生精此藝將奚為。生言平生苦心力，過客摩挲那得知。願將此鐵獻天子，為國大刻磨崖碑，為國大刻磨崖碑。盧陵張昱。

又　人心何危患多岐，方寸之鐵貴自持。百鍊耿耿明秋暉，彼柔繞指惟詭隨。朱盛明勁真吴兒，法書鐵畫過李斯。晴窗握管儼若思，學成變法出愈奇。鐵耕代筆猶神錐，用之切玉如切泥。孤忠不媿月食詩，清便更賦梅花詞。元祐黨碑我所非，驢鳴犬吠吾所嗤。雕蟲小技用兒嬉，屠龍妙割嗟奚為。盛乎盛乎知不知，北南車馬得得來，大書深刻磨崖碑。至正二十年庚子歲夏六月初吉，天台氏元鼎盛造。

又　神裏昆吾一寸鐵，江南碑碣萬家文。玉符金印雲台將，大篆煩君為勒勳。雲間陸居仁。

又　十年兵興遍天下，石山大火羅浮野。野火燒盡秦漢碑，咸陽鬼哭無人打。故人吴睿業篆隸，好古乃有如珪者。妙刻金粟道人章，尤工白描桃花馬。金印徒聞如斗大，零落當時建章瓦。君不見黄宿主仙、伏靈芝、北海久長高聲價。武夷山樵者錢惟善題於海嘯軒。

又《靜寄軒詩三首》 靜寄軒中無垢氛，研苔滋墨氣如雲。匣藏數鈕秦朝印，白玉蟠螭小篆文。

獨行應如魯獨居，心同柳下孰云迂。從教鄰女衣沾濕，試問高人安穩居。

身似梅花樹下僧，茶煙輕颺鬢髯鬙。神清人口孤山鶴，瘦骨伶仃絶愛憎。雲林子。

又《朱伯盛甫小像贊》 游乎古六藝之林，業刻符而工摹印。善學魯獨居之男子，身不娶而能忍貧。飲沆瀣而為漿，友寂寞而與隣。瘦骨昂藏，老宿主精神。善追蹤西塞山前之漁，寄迹桃花源上之民者歟。辛亥十二月倪瓚書。

盧仲章

藝　文

元・陳基《夷白齋稿》卷一六《贈盧仲章詩序》 天台盧仲章，以能刻金石為印章知名士大夫間，士大夫之樂道仲章者，咸貺之以詩，仲章亦何能致多若是哉。夫工商梓匠，邦國之用，器械之備，養生送終之不可以或缺者也。必服牛馬，越川谷，達陵陸，窮深極遠於中國，而後可以通有無，利器用而乃宮室具焉。然而商不齒於士大夫，工不得列衣冠之末，何哉，所業不同而所趨者異也。今仲章之節以為工乎，則大夫士之所齒，以為商乎，則衣冠之所樂道，而與進之。不服牛，不駕馬，無陵陸之勞，無川谷之險，而亦以其藝交於中國，其為用雖若無取於養生送終，然大夫士似亦不可少焉。噫，仲章之藝亦善矣。古者諸侯謂之章，大夫謂之印，今者夫人而用之矣。仲章以其藝游於公卿大衆之門，而切切然從大夫以求其言，何為也哉，茲者有請於予也，因書以歸之。

藝　文

元・賴良編《大雅集》卷三《方寸鐵為盧仲章賦》 方寸鐵，百鍊剛，吹毛劒鋒秋水光，鐫勒妙擬部竹房。倒薤文，連環鈕，通侯纍纍懸肘後。伏龜趺，蟠螭首，公佈德紀功垂不朽。鐵名已著霜滿顱，復得鐵業傳二雛。勿劓元祐黨，勿刻詅癡符。何如往補石經缺，萬古六書存楷模。天下英髦知所趨，伊誰之力丹丘盧。

張天舉

藝　文

元・李祁《雲陽集》卷九《題張天舉圖書卷》 禾川張天舉，書生也。攻篆刻印章，位置風格，率不失古意，一時士大夫多愛用之。間嘗為予作二印，予語之曰：予老矣，無復用意斯文，恐負子印。方今泰運漸回，將見氛翳開豁，壁奎明耀，文章翰墨，宜有盛於曩時，則子之精藝，其見愛用於當時之士大夫者，亦將不啻今日矣，子姑待之。

王冕

論說

明・鎦績《霏雪録》卷上　初無人以花蘂石刻印者，自山農始也。山農用漢製，刻圖書印甚古。江右熊闕巾笥所蓄頗夥，然文皆陋俗，見山農印，大嘆服，且曰：天馬一出，萬馬皆喑。於是盡棄所有。

柯九思

紀事

明・鎦績《霏雪録》卷上　柯博士九思在奎章閣，嘗取秦漢以還雜印子，用越薄紙印其文，剪作片子，帖褙成帙，或圖其樣，如壽亭侯印，雙紐四環之類，為二卷。余嘗見之。

李士誠

著録

元・許有壬《圭塘小稾》卷一二《題李士誠持信手卷》　《説文》曰：印，執政所持信也。劉氏《釋名》曰：印，信也，所以封物驗也。亦言因也，封物相因付也。今易水時有得，大不過三五分，其文率不同他出諸土者，班班可見，皆私作持以為信者也。然莫盛於近代士大夫簡牘題詠，既書姓名，必繼以印，哆然標榜，以為粉澤。予素疎，但書姓名，乃有刻而見贈，因求印其上者，甚至有假為者，厥後馴習積至盈篋，蓋不有免俗焉。時之所尚若是，雖近文事，其亦文之末也。夫世稱圖書，甚無謂，實印爾。其椌用銅若象若木之堅緻者，惟舉世尚之，故製作日精。然皆出江南，北工未聞也。吾鄉李士誠是藝之精，無愧南工，盖其翁學於江右文生，而士誠傳其家法下來。求扁室顔本之《説文》，以持信扁之，且使知其概，庶不為俗工。

唐克謙

論說

元・王禮《麟原文集》後集卷三《贈唐克謙圖書序》　自書契代結繩以還，人文日宣，而大樸日雕以散，周之璽節，六國之相印，又書契之變也。漢始有私印，以記姓氏，視璽節、相印正刻者異，又節、印之變也。自是士大夫圖書製述，咸以誌焉。意圖書之得名昉此。隋唐而下，舊式漸乖，逮於趙宋，篆涉於巧，制失之誇，於是古篆不復見，而《淮南子》所謂方寸之印者，殆虛語也。元初，中朝諸老丕變文風，凡圖書篆隸，一復於古。印廣以寸為度，痛革宋季鍾鼎盛之謬制而尚友千載，庶幾皡皡乎淳龐之習矣。予嘗玩印刻而思可以得河洛縱横之意焉，可以見井田開方之法焉，可以存盤鼎盛鍾事由之古焉，是則印刻之古也，而所益者廣，所益者廣而放乎古，非人心世道之還淳哉。東昌唐克謙攻文章之印，篆古而制雅，布置得宜，運削匀潔，庚庚然如瓷之碎也，輝輝然如玉之潤也。使益精其説，將識者動目，如摩挱岐陽石鼓，如登嶧山讀秦刻，如鴻都門外睹蔡中郎三體書，詎非藝苑之快事哉。雖然，一事之精，惡足以盡克謙之美，其自牧卑損，慕尚清高，疏通練達，異日且大用於時，而予獨敘其印刻之善者，喜其有助於己也。予於文不工於辭，而尚乎古，又得印刻之精者以黼黻之，豈不足以增重於時人之耳目哉。歐陽公嘗言：吾文將賴君謨之書而傳。予於克謙圖書之印亦云。後之覽斯文者，有不一握為笑也乎。

印人部·明代印人分部

師季則

藝文

明·劉嵩《槎翁詩集》卷五　蜀人師季則，自臨川來靖安，省其姑於李氏，歲暮將歸，辱貽銅刻，賦此答贈。

有美趨庭服，來尋李氏姑。終然思寓縣，復此戒長塗。篆刻銅章古，精神玉樹孤。峨眉煙霧隔，何日上成都。

尹弼

傳記

明·李賢《古穰集》卷一七《奉訓大夫吏部文選員外郎尹君墓誌銘》　尹氏之孤曰天覺，持其父之行狀，泣且告曰：愛吾父者莫厚於執事，幸而銘諸墓，吾父之目瞑矣。噫，我知尹君者，為銘固宜。按狀：君諱弼，字廷佐，號介菴，常之宜興人也。曾祖俊卿，祖伯敏，俱不仕，以善名一鄉。父時中，篤儒行，居亳溪之上，嘗搆一軒，聚圖書其中，扁曰清趣以自適，鄉人稱亳溪處士云。以君貴，贈承德郎、吏部文選主事。母吳氏，贈安人。君自幼端謹，為父母鍾愛。年十八入學，為生徒時，父母繼没，哀毁過禮，里人悲之。正統戊午，以書經中鄉選。明年入太學，學益富，尋歷事吏部，聲譽勃然聞搢紳間。正統甲子春，冢宰試其能，曰：主銓事者，非此人不可。乃請於上而授之，君益自力，期副所知遇。既六載，勤慎如一日，上嘉之，賜勑授承德郎。正統丁卯，進署員外郎。適東宮初建，詔中外之署職者咸即真君與焉。復有白金文綺之賜，又進階奉訓大夫，方期以大用，而一疾不起矣。予昔與君同官，交好最久，見其處己待人，一於謙恭不少懈，言若不出諸口，而勤於職務，人莫能及，蓋訥言敏行之君子也。為詩善古選，有漢晉風味，尤精於篆刻。好蓄書畫，適趣於琴，性不噴香酒，而喜延賓客，此其高情出於塵表，夫豈流俗所能測哉。君生於永樂丁亥八月十三日，卒於景泰甲戌下月某日，享年四十有八。娶吳氏，封安人。子男四人，曰天民、天覺、天常、天秩。女二人，幼在室。天覺等將歸葬於其鄉某山之原。銘曰：以德則壽，以命則乖。從古則然，豈惟君哉。嗚呼，玉之佳在乎無瑕，君之德百世之誇。藏之於幽而不泯者，有燁其華。

曾元友

傳記

明·楊士奇《東里文集》卷二〇《孝子曾先生改葬誌銘》　泰和有孝子曰曾元友，先生没而葬五十有八年矣，其子愚將改葬，寓書北京，曰：先人初葬，不肖孤方髫齓，不能請銘於先輩君子。甫冠，而坐累謫西川數十年，幸老罷歸，又幸得吉壤，將改葬先人，如又不請銘，不孝莫大矣。然先輩君子淪謝已盡，今姻戚中知先人者惟子，遂視所述事狀，曰必無辭。嗚呼，士奇外祖母曾孺人，先生女兄也，士奇幼孤，先生以外祖母憐愛之故，時過撫問，又時遣人抱至其家，親著膝上，啖以糗餌，教誦古人詩，成誦輒喜動顏色。士奇恆著於心不敢忘，銘其敢辭。按：曾氏自團練使某由金陵徙泰和，始居邑西之文溪，以仁厚傳家，代有仕者。至梅伯宋舉進士，紹興府同知，析居岳家巷。子懷可，元袁州路仁厚學教授，學者稱鷗江先生。子思立，篤學不仕，學者稱竹間先生。子三男一女，男龍友、益友，季即元友先生。女歸陳静得先生，先夫人父母也。元友先生諱鼎盛，元友其字，晚更字有實。孝友之行，出於天性，自幼服勞奉養恆先諸兄。元季，紅巾寇猝掠泰和，先生獨負老母出走，寇追及，欲劫之去，跪陳母老無共養者。寇怒，揮刀將殺其母，先生以身翼蔽母，寇益怒，連數刀斫先生頂肩及足，血流於地，而抱母不舍，寇帥踵後至，憫之，命從者以其母子入營，給米肉且敷善藥，數日創愈，予資遣人護送出。時兵禍日甚，奉母竄伏山谷，甘旨恆充。未幾，江西行省參政全普庵薩爾闢為溪書院學正，遂迎母就養。全死，奉母歸，先廬既廢於兵，縣尉楊某為搆室數楹居之，榜曰曾孝子廬。母没，哀毀而盡力喪葬。江西内附，吴去疾知州事，闢典税課，州人譽其廉平。洪武三年，改州為縣，侍御史劉昭先知縣事，以明經舉，引疾辭。八年，知縣郝思讓建社學於城内外，教民俊秀，朔望躬視督勸，禮致明師十人，以先生為首。館下生後多成名以升。先生眉宇秀朗，面潔白如玉，儀度偉然。博學强記，而專禮經，工詩，擅八分書，範金為小印章，渾然古意。佔筮精康節，數嘗奇中。蓋春秋五十有八，生元延祐辛酉八月廿二日，没於洪武戊午五月廿九日。元配鄧氏，繼胡氏，子男二，愚頑，皆胡出。頑蚤卒。孫男三，沆、濬、深。深蚤卒。魯孫男四，鎡、鑑、錫、鋭。元孫一，斆。改葬以某年某月某日，墓在某鄉某山之原。銘曰：凡人百行，孝其權輿。為孝有誠，天將弗違，矧曰人乎。猗歟曾孝子，厥有錫類，錫類無替，曾百世祀。

莫藏

傳記

明·張寧《方洲集》卷二四《莫用行墓志銘》 處士姓莫名藏，字用行，初號佩觿，更素軒。其先居汴，仕宋，隨南渡，因家海鹽。曾祖秀，祖彬，考璘，母林氏，世為善士。素軒生有令質，奮脱庸俗，雅好問學，博涉典籍。通篆隸行楷書。能詩，引申有唐人風致。善鐫刻，得古印章法。時作墨花，亦清潤可喜。天分過人，巧思絕出，未嘗一經師授，而造詣自及。

龔廷臣

藝文

明·程敏政《篁墩文集》卷九一《桐隱為龔鳳賦》 曾向吴門識大龔，喜君繼隱託孤桐。薦書那復干知己，篆刻爭誇似乃翁。竹院隔隣秋興足，葑溪當逕午塵空。君王舊有招賢操，正在南薰幾曲中。

吴龔廷臣博雅能詩，尤精於圖印。予舊識之，且嘗訪之，見其堂扁，曰有竹人家，今十二年矣，獲見其子鳳於京師，其於圖印亦工，又緣其名字之義，自號桐隱。求予詩，輒賦此。以九成之材蓺，當壯歲終隱，而無所遇於異日乎。

宋灝

藝文

明·李東陽《懷麓堂集》卷五三 太原宋生灝手刻先君字法手稿，贈之以詩，時生已授廣平通判矣。正德三年十二月三日。

太原宋生得心畫，點染毫端付金石。寶賢堂晉府上古名書，一一親曾手翻刻。秋闈累舉不一薦，三入長安人未識。喬鄉篆刻初入室，數紙西來搨新墨。是相字如相馬，肯向驪黄辨顔色。吾家府君妙楷法，晉帖唐書飽探索。殘篇斷楮空塵動亂，生也見之三嘆息。摹朱勒石不辭勞。細入秋毫大盈尺。炎天汗浹衣沾濕，晚歲冰霜肉皸折。當其腕指所至時，意匠心師兩無跡。長安俗工不解意，僅有形模少風格。逢至不早亦非遲，猶及仁厚生頭半白。須知絕代有名家，兼為私門存手澤。五百楊梅豈待年，三千薦法空論直。生今作倅當畿府，方以文章為吏飾。他日編成卻寄渠，書中定有長相憶。

胡祈年

藝　文

明・吳國倫《甔甀洞續稿》卷六　胡通侯子祈年，善雕玉印章，為予友汪伯玉、方仲美所賞，因寄贈一詩。

不擅雕龍技，誰操切玉刀。鼎鍾懸法象，科斗變秋毫。迎刃龜書出，藏鋒鳥跡勞。遂令神寶氣，黨並五雲高。

楊慎

紀　事

明・楊慎《升菴集》卷五〇　嘗有友人毋姓者，屬予篆私印，予為寫作毌，且語之原。其人退謂人曰：楊用脩亦太橫，乃欲改人姓音耶。予聞而一笑。

文徵明

論　説

清・馮承輝輯《歷朝印識》《蝸廬筆記》：文太史印章雖不能法秦漢，然雅而不俗，清而有神，得六朝陳隋之至，蒼茫古樸，略有不逮。今之專事油滑、牽强成字者，諸惡畢備，皆曰文氏遺法，古家所薄。夫文氏之作，豈如是乎。

文彭

論　説

清・孫光祖《古今印制》　文博士得漢人、元人神髓，典型古樸，去華麗而務静穆，去峭厲而務渾融，去謹嚴而務閒逸，俗目愈遠，古道愈深。有明百家，無出其右，吳興而後，一人而已。

傳　記

清・周亮工《印人傳》卷一《書文國博印章後》　文壽承彭，溫州公孫，待詔公子，休承郡博兄。孫為匯成持相國，其行誼不待余述，但論印之一道，自國博開之，後人奉為金科玉律，雲仍遍天下，余亦知無容贊一詞。

余聞國博在南監時，肩一小傳輸，過西虹橋，見一蹇衛駝兩筐石，老髯復肩兩筐隨其後，與市肆互詬，公詢之，曰：此家允我買石，石從江上來，蹇衛與負者須少力資，乃固不與，遂驚公。公睨視久之，曰：勿爭，我與爾值，且倍力資。公遂得四筐石，解之即今所謂燈光也，下者亦近所稱老坑。時褀中為南司馬，過公，見石纍纍，心喜之。先是，公所為印皆牙章，自落墨，而命金陵人李文甫鐫之。李善雕箑邊，其所鐫花卉，皆玲瓏有致。公以印屬之，輒能不失公筆意，故公牙章半出李手。自得石後，乃不復作牙章，褀中乃索其石滿百去，半以屬公，半浼公落墨，而使何主臣鐫之，於是凍石之名始見於世，艷傳四方矣。蓋蜜臘未出，金陵人類以凍石作花枝葉及小蟲蟢，為婦人飾，即買石者，亦充此等用，不知為印章也。時凍滿觔值白金不三星餘，久之遂半鐶，又久之值一鐶，已乃值半石，已值且與石等。至燈光則值倍石，牙章遂不復用矣，豈不異哉。相傳褀中入都，某冢宰訝國博，曰：公何不調而北。於是公遂為兩京。國博公左目雖具，而不能視，如世人所云白果睛者。所為印流傳甚多，今皆為人祕玩，不復多見，亦由無譜也。印至索國博章纍纍，僕索一章不可得。褀中曰：郵寄浮沈耳，公誠嗜國博章，國博尚不敢以譜傳，何今日譜之紛紛也，亦自愧矣。國博工詩，吴人張鳳翼曰：文太史詩未必上趣開元，佳者亦不失大歷。後生小子，信口詆訾。迨國博、郡博之作，謂之文家詩。今觀壽承妾家住近江淹宅，曾讀銷魂别賦來，休承五百年來幾摹本，翠禽猶在最高枝，可盡訾乎。因論印而漫及之，公亦何可及哉。

清・顧湘《小石山房印苑》卷一　文博士彭字壽承，號三橋，長洲人。待詔公長子，官南京國子監博士。詩文書畫，世其家學，篆刻尤稱神品，寓巧於法，存質於文，深得秦漢遺意。後來宗之者，則有琚元嶼、陳居一、李長蘅、徐仲和、歸文休、顧元方、邱令和諸君。馮鈍吟云：詩句作印，始於博士。周櫟園司農云：博士所為印，初皆牙章，自落墨，而命金陵李文甫鐫之，輒不失筆意。繼官南雍，路出西虹橋市肆，得燈光石四筐，遂不復作牙章。凍石為印，實始博士。又云：博士左目雖具，而不能視，如世所謂白果睛者。生平自負家世清華，非名人不為作印。其人雖登膴仕，而為僉壬之徒，必婉辭謝絶，故所作亦不多，余所得者，間亦著録《學山堂印譜》，餘皆決擇審慎，不使贋作厠入也。

藝　文

清・愛新覺羅・弘歷《御制詩集》五集卷一六《題文彭所刻圖章九枚》　三橋刀筆非俗吏，落楮揮毫别契神。概括用其自議語，緑野有懷花徑曲。右第一、第二章。衡門無斁茗香新。右第三、第四章。放歌狂飲宫壺酒。右第五、第六章。鳳幾百瑶池仙籙春。右第七、第八章。天澹一簾萃五合。右第九章，各章皆檃括本刻語。東華不識有紅塵。

又《題文彭刻章》　刻石印章復得九，文氏壽承筆以手。各識年月與名字，珍重心期垂不朽。書法篆法胥古樸，摩沙特凍石如瓊玖。燈光妙品是耶非，見周亮工《印人傳》。文甫李牙章較覺醜。人君好惡可弗慎，三橋所作頻煩有。無過雅玩佐文房，自問於斯知懼否。

清・魏錫曾《績語堂論印匯録・論印詩二十四首并序》　贋鼎盛遍天下，俗至不可醫。箋尾雙朱文，秀華擢金支。安得窺全豹，撥霧南山陲。文彭三橋。

程子明

論　説

明・安紹芳《西林全集》卷二〇《題程子明印譜》　余昔與文壽承先生為忘年交，愛其印章之妙不從人間來，既而得新都何長卿獨抉其秘，不意今日復見程生子明也。子明少嘗客予西林，即向慕此道。余因出秦漢印章暨大小篆、蟲魯、鳥跡諸書授之，且與反覆辯論。一夕大悟，遂遊刃若虛。余謂：子他日當以此名天下。生猶遜，未民。乃今一遊白門，而公卿倒屣，聲譽鵲起，始知余非謬賞哉。嗟乎，壽承往矣，長卿已漸季，西來衣鉢，舍子其誰。昔人論沈休文曰：於時謝朓未遒，江淹才盡，不得不批此君。吾於子明亦云。

曹汝忠

論說

明·安紹芳《西林全集》卷二〇《題曹汝忠印譜》　近世譚印章者，何紛紛也。家珍《説文》，帳秘《印藪》，人人自謂探驪龍之珠矣。試繩以古人之法，似合實離，愈巧愈謬，良工苦心，誠不易得哉。乃友人曹汝忠氏，能超然玄覽，一往奔詣，其於魚蟲薤葉，彌所不師，岣嶁岐陽，彌所不討。故成風之技一出，而前無古人，抑何快哉。無他，神遇之也。不觀之業岐黄者乎，求之陰陽，標本鍼石，湯熨治療，非不輒驗，然非飲上池之水，安能見雨量一方人。汝忠家世，名醫也，其神解久矣。出其緒餘，以及雕蟲之技，真若掇之耳。雖謂倉、扁、斯、籀，合而為一人也，夫誰曰不宜。

鮑伯英

論說

明·鄒迪光《調象菴稿》卷三三《鮑伯英印章小引》　鮑生白皙少年，來自塞上，冠敝貼現，履敗愎，短衣楚楚，不掩脛脰。而能為印章，蝌蚪籀篆，博通研索。所為刀法，大得壽承、神妙之諸人意。余心愛之，已而與之語，霏霏玉屑，浮以大白，可二斗而醉。醉去玉山頹唐，絶不作罵坐態。寧聲哉，宜其官止神馳於秦章漢璽，不啻承蜩若是者。而問從塞雨量來，五單於何在，燕然一片石，誰為銘勒，亦有探白猿而授黄石秘書者否。生為撫掌大叫，談説擊劒事娓娓。生雖婁人子乎，而志長在請纓，似不徒以一印章小技從人間博資斧者。昔張旭善草書，見公孫大娘舞西河劒器，書法長進。生於銅槃石鼓之法，當亦從蓮鍔間得之。

周應願

傳記

明·陳繼儒《眉公先生晚香堂小品》卷一七《松陵爛溪周孝廉傳》　周公謹諱慶願，松陵爛溪人也。其祖恭肅公為肅皇帝名臣，四傳而生公謹。五六歲受書，動及千萬言。其父命屬文，即以文奏，命屬詞賦，即以詞賦奏，援筆應聲，如出宿儒。其父摩頂曰：恭肅再生矣。十五補秀才，十九餼於官，試必冠曹耦。【略】所居五畝之宅，花竹回互，鼎盛彝奇石，法書名畫，具體而微。左右縹囊，縱横架上，自經、史、子、集，旁及二氏、九家，以至兵法，禽遁、博算之流，無不該覽。而於六書尤得三昧，先著印説二卷行於世。文章好説龍門，扶風，詩擬黄初，間及大曆，《江左集》四卷，海内尚以未刊為恨。

蘇爾宣

論說

明・姚士慎《蘇氏印略序》 吾友蘇爾宣氏，繅緗舊業，素精六書，殘碑斷碣，無所不窺，所至問奇字者履相踵，其印章流遍海内，與文壽承、何長卿鼎盛足稱雄。然所刻夥，不能盡傳，聊取近歲遊□刻，裒而輯之，曰《印略》。其書篆錯出，不名一家，鐫法亦變幻多端，不主故常，要以歸□樸典雅，令知有漢官威儀，則爾宣行世意也。然是編不足盡爾宣之技，而鐫刻亦不足爾宣之人。世當自有識者。丁巳夏五，姚士慎書。

明・黄汝亨《蘇氏印略跋》 世人纔學書，即聞秦鐫漢篆之古。然豐碑廣額，展動猶易，乃以方寸之石從横□，作者殊不可得。吾所見之爾宣，爾宣博古深思，肖形而變，秀穎邁俗，世之哲士亦難□劉、項矣。又聞爾宣少讀書不屑，志為俠，報仇成名，而晚乃降心此技。此真牀頭捉□也。江夏黄汝亨貞父。

清・馮承輝《印學管見》 蘇爾宣之真力彌滿，操縱自如。

傳記

清・顧湘《小石山房印苑》卷二 蘇山人宣，字爾宣，號嘯民，又號泗水，休寧人。父名彙，善古文詞，山人承其家學，喜讀書擊劍，晚節務為沉晦，風格益高。嘗館文博士家，博士授以篆學，既遊雲間顧氏，檇李項氏，縱觀秦漢印章，盡得其泫，而加以變化。其自序印略曰：余於此道，討古論今，師研友習逮四十餘年，其苦心探索，技進於道可知。馮鈍吟爾宣所作巨印，多用古碑額體，宗之者有陳彦明、何不違、姚叔儀、顧奇雲諸人，所謂泗水派也。

藝文

清・魏錫曾《績語堂論印匯録・論印詩二十四首并序》 仇血濺丹砂，壯哉博士句。如何干將鋒，劃石少奇趣。軒蘇而輊何，阿好不足據。

蘇宣爾宣。爾宣少喜任俠，仇人血濺丹砂紅，李博士應徵贈句也。蘇有專譜，序中謂與主臣同師國博，而爾宣獨得其秘。

程彦明

傳記

清・顧湘《小石山房印苑》卷二 程山人遠，字彦明，梁溪人。篆書與刻印兼善其美，有《古今印則》數卷，俱摹前人名作，蘇嘯民、梁千秋為之校定，董文敏序之，有云：世有為余贋書者，余得彦明印鈐之，不能贋矣。

論說

明・屠隆《程彦明印則序》 諸藝悉可自刱機局，獨古篆之法，雖有絶代神智，必遵古人。至於圖刻，以刀代筆，所貴法律森然，精采自在。小笨則采乏，微纖則法亡。此藝惟梁溪程彦明得之。余觀其《印則》，湖廣去俗體，止存雅製，露面、邈古法，千載猶新。及閲其所自為，遒麗精華，韻與法兼勝，乃信其深於此道。壽承、長卿，鼎盛立為三，咄咄彦明，只此一藝千秋矣。東海友人屠隆緯真甫纂。

明・張鳳翼《古今印則跋》　李斯篆書，無出其右，自八字登於荆璧，遂為印章之祖。迨兩漢以後，無論官印私印，正篆説篆，率昉於此。予少負此癖，每與文國博壽承、許太僕元復、王考功神妙之三先生談及，未嘗不移臨戰也。三先生往矣，代不乏人，而後來之秀，乃有程君彦明。觀其所刻，引申有古意，足追前人。第令及見三先生，必許入室。若予學劍學書未成者，多乞品題彦明哉。張鳳翼。

吴泰和

論説

明・李維楨《大泌山房集》卷一二六《題吴泰和印章册子》　余與吴上林遊三十年，恨未見其母弟泰和，人稱上林難為兄。今年泰和入金陵，以所製印章出視，諸名家稱善相屬。海風此藝推何主臣，主臣没，而私淑者高自標置，得心印，或詭稱弟子欺人。泰和與主臣同里，及門受業，固宜擅場。昔者懷素善書，云學無師授，如不由户而欲出。趙闢善五絃琴，始則心摳之，中則神遇之，終則天隨之。泰和為阿門高第，其以是夫。余聞琅琊王浦穿井得鐵印，其銘曰：傭力得富，錢至億庾。一十三田，軍門主簿。泰和兄弟家故饒，以好文好客貧，上林食神妙差自給，而泰和尚遠游，不偶，手造千百，寧無一似井中神物者，當旦暮遇之矣。

吴迥

論説

明・吴迥《珍善齋印印・吴亦步印章跋》　昔人言，今隸自鍾，王而聖，古隸自邈而聖，大小篆自邈亡。古隸自邈而聖，大小篆自邈亡。後世印章用篆，而沾沾師心牽合所似，古法蕩然矣。亦步研精六書，而成風之妙，蓋自天性，間為識者戇作石章，靡不珍貴。乃亦步歛然曰：吾方求定於博雅君子，庶幾不悖於古。夫亦步印章具在，觀者可考，而精進迺爾，故未易量也。雖然，亦步年甚富，才甚敏，子勉焉，千秋之業，何所不至，此猶其一斑矣。豫章歐陽璨撰。萬曆壬子冬日，陽山徐改之書。

又《吴亦步印印跋》　印章之古，無避秦漢，然秦漢之所以超上乘者，非謂篆法刀法之精良乎。文有大小，有粗細，有向背，有虚實，有起伏。雖曰小道，其究淵微，世工篆刻未窺藩籬，而遽曰我秦也、我漢也，彼懵不知，往往為其所欺。幽莠似禾，白骨疑象，碔砆類玉，又何怪乎斯道日晦。今之視昔，猶風馬牛之不相及耶。吴中壽承文君、元復許君、新安長卿何君並精藝，海内咸知重之，其他學步邯鄲，布鼓雷門，輒稱諸君授受，非不竊譽一時，乃率為賞識撫掌。新都吴亦步氏，穎慧卓悟，博雅軼群，其搦管運刀，非秦漢不作，鐵畫魚蟲，宛出古墓，繆文金玉，共珍鼎盛彝，將欲方駕前哲、啟扃後來者。邀予言為前茅，遂不辭而題諸簡末。齊藩朱承綵跋。秣陵魏之璜書。

傳記

清・顧湘《小石山房印苑》卷二　吴布衣迥，字亦步，休寧人。作印一宗何氏，與同里洪復初齊名。董文敏序其《珍善齋印譜》曰：亦步舞象，氣已吞虎，今猶二十許，以印章絜之長卿，不復可□，不知異時復作何狀。文敏有元賞齋印，即其所作。

藝文

明・吴迥《珍善齋印印・古篆歌贈吴亦步》　蟲書蟻腳龍文篆，流傳世代經千變。李斯之後起中郎，陽冰擇木皆群彦。明朝繼者何長卿，長卿雖歿垂其名。紛紜馳騁不知數，中間罕有稱豪英。新安少年吴亦步，翩翩挺發人驚懼。八法縱横逐手奇，風雷迅作蛟虬怒。雲霞布散聯星斗，天地山川收妙有。千禽萬獸出神形，變幻飛揚亦奔走。衣冠忽狀周旋體，度態巖巖得神理。六藝都窮苦寸心，三才盡悟超玄旨。圖章之妙何如此，猶惜人間未知爾。居然絶技已空群，百尺竿頭不停止。汪道宇。

曹運南

論説

明・李維楨《大泌山房集》卷一三二《曹運南印譜題辭》　聞之人言，畫可摹，書可臨，惟印章非臨摹可就。近代擅此技者，推文博士壽承、山人主臣兩公，信而好古，又能自作古也。然皆江南人，其在江北鮮所知名。余嘗為梁千秋印譜序，頃復有曹運南，則皆江北人。千秋一意以何為師，猶紀昌之於飛衛，造父之於泰豆，故自擅場。運南崛起，名重一時，友人陳山甫賞鑒特至。今觀其譜，篆法、刀法、章法種種具足，而得手應心，神動天隨，結構無痕，大巧若拙，商、周鼎盛，遺文在矣。懷素論書曰：學無師授，如不由户而欲出。顔太保則曰：師授之外，應自得之。蜀公跋醉僧圖，非真得酒中三昧不知此。彼謂筆力簡古，形神全者，猶糟粕耳。竊意運刀精工，蓋有自來，宜其與書畫名家鼎盛立方駕也。昔陳茂有私印曰玄山典記，用則搗白礬，澆麝酒。閒則匣以鎮犀牛，養以透雲香。余獲運南四印之惠，極所珍重，顧未能具諸□物，第評其譜，令世知文、何之後有曹生焉耳矣。

徐元懋

著録

明・歸有光《補刊震川先生集》卷四《題徐元懋印史後》　長洲徐元懋遊魏恭簡之門，公作《六書精藴》，凡其所定著，一字一畫，皆出元懋之手，所謂心畫自然之妙，必有獨得之矣。夫摹印繆篆，八體六畫之一也，漢魏以來，器物唯印章之存於世者最多，予觀陶九成記自宣和印譜以下，無慮數種，其摹刻書具在，今元懋為《印史》，第多取時賢私印而録之，豈謂道無不在，心畫自然之妙，隨所見而可以發之耶。然予獨疑其書之未博，以謂既為此書，宜自秦璽，若王順伯、趙子昂、吾子行諸書，宜皆博攷焉耳。雲章按：宜自秦璽以下，恐有闕文。

董鳳元

論説

明・吴國倫《甔甀洞稿》卷四八《題董生圖書册》　龍圖龜書，文明天造，賭博後則寶鼎盛、石鼓、金、簡、玉笥之文，以逮八體六書，類皆山川藏氣，發於異人鴻筆之士，始得稽采謡籙，刻飾符章，昭大信以傳無窮。及夫鼎甲鉅卿，神明世胄，銘功紀氏，奏記陳篇，由漢以來名家代作。今學士家圖書，其近之矣。四明董生，少年學書好古，尤好作小篆圖，握筆操刀，心手相應，都人士珍購之，生益沾沾自喜，乃挾册謁予索題其端，予故不辨書法，得生所為圖玩之，好古之意，躍然一興矣。東漢荀卿氏且老，謂其子曰：吾綈帙中有先世所傳秘記，嘗為漢用，子其脩之。醫嘻，董生得無意為世用，其尚慎所傳哉。生名鳳元，字體仁。

紀事

清・黄宗羲《明文海》卷三一八　君當萬曆初，及與李於鱗、王元美、徐子與、黎惟敬、吴明卿遊，明卿偶書一添字，君曰：忝下以心從水者非。明卿以為一字師。祕府舊印文有難解者，詔輒問君，君恭釋以進，儕輩無能易者，咸服其博雅。而運字有法，鼓刀有神，即吾丘衍不能過，固宜其獨擅一時也歟。余嘗謂十指間有不壞色身，殆君之謂矣。雖然，君遍交諸貴人，恥事竽摩，貧日西食，淡如長。長安策一蹇馬歸，閉户焚香，誦《法華》、《金剛》諸經，以一切欲空諸所有者。諺云天不以識字為賢智，安知君不一切空之哉。會君求言於余，余多病，願作跋題河外人，姑一為之濡拂，又未始不爽然思結繩這治。君名鳳元，爵里在明卿序中。

藝文

明・徐中行《天目先生集》卷五《贈四明董生善古篆隸印章》　系出廣川後，書探禹穴中。字鐫堪泣鬼，斤運忽成風。繁露原家學，雕蟲總國工。問奇空爾意，予豈似揚雄。

明・徐中行《天目先生集》卷五《贈四明董生善古篆隸印章》　玉几山人家越絶，石帆秦望參差列。揭來燕市二十年，杖底煙雲護雙闕。蓬累朱門浩蕩行，子雲筆札君卿舌。案上長披東觀書，檻前半落西山月。抽毫授簡青尊睒，擊築彈碁白日斜。居貧不受灌夫駡，結客曾過朱方家。好古躭奇工薤粟，蒼茫黯澹神靈器。赤雀銜來玉簡文，玄夷捧出金函籙。巨碣魚龍没水求，大碑風雨摩崖讀。向來此物知有神，蒼露面史籀俱灰塵。銀為不律鐵作限，董君大雅今無倫。禹穴蘭亭日在眼，勸君莫老長生春。玉洞丹霞堪杖策，桃花野水待垂綸。

董善長

藝文

明・胡應麟《少室山房集》卷二二《董生行贈中秘董體仁》　遠遊昔登梁父巔，天門突兀摩蒼煙。秦碑漢碣半寥落，萬家封禪俱茫然。憶從蒼露面制文字，六書燦爛星辰懸。八百年來陽冰死，邕斯體製誰其傳。董生今年政三十，曳裾笑指長安日。論心遇我遊俠場，意氣翩翩指金石。自言家住滄海東，曾入禹穴探奇蹤。門外寒山掛蒼玉，青天削出矍芙蓉。揭來挾瑟齊門老，客子形容半枯槁。黄金臺館天茫茫，擊築悲歌和窮鳥。興到長鐫石鼓文，快劍長戟秋森森。突兀虬龍起幽壑，翶關懷鸞鵠迴高林。金薤琳瑯遍筐篋，螺畫蟲書互驚絶。白石煙銷苔擎天凝，寒雲海凍珊瑚裂。年來徵仲數八分，長沙小篆稱通神。生也雕蟲不自惜，往往制作追前人。偏傍頗肖韓擇木，風格時兼蔡有鄰。十載都門困旅食，短衣匹馬隨風塵。籲嗟董生何僕僕，歸去猶堪友麋鹿。擕尊傍我吴山麓，飽看秋潮落天目。

明・鄭以偉《靈山藏・笨庵吟》卷六《贈董善長秘書善長善鐫印》　槖筆蘭臺四十秋，御床親得竹書讎。傳將蝌匾真高手，鐫就龜符贈小侯。午夜中官詢異篆，先朝七子半交游。分明洗髓無人識，一隱金門已白頭。蝌，苦火切。

吴元定

紀事

明·劉世教《吴元定印譜序》 清·黄宗羲《明文海》卷三一八　元定與余同里閈，少年負俊材，意不屑俯首帖括，而又負其磊塊，欲用其奇以自見於世，且令後世得睹其芳烈，計惟有摹印一家，可以審閲蒐秦漢以降諸名家之心畫，而其所效用，且與法書名畫並流穹壤，將千百祀而實玩闕惜無已時。於是結噴香精密，必欲合符昔人乃已。遂盡摹古公私璽印之嘉者，與其手勒之合者為譜，而問序於余。余少時頗亦雅意此藝，而故所交遊若松陵周公謹、長水李玄白諸君，皆攻文章，精鑒識，赫然負重聲藝苑，而癖與余同，暇輒抵掌相對，為辨晰其致得一奇語，輒擊節相賞。公謹遂草《印説》一卷，見者往往祕之枕中。未幾，公謹竟遊岱，玄白與余相去不三舍，而歲中不過兩三見，於是疇昔賞心遊藝之樂，亦寥寥且盡。乃今睹元定譜，而不覺雕篆之童心潛復戚戚，且因而有山陽聞笛之感，圖欲窮而中初始，將再發而躊躇者。此譜行，不知元定於主臣諸看到孰當右席，要必令印藪奪色左次矣。異日者有如天子采伏波將軍議，詔下大宗伯，釐正中外印章，推擇六書之士，孰能舍元定而他適哉。

何主臣

論説

明·謝肇淛《五雜俎》卷七《人部》 小篆，篆之聖者也。漢篆碑文不多見，見於《印藪》者，大都標置為體，而學問疎矣。唐陳惟玉、李陽冰，以篆顯者也，嗣茲以降，雖鐫石刻玉，世不乏人，而考古證今，不無遺漏。近代新安何震，乃以篆刻擅名一時，求者屨常滿，非重直不可得。震蓋精小篆者，而時時為漢篆，亦以趨時好云爾。然以小篆作印章，勝漢篆十倍也。

明·黄汝亨《寓林集》卷三〇《題何主臣印章册》 篆刻自文長洲父子前俱功令宋元，而秦漢人鐫法不傳，傳之自何主臣始。予每謂當世篆刻有主臣，猶文章家有崆峒、大復，謂為圖書中之先鄮侯可也。丁君寶而集之，又作何氏功臣矣。

清·孫光祖《古今印制》 何震作《二十五舉》，論篆、論隸，誤者比比。所篆印章，既不合於秦漢摹印篆，則與三橋迥殊，又不合於籀斯之碑帖，則與嘯民懸絶。乃以殘缺為偽古，名與三橋、嘯民、文休、長蘅輩並重，異哉。

傳記

清·周亮工《印人傳》卷一《書何主臣章》 何主臣震，一字長卿，亦稱雪漁，新安之婺源人。主臣之為印，余與黄濟叔札子，及它印引中，論之備矣。世之艷稱主臣者不乏其人，予不復論。主臣往來白下最久，其於文國博，蓋在師友間。國博究心六書，主臣從之，討論盡日夜不休，常曰：六書不能精義入神，而能驅刀如筆，吾不信也。以故主臣印無一訛筆，蓋得之國博居多。主臣之名，成於國博，而騰於衹中司馬。衹中在留都，從國博得凍石百，以半屬國博，以半倩主臣成之，衹中意甚得，曰：無以報，數函聊作金僕姑，運轉往塞上。於是主臣盡交蒯緱，遍歷諸邊塞，大將軍而下，皆以得一印為榮。橐金且滿，復歸秣陵，主承恩僧舍。性好賓客，挾數寸鐵而食客恆滿座。客至，惟恐其去，久之客屨滿，前客乃得逸。又自奉饌，非豐潔不舉箸，其食客亦如是，以故橐中金往往為飲食盡，而顧不恤其家，子怨甚，來眂其父，主臣狀頭金餘無幾，其子又負之去，主臣弗知也，知而病增劇，遽歿。囊無一錢，主僧為之含殮，人皆憾主臣無子云。主臣印譜自鐫，久之而諸本互出，其嫡傳則獨有程孟長父子，予別有引。子濤亦能印。

清・顧湘《小石山房印苑》卷一　何山人震，字主臣，號長卿，又號雪漁，婺源人。流寓白下，嘗從文圖博遊，討論六書，故治印無一訛筆。周櫟園司農云：山人之名，成於國博，而騰於衹中司馬。衹中在金陵，從國博乞得凍石百，半屬國博，半倩山人成之。旋攜往塞上，大將軍下，爭得其印。橐金且滿而歸，仍寓秣陵承恩寺。性好客，一日無客，悵怏不樂。客欲去，公敵屨滿，前乃縱逸。久之橐金盡，病没寺中。山人初宗國博，繼乃別自成家，後來宗之者有沈千秋、吴午叔、吴孟貞、羅伯倫、劉衛卿、梁千秋、陳文叔、沈子雲、胡曰從、譚君從、楊長倩、汪不易、邵潛夫、程孟長父子諸人，所謂黄山派也。山人有自訂譜行世，程孟長嘗集其印五千有奇，命其子元素選千餘方摹之，合為譜以傳世。

清・黄宗羲《明文海》卷三一七《題何主臣符章册》　何主臣，歙人，名某，字雪漁。以善符章奔走天下，昔年在白下，余召之入官署，授之玉石銅成數十面，俱奇古有致，寶用至今。主臣去歲滿七十，客死承恩寺，搜其橐，惟奇石一座存焉。友人醵金斂之，歸其柩，今遂無祝瓣香於主臣者。余聞之丁南羽，主臣之學符章也，破産遊吴中，事文休承、許高陽最久，兼得其長，老而益精，遂縱横一時。嗚呼，符章雖一藝，而用筆用刀、硃文白文俱有妙解，非得師不能精，不精不能久傳，況其上者乎。丁貞白藏主臣符章二册，凡千餘面，得之於其子，真可寶也，其公敵而廣之。萬歷乙巳夏日，遊黄山雨中題。馮夢禎。

藝　文

清・魏錫曾《績語堂論印滙録・論印詩二十四首并序》　得力漢官印，親靈文國博。一劍抉雲開，萬弩壓潮落。中林摧陷才，身當畫麟閣。何震主臣。

楊不棄

藝　文

明・胡應麟《少室山房集》卷六一《贈楊不棄山人楊工書畫篆刻風致甚高二首》　浄幾明窗照緑蘿，鍾王遺跡自摩挲。雙鈎忽覩唐貞觀，八法爭傳晉永和。碣石譚天新麈尾，嚴陵披月舊漁蓑。彈歌漫作馮生嘆，剩有黄庭换白鵝。

畫史曾聞顧虎頭，詩情重覩鄭台州。揮毫白練霜風起，研濯紅絲霧雨流。篋底靈文傳趙璧，尊前奇氣問吴鈎。羊裘莫漫披燕邸，昨夜星芒動斗牛。

詹伯虎

藝　文

明・胡應麟《少室山房集》卷六五《詹山人伯虎以玉印贈余乞詩》　奕

奕昆吾毫升有神，雙魚遥憶附書晨。千秋玉璽傳丞相，十襲瑶華贈美人。錯落蛟鼉吹霧雨，熒煌科斗拂星辰。江潭何事佔雞鶩，白岳黄山會結鄰。

朱貞吉

藝文

明・胡應麟《少室山房集》卷三五《王孫貞吉以手鐫印章寄惠走筆奉謝》　遥遥雙玉佩，贈我意何勤。石鼓周王篆，金泥漢帝文。蛟螭寒壓霧，科斗暗藏雲。萬古岣嶁碣，何時一對君。

洪復初

論説

明・黄汝亨《寓林集》卷三〇《題洪復初印章》　予嘗語陳文叔，謂嶧山碑李相手自書刻，故其文圓勁蒼秀，千古莫儷。令以右軍禊序而使傭見鐫之，不乃下同秋蚓。蓋心手間，作者與之會，非復臨模所可得者。近代惟何長卿精擅此技，所篆刻皆集秦漢人法，而入於神。鋒鋩參錯中，有刀法而無刀痕，庶幾化人之筆。長卿之後，以為必無長卿，今見新安洪復初，復初奏刀之妙，無一不與長卿合，而其凝神刻思，即咄嗟而辦，絶無草草，又無臨摹點畫之跡，可謂一洗俗習，再覩篆籀之舊者已。友人沈千秋於此道亦稱捉刀人，而推尊復初尚在長卿上，予未若千秋之解，然毛嬙、西施，知其並美而已。

陳文叔

藝文

明・程嘉燧《松圓浪淘集》卷一一《贈陳文叔》　陳生師事何長卿，通章私印俱擅名。古塚破盡山鬼泣，鳥跡琢得蛟龍争。為人一生何坦宕，往往刀文逼秦相。長身八尺髯鬚眉蒼，開口掀髯笑相向。囊空酒乾不愛錢，讀我歌辭神欲王。故知巧藝自有真，骫骳何由出雄壯。自言雕鏤本小道，白首難工意彌浩。卅年苦學轉茫然，翻悔昔時名譽早。寸心得失空自知，衆目那能分醜好。我聞此言良可悲，歌終三嘆同潦倒。

吴渾之

藝文

明・陳繼儒《陳眉公集》卷一一《題吴渾之印宗卷後》　吴渾之得漢印三昧，叩其訣，則惟以漸入，蓋鑱刻時兩剛相遇，着些子粗心猛氣，不得此巽兑之卦也。老氏以舌壽於齒，漢文以柔道治天下，皆是法耳。故曰其道若曲，又曰拙速不如巧遲，渾之之技，進於道矣。好俠，好義，好名節，往往以剛驟入而敗，殊可嘆息，安得以渾之手中三昧印印正之。偶有感題此。

金一甫

傳記

清・周亮工《印人傳》卷一《書金一甫印譜前》　金一甫光先，休寧人。家擁多貲，乃多雅尚，究心篆籀之學，嘗謂刻印必先明筆法，而後論刀法。乃今人以訛缺為圭角者，為古文又不究六書所自來，妄為增損，不知漢印法平正方直，繁則損，減則增，若篆隸之相通而相為用，此為章法。筆法、章法得古人遺意矣。後以刀法運之，斲輪削鐻，知巧視其人，不可以口傳也。以故所為印皆歸於顧氏之《印藪》。梁溪鄒督學彦吉曰：今之人帖括不售，農賈不驗，無所餬口，而又不能課聲詩作繪事，則託於印章以為業者十而九。今之人不能辨古書帖識周秦彝鼎盛，而思列名博雅，則託於印章之好者，亦十而九。好者恃名，而習者恃稍。好者以耳食，而習者以目論，至使一丁不識之夫，取象玉金珉，信手切割，又使一丁不識之夫櫝而藏之，奉為天寶，可恨甚矣。此道惟王神妙之、文壽承、何長卿、黄聖期四君稍稍見長，而亦時有善敗，惟一甫兼有四君之長而無其敗矣。其推一甫如是，余喜其言切中今日之病，故採而録之右，皆其門人文及先授余者。一甫譜成，歲在壬子，余方落地矣，今六十年矣，余何由繼睹其全哉。

清・顧湘《小石山房印苑》卷二　金一甫光先，休寧人。究心篆學，梁溪鄒彦吉稱其兼有王神妙之、文壽承、何長卿、黄聖期四君之長，嘗謂刻印必先明筆法，而後論刀法，今人妄為增損，不知漢印法平正方直，繁則損，減則增，此為筆法。筆法既得後，以刀法運之，斲輪削鐻知巧視其人，不可以口傳也。其所為印，大約折衷於顧氏《印藪》。

梁千秋

傳記

清・周亮工《印人傳》卷一《書梁千秋譜前》　梁千秋袠，維揚人，家白下。余識其人於都門，以十數章託之，會寇變，乃不得其一。千秋繼何主臣起，故為印一以何氏為宗。華亭宋幼清曰：於鱗於詩文輒言擬議以成其變化，惜乎吾見其擬矣。予於千秋亦云。蓋千秋自運，頗有佳章，獨其摹何氏努力加餐、痛飲讀騷、生涯青山之類，令人望而欲嘔耳。大約今人不及前修，有二文國博為印名字章居多，齋堂館閣間有之，至何氏則以世説入印矣，至千秋則無語不可入矣。吾未見秦漢之章有此纍纍也，欲追踪古人，而不先除其鄙惡，望而知為近今矣。又，國博當時自負家世，故非名人不為作，即登膴仕而其人僉壬，亦婉辭謝絶。後則粟吏販夫以及黨逆仇正輩，或以金錢，或恃顯貴，人人可入鐫矣。江河日下，詩文隨之，圖章小道，每變五更上，豈不可慨也哉。予存千秋印，皆在其譜外，凡擬議何氏者，盡乙之，故所存無多。千秋弟大年，立身孤冷，不甚與千秋合，朱蘭嵎史公甚重之。史公讀書小桃源，無大年不飯。大年卒以不能俯仰人貧困死。千秋得名後，留心聲妓，一意自恣，得圖章輒恅悼應之。或倩之大年，而大年又不肯代斲，亦不恆造其門，以此人益多大年。千秋有侍兒韓約素，亦能印，人以其女子也，多往索之，得約素章者，往往重於千秋云。

清・顧湘《小石山房印苑》卷八　梁千秋名袠，維揚人，後家白下。作印一宗何氏，所著印雋酷摹主臣，不爽毫髮。周櫟園謂其自運頗有佳章，至學何氏努力加餐飯、痛飲讀離騷之類，則摹擬太過，未臻變化。又謂千秋得名後，頗以聲色自娱，會兵變南歸，客死道中。

藝文

清・魏錫曾《績語堂論印滙録・論印詩二十四首并序》 明詩半七子，明印皆主臣。千秋稱其體，眾中最嶙峋。諸責於櫟園，周内傳去聲印人。梁袠千秋。周櫟園《印人傳》於千秋多微詞，蓋求其作印不得，遂詆之爾。

梁大年

傳記

清・周亮工《印人傳》卷一《書梁大年印譜前》 梁大年年，其先蓋廣陵人，流寓白門。癯而修長，黨有目疾，又短視。好作印，每構一印，必精思數時，然後以墨書之紙。熟視得當矣，又恐朱墨有異觀，復以朱模之。盡得當矣，而後以墨者傳之石，故所鐫皆有筆意。余致君於維揚署中凡數月，為予作甚多，今散失大半矣。君又能辨別古器欵識，家固赤貧，晚益窘。有王叔寶者，家多收藏，以十餘宣盤贈君，置幾上，君以葛衣覆之，去乃曳衣，盤碎其半，瞪目向叔寶曰：天欲貧死梁年，公安能生我哉。乃盡碎其餘，不復顧，遂還廣陵，卒以貧死。大年生平不奔走顯貴，蘭嵎朱尚書獨欽重之。尚書習静小桃源之玉樹堂，謝絶賓客，獨與大年遊，曰非大年不飯。嘗有從土中得一玉印，文不可辨，需數金耳。大年趣公急售之，後為深遠洗，辨其文，秦六字小璽也。人以數十金爭購，尚書固不與。後尚書之子無外以二百金售之歙人，人始服大年鑒賞之精。大年兄袠，即世所稱梁千秋者，亦以此名。予在都門，以數十章託千秋，會兵變，千秋狼狽南歸，客死於途。世人恆以千秋勝大年，予獨謂大年能運己意，千秋僅守何氏法，凛不敢變，不足貴也。

清・顧湘《小石山房印苑》卷八 梁大年名年，千秋弟，工印章，能鑒別古器款識，真贋立辨。朱蘭嵎尚書雅重之，周櫟園司農謂其每搆一印，必精思數時，而後以墨傳之石，故所鐫皆有筆意。時千秋負重名，勝於大年，然僅守何氏家法，不若大年能自運己意也。

韓約素

傳記

清・周亮工《印人傳》卷一《書鈿閣女子圖章前》 鈿閣韓約素，梁千秋之侍姬，慧心女子也。幼婦千秋，即能識字，能擘阮度曲，兼知琴。嘗見千秋作圖章，初為治石，石經其手，輒瑩如玉。次學篆，已遂能鐫，頗得梁氏傳。然自憐弱腕，不恆為人作，一章非歷歲月不能得。性惟喜鐫佳凍，以石之小遜於凍者往，輒曰：欲儂鑿山骨耶，生幸不頑，奈何作此惡謔。又不喜作巨章，以巨者往，又曰：百八珠尚嫌壓腕，兒家嚴格生此耶。無已，有家公在。然得鈿閣小小章，覺它巨鋟徒障人雙眸耳。余倩大年得其三數章，粉影脂香猶相對性攻小篆間，頗珍祕之。何次德得其一章，杜茶邨曾應千秋命，為鈿閣題小照，鈿閣喜以一章報之。今並入譜，然終不滿十也，優缽羅花，偶一示現足矣，夫何憾。與鈿閣同時者，為王修微、楊宛叔、柳如是，皆以詩稱，然實倚所歸名流巨公以取聲聞。鈿閣弱女子耳，僅工圖章，所歸又老寒士，無足為重，而得鈿閣小小圖章者，至今尚寶如散金碎璧，則鈿閣亦竟以此傳矣。嗟夫，一技之微，亦足傳人如此哉。予舊藏晶玉犀牛凍諸章，恆滿數十函，時時翻動，惟亡姬某能一一歸原，所命他人，竟日參差矣。後盡歸之他氏，在長安作憶圖章詩：得欵頻相就，低祟愜所宜。微名空覆斗，小篆憶盤螭。凍老甜留雪，冰奇膩築脂。紅兒參錯好，慧意足人思。見鈿閣諸章，痛亡姬如初殁也。

清・顧湘《小石山房印苑》卷八 鈿閣女士韓約素，梁千秋侍姬，知書善琴，見千秋作印，效之輒工。周櫟園司農《印人傳》亦坿録之，稱其妍秀幽閒之致，如遇裝作波仙子。自憐弱腕，不恆作，又不肯作巨章，曰：百八珠尚嫌壓腕，兒家嚴格生此耶。故其所作絶少，何次德、杜茶村止得其一，惟司農曾倩大年乞得數章。

許士衡

論說

明・黄汝亨《寓林集》卷三〇《題許士衡篆册》 鐫古篆如作古詩，形似易工，神理難液，政使筆慧刀癡，兩兩俱化為佳。予所見何主臣篆刻，筆筆皆古人，而刀芒森立，睨視流輩。主臣不作矣，乃有士衡，士衡有其古而意駸駸，神解未已氏。時人耳食，但知貌主臣為古而未解士衡之解，何異抵掌優孟，可發一噱。

明・鮑應鼇《瑞芝山房集》卷三《題許士衡篆刻小引》 篆刻名家，不數數見，亡其視操弱翰者本難耶。締觀何主臣所鐫，其格峻，其力勁，英英逼古，真擅場手。許羣士衡，近自錢塘來新安，以名手為賞識家所推重，差次主臣，蓋其意致超超，度越流輩甚。昔人稱李陽冰窮入篆室，隔一千年而與李斯相見，主臣之後即有士衡，殆不似陽冰之與斯太寥闊也。漫書之以博一粲。

汪關

論說

明・婁堅《學古緒言》卷二五《汪杲叔篆刻題辭》 予不能作篆及八分書，而意乃篤好，每覽史籀石鼓、皇象國山二刻，以謂晉、唐名書，皆得此意，所以為工。惜紙素之傳，日以湮滅，無由得睹鐵畫銀鉤，獨幸此二刻，時代加遠，而猶可想見古人之遺也。間有示予漢人印章，或金或玉，往往見其字法俯仰顧盼，與二刻絶相類，蓋其出於荒塚野田，為好事者之所篋藏，而傳玩亦已多矣。顧其屢變屢下，初始遠於古，自頃百餘年之内，世之留意於篆刻者不少，獨新安何震長卿，上窺漢氏，下逮勝國，靡所不考，溯其師法，得於吾吴文壽承先生，而精詣過之矣。所未及於漢者，於古澹簡遠，猶有間耳。今年春，始識汪君杲叔，家本富人，愛奇成癖，盡耗其資，獨以此道自喜，高處殆不減漢，而間亦雜出於時之所尚。予戲問之曰：君既能摹漢矣，而終不能不為今，何耶。則啞然笑應曰：始吾之學之以寄吾意也，故一意惟漢人是師，意所獨愜，有嗤為拙，弗顧也。今者吾貧且衣食其中，吾知求合於衆目而已，不必於愜吾意也。衆且説之，即未必合也，吾惡得而不然。衆且譁之，即果有合也，吾惡得而復然。此吾之所以不能純乎漢也。予則又語之：凡衆之所為喜而譽，憎而誹，生於其人之心目耶，抑或在其口耳之間耶。如其心與目也，子患不能為漢，安問其他。如為其出口入耳也，人當論衆寡耶，抑論其知不知耶。其始也，知者之口不能勝不知者，卒也不知者之和終不能勝知者，子姑守子之自信焉，舍此而欲為子之衣食謀。吾恐夫衆之誹譽，不以子之技，而以子之所默有制。自今以往，將有嘲子之不純乎漢者，則如之可。若予者，蓋所謂不能篆與八分，而獨好石鼓、國山之刻畫者也。又以為漢氏之摹印，與此二刻合者也，子且以為知之耶，其不知之也耶。

又《題汪杲叔印式後》 予嘗竊嘆生乎百世之下，而得與古人接者，經史之外，獨有鍾鼎盛所鑄，碑碣所刻之遺文。然而秦漢以來之僅存者，欲一睹其遺，固已鮮矣，況其精神之寓於紙墨者乎。獨公私印章尚有存者，而唐宋迄今，多不能高古。自刊行《印藪》一編，而好事者蓋多收藏古印，或玉或金，水湮土蝕之遺，往往出於人間，其篤好而極力追倣之者，歙之汪君杲叔其尤也。然亦間為時俗所尚，別出纖妍工巧，以投其好，蓋時有之。譬如士人好古博學，而未免為應俗之文，誠有不得已焉耳。友人李長蘅論此極當，然而杲叔貧甚，藉以餬其口焉，決不應違時乃爾。予是以嘉其好古，念其困甚，而又為之解也。

清・馮承輝《印學管見》 汪尹子之風神暢適，體度端凝。

傳記

清・周亮工《印人傳》卷二《書汪尹子印章前》 汪尹子關，黃山人。家婁東時，其同里人詞客程孟陽家疁城，頗為尹子延譽於四方，以故其手製甚為時流所重。子宏度亦以此名。婁東張彝令為大司空容宇先生之子，嗜香印章，鐫有《學山堂印譜》。予聞尹子亦學山堂客，乃彝令於譜中注曰：宏度為杲叔子，杲叔素不解奏刀，每潛令其子代勒以溷世，遂浪得名。尹子或晚年有不合於彝令歟。予不識尹子，不得而知也。尹子舊名東陽，字杲叔，後得漢汪關印，少自治之，語人曰：吾得漢汪關印，合名關，遂更今字云。

清・顧湘《小石山房印苑》卷三 汪關原名東陽，字杲叔，又字尹子，新安人，流寓太倉，以篆名。同里程孟陽亦寓疁城，為詞處譽，故其製印推重一時。子弘亦以此技著。父子俱客張夷令家，故《學山堂印譜》中所作為多。夷令嘗謂杲叔不能奏刀，每潛令其子代勒以溷世，遂浪得名。周櫟園則謂汪氏父子作印，正如羲、獻之書，大有分別，夷令必有私憾於杲叔，故譽子以抑父也。杲叔有《印式》四卷，趙凡夫序之。

朱簡

論說

明・朱簡《印品》 余初搆焦白石，修能適至。中夜起疏土發泉，洗剔山骨，微聞林際清響鏜答，則修能拾橡葉為詩，盡繪山中之美，余亦倚而和之，不減王、裴秦輞間也。修能固博雅，尤精□篆，凡山中花户鳥巢，悉令題誌。璆琳鍾鼎，爛然空谷。發其囊，所著金石書數種。又□年而《印品》始行世，余得與觀，未卒卷，曰：此周、秦以後一部散《易》也。文祖羲，字祖□□如兩曜並照。然六經、子史而後，能為六經、子史者鮮矣，唯是點畫所留，斷碑泐鼓，皆含□象。從來文王鑿空好奇之習，至此全無用處，僅許精心嗜古者，造室而秉孤燈。每讀王□伯、吾子行諸家所論說，恍如與三代人上。今修能精識又過之，信為六書董狐，□□而後不足道也。修能家黃山，蔥蒨間有美田園，棄而遠遊。詩宗陰鏗、鮑照，苦吟成帙，皆欲付之□□，又躭愛故山，不能從修能為仇池委宛之游。異日修能得金書禹篆以歸，縣寘余草堂，風葉亂落時，又細從無字處論《易》可也。眉公陳繼儒題於泖橋澄鑒寺。

又 余有心書草，悉力而哀《長箋》，《長箋》一則曰《刻符經》，時未卒業，知此道多落新都，故有心人也。嘗與吴慎甫、黃表聖、金一甫、鮑伯英相與上下，其論不無相左，因□藥，差不負友生已耳。慎甫之改作，表聖之堅强，一甫事煩，伯英念雜，最後得朱修能，雕蟲之藝十備。寒山老人相對劇談，盡出生平見解以相質難。修能不以余言為過，余不以修能自隱。問奇之暇，其書最先成，絲竹不越，尊俎代之矣，夫又何言哉，夫又何言哉。條目損益，具之《發凡》，開卷燭照，將無令人人握靈蛇之珠，家家抱荆山之玉，□敢自多，良工苦心，聊足奉行古先哲王創法開基作用云爾。若至古今名家，翻摹譜牒，重見桑蠶出者何限，非敢效長絜短，第恐修能書出，祖龍烈炬，家自成灰，可勝悼哉。修能且勿示人，滄海之大，何所不有，無論得失，皆我師也，取裁者耑自有冰鑑在。寒山趙宧光凡夫具草。

清・馮承輝《印學管見》 乃一變文、何之習，規仿秦漢，參以天發神讖碑法，洵後來之勁也。

傳記

清・顧湘《小石山房印苑》卷二 朱修能簡，更名聞，新安人。寓嘐城，與李長蘅相唱和。又客婁東，張氏《學山堂印譜》中多其所作。陳眉公謂：修能詩宗陰鏗、鮑照，尤精古篆，佘山中花户鳥巢，悉令其題誌。周櫟園司農謂：數十年來能師秦漢而無動不拘者，惟修能一人。嘗見上海顧氏、檇李項氏家藏銅玉印四千餘，又於趙凡夫、李長蘅、陳文叔、何主臣、丁南羽諸家得其所集印不下萬餘，成《印品》一書，瑕瑜分列，當古者著而為則，戾古者點而誌鑑，俾學者於沿習謬舛之後，還之古初。又著《印經》一卷，首以金石，次及先民，又次以章法、刀法，終以賞真別偽，窮原竟委，言之特詳。自製有《菌閣藏印》行世，余得其印為白石道人作者，道人姓何氏，名適，居黨熟之支川，嘗學畫於李長蘅，以畫蘭名。

藝文

清・魏錫曾《績語堂論印滙録・論印詩二十四首并序》 凡夫創草篆，頗害斯籀法。修能入印刻，不使主臣壓。朱文啟鈍丁，行刀細如掐。朱簡修能，修能為趙凡夫製印甚多，其篆法起訖處時作牽絲，頗與凡夫草篆相類。何夙明嘗述尊甫夢華先生語云：鈍丁印學從修能出，今以朱文刀法驗之，良然。

汪泓

傳記

清・周亮工《印人傳》卷二《書汪宏度印章前》 汪宏度泓，尹子子。張彝令《學山堂譜》中言：尹子治印，皆屬宏度捉刀，尹子浪得其名耳。予初疑其言，然未免有所惑，今觀宏度作，乃知羲、獻大有分别在，誠如予所言，彝令必有私憾於尹子，故譽子以抑其父耳。吴人傳汪氏父子皆不羈，而宏度尤風流自命，得錢不為人奏刀，必散之粉黛，散盡冀復得錢，始為人作，然作又隨手盡，以此有大小癡之號。即此可想見其曠達之致，技固不得不佳也。

清・顧湘《小石山房印苑》卷七 漲泓字宏度，尹子之子，久客學山堂作印最多，皆著録印譜中。周櫟園謂汪氏父子皆不羈之士，而宏度尤風流自命，得錢不肯奏刀，至罄始為人作，作後得錢，又隨手盡，人有大小癡之目。其所作印，雅近趙文敏一派。

胡禹聲

論説

明・婁堅《學古緒言》卷二五《胡禹聲篆刻題辭》 新安胡禹聲，工於篆刻，而為賈人遊，數東至海濱。嘗為予言：何翁長卿其所從受學也。自頃年好事，多收漢人印，意至摹刻而傳之，視勝國吾子衍諸人所見，不啻數倍矣。長卿晚年益精其法，殆無遺憾。其始蓋得之吾吴文助教壽承，文之篆刻學漢，淳古而自出新意，盡掃國初以來師承模範。長卿學之，凡刻白文，一稟於漢，而朱文則間用近代所尚，務為奇詭。然予嘗聞何非獨刀法精詣，於繆篆尤不苟也。每遇其難，至纍日紊考，加以覃思，必無一畫不愜，於中所獨知，然後刻之。蓋雖一藝之工，其用心勤力，必非人所及知，類如此矣。世之苟售欺於一時，而不顧識者之笑者，豈少哉。禹聲既領悟師傳，予將從容叩其所得於何者，必有異焉而未暇也。

程原

傳記

清·周亮工《印人傳》卷二《書程孟長印章前》 程孟長原，一字六水，新安人。自何主臣繼文國博起，而印章一道遂歸黄山，久而黄山無印，非無印也，夫人而能為印也。又久之，而黄山無主臣，非無主臣也，夫人而能為主臣也。予見摹主臣者數十家，而獨推程孟長父子。孟長負篆籀癖，而尤心醉於主臣，大索主臣篆滿篋笥。潘藻生自白門，茅次公自武林，或購石，或蒐譜，又盡以歸之。孟長復檄四方好事郵寄，共得五千有奇，命其子元素樸選千餘力摹之，合為譜。予得而覽之，喟然嘆曰：孟長父子之於主臣，可稱毫髮無餘憾矣。使人如孟長父子，吾又何憾於黄山之為印者哉。王弇州論臨書易得意，難得體，摹書易得體，難得意。離之而近者臨也，合之而遠者摹也。余於二程，喜其得主臣之體而復得其意，蓋予惟見其合矣。沈啟南贋跡滿天下，晚來自收真蹟，遂亦收得臨本，吾恐起主臣於地下，得程氏父子作，當復如啟南翁自收贋本也。吾不及見主臣，得程氏父子，當綴山一桃，足自豪矣。孟長家吴興。

清·顧湘《小石山房印苑》卷二 程山人原，字孟長，號六水，新安人，後居吴興。好讀書，癖嗜香篆隸，兼工山水人物，著有《六書韻海》三十卷。子樸，字元素，傳其家學，父子自為師友。時何主臣負篆鐫盛名，宗之者有數十家，孟長尤醉心下來。其論主臣之印：白文如晴霞散綺，玉樹臨風。朱文如荷花映水，文鴛遊波。其摹漢人印、急就章，如神鰲鼓浪，雁陣驚寒。至於麤細切玉、滿白爛銅、盤虬屈曲之文，各臻其妙，秦漢後一人而已。嘗大索主臣印，或購石，或蒐譜，共得五千有奇，精選千餘重摹之，彙為譜，曰《印選》。陳眉公諸人序之，周櫟園司農云：主臣印譜，諸本不同，真贋雜出，其嫡傳則有程氏父子云。

吴嘉賓

論説

明·戴重《河村集》卷三《吴嘉賓印記跋》 右劉輿父所序吴嘉賓《篆刻圖》也。輿父善顔書，而使予書之。嘉賓精古文，而予書往往謬之，宜其筆泚而不能工也。予逾壯乃求六書之法，以家貧無由得金石古文，故篋所藏，盡燹於寇，遂數習而數廢之，然已頗知其難為也。一曰失其器，古用刀削，用聿，用漆，今易以毫毛、松瀋，點畫之中，安有同趣乎。二曰失其義，古文自蒼露面代變，皆以事異體，天子攷之，保氏掌之，各備精理象立而教存矣。今則翻楷雜稿，古文之左右注，上下先後，亡其施筆之端，委形雖得，義固没没也。三曰失其文，古文自晉以上，猶有存者，屢燬於夷於賊，民間迄無遺文。六經譌字，不啻萬數，况特等官邪。所以古有今亡，今有古亡，即伐山得器，亦一家一國之書，不可為律度，乃欲聚而割縫之，何異孤裘羔褎哉。以此三難，遂使許慎、李陽冰、徐鉉、鍇、鄭樵、戴佩帶、周伯琦及國朝魏校、楊慎、趙宧光諸家，言人人殊耳。至於印記篆刻，其難又倍，蓋士大夫姓名，有古今同異繁簡之别，限以分寸，集而成章，又翻鐫正印，石瘢刀力，與古模鑄遠甚，何由一歸典雅，而嘉賓擅能之，且耽奇不厭，斯其學未可涯涘也。偶過其邸舍，得觀制舉義數首，畫數方，又皆有巧力。嘉賓年方少，乃不可測如此，然非輿父，予何以知嘉賓，嘉賓亦何以知於予耶。時壬午八月下弦，歷陽戴某書於天界寺之半峰。目疾未復，視行墨如霧縠中，以輿父教，不敢辭。

印人部·清代印人分部

吳仁長

傳記

清·周亮工《印人傳》卷三《書吳仁長印章前》 黃山吳仁長山常，往來白門、維揚間，與垢道人為兒姻，而作印不規規模垢道人，亦筆性之所成，不可强也。其印甚多，余删其有縱橫習氣者，聊存數方於後。仁長，一字拳石。子萬春，字涵公，亦能作印，即垢道人婿也。

趙宧光

論說

清·孫光祖《古今印制》 趙凡夫草篆，剏古今未有之奇，正者偏，藏者露，静者躁，莊者佻，舒者促，斂者肆。文敏之道，於兹失守矣。朱修能好奇，乃以寒山法入印，愈工而愈魔矣。

傳記

清·顧湘《小石山房印苑》卷二 趙山人宧光，字凡夫，太倉人，廬居寒山親墓旁，自號寒山長。手闢荒穢，疏泉架石，儼如圖畫，一時勝流争造下來。生平專精字學，創為草篆，本天璽碑而小變之。所著書數十種，中有《印統》若干卷，其《説文長箋》一書，尤為獨創之解。

歸昌世

論說

清·孫光祖《古今印制》 歸文休典雅簡潔，蒼勁秀古，妙品也。

傳記

清·顧湘《小石山房印苑》卷四 歸昌世字文休，崑山人。震川先生孫，與同里王聞修嘉定李長蘅稱三才子。詩古文辭，世其家學，兼工書畫篆刻，與婁東張白於善，花前酒後，每為其作印，白于推為篆鎸名家，與文三橋、王梧林鼎盛足而三。其論作印，謂不徒學古人面目，而在探其原，原即作者性靈也。性靈出而法亦生，神亦偕焉。其視篆刻與詩文，無異旨也。右印皆著録《學山堂印譜》，舊藏寒碧山莊劉氏。

胡曰從

傳記

清·周亮工《印人傳》卷一《書胡中翰印章前》 胡曰從正言《印譜》，舊名《印史》，吾友王雪蕉易曰《印存》，其以墨印者曰《元賞》。陳旻昭侍御、韓聖秋別駕、杜於皇司李與餘序之，皆能及其生平。曾官中翰，最留心於理學，旁通繪事。嘗縮古篆籀為小石刻以行，人爭寶之。余與瑶星張公備載其行誼於《江寧誌》中，蓋曰從雖休寧人，而家於秣陵，故秣陵藉以為重。今八十餘，神明烱烱，猶時時為人作篆籀不已。仲子致果，名其毅，以詩文名，從予遊最久，博雅士也。

釋慧壽

傳記

清・周亮工《印人傳》卷一《書沙門慧壽印譜前》　沙門慧壽，予友彭城萬年少壽禮花也。年少後以一字字，字若。近以一字字者，予老友汝南秦先生京，同年友河陽範公正及若三人而已，皆一時聞人也。若庚午舉於鄉，時沈治先、眉生昆季招維斗、駿公諸君子飲，予始識若。若名方噪一時，好狹斜遊。又甚工寫麗人，坐上妓以此索之，若輒為吮毫。諸妓之有聲者，皆暱就之，風流豪邁，傾動一時，同輩謝弗及也。滄桑後，罷公車，盡遣所買諸歌妓，冠僧冠，衣僧服，遂自名曰明志道人、沙門慧壽云。避邳徐之亂，移家公路浦，即其家供古先生於中堂，客來坐之曲室中，然痛飲食肉則如故。酉戌間，予官維揚，王雪蕉家泗，數以事偕至淮，予同年陳階六飲予輩，必延若俱。雪蕉不能飲，而好為詩，每飲恆分韻為詩。若詩既工，書又美好，予得其箋子，輒藏弆之。後予公佈繫生還，過隰西草堂訪之，則久歸道山矣。雪蕉既没，與若相約共隱隰西之胡介，共若避地公路浦之翁陵，皆相繼化去。戊申，予再過舉證，飲階六越菴中，追念昔遊，獨階六與予在耳。予與階六效昔年酒間分韻事，予有雨餘掃徑看黄葉，燈影含毫憶故人之句。階六讀之，美女然不樂，為之罷飲散去。若嗜圖章，復精於六書，自作玉石章，皆俯視文、何。所蓄晶玉、凍石諸章，皆自為部署，一一精好，非世間恆有。對客每自摩挲，愛護如頭目。若既以此事自矜，竟不肯為人作。予僅得一印，因以其自用之章附於贈予後，然若自用之章，實自為之，不倩他腕也。予甥唐堂曰：徐州萬年少自詩文書畫外，琴、棊、劍器、百工技藝，細而女紅刺繡，粗而革工縫紉，無不通曉。此是何等慧性，以堂言觀之，若豈不誠異人哉。有令子睿，吾友唐祖命倩也，能讀父書，為名諸生，作字能亂若。吴人徐石林旃、夏邑陳簡菴希稷皆學若書，然皆不若。己酉，睿應舉入會城，以若所書《金剛經》並募《金剛古今解注疏》贈予，予共先所得箋子一一寶藏之。若所書經每一頁今值數十金，予雖甚貧乏，終不忍棄去也。

張恂

傳記

清・周亮工《印人傳》卷一《書張穉恭自用印章前》　張穉恭進士恂，涇陽人。詩筆皆裴作一世，而尤工畫。自塞上歸，筆益勁。雅好圖章，多與黄山程穆倩隱君遊，畫遂似隱君，自為小章亦復似隱君。予得進士畫及圖章，不辨孰為程張，持示座客，其莫能辨亦如予也。玆序次其自用章於後，或曰隱君作，或曰半是進士作，終不能辨也，公敵他日詢之兩君。穉恭令子若水，名匯成儒，其癖書畫，愛圖章，與穉恭同。

文及先

傳記

清・周亮工《印人傳》卷一《書文及先印章前》　余庚午、辛未間，與文及先比屋居桃葉渡口，其弟又時過余談藝，以故識及先最早。君蓋金吾世胄，家中落，督其弟輩攻苦筆墨，皆有聲藝林。君更留心風雅，篤好篆籀。年未三十，索其圖章者屨恆滿户外。垂老每論印輒曰：吾得之吾師一甫金夫子，夫子得之何主臣先生云。今之習舉子業者，從一先生學，幸而通籍列膴仕，恆諱言其少時師，遇之輒恥為下輿，背且直呼其字若同輩者，比比矣。文章道德所關，而漫然如是。君所得於一甫者，僅一圖章耳。乃年且望八，猶同人稱吾師某公，吾師之師某公，源源本本，舉口不敢忘，若是也，則君豈近今之人哉。君七十時遊江以右，余寄以詩，不知為誰何氏浮沉，君九年後始知之，向余悔謝。余復為重書前詩於箑，君出入懷袖，意殊自適也。右諸章，皆再見君時出以相示者。君之師既為一甫，一甫之師又為主臣，主臣又嘗師文壽承，源源本本如是，即其自作不待見而知矣。君與余交時，善飲多豪致，已乃罷飲，講性命學。明年八秩，尚能燈下作蠅頭楷，健如中年人，望而知為有道之士。則余之重公，豈僅僅在圖章間哉。

清・顧湘《小石山房印苑》卷八　及先，金陵人，居桃葉渡口。兄弟自相師友，皆有聲藝林。及先尤篤好篆籀，索其圖章者屨滿户外。晚年罷飲講性命之學，年近八旬，神明不衰，猶能燈下作蠅頭小楷。嘗曰：吾作印得之吾師金一甫先生，先生得之何主臣。其不忘本原如此。

程邃

論説

清・馮泌《東里子集別編・印學集成》　程穆倩名冠南國，以余所見不過數十印，不足概其生平。既所見論之，白文清瘦可愛，刀法沉郁頓失傳，無懈可擊，然卻脱去摹古跡象也。朱文宗修能，而又變其體，近日學者愛摹之。

傳記

清・周亮工《印人傳》卷一《書程穆倩印章前》　印章一道，初尚文、何，數見不鮮，為世厭棄，猶王、李而後，不得不變為竟陵也。黄山程穆倩邃，以詩文書畫奔走天下，偶然作印，乃力變文、何舊習，世翕然稱之。穆倩于此道實具苦心，又高自矜許，不輕為人作。人索其一印，經月始得，或經歲始得，或竟不得，以是頗為不知者詬厲。然穆倩方抱其詩文，傲睨一世，不為意也。予交穆全縣垂三十年，得其印不滿三十方。因念予所交友人工此者，黄子環、劉漁仲歸道山後，三山薛弘璧、莆田林晉白卒於家，歙人江皜臣卒於閩，平湖陳師黄没於客。短信掩埋黄濟叔與予交最晚，偕予歸，亦殁於友人酒間。穆全縣巍然獨存，亦老矣。圖章一線，不絶如縷。嗟乎，後之癖此者，將索之誰何氏之手乎。子以辛，字萬斯，亦能作印。

清・梁章鉅《吉安室書録》卷三　程邃。新安程穆倩，自號垢道人，家於廣陵，學博思奇，詩文書畫皆工，篆刻尤稱絶技。孝感熊文端公贈以野全道者四字額。《江寧府志》。

穆倩曠懷高尚，尤重氣節，為黄石齋所重。與周亮工、龔賢稱白頭交。詩文峭拔奇奥，工篆刻，劌心獨造，一變文、何之習，名甲天下。晚年書法益工，八分為第一。又善枯筆，乾皴中含蒼潤，得董巨之神。舉博學鴻詞，力辭不就。卒年八十六。《遺佚録》。

清・顧湘《小石山房印苑》卷九　程穆倩邃，自嗔怪垢道人，新安人，移居廣陵，為陳眉公弟子。周櫟園司農稱其詩字圖章皆為第一，尤劇賞其畫。朱竹垞檢討詩有云：黄海布衣嗜奇最，吟成古調歐淫哇。即為道人作也。篆刻初習奇古，晚遇汪虎文，出所作相質汪，語以一歸繆篆正派，故暮年所作尤勝。年八十餘卒。子以辛傳其學。

清・阮充《雲莊印話・印人詩事》　程邃，字穆倩，號江東布衣，又號垢道人，歙縣人。博學工詩文，精金石篆刻，鑒別古書畫及銅玉器，家藏亦夥。善畫山水，純用枯筆寫巨然法，別具神味。早從漳浦黄公道周、清江楊公廷麟游，晚年僑居江都。王文簡《冶春》詩云：白嶽黄山兩逸民。即謂孫□□邃也。

藝文

清・魏錫曾《績語堂論印滙録・論印詩二十四首并序》　蔑古陋相斯，探索倉沮文。文何變色起，北宗張一軍。雲雷郁天半，彝鼎盛光氤氲。程邃穆倩。文何南宗，穆倩北宗。黄小松印款中語。

巴慰祖

論説

清・汪中《述學》　少好刻印，務窮其學，旁及鍾鼎款識，秦漢石刻，遂工隸書，勁險飛動，有建寧、延吉普遺意。

周亮工

論説

清・周亮工《賴古堂印譜》卷二《賴古堂印譜引》　櫟園先生有三癖：曰書畫，曰硯，曰印章。書畫鑒賞最精。前賢名蹟不具論，今天下騷人墨客一水一石，一竹一木，無不擷其精良，羅諸幾案。研則羊嶺之秀，龍嵓之精，于闐之鐵，未央之瓦，牟子鼉磯，青州石末，皆自出新意，刱為名款，具種種相，得未曾有。生平收藏印章不下數千方，遠滋陰斯、籀，下逮文、何，選異拔尤，非佳品不採，非名手不登。患難中鬻其珍重者為饘粥費，僅餘市石十之三四耳。然此册所載，猶可七百餘面，龍文燦爛，鳥跡繽紛，近代以來，無有儷者。澄懷静閲，如對軒轅道士，聽其敲戛金玉，古色照人，神情開滌。又如入龍威洞中，觀金書琳篆，赤文瓊字，神化莫測。信足熱耳圖書之府，揚鑣獵碣之林也。先生之癖與杜征南、歐陽六一並傳不朽矣。康熙甲辰菊月之望，小弟張遺書於雲門石屋。

傳記

清・顧湘《小石山房印苑》卷九　周司農亮工，字元亮，號櫟園，又號減齋，河南人。歷官户部侍郎，文章事功照人耳目，見姜匯成園所撰《墓誌》。性喜書畫、篆刻，著《讀畫録》、《印人傳》，又集一時名人篆刻，成《賴古堂印譜》。嘗見諸友作印，興到亦為奏刀，古意盎然，信乎名流之無所不能也。

黄經

傳記

清・周亮工《印人傳》卷二《書黄濟叔印譜前》　黄濟叔經，一字山松，如皋人。身長，鬚不甚多，風拂之輒飄飄多逸氣。畫高簡，得倪黄遺意。留心篆籀之學，故印章入神品。予因方與三昆季得識君於福堂中，蓋君偶同人姓字，遂誤被收。與三語予曰：子弟取名須極奇異者，當免為人累。予曰：不然，當取極尋常者，事發尚有濟叔一輩頂代耳。濟叔聞之大笑。濟叔性崖異，入白門惟交杜茶邨、紀甓叟數君，他皆不妄造也。在請室，一故人思見之，予諷其往，君曰：不可以先往，經在難，故人固先經耳。予曰：不妨通一字。君又曰：亦欲投以書，但戴笠之誼不可先於乘車。遂援筆而止。予以是益重君。予得君印章最多，君頗喜為予作。嘗與君札，今備録之。

僕沉湎於印章者，蓋三十年於兹矣，自矜從流溯源，得其正變者，海内無僕若。間嘗謂此道與聲詩同，宋元無詩，至明而詩始可繼唐。唐、宋、元無印章，至明而印章始可繼漢。文三橋力能追古，然未脱宋元之習。何主臣力能自振，終未免太涉之擬議。世共謂三橋之啟主臣，如陳涉之啟漢高，其所以推許主臣至矣。然欲以一主臣而束天下聰明才智之士，盡俯首斂跡，不敢毫有異同，勿論勢有不能，恐亦數見不鮮。故漳海黄子環、沈宿主生出，以《欵識録》矯之。劉漁仲、程穆倩復合《欵識録》大小篆為一，以離奇錯落行之，欲以推倒一世，雖時為之歟，亦勢有不得不然者。三橋、主臣歷下子環、宿主生，其公安歟。漁仲、穆倩，實竟陵矣。明詩數變，而印章從之，今之論詩者極口詆竟陵，然欲其還而為黄金白雪，百年萬里，亦有所不屑。今之論印章者，雖極口詆漳海，然欲其盡守三橋、主臣之努力加餐，痛飲讀騷，凜不敢變，亦斷有所不能。故漳海諸君，甘受人符籙之誚，毅然為之，死而不悔者，彼未嘗不言之有故，而報之成理也。僕嘗合諸家所論而折衷之，謂斯道之妙，原不一趣，有其全偏者亦粹，守其正奇者亦醇，故嘗略近今而裁偽體，惟以秦漢為歸，非以秦漢為金科玉律也。師其變動不拘耳。寥寥寰宇，突進有合作，數十年來，其朱修能乎。次則顧元方、邱令和，次則萬年少、江皜臣、程穆倩、陶石公、薛穆生。諸君子往矣，存者獨穆倩、石公、穆生耳。然三君各有所長，亦有所偏。求其全者，其吾濟叔乎。濟叔能以繼美增華救此道之衰，亦能以變本增華為此道之盛。一燈繼秦漢，而又不規規於近日顧氏木板之秦漢，變而愈正，動而不拘，當今此事不得不推吾濟叔矣。

又荅濟叔云：先生近作印章，不必用意，自有配合之妙。云得之不孝之詩，謬矣，謬矣。不孝之詩文，近日少少曲折如意者，從先生之篆、之鐫、之詩畫、之寥寥數語札子種種悟入耳。為此者，似吾兩人交相譽，吾兩人豈交相譽者哉。第不孝微窺先生所作，近來實更進數層，不孝動筆，亦實實有略異往昔，所以然者，吾兩人交相動耳。世間絶技，源流總同，世人所以不可傳者，無他，坐使人無所動耳。不孝得先生一字而心動，先生得不孝一字亦未嘗漫然於中，交相動而交相引於幻渺不可測，惡有所謂譽哉。今人滿部詩文，大套印譜，細細搜尋，總如疲牛拽重車，入泥淖中自不能動，何處使人動。及讀班、馬諸傳記，顧欲哭欲歌，見坐火北風圖，便作熱作冷，拾得古人碎銅散玉諸章，便淋漓痛快，叫號狂舞。古人豈有它異，直是從千百世動到今日耳。先生以為然否。

予生還後，濟叔訪予情話軒，同坐卧者月餘。別去，在延令季氏家，方席間觀劇，忽向衆曰：吾欲去矣。遂呼其僕曰：季公待我厚，我實坐脫，無他病，為語家人，毋疑季公也。復拱手向語，君曰：便此等去，亦大快。人言死見鬼神，語謬耳。遂瞑目。濟叔生平學佛，去來明白如是，真得大解脱者。没後杜茶頓與予札云：有久欲白先生者，故人黄經濟叔，生平嘗論定六書二十卷，自謂頗極苦心，嘗以求序於濬。濬觀其書，一正諸家踳駁附會之陋，洵為許氏功臣。今濟叔死而其嗣子謹愿力田，然廢學已久，未必能護惜此書。濬己酉至東皋，欲索得之，得復自念赤貧無家之人，既力不能為付梓以傳，又東西遊走，萬一放失其稿，或久閉笥中，徒飽蠹魚，又或僕婢竊之以易餅餌，則故人心血，翻澌滅於吾手，罪過不小。踟躕而止。茲惟濟叔既嘗幸交門下，荷櫟園先生恩分不淺，而先生又嘗深賞其篆刻之技，贈以奇文，以為直跨文何而上。濟叔在日，每酒酣，則出以誇人，謂周先生一代法眼，品題如此，誰復能易隻字者。語次復及昔日患難相同一段情事，則泫然而泣，已而更大笑，以為非患難不得遇周先生也。夫以濟叔平日感先生破格如此，則其死後亦必蒙先生悼惜，可知悼惜之效，誠莫若為傳此書。蓋先生聲華位望，欲傳則傳，非若濬之有其心而無其力也。由是言之，使濟叔有知，不以此望之櫟園先生，更誰望哉。濬嘗竊伏嘆先生古道獨行，誼篤死友，如向日於林宗、太冲兩先生，近日於孟貞、子一，與治諸老友之遺文，皆不計有無，表章之不遺餘力，初非待人言之也，則今日又何待濬言。然濬又僅能言，則亦能其所能為者而已，雖蛇足可也。況此書是正經史，嘉惠來學，較文人別集更為切用，先生以斯文為己任，諒在他氏，猶孜孜不遺，矧濟叔乎。惟先生旦晚留神，則濟叔生平得附知愛之末為不虛，而士之刳心述作者，亦恃交道以無恐，甚盛軌也。茶邨之屬予如此。

濟叔無子，繼子愚魯，不能留心為先人慎守遺書，又遷徙靡定，予固無能蹤跡。即予在請室與君數十札子，君裝為一册，予書其上曰毋忘今日，急以歸君，而君亡矣。遂留予處，每展視之，未嘗不淚涔涔下也。每思為君立傳而不果，冠五曰，即此可以傳濟叔矣。遂不復為別傳。

藝文

清・魏錫曾《績語堂論印滙録・論印詩二十四首并序》　妥帖未排奡，傾倒櫟下翁。從生揚其波，巨譜成飛鴻。江南平遠山，未足攀華嵩。黃經濟叔。濟叔多平穩之作，似為飛鴻堂一派所祖。

張風

傳記

清・周亮工《印人傳》卷二《書張大風印章前》　張大風，風，上元人，因自稱上元老人。予既載其行誼入《讀書録》矣，復録其一二逸事於此。大風學道學佛三十年，不茹葷血，客有烹松江鱸魚者，因大噱，曰：此吾家季鷹所思，安得不噉。遂欣然一飽，從此肉食矣。予被繫後，大風畫一人持劍，以手摩娑，雙目注視之，佩一葫蘆，筆極奇古。題其上曰：刀雖不利，亦復不鈍。暗地摩娑，知有極恨。予感其意，至今寶之。大風作印章，秀遠如其人，予得其二，何省齋、周古邨得之最多。省齋為醉僕跌損，古邨所得，皆在好凍上。破家後，僅存其一二。今録於後。予曾語黃濟叔曰：印章妙莫過於市石，凍則其最下者。僕蓄老坑凍最夥，亦復最善。患難以來，盡賣錢餬口。買者但欲得吾凍耳，豈知好手鐫篆，便亦隨之去耶。彼買凍者即得妙篆，勢必磨去，易以己之姓名，故市石之形，百年如故，凍入一家，則矮一次，不數十年盡侏儒矣。僕凍章無一存者，而妙篆反因市石巍然如魯靈光。君苟愛惜妙篆，當永永戒鐫凍，專力於市石。以今觀之，予語豈信然哉。

清・顧湘《小石山房印苑》卷九　張大風名風，上元人，自稱上元老人。明諸生，甲申後遂棄舉子業，客遊四方。工詩畫，入神品。周櫟園司農稱其蕭然澹遠，無墨路可尋。兼治圖章，秀遠如其人。

顧苓

論說

清・馮承輝《印學管見》　顧云美之樸茂渾厚，矩矱前人，雖亞於文、何，抑亦一時之秀矣。

傳記

清・周亮工《印人傳》卷二《書顧云美印章前》　顧云美苓，吳門人。負奇癖，自闢塔影園，隱於虎邱側，蕭條高寄，俗客過輒趨避竹中，以故客難就之。君準甚頳，而飲不能一蕉葉。常語人曰：事事虛名，視此準矣。在白門，屢過予恕老堂，茗飲唱酬。詩和婉有致，行楷倣趙吳興。最留心漢隸，凡漢碑皆能默數，某闕某字，某少前碑，某失碑陰，某贗，某為重摹，其碑陰姓字，皆能暗記。予姻谷口鄭簠，以此名世家，多碑版。云美僦一小庵，近谷口家，繙閱數日夕不倦，其篤志如此。作印得文氏之傳，予謂谷口今日作印者，人自為帝，然求先輩典型，終當推顧苓。谷口是予言。君許為予倣文氏作牙章十餘方，具既備而予難作，遂不果，故予僅存其一二。瞿稼軒一子十齡，流落於外，人無有過而問之者，君以夙誼收恤之，且妻以女，名曰鏡，字之曰端叔。人以此多君行誼云。

清・梁章鉅《吉安室書録》卷三　苓字云美，吳縣人。善隸書，工篆刻，精鑒金石碑版，有《塔影園稿》。《名人尺牘小傳》。

清・顧湘《小石山房印苑》卷九　顧高士苓，字支美，長洲人，其先太倉人，伯剛太僕之後。文書法，自辟塔影園，蕭條高寄，客過輒趨避竹中，客雖就之。自幼潛心篆隸，凡金石碑版，及鼎盛彝刀尺款識，蟲魚蝌蚪之書，皆熟誦之。凡漢碑，能默數某闕某字，某少前碑，某失碑陰，某爲贋作，某爲重摹，歷歷不爽。晚而篆隸益精，以摹秦漢印章，不求形似，而獨得其神。其論作印云：白文轉折處須有意，非方非圓，非不方非不圓，天然生趣，巧者得之。賞鑒家謂得文氏之傳焉。

陳師黃

傳記

清・周亮工《印人傳》卷二《書陳師黃印章前》　陳師黃玉石，自云平湖人。或曰陳非其本姓，亦不籍平湖，未能辨也。質癯弱，而氣好淩人，嘗同劉藥生在齊魯間登蓬萊閣，吏酒罵坐，人不能堪，謀縛而投諸海，登守某公解之，師黃亦無所悔謝。予辛醜之秋遇於明聖湖上，相與為重七夕之會，師黃意氣猶自若。工圖章，不肯為人作，顧予曰：於公固無吝也。刻章必深刓其底，光滑如鑑乃止。嘗目工印章者曰：爾輩持刀，將用以削人足指甲耶。其傲慢自矜如是，以故不為同人所容，終以孱軀嘔血死，死蓋不滿五十云。後予過嘉禾，知師黃本陸姓。

顧樸

傳記

清・周亮工《印人傳》卷二《書顧築公印譜前》　顧築公樸，一字山臣，武林人。立品高迴，不屑俯從流俗。作印恥雷同，余最好之，而苦無其一印。辛亥過湖上訪之，則久歸道山矣。索其手製，則一嫠婦藏之。或云其寡妻，或云其外家婦女，不知印章為何事，恆悵悵曰守此頑石胡為者。豐非玉，凶非穀，守此頑石胡為者。自予往詢後，婦乃訝曰：是頑石乃致周公問。遂高其直，一方動至數金，予笑謝之。已而但命其印數方為傳於世，初索三數錢，已復悔曰：非一星一方弗可得。予又笑謝之。既乃從他所得數方，後又從曹秋岳使君得數方，雖無幾，然亦足以傳築公矣。予意欲傳君，故數訪之，婦女昧此，乃吝不以示，恐南陽劉子驥後無復有頭號津者。築公妙技，勢將永没，地下有知，應因予一歎。

清・顧湘《小石山房印苑》卷八　顧樸，字築公，一字山臣，武林人。周櫟園司農稱其立品高迴，作印亦恥雷同。司農嘗於曹秋岳侍郎所得其印數方，置之《賴古堂印譜》中。

程雲來

傳記

清・周亮工《印人傳》卷二《書程雲來印譜前》　程雲來林，歙人。

予之交君，蓋在丙子、丁醜間君遊梁時。後君見寇氛日熾，遂移家武林，得免於黃流之難，人咸服君有早見。君精醫，時時為予講性命之學。乃好為圖章，又以意為花卉，悉皆有生致。予往來湖上必訪君，君又嘗顧予於閩，於白門，故得其手製最多。君為印，隨手而變，近益精醫，能起人於死，人爭延致之，席不暇暖，遂不復唱渭城矣。譜中皆廿年前作。中子與繩，亦從君治印。

江皓臣

傳記

清・周亮工《印人傳》卷二《書江皜臣印譜前》 工石章者，予所見數十輩，求其合古人之法而能運以己意者，尚百不得一，至切玉，則杳然絕響矣。近惟吳門周爾森，以先父子以此名，然臨摹儘有可觀，一自篆便不堪寓目，以其不知篆籀也。即臨摹亦率皆沙碾，無能切玉，其他號能切玉者，亦皆全縣爾森輩開其眉目，然後施以刀。詭語人曰：吾切玉如泥，實不及碾者之工矣。獨皜臣則真能切玉者，予初聞其人於曹秋岳，知其常在嘉禾，過嘉禾訪之，則久入閩中矣。幸備員於閩，大索之，黃東厓閣學始以其人來，而陶石公隨之至，因得盡窺其所學，而為予鐫亦甚夥。皜臣治玉章，則真能取法古人而運己意者，即其鄉人何雪漁，尚不屑規模之，況其下者乎。皜臣用力如劃沙，嘗語予：堅者易取勢，吾切玉後恆覺石如宿腐，如公書惡縑素，輒膠纏筆端，不能縱送也。以故恆喜為人切玉。皜臣長軀偉幹，而氣韻恬愉，與予遊數年，未常一字相干。甘貧守道，非尋常遊士挾一技以遊顯貴者可比，予甚欽之。別予返丹霞，予尚期久與周旋，而皜臣死矣。皜臣在丹霞，東厓閣學贈以妾，後妾慎守其印譜一帙，予欲得之而未能。久之，在白下，陶石公來訪，云其妾復死，譜乃從他所得之，石公因手以贈予，曰：皜臣雖死，幸有此在，廣陵散不絕矣。因銓次於後，而附以東厓閣學贈詩，程孟陽處士之跋，他日有餘資，當全縣石公一一臨摹為一譜，以傳其人。曹秋岳曰：皜臣死，世無復有切玉者矣。悲夫，世之得佳玉而欲合以秦漢人之筆，求如皜臣，何可得哉。皜臣妾無子，閣學以皜臣無子，故贈以妾。或云皜臣尚有子在歙，皜臣歙人也。石公名碧，泉人。從學於皜臣最久，頗能得其傳，別有譜。予贈皜臣二截句，附録於後：窺得軒皇寶鼎盛文，垂金屈玉更藏筋。分明五色仙人筆，劃取黃山一片雲。鳥篆蟲書總擅奇，興酣十指似縣搥。生平不學秦丞相，手搨衡陽岣嶁碑。

清・顧湘《小石山房印苑》卷二 江皜臣，歙人，始寓嘉禾，後寓閩之侯官。善治玉，意法古人而運以己意。嘗謂堅者易取勢，吾治玉後覺石如宿腐矣。曹秋岳、周櫟園兩侍郎極賞其所作，恆曰：皜臣死，世遂無切玉者矣。程孟陽曰：其貞不異俗，和不徇物，專精於所事，而無矜能爭勝之意。其推挹如此。

藝文

清・魏錫曾《績語堂論印滙録・論印詩二十四首并序》 山農鑿花蕊，璠璵黯無色。笑把昆吾刀，鵝脂受鐫刻。雕人備冬官，對之慚溺職。江皜臣。

程與繩

傳記

清・周亮工《印人傳》卷二《書程與繩印章前》 程與繩其武，吾友雲來中子也。為制舉業有聲，數不合有司尺度，乃退而從雲來治印。印隨雲來，與年俱進，比乃一合古法。辛亥，予在湖上，與繩過湖干，為文酒之會，多為予治印。近取士之額日隘，士無階梯者，不得不去而工藝，故工書畫、圖章、詞賦者日益眾。嗟夫，此皆聰明穎異之士，世所號為有用才也，不遇於時，僅以藝見，亦足悲矣。

李耕隱

傳記

清・周亮工《印人傳》卷二《書李耕隱圖章前》　破屋老人李耕隱，維揚人，家白門，高懷古致，隱破屋中，蒔花種竹，蕭然自適。寒山子為作傳，梅村先生為之跋，一時重之。何主臣歿，叟繼起，遂以印章霸江南北。好畫竹，為周墨農所嘆服。墨農固以竹名，然不耐索者，往往全縣叟為之。墨農嗜古玩器，非經叟目，不易收也，而叟自負鑒家，不妄許可。予見叟於顧見山高會堂，垂廿餘年，再見，叟已八十矣。步履甚健，不資扶老，而故使八九齡童子持一杖隨，望之肅肅，欽如古圖中人。予索其手製，僅得後數方。叟於市得漢耕隱章，喜其與名符，因以名字。已得一子母篆曰李悅，已復得一篆曰李尊，因以為其子孫。余敘次叟篆於石，因以叟所得三漢章附於後，以徵叟好古之癖云。

沈石民

傳記

清・周亮工《印人傳》卷二《書沈石民印章前》　沈石民世和，常熟人。印章漢以下推文國博為正燈矣，近人惟參此一燈。以猛利參者何雪漁，至蘇泗水而猛利盡矣。以和平參者汪尹子，至顧元方、邱令和而和平盡矣。黃檗言：大唐國裏無禪師。又曰：不是無禪，直是無師。如石民，真能自得師，真能以一燈紹國博者。余嘗言：字學迷謬耳，惟賴古印章存其一線。然知篆籀矣，而雅俗等迷謬耳。國博胸中多數卷書，故能開朝華以啟夕秀。石民掉臂諸家，直接嬴劉，蓋三折肱而始得之。石民書畫妙天下，即以縱橫毛穎之法，驅吏銛刀，宜其獨據壇坫，俯視一切也。

清・顧湘《小石山房印苑》卷九　沈石民世和，常熟人。工書畫，僑居吴門，廷尉李公煦延致幕下，名著一時。周櫟園司農謂：印章自漢以下，國博為正燈，國博胸中多數卷書，故能開朝華以啟夕秀。石民真以一燈紹國博者，由其書畫妙天下，即以縱橫毛穎之法，驅使銛鋒，宜其俯視一切也。與王漁洋、徐健菴、王儼齋諸先生交，多乞其作惟恐不得者。有《八詠山房印譜》。

欽序三

傳記

清・周亮工《印人傳》卷二《書欽序三圖章前》　欽序三蘭，吴門諸生。清臞如不勝衣，時時皺雙眉。工詩畫，亦楚楚，而尤留心於圖章，得文氏之傳。當時推元方、令和與序三為華岳三峯，今惟序三隻立耳。在都門，館於宋右之史公家。予有印癖，知序三久脫繫，即首訪君。君於予頗有知己之感，故為予作甚多。後相值於湖上，又值於吴門舟次，卮酒匆匆欲去，余固留之。乃曰：食貧謀一館不易，近讀書楓橋側，主人督責甚力，遲歸將見嗔，早去示勤慎，保此館耳。予因詢之，乃知序三詩畫圖章，一切不為，惟教授生徒，自度度人而已。歲儉，貧士謀食其難如此。予為感動者久之，而力不能振君之貧也。故予每過吴門，輒愧見序三云。

王安節、王宓中

傳記

清·周亮工《印人傳》卷二《書王安節、王宓中印譜前》　王安節概，其先醉李人，久佔籍白下，與弟宓中著同受教於尊公左車先生。左車好奇，以屍名其弟，字曰弟為。久之乃改今名，字安節。幼以匄名之，字曰東郭。負穎異質，詩古文詞及制舉業皆能。孤行己意，避人癯弱，壯乃須眉如戟。居西郭外莫愁湖畔，罕與人接，然四方文酒跌宕之士至金陵者，無不多方就見之。安節以其詩文之餘，旁及繪事，水石人物、花卉羽毛之屬，動筆輒有味外之味。曾為予兩作禮塔圖，兩作浴佛圖，狀貌皆奇古，略無近人秀媚之態，真足嘉賞。畫成，輒自題識，予每謂人：安節甫二十餘，分其才藝，便可了數輩，使更十年，世人不説徐青藤矣。圖章直追秦漢人，亦肯為予作，今銓次於後。予友方爾止一女，不輕字人，覓壻於江南，久之奇安節，遂以女妻之。爾止負一代名，不妄許可，至一見安節，即以女妻之，安節可知矣。宓中亦作印章，古逸無近今餘習，亦次於後。宓中不亞安節繪事，遂欲與兄並驅，同人咸曰：元方、季方，難為兄弟也。安節、王母與兩尊人及安節皆落地不任葷，獨宓中微能食乾差，人稱其為一門佛子云。

吴麐

傳記

清·周亮工《印人傳》卷二《書吴仁趾印章前》　仁趾吴麐，天都右姓，隸籍廣陵。有洗馬神清之譽，作為詩歌，上邁曹劉，下掩王孟，超絶無凡響。嘗以餘閒摹劃篆刻，不規規學步秦漢，而古人未傳之祕，每於兔起鶻落之餘，別生光怪。文三橋、何雪漁所未有也。予素負斯癖，時時博訪海內，遍為參稽，少有當予意者。及一見仁趾作，則如探胸中故物，如再過宿生舊遊處，輒欣欣嘆觀止。嘗索仁趾為予鐫製，予亦謬有所商，僅略舉其大意，而仁趾躊躇經營，落之金石，有十倍出予意想外者。仁趾為不可及也已。予最好短信皋黄濟叔、黄山程穆倩印，兩君年皆近七十，蒼顏皓髮，攻苦此道數十年，始臻妙境，而仁趾以英髫之年，遂復及此，使其年與濟叔、穆倩齊，其所造當十百兩君無疑也。濟叔已矣，同穆倩後先振起廣陵，舍仁趾其誰與。歸因識之於此，使海內交口稱仁趾者，知予有先得固已識之早也。仁營。

錢雷中

傳記

清·周亮工《印人傳》卷二《書錢雷中印譜前》　錢雷中履長。吾友湘靈多慧男，雷中其第三子也。年未二十，留心風雅，能繼其家學，予甚愛之。亦知其戲作圖章，然非何次德示余，不知其精妙若是。此道必屬年少，以其腕力目力勝耳。雷中外，如吴仁趾、王安節、宓中、倪師留，皆以英妙之年，挾其穎異，直登作者之堂，此道不絶響矣。然遂欲逼殺許多老僧，亦大不仁哉。

李雲谷

傳記

清·周亮工《印人傳》卷二《書李雲谷印譜前》　雲谷居士李根，字阿靈，閩縣人。性恬静，與物無忤，愛閉户獨坐，終身未錠遊。工詩，小楷頗得晉魏遺意。畫佛像倣吴文中，人莫能辨。畫山水不妄設一筆，恒能引人入浄地。尤留心篆籀之學，嘗同福清林朱臣廣《金石韻府》，增入删正，一無譌謬。余愛其書，攜副墨至金陵，為補殘闕行之。君為予言：嘉隆而後工印者，但偽古數章，首列諸巨公數章，索李大泌、王太原一敘，便侈然成譜，以作者自命。如今之以詩名者，首倣古樂府數章，次列贈送讌集數章。其贈送讌集姓字，務必名輩巨公，其名目次第，皆可臆而得也。此而便侈然成集，自稱名下士，豈不大可恥哉。予旨其言，惜得其印不多。蓋君既精於六書，恒好議論人譌謬，自言吾不欲以此微技，供後來小兒指摘也。其自矜慎如此，故不恒為人作云。

徐子固

傳記

清·周亮工《印人傳》卷二《書徐子固印譜前》　徐子固堅，其先蓋吴門人，移家白下。予初從親串胡君念約園林中識其人，時但艷其人酒俱韻耳，而不知其工印事。閲十餘年，予集諸前修章，同里吴遠度始以其所製來，乃知子固苦心篆籀非一日矣。予所見工此者固多，而求奏刀之合古，章法之無補湊六書之不謬者，子固而外，未易多見也。至其倣古小秦印章，自朱修能外，不能多讓矣。子固大父巨川公，初諱君揖，嘉靖癸醜進士，擢為侍御史。時方注河南道掌道印，御史、都御史列名以上，世廟方懸筆擬議，而硃忽落公名上，世廟心喜，因為更名曰仲揖。以此甚得主眷，公亦多補納，當時號為名臣。子固既為名家子，又發源於吴門，夫吴門固圖章之星宿海也，子固雖欲不迴出流俗，豈可得哉。

鄭弘祐

傳記

清·周亮工《印人傳》卷二《書鄭宏祐圖章前》　鄭宏祐基相，歙人，超宗之猶子行，圖章得何氏之傳。隱於秦淮，貧且老，不能以此技奔走顯貴門，向人亦絶口不言，非予固索之，亦祕不相示也。以故貧益甚，時愛弄小古玩，或易之人以自給，然終無濟於貧。予於此道，見始終於貧而其技確可傳者，梁大年及宏祐二人而已。

胡省游

傳記

清·周亮工《印人傳》卷二《書胡省游印譜前》　予生平好圖章，見秦漢篆刻，及名賢手製，則愛玩撫弄，終日不去手，至廢餐初始以求購，其欲不啻如時花美女。殆坡公所云，未易詰其所以然者。雖當世宗公巨手，以姓名見贈，點畫少未愜心，必面自商略，求為更置而後已。而其人亦深頷余言，以為識趣。其所與遊號相契合者，物故殆盡，惟吳仁趾振起維揚，此外寥寥無聞。今夏胡君省游來訪，贈以二章，出所為印嫡見示，頗極秦漢之致，若余數十年來所未見，又若數十年意所中期者。頓還故物，與之語，頗與余合，因喜此道之有省遊，無患中絕，而質之千百世無疑也。夫篆籀肇興，書文正嫡，猶西來祕義旨要，無多具神解者，直接聖宗，證斯果位，豈說玄說妙之所能競。彼夫六書八體之研窮，秦碑漢碣之摹勒，要皆從入之途，究非參微之的也。由此言之，則省游所造，豈特超越文、何而已哉。黃山朱修能，前哲之解茲祕者，余既雅好此君，而省遊適與同趣，此可見省游性情與余合，不自今日。獨怪余嗜圖章數十年，而與余同嘖香好如省游者，相見乃在數十年之後，且非其鄉杜子茶邨言之，幾失省游也。省游名阮，楚竟陵人。

秦以巽

傳記

清·周亮工《印人傳》卷三《書秦以巽圖章前》　秦以巽漁，原名德滋，梁谿人。君以高閥負尤異才，少游馬文肅公門，以制舉業名。中年與華聞修諸君以詩名，晚歲謝去一切，惟自適山水間。蒔花種竹，或與童子鬭蟋蟀、調鸜鵒為戲，不問户以外也。君詩多香匳體，濃聲之中，別有清芬。書法顏、褚，分君之才，足了十人。予癖印，錫山君盡出所藏，恣予擇取，無所吝惜。因得見其手製，遠追秦漢，近取文、何，真苦心此道者。乃君殊不屑於此，自語予曰：此三十年前游戲為之者，今並浄名經，亦不知所在矣。

倪觀公

傳記

清·周亮工《印人傳》卷三《書倪觀公印章前》　倪觀公耿，梁谿人。雲林後。十三齡時，偶左足少不良於行，君輒喜曰：吾雙足尊矣。隱居水邨，借以謝客，蕭然自適，真能以隱世其家者。余過梁谿，聞君精於篆籀，索得數章。君於余譜中，獨醉心於侯官薛宏璧父子。余乃知君深心此道，非隨人泛泛者。薛氏父子生於海濱，多為人所忽略，垂數十年乃為觀公嘆賞若此，地下默慰矣。

袁曾期

傳記

清・周亮工《印人傳》卷三《書袁曾期圖章前》　袁曾期魯，吴門人。予老友籜庵太守公猶子行也，性沈實，時時從籜庵公問六書之學，故所作圖章恆多正字。吴門自文國博開蠶叢於此道，顧元方、邱令和相繼而起。顧、邱歸道山矣，繼國博一燈者，舍吾曾期其誰哉。曾期於予譜中，亦心折侯官薛氏父子。

須來西

傳記

清・周亮工《印人傳》卷三《書須來西印章前》　須來西仍孫，毘陵諸生制舉業，為時所推，而尤留心六書之學，反覆窮究，不得原委不止。嘗笑世人不識字，輒欲操刀登作者堂，夫誰欺。大小篆、鍾鼎盛問雜，夫人知之，夫人犯之矣。甲申之變，絶粒死，志士哀之。予過毘陵，莊澹庵史公出其手鐫見示，並述其行誼，予因得敘次於後。

袁卧生

傳記

清・周亮工《印人傳》卷三《書袁卧生印章前》　袁卧生雪，吴門人。梅村先生題其譜曰：私印之作，莫盛於元人，如吾子行之論三十五舉，滋陰源極流，後人用為指南。而吴孟睿、朱孟辨之流，楊鐵厓、曲江諸公咸交口推服，蓋其人皆博雅通仁厚，深究六書三倉之學，而於印章見其一斑，非以雕蟲篆刻為能事也。今人從事於斯者，往往侈談篆籀而忽略元人，正如詩家之宗漢魏，畫家之摹荆關，取法非不高，而致用則泥矣。卧生好學深思，精工篆刻，而尤於元朱文究心，吾以為三橋後當為獨步。予喜先生論印之確，故備録其語，不獨為卧生也。卧生為文氏兩葉之甥，故能精文氏之學如是。

沈逢吉

傳記

清・周亮工《印人傳》卷三《沈逢吉》　沈逢吉邁，婁東人。予未識其人，但聞年已望七矣。數十年來工印事者，舍古法變為離奇，則黄子環、劉漁仲為之倡。近復變為婉秀，則顧元方、邱令和為之倡。然離奇變為邪僻，婉秀變為纖弱，風斯下矣。逢吉一以和平爾雅出之，而又不失古法，故其里中張彝令於《學山堂譜》中極推重之。梅邨、秋岳咸為許可。秋岳每語予曰：眼中之人，畢竟以逢吉為正法眼藏。逢吉為名流所重若此，足以傳矣。壬子春盡，櫟下惰農書於紅著作舟中。是日目忽疼甚，遂誤三字，逸二字，老態畢見矣，放筆一歎。

張鶴千

傳記

清・周亮工《印人傳》卷三《書張鶴千圖章前》 張鶴千日中，毘陵人。舊家子，學書不成，棄而執藝，從蔣列卿學雕刻。鳥獸黿魚之紐，比方漢人，多以牙與木為之，間出新意，贔□蜿蜒之狀，□□欲動。以予所見，海内工此技者，惟漳海楊玉璇璣為白眉，予《閩小紀》中稱為絶技，鶴千亦何讓玉旋哉。鶴千篆印，全橅文國博，大為三吴名彦所重。家赤貧，有欲得其手製者，伺其食闕，則攜粻糧謀之，亦遂肯為人作。若窺甕有少粟，則又揮不顧矣。方侍御邵村語予如此。玉璇年七十餘矣，此技恐終當屬鶴千耳。

陸漢標

傳記

清・周亮工《印人傳》卷三《書陸漢標印譜前》 陸漢標天御，鹿城人。予舊笑近人於圖章，高者至摹擬漢人而止，求其自我作古者，未之見也。吴門人極推顧元方能肖漢，然擬議有之，未見其變化也。金孝章為予言：元方取漢印各為一類，既姓分之，如某人之印，某印、某印之類，又各分之。印以單葉，薄側理，既正窺之，復反視之，得一印即以某印合之，故往往不失古人意。予曰：此元方之所以為元方也。元方法漢矣，漢人又安得能前乎此者，如元方各為一類摹之耶。陸漢標以予言為是，故作印能運以己意，能運以己意而復妙得古人意，此漢標之所以傳也。

林晉白

傳記

清・周亮工《印人傳》卷三《書林晉白印譜前》 林晉字晉白，閩莆田人。予因宋去損招晉白，在百陶租房。晉白善鐫晶章，既工又甚敏，嘗為予言：鐫晶章易事，而人難言之，高自造作耳。然晉白好酒，醉後縱横任意，雖一往有奇氣，而當其意到神來時，目乃不知有晶，故往往多驚壞。其紐壞則匿之，輒出囊中錢易他晶以償。予知之，獨不令償，曰：無紐更自佳，但須平其傾欹，雅勝紐也。然公為他人作，則不可，曷止少飲。晉白曰：不飲則腕殊無力奏刀，遂惛惛有俗心。於是飲如故，壞人紐如故，得錢別易晶以償如故。人笑之，予以此多之。惜哉，予未出閩而晉白卒，或云卒於酒。

清・顧湘《小石山房印苑》卷九 林晉白晉，莆田人。周櫟園稱其善鐫晶章，既工又甚敏。醉後縱横任意，當神來時，目乃不知有晶，往往驚壞其紐，輒出錢易他晶以償。嘗云：不飲則腕下無力奏刀，昏昏有俗態。又云：鐫晶實不難，而人難言之，高自造作耳。

薛宏璧

傳記

清·周亮工《印人傳》卷三《書薛宏璧印章前》 宏璧名居瑄，其先蓋閩之晉江人，後籍侯官。予之遇宏璧也，宏璧已七十餘。先是，侯官有以圖章名者，為藍揮使，知予癖此，致數方來，頗愜予意。已復以數方命之，益復工。後有見者曰：此非揮使作，宏璧作也，今賓王乃不遇何中郎將耶。因以一章試宏璧，其工如揮使，而章法、刀法又無小異，竊訝之，乃召致宏璧，詢其故，宏璧恂恂不竟言。已乃數為予作數十方。間嘗過予節松堂，泫然泣下，曰：瑄老矣，工此技垂四十年，顧無一人知瑄者，家貧無從得食，藉此飽妻孥。日坐開元寺肆中，為不知誰何氏之人奏技。來者率計字以償，多則十餘錢，少則三數錢一字，體少不正，尚命刓之，如此垂數十年，不意今得之公。語畢，復泣下，點點沾所鐫印上。已乃晤宏璧子穆生銓，侯官諸生，其癖印章似宏璧，而體製如之。後予去閩，宏璧遂作古人，從閩中續寄者，皆穆生作。今譜中所作，皆其父子撰，予不欲辨，世固有能辨義、獻者。予獨歎承平之日，何主臣、吳午叔、朱修能諸君以此技奔走天下，士大夫皆以上賓事之，遺書奉金錢，得其一章，喜掛於睫，而諸君益復傲睨其間。以予論，宏璧之技，直入秦漢人室，遠出諸家上，而名不出里巷，致日坐肆中，受不知誰何氏之揶揄理，豈非命哉。閩人以宏璧之遇予，如會城之江珠池，得予而顯，嗟夫，予何足以重宏璧哉。會城江瑤池，予別有紀。

黃子環黃克侯

傳記

清·周亮工《印人傳》卷三《書黃子環、子克侯印章前》 漳浦黃子環樞，以圖章名，凡金石典册，靡不精研辨證。其譜名《欵識録》。在閩署為予作百十方，予既為專譜，序而傳之矣。其子克侯，名炳猷，與沈鶴生使君善。鶴生亦善印，每有鐫事，與克侯互相訂正。一印成，即繫一説於上，皆有雋永之旨，亦鐫行於世矣。漳浦黃先生絹素箑子上所用圖章，咸出子環手。劉漁仲以此道名，而其源實出於子環。後程穆倩出，因子環而變之以雅，世人遂但知有穆倩，並漁仲亦不知之，况子環耶。銓次子環父子作於後。克侯手筆如其父，子遂不復分列之。子環七十餘始殁，克侯尚壯，時出遊吴越間。

陶石公

傳記

清·周亮工《印人傳》卷三《書陶石公印譜前》 陶石公碧，晉江人。嘗從江皜臣學印章，而固不拘拘皜臣一家。尚氣誼，遠自丹霞，顧予金陵，值予罷官，時薗次方守湖州，慕石公，招之甫至，而薗次亦罷官。石公寄語予曰：鈍秀才所值如是，吾將不復出矣。

清·梁章鉅《吉安室書録·陶碧》 陶碧字石工，晉江人。能詩，尤精篆印。時莆人吴晉技譟都下，周亮工著《閩小紀》，甲陶而乙吴，世以為允。且工小楷，人咸稱其刀筆入妙，毛穎擅能。著有《印鏡》，邑紳丁煒、詹允捷並為之序。《泉州府志》。

楊叔夜

傳記

清·周亮工《印人傳》卷三《書楊叔夜印章前》　楊叔夜玉暉，閩之長汀人。以孝行為鄉里所推，詩文皆能獨出己意，汀士多從之學。黎司李媿曾、鄭大令健也輩皆出其門。晚以明經作教南靖，以文字交於予，不甚留心於印章，偶一為之，遂臻上品。予在繫所，愧曾來顧，出一印，鐫眉山句走馬聯翩鵲噪人云楊夫子以此兆公也。不三日，予蒙國恩生還，至今感其意。予所得叔夜印最多，患難中散失殆盡，惟餘數方，敘次於左。

吴平子

傳記

清·周亮工《印人傳》卷三《書吴平子印章前》　莆田吴平子晉初作印，多用莆田派。莆田人宋比玉者，善八分者，有聲吴越間，後人競效之，至用於圖章，古無是也。平子從予遊，見其所藏銅玉章及日今名印譜，遂一洗其舊習。久客都下，名重一時。平子豪於飲，每當風日晴好，策蹇從一童子，醉遊西山，竟日忘返。兒子浚近從都門歸，云平子娶妻生子，老在燕市，酒徒不復憶故卿矣。

林公兆

傳記

清·周亮工《印人傳》卷三《書林公兆印譜前》　公兆林熊，莆田人。久棄家遊吴越間，住醉李最久。予因醉李彭孝先司李識之，孝先，予同門友也，以故為予致公兆，刻印最多。後公兆遊齊魯間，取婦東萊，過青州，與予盤桓久之，得其手製益。公兆為印，動以漢人為法，不妄奏一刀。詩畫及分書皆楚楚可人。閩自海上亂，文人墨士多有避地不能歸，如平子、公兆輩者，不可枚舉，可悲也夫。

吴尊生

傳記

清·周亮工《印人傳》卷三《書吴尊生印譜前》　六書之學亡，賴摹印尚存其一體。予嗜此最癖，廿年來，致此亦最富。然見他人所有，配合奇稱如天位地設者，顧予名字不如是，憾不移易以就之。逢人大索，不知生平能著幾兩發動也。倪鴻寶太史嘗誚今之為時藝者，先架骸結肢，而後召其情。予謂今之為印章者亦然，日變日工，然其情亡久矣。予今年再入榕城，得吴尊生手鐫數方，蓋真能自致其情者。篆籀之學，將賴尊生以傳。大江老人常稱尊生工詞。箬藺生亦為余言：尊生自為樂府，擘阮度之，嗚嗚自適也。古學幸留於今日者，篆籀在圖章，律吕在齣曲耳。觀尊生所為，其有微尚也夫。尊生名道榮，新安人，今家於閩。

顧元方

傳記

清・周亮工《印人傳》卷三《書顧元方印章前》　顧元方，吴門人，亦字元芳，舊字不因。吴越人但知為元方，而不能舉其名。予家有一印曰顧聽，篆類元方，意即其人，而羣以為非。後秦以巽以元方所臨漢章譜相示，乃知果聽也。元方為印，直接秦漢，意欲俯視文、何者。予索其譜於吴門，一目不識丁之子守其數十方譜，貴於拱璧。予以其中有予友萬年少跋語，欲購之，其人便索多金，及予再索，則非百金不可。予乃嘆吴兒之狡獪，真不可語也。後從他所購得百餘方，乃大勝吴兒所藏。袁擇庵幼與元方同學，語予云：元方性好潔，室中器具，皆有別致。家貧，賴治印生活，垂老不能博一博士弟子員，亦足悲矣。

丘令和

傳記

清・周亮工《印人傳》卷三《書邱令和印章前》　邱令和旼，吴門人。令和作印，全倣顧元方，幾幾乎神似矣。元方吾不得而見，令和固余同時人，予亦未之識。辛卯春，予托從兄禹圖走吴門，市佳玉，命周爾森父子盡倣漢玉作紐，篆文雖出令和手，然實爾森父子礪成，今但以令和著者，以爾森父子不知篆籀，不足書也。令和所篆，其紐之佳者，予患難中盡為他氏有。予嘗諷人好篆勿鐫之好玉、好凍上，以此，其為予作之外，皆得之九龍秦以巽先生。

汪宗周

傳記

清・周亮工《印人傳》卷三《書汪宗周印章前》　自何主臣興，印章一道，遂屬黄山。繼主臣起者，不乏其人，予獨醉心於朱修能。自修能外，吾見亦寥寥矣。歙人汪宗周皜京，頗以此自負，予録其一二於後，使世知主臣之後，繼起者如是也。

李箕山

傳記

清・周亮工《印人傳》卷三　李箕山。海陵李箕山穎，予聞其名於程穆倩。老友紀戇叟以其譜見寄，題其册曰：箕山工詩書，少精篆籀之學，攷古金石之文，多人所未見。深思窮研，豁然有得，故點畫刀法之妙，洞微穿穴，人巧極而天工出。至於性情高澹，超然塵俗之外，尤不可及。觀命名，可以知其人也。予因得而敘次之。

徐夔

傳記

清·汪啟淑《續印人傳》卷一《徐夔傳》　古來才人文詞卓然可傳，不必有其遇，不必永其年，獨挾此區區為世俗所不能争，而賢豪差足以吐氣，余於徐君龍友重有感下來。徐君名夔，長洲諸生，龍友其字也，前明通政徐如珂之曾孫。素性伉直，戚友有過，恆面斥之而不存蔕節假日。著有《褱爽亭詩集》，寡女以女工所入壽，剞劂而行之。歸愚沈宗伯為之序，嘗稱其論詩有曰：偏峯側出，皆在所貴，而獨疾夫平易枯淡以自葢其陋者。此實詩人之金鍼也。序中評其詩曰：摭拾奥博而能探其原，馳騁變幻而不傷顛蹶，不淪荒怪，葢龍友詩之定論云。年四十餘，始一遊京師，不屑時趨，不向貴人門投刺，時論高之。龍友既目空一世，世亦目龍友為狂生，羣起毁之。獨居旅邸，至炊煙不續，困而歸，乃自悔其北遊之大謬也。調膳養母之餘，結城南詩課，與張子永夫、陳子有九、丁子樹芳諸人聚飲酣嬉，别白流品，縱論古今成敗，山川形勢，旁及刀槊馳射、神仙雜藝荒怪之事。高談雄辨，往往驚其座人，其豪宕不羈如此。甲辰三月，應廣南學使之聘，甫及匝歲，竟卒於粤，年僅五十。龍友於書，無所不窺，詩文悲壯，間作金石篆刻，蒼健秀雅，得文、何二家法。余嘗從歸愚宗伯處獲其數鈕，今登於譜，然世多不知其學殖之厚，文辭之豪，而但稱其藝事之殊絶。為述其生平梗概，俾後世知龍友不專以印人見也。

高鳳翰

傳記

清·汪啟淑《續印人傳》卷一《高西園傳》　高鳳翰字西園，號南阜山人，山東濟寧州人也。自幼穎異，好讀書，長而博學經典，究精藝術，負超卓之才，尤豪於詩，酒酣耳熱，揮灑煙雲，往往千言立就。究心繆篆，印章全法秦漢，蒼古樸茂，罕與儔匹。山水極縱逸，不拘於法，以氣勝。草書圓勁飛動，有生趣。具經濟才，聲華籍甚。以諸生舉賢良一等，分發安徽，歷署歙縣丞、績溪令，均有政聲。及題授儀徵縣，忌者讒之，謂與盧運使見曾結黨掛名彈章，故南阜有詩云：幾曾連茹茅同拔，卻為鋤蘭蕙並傷。又云：不妨李固終成黨，到底曾參未殺人。對簿日陳詞慷慨，有戴就風概，事終得白。會抱痺廢諸事，尚左手，感鄭元祐尚左故事，更號尚左生。漂泊江湖間，放於詩酒。性嗜硯，所藏皆手琢，自為銘詞。卒年六十一。著有《硯史》、《擊林》、《湖海》、《岫雲》、《鴻爪》、《歸雲》等集。

周整

傳記

清·汪啟淑《續印人傳》卷一《周頓菴傳》　周整字頓菴，浙江仁和縣庠生，銀臺公之裔也。其先本鄞縣，高祖遷杭，遂卜居焉。家世甲科，清白相嬗。頓菴賦性聰穎，孟年對賓客，詩文操觚立就，老師宿儒皆憚之。遊黌舍，有名於時，然性不喜帖括，以為敲門磚，不值錢，未嘗留意下來。惟專力於古文及六書，與穆門徵君京為雁行，相與切磋討論，譽隆隆日起。所為文奇奧深峭，有孫樵、劉蜕風，俗眼觀之，輒掩口胡盧而去。秋闈鏖戰不下數次，而解名時每落孫山外。久之不耐場屋，乃絶意自適。晚耽禪理，珠宫梵宇，一笻一笠，往往托跡下來。壽至八旬而卒。其所製印不自愛惜，時人亦無有知之者，未獲彙成一譜，殊可惜耳。

黄孝錫

傳記

清・汪啟淑《續印人傳》卷一《黄孝錫傳》　孝錫姓黄氏，字備成，號約圃，吴縣木瀆鎮人。木瀆雖吴之一隅地，而人煙稠密，商賈輻輳，土斸者豪侈耽逸樂，日徵逐於飲食聲伎間，而約圃超然特出於塵動亂之外。所居左圖右史，花藥盈階，香爐琴薦，忘其在闤闠間也。蚤歲席前人遺貲，頗饒於財，約圃厚自奉養，性拓落，不繫心於米鹽零雜。先習舉子業，不喜為帖括之學，獨裒集兩漢、六朝及唐宋以下大家詩文，讀之輒有所得。生平好結客，客之遊元墓者，經木瀆必訪約圃。先生繫籬畔之舟，投井中之轄，流連款洽，相與繫缽飛觴，以為樂事。家有小樓，可登眺具區，煙波洸漾，七十二嵐光明滅，皆在履舄之下。每酒酣耳熱，與客踏梯桄，遺憾檻楯，商榷文藝，賞鑒尊彝罍洗、法書名畫，從容寄興，意甚得也。客有陳陽山者，精篆刻，工雕鏤，蜚聲藝苑，常主其家，討論古今，晰其源流支派，獨有悟入處。遂棲情鐵筆，其所宗尚大約瓣香云美、沈歸愚宗伯及家山樵亟稱之。後屏棄一切，專精三十年，藝益工而家日益落，聲名藉甚，吴會間得其一波一磔，莫不珍皮以為枕秘。求之者屨滿户外，然不屑為俗子一奏刀，以是譽之者半，毁之者亦半，欲避謗而家置一椽不能也。友竹徐君，約圃甥也，予因徐君得交於約圃，嘗造其居，縱譚秦漢以來金石文字及後世印譜，得失有針芥之合。於時樓外梅花盛開，香雪霏霏，飄墮巾袂，新月在簷，一杯在手，友朋聚處之樂，無過於此。年華炊黍，彈指俱成往事。約圃歸道山已二十餘年，舊雨飄零，墓草已宿，能無慨然。著有《棣花堂印譜》、《篆學》二種，令子能梓以問世否，惜予猶未之見也。

朱亣

傳記

清・汪啟淑《續印人傳》卷一《朱亣傳》　朱亣字公放，初名杏芳，字雲栽，歸安縣人。弱冠站湖州府學官弟子，有聲庠序。久困場屋，息機摧檣，甲子後不復再赴棘闈，遂改今名，字山漁，自號荑稗道人，蓋自寓其意也。放情山水之餘，不治生計，肆志於金石篆刻，猶不足以寄其崎嶔歷落之概。乃從事於音律，凡五聲相逐，七均相轉，十二律相終始，以及九宫三變之微旨，數百年來因革是非，皆能指析其毫芒，故雖身落江湖，而名蜚京國。辛未春，翠華南幸，莊滋圃大中丞撫全吴時，延譜《迎鑾新曲》，膾炙人口，一時為之紙貴。盧雅兩運使再至兩淮，館於署齋月餘，成《玉尺樓傳奇》一部，授之黎園，揚州人争購之，於是有井水處，莫不知有朱公放矣。倘令得志於時，獲賦鐃歌法曲，歌詠太平，則周邦彦之領大晟樂府，養成有專美於前耶。惜乎畢生偃蹇，未伸初志，詞人少達多窮，古今同慨。著有《草原印篆》一卷，《印譜》一卷，《山漁刻印稿》一卷，《宫調譜》八十卷。

袁三俊

傳記

清・汪啟淑《續印人傳》卷一《袁三俊傳》 袁君三俊字籲尊，號抱甕，江蘇長洲縣人也。生而炯介，篤志古學。居葑門，與沈文愨公歸愚師同里閈，有戚誼。童時在邨塾中，即喜篆刻，父師訶責不能止。宿火甕中，人静後鏗鏘有聲，便楚楚可觀，故早有聲譽。不樂為科舉文，惟肆力六書，研究豐豐東宗之訛，章法秦漢，兼得顧苓、陳炳之神韻。品高潔，向人不名一錢，非可以貨得，更為時賢所重。文愨公嘗有《寄懷抱甕》詩云：地鄰兼戚友，憂喜兩家同。我作移枝鳥，君疑斷梗蓬。相思俱異地，相見各衰翁。魂夢難忘處，依依葑水東。吳中談篆刻，此事獨推袁。温潤存剛健，支流會本原。古文人莫識，小道爾能尊。何日分斯籀，欄桿前聽細論。予前在薛徵君雪南園中得識之，求篆十餘鈕，迄今鐫刻用時猶想見其古心古貌，求之當世，殊不可得已。著有《抱甕印稿》，亦文愨公為之序。子孝詠，字慧音，能世其業。

沈皋

傳記

清・汪啟淑《續印人傳》卷一《沈皋傳》 沈皋字聞天，浙江歸安縣竹墩人。生平警敏，讀書一目數行，脱口輒能成誦，博聞强記，蜚聲黌序間。性峭直，與俗人處，夷然不屑，不為脂韋絜楹之行，人多忌之。絲竹、篆刻無不精妙，而尤工筆刀。終歲浪遊，田衣山屐，相羊於湖山煙水之中。至名勝處，輒縱酒高歌，聲出金石。不沾沾科舉業，故屢踏省門，輒暴腮而返。其鐵筆最工，白文絕類何雪漁、蘇嘯民，所著有《六泉印譜》四卷。

聶際茂

傳記

清・汪啟淑《續印人傳》卷一《聶際茂傳》 聶際茂號松巖，山東長山縣人也。性淳篤，博學經籍，及為學官弟子，終歲潛閉著書，不為苟合詭隨，取悦於當世。留意六書，寄情鐵筆。師安邱張卯郡，以蒼深雅健為宗，高自標許，不輕為人奏刀。遇書畫家，則欣然鐫贈，否則酬以兼金，不可得也。文戰屢擯於主司，居閒處約，恒以潔白自守。斗室蕭條，灑然超絕。德州宋蒙泉弼廉使官編修，時招至京師。河間曉嵐紀侍郎昀一見，獨心賞焉，逢人説項，遂得游公卿間，名譽鵲起。畿輔總制桐城方觀承問亭先生好秦漢印，聞松巖名，延之鈴閣。松巖草服敝屩，入見長揖就坐，總制公以其樸直，甚優禮之。著有《司空表聖詩品印譜》，北平黄大中丞叔琳為之序。予因其同鄉方主政昂得乞所製數鈕焉。

黄呂

傳記

清・汪啟淑《續印人傳》卷一《黄呂傳》 黄呂字次黄，號鳳六山人，安徽歙縣潭渡人，白山先生之嗣君也。白山著作等身，名藉藉大江南北間，兼通六書，工篆刻。鳳六舞象時，素稟庭訓，所製即多，遒勁蒼秀，有秦漢遺風。兼精繪事，山水人物，花鳥蟲魚，縱筆所如，皆臻絶妙。書法晉人，晚年益樸茂，每作畫成，輒題詩幀首，以自所鐫印鐫刻之，人謂具四美焉。鳳六詩謝去雕飾，天真爛漫，惜不自收拾，傳者葢寡焉。其及門有名宗繹、字仲鳧者，亦自幼嫻習篆刻，工寫漢隸，章法古健，索其書者，殆無虚日。又手畫印章二帙，幾與印者無別。丙子菊秋，予歸耕綿上，往還甚密，得其詩畫頗夥，貯斂書樓中，鄰人不戒於火，盡為鬱攸奪去，良可歎也。

胡志仁

傳記

清・汪啟淑《續印人傳》卷一《胡志仁傳》 胡志仁字井輝，號曙湖，晚號華顛老人，浙江山陰布衣。詩有逸材，天然高澹，不琢不雕。工篆刻，家貧，不治生產，輒藉此為八口衣食，得百錢敷日給，則如嚴君平之賣卜，便垂簾讀書，類退院僧矣。非其意者，雖餌以重貲，不能得也。晚年選漢印之精者五百鈕，手自摹勒成譜。又喜周櫟園《印人傳》，為各篆名字印二方，作一譜以傳世。剞劂成，忽中風卒，卒年八十有二歲。曙湖具數十年苦心，殫精竭思，可謂三折肱矣。乃黄金擲虚牝，垂老無一知者，即有一二能道其姓名，而要不出於越之間，其亦可悲也夫。其弟子趙芃若亦善製印，欲得其所刻印彙譜以傳，而寡媳秘不與。後數年家益貧，聞悉出以易米於市，惜哉。

陳鍊

傳記

清・汪啟淑《續印人傳》卷一《陳鍊傳》 鍊玉道人陳鍊，字在專，號西葊，閩之日安縣人。流寓華亭，樂峯泖之秀，遂家焉。幼清羸，弱不勝衣，事帖括，輒為二豎侮，乃歎曰：命也夫。遂甘心為山澤癯。性嗜古，每入市，見鍾鼎盛盤杅，摩挲不釋手，然貧無力購，惟嗟惜而已。書法懷素，有古致可觀。學鐵筆，悟少陵書貴瘦硬通神之語，有所得。已而得朱修能譜，師其指授，以為篆刻之能事畢矣。一日過予，予出先秦、兩漢銅章數千鈕示之，不覺拍案驚駭，若遊山者之忽然而登岱，觀水者之忽然而泛瀚也。則且窮搜博採，冥思默會，得之心而應之手，遺其象而追其神，於是篆法、刀法遂直造於古，而不拘乎一格。時作小詩，服膺温、李詠物諸什，每摘清新句，且吟且讀，静坐小窗，聲琅琅出環堵。第善病，經年强半在藥裹中。又復米鹽零雜，經營八口，悴心勞神，而且在貧如客，無故於親知間作一稱貸謀，夷然不屑也。當其寂處無聊，偶或寄情弦索，然歌場酒座，則堅匿其技，恥為人知。江蘇方伯吴公壇雅，慕其鐵筆，兼高其品，介沈明經珠南屢招之，並以屬予。西葊以山人不宜干謁貴官，卒不往。與予交二十餘年，始終無間言。有愛子聰穎獨絶，年方舞象，即能繼其學，且署款極精雅。患小疾，為庸醫所殺，益悒郁無聊，病更劇，乙未秋，竟下世，年僅四十有六。所著《超然樓印譜》、《秋水園印譜》又與杜葭軒有印譜合璧之刻，皆已風行海內。其《西莽詩鈔》若干卷，猶藏於家，惜無力付剞劂氏。

顧光烈

傳記

清・汪啟淑《續印人傳》卷一《顧光烈傳》　顧光烈字開周，號楓林，世居浙江之錢塘縣。賦性高潔，恬澹寡欲。幼讀書，不喜章句之學，惟研究六書篆刻。凡有所作，精心扣擊，必窮極其根源，務取合於古人，加以晝夜思索，遇會心時始奏刀騞然，故求之者不可驟得，每云能事不受相促迫也。家素饒於貲，後中落，又善病，然淡泊自甘，屏除塵累，非知己好友，即壽以多金，不輕受。晚得異授，鉤稽壬遁之術，其推算刻應，無不響驗。晨光始通佔問者，屨滿户外。日亭午，即垂簾讀《易》，不妄交遊。乙亥春，曾為余鐫大小石印十餘鈕，風韻在蘇泗水、吴亦步之間。杪秋，余歸歙掃墓，楓林忽得噎助跑症，賫志而没。今每過其所居，緬懷雅度，不勝有人琴之慨云。

嚴源

傳記

清・汪啟淑《續印人傳》卷一《嚴源傳》　嚴源字景湘，號素峯，江蘇常熟縣人。前明相國文靖公後裔也。性資瀟灑，薄利神妙，幼習舉子業，不耐場屋苦，遂棄去，肆力於詩古文詞，尤工集唐，天衣無縫，一時稱之。嗜金石文字，究心《說文》、《玉篇》等書，且得文靖公家傳古銅玉印暨譜八卷，昕夕摩挲。食古已深，又親承浩菴徐太史指授，遂以鐵筆寓其寥落不偶之踪。師尚秦漢，不屑屑法唐宋也。年既長，親串多慫恿其入都希際遇，顧數奇，相識中能領方銅紅沫之趣者無幾，矧長安居大不易，烏能俾旅食峥嶸。困而歸，爰輯其平生刊印，彙為譜，又力綿不能付剞劂，錦帙牙籤，惟自珍襲之。丙子秋，予薄遊金閶，邂逅素峯於茶話會古齋書肆，傾蓋有水乳之合，詑謂肆中人曰：源平生今得一知己，可不恨矣。詰朝予過訪其寓齋，琴欄桿楚楚，無一俗物，洵可人也。舉所藏古印稿，並自鐫印譜、石章相贈。時已老病羸甚，自言一生耗心血習此技，今識君，宜以付託。辭氣慷慨欷歔，予亦深嗟異之。時以他冗，越一宿即解維别去。其後浪跡萍蓬，不至吴中者數月，而友人來，有識素峯者云，已歸道山矣。惜哉。因攜其所惠譜返新安，擬暇日録識數語，存其略。辛巳、戊子兩遭祝融之厄，凡所筆述，或未竟者，咸被六丁取去，致蹉跎彈指，頃忽數十年未補一傳，深恨負此良友。頃日落書，忽得伊譜副墨，展誦其駢體自序，恍接謦欬於虎溪煙月間也。嗚呼，其可感也夫。

蔣元龍

傳記

清・汪啟淑《續印人傳》卷一《蔣元龍傳》　蔣元龍字乾九，一字雲卿，號春雨，浙江秀水縣人也。予於丙子歲秋杪，從治堂範明經、孝謙魏松濤兩君處早聞其名。習知篤學嗜古，工詩文，精賞鑒，究心金石書畫。出其餘技，寄興於鐵書，喜用釘頭隨意鐫刻，多白文，不假修飾，頗饒古趣，蓋私淑丁龍泓隱君耳。嘗館予宗人鶴儀堂，予過訪，因得識荆州。叩其所學，殊有本源，益信兩友之賞識不謬。春雨隨出示《戴笠圖》行看予屬題，曾走筆率成五古一章，春雨亦以其所製印見貽。後予入都，别來二十餘年，惟聞於辛卯歲僅得副車，未獲一第俾其賡歌廊廟，良可惜也。然其門下士濟濟入詞雨量者不一其人，且春雨著述甚富，信其為傳人必矣，安得遇好事者謀壽諸梨棗，流播藝林哉。

丁敬

傳記

清・汪啟淑《續印人傳》卷二《丁敬傳》 丁隱君敬，字敬身，號龍泓山人，一字鈍丁，其讀書之齋曰無不敬，浙江錢塘人。起闤闠中，而矢志嚮學，於書無不窺，嗜古耽奇，尤究心金石碑版，務探源流，考同異，使毫髮無遺憾焉。時杖履兩峰、三竺間，凡遇磨崖嵌壁篆刻，莫不手自摹搨。著有《武林金石録》，該博詳審，頗有實質志乘之遺漏。性狷介，不妄取與，人以是高之。詩古文筆力超信服，迥出輩流。兼有皮、陸之博奧，不襲郊、島之寒瘦，信可流傳不朽矣。以其餘緒留意鐵書，古拗峭折，直追秦漢。于主臣、嘯民外，另樹一幟。兩浙久沿林鶴田派，鈍丁力挽頹風，印燈續焰，實有功也。乙丑春，予因柳漁夫子闌入西湖吟社，得訂交於先生垂三十年，心折其為人。他不具論，跡其長揖果毅訥公之堂，力卻苑卿江穎長之幣，堅辭制府方問亭之徵，高風卓然，如野鶴山麋，不可羈勒。所著詩古文集甚富，鄰人不戒災，及其廬罄，所藏弆盡化黑蝶，所流播者，蓋幾希矣。晚歲學愈老而家愈貧，抑鬱無聊，往往使酒罵座，忌之者亦不少云。卒年六十有四。

清・梁章鉅《吉安室書録》卷一三 丁敬字敬身，又稱龍泓山人。好金石文字，窮岩絶壁，手自摹搨，著《武林金石録》。分隸皆入古，而於篆尤篤。

清・顧湘《小石山房印苑》卷一〇 丁隱君敬，字敬身，自號鈍丁，又號龍泓山人，錢塘人。少時釀麴蘖自給，厠身傭販。性好金石文字，搜仿古碑，證以志傳，著《武陵金石録》。工詩，與金壽門齊名。篆隸俱入古，尤工治印，獨得秦漢古質之趣。性孤介，非性命之契，不能覓其隻字，惟天都汪秀峯駕部與之善，間得其印，列之《飛鴻堂印譜》中，然亦不多也。

紀事

清・阮充《雲莊印話・印人詩事》 丁敬，字敬身，號鈍丁，浙江錢塘人。好金石文，曾摹《武陵金石録》。其鐵筆有求者，白鏹十金，為鎸一字。方制府觀成索一二方不得。晚號龍泓居士。子三，長健，傳，季律。

著録

清・丁敬《硯林印款附録・諸家印款十二則》 黄司馬易刻畫秋亭長，款云：余好硯林先生印，得片紙如球璧。先生許余作印，未果，每以為恨。胡兄潤堂雅有同志，得先生作畫秋亭長印，即以自號，好古之篤可知。復命余作此。秋窗多暇，乃師先生之意，欲工反拙，愈近愈遥，信乎前輩不可及也。乙未八月。

又刻金石癖，款云：硯林翁為冬心先生作印，無一方不致佳。此印仿金農印信意，不似多矣。

又刻喬木世臣，款云：宋元人好作連邊朱文，丁丈敬身亦喜為之。乾隆戊戌正月，黄易仿其意。

又刻在湄書屋，款云：吴秋野作印，方整中有流動之致，硯林翁極稱之。小松仿其意。

蔣居士仁刻真水無香，款云：乾隆甲辰穀日，同三竹、秋崖、思蘭雨集浸雲燕天堂，觥籌達曙，遂至洪醉。次晚歸，雪中為翁柳湖書扇。十二日雪霽，老農云：自辛巳二十餘年來，無此快雪也。十四日立春，玉龍夭矯，危樓傲兀，重醖一杯，為浸雲篆真水無香印，迅疾而成。憶余十五年前，在隱拙齋與粵西董植堂、吾鄉徐秋竹、桑際陶、沈莊士作銷寒會，見金石彝鼎盛及諸家篆刻不少。繼交黄小松，窺松石先生枕祕，歎硯林丁居士之印，猶浣花詩、昌黎筆，拔萃出群，不可思議。當其得意，超秦漢而上之，歸、李、文、何，未足比擬。此仿居士數颿臺之作，乃直沽查氏物，而晚芝丈藏本也。浸雲嗜居士印，具神解，定結契酸鹹之外，然不足為外人道，為魏公藏拙，尤所望焉。

韓江羅兩峰親家裝池生薛衡夫，儲燈明涷最夥，不滿丁印。余曰：蜣蜋轉糞，彼蘇合香為何物哉。

又刻吉羊止止，款云：辛丑小除夕，磨兜堅室飯罷，為紉蘭居士製此印，頗遒逸，惜鈍丁老人不及見也。

又刻項槖印，款云：癸卯正月四日，閉關為秋崔三兄作此印。麤頭亂服真美人，則吾豈敢。然與畫角描麟者異矣。邇來黄九小松學力最深，不免摹倣習氣。王裕增俗工耳。瓣香硯林翁者不乏，誰得其神、得其髓乎。乃知此事不盡關學力也。

奚高士岡刻頻羅菴主，款云：印刻一道，近代惟稱丁丈鈍丁先生獨絶。其古勁貌美處，雖文、何不能及也。山舟尊伯藏先生印甚夥，一日出以見示，不覺為之神聳，因喜而仿此。

又刻汪用成，款云：時觀鈍丁十二印，古甚，喜而作此。

陳明經豫鍾刻秋雪龕，款云：余少好篆刻，見勝國諸名家印譜，輒肆力焉。及見丁居士作，錯綜變化，無美不備，一以秦漢為歸，因彙為一册，日置案頭，於此得益不少。庚戌冬，穀人表兄南歸，請作丁居士篆刻歌，許而未果。

又刻澄碧珍賞，款云：刻章署款，始於石印之後。文、何兩家，署款之最著者，然與書丹勒碑無異。若不書而刻者，鄉先輩丁居士為然。其用刀之法，余聞之黄小松司馬云：握刀不動，以石就鋒，故成一字，其石必旋轉數次。

陳司馬鴻壽跋先生刻趙賢、端人兩面印云：硯林叟作兩面印，趙端人先生舊物也。文孫次閑持以見示，渾厚醇古，直詣漢人。叟之技，進乎道矣。吾家秋堂專師硯叟，次閑學於秋堂，而仍以硯叟為私淑者。況先澤之貽，宜珍若拱璧也。

藝文

清·魏錫曾《績語堂論印滙録·論印詩二十四首并序》 健遜何長卿，古勝吾子行。寸鐵三千年，秦漢兼元明。請觀論印詩，渾渾集大成。丁敬身。

强行健

傳記

清·汪啟淑《續印人傳》卷二《强行健傳》 强行健字順之，號易窗道人，佔籍松江之上海縣。幼孤，家貧志學弗倦，母氏篝燈夜績，於紡床之側讀書，宵分忘倦，數奇不得一青衿。慨然曰：落落研田，坐荒歲月，不謀生計，何以為甘旨之奉耶。同邑有李揆文者，名醫也，順之從之遊，究心《靈素》及張長沙脉法，精微方論閫奥，盡得其傳。是以出而為人治病，單方重劑，應手立瘥，一時求療者輻輳其門，得所酬，悉以奉親。然意薄時趨，興與古會，書類鄭谷口，詩法陸劍南，應接稍暇，輒弄筆墨，袪塵俗而悦性靈，不求人知，然聲譽已藉藉矣。篆刻一道，師何主臣、蘇泗水，著有《印管》十二卷，復著《印論》二千餘言，多所發明，海内薦紳名流，争與結納，咸為之序。歲丙室内，浙江潘絜堂方伯慕名禮延之，未入幕前，館余開萬樓，昕夕暢論，上自秦漢，下逮元明，印學淵源，凡目睹心存，互相參訂，頗相浹洽。余往來於九峯、三泖間，順之聞余至，必過寓存問，劇談竟日。為余鐫大小石印甚夥，已選入《飛鴻堂印譜》。其自著則有《易窗小草》、《警心録》、《醫案》、《學吟小草》、《傷寒直指》等書，惜無力梓行。

徐堂

傳記

清・汪啟淑《續印人傳》卷二《徐堂傳》　徐堂字紀南，號秋竹，又號南徐，浙江仁和縣人。幼孤露，家素饒裕，然好讀書儲字畫，廣交遊，弱冠補博士弟子員，名噪黌宫。既而負笈董浦杭太史之門，得其指授，學業日進。吟詠餘閒，講習篆籀鐵筆，常語人曰：鐵筆雖雕蟲之技，然究心於此者，必須先識篆法、筆法、章法，而後縱之以刀法，非徒尚殘缺粗劣為蒼古也。其議論頗正。年來家事漸落，又困塲屋，不獲展其才，輒縱情杯斝。湖山雪月，一篷雙屐，往往倒載而返。其所製印，類皆秀整，中含蒼勁。昔人云：頎若黍稷之垂露，蕴若蟲蛇之棼縕。此二語可以移贈南徐矣。卒年未及五十，所著有《藉豁古堂詩集》二卷，西泠吴隱君穎芳手定者。

潘西鳳

傳記

清・汪啟淑《續印人傳》卷二《潘西鳳傳》　潘西鳳字桐岡，號老桐，浙江新昌縣人，僑寓廣陵。性篤實方古，愷悌無甚，識見卓越，曾受業於良常王虚舟澍之門。虚舟摹十七帖成，命桐岡書丹，以竹簡勒之，名曰《竹簡十七帖》。後歸大内。雍正甲辰，客大將軍年公羹堯幕，時多匡助。後有獻可不納，即拂衣辭歸，矢志以布衣終。亡何，還越東，掃黃岡嶺太保公祖墓，偶得奇竹於山麓，裁以為琴，而闋其徽，爰以竹鬚代調之，成聲且清以越，蔡邕焦尾不能專美於前矣。以其餘拔鐫製印章，貽諸戚友，一時尚之，好古之士争購焉。其同與遊者，為費執玉、鄭板橋、李復堂、楊吉人、顧於觀、李嘯村、吴重光諸君也。子封號小桐，亦善製竹印，能傳家學云。

劉淳

傳記

清・汪啟淑《續印人傳》卷二《劉虚白傳》　劉淳字叔和，號虚白，鐵嶺人。曾祖秉權巡撫粵東，謚端勤。祖思儼，侍御史，康熙乙未科武狀元，雲南開化鎮總兵官。劉賽都，號研齋，其父也。虚白生而穎慧，雅好讀書，習詩賦，學篆隸，以漢文秀才赴鄉科，不屑為挺進鄙時藝，屢為有司所擯。研齋公望子成名心切，遂令改途由武生歷雲麾使兼佐領。公退，灑掃一室，惟作畫賦詩以陶寫其性靈，兼究心於篆籀，摹古印章，專意師法秦漢，高古蒼健，可方駕錢塘丁龍泓，且善琢硯。後以督造金器虧缺，致遭城旦通州杜門焠掌鐵，筆更神妙，詩文益豪放，畫愈奇逸，天殆玉成之也。瓜期得釋寧家，猶自以為不足，遍遊海宇，尋師訪友，致家業蕩然亦不悔。倦歸戢影蓬廬，酒盃詩卷，超然自得。所著有《虚白印稿》及《虚白詩鈔》。

李德光

傳記

清・汪啟淑《續印人傳》卷二《李石塘傳》　李德光字復初，號石塘，江蘇華亭縣人。有負郭田，粗可給衣食。少年鋭意功名，赴童子試不利，即納粟入國學，就京兆試，屢困省闈，遂絶意進取，縱情麴糵，不問家人生產，家漸落。繼乃耽玩篆刻，好金石文字，肆力摹古，銅玉牙石，莫不精妙。乙亥秋，江蘇遇偏災，盎無餘米，桁無完衣，窘迫殊甚，而債主就索者屨滿户外，因盡棄其產以償夙逋。薄裝單舸，浪遊浙中。愛西湖之勝，解榻四聖菴，邂逅隱君敬，一把袂訂為莫逆交。極賞其刀法蒼秀，屢言於予，延致開萬樓，盡出所藏古印，及諸舊人譜，昕夕討論，技益進。其鐫玉章與牙石無異，不崇朝輒成一鈕。腕力最猛，然孤潔傲兀之性殊不易近。予雖遍為稱譽，而賞音落落。期年歸三泖，教讀以餬其口，然日遊醉鄉，生徒星散，人多尤之。晚年愈侘傺無聊，竟窮困以死，年已七十。其鐵書之衣鉢相傳者，聞有十餘人，予所知者，鍾敬存、錢世徵而已。

姚鼐

傳記

清・汪啟淑《續印人傳》卷二《姚鼐傳》　姚鼐字季調，自號樗園居士，江蘇長洲縣人也。賦性孤冷，不苟然諾，然有雅淡趣，工詩文，善草隸，不喜習帖括，絶意進取。家素清寒，掩關讀書，庭蕪繞户，夷然不屑除之。親串有規其應試者，便自笑曰：吾賦形癯陋，非簪紱中人。偶寄興鐵筆，宗云美顧氏，摹漢工整一派，然不輕為貴人富翁奏刀。適逢舊雨雲客薛君子升官蘭溪少尹，素風雅，樗園因裹糧往遊金華三洞。予因雲客得與樗園聯榻衙齋，唱和頗洽，曾為予鐫十數鈕。逮予里門遭回神妙，恨散失已過半。樗園亦終潦倒，年未五十遂卒。吟稿亦零落，惜其高逸乏知音也。亟登諸譜，而為之傳其梗概云。

張慶燾

傳記

清・汪啟淑《續印人傳》卷二《張慶燾傳》　張慶燾字裕之，一字拙餘，嘉興諸生，實嬾先生之冢孫也。經笥相授，名噪黌宫，居張山之麓，因自號張山樵夫。童時即不好弄，愛讀書，凡九流百家之説，靡不心遊目覽。工詩古文，為人倜儻有奇氣，善水墨花卉，膠山絹海，充牣户牖間，而畫蘭尤為世所稱，人因號為張蘭云。兼精通六書，專參文氏一燈，雅尚秀勁，絶無塵氛氣。少遊方樸山、諸草盧兩先生之門，主吟坫，登選拔，俱不脛走千里。家貧，為人作嫁衣，船脣鞍背，裹糧而遊，嘗經年不歸故里。所為文孤高峻拔，不合時眼。文戰每不利，遂侘傺以終其身。所著有《苕雲詩鈔》、《北征》、《楚遊》、《中州草》暨《玉楮文集》、《羣仙繪幅樓詩餘》、《拙餘印譜》行世。

陳浩

傳記

清・汪啟淑《續印人傳》卷二《陳浩傳》　陳浩字智周，號芷洲，江蘇嘉定縣諸生。負超卓才，志氣宏放，數奇，屢試於鄉不得舉，因從闢書佐，當事咸器重之。後患肺疾而歸，棄舉子業，養疴林泉，爐香茗盌，惟攷核三代古文、秦漢篆隸以寄興。而摹印尤得同里張紫庭秘授，取法漢人撥蠟鑄印一派。心摹手追，積有歲月，於汪杲叔、王梧林之外，能自成一家，幾可媲美趙松雪。良常王蒻林題其所著《古藤齋印譜》曰：吳興復見。又跋《印譜》云：陳君特起南服，續千載不傳之緒。洵非虛語也。性恬澹，澄瑩蕭散，不慕榮利，家貧無子，與二三朋舊豪吟沉飲，以陶寫其磊落壯懷。晚年撰《篆隸源流》、《印章典則》二編，甫脫稿即下世，惜未壽之梨棗焉。

清・顧湘《小石山房印苑》卷一〇　陳茂才浩字智周，號蒞洲，嘉定人。屢困場屋，因從闢書佐，當事咸器重之。摹印得同里張紫庭之傳，著有《篆隸源流》、《印章典則》、《古藤齋印譜》，王良常太史跋云：陳君特起南服，續千載不傳之緒。

俞元之

傳記

清・汪啟淑《續印人傳》卷二《俞元之傳》　俞元之字貞起，號介石，浙江金華縣學官弟子，包紮於庠，有聲譽。然性豪邁，不屑屑尋行數墨，羈束才華，終歲棲心古籍，恥於苟合，知交絕少，無所標榜。詩歌俊逸超羣，與其品埒。間寄情鐵筆，頗高古有致。余客蘭江，一見結牙期獲石之契，且深知予苦心，欲續印燈一焰，蓋非故為白眼傲世者也。惜竟以諸生老焉。

沈世

傳記

清・汪啟淑《續印人傳》卷二《沈世傳》　予初識沈卜周於友人處，見其落拓不羈，無塵俗氣。談及篆書古文，元元本本，頗為淹貫，意其為士人也。遂直造其廬，懇為篆石印數十鈕，皆蒼秀淳樸，蓋用中鋒鈍刀也，甚愛玩之，為選入《飛鴻堂印譜》。既而知其隸於方伯署，祖父即居錢塘沈周巷，世為伍伯。卜周獨賦性孤介，幼讀書而域於令典，四色人不許應試，故上進無階。家貧無以餬口，勉承舊業，稍藉工直所進以給事蓄。然惟究心翰墨，書法得晉、唐人風味，詩亦臻宋元家數。著有《鼓泉集》幾卷。敝衣糲食，怡然自得。於隨班應役後，歸輒閉户焚香，不問外事，同類爭非笑之，而士君子皆樂與之為友，不以身賤而言論或有諂屈也。前方伯潘公曾物色之，俾鐫名印二方，賚以四金，辭弗受。後令改從縱娼，以逐時尚，卜周即於廳事前階下磨去之，辭以不能，潘公知其素性，亦不加譴責。年甫三十有七，抑鬱而死。嗟乎，欒郤之後，降為皂隸，今卜周好學如此，特以處賤而不得一伸其志，念夫花落茵厠之喻，能不重可慨耶。卜周名世，又字瘦生。

印學禮

傳記

清·汪啟淑《續印人傳》卷二《印茅齋傳》 印學禮字庭又，號茅齋，江蘇嘉定縣人。少問學於玉峯朱徵君以載，工吟咏，善書法。繼從陳智周游，究心摹印之學，所製多天趣，其生平契合者求其技，興酣援筆，咄嗟立就。非其意者，即勢脅之，利誘之，岸然不顧也。性懶慢，客有談及朝市事，輒掩耳。喜結方外交，每過琳宮梵宇，必流連浹旬不去。終身不娶，後得咯血疾，卒于海濱。

俞珽

傳記

清·汪啟淑《續印人傳》卷二《俞珽傳》 俞珽字君儀，號笏齋，初名培廷，同郡婺源人。工制藝，垂髫應童子試不售，即入粟成均，以國學生赴棘闈，仍見遺，遂決志棄舉子業。酒酣耳熱，發為聲詩，以寫其崎嶔磊落之概。留意吏治，講習律例，遊江浙當事間，所至争延入幕，聲譽籍籍。暇復肆力於六書，古文師法雪漁、爾宣，深鄙俗刻纖媚。有《上諭十六條印譜》一卷行世，自言冀以化俗勸善。間亦游戲作指頭畫，可露面市面且園高公。後僑居姑蘇之胥門，與予族兄芝谿有姻誼，相契好。芝谿訪舊遊吴，必下笏齋之榻，抵掌縱論古今，輒窮盡暈夜。予因芝谿得締交于君。乙亥春，予從蘭溪歸浙，笏齋扁舟過訪，為予篆大小石印數十枚，相與提壺六橋，散策兩峯，極清遊之興。次年夏，遽得凶問，年僅五十餘爾。

張燕昌

傳記

清·汪啟淑《續印人傳》卷二《張燕昌傳》 張燕昌字芑堂，號文魚，浙江海鹽人也。幼從笠亭朱明府琰，資穎敏，讀書日記千言，過目輒成誦。長而蜚聲黌序，品學粹然，為韓城王偉人先生所賞識。丁酉以優貢舉於鄉。平生深致雅量，與俗殊趣。慕其鄉孫太初、許竹雲之為人，著《金粟逸人逸事》。性好金石，自周彝、漢鼎盛、禹碣、宣鼓以及近代高人韻士之遺刻，殫心搜羅，不遺餘力。聞有殘碑斷字在荒煙滅没中，往往襆被越千里，窮危崖、涉深箐而求之，摩挲不忍去。集所見為《金石契》，補前人所未備。嗜篆刻，為丁龍泓徵士高弟，瓣香何主臣、蘇嘯民、蕭疎宕逸，真能以鐵為筆，詩家所云羚羊掛角，無迹可求，而款識樸茂，尤可觀。又工飛白書，古致磊落。所著有《續鴛鴦湖櫂歌》、《芑堂印存》。

方薰

傳記

清·汪啟淑《續印人傳》卷二《方薰傳》 君名薰，字蘭坻，號樗盦，浙江石門縣人也。早歲清寒，能厲志折節讀書，然性不慕浮榮，儉約瑟居，布衣疏食，宴如也。惟日以詩文自娱，尤愛丹青，每見前賢真迹，臨摹至酷肖方已。苦學有年，頗得畫家三昧。但見時下刻印，罕蒼勁古雅者，不稱伊所潑墨，爰博覽《宣和印史》、顧氏《印藪》、潘雲杰《印範》、甘暘《印正》、羅王常《印統》、蘇爾宣《印略》、鴻栖館《印選》，心領神會，遂自解奏刀。天資既穎，用力又勤，不數月即闖入文、何之室，製名印則專宗秦漢。隱迹鄉閭，人鮮知之。桐鄉雲莊金員外都門歸，一見有水乳之契，延至家下榻焉。雲莊家藏書畫最富，相與考訂鑒賞，蘭坻畫遂日益進。然體清羸善病，人求之者不易得。所著有《蘭坻蘭鈔》八卷，《山静居緒言》二卷，《井研齋印存》四卷。

陸丹叔

傳記

清·汪啟淑《續印人傳》卷二《陸頤齋傳》　丹叔侍郎本姓費，上祖嗣於陸，遂以陸費為複姓，字丹叔，一字堅士，號頤齋，晚年自稱吳涇灌叟，浙江桐鄉縣人。三世祖以後代有偉人。頤齋生而穎悟，學語時曾祖抱於懷中，教以門閭春聯十字，即能識。及長，教授經書，常出意解。業師朱開周許其必能顯揚。乙酉春，聖駕南巡，召試一等第三名，恩賜舉人、內閣中書。丙戌成進士，官翰林院庶吉士。己丑授編修、方略館纂修。八月恩科，充順天鄉試同考官，山左周永年先生出其房，時稱衡鑒精確。甲午正月，賜內廷大臣茶宴，丹叔和詩稱旨，於常賜硯石、茶甌、如意外，又賜唐寅《梧竹圖》一幀。乙未陞翰林院侍讀學士。丙申晉詹事府少詹，提舉文淵閣。甲辰陞禮部侍郎，丙午轉左，後以《四庫書》有撤毁，未經奏明，落職。家居闢一閣曰枝蔭，左圖右史，匜鼎盛羅列，庭中富佳卉奇花，極享文雅之福。庚戌秋，進都恭祝萬壽，將及歸，以微疴卒於京邸。丹叔自幼讀書，清暇寄興丹青，究心篆刻，所見古章既多，故奏刀深得秦漢人法。以予為知音，曾鐫數紐見貽，然丹叔文章事業，炳照青史，豈合置於《印人傳》中，蓋不忍没其知己之誼耳。所著有《頤齋賦稿》、《枝蔭閣詩文集》。

沈祚昌

傳記

清·汪啟淑《續印人傳》卷三《沈祚昌傳》　沈祚昌字乘時，原名御天，居木瀆之虹橋，因自號虹橋居士，為江蘇吳縣學名諸生。自幼穎異，嗜古文，不屑為科舉學，研討六書，究心碑版、金石、篆刻，師法顧云美、陳虎文，蒼勁中含秀雅，深得古趣。詩宗王、韋，古澹高華，麗而不雕，濃而不膩，絶無酸寒蔬筍氣。有集藏於家。隸書臨曹、孔，楷法摹褚、柳，皆能窺其堂奥，非僅得皮毛而已。弟兄三人，極友愛，尋山釣水，蕭然自得。吳中詩人黄野鴻，性極嚴冷，傲睨絶俗，不輕許可人。見虹橋所製印，輒嘖嘖稱羨不已。作詩以贈，並丐其篆法，争藏弆之，其技足珍於人，蓋可知矣。予因蘭初沈君天中得訂交契，得其所製甚夥。辛巳春，山齋被鄰火所延，鬱攸收去幾半。後其門人範立方叢集伊所鐫印成譜，曰《虹橋印稿》。

張鈞

傳記

清·汪啟淑《續印人傳》卷三《張鏡潭傳》　張鏡潭名鈞，字右衡，安徽歙縣水南鄉人，去予邨甚邇。家素力田，清白相嬗。鏡潭生而頭角峥嶸，舞勺時甫入家塾，即有志古學。稍長，經書外惟洛誦《史》、《漢》古文，師傳授以制義，不樂也。然室無奇書，又苦貧困，偶負笈遊漢上，遇一道人，笑謂之曰：子好古而不識字，將何所入門耶。因稱貸戚友，購覓陳倉、石鼓、禹穴、嶧山諸碑，忘餐廢初始，昕夕研究而討論焉。遂兼工製印，刀法即蒼勁古雅，殆天賦也。性復淳樸，取與不茍。有邗溝族人某雄於貲，重其誠實，延佐理財，鏡潭亦藉以少裕。遇親串近支，竭力推解，絕不吝與。予交幾十五載，所倩鐫印甚夥，惜遭胠篋，亡失過半。後復不戒於火災，及伊室所藏古碑舊刻、周節匜漢鼎盛、法書名畫，所留娛老之資，盡化黑蝶飛去。由是抑鬱憤懣，境漸艱窘，不數年遂病卒。所著有《鏡潭印賞》十卷。

王順曾

傳記

清・汪啟淑《續印人傳》卷三《王青山傳》　王公子順曾，號青山，直隸宛平縣人，敬哉相國之曾孫也。幼岐嶷負儁才，讀等身書，任情不羈。性機警，詩文倚馬立成。赴童子試一不售，即納粟入成均。才豪氣猛，自謂科名可唾手致。乃屢躓棘闈，遂屏棄舉業，放懷於山條水葉間，日飲酒賦詩，以其餘暇棲情篆刻，弋志丹青，意度灑落，生産事絕不營念。中年家遂落，益抑鬱無聊，冀得神妙養。以太學生考職得侯選州司馬，待久未銓，常自戲鐫一印曰《何州司馬》。境雖艱而詩筆益進，飲量愈洪，惜無好事常得載醪問字者。每杖策浪遊，有笑語投洽者，酒酣耳熱，無論夙好，亦為奏刀染翰。苟逆其意，即豪華賞鑒家亦唾棄不顧，故眾論常少之，然寔嵚崎磊落無城府人也。丙室內秋，予從錢塘王澹園明府席上訂交，曾為予製數印，別忽三十餘年，音塵闃如，其近況未知能較勝於前否，當訪悉而續書之。

清・顧湘《小石山房印苑》卷一〇　王司馬順曾，號青山，直隸宛平人，敬哉尚書曾孫。以太學生考職州司馬，待久未銓，嘗戲鐫一印曰何州司馬。每杖策浪遊，有笑語投洽者，即為奏刀染翰，非其意者，雖賞鑒家亦唾棄不顧。

王燮

傳記

清・汪啟淑《續印人傳》卷三《王小山傳》　王燮字理堂，號小山，安徽蕪湖縣人。少年任俠負氣，呼盧縱博，臂鷹走犬，白打之戲，拋墒之事，無不為之。又嗜飲，使酒罵座，旁若無人，兄弟妻孥殊不堪之。瑟居無俚，仰屋咨嗟，因游戲於篆刻，師法程穆倩，得其遺意，挾三寸鐵，繫鞋出門，楚尾吳頭，燕南趙北，踪跡殆遍焉。通州牧龍公舜琴其同鄉也，寓書招之，館於州廨，勸其折節讀書，兼習司空城旦之業。然性喜金石文字，而薄刑名法術為不足學，乃浪游燕京，僦一廛於修門，白眼視人，無所遇。甲午春，予抵其寓訪焉，見其章法、刀法近爾宜，因出蘇氏印，略俾摹仿，不浹旬盡通其義。用刀亦蒼莽，署款頗饒古致。著有《理堂印譜》八卷。

沈承昆

傳記

清・汪啟淑《續印人傳》卷三《沈硯亭傳》　沈承毗號硯亭，浙西烏程縣人。世居烏戍，家傳清白，力田讀書。硯亭生而岐嶷，性復澹蕩，十餘齡即好遊，每杖英特爾獨往，尋壑經邱，日暮始返。愛讀書，不耐為淹通貫串之學，涉獵薈蕞，得其大凡而已。屢赴童子試不售，遂棄帖括，學丹青篆刻，頗能深入堂奥，然厚自矜貴，俗人以金帛餌之，岸然不顧也。至於絲竹管絃，彈棋六博，莫不嫻習。時為小詩，便娟妙麗，直通中晚，多不存稿，亦不輕示人。予曾記其《秋望》一律：閒折花枝作酒籌，醉來獨倚水邊樓。鴻飛碧宇新排字，月印澄江笑學鉤。叢鞠散金三徑晚，井梧零葉一聲秋。西風吹斷高城角，吾且微吟遣四愁。辛卯秋，慕長安之樂，西向而笑，襆被入京，無所依，僑寄僧寮。有求其鐵筆者，奏刀劃然，皆臻絶妙，但賞音落落，技雖工，曾不能以餬其口。性兀傲，不肯投刺豪貴門，即鄉人之宦於京者，裹餅往則受之，無端而乞監河之米，攫諛墓之金，不屑也。生平未嘗名一錢，乞一絲，山雌捽茹，泊如也。戊戌冬，竟究餓客旅邸，鄉人醵金以殮之。嗚呼，此誠古之所謂獨行君子也。

唐材

傳記

清·汪啟淑《續印人傳》卷三《唐材傳》　唐材字志霄，號半壑，江蘇嘉定縣學官弟子。幼孤，遭家難，流離萬狀，四壁蕭然，泊如也。年十三，自知向學，刻苦忘倦，執經芷洲陳浩之門，作時藝，吐辭命意，迥絶流俗，膠庠頗有聲譽。間為聲詩，愛賈島、孟郊寒瘦之體，習鐵書，博考篆隸及秦、漢、唐、宋以來諸印譜，析其源流，窮其正變，攷求章法、刀法，沉潛日久，彙所製印文若干，就正於王虛舟先生，虛舟嘆曰：此松雪真傳也。即書額以弁其首，並示一切寫篆隸法，退即深思力索，數只有年，乃不懈而及于古。往歲從其兄宦遊畢節歸，詩益宏放，學業愈進，仿吾竹房《學古編》意，作《遊藝贅筆》四卷，《摹印説》一篇，年未及五旬即下世，未能大成，為可惜耳。

范治堂

傳記

清·汪啟淑《續印人傳》卷三《範治堂傳》　範君治堂，名安國，祖籍廣陵，僑居浙江秀水縣之韭溪橋，治堂其自號也。幼穎異，讀書五官並用，博聞强識，《十三經注疏》皆成誦，旁及諸子百家，莫不留意。補博士弟子員，即食餼。高文巨製，名雋一黌。凡操琴彈碁，寫生八法，風鑒堪輿，方診六微，河洛推步，悉心領神會。其鐵筆尤動與古合，即專門名家者，不能過也。入棘闈，屢薦屢躓，遂縱情詩酒，一寓其卓犖不羈之氣，雖儒素舌耕為常，然風流跌宕，頗多逸致豪情，絶無寒儉態。晚遇親串以私財委代，持籌歲久而不欺，其親感戢，乃分潤之，家得饒裕。鶴田酒庫，日就月增，且書籍甚富，有南面百城之樂。予自戊寅春與松濤魏君攀龍同訂交誼，越二十載，得所製印較多，今皆登之《飛鴻堂譜》云。

吴鈞

傳記

清·汪啟淑《續印人傳》卷三《吴鈞傳》　吴鈞字陶宰，江蘇華亭縣人。詩人六益先生之玄孫也。性閔默，終日可不語。尚節介，不為茍合詭隨，取容於當世。家世工詩，陶宰復肆力於漢魏，力超六朝，尤工樂府，脱去幾社壬申習氣。隸法初唐，亦蒼勁秀潤。摹印則專師何雪漁，僕嘗謂當世惟吴漫公可方駕之。賦性淡泊寡營，不屑為科舉之學，昕夕究心古籍，退藏山澤，率然而吟，蕭然而詠，境雖困乏，鍵户讀書，勤處隱約，恥問家人生産。日卓午，爨突無煙，晏如也。曾偕予遊白岳黄山，故得所製印甚夥。欲選《泖峯真氣集》、《樂府篋中集》諸書，百里借書，徒步往還，重繭而累蹠，真有心好事者，惜貧無力授梓。著有《獨樹園詩稿》、《鼠樸詞》、《陶齋印存》若干卷。

金嘉玉

傳記

清·汪啟淑《續印人傳》卷三《金嘉玉傳》 金嘉玉字汝誠，世居安徽之新寧，祖業鹽筴，因僑寓浙江之仁和縣。嘉玉性愛澄寂，榜其讀書處曰静齋，自號静齋居士。從父為納粟入國學，居恒誦習，不以佔畢為事，唯究心六書，嘗曰：士人為學，必先窮理，必先讀書，必先識字，明六書，然後能讀六經也。嘉玉既雅無雜好，惟時以鐵筆為遣興，取法何雪漁、蘇爾宣，刀法蒼莽，其得意之作古勁嚴整，即雜置蘇氏《印略》中，不復能辨。尤善擘窠篆書，有求之者，對客援筆立就，擬諸王虚舟不少遜也。然賞音未遇，寥落不偶，納粟得巡司小職，授江右都昌縣周溪司，斗粟淹留幾二十年，竟未展其所藴，為可惜耳。

桂馥

傳記

清·汪啟淑《續印人傳》卷三《桂未谷傳》 桂馥字冬卉，號未谷，山東曲阜縣人也。髫齡負岸異姿，性機敏捷，為學官弟子，有聲黌舍。嗜古學，以為讀書必先識字，歎近世小學多忽略，因研究八體源流，寄興鐵筆。慨摹印一燈欲絶，譌偽日滋，得見秦漢風範者，惟銅玉章。遂集録古印，得若干字，以唐韻次之，釐為五卷，存繆篆之一線，甚有功於藝苑。愛藏書，硯田所入，悉置縹緗，與同志周編修永年竟集至數萬卷，以一儒士而好古不倦者如此。由明經貢於京師，授官學教習。時留心六書者，為笥河朱學士筠、東原戴吉士震、懷祖王吉士念孫，諸君子皆心折之。撰《續三十五舉》以補吾予行之不及，為文、何功臣，然不輕易為人奏刀。予幸同官，又同痂嗜，故丐得其所製數鈕焉。

朱宏晉

傳記

清·汪啟淑《續印人傳》卷三《朱宏晉傳》 朱宏晉字用錫，號冶亭，江南長洲縣詩人朱悝若先生之子。性機靈巧，温厚和平，與人交，不翕翕熱，亦不落落凉，以故人多樂就之。家貧親老，不得已罷棄舉業，服賈江湖，間藉餘資，以奉甘旨。然孜孜好古，不少輟，尤嗜籀隸摹印。凡見篆書，雖斷碑蠹簡，必購得之，心識手鈔，寒暑無間。鐵筆之技，日臻工妙，於是求索者夥之不置，户限幾損。繼因給事大中丞署中，戟門森嚴，優游清暇，焚香摹帖，洗竹科松，屏居謝客。或有責其嬾散者，遂榜坐卧處曰敏齋，擬諸韋絃之佩，其虛衷受善又如此。中年專肆力於摹印，凡金、銀、瓷、竹、牙、角，無不擅長，而刻玉尤精絶，江皜臣未許專美於前也。予初從醫士孫君慶增處見其一斑，因造其廬，坐談甚洽。旋招遊武林，治亭惠然肯來，為予製大小石印數十枚，皆有款識，余已登之譜。其金玉諸刻，則另列《印類》一編。凡刻玉款識、花草及雕漆諸作，皆妙入纖微，不可方物，古所稱刻楮之巧，偃師之藝，不是過矣。每酒闌燈灺，展玩其摹印，輒緬懷風格，獨嘆其有才如此，困於境而不得使杜門養高為可惜云。著有《漱芳草堂印商》四卷，李客山、虞縵堂、吳敬亭皆為之序。

嚴誠

傳記

清·汪啟淑《續印人傳》卷三《嚴鐵橋傳》　嚴孝廉者，浙江仁和縣人。名誠，字力闇，一字立，號鐵橋。幼即穎異，好讀書。家貧，其尊甫急圖治生，置鐵橋於市肆，習會計，暇仍讀書，日為制藝，灑灑千言，因反儒服，列膠庠，聲譽藉甚。尤孳孳不倦，研經讐史，旁及諸子百家，莫不肆力焉。文師韓昌黎，詩法韋蘇州，畫宗黄大癡，隸學蔡伯喈，咸古致秀勁，澄瑩蕭散，非僅得皮毛者。繼而究心六書，寄興篆刻，見龍泓丁隱君敬身所鐫印，遂規橅之，便能逼肖，後過予開萬樓，縱觀所藏秦漢銅玉章，其技益進，而另變創一格，頗蒼潤古雅，但不輕為朋侶奏刀，惜所留傳者甚少。性豪飲，精通音律，醉後常高歌以自適。乙酉秋舉於鄉，北上就禮部試，一時名公鉅卿見其著作，多願與遊。有高麗使臣之從子洪大容者，亦極嗜經藝，一日遇諸書肆，就坐各相問難，遂訂交契，共數晨夕，後與哭別，有願他生同聚首之約。裒其疏筆述唱酬諸稿，名《日下題襟集》。歸而得咯血疾，屢治不瘳，踰二載卒，年僅三十有六。所著有《小清涼室遺稿》，乃其友人朱生文藻編次者，藏於家。

吴士傑

傳記

清·汪啟淑《續印人傳》卷三《吴士傑傳》　吾友吴漫公者，名士傑，字信服千，居歙之邑城。性傲兀，恥受塵縛，人因目之曰漫，而澆薄輩遂稱之曰漫兒，君亦無所嫌，竟自號漫公云。幼從同邑吴天儀，通六書，精篆刻，復善於詼諧，其瀟灑不羈，一見而知為高人韻士，於是争相結納，一郡莫不知有漫公者。座屨恆滿，所入金多購法書古物，亦隨手施去。不治生産，有時炊煙不舉，枯坐終日，晏如也。庚午春，予以事牽歸歙，對簿閉關，卻軌謝絶親朋，而漫公謬信時譽，數叩門欲見。一日直入初始榻前，余方抱疴，力疾與之討論者竟日。漫公以平生無知己，獨許余為賞音。於印章一道，名雖藉藉，然好之者盡如葉公龍耳。惟余識其派别高古，刀法秀雅，迥異時流，相與抵掌歡笑，竟忘在憂患中。凡為余作大小十餘印，自具本來面目，頗臻三橋、主臣妙境，絶不類天儀之作，所謂冰寒於水，青出於藍者耶。余事白後歸錢塘，而漫公亦改業授徒，時戲為人鐫剜硯銘，亦超出時輩，求之者復紛然幾欲鐵為户限矣。復不樂去，客金陵，日被酒，遊於桃葉渡、燕子磯、雨花臺下，襆被蕭然，影質幾盡而不倦也。友人某勸之歸，遂附其舟而返。乙亥秋，予歸省墓，君重訪余於綿上，迫歲除，始别去。其製印更蒼老，而各體俱工，於文、何兩君外，另開生面，且金、玉、晶、牙、瓷、竹無所不善。其款識万精絶，皆可傳也。曾許余為購月中娑婆木，經時杳然，人皆以為妄。無何，而一緘突至，木亦與之偕來，片言必踐，雖倜儻不羈而硜硜之信又如此。

仇塏

傳記

清・汪啟淑《續印人傳》卷三《仇塏傳》　仇塏字遐昌，自號霞村，湖州歸安人。滄柱先生曾孫也。幼負不羈之才，立身孤冷，攻舉子業，一不售即掉頭棄去，寄情篆籀，肆力聲詩，刀法蒼勁中饒秀雅，一見而知出文人之手。兼能刻晶玉章，絶不假借藥術而游刃有餘。乙亥冬，偕沈宗伯歸愚之維揚適雅雨盧，公得程荔江所藏漢銅印千餘枚，將欲充貢。霞村曰：若入内庭，人間安得復覩耶。呵凍編成印譜，攜之歸，初始食坐卧未嘗少釋手，其篤好也如此。詩筆清遠，五言尤圓潤，有玉、孟風。著有《霞村印譜》，歸愚宗伯既為之序，復題二絶云：禹碑宣碣劫灰餘，誰剔荒崖訪漢書。賴有霞村琱玉手，赤文緑字見黄初。君家祖德本儒宗，遊藝功深與道通。删盡俗書摹古篆，肯抛心力事雕蟲。然霞村初不以目前聲譽自足，金石文字之外，濬經穴史，孳孳力學不倦，蓋未可限其所至。明德之後，必有偉人，信不誣也。

陳詩桓

傳記

清・汪啟淑《續印人傳》卷三《陳詩桓傳》　破瓢陳君者，名詩桓，字岱門，自稱石鶴道人，江蘇華亭縣人。兄枚精於繪事，蒙憲廟賞識，供奉内苑。石鶴亦工丹青，兼善章草。髫年氣秀煙霞，發情聲詩，才思敏捷。從兄客修門，早有聲譽，然性孤潔傲兀，不諧於俗，鬱鬱而歸。家徒四壁，閉門飲水，讀書好古，昕夕不怠。親串間不聞石鶴齒及阿堵物，亦未嘗以學問眩人，故名不顯於閭里。久之，有見其零縑尺飄香者，莫不訝嘆。至於鐵書，特其寓懷遣興之作，然已高古蒼雅，闖入兩漢閫奥。晚歲專作水墨畫，非宣素名箋，不苟寓筆。所著有《實質堂詩略》，惜貧無以付梓。所膾炙人口為《十破詩》，而《破瓢》一篇更精緻，人因呼為破瓢先生，亦因之自號云。

欽岐

傳記

清・汪啟淑《續印人傳》卷四《欽岐傳》　欽岐字維新，號支山，世居浙江吴興縣之任安山，徙烏墩。少跅弛不羈，就家塾，鄙章句，不肯竟學。喜拳勇，與武林之行教者金石雲、王大倫相友善，講明内家、外家之學。執友張師范規其所為近於游俠，不足以嬗後，乃大悔其少年跋扈，凡一切瞋目語難之輩，謝絶不與往還，薰其和者，皆折節為善。究心六書，有族人名蘭者，擅摹印，維新傳習其章法、刀法，遂工篆刻，得心應手，傾其時輩。後抱奇疾，十年始瘳，終身不娶。貌羸瘦，頎然而長，骨稜稜見衣表。力敦古處，遇公憤，則義形於色，怵以利害，敗局不為動。以朋友為性命，俗流委瑣，揮絶限域。小阮名義字師王，緝《寶鼎盛齋印組》，多經其訂正，不失雅飭云。

朱文震

傳記

清·汪啟淑《續印人傳》卷四《朱文震傳》　朱文震字青雷，號去羨，山東歷城人也。早孤，家徒四壁，然岐嶷好學不倦，尤肆力於六書八分，不屑作科舉文字。獨遊曲阜，遍觀孔廟秦漢碑刻，如歐陽率更之見索靖書布毯，坐卧其間者累月，由是篆隸益精。歸復就學於族叔祖冰壑先生家，更得指授用筆用刀之法，技益進，名亦鵲起。慕太學石鼓，杖策來京師，為紫瓊巖主人所賞識，而所見古人法書名畫遂廣。初學寫意花卉翎毛，繼則擅長山水，幾奪麓臺、石谷之席。其卓犖不羈之才，一寓於詩。以太學生充方略館謄録，議敘州同，選授文本西隆州州同知，政聲甚美。上游方器重，欲卓異之，去羨，以路遥母老不能迎養，恆戚戚。及乞養師，斑彩板輿，奉侍數年，克盡子職。旋丁内艱，服闋北來俟銓，會開《四庫全書》館，需善校篆隸之員，本館總裁保奏，改授京員，得詹事府主簿，充篆隸校對官。卒年六十。予恨相識甚晚，僅同官者匝歲，故所得無多。著有《雪堂詩稿》若干卷。

周芬

傳記

清·汪啟淑《續印人傳》卷四《周蘭坡傳》　周芬字子芳，號蘭坡，浙江錢塘縣人也。家素業工技。芬生而凝重，雖處闤闠，好讀書，近筆墨。其父兄因附鄰塾習儒業，惜不遇名師，迄無成，棄而學鐵筆，試奏刀，輒與法合，似有夙契者。不數年，其技大進。會頓菴周君捐館，貞甫胡生未到省雨量，公佈之者頗多，予與其兄望衡對宇，故識芬最早。豐頤便腹，偶坐終日，無一言，無一笑，其神情質樸如此。予出所藏前賢印譜百餘種示之，樂而忘歸，下予飛鴻堂榻者數載，臨摹揣習，廢初始忘餐，工致蒼老，遂靡不能。其仿古尤逼真，毫髮無爽，署款亦蒼秀工謹，製鈕頗別致雅馴。人乍見，多笑其肥碩粗笨，而細玩則極見思致。兼善造巧樣錦匣，裝潢册頁，日久平正如故。鐫硯銘最得古法，迥異輩儕。與人交，久而能敬，予相處幾四十年，未一齟齬。卒年七十有八。子咸，字啟賢，能世其業焉。

杜世栢

傳記

清·汪啟淑《續印人傳》卷四《杜世栢傳》　杜世栢字參雲，江蘇嘉定縣南翔里人。祖父世居其地，種竹甚茂，里中所謂竹園杜氏也。屋東偏適際斷港，葭菼叢生，秋林蕭騷，故自號葭軒。髫齡即嗜篆刻，研究八體，探討石鼓壁經，冥收碑版。長而氣宇静樸，閉門屏息，惟文史是耽，其技遂日益工。家世寒素，自以筋力致養，潔白自持，檢身惜福，感異夢常齋繡佛前，信果報輪迴之説。嘗析《陰隲》全文，刻印楷書釋文以規勸人，頗稱精妙。近復工撥蠟法，鑄銅章，直逼秦漢。今年僅三十餘，志力彌鋭，學古不倦，充其所造，不難於楊、顧諸君之後高置一席也。所著有《葭軒印品》四卷，與陳西菴合刻以問世者，名《合璧印譜》。

陳渭

傳記

清·汪啟淑《續印人傳》卷四《陳桐野傳》　陳首亭名渭，字桐野，浙江平湖縣人。幼失怙恃，養於兄嫂。桐野弱不好弄，賦性穎異，讀書無煩夏楚，目覽心記，日誦千言。尤好學古，究心六書，研討始一終亥之義。不喜作帖括，應童子試，一不售即棄去，寄情於聲詩、鐵筆。詩格頗澹遠，五古近韋、柳風旨。鐵筆宗何主臣、蘇嘯民，甚古健蒼秀。自以少遭孤露，風木銜悲，未遂烏鳥之私為恨。兄嫂已有嗣，遂終身不娶，經歲舌耕，所入館穀，盡遺諸兄嫂。性雅馴，愛清遊自適，於山岨水涯，琳宮梵宇恒托跡焉。得妙悟解通禪悦，然豪於酒，能徹夜暢飲不醉。工隸書，不吝人求，興發，頃刻揮灑百餘紙，携李人家屏幛，往往多其筆墨。卒年六十餘。所著詩數卷，其小阮緝而藏之家，惜其鐫印，無好事者亦彙成譜云。

張錫珪

傳記

清·汪啟淑《續印人傳》卷四《張錫珪傳》　張錫珪字禹懷，一字雨亭，自號遜雪，江蘇震澤縣學官弟子。氣尚剛傲，任情不羈。嘗陋近人以識字為小學而易視之，於是篆學失傳，幾如廣陵散矣。惟印章一燈不絶如縷，因研講始一終亥、左形右聲之義，探本滋陰源，肆力甚專。暇以鐵筆自娱，師法顧苓、陳炳，心與古會，下視門攤市集，耳傭目僦之夫，夷然不屑也。尤嗜漢章，見有藏者，必傾囊倒皮購之，雖家人告米盡，不顧也。或勢不能得，必假歸以素箋摹印，積久□□成册，朝夕把玩，尋繹其旨趣，於是駸駸技日上矣。繼館於蘇臺文氏，得盡觀其家藏先世印章，手摹心追，幾忘初始饋。大宗伯歸愚先生、彭大司馬芝庭先生交稱賞之，為序其印譜。雨亭兼工韻語，精書法，明窗晏坐，鐵筆與詩筒摩挲不去手。著有《印體便覽》若干卷，而名其譜曰《雨亭繆篆》。

王轂

傳記

清·汪啟淑《續印人傳》卷四《王轂傳》　王轂，予同郡黟縣人也。字鑾輅，號東蓮，家素力田。轂生而好學，髫齔竊聽於鄰塾，歸執一卷效吚唔，其尊甫見之，因延師課誨。然性流動，泛覽九經，涉獵諸子，粗知大意，便另習他藝。又不愛作科舉文，入泮後有聲黌序，戚友咸規勸其專力帖括，而轂獨嗜臨池。精鑒賞，訪求周彝、秦鼎盛、法帖、碑版不遺餘力，且復從事六書，棲情鐵筆，日與漫公吴士傑、家明經訊息隆遊，研究始一終亥之義，急鑿緩鑄之道，章法、刀法莫不大雅。丁酉秋，棘闈偶躓，即負笈北遊，冀以他途進身。會開《四庫全書》館，需工八法者侍御硯廬，張公霽見其書端謹莊秀，保送効力。筆墨餘暇，留神吏治，見事明敏，頗具判斷才。期滿敘勞，得職選授荷澤縣縣丞，年尚未及四十，學業、政事，造詣正未可量也。

佘國觀

傳記

清・汪啟淑《續印人傳》卷四《佘石顛傳》　佘國觀字容若，號竺西，又號石癲，直隸宛平縣人，原籍安徽歙縣。父熙璋善畫，為麓臺王司農高弟，供奉啟祥宫，遂寄居北平焉。石癲生而機巧，性流動，愛習六藝，遂世傳其家學。尤工蘭竹，兼好鐵筆，討論六書淵源，宗何雪漁、蘇爾宣，專尚蒼健秀雅，與朱青雷、聶松巖遊，聲華籍甚。以國學生給事平定準噶爾方略館，後議敘選授雲南曲靖府屬巡司，調繁及委署諸務皆稱職。大中丞午橋裴公宗錫雅有印癖，愛書畫，見其所鐫圖章，頗加賞識，惜羈職守，不能昕夕共事。會石癲困二豎，遂以疾退，中丞招入鈐閣養疴，得專力鐵筆，兼工鐫晶玉章。予於己亥秋始相識於金臺，其所著有《石癲印草》。

徐堅

傳記

清・汪啟淑《續印人傳》卷四《徐友竹傳》　徐堅字孝先，號友竹，江蘇吴縣人。幼即機警穎異，讀書善於强記。好古學，立志窮經，不屑習科舉帖括，舞象之年，便有能詩聲。居小洞太湖，穹窿、縹緲諸峯，煙雲變幻，時在目前。遂工丹青，專宗大癡筆法，兼嗜六書，研究鐫印之藝，臨摹秦漢官、私印幾千餘鈕。詩學盛唐，規模宏大，無纖巧挺進弱句。性愛遊覽，復優濟

勝具，武夷、三竺、雪竇、蘭亭、九峯、三泖，在處有杖痕跡焉。乙未春，獨遊華山，布襪青鞋，窮極藍田、秦嶺之勝。舊識秋帆畢大中丞適撫全陝，聞其至，招留鈐閣，頗相推重。會其甥殿撰張公書勳聞知，寓書迎之入都。求詩畫鐵筆者，户限幾斷。有欲薦之四庫全書館校對篆隸及繪圖者，以病辭，飄然出都去，其恬淡如此。所著有《友竹詩鈔》若干卷，《西京職官印譜》若干卷。

董元鏡

傳記

清・汪啟淑《續印人傳》卷四《董石芝傳》　董元鏡字觀我，號石芝，漢軍正黄旗人。祖天機，直隸巡撫。父泗儒，户部江南司員外。石芝生而沉静警敏，長耽六書古文，終日臨池，孜孜沉研八體，專以漢印為宗，兼師文氏純正一派。選入官學，頗有聲譽。時泗儒公乞休避静屯中，頻初始瘵，石芝遂告假侍左右，備極奉養。温凊之暇，惟以鐵筆寄情，章法、刀法皆渾厚樸茂，技遂日進。乾隆戊辰春，特旨開盛京賦篆字館，家文端公由敦為總裁，素器識石芝，因舉薦上館，仿寫道肯大師三十六種《金剛經》，效力者數年，書成，議敘銓授大理寺筆帖式，繼又以漢文應試得茂才，例可外選別駕，而石芝自以迂拙，向平之累未畢，甘守其舊。繼升都察院都事，歷户部陝西司員外。放衙歸坐斗室，仍於故紙堆中考訂蟲魚以遣興，與鑾儀衙雲麾使劉九淳、漢軍閒散甘大澹、詹事府丞朱文震友善，鐵筆各相雄長，絶意奔競，人以是高之。

汪芬

傳記

清・汪啟淑《續印人傳》卷四《汪桂巖傳》　汪芬字桂巖，蟾客，其自號也。為余族姪，世居歙之漳岐村。祖父素業鹽筴，贍於財。桂巖童時藉先蔭，絶不知世事之艱，後家日落，乃奮意讀書，制義之外，研究詩古文辭，旁及篆刻。歲乙亥春，應童子試，署令李公拔冠一邑，就學使試，屢被斥，年近三十，始得入泮。丙子秋，余歸綿津埽墓，桂巖過存，下榻予齋，朝夕相與討論，時有新意，發人所未發。作詩亦頗清晰，因將大小石印數十枚俾鐫刻，並語以考别古文繆篆，出示所藏古人印譜，而技益進。其印組題跋，亦瀟洒有致。閱歲聞失偶，更遭喪明之痛，窮愁落寞，境日潦倒，而閉户讀書、學詩好古如故，亦可為知分安命，異於世之蠅營狗苟者矣。惜不永年，卒無所成耳。

王世字

傳記

清・汪啟淑《續印人傳》卷四《王世字傳》　王世字，字蘭亭，號寫蕉，湖廣東湖縣諸生。潛心學古，名噪膠庠。兼工彈棋、投壺、丹青諸藝事，荆楚號為通材。少學琴於荆山陳君，尤嗜金石文字，真、草、隸、篆，昕夕臨摹，硯石為穿。追踪二王，蓋不忘高曾之規矩也。余從龔光神妙學海處即聞寫蕉名，心竊嚮往。丁丑春，始獲見於蘇臺之仰蘇樓，初挹其風貌，次聆其緒譚，繼讀其篇章，藹如粹如，望而知為瀟灑出塵之士。旋示予《自若堂圖書譜》四卷，頗具苦心，惜其僻處宜昌，未遇名師，得參正眼法藏，予又匆匆邂逅，雖略引示摹漢一燈，次日為余製數鈕，即漸近自然，其天分之高如此。别忽十餘年，未識其盡脱向時結習否。爰登予譜而為之傳云。

董洵

論説

清・錢泳《履園叢話》　山陰董小池通守名洵，素精摹印，罷官後寓京師三十年，無所遇，以鐵筆遊公卿間。余觀其奏刀，卻無時習，輒以秦漢為宗。然必須依傍古人，如刻名印，必先將漢印譜翻閱數四，而後落墨。譬諸畫家，無胸中丘壑，以稿本臨模，終是下乘。同時公卿大夫之好摹印者，如仁和余秋室學士、蕪湖黄左田尚書、上海趙謙士侍郎、揚州江秋史侍御、江寧司馬達甫舍人，又有紅蘭主人與英夢禪、董元鏡、趙佩德諸公，俱有秦漢印癖者也。

傳記

清・汪啟淑《續印人傳》卷四《董小池傳》　董洵字企泉，號小池，浙江山陰縣人。性機超穎，卓詭不倫。從鄉塾中即摹習篆刻，應童子試，一不售便棄去帖括，佐其嚴君宦遊平樂，簿書餘暇，研究聲詩，考訂摹印之學及畫蘭竹篆隸。後因給事部曹優敘，得銓授四川實縣主簿。遇有檄委，查勘田土，監散賑濟，不惜殫心力，頗著能聲。然性傲兀，終以失歡督郵，摭微過厠名彈章，遂落職。蕭然攜琴書，遍遊蜀中名山川，而詩益鴻放，畫逾雄奇。

偶訪舊雨，重入修門。瑶峯梁相國、秋室余太史見其擘窠篆書，大稱賞之，一時聲名藉甚。酒酣耳熱，常以絲竹寄其慨慷，每度一曲，梁塵俱飛。與人交頗熱衷，故咸樂與結納。摹印上師秦漢，旁通唐宋，及有明文、何、程、蘇諸家，莫不精妙，而款識蒼古工緻，俱可愛。著有《小池詩鈔》、《董氏印式》諸書。

清・顧湘《小石山房印苑》卷一二　董少尹洵，字企泉，號小池，山陰人。給事部曹，銓授四川寶縣主簿，以失歡督郵落職，遂遊京邸，或居幕府。工詩畫，善篆刻，梁瑶峯閣老、翁覃溪學士咸稱譽，及所用名印，俱出其手。有《小池詩鈔》、《多野齋印説》行世。

懷履中

傳記

清・汪啟淑《續印人傳》卷四《懷履中傳》　懷履中字庸安，一字慵菴，號蘭坡居士，江蘇婁縣人。生而岐嶷，就家塾日課千言，留心經史子集，探源窮流，靡不該洽。作文貫串鎔鑄，深探理窟，能於章、羅後自樹一幟。弱歲隸金山衛學，試輒冠其曹，然數奇屢困場屋，因自謂境不能救貧，才不能濟世，非人傑也，遂專究治人書。於岐伯俞跗之旨有夙契，研精《内經》、《素問》，討論《東垣》、《丹溪》諸書，起人無算，遂以醫名。又性耽吟詠，得儲、王神味，游戲丹青，所謂樂意相關禽對語，生香不斷樹交花，兼領其妙。素工六書，明始一終亥之義，善鐵筆，遇風人彦士，鐫贈不吝，否則兼金亦不可得也。年踰古稀而終。著有譜，惜未壽之梨棗。

吴晋

傳記

清・汪啟淑《續印人傳》卷四《吴晋傳》　吴晋字進之，號日三，原籍安徽休陽，僑居江蘇婁邑。幼讀書，性淵雅樸茂，不喜帖括，屢躓童子試，因納粟入成均。然性嗜古金石之文，惟究心六書八法，稟尊甫衷白先生遺訓，貴尚清儉，雖籍豐履厚，而無紈袴裘馬習氣。時寄興於鐵筆，瓣香何長卿、蘇爾宣蒼勁一派。篆書宗王篛林，筆法清秀圓健。餘興亦畫墨筆山水，煙潤蒼雅，饒書卷氣。不輕與人，長日杜門，焚香啜茗，静居一室，手不釋卷，蕭然自樂，以致大損目力。遂謝絶交游，養痾索處，以蒔花種竹為娱。逮後聖主右文，宏開四庫書館，從姪竹橋太史、槐江鴻竄少卿屢勸駕入都，冀圖際遇，日三保志安分，以疾力辭。所著有《分類印譜》四卷，《知止草堂印存》二卷。

錢世徵

傳記

清・汪啟淑《續印人傳》卷四《錢雲樵傳》　士有德醇養粹，而不為之傳以述其梗概，致令一鄉善士，舉世莫知，可乎哉。其人號雲樵，姓錢氏，名世徵，號聘侯，江蘇婁縣人也。居極西市梢，鄰並皆耕夫、市儈。雲樵髫年知自立，願就塾攻書。性凝重，文章孤峭，屢應童子試不售，遂寄興於鐵書，研究始一終亥之旨，向為余鐫石印甚夥，間寫蘭竹，雅韻可喜。及娶室朱静芳，亦通經，工有韻語，予已選入《擷芳集》中。家世清寒，爰就舍啟館，雲樵課徒於外。繼生子廷獻，偕嚴課督之，頗有文譽，而苦遭擯棄，不得已，將所積脩脯，納粟入成均。裹糧赴北闈，試復顛躓，然思得寸神妙以娱親。適宏開四庫館，寫書效力，事竣，議敘選授山左莒州吏目，廷獻乃迎養雲樵於署。會遇覃恩，贈如其子之職。莒州雖荒陋，雲樵結籬藝卉，居多暇日，爰理舊業，成《含翠軒印存》四卷，白華先生為之序。今行年屆杖朝矣，返櫂里門，付梓問世，以廣流布。雲樵行誼清超，胸次磊落，平居杜門卻掃，不妄交遊，然遇人急難，則極力為之排解。雖身未通籍，而賢嗣克振家聲，不可謂非種德績學之報，而亦雅託交契者之所當述也。

王睿章

傳記

清・汪啟淑《續印人傳》卷五《王睿章傳》 王睿章字貞六，一字曾麓，號雪岑翁，江蘇上海縣人，世居航頭鎮。髫年即採泮芹，有聲庠序。數奇屢困場屋，家貧，藉鐵書以給饘粥。章法雅妥，刀法樸茂純渾，雖不能及何雪漁、蘇嘯民，然古氣磅礴，自具天趣。又工韵語，而嬾自收拾，存稿甚少。尚記其《賦得他鄉逢七夕》一篇，云：酒慣因人熱，愁偏逐我侵。一鈎今夜月，千里故園心。未乞天孫巧，徒穿少婦針。微凉生短葛，抱膝且長吟。予初從黄郇堂先生席上相識，時貞六已年踰七十，而視聽不衰，陸續為予製數十印，皆端莊大雅，無纖巧習氣。年幾百齡始化去。鐫有《花影集印譜》。

閔貞

傳記

清・汪啟淑《續印人傳》卷五《閔貞傳》 閔貞號正齋，其先江西南昌人，祖某始遷廣濟縣武穴鎮。父崑岡精青烏之術。貞生十二而喪父母，及長，痛不獲養其親，思繪形以奉之，由是學繪事，追摹其父母像，效丁蘭朝夕奉祀焉。間亦狀人形貌，無不酷肖者，近遠知名，且有孝子之稱。繼而旁通山水花鳥，設色别具幽趣，而潑墨尤高古澹雅，其白描羅漢、士女，則幾奪龍眼之席。又寄情篆刻，專宗秦漢，《印史》、《印藪》之後，不屑師承。用刀純正秀潤，絶無劍拔弩張之態。為人敦厚温雅，一望而知為古君子也。歲戊戌，思睹皇都之壯，遂裹餱杖策來日下，予始得訂交焉。朱竹君、翁覃溪兩學士亦器重之，咸有《閔孝子傳》及詩歌贈之，其名譽遂噪修門矣。

余鵬翀

傳記

清・汪啟淑《續印人傳》卷五《余鵬翀傳》 余鵬翀字少雲，別號月邨，安徽懷寧縣人。家貧力學，九歲即善屬文，應童子試，邑宰疑其偽，命坐案前，賦《燕語》詩一百韻，援筆立就，宰大奇之，由是遠近知名。年十七，補博士弟子員，讀書研求精旨，為文不屑膚末。兩赴鄉試，不得志於有司，養親心切，乃橐筆從事幕府。遊四方，遍歷吴、楚、燕、趙，款崤函，度沙漠，雖年甫弱冠，而車轍蹄痕已半天下。乾隆丁酉秋，入都遊成均，應北闈試，薦而不售。直隸制軍楊公景素延掌書記，繼而四庫全書館開，分命纂緝，諸君子争招致以分其勞。月邨性機警敏，雖筆墨叢脞，而揮灑自如，故能兼習諸材藝，年方二十有三，涉歷既廣，見聞益深，吾不知其所限量矣。

汪斌

傳記

清·汪啟淑《續印人傳》卷五《汪斌傳》 族弟斌字穿云宸瞻，號芥山，家世古歙，六世祖愛錢塘西湖之勝，遂卜居焉。父椿，別字灝亭，精刑名之學，不苛不混血，一時稱善手。遊幕閩中，樂其土俗，遂佔籍於侯官縣，曰：自我為此邑人可耳。芥山生而聰慧，頭角峥嶸，灝亭筆耕所入，悉具膏火，延師教之，然芥山不煩課督，自刻苦勤學，甫冠即列學官弟子員，有聲庠校。繼而遭大故，家事漸凋落，不得已遂世其術，雖簿書鞅掌，月午更闌，孳孳習帖括不少倦。戊子登賢書，時主試者自詡得人，常以偉器目之。屢試禮闈，薦而不售。芥山恬淡自如，絕無毷氉態。性嗜韵語，時以吟詠適其趣。與大興方國學維翰曾同筆硯，維翰素工篆刻，因亦棲情六書，臨摹文、何，卻不落許有介、李根輩閩中窠臼，頗饒書卷氣味。不自以為工，罕為他友鐫刻。庚子春，公車北來，與予一見如舊相識，敘世數恰雁行，禮闈被放後偕維翰弟維禮花時相聚首但是和，故予得其手製有數十鈕。後大挑分發廣東，癸卯春題補曲江縣，頗著能聲。

程瑤田

傳記

清·汪啟淑《續印人傳》卷五《程瑤田傳》 程瑤田字亦田，生而有文在手曰田，其尊甫故名之。五十以伯仲，因字曰伯易，安徽歙縣人，世居縣城之荷花池，遂自號葺荷。性誠篤，齠齔歲，凜然如成人，及就家塾，不待勉勵，卓然有志於學。讀書研求精蘊，為文根於性道，不肯作膚末語。弱冠補博士弟子員，與胡太史珊、潘孝廉宗碩、家副車肇瀧、吳上舍兆傑為文字交。時樸山夫子掌教紫陽，於二胡、三方之外，亦極稱其文筆高古。乾隆癸未春，過醉翁亭，時年三十有九，恰同歐公自號醉翁之年，且慕醉翁行誼文章，遂自稱葺翁。既而傷心怙恃，繫念蓼莪，間亦署葺郎，蓋欲終其身於子道之意。研討經史餘暇，棲情篆刻，一以秦漢為法。又留心音律，考辨琴聲，著有《琴音備考》。素工八法，頗得晉人筆法。著書五篇，以概其指，其一曰《虛運篇》，次二曰《中鋒篇》，次三曰《點畫篇》，次四曰《結體篇》，次五曰《頓折篇》。庚室內秋恩科舉於鄉，次年赴禮部試入都，桐城張總憲若淮聞其名，延課諸子，遂留修門，聲譽品望一時翕然。雖屢困春闈而恬淡自如，安素樂天，人多稱其長者。戊申年春，大挑選授江蘇嘉定縣教諭。

甘源

傳記

清·汪啟淑《續印人傳》卷五《甘源傳》 我道人甘源，字道淵，號嘯巖，籍隸正藍旗漢軍。曾祖文焜官雲貴總督，殉吴逆之變，贈兵部尚書，謚忠果。祖國基官河南布政使。父士瑛官湖北同知，源其長子也。性喜讀書，恂恂儒雅，以騎射為苦，然伉爽有志節，善詩古文詞，工行草書。與劉海峯、鷹青山人、李鍇、陳石閭、鐵冶亭諸君唱和，興至輒寫山水以自娱。餘力摹刻秦漢印，然頗自貴惜，非其人不輕與。亦能飲酒，不甚好，雖終月不舉杯觴，亦無嫌也。生平游歷，幾半天下，再入蜀，留西域者四年，歸而某郡王重其才品，延至邸第衣食之，遂成其高雅。所著有《長江萬里集》、《西域集》。母張太夫人素工詩，遍覽百家之書，貫通諸史，人謂源之學，其淵源蓋出母氏云。

戴厚光

傳記

清·汪啟淑《續印人傳》卷五《戴厚光傳》 戴厚光字滋德，號花癡，安徽休寧縣人。幼習舉子業，父早世，養母之甘旨，藉筆耕遊藝江湖間，船唇鞍背，仍孳孳讀書，學古文詩詞不倦。性機敏，落筆灑灑數百言。愧齒加長，不赴童子試，納粟入成均，又屢困棘闈。課弟引光，克紹書香，髫齡即采泮芹，花癡欣悅。遂肆志煙霞，放浪詩酒，興至則染翰寫山水、人物、花鳥，考究六書，仿古秦漢印，以寄其瀟灑雅澹之趣。癸巳秋，因家楞伽山人得相識於海湧峯頭，袖出花癡印鏡，下問於予，并乞弁言。適冗於事，未踐諾。乙亥夏五，偕其弟引光來，應北闈試，過予寓，見其近製，則刀法更蒼勁秀雅，並讀新詠，極典雅流麗，竿頭日益進矣。年僅三旬餘，其所造正難量，定能為傳人也。所著詩名《江湖賸稿》，予曾為題二斷句。

蔣仁

論説

清·施朝干《武林人物新志》 山堂工書，入米南宫之室，毫端墨飽，作一筆書。六法亦古雅，長洲彭紹升見其篆刻，許為當代第一手。詩灑然拔俗，性頗幽潔，常寓城北之張家寺。

傳記

清·梁章鉅《吉安室書録》卷一三 蔣仁字山堂，自號吉羅居士，仁和人。邵志純云：居士初名泰，字階明，後得古銅印，有蔣仁字，遂易今名。工篆刻，万善書法，長洲彭進士紹升稱為當代第一字。同上。

藝文

清·魏錫曾《績語堂論印滙録·論印詩二十四首并序》 山人學佛人，具有過師智。印法硯林翁，渾噩變奇恣。瓣香擬杜韓，三昧匪遊戲。蔣仁山堂硯林丁居士印，猶浣花詩、昌黎筆，當其得意，超秦漢而上友之歸、李、文、何，未足比擬。又，瓣香硯林翁者不乏，誰得其神，得其髓乎。皆山堂印款中語。秦漢語雖似過當，然其服膺至矣。

黄易

論説

清・阮充《雲莊印話・印人詩事》 小松為丁敬身先生高弟，篆隷鐵筆實有過藍之譽，嘗謂小心落墨，大膽奏刀語，可為刻印三昧。

傳記

清・汪啟淑《續印人傳》卷五《黄易傳》 黄易字大易，號小松，浙江仁和縣詩人黄樹穀松石先生之子也。母梁孺人，亦能詩名，字字香。小松生而穎悟，又稟庭訓，自兒童凜然如成人，即知向學，然家徒四壁，松石歸道山後，仰事俯育無所獲，小松雖教讀以奉養而不能給，去習刑名之學，常佐人於蓮幕，藉藉有聲。善古文詞，又工丹青，得董北苑、關仝正法眼藏。研究六書刻印，專師秦漢，曾問業丁龍泓徵君。兼工宋元，純整諸家款識，亦古雅。清苑素稱繁邑，小松入幕時，又屆兵差，文移鞅掌，能以詩筒鐵筆與簿書律例迭進，仍不廢其風雅。居停甚德之，因資其行囊，遂急公川運軍需，得官山左主簿，歷署汶上縣尹及茌平尉，題補陽穀縣主簿，皆以廉能稱。愛才大吏拂而拭之，騰驤正未可限也。

清・顧湘《小石山房印苑》卷一一 黄少尹易字大易，仁和詩人松石先生之子，故又字小松。少習法家言，依人蓮幕，後以川運軍需得官，補陽穀縣主簿。性愛金石，工書畫，善篆刻，喜搜訪漢魏六朝碑碣。嘗於濟寧州學扶升尉氏令碑，得拓全石，復於嘉祥縣南之紫雲山得敦煌長史武斑碑，洎武氏石室所刻畫像，移孔子見老子像一石於濟寧州學，而茶話會其諸石，即其地為堂，砌諸雨量，榜曰武氏祠堂，翁覃溪為之記。又嘗雙鉤漢隷數種，成《小蓬萊金石文字》四卷，藝林寶之。

藝文

清・魏錫曾《績語堂論印滙録・論印詩二十四首并序》 朱文六國幣，白文兩漢碑。沉浸金石中，古采揚新姿。姿媚亦何病，不見倩盼詩。黄易秋盦。

奚岡

藝文

清・魏錫曾《績語堂論印滙録・論印詩二十四首并序》 冬花有殊致，鶴渚無喧流。蕭澹任天真，静與心手謀。鄭虔擅三絶，篆刻餘技優。奚岡鐵生。

陳豫鍾

傳記

清・梁章鉅《吉安室書録》卷一五　陳豫鍾字浚儀，號秋堂，錢塘人。諸生，工篆法，摹李陽冰□□，工為飛白書，夭矯舒卷，深得古致。阮芸臺先生所刻薛□□功鍾鼎盛欵識，皆秋堂所摹也。同上。

清・阮充《雲莊印話・印人詩事》　錢塘陳秋堂豫鍾，深於小學，篆籀皆得古法，摹印尤精，與曼生司馬鴻壽齊名。

藝文

清・魏錫曾《績語堂論印滙録・論印詩二十四首并序》　秋堂師硯叟，自謂得工整。媞媞復纖纖，未許康莊騁。小印極精能，芥子須彌境。陳豫鍾秋堂。

陳鴻壽

傳記

清・顧湘《小石山房印苑》卷一二　陳司馬鴻壽，字子恭，號曼生，錢塘人。初以古學受知於阮芸臺尚書，尚書撫浙時，與從弟云伯同在幕府，有二陳之稱。生平酷嗜篆刻，古雅而有法度，一時文人學士咸欽之。

藝文

清・高日濬《種榆仙館印譜序》　物恆集於所嗜，然苟非識密鑒洞，度越常徑，而又能浸淫乎古，積力遲久，自然□當，以入人之深，而融洽其性情，如□之於味，雖强以相坿而不能。種榆道人窮文章之原，搜金石之奥，心躓古人，目無餘子。蒙從游卅年，見其所作官私摹印，進而益上，□而彌積。凡夫搢紳先生，以及四方仁士、鄉黨、布衣交，莫不案置一石。比道人服□□下，不多作，作益不苟。一日，萊陽趙君丐作五日吴江令小印，客咸以五日一□與吾字近，强變通，迄不成章。道人别以吴字為一行，引下節斷續而消息之，□示蒙，蒙不禁心悦。昔傳李斯製小篆至鄂字，鬼為之哭。道人之學如彼，可謂精□而蒙卅年來獲聞緒論，自以為能知道人之學者，吾友郭君友梅集道人印譜成，樂其有同□也，遂書之。若夫嬴秦以還，往跡斯在，壽性媚學，各蘄乎是。蒙不敏，未暇贅一□也。喜慶丁丑春日，棘人高日濬識。

清・郭麐《種榆仙館印譜引》　余嘗謂：筆墨之事，有心知之而手不赴者，有心知之手赴之而無所餘於手之外，則究亦無所得於心之中。此其消息甚微，而不可以言傳，索解人綦難矣。篆刻雖小，亦筆墨之别子也。余於並世最服穎黄小松司馬、蔣山堂處士。小松以樸茂勝，山堂以逋峭勝。其所作不同，而有所餘於心手之外者無不同。吾友曼生，繼兩家而起，而能和合兩家，兼其所長，而神理意趣，又於兩家之外，别自有其可傳者，益信予前説之不謬也。東坡云：我雖不善書，曉書莫如我。余奏刀茫然，竊援此語為解。吾宗解人，其必有以知之者。戊室内六月，蘧菴學人郭麐引。

清・趙之琛《種榆仙館印譜序》　曼生司馬胸有書數千卷，復枕葄於秦漢人官私銅玉印，故奏刀時，參互錯綜，出神入化，洋溢乎盈盈寸石間。琛幼好篆刻，從學秋堂陳夫子，課餘之暇，每肆力下來。陸丈鐵生、黄丈小松、蔣丈山堂，皆得過從，而司馬未曾覿面。後遇於陽湖孫伯淵夫子齋，一夕之譚，省卻十年參訪，由是知司馬之技進乎道也。我友郭君友梅，極意搜

□，選集成册，爲《種榆仙館印譜》，從知斯譜之必傳矣。時道光元年春二月，次閑趙之琛拜□於補羅迦室。

藝文

清·魏錫曾《績語堂論印滙録·論印詩二十四首并序》 草法入篆法，下筆風雷掣。一縱而一横，十盪更十决。笑彼薑芽手，旋效蟲蠡嚙。陳鴻壽曼生。

趙之琛

傳記

清·顧湘《小石山房印苑》卷一二 趙處士之琛，號次閑，浙江錢塘人。精心嗜古，邃金石之學，篆刻得其鄉陳秋堂傳，能盡各家所長，曼生司馬首推之。所居在高士坊，終年杜門不出。琴鄔太守題其壁曰：食蜜中邊自在甜，蓼辛雖苦不須嫌。眼前十笏光明地，笑把花枝信手拈。讀此可以識其人矣。

清·郭麐《補羅迦室印譜序》 吾友陳秋堂、曼生，皆以餘事工篆刻，皆法漢人，交相推挹。高君犀牛泉，曼生妻弟也，顧深服秋堂。趙君次閑，秋堂之高弟，乃喜用曼生法。兩人聞之，亦交相得也。大抵秋堂貴綿密，謹於法度，曼生跌宕自喜，然未嘗度越亂世矱。余不工此，而議論每爲兩君所許可。秋堂早逝，曼生、犀牛泉相繼物故，今之言篆刻者，不次閑之歸，而誰歸乎。次閑服習師説，而筆意於曼生爲近。天機所到，逸趣横生，故能通兩家之疊起，而兼有其美。予在杭時，曼生與次閑合作兩小印，勒款於左，爲六丁所取，念之不去於懷。昌黎有言，"思元賓而不見，見元賓之所與，則如見元賓焉。"今次閑以印譜乞序，遂覼縷及之，嘆次閑之藝成，而恨三君之不可作也。道光丁亥十月復翁郭麐。

錢松、胡震

論説

清·吴雲《錢胡印譜序》 國朝昌明金石之學，摹印一門，亦力追古法。乾嘉間，我浙金冬心、丁敬身、黄小松諸君，皆專宗漢魏，而又胸饒卷軸，精通六書，用能一洗唐以後積習。錢君叔蓋、胡君鼻山，其繼起者也。今二君俱歸道山，根復世兄風雅好古，與二君交，蒐集其所爲印各若干枚，彙印成册，索余弁言。余觀其繁簡相參，位置合度，疎者不嫌其空，密者不嫌其實，清輕者不傷於巧，厚重者不同於板，一氣鼓鑄，無體不工，洵倜一時玳瑁、亮也。根復輯而傳之，使故人一生心血所寄，不與煙雲俱化，其克敦友誼，爲何如哉。二君可以不朽矣。余故樂爲書之。同治甲子之秋，七月既望，歸安吴雲。

清·應寶時《錢叔蓋胡鼻山印譜序》 余與富陽胡伯恐友最早。其生平所詣，書法第一，鐵筆次之。日夜攻苦，手不停揮而目無餘子，初未見所許可也。游杭久，時杭人鐵筆，唯徐君問蘧、趙君次閑，嘖嘖人口。君雖推爲老輩，嘗謂鮮愜心之作。道光中，甲辰、乙巳間，見錢君叔蓋所作，始大□服，自是閣筆，不復爲人刻畫金石矣。叔蓋爲君刻印至夥，先後百餘石，君藏之如拱璧，以余不解此，然秋燈展匣、春雨摹挲時，亦未嘗不一二舉眎，爲余言其用腕之雄，運氣之渾，直造漢人。酒酣耳熱，輒復拍案狂呼，以爲真不可及。今伯恐歸道山三年矣，字跡留傳不多，所藏叔蓋印章尚存數十。嚴君根復從田壟爲，不遠數千里，搜其遺篋，並假余私印，爲叔蓋所作及伯恐自爲人刻，共百餘石，拓印成帙，分贈知交。重叔蓋之印不實，痛伯恐早世，欲永其名，與叔蓋之印並垂不朽也。乃以伯恐所遺余處諸石，盡歸根復。丹鉛素紙，瑟瑟蓬窗，伯恐有靈，或尚為之開卷流連，不忍釋手耶。同治甲子仲秋，應寶時黄渡舟中跋。

鄧石如

論説

清・何紹基《東洲草堂文鈔》卷五《書鄧完伯先生印册後為守之作》 余廿歲時始讀《説文》，寫篆字，侍遊山左，厭飫北碑，窮日夜之力，懸臂臨摹，要使腰股之力，悉到指尖。務得生氣，每著意作數字，氣力為疲苶，自謂得不傳之祕。後見石如先生篆分及刻印，驚為先得我心，恨不及與先生相見，而先生書中古勁横逸，前無古人之意，則自謂知之最真。張翰翁、包慎翁、龔定庵、魏默深、周子堅，每為余言，完翁慕古用功之深，余往往笑應之。我自心領神交，不待旁人告語也。慎翁自謂知先生最深，而余不以為然者，先生作書於準平繩直中自出神力，柔豪勁掔，純用筆心，不使攲斜，備盡轉折。慎翁於平直二字全置不講，扁筆、側鋒滿紙俱是。特胸有積軸，具有氣韻耳，書家古法掃地盡矣。後學之避難趨易者，靡然從之，競談北碑，夥為高論。北碑方整厚實，惟先生之用筆，鬥起直落，舍易趨難，使盡氣力不離故處者，能得其神髓。篆意草法，時到兩京境地矣。慎翁字皆現做，殆未足知先生也。先生作印，使刀如筆，與書律純用筆心者正同。哲嗣守之兄搜藏各書印册，余獲見久矣，未嘗敢著一語。酒後縱墨題此，用別紙寫，不書於册者，願守之為我祕之也。

傳記

清・李桓《國朝耆獻類徵初編》卷四四一《鄧石如傳》 鄧生字石如，安慶懷寧人也。不詳其世所出，亦不讀書，初學刻印，忽有悟，放筆為篆書，視世之名能篆書者，已乃大奇。遂一切以古人為法，放廢俗學，其才其氣，能悉赴之。歙金修撰榜方家居，生挾其書踵門上謁，不得見，賣書於市。翰林張先生時尚未第，館於金所，出見生書，善之，謂門者通焉。鄧生雖能書，然不識字，體多謬，張先生為討論六書之旨，生大好之，為書益放，雲行風止，初若不經意，脱手視，皆殊絶。其後張先生赴禮部試，留都下，生亦來，將以書傭衣食。京師貴人多俗書，鄧生辭闢之，皆失其意。劉文清公頗知之，然不能勝眾口，竟歸。又嘗游巡撫畢沅幕府，無所知名。往來揚州，上下二十餘年，益工各體書，無不得神詣。然鄧生布衣，不能奔走天下之士，而士多俗學，知鄧生者鮮，故得大肆其力於古，以成一世之業也。初生之歙，不得志，乃甂囊遊□黟山三月而後出，尋幽陟深，無所不到，到輒題數字，手自刻石其上，其縱情獨往如此。張先生名惠言。

吴育曰：蒼史不作，天地芒昧。聖雖制經，安從而備。俗學棼緼，往而不反。六書已淆，斯文不墜。鄧生生百世之下，奮好古之力，起絶學，紹秦漢之迹焉。張先生□制作之原，而年力弗逮，悲夫。

紀事

清・何紹基《東洲草堂文鈔》卷四《記鄧完伯先生遺事》 守之以申耆丈所譔完伯先生誌銘屬余書，因就其所録行述，摘敘其遺事於後曰：嘉慶元年，君客丹徒，徐郎中恭家故畜二鶴，高與人齊，明季物也。郎中以君愛之，遂舉為贈，載歸鐵硯山房，畢尚書製鐵硯四貽君，故白麟坂已有此山房名也。兩鶴馴擾特甚，聞君謦咳聲，則徘徊循侍。庚申冬，雌鶴遇負木者，被傷而斃。君配沈孺人即得疾以次年正月卒。壬戌春將遠遊，以獨鶴寄集賢關僧院，郡守樊君强攜去。君聞之，上寄鶴書數千言，書詞兀奡，太守以鶴見還。乙醜夏，鶴與蛇鬭，被束縛死。君方在涇縣，書聖廟禮器碑未竟，得疾歸，遂長逝。噫，異矣。

藝　文

清・楊沂孫《完白山人印譜序》 完白山民，姓鄧氏，名石如，字頑伯，操之過急之懷寧人也。父號木齋，博學多通。家山人幼逐村童樵采，暇則讀書，效其父為篆隸，撫其印，賣諸市。江北工書者梁巘言諸宣城梅鏐。梅氏多金石文字，山人客其家，得縱觀，學益進，八年而書成。□台、雁宕，登匡廬，捫岱、嶧古碑，遍躡黄山三十六峰，蛇行蝯掛，忍飢茹草，以勝，而書益奇。遂賣書於歙市。時武進張皋文有重名，寓歙，與修撰金圃之究心篆籀見山人書，語金曰：今日得見李斯真跡。訪之古寺，延為上客。金氏家廟壯麗，白扁，百易而後定，謂莫能加也，一日盡斫而礱之，易以山人書。因盡發所蓄金石文字與討論皋文之篆，因以益工。又稱之於歙曹文敏公，公請作四體千文，一日而就。□服，邀之入都。山人驅驢過，睨其門，門者呵之。公趨出曰：是吾客，操之過急江高士鄧也。官吏乃驚，為具徒車，山人不顧，仍策蹇獨行至都。劉文清公重之，踵門訂交，千數百年無此書矣。未幾，劉左遷，翁覃溪擅書名，慕山人，山人不為下，乃力□都人士，以此擯山人。山人不得志，出游畿輔名勝。時楚撫畢公沅愛士，曹公為致之。餘，遍攬衡湘山水，以厚贐歸，始有田宅。所居北鄉白麟坂，題之曰鐵研山房。研者，公所鑄，鏤銘為贈者也。曹公臨歿曰：吾死，當以鄧山人書勒吾華表矣。原名同仁廟下字，故以字為名。修幹，美鬚髯，力能伏百人，居楚北僧寮，群匪來擾，山人連踣十數人，乃盡逸。篤行純孝，遠游歸，必先展墓而後入。新穀佳果，不薦不食布衣挾藝遊公卿，簡樸高抗，無所屈。楚南幕府，材俊如林，山人厠其間，矯若野鶴馴也。摹印如其書，開古來未發之蘊，自有花乳石以來，山人之奏刀獨神矣。卒年三，喜慶十年十月也。山人嘗客丹徒，袁氏有雙鶴，不知其壽幾何矣，山人調伏之遠飛，聞聲即下，依附若子女，袁氏舉以贈。庚申冬，雌者死，山人亦喪耦。寄獨鶴賢關僧院，知府樊某見而奪之。山人陳書數千言，索之歸。乙丑夏，與巨蛇鬥，蛇死旋斃。山人方在涇邑寫聖廟禮器碑，遽歸，葬鶴於僧院而卒。江陰陳以和得陳寄鶴本，為勒石而傳之。其《瘞鶴銘》則子傳密請武進李申耆撰，而道州何子貞書之者也。字守之，敦樸能詩，篆隸有家法，與余善。同治九年，年七十餘卒。贊曰：山民之書唐追晉，視五季後蔑如也。篆隸當則蔡、鍾、皇、索之列，豈晚近所能識哉。然其金、張、曹、劉諸公，亦既揚之於前矣，而張翰風、李申耆、包慎伯諸先生，又稱後，以諸先生之鴻才博學，莫不推山同民四體書為我朝第一，布衣高名，有定論矣，何疑之者哉。同治十有二年六月，常熟楊沂孫撰。

清・王灼《悔生詩鈔》卷四 完白山嶺雲水踪，一枝偶借佛寮東。昆刀鏤玉蟾肪白，漢敦調脂虎魄紅。書溯冰斯窮籀露面，刻兼蛇鳥雜魚蟲。山房鐵硯留予記，更擬相尋泊短蓬。

清・魏錫曾《續語堂論印滙録・論印詩二十四首并序》 蝯叟愛完白，遺譜慨星散。纍纍押尾章，朱光接炎漢。鐫詩贈兩峰，瑶瓊闘璀璨。鄧琰石如。鄧譜杳不可得，余曾在荆溪任問渠家見其四體書册，八分之妙，殆罕比倫。册中鐫刻印二三十方，亦無不佳。少時刻印摹兩京，最愛完白鋒勁横。同時惟有陳曼生，後來始知丁龍泓。何子貞太史題龍泓詩幅句也。張叔未叟舊以印譜見貽，中有鄧作亂插繁枝向晴昊一紙，其邊款云：兩峰子畫梅，瓊瑶璀璨；古浣子摹篆，剛健婀娜。

吴熙載

論　説

清・趙之謙《書揚州吴讓之印稿》 摹印家兩宗，曰徽，曰浙。浙宗自家次閑後，流為習尚，雖極醜惡，猶得眾好；徽宗無新奇可喜狀，學似易而實難。巴予藉、胡城東既殁，薪火不滅，賴有揚州吴讓之。讓之所摹印，十年前曾見一二，為大嘆服。今年秋，魏稼孫自泰州來，始為讓之訂稿。讓之復刻兩印令稼孫寄余，乃得遍觀前後所作。讓之於印，宗鄧氏而歸於漢人，年力久，手指皆實，謹守師法，不敢踰越，於印為能品。其論浙宗亟稱次閑，次閑學曼生而失材力，讓之以曼生為不如。曼生刻印，自知不如龍泓、秋盦，故變法自遁。讓之薄龍泓、秋盦。蔣山堂印在諸家外自闢蹊徑，神至處，龍泓且不如。讓之不信山堂，人以為偏，非也。浙宗巧入者也，徽宗拙入者也。今讓之所刻，一豎一畫，必求展勢，是厭拙之入而願巧之出也。浙宗見巧莫如次閑，曼生巧七而拙三，龍泓忘拙忘巧，秋盦巧拙均，山堂則九拙而孕一巧，讓之稱次閑由此。讓之論余印，以近漢官印者為然，而他皆非，且指以為學鄧氏是矣，而未盡然。非讓之之不能知也，其言有故，不能令讓之易，不必辨也。少日，師赤堇沈先生，同學者有何自芸，力學詩。始學明七子，既而宋、元，既而唐，進而晉，又進而漢、魏。其言以三百篇為準，窮年累月，為之不已。得句自珍重，遇人必長吟。余時不喜為詩，數年不一作，偶有作，信手塗抹，成數十百言，若莊若謔，若儒若佛，若典重，若里鄙，若古經，若小兒語。自芸大惡之，目為顛癇，余亦侮自芸為蠢愚。爭不下，質之師。師告自芸：汝詩闢窶人子，勤儉操作，銖積寸纍，以事生產。初獲十百，久而千萬，歷知艱難，深自護惜，不自暇逸。彼詩闢膏粱子弟，生長豪華，日用飲食宮室，妻妾奴婢狗馬，惟所欲為，縱恣狼藉。朝慕游俠，夕逐蕩子，弦歌未終，叱咤數起。幸貨財多，非年齒與盡，酣豢揮霍，無虞中落。然其樂也，人憂之矣。自芸猶欲爭，而余駴汗竟日。今讓之摹印，誠不與自芸詩比，而余生平所為，豈惟印與詩，皆此類也。稼孫與余最善，不刻印而別秦以來刻印，巧拙有精解，其説微妙，且有讓之與余能為之不能言者，附書質之。同治癸亥十月二十有三日，會稽趙之謙書，時同客京師。

紀事

清・吴讓之《吴讓之印存・自敘》 讓之弱齡好弄，喜刻印章，十五歲乃見漢人作，悉心橅仿十年。凡儗近代名工，亦務求肖乃已。又五年，始見完白山人作，盡棄其學而學之。今年秋，稼孫自閩中來，問余印稿，遂告以六十年刻以萬計，從未留一譜，自知不足存爾。就篋中自用者，印以求正，不值一笑。癸亥七月讓之記。

清・魏錫曾《績語堂論印滙録・吴讓之印譜跋》 儀徵吴翁，初名廷颺，後以字行，改號讓之，又以其字下一字同御名，今但署吴讓之。讓之學書安吴包氏，篆分、刻印，私淑完白，篤守師説，有兩漢經生風。吾友趙子撝叔，自負篆刻，獨心折其工力。嘗作印，跋其側云：近人能此者，揚州吴熙載一人而已。嘆服如此。余於去夏晤之泰州，年六十五矣，松身鶴髮，神完有恃，時憩僧舍，為人作書自給。以目力衰，不肯刻印。余固强之，為撝叔刻二石，為余刻三石，同好妒羨。余夙有印癖，寓泰無事，因就所見，輯譜得二十分，讓之有喜色，自跋如右。後示撝叔，分定内外編，合者十九，不合者十一。撝叔謂：吾兩人所定，不必當讓之及前後印人意，此十中之一，亦不可强合。既而撝叔為文弁首，論操之過急、浙印，條理辨晰，見者謂排讓之，非也。操之過急印為北宗，浙為南宗。余嘗以鈍丁譜示讓之，讓之不喜，間及次閑，不加菲薄。後語撝叔，因有此論。蓋讓之生江南，未遍覿丁、黄作。執曼生、次閑譜為浙派，又以次閑年長先得名，誠相輕，且間一仿之，欲示兼長。其不喜鈍丁，習也，不病次閑，時也。撝叔之論，所謂言豈一端，亦非排讓之也。文國博真偽普不可見，間存於書畫者，實渾含南北兩宗。其後名家皆操之過急産，中惟修能朱簡碎刀，為鈍丁混血觴。鈍丁之作，鎔鑄秦、漢、元、明，古今一人，然無意自别於操之過急。黄、蔣、奚、陳曼生繼起，皆意多於法，始有浙宗之目。流及次閑，偭越規矩，直自鄶爾。而習次閑者，未見丁譜，自謂浙宗，且以操之過急為詬病，無怪操之過急人知有陳、趙，不知其他。余常謂浙宗後起而先亡者，此也。若完白書從印入，印從書出，其在操之過急宗為奇品，為別幟。讓之雖心摹手追，猶愧具體。工力之深，當世無匹。撝叔謂手指皆實，斯稱善鑒。今日由浙入操之過急，幾合兩宗為一，而仍樹浙幟者，固推撝叔。惜其好奇，學力不副天資，又不欲以印傳，若至人書俱老，豈直過讓之哉，病未能也。同治三年甲子十一月，在福州識。完白書從印入，撝叔語。其云：字畫疎處可走馬，密處不可通風。即印林無等等咒。鈍丁法修能，何夙明述其先人夢華語。黄嚴朱氏藏賴古堂殘譜中有修能作，信然。

吴咨

傳記

清・吴咨《适園印印・吴聖俞傳》　聖俞名咨，其先由安徽徙居宜興，明初由宜興遷郡城，遂世為武進人。萬曆時疏張居正奪情非禮，予杖，世所稱復菴先生名中行者，其十世祖也。祖繩，父特徵，皆縣，而不能贍其家，以故聖俞生而貧。年八九歲，即習為篆籀，鄉先達每拭幾研墨之。聖俞總角據案，握管作楹帖，或巨幅，無懦色。少長，又工寫生，獨追黄、徐遺而其摹印尤精。聖俞嘗自言：吾生平所作篆字及花卉，固可凌躐時輩，而於摹印，心得。蓋其所見金石文字極多，凡點畫之微，偏旁輳合，屈折垂宿之細，皆能悉心融雖繁文沓字，位置妥貼，無不如意。其視文、何、徐、李輩，蔑如也。吾鄉李先生申宏才碩學，並世無比。聖俞受業其門，先生每誇於人曰：如聖俞者，始可以藝名矣，俞常以飢驅為人司記室。咸豐癸丑，粵賊擾金陵、鎮江，聖俞參戎幕，以勞績得官鹽知事，指省直隸。歲丙辰，挈其眷屬赴津門，而津門以鹽曹需次者已多，念無可倚毗丁巳六月乃隻身來濟南。今中丞崇公、都轉陳公雅重其材藝，遂令改官山左。今年二部檄始至，聖俞投謁到官，甫二日而病，八日而卒。年四十六，無子女，其友人汪昉紀其喪。聖俞生平所為印，其刻於江陰陳氏者曰適園印印。又嘗作《續三十五舉》補吾之所未備，其稿不知落何所矣。

汪昉曰：予與聖俞交且三十年，憶道光戊戌，予客吴興，聖俞自杭州來，未三病，予為謁醫，視湯藥四十日，未嘗有倦意，聖俞以此感予最深。予以聖俞初試急，不人，每相規戒，聖俞服膺予言，不以為過也。去夏自津門來山左，當道之重聖俞若此俞之所欲為悉如其意。方聖俞病，人咸以為憂，予以為聖俞當不死，蓋以其遇卜之可死也，而竟死。天之豐其材而嗇其神妙也如此，悲夫。

趙之謙

傳記

清・張鳴珂《寒松閣談藝瑣録》卷四《趙之謙》　趙撝叔於詩古文辭、書畫、篆刻無所不能。性兀傲，有心所不慊之人，雖雅意□乞，終不能得其片飄香也。嘗謂予曰：生平藝事皆天分高於人力，惟治印則天五人五，無□然矣。又曰：鈍丁直接秦漢，旁通各家。予亦能接秦漢，而不能旁通各家。惟於鈍丁當讓一頭地。其自負如此。然至江西後，誓不奏刀。予雖昕夕晤對，亦不便相强也。庚□四月，與予論《凡將篇》，為予書摺扇一柄，兩面俱滿，計有千三百八十餘字。以款位太窘，鐫刻一撝叔四十歲後作小印，曰：已長十年矣。越四載，歿於南城官廨，年五十六，予輓一聯云：西漢文章北朝書法，南城仙吏東浙通人。

黄士陵

傳記

清・喬大壯《黄先生傳》　先生名士陵，字牧父，安徽黟縣人也。生於縣之黄村，故別號黟山人。父仲穌，道德文章為一鄉望，有《竹瑞堂集》，尤精許氏學。先生幼受庭訓，旁及篆刻。清咸豐、同治間，洪、楊擾徽州，廬舍蕩然，家道中落。父卒，母謝夫人殉焉。先生形毁骨立，蔬食三年，孝行聞於鄉。服闋，詣燕京，肄業國子監南學，從盛伯羲、王廉生、吴清卿游，學大進，伯羲重樵阮氏覆宋本石鼓文置韓文公祠壁，先生手刻也。清卿巡撫廣東，延入幕府，諷以納粟為官，先生夷然不屑，坐是，清卿調撫湖南，先生不從。僑寓粵中，專事書畫篆刻，得直自給。作篆極淵懿樸茂之勝。治印自秦漢鉨印而外，益取材鍾鼎盛、泉幣、秦權、漢鏡、碑碣、匋瓦，故於操之過急浙兩宗以次衰易人之後，自樹一幟，並世學者尊為黟山一派云。間作畫，本南唐徐崇嗣没骨法，別具風概。窮年兀兀，不求聞達，晏如也。五十以後息影黟山，存卹孤寡，周給困乏，擲筆墨辛苦所入無少吝。自奉儉約，不改恆度，鄉里翕然稱道至今。子四，廷榮能世其學，歷知江西南城、永豐、新建縣事。廷惠、廷穀、廷彝殤。

贊曰：余觀近世印人，轉益多師固已，若取材博，則病於蕪。行氣質，則傷於野。能事盡矣，而無當於大雅。兼之而盡善者，莫如先生。夫惟超軼之姿，圃之以學問，冠冕一世，豈不盛哉。

紀事

清・黃志甫《黃牧甫般若波羅蜜多心經印譜跋》 兄八九歲時，詩禮之暇，旁及篆刻。自為跡蟲篆，以及商盤周鼎盛，秦碑漢碣，無不廣為臨摹。至今積二十年，酷暑嚴寒，未嘗暫廢，其嗜之之篤，至於如此。天下事未有嗜之而不工者，其所造亦可想矣。近鐫《心經》一卷，章法典雅，運刀如筆。余不工篆刻，亦能辨之。

清・黃牧甫《題贈鏡澄四印屏》 余學篆刻二十年，每見秦漢金石，前賢遺跡，常觀之不能釋手。暇輒臨數紙，摹石，置之座隅，以求日益。鏡澄仁兄見而愛之，因索蓋四幀，並書款識，即乞方家正之。戊寅夏四月，弟黃士陵並誌。

清・羅惇曧《黟山人黃牧甫先生印存題辭》 牧甫先生篆刻，力追三代吉金，秦漢鉢印，間仿泉幣，旁及瓦當。古茂淵懿，峭深，無法不備。或莊若對越，以方重而轉奇；或俊若跳躍，以欹斜而反正。隨方變化，□置天成，氣象萬千，姿態橫出。前有撝叔，後有缶廬，可謂印人中之絕特者也。余弱冠肄業廣雅書院，而先生方在書局校讎，人事匆匆，每以不獲乞治一印為憾。今歲與令□牧兄相見白下，過從甚歡，因得盡觀先生印稿，益服精詣。會少牧加以董理，將付影□，爰綴數言，用誌贊嘆。癸酉冬十一月望，羅惇曧。

吳昌碩

紀事

清・吳昌碩《缶廬印存・自序》 余少好篆刻，師心自用，都不中程度。近十數年來，於家退樓老人許見所藏秦漢印，渾古樸茂，心竊儀之。每一奏刀，若與神會，自謂進於道矣。然以贈人，或不免訾議，則藝之不易工也如此。昔有呢吵倡者，覺世上人皆多卻一目，寧但昌歜之與羊棗乎。欲盡棄所學而不忍，因擇存舊作數冊，姑以自娛。《淮南子》曰：不愛江漢之珠，而愛己之鉤。高誘注曰：江漢雖珠，不為己有，故不愛。鉤可以得魚，故愛之。大雅宏達，庶幾諒余。光緒十五年十月，苦鐵自記。

藝文

清・楊峴《題缶廬印存》 吳君刓印如刓泥，鈍刀硬入隨意治。文字活活粲朱白，長短肥瘦始則差。當時□□未渠下，幾案似有風雷噫。李斯程邈走不迭，秦漢面目合一筵。刓成不肯輕贈□，贈者貴於媥爛鬛。一客媮覘忽失笑，君之所貴毋寧欺。闞人好色好美色，夫差失霸□西施。世間誰個齊王駮，後宮乃以無鹽纚。將但高興恣揮斥，一節不媚全節疷。明日□□行自嗟，如瘢在領禍到頏。强媸代妍豈乏術，祁連山下饒燕支。君言茲道久不振，□何餘啖日月墮。欲輓於古失不足，千氣萬力呻唸□。衒賣屢被貧鬼責，變計早蓄微□□。速就京兆乞眉樣，朝來學畫湔雙眵。橫看不是側愈謬，媸已入骨無由醫。亂頭麤服□□我，聊勝十指懸巨椎。蕉園花緐秋亦暄，雨中老柿風中葵。孰巧孰拙我不問，得錢□□眠蒼苔。

倉石先生持所作印見眎，且述客譃，輒賦長句張之。甲申八月藐翁楊峴拜稿。

昌碩製印亦古拙，亦奇肆，其奇肆正其古拙之至也。方其睨印躊躇時，凡古來巨石之有文字者，髣髴到眼，然後奏刀砉然。神味直接秦漢印璽，而又似鏡鑒瓴甋焉，獨樹一幟矣。展玩兩三，老眼為之一明。光緒乙未秋八月，楊峴題。

清・徐士愷輯《觀自得齋集・缶廬印譜序》 吴君倉碩之治印也，以六書蒼雅為基止，以秦漢章璽為郭郛，以鼎盛彝獵碣楨，奇恣洋溢，疏騁九馬，間不容翮忽，其大要歸之自然，時人莫識也。往時邂逅與之論印，亹亹竟日。讀其詩若畫，若大小篆，皆清峻絶俗。余輯《觀自得齋印存》成拓入昌碩缶廬印一種，為印學起衰而嘆，逆於今者，未有不瘁於古者也。光緒壬寅徐士愷跋於蘇城之槃園。

蔣宗海

傳記

清・汪啟淑《續印人傳》卷五《蔣宗海傳》 蔣宗海字星巖，號春農，江蘇丹徒縣人。體幹魁梧，性資靈敏，識量不凡，望而知為棟梁之器。垂髫應童子試，輒冠其曹偶。乾隆壬申春，以恩科舉於鄉，是年秋即成進士。出江右裘文達公之門，官内閣中書。馴雅該博，聲譽噪日下。攻古文，師家鈍翁。隸書摹漢桐栢廟碑。精賞鑒，雖老骨董不及也。工篆刻，文秀精雅，蓋專摹文國博，而參漢印之純整一燈者。不輕為人製，獨許予為知音，曾鐫贈數鈕。又善丹青，頗具蕭疎雅澹之趣，不屑蹈襲畫家窠臼，與同邑夢樓王太守文治齊名，為時並重。尤篤内行，年僅四十，即乞養里居，歷二十餘年不出。或甘旨不繼，賣文以自給。所著有《春農吟稾》若干卷。

汪成

傳記

清・汪啟淑《續印人傳》卷五《汪成傳》 族姪成字洛佔，堂麓大兄之長嗣也。世居江南歙邑之棋原，距予綿上舊居一峯之隔耳。天性聰敏，幼習舉子業，一試不售即擯棄。肆力古學，尤鋭意於摹印。甲子歲，予持服里居，時時過從，相與討論六書，獨於文國博一派更切嚮慕焉。丙寅秋，堂麓兄令蒼梧，洛佔省親走萬里，假道錢塘，下榻予飛鴻堂者幾匝月，常面試之，其用筆布局，文秀中頗具古雅之趣。予因盡出所藏諸名人印譜，俾之流覽，得其竅奥，而技以日進。前後為予作數十印，皆有可觀。後從父宦遊粤西，別將十稔，及堂麓兄去官，復隨侍。南逾嶺表，北度居庸，仰皇都之壯，溯江漢之廣，胸次豁然，得江山之助，復著為歌詩，以寫其客懷鄉思，寓興而作，有清新可誦之句。自丙室内別後，雲散風流，竟未一晤。今年夏，洛佔展墓旋歙，予適有事於五茸三泖間，而洛佔乃息軫於金牛湖上以訪予，復得聚首者匝月。非特印章之章法、刀法更臻妙境，而蠅頭小楷亦駸駸乎入古人之室矣。洛佔年未三十，凡所為皆本乎性情，而又能篤好不倦，故其所成就已有大過人者，因書以志喜。

南光照

傳記

清・汪啟淑《續印人傳》卷五《南曉莊傳》 南光照字麗久，號鏡浦，一字曉莊，雲南昆明縣人。幼失怙，從其祖提督公宦遊，佔籍湖北之江夏。母年十九即寡，矢志守節，教育曉莊，俾克成立，宗黨稱之。曉莊生而敦篤，自知向學。既長，氣度閒雅，澄之不清，撓之不濁，以蔭補官，得某州司馬，洊歷司曹。居恆好學，尤嗜金石文字，寓情摹印，刀法蒼莽，別具天趣。予從方介亭孝廉處得締交焉。

朱琰

傳記

清・汪啟淑《續印人傳》卷五《朱琰傳》 笠亭朱明府名琰，浙江海鹽縣人。舞象之年，即採泮芹，涵濡經史，志學古文。見異書，手恆鈔寫，較勘兩三，丹黃滿卷。又以世俗少習小學，至遇古碑法帖，則茫然如盲人，究心始一終亥之義，遂工摹印。宗師何主臣而規橅漢印，頗蒼勁古雅。善丹青，尺紙小幅，有蕭疎澹遠之趣。詩學錢、劉，而細膩刻峭，不落晚唐窠臼。乾隆乙酉歲舉於鄉，丙戌成進士，出江右裘文達公之門，文名藉甚。歷主金華、吳江諸書院，孳孳教訓，日夕不倦，經其指授者，卓有可觀。乙未年，選授直隸阜城縣，專以橅字為本，恥以奔走趨奉為勤。期年而口碑載道，越兩

載方報最，遽嬰疾以卒。囊無餘資，闔邑欽其廉介。所著有《續鴛鴦湖櫂歌》、《金華詩粹》、《笠亭文鈔》、《詩鈔》若干卷，生前即壽梨棗，流傳藝林矣。

方維翰

傳記

清・汪啟淑《續印人傳》卷五《方種園傳》 方維翰字南屏，號種園，行二，直隸大興縣人。性姿伉直，最孝友。舞勺之年，隨父宦遊維揚，玉井閔徵君華、椶亭金博士兆燕咸賞歎期許之。既長，苦志力學，潛心經史，而敏捷超穎，才思騰逸，筆勢縱橫，視青紫易如拾節假日。屢蹶場屋，鬱鬱不得志，寄興六書，棲情繆篆，與子聰吳某、小松黃易、霞村仇塏諸君子昕夕討論，其技遂臻堂奧。而種園思與諸子別開生面，見時下習程穆倩者絕響，因專師之，惟用九經及《孝經》等古篆，規橅酷肖，洵為傳作。而印識小楷書尤精妙絕倫，殊鮮其偶。又明習吏治，比年佐其見維憲任龍溪令，頗著廉能之聲，半由種園匡襄力也。後効力四庫館，得議敘選授浙江藩司經歷。女芬，八歲能詩，善畫，亦有聲藝苑。

夏儼

傳記

清・汪啟淑《續印人傳》卷五《夏守白傳》 君姓夏，名儼，字□□。善公孫龍子守白之論，遂以為號，浙江秀水人也。性誠篤，為學官弟子，文

品深匯成峻潔，知音者希，以致屢蹶棘闈，瑟居寡歡。遂襆被遊齊、魯、燕、趙名區，酒酣耳熱，作歌詩灑灑千百言，間亦寄情鐵筆。陽文宗李長蘅、朱修能，白文宗王梧林、歸文休，古雅秀致。又善仿古製面包，藝進乎神，然不輕為人琢。所著有《寒碧齋集》二十四卷，《桐下雜鈔》十二卷，《菭譜》三卷，《畫眉譜》二卷，《□□印譜》□卷。弟汝為，字予宣，號鷗船，又稱笠漁散人，幼亦聰穎，博洽强記，惟不嗜制舉文。工韻語，愛丹青藻繪，見前賢真跡，臨摹忘倦，寢食幾廢，而求之者户外屨滿，然不屑易朱提。杜門養志，兄弟倡酬，惟以詩酒為娱，亦嘉禾中兩奇士也。所著有《□□集》□卷。

嵇承濬

傳記

清・汪啟淑《續印人傳》卷五《嵇導崑傳》　嵇承濬字導崑，號□□，江蘇無錫縣人。相國嵇文恭公從子也。幼聰穎，負高志，一經相嬗，耽學若天性，不勞督課。習舉業暇，有志於古，以為讀書必先識字，遂究心六書，留意金石文字。從同邑華半江遊，半江為虚舟王先生高足弟子，篆書甚工，因勸導崑精研經學，以證《説文》之義。博覽漢人銅玉古印，師承章法，及採芹有聲庠校。繼得凡民沈司馬所搨贈漢銅印稿三千餘紙，昕夕摹仿。半江又授以鈍刀中鋒訣，順其自然，戒勿趨時俗，學遂大進。然逐志於制舉之學，日從事經生家言，不輕為人製印。曩年予從文恭相國處求鐫數紐，今介松濤魏明府，更作馮婦之請，導崑欣然復為奏刀，今皆登之《飛鴻堂譜》。導崑能詩，與晴沙顧觀察相酬唱。文亦高古峻潔，望而知為學純養粹之儒，他日入窺中秘，翱翔禁闥，抉奇呈奥，月異而歲不同，其著述正未可限量，則余之愛而欲把玩之者，又將不一而足也。所著有《□□齋印譜》。

王游

傳記

清・汪啟淑《續印人傳》卷五《王游傳》　王游字景言，號鏡巖，一字素園，江蘇金匱縣人。幼受書法於虚舟王吏部，拙存蔣老人。又學鐵筆於同里侯君越石，苦心研究，造詣皆得神髓，而操行方直，姿性誠篤。相國嵇文敏公延入幕中，後相國尹公暨兩高公皆器重之，因勸入仕，乃就南河効力，官通判，鳩工集材，實心版築，頗著能聲。年屆杖國，乃解組歸，尚手不釋卷，臨摹古帖二百餘種，裝潢成，名《青箱閣臨古帖》。與予訂交幾三十年，其居林下，予每過梁溪，造其齋，談論輒竟日。己酉，邑宰郭公舉鄉飲，以鏡巖為大賓。年至八十三而卒。有《四本堂印譜》。第三子霖，字雨蒼，號□□，能世其家學，官浙西少尹。庚子春，翠華南幸，敬鐫古稀天子小璽進呈，會邀睿賞，於是在浙當事，爭乞雨蒼印章焉。撫軍琅公招致署中，俾襄事筆墨，以卓異薦於朝。會丁憂去，亦為予篆數紐，入《飛鴻堂譜》云。

黄景仁

傳記

清・汪啟淑《續印人傳》卷六《黄景仁傳》　黄景仁字仲則，自號鹿菲子，江蘇武進縣人。四歲而孤，家徒壁立，母課之書，能刻苦力學，不沾沾帖括，古文則肆志史漢，詞賦則專心《文選》。九歲應學使者試，寓江陰小樓，臨期猶蒙被卧，同試者趣之趣，曰：頃得江頭一夜雨，樓上五更寒句，欲足成之，毋相擾也。其恬澹之概如此。既入泮，名噪膠庠。少長，遍遊閩浙諸名勝，以為未足，每讀《離騷》，欲弔屈原所自沉處，遂襆被獨遊楚南，經年始歸，著有《浮湘賦》，老宿咸稱之。年始二十餘，得詩已二千餘首。歲丙申，今上東巡狩，獻賦，蒙賜宮綺二端，得校録四庫館，遂留都門。時與朱竹君、翁覃溪兩學士唱和。兼長鑒古，以其餘技旁通篆刻，文秀中含蒼勁，間仿翻沙法製銅印，直逼漢人氣韻。惜天不永其年。所著有《鹿菲子詩鈔》若干卷，《西蠡印稿》若干卷。

梅德

傳記

清·汪啟淑《續印人傳》卷六《梅德傳》 梅德字容之，號庾山，江西南城縣人。初就傅讀書，目數行下，誦習不出聲，以默識之。作為文章，頗有奇氣。應童子試，受知蔣明府有道。年十五，隨舅氏宦京師，遂入成均肄業。舅氏亡，幕遊趙北燕南，為餬口計。乾隆癸巳春，聖上巡幸天津，親閱永定灌工，迎鑾獻賦。與召試下第，重入修門。大司空裘文達公頗期許之，保薦四庫館謄録，遂移家累，僦居京華，五年期滿，議敘優等，以州倅分發山右。方其少時，帖括之暇，酷愛鐵筆，初始饋其中者歷幾寒暑。始宗三橋，繼仿梧林，刀法雅秀，款識亦極嫣潤。予得其數十鈕，已彙入《飛鴻譜》中。其旅寓京邸也，八口之家，米薪糅雜，支撐不易，磊磊皆從十指出，不屑向親友乞貸一錢尺帛。迨得官後，貧無以就道，遂點檢舊時藏弆碑帖畫□，割愛售去，終不肯以貧累人，其狷介亦足以風矣。

俞廷槐

傳記

清·汪啟淑《續印人傳》卷六《俞廷槐傳》 犖山俞文廷槐字拱三，浙江嘉興縣人，世居角里街。幼而岐嶷，入家塾，即日誦千言。不數載，四子書、《易》、《詩》、《書》三禮、三傳盡通大義。為文自出機杼，穿穴經籍。弱歲補博士弟子員，旋以高等食廩包扎，自是每試輒列前茅，試藝恆膾炙人口。性躭六書，凡古文、鍾鼎盛篆、岐陽、石鼓，離奇光怪，手自規橅。工摹印，白文宗程穆倩，朱文宗朱修能，仿舊章人莫能辨真贋。予曩年過禾中往訪焉，已衰老，尚為予製數鈕，已彙入《飛鴻堂譜》中。旁通星命象數之學，推算十中八九。為人孤高耿介，家徒壁立，不名一錢。居常筆耕舌織，雖年逾杖國，猶授徒講貫不少倦。中年因人詿誤，髣髴秋谷所謂斷送功名到白頭是已。著有《犖山印略》。惜無嗣，惟一女，亦工篆刻，有女能傳業，故人擬叔皮之有班昭，中郎之有蔡琰云。

嚴煜

傳記

清·汪啟淑《續印人傳》卷六《嚴煜傳》 雲亭嚴子煜，字敬安，江蘇嘉定縣人。世居槎溪。幼失怙，年逾弱冠，未嘗學問，日遊嬉儆逐，與里□惡少蹴踘拳勇為事，精悍強毅，人頗憚之。後稍稍自悔，就村塾師問字義，恍如刱獲，遂娓娓不倦，刻苦自向學。數月熟四子書，又期年而習經傳，覆誦如瀉瓶水，因通文義，然不由教迪，其天分之高如此。中年肆力於金石、六書，工摹印，凡岣嶁蝌蚪、壁經石鼓文，原原本本，考核精詳，刀法則宗何主臣，頗蒼古，又從周芝巖學刻竹器，盡得其秘，饒朱三松、李長蘅之精妙。比年旁及山水卉鳥，俱澹遠生動，不落畫家窠臼。為人儻蕩無町畦，受人託必忠所事，不愧為血性男子。予約略其生平，悔過似周處，晚學似蘇洵，頓悟似陳際泰，博古似吾邱衍，質諸同人，當不以予言為河漢也。

黃掌綸

傳記

清·汪啟淑《續印人傳》卷六《黃掌綸傳》　吟川黃生，名掌綸，字展之，福建龍溪縣人。世有隱德，鄉里稱通德黃家。自幼沉潛敦篤，□□滿室，佔畢咿唔，歷寒暑不少倦。賦性和粹沖夷，人樂與之交。金石文字尤所酷嗜，遠而石鼓、壁經，近則《嘯堂集古》、《吾邱學古》諸書，枕蓆其中，故鐵筆輒與古合，迥越時流，然非道義契交，不肯輕為一製。工詩，參晚唐細膩，一燈樊川。丁卯之後，別豎旗幟。書法行楷俱有古致，刊有《香樨堂法帖》，旁及繪事，宗師荊關，取法甚高，用墨嫣潤，布局寬閒，頗饒大家風度。然數奇屢躓場屋，因赴北闈，遂僑居宛平，與予寓為比鄰，故得其所篆幾數十鈕，亦登諸《飛鴻譜》中矣。所著有《吟川詩鈔》若干卷。

花榜

傳記

清·汪啟淑《續印人傳》卷六《花榜傳》　花榜字玉傳，江蘇長洲縣人，居蓬萊巷。吴門七子中有贈詩云：人住蓬萊即是仙。蓋志美也。氣秀芝蘭，性鍾高潔，豐神娜婀中剛健自存。所到處掃地焚香，亦濯濯如春月柳矣。予嘗艤棹胥江，步屧過訪，一畝之宫，環堵翛然。無闤闠市喧，小庭蒔花種竹，藥臼香爐，茗鼎盛詩瓢相掩映，具見雅人深致，予裴□而不忍去。玉傳幼嗜六書，究心歷有年所。摹印宗三橋、杲叔娟秀一派，盎然溢書卷氣。雖小章必窮日方成，非至契不易得也。又嫻聲律之學，每當風清月皎，情往興來，則潘安仁所云：絲竹駢羅，抗音高歌。人生安樂，孰知其佗。畢生劇饒清福，捐館時已年踰花甲，每出遊必整飾衣巾，無點塵污，其耽潔愛好如此。

徐觀海

傳記

清·汪啟淑《續印人傳》卷六《徐觀海傳》　徐觀海字匯川，又字袖東，號壽石，又號幼菴，浙江上虞縣人，僑居錢塘高士湖。煙霞嘯傲，頗得湖山之助。博學方聞，鈎深致遠，八法寫生，撫琴彈棋，莫不精妙。早年涉筆，突過耆宿，故有西湖才子之稱。又篤友誼，嘗有琴師張君泗水者，客死錢塘，袖東為之視含殮，具棺衾，招其子來，資以朱提，遣使伴送其櫬歸里，人多稱之。庚辰領鄉薦，考充景山教習，旋徵入內廷方略館修書。銓授定邊縣，歷沔縣、安岳諸邑，革弊起廢，皆有治聲。安邑有唐詩人賈島墓，歲久湮蕪，冢傍地畨為人侵佔，袖東為之清理，並築亭墓傍，顏曰瘦詩白華。吴庶子省欽撰文，勒碑亭上。澹園沈清任太守，為作歌紀其事。金川小醜跳梁，袖東從參贊劉公以偏師駐促拉角克，軍書旁午，皆揮毫立就，見者咸服其才。會將軍温福師不戒，夜聞寇警，袖東以書生匹馬往返其間，凡三晝量夜不食，幾小洞於殆，而卒以自全。既而金川平，袖東以從戎功晉秩司馬。平居棲情籀篆，古樸蒼勁中具文秀仁厚雅之致，誠印林中逸品也。著有《看山偶存》、《鴻爪集》、《印譜》、《袖東詩話》諸種。與予有朱陳之誼，故知之稍詳。

許鉞

傳記

清・汪啟淑《續印人傳》卷六《許鉞傳》 許鉞字錫範，號□□居士，安徽歙縣人。髫齡時即穎敏異常兒，出語能驚其長老。就傅後日課千言，弱冠通《十三經》，兼及史漢八家，下至刑名錢法之書，無不涉獵。以前茅補博士弟子員，有聲庠序，試輒高等，應省闈，屢擯於主司。因喟然曰：峩冠挾册，决得失於一夫之目，縱掇青紫，無能救旦夕緩急。遂跳身出遊，挾司空城旦術，佐當事幾案。大江左右，大湖南北，所至輒賓禮之，借前毛利而籌，倚若左右手。昔崔翰在汴州，則佐董晉、石洪、温造，在河陽，則佐烏重允。大用大效，小用小效，誰謂古今人不相及也。餘技兼工篆刻，規橅雪漁、穆倩、修能諸家，而能自出機杼，脱去作家窠臼。曾為予製數鈕，聞今里居，技更精進矣。

毛紹蘭

傳記

清・汪啟淑《續印人傳》卷六《毛紹蘭傳》 毛紹蘭字佩芳，號雲樵，一字溥堂，浙江遂安縣人。檢討毛際可之曾孫也。佩芳稟承家學，負岸異姿，研究經史，博通藝術，與中表弟金楹互相砥礪。詩宗益都趙秋谷及常熟二馮，麗而不雕，濃而不膩。第形貌清古，賦性孤潔，不屑與庸俗子為伍。善摹印，一以秦漢為法，用刀蒼莽，頗自珍貴，非素好及韻士，縱力求之，終歲惟皮寘而已。丁酉以拔貢入京師赴廷試，朱學士筠、王廷尉昶、吴通政綬詔、黄殿撰軒甚賞識之。後失意有司，賦詩四章，有也將姓氏通前輩，終是頭顱愧後生等句，嘖嘖人口。飄然去長安，病卒師張開舟次，幸與金光神妙棨、吴庶常巨款光偕行，皆係姻婭，為經紀其身後事。初，佩芳信輪迴之説，纂有《不疑録》及病劇時，謂同舟人曰：昨夢使者延至一所，具公案，就之讞獄五起，旁有披髮鬼卒侍立，殆不祥也。古人有言，生而正直聰明者，死則為神，其或然歟。所刊《雲樵詩鈔》，惜非全稿耳。

杜超

傳記

清・汪啟淑《續印人傳》卷六《杜超傳》 杜超字越倫，一字月□，南岡散人，江蘇婁縣人也。世居壓薦浜。杜氏自唐、宋、元、明以來，科第暗裡聯，簪纓鵲起，為雲間巨閥。南岡生而恬退，性好閒静，視華膴蔑如也。養母居鄉，扃鍵茅舍，爇香彈琴，栽花種竹，遇良辰美景，風和日煦，奉板輿而尋樂。暇則二三知己，或挈榼，或提壺，擘箋分韻，角隻字之工，盡一時之興，醉墨淋漓，頗獲幽閒佳趣。又善培植盆樹，瓷斗中數寸之木，皆具拏雲干霄之態。平素究心六書，耽篆刻，凡秦漢、《印藪》、《印統》、《宣和印史》諸譜，搜羅購覓，晴窗臨摹，深得昔賢三昧，以故章法、筆法、刀法，動與古會。著有《鏡園印譜》及《鑒定顧商珍冰玉齋印譜》行世。

井玉樹

傳記

清·汪啟淑《續印人傳》卷六《井玉樹傳》 噫，栢亭井君遷世已數年矣，予欲為立傳，未悉梗概，遂閣筆中止。庚子冬，姪倩朱内史文翰赴補來京，自言得指授於井師，予因詢其顛末。先生名玉樹，字丹木，栢亭其自號也，順天文安縣之右族。尊人以明經舉於鄉，任學博，書名重一時。栢亭少即岸異，傲骨珊珊，博覽羣書，不屑為舉子業，甘以布衣終老。工八法，精篆隸，與同邑紀、王、程三君子稱四大家。紀以詩名，王、程以文詞雜藝名，栢亭獨以善書名。淵源家學，時人比諸恆之有玠，羲之有獻也。素嗜鐵筆，不規規摹仿，自合秦漢法度。刻有《栢亭鐵戲印譜》。居常求無不應，案積磊磊，奏刀殆無虚日。晚年兩臂力衰，患風痺不能舉。人謂技至超凡入神，造物忌之，戹以末疾，其信然耶。又善丹青，山水大幅尤妙絶。然能事不受相促迫求之者。每於净幾明窗，挈榼提壺以公畝，迨飲至半酣，濡毫噀墨，揮灑淋漓，若有神助，幾奪高南阜之席。舉文夫子三人，皆有聲庠序，能以品學世其家。

姜煒

傳記

清·汪啟淑《續印人傳》卷六《姜煒傳》 姜煒字若彤，居江寧上元縣之杏花邨。性敦樸，弱不好弄。輙讀經書，惟嗜籀篆，於六書之法，討究甚精。摹印規橅，自先秦、兩漢而下，靡不肆力焉。金陵故多收藏家，知若彤好古，皆樂與之交。時時出所畜金石碑版，以資臨摹品藻，故若彤雖不能散金廣購，而所見甚夥，目耕心織，數十年不倦，遂得蜚聲藝苑。且子若女習熟見聞，莫不工鐵筆焉。風雅萃於一門，亦足侈已。歲丙寅，予薄游金陵，惜未知其人，後簡齋袁太史嘗為予稱道弗置，欲一泛剡溪之櫂，以塵事牽率未果。戊子秋，族兄聞頤赴省試，予始寄花蕊石數鈕乞篆，若彤聞予名，不日皆為鐫寄，且以印譜見遺。予時為摩挲賞玩，想見其為人，他日重過白門，把晤若彤於三山二水之間，傾倒當更何如也。

翟潢生

傳記

清·汪啟淑《續印人傳》卷六《翟潢生傳》 岸租房翟潢生，字容清，安徽涇縣人。岸租房其自號也，清閣公之第五子，世居桃花潭。岸租房生而敦篤，孝友性成，胸無町畦，又稟庭訓，潛心力學，且耕且讀，不慕榮利。家學工青烏之術，明撥砂、倒杖諸法，為人卜牛眠，頗有聲譽。繼而從金陵田公遊，究心六書，研討始一終亥之義。善書小篆，頗得杜少陵所云瘦硬之旨，非其人不輕為奏刀，即厚聘亦勿往。啜粥咀羹，焚香賦詩，恬然自守。詩宗晚唐，清勁拔俗，不染肥穠。著有《岸租房詩鈔》、《語古堂印存》。以布衣終身。子賞祖，號懋齋，天性淳樸，口無擇言，能讀父書，世其業，亦工鐵筆，有聲庠校。戊戌秋，予相識於金臺，謬許予為知音，昕夕過從，不時為予鐫十數鈕，兼得其尊人佳製焉。

金鏐

傳記

清·汪啟淑《續印人傳》卷六《金璲山傳》　金鏐字肅臣，號璲山，世居浙江山陰縣之觀仁里，傍徐天池青藤舊居，矢魚洗竹，相羊其間。家世青箱，藏弆甚夥。璲山幼年即補弟子員，聰穎强記，造詣日深進。尤嗜古文六藝，百家九流，昕夕枕葄涉獵，不沾沾制舉業，數奇不遇。伯兄昌世、季弟傳世，甲辰、戊辰先後成進士。璲山青袍黯淡，恬然安命，無毷氉容。愛畜古硯，明窗浄幾，羅列燦然，摩挲賞玩，竟日無倦也。暇則究心青烏之術，浼涓日者，幾穿户限。又性耽謳吟，常擁鼻作洛下書生詠。詩專宗杜少陵，蒼勁工細，著成卷帙，惜無力壽梓，狼藉篋衍中，鼠齧蟫穿，其傳不傳，未可知也。至於鐵筆，乃其寓興餘事耳。

楊心源

傳記

清·汪啟淑《續印人傳》卷六《楊心源傳》　楊心源字復夫，一字修堂，號自山，江蘇金山縣人也。幼承家學，弱冠即遊邑庠，頗有聲譽。己亥歲，仲兄憚鑒領鄉薦，自山亦為碭山令黎陽董公所賞識，以額滿見遺，人多惜之。凡學使者校士，每列前茅，補廩膳，旋貢入太學。婁邑纂修縣志，總任採訪，殫心搜羅，發潛闡幽，當事稱其能事。自山有從祖鄉貢進士錫觀，精於篆隸之學，家藏碑版及明人印譜甚富，故少時即習篆刻，研究六書。前輩如覃溪翁侍郎、耳山陸大理見其所製，咸交口稱譽，而為之序其印稿。顧性頗癖，初法蘇嘯民、何不違，旋學朱修能、梁千秋，而折衷於文、何。上則窺測秦漢，許實夫以下皆鄙以為不足觀，是故賞音甚稀。著有《修吉齋詩文類》十卷，《文秘閣印稿》四卷，《芸軒鐵筆》四卷。

楊汝諧

傳記

清·汪啟淑《續印人傳》卷七《楊汝諧傳》　楊汝諧字端揆，號柳汀，江蘇華亭縣人。生而警敏，髫鬌時即頭角嶄然。讀書目數行下，强記博聞，尤嗜説部、典故、詞華之學。詩法香山、放翁，如彈丸脱手，不煩繩削而自合。家素封，以貲授別駕銜。居常遇古搨名畫，不惜重貲購畜。每當麗日和風，窗明幾净，硬黄臨仿，或行或楷，居然入海嶽、香光之室。游戲丹青，涉筆便秀氣撲人眉宇，大癡、倪迂，繁簡皆工，饒書卷氣。飲興最豪，大似畢吏部之通侻瀟灑，共杯斝者，不必盡屬鴻儒雅士也。即廝養狗屠，時亦略去形迹，脱巾歡呶，裸臂搏拳不少讓。精音律，幾於無絲不彈，無孔不吹，所謂揚激徵騁、清角亢音、高歌為樂之方者非歟。閒暇亦寄情篆刻，不專師秦漢，隨意揮灑，自以為非專門，而豐致蒼秀，迥非俗流能及。所著有《沖簡草堂詩鈔》。

岳高

傳記

清·汪啟淑《續印人傳》卷七《岳高傳》　岳高原名載高，號雨軒，浙西歸安縣人。世業醫，洞視恆一方邑人，賴以存活者無算。每晨就診者，切踦摩肩，門庭如市。雨軒嗜潔，有米海嶽、倪雲林之風。髫年嚮學，躭於韻語。每届試期，始扃户習佔畢，弱冠遊上庠，為高材生。視科第如摘頷髭之易，然命遭磨蝎，屢試秋闈，輒籠東而退。居常蒔花洗竹，藝菊分蘭，鼓琴作畫，縱酒豪吟，風日閒美，則櫂雀租房，駕鹿車，翱翔乎白雀道場、煙霞之窟。清暇棲情篆刻，摹秦漢印以寄興。常與人言：幸逢聖世，為天地幸民，若不自樂，負此身多矣。終日在醉鄉中，性寥蕭簡澹，不作求田問舍計，人以是高之。匄詩畫者，往來如織，摇毫伸紙，頃刻立就，輒饜其所求而去。今聞年近杖國，而視聽不衰，神明湛然，真有谷神之養者。所著詩名《雨軒小稿》。

施景禹

傳記

清·汪啟淑《續印人傳》卷七《施景禹傳》　施景禹字濬原，號南畇，江蘇如皋縣人。髫齡即聰穎，日可誦千言，然不樂佔畢，無意進取，惟日以先世所藏古法書圖畫，昕夕仿摹，致忘初始食。家貧屢空，宴如也。尤潛心於篆學，習摹印，私淑文氏三橋，饒嫣潤秀逸之致。與朋友交，多肝膽氣誼，胸無町畦，人以是重之，争延致蓮花幕中，客外者十餘年，既以親老歸里奉養，卜居於鄉，搆竹籬茅屋幽静之室數椽，顔曰小停雲，曰寄廬，花樹分列，煙水環繞，門前有小橋三疊，因自稱三橋居士，蓋亦瓣香壽承家風耳。板輿將母，樂志之餘，月夕花晨，時集雅人墨客歌嘯其中，日夜不知倦也。寫花卉於徐熙没骨法尤妙，鮮艷如生。乙亥春，訪舊燕臺，余從春浦劉明府貢座上始相識之，其沖和淡雅，藹然可親，洵與平日所聞悉合。所著有《小停雲館》印畧。

張梓

傳記

清·汪啟淑《續印人傳》卷七《張梓傳》　張梓字榦庭，號瞻園，江蘇上海縣人也。性循謹，慎言笑。舞勺之年，不待勉勵，卓然有志於學。博聞彊識，詩宗勝國七子，摹揣初盛唐風氣作古文，寖饋歐、蘇，無繁艷儕俗之語。隸書仿曹全碑，工謹而古致盎然。復精堪輿，向背陰陽，土脈水派，撥沙倒杖，剔解出人意表，非如世之規規八法五經者。岐黃得李夔文衣鉢，訂經脈為標之謬，揭肌胸胸胃限病者日期之誤，正七情六氣、房勞刀杖為內外三因之訛。三折肱來，頗費苦心。尤篤嗜鐵書，究心大小篆，懸針臨摹，眠餐俱廢者幾三十年。刻印宗同邑沈學之，文秀嫣潤。繼仿王梧林、歸文休諸子，灑然超絕，積久成譜，婁東毛宣夔、吳門蔣恭棐、嘉定王通侯、海上曹劍亭為作弁言，咸稱許之。

鄭基成

傳記

清・汪啟淑《續印人傳》卷七《鄭基成傳》 鄭基成字大集，號東江，先世家於閩，為漳南長泰人，後遷江蘇青浦縣。齠齔時即矯矯不羣，稍長益自顧藉，亂世步規行，讀書枕經傳，葄子史，下帷攻苦，夜以繼臨戰，曉行者過之，窗燈熒然未滅也。每自謂作文之法，取材宜富，用意宜深，富則充實光輝，深則曲折沉著。然富非堆垛之謂，深非幽晦之謂，工於文者知之。早歲蜚聲黌序，歲科兩試，輒列前茅。屢困秋闈，每得而復失，嘗戲謂同儕曰：吾小戰則勇，大戰則怯，為之軒渠。性躭金石文，二十餘年來，窮巖絕壁，披荊榛，剔苔蘚，手自摹搨，證以志傳，以故篆刻私印，章有程，刀有法，字字師承秦漢。

黃塤

傳記

清・汪啟淑《續印人傳》卷七《黃塤傳》 黃塤字振武，號丙塘，安徽歙縣人，胡太史珊高弟也。生而穎異，就傳後即能屬對，耆宿咸器重之。甫成童，九經、史漢、八家，不特覆背如瀉瓶水，且能貫串融會，妙義環生。目素明瑩，每以焚膏繼臨戰，枕經葄史，不辭倦□。視日以近，幾於聲壓覿面不識人。為文取法過高，賞音者稀，致久困童子試。嗣因諸父業鹽筴於浙，以商籍補博士弟子員，然嗇於遇，省試屢薦屢蹶，不獲一售，鬱鬱以卒，卒年祗三旬外。為人通悅瀟灑，胸中不設町畦，與人交，熱衷耐久。工大小篆、八分書，畫墨菊，頗饒幽致，寫蘭竹則又雙管交飛，解悟昔人怒喜行筆之旨。復寄興篆刻，宗蘇嘯民、吳亦步，章法、刀法，古樸蒼勁。會館予家，故得其十數鈕也。

鄭際唐

傳記

清・汪啟淑《續印人傳》卷七《鄭際唐傳》 鄭際唐字□□，號雲門，福建侯官縣人。自幼頭角嶄然，負岸異姿，出語驚其老宿，刻苦向學，經史、諸子百家，潛記默識，作為文章，出入唐宋八家，不懈而及於古，其他浸淫乎漢氏矣。書法由歐、顏而米、蔡，臨摹無間寒暑，幾於右手生胝，求之者戶限為穿。早歲登賢書，己丑入詞垣。聖天子選師傅官，劉文正公、於文襄公交章薦之，遂供職尚書房，清華則玉堂金馬，品學則師保疑丞，身置雲霄，望重泰山北斗，儒生稽古之榮，韓昌黎所謂名聲隨風而流，功業逐日以新，豈不偉歟。少時曾隨其諸父鹺運副使肄業武林署中，游藝旁及摹錢，貫串六書，沉思專精，章法、刀法皆文秀，殊異於世俗之所為鐵書者，然此亦雲門之餘藝耳。

黄鉞

傳記

清·汪啟淑《續印人傳》卷七《黄鉞傳》　黄鉞字□□，號左田，一字左軍，安徽丹塗縣人。童丱時即穎慧過人，讀書日以寸計，作時藝不屑為凡近語。補博士弟子員，才既高達，論尚新奇，名噪黌宫。善聲詩，樂府歌行灑灑千言。左田亦自負不羈之才，莫肯頷會首下心，由是見愠於先達貴戚。屢赴省試，而名頻落於孫山之外，與世闊疎，鮮所諧合，遂寄興於丹青，山水、花鳥、人物，點染咸有味外味。究心六書，明始一終亥之義，摹印師承秦漢，不尚訛缺剥蝕，以為古娟秀中具剛勁，頗契文氏三橋真傳，得心應手。設起尹子汪君、云美顧君於九京，亦應讓此君出一頭地矣。近充四庫館校録，然蛟龍終非池中物也。著有《左田詩鈔》若干卷。

吴樹萱

傳記

清·汪啟淑《續印人傳》卷七《吴樹萱傳》　少甫吴太史，江蘇吴縣人，初名傑，更名樹萱，中翰蠡濤之胞弟，甲午北闈舉人，庚子恩科，族姪如洋榜進士，授翰林院庶吉士。少甫自幼穎異，即能讀等身書，目數行下，過即成誦。性淳篤，遇不如意事，亦從無幾微鬱艴見於顔面。長身鶴立，玉瑩珠光，令人彷彿如見王恭雪下披鶴氅時。詩古文詞，鎔經鑄史，春容大雅，可以榮名，可以壽世，視島瘦郊寒，不啻淵霄之隔。己亥歲，楊制軍景素聘主保定蓮池書院，都講濟濟，不惜口授指畫。為文章悉有法度可觀，異日銓掌文衡，為國家樂育菁莪，送登楨幹，所謂桃李盡在公門者，余拭目以公敵之。餘技工篆隸摹印，師承秦漢，尤愛顧云美《塔影園譜》，蒼秀古雅，洵足珍貴，然於少甫，則為賸事也。

高秉

傳記

清·汪啟淑《續印人傳》卷七《高秉傳》　高秉字青疇，號澤公，一字蒙叟，漢軍鑲黄旗人。先世從龍，豐功偉伐，銘在旂常。王父恪勤公諱其佩，立朝敭歷，具有本末，事蹟詳載國史。父綱歷官太守。青疇生於華閥，幼即穎敏，好讀書，不染紈綺習。由官學生得恩監，屢試棘闈不遇，遂飭身修志，樂於閒散，不作彈冠計。逍遥詩酒，託興丹青，春花挈榼，冬雪圍爐，夏招北户晚凉，秋挹西山朝爽，或聯屐分箋，或孤吟獨酌，自謂阮劉不足儔，蘇石不足侔也。其摹印雖不拘拘學步秦漢，而奏刀皆合古法，文三橋、何雪漁嫣秀蒼健兼而有之。遊歷甚廣，輪蹄幾遍宇内。予官水曹時曾相識，因乞製數鈕。所著有《青疇詩鈔》若干卷，惜無好事者梓以壽世。

趙丙栻

傳記

清・汪啟淑《續印人傳》卷七《趙丙栻傳》 趙丙栻字芃若，號養拙居士，一字仰才，浙江山陰縣人。闤闠素封，綺年即好學，無紈袴習。從胡曙湖、劉楓山、童二樹諸君子遊，性嗜古，攷覈精詳，商匜、漢鼎盛、唐縑、宋飄香、名人筆跡，入手即能辨真贋，無論市集門攤，眼光所注，無留良焉。尤篤好古書，不惜重貲購得。惟躭麴蘖，止則操卮執觚，動亦提壺挈榼，殆劉伯倫所云捧甖承槽，銜杯漱醪，無思無慮，其樂陶陶者與。出則模山範水，不屑求田問舍，家遂中落，而技益工。小篆宗李陽冰，隸書仿韓擇木，嘗於卯酒初梧，湘簾棐幾，臨摹古搨數十種，裝潢成册，二樹童君弁其籤曰金石文章。摹印初師曙湖，繼學勝代朱修能，後又一變而宗程穆倩，古拙中含蒼秀。捐館時年五十餘，子不克家，所藏弆碑版書籍及文玩印章，半值鬻棄於人，良可惜也。

徐鼎

傳記

清・汪啟淑《續印人傳》卷七《徐鼎傳鈺附》 徐鼎字一舉一動文，號圃，江蘇華亭縣人。勝國文貞公後裔。父淞，字齊南，潛德不仕，精究象緯，於西洋測量、制器之法，無弗洞徹。調圃髫鬌即失恃，家又清苦，不獲專攻舉業，以博科第，每鬱鬱焉。對客藹然可親，耽静退，斗室蕭條，寂坐終日。幼嗜六書，習摹印，兼善文、何兩派。俊逸健雅，頗饒古趣。而於漢人翻砂撥蠟、淺深輕重，有得心應手之妙。早年喪偶，不復續絃，人以義夫目之。淡於名利，即米鹽偶缺，晏然自安。弟鈺，字席珍，號訥菴，性穎敏，能紹其家學，通勾股算法，凡樂鐘日表及日規扇，神工天巧，悉從十指出，分臨戰不爽累黍。工刻石碣，波磔處，毫髮無遺憾。兼善鐫晶玉銅瓷章，識高於頂，力大於身，可奪江皜臣之席。著有《訥菴印稿》四卷。

鞠履厚

傳記

清・汪啟淑《續印人傳》卷七《鞠履厚傳》 履厚姓鞠氏，字坤皋，一字樵霞，又號一草主人，世居江蘇奉賢縣之南橋恬度里。夫里以度重，度以恬名，叩其里居梗概，亦可想見矣。樵霞弱不好弄，出語即驚其老宿，就傳後日課千言，經史子集，博洽淹通。為文步趨八家，詩宗主選體。入國學，以攻苦得疾，中年羸弱愈甚，不能角逐名場。為人謙和端謹，持身儉素，樸質無華。尚氣節，重然諾，至其孝友，睦姻任恤，尤出天性。約指一二端，如創建家祠以妥宗祏，刊修族譜以篤本支，每遇奉賢邑人，輒嘖嘖稱譽，則其交孚者素也。夙躭六書，尤精摹印。瓣香三橋，追踪主臣，名噪一時。性好客，户外屨滿，樽中酒盈，况年僅不惑，其造詣正未可限也。所著有《印文考略》一卷，《坤皋鐵筆》二卷，餘集一卷。

江源

傳記

清・汪啟淑《續印人傳》卷七《江源傳》 士有入孝出悌，非道義一介不取與，而其材藝之精能，又有以異於人者，此固從古所難，而今世尤所希也。予於雲間得一人焉，曰江源。君名源，字豫堂，號修水，其先世與予同新安歙邑，高祖中理公始遷誕生德。餼於庠，素有文名。國初再遷松江，專治喉科。世傳曾祖暨大父皆精其業，活人無算。父諱式之，松郡庠增廣生，好學工書，頗有聲譽。修水生而聰穎，讀書成誦後能不遺忘。甫髫齡入婁學，補增廣生，名雋黌序，然數奇未遇賞音，君亦不急急榮名，日惟研究方診六徵之技，暇則寓興篆學，追摹秦漢，而瓣香前明朱修能、吳亦步。又善撫琴，純古澹雅，疏越遺音，感人獨至。其事繼母孝，撫弟友，立身大節又如此。若夫鐵書，特閒情之所偶寄耳。其所著有《□□印譜》□卷。

孫克述

傳記

清・汪啟淑《續印人傳》卷七《孫克述傳》 孫克述字汝明，號□□，安徽黟縣人。性嗜學，幼即通文史，所作必求合乎古人，不屑屑事帖括。年甫冠，已有詩文譽，姻族强之就童子試，瑶峰梁相國奇其才，拔列泮宫，愈益名噪，然終以所務高遠，不宜於時，輒困場屋，抑抑不得意。遂究心六書，栖一終亥之義，追蹤秦漢，章法、刀法高古渾樸，超絶時流。暇則臨池學書，以晉人為師，深鄙纖巧側媚之態。又善鑑古，求其審定者，户外屨恆滿。亳州梁進士巘見其書與其所鐫印，心折之，嘗寓書極獎許焉，然非深相契者，求其隻字亦不可得，雖餽之多金不受也。年來家計凋落，以舌代耕，一室之中，左圖右書，諷詠不倦。年僅三十有九，其所成就正未可料也。

曹均

傳記

清・汪啟淑《續印人傳》卷七《曹均傳》 曹均字大同，一字治伯，號平階，祖籍上虞縣，高祖始遷居於秀水，曾祖暨祖與父皆列黌宫，克承家學。治伯幼孤露，母吳孺人通經籍，能詩文，以十指供家給，教之成立。弱冠深知刻厲，鎔經鑄史，授徒閭里，以佐饔飧。繼為尼日利亞園王中堂賞識，拔置縣學。為文討探源流，不蹈時趨。旋餼於庠，石君朱大中丞復舉優，一時聲名藉甚，然性嗜金石古文，精研考據。工八法，見舊石刻及前賢墨蹟，雖無資必質衣相易，歸則昕夕臨摹，故小楷一時稱為能手。閒亦寄興篆刻，宗秦漢，不屑習時俗纖媚，書卷氣盎然流溢。春圃袁方伯贈詩，有芸閣香濃藏典册，墨池春暖走龍蛇之句。今君年方壯盛，造詣所至，又烏可量哉。

袁宫桂

傳記

清·汪啟淑《續印人傳》卷七《袁阮山傳》　袁君名宫桂，字□□，阮山其自號也，江蘇無錫縣人。尊甫上簡，性倜儻，善劍術，從虛舟王侍讀遊，精小篆，工漢隸，阮山世承其學，兼擅帖括，早歲採芹，名振黌序。善體尊甫意，勿令分心，鐵筆惟專，精制舉文字，刻苦研求，但文格峻潔孤峭，不合時眼，賞音甚寡。尊甫棄養，家中落，無以奉萱堂甘旨之需，乃課藝外遊。友人有乞其製印者，始勉應之，稍獲潤筆，以供色養，而自奉極薄，故人稱其孝無間言。後屢躓棘闈，益無聊賴，遂放情於酒，狂吟弄筆，每每闌入醉鄉，然賦質素稱醇謹，不類灌夫罵座。於刻印明大小二篆，不可混而為一，刀法甚蒼秀可愛，篆書彷彿虛舟。所著有《□□詩鈔》、《□□印譜》。

朱德坪

傳記

清·汪啟淑《續印人傳》卷八《朱德坪傳》　朱公德坪，字叔玉，號藉山，行三，世居江蘇碭山縣之蒲盧里。賦性敏慧，讀書頗强記。齠齡即嗜篆刻，摹秦漢印，奏刀輒與古會，學翻砂鑄銅章頗蒼雅。少長，暢朗玉立，傲睨當世。雅好游藝，居恆投壺擊劍，彈棋縱博，賭酒藏鈎，日在歡場。間則控紅叱潑驟金埒，引十石弓，左右射無虛發，自喜機巧，見於眉睫。既而悔之，乃折節讀書，遂工韻語，兼善繪事，丹青潑墨，各臻其妙。繼而愛遊，聞人説及名山勝跡，一笻一笠，悠然便往，終歲不問家人生産，其天懷浩落如此。以資得官浙江嘉興府司馬，勵志吏治，頗有能聲，且年未四旬，其造詣正未可限量也。

楊謙

傳記

清·汪啟淑《續印人傳》卷八《楊謙傳》　楊謙字吉人，江蘇嘉定縣人。少年力學，究心於詩古文詞，不拘拘為帖括。家素封，入資授州司馬職。好結納，交游遍江左，座客常滿，且不屑求田問舍，家計遂凋落。居恆抱膝慨然，曰士生一世，不能濟人利物，雖生何為。時岐黄家無精外症者，瀓心研討，遍選良方妙藥，寄跡邗溝，凡疑難險惡之症，或以針，或以刀，或以藥餌，無不應手立愈，活人無算。竹西人無論知與不知，咸德之。君大豪於飲，當夫簫笳發音於後，觴酌陵波於前，鳳觀虎視，旁若無人，竟能徹夜不醉。子建與吴質書云：食若填巨壑，飲若灌漏卮，頗可移贈。游戲篆刻，尤工牙竹印，師文三橋、汪杲叔，秀雅一燈。然深自抑損，不以所長驕人，謙謙君子，其人其名，適相符契云。所著有《外科》諸集及某某印譜。

方成培

傳記

清·汪啟淑《續印人傳》卷八《方後巖傳》　後巖方成培，字仰松，世居安徽歙縣之横山。性沈默穎慧，髫齡即能文。體弱善病，日在藥裹間，父兄規其毋刻苦力學，遂閉關習道家熊伸禽戲、導引之術，越十餘年，疾始瘥。恥赴童子試，專肆情於詩古文，尤嗜長短句，倚聲筆力柔艷，才思幽麗，仿白石、玉田格派，雜之本集中，幾不能辨。且氣度閒雅，飄飄然有逍遥遠舉之致，一見而知為雅人韻士也。又好游，雖乏濟勝具，遇名山佳境，策杖攜詩瓢茗盌，必黽勉峻陟，冥搜幽奥，累月經旬亦忘返。暇則出其餘技，託興鐵書，工程邃一家，極古對敵磊落，然非賞音，工書畫，佳石舊凍，不屑奏刀。以久病遂明岐黄之學，研討《内經》，考究四家所偏執，頗具卓識。所著有《聽奕軒詞稿》、《後巖印譜》。

金野田

傳記

清·汪啟淑《續印人傳》卷八《金野田傳》　野田金君者，名銓，字汝衡，直隸天津縣人也。生而謹信誠篤，雖家無居業，甘苦志力學，既採泮芹，品行為膠庠冠。静居一室，研經讐史，糞除流動亂，惟以爐香茗盌，暢其幽趣。性耽道藝，不屑屑於應舉文字，時游意六書章草，寄情篆刻，一以秦漢為宗。其刀法蒼莽秀勁，則絶類何雪漁、蘇嘯民，與李放亭定業、高青罪行秉，為時並重。年踰四十，即絶志榮念，不赴棘闈，舌耕自給。惟與念湖吴明府人驥相倡和，遇俗子傖父，縱餽以兼金，欲乞一鈕印、尺幅書，掉頭振手而去，杳不可得。予向從小池薰主簿洵處即耳習其名，壬寅秋，乞假南歸，道經直沽，維舟訪之，其高致疎野瀟灑，溢於所聞。及見所著《野田印宗》，則名實相副。又承舉所製數章見遺，因登之譜而為之傳畧云。

陳元祚

傳記

清·汪啟淑《續印人傳》卷八《陳元祚傳》　陳元祚字師李，號西麓，浙江嘉興縣新豐鎮人也。祖之濤，嘉興縣學官弟子。胞伯觀，歲貢生。均以工時藝教授生徒為世業。西麓少穎敏，雅有思智。弱冠補博士弟子員，膠庠頗富名譽。於舉業之暇，棲情篆刻，弋興詞章。從崑臺徐廣文游，得其指授。復與同里曹種梅、江山毛天巖昕夕討論，益臻堂奧，頗饒蒼秀圓潤之趣，幾可接跡徐白榆虎侯喬梓，求刻鈐記者，户外屨滿，因裒集為《西麓印譜》。嗜酒死生吟，家雖屢空，宴如也。及年踰不惑，潛心經術，殫心註疏，屏棄一切，鄙雕蟲小技為不足傳，賦《自述》詩三十韻以見志。予耳其名已非一日，今秋在金匱縣張公衙齋松濤魏明府，聞與西麓契好，正欲煩伊介紹，乞鐫一二鈕印。歸櫂過鴛湖，晤海六鍾明經，始悉西麓亦雅慕予，曾將少壯所製花蕊石章十餘方交海六以見贈，蓋神交已歷寒暑矣，可不為之立傳哉。

錢樹

傳記

清·汪啟淑《續印人傳》卷八《錢梅簃傳》 錢樹字寶庭，號梅簃，浙江仁和縣人。方伯湘蓴先生冢嗣也。生而穎異凝重，自兒童凜然如成人，不待勉勵，卓然有志於學。及長，負不羈才，方伯甚鍾愛焉。急欲見其成名，納粟入太學，屢赴北闈，不得舉。因不自聊，寄情韻語，門室中屏絶纖塵，爐香茗盌，率然而吟了，蕭然而詠。又善畫，終日沈酣於膠山絹海間。又嗜篆刻，私淑龍泓丁隱君，遍訪其所製，搨而裝成册，時臨摹之，終無以展其雋思，幽憂致疾，遂瘦類東陽，因自稱瘦居士。方伯愁之，會蜀中用兵，因轉餉急，公得分司滄州，方伯勉之曰：司馬長卿亦由貲郎顯，韋自奮發以報國。梅簃屏去夙好，一肩行李，遂赴任。即纖細公務，皆不假手友人。庚子秋，委解甘肅餉，於船脣鞍背，始復理吟事，得詩一卷，名《西陲紀游》。適逆回不逞，頓滯道路，頗著勤勞。其所著印，一以小心落墨，大膽用刀為則，而隸書款識最精，況年在方剛，其造詣當不囿於小成也。

樊紹堂

傳記

清·汪啟淑《續印人傳》卷八《樊紹堂傳》 硯雲姓樊氏，名紹堂，一字篴香，江蘇長洲縣人，居楓橋漁航街。曾祖天溥，任河南汝寧府別駕。祖世楷，蘇州府學官弟子。父質煌，國學生。硯雲生而骨格聰穎，年十五習帖括，無時俗氣。暇則寓興丹青，弋情篆刻，又喜賦詩，落筆超逸，頗得前賢風趣，能三不惑。曾隨從父航海至日本，途中賦歌行近體成卷帙。歸遇颶風，漂入薩摩國，有乞其詩畫者，隨手揮洒應之，彼國甚為珍度。越歲始得歸，學益進，太府鑑泉胡公因延入署為記室。逮錢塘簡齋袁明府遊吴門，見其詩，亦稱許，録為門下士，且採其詩入《詩話》。然硯雲體素羸弱善病，甲寅初秋，以微疴預作《慰別》詩十二章，以不獲終養嚴父為憾。其餘與師友句，多含悲緒，字字從至性中流出。及既望病劇，尚取素箋臨曹娥隸字碑貽其室人，中有誤筆，親洗刷而重書，書畢，語其室人曰：樊硯雲從此逝矣。遂兀坐而瞑。嗟乎，硯雲有才無命，良可惜也。予始於竹堂吴山長處見硯雲所刻印，繼於簡齋袁明府寓中讀其詩，復於蘋洲林太守席間識其人，惜返櫂倥偬，不暇奮袖縱談，分牋角爇。丙辰春，薄游金閶，至楓橋訪焉，而硯雲已赴玉樓之召矣。尊甫耕蘭慨然以硯雲所鐫印數鈕見貽，亟登諸《飛鴻堂譜》中，而為之傳以傳之。

迮朗

傳記

清・汪啓淑《續印人傳》卷八《迮朗傳》 迮朗字輝庭，一字卍川，江蘇吴江縣人。幼讀書强記，及為學官弟子，蜚聲庠序，然文體尚刻峭峻厲，不合時趨，以致屢困場屋。繼聞宏開四庫館，裹糧北游，有援之者得厠寫書旅食，辛勤數載，已獲議敘得官，而銜恤南歸矣。因歎命途多舛，自知非簪中人，服闋後遂伏處鄉里，日以香爐茗盌、詩文自娱，尤善駢儷，高者宗德六朝、初唐，次亦不失陳其年、章豈績亂世獲。又善丹青，獨出匠心，恥蹈俗人科臼。閒亦託興鐵筆，受業於兩亭張錫珪，守顧雲美、陳陽山一派，望之知為讀書人所製，無纖毫塵俗氣。予承乏農曹，因得聚首談藝，曾蒙鐫贈數十鈕，已登《飛鴻堂譜》中。

楊瑞雲

傳記

清・汪啓淑《續印人傳》卷八《楊瑞雲傳》 楊姬瑞雲字麗卿，江蘇吴縣人。幼穎慧嗜學，針黹之餘，揚衍波，臨池撫唐賢小歐書，娟娟秀挺，多逸致。癸未季春，歸於篷室。予以其嫻靜，更字之曰静娥。時予有幽憂之疾，方寄情絲竹，以自陶寫。姬見獵心喜，偕諸姬肄習，不匝月凡鞶婆、蕭阮、采庸之屬皆精通。從予受古才退卻文百餘篇，自檢《說文》，釋其大義。歷歲餘，矮牋短牘，皆嫻雅可觀。隨予三次歸歙掃墓，道經佳山水，對林巒幽峭，溪流瀠折，或禽鳥弄聲，野花争笑，輒低徊留之不忍去，與煙霞泉石，若有宿契者。胡姬佩蘭、莊姬月波，皆余侍姬也。佩蘭嘗即景為小詩，姬羨之，思與抗衡，遂手抄唐宋詩，分古今體為數帙，昕夕吟誦，講習研解，至忘寢食。遂有得，時與月波莊姬相唱和。刻意求工，慮佩蘭之竊笑，脱稿後輒焚棄之，故存者絶少。余所蓄歌兒素雲，欲習寫生，有工惲家法者單君書巖，因延致之，俾素雲學習。已浹辰，尚茫然。姬旁睨皴染之法，會其微旨。壁間適有虞山蔣文肅相國宜男花條幅，姬諦視之，輒申藤吮翰，點渲合度，予奬借之，益專心臨摹，終日孜孜不倦。體素羸弱，又善病，針樓鏡檻間，畫幀筆牀與藥裹參爐相錯置。因予有印癖，且時同檢校六書，故亦琢石學篆刻，頗秀潤娟静，楚楚可觀。後與予小住虎林，病日甚，而浙東苦無良醫，僦舟至吴門，從薛徵君一瓢求治，卒無效，不及至家，歿於舟，年僅二十有一云。

釋明中

傳記

清・汪啓淑《續印人傳》卷八《釋明中傳》 大恆禪師本名演中，後改明中，字大恆，號烎虚，浙江桐鄉縣施氏子。生而厭辛葷，七齡祝髮於秀水楞嚴寺，師祖含明教之讀儒、釋兩家書，有宿慧，過目成誦。雍正甲寅，游參輦下，受具皇戒。世宗憲皇帝於千僧中選留有根器者四人，侍講佛樓，師在其列。聖意於師尤篤，手敕數千言，發明本地工夫，並賜杖、鉢、如意、法帖等物，恩賚甚隆。今上龍飛六年，出而主席西湖聖因寺，繼移智杖、乾峯、天竺、净燕諸道場，禪力堅凝，十方欽企。翠華南幸，三次賜禁御製七律，彈指仰賡，並進《南巡頌》，皆蒙睿鑒，得邀賜詩一章，刊石净慈，穹碑矗立，雲漢昭回，從來住持未有之遭逢也。五十一臘示化時，有披衰赤腳千峯去，不問蘆塘舊釣舟之偈。師秀而腴，天性沖和，能以儒通佛德，旁及繪事，大癡之縝密，雲林之疏秀，師兼有之。間亦寄興篆刻，古勁中含文潤。尤長於詩，發微妙音，證無畏義。乙丑歲與予暨月田、江聲、穆門、樊榭、堇浦諸宗工結吟社相酬倡。所著有《歾虛詩鈔》，堇浦抗太史《詩序》所云，骨格蒼而思力厚，誠確評也。山舟梁侍講與恆公素莫逆，因鏤版行於世。

釋湛性

傳記

清・汪啟淑《續印人傳》卷八《釋湛性傳》 釋湛性字藥根，一作湛氿，字藥菴，姓徐氏，江蘇丹徒縣人。幼祝髮棄家為僧，後駐錫楊城祇園菴。狀貌清癯，容色爽朗。廣陵故繁華地，富商巨賈，□財役貧，而富公之僑寄於斯，貴客之經行於斯者，冠蓋往來無虛日。藥根闔户禪坐，泊如也。然有文字結習，雅好與名流賢士游，東南名宿，多與訂方外交。性尤嗜詩，所詣清雄雅健，悲壯激昂，無瓢鉢氣。又性敦孝友，其集中笑父、省慈、晤姊數作，皆近世衲子不能言者。至於《懷古》諸篇，則時特識，得題之竅要，發前人所未發。書法精美，絕類秦劍泉。且工篆刻，蒼動中蘊含秀雅，然頗自貴惜，不輕為人落墨。生平訪參所歷甚廣，常從金陵迎江而上，來往湖湘，掃塔牛首，西禮五臺，道出燕東。文園李學士中簡邀館閣暨諸名士集，就樹軒賦詩，以孟襄陽微雲、疎兩句分韻，藥公拈得微字，即席成五言古十四韻，一座盡傾，為之斂手推服。後直隸方宮保宜田延主青蓮禪院，踰年圓寂。其徒歸骨仍塔於南。論者謂藥根清才逸致，彷彿唐之賈閬仙，惜無韓退之為收斂而冠巾焉，遂令放情世外，懷才終老，然其流風餘緒，亦可於祇林中高置一座矣。所著有《雙樹堂詩鈔》。

釋篆玉

傳記

清・汪啟淑《續印人傳》卷八《釋篆玉傳》 釋篆玉字讓山，號嶺雲，浙江某縣某氏子。髫齡即從某師薙染。性敏悟，梵書經典，一覽溜亮，兼通儒學。性嗜聲韻，柳柳州所謂以儒而通佛者。闡大乘法，排笮蔬筍，解脱縶縛，絕無寒乞之相。歲乙丑，月田顧明府之挻結西湖吟社，諸耆宿外，北山則恆公，南屏則讓師也。時予亦參末座，聯吟刻劃湖山之勝，極一時風雅，堇浦抗太史《墮話集題詞》中已詳言之矣。讓師道風秀世，戒律精嚴，發微妙音，得詩家正法眼藏。善書，深明撥燈之訣，由顏入手，摹雲麾將軍碑，雄健古致。間涉摹印，不沾沾於仿秦臨漢，別出機杼，有雪漁、嘯民蒼動之趣，而無劍拔弩張霸氣，真能以心印印世者，然不輕易贈人。予結香火緣幾二十年，亦僅得其數鈕耳。著有《讓山語録》、《墮話集》，皆梓以行世。

釋介庵

傳記

清・汪啟淑《續印人傳》卷八《介菴上人傳》 釋湛福，號介菴，雲南昆明縣某氏子。幼祝髮習浮屠，能參文字禪，桐山方望溪先生嘗稱許之。駐錫日下傳經院，作墨兩堂，歸愚大宗伯沈夫子為之記。善八分，有史晨、孔和遺意。小楷絕肖鍾元常，恆書栗里《飲酒》、《貧士》諸詩，勒諸貞珉，人爭購之。鼎盛彝尊卣、名章古畫，寓目立辨真贋。間亦寄興鐵筆，惜無受之正傳，然別具天趣，頗自寶貴，非其人不輕與奏刀也。予因雲亭舒明府瞻得訂交契，為予曾製數鈕。介菴既擅眾技，復詼諧瀟洒，故王公貴人爭樂與訂交，遂竊名一時云。

釋續行

傳記

清・汪啟淑《續印人傳》卷八《釋續行傳》　釋續行字德原，號墨花禪，俗姓羅氏，江蘇昆山縣人也。幼祝髮習浮屠學，掛錫於青浦縣珠溪之圓津菴。菴在闤闠中，禪扉晝扃梵唄泠然。頌經清暇，得印心之解，擺脫塵凡，冥心獨造，遂工摹印。宗文三橋、汪杲叔秀潤一派。樂與文人墨士游，有文暢之風雲。集生平所篆印為《墨花禪印譜》，蘭泉王方伯昶曾為作序，稱其人古質敦樸，足為禪門圭臬。而於篆學淵源，頗有心領神悟之妙。師嘗謂予曰：吾之於摹印也，未嘗規規焉摹擬分寸為之，得於心，形於手，因以寄吾之興而已，豈與世之誇詡爭名者比哉。蓋師固超乎語言文字之外者。刻印特雕蟲餘技，禪悟之一端耳，未可以概其生平也。

釋佛基

傳記

清・汪啟淑《續印人傳》卷八《釋佛基傳》　瞿曇氏佛基，號糝花道人，安徽歙縣梅葉氏子。生而茹素，聞辛葷即作嘔，因祝髮於古巖寺，苦志焚修，兼有文字結習。中年遊參，遍覽名山古殺蟲，愛浙西靈隱據明聖湖全勝，遂駐錫焉。時巨公方作道場，主佛力堅凝，文采豐贍，在彼法中為獅子兒，交遊既廣，詩文竿牘亦復不尠，巨公一切委掌之。翰札則下筆如飛，頃刻數十函。和句則短製長歌，以寒、拾為本師，以皎、晝量為程式。遵華嚴之法界，衍魚山之梵音，既工且敏。午夜事佛子事，其供養則蒼松瘦竹、白石清泉也。其功課則經行晏坐、灑地焚香也。予託桑梓誼，又結文字緣，每出城，相與對牀翦燭，瀹茗聯吟。在昔廬山心璧為新城心折，盤山拙菴為商邱秀水忘年友投契，亦不過爾爾。迄今過冷泉亭，物是人非，不特湖山耆宿如穆門，如樊榭，如堇浦，零落凋殘，即方外之交，頹唐若是，輒不禁淒然淚下矣。

吳潤魏喬

傳記

清・汪啟淑《續印人傳》卷八《吳潤魏喬合傳》　吳潤字大潤，江蘇婁縣人。幼讀書不成，學丹青。父母故，不能自立，鬻身予家。憐其羸瘦，且恂恂然，委典琴書，架上排甲乙，頗井井有條。使抄録書籍，遇訛處解請商去取。見予嗜篆刻，座上恆多善鐵書者，遂學習摹印，似有夙緣。初為落墨，使之鐫，便能不失規亂世。期月後，便解章法，能自篆配，僅半年，已楚楚可觀。又勤學遍覽予所藏諸印譜，孳孳不倦。畫山水學陸日為蘆雁草蟲，頗得散逸雅趣。魏喬字嵩年，號壽谷，江蘇如皋縣人。家樸莊觀察之青衣也。幼使伴讀，自知向學，遂粗通文義。小楷甚整齊，畫蘭竹亦具蕭疏之致。觀察素好客，有江寧筠溪左君名亭者，善八法，尤工六書篆刻，常客觀察家，嵩年從之受刀法，且能摹印，不染江湖習氣。觀察嗣君為霖官比部，挈之入都，予因得倩鐫數鈕附之譜中，蓋嘉其咸能有志耳。

金素娟

傳記

清·汪啟淑《續印人傳》卷八《金素娟傳》 金素娟，江蘇長洲縣人。幼多病，弱不勝衣。既失父母，無以自存，鬻於予家。憐其羸也，不任洒掃織紝，使與侍姬葉貞為女伴。葉姬素善歌，工絃索，暇時授之時曲，上口輒悟，教之操縵安絃，皆能領略，似具有夙慧者。比長，舉止嫻靜，懶傅脂粉。令識字作書，博奕投壺，稍稍涉獵，俱中程式。一日，予偶以鐵筆遣興，素娟侍側，閽人報有客至，予遽起出外肅之。素娟乘間取刀試續成之，雖人工未到，而天趣渾然，是性成者。因篆石命鐫，縱横如意，竟不失繩墨。及傳以小篆章法、刀法，能解悟，期年後殊有可觀。特選其數鈕，亦登之譜中，並附小傳，蓋憐其有志好學，不自暴棄，非敢以康成之婢自詡也。

篆刻工具部

刻刀

論說

明・周應愿《印説・利器》 漢印，非特其時善篆也，刻之又有昆吾刀。今非特其時不善篆也，刻之刀又不管利鈍，所謂以管窺天，以蠡測海，以筳撞鐘，豈能通其條貫、考其文理、發其音聲哉。刃若新發于硎，運之有執，成之無痕。昔人咏筆，尖如錐，利如刀，筆尚如此，何以錐刀而不如筆乎。世傳右軍《樂毅論》乃親書石以刻者，大令亦親刻《保母志》，非利器能如是乎。且又安知《石鼓文》非史籀自製。《嶧山碑》非秦相躬登諸石者乎。不然，亦必其時善篆者耳。夫爍金為刃，凝土為器，作車行陸，寧獨大者然哉。粵無鎛，非無鎛也，夫人而能為鎛也。燕無函，非無函也，夫人而能為函也。秦無廬，非無廬也，夫人而能為廬也。胡無弓車，非無弓車也，夫人而能為弓車也。漢無印，非無印也，夫人而能為印也。則善篆而器利也，器利則不害于篆，不害于篆，則不害于印，史籀古法，雖至今存可也。是故清水淬之，欲其鋒也。洪鑪鍛之，欲其百挫而百不鈍也。越砥斂之，欲其鍔之藏也。書有委，材有美，工有巧，印有色，披沙揀金，往往見寶。淘洗硃砂，浄而又浄，然後和以三年之艾、一年之萆麻，愈久愈乾，愈新愈潤。夫色，鮮于潔，膠于沉，而液于澤。是故砂欲鮮，鮮故欲其潔也。浄也者，潔之徵也。艾欲膠，膠故欲其沉也。久也者，沉之徵也。萆麻油欲液，液故欲其澤也。新也者，澤之徵也。筆硯不精，雖有善書，無不穢雜。紙墨不精，雖有善搨，無不泯滅。刀刻不精，雖有善篆，無不差池。是故，紙，一竹帛資耳，及其至也，蔡倫搗故魚網，左子邑妍妙輝華，南唐澄心堂細薄光潤，然後其紙天下之良紙也。墨，一煙合法耳，及其至也，韋仲將一點如漆，李廷珪浸水中三年不壞，然後其墨天下之良墨也。筆，一兔毫選耳，及其至也，蒙恬獵中山，鐘繇雜鼠鬚，然後其筆天下之良筆也。硯，一拳石質耳，及其至也，張華青鐵，懷素宣州，柳公權青州，蘇、米以來舊紫端，然後其硯天下之良硯也。字百揀成文，絲百湅成帨，鐵百煉成剛，沙百煉成硃。百練之鋼，百試不磨其鋒，壽可千歲。百湅之硃，百印不磨其色，壽可百歲。自古論書法九生，一生筆，二生紙，三生硯，四生水，五生墨，六生手，七生神，八生目，九生景。張茂先說：積艾三年後燒，津液下流，可成鉛錫。又說：煎麻油，水氣盡，無煙不復沸，則還冷，可水手攪之，得水則焰起散，卒不滅。凡物理，如鍊鐵、漂沙、煎油、製艾俱有法。選豪、擇硯、合墨、成紙，好印家俱不可不知。其印色更有入以珊瑚、珠寶細末，爲有光燄，則印色更佳。施之收藏，如疊硃，文房雅玩，不妨精美，所謂劍則干將、莫邪，木則椅洞、梓漆，人則顔冉、仲弓也。或曰：天地不昭昭，大水不潦潦，大火不燎燎。今有五錐，此其銛銛者必先挫，有五刀，此其錯錯者必先靡。是以甘井近竭，括木近伐，靈龜近灼，神蛇近暴。噫。是有言也不。又曰：谿狹者速涸，逝淺者速竭。良弓難張，然可及高入深，良馬難乘，然可任重致遠。天道虧盈，守之以謙。知足之足，其足常足。有而不有，其有常有。利鈍由我，取舍由人。源不自深，必先濬决。流不自長，必先淵注。弓不能關，必索良工。馬不能御，必索良相。董子曰：屠牛坦一朝解十二牛，而芒刃不頓者，所排擊剥割，皆衆理解也。至髖髀之所，非斤則斧，此言當利器也。廉頗既去趙，及爲楚將無功，曰：吾思趙人，利在趙耳。霍去病固敢深入，非其所將常選，亦何敢遂當大將軍。嗟乎。自來驅市人使戰如淮陰侯者，古今曾有雙哉。《兵法》曰：器械不利，以其卒與敵也。卒不習戰，以其將與敵也。夫承平之世詰戎兵，老成非過計矣。《詩》曰：我車既同，我馬既攻。

明・徐上達《印法參同》卷一五《刀製》 刀短不便於把，刀長不便於運，折衷之，約五寸也。鋒鋩處須求一字平正，如頭之兩角一低一昂，中間凸或凹，皆在所不取也。至於闊狹厚薄，可聽人之自便矣。薄者，不特刀口要薄，即口之轉身處，亦要薄如其口，而利可入細刻，了無失守。厚者要磨八字，兩開脚處齊整，方有定則。

清・陳克恕《篆針刻度》卷七《煉刀法》 用菊花鋼，鍛而爲刀，刀成乃礪，礪好方煉。用箬皮灰、牛角灰、青鹽硇、各五六分爲末，將醋調塗刀口，向燈火上，燒紅爲度，入清冷水一法用甘草水，一法即用醋。淬之。復煉如前，藥盡而止，煉後再磨。

又法：用酒蟹鉗觜，燒灰存性，仍用蟹酒，調塗刀口。入火燒紅，復入蟹酒淬之。更塗鉗灰于上，如前燒紅淬酒。愈煉愈堅，依法煉畢，仍用火燒紅寸許，取懸火上，刀口昂出火外，漸漸退出。相其口上變色轉白，未可即淬，淬之則脆。既而轉黄轉青，淬之適中可用，太遲則火候過矣。

說原云駿食虎獸糞磨刀，可以切玉。《蟫史云》：貘似熊獸糞爲兵，可以切玉。嘗見煉新刀者，用猪牙、頭髮及硝，各燒灰等分，釅醋調畫刀口，如鋸齒狀，號爲馬牙鋼。磨礪不與餘銕同磷爲獨堅也，如此煉刀亦妙。然硝灰難取，有云用泥礶封硝在内，外用火煉成之。一法用蘆菔煮皮硝，去蘆菔再煮，是名元明粉。取置風前，即化爲灰。

清・葉爾寬《摹印傳燈・製刀秘法》　宣聖有云：工欲善其事，必先利其器。故古以昆吾刀刻玉如泥，丁鈍丁以鐵丁刻石，皆古之佳話。今人不能，故以鐵爲刀，坊中并有售者。以余觀之，皆不得法。余得古人秘書中載有秘法，今録出以公同好：

刻玉刀。

玉面光滑，不能受力，以以市人先賓砂礲之之故。如先以玉田砂或檐下滴水處泥磨之，然後可篆刻。但用鍊净純菊花鋼，再鍊成刀，闊五分，厚三分，平磨口，用其尖角。置砥石于旁，更易磨换。用器鈐定，以物擊刀，不入再進，不可用猛力，刀反不入。刻玉刀須中鋒，中鋒向字中直刻也。

刻水晶刀及車渠刀，同上刻玉刀法。

刻牙刀。

牙印之刀，須利而薄，直向字邊切去，自膩潤精美。牙印性脆，不必用軟法。

刻牛骨刀及犀角刀，同上刻牙刀法。

刻銅刀。

銅印之刀，如錐子形，四方其表而尖其鋒，以印床鈐好，以錘擊之，徐徐送入，自然合式。銅性脆，亦不可用軟法。

刻錫刀及金銀刀，同上刻銅刀法，刻金亦然。

刻石刀。

刻石刀大小不一。自一分寬起，至一寸止，齊頭刀共十把。自一分起，至一寸止，尖頭刀十把。須三分厚爲率，不可薄，亦不可厚。又刻水仙花刀一把，又飄帶頭刀一把，又錐形刀一把，又一分至一寸平磨尖刀十把。齊頭刀用以刻字，尖頭刀用以修理，平磨頭用以平底。

刻竹、木刀，同上刻石刀法。

印牀

論說

明・徐上達《印法參同》卷一五《印牀製》　用以轄印，便刻者也。須堅木爲之。一大者，一小者，一面開口者，一腹開口者。其木栓不嫌重置，用備損失。

清・孔繼浩《篆鏤心得・鐫印牀論》　其床用以柙石，不使動摇，便扵用力而作中鋒。如石之極大而有鈕者，並極小而難扵拈美者，非此不可。以銅為之，取其穩重，次用堅緻之木亦可。或曰鐫章不須用床，手中以便轉折，用床則板滯不活。然印之工拙，似無關扵此，試看學者習慣何如，庶兩說皆能，莫執其一可也。

清・陳克恕《篆刻針度》卷七《印牀》　用以轄印，以便於刻。須堅木爲之，一大一小，一面開口，一腹開口，其木楨不嫌重置，以備損失。

印矩

論說

明・徐上達《印法參同》卷一五《印矩製》　用以越印者也。宜以老黄楊木爲之，庶柔不損身、堅不剋印尔。制折如磬，横竪方平，大可寸許，須小印、大印俱得管束。用則左居仰置，已見署印之處，無偏無欹，下指按定，然後以印取塗，倚矩而越，任意複印，可無差也。如此矩者，足爲署印良佐矣。

清·陳克恕《篆刻針度》卷七《印矩》 用印易偏，須作一矩倚傍。大不過二寸許，以黄楊木爲之，庶柔不損身、堅不剋印。折如磬，横竪平穩。用則左右無偏無欹，下指按定，然後取塗合矩，任意無差。

印刷

論說

明·徐上達《印法參同》卷一五《印刷製》 用以滌篆者也。制似牙刷，少短，便于收貯。豪比牙刷少長。不致太剛損篆。亦欲時常用灰洗濯，無令油硃所膩。

清·陳克恕《篆刻針度》卷七《印刷》 用以滌篆，制較牙制稍短稍潤。時常用灰洗濯，無令油硃所膩，乃不傷篆。

印筯

論說

清·陳克恕《篆刻針度》卷七《印筯》 用以翻塗者也。或以角、或以骨、或以竹，不拘。又製一小攙以爲筯輔。總置匣中，以待應用。

印色池

論說

清·陳克恕《篆刻針度》卷七《印色池》 注印色，唯磁器最宜，得古窰尤妙。若瓦器耗油，銅錫有銹，玉與水晶及燒料，俱有潮濕，大害印色。近有青田石印池，亦不可用，如用，必以白蠟蠟其池内，度不吃油。

印色池，官、哥窰方者，尚有八角委角者，最難得。定窰方池外有印花文佳甚，此亦少者。諸玩器玉當較勝于磁，惟印色池，以磁爲佳，而玉亦未能勝也。故今官、哥、定窰者貴甚。近日新燒有蓋白定長方印池，并青花白地純白者，此古未有，當多蓄之。且有長六七寸者佳甚。玉者有陸子岡做，周身連蓋滚螭白玉印池，工緻侔古，近多效製。有三代玉方池，内外土銹，血侵四裹，不知何用，今以爲印池，似甚合宜。

圖書匣

論說

清·孔繼浩《篆鏤心得·圖書匣論》 妙篆不致損傷，光華不致减色，大有賴扵匣笥。洋漆匣為第一，如用木及紙為匣，必用廣漆漆匣裏，蓋取乎漆性潤澤，而石質不致枯乾。

盛印色器皿

論説

清·孔繼浩《篆鏤心得·盛印色器皿》 印色盒、印色碟，總以舊窑古磁為上，其次則玉及瑪瑙水晶皆可用，惟玻璃化石之類禁用之，蓋因其火氣太重，致傷印色，兼而洩也。再印色無論用與不用，日每以牙匙畨一次，令其上下油性調匀，不致油浮硃沉，自無滯粘之患，且可耐久。然印色倘合不同，其用法亦各有異，如玉筯爛銅等文，宜用重油，陰陽鐵綫等文，宜用輕油。圖章深淺，印色乾濕，用得其宜，自然兩擅其美矣。

篆刻材料部

綜論

論説

明・屠隆《文具雅編・印章》 有古之鏐金、塗金、細錯金銀及商金、青緑銅辛，有金者、玉者、瑪瑙、琥珀、寶石者，有哥窯、官窯、青冬窯者，其製作之巧、鈕式之妙，不可盡述。古玉章用力精到，篆文筆意不爽絲髮，此必昆吾刀刻也。即漢人雙鉤報玉之法，亦非後人可擬，故玉章更爲賞鑑家珍重。青田石中有瑩潔如玉，照之燦若燈煇，謂之燈光石。今頓踊貴，價重于玉，蓋取其質雅易刻，而筆意得盡也，今亦難得。近刻玉章，並無昆吾刀蟾酥之説，惟用真菊花鋼煅而爲刀，闊五分，厚三分，刀口平磨，取其平尖鋒頭爲用。將玉章書篆文，以木架鈐定，用刀隨文鐫之，一刀弗入，再鍥一刀，多則三鍥，玉屑起矣。但不可以力勝之，則滑而難刻。運力以腕，更置礪石於傍，時時磨刀，使鋒鋩堅利，無不勝也，别無他術。今之鍥家，以漢篆刀筆自負，將字畫殘缺，刻損邊傍，謂有古意。不知顧氏《印藪》六帙，可謂徧括古章，内無十數傷損，即有傷痕，迺入土久，逮水鏽剥蝕，或貫泥沙，剔洗損傷，非古文有此。欲求古意，何不法古篆，法刀法，而竊其傷損形似，可發大噱。若諸名家，自無此等。

明・沈野《印談》 印最上用玉，其次銅，其次金銀，兼之者石也，最惡者象牙。玉章雖妙，必刀刻乃得。自古言昆吾刀，恐古人玉章甚多，此刀亦不易數致。余聞用藥引金入鋼中，可以刻玉，至今有此法，可即試者。

今世富貴，但知有象牙而已，間或有用金、石、玉者，其意亦在適觀耳，初不知印章之妙也。湖州司理謝在杭齋中，置印數匣，皆燈光、魚凍，近日所僅見者。

石之貴重者曰燈光，其次曰魚凍。燈光之價，直凌玉上，色澤温潤，真是可愛。燈光之有瑕者即魚凍，魚凍之無瑕者即燈光，最是易辨。

余嘗見人以古銅印磨去其字，易以己名，所謂棄珠玉而得敝屣，深爲可痛。有用本姓古印取名字就之者，此雖穿鑿焉，其好古之意不淺。

明・楊士修《印母・雅》 受刀者，玉爲上，銅次之，瑪瑙、琥珀、寶石、磁燒又次之。金銀作私印便俗氣。如今之青田凍石，有光瑩潔净比亞於玉者，甚可寶惜。其高者價亦倍至矣。其象牙但可令閩人刻作蟲鳥人獸之形，供婦女孺子玩弄耳。

明・沈德符《万历野獲編補遺》卷四《印章》 古來印章俱用銅，王者璽用玉，次則王侯用金。漢人私印，間亦有玉。今多傳世，價頗不貲。唐人自名與字之外，始有堂室私記，如李泌端居室是也，然皆銅耳。銀印自魏、晉間，光禄大夫有銀青金紫之異，然止施之官署。本朝自玉璽外，凡國寶及親王或賜番王俱用金，其二品以上俱用銀印，其私印用牙，始於宋時。我朝士人始以青田石作印，爲文房之玩，温栗雅潤，遂冠千古。

清・孔繼浩《篆鏤心得・晶章玉章論》 晶玉之質最堅，其性又躁，無處著力，必先用玉泉細砂磨平，後以金剛鑽打出細路，方能受刀。刀不厭多，鈍即再磨。依法鐫之，與他章同印，自判然不同。世俗竟有以藥塗玉令軟刻之者，其法雖捷，印出則失晶玉之本來面目矣。試觀玉匠，雕刻玲瓏，窮工極巧，況鐫字乎。非閲歷者，何能曉此。

又《銅章金章論》 古之官印私印，皆出拎鑄，惟軍中之印白文方用鑿，由此而推，則刀刻者逾拎鑄者多矣。

又《石章論》 攷印章之名，其來尚矣。製式不同，鈕綬有别，総以為傳今示信之用，大都玉及瑪瑙、水晶、金、銀、銅、磁之類，而石印竟未之聞。迨前明三橋文國博創始，而石印始傳。厥後詞人騷士，由私印而廣為麗句閒章，拎是石章自此作焉。誠為補前人之闕，充當世之用，拎戲盛哉。然石類頗多，有燈光、凍艾、葉緑、青田、魚腦、田黄、田白、烏田、昌化、蝦青、蟹殼、象牙白等名。大抵其色貴於潤澤，其質貴於細膩，色可以目辨，質必以刀試。其作用無窮，宜賞鑒家而貴且重也。

又《牙章論》 鐫刻之法，全用利刃輕刀，工於柔媚細巧而少古樸莊嚴。嗜此者能法文家父，則可稱牙章中之巨擘矣。

玉

論說

明·甘暘《集故印正·印正附說》　玉印。三代以玉爲印，唯秦漢天子用之，私印間有用者，取君子佩玉之意。其文温潤有神，愈舊愈妙。

銅

論說

明·甘暘《集古印正·印正附說》　銅印。古今官私印俱用，其文壯健而有回珠。舊者佳，新者次之，製有鑄有鑿有刻，亦有塗金商銀者。

金

論說

明·甘暘《集古印正·印正附說》　金印。金印漢王侯用之，私印亦有用者。其文和而光，雖貴重難入賞鑑。古用金銀爲印，别品級耳。

銀

論說

明·甘暘《集古印正·印正附說》　銀印。漢二千石銀印龜鈕，私印因之。其文柔而無鋒，刻則膩刀入，賞鑑不清。

瑪瑙

論說

明·甘暘《集古印正·印正附說》　瑪瑙印。瑪瑙亦無官印，私印間有之。硬不可刻，其文剛燥不温，用爲私印近俗。

磁印

論說

明·甘暘《集古印正·印正附說》　磁印。上古無磁印，唐宋始用以爲私印。硬不易刻，其文類玉稍粗，其制有龜鈕、瓦鈕、鼻鈕。舊者佳，新者次之。亦堪賞鑑。

水晶

論説

明·甘暘《集古印正·印正附説》 水晶印。水晶古不以爲印，近有用者。但硬而難刻，其文滑而不涵，唯用之飾玩則可。

象牙

論説

明·甘暘《集古印正·印正附説》 象牙印。漢乘輿雙印，二千石至四百石以下皆以象牙爲之。唐宋用以爲私印。其質軟，朱文則可，白文無神且涉於板，時欲朱文深細者用之。

犀角

論説

明·甘暘《集古印正·印正附説》 犀角印。漢乘輿雙印，二千石至四百石以黑犀爲之，餘印不用。好奇者用以爲私印，其質粗軟，久則歪斜不足玩。

辰州石

論説

宋·杜綰《雲林石譜》卷中《辰州石》 辰州蠻溪水中出石，色黑，諸蠻取之磨刀，每洗滌，水盡黑，因名黑石。扣之無聲，仿佛如階州者。土人琢為方斛器物及印，材粗，佳亦堪製為硯，間有温潤，不可多得。

石州石

論説

宋・杜綰《雲林石譜》卷中《石州石》　石州産石深土中，色多青紫或黄白，其質甚軟，頗類桂府滑石，微透明。土人刻為物像及品物，甚精巧，或雕刻圖畫印記，字畫極深妙。

洮州礪石

藝文

宋・黄庭堅《山谷集》卷三《謝王仲至惠洮州礪石黄玉印材欽》　洮礪發劍虹貫日，印章不琢色蒸栗。磨礲頑鈍印此心，佳人持贈意堅密。佳人鬢彫文字工，藏書萬卷胷次同。日臨天閑豢真龍，新詩得意挾雷風。我貧無句當二物，看公到海取明月。

花藥石

紀事

元・錙績《霏雪録》　初無人以花藥石刻印者，自山農始也。

黄楊

藝文

清・黄宗羲《明文海》卷四三《賦四十三・花木一》《黄楊賦》　方逢時。樗散野人遊于章貢之濱。憩於水西之亭。厥有叢木，孤植於庭。蒼枝樛錯，碧葉繽紛。團如翠蓋，蔚若青林，顧謂童子，此木何名。童子曰：噫，余沖罔知，命物未詳。聞諸父老厥稱黄楊。材質堅細，可為圖章。琢磨雕刻，玉石同其為性也。

陶印

紀事

明·陳繼儒《妮古録》卷二《陶印》 吴門丹泉周子能燒陶印，以堊土刻印文，或辟邪、龜象、連環、瓦紐，皆由火范而成，色如白定，而文亦古。

青田石

論說

清·陳克恕《篆刻針度》卷八《選石》 青田凍石。燈光凍。出浙江處州青田縣。夾頑石而生。其材質難得大塊。其理細膩温潤易刻。而筆意得盡。通體明瑩照之燦若燈輝故名燈光。妙在茹塗。吐而不燥。非若金玉堅實不茹塗者可比。為石之最上品。其次則魚腦凍。色白如魚腦又有黄色凍。類蜜蠟。光潔可愛。遜燈光。於今求其舊玩者。亦不可多得。有一種遼東凍石。色如熟白果。其質堅硬起毛。甚不可用。而且損刀。不知辨者。往往以凍石之價購之。又次則臘石亦佳。有一種如臘肉骨頭者為上。一種如乾腐者色亦美。條青而外。不足取矣。

壽山石

論說

清·陳克恕《篆刻針度》卷八《選石》 壽山石産福建省城外北行六十餘里芙蓉峰下，田中者佳，犂地極深乃得。色分五彩，質細如玉，裁取方寸，似浙之燈光。舊志雲：山産石如珉。又雲：五花石坑去壽山十裏，宋時故有坑，以採取病民，縣官輦巨石塞之。明崇禎末有布政謝在杭嘗稱之，品以艾葉緑爲第壹，丹砂次之，羊脂瓜瓤紅又次之。初不甚著名，至康熙戊申，閩縣陳公子越山，賚糧采石山中，得其神品，載至京師，輒數倍其值售去。於是好事家接踵穿鑿，而山谷壹空矣。然後收藏家分別其舊藏者，以田坑爲第一，水坑次之，山坑又次之。舊有楊玉璇善製紐，爲閩中追師名手。今欲得舊産者甚艱。近時所出乃芙蓉巖新石。居民以此爲業，製紐煮色，僞作舊石以售，至有假他山之石以亂真者。大洞所産尚亞于田石。艾葉緑已不可得，其白而明瑩、黄而透熟者，價亦數倍。卞二濟有《壽山石記》，高固齋作《觀石録》，毛西河有《後觀石録》，形容壽凍殆盡，可以參觀。

藝文

清·查慎行《敬業堂詩集》卷二五《壽山石歌》 《周禮》重璽節，後來印章毋乃同。自從秦人刻玉稱國寶，此外雜用金銀銅鑄成。往往上戴紐，贔屭作力碑趺雄。槖駝羔鹿虎豹龍，細者龜兔，巨者貔與熊。肖形寓像隨所好，繆篆法與蟲魚通。漢時門檢封，下沿唐宋仍相蒙。神龍貞觀宣和中，六印旁及金章宗。當時禦府收藏及書畫，首尾鈐識丹砂紅。民間私記不知幾千萬，楊克一，有《集古印格》。王厚之，有《複齋印譜》。姜夔，有《集古印譜》。趙子昂，有《印史》。集古誰能窮。車磲瑪瑙犀角及象齒，苟適於用俱牢籠。後來摹刻忽以石，其法創自王山農。元末，諸暨人王冕自稱煮石山農，始用花乳石刻私印。自元曆明三百載，吾鄉青田舊坑凍，價重蒼璧兼黄琮。福州壽山晚始著，强藩力取如輸攻。初聞城北門，日役萬指傭千工。掘田田盡廢，壽山石産田中者最佳。鑿山山爲空。昆岡火連三月烽，玉石俱碎汙其宫。況加官長日檢括，土産率以苞苴充。今之存者大洞蓋已少，大洞所産亞于田産。别穿岩穴開芙蓉。今所用者，皆出芙蓉巖。居人業此成石户，斑白老叟攜兒童。采來製紐尚倣古，一一雕琢加磨礱。我聞金石古稱壽，茲山取義奚所從。如何出寶還自賊，地脈將斷天無功。山靈有知便合變頑礦，庶與鴻濛混沌相始終。

寶花石

論説

清·陳克恕《篆刻鍼度》卷八《選石》 寶花石。天台之寶花石其形亦如壽山石。然其質粗鬆不足取也。

封門石

論説

清·陳克恕《篆刻鍼度》卷八《選石》 封門石。文質俱佳。高出於壽山青田之上。近亦出産甚少。

大松石

論説

清·陳克恕《篆刻鍼度》卷八《選石》 大松石。出浙江寧波府大松所。其質類玉。間有灑墨黑斑。文采流麗。真者稀少，假者燒斑僞造。最可亂真不足貴也。開採時必以牛祭。後戚南塘以羊易之。此石遂絶。後人呼此石為羊求休。

昌化石

論説

清·陳克恕《篆刻鍼度》卷八《選石》 昌化石。浙江杭州府昌化縣産石亦有五色。純雞血紅為最，今甚難得。白而間鮮紅點者。亦罕見。惟紫黑而硃砂斑者尚有。純白而無雜色者亦可取，今都下輒争尚雞血紅凍。以紅之多寡為倍直之差等，然此石往往多沙釘與筋。且性膩難刻。不若青田壽山石之適刀法也。

莆田石

論説

清・陳克恕《篆刻針度》卷八《選石》　莆田石。福建莆田縣産石如哥磁多冰裂墨紋士人取以為印，價雖廉，可供篆刻。

楚石

論説

清・陳克恕《篆刻針度》卷八《選石・楚石》　楚石出湖廣黑如退光漆其質軟而且裂極易頑敝人多賤之。

大田石

論説

清・陳克恕《篆刻針度》卷八《選石》　大田石。大田山産石，白膩軟滑，土人裁取作印售人，刻無紋理，藝林多不賞之。

朝鮮石

論説

清・陳克恕《篆刻針度》卷八《選石》　朝鮮石。朝鮮石色如碧玉，堅不讓刀，紋亦癡裂，染塗膩滯，徒為飾觀。

萊石

論説

清・陳克恕《篆刻針度》卷八《選石》　萊石。山東之萊州石，色緑如玉，第質鬆脆，以之篆刻，不能耐久。

煤精石

論説

清・陳克恕《篆刻針度》卷八《選石》　煤精石。煤精石色光黑而質堅潤體輕，有似烏犀，出秦中，可作為印。

綠松石綠礦石

論説

清·陳克恕《篆刻針度》卷八《選石》 綠松石、綠礦石。綠松石堅而難刻，不若綠礦石，作印蒼翠可愛，又易著刀，石出滇南爲銅之苗。

丹砂印

綜述

清·陳克恕《篆刻針度》卷八《選石》 丹砂印。辰砂大塊者亦有作印，其性沉重，以硃砂印色印之，神采愈覺鮮明。余于燕市見一枚，高九分，横徑各八分，紐作螭虎形，今爲竹南逸史所得。

房山石

論説

清·陳克恕《篆刻針度》卷八《選石》 房山石。石出直隸順天府房山縣，色似青田之燈光凍。初出時都市僞飾混售，頗得厚值，并煑作黄色，混充田黄凍石。近亦人共識之，賤而不取，蓋其性鬆嫩，不中刀法也。

豐潤石

論説

清·陳克恕《篆刻針度》卷八《選石》 豐潤石。豐潤亦順天屬治，色多青綠，每有鸜鵒眼文，質亦軟膩，刻無刀法，乃石之下駟也。

篆刻作品部·寶璽分部

疢疾除永康休萬壽寧

綜述

明·顧從德《集古印譜》卷一　疢疾除永康休萬壽寧，白玉盤螭鈕。

論説

明·顧從德《集古印譜》卷一　國子博士文壽承云：璽以九字成文，製作精妙，其書乃李斯小篆，無毫髮失筆，意非昆吾刀不能刻。其文亦非漢已後文字，決為秦璽無疑。舊藏沈石田先生家，既歸陸叔平後，為袁尚之所得。今藏顧光禄處，居京師遭回禄，玉變黑色矣。昔倪雲林有詩云：匣藏數鈕秦朝印，白玉盤螭小篆文。則此印又嘗入清閟閣也。

圖表

明·顧從德《集古印譜》卷一

萬歲

綜述

明·顧從德《集古印譜》卷一　萬歲，玉印，以鉤為鈕。

圖表

明·顧從德《集古印譜》卷一

天禄永昌

論説

明·顧從德《集古印譜》卷一　天禄永昌，玉印，螭鈕。按，吾衍氏譜云，其文非臣下所用，當是小璽之屬。

圖表

明・顧從德《集古印譜》卷一

永昌

綜述

明・顧從德《集古印譜》卷一　永昌，玉印，覆斗鈕。

圖表

明・顧從德《集古印譜》卷一

永昌

圖表

明・顧從德《集古印譜》卷一

永壽

綜述

明・顧從德《集古印譜》卷一　永壽，玉印，覆斗鈕。

圖表

明·顧從德《集古印譜》卷一

長樂未央

綜述

明·顧從德《集古印譜》卷一　長樂未央，銅印。

圖表

明·顧從德《集古印譜》卷一

篆刻作品部·官印分部

荆王之璽

綜述

明·顧從德《集古印譜》卷一　荆王之璽，玉印，覆斗鈕。

紀事

明·顧從德《集古印譜》卷一　《漢書》：劉賈，漢高祖從父弟，六年正月丙午，立為荆王，六年十二月，為英布所攻，亡後。

圖表

明·顧從德《集古印譜》卷一

中山王寶

綜述

明·顧從德《集古印譜》卷一　中山王寶，玉印，獸鈕。

紀事

明·顧從德《集古印譜》卷一　《欣賞編》云：出於鄧挺器先印册所載，漢景帝子中山靖王勝，以前三年立，四十三年薨，子哀王嗣，至王莽時絶。

圖表

明·顧從德《集古印譜》卷一

樂安王章

綜　述

明·顧從德《集古印譜》卷一　樂安王章，銅印，塗金龜鈕。

論　説

明·顧從德《集古印譜》卷一　漢和帝改千乘王寵國為樂安王。晉初封皇子鑒，惠帝封齊王冏子氷皆為王。金印稾往，鈕文曰璽，刻曰某王之璽。晉志云：凡王金印龜鈕錬朱綬。蓋改用龜鈕，不復言璽矣。此印鈕龜而文曰章，決非劉寵國所佩，豈晉以假司馬鑒或司馬氷耶。

圖　表

明·顧從德《集古印譜》卷一

安武君

綜　述

明·顧從德《集古印譜》卷一　安武君，玉印，覆斗鈕。

圖　表

明·顧從德《集古印譜》卷一

孝成君印

綜　述

明·顧從德《集古印譜》卷一　孝成君印，玉印，覆斗鈕。

圖表

明·顧從德《集古印譜》卷一

墨丘中君

綜述

明·顧從德《集古印譜》卷一　墨丘中君，玉印，壇鈕。

圖表

明·顧從德《集古印譜》卷一

南昌君布

綜述

明·顧從德《集古印譜》卷一　南昌君布，玉印，覆斗鈕。

圖表

明·顧從德《集古印譜》卷一

京兆郡開國公章

綜述

明·顧從德《集古印譜》卷一　京兆郡開國公章，銅印，塗金龜鈕。

論說

明·顧從德《集古印譜》卷一　兩漢無五等爵，曹操自封魏公，而開國之號始見於晉令，文帝黄初二年，始封王之子為鄉公，其后以為定制，宋、齊因之。梁陳置九等，郡有王、嗣王、藩王，開國郡、縣公，開國縣侯，開國縣伯、子、男，其秩皆一品。

圖表

明·顧從德《集古印譜》卷一

冠軍侯印

綜述

明·顧從德《集古印譜》卷一　冠軍侯印，銅印，塗金龜鈕。

紀事

明·顧從德《集古印譜》卷一　前漢武帝以霍去病征匈奴功冠三軍，封冠軍侯。

圖表

明·顧從德《集古印譜》卷一

正義侯印

綜述

明·顧從德《集古印譜》卷一　正義侯印，銅印，塗金龜鈕。

圖表

明・顧從德《集古印譜》卷一

平都侯印

綜述

明・顧從德《集古印譜》卷一　平都侯印，銅印，龜鈕。

圖表

明・顧從德《集古印譜》卷一

綏武侯印

綜述

明・顧從德《集古印譜》卷一　綏武侯印，銅印，龜鈕。

圖表

明・顧從德《集古印譜》卷一

臨淄侯印

綜述

明・顧從德《集古印譜》卷一　臨淄侯印，銅印，龜鈕。漢臨淄屬齊郡。

圖表

明・顧從德《集古印譜》卷一

廣平侯印

綜述

明・顧從德《集古印譜》卷一　廣平侯印，銅印，辟邪鈕。漢光武建武二年，封吴漢為廣平侯，食采廣平、斥漳、曲周、廣年四縣。廣平故城在洺州永年縣，永年即廣平，避隋煬帝諱，因改焉。

圖表

明・顧從德《集古印譜》卷一

巨野侯章

綜述

明・顧從德《集古印譜》卷一　巨野侯章，銅印，塗金龜鈕。濟州巨野縣，《禹貢》大野澤在其東北，兩漢屬山陽郡。

圖表

明·顧從德《集古印譜》卷一

烏程侯印

綜述

明·顧從德《集古印譜》卷一　烏程侯印，銅印，龜鈕。漢烏程屬會稽郡。

圖表

明·顧從德《集古印譜》卷一

武平侯印

綜述

明·顧從德《集古印譜》卷一　武平侯印，銅印，塗金龜鈕。漢武平縣屬陳國，獻帝建元中，曹操為大將軍、武平侯。

圖表

明·顧從德《集古印譜》卷一

昌邑侯印

綜述

明·顧從德《集古印譜》卷一　昌邑侯印，銅印。

圖表

明·顧從德《集古印譜》卷一

晉陽侯印

綜述

明·顧從德《集古印譜》卷一　晉陽侯印，銅印，龜鈕。屬太原郡。

圖表

明·顧從德《集古印譜》卷一

歸趙侯印

綜述

明·顧從德《集古印譜》卷一　歸趙侯印，銅印，龜鈕。《晉紀》：劉元海族子曜，以元帝大興元年僭帝位，改國號曰趙，據有關中。又，大興二年，石勒據襄僭位，亦改國號曰趙。此必二胡以來封降者。

圖表

明·顧從德《集古印譜》卷一

赤泉侯印

綜述

明·顧從德《集古印譜》卷一　赤泉侯印，銅印。

圖表

明·顧從德《集古印譜》卷一

都鄉侯印

綜述

明·顧從德《集古印譜》卷一　都鄉侯印，銅印，塗金龜鈕。

圖表

明·顧從德《集古印譜》卷一　都鄉侯印。

武陽亭侯

綜述

明·顧從德《集古印譜》卷一　武陽亭侯，銅印，塗金龜鈕。秦制十里一亭，十亭一鄉，漢因之，大率縣方百里。

圖表

明·顧從德《集古印譜》卷一

宜都亭侯

圖表

明・顧從德《集古印譜》卷一

陽平亭侯

圖表

明・顧從德《集古印譜》卷一

平都亭侯

綜述

明・顧從德《集古印譜》卷一　平都亭侯，銅印，鼻鈕。

圖表

明・顧從德《集古印譜》卷一

南亭侯印

圖表

明・顧從德《集古印譜》卷一

柱亭侯印

綜述

明・顧從德《集古印譜》卷一　柱亭侯印，銅印，塗金龜鈕。

圖表

明・顧從德《集古印譜》卷一

都亭侯印

綜述

明・顧從德《集古印譜》卷一　都亭侯印，銅印，塗金龜鈕。《後漢書・皇后紀》獻帝母王夫人兄斌，興平元年封都亭侯。注云：凡言都亭者，竝城内亭也。漢法，大縣侯位視三公，小縣侯位視上卿，鄉侯亭侯視中二千石也。

安昌亭侯

圖表

明·顧從德《集古印譜》卷一

綜述

明·顧從德《集古印譜》卷一　安昌亭侯，銅印，塗金龜鈕。制度字畫極佳，趙子昂學士於都下得之。按，《漢志》聚録徹侯之號，或取其縣，蕭何鄼侯是也，或取其鄉，公孫弘平津侯是也，或取其亭，關雲長壽亭侯是也。

關内侯印

圖表

明·顧從德《集古印譜》卷一

綜述

明·顧從德《集古印譜》卷一　關内侯印，玉印，鼻鈕。見《欣賞編》。秦爵廿等，二十徹侯，十九關内侯，居京師而無國邑。《後漢志》云，無土，寄食所在縣民租，多少各有户數為限。漢靈帝中平四年，賣關内侯，假金印紫綬。

圖表

明·顧從德《集古印譜》卷一

關內侯印

綜述

明·顧從德《集古印譜》卷一　關內侯印，玉印，龜鈕，鈕有尸浸痕。

按，關內侯不應有玉印，即有，恐出偽造，或王厚之誤銅為玉也。

圖表

明·顧從德《集古印譜》卷一

關中侯印

綜述

明·顧從德《集古印譜》卷一　關中侯印，銅印，龜鈕。建安廿年，曹孟德始制名號，侯至五大夫，與舊制列侯、關內侯，凡六等，以賞軍功，而關中侯爵十七級，金印紫綬，不食租，虚封耳。

圖表

明·顧從德《集古印譜》卷一

關外侯印

綜述

明·顧從德《集古印譜》卷一　關外侯印，銅印，龜鈕。黄初定制，關外侯爵十六級，銅印，龜鈕墨綬。

圖表

明·顧從德《集古印譜》卷一

高安縣開國侯章

綜述

明·顧從德《集古印譜》卷一　高安縣開國侯章，銅印，龜鈕。楊宗道印譜云，文之上有金錮五字，云輔國將軍章。蓋古之虛爵也。高安屬筠州，輔國將軍，後漢置，晉宋皆有之。

圖表

明·顧從德《集古印譜》卷一

順陽侯家印信

綜述

明·顧從德《集古印譜》卷一　順陽侯家印信，銅印，槖佗鈕。漢成帝建始二年正月，封膠東王子童為順陽侯。章帝建初四年，封衛尉馬廖為順陽侯。

圖表

明·顧從德《集古印譜》卷一

濟南侯印

圖表

明・顧從德《集古印譜》卷一

大將軍印章

綜述

明・顧從德《集古印譜》卷一　大將軍印章，《後漢書・百官志》云：將軍不常置。本注曰：掌征伐背叛。比公者四，第一大將軍，次驃騎將軍，次車騎將軍，次衛將軍。又有前後左右將軍。初，武帝以卫青數征伐有功，以為大將軍，欲尊寵之。以古尊官唯有三公皆將軍，始自秦晉以為卿號，故置大司馬官號以冠之。其侯霍光、王鳳等皆然。成帝綏和元年，賜大司馬印綬，罷將軍官。世祖中與，吴漢以大將軍為大司馬，景丹為驃騎大將軍，位在公下。及前後左右雜號將軍衆多，皆主征伐，事訖皆罷。

圖表

明・顧從德《集古印譜》卷一

左大將軍章

綜述

明・顧從德《集古印譜》卷一　左大將軍章，銅印，鼻鈕。

圖表

明・顧從德《集古印譜》卷一

偏將軍印

綜述

明·顧從德《集古印譜》卷一　偏將軍印，銅印，鼻鈕。

圖表

明·顧從德《集古印譜》卷一

偏將軍印

綜述

明·顧從德《集古印譜》卷一　偏將軍印，銅印，索鈕。

圖表

明·顧從德《集古印譜》卷一

中部偏將軍章

圖表

明·顧從德《集古印譜》卷一

左衛將軍

綜述

明·顧從德《集古印譜》卷一　左衛將軍，銅印，龜鈕。《漢書儀》云：典京師兵衛、四夷屯警。

圖表

明·顧從德《集古印譜》卷一

折衛將軍章

圖表

明·顧從德《集古印譜》卷一

寧遠將軍章

綜述

明·顧從德《集古印譜》卷一　寧遠將軍章，玉印，豸鈕。楊宗道印譜云：寧遠將軍楊楨，隋高帝祖。丁亥秋，予得之於錢唐，正此印也。玉色古甚，可珍愛之。按，將軍印亦不應用玉，惟博雅者鑒之。

圖表

明・顧從德《集古印譜》卷一

鷹揚將軍章

綜述

明・顧從德《集古印譜》卷一　鷹揚將軍章，銅印，龜鈕。

圖表

明・顧從德《集古印譜》卷一

淩江將軍章

綜述

明・顧從德《集古印譜》卷一　淩江將軍章，銅印，商銀龜鈕。

圖表

明・顧從德《集古印譜》卷一

冠軍將軍

圖表

明·顧從德《集古印譜》卷一

平西將軍

綜述

明·顧從德《集古印譜》卷一　平西將軍，銅印，龜鈕。晉周處為平西將軍。沈約《宋書》臨川王義慶為平西將軍。後齊四平將軍正三品。梁以四平四翊為廿班。陳四平品第三，秩中二千石。藏義興周孝侯廟，廟祝世掌之。

圖表

明·顧從德《集古印譜》卷一

建武將軍章

綜述

明·顧從德《集古印譜》卷一　建武將軍章，銅印，龜鈕。漢韓安國、王晏並為之。《蜀志·劉封傳》：文帝善孟達姿才，遂授此官。

圖表

明·顧從德《集古印譜》卷一

超武將軍之印

綜　述

明・顧從德《集古印譜》卷一　超武將軍之印，銅印，獸鈕。梁大通二年，再序將軍號為二十四班，有安夷、超武、綏邊等號。

圖　表

明・顧從德《集古印譜》卷一

伏波將軍

綜　述

明・顧從德《集古印譜》卷一　伏波將軍，銅印，龜鈕。

圖　表

明・顧從德《集古印譜》卷一

揚烈將軍章

圖　表

明・顧從德《集古印譜》卷一

綏邊將軍章

綜述

明·顧從德《集古印譜》卷一　綏邊將軍章，銅印，龜鈕。

圖表

明·顧從德《集古印譜》卷一

安夷將軍章

綜述

明·顧從德《集古印譜》卷一　安夷將軍章，銅印，龜鈕。

圖表

明·顧從德《集古印譜》卷一

虎伏將軍之印

圖表

明·顧從德《集古印譜》卷一

征虜將軍章

綜述

明・顧從德《集古印譜》卷一　征虜將軍章，銅印，塗金龜鈕。古者寄軍政於六卿，故《周禮》大司馬萬有二千五百人為軍，軍將皆命卿。《左傳》晉獻公作三軍，公將上軍。《禮記》稱衛彌牟為將軍文子。《史記》齊公以穰苴為將軍。此將軍之名，其來尚矣。後漢建武中，祭遵為征虜將軍，廉潔奉公。光武嘆曰：安得憂國奉公如祭征虜者乎。漢末孫賁、張飛亦為之。《魏志》太祖以臨菑侯植行征虜將軍，桓範、劉勳亦授此官。雍丘縣有魏征虜將軍王思賢碑。吴孫皎、虞察皆為之。沈約《宋書》征虜世號金紫將軍。

圖表

明・顧從德《集古印譜》卷一

奮武將軍章

綜述

明・顧從德《集古印譜》卷一　奮武將軍章，銅印，龜鈕。按，《史記・年表》，漢元帝永光二年七月，太常任千秋為奮武將軍，擊西羌。《吴志》：豫章東郡民彭材、李玉作亂，眾萬餘。賀齊討平之，誅其首惡，餘皆降，采其精健者為兵，次為縣户，遷奮武將軍。

圖表

明・顧從德《集古印譜》卷一

寧朔將軍章

綜述

明·顧從德《集古印譜》卷一　寧朔將軍章，銅印，龜鈕。寧朔將軍，魏晉皆有之，在右衛將軍之下。

圖表

明·顧從德《集古印譜》卷一

換烈將軍之印

圖表

明·顧從德《集古印譜》卷一

換烈將軍之印

圖表

明·顧從德《集古印譜》卷一

討虜將軍

綜述

明·顧從德《集古印譜》卷一　討虜將軍，建安五年，曹操表孫權為討虜將軍，領會稽太守。

圖表

明·顧從德《集古印譜》卷一

安東將軍章

圖表

明·顧從德《集古印譜》卷一

裨將軍張賽

綜述

明·顧從德《集古印譜》卷一　裨將軍張賽，銅印，鼻鈕。

圖表

明·顧從德《集古印譜》卷一

殿中中郎將印

綜述

明·顧從德《集古印譜》卷一　殿中中郎將印。中郎將，秦官，漢因之。掌二署，凡郎官，主更直執戟宿衛諸殿門。

圖表

明·顧從德《集古印譜》卷一

武衛次飛武賁將印

綜述

明·顧從德《集古印譜》卷一　武衛次飛武賁將印。後漢曹公為丞相，有武衛營。魏文帝置武衛將軍以主禁旅。

圖表

明·顧從德《集古印譜》卷一

牙門將印章

綜述

明·顧從德《集古印譜》卷一　牙門將印章，銅印，塗金龜鈕。魏黄初置，冠服與將軍同。王隱《晉書》云：陸機少襲父爵為牙門將。

圖表

明·顧從德《集古印譜》卷一

部曲將印

綜述

明·顧從德《集古印譜》卷一　部曲將印，銅印，鼻鈕。部下有曲曰部曲者總言之也，其餘將軍亦有部曲以領兵。晉武帝太始元年，罷部曲將納質任。

圖表

明·顧從德《集古印譜》卷一

騎部曲將

綜述

明·顧從德《集古印譜》卷一　騎部曲將，銅印，鼻鈕。

圖表

明·顧從德《集古印譜》卷一

副部曲將

綜述

明·顧從德《集古印譜》卷一　副部曲將，銅印，鼻鈕。

圖表

明・顧從德《集古印譜》卷一　副部曲將。

騎督之印

綜述

明・顧從德《集古印譜》卷一　騎督之印，銅印，塗金龜鈕。魏晉第五品有騎督，《高貴鄉公紀》騎督敬琰，《魏志》騎督偏將軍路蕃。楊宗道《印譜》云：晉彭祈碑陰題名，其官屬有騎督、步督，散督之號。

圖表

明・顧從德《集古印譜》卷一

千人督印

綜述

明・顧從德《集古印譜》卷一　千人督印，銅印，鼻鈕。

圖表

明・顧從德《集古印譜》卷一

部曲督印

綜述

明・顧從德《集古印譜》卷一　部曲督印，銅印，鼻鈕。《東漢志》：大將軍有長史、司馬皆一人，職參謀議，掾屬二十九人，其領軍皆有部曲。孫皓天紀三年夏，郭馬反，馬本合浦太守修允部曲督。《晉紀・李庠傳》：

趙欽將有異志，委庠以心膂，表為部曲督。晉世祖武帝咸寧五年，除部曲督以下質任。

圖　表

明・顧從德《集古印譜》卷一

騎部曲督

綜　述

明・顧從德《集古印譜》卷一　騎部曲督，銅印，鼻鈕。晉世祖武帝咸寧五年，除部曲督以下質任。《晉書》：朱伺自騎部督加綏夷都尉，後以功封亭侯領騎督。

圖　表

明・顧從德《集古印譜》卷一

司馬督印

綜　述

明・顧從德《集古印譜》卷一　司馬督印。按，《通志・鹵薄略》：司馬督，在前，中道，左右各司馬史三人引仗，左右各六行。

圖　表

明・顧從德《集古印譜》卷一

護軍印章

綜述

明·顧從德《集古印譜》卷一　護軍印章，銅印，鼻鈕。按，護軍都尉，秦官。漢元狩四年，屬大司馬，哀帝更名司寇，平帝更名護軍。晉永昌元年，省護軍并領軍，大寧元年復置，領護各領營兵。

圖表

明·顧從德《集古印譜》卷一

行營左護軍印

綜述

明·顧從德《集古印譜》卷一　行營左護軍印，銅印，鼻鈕。

圖表

明·顧從德《集古印譜》卷一

行營右護軍印

綜述

明·顧從德《集古印譜》卷一　行營右護軍印，銅印，螭鈕。

圖表

明·顧從德《集古印譜》卷一

澮如護軍章

圖表

明·顧從德《集古印譜》卷一

都尉

綜述

明·顧從德《集古印譜》卷一　都尉。東漢《百官表》：郡尉，秦官，掌佐守典武職甲卒，秩比二千石，景帝二年，更名都尉。

圖表

明·顧從德《集古印譜》卷一

殿中都尉

綜述

明·顧從德《集古印譜》卷一　殿中都尉，銅印，龜鈕。魏晉有此官，晉武帝遺詔，左殿中都尉司馬十人給楊駿，令得持兵仗出入。

圖表

明·顧從德《集古印譜》卷一

駙馬都尉

綜　述

明·顧從德《集古印譜》卷一　駙馬都尉，銅印，塗金龜鈕。漢東京罷三公，外戚、宗室、諸侯多奉朝請。武帝亦以宗室、外戚為奉車、駙馬、騎三都尉而奉朝請焉。元帝為晉王，以參軍為奉車都尉，掾屬為駙馬都尉，行參軍舍人為騎都尉，皆奉朝請。後罷奉車騎二都尉，留駙馬都尉奉朝請。諸尚公主者，劉惔、桓温皆為之。

圖　表

明·顧從德《集古印譜》卷一

駙馬都尉

綜　述

明·顧從德《集古印譜》卷一　駙馬都尉，銅印，塗金龜鈕。

圖　表

明·顧從德《集古印譜》卷一

奉車都尉

綜　述

明·顧從德《集古印譜》卷一　奉車都尉，銅印，塗金龜鈕。前漢《百官表》：奉車都尉，掌御乘輿車。駙馬都尉，掌駙馬。皆武帝初置，秩比二千石。後漢《百官志》：奉車都尉，比二千石，掌御乘輿。駙馬都尉，監羽林騎右。屬光祿勳,皆二千石。漢宣帝地節二年,以霍山為奉車都尉領尚書事。

圖表

明·顧從德《集古印譜》卷一

騎都尉印

綜述

明·顧從德《集古印譜》卷一　騎都尉印,銅印,龜鈕。

圖表

明·顧從德《集古印譜》卷一

武猛都尉

綜述

明·顧從德《集古印譜》卷一　武猛都尉,銅印,瓦鈕。漢何進使武猛都尉丁原燒孟津,火照城中。又魏《横海將軍碑》載吕君歷武猛都尉,考其時,乃建安中也。

圖表

明·顧從德《集古印譜》卷一

參軍都尉

綜述

明·顧從德《集古印譜》卷一　參軍都尉，銅印，龜鈕。

圖表

明·顧從德《集古印譜》卷一

廣漢屬國都尉

綜述

明·顧從德《集古印譜》卷一　廣漢屬國都尉，銅印，穿鈕。廣漢，屬益州。《後漢志》云：故北郡都尉，屬蜀郡，安帝時以為屬國，別領三城。

圖表

明·顧從德《集古印譜》卷一

巧工都尉

綜述

明·顧從德《集古印譜》卷一　巧工都尉，銅印，龜鈕。

圖表

明·顧從德《集古印譜》卷一

校尉之印章

綜述

明·顧從德《集古印譜》卷一　校尉之印章，銅印，龜鈕。東漢《百官志》：大將軍營五部，部校尉一人，比二千石。

圖表

明·顧從德《集古印譜》卷一

司隸校尉

綜述

明·顧從德《集古印譜》卷一　司隸校尉，銅印，龜鈕。漢武帝初置司隸校尉，後漢亦置之，所部河南尹、河內、左扶風、右馮翊、京兆尹、河東、弘農，凡七郡，治河南洛陽，無所不糾，唯不察三公廷議九卿，上朝賀，處公卿。凡司隸所屬官有從事史十二人，其都從事史置為雄劇，主察百官之犯法者。魏晉司隸與兩漢同。司隸於端門外，坐在諸卿之上，絶席。其入殿，按本品秩，在諸卿下，不絶席。隋煬帝置司隸臺，有大夫一人，掌諸巡察，薛道衡為司隸大夫，別駕二人分察。

圖表

明·顧從德《集古印譜》卷一

武猛校尉

綜述

明·顧從德《集古印譜》卷一　武猛校尉，銅印，龜鈕。建安中，吴潘璋為武猛校尉。魏齊王芳嘗祀武猛校尉典韋於太祖庭，韋以建安二年死事也。魏有武猛中郎將，校都尉豈其屬耶。

圖表

明·顧從德《集古印譜》卷一

建威偏將校尉

圖表

明·顧從德《集古印譜》卷一

漢威武將校尉

圖表

明·顧從德《集古印譜》卷一

綏民校尉

綜述

明・顧從德《集古印譜》卷一　綏民校尉，銅印，鼻鈕。今道州有漢故綏民校尉騎都尉桂陽曲紅灌陽長熊君碑，篆額與此印無異。

圖表

明・顧從德《集古印譜》卷一

析尉之印章

綜述

明・顧從德《集古印譜》卷一　析尉之印章，銅印，龜鈕。

圖表

明・顧從德《集古印譜》卷一

故鄣尉印

綜述

明・顧從德《集古印譜》卷一　故鄣尉印，銅印，鼻鈕。西漢《表》云：縣皆有丞尉，秩四百石至二百石，是為長吏。故鄣，秦鄣郡所治，東漢屬丹陽郡。《吴興記》曰：中平年，分縣南置安吉縣。光和末，張角亂，此鄉守險助國，漢嘉之，故立縣。

圖表

明·顧從德《集古印譜》卷一

吳尉之印

綜述

明·顧從德《集古印譜》卷一　吳尉之印，銅印，鼻鈕。周太伯自號勾吳，武王求具後，因封吳國。秦置會稽郡，項梁初起吳中，使藉斬會稽守殷通，即此地也。西漢因之，後漢分吳等十三城置吳郡，陳置吳州，隋改蘇州。

圖表

明·顧從德《集古印譜》卷一

鬲左尉印

綜述

明·顧從德《集古印譜》卷一　鬲左尉印，銅印，鼻鈕。《通志略》云：尉，漢諸縣皆有之，長安有四尉，分為左右郭。後漢令長國相，亦皆有尉，大縣二人，小縣一人，主追捕盜則披察姦宄，署諸曹掾史。鬲屬平原郡，夏時有鬲君，㜸促，立少康。

圖表

明·顧從德《集古印譜》卷一

臨津左尉

綜述

明·顧從德《集古印譜》卷一　臨津左尉，銅印，鼻鈕。臨津屬韓州。

圖表

明·顧從德《集古印譜》卷一

姑臧右尉

綜述

明·顧從德《集古印譜》卷一　姑臧右尉。東漢姑臧屬北地郡，南山谷水所出。

圖表

明·顧從德《集古印譜》卷一

原陽右尉

綜述

明·顧從德《集古印譜》卷一　原陽右尉，銅印，鼻鈕。

圖表

明·顧從德《集古印譜》卷一

杜陵右尉

綜述

明·顧從德《集古印譜》卷一　杜陵右尉，銅印，鼻鈕。

圖表

明·顧從德《集古印譜》卷一

雲陽右尉

綜述

明·顧從德《集古印譜》卷一　雲陽右尉，銅印，鼻鈕。雲陽縣屬左馮翊，魏屬北地，隋屬京兆。

圖表

明·顧從德《集古印譜》卷一

殿中司馬

綜述

明·顧從德《集古印譜》卷一　殿中司馬，銅印，鼻鈕。魏晉始有殿中司馬，蓋環衛之官，大駕出則居華蓋後乘輿前楯弩閒，與殿中都尉、校尉共一行。

圖表

明·顧從德《集古印譜》卷一

殿中太醫司馬

綜述

明·顧從德《集古印譜》卷一　殿中太醫司馬，銅印，鼻鈕。

圖表

明·顧從德《集古印譜》卷一

強弩司馬

綜述

明·顧從德《集古印譜》卷一　強弩司馬，銅印，鼻鈕。晉文王初啟晉臺，置中衛及衛將軍，而二衛始置前驅、由基、強弩為三部司馬。燕置降弩將軍。後周亦有強弩司馬。

圖表

明·顧從德《集古印譜》卷一

虎步司馬

綜述

明·顧從德《集古印譜》卷一　虎步司馬，銅印，鼻鈕。虎步司馬又有加挫鋒二字，言所部虎步之兵，勇猛可挫其軍鋒也。

圖表

明·顧從德《集古印譜》卷一

虎步挫鋒司馬

綜述

明·顧從德《集古印譜》卷一　虎步挫鋒司馬，銅印，瓦鈕。

圖表

明·顧從德《集古印譜》卷一

虎步都尉司馬

綜述

明·顧從德《集古印譜》卷一　虎步都尉司馬，銅印，穿鈕。

圖表

明·顧從德《集古印譜》卷一

武力司馬

圖表

明·顧從德《集古印譜》卷一

無當司馬

圖表

明·顧從德《集古印譜》卷一

中衛司馬

綜述

明·顧從德《集古印譜》卷一　中衛司馬，銅印，鼻鈕。

圖表

明·顧從德《集古印譜》卷一

敕賜司馬

圖表

明·顧從德《集古印譜》卷一

建安司馬

圖表

明·顧從德《集古印譜》卷一

龍驤司馬之印

圖表

明·顧從德《集古印譜》卷一

方俗司馬

圖表

明·顧從德《集古印譜》卷一

方俗破虜司馬

圖表

明·顧從德《集古印譜》卷一

漆園司馬

綜述

明·顧從德《集古印譜》卷一　漆園司馬，銅印，鼻鈕。

圖　表

明·顧從德《集古印譜》卷一

軍侯司馬

綜　述

明·顧從德《集古印譜》卷一　軍侯司馬，銅印，鼻鈕。軍侯司馬亦軍司馬之貳。

圖　表

明·顧從德《集古印譜》卷一

木工司馬

圖　表

明·顧從德《集古印譜》卷一

巧工司馬

綜　述

明·顧從德《集古印譜》卷一　巧工司馬，銅印，鼻鈕。按，趙德夫《金石録》云：僞趙建武元年《西門豹殿基記》有巧工司馬臣張由等監。近歲臨淄縣人畊地得巧工司馬印，遍攷史傳皆無此官，僅見此碑所載耳。

圖表

明·顧從德《集古印譜》卷一

軍司馬印

綜述

明·顧從德《集古印譜》卷一　軍司馬印，銅印，鼻鈕。軍司馬尚矣，《周禮》下大夫四人，晉悼公以魏降張老為中軍司馬。後漢《志》：大將軍營五部，部校尉一人，比二千石。軍司馬一人，比千石。其不置校尉者，但軍司馬一人。前漢楊敞給事大將軍幕府為軍司馬，後漢吴汎、鄭眾、班勇、徐幹、董卓、夏侯尚皆常為之，魏、晉、宋、後周亦有此官。

圖表

明·顧從德《集古印譜》卷一

前將軍軍司馬

綜述

明·顧從德《集古印譜》卷一　前將軍軍司馬，銅印，鼻鈕。

圖表

明·顧從德《集古印譜》卷一

左將軍軍司馬

綜述

明·顧從德《集古印譜》卷一　左將軍軍司馬，銅印，鼻鈕。蜀先主建安中為左將軍，以龎義為左將軍軍司馬。

圖表

明·顧從德《集古印譜》卷一

軍假司馬

綜述

明·顧從德《集古印譜》卷一　軍假司馬，銅印，鼻鈕。《漢志》：軍假司馬為軍司馬副貳。蕭望之遣御史，按韓延壽在東郡時，試騎士，軍假司馬、千人持幢旁轂數事。

圖表

明·顧從德《集古印譜》卷一

假司馬印

綜述

明·顧從德《集古印譜》卷一　假司馬印，銅印，鼻鈕。前漢班超以假司馬使西域。

圖表

明·顧從德《集古印譜》卷一

詔假司馬

綜述

明·顧從德《集古印譜》卷一　詔假司馬，銅印，鼻鈕。

圖表

明·顧從德《集古印譜》卷一

左將軍假司馬

圖表

明·顧從德《集古印譜》卷一

後將軍假司馬

圖表

明·顧從德《集古印譜》卷一

别部司馬

綜　述

明·顧從德《集古印譜》卷一　别部司馬，銅印，鼻鈕。《東漢志》：軍司馬，比千石，其别營領屬為别部司馬。《度尚傳》：抗徐為宗資别部司馬，擊太山賊。又張超從朱儁征黄巾，為别部司馬。

圖　表

明·顧從德《集古印譜》卷一

左將别部司馬

綜　述

明·顧從德《集古印譜》卷一　左將别部司馬，銅印，瓦鈕。

圖　表

明·顧從德《集古印譜》卷一

右將别部司馬

綜　述

明·顧從德《集古印譜》卷一　右將别部司馬，銅印，鼻鈕。

圖表

明・顧從德《集古印譜》卷一

後將別部司馬

綜述

明・顧從德《集古印譜》卷一　後將別部司，銅印，瓦鈕。

圖表

明・顧從德《集古印譜》卷一

軍曲

綜述

明・顧從德《集古印譜》卷一　軍曲，玉印，狻猊鈕。大將軍五部，部下有曲，曲有軍侯一人。軍曲侯秩六百石。假侯又為軍侯之貳。門有門侯。按，軍曲品秩尤卑，其僞審矣。據予所見，如假司馬、軍司馬玉印，俱類近製。

圖表

明・顧從德《集古印譜》卷一

軍曲侯印

綜述

明・顧從德《集古印譜》卷一　軍曲侯印，銅印，鼻鈕。

圖表

明·顧從德《集古印譜》卷一

軍曲侯之印

綜述

明·顧從德《集古印譜》卷一　軍曲侯之印，銅印，龜鈕。楊宗道印譜云：漢武帝太初元年，更印章以五字。張晏云：漢據土德，土數五，故用五為印文。若丞相則曰丞相之印章，諸卿及守相不足五字者，亦以之字足之。

圖表

明·顧從德《集古印譜》卷一

繡衣執法大夫印

綜述

明·顧從德《集古印譜》卷一　繡衣執法大夫印，銅印，龜鈕。【略】漢武帝時，侍御史又有繡衣直指，出討姦猾，理大獄，而不常置。後漢有御史中丞、執法二人，以佐大夫。

圖表

明·顧從德《集古印譜》卷一

隴東太守章

綜述

明·顧從德《集古印譜》卷一　隴東太守章，銅印，龜鈕。吴孟思云：郡守秦官，秦滅諸侯以其地為郡，置守丞尉各一人。郡守秩二千石，治民，丞佐之尉典兵。漢景帝中元二年，更郡守為太守。西魏隴東郡，後改為隴州。

圖表

明・顧從德《集古印譜》卷一

上黨太守章

綜述

明・顧從德《集古印譜》卷一　上黨太守章，銅印，索鈕。東漢《郡國志》：上黨郡，秦置，雒陽北千五百里，長子、銅鞮十三城。

圖表

明・顧從德《集古印譜》卷一

義興太守章

綜述

明・顧從德《集古印譜》卷一　義興太守章，銅印，龜鈕。《晉志》：惠帝永興元年，以周玘創義討石冰，割吳興之陽羨并長城縣之北鄉，置義鄉、國山、臨津、并、陽、羨四縣，又分丹陽之永世，置永平及永世，凡六縣，立義與郡，以表玘之功，屬揚州。

圖表

明·顧從德《集古印譜》卷一

宜陽太守章

綜述

明·顧從德《集古印譜》卷一　宜陽太守章，銅印，龜鈕。宜陽縣兩漢及晉皆屬弘農郡，後魏置宜陽郡，開皇初郡廢，屬河南郡。

圖表

明·顧從德《集古印譜》卷一

義城太守章

綜述

明·顧從德《集古印譜》卷一　義城太守章，銅印，龜鈕。《隋志》：襄陽郡穀城縣，舊義城，置義城郡，後周廢。

圖表

明·顧從德《集古印譜》卷一

司徒左長史印

綜述

明·顧從德《集古印譜》卷一　司徒左長史印，銅印，鼻鈕。東漢《百官志》：司徒，公，一人。世祖即位，為大司徒，建武二十七年，去大長史一人，千石。晉加置左、右長史各一人，秩千石。而《魏志》孫詠為司徒左長史，則魏已加左、右，非始於晉也。

圖表

明·顧從德《集古印譜》卷一

西平郡長史印

綜述

明·顧從德《集古印譜》卷一　西平郡長史印，銅印，鼻鈕。前漢《表》：郡有丞，邊郡又有長史，秩皆六百石。《古今注》：建武十四年，罷邊郡太守丞，長史領丞職。

圖表

明·顧從德《集古印譜》卷一

龍驤將軍長史

綜述

明·顧從德《集古印譜》卷一　龍驤將軍長史，銅印，羊鈕。

圖表

明·顧從德《集古印譜》卷一

宣惠長史之印

圖表

明・顧從德《集古印譜》卷一

司馬史印

綜述

明・顧從德《集古印譜》卷一 司馬史印，銅印，鼻紐。東漢《志》：大將軍下長史、司馬皆一人，千石。本注曰：司馬主兵，如太尉。又曰：令史及御屬三十一人，大抵掌治其事者爲令，副貳爲丞，主書記者爲史。凡司馬皆千石，而史不言其秩。又晉鹵簿：次司馬督，在前，中道，左右各司馬史三人。

圖表

明・顧從德《集古印譜》卷一

太子率更令印

綜述

明・顧從德《集古印譜》卷一 太子率更令印。率更令，秦官。顔師古曰：掌知漏刻，故曰率更。漢因之，有丞、主簿、庶子、舍人更直，職似光禄勳，而屬詹事。後漢因之，爲太子少傅屬官。魏因之。晉主宫殿門户及賞罰事。銅印，墨綬。

圖表

明·顧從德《集古印譜》卷一

典祠令印

綜述

明·顧從德《集古印譜》卷一　典祠令印，銅印，鼻紐。《通志·職官畧》：東晉元帝太興元年始置九分食一，王國有傅、友、典書令丞、文學、郎中令、中尉、大農、左右常侍、内史將軍、典祠、典衛、學官令、治書中尉、司馬、世子庶子、陵廟牧長、謁者、中大夫、舍人、典府等。鍾爍《詩品》有宋典祠令任曇緒。

圖表

明·顧從德《集古印譜》卷一

中牟令印

綜述

明·顧從德《集古印譜》卷一　中牟令印，銅印，鼻鈕。漢制列侯所食縣曰國，皇太后、公主所食曰邑，有蠻夷曰道，凡縣萬户以上爲令，減萬户爲長，侯國爲相，秩次亦如之，皆秦制也，漢因之。中牟在鄭州滎陽。

圖表

明·顧從德《集古印譜》卷一

江都令印

綜述

明·顧從德《集古印譜》卷一　江都令印，東漢屬廣陵郡。

圖表

明·顧從德《集古印譜》卷一

故道令印

綜述

明·顧從德《集古印譜》卷一　故道令印，銅印，鼻鈕。屬武都郡，出《曹參世家》。

圖表

明·顧從德《集古印譜》卷一

封丘令印

綜述

明·顧從德《集古印譜》卷一　封丘令印，銅印，瓦鈕。東漢屬陳留郡。

圖表

明·顧從德《集古印譜》卷一

穀城令印

綜述

明·顧從德《集古印譜》卷一　穀城令印，銅印，鼻鈕。《左傳·莊二十二年》城小穀。東漢穀城屬東郡。

圖表

明·顧從德《集古印譜》卷一

新城令印

綜述

明·顧從德《集古印譜》卷一　新城令印，銅印，鼻鈕。東漢屬河南尹。

圖表

明·顧從德《集古印譜》卷一

尋陽令印

綜述

明·顧從德《集古印譜》卷一　尋陽令印。漢屬廣江郡。

圖　表

明·顧從德《集古印譜》卷一

居巢令印

綜　述

明·顧從德《集古印譜》卷一　居巢令印。東漢《志》有居巢侯國，屬盧江郡。

圖　表

明·顧從德《集古印譜》卷一

新豐令印

綜　述

明·顧從德《集古印譜》卷一　新豐令印，銅印，鼻鈕。屬雒陽。

圖　表

明·顧從德《集古印譜》卷一

永新令印

綜　述

明·顧從德《集古印譜》卷一　永新令印，銅印，鼻鈕。

圖表

明·顧從德《集古印譜》卷一

泉陵令印

綜述

明·顧從德《集古印譜》卷一　泉陵令印，銅印，鼻鈕。西漢屬零陵郡。

圖表

明·顧從德《集古印譜》卷一

金城令印

綜述

明·顧從德《集古印譜》卷一　金城令印。漢、晉皆屬金城郡。

圖表

明·顧從德《集古印譜》卷一

樊令之印

綜述

明·顧從德《集古印譜》卷一　樊令之印，銅印，鼻鈕。前漢屬東平國，後漢、晉屬任城國，其後廢。其故城今在兗州瑕丘縣西。

圖表

明·顧從德《集古印譜》卷一

下相令印

綜述

明·顧從德《集古印譜》卷一　下相令印，銅印，鼻鈕。秦屬泗水郡，西漢屬淮陽，東漢屬下邳郡。

圖表

明·顧從德《集古印譜》卷一

高安令印

綜述

明·顧從德《集古印譜》卷一　高安令印，銅印，鼻鈕。晉安帝義熙初，分沮陽縣地置高安縣。

圖表

明·顧從德《集古印譜》卷一

安寧令印

綜述

明·顧從德《集古印譜》卷一　安寧令印，銅印，鼻鈕。按，漢《志》安平侯國屬豫章郡。

圖表

明·顧從德《集古印譜》卷一

安豐令印

綜述

明·顧從德《集古印譜》卷一　安豐令印，銅印，鼻鈕。前漢屬六安國，後漢屬廬江郡。

圖表

明·顧從德《集古印譜》卷一

受降太尉丞

圖表

明·顧從德《集古印譜》卷一

弋陽郡丞之印

綜述

明·顧從德《集古印譜》卷一　弋陽郡丞之印，銅印，龜鈕。魏分汝南、江夏郡置弋陽郡。

圖表

明·顧從德《集古印譜》卷一

立義丞印

綜述

明·顧從德《集古印譜》卷一　立義丞印，銅印，瓦鈕。前漢《表》：凡校尉、都尉皆有丞，漢建安中，龐德爲主義將軍，吴孫和以屈幹爲立義都尉。

圖表

明·顧從德《集古印譜》卷一

軍司馬丞印

綜述

明·顧從德《集古印譜》卷一　軍司馬丞印，銅印，鼻鈕。

圖表

明·顧從德《集古印譜》卷一

橫海侯丞

綜述

明·顧從德《集古印譜》卷一　橫海侯丞，銅印，鼻鈕。

圖表

明・顧從德《集古印譜》卷一

軍曲侯丞

綜述

明・顧從德《集古印譜》卷一　軍曲侯丞印，銅印，龜鈕。

圖表

明・顧從德《集古印譜》卷一

樂浪前尉丞

綜述

明・顧從德《集古印譜》卷一　樂浪前尉丞，銅印，鼻鈕。

圖表

明・顧從德《集古印譜》卷一

容城丞印

綜述

明・顧從德《集古印譜》卷一　容城丞印，銅印，瓦鈕。漢縣有丞尉及諸曹掾，後漢縣諸曹畧如郡員。

圖表

明·顧從德《集古印譜》卷一

寧陽丞印

綜述

明·顧從德《集古印譜》卷一　寧陽丞印，銅印，鼻鈕。

圖表

明·顧從德《集古印譜》卷一

多睦子家丞

綜述

明·顧從德《集古印譜》卷一　多睦子家丞，銅印，鼻鈕。漢列侯有家丞。而王莽置五等爵，有公、侯、伯、子、男，莽盡封王氏五服，皆以睦爲號，姚、嬀、田、陳之封亦然。其封小功之屬爲子，多睦子必莽小功之屬也。

圖表

明·顧從德《集古印譜》卷一

永昌長印

綜述

明·顧從德《集古印譜》卷一　永昌長印，銅印，鼻鈕。前漢《表》：

縣滅萬户爲長，秩五百石至三百石。晉零陵郡有永昌縣。

圖表

明·顧從德《集古印譜》卷一

武德長印

綜述

明·顧從德《集古印譜》卷一　武德長印，銅印，鼻鈕。東漢屬河內郡。

圖表

明·顧從德《集古印譜》卷一

睢陵長印

綜述

明·顧從德《集古印譜》卷一　睢陵長印，東漢屬下邳國。

圖表

明·顧從德《集古印譜》卷一

州陵長印

綜述

明·顧從德《集古印譜》卷一　州陵長印，銅印，鼻鈕。屬南郡。

圖表

明・顧從德《集古印譜》卷一

堵陽長印

綜述

明・顧從德《集古印譜》卷一　堵陽長印，東漢屬南陽郡。

圖表

明・顧從德《集古印譜》卷一

豐德長印

綜述

明・顧從德《集古印譜》卷一　豐德長印，銅印，鼻鈕。

圖表

明・顧從德《集古印譜》卷一

封溪長印

綜述

明・顧從德《集古印譜》卷一　封溪長印，銅印，瓦鈕。

圖表

明·顧從德《集古印譜》卷一

防東長印

綜述

明·顧從德《集古印譜》卷一　防東長印，銅印，鼻鈕。東漢山陽郡有防東縣。

圖表

明·顧從德《集古印譜》卷一

新昌長印

綜述

明·顧從德《集古印譜》卷一　新昌長印，銅印，鼻鈕。西漢屬遼東郡。

圖表

明·顧從德《集古印譜》卷一

新豐長印

綜述

明·顧從德《集古印譜》卷一　新豐長印，銅印，鼻鈕。屬京兆，漢高祖七年置。

圖表

明・顧從德《集古印譜》卷一

故鄣長印

綜述

明・顧從德《集古印譜》卷一　故鄣長印，銅印，鼻鈕。《欣賞編》云：故鄣，今湖州安吉、長興二縣地，秦鄣郡故城，故漢以名縣。

圖表

明・顧從德《集古印譜》卷一

沛祠祀長

綜述

明・顧從德《集古印譜》卷一　沛祠祀長，銅印，鼻鈕。西漢《志》：王國有祠祀長。本注曰：祠祀，比四百石。又《韋玄城傳》：高祖時，令諸侯王都皆立太上皇廟。至惠帝尊高帝爲太祖廟，景帝尊孝文爲太宗廟，行所嘗幸郡國，各立太祖、太宗廟，合百六十士所。則沛固宜有此官也。又按，景帝中元六年，更太祝名爲祠祀。《高帝紀》班固贊曰：高祖即位，置祠祀官。則祠祀實高祖所置也。

圖表

明・顧從德《集古印譜》卷一

中藏府印

綜述

明・顧從德《集古印譜》卷一　中藏府印。東漢《百官志》：中藏府令一人，六百石。本注曰：掌中幣帛金銀諸貨物，丞一人。

圖表

明・顧從德《集古印譜》卷一

司隸從事

綜述

明・顧從德《集古印譜》卷一　司隸從事，銅印，鼻鈕。後漢《志》：司隸，從事史十二人，秩百石。

圖表

明・顧從德《集古印譜》卷一

立義行事

綜述

明・顧從德《集古印譜》卷一　立義行事，銅印，鼻鈕。吴孟思印譜云：後漢有立義將軍。《西域志》：車師後王毅，燉煌行事。注：行事，謂行掌史事。漢桂陽太守周憬碑陰有故行事耒陽華夏。《蜀志》：馬騰爲軍行事，領部衆。又南朝以郡太守行州事者皆稱行事。

圖表

明·顧從德《集古印譜》卷一

秉德侯相

綜述

明·顧從德《集古印譜》卷一　秉德侯相，銅印，瓦鈕。列侯所食縣爲侯國，每國置相一人，其秩各如本縣。本注曰：王治民，如令、長，不臣也，但納租于侯，以户數爲限。

圖表

明·顧從德《集古印譜》卷一

長社侯相

綜述

明·顧從德《集古印譜》卷一　長社侯相，銅印，鼻鈕。東漢有長社侯國，屬潁川郡。

圖表

明·顧從德《集古印譜》卷一

就都亭宰印

綜述

明·顧從德《集古印譜》卷一　就都亭宰印，銅印，鼻鈕。《王莽傳》：始建國元年，改縣令、長曰宰。漢《志》蜀郡廣都縣，莽曰就都亭。又《莽傳》縣以亭名者三百六十，以應符命文也。

圖表

明・顧從德《集古印譜》卷一

郡五官佐

綜述

明・顧從德《集古印譜》卷一　郡五官佐，銅印，塗金鋭鈕。漢制五官掾，秩百石。州郡有掾皆自辟除之。《蘭亭》詩有郡五官佐謝懌。

圖表

明・顧從德《集古印譜》卷一

偏將軍中士

綜述

明・顧從德《集古印譜》卷一　偏將軍中士，銅印，龜鈕。

圖表

明・顧從德《集古印譜》卷一

萬安使者章

圖表

明・顧從德《集古印譜》卷一

倉印

綜述

明・顧從德《集古印譜》卷一　倉印，銅印。銅甚薄，分其長而三，文隆其中一叚，比印倍厚爲鈕。色如璧玉，鈕左一淺竅，不透右。按，漢制太倉令丞，主受郡國轉漕穀。

圖表

明・顧從德《集古印譜》卷一

部洛王章

綜述

明・顧從德《集古印譜》卷一　部洛王章，銅印，龜鈕。西漢《百官志》：四夷國王率衆王歸義，侯邑、君邑長皆有丞，比郡縣。

圖表

明・顧從德《集古印譜》卷一

篆刻作品部·私印分部

世南

圖表

清・何昆玉輯《吉金齋古銅印譜》

真卿

圖表

清・何昆玉輯《吉金齋古銅印譜》

雪崖煙樹

圖表

清・顧湘《小石山房印苑》卷一

孟舉

圖表

清・顧湘《小石山房印苑》卷一

地官司徒

圖表

清·顧湘《小石山房印苑》卷一

時還讀我書

圖表

清·顧湘《小石山房印苑》卷一

名高柱史

圖表

清·顧湘《小石山房印苑》卷一

鳳凰池上客

圖表

清·顧湘《小石山房印苑》卷一

如萬頃波

圖表

清·顧湘《小石山房印苑》卷一

常苦情不給賞

圖表

清·顧湘《小石山房印苑》卷一

搔首問青天

圖表

清·顧湘《小石山房印苑》卷一

自問是何人

圖表

清·顧湘《小石山房印苑》卷一

虛室有餘閒

圖表

清·顧湘《小石山房印苑》卷一

得一日閑為我福

圖表

清·顧湘《小石山房印苑》卷一

從吾所好

圖表

清·顧湘《小石山房印苑》卷一

持璧修己

圖表

清·顧湘《小石山房印苑》卷一

自顧為人淺

圖表

清・顧湘《小石山房印苑》卷一

暮醉吟先生之為人

圖表

清・顧湘《小石山房印苑》卷一

五湖遊俠

圖表

清・顧湘《小石山房印苑》卷一

柴門深處

圖表

清・顧湘《小石山房印苑》卷一

一斗酒三尺劍五車書

圖表

清・顧湘《小石山房印苑》卷一

書法右軍

圖表

清・顧湘《小石山房印苑》卷一

竹窗茶話

圖表

清・顧湘《小石山房印苑》卷一

苦竹寮

圖表

清・顧湘《小石山房印苑》卷二

恨古人不見我

圖 表

清·顧湘《小石山房印苑》卷二

芙蓉城長

圖 表

清·顧湘《小石山房印苑》卷二

吐雲沫月課空虛

圖 表

清·顧湘《小石山房印苑》卷二

空諸所有

圖 表

清·顧湘《小石山房印苑》卷二

寒山

圖表

清·顧湘《小石山房印苑》卷二

大樹園

圖表

清·顧湘《小石山房印苑》卷二

博士祭酒

圖表

清·顧湘《小石山房印苑》卷二

省躬不在箴銘

圖表

清·顧湘《小石山房印苑》卷二

爾耳且須爾耳

圖　表

清·顧湘《小石山房印苑》卷二

白石道人

圖　表

清·顧湘《小石山房印苑》卷二

韓王孫

圖　表

清·顧湘《小石山房印苑》卷二

白石齋

圖　表

清·顧湘《小石山房印苑》卷二

自謂無他腸

圖表

清・顧湘《小石山房印苑》卷二

恣慵所

圖表

清・顧湘《小石山房印苑》卷三

自是時人參不透冤余作意傲公卿

圖表

清・顧湘《小石山房印苑》卷三

天下無小奸則豪俠大盜無以為資

圖表

清・顧湘《小石山房印苑》卷三

逍遥可長生

圖表

清·顧湘《小石山房印苑》卷三

我以鷗為我鷗為我即鷗

圖表

清·顧湘《小石山房印苑》卷三

從德性融出者乃真氣節

圖表

清·顧湘《小石山房印苑》卷三

萬言椽筆今無用好向林泉紀逸民

圖表

清·顧湘《小石山房印苑》卷四

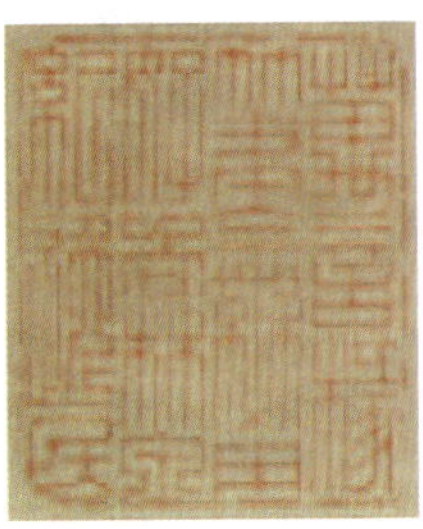

人無所不至惟天不容偽

圖表

清・顧湘《小石山房印苑》卷四

天子借高名

圖表

清・顧湘《小石山房印苑》卷四

無貴賤不悲無富貧亦足

圖表

清・顧湘《小石山房印苑》卷四

寥落壺中天

圖表

清・顧湘《小石山房印苑》卷四

忘善則惡心生

圖表

清・顧湘《小石山房印苑》卷四

大歡喜

圖表

清・顧湘《小石山房印苑》卷四

雲山鎖肺腸

圖表

清・顧湘《小石山房印苑》卷五

昂藏且放時人笑

圖表

清・顧湘《小石山房印苑》卷五

胸無奇字莫吟詩

圖表

清・顧湘《小石山房印苑》卷五

脱身事幽討

圖表

清・顧湘《小石山房印苑》卷五

江風海月歸雙掌

圖表

清・顧湘《小石山房印苑》卷五

詞人多膽氣

圖表

清・顧湘《小石山房印苑》卷五

樵松煮术湯

圖 表

清・顧湘《小石山房印苑》卷五

直欲酒中賒快樂

圖 表

清・顧湘《小石山房印苑》卷五

白雲歸野屐

圖 表

清・顧湘《小石山房印苑》卷五

午睡當居官

圖 表

清・顧湘《小石山房印苑》卷五

懷古醉餘觴

圖表

清・顧湘《小石山房印苑》卷五

不得于君則山林而已矣

圖表

清・顧湘《小石山房印苑》卷六

今天下充為旨味者多矣以我充一藥石可乎

圖表

清・顧湘《小石山房印苑》卷六

笑矣乎笑矣乎悲來乎悲來乎

圖表

清・顧湘《小石山房印苑》卷六

喜極勿多言怒極勿多言

圖表

清・顧湘《小石山房印苑》卷六

花落家童未掃

圖表

清・顧湘《小石山房印苑》卷八

瀓觀堂

圖表

清・顧湘《小石山房印苑》卷八

醉歌田舍酒笑讀古人書

圖表

清・顧湘《小石山房印苑》卷八

明時不是無知己自戀湖邊釣與耕

圖表

清・顧湘《小石山房印苑》卷八

癡腸當良醫

圖表

清・顧湘《小石山房印苑》卷八

窮不得所示

圖表

清・顧湘《小石山房印苑》卷八

坳堂

圖表

清・顧湘《小石山房印苑》卷八

吹簫弄明月

圖表

清・顧湘《小石山房印苑》卷八

騷雅領袖

圖表

清・顧湘《小石山房印苑》卷八

老不曉事强著一書

圖表

清・顧湘《小石山房印苑》卷八

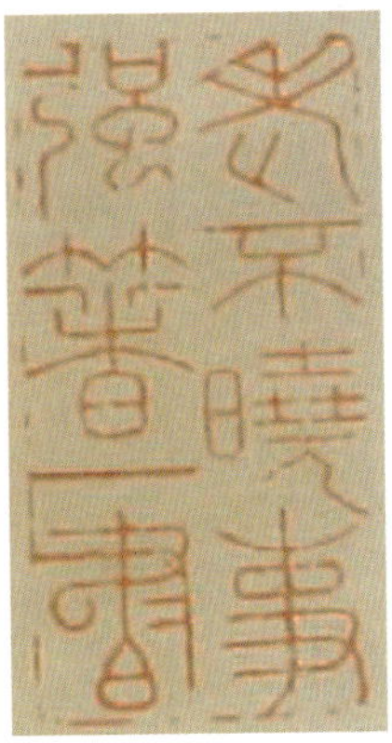

五湖煙舫十嶽雲旌

圖表

清・顧湘《小石山房印苑》卷八

兩褎清風

圖表

清・顧湘《小石山房印苑》卷八

撫己愧前賢

圖表

清・顧湘《小石山房印苑》卷八

木人石心

圖表

清・顧湘《小石山房印苑》卷八

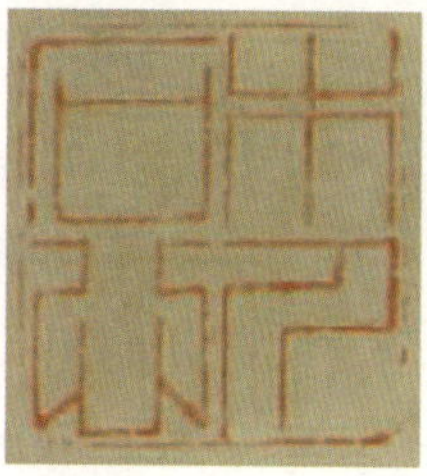

家在海東邊

圖表

清・顧湘《小石山房印苑》卷八

書淫傳癖

圖表

清・顧湘《小石山房印苑》卷八

白日攤書擁百城

圖表

清・顧湘《小石山房印苑》卷八

鳥目山人

圖表

清・顧湘《小石山房印苑》卷八

海闊天空

圖表

清・顧湘《小石山房印苑》卷八

毛晉字子晉一名鳳苞字子九

圖表

清・顧湘《小石山房印苑》卷八

常奉四香戒士

圖表

清・顧湘《小石山房印苑》卷八

楓落吴江冷

圖表

清・顧湘《小石山房印苑》卷九

空谷幽蘭

圖表

清・顧湘《小石山房印苑》卷九

子安書畫

圖表

清·顧湘《小石山房印苑》卷九

床上書連屋階前樹拂雲

圖表

清·顧湘《小石山房印苑》卷九

杏花春雨

圖表

清·顧湘《小石山房印苑》卷九

心境虚融

圖表

清·顧湘《小石山房印苑》卷九

江左王郎

圖表

清・顧湘《小石山房印苑》卷九

虛室生白

圖表

清・顧湘《小石山房印苑》卷九

幽人之貞

圖表

清・顧湘《小石山房印苑》卷一〇

不可一日不讀書

圖表

清・顧湘《小石山房印苑》卷一〇

青藤白石之間

圖表

清・顧湘《小石山房印苑》

夜月評詩榻花朝漉酒巾

圖表

清・顧湘《小石山房印苑》卷一〇

梅華書屋

圖表

清・顧湘《小石山房印苑》卷一〇

明月相思

圖表

清・顧湘《小石山房印苑》卷一〇

豁達露心肝

圖表

清・顧湘《小石山房印苑》卷一〇

第一功名只賞詩

圖表

清・顧湘《小石山房印苑》卷一〇

性拙身多暇

圖表

清・顧湘《小石山房印苑》卷一〇

花間彈局一枰香

圖表

清・顧湘《小石山房印苑》卷一〇

眾仙同日詠霓裳

圖表

清・顧湘《小石山房印苑》卷一一

靜逸菴

圖表

清・顧湘《小石山房印苑》卷一一

才疏處世迂常在性拙逢人語更真

圖表

清・顧湘《小石山房印苑》卷一一

泰來之印

圖表

清・顧湘《小石山房印苑》卷一一

寅谷

圖表

清·顧湘《小石山房印苑》卷一一

風雨故人來

圖表

清·顧湘《小石山房印苑》卷一一

仁者壽

圖表

清·顧湘《小石山房印苑》卷一一

飲人以和

圖表

清·顧湘《小石山房印苑》卷一一

陶月閣

圖表

清·顧湘《小石山房印苑》卷一一

周良私印

圖表

清·顧湘《小石山房印苑》卷一二

江村意自放

圖表

清·顧湘《小石山房印苑》卷一二

明月直入清風徐來

圖表

清·顧湘《小石山房印苑》卷一二

朗朗如日月之入懷

圖表

清・顧湘《小石山房印苑》卷一二

筆硯精良

圖表

清・顧湘《小石山房印苑》卷一二

淡中有味

圖表

清・顧湘《小石山房印苑》卷一二

屋上青山屋下泉

圖表

清・顧湘《小石山房印苑》卷一二

梅花一卷樓

圖表

清・顧湘《小石山房印苑》卷一二

吳興金石

圖表

清・顧湘《小石山房印苑》卷一二

虞山顧湘之章

圖表

清・顧湘《小石山房印苑》卷一二

顧氏鑒定

圖表

清・顧湘《小石山房印苑》卷一二

晏坐行吟清談把卷

圖表

清・汪啟淑編《飛鴻堂印譜》初集卷六

薶照衡門匿名愚谷

圖表

清・汪啟淑編《飛鴻堂印譜》初集卷六

區區志尚惟忠直

圖表

清・汪啟淑編《飛鴻堂印譜》初集卷六

滿帆明月洞庭秋

圖表

清・汪啟淑編《飛鴻堂印譜》初集卷六

挑燈重讀少年書

圖表

清・汪啟淑編《飛鴻堂印譜》初集卷六

屋頭新月學簾鉤

圖表

清・汪啟淑編《飛鴻堂印譜》初集卷六

居簡履約

圖表

清・汪啟淑編《飛鴻堂印譜》初集卷六

君子愛口

圖表

清・汪啟淑編《飛鴻堂印譜》初集卷六

飛鴻延年之室

圖表

清・顧湘《小石山房印苑》卷一〇

明中大恒

圖表

清・何元錫、何澍父子集《西泠四家印譜》

大宗

圖表

清・何元錫、何澍父子集《西泠四家印譜》

白雲峰主

圖表

清・何元錫、何澍父子集《西泠四家印譜》

陸能之印

圖表

清·何元錫、何澍父子集《西泠四家印譜》

三摩

圖表

清·何元錫、何澍父子集《西泠四家印譜》

人在畫中

圖表

清·顧湘《小石山房印苑》卷一一

情之所鍾

圖表

清·顧湘《小石山房印苑》卷一一

笑笑之餘

圖表

清・何元錫、何澍父子集《西泠四家印譜》

俯齋

圖表

清・何元錫、何澍父子集《西泠四家印譜》

蒙老

圖表

清・何元錫、何澍父子集《西泠四家印譜》

匏卧室

圖表

清・何元錫、何澍父子集《西泠四家印譜》

意與古會

圖表

清・鄧石如《完白山人印譜》

燕翼堂

圖表

清・鄧石如《完白山人印譜》

熙載之印

圖表

清・吴讓之《吴讓之印存》

吴熙載印

圖表

清・吴讓之《吴讓之印存》

吴氏讓之

圖　表

清·吴讓之《吴讓之印存》

吴廷颺字熙載

圖　表

清·吴讓之《吴讓之印存》

附録

主要引用書目

書名	作者	版本
廣雅	三國魏・張揖	文淵閣《四庫全書》本
書品	南朝梁・庾肩吾	上海古籍書店一九七〇年景印嘉靖年間刊本
續書品	南朝梁・姚最明	崇禎中汲古閣刊本
藝文類聚	唐・歐陽詢等	中華書局一九六五年排印本
書譜	唐・孫過庭	山東人民出版社景印安氏木刻本
法書要録	唐・張彦遠	文淵閣《四庫全書》本
歷代名畫記	唐・張彦遠	明崇禎中汲古閣刊本
論篆	唐・李陽冰	中國書店景印明刊《續百川學海》本
墨藪	唐・韋續	民國《唐宋叢書》本
唐會要	宋・王溥	中華書局一九五五年排印本
太平廣記	宋・李昉等	清乾隆二十年天都黄氏槐蔭草堂刊本
太平御覽	宋・李昉等	清光緒十八年學海堂複校李氏重刻本
太平寰宇記	宋・樂史	清光緒八年金陵書局刊本
文房四譜	宋・蘇易簡	清光緒十六年謝氏刊本
册府元龜	宋・王欽若等	明崇禎中汲古閣刊本
六一題跋	宋・歐陽修	明崇禎中汲古閣刊本
集古録	宋・歐陽修	文淵閣《四庫全書》本
元豐題跋	宋・曾鞏	明崇禎中汲古閣《津逮秘書》本
東坡題跋	宋・蘇軾	明崇禎中汲古閣《津逮秘書》本
墨池編	宋・朱長文	清康熙五十三年就閒堂刊本
山谷題跋	宋・黄庭堅	明崇禎中汲古閣《津逮秘書》本
海嶽名言	宋・米芾	中國書店景印明刊《續百川學海》本
畫史	宋・米芾	明崇禎中汲古閣《津逮秘書》本
海嶽題跋	宋・米芾	明崇禎中汲古閣《津逮秘書》本
後山談叢	宋・陳師道	上海古籍出版一九八九年社排印本
春渚紀聞	宋・何薳	中華書局一九八三年排印本
石林燕語	宋・葉夢得	中華書局一九八四年排印本
東觀餘論	宋・黄伯思	明崇禎中汲古閣《津逮秘書》本
法帖勘誤	宋・黄伯思	清順治三年宛委堂刊本
雞肋編	宋・莊綽	中華書局一九八三年排印本
金石録	宋・趙明誠	清乾隆二十七年盧氏雅雨堂刊本
曲洧舊聞	宋・朱弁	清乾隆道光間《知不足齋叢書》本
唐語林	宋・王讜	古典文學出版社一九五七年排印本
法帖音釋刊誤	宋・陳與義	文淵閣《四庫全書》本
東軒筆録	宋・魏泰	中華書局一九八三年排印本
金石略	宋・鄭樵	清光緒中學古齋《金石叢書》本
翰墨志	宋・趙構	中國書店景印明刊《百川學海》本
苕溪漁隱叢話	宋・胡仔	人民文學出版社一九六二年排印本
廣川書跋	宋・董逌	明崇禎中汲古閣刊本
隸釋	宋・洪适	中華書局景印洪氏晦木齋刻本
隸續	宋・洪适	中華書局景印洪氏晦木齋刻本
翰苑羣書	宋・洪遵	清乾隆道光間《知不足齋叢書》本
容齋隨筆	宋・洪邁	上海古籍出版社一九七八年排印本
老學庵筆記	宋・陸游	清光緒三年湖北崇文書局刊本
放翁題跋	宋・陸游	明崇禎中汲古閣《津逮秘書》本
墨莊漫録	宋・張邦基	中華書局二〇〇二年排印本
攻媿集	宋・樓鑰	民國商務印書館《四部叢刊》本
絳帖平	宋・姜夔	民國商務印書館《四部叢刊》本
輿地碑記	宋・王象之	清道光同治間《粤雅堂叢書》本
鶴山題跋	宋・魏了翁	明崇禎中汲古閣《津逮秘書》本
寶真齋法書贊	宋・岳珂	民國商務印書館《叢書集成初編》本
負暄野録	宋・陳槱	民國商務印書館《叢書集成初編》本
歸潛志	宋・劉祁	中華書局一九八三年排印本
書苑菁華	宋・陳思	民國八年掃葉山房石印本
書小史	宋・陳思	清光緒二十二年錢塘丁氏八千卷樓據宋本重刊本
雲煙過眼録	宋・周密	清光緒十三年淹茂陸氏十萬卷樓刊本
齊東野語	宋・周密	中華書局一九八三年排印本
方輿勝覽	宋・祝穆	上海古籍出版社一九八六年影宋本
圖畫見聞志	宋・郭若虚	人民美術出版社一九六三年點校本
鐵圍山叢談	宋・蔡絛	中華書局一九八三年排印本
能改齋漫録	宋・吴曾	上海古籍出版社一九七九年鉛印本
六朝事蹟編類	宋・張敦頤	清光緒十三年宝章阁仿绍兴建康府学刊本
皇宋書録	宋・董史	清乾隆五十九年小山堂刊本
事實類苑	宋・江少虞	上海古籍出版社一九八一年排印本
法帖譜系	宋・曹士冕	中國書店景印明刊《百川學海》本
雲林石譜	宋・杜綰	清乾隆道光間《知不足齋叢書》本
蘭亭考	宋・桑世昌	清乾隆道光間《知不足齋叢書》本
蘭亭續考	宋・俞松	清乾隆道光間《知不足齋叢書》本
四朝聞見録	宋・葉紹翁	中華書局一九八九年排印本
石刻鋪敘	宋・曾宏父	清乾隆道光間《知不足齋叢書》本
論書	元・郝經	文淵閣《四庫全書》本
隱居通議	元・劉壎	清嘉慶六年愛餘堂刊本
困學齋雜録	元・鮮于樞	清乾隆道光間《知不足齋叢書》本
論書體	元・趙孟頫	文淵閣《四庫全書》本
評書	元・袁裒	文淵閣《四庫全書》本
道園學古録	元・虞集	民國中華書局《四部備要》本
學古編	元・吾丘衍	文淵閣《四庫全書》本
文獻集	元・黄溍	文淵閣《四庫全書》本
清閟閣全集	元・倪瓚	清康熙五十二年海上曹氏城書室刊本
翰林要訣	元・陳繹曾	民國神州國光社《美術叢書》本
法書考	元・盛熙	民國商務印書館景鈔本
靜齋至正直記	元・孔齊	清道光同治間《粤雅堂叢書》本
名跡録	元・朱珪	文淵閣《四庫全書》本
蘭軒集	元・王旭	文淵閣《四庫全書》本

玉笥集	元・張憲	清道光同治間《粵雅堂叢書》本
雲陽集	元・李祁	文淵閣《四庫全書》本
書法鉤玄	元・蘇霖	明嘉靖三十六年刊本
研北雜誌	元・陸友	明萬曆中刊本
墨史	元・陸友	民國進步書局《筆記小説大觀》石印本
衍極	元・鄭杓	中國書店景印明刊《續百川學海》本
大雅集	元・賴良編	文淵閣《四庫全書》本
書史會要	明・陶宗儀	明崇禎三年豫章朱氏寒玉館刊本
説郛	明・陶宗儀	民國十六年商務印書館據明鈔本校正排印本
春雨雜述	明・解縉	民國十一年文明書局《寶顔堂祕笈》石印本
東溪白談録	明・周琦	明嘉靖十六年象郡呂氏校刊本
珊瑚木難	明・朱存理	民國五年烏程張氏《適園叢書》本
金薤琳琅	明・都穆	清乾隆四十三年餘姚汪氏刊本
丹鉛總録	明・楊慎	明嘉靖三十三年滇南門人梁佐刊本
墨池瑣録	明・楊慎	明萬曆四十五年吴郡顧起元刊本
升庵外集	明・楊慎	明嘉靖十九年陳殿揚刻本
童學書程	明・豐坊	清宣統元年巴陵方氏刊《碧琳琅館叢書》本
書訣	明・豐坊	清文瀾閣鈔校《佩文齋書畫譜》本
四友齋叢説	明・何良俊	明萬曆七年龔元成等刻本
語林	明・何良俊	明嘉靖二十九年何氏繙經堂刊本
四友齋書論	明・何良俊	民國神州國光社《美術叢書》本
崇蘭館集	明・莫如忠	明萬曆十四年馮大受、董其昌等刻本
集古印譜	明・顧從德	民國十一年掃葉山房景印明刊本
古今法書苑	明・王世貞	明王乾昌校刊本
弇州山人四部稿	明・王世貞	文淵閣《四庫全書》本
吴郡丹青志	明・王穉登	明萬曆中刻《王百穀全集》本
玉堂叢語	明・焦竑	明萬曆四十六年徐象橒曼山館刻本
書畫跋跋	明・孫鑛	清乾隆五年仁和孫宗溥、孫宗濂刻本
文具雅編	明・屠隆	清道光十一年六安晁氏《學海類編》本
考槃餘事	明・屠隆	民國十一年文明書局《寶顔堂祕笈》石印本
穀山筆麈	明・于慎行	明天啓四年序刊本
書法雅言	明・項穆	民國商務印書館《叢書集成初編》本
少室山房集	明・胡應麟	清光緒二十二年廣雅書局刊本
山堂肆考	明・彭大翼	明萬曆二十三年序刊本
鬱岡齋筆麈	明・王肯堂	上海古籍出版社《續修四庫全書》本
學古緒言	明・婁堅	清康熙三十三年刊《婁子柔先生集》本
畫禪室隨筆	明・董其昌	清乾隆三十三年重刊本
晚香堂小品	明・陳繼儒	明崇禎中武林湯大節蘭緑居刊本
書畫史	明・陳繼儒	民國十一年文明書局《寶顔堂祕笈》石印本
妮古録	明・陳繼儒	民國十一年文明書局《寶顔堂祕笈》石印本
太平清話	明・陳繼儒	民國十一年文明書局《寶顔堂祕笈》石印本
書蕉	明・陳繼儒	民國十一年文明書局《寶顔堂祕笈》石印本
名山藏列傳	明・何喬遠	明崇禎十三年刻本
寒山帚談	明・趙宧光	文淵閣《四庫全書》本
趙氏鐵網珊瑚	明・趙琦美	文淵閣《四庫全書》本
石墨鐫華	明・趙涵	清乾隆道光間《知不足齋叢書》本
清河書畫舫	明・張丑	清乾隆中仁和吴氏池北草堂刊本
真跡日録	明・張丑	清乾隆中仁和吴氏池北草堂刊本
法書題跋	明・汪砢玉	民國二十五年商務印書館《國學基本叢書》本
因樹屋書影	明・周亮工	清康熙六年周氏因樹屋刊本
讀畫録	明・周亮工	清道光二十七年番禺潘氏刊本
印人傳	明・周亮工	清康熙十二年刊本
賴古堂印譜	明・周亮工	民國元年神州國光社景印本
金石史	明・郭宗昌	清光緒八年會稽董氏學古齋刊本
集故印正	明・甘暘	明萬曆二十四年刊本
百川書志	明・高儒	民國四年湘潭葉氏刊《觀古堂書目叢刻》本
書畫傳習録	明・王紱、清・嵇承咸	清嘉慶十八年錫山嵇氏層雲閣刊本
書畫續録	明・王紱、清・嵇承咸	清嘉慶十八年錫山嵇氏層雲閣刊本
霏雪録	明・鎦績	民國商務印書館《叢書集成初編》本
書法離鉤	明・潘之淙	清光緒二十二年長沙重刊本
書法粹言	明・汪挺	清道光十一年六安晁氏《學海類編》本
珍善齋印印	明・吴迥	明萬曆四十年刻本
書畫題跋記	明・鬱逢慶	文淵閣《四庫全書》本
續書畫題跋記	明・鬱逢慶	文淵閣《四庫全書》本
法書通釋	明・張紳	民國二十九年景印明萬曆刻《夷門廣牘》本
古今書刻	明・周弘祖	清光緒三十二年觀古堂刊本
續書史會要	明・朱謀垔	文淵閣《四庫全書》本
金石文字記	清・顧炎武	清嘉慶十三年昭文張海鵬刊本
石經考	清・顧炎武	民國商務印書館《叢書集成初編》本
書法約言	清・宋曹	上海古籍出版社一九九〇年景印《昭代叢書》本
湛園題跋	清・姜宸英	清乾隆三年北平黄氏刊本
金石録補	清・葉奕苞	清道光十八年海昌蔣氏別下齋校刊本
金石小箋	清・葉奕苞	民國中國書店排印本
曝書亭金石文字跋尾	清・朱彝尊	清光緒十一年刊本
韻石齋筆談	清・姜紹書	清乾隆道光間《知不足齋叢書》本
西陂類稿	清・宋犖	清康熙五十年商邱宋氏刊本
居易録	清・王世禎	清康熙四十年自序刊本
香祖筆記	清・王世禎	民國四十七年新興書局石印本
佩文齋書畫譜	清・王原祁等	清康熙四十八年永静堂刊本
式古堂書畫匯考	清・卞永譽	民國十年鑒古書社景印吴興蔣氏密韻樓藏原刊本
隱緑軒題識	清・陳奕禧	清咸豐中別下齋刊《涉聞梓舊》本
大瓢偶筆	清・楊賓	清道光二十七年廣東糧道署刊本
分隸偶存	清・萬經	民國二十五年覆乾隆己丑辨志堂刻本
義門題跋	清・何焯	上海古籍出版社一九九〇年景印《昭代叢書》本
竹雲題跋	清・王澍	清乾隆三十二年苕溪錢人龍刊本
虚舟題跋	清・王澍	清乾隆五十三年温氏墨妙樓刊本
淳化秘閣法帖考證	清・王澍	清雍正八年天都藕花居刊本
翰墨指南	清・王澍積書岩	清鈔本
書法論	清・蔣衡	上海古籍出版社《續修四庫全書》本
中州金石考	清・黄叔璥	民國十六年顧氏《金石輿地叢書》排印本

墨緣彙觀　清・安岐　清光緒二十六年湮陽端方排印本
國朝畫征録　清・張庚　北京大學圖書館藏清乾隆四年刻本
冬心齋硯銘　清・金農　上海古籍出版社一九七九年景印南京圖書藏雍正十一年刊本
石渠寶笈初編　清・張照，梁詩正等　民国七年商務印書館景印本
秘殿珠林　清・張照　民國有正書局石印本
天瓶齋書畫題跋　清・張照　清乾隆三十八年跋刊本
玉臺書史　清・厲鶚　上海古籍出版社一九九〇年景印《昭代叢書》本
硯林印款　清・丁敬　清光緒六年刊本
評書帖　清・梁巘　民國神州國光社《美術叢書》本
承晉齋積聞録　清・梁巘　上海書畫出版社一九八四年排印本
吴越所見書畫録　清・陸時化　清光緒二十二年刊本
墨林今話　清・蔣寶齡　清同治十一年映雪草廬刊本
漢溪書法通解　清・戈守智　清乾隆十五年序刊本
頻羅庵論書　清・梁同書　民國商務印書館《叢書集成初編》本
頻羅庵書畫題跋　清・梁同書　民國神州國光社《美術叢書》本
金石萃編　清・王昶　嘉慶十年青浦王氏經訓堂刊同治十年補刊本
潛研堂金石文跋尾　清・錢大昕　清光緒十年長沙龍氏家塾重刊本
續印人傳　清・汪啓淑　上海古籍出版社《續修四庫全書》本
飛鴻堂印譜　清・汪啓淑　清乾隆中刊本
西清筆記　清・沈初　光緒中《功順堂叢書》本
中州金石記　清・畢沅　清乾隆中鎮洋畢氏刊本
關中金石記　清・畢沅　乾隆四十六年經訓堂刊本
山左金石志　清・畢沅　清嘉慶二年儀征阮氏小琅嬛僊館刊本
快雨堂題跋　清・王文治　清道光十一年序刊本
廣堪齋印譜　清・畢瀧　清道光九年鈐拓本
兩漢金石記　清・翁方綱　清乾隆五十四年南昌使院刊本
山静居畫論　清・方薰　清乾隆道光間《知不足齋叢書》本
國朝隸品　清・桂馥　民國四年上虞羅氏《雪堂叢刻》覆手蹟本
墨香居畫識　清・馮金伯　清道光十一年雲間文萃堂刊本
完白山人印譜　清・鄧石如　民國五年西泠印社鈐本
小蓬萊閣金石文字　清・黄易　清嘉慶五年錢塘黄氏刊本
偃師金石記　清・武億　清乾隆五十三年刊本
安陽縣金石録　清・武億　清嘉慶二十四年鐵嶺貴泰刊本
授堂金石跋　清・武億　清道光二十三年偃師武氏重刊《授堂遺書》本
授堂金石文字跋　清・武億　清道光二十三年偃師武氏重刊《授堂遺書》本
授堂金石文字續跋　清・武億　清道光二十三年偃師武氏重刊《授堂遺書》本
頻羅庵法書跋　清・張雲璈　清嘉慶二十二年仁和陸貞一刊本
詒晉齋法書跋　清・永瑆　清道光二十八年載鋭序刊本
惟清齋手臨各家法帖跋　清・鐵保　清道光二年刊本
詒晉齋法書跋　清・錢泳　清嘉慶十三年刊本
履園叢話　清・錢泳　清道光五年勾吴錢氏刊本
閩中書畫録　清・黄錫蕃　上海古籍出版社《續修四庫全書》本
鐵橋金石跋　清・嚴可均　清光緒二十三年刊本
南北書派論　清・阮元　中華書局一九九三年《揅经室集》排印本
北碑南帖論　清・阮元　中華書局一九九三年《揅经室集》排印本
石渠隨筆　清・阮元　清道光同治間《粵雅堂叢書》本
昭代名人尺牘小傳　清・吴修　清道光六年刊本
平津館讀碑記　清・洪頤煊　清光緒十二年刊
平津讀碑記　清・洪頤煊　清光緒十二年吴縣朱氏校刊本
種榆仙館印譜　清・陳鸿寿刻，郭宗泰辑　清道光元年刊本
清儀閣題跋　清・張廷濟　清光緒十七年錢塘丁氏補刊本
古泉山館金石文編殘稿　清・瞿中溶　民國烏程張氏《適園叢書》本
紅豆樹館書畫記　清・陶梁　清光緒八年吴趨潘氏韓園刊本
藝舟雙楫　清・包世臣　清光緒十年刊本
吉安室書録　清・梁章鉅　清嘉慶業堂藏鈔稿本
浪跡叢談　清・梁章鉅　清道光二十七年亦東園刊本
退庵隨筆　清・梁章鉅　清光緒九年序刊本
退庵金石書畫跋尾　清・梁章鉅　清道光二十五年刊本
楹聯叢話　清・梁章鉅　清道光二十年桂林署齋刊本
退庵所藏金石書畫跋尾　清・梁章鉅　清道光二十五年刊本
芳堅館題跋　清・郭尚先　清光緒五年古岡劉氏藏修堂刊《述古叢鈔》本
印學管見　清・馮承輝　清嘉慶二十二年鈐刻本
小石渠閣文集　清・林昌彝　上海古籍出版社《續修四庫全書》本
見聞隨筆　清・齊學裘　北京大學圖書館藏清嘉慶道光間臨海宋氏刻《臺州叢書》本
書畫鑒影　清・李佐賢　上海古籍出版社《續修四庫全書》本
石渠隨筆跋　清・伍崇曜　清道光同治間《粵雅堂叢書》本
焦山蘭亭序帖題記　清・吴雲　清同治十三年刊本
焦山蘭亭序帖跋　清・吴雲　清同治十三年刊本
湛園題跋　清・蔣光煦　清咸豐中別下齋刊《涉聞梓舊》本
隱綠軒題識　清・蔣光煦　清咸豐中別下齋刊《涉聞梓舊》本
夢園書畫録　清・方濬頤　清光緒三年定遠方氏錦城柏署刊本
冬心隨筆跋　清・江湜　民國神州國光社《美術叢書》本
遲鴻軒所見書畫録　清・楊峴　民國十年吴縣江氏排印本
二銘草堂金石聚　清・張德容　清同治中刊本
桐陰論畫　清・秦祖永　清同治三年刊本
桐陰論畫二編　清・秦祖永　清光緒八年刊本
桐蔭論畫三編　清・秦祖永　清光緒八年刊本
吉金齋古銅印譜　清・何昆玉　清同治中鈐印本
續語堂論印匯録　清・魏錫曾　民國十年西泠印社木活字本
小石山房印苑　清・顧湘清　清光緒三十年海虞顧氏刊本
書贈星垣聯　清・張鳴珂　上海古籍出版社《續修四庫全書》本
嶽雪樓鑒真法帖跋　清・孔廣陶　清光緒中孔氏嶽雪樓刻本
愛日吟廬書畫録　清・葛金烺　清宣統二年滬上平湖葛氏刊本
金石續録　清・劉青藜　清康熙四十九年傳經堂刻本
平碑記　清・楊守敬　清同治七年鈔本
望堂金石文字　清・楊守敬　清同治光緒間宜都楊氏激素飛青閣刊本
芳堅館題跋　清・龔顯曾　清光緒五年古岡劉氏藏修堂刊《述古叢鈔》本
續碑傳集　清・繆荃孫　清宣統二年江楚編譯書局刊本

澄蘭堂古緣萃録　清・邵松年　清光緒二十九年鴻文書局石印本
語石　清・葉昌熾　清宣統元年長洲葉氏刊本
國朝書人輯略　清・震鈞　清宣統元年金陵刊本
廣藝舟雙楫　清・康有為　清光緒十九年南海康氏萬木草堂刊本
壬寅消夏録　清・端方　上海古籍出版社《續修四庫全書》本
王奉常書畫題跋　清・李玉棻　清宣統元年通州李氏甌鉢羅室刊本
景蘇園帖跋　清・楊壽昌　清光緒十八年跋刊本
昭代名人尺牘續集小傳　清・陶湘　清宣統三年天寶石印局石印本
清歡閣藏帖跋　清・金棻　清嘉慶中錢塘陳希濂金棻同刻拓本
金石文考略　清・李光暎　文淵閣《四庫全書》本
國朝書畫家筆録　清・竇鎮　清宣統三年刊本
滋蕙堂法帖碑跋　清・曾恒德　上海古籍出版社一九九〇年景印《昭代叢書》本
書法偶集　清・陳玠　民國天津金氏《屏廬叢刻》本
枕經堂金石書畫題跋　清・方朔　清同治三年濟南寓齋刊本
書法正傳　清・馮武　清乾隆五十年序刊本
隸辨　清・顧藹吉　清康熙中刻本
平生壯觀　清・顧復　上海人民美術出版社一九六二年景印道光間蔣氏鈔本
別下齋書畫記　清・蔣光煦　清同治元年跋吴山江氏刊本
思舊録　清・靳治荆　清光緒五年五桂樓刊本
篆鏤心得　清・孔繼浩　清鈔本
國朝畫征補録　清・劉瑗　上海古籍出版社《續修四庫全書》本
六藝之一録　清・倪濤　文淵閣《四庫全書》本
六藝之一録續編　清・倪濤　文淵閣《四庫全書》本
書畫緣　清・沈辰　清嘉慶二年沈筠德遠堂刊本
問經堂帖跋　清・施淦　清嘉慶二十一年蕭山施淦刻本
古今印製　清・孫光祖　清道光二十年海虞顧氏《篆學瑣著》本
燕在閣知新録　清・王棠　清華大學圖書館藏清康熙五十六年刻本
書畫記　清・吴其貞　上海人民美術出版社一九六四年景印北京故宫博物院藏《四庫全書》鈔本
大觀録　清・吴升　民國九年武進李祖年聖澤樓排印本
私艾齋文集　清・吴育　清道光二十年年江陰暨陽書院刊本
函青閣金石記　清・楊鐸　民國瑞安陳氏湫漻齋校刊本
摹印傳燈　清・葉爾寬　民國神州國光社《美術叢書》本
金石存　清・趙搢　民國商務印書館《叢書集成初編》本
臨池管見　清・周星蓮　民國神州國光社《美術叢書》本
雍州金石記　清・朱楓　清光緒十四年《惜陰軒叢書》本
臨池心解　清・朱和羹　清光緒五年刊本
書學捷要　清・朱履貞　清乾隆道光間《知不足齋叢書》本
印典　清・朱象賢　清康熙六十一年就閒堂刊本

《中華大典》辦公室

主　　任：于永湛

副 主 任：伍　傑　姜學中

編　　審：趙含坤　崔望雲　馮寶志　宋志英　谷笑鵬

裝幀設計：章耀達

《中華大典·藝術典》工作委員會

主　　任：易言者

副 主 任：王德亞

成　　員：曾德明　尹松平　馬美著　王文西

《中華大典·藝術典·書法藝術分典》

責任編輯：王文西　孫世傑

責任校對：黃金武

特邀編輯：廖承良　聶雙武
蔡志斌　趙振興

圖書在版編目（C I P）數據

中華大典．藝術典．書法藝術分典 / 劉天琪主编.
—長沙：岳麓書社，2017.11
ISBN 978-7-5538-0698-3

Ⅰ.①中… Ⅱ.①劉… Ⅲ.①百科全書－中國
②漢字—書法史—中國 Ⅳ.①Z227②J292.09

中國版本圖書館 CIP 數據核字（2016）第314302號

中華大典·藝術典·書法藝術分典

編纂：《中華大典》工作委員會
　　　《中華大典》編纂委員會
分典主編：劉天琪
責任編輯：王文西　孫世傑
責任校對：黄金武
出版發行：岳麓書社
（長沙市愛民路 47 號　電話：0731—88884129　郵政編碼：410006）
排版：北京中易中標電子信息技術有限公司
（北京市北四環東路 108 號千鶴家園 1004 室　郵政編碼：100029）
印刷：湖南天聞新華印務有限公司
（長沙市銀星路 8 號湖南出版科技園　郵政編碼：410219）
開本：787×1092　1/16
印張：103　字數：3278 千字
2017 年 11 月第 1 版　2017 年 11 月第 1 次印刷
印數：1—1000 册
書號：ISBN 978-7-5538-0698-3
定價：580.00 圓